U0946609

中国改革开放新时期
年 鉴

2006 年

中国民主法制出版社
2015 · 北京

图书在版编目（CIP）数据

中国改革开放新时期年鉴．2006年/王振川主编．—北京：中国民主法制出版社，2015.5

ISBN 978-7-5162-0814-4

Ⅰ．①中… Ⅱ．①王… Ⅲ．①改革开放—中国—2006—年鉴 Ⅳ．① D616-54

中国版本图书馆CIP数据核字（2015）第096546号

图书出品人：肖启明
图 书 策 划：刘海涛
责 任 编 辑：石 松 董 理

书 名/中国改革开放新时期年鉴（2006年）
作 者/王振川 主编

出 版·发 行/中国民主法制出版社
地 址/北京市丰台区玉林里7号（100069）
电 话/63055259（总编室） 63057714（发行部）
传 真/63055259
http: //www.npcpub.com
E-mail: mzfz@ npcpub.com
经 销/新华书店
开 本/16开 787毫米 ×1092毫米
印 张/73 **字数**/2190千字
版 本/2015年5月第1版 2015年5月第1次印刷
印 刷/涿州市星河印刷有限公司印刷

书 号/ISBN 978-7-5162-0814-4
定 价/900.00元

《中国改革开放新时期年鉴》编委会

日期索引

【三月】

【四月】

【五月】

【六月】

【七月】

【八月】

【九月】

【十月】

1月1日

《人民日报》发表社论《伟大的开局之年——元旦献词》

2006年的钟声响起，我们送走了硕果累累的"十五"，迎来"十一五"开局之年的第一缕阳光。在这个辞旧迎新的时刻，我们向全国各族人民致以新年的问候和祝福。

"十五"时期是我国历史进程中不平凡的五年。面对动荡起伏的国际环境，面对突如其来的"非典"疫情和重大自然灾害的严重冲击，面对纷繁复杂的改革和建设任务，我们正确判断形势，积极有效应对，牢牢把握改革发展稳定的大局，坚持以经济建设为中心，工业化、城镇化、市场化、国际化步伐加快，改革开放和社会主义现代化建设取得举世瞩目的巨大成就。一个充满活力快速发展的中国呈现在世界面前，一个更加成熟更加坚强的党带领13亿人民阔步向前。

刚刚过去的2005年是"十五"时期的最后一年。在这一年里，我们继续加强和改善宏观调控，经济建设、政治建设、文化建设、社会建设和党的建设都取得新的进展，国防和军队现代化建设继续推进。国民经济呈现增长较快、效益较好、价格平稳、活力增强的态势，特别是经济运行的稳定性有所提高、发展的协调性有所改善、关键领域的改革有所突破，"十五"计划提出的经济社会发展的主要指标顺利实现。2005年我国经济社会发展的成就表明：高举邓小平理论和"三个代表"重要思想伟大旗帜，牢固树立和认真落实科学发展观，紧紧抓住发展这个党执政兴国的第一要务，就能不断把改革开放和社会主义现代化建设推向前进。

一个志在伟大复兴的民族必须坚持科学发展，一个坚持改革开放的大国理当对世界有新贡献。从2006年开始，我们迈入了不同寻常的"十一五"时期。"十一五"时期，我们将实施中央提出全面建设小康社会宏伟目标后的第一个五年规划，实施中央作出贯彻科学发展观和构建社会主义和谐社会重大部署后的第一个五年规划。这五年我们能否在推进经济社会发展步入科学发展轨道上取得显著成效，在很大程度上决定着我们能否承前启后地抓住本世纪头20年的重要战略机遇期，决定着到2020年我们能否全面建成小康社会，以及到本世纪中叶能否基本实现现代化。

2006年是"十一五"时期的开局之年，"十一五"的壮丽画卷将由此铺展，下一步的经济社会发展格局将由此开启。一些矛盾和问题的解决将在这一年开始破题，一些发展瓶颈和体制障碍将在这一年有新突破，一些重要领域的改革将在这一年逐步启动，一些历史性任务将在这一年深入推进。这将是一个深化改革之年、科学发展之年、促进和谐之年，也将是一个希望之年、奋斗之年、前进之年，是站在新起点、肩负新使命的开局之年。

做好"十一五"开局之年的各项工作，关键是要进一步用科学发展观武装全党特别是各级领导干部的头脑，以统一思想，形成共识。要紧密联系实际，准确认识国际国内的发展环境，准确认识我国发展的阶段性特征，准确认识我国经济社会发展面临的主要问题，准确认识我国经济社会又快又好发展的基本要求，不断提高贯彻落实科学发展观的自觉性和坚定性。

推动经济社会发展切实转入科学发展的轨道，这是我国社会主义现代化建设面临的重大而紧迫的任务，今年必须迈出实质性步伐。这就需要以邓小平理论和"三个代表"重要思想为指导，认真贯彻党的十六大和十六届五中全会精神，坚持以科学发展观统领经济社会发展全局，保持宏观经济政策的连续性稳定性，着力加快改革开放，着力增强自主创新能力，着力推进经济结构调整和经济增长方式转变，着力提高经济增长的质量和效益，实现又快又好发展，促进和谐社会建设。要稳定宏观经济政策，保持经济平稳较快增长的良好势头；扎实推进社会主义新农村建设，进一步做好"三农"工作；全面增强自主创新能力，不断推进产业结构的调整；大力节约能源资源，加快建设资源节约型、环境友好型社会；继续推动东、中、西良性互动，促进区域经济协调发展；加快推进体制改革，完善落实科学发展观的体制保障；积极实施互利共赢的开放战略，进一步提高对外开放水平；着力解决人民群众最关心、最直接、最现实的利益问题，推动和谐社会建设。全党全国要团结一心、埋头苦干，切实抓好这些主要任务，为顺利实施"十一五"规划开好局、起好步。

党的坚强领导是做好各项工作的根本保证。各级党委和政府要着力提高贯彻科学发展观的能力、驾驭全局的能力、处理利益关系的能力和务实创新的能力。广大党员干部和国家工作人员要坚持求真务实、与时俱进，保持良好的精神状态和工作作风，坚持权为民所用、情为民所系、利为民所谋，更好地团结带领广大人民群众立足科学发展，着力自主创新，完善体制机制，促进社会和谐。

历史召唤我们，时代激励我们。让我们紧密团结在以胡锦涛同志为总书记的党中央周围，同心同德，开拓进取，扎实工作，在新的一年里夺取全面建设小康社会、加快推进社会主义现代化的新胜利。

全国政协在全国政协礼堂举行新年茶话会

胡锦涛、吴邦国、温家宝、贾庆林、曾庆红、黄菊、吴官正、李长春、罗干等党和国家领导人同各民主党派中央、全国工商联负责人和无党派人士、中央和国家机关有关方面负责人以及首都各界代表欢聚一堂，共庆2006年元旦。

茶话会由中共中央政治局常委、全国政协主席贾庆林主持。

中共中央总书记、国家主席、中央军委主席胡锦涛在茶话会上发表重要讲话。

民盟中央主席蒋树声代表各民主党派中央、全国工商联和无党派人士讲了话。

中共中央总书记胡锦涛在全国政协新年茶话会上发表讲话

同志们，朋友们：

今天是2006年元旦。我们在这里欢聚一堂，喜庆佳节，畅叙友情，共议国是，感到格外高兴。我代表中共中央、国务院、中央军委，向各民主党派、工商联和无党派人士、各人民团体，向全国广大工人、农民、知识分子和干部，向人民解放军指战员、武警官兵和公安民警，向香港特别行政区同胞、澳门特别行政区同胞、台湾同胞和海外侨胞，向关心和支持中国现代化建设的国际友人，致以节日的祝福！祝大家新年好！

刚刚过去的2005年，是我国改革开放和社会主义现代化建设取得显著成就的一年。全党全国各族人民同心同德，奋发努力，推动经济建设、政治建设、文化建设、社会建设和党的建设取得新的进展。我们坚持贯彻落实科学发展观，加强和改善宏观调控，使国民经济呈现增长较快、效益较好、价格平稳、活力增强的态势，各项社会事业不断发展，我国的经济实力和综合国力进一步提高，人民生活继续改善。我们加强社会主义民主法制建设，进一步加强人民代表大会制度建设，进一步加强中国共产党领导的多党合作和政治协商制度建设，全面推进依法行政，巩固和发展民主团结的政治局面。我们加强社会主义精神文明建设，继续实施马克思主义理论研究和建设工程，推进文化体制改革，为经济社会发展提供了强大精神动力。我们加强社会主义和谐社会建设，认真解决关系人民群众切身利益的实际问题，加大帮扶困难群众工作的力度，维护社会安定团结。我们积极推进中国特色军事变革，国防和军队现代化建设取得新进展。我们坚持“一国两制”“港人治港”“澳人治澳”高度自治的方针，加强内地同香港、澳门的交流合作，保持香港、澳门繁荣稳定。我们坚持“和平统一、一国两制”的基本方针，实施一系列加强两岸交流合作、反对和遏制“台独”分裂势力及其活动的措施，维护台海和平，推进祖国完全统一进程。“神舟”六号载人航天飞行取得圆满成功，给全国各族人民以极大的精神鼓舞。我们加强党的执政能力建设和先进性建设，扎实开展保持共产党员先进性教育活动，党的建设取得新的成效。

在过去的一年里，我们坚持独立自主的和平外交政策，坚持走和平发展道路，开展全方位外交，广泛加强同各国的友好交往和互利合作，积极参与国际事务，在重大国际和地区问题上发挥建设性作用，为我国现代化建设争取了良好的国际和周边环境，为人类和平与发展的崇高事业作出了新的贡献。

经过5年来的不懈努力，我们胜利完成了“十五”计划。这是全党全国各族人民团结奋斗、锐意进取的结果。中国共产党十六届五中全会，提出了我国“十一五”时期经济社会发展的总体目标、指导原则、重大部署，进一步明确了前进方向。面向未来，我们伟大祖国的发展正站在一个新的历史起点上。

同志们、朋友们！

当前，国际形势继续深刻变化。世界经济保持增长态势，科技进步日新月异，世界政治力量对比有利于保持国际形势的总体稳定，和平、发展、合作是当今时代的潮流，但人类和平与发展仍面临着严峻挑战。我国经济保持着良好发展势头，社会政治稳定，改革发展的前景十分美好，但我们在前进道路上也面临着一些必须高度重视并需要着力解决的突出矛盾和问题。“十一五”时期是改革发展的关键时期，也是全面落实科学发展观、推动经济社会发展转入科学发展轨道的关键时期。我们一定要全面认识国际国内形势，既充分看到并切实用好发展机遇，又清醒看到并妥善应对各种挑战，居安思危，戒骄戒躁，勤勉工作，集中精力搞建设、谋发展，团结带领全国各族人民把全面建设小康社会的伟大事业不断推向前进。

2006年，是“十一五”时期的开局之年。做好今年改革发展稳定的各项工作，具有极为重要的意义。我们要坚持以邓小平理论和“三个代表”重要思想为指导，认真贯彻党的十六大和十六届三中、四中、五中全会精神，坚持以科学发展观统领经济社会发展全局，坚持发展为了人民、发展依靠人民、发展成果由人民共享，正确处理改革发展稳定的关系，全面推进社会主义经济建设、政治建设、文化建设、社会建设，为“十一五”时期经济社会发展开好局、起好步。

在新的一年里，我们要继续抓好发展这个第一要务，保持宏观经济政策的连续性和稳定性，把扩大内需放在更加突出的位置，扎实推进社会主义新农村建设，着力加快改革开放，着力增强自主创新能力，着力推进经济结构调整和经济增长方式转变，着力提高经济增长的质量和效益，促进城乡、区域、经济社会协调发展，加快建设资源节约型、环境友好型社会。我们要继续推进社会主义民主政治建设，坚持党的领导、人民当家做主和依法治国的有机统一，扩大社会主义民主，健全社会主义法制，推动民主立法和科学立法，加强政治协商，推进社会主义民主政治的制度化、规范化、程序化。我们要继续推进社会主义先进文化建设，弘扬爱国主义精神，加强社会主义思想道德建设，大力发展科技、教育事业，深化文化体制改革，促进文化事业和文化产业协调发展，满足人民日益增长的精神文化需求。我们要继续推进社会主义和谐社会建设，坚持以人为本，着力解决群众最关心、最直接、最现实的利益问题，积极扩大就业、再就业，加快推进社会保障体系建设，改善医疗卫生服务，加强安全生产工作，改进社会管理，妥善处理各方面的利益关系，保持社会安定团结。我们要继续加强党的执政能力建设和先进性建设，坚持立党为公、执政为民，搞好保持共产党员先进性教育活动，加强领导班子和干部队伍建设，全面推进党的思想建设、组织建设、作风建设和制度建设，为经济社会发展提供根本政治保证。

在新的一年里，我们要坚持“一国两制”“港人治港”“澳人治澳”高度自治的方针，严格按照香港特别行政区基本法和澳门特别行政区基本法办事，全力支持特别行政区行政长官和政府依法施政，广泛团结香港、澳门各界人士，加强内地同香港、澳门的交流合作，共同维护香港、澳门繁荣稳定。

在新的一年里，我们要坚持贯彻“和平统一、一国两制”的基本方针和现阶段发展两岸关系、推进祖国和平统一进程的八项主张，坚持一个中国原则决不动摇，争取和平统一的努力决不放弃，贯彻寄希望于台湾人民的方针决不改变，反对“台独”分裂活动决不妥协。要积极扩大两岸人员往来和经济文化等领域的交流，保障台湾同胞的正当权益，加强同反对“台独”、主张发展两岸关系的台湾各党派的对话和交流，推动在“九二共识”基础上恢复两岸对话和谈判，促进两岸关系发展，维护台海和平稳定。实现祖国完全统一是人民的愿望、历史的必然。我再次呼吁，海内外中华儿女携起手来，共同反对“台独”分裂势力及其活动，共同推进祖国和平统一大业。

在新的一年里，我们要高举和平、发展、合作的旗帜，坚持走和平发展道路，坚持独立自主的和平外交政策，坚持互利共赢的对外开放战略，积极开展双边外交和多边外交，在和平共处五项原则的基础上同世界各国加强友好交往和互利合作，同世界各国人民一道，致力于建设一个持久和平、共同繁荣的和谐世界。

同志们、朋友们！

展望未来，发展前景催人奋进，工作任务艰巨繁重。我们一定要大力弘扬万众一心、埋头苦干、开拓创新的精神。万众一心，就是要巩固全党全国各族人民团结奋斗的共同思想基础，最广泛最充分地调动一切积极因素，形成全国上下心往一处想、劲往一处使的生动局面，凝聚起全面建设小康社会的强大合力。埋头苦干，就是要准确认识国际国内的发展环境，准确认识我国发展的阶段性特征，准确认识我国经济社会发展面临的主要问题，准确认识实现我国经济社会又快又好发展的基本要求，牢记“两个务必”，长期艰苦奋斗，脚踏实地为完成改革发展稳定的各项任务而努力奋斗。开拓创新，就是要坚持解放思想、实事求是、与时俱进，注重分析新情况新问题，不断深化对客观规律的认识，通过理论创新推动制度创新、科技创新、文化创新以及其他各方面的创新，大力提高自主创新能力，努力建设创新型国家，不断开创党和人民事业发展的新局面。

同志们、朋友们！

在过去的一年里，人民政协高举爱国主义、社会主义的旗帜，坚持团结民主两大主题，围绕中心、服务大局，认真履行政治协商、民主监督、参政议政职能，各项工作开展得活跃有序、富有成效，为改革开放和社会主义现代化建设、为构建社会主义和谐社会、为促进祖国和平统一作出了重要贡献。

在新的一年里，我们要更好地坚持和完善中国共产党领导的多党合作和政治协商制度，切实贯彻“长期共存、互相监督、肝胆相照、荣辱与共”的方针，进一步巩固和发展同各民主党派和无党派人士的团结合作；要更好地发展壮大爱国统一战线，把全体社会主义劳动者、社会主义事业的建设者、拥护社会主义的爱国者和拥护祖国统一的爱国者都团结起来，进一步为中国特色社会主义事业增添力量；要更好地发挥人民政协在我国政治文明建设中的作用，继续支持人民政协充分履行职能，进一步推进我国社会主义民主政治建设。希望人民政协坚持把促进发展作为履行职能的第一要务，充分发挥人才荟萃、智力密集的特点和优势，深入调查研究，积极建言献策，协助党和政府做好团结群众、反映民意、化解矛盾、维护稳定的工作，使人民政协工作更好地服务于全面建设小康社会的伟大实践，不断创造新业绩、作出新贡献。

同志们、朋友们！

让我们更加紧密地团结起来，励精图治，锐意进取，共同创造伟大祖国更加美好的未来！

国家主席胡锦涛和印度总统阿卜杜尔·卡拉姆就“中印友好年”互致贺电

胡锦涛在贺电中说，中印两国是山水相连的友好邻邦，两国人民的友谊源远流长。建交以来，在双方的共同推动下，两国关系不断迈上新的台阶。2005年双方宣布建立面向和平与繁荣的战略合作伙伴关系，标志着两国关系进入新的发展阶段。双方还将2006年确定为"中印友好年"，体现了两国政府和人民加强睦邻友好、扩大互利合作和促进共同发展的一致愿望。胡锦涛表示，在新的一年里，中方愿同印方一道，以"中印友好年"为契机，进一步弘扬两国传统友谊，加强双方各领域、各层次的对话、交流与合作，不断深化双边关系的内涵，推动中印战略合作伙伴关系全面深入向前发展。

卡拉姆在贺电中说，印中两大古老文明之间深厚的历史和文化联系，为人类进步作出了巨大贡献。50多年前，两国老一代领导人共同倡导了和平共处五项原则。近年来，印中关系取得了令人满意的显著进展。去年两国决定建立"面向和平与繁荣的战略合作伙伴关系"。这不仅显示了双方共谋合作的决心，也为两国在"友好年"里把双边关系水平提升到新的高度创造了条件。举办"印中友好年"活动，是两国关系中的一个里程碑。印方希望以此为契机，进一步深化和丰富两国关系。

中央财政预拨2006年低保补助金55.3亿元

国家旅游局和河北省人民政府在河北省西柏坡举行"2006中国乡村游"启动仪式拉开今年"乡村游"主题年的序幕

87部新法规今日起实施

从今日起，将有87部法律、法规、规章开始实施。其中，国家级法规50部，地方级法规37部。这些法律、法规、规章将给百姓生活带来深刻影响——

9亿农民告别农业税

农业税条例日前经全国人大常委会会议表决废止，自今年1月1日起，我国9亿农民依法彻底告别延续了2600年的农业税。

全国人大常委会法工委有关负责人表示，废止农业税条例、取消农业税后，并不意味着农民不再交税。如果农民经商、开办企业，还需要缴纳相应的税种。

个税"起征点"调至1600元

修改后的个人所得税法规定，从2006年1月1日开始，我国个人所得税工资薪金所得费用减除标准由800元提高为1600元。

根据国务院公布的关于修改个人所得税法实施条例的决定，以下5种情形应办理纳税申报：纳税义务人凡有年所得12万元以上的；从中国境内两处或两处以上取得工资、薪金所得的；从中国境外取得所得的；取得应纳税所得，没有扣缴义务人的；国务院规定的其他情形。

引咎辞职制度写入法律

2006年1月1日起，我国第一部干部人事管理法律公务员法正式施行，该法规定了引咎辞职制度，规定领导成员因工作严重失误、失职造成重大损失或恶劣社会影响的，或对重大事故负有领导责任的，应引咎辞去领导职务。

公务员法规定，曾因犯罪受过刑事处罚的、曾被开除公职的、有法律规定不得录用为公务员的不得录用为公务员；公务员不得有拒绝执行上级依法作出的决定和命令、压制批评、打击报复、弄虚作假等行为。

开庭审理死刑第二审案件

根据最高人民法院发布的《关于进一步做好死刑第二审案件开庭审理工作的通知》，自2006年1月1日起，对案件重要事实和证据问题提出上诉的死刑第二审案件，一律开庭审理，并积极创造条件，在2006年下半年对所有死刑第二审案件实行开庭审理。这是最高人民法院宣布收回死刑核准权后，在程序方面作出的第一项重大决定。

允许设立"一人公司"

新修订的公司法，将"一人公司"纳入公司法的调整范围，允许一个自然人或法人投资设立一人有限公司。

新修订的公司法完善了公司设立和公司资本制度方面的规定，降低了公司设立"门槛"等；完善了公司法人治理结构方面的规定；充实了公司职工民主管理和保护职工权益的规定；健全了对股东尤其是中小股东利益的保护机制；增加了"公司法人人格否认"或称为"揭开公司面纱"制度的规定。

证券投资者有了保护基金

修改后的证券法规定，国家设立证券投资者保护基金，健全和完善了保护中小投资者权益的机制，有利于保护普通投资者的利益。

该法规定，投资咨询机构及其从业人员从事证券服务业务，不得利用传播媒介或通过其他方式提供、传播虚假信息或者误导投资者的信息。证券交易可以现货和国务院规定的其他方式进行交易。

可再生能源资源调查结果应公布

可再生能源法规定，可再生能源资源的调查结果应公布，但国家规定需要保密的内容除外。

1月2日

2005年全国税收收入超过3万亿元

中国香港自行车手胡健燊和黄金宝包揽环南中国海国际自行车赛个人总成绩冠亚军

1月3日

中央军委主席胡锦涛到解放军报社考察

胡锦涛说,《解放军报》是中央军委的机关报,是党在军队的喉舌,是我军新闻宣传工作的重要阵地。50年来,《解放军报》随着时代前进的步伐,走过了不平凡的历程。宣传领域不断拓展,办报质量不断提高,自身建设不断加强,各方面工作都取得了可喜的成绩,为加强国防和军队建设,提高部队战斗力,展示人民军队风采,作出了重要贡献。

胡锦涛强调,当前,我国正处在全面建设小康社会的关键时期,国防和军队建设也进入了新的重要发展阶段。我们要高举邓小平理论和"三个代表"重要思想伟大旗帜,着眼有效履行新世纪、新阶段我军历史使命,坚持把科学发展观作为加强国防和军队建设的重要指导方针,努力推动国防和军队建设又快又好地发展。新的形势和任务对全军新闻宣传工作提出了新的更高的要求。要高举旗帜、听从指挥,坚持鲜明的党性原则,坚持正确的政治方向和舆论导向。要围绕中心、服务大局,大力宣传党的路线方针政策和中央军委决策指示精神,及时反映部队全面建设的经验成果,积极服务于国防和军队现代化建设。要面向基层、贴近官兵,尊重官兵的主体地位和创造精神,努力适应广大官兵全面发展的需求,真正成为广大官兵的良师益友。要锐意进取、创新发展,拓宽工作思路,创新办报手段,增强发展活力,突出军报特色,提高新闻宣传的吸引力、感召力、战斗力。

胡锦涛说,提高办报水平,关键在人,在于建设一支政治强、业务精、纪律严、作风正的新闻队伍。希望同志们进一步坚定理想信念,加强党性修养,提高能力素质。

全国总工会主席王兆国在安徽考察

1月3日至4日,王兆国在安徽省省委书记郭金龙、省长王金山等陪同下,先后深入厂矿企业和职工家庭,看望慰问了全国劳模和困难职工,并与工会干部进行了座谈。中华全国总工会副主席、书记处第一书记孙春兰陪同考察。

全国关闭和确定关闭煤矿5290个

截至1月3日下午,全国各省份共上报已关闭和确定关闭煤矿矿井5290个,超额完成了关闭4000个矿井的目标。

我国日报出版总量连续第五年居世界第一

新华社报道:《中国报业发展报告2005》(以下简称《报告》)近日由商务印书馆出版。根据《报告》统计,我国日报出版总量规模连续第五年居世界第一。

《报告》还首次公布了2004年中国报业发展经济指标。据统计,2004年,我国出版的日报种类已经占全球日报总量的14.5%,世界每7种日报中,就有一种出自中国;日报平均期印量逼近1亿大关,居世界第一位,我国千人日报拥有率达到75.8份。与此同时,我国报纸经济实力大幅上升,全年报纸总定价达252.9亿元,报纸广告经营额达230.7亿元,报纸印刷总量达到了1526亿对开张,比上年增长23.5%。

第一批501项国家非物质文化遗产名录推荐名单开始向社会公示

据《人民日报》报道:第一批501项国家非物质文化遗产名录推荐名单近日开始向社会公示,为期30天。

据介绍,该名单是对全国31个省、自治区、直辖市及相关部门推荐申报的1315个项目进行审议后筛选而成,分为民间文学、音乐、舞蹈、戏剧、曲艺、杂技与竞技、美术、手工技艺、传统医药和民俗共10大类。其中,备受关注的梁祝传说、格萨尔史诗、蒙古族长调、川江号子、维吾尔木卡姆、秦腔、傩戏、吴桥杂技、水书等文化遗产均获入选。另外,春节、清明节、端午节、七夕节、中秋节、重阳节等中国传统节日也进入推荐名单。

1月4日

国务院总理温家宝主持召开国务院常务会议

会议讨论并原则通过《中华人民共和国义务教育法(修订草案)》,研究部署加快气象事业发展工作。

会议听取了法制办关于义务教育法修订情况的汇报。会议认为,1986年7月施行的《中华人民共和国义务教育法》,对基本普及九年制义务教育、提高全民族素质,发挥了重要作用。但随着经济、社会的快速发展,义务教育出现了一些新的情况和问题,有必要在总结实践经验的基础上,对现行义务教育法进行修改、完善。这次修改的主要内容包括:保障义务教育经费,要求制定适应义务教育基本需求的有关经费标准,中央和地方各级政府根据职责共同负担义务教育经费并负责落实;实施素质教育,规范教学内容,严格课程管理,将德、智、体、美有机统一在教育教学活动中,培养学生独立思考和创新能力;合理配置义务教育资源,经费投入要向农村学校和城市薄弱学校倾斜,引导和鼓励高校毕业生和教师从事义务教育工作,特别是到农村任教，采取措施促进学校均衡发展；加强学校管理，保障学校安全，规范学校收费；加强教师培养和管理，提高教师思想道德和教学业务水平，改善其工作和生活条件；减少教科书种类，提高教科书质量，降低教科书成本，防止利用教科书非法牟利。草案还规定要建立实施义务教育的目标责任制，并对违反本法的行为规定了严格、具体的法律责任。会议决定，《中华人民共和国义务教育法(修订草案)》经进一步修改后，由国务院提请全国人大常委会审议。

会议听取了气象局关于加快气象事业发展有关情况的汇报。会议认为，气象事业是科技型、基础性社会公益事业。加快气象事业发展，提供准确及时的气象预报警报服务，对于提高全社会防御自然灾害的能力，保护人民生命财产安全，促进经济社会发展，具有重要意义。

会议提出了未来5年和15年气象事业发展的目标。到2010年，初步建成结构合理、布局适当、功能齐备的综合气象观测系统、气象预报预测系统、公共气象服务系统和科技支撑保障系统；到2020年，建成结构完善、功能先进的气象现代化体系。为实现这一目标，会议要求，要重点抓好以下工作：一要加强气象基础保障能力建设。加快综合气象观测系统建设，完善气象预报预测系统，建立气象灾害预警应急和公共气象服务体系，提高预报预测水平。二要发挥气象综合保障作用。积极开展应对气候变化研究，强化农业气象服务工作，加快交通、空间天气监测网络建设。三要科学合理开发利用气候资源。认真做好气候资源普查、规划和人工影响天气工作，建立应对突发灾害事件和人工影响天气应急作业机制。四要推进气象工作的法制、体制和机制建设。健全气象法规与标准体系，强化规划引导和行业管理，增强气象科技创新能力。

纪念陈潭秋诞辰110周年座谈会在湖北举行

中共中央政治局委员、湖北省省委书记俞正声出席座谈会并讲话。

俞正声说，陈潭秋同志的一生，是为党和人民的事业鞠躬尽瘁的一生，是为宣传和捍卫真理英勇奋斗的一生。他执着探求革命真理，是马列主义的传播者和共产党组织的创始人；他始终站在斗争最前沿，是群众运动的杰出组织者和领导者；他高瞻远瞩，是党的原则的坚强捍卫者和忠实恪守者；他一身正气，不屈不挠，是大义凛然的革命英烈。

面对敌人的酷刑和屠刀，陈潭秋舍生取义，视死如归。俞正声说，我们要以他为榜样，始终保持共产党人的先进性，始终恪守共产党人的道德情操，始终保持共产党人的高风亮节，自觉抵制各种腐朽思想的侵蚀，不断增强党的凝聚力和战斗力。

俞正声指出，纪念陈潭秋同志，就是要学习他始终坚定共产主义的理想信念，学习他对党和人民的事业无限忠诚，学习他坚持求真务实、勇于开拓创新，学习他高尚的道德情操和革命气节。

俞正声强调，学习陈潭秋同志，就是要把共产主义远大理想同党在现阶段的基本纲领统一起来，坚持党和人民的利益高于一切，努力提高政治理论水平和实际工作能力，贯彻落实科学发展观，全面建设小康社会，把老一辈无产阶级革命家开创的伟大事业不断推向前进。

中国电力装机突破5亿千瓦

据《人民日报》报道：随着中国神华能源股份公司浙江国华宁海电厂2号机组日前建成投产，中国电力装机容量突破5亿千瓦。

中船集团挺进世界造船5强

据《人民日报》报道：2005年，中船集团公司造船产量突破了500万吨大关，达到513万吨，占世界船舶市场的份额由1999年的2.3%提高到7%，预计可排名世界第三位或第四位，稳居世界造船集团五强行列。

中国福彩销量突破400亿元筹集公益金140多亿元

中国和巴基斯坦互换《中华人民共和国和巴基斯坦伊斯兰共和国睦邻友好合作条约》批准书

全国人大常委会副委员长盛华仁在夏威夷与美国参议院临时议长特德·史蒂文斯举行交流机制主席会晤

国务院副总理黄菊在北京出席国防科技工业工作会议

黄菊充分肯定了国防科技工业取得的新成就。他说，国防科技科研生产成果丰硕，装备现代化水平迈上新台阶；“神舟”六号载人航天飞行圆满成功，绕月探测等重大科技工程进展顺利；军民结合、寓军于民取得新成绩，产业可持续能力和竞争能力都得到了提高；国有企业改革继续推进，经济运行质量和效益进一步改善；党的建设和人才队伍建设取得重要进展。

黄菊指出，党的十六届五中全会和中央经济工作会议都强调，国防科技工业要坚持军民结合、寓军于民，继续调整改造和优化产业结构，健全军民互动合作的协调机制，提高产品的研发和制造水平，增强平战转换能力；要把信息、生物、新材料、新能源、航空航天等涵盖国防高技术领域的产业作为新的增长点。国防科技工业系统要深刻认识和准确把握新形势、新要求，统筹兼顾、科学谋划，全面做好实施“十一五”规划的各项工作。

黄菊强调，党中央、国务院对国防科技工业高度重视，寄予厚望。在新的一年里，国防科技工业系统要以邓小平理论和“三个代表”重要思想为指导，以科学发展观统领全局，大力弘扬“两弹一星”和载人航天精神，坚持军民结合、寓军于民的方针，大力提高自主创新能力，努力提高科研和制造水平；继续推进国有企业改革，创新体制机制；坚持以人为本，加强党的建设和人才队伍建设，培养和造就一大批高素质的国防科技人才，为进一步提高综合国力和竞争力作出新的贡献。

中国科学院出台学位授予“弹性”规定研究生发表论文不再“一刀切”

即对学生发表论文数量不再做统一量化要求，而由各培养单位学位评定委员会根据本单位学科专业的实际情况，制定具体标准，并报研究生院学位评定委员会相关学科评议组备案。

中科院常务副院长、研究生院院长白春礼院士介绍说，中科院研究生院有100余个培养单位，有理学、工学、农学、管理学、哲学、教育学等9个学科门类，41个一级学科，全校统一的论文发表数量的要求并不符合各学科专业的实际，单纯追求文章发表可能会忽视、偏离对学生创新能力的培养。

1月5日

国办印发《关于做好国务院2006年立法工作的意见》和《国务院2006年立法工作计划》

各省、自治区、直辖市人民政府，国务院各部委、各直属机构：

经国务院同意，现将《关于做好国务院2006年立法工作的意见》和《国务院2006年立法工作计划》印发给你们，请认真贯彻执行。

国务院办公厅

2006年1月5日

关于做好国务院2006年立法工作的意见

2006年是实施“十一五”规划的开局之年，也是全面落实党的十六大和十六届五中全会精神，以科学发展观统领经济社会发展全局，坚持以人为本，构建社会主义和谐社会的重要一年。进一步做好国务院立法工作，对于贯彻党的十六大和十六届五中全会以及中央经济工作会议精神，落实《全面推进依法行政实施纲要》，保障“十一五”规划起好步、开好局，保持经济平稳较快发展，推进产业结构优化升级，促进区域协调发展，建设资源节约型、环境友好型社会，深化体制改革和提高对外开放水平，深入实施科教兴国、人才强国战略，推进社会主义和谐社会建设，具有十分重要的意义。

2006年国务院立法工作总的指导思想是：以邓小平理论和“三个代表”重要思想为指导，按照全面落实科学发展观和构建社会主义和谐社会的要求，根据党的十六大、十六届五中全会精神和党中央、国务院关于2006年工作的总体部署，突出政府立法工作重点，确保政府立法工作质量，为改革发展稳定提供有力的法制保障，促进经济社会全面协调可持续发展。总结前几年国务院立法工作的实践经验，结合当前面临的新形势、新任务，现就做好国务院2006年的立法工作提出以下意见：

一、政府立法工作要全面落实科学发展观，体现深化体制改革、扩大对外开放、构建社会主义和谐社会的要求。要把完善社会主义市场经济法律体系和构建社会主义和谐社会所需要的法律、行政法规作为立法工作重点。起草法律、行政法规草案，要正确处理公平与效率的关系，坚持把维护最广大人民的根本利益作为出发点和落脚点，更加注重社会公平，加大运用法律手段调节分配的力度，努力缩小不同区域、农村与城市、不同社会群体之间的差距。要按照经济体制改革和行政管理体制改革的要求，正确处理政府与市场、政府与社会的关系，促进政企分开、政资分开、政事分开、政府与中介组织分开，减少和规范行政审批。要正确处理加强管理和引导公民、法人和其他组织自律的关系，充分发挥法律的引导功能，鼓励、引导公民、法人和其他组织进行自我规范。要正确处理公共利益与公民合法权益的关系，更加重视保护公民的合法权益。要正确处理立足现实与改革创新的关系，对现实中合理的、符合改革方向的制度和措施要通过立法予以肯定，对那些不合理、不符合改革方向、阻碍生产力发展的制度和措施要及时予以修改或者废止，使政府立法工作不断适应改革开放和经济社会发展的需要。

二、改进工作方法，创新工作机制，进一步提高政府立法质量。起草法律、行政法规草案，要继续坚持立法工作者、实际工作者和专家学者相结合的工作机制，既要听取专家学者的意见，又要听取实际工作部门的意见；既要听取执法部门的意见，又要听取管理相对人的意见；既要听取中央部门的意见，又要听取地方特别是基层行政机关的意见。要高度重视调查研究，改进方法、注重实效，深入基层、深入群众、深入实践，了解社情民意，掌握第一手材料，使立法具有针对性和可操作性，能够解决实际问题。要在坚持立足本国实际的前提下，参考、借鉴其他国家的成功经验和国际通行做法,特别是反映市场经济共同规律的经验和做法,并严格履行我国缔结或者参加的有关国际公约。要进一步提高政府立法工作的透明度和公众参与程度,完善公众参与的机制、程序和方法,拓宽公众参与渠道,适当增加向社会公开征求意见的行政法规草案的数量,尝试举办行政法规立法听证会,逐步建立听取和采纳公众意见情况说明制度。要探索开展政府立法的后评估工作,对社会关注程度高的法律、行政法规的实施效果进行评估,并不断总结经验、逐步使之制度化。要完善公众对法律、行政法规实施情况的意见和建议跟踪反馈机制,及时分析、总结制度设计本身存在的问题,准确把握修改、废止有关法律、行政法规的时机。

三、加强协调配合,进一步提高政府立法工作效率。在起草、审查法律草案或者行政法规草案过程中,有关部门对重大、复杂问题意见不一,经充分协商仍不能取得一致意见的,法制办要加强协调,提出解决问题的意见和建议;各有关部门要从大局出发,积极配合,及时负责地反映本部门的意见;必要时可以通过举办听证会、论证会等途径,听取社会公众和专家学者的意见。对于部门职权划分、管理体制等事项,国务院已经作出决定的,各有关部门不得再通过任何途径提出不同意见。此外,在起草、审查法律草案过程中,法制办和各有关部门要进一步加强与全国人大有关专门委员会、全国人大常委会法工委的联系和沟通。

国务院2006年的立法工作任务很重,各有关部门要突出重点、统筹兼顾、合理安排,确保按时、高质量地完成《国务院2006年立法工作计划》要求年内出台的重点立法项目的起草任务,如期报送国务院审查;不能如期完成的,起草部门要向国务院提交书面报告,说明情况。对《国务院2006年立法工作计划》要求抓紧研究、待条件成熟时适时提出的其他立法项目,起草部门要抓紧研究起草工作。根据新的形势和任务的要求,需要对立法项目作出调整的,有关部门要及时请示国务院。法制办要对列入《国务院2006年立法工作计划》的立法项目的起草情况及时进行跟踪、了解并加强指导。

国务院2006年立法工作计划(文略)

2006年中国人民银行工作会议在南昌召开

会议总结了2005年人民银行的各项工作,安排部署2006年主要工作。会议指出,2005年中国金融宏观调控取得明显成效。2005年,人民银行继续执行稳健的货币政策,通过市场化手段加强总量控制、优化信贷结构、完善货币政策传导机制,保持金融稳定运行,促进经济平稳较快发展。2005年11月末,广义货币供应量M2同比增长18.3%,狭义货币供应量M1同比增长12.7%;全部金融机构人民币贷款增加2.2万亿元。

按照部署,2006年人民银行工作的总体要求是:以邓小平理论和“三个代表”重要思想为指导,认真落实党的十六大、十六届五中全会和中央经济工作会议精神,坚持以科学发展观统领金融工作全局,保持货币政策的连续性和稳定性,继续实行稳健的货币政策,稳步推进金融改革开放,着力加快国有商业银行股份制改革,大力发展金融市场,维护金融体系稳定,进一步改进外汇管理,提高金融服务水平,促进国民经济持续协调、快速、健康发展,为顺利实施“十一五”规划开好局、起好步。

广东税收连续14年位居全国第一

全国人大常委会副委员长李铁映在人民大会堂会见由主席克劳斯·罗斯柏叶率领的瑞典议会交通与通讯委员会代表团

中国首次环球大洋科考全面完成目标

据新华社报道:在依次完成了太平洋、大西洋和印度洋的科考任务后,中国“大洋一号”科考船正朝着祖国方向前进。中国大洋协会总工程师、“大洋一号”首席科学家郭世勤说,本次科考制定的3个目标全面完成。

中国首个50公斤量级“TJ—1型无人机遥感快速监测系统”研制成功

全国总工会进一步做好维护农民工合法权益工作电视电话会议在北京举行

全国总工会副主席、书记处第一书记孙春兰在会上传达了中央领导同志关于维护农民工合法权益有关问题的重要批示,并要求各级工会采取有力措施,从6个方面扎实深入地做好维护农民工合法权益的工作。

一是叫响“农民工有困难找工会”“职工有困难找工会”的口号,不断扩大工会在农民工中的影响。及时向党委、政府和有关方面反映农民工的情况和工作生活中遇到的困难。主动向农民工提供法律代理和服务。

二是把农民工作为送温暖活动的重点对象。据悉,全国总工会2006年在已经安排4000万元送温暖资金的基础上,将再增拨500万元专门用于开展向农民工的送温暖活动。

三是协助政府和有关部门积极帮助农民工追讨欠薪,保证春节前及时偿还拖欠农民工的工资。

同时，全国各级工会还将加强群众性劳动安全卫生；协助有关方面研究解决农民工合法权益保护问题；引导广大农民工通过理性合法方式维护自身合法权益。

统计数据显示，目前我国农民工群体中的工会组建工作已取得明显进展。在北京，2005年外地在京施工的1629家企业中，七成以上建立了工会；入会会员622883人，占在京农民工总数的78.5%。

全国妇联2006年“送温暖、三下乡”活动在湖北启动

今年全国妇联“送温暖、三下乡”活动将投入项目资金1636万元。春节前，全国妇联将把这些资金陆续送往湖北、甘肃、辽宁、安徽、重庆5个省、市。

1月6日

中央纪委第六次全体会议在北京举行

会议于1月5日至6日举行。出席会议的中央纪委委员110人，列席299人。

中央纪委常务委员会主持了会议。这次全会以邓小平理论和“三个代表”重要思想为指导，深入贯彻党的十六大和十六届三中、四中、五中全会精神，全面落实科学发展观，总结2005年工作，研究部署2006年党风廉政建设和反腐败工作任务。全会审议通过了中央纪委书记吴官正代表中央纪委常委会所作的《全面履行党章赋予的职责，进一步加大防治力度，不断开创党风廉政建设和反腐败工作新局面》的报告。

中国共产党中央委员会总书记胡锦涛出席全会第二次大会并发表了重要讲话。吴邦国、温家宝、贾庆林、曾庆红、黄菊、吴官正、李长春、罗干等党和国家领导人出席会议。有关方面的负责同志参加了会议。

中共中央总书记胡锦涛在中央纪委第六次全体会议上发表重要讲话

胡锦涛强调，要紧密联系建设中国特色社会主义的丰富实践，紧密联系党的建设特别是党风廉政建设和反腐败工作的现实需要，认真学习党章，自觉遵守党章，切实贯彻党章，坚决维护党章，努力促进党的执政能力建设和先进性建设，不断解决好提高党的领导水平和执政水平、提高拒腐防变和抵御风险能力两大历史性课题，更好地团结带领全国各族人民为全面建设小康社会、加快推进社会主义现代化而努力奋斗。

胡锦涛在讲话中指出，我们党要团结带领人民抓住机遇、应对挑战，实现全面建设小康社会的目标，就必须着力加强党的执政能力建设和先进性建设，全面推进党的建设新的伟大工程。党风廉政建设是党的建设新的伟大工程的重要组成部分，是党的执政能力建设和先进性建设的重要内容。在各级党委和政府领导下，各级纪检监察机关按照中央反腐倡廉的战略部署，积极开展工作，党风廉政建设和反腐败工作在过去的基础上又取得了新的成效，呈现出良好发展态势。同时，我们要深刻认识现阶段我国反腐倡廉工作的长期性、复杂性、艰巨性，从党和国家事业发展的大局出发，从巩固党的执政地位、完成党的执政使命的战略高度出发，顺应广大干部群众的愿望，坚定不移地把反腐倡廉工作深入持久地开展下去，保证中国特色社会主义事业沿着正确的航向前进。

胡锦涛强调，当前要重点抓好以下工作。一是要把推动贯彻落实科学发展观作为党风廉政建设的重要内容，督促各级领导干部牢固树立科学发展观和正确政绩观，坚决防止和纠正违背科学发展观的错误行为。二是要把解决损害群众利益的突出问题作为党风政风建设的工作重点，严肃查处损害群众利益的突出问题，全面加强行风建设，深入开展专项治理，并建立健全巩固成果的长效机制。三是要加强对党员领导干部的反腐倡廉教育，认真落实“八个坚持、八个反对”的要求，深入开展理想信念和从政道德教育、党的优良传统和作风教育、党纪条规和国家法律法规教育，促进领导干部廉洁从政。四是要严肃查处违反党的纪律的行为，严肃查办领导干部滥用权力、谋取私利、贪污贿赂、失职渎职等方面的案件。五是要认真开展治理商业贿赂专项工作，坚决纠正不正当交易行为，依法查处商业贿赂案件。六是要坚持以改革统揽预防腐败的各项工作，积极推进制度建设和创新，抓紧建立健全教育、制度、监督并重的惩治和预防腐败体系，健全有利于防范腐败的体制机制，加强对权力运行的制约和监督，不断铲除腐败现象滋生蔓延的土壤和条件。

胡锦涛指出，总结我们党自身建设包括党风廉政建设和反腐败工作的实践经验，可以得出一个重要结论，就是要始终把学习党章、遵守党章、贯彻党章、维护党章作为全党的一项重大任务抓紧抓好。只有把党章学习好、遵守好、贯彻好、维护好，才能确保我们党始终沿着正确的方向前进，始终成为中国特色社会主义事业的领导核心，始终凝聚起全党同志的意志和力量为实现党的理想和目标而共同奋斗。

胡锦涛强调，要通过学习贯彻党章推进党风廉政建设、进一步加大防治腐败的力度。一是要进一步坚定理想信念，继续推动马克思列宁主义、毛泽东思想、邓小平理论和“三个代表”重要思想的学习，帮助广大党员、干部掌握和运用辩证唯物主义和历史唯物主义的强大思想武器，任何时候任何情况下都确保在理想信念上不犹疑、不含糊、不动摇，矢志不渝地为实现党在社会主义初级阶段的基本路线、基本纲领而奋斗。二是要进一步加强道德修养，教育引导党员、干部特别是领导干部牢固树立马克思主义世界观、人生观、价值观和正确的权力观、利益观、地位观，模范遵守社会公德、职业道德、家庭美德，坚决抵御各种腐朽落后思想文化的侵蚀，永葆共产党人的高风亮节。三是要进一步发展党内民主，坚持民主集中制，积极探索发展党内民主的有效途径和形式，健全党内议事和决策程序，认真贯彻党员权利保障条例，发挥各级党组织和广大党员的积极性和创造性。四是要进一步严明政治纪律，坚决维护中央权威，保证中央政令畅通。五是要进一步强化制约监督，不断完善党内监督制度，发挥各方面监督的积极作用，着力加强对领导干部行使权力的全方位、全过程监督，加强对腐败多发易发部位和领域的监督，确保权力正确行使。六是要进一步加强制度建设，加强以党章为核心的党内法规制度体系建设，着力提高制度的科学性、系统性、权威性，做到用制度管权、用制度管事、用制度管人，推进党风廉政建设和反腐败工作的制度化、规范化。

胡锦涛指出，各级纪律检查机关要全面履行党章赋予的职责，带头遵守党章，充分发挥职能作用，坚决查处各种违反党章的行为，为学习党章、遵守党章、贯彻党章、维护党章继续作出积极努力。要紧紧围绕实施中央为推进改革发展稳定而采取的重大举措加强监督检查，增强各级党组织和广大党员、干部贯彻执行党的路线方针政策和工作部署的自觉性和坚定性，为促进经济社会又快又好发展提供有力保障。要正确处理坚决惩治腐败和有效预防腐败的关系，正确处理抓好重点工作和全面履行职能的关系，正确处理履行自身职责和发挥好其他部门作用的关系，既要坚决惩治腐败又要有效预防腐败，既要坚决纠正不正之风又要重视解决苗头性、倾向性问题，深入推进党风廉政建设和反腐败工作。各级党委务必认真落实党风廉政建设责任制，加强对纪律检查工作的领导，及时研究解决工作中遇到的重大问题，坚决支持纪律检查机关依照党章开展工作。

国台办在北京就两岸关系举行新闻发布会

国务院台湾事务办公室新闻发言人李维一在新闻发布会上表示，2005年在两岸同胞共同努力下，两岸关系中有利于遏制“台独”活动的积极因素在增加，两岸关系朝着和平稳定方向发展的势头在增强，两岸人员往来和经济文化等各个领域的交流与合作也得到了进一步发展。展望新的一年，我们将继续坚持“和平统一、一国两制”的基本方针和现阶段发展两岸关系、推进祖国和平统一进程的八项主张，认真贯彻胡锦涛总书记提出的新形势下发展两岸关系的四点意见，努力构建和平稳定发展的两岸关系。

李维一在回顾2005年两岸形势时说，2005年3月4日胡锦涛总书记发表了关于新形势下发展两岸关系的重要讲话。一年来，我们采取了一系列维护台海地区和平稳定，促进两岸关系发展的重大举措，全国人大通过《反分裂国家法》，表明了我们继续尽最大努力争取和平统一前景的最大诚意和决不容忍“台独”的坚定意志。中共中央和胡锦涛总书记邀请国民党、亲民党领导人相继率团访问大陆，取得了重要成果。我们主动推出了一系列惠及广大台湾同胞的政策措施。这些重要举措赢得了两岸同胞的广泛拥护和支持，也得到了国际舆论的高度评价，在海内外产生了重大影响。但是，“台独”分裂势力并未停止“台独”分裂活动，台海局势紧张的根源并未清除，反对和遏制“台独”分裂势力及其活动的斗争依然严峻、复杂。特别值得注意的是，台湾当局领导人重提“宪改”时间表，不断鼓吹“台独”分裂言论，并改变推动“宪改”的策略，这表明“台独”分裂势力加紧通过“宪改”进行“台湾法理独立”活动的冒险性、危险性又在上升。坚决遏制“台独”分裂活动，维护台海地区的和平稳定，仍然是两岸同胞当前最紧迫的任务。

在展望新一年的两岸关系时，李维一强调，我们多次重申，将以最大的诚意、尽最大的努力争取和平统一的前景，但是决不允许“台独”，决不允许任何人以任何方式把台湾从中国分裂出去。我们将继续团结广大台湾同胞以及海内外中华儿女，进一步促进两岸人员往来和各项交流，不断拓展两岸经济交流与合作的深度与广度，促进早日实现两岸直接“三通”。我们将继续与反对“台独”、认同“九二共识”、主张发展两岸关系的台湾各党派、团体和各界人士广泛开展交流与对话。只要台湾当局承认体现一个中国原则的“九二共识”，两岸对话与谈判即可恢复，而且什么问题都可以谈。我们对两岸关系的发展和祖国和平统一前景充满信心。

在回答记者关于台湾当局领导人陈水扁2006年元旦讲话的问题时，李维一说，我们注意到陈水扁最近有个讲话，我们更注意到台湾社会各界以及国际舆论对他这个讲话的评论。我们相信广大台湾同胞对他的这个讲话也都看得很清楚。当前，经过两岸同胞共同努力，促进了两岸关系朝着和平稳定方向发展。台湾民众期盼社会安定、经济振兴、两岸关系和平稳定发展的愿望更为强烈。任何人如果不顾民众的福祉，在两岸关系上倒行逆施，最终损害的是台湾同胞的利益。任何与自己的民族和同胞为敌的人，最终必将自食恶果。

李维一最后强调，我们坚持一个中国原则决不动摇，反对"台独"分裂活动决不妥协，我们将信守对广大台湾同胞作出的庄严承诺，努力做好对台湾同胞有利的事情，做好对促进两岸交流有利的事情，继续尽最大努力推动两岸关系朝着和平稳定的方向发展。

国家林业局新闻发言人曹清尧宣布赠台大熊猫遴选结果揭晓

在国务院台办举行的新闻发布会上，曹清尧宣布，经过海峡两岸专家们218天的共同努力，16号、19号从23只候选大熊猫中脱颖而出，成为大陆同胞赠送给台湾同胞的一对大熊猫。16号系雌性，呼号为"黄毛丫头"，年龄1岁零5个月，体重48公斤；19号系雄性，呼号为"小乖乖"，年龄1岁零4个月，体重46公斤。

"十五"期间中央财政"三农"投入达1.13万亿元

据《人民日报》报道："十五"时期，中央财政用于"三农"资金达1.13万亿元，5年年均递增17%，是改革开放以来投入增加最多、增长速度最快的时期之一。作为"十五"时期财政支农政策的重大创新，实施"三减免三补贴"政策，使农民直接受益的程度大大提高。据统计，2004—2005年，农民从"三减免三补贴"政策中直接受益来自各级财政的资金1000多亿元。农业税减免惠及了8亿农民，粮食直补使6亿多农民受益，良种补贴覆盖近6亿亩，农机补贴试点在中央直属垦区和全国566个县实施。

"十五"期间，中央财政用于退耕还林工程资金1132亿元，完成退耕还林面积1.23亿亩，荒山荒地造林1.76亿亩；用于天然林保护工程资金446亿元，保护了14亿亩天然林，营造林木0.62亿亩；投入森林生态效益补偿补助资金70亿元。中央财政用于农村扶贫开发的投入572亿元。

我国第三代移动通信标准具备组网能力

这项技术填补了我国电信史空白、世界第三代移动通信(3G)三大标准之一的TD—SCDMA标准，经过我国企业和科技人员数年的艰苦努力，目前已经具备大规模独立组网能力，系统设备基本实现了所有的功能和业务，且运行稳定。

信息产业部科技司有关负责人认为，TD—SCDMA作为我国在通信标准领域的首次重大突破，对改变我国移动通信产业长期受制于人的状况、提高我国移动通信产业的国际地位具有十分重要的意义，其发展也为我国移动通信后续标准与技术的演进奠定了基础。此外，在整体推进TD—SCDMA研究开发和产业化的过程中，我国建立起了完整的TD—SCDMA产业链，形成了以自主核心技术为基础的庞大的产业群体，成功建立起以"政府为引导、企业为主体"的TD—SCDMA技术创新体系，这无疑对未来我国通信以及其他自主创新技术的发展将起到巨大的示范作用。

《历史的记忆——毛泽东像章赏析》出版

该书由李雷鸣编辑，中央文献出版社出版，是国内第一部以毛泽东像章为载体宣传中共党史的书籍。

《中华人民共和国行政区划图集》出版发行

该图集是有史以来第一部标准权威的国家行政区划专题地图集。采用8开本，尺寸为297mm×420mm。由民政部、国家测绘局组织编制，中国地图出版社发行。该图集的主题是行政区划，图集汇集了行政区划设置调整、地名标准化、行政区域界线勘界和国家基础测绘的最新成果资料，是半个多世纪来中国行政区划、地名和行政区域界线管理工作成果的集中体现。

第二十二届哈尔滨国际冰雪节开幕

有68个国家、地区和国际组织及国内各省区市代表团的贵宾1600余人参加了开幕式。

本届冰雪节的主题为"中国俄罗斯年在哈尔滨"。开幕式上举办了俄罗斯印象图片展。

中国新型农村合作医疗试点覆盖人口达2.33亿人

据卫生部消息，截至2005年9月30日，全国开展新型农村合作医疗试点的县达到671个，覆盖农业人口2.33亿，占全国农业人口的26.30%，参加合作医疗的人口达到1.77亿，占全国农业人口的19.94%，参合率为75.79%。

国务院副总理回良玉在中国农科院哈尔滨兽医研究所考察

回良玉在考察时强调，防控高致病性禽流感等重大动物疫情是一项长期艰巨的任务，我们在思想上要警钟长鸣，在行动上要常抓不懈，充分发挥科技支撑作用，全面强化各项防控措施，扎实有效地抓好高致病性禽流感防控工作。

回良玉指出，我国高致病性禽流感防控工作已取得阶段性显著成效，疫情频发和局部地区连片暴发的态势得到及时有效遏制。但我们必须清醒地看到，禽流感疫情仍时有发生，近日人感染禽流感病例仍时有出现，务必保持高度警惕，麻痹不得、松懈不得。要继续认真贯彻中央关于禽流感防控工作的部署，始终把人民群众的身体健康和生命安全放在第一位，发扬连续作战的精神，强化措施，扎实工作，坚决打赢禽流感防控这场硬仗。

回良玉强调，防控高致病性禽流感，科学技术是关键。我们要把依靠科技这一方针落实到防控工作的各个方面，体现在防控工作的各个环节。要用科学理念指导防控工作，用科学制度保障防控工作，用科学方法规范防控工作，用科学手段支撑防控工作。当前，要把防控高致病性禽流感的科研攻关作为科技工作重点，摆在十分突出的位置。要按照“统一组织、大力协同、突出重点、合力攻关”的原则，认真总结经验，加强部门协调，集中优势力量，整合科技资源，力争在新型高效疫苗、防治药物、诊断试剂的研制以及对迁徙候鸟的监控研究等方面取得新进展新突破，并尽快将科研成果转化为现实生产力，全面提升禽流感防控的科技含量。要加强畜牧兽医科研队伍建设，关心科技人员的工作和生活，充分调动和发挥他们的积极性和创造性，不断提高我国畜牧业科技发展水平。

司法部首次向全国司法系统因公牺牲警察的家属发放特别补助金和慰问金

从2003年至2004年年底，全国司法行政系统因公牺牲警察81人。1月6日，司法部举行特别补助金和慰问金发放仪式，集中发放820万元给牺牲警察家属。

1月7日

国务院副总理黄菊在北京出席全国铁路工作会议并讲话

黄菊说，铁路是国家重要基础设施，是国民经济大动脉和大众化交通工具，在经济和社会发展中占有重要位置，发挥着十分重要的作用。“十五”期间，特别是近三年来，铁路系统按照党的十六大提出的全面建设小康社会的宏伟目标，以邓小平理论和“三个代表”重要思想为指导，贯彻落实科学发展观，铁路跨越式发展取得了很大的成绩。铁路系统编制并实施《中长期铁路网规划》，运输生产经营上了一个新台阶，基础设施建设取得重大进展，技术装备现代化迈出重要步伐，铁路部门改革取得新的突破，运输安全保持基本稳定，运输服务质量也有了明显提高，特别是为缓解煤电油运紧张状况、保障国民经济持续快速发展和人民群众正常生活作出了重要贡献。

黄菊提出，“十一五”是贯彻科学发展观、全面建设小康社会的关键时期，也是铁路实现跨越式发展的关键时期。在综合交通运输体系中，铁路具有运力大、能耗低、污染小、占地少的比较优势，在全面落实科学发展观，建设资源节约型、环境友好型社会中应当发挥更大作用。铁路系统要按照十六届五中全会和中央经济工作会议要求，进一步加快发展步伐，肩负起促进国民经济和社会发展的重大责任和光荣使命。一要加快铁路基础设施建设，提升路网运输能力，解决目前铁路运力严重不足的问题，满足经济社会发展需要；二要大力提高铁路自主创新能力，加快推进铁路装备技术现代化；三要努力挖掘运输潜力，千方百计缓解运输供需矛盾，进一步完善确保重点物资运输的措施和办法；四要坚持“安全第一”思想不动摇，确保铁路运输安全持续稳定；五要继续深化改革，加快铁路投融资体制的改革，建立和完善适应社会主义市场经济要求、符合中国国情的铁路管理体制；六要加强党的建设和队伍建设，为加快铁路发展提供坚强保证。

政协福建省第九届委员会第四次会议选举梁绮萍为福建省政协主席

国务委员唐家璇在北京看望柬埔寨前国王诺罗敦·西哈努克及夫人莫尼列和柬国王西哈莫尼

中国第二十二次南极考察格罗夫山队共发现陨石150多块

格罗夫山考察队队长琚宜太说，目前的陨石都是在前三次考察发现陨石的区域找到的，部分还属于比较珍贵的种类，其中最大的一颗重901克。

陨石收集是此次格罗夫山考察的一项重要任务。其目标一是在原有的陨石富集区进行收集，提高中国南极陨石的拥有总量，并发现新的、特殊的陨石类型；二是在冰川搬运与消融形成的原生富集地寻找新的陨石聚集区。

全国卫生工作会议在北京召开

会议的主要任务是：高举邓小平理论和“三个代表”重要思想伟大旗帜，深入贯彻党的十六届五中全会和中央经济工作会议精神，全面落实科学发展观，按照党中央、国务院关于加强卫生工作，增进人民健康，构建和谐社会的总体要求，统一思想，明确目标，为总结2005年的工作和经验，部署2006年的任务和措施，团结和动员全国医疗卫生工作者，为实现“十一五”时期国家经济社会发展目标，提高人民健康水平贡献力量。

卫生部部长高强指出，2006年是“十一五”规划实施的开局之年，也是加快卫生发展极为重要的一年。做好今年的工作，对于推动今后5年乃至更长时期的卫生发展，都具有重要的意义。2006年要重点抓好以下几项工作：一是加强公共卫生体系建设，提高疾病预防控制、公共卫生监督和突发事件应急处置能力。二是进一步加强重大疾病防治工作。三是加强农村卫生工作，积极推进新型农村合作医疗制度试点。四是大力发展城市社区卫生服务。五是深化城市医疗服务体制改革。六是加强医院管理监督。七是加强中医药工作。八是进一步转变政府职能，强化调控、监管、管理和服务。政府卫生工作的基本职能是宏观调节、市场监管、社会管理和公共服务。九是完善卫生机构经费保障机制，加强项目资金管理。十是加强行风和精神文明建设，探索教育、制度、惩治相结合的纠风工作长效机制。

长江上游最大的集装箱码头——重庆港寸滩港区正式开港作业

1月8日

《人民日报》发表国务院制定的《国家突发公共事件总体应急预案》

《国家突发公共事件总体应急预案》(以下简称总体预案)全国应急预案体系的总纲，明确了各类突发公共事件分级分类和预案框架体系，规定了国务院应对特别重大突发公共事件的组织体系、工作机制等内容，是指导预防和处置各类突发公共事件的规范性文件。

总体预案将突发公共事件分为自然灾害、事故灾难、公共卫生事件、社会安全事件四类。按照各类突发公共事件的性质、严重程度、可控性和影响范围等因素，总体预案将其分为四级，即Ⅰ级(特别重大)、Ⅱ级(重大)、Ⅲ级(较大)和Ⅳ级(一般)。总体预案出台后，国务院各有关部门已编制了国家专项预案和部门预案，全国各省、自治区、直辖市的省级突发公共事件总体应急预案均已编制完成。

国务院副总理回良玉在中南海紫光阁会见柬埔寨高级大臣兼宗教事务大臣坤杭一行

国务委员唐家璇在钓鱼台国宾馆会见玻利维亚总统埃沃·莫拉莱斯

国家天文台宣布将一颗由我国科学家发现的小行星命名为“茅以升星”

由中美日等国科学家组成的国际合作组在北京正负电子对撞机上进行的北京谱仪试验中观测到的一个新粒子暂时命名为 X1835

中国将每年6月的第二个星期六定为文化遗产日

《周恩来的晚年岁月》出版

该书由中共中央文献研究室原周恩来研究组(下分生平和著作两个小组)组长刘武生撰写，党史专家金冲及为本书作序，由人民出版社出版。它真实记录了周恩来在晚年，主要是在“文化大革命”时期的经历。

《周恩来画传》出版

该书由中央文献研究室、四川省委编著，四川出版集团和四川人民出版社出版的《周恩来画传》出版。

陕西省西安市西郊阿房宫遗址附近发现战国秦时期的排水管道

第二十八届省港杯足球赛广东队夺冠

广东队以2:0战胜香港队。广东队从而以总比分2:1获得冠军。

卫生部首次表彰全国优秀乡村医生

王金海等200名乡村医生被授予“全国优秀乡村医生”荣誉称号，每人获奖励5000元。

中国计划生育协会第六次全国会员代表大会暨先进表彰会在北京举行

会议于1月8日至10日召开。全国人大常委会副委员长顾秀莲、国务委员兼国务院秘书长华建敏、全国政协副主席王忠禹、原中共中央政治局委员、全国人大常委会副委员长、中国计生协会会长姜春云、国家人口和计生委主任张维庆等领导出席会议并为受表彰的先进单位、先进工作者和先进志愿者代表颁奖。

会议审议批准了中国计生协五届全国理事会的工作报告；表彰了全国计划生育协会先进单位和个人；修改通过了《中国计划生育协会章程(草案)》；选举产生了中国计划生育协会第六届全国理事会理事、常务理事、会长、副会长等。经过民主选举，会议分别选出了由177人组成的第六届全国理事会，41人组成的常务理事会。姜春云同志继续当选为会长，潘贵玉、席小平等11名同志当选为副会长。

1月9日

全国科学技术大会在人民大会堂开幕

中共中央政治局常委吴邦国、温家宝、贾庆林、曾庆红、黄菊、吴官正、李长春、罗干出席大会。

大会首先为获得2005年度国家科学技术奖的

人员颁奖。中共中央政治局常委、国务院总理温家宝宣读了《国务院关于2005年度国家科学技术奖励的决定》。

胡锦涛向获得2005年度国家最高科学技术奖的中国科学院院士、中国科学院大气物理研究所名誉所长叶笃正，中国科学院院士、中国人民解放军第二军医大学东方肝胆外科医院院长吴孟超颁发奖励证书和奖金，并同他们亲切握手，表示祝贺。随后，胡锦涛等党和国家领导人分别向获得国家自然科学奖、国家技术发明奖和国家科学技术进步奖的代表颁发奖励证书。

颁奖结束后，中共中央总书记、国家主席、中央军委主席胡锦涛发表了题为《坚持走中国特色自主创新道路，为建设创新型国家而努力奋斗》的重要讲话。

吴邦国在主持大会时说，胡锦涛同志的重要讲话，站在我国未来科学技术发展的战略高度，精辟论述了科学技术与促进经济社会发展的关系，深刻阐明了制定并实施本世纪第一个国家中长期科学和技术发展规划纲要以及建设创新型国家的重大意义。我们要认真学习领会讲话精神，努力完成国家中长期科学和技术发展规划纲要确定的各项目标任务，万众一心、埋头苦干、开拓创新，为全面建设小康社会、实现中华民族的伟大复兴而不懈奋斗。

出席大会的还有：王乐泉、王兆国、回良玉、刘淇、刘云山、吴仪、张立昌、张德江、俞正声、贺国强、曹刚川、曾培炎、王刚、何勇、何鲁丽、成思危、许嘉璐、盛华仁、路甬祥、韩启德、唐家璇、华建敏、陈至立、肖扬、贾春旺、王忠禹、刘延东、白立忱、罗豪才、陈奎元、徐匡迪、黄孟复、李蒙、张梅颖等。

出席全国科学技术大会的全体代表、2005年度国家科学技术奖获奖代表、首都科技界代表等共3000多人出席大会。

国家主席胡锦涛在全国科学技术大会上发表《坚持走中国特色自主创新道路，为建设创新型国家而努力奋斗》的讲话

同志们：

这次会议是党中央、国务院在新世纪召开的第一次全国科学技术大会。首先，我代表党中央、国务院，向2005年度国家科学技术奖获奖者表示热烈的祝贺，向为我国科技事业发展作出突出贡献的广大科技工作者表示诚挚的问候和崇高的敬意！

这次会议的主要任务是：分析形势，统一思想，总结经验，明确任务，部署实施《国家中长期科学和技术发展规划纲要（2006—2020年）》，动员全党全社会坚持走中国特色自主创新道路，为建设创新型国家而努力奋斗，进一步开创全面建设小康社会、加快推进社会主义现代化的新局面。

一、深刻认识世界新科技革命带来的机遇和挑战

党的十六届五中全会提出了我国“十一五”时期发展的主要目标、指导原则和重大部署，强调本世纪头20年是我国发展的重要战略机遇期，“十一五”时期尤为关键；要求我们一定要有高度的历史责任感、强烈的忧患意识和宽广的世界眼光，紧紧抓住机遇，应对各种挑战，奋力把中国特色社会主义事业推向前进。科学技术是第一生产力，是推动人类文明进步的革命力量。要实现党的十六届五中全会确定的发展目标，必须坚持以邓小平理论和“三个代表”重要思想为指导，全面贯彻落实科学发展观，大力实施科教兴国战略和人才强国战略，进一步发挥科技进步和创新的重大作用，切实把经济社会发展转入以人为本、全面协调可持续发展的轨道。

当今时代，人类社会步入了一个科技创新不断涌现的重要时期，也步入了一个经济结构加快调整的重要时期。发轫于上个世纪中叶的新科技革命及其带来的科学技术的重大发现发明和广泛应用，推动世界范围内生产力、生产方式、生活方式和经济社会发展观发生了前所未有的深刻变革，也引起全球生产要素流动和产业转移加快，经济格局、利益格局和安全格局发生了前所未有的重大变化。进入21世纪，世界新科技革命发展的势头更加迅猛，正孕育着新的重大突破。信息科技将进一步成为推动经济增长和知识传播应用进程的重要引擎，生命科学和生物技术将进一步对改善和提高人类生活质量发挥关键作用，能源科技将进一步为化解世界性能源和环境问题开辟途径，纳米科技将进一步带来深刻的技术变革，空间科技将进一步促进人类对太空资源的开发和利用，基础研究的重大突破将进一步为人类认知客观规律、推动技术和经济发展展现新的前景。

在世界新科技革命推动下，知识在经济社会发展中的作用日益突出，国民财富的增长和人类生活的改善越来越有赖于知识的积累和创新。科技竞争成为国际综合国力竞争的焦点。当今时代，谁在知识和科技创新方面占据优势，谁就能够在发展上掌握主动。世界各国尤其是发达国家纷纷把推动科技进步和创新作为国家战略，大幅度提高科技投入，加快科技事业发展，重视基础研究，重点发展战略高技术及其产业，加快科技成果向现实生产力转化，以利于为经济社会发展提供持久动力，在国际经济、科技竞争中争取主动权。

面对世界科技发展的大势，面对日趋激烈的国际竞争，我们只有把科学技术真正置于优先发展的战略地位，真抓实干，急起直追，才能把握先机，赢得发展的

主动权。

大量国际经验表明，一个国家的现代化，关键是科学技术的现代化。党和国家历来高度重视科学技术发展。新中国成立以来特别是改革开放以来，党和国家采取了一系列加快我国科技事业发展的重大战略举措，经过广大科技人员顽强拼搏，我们取得了一批以“两弹一星”、载人航天、杂交水稻、陆相成油理论和应用、高性能计算机、人工合成牛胰岛素、基因组研究等为标志的重大科技成就，拥有了一批在农业、工业领域具有重要作用的自主知识产权，促进了一批高新技术产业群的迅速崛起，造就了一批拥有自主知名品牌的优秀企业，全社会科技水平显著提高。这些科技成就，为推动经济社会发展和改善人民生活提供了有力的支撑，显著增强了我国的综合国力和国际竞争力。

同时，我们也必须清醒地看到，我国正处于社会主义初级阶段，经济社会发展水平不高，人均资源相对不足，进一步发展还面临着一些突出的问题和矛盾。从我国发展的战略全局看，走新型工业化道路，调整经济结构，转变经济增长方式，缓解能源资源和环境的瓶颈制约，加快产业优化升级，促进人口健康和保障公共安全，维护国家安全和战略利益，我们比以往任何时候都更加迫切地需要坚实的科学基础和有力的技术支撑。

目前，我国科技的总体水平同世界先进水平相比仍有较大差距，同我国经济社会发展的要求还有许多不相适应的地方，主要是：关键技术自给率低，自主创新能力不强，特别是企业核心竞争力不强；农业和农村经济的科技水平还比较低，高新技术产业在整个经济中所占的比例还不高，产业技术的一些关键领域存在着较大的对外技术依赖，不少高技术含量和高附加值产品主要依赖进口；科学研究实力不强，优秀拔尖人才比较匮乏；科技投入不足，体制机制还存在不少弊端。总之，我国科技事业发展的状况，与完成调整经济结构、转变经济增长方式的迫切要求还不相适应，与把经济社会发展切实转入以人为本、全面协调可持续的轨道的迫切要求还不相适应，与实现全面建设小康社会、不断提高人民生活水平的迫切要求还不相适应。我们必须下更大的气力、做更大的努力，进一步深化科技改革，大力推进科技进步和创新，带动生产力质的飞跃，推动我国经济增长从资源依赖型转向创新驱动型，推动经济社会发展切实转入科学发展的轨道。这是摆在我们面前的一项刻不容缓的重大使命。

总之，贯彻落实科学发展观，推动社会主义经济建设、政治建设、文化建设、社会建设全面发展，维护国家安全，实现好、维护好、发展好最广大人民的根本利益，实现全面建设小康社会的宏伟目标、开创中国特色社会主义事业新局面，需要大力发展我国科技事业。为适应我国经济社会发展和人民生活改善对科技进步和创新提出的迫切要求，在党中央正确领导下，国务院成立了领导小组，组织科技界、教育界、经济界、企业界2000多名专家，在充分调查研究的基础上，制定了《国家中长期科学和技术发展规划纲要(2006—2020年)》。为了动员全党全社会积极行动起来，认真贯彻实施规划纲要，党中央、国务院将专门作出关于实施科技规划纲要、增强自主创新能力的决定。我们必须从新世纪、新阶段我国经济社会发展的战略全局出发，深刻认识加快我国科技事业发展的重大意义，切实贯彻落实好规划纲要和中央决定。

二、扎实完成建设创新型国家的重大战略任务

本世纪头20年，是我国经济社会发展的重要战略机遇期，也是我国科技事业发展的重要战略机遇期。面对汹涌澎湃的世界新科技革命浪潮，我们必须认清形势、坚定信心、抢抓机遇、奋起直追。总体目标是：到2020年，使我国的自主创新能力显著增强，科技促进经济社会发展和保障国家安全的能力显著增强，基础科学和前沿技术研究综合实力显著增强，取得一批在世界具有重大影响的科学技术成果，进入创新型国家行列，为全面建设小康社会提供强有力的支撑。

党中央、国务院作出的建设创新型国家的决策，是事关社会主义现代化建设全局的重大战略决策。建设创新型国家，核心就是把增强自主创新能力作为发展科学技术的战略基点，走出中国特色自主创新道路，推动科学技术的跨越式发展；就是把增强自主创新能力作为调整产业结构、转变增长方式的中心环节，建设资源节约型、环境友好型社会，推动国民经济又快又好发展；就是把增强自主创新能力作为国家战略，贯穿到现代化建设各个方面，激发全民族创新精神，培养高水平创新人才，形成有利于自主创新的体制机制，大力推进理论创新、制度创新、科技创新，不断巩固和发展中国特色社会主义伟大事业。

中央提出这项重大战略任务，是建立在科学分析我国基本国情和全面判断我国战略需求的基础之上的，也是建立在充分发挥我国社会主义制度的政治优势和充分发挥我国已经拥有的经济科技实力的基础之上的。经过新中国成立以来特别是改革开放以来的不懈努力，我国社会主义市场经济体制初步建立，经济社会持续快速发展，科技人力资源总量和研发人员总数位居世界前列，建立了比较完整的学科体系，部分重要领域的研究开发能力已跻身世界先进行列。我们已经具备了建设创新型国家的重要基础和良好条件。

为了实现进入创新型国家行列的奋斗目标，我们要突出抓好以下几个方面的工作。

(一)实施正确的指导方针，努力走中国特色自主

创新道路。我国科技事业的发展，特别是在科技发展的结构布局、战略重点和政策举措等方面，既要顺应世界科技发展的潮流，遵循科技规律，又要紧密结合国情和国家战略需求，选择顺应时代要求、符合我国实际的发展道路。

走中国特色自主创新道路，核心就是要坚持自主创新、重点跨越、支撑发展、引领未来的指导方针。自主创新，就是从增强国家创新能力出发，加强原始创新、集成创新和引进消化吸收再创新。重点跨越，就是坚持有所为有所不为，选择具有一定基础和优势、关系国计民生和国家安全的关键领域，集中力量、重点突破，实现跨越式发展。支撑发展，就是从现实的紧迫需求出发，着力突破重大关键技术和共性技术，支撑经济社会持续协调发展。引领未来，就是着眼长远，超前部署前沿技术和基础研究，创造新的市场需求，培育新兴产业，引领未来经济社会发展。这一方针，是我国半个多世纪科技事业发展实践经验的概括总结，是面向未来、实现中华民族伟大复兴的重要抉择，必须贯穿于我国科技事业发展的全过程。

要根据全面建设小康社会的紧迫需求、世界科技发展趋势和我国国力，对我国科技发展作出总体部署，统筹当前和长远，把握科技发展的战略重点，确定若干重点领域，抓住一批重大关键技术，实施若干重大专项，建设一批创新基地，培育大批创新企业，扎实提高持续创新能力，不断为建设创新型国家奠定坚实基础。

（二）坚持把提高自主创新能力摆在突出位置，大幅度提高国家竞争力。

自主创新能力是国家竞争力的核心，是我国应对未来挑战的重大选择，是统领我国未来科技发展的战略主线，是实现建设创新型国家目标的根本途径。世界科技发展的实践告诉我们：一个国家只有拥有强大的自主创新能力，才能在激烈的国际竞争中把握先机、赢得主动。特别是在关系国民经济命脉和国家安全的关键领域，真正的核心技术、关键技术是买不来的，必须依靠自主创新。要把提高自主创新能力摆在全部科技工作的首位，在若干重要领域掌握一批核心技术，拥有一批自主知识产权，造就一批具有国际竞争力的企业，大幅度提高国家竞争力。

提高自主创新能力，要紧紧扭住为经济社会发展服务这一中心任务，把握科技发展的战略重点，着力解决制约经济社会发展的重大科技问题。要把发展能源、水资源和环境保护技术放在优先位置，下决心解决制约经济社会发展的重大瓶颈问题；抓住信息科技更新换代和新材料科技迅猛发展的难得机遇，把掌握装备制造业和信息产业核心技术的自主知识产权作为提高我国产业竞争力的突破口；把生物科技作为未来高技术产业迎头赶上的重点，加强生物科技在农业、工业、人口和健康等领域的应用；加快发展空天和海洋科技，和平利用太空和海洋资源；加强基础科学和前沿技术研究，特别是交叉学科的研究，加强我国科技创新的基础和后劲。

要在统筹安排、整体推进的基础上，把在国民经济、社会发展和国防安全中重点发展、亟待科技提供支撑的产业和行业作为重点领域，把在重点领域中急需发展、任务明确、技术基础较好、近期能够突破的技术群作为优先主题，加快突破瓶颈制约，掌握关键技术和共性技术，解决重大公益性科技问题，提高国家安全保障能力。要努力实现以下目标：一是掌握一批事关国家竞争力的装备制造业和信息产业核心技术，使制造业和信息产业技术水平进入世界先进行列。二是农业科技整体实力进入世界前列，促进农业综合生产能力的提高，有效保障国家食物安全。三是能源开发、节能技术和清洁能源技术取得突破，促进能源结构优化，主要工业产品单位能耗指标达到或接近世界先进水平。四是在重点行业和重点城市建立循环经济的技术发展模式，为建设资源节约型、环境友好型社会提供科技支持。五是重大疾病防治水平显著提高，新药创制和关键医疗器械研制取得突破，具备产业发展的技术能力。六是国防科技基本满足现代武器装备自主研制和信息化建设的需要，为维护国家安全提供保障。七是涌现出一批具有世界水平的科学家和研究团队，在科学发展的主流方向上取得一批具有重大影响的创新成果，信息、生物、材料和航天等领域的前沿技术达到世界先进水平。八是建成若干世界一流的科研院所和大学以及具有国际竞争力的企业研究开发机构，形成比较完善的中国特色国家创新体系。

（三）深化体制改革，加快推进国家创新体系建设。

深化科技体制改革，进一步优化科技结构布局，充分激发全社会的创新活力，加快科技成果向现实生产力转化，是建设创新型国家的一项重要任务。要继续推进科技体制改革，充分发挥政府的主导作用，充分发挥市场在科技资源配置中的基础性作用，充分发挥企业在技术创新中的主体作用，充分发挥国家科研机构的骨干和引领作用，充分发挥大学的基础和生力军作用，进一步形成科技创新的整体合力，为建设创新型国家提供良好的制度保障。

加强国家创新体系建设，要重点加强以下工作。一是要建设以企业为主体、市场为导向、产学研相结合的技术创新体系，使企业真正成为研究开发投入的主体、技术创新活动的主体和创新成果应用的主体，全面提升企业的自主创新能力。二是要建设科学研究与高等教育有机结合的知识创新体系，以建立开放、流动、竞争、协作的运行机制为中心,高效利用科研机构和高等院校的科技资源,稳定支持从事基础研究、前沿高技术研究和社会公益研究的科研机构,集中力量形成若干优势学科领域、研究基地和人才队伍。三是要建设军民结合、寓军于民的国防科技创新体系,加强军民科技资源的集成,实现从基础研究、应用研究开发、产品设计制造到技术和产品采购的有机结合,形成军民高技术的共享和相互转移的良好格局。四是要建设各具特色和优势的区域创新体系,促进中央与地方的科技力量有机结合,发挥高等院校、科研机构和国家高新技术产业开发区的重要作用,增强科技创新对区域经济社会发展的支撑力度。五是要建设社会化、网络化的科技中介服务体系,大力培育和发展各类科技中介服务机构,引导科技中介服务机构向专业化、规模化和规范化方向发展。

要进一步完善适应社会主义市场经济发展要求的政府管理科技事业的体制机制,建立健全有关法律法规,完善科技开发计划,促进科技创新要素和其他社会生产要素有机结合,形成科技不断促进经济社会发展、社会不断增加科技投入的良好机制。要完善科技资源配置方式,优化科技资源配置,促进科技资源开放和共享,形成广泛的多层次的创新合作机制,建立健全绩效优先、鼓励创新、竞争向上、协同发展、创新增值的资源分配机制和评价机制。要建立竞争机制,坚持国家科技计划对全社会开放,支持和鼓励国内有条件的各类机构平等参与承担国家重大计划和项目,为全社会积极创新创造良好条件。要加强科技基础条件平台建设,加强对重要技术标准制定的指导协调。在社会主义市场经济条件下,企业是市场竞争的主体,也是技术创新的主体。我们必须培育一大批具有自主创新能力、拥有自主知识产权的企业。要抓紧制定切实有效的改革举措、激励政策和法律法规,完善鼓励自主创新的金融财税政策,改善对高新技术企业特别是科技型中小企业的信贷服务和融资环境,加快发展创业风险投资,积极为企业技术创新服务,为不同类型、不同所有制企业提供公平的竞争环境。我国广大企业家应该增强民族自信,树立世界眼光,坚忍不拔,百折不挠,为建设创新型国家贡献自己的聪明才智。

(四)创造良好环境,培养造就富有创新精神的人才队伍。

科技创新,关键在人才。杰出科学家和科学技术人才群体,是国家科技事业发展的决定性因素。当前,人才竞争正成为国际竞争的一个焦点。无论是发达国家还是发展中大国,都把科技人力资源视为战略资源和提升国家竞争力的核心因素,大力加强科技人力资源能力建设。源源不断地培养造就大批高素质的具有蓬勃创新精神的科技人才,直接关系到我国科技事业的前途,直接关系到国家和民族的未来。

培养大批具有创新精神的优秀人才,造就有利于人才辈出的良好环境,充分发挥科技人才的积极性、主动性、创造性,是建设创新型国家的战略举措。要坚持贯彻尊重劳动、尊重知识、尊重人才、尊重创造的方针,全面实施人才强国战略,牢固树立人才资源是第一资源的观念,完善适合我国科技发展需要的人才结构,不断发展壮大我国科技人才队伍。要坚持在创新实践中发现人才、在创新活动中培育人才、在创新事业中凝聚人才。要依托国家重大人才培养计划、重大科研和重大工程项目、重点学科和重点科研基地、国际学术交流和合作项目,积极推进创新团队建设,努力培养一批德才兼备、国际一流的科技尖子人才、国际级科学大师和科技领军人物,特别是要抓紧培养造就一批中青年高级专家。要努力营造鼓励人才干事业、支持人才干成事业、帮助人才干好事业的社会环境,形成有利于优秀人才脱颖而出的体制机制,最大限度地激发科技人员的创新激情和活力,提高创新效率,特别是要为年轻人才施展才干提供更多的机会和更大的舞台。要加大引进人才、引进智力工作的力度,尤其是要积极引进海外高层次人才,吸引广大出国留学人员回国创业。

建设创新型国家的伟大事业,离不开广大科技工作者的艰苦劳动和创造性实践。我国科技界素有心系祖国、自觉奉献的爱国精神,求真务实、勇于创新的科学精神,不畏艰险、勇攀高峰的探索精神,团结协作、淡泊名利的团队精神。在建设创新型国家的伟大实践中,广大科技工作者应该做自主创新的先锋,做拼搏奉献的楷模,努力创造无愧于时代、无愧于人民的光辉业绩。

(五)发展创新文化,努力培育全社会的创新精神。

一个国家的文化,同科技创新有着相互促进、相互激荡的密切关系。创新文化孕育创新事业,创新事业激励创新文化。中华文化历来包含鼓励创新的丰富内涵,强调推陈出新、革故鼎新,强调“天行健,君子以自强不息”。建设创新型国家,必须大力发扬中华文化的优良传统,大力增强全民族的自强自尊精神,大力增强全社会的创造活力。要坚持解放思想、实事求是、与时俱进,通过理论创新不断推进制度创新、文化创新,为科技创新提供科学的理论指导、有力的制度保障和良好的文化氛围。要大力弘扬以爱国主义为核心的民族精神和以改革创新为核心的时代精神,增强民族自信心和自豪感,增强不懈奋斗、勇于攀登世界科技高峰的信心和勇气。要在全社会培育创新意识,倡导创新精神,完善创新机制,大力提倡敢为人先、敢冒风险的精神,大力倡导敢于创新、勇于竞争和宽容失败的精神,努力营造鼓励科技人员创新、支持科技人员实现创新的有利条件。要注重从青少年入手培养创新意识和实践能力,积极改革教育体制和改进教学方法,大力推进素质教育,鼓励青少年参加丰富多彩的科普活动和社会实践。要大力繁荣发展哲学社会科学,促进哲学社会科学与自然科学相互渗透,为建设创新型国家提供更好的理论指导。要在全社会广为传播科学知识、科学方法、科学思想、科学精神,使广大人民群众更好地接受科学技术的武装,进一步形成讲科学、爱科学、学科学、用科学的社会风尚。

发展创新文化,既要大力继承和弘扬中华文化的优良传统,又要充分吸收国外文化的有益成果。要坚持对外开放的基本国策,扩大多种形式的国际和地区科技交流合作,有效利用全球科技资源。要鼓励科研院所、高等院校与海外研究开发机构建立联合实验室或研究开发中心,支持在双边、多边科技合作协议框架下实施国际合作项目,支持我国企业扩大高新技术及其产品的出口和在海外设立研究开发机构或产业化基地,鼓励跨国公司在华设立研究开发机构。要积极主动参与国际大科学工程和国际学术组织,支持我国科学家和科研机构参与或牵头组织国际和区域性大科学工程。

三、动员全党全社会力量,为建设创新型国家而奋斗

用15年的时间使我国进入创新型国家行列,是一项极其繁重而艰巨的任务,也是一项极其广泛而深刻的社会变革。全党同志特别是各级领导干部务必深刻认识完成这项任务的极端重要性和紧迫性,加强领导、狠抓落实。

第一,加强组织领导,切实把提高自主创新能力作为关系全局的大事抓紧抓好。各级党委和政府要从贯彻落实科学发展观、实施好科教兴国战略和人才强国战略的高度出发,加强和改善对科技工作的领导,切实把科技工作摆上重要议事日程,立足当前,着眼长远,结合实际研究和提出本地区本部门的科技发展规划,制定和实施正确有效的促进科技发展的政策措施,扎扎实实推进科技工作。各级领导干部要带头学科学、用科学,各级党政主要负责同志要高度重视科技工作,并把提高自主创新能力的成效作为落实科学发展观和正确政绩观的重要内容。要实施激励自主创新的各项政策措施,及时研究和解决科技工作和科技发展中的困难和问题,努力创造有利于提高自主创新能力的法制环境、市场环境和各方面条件。要加大对知识产权保护的力度,完善国家知识产权制度,健全知识产权保护的法律体系,加强知识产权保护的司法和执法工作,依法严厉打击侵犯知识产权的各种行为。要做好人力资源开发的政策制定、协调服务工作,关心和爱护广大科技人员,充分发挥他们的作用,努力改善他们的工作生活条件。

第二,加强协调配合,加大对自主创新的支持力度。中央各有关部门和各级管理部门要紧密配合,加强对规划纲要落实工作的具体指导,加强统筹协调,强化政策支持,及时研究、解决重大专项和其他重点任务实施过程中遇到的困难和问题。要把对科技事业发展特别是提高自主创新能力的投入作为战略性投资,加大财政科技投入的力度,调整和优化投入结构,增强政府投入调动全社会科技资源配置的能力,形成多元化、多渠道、高效率的科技投入体系,提高科技资源共享利用的效益,为提高自主创新能力提供坚实保障。要根据国内外形势和任务的发展变化,对规划纲要确定的发展目标和重点任务进行必要的动态调整,使其不断适应经济社会发展的实际需要。

第三,坚持以人为本,让科技发展成果惠及全体人民。这是我国科技事业发展的根本出发点和落脚点。建设创新型国家是惠及广大人民群众的伟大事业,同时也需要广大人民群众积极参与。要坚持科技为经济社会发展服务、为人民群众服务的方向,把科技创新与提高人民生活水平和质量紧密结合起来,与提高人民科学文化素质和健康素质紧密结合起来,使科技创新的成果惠及广大人民群众。要充分尊重群众的首创精神,广泛开展群众性技术革新活动,发挥工会、共青团、妇联和科协等人民团体的积极作用,动员广大人民群众投身到自主创新的伟大事业中来。

同志们,建设创新型国家是时代赋予我们的光荣使命,是我们这一代人必须承担的历史责任。几千年来,中华民族创造了灿烂辉煌的优秀文化,以众多的创新成就为人类文明进步作出了巨大贡献。回顾历史,展望未来,我们完全有信心、有能力为人类文明进步作出新的更大的贡献。全党全国各族人民要统一思想、坚定信心、奋发努力、扎实苦干,坚持走中国特色自主创新道路,以只争朝夕的精神为建设创新型国家而努力奋斗!

《人民日报》发表社论《努力建设创新型国家》

全国科学技术大会今天在北京开幕。这是党中央、国务院在新世纪召开的第一次全国科技大会,是全面贯彻落实科学发展观,部署实施《国家中长期科学和技术发展规划纲要(2006—2020年)》,加强自主创新、建设创新型国家的动员大会,必将成为我国科技发展史上的又一个里程碑。

进入21世纪,在科学技术的引领和推动下,人类正经历着从工业社会向知识社会的演进。科学技术创造出的新的经济增长点,在解决社会可持续发展的一

系列重大问题上发挥着越来越重要的作用,成为经济社会发展的重要推动力量和财富形成的主要源泉。

本世纪头20年,是我国经济社会发展的重要战略机遇期,也是科学技术发展的重要战略机遇期。调整经济结构、转变增长方式,建设资源节约型、环境友好型社会,提高国际竞争力和抗风险能力,是我们面临的艰巨任务和严峻挑战。只有抓住科技革命稍纵即逝的难得机遇,显著提高科技实力特别是自主创新能力,才有可能突破我国人口和资源、环境的瓶颈制约,保障经济安全和国防安全,顺利实现全面建设小康社会的宏伟目标。

加强自主创新,建设创新型国家,是我们党综合分析世界发展大势和我国所处历史阶段提出的面向未来的重大战略。大力提高原始创新能力,集成创新能力和引进消化吸收再创新能力,转变经济增长方式,提升生产力水平,提高利用科技手段解决当前和未来我国经济社会发展重大问题的能力。加强自主创新,建设国力强盛、生机勃勃的创新型国家,既需要广大科技人员的艰苦努力,更需要全社会的广泛参与和大力支持。

建设创新型国家,需要我们进一步坚定自主创新的信心。应当承认,当前我国经济社会发展的基础还比较薄弱,自主创新的能力还不强,我们将长期面临发展过程中的种种压力。但这决不是接受落后现实的借口,而应成为激励我们急起直追、奋力赶超的强大动力。历史经验证明,工业化、现代化的进程也是自主创新的过程。即使还处于追赶阶段,落后国家也有可能创新,而且创新是实现赶超的最佳途径。历史经验证明,中华民族是富有创造精神的民族。中国人民有志气、有信心、有能力屹立于世界先进民族之林,有志气、有信心、有能力在攀登现代科技高峰的道路上不断创造非凡的业绩。

建设创新型国家,需要我们进一步提高自主创新的能力。知识产权的保护只承认第一、不承认第二,技术创新成果的分享需要支付成本,核心技术和自主创新能力是买不来的。我国的科技进步必须牢牢建立在自主创新的基础之上,要充分利用全球科技资源,加强原始性创新,努力获得更多的科学发现和技术发明;要加强集成创新,使各种相关技术有机融合,形成有市场竞争力的产品和产业;要在引进国外先进技术的基础上,积极消化、吸收与再创新。坚持自主创新并不排斥引进先进技术。在经济全球化和扩大开放的背景下,我们要充分利用国内外两种资源,搞好开放条件下的自主创新,在高起点上推进自主创新。我们要瞄准世界科技发展前沿,明确自主创新的战略目标,加快国家创新体系建设,把科技资源集中到事关现代化全局的战略高技术领域,集中到事关实现全面协调可持续发展的社会公益性研究领域,集中到事关科技事业自身持续发展的重要领域和基础研究领域,抓紧科技攻关,力争取得大的突破。

建设创新型国家,需要我们进一步完善自主创新的环境。制度环境和文化环境的建设对提高自主创新能力至关重要。当前,我们要进一步深化改革,克服传统体制的缺失和薄弱环节,在充分发挥市场机制配置资源的基础性作用的同时,提升国家在科技领域的动员能力;要强化企业在技术创新中的主体地位,形成以企业为主体、市场为导向、产学研相结合的技术创新体系;要抓住重点、集中力量,形成协调一致和分工合作的良性机制,切实提高科技资源的利用效率;要立足当前、着眼长远,制定和实施正确有效的科技政策措施,着力推动自主创新和科技进步;要尊重知识、尊重人才,努力把优秀人才集聚到建设创新型国家的伟大事业中来,促进创新人才特别是年轻人才脱颖而出;要弘扬科学精神、普及科学知识、树立科学观念、提倡科学方法,克服传统文化中阻碍自主创新的消极因素,在全社会营造生动、活跃、民主的创新氛围。

回顾历史,50年前“向科学进军”的号角音犹在耳,28年前拥抱科学春天的欣喜仍驻心间。今天,十几亿中国人亲历了科技发展带来的巨大变化,享受着科技进步创造的丰厚财富,深切感受到建立在科技自立、自强基础之上的国家实力和民族尊严。

今天的中国,正站在新的历史起点上。以邓小平理论和“三个代表”重要思想为指导,全面贯彻落实科学发展观,着力自主创新,将我国建设成创新型国家,是历史赋予我们的庄严使命。让我们永葆蓬勃向上的朝气、敢闯敢试的锐气、开拓进取的勇气,求真务实,奋发图强,努力开创科技事业发展的新局面,为实现全面建设小康社会的宏伟目标提供强大的科技支撑!

国家主席胡锦涛在人民大会堂会见玻利维亚当选总统埃沃·莫拉莱斯

全国人大常委会委员长吴邦国在人民大会堂与韩国国会议长金元基举行会谈

会谈时,吴邦国高度评价中韩关系。他说,中韩互为近邻,又是本地区有重要影响的国家,发展中韩关系符合两国人民的根本利益,也有利于地区和世界的和平与发展。中国重视与韩国的关系,将本着“与邻为善、以邻为伴”的周边外交方针,与韩方一道,落实两国元首达成的共识,努力推动中韩全面合作伙伴关系不断向前发展。

吴邦国说,双方即将签署的合作协议,使我们之间的交流与合作定期化、机制化,标志着双方关系已达到一个新的水平，对中韩全面合作伙伴关系的发展具有重要意义。

中宣部发出关于组织开展回顾“十五”辉煌成就展望“十一五”美好前景主题教育活动的通知

通知指出，主题教育活动要坚持以邓小平理论和“三个代表”重要思想为指导，以科学发展观为统领，以学习宣传党的十六届五中全会精神为主线，紧紧围绕“立足科学发展、着力自主创新、完善体制机制、促进社会和谐”的总要求，围绕“十五”时期我国经济社会发展的辉煌成就、“十一五”规划的宏伟蓝图，贴近实际、贴近生活、贴近群众，广泛进行宣传教育，引导干部群众正确认识形势，正确理解党和国家的方针政策，把思想统一到中央对形势的分析判断上来，把力量凝聚到贯彻落实“十一五”规划的各项任务上来，在以胡锦涛同志为总书记的党中央坚强领导下，万众一心为全面建设小康社会、构建社会主义和谐社会努力奋斗。

通知强调，主题教育活动要抓住回顾“十五”辉煌成就、展望“十一五”美好前景的重点，大力宣传科学发展观的重大意义、理论内涵、精神实质和基本要求，宣传“十五”时期我国改革开放和现代化建设取得的巨大成就，宣传“十一五”规划的总体目标、指导方针和重大部署，宣传各地各部门实施“十一五”规划的新思路新举措，宣传在建设社会主义新农村、加强改善宏观调控、提高自主创新能力、建设资源节约型和环境友好型社会、促进区域协调发展、解决人民群众最关心最直接最现实的利益问题，以及推动社会主义和谐社会建设等方面的新进展新成效。通过主题教育活动，充分展示全国各族人民在党的领导下，团结一致、开拓进取、求实创新的新风貌，坚定广大干部群众贯彻中央决策部署、实现新发展的信心和决心。中宣部将会同有关部门，就当前经济形势、国际形势、财政金融政策、新农村建设、自主创新、就业再就业、安全生产等问题，举办形势报告会；会同人民网、新华网、央视国际网、光明网、中青网等重点新闻网站，举办网上系列谈活动；会同有关部门，就有关问题编写下发宣传提纲；会同中央电视台制作播出《中国经济大讲堂》系列节目。会同教育部有针对性地对大学生形势政策教育提出要求。

通知要求，各地各部门要按照中央领导同志在全国宣传部长会议上的重要讲话精神，根据通知要求，从实际出发，迅速制订工作方案，认真组织实施。把主题教育活动同促进经济社会又快又好发展的实际结合起来，同解决改革发展稳定中的突出问题结合起来，同推动干部作风的进一步转变结合起来，运用征文、讲座、展览、知识竞赛等多种形式，吸引群众广泛参与，使这项活动深入机关、企业、村镇、社区、学校。

中组部部长贺国强在陕西省调研农村先进性教育活动并看望慰问困难党员群众

中共中央政治局委员、书记处书记、中央组织部部长、中央先进性教育活动领导小组组长贺国强看望慰问困难党员和群众时强调，各级党组织特别是参加第三批先进性教育活动的农村基层党组织，要认真贯彻落实胡锦涛等中央领导同志最近作出的关于做好冬令期间困难群众特别是受灾群众生活安排工作的重要指示精神，结合开展先进性教育活动，把关心帮助困难群众作为边学边改、边议边改、集中整改的重要内容，切实解决好困难群众的生产生活问题。

外交部部长李肇星在北京会见伊朗副外长迈赫迪·萨法里

解放军圆满完成军队体制编制调整改革方案确定的任务

据新华社报道：截至2005年12月31日，人民解放军如期裁减员额20万，其中全军精简干部17万，军队总员额下降为230万，陆军部队占全军总员额的比例已下降至历史最低点。

中国5大原创农业科技成果世界领先

据《人民日报》报道：我国的禽流感疫苗、抗虫棉、矮败小麦、超级稻、双低油菜5大原创性农业科技成果居世界领先地位，走出了一条依靠自主创新推动农村经济发展的道路。

国务委员陈至立在全国文化厅局长会议上致辞

陈至立指出，过去的5年是我国经济社会发展取得辉煌成就的5年，也是文化建设取得巨大成就和突破性进展的5年。5年来，广大文化工作者以邓小平理论和“三个代表”重要思想为指导，紧紧围绕党和国家大局，团结奋斗，锐意进取，顺利完成了“十五”确定的文化发展目标和各项工作任务。一批国家和地方重点文化设施相继建成并投入使用，文学艺术日益繁荣，文艺舞台丰富多彩；文化体制改革顺利推进，公共文化服务网络进一步完善，文化产业方兴未艾，人民群众文化生活有了较大改善；文化遗产保护取得新的进展；文化市场管理进一步加强，管理水平不断提高；对外文化交流日益深入，中华优秀文化的影响不断增强。

陈至立强调，“十一五”时期是全面建设小康社会的关键时期，也是加快文化发展的重要时期。要紧紧围绕党和国家大局，坚持以科学发展观统领文化工作。一是进一步加快文化建设，促进经济社会协调发展。要进一步认识文化在国家经济社会发展全局中的重要地位和作用,采取更加有力的措施,消除制约文化发展的障碍,不断解放和发展文化生产力。二是文化建设要坚持以人为本,为构建和谐社会服务。文化建设既是建设社会主义和谐社会的重要内容,又是建设和谐社会的思想保证、精神动力和智力支持。文化工作者要把人民群众的利益作为一切工作的出发点和落脚点,以满足人民群众健康的多样化的文化需求和促进人的全面发展作为工作的根本标准。三是统筹城乡文化发展,大力推进农村文化建设。要按照中央关于建设社会主义新农村的要求,进一步完善支持农村文化建设的政策措施,创新农村文化建设的体制和机制,加大投入,推动农村文化事业发展,不断丰富农民群众的精神文化生活,使他们共享文化发展的成果,促进社会主义新农村建设。

陈至立指出,党的十六届五中全会对文化工作提出了新的更高的要求,文化建设任务十分繁重。她要求,各级文化行政部门和广大文化工作者要进一步增强责任感和使命感,研究新情况,适应新要求,解决新问题,不断开创文化工作新局面。要创造出更多更好的优秀文化产品,进一步繁荣文学艺术。要加强基层文化建设,逐步建成覆盖全社会的比较完备的公共文化服务体系。要大力发展文化产业,完善产业政策,形成以公有制为主体、多种所有制共同发展的文化产业格局和民族文化为主体、吸收外来有益文化的文化市场格局。要进一步加强文化遗产保护,弘扬民族优秀文化,积极开拓国际文化市场,大力推动中华文化走向世界。

《立法与监督——李鹏人大日记》出版发行

这部日记体著述,反映了九届全国人大及其常委会的工作,是一本宣传人大工作和人民代表大会制度的生动教材。它由中国民主法制出版社和新华出版社出版,分上、下两册,共60万字。

陕西韩城考古新发现7000年前的玉猪龙等珍贵文物

首届全国紧急救援高层论坛在北京召开

与会专家呼吁:我国亟须建立健全道路交通紧急救援体系。全国政协副主席周铁农出席会议并讲话。

与会人员就我国道路汽车紧急救援问题进行了深入研讨。专家们提出,建立健全全国交通事故的紧急救援体系,应该包括监控中心、交警、消防、医院救护、环卫、特种物品处置等多个部门,应以立法形式予以确认,保证紧急救援体系的有效运转。据介绍,同样伤势的重伤员,在30分钟内获救,其生存率为80%,在90分钟内获救,其生存率仅为10%以下。事故发生后尽快施救,是减少事故死亡率的关键。

1月10日

全国人大常委会委员长吴邦国在北京会见由共同主席柯克和拉森率领的美国国会众议院美中工作小组代表团

全国政协主席贾庆林在钓鱼台国宾馆会见韩国国会议长金元基

全国政协提案工作情况通气会在北京举行

会上通报,全国政协十届三次会议以来,全国政协共收到4660件提案,经审查立案4496件。截至目前,立案提案已基本由各承办单位办复。

国务院副总理吴仪在北京出席全国旅游工作会议

吴仪指出,目前,我国已实现从旅游资源大国向世界旅游大国的历史性跨越,旅游业在国民经济和国际多双边各种交流交往中扮演着越来越重要的角色。旅游业综合性强,关联度高,成长性好。把旅游业培育成国民经济的重要产业,体现了国民经济发展的总体趋势,有利于促进经济社会协调发展。

吴仪说,下一阶段旅游工作的重点:一是努力把旅游市场做大,继续完善黄金周假日旅游制度,多开发并推出适合民众旅游消费的旅游产品,把国内旅游市场作为旅游业的基本立足点。二是以旅游促"三农",深入推进农业旅游示范点建设,引导"农家乐"健康发展,推动县域旅游和旅游小城镇建设。三是抓旅游精品,抓有代表性的旅游目的地建设,推动争创"最佳旅游城市"等工作。四是以北京奥运会、上海世博会和"俄罗斯年"等为契机,积极开拓入境旅游市场。五是深化改革旅游管理体制,创新旅游管理模式,推动区域性旅游,推进旅游行业标准化建设,完善旅游公共服务职能。六是把旅游企业队伍建设作为"十一五"旅游业发展的基础工作和重点工作。

吴仪强调,要大力整顿旅游市场秩序,全面推进旅游诚信体系建设,下决心解决个别地区旅游行业内存在的质价不符、变相强迫购物、欺客宰客等不规范行为和问题,切实转变长期以来旅游业"一流资源、二流开发、三流服务"的粗放型增长方式。要切实建立旅游安全防范和应急处理机制,加强旅游安全工作。

国务院副总理回良玉出席国务院农业普查领导小组会议并讲话

回良玉指出,自第一次全国农业普查以来的10年中，我国农业发展取得了历史性的巨大成就，农村经济社会发生了重大而深刻的变化。搞好第二次全国农业普查，全面摸清农业家底，对于正确认识我国基本国情和农村实际，推进全面建设小康社会和社会主义新农村建设，具有十分重要的意义。各地区、各部门要高度重视，精心安排，高效率、高质量地完成第二次全国农业普查，更好地为制定经济社会发展战略和规划服务，为党和政府指导“三农”工作服务，为农业生产者和社会公众服务。

回良玉强调，要全面认识和准确把握农业、农村、农民新的发展变化情况，认真总结借鉴过去的普查经验和国际普查规则，精心设计好普查方案。这是整个普查工作的重要基础，也是决定普查成败的关键。普查方案的设计必须坚持科学性，体现前瞻性，具有针对性，保持可比性。要牢固树立质量意识，在普查的每个阶段和每个环节，都要有严格的质量控制，确保普查数据真实可靠，经得起实践检验和历史检验。

回良玉指出，第二次全国农业普查是一项重大的社会动员工作，时间紧、任务重、难度大。各地区、各部门要认真贯彻落实国务院关于做好农业普查的部署，按照“全国统一领导、部门分工协作、地方分级负责、各方共同参与”的原则，抓紧做好各项准备工作。要加强组织领导，抓紧组建各级农业普查机构，建立健全各项制度。要加强部门的协调配合，形成普查工作的合力。要加强资金保障，把普查经费列入财政预算，及时足额到位，为普查创造必要条件。要认真做好普查人员的配备和培训工作，建设一支高素质的普查队伍。要广泛开展宣传动员活动，使农村家喻户晓，为普查工作创造良好的社会环境。

国务院副总理吴仪致信全国海关关长会议

吴仪充分肯定一年来海关工作取得的成绩，要求全国海关认真学习贯彻十六届五中全会和中央经济工作会议精神，全面实施现代海关制度第二步发展战略，进一步加强业务建设和队伍建设，为全面建设小康社会、加快推进社会主义现代化，作出应有的贡献。

吴仪指出，去年全国海关在党中央、国务院的领导下，深化改革，整合创新，齐心协力，锐意进取，改革和建设都取得了新的进展，圆满完成了各项工作任务。

吴仪强调，2006年是实施“十一五”规划的开局之年，海关工作面临的要求更高、难度更大、任务更重。全国海关要继续坚持“依法行政，为国把关，服务经济，促进发展”海关工作16字方针和“政治坚强、业务过硬、值得信赖”海关队伍建设12字要求，全面实施现代海关制度第二步发展战略，进一步加强业务建设和队伍建设，认真做好各项工作，为全面建设小康社会、加快推进社会主义现代化，作出应有的贡献。

海关总署署长牟新生在全国海关关长会议上说，海关系统要树立和落实科学的治关理念，落实和完善综合治税大格局，确保完成海关各项工作任务，深化改革，不断提高海关把关服务能力。

两岸春节包机航班安排正式确定

1月20日至2月7日期间，两岸航空公司将各执行36个往返航班。

中宣部等8部委联合发出通知要求继续深入开展“百城万店无假货”活动

中宣部、中央文明办、国家发改委、商务部、国家工商总局、国家质检总局、全国总工会、共青团中央8部委日前联合发出通知，对2006年深入开展“百城万店无假货”活动作出安排。

国家副主席曾庆红在阿斯塔纳与哈萨克斯坦总统努尔苏丹·阿比舍维奇·纳扎尔巴耶夫举行会谈

曾庆红说，一年来，中哈关系快速深入发展。两国元首把两国关系提升为战略伙伴关系，为中哈关系的长远发展指明了方向。双方认真落实《中哈睦邻友好合作条约》，全力实施《中哈2003年至2008年合作纲要》，在不断深化传统领域合作的同时，又积极开辟人文、政党交流等新的合作领域，在联合国、上海合作组织、“亚信”论坛等多边框架内密切协作，共同为维护地区及世界的和平与稳定作出了贡献。

曾庆红表示，中方感谢哈方在台湾、西藏、打击“三股势力”等问题上对中方的支持，将一如既往地支持哈为维护国家主权、独立和国内稳定所做的努力。无论国际和地区形势如何变幻，中方都是哈友好的邻居、真诚的朋友和可靠的伙伴。中方愿与哈方携手努力，推动中哈睦邻友好与互利合作关系再上新台阶。

为推动中哈关系的发展，曾庆红建议：一、深化和扩大经贸合作。优化贸易结构，改善投资环境，推动重点领域大项目合作，保护两国公民和企业在对方国家的合法权益和利益，不断培育互利合作新的增长点。二、推动人文交流。深入开展在文化、教育、科技、旅游、体育等领域的合作，使中哈世代友好的和平理念在两国深入人心。三、加强安全领域的合作。继续共同打击“三股势力”，维护地区安全和中哈双方的利益。四、加强在上海合作组织的合作，推动该组织框架内的安全、经济、人文等领域合作不断取得成果。

国家副主席曾庆红在阿斯塔纳分别会见哈萨克斯坦议会上院议长努尔泰·阿贝卡耶夫 下院议长乌

拉尔·穆罕默德扎诺夫和总理达尼亚尔·肯热塔耶维奇·艾哈迈托夫

中央军委副主席曹刚川在北京会见美国国会众议院美中工作小组代表团

国务委员唐家璇在北京会见印度外交秘书萨仁山

国务委员华建敏离京赴澳大利亚 新西兰访问

全国人大常委会副委员长乌云其木格在北京会见韩国国会议长金元基一行

中共中央政治局常委黄菊 李长春等在北京参观科技创新重大成就展

科技创新重大成就展近日在北京举行。中共中央政治局常委、国务院副总理黄菊,中共中央政治局常委李长春10日晚来到北京展览馆参观了展览。

科技创新重大成就展由科技部、财政部、发展改革委、教育部、国防科工委、总装备部、中国科学院、中国工程院、自然科学基金委、中国科协和北京市政府联合举办。展览分为"序厅""国民经济与社会发展的重大科技成就""探索未知、开创未来"等三部分,以增强自主创新能力为主线,展出了480余项重大科技成果和800余件实物、模型。

马克思主义理论研究和建设工程在北京召开全面落实科学发展观第二次研讨会

会议认为,科学发展观是以胡锦涛同志为总书记的党中央,认真总结我们党带领人民推动我国发展的长期实践经验,从新世纪、新阶段党和国家事业发展全局出发提出的重大战略思想,是指导发展的世界观和方法论的集中体现,是推进社会主义经济建设、政治建设、文化建设、社会建设全面发展的指导方针。用科学发展观武装全党、教育人民,巩固全党全国各族人民团结奋斗的共同思想基础,是当前思想理论界的一项重大任务。

与会专家学者指出,以人为本是科学发展观的本质和核心。坚持以人为本,就是要从最广大人民的根本利益出发谋发展、促发展,在经济发展的基础上不断满足人民群众日益增长的物质文化需要,促进人的全面发展;就是要坚持人民群众在建设中国特色社会主义事业中的主体地位,坚持发展为了人民、发展依靠人民、发展成果由人民共享;就是要牢固树立立党为公、执政为民的思想,坚持权为民所用、情为民所系、利为民所谋,始终保持党同人民群众的血肉联系;就是要始终把最广大人民的根本利益作为党和国家工作的根本出发点和落脚点,切实保障人民群众的经济、政治、文化权益;就是要大力营造尊重劳动、尊重知识、尊重人才、尊重创造的社会氛围,引导好、保护好、发挥好广大人民群众的积极性和创造性,努力构建社会主义和谐社会。

会议强调,马克思主义理论研究和建设工程各课题组要集中力量,紧密结合实际,深入研究科学发展观的时代背景、实践基础、基本内涵和历史地位;深入研究科学发展观的本质和核心;深入研究科学发展观与马克思列宁主义、毛泽东思想、邓小平理论和"三个代表"重要思想的继承发展关系,帮助人们深刻理解和牢固树立科学发展观,更加自觉地用科学发展观指导新的发展实践。

此次研讨会由教育部邓小平理论和"三个代表"重要思想研究中心承办。中宣部副部长雒树刚、教育部副部长李卫红,马克思主义理论研究和建设工程有关课题组首席专家和主要成员,全国和部分省区市、部分高校邓小平理论和"三个代表"重要思想研究中心有关负责同志和专家学者杨春贵、卫兴华、侯树栋、李景源、李文海、王锐生、陈志尚、郑杭生、严书翰、梁柱、韩震、吴易风、闫志民、房宁等近百人出席会议。

中国棋手古力在第七届阿含·桐山杯中日围棋快棋冠军对抗赛中夺冠

1月11日

中央军委主席胡锦涛在北京会见全军后勤工作会议代表和"十五"时期全军后勤重大科技成果获奖单位个人代表时发表重要讲话

胡锦涛首先代表党中央、中央军委,向"十五"时期全军后勤重大科技成果获奖单位和个人表示衷心祝贺,向全军后勤工作会议代表并向全军后勤战线广大官兵表示亲切的问候。胡锦涛说,近年来,全军后勤战线坚决贯彻党中央、中央军委的决策部署,扎实推进军事斗争后勤准备,不断深化后勤各项改革,努力加强后勤战线全面建设,各方面工作都取得了可喜成绩。我军后勤现代化水平明显提高,综合保障能力显著增强,为国防和军队现代化建设作出了重要贡献。

胡锦涛指出,当前,我国国防和军队建设进入新的重要发展阶段。新的形势和任务,对我军的后勤工作提出了更高的要求。后勤战线要抓紧做好军事斗争后勤准备,切实解决制约后勤发展的体制机制问题,着力培养高素质新型军事后勤人才,切实加强后勤科学管理,大力发扬艰苦奋斗、勤俭建军的优良传统,坚持全心全意为部队服务、为基层官兵服务,不断开创后勤工作的新局面。

胡锦涛称赞在座的全军后勤系统中国科学院院士、中国工程院院士以及所有受到表彰的全军后勤重大科技成果获奖单位和个人，顽强拼搏，刻苦攻关，成果显著，为军队后勤建设和国家科技事业发展作出了突出贡献，并向他们表示崇高的敬意。胡锦涛强调，科学技术是第一生产力，也是非常重要的战斗力和保障力。在新的形势下，我们要按照党中央关于增强自主创新能力、建设创新型国家的要求，进一步实施好科技强军战略，推动部队战斗力和后勤保障力的生成提高。

胡锦涛希望后勤战线的同志们再接再厉，振奋精神，开拓进取，扎实工作，为我军革命化现代化正规化建设作出新的更大的贡献。

国务院总理温家宝主持召开国务院常务会议

审议并原则通过《炼油工业中长期发展专项规划》《乙烯工业中长期发展专项规划》《烟花爆竹安全管理条例(草案)》和《农村五保供养工作条例(修订草案)》。

全国科学技术大会在北京闭幕

国务院总理温家宝出席第二次全体会议，并发表题为《认真实施科技发展规划纲要，开创我国科技发展的新局面》的重要讲话。

国务院副总理黄菊主持第二次全体会议，中共中央政治局常委吴官正、李长春、罗干出席。

中共中央政治局常委李长春出席闭幕会。

国务院总理温家宝在全国科学技术大会第二次全体会议上发表题为《认真实施科技发展规划纲要，开创我国科技发展的新局面》的讲话

这次全国科学技术大会，是党中央、国务院召开的一次十分重要的会议，主要是部署实施《国家中长期科学和技术发展规划纲要》(以下简称《规划纲要》)。

一、深刻认识制定《规划纲要》的重大意义

制定国家中长期科技发展规划，是党的十六大提出的一项重大任务，是我们党深刻分析新世纪、新阶段的形势和任务作出的重大决策。国务院从2003年6月开始，组织各方面专家学者和有关部门力量，在深入进行战略研究的基础上制定了《规划纲要》。中央提出并制定国家中长期科技发展规划，主要基于以下几方面考虑。

一是实现我国新阶段发展目标的需要。十六大提出，要在本世纪头20年，集中力量建设惠及十几亿人口的更高水平的小康社会。实现这一宏伟目标靠什么？最根本是依靠两大动力，一要靠坚定不移地推进改革开放，二要靠科技进步和创新的有力支撑。改革开放以来，我国经济增长平均保持在9%以上，未来15年，能否继续保持经济平稳较快和可持续增长，这是国内外都十分关注的一个重大问题。我国已经跨上了人均国内生产总值1000美元这个台阶，到2020年要达到3000美元，这是我国经济社会发展的关键时期。面向未来，我们站在一个新的历史起点上。应该清醒地看到，我国经济社会发展面临许多突出问题，经济结构不合理，质量和效益不高，特别是能源资源和环境的制约日益严重。解决这些问题，实现经济社会全面协调可持续发展，必须依靠科技进步和创新找出路、找办法。没有科技的发展和创新，就不可能真正走上科学发展的道路。要如期实现全面建设小康社会的目标，就必须研究科学技术怎么支撑、怎么引领的问题。

二是应对世界科技革命和提高我国竞争力的需要。当今世界，新科技革命迅猛发展，不断引发新的创新浪潮，科技成果转化和产业更新换代的周期越来越短，科技作为第一生产力的地位和作用越来越突出。新的科技革命既给我们带来了难得的发展机遇，也使我们面临着更加严峻的挑战。国际竞争从根本上说是科技的竞争，是自主创新能力的竞争。我国面临着发达国家在经济科技上占优势的压力。我们要掌握发展的主动权，就必须紧紧把握世界科技发展的趋势，抢抓机遇，迎接挑战，奋发有为，加快科技发展，提高我国经济的国际竞争力。

三是加快我国科技发展的需要。新中国成立50多年特别是改革开放以来，经过几代人的持续奋斗，我国科技事业取得了令人鼓舞的巨大成就，取得了一大批具有世界一流水平的科技成果，对我国经济社会发展和国防建设作出了重大贡献；建立了比较完备的学科体系，拥有了丰富的科技人力资源，具备了一定的自主创新能力，为建设创新型国家奠定了重要基础。但也要看到，目前我国的科学技术水平还不能满足经济社会发展和维护国家安全的需要，关键技术自主研发比例低，发明专利少，科技成果转化滞后，尖子人才比较缺乏，同发达国家相比还存在较大差距。促进我国科技事业的更大发展，需要我们从国情出发，认清我国科技发展的优势、不足和潜力，对未来15年作出一个总体安排。

回顾历史，我们也可以看到，根据国家一定发展阶段的要求制定科技规划，是指导科技工作、促进科技发展的一条重要经验。新中国成立以来，我们制定过7次科技发展规划，其中1956年开始实施的“12年科技规划”的影响最为深远。当时新中国成立不久，百废待兴，老一辈党和国家领导人高瞻远瞩，提出制定科技发展远景规划，周恩来总理、聂荣臻元帅等老一辈革命家亲自领导和参与。“12年科技规划”的实施，产生了以“两弹一星”为标志的一系列重大成果，创造了我国科技发展史上辉煌灿烂的篇章，极大地振奋了民族精神，提高了我国的国际地位，同时也为我国凝聚和培养了大批一流科学家。直到今天，我们仍然能够感受到这次规划的深远影响。

本世纪头20年，是我国经济社会发展的重要战略机遇期，也是我国科技发展的重要战略机遇期。中央根据国家现实发展和长远利益的需要，把握世界科技革命的趋势，对我国科技发展作出战略性、全局性、前瞻性的规划和部署，就是要坚定不移地贯彻落实科学发展观，就是要坚定不移地实施科教兴国战略和人才强国战略，就是要坚定不移地推进科技进步和创新，充分发挥科技第一生产力的作用，把我国经济社会发展切实转入科学发展的轨道。

这次规划是我国进入新世纪、新阶段对科学技术发展进行的第一次全面规划，也是在社会主义市场经济条件下制定的第一个中长期科技发展规划。《规划纲要》体现了科学发展观的要求，体现了社会主义市场经济的要求，体现了建设创新型国家的要求。《规划纲要》确定了我国科技发展的大政方针，描绘了我国科技发展的宏伟蓝图，是指导未来15年我国科技发展的纲领性文件。实施好这个《规划纲要》，对于鼓舞人心、凝聚力量、调动各方面的积极性和创造性，全面提高我国科技发展水平，加快小康社会和现代化建设，必将发挥重大作用。

二、准确把握科技发展的指导方针和目标

未来15年，我国科技发展要确定一个怎样的指导方针？目标是什么？这是关系科技发展方向的重大问题，也是制定《规划纲要》必须首先解决的根本问题。《规划纲要》坚持以邓小平理论和“三个代表”重要思想为指导，全面贯彻落实科学发展观，从全面建设小康社会全局出发，确定了“自主创新、重点跨越、支撑发展、引领未来”的指导方针，提出了建设创新型国家的总体目标。这16字方针，既是对以往科技方针的继承和发展，又体现了新时期新阶段对科技发展的新要求，是科学发展观在科技工作中的具体体现。

自主创新，是16字方针的核心，是贯穿《规划纲要》的一条主线。自主创新，就是从增强国家创新能力出发，加强原始创新、集成创新和在引进先进技术基础上的消化吸收再创新。加强自主创新是我国科学技术发展的战略基点。我们必须高度重视提高原始创新能力，要有更多的科学发现和技术发明，在关键领域掌握更多的自主知识产权，在科学前沿和战略高技术领域占有一席之地。集成创新能力是一个国家创新能力的重要标志。我们必须注重提高国家集成创新能力，使各种相关技术有机融合，形成具有市场竞争力的产品和产业。在引进技术的基础上消化吸收再创新也是创新。要继续把对引进技术的消化吸收再创新，作为增强国家创新能力的重要方面。

自主创新是科技发展的灵魂，是一个民族发展的不竭动力，是支撑国家崛起的筋骨。没有自主创新，我们就难以在国际上争取平等地位，就难以获得应有的国家尊严，甚至难以自立于世界民族之林。在激烈的国际竞争中，真正的核心技术是市场换不来的，是花钱买不到的，引进技术设备并不等于引进创新能力。我们的发展必须主要依靠自己的力量，必须把自主创新作为调整经济结构、转变增长方式的中心环节，贯彻到各个产业、行业和地区，贯彻到现代化建设的各个方面，努力把我国建设成为创新型国家。

重点跨越，就是坚持有所为、有所不为，选择具有一定基础和优势、关系国计民生和国家安全的关键领域，集中力量，重点突破，实现跨越式发展。通过关键领域的突破实现技术跨越，一直是后进国家赶超先进国家的重要方式。重点跨越是加快我国科技发展的重要途径。我们既要看到现在的经济基础和科技实力同过去相比有很大增强，又要看到我国仍然是一个发展中国家，必须把有限的资源用在刀刃上。实施重点跨越，就要紧紧把握当代科技革命的历史机遇，从需要和可能两个方面考虑，围绕经济社会和科技发展目标，选准突破口和主攻方向，走出一条有中国特色的创新之路。

支撑发展，就是从现实的紧迫需求出发，着力突破重大关键技术、共性技术，支撑经济社会全面协调可持续发展。支撑发展是我国科技进步的根本任务。我国经济发展，面临着保持平稳较快增长和提高质量效益的双重任务，面临着提升传统产业和发展新兴产业的双重使命，面临着扩大国内需求和开拓国际市场的双重要求。同时，改变社会发展相对滞后的状况，突破能源资源和环境对可持续发展的制约，也都要依靠科技进步和创新。科学技术必须解决经济社会发展和人民生活面临的突出问题，为全面建设小康社会和推进现代化提供保障。

引领未来，就是着眼长远，超前部署基础研究和前沿技术，创造新的市场需求，培育新型产业，引领未来经济社会发展。引领未来是科技工作的神圣使命。当代科学技术的一个突出特点，是不断为人们的生产和生活指出新方向、开辟新领域。特别是科学理论越来越走在技术和生产的前面，为技术和生产发展引领新的道路。我们应当前瞻未来发展和长远利益，在基础科学和前沿技术研究若干领域超前部署，不断探索新的发展方向，提高持续创新能力，使科学技术成为经济

社会发展的主导力量。

以16字方针为指导,《规划纲要》提出了未来15年我国科技发展的总体目标。概括地说,就是通过坚持不懈的努力,使我国自主创新能力显著增强,科学技术综合实力显著增强,对经济社会发展和国家安全的保障能力显著增强,进入创新型国家行列。《规划纲要》还从装备制造业和信息产业、农业、能源资源、环境、疾病防治、国防科技、人才队伍、科研体系等八个方面提出了具体发展目标,涵盖了经济、社会、人的发展和科技自身发展等各个方面。实现这些目标,不仅会使我国科技发展水平跃上一个新的台阶,也会使我国经济社会发展水平跃上一个新的台阶。

三、明确我国中长期科技发展的重点任务

《规划纲要》对未来15年我国科技发展作出了总体部署,从重点领域及其优先主题、重大专项、前沿技术和基础研究等方面确定了重点任务,明确了今后我国科技工作的着力点和主攻方向。

《规划纲要》提出了5个战略重点:

一是把发展能源资源和环境保护技术放在优先位置。我国能源资源人均占有量低,生态环境脆弱,资源浪费和环境污染严重,对经济社会发展的承载能力不足。现在,我国在发展过程中面临两大基本矛盾:一个是社会生产力发展与人民日益增长的物质文化需求之间的矛盾,这个矛盾还将长期存在;另一个是经济社会快速发展和人口增长与资源环境约束的矛盾,这个矛盾随着工业化和城镇化的推进,还会更加突出。那种依靠高投入、高消耗、高污染的老路是不可持续的,决不能再走下去了。我们必须通过科技进步和创新,转变增长方式,解决资源环境等制约经济社会发展的瓶颈问题,建设资源节约型、环境友好型社会。

二是把掌握装备制造业和信息产业核心技术的自主知识产权,作为提高我国产业竞争力的突破口。从世界范围看,信息技术正处于加快发展的关键时期,新材料技术发展十分迅猛,蕴含着巨大的发展机遇。我们要以信息、装备制造和新材料的集成创新为核心,开发一批重大成套装备、高技术装备,尽快改变我国在这方面缺乏核心技术、关键成套装备基本依靠进口的局面,促进信息化与工业化良性互动,全面提升我国制造业的技术创新能力和国际竞争能力。

三是把生物技术作为未来高技术产业迎头赶上的重点。当前,生命科学和生物技术不断取得重大突破,正在形成充满活力的生物技术产业群。我国生物技术前沿研究与国际差距较小,并且拥有生物资源丰富、市场潜力巨大的优势。我们要奋力抢占生物技术制高点,加强生物技术在农业、工业、人口与健康等领域的应用,特别是加强粮食与食物安全、重大传染病防控、创新药物等方面的研究开发,提升相关产业创新能力和发展水平,保障人民群众健康。

四是加快发展空天和海洋技术。空天和海洋技术是综合国力的重要表现。我们要以载人航天、轨道空间站、天地往返运输系统等先进空天技术开发为重点,加强空间资源开发利用。我国海洋科技与国际差距较大,我们要以发展海洋生物资源可持续利用技术、海底资源勘探和深海技术等为重点,促进海洋经济发展,维护国家利益。

五是加强基础科学和前沿技术研究。加强基础研究是提升国家创新能力、积累智力资本的重要途径,是跻身世界科技强国的必要条件。前沿技术是国家科技创新能力的集中体现,是新产业革命和新军事变革的重要技术基础,也是世界各国经济和科技竞争的制高点。我们要在对国家长远发展具有带动作用,同时又具有良好基础和发展优势的领域,对基础科学和前沿技术研究进行前瞻性部署,力争取得突破。

重大专项是为了实现国家目标,通过核心技术突破和资源集成,在一定时限内完成的重大战略产品、关键共性技术和重大工程,是我国科技发展的重中之重。《规划纲要》确定了核心电子器件、高端通用芯片及基础软件,极大规模集成电路制造技术及成套工艺,新一代宽带无线移动通信,高档数控机床与基础制造技术,大型油气田及煤层气开发,大型先进压水堆及高温气冷堆核电站,水体污染控制与治理,转基因生物新品种培育,重大新药创制,艾滋病和病毒性肝炎等重大传染病防治,大型飞机,高分辨率对地观测系统,载人航天与探月工程等16个重大专项,涉及信息、生物等战略产业领域,能源资源环境和人民健康等重大紧迫问题,以及军民两用技术和国防技术。

采取重大专项这种方式推动和加快科技发展,是许多国家的共同做法,也是我国的一条成功经验。这种方式能够整合有限的科技资源,发挥社会主义制度集中力量办大事的优势,充分调动企业和社会各方面的积极性;能够加快攻克事关全局和长远的科技难关,以科技发展的局部跃升和突破,带动相关领域技术水平的整体提升和生产力的跨越式发展,具有重大的现实意义和深远的战略意义。

我们要通过实施一批重大专项,培育一批具有自主知识产权的高技术产业群,抢占未来竞争的制高点,带动产业结构优化升级;攻克一批具有全局性、带动性的关键共性技术,并通过工程示范和推广应用,保障经济社会可持续发展;掌握一批关系国计民生和国防的核心技术,提升相关领域整体技术水平,保障国家安全;建成几项标志性工程,提高我国的国际地位,增强民族自信心和自豪感。

科学技术发展是全社会的事业。我们同样要关注各个领域、各个层次的科学研究和技术开发,鼓励各种类型的发明创造,支持社会各个方面包括集体的和个人的、政府的和民间的、国家立项的和独立进行的研究与开发,充分调动全体科技人员投身自主创新和科技发展的积极性、创造性,多出成果,快出成果,在全社会形成浓厚的创新氛围,共同繁荣我们的伟大事业。

四、落实推进科技发展的政策措施

为保证《规划纲要》的顺利实施,需要从深化体制改革、完善配套政策、加强人才队伍建设、营造激励创新的社会环境等方面,加大工作力度,采取切实措施。

(一)大力推进科技体制改革。科技体制改革是科技事业发展和推进自主创新的动力。要继续深化科技体制改革,加快建立与社会主义市场经济体制相适应、符合科技发展规律的科技体制,更大程度地发挥市场配置科技资源的基础性作用,最大限度地激发广大科技工作者和全社会的创新活力,不断解放和发展科学技术生产力。

科技体制改革的关键,是建立以企业为主体、市场为导向、产学研相结合的技术创新体系。这是我国科技发展战略的一个重大调整,是推进中国特色国家创新体系建设的突破口。在市场经济条件下,企业在技术创新中具有无可替代的地位和作用。只有以企业为主体,才能坚持技术创新的市场导向,有效整合产学研的力量,加快技术创新成果的产业化。使企业真正成为技术创新的主体,关键是要进一步深化改革,使企业成为技术创新的投资主体、研究开发的主体和科技成果应用的主体。一要进一步消除各种体制机制性障碍,打破行业和市场垄断,创造各类企业公平竞争的环境。二要整合科技资源为企业技术创新服务。国家科技计划和重大工程项目要向国内企业开放,特别是在具有市场应用前景的领域,要建立由企业牵头实施国家重大科技项目的机制。国家重点实验室、国家工程中心和公共科技成果,要向企业开放。健全科技中介服务体系,为各类企业的创新活动提供社会化、市场化服务。三要支持企业建立研发机构,鼓励企业与科研部门、高校联合共建工程实验室、共性技术研发和工程化平台。鼓励外资企业在我国设立研发中心。四要注重发挥中小企业在技术创新中的独特作用。中小企业特别是科技型中小企业,是最具创新活力的企业群体,是科技创新的生力军。国家要在科技政策和经济政策上给予更大支持。

要继续推进科研院所管理体制、国防科技体制和科技宏观管理体制等方面改革。科研院所管理体制改革,主要是对于面向市场的应用技术研究开发类科研机构,要支持它们进入企业或向企业化、市场化转制;对于从事基础研究、前沿技术研究和社会公益研究的科研机构,加快建立现代院所制度。国防科技体制改革,最重要的是建立军民结合、寓军于民的新机制,这也是我国科技发展的一条重要方针。科技宏观管理体制改革,关键是加快政府职能转变,促进科技资源优化配置和高效利用,健全科技资源社会共享机制,提高国家动员和整合科技资源的能力。

(二)制定和实施鼓励自主创新的政策措施。政府引导和推动科技发展,关键是要营造良好的政策和制度环境。国务院已经提出了《实施〈国家中长期科学和技术发展规划纲要〉的若干配套政策》,主要内容有四个方面。

一是财税和金融政策。通过税收优惠政策,激励企业加大研究开发投入。实行促进自主创新的政府采购制度,优先购买国内具有自主知识产权的高新技术装备和产品。完善相关金融政策,引导各类金融机构支持自主创新与产业化。

二是产业政策。继续完善促进科技成果转化和高新技术产业化的政策,制定和完善促进引进技术消化吸收再创新的政策,强化技术引进与消化吸收的有效衔接,提高技术配套和自主开发能力。加强对重大技术和装备引进的管理,防止盲目重复引进。

三是高新技术产业开发区政策。当前,国家高新技术开发区建设正步入一个新的阶段,面临着以增强自主创新能力为重点的第二次创业。高新区要进一步发挥高新技术产业化重要基地的优势,努力成为促进技术进步和增强自主创新能力的重要载体,成为带动经济结构调整和经济增长方式转变的强大引擎,成为高技术企业走出去参与国际竞争的服务平台,成为抢占世界高技术产业制高点的前沿阵地。要继续完善支持高新区发展的有关政策,培育一批拥有自主知识产权、具有国际竞争力的高新技术企业。

四是知识产权保护政策。没有知识产权保护,就不可能有自主创新。保护知识产权,不仅是树立我国国际信用、扩大国际合作的需要,更是激励国内自主创新的需要。保护知识产权,就是尊重劳动、尊重知识、尊重人才、尊重创造,就是鼓励科技创新。全社会都要提高知识产权保护意识和观念,特别是各级领导干部更要高度重视。要加快完善有关法律法规,加大知识产权保护执法力度,坚决查处和打击各种违法侵权行为。

(三)进一步加大科技投入。科技投资是战略性投资。为保证《规划纲要》的顺利实施,必须进一步增加科技投入。要建立财政性科技投入稳定增长的机制。今年中央财政要大幅度增加科技投入,“十一五”期间财政科技投入增幅要明显高于财政经常性收入增幅。

要调整财政性科技投入的结构，重点支持基础研究、前沿技术研究和社会公益研究，支持重大战略产品和重大科技工程，加强国家重点实验室、国家工程中心等科技基础设施建设。要切实加强科技经费监管，提高资金使用效益。要引导企业和社会增加科技投入，形成政府、企业、社会多元化、多渠道的科技投入格局。

（四）加强科技人才队伍建设。人才是最宝贵、最重要的战略资源。自主创新，人才为本。这些年来，我国科技和经济社会发展的一系列重大成就，无不凝聚着广大科技工作者的聪明才智和无私奉献。要努力营造人才辈出、人尽其才、才尽其用的体制环境。要重视发现和培养一流科学家和学科带头人。要大力培养青年科技人才，打破论资排辈的陈规陋习，鼓励年轻人敢于探索、敢于创新、敢于超越，让更多优秀青年科技人才脱颖而出。要不拘一格选人才，加大高层次科技创新人才和管理人才公开招聘力度，重点科研机构的学术带头人、重点实验室主任和其他高级科研岗位，要逐步面向海内外公开招聘。发展创新文化，培育创新意识，营造创新环境，提倡百家争鸣。倡导追求真理、宽容失败的科学精神，摒弃心浮气躁、急功近利的不良风气。深化教育教学改革，推进素质教育，着力培养学生的独立思考能力和动手能力。加强科学普及工作，广泛传播科学思想，形成崇尚科学、尊重人才的社会风尚，提高全民族的科学文化素质。

五、实施《规划纲要》需要把握的几个重大关系

实施《规划纲要》，加强自主创新，建设创新型国家，是一项长期、艰巨的伟大事业，也是一项复杂、庞大的社会系统工程。我们必须坚持以科学发展观统领经济社会和科技发展的全局，特别要把握好以下几个重大关系。

一是经济与科技的关系。经济与科技相互渗透和融合，是当代经济和科技发展的重要特征。科技作为第一生产力，是经济发展的内在要素和主导力量。经济发展既为科技发展提供物质保证和支持，又为科技发展提供永不枯竭的巨大需求。正确处理经济与科技的关系，就是要把我国经济发展切实转到依靠科技进步和创新上来，科技发展要自觉地为经济建设服务，要以企业为载体实现经济与科技的有机结合。

二是政府与市场的关系。我们是在社会主义市场经济体制下推进科技进步和创新，必须把政府行为与市场机制很好地结合起来，发挥市场配置科技资源的基础性作用。政府的主要职责，是加强科技宏观管理，营造有利于科技创新和人才成长的政策环境，同时对事关国计民生、国家安全和长远利益的基础研究、前沿技术研究和社会公益研究，给予重点支持。市场竞争是技术创新的重要动力。要坚持以市场为导向，有效整合科技资源，激发企业和全社会的创新活力。

三是自主创新与引进技术的关系。把自主创新作为我国科技发展的战略基点和指导方针，这是不能动摇的。解决我国经济社会发展面临的突出矛盾和问题，提高我国的国际竞争能力，必须坚持自主创新。但是，坚持自主创新并不排斥引进先进技术。在经济全球化和扩大开放的背景下，我们要充分利用国内外两种资源，积极吸收和借鉴国外先进科技成果，扩大和深化国际科技交流与合作。

四是基础研究与应用开发的关系。基础研究是技术发明的先导，是应用开发的源泉。要重视科学的基础作用和长远价值，稳定支持和超前部署基础研究，争取在未来科技竞争中赢得主动。基础研究也要围绕经济社会发展和国家安全的主要领域，为技术创新和应用开发服务。要从学科发展、科学前沿、面向国家重大战略需要等方面，对基础研究作出安排。同时，要从市场出发，加强应用开发研究，提高科技成果转化率和科技进步贡献率，形成具有市场竞争力的产品和产业，促进基础研究和应用开发协调发展。

五是统筹兼顾与保证重点的关系。作为发展中的大国，我们一方面要努力形成比较完整的学科布局，满足经济社会发展对科技的多方面需求；另一方面也要从实际出发，坚持有所为有所不为，集中力量在一些关键领域取得重点突破。我们要把这两方面有机统一起来，树立全局观念，确保战略重点，全面实现规划提出的各项目标和任务。

六是近期与长远的关系。今年是《规划纲要》启动实施的第一年，也是实施“十一五”经济社会发展规划的开局之年。要立足当前，着眼长远，抓紧部署《规划纲要》确定的各项重点任务。要围绕经济社会发展的紧迫需求，率先启动一批重大专项和重点项目；根据科技发展整体布局，抓紧建设一批重点科技基础设施。同时，也要充分考虑经济社会长远发展需要和科技发展趋势，对《规划纲要》提出的各项任务，作出总体考虑和安排，有些需要提前部署，为以后发展打好基础。

推进自主创新，建设创新型国家，是全党全国人民的一项重大战略任务。我们要在以胡锦涛同志为总书记的党中央领导下，高举邓小平理论和“三个代表”重要思想伟大旗帜，贯彻落实科学发展观，以高度的责任感和紧迫感，解放思想，开拓创新，脚踏实地，勇攀高峰，开创我国科学技术发展的新局面，为实现中华民族的伟大复兴而努力奋斗！

国家副主席曾庆红出席努尔苏丹·阿比舍维奇·纳扎尔巴耶夫总统就职仪式并对哈萨克斯坦进行正式访问

中华人民共和国和哈萨克斯坦共和国发表联合公报

应哈萨克斯坦共和国总统纳扎尔巴耶夫的邀请，中华人民共和国副主席曾庆红2006年1月9日至11日对哈萨克斯坦共和国进行了正式访问并出席纳扎尔巴耶夫总统的就职仪式。

一、访问期间，曾庆红副主席与纳扎尔巴耶夫总统举行了会谈，分别会见了艾哈迈托夫总理、阿贝卡耶夫上院议长、穆罕默德扎诺夫下院议长。曾庆红副主席向纳扎尔巴耶夫总统转达了胡锦涛主席的诚挚祝贺和良好祝愿。

曾庆红副主席和纳扎尔巴耶夫总统在坦率友好的气氛中就双边关系和共同关心的问题深入交换意见，达成广泛共识。双方对访问成果感到满意。曾庆红副主席对纳扎尔巴耶夫总统以及哈萨克斯坦政府和人民的热情接待表示感谢。

二、双方认为，2005年7月，胡锦涛主席和纳扎尔巴耶夫总统共同宣布建立中哈战略伙伴关系，符合两国和两国人民的根本利益，为中哈深化各领域合作开辟了更加广阔的前景。

三、哈方重申坚持一个中国原则，中华人民共和国政府是代表全中国的唯一合法政府，台湾是中国领土不可分割的一部分。哈方反对任何制造“两个中国”或“一中一台”的图谋，反对“台湾独立”。

四、双方高度评价中哈合作委员会的工作，并责成两国有关部门认真筹备委员会第三次会议。

五、双方高度评价两国经贸合作取得的成果，鼓励进一步扩大贸易和相互投资，重点加强在经贸、能源、交通、电信、金融等领域的合作。双方将继续发挥互补优势，挖掘合作潜力，改善贸易和投资环境，尽快启动霍尔果斯国际边境合作中心工作，积极探讨中哈天然气管道建设及其他项目。

中方继续支持哈方为实施哈工业发展战略、提高经济竞争力采取的积极措施。

六、双方认为，发展和深化能源合作符合双方的利益。2005年12月15日中哈原油管道阿塔苏至阿拉山口段如期竣工，标志着中哈能源合作进入新的发展阶段。双方将鼓励和推动两国能源企业继续深化合作。

七、双方高度评价中哈利用和保护跨界河流联合委员会的工作，并愿在联委会决定的基础上进一步加强合作。

八、双方重视进一步加强边境地区合作，强调应不断扩大两国边境地区居民的友好交往。

九、双方将采取具体措施进一步扩大科技和人文领域合作，采取措施建立科技园区，并将本着友好协商的原则就互设文化中心事宜进行探讨。双方高度重视拟于2006年在哈萨克斯坦举办的“中国文化节”和2007年在中国举办的“哈萨克斯坦文化节”活动。

十、双方重申将根据2001年6月15日签署的《打击恐怖主义、分裂主义、极端主义上海公约》和2002年12月23日签署的《中华人民共和国和哈萨克斯坦共和国关于打击恐怖主义、分裂主义、极端主义的合作协定》的规定，加强两国安全执法部门的协调与合作，并在上海合作组织框架内继续采取有力措施，共同打击“三股势力”。

十一、双方满意地指出，在上海合作组织框架下开展相互协作，是加强成员国互利合作、促进本地区稳定与发展的重要因素。2005年7月，阿斯塔纳峰会通过的决议和宣言将该组织提升至新的水平，有助于提高其国际地位，扩大在政治、社会、经济和人文领域的协作。

中国和哈萨克斯坦高度重视2006年6月将在上海举行的上海合作组织峰会。本届峰会将总结上海合作组织成立五年来的成就和经验，确定新的战略任务。

十二、双方指出，2006年将在阿拉木图举行的“亚洲相互协作与信任措施会议”第二届峰会，将有力促进亚洲国家的相互协作和信任。中方将继续积极参与亚信论坛进程并全力支持哈方主办这次峰会。双方强调即将在哈萨克斯坦举行的第二次世界宗教大会具有重要意义。

中方愿意看到哈萨克斯坦早日加入东盟地区论坛。

十三、双方认为，当前国际形势继续发生深刻而复杂的变化，和平与发展仍是当今时代的主题。双方主张，国际社会应加强磋商与合作，共同维护世界的多样性。双方强调，联合国的改革应当是全方位和多领域的，重要的是注重增加发展中国家的代表性并保障发展中国家在联合国决策过程中拥有更大的参与权。联合国改革事关重大，应通过民主协商，达成广泛一致。

十四、哈方高度评价曾庆红副主席出席2006年1月11日举行的哈萨克斯坦共和国总统就职仪式，认为这是中哈传统睦邻友好关系的具体体现，是两国巩固战略伙伴关系的重要步骤。

2006年1月11日于阿斯塔纳

国家副主席曾庆红在阿斯塔纳会见前来出席哈萨克斯坦总统就职仪式的俄罗斯总统普京和吉尔吉斯斯坦总统库尔曼别克·巴基耶夫

外交部部长李肇星在布达佩斯与匈牙利外交部部长索莫吉·费伦茨举行会谈

中国科学家发现并命名大熊猫的一个新亚种——秦岭亚种

国家自然科学基金委员会与广东省人民政府在北京签订协议联合创立自然科学联合基金

国家自然科学基金委员会主任陈宜瑜院士表示，该基金的建立，开辟了国家自然科学基金与地方政府合作的新机制。

根据协议，双方每年度共同出资5000万元，围绕广东省及珠三角区域社会、经济、科技发展的重大问题，面向全国，自由申请，引导全国科学家在特定领域的科学前沿，根据国家、区域发展战略需求开展自由探索和创新研究。

中国社科院在北京发布文化蓝皮书《2006年：中国文化产业发展报告》

2005年，中国出版集团改制为中国出版集团公司，清华大学出版社、北京大学出版社等也先后完成出版社的企业化改制工作。文化蓝皮书指出，2006年出版单位改制将取得实质性进展并在全行业内推广。

蓝皮书认为，在2004—2005年，中国出版业整体形势发展比较良好。在经济发展势头出现较热状态下，出版业的发展也呈现出活跃增长的势头。年初的首都图书订货会、年中举行的全国书市和秋季举行的北京国际图书博览会，均取得了非常好的业绩。此外，企业化改革试点工作继续推进并取得实质性进展，民营书业企业获得较快发展。文化改革成为国家新一轮体制改革的重要内容，政府管理体制改革和政企分开全面推进，出版单位企业化改制获得实质性进展，发行集团股份制改造全面推进，教材出版发行招投标试点工作将全面推开。

文化蓝皮书还认为，2004—2005年民营书业进入出版物总发行和二级批发的数量大幅度增加。到2004年年底，我国已有14家民营书业跻身总发企业之列。一批民营企业经过发展，已经积累了一定资金，具有了一定规模。

同时，文化蓝皮书还对数字出版进行了全面的研究，指出数字出版业的发展喜人，2004年年底数字出版的销售收入达35亿，年均增幅达50%，带动相关产业增加产值约250亿。截至2005年4月，我国电子书销售总册数达到805万册，出版总量达到14.8万种，超过美国成为全球第一。

1月12日

中共中央 国务院发出《关于深化文化体制改革的若干意见》

据新华社报道：中共中央、国务院近日发出《关于深化文化体制改革的若干意见》(以下简称《意见》)。《意见》指出，当今世界，文化与经济政治相互交融，在综合国力竞争中的地位和作用越来越突出。在全面建设小康社会、实现中华民族伟大复兴的历史进程中，繁荣和发展社会主义先进文化具有全局性、战略性的地位和作用。必须从全面落实科学发展观、构建社会主义和谐社会的高度，从巩固马克思主义在意识形态领域指导地位的高度，从加强党的执政能力建设的高度，充分认识文化体制改革的重要性和紧迫性，增强责任感和使命感，抓住重要战略机遇期，深化改革，加快发展，为建设社会主义先进文化注入强大动力。

《意见》强调，文化体制改革的指导思想是：以邓小平理论和“三个代表”重要思想为指导，全面落实科学发展观，深入贯彻党的十六大和十六届三中、四中、五中全会精神，围绕中心、服务大局，解放思想、实事求是、与时俱进，牢牢把握先进文化的前进方向，遵循社会主义精神文明建设的特点和规律，适应社会主义市场经济发展的要求，全面推进体制机制创新，解放和发展文化生产力，调动广大文化工作者的积极性和创造性，繁荣社会主义文化，不断满足人民群众日益增长的精神文化需求，提高全民族的科学文化素质，培育有理想、有道德、有文化、有纪律的社会主义公民，促进人的全面发展。

文化体制改革的原则要求是：坚持社会主义先进文化的前进方向；坚持马克思主义在意识形态领域的指导地位，确保国家文化安全；坚持勇于实践、大胆创新，树立新的文化发展观；坚持把社会效益放在首位，努力实现社会效益和经济效益的统一；坚持文化事业和文化产业协调发展；坚持区别对待、分类指导，循序渐进、逐步推开。

文化体制改革的目标任务是：以发展为主题，以改革为动力，以体制机制创新为重点，形成科学有效的宏观文化管理体制、富有效率的文化生产和服务的微观运行机制、以公有制为主体、多种所有制共同发展的文化产业格局和统一、开放、竞争、有序的现代文化市场体系；要形成完善的文化创新体系，形成以民族文化为主体、吸收外来有益文化，推动中华文化走向世界的文化开放格局。

《意见》要求，推进文化事业单位改革，要根据现有文化事业单位的性质和功能，区别对待、分类指导，明确不同的改革要求。要加大公益性文化事业投入，调整资源配置，逐步构建公共文化服务体系。进一步完善鼓励捐赠和赞助等各项政策，拓宽渠道，引导社会资金以多种方式投入文化公益事业。加大农村文化基础设施建设投入，逐步解决农村文化产品和服务相对缺乏的问题，丰富农民群众精神文化生活。完善城市社区文化设施，加强文物保护，扶持民族优秀传统文化。继续支持中西部地区、老少边穷地区建设和改造文化服务网络。要改进和完善国家扶持方式，坚持和完善有关文化领域的重点扶持政策和措施。要以项目投入为手段，以激发活力为目标，提高资金的使用效益。新闻媒体要坚持正确的舆论导向，始终确保党和人民喉舌的性质。要优化组织结构，整合内部资源，转变经营方式。要深化文化事业单位的内部改革，推进人事、收入分配和社会保障制度改革，按照政事分开的原则，事业单位和行政机关不得相互混岗。

《意见》要求，深化文化企业改革，要规范国有文化事业单位的转制。转制企业要在清产核资的基础上，合理确定产权归属，做好资产评估和产权登记等工作。确认出资人身份，明确出资人权利，建立资产经营责任制。要确保国有资产安全，防止国有资产流失。转制企业自工商登记之日起，实行企业财政、税收、社会保障、劳动人事制度，重视职工权益保障，在一定期限内给予财政、税收等方面的优惠政策。要切实做好劳动人事、社会保障的政策衔接，妥善安排富余人员。要重塑文化市场主体，按照现代企业制度的要求，加快推进国有文化企业的公司制改造，完善法人治理结构。要着力培育外向型文化企业，积极实施"走出去"战略，创新对外文化交流体制和机制。实行政府推动和企业市场化运作相结合，打造一批具有国际竞争力的文化企业，成为实施文化"走出去"战略的主体。

《意见》指出，加快文化领域结构调整，要合理配置文化资源，盘活存量，优化增量，解决国有文化资产结构失衡、效益不高、闲置浪费问题，科学规划和配置公益性文化事业资源、报刊及广播电视资源，促进文化资源配置向农村和中西部地区倾斜。要大力提高文化产业规模化、集约化、专业化水平。培育和建设一批出版、电子音像、影视和动漫制作、演艺、会展、文化产品分销等产业基地。重点培育发展一批实力雄厚、具有较强竞争力和影响力的大型文化企业和企业集团，支持和鼓励大型国有文化企业和集团实行跨地区、跨行业兼并重组，鼓励同一地区的媒体下属经营性公司之间互相参股。支持中小型文化单位向"专、精、特、新"方向发展，形成富有活力的优势产业群。要大力推进文化领域所有制结构调整，坚持以公有制为主体，鼓励和支持非公有资本以多种形式进入政策许可的文化产业领域，逐步形成以公有制为主体、多种所有制共同发展的文化产业格局。大力推进文化产业升级，用先进科学技术促进文化产业发展。

《意见》指出，培育现代文化市场体系，要加强文化产品和要素市场建设，打破条块分割、地区封锁、城乡分离的市场格局，形成统一、开放、竞争、有序的现代文化市场体系，重点培育书报刊、电子音像制品、演出娱乐、影视剧等文化产品市场。加强资本、产权、人才、信息、技术等文化生产要素市场建设，培育和规范以网络为载体的新兴文化市场，大力培育和开拓农村文化市场。要完善现代流通体制，深化国有发行企业改革，打破按行政级次、行政区划分配文化产品的旧体制，发展现代流通组织形式。要建立健全市场中介机构和行业组织，提高文化产品和服务的市场化程度。推行知识产权代理、市场开发、市场调查、信息提供、法律咨询等专业化、社会化服务。加强文化市场监管，建立依法经营、违法必究、公平交易、诚实守信的市场秩序，创造公开、公平、公正的市场竞争环境。

《意见》要求加强和改进文化领域宏观管理，加快转变政府职能，明确文化行政管理部门职责，理顺文化行政管理部门与所属文化企事业单位的关系。健全文化法律法规和政策体系，加强文化立法，通过法定程序将党的文化政策逐步上升为法律法规。继续执行实践证明行之有效的文化经济政策，制定和完善扶持公益性文化事业、发展文化产业、激励文化创新等方面的政策。各地可根据改革发展的需要，制定适合本地实际的相关政策。

《意见》强调，要切实加强对改革的组织领导，建立健全党委统一领导、政府大力支持、党委宣传部门协调指导、行政主管部门具体实施、有关部门密切配合的文化体制改革领导体制和工作机制。要高度重视人才队伍建设，按照政治强、业务精、作风正的要求，着力培养文化领域的领军人物和专业人才、掌握现代传媒技术的专门人才、懂经营善管理的复合型人才。要积极稳妥地推进文化体制改革，把深化改革与加快发展结合起来，把加强宏观管理与增强微观活力结合起来，把加强思想政治工作与解决实际问题结合起来。同时，要完善配套政策，使文化体制改革与劳动、人事、分配、社会保障、行政管理等各方面的改革相衔接。

国务院副总理黄菊在京西宾馆与全国证券期货监管工作会议代表进行座谈

黄菊指出，资本市场是我国社会主义市场经济的重要组成部分，在国民经济发展中发挥着越来越重要的作用。要按照党的十六届五中全会和中央经济工作会议精神，深入贯彻落实《国务院关于推进资本市场改革开放和稳定发展的若干意见》，继续巩固和扩大改革成果，推动资本市场的健康稳定发展。

国务院副总理曾培炎出席在北京举行的中国产业发展促进会成立大会暨产业发展高层论坛并讲话

曾培炎说，今后5年是全面建设小康社会的关键时期，我们要按照立足科学发展、着力自主创新、完善体制机制、促进社会和谐的要求,加快转变经济增长方式,加快经济结构战略性调整,加快推进产业结构优化升级。

一是要从统筹城乡发展的高度,继续巩固和加强农业基础地位,进一步增强农业综合生产能力,加快传统农业向现代农业转变。

二是要以自主创新为支撑,加快发展先进制造业,特别是大力振兴装备制造业,积极发展信息、生物、新材料等高技术产业,广泛运用高新技术和先进适用技术改造提升传统工业。

三是要按照节约发展、清洁发展、安全发展的要求,构筑稳定、经济、清洁的能源供应体系。要搞好矿产资源的合理开发与利用,提高原材料工业发展的质量和水平,加强和完善水利、交通、信息等基础设施。

四是要以生产和消费市场为导向,加快发展金融、物流、咨询等生产型服务业,发展文化、旅游、社区服务等消费型服务业,扩大传统服务业的就业容量。

五是要以解决部分行业产能过剩为契机,坚决淘汰那些破坏资源、污染环境和不具备安全生产条件的企业,支持优势企业做大做强,鼓励具有特色的中小企业发展,优化产业组织结构。

曾培炎说,中国产业发展促进会要发挥好产业领域中介组织的作用,协助政府落实国家产业政策。要贴近企业、了解企业、服务企业,促进中外企业的合作与交流。加强调查研究,关注新情况、发现新问题、把握新趋势,为国家制定有关政策提出好的意见和建议。

中国政府正式发表《中国对非洲政策文件》

前 言

新世纪之初,国际形势继续发生深刻复杂的变化,全球化深入发展。和平与发展仍然是当今时代的主题,维护和平、促进发展、加强合作是各国人民的共同愿望,也是不可阻挡的历史潮流。与此同时,国际形势中不确定、不稳定因素增加,各种安全问题相互交织。和平问题尚未解决,发展问题更加突出。

中国是世界上最大的发展中国家,追求和平发展,奉行独立自主的和平外交政策,愿在和平共处五项原则基础上,同所有国家发展友好关系,增进友谊,加强合作,促进世界的和平稳定与各国的共同繁荣。

非洲是发展中国家最集中的大陆,是实现世界和平与发展的一支重要力量。新形势下中非传统友好关系面临新的发展机遇。中国政府制定对非洲政策文件,旨在宣示中国对非政策的目标及措施,规划今后一段时期双方在各领域的合作,推动中非关系长期稳定发展、互利合作不断迈上新的台阶。

第一部分 非洲的地位和作用

非洲历史悠久,幅员广袤,资源丰富,发展潜力巨大。非洲人民经过长期斗争,挣脱殖民统治桎梏,铲除种族隔离制度,赢得独立和解放,为人类文明的进步作出了重大贡献。

非洲国家独立后,积极探索适合国情的发展道路,联合自强,谋求和平、稳定与发展。在非洲各国以及非洲统一组织/非洲联盟的共同努力下,非洲政局总体稳定,地区冲突逐步解决,经济连年增长。"非洲发展新伙伴计划"勾画了非洲振兴和发展的宏伟蓝图。非洲国家积极参与南南合作,推动南北对话,在国际事务中发挥着日益重要的作用。

非洲的发展还面临不少挑战。只要非洲国家坚持努力,国际社会继续支持,非洲在新世纪里就能克服困难,实现振兴。

第二部分 中国与非洲的关系

中非友谊源远流长,基础坚实。中非有着相似的历史遭遇,在争取民族解放的斗争中始终相互同情、相互支持,结下了深厚的友谊。

新中国成立和非洲国家独立开创了中非关系新纪元。半个多世纪以来,双方政治关系密切,高层互访不断,人员往来频繁,经贸关系发展迅速,其他领域的合作富有成效,在国际事务中的磋商与协调日益加强。中国向非洲国家提供了力所能及的援助,非洲国家也给予中国诸多有力的支持。

真诚友好、平等互利、团结合作、共同发展是中非交往与合作的原则,也是中非关系长盛不衰的动力。

第三部分 中国对非洲政策

加强同非洲国家的团结与合作,始终是中国独立自主和平外交政策的重要组成部分。中国坚定不移地继承和发扬中非友好的传统,从中国人民和非洲人民的根本利益出发,与非洲国家建立和发展政治上平等互信、经济上合作共赢、文化上交流互鉴的新型战略伙伴关系。中国对非政策的总体原则和目标是:

——真诚友好,平等相待。坚持和平共处五项原则,尊重非洲国家自主选择发展道路,支持非洲国家联合自强。

——互利互惠,共同繁荣。支持非洲国家发展经济、建设国家,同非洲国家开展形式多样的经贸及社会发展领域的合作,促进共同发展。

——相互支持,密切配合。加强与非洲在联合国等多边机制内的合作,支持彼此正当要求与合理主张;继续推动国际社会重视非洲的和平与发展。

——相互学习,共谋发展。相互学习借鉴治国理政和发展的经验,加强科教文卫领域的交流合作,支持非洲国家加强能力建设,共同探索可持续发展之路。

一个中国原则是中国同非洲国家及地区组织建立和发展关系的政治基础。中国政府赞赏绝大多数非洲国家恪守一个中国原则，不同台湾发展官方关系和官方往来，支持中国统一大业。中国愿在一个中国原则基础上与未建交国建立和发展国家关系。

第四部分　加强中非全方位合作

一、政治方面

（一）高层交往

保持中非领导人互访和对话势头，加强沟通，加深友谊，增进相互了解和信任。

（二）立法机构交往

中国全国人民代表大会与非洲各国议会及泛非议会在相互尊重、加深了解、发展合作的基础上加强多层次、多渠道的友好往来。

（三）政党交往

中国共产党在独立自主、完全平等、相互尊重、互不干涉内部事务的原则基础上，与非洲各国友好政党和政治组织开展各种形式的交往，增进了解与友谊，谋求信任与合作。

（四）磋商机制

建立并完善中国与非洲国家之间的国家双边委员会、外交部政治磋商、经贸合作联（混）合委员会、科技混委会等机制，以灵活、务实的方式推进双方对话、磋商的机制化。

（五）国际事务合作

继续加强中非在国际事务中的团结与合作，对重大国际和地区问题经常交换看法、协调立场，在涉及各自国家主权、领土完整、民族尊严和人权等重大问题上相互支持。中国支持非洲国家平等参与国际事务，共同致力于加强联合国的作用，维护《联合国宪章》的宗旨和原则，建立公正合理、平等互利的国际政治经济新秩序，推进国际关系的民主化和法治化，维护发展中国家的合法权益。

（六）地方政府交往

中国中央政府重视中非地方政府之间的交往，积极支持双方建立友好省州或友好城市，促进双方在地方发展和治理方面的交流与合作。

二、经济方面

（一）贸易

中国政府将采取积极措施为更多非洲产品进入中国市场提供便利，认真实施给予非洲最不发达国家部分对华出口商品免关税待遇，以扩大和平衡双边贸易，优化贸易结构。通过多、双边友好协商，互谅互让，妥善解决贸易分歧和摩擦。推动双方企业界成立“中国—非洲联合工商会”。中国愿在条件成熟时与非洲国家或地区组织商签自由贸易协定。

（二）投资

中国政府鼓励和支持中国企业到非洲投资兴业，继续为此提供优惠贷款和优惠出口买方信贷，并愿与非洲国家探讨促进投资合作的新途径和新方式。继续制定和完善相关政策，加强引导，注重服务，提供便利。欢迎非洲企业到中国投资。继续与非洲国家商签并落实《双边促进和保护投资协定》和《避免双重征税协定》，与非洲国家共同营造良好的投资合作环境，保护双方投资者的合法权益。

（三）金融合作

积极发展中非在金融领域的合作关系。中国政府支持中国金融机构与非洲国家和地区金融机构加强交流与合作。

（四）农业合作

继续开展多层次、多渠道、多形式的中非农业合作与交流。重点加强在土地开发、农业种植、养殖技术、粮食安全、农用机械、农副产品加工等领域的合作。加大农业技术合作力度，积极开展农业实用技术培训，在非洲建立农业技术试验示范项目。加快制定中非农业合作规划。

（五）基础设施建设

加强中非在交通、通信、水利、电力等基础设施建设领域的合作。中国政府积极支持中国企业参与非洲国家的基础设施建设，进一步扩大对非承包工程业务规模，逐步建立对非承包工程的多、双边合作机制。加强技术和管理方面的合作，注重帮助非洲国家提高自主发展能力。

（六）资源合作

加强中非在资源领域的信息交流与合作。中国政府鼓励和支持有实力的中国企业按照互惠互利、共同发展的原则，采取形式多样的合作方式与非洲国家共同开发和合理利用资源，帮助非洲国家将资源优势转化为竞争优势，促进非洲国家和地区实现可持续发展。

（七）旅游合作

积极落实中国公民组团赴部分非洲国家旅游的工作，并将根据非洲国家的要求和实际可行性，把更多非洲国家列为“中国公民组团出境旅游目的地”。中国欢迎非洲国家公民来华旅游观光。

（八）减免债务

中国政府愿继续通过友好协商帮助有关非洲国家解决和减轻对华债务。继续呼吁国际社会，特别是发达国家在减免非洲国家债务问题上采取更多实质性行动。

（九）经济援助

中国政府将根据自身财力和经济发展状况，继续向非洲国家提供并逐步增加力所能及和不附加政治条件的援助。

（十）多边合作

加强中非在多边经贸、金融机构和体系中的磋商与协调，共同推动联合国和其他国际组织进一步重视发展问题，促进南南合作，推动建立公正、合理的多边贸易体制，扩大发展中国家在国际金融事务中的发言权和决策权。中国政府愿与其他国家和国际组织加强合作，共同支持非洲的发展，为非洲实现千年发展目标作出贡献。

三、教、科、文、卫和社会方面

（一）人力资源开发和教育合作

充分发挥中国政府设立的“非洲人力资源开发基金”在培训非洲人才方面的作用。根据非洲国家的实际需要，确定重点，拓展领域，加大投入，提高实效。

继续与非洲互派留学生。中国将适当增加政府奖学金名额。继续派遣援非教师。帮助非洲国家开展汉语教学。实施教育援助项目，促进非洲有关薄弱学科的发展。加强在职业技术教育和远程教育等方面的合作。鼓励双方教育、学术机构开展交流与合作。

（二）科技合作

以相互尊重、优势互补、利益共享为原则，促进中非在应用研究、技术开发、成果转让等方面的合作。加强在双方共同感兴趣的农业生物技术、太阳能利用技术、地质勘查和采矿技术、新药研发等领域的科技合作。继续为非洲国家举办实用技术培训班，开展技术援助示范项目。积极推动中国科技成果和先进适用技术在非洲的推广和应用。

（三）文化交流

落实与非洲各国签订的文化合作协定和相关执行计划，保持双方文化主管部门的经常性交往，加强双方文化艺术及体育专业人员的交流。根据双方文化交流及市场需要，积极引导和推动民间团体和机构开展多种形式的文化交流活动。

（四）医疗卫生合作

促进双方医务、卫生人员和相关信息的交流。中国将继续向非洲国家派遣医疗队，提供药品和医疗物资援助，帮助非洲国家建立和改善医疗设施、培训医疗人员。加强与非洲国家在艾滋病、疟疾等传染病和其他疾病防治、传统医药研究及应用、公共卫生应急机制等方面的交流与合作。

（五）新闻合作

鼓励双方新闻媒体开展多层次、多形式的交流与合作，增进相互了解，全面、客观报道对方情况。加强双方相关政府部门的联系与沟通，就处理与国内外传媒的关系交流经验，为媒体交流提供指导和便利。

（六）行政合作

在公务员制度建设、公共行政改革和政府部门人才培训方面开展交流与合作，探讨建立中非人事行政交流合作机制。

（七）领事合作

定期或不定期地与非洲国家举行领事磋商，就双边或多边领事关系中亟待解决或共同关心的问题进行友好商谈，增进了解，促进合作。便利双方人员往来，保障双方侨民安全。

（八）民间交往

鼓励并积极引导中非民间团体交往，特别是加强青年、妇女的交流，增进双方人民之间的理解、信任与合作。鼓励并引导志愿者赴非洲国家服务。

（九）环保合作

加强技术交流，积极推动中非在气候变化、水资源保护、防治荒漠化和生物多样性等环境保护领域的合作。

（十）减灾、救灾和人道主义援助

积极开展在减灾、救灾领域的人员交流、培训和技术合作。中国将积极回应非洲国家的紧急人道主义援助要求，鼓励并支持中国红十字会等非政府组织与非洲国家相关团体开展交流与合作。

四、和平与安全方面

（一）军事合作

密切双方军队高层往来，积极开展军事专业技术交流与合作。中国将继续协助非洲国家培训军事人员，支持非洲国家加强国防和军队建设，维护自身安全。

（二）冲突解决及维和行动

支持非洲联盟等地区组织及相关国家为解决地区冲突所做的积极努力，并提供力所能及的援助。积极推动联合国安理会关注并帮助解决非洲地区冲突问题，继续支持并参与联合国在非洲的维和行动。

（三）司法和警务合作

促进双方司法、执法部门的交流与合作，在法制建设、司法改革方面相互借鉴。共同提高防范、侦查和打击犯罪能力，协同打击跨国有组织犯罪及腐败犯罪。加强双方在司法协助、引渡和遣返犯罪嫌疑人方面的合作。

密切与非洲各国移民管理部门在惩治非法移民方面的交流与合作，加强移民管理信息的沟通，建立高效畅通的情报信息交流渠道。

（四）非传统安全

加强情报交流，探讨在打击恐怖主义、小武器走私、贩毒、跨国经济犯罪等非传统安全领域深化合作的有效途径和方式，共同提高应对非传统安全威胁的能力。

第五部分　中非合作论坛及后续行动

2000年创立的中非合作论坛已成为中非进行集体对话与多边合作的有效机制，构筑了中非间长期稳定、平等互利新型伙伴关系的重要框架和平台。

中国重视中非合作论坛在加强中非政治磋商和务实合作方面的积极作用，将与非洲国家一道，认真落实《中非合作论坛北京宣言》《中非经济和社会发展合作纲领》《中非合作论坛——亚的斯亚贝巴行动计划(2004—2006)》及后续行动，继续在论坛框架内出台新举措，增进中非政治互信，推动务实合作全面发展。不断完善论坛机制，积极探索论坛与"非洲发展新伙伴计划"间加强合作的最佳方式和途径。

第六部分　中国与非洲地区组织的关系

中国赞赏非洲联盟在维护地区和平与稳定、促进非洲团结与发展中的重要作用，重视与非洲联盟在各领域的友好合作，支持其在地区和国际事务中发挥积极作用并提供力所能及的帮助。

中国赞赏并支持非洲次区域组织在推动各自地区政治稳定、经济发展和一体化进程中的积极作用，愿意加强与各组织的友好合作。

中共中央政治局常委吴官正在人民大会堂会见老挝人民革命党考察团

国务委员唐家璇出席新中国与非洲国家开启外交关系50周年暨《中国对非洲政策文件》发表招待会

全国人大常委会副委员长盛华仁在人民大会堂会见美国参议院外交关系委员会亚太小组委员会主席莉莎·穆考斯基一行

国务委员华建敏在悉尼出席"亚太清洁发展和气候新伙伴计划"启动会议并发表演讲

《张震军事文选》出版

经中央军委批准，《张震军事文选》近日由解放军出版社正式出版发行。该书分为上、下两卷，共收入张震同志自1936年8月到1997年7月长达61年间的文章、报告、谈话、电报、命令、批示、作战总结等军事文稿262篇，共计90万字。

国务院副总理吴仪在北京出席全国食品药品监督管理工作会议并作出重要批示

吴仪指出，2005年，食品药品监管系统在党中央和国务院的领导下，在各级党委、政府和全社会的大力支持下，按照国务院的统一部署，不断提高食品药品监管水平，积极推动监管工作法制化，有效应对突发公共卫生事件，着力加强干部队伍素质建设，各项工作取得了明显成绩。

吴仪说，2006年是"十一五"规划的开局之年。希望食品药品监管系统深入学习贯彻党的十六届五中全会和中央经济工作会议精神，以科学发展观统领食品药品监管工作全局，抓住与群众切身利益密切相关的食品安全，药品生产流通秩序和药品安全、经济、有效等突出问题。完善监管体系，创新监管机制，强化监管措施，切实把保障公众饮食用药安全这项中心工作抓实、抓好。同时要十分注意搞好业务建设，提高队伍素质，规范执法行为，提升依法监管的水平和能力，让人民群众满意，让党中央、国务院放心。

1月13日

国家主席胡锦涛就沙特阿拉伯王国麦加朝觐发生踩踏事件造成重大人员伤亡致电沙特国王阿卜杜拉表示慰问

全国人大常委会委员长吴邦国在人民大会堂会见美国参议院外委会亚太小组委员会主席丽莎·穆考斯基

国务院总理温家宝听取中国工程院关于东北地区水土资源配置 生态与环境保护和可持续发展战略问题研究汇报

温家宝在听取课题组的汇报后指出，中国工程院组织专家对国家重大战略问题开展决策咨询研究是一种好的形式，有利于推进决策的科学化民主化。报告提出的建议，为制定东北地区经济社会发展规划和政策提供了参考依据。

温家宝指出，促进水土资源合理配置，加强生态环境保护，是振兴东北等老工业基地的重大战略问题，必须高度重视。一要切实加强水资源的节约和保护。以提高水资源利用效率为核心，全面推行各项节水措施，建立健全促进节水的体制和机制，形成节水型的增长方式和消费方式，建立节水型国民经济体系和节水型社会。综合运用经济、法律和行政手段，坚决遏制水污染加剧的趋势。加强水污染防治工作，重点解决松花江、辽河流域的水污染问题。二要切实加强对耕地资源的保护和建设。严格控制耕地占用，加强基本农田建设。加大东北黑土区水土流失防治工作力度，切实保护好珍贵的黑土地资源。三要切实加强生态建设和环境保护。搞好天然林保护、退耕还林还草还牧、防护林体系建设、森林生物多样性保护、荒漠化防治和自然保护区建设等生态工程。着力解决好重化工业城市、大型矿区的污染问题。加大矿山环境、工业“三废”、老矿区塌陷等问题的治理力度。

中央党校校长曾庆红出席中央党校2005年秋季学期毕业典礼并为学员颁发毕业证书

全国政协举行已故党外全国政协委员及知名人士的夫人春节茶话会

国务院副总理黄菊在北京出席劳动和社会保障工作座谈会并讲话

黄菊充分肯定了劳动和社会保障工作所取得的成绩。他说，近年来，党中央、国务院坚持用科学发展观统领经济社会发展全局，下大力气抓好劳动和社会保障工作，取得很大成绩。就业形势基本稳定，绝大部分国有企业下岗职工实现了再就业；促进就业再就业的政策体系初步形成，劳动者自主择业、市场调节就业、政府促进就业的机制不断完善；职工培训工作进一步加强；“十五”期间全国城镇就业人数增加4200万人，连续3年超额完成中央确定的就业再就业目标任务。社会保障体系更加完善，保障能力显著增强，覆盖范围不断扩大，企业离退休人员待遇水平稳步提高，为经济持续较快增长、社会和谐稳定发挥了十分重要的作用。

黄菊指出，做好劳动和社会保障工作，是各级党委政府的重要责任。解决好人民群众最关心、最直接、最现实的就业再就业、社会保障、劳动权益维护等问题，是以人为本的直接体现，也是社会和谐的坚实基础。各地区、各部门要加强领导，统筹协调，形成合力，抓出成效。要认真贯彻国务院关于进一步加强就业再就业工作的通知，进一步落实积极就业政策，坚持不懈地做好就业再就业工作，要抓好“四个结合”：一是发展经济与扩大就业紧密结合，坚持在发展中解决就业问题，实现经济增长与扩大就业的良性互动。二是解决历史遗留问题与建立长效就业机制紧密结合，切实负责地解决好经济体制转轨遗留的下岗失业人员再就业问题，进一步探索市场经济条件下政府促进就业的政策措施。三是促进就业与职业教育紧密结合，加强城乡劳动者职业培训和技能人才培养，广泛动员社会各方面的力量推进职业培训。四是中央与地方两个积极性紧密结合，鼓励地方结合本地实际情况，制定更有针对性的政策措施。

黄菊强调，要认真贯彻国务院的决定，切实做好完善企业职工基本养老保险制度工作。要扩大做实个人账户试点，实现养老保险制度的可持续发展；确定为试点的地区，要认真抓紧制订实施方案，落实配套资金，准备组织实施。要改革基本养老金计发办法，在保证新老政策平稳过渡、待遇水平合理衔接的前提下，建立有效的激励约束机制。要进一步扩大养老保险覆盖范围，不断加强管理服务，提高管理服务水平，使政策落到实处，使新机制充分发挥效应。要调整和优化财政支出结构，加大对就业再就业和社会保障的支持力度。

中共中央政治局常委罗干出席中央社会治安综合治理委员会全体会议

罗干指出，开展平安建设，是中央落实科学发展观的一项重大决策，是构建社会主义和谐社会的保障工程、民心工程和基础工程，是社会治安综合治理工作的深化和发展。各地各部门要按照中央的要求，把平安建设作为今年和今后一个时期的重点工作，组织发动社会各方面的力量广泛参与，建立健全长效工作机制。通过深入开展平安建设，促进社会治安综合治理措施的落实，推动社会治安综合治理工作再上新台阶。

罗干强调，要突出工作重点，切实维护社会治安和社会稳定。要大力开展矛盾纠纷排查调处工作，注重从源头上预防和减少矛盾纠纷，以高度的政治责任感，以严谨、细致、耐心的工作作风来排查化解不安定因素，切实维护社会稳定。大力加强社会治安防控体系建设，坚持排查整治治安混乱地区和突出治安问题，继续深入开展“打黑除恶”和打击“两抢一盗”犯罪专项斗争，维护社会治安。要认真贯彻“打防结合、预防为主，专群结合、依靠群众”的方针，加强治安防范工作。加强农村地区平安建设工作，深入开展“平安村”创建活动，促进社会主义新农村建设。要认真做好刑释解教人员安置帮教、流动人口治安管理与服务、闲散青少年和流浪儿童教育管理、吸毒人员戒毒帮教等工作。

罗干强调，搞好社会治安综合治理和平安建设，关键是狠抓落实。要结合保持共产党员先进性教育活动，进一步加强基层组织建设，充分发挥基层组织的作用，把平安建设措施落到实处。要求真务实，改进作风，力戒形式主义。要严格实行社会治安综合治理责任制，进一步完善综合治理奖惩激励机制，健全和完善督查督办制度。

罗干要求，各级党委和政府要高度重视春节期间的社会治安和社会稳定工作，认真抓好各项工作措施的落实，确保广大人民群众过一个平安、喜庆、祥和的新春佳节。

国务院副总理回良玉在中南海会见中国国际救援队队员

中组部部长贺国强出席第三批先进性教育活动中

央巡回检查组和中央督导组第一次工作座谈会议

贺国强指出，第三批保持共产党员先进性教育活动工作会议召开以来，各地区、各部门认真贯彻中央精神，紧紧围绕建设社会主义新农村这个主题，充分借鉴第一、二批先进性教育活动的经验，紧密结合实际，坚持正面教育，注意把握政策，切实加强组织领导，派干部进村驻户进行面对面指导，扎实推进各项工作，整个活动开局良好，进展顺利。

贺国强强调，在刚刚闭幕的中央纪委六次全会上，胡锦涛同志从加强党的执政能力建设和先进性建设的战略高度，明确提出要始终把学习党章、遵守党章、贯彻党章、维护党章作为全党的一项重大任务抓紧抓好。各级党组织要组织党员认真学习党章，进一步坚定理想信念，切实增强党的观念和党员意识。

贺国强指出，建设社会主义新农村，为在农村开展先进性教育活动提供了新的机遇。各级党组织要组织广大农村党员认真学习党的十六届五中全会、中央经济工作会议、中央农村工作会议和中央一号文件精神，把思想统一到建设社会主义新农村的部署和要求上来。要紧紧围绕建设社会主义新农村这一主题开展先进性教育活动，着力加强基层组织建设，提高党员素质，为建设社会主义新农村提供坚强的政治和组织保障。

贺国强要求，要充分利用春节前后这一段时间开展农村先进性教育活动，特别要组织好春节返乡的外出务工经商农民党员参加集中学习教育；要找准抓住存在的突出问题，坚持边学边改、边议边改，把解决突出问题贯彻始终；要充分了解群众特别是困难群众的所需所盼，深入开展扶贫济困送温暖活动；要加大宣传力度，形成良好的舆论氛围；要引导农村党员带头倡导文明节俭的节日新风，以实际行动体现共产党员的先进性。参加第三批先进性教育活动的部分党政机关，要发挥好表率作用，扎实开展好先进性教育活动。中央巡回检查组和中央督导组要结合巡回检查的地方和派驻单位的实际，妥善安排、切实做好春节期间的各项工作。

全国总工会主席王兆国在北京出席“创建学习型组织，争做知识型职工”活动表彰会

中国与印度在北京签署加强石油与天然气合作备忘录

外交部部长李肇星在达喀尔会见塞内加尔总理麦基·萨勒 议长迪奥普和军队总参谋长法尔并与塞外交国务部部长谢赫·蒂迪亚内·加迪奥举行会谈

全国人大常委会副委员长李铁映率全国人大代表团离京前往丹麦 瑞典 德国进行立法考察访问

解放军总政治部发出通知要求全军迅速兴起学习贯彻科学发展观热潮

大型断代古典文献总集《全元文》出版

该书经北京师范大学古籍研究所编纂完成，由江苏凤凰出版传媒集团、凤凰出版社（原江苏古籍出版社）出版。《全元文》共1880卷，分为61册（包括“索引”一册），所收作者达3200余人，文章有35000多篇，总字数约2800万字。

中国棋手罗洗河在第十届三星杯世界围棋公开赛三番棋决赛中夺冠

罗洗河九段执黑击败韩国李昌镐九段，从而在第十届三星杯世界围棋公开赛三番棋决赛中，以2:1的总比分夺得冠军，并创造了中国棋手在世界大赛决赛中首次击败李昌镐夺冠的历史，这也是中国围棋第五个个人世界冠军。

1月14日

中共中央总书记胡锦涛在厦门海沧台商投资区考察

正在福建考察的胡锦涛到厦门海沧台商投资区考察，并亲切会见了在这里投资兴业的台商代表。他强调，我们欢迎更多的台胞来大陆发展，通过开展合作，造福两岸同胞。大陆有关方面一定会竭诚为台胞们提供帮助和服务。

14日上午，胡锦涛和随行的中共中央政治局候补委员、中央书记处书记、中央办公厅主任王刚，在福建省省委书记卢展工和省长黄小晶等陪同下，来到厦门海沧台商投资区考察。这里是全国最大的国家级台商投资区，目前已有台资企业69家，形成了电子、石化、机械三大主要产业。胡锦涛认真听取了关于投资区规划和建设情况的汇报，并专门来到厦门正新海燕轮胎有限公司，深入厂房车间，同企业负责人和员工亲切交谈，详细询问企业生产经营的情况。

在投资区，胡锦涛亲切会见了台商代表，同大家一一握手，询问他们各自企业发展的情况。在认真听取台商们的情况介绍后，胡锦涛发表了重要讲话。他首先对各位以及其他众多台商来大陆投资兴业表示热烈的欢迎。胡锦涛说，你们的企业在这里发展很快，这再次表明，台商来大陆投资，有利于得到更好的回报，有利于发展两岸经贸合作，有利于推动台湾和大陆经济共同发展。我曾经讲过，只要是对台湾同胞有利的事，只要是对促进两岸交流有利的事，我们都会尽最大努力去做，并且一定努力做好。我们欢迎更多的台胞来大陆发展，通过开展合作，造福两岸同胞。大陆有关方面一定会竭诚为台胞们提供帮助和服务。

胡锦涛强调，实现两岸直接“三通”，有利于密切两岸经贸合作和人员往来，符合两岸同胞的共同利益，更是广大台湾工商业界朋友的强烈愿望。希望两岸民间行业组织尽快商谈、早日办成这件两岸同胞共同期盼的好事。

胡锦涛最后表示，中华民族的传统节日春节即将来临，我预祝各位以及你们的亲友新春愉快，身体健康，事业发达，阖家幸福。

台商纷纷表示，他们在大陆投资的企业取得了很好的业绩，大陆的投资环境很好，他们愿意进一步扩大投资，并希望两岸早日实现直接“三通”。

全国人大常委会在珠海举行报告会

14日下午，全国人大常委会在珠海举行报告会，请国家发展和改革委员会、科学技术部和财政部，向香港、澳门特别行政区全国人大代表报告工作情况，为代表参加十届全国人大四次会议做准备。

国家发展和改革委员会、科学技术部和财政部分别报告了2005年国民经济和社会发展计划执行情况和“十一五”规划纲要制定情况，加快科学技术创新和跨越情况，以及2005年中央财政预算执行情况。

全国人大常委会副委员长兼秘书长盛华仁出席报告会，并发表讲话。他通报了2005年全国人大常委会的主要工作情况，介绍了十届全国人大四次会议的主要议程，特别是审议“十一五”规划纲要草案的有关情况。

报告会由全国人大常委会副秘书长何晔晖主持。港澳地区全国政协委员也应邀出席了报告会。

中央统战部部长刘延东在保利剧院出席统一战线各界人士在京新春联欢活动并致辞

刘延东首先代表中共中央统战部，向各民主党派、工商联、无党派人士和民族宗教界人士等统一战线广大成员，致以诚挚的新春贺意。她说，过去的一年，统一战线工作坚持以邓小平理论和“三个代表”重要思想为指导，认真学习贯彻十六大和十六届三中、四中、五中全会精神，全面贯彻落实科学发展观，狠抓各领域方针政策的落实，在推动发展、增进团结、维护稳定、促进统一等方面取得了显著成绩。

刘延东说，2006年是实施“十一五”规划的开局之年，是在新的历史起点上推进全面建设小康社会进程的一年，也是统一战线更好地为经济社会发展服务的重要一年，我们要紧密团结在以胡锦涛为总书记的中共中央周围，认真贯彻中央一系列重要批示精神，抓住机遇，锐意进取，扎实工作，不断开创新世纪、新阶段统战工作的新局面，为制定实施“十一五”规划、实现全面建设小康社会奋斗目标作出新的贡献。

2005年我国实际使用外资603亿美元

据《人民日报》报道：据商务部统计，2005年全国新设立外商投资企业44001家，同比增长0.77%；实际使用外资金额603.25亿美元，同比下降0.5%（不包括银行、保险、证券领域实际使用外资金额）。

我国保险业全面开放首年外资份额增至6.92%

全国人大常委会副委员长司马义·艾买提率全国人大代表团出访塞舌尔和沙特阿拉伯

外交部部长李肇星在巴马科分别会见马里总统阿马杜·图马尼·杜尔 总理奥斯曼·优素菲·马伊加

国务委员华建敏在奥克兰会见新西兰总理海伦·克拉克

人民文学出版社在北京举行《陈云文选》（线装本）出版座谈会

2005年是陈云同志诞辰100周年，人民出版社将1995年出版的《陈云文选》（三卷本）第二版改成繁体、竖排、线装本，并于1月14日在北京举行出版座谈会，表达对陈云同志的缅怀和纪念。

《陈云文选》（线装本）共收录了陈云同志自1926年7月至1994年2月的重要著作190篇。

1月15日

国家主席胡锦涛向科威特王储萨阿德致唁电

国家主席胡锦涛对科威特埃米尔（国家元首）贾比尔殿下不幸逝世表示沉痛哀悼。

胡锦涛在唁电中表示，贾比尔殿下是科威特杰出的领导人，重视发展对华关系，生前曾三次访问中国，为中科友好合作关系的发展作出了重要贡献。他的逝世不仅是科威特人民的损失，也使中国人民失去了一位令人尊敬的老朋友。

胡锦涛还表示，中方愿与科方一道，为中科友好合作关系的不断发展继续共同努力。

国务院副总理黄菊出席全国交通工作会议并讲话

山西省第十届人民代表大会第四次会议选举张宝顺为山西省人大常委会主任 于幼军为山西省省长

2005年年末我国外汇储备余额为8189亿美元

中国人民银行今天公布的金融统计显示，截至2005年12月末，国家外汇储备余额为8189亿美元，同比增长34.3%。全年外汇储备增加2089亿美元，同比多增加22亿美元。这一外汇储备余额再度创出了历史新高。

我国工业饲料产量突破1亿吨

据《人民日报》报道：2005年，我国年产万吨以上的大型饲料加工企业已发展到2400多家，全年饲料加工业产值将超过2600亿元；工业饲料产量突破1亿吨大关，占世界总量的15%以上，连续多年居世界第二位，已成为名副其实的世界饲料生产大国。

长江成为世界上运量最大的通航河流和运河

据《人民日报》报道：至2005年年底，全国内河航道通航里程12.3万公里。长江干线、京杭运河成为世界上运量最大的通航河流和运河。

外交部部长李肇星在蒙罗维亚会见利比里亚当选总统瑟利夫女士

国务委员陈至立在中南海紫光阁会见美国麻省理工学院院长苏珊·霍克菲尔德一行

中国19岁以下青年足球队以3:1击败东道主南非队获南非八国23岁以下邀请赛冠军

邓飞逝世

原粮食部副部长、党组成员，原商业部顾问、党组成员邓飞同志(部长级待遇)，因病于1月15日在北京逝世，享年95岁。

1月16日

全国政协主席贾庆林在北京会见泰国前总理差瓦立·永猜裕

贾庆林欢迎差瓦立再次访华，赞赏差瓦立长期以来为推动中泰友好作出的重要贡献。贾庆林说，泰国是中国的友好邻邦和亲密伙伴。中泰关系是中国与东盟关系的重要组成部分。中方高度重视与泰国的关系，愿与泰方共同努力，推动中泰战略性合作不断取得新的进展，造福两国人民，也为本地区的和平、稳定与繁荣作出更大贡献。贾庆林还简要介绍了中国经济和社会发展情况。

差瓦立积极评价泰中关系发展，高度赞赏中国经济建设成就。差瓦立说，泰国高度重视发展对华关系，愿继续从各领域推进泰中战略性合作。

国务院副总理黄菊在北京与出席银监会2006年工作会议的代表座谈

黄菊说，去年，银监会围绕中心，服务大局，开拓进取，狠抓落实，推进改革，扩大开放，加强和改进监管，各项工作都取得了新的成绩。银行业改革取得重要进展，工商银行、中国银行、建设银行和交通银行的改革稳步推进；农村信用社在改革管理体制、完善产权制度，化解历史包袱和加大支农服务方面都取得了阶段性的重要成果。银行业监管能力和水平进一步提高，银行业资本充足水平和资本约束能力明显提高，加大了案件专项治理工作，建立起不良贷款监管新模式，保持了不良贷款余额和比例的双下降。推动和改进了对小企业的金融服务工作，努力在加强风险管理中提高金融服务水平。

黄菊指出，今年是实施“十一五”规划的第一年，也是我国银行业加入世界贸易组织过渡期的最后一年。做好今年银行业发展、改革和监管等各项工作，对于实现“十一五”良好开局，增强我国银行业的整体竞争力至关重要。一是要坚持用科学发展观指导银行业监管工作。要坚持新的监管理念，创新监管制度，优化监管方式，融合监管资源，平稳推进银行业金融机构提高公司治理和内控水平；要强化资本约束，不断调整资产结构，转变增长方式，建立风险管理长效机制，把科学发展观落实到银行业监管的全过程。二是要稳步扎实地推进银行业改革开放。要充分认识国有商业银行改革的必要性、艰巨性和复杂性；国有商业银行股份制改革中，必须坚持国家绝对控股地位，确保国家经济和金融安全；要规范公司治理，完善内控机制，确保股份制改革成果不断巩固和发展。要深化农村信用社改革，推进农村金融创新，发展农村金融。要抓好邮政储蓄机构改革。三是要加大监管力度，努力防范和化解风险，维护银行体系稳定。要继续狠抓不良贷款双下降工作和银行业案件治理、防范工作，做好高风险金融机构的处置工作。四是要加强干部队伍建设，以提高监管能力为目标，努力建设一支能够担当银行业监管重任的学习型、专家型、务实型、开拓型的监管队伍，努力开创银行业监管工作的新局面。

中共中央政治局常委李长春在北京出席马克思主义理论研究和建设工程工作会议

中央实施马克思主义理论研究和建设工程今天召开工作会议，深入学习贯彻胡锦涛总书记在主持中央政治局第二十六次集体学习时的重要讲话精神，总结交流工程实施一年多来的经验，部署今年的工作，中共中央政治局常委李长春出席会议并作重要讲话。他强调，马克思主义理论研究和建设工程要充分体现马克思主义中国化的最新理论成果，坚持高标准、严要求，以重大理论和现实问题为主攻方向，以推进学科体系建设和教材体系建设为重点，以加强马克思主义理论队伍建设为基础，不断增强马克思主义的吸引力和感召力，力争取得新的实质性进展。

中共中央政治局委员、书记处书记、中宣部部长刘云山主持会议。国务委员陈至立，全国政协副主席、中国社会科学院院长陈奎元出席会议。

李长春在讲话中指出，马克思主义理论研究和建设工程实施一年多来，在党中央的直接领导下，各主管部门认真负责，广大专家学者热情参与，全身心投入，做了大量工作。工程在马克思主义中国化的理论成果研究方面取得了进展，在重大理论和现实问题研究方面取得了进展，在马克思主义经典著作编译和基本观点研究方面取得了进展，在学科体系和教材体系建设方面取得了进展，在马克思主义理论队伍建设方面取得了进展，在整合研究资源、创新研究机制方面取得了进展。工程各课题组深入研究邓小平理论和“三个代表”重要思想，深入研究科学发展观等重要战略思想，推出一批有价值、有分量的研究成果。通过一年多的实践，人们对实施马克思主义理论研究和建设工程重大意义的认识更加深刻，更加认识到这一工程是繁荣哲学社会科学的重大举措，是巩固马克思主义在意识形态领域指导地位的基础工程，是加强党的建设、巩固党的执政地位的战略工程。

李长春强调，胡锦涛总书记高度重视马克思主义理论研究和建设工程，多次作出重要指示。我们一定要认真贯彻落实，推动马克思主义理论研究和建设工程取得新的实质性进展。马克思主义理论研究和建设工程，是一项重大的理论创新工程，是建设创新型国家的重要内容。新的形势对工程提出了更高要求，党的指导思想的与时俱进要求工程进一步提供学理支撑，全面建设小康社会伟大实践的深入推进要求工程进一步发挥理论指导作用，国际形势发生的深刻变化要求我们不断创新马克思主义和中国特色社会主义理论。现在实施工程已进入攻坚阶段，我们一定要增强责任感和紧迫感，以求真务实的精神做好工程的各项工作。要坚持把以发展着的马克思主义为指导贯穿于工程始终，把重大理论和现实问题的研究贯穿于工程始终，把学科体系和教材体系建设贯穿于工程始终，把马克思主义理论队伍建设贯穿于工程始终，把精品意识贯穿于工程始终，把加强领导贯穿于工程始终，努力推出符合时代和实践要求、满足人民群众理论需要、经得起历史和实践检验的传世之作。

马克思主义理论研究和建设工程各主管单位负责同志、工程咨询委员会委员、各课题组首席专家，共100多人参加了会议。

全国人大常委会副委员长盛华仁在人民大会堂主持召开专题座谈会

受全国人大常委会委员长吴邦国委托，全国人大常委会副委员长兼秘书长盛华仁1月16日、17日在人民大会堂主持召开专题座谈会，听取有关方面对物权法草案的意见。全国人大法律委、全国人大常委会办公厅、法工委负责人参加了座谈会。

座谈会上，中央有关部门的负责同志和专家学者各抒己见，畅所欲言。大家一致认为，物权法是一部维护社会主义市场经济秩序、维护基本经济制度、构建和谐社会的重要法律。草案有关我国基本经济制度、防止国有资产流失、土地承包经营等规定，符合宪法规定，符合我国现阶段的基本国情，体现了改革开放以来党的有关方针政策，总体上适应我国全面建设小康社会对物权法律制度的要求。同时，草案也体现了对国家财产、集体财产和私有财产平等保护的原则。大家对草案的一些规定也提出了具体的修改意见。

在认真听取他们的发言后，盛华仁说，大家提出了很好的意见和建议，对进一步研究修改物权法草案，很有帮助。盛华仁指出，物权法是中国特色社会主义法律体系中起支架作用的基本法律，事关国家基本经济制度和人民群众切身利益。这部法律非常重要，我们要把物权法制定好。全国人大常委会高度重视物权法的立法工作。十届全国人大常委会对物权法草案就审议了3次。为了广泛听取各方面的意见，去年7月还将草案全文向社会公布。去年9月，吴邦国委员长亲自主持座谈会，就广泛征求意见过程中提出的主要问题，专门听取有关方面的意见。目前，物权法草案仍在审议过程之中。对草案的研究修改，要遵照吴邦国委员长的要求，深入研究如何准确反映我国社会主义基本经济制度，深入研究如何加大对国有资产的保护力度，切实防止国有资产的流失，深入研究如何反映党的农村基本政策，维护农民的根本利益等重大问题。法律委、法工委要根据各方面的意见，认真研究，抓紧工作，把草案修改得更好，提请常委会继续审议。

中共中央政治局委员贺国强在北京参加中央先进性教育活动领导小组第十二次会议

贺国强在今天召开的中央先进性教育活动领导小组第十二次会议上强调,当前,第三批先进性教育活动正在扎实推进,要充分利用春节前后这一段时间搞好先进性教育活动。第三批先进性教育活动时间紧、任务重,各级先进性教育领导小组要认真学习贯彻最近召开的中央经济工作会议、中央农村工作会议、中央纪委六次全会和全国科技大会精神,注意把调查研究与推进工作结合起来,认真研究解决工作中遇到的新情况新问题,确保先进性教育活动不走过场、不出偏差,取得实实在在的效果。

中央先进性教育活动领导小组成员参加了会议。会议还研究了建立健全保持共产党员先进性长效机制、开展理论研讨有关工作,对下一步的先进性教育活动作出安排。

2006年侨界新春茶话会在人民大会堂举行

中共中央政治局委员、全国人大常委会副委员长王兆国,全国人大常委会副委员长何鲁丽,全国政协副主席罗豪才、张克辉、李蒙出席茶话会。国务委员唐家璇出席茶话会并讲话。

唐家璇首先代表国务院,向广大海外侨胞和归侨侨眷、香港特别行政区和澳门特别行政区同胞、台湾同胞、华人朋友致以节日的祝福,向辛勤工作在侨务战线的同志们和关心、支持侨务事业发展的社会各界人士表示亲切的慰问和诚挚的感谢。

唐家璇指出,侨务工作与国家发展大局和国际大环境息息相关。长期以来,各级侨务部门和广大侨务工作者积极服务于国家经济社会发展和总体外交,各项工作取得重要进展。面对新形势新任务新要求,必须进一步增强责任感和使命感,继续发扬涉侨部门精诚团结、通力合作的好传统,认清形势、找准定位,抢抓机遇、奋发有为,与时俱进、开拓进取,全面贯彻落实胡锦涛总书记提出的"三个大有作为",进一步团结广大华侨华人,充分发挥海外侨胞和归侨侨眷的独特作用,努力开创侨务工作新局面,为全面建设小康社会、促进祖国统一和进一步发展同世界各国人民的友好合作而奋斗。

在北京的部分海外侨胞、归侨侨眷、华人朋友以及侨务工作者和社会各界知名人士等千余人出席了茶话会。

国务委员唐家璇在北京出席全国侨办主任会议并讲话

唐家璇强调,各级侨务部门要全面贯彻落实中央关于侨务工作的方针政策,以科学发展观统领侨务工作全局,与时俱进,求真务实,把侨务工作推上新台阶。

唐家璇说,2005年的侨务工作取得了积极成果,他代表国务院向辛勤工作在侨务战线的全体同志表示亲切慰问。

唐家璇指出,以胡锦涛同志为总书记的党中央从新世纪、新阶段党和国家事业发展全局出发,提出了科学发展观这一重大战略思想。侨务部门应以科学发展观统领侨务工作全局,紧紧围绕"三个大有作为"努力工作,为中国全面建设小康社会、为促进祖国统一、为国家总体外交服务。他要求各级侨务部门充分发挥优势,以侨为本,做好为侨服务的各项工作;抓好华文教育,促进侨务资源的可持续发展;加强联谊、促进合作,不断壮大爱国友好力量。

唐家璇强调,去年的全国侨务工作会议已经对今后一个时期的侨务工作做了重要部署,关键是狠抓落实。各级侨务部门要认清形势、抢抓机遇,把握大局、凸显主线,找准定位、力求主动,创造性地做好各项工作,不断开创侨务工作的新局面。

澳门特别行政区行政长官何厚铧率特区政府代表团访问江西

重庆市第二届人民代表大会第四次会议选举汪洋为重庆市人大常委会主任

国办转发全国企业兼并破产和职工再就业工作领导小组《关于进一步做好国有企业政策性关闭破产工作的意见》并发出通知

各省、自治区、直辖市人民政府,国务院各部委、各直属机构:

全国企业兼并破产和职工再就业工作领导小组《关于进一步做好国有企业政策性关闭破产工作的意见》已经国务院同意,现转发给你们,请认真贯彻执行。

国务院办公厅

2006年1月16日

关于进一步做好国有企业政策性关闭破产工作的意见

国有企业实施政策性关闭破产是为解决历史遗留问题而采取的一项特殊政策。近几年来,国有企业政策性关闭破产工作取得了重要进展,一批长期亏损、资不抵债、扭亏无望的国有大中型企业和资源枯竭矿山平稳有序地退出市场,对于深化国有企业改革,调整国有经济布局和结构,维护企业和社会稳定,起到了重要作用。为做好今后几年国有企业政策性关闭破产工作，全国企业兼并破产和职工再就业工作领导小组(以下简称全国领导小组)研究制定了全国国有企业关闭破产工作总体规划(以下简称总体规划)，已经国务院第80次常务会议原则同意。现就贯彻落实总体规划，进一步做好国有企业政策性关闭破产工作提出以下意见：

一、总体规划实施的范围和重点

实施政策性关闭破产的期限为2005年至2008年。2008年后不再实施政策性关闭破产。已列入规划的拟关闭破产企业，按年度编制关闭破产计划。全国领导小组按规定程序组织有关部门和国有金融机构进行审核，上报国务院批准后组织实施。

总体规划的实施范围包括：一是新增的拟关闭破产企业，共1610户，涉及国有金融机构债权1502.6亿元，职工228万人；二是目前已送各国有金融机构审核的拟关闭破产企业，共506户，涉及国有金融机构债权769亿元，职工123万人。以上企业共计2116户，涉及国有金融机构债权2271.6亿元，职工351万人。

实施政策性关闭破产的重点是：继续支持东北地区等老工业基地振兴和中西部地区经济结构调整；支持军工企业改革脱困和资源枯竭煤矿关闭破产；继续做好有色金属困难企业关闭破产的收尾工作。

二、进一步改进关闭破产项目审核办法

负责项目审核工作的有关部门、国有金融机构应认真履行审核职责，在规定时间内完成审核任务。(一)在国资委下发报送年度项目的通知后，各省(区、市)和有关中央企业(集团)应在1个月内完成关闭破产预案的制订和申报工作。(二)国资委应在1个月内完成项目的初审工作，将拟关闭破产企业项目表(含各国有金融机构的债权明细)送有关部门审核。(三)有关部门和国有金融机构应在3个月内完成项目审核工作，报全国领导小组办公室复核；国有金融机构如未在规定时间内对项目提出意见，视为审核同意。(四)全国领导小组办公室应在1个月内，对审核中发现的不符合政策性破产条件或逃废金融债务的项目提出处理意见，将审核通过的项目上报国务院。

三、加强企业债务的审核和管理

国有金融机构应在3个月内完成对拟关闭破产企业的债务核对工作，对审核中发现不符合政策性破产条件或逃废金融债务的项目提出意见。不符合政策性破产条件或逃废金融债务的企业不得实施政策性破产。国有金融机构不得以任何名义向拟关闭破产企业索要补偿金；不得因拟关闭破产企业的担保问题而影响审查进度，担保企业履行担保责任确有困难的，由国有金融机构与企业协商，酌情予以适当减免。国有金融机构在项目审核过程中，应及时向当地协调小组和企业通报审核进展情况。

拟关闭破产企业必须及时向有关部门和单位报送关闭破产预案并说明有关情况，确保关闭破产预案中的资产、债务、各类人员及各项费用标准等数据真实可靠，主动配合国有金融机构做好项目审核工作，支持国有金融机构在规定时间内完成项目审核任务。

对列入总体规划拟实施关闭破产的企业，有关金融机构不得在企业关闭破产方案实施前转让或出售已确认的债权(国有金融机构之间经国家批准的债权转让除外)，也不得加紧追讨债权及担保责任。但对企业恶意逃废金融债权的行为，有关金融机构应依法维护自身合法权益。国有金融机构以企业破产终结时法院裁定的清偿率进行清收。股份制金融机构(包括改制后的国有商业银行)债权由金融机构按照内部议事程序，依据企业破产终结法院裁定依法核销。

国家有关部门对金融资产管理公司进行考核时，应对其执行国家政策性关闭破产政策核销贷款发生的损失因素予以考虑。在核销政策性关闭破产企业贷款时，如贷款的审批、发放和贷后管理无违规违纪问题，国有金融机构可不对有关责任人员处罚后再核销呆账。

四、严格破产操作程序和责任追究制度

各地企业兼并破产和职工再就业工作协调小组(以下简称协调小组)、有关部门和国有金融机构要充分认识落实总体规划的重要意义，按照国务院的要求，进一步加强领导，精心组织，认真执行国家有关政策，按照法定程序规范操作。各地协调小组要做好拟关闭破产企业、有关部门和国有金融机构之间的协调工作，及时解决工作中的矛盾和问题，确保在国务院规定的时间和范围内，完成政策性关闭破产工作任务。

为进一步做好列入总体规划的中央企业关闭破产工作，全国领导小组要会同各地协调小组，按照“先移交后破产”的原则，切实做好组织实施工作。国资委等有关部门要加强协调和指导，有关中央企业(集团)要切实负起责任，确保政策性关闭破产工作顺利进行。

各地协调小组要对拟关闭破产企业进行政策培训，组织企业编制好关闭破产预案，做好实施工作。各地协调小组和有关企业在实施关闭破产项目过程中，要严格按照国家的有关规定规范操作，不得虚报、瞒报企业财务数据；不得私分、转移、故意贱卖拟关闭破产企业和关闭破产企业的资产；不得恶意逃废国有金融机构和其他债权人的债务；任何人、任何机构都不得截留、挪用各级财政用于关闭破产企业的补助资金。地方各级人民政府要切实履行接收关闭破产企业办社会职能的承诺，积极创造条件并严格按照规定及时妥善接收破产企业办社会职能的资产和人员;已改制的股份制商业银行在国有企业实施破产过程中要严格按国家有关法律、法规,依市场规则办事。各地要建立责任追究制度,对违法违纪事件要严肃处理,特别是对弄虚作假的有关部门和企业领导人要从严追究责任。对出现重大违法违纪事件的,全国领导小组将通报批评,并暂停审批该地区的政策性关闭破产项目,暂停下达该地区的关闭破产企业中央财政补助资金。

五、切实维护职工合法权益和社会稳定

各地要继续把做好破产企业的稳定工作放在突出地位。企业关闭破产方案未经职代会审议的,职工分流安置方案未经职代会讨论通过的,关闭破产所需资金不落实的,不能实施政策性关闭破产。各地要进一步完善有关政策,切实维护关闭破产企业职工的合法权益。在实施关闭破产期间,企业的党组织、工会组织不能撤,工作不能停,要积极开展思想政治工作,协调好各方面的利益,化解各种矛盾。各地协调小组要对关闭破产企业的稳定工作负责,对突发的重大事件要按规定程序上报全国领导小组。

国务院副总理回良玉在中南海会见泰国前总理差瓦立·永猜裕一行

中共中央政治局委员王兆国在人民大会堂会见以波兰自卫党主席众议院副议长安杰伊·莱佩尔为团长的波兰自卫党青年政治家和企业家代表团

中央军委副主席兼国防部部长曹刚川在北京分别与葡萄牙国防部部长路易斯·阿马多和泰国前总理差瓦立·永猜裕举行会谈

全国人大常委会副委员长盛华仁在人民大会堂会见英国议会中国小组主席本·查普曼

外交部部长李肇星在阿布贾同尼日利亚外长阿德尼吉举行会谈

会谈后,两国外长签署了两国关于建立战略伙伴关系的谅解备忘录和两国政府经济技术合作协定。

国务委员唐家璇在人民大会堂会见瓦努阿图副总理兼外长萨托·基尔曼

中美两国政府共同建设的中国园在华盛顿举行奠基仪式

李安导演的《断背山》在美国第六十三届电影电视金球奖上夺得4项大奖

《断背山》获得最佳剧情影片、最佳导演、最佳剧本、最佳原创歌曲4项大奖。

全国维护妇女儿童权益协调组第五次全体会议暨维权贡献奖表彰会在北京举行

1月17日

中共中央总书记胡锦涛在北京会见朝鲜劳动党总书记金正日

应中共中央总书记、国家主席胡锦涛的邀请,朝鲜劳动党总书记、国防委员会委员长金正日从1月10日至18日对中国进行了非正式访问,并在湖北、广东、北京等省市参观考察。

在北京期间,中共中央总书记、国家主席胡锦涛同朝鲜劳动党总书记、国防委员会委员长金正日举行会谈,并为金正日举行欢迎宴会,还陪同金正日参观中国农科院作物科学研究所。中共中央政治局常委、全国人大常委会委员长吴邦国,中共中央政治局常委、国务院总理温家宝分别会见了金正日。中共中央政治局常委贾庆林、曾庆红、黄菊、吴官正、李长春、罗干分别陪同金正日参观或参加了有关活动。

两党两国领导人在热烈、坦诚的气氛中就进一步发展中朝两党两国关系和共同关心的国际和地区问题深入地交换了意见,达成了重要和广泛的共识。

胡锦涛代表中国党、政府和人民热烈欢迎金正日访华。他说,中朝两党两国最高领导人保持密切交往,是中朝睦邻友好关系的一大特色。金正日同志就任朝鲜劳动党总书记以来,双方领导人已多次互访,每一次访问都富有成果。在当前国际和地区形势发生深刻复杂变化的情况下,进一步推动中朝两党两国关系更加深入地向前发展,符合两国的共同利益,也有利于东北亚的和平、稳定与发展。

双方还相互通报了各自国内的经济社会发展情况。

中央及有关省市的领导同志刘淇、吴仪、张德江、俞正声、曾培炎、王刚、唐家璇等也分别陪同金正日参观或参加了有关活动。

朝鲜内阁总理朴凤柱、外务省第一副相姜锡柱、朝鲜党中央计划财政部部长朴男基、朝党中央科教部部长李光濠、朝鲜内阁副总理庐斗哲等陪同金正日访问并出席了有关活动。

国务院总理温家宝在钓鱼台国宾馆会见瓦努阿图副总理兼外长萨托·基尔曼

中共中央政治局常委李长春在北京出席广电总局广播电视"村村通"工作现场会

李长春听取了广电总局的工作汇报，详细了解有关情况。他指出，以胡锦涛同志为总书记的党中央高度重视"三农"工作，作出了建设社会主义新农村的重大部署。广播电视村村通工程是送到农村千家万户的"文化活动室"，是深受农民群众欢迎的民心工程，是农村社会主义精神文明建设的基础工程，是满足农民群众日益增长的精神文化需求的文化工程，对于传播党和国家的方针政策，提高农民群众的思想文化素质，具有十分重要的作用。要按照党的十六届五中全会提出的工业反哺农业、城市支持农村的方针，把村村通工程作为建立公共文化服务体系的重要内容，纳入经济社会发展的总体规划，采取有效措施，加大投入力度，推动村村通工程取得新的实质性进展，促进广大农村的经济建设、政治建设、文化建设和社会建设。

李长春强调，要按照巩固成果、扩大范围、提高质量、改进服务的总体要求，进一步明确目标任务，因地制宜，分类指导，多管齐下，综合利用，巩固完善已有成果，扩大覆盖范围，消灭盲区盲点。要不断提高工程水平，逐步增加节目套数，延长播出时间，丰富节目内容，使村村通工程更加贴近农村实际，贴近农民群众，贴近农村生活。要进一步加强管理，严格审验，把有限的资金集中用在工程建设上。要建立长效工作机制，保障维护运营，防止出现"返盲"。要整合资源，形成合力，探索把村村通工程与全国文化信息资源共享工程、现代远程教育结合起来的新路子，在更大范围内发挥村村通工程的积极作用。要深入宣传各地各部门积极推动广播电视村村通工程、为农民群众办实事的实绩，报道农民群众通过工程建设得到的实惠。要进一步加强领导，建立部门协调机制，加强对各地广播电视村村通工作的督促检查。

中共中央政治局委员贺国强在中央电视台一号演播大厅出席中组部等六部委举办的文艺演出

全国科技大会闭幕不久，中组部、中宣部、中央统战部、科技部、人事部和国家广电总局邀请他们来到这里，观看精彩的文艺演出。中共中央政治局委员、书记处书记、中组部部长、中央人才工作协调小组组长贺国强与大家一起观看了演出，并向辛勤工作在全国各条战线、各个领域的专家和广大科技人员致以新春的祝福。

贺国强在致辞中说，刚刚过去的2005年，是我国改革开放和社会主义现代化建设取得显著成就的一年。广大专家学者和科技人员在各自岗位上开拓创新，拼搏奉献，为科技进步、经济社会发展作出了积极贡献。

贺国强指出，2006年，是"十一五"开局之年。新年伊始，党中央、国务院召开了新世纪第一次全国科技大会，胡锦涛总书记在会上发表了重要讲话，号召全国各族人民，坚持走中国特色自主创新道路，为建设创新型国家努力奋斗。科技创新，关键在人才。杰出科学家和科学技术人才群体，是国家科技事业发展的决定性因素。各级党委和政府要认真贯彻落实这次大会精神，全面实施科教兴国战略和人才强国战略，牢固树立"科学技术是第一生产力""人才资源是第一资源"的观念，坚持在创新实践中发现人才、在创新活动中培育人才、在创新事业中凝聚人才，努力营造人才辈出的良好环境，把各类优秀人才集聚到建设创新型国家的伟大事业中来。

贺国强希望广大专家学者和科技人员发扬求真务实、团结协作、开拓创新、勇攀高峰的精神，立足本职，扎实工作，做自主创新的先锋，做拼搏奉献的楷模，为提升我国自主创新能力，建设创新型国家作出更大贡献。

第十九次全国"扫黄打非"工作电视电话会议在北京召开

会议部署了2006年的"扫黄打非"工作。中共中央政治局委员、书记处书记、中宣部部长刘云山出席会议并讲话。

刘云山强调指出，"扫黄打非"工作要坚持以邓小平理论和"三个代表"重要思想为指导，全面落实科学发展观，切实履行属地管理和部门管理职责，以查办重要案件和强化日常监管为重点，加大知识产权保护力度，加强协同配合，拓展工作领域，创新方法手段，为维护社会政治稳定、构建社会主义和谐社会，创造良好文化环境。

经过各地各部门的共同努力，2005年的"扫黄打非"工作取得了明显成效。全年共收缴各类非法出版物1.69亿件，取缔非法报刊79种，查禁有害游戏软件50款，查获非法光盘生产线17条，严惩了一批违法犯罪分子，对侵权盗版和非法出版活动起到了震慑作用，确保了文化市场的平稳健康有序，有力地维护了国家文化安全，树立了我国政府保护知识产权的良好形象。

刘云山强调，各级党委和政府要高度重视"扫黄打非"工作，切实加强组织领导。各级宣传、政法、新闻出版、公安、文化、教育、信息产业、工商、海关、交通、铁路、民航、邮政等部门，要认真落实管理责任制，把各项任务落到实处。要把打击侵权盗版与开展法律法规宣传教育结合起来，引导广大群众特别是青少年积极参与"拒绝盗版，从我做起"的保护知识产权主题活动，努力营造有利于增强民族自主创新能力的良好社会氛围。要把规范市场秩序与促进市场繁荣结合起来，努力推出一批思想性、艺术性、观赏性俱佳的优秀文化产品，不断满足人民群众日益增长的精神文化需求。

会议表彰了2005年“扫黄打非”工作有功集体、先进集体和先进个人。全国“扫黄打非”工作小组成员单位和中央有关部门负责同志出席了会议。各省、自治区、直辖市党委和政府分管领导及有关部门负责人在分会场参加了会议。

中央统战部等在人民大会堂举办首都各民族人士迎春茶话会

全国人大常委会副委员长乌云其木格主持茶话会，全国政协副主席、中央统战部部长刘延东代表主办单位向全国各族人民致以节日的问候和衷心的祝福。她说，刚刚过去的2005年是我国改革开放和社会主义现代化建设取得显著成就的一年，又是我国民族工作的丰收年。民族工作大事多、喜事多、要事多，极大鼓舞了全国各族人民，有力推动了民族工作。2006年及由此开启的“十一五”时期，既是我国改革发展的关键时期，也是实现各民族共同团结奋斗、共同繁荣发展的关键时期。

刘延东指出，在新的形势下，我们要牢牢把握“共同团结奋斗、共同繁荣发展”的主题，大力加快少数民族和民族地区经济社会发展，不断满足少数民族群众日益增长的经济、社会、文化需求；坚持贯彻科教兴国和人才强国战略，切实加强民族地区人才资源开发和少数民族干部队伍建设；广泛开展民族团结教育活动，促进各民族人民和睦共处、和衷共济、和谐发展；全面贯彻落实民族区域自治法，坚持和完善民族区域自治制度；坚决抵制境内外敌对势力利用民族问题进行的渗透、破坏，维护民族团结和祖国统一。

全国政协副主席白立忱、李兆焯、阿不来提·阿不都热西提和布赫、铁木尔·达瓦买提及在京的少数民族全国人大代表、全国政协委员、少数民族省部级领导、各界少数民族代表人士及从事民族工作的有关部门负责人共1000多人出席茶话会并观看精彩的文艺演出。

中共中央书记处书记何勇在北京会见斯洛伐克社会民主方向党主席菲佐

全国人大常委会副委员长何鲁丽在人民大会堂分别会见由议会党团书记迪米特里·瑞帕斯率领的希腊泛希腊社会主义运动议员团和由集团总裁本佳铭·得洛希尔率领的法国爱德蒙得洛希尔集团代表团

全国人大常委会副委员长成思危在人民大会堂会见由西班牙议会西中友好小组主席众议院第二副议长约尔蒂·比拉华纳·罗维拉率领的西班牙议会西中友好小组代表团

外交部部长李肇星抵科威特王宫吊唁科威特已故埃米尔贾比尔·艾哈迈德·萨巴赫

禽流感防控国际筹资大会高官会在北京召开

来自美国、日本等100多个国家和20多个国际组织的近700名代表出席了会议。外交部副部长乔宗淮在开幕式上致辞。联合国禽流感问题高级协调员纳巴罗、世界银行副行长亚当斯、欧盟委员会代表朱安让在会上作了重要发言。

1月18日

国务院总理温家宝主持召开国务院常务会议

会议审议并原则通过《国务院关于解决农民工问题的若干意见》《艾滋病防治条例(草案)》和《娱乐场所管理条例(修订草案)》。

会议指出，党中央、国务院高度重视农民工问题。去年以来，由中央和地方有关部门以及专家组成的小组开展了专题调查研究，广泛听取各方面的意见，经过近一年时间，起草了《关于解决农民工问题的若干意见》。文件明确了做好农民工工作的指导思想、基本原则和政策措施，是解决农民工问题的重要指导性文件。贯彻这个文件，切实保障农民工合法权益，改善农民工就业环境，引导农村富余劳动力合理有序转移，对于促进城乡协调发展、全面建设小康社会，对于维护社会公平正义、保持社会和谐稳定，都具有重大意义。

会议强调，农民工是我国改革开放和工业化、城镇化进程中涌现的一支新型劳动大军。他们为城市繁荣、农村发展和国家现代化建设作出了重大贡献。解决农民工问题要坚持公平对待，一视同仁；强化服务，完善管理；统筹规划，合理引导；因地制宜，分类指导；立足当前，着眼长远。当前要着力做好以下几个方面工作：(一)抓紧解决农民工工资偏低和拖欠问题。严格规范用人单位工资支付行为，建立工资支付监控制度和工资保证金制度，确保农民工工资按时足额发放。严格执行最低工资制度，制定和推行小时最低工资标准。(二)依法规范农民工劳动管理。严格执行劳动合同制度，加强对用人单位订立和履行劳动合同的指导和监督。依法保障农民工职业安全卫生权益。切实保护女工和未成年工权益，严格禁止使用童工。(三)搞好农民工就业服务和职业技能培训。进一步清理和取消各种针对农民工进城就业的歧视性规定和不合理限制。(四)积极稳妥地解决农民工社会保障问题。依法将农民工纳入工伤保险范围,抓紧解决农民工大病医疗保障,探索适合农民工特点的养老保险办法。(五)切实为农民工提供相关公共服务。按照属地化管理的原则,逐步健全覆盖农民工的城市公共服务体系。保障农民工子女平等接受义务教育,搞好计划生育管理和服务,多渠道改善农民工居住条件。(六)健全维护农民工权益的保障机制。保障农民工依法享有的民主政治权利,保护农民工土地承包权益。加大维护农民工权益的执法力度。(七)促进农村劳动力就地就近转移。大力发展乡镇企业和县域经济,提高小城镇产业集聚和人口吸纳能力,扩大当地转移就业容量。

会议要求,各级政府要充分认识做好农民工工作的重大意义,切实加强领导,完善农民工工作协调机制,加快配套政策研究,引导农民工提高自身素质,充分发挥社区管理服务的作用,加强宣传舆论工作,在全社会形成理解、关心、保护农民工合法权益的良好氛围。

会议认为,为依法规范和指导艾滋病防治工作的有序进行,建立起政府组织领导、部门各负其责、全社会共同参与的机制,有效预防、控制艾滋病的发生与流行,根据传染病防治法,制定《艾滋病防治条例》是十分必要的。条例草案对各级政府在防治艾滋病工作中的主要职责、艾滋病病毒感染者和艾滋病病人的权利和义务、艾滋病预防控制和检测制度、艾滋病病毒感染者和艾滋病病人治疗救助,以及艾滋病防治的保障措施等作出了明确、具体的规定。会议决定,《艾滋病防治条例(草案)》经进一步修改后,由国务院公布施行。

会议认为,1999 年 3 月国务院发布施行的《娱乐场所管理条例》,对加强娱乐场所管理、促进其健康有序发展发挥了重要作用。随着我国经济社会的发展,近年来娱乐场所也出现了一些新的情况和问题,有必要对其进行修订、完善。会议决定,条例修订草案经进一步修改后,由国务院公布施行。

国务院总理温家宝出席在人民大会堂举行的禽流感防控国际筹资大会部长级会议开幕式并讲话

尊敬的各位代表:

今天,来自 100 多个国家、地区和国际组织的代表聚集北京,共同探讨以筹资为主题的禽流感国际防控合作大计。这充分表明了国际社会同舟共济应对禽流感挑战的政治意愿和坚定决心,大会的成果将会对全球禽流感防控合作产生重要影响。

当前,禽流感在一些国家和地区蔓延,不仅影响了这些国家的经济、社会发展,而且严重危及人民的健康与生命,甚至威胁到地区和全球的安全与稳定。因此,有效预防禽流感已经成为国际社会面临的共同任务。

中国是深受禽流感疫情影响的国家。中国政府始终把保护人民的生命安全和健康放在第一位。我们在禽流感防控工作中,坚持以人为本,依靠法制,依靠科学,依靠群众,严防疫情扩散和蔓延,严防人感染禽流感,主要采取了以下几项措施:

一是依法开展禽流感防控工作。我们修订了《传染病防治法》,出台了《重大动物疫情应急条例》,建立了一系列应急机制和应急预案。

二是建立禽流感监测和早期预警系统。我们建成了覆盖中国内地所有省份的疫情监测网络,增加了流感网络实验室,有效地控制了疫情扩散。

三是进行联防联控。我们建立了农业、卫生、质检、工商、林业等部门之间以及地区之间的协调机制,完善疫情通报制度,共同实施防控措施。

四是实行全社会群防群控。我们通过新闻媒体,公布疫情,普及科学防疫知识,宣传防控措施,增强公众自我保护的意识和防疫的能力。我们还制定了免费提供疫苗、扑杀家禽补偿和扶持家禽业发展等政策,调动群众防控禽流感的积极性。

五是依靠科技提高防控水平。我们加大禽流感诊断、流行病学研究以及新型禽用疫苗研制的工作力度,在人用疫苗和防治药物研究、迁徙候鸟的监控研究等方面取得新的进展。

六是加强人、禽防疫体系建设。我们实施了积极的免疫政策。开展流行病学调查,提高检测水平和诊断能力。加强基层医疗防疫人员的业务培训,提高发现、控制、治疗传染病的能力。

各位代表,

中国政府高度重视、积极参与禽流感防控国际合作。我们本着"及时、公开、透明"的原则,向有关国际组织和国家通报了动物禽流感疫情和人间禽流感病例,积极主办、参加禽流感防控的一系列国际会议,向周边国家禽流感防控提供了力所能及的资金、物资和技术援助。禽流感防控工作是一项长期的艰巨任务,不仅需要各国政府的不懈努力,也需要国际社会的密切配合。为进一步推动全球禽流感防控合作,我愿在此提出以下建议:

第一,建立全球防控合作机制。国际社会应广泛开展合作,充分利用各种区域、次区域机制的优势,制定防控措施,建立联防联控机制。中国是一个负责任的国家,愿继续积极参与国际社会的防控合作,与有关国家分享我们的防控经验,帮助制定禽流感防控措施。

第二,加强防控能力建设。国际社会应尽快建立全球应对传染病流行的监测预警机制,进一步提高各国的早期预警和应急处置等能力建设，就禽流感流行病学和药物进行联合科技攻关。中国愿为东盟及周边国家提供人员培训，与有关国家在流行病学调查、早期预警预测、实验室检测、临床诊断和治疗等领域开展技术交流。我们还愿与有关国家和国际组织开展合作，努力开发有效防控禽流感的疫苗和药物。

第三，发挥联合国和有关国际组织的作用。联合国应发挥其政治优势，加强禽流感防控国际合作的政策协调。世界卫生组织应加大向发展中国家提供防控禽流感的技术支持力度。中国愿充分利用现有各种合作机制，及时、准确地向有关国际组织和国家通报疫情及防控工作的情况，公布禽流感病毒株基因序列及相关信息，与国际社会共谋应对之策。我们还愿通过南南合作和其他形式的合作为有关国家和地区的禽流感防控作出贡献。

第四，争取更多的资金支持。发达国家、世界银行等国际组织以及跨国公司应在资金筹集工作中作出更大的贡献。我们期待它们踊跃捐款，支持本次大会建立一个禽流感防控多边援助资金框架，以不附加额外条件、尊重受援国自主权的方式，向受疫情影响严重的发展中国家提供及时、充足的资金援助。为支持全球禽流感防控事业，中国政府决定提供1000万美元并迅速到位。我们还将继续通过双边途径，向周边和其他有需要的国家提供力所能及的援助。

各位代表，

国际社会已对禽流感防控工作给予了高度重视，有关国际合作也已全面展开，并取得明显成效。但是，疫情形势依然严峻，防控工作十分艰巨。我相信，通过国际社会和各位代表的共同努力，我们一定能最终战胜禽流感，为人类的文明与进步作出新的贡献。

预祝大会圆满成功。

谢谢大家。

全国政协主席贾庆林在北京会见全国台办主任会议代表

贾庆林强调，要在以胡锦涛同志为总书记的党中央领导下，以邓小平理论和“三个代表”重要思想为指导，坚定不移地贯彻“和平统一、一国两制”的基本方针和现阶段发展两岸关系、推进祖国和平统一进程的八项主张，全面深入地贯彻胡锦涛总书记提出的新形势下发展两岸关系的四点意见，坚决贯彻中央的决策和部署，努力做好今年的对台工作，推动两岸关系进一步朝和平稳定方向发展。

贾庆林指出，去年以来，我们采取了一系列惠及广大台湾同胞的举措，两岸民间的交流交往日益密切，两岸经济合作进一步加强，两岸携手共谋发展深入人心。这符合广大台湾同胞的根本利益，有利于中华民族的长远发展。

贾庆林强调，两岸同胞是命运与共的手足兄弟。只要是对台湾同胞有利的事情，只要是对促进两岸交流有利的事情，我们都要尽最大努力去做，并且一定努力做好。要进一步加强两岸人员往来和经济、文化交流，进一步陆续出台解决广大台湾同胞关心的问题、维护台湾同胞正当权益的政策措施，努力办好关系到广大台湾同胞切身利益的实事。我们欢迎有更多的台湾同胞来大陆投资兴业、共谋发展，造福两岸同胞。各级政府要竭诚为台湾同胞提供帮助和服务。我们希望两岸民间行业组织尽快就两岸客、货运包机相关事宜一并协商，达成共识，同步实施，以满足广大台湾同胞特别是台湾工商业界的强烈要求，不断推进实现两岸全面、直接“三通”的进程。要全面落实我们党与中国国民党、亲民党达成的共识，继续推动在“九二共识”基础上恢复两岸对话和谈判。

贾庆林强调，今年是“十一五”时期的开局之年。做好今年的对台工作，具有非常重要的意义。几天前，胡锦涛总书记在考察厦门海沧台商投资区并会见台商代表时，就实现两岸直接“三通”、加强两岸经济交流与合作发表了重要讲话。从事对台工作的同志一定要认真学习，深刻领会，坚决贯彻。要以对党和人民高度负责的使命感和责任感，以良好的精神风貌和饱满的政治热情，切实履行对台工作职责，加强配合、形成合力，为稳定台海局势、维护我重要战略机遇期创造良好环境，为促进两岸关系发展、推进祖国和平统一进程，作出新的贡献。

国务委员唐家璇参加了会见。

中共中央政治局委员贺国强在北京主持中央人才工作协调小组第十次会议并讲话

贺国强强调，要深入学习、认真贯彻全国科学技术大会精神，切实把思想统一到中央的要求和部署上来，以用科学发展观统领人才工作，坚持党管人才原则，全面实施人才强国战略，牢固树立人才资源是第一资源的观念，努力培养造就富有创新精神的人才队伍，为落实“十一五”规划、建设创新型国家提供智力支持和人才保证。

贺国强指出，最近，党中央、国务院召开了新世纪第一次全国科学技术大会，胡锦涛、温家宝同志在会上发表重要讲话，强调坚持走中国特色自主创新道路，为建设创新型国家而奋斗。这次会议着眼于紧紧抓住战略机遇期，实现我国经济社会又快又好地发展，对人才工作提出了一系列新的要求，对我们做好人才工作具有十分重要的指导意义。我们要深刻认识人才工作在落实“十一五”规划、建设创新型国家中的重要地位和作用，全面把握在落实“十一五”规划、建设创新型国家的新形势下人才工作的目标和任务，切实增强以改革的精神推进人才工作体制机制创新的自觉性和坚定性。

贺国强强调，2006年是“十一五”规划的开局之年。在新的一年里，要加强人才队伍建设的总体规划和宏观指导，研究提出今后五年加强人才队伍建设的总体思路和实施意见。要按照提高自主创新能力的要求推进高层次创新人才队伍建设，努力培养造就一批德才兼备、国际一流的科技尖子人才、国际级科学大师和科技领军人物，特别是要抓紧培养造就一批中青年高级专家。要紧紧围绕国家重大发展战略的实施，努力为促进区域协调发展提供人才支持。要积极适应产业结构调整和建设社会主义新农村的要求，进一步加强高技能人才和农村实用人才工作。要加大人才工作体制机制创新力度，努力营造鼓励人才干事业、支持人才干成事业、帮助人才干好事业的社会环境，形成有利于优秀人才脱颖而出的体制机制，最大限度地激发各类人才的创新激情和活力。

会议总结了2005年的人才工作，研究部署了2006年的人才工作，就加强高技能人才队伍建设问题进行了研究。中央人才工作协调小组成员参加了会议。

国务院副总理回良玉在吉林延边慰问困难群众和森警官兵时强调扎实做好扶贫救济和森林防火工作

全国妇联主席顾秀莲在北京出席全国妇女“巾帼建功”活动第十五次领导小组会议

中央统战部部长刘延东在北京接见第二次全国社会主义学院院长会议代表并讲话

第二次全国社会主义学院院长会议1月16日至18日在北京召开。全国政协副主席、中央统战部部长刘延东接见会议代表并讲话。

刘延东指出，围绕实现全面建设小康社会的目标，党和国家作出了实施人才强国和建设创新型国家的重大决策，提出了“大规模培训干部、大幅度提高干部队伍素质”的战略任务。这些都将对统一战线工作产生重大而深远的影响，也对社会主义学院工作提出了新的要求。

刘延东就进一步做好社会主义学院工作提出要求：围绕统一战线的新老交替和各民主党派的政治交接，切实抓好党外代表人士的培训，在提高培训质量、增强培训效果上下功夫，增强培训的针对性和实效性；以纪念建院50周年为契机，总结过去，规划未来，在继承优良传统的基础上，坚持观念创新、理论创新、体制机制创新和教学内容创新；以加强社会主义学院建设为重点，出成果，出人才，紧密结合统一战线工作实践，为推进统一战线的理论创新、政策完善和实践发展作出应有的贡献。

全国人大常委会副委员长、民革中央主席、中央社会主义学院院长何鲁丽出席开幕式并讲话。她说，要加强社会主义学院建设，整合资源，携手共进，走共同发展之路；立足当前，着眼长远，走科学发展之路；统筹协调，以人为本，走和谐发展之路；解放思想，与时俱进，走开放发展之路。

政协北京市第十届委员会第四次全体会议选举阳安江为北京市政协主席

国家副主席曾庆红在人民大会堂会见葡萄牙国防部部长路易斯·阿马多一行

中共中央政治局常委罗干在人民大会堂会见埃塞俄比亚最高法院院长凯马尔·白德里一行

全国人大常委会副委员长路甬祥前往科威特驻华使馆吊唁贾比尔埃米尔

中国东盟协会会长顾秀莲在对外友协礼堂出席中国东盟协会新春招待会并致辞

最高人民法院院长肖扬在北京会见埃塞俄比亚最高法院院长凯马尔·白德里

中国队在上海蝉联三国女子围棋擂台赛冠军

今天，在上海举行的第四届正官庄杯第13盘比赛中，中国棋手叶桂以半目的微弱优势击败韩国主将朴志恩六段，使中国队在还有一名选手未出场的情况下提前捧得冠军奖杯。

中国队的5位女将是芮乃伟九段、叶桂五段、徐莹五段、王祥云初段、范蔚菁初段。

1月19日

中央军委主席胡锦涛在北京出席慰问驻京部队老干部迎新春文艺演出

国务院总理温家宝在人民大会堂与希腊总理卡拉曼利斯举行会谈

温家宝说，中希建交33年来，两国关系一直平稳健康地发展,经贸合作水平不断提高,各领域的交流日益扩大。希腊是中国在南欧的友好伙伴和可信赖的朋友,两国不仅在政治上平等相待,彼此尊重,而且在对方关切的重大问题上相互理解,相互支持。中方赞赏希方始终坚持奉行的一个中国政策。中方对中希关系的良好发展势头感到满意。

卡拉曼利斯说,希中两国自1972年建交以来,两国在各领域都开展了密切合作,双边关系发展令人满意。此次访问期间,双方又将签署关于建立全面战略伙伴关系的联合声明,这将为两国合作开辟更为广阔的空间。卡拉曼利斯强调,希腊政府坚定奉行一个中国政策,反对“台独”。

会谈后,温家宝和卡拉曼利斯签署了《中华人民共和国和希腊共和国关于建立全面战略伙伴关系的联合声明》,并出席了双方经贸、文化等领域合作文件的签字仪式。

中华人民共和国和希腊共和国关于建立全面战略伙伴关系的联合声明

应中华人民共和国国务院总理温家宝的邀请,希腊共和国总理卡拉曼利斯于2006年1月19日至21日对中国进行了正式访问。访问期间,卡拉曼利斯总理会见了胡锦涛主席、吴邦国委员长、全国政协主席贾庆林,与温家宝总理举行了会谈。双方就双边关系及共同关心的国际和地区问题坦诚深入地交换了意见。

双方共同回顾了中希传统友好关系。一致认为,1972年建交以来,两国关系一直顺利发展。当前,双方政治关系基础牢固,各领域合作富有成果,进一步扩大和深化双边关系前景广阔。

双方决定建立中希全面战略伙伴关系。

一、政治对话

(一)双方承诺,深化两国政治对话,加强各级别人员的互访和各种形式的交流。进一步落实2000年签署的两国政治磋商协议,以更好地促进双方在各领域的合作。推动签署双方感兴趣领域的各种协议。从而体现全面战略伙伴关系的实质与内涵。

(二)双方指出,在当前国际形势下,中希应该加强合作,促进不同文明的人民之间的相互了解和接近,为世界的和平与发展作出贡献。

(三)双方认为,国际社会应在联合国框架内应对当今时代的威胁和挑战,通过谈判和协商寻求国际争端的政治解决。双方认为,联合国应进行合理、必要的改革,以提高其应对威胁和挑战的能力。改革应通过民主协商,循序渐进,争取达成广泛一致。双方相信,在联合国框架内的双边合作将有助于两国从各方面更好地应对时代的挑战,以维护世界和平、安全和稳定,建立更加公平的国际秩序,应对包括恐怖主义在内的全球性问题。

(四)双方重申,根据《联合国宪章》和公认的国际法准则以及相关的联合国决议,各国应坚持相互尊重国家主权和领土完整的原则,联合国决议应该得到尊重和执行。

(五)双方应采取共同行动,推动落实联合国千年发展目标,以消除贫困、饥饿、疾病、各种形式的歧视、文盲,避免破坏环境,保护自然资源,实现可持续发展。

(六)双方将加强在联合国框架内的配合与协调,提高维和行动的效率,推动在军控以及防止大规模杀伤性武器扩散方面取得实质进展。希腊支持中国在朝鲜半岛核问题六方会谈中所发挥的建设性作用。

(七)双方希望塞浦路斯问题能以联合国有关决议为基础,早日得到公正、持久、切实可行的解决。支持联合国秘书长为解决塞浦路斯问题所作努力,主张安理会和国际社会采取的任何措施都应有利于促进塞浦路斯问题的解决。

(八)双方表示,愿意根据《世界人权宣言》及有关国际条约,促进对人权的保护,继续中国与欧盟间的建设性对话。

(九)着眼于中欧全面战略伙伴关系和欧盟首脑会议有关结论,希腊重申赞同欧盟解除对华军售禁令。希将继续在欧盟内部为推动尽早解禁而努力。

(十)希腊政府重申,将继续恪守一个中国原则,反对“台独”,希望台湾问题得到和平解决。

(十一)希腊认识到完全市场经济地位对中国具有重要意义,并注意到中国已经是世贸组织成员,在加快完善市场经济体制等方面取得很大进步。希腊支持中国和欧盟开展对话,并将为欧盟尽早承认中国的完全市场经济地位而积极努力。

二、经贸合作

(十二)为进一步推动经济、贸易和投资合作,加强两国企业界的相互了解,双方强调定期召开中希经贸混委会的必要性,并对2005年11月29日在北京召开的第九届经贸混委会取得的成果表示满意。双方同意成立中希经贸合作论坛,每年召开一次会议。

(十三)双方将支持两国企业实施共同感兴趣的合作项目,支持中小企业的发展和科技合作,推动在农业特别是橄榄油和柑橘类水果、环境、可再生能源、农产品加工、市政服务及基础设施、电信、汽车、运输、金融等领域开展合作。

(十四)双方愿加强在质量监督检验检疫方面的合作,并由两国主管部门在充分开展合作的基础上,争取早日签署有关合作协议。

(十五)鉴于造船和航运在两国经贸关系中发挥着

独特的作用，双方决心为两国港务主管部门及其他涉及运输、安全及港口建设等部门间的合作提供便利。双方鼓励两国港口、航运企业开展合作，共同促进两国间的直达海运及经对方港口到邻近国家或地区的海上中转运输。

三、旅游

（十六）双方表示愿意相互提供必要的便利，以进一步促进两国旅游业的发展，并表达了开通北京到雅典直达航线的意愿。

四、奥运合作

（十七）双方同意加强以下业已存在的合作

1.2005 年 7 月 11 日，双方在北京签署了《中国国家体育总局、文化部、第二十九届奥运会组委会和希腊文化部关于成立中希奥运合作联委会的意向书》，并于 2005 年 12 月 13 日在北京召开了联委会第一次会议。双方将支持联委会开展工作，指导和协调中希两国在奥运领域的形式多样合作。

2.2005 年 11 月 3 日，双方在北京就奥运安全合作签署了《中华人民共和国北京第二十九届奥运会安全保卫协调小组与希腊共和国公共秩序部关于北京 2008 年奥运会及残奥会安全合作谅解备忘录》，北京奥组委安保协调小组和希腊公共秩序部进行了合作。

五、教育合作

（十八）双方同意为两国学生和教师提供更多的奖学金和交流机会，并加强两国大学间共同开发研究项目。希方欢迎中方将奥运课程纳入学校教材中。

六、文化

（十九）中希两国均拥有丰富的文化遗产，表示愿加强文化交流，促进两国人民间的相互理解与友谊。两国主管部门可以就互设文化中心的前景进行商议。

（二十）双方同意，希方将同中方合作于 2008 年在华举办“希腊文化年”。具体事宜将由两国主管部门协商确定。

七、中希地方和民间交往

（二十一）双方还鼓励两国地方政府、学术界、研究机构、新闻机构、友好组织、民间机构加强接触和交流，以进一步扩大和增强中希全面战略伙伴关系的社会基础。

八、双边协议

（二十二）访问期间，两国签署了以下协议：

1.《中华人民共和国商务部与希腊共和国外交部关于中小企业合作的谅解备忘录》；

2.《关于在华举办“希腊文化年”的谅解备忘录》；

3.《中国国际贸易促进委员会与希腊－中国商务理事会合作谅解备忘录》；

4.《中国从希腊进口 60000 吨磷肥的意向协议》。

中华人民共和国政府代表　希腊共和国政府代表
国务院总理　总理
温家宝　科斯塔斯·卡拉曼利斯

2006 年 1 月 19 日于北京

国务院总理温家宝在人民大会堂会见 37 位离到任驻华使节

参加会见的离任大使是：科特迪瓦驻华大使科南、阿尔巴尼亚驻华大使扎尼、菲律宾驻华大使盖威利。

参加会见的到任大使是：新西兰驻华大使包逸之、马来西亚驻华大使诺尔扎曼、塞拉利昂驻华大使约翰尼、格鲁吉亚驻华大使乌克列巴、巴基斯坦驻华大使巴希尔、斯洛文尼亚驻华大使森森、博茨瓦纳驻华大使马金达、牙买加驻华大使麦库克、乌拉圭驻华大使费雷尔、纳米比亚驻华大使南巴胡、波黑驻华大使巴伦契奇、佛得角驻华大使德莫赖斯、俄罗斯驻华大使拉佐夫、希腊驻华大使坎巴尼斯、加拿大驻华大使罗岚、埃及驻华大使阿拉姆、蒙古国驻华大使巴特苏赫、东帝汶驻华大使布兰科、比利时驻华大使裴伯宁、波兰驻华大使舒姆斯基、阿尔及利亚驻华大使格林、芬兰驻华大使郭安祺、塔吉克斯坦驻华大使阿利莫夫、格林纳达驻华大使怀特曼、刚果(金)驻华大使蒙巴拉、尼日尔驻华大使阿达穆、索马里驻华大使阿威尔、巴勒斯坦驻华大使迪亚布、阿富汗驻华大使哈基米、吉尔吉斯斯坦驻华大使苏尔丹诺夫、荷兰候任驻华大使闻岱博、印度尼西亚候任驻华大使苏特拉查、英国候任驻华大使欧威廉、沙特候任驻华大使侯杰兰。

国务院任免国家工作人员

任命吕国增、李金章为外交部副部长；

任命窦玉沛为民政部副部长；

任命危朝安为农业部副部长；

免去吕新华的外交部副部长职务。

国务院副总理回良玉在北京主持召开全国老龄委全体会议

会议研究部署当前和今后一个时期的老龄工作，并向全国各族老年人致以新春佳节的美好祝愿。

回良玉指出，我国是人口大国，也是老年人口最多的国家，目前 60 岁以上的老年人口已达 1.43 亿，占总人口的 11%。我国人口老龄化的突出特点是老龄人口基数大，发展速度快，地区不平衡，社会负担重，属于典型的“未富先老”国家。目前，我国应对人口老龄化高峰的工作形势相当严峻，突出表现为四个不适应：养老保障机制与养老负担、社会总体负担的剧增不适应；

卫生保障体制与老年群体医疗需求不适应；养老护理机构建设与病残老人的养老护理需求不适应；社区服务网络与"空巢"家庭老人、高龄老人的服务需求不适应。

回良玉强调，"十一五"时期是全面建设小康社会的关键时期，做好老龄工作对于顺利完成国家"十一五"规划，促进经济和社会发展具有重要作用。各有关部门要结合制定本领域"十一五"专项发展规划，统筹安排老龄事业发展。要重点抓好四个方面工作：一是要加快构建养老服务体系。加快社区养老服务机构和设施建设，逐步建立起设施齐全、队伍严整、服务热情、管理严格的社区服务网络。加大老年福利事业投入，引导和支持社会资金投资兴建各种养老机构。二是着力解决老年人的生活困难。要认真落实《国务院关于完善企业职工基本养老保险制度的决定》。农村养老保障要坚持以家庭为主，与政府和社会救济相结合，有条件的地方可以探索建立最低生活保障制度。要完善社区老年医疗保健服务网络，实施城市困难群众医疗救济制度，积极推进农村新型合作医疗制度。三是要把加强基层老龄工作作为突出任务来抓。抓好基层老年群众组织建设，发挥他们在促进经济发展，保持社会稳定，维护自身权益，关心教育下一代等各个方面的积极作用。加强老龄事业基础设施建设，以社区街道和村镇为重点，建设好与老年人日常生活密切相关的文化、卫生、社区服务等公共设施(场所)。四是组织开展丰富老年人精神文化生活的各种活动。鼓励老年人继续参与经济和社会发展，积极参与社会公益活动。

台盟中央主席林文漪在北京出席2006年在京台胞新春同乐会

政协河南省第九届委员会第四次会议选举王全书为河南省政协主席

全国商务工作会议在北京召开

中共中央政治局委员、国务院副总理吴仪作出重要批示。

全国商务工作会议为期两天，会议任务是全面总结2005年商务工作，研究"十一五"期间我国商务事业发展的总体思路，部署2006年重点工作。中央国家机关有关部门、各地商务主管部门、各国家级经济技术开发区、部分驻外经商参赞和企业代表参加了本次会议。

中央文明办 建设部和国家旅游局在北京召开表彰大会

大会授予四川峨眉山风景名胜区等11个景区"全国文明风景旅游区"称号，授予北京八达岭长城景区等49个景区"全国创建文明风景旅游区先进单位"称号。

全国人大常委会副委员长李铁映在斯德哥尔摩分别会见瑞典议会第一副议长佩尔·韦斯特贝里和政府副首相博塞·林霍尔姆

外交部部长李肇星在的黎波里会见利比亚总理加尼姆 外长沙勒加姆

2006中国意大利年在北京揭开序幕

中国意大利年旨在向中国公众提供一个了解富有创造力的意大利文化的窗口，以加强两国人民的相互了解，巩固双方已有的良好的政治、经济和文化关系。主要交流活动分演出和展览两大部分。演出包括那不勒斯圣卡罗歌剧院将在京、津举办著名歌剧唱段音乐会，在中华世纪坛前的广场将上演"时间的更新"晚会，举行意大利影展以及意大利一些实验性的戏剧表演。大型展览包括正在中华世纪坛世界艺术馆筹备的"意大利文艺复兴艺术展"等。与此同时，经济领域也将举行一系列交流活动，环保是一大主题。

2006年，中国文化也将在意大利展示。如中国文明系列展中的"丝绸之路"展、"走向帝国"中国文物展等。

国务委员陈至立在广州出席教育部直属高校工作咨询委员会第十六次全体会议

中国出版集团公司与河南出版集团正式签署战略合作协议

此举开创了我国文化体制改革中出版集团跨地区合作的先河。

作为国内出版业龙头的中国出版集团在品牌、人才、跨国经营、政策信息等方面具有一定优势，而河南出版集团根植于中原大地，具有丰富的文化资源、独特的区域和比较成本优势，在全国已经成立的出版集团中综合实力位居第三位。这次合作双方计划从开展出版物流通业务开始，将在图书出版、教材教辅开发与经营、电子音像和新兴媒体开发、对外合作及出版贸易等方面进行长期、全面的合作。

国家体育总局在北京召开2006年全国体育局长会议

本次会议的主题是：认真贯彻党的十六大和十六

届五中全会精神，以科学发展观统领体育工作全局，紧紧抓住筹备2008年奥运会历史机遇，为“十一五”体育事业发展开好局、起好步，努力促进我国体育事业全面、协调、可持续发展。

国务委员陈至立为会议专门发来书面致辞，国家体育总局局长、党组书记刘鹏作题为《抓住历史机遇　努力促进我国体育事业全面、协调、可持续发展》的主报告。

1月20日

国家主席胡锦涛 全国人大常委会委员长吴邦国 全国政协主席贾庆林在北京分别会见希腊总理卡拉曼利斯

国务院总理温家宝主持召开国务院第8次全体会议

会议讨论即将提请十届全国人大四次会议审议的《政府工作报告(征求意见稿)》和《“十一五”规划纲要(草案)》。会议决定，将这两个文件发往各省、自治区、直辖市和有关部门、单位征求意见。

温家宝在会上发表了讲话。他说，我们的政府是人民的政府，我们的权力是人民给的，我们所做的一切都要对人民负责。《政府工作报告》和《“十一五”规划纲要》，要反映广大群众的利益、愿望和要求。文件的形成要充分发扬民主，广泛听取各方面意见，包括地方、部门的意见，社会各界的意见，民主党派、工商联和无党派人士的意见，使文件修改过程成为集中民智、反映民意、凝聚民力的过程。

温家宝说，2005年是“十五”时期的最后一年，在党中央、国务院领导下，全国各族人民高举邓小平理论和“三个代表”重要思想伟大旗帜，团结奋进，锐意创新，我国社会主义现代化事业取得了显著成就。他指出，我们要看到成绩，坚定信心，鼓舞斗志，也要正视面临的困难和问题，保持清醒头脑。

温家宝说，今年是实施“十一五”规划的第一年，做好各方面工作具有承前启后的重要意义。要坚持以科学发展观统领经济社会发展全局，坚持加快改革开放和自主创新，坚持推进经济结构调整和增长方式转变，坚持把解决涉及人民群众利益问题放在突出位置，全面加强社会主义经济建设、政治建设、文化建设与和谐社会建设。

温家宝强调，“一年之计在于春”，完成全年任务首先要做好一季度工作。第一，认真做好“三农”工作。全面贯彻中央的部署和政策措施，抓住时机组织农民开展冬春农田水利基本建设，加强越冬作物田间管理，做好抗旱和备耕春耕工作。第二，合理控制固定资产投资规模。坚持区别对待、有保有压，调整投资结构。第三，搞好经济运行调节。努力缓解煤电油运紧张状况，确保生产建设正常运转和人民生活需要。第四，关心群众生活。关心和帮助受灾地区群众和困难群众，加大农民工工资支付和清欠力度，加强市场物价和食品安全管理，努力丰富节日文化生活。第五，切实抓好安全生产。加强对重点行业、重大危险源、公共聚集场所的安全监控和管理，坚决遏制各类重特大安全事故发生。第六，维护社会和谐稳定。正确处理新时期社会矛盾，认真落实涉及群众利益的各项政策。第七，继续做好高致病性禽流感防控工作。坚决控制和迅速扑灭新发疫情，严防疫情对人感染。

温家宝强调，各级政府要切实担负起人民的重托，就必须搞好自身改革和建设。要加快政府职能转变，推进政企分开，强化社会管理和公共服务职能；要认真履行职责，提高办事效率；要严格纪律，做到令行禁止；要健全行政问责制，做到赏罚严明；要加强廉政建设和反腐败斗争，坚决纠正不正之风；要真抓实干，把各项工作落到实处。

温家宝最后说，我们坚信，在以胡锦涛同志为总书记的党中央正确领导下，紧紧依靠全国各族人民，一定能够抓住机遇，克服困难，做好今年各项工作，实现“十一五”良好开局。

国务院全体组成人员出席了会议，有关部门、单位负责人列席了会议。

国务院发布《关于加强地质工作的决定》

各省、自治区、直辖市人民政府，国务院各部委、各直属机构：

地质工作是经济社会发展重要的先行性、基础性工作，服务于经济社会的各个方面。贯彻党的十六届五中全会精神，全面落实科学发展观，构建社会主义和谐社会，对地质工作提出了新的更高的要求。为了全面增强地质勘查的资源保障能力和服务功能，促进地质工作更好地满足经济社会发展的需要，现作出如下决定：

一、以科学发展观指导地质工作

(一)充分认识地质工作的重要意义。新中国成立以来，地质工作得到党和国家的高度重视，地质勘查和科学研究成就显著，为经济社会发展作出了重要贡献。近年来，地质勘查队伍管理体制改革取得积极进展，地质事业有了新的发展。但是，当前地质工作与经济社会发展的要求不相适应，存在体制不顺、活力不足、投入不够、功能不强和人才缺乏等问题，特别是矿产资源勘查滞后，重要资源可采储量下降，难以满足现代化建设的需要。我国工业化、城镇化进程加快，经济社会发展与资源环境的矛盾日益突出。加强地质工作，是缓解资源约束、保障经济发展的重要举措，是推进城乡建设、开展国土整治的重要基础，是防治地质灾害、改善人居环境的重要手段。必须从全面建设小康社会、加快推进社会主义现代化的战略高度，进一步提高对地质工作重要性的认识，增强责任意识和紧迫感，切实加强地质调查、矿产勘查和地质灾害监测预警等工作。

（二）加强地质工作的总体要求。坚持以邓小平理论和“三个代表”重要思想为指导，全面贯彻落实科学发展观。按照以人为本、全面协调可持续发展的要求，统筹地质工作部署与经济社会发展需要，统筹公益性地质调查与商业性地质勘查，统筹矿产地质勘查与环境地质勘查，统筹国内地质事业发展与地质领域对外开放。深化体制改革，大力推进地质勘查管理体制和运行机制转变，加快构建与社会主义市场经济体制相适应的地质工作体系。切实加强重要矿产资源勘查，努力实现地质找矿新的重大突破，为全面建设小康社会提供更加有力的资源保障和基础支撑。

（三）加强地质工作的基本原则。坚持立足国内、适度超前、突出重点、完善体制、依靠科技。充分挖掘国内资源潜力，加大找矿力度，提高资源供给能力和保障程度。面向社会需求，搞好统筹规划，超前部署和开展地质勘查。集中力量加强矿产资源勘查，突出重点矿种和重点成矿区带勘查工作，增加资源地质储量。建立政府与企业合理分工、相互促进的地质勘查体系，健全中央和地方政府各负其责、相互协调的地质工作管理体制，形成矿产资源勘查开发和资金投入的良性循环机制。推进地质理论研究与创新，广泛应用高新技术和先进适用技术，加快地质工作现代化步伐。

二、明确地质工作主要任务

（四）突出能源矿产勘查。能源矿产是重要的战略资源，必须放在地质勘查的首要位置。按照深化东（中）部、发展西部、加快海域、开辟新区、拓展海外的方针，重点加强渤海湾、松辽、塔里木、鄂尔多斯等主要含油气盆地勘查，积极探索陆地新区、新领域、新层系和重点海域勘查，切实增加可采储量。加快神东、陕北、晋北、鲁西、两淮等大型煤炭基地普查和必要的详查，加强南方缺煤省区和边远地区的煤炭勘查。加强铀矿勘查，尽快探明一批新的矿产地。积极开展煤层气、油页岩、油砂、天然气水合物等非常规能源资源的调查评价和勘查。

（五）加强非能源重要矿产勘查。非能源矿产是经济社会发展的重要物质基础。以国内急缺的重要矿产资源为主攻矿种，兼顾部分优势矿产资源，按照东部攻深找盲、中部发挥特色、西部重点突破、境外优先周边的方针，实施矿产资源保障工程。重点加强铁、铜、铝、铅、锌、锰、镍、钨、锡、钾盐、金等矿产勘查。在西南三江、雅鲁藏布江、天山、南岭、大兴安岭等重点金属成矿区带，合理部署矿产普查，引导和鼓励商业性勘查，形成一批重要资源基地。继续实施国土资源大调查，积极开展矿产远景调查和综合研究，加大西部地区矿产资源调查评价力度，科学评估区域矿产资源潜力，为科学部署矿产资源勘查提供依据。

（六）做好矿山地质工作。矿山地质工作对合理开发利用资源、延长现有矿山服务年限意义重大。按照理论指导、技术优先、探边摸底、外围拓展的方针，搞好矿山地质工作。加强矿山生产过程中的补充勘探，指导科学开采。加快危机矿山、现有油气田和资源枯竭城市接替资源勘查，大力推进深部和外围找矿工作。开展共生伴生矿产和尾矿的综合评价、勘查和利用。做好矿山关闭和复垦阶段的地质工作。

（七）提高基础地质调查程度。基础地质调查是提高国土调查程度的基本手段。在重要经济区域、重点成矿区带、重大地质问题地区，按照多目标、多学科、多技术的要求，系统开展区域地质、地球物理、地球化学和遥感地质等调查，建立地质图文更新机制，为社会提供有效快捷的地质信息服务。实施海洋地质保障工程，开展区域海洋地质调查，进行海岸带、大陆架和海底地质情况探测，系统掌握海洋地质基础数据，摸清海域油气资源潜力。积极参与国际海洋地质调查计划和国际海底矿产资源勘查活动。

（八）强化地质灾害和地质环境调查监测。地质环境特别是地质灾害调查监测，是减少地质灾害损失、促进人与自然和谐的基础工作。实施地质环境保障工程，全面提高地质灾害防治和地质环境保护水平。完善全国地下水监测网络，加强地下水动态调查评价和过量开采与污染的监测。尽快完成重点地区地质灾害普查，建立健全群专结合的地质灾害防治体系，继续做好三峡库区等重点地区地质灾害防治工作。开展基础设施建设、城镇建设以及乡村建设前期地质勘查，搞好西电东送、南水北调、交通网络建设等重大工程的地质基础工作。强化地质灾害易发区工程建设和城镇规划地质灾害危险性评估。全面推进农业地质、城市地质、矿山环境地质调查工作。

（九）推进地质资料开发利用。地质资料是地质工作服务社会的主要载体。建立健全地质资料信息共享和社会化服务体系，加快利用现代信息技术，建设国家地质资料数据中心和全球矿产资源勘查开采投资环境信息服务系统。严格执行地质资料汇交制度，开展地质资料专项清理，推进地质资料的研究开发，充分发挥现有地质资料的作用，避免工作重复和资料浪费。全面公开地质资料目录,推进地质图书档案、重点实验室等向社会开放,依法及时向社会提供地质信息服务。

三、完善地质工作体制机制

(十)健全公益性地质工作体系。国家根据经济社会发展的需要,开展公益性地质工作。中央政府主要负责全国能源和其他重要矿产资源远景调查与潜力评价,全国性、跨区域、海域基础地质和环境地质的综合调查与重大地质问题专项调查。省级政府主要负责为本地区经济社会发展服务的基础地质、矿产地质和环境地质调查。实施公益性地质调查,应当积极引入市场竞争机制,优选项目承担单位。中央和省级政府要按照部门预算管理要求,将公益性地质调查队伍经常性支出等有关经费列为本级财政支出的重点内容,切实保障公益性地质调查队伍的运行和工作的开展;项目经费按实际工作量核定。

(十一)加强公益性地质调查队伍建设。中国地质调查局统一部署、组织实施中央政府负责的基础性、公益性地质调查和战略性矿产勘查工作,强化相关技术、质量、成果管理和社会化服务。以中国地质调查局直属单位为基础,按照人员精干、结构合理、装备精良、能承担重大任务的要求,抓紧建精建强中央公益性地质调查队伍。面向社会招聘专业技术骨干,充实野外地质调查技术力量,增强野外调查和科研能力。省级政府也要尽快建实建强地方公益性地质调查队伍,中国地质调查局应通过项目联系对其进行业务指导。

(十二)建立矿产资源勘查投入良性循环机制。充分发挥中央、地方和企业等各方面的积极性,形成多渠道投入地质勘查的机制。加大财政对矿产资源勘查的资金投入力度,注重发挥对社会资金的引导作用。国家建立地质勘查基金(周转金),着重用于重点矿种和重点成矿区带的前期勘查,主要通过招投标的方式确定项目承担单位,充分发挥各类地质勘查单位的人才和技术优势。对地质勘查基金出资查明的矿产资源,除国家另有规定外,一律采用市场方式出让矿业权(包括探矿权、采矿权),所得收入由中央和地方按比例分成,主要用于补充地质勘查基金,实现基金的滚动发展。完善资源税、矿产资源补偿费和矿业权使用费政策。合理划分中央与地方矿产资源收益,按照取之于矿、用之于矿的原则,确定使用方向,规范资金管理。中央财政和省级财政分成所得的矿产资源补偿费、矿业权使用费和矿业权价款等收益,主要用于矿产资源勘查。省级财政的资源税收入,也应拿出一定比例用于矿产勘查。省级政府可以根据需要,建立省级地质勘查基金。允许矿业企业的矿产资源勘查支出按有关规定据实列支。

(十三)完善商业性矿产资源勘查机制。对可以由企业投资的商业性地质勘查项目,政府原则上不再出资,主要运用政策调控,改善市场环境,发挥引导和促进作用。对勘查风险大的能源和其他重要矿产资源,政府适当加大前期勘查力度,带动商业性矿产勘查投资。鼓励各类社会资本参与矿产资源勘查,培育壮大商业性勘查市场主体,确立企业在商业性矿产资源勘查中的主体地位。各类矿业企业新建矿山或采区,必须依法投资矿产资源勘查或有偿取得矿业权,承担投资风险,享受投资权益。鼓励国有矿山企业实行探采结合、组建具有国际竞争力的矿业公司或企业集团,增强在国内外参与矿产资源勘查开采的能力。鼓励国有地质勘查单位与社会资本合资、合作,组建矿业公司或地质技术服务公司。鼓励发展多种所有制的商业性矿产资源勘查公司和机制灵活的找矿企业。

(十四)培育矿产资源勘查市场。深化矿产资源有偿使用制度和矿业权有偿取得制度改革,建立健全全国统一、竞争、开放、有序的矿业权市场。加强政策支持和信息引导,完善市场规则,建设交易平台,加强市场监管,维护市场秩序。培育矿产资源勘查资本市场,支持符合条件的勘查开采企业在境内外上市融资。培育和规范地质勘查市场中介服务机构,完善矿业权、矿产储量评估机制,健全矿业权评估师、矿产储量评估师制度,建立注册地质师执业准入资格制度。

(十五)深化国有地质勘查单位改革。进一步落实国务院关于地质勘查队伍管理体制改革的方案,按照企事分开的原则,推进国有地质勘查单位改革。省级政府和国务院相关部门要认真总结改革经验,加大工作力度,因地制宜,区别对待,加强对改革的指导。各地区、各部门应从实际出发,积极探索有利于加强地质工作的改革途径。加强中央管理的地质勘查队伍建设,提高矿产资源勘查技术水平和国际竞争能力。按照事业单位改革的有关规定,尽快落实国有地质勘查单位离退休人员和在职职工社会保障政策。对实行属地化管理的地质勘查单位,地方政府要按照当地统一政策,加快落实有关住房改革所需经费,解决职工住房和基础设施建设欠账过多等问题。对其中的原中央直属地质勘查单位,在"十一五"时期,国家继续实行中央预算内投资补助,主要用于基础设施建设。积极推进分离地质勘查单位办社会职能的改革。对中央管理的煤炭、核工业、冶金、有色、武警黄金、化工、建材、盐业地质勘查单位,比照上述有关政策执行。

(十六)扩大地质领域对外开放。以开放促改革促发展,全面提高矿产资源勘查开采效率和水平。进一步创造稳定、公平、透明的法制和政策环境,保障外商投资矿产资源勘查开采的合法权益。完善相关政策,加大鼓励外商投资矿产资源勘查开采的力度,积极引进国外资本、先进技术和管理方法。鼓励国内有条件的企业到境外开展重要矿产资源勘查开采。广泛开展地球科学和地质勘查领域的国际交流与合作。

四、增强地质科技创新能力

(十七)推进地质科技进步。完善地质科技创新体系,编制全国地质科学和技术发展中长期规划,建立健全鼓励创新的机制,营造良好的科研环境。积极开展重大地质问题科技攻关,突出重点矿种和重点成矿区带地质问题研究,大力推进成矿理论、找矿方法和勘查开发关键技术的自主创新。积极开展非常规油气资源、低品位资源、难利用资源以及尾矿资源的开发利用技术研究。加快推进地质工作信息化,继续实施数字国土工程,在矿产资源勘查中广泛应用地理信息系统、全球定位系统和遥感技术等现代信息技术,加快对地观测、深部探测和分析测试等高新技术的开发与应用。实施地壳探测工程,提高地球认知、资源勘查和灾害预警水平。提升地质装备水平,提高现有地质装备利用的效率,增强矿产资源勘查核心技术和关键装备的自主研究开发能力。加强重点实验室、工程技术研究中心、野外长期观测站网等科技平台建设。充分发挥地质类高等院校和科研机构在地质科技领域的作用。建立多渠道的地质科技投入体系。国家逐步增加地质科技投入,并在相关地质专项中合理安排重大科技问题研究和新技术推广的经费。

(十八)积极发展地质教育。大力发展地质高等教育和中等职业教育。加强地质类学科建设,调整优化地质专业设置和教学内容。有关院校要增设地学综合类课程。积极推进地质类高等院校与行业企业的合作和共建。加大对地质类教育的财政投入,加强地质类院校办学条件建设。根据地质工作的实际需要,保持合理的地质类学生招生规模。国家奖学金和资助贫困学生政策进一步向地质类学生倾斜,鼓励学生报考地质类专业。提倡高等院校地质类教师到地质勘查单位挂职,加强地质类院校野外实习教学,鼓励学生毕业后到地质一线就业。在中小学教学中增加地球科学方面的内容。加大宣传力度,普及地球科学、资源环境、地质灾害等方面的知识。

(十九)加快地质人才开发。建立健全鼓励创新的地质人才开发机制和管理体制。造就一大批品德优良、基础厚实、知识广博、专业精深的地学新人。以重大地质勘查和科技攻关项目为依托,大力培养创新型人才、复合型人才和科技领军人才;项目负责人中要有一定比例的中青年技术骨干。改善野外地质工作条件,对野外地质工作人员继续实行工资倾斜政策,完善津贴补贴政策。逐步建立知识、技术、管理等要素按贡献参与勘查开采项目收益分配的新机制,为稳定地质人才队伍创造良好环境。

五、提高地质工作管理水平

(二十)加强对地质工作的领导。各地区要进一步提高加强地质工作重要性和紧迫性的认识,将地质工作列入重要议事日程,强化对地方公益性地质调查队伍、实行属地化管理的地质勘查队伍的管理,落实和完善相关政策,指导各类地质队伍的改革和发展。国务院有关部门要认真履行各自职责,研究制定政策,加大支持力度,加强协作配合,共同做好地质工作。要建立健全地质勘查法规体系,严格依法行政,依法维护地质工作秩序,为地质调查和矿产资源勘查提供良好的工作环境。

(二十一)科学编制和实施地质勘查规划。通过规划明确地质勘查的发展目标、重点任务和保障措施,统筹全国地质工作布局,引导地质勘查资源合理配置。国务院和省级国土资源管理部门要根据经济社会发展的需要,充分利用现有工作基础,科学编制地质勘查规划,分别纳入国家和省级国民经济和社会发展规划,与相关专项规划搞好衔接,并通过年度计划、勘查项目、专项措施等予以落实。省级地质勘查规划要符合全国地质勘查规划的要求,报国土资源部批准后实施。

(二十二)做好地质勘查行业管理工作。国务院和省级国土资源管理部门要认真履行地质勘查行业管理职能。组织制定地质勘查政策措施,引导各类地质勘查企业健康发展,指导国有地质勘查单位改革和发展。完善地质勘查技术规范、行业标准,建立健全地质勘查单位资质管理制度,依法规范行业准入。建立统一的地质勘查行业统计制度,及时提供信息服务。规范和发展行业协会,发挥好行业自律、中介服务等作用。有关部门和单位要积极配合国土资源管理部门做好行业管理工作。

(二十三)强化矿业权管理。按照分类分级管理的原则,调整矿业权审批权限,增强中央政府对重要矿产资源勘查开采的调控能力。根据国家矿产资源规划,科学设置探矿权,并明确探矿权人的权利和义务。对发现有商业价值矿产地的探矿权人,依法维护其继续勘查、探矿权转让、采矿权取得等权利。加强对矿产资源勘查活动的监督管理,依法禁止圈而不探或以采代探的行为。整顿规范矿产资源勘查开采秩序,规范矿业权出让转让,依法查处矿产资源勘查开采违法行为。

(二十四)发挥地质工作者的积极性和创造性。各级政府都要积极创造条件,改善环境,充分发挥现有地质队伍和广大地质工作者的作用。广大地质工作者要进一步解放思想、转变观念,主动面向经济社会发展的主战场,积极拓展为现代化建设服务的领域。要适应新形势的需要,强化业务培训,不断更新知识,提高业务素质，增强服务能力。要大力弘扬“热爱祖国、追求真理、开拓创新、无私奉献”的精神，继承和发扬“以献身地质事业为荣、以艰苦奋斗为荣、以找矿立功为荣”的优良传统，在新时期地质工作中再创辉煌。

加强地质工作，任务光荣，责任重大。各地区、各部门要认真贯彻本决定，抓紧制定有关配套政策措施，加强监督检查，协调解决好执行过程中出现的问题，重大问题要及时向国务院报告。

国务院

2006年1月20日

中共中央政治局常委曾庆红在人民大会堂参加在京老同志迎春茶话会并作重要讲话

曾庆红强调，今年是我们党成立85周年，是红军长征胜利70周年。我们要永远牢记广大老同志为中国革命、建设和改革建立的不朽功勋。各级党委和政府要进一步提高对老干部工作重要性的认识，把中央关于老干部工作的各项方针政策落到实处，真正做到政治上尊重老同志、思想上关心老同志、生活上照顾老同志。要开展经常性的走访慰问活动，满腔热情地为老同志排忧解难，把党和政府的温暖送到广大老同志的心坎上，让广大老干部、老同志共享改革发展的成果。要通过多种形式，组织老同志学习党和国家重大决策和部署，使他们及时了解国内外形势，了解本地区本部门改革开放和现代化建设的新进展，充分发挥老同志在落实科学发展观、构建社会主义和谐社会和建设创新型国家等方面的重要作用。要及时发现和总结老同志中为党和人民的事业作出新贡献的典型人物和先进事迹，在全社会弘扬老同志的高尚品德和崇高风范。

中央政法委书记罗干在北京看望慰问首都公安民警 武警官兵和治保工作者

全国人大常委会副委员长顾秀莲在成都出席全国保护流浪未成年人工作会议

天津市第十四届人民代表大会第四次会议选举刘胜玉为天津市人大常委会主任

政协贵州省第九届委员会第四次会议选举孙淦为贵州省政协主席

信息产业部发布第三代移动通信(3G)TD—SCDMA标准

这意味着我国3G商用迈出了实质性步伐。标准发布后，国内外参与TD—SCDMA产品开发生产和运营的企业在产品需求定义、设备合作开发、系统集成应用等方面将有法律上的技术依据，企业技术和市场分工将进一步明确，同类设备的性能和指标也越来越具有可比性。

中共中央政治局委员刘云山在人民大会堂会见匈牙利社会民主党主席考波伊

外交部部长李肇星在塔什干与乌兹别克斯坦外交部长加尼耶夫举行会谈

中国政府特使吕国增在喀土穆会见非洲联盟委员会主席科纳雷

1月21日

中共中央印发《干部教育培训工作条例(试行)》并发出通知

中共中央今日印发《干部教育培训工作条例(试行)》并发出通知，要求各地区、各部门认真贯彻执行。

通知指出，《干部教育培训工作条例(试行)》的颁布实施，是加强和改进干部教育培训工作的一个重要举措，对于培养和造就高素质的干部队伍，推动学习型政党、学习型社会建设，加强党的执政能力建设和先进性建设，都具有十分重要的意义。

通知要求，各级党委(党组)和有关部门要充分认识贯彻实施《干部教育培训工作条例(试行)》的重要性，按照《干部教育培训工作条例(试行)》的要求，创新培训内容，改进培训方式，整合培训资源，优化培训队伍，提高培训质量，推进干部教育培训工作的科学化、制度化、规范化，真正把中央提出的大规模培训干部、大幅度提高干部素质的战略任务落到实处，为全面建设小康社会、加快推进社会主义现代化提供思想政治保证、人才保证和智力支持。

国务院总理温家宝签署第455号令发布《烟花爆竹安全管理条例》

《烟花爆竹安全管理条例》已经2006年1月11日国务院第121次常务会议通过，现予公布，自公布之日起施行。

总　理　温家宝

2006年1月21日

烟花爆竹安全管理条例(文略)

国务院总理温家宝签署第456号令发布《农村五

保供养工作条例》

《农村五保供养工作条例》已经2006年1月11日国务院第121次常务会议通过，现予公布，自2006年3月1日起施行。

总 理 温家宝

2006年1月21日

农村五保供养工作条例

第一章 总 则

第一条 为了做好农村五保供养工作，保障农村五保供养对象的正常生活，促进农村社会保障制度的发展，制定本条例。

第二条 本条例所称农村五保供养，是指依照本条例规定，在吃、穿、住、医、葬方面给予村民的生活照顾和物质帮助。

第三条 国务院民政部门主管全国的农村五保供养工作；县级以上地方各级人民政府民政部门主管本行政区域内的农村五保供养工作。

乡、民族乡、镇人民政府管理本行政区域内的农村五保供养工作。

村民委员会协助乡、民族乡、镇人民政府开展农村五保供养工作。

第四条 国家鼓励社会组织和个人为农村五保供养对象和农村五保供养工作提供捐助和服务。

第五条 国家对在农村五保供养工作中作出显著成绩的单位和个人，给予表彰和奖励。

第二章 供养对象

第六条 老年、残疾或者未满16周岁的村民，无劳动能力、无生活来源又无法定赡养、抚养、扶养义务人，或者其法定赡养、抚养、扶养义务人无赡养、抚养、扶养能力的，享受农村五保供养待遇。

第七条 享受农村五保供养待遇，应当由村民本人向村民委员会提出申请；因年幼或者智力残疾无法表达意愿的，由村民小组或者其他村民代为提出申请。经村民委员会民主评议，对符合本条例第六条规定条件的，在本村范围内公告；无重大异议的，由村民委员会将评议意见和有关材料报送乡、民族乡、镇人民政府审核。

乡、民族乡、镇人民政府应当自收到评议意见之日起20日内提出审核意见，并将审核意见和有关材料报送县级人民政府民政部门审批。县级人民政府民政部门应当自收到审核意见和有关材料之日起20日内作出审批决定。对批准给予农村五保供养待遇的，发给《农村五保供养证书》；对不符合条件不予批准的，应当书面说明理由。

乡、民族乡、镇人民政府应当对申请人的家庭状况和经济条件进行调查核实；必要时，县级人民政府民政部门可以进行复核。申请人、有关组织或者个人应当配合、接受调查，如实提供有关情况。

第八条 农村五保供养对象不再符合本条例第六条规定条件的，村民委员会或者敬老院等农村五保供养服务机构(以下简称农村五保供养服务机构)应当向乡、民族乡、镇人民政府报告，由乡、民族乡、镇人民政府审核并报县级人民政府民政部门核准后，核销其《农村五保供养证书》。

农村五保供养对象死亡，丧葬事宜办理完毕后，村民委员会或者农村五保供养服务机构应当向乡、民族乡、镇人民政府报告，由乡、民族乡、镇人民政府报县级人民政府民政部门核准后，核销其《农村五保供养证书》。

第三章 供养内容

第九条 农村五保供养包括下列供养内容：

(一)供给粮油、副食品和生活用燃料；

(二)供给服装、被褥等生活用品和零用钱；

(三)提供符合基本居住条件的住房；

(四)提供疾病治疗，对生活不能自理的给予照料；

(五)办理丧葬事宜。

农村五保供养对象未满16周岁或者已满16周岁仍在接受义务教育的，应当保障他们依法接受义务教育所需费用。

农村五保供养对象的疾病治疗，应当与当地农村合作医疗和农村医疗救助制度相衔接。

第十条 农村五保供养标准不得低于当地村民的平均生活水平，并根据当地村民平均生活水平的提高适时调整。

农村五保供养标准，可以由省、自治区、直辖市人民政府制定，在本行政区域内公布执行，也可以由设区的市级或者县级人民政府制定，报所在的省、自治区、直辖市人民政府备案后公布执行。

国务院民政部门、国务院财政部门应当加强对农村五保供养标准制定工作的指导。

第十一条 农村五保供养资金，在地方人民政府财政预算中安排。有农村集体经营等收入的地方，可以从农村集体经营等收入中安排资金，用于补助和改善农村五保供养对象的生活。农村五保供养对象将承包土地交由他人代耕的，其收益归该农村五保供养对象所有。具体办法由省、自治区、直辖市人民政府规定。

中央财政对财政困难地区的农村五保供养，在资金上给予适当补助。

农村五保供养资金，应当专门用于农村五保供养对象的生活，任何组织或者个人不得贪污、挪用、截留或者私分。

第四章　供养形式

第十二条　农村五保供养对象可以在当地的农村五保供养服务机构集中供养，也可以在家分散供养。农村五保供养对象可以自行选择供养形式。

第十三条　集中供养的农村五保供养对象，由农村五保供养服务机构提供供养服务；分散供养的农村五保供养对象，可以由村民委员会提供照料，也可以由农村五保供养服务机构提供有关供养服务。

第十四条　各级人民政府应当把农村五保供养服务机构建设纳入经济社会发展规划。

县级人民政府和乡、民族乡、镇人民政府应当为农村五保供养服务机构提供必要的设备、管理资金，并配备必要的工作人员。

第十五条　农村五保供养服务机构应当建立健全内部民主管理和服务管理制度。

农村五保供养服务机构工作人员应当经过必要的培训。

第十六条　农村五保供养服务机构可以开展以改善农村五保供养对象生活条件为目的的农副业生产。地方各级人民政府及其有关部门应当对农村五保供养服务机构开展农副业生产给予必要的扶持。

第十七条　乡、民族乡、镇人民政府应当与村民委员会或者农村五保供养服务机构签订供养服务协议，保证农村五保供养对象享受符合要求的供养。

村民委员会可以委托村民对分散供养的农村五保供养对象提供照料。

第五章　监督管理

第十八条　县级以上人民政府应当依法加强对农村五保供养工作的监督管理。县级以上地方各级人民政府民政部门和乡、民族乡、镇人民政府应当制定农村五保供养工作的管理制度，并负责督促实施。

第十九条　财政部门应当按时足额拨付农村五保供养资金，确保资金到位，并加强对资金使用情况的监督管理。

审计机关应当依法加强对农村五保供养资金使用情况的审计。

第二十条　农村五保供养待遇的申请条件、程序、民主评议情况以及农村五保供养的标准和资金使用情况等，应当向社会公告，接受社会监督。

第二十一条　农村五保供养服务机构应当遵守治安、消防、卫生、财务会计等方面的法律、法规和国家有关规定，向农村五保供养对象提供符合要求的供养服务，并接受地方人民政府及其有关部门的监督管理。

第六章　法律责任

第二十二条　违反本条例规定，有关行政机关及其工作人员有下列行为之一的，对直接负责的主管人员以及其他直接责任人员依法给予行政处分；构成犯罪的，依法追究刑事责任：

（一）对符合农村五保供养条件的村民不予批准享受农村五保供养待遇的，或者对不符合农村五保供养条件的村民批准其享受农村五保供养待遇的；

（二）贪污、挪用、截留、私分农村五保供养款物的；

（三）有其他滥用职权、玩忽职守、徇私舞弊行为的。

第二十三条　违反本条例规定，村民委员会组成人员贪污、挪用、截留农村五保供养款物的，依法予以罢免；构成犯罪的，依法追究刑事责任。

违反本条例规定，农村五保供养服务机构工作人员私分、挪用、截留农村五保供养款物的，予以辞退；构成犯罪的，依法追究刑事责任。

第二十四条　违反本条例规定，村民委员会或者农村五保供养服务机构对农村五保供养对象提供的供养服务不符合要求的，由乡、民族乡、镇人民政府责令限期改正；逾期不改正的，乡、民族乡、镇人民政府有权终止供养服务协议；造成损失的，依法承担赔偿责任。

第七章　附　则

第二十五条　《农村五保供养证书》由国务院民政部门规定式样，由省、自治区、直辖市人民政府民政部门监制。

第二十六条　本条例自2006年3月1日起施行。1994年1月23日国务院发布的《农村五保供养工作条例》同时废止。

贵州省第十届人民代表大会第四次会议选举石宗源为贵州省人大常委会主任

南水北调首批开工项目建成

据《人民日报》报道：南水北调首批开工项目——东线三阳河潼河宝应站工程和济平干渠工程已经建成并开始发挥效益。目前，南水北调工程进入建设高峰期，整个工程质量良好，安全生产处于受控状态。国家将大力加强工程科技自主创新，保证工程质量、安全、工期和投资效益。

中央财政下拨170亿元补助企业职工养老保险

全军测绘工作会议在北京举行

外交部部长李肇星在钓鱼台国宾馆与巴哈马国外交和公共服务部长弗雷德里克·米切尔举行会谈

中办 国办印发《关于进一步加强和改进未成年人

校外活动场所建设和管理工作的意见》并发出通知

各省、自治区、直辖市党委和人民政府，中央和国家机关各部委，军委总政治部，各人民团体：

《关于进一步加强和改进未成年人校外活动场所建设和管理工作的意见》已经中央领导同志同意，现印发给你们，请结合实际认真贯彻执行。

中共中央办公厅

国务院办公厅

2006年1月21日

关于进一步加强和改进未成年人校外活动场所建设和管理工作的意见

为深入贯彻落实《中共中央、国务院关于进一步加强和改进未成年人思想道德建设的若干意见》(中发〔2004〕8号)，充分发挥青少年宫、少年宫、青少年学生活动中心、儿童活动中心、科技馆等公益性未成年人校外活动场所的重要作用，现就进一步加强和改进未成年人校外活动场所建设和管理工作，提出如下意见。

一、加强和改进未成年人校外活动场所建设和管理工作的重要性和总的要求

1. 公益性未成年人校外活动场所是与学校教育相互联系、相互补充、促进青少年全面发展的实践课堂，是服务、凝聚、教育广大未成年人的活动平台，是加强思想道德建设、推进素质教育、建设社会主义精神文明的重要阵地，在教育引导未成年人树立理想信念、锤炼道德品质、养成行为习惯、提高科学素质、发展兴趣爱好、增强创新精神和实践能力等方面具有重要作用。

2. 新中国成立以来特别是改革开放以来，党和国家高度重视未成年人校外活动场所建设和管理工作。各地区各有关部门采取积极措施，加强建设，规范管理，突出服务，扎实工作，初步形成了覆盖全国大中城市及部分县区的校外活动场所网络。各类未成年人校外活动场所积极拓展教育内容，创新活动载体，改进服务方式，广泛开展思想道德建设、科学技术普及、文艺体育培训、劳动技能锻炼等教育实践活动，有力地促进了未成年人德智体美全面发展。

3. 随着我国经济社会的不断发展和广大未成年人精神文化需求的日益增长，未成年人校外活动场所建设和管理工作还存在一些不适应的地方。主要是：活动场所总量不足，分布不均，发展不平衡；一些活动场所侧重于经营性创收，偏重于培养特专长学生，未能充分体现公益性原则和面向广大未成年人的服务宗旨；校外活动与学校教育衔接不紧密；管理体制不顺，投入保障机制不健全，内部运行缺乏活力，发展后劲不足，等等。这些问题制约了未成年人校外活动场所功能的发挥，影响了校外教育事业的健康发展，迫切需要采取有效措施加以解决。

4. 适应新形势新任务的要求，切实加强和改进未成年人校外活动场所建设和管理工作，是关系到造福亿万青少年、教育培养下一代的重要任务。我们要从落实科学发展观、构建社会主义和谐社会，确保广大未成年人健康成长、全面发展，确保党和国家事业后继有人、兴旺发达的高度，充分认识这项工作的重要性，认真总结经验教训，调整发展思路，在巩固已有成果的基础上，采取切实措施，加强薄弱环节，解决存在问题，努力开创未成年人校外活动场所建设和管理工作的新局面。

5. 进一步加强和改进未成年人校外活动场所建设和管理工作总的要求是：必须坚持以邓小平理论和“三个代表”重要思想为指导，按照全面落实科学发展观、构建社会主义和谐社会的要求，深入贯彻《爱国主义教育实施纲要》《公民道德建设实施纲要》和《中共中央、国务院关于进一步加强和改进未成年人思想道德建设的若干意见》，以贴近和服务广大未成年人为宗旨，以加强思想道德教育为核心，以培养创新精神和实践能力为重点，明确定位、完善功能，统筹规划、加快建设，理顺体制、整合资源，健全机制、改善服务，逐步形成布局合理、功能完备、充满活力、可持续发展的校外活动场所网络，使广大未成年人在丰富多彩的校外活动中增长知识，开阔眼界，陶冶情操，提高能力，愉悦身心，健康成长。

二、始终坚持未成年人校外活动场所的公益性质

6. 由各级政府投资建设的专门为未成年人提供公共服务的青少年宫、少年宫、青少年学生活动中心、儿童活动中心、科技馆等场所，是公益性事业单位。要始终坚持把社会效益放在首位，切实把公益性原则落到实处。

7. 未成年人校外活动场所要坚持面向广大未成年人，使他们充分享有校外活动场所提供的公共服务。要坚持以普及性活动为主，力求丰富多彩、生动活泼，把思想道德教育融入其中，满足未成年人多种多样的兴趣爱好。要坚持常年开放，节假日的开放时间要适当延长，增强接待能力，提高场所利用率，为未成年人更好地参加校外活动创造条件。

8. 未成年人校外活动场所不得开展以赢利为目的的经营性创收。对集体组织的普及性教育实践活动和文体活动要实行免费。对确需集中食宿和使用消耗品的集体活动，以及特专长培训项目，只能收取成本费用，对特困家庭的未成年人要全部免费。公益性未成年人校外活动场所的收费项目必须经当地财政和物价部门核准。

9. 制定《未成年人校外活动场所公益性评估标准》，从服务对象、活动内容、时间安排、服务质量、经

费使用等方面设置相应指标，定期进行考核、评估，并将考评结果作为财政支持的依据。对违背公益性原则的要限期整改，逾期不改的不再享受公益性事业单位的相关优惠政策。

三、充分发挥不同类型未成年人校外活动场所的教育服务功能

10. 各类青少年宫、少年宫、青少年学生活动中心、儿童活动中心、科技馆等未成年人校外活动场所，要根据自身类型和规模，结合未成年人的身心特点、接受能力和实际需要，明确功能定位，发挥各自优势，实现资源共享，满足未成年人多样化的校外活动需求。

11. 大中城市的中心青少年宫、少年宫、儿童活动中心等，要充分发挥示范带动、人才培养、服务指导的功能。要利用基础设施好、师资力量强的优势，在项目设计、活动组织、运行模式等方面进行积极探索，为基层校外活动场所提供示范；要在积极开展普及性教育实践活动的基础上，发现和培养优秀人才；要在加强自身发展的同时，发挥好领头作用，为基层校外活动场所提供业务指导和咨询服务。

12. 城区和县(市)的青少年宫、少年宫、儿童活动中心等，要充分发挥普及推广、兴趣培养、体验实践的功能。要针对未成年人的身心特点，精心设计和广泛开展经常性、大众化、参与面广、实践性强的校外活动；要结合学校的课程设置，组织开展生动活泼、怡情益智的文体、科技等兴趣小组和社团活动，使广大未成年人在形式多样的校外活动中，培养兴趣爱好，发挥发展特长，得到锻炼和提高。

13. 社区和农村的校外活动场所要充分发挥贴近基层、就近就便的优势，与所在地学校密切配合，利用节假日和课余时间，组织开展小型多样的主题教育、文体娱乐和公益服务等活动，组织开展家长和学生共同参与的亲子活动。要把社区和农村的未成年人校外活动与"四进社区""三下乡"、志愿服务等活动结合起来，整合利用各种教育资源，充实活动内容，丰富校外生活。

14. 青少年学生活动中心等校外活动场所要充分发挥体验性、实践性、参与性强的优势，组织学生集中开展生产劳动、军事训练、素质拓展等活动，让学生在亲身体验和直接参与中，树立劳动观念，提高动手能力，增强团队精神，磨炼意志品质。

15. 各类科技馆要积极拓展为未成年人服务的功能。要切实改进展览方式，充实适合未成年人的展出内容，增强展馆的吸引力。要利用展馆资源，开展面向未成年人的科普活动，引导青少年走近科学、热爱科学。要走出馆门、走进学校、深入社区和农村，利用科普大篷车、科普小分队等各种形式，传播科技知识，支持和指导学校和基层的科普活动。

四、积极促进校外活动与学校教育的有效衔接

16. 积极探索建立健全校外活动与学校教育有效衔接的工作机制。各级教育行政部门要会同共青团、妇联、科协等校外活动场所的主管部门，对校外教育资源进行调查摸底，根据不同场所的功能和特点，结合学校的课程设置，统筹安排校外活动。要把校外活动列入学校教育教学计划，逐步做到学生平均每周有半天时间参加校外活动，实现校外活动的经常化和制度化。要把学校组织学生参加校外活动以及学生参加校外活动的情况，作为对学校和学生进行综合评价的重要内容。

17. 中小学校要根据教育行政部门的统筹安排，结合推进新一轮课程改革，把校外实践活动排入课程表，切实保证活动时间，并做好具体组织工作。要增加德育、科学、文史、艺术、体育等方面课程的实践环节，充分利用校外活动场所开展现场教学。

18. 各类校外活动场所要加强与教育行政部门和学校的联系，积极主动地为学生参加校外活动提供周到优质的服务。要根据学校校外活动的需要，及时调整活动内容，精心设计开发与学校教育教学有机结合的活动项目，积极探索参与式、体验式、互动式的活动方式，创新活动载体，并配备相应的辅导讲解人员，使校外活动与学校教育相互补充、相互促进。

19. 各地区、各部门要高度重视中小学生参加校外活动的安全问题，明确责任，落实措施。学校要开展必要的自护自救教育，增强中小学生的安全防范意识和能力。校外活动场所要切实保证活动场地、设施、器材的安全性，配备安全保护人员，设置必要的安全警示标志，防止意外事故发生。要建立完善中小学生校外活动人身安全保险制度和相关配套制度。有条件的地方政府可为学生参加校外活动和各种社会实践活动购买保险，鼓励中小学参加学校责任保险，提倡学生自愿参加意外伤害保险。

五、切实加强未成年人校外活动场所的规划和建设

20. 各级政府要把未成年人校外活动场所建设纳入当地国民经济和社会发展总体规划。大中城市要逐步建立布局合理、规模适当、经济实用、功能配套的未成年人校外活动场所，"十一五"期间要实现每个城区、县(市)都有一所综合性、多功能的未成年人校外活动场所。各地要认真贯彻落实建设部、民政部《关于进一步做好社区未成年人活动场所建设和管理工作的意见》，在城市的旧区改建或新区开发建设中，配套建设未成年人校外活动场所。人口规模在30000—50000人以上的居住区要建设文化活动中心，人口规模在

7000—15000人的居住小区要建设文化活动站，重点镇和县城关镇要设置文化活动站或青少年之家。社区文化活动中心(站)中都要开辟专门供未成年人活动的场地。

21. 加大农村未成年人校外活动场所的规划和建设力度。要按照建设社会主义新农村和加快发展农村文化教育事业的要求，加强农村未成年人校外活动场所建设。各地可因地制宜，依托基础设施较好的乡镇中心学校或其他社会资源，配备必要的设施设备，建立乡村少年儿童活动场所，为农村未成年人就近就便参加校外活动提供条件。农村现有的宣传文化中心(站)、科技活动站等要开辟未成年人活动场地。要研究制定农村未成年人校外活动场所的制度规范，在设施配置、管理模式、活动方式等方面作出明确规定。

22. 进一步拓宽渠道，鼓励支持社会力量兴办公益性未成年人校外活动场所；鼓励社会各界通过捐赠、资助等方式，支持未成年人校外活动场所建设，开展公益性活动。

六、认真落实未成年人校外活动场所财政保障和税收优惠政策

23. 公益性未成年人校外活动场所建设和改造资金以各级政府投入为主。国家对中西部地区和贫困地区的未成年人校外活动场所建设和改造予以支持和补助。在总结评估"十五"期间"青少年学生校外活动场所建设和维护专项彩票公益金"执行情况的基础上，研究"十一五"期间未成年人校外活动场所建设的投入方式和力度。

24. 各级政府要把未成年人校外活动场所运转、维护和开展公益性活动的经费纳入同级财政预算，切实予以保障。中央财政通过逐步加大转移支付力度，对中西部地区和贫困地区未成年人校外活动场所的运转和维护予以支持。各级政府要加强对未成年人校外活动场所使用经费的监督管理，提高资金使用效益。

25. 实行支持公益性未成年人校外活动场所发展的税收优惠政策。符合现行营业税政策规定的公益性未成年人校外活动场所的门票收入免征营业税，用于事业发展；公益性未成年人校外活动场所中符合现行政策规定的自用房产、土地免征房产税、城镇土地使用税；社会力量通过非营利性的社会团体和国家机关对公益性未成年人校外活动场所(包括新建)的捐赠，在缴纳企业所得税和个人所得税前，准予全额扣除。

七、努力建设高素质的未成年人校外活动场所工作队伍

26. 充实优化未成年人校外活动场所工作队伍。各级政府要加强未成年人校外活动场所工作队伍建设，建立科学合理的队伍结构。按照《中华人民共和国教师法》《中小学教师职务试行条例》等有关规定，制定未成年人校外活动场所教师专业技术职务评聘办法。精心选拔热爱校外教育事业、思想素质好、懂业务、会管理的优秀人才充实到领导岗位，提高未成年人校外活动场所管理水平。

27. 加强校外教育人才培养工作。高等师范院校和教育学院可根据自身条件，开设校外教育课程。在硕士、博士学位的相关专业和学科中，可设置校外教育研究方向。要把未成年人校外活动场所教师的继续教育纳入教师岗位培训计划，不断提高他们的综合素质。

28. 调动整合社会力量，参与校外活动场所工作。高度重视少先队组织在少年儿童校外教育中的作用，支持少先队利用校外场所开展丰富多彩的实践教育活动，提高少年儿童综合素质。充分发挥青少年宫协会、教育学会、家庭教育学会、青少年科技辅导员协会等社团组织的作用，吸引各方面人才，为未成年人校外活动贡献力量。鼓励支持志愿者、离退休老同志，以及文艺、体育、科技工作者，为未成年人校外活动提供义务服务。组织高等院校、社科研究机构的有关专家，开展校外教育理论研究，为未成年人校外活动场所工作提供理论支持。

八、进一步完善未成年人校外活动场所的管理体制和工作机制

29. 各级党委和政府要切实加强对未成年人校外活动场所建设和管理工作的领导，把这项工作摆上议事日程，及时掌握工作情况，研究解决重要问题。各级精神文明建设委员会要把这项工作纳入未成年人思想道德建设的总体布局，予以高度重视，加强督促指导。各地区各有关部门要定期对未成年人校外活动场所的建设、管理和使用情况进行检查，被挤占、挪用、租借的未成年人校外活动场所要限期退还，服务对象和活动内容名不副实的未成年人校外活动场所要限期改正。对不适宜未成年人参与的活动项目和服务内容要坚决予以清除。

30. 切实发挥"全国青少年校外教育工作联席会议"的统筹协调职能。联席会议要建立规范化、制度化的议事制度，定期召开会议，制定发展规划，研究相关政策，协调重大问题，组织开展经常性的活动，做好培训和表彰奖励工作。联席会议办公室设在教育部，教育部、团中央、全国妇联等有关成员单位派人参加，具体负责联席会议日常事务和有关工作的落实。

31. 理顺未成年人校外活动场所的管理体制。教育行政部门和共青团、妇联、科协等组织所属现有的未成年人校外活动场所原隶属关系不变。今后，由专项彩票公益金资助建设的公益性未成年人校外活动场所，原则上由各级教育行政部门管理，并注重发挥共青

团、妇联等群众团体的积极作用。各有关部门要加强联系,积极配合,共同做好校外教育工作。

32.完善未成年人校外活动场所的管理制度。未成年人校外活动场所主管部门要按照职能分工,根据不同类型校外活动场所的实际,制定行业管理标准,建立考核评价体系,规范对未成年人校外活动场所的管理。各类未成年人校外活动场所要进一步深化内部改革,完善规章制度,增强自身发展活力,改进管理工作,提高服务水平。

1月22日

全国政协主席贾庆林在中南海与全国性宗教团体负责人举行迎春座谈

贾庆林在认真听取宗教团体负责人的发言后强调,面对新的形势和任务,宗教工作要坚持以邓小平理论和"三个代表"重要思想为指导,认真贯彻科学发展观,认真学习贯彻胡锦涛同志关于宗教工作的一系列重要指示精神,全面贯彻党的宗教工作基本方针,贯彻《宗教事务条例》,团结爱国宗教人士和广大信教群众,服务发展、促进和谐,坚持原则、强基固本,为改革开放和社会主义现代化建设、为构建社会主义和谐社会作出新的更大贡献。

贾庆林说,去年是"十五"时期的最后一年,宗教工作取得了新的成绩,继续保持稳定和谐的局面。《宗教事务条例》得到认真贯彻落实,宗教事务管理进一步走向规范化、制度化、法制化,为构建社会主义和谐社会做贡献,在宗教界得到了广泛的响应。宗教团体的自身建设有了新的进展,对中青年教职人员的教育培养力度不断加大,并探索出了一些新的途径和方式。宗教方面的友好交往更加广泛。坚决抵御境外利用宗教对我进行的各种渗透活动,为维护社会稳定和国家安全作出了积极的努力。这些成绩的取得,是与爱国宗教团体和宗教界人士的辛勤工作分不开的。

贾庆林指出,2006年是"十一五"时期的开局之年,做好改革发展稳定的各项工作,具有十分重要的意义。宗教工作要立足党和国家的工作大局,始终服从和服务于发展这个第一要务,团结和引导广大信教群众,积极投身中国特色社会主义建设事业,为国家的繁荣昌盛和民族的强大振兴贡献力量。要着眼于全面推进社会主义经济建设、政治建设、文化建设、社会建设,积极引导宗教与社会主义社会相适应,为构建社会主义和谐社会作出贡献。要适应对外开放的新形势和新特点,坚定不移地贯彻独立自主自办原则,切实抵御境外利用宗教进行的各种渗透,维护国家安全和社会稳定。要大力加强爱国宗教团体的自身建设,增强影响力和凝聚力,提高联系群众的能力和水平,充分发挥爱国宗教团体的桥梁和纽带作用。

贾庆林最后强调,宗教在社会主义社会中的存在是长期的,在这个过程中,能不能始终保持健康的发展方向,不断适应社会的发展潮流,关键在于有没有一支高素质的宗教教职人员队伍。各宗教团体一定要把宗教教职人员的教育培养工作作为一项紧迫任务提到议事日程,切实抓紧抓好。要加强对中青年教职人员的政治素质、文化素质、宗教学识、道德人品等方面的教育培养,使他们能够和老一辈宗教界人士一样,具有较高的宗教造诣和道德修养,在信教群众中有较高的威信,爱国爱教,与党和政府团结合作。

中共中央政治局委员、国务院副总理回良玉,国务委员兼国务院秘书长华建敏,全国政协副主席、中央统战部部长刘延东等出席了座谈会。应邀出席座谈会的全国性宗教团体负责人有:全国人大常委会副委员长、中国天主教爱国会主席傅铁山,中国佛教协会会长一诚,中国道教协会会长任法融,中国伊斯兰教协会会长陈广元,中国基督教"三自"爱国运动委员会主席季剑虹,中国基督教协会会长曹圣洁等。

湖南省第十届人民代表大会第四次会议选举张春贤为湖南省人大常委会主任

第十六届中国十大杰出青年颁奖活动在人民大会堂举行

荣获本届中国十大杰出青年称号的是宗道辉、张庆君、张怡宁(女)、丁立国、邓中翰、盘振玉(女,瑶族)、吴维洲、毛建东、阿迪力·吾休尔(维吾尔族)、陈丹。

中国—海湾合作委员会自由贸易区第三轮谈判在北京结束

"大洋号"科考船完成中国首次环球大洋科学考察各项任务后凯旋

我国首次环球大洋科学考察活动共历时297天,行程43230海里,先后有包括美国、德国一些海洋研究机构在内的国内外20多家研究单位的100多名科研人员参加了这次大洋考察活动。

铁道部与湖北省成立"1·21"透水事故抢险指挥部

1月23日

国家主席胡锦涛在人民大会堂与沙特阿拉伯国王

阿卜杜拉·本·阿卜杜勒—阿齐兹举行会谈

两国元首积极评价中沙关系，一致同意进一步加强两国务实合作，推动两国战略性友好合作关系深入向前发展。

会谈后，两国元首共同出席了两国政府关于石油、天然气和矿产领域开展合作的议定书，第三届中沙经济、贸易、投资和技术合作混委会会议纪要，以及中沙职业培训合作协议等合作文件的签字仪式。

中央军委主席胡锦涛慰问一线公安民警和武警官兵并观看“长城2号”国家反恐指挥系统演习

胡锦涛指出，国际恐怖活动已成为世界和平与安全的严重危害，我国也面临着恐怖活动的现实威胁。中国政府和人民历来坚决反对任何形式的恐怖主义。加强反恐怖工作，全力维护社会稳定，对于保障全面建设小康社会进程、构建社会主义和谐社会都具有十分重要的意义。

国务院总理温家宝在北京出席全国安全生产工作会议

会议1月23日至24日召开。

23日下午，温家宝总理出席会议并作了重要讲话。温家宝指出，在党中央、国务院领导下，各地区、各部门做了大量工作，安全生产取得一定成效。但是，当前安全生产形势依然严峻，煤矿等行业重特大事故频繁发生，给人民群众生命财产造成了严重损失，教训十分惨痛。他强调，安全生产责任重于泰山。搞好安全生产，是全面落实科学发展观的必然要求，是建设和谐社会的迫切需要，是各级政府的重要职责。经济发展必须建立在安全生产的基础上，决不能以损害人民群众利益甚至牺牲职工生命为代价。

温家宝强调，加强安全生产工作，要以邓小平理论和“三个代表”重要思想为指导，以科学发展观统领全局，坚持“安全第一、预防为主、综合治理”，坚持标本兼治、重在治本，坚持创新体制机制、强化安全管理。当前和今后一个时期，要重点抓好以下几个方面的工作：(一)健全和落实安全生产责任制。省、市、县、乡镇政府的主要负责人是本地区安全生产第一责任人，必须亲自抓、负总责；企业是安全生产的责任主体，企业法定代表人要切实履行企业安全生产第一责任人的职责。要建立安全生产的考核制度和考核指标体系，把安全指标作为考核领导干部的一项重要内容。(二)实行有利于安全生产的经济政策。认真落实企业安全费用提取、伤亡事故经济赔偿和安全生产风险抵押金的规定，抓紧研究完善资源税费政策，建立健全安全生产激励约束机制。(三)加快煤炭等行业改革重组步伐。鼓励大型煤炭企业兼并改造中小煤矿，促进中小型煤矿重组联合改造。(四)多渠道增加安全生产投入。国家继续增加用于国有煤矿安全技术改造资金，煤炭企业要抓住经济效益较好的有利时机，增加安全技改投入。力争再用两年时间，解决国有煤矿的安全设施保障问题。加快推进安全生产科技进步，提高安全生产技术水平和安全装备水平。(五)深入开展重点行业安全生产专项整治。用两年左右时间使煤矿重特大瓦斯爆炸事故有较大下降；用三年左右时间完成小煤矿整顿工作。(六)强化企业安全生产管理。加强生产管理和安全管理，打牢安全生产基础，严格执行各项规章制度，杜绝违章指挥、违章作业和违反劳动纪律现象。煤矿企业要严格执行领导干部跟班作业制度，实行带班指挥。(七)加强安全技术人才培养和职工安全技能培训。依法实行强制性全员安全培训制度，煤矿等高危行业主要工种必须持证上岗。企业负责人要依法取得任职资格证书，严格执行任前培训制度。(八)加大安全生产监管力度。搞好重点监察、专项监察和定期监察，加强源头管理和日常管理。强化事故责任追究制度。(九)加强安全生产法制建设，严格安全执法。(十)继续搞好宏观调控，改善经济运行环境，减轻安全生产压力。

温家宝要求，要切实加强对安全生产工作的领导，特别要在狠抓落实上下功夫。中央作出的决定，决不允许打折扣。清理国家机关工作人员投资入股煤矿、整顿关闭不具备安全条件和非法煤矿等，必须件件落实。中央有关部门要加强督促检查，对拖延不办甚至拒不执行的要依法严肃处理。

温家宝强调，要切实做好春节期间的安全工作。各级领导干部要深入安全生产第一线，每个地方的领导人都要下去检查小煤矿的整顿情况，每个煤矿企业负责人都要下矿井，每个交通运输部门负责人都要到事故多发地，检查落实安全措施。加强对重点行业、重大危险源、公共聚集场所的安全监控和管理，全面消除事故隐患；做好春运工作，确保运输安全；依法加强对烟花爆竹生产、经营、运输和燃放等环节的管理，防止事故发生，使广大人民群众过一个安全、祥和的节日。

中央纪委 中组部在北京召开新闻发布会强调严肃党的组织人事纪律

中央纪委和中央组织部联合召开新闻发布会，通报了一批违反组织人事纪律的典型案件，强调要加强监督检查，严肃党的组织人事纪律，坚决防止和纠正用人上的不正之风，确保地方各级党委集中换届工作的顺利进行。

中央纪委常委、秘书长、新闻发言人干以胜通报了有关案情。中央组织部副部长李建华出席发布会。干以胜说,近年来,各级纪检监察机关会同组织人事等部门坚决纠正用人上的不正之风,严肃查处了一批“跑官要官”“买官卖官”“拉票贿选”“搞非组织活动”等违反组织人事纪律的案件。经查,四川省财政厅投资处原处长雷应全、黑龙江省鸡西市教育局原党委书记刘振树、山西省临汾市公安局原局长邵建伟、山西省翼城县原县委书记武保安、云南省德宏傣族景颇族自治州梁河县原副县长尹黎明、河北省邯郸市魏县刘二海等人,分别因为“跑官要官”“买官卖官”“拉票贿选”“搞非组织活动”被查处,受到党纪国法的严肃处理。

中央纪委副书记刘锡荣在会上强调,党中央对严肃组织人事纪律、纠正用人上的不正之风工作高度重视。近年来各地区、各部门采取得力措施,深入治理“跑官要官”等问题,取得了新的成效。同时,也要清醒地看到,当前在干部选拔任用工作方面还存在着一些不容忽视的问题。今年全国地方各级党委要分批集中换届。我们要按照中央的要求和部署,采取有效措施,认真解决在选人用人方面存在的突出问题,努力创造一个风清气正的换届环境,用严明的纪律确保地方各级党委换届工作顺利进行。要加强对党员干部特别是领导干部的思想教育,促使他们牢记新时期保持共产党员先进性的要求,讲政治、顾大局,一切听从组织安排,正确对待进退留转,严格遵守党的组织人事纪律。各级纪检监察机关要认真履行职责,积极会同组织部门,加强对《党政领导干部选拔任用工作条例》和有关规定贯彻执行情况的监督检查。要高度重视违反组织人事纪律的苗头性、倾向性问题,认真做好举报受理工作,发现问题,采取有力措施坚决予以纠正,防止成风。要综合利用组织处理和纪律处分两种手段,严肃查处“跑官要官”“买官卖官”“拉票贿选”“搞非组织活动”等行为,做到发现一起,严肃查处一起,决不姑息。对“跑官要官”的,要批评教育,不能提拔重用,在重要岗位上的要予以调整,已得到提拔的要坚决撤下来;对“跑官要官”制止不力造成用人严重失察失误的,要严肃追究责任。

刘锡荣还强调,今年将进行工资制度改革,各地区、各部门要认真学习贯彻公务员法,坚决执行《关于严肃纪律加强公务员工资管理的通知》等文件精神,严禁违反规定发放津贴、补贴等行为,严格执行纪律,促进公务员工资制度改革顺利进行。

中央政法委发出《关于切实解决人民法院执行难问题的通知》

通知指出,要动员全社会的力量,配合人民法院做好执行工作。各地社会治安综合治理部门要将法院执行工作纳入县(市、区)、乡镇(街道)综治目标责任考核范围,建立基层协助执行工作网络。各地要在党委、政府统一领导下,综治部门组织协调,各部门各司其职,社会组织、中介机构共同参与下,建立健全多元化纠纷解决机制,缓解人民法院的诉讼压力,从源头上化解执行难。各级公安、检察机关要与人民法院密切配合,运用法律手段严厉打击暴力抗拒法院执行的违法犯罪行为。

目前,最高人民法院正在建立人民法院执行案件信息管理系统。通知指出,要与人民银行、工商行政管理、房地产管理、工程招投标管理、出入境管理、车辆管理等部门信息管理系统链接,实现信息共享,建立国家执行威慑机制,通过限制或禁止被执行人融资、置产、出境、日常高消费等手段,促使被执行人自动履行义务。

国务院关于同意建立煤矿整顿关闭工作部际联席会议制度的批复

安全监管总局:

你局《关于建立煤矿整顿关闭部际联席会议制度的请示》(安监总煤矿字〔2005〕214号)收悉。现批复如下:

同意建立由安全监管总局牵头的煤矿整顿关闭工作部际联席会议制度。联席会议不刻制印章,不正式行文,请按照国务院有关文件精神认真组织开展工作。

国务院

2006年1月23日

煤矿整顿关闭工作部际联席会议制度

为切实加强对煤矿整顿关闭工作的组织领导,协调、整合各方力量,严厉打击煤矿非法开采和违法生产活动,遏制煤矿重特大事故的发生,经国务院同意,建立煤矿整顿关闭工作部际联席会议(以下简称联席会议)制度。

一、主要职能

在国务院领导下,研究煤矿整顿关闭的政策措施;制订工作计划和阶段性任务并组织落实;协调煤矿整顿关闭工作中的有关重大事项;组织开展联合执法活动;研究煤矿安全生产标本兼治的措施,协调解决有关问题。

二、会议成员

召集人:李毅中　安全监管总局局长

成　员:赵铁锤　煤矿安监局局长

欧新黔　发展改革委副主任

刘金国　公安部副部长

陈昌智　监察部副部长

朱志刚　财政部副部长

汪　民　国土资源部副部长

黄淑和　国资委副主任

刘玉亭　工商总局副局长

史玉波　电监会副主席

张鸣起　全国总工会纪检组组长、书记处书记

联席会议成员因工作变动需要调整的，由所在单位提出，联席会议确定。

联席会议办公室设在安全监管总局，承担联席会议的日常工作，督促落实会议议定事项。联席会议设联络员，由联席会议成员单位的有关司局负责同志担任。

三、工作规则

联席会议原则上每季度召开1次，因工作需要或成员单位要求也可临时召开。联席会议以会议纪要形式明确会议议定事项，经与会单位同意后印发有关方面，同时抄报国务院。

四、工作要求

各成员单位要按照职能分工，主动研究煤矿整顿关闭工作的有关问题，积极参加联席会议，认真落实联席会议布置的工作任务，及时处理煤矿整顿关闭工作中需要跨部门协调解决的问题。要互通信息、相互配合、相互支持、形成合力，充分发挥联席会议的作用。

中央企业2005年实现利润6276亿元

国资委统计数据显示，2005年中央企业实现利润6276.5亿元，增长27.9%；实现净利润3361.6亿元，增长34.5%，这是继2004年后，再次创下历史新高。

国家主席胡锦涛根据全国人大常委会的决定任免驻外大使

一、免去周晓沛的中华人民共和国驻哈萨克斯坦共和国特命全权大使职务；

任命张喜云为中华人民共和国驻哈萨克斯坦共和国特命全权大使。

二、免去陈美芬(女)的中华人民共和国驻塞舌尔共和国特命全权大使职务；

任命耿文兵为中华人民共和国驻塞舌尔共和国特命全权大使。

三、免去胡乾文的中华人民共和国驻柬埔寨王国特命全权大使职务；

任命张金凤(女)为中华人民共和国驻柬埔寨王国特命全权大使。

四、任命卢沙野为中华人民共和国驻塞内加尔共和国特命全权大使。

中共中央政治局常委李长春看望文化界知名人士

新春佳节即将到来之际，李长春分别看望了孙慎、于洋、徐肖冰、李世济、贾作光、吴冠中等老艺术家，代表胡锦涛总书记和党中央向他们致以节日问候和良好祝愿。

老艺术家们对胡锦涛总书记和党中央的关心表示衷心感谢。他们表示，要继续发挥余热，与时俱进，开拓创新，为深化文化体制改革，繁荣发展社会主义文化作出新贡献。

中宣部、文化部、广电总局、中国文联等有关单位负责人陪同看望慰问。

《解密外交文献——中华人民共和国建交档案》(1949—1955)在北京首发

国务院副总理回良玉在全国防控高致病性禽流感指挥部会议上讲话

全国防控高致病性禽流感指挥召开会议，分析当前疫情形势，部署下一阶段防控工作。中共中央政治局委员、国务院副总理、全国防控高致病性禽流感指挥部总指挥回良玉在会上强调，要充分认清春节期间和初春时节禽流感疫情的严峻形势，充分认识防控工作的长期性和艰巨性，始终把人民群众的健康安全放在第一位，发扬连续作战的作风，毫不松懈地做好禽流感防控工作，切实保障禽类产品市场供应和卫生质量安全，让人民群众过一个欢乐祥和的新春佳节。

1月24日

中共中央在中南海举行党外人士迎春座谈会

在中国人民的传统节日春节到来之际，中共中央下午在中南海召开党外人士迎春座谈会，邀请各民主党派中央、全国工商联的领导同志和无党派代表人士欢聚一堂，畅叙友情，共议国是，喜迎新春。

中共中央总书记、国家主席、中央军委主席胡锦涛代表中共中央、国务院，向各民主党派中央、全国工商联的领导同志和无党派人士，向统一战线的广大成员，致以新春的祝福。胡锦涛强调，伟大的事业需要坚强的团结，坚强的团结推进伟大的事业。统一战线是我们党执政兴国的重要法宝，也是我们实现中华民族伟大复兴的重要法宝。我们要把中国特色社会主义伟大事业不断推向前进，必须最广泛地凝聚和发挥各党派、各团体、各民族、各阶层和各界人士的智慧和力量，求真务实，锐意进取，共同开创改革开放和社会主义现代化建设的新局面。

座谈会由中共中央政治局常委、全国政协主席贾

庆林主持。中共中央政治局常委、国家副主席曾庆红，中共中央政治局候补委员、书记处书记、中央办公厅主任王刚，全国政协副主席、中央统战部部长刘延东出席座谈会。

座谈会上，民革中央主席何鲁丽、民盟中央主席蒋树声、民建中央常务副主席张榕明、民进中央主席许嘉璐、农工党中央常务副主席李蒙、致公党中央主席罗豪才、九三学社中央主席韩启德、台盟中央主席林文漪、全国工商联主席黄孟复、无党派代表人士陈竺先后发言。他们高度评价在以胡锦涛同志为总书记的中共中央领导下，我国改革开放和社会主义现代化建设所取得的新成就，对一年来统一战线和多党合作工作取得的成绩给予充分肯定，对在"十一五"时期奋力推进全面建设小康社会进程充满信心，对以胡锦涛同志为总书记的中共中央高度重视统一战线和多党合作表示崇高敬意。大家还围绕如何做好今年的工作，制定和实施好"十一五"规划纲要，提高自主创新能力、建设创新型国家等方面提出了意见和建议，并表示要坚持中国共产党领导的多党合作和政治协商制度，为实现全面建设小康社会的宏伟目标再立新功。

胡锦涛在认真听取大家的发言后发表了重要讲话。他说，一年来，各民主党派、工商联和无党派人士自觉服从服务于党和国家工作大局，大力加强自身建设，切实履行参政议政、民主监督的职能，紧紧围绕经济社会发展中的重大问题开展调查研究，提出了许多很有价值的意见和建议，在推动发展、维护稳定、促进祖国统一等方面作出了重要贡献。

胡锦涛指出，越是成绩显著，我们越是要保持清醒的头脑，越要看到我国发展面临的矛盾和挑战，看到我们工作中存在的不足和问题，增强忧患意识，牢记为民宗旨，发扬务实作风，继续埋头苦干。要坚持以邓小平理论和"三个代表"重要思想为指导，认真贯彻中共十六大和十六届三中、四中、五中全会精神，坚持以科学发展观统领经济社会发展全局，坚持发展为了人民、发展依靠人民、发展成果由人民共享，着力加快改革开放，着力增强自主创新能力，着力推进经济结构调整和经济增长方式转变，着力提高经济增长的质量和效益，正确处理改革发展稳定的关系，全面推进社会主义经济建设、政治建设、文化建设、社会建设，为顺利实施"十一五"规划开好局、起好步。

胡锦涛希望各民主党派、工商联和无党派人士进一步加强自身建设，发挥各自优势，团结广大成员和所联系的群众，同心协力做好改革发展稳定的各项工作。胡锦涛就加强多党合作提出了四点希望。第一，着眼于全面落实科学发展观，为推动经济社会又快又好发展献计出力。要不断增强贯彻落实科学发展观的自觉性和坚定性，围绕制定和实施"十一五"规划，结合经济社会发展工作的总体部署，深入实际调查研究，为促进经济社会又快又好发展多献求真务实之策、多做开拓创新之事。第二，着眼于巩固民主团结的政治局面，为社会主义民主政治建设献计出力。要坚定不移地走中国特色政治发展道路，根据各民主党派章程规定的参政党建设目标和原则，坚持以思想建设为核心，以组织建设为基础，以制度建设为保障，全面加强自身建设，全面履行参政党职能，不断提高参政议政、民主监督的能力和水平。第三，着眼于实现国家长治久安，为构建社会主义和谐社会献计出力。要协助党和政府做好化解矛盾、理顺情绪的工作，积极引导各自成员和所联系群众正确认识改革发展中利益格局的变化，把竞争压力转化为奋发有为的动力，更好地支持和参与改革，为营造良好的社会环境贡献力量。第四，着眼于发展成果由人民共享，为解决关系群众切身利益的突出问题献计出力。改革开放和社会主义现代化建设是造福全国各族人民的伟大事业，也是需要全国各族人民为之团结奋斗的伟大事业。要进一步深入群众，倾听群众呼声，关心群众疾苦，协助党和政府全面准确把握社情民意，扎扎实实解决好人民群众最关心、最直接、最现实的利益问题，更好地实现发展为了人民、发展依靠人民、发展成果由人民共享。

应邀出席座谈会的还有丁石孙、阿沛·阿旺晋美、张克辉、周铁农、张怀西、张梅颖和王光英、孙孚凌、万国权、王文元，以及各民主党派中央、全国工商联有关负责人和无党派代表人士。

中央和国家机关有关部门负责同志也出席了座谈会。

国务院总理温家宝主持召开国务院常务会议

会议研究部署"十一五"扶贫工作，审议并原则通过《中西部地区基层派出所、乡镇司法所、人民法庭建设规划》《取水许可和水资源费征收管理条例(草案)》。

会议听取了扶贫办关于中国农村扶贫开发纲要(2001—2010年)实施情况和"十一五"扶贫工作意见的汇报。会议认为，中国农村扶贫开发纲要实施以来，扶贫开发工作取得了很大成绩，全国农村贫困人口继续减少，贫困地区的生产生活条件得到一定改善，各项社会事业有了明显进步。但也要看到，扶贫工作面临的形势依然严峻，需要扶持的贫困群体数量仍然较多，进一步消除贫困的难度加大，扶贫开发任务相当繁重。各地区、各部门要充分认识扶贫工作的长期性、艰巨性，继续把减少农村贫困人口作为主要任务，坚持开发式扶贫的方针，坚持自然资源开发和人力资源开发并重，进一步加大对贫困地区投入和开发力度，创新工作机制，努力改善贫困地区的生产生活条件。

会议指出，扶贫开发是全面建设小康社会和建设社会主义新农村的一项重要任务。“十一五”时期扶贫工作的重点是：着力解决农村贫困人口的温饱问题，努力完成贫困村的整村推进扶贫规划，基本实现行政村通广播电视、有条件的通公路，自然村通电，进一步改善人畜饮水和医疗条件，全面普及九年义务教育。为此，会议要求，要切实抓好以下工作：一是瞄准贫困群体，采取有针对性的帮扶措施。对具有劳动能力的贫困人口，着力帮助提高自我发展能力；对丧失劳动能力的贫困人口，给予必要的救济、救助；财政扶贫资金重点向贫困户倾斜。二是因地制宜实施整村推进扶贫开发。重点抓好改善生产生活条件的基础设施建设，提高人口素质的社会事业建设，增加农民收入的产业建设，改变村容村貌的文明新风建设，规范有序的民主政治建设和以村党支部建设为核心的村级组织建设。三是加大培训力度，努力提高劳动者素质。根据劳动力市场的需要，不断提高培训质量，努力提供就业和维权服务。四是抓好产业化扶贫，调整农业结构，培育增收产业。五是加强扶贫资金管理，提高使用效益。改革和完善扶贫资金分配方式，健全、规范资金管理制度，加强审计、社会和舆论监督。六是动员社会各界积极参与扶贫开发。加大东部地区对中西部贫困地区对口帮扶力度，不断完善机关定点扶贫工作，鼓励和支持中介组织、民间组织参与扶贫项目的实施。

会议听取了发展改革委关于中西部地区“两所一庭”建设规划情况的汇报。会议指出，公安派出所、乡镇司法所、人民法庭是政法机关维护治安、服务群众的最基层单位，在维护社会稳定、构建和谐社会方面发挥重要的作用。为加强中西部地区基层“两所一庭”基础设施建设，从2004年到2008年，中央安排74亿元资金，用于解决西部地区公安派出所、中西部地区乡镇司法所和人民法庭无房和危房问题，改善工作条件，为更好地履行执法任务奠定基础。

会议认为，为加强水资源管理和保护，促进水资源的节约与合理开发利用，根据《中华人民共和国水法》，制定《取水许可和水资源费征收管理条例》是十分必要的。会议决定，条例草案经进一步修改后，由国务院公布施行。

会议指出，春节将至，各级政府要关心群众生活特别是受灾群众和困难群众的生活。领导干部要深入基层，深入农村、企业和社区，特别是到困难多的地方和群众中去，了解群众的安危冷暖，倾听群众的愿望要求，为群众办实事、办好事、送温暖，帮助群众解决实际困难。在节日期间，要提倡正确的消费观念和消费方式，引导科学消费、合理消费、健康消费，反对铺张浪费和奢靡挥霍之风；要坚持清正廉洁，坚决制止各种腐败现象，不准用公款吃喝玩乐、请客送礼；要大力丰富节日文化生活，移风易俗，不搞封建迷信，使广大人民群众过一个欢乐、祥和、文明的春节。

全国人大常委会委员长吴邦国 国务院总理温家宝在北京分别会见沙特阿拉伯国王阿卜杜拉·本·阿卜杜勒—阿齐兹

国务院总理温家宝在钓鱼台国宾馆分别会见卢森堡副首相阿塞尔·博恩和美国常务副国务卿罗伯特·佐利克

全国人大常委会副委员长李铁映在柏林分别会见德国联邦议院议长诺贝特·拉默特 副总理兼劳工和社会事务部长弗兰茨·明特费林

外交部部长李肇星与卢森堡大公国副首相兼外交和移民大臣让·阿塞尔博恩在北京举行会谈

外交部部长李肇星在北京会见美国副国务卿罗伯特·佐利克

国务院学位委员会第二十二次会议在北京举行

国务委员陈至立出席会议并讲话。她强调，要把大力培养拔尖创新人才，增强创新能力作为学位和研究生工作的中心任务，切实抓实抓好。一是研究生教育必须服从和服务于创新型国家建设，要紧密结合国家发展战略，制定科学的研究生发展规划，进一步调整结构，培养各类高层次高素质人才。二要大力推进素质教育、创新教育和创业教育，营造创新人才成长的良好环境，切实提高研究生的创新能力。三要进一步发挥“211”工程、“985”工程及中科院知识创新工程的重要作用，加强创新人才培养基地建设。四要重视在产学研结合研究中培养创新人才，将研究生的培养与科技创新活动、生产及社会实践结合起来，让优秀创新人才脱颖而出。

陈至立要求，要深化改革，提高质量，促进研究生教育持续健康协调发展。一要突出重点，严格要求，建立、完善自律和监测机制；二要建立质量保障的有效运行机制；三要加快研究生学科专业目录的修订工作；四要促进学位与研究生教育的区域协调发展；五要努力提高国际交流与合作的水平。

会议审议并原则通过了《中国学位与研究生教育发展纲要(2006—2020年)》《第十批博士和硕士学位授权学科、专业名单》《关于2005年博士学位授权点定期评估工作的报告》以及《国务院学位委员会2006年工作要点》。国务院学位委员会副主任委员、中国科学院院长路甬祥，副主任委员、中国工程院院长徐匡迪，常务副主任委员、教育部部长周济，副主任委员、教育部副部长赵沁平等出席了会议。副主任委员兼秘书长、教育部副部长吴启迪作了《国务院学位委员会2005年工作报告》和《国(境)外学科专业设置调研情况的报告》。

本次会议1月23日至24日举行。

松花江水污染生态环境影响评估取得阶段性研究成果

国家环保总局局长周生贤在新闻发布会上宣布，冻入冰中和沉入底泥的硝基苯不会造成二次污染问题，沿江两岸地下饮用水可以放心饮用。

1月25日

中共中央总书记胡锦涛主持召开中共中央政治局会议

会议研究加强人民政协工作。

会议认为，人民政协是中国共产党把马克思列宁主义统一战线理论、政党理论和民主政治理论同中国具体实践相结合的伟大创造，是中国共产党同各民主党派、人民团体和各族各界人士风雨同舟、团结奋斗的伟大成果。改革开放以来，人民政协坚持以邓小平理论和“三个代表”重要思想为指导，贯彻落实科学发展观，积极履行职能，为中国特色社会主义事业的发展作出了重要贡献。

会议指出，在全面建设小康社会、加快推进社会主义现代化的新的发展阶段，提高党的执政能力，发展社会主义民主政治，构建社会主义和谐社会，推进中国特色社会主义的伟大事业，必须大力加强人民政协工作，充分发挥人民政协的作用。加强人民政协工作，有利于最大限度地团结一切可以团结的力量，巩固和壮大最广泛的爱国统一战线；有利于坚持和完善中国共产党领导的多党合作和政治协商制度，巩固中国共产党同各民主党派和无党派人士的团结合作；有利于建设社会主义政治文明，体现和发挥我国社会主义政治制度和政党制度的特点和优势。

会议强调，人民政协工作必须坚持以马克思列宁主义、毛泽东思想、邓小平理论和“三个代表”重要思想为指导，坚持中国共产党的领导，坚持在宪法和法律范围内开展工作，坚持社会主义初级阶段的基本路线、基本纲领、基本经验，坚持团结和民主两大主题，坚持科学发展观，把促进发展作为履行职能的第一要务，坚持把实现和维护最广大人民的根本利益作为人民政协工作的出发点和落脚点。要认真搞好政治协商，积极推进民主监督，深入开展参政议政，切实抓好自身建设，不断推进人民政协履行职能的制度化、规范化、程序化。要坚定不移地走中国特色政治发展道路，善于借鉴人类政治文明的有益成果。

会议要求，各级党委要深刻认识人民政协工作的重要性，进一步加强和改善党对人民政协的领导，把人民政协工作纳入重要议事日程，支持人民政协依照章程独立负责、协调一致地开展工作，发挥人民政协组织中共产党员的先锋模范作用，积极推动关于人民政协的理论研究、宣传和教育工作，努力创造全党全社会重视和支持人民政协工作的新局面。

会议还研究了其他事项。

中共中央总书记胡锦涛主持中共中央政治局第二十八次集体学习

这次集体学习安排的内容是关于建设社会主义新农村。农业部农业贸易促进中心钱克明研究员、中国社会科学院农村发展研究所张晓山研究员就这个问题进行讲解，并谈了他们的有关看法和建议。

中共中央政治局各位同志认真听取了他们的讲解，并就有关问题进行了讨论。

胡锦涛在主持学习时发表了讲话。他指出，党的十六届五中全会，从全面建设小康社会、加快推进社会主义现代化的全局出发，提出了建设社会主义新农村的重大历史任务。我国有13亿人口，农村人口占大多数，农业和农村发展搞不上去，农民生活得不到显著改善，我们就不能实现全面建设小康社会的目标，不能实现全国的现代化，不能实现全国人民共同富裕，不能实现国家长治久安。改革开放以来特别是近年来，我们强调解决好“三农”问题是全党工作的重中之重，采取一系列支农惠农的重大方针政策和有效措施，农业和农村发展呈现出良好的态势，农民生活不断有所改善。但是，我们必须清醒地看到，同全面建设小康社会的要求相比，我国农业和农村发展还面临着一些突出的矛盾和问题。全面建设小康社会，最艰巨、最繁重的任务在农村；加快推进现代化，必须妥善处理工农城乡关系。“十一五”时期是我国改革发展的关键时期，也是我国农业和农村发展的一个重要机遇期，我们必须下更大的决心、拿出更多的投入、进行更扎实的努力，推动现代农业建设迈出重大步伐，在构建新型工农城乡关系方面取得突破性进展，为建设社会主义新农村打下坚实基础。

胡锦涛指出，要贯彻落实好中央关于加强“三农”工作的大政方针，扎实推进社会主义新农村建设，关键在于加强领导、狠抓落实。各级党委和政府要切实把“三农”工作摆上重要议事日程,坚持以邓小平理论和“三个代表”重要思想为指导,坚持以科学发展观统领经济社会发展全局,坚持统筹城乡发展,坚持以经济建设为中心,按照生产发展、生活宽裕、乡风文明、村容整洁、管理民主的要求,切实实行工业反哺农业、城市支持农村和“多予少取放活”的方针,认真抓好落实。

胡锦涛就抓好建设社会主义新农村的工作落实提出五点要求。一是要深入实际、调查研究,广泛听取基层干部和农民群众的意见和建议,深入掌握农业和农村发展的规律和特点,努力使建设社会主义新农村的各项工作切实符合实际、符合农民意愿。二是要因地制宜、搞好规划,立足当前、着眼长远,坚持从实际和现有条件出发,充分尊重自然规律、经济规律和社会发展规律,科学确定发展目标和实施步骤,指导社会主义新农村建设有计划、有步骤、有重点地逐步推进。三是要抓住重点、积极推进,坚持把广大农民群众的根本利益作为建设社会主义新农村的出发点和落脚点,从农民生产生活中最紧迫的实际问题入手,区分轻重缓急,突出建设重点,为农民群众多办好事、实事,做到不急于求成,不搞“一刀切”,不强迫命令,更不能搞形式主义。四是要完善机制、形成合力,建立党委领导、政府负责、部门齐抓共管、全社会积极参与的工作机制,加强民主决策、民主管理,充分调动广大农民群众的积极性和主动性,大力加强建设社会主义新农村的宣传教育,使全党全国以及全社会共同关心和热情参与社会主义新农村建设。五是要总结经验、分类指导,注重抓好试点,及时总结实践,发现典型经验,指导面上工作,不断开创建设社会主义新农村的新局面。

全国人大常委会委员长吴邦国在人民大会堂出席全国人大常委会机关迎春联欢会

中央纪委 中组部 中宣部发出认真学习贯彻胡锦涛同志在中央纪委第六次全会上的重要讲话精神的通知

国务院副总理曾培炎在世界经济论坛达沃斯年会全体会议上发表特别致辞

曾培炎说,中国要实现未来五年的发展目标,需要把握未来,开拓创新。在指导思想上,中国提出了全面落实科学发展观、构建社会主义和谐社会,这是对发展理论的继承和创新;在科技创新方面,中国制定了中长期科技发展规划,确立了建设创新型国家的战略目标和方针;在体制创新方面,中国按照完善市场经济体制的要求,明确了各方面体制改革的重点任务。

曾培炎展望了未来中国经济社会发展的六大特征:一、立足国内的发展。中国有较高的国民储蓄率,丰富的劳动力资源,国内需求潜力巨大,因此完全有信心、有能力实现经济的长期稳定较快发展。二、结构优化的发展。中国将依靠自主创新,不断提升产业技术水平。未来五年,中国将进一步加强农业,加快发展服务业,推进工业结构优化升级。信息、生物、新材料等高技术产业,金融、物流、文化等服务业,以及能源、水利、交通等基础产业和基础设施建设将获得较快发展。三、资源节约的发展。人口多、资源相对短缺是中国的基本国情。随着建设节约型社会的步伐加快,一系列节能、节水、节材、节地和资源综合利用的措施将陆续实施。四、环境友好的发展。中国将加快建设环境友好型社会,加大对废水、废气和固体污染的防治力度,继续推进生态环境保护工程。五、全面协调的发展。城乡发展、区域发展、经济社会发展不平衡是中国长期存在的突出矛盾,必须着力建设社会主义新农村,积极稳妥地推进城镇化,加快实施西部大开发、振兴东北老工业基地等区域发展规划,千方百计扩大就业,完善社会保障体系,合理调节收入分配,加快发展教育、文化、卫生等社会事业。六、改革开放的发展。改革的重点将涉及政府行政管理体制、国有企业、价格、财税、金融、投资等领域。在对外开放方面,中国将加快转变外贸增长方式,优化进出口商品结构,切实提高利用外资质量,着重引进先进技术、管理经验和高素质人才。未来的中国将更具活力、更加开放。

国务院副总理曾培炎在达沃斯会见瑞士银行集团董事长马塞尔·奥斯佩尔和荷兰皇家壳牌集团首席执行官范德伟

2005年中国GDP同比增长9.9%

国家统计局局长李德水今天宣布,据初步核算,2005年我国国内生产总值182321亿元,按可比价格计算,比上年增长9.9%。其中,第一产业增加值22718亿元,增长5.2%;第二产业增加值86208亿元,增长11.4%;第三产业增加值73395亿元,增长9.6%。按2005年平均汇率计算,折合为22257亿美元,人均1700美元。

“神舟”六号轨道舱正常运行100天

北京航天飞行控制中心今天宣布,截至今日凌晨3时44分,“神舟”六号飞船轨道舱已在太空正常运行100天,环绕地球飞行1653圈,轨道舱平台工作状况正常,各项科学试验进展顺利,为日后任务的实施和未来空间交会对接等工程技术积累了丰富经验。

教育部将进一步规范学校收费行为

在今年实施农村义务教育经费保障新机制的地方,小学和初中只收取课本费作业本费和寄宿学生住宿费(不含按规定享受免费教科书的学生),3项费用之外的收费均为乱收费。

经文化游戏产品内容审查委员会认定第二批适合未成年人的网络游戏产品名单出炉

这些游戏共10种,其中角色扮演类有5种:《快乐西游》《QQ幻想》《封神榜》《山河》《问道》;休闲类有5种:《盛大富翁》《QQ宠物》《新浪iGame三打一》《新浪iGame连连看(国外游戏)》和《新浪iGame宝石公园(国外游戏)》。

卫生部及联合国艾滋病规划署和世界卫生组织联合发布《2005年中国艾滋病疫情与防治工作进展》

最新疫情评估结果显示,截至2005年年底,中国现有艾滋病病毒感染者和病人约65万,比2003年减少了19万人。现有艾滋病病人约7.5万。人群感染率平均为0.05%。2005年新发生艾滋病病毒感染者约7万人,因艾滋病死亡约2.5万人。

全国妇联主席顾秀莲在北京出席维护流动妇女儿童权益"送温暖、献爱心"活动启动仪式

1月26日

中共中央 国务院发布《关于实施科技规划纲要增强自主创新能力的决定》

为抓住和用好本世纪头20年发展的重要战略机遇期,坚持以邓小平理论和"三个代表"重要思想为指导,贯彻党的十六大和十六届三中、四中、五中全会精神,全面落实科学发展观,组织实施《国家中长期科学和技术发展规划纲要(2006—2020年)》(以下简称《规划纲要》),增强自主创新能力,努力建设创新型国家,特作如下决定。

一、实施《规划纲要》,努力建设创新型国家

科学技术是第一生产力,是推动人类文明进步的革命力量。进入21世纪,科学技术发展日新月异,科技进步和创新愈益成为增强国家综合实力的主要途径和方式,依靠科学技术实现资源的可持续利用、促进人与自然的和谐发展愈益成为各国共同面对的战略选择,科学技术作为核心竞争力愈益成为国家间竞争的焦点。我国已进入必须更多依靠科技进步和创新推动经济社会发展的历史阶段。科学技术作为解决当前和未来发展重大问题的根本手段,作为发展先进生产力、发展先进文化和实现最广大人民群众根本利益的内在动力,其重要性和紧迫性愈益凸显。按照党的十六大要求,国务院在充分调查研究的基础上组织制定了《规划纲要》。这一纲要立足国情、面向世界,以增强自主创新能力为主线,以建设创新型国家为奋斗目标,对我国未来15年科学和技术发展作出了全面规划与部署,是新时期指导我国科学和技术发展的纲领性文件。

中央确定,全面实施《规划纲要》,经过15年努力,到2020年使我国进入创新型国家行列。建设创新型国家,核心就是把增强自主创新能力作为发展科学技术的战略基点,走出中国特色自主创新道路,推动科学技术的跨越式发展;就是把增强自主创新能力作为调整产业结构、转变增长方式的中心环节,建设资源节约型、环境友好型社会,推动国民经济又快又好发展;就是把增强自主创新能力作为国家战略,贯穿到现代化建设各个方面,激发全民族创新精神,培养高水平创新人才,形成有利于自主创新的体制机制,大力推进理论创新、制度创新、科技创新,不断巩固和发展中国特色社会主义伟大事业。

实施《规划纲要》,建设创新型国家,是全面落实科学发展观、开创社会主义现代化建设新局面的重大战略举措。这必将有利于提升我国自主创新能力和增强国家核心竞争力,改变关键技术依赖于人、受制于人的局面;必将有利于转变发展观念、创新发展模式、提高发展质量,加快推进新型工业化的步伐;必将有利于弘扬以爱国主义为核心的民族精神和以改革创新为核心的时代精神,大大增强民族自信心和凝聚力,促进全面建设小康社会宏伟目标的实现和中华民族的伟大复兴。全党同志特别是各级领导干部务必深刻认识建设创新型国家的极端重要性和紧迫性,切实把完成这项任务作为关系全局的大事抓紧抓好。

二、坚持自主创新,全面提升国家竞争力

新时期我国科学技术发展的指导方针是:自主创新、重点跨越、支撑发展、引领未来。这一方针,是我国半个多世纪科技事业发展实践经验的概括总结,是面向未来、实现中华民族伟大复兴的重要抉择,必须贯穿于我国科技事业发展的全过程。

从现在起到2020年,我国科学和技术发展要以提升国家竞争力为核心,实现以下重要目标:一是掌握一批事关国家竞争力的装备制造业和信息产业核心技术,使制造业和信息产业技术水平进入世界先进行列。二是农业科技整体实力进入世界前列,促进农业综合生产能力的提高,有效保障国家食物安全。三是能源开发、节能技术和清洁能源技术取得突破,促进能源结构优化,主要工业产品单位能耗指标达到或接近世界先进水平。四是在重点行业和重点城市建立循环经济

的技术发展模式,节约资源、保护环境,为建设资源节约型、环境友好型社会提供科技支持。五是重大疾病防治水平显著提高,新药创制和关键医疗器械研制取得突破,全面提升产业发展的技术能力。六是国防科技基本满足现代武器装备自主研制和信息化建设的需要,为维护国家安全提供保障。七是涌现出一批具有世界水平的科学家和研究团队,在科学发展的主流方向上取得一批具有重大影响的创新成果,信息、生物、材料和航天等领域的前沿技术达到世界先进水平。八是建成若干世界一流的科研院所和大学以及具有国际竞争力的企业研究开发机构,形成比较完善的中国特色国家创新体系。

"十一五"期间,必须把增强自主创新能力放在更加突出的位置。一要把解决经济社会发展的瓶颈制约放在优先位置,力争在能源、资源、环境、农业、信息等关键领域取得重大技术突破。二要积极发展对经济增长有重大带动作用、具有自主知识产权的核心技术和关键技术,协力攻关,形成一批市场占有率高的产品和国际知名品牌,提高重大技术装备国产化水平,推动高技术产业加快从加工装配为主向自主研发制造延伸。三要加强基础研究和前沿技术研究,在信息、生命、空间、海洋、纳米、新材料等战略领域超前部署,加大投入力度,增强科技和经济持续发展的后劲。四要加强重大科技基础设施和条件平台建设,实施若干重大科学工程,支撑科学技术创新。五要按照有所为有所不为的原则,集中优势力量,启动一批重大专项,力争取得重要突破,提高国家核心竞争力。

三、创新体制机制,走中国特色自主创新道路

实施《规划纲要》,体制机制是关键。必须深化科技体制改革和经济体制改革,进一步消除制约科技进步和创新的体制性、机制性障碍,有效整合全社会科技资源,推动经济与科技的紧密结合,形成技术创新、知识创新、国防科技创新、区域创新、科技中介服务等相互促进、充满活力的国家创新体系。要继续推进科技体制改革,充分发挥政府的主导作用,充分发挥市场在科技资源配置中的基础性作用,充分发挥企业在技术创新中的主体作用,充分发挥国家科研机构的骨干和引领作用,充分发挥大学的基础和生力军作用,在实践中走出中国特色自主创新道路。

增强自主创新能力,关键是强化企业在技术创新中的主体地位,建立以企业为主体、市场为导向、产学研相结合的技术创新体系。采取更加有力的措施,营造更加良好的环境,使企业真正成为研究开发投入的主体、技术创新活动的主体和创新成果应用的主体。鼓励国有大型企业加快研究开发机构建设和加大研究开发投入,努力形成一批集研究开发、设计、制造于一体,具有国际竞争力的大型骨干企业。重视和发挥民营科技企业在自主创新、发展高新技术产业中的生力军作用,创造公平竞争的环境,支持其做大做强并参与国际竞争。支持有条件的企业承担国家研究开发任务,主持或参与重大科技攻关。加强创新创业服务体系建设,为中小企业特别是科技型中小企业的技术创新提供良好条件。大力推进产学研相结合,鼓励和支持企业同科研院所、高等院校联合建立研究开发机构、产业技术联盟等技术创新组织。

深化科研体制改革,形成开放、流动、竞争、协作的知识创新体系。进一步深化应用开发类科研机构企业化转制改革,鼓励和支持其在行业共性关键技术研究开发与推广应用中发挥骨干作用。继续推进社会公益类科研机构分类改革。稳定支持从事基础研究、前沿高技术研究和社会公益研究的科研机构,建立健全现代科研院所制度。充分发挥高等院校学科综合、人才荟萃、教学科研紧密结合等优势,建设一批高水平的研究型大学。根据国家重大需求,填补研究领域空白,建设一批高水平的国家研究基地。

深化国防科研体制改革,建设军民结合、寓军于民的国防科技创新体系。统筹军民科技计划和军民两用科技发展,建立健全科技资源共享、军民互动合作的协调机制,实现从基础研究、应用研究开发、产品设计制造到技术和产品采购的有机结合。

建设各具特色和优势的区域创新体系,促进中央与地方科技力量的有机结合,促进区域内科技资源的合理配置和高效利用。东部地区要努力提高自主创新能力。支持中西部地区加强科技发展能力建设。推进国家高新技术产业开发区以增强自主创新能力为核心的"二次创业"。

建设社会化、网络化的科技中介服务体系,加强先进适用技术推广应用。加快农业技术推广体系改革与创新,完善社会化服务机制,鼓励各类农科教机构和社会力量参与多元化的农业技术推广服务,促进各类先进适用技术在农村推广应用,为社会主义新农村建设提供支撑。

四、制定配套政策,激励自主创新

为确保《规划纲要》顺利实施,必须从财税、金融、政府采购、知识产权保护、人才队伍建设等方面制定一系列政策措施,加强经济政策和科技政策的相互协调,形成激励自主创新的政策体系。

(一)加大财政科技投入力度,确保财政科技投入增幅明显高于财政经常性收入增幅。形成多元化、多渠道、高效率的科技投入体系,使全社会研究开发投入占国内生产总值的比例逐年提高。(二)推进增值税转型改革,统一各类企业税收制度,加大对企业研究

开发投入的税收激励。(三)改善对高新技术企业的信贷服务和融资环境,加大对高新技术产业化的金融支持,发展支持高新技术产业的创业投资和资本市场。(四)实施扶持自主创新的政府采购政策,建立财政性资金采购自主创新产品制度,制定将国家重大建设项目纳入政府采购主体范围的办法,对具有自主知识产权的重要高新技术装备与产品实施政府首购政策和订购制度。(五)在继续引进先进技术的同时,高度重视和切实加强对引进技术的消化、吸收与再创新。建立统筹协调机制,对引进技术的消化、吸收与再创新给予政策支持。依托国家和地方重点工程建设项目,积极推进重大装备的自主研究开发与制造。定期发布禁止和限制引进的重大技术装备和重大产业技术目录,防止盲目重复引进。(六)建设严格保护知识产权的法治环境。健全法律制度,依法严厉打击各种侵犯知识产权的行为,为知识产权的产生与转移提供切实有效的法律保障。重视自主知识产权的应用和保护,支持以我为主形成重大技术标准。(七)健全人才激励机制,结合国家重大科技工程和重点任务的实施,大胆启用青年人才,培养高水平的创新人才。积极引进海外高层次人才。(八)深化教育改革,加快教育发展,推进素质教育和创新教育,为建设创新型国家培养结构合理、素质优良的各级各类人才。(九)加强科技创新基地与平台建设,建立科技资源的共享机制。(十)充分利用对外开放的有利条件,在更宽领域、更深层次上开展国际科技合作与交流,在高起点上推进自主创新。

五、动员全党全社会力量,为建设创新型国家而奋斗

增强自主创新能力,建设创新型国家,是一项极其广泛而深刻的社会变革,是我们党在新的历史条件下提高执政能力的必然要求。各级领导干部务必站在时代的前列,解放思想、实事求是、与时俱进,全面落实科学发展观,深化改革、扩大开放,大力实施科教兴国战略和人才强国战略,出色完成建设创新型国家的各项任务。

各级党委和政府必须充分认识自主创新的长期性、复杂性和艰巨性,切实加强对科技工作的领导,切实把提高自主创新能力作为一件大事来抓,努力为自主创新创造良好的法治环境、政策环境、市场环境和舆论环境。各级党政主要负责同志要高度重视科技工作,并把提高自主创新能力的成效作为落实科学发展观和正确政绩观的重要内容。中央各有关部门和各级管理部门要紧密配合,加强对《规划纲要》落实工作的具体指导,加强统筹协调,强化政策支持,及时研究、解决重大专项和其他重点任务实施过程中遇到的困难和问题。要抓紧制定配套政策的实施细则。各地区、各部门要依据《规划纲要》,抓紧制定并认真实施切合本地区本部门实际的科技发展规划。要在全社会广为传播科学知识、科学方法、科学思想、科学精神,提高全民族的科学文化素质。大力发展创新文化,努力培养创新精神。鼓励各行各业广泛开展群众性的小发明、小革新。大力宣传献身科技事业并作出重大贡献的科学家、工程师和其他科技人员。倡导学术平等和自由探索,遏制学术不端行为,大力营造勇于创新、尊重创新和激励创新的文化氛围。大力繁荣发展哲学社会科学,促进哲学社会科学与自然科学相互渗透,为建设创新型国家提供更好的理论指导。

建设创新型国家,是全党全社会的共同事业。新中国成立以来,经过几代人艰苦卓绝的不懈努力,我国科学技术发展取得了举世瞩目的伟大成就。比较完整的学科体系,丰富的科技人力资源,持续增长的国内市场需求,集中力量办大事的制度优势,博大精深的优秀传统文化,都为建设创新型国家奠定了坚实的基础。广大科技工作者行动起来,广大企业、科研院所和高等院校行动起来,社会各界行动起来,高举邓小平理论和“三个代表”重要思想伟大旗帜,在以胡锦涛同志为总书记的党中央领导下,继承和发扬“两弹一星”精神和载人航天精神,统一思想、坚定信心、奋发努力、扎实苦干,坚持走中国特色自主创新道路,以只争朝夕的精神为建设创新型国家而努力奋斗。

“十五”期间高新技术产业吸引外资逾 700 亿美元

据商务部统计,“十五”期间,以信息与通信技术产业为代表的高新技术产业累计吸引外商投资超过 700 亿美元。

2005 年我国主要商业银行不良贷款率首次下降到一位数

据《人民日报》报道:中国银监会有关负责人今日表示,银监会成立 3 年来,在银行业体制机制改革、审慎经营管理和风险管控等方面取得重大进展,已逐步探索出一条符合中国特色的银行业现代化监管道路。最新统计数据表明,中国银行业监管实现历史性突破。

据悉,2005 年中国主要商业银行不良贷款率首次下降到一位数——从 2003 年的 17.2% 下降到 8.9%。数据还显示,全国资本充足率达到 8% 的商业银行由 2004 年年初的 8 家,增加到 2005 年年末的 53 家;截至 2005 年年末,中国主要商业银行全年实现账面利润(税前)1850 亿元,所有者权益达到 1.1 万亿元,增长 24.5%,所有者权益增长首次超过了贷款、资产、存款增长。

国务院副总理曾培炎在达沃斯分别会见瑞士联邦主席莫里茨·洛伊恩贝格尔和世界经济论坛主席克劳斯·施瓦布

国务委员唐家璇在中南海紫光阁会见伊朗最高国家安全委员会秘书阿里·拉里贾尼

外交部部长李肇星与伊朗最高国家安全委员会秘书阿里·拉里贾尼在北京举行会谈

解放军审计署实施“3+1”项目审计

据新华社报道：解放军审计署适应新形势、新任务的要求，提出“十一五”期间，在实施全面审计的同时，突出抓好战备工程、军事装备、战备储备和领导干部经济责任等“3+1”审计，为促进军事斗争准备、提高领导干部依法行政能力，以及最大限度地发挥军费使用效益提供审计服务。

《江泽民同志〈为促进祖国统一大业的完成而继续奋斗〉重要讲话及中央领导同志在历次纪念座谈会上的讲话汇编》出版发行

国家突发公共卫生事件专家咨询委员会在北京成立

国家突发公共卫生事件专家咨询委员会共计105人，卫生部副部长王陇德任主任委员，日常管理工作由卫生部卫生应急办公室负责。

该委员会主要职责是：对确定突发公共卫生事件相应的级别以及采取的重要措施提出建议；对突发公共卫生事件应急准备提出咨询建议；参与制订、修订突发公共卫生事件应急预案和技术方案；对突发公共卫生事件应急处理进行技术指导；对突发公共卫生事件应急反应的终止、后期评估提出咨询意见；承担突发公共卫生事件应急指挥机构和日常管理机构交办的其他工作。

1月27日

中共中央总书记胡锦涛等中央领导同志看望江泽民等老同志

春节前夕，党和国家领导人分别看望或委托有关方面负责同志看望了江泽民、李鹏、万里、乔石、朱镕基、李瑞环、宋平、刘华清、尉健行、李岚清、薄一波和李德生、萧克、张劲夫、黄华、彭冲、廖汉生、王芳、谷牧、吕正操、郑天翔、刘复之、杨白冰、丁关根、田纪云、迟浩田、张万年、姜春云、钱其琛、王汉斌、张震、倪志福、陈慕华、孙起孟、雷洁琼、李锡铭、王丙乾、邹家华、王光英、布赫、铁木尔·达瓦买提、吴阶平、彭珮云、周光召、曹志、韩杼滨、吴学谦、洪学智、钱学森、董寅初、叶选平、杨汝岱、钱伟长、任建新、宋健、钱正英、孙孚凌、朱光亚、万国权、胡启立、陈锦华、赵南起、毛致用、经叔平、王文元、邓力群、张廷发、韩光等老同志，向老同志们致以亲切的节日问候，并衷心祝福老同志们健康长寿。

老同志们对此表示感谢，请胡锦涛等同志转达他们对全国各族人民的新春祝贺，希望全党全国各族人民紧密团结在以胡锦涛同志为总书记的党中央周围，高举邓小平理论和“三个代表”重要思想伟大旗帜，全面落实科学发展观，为实现全面建设小康社会的宏伟目标、开创中国特色社会主义事业新局面而努力奋斗。

中共中央 国务院在人民大会堂举行2006年春节团拜会

党和国家领导人胡锦涛、吴邦国、温家宝、贾庆林、曾庆红、吴官正、李长春、罗干等同首都各界人士4000人欢聚一堂，辞旧迎新，共庆新春佳节。

中共中央总书记、国家主席、中央军委主席胡锦涛主持团拜会。

中共中央政治局常委、国务院总理温家宝在团拜会上讲话。

参加团拜会的还有：中央党政军群各部门和北京市的负责同志，离退休老同志代表，各民主党派、全国工商联负责人，无党派人士和少数民族代表，国内外专家、学者以及首都各界代表。团拜会上，文艺工作者表演了精彩的文艺节目。

国务院总理温家宝在2006年春节团拜会上发表讲话

同志们，朋友们：

今天，我们欢聚一堂，辞旧迎新，共庆佳节。借此机会，我向大家致以节日的良好祝愿！向全国各族人民拜年！

刚刚过去的2005年，是我国在全面建设小康社会道路上阔步前进的一年，社会主义现代化事业取得显著成就。经济保持平稳较快增长，改革开放迈出重大步伐，各项社会事业加快发展，城乡人民生活继续改善。我们伟大的祖国欣欣向荣，蒸蒸日上。

2006年是实施“十一五”规划的第一年，做好今年工作意义重大。我们要充分利用各种有利条件和新的机遇，勇于应对各种困难和新的挑战。我们要以邓小平理论和“三个代表”重要思想为指导，认真贯彻党的十六大和十六届五中全会精神，全面落实科学发展观，坚持加快改革开放和自主创新，坚持推进经济结构调整和增长方式转变,坚持把解决涉及人民群众切身利益的问题放在突出位置,全面加强经济建设、政治建设、文化建设与和谐社会建设,为“十一五”开好局、起好步。

我们党提出全面建设小康社会的奋斗目标,反映了我国现代化事业不断向前发展的必然要求,表达了全国人民的共同心愿。实现这个宏伟目标,最根本的是通过改革开放不断解放和发展生产力,使全体人民共享改革发展成果,朝着共同富裕的方向稳步前进。

——我们要使广大人民群众的积极性、创造性最大限度地发挥出来,让一切创造社会财富的源泉充分涌流。

——我们要在经济发展的基础上不断满足人们日益增长的物质文化需要,使城乡人民的生活一天比一天好。

——我们要妥善处理各方面利益关系,保护人们诚实劳动与合法经营的权益,注重社会公平,努力改善困难群众的生产和生活条件。

——我们要高度重视和维护人民群众最关心、最直接、最现实的利益,着力解决就业、社会保障、扶贫、教育、医疗、住房、环保、安全等问题,加强社会建设和管理,维护社会稳定。

只要我们一切为了人民群众,一切依靠人民群众,我们的事业就一定会更加兴旺发达。

值此举国喜迎新春的时刻,我们衷心祝愿香港、澳门同胞,台湾同胞,海外侨胞生活幸福美满。

我们要与世界各国人民一道,努力建设和平、和睦、和谐的世界。

同志们,朋友们！展望祖国未来,前景无限美好。让我们在以胡锦涛同志为总书记的党中央领导下,奋发图强,乘势前进,继续谱写社会主义现代化事业的新篇章。

祝大家新春愉快,身体健康！祝全国各族人民阖家欢乐,幸福吉祥！

全国政协主席贾庆林主持召开全国政协第三十一次主席会议

会议决定2006年2月26日至28日举行政协十届常委会第十二次会议,为召开政协十届四次会议做准备;会议审议通过了关于召开政协十届四次会议的决定草案,建议政协十届四次会议3月3日召开。

贾庆林指出,最近中共中央政治局召开会议,研究加强人民政协工作,这是人民政协事业发展中的一件大事。会议充分肯定了人民政协为中国特色社会主义事业发展所作出的重要贡献,对新世纪、新阶段人民政协工作提出了明确要求,充分体现了中共中央对人民政协事业发展的高度重视。会议作出的关于加强人民政协工作的重要指示,是中共中央着眼于新世纪、新阶段全党全国的宏伟目标任务,就人民政协工作作出的重大决策和战略部署,对人民政协工作不仅有很强的现实针对性,而且具有长远的指导意义。贾庆林强调指出,当前和今后一个时期,各级政协组织、政协各参加单位和广大政协委员的一项重要任务,就是要按照中央政治局会议的精神,认真学习和贯彻落实中共中央关于加强人民政协工作的重要指示,紧密联系实际,进一步推进政协履行职能的各项工作,进一步搞好政协的自身建设,使人民政协工作更好地服务于全面建设小康社会的伟大实践。

贾庆林强调,每年一次的“两会”是我国政治生活中的一件大事,在国内外有着极其重要的影响。开好今年的“两会”,对于团结和动员全国各族人民,做好今年的工作,为“十一五”时期的发展开好局、起好步,具有十分重要的意义。我们必须高度重视,精心部署,切实做好政协十届四次会议的各项准备工作。贾庆林要求,要认真负责地修改好会议文件,提前做好大会期间协商议政的准备工作,扎实做好大会的筹备和组织服务工作。

会议审议通过了政协十届常委会第十二次会议议程草案和日程、关于召开政协十届四次会议的决定草案和会议的议程及日程草案;审议并原则通过了政协十届常委会工作报告草案和政协十届三次会议以来提案工作情况的报告草案,确定罗豪才副主席代表常委会在政协十届四次会议上作提案工作情况的报告;审议通过了政协十届四次会议秘书长、副秘书长名单草案,确定吴建民为政协十届四次会议新闻发言人;会议还书面审议了全国政协办公厅关于2005年委员视察工作情况的报告、各专门委员会2005年度工作总结。会议决定将这些草案提请第十二次常委会议审议。

会议建议政协十届常委会第十二次会议的主要议程为:审议通过关于召开政协十届四次会议的决定,审议通过政协十届四次会议议程草案和日程,审议通过提交政协十届四次会议审议的十届常委会工作报告和政协十届三次会议以来提案工作情况的报告,审议通过政协十届四次会议秘书长、副秘书长名单,审议通过有关人事事项等。

会议听取了全国政协秘书长郑万通、副秘书长李昌鉴和提案委员会主任傅杰就有关议题所作的说明。

全国政协副主席王忠禹、刘延东、张思卿、白立忱、罗豪才、张克辉、周铁农、阿不来提·阿不都热西提、徐匡迪、李兆焯、黄孟复、张怀西、李蒙、张梅颖、张榕明出席会议。

2005年全国国有企业利润突破9000亿元

据财政部企业财务快报统计,2005年,全国国有企业累计实现销售收入115340.7亿元，同比增长19.2%；实现利润9047.2亿元，同比增长25.1%；实现税金9957.1亿元，同比增长20%。

其中，中央企业实现利润6413.4亿元，同比增长27.3%；实现税金6862.2亿元，同比增长19.8%。

2005年中国高新技术产品贸易竞争力指数由去年的1.3%增加到4.9%与主要贸易伙伴的贸易结构进一步优化

中国选手郑洁/晏紫在澳大利亚网球公开赛女双决赛中以2:1逆转头号种子雷蒙德/斯托瑟为中国网球迎来第一个大满贯赛事的冠军头衔

1月28日

中共中央总书记胡锦涛与延安老区人民共迎新春

春节前夕，胡锦涛和随行的中共中央政治局委员、中央书记处书记、中央组织部部长贺国强，在陕西省委书记李建国、省长陈德铭等陪同下，来到延安看望慰问干部群众。胡锦涛代表党中央、国务院、中央军委向广大干部群众致以美好的新春祝福。

国务院总理温家宝在山东与群众共度春节

中共中央政治局常委曾庆红在《学习与研究》杂志就保持共产党员先进性教育活动发表文章

中共中央政策研究室主办的《学习与研究》2006年第1期发表了中共中央政治局常委曾庆红的文章，题目是《以开展保持共产党员先进性教育活动为契机，大力推进党的执政能力建设和党的先进性建设》。文章集中阐述了结合保持共产党员先进性教育活动，要在理论创新、坚持科学发展、构建和谐社会、解决自身矛盾和问题、完善执政体制机制中提高执政能力、保持和发展党的先进性等重大问题。

张海云逝世

海军北海舰队原政治委员张海云同志，因病医治无效，于1月28日在北京逝世，享年77岁。

1月29日

国务院总理温家宝签署第457号令发布《艾滋病防治条例》

《艾滋病防治条例》已经2006年1月18日国务院第122次常务会议通过，现予公布，自2006年3月1日起施行。

总　理　温家宝

2006年1月29日

艾滋病防治条例

第一章　总　则

第一条　为了预防、控制艾滋病的发生与流行，保障人体健康和公共卫生，根据传染病防治法，制定本条例。

第二条　艾滋病防治工作坚持预防为主、防治结合的方针，建立政府组织领导、部门各负其责、全社会共同参与的机制，加强宣传教育，采取行为干预和关怀救助等措施，实行综合防治。

第三条　任何单位和个人不得歧视艾滋病病毒感染者、艾滋病病人及其家属。艾滋病病毒感染者、艾滋病病人及其家属享有的婚姻、就业、就医、入学等合法权益受法律保护。

第四条　县级以上人民政府统一领导艾滋病防治工作，建立健全艾滋病防治工作协调机制和工作责任制，对有关部门承担的艾滋病防治工作进行考核、监督。

县级以上人民政府有关部门按照职责分工负责艾滋病防治及其监督管理工作。

第五条　国务院卫生主管部门会同国务院其他有关部门制定国家艾滋病防治规划；县级以上地方人民政府依照本条例规定和国家艾滋病防治规划，制订并组织实施本行政区域的艾滋病防治行动计划。

第六条　国家鼓励和支持工会、共产主义青年团、妇女联合会、红十字会等团体协助各级人民政府开展艾滋病防治工作。

居民委员会和村民委员会应当协助地方各级人民政府和政府有关部门开展有关艾滋病防治的法律、法规、政策和知识的宣传教育，发展有关艾滋病防治的公益事业，做好艾滋病防治工作。

第七条　各级人民政府和政府有关部门应当采取措施，鼓励和支持有关组织和个人依照本条例规定以及国家艾滋病防治规划和艾滋病防治行动计划的要求，参与艾滋病防治工作，对艾滋病防治工作提供捐赠，对有易感染艾滋病病毒危险行为的人群进行行为干预，对艾滋病病毒感染者、艾滋病病人及其家属提供关怀和救助。

第八条　国家鼓励和支持开展与艾滋病预防、诊断、治疗等有关的科学研究，提高艾滋病防治的科学技术水平；鼓励和支持开展传统医药以及传统医药与现代医药相结合防治艾滋病的临床治疗与研究。

国家鼓励和支持开展艾滋病防治工作的国际合作与交流。

第九条 县级以上人民政府和政府有关部门对在艾滋病防治工作中作出显著成绩和贡献的单位和个人，给予表彰和奖励。

对因参与艾滋病防治工作或者因执行公务感染艾滋病病毒，以及因此致病、丧失劳动能力或者死亡的人员，按照有关规定给予补助、抚恤。

第二章 宣传教育

第十条 地方各级人民政府和政府有关部门应当组织开展艾滋病防治以及关怀和不歧视艾滋病病毒感染者、艾滋病病人及其家属的宣传教育，提倡健康文明的生活方式，营造良好的艾滋病防治的社会环境。

第十一条 地方各级人民政府和政府有关部门应当在车站、码头、机场、公园等公共场所以及旅客列车和从事旅客运输的船舶等公共交通工具显著位置，设置固定的艾滋病防治广告牌或者张贴艾滋病防治公益广告，组织发放艾滋病防治宣传材料。

第十二条 县级以上人民政府卫生主管部门应当加强艾滋病防治的宣传教育工作，对有关部门、组织和个人开展艾滋病防治的宣传教育工作提供技术支持。

医疗卫生机构应当组织工作人员学习有关艾滋病防治的法律、法规、政策和知识；医务人员在开展艾滋病、性病等相关疾病咨询、诊断和治疗过程中，应当对就诊者进行艾滋病防治的宣传教育。

第十三条 县级以上人民政府教育主管部门应当指导、督促高等院校、中等职业学校和普通中学将艾滋病防治知识纳入有关课程，开展有关课外教育活动。

高等院校、中等职业学校和普通中学应当组织学生学习艾滋病防治知识。

第十四条 县级以上人民政府人口和计划生育主管部门应当利用计划生育宣传和技术服务网络，组织开展艾滋病防治的宣传教育。

计划生育技术服务机构向育龄人群提供计划生育技术服务和生殖健康服务时，应当开展艾滋病防治的宣传教育。

第十五条 县级以上人民政府有关部门和从事劳务中介服务的机构，应当对进城务工人员加强艾滋病防治的宣传教育。

第十六条 出入境检验检疫机构应当在出入境口岸加强艾滋病防治的宣传教育工作，对出入境人员有针对性地提供艾滋病防治咨询和指导。

第十七条 国家鼓励和支持妇女联合会、红十字会开展艾滋病防治的宣传教育，将艾滋病防治的宣传教育纳入妇女儿童工作内容，提高妇女预防艾滋病的意识和能力，组织红十字会会员和红十字会志愿者开展艾滋病防治的宣传教育。

第十八条 地方各级人民政府和政府有关部门应当采取措施，鼓励和支持有关组织和个人对有易感染艾滋病病毒危险行为的人群开展艾滋病防治的咨询、指导和宣传教育。

第十九条 广播、电视、报刊、互联网等新闻媒体应当开展艾滋病防治的公益宣传。

第二十条 机关、团体、企业事业单位、个体经济组织应当组织本单位从业人员学习有关艾滋病防治的法律、法规、政策和知识，支持本单位从业人员参与艾滋病防治的宣传教育活动。

第二十一条 县级以上地方人民政府应当在医疗卫生机构开通艾滋病防治咨询服务电话，向公众提供艾滋病防治咨询服务和指导。

第三章 预防与控制

第二十二条 国家建立健全艾滋病监测网络。

国务院卫生主管部门制定国家艾滋病监测规划和方案。省、自治区、直辖市人民政府卫生主管部门根据国家艾滋病监测规划和方案，制定本行政区域的艾滋病监测计划和工作方案，组织开展艾滋病监测和专题调查，掌握艾滋病疫情变化情况和流行趋势。

疾病预防控制机构负责对艾滋病发生、流行以及影响其发生、流行的因素开展监测活动。

出入境检验检疫机构负责对出入境人员进行艾滋病监测，并将监测结果及时向卫生主管部门报告。

第二十三条 国家实行艾滋病自愿咨询和自愿检测制度。

县级以上地方人民政府卫生主管部门指定的医疗卫生机构，应当按照国务院卫生主管部门会同国务院其他有关部门制定的艾滋病自愿咨询和检测办法，为自愿接受艾滋病咨询、检测的人员免费提供咨询和初筛检测。

第二十四条 国务院卫生主管部门会同国务院其他有关部门根据预防、控制艾滋病的需要，可以规定应当进行艾滋病检测的情形。

第二十五条 省级以上人民政府卫生主管部门根据医疗卫生机构布局和艾滋病流行情况，按照国家有关规定确定承担艾滋病检测工作的实验室。

国家出入境检验检疫机构按照国务院卫生主管部门规定的标准和规范，确定承担出入境人员艾滋病检测工作的实验室。

第二十六条 县级以上地方人民政府和政府有关部门应当依照本条例规定，根据本行政区域艾滋病的流行情况，制定措施，鼓励和支持居民委员会、村民委员会以及其他有关组织和个人推广预防艾滋病的行为干预措施，帮助有易感染艾滋病病毒危险行为的人群改变行为。

有关组织和个人对有易感染艾滋病病毒危险行

为的人群实施行为干预措施，应当符合本条例的规定以及国家艾滋病防治规划和艾滋病防治行动计划的要求。

第二十七条　县级以上人民政府应当建立艾滋病防治工作与禁毒工作的协调机制，组织有关部门落实针对吸毒人群的艾滋病防治措施。

省、自治区、直辖市人民政府卫生、公安和药品监督管理部门应当互相配合，根据本行政区域艾滋病流行和吸毒者的情况，积极稳妥地开展对吸毒成瘾者的药物维持治疗工作，并有计划地实施其他干预措施。

第二十八条　县级以上人民政府卫生、人口和计划生育、工商、药品监督管理、质量监督检验检疫、广播电影电视等部门应当组织推广使用安全套，建立和完善安全套供应网络。

第二十九条　省、自治区、直辖市人民政府确定的公共场所的经营者应当在公共场所内放置安全套或者设置安全套发售设施。

第三十条　公共场所的服务人员应当依照《公共场所卫生管理条例》的规定，定期进行相关健康检查，取得健康合格证明；经营者应当查验其健康合格证明，不得允许未取得健康合格证明的人员从事服务工作。

第三十一条　公安、司法行政机关对被依法逮捕、拘留和在监狱中执行刑罚以及被依法收容教育、强制戒毒和劳动教养的艾滋病病毒感染者和艾滋病病人，应当采取相应的防治措施，防止艾滋病传播。

对公安、司法行政机关依照前款规定采取的防治措施，县级以上地方人民政府应当给予经费保障，疾病预防控制机构应当予以技术指导和配合。

第三十二条　对卫生技术人员和在执行公务中可能感染艾滋病病毒的人员，县级以上人民政府卫生主管部门和其他有关部门应当组织开展艾滋病防治知识和专业技能的培训，有关单位应当采取有效的卫生防护措施和医疗保健措施。

第三十三条　医疗卫生机构和出入境检验检疫机构应当按照国务院卫生主管部门的规定，遵守标准防护原则，严格执行操作规程和消毒管理制度，防止发生艾滋病医院感染和医源性感染。

第三十四条　疾病预防控制机构应当按照属地管理的原则，对艾滋病病毒感染者和艾滋病病人进行医学随访。

第三十五条　血站、单采血浆站应当对采集的人体血液、血浆进行艾滋病检测；不得向医疗机构和血液制品生产单位供应未经艾滋病检测或者艾滋病检测阳性的人体血液、血浆。

血液制品生产单位应当在原料血浆投料生产前对每一份血浆进行艾滋病检测；未经艾滋病检测或者艾滋病检测阳性的血浆，不得作为原料血浆投料生产。

医疗机构应当对因应急用血而临时采集的血液进行艾滋病检测，对临床用血艾滋病检测结果进行核查；对未经艾滋病检测、核查或者艾滋病检测阳性的血液，不得采集或者使用。

第三十六条　采集或者使用人体组织、器官、细胞、骨髓等的，应当进行艾滋病检测；未经艾滋病检测或者艾滋病检测阳性的，不得采集或者使用。但是，用于艾滋病防治科研、教学的除外。

第三十七条　进口人体血液、血浆、组织、器官、细胞、骨髓等，应当经国务院卫生主管部门批准；进口人体血液制品，应当依照药品管理法的规定，经国务院药品监督管理部门批准，取得进口药品注册证书。

经国务院卫生主管部门批准进口的人体血液、血浆、组织、器官、细胞、骨髓等，应当依照国境卫生检疫法律、行政法规的有关规定，接受出入境检验检疫机构的检疫。未经检疫或者检疫不合格的，不得进口。

第三十八条　艾滋病病毒感染者和艾滋病病人应当履行下列义务：

(一)接受疾病预防控制机构或者出入境检验检疫机构的流行病学调查和指导；

(二)将感染或者发病的事实及时告知与其有性关系者；

(三)就医时，将感染或者发病的事实如实告知接诊医生；

(四)采取必要的防护措施，防止感染他人。

艾滋病病毒感染者和艾滋病病人不得以任何方式故意传播艾滋病。

第三十九条　疾病预防控制机构和出入境检验检疫机构进行艾滋病流行病学调查时，被调查单位和个人应当如实提供有关情况。

未经本人或者其监护人同意，任何单位或者个人不得公开艾滋病病毒感染者、艾滋病病人及其家属的姓名、住址、工作单位、肖像、病史资料以及其他可能推断出其具体身份的信息。

第四十条　县级以上人民政府卫生主管部门和出入境检验检疫机构可以封存有证据证明可能被艾滋病病毒污染的物品，并予以检验或者进行消毒。经检验，属于被艾滋病病毒污染的物品，应当进行卫生处理或者予以销毁；对未被艾滋病病毒污染的物品或者经消毒后可以使用的物品，应当及时解除封存。

第四章　治疗与救助

第四十一条　医疗机构应当为艾滋病病毒感染者和艾滋病病人提供艾滋病防治咨询、诊断和治疗服务。

医疗机构不得因就诊的病人是艾滋病病毒感染者或者艾滋病病人，推诿或者拒绝对其其他疾病进行治疗。

第四十二条　对确诊的艾滋病病毒感染者和艾滋病病人，医疗卫生机构的工作人员应当将其感染或者发病的事实告知本人；本人为无行为能力人或者限制行为能力人的，应当告知其监护人。

第四十三条　医疗卫生机构应当按照国务院卫生主管部门制定的预防艾滋病母婴传播技术指导方案的规定，对孕产妇提供艾滋病防治咨询和检测，对感染艾滋病病毒的孕产妇及其婴儿，提供预防艾滋病母婴传播的咨询、产前指导、阻断、治疗、产后访视、婴儿随访和检测等服务。

第四十四条　县级以上人民政府应当采取下列艾滋病防治关怀、救助措施：

(一)向农村艾滋病病人和城镇经济困难的艾滋病病人免费提供抗艾滋病病毒治疗药品；

(二)对农村和城镇经济困难的艾滋病病毒感染者、艾滋病病人适当减免抗机会性感染治疗药品的费用；

(三)向接受艾滋病咨询、检测的人员免费提供咨询和初筛检测；

(四)向感染艾滋病病毒的孕产妇免费提供预防艾滋病母婴传播的治疗和咨询。

第四十五条　生活困难的艾滋病病人遗留的孤儿和感染艾滋病病毒的未成年人接受义务教育的，应当免收杂费、书本费；接受学前教育和高中阶段教育的，应当减免学费等相关费用。

第四十六条　县级以上地方人民政府应当对生活困难并符合社会救助条件的艾滋病病毒感染者、艾滋病病人及其家属给予生活救助。

第四十七条　县级以上地方人民政府有关部门应当创造条件，扶持有劳动能力的艾滋病病毒感染者和艾滋病病人，从事力所能及的生产和工作。

第五章　保障措施

第四十八条　县级以上人民政府应当将艾滋病防治工作纳入国民经济和社会发展规划，加强和完善艾滋病预防、检测、控制、治疗和救助服务网络的建设，建立健全艾滋病防治专业队伍。

各级人民政府应当根据艾滋病防治工作需要，将艾滋病防治经费列入本级财政预算。

第四十九条　县级以上地方人民政府按照本级政府的职责，负责艾滋病预防、控制、监督工作所需经费。

国务院卫生主管部门会同国务院其他有关部门，根据艾滋病流行趋势，确定全国与艾滋病防治相关的宣传、培训、监测、检测、流行病学调查、医疗救治、应急处置以及监督检查等项目。中央财政对在艾滋病流行严重地区和贫困地区实施的艾滋病防治重大项目给予补助。

省、自治区、直辖市人民政府根据本行政区域的艾滋病防治工作需要和艾滋病流行趋势，确定与艾滋病防治相关的项目，并保障项目的实施经费。

第五十条　县级以上人民政府应当根据艾滋病防治工作需要和艾滋病流行趋势，储备抗艾滋病病毒治疗药品、检测试剂和其他物资。

第五十一条　地方各级人民政府应当制定扶持措施，对有关组织和个人开展艾滋病防治活动提供必要的资金支持和便利条件。有关组织和个人参与艾滋病防治公益事业，依法享受税收优惠。

第六章　法律责任

第五十二条　地方各级人民政府未依照本条例规定履行组织、领导、保障艾滋病防治工作职责，或者未采取艾滋病防治和救助措施的，由上级人民政府责令改正，通报批评；造成艾滋病传播、流行或者其他严重后果的，对负有责任的主管人员依法给予行政处分；构成犯罪的，依法追究刑事责任。

第五十三条　县级以上人民政府卫生主管部门违反本条例规定，有下列情形之一的，由本级人民政府或者上级人民政府卫生主管部门责令改正，通报批评；造成艾滋病传播、流行或者其他严重后果的，对负有责任的主管人员和其他直接责任人员依法给予行政处分；构成犯罪的，依法追究刑事责任：

(一)未履行艾滋病防治宣传教育职责的；

(二)对有证据证明可能被艾滋病病毒污染的物品，未采取控制措施的；

(三)其他有关失职、渎职行为。

出入境检验检疫机构有前款规定情形的，由其上级主管部门依照本条规定予以处罚。

第五十四条　县级以上人民政府有关部门未依照本条例规定履行宣传教育、预防控制职责的，由本级人民政府或者上级人民政府有关部门责令改正，通报批评；造成艾滋病传播、流行或者其他严重后果的，对负有责任的主管人员和其他直接责任人员依法给予行政处分；构成犯罪的，依法追究刑事责任。

第五十五条　医疗卫生机构未依照本条例规定履行职责，有下列情形之一的，由县级以上人民政府卫生主管部门责令限期改正，通报批评，给予警告；造成艾滋病传播、流行或者其他严重后果的，对负有责任的主管人员和其他直接责任人员依法给予降级、撤职、开除的处分，并可以依法吊销有关机构或者责任人员的执业许可证件；构成犯罪的，依法追究刑事责任：

(一)未履行艾滋病监测职责的；

(二)未按照规定免费提供咨询和初筛检测的；

(三)对临时应急采集的血液未进行艾滋病检测，

对临床用血艾滋病检测结果未进行核查，或者将艾滋病检测阳性的血液用于临床的；

(四)未遵守标准防护原则，或者未执行操作规程和消毒管理制度，发生艾滋病医院感染或者医源性感染的；

(五)未采取有效的卫生防护措施和医疗保健措施的；

(六)推诿、拒绝治疗艾滋病病毒感染者或者艾滋病病人的其他疾病，或者对艾滋病病毒感染者、艾滋病病人未提供咨询、诊断和治疗服务的；

(七)未对艾滋病病毒感染者或者艾滋病病人进行医学随访的；

(八)未按照规定对感染艾滋病病毒的孕产妇及其婴儿提供预防艾滋病母婴传播技术指导的。

出入境检验检疫机构有前款第(一)项、第(四)项、第(五)项规定情形的，由其上级主管部门依照前款规定予以处罚。

第五十六条　医疗卫生机构违反本条例第三十九条第二款规定，公开艾滋病病毒感染者、艾滋病病人或者其家属的信息的，依照传染病防治法的规定予以处罚。

出入境检验检疫机构、计划生育技术服务机构或者其他单位、个人违反本条例第三十九条第二款规定，公开艾滋病病毒感染者、艾滋病病人或者其家属的信息的，由其上级主管部门责令改正，通报批评，给予警告，对负有责任的主管人员和其他直接责任人员依法给予处分；情节严重的，由原发证部门吊销有关机构或者责任人员的执业许可证件。

第五十七条　血站、单采血浆站违反本条例规定，有下列情形之一，构成犯罪的，依法追究刑事责任；尚不构成犯罪的，由县级以上人民政府卫生主管部门依照献血法和《血液制品管理条例》的规定予以处罚；造成艾滋病传播、流行或者其他严重后果的，对负有责任的主管人员和其他直接责任人员依法给予降级、撤职、开除的处分，并可以依法吊销血站、单采血浆站的执业许可证：

(一)对采集的人体血液、血浆未进行艾滋病检测，或者发现艾滋病检测阳性的人体血液、血浆仍然采集的；

(二)将未经艾滋病检测的人体血液、血浆，或者艾滋病检测阳性的人体血液、血浆供应给医疗机构和血液制品生产单位的。

第五十八条　违反本条例第三十六条规定采集或者使用人体组织、器官、细胞、骨髓等的，由县级人民政府卫生主管部门责令改正，通报批评，给予警告；情节严重的，责令停业整顿，有执业许可证件的，由原发证部门暂扣或者吊销其执业许可证件。

第五十九条　未经国务院卫生主管部门批准进口的人体血液、血浆、组织、器官、细胞、骨髓等，进口口岸出入境检验检疫机构应当禁止入境或者监督销毁。提供、使用未经出入境检验检疫机构检疫的进口人体血液、血浆、组织、器官、细胞、骨髓等的，由县级以上人民政府卫生主管部门没收违法物品以及违法所得，并处违法物品货值金额3倍以上5倍以下的罚款；对负有责任的主管人员和其他直接责任人员由其所在单位或者上级主管部门依法给予处分。

未经国务院药品监督管理部门批准，进口血液制品的，依照药品管理法的规定予以处罚。

第六十条　血站、单采血浆站、医疗卫生机构和血液制品生产单位违反法律、行政法规的规定，造成他人感染艾滋病病毒的，应当依法承担民事赔偿责任。

第六十一条　公共场所的经营者未查验服务人员的健康合格证明或者允许未取得健康合格证明的人员从事服务工作，省、自治区、直辖市人民政府确定的公共场所的经营者未在公共场所内放置安全套或者设置安全套发售设施的，由县级以上人民政府卫生主管部门责令限期改正，给予警告，可以并处500元以上5000元以下的罚款；逾期不改正的，责令停业整顿；情节严重的，由原发证部门依法吊销其执业许可证件。

第六十二条　艾滋病病毒感染者或者艾滋病病人故意传播艾滋病的，依法承担民事赔偿责任；构成犯罪的，依法追究刑事责任。

第七章　附　则

第六十三条　本条例下列用语的含义：

艾滋病，是指人类免疫缺陷病毒(艾滋病病毒)引起的获得性免疫缺陷综合征。

对吸毒成瘾者的药物维持治疗，是指在批准开办戒毒治疗业务的医疗卫生机构中，选用合适的药物，对吸毒成瘾者进行维持治疗，以减轻对毒品的依赖，减少注射吸毒引起艾滋病病毒的感染和扩散，减少毒品成瘾引起的疾病、死亡和引发的犯罪。

标准防护原则，是指医务人员将所有病人的血液、其他体液以及被血液、其他体液污染的物品均视为具有传染性的病原物质，医务人员在接触这些物质时，必须采取防护措施。

有易感染艾滋病病毒危险行为的人群，是指有卖淫、嫖娼、多性伴、男性同性性行为、注射吸毒等危险行为的人群。

艾滋病监测，是指连续、系统地收集各类人群中艾滋病(或者艾滋病病毒感染)及其相关因素的分布资料，对这些资料综合分析，为有关部门制定预防控制策略和措施提供及时可靠的信息和依据，并对预防控制措施进行效果评价。

艾滋病检测，是指采用实验室方法对人体血液、其他体液、组织器官、血液衍生物等进行艾滋病病毒、艾滋病病毒抗体及相关免疫指标检测，包括监测、检验检疫、自愿咨询检测、临床诊断、血液及血液制品筛查工作中的艾滋病检测。

行为干预措施，是指能够有效减少艾滋病传播的各种措施，包括：针对经注射吸毒传播艾滋病的美沙酮维持治疗等措施；针对经性传播艾滋病的安全套推广使用措施，以及规范、方便的性病诊疗措施；针对母婴传播艾滋病的抗病毒药物预防和人工代乳品喂养等措施；早期发现感染者和有助于危险行为改变的自愿咨询检测措施；健康教育措施；提高个人规范意识以及减少危险行为的针对性同伴教育措施。

第六十四条　本条例自2006年3月1日起施行。1987年12月26日经国务院批准，1988年1月14日由卫生部、外交部、公安部、原国家教育委员会、国家旅游局、原中国民用航空局、国家外国专家局发布的《艾滋病监测管理的若干规定》同时废止。

国务院总理温家宝签署第458号令发布《娱乐场所管理条例》

《娱乐场所管理条例》已经2006年1月18日国务院第122次常务会议通过，现予公布，自2006年3月1日起施行。

总　理　温家宝

2006年1月29日

娱乐场所管理条例(文略)

1月30日

《人民日报》发表社论《努力构建和平稳定发展的两岸关系》

11年前，江泽民同志发表了《为促进祖国统一大业的完成而继续奋斗》的重要讲话，郑重提出现阶段发展两岸关系、推进祖国和平统一进程的八项主张，是指导对台工作的纲领性文献。

八项主张的基本内容是：坚持一个中国的原则，是实现和平统一的基础和前提；对于台湾同外国发展民间性经济文化关系不持异议，但反对以搞“两个中国”“一中一台”为目的的所谓“扩大国际空间”的活动；进行海峡两岸和平统一谈判，在一个中国的前提下什么问题都可以谈，第一步可以先就“在一个中国的原则下，正式结束两岸敌对状态”进行谈判；努力实现和平统一，中国人不打中国人；面向21世纪世界经济的发展，要大力发展两岸经济交流与合作，以利于两岸经济共同繁荣，造福整个中华民族；两岸同胞要共同继承和发扬中华文化的优秀传统；2100万台湾同胞，不论是台湾省籍还是其他省籍，都是中国人，都是骨肉同胞、手足兄弟；我们欢迎台湾当局的领导人以适当身份前来访问，我们也愿意接受台湾方面的邀请，前往台湾。

八项主张继承和发展了邓小平同志关于解决台湾问题的思想，把握了“和平统一、一国两制”基本方针的精髓，提出了一系列新思想、新论断、新政策。八项主张丰富了坚持一个中国原则的思想，发展了和平谈判的思想，赋予了两岸经济文化交流新的时代含义，深化了寄希望于台湾人民的思想，表达了海内外中华儿女希望早日完成祖国统一的共同心愿。

江泽民同志重要讲话发表11年来，中国人民坚持“和平统一、一国两制”的基本方针，全面贯彻八项主张，大力推动两岸人员往来和经济文化交流蓬勃发展；坚决维护国家主权和领土完整，对“台独”分裂活动进行了坚决斗争。八项主张作为中央对台工作大政方针的重要组成部分，指引着我们抓住机遇，克服困难，促进两岸关系发展，推动和平统一进程。在新世纪、新阶段的对台工作中，它必将继续发挥有力的指导作用，产生深远的历史影响。

需要清醒地看到，近些年来，在两岸人员往来和经济文化交流日益密切的同时，台湾局势发生了重大、复杂的变化，“台独”分裂势力的活动不断加剧，给两岸关系和平稳定发展造成了严重破坏。“台独”分裂势力及其活动日益成为两岸关系发展的最大障碍，成为对台海地区和平稳定的最大现实威胁，反对“台独”分裂势力及其活动的斗争严峻、复杂。

针对台海局势的新变化，2005年3月4日，胡锦涛同志发表了关于台湾问题和对台工作的重要讲话，提出了新形势下发展两岸关系的四点意见，强调指出：坚持一个中国原则决不动摇，争取和平统一的努力决不放弃，贯彻寄希望于台湾人民的方针决不改变，反对“台独”分裂活动决不妥协。

这四点意见着眼大局，面向未来，审时度势，理性务实。它针对当前两岸关系的突出问题、重点问题，宣示了一系列新主张、新论述，体现了党和政府对台政策的一贯性和连续性，丰富了对台工作指导原则的内涵，展现了原则性与灵活性的高度统一。它对于促进两岸关系发展，维护台海地区和平稳定，推动祖国和平统一进程，具有重大的现实意义和历史意义，是我们做好新形势下对台工作的重要指导方针。

近一年来，我们采取了一系列维护台海地区和平稳定、促进两岸关系发展的重大举措。全国人大通过《反分裂国家法》，表明了全国人民尽最大努力争取和平统一前景的最大诚意和决不容忍“台独”的坚定意志。中共中央和胡锦涛总书记邀请国民党、亲民党领导人相继率团访问大陆,取得了重要成果,引导两岸关系朝着和平稳定的方向发展。随后党和政府主动推出了一系列惠及广大台湾同胞的政策与措施,进一步密切了两岸同胞的交流、利益和感情。这些重要举措赢得了两岸同胞的广泛拥护和支持,也得到了国际舆论的高度评价。经过两岸同胞的共同努力,两岸关系中有利于遏制"台独"分裂活动的积极因素增加,两岸关系朝着和平稳定方向发展的趋势增强,两岸人员往来和经济、文化等领域的交流与合作进一步发展。同时,也应当看到,"台独"分裂势力并未停止分裂活动,台海局势紧张的根源并未消除。坚决反对和遏制"台独"分裂活动,维护台海地区和平稳定,仍然是两岸同胞当前最紧迫的任务。

在江泽民同志重要讲话发表11周年之际,我们重温八项主张,认真学习贯彻胡锦涛同志提出的新形势下发展两岸关系的四点意见,对两岸关系发展和祖国和平统一前景充满信心。我们将继续团结广大台湾同胞,进一步促进两岸人员往来和各项交流,不断拓展两岸经济交流与合作的深度与广度,促进早日实现两岸直接"三通"。我们将继续与反对"台独"、认同"九二共识"、主张发展两岸关系的台湾各党派、团体和各界人士广泛开展交流与对话,同时继续推动在一个中国原则基础上恢复两岸对话与谈判。两岸同胞团结起来,共同努力构建和平稳定发展的两岸关系,坚定地维护国家主权和领土完整,坚定地维护中华民族的根本利益,为实现祖国统一大业、为中华民族的伟大复兴共同奋斗。

中共代表张志军在希腊出席社会党国际理事会会议

1月31日

国务院印发《关于解决农民工问题的若干意见》

各省、自治区、直辖市人民政府,国务院各部委、各直属机构:

农民工是我国改革开放和工业化、城镇化进程中涌现的一支新型劳动大军。他们户籍仍在农村,主要从事非农产业,有的在农闲季节外出务工、亦工亦农,流动性强,有的长期在城市就业,已成为产业工人的重要组成部分。大量农民进城务工或在乡镇企业就业,对我国现代化建设作出了重大贡献。为统筹城乡发展,保障农民工合法权益,改善农民工就业环境,引导农村富余劳动力合理有序转移,推动全面建设小康社会进程,提出如下意见:

一、充分认识解决好农民工问题的重大意义

(一)农民工问题事关我国经济和社会发展全局。农民工分布在国民经济各个行业,在加工制造业、建筑业、采掘业及环卫、家政、餐饮等服务业中已占从业人员半数以上,是推动我国经济社会发展的重要力量。农民外出务工,为城市创造了财富,为农村增加了收入,为城乡发展注入了活力,成为工业带动农业、城市带动农村、发达地区带动落后地区的有效形式,同时促进了市场导向、自主择业、竞争就业机制的形成,为改变城乡二元结构、解决"三农"问题闯出了一条新路。返乡创业的农民工,带回资金、技术和市场经济观念,直接促进社会主义新农村建设。进一步做好农民工工作,对于改革发展稳定的全局和顺利推进工业化、城镇化、现代化都具有重大意义。

(二)维护农民工权益是需要解决的突出问题。近年来,党中央、国务院高度重视农民工问题,制定了一系列保障农民工权益和改善农民工就业环境的政策措施,各地区、各部门做了大量工作,取得了明显成效。但农民工面临的问题仍然十分突出。主要是:工资偏低,被拖欠现象严重;劳动时间长,安全条件差;缺乏社会保障,职业病和工伤事故多;培训就业、子女上学、生活居住等方面也存在诸多困难,经济、政治、文化权益得不到有效保障。这些问题引发了不少社会矛盾和纠纷。解决好这些问题,直接关系到维护社会公平正义,保持社会和谐稳定。

(三)解决农民工问题是建设中国特色社会主义的战略任务。农业劳动力向非农产业和城镇转移,是世界各国工业化、城镇化的普遍趋势,也是农业现代化的必然要求。我国农村劳动力数量众多,在工业化、城镇化加快发展的阶段,越来越多的富余劳动力将逐渐转移出来,大量农民工在城乡之间流动就业的现象在我国将长期存在。必须从我国国情出发,顺应工业化、城镇化的客观规律,引导农村富余劳动力向非农产业和城镇有序转移。我们要站在建设中国特色社会主义事业全局和战略的高度,充分认识解决好农民工问题的重要性、紧迫性和长期性。

二、做好农民工工作的指导思想和基本原则

(四)指导思想。以邓小平理论和"三个代表"重要思想为指导,按照落实科学发展观和构建社会主义和谐社会的要求,坚持解放思想,实事求是,与时俱进;坚持从我国国情出发,统筹城乡发展;坚持以人为本,认真解决涉及农民工利益的问题。着力完善政策和管理,推进体制改革和制度创新,逐步建立城乡统一的劳动力市场和公平竞争的就业制度,建立保障农民工合法权益的政策体系和执法监督机制,建立惠及农民工的城乡公共服务体制和制度,拓宽农村劳动力转移就业渠道,保护和调动农民工的积极性,促进城乡经济繁荣和社会全面进步,推动社会主义新农村建设和中国特色的工业化、城镇化、现代化健康发展。

（五）基本原则。

——公平对待，一视同仁。尊重和维护农民工的合法权益，消除对农民进城务工的歧视性规定和体制性障碍，使他们和城市职工享有同等的权利和义务。

——强化服务，完善管理。转变政府职能，加强和改善对农民工的公共服务和社会管理，发挥企业、社区和中介组织作用，为农民工生活与劳动创造良好环境和有利条件。

——统筹规划，合理引导。实行农村劳动力异地转移与就地转移相结合。既要积极引导农民进城务工，又要大力发展乡镇企业和县域经济，扩大农村劳动力在当地转移就业。

——因地制宜，分类指导。输出地和输入地都要有针对性地解决农民工面临的各种问题。鼓励各地区从实际出发，探索保护农民工权益、促进农村富余劳动力有序流动的办法。

——立足当前，着眼长远。既要抓紧解决农民工面临的突出问题，又要依靠改革和发展，逐步解决深层次问题，形成从根本上保障农民工权益的体制和制度。

三、抓紧解决农民工工资偏低和拖欠问题

（六）建立农民工工资支付保障制度。严格规范用人单位工资支付行为，确保农民工工资按时足额发放给本人，做到工资发放月清月结或按劳动合同约定执行。建立工资支付监控制度和工资保证金制度，从根本上解决拖欠、克扣农民工工资问题。劳动保障部门要重点监控农民工集中的用人单位工资发放情况。对发生过拖欠工资的用人单位，强制在开户银行按期预存工资保证金，实行专户管理。切实解决政府投资项目拖欠工程款问题。所有建设单位都要按照合同约定及时拨付工程款项，建设资金不落实的，有关部门不得发放施工许可证，不得批准开工报告。对重点监控的建筑施工企业实行工资保证金制度。加大对拖欠农民工工资用人单位的处罚力度，对恶意拖欠、情节严重的，可依法责令停业整顿、降低或取消资质，直至吊销营业执照，并对有关人员依法予以制裁。各地方、各单位都要继续加大工资清欠力度，并确保不发生新的拖欠。

（七）合理确定和提高农民工工资水平。规范农民工工资管理，切实改变农民工工资偏低、同工不同酬的状况。各地要严格执行最低工资制度，合理确定并适时调整最低工资标准，制定和推行小时最低工资标准。制定相关岗位劳动定额的行业参考标准。用人单位不得以实行计件工资为由拒绝执行最低工资制度，不得利用提高劳动定额变相降低工资水平。严格执行国家关于职工休息休假的规定，延长工时和休息日、法定假日工作的，要依法支付加班工资。农民工和其他职工要实行同工同酬。国务院有关部门要加强对地方制定、调整和执行最低工资标准的指导监督。各地要科学确定工资指导线，建立企业工资集体协商制度，促进农民工工资合理增长。

四、依法规范农民工劳动管理

（八）严格执行劳动合同制度。所有用人单位招用农民工都必须依法订立并履行劳动合同，建立权责明确的劳动关系。严格执行国家关于劳动合同试用期的规定，不得滥用试用期侵犯农民工权益。劳动保障部门要制定和推行规范的劳动合同文本，加强对用人单位订立和履行劳动合同的指导和监督。任何单位都不得违反劳动合同约定损害农民工权益。

（九）依法保障农民工职业安全卫生权益。各地要严格执行国家职业安全和劳动保护规程及标准。企业必须按规定配备安全生产和职业病防护设施。强化用人单位职业安全卫生的主体责任，要向新招用的农民工告知劳动安全、职业危害事项，发放符合要求的劳动防护用品，对从事可能产生职业危害作业的人员定期进行健康检查。加强农民工职业安全、劳动保护教育，增强农民工自我保护能力。从事高危行业和特种作业的农民工要经专门培训、持证上岗。有关部门要切实履行职业安全和劳动保护监管职责。发生重大职业安全事故，除惩处直接责任人和企业负责人外，还要追究政府和有关部门领导的责任。

（十）切实保护女工和未成年工权益，严格禁止使用童工。用人单位要依法保护女工的特殊权益，不得以性别为由拒绝录用女工或提高女工录用标准，不得安排女工从事禁忌劳动范围工作，不得在女工孕期、产期、哺乳期降低其基本工资或单方面解除劳动合同。招用未成年工的用人单位，应当在工种、劳动时间、劳动强度和保护措施等方面严格执行国家有关规定。对介绍和使用童工的违法行为要从严惩处。

五、搞好农民工就业服务和培训

（十一）逐步实行城乡平等的就业制度。统筹城乡就业，改革城乡分割的就业管理体制，建立城乡统一、平等竞争的劳动力市场，逐步形成市场经济条件下促进农村富余劳动力转移就业的机制，为城乡劳动者提供平等的就业机会和服务。各地区、各部门要进一步清理和取消各种针对农民工进城就业的歧视性规定和不合理限制，清理对企业使用农民工的行政审批和行政收费，不得以解决城镇劳动力就业为由清退和排斥农民工。

（十二）进一步做好农民转移就业服务工作。各级人民政府要把促进农村富余劳动力转移就业作为重要任务。要建立健全县乡公共就业服务网络，为农民转

移就业提供服务。城市公共职业介绍机构要向农民工开放,免费提供政策咨询、就业信息、就业指导和职业介绍。输出地和输入地要加强协作,开展有组织的就业、创业培训和劳务输出。鼓励发展各类就业服务组织,加强就业服务市场监管。依法规范职业中介、劳务派遣和企业招用工行为。严厉打击以职业介绍或以招工为名坑害农民工的违法犯罪活动。

(十三)加强农民工职业技能培训。各地要适应工业化、城镇化和农村劳动力转移就业的需要,大力开展农民工职业技能培训和引导性培训,提高农民转移就业能力和外出适应能力。扩大农村劳动力转移培训规模,提高培训质量。继续实施好农村劳动力转移培训阳光工程。完善农民工培训补贴办法,对参加培训的农民工给予适当培训费补贴。推广"培训券"等直接补贴的做法。充分利用广播电视和远程教育等现代手段,向农民传授外出就业基本知识。重视抓好贫困地区农村劳动力转移培训工作。支持用人单位建立稳定的劳务培训基地,发展订单式培训。输入地要把提高农民工岗位技能纳入当地职业培训计划。要研究制定鼓励农民工参加职业技能鉴定、获取国家职业资格证书的政策。

(十四)落实农民工培训责任。完善并认真落实全国农民工培训规划。劳动保障、农业、教育、科技、建设、财政、扶贫等部门要按照各自职能,切实做好农民工培训工作。强化用人单位对农民工的岗位培训责任,对不履行培训义务的用人单位,应按国家规定强制提取职工教育培训费,用于政府组织的培训。充分发挥各类教育、培训机构和工青妇组织的作用,多渠道、多层次、多形式开展农民工职业培训。建立由政府、用人单位和个人共同负担的农民工培训投入机制,中央和地方各级财政要加大支持力度。

(十五)大力发展面向农村的职业教育。农村初、高中毕业生是我国产业工人的后备军,要把提高他们的职业技能作为职业教育的重要任务。支持各类职业技术院校扩大农村招生规模,鼓励农村初、高中毕业生接受正规职业技术教育。通过设立助学金、发放助学贷款等方式,帮助家庭困难学生完成学业。加强县级职业教育中心建设。有条件的普通中学可开设职业教育课程。加强农村职业教育师资、教材和实训基地建设。

六、积极稳妥地解决农民工社会保障问题

(十六)高度重视农民工社会保障工作。根据农民工最紧迫的社会保障需求,坚持分类指导、稳步推进,优先解决工伤保险和大病医疗保障问题,逐步解决养老保障问题。农民工的社会保障,要适应流动性大的特点,保险关系和待遇能够转移接续,使农民工在流动就业中的社会保障权益不受损害;要兼顾农民工工资收入偏低的实际情况,实行低标准进入、渐进式过渡,调动用人单位和农民工参保的积极性。

(十七)依法将农民工纳入工伤保险范围。各地要认真贯彻落实《工伤保险条例》。所有用人单位必须及时为农民工办理参加工伤保险手续,并按时足额缴纳工伤保险费。在农民工发生工伤后,要做好工伤认定、劳动能力鉴定和工伤待遇支付工作。未参加工伤保险的农民工发生工伤,由用人单位按照工伤保险规定的标准支付费用。当前,要加快推进农民工较为集中、工伤风险程度较高的建筑行业、煤炭等采掘行业参加工伤保险。建筑施工企业同时应为从事特定高风险作业的职工办理意外伤害保险。

(十八)抓紧解决农民工大病医疗保障问题。各统筹地区要采取建立大病医疗保险统筹基金的办法,重点解决农民工进城务工期间的住院医疗保障问题。根据当地实际合理确定缴费率,主要由用人单位缴费。完善医疗保险结算办法,为患大病后自愿回原籍治疗的参保农民工提供医疗结算服务。有条件的地方,可直接将稳定就业的农民工纳入城镇职工基本医疗保险。农民工也可自愿参加原籍的新型农村合作医疗。

(十九)探索适合农民工特点的养老保险办法。抓紧研究低费率、广覆盖、可转移,并能够与现行的养老保险制度衔接的农民工养老保险办法。有条件的地方,可直接将稳定就业的农民工纳入城镇职工基本养老保险。已经参加城镇职工基本养老保险的农民工,用人单位要继续为其缴费。劳动保障部门要抓紧制定农民工养老保险关系异地转移与接续的办法。

七、切实为农民工提供相关公共服务

(二十)把农民工纳入城市公共服务体系。输入地政府要转变思想观念和管理方式,对农民工实行属地管理。要在编制城市发展规划、制定公共政策、建设公用设施等方面,统筹考虑长期在城市就业、生活和居住的农民工对公共服务的需要,提高城市综合承载能力。要增加公共财政支出,逐步健全覆盖农民工的城市公共服务体系。

(二十一)保障农民工子女平等接受义务教育。输入地政府要承担起农民工同住子女义务教育的责任,将农民工子女义务教育纳入当地教育发展规划,列入教育经费预算,以全日制公办中小学为主接收农民工子女入学,并按照实际在校人数拨付学校公用经费。城市公办学校对农民工子女接受义务教育要与当地学生在收费、管理等方面同等对待,不得违反国家规定向农民工子女加收借读费及其他任何费用。输入地政府对委托承担农民工子女义务教育的民办学校,要在办学经费、师资培训等方面给予支持和指导,提高办学质

量。输出地政府要解决好农民工托留在农村子女的教育问题。

(二十二)加强农民工疾病预防控制和适龄儿童免疫工作。输入地要加强农民工疾病预防控制工作,强化对农民工健康教育和聚居地的疾病监测,落实国家关于特定传染病的免费治疗政策。要把农民工子女纳入当地免疫规划,采取有效措施提高国家免疫规划疫苗的接种率。

(二十三)进一步搞好农民工计划生育管理和服务。实行以输入地为主、输出地和输入地协调配合的管理服务体制。输入地政府要把农民工计划生育管理和服务经费纳入地方财政预算,提供国家规定的计划生育、生殖健康等免费服务项目和药具。用人单位要依法履行农民工计划生育相关管理服务责任。输出地要做好农民工计划生育宣传、教育和技术服务工作,免费发放《流动人口婚育证明》,及时向输入地提供农民工婚育信息。加强全国流动人口计划生育信息交换平台建设。

(二十四)多渠道改善农民工居住条件。有关部门要加强监管,保证农民工居住场所符合基本的卫生和安全条件。招用农民工数量较多的企业,在符合规划的前提下,可在依法取得的企业用地范围内建设农民工集体宿舍。农民工集中的开发区和工业园区,可建设统一管理、供企业租用的员工宿舍,集约利用土地。加强对城乡接合部农民工聚居地区的规划、建设和管理,提高公共基础设施保障能力。各地要把长期在城市就业与生活的农民工居住问题,纳入城市住宅建设发展规划。有条件的地方,城镇单位聘用农民工,用人单位和个人可缴存住房公积金,用于农民工购买或租赁自住住房。

八、健全维护农民工权益的保障机制

(二十五)保障农民工依法享有的民主政治权利。招用农民工的单位,职工代表大会要有农民工代表,保障农民工参与企业民主管理权利。农民工户籍所在地的村民委员会,在组织换届选举或决定涉及农民工权益的重大事务时,应及时通知农民工,并通过适当方式行使民主权利。有关部门和单位在评定技术职称、晋升职务、评选劳动模范和先进工作者等方面,要将农民工与城镇职工同等看待。依法保障农民工人身自由和人格尊严,严禁打骂、侮辱农民工的非法行为。

(二十六)深化户籍管理制度改革。逐步地、有条件地解决长期在城市就业和居住农民工的户籍问题。中小城市和小城镇要适当放宽农民工落户条件;大城市要积极稳妥地解决符合条件的农民工户籍问题,对农民工中的劳动模范、先进工作者和高级技工、技师以及其他有突出贡献者,应优先准予落户。具体落户条件,由各地根据城市规划和实际情况自行制定。改进农民工居住登记管理办法。

(二十七)保护农民工土地承包权益。土地不仅是农民的生产资料,也是他们的生活保障。要坚持农村基本经营制度,稳定和完善农村土地承包关系,保障农民工土地承包权益。不得以农民进城务工为由收回承包地,纠正违法收回农民工承包地的行为。农民外出务工期间,所承包土地无力耕种的,可委托代耕或通过转包、出租、转让等形式流转土地经营权,但不能撂荒。农民工土地承包经营权流转,要坚持依法、自愿、有偿的原则,任何组织和个人不得强制或限制,也不得截留、扣缴或以其他方式侵占土地流转收益。

(二十八)加大维护农民工权益的执法力度。强化劳动保障监察执法,加强劳动保障监察队伍建设,完善日常巡视检查制度和责任制度,依法严厉查处用人单位侵犯农民工权益的违法行为。健全农民工维权举报投诉制度,有关部门要认真受理农民工举报投诉并及时调查处理。加强和改进劳动争议调解、仲裁工作。对农民工申诉的劳动争议案件,要简化程序、加快审理,涉及劳动报酬、工伤待遇的要优先审理。起草、制定和完善维护农民工权益的法律法规。

(二十九)做好对农民工的法律服务和法律援助工作。要把农民工列为法律援助的重点对象。对农民工申请法律援助,要简化程序,快速办理。对申请支付劳动报酬和工伤赔偿法律援助的,不再审查其经济困难条件。有关行政机关和行业协会应引导法律服务机构和从业人员积极参与涉及农民工的诉讼活动、非诉讼协调及调解活动。鼓励和支持律师和相关法律从业人员接受农民工委托,并对经济确有困难而又达不到法律援助条件的农民工适当减少或免除律师费。政府要根据实际情况安排一定的法律援助资金,为农民工获得法律援助提供必要的经费支持。

(三十)强化工会维护农民工权益的作用。用人单位要依法保障农民工参加工会的权利。各级工会要以劳动合同、劳动工资、劳动条件和职业安全卫生为重点,督促用人单位履行法律法规规定的义务,维护农民工合法权益。充分发挥工会劳动保护监督检查的作用,完善群众性劳动保护监督检查制度,加强对安全生产的群众监督。同时,充分发挥共青团、妇联组织在农民工维权工作中的作用。

九、促进农村劳动力就地就近转移就业

(三十一)大力发展乡镇企业和县域经济,扩大当地转移就业容量。这是农民转移就业的重要途径。各地要依据国家产业政策,积极发展就业容量大的劳动密集型产业和服务业,发展农村二、三产业和特色经济,发展农业产业化经营和农产品加工业;落实发展乡镇企业和非公有制经济的政策措施,吸纳更多的农村富余劳动力在当地转移就业。有关部门要抓紧研究制定扶持县域经济发展的相关政策,增强县域经济活力。

(三十二)引导相关产业向中西部转移,增加农民在当地就业机会。积极引导东部相关产业向中西部转移,有利于促进农村劳动力就地就近转移就业,也有利于形成东中西良性互动、共同发展的格局。要在产业政策上鼓励大中城市、沿海发达地区的劳动密集型产业和资源加工型企业向中西部地区转移。中西部地区要在有利于节约资源和保护环境的前提下,主动承接产业转移,为当地农村劳动力转移就业创造良好环境。

(三十三)大力开展农村基础设施建设,促进农民就业和增收。按照建设社会主义新农村的要求,统筹规划城乡公共设施建设。各级人民政府要切实调整投资结构,把对基础设施建设投入的重点转向农村,改善农村生产生活条件,带动农村经济发展和繁荣。加快形成政府支持引导、社会资金参与、农民劳动积累相结合的农村建设投入机制。农村基础设施建设要重视利用当地原材料和劳动力,注重建设能够增加农民就业机会和促进农民直接增收的中小型项目。

(三十四)积极稳妥地发展小城镇,提高产业集聚和人口吸纳能力。按照循序渐进、节约用地、集约发展、合理布局的原则,搞好小城镇规划和建设。加大对小城镇建设的支持力度,完善公共设施。继续实施小城镇经济综合开发示范项目。发展小城镇经济,引导乡镇企业向小城镇集中。采取优惠政策,鼓励、吸引外出务工农民回到小城镇创业和居住。

十、加强和改进对农民工工作的领导

(三十五)切实把解决农民工问题摆在重要位置。解决好涉及农民工利益的问题,是各级人民政府的重要职责。各级人民政府要切实把妥善解决农民工问题作为一项重要任务,把统筹城乡就业和促进农村劳动力转移纳入国民经济和社会发展中长期规划和年度计划。做好农民工工作的主要责任在地方,各地都要制定明确的工作目标、任务和措施,并认真落实。地方各级人民政府要建立农民工管理和服务工作的经费保障机制,将涉及农民工的劳动就业、计划生育、子女教育、治安管理等有关经费,纳入正常的财政预算支出范围。

(三十六)完善农民工工作协调机制。国务院建立农民工工作联席会议制度,统筹协调和指导全国农民工工作。联席会议由国务院有关部门和工会、共青团、妇联等有关群众团体组成,联席会议办公室设在劳动保障部。各有关部门要各司其职、分工负责,检查督促对农民工的各项政策的落实。地方人民政府也应建立相应的协调机制,切实加强对农民工工作的组织领导。输出地和输入地的基层组织要加强协调沟通,共同做好农民工的教育、引导和管理工作。

(三十七)引导农民工全面提高自身素质。农民工是我国产业大军中的一支重要力量。农民工的政治思想、科学文化和生产技能水平,直接关系到我国产业素质、竞争力和现代化水平,必须把全面提高农民工素质放在重要地位。要引导和组织农民工自觉接受就业和创业培训,接受职业技术教育,提高科学技术文化水平,提高就业、创业能力。要在农民工中开展普法宣传教育,引导他们增强法制观念,知法守法,学会利用法律、通过合法渠道维护自身权益。开展职业道德和社会公德教育,引导他们爱岗敬业、诚实守信,遵守职业行为准则和社会公共道德。开展精神文明创建活动,引导农民工遵守交通规则、爱护公共环境、讲究文明礼貌,培养科学文明健康的生活方式。进城就业的农民工要努力适应城市工作、生活的新要求,遵守城市公共秩序和管理规定,履行应尽义务。

(三十八)发挥社区管理服务的重要作用。要建设开放型、多功能的城市社区,构建以社区为依托的农民工服务和管理平台。鼓励农民工参与社区自治,增强作为社区成员的意识,提高自我管理、自我教育和自我服务能力。发挥社区的社会融合功能,促进农民工融入城市生活,与城市居民和谐相处。完善社区公共服务和文化设施,城市公共文化设施要向农民工开放,有条件的企业要设立农民工活动场所,开展多种形式的业余文化活动,丰富农民工的精神生活。

(三十九)加强和改进农民工统计管理工作。充分利用和整合统计、公安、人口计生等部门的资源,推进农民工信息网络建设,实现信息共享,为加强农民工管理和服务提供准确、及时的信息。输入地和输出地要搞好农民工统计信息交流和工作衔接。

(四十)在全社会形成关心农民工的良好氛围。社会各方面都要树立理解、尊重、保护农民工的意识,开展多种形式的关心帮助农民工的公益活动。新闻单位要大力宣传党和国家关于农民工的方针政策,宣传农民工在改革开放和现代化建设中的突出贡献和先进典型,加强对保障农民工权益情况的舆论监督。对优秀农民工要给予表彰奖励。总结、推广各地和用人单位关心、善待农民工的好做法、好经验,提高对农民工的服务和管理水平。

各地区、各部门要认真贯彻国家关于解决农民工问题的各项法律法规和政策规定,按照本文件的要求,结合实际抓紧制定和完善配套措施及具体办法,积极研究解决工作中遇到的新问题,确保涉及农民工的各项政策措施落到实处。

国务院

2006年1月31日

中央财政8年安排少数民族发展资金逾30亿元

据新华社报道：1998年至2005年的8年间，中央财政累计安排少数民族发展专项资金30.2亿元。在增加投入的同时，加大了对少数民族扶贫重点工作的支持力度。

外交部部长李肇星在伦敦分别会见伊朗外长马努切赫尔·穆塔基和联合国秘书长安南

香港一旅行团在埃及南部遭遇车祸40多人伤亡

当地时间1月31日早上7点左右，在埃及南部红海旅游城市胡尔加达到卢克索之间的公路上，中国香港一旅行团乘坐的旅游巴士在这段路一转弯处因车速过快而翻车，造成14人死亡，约30人受伤。

2月1日

党和国家领导人胡锦涛 温家宝 曾庆红等指示有关部门全力协助救治在埃及遭遇车祸的香港同胞

1月31日，香港一旅游团在埃及东南部不幸遭遇车祸，造成严重人员伤亡。国家主席胡锦涛、国务院总理温家宝、国家副主席曾庆红得悉此事后，立即作出重要指示，要求外交部等有关部门与埃方密切配合，全力协助香港特别行政区政府做好救助工作，采取一切措施抢救受伤香港同胞，妥善处理善后事宜，并请香港特别行政区政府转达中央政府对遇难者亲属和受伤人员的诚挚慰问。

据商务部监测"黄金周"前4天社会消费品零售总额约千亿元

据商务部监测，今年春节"黄金周"前4天，全国实现社会消费品零售总额约1000亿元，比去年春节同期增长15%。其中，餐饮业增长25%左右。

一批法规和部门规章今日起正式实施

这些法规和部门规章包括《注册税务师管理暂行办法》《国务院关于修改〈中华人民共和国统计法实施细则〉的决定》《国家食品药品监督管理局听证规则(试行)》《天津市电磁辐射环境保护管理办法》《安徽省预防未成年人犯罪条例》《浙江省旅馆业治安管理办法实施细则》等。

中国湿地保护工程正式启动

据《人民日报》报道：从国家林业局处获悉，全国湿地保护工程日前正式启动实施。国务院近期批准的《全国湿地保护工程实施规划(2005—2010年)》提出，5年内计划投资90亿元，优先启动四大重点建设工程，通过加大湿地自然保护区建设和管理，使我国50%的自然湿地、70%的重要湿地得到有效保护，基本形成自然湿地保护网络体系。

2月2日

中共中央政治局常委吴官正在天津考察

2月2日至4日，中共中央政治局常委、中央纪委书记吴官正在天津考察工作。他强调，要坚持以邓小平理论和"三个代表"重要思想为指导，全面落实科学发展观，进一步改进干部作风，切实维护群众利益。

吴官正听取了天津市委、市政府的工作汇报，对他们的工作给予充分肯定。他指出，胡锦涛同志在中央纪委第六次全会上发表的重要讲话，明确提出要学习贯彻党章，深入推进党的建设特别是党风廉政建设。我们要认真领会，切实抓好落实。民生是执政之要。我们想问题作决策都要立足于实现、维护和发展好最广大人民的根本利益，既要重视群众长远和整体的利益，又要切实维护群众当前和具体的利益。要按照为民、务实、清廉的要求，加强对党员干部特别是领导干部的群众观、权力观教育，切实增强责任意识、服务意识和效率意识，努力解决群众最关心、最直接、最现实的利益问题。要把改进作风体现到为群众办实事上，全面加强政风行风建设、深入开展专项治理，切实解决教育医疗收费、企业重组改制、安全生产等方面存在的损害群众利益的突出问题。要充分发挥人民群众在端正干部作风、纠正不正之风方面的积极作用，深化政务、厂务、村务公开，逐步推进党务公开，切实保障广大党员群众的知情权、参与权、监督权。要深化改革，创新体制，健全和完善维护群众利益的制度体系，从源头上解决损害群众利益的问题。

中央纪委副书记刘峰岩等有关负责同志陪同考察。

外交部部长李肇星在伯尔尼会见瑞士联邦主席洛伊恩贝格尔

我国在校及毕业博士硕士超过200万人成为研究生教育大国

据《人民日报》报道：从日前结束的国务院学位委员会第二十二次会议上获悉：截至去年年底，全国已有343个单位可以授予博士学位，其中普通高校238所；777个单位可以授予硕士学位，其中普通高校461所。目前已有100多万名博士生、硕士生毕业，在校博士生、硕士生人数超过100万。这一现状表明，我国高素质人才培养已经进入一个相对稳定的发展时期，我国已成为名副其实的研究生教育大国。

香港旅行团在埃及遇难人员身份确认

香港捷旅假期旅行社2日在香港证实，1月31日在埃及车祸中死亡的香港旅行团14名成员，分别为7男、7女，其中有一名为年仅11岁的男孩。香港捷旅假期旅行社营运部总监周永强在下午举行的记者会上说，目前14名遇难团员的身份均已核实，旅行社会通知死者家属。现在仍有5名重伤者在埃及首都开罗的医院救治，目前情况稳定；另有4名伤者仍在胡尔加达医院留医；还有3名伤者已于1日被送往法国巴黎救治，旅行社方面已经安排人员和翻译在巴黎陪同他们，并接待相关亲属。有17名在车祸中受伤的团员现已出院，但他们中有人仍需进行一定的治疗。

2月3日

中共中央政治局常委曾庆红在湖南农村考察

2月3日至6日，曾庆红在湖南省省委书记张春贤、省长周伯华等陪同下，在湖南农村考察工作。曾庆红在深入调查了解农村先进性教育活动进展情况的基础上，在长沙县召开了有省、市、县领导和基层干部参加的座谈会，就切实搞好农村先进性教育活动发表了重要意见。

曾庆红说，十六大以来，我们党连续发了三个关于“三农”问题的中央一号文件，使农业在宏观调控中得到加强，农村在城乡统筹中得到发展，农民在增收减负中得到实惠。十六届五中全会进一步提出，要推进社会主义新农村建设，这是中央从全局出发作出的重要决策，是“三个代表”重要思想在我国现阶段农村经济社会发展中的重要体现，是树立和落实科学发展观、构建社会主义和谐社会的题中应有之义，真正代表了亿万农民群众的根本利益。我们必须用党的先进性建设来促进社会主义新农村建设，用新农村建设的实践来检验党的先进性建设的成效。

曾庆红指出，落实先进性教育活动关于“提高党员素质”的要求，在农村主要是进一步提高农村广大党员和基层干部的素质和能力，提高建设社会主义新农村的本领。要在这次先进性教育活动中，教育和引导广大农村党员和基层干部，努力增强建设社会主义新农村所要求的四个方面的本领，包括提高科学发展、致富群众的本领，提高执行政策、依法办事的本领，提高化解矛盾、促进和谐的本领，提高艰苦奋斗、务实创新的本领，使他们在带头致富、带领群众共同致富中体现先进性，在科学发展、又快又好地发展中体现先进性，在建设社会主义新农村、促进乡村繁荣和谐稳定中体现先进性。

曾庆红强调，落实先进性教育活动关于“加强基层组织”的要求，在农村主要是把基层党组织建设成为推进社会主义新农村建设的坚强战斗堡垒。建设社会主义新农村，要有好的带头人。既要注意发现和培养具有带头致富能力和带领群众致富能力的“双带型”党员，更要注意培养选拔政治素质强、发展能力强的“双强型”干部。特别是要真正把那些政治上靠得住、工作上有本事、作风上过得硬、人民群众信得过的人，把那些想干事、会干事、干成事而又能共事、不出事的人，选进基层党组织班子中来，尤其要选好配强村党支部书记。

曾庆红提出，在农村基层落实先进性教育活动关于“服务人民群众、促进各项工作”的要求，就要通过建设社会主义新农村的实践更好地服务群众、造福群众。特别是要立足当前，着眼长远，在深入调查研究的基础上，制定好新农村建设的总体规划。制定规划要坚持因地制宜，体现分类指导，做到切合本地实际，符合农民意愿。要把解决好农民群众最关心、最直接、最现实的问题，作为建设社会主义新农村的突破口和切入点。要紧紧围绕社会主义新农村建设这个主题，把体现共产党员先进性的实事进一步干起来，把农村基层党组织的先进性形象进一步树立起来。

香港特别行政区政府任命高层官员

根据任命，特别行政区政府教育统筹局副秘书长邱腾华将出任新闻处处长；财经事务及库务局副秘书长谢曼怡将出任行政署长；效率促进组专员柏志高将出任香港驻布鲁塞尔欧洲共同体特派代表；前保安局副秘书长祝彭婉仪将出任香港驻东京经济贸易首席代表。

外交部部长李肇星在维也纳分别会见奥地利总统海因茨·菲舍尔和总理沃尔夫冈·许塞尔

外交部部长李肇星在维也纳与欧盟轮值主席国奥地利外长普拉斯尼克等举行会晤

中国驻澳大利亚使馆举行2006年春节开放日

2000多名嘉宾兴高采烈应邀而来，隆重庆祝中国狗年新春。澳大利亚移民和多元文化部部长范斯顿带来热情洋溢的新春祝贺。她亲切地用汉语说：“今天是狗年春节大联欢。我祝大家‘万事如意！狗年旺旺！’”活动中，红樱束女子打击乐团、中国杂技团、中国空政歌舞团、北京史家小学舞蹈团、非凡女子乐队等演艺人员进行了精彩演出，使在场的2000多名来宾为博大精深的中国文化而倾倒。

中国选手吴鹏在2005—2006世界杯短池游泳系列赛纽约站的比赛中夺得男子200米蝶泳金牌

2月4日

国家主席胡锦涛就埃及客轮失事导致重大人员伤亡分别向埃及总统穆巴拉克及沙特国王阿卜杜拉致慰问电

国家主席胡锦涛4日就埃及“萨拉姆98”号客轮失事导致埃及、沙特等国上千人伤亡，分别致电埃及总统穆巴拉克、沙特国王阿卜杜拉，代表中国政府和人民，并以个人名义向穆巴拉克总统、阿卜杜拉国王，向埃及、沙特政府及人民、遇难者亲属和幸存者表示最诚挚的慰问，对不幸遇难者表示最深切的哀悼。

交通部发出紧急通知要求全国水上系统加强水上交通安全

春节"黄金周"即将结束，农村务工人员外出和学生返校客流高峰随之来临。通知要求各地区、各单位务必要高度重视水上交通安全工作，确保广大人民群众出行安全。各单位要进一步落实安全责任制。各航运公司要坚决不超风级开航；确保车辆舱随时处于监控范围；港口企业要杜绝装载危险品的车辆和"三超"车辆上船；客运部门要确保船舶不超载运输旅客。要切实加强监督检查工作。专业救助部门要做好值班待命工作。

在埃及遇车祸香港旅游团部分受伤团员返港

在埃及遇车祸的香港旅行团第一批9名受伤团员2月4日下午返回香港。香港特别行政区政府表示，将协助受伤团员疗伤，妥善处理遇难团员后事，帮受车祸影响的家庭渡过难关。

2月5日

中共中央政治局常委李长春在上海考察

2月5日至8日，李长春在上海市有关领导陪同下，深入企业、社区、学校、高科技园区、宣传文化单位和青少年活动场所，就推进青少年思想道德建设、深化文化体制改革等进行调研，对上海改革开放和现代化建设取得的成就给予充分肯定。

李长春十分关心上海大学生思想政治教育和未成年人思想道德建设。在上海交通大学，他听取了上海市大学生思想政治教育情况的介绍，与思想政治理论课教师和优秀辅导员代表座谈，勉励他们增强光荣感、使命感、责任感，不断创新大学生思想政治工作。他指出，要高度重视高校思想政治理论课和经常性思想政治教育工作这两个关键环节，加强思想政治理论课教师和学生辅导员队伍建设，努力拓展课堂教学和日常思想政治教育工作的新途径。在上海市科技馆、东方绿舟青少年校外活动营地、普陀区曹杨街道社区、东方社区信息苑，李长春实地察看了青少年校外活动场所建设情况。他强调，要高度重视社区在未成年人思想道德建设中的重要作用，以社区为平台，努力构建学校、家庭、社会"三结合"的教育网络。要把社区青少年活动场所作为公益性文化事业的重要部分，加大投入，改善服务，为广大青少年提供健康向上的公益性服务。要加强社区公益性网吧建设，推进营业性网吧连锁经营，创新体制机制，加强行业监管，为未成年人健康成长创造良好文化环境。

在上海文广集团、上海大剧院、文化创意产业集聚区等地，李长春详细了解文化体制改革进展情况。他指出，要认真学习领会、全面贯彻落实《中共中央国务院关于深化文化体制改革的若干意见》，把思想和行动统一到中央的重大决策和部署上来，扎实推进文化体制改革。上海作为文化体制改革综合性试点地区，进行了有益探索，积累了成功经验。要在认真总结经验的基础上，进一步完善深化。要坚持"两手抓"，一手抓公益性文化事业，加大投入，转换机制，增强活力，改善服务，努力构建公共文化服务体系，保障人民群众的基本文化权益；一手抓经营性文化产业，创新体制，转换机制，面向市场，壮大实力，不断满足人民群众多方面、多层次、多样性的文化需求。要重塑市场主体，做大做强做优，加快形成一批具有国际竞争力的大型国有和国有控股的文化企业和企业集团，培育一批有较强实力和影响力的文化战略投资者，用新的体制和机制，实施跨地区扩张兼并，形成以公有制为主体、多种所有制共同发展的文化产业格局。要大力培育文化市场体系，加强宏观管理，加快发展市场中介机构和行业组织，提高文化产品和服务的市场化程度。要加快转变政府职能，健全文化法律法规和政策体系。他还强调，要高度重视互联网等新兴媒体的发展，推进现代信息传播技术的融合，规范标准，加强管理，促进新兴媒体健康发展。

考察期间，李长春还来到上海张江高科技园区，了解国产网络游戏软件、手机电视、IP电视等研发和试运行情况。他指出，自主创新能力是国家竞争力的核心。增强自主创新能力，是落实科学发展观的重要内容。提高自主创新能力，关键要建立企业为主体、市场为导向、产学研相结合的创新体系。要把掌握核心技术的自主知识产权作为突破口，着力打造具有较强核心竞争力、拥有自主知识产权的名牌产品和知名企业，大幅度提高国家竞争力。要充分发挥上海科研基础雄厚、科技人才聚集的独特优势，加强基础科学和前沿技术研究，为提高自主创新能力、建设创新型国家作出贡献。

《人民日报》发表评论员文章《站在新的历史起点上》

全国人民过了一个好春节，正以好心情步入新春，投入新生活。

今年，是实施"十一五"规划的开局之年，是在新的历史起点上推进全面建设小康社会进程的重要一年。

新的历史起点，将过去、现在、未来连成一线，将改革、发展、稳定融为一体。它以全面完成"十五"计划的成果、20多年改革开放的成就为基石，以实施"十一五"规划的顺利开局为起跑线，凝聚了全国各族人民的智慧和力量，向着全面小康的目标迈进。

站在新的历史起点上，我们领略着昨天的辉煌，掂量着今天的分量，憧憬着明天的灿烂；我们体味着成功的喜悦，破解着发展的难题，规划着美好的蓝图。从中深刻体会到：科学发展观是推进全面建设小康社会的思想武器和行动指南。

在新的历史起点上推进全面建设小康社会的进程，最重要的就是要以邓小平理论和"三个代表"重要思想为指导，认真贯彻党的十六大和十六届三中、四中、五中全会精神，坚持以科学发展观统领经济社会发展全局，保持宏观经济政策的连续性和稳定性，着力加快改革开放，着力增强自主创新能力，着力推进经济结构调整和经济增长方式转变，着力提高经济增长的质量和效益。

科学发展观的形成，是党的十六大以来全面建设小康社会实践的理论升华，是我们党"解放思想、实事求是、与时俱进"的重大理论创新成果。近几年，社会主义现代化建设取得显著成绩，宏观调控不断取得成效，最根本的是我们按照科学发展观的要求，坚持用发展和改革的办法解决前进中的问题，认真落实"五个统筹"，进一步转变发展观念、创新发展模式、提高发展质量，不断增强发展的全面性、协调性和可持续性。实践证明，科学发展观是对经济社会发展一般规律认识的深化，是指导发展的世界观和方法论的集中体现，是推进社会主义经济建设、政治建设、文化建设、社会建设全面发展的指导方针，必须贯穿于全面建设小康社会和社会主义现代化建设的全过程。

"物有本末，事有终始"，善始而无后忧。站在新的历史起点上，就要去做起点上的事，就要做好起点上的事。今年是我国扎实推进新农村建设的起步年，是致力于建设节约型社会、创新型国家的重要一年，是我国加入世界贸易组织过渡期的最后一年，是对政府自身改革和建设提出更高要求的一年。起好步，开好局，需要做的事情很多，关键是用科学发展观武装全党特别是各级领导干部的头脑，以统一思想，形成共识。我们要抓紧解决关系发展全局的重大问题，促进国民经济平稳较快发展；坚持走中国特色的政治发展道路，建设社会主义政治文明；加强和改进宣传思想工作，繁荣发展社会主义先进文化；切实解决群众最关心的实际问题，扎实推进社会主义和谐社会建设；全面推进国防和军队现代化建设，提高履行新世纪、新阶段我军历史使命的能力；保持香港、澳门繁荣稳定，推进两岸关系发展和祖国统一大业；深入开展全方位外交，努力创造有利于我国和平发展的外部环境；大力加强党的先进性建设，不断提高党的执政能力。

科学发展观作为指导发展的科学世界观和方法论，需要我们在实践中不断加深认识。我们在一个阶段对它做了正确的理解，并不能保证在社会主义现代化建设的全过程都能对它正确理解。但在起点阶段对它的理解，却足以影响全过程对它的理解。我们一定要准确认识国际国内的发展形势，准确认识我国发展的阶段性特征，准确认识我国经济社会发展面临的主要问题，准确认识实现我国经济社会又快又好发展的基本要求。这样，我们才能更好地从科学发展观形成的理论渊源、时代背景、实践需求上，深刻认识其内涵和外延；才能从人类社会发展的规律、从社会主义建设的规律、从我们党执政的规律上，深刻认识其意义和作用；才能坚定自觉地贯彻落实科学发展观，以科学发展观指导全面建设小康社会的进程。

2006年，对中国人民来说，是十分重要的一年。在新的历史起点上，中国人民将书写新的历史。

国办发出《关于指定悬挂用国徽制作企业的通知》

各省、自治区、直辖市人民政府，国务院各部委、各直属机构：

为认真贯彻《中华人民共和国国徽法》(以下简称《国徽法》)，1997年，国务院办公厅指定了北京印钞厂等4家企业为悬挂用国徽的制作企业，对于维护国徽尊严，保证悬挂用国徽制作质量起到了重要作用。但随着社会主义市场经济的发展，国徽的制作和管理出现了一些新的情况，需要对国徽制作企业重新进行指定。经国务院领导同意，现就重新指定有关事宜通知如下：

一、根据《国徽法》第十二条关于"悬挂的国徽由国家指定的企业统一制作"的规定，经过考查和评审，指定天津三五二二工厂、河北廊坊天平国徽厂、辽宁沈阳市亚东徽标制造有限责任公司、安徽兴皖玻璃钢制品有限公司、浙江温州市吴氏金属制品有限公司、浙江苍南县华徽铝业有限公司6家企业为悬挂用国徽的制作企业。

二、指定的企业要严格按照《国徽法》和国家标准制作悬挂用国徽，并切实做好售后服务工作。有关地区和部门要加强对国徽制作质量的监督和管理。对违反规定的，要取消其制作资格。

三、未经指定的企业不得制作悬挂用国徽。原指定企业本次未重新获得指定的，不得再制作悬挂用国徽。

国务院办公厅

2006年2月5日

300多个基层检察院成立反渎职侵权局强化侦查指挥中心建设

据《人民日报》报道：目前，全国已有10个省级人民检察院、52个分州市人民检察院、305个基层人民检察院成立了反渎职侵权局，其中湖南、浙江、贵州、湖北等省实现了在全省统一更名设局，检察力量得到充实。

我国医药类产品去年出口138亿美元

据《人民日报》报道：从商务部获悉：2005年我国医药类产品进出口总额达到256.4亿美元，其中进口118.4亿美元，同比增长18.5%；出口达到138亿美元，同比增长28.1%。

我国与欧盟及美国的双边贸易额分别突破2000亿美元

海关总署发布的统计信息显示，2005年，我与前6大贸易伙伴的双边贸易额均超过千亿美元规模。其中，与欧盟、美国的双边贸易额分别突破2000亿美元，与韩国双边贸易总额首次超过千亿美元。

春节"黄金周"市场销售告别井喷式增长

据中国商业联合会最新统计，今年春节期间，全国百家重点大型零售企业销售额达31.98亿元，比去年同期增长12.65%，增幅较去年春节略降0.5个百分点，渐与平日趋近，表明假日市场销售开始从"井喷式"增长转入平稳增长态势。

中联部副部长张志军在慕尼黑安全政策会议上发表题为《中国的和平发展与世界》的主旨演讲

张志军说，中国选择了并将坚持走和平发展道路，中国的安全政策首先着眼于维护国家的主权、统一和领土完整，同时服务于经济建设，创造一个稳定的国际环境和良好的周边环境。

张志军指出，中国的安全政策有三个目标：一是保持中国自身的稳定与发展；二是维护周边地区的和平与稳定；三是促进国际安全对话与合作。

张志军说，中国的国防建设是为了维护国家的安全和统一，确保经济建设的顺利进行。中国不参加军事同盟和军备竞赛，不谋求势力范围，不在海外设立军事基地。中国反对核武器和大规模杀伤性武器扩散，主张全面禁止和彻底销毁核武器。中国明确承诺不对无核武器国家和地区使用或威胁使用核武器，也不会改变这一政策。

外交部发言人孔泉举行记者会对日本外相美化侵略历史言论表示强烈愤慨

有记者问：据报道，日本外务大臣麻生太郎4日称，台湾今天拥有较高教育水平，得益于日本的殖民统治。中方对此有何评论？

孔泉回答说，我们对日本外务大臣公然发表这种美化侵略历史的言论感到震惊并表示强烈愤慨。

孔泉说，1894年甲午战争后，日本强行侵占台湾，使台湾岛内民众饱受奴役，给中华民族带来了深重灾难，这是世人皆知的事实。日本对台湾长达半个世纪的殖民统治，是日本军国主义侵华历史的黑暗一页。

孔泉说，作为加害国外交当局的最高负责人发表上述言论，是对历史的歪曲，也是对中国人民感情的严重伤害。这种挑战人类正义与良知的做法最终只能是搬起石头砸自己的脚。

解放军总政治部和中央军委纪委联合发出开展学习党章遵守党章贯彻党章维护党章活动的通知

第五届詹天佑土木工程奖在北京揭晓

广州白云国际机场、广州国际议会展览中心、天津博物馆、上海卢浦大桥等22项土木工程获奖。詹天佑土木工程奖是经科技部、建设部核准，并得到铁道、交通、水利等部门支持的我国土木工程界最高工程荣誉奖。大奖旨在奖励在科技创新与科技应用方面作出显著成绩的工程项目。此次评选充分体现了"创新性""先进性""权威性"，评选范围覆盖建筑、铁路、交通、水利系统以及航天、海洋、核电等特种工程。

我国高校艺术招生政策调整

从2006年起，报考普通高校艺术类专业的文史类、理工类考生数学成绩均计入文化考试总成绩，停止中等艺术学校(附中)推荐免试生工作。今后，艺术类专业考生必须全面提升自身文化和专业素质。

中宣部等8部委联手打击网络侵权盗版3个月查办网络侵权案172件

据《人民日报》报道：为更好地保护知识产权，中央宣传部、全国"扫黄打非"工作小组办公室、新闻出版总署、国家版权局、公安部、信息产业部、文化部、国家工商行政管理总局等8部委，全国整顿和规范市场秩序领导小组办公室等7部委，2005年9月先后发出关于开展打击网络侵权盗版行为专项活动的通知，在全国范围内展开了对网络盗版活动的清查、查处和整治。专项治理3个月间,共查办网络侵权案件172件。截至目前,版权执法部门共依法关闭76家“三无”网站,没收39台专门用于侵权盗版的服务器,责令137家网站删除侵权内容,对29家侵权网站予以罚款78.9万元,有效打击了网络侵权盗版活动。

食品药品监管部门明确五大措施确保百姓饮食用药安全

据《人民日报》报道:国家食品药品监管局近日确定了“十一五”时期食品药品监管目标,将通过采取五大措施,力争使全国食品、药品、医疗器械、保健食品生产经营秩序明显好转,生产、销售假冒伪劣食品药品违法犯罪活动得到有效遏制,食品药品安全事故大幅减少,人民群众饮食用药安全得到进一步保障。这五项措施是:

——进一步提高食品安全综合监督能力。力争到2010年食品安全信息监测网络体系覆盖90%以上的县,食品安全信息监测率达到80%以上。

——进一步提高药品安全保障水平。加强药品、医疗器械技术审评体系建设,完善中药监管,推进处方药与非处方药分类管理,加大市场监管力度,改革药品抽验机制,建立较为规范的药品不良反应监测和再评价制度,农村药品“两网”建设基本覆盖辖区内的行政村。

——进一步提高食品药品监管队伍素质。到2010年,全系统公务员和各类专业人员中,具有食品、药品、医疗器械、医学、法律或相关专业的人员占70%以上,本科以上学历人员占50%以上。

——进一步加强食品药品监管基础设施建设。以基层为重点,加强省、地、县三级行政执法机构建设,配备必要的执法装备。到2010年,全系统基础建设、执法装备与检验检测设备基本满足监管任务需要。

——进一步加快食品药品监管信息化建设。到2010年,建立和完善食品、药品监管信息网络基础设施;建成安全可靠的监管数据中心;建立适合监管需求的电子政务平台和社会服务系统;制定食品药品监管信息化标准体系。

2月6日

中共中央政治局常委吴邦国在安徽考察

2月6日至8日,吴邦国在安徽省省委书记、省人大常委会主任郭金龙,省长王金山等陪同下,先后到马鞍山、芜湖、合肥等地,深入企业、农村、科研院所和高等院校考察,看望基层干部、职工和群众,向他们致以新春的祝福。在企业车间,他详细了解生产经营和自主创新情况;在实验室,他饶有兴趣地与科研人员探讨科技前沿问题;在田间地头和农户家中,他同农民朋友亲切交谈,询问他们的生产、生活和子女教育情况。

考察期间,吴邦国听取了安徽省的工作汇报,对安徽省的工作给予了充分肯定。他说,安徽贯彻中央方针政策是认真的,干部群众的精神面貌是好的。近些年来,经过全省上下的团结奋斗,经济实现持续快速发展,结构调整取得明显成效,形成和发展了一批重点优势企业,基础设施大有改善,城乡面貌呈现可喜变化,社会保持稳定,人民生活水平进一步提高。吴邦国指出,安徽具有承东启西、连南接北的区位优势,是我国重要的农业区,自然资源丰富,工业基础较好,科教力量较强,文化旅游资源得天独厚,发展潜力巨大。他强调,安徽要紧紧抓住促进中部地区崛起的重大机遇,始终坚持经济建设这个中心不动摇,紧密结合安徽实际认真贯彻中央的方针政策,创造性地开展工作,把科学发展观落实到具体措施上,落实到实际工作中。要及时总结实践经验,充分依靠人民群众,大力支持改革创新,不断开创安徽工作的新局面。要积极推进和谐社会建设,坚持把实现好、维护好、发展好最广大人民的根本利益作为我们一切工作的出发点和落脚点,积极创造条件,逐步解决困难群众的实际问题、逐步调整分配关系、逐步改变城乡二元结构、逐步缩小地区差距,维护和实现社会公平正义,使全体人民共享改革发展成果。

吴邦国在考察中反复强调,我国已经到了必须更多依靠增强自主创新能力和提高劳动者素质推动经济社会发展的历史阶段,只有大力推进科技进步和创新,才能实现生产力质的飞跃,推动经济社会发展切实转入科学发展的轨道。要尽快建立和完善有利于创新的体制机制,加大科技投入,鼓励专利发明,开发知名品牌,加快科技成果向现实生产力转化,强化企业在自主创新中的主体地位,不断提高科技进步对经济增长的贡献率。要支持和鼓励技术要素参与分配,建立和完善体现自主创新能力的统计指标体系,研究和制定财税、金融和政府采购等方面支持自主创新的政策,形成鼓励自主创新的政策体系。要在全社会培育创新意识,大力倡导敢于创新、勇于竞争的精神,着力营造人才辈出的良好氛围。

在谈到人大工作时,吴邦国指出,人大在依法治国、建设社会主义法治国家进程中,发挥越来越大的作用。他强调,做好新形势下的人大工作,一要坚持正确的政治方向,坚定不移地走中国特色社会主义政治发展道路,把坚持党的领导、人民当家做主和依法治国有机统一起来。二要紧紧围绕党和国家工作大局,紧紧围绕改革发展稳定中的重大问题,紧紧围绕人民群众普遍关心的热点难点问题开展工作，不断增强人大工作的实效。三要发挥人大工作的特点和优势，坚持民主集中制，严格依法按程序办事，集体决定问题。要坚持走群众路线，以人为本，权为民所用，情为民所系，利为民所谋。

国务院印发《全民科学素质行动计划纲要(2006—2010—2020年)》并发出通知

各省、自治区、直辖市人民政府，国务院各部委、各直属机构：

现将《全民科学素质行动计划纲要(2006—2010—2020年)》印发给你们，请结合本地区、本部门实际，认真贯彻实施。

国务院

2006年2月6日

全民科学素质行动计划纲要(2006—2010—2020年)

根据党的十六大和十六届三中、四中、五中全会精神，依照《中华人民共和国科学技术普及法》和《国家中长期科学和技术发展规划纲要(2006—2020年)》(国发〔2005〕44号)，制定并实施《全民科学素质行动计划纲要(2006—2010—2020年)》(以下简称《科学素质纲要》)。

一、前言

科学素质是公民素质的重要组成部分。公民具备基本科学素质一般指了解必要的科学技术知识，掌握基本的科学方法，树立科学思想，崇尚科学精神，并具有一定的应用它们处理实际问题、参与公共事务的能力。提高公民科学素质，对于增强公民获取和运用科技知识的能力、改善生活质量、实现全面发展，对于提高国家自主创新能力、建设创新型国家、实现经济社会全面协调可持续发展、构建社会主义和谐社会，都具有十分重要的意义。

根据有关调查，我国公民科学素质水平与发达国家相比差距甚大。公民科学素质的城乡差距十分明显，劳动适龄人口科学素质不高；大多数公民对基本科学知识了解程度较低，在科学精神、科学思想和科学方法等方面更为欠缺，一些不科学的观念和行为普遍存在，愚昧迷信在某些地区较为盛行。公民科学素质水平低下，已成为制约我国经济发展和社会进步的瓶颈之一。

公民科学素质建设是坚持走中国特色的自主创新道路，建设创新型国家的一项基础性社会工程，是政府引导实施、全民广泛参与的社会行动。改革开放以来，特别是实施科教兴国战略以来，我国公民科学素质建设有了较大的发展，但仍存在许多问题。人均接受正规教育年限低于世界平均水平；因长期受应试教育影响，学生科学素质结构存在明显缺陷；社会教育、成人教育的发展尚不全面和深入，公民缺少接受终身教育的机会。科普长效运行机制尚未形成；科普设施、队伍、经费等资源不足；大众传媒科技传播力度不够、质量不高。公民科学素质建设的公共服务未能有效满足社会需求，公民提升自身科学素质的主动性尚未充分调动。

全民科学素质行动计划旨在全面推动我国公民科学素质建设，通过发展科学技术教育、传播与普及，尽快使全民科学素质在整体上有大幅度的提高，实现到本世纪中叶我国成年公民具备基本科学素质的长远目标。本《科学素质纲要》提出了全民科学素质行动计划在“十一五”期间的主要目标、任务与措施和到2020年的阶段性目标。

二、方针和目标

指导方针：

以邓小平理论和“三个代表”重要思想为指导，坚持科学发展观，发挥政府主导作用，充分调动全社会力量共同参与，大力加强公民科学素质建设，促进经济社会和人的全面发展，为提升自主创新能力和综合国力、全面建设小康社会和实现现代化建设第三步战略目标打下雄厚的人力资源基础。

今后15年，实施全民科学素质行动计划的方针是“政府推动，全民参与，提升素质，促进和谐”。

政府推动——各级政府将公民科学素质建设作为全面建设小康社会的重要工作，加强领导。各级政府将《科学素质纲要》纳入有关规划计划，制定政策法规，加大公共投入，推动《科学素质纲要》的实施。社会各界各负其责，加强协作。

全民参与——公民是科学素质建设的参与主体和受益者，要充分调动全体公民参与实施《科学素质纲要》的积极性和主动性，在全社会形成崇尚科学、鼓励创新、尊重知识、尊重人才的良好风尚。

提升素质——提高公民科学素质是《科学素质纲要》的出发点和落脚点。通过实施《科学素质纲要》，推动形成全民学习、终身学习的学习型社会，促进人的全面发展。

促进和谐——认真落实科学发展观，以人为本，实现科学技术教育、传播与普及等公共服务的公平普惠，促进社会主义物质文明、政治文明、精神文明建设与和谐社会建设全面发展。

目标：

到2020年，科学技术教育、传播与普及有长足发展，形成比较完善的公民科学素质建设的组织实施、基础设施、条件保障、监测评估等体系，公民科学素质在整体上有大幅度的提高，达到世界主要发达国家21世纪初的水平。

到2010年，科学技术教育、传播与普及有较大发展，公民科学素质明显提高，达到世界主要发达国家20世纪80年代末的水平。围绕公民科学素质建设最关键、最具基础性的问题，实现以下目标：

——促进科学发展观在全社会的树立和落实。重点宣传普及节约资源、保护生态、改善环境、安全生产、应急避险、健康生活、合理消费、循环经济等观念和知识，倡导建立资源节约型、环境友好型社会，形成科学、文明、健康的生活方式和工作方式。

——以重点人群科学素质行动带动全民科学素质的整体提高。未成年人对科学的兴趣明显提高，创新意识和实践能力有较大增强；农民和城镇劳动人口的科学素质有显著提高，城乡居民科学素质水平差距逐步缩小；领导干部和公务员的科学素质在各类职业人群中位居前列。

——科学教育与培训、科普资源开发与共享、大众传媒科技传播能力、科普基础设施等公民科学素质建设的基础得到加强，公民提高自身科学素质的机会与途径明显增多。

三、主要行动

根据指导方针和目标，在"十一五"期间实施以下主要行动：

(一)未成年人科学素质行动。

任务：

——宣传科学发展观，重点宣传我国人口众多、资源有限、人均占有资源远低于世界平均水平的基本国情，使未成年人从小树立人与自然和谐相处和可持续发展的意识。

——完善基础教育阶段的科学教育，提高学校科学教育质量，使中小学生掌握必要和基本的科学知识与技能，体验科学探究活动的过程与方法，培养良好的科学态度、情感与价值观，发展初步的科学探究能力，增强创新意识和实践能力。

——普及农村义务教育，切实提高农村中小学科学教育质量。为农村未成年人提供更多参与科普活动的机会，培养改善生存状况、提高生活质量和自我发展的能力。

——开展多种形式的科普活动和社会实践，增强未成年人对科学技术的兴趣和爱好，初步认识科学的本质以及科学技术与社会的关系，培养社会责任感以及交流合作、综合运用知识解决问题的能力。

措施：

——通过实施新世纪素质教育工程，推进新科学课程的全面实施。针对不同年龄段学生特点，注重课程的综合性与连贯性；开展学龄前科学启蒙教育，采取有效措施，积极推广义务教育阶段综合性科学课程，逐步推进高中科学课程改革；深化中小学科学课程教材、教学内容和教学方法改革，充分发挥现代教育技术的作用，改革科学教育评价制度，定期监测科学教育质量。

——提高农村未成年人科学教育水平和质量。结合农村实际，加强农村中小学现代远程教育的科学教育资源建设，发展针对农村校外未成年人的非正规教育，开展生活能力和生产技能培训等科普活动。

——开展课外科技活动，引导未成年人增强创新意识和实践能力。普及保护生态环境、节约资源能源、心理生理健康、安全避险等知识。加强"珍爱生命、远离毒品"和崇尚科学文明、反对愚昧迷信的宣传教育。发挥未成年人在家庭和社区科普宣传中对成年人的独特影响作用。

——通过"大手拉小手科技传播行动"、科技专家进校园(社区、科普基地)、中学生进科研院所(实验室)等活动，组织科技工作者与未成年人开展面对面的科普活动。

——提高母亲的科学素质，重视家庭教育在提高未成年人科学素质中的重要作用。

——新闻出版、广播电视、文化等机构和团体加大面向未成年人的科技传播力度，用优秀、有益、生动的科普作品吸引未成年人，为未成年人的健康成长营造良好的舆论环境。

——整合校外科学教育资源，建立校外科技活动场所与学校科学课程相衔接的有效机制。利用科技类博物馆、科研院所等科普教育基地和青少年科技教育基地的教育资源，为提高未成年人科学素质服务；加强现有青少年宫、儿童活动中心等综合性未成年人校外活动场所的科普教育功能，在有条件的地区建设青少年科技活动中心等专门的科普活动场所。发挥社区教育在未成年人校外教育中的作用。

(二)农民科学素质行动。

任务：

——面向农民宣传科学发展观，重点开展保护生态环境、节约水资源、保护耕地、防灾减灾，倡导健康卫生、移风易俗和反对愚昧迷信、陈规陋习等内容的宣传教育，促进在广大农村形成讲科学、爱科学、学科学、用科学的良好风尚，促进社会主义新农村建设。

——围绕科学生产和增效增收，激发广大农民参与科学素质建设的积极性，增强科技意识，提高获取科技知识和依靠科技脱贫致富、发展生产和改善生活质量的能力，并将推广实用技术与提高农民科学素质结合起来，着力培养有文化、懂技术、会经营的新型农民。

——提高农村富余劳动力向非农产业和城镇转移就业的能力。

——提高农村妇女及西部欠发达地区、民族地区、贫困地区、革命老区农民的科学文化素质。

措施：

——逐步建立内容丰富、形式多样、适应需求的农村科学教育、宣传和培训体系。制定《农民科技教育培训体系建设规划》和《中国农民科学素质教育大纲》，指导面向农民的各类科学教育活动。

——大力开展农民科技培训。结合实施全国农村党员干部现代远程教育、农村党员基层干部适用技术和市场经济知识培训计划、绿色证书工程、星火科技培训专项行动、双学双比、巾帼科技致富工程等，开展针对性强、务实有效、通俗易懂的农业科技培训，多渠道加大培训力度。使参加绿色证书培训达1000万人；重点培育100万个科技示范户，辐射带动2000万个农户。发挥好农业广播电视学校、农村成人文化技术学校、农村致富技术函授大学、农业科教与网络联盟、有关大中专院校和其他农村成人教育机构在农村科技培训中的作用。

——广泛开展各种形式的科技下乡和群众性、社会性、经常性科普活动。深入开展文化科技卫生“三下乡”、科技活动周、全国科普日等活动，总结推广科技特派员、科技入户、科技110、科普之冬(春)、科普大集、专家大院、科技咨询服务站、科技大王下乡、科教兴村等行之有效的做法，探索科技人员与农民互动的科技咨询服务长效机制。

——开展农村科技、科普示范活动，建立和完善示范体系。深入开展全国科技进步示范市(县、区)和全国科普示范县(市、区)、乡(镇)、村、户等建设活动，大力发展科技、科普示范基地，发挥好它们的示范作用。

——开展农村富余劳动力转移就业科技培训。建立健全农村劳动力转移培训机制，按照《2003—2010年全国农民工培训规划》要求，积极开展农民工的引导性培训、职业技能培训和岗位培训。

——建立健全农村科技教育、传播与普及服务组织网络和人才队伍。发展农业技术推广机构、农村基层科普组织和农民合作经济组织，重点扶持1万个农村专业技术协会。组织专家咨询服务和志愿者队伍，形成动员科技人员为“三农”服务的有效机制；培养农民技术员队伍，提高农村实用人才的学习能力、实践能力和传播能力。

——加强农村基层科普能力建设。依托农村中小学、村党员活动室、农村成人文化技术学校、文化站和有条件的乡镇企业、农村专业技术协会等农民合作组织，发展乡村科普活动场所。推动乡村科普橱窗、宣传栏等建设，开发和充实适应需求、富有特色的展示教育内容。加强民族地区科普工作队建设，提高西部地区特别是边疆民族地区基层的科普能力。

(三)城镇劳动人口科学素质行动。

任务：

——在广大城镇宣传科学发展观，重点倡导和普及节约资源、保护环境、节能降耗、安全生产、健康生活等观念和知识，促进经济增长方式的转变和科学文明健康生活方式的形成。

——围绕走新型工业化道路和发展现代服务业的需求，以学习能力、职业技能和技术创新能力为重点，提高第二、第三产业从业人员科学素质，更好地适应经济社会和自身发展的要求。

——围绕城镇化进程的要求，提高进城务工人员的职业技能水平和适应城市生活的能力。

——提高失业人员的就业能力、创业能力和适应职业变化的能力。

措施：

——加强对劳动者科技教育培训的宏观管理，进行专门的规划、组织和监督实施。统筹协调各相关部门的关系，合理分工、加强合作。

——将劳动人口应具备的基本科学素质内容纳入各级各类职业教育和成人教育的课程内容和培训教材，将有关科学素质的要求纳入国家职业标准，作为各类职业培训、考核和鉴定的内容。

——开展各种形式的劳动预备制培训、再就业培训、创业培训、农民工培训和各类从业人员的在岗培训和继续教育。城镇职工在职培训达到2.5亿人次，失业人员再就业培训1500万人，农民工培训2亿人。使新增劳动力接受劳动预备制培训的比例由目前的70%提高到90%。

——在企业广泛开展科普宣传、技能培训和创建学习型组织、争做知识型职工等活动，着力加强科学方法、科学思想和科学精神教育，提高职工的科学文化素质。鼓励群众性技术创新和发明活动。充分发挥企业科协、职工技协、研发中心等组织和机构的作用。

——建立企业事业单位从业人员带薪学习制度，鼓励职工在职学习，形成用人单位和从业人员共同投资职业培训的机制。在职业培训中，加大有关科学知识的内容。

——优化整合各种教育培训资源，实现资源共享，形成广覆盖、多层次的教育培训网络，为劳动者提高科学素质提供更多机会和途径。

——以城镇社区为依托，通过社区科普活动室、科普学校、科普画廊等机构和设施，开展多种形式的科普宣传，建设学习型社区，发挥社区在提高劳动者科学素质方面的作用。

(四)领导干部和公务员科学素质行动。

任务：

——在面向领导干部普及科学技术知识的同时，突出弘扬科学精神，提倡科学态度，讲究科学方法，增强领导干部贯彻落实科学发展观的自觉性和科学决策的能力。

——围绕贯彻落实科学发展观和建设学习型机关，调动公务员提高自身科学素质的积极性和主动性，增强终身学习和科学管理的能力。

措施：

——将提高科学素质列为公务员和事业单位、国有企业负责人培训教育规划和相关计划的重要内容。

——各级机关在创建学习型机关中，其学习培训制度应体现提高领导干部和公务员科学素质的要求。

——各级行政院校和干部学院将提高学员科学素质列入教学计划，采取切实措施加以落实。

——举办讲座、报告会等科普活动，编辑出版相关的科普读物，向领导干部和公务员介绍现代科技知识及发展趋势，传播科学思想、科学方法、科学精神。组织公务员参与科普活动。

——报刊、电台、电视台和各级政府网站创办有关提高领导干部和公务员科学素质的栏目和节目。

——在公务员录用考试大纲及题库中，列入与科学素质要求有关的具体内容。

四、基础工程

配合上述行动计划，“十一五”期间重点实施以下基础工程：

(一)科学教育与培训基础工程。

任务：

——加强教师队伍建设，培养一支专兼结合、结构合理、素质优良、胜任各类科学教育与培训的教师队伍。

——加强教材建设，改革教学方法，形成适应不同对象需求、满足科学教育与培训要求的教材教法。

——加强教学基础设施建设，充分利用现有的教育培训场所、基地，配备必要的教学仪器和设备，为开展科学教育与培训提供基础条件支持。

措施：

——加强中小学科学教育教师队伍建设。采取多种途径，开展中小学和农村成人文化技术学校科学教育教师培训工作，尤其重视县以下中小学科学教育教师的培训，提高学历层次和实施科学教育的能力和水平。鼓励师范院校设置科学教育专业，培养具有较高专业水平和职业能力的科学教育教师。

——建立科技界和教育界合作推动科学教育发展的有效机制。动员组织高等院校、科研院所的科技专家参与中小学科学课程教材建设、教学方法改革和科学教师培训。

——加强科学教育与培训志愿者队伍建设。发挥老科技工作者协会、老教授协会的作用，动员组织离退休科技工作者、教育工作者、公务员和企业事业单位管理者参与科学教育与培训。发展青少年科技辅导员队伍，提高辅导员的素质和能力。

——加强科学教育研究，按照普及性、基础性、发展性的要求，促进科学课程的完善与发展，更新课程内容，提高中小学科学课程的教材质量，改进教学方法。以创新意识和实践能力的培养为重点，促进学习方式的变革。

——加强职业教育、成人教育和各类培训中科学教育的教材建设。根据农民、城镇劳动人口、领导干部和公务员的特点和需求，以科学发展观、先进适用技术、职业技能、现代科技知识为主要内容编写教材。重视少数民族文字的教材编写和音像类教材的开发制作。

——加强中小学特别是农村中小学科学教育基础设施建设。根据科学课程的需要，建立健全实验室、图书室，充实实验仪器、教具、音像设备、计算机等教学器材，并面向社会提供服务。

——增强行政院校和干部学院，高等院校、科研院所，职业学校、函授学校、广播电视学校等机构的科学教育和培训功能。

——利用社会资源开展科学教育和培训。鼓励和支持科技馆等科普场馆、社区学校、成人文化技术学校等开展科学教育与培训。构建不同职业、不同工种、布局合理的职业技能培训基地。

(二)科普资源开发与共享工程。

任务：

——引导、鼓励和支持科普产品和信息资源的开发，繁荣科普创作。围绕宣传落实科学发展观，创作出一批紧扣时代发展脉搏、适应市场需求、公众喜闻乐见的优秀作品，并推向国际市场，改变目前科普作品“单向引进”的局面。

——集成国内外科普信息资源，建立全国科普信息资源共享和交流平台，为社会和公众提供资源支持和公共科普服务。

措施：

——建立有效激励机制，促进原创性科普作品的创作。以评奖、作品征集等方式，加大对优秀原创科普作品的扶持、奖励力度，吸引和鼓励社会各界参与科普作品创作；调动科技工作者科普创作的积极性，把科普作品纳入业绩考核范围；建立将科学技术研究开发的新成果及时转化为科学教育、传播与普及资源的机制；鼓励和支持科普创作、科技传播专业团体发挥作用；制定优惠政策和相关规范，鼓励和吸引更多社会力量参与科普资源开发。

——加强合作与交流。推动科普、科技、教育、传媒界的有效合作,引进国外优秀作品,借鉴国际先进创作理念和方法,促进我国科普创作整体水平的提高。

——集成国内外现有科普图书、期刊、挂图、音像制品、展教品、文艺作品以及图片、科普志愿者等各类科普信息,建成数字化科普信息资源库和共享交流平台,通过互联网为社会和公众提供资源支持和公共科普服务。

——开展优秀科普作品的推介、展演、展映、展播和展示活动,扩大科普信息资源的共享范围。针对公众生产生活的实际需求,组织编制简明生动的科普资料,以公众易于获得的方式送达基层。

——制定相关法规、规章和标准,充分保护知识产权,创造公共科普信息资源公平使用的法制环境。

(三)大众传媒科技传播能力建设工程。

任务:

——加大各类媒体的科技传播力度。电视台、广播电台科技节目的播出时间,各类科普出版物的品种和发行量,综合性报纸科技专栏的数目和版面,科普网站和门户网站的科技专栏等大幅度增加。

——打造科技传播媒体品牌。提高科技频道、专栏制作传播质量,培育一批读者量大、知名度高的综合性报纸科技专栏、专版和科普图书、报刊、音像制品、电子出版物,形成一批在业内有一定规模和影响力的科普出版机构。

——发挥互联网等新型媒体的科技传播功能,培育、扶持若干对网民有较强吸引力的品牌科普网站和虚拟博物馆、科技馆。

措施:

——鼓励、支持"科技博览""科技之光""科普大篷车"等电视科技栏目进一步提高质量,使其成为有广泛影响的媒体精品。择优扶持若干有特色、覆盖率高的知名科普网站。

——制定优惠政策和相关规范,积极培育市场,推动科普文化产业发展。

——建立与市场、公众需求相适应的管理体制与运行机制,树立以消费者为中心的经营理念。引进现代营销模式与先进编创技术,注重市场调研,提高播出和编辑出版质量。

——建立与市场经济相适应的科普出版物发行渠道,加强网点建设,大力扶持科普出版物在农村和边远地区、民族地区的发行工作。

——提高各类媒体对公共卫生事件和重大自然灾害等突发事件的反应能力,指导公众以科学的行为和方式应对突发事件。

——研究开发网络科普的新技术和新形式。开辟具有实时、动态、交互等特点的网络科普新途径,开发一批内容健康、形式活泼的科普教育、游戏软件。

(四)科普基础设施工程。

任务:

——拓展和完善现有基础设施的科普教育功能。对现有科普设施进行机制改革和更新改造,充实内容、改进服务、激发活力,满足公众参与科普活动的需求。整合利用社会相关资源,充分发挥科研基础设施的资源优势,发展青少年科技教育基地和科普教育基地。

——多渠道筹集资金,在充分研究论证的前提下,新建一批科技馆、自然博物馆等科技类博物馆。各直辖市和省会城市、自治区首府至少拥有1座大中型科技馆,城区常住人口100万人以上的大城市至少拥有1座科技类博物馆,全国科技类博物馆的接待能力有显著增长。

——发展基层科普设施。在城乡社区建设科普画廊、科普活动室、运用网络进行远程科普宣传教育的终端设备等设施;增强综合性未成年人校外活动场所的科普教育功能,有条件的市(地)和县(市、区)可建设科技馆等专门科普场馆;在一些市(州、盟和县)配备科普大篷车,以"流动科技馆"的形式为城乡社区、学校特别是贫困、边远地区提供科普服务。

措施:

——突出社会公益性,加强对科普基础设施建设的宏观指导。制定科普设施的发展规划、建设标准、认定办法和管理条例,规范科普设施的建设与管理。

——科普基础设施建设纳入国民经济和社会事业发展总体规划及基本建设计划,加大对公益性科普设施建设和运行经费的公共投入。

——对科普教育功能薄弱的设施进行更新改造,完善基层科普设施的功能;引进和开发适应公众需求的活动项目,创新活动方式,增强吸引力,提高管理水平和服务质量。增强社区科普设施为老年人服务的功能,为他们老有所学、老有所乐、老有所为提供条件和机会。落实科普场馆对未成年人和老年人的优惠措施。

——鼓励社会力量参与科普基础设施建设。落实有关优惠政策,鼓励社会各界对公益性科普设施建设提供捐赠、资助;吸引境内外资本投资兴建和参与经营科普场馆;鼓励有条件的企业事业单位根据自身特点建立专业科普场馆;落实有关鼓励科普事业发展的税收优惠政策,鼓励社会力量参与科普基础设施建设。

——国家级青少年科技教育基地和科普教育基地总数由目前的300余座增加至500座,省部级青少年科技教育基地和科普教育基地总数由目前的1000余座增加至2000座,定期对公众免费或优惠开放。有条件的科研院所、高等院校、自然科学和社会科学类团体向公众开放实验室、陈列室和其他场地设施；鼓励高新技术企业对公众开放研发机构和生产车间。

——培育科普展览、展品市场，推动设计制作社会化；制定技术规范和设计制作机构的资质认定办法；择优扶持一批设计制作机构，提高设计制作水平。

五、保障条件

(一)政策法规。

完善有关公民科学素质建设的政策法规，明确政府、社会组织、企业及公民个人在公民科学素质建设中的责任、权利和义务。根据形势发展需要，对现有政策法规进行修订、补充和调整。

——在国民经济和社会发展计划和有关科学技术教育、传播与普及的法律法规中，体现公民科学素质建设的目标和要求。

——制定《中华人民共和国科学技术普及法》实施细则。

——制定鼓励和吸引境内外机构、个人独资或合作兴办科学技术教育、传播与普及机构的政策。

——制定表彰和奖励政策。

(二)经费投入。

采取多种措施，加大政府和社会投入，形成多渠道投入机制，为《科学素质纲要》的实施提供资金保障。

——加大财政保障力度。切实执行《中华人民共和国教育法》和《中华人民共和国科学技术普及法》的有关规定，各级政府根据财力情况和公民科学素质建设发展的实际需要，逐步提高教育、科普经费的增长速度，并将科普经费列入同级财政预算，保障《科学素质纲要》的顺利实施。中央财政根据财力状况，逐步加大对地方的转移支付力度。各级政府要从中央财政的财力性转移支付资金中安排一定的经费用于公民科学素质建设。

——落实各相关部门实施经费。各有关部门、事业单位和人民团体根据承担的《科学素质纲要》实施任务，按照国家预算管理的规定和现行资金渠道，统筹考虑和落实所需经费。

——鼓励捐赠，广辟社会资金投入渠道。进一步完善捐赠公益性科普事业个人所得税减免政策和相关实施办法，广泛吸纳境内外机构、个人的资金支持公民科学素质建设。

(三)队伍建设。

培养专业化人才，发掘兼职人才，建立志愿者队伍，加强理论研究，为公民科学素质建设提供人才保障和智力支撑。

——开展多种形式的培训和进修活动，加强业务学习，全面提升在职科学技术教育、传播与普及人员的科学素质和业务水平。

——通过高等院校和有关研究机构培养大批科学技术传播与普及专门人才；改革文博专业课程内容，为不同类型科普场馆培养适应性广泛的专业人才。

——建立有效机制和相应激励措施，充分调动在职科技工作者、大学生、研究生和离退休科技、教育、传媒工作者等各界人士参加公民科学素质建设的积极性，发挥他们的专业和技术特长，形成一支规模宏大、素质较高的兼职人才队伍和志愿者队伍。对在公民科学素质建设中作出重要贡献的个人和组织予以表彰和奖励。

——增强科技界的责任感，支持科技专家主动参与科学教育、传播与普及，促进科学前沿知识的传播。

——开展公民科学素质建设理论研究，加强国内外学术交流，把握基本规律和国际发展趋势，为公民科学素质建设的实践提供指导。

六、组织实施

(一)组织领导。

——国务院负责领导《科学素质纲要》的实施工作，成立《科学素质纲要》实施领导小组，进行统一动员部署和检查监督。各有关部门、事业单位和人民团体按照《科学素质纲要》的要求，将有关任务纳入相应工作规划和计划，充分履行相关工作职责，发挥各自优势，密切配合，形成合力，切实推进公民科学素质建设。

——地方各级政府将公民科学素质建设纳入当地国民经济和社会发展的总体计划，将《科学素质纲要》的实施纳入政府的议事日程，纳入业绩考核。

——建立和完善实施《科学素质纲要》的工作机制。《科学素质纲要》实施领导小组办公室设在中国科学技术协会，承担领导小组的日常工作，并定期向领导小组汇报。

(二)监测评估。

——制定《中国公民科学素质基准》。根据社会主义现代化建设的战略目标，结合我国国情，借鉴国外相关经验和成果，围绕公民生活和工作的实际需求，提出公民应具备的基本科学素质内容，为公民提高自身科学素质提供衡量尺度和指导，并为《科学素质纲要》的实施和监测评估提供依据。

——建立公民科学素质状况和《科学素质纲要》实施的监测指标体系，并纳入国家社会发展指标体系。

——委托有关监测评估机构对公民科学素质状况和《科学素质纲要》实施情况进行监测评估，并提出相应对策和建议。

我国与世界银行合作25年成效显著

财政部副部长李勇日前透露，我国与世界银行合作25年来取得了显著成效，世界银行以贷款项目为依托的规范化运作机制，对推动我国经济建设机制创新发挥了积极作用。截至目前，我国与世界银行合作实施了32个城建环保项目，贷款总额超过47亿美元。此外，我国与世界银行的知识合作也取得了很多成果。截至2005年10月底，我国与世界银行合作完成了140多篇重要的经济研究报告，分别对我国宏观经济、农村发展、财政金融等领域的诸多课题进行专门研究，为我国不断深化改革、扩大开放、促进发展提出了许多具有参考价值的意见。

2005年我国纱产量创历史新高

据《人民日报》报道：2005年，我国纱、棉布产量继续高速增长，累计纱产量1412.4万吨，同比增长29%，为历史新高；累计棉布产量196.58亿米，增长28.5%。

"十一五"期间我国将新改建农村公路120万公里基本实现所有具备条件的乡镇和建制村通公路

据今天召开的全国农村公路建设电视电话会议消息，"十一五"期间，我国将加快农村公路建设，县乡公路5年增加30多万公里，新改建农村公路120万公里，基本实现全国所有具备条件的乡镇、建制村通公路，95%的乡镇和80%的建制村通沥青路或水泥路，同时实现路通车通。

中国对进口欧盟马铃薯淀粉进行反倾销调查

今天，商务部发布2006年第4号公告，决定自即日起对原产于欧盟的进口马铃薯淀粉进行反倾销立案调查。据悉，此次反倾销调查涉及的马铃薯淀粉在中国海关进出口税则中列在11081300税号项下。根据《中华人民共和国反倾销条例》的规定，商务部将对原产于欧盟的进口马铃薯淀粉的倾销、倾销幅度及其对中国马铃薯淀粉产业的损害、损害程度进行调查。本反倾销调查通常情况下在1年之内结束，特殊情况下可延长半年。

外交部部长李肇星在奥斯陆会见挪威首相延斯·斯托尔滕贝格

外交部部长李肇星在蒙特卡洛与摩纳哥国家元首阿尔贝二世亲王和国务大臣普鲁斯特分别进行会谈

《毛泽东 周恩来 刘少奇 朱德 邓小平 陈云论调查研究》由中央文献出版社出版发行

该书分为三部分：第一部分是毛泽东等老一辈革命家关于调查研究的论语摘编；第二部分是毛泽东等老一辈革命家关于调查研究的文辑；第三部分是上个世纪60年代初毛泽东指派的三个调查组和刘少奇、周恩来、朱德、陈云、邓小平等撰写的调查报告。这些调查报告大都是第一次公开发表。此外，还附有两篇关于上个世纪五六十年代中央领导同志进行调查研究情况的综述。

环保高速电动汽车在大连研发成功

据《人民日报》报道：由大连春晓电动汽车研究所自主研究开发的电动大功率公交客车、自动变速电动轿车日前研制成功，2月6日在大连开发区大孤山半岛公开亮相。这两种拥有自主知识产权的环保高速电动汽车，是用电脑代替机械发动机、尾部省去了排气管的新型汽车，将于今年下半年投入批量生产。

深港两地春节通关人数再创高峰

今年春节深港两地通关人数再创高峰。除夕至初七，共有376万人次通过深圳口岸往来深港两地，比去年同期增长5.5%。

2月7日

国务院印发《实施〈国家中长期科学和技术发展规划纲要(2006—2020年)〉的若干配套政策》并发出通知

各省、自治区、直辖市人民政府，国务院各部委、各直属机构：

现将《实施〈国家中长期科学和技术发展规划纲要(2006—2020年)〉的若干配套政策》印发给你们，请结合实际，认真贯彻执行。

国务院

2006年2月7日

实施《国家中长期科学和技术发展规划纲要(2006—2020年)》的若干配套政策

为实施《国家中长期科学和技术发展规划纲要(2006—2020年)》(国发〔2005〕44号，以下简称《规划纲要》)，营造激励自主创新的环境，推动企业成为技术创新的主体，努力建设创新型国家，特制定如下配套政策：

一、科技投入

(一)大幅度增加科技投入。建立多元化、多渠道的科技投入体系，全社会研究开发投入占国内生产总值的比例逐年提高，使科技投入水平同进入创新型国家行列的要求相适应。

(二)确保财政科技投入的稳定增长。各级政府把科技投入作为预算保障的重点，年初预算编制和预算执行中的超收分配，都要体现法定增长的要求。2006年中央财政科技投入实现大幅度增长，在此基础上，“十一五”期间财政科技投入增幅明显高于财政经常性收入增幅。

（三）切实保障重大专项的顺利实施。《规划纲要》确定的重大专项的实施，要遵循“成熟一个、启动一个”的原则，组织专家进一步进行全面深入的技术、经济等可行性论证，并根据国家发展需要和实施条件的成熟度，报经国务院批准后，统筹落实专项经费，以专项计划的形式逐项启动实施。

（四）优化财政科技投入结构。财政科技投入重点支持基础研究、社会公益研究和前沿技术研究。合理安排科研机构正常运转、政府科技计划（基金）和科研条件建设等资金。重视公益性行业科研能力建设，建立对公益性行业科研的稳定支持机制。优化政府科技计划体系，明确支持方向，重点解决国家、行业和区域经济社会发展中的重大科技问题。

（五）发挥财政资金对激励企业自主创新的引导作用。创新投入机制，整合政府资金，加大支持力度，激励企业开展技术创新和对引进先进技术的消化吸收与再创新。要引导和支持大型骨干企业开展竞争前的战略性关键技术和重大装备的研究开发，建立具有国际先进水平的技术创新平台；加强面向企业技术创新的服务体系建设。加大对科技型中小企业技术创新基金等的投入力度，鼓励中小企业自主创新。

（六）创新财政科技投入管理机制。在科研基地布局、人才队伍建设、政府科技计划设立、科研条件建设等方面，建立协调高效的管理平台，优化资源配置，使财政科技投入效益最大化。改革和强化科研经费管理，对科研课题及经费的申报、评审、立项、执行和结果的全过程，建立严格规范的监管制度。建立财政科技经费的绩效评价体系，明确设立政府科技计划和应用型科技项目的绩效目标，建立面向结果的追踪问效机制。

二、税收激励

（七）加大对企业自主创新投入的所得税前抵扣力度。允许企业按当年实际发生的技术开发费用的150%抵扣当年应纳税所得额。实际发生的技术开发费用当年抵扣不足部分，可按税法规定在5年内结转抵扣。企业提取的职工教育经费在计税工资总额2.5%以内的，可在企业所得税前扣除。研究制定促进产学研结合的税收政策。

（八）允许企业加速研究开发仪器设备折旧。企业用于研究开发的仪器和设备，单位价值在30万元以下的，可一次或分次摊入管理费，其中达到固定资产标准的应单独管理，但不提取折旧；单位价值在30万元以上的，可采取适当缩短固定资产折旧年限或加速折旧的政策。

（九）完善促进高新技术企业发展的税收政策。推进对高新技术企业实行增值税转型改革。国家高新技术产业开发区内新创办的高新技术企业经严格认定后，自获利年度起两年内免征所得税，两年后减按15%的税率征收企业所得税。继续完善鼓励高新技术产品出口的税收政策。完善高新技术企业计税工资所得税前扣除政策。

（十）支持企业加强自主创新能力建设。对符合国家规定条件的企业技术中心、国家工程（技术研究）中心等，进口规定范围内的科学研究和技术开发用品，免征进口关税和进口环节增值税；对承担国家重大科技专项、国家科技计划重点项目、国家重大技术装备研究开发项目和重大引进技术消化吸收再创新项目的企业进口国内不能生产的关键设备、原材料及零部件免征进口关税和进口环节增值税。

（十一）完善促进转制科研机构发展的税收政策。对整体或部分企业化转制科研机构免征企业所得税、科研开发自用土地、房产的城镇土地使用税、房产税的政策到期后，根据实际需要加以完善，以增强其自主创新能力。

（十二）支持创业风险投资企业的发展。对主要投资于中小高新技术企业的创业风险投资企业，实行投资收益税收减免或投资额按比例抵扣应纳税所得额等税收优惠政策。

（十三）扶持科技中介服务机构。对符合条件的科技企业孵化器、国家大学科技园自认定之日起，一定期限内免征营业税、所得税、房产税和城镇土地使用税。对其他符合条件的科技中介机构开展技术咨询和技术服务，研究制定必要的税收扶持政策。

（十四）鼓励社会资金捐赠创新活动。企事业单位、社会团体和个人，通过公益性的社会团体和国家机关向科技型中小企业技术创新基金和经国务院批准设立的其他激励企业自主创新的基金的捐赠，属于公益性捐赠，可按国家有关规定，在缴纳企业所得税和个人所得税时予以扣除。

三、金融支持

（十五）加强政策性金融对自主创新的支持。政策性金融机构对国家重大科技专项、国家重大科技产业化项目的规模化融资和科技成果转化项目、高新技术产业化项目、引进技术消化吸收项目、高新技术产品出口项目等提供贷款，给予重点支持。

国家开发银行在国务院批准的软贷款规模内，向高新技术企业发放软贷款，用于项目的参股投资。中国进出口银行设立特别融资账户，在政策允许范围内，对高新技术企业发展所需的核心技术和关键设备的进出口，提供融资支持。中国农业发展银行对农业科技成果转化和产业化实施倾斜支持政策。

(十六)引导商业金融支持自主创新。政府利用基金、贴息、担保等方式，引导各类商业金融机构支持自主创新与产业化。商业银行对国家和省级立项的高新技术项目，应根据国家投资政策及信贷政策规定，积极给予信贷支持。商业银行对有效益、有还贷能力的自主创新产品出口所需的流动资金贷款要根据信贷原则优先安排、重点支持，对资信好的自主创新产品出口企业可核定一定的授信额度，在授信额度内，根据信贷、结算管理要求，及时提供多种金融服务。

(十七)改善对中小企业科技创新的金融服务。商业银行与科技型中小企业建立稳定的银企关系，对创新活力强的予以重点扶持。加快建设企业和个人征信体系，促进各类征信机构发展，为商业银行改善对科技型中小企业的金融服务提供支持。

政府引导和激励社会资金建立中小企业信用担保机构，建立担保机构的资本金补充和多层次风险分担机制。探索创立多种担保方式，弥补中小企业担保抵押物不足的问题。政策性银行、商业银行和其他金融机构开展知识产权权利质押业务试点。

(十八)加快发展创业风险投资事业。制定《创业投资企业管理暂行办法》配套规章，完善创业风险投资法律保障体系。依法对创业风险投资企业进行备案管理，促进创业风险投资企业规范健康发展。鼓励有关部门和地方政府设立创业风险投资引导基金，引导社会资金流向创业风险投资企业，引导创业风险投资企业投资处于种子期和起步期的创业企业。在法律法规和有关监管规定许可的前提下，支持保险公司投资创业风险投资企业。允许证券公司在符合法律法规和有关监管规定的前提下开展创业风险投资业务。允许创业风险投资企业在法律法规规定的范围内通过债权融资方式增强投资能力。

完善创业风险投资外汇管理制度，规范法人制创业风险投资企业外汇管理，明确对非法人制外资创业风险投资企业的有关外汇管理问题。

(十九)建立支持自主创新的多层次资本市场。支持有条件的高新技术企业在国内主板和中小企业板上市。大力推进中小企业板制度创新，缩短公开上市辅导期，简化核准程序，加快科技型中小企业上市进程。适时推出创业板。

推进高新技术企业股份转让工作。启动中关村科技园区未上市高新技术企业进入证券公司代办系统进行股份转让试点工作。在总结试点经验的基础上，逐步允许具备条件的国家高新技术产业开发区内未上市高新技术企业进入代办系统进行股份转让。在有条件的地区，地方政府应通过财政支持等方式，扶持发展区域性产权交易市场，拓宽创业风险投资退出渠道。支持符合条件的高新技术企业发行公司债券。

(二十)支持开展对高新技术企业的保险服务。支持保险公司发展企业财产保险、产品责任保险、出口信用保险、业务中断保险等险种，为高新技术企业提供保险服务。

(二十一)完善高新技术企业的外汇管理政策。国家外汇管理局根据高新技术企业的实际需要，充分满足高新技术企业货物贸易和服务贸易用汇需求。深化境外投资外汇管理改革，支持国内企业设立海外研究开发设计机构、收并购国外研究开发机构或高新技术企业。

四、政府采购

(二十二)建立财政性资金采购自主创新产品制度。建立自主创新产品认证制度，建立认定标准和评价体系。由科技部门会同综合经济部门按照公开、公正的程序对自主创新产品进行认定，并向全社会公告。财政部会同有关部门在获得认定的自主创新产品范围内，确定政府采购自主创新产品目录(以下简称目录)，实行动态管理。

加强预算控制，优先安排自主创新项目。各级政府机关、事业单位和团体组织(以下统称采购人)用财政性资金进行采购的，必须优先购买列入目录的产品。采购人在编制年度部门预算时，应当标明自主创新产品。财政部门在预算审批过程中，在采购支出项目已确定的情况下，优先安排采购自主创新产品的预算。发挥财政、审计与监察部门的监督作用，督促采购人自觉采购自主创新产品。

国家重大建设项目以及其他使用财政性资金采购重大装备和产品的项目，有关部门应将承诺采购自主创新产品作为申报立项的条件，并明确采购自主创新产品的具体要求。在国家和地方政府投资的重点工程中，国产设备采购比例一般不得低于总价值的60%。不按要求采购自主创新产品，财政部门不予支付资金。

(二十三)改进政府采购评审方法，给予自主创新产品优先待遇。在政府采购评审方法中，须考虑自主创新因素。以价格为主的招标项目评标，在满足采购需求的条件下，优先采购自主创新产品。其中，自主创新产品价格高于一般产品的，要根据科技含量和市场竞争程度等因素，对自主创新产品给予一定幅度的价格扣除。自主创新产品企业报价不高于排序第一的一般产品企业报价一定比例的，将优先获得采购合同。以综合评标为主的招标项目，要增加自主创新评分因素并合理设置分值比重。

经认定的自主创新技术含量高、技术规格和价格难以确定的服务项目采购,可以在报经财政部门同意后,采用竞争性谈判采购方式,将合同授予具有自主创新能力的企业。

完善自主创新产品政府采购合同管理,拒绝接受或提供合同约定自主创新产品的,财政部门应责令其纠正,否则不予支付采购资金。

(二十四)建立激励自主创新的政府首购和订购制度。国内企业或科研机构生产或开发的试制品和首次投向市场的产品,且符合国民经济发展要求和先进技术发展方向,具有较大市场潜力并需要重点扶持的,经认定,政府进行首购,由采购人直接购买或政府出资购买。

政府对于需要研究开发的重大创新产品或技术,应当通过政府采购招标方式,面向全社会确定研究开发机构,签订政府订购合同,并建立相应的考核验收和研究开发成果推广机制。

(二十五)建立本国货物认定制度和购买外国产品审核制度。采购人应根据《中华人民共和国政府采购法》规定,优先购买本国产品。财政部会同有关部门制定本国货物认定标准。采购人需要的产品在中国境内无法获取或者无法以合理的商业条件获取的(在中国境外使用除外),在采购活动开始前,需由国家权威认证机构予以确认并出具证明。采购外国产品时,坚持有利于企业自主创新或消化吸收核心技术的原则,优先购买向我转让技术的产品。

(二十六)发挥国防采购扶持自主创新的作用。国防采购应立足于国内自主创新产品和技术。自主创新产品和技术满足国防或国家安全需求的,应优先采购。政府部门对于涉及国家安全的采购项目,应首先采购国内自主创新产品,采购合同应优先授予具有自主创新能力的企业或科研机构。

五、引进消化吸收再创新

(二十七)加强对技术引进和消化吸收再创新的管理。凡由国家有关部门和地方政府核准或使用政府投资的重点工程项目中确需引进的重大技术装备,由项目业主联合制造企业制定引进消化吸收再创新方案,作为工程项目审批和核准的重要内容,报请国家有关主管部门审批(核准)后实施。

加强对引进技术工作的咨询和评估。重大技术和重大装备的引进消化吸收和再创新方案须经有关部门联合组织的专家委员会进行咨询论证,明确消化吸收和再创新的计划、目标和进度。将通过消化吸收是否形成了自主创新能力,作为对引进项目验收和评估的重要内容。

(二十八)鼓励引进国外先进技术,定期调整鼓励引进技术目录。

对国内尚不能提供、且多家企业需要引进的重大装备,国家鼓励统一招标,引导外商联合国内企业投标;在进口装备的同时,应当引进先进设计制造技术,并支持国内企业尽可能多地参与分包和实现本地制造。

(二十九)限制盲目、重复引进。定期调整禁止进口限制进口技术目录。限制进口国内已具备研究开发能力的关键技术;禁止或限制进口高消耗、高污染和已被淘汰的落后装备和技术。

(三十)对企业消化吸收再创新给予政策支持。对消化吸收再创新形成的先进装备和产品,纳入政府优先采购的范围。对订购和使用国产首台(套)重大装备的国家重点工程,国家优先予以安排。建立由项目业主、装备制造企业和保险公司风险共担、利益共享的重大装备保险机制,引导项目业主和装备制造企业对国产首台(套)重大装备投保。

(三十一)支持产学研联合开展消化吸收和再创新。对重大装备的引进,用户单位应吸收制造企业、高等学校和科研院所参与,共同跟踪国际先进技术的发展,并在消化吸收的基础上,共同开展自主创新活动。在国家科技基础设施建设中,优先支持在重点产业中由产学研合作组建的技术平台,承担重大引进技术消化吸收再创新任务。

(三十二)实施促进自主制造的装备技术政策。针对国民经济、社会重点发展领域和重点工程,由综合经济部门牵头,并由使用部门和制造部门共同参与制定国家装备技术政策,积极推进重大装备的自主制造。国家和地方重点工程建设项目采用重大装备和技术,应符合装备技术政策。

六、创造和保护知识产权

(三十三)掌握关键技术和重要产品的自主知识产权。国家科技部门、综合经济部门会同有关部门按照行业和领域特点共同编制并定期发布应掌握自主知识产权的关键技术和重要产品目录,国家科技计划和建设投资应当对列入目录的技术和产品的研制予以重点支持。对开发目录中技术和产品的企业在专利申请、标准制定、国际贸易和合作等方面予以支持,形成一批拥有自主知识产权、知名品牌和较强国际竞争力的优势企业。

国家科技部门会同知识产权管理部门建立知识产权信息服务平台,支持开展知识产权信息加工和战略分析,为自主知识产权的创造和市场开拓提供知识产权信息服务。

(三十四)积极参与制定国际标准,推动以我为主形成技术标准。国家科技计划支持重要技术标准的研究,引导产学研联合研制技术标准,促使标准与科研、开发、设计、制造相结合。政府主管部门加强对行业协会等制定重要技术标准的指导协调,支持企业、社团自主制定和参与制定国际技术标准,鼓励和推动我国技术标准成为国际标准。国家建立标准服务平台,支持加快国外先进标准向国内标准的转化,重点支持企业通过再创新推动以我为主形成技术标准。

(三十五)切实保护知识产权。建立健全知识产权保护体系,加大保护知识产权的执法力度,营造尊重和保护知识产权的法治环境。科研机构、高等学校和政府有关部门要加强从事知识产权保护和管理工作的力量。国家科技计划和各类创新基金对所支持项目在国外取得自主知识产权的相关费用,按规定经批准后给予适当补助。切实保障科技人员的知识产权权益,职务技术成果完成单位应对职务技术成果完成人和在科技成果转化中作出突出贡献人员依法给予报酬。依法保护非职务发明成果完成人的合法权益。

建立重大经济活动的知识产权特别审查机制。有关部门组织建立专门委员会,对涉及国家利益并具有重要自主知识产权的企业并购、技术出口等活动进行监督或调查,避免自主知识产权流失和危害国家安全。同时,也要注意防止滥用知识产权制约创新。

(三十六)缩短发明专利审查周期。改革发明专利审查方式,提高专利实质审查工作效率,缩短审查周期。对国家科技、经济、社会发展有重大影响的或具有国际竞争力的自主创新成果,发挥专利制度的积极作用,依法维护国家利益。

(三十七)加强技术性贸易措施体系建设。加快建立我国符合国际通行规则的技术性贸易措施体系。政府有关部门应建立和完善技术性贸易措施的通报协调机制、快速反应机制和研究评议体系。政府部门、行业协会、地方和企业联合建立包括技术预警在内的国外技术性贸易措施预警机制,密切跟踪我国产品目标出口国的技术法规、标准及合格评定程序和检验检疫要求的变化,对出口可能遭遇的技术性贸易措施进行实时监测和发布预警。

七、人才队伍

(三十八)加快培养一批高层次创新人才。实施国家高层次创新人才培养工程,在基础研究、高技术研究、社会公益研究等若干关系国家竞争力和安全的战略科技领域,着力培养造就一批创新能力强的高水平学科带头人,形成具有中国特色的优秀创新人才群体和创新团队。打破"论资排辈"的现象,改进和完善学术交流制度,健全同行认可机制,使中青年优秀科技人才脱颖而出。

(三十九)结合重大项目的实施加强对创新人才的培养。制定人才培养规划,实施国家重大工程和重大科技计划项目,要重视和做好相关的创新人才培养工作。在国家科技计划项目评审、验收、国家重点实验室评审、科研基地建设综合绩效评估中,把创新人才培养作为重要的考评指标。

(四十)支持企业培养和吸引创新人才。改革和完善企业分配和激励机制,支持企业吸引科技人才,允许国有高新技术企业对技术骨干和管理骨干实施期权等激励政策。在高等学校和科研机构中设立面向企业创新人才的客座研究员岗位,选聘企业高级专家担任兼职教授或研究员。制定和规范科技人才兼职办法,引导和规范高等学校或科研机构科技人才到企业兼职。支持企业为高等学校和职业院校建立学生实习、实训基地。推进企业博士后科研工作,吸引优秀博士到企业从事科技创新。企业招聘高等学校毕业生和吸引优秀人才不受户籍限制。制定相应的政策支持军工等特殊岗位的创新人才培养和使用。

明确国有企业负责人对企业自主创新的领导职责。将企业技术创新投入和创新能力建设作为国有企业负责人业绩考核的重要内容。

(四十一)支持培养农村实用科技人才。对科技人员面向农村和贫困地区开展技术创新服务予以政策支持。充分利用广播、电视、网络等远程教育资源,提高广大农民采用实用、先进农业技术的水平和职业技能。

(四十二)积极引进海外优秀人才。制定和实施吸引优秀留学人才和海外科技人才回国(来华)工作和为国服务计划,结合国家自主创新战略、重大科技专项和重点创新项目,采取团队引进、核心人才带动引进等多种方式引进海外优秀人才。海外高层次留学人才回国工作不受用人单位编制、增人指标、工资总额和出国前户籍所在地限制。外籍杰出科技人才申请来华工作许可、在华永久居留的条件可适当放宽,在其居留证件有效期内可办理多次入境有效签证。制定保障具有永久居留资格的在华外籍高层次人才合法权益的办法。妥善解决好海外优秀人才回国(来华)工作的医疗保险、配偶就业、子女上学等问题。

(四十三)改革和完善科研事业单位人事制度。改革专业技术人才管理体制,分类推进专业技术职务制度改革。深化科研事业单位人事制度改革,全面实行聘用制度和岗位管理制度。科研事业单位可以自主设立各级创新岗位,自主聘用。实行固定岗位与流动岗位相结合,人员使用与项目、课题相结合的制度。除涉密岗位外,推行关键岗位和科研项目负责人面向国内外公开招聘制度。对科研机构的新进人员可实行人事代理制度。鼓励科研单位及其工作人员参加社会保险,积极推进事业单位养老保险制度改革,完善科技人员向企业流动的社会保险关系接续办法。按照事业单位工资改革的要求,改革和规范科研单位工资分配制度,建立以岗位工资、绩效工资为主要内容的收入分配制度,禁止违反规定将国家科研项目经费用于分配。

(四十四)建立有利于激励自主创新的人才评价和奖励制度。建立符合科技人才规律的多元化考核评价体系,对科学研究、科研管理、技术支持、行政管理等各类人员实行分类管理,建立不同领域、不同类型人才的评价体系,明确评价的指标和要素。改革和完善国家科技奖励制度,建立政府奖励为导向、社会力量奖励和用人单位奖励为主体的激励自主创新的科技奖励制度,把发现、培养和凝聚科技人才特别是尖子人才作为国家科技奖励的重要内容。建立和完善科技信用制度,对承担国家科技计划项目和从事相关管理的人员、机构进行信用监督,增强道德规范,促进学风建设。

八、教育与科普

(四十五)充分发挥高等学校在自主创新中的重要作用。深化高等教育改革,调整高等教育结构,加强重点学科建设。主动适应经济社会发展对各类专门人才的需求,优化学科专业布局,促进学科交叉融合,抓紧培养紧缺人才。扎实推进高水平大学建设,提高高等学校创新能力和社会服务能力,建成若干所世界一流大学和一批高水平研究型大学。创新研究生培养机制,着力培养创新精神与实践能力。坚持产学研结合,鼓励和支持高等学校同企业、科研机构建立多渠道、多形式的紧密型合作关系,共同培养创新人才,联合开展创新活动。扩大研究生派出规模,完善选派办法,在更高层次上开展国际科技和高层次人才培养合作。

(四十六)大力发展与改革职业教育。加快技能型紧缺人才的培养和农村转移劳动力的培训。切实加强职业教育基础能力建设,扩大中等职业教育的办学规模,提高高等职业院校的办学质量,大力推行工学结合、校企合作的人才培养模式。

(四十七)全面推进素质教育。大力推进基础教育课程改革和教学改革,加强和改进德育、智育、体育和美育,使青少年主动地生动活泼地得到发展。大力倡导启发式教学,注重培养学生动手能力,从小养成独立思考、追求新知、敢于创新、敢于实践的习惯。切实加强科技教育。广泛运用现代远程教育手段,倡导新的学习方式和教学方式。积极开发并合理利用校内外各种课程资源,发挥图书馆、实验室、专用教室及各类教学设施和实践基地的作用,广泛利用校外的展览馆、科技馆等丰富的资源,加强中小学生科技活动场所建设,拓宽中小学生知识面和锻炼实践能力。

(四十八)大力发展科普事业。实施全民科学素质行动计划,形成尊重科学、崇尚创新的浓厚社会氛围。加强国家科普能力建设。建立科普事业的良性运行机制。建立科研机构、大学定期向社会公众开放制度。鼓励著名科学家和其他专家学者参与科普创作。切实加强科普场馆建设。

九、科技创新基地与平台

(四十九)加强实验基地、基础设施和条件平台建设。围绕经济社会发展和国家安全的重大战略需求,在新兴交叉前沿领域的战略空白领域建设若干学科交叉、综合集成、机制创新的国家实验室。以国家实验室、国家重点实验室、国家工程实验室、国防科技重点实验室、国家工程(技术研究)中心、企业技术中心或研究开发中心等为依托,组织实施重大自主创新项目,吸引和凝聚高水平人才,推动项目、基地、人才的有机结合。

重点建设一批科研基础设施和大型科学仪器、设备共享平台,自然科技资源共享平台,科学数据共享平台,科技文献共享平台,成果转化公共服务平台,网络科技环境平台等,全面加强对自主创新的支撑。

(五十)加大对公益类科研机构的稳定支持力度。进一步推进和完善公益类科研机构管理体制和运行机制改革。对已实行分类改革的国务院部门属公益类科研机构,经验收合格后,按照重新核定的非营利科研编制,从2006年起大幅度提高投入力度,达到与其承担国家科研和公益服务相适应的水平。

(五十一)加强企业和企业化转制科研机构自主创新基地建设。国家支持企业特别是大企业建立研究开发机构。依托具有较强研究开发和技术辐射能力的转制科研机构或大企业,集成高等学校、科研院所等相关力量,在重点领域建设一批国家工程实验室,开展面向行业的竞争前技术、前沿技术和军工配套、军民两用技术研究。

完善转制科研机构业绩考核办法,建立起促进其技术创新的业绩考核指标体系。在经营业绩考核指标(国有资本保值增值率、净资产收益率)中,合理剔除非经营性资产的影响因素。

(五十二)加强国家高新技术产业开发区建设。国家高新技术产业开发区要推进“二次创业”,深化管理体制改革,加强软环境建设,努力成为促进技术进步和增强自主创新能力的重要载体,成为带动区域经济结构调整和经济增长方式转变的强大引擎,成为高新技术企业“走出去”参与国际竞争的服务平台,成为抢占世界高技术产业制高点的前沿阵地。

(五十三)推进科技创新基地与条件平台的开放共享。扩大科技创新基地与条件平台向全社会的开放,建立和完善国家科研基地和科研基础设施向企业和社会开放共享的机制和制度。把面向企业和社会提供服务,作为考核其运行绩效的重要指标。

十、加强统筹协调

（五十四）建立和健全合理配置科技资源的统筹机制。完善财政部门与科技等部门科技资源配置的协调机制。完善统计方法，提高研究与开发统计数据质量。强化科技预算的执行监督，确保财政科技投入目标的实现。建立创新资源配置的信息交流制度，防止重复立项和资源分散、浪费。

（五十五）建立政府采购自主创新产品的协调机制。由财政部门牵头，科技、发展改革等相关部门参加组成协调机构，制定政府采购自主创新产品的具体办法，审查实施情况，协调和解决实施中遇到的困难和问题。

（五十六）建立引进技术消化吸收和再创新的协调机制。由国家综合经济部门牵头，科技、教育、财政、商务、税务、海关、质检、知识产权等相关部门参加组成协调机构，制定重大产业技术和装备引进政策，组织协调并监督重大引进技术的消化吸收再创新工作。

（五十七）促进"军民结合、寓军于民"。建立促进军民科技资源协调配置的联席会议制度。加强军民科技计划的衔接与协调。建立军用、民用自主创新信息共享平台，促进军用、民用技术研究开发需求的互通交流及创新成果的双向转移。

根据相关法律法规，起草、制定促进军民结合、寓军于民的国防科研生产和武器装备采购法等法律法规以及相关配套制度。制定军品承研、承制单位资格审查认证办法，引入基于资格审查的军品市场准入制度，扩大军品市场的准入范围，将符合条件的民口科研机构和企业纳入装备承研承制单位名录。

在满足军用要求的前提下，积极采用先进适用的民用标准用于武器装备研制，建立国家标准、军用标准和行业标准协调互补的标准体系。对承担武器装备科研生产任务的民口企事业单位给予必要的政策支持。

（五十八）要认真做好实施《规划纲要》、建设创新型国家的宣传工作。

（五十九）国务院各有关部门要依据本文件要求制定必要的实施细则。

（六十）各省、自治区、直辖市人民政府要结合本地实际，依照法定权限制定相应的具体政策措施。

三大领域84项指标统计分析显示中国社会现代化水平居世界第六十位

中国科学院中国现代化研究中心今天发布的《中国现代化报告2006》给出的结论说，在全世界109个国家中，中国社会（2003年）的综合现代化水平居于第六十位，低于世界平均水平，但高于低收入国家平均水平，处于世界初等发达国家水平。

2005年向香港入境事务处申请加入中国籍的人数大幅增加

香港入境事务处公布的最新数字显示，2005年向该处申请加入中国籍的人数为1719人，较2004年的1342人大幅增加28%，亦为香港回归祖国以来最多的一年。

春节假期全国发送手机短信126亿条

从除夕至大年初七8天时间，全国手机短信发送量达126亿条，平均每个手机用户发送短信超过30条。这样，两大移动运营商8天收入逾12亿元。

中国首例人工繁殖大熊猫野外培训实验获成功

据四川卧龙中国保护大熊猫研究中心透露，经过近3年的培训后，我国第一只接受野化训练的人工繁殖大熊猫"祥祥"真的变野了。这标志着我国人工繁殖的大熊猫第一次具备了野外生存的能力，我国首例人工繁殖大熊猫野外培训实验获得成功。

14个项目获首届文化部创新奖

据新华社报道：首届文化部创新奖获奖项目名单日前出炉。苏州市昆曲遗产保护、继承、弘扬工程获创新奖特别奖；以道具器械创新推动杂技艺术发展，"城市教室"上海图书馆市民讲座，农村"文化科技屋"，21世纪新型现代化图书馆的建设与服务，地方版文献联合采编协作网，大型桂林山水实景演出《印象·刘三姐》，"数字故宫"建设，中国传统雕塑的复制与当代中国美术教育体系的建立等13个项目获创新奖。

国务委员陈至立在温哥华不列颠哥伦比亚理工大学为加拿大第一所孔子学院揭牌

中泰红十字组织在曼谷签署一项《联合声明》

2月7日，中泰红十字会举行以"为更美好的明天建立希望：红十字会与人道主义使命"为主题的研讨会，并签署了针对备灾救灾和灾后重建、医疗保健、青少年和志愿服务、脆弱人群以及红十字会和社会合作的《联合声明》。会议还签署了谅解备忘录，承诺共同开展在泰国南部攀牙府海啸灾区重建合作项目，包括兴建住房和儿童发展中心、修建学校、医院以及翻修卫生站等。中国红十字会同时向泰国红十字会捐款350万美元，以表达中国人民对泰国人民的友好情意。

中美科学家联合研究表明预防禽流感必须更广泛检测家禽

中美两国科学家联合进行的一项最新研究结果表

明,H5N1型禽流感病毒的主要扩散源头可能还是家禽的运输,而携带病毒的候鸟迁徙起到了辅助作用。科学家建议,为了防范人间禽流感疫情,必须对家禽进行更广泛的病毒检测。

国家环保总局对127个重点化工石化项目进行环境风险排查

国家环保总局副局长潘岳今天向新闻界通报,对11家布设在江河水边的问题严重企业实施挂牌督办,对10个总投资约290亿元的违反"三同时"(建设项目中的环境保护设施必须与主体工程同时设计、同时施工、同时投产使用)的建设项目进行查处,对127个分布在环境敏感区附近的重点化工石化类项目进行环境风险排查——化工石化环境风险防御战由此打响。

2月8日

中共中央发布《关于加强人民政协工作的意见》(摘要)

中国人民政治协商会议是中国人民爱国统一战线的组织,是中国共产党领导的多党合作和政治协商的重要机构,是我国政治生活中发扬社会主义民主的重要形式。人民政协成立以来,为建立和巩固新生的人民政权、促进社会主义革命和建设、推动改革开放和社会主义现代化建设,作出了重大贡献。在全面建设小康社会、加快推进社会主义现代化的新的发展阶段,提高党的执政能力、发展社会主义民主政治、构建社会主义和谐社会、推进中国特色社会主义伟大事业,必须大力加强人民政协工作,充分发挥人民政协的作用。

一、人民政协事业是中国特色社会主义事业的重要组成部分

人民政协是中国共产党把马克思列宁主义统一战线理论、政党理论和民主政治理论同中国具体实践相结合的伟大创造,是中国共产党同各民主党派、人民团体和各族各界人士风雨同舟、团结奋斗的伟大成果。中国共产党历来高度重视和关心人民政协事业的发展。以毛泽东同志为核心的党的第一代中央领导集体,提出了一系列具有独创性的重要思想,有力地指导了人民政协事业的创立和发展;以邓小平同志为核心的党的第二代中央领导集体,提出了新时期人民政协的性质和任务,全面开创了新时期人民政协事业的新局面;以江泽民同志为核心的党的第三代中央领导集体,对人民政协事业提出了许多重要的新思想、新观点、新论断,推动了人民政协事业的发展。党的十六大以来,以胡锦涛同志为总书记的党中央,对新世纪、新阶段人民政协事业的发展提出了明确要求,作出了新的重要部署,把人民政协事业继续推向前进。

中国共产党领导的多党合作和政治协商制度是我国的一项基本政治制度。要坚持走中国特色社会主义政治发展道路,立足我国国情,总结实践经验,借鉴人类政治文明的有益成果,决不照搬西方政治制度的模式。人民政协是实行中国共产党领导的多党合作和政治协商制度的重要政治形式和组织形式。要认真贯彻中国共产党同各民主党派和无党派人士长期共存、互相监督、肝胆相照、荣辱与共的方针,促进参加人民政协的各党派和无党派人士的团结合作,充分体现和发挥我国社会主义政党制度的特点和优势。

人民政协是我国政治体制的重要组成部分,在我国政治生活中具有不可替代的作用。在我们这个幅员辽阔、人口众多的社会主义国家里,关系国计民生的重大问题,在中国共产党领导下进行广泛协商,体现了民主与集中的统一。人民通过选举、投票行使权利和人民内部各方面在重大决策之前进行充分协商,尽可能就共同性问题取得一致意见,是我国社会主义民主的两种重要形式。坚持和完善人民政协这种民主形式,既符合社会主义民主政治的本质要求,又体现了中华民族兼容并蓄的优秀文化传统,具有鲜明的中国特色。发展社会主义民主政治,建设社会主义政治文明,要善于运用人民政协这一政治组织和民主形式。

人民政协是中国共产党领导的各党派、各团体、各民族、各阶层大团结大联合的组织。人民政协的基本属性、主要职能、组织构成、工作原则和活动方式,与构建社会主义和谐社会的要求是完全一致的,同构建社会主义和谐社会的各项工作是紧密相连的。构建社会主义和谐社会,必须充分发挥人民政协的作用。

人民政协在新世纪、新阶段的任务是:高举爱国主义、社会主义旗帜,在热爱中华人民共和国、拥护中国共产党的领导、拥护社会主义事业、共同致力于中华民族伟大复兴的政治基础上,进一步巩固和发展爱国统一战线,把全体社会主义劳动者、社会主义事业的建设者、拥护社会主义的爱国者和拥护祖国统一的爱国者都团结起来,同心同德,群策群力,为推进社会主义经济建设、政治建设、文化建设、社会建设,为实现祖国完全统一,为维护世界和平、促进共同发展而奋斗。

人民政协工作必须坚持的原则是:坚持以马克思列宁主义、毛泽东思想、邓小平理论和"三个代表"重要思想为指导,坚持中国共产党的领导,坚持在宪法和法律范围内开展工作,坚持社会主义初级阶段的基本路线、基本纲领、基本经验,坚持团结和民主两大主题,坚持科学发展观、把促进发展作为人民政协履行职能的第一要务,坚持把实现和维护最广大人民的根本利益作为人民政协工作的出发点和落脚点。

人民政协的主要职能是政治协商、民主监督、参政议政。要支持政协围绕团结和民主两大主题履行职能，把加强团结和发扬民主贯穿于政协工作的各个方面，推进政治协商、民主监督、参政议政的制度化、规范化和程序化。

二、认真搞好人民政协的政治协商

人民政协的政治协商是中国共产党领导的多党合作的重要体现，是党和国家实行科学民主决策的重要环节，是党提高执政能力的重要途径。把政治协商纳入决策程序，就国家和地方的重要问题在决策之前和决策执行过程中进行协商，是政治协商的重要原则。各级党委要高度重视人民政协的政治协商，统一部署和协调，并认真组织实施。

人民政协政治协商的主要内容是：国家和地方的大政方针以及政治、经济、文化和社会生活中的重要问题；各党派参加人民政协工作的共同性事务，政协内部的重要事务以及有关爱国统一战线的其他重要问题。

人民政协政治协商的主要形式有：政协全体会议，常务委员会会议，主席会议，常务委员专题协商会，政协党组受党委委托召开的座谈会，秘书长会议，各专门委员会会议，根据需要召开由政协各组成单位和各界代表人士参加的内部协商会议。

三、积极推进人民政协的民主监督

人民政协的民主监督是我国社会主义监督体系的重要组成部分，是在坚持四项基本原则的基础上通过提出意见、批评、建议的方式进行的政治监督。它是参加人民政协的各党派团体和各族各界人士通过政协组织对国家机关及其工作人员的工作进行的监督，也是中国共产党在政协中与各民主党派和无党派人士之间进行的互相监督。对于我们党来说，更加需要接受来自各个方面的监督。

人民政协民主监督的主要内容是：国家宪法、法律和法规的实施，重大方针政策的贯彻执行，国家机关及其工作人员的工作，参加政协的单位和个人遵守政协章程和执行政协决议的情况。

人民政协民主监督的主要形式有：政协全体会议、常委会议、主席会议向党委和政府提出建议案；各专门委员会提出建议或有关报告；委员视察、委员提案、委员举报、大会发言、反映社情民意或以其他形式提出批评和建议；参加党委和政府有关部门组织的调查和检查活动；政协委员应邀担任司法机关和政府部门特约监督人员等。

各级党委和政府要认真倾听来自人民政协的批评和建议，自觉接受民主监督。要完善民主监督机制，在知情环节、沟通环节、反馈环节上建立健全制度，畅通民主监督的渠道。党委和政府的监督机构以及新闻媒体要密切与人民政协的联系，加强工作协调和配合，提高民主监督的质量和成效。要切实发挥政协提案、建议案在民主监督方面的作用，对政协的提案和建议案要认真办理，及时给予正式答复。

四、深入开展人民政协的参政议政

人民政协的参政议政是人民政协履行职能的重要形式，也是党政领导机关经常听取参加人民政协的各民主党派、人民团体和各族各界人士的意见和建议、切实做好工作的有效方式。人民政协的参政议政是对政治、经济、文化和社会生活中的重要问题以及人民群众普遍关心的问题，开展调查研究，反映社情民意，进行协商讨论，通过调研报告、提案、建议案或其他形式，向党和国家机关提出意见和建议。

人民政协要选择经济社会发展中具有综合性、全局性、前瞻性的课题，深入调查研究，开展咨询论证，提出意见和建议。要运用包容各界、联系广泛、人才聚集的有利条件，了解和反映社会不同阶层、不同群体的愿望和要求。人民政协的重要考察活动及重大外事活动要请参加政协的民主党派有关负责人参加，政协专门委员会要积极开展与参加政协的各党派团体的联合调研。要建立健全人民政协参政议政的各项工作制度，形成合理有效的工作机制。

各级党委和政府要加强与人民政协的联系和沟通，为人民政协参政议政创造良好条件。对政协提出的重要意见和建议，要认真研究、积极采纳。党委和政府有关部门要密切同政协专门委员会的协作和配合，对他们的工作提供必要的支持和帮助。

五、切实抓好人民政协的自身建设

各民主党派和无党派人士是人民政协的重要组成部分。要充分发挥人民政协作为中国共产党领导的多党合作和政治协商的重要机构的作用，支持各民主党派和无党派人士参与国家重大方针政策的讨论协商及其履行职责的各种活动。尊重和保障各民主党派在政协的各种会议上以本党派名义发表意见的权利；尊重和保障各民主党派和无党派人士开展视察、提出提案、举报、反映社情民意以及参与调查和检查活动的权利；保证民主党派成员和无党派人士在政协委员、常务委员和政协领导成员中占有较大比例；政协各专门委员会要有民主党派和无党派人士参加；政协机关中应有一定数量的民主党派和无党派人士担任专职领导职务，并做到有职、有权、有责。

由界别组成是人民政协组织的显著特色。要根据界别的特点和要求开展活动，充分调动各界别参政议政的积极性，认真探索发挥界别作用的方法和途径。要适应改革开放和经济社会发展的实际情况，研究并合理设置界别，扩大团结面，增强包容性。要通过界别渠道密切联系群众,努力协调关系、化解矛盾、理顺情绪,增进社会各阶层和不同利益群体的和谐。

政协委员是人民政协履行职能的主体。要认真组织政协委员的学习和培训,促进政协委员提高自身素质,遵守政协章程,履行委员职责,密切联系群众,积极参加政协组织的会议和活动。要尊重和依法保护政协委员的各项民主权利,为他们发挥作用提供方便。政协委员所在单位要支持其参加政协活动,保障其各项待遇不因参加政协活动而受到影响。

大力加强人民政协的机关建设。要重视政治理论学习,坚持以邓小平理论和"三个代表"重要思想为指导,牢固树立和全面落实科学发展观,弘扬与时俱进和改革创新精神,大兴求真务实之风,提高全局观念、服务意识和政策水平。要适应壮大爱国统一战线和发展社会主义民主政治的要求,完善为政协履行职能服务的各项工作制度,提高工作水平和效率。要着眼于统一战线和人民政协事业的长远发展,高度重视并切实加强人民政协组织的干部队伍建设,配备好工作班子,加强干部选拔、交流和任用,加大干部培训工作、挂职锻炼的力度,努力造就一支政治坚定、作风优良、学识丰富、业务熟练的高素质政协工作干部队伍。

六、加强和改善党对人民政协的领导

按照党总览全局、协调各方的原则,进一步加强和改善党对人民政协的领导,支持人民政协依照章程独立负责、协调一致地开展工作。各级党委要深刻认识人民政协工作的重要性,认真贯彻《中共中央关于进一步加强中国共产党领导的多党合作和政治协商制度建设的意见》,善于运用人民政协这一政治组织和民主形式为实现党的总任务、总目标服务。要把政协工作纳入重要议事日程,听取政协党组的工作汇报,及时研究并统筹解决人民政协工作中的重大问题。党委和政府负责同志在政协全体会议期间参加讨论、共商国是和在政协常委会议期间通报情况、听取意见,应形成制度。不是同级党委常委的地方政协党员主席或党组书记,可请他们列席党委常委会议和其他有关重要会议。国务院和各级地方政府召开全体会议和有关会议时,可视需要邀请政协有关领导同志列席。各级党委和政府对政协干部交流、活动经费等方面存在的问题,要切实帮助解决。各级党委要把是否重视人民政协工作、能否发挥好人民政协的作用作为检验领导水平和执政能力的一项重要内容。

发挥政协组织中共产党员的先锋模范作用。政协委员中的共产党员和政协机关中的共产党员,要增强政治责任感,努力提高自身修养和能力,积极贯彻党的方针政策,带头遵守政协章程,继承和发扬党的统一战线和人民政协的优良传统,广交、深交党外朋友,努力成为合作共事的模范、发扬民主的模范、廉洁奉公的模范。

努力创造全党全社会重视和支持人民政协工作的新局面。各级党委要积极组织并大力推动关于人民政协的理论研究、宣传和教育工作,把人民政协理论列入各级党校、行政学院、干部学院、社会主义学院的教学计划。要有计划、有重点地组织新闻媒体宣传中国共产党领导的多党合作和政治协商制度,宣传人民政协的性质、地位和作用,以及各级政协组织履行职能的情况,形成有利于人民政协事业发展的良好氛围。

国务院总理温家宝主持召开国务院常务会议

会议研究发展城市社区卫生服务工作,审议并原则通过《国务院关于发展城市社区卫生服务的指导意见》。

会议听取了卫生部关于发展城市社区卫生服务工作意见的汇报。会议认为,社区卫生服务是城市卫生工作的重要组成部分,是实现人人享有初级卫生保健目标的基础环节。改革开放以来,我国城市卫生事业有了很大发展,服务规模不断扩大,科技水平不断提高,医疗条件明显改善,为保障人民健康发挥了重要作用。医疗体制改革通过试点摸索了经验。但也要看到,在城市卫生事业发展中还存在优质资源过分向大医院集中,社区卫生服务资源短缺、服务能力不强、不能满足群众基本卫生服务需要等问题。必须进一步深化城市医疗卫生体制改革,大力发展城市社区卫生服务,努力为居民提供安全、便捷、经济的公共卫生和基本医疗服务。

会议指出,发展社区卫生服务,要坚持公益性质,完善社区服务功能;坚持政府主导,鼓励社会参与,多渠道发展;坚持以调整和充分利用现有卫生资源为主,健全社区卫生服务网络;坚持公共卫生和基本医疗服务、中西医并重,防治结合;坚持以地方为主,因地制宜,稳步推进。到2010年,全国地级以上城市和有条件的县级市,基本建立起机构设置合理,服务功能健全,人员素质较高,运行机制科学,监督管理规范的城市社区卫生服务体系,居民在社区可以享受疾病预防控制等公共卫生服务和一般常见病、多发病的基本医疗服务。东中部地区地级以上城市和西部地区省会城市要加快发展,力争在两三年内取得明显进展。为此,要重点做好以下工作:(一)优化城市卫生资源结构,健全社区卫生服务网络,完善服务功能,满足群众基本卫生服务需求。(二)加大对社区公共卫生服务的经费投入。地方政府要建立稳定的社区卫生服务投入机制,中央财政对中西部地区给予必要的支持。鼓励社会力量参与发展社区卫生服务。(三)完善社区卫生服务运行机制。建立健全社区卫生服务机构、人员准入和退出机制,改革人事管理、收入分配制度和财政补偿制度及方式,确保服务质量。(四)发挥社区卫生服务在医疗保障中的作用。将社区卫生服务机构纳入城镇职工基本医疗保险定点医疗机构范围,引导参保职工到社区就诊。积极探索建立以社区卫生服务为基础的城市医疗救助制度。(五)加强社区卫生服务队伍建设。推进全科医师和护士岗位培训,建立医院和预防保健机构支援社区卫生服务的制度,鼓励和组织大中型医院医务人员到社区为居民服务。(六)加强社区卫生服务的监督管理。依法严格社区卫生服务机构、从业人员和医疗服务项目的资格准入,加强药品质量监管和民主监督,保证居民就医、用药安全。

会议强调,发展社区卫生服务是各级政府的重要职责。国务院成立城市社区卫生工作领导小组,指导协调全国城市社区卫生服务工作。地方各级政府和有关部门要建立相应的领导协调机制,层层明确责任,密切协调配合,推动社区卫生服务健康持续发展。

国办发出《关于成立国务院城市社区卫生工作领导小组的通知》

各省、自治区、直辖市人民政府,国务院各部委、各直属机构:

为加强对城市社区卫生工作的领导,积极发展城市社区卫生服务,深入推进城市医疗卫生体制改革,逐步解决城镇居民看病难、看病贵问题,经国务院同意,成立国务院城市社区卫生工作领导小组。现将有关事项通知如下:

一、主要职责

负责对全国城市社区卫生工作的宏观指导;研究制定促进城市社区卫生发展的重大方针和政策措施;协调解决城市社区卫生工作中的重大问题;对各地区城市社区卫生工作进行督促检查。

二、组成人员

组　长:吴　仪　国务院副总理
副组长:高　强　卫生部部长
　　　　徐绍史　国务院副秘书长
　　　　王　军　财政部副部长
成　员:黄文平　中央编办副主任
　　　　王春正　发展改革委副主任
　　　　吴启迪　教育部副部长
　　　　姜力民　政部副部长
　　　　王晓初　人事部副部长
　　　　王东进　劳动保障部副部长
　　　　仇保兴　建设部副部长
　　　　蒋作君　卫生部副部长
　　　　江　帆　人口计生委副主任
　　　　惠鲁生　食品药品监管局副局长
　　　　吴　刚　中医药局副局长

三、工作机构及其职责

设立国务院城市社区卫生工作领导小组办公室,作为领导小组的办事机构。办公室设在卫生部,办公室主任由卫生部副部长蒋作君兼任。

办公室承担领导小组的日常工作;提出发展城市社区卫生服务政策和措施的建议;督查落实领导小组会议议定事项;承办领导小组交办的其他事项。

领导小组人员调整由各成员单位向领导小组办公室提出,报领导小组组长审定后,由领导小组办公室负责通知。

国务院办公厅
2006年2月8日

中共中央政治局委员刘云山在海南调研

刘云山2月8日至11日在海南调研时指出,建设社会主义新农村是全党全社会的共同任务,服务新农村建设是宣传思想战线的重要责任。一定要认真贯彻落实中央决策部署,探索新思路、培育新农民、树立新风尚、发展新文化,更好地服务社会主义新农村建设。

国台办发言人李维一在例行记者会上抨击台湾当局领导人的新挑衅

李维一指出,台湾当局领导人继元旦发表对两岸关系极具挑衅性的讲话后,再次抛出所谓"三个诉求",这充分暴露出他顽固坚持"台独"分裂立场,再次说明他是两岸关系、亚太地区和平稳定的麻烦制造者和破坏者。

李维一说,去年以来,在两岸同胞的共同努力下,两岸关系出现朝着和平稳定方向发展的势头,两岸同胞对此深受鼓舞和倍加珍惜,国际社会对此感到欣慰。然而,台湾当局领导人却与此背道而驰,继元旦发表对两岸关系极具挑衅性的讲话后,在两岸同胞欢庆新春佳节、融融相贺之际,再次抛出所谓"三个诉求"(考虑废除"国统会"及"国统纲领"、催生"台湾新宪法"定稿、"以台湾为名称申请加入联合国"),公然推翻他自己作出的"四不一没有"的承诺,挑战国际社会普遍遵循的一个中国的原则,鼓吹加紧进行所谓"宪政改造",其核心目的是力图通过"宪改"实现"台湾法理独立"。

李维一强调,我们对发展两岸关系的原则立场是一贯的、坚定的、明确的,我们坚持一个中国的原则决不动摇,争取和平统一的努力决不放弃,贯彻寄希望于台湾人民的方针决不改变,反对"台独"分裂活动决不妥协。广大台湾同胞是我们的骨肉兄弟，我们不会因为台湾当局领导人的蓄意挑衅而改变对台湾同胞的庄严承诺。凡是对台湾同胞有利的事，凡是对促进两岸交流有利的事，凡是对维护台海地区和平有利的事，凡是对祖国和平统一有利的事，我们都会尽最大的努力去做，并且一定努力做好。我们希望台湾同胞同我们一道齐心协力，推动两岸关系继续朝着和平稳定的方向不断发展。

国家发改委 铁道部 交通部发出《关于继续做好部分电煤价格协商，保障2006年煤炭电力生产供应的紧急通知》

通知要求尚未签订合同的部分重点煤炭、电力企业必须抓紧工作，在2月份之内完成全年电煤合同和运输合同签订任务。国有重点煤矿和电力企业必须顾全大局，履行社会责任，主动做好电煤合同签订工作，保证电煤的正常供应，保证电厂的正常运行，确保生产、生活正常进行和社会稳定。

由于煤炭企业和电力企业在电煤价格上存在分歧，双方在今年煤炭供需衔接会上未能完成合同签订工作。对此，三部委在这份《关于继续做好部分电煤价格协商，保障2006年煤炭电力生产供应的紧急通知》中强调，要推进在政府监控条件下放开电煤价格，在保证煤炭价格基本稳定的前提下，由煤、电企业双方协商确定电煤价格。鉴于多年形成的电煤“重点合同”价格与“非重点合同”价格存在一定差距，适当提高“重点合同”电煤价格也有其合理性。供需双方要充分协商、平稳推进，防止价格大涨大落。

通知要求，铁道部门2月份对有量无价的合同，只要有供货，也要保证运输。3月份开始按协商确定的价格结算，并结清前两月预结算的差额。煤炭、电力企业不得相互串通、操纵市场价格。

农业部公布《草原征占用审核审批管理办法》

《草原征占用审核审批管理办法》(以下简称《办法》)将于3月1日正式实施。该办法进一步充实完善了《中华人民共和国草原法》配套法规规章体系，规定草原是重要的战略资源，实行基本草原保护制度，严格控制草原转为其他用地。

《办法》规定，矿藏开采和工程建设等需要征用使用草原、临时占用草原等，都必须经县级以上人民政府草原行政主管部门审核审批。开采矿藏和建设征用使用草原超过70公顷的，由农业部审核同意；70公顷及其以下的由省级草原行政主管部门审核同意。临时占用草原由县级以上地方草原行政主管部门依据所在省(自治区、直辖市)确定的审批权限分级审核同意。修建为草原保护和畜牧业生产服务的工程设施需要使用草原超过70公顷的，由农业部审批。

《办法》还具体规定了征占用草原的申请、查验、审核审批的程序，明确了审核审批的条件和有关办理时限，同时还根据《中华人民共和国草原法》的有关规定，设置了对建设征用使用草原预收草原植被恢复费的条款。

国家组织770万吨化肥服务春耕

我国暂停进口比利时荷兰和德国的可食性猪产品

为防止境外有害污染食品流入境内，国家质检总局今天发出公告，自即日起暂停进口比利时、荷兰、德国可食性猪产品，禁止从欧盟进口动物源性饲料，并加强对来自比利时、荷兰、德国的植物源性饲料、饲料添加剂的检验检疫和监管，必要时增加二噁英的检测。对于2006年1月24日前启运的上述国家的可食性猪产品，到港后必须批批进行二噁英的检测，合格后方可入境。

以中联部部长王家瑞为团长的中共代表团在孟加拉国总理府与孟加拉国总理卡莉达·齐亚进行会晤

外交部部长李肇星在巴黎会见法国合作 发展和法语国家部长级代表吉拉尔丹

全国总工会主席王兆国在北京会见日本工会总联合会会长高木刚一行

国务委员唐家璇在钓鱼台国宾馆会见日本自民党众议员野田毅率领的日中协会访华团

中国驻日大使王毅就中日关系发表讲话强调要正视症结所在克服政治障碍

中国驻日本大使王毅今天在中国驻日本大使馆举办华侨华人新春招待会，与旅日同胞共贺中华民族的传统佳节。

在谈到中日关系时，王毅说，去年中日关系的发展充满了曲折和波澜，面对着前所未有的困难。但也要看到越来越多的有识之士认识到这种状况不能继续，两国关系应该改善，政治障碍必须排除。因为这不仅符合两国人民的利益，也是亚洲各国的期待，并将受到国际社会的欢迎。

王毅强调，中国政府和中国领导人始终高度重视与日本的关系，一直期望两国关系尽快回到健康发展的轨道，随时愿通过平等协商，探讨解决当前存在问题的途径。迄今为止,中方已为此作出了大量努力,但改善和发展两国关系需要相向而行。现在的关键,是日方要正视影响两国关系的症结所在,设法克服目前面临的政治障碍。在错误的道路上继续走下去是没有出路的。

王毅说,中日两国互为重要邻国,两国关系的前景只有一个,就是和睦相处,共同发展,这是中方既定不变的政策。中方愿与日本各界朋友一道继续为此作出不懈努力。

在日华侨华人代表400余人出席了今天的招待会。

劳动和社会保障部在全国发起展开帮助和促进进城农民工就业的"春风行动"

劳动和社会保障部要求公共就业服务机构为进城求职务工的农村劳动者提供免费的就业服务,并推荐一批诚信民办职业中介机构,使进城求职人员能够得到诚信有效的职业介绍服务。

2月9日

中组部部长贺国强在省区市和中央部分党政机关先进性教育活动办公室主任座谈会上发言

贺国强指出,第三批先进性教育活动开展两个多月来,各地区、各部门认真贯彻中央精神,充分借鉴第一、二批先进性教育活动的经验,紧密结合实际,扎实推进各项工作,取得了初步成效。下一步,要继续下大力抓好第三批先进性教育活动下阶段的工作。要对前段工作进行回顾,查找工作的薄弱环节,及时进行"补课"。要继续采取措施,努力使所有党员都参加先进性教育活动。要把组织党员学习贯穿始终,以党章和中央关于建设社会主义新农村的战略部署为学习重点,采取切合农村党员实际、为党员群众喜闻乐见的学习形式,不断提高学习的针对性和实效性。要组织党员认真听取群众意见,广泛进行谈心交流,积极开展批评与自我批评,查找问题,开展好分析评议。要认真抓好整改,落实责任,把涉及群众切身利益、关系农村整体发展、经过努力能够解决的突出问题解决好。在重点抓好第三批先进性教育活动的同时,要继续做好第二批先进性教育活动巩固和扩大整改成果以及"回头看"工作。

贺国强强调,先进性教育活动的好做法好经验能否坚持下去,关键是能否建立保持共产党员先进性的长效机制,这也是当前广大党员群众关心的一个重点问题。各级党组织要联系本地区本部门本单位的实际,坚持既立足当前又着眼长远,既继承又创新,既讲求系统配套又注重务实管用,既注重制度的建立又重视制度的落实,切实抓好建立健全长效机制的工作。

各省区市和中央有关单位先进性教育活动领导小组办公室主任参加会议。中央先进性教育活动领导小组成员、中央组织部部务会成员出席会议。

中联办在香港会展中心新翼举行新春酒会

中联办主任高祀仁致辞时指出,一年来,在中央政府的大力支持下,香港特区行政长官曾荫权和特区政府团结社会各界,同心协力,务实进取,保持了香港和祖国同发展、共进步。

高祀仁从5个方面概括了香港的新气象:一是经济快速发展;二是社会更趋和谐;三是强政励治初见成效;四是香港与内地交流合作继续向深层次、宽领域发展;五是国际影响力进一步增强。

他表示,保持稳定、加快发展、促进和谐是香港同胞的根本利益所在,也是中央政府对香港的殷切期望。在新的一年里,中央人民政府驻港联络办将继续坚定不移地贯彻中央支持香港发展的方针,支持行政长官依法施政,广泛联系社会各界人士,听取和反映市民意见,继续推动内地与香港各方面的交流合作,促进香港社会和谐与繁荣稳定。

全国政协副主席董建华,香港特区行政长官曾荫权,外交部驻港特派员杨文昌,解放军驻港部队司令员王继堂、政委张汝成,香港特区政府主要官员、行政会议成员、立法会议员,中央驻港机构有关负责人,外国驻港领事官员,以及香港各界人士3000多人出席了新春酒会。

中国铁路多项指标居世界第一

据《人民日报》报道:全国铁路2005年超额完成各项运输生产指标,其中发送量、货运总发送量、货运总周转量等多项主要运输生产指标再创历史最高纪录。我国铁路完成的旅客周转量、货物发送量、货运密度和换算周转量等主要运输指标位居世界第一。

据统计,2005年全国铁路旅客发送量完成11.54亿人次,同比增长3.3%;直通旅客发送量达到43452万人次,同比增长6.9%。旅客周转量达到6034.56亿人公里,同比增长5.6%。2005年全国铁路货物发送量完成26.86亿吨,同比增长8.2%;货物周转量完成20545.54亿吨公里,同比增长7.5%。

近7年中国引进技术近5万项

据商务部统计,自1999年实施"科技兴贸"战略以来,我国累计引进技术近5万项,合同总金额超过1000亿美元。

1999—2005年,我国引进技术中的技术费达623

亿美元，占合同金额的57.6%。2005年，我国为技术引进所支出的技术费达118.3亿美元，占技术引进合同总金额的62.3%，比1999年提高31个百分点。这表明，在政府政策的引导下，企业“重设备轻技术”的技术引进观念已得到转变，软技术在我技术引进中逐渐占据主导地位，引进技术的质量明显改善。商务部会同有关部门积极采取措施，完善法规和政策，推动了技术引进的稳步健康发展。

中国7家电池企业打赢跨国官司

据四川长虹集团公司透露，长虹以及南孚、双鹿等7家中国电池企业日前打赢了与美国劲量控股和Eveready电池公司的“337调查”案件。诉讼方所谓的“无汞碱性电池专利权”被判为无效专利，长达3年的“337调查”案件终于有了结果，中国企业取得了胜利。

309家自律诚信的民办非企业单位受表彰

民政部今天在北京召开全国民办非企业单位自律与诚信建设活动年表彰会，向铁路青少年发展捐助中心等309家民办非企业单位授予“全国民办非企业单位自律与诚信建设先进单位”称号。

外交部就华人在南非遇害事件向南非驻华使馆提出交涉

中国首例三冻试管婴儿在北京大学第三医院诞生

一个体重3090克、身高49厘米的健康男婴在经历冻卵、冻精、冻胚胎，再行解冻后移植的试管婴儿日前在北京大学第三医院诞生。截至今天，婴儿各项指标正常。据了解，这是国内首例、国际第二例“三冻”试管婴儿。“三冻”技术中，冻精、冻胚胎技术在生殖领域已相当成熟，但冻融人卵一直是生殖技术的一项难关。北医三院在5000多枚兔卵冻融研究实验的基础上，建立起人卵母细胞冻存技术，此次采用更为简便快捷的玻璃化法获得成功。

国办转发全国老龄委办公室和发展改革委等部门《关于加快发展养老服务业的意见》的通知

各省、自治区、直辖市人民政府，国务院各部委、各直属机构：

全国老龄委办公室、发展改革委、教育部、民政部、劳动保障部、财政部、建设部、卫生部、人口计生委、税务总局《关于加快发展养老服务业的意见》已经国务院同意，现转发给你们，请认真贯彻执行。

国务院办公厅

2006年2月9日

关于加快发展养老服务业的意见

卫生部人口计生委税务总局我国是人口大国，也是老年人口最多的国家。目前，我国60岁以上的老年人口已达1.43亿，占总人口的11%；预计2020年将达到2.4亿，占当时总人口的16%左右。养老服务业是为老年人提供生活照顾和护理服务，满足老年人特殊生活需求的服务行业。为促进养老服务业加快发展，现提出以下意见：

一、充分认识加快发展养老服务业的重要意义

老年人最值得尊敬和爱戴，也最需要关心和帮助。中华民族素有敬老、尊老的传统，随着经济社会的发展，人民生活水平的提高，社会生活方式的转变，老年群体在日常生活照顾、精神慰藉、心理支持、康复、护理、临终关怀、紧急救助等方面呈现出日益增长的需求。妥善处理人口老龄化问题，关心老年人的需求，加快发展养老服务业，是贯彻落实科学发展观、坚持以人为本的具体体现。认真解决老年人生活中的实际问题，有利于保持家庭关系稳定和睦，促进老年群体与其他群体和谐相处，这是构建社会主义和谐社会的重要内容，是社会文明进步的重要标志。同时，加快发展养老服务业，有利于促进相关行业发展，推动经济增长，提高全体人民生活质量和水平。各地区、各部门要充分认识发展养老服务业的重要意义，采取有效措施，推动养老服务业加快发展。

二、突出工作重点，明确政策措施

发展养老服务业要按照政策引导、政府扶持、社会兴办、市场推动的原则，逐步建立和完善以居家养老为基础、社区服务为依托、机构养老为补充的服务体系。要建立公开、平等、规范的养老服务业准入制度，积极支持以公建民营、民办公助、政府补贴、购买服务等多种方式兴办养老服务业，鼓励社会资金以独资、合资、合作、联营、参股等方式兴办养老服务业。

(一)进一步发展老年社会福利事业。地方各级人民政府要不断加大投入，建立健全老年福利服务体系，为城乡无劳动能力、无生活来源、无赡养人的老年人和生活困难的老年人提供无偿或低收费服务，保障他们的基本生活。要采取多种形式，鼓励和支持社会力量多形式、多渠道参与老年社会福利事业，增加老年福利服务设施数量，提高服务质量。

(二)大力发展社会养老服务机构。地方各级人民政府和有关部门要采取积极措施，大力支持发展各类社会养老服务机构。引导和支持社会力量兴建适宜老年人集中居住、生活、学习、娱乐、健身的老年公寓、养老院、敬老院，鼓励下岗、失业等人员创办家庭养老院、托老所，开展老年护理服务，为老年人创造良好的养老环境和条件。

(三)鼓励发展居家老人服务业务。要通过政策引导,鼓励社会资本投资兴办以老年人为对象的老年生活照顾、家政服务、心理咨询、康复服务、紧急救援等业务,向居住在社区(村镇)家庭的老年人提供养老服务,为他们营造良好的生活环境。

(四)支持发展老年护理、临终关怀服务业务。支持兴办老年护理、临终关怀性质的医疗机构,鼓励医疗机构开展老年护理、临终关怀服务。根据实际情况,对开展老年护理、临终关怀服务的机构按规定给予政策扶持。

(五)促进老年用品市场开发。制定鼓励措施,引导企业开发、生产老年人特殊用品,促进老年用品市场发展,满足老年人的多方面需求。

(六)加强教育培训,提高养老服务人员素质。加快培养老年医学、管理学、护理学、营养学以及心理学等方面的专业人才,提高社区及农村基层卫生技术人员的专业素质。有计划地在高等院校和中等职业学校增设养老服务相关专业和课程,改革教学内容和教学方法。加强岗位培训,提高养老服务从业人员职业道德、服务意识和业务技术水平。

三、加强组织领导,认真落实责任

各地区、各有关部门要加强领导,把加快发展养老服务业列入议事日程,纳入经济社会发展规划,明确工作目标,认真落实责任。要进一步强化政府公共服务职能,强化服务意识,改进服务方式,提高工作效率。要组织或促进制定建筑设施、卫生条件、质量标准、服务规范等养老服务行业标准,开展服务质量评估和服务行为监督,促进养老服务业向规范化、标准化发展。要鼓励建立养老服务行业中介组织,发挥其在行业自律、沟通企业与政府联系等方面的积极作用。各有关部门要加强协调,密切配合,认真解决养老服务业发展中的问题,促进养老服务业健康发展。

各地区、各有关部门要根据本意见精神,抓紧制定和完善促进养老服务业发展的具体措施。

戴爱莲逝世

中国共产党优秀党员、中国当代舞蹈艺术先驱者和奠基人之一、著名舞蹈艺术家、舞蹈教育家、中国舞蹈家协会名誉主席戴爱莲因病医治无效,于2月9日在北京逝世,享年90岁。

戴爱莲是第一至三届全国人大代表,第一、五届全国政协委员,第六至八届全国政协常委。编有舞剧《和平鸽》、舞蹈《荷花舞》《飞天》《春游》等;整理了民间舞《西藏舞》《狮子舞》《红绸舞》《剑舞》等。

2月10日

国务院总理温家宝在中南海主持召开四次座谈会征求对政府工作报告和"十一五"规划纲要的意见

2月6日至10日,国务院总理温家宝在中南海主持召开四次座谈会,征求对即将提请十届全国人大四次会议审议的《政府工作报告(征求意见稿)》和《中华人民共和国国民经济和社会发展第十一个五年规划纲要(草案)(征求意见稿)》的意见。各民主党派中央、全国工商联负责人和无党派人士,经济社会领域专家学者,教育、科技、文化、卫生、体育界代表,企业界和工人、农民代表,分别出席了座谈会。

温家宝在这几次座谈会上讲了话。他感谢各民主党派、全国工商联和无党派人士,专家学者,企业家和工人、农民等社会各界对政府工作的关心和支持。他说,大家畅所欲言,既提出了不少很好的意见建议,又反映了许多实际情况,国务院将在修改《报告》稿、《纲要》稿时认真研究、采纳。大家的发言对进一步做好政府工作很有帮助。各级政府和每个政府工作人员都要经常听取群众的意见,深入了解实际情况,改进作风,扎实工作,认真全面履行职能,努力把各项工作做得更好。

国务院副总理吴仪、回良玉,国务委员华建敏、陈至立,全国政协副主席、中共中央统战部部长刘延东等和有关部门的负责同志分别参加了座谈会。

中组部部长贺国强在北京出席落实科学发展观干部考核工作座谈会

贺国强指出,科学发展观强调全面、协调、可持续发展,这就要求我们进一步改进和完善干部考核评价的方式方法,突出综合考核评价,全面、系统、客观、公正地看待干部;科学发展观的第一要义是发展,这就要求我们必须进一步创新实绩考核的手段,科学、准确地对干部的工作实绩作出评价;科学发展观的核心是以人为本,这就要求我们必须坚持群众公认原则,不断扩大和完善群众参与干部考核、任用工作的渠道与途径,进一步落实群众在干部选拔任用工作中的知情权、参与权、选择权和监督权。

贺国强指出,按照中央要求,中组部和地方各级组织部门围绕建立健全体现科学发展观要求的干部综合考核评价办法,进行了试点和探索。试点工作按照德才兼备、注重实绩、群众公认的原则,以德才素质评价为中心,立足于选准用好干部,普遍采取了民主推荐、民主测评、民意调查、实绩分析、个别谈话和综合评价等方法步骤,突出综合考核评价,注重考核工作实绩，扩大干部工作中的民主，坚持继承与创新的有机结合，增强考核工作的适用性和可操作性，为建立健全体现科学发展观要求的干部考核评价制度发挥了积极作用。

贺国强强调，从今年开始，全国省、市、县、乡党委将进行集中换届，要积极借鉴干部综合考核评价试点的经验和做法，认真做好换届考察工作。要继续进行试点和探索，进一步完善考核评价办法，为正式建立体现科学发展观要求的干部综合考核评价办法并全面实行奠定基础。要把握好综合考核评价主要环节的重点问题，坚持唯物辩证法，反对形式主义和形而上学，切实提高干部考核工作的针对性。要在对干部政治表现进行严格考察的基础上，尤其注意考察干部勤政廉政、贯彻执行民主集中制、求真务实、心理素质等方面的情况。要不断提高考察人员素质，努力以坚强的党性、过硬的本领、优良的作风，切实为党和人民把好选人用人关。

各省区市、副省级城市党委组织部长参加了会议。内蒙古、浙江、四川3个试点省区和北京、上海的有关同志作了经验交流。

国办印发《关于落实〈中共中央国务院关于推进社会主义新农村建设若干意见〉有关政策措施的通知》

国务院各有关单位：

为了贯彻落实《中共中央国务院关于推进社会主义新农村建设的若干意见》（中发〔2006〕1号）提出的一系列政策措施，需要有关部门研究提出具体实施意见并认真加以落实。根据国务院领导同志的指示，现就有关事项通知如下：

一、工作分工

（一）关于“2006年，国家财政支农资金增量要高于上年，国债和预算内资金用于农村建设的比重要高于上年，其中直接用于改善农村生产生活条件的资金要高于上年，并逐步形成新农村建设稳定的资金来源”的问题，由财政部、发展改革委牵头，会同农业部、水利部等部门提出落实意见。

（二）关于“提高耕地占用税税率，新增税收应主要用于‘三农’。抓紧制定将土地出让金一部分收入用于农业土地开发的管理和监督办法，依法严格收缴土地出让金和新增建设用地有偿使用费，土地出让金用于农业土地开发的部分和新增建设用地有偿使用费安排的土地开发整理项目，都要将小型农田水利设施建设作为重要内容，建设标准农田”的问题，由财政部牵头，会同国土资源部、建设部、水利部、农业部、税务总局、法制办等部门研究提出实施意见。

（三）关于“进一步加大支农资金整合力度，提高资金使用效率”的问题，由发展改革委牵头，会同财政部、科技部、水利部、农业部、林业局、扶贫办等部门提出具体实施意见。

（四）关于“鼓励企业建立农业科技研发中心，国家在财税、金融和技术改造等方面给予扶持”的问题，由财政部牵头，会同发展改革委、科技部、农业部、人民银行、税务总局等部门提出落实意见。

（五）关于“把农业科研投入放在公共财政支持的优先位置，提高农业科技在国家科技投入中的比重。继续安排农业科技成果转化资金和国外先进农业技术引进资金”的问题，由财政部牵头，会同发展改革委、科技部、农业部、水利部、林业局等部门提出实施意见。

（六）关于“要加快农业技术推广体系改革和建设，积极探索对公益性职能与经营性服务实行分类管理的办法，完善农技推广的社会化服务机制”的问题，由农业部牵头，会同科技部、财政部、人事部、中编办、中农办等部门提出实施意见。

（七）关于“深入实施农业科技入户工程，扩大重大农业技术推广项目专项补贴规模”的问题，由农业部牵头，会同财政部等部门提出实施意见。

（八）关于“加快农业标准化工作，健全检验检测体系，强化农业生产资料和饲料质量管理，进一步提高农产品质量安全水平”的问题，由农业部、质检总局牵头，会同发展改革委、工商总局、供销总社等部门提出实施意见。

（九）关于“2006年要完善全国鲜活农产品‘绿色通道’网络，实现省际互通”的问题，由交通部牵头，会同发展改革委、公安部、财政部、农业部、商务部、纠风办等部门抓紧提出实施意见。

（十）关于“继续实施优质粮食产业工程和粮食丰产科技工程，加快建设大型商品粮生产基地和粮食产业带，稳定粮食播种面积，不断提高粮食单产、品质和生产效益”的问题，由农业部、发展改革委、科技部会同有关部门提出实施意见。

（十一）关于“坚持和完善重点粮食品种最低收购价政策，保持合理的粮价水平，加强农业生产资料价格调控，保护种粮农民利益”的问题，由发展改革委牵头，会同财政部、农业部、粮食局、农业发展银行、供销总社、中储粮总公司等部门提出实施意见。

（十二）关于“继续执行对粮食主产县的奖励政策，增加中央财政对粮食主产县的奖励资金”的问题，由财政部牵头，会同农业部、统计局等部门提出落实意见。

（十三）关于“大力发展畜牧业，扩大畜禽良种补贴规模，推广健康养殖方式，安排专项投入支持标准化畜禽养殖小区建设试点”的问题,由农业部牵头,会同发展改革委、财政部、人民银行、环保总局等部门提出实施意见。

(十四)关于“要加强动物疫病特别是禽流感等重大疫病防控的基础设施建设,完善突发疫情应急机制,加快推进兽医管理体制改革,稳定基层兽医队伍”的问题,由农业部牵头,会同发展改革委、财政部、质检总局、林业局、中编办、人事部等部门提出实施意见。

(十五)关于“各级财政要增加扶持农业产业化发展资金,支持龙头企业发展,并可通过龙头企业资助农户参加农业保险”的问题,由财政部牵头,会同发展改革委、农业部、人民银行、保监会等部门提出实施意见。

(十六)关于“通过创新信贷担保手段和担保办法,切实解决龙头企业收购农产品资金不足的问题”,由银监会牵头,会同财政部、农业部、人民银行等部门提出实施意见。

(十七)关于“开展农产品精深加工增值税改革试点”的问题,由财政部牵头,会同税务总局、农业部、商务部、粮食局等部门提出实施意见。

(十八)关于“制定相应的财税鼓励政策,组织实施生物质工程”的问题,由财政部牵头,会同发展改革委、税务总局、农业部、环保总局等部门提出实施意见。

(十九)关于“严格执行最低工资制度,建立工资保障金等制度,切实解决务工农民工资偏低和拖欠问题”,由劳动保障部牵头,会同财政部、建设部、法制办等部门提出实施意见。

(二十)关于“逐步建立务工农民社会保障制度,依法将务工农民全部纳入工伤保险范围,探索适合务工农民特点的大病医疗保障和养老保险办法”的问题,由劳动保障部牵头,会同财政部、建设部、农业部、卫生部、法制办、银监会、保监会等部门提出实施意见。

(二十一)关于“2006年,粮食主产区要将种粮直接补贴的资金规模提高到粮食风险基金的50%以上,其他地区也要根据实际情况加大对种粮农民的补贴力度”的问题,由财政部牵头,会同发展改革委、农业部、粮食局等部门提出具体实施意见。

(二十二)关于“增加良种补贴和农机具购置补贴”的问题,由农业部牵头,会同财政部在春播前提出方案并予以公布。

(二十三)关于“加强扶贫开发工作,继续增加扶贫投入,完善管理机制,提高使用效益”的问题,由扶贫办牵头,会同发展改革委、财政部、人民银行等部门提出落实意见。

(二十四)关于“加快发展节水灌溉,继续把大型灌区续建配套和节水改造作为农业固定资产投资的重点”的问题,由发展改革委牵头,会同水利部、农业部等部门提出实施意见。

(二十五)关于“实行中央和地方共同负责,逐步扩大中央和省级小型农田水利补助专项资金规模”的问题,由财政部牵头,会同发展改革委、水利部、农业部等部门提出实施意见。

(二十六)关于“要大力加强耕地质量建设,实施新一轮沃土工程,科学施用化肥,引导增施有机肥,全面提升地力。增加测土配方施肥补贴,继续实施保护性耕作示范工程和土壤有机质提升补贴试点”的问题,由农业部牵头,会同发展改革委、财政部、国土资源部、环保总局等部门提出实施意见。

(二十七)关于“建立和完善生态补偿机制”的问题,由发展改革委牵头,会同财政部、国土资源部、水利部、农业部、环保总局、林业局、西部开发办等部门研究提出实施意见。

(二十八)关于“建立和完善水电、采矿等企业的环境恢复治理责任机制,从水电、矿产等资源的开发收益中,安排一定的资金用于企业所在地环境的恢复治理,防止水土流失”的问题,由财政部牵头,会同发展改革委、国土资源部、水利部、环保总局等部门研究提出实施意见。

(二十九)关于“从2006年起,大幅度增加农村沼气建设投资规模,有条件的地方,要加快普及户用沼气,支持养殖场建设大中型沼气”的问题,由农业部牵头,会同发展改革委、财政部等部门提出具体实施意见。

(三十)关于“要积极推进农业信息化建设,充分利用和整合涉农信息资源,强化面向农村的广播电视电信等信息服务,重点抓好‘金农’工程和农业综合信息服务平台建设工程”的问题,由农业部牵头,会同发展改革委、信息产业部、广电总局、国信办等部门提出落实意见。

(三十一)关于“引导农民自愿出资出劳,开展农村小型基础设施建设,有条件的地方可采取以奖代补、项目补助等办法给予支持”的问题,由发展改革委、财政部牵头,会同水利部、农业部等部门提出实施意见。

(三十二)关于“按照建管并重的原则,逐步把农村公路等公益性基础设施的管护纳入国家支持范围”的问题,由交通部牵头,会同发展改革委、财政部等部门提出实施意见。

(三十三)关于“各级政府要切实加强村庄规划工作,安排资金支持编制村庄规划和开展村庄治理试点。加强宅基地规划和管理,大力节约村庄建设用地,向农民免费提供经济安全适用、节地节能节材的住宅设计图样”的问题,由建设部牵头,会同发展改革委、财政部、民政部、国土资源部、环保总局等部门提出实施意见。

(三十四)关于“2006年对西部地区农村义务教育阶段学生全部免除学杂费,对其中的贫困家庭学生免费提供课本和补助寄宿生生活费”的问题,由财政部牵头,会同教育部等部门提出实施意见。

(三十五)关于“建立健全农村义务教育经费保障机制,进一步改善农村办学条件,逐步提高农村中小学公用经费的保障水平”的问题,由财政部牵头,会同发展改革委、教育部等部门提出实施意见。

(三十六)关于“扩大农村劳动力转移培训阳光工程实施规模,提高补助标准,增强农民转产转岗就业的能力”的问题,由农业部牵头,会同财政部、科技部、劳动保障部、扶贫办等部门提出实施意见。

(三十七)关于“各级财政要将农村劳动力培训经费纳入预算,不断增加投入”的问题,由财政部牵头,会同农业部、劳动保障部等部门提出实施意见。

(三十八)关于“积极推进新型农村合作医疗制度试点工作,从2006年起,中央和地方财政较大幅度提高补助标准”的问题,由财政部牵头,会同卫生部、保监会等部门提出实施意见。

(三十九)关于“探索建立与农村经济发展水平相适应、与其他保障措施相配套的农村社会养老保险制度”的问题,由劳动保障部牵头,会同财政部、保监会等部门研究提出实施意见。

(四十)关于“积极扩大对农村部分计划生育家庭实行奖励扶助制度试点和西部地区计划生育‘少生快富’扶贫工程实施范围”的问题,由人口计生委牵头,会同财政部、扶贫办等部门提出实施意见。

(四十一)关于“有条件的地方,要积极探索建立农村最低生活保障制度”的问题,由民政部牵头,会同财政部、扶贫办等部门研究提出实施意见。

(四十二)关于“进一步深化以农村税费改革为主要内容的农村综合改革。2006年,在全国范围取消农业税”的问题,由国务院农村税费改革工作小组负责提出实施意见。

(四十三)关于“2006年选择部分县(市)开展化解乡村债务试点工作,妥善处理历年农业税尾欠,完善涉农税收优惠方式,确保农民直接受益”的问题,由国务院农村税费改革工作小组研究提出实施意见。

(四十四)关于“深化国有农场税费改革,将农业职工土地承包费中类似农村‘乡镇五项统筹’的费用全部减除,农场由此减少的收入由中央和省级财政给予适当补助”的问题,由国务院农村税费改革工作小组提出实施意见。

(四十五)关于“县域内各金融机构在保证资金安全的前提下,将一定比例的新增存款投放当地,支持农业和农村经济发展,有关部门要抓紧制定管理办法”的问题,由人民银行牵头,会同财政部、银监会、农业部、法制办等部门尽快研究提出落实意见。

(四十六)关于“扩大邮政储蓄资金的自主运用范围,引导邮政储蓄资金返还农村”的问题,由银监会牵头,会同财政部、人民银行、邮政局等部门提出实施意见。

(四十七)关于“大力培育由自然人、企业法人或社团法人发起的小额贷款组织,有关部门要抓紧制定管理办法”的问题,由银监会牵头,会同人民银行等部门抓紧研究制定管理办法。

(四十八)关于“稳步推进农业政策性保险试点工作,加快发展多种形式、多种渠道的农业保险”的问题,由保监会牵头,会同发展改革委、财政部、农业部、人民银行、税务总局、法制办等部门提出落实意见。

(四十九)关于“完善村民‘一事一议’制度”的问题,由农业部牵头,会同发展改革委、纠风办、财政部、法制办、中农办等部门研究提出具体办法。

二、工作要求

(一)制订计划,落实任务。各有关部门要按照上述分工,研究提出落实相关任务的实施意见,已经提出实施意见的要进一步加以完善,并制定具体、可行的工作计划,明确工作任务和完成时限,认真予以落实。各牵头部门要在2006年3月底之前将工作计划报国务院办公厅备案。

(二)密切配合,相互支持。落实中央提出的农业和农村政策措施,涉及多个部门,牵头部门要切实负起责任,其他部门要按各自职能分工,积极参与、支持和配合牵头部门做好落实工作,特别是发展改革、财政、金融等部门要给予积极的支持。落实有关的政策措施需增加参与单位的,请牵头部门商有关单位确定。

(三)督促检查,跟踪落实。各有关部门的工作计划报来后,国务院办公厅负责督促检查。

国务院办公厅

2006年2月10日

国务院在广州召开风景名胜区工作座谈会

中共中央政治局委员、国务院副总理曾培炎出席会议并讲话。曾培炎强调,风景名胜资源是宝贵的自然文化遗产。加强风景名胜区工作,一定要按照科学发展观的要求,完善有关法律法规,科学规划,严格保护,统一管理,合理开发,促进风景名胜区永续利用。

曾培炎对进一步做好风景名胜区工作提出五点要求,一是编制好风景名胜区规划。二是高度重视对自然风貌和人文遗址的保护。三是加强风景名胜区的管理。四是加大风景名胜区工作的统一协调力度。五是依法开展风景名胜区工作。

会上，国务院法制办、建设部，有关部门、地方和风景名胜区负责人发了言。

到目前为止，全国已有国家级风景名胜区187个，总面积9.6万平方公里，占全国陆地面积的1%。全国31处世界遗产中，有16处是国家级风景名胜区。此外，全国还有400多个省级风景名胜区。

第六届“中国十大杰出检察官”评选揭晓

获得第六届“中国十大杰出检察官”荣誉称号的是：陕西省西安市临潼区人民检察院副检察长王书田、河南省人民检察院公诉处检察员蒋汉生、北京市人民检察院二分院公诉二处检察员吴春妹（女）、广东省广州市海珠区人民检察院检察长陈思民、天津市静海县人民检察院检察长王炳祥、辽宁省海城市人民检察院检察长王红日、黑龙江省密山市人民检察院侦查监督科副科长魏艳玲（女）、上海市长宁区人民检察院反贪局副局长芮振伟、中国人民解放军海军军事检察院检察长王炼锋、山东省招远市人民检察院副检察长李美兰（女）。

中国完成港口管理体制改革

据《人民日报》报道：日前，我国15家归属于港口企业的港口引航机构从企业分离出来，按照“一个港口一个引航机构”的原则，组建成公共服务型事业单位，承担着我国沿海、长江、珠江和黑龙江界河等内、外贸船舶进出港口引领任务。至此，我国港口管理体制改革已全面完成。

我国最大中外合资石化项目宣布成功投产

我国最大的中外合资石化项目——中海壳牌石油化工有限公司（中海壳牌）10日宣布，位于广东省惠州大亚湾的石化联合工厂1月29日成功产出合格乙烯和丙烯。

中菲政府代表互换引渡条约批准书

中国驻菲律宾大使李进军与菲律宾外交部部长罗慕洛互换了《中华人民共和国和菲律宾共和国引渡条约》批准书，这标志着该条约即将正式生效，中菲两国在司法领域的合作得到进一步加强。

中联部部长王家瑞在伊斯兰堡总理府会见巴基斯坦总理肖卡特·阿齐兹

国务委员陈至立在哈瓦那会见古巴国务委员会主席菲德尔·亚历杭德罗·卡斯特罗

外交部副部长戴秉国在东京会见河野洋平等日本政治家

《中共中央国务院关于实施科技规划纲要增强自主创新能力的决定》单行本由人民出版社出版

本书收录了《中共中央国务院关于实施科技规划纲要增强自主创新能力的决定》和国务院颁布的《国家中长期科学和技术发展规划纲要（2006—2020年）》全文。

卫生部公布1月份传染病疫情共报告甲乙类传染病23万多例

1月，全国共报告法定甲、乙类传染病233262例，死亡493人。本月除鼠疫、霍乱、登革热、传染性非典型肺炎、脊髓灰质炎和白喉无发病、死亡报告外，其余21种甲、乙类传染病均有报告。

全国总工会已筹送温暖资金20亿元重点帮扶农民工和困难职工

据目前对27个省区市的不完全统计，截至2月10日，全国工会系统2006年共筹集送温暖资金20.33亿元，其中向农民工发放1.54亿元；慰问困难职工440.12万户。

2月11日

国办印发《关于发布山西五鹿山等22处新建国家级自然保护区名单的通知》

各省、自治区、直辖市人民政府，国务院各部委、各直属机构：

环保总局提出的山西五鹿山等22处新建国家级自然保护区已经国务院审定，现将名单予以发布。新建国家级自然保护区的面积、范围和功能分区等由环保总局另行公布。

山西五鹿山等22处国家级自然保护区内生物多样性丰富，主要保护对象的典型性、稀有性、濒危性、代表性较强，在涵养水源、保持水土、调节气候、维持生态系统良性循环等方面具有重要作用。各有关地区和部门要严格按照《中华人民共和国自然保护区条例》等有关规定，切实加强领导和监督，健全高效精干的管理机构，加大资金投入力度，高标准建设国家级自然保护区。要按照批准的面积和范围组织勘界立标，落实保护区土地权属，予以公告。

要妥善处理好保护区与当地经济建设和居民生产生活的关系，不得在保护区的核心区和缓冲区内开展旅游活动及建设生产设施；在保护区的实验区内建设项目，必须进行环境影响评价并依法履行审批手续。

国务院办公厅

2006年2月11日

新建国家级自然保护区名单

(共计22处)

山西省

五鹿山国家级自然保护区

内蒙古自治区

额尔古纳国家级自然保护区

辽宁省

努鲁儿虎山国家级自然保护区

黑龙江省

凤凰山国家级自然保护区

江苏省

泗洪洪泽湖湿地国家级自然保护区

安徽省

铜陵淡水豚国家级自然保护区

福建省

闽江源国家级自然保护区

山东省

滨州贝壳堤岛与湿地国家级自然保护区

河南省

小秦岭国家级自然保护区

湖南省

乌云界国家级自然保护区

鹰嘴界国家级自然保护区

广西壮族自治区

千家洞国家级自然保护区

四川省

米仓山国家级自然保护区

雪宝顶国家级自然保护区

云南省

会泽黑颈鹤国家级自然保护区

永德大雪山国家级自然保护区

陕西省

子午岭国家级自然保护区

甘肃省

小陇山国家级自然保护区

盐池湾国家级自然保护区

安南坝野骆驼国家级自然保护区

宁夏回族自治区

哈巴湖国家级自然保护区

新疆维吾尔自治区

塔里木胡杨国家级自然保护区

中央统战部 国务院办公厅在北京举行国务院参事 中央文史研究馆馆员新春招待会

全国人大常委会副委员长司马义·艾买提，国务委员兼国务院秘书长华建敏，全国政协副主席刘延东、罗豪才与国务院参事、中央文史馆馆员欢聚一堂，叙旧话新。

华建敏代表国务院向各位国务院参事、中央文史研究馆馆员以及全国各地的参事、馆员致以诚挚的问候和良好的祝愿。他说，刚刚过去的一年，是我国在全面建设小康社会道路上阔步前进的一年，社会主义现代化事业取得显著成就。各位参事认真履行职责，紧紧围绕党和政府的中心工作和群众关心的热点、难点问题，深入开展调查研究，积极建言献策，提出了许多有价值的意见和建议。各位馆员著书立说，赋诗作画，积极开展学术与文化交流活动，产生了良好的社会影响，为弘扬中华民族优秀传统文化发挥了重要作用。

华建敏说，2006年是实施“十一五”规划的开局之年，做好改革发展稳定的各项工作，具有十分重要的意义。希望各位参事、馆员继续发扬优良传统，充分发挥自身优势，认真履行参政议政职责，密切同社会各界的联系，及时反映社情民意，积极建言献策，为政府科学、民主决策服务，为构建社会主义和谐社会服务。大力开展文史研究和书画创作活动，为弘扬中华民族优秀传统文化作出新的贡献。同时，通过开展各种联谊活动，广交朋友，为促进祖国的和平统一大业发挥更加积极的作用。

黑龙江省第十届人民代表大会第五次会议选举钱运录为黑龙江省人大常委会主任

香港特别行政区今日起正式取消遗产税

中央军委副主席曹刚川在广州军区某部调研

曹刚川强调，科学发展观是加强国防和军队建设的重要指导方针。要把学习贯彻科学发展观作为一项重大政治任务来抓，在部队兴起学习贯彻科学发展观的热潮。要结合部队实际，找准贯彻落实科学发展观的切入点，看看部队建设的思路和工作指导是否符合科学发展观的要求，符合的就坚持，不符合的就坚决纠正。要着力解决制约部队建设的突出矛盾和问题，使部队建设转入科学发展的轨道。要坚持用胡锦涛主席的重要指示精神统一思想，毫不放松地抓好军事斗争准备。

曹刚川指出，部队全部工作和战斗力的根基在基层。要牢固树立长期抓基层、反复打基础的思想，按照《纲要》抓基层，在新的起点上推进基层建设不断进步。要以加强基层党支部建设为重点，把基层党支部搞坚强，更好地发挥战斗堡垒作用。要组织党员认真开展学习党章、遵守党章、贯彻党章、维护党章的活动，增强党员意识和党性观念，发挥好先锋模范作用。要坚持严格教育与严格管理相结合，坚持依法带兵与以情带兵、文明带兵、科学带兵相统一，维护士兵的合法权益，巩固和发展新型官兵关系，增强部队的凝聚力和战斗力。

2月12日

中共中央在人民大会堂举行元宵节联欢晚会

胡锦涛、吴邦国、温家宝、贾庆林、曾庆红、吴官正、李长春、罗干等党和国家领导人同首都知识界部分知名人士欢聚一堂，喜庆佳节。

联欢晚会由中共中央政治局常委李长春主持。他首先代表中共中央，向全国知识界的同志们、朋友们，致以节日的问候和良好的祝愿。

李长春说，刚刚过去的2005年，是我们国家在全面建设小康社会的征程上阔步前进的一年。“十五”计划胜利完成，社会主义经济建设、政治建设、文化建设、和谐社会建设和党的建设全面推进，我国经济社会发展站到了一个新的历史起点上。在这些成绩中，也凝结着知识界的同志们、朋友们贡献的智慧和力量。

李长春说，今年是实施“十一五”规划的开局之年。当前，全党全国各族人民正紧密团结在以胡锦涛同志为总书记的党中央周围，坚持以邓小平理论和“三个代表”重要思想为指导，坚持以科学发展观统领经济社会发展全局，认真贯彻党的十六大和十六届三中、四中、五中全会精神，同心同德、开拓创新，为推进全面建设小康社会进程而不懈奋斗。知识界是我国改革开放和现代化建设事业的一支重要力量。希望知识界的同志们、朋友们进一步增强责任感和紧迫感，与时俱进，奋发努力，在各自的工作岗位上创造出新的业绩，为把中国特色社会主义事业推向前进作出更大的贡献。

出席联欢晚会的领导同志还有王兆国、回良玉、刘云山、吴仪、贺国强、曹刚川、曾培炎、王刚等。

农业部统计数据显示我国乡镇企业有力拉动当地经济快速增长

据《人民日报》报道：据农业部统计，到2005年年底，全国规模以上乡镇农产品加工企业达56264个，比上年增加了1825个。2005年全国乡镇企业从业人员达14180万人，比上年增加310万人，从业人数占全国农村劳动力的26%左右。

乡镇企业的发展促进了农民增收，2005年乡镇企业累计支付劳动者报酬10800亿元，同比增长10.7%，农民人均从乡镇企业获得的收入占农民人均纯收入的34%左右。

目前乡镇企业已占县域经济总量的70%左右，有力地拉动了当地经济快速增长，2005年乡镇企业累计上交补助社会性支出、上交支农、建农资金160亿元。

上海外国语大学教授朱威烈荣获埃及政府翻译表彰奖

埃及文化部、埃及文化最高委员会今天联合在开罗歌剧院举行会议，庆祝“国家翻译工程”文化项目举办10周年，并为10名分别来自中国、美国、意大利、德国和西班牙等国的著名学者和翻译家颁发了翻译奖，以表彰他们为传播阿拉伯文化所作出的杰出贡献，其中来自上海外国语大学的朱威烈教授是唯一一名中国学者。

埃及“国家翻译工程”开始于1995年，是一个庞大的文化翻译项目，迄今顺利走过10个辉煌的年头，翻译出版了整整1000本书。

首届中国青年丰田杯环境保护奖在北京揭晓

由共青团中央、全国青联、丰田汽车公司共同设立的“中国青年丰田环境保护奖”名单在北京揭晓。桂林弘富能源开发志愿团队的《保护环境，造福农民——发展新型沼气技术》等获奖。全国人大常委会副委员长顾秀莲等出席了颁奖仪式。

“中国青年丰田环境保护奖”是一个大型环保公益活动，3年奖金共1000余万元人民币，旨在深化中外青年的环保交流与合作，扶持中国青年实施各种有利于实现可持续发展的环保创意与实践，培育青年一代致力于节能建设与环境保护的责任感和主体意识，推进节约型社会的创建。

2月13日

国家主席胡锦涛在人民大会堂与多哥总统福雷举行会谈

胡锦涛说，两国在政治、经贸、文教、卫生等领域的交流与合作取得了显著成果。多哥已成为中国在西非地区重要的贸易伙伴。双方在国际事务中相互理解，密切合作。

胡锦涛说，当前，中多关系已进入新的发展阶段。为推动两国各领域合作全面深入向前发展，中方愿与多方继续加强两国高层交往，扩大政府、立法机构和政党之间的友好交流。本着平等互利、注重实效、共同发展的原则，进一步提高两国经贸合作水平。重点加强双方在农业、基础设施建设、电信和电力等领域的合作，积极探索扩大合作的各种方式和途径。深化两国文教、卫生、人力资源开发等领域的合作。加强两国在多边事务中的磋商与沟通，在涉及各自根本利益的重大问题上相互理解和支持，在事关发展中国家共同权益的重大问题上相互协调和配合，维护世界和平，促进共同发展。

福雷完全赞同胡锦涛提出的深化两国关系的建议。他说，中国在经济社会发展方面取得了很大成就，积累了丰富经验。多哥愿与中方加强交流，进一步发展多中关系，在经贸、电信、科技、基础设施建设等领域开展多层次、多形式的合作。多方也愿与中方共同致力于促进地区和世界的和平与发展。

在谈到中非关系时，胡锦涛说，巩固中非传统友谊，加强中非团结合作，支持非洲国家联合自强和复兴发展，是中国政府的一贯方针。今年将在北京举办中非合作论坛首届峰会，这是中非关系发展史上的一件大事。中国愿通过中非合作论坛这一有效平台，进一步落实中国对非政策主张，同非洲国家一道，共同谱写新世纪中非务实合作和共同发展的新篇章。

福雷表示，将于今年在北京举行的首届中非合作论坛峰会有利于加深非中相互了解。多方及非洲其他国家愿以此为契机，同中方密切合作，共同促进非中友好关系和各领域的互利合作的发展。

会谈后，两国元首共同出席了中多经济技术合作协定等文件的签字仪式。

全国政协主席贾庆林在北京调研

2月13日至15日，贾庆林在中共中央政治局委员、北京市市委书记刘淇，市长王岐山等陪同下在北京调研。他强调，要深入贯彻党的十六大和十六届五中全会精神，认真学习领会胡锦涛同志在省部级主要领导干部建设社会主义新农村专题研讨班上的重要讲话精神，坚持以科学发展观统领经济社会发展全局，充分发挥统一战线和人民政协的优势和作用，广泛凝聚各方面的智慧和力量，扎实推进社会主义新农村建设。

调研期间，贾庆林听取了北京市委、市政府的工作汇报，与有关方面专家进行座谈，对北京市经济社会发展特别是社会主义新农村建设取得的成绩给予了充分肯定。他说，北京认真贯彻落实中央关于"三农"工作的一系列政策措施，在建设社会主义新农村方面进行了很多有益探索，取得了很好成效。他希望北京认真总结经验，再接再厉，把建设社会主义新农村的各项工作做得更好，在建设社会主义新农村伟大事业中走在全国的前列。

国务院发出《关于加快振兴装备制造业的若干意见》(摘要)

装备制造业是为国民经济发展和国防建设提供技术装备的基础性产业。大力振兴装备制造业，是党的十六大提出的一项重要任务，是树立和落实科学发展观，走新型工业化道路，实现国民经济可持续发展的战略举措。我国装备制造业经过50多年的发展，取得了令人瞩目的成就，形成了门类齐全、具有相当规模和一定水平的产业体系，成为我国经济发展的重要支柱产业。但我国装备制造业还存在自主创新能力弱、对外依存度高、产业结构不合理、国际竞争力不强等问题。为加快装备制造业的振兴，现提出以下意见：

一、明确目标原则，加快振兴步伐

(一)振兴目标：

到2010年，发展一批有较强竞争力的大型装备制造企业集团，增强具有自主知识产权重大技术装备的制造能力，基本满足能源、交通、原材料等领域及国防建设的需要。依靠区域优势，发挥产业集聚效应，形成若干具有特色和知名品牌的装备制造集中地。建设和完善一批具有国际先进水平的国家级重大技术装备工程中心，初步建立以企业为主体的技术创新体系。逐渐形成重大技术装备、高新技术产业装备、基础装备、一般机械装备等专业化合理分工、相互促进、协调发展的产业格局。

(二)基本原则：

1. 坚持市场竞争和政策引导相结合。进一步完善促进装备制造业振兴的政策法规和标准体系，营造良好的市场环境，充分发挥市场在资源配置中的基础性作用，促进装备制造企业有序竞争；加强政府的组织领导和宏观调控，发挥行业指导作用，避免低水平重复建设，对关系国民经济和国防安全的重大技术装备制造和关键共性技术研发，给予必要的政策支持。

2. 坚持对外开放和自主创新相结合。鼓励企业着眼于前沿领域，积极扩大开放，在引进国外先进技术的基础上，实现消化吸收再创新；建立产、学、研、用相结合的技术创新体系，培养一批创新人才，不断增强自主创新能力，促进装备制造业持续发展。

3. 坚持产业结构调整和深化企业改革相结合。按照走新型工业化道路的要求，结合"十一五"规划和振兴东北地区等老工业基地战略的实施，大力推进产业结构调整；创新管理体制和机制，加快建立现代企业制度，完善公司治理结构，增强企业活力和市场竞争能力。

4. 坚持重点发展和全面提升相结合。依托重点工程，研制一批对国民经济发展和产业升级影响大、关联度高的重点领域的重大技术装备，实现核心技术和系统集成能力的突破；以点带面，通过自主设计和自主制造，带动基础装备和一般机械装备产品及零部件生产制造水平的全面提升。

二、确定主要任务，实现重点突破

（三）选择一批对国家经济安全和国防建设有重要影响，对促进国民经济可持续发展有显著效果，对结构调整、产业升级有积极带动作用，能够尽快扩大自主装备市场占有率的重大技术装备和产品作为重点，加大政策支持和引导力度，实现关键领域的重大突破。

1. 发展大型清洁高效发电装备，包括百万千瓦级核电机组、超超临界火电机组、燃气—蒸汽联合循环机组、整体煤气化燃气—蒸汽联合循环机组、大型循环流化床锅炉、大型水电机组及抽水蓄能水电站机组、大型空冷电站机组及大功率风力发电机等新型能源装备，满足电力建设需要。

2. 开展1000千伏特高压交流和 ±800千伏直流输变电成套设备的研制，全面掌握500千伏交直流和750千伏交流输变电关键设备制造技术。

3. 以一批大型乙烯项目为国产化依托工程，通过引进关键技术消化吸收再创新和自主开发，实现百万吨级大型乙烯成套设备和对二甲苯（PX）、对苯二甲酸（PTA）、聚酯成套设备国产化。

4. 进行大型煤化工成套设备的研制开发，满足我国能源结构调整的需要。

5. 研制大型薄板冷热连轧成套设备及涂镀层加工成套设备，实现成套设备国产化，满足汽车工业和家电等行业发展需要。

6. 发展大型煤炭井下综合采掘、提升和洗选设备以及大型露天矿设备，实现大型综采、提升和洗选设备国产化。

7. 开发大型海洋石油工程装备、30万吨矿石和原油运输船、海上浮动生产储油轮（FPSO）、10000箱以上集装箱船、LNG运输船等大型高技术、高附加值船舶及大功率柴油机等配套装备。

8. 以铁路客运专线、城市轨道交通等项目为依托，通过引进消化吸收先进技术和自主创新相结合，掌握时速200公里以上高速列车、新型地铁车辆等装备核心技术，使我国轨道交通装备制造业在较短时间内达到世界先进水平。

9. 发展大气治理、城市及工业污水处理、固体废弃物处理等大型环保装备，以及海水淡化、报废汽车处理等资源综合利用设备，提高环保设备研发制造水平。

10. 满足铁路、水利工程、城市轨道交通等建设项目的需要，加快大断面岩石掘进机等大型施工机械的研制，尽快掌握关键设备制造技术。

11. 发展重大工程自动化控制系统和关键精密测试仪器，满足重点建设工程及其他重大（成套）技术装备高度自动化和智能化的需要。

12. 发展大型、精密、高速数控装备和数控系统及功能部件，改变大型、高精度数控机床大部分依赖进口的现状，满足机械、航空航天等工业发展的需要。

13. 发展新型纺织机械，重点对日产200吨以上涤纶短纤维成套设备、高速粘胶长丝连续纺丝机、高效现代化成套棉纺设备、机电一体化剑杆织机和喷气织机等新型成套关键设备技术攻关和产业化，促进纺织行业技术升级。

14. 发展新型、大马力农业装备，提高大马力拖拉机、半喂入水稻联合收割机、玉米联合收割机、采棉机等国产化水平和技术档次，改变目前125马力以上拖拉机、新型农业装备主要依赖进口的状况。

15. 发展集成电路关键设备、新型平板显示器件生产设备、电子元器件生产设备、无铅工艺的整机装联设备、数字化医疗影像设备、生物工程和医药生产专用设备等，促进装备制造业全面升级。

16. 发展民用飞机及发动机、机载设备。

三、制定振兴措施，明确工作方向

（四）以结构调整为主线，优化装备制造业产品和产业结构。重点发展具有自主知识产权的重大技术装备和重要基础装备，在立足自主研发的基础上，通过引进消化吸收，努力掌握核心技术和关键技术，实现再创新和自主制造；大力发展高新技术产业装备，通过与国外具有先进技术水平的企业合作，广泛开展联合设计、联合制造，逐步实现自主制造的目标；全面提升一般机械装备的制造水平，充分运用市场机制，进一步提高装备的产品质量和技术含量，降低生产成本，增加产品的附加值。积极发展高效、节能、低（零）污染的优势产品及清洁制造技术，逐步淘汰落后产品及制造技术。结合国民经济中长期发展规划，充分整合现有资源，发挥比较优势，合理规划确定我国装备制造产业布局，形成一批特色鲜明、重点突出的产业集群和装备制造集中地。

（五）以科技进步为支撑，大力提高装备制造企业自主创新能力。装备制造企业要以系统设计技术、控制技术与关键总成技术为重点，增加研发投入，加快提高企业的自主创新和研发能力。国家将重点支持自主创新项目，包括原始创新、集成创新和在引进消化吸收基础上再创新的项目。对关系国家全局和战略利益、企业难以独立完成的重大技术装备，有关部门要给予必要的支持，集中力量取得突破。鼓励企业通过自主开发、引进技术消化吸收以及国际合作、并购、参股国外先进的研发、制造企业等方式掌握核心技术。鼓励企业与科研院所、大专院校联合开展研发工作，并加快研究成果的产业化进程，创建一批享誉国内外的知名品牌。

（六）以重点工程为依托，推进重大技术装备自主制造。国家在核准或审批重点建设工程时，要有针对性地安排一批重大技术装备自主化依托工程，并要求项目业主和制造部门联合制定详细的装备自主制造实施方案，有关企业和单位要给予大力支持。工程项目重大技术装备需要引进技术的，承接技术转让的单位必须具有消化吸收、研发创新能力和实施产业化的基本条件。凡属于重点领域的工程项目所需装备，均应纳入统一组织的招标工作范围，国家有关部门对招标工作进行必要的组织、协调和指导。

（七）以市场为导向，发展壮大一批大型装备制造企业和工程公司。装备制造企业要加快建立现代企业制度，深化内部改革，转换经营机制。鼓励社会资金特别是大型国有和国有控股企业以并购、参股等多种方式参与国有装备制造企业的改革和不良资产的处置。对在重大技术装备制造领域具有关键作用的装备制造骨干企业，要在保证国家控制能力和主导权的基础上，支持其进行跨行业、跨区域、跨所有制的重组。大型重点骨干装备制造企业控股权向外资转让时应征求国务院有关部门的意见。鼓励装备制造企业之间、关联企业之间、企业与科研院所之间的联合、重组，通过多种途径培育大型企业集团。发挥市场导向和政策支持的作用，形成一批跨行业、跨地区的集系统设计、系统集成、工程总承包和全程服务为一体的工程公司，参与国家重点工程项目的建设和管理，并积极开拓国外市场。

（八）以装备制造业振兴为契机，带动相关产业协调发展。鼓励重大装备制造企业集团在集中力量加强关键技术开发和系统集成的同时，通过市场化的外包分工和社会化协作，带动配套及零部件生产的中小企业向“专、精、特”方向发展，形成若干各有特色、重点突出的产业链。有计划、有重点地研究开发重大技术装备所需的关键共性制造技术、关键原材料及零部件，逐步提高装备的自主制造比例。加强电子信息技术与装备制造技术的相互融合，以信息技术促进装备制造业的升级。

（九）以专业人才培养为重点，加强技术创新队伍建设。各级、各类教育机构要高度重视基础教育和人才培养，支持国家重大技术装备人才培养基地的建设。具备条件的高等院校要整合相关力量，加强技术创新人才培养；高等院校要与企业、科研院所加强合作，联合培育一批年富力强、具有创造性的中青年科技人才、管理人才和高级技工，特别要培养重大装备研制和系统设计的带头人才。采取持股、技术入股、提高薪酬等更加灵活的政策措施，吸引国内外高水平专业技术人才，为装备制造业长远发展造就雄厚的后备力量。对重大技术装备研制、开发、使用和推广作出突出贡献的人员，各级政府和有关部门要给予表彰和奖励。

四、完善法律法规，强化政策支持

（十）完善相关法律法规和标准。要在全面总结我国装备制造业发展的成功经验，借鉴国外通行做法的基础上，研究制定振兴装备制造业的有关法律法规，为装备制造业发展提供必要的法律保障。要充分发挥标准化在振兴装备制造业中的作用，提高国家标准、行业标准和企业标准的等级，完善我国装备制造业标准体系，为我国装备产品参与国际竞争创造条件。

（十一）制定重点领域装备技术政策。根据国民经济重点领域中长期发展的需要，制定科学合理、先进适用和相对稳定的装备技术政策，为装备制造业制定中长期技术引进和自主创新发展规划奠定基础。装备技术政策由发展改革委组织使用和制造部门及研究设计专家编制，经咨询论证并按程序审定后，作为国家审批和核准重点建设工程项目的依据。要抓紧制定电力工业大容量、高参数的发电和输变电，石油化工工业（含海洋石油工程）的炼油和化纤原料生产，煤炭工业的采掘，冶金工业的冶炼和轧制，建材工业的新型（环保）建筑材料生产，汽车工业的汽车产品关键总成生产，轨道交通运输业的新型轨道交通运输，远洋运输，民用航空航天工程，信息产业通信工程，生物工程和医疗医药等领域的装备技术政策。

（十二）调整进口税收优惠政策。对列入国家发展重点的重大技术装备和产品，条件成熟时，由财政部会同发展改革委等部门制定专项进口税收政策，对国内生产企业为开发、制造这些装备而进口的部分关键配套部件和原材料，免征进口关税或实行先征后返，进口环节增值税实行先征后返。同时，取消相应整机和成套设备的进口免税政策。对国产装备不能完全满足需求，仍需进口的，作为过渡措施，经财政部会同发展改革委等有关部门严格审核，以逐步降低优惠幅度、缩小免税范围的方式，在一定期限内继续给予进口优惠政策。

（十三）鼓励订购和使用国产首台（套）重大技术装备。对订购和使用首台（套）国产重大技术装备的国家重点工程，可确定为技术进步示范工程，优先予以安排。尽快研究建立由项目业主、装备制造和保险公司风险共担、利益共享的重大技术装备保险机制，引导装备制造企业和项目业主对首台（套）国产重大技术装备投保。

（十四）加大对重大技术装备企业的资金支持力度。国家在年度投资安排中设立专项资金，对国家重点建设工程所需以及对结构调整和产业升级有重大影响的重大技术装备的技术进步项目,给予重点支持。鼓励符合条件的装备制造企业通过上市融资、发行企业债券等方式筹集资金。加大企业研发投入税前扣除等激励政策的力度,鼓励企业增加研发投人。完善重大装备技术研发资金管理,重点支持系统成套技术、自动化控制技术以及关键共性制造技术、基础性技术和原创性技术的研究开发。

(十五)支持企业分离办社会职能。重大技术装备企业要积极组织加快实施分离企业办社会职能,各级人民政府要给予大力帮助,安排一定的资金给予支持,国有资产监督管理等有关部门要积极推进主辅分离,努力减轻企业负担。

(十六)加强设备进口管理。重大成套装备及其技术的引进工作要有制造、研发和使用单位联合参与,对使用带有附加条件的境外资金直接进口国家重点发展的重大技术装备和重点产品要严格审查、论证。新建和改造工程项目不得进口高能耗、高污染、落后的设备。对承担国家重点工程项目的企业,为实现装备国产化需要进口相关设备和产品时,经认定并经海关审核,可以比照高新技术企业给予便捷通关的优惠。

五、加强领导协调,发挥协会作用

(十七)加强对振兴装备制造业的组织领导。在国务院统一领导下,由发展改革委负责振兴装备制造业的组织领导和协调工作,其职能主要是:组织编制国家重大技术装备规划,协调重大相关政策,推进重大技术装备国产化的落实,完成国务院交办的其他任务。

(十八)及时协调解决装备制造业发展中出现的问题。各地区要结合实际,建立促进装备制造业振兴的工作制度和机制,为促进装备制造业发展创造良好条件。装备制造行业主管部门和有关单位要在全面深入调查研究的基础上,制定装备制造业发展的中长期规划,加强宏观调控和政策引导,积极研究制定促进装备制造业振兴的政策措施,及时协调解决出现的问题。各有关部门要按照职责分工,对本意见明确的各项工作任务,抓紧制定具体的配套政策措施。

(十九)发挥行业协会的作用。各行业协会要充分发挥政府和企业之间的桥梁作用,建立市场供求、生产能力、技术经济指标等方面的信息定期发布制度和行业预警制度,向政府行政主管部门及时反映行业动向,提出政策建议,帮助企业协调解决有关问题,引导企业健康发展。同时,行业协会要加强自身建设,完善行业自律机制,努力成为独立、公正、自主运作的行业组织。

(二十)国防科技装备制造业,比照本意见执行。

国务院

2006年2月13日

国家海洋局发布《2005年度中国极地考察报告》

这是中国开展极地科学考察活动20多年以来首次发布此类报告。报告全面反映了2005年度中国极地科学考察活动、极地考察后勤保障、极地科学研究主要进展和成果等情况。

中共中央政治局常委李长春在国家博物馆参观中国非物质文化遗产保护成果展

李长春强调,保护非物质文化遗产,保持民族文化的传承,是凝聚民族情感、增进民族团结、振奋民族精神、维护国家统一的重要文化基础,对弘扬中华文化,维护世界文化多样性和创造性,促进人类共同发展具有重要意义。要从对国家和历史负责的高度,从维护国家文化安全的高度,切实做好非物质文化遗产的保护工作。要按照“保护为主、抢救第一、合理利用、传承发展”的方针,做好普查工作,制定保护规划,抢救珍贵遗产,注重人才培养,加强宣传教育,不断提高全社会的保护意识,努力发挥非物质文化遗产在社会主义先进文化建设中的重要作用。

刘云山、顾秀莲、热地、华建敏、刘延东、张思卿、罗豪才、黄孟复、张榕明等一同参观了展览。

国务委员陈至立在哈瓦那第五届国际高等教育大会开幕式上发表讲话

第五届国际高等教育大会13日在古巴首都哈瓦那举行。古巴国务委员会主席卡斯特罗出席,国务委员陈至立在大会开幕式上发表讲话。

陈至立在讲话中指出,中国政府为适应中国经济社会快速发展和人民群众对接受高等教育的迫切需要,在上个世纪末作出了加快高等教育发展步伐的重大决策。今天,中国高等教育在校生已达到2100万人,居世界第一位,毛入学率也达到了21%,进入了国际公认的高等教育大众化发展阶段,实现了历史性的跨越。

陈至立表示,高等学校在建设创新型国家中具有基础性、先导性、全局性的战略地位。中国政府坚持不懈地实施科教兴国和人才强国战略,坚持育人为本,更加重视人才培养质量,全面推进世界一流大学和高水平大学的建设,大力提升高等学校的学科研究和社会服务水平,进一步推进高等教育的改革与发展。

她还强调,加强高等教育的合作与交流,对于增进世界各国人民的友谊与理解,促进世界和平与共同繁荣,具有特殊的、不可替代的作用。

包括中国教育部部长周济在内的22个国家的教育部长出席了开幕式。

中宣部部长刘云山在人民大会堂会见泰国大众传播机构董事会主席拉瓦一行

王选逝世

享誉海内外的著名科学家、中国计算机汉字激光照排技术创始人，杰出的社会活动家，中国共产党的亲密朋友，中国人民政治协商会议第十届全国委员会副主席，九三学社中央副主席，中国科学院院士、中国工程院院士，北京大学教授王选同志，因病于2月13日11时03分在北京逝世，享年70岁。

2月14日

中共中央总书记胡锦涛在省部级主要领导干部建设社会主义新农村专题研讨班开班式上发表讲话

胡锦涛指出，建设社会主义新农村，是我们党在深刻分析当前国际国内形势、全面把握我国经济社会发展阶段性特征的基础上，从党和国家事业发展的全局出发确定的一项重大历史任务。全党同志和全国上下要团结一心、扎实工作，真正使建设社会主义新农村成为惠及广大农民群众的民心工程，不断取得扎扎实实的成效。

吴邦国、温家宝、贾庆林、吴官正、李长春、罗干出席开班式。国家副主席、中央党校校长曾庆红主持开班式。

胡锦涛在讲话中指出，重视农业、农村、农民问题是我们党的一贯战略思想。“三农”问题始终是关系党和人民事业发展的全局性和根本性问题，农业丰则基础强，农民富则国家盛，农村稳则社会安。在新世纪、新阶段，我们必须始终不渝地高度重视并认真解决好“三农”问题，不断开创“三农”工作的新局面。

胡锦涛指出，新中国成立以来特别是改革开放以来，我国农业和农村发生了历史性的深刻变化，农村经济社会发展取得了举世公认的伟大成就。但是，目前制约农业和农村发展的深层次矛盾尚未消除，促进农民持续稳定增收的长效机制尚未形成，农村经济社会发展滞后的局面也还没有根本改变，统筹城乡发展的体制机制没有完全建立起来。全面建设小康社会，最艰巨、最繁重的任务在农村；加快推进现代化，必须妥善处理工农城乡关系。全党同志都要从全面建设小康社会、开创中国特色社会主义事业新局面的战略高度，深刻认识建设社会主义新农村的重大意义。

胡锦涛强调，建设社会主义新农村是一项长期的历史任务。从本世纪头20年实现全面建设小康社会的目标，到本世纪中叶我国基本实现现代化，建设社会主义新农村需要经过几十年的艰苦努力。从更长远的时间看，即使将来基本实现现代化了，“三农”问题依然是关系我国发展全局的重大问题。我们一定要树立长期作战的思想，坚持不懈地做好“三农”工作。

胡锦涛强调，建设社会主义新农村，要以邓小平理论和“三个代表”重要思想为指导，牢固树立和全面落实科学发展观，坚持把解决好“三农”问题作为全党工作的重中之重，统筹城乡经济社会发展，实行工业反哺农业、城市支持农村和“多予少取放活”的方针，坚持以经济建设为中心，协调推进农村社会主义经济建设、政治建设、文化建设、社会建设和党的建设，推动农村走上生产发展、生态良好、生活富裕的文明发展道路。

胡锦涛强调，当前和今后一个时期建设社会主义新农村，要注意抓好以下工作。一是要全面加强农村生产力建设，针对制约农村生产力发展的突出问题，抓住关键环节，采取综合措施，加强粮食综合生产能力建设，加快农业科技进步，加强农村基础设施建设，加快转变农业增长方式。二是要坚持把促进农民增收作为农业和农村工作的中心任务，挖掘农业内部增收潜力，广辟农村富余劳动力转移就业的途径，形成农民增收的长效机制。三是要扩大农村基层民主，搞好村民自治，健全村务公开制度，开展普法教育，确保广大农民群众依法行使当家做主的权利。四是要加强精神文明建设，加快发展农村教育文化事业，倡导健康文明的新风尚，培育造就新型农民。五是要坚持以解决好农民群众最关心、最直接、最现实的利益问题为着力点，促进农村和谐社会建设，关心农村困难群众生活，发展农村卫生事业，加强农村社会建设和管理。六是要坚持社会主义市场经济的改革方向，稳定和完善农村基本经营体制，统筹推进农村各项改革，充分尊重广大农民群众的首创精神，全面增强农业和农村发展的活力。

胡锦涛指出，党的领导是建设社会主义新农村的根本保证。各级党委和政府要把思想统一到中央的决策和部署上来，切实把这件关系全局的大事抓紧抓好。要立足当前、着眼长远，统筹安排、科学规划，广泛听取基层和农民群众的意见和建议，尊重自然规律、经济规律和社会发展规律，区分轻重缓急，突出建设重点，分步实施，扎实推进。要从农民群众最关心、要求最迫切、最容易见效的事情抓起，不断让农民群众得到实实在在的好处。广大干部要弘扬求真务实精神，做到关心农民疾苦、尊重农民意愿、维护农民利益、增进农民福祉。

曾庆红在主持开班式时指出，胡锦涛总书记的重要讲话，从落实科学发展观、更好地实现全面建设小康社会目标的战略高度，深刻论述了统筹城乡发展、建设社会主义新农村的重大意义，系统阐发了建设社会主义新农村必须认识和处理好的重大关系，并对扎实推进社会主义新农村建设的主要任务以及加强和改善党的领导提出了明确要求。讲话的针对性、指导性都很强。我们一定要认真学习、深刻领会,在工作中切实贯彻落实。

曾庆红希望参加研讨班的有关方面负责同志,聚精会神研读,充分交流思想,深入探讨问题,不断提高认识,真正把思想统一到中央关于建设社会主义新农村的重大决策和部署上来,努力提高建设社会主义新农村的能力和水平。

王乐泉、王兆国、回良玉、刘淇、刘云山、吴仪、张立昌、张德江、俞正声、贺国强等出席开班式。

参加这次研讨班的有各省、自治区、直辖市主要负责同志,中央和国家机关各部门、军队各大单位主要负责同志。

全国人大常委会委员长吴邦国 国务院总理温家宝在人民大会堂分别会见多哥总统福雷

吴邦国说,中国全国人大愿同多哥议会加强交流,相互借鉴推进民主和法制建设等方面的治国经验,密切在各国议会联盟等国际场合的磋商与合作,为促进两国关系全面深入发展作出新贡献。

温家宝在会见时说,中方珍视中多关系,愿与多方进一步加强政治互信,密切经济技术合作,扩大贸易规模,实现互利双赢和共同发展。

福雷表示,多哥将支持两国议会加强交流,扩大两国在经贸、电信、投资等各领域的合作,加强双方在国际事务中的协调。

国务院总理温家宝在人民大会堂与缅甸总理梭温举行会谈

温家宝说,中缅在经济上有互补性,合作前景广阔。中方愿本着平等、互利、双赢的精神,与缅方共同推进两国在经贸领域的合作。

关于禁毒问题,温家宝指出,中方希望与缅方加强双边和多边禁毒合作,早日签署禁毒合作协议。在谈到旅缅华侨待遇问题时,温家宝说,希望缅方对旅缅华侨给予关照,采取更加宽松的政策,重视他们的要求,为他们的工作、生活、教育提供更多的便利。

梭温说,缅方希望在边贸、科技、基础设施、能源资源开发、人才培训等领域扩大同中方的交流与合作,欢迎中国企业在缅投资。梭温表示,缅方愿同中方加强禁毒协调与合作,将妥善处理中方关心的有关问题。

会谈后,两国总理共同出席了两国政府经济技术合作协定和航班协定等文件的签字仪式。

国务院任命国家工作人员

任命毕井泉为国家发展和改革委员会副主任。

国务院印发《中国水生生物资源养护行动纲要》并发出通知

各省、自治区、直辖市人民政府,国务院各部委、各直属机构:

现将农业部会同有关部门和单位制定的《中国水生生物资源养护行动纲要》印发给你们,请结合实际,认真贯彻执行。

国务院

2006年2月14日

中国水生生物资源养护行动纲要(文略)

中美经贸论坛在北京举行

2月14日至15日,由人民日报社和美国中国总商会共同主办、以“扩大交流合作,实现互利共赢”为主题的中美经贸论坛在北京举行。

全国人大常委会副委员长成思危,中国企业联合会和中国企业家协会会长陈锦华,人民日报社社长王晨,诺贝尔经济学奖获得者、美国哥伦比亚大学教授蒙代尔,美国总统亚太裔顾问委员会主席陆迪·帕民图安等出席开幕式并致辞。

与会代表普遍认为,互利双赢已成为中美经贸合作的显著特征,会上提出的许多对策和见解富有建设性,将对两国政府和企业进一步扩大经贸合作产生积极影响。

与会代表在发言中积极评价当前中美经贸关系现状,指出两国经贸关系保持了迅速发展的势头,为新世纪中美建设性合作关系提供了坚实的物质基础和强大动力。

代表们同时指出,由于中美贸易发展快、规模大,出现一些摩擦和问题是正常的。只要双方通过平等对话与协商,就能妥善处理这些问题。“十一五”期间,中国经济将继续保持平稳较快增长,将为美国企业家和投资商提供巨大商机,双方合作的领域和空间将继续扩大。

中方出席会议并发言的嘉宾还有:中国国际贸易促进委员会会长万季飞、商务部副部长易小准、农业部副部长尹成杰、中国人民银行副行长吴晓灵、国家知识产权局副局长李玉光、国务院发展研究中心副主任谢伏瞻、天津市委常委皮黔生、中远集团总裁魏家福、中国国际航空股份有限公司总裁李家祥等。美方出席会议的有美中关系全国委员会前主席何立强等。出席会议的中美两国人士约180人。

国务委员陈至立出席在墨西哥蒙特雷举办的联合国教科文组织第六届9个发展中人口大国全民教育大会开幕式并发表讲话

陈至立说,9国全民教育计划实施12年以来,占世界一半人口的9个发展中国家为实现全民教育目标付出了巨大努力,解决了许多问题,成就显著。中国政府为履行全民教育的承诺,特别是落实2001年《北京宣言》的共识,作出了不懈努力。

自2001年北京第四届全民教育会议至今近5年里,中国九年义务教育的人口覆盖率从86%提高到95%,小学净入学率保持在99%,男女童差距从万分之七降为万分之四,初中毛入学率从89%提高到95%,青壮年文盲率下降了1个百分点,控制在4%以内。

陈至立指出,中国的全民教育仍面临诸多挑战,城乡之间、区域之间、学校之间的差距依然存在。为此,中国政府将在以人为本、全面协调可持续的科学发展观指导下,坚持教育优先发展,提供有质量的全民教育,为构建和谐社会创造条件。

陈至立呼吁九国相互帮助,携手合作实现全民教育的共同发展,为全面实现《达喀尔行动纲领》的各项目标而奋斗。

来自中国、印度、巴基斯坦、印度尼西亚、巴西、埃及和尼日利亚的教育部部长出席了开幕式。联合国教科文组织总干事松浦晃一郎、墨西哥总统福克斯出席开幕式并讲话。

开幕式上,陈至立和福克斯还出席了两国关于在墨建立孔子学院的谅解备忘录签字仪式。文件由中国教育部部长周济和墨公共教育部部长雷耶斯·格拉签署。

全国人大常委会副委员长成思危在人民大会堂会见美国哥伦比亚大学经济学教授 诺贝尔经济学奖得主蒙代尔

外交部部长李肇星在钓鱼台国宾馆会见捷克副外长巴什塔

2月15日

国家主席胡锦涛在人民大会堂会见缅甸总理梭温

胡锦涛说,进入新世纪,在双方的共同推动下,中缅关系有了新的进展。两国高层领导人交往频繁。双方在经贸、文教、卫生、旅游、禁毒等领域的合作不断加强,取得了一系列积极成果,在国际和地区事务中也保持着密切协调和配合。

胡锦涛指出,中缅两国地缘相邻,又同属发展中国家,进一步发展两国友好合作关系,有着良好基础和许多有利条件。在新世纪新形势下,我们愿与缅方一道,坚持"与邻为善,以邻为伴"的周边外交方针和"睦邻、安邻、富邻"的周边外交政策,不断加强和深化双方各领域的务实合作,把中缅睦邻友好合作关系推向更高的水平,造福两国和两国人民。

梭温表示,我此次访华目睹了中国建设的伟大成就,同中国领导人就进一步发展两国友好合作关系达成了许多共识,双方签署了多项合作文件,访问取得圆满成功。缅甸政府和人民衷心感谢中国为缅甸国家发展提供的支持和帮助,愿永远做中国真诚的朋友。缅方致力于国家稳定、民族和解、经济发展、改善民生,希望借鉴中国发展的成功经验,加强两国合作,愿与中方共同维护地区的和平与安全。

全国人大常委会委员长吴邦国在人民大会堂会见缅甸总理梭温

吴邦国说,中缅两国人民的友谊源远流长。双方在维护国家主权和民族尊严方面,相互同情和支持。两国共同倡导的和平共处五项原则,至今仍是处理国际关系的基本准则。吴邦国说,中方珍视中缅睦邻友好,愿与贵国共同努力,不断拓展和丰富双边关系的内涵,共同实现发展与繁荣。

吴邦国向客人介绍了中国的经济社会发展和民主法治建设情况。他说,中缅都是发展中国家,都面临振兴经济、提高人民生活水平的任务,双方可以加强交流,相互学习借鉴。

全国人大常委会委员长吴邦国在人民大会堂出席全国人大与智利议会建立政治对话关系协议签字仪式

国务院总理温家宝主持召开国务院常务会议

会议研究促进中部地区崛起问题,部署行政监察工作。

会议听取了发展改革委关于促进中部地区崛起若干意见的汇报。会议指出,中部地区在我国具有重要地位。促进中部地区崛起,是党中央、国务院从我国现代化建设全局出发作出的重大决策,是落实促进区域协调发展总体战略的重大任务。要抓住机遇,充分发挥区位、资源、产业和人才等综合优势,加快中部地区发展,形成东中西互动、优势互补、相互促进、共同发展的新格局。

会议指出,促进中部地区崛起,要以邓小平理论和"三个代表"重要思想为指导,全面贯彻落实科学发展观,坚持把改革开放和科技进步作为动力,着力增强自主创新能力、提升产业结构、转变增长方式、加强生态建设和环境保护、促进社会和谐,建设全国重要的粮食生产基地、能源原材料基地、高技术产业及现代装备制造基地和综合交通运输枢纽,在发挥承东启西和产业发展优势中崛起,实现中部地区经济社会全面协调可持续发展。

会议研究了促进中部地区崛起的重点任务及政策措施。

会议强调,中部地区崛起是一项长期的战略任务。各地区和有关部门要高度重视,加强领导,科学规划,精心组织,通力协作,扎扎实实做好促进中部地区崛起的各项工作。

会议听取了监察部工作汇报。会议认为,过去的一年,各级监察机关坚决贯彻落实党中央、国务院的工作部署,紧紧围绕中心、服务大局,积极开展执法监察,认真纠正损害群众利益的不正之风,严肃查办违纪违法案件,加强对行政权力的监督制约,各方面工作都取得了明显成绩。

会议原则同意监察部提出的今年政府廉政建设和行政监察工作的总体思路和主要任务,要求着力抓好以下工作:一是认真开展治理商业贿赂专项工作,重点查处政府机关公务员在其中利用行政权力收受贿赂的行为;二是围绕贯彻落实科学发展观开展监督检查,严肃查处有令不行、有禁不止的行为,保证中央重大决策的有效实施;三是坚决纠正损害群众利益的不正之风。把解决群众上学难、看病难作为纠风专项治理重点,继续纠正在征收征用土地、城镇房屋拆迁、企业重组改制中损害群众利益的问题,以及拖欠农民工工资问题;四是继续推进从源头上预防腐败的各项改革和制度建设,进一步清理、减少和规范行政审批事项,强化对行政许可和审批全过程的监督和制约;五是严肃查处领导干部违纪违法案件,认真查办严重侵害群众利益的案件。会议决定,近期召开国务院第四次廉政工作会议,部署2006年政府廉政建设工作。

全国政协副主席刘延东在北京会见全国台联2006年台湾少数民族大学生冬令营全体营员

刘延东说,台湾少数民族是中华民族大家庭的重要成员,为中华民族的解放事业和团结发展作出了重要贡献,理应与其他各民族同胞一道,共享我们伟大祖国的进步和成就,共享我们伟大民族的尊严和荣耀。

她说,求和平、求安定、求发展是两岸同胞的共同追求,合则两利、分则两害已成为两岸同胞的共识。希望台湾少数民族大学生成为两岸交流的热情推动者、中华文化的忠实传承者、民族复兴的积极参与者。

国务委员陈至立在中国驻墨西哥大使馆为墨西哥城孔子学院授牌

人民网强国博客今日正式开通

这标志着新闻网站开始了博客应用服务。

强国博客于2006年1月24日上线公测,可以很方便地张贴文字、图片等内容。在个人博客管理上,实现了网友主导。同时,可以选择不同模版,进行页面设计,打造个性界面。强国博客主页面设有政论、社会、财经、教育、科技、人文、娱乐、情感等10余个板块。强国博客一经推出测试,就受到了社会各界关注。截至2月14日,注册用户近2000,共发表评论文章6000多篇,图片2000幅,评论逾2000条。

2月16日

国家主席胡锦涛指示外交部并中国驻巴使领馆妥善处理中国在巴基斯坦工程技术人员遭受枪击死亡事件

国家主席胡锦涛15日深夜获悉中国在巴基斯坦俾路支省的工程技术人员遭受枪击造成3人死亡后,高度关切中国在巴工程技术人员的安危,即指示外交部并中国驻巴使领馆,要求巴方缉拿凶手,确保中国在巴人员的安全,妥善处理遇难人员善后事宜。

胡锦涛还对中方不幸遇难人员表示深切的哀悼,并向遇难者亲属致以诚挚的慰问。

16日凌晨,遵照胡锦涛主席的指示,李肇星外长紧急与巴基斯坦外长卡苏里通话,中国驻巴使领馆立即启动应急机制,有关人员已赶赴现场。

温家宝总理也就确保中方人员安全、妥善处理善后事宜和要求巴方缉拿凶手作出指示。

中央纪委副书记何勇在北京出席中央和国家机关贯彻落实党风廉政建设和反腐败工作部署任务分工会

中共中央书记处书记、中央纪委副书记何勇在会议上强调,要认真学习贯彻胡锦涛同志在中央纪委第六次全会上的重要讲话和中央纪委第六次全会精神,全面贯彻落实科学发展观,进一步明确今年党风廉政建设和反腐败重点任务,切实加强组织领导,落实工作责任,确保各项工作任务的完成。

何勇指出,2006年是“十一五”时期的开局之年,也是贯彻落实《实施纲要》的关键一年,做好今年的党风廉政建设和反腐败工作意义重大而深远。

要加强对贯彻落实科学发展观情况的监督检查,坚决防止和纠正违背科学发展观的错误行为。要把解决损害群众利益的突出问题作为党风政风建设的工作重点,严肃查处损害群众利益的突出问题。要加强对党员领导干部的反腐倡廉教育,促进领导干部廉洁从政。要严肃查处违反党的纪律的行为,严肃查办领导干部滥用权力、谋取私利、贪污贿赂、失职渎职等方面的案件。要认真开展治理商业贿赂专项工作,坚决纠正不正当交易行为,依法查处商业贿赂案件。要坚持以改革统揽预防腐败的各项工作,抓紧建立健全教育、制度、监督并重的惩治和预防腐败体系。还要注意抓好农村基层党风廉政建设和在地方党委换届工作中严肃组织人事纪律的工作。

何勇强调,中央和国家机关各部门要紧密结合实际,采取得力措施,不折不扣地把今年的党风廉政建设和反腐败任务落到实处。要切实抓好职责范围内的反腐倡廉工作,形成深入开展反腐倡廉工作的整体合力。充分运用先进性教育活动取得的成果,促进反腐倡廉工作的完成。

中央纪委副书记刘峰岩宣读了《中央和国家机关贯彻落实2006年党风廉政建设和反腐败工作部署的分工意见》。中央纪委监察部有关领导同志出席会议。中央和国家机关有关负责同志参加了会议。

渤海银行在天津开业

这是1996年以来获准设立的第一家全国性股份制商业银行,也是第一家总部设在天津的全国性股份制商业银行。

全国妇联主席顾秀莲在人民大会堂会见以蒙古民主社会主义妇女联盟主席阿勒泰为团长的蒙古民主社会主义妇女联盟代表团

双方就妇女发展和项目合作等问题交换了意见。

国务委员唐家璇在中南海紫光阁会见美国前国务卿奥尔布赖特

由中宣部和科技部共同组织的自主创新报告团首场报告会在北京举行

中国高等教育毛入学率达到21%

据《人民日报》报道:截至2005年年底,我国高等教育毛入学率达到21%,在校生数2100万人,居世界第一位。

王濛获都灵冬奥会女子500米短道速滑金牌

这是中国代表团在本届冬奥会上获得的第一枚金牌。

2月17日

十届全国人大常委会第四十三次委员长会议在人民大会堂举行

会议决定,十届全国人大常委会第二十次会议于2月25日至28日在京举行。根据建议的议程,会议将审议义务教育法修订草案等法律草案和全国人大常委会工作报告稿,并将审议批准《制止向恐怖主义提供资助的国际公约》的议案等。

全国人大常委会委员长吴邦国主持会议。

根据委员长会议建议的议程,十届全国人大常委会第二十次会议还将继续审议审计法修正案草案、农产品质量安全法草案,听取国务院关于农业和农村工作情况的报告等,听取全国人大常委会代表资格审查委员会关于个别代表的代表资格的审查报告等。

根据建议的议程,常委会会议还将审议十届全国人大四次会议议程草案、十届全国人大四次会议主席团和秘书长名单草案、十届全国人大四次会议列席人员名单草案等。

十届全国人大常委会第二十次会议的一项重要任务是为即将开幕的十届全国人大四次会议做好准备工作。全国人大常委会副委员长兼秘书长盛华仁向委员长会议汇报了常委会会议议程草案和日程安排意见,并汇报了十届全国人大四次会议议程草案、日程草案、主席团和秘书长名单草案、列席人员名单草案和表决议案办法草案的有关情况。全国人大常委会副秘书长孙伟汇报了全国人大常委会工作报告稿的有关情况。

委员长会议上,全国人大法律委员会主任委员杨景宇、教育科学文化卫生委员会主任委员朱丽兰、外事委员会主任委员姜恩柱、农业与农村委员会主任委员刘明祖、全国人大常委会代表资格审查委员会主任委员何椿霖分别就十届全国人大常委会第二十次会议其他有关议程的情况作了汇报。

委员长会议还听取了关于调整香港和澳门基本法委员会组成人员情况的汇报。

全国人大常委会副委员长王兆国、李铁映、司马义·艾买提、何鲁丽、丁石孙、成思危、许嘉璐、顾秀莲、热地、路甬祥、乌云其木格、韩启德出席会议。

国务院总理温家宝签署第459号令公布《国务院关于对农业特产收入征收农业税的规定》和《屠宰税暂行条例》废止

1994年1月30日中华人民共和国国务院令第143号发布的《国务院关于对农业特产收入征收农业税的规定》自2006年2月17日起废止。对该规定中的烟叶收入征税,另行制定办法。

1950年12月15日政务院第六十三次政务会议通过,1950年12月19日政务院发布的《屠宰税暂行条例》自2006年2月17日起废止。

总 理 温家宝

2006年2月17日

国务院副总理回良玉出席第二次全国残疾人抽样调查电视电话动员会议

回良玉指出，长期以来，党和政府在残疾人的康复、医疗、教育、就业、扶贫、文化体育、权益保障等方面采取了一系列政策措施，取得了显著成效。但目前残疾人事业发展水平与经济社会协调发展的要求和广大残疾人的期望相比，还有相当大的距离。进一步做好残疾人工作，给予残疾人更多的温暖和关爱，使残疾人更多地享受到改革开放和经济社会发展的成果，是坚持以人为本，落实科学发展观的必然要求，是构建和谐社会的应有之义，也是社会文明进步的重要标志。通过开展残疾人抽样调查，全面了解和掌握残疾人的情况，不仅为党和政府发展残疾人事业提供可靠的决策依据，而且对经济和社会发展全局也具有重要意义。

回良玉强调，残疾人抽样调查的专业性、技术性强，涉及面广，工作难度大，一定要高度重视，精心组织，考虑周全。要坚持依法调查，全面摸清残疾人的新情况、新特点，包括数量、组成结构、参与社会的能力及需求、致残原因和接受康复服务等情况，狠抓登记数据的质量，从源头上做到不重不漏、准确无误，为制定涉及残疾人的法规政策提供科学、翔实的基础性数据。地方各级政府要认真做好本地区的组织实施工作，国家各有关部门要认真履行各自职责，通力协作。要切实保证调查经费，为开展调查创造必要的条件。要充分利用各种媒体做好宣传动员工作，使社会了解、群众支持、调查对象积极配合这次调查，为这次抽样调查营造良好的环境，同时也在全社会进一步形成关心残疾人的良好氛围。

我国曾于1987年开展了第一次残疾人抽样调查。第二次残疾人抽样调查登记将在全国31个省、自治区、直辖市，734个县、市、区，近6000个调查小区展开。自4月1日开始现场调查登记工作，之后进行数据处理和分析研究。全部工作在2007年完成。

全国信访局长会议在北京召开

中共中央政治局候补委员、中央书记处书记、中央办公厅主任王刚和国务委员、国务院秘书长华建敏出席会议并讲话。

王刚在讲话中充分肯定了过去一年全国信访工作取得的成绩，积极评价了广大信访工作者作出的贡献。王刚强调，信访工作是社会主义和谐社会建设中一项不可或缺、不能替代、不容忽视的重要工作。做好信访工作，有利于维护人民群众利益，有利于保持社会安定团结，有利于激发各方创造活力。各级党委、政府和信访部门一定要认真学习贯彻胡锦涛总书记等中央领导同志关于信访工作的重要指示精神，坚持用邓小平理论和“三个代表”重要思想指导信访工作，坚持用科学发展观统领信访工作，进一步完善思路、加大力度，不断推动信访工作取得新的进展，努力为实现“十一五”规划的良好开局作出新的贡献。

王刚说，各级信访部门和广大信访工作者要牢牢把握关键环节，努力实现重点突破，全面提高信访工作水平。一是要在源头工作上下功夫，出台政策注意兼顾各方面利益，执行政策切实做到不折不扣，防止因政策措施制定不当和执行政策走样而引发群众上访。二是要在解决问题上下功夫，通过解决上访群众的合理诉求，使上访群众罢诉息访。三是要在完善机制上下功夫，处理好畅通信访渠道与规范信访秩序的关系，依法保障群众的信访权利，引导上访群众遵纪守法；处理好挖掘信访部门自身潜力与发挥其他部门作用的关系，进一步巩固和完善大信访工作格局。王刚希望广大信访干部，要适应新形势新任务的要求，切实强化大局意识，始终牢记为民宗旨，不断提高业务本领，牢固树立创新精神，大力发扬务实作风，更加出色地完成信访工作的各项任务。

华建敏在讲话中要求，各级信访部门要进一步增强做好信访工作的责任感和使命感，认真负责地处理群众反映的问题；深入贯彻实施《信访条例》，大力推进信访工作法制化进程；切实加强政策的宣传解释工作，努力提高工作的针对性和有效性。同时，要注意研究新情况，总结新经验，积极探索信访工作规律，不断提高信访工作水平，为促进社会和谐稳定发挥更加积极的作用。

国家信访局局长王学军在会上作了工作报告，对2005年的信访工作进行了回顾总结，对2006年的信访工作进行了全面部署。

王乐义先进事迹首场报告会在人民大会堂举行

中共中央宣传部、农业部、中共山东省委联合组织的王乐义同志先进事迹报告团17日上午在北京人民大会堂举行了首场报告会。中共中央政治局委员、国务院副总理回良玉在报告会前亲切会见了王乐义和报告团全体成员。

中宣部、农业部、山东省负责同志出席报告会并参加会见。来自中央和国家机关干部代表、北京市的农村党员干部以及各界群众约800人聆听了报告会。

中国21世纪城镇化发展战略论坛在北京举行

论坛由《人民日报》(海外版)和中国战略与管理研究会共同主办，中国发展和改革委员会国际合作中心、中国市长协会、中国香港瑞安房地产发展有限公司协办。论坛为期两天，来自中国、德国、美国、意大利等国200多名官员学者出席了论坛。

国内外官员学者就中国城镇化建设的热点和难点问题、中国城镇化建设的模式和路径选择等问题交流了各自的研究成果和经验教训。专家认为,中国近年来城镇化建设规模远远超过欧美,数以亿计的农民进入城市工作,未来中国城市化的规模将超过目前发达国家的总和,这使中国城市面临能源、环保、安全、卫生健康、融资、文物文化遗产保护等诸多领域的沉重压力,同时也是巨大的发展机遇。

李肇星为北京奥运写歌《同一个世界　同一个梦想》

民革中央在人民大会堂举行《中国的参政党》出版座谈会

全国人大常委会副委员长、民革中央主席何鲁丽,全国政协副主席、民革中央常务副主席周铁农出席座谈会。

该书由何鲁丽作序并题写书名,周铁农担任主编。全书对中国共产党领导的多党合作和政治协商制度的发展过程,对中国参政党的政治地位和在国家经济社会发展中所起的作用,作了较为全面、系统、客观的总结和描述,是对参政党的发展历史和实践经验进行初步总结的探索和尝试。

2月18日

2005年度中国十大系列英才颁奖典礼在北京举行

宋健、吴孟超、龙永图、厉以宁、张柏楠、万季飞、魏家福、杨凯生、孙文杰、曾璟璇等人名列其中,航天英雄费俊龙、聂海胜获特别奖。

中国十大系列英才由“创新英才”“诚信英才”“财智英才”“工商英才”“管理英才”“建设英才”“科技英才”“教育英才”“新锐英才”“魅力英才”10个系列组成,获奖者都是在立功、立德、立言和开拓、创新等方面卓有建树的成功人士。

2005中国十大经济女性年度人物在北京揭晓

年度人物大奖授予了宝钢集团董事长谢企华,年度人物特别奖授予3个月前突发脑溢血去世的原湖北省黄冈市社会福利院院长杨金花。

获得2005中国十大经济女性年度人物的是:亚萍集团董事长、总裁陆亚萍,长影集团有限责任公司党委书记、副总经理刘丽娟,上海新丽装饰工程有限公司总经理陈丽,中国医药集团总公司党委书记兼董事长郑鸿,广州市副市长王晓玲,抚顺罕王实业集团有限公司董事局主席杨敏,中国电力投资集团公司党组书记、副总经理张晓鲁,山西省脑瘫康复医院院长郭新志,内蒙古仕奇集团副董事长、内蒙古饭店董事长兼总经理赛娜,浙江大学快威科技集团有限公司总裁蒋忆。

中国政府向菲律宾政府提供紧急救灾援助

2月17日,菲律宾南莱特省发生严重泥石流灾害。为进一步表达中国政府和人民对菲政府和受灾地区人民的同情,中国政府决定向菲政府提供100万美元的救灾援助,其中包括25万美元的现汇援助。

第十一届中国国际教育巡回展在中国国际贸易中心开幕

来自世界27个国家和地区的350多所高校和教育机构竞相展示各自院校的风采。

中国队包揽卡塔尔乒乓球公开赛4项冠军

在国际乒联排名男单和女单世界第一的中国选手王励勤和张怡宁分别击败各自对手,夺得两个单打项目的冠军。

王皓/王励勤和王楠/张怡宁还分别以4:1和4:3的比分击败德国的波尔/苏斯和中国香港的帖亚娜/张瑞,夺得男、女双打冠军。

中国医院协会在北京成立

这是我国医疗机构最大的行业性群众性团体。协会向全国医院管理者发出倡议,加强行业自律,合理用药、合理检查,合理收费,减轻病人的经济负担。全国人大常委会副委员长何鲁丽出席大会。

中国医院协会是在中华医院管理学会的基础上更名成立的,曹荣桂当选首届会长。

协会的宗旨是:依法加强医疗行业管理,维护医疗机构的合法权益;发挥行业指导、自律、协调、监督作用,提高医疗机构的管理水平。协会向全国医院管理者发出倡议:坚持正确的办院方向,为广大人民群众提供安全、方便、有效、公平、经济的医疗服务,做维护人民健康的忠诚卫士;坚持以病人为中心的服务理念;用科学发展观统领医院发展,正确处理经济效益与社会效益的关系,采取切实有效的措施,方便病人就医,减轻病人的经济负担。

2月19日

全国信访干部先进事迹报告团首场报告会在北京举行

报告会上,江苏省泰州市信访局局长张云泉,湖北省武汉市武昌区人民政府巡视员吴天祥，山西省信访局副局长梁雨润为正在参加全国信访局长会议的代表和国家信访局干部作了生动感人的报告。

首场报告会后，报告团还将到全国进行巡回报告。

中国香港影片《伊莎贝拉》获第五十六届柏林国际电影节银熊奖最佳音乐奖

《伊莎贝拉》导演为彭浩翔，男、女主角分别为杜汶泽、梁洛施。

国务委员陈至立在意大利都灵看望中国冬奥代表团并会见国际奥委会主席罗格

2月20日

国家主席胡锦涛在人民大会堂与巴基斯坦总统佩尔韦兹·穆沙拉夫举行会谈

胡锦涛说，中巴两国是亲密友好的邻邦。中巴建交55年来，两国关系经历了时间和国际风云变幻的考验，发展了全天候的友谊和全方位的合作，成为不同社会制度、不同文化背景国家和睦相处、真诚合作的典范。我们感谢巴基斯坦在台湾等问题上给予中国的宝贵支持，将一如既往地支持巴基斯坦为维护国家独立和主权所做的努力。胡锦涛强调，中国政府和人民珍视中巴传统友谊，愿以两国建交55周年为契机，推动中巴战略合作伙伴关系再上新台阶。

穆沙拉夫说，巴去年遭受地震灾害后，中国政府和人民及时向巴提供了援助。巴政府和人民对此十分感谢。巴政府和人民热爱中国，视中国为值得信赖的邻居和伙伴，希望传承两国传统友谊，不断深化双方战略合作。为进一步巩固和扩大双边关系的基础，巴方愿与中方共同努力，提升经贸合作的水平，认真落实巴中自由贸易区"早期收获"计划，推进两国自贸区谈判，带动双方在投资、能源、基础设施建设领域的合作。巴方重视与中方合作，将努力建好瓜达尔港，使其成为巴中友谊的象征。巴方希望中方充分利用巴的地理优势，把巴作为在本地区的贸易和能源走廊。巴方还愿与中方加强在教育、文化、安全领域的交流与合作，共同打击"三股势力"，在国际和地区事务中加强协调与配合。

胡锦涛就此作出积极回应，他表示，中方愿与巴方一道：(一)加强两国高层交往，就共同关心的问题保持密切沟通、磋商与协调，巩固和发展双方良好的政治关系。(二)深化双边互利合作。双方要执行好在建大项目，确保这些项目顺利完成，同时加强在能源、交通、农业、基础设施建设等领域的合作。双方应共同执行好中巴自贸区"早期收获"方案，加快自贸谈判进程，争取早日建立自贸区。双方应积极拓宽合作领域和范围，加大在促进相互投资、开办合资企业、鼓励私营企业合作等方面的支持力度。两国政府要加强宏观规划和指导，使中巴经贸合作更加健康地向前发展。(三)支持巴地震灾区重建，落实好有关援建项目。中方同意对受地震灾害影响严重的中巴喀喇昆仑公路进行改造升级，愿援助巴建设覆盖全境的地震监测台网。(四)加强安全合作，进一步建立和完善相关磋商合作机制，共同打击"三股势力"。(五)扩大人文社会交往。加强双方在文教、科技、卫生、人力资源开发等领域的交流合作。(六)密切多边领域合作，加强双方在联合国改革、反恐、区域合作等问题上的协调与配合。

穆沙拉夫说，几天前，3名中国工程技术人员在巴遭受恐怖袭击遇难，巴政府和人民对此深表遗憾并对恐怖主义予以最强烈的谴责。巴政府下决心尽快缉拿罪犯，并将其绳之以法。巴方将进一步采取措施，保护在巴中国公民的安全。

胡锦涛说，中国政府和我本人对3名中国工程技术人员在巴遭遇恐怖袭击不幸遇难深感悲痛，高度关切。我们相信巴基斯坦政府一定能尽快查明真相，依法严惩凶手，并采取切实措施，保证中方在巴人员和机构的安全。

会谈中，穆沙拉夫向胡锦涛介绍了巴印关系的情况以及对南亚局势的看法。胡锦涛表示，我们欢迎巴印双方从地区和平与国家发展的大局出发，通过对话改善关系，通过谈判和平解决包括克什米尔问题在内的分歧。中国愿在平等互利的原则基础上发展同南亚所有国家的友好合作关系，希望南亚地区保持和平稳定，实现共同发展。

会谈后，两国元首共同出席了中巴两国政府关于扩大和深化双边经济贸易合作的协定等双边合作文件的签字仪式。

全国人大常委会委员长吴邦国在人民大会堂分别会见巴基斯坦总统佩尔韦兹·穆沙拉夫和由议长卢博米尔·扎奥拉莱克率领的捷克众议院代表团

在会见穆沙拉夫时，吴邦国说，中巴建交55年来，尽管国际形势和两国各自情况都发生了很大变化，但中巴关系一直深入发展，双方高层交往频繁，政治互信日益加深，互利合作不断加强，在国际和地区事务中密切协作，在打击恐怖主义、维护地区安全方面进行了良好的沟通与配合。中国全国人大愿与巴基斯坦议会进一步加强交往与合作，在治国理政和民主法制建设方面相互借鉴、交流经验，共同为推动中巴战略合作伙伴关系的发展作出新贡献。

穆沙拉夫说，巴基斯坦希望进一步巩固同中国的政治关系，扩大在经贸、教育等领域的合作，继续在打击恐怖主义以及重大国际和地区事务中相互支持、相互配合，共同维护本地区的安全与稳定。

穆沙拉夫对3名中国工程技术人员最近在巴基斯坦遇害表示哀悼，并对一小撮恐怖分子破坏巴中关系的行径予以强烈谴责。

吴邦国说，中国人民对中国工程技术人员在巴基斯坦遇害表示震惊和悲痛。希望巴方进一步采取有效措施，确保在巴中方人员的安全。

在会见捷克众议院代表团时，吴邦国说，中方愿与捷方共同努力，不断扩大和深化经贸、教育等领域的务实合作，造福两国人民。

吴邦国说，中国全国人大重视与捷克议会关系的发展，保持领导人间的经常接触，扩大专门委员会和友好小组的往来，开展立法等领域的交流，为中捷关系的发展注入新的活力。

扎奥拉莱克说，发展对华关系是捷克各党派的共识。捷克众议院愿深化与中国全国人大交往，加深交流与对话，促进经贸合作和人员往来，推动捷中关系不断发展。

省部级主要领导干部建设社会主义新农村专题研讨班在中央党校结业

中共中央政治局常委、国务院总理温家宝在结业式上作了重要讲话。他强调，要以邓小平理论和“三个代表”重要思想为指导，按照科学发展观的要求和城乡统筹的思路，把广大农民群众的根本利益作为出发点和落脚点，全面推进社会主义新农村建设，经过长期坚持不懈地努力，使农村面貌有一个大的变化。

中共中央政治局常委、国家副主席、中央党校校长曾庆红，中共中央政治局常委李长春，中共中央政治局常委、中央政法委书记罗干出席结业式。中共中央政治局常委、中央纪委书记吴官正主持结业式。

温家宝在讲话中指出，建设社会主义新农村是我国现代化进程中的重大历史任务。在整个现代化建设过程中，要始终把建设社会主义新农村、促进城乡协调发展放到重要位置。建设新农村是一个与现代化建设同步的过程，要充分认识其长期性、艰巨性和复杂性，树立长期奋斗的思想，锲而不舍地推进，不断加快农村发展。

温家宝强调，建设社会主义新农村必须坚持以经济建设为中心，推动农村全面进步。要始终把发展农村生产力放在第一位，大力发展现代农业，全面繁荣农村经济，特别是稳定发展粮食生产，持续增加农民收入。同时要大力发展农村教育、科技、卫生、文化等社会事业，发展农村基层民主，推动精神文明建设，促进农村和谐稳定。改变农村面貌需要进行村庄建设和环境治理，但不能把社会主义新农村建设简单理解为就是村庄建设。村庄建设必须建立在经济社会发展的基础上。要防止搞不切实际的大拆大建，搞劳民伤财的形象工程，也要防止违背群众意愿随意并村。

温家宝指出，建设社会主义新农村必须落实好党的农村政策，深化农村改革。要按照完善社会主义市场经济体制的要求，创新体制机制，增强农村发展活力。要长期稳定和不断完善农村基本经营制度，切实保护农户的土地承包经营权，保障农民的物质利益和民主权利。要在巩固税费改革成果的基础上，全面推进农村综合改革。要把中央近年来出台的扶持“三农”的各项政策措施落到实处，充分发挥政策对推动新农村建设的效力。

温家宝强调，建设社会主义新农村必须实行城乡统筹，加大对农业和农村发展的支持力度。要认真贯彻工业反哺农业、城市支持农村的方针，坚持“多予少取放活”，尤其要在“多予”上下功夫。下决心调整国民收入分配结构，扩大公共财政覆盖农村的范围，加强政府对农村的公共服务，将国家基础设施建设的重点转向农村。今年，要做到国家财政支农资金的增量高于上年，国债和预算内建设资金用于农村建设的比重高于上年，其中直接用于改善农村生产生活条件的资金总量高于上年。今后，要做到财政新增教育、卫生、文化等事业经费主要用于农村，国家基本建设资金增量主要用于农村，政府征用土地出让收益主要用于农村。城市要采取多种形式支持农村发展，推进城市基础设施和公共服务向农村延伸。引导社会资金投向农村建设，营造全社会关心、支持、参与新农村建设的浓厚氛围。

温家宝强调，建设社会主义新农村必须坚持尊重实际、尊重群众，让农民得到实实在在的利益。要坚持从实际出发，因地制宜，分类指导，不搞“一刀切”。要量力而行，充分考虑当地财力和群众的承受能力，不能盲目攀比、急于求成，更不能通过加重农民负担和增加乡村负债搞建设。要注意帮助落后村、贫困村解决发展中的问题。农民群众是社会主义新农村建设的主体，要尊重他们的意愿，充分调动他们的积极性和创造性，防止强迫命令。要引导广大农民发扬自力更生、艰苦奋斗的优良传统，通过自己的辛勤劳动改善生产生活条件，建设自己的家园。

温家宝指出，建设社会主义新农村必须立足当前、着眼长远，注重解决农民最关心、最迫切的问题。要统盘考虑城镇建设和农村发展，对社会主义新农村建设作出科学规划，有计划、有步骤、有重点地推进。要认真贯彻落实今年中央一号文件精神，从农民群众最关心的实际问题入手，突出抓好农村基础设施建设，加快发展农村教育、卫生和文化事业，着力解决农村基础设施滞后和农民上学难、看病难等突出问题，使社会主义新农村建设有一个良好开局。温家宝强调，要进一步加强农村基层组织建设和干部队伍建设，完善村民自治，实行村务公开。要加强农村普法宣传教育，推进农村思想道德建设，开展精神文明创建活动，全面提高农民素质，培养造就新型农民。

吴官正在主持结业式时指出，温家宝同志的讲话紧紧围绕建设社会主义新农村这个主题，总结了大家一周来学习讨论的主要收获，强调了推进社会主义新农村建设需要把握的一些重大问题，提出了社会主义新农村建设的原则要求和政策措施，对建设社会主义新农村的工作作了进一步部署。各地区、各部门要结合各自实际，认真学习领会胡锦涛和温家宝同志在研讨班上的重要讲话精神，进一步理清工作思路，加大工作力度，把建设社会主义新农村的各项任务扎扎实实地落到实处。

王乐泉、回良玉、刘淇、刘云山、吴仪、张立昌、张德江等出席结业式。

这期专题研讨班于2月14日在中央党校开班。研讨班期间，有关方面的负责同志紧密联系实际，围绕如何建设社会主义新农村作了7次专题报告。各省、自治区、直辖市主要负责同志，中央和国家机关各部门、军队各大单位主要负责同志参加了研讨班。

国务院副总理曾培炎在人民大会堂会见美国铝业公司董事长兼首席执行官艾伦·贝尔达一行

中共中央政治局委员刘云山在人民大会堂会见以参议院独立党党团主席阿卜杜勒·哈格·塔兹为团长的摩洛哥独立党议员代表团

外交部部长李肇星在钓鱼台国宾馆与墨西哥外长德韦斯举行会谈

外交部部长李肇星在钓鱼台国宾馆会见捷克众议院议长卢博米尔·扎奥拉莱克

《中国材料工程大典》出版

该书由39位两院院士和1200余位专家教授，历经5年合力打造。全书涉及15个学科领域，共26卷，7000多万字。著名科学家师昌绪院士担任顾问，全国人大常委会副委员长，中国科学院院长路甬祥院士担任编委会主任。该书是我国第一部最完整的材料领域的工具书，许多技术参数为首次公布。

2月21日

中共中央政治局召开会议讨论政府工作报告稿和审查十一五规划纲要草案

中共中央政治局召开会议讨论国务院拟提请第十届全国人民代表大会第四次会议审议的政府工作报告稿和审查中华人民共和国国民经济和社会发展第十一个五年规划纲要草案稿。中共中央总书记胡锦涛主持会议。

会议指出，过去的一年，经过全党全国上下团结奋斗，我国保持经济平稳较快发展，改革开放迈出重大步伐，民主法制建设继续推进，社会事业取得新进展，人民生活进一步改善，社会安定团结，全面建设小康社会迈出新的坚实步伐。一年来的成就，是以胡锦涛同志为总书记的党中央驾驭全局、正确领导的结果，是广大干部群众共同努力、辛勤工作的结果。国务院和地方各级政府认真履行职责，做了大量卓有成效的工作。

会议强调，2006年是“十一五”时期的第一年，改革发展稳定的任务十分繁重。各级党委和政府要按照中央的部署和要求，全面落实科学发展观，坚持加快改革开放和自主创新，坚持推进经济结构调整和增长方式转变，坚持把解决涉及人民群众切身利益的问题放在突出位置，全面加强社会主义经济建设、政治建设、文化建设、社会建设，为“十一五”时期的发展开好局、起好步。要保持宏观经济政策的连续性和稳定性，继续实施稳健的财政政策和货币政策，搞好宏观调控，重点扩大消费需求，保持固定资产投资适当规模，优化投资结构，继续推动经济平稳较快发展；要扎实推进社会主义新农村建设，加大对“三农”的支持力度，发展现代农业，促进粮食生产稳定发展和农民增收，加强农村基础设施建设，全面推进农村综合改革；要加大产业结构调整、资源节约和环境保护力度，加快转变经济增长方式，着力增强自主创新能力，提升产业层次和技术水平，大力发展循环经济，加快建设环境友好型社会，继续推动区域协调发展；要大力实施科教兴国战略，把加快科技发展放在更加突出的战略地位，大力普及和巩固九年义务教育，加强社会主义文化建设；要继续深化改革，在一些关系全局的重大体制改革上取得新进展，进一步扩大对外开放；要高度重视解决涉及群众切身利益的问题，继续实施积极的就业政策，加快推进社会保障体系建设，突出抓好医疗卫生工作，切实加强安全生产，加快建设社会治安防控体系，坚决维护社会稳定，推进和谐社会建设。

会议认为，“十一五”时期是全面建设小康社会的关键时期。科学编制"十一五"规划纲要，对于紧紧抓住重要战略机遇期、促进我国经济社会又快又好发展具有十分重大的意义。

会议指出，"十一五"时期要继续以邓小平理论和"三个代表"重要思想为指导，以科学发展观统领经济社会发展全局，坚持必须保持经济平稳较快发展、必须加快转变经济增长方式、必须提高自主创新能力、必须促进城乡区域协调发展、必须加强和谐社会建设、必须不断深化改革开放的指导原则。要针对发展中存在的突出矛盾和问题，进一步调整推动发展的思路、转变推动发展的方式、明确推动发展的政策导向。要立足扩大国内需求推动发展，立足优化产业结构推动发展，立足节约资源保护环境推动发展，立足增强自主创新能力推动发展，立足深化改革开放推动发展，立足以人为本推动发展。

会议对"十一五"规划纲要草案提出的"十一五"时期我国经济社会发展的重大指标、战略重点、重大改革措施和主要政策取向等进行了讨论研究。会议强调，"十一五"规划纲要要阐明国家战略意图，明确政府工作重点，引导市场主体行为方向，成为政府履行经济调节、市场监管、社会管理和公共服务职责的重要依据。实现规划提出的目标和任务，主要依靠完善体制机制，更好地发挥市场在资源配置中的基础性作用，同时政府要正确履行职责，加强和改善宏观调控。

会议要求，在将"十一五"规划纲要草案提交十届全国人大四次会议审查和全国政协十届四次会议讨论的过程中，要发扬民主、集思广益，以利于切实把规划纲要制定好、实施好。

会议还研究了其他事项。

中共中央总书记胡锦涛主持中共中央政治局第二十九次集体学习

中共中央政治局这次集体学习安排的内容是世界产业结构调整的趋势和我国加快转变经济增长方式的战略抉择。国务院发展研究中心卢中原研究员、国家发展和改革委员会宏观经济研究院王一鸣研究员就这个问题进行讲解，并谈了他们的有关看法和建议。

中共中央政治局各位同志认真听取了他们的讲解，并就有关问题进行了讨论。

胡锦涛在主持学习时发表了讲话。他指出，我国正处在全面建设小康社会、加快推进社会主义现代化的新的发展阶段，国际经济正处在产业结构朝着技术、知识、服务密集的方向发展的新的调整时期。只有加快转变经济增长方式，才能不断提高国民经济的整体素质，确保实现党的十六届五中全会提出的发展目标。只有加快转变经济增长方式，才能切实推动经济发展和人口、资源、环境相协调，确保实现我国经济社会可持续发展。只有加快转变经济增长方式，才能应对激烈的国际经济、科技竞争，切实提高我国经济的国际竞争力和抗风险能力，确保在国际分工中取得有利地位。我们一定要从贯彻落实科学发展观、实现全面建设小康社会宏伟目标的战略高度，进一步增强自觉性和紧迫感，下更大的气力，采取更有力的措施，切实把加快转变经济增长方式的工作抓紧抓实、抓出成效。

胡锦涛指出，加快转变经济增长方式，是坚持以科学发展观统领经济社会发展全局、实现经济社会又快又好发展的重要着力点。要重点抓好以下几方面的工作：一是要按照建设创新型国家的要求，加快建设国家创新体系，建立以企业为主体、市场为导向、产学研相结合的技术创新体系，着力提高原始创新能力、集成创新能力和引进消化吸收再创新能力，为转变经济增长方式提供强大科技支撑。二是要加快推进经济结构的战略性调整，提升产业的整体技术水平，特别是要大力发展先进制造业和现代服务业，大力加强基础产业基础设施建设，大力促进区域协调发展。三是要坚持节约资源和保护环境的基本国策，大力发展循环经济，加强资源综合利用，全面推进清洁生产，加大环境保护和生态建设的力度，促进建设资源节约型、环境友好型社会。四是要进一步推进改革，努力形成有利于转变经济增长方式、促进全面协调可持续发展的体制机制，充分发挥市场机制对转变经济增长方式的引导作用。五是要树立人才资源是第一资源的观念，加强人力资源能力建设，努力造就数以亿计的高素质劳动者、数以千万计的专门人才和一大批拔尖的创新人才，积极营造人才辈出、人尽其才的社会氛围。

胡锦涛强调，加快转变经济增长方式，关键是各级党委和政府要高度重视、加强领导、抓好落实。要全面把握科学发展观的内涵和要求，统一思想认识，加大工作力度，切实把科学发展观贯穿于经济社会发展的全过程、落实到经济社会发展的各个环节。要把转变经济增长方式作为经济社会发展的重要任务，进行深入分析，制定实施规划，抓住对转变经济增长方式具有重大作用的环节和问题，同改革发展工作有机结合起来，一起部署、一起推动，扎实加以推进。要建立健全有利于加快转变经济增长方式的干部政绩考核体系，综合考核投入和产出、速度和效益、经济和社会、发展和环境等方面的指标，激励广大干部树立和实践科学发展观和正确政绩观。要完善法律法规，加大执法力度，形成有利于转变经济增长方式的法制环境。要大兴求真务实之风，扎扎实实做好加快转变经济增长方式的各项工作，更好地推进全面建设小康社会进程。

国务院总理温家宝在中南海紫光阁会见巴基斯坦总统佩尔韦兹·穆沙拉夫

温家宝指出，两国政府部门应加强宏观规划和指导，调整贸易结构，实现优势互补。两国企业也应积极进取，以更加符合市场经济规律的方式加强互惠互利合作。双方还应探索新的合作方式，不断提高经贸合作水平。温家宝强调，中国政府鼓励中国企业到巴基斯坦投资兴业，参与巴经济建设。希望巴方采取有力措施保障中方人员的人身和财产安全。

穆沙拉夫说，巴去年遭受地震灾害后，中国及时向巴提供了救灾和重建援助，这充分体现了中国人民对巴基斯坦人民的友好情谊。巴方愿与中方共同努力，以推进两国自贸区谈判为契机，提升两国经贸合作水平。巴方也愿意通过扩大两国在卫生、教育等领域的交流与合作，使巴中友谊世代相传。穆沙拉夫重申，巴基斯坦欢迎中国企业到巴投资，将采取切实措施确保在巴中国公民的安全。

全国政协主席贾庆林在人民大会堂分别会见巴基斯坦总统佩尔韦兹·穆沙拉夫和英国副首相约翰·莱斯利·普雷斯科特

贾庆林说，中国全国政协与巴基斯坦参议院一直保持着密切往来，双方在各层次和领域间的合作富有成效。中国全国政协愿与巴基斯坦参议院继续加强交流与合作，为促进两国人民间的友谊，推动中巴战略合作伙伴关系深入发展而不懈努力。

穆沙拉夫说，巴政府和人民对巩固巴中传统友谊、发展两国友好合作关系抱有强烈的愿望。巴方希望继续保持和增强同中国业已存在的良好的政治关系，并扩大在经贸、文化等广泛领域的合作，促进两国人民在各层次的友好交往，把两国关系提升到新的高度。

在会见普雷斯科特时，贾庆林说，当前中英关系发展势头很好。去年胡锦涛主席成功访英，布莱尔首相成功访华，双方启动了战略对话机制，为两国全面战略伙伴关系增添了新的活力和内涵。

贾庆林表示，中国全国政协愿进一步加强与包括英国议会在内的机构和组织的往来，为两国关系和两国人民友谊的进一步发展作出贡献。

普雷斯科特说，香港回归中国以来，英中两国关系得到很好发展。英国愿在经贸、科技、文化、教育等各领域进一步促进两国的合作，而且作为联合国安理会常任理事国，愿与中国共同为世界和平作出贡献。

新华社全文发布《中共中央、国务院关于推进社会主义新农村建设的若干意见》

党的十六届五中全会通过的《中共中央关于制定国民经济和社会发展第十一个五年规划的建议》，明确了今后5年我国经济社会发展的奋斗目标和行动纲领，提出了建设社会主义新农村的重大历史任务，为做好当前和今后一个时期的“三农”工作指明了方向。

近几年，党中央、国务院以科学发展观统领经济社会发展全局，按照统筹城乡发展的要求，采取了一系列支农惠农的重大政策。各地区、各部门认真落实中央部署，切实加强“三农”工作，农业和农村发展出现了积极变化，迎来了新的发展机遇。粮食连续两年较大幅度增产，农业结构调整向纵深推进，农民收入较快增长，农村税费改革取得重大成果，社会事业进一步发展，农村基层组织建设得到加强，干群关系明显改善。农业和农村发展的好形势，对保持国民经济平稳较快增长和社会稳定，发挥了重要的支撑作用。但必须看到，当前农业和农村发展仍然处在艰难的爬坡阶段，农业基础设施脆弱、农村社会事业发展滞后、城乡居民收入差距扩大的矛盾依然突出，解决好“三农”问题仍然是工业化、城镇化进程中重大而艰巨的历史任务。各级党委和政府必须按照党的十六届五中全会的战略部署，始终把“三农”工作放在重中之重，切实把建设社会主义新农村的各项任务落到实处，加快农村全面小康和现代化建设步伐。

一、统筹城乡经济社会发展，扎实推进社会主义新农村建设

(1)建设社会主义新农村是我国现代化进程中的重大历史任务。全面建设小康社会，最艰巨最繁重的任务在农村。加速推进现代化，必须妥善处理工农城乡关系。构建社会主义和谐社会，必须促进农村经济社会全面进步。农村人口众多是我国的国情，只有发展好农村经济，建设好农民的家园，让农民过上宽裕的生活，才能保障全体人民共享经济社会发展成果，才能不断扩大内需和促进国民经济持续发展。当前，我国总体上已进入以工促农、以城带乡的发展阶段，初步具备了加大力度扶持“三农”的能力和条件。“十一五”时期，必须抓住机遇，加快改变农村经济社会发展滞后的局面，扎实稳步推进社会主义新农村建设。

(2)围绕社会主义新农村建设做好农业和农村工作。“十一五”时期是社会主义新农村建设打下坚实基础的关键时期，是推进现代农业建设迈出重大步伐的关键时期，是构建新型工农城乡关系取得突破进展的关键时期，也是农村全面建设小康加速推进的关键时期。“十一五”时期要高举邓小平理论和“三个代表”重要思想伟大旗帜，全面贯彻落实科学发展观，统筹城乡经济社会发展，实行工业反哺农业、城市支持农村和“多予少取放活”的方针，按照“生产发展、生活宽裕、乡风文明、村容整洁、管理民主”的要求，协调推

进农村经济建设、政治建设、文化建设、社会建设和党的建设。当前，要完善强化支农政策，建设现代农业，稳定发展粮食生产，积极调整农业结构，加强基础设施建设，加强农村民主政治建设和精神文明建设，加快社会事业发展，推进农村综合改革，促进农民持续增收，确保社会主义新农村建设有良好开局。

(3)扎实稳步推进社会主义新农村建设。推进新农村建设是一项长期而繁重的历史任务，必须坚持以发展农村经济为中心，进一步解放和发展农村生产力，促进粮食稳定发展、农民持续增收；必须坚持农村基本经营制度，尊重农民的主体地位，不断创新农村体制机制；必须坚持以人为本，着力解决农民生产生活中最迫切的实际问题，切实让农民得到实惠；必须坚持科学规划，实行因地制宜、分类指导，有计划、有步骤、有重点地逐步推进；必须坚持发挥各方面积极性，依靠农民辛勤劳动、国家扶持和社会力量的广泛参与，使新农村建设成为全党全社会的共同行动。在推进新农村建设工作中，要注重实效，不搞形式主义；要量力而行，不盲目攀比；要民主商议，不强迫命令；要突出特色，不强求一律；要引导扶持，不包办代替。

(4)加快建立以工促农、以城带乡的长效机制。顺应经济社会发展阶段性变化和建设社会主义新农村的要求，坚持"多予少取放活"的方针，重点在"多予"上下功夫。调整国民收入分配格局，国家财政支出、预算内固定资产投资和信贷投放，要按照存量适度调整、增量重点倾斜的原则，不断增加对农业和农村的投入。扩大公共财政覆盖农村的范围，建立健全财政支农资金稳定增长机制。2006 年，国家财政支农资金增量要高于上年，国债和预算内资金用于农村建设的比重要高于上年，其中直接用于改善农村生产生活条件的资金要高于上年，并逐步形成新农村建设稳定的资金来源。要把国家对基础设施建设投入的重点转向农村。提高耕地占用税税率，新增税收应主要用于"三农"。抓紧制定将土地出让金一部分收入用于农业土地开发的管理和监督办法，依法严格收缴土地出让金和新增建设用地有偿使用费，土地出让金用于农业土地开发的部分和新增建设用地有偿使用费安排的土地开发整理项目，都要将小型农田水利设施建设作为重要内容，建设标准农田。进一步加大支农资金整合力度，提高资金使用效率。金融机构要不断改善服务，加强对"三农"的支持。要加快建立有利于逐步改变城乡二元结构的体制，实行城乡劳动者平等就业的制度，建立健全与经济发展水平相适应的多种形式的农村社会保障制度。充分发挥市场配置资源的基础性作用，推进征地、户籍等制度改革，逐步形成城乡统一的要素市场，增强农村经济发展活力。

二、推进现代农业建设，强化社会主义新农村建设的产业支撑

(5)大力提高农业科技创新和转化能力。深化农业科研体制改革，加快建设国家创新基地和区域性农业科研中心，在机构设置、人员聘任和投资建设等方面实行新的运行机制。鼓励企业建立农业科技研发中心，国家在财税、金融和技术改造等方面给予扶持。改善农业技术创新的投资环境，发展农业科技创新风险投资。加强农业高技术研究，继续实施现代农业高技术产业化项目，尽快取得一批具有自主知识产权的重大农业科技成果。针对农业生产的迫切需要，加快农作物和畜禽良种繁育、动植物疫病防控、节约资源和防治污染技术的研发、推广。把农业科研投入放在公共财政支持的优先位置，提高农业科技在国家科技投入中的比重。继续安排农业科技成果转化资金和国外先进农业技术引进资金。加强种质资源和知识产权保护。要加快农业技术推广体系改革和建设，积极探索对公益性职能与经营性服务实行分类管理的办法，完善农技推广的社会化服务机制。深入实施农业科技入户工程，扩大重大农业技术推广项目专项补贴规模。鼓励各类农科教机构和社会力量参与多元化的农技推广服务。加强气象为农业服务，保障农业生产和农民生命财产安全。大力推进农业机械化，提高重要农时、重点作物、关键生产环节和粮食主产区的机械化作业水平。

(6)加强农村现代流通体系建设。积极推进农产品批发市场升级改造，促进入市农产品质量等级化、包装规格化。鼓励商贸企业、邮政系统和其他各类投资主体通过新建、兼并、联合、加盟等方式，在农村发展现代流通业。积极发展农产品、农业生产资料和消费品连锁经营，建立以集中采购、统一配送为核心的新型营销体系，改善农村市场环境。继续实施"万村千乡市场工程"，建设连锁化"农家店"。培育和发展农村经纪人队伍。加快农业标准化工作，健全检验检测体系，强化农业生产资料和饲料质量管理，进一步提高农产品质量安全水平。供销合作社要创新服务方式，广泛开展联合、合作经营，加快现代经营网络建设，为农产品流通和农民生产生活资料供应提供服务。2006 年要完善全国鲜活农产品"绿色通道"网络，实现省际互通。

(7)稳定发展粮食生产。确保国家粮食安全是保持国民经济平稳较快增长和社会稳定的重要基础。必须坚持立足国内实现粮食基本自给的方针，稳定发展粮食生产，持续增加种粮收益，不断提高生产能力，适度利用国际市场，积极保持供求平衡。坚决落实最严格的耕地保护制度，切实保护基本农田，保护农民的土

地承包经营权。继续实施优质粮食产业工程和粮食丰产科技工程,加快建设大型商品粮生产基地和粮食产业带,稳定粮食播种面积,不断提高粮食单产、品质和生产效益。坚持和完善重点粮食品种最低收购价政策,保持合理的粮价水平,加强农业生产资料价格调控,保护种粮农民利益。继续执行对粮食主产县的奖励政策,增加中央财政对粮食主产县的奖励资金。

(8)积极推进农业结构调整。按照高产、优质、高效、生态、安全的要求,调整优化农业结构。加快建设优势农产品产业带,积极发展特色农业、绿色食品和生态农业,保护农产品知名品牌,培育壮大主导产业。继续实施种子工程。大力发展畜牧业,扩大畜禽良种补贴规模,推广健康养殖方式,安排专项投入支持标准化畜禽养殖小区建设试点。要加强动物疫病特别是禽流感等重大疫病防控的基础设施建设,完善突发疫情应急机制,加快推进兽医管理体制改革,稳定基层兽医队伍。积极发展水产业,扩大优质水产品养殖,发展远洋渔业,保护渔业资源,继续做好渔民转产转业工作。提高农产品国际竞争力,扩大园艺、畜牧、水产等优势农产品出口,加强农产品对外贸易磋商,提高我国农业应对国际贸易争端的能力。

(9)发展农业产业化经营。要着力培育一批竞争力、带动力强的龙头企业和企业集群示范基地,推广龙头企业、合作组织与农户有机结合的组织形式,让农民从产业化经营中得到更多的实惠。各级财政要增加扶持农业产业化发展资金,支持龙头企业发展,并可通过龙头企业资助农户参加农业保险。发展大宗农产品期货市场和"订单农业"。通过创新信贷担保手段和担保办法,切实解决龙头企业收购农产品资金不足的问题。开展农产品精深加工增值税改革试点。积极引导和支持农民发展各类专业合作经济组织,加快立法进程,加大扶持力度,建立有利于农民合作经济组织发展的信贷、财税和登记等制度。

(10)加快发展循环农业。要大力开发节约资源和保护环境的农业技术,重点推广废弃物综合利用技术、相关产业链接技术和可再生能源开发利用技术。制定相应的财税鼓励政策,组织实施生物质工程,推广秸秆气化、固化成型、发电、养畜等技术,开发生物质能源和生物基材料,培育生物质产业。积极发展节地、节水、节肥、节药、节种的节约型农业,鼓励生产和使用节电、节油农业机械和农产品加工设备,努力提高农业投入品的利用效率。加大力度防治农业面源污染。

三、促进农民持续增收,夯实社会主义新农村建设的经济基础

(11)拓宽农民增收渠道。要充分挖掘农业内部增收潜力,按照国内外市场需求,积极发展品质优良、特色明显、附加值高的优势农产品,推进"一村一品",实现增值增效。要加快转移农村劳动力,不断增加农民的务工收入。鼓励和支持符合产业政策的乡镇企业发展,特别是劳动密集型企业和服务业。着力发展县城和在建制的重点镇,从财政、金融、税收和公共品投入等方面为小城镇发展创造有利条件,外来人口较多的城镇要从实际出发,完善社会管理职能。要着眼兴县富民,着力培育产业支撑,大力发展民营经济,引导企业和要素集聚,改善金融服务,增强县级管理能力,发展壮大县域经济。

(12)保障务工农民的合法权益。进一步清理和取消各种针对务工农民流动和进城就业的歧视性规定和不合理限制。建立健全城乡就业公共服务网络,为外出务工农民免费提供法律政策咨询、就业信息、就业指导和职业介绍。严格执行最低工资制度,建立工资保障金等制度,切实解决务工农民工资偏低和拖欠问题。完善劳动合同制度,加强务工农民的职业安全卫生保护。逐步建立务工农民社会保障制度,依法将务工农民全部纳入工伤保险范围,探索适合务工农民特点的大病医疗保障和养老保险办法。认真解决务工农民的子女上学问题。

(13)稳定、完善、强化对农业和农民的直接补贴政策。要加强国家对农业和农民的支持保护体系。对农民实行的"三减免、三补贴"和退耕还林补贴等政策,深受欢迎,效果明显,要继续稳定、完善和强化。2006年,粮食主产区要将种粮直接补贴的资金规模提高到粮食风险基金的50%以上,其他地区也要根据实际情况加大对种粮农民的补贴力度。增加良种补贴和农机具购置补贴。适应农业生产和市场变化的需要,建立和完善对种粮农民的支持保护制度。

(14)加强扶贫开发工作。要因地制宜地实行整村推进的扶贫开发方式,加大力度改善贫困地区的生产生活条件,抓好贫困地区劳动力的转移培训,扶持龙头企业带动贫困地区调整结构,拓宽贫困农户增收渠道。对缺乏生存条件地区的贫困人口实行易地扶贫。继续增加扶贫投入,完善管理机制,提高使用效益。继续动员中央和国家机关、沿海发达地区和社会各界参与扶贫开发事业。切实做好贫困缺粮地区的粮食供应工作。

四、加强农村基础设施建设,改善社会主义新农村建设的物质条件

(15)大力加强农田水利、耕地质量和生态建设。在搞好重大水利工程建设的同时,不断加强农田水利建设。加快发展节水灌溉,继续把大型灌区续建配套和节水改造作为农业固定资产投资的重点。加大大型排涝泵站技术改造力度,配套建设田间工程。大力推

广节水技术。实行中央和地方共同负责,逐步扩大中央和省级小型农田水利补助专项资金规模。切实抓好以小型灌区节水改造、雨水集蓄利用为重点的小型农田水利工程建设和管理。继续搞好病险水库除险加固,加强中小河流治理。要大力加强耕地质量建设,实施新一轮沃土工程,科学施用化肥,引导增施有机肥,全面提升地力。增加测土配方施肥补贴,继续实施保护性耕作示范工程和土壤有机质提升补贴试点。农业综合开发要重点支持粮食主产区改造中低产田和中型灌区节水改造。按照建设环境友好型社会的要求,继续推进生态建设,切实搞好退耕还林、天然林保护等重点生态工程,稳定完善政策,培育后续产业,巩固生态建设成果。继续推进退牧还草、山区综合开发。建立和完善生态补偿机制。做好重大病虫害防治工作,采取有效措施防止外来有害生物入侵。加强荒漠化治理,积极实施石漠化地区和东北黑土区等水土流失综合防治工程。建立和完善水电、采矿等企业的环境恢复治理责任机制,从水电、矿产等资源的开发收益中,安排一定的资金用于企业所在地环境的恢复治理,防止水土流失。

(16)加快乡村基础设施建设。要着力加强农民最急需的生活基础设施建设。在巩固人畜饮水解困成果基础上,加快农村饮水安全工程建设,优先解决高氟、高砷、苦咸、污染水及血吸虫病区的饮水安全问题。有条件的地方,可发展集中式供水,提倡饮用水和其他生活用水分质供水。要加快农村能源建设步伐,在适宜地区积极推广沼气、秸秆气化、小水电、太阳能、风力发电等清洁能源技术。从2006年起,大幅度增加农村沼气建设投资规模,有条件的地方,要加快普及户用沼气,支持养殖场建设大中型沼气。以沼气池建设带动农村改圈、改厕、改厨。尽快完成农村电网改造的续建配套工程。加强小水电开发规划和管理,扩大小水电代燃料试点规模。要进一步加强农村公路建设,到"十一五"期末基本实现全国所有乡镇通油(水泥)路,东、中部地区所有具备条件的建制村通油(水泥)路,西部地区基本实现具备条件的建制村通公路。要积极推进农业信息化建设,充分利用和整合涉农信息资源,强化面向农村的广播电视电信等信息服务,重点抓好"金农"工程和农业综合信息服务平台建设工程。引导农民自愿出资出劳,开展农村小型基础设施建设,有条件的地方可采取以奖代补、项目补助等办法给予支持。按照建管并重的原则,逐步把农村公路等公益性基础设施的管护纳入国家支持范围。

(17)加强村庄规划和人居环境治理。随着生活水平提高和全面建设小康社会的推进,农民迫切要求改善农村生活环境和村容村貌。各级政府要切实加强村庄规划工作,安排资金支持编制村庄规划和开展村庄治理试点;可从各地实际出发制定村庄建设和人居环境治理的指导性目录,重点解决农民在饮水、行路、用电和燃料等方面的困难,凡符合目录的项目,可给予资金、实物等方面的引导和扶持。加强宅基地规划和管理,大力节约村庄建设用地,向农民免费提供经济安全适用、节地节能节材的住宅设计图样。引导和帮助农民切实解决住宅与畜禽圈舍混杂问题,搞好农村污水、垃圾治理,改善农村环境卫生。注重村庄安全建设,防止山洪、泥石流等灾害对村庄的危害,加强农村消防工作。村庄治理要突出乡村特色、地方特色和民族特色,保护有历史文化价值的古村落和古民宅。要本着节约原则,充分立足现有基础进行房屋和设施改造,防止大拆大建,防止加重农民负担,扎实稳步地推进村庄治理。

五、加快发展农村社会事业,培养推进社会主义新农村建设的新型农民

(18)加快发展农村义务教育。着力普及和巩固农村九年制义务教育。2006年对西部地区农村义务教育阶段学生全部免除学杂费,对其中的贫困家庭学生免费提供课本和补助寄宿生生活费,2007年在全国农村普遍实行这一政策。继续实施国家西部地区"两基攻坚"工程和农村中小学现代远程教育工程。建立健全农村义务教育经费保障机制,进一步改善农村办学条件,逐步提高农村中小学公用经费的保障水平。加强农村教师队伍建设,加大城镇教师支援农村教育的力度,促进城乡义务教育均衡发展。加大力度监管和规范农村学校收费,进一步减轻农民的教育负担。

(19)大规模开展农村劳动力技能培训。提高农民整体素质,培养造就有文化、懂技术、会经营的新型农民,是建设社会主义新农村的迫切需要。继续支持新型农民科技培训,提高农民务农技能,促进科学种田。扩大农村劳动力转移培训阳光工程实施规模,提高补助标准,增强农民转产转岗就业的能力。加快建立政府扶助、面向市场、多元办学的培训机制。各级财政要将农村劳动力培训经费纳入预算,不断增加投入。整合农村各种教育资源,发展农村职业教育和成人教育。

(20)积极发展农村卫生事业。积极推进新型农村合作医疗制度试点工作,从2006年起,中央和地方财政较大幅度提高补助标准,到2008年在全国农村基本普及新型农村合作医疗制度。各级政府要不断增加投入,加强以乡镇卫生院为重点的农村卫生基础设施建设,健全农村三级医疗卫生服务和医疗救助体系。有条件的地方,可对乡村医生实行补助制度。建立与农民收入水平相适应的农村药品供应和监管体系,规范

农村医疗服务。加大农村地方病、传染病和人畜共患疾病的防治力度。增加农村卫生人才培养的经费预算,组织城镇医疗机构和人员对口支持农村,鼓励各种社会力量参与发展农村卫生事业。加强农村计划生育服务设施建设,继续稳定农村低生育水平。

(21)繁荣农村文化事业。各级财政要增加对农村文化发展的投入,加强县文化馆、图书馆和乡镇文化站、村文化室等公共文化设施建设,继续实施广播电视"村村通"和农村电影放映工程,发展文化信息资源共享工程农村基层服务点,构建农村公共文化服务体系。推动实施农民体育健身工程。积极开展多种形式的群众喜闻乐见、寓教于乐的文体活动,保护和发展有地方和民族特色的优秀传统文化,创新农村文化生活的载体和手段,引导文化工作者深入乡村,满足农民群众多层次、多方面的精神文化需求。扶持农村业余文化队伍,鼓励农民兴办文化产业。加强农村文化市场管理,抵制腐朽落后文化。

(22)逐步建立农村社会保障制度。按照城乡统筹发展的要求,逐步加大公共财政对农村社会保障制度建设的投入。进一步完善农村"五保户"供养、特困户生活救助、灾民补助等社会救助体系。探索建立与农村经济发展水平相适应、与其他保障措施相配套的农村社会养老保险制度。落实军烈属优抚政策。积极扩大对农村部分计划生育家庭实行奖励扶助制度试点和西部地区计划生育"少生快富"扶贫工程实施范围。有条件的地方,要积极探索建立农村最低生活保障制度。

(23)倡导健康文明新风尚。大力弘扬以爱国主义为核心的民族精神和以改革创新为核心的时代精神,激发农民群众发扬艰苦奋斗、自力更生的传统美德,为建设社会主义新农村提供强大的精神动力和思想保证。加强思想政治工作,深入开展农村形势和政策教育,认真实施公民道德建设工程,积极推动群众性精神文明创建活动,开展和谐家庭、和谐村组、和谐村镇创建活动。引导农民崇尚科学,抵制迷信,移风易俗,破除陋习,树立先进的思想观念和良好的道德风尚,提倡科学健康的生活方式,在农村形成文明向上的社会风貌。

六、全面深化农村改革,健全社会主义新农村建设的体制保障

(24)进一步深化以农村税费改革为主要内容的农村综合改革。2006年,在全国范围取消农业税。通过试点、总结经验,积极稳妥地推进乡镇机构改革,切实转变乡镇政府职能,创新乡镇事业站所运行机制,精简机构和人员,5年内乡镇机构编制只减不增。妥善安置分流人员,确保社会稳定。要按照强化公共服务、严格依法办事和提高行政效率的要求,认真解决机构和人员臃肿的问题,切实加强政府社会管理和公共服务的职能。加快农村义务教育体制改革,建立和完善各级政府责任明确、财政分级投入、经费稳定增长、管理以县为主的农村义务教育管理体制,中央和省级政府要更多地承担发展农村义务教育的责任,深化农村学校人事和财务等制度改革。有条件的地方可加快推进"省直管县"财政管理体制和"乡财县管乡用"财政管理方式的改革。各地要对乡村债务进行清理核实,2006年选择部分县(市)开展化解乡村债务试点工作,妥善处理历年农业税尾欠,完善涉农税收优惠方式,确保农民直接受益。深化国有农场税费改革,将农业职工土地承包费中类似农村"乡镇五项统筹"的费用全部减除,农场由此减少的收入由中央和省级财政给予适当补助。国有农场要逐步剥离办社会的职能,转变经营机制,在现代农业建设中发挥示范作用。

(25)加快推进农村金融改革。巩固和发展农村信用社改革试点成果,进一步完善治理结构和运行机制。县域内各金融机构在保证资金安全的前提下,将一定比例的新增存款投放当地,支持农业和农村经济发展,有关部门要抓紧制定管理办法。扩大邮政储蓄资金的自主运用范围,引导邮政储蓄资金返还农村。调整农业发展银行职能定位,拓宽业务范围和资金来源。国家开发银行要支持农村基础设施建设和农业资源开发。继续发挥农业银行支持农业和农村经济发展的作用。在保证资本金充足、严格金融监管和建立合理有效的退出机制的前提下,鼓励在县域内设立多种所有制的社区金融机构,允许私有资本、外资等参股。大力培育由自然人、企业法人或社团法人发起的小额贷款组织,有关部门要抓紧制定管理办法。引导农户发展资金互助组织。规范民间借贷。稳步推进农业政策性保险试点工作,加快发展多种形式、多种渠道的农业保险。各地可通过建立担保基金或担保机构等办法,解决农户和农村中小企业贷款抵押担保难问题,有条件的地方政府可给予适当扶持。

(26)统筹推进农村其他改革。稳定和完善以家庭承包经营为基础、统分结合的双层经营体制,健全在依法、自愿、有偿基础上的土地承包经营权流转机制,有条件的地方可发展多种形式的适度规模经营。加快集体林权制度改革,促进林业健康发展。完善粮食流通体制,深化国有粮食企业改革,建立产销区稳定的购销关系,加强国家对粮食市场的宏观调控。加快征地制度改革步伐,按照缩小征地范围、完善补偿办法、拓展安置途径、规范征地程序的要求,进一步探索改革经验。完善对被征地农民的合理补偿机制,加强对被征

地农民的就业培训，拓宽就业安置渠道，健全对被征地农民的社会保障。推进小型农田水利设施产权制度改革。

七、加强农村民主政治建设，完善建设社会主义新农村的乡村治理机制

(27)不断增强农村基层党组织的战斗力、凝聚力和创造力。充分发挥农村基层党组织的领导核心作用，为建设社会主义新农村提供坚强的政治和组织保障。要以建设社会主义新农村为主题，在全国农村深入开展保持共产党员先进性教育活动，引导广大农村党员学习贯彻党章，坚定理想信念，坚持党的宗旨。要结合农村实际，有针对性地开展正面教育，解决党组织和党员队伍中存在的突出问题，解决影响改革发展稳定的主要问题，解决群众最关心的重点问题，务求取得实效。加强农村基层组织的阵地建设，继续搞好农村党员干部现代远程教育，加大政策理论、法律法规和实用技术培训力度，引导农村基层干部发扬求真务实、踏实苦干的工作作风，广泛联系群众，增强带领群众增收致富的能力。关心和爱护农村基层干部，继续开展农村党的建设"三级联创"活动，加强基层党风廉政建设，巩固党在农村的执政基础。充分发挥农村共青团和妇联组织的作用。

(28)切实维护农民的民主权利。健全村党组织领导的充满活力的村民自治机制，进一步完善村务公开和民主议事制度，让农民群众真正享有知情权、参与权、管理权、监督权。完善村民"一事一议"制度，健全农民自主筹资筹劳的机制和办法，引导农民自主开展农村公益性设施建设。开展村务公开民主管理示范活动，推动农村基层志愿服务活动。加强农村法制建设，深入开展农村普法教育，增强农民的法制观念，提高农民依法行使权利和履行义务的自觉性。妥善处理农村各种社会矛盾，加强农村社会治安综合治理，打击"黄赌毒"等社会丑恶现象，建设平安乡村，创造农民安居乐业的社会环境。

(29)培育农村新型社会化服务组织。在继续增强农村集体组织经济实力和服务功能、发挥国家基层经济技术服务部门作用的同时，要鼓励、引导和支持农村发展各种新型的社会化服务组织。推动农产品行业协会发展，引导农业生产者和农产品加工、出口企业加强行业自律，搞好信息服务，维护成员权益。鼓励发展农村法律、财务等中介组织，为农民发展生产经营和维护合法权益提供有效服务。

八、切实加强领导，动员全党全社会关心、支持和参与社会主义新农村建设

(30)加强对社会主义新农村建设工作的领导。推进社会主义新农村建设事关我国农业和农村的长远发展，事关改革开放和现代化建设的大局，各级党委和政府要从战略和全局的高度出发，把建设社会主义新农村作为一件大事，真正列入议事日程，切实加强领导，明确工作重点，每年为农民办几件实事。各级党委和政府的工作部门都要明确自身在新农村建设中的职责和任务，特别是宏观管理、基础产业和公共服务部门，在制定发展规划、安排建设投资和事业经费时，要充分考虑统筹城乡发展的要求，更多地向农村倾斜。各地区、各部门要建立推进新农村建设的工作协调机制，加强统一领导，明确职责分工，搞好配合协作。各级领导干部要深入农村调查研究，总结实践经验，加强指导服务，帮助基层解决新农村建设中遇到的各种矛盾和问题。

(31)科学制定社会主义新农村建设规划。新农村建设涉及经济、政治、文化和社会各个方面，是一项十分复杂的系统工程，必须切实加强规划工作。各地要按照统筹城乡经济社会发展的要求，把新农村建设纳入当地经济和社会发展的总体规划。要明确推进新农村建设的思路、目标和工作措施，统筹安排各项建设任务。做好第二次全国农业普查工作，为制定规划提供科学依据。要充分考虑农民的切身利益和发展要求，在促进农村经济发展的基础上，区分轻重缓急，突出建设重点，加强饮水安全、农田水利、乡村道路、农村能源等基础设施建设，加快教育、卫生等公共事业发展。要尊重自然规律、经济规律和社会发展规律，广泛听取基层和农民群众的意见和建议，提高规划的科学性、民主性、可行性，确保新农村建设扎实稳步推进。

(32)动员全社会力量关心、支持和参与社会主义新农村建设。建设社会主义新农村是全社会的事业，需要动员各方面力量广泛参与。各行各业都要关心支持新农村建设，为新农村建设作出贡献。充分发挥城市带动农村发展的作用，加大城市经济对农村的辐射，加大城市人才、智力资源对农村的支持，加大城市科技、教育、医疗等方面对农民的服务。要形成全社会参与新农村建设的激励机制，鼓励各种社会力量投身社会主义新农村建设，引导党政机关、人民团体、企事业单位和社会知名人士、志愿者对乡村进行结对帮扶，加强舆论宣传，努力营造全社会关心、支持、参与建设社会主义新农村的浓厚氛围。

做好2006年和"十一五"时期的农业和农村工作，任务艰巨，意义重大。我们要紧密团结在以胡锦涛同志为总书记的党中央周围，高举邓小平理论和"三个代表"重要思想伟大旗帜，全面贯彻落实科学发展观，解放思想，振奋精神，开拓进取，扎实工作，为建设社会主义新农村而努力奋斗。

国务院总理温家宝签署第460号令公布《取水许可和水资源费征收管理条例》

《取水许可和水资源费征收管理条例》已经2006年1月24日国务院第123次常务会议通过，现予公布，自2006年4月15日起施行。

总　理　温家宝

2006年2月21日

取水许可和水资源费征收管理条例（文略）

国务委员唐家璇在人民大会堂与英国副首相约翰·莱斯利·普雷斯科特举行会谈

中日执政党交流机制第一次会议在北京举行

中联部部长王家瑞和日本自民党政调会长中川秀直、公明党政调会长井上义久分别作了主旨发言。中联部副部长刘洪才主持了会议。

全国人大外事委员会副主任委员王英凡、全国政协外事委员会副主任张国祥、中央政策研究室副主任方立等也在会上作了专题发言。

“中日执政党交流机制”是2004年3月正式建立的，旨在通过党际交流促进两国关系稳定健康发展。

国务院发出《关于发展城市社区卫生服务的指导意见》

第三届中华环境奖颁奖典礼在人民大会堂举行

中共中央政治局委员、国务院副总理曾培炎发来贺信，希望广大环保工作者再接再厉，扎实工作，带动全社会参与环境保护事业，为促进经济社会全面协调可持续发展作出新的贡献。

中华环境奖于2000年设立，是目前国内环境保护领域代表性强、奖金最高、影响面比较大的奖项，旨在表彰和奖励为我国环境保护事业作出突出贡献和取得优异成绩的集体和个人，以促进我国环境保护事业的发展。经中华环境奖组织委员会的审议批准，产生了2005年5名中华环境奖和19名绿色东方奖获奖者。

全国人大常委会副委员长顾秀莲、全国政协副主席李蒙出席典礼并给获奖者颁奖，中华环境奖组委会成员、评选委员会专家、中华环境保护基金会理事、获奖者单位，以及社会各界约600名代表出席了颁奖典礼。

2月22日

国务院总理温家宝主持召开国务院常务会议

会议听取了民政部关于加强和改进社区服务工作意见的汇报。会议认为，社区是城市的细胞。随着社会主义市场经济的发展和城镇化进程的加快，社区在城市经济社会发展和管理中的地位越来越重要。加强社区建设，改进社区服务工作，直接关系改革、发展、稳定的大局，关系群众的切身利益，对于提高人民生活质量、扩大就业、化解社会矛盾、促进和谐社会建设具有重要意义。

会议指出，加强和改进社区服务工作，要坚持以人为本，着眼于为居民提供多层次、多样化的物质文化服务；坚持社会化，充分发挥政府、社区居委会、民间组织、驻社区单位、企业及个人在社区服务中的作用；坚持分类指导，根据公益性服务、互助性服务、营利性服务的不同情况，实行分类管理。通过努力，逐步建立与社会主义市场经济体制相适应，覆盖社区全体成员、服务主体多元、服务功能完善、服务质量和管理水平较高的社区服务体系，努力实现社区居民困有所助、需有所应。为此，要重点做好以下工作：(一)大力推进公共服务体系建设，切实加强社区就业、社会保障、社会救助，以及医疗卫生、计划生育、文化、教育、体育、安全等服务工作，使政府公共服务落实到社区。(二)充分发挥社区党组织和居民自治组织在社区服务中的作用，加强社区服务工作队伍建设，不断提高其服务居民、管理社区的能力。(三)培育社区服务组织，积极开展社区志愿服务活动，并不断创新服务形式，提高服务水平。(四)鼓励和支持各类组织、企业和个人开展社区服务。(五)加强组织领导和社区服务监管。建立党和政府统一领导、民政部门牵头、有关部门配合、社会广泛参与的社区服务管理体制和工作机制，保证社区服务工作的健康发展。

会议听取了北京奥组委关于奥运会筹办工作进展情况的汇报。会议认为，过去的一年，北京奥组委认真贯彻党中央、国务院指示精神，全面、扎实、高效地开展筹办工作，圆满完成了年度任务。

奥运会新建场馆全面开工，宣传和文化工作取得良好社会效果，节俭办奥运的方针得到落实，国际合作和竞赛组织工作稳步推进，残奥会筹备工作进展顺利，得到国际奥委会的充分肯定。

会议指出，今年是北京筹办奥运会的关键之年、攻坚之年，要按照绿色奥运、科技奥运、人文奥运的理念，扎实做好各项筹办工作。要全面推进奥运会场馆设施和配套工程建设，年内基本完成新建场馆和奥运村、媒体村、会议中心等设施的主体结构工程。要重视和加强宣传、文化及教育工作，大力开展“迎奥运、讲文明、树新风”活动，营造全社会关注奥运、支持奥运、参与奥运的氛围。要加强大气污染治理，为举办奥运会创造良好的环境。要继续做好与国际奥委会和有关国际组织的交流与合作工作，努力提高筹办工作的国际化水平。要认真落实竞赛组织与管理工作，加强人员培训，积极推动筹办工作体制、机制向赛时转换，形成参与广泛、运行顺畅、各方紧密配合的局面。

国务院总理温家宝在中南海紫光阁分别会见德国外交部部长弗兰克—瓦尔特·施泰因迈尔和日本经济产业大臣二阶俊博

中央统战部在北京举行党外人士情况通报会

中央纪委书记吴官正就反腐倡廉工作向党外人士作了通报。

吴官正介绍了中共十六大以来反腐倡廉的形势。他说，在中共中央、国务院坚强有力的领导下，反腐倡廉工作既坚持从严治标，惩治腐败，又着力治本，预防腐败；既坚决查办违纪违法案件，又认真纠正损害群众利益的不正之风；既保持工作的连续性，又与时俱进、开拓创新。经过全党全社会的共同努力，反腐倡廉工作在过去基础上取得了新的成效，呈现出良好的发展态势。但是腐败现象在一些方面仍然比较突出，反腐倡廉任务依然艰巨。

吴官正指出，坚持标本兼治、综合治理、惩防并举、注重预防的反腐倡廉战略方针，建立健全教育、制度、监督并重的惩治和预防腐败体系，涉及政治、经济、文化和社会等各个方面。我们要在保持查办案件强劲势头的同时，进一步加大预防腐败力度，努力拓展从源头上防治腐败的领域。在政治领域，按照为民、务实、清廉的要求，树立正确的权力观，强化对权力运行的制约和监督，建立健全防止权力滥用的有效机制。在经济领域，按照透明、公平、诚信的要求，树立正确的利益观，更大程度地发挥市场在资源配置中的基础性作用，建立健全防治商业贿赂等违法犯罪行为的有效机制。在社会文化领域，按照正义、责任、自律的要求，树立正确的道德观，大力加强廉政文化建设，树立以廉为荣、以贪为耻的良好风尚，建立健全有利于人民群众积极支持和参与反腐倡廉的有效机制。

在谈到今后的工作时，吴官正强调，反腐倡廉要坚持以邓小平理论和"三个代表"重要思想为指导，认真学习贯彻党章，全面落实科学发展观，抓紧建立健全惩治和预防腐败体系。要加强对领导干部的理想信念教育和权力观教育，加大对权力运行的制约和监督力度，严肃查处违纪案件，坚决纠正损害群众利益的不正之风，以改革统揽预防腐败各项工作，建立健全法规制度体系，逐步铲除滋生腐败的土壤和条件。

全国政协副主席、中共中央统战部部长刘延东主持通报会。

何勇、何鲁丽、成思危、许嘉璐、韩启德、罗豪才、张克辉、周铁农、黄孟复、张怀西、李蒙、张榕明和王光英、孙孚凌、万国权、王文元，以及民盟中央主席蒋树声、台盟中央主席林文漪，各民主党派中央、全国工商联负责人和无党派人士，统战系统单位负责人出席了通报会。

中央政法委在北京召开全国打黑除恶专项斗争电视电话会议

中央政法委书记罗干出席会议并在讲话时强调，要在以胡锦涛同志为总书记的党中央坚强领导下，全面落实科学发展观，在全国范围内有重点地开展打黑除恶专项斗争，依法严惩黑恶势力犯罪，建立健全打黑除恶长效工作机制，推进各项社会治安工作，实现社会治安持续稳定，为"十一五"规划的顺利实施、为全面建设小康社会创造良好的社会环境。

罗干要求，各级党委和政府要切实担负起打黑除恶的政治责任，加强组织领导，旗帜鲜明地支持政法部门依法打击黑恶势力犯罪。各级党委政法委要加强对政法各部门的协调，统一打黑除恶的思想和行动，督促政法部门不折不扣地落实中央的重要部署。公安机关要充分发挥主力军作用，检察机关、审判机关以及司法行政机关都要认真研究工作措施，形成对黑恶势力主动进攻、积极防范的态势，确保专项斗争的顺利进行。

罗干指出，打击黑恶势力犯罪是一项长期、艰巨的任务，要把集中打击与经常性打击结合起来，把治标与治本结合起来，积极探索和构建打黑除恶的长效工作机制，遏制新的黑恶势力形成，防止黑恶势力滋生蔓延。对那些任由黑恶势力发展，不敢打、不愿打的地方和部门，要严肃追究责任。要把打黑除恶纳入社会治安综合治理总体规划，从源头抓起，从基层抓起。要以打黑除恶带动各类突出治安问题的解决，推进平安建设向纵深发展，做好维护社会稳定的各项工作。

中央政法委员会委员肖扬、贾春旺、许永跃、王胜俊、孙忠同、吴爱英及中央和国家机关有关部门的负责同志出席了会议。

外交部部长李肇星在北京与德国外交部部长弗兰克—瓦尔特·施泰因迈尔举行会谈

《中共中央 国务院关于推进社会主义新农村建设的若干意见》由人民出版社出版

2月23日

国家主席胡锦涛在人民大会堂会见德国外交部部长弗兰克—瓦尔特·施泰因迈尔

胡锦涛强调，中德关系有着坚实的政治基础和广阔的发展前景。中方愿与德方共同努力,在中欧全面战略伙伴关系框架内推动中德关系更加全面深入地向前发展。

施泰因迈尔说,德方高度重视发展对华友好关系,德国新政府致力于保持对华政策的连续性,愿将两国广泛、密切的合作不断推向深入。中国经济高速发展,充满活力,德方很高兴成为中国重要的经贸伙伴。

全国政协第三十二次主席会议在北京举行

全国政协主席贾庆林主持会议。会议审议通过了关于学习贯彻《中共中央关于加强人民政协工作的意见》(以下简称《意见》)的决定(草案)、关于举办纪念孙中山先生诞辰140周年活动的决定(草案),决定将这两个草案提请第十二次常委会议审议。会议审议通过了政协第十届全国委员会部分委员调整界别名单、政协第十届全国委员会第四次会议各次全体会议执行主席和主持人名单。会议听取了关于政协第十届全国委员会第四次会议和常务委员会第十二次会议筹备工作情况的汇报。全国政协秘书长郑万通、副秘书长李昌鉴分别就上述议题作了说明。

会议认为,学习好、宣传好、落实好《意见》是当前和今后一个时期人民政协的一项重要政治任务。人民政协各级组织、各参加单位和广大政协委员要充分认识学习贯彻《意见》的重大意义。《意见》是以胡锦涛同志为总书记的中共中央从党和国家事业发展的全局出发,加强人民政协工作的一项重要部署。《意见》科学概括了党的三代中央领导集体关于人民政协事业的重要论述和以胡锦涛同志为总书记的中共中央对人民政协工作的新思想、新要求,充分肯定了人民政协的历史贡献及其在我国政治体制中的重要作用,明确提出了在全面建设小康社会、加快推进社会主义现代化新的发展阶段人民政协所肩负的历史责任,明确规定了人民政协工作的原则、任务和履行职能的程序、机制,对搞好人民政协自身建设以及进一步加强和改善党对人民政协的领导提出了明确要求,是指导新世纪、新阶段人民政协事业发展的纲领性文件。《意见》的颁布实施,对于加强和改善中国共产党对人民政协的领导、提高党的执政能力,对于坚持和完善中国共产党领导的多党合作和政治协商制度、发展社会主义民主政治,对于最广泛最充分地调动一切积极因素、构建社会主义和谐社会,对于全面建设小康社会、推进中国特色社会主义伟大事业都具有重要意义。要深刻理解和全面把握《意见》的基本精神,切实搞好学习贯彻《意见》的各项工作。

会议指出,即将召开的全国政协十届四次会议是一次十分重要的会议。去年10月召开的中共十六届五中全会通过了《中共中央关于制定国民经济和社会发展第十一个五年规划的建议》,前不久国务院发布了《国家中长期科学和技术发展规划纲要》,近日中共中央颁发了《中共中央关于加强人民政协工作的意见》。本次大会受到委员关注的大事和议题不少,组织和开好大会意义重大。办公厅和各专门委员会要继续把做好大会的筹备组织服务工作作为中心任务,以高度的政治责任感,把工作做得更深入、更细致、更扎实,确保全国政协十届四次会议取得圆满成功。

全国政协副主席王忠禹、廖晖、刘延东、李贵鲜、张思卿、白立忱、罗豪才、张克辉、周铁农、郝建秀、陈奎元、阿不来提·阿不都热西提、徐匡迪、李兆焯、黄孟复、张怀西、李蒙、张梅颖、张榕明出席会议。

国办转发建设部《关于加强城市总体规划工作的意见》并发出通知

各省、自治区、直辖市人民政府,国务院各部委、各直属机构:

建设部《关于加强城市总体规划工作的意见》已经国务院同意,现转发给你们,请认真贯彻执行。

国务院办公厅

2006年2月23日

关于加强城市总体规划工作的意见

建设部城市总体规划是引导和调控城市建设,保护和管理城市空间资源的重要依据和手段,在指导城市有序发展、提高建设和管理水平等方面发挥着重要作用。目前,部分城市总体规划已经到期,各地正陆续进行城市总体规划修编工作。为适应经济社会发展的新形势,进一步明确城市总体规划工作的指导思想,规范规划编制、审查和监督管理,增强城市总体规划的科学性、严肃性和权威性,促进城市健康发展,现提出以下意见:

一、进一步明确指导思想

以"三个代表"重要思想和科学发展观统领城市总体规划工作,按照构建社会主义和谐社会的要求,正确处理好局部与整体、近期与长远、经济建设与社会发展、城市建设与环境保护之间的关系,推动城市发展模式从粗放型向集约型转变,切实防止利用规划修编盲目扩大城市规模、圈占土地,搞不切实际的"形象工程"和"政绩工程"。要充分考虑国民经济和社会发展规划的要求,根据人口、资源情况和环境承载能力,合理确定城市规模和性质。要坚持统筹城乡发展,增强城市辐射功能,提高服务农村的水平。要统筹城乡环境保护工作,进一步改善城市大气和水资源环境,加强对城乡结合部及城市周边地区的污染控制,严防污染由城市向农村转移。要坚持以人为本,高度重视人居环境规划设计，体现城市特色，改善人民群众居住和生活条件。要把节地、节水、节能、节材和资源综合利用的要求落实到城市总体规划工作的各个环节，把防范和抵御各种灾害的措施落到实处，促进经济、社会与环境全面协调可持续发展。

二、科学有序地开展规划修编前期工作

(一)发挥城镇体系规划的指导作用。要抓紧做好省域城镇体系规划的编制、报批工作。省域城镇体系规划已经审批的地区，城市总体规划修编要按照城镇体系规划确定的原则，结合人口、资源情况和环境承载能力，对城市的性质、功能和规模作出准确定位，统筹安排对城市发展有重大影响的基础设施和重大建设项目，促进城市产业结构和布局的合理调整。

(二)总结现行规划实施情况。要总结现行城市总体规划各项调控内容，包括城市发展方向和空间布局、人口与建设用地规模、生态环境保护目标等的落实情况。通过认真分析评价现行规划实施情况，总结成功经验，查找主要问题，提出解决方案，改进下一期规划的编制和实施工作，提高城市总体规划工作水平。

(三)深入开展专项政策研究。要积极开展对人口、土地、水资源、能源和环境等城市发展基本要素的专项政策研究工作。通过研究论证城市人口、资源和环境承载能力，为规划修编提供科学依据。要按照有关规定，在开展土地利用总体规划修编前期工作的同时，同步开展城市总体规划修编前期研究工作。要按照有关法律法规和标准规范的要求，综合考虑城市发展现状、趋势，科学确定城市建设用地规模、能源消耗与各项环境指标。要认真研究城镇人口集聚机制、市域城乡人口分布和结构变化，以及流动人口的特点和发展趋势，结合资源和环境等制约条件，科学预测城市人口发展规模。

三、进一步改进规划修编和审查工作

(一)严格执行规划修编和调整程序。组织修编城市总体规划，必须严格按照规定的条件和程序，经规划审查机关认定后方可开展；未经认定，擅自组织修编城市总体规划的，要追究组织单位和编制单位的责任。城市总体规划的调整必须依法进行。其中涉及调整规划强制性内容的，必须就调整的必要性组织专家论证，将论证结果进行公示，提出专题报告，经上级城市规划行政主管部门认定后方可开展；调整后的城市总体规划要按规定程序报批或备案。

(二)切实转变规划修编方式。要按照“政府组织、专家领衔、部门合作、公众参与、科学决策”的要求，进一步转变城市总体规划修编方式，推进科学民主决策。要重视发挥专家作用，加强对规划论证、评审等环节的技术把关。对涉及城市发展目标与空间布局、资源与环境保护、区域与城乡统筹等重大专题的咨询和论证，应当聘请相关领域的资深专家领衔担任专题负责人。在规划修编工作的各个阶段，都要充分征求有关部门和单位的意见。要采取多种方式，广泛听取社会各界意见，扩大公众参与程度，增强规划修编工作的公开性和透明度。要提高规划修编水平，鼓励规划编制单位参与市场竞争，择优选择修编单位。

(三)加强对规划纲要的审查。编制城市总体规划必须首先制定规划纲要，要通过对城市总体规划纲要的严格审查，保证规划修编的科学性与规范性。纲要审查的重点是规划前期研究工作、编制思路和方法，以及规划提出的重大项目方案等。规划纲要通过审查后，方能开始规划成果的编制报批工作。城市总体规划要以规划纲要为基础，严格按照纲要审查意见进行编制。

(四)完善规划的主要内容。要认真做好城市总体规划与相关规划的协调衔接，科学确定生态环境、土地、水资源、能源、自然和历史文化遗产保护等方面的综合目标，划定禁止建设区、限制建设区范围。要根据保护城市资源与环境、保障公共安全与基础设施有效运行的要求，分别划定“蓝线”(城市水系保护范围)、“绿线”(绿地保护范围)、“紫线”(历史文化街区保护范围)、“黄线”(市政基础设施用地保护范围)，并制定严格的空间管制措施。要将城市环境保护规划纳入城市总体规划，编制环境保护专门篇章。资源环境保护、区域协调发展、风景名胜管理、自然文化遗产保护、公共安全等涉及城市发展长期保障的内容，应当确定为城市总体规划的强制性内容。

(五)健全规划审查协调机制。要进一步完善城市总体规划部际联席会议制度，重点审查报送国务院审批的规划是否符合有关法律法规，是否符合规划编制、审批相关规定，是否符合国家宏观调控政策与重大战略部署；规划内容是否与国民经济和社会发展规划、土地利用总体规划等衔接一致；未经部际联席会议审查同意的，不得提请国务院审批。各地区也要根据实际需要，建立健全相应的规划审查协调机制，严把规划审查关。

四、强化对规划实施工作的监督管理

(一)完善监督检查机制。要在总结试点经验的基础上，全面推广城市规划督察员制度，由省级人民政府向所辖城市派出城市规划督察员，依据国家有关法律法规和政策，以及经批准的城市总体规划，对规划实施工作进行监督，及时发现、制止和查处违法违规行为。各地要结合城市规划管理信息化建设，尽快建立和完善城市规划动态信息监测系统，对城市总体规划实施情况进行实时监督。建设部要会同有关部门对国务院审批的城市总体规划实施情况实行统一的动态监测。

(二)开展效能监察工作。建设部要会同监察部对城市总体规划实施情况开展效能监察,严肃查处违反规定程序擅自调整和修编规划以及违反规划擅自开发建设的行为,依法依纪追究有关单位及人员的责任。省级城市规划行政主管部门和监察机关也要对本地区城市总体规划实施情况开展效能监察。

五、进一步加强组织领导

各地区、各有关部门要按照本意见的要求,进一步统一思想,提高认识,加强组织领导,改进和规范城市总体规划工作。要进一步完善规划审查制度,按照突出重点、分类指导的原则,明确要求,严格把关,合理安排新一轮规划审查工作。有关部门要强化监督检查管理,加强协调配合,认真研究城市总体规划中的重大问题。省级城市规划行政主管部门要做好对辖区内城市总体规划修编和实施的指导工作。城市人民政府负责统一组织规划修编和实施有关工作,不得下放规划管理权。

2005年国企利润突破9000亿元

2005年,全国国有企业实现销售收入11.5万亿元,比上年增长19%;实现利润9047亿元,同比增长25%,再创国有企业效益新高。

据财政部副部长朱志刚介绍,去年我国国有企业经济运行主要有以下4个方面的特点:一是主要经济效益指标均保持了平稳、较快增长,并且全年增长趋势较为平稳。二是能源、原材料行业对效益增长的拉动作用较大。受需求和价格拉动的影响,煤炭、石油、有色、化工等能源及原材料行业对国有工业企业实现利润增长的贡献率高达84%。三是盈利继续向中央企业集中。2005年中央企业实现利润6413亿元,占国有企业利润总额的七成以上,利润排序前10名的中央企业实现利润占全国国有企业利润总额的55%。四是地方国有经济呈现协调发展势头。2005年,地方国有企业实现利润总额2634亿元,同比增长20%。

去年我国国有企业实现利润高速增长,是多种因素综合作用的结果。首先,企业运行的外部环境不断改善。其次,长期制约企业发展的一些体制性和机制性障碍逐步得以消除。再次,上游行业产品价格上涨,提高了国有石油、煤炭和有色金属等行业的盈利水平,以上3个行业实现利润分别比上年增长52%、74%和60%,增幅位居各行业前三位。同时,企业通过采取完善经营机制、强化内部管理、降低成本和费用开支、挖掘内部潜力等措施,实现了降耗增效。

纪念许世友诞辰100周年座谈会在人民大会堂举行

中国作家协会第六届全国委员会第六次全体会议在上海召开

来自全国各地的150多名作协全委会委员出席会议。

中国作协党组书记、副主席金炳华代表书记处向大会作工作报告。金炳华回顾总结了2005年中国作协的工作,认真分析了当前文学创作和作协工作面临的新形势,研究了进一步繁荣文学创作、促进文学事业和文化产业发展的措施。会议认为,我们正置身于一个伟大的时代、一个改革的时代、一个创新的时代、一个发展的时代。沸腾的生活对作家们把握生活本质提出了新的更高的要求,也对文学的社会责任、作协的工作目标提出了新的更高的要求;"十一五"规划,既为文学创作提供了丰富的生活和精神资源,也对作家深入生活、贴近实际和文学作品的社会效益、艺术水准提出了新的更高的要求;文化体制改革的深入,既为文学事业和文化产业的发展提供广阔空间和政策机遇,也对文学事业的公益效能和文化产业的竞争能力提出了新的更高的要求。

中国作协2006年的主要工作是:积极探索、引导和组织作家深入生活,努力推出一批反映时代精神、体现民族特色、深受群众欢迎的优秀作品,突出重点,加大扶持优秀作品的力度,特别重视扶持"三农"题材的作品。深化改革,积极发展文化事业和文化产业。拓宽思路,扩大对外文学交流。特别是要精心组织,齐心协力开好大家关心和瞩目的中国作协第七次全国代表大会。

开幕式上,与会同志向中国作协六届五次全委会以来逝世的巴金主席和刘白羽、陆文夫名誉副主席及严文井、冯亦代、李若冰、蓝翎等名誉委员默哀。

全国老龄委办公室首次发布《中国人口老龄化发展趋势预测研究报告》

《中国人口老龄化发展趋势预测研究报告》(以下简称《报告》)预测时间跨度为100年,对中国整个21世纪人口老龄化的全貌进行了预测,介绍了中国人口老龄化的现状和压力,发展趋势和特点,以及人口老龄化带来的问题与政策建议,得出4点结论:人口老龄化将伴随21世纪始终,2030年到2050年是中国人口老龄化最严峻的时期,重度人口老龄化和高龄化将日益突出,中国将面临人口老龄化和人口总量过多的双重压力。

《报告》认为,21世纪的中国将是一个不可逆转的老龄社会。从2001年到2100年,中国的人口老龄化可以分为三个阶段:第一阶段,从2001年到2020年是快速老龄化阶段。第二阶段,从2021年到2050年是加速老龄化阶段。第三阶段,从2051年到2100年是稳定的重度老龄化阶段。

《报告》提出,中国的人口老龄化具有老年人口规模巨大、老龄化发展迅速、地区发展不平衡、城乡倒置显著、女性老年人口数量多于男性、老龄化超前于现代化6个主要特征。

人口老龄化必将带来一些新的矛盾和压力,对经济和社会的发展提出新的挑战:在建立适应社会主义市场经济要求的社会保障制度方面,养老、医疗等社会保障的压力巨大;在建立满足庞大老年人群需求的为老社会服务体系方面,加快社会资源合理配置,增加为老服务设施,健全为老服务网络的压力巨大;在处理代际关系方面,解决庞大老年人群和劳动年龄人群利益冲突的压力巨大;在协调城乡和谐发展方面,解决农村老龄问题,特别是中西部落后和老少边穷地区老龄问题的压力巨大。同时,中国政府和社会还必须付出巨大成本来调整消费结构、产业结构、社会管理体制等,以适应人口年龄结构的巨大变化。

《报告》强调,目前,中国应对人口老龄化的思想、物质、制度等各种准备严重滞后,留给我们的时间只有短短25年,要全方位地做好应对人口老龄化高峰的准备,任务紧迫。

2月24日

国务院召开第四次廉政工作会议

这次国务院廉政工作会议的主要任务是,贯彻中央纪委第六次全会和胡锦涛总书记在这次全会上的讲话精神。部署今年政府系统廉政建设和反腐败工作。

国务院副总理吴仪、曾培炎、回良玉,国务委员唐家璇、陈至立等出席会议。国务委员兼国务院秘书长华建敏主持会议。

中共中央政治局常委、中央纪委书记吴官正,中共中央书记处书记何勇应邀出席会议。

温家宝指出,反腐倡廉是政府全面履行职能、做好各项工作的重要保证。近年来,我们坚持以人为本、执政为民,把解决损害群众利益的突出问题作为政府廉政建设的重要内容,切实维护人民群众的切身利益;坚持标本兼治、注重治本,从推进政府改革和制度建设入手,着力从源头上预防和治理腐败;坚持依法行政、从严治政,自觉把行政权力的运行置于人民群众监督之下,政府廉政工作和自身建设取得了新的进步。

温家宝强调,各地各部门要把开展治理商业贿赂专项工作作为今年反腐倡廉的重点。他指出,近年来商业贿赂在一些行业和领域蔓延,破坏社会主义市场经济秩序,毒化政风、行风和社会风气,滋生腐败行为和经济犯罪,已成为经济社会生活中的一大公害,必须采取切实有力措施,坚决加以治理。要着力解决公益性强、与人民群众切身利益密切相关、破坏市场经济秩序的问题;重点治理工程建设、土地出让、产权交易、医药购销、政府采购以及资源开发和经销等领域的商业贿赂行为。一方面要坚决纠正企业事业单位及中介机构在经营活动中,违反商业道德和市场规则的不正当交易行为;一方面要依法查处商业贿赂案件,突出查办大案要案。通过专项治理,坚决遏制商业贿赂蔓延的势头,进一步规范市场秩序、企业行为和行政权力,加快建立防治商业贿赂的有效机制。

温家宝强调指出,商业贿赂虽然发生在经营者的交易活动中,但与政府机关及其工作人员滥用职权、以权谋私有密切关系。因此必须严肃查处政府工作人员利用职权参与或干预企业事业单位经营活动,谋取非法利益、索贿受贿行为。各级政府要切实履行职责,严格执法,加强市场监管,规范市场秩序,坚决纠正不正当交易行为。对涉及政府工作人员的商业贿赂案件,对执法犯法、贪赃枉法的腐败分子,要依法惩处,决不手软,决不姑息。要强化对行政审批权和行政执法权的监督。政府工作人员要严格要求,严格自律,自觉抵制贿赂。

温家宝强调,治理商业贿赂根本要靠法制,依法治理要贯彻全过程。要坚持实事求是,严格把握政策,严格依法办事,注意区分正常的商业活动与不正当交易行为的界限,区分违纪违规与违法犯罪的界限。要推进体制改革,完善法规制度。加强商业道德和社会信用体系建设,大力营造健康的商业文化。

温家宝强调,解决损害群众利益的突出问题要抓住不放,今年要重点在几个群众反映强烈的问题上取得新进展。一是深入治理教育乱收费。要加大对各级各类学校收费管理的力度,全面落实学校收费公示制,学校面向学生的收费项目都必须公开透明。今年要对各级各类学校的收费项目和标准,进行一次全面清理和规范。对违反规定乱收费的,要严肃处理有关责任人,直至撤销职务。二是坚决纠正医药购销和医疗服务中的不正之风。要大力整顿医疗服务秩序和药品、医疗器械流通秩序,推进药品、医疗器械流通体制改革,加强对药品和医疗耗材价格的监管,防止变相涨价和层层加价。要切实加强医院管理,规范医院和医生的用药和治疗行为,杜绝开单提成,对医疗卫生领域腐败行为要加大处罚力度。三是严肃查处安全生产领域的失职渎职和腐败问题,有效遏制重特大事故频发势头。要以预防煤矿重特大事故为重点,加强安全生产管理。强化企业安全生产责任,政府有关部门要认真履行安全督察职责,加大安全生产责任追究力度。要严肃查处安全生产事故背后失职渎职、官商勾结的腐败问题。继续清理和纠正国家机关工作人员和国有企业负责人投资入股煤矿问题,这件事要一抓到底。

温家宝强调,要以实施公务员法为契机,大力加强政府公务员队伍建设。要深入开展廉洁从政教育,从严治政、严格管理。切实加强作风建设,坚决克服形式主义、官僚主义和弄虚作假行为。严格规范行政执法,提高政府公务员依法行政的能力。各级政府和所有工作人员都要自觉地把"为民、务实、清廉"作为行为准则,树立良好政风,建设人民满意的政府。

监察部、教育部、商务部、卫生部和工商总局的负责同志在会上分别发言。

国务院各部委、各直属机构和办事机构主要负责人在主会场出席会议。中共中央有关部门、全国人大常委会办公厅、全国政协办公厅、中央军委办公厅,最高人民法院、最高人民检察院负责人,各人民团体、各民主党派中央、全国工商联和无党派人士应邀出席了会议。

各省、自治区、直辖市政府主要负责人和分管廉政工作的负责人在各地分会场参加会议。

中央政法委书记罗干在北京会见丁晓兵先进事迹报告团成员

罗干在会见报告团时强调,要深入开展向丁晓兵学习活动,加强政法队伍和武警部队建设,不断提高落实科学发展观的能力,为构建社会主义和谐社会和全面建设小康社会作出新的更大贡献。

国务院召开全国城市社区卫生工作会议

国务院副总理、国务院城市社区卫生工作领导小组组长吴仪出席会议并讲话强调,要统一思想,提高认识,创新机制,扎实工作,积极推进社区卫生服务的发展。

吴仪指出,发展社区卫生服务既是优化卫生资源配置,有效缓解群众看病难、看病贵问题的切入点,也是带动和促进卫生综合改革的交汇点。中央决定将发展社区卫生服务作为推进城市卫生综合改革和缓解群众看病难、看病贵的基础性工作,摆到重要位置,集中精力,积极推进。这是城市医疗卫生体制改革思路的一个重大转变。从实际情况看,发展社区卫生服务工作已经进行了多年,具有一定的基础。

吴仪要求,要按照《国务院关于发展城市社区卫生服务的指导意见》精神,创新机制,扎实做好各项工作。一是要坚持政府主导,鼓励社会力量参与,多种形式发展社区卫生服务体系。二是要明确和完善社区卫生服务的性质和功能,为群众提供安全、有效、便捷、经济的服务。三是要下定决心、下大力气合理调整和配置社区卫生资源。四是要强化社区卫生服务机构内部激励和外部监管机制,严格社区卫生服务机构、人员和技术项目的准入,改革人事和收入分配等制度,将社区居民是否受益、是否满意作为评价工作的主要标准。五是要协调推进社区卫生服务发展,建立分级医疗、双向转诊等制度,完善医疗保险、药品生产流通、医疗救助、教育、人事等相关配套政策。六是要探索创新社区卫生投入机制,建立稳定的资金筹集机制,探索政府"花钱买服务"等资金投入、补偿方式,并随财力增长逐步增加投入。

各省、自治区、直辖市和各计划单列市、副省级省会城市及中央有关部门负责人,各地卫生、财政、发展改革、民政、劳动保障、食品药品监管部门负责人出席了会议。

国台办举行例行记者会表示已为大陆居民赴台旅游做好充分准备

国台办交流局局长戴肖峰在记者会上表示,自去年5月3日中台办、国台办主任陈云林受权宣布开放大陆居民赴台旅游以来,我们一直在积极、务实地加以推动。经过近一年来认真、扎实的努力,祖国大陆已为大陆居民赴台旅游做好了充分的准备。我们真诚希望两岸旅游行业民间组织就大陆居民赴台旅游事宜尽早进行商谈,并早日作出安排。我们对台湾相关业务主管部门的人员,以相应的民间身份参加商谈不持异议。

我国建成1:50000地形数据库覆盖全部陆地国土

国家测绘局局长鹿心社今天在国务院新闻办举行的新闻发布会上说,迄今为止我国规模最大的基础测绘工程——国家基础地理信息系统1:50000数据库于本月18日通过验收,达到国际先进水平。这项工程历时8年,总投资超过7亿元,由国家测绘局组织上百个单位、近万人合作完成。

鹿心社对这个数据库做了这样的解释:将24218幅1:50000地形图收在一起,进行数字化处理,并结合航空航天遥感资料予以加工,最终形成包括栅格地图、高程、影像、地形、地名、土地覆盖、元数据等7个子库,相当于8000多张光盘存储量的地形数据库。数据库覆盖我国整个陆地国土范围,包括香港、澳门特别行政区和台湾。

鹿心社表示,目前国家基础地理信息系统1:50000数据库已经提供给国土、城市规划、水利、农业、林业、环保、交通、通信、电力、国防、科研和教育等部门和行业的上千家单位使用,下一步将着力做好1:50000数据库的提供使用工作。

中国选手韩晓鹏夺得都灵冬奥会自由式滑雪空中技巧金牌

都灵当地时间23日晚(北京时间24日凌晨)进行的冬奥会自由式滑雪男子空中技巧决赛中,中国选手韩晓鹏凭借稳定而出色的发挥,以两跳250.77分的总成绩摘取金牌,实现了中国选手在冬奥会雪上项目中金牌零的突破,这也是中国男子选手在冬奥会上获得的首枚金牌。

张中行病逝

著名作家、哲学家、语言文字学家张中行,因严重肺部感染引发循环、呼吸衰竭,抢救无效,于2月24日凌晨在北京病逝,享年97岁。

张中行1909年生于河北省香河县,1935年毕业于北京大学中国语言文学系。张中行治学严谨,博学多识,造诣深厚,精通中国古典文学,谙详西方哲学,他与季羡林、金克木、邓广铭等人被尊为“未名四老”。张中行早年专于文史语言,后致力于人生哲学,著有《文言津逮》《文言和白话》《诗词读写丛话》《负暄琐话》《佛教与中国文学》《禅外说禅》等。

改革开放以后,已到古稀之年的张中行先生亦老树发新芽,开始了散文随笔的创作。他陆续出版了《负暄续话》《负暄三话》,一时间国人争读,影响极大。

2月25日

十届全国人大常委会第二十次会议在人民大会堂举行

全国人大委员会委员长吴邦国主持会议。会议审议审计法修正案草案、农产品质量安全法草案、义务教育法修订草案等法律草案被提请审议。

按照会议通过的议程,会议首先听取了全国人大法律委员会副主任委员蒋黔贵所作的关于审计法修正案草案审议结果的报告。法律委员会建议本次常委会会议审议通过关于修改审计法的决定草案。

蒋黔贵介绍说,常委会第十八次会议对审计法修正案(草案)进行了初次审议,法律委员会于2月8日召开会议,根据常委会组成人员的审议意见以及有关方面的意见,对草案进行了逐条审议。2月21日,法律委员会召开会议,再次进行了审议。法律委员会认为,为进一步加强审计监督,对审计法作适当修改是必要的,草案基本可行。

会议听取了全国人大法律委员会副主任委员李重庵所作的关于农产品质量安全法草案修改情况的汇报。

义务教育法自1986年7月1日施行以来,对基本普及九年制义务教育、提高全民族素质,发挥了重要作用。但是,随着经济、社会的快速发展,义务教育出现了一些新情况、新问题,人民群众和社会各界反映比较强烈。因此,有必要完善有关义务教育制度,对现行义务教育法进行修订。受国务院委托,教育部部长周济作了关于义务教育法修订草案的说明。这是本次会议初次审议的法律草案。

会议还听取了外交部副部长武大伟受国务院委托作的关于提请审议批准《制止向恐怖主义提供资助的国际公约》的议案所作的说明;听取了农业部部长杜青林受国务院委托作的关于农业和农村工作情况的报告;听取了全国人大常委会代表资格审查委员会主任委员何椿霖关于个别代表的代表资格的审查报告;会议审议了第十届全国人民代表大会第四次会议议程草案、主席团和秘书长名单草案、列席人员名单草案;审议了全国人民代表大会常务委员会工作报告稿和有关任免案等。

全国人大常委会副委员长王兆国、李铁映、司马义·艾买提、何鲁丽、丁石孙、成思危、许嘉璐、顾秀莲、热地、盛华仁、路甬祥、乌云其木格、韩启德出席会议。国务院副总理回良玉、最高人民法院院长肖扬、最高人民检察院检察长贾春旺列席会议。

甘肃启动石羊河流域重点治理工程

据《人民日报》报道:石羊河流域水系发源于祁连山,是甘肃省三大内陆河流域之一,该流域多年平均降水量为222毫米,属典型的资源型缺水地区。由于地下水年超采严重,生态环境日趋恶化。位于最下游的民勤县,荒漠化面积占土地面积的94%,已成为我国四大沙尘暴策源地。

目前,甘肃省发改委和省水利厅编制的石羊河流域重点治理规划已经基本完成,主要措施包括:水资源配置保障工程、灌区续建配套与节水改造工程、生态环境建设与保护工程、生态移民及其他配套工程5部分。

2月26日

十届全国人大常委会第二十次会议分组审议常委会工作报告稿

全国人大常委会委员长吴邦国委参加审议。常委会组成人员在审议时表示,过去的一年,是人民代表大会制度建设和人大各项工作取得重大进展的一年。常委会把坚持党的领导、人民当家做主和依法治国有机统一起来,围绕贯彻落实中共中央转发的《中共全国人大常委会党组关于进一步发挥全国人大代表作用,加强全国人大常委会制度建设的若干意见》的精神,深入学习,统一思想,提高认识,进一步增强坚持和完善人民代表大会制度、走中国特色社会主义政治发展道路的坚定性和自觉性;不断改进代表服务工作,进一步发挥代表作用,特别是代表议案和建议办理工作质量有了明显提高;制定了一系列配套工作文件,有力地促进了常委会工作的制度化和规范化。

常委会组成人员认为,一年来,全国人大常委会在立法工作方面取得了重要进展,制定、修改了一批重要的法律,为推动经济社会全面协调可持续发展提供了有力的法律保障,向基本形成中国特色社会主义法律体系迈出了重要步伐。立法过程中,常委会高度重视民主立法、科学立法,一是向社会全文公布了物权法草案,广泛征求群众意见,二是就个人所得税法中的工薪所得减除费用标准问题举行了全国人大历史上第一次立法听证会。这两项重大举措引起社会的广泛关注,受到人们的充分肯定。

在谈到监督工作时,常委会组成人员表示,一年来,全国人大常委会按照围绕中心、以人为本、突出重点、讲求实效的思路,检查了6部法律的实施情况,听取了"一府两院"的10个专题工作报告,有力地推动了法律的实施,促进了相关问题的解决,监督工作取得明显成效。常委会工作报告稿提出,2006年将进一步提高人大监督工作的透明度等,值得赞赏。

审议中,常委会组成人员还就进一步加强和改进常委会工作、修改好常委会工作报告稿提出了具体意见和建议。

全国政协十届常委会十二次会议在北京开幕

会议决定政协十届四次会议3月3日在北京召开。这次常委会议主要是为召开政协十届四次会议做准备。全国政协主席贾庆林主持会议。

会议首先审议通过了本次常委会议议程和关于召开政协十届四次会议的决定。会议听取了全国政协秘书长郑万通关于政协常委会工作报告(草案)起草情况的说明,全国政协提案委员会主任傅杰关于政协十届三次会议以来提案工作情况报告起草情况的说明,全国政协副秘书长李昌鉴关于政协十届四次会议议程、日程(草案)的说明。

会议开始时,与会人士对第十一次常委会议后因病去世的巴金副主席、王选副主席和李慈君常委表示深切悼念。

全国政协副主席王忠禹、李贵鲜、张思卿、白立忱、罗豪才、张克辉、周铁农、郝建秀、陈奎元、阿不来提·阿不都热西提、徐匡迪、李兆焯、黄孟复、张怀西、李蒙、董建华、张梅颖、张榕明出席会议。

全国政协十届常委会十二次会议在北京举行全体会议

政协第十届全国委员会常务委员会第十二次会议26日下午举行全体会议,听取专门委员会主任关于本委员会2005年度工作情况的汇报。中共中央政治局常委、全国政协主席贾庆林出席会议。

全国政协副主席张克辉主持会议。全国政协经济委员会主任刘仲藜、人口资源环境委员会主任陈邦柱、教科文卫体委员会主任刘忠德、社会和法制委员会主任李其炎、民族和宗教委员会主任钮茂生、港澳台侨委员会主任郭东坡、外事委员会主任刘剑锋、文史和学习委员会主任王蒙先后作了汇报。

政协十届三次会议以来,各专门委员会围绕党和国家中心工作,贯彻落实科学发展观,就关系国计民生的重大问题深入开展调查研究,提出了许多有重要价值的意见和建议。如,围绕首钢搬迁及河北唐山曹妃甸钢铁项目建设、环渤海经济圈经济发展、建设海峡西岸经济区、大连保税港区建设、中部地区崛起、南水北调工程中的文物保护工作、收入分配制度改革、环境保护统一监管能力、食品安全监管体系建设、农村饮水安全、企业技术创新、东部发达地区劳动密集型产业向中西部地区转移等问题开展专题调研,形成了一批有价值的调研报告和专项建议,为党和国家民主决策、科学决策,编制好"十一五"规划,提供了重要依据和参考。

全国政协副主席王忠禹、刘延东、李贵鲜、张思卿、白立忱、罗豪才、周铁农、郝建秀、陈奎元、阿不来提·阿不都热西提、徐匡迪、李兆焯、黄孟复、张怀西、李蒙、董建华、张梅颖、张榕明,秘书长郑万通出席会议。

国务院发布4件公共卫生类突发公共事件专项应急预案

4件公共卫生类突发公共事件专项应急预案是:国家突发公共卫生事件应急预案,国家突发公共事件医疗卫生救援应急预案,国家突发重大动物疫情应急预案,国家重大食品安全事故应急预案。

2月27日

全国人大常委会委员长吴邦国在人民大会堂会见匈牙利国会主席西利·卡塔琳

吴邦国说,中匈建交半个多世纪以来,尽管国际形势发生了很大变化，双边关系仍积极发展。近年来两国高层交往频繁，经贸、旅游、文教、科技、环保等领域的务实合作富有成果，给两国和两国人民带来了实实在在的利益。中方愿与匈方一道，进一步拓宽合作领域、挖掘合作潜力、丰富合作内涵，把两国关系提高到一个新水平。

吴邦国表示，中国全国人大愿与匈牙利国会继续保持高层交往，深化双方专门委员会、友好小组间的合作，加强立法等领域的交流，为推动中匈关系的全面发展作出新的贡献。

会见后，吴邦国和西利共同出席了中国全国人大财经委员会与匈牙利国会经济委员会关于经济政策领域合作谅解备忘录的签字仪式。

全国政协十届常委会十二次会议分组审议常委会工作报告草案和提案工作情况报告草案

全国政协主席贾庆林参加了审议。

过去一年，全国政协及其常委会根据中共中央的总体部署，围绕中心，服务大局，牢牢把握团结和民主两大主题，大力弘扬求真务实之风，切实履行政治协商、民主监督、参政议政职能，着力推进重点工作，精心组织日常工作，人民政协事业呈现出生动活泼、有序推进的良好局面。全国政协先后就构建社会主义和谐社会问题、制定"十一五"规划问题召开常委会议，并围绕制定"十一五"规划举办了专题协商会，委员们提出的意见建议，受到中共中央的高度重视。过去一年，全国政协还对《政协全国委员会关于政治协商、民主监督、参政议政的规定》颁布十年来的贯彻落实情况，在全国地(市)以上政协开展了一次全面检查，并在此基础上向中共中央提出了关于进一步加强人民政协工作的意见和建议。此外，全国政协的专题调研和提案、视察、信息等经常性工作也取得新进展，形成了一批有价值的调研报告和专项建议。常委会组成人员认为，人民政协在各级党委的领导下和各级政府的支持下，在国家经济、政治和社会生活中发挥了越来越重要的作用，政协履行职能的制度化、规范化、程序化建设得到进一步加强，广大政协委员参政议政的积极性不断提高。

会上，常委会组成人员对常委会工作报告进行了认真讨论，对常委会一年来的工作给予充分肯定，普遍认为报告重点突出、思路清晰、切合实际，对去年工作的总结准确凝练、实事求是，对新一年任务的部署切实可行。在审议中，常委们还就如何进一步完善报告，改进工作，提出了一些好的意见和建议。

全国政协主席贾庆林在北京会见泰国国会上议院第一副议长尼蓬·威实育塔萨

国办印发《中国遏制与防治艾滋病行动计划(2006—2010年)》并发出通知

各省、自治区、直辖市人民政府，国务院各部委、各直属机构：

《中国遏制与防治艾滋病行动计划(2006—2010年)》已经国务院批准，现印发给你们，请认真贯彻执行。

国务院办公厅

2006年2月27日

中国遏制与防治艾滋病行动计划(2006—2010年)

近年来，各地区、各有关部门认真贯彻落实《国务院关于印发中国预防与控制艾滋病中长期规划(1998—2010年)的通知》(国发〔1998〕38号)、《国务院关于切实加强艾滋病防治工作的通知》(国发〔2004〕7号)和《国务院办公厅关于印发中国遏制与防治艾滋病行动计划(2001—2005年)的通知》(国办发〔2001〕40号)精神，广泛开展宣传教育，大力开展疫情监测，积极推行行为干预措施，认真落实"四免一关怀"等政策，逐步形成了政府组织领导、部门各负其责、全社会共同参与的防治工作机制，初步遏制了艾滋病的流行和蔓延。但是，艾滋病在全国仍呈现低流行态势，在部分重点地区出现高流行趋势，而且疫情逐步从高危人群向一般人群扩散，防治工作形势还相当严峻。为巩固成效，进一步推动防治工作的深入开展，切实维护广大人民群众身体健康，特制定《中国遏制与防治艾滋病行动计划(2006—2010年)》(以下简称《行动计划》)。

一、工作原则

(一)政府组织领导、部门各负其责、全社会共同参与。

(二)预防为主、防治结合、综合治理。

(三)依法防治、科学防治、综合评估。

(四)突出重点、分类指导、注重实效。

(五)分级管理、分工负责、加强监督。

二、目标和工作指标

(一)总目标。

进一步完善政府组织领导、部门各负其责、全社会共同参与的防治工作机制，全面落实各项预防、控制和治疗措施，减少艾滋病对艾滋病病毒感染者、艾滋病病人及其家庭和广大人民群众的危害。到2010年，把我国艾滋病病毒感染人数控制在150万人以内。

(二)具体目标和工作指标。

到2007年年底实现以下目标：

1. 各省(区、市)、市(地)以及艾滋病和性病疫情严重的县级疾病预防控制机构，设置独立的艾滋病和性病预防控制科室，配备相应的设备和专职工作人员。建成覆盖县级以上的国家艾滋病监测体系和筛查实验室检测网络，实现县级以上医疗卫生机构艾滋病监测信息网络直报。建立分布合理的性病监测网络，为艾滋病和性病防治效果评价提供依据。在每个县(市)至少建立2—3个免费自愿咨询检测点，开展免费艾滋病初筛检测和咨询服务。

2. 全国15—49岁人口中，城市居民对艾滋病防治和无偿献血知识知晓率达到75%以上，农村居民达到65%以上，流动人口达到70%以上，校内青少年达到85%以上，校外青少年达到65%以上。人员流量较大的机场、火车站、长途汽车站、地铁城铁车站、港口码头、出入境口岸等公共场所70%以上设置艾滋病防治大型公益广告牌或宣传栏，候机(车、船)室60%以上放置预防艾滋病健康教育材料。

3. 地方各级人民政府及其有关部门负责同志90%以上接受过艾滋病防治政策和相关知识培训；国家和省级艾滋病防治政策宣讲团的宣讲覆盖90%以上的县(市)。

4. 城市社区和乡镇卫生服务人员80%以上、村卫生室乡村医生和卫生员50%以上接受过艾滋病防治知识和技能培训。提供孕产期保健和助产服务人员50%以上接受过预防艾滋病母婴传播知识和技能培训。

5. 承担艾滋病检测工作的人员80%以上接受过自愿咨询检测专业培训；艾滋病防治专职人员80%以上接受过自愿咨询检测基本知识和技能培训。

6. 有效干预措施覆盖当地70%以上的主要高危人群和流动人口。登记在册吸毒者500人以上的县(市)，建立药物维持治疗门诊，为40%以上符合条件的吸食阿片类毒品(主要指海洛因)成瘾者提供药物维持治疗。开展清洁针具交换试点地区为30%以上的静脉注射吸毒者提供清洁针具。各类高危人群艾滋病基本知识知晓率达到85%以上，安全套使用率达到70%以上，静脉注射吸毒人群共用注射器的比例控制在30%以下。

7. 建立和实施采供血机构、医疗卫生机构输血技术人员岗位培训制度和执业资格制度，上岗人员100%实行艾滋病和性病防治知识和技能培训。临床用血90%以上来自自愿无偿献血。性病的年发病增长率低于10%。

8. 建立农村以乡村为主、城市以社区和家庭为主的，为艾滋病病毒感染者和艾滋病病人及其家庭提供关怀和救助的社会支持机制。符合治疗标准的艾滋病病人50%以上接受抗病毒治疗或中医治疗；有治疗需求的艾滋病病人70%以上得到相应的机会性感染治疗服务。开展预防艾滋病母婴传播工作的县(市)的覆盖率达到80%以上，感染艾滋病病毒的孕产妇85%以上采取预防母婴传播干预措施。艾滋病致孤儿童100%免费接受义务教育。

到2010年年底实现以下目标：

1. 国家艾滋病参比实验室达到国际先进水平，健全市级以上确证实验室网络。

2. 全国15—49岁人口中，城市居民对艾滋病防治和无偿献血知识知晓率达到85%以上，农村居民达到75%以上，流动人口达到80%以上，校内青少年达到95%以上，校外青少年达到75%以上。人员流量较大的机场、火车站、长途汽车站、地铁城铁车站、港口码头、出入境口岸等公共场所90%以上设置艾滋病防治大型公益广告牌或宣传栏，候机(车、船)室80%以上放置预防艾滋病健康教育材料。

3. 地方各级人民政府及其有关部门负责同志100%接受过艾滋病防治政策和相关知识培训；国家和省级艾滋病防治政策宣讲团的宣讲覆盖95%以上的县(市)。

4. 城市社区和乡镇卫生服务人员90%以上、村卫生室乡村医生和卫生员70%以上接受过艾滋病防治知识和技能培训。提供孕产期保健和助产服务人员90%以上接受过预防艾滋病母婴传播知识和技能培训。

5. 承担艾滋病检测工作的人员90%以上接受过自愿咨询检测专业培训；艾滋病防治专职人员90%以上接受过自愿咨询检测基本知识和技能培训。

6. 有效干预措施覆盖当地90%以上的主要高危人群和流动人口。登记在册吸毒者500人以上的县(市)，建立药物维持治疗门诊，为70%以上符合条件的吸食阿片类毒品(主要指海洛因)成瘾者提供药物维持治疗。开展清洁针具交换试点地区为50%以上的静脉注射吸毒者提供清洁针具。各类高危人群艾滋病基本知识知晓率达到90%以上，安全套使用率达到90%以上，静脉注射吸毒人群共用注射器的比例控制在20%以下。

7. 临床用血100%来自无偿献血，阻断艾滋病经采供血传播。每个县(市)建立一个性病规范诊疗和预防保健服务的示范医疗卫生机构。

8. 符合治疗标准的艾滋病病人80%以上接受抗病毒治疗或中医治疗；有治疗需求的艾滋病病人90%以上得到相应的机会性感染治疗服务。开展预防艾滋病母婴传播工作的县(市)的覆盖率达到90%以上，感染艾滋病病毒的孕产妇90%以上采取预防母婴传播干预措施。

三、防治策略和行动措施

(一)广泛深入开展艾滋病防治和无偿献血知识宣

传教育，营造关爱艾滋病病毒感染者及艾滋病病人和支持艾滋病防治的社会环境。

1. 加强大众媒体宣传教育。有关部门和新闻单位要广泛组织开展艾滋病防治、无偿献血知识和“四免一关怀”等政策的宣传。中央、省和市级主要媒体积极刊播防治艾滋病、性病和宣传无偿献血知识的公益广告，其中广播电视媒体确保按一定比例播出。各重点新闻网站要开设预防艾滋病健康教育栏目，定期更新栏目内容。

2. 加强公共场所和社区宣传教育。大中城市、县(市)的主要路段、街头、广场、公园、商业区和旅游景区，要设立艾滋病防治、无偿献血知识的户外公益广告牌或宣传栏。机场、火车站、长途汽车站、地铁城铁车站、港口码头、出入境口岸及公共交通工具，要放置艾滋病防治及其相关知识宣传材料。宾馆饭店应做好相应的艾滋病防范和宣传工作。招待所和旅店登记服务台，要备有供顾客自取的艾滋病防治知识的宣传材料。影剧院、青少年宫、文化馆等文化、科普场所，要按照有关规定在节目开始前播放艾滋病防治科普宣传片或公益广告，并结合日常工作每年至少开展1次预防艾滋病宣传教育活动。

乡镇、街道及居委会、村委会，要设立艾滋病防治健康教育的宣传栏、墙报、黑板报、墙体标语等，定期更新宣传内容；每个村至少有5条艾滋病防治知识固定标语或公益广告牌。社区卫生服务中心、乡镇卫生院和各类医疗卫生机构，每年至少开展2次艾滋病防治健康教育活动。

有关部门要结合社会主义新农村建设工作，积极利用科技、文化、卫生“三下乡”活动，在农贸集市、节假日活动场所等群众集中的地点，开展形式多样的艾滋病防治和无偿献血知识宣传教育活动。要编制适合农村和少数民族语言文字的艾滋病防治宣传材料，加强贫困地区和少数民族地区的宣传教育工作。要在农业科技培训、外出务工人员就业培训中，安排艾滋病防治健康教育内容。

3. 加强工作场所和校园宣传教育。各级各类机关、单位要在工作场所广泛普及艾滋病防治和无偿献血知识，开展关爱艾滋病病毒感染者及艾滋病病人的宣传教育活动。企事业单位特别是流动人口比较集中的建筑、采矿等行业和大型工程建设单位，要将艾滋病防治政策及相关知识培训纳入职工岗位培训和行业安全教育，每年至少开展1次相关知识的专题教育。有关培训机构要把艾滋病防治和无偿献血知识作为重要的培训内容。公共职业介绍机构要为求职人员免费发放艾滋病防治宣传材料。

普通中学、技工学校、中等专业学校、高等学校要开展预防艾滋病健康教育。共青团等团体要组织青年学生参加社会关爱艾滋病病毒感染者及艾滋病病人的活动；高等学校要发挥青年志愿者服务组织的作用，在校园内外广泛开展预防艾滋病宣传教育活动和关爱艾滋病病毒感染者及艾滋病病人的活动。

4. 加强对重点人群的宣传教育。各地区、各有关部门要认真组织实施《全国农民工预防艾滋病宣传教育工程实施方案》，在进城务工人员中广泛宣传预防艾滋病知识。要利用新婚学校、孕妇学校和产前检查、婚前咨询等，加强预防艾滋病母婴传播知识宣传。要加强对出国劳务人员艾滋病防治知识的宣传教育。要将艾滋病防治知识纳入被监管人员的常规教育内容。要充分发挥工会、共青团、妇联、红十字会、工商联等团体工作网络优势，在继续深入开展“预防艾滋病，健康全家人”活动、“中国职工红丝带健康行动”和“青春红丝带”行动等专项活动的基础上，开展多种形式的预防艾滋病知识和关爱艾滋病病毒感染者及艾滋病病人的宣传教育活动。

(二)大力推广和实施有效干预措施。

1. 积极开展针对性传播艾滋病的预防干预工作，落实推广使用安全套措施。各地区、各有关部门要建立高危行为干预工作专业队伍，制订干预工作方案并建立干预工作信息收集和报告制度，动员社会各方面力量深入有关公共场所和流动人口集中场所开展深入细致的预防干预工作；利用同伴教育宣传员在社区开展刑释解教人员预防艾滋病教育和生活技能培训；鼓励高危人群接受艾滋病抗体检测和规范化性病诊疗服务。要在有关公共场所以及高危人群中积极推广使用安全套，在公共场所设置安全套发售装置，在流动人口集中场所增设安全套销售点，提高安全套的使用率。

2. 提高阿片类毒品成瘾者药物维持治疗覆盖率，扩大清洁针具交换试点。吸食阿片类毒品问题严重的地区，要加强药物维持治疗门诊建设，同时开展艾滋病检测、抗病毒治疗、心理矫治和健康教育等综合防治工作，帮助戒毒人员回归社会；未开设药物维持治疗门诊的地区，要扩大清洁针具交换试点，降低吸毒传播艾滋病的危害。

3. 落实预防艾滋病母婴传播干预措施。各地区、各有关部门要发挥三级医疗救治、妇幼保健及疾病预防控制网络的作用，建立符合各地实际，有效、可行、便捷的预防艾滋病母婴传播的服务模式。医疗卫生机构要为感染艾滋病病毒的孕产妇及其婴儿免费提供相关咨询和检测、产前指导、阻断、随访、营养指导等服务，为感染艾滋病病毒的孕产妇提供免费抗逆转录病毒药品；积极倡导并指导感染艾滋病病毒的产妇对婴儿进行人工喂养。

(三)加强采供血机构和血液的管理。

1. 坚决取缔、打击非法采供血液或原料血浆活动。各地区、各有关部门要建立举报制度，开展经常性的打击非法采供血液(血浆)、组织他人出卖血液(血浆)或者制售血液制品的活动；严禁高危人群献血液(血浆)。要加强对一次性使用医疗器械生产、流通、临床使用和使用后处理的监督管理；打击非法制造、回收一次性使用医疗器械的行为。

2. 完善血站、单采血浆站、血液制品生产单位和血液及其制品的质量监督和控制体系。各地区、各有关部门要加强对血站、单采血浆站设置规划、规范化管理和质量监督；逐步实施血液集中检测；对所有临床用血进行艾滋病检测。要积极推进单采血浆站 GMP(质量管理规范)认证工作，新开设的单采血浆站必须符合 GMP 标准。要继续实行血液制品生产单位总量控制，建立原料血浆采集、血液制品生产年度审核报告制度，加强对原料血浆的采集、收购和血液制品生产的监管。要加强对血液和血液制品、艾滋病诊断试剂的质量控制，逐步建立原料血浆投料前“检疫期”制度；血液制品生产必须采取有效的病毒去除或灭活措施，确保产品的安全性。

3. 加强临床合理用血管理。各级卫生行政部门及医疗卫生机构要将科学用血纳入医师继续医学教育考核内容，建立、完善临床科学用血评价体系和监督处罚制度，严肃查处医疗卫生机构非法自采和自供临床用血。

(四)提高艾滋病医疗服务质量，全面落实艾滋病治疗措施，开展对艾滋病病毒感染者、艾滋病病人及其家庭的关怀救助。

1. 规范艾滋病抗病毒治疗，提高可及性。各省(区、市)卫生行政部门应按照有关要求，认真执行艾滋病诊疗技术规范、制定药品管理和治疗信息管理规范，统筹安排卫生技术人员、经费和设备资源，开展医疗服务工作；按规定对相关人员免费提供抗艾滋病病毒治疗药品。支持开展中医治疗艾滋病临床服务。设区的市要设立定点医院负责艾滋病医疗救治工作，县级以下医疗卫生机构应有经过培训的医护人员负责门诊和家庭病床的医疗救治工作。各级卫生行政部门要加强治疗、随访、督导服药、心理支持、转诊服务等各项工作的管理。要保证流动人口和被监管人员的治疗需求。

各地区、各有关部门要完善参加城镇职工基本医疗保险人员中的艾滋病病毒感染者和艾滋病病人的就医管理、费用支付办法，切实保障合理医疗需求，控制费用支出。

2. 开展艾滋病抗病毒治疗的实验室检测和耐药监测。各地区、各有关部门要根据有关技术规范要求，开展对接受抗病毒治疗人员的辅助性 T 淋巴细胞、病毒载量等相关检测。要建立艾滋病病毒耐药性监测网络，开展新发感染人群耐药艾滋病病毒毒株的监测，为科学指导治疗和评价抗病毒治疗效果，调整治疗方案、制定应对措施提供依据。

3. 加强机会性感染的预防和治疗，积极开展结核病 / 艾滋病双重感染防治工作。各地区要结合实际研究制定各类艾滋病机会性感染病人的医疗救治政策，积极开展有效预防和治疗工作，对农村和城镇经济困难的艾滋病病毒感染者、艾滋病病人适当减免抗机会性感染治疗药品的费用。要建立结核病和艾滋病防治的合作机制，开展结核病 / 艾滋病双重感染监测，对所有已知的艾滋病病毒感染者及艾滋病病人进行结核病筛查，提高结核病 / 艾滋病双重感染诊断水平，加强预防、转诊、治疗和关怀工作；对发现的结核病病人，要纳入国家结核病防治规划及时治疗。

4. 开展艾滋病致孤儿童和孤老的救助安置工作。各地区要建立对艾滋病病毒感染者和艾滋病病人的未成年子女和老人登记、上报和随访制度，落实孤儿安置和免费入学的政策措施。要将生活困难艾滋病病人及其家属和孤老、孤儿纳入城乡社会救助体系，按规定予以救助和妥善安置。

5. 鼓励和引导社会各方面力量参与艾滋病预防、救助工作。各地区、各有关部门要积极发挥社会团体、基金会、民办非企业单位和个人的作用，帮助艾滋病病毒感染者开展生产自救，参加艾滋病关怀护理和救助工作，并对参加艾滋病预防控制工作的单位和人员提供培训和支持。

(五)健全艾滋病检测监测体系，完善艾滋病检测监测网络。

1. 建立适宜的服务模式，开展自愿咨询检测服务。各地区要充分利用现有服务网络开展自愿咨询检测工作，强调自愿和保密原则，提高自愿咨询检测的可及性。要建立和完善县级以上疾病预防控制机构、综合医院和妇幼保健机构的免费自愿咨询检测点，承担国家免费自愿咨询检测任务。开展艾滋病检测服务的机构，要提供检测前后咨询、相关健康教育信息和转诊服务；不具备检测条件的机构，可开展自愿咨询服务，并通过转诊服务由具备检测条件的机构提供艾滋病检测。

2. 完善艾滋病监测网络，加强对高危人群的监测。低流行地区要建立高危人群综合监测网络，中、高流行地区要建立高危人群和一般人群相结合的综合监测网络，根据有关规定对高危人群进行筛查和流行病学调查，对监管场所被监管人员开展艾滋病抗体检测。艾滋病流行严重地区要遵循知情同意和保密的原则，根据有关规定为新婚人群和孕产妇免费提供艾滋病抗体初筛检测和咨询服务，有艾滋病检测条件的医疗卫生机构对手术病人、性病病人等开展艾滋病抗体检测，对应征入伍青年免费实施艾滋病抗体检测；将公共场所服务人员艾滋病抗体检测纳入从业人员常规健康检查内容，并依法告知检测结果。

3. 合理规划和建设艾滋病检测实验室网络，提高检测技术水平。县级以上疾病预防控制中心和二级以上医疗卫生机构要建立艾滋病筛查实验室，不具备建立筛查实验室的要设立检测点，开展快速检测。艾滋病检测和筛查任务较重的市级疾病预防控制机构要建立艾滋病确证实验室；抗病毒治疗任务较重的县(市)应具备辅助性T淋巴细胞检测能力，逐步开展艾滋病病毒载量检测。

4. 健全实验室质量控制、检测能力验证和质量考核体系。各地区、各有关部门要按照国家病原微生物实验室生物安全标准对艾滋病检测实验室进行配置，并建立健全职业暴露预防和处理制度；健全质量控制责任制，实行分级管理和年度考核；建立艾滋病确证实验室能力验证电子化回报系统。在省属检验检疫局确证中心实验室建立信息管理系统。

5. 建立部门间信息合作与共享机制，加强信息的整合和利用。各地区、各有关部门要建立多部门间的艾滋病监测检测信息合作与共享机制，定期汇总分析艾滋病疫情监测信息，并建立监测结果发布制度，定期向公众公布艾滋病疫情。

(六)加强性病防治管理。

1. 建立健全性病监测网络。各地区、各有关部门要结合国家疾病监测点和艾滋病监测网络的分布，合理设置性病监测点，加强性病疫情监测和性病患病率等相关流行病学调查。要加强性病检测实验室的质量控制，开展耐药监测，指导临床用药。

2. 规范性病诊疗服务。各地区、各有关部门要加大性病诊疗市场整顿力度，规范性病诊疗和咨询服务。开展性病诊疗服务的医疗卫生机构要开展预防艾滋病性病知识健康教育，将推广安全套作为性病门诊规范化服务内容，配合开展高危行为干预工作。

(七)加强艾滋病防治的应用性研究与国际合作。

1. 各地区、各有关部门要加强艾滋病流行病学研究，提高监测、预警和干预能力；加强艾滋病检测试剂科研攻关，提高艾滋病检测技术水平。要开展艾滋病临床救治研究，总结中医诊治规律，完善艾滋病中西医结合综合治疗方案。要加快艾滋病治疗药物及艾滋病疫苗研发，力争研制出一批有效的防治药品；加快抗病毒药物剂型、固定剂量组合、新抗病毒药物的研发和引进。要建设艾滋病研究的技术平台和示范区，加快艾滋病防治技术研究和成果的推广应用。要注重艾滋病预防控制战略和策略的研究，提高宣传教育和行为干预效果。

2. 各地区、各有关部门要加强与国际组织、友好国家和相关机构的合作，拓宽国际合作渠道。要在世界贸易组织框架内密切与各成员国的合作，降低艾滋病防治药品价格，保证药品供给。要通过与相邻国家的双边合作，共同加强边境地区的预防干预工作。要做好艾滋病防治工作的对外宣传，营造有利于开展艾滋病防治工作的国际舆论环境。

四、保障措施

(一)加强政府领导，健全管理机制。

地方各级人民政府要将艾滋病防治规划纳入本地区国民经济和社会发展总体规划，制定具体的艾滋病防治目标，明确责任和任务，实施目标考核管理。各省(区、市)和疫情严重的市(地)及县级人民政府要成立防治艾滋病工作委员会或相应的协调机构，并设立办公室，配置专职工作人员。疫情严重的地区防治艾滋病工作委员会要实行政府"一把手"负责制。下级防治艾滋病工作委员会每季度要向上级防治艾滋病工作委员会报告工作情况。对领导不力、措施不当、"四免一关怀"政策不落实的，要严肃问责；对隐瞒疫情、玩忽职守造成艾滋病传播流行的，要依法追究责任。

(二)健全政策和法制保障，完善相关管理规定和工作规范。

各地区、各有关部门要认真贯彻落实《艾滋病防治条例》，制定或完善相应的地方性法规和政策措施，依法按政策开展艾滋病防治工作，打击毒品犯罪、卖淫嫖娼等违法活动。要进一步完善医疗卫生机构的消毒、临床使用血液和血液制品、器官移植等医疗活动的管理规定和工作规范，严防艾滋病医源性传播。

(三)加强机构和能力建设。

各省(区、市)、市(地)、县(市)要建立艾滋病防治专业队伍和跨部门、多学科的艾滋病专家咨询组织，居委会、村委会要确定预防艾滋病专职或兼职人员，开展预防艾滋病知识宣传，参与防治干预工作。要努力改善边境和基层艾滋病防治人员的工作、生活条件，鼓励医疗卫生人员特别是大中专毕业生到基层从事艾滋病防治工作。

国务院防治艾滋病工作委员会和各省(区、市)要组织艾滋病防治政策宣讲团开展巡回宣讲，将预防与控制艾滋病策略纳入各级党校、行政学院和团校的培训课程，加强对各级各类领导干部的宣传、培训和教育。各有关部门要对相关工作人员开展艾滋病防治知识和有关政策与评价方法的培训，提高政策制定与评价水平。要在医疗卫生行业及有关行业组织开展全员艾滋病防治知识培训,对从事艾滋病性病预防保健、健康教育、临床医护、检测检验、采供血等方面的人员进行艾滋病防治专业培训,对存在职业暴露风险的人员进行艾滋病自我防护培训和上岗考核;将艾滋病防治知识培训纳入医学院校教育的继续教育内容。要探索建立输血风险和艾滋病职业意外感染保险机制。各级各类医疗卫生机构要严格遵守标准防护原则,严格执行操作规程和消毒管理制度,预防艾滋病医源性感染。

地方各级人民政府和有关部门要制订培训计划,明确培训要求,加强对本地区、本系统培训工作的指导和监督,切实增强培训工作的针对性,加强考试考核,保证培训效果。

(四)增加财政投入,多渠道筹集资金,统筹管理和使用。

建立和完善以政府投入为主、分级负担、多渠道筹资的经费投入机制。地方各级人民政府要将艾滋病防治经费列入同级财政预算;中央财政对经济困难地区和疫情严重地区给予适当补助。要建立科学、规范的经费管理制度,加强对经费使用情况的监督、检查,确保资金专款专用,统筹使用,发挥最大效用。

鼓励社会各方面力量支持艾滋病防治工作。国家对企业和个人向艾滋病防治事业的捐赠依法给予税收优惠,具体办法由财政部、税务总局另行制定。

五、督导与评估

国务院防治艾滋病工作委员会办公室负责组织制定《行动计划》的检查评估指标和方案并组织实施。各省(区、市)人民政府要根据实际情况确定本行政区域的检查评估指标和方案,逐年进行检查评估,并将检查评估结果作为政府目标管理责任考核的内容,同时向国务院防治艾滋病工作委员会提交年度总结报告。国务院防治艾滋病工作委员会组织对各地区防治工作情况进行不定期检查,2008年年初、2010年年底进行《行动计划》的中期、终期评估。

国资委 全国妇联在人民大会堂召开中央企业“巾帼建功标兵”和“巾帼文明岗”表彰大会

大会表彰110名“巾帼建功标兵”和100个“巾帼文明岗”。全国人大常委会副委员长、全国妇联主席顾秀莲,国务院国资委主任、党委书记李荣融,全国妇联副主席、书记处第一书记黄晴宜和全国妇联书记处书记甄砚出席会议。

甄砚同志宣读了表彰决定,主席台领导为受表彰的50名代表颁发了奖牌和证书,中国一汽集团公司轿车股份公司长春齿轮厂金相仪表班班长潘继红和中商企业集团公司欧洲商业开发投资管理中心主任蔡桂茹分别代表“巾帼建功标兵”和“巾帼文明岗”作了发言。黄晴宜和李荣融先后作重要讲话,大会由国务院国资委副主任王瑞祥主持。

表彰会后进行了“魅力巾帼”文艺演出。

《增强自主创新能力建设创新型国家》由人民出版社出版

书中收录了胡锦涛同志在全国科学技术大会上的讲话《坚持走中国特色自主创新道路为建设创新型国家而努力奋斗》和《在庆祝“神舟”六号载人航天飞行圆满成功大会上的讲话》,以及《中共中央国务院关于实施科技规划纲要增强自主创新能力的决定》《国家中长期科学和技术发展规划纲要(2006—2020年)》等重要文献,即日起在全国新华书店发行。

2月28日

国家主席胡锦涛在人民大会堂会见瑞士国防部部长萨穆埃尔·施密德

胡锦涛说,双方在经贸、文化、科技、军事等各个领域进行了富有成效的合作,在国际组织和国际事务中也保持着良好的沟通与协调。胡锦涛希望双方进一步加强交流,扩大共识,深化合作,为把新世纪的中瑞友好合作关系提高到新的水平而共同努力。

在谈到台湾问题时,胡锦涛说,台湾当局不顾岛内外的强烈反对,一意孤行,决定终止“国统会”“国统纲领”,这是对国际社会普遍坚持的一个中国原则和台海和平稳定的严重挑衅,是在走向“台独”的道路上迈出的危险一步。胡锦涛重申,反对“台独”分裂势力及其活动,维护台海和平稳定,是我们坚定不移的意志和决心。我们将继续努力争取和平统一的前景,但决不允许把台湾从祖国分裂出去。任何逆历史潮流而动的人都逃脱不了失败的命运。

施密德说,瑞中关系发展得很好。瑞方视中方为重要的合作伙伴,发展瑞中在经贸、外交、军事等领域的合作,符合两国根本利益,有利于提高两国人民生活水平,维护世界的和平稳定。瑞方愿为发展同中国的友好合作作出新的贡献。关于台湾问题,施密德表示,瑞士政府将一如既往地坚持一个中国政策,赞赏近年来中国政府为维护台海和平稳定,促进两岸交流所做的努力。

十届全国人大常委会第二十次会议在人民大会堂闭幕

会议表决通过了全国人大常委会关于修改审计法的决定。国家主席胡锦涛签署第48号主席令,公布了这一决定。

全国人大常委会委员长吴邦国主持会议。

会议表决通过了全国人大常委会关于批准《制止向恐怖主义提供资助的国际公约》的决定。会议表决通过了关于全国人大常委会香港特别行政区基本法委员会部分组成人员的任免名单、关于全国人大常委会澳门特别行政区基本法委员会部分组成人员的任免名单。会议还表决通过了其他任免案。

会议表决通过了十届全国人大四次会议议程草案，提请十届全国人大四次会议预备会议审议；表决通过了十届全国人大四次会议主席团和秘书长名单草案，提请十届全国人大四次会议预备会议选举；表决通过了十届全国人大四次会议列席人员名单。会议还表决通过了全国人大常委会代表资格审查委员会关于个别代表的代表资格的审查报告。按照全国人大常委会会后发表的公告，十届全国人大现实有代表2988人。

会议表决通过了全国人大常委会工作报告稿。委员长会议建议，由吴邦国委员长代表常委会向十届全国人大四次会议作工作报告。

会议完成各项议程后，吴邦国发表重要讲话。他说，这次会议初次审议了义务教育法修订草案，再次审议了农产品质量安全法草案等，并作出了关于修改审计法的决定。修改后的审计法，进一步完善了审计监督制度，加大了审计监督力度，对维护财经秩序，提高财政资金使用效益，促进廉政建设将发挥重要作用。

吴邦国指出，"三农"问题始终是关系党和人民事业发展的全局性和根本性问题。本届人大常委会一直把推进解决好"三农"问题作为监督工作的重点，在前两年对农村土地承包法和土地管理法进行执法检查的基础上，去年检查了农业法的实施情况，本次会议又听取和审议了国务院关于当前农业和农村工作情况的报告，常委会组成人员对国务院的工作给予了充分肯定。

吴邦国指出，即将召开的十届全国人大四次会议是一次十分重要的会议。会议的一项重要议程，是审查和批准国民经济和社会发展第十一个五年规划纲要。为了使代表事先对规划纲要草案的指导思想、奋斗目标、主要任务和重大举措有所了解和认识，提高会议的审议质量，去年10月以来，我们组织全国人大代表和常委会组成人员深入学习党的十六届五中全会精神，进一步统一思想、提高认识；组织代表就"十一五"规划纲要涉及的重大问题开展集中调研；请国务院有关部门介绍规划纲要编制情况。这些工作受到代表的欢迎。相信四次会议将圆满完成审查和批准国民经济和社会发展第十一个五年规划纲要的任务。

吴邦国说，十届全国人大四次会议期间，常委会还将向大会报告工作。这是常委会接受代表大会监督的重要内容。我们一定要虚心听取代表们对常委会工作的意见和建议，自觉接受代表的监督，不断改进常委会的工作，努力把常委会工作提高到一个新水平。

全国人大常委会副委员长王兆国、李铁映、司马义·艾买提、何鲁丽、丁石孙、成思危、许嘉璐、顾秀莲、热地、盛华仁、路甬祥、乌云其木格、韩启德、傅铁山出席会议，国务院副总理曾培炎、最高人民法院院长肖扬、最高人民检察院检察长贾春旺列席会议。

国家主席胡锦涛签署第48号令发布《全国人民代表大会常务委员会关于修改〈中华人民共和国审计法〉的决定》

《全国人民代表大会常务委员会关于修改〈中华人民共和国审计法〉的决定》已由中华人民共和国第十届全国人民代表大会常务委员会第二十次会议于2006年2月28日通过，现予公布，自2006年6月1日起施行。

中华人民共和国主席　胡锦涛

2006年2月28日

全国人民代表大会常务委员会关于修改《中华人民共和国审计法》的决定(文略)

中华人民共和国审计法

第一章　总　则

第一条　为了加强国家的审计监督，维护国家财政经济秩序，提高财政资金使用效益，促进廉政建设，保障国民经济和社会健康发展，根据宪法，制定本法。

第二条　国家实行审计监督制度。国务院和县级以上地方人民政府设立审计机关。

国务院各部门和地方各级人民政府及其各部门的财政收支，国有的金融机构和企业事业组织的财务收支，以及其他依照本法规定应当接受审计的财政收支、财务收支，依照本法规定接受审计监督。

审计机关对前款所列财政收支或者财务收支的真实、合法和效益，依法进行审计监督。

第三条　审计机关依照法律规定的职权和程序，进行审计监督。

审计机关依据有关财政收支、财务收支的法律、法规和国家其他有关规定进行审计评价，在法定职权范围内作出审计决定。

第四条　国务院和县级以上地方人民政府应当每年向本级人民代表大会常务委员会提出审计机关对预算执行和其他财政收支的审计工作报告。审计工作报告应当重点报告对预算执行的审计情况。必要时，人民代表大会常务委员会可以对审计工作报告作出决议。

国务院和县级以上地方人民政府应当将审计工作报告中指出的问题的纠正情况和处理结果向本级人民

代表大会常务委员会报告。

第五条　审计机关依照法律规定独立行使审计监督权，不受其他行政机关、社会团体和个人的干涉。

第六条　审计机关和审计人员办理审计事项，应当客观公正，实事求是，廉洁奉公，保守秘密。

第二章　审计机关和审计人员

第七条　国务院设立审计署，在国务院总理领导下，主管全国的审计工作。审计长是审计署的行政首长。

第八条　省、自治区、直辖市、设区的市、自治州、县、自治县、不设区的市、市辖区的人民政府的审计机关，分别在省长、自治区主席、市长、州长、县长、区长和上一级审计机关的领导下，负责本行政区域内的审计工作。

第九条　地方各级审计机关对本级人民政府和上一级审计机关负责并报告工作，审计业务以上级审计机关领导为主。

第十条　审计机关根据工作需要，经本级人民政府批准，可以在其审计管辖范围内设立派出机构。

派出机构根据审计机关的授权，依法进行审计工作。

第十一条　审计机关履行职责所必需的经费，应当列入财政预算，由本级人民政府予以保证。

第十二条　审计人员应当具备与其从事的审计工作相适应的专业知识和业务能力。

第十三条　审计人员办理审计事项，与被审计单位或者审计事项有利害关系的，应当回避。

第十四条　审计人员对其在执行职务中知悉的国家秘密和被审计单位的商业秘密，负有保密的义务。

第十五条　审计人员依法执行职务，受法律保护。任何组织和个人不得拒绝、阻碍审计人员依法执行职务，不得打击报复审计人员。审计机关负责人依照法定程序任免。审计机关负责人没有违法失职或者其他不符合任职条件的情况的，不得随意撤换。地方各级审计机关负责人的任免，应当事先征求上一级审计机关的意见。

第三章　审计机关职责

第十六条　审计机关对本级各部门（含直属单位）和下级政府预算的执行情况和决算以及其他财政收支情况，进行审计监督。

第十七条　审计署在国务院总理领导下，对中央预算执行情况和其他财政收支情况进行审计监督，向国务院总理提出审计结果报告。

地方各级审计机关分别在省长、自治区主席、市长、州长、县长、区长和上一级审计机关的领导下，对本级预算执行情况和其他财政收支情况进行审计监督，向本级人民政府和上一级审计机关提出审计结果报告。

第十八条　审计署对中央银行的财务收支，进行审计监督。

审计机关对国有金融机构的资产、负债、损益，进行审计监督。

第十九条　审计机关对国家的事业组织和使用财政资金的其他事业组织的财务收支，进行审计监督。

第二十条　审计机关对国有企业的资产、负债、损益，进行审计监督。

第二十一条　对国有资本占控股地位或者主导地位的企业、金融机构的审计监督，由国务院规定。

第二十二条　审计机关对政府投资和以政府投资为主的建设项目的预算执行情况和决算，进行审计监督。

第二十三条　审计机关对政府部门管理的和其他单位受政府委托管理的社会保障基金、社会捐赠资金以及其他有关基金、资金的财务收支，进行审计监督。

第二十四条　审计机关对国际组织和外国政府援助、贷款项目的财务收支，进行审计监督。

第二十五条　审计机关按照国家有关规定，对国家机关和依法属于审计机关审计监督对象的其他单位的主要负责人，在任职期间对本地区、本部门或者本单位的财政收支、财务收支以及有关经济活动应负经济责任的履行情况，进行审计监督。

第二十六条　除本法规定的审计事项外，审计机关对其他法律、行政法规规定应当由审计机关进行审计的事项，依照本法和有关法律、行政法规的规定进行审计监督。

第二十七条　审计机关有权对与国家财政收支有关的特定事项，向有关地方、部门、单位进行专项审计调查，并向本级人民政府和上一级审计机关报告审计调查结果。

第二十八条　审计机关根据被审计单位的财政、财务隶属关系或者国有资产监督管理关系，确定审计管辖范围。

审计机关之间对审计管辖范围有争议的，由其共同的上级审计机关确定。

上级审计机关可以将其审计管辖范围内的本法第十八条第二款至第二十五条规定的审计事项，授权下级审计机关进行审计；上级审计机关对下级审计机关审计管辖范围内的重大审计事项，可以直接进行审计，但是应当防止不必要的重复审计。

第二十九条　依法属于审计机关审计监督对象的单位，应当按照国家有关规定建立健全内部审计制度；其内部审计工作应当接受审计机关的业务指导和监督。

第三十条 社会审计机构审计的单位依法属于审计机关审计监督对象的，审计机关按照国务院的规定，有权对该社会审计机构出具的相关审计报告进行核查。

第四章 审计机关权限

第三十一条 审计机关有权要求被审计单位按照审计机关的规定提供预算或者财务收支计划、预算执行情况、决算、财务会计报告，运用电子计算机储存、处理的财政收支、财务收支电子数据和必要的电子计算机技术文档，在金融机构开立账户的情况，社会审计机构出具的审计报告，以及其他与财政收支或者财务收支有关的资料，被审计单位不得拒绝、拖延、谎报。

被审计单位负责人对本单位提供的财务会计资料的真实性和完整性负责。

第三十二条 审计机关进行审计时，有权检查被审计单位的会计凭证、会计账簿、财务会计报告和运用电子计算机管理财政收支、财务收支电子数据的系统，以及其他与财政收支、财务收支有关的资料和资产，被审计单位不得拒绝。

第三十三条 审计机关进行审计时，有权就审计事项的有关问题向有关单位和个人进行调查，并取得有关证明材料。有关单位和个人应当支持、协助审计机关工作，如实向审计机关反映情况，提供有关证明材料。

审计机关经县级以上人民政府审计机关负责人批准，有权查询被审计单位在金融机构的账户。

审计机关有证据证明被审计单位以个人名义存储公款的，经县级以上人民政府审计机关主要负责人批准，有权查询被审计单位以个人名义在金融机构的存款。

第三十四条 审计机关进行审计时，被审计单位不得转移、隐匿、篡改、毁弃会计凭证、会计账簿、财务会计报告以及其他与财政收支或者财务收支有关的资料，不得转移、隐匿所持有的违反国家规定取得的资产。

审计机关对被审计单位违反前款规定的行为，有权予以制止；必要时，经县级以上人民政府审计机关负责人批准，有权封存有关资料和违反国家规定取得的资产；对其中在金融机构的有关存款需要予以冻结的，应当向人民法院提出申请。

审计机关对被审计单位正在进行的违反国家规定的财政收支、财务收支行为，有权予以制止；制止无效的，经县级以上人民政府审计机关负责人批准，通知财政部门和有关主管部门暂停拨付与违反国家规定的财政收支、财务收支行为直接有关的款项，已经拨付的，暂停使用。

审计机关采取前两款规定的措施不得影响被审计单位合法的业务活动和生产经营活动。

第三十五条 审计机关认为被审计单位所执行的上级主管部门有关财政收支、财务收支的规定与法律、行政法规相抵触的，应当建议有关主管部门纠正；有关主管部门不予纠正的，审计机关应当提请有权处理的机关依法处理。

第三十六条 审计机关可以向政府有关部门通报或者向社会公布审计结果。

审计机关通报或者公布审计结果，应当依法保守国家秘密和被审计单位的商业秘密，遵守国务院的有关规定。

第三十七条 审计机关履行审计监督职责，可以提请公安、监察、财政、税务、海关、价格、工商行政管理等机关予以协助。

第五章 审计程序

第三十八条 审计机关根据审计项目计划确定的审计事项组成审计组，并应当在实施审计三日前，向被审计单位送达审计通知书；遇有特殊情况，经本级人民政府批准，审计机关可以直接持审计通知书实施审计。

被审计单位应当配合审计机关的工作，并提供必要的工作条件。

审计机关应当提高审计工作效率。

第三十九条 审计人员通过审查会计凭证、会计账簿、财务会计报告，查阅与审计事项有关的文件、资料，检查现金、实物、有价证券，向有关单位和个人调查等方式进行审计，并取得证明材料。

审计人员向有关单位和个人进行调查时，应当出示审计人员的工作证件和审计通知书副本。

第四十条 审计组对审计事项实施审计后，应当向审计机关提出审计组的审计报告。审计组的审计报告报送审计机关前，应当征求被审计对象的意见。被审计对象应当自接到审计组的审计报告之日起十日内，将其书面意见送交审计组。审计组应当将被审计对象的书面意见一并报送审计机关。

第四十一条 审计机关按照审计署规定的程序对审计组的审计报告进行审议，并对被审计对象对审计组的审计报告提出的意见一并研究后，提出审计机关的审计报告；对违反国家规定的财政收支、财务收支行为，依法应当给予处理、处罚的，在法定职权范围内作出审计决定或者向有关主管机关提出处理、处罚的意见。

审计机关应当将审计机关的审计报告和审计决定送达被审计单位和有关主管机关、单位。审计决定自送达之日起生效。

第四十二条　上级审计机关认为下级审计机关作出的审计决定违反国家有关规定的，可以责成下级审计机关予以变更或者撤销，必要时也可以直接作出变更或者撤销的决定。

第六章　法律责任

第四十三条　被审计单位违反本法规定，拒绝或者拖延提供与审计事项有关的资料的，或者提供的资料不真实、不完整的，或者拒绝、阻碍检查的，由审计机关责令改正，可以通报批评，给予警告；拒不改正的，依法追究责任。

第四十四条　被审计单位违反本法规定，转移、隐匿、篡改、毁弃会计凭证、会计账簿、财务会计报告以及其他与财政收支、财务收支有关的资料，或者转移、隐匿所持有的违反国家规定取得的资产，审计机关认为对直接负责的主管人员和其他直接责任人员依法应当给予处分的，应当提出给予处分的建议，被审计单位或者其上级机关、监察机关应当依法及时作出决定，并将结果书面通知审计机关；构成犯罪的，依法追究刑事责任。

第四十五条　对本级各部门（含直属单位）和下级政府违反预算的行为或者其他违反国家规定的财政收支行为，审计机关、人民政府或者有关主管部门在法定职权范围内，依照法律、行政法规的规定，区别情况采取下列处理措施：

（一）责令限期缴纳应当上缴的款项；

（二）责令限期退还被侵占的国有资产；

（三）责令限期退还违法所得；

（四）责令按照国家统一的会计制度的有关规定进行处理；

（五）其他处理措施。

第四十六条　对被审计单位违反国家规定的财务收支行为，审计机关、人民政府或者有关主管部门在法定职权范围内，依照法律、行政法规的规定，区别情况采取前条规定的处理措施，并可以依法给予处罚。

第四十七条　审计机关在法定职权范围内作出的审计决定，被审计单位应当执行。

审计机关依法责令被审计单位上缴应当上缴的款项，被审计单位拒不执行的，审计机关应当通报有关主管部门，有关主管部门应当依照有关法律、行政法规的规定予以扣缴或者采取其他处理措施，并将结果书面通知审计机关。

第四十八条　被审计单位对审计机关作出的有关财务收支的审计决定不服的，可以依法申请行政复议或者提起行政诉讼。

被审计单位对审计机关作出的有关财政收支的审计决定不服的，可以提请审计机关的本级人民政府裁决，本级人民政府的裁决为最终决定。

第四十九条　被审计单位的财政收支、财务收支违反国家规定，审计机关认为对直接负责的主管人员和其他直接责任人员依法应当给予处分的，应当提出给予处分的建议，被审计单位或者其上级机关、监察机关应当依法及时作出决定，并将结果书面通知审计机关。

第五十条　被审计单位的财政收支、财务收支违反法律、行政法规的规定，构成犯罪的，依法追究刑事责任。

第五十一条　报复陷害审计人员的，依法给予处分；构成犯罪的，依法追究刑事责任。

第五十二条　审计人员滥用职权、徇私舞弊、玩忽职守或者泄露所知悉的国家秘密、商业秘密的，依法给予处分；构成犯罪的，依法追究刑事责任。

第七章　附　则

第五十三条　中国人民解放军审计工作的规定，由中央军事委员会根据本法制定。

第五十四条　本法自1995年1月1日起施行。1988年11月30日国务院发布的《中华人民共和国审计条例》同时废止。

十届全国人大常务委员会通过关于批准《制止向恐怖主义提供资助的国际公约》的决定

第十届全国人民代表大会常务委员会第二十次会议决定：批准于1999年12月9日在第五十四届联合国大会上通过的《制止向恐怖主义提供资助的国际公约》（以下简称《公约》），同时声明：

一、中华人民共和国不受《公约》第二十四条第一款的约束。

二、根据《公约》第七条第三款，中华人民共和国确立《公约》第七条第二款规定的5项管辖权。但是，该5项管辖权不适用于中华人民共和国香港特别行政区。

三、对于中华人民共和国澳门特别行政区，以下3项条约不在《公约》第二条第一款第（a）项所指附件的适用范围之内：

（一）1980年3月3日在维也纳通过的《关于核材料的实物保护公约》。

（二）1988年3月10日在罗马签署的《制止危害航海安全的非法行为公约》。

（三）1988年3月10日在罗马签署的《制止危害大陆架固定平台安全非法行为议定书》。

全国人民代表大会常务委员会公告

最近，内蒙古自治区人民代表大会依法选举杨晶

(蒙古族)为第十届全国人民代表大会代表;北京市人大常委会、辽宁省人大常委会、江苏省人大常委会、安徽省人大常委会、湖北省人大常委会、湖南省人大常委会、重庆市人大常委会、贵州省人大常委会依法分别补选了王蓉蓉(北京,女)、孙兆林(辽宁)、王湛(江苏)、任海深(安徽)、徐松南(湖北)、蒋远华(湖北)、张春贤(湖南)、汪洋(重庆)、石宗源(贵州,回族)为第十届全国人民代表大会代表。全国人民代表大会常务委员会同意代表资格审查委员会的审查报告,确认杨晶、王蓉蓉、孙兆林、王湛、任海深、徐松南、蒋远华、张春贤、汪洋、石宗源的代表资格有效。

内蒙古自治区人大常委会、辽宁省人大常委会分别接受了莫建成(内蒙古)、李文科(辽宁)提出的辞去第十届全国人民代表大会代表的请求,依照代表法的有关规定,莫建成、李文科的代表资格终止。

现在,第十届全国人民代表大会实有代表2988人。

特此公告。

十届全国人大常委会第二十次会议通过香港特别行政区全国人大常委会委员任免名单

一、免去黄保欣的全国人民代表大会常务委员会香港特别行政区基本法委员会副主任职务;

任命梁爱诗(女)、李飞为全国人民代表大会常务委员会香港特别行政区基本法委员会副主任。

二、免去王光亚、刘镇、陈佐洱、夏勇的全国人民代表大会常务委员会香港特别行政区基本法委员会委员职务;

任命王凤超、王振民、张晓明、饶戈平为全国人民代表大会常务委员会香港特别行政区基本法委员会委员。

十届全国人大常委会第二十次会议通过澳门特别行政区全国人大常委会委员任免名单

一、任命李飞为全国人民代表大会常务委员会澳门特别行政区基本法委员会副主任。

二、免去武大伟的全国人民代表大会常务委员会澳门特别行政区基本法委员会委员职务;

任命徐泽为全国人民代表大会常务委员会澳门特别行政区基本法委员会委员。

十届全国人大常委会第二十次会议通过最高人民检察院免职名单

免去敬大力的最高人民检察院检察委员会委员、检察员职务。

十届全国人大常委会第二十次会议通过各省检察院检察长任免名单

(2006年2月28日第十届全国人民代表大会常务委员会第二十次会议通过)

一、批准任命慕平为北京市人民检察院检察长。

二、批准免去侯磊的河北省人民检察院检察长职务;

批准任命王其江为河北省人民检察院检察长。

三、批准免去靳军的湖北省人民检察院检察长职务;

批准任命敬大力为湖北省人民检察院检察长。

四、批准免去秦信联的重庆市人民检察院检察长职务。

五、批准免去张文宣的陕西省人民检察院检察长职务;

批准任命胡太平为陕西省人民检察院检察长。

十届全国人大常委会在人民大会堂举行《关于建设社会主义新农村的重大历史任务》专题讲座

全国人大常委会委员长吴邦国主持讲座。

讲座的主讲人是中央财经领导小组办公室副主任、中央农村工作领导小组办公室主任陈锡文。他重点从建设社会主义新农村的提出原因、目标、任务和原则要求,新农村建设的基本途径等方面作了讲解。

陈锡文说,建设社会主义新农村,既是一个长期的历史过程,也是一项紧迫的现实工作任务。社会主义新农村建设的目标和任务是全面、系统、完整的,不能片面地理解为单纯的新村庄建设,概括起来是“五个五”:第一个“五”是五个方面的建设内容,即五中全会提出的“生产发展、生活富裕、乡风文明、村容整洁、管理民主”。第二个“五”是五个建设方面,即2006年中央一号文件提出的“协调推进经济、政治、文化、社会和党的建设”。第三个“五”是五个必须坚持,即坚持以发展农村经济为中心;坚持宪法规定的农村基本经营体制不动摇;坚持以人为本,着力解决农民群众生产生活中最迫切的实际问题;坚持科学规划、因地制宜、分类指导;坚持调动各方面积极性,依靠农民群众的辛勤劳动、国家扶持和社会力量广泛参与等的基本原则。第四个“五”是“五要五不要”的工作方式,即要讲究实效,不搞形式主义;要量力而行,不盲目攀比;要民主协商,不强迫命令;要突出特色,不强求一律;要引导扶持,不包办代替。第五个“五”是五大目标,即农村生产力发展,农民生活水平提高,农村基础设施改善,农村社会事业发展,基层民主政治建设继续推进。

据了解,举办讲座是常委会组成人员集体学习的重要形式。到去年年底,本届全国人大常委会已经举办了十八次法制讲座。这些讲座的举办,对于常委会组成人员熟悉宪法、法律和人大工作,拓展知识面,加强素质建设,增强履职能力,提高审议质量起到了积极作用。常委会的工作涉及方方面面,需要学习了解的知识很多,因此讲座除安排宪法、法律等法制方面的内容外,还需要围绕党和国家的工作大局,结合人大工作需要,安排一些其他重大课题。委员长会议研究决定,从本次讲座开始将“法制讲座”更名为“专题讲座”。

全国人大常委会副委员长王兆国、李铁映、司马义·艾买提、何鲁丽、丁石孙、成思危、许嘉璐、顾秀莲、盛华仁、路甬祥、乌云其木格、韩启德等听取了讲座。

全国人大常委会委员长吴邦国向全国人大常委会香港澳门特别行政区基本法委员会部分组成人员颁发任命书

全国人大常委会副委员长兼秘书长盛华仁主持了颁发任命书仪式。

接受任命书的有:全国人大常委会香港特别行政区基本法委员会副主任梁爱诗;全国人大常委会香港特别行政区基本法委员会副主任、全国人大常委会澳门特别行政区基本法委员会副主任李飞;全国人大常委会香港特别行政区基本法委员会委员王凤超、王振民、张晓明、饶戈平;全国人大常委会澳门特别行政区基本法委员会委员徐泽。

最近,黄保欣、王光亚、刘镇、陈佐洱、夏勇和武大伟因年龄或工作变动等原因,分别请求辞去其在全国人大常委会香港特别行政区基本法委员会、全国人大常委会澳门特别行政区基本法委员会所担任的职务。

根据全国人民代表大会组织法的规定,全国人大常委会28日表决免去黄保欣的全国人大常委会香港特别行政区基本法委员会副主任职务,免去王光亚、刘镇、陈佐洱、夏勇的全国人大常委会香港特别行政区基本法委员会委员职务,免去武大伟的全国人大常委会澳门特别行政区基本法委员会委员职务。

调整后的香港基本法委员会组成人员为:主任乔晓阳,副主任梁爱诗、李飞;委员(按姓氏笔画排列):王凤超、王振民、邬维庸、吴康民、张晓明、陈弘毅、饶戈平、梁定邦、谭惠珠。仍为12人,内地和香港人士各6人,其中包括法律界人士。

调整后的澳门基本法委员会组成人员为:主任乔晓阳,副主任李成俊、李飞;委员(按姓氏笔画排列):王振民、李沛霖、杨允中、张晓明、林笑云、徐泽、崔世昌。仍为10人,内地和澳门人士各5人,其中包括法律界人士。

全国政协十届常委会十二次会议在北京闭幕

中共中央政治局常委、全国政协主席贾庆林出席并讲话。

这次常委会议认真学习了《中共中央关于加强人民政协工作的意见》(以下简称《意见》),通过了《关于学习贯彻〈中共中央关于加强人民政协工作的意见〉的决定》。常委会组成人员认为,《意见》精辟阐述了党的三代中央领导集体和以胡锦涛同志为总书记的中共中央关于人民政协的重要理论和方针政策,体现了继承与创新的高度统一;深刻总结了人民政协事业发展的历史经验和近些年来人民政协工作的实践创造,体现了历史与现实的高度统一;明确提出了新世纪、新阶段人民政协工作的任务和原则以及人民政协履行职能的内容、程序和机制,体现了理论与实践的高度统一,具有很强的思想性、针对性和指导性。

贾庆林在讲话中指出,要准确把握《意见》精神实质,并切实贯彻到工作中去。一是要把学习贯彻《意见》摆上重要位置。二是要开展多种形式的学习活动。三是要加强人民政协理论研究。四是要加大对学习贯彻活动的宣传力度。五是要协助各级党委推动各地学习贯彻活动的深入发展。

贾庆林说,即将召开的全国政协十届四次会议,将要讨论政府工作报告和“十一五”规划纲要草案等重要文件,我们必须高度重视,集中精力,切实履行好我们应尽的职责。要认真贯彻落实中共中央关于开好大会的指导思想和工作要求,进一步做好大会的各项准备工作,把这次会议开成民主、求实、团结、奋进的大会。

贾庆林指出,去年以来,中央积极实施新形势下对台工作的重大决策,采取了一系列重要举措,对打击“台独”分裂势力及其活动,促进两岸关系发展,产生了重要作用和广泛影响。

在这样的背景下,台湾当局领导人顽固坚持“台独”分裂立场,继续推进激进“台独”路线,置两岸同胞的强烈反对和国际社会的谴责于不顾,公然宣布终止“国统会”和“国统纲领”,在全面推翻自己反复重申的“四不一没有”承诺上迈出了危险一步。常委会组成人员强烈谴责台湾当局领导人的倒行逆施,一致认为,台湾当局领导人执意在“台独”邪路上走下去,只会搬起石头砸自己的脚。贾庆林说,坚决反对和制止“台湾法理独立”活动,是当前对台工作最重要、最紧迫的任务。我们要继续贯彻中央对台工作的大政方针,贯彻胡锦涛总书记提出的新形势下发展两岸关系的四点意见,继续以最大的诚意、尽最大的努力,维护和促进两岸关系和平稳定发展,争取和平统一的前景。同时,我们决不容忍“台独”。包括台湾同胞在内的全中国人民捍卫国家主权和领土完整的坚强意志和坚定决心,是"台独"分裂势力无法撼动的。两岸关系发展与祖国和平统一的历史潮流,是任何人都阻挡不住的。

会议听取了全国政协秘书长郑万通关于各小组讨论情况的综合汇报。会议通过了政协十届四次会议议程草案和日程、政协常委会工作报告和关于政协十届三次会议以来提案工作情况的报告,决定将上述草案和报告提请政协十届四次会议审议。会议通过了关于举办纪念孙中山先生诞辰140周年活动的决定(另发)、政协第十届全国委员会第四次会议秘书长和副秘书长名单(另发)。

全国政协副主席王忠禹主持闭幕会。全国政协副主席廖晖、刘延东、李贵鲜、张思卿、白立忱、罗豪才、张克辉、周铁农、郝建秀、陈奎元、阿不来提·阿不都热西提、徐匡迪、李兆焯、张怀西、李蒙、董建华、张梅颖、张榕明,秘书长郑万通出席。

中国人民政治协商会议第十届全国委员会第四次会议秘书长 副秘书长名单

(2006年2月28日政协第十届全国委员会常务委员会第十二次会议通过)

秘书长:郑万通

副秘书长:

李昌鉴　吴明熹　齐续春　孙怀山　李敏宽
陈　洪(女)　陈明德　范西成　朱维群　刘民复
潘贵玉(女)　陈宗兴　陈抗甫　张龙之　卢昌华
王胜洪　吴建民　王东明　黄跃金　廖晓军

中共中央台办 国台办受权就陈水扁决定终止国统会运作和国统纲领适用发表声明

声明全文如下:

2月27日,陈水扁在两岸同胞的强烈反对和国际社会的一片谴责声中,强行决定终止"国统会"运作和"国统纲领"适用。他虽然未敢使用蓄谋已久的"废除"一词,而改用"终止",但这不过是玩弄文字游戏,以此欺骗台湾民众和国际舆论。陈水扁"谋独"之心,路人皆知。他分明是企图借终止"国统会"和"国统纲领",加速推进"台独"活动,却谎称"不涉及现状之改变";分明是恶意挑衅台海和平,制造两岸关系紧张,却借口大陆威胁台湾;分明是自己推翻两岸商谈的既有基础,关闭了两岸协商大门,却侈谈"透过协商对话建立互信交流的有效机制";分明是为一己之私,企图把极少数人的"台独"噩梦强加给2300万台湾人民,却说成是"尊重台湾人民自由意志的选择"。陈水扁的骗术早已被世人识破,他上演的这出闹剧,只能是搬起石头砸自己的脚。

必须指出,当前陈水扁通过"宪改"进行"台湾法理独立"活动的冒险性、危险性继续上升,一旦得逞,势必造成两岸关系高度紧张,严重威胁台海地区乃至亚太地区的和平与稳定。坚决反对和制止陈水扁通过"宪改"进行"台湾法理独立"活动,是当前我们最重要、最紧迫的任务。

我们与陈水扁为代表的"台独"分裂势力的斗争,是捍卫还是破坏台海和平的激烈较量,是发展还是毁灭两岸关系前途的激烈较量,是维护还是损害两岸同胞根本利益的激烈较量。陈水扁执意推行激进"台独"路线,在台湾内部和两岸之间全面挑起对抗冲突,只能进一步给台湾社会带来灾难。"台独"违背中国历史的主流和当代发展的趋势,违背13亿中华儿女的意志和愿望,是注定要失败的。

实现两岸和平统一,促进中华民族伟大复兴,是包括台湾同胞在内的海内外中华儿女的共同责任,是我们坚定不移的奋斗目标。台湾同胞是我们的骨肉兄弟,无论在什么情况下,我们都会设身处地地为台湾同胞着想,千方百计照顾和维护台湾同胞的正当权益。我们将进一步促进两岸人员往来和经济、文化交流,促进两岸直接"三通"的进程。我们将继续以最大诚意、尽最大努力,和广大台湾同胞一道,维护和促进两岸关系和平稳定发展,争取和平统一前景。但是,我们坚决反对"台独",决不允许"台独"分裂势力以任何名义、任何方式把台湾从祖国分割出去。

各民主党派中央 全国工商联领导人就陈水扁强行终止"国统会"运作和"国统纲领"适用发表谈话

中国国民党革命委员会中央委员会、中国民主同盟中央委员会、中国民主建国会中央委员会、中国民主促进会中央委员会、中国农工民主党中央委员会、中国致公党中央委员会、九三学社中央委员会、台湾民主自治同盟中央委员会、中华全国工商业联合会领导人28日就台湾当局领导人陈水扁强行决定终止"国统会"运作和"国统纲领"适用发表谈话。

谈话说,在台湾地区"三合一"选举遭受失败后,陈水扁选在元旦、春节期间,接连抛出"认真考虑废除国统会、国统纲领""以台湾名义加入联合国"、加紧推动"新宪公投"等"台独"言论。昨日,又强行决定终止"国统会"运作和"国统纲领"适用。其实,"废统"也好、"终止"也罢,都是严重破坏两岸关系、为祸两岸人民的危险挑衅,是企图为他下一步全面毁弃"四不一没有"的承诺、通过推动"宪改"进行"台湾法理独立"活动创造条件。

谈话说,陈水扁在2000年上台时曾作出了包括"没有废除'国统纲领'与'国统会'的问题"在内的

“四不一没有”承诺。然而,在过去几年里,陈水扁不仅从未履行承诺,而且制造种种事端阻挠两岸交流,想方设法推行“台独”路线。两个多月前的“三合一”选举中,台湾民众对陈水扁当局投了不信任票,陈水扁面临着前所未有的政治困境。为了转移视线,陈水扁竟毫不顾及他曾经对两岸民众和国际社会所作的承诺,公然推出以终止“国统会”和“国统纲领”为序幕的“法理台独”闹剧,挑战国际社会公认的一个中国原则。陈水扁此举,正可谓“困兽之斗,为害尤烈”。

陈水扁的所作所为殃及的是台海稳定,损害的是台湾同胞的切身利益,严重违背了岛内多数民众希望两岸和平发展的主流民意。陈水扁这种为了一己之私而损害民众利益、破坏两岸关系的做法,再次暴露出他的“台独”本性,也再次说明他是台湾岛内、两岸关系、亚太地区和平稳定的麻烦制造者和破坏者。

谈话说,陈水扁终止“国统会”和“国统纲领”、推动“法理台独”、破坏两岸关系稳定、危害台湾人民根本利益的行径,已经引起全体中华儿女的强烈谴责,招致国际社会的强烈抨击。我们各民主党派中央、全国工商联与中国共产党和中国政府风雨同舟,坚定地维护国家主权和领土完整。我们严正警告陈水扁,不要错估形势,不要心存侥幸,更不要低估祖国大陆反对和遏制“台独”的决心和能力。“多行不义必自毙”。违背两岸人民意志、违背两岸关系发展潮流的“台独”言行,其结果必然是咎由自取,以失败告终。

谈话说,两岸同胞血脉相连、情系一家,广大台湾同胞是我们的骨肉兄弟,我们将以“和平统一、一国两制”基本方针、江泽民同志关于现阶段发展两岸关系、促进祖国和平统一的八项主张和胡锦涛总书记关于新形势下发展两岸关系的四点意见为指导,与广大台湾同胞一道,排除各种阻挠,继续推动两岸关系朝和平稳定方向发展,实现两岸的互利双赢,以最大的诚意、尽最大的努力维护两岸关系和平稳定的发展局面,争取和平统一的前景,同时决不容忍“台独”、决不允许“台独”分裂势力把台湾从祖国分割出去。

国家统计局发布《中华人民共和国2005年国民经济和社会发展统计公报》

初步核算,全年国内生产总值182321亿元,比上年增长9.9%。其中,第一产业增加值22718亿元,增长5.2%;第二产业增加值86208亿元,增长11.4%;第三产业增加值73395亿元,增长9.6%。第一、第二和第三产业增加值占国内生产总值的比重分别为12.4%、47.3%和40.3%。

外交部发言人刘建超在例行记者会上敦促美方认清陈水扁“台独”分裂活动的严重性和危害性

国务院在北京召开全国老龄工作会议

会议认真分析我国人口老龄化的新形势,全面部署当前和今后一个时期的老龄工作。中共中央政治局委员、国务院副总理、全国老龄工作委员会主任回良玉在会上强调,我国人口老龄化进入快速发展期,已经并将进一步对经济社会发展产生深刻影响。我们要进一步增强责任感和紧迫感,以科学发展观为统领,坚持“党政主导、社会参与、全民关怀”的方针,统筹加强城乡老龄工作,以建立健全社会养老保障制度为重点,加快构建为老服务体系,着力保障老年人合法权益,不断丰富老年人精神文化生活,促进家庭和睦、代际和顺、社会和谐,努力开创老龄事业发展新局面。

各省、自治区、直辖市及中央有关部门负责人,各地老龄办负责人出席了会议。会议还表彰了全国老龄工作先进县(市)和先进单位。

商务部在江苏扬州召开全国“万村千乡市场工程”现场会

中共中央政治局委员、国务院副总理吴仪致信会议,要求进一步提高对加强农村现代化流通网络建设的认识,努力把“万村千乡市场工程”做得更好。

发改委、财政部、农业部、全国供销合作总社等国家有关部门、全国各省市区商务主管部门和有关企业的代表参加了本次会议。

3月1日

国务院总理温家宝主持召开国务院常务会议

会议审议并原则通过《农村卫生服务体系建设与发展规划》《机动车交通事故责任强制保险条例(草案)》。

会议指出,我国农村医疗卫生事业落后,不能完全满足农民群众的基本需求,已经成为当前我国经济社会发展的突出问题。各级政府要把加快农村卫生事业发展摆到重要日程,作为建设社会主义新农村的重要任务。要通过制定并实施农村卫生服务体系建设与发展规划,逐步改善农村卫生服务条件,增强服务能力,提高农民健康水平。

会议指出,农村卫生服务体系建设与发展,要从实际出发,因地制宜,坚持加大投入与深化改革相结合,统一规划、分级负责,整合资源、合理布局,整体推进、分步实施。到2010年,初步建立起基本设施比较齐全的农村卫生服务网络、具有一定专业素质的农村卫生服务队伍、运转有效的农村卫生管理体制,使农民人人享有初级卫生保健服务。中央重点支持中西部地区的乡镇卫生院,贫困县、民族自治县、边境县的县医院、县中医院、民族医院和县级妇幼保健机构的建设。

会议强调,在《规划》实施中,要重点做好以下工作:(一)建立稳定的农村卫生投入保障机制。要充分发挥中央和地方两个积极性,增加对农村卫生事业的投入。(二)深化农村卫生管理体制改革。整合县级卫生机构资源,合理调整乡镇卫生院的规划布局;积极探索多渠道办医途径,鼓励社会和个人参与农村卫生服务。(三)建立和完善新型农村合作医疗制度和医疗救助制度。(四)加强农村卫生服务队伍建设。大力培养农村适用卫生技术人才,引导、鼓励医科院校毕业生到农村服务;组织城市医疗卫生机构的医护人员到农村提供医疗卫生服务和技术指导。(五)加强农村医疗卫生机构管理。严格实行农村医疗卫生机构、服务项目准入制度和农村医生执业注册制度,规范农村卫生服务项目和收费标准,努力降低运行成本,为农民提供安全、有效、方便、廉价的卫生服务。

会议认为,为了保障机动车道路交通事故受害人依法得到赔偿,促进道路交通安全,根据《中华人民共和国道路交通安全法》《中华人民共和国保险法》,制定《机动车交通事故责任强制保险条例》是十分必要的。会议决定,该条例草案经进一步修改后,由国务院公布施行。

全国政协十届常委会第八次学习讲座在北京举行

讲座由全国政协主席贾庆林主持。贾庆林指出,各级政协组织和广大政协委员要充分运用自己的有利条件,按照科学发展观的要求,围绕实施可持续发展战略中的重要问题,选择一些具有综合性、全局性、前瞻性的课题,深入开展调查研究,提出有见解、有分量的意见和建议,为党和政府决策提供依据和参考,为实施可持续发展战略、实现我国经济社会全面协调可持续发展多做贡献。

全国政协委员、致公党中央常委、中国科学院可持续发展战略研究组组长兼首席科学家牛文元作了《全面协调可持续发展,创立中国科学发展的新模式》的讲座报告,向常委会组成人员全面分析了21世纪中国发展进程中面临的挑战,深入细致地讲解了可持续发展的内涵与本质、可持续发展的主题与战略主线等重要理论问题,并就创立中国科学发展的新模式谈了自己的看法和建议。

全国政协副主席王忠禹、廖晖、李贵鲜、张思卿、白立忱、罗豪才、张克辉、周铁农、陈奎元、徐匡迪、李兆焯、张怀西、李蒙、张梅颖、张榕明出席。

中央党校春季开学典礼在北京举行

中共中央政治局常委曾庆红在典礼上发表重要讲话,典礼由中央党校常务副校长虞云耀主持,中共中央政治局委员贺国强和中共中央政治局候补委员王刚出席了典礼。

曾庆红强调,根据党的十六大以及十六届四中全会的要求,近一年多来,在党中央高度重视和坚强领导下,在中央先进性教育活动领导小组精心指导下,各级党组织按照“真正取得实效”和“成为群众满意工程”的要求,周密部署、扎实推进,先进性教育活动取得了初步成效。要在前一段工作的基础上,善始善终地把整个先进性教育活动完成好。

曾庆红指出,先进性教育活动进一步取得实践成果,就是要在落实中央确定的“提高党员素质、加强基层组织、服务人民群众、促进各项工作”的目标要求上下功夫,把先进性教育活动成果转化为促进科学发展与构建和谐社会的动力,转化为解决自身问题的能力。他强调,要紧密结合建设“生产发展、生活宽裕、乡风文明、村容整洁、管理民主”的社会主义新农村建设的要求,用党的先进性建设促进新农村建设,用新农村建设的实践来检验党的先进性建设的成效。

曾庆红指出,先进性教育活动进一步取得制度成果,就是要及时总结和概括各级党组织创造的新鲜经验,使具体经验系统化、成功做法制度化,形成使党员“长期受教育、永葆先进性”的长效机制。要不断增强有关制度规范的前瞻性和相对稳定性；要把加强制度建设的整体性同突出制度建设的针对性结合起来；既要着力建章立制，又要狠抓贯彻落实。

曾庆红强调，先进性教育活动进一步取得理论成果，就是要从理论和实践的结合上，深刻提炼出党在长期执政条件下，保持和发展先进性的规律性认识和创新性举措。要进一步深入研究党的先进性建设的科学内涵、本质要求和重大现实课题，深入系统地研究马克思主义政党先进性建设的经验教训，深入研究十六大以来我们党在推进实践基础上的理论创新过程中提出的一系列重大战略思想，不断丰富和发展党的先进性建设理论，为进一步推进党的先进性建设提供理论支持。

曾庆红还就认真贯彻落实《干部教育培训工作条例(试行)》，切实增强中央党校培训的质量和效果的问题，提出了明确要求。强调要坚持党校姓党、从严治校的原则，在学员选调单位、派出单位和党校之间加强沟通、各尽其责、形成合力，确保参加党校培训的干部在加强理论学习和党性修养上内有动力、外有压力，确保培训工作的秩序和质量。

中央有关部门负责人、中央党校负责人以及中央党校教职员工和2006年春季学期新学员共1800多人参加了开学典礼。

全国台联负责人就陈水扁决定终止“国统会”和“国统纲领”发表谈话

谈话说，春节是中国人喜庆、团圆的节日。然而，今年的春节，陈水扁却发出了极不和谐的声音，声称要“废除‘国统会’和‘国统纲领’”，引起所有中华儿女的强烈愤慨和国际舆论的谴责。见大势不妙，陈水扁2月27日改为宣布终止“国统会”和“国统纲领”。不管陈水扁玩怎样的文字游戏，都改变不了他此举背弃“四不一没有”承诺、为通过“宪改”推行“台湾法理独立”创造条件的实质。

谈话指出，陈水扁在台湾当权6年，经济停滞不前、政治混乱动荡、贪污弊案连连、品行丑闻不断，最终导致民进党在去年年底台湾地区“三合一”选举中严重挫败，陈水扁陷入了前所未有的危机。为了摆脱困境，陈水扁竟逆两岸同胞的愿望，强行决定终止“国统会”和“国统纲领”。为了一己之私，他不惜拿台湾和平和台湾同胞的利益作赌注，我们对此表示强烈谴责。

谈话指出，陈水扁推行的“激进台独”路线，是一条挑起全面对立对抗的路线，违背台湾同胞求和平、求安定、求发展的主流民意，违背台湾经济发展、政治稳定、社会和谐、两岸和平发展的根本利益。

谈话指出，陈水扁强行终止“国统会”和“国统纲领”，使自己的政治诚信彻底破产。包括“没有废除‘国统纲领’及‘国统会’的问题”在内的“四不一没有”，是陈水扁反复向两岸人民、向国际社会作出的承诺。今天陈水扁用自己的所作所为，证明他的承诺只是一句可以随意背弃的空话。祖国大陆必然对陈水扁的“法理台独”保持高度警惕，并做好一切准备应对可能出现的复杂局面。陈水扁“台独”分裂活动升级，势必造成两岸关系高度紧张，由此产生的一切后果都必须由陈水扁负责。

谈话说，陈水扁强行终止“国统会”和“国统纲领”，把台湾拖入一场新的对立冲突。台湾岛内政党对抗更加尖锐，政治斗争更加激烈，族群对立更加严重。动荡不安的台湾政局必然冲击台湾社会稳定，使经济发展前景更加暗淡。正因为如此，多数台湾同胞不支持陈水扁终止“国统会”和“国统纲领”，而是希望两岸能够多进行交流，尽快实现“三通”，为台湾经济发展创造新的空间。然而，陈水扁的所作所为，与台湾同胞的善良愿望完全背道而驰。陈水扁为了一己私利，却要台湾同胞为之付出代价。

谈话指出，当前，台湾前途面临着两条不同道路的选择。一条是走两岸和平合作、共同繁荣的道路，一条是走两岸对立对抗、充满动荡的道路。陈水扁终止“国统会”和“国统纲领”表明，他选择了后一条路，其结果只能是使台湾同胞深受其害。“台独”不得人心，没有出路。为了实现两岸和平合作双赢，共同发展，共同繁荣，我们呼吁两岸同胞团结起来，共同反对和制止陈水扁通过“宪改”进行“法理台独”的冒险活动。

“2005中国法官十杰”名单公布

自2005年12月27日，由最高人民法院、人民日报社、中央电视台和法制日报社联合主办的2005中国法官十杰评选活动正式启动以来，至2006年2月26日止，全国1000多万群众通过填写报纸选票、登录互联网站和发送手机短信等3种形式踊跃参加了这次评选，从33名来自基层的候选法官中选出自己心中的十杰法官。通过对群众投票的准确计算和精确整理，金桂兰、黄学军、钟蔚莉、费云龙、李昆仑、赵爱彬、姚丽青、杜建军、袁月全、刘晓金等10位法官获得“2005中国法官十杰”称号，并被授予“金法槌”奖。而另外23名法官以他们出色的工作业绩和公正形象，也被授予“银法槌”奖。

全国百城万店无假货活动10周年工作座谈会在南京召开

座谈会由中宣部等8部门召开，中共中央政治局委员、书记处书记、中宣部部长刘云山发来贺信。中宣部、中央文明办、发展改革委、商务部、工商总局、质检总局、全国总工会、共青团中央8部门有关领导，各省、自治区、直辖市党委宣传部和发展改革委(物价局)、商务主管部门、工商行政管理局、质量技术监督局的负责同志，以及计划单列市党委宣传部负责同志，部分受表彰的先进单位代表参加会议。

会议认为，10年来，在各地各部门和广大商贸企业的共同努力下，“百城万店无假货”活动内容日益深化，形式日益丰富，影响日益扩大，成果十分显著，出现了“创建促文明、文明促繁荣、繁荣促效益”的可喜景象，受到中央领导同志的充分肯定和广大干部群众的普遍欢迎。据不完全统计，活动开展以来，各地共出动打假人员2900多万人次，查获假冒伪劣商品案值740多亿元；开展打假宣传和咨询服务活动近35万次，参加群众达4.8亿人次。近年来，质检部门共捣毁农资制假售假窝点4.6万多个，为农民挽回经济损失38亿多元。此外，各地每年还在元旦春节期间，集中组织大中城市示范街骨干企业和示范店开展送货到农村活动。

活动开展以来，中宣部等8部门先后公布了81条示范街、308家示范店和2家示范市场，各省区市也先后公布省、地(市)级示范街1000余条、示范店7700多家。这些不同层次的示范点发挥了辐射带头作用，使诚实守信的商业新风吹遍神州大地。

中宣部等8部门发出《关于表彰全国百城万店无假货活动先进单位的决定》

各省、自治区、直辖市党委宣传部，文明办，发展改革委，物价局，商务主管部门，工商行政管理局，质量技术监督局，总工会，团委：

“百城万店无假货”活动自1995年年底开展以来，在各地各部门和商贸企业的共同努力下，范围逐步拓展，形式不断创新，内容日益丰富，在强化社会信用意识、打击制售假冒伪劣违法行为、维护社会稳定等方面，发挥了积极作用。“以真诚赢得信誉、用信誉保证效益”的活动主题逐渐深入人心，得到了中央领导同志的充分肯定，受到了广大群众的热情欢迎。

为贯彻落实党的十六届五中全会精神，切实推进商贸企业诚信建设，进一步把“百城万店无假货”活动引向深入，中宣部、中央文明办、国家发展改革委、商务部、国家工商总局、国家质检总局、全国总工会、共青团中央决定，在活动开展10周年之际，对作出突出成绩的江苏省南京市湖南路等20条示范街和北京翠微大厦等39家示范店进行表彰。

希望受表彰的先进单位珍惜荣誉，再接再厉，奋发进取，更好地发挥示范带动作用，努力创造出新的成绩。希望各地商业街和商贸企业向受表彰的先进单位学习，积极参与到活动中来，遵循《公民道德建设实施纲要》，倡导基本道德规范，诚实守信，依法经营，共同营造良好的市场秩序和经营服务环境，为构建社会主义和谐社会、实现全面建设小康社会的宏伟目标作出贡献。

中共中央宣传部
中央文明办
国家发展和改革委员会
商务部
国家工商行政管理总局
国家质量监督检验检疫总局
全国总工会
共青团中央
2006年3月1日

全国“百城万店无假货”活动先进单位发出倡议

由中宣部、商务部等8部门联合组织开展的“百城万店无假货”活动，是新形势下加强诚信建设、规范经营行为、打击假冒伪劣产品、树立行业文明新风的一项重要举措。活动开展十年来，取得了显著成效，得到党中央国务院领导同志的肯定，受到广大消费者的欢迎。以真诚赢得信誉、用信誉保证效益的活动主题逐渐深入人心，创建促文明、文明促繁荣、繁荣出效益的经营理念已成为广泛共识。进一步把“百城万店无假货”活动引向深入，对社会有利，对企业有利，对消费者有利。为此，我们提出如下倡议：

一、坚持以邓小平理论和“三个代表”重要思想为指导，全面落实科学发展观，认真贯彻党的十六届五中全会精神，遵循《公民道德建设实施纲要》，大力倡导基本道德规范，以诚实守信为重点，加强职业道德建设，贴近实际、贴近生活、贴近群众，更好地为消费者服务，为构建社会主义和谐社会服务。

二、实行商品质量责任制，建立健全质量管理、质量监督、质量保证体系。认真执行国家有关规定，把好商品采购关、仓库保管关、柜台上货关，实行商品质量先行负责制，保证消费者购物无风险。

三、严格执行国家价格法律法规和政策，明码标价，质价相符，不搞虚假让利、虚假优惠，杜绝价格欺诈等违法行为。

四、保持购物环境干净整洁，店容店貌美观大方，营业员着装得体、举止端正、用语文明、待客热情。注重服务创新，打造服务品牌。认真处理消费者投诉，保证投诉完结率100%。

五、积极组织开展送货下乡活动，向农民群众提供质优价廉的日用消费品和农资产品，稳步拓展活动范围，为建设社会主义新农村作出应有的贡献。

中阿和平友好万里行活动在北京启动

本次活动由中国人民对外友好协会和中国阿拉伯友好协会主办。中阿友协会长铁木尔·达瓦买提、中国人民对外友好协会会长陈昊苏等出席了仪式。

活动旨在促进中阿文化交流，繁荣民间商贸往来，推动旅游事业发展。活动期间，60人分别驾驶20辆越野车从北京出发，经阿拉山口过巴基斯坦、伊朗，进入科威特，沿途将经过20个国家，终点为摩洛哥，预计历时50天，总行程达2万多公里。

国内首例婴儿心脏移植成功

我国首例婴儿心脏移植手术近日在济南军区心血管病研究所成功实施。目前，术后61天、年仅8个月的患儿已经平稳度过了手术危险期，生命体征正常，已出院回家。该例手术的成功，填补了我国婴儿心脏移植的空白。

黄河干流水库蓄水创10年来新高

据《人民日报》报道：黄河以占全国河川径流总量2%的水资源承担着向全国12%的人口、15%的耕地供水的任务，5大水库蓄水已达347.4亿立方米，创1996年以来新高，这主要是由于黄河上游来水偏丰。

3月2日

国务院总理温家宝与德国总理安格拉·默克尔通电话

在谈到台湾问题时，温家宝指出，台湾当局决定终止“国统会”和“国统纲领”，是对国际社会普遍坚持的一个中国原则的公然挑衅和对台海地区和平稳定的严重破坏。对台湾当局加紧“台独”分裂活动的危险性，必须保持高度警惕。

默克尔表示，德国政府高度重视发展对华关系，对双方在经贸、科技等领域的密切交流与合作感到满意。德方愿与中方继续保持高层接触与交往，不断加强对话与合作。

默克尔重申，德国政府坚定不移地奉行一个中国的政策，对台湾当局不久前的举动感到担忧，希望台湾问题根据一个中国原则得到和平解决。

关于伊朗核问题，温家宝表示，中国支持维护国际核不扩散体系，主张通过外交谈判解决伊核问题，当前在国际原子能机构框架内解决这一问题的可能性依然存在，希望有关各方保持克制、耐心和建设性态度，为和平解决伊核问题创造条件。中方支持欧盟三国和俄罗斯同伊朗的对话与谈判，愿同包括德国在内的有关各方保持接触。

默克尔说，在当前形势下，通过外交途径解决伊朗核问题至关重要。欧盟愿继续与伊方进行谈判，避免事态进一步恶化。德方愿与中方就此保持沟通与协商。

全国政协主席贾庆林在北京会见香港企业家曾宪梓和获奖航天科技人员

贾庆林首先代表党中央、国务院对曾宪梓先生对祖国航天事业发展的支持和关心表示感谢，对获得第二届“曾宪梓载人航天基金”特别贡献奖和突出贡献奖的航天科技人员表示祝贺。

贾庆林指出，在“神舟”五号飞行成功之后，曾先生捐资成立“曾宪梓载人航天基金”，这对激励更多的科技工作者投身中国航天事业起到了积极的作用。这种爱国之举值得赞赏。

贾庆林希望广大航天工作者、特别是此次获奖人员继续发扬伟大的载人航天精神，不断攀登航天科技高峰，为推动祖国航天事业的发展作出新贡献。

全国政协副主席、中央统战部部长刘延东等参加了会见。

会见后，第二届“曾宪梓载人航天基金”颁奖大会在京召开。全国政协副主席罗豪才出席了大会。

全国政协十届四次会议在人民大会堂举行新闻发布会

大会新闻发言人吴建民宣布，全国政协十届四次会议定于3月3日下午3时在北京开幕，3月13日上午闭幕，大会的各项筹备工作已全部就绪。

吴建民说，全国政协十届四次会议的开幕会、闭幕会和3场大会发言将安排中外记者采访，一些小组讨论和界别联组讨论会将向中外记者开放，会议期间，将举行2场中外记者招待会和1场集体采访活动。记者招待会将邀请部分全国政协委员围绕积极建言献策、共绘“十一五”蓝图、发挥政协优势、构建和谐社会等主题，回答中外记者的提问。目前大会秘书处已收到提案466件，大会发言稿435份。

全国政协负责人就学习贯彻落实《中共中央关于加强人民政协工作的意见》答新华社记者问

问：《中共中央关于加强人民政协工作的意见》（以下简称《意见》）的颁布和实施有何重大意义？

答：中国共产党历来高度重视和关心人民政协事业的发展。《意见》是以胡锦涛同志为总书记的中共中央从党和国家事业发展的全局出发，加强人民政协工作的一项重要部署。《意见》坚持以邓小平理论和“三个代表”重要思想为指导，贯彻中共十六大和十六届四中全会精神，概括了中国共产党三代中央领导集体关于人民政协事业的重要论述和以胡锦涛同志为总书记的中共中央对人民政协工作的新思想、新要求，肯定了人民政协成立以来在我国政治、经济和社会生活中作出的重大贡献，阐明了人民政协的性质、地位和作用，规定了新世纪、新阶段人民政协肩负的历史任务和工作原则，规范了人民政协履行职能的程序和机制，明确了搞好人民政协自身建设的任务，提出了加强和改善党对人民政协领导的要求，是指导新世纪、新阶段人民政协事业发展的纲领性文件。

学习贯彻《意见》，对于加强和改善中国共产党对人民政协的领导、提高党的执政能力，对于坚持中国共产党领导的多党合作和政治协商制度、发展社会主义民主政治，对于最广泛最充分地调动一切积极因素、构建社会主义和谐社会，对于全面建设小康社会、加快推进社会主义现代化，对于巩固和发展最广泛的爱国统一战线、促进祖国统一和中华民族伟大复兴，都具有十分重要的意义。

问：《意见》有哪些新提法和新精神？

答：这次中央颁发的《意见》，内涵丰富、思想深刻，有许多新提法和新精神。比如：《意见》第一次鲜明地提出了人民政协事业是中国特色社会主义事业的重要组成部分，强调在全面建设小康社会、加快推进社会主义现代化的新的发展阶段，要从提高党的执政能力、发展社会主义民主政治、构建社会主义和谐社会、推进中国特色社会主义伟大事业的战略高度，大力加强人民政协工作，充分发挥人民政协的作用。比如：《意见》第一次明确提出了人民政协是中国共产党把马克思列宁主义统一战线理论、政党理论和民主政治理论同中国具体实践相结合的伟大创造，指明了人民政协产生、存在和发展的理论依据。比如：《意见》第一次明确提出了人民通过选举、投票行使权利和人民内部各方面在重大决策之前进行充分协商是我国社会主义民主的两种重要形式。强调发展社会主义民主政治、建设社会主义政治文明，要善于运用人民政协这一政治组织和民主形式。比如：《意见》第一次明确提出了人民政协与构建社会主义和谐社会的内在的本质的联系，提出人民政协的基本属性、主要职能、组织构成、工作原则和活动方式，与构建社会主义和谐社会的要求是完全一致的，同构建社会主义和谐社会的各项工作是紧密相连的，强调构建社会主义和谐社会，必须充分发挥人民政协的作用。还比如：《意见》明确提出了人民政协工作必须坚持的七条原则，明确规定了政治协商、民主监督、参政议政的内容、形式和程序，明确了人民政协自身建设的内涵和要求，明确提出了加强和改善党对人民政协领导的基本内容和要求等。《意见》还有不少新内容、新精神，需要深刻理解和全面把握。

问：《意见》对认真搞好人民政协的政治协商作了哪些规定？

答：一是明确了人民政协的政治协商在党和国家政治生活中的地位，强调人民政协的政治协商是中国共产党领导的多党合作的重要体现，是党和国家实行科学民主决策的重要环节，是中国共产党提高执政能力的重要途径。二是明确了政治协商的重要原则，强调把政治协商纳入决策程序，就国家和地方的重要问题在决策前和决策执行过程中进行协商。三是要求各级党委高度重视人民政协的政治协商，统一部署和协调，并认真组织实施。四是在明确人民政协政治协商的内容和形式的基础上，规范了协商的程序。

问：《意见》对积极推进人民政协民主监督作了哪些规定？

答：一是确定了人民政协民主监督的性质，指出人民政协的民主监督是我国社会主义监督体系的重要组成部分，是在坚持四项基本原则的基础上，通过提出意见、批评、建议的方式进行的政治监督。二是明确了人民政协民主监督的内涵，指出它既是参加人民政协的各党派团体和各族各界人士通过政协组织对国家机关及其工作人员进行的监督，也是中国共产党在政协中与各民主党派、无党派人士之间进行的互相监督。三是在规范了人民政协民主监督的主要内容和主要形式的基础上，要求各级党委和政府认真倾听来自人民政协的批评和建议，自觉接受民主监督。四是规定要完善民主监督机制，在知情环节、沟通环节、反馈环节上建立健全制度，畅通民主监督的渠道。党委和政府的监督机构以及新闻媒体要密切与人民政协的联系，加强工作协调和配合，提高民主监督的质量和成效。

问：《意见》对深入开展人民政协的参政议政作了哪些规定？

答：一是明确了人民政协的参政议政是人民政协履行职能的重要形式，也是党政领导机关经常听取参加人民政协的各民主党派、人民团体和各族各界人士的意见和建议、切实做好工作的有效方式。二是在明确了人民政协参政议政的主要内容和主要形式的基础上，对政协履行参政议政职能的专题调研和反映社情民意这两种基本形式提出了具体要求，即：要注意选择经济社会发展中具有综合性、全局性、前瞻性的课题，深入调查研究，开展咨询论证，提出意见和建议；要运用包容各界、联系广泛、人才聚集的有利条件，了解和反映社会不同阶层、不同群体的愿望和要求。同时提出要注意发挥民主党派和政协各专门委员会在参政议政中的作用，建立健全人民政协参政议政的各项工作制度，形成合理有效的工作机制。三是要求各级党委和政府加强与人民政协的联系和沟通，为人民政协的参政议政创造良好条件，对政协提出的重要意见和建议要认真研究积极采纳，党政有关部门要密切同政协专门委员会的协作和配合，为他们的工作提供必要的支持和帮助。

问：《意见》对加强人民政协的自身建设提出了哪些要求？

答：《意见》根据人民政协的性质和特点，明确了人民政协自身建设的特有内涵和总体布局，提出要以发挥参加政协的民主党派和无党派人士作用、突出界别特色、发挥政协委员履行职能的主体作用以及加强政协机关建设等4个方面为重点，全面推进人民政协的自身建设。《意见》指出，民主党派和无党派人士是人民政协的重要组成部分，强调要支持参加人民政协的各民主党派、无党派人士履行职责，尊重和保障其履行职责的各项权利。《意见》指出，由界别组成是人民政协组织的显著特色。突出界别特色，发挥界别作用，有利于适应我国社会阶层多样化状况，有利于反映社情民意，有利于集中民智，有利于实现社会不同群体积极有序地参与国事，有利于发挥政协人才荟萃的优势。《意见》以政协章程关于委员权利义务的规定为基础，对发挥委员作用提出了更为明确的要求，提出要认真组织委员的学习和培训，促进委员提高自身素质，强调委员要积极参加政协组织的会议和活动。《意见》也对加强政协机关建设，提出了全面的要求，为进一步推进人民政协的机关建设指明了方向。

问：《意见》对加强和改善党对人民政协的领导提出了哪些要求？

答：《意见》系统地明确了加强和改善党对人民政协领导的基本内容和要求。《意见》对各级党委按照党总览全局、协调各方的原则，进一步加强和改善对人民政协的领导，支持人民政协依照章程独立负责、协调一致地开展工作提出了7个方面的要求，一是各级党委要深刻认识人民政协工作的重要性，善于运用人民政协这一政治组织和民主形式为实现党的总任务、总目标服务。二是要把政协工作纳入重要议事日程，听取政协党组的工作汇报，及时研究并统筹解决人民政协工作中的重大问题。三是党委和政府负责同志在政协全体会议期间参加讨论、共商国是和在政协常委会议期间通报情况、听取意见，应形成制度。四是对不是同级党委常委的地方政协党员主席或党组书记，可请他们列席党委常委会议和其他有关重要会议。五是国务院和各级地方政府召开全体会议和有关会议时，可视需要邀请政协有关领导同志列席。六是各级党委和政府对政协干部交流、活动经费等方面存在的问题，要切实帮助解决。七是各级党委要把是否重视人民政协工作、能否发挥好人民政协的作用作为检验领导水平和执政能力的一项重要内容。《意见》对发挥政协委员和政协组织中共产党员的先锋模范作用提出了明确要求，《意见》还明确提出要创造全党全社会重视和支持人民政协工作的新局面，形成有利于人民政协事业发展的良好氛围。

问：全国政协对贯彻落实中共中央《意见》有何要求？

答：《中共中央关于加强人民政协工作的意见》的颁发，是我国政治生活特别是人民政协事业发展进程中的一件大事。学习好、贯彻好《意见》，是全党全社会的一项重大政治任务，也是当前人民政协的一项重大政治任务。最近，全国政协主席会议和常委会议对《意见》进行了学习讨论，并在常委会上对学习贯彻《意见》作出决定。要求各级政协组织和政协各参加单位要把学习贯彻《意见》作为当前和今后一个时期的一项重要任务，摆在突出位置，要在把握精神、指导实践、推动工作上下功夫，切实抓出成效。要结合政协工作实际，制定学习贯彻《意见》的工作方案，采取有力措施认真加以落实，并积极主动地协助党委和政府制定贯彻实施《意见》的具体措施，推动当地学习贯彻活动的开展。要通过举办研讨班、培训班、报告会等多种形式，推动学习《意见》的活动深入开展。及时总结、推广各地学习贯彻的好经验、好做法，研究解决在贯彻过程中出现的新情况、新问题，确保学习贯彻取得实实在在的成效。要把学习贯彻《意见》精神同深入学习邓小平理论和“三个代表”重要思想结合起来，同深入学习以胡锦涛同志为总书记的中共中央关于治国理政的一系列重要思想，特别是对统一战线和人民政协的新思想、新要求结合起来，同深入学习《中共中央关于进一步加强中国共产党领导的多党合作和政治协商制度建设的意见》结合起来，同学习政协章程结合起来，不断提高贯彻《意见》的自觉性和坚定性。要把学习贯彻《意见》精神同推进人民政协的理论和实践创新结合起来，认真总结履行政治协商、民主监督、参政议政的实践经验，积极探索履行职能的新思路、新领域、新形式、新方法，深入开展人民政协理论研究，发挥理论对实践的指导作用，为人民政协事业发展提供强有力的理论支持。要把学习贯彻《意见》精神与全面加强政协自身建设结合起来，努力在促进参加政协的各党派、无党派人士的团结合作和充分发挥委员、界别、机关作用方面取得新进展。要把学习贯彻《意见》精神与广泛宣传人民政协结合起来，运用广播、电视、报纸杂志和互联网等多种形式，广泛、深入地宣传中国共产党领导的多党合作和政治协商制度，宣传人民政协的性质、地位和作用，以及各级政协组织履行职能的情况，形成有利于人民政协事业发展的良好氛围。

中央纪委 中央统战部 监察部要求定期向民主党派和无党派人士通报党风廉政和反腐败工作情况

中央纪委、中央统战部、监察部下发实施意见文件，要求定期向民主党派、无党派人士通报党风廉政建设和反腐败工作情况，邀请民主党派、无党派人士参加党风廉政建设专项检查工作。

中央治理商业贿赂领导小组第三次会议在北京召开

会议听取有关部门工作汇报，研究部署开展治理商业贿赂专项工作。中共中央书记处书记、中央纪委副书记、中央治理商业贿赂领导小组组长何勇出席会议并讲话。

何勇要求，各地区、各部门要采取坚决有力的措施，立即启动和推开治理商业贿赂专项工作。从今年第一季度开始，用半年到一年的时间，集中开展不正当交易行为的自查自纠。他说，自查自纠工作要突出抓好五个环节：一是要全面进行调查摸底，弄清本行业中一些经营者违反商业道德和市场规则、影响公平竞争、搞不正当交易的手段和表现形式，掌握所涉及的单位、岗位、环节、人员、资金等基本情况。二是要认真查找突出问题，对企业事业单位在经营活动中存在的不正当交易问题，一一进行查找，尤其要查找损害人民群众切身利益、破坏市场秩序的问题。三是要对查找出的问题，根据事实、情节、后果以及认识态度等，依法依纪、实事求是地作出处理。四是要切实抓好整改，各行业主管(监管)部门要针对自查中发现的问题，认真查找监管工作中的薄弱环节和漏洞，研究提出解决办法；各企业事业单位要认真研究提出整改措施，端正经营思想，规范经营行为，做到严格自律。五是要强化督查工作，对自查自纠情况加强督促检查，防止搞形式主义，防止走过场。

两岸台胞民间交流促进会在北京成立

该社团是由台盟中央发起的全国性社会团体，旨在继承和弘扬台湾同胞爱国爱乡的传统，团结海峡两岸、港澳地区及海外的台胞，促进海峡两岸的民间往来，推动祖国和平统一大业的早日实现。

成立大会选举全国政协副主席、台盟中央名誉主席张克辉为会长，台盟中央主席林文漪为常务副会长，刘亦铭、吴国祯、李敏宽、张华军为副会长，张宁为秘书长。

张克辉在讲话中表示，将善用"两岸台胞民间交流促进会"这个崭新的平台，更好地体现台盟的优势和特色，整合联络资源，为促进两岸民间的沟通和理解、乃至为祖国的统一大业作出实实在在的贡献。林文漪在致辞中指出，"两岸台胞民间交流促进会"要成为两岸台胞民间交流交往的平台，坚持服务的理念、开拓意识和探索精神，并加强自身建设。

中华海外联谊会副会长楼志豪、全国政协港澳台侨委副主任王永海、全国台联会长梁国扬及有关方面150人出席成立大会。

全国已关闭2/3应关煤矿矿井

据国家安监总局、国家煤监局2日召开的安全生产电话会议上的消息：我国煤矿的现状是一边关一边建，虽然全国确定关闭5243处矿井，但又新建、改扩建了2000多处矿井。而且关闭矿井进展迟缓，目前真正关闭的为3434处，占应关矿井的66%。国家安监总局近日组织了专项督查。安监总局局长李毅中要求，列入2005年关井名单的5423处矿井，今年3月底之前必须全部关闭到位。

国家主席胡锦涛根据全国人大常委会的决定任免驻外大使

一、免去王治权的中华人民共和国驻特立尼达和多巴哥共和国特命全权大使职务；

任命黄兴为中华人民共和国驻特立尼达和多巴哥共和国特命全权大使。

二、免去高育生的中华人民共和国驻也门共和国特命全权大使职务；

任命罗小光为中华人民共和国驻也门共和国特命全权大使。

三、免去许孟水的中华人民共和国驻毛里求斯共和国特命全权大使职务；

任命高玉琛为中华人民共和国驻毛里求斯共和国特命全权大使。

四、免去姚培生的中华人民共和国驻乌克兰特命全权大使职务；

任命高玉生为中华人民共和国驻乌克兰特命全权大使。

五、免去黄永安的中华人民共和国驻厄立特里亚国特命全权大使职务；

任命舒展为中华人民共和国驻厄立特里亚国特命全权大使。

六、免去张拓的中华人民共和国驻玻利维亚共和国特命全权大使职务；

任命赵五一为中华人民共和国驻玻利维亚共和国特命全权大使。

七、免去柯小刚的中华人民共和国驻阿根廷共和国特命全权大使职务；

任命张拓为中华人民共和国驻阿根廷共和国特命

全权大使。

国家副主席曾庆红在人民大会堂会见俄罗斯联邦内务部部长努尔加利耶夫

曾庆红说，最近，台湾当局公然决定终止“国统会”和“国统纲领”，是对国际社会普遍坚持的一个中国原则和台海和平稳定的严重挑衅。我们坚决反对“台独”分裂势力及其活动，将继续努力争取和平统一的前景，但决不允许“台独”分裂势力以任何名义、任何方式把台湾从祖国分割出去。中方高度赞赏俄罗斯始终坚持一个中国原则、反对“台独”的立场，感谢俄方发表声明，谴责台湾当局的“台独”行径。

在谈到执法合作时，曾庆红表示，在当前国际形势发生深刻变化，恐怖主义严重威胁世界和平与安全的背景下，两国加强在反恐怖和执法、安全领域的合作符合双方的共同利益。中国政府支持中国公安部与俄罗斯内务部进一步加强务实合作，联手打击跨国犯罪，切实保护两国公民的生命、财产安全和合法权益。

中央军委副主席曹刚川在北京会见塞内加尔军队总参谋长法尔一行

关于台湾问题，曹刚川说，台湾是中国不可分割的一部分。现在，台湾当局企图把台湾从祖国分裂出去，这是中国人民绝对不允许的。他还感谢塞内加尔政府和人民在此问题上给予中方的支持。

法尔说，塞内加尔政府和人民衷心希望中国实现统一。塞内加尔希望与中方加强各领域的交流与合作，进一步加强两军关系。

2006年全国治理教育乱收费部际联席会议在北京召开

会议总结了2003年以来治理教育乱收费工作情况，研究部署了2006年治理教育乱收费工作任务。教育部、纠风办、监察部、国家发展改革委、财政部、审计署、新闻出版总署7个治理教育乱收费部际联席会议成员单位负责人以及广西、四川、山东等地的有关负责人出席会议并发言，李至伦主持会议并作总结发言，周济代表7部委向会议报告工作情况。

国务委员陈至立指出，2003年以来，在党中央、国务院领导下，经过各方面的共同努力和综合治理，教育乱收费蔓延的势头正在得到有效遏制，治理工作取得了明显的阶段性成效。各级党委、政府的重视程度明显提高，监督检查的力度不断加大，治理教育乱收费的长效机制逐步形成，大多数学校的收费行为逐步规范，人民群众对教育乱收费的投诉逐年减少。但是，引发教育乱收费的一些深层次问题还未得到完全解决，新情况、新问题不断出现，治理教育乱收费任重道远。

陈至立强调，治理教育乱收费要继续坚持标本兼治、综合治理、惩防并举、注重预防的方针。她在会议上要求，要从实践“三个代表”重要思想、维护人民群众切身利益和保证教育事业持续健康发展的战略高度，认真解决好教育乱收费问题。一要切实做好农村义务教育经费保障机制改革工作，从制度上为解决农村教育乱收费问题创造条件。要加大统筹力度，采取有力措施，确保改革资金安全和专款专用，确保改革专项资金及时足额到位，学校能够及时足额使用，决不允许“一边免费，一边乱收费”。二要有针对性地解决群众关心的问题，加大治理教育乱收费的力度。坚决制止以改制为名的乱收费，严格执行公办高中招收择校生的“三限”政策，全面清理和规范高校收费项目，坚决制止与招生录取挂钩的乱收费，切实加强中小学教材管理，严查严处借向学生推销教辅材料牟利的行为。三要坚持从严治教，努力建立预防和治理教育乱收费的长效机制。加强理想信念和思想道德教育，增强抵制教育乱收费的自觉性；坚持依法收费、规范收费、公开收费；继续保持治理工作的高压态势，切实抓好专项督查、检查工作；要厉行节约，勤俭办学。四要加强领导，落实责任。要做到责任明确、措施落实，密切配合、齐抓共管，提高效率、形成合力，使治理教育乱收费各项工作取得新进展。五要切实加大投入，确保教育经费的“三个增长”。

《中共中央关于加强人民政协工作的意见》(摘要)由人民出版社出版

书中收录了《中共中央关于加强人民政协工作的意见》(摘要)、政协第十届全国委员会常务委员会第十二次会议通过的《关于学习贯彻〈中共中央关于加强人民政协工作的意见〉的决定》等文件。

国务院副总理回良玉在全国防控高致病性禽流感电视电话会议上发表讲话

回良玉指出，去年以来，我国高致病性禽流感防控工作取得了阶段性重要成效，但疫情防控是一项长期艰巨的任务。当前我国高致病性禽流感疫情形势相当严峻，防控任务十分繁重。从禽流感发生规律看，春季候鸟大规模北迁，是疫情的高发季节。从国际疫情形势看，欧洲、非洲和亚洲的多个国家和地区陆续发生禽流感疫情，疫情呈发展态势。从国内疫情形势看，禽类疫情时有发生，人感染禽流感病例继续增加，有些地方防控还存在薄弱环节。综合分析表明，今年我国春季存在着禽流感疫情暴发、流行的可能性，存在着人感染病例继续增加的危险性。对此，我们要有清醒的认识、足够的估计和充分的准备，切不可麻痹松懈，决不能放松警惕，必须认真做好应对突发重大疫情的充分准备。

回良玉要求，各地区、各部门要认真贯彻党中央、国务院的部署，全面落实各项防控措施。(一)加大免疫力度，确保免疫密度，提高免疫质量，构筑坚固的免疫屏障。(二)加强对重点地区、重点环节的疫情监测，充分发挥村级观察员和各级疫情测报站的作用，提高疫情预警预报能力。(三)健全应急机制，突出抓好各级应急预备队的组织、培训和演练，提高疫情应急处置能力。(四)加强检疫监管，严格产地检疫和屠宰检疫，强化对禽类饲养、屠宰、加工、运输等环节的监督管理。(五)做好人感染禽流感病例的救治，严格规范地开展不明原因肺炎病例的排查，对发现的疑似病例要及时上报、及时诊断、及时治疗。(六)加强科技攻关，开展疫苗、防治药物、快速诊断技术、候鸟迁徙规律和综合防控技术等方面的研究，提高防控科技水平。

3月3日

《人民日报》发表社论《凝聚人民智慧 促进科学发展——热烈祝贺全国政协十届四次会议开幕》

沐浴着和煦的春风，全国政协十届四次会议在北京隆重开幕。这是在“十一五”开局之年、继续推进全面建设小康社会伟大事业的重要时刻召开的一次会议。来自各党派团体、各族各界的全国政协委员汇聚一堂，共商国是，谋划“十一五”发展大计。开好这次会议，对于进一步凝聚人民智慧，促进科学发展，把改革开放和现代化建设事业继续推向前进，具有十分重要的意义。我们对会议的召开表示热烈祝贺。

2005年，是我们在全面建设小康社会伟大征程上取得显著成就的一年。全国各族人民在以胡锦涛同志为总书记的党中央领导下，高举邓小平理论和“三个代表”重要思想伟大旗帜，坚持以科学发展观统领经济社会发展全局，推动经济建设、政治建设、文化建设、社会建设和党的建设取得新的进展。一年来，政协全国委员会及其常委会，牢牢把握团结和民主两大主题，围绕中心，服务大局，切实履行政治协商、民主监督、参政议政职能，大力弘扬求真务实之风，着力推进重点工作，精心组织日常工作：围绕制定“十一五”规划进行政治协商，为构建社会主义和谐社会献计出力，对中共中央批转的全国政协关于履行职能的规定实施情况进行检查总结，开展专题调研工作，发挥各民主党派、无党派人士在人民政协中的作用，举办纪念中国人民抗日战争暨世界反法西斯战争胜利60周年活动，组织全国政协委员集中学习，积极开展对外交往工作。一年来，人民政协以卓有成效的工作，为全面落实科学发展观、构建社会主义和谐社会作出了新的贡献，人民政协事业呈现出生动活泼、有序推进的良好局面。

在政协十届四次会议召开前夕，《中共中央关于加强人民政协工作的意见》(以下称《意见》)公开发表了，这对此次会议和广大政协委员是个鼓舞，学习贯彻《意见》是会议的一项重要任务。《意见》系统总结了50多年来人民政协事业发展的历史经验，深刻阐明了新世纪、新阶段人民政协的性质、地位、作用、职能、主题、任务和工作原则，科学规范了人民政协履行职能的内容、形式和程序，为人民政协事业发展指明了正确的方向，是指导人民政协事业发展的纲领性文件。各级政协组织和政协各参加单位，要把学习贯彻《意见》摆在突出位置，把学习贯彻《意见》精神与充分履行政治协商、民主监督、参政议政职能结合起来，与全面加强政协自身建设结合起来，与广泛宣传人民政协结合起来，努力形成有利于人民政协事业发展的良好氛围。

2006年，是实施“十一五”规划的开局之年。为“十一五”时期经济社会发展开好局、起好步，是摆在全党全国人民面前的一项重要任务，也是人民政协的光荣职责。在新的一年里，我们要坚持以科学发展观统领经济社会发展全局，坚持发展为了人民、发展依靠人民、发展成果由人民共享，正确处理改革发展稳定的关系，全面推进社会主义经济建设、政治建设、文化建设、社会建设。人民政协要坚持把促进发展作为履行职能的第一要务，充分发挥人才荟萃、智力密集的特点和优势，深入调查研究，积极建言献策，协助党和政府做好团结群众、反映民意、化解矛盾、维护稳定的工作，使人民政协工作更好地服务于全面建设小康社会的伟大实践，不断创造新业绩。

全面建设小康社会的发展前景催人奋进，“十一五”时期的经济社会发展任务艰巨繁重。我们要大力弘扬万众一心、埋头苦干、开拓创新的精神，励精图治，锐意进取，为推进社会主义现代化建设，为完成祖国的统一大业，为实现中华民族的伟大复兴，作出新的更大的贡献。

预祝大会圆满成功。

全国政协十届四次会议在人民大会堂开幕

全国政协十届四次会议应出席委员2280人，实到2154人，符合法定人数。

会议由王忠禹主持。

全国政协主席贾庆林，副主席王忠禹、廖晖、刘延东、阿沛·阿旺晋美、帕巴拉·格列朗杰、李贵鲜、张思卿、丁光训、霍英东、马万祺、白立忱、罗豪才、张克辉、周铁农、郝建秀、陈奎元、阿不来提·阿不都热西提、徐匡迪、李兆焯、黄孟复、张怀西、李蒙、董建华、张梅颖、张榕明,秘书长郑万通在主席台前排就座。

党和国家领导人胡锦涛、吴邦国、温家宝、曾庆红、吴官正、李长春、罗干等在主席台就座,祝贺大会召开。在主席台就座的领导同志还有:王乐泉、王兆国、回良玉、刘淇、刘云山、吴仪、张立昌、张德江、俞正声、贺国强、曹刚川、曾培炎、王刚、何勇、李铁映、司马义·艾买提、何鲁丽、丁石孙、成思危、许嘉璐、顾秀莲、热地、盛华仁、路甬祥、乌云其木格、韩启德、唐家璇、华建敏、陈至立、肖扬、贾春旺等。中共中央、国务院有关部门负责人应邀列席开幕会。各国驻华使节应邀旁听开幕会。

大会首先审议通过了政协第十届全国委员会第四次会议议程。

贾庆林代表政协第十届全国委员会常务委员会向大会报告工作。罗豪才代表政协第十届全国委员会常务委员会向大会报告政协十届三次会议以来的提案工作。来自各党派团体和各族各界的2000多名政协委员将围绕“十一五”规划纲要草案等关系国计民生的重大问题,切实履行职能,积极建言献策。

中央人民广播电台、中国国际广播电台、中央电视台对贾庆林主席作政协常委会工作报告的内容进行了现场直播。新华网、人民网、中国网对开幕会作了实时报道。

全国政协十届四次会议通过大会议程

一、听取和审议政协全国委员会常务委员会工作报告

二、听取和审议政协全国委员会常务委员会关于政协十届三次会议以来提案工作情况的报告

三、列席第十届全国人民代表大会第四次会议,听取并讨论政府工作报告及其他有关报告,讨论国民经济和社会发展第十一个五年规划纲要草案

四、审议通过政协第十届全国委员会第四次会议政治决议

五、审议通过政协第十届全国委员会第四次会议关于常务委员会工作报告的决议

六、审议通过政协第十届全国委员会第四次会议关于政协十届三次会议以来提案工作情况报告的决议

七、审议通过政协第十届全国委员会提案委员会关于政协十届四次会议提案审查情况的报告

全国政协主席贾庆林在全国政协十届四次会议上作《中国人民政治协商会议全国委员会常务委员会工作报告》

各位委员:

我代表中国人民政治协商会议第十届全国委员会常务委员会,向大会报告工作,请予审议。

一

2005年,是我国在全面建设小康社会的伟大征程上阔步前进的一年。全国各族人民在以胡锦涛同志为总书记的中共中央领导下,高举邓小平理论和“三个代表”重要思想伟大旗帜,坚持以科学发展观统领经济社会发展全局,胜利完成了“十五”计划,社会主义经济建设、政治建设、文化建设和社会建设全面推进。政协全国委员会及其常委会,根据中共中央的战略部署,牢牢把握团结和民主两大主题,围绕中心,服务大局,切实履行政治协商、民主监督、参政议政职能,大力弘扬求真务实精神,着力推进重点工作,精心组织日常工作,人民政协事业呈现出生动活泼、有序推进的良好局面。

(一)围绕制定国民经济和社会发展“十一五”规划进行政治协商

制定经济社会发展规划,关系到我国现代化建设的长远发展和宏伟目标的实现。常委会将为编制“十一五”规划建言献策作为履行职能的重点。各专门委员会、参加政协的各党派团体和许多委员围绕编制“十一五”规划的一些重大问题深入开展调查研究,形成一批有价值、有分量的意见和建议。在此基础上,召开了十届政协首次专题协商会。中共中央和国务院对这次协商会高度重视。国务院领导同志和有关部委负责同志分别参加了不同专题的协商讨论。委员们提出的转变经济增长方式、保证能源安全和发展新能源、促进企业成为技术创新主体、推进中国特色城镇化建设、实现区域经济协调发展、完善社会公平分配机制、加快天津滨海新区建设、建设海峡西岸经济区等重要意见和建议,在中共中央关于制定“十一五”规划的建议中得到了体现。中共十六届五中全会后,我们及时召开第十一次常委会议,学习贯彻十六届五中全会精神,继续围绕制定“十一五”规划建言献策。在京的全国政协常委和有关专门委员会还举行专题座谈会,就进一步完善“十一五”规划纲要草案提出不少建设性意见,有关部门充分采纳委员们的意见,并就采纳情况进行了正式反馈。

(二)为构建社会主义和谐社会献计出力

构建社会主义和谐社会,是中国共产党从全面建设小康社会、开创中国特色社会主义事业新局面的全局出发提出的一项重大战略任务。十届十次常委会议以围绕构建社会主义和谐社会建言献策为议题,组织常委会组成人员学习领会中共中央有关文件和胡锦涛同志重要讲话精神,就构建社会主义和谐社会问题进行协商讨论。委员们普遍认为,人民政协的基本属性、主要职能、组织构成、工作原则和活动方式与构建社会主义和谐社会的要求是完全一致的。为构建社会主义

和谐社会服务，既是人民政协的优势所在，更是人民政协义不容辞的责任。会议就社会公平、社会道德、社会稳定、人与自然和谐等重大问题提出许多很有见地的意见建议，受到中共中央的高度重视。十次常委会议之后，各专门委员会、参加政协的各党派团体选择当前和谐社会建设中的突出问题，如收入分配改革、教育和医疗资源分配、民族地区发展等深入调研，并为推动这些问题的解决做了大量卓有成效的工作。

（三）对中共中央批转的全国政协关于履行职能的规定实施情况进行检查总结

根据中共十六届四中全会对人民政协工作的要求和中共中央的有关指示精神，全国政协组织地市级以上政协对中共中央1995年批转的《政协全国委员会关于政治协商、民主监督、参政议政的规定》实施情况，开展了一次全面检查。各地方政协按照全国政协的要求自上而下、联系实际进行检查总结。全国政协多位副主席赴各地进行调研、听取意见。各级政协普遍反映，《规定》颁布以来的十年，是人民政协事业发展的最好时期之一，各地在实践中形成了许多好的做法，创造了不少成功的经验，同时也面临一些需要解决的问题，主要是：完善人民政协履行职能的制度化、规范化、程序化，促进参加人民政协的各党派、无党派人士的团结合作，加强人民政协组织的自身建设等。主席会议对这次检查总结中的问题进行了认真研究，并将有关情况向中共中央作了汇报，就进一步加强人民政协工作提出了意见和建议。

（四）各民主党派、无党派人士在人民政协中的作用得到进一步发挥

常委会认真贯彻中共十六届四中全会决定和《中共中央关于进一步加强中国共产党领导的多党合作和政治协商制度建设的意见》，尊重和保障各民主党派、无党派人士在人民政协中的各项民主权利，多形式多渠道地为发挥各民主党派、无党派人士在政协中的作用创造条件。在政协全体会议期间，中共中央领导同志到民主党派、无党派人士小组参加讨论，共商国是；在政协常委会议期间，支持民主党派、无党派人士就国家重要事务发表见解和主张；在政协主席会议上，充分听取担任副主席职务的各民主党派负责人与无党派人士的意见。一年来，各民主党派中央和全国工商联在政协共提出提案170件，提供反映社情民意信息3365篇，在政协全体会议、常委会议上提交发言稿67篇，与专门委员会举行联合调研或应邀参加专门委员会有关调研活动8次。各民主党派中央、全国工商联的提案、信息和大会发言，受到中共中央、国务院的高度重视，许多意见和建议得到采纳和及时反馈。政协委员中的民主党派成员和无党派人士在全国政协组织的视察、专题调研等活动中发挥了重要作用。

（五）专题调研工作取得新的进展

围绕经济社会发展中具有综合性、全局性、前瞻性的问题，深入调查研究，开展咨询论证，提出意见建议，是人民政协参政议政的重要形式。一年来，各专门委员会共组织专题调研75项，提出专项建议和调研报告46份。专题调研更加注重选题的科学合理，更加注重队伍的优化整合，更加注重运用典型解剖的方法，更加注重调研成果与决策的结合，取得了明显成效。比如，关于以首钢搬迁为契机，把迁建的钢铁项目建成符合循环经济原则的企业，把曹妃甸工业区建成循环经济生态工业园区的建议；关于扩大大连港区联动试点范围，辟建大窑湾保税港区，把大连建成东北亚重要国际航运中心的建议；关于科学整合生产力布局，促进中部地区崛起的建议；关于建立工作协调机制，切实做好南水北调工程中文物保护工作的建议等等，受到中共中央和国务院的高度重视。

（六）举办纪念中国人民抗日战争暨世界反法西斯战争胜利60周年活动

2005年是中国人民抗日战争暨世界反法西斯战争胜利60周年。我们积极参与了中共中央、全国人大常委会、国务院、全国政协、中央军委共同举办的纪念中国人民抗日战争暨世界反法西斯战争胜利60周年大会。全国政协还举办了一系列有特色的纪念活动，用中华民族团结抗争的历史，推动爱国主义教育，弘扬民族精神，凝聚民族力量，激励海内外全体中华儿女，为实现中华民族的伟大复兴共同奋斗。中国宗教界和平委员会在北京召开中国宗教界纪念中国人民抗日战争暨世界反法西斯战争胜利60周年座谈会，发表《中国宗教界和平文告》，呼吁以史为鉴，面向未来，通过长期不懈的努力，创建出人类和平、人与自然和谐的崭新社会。在中国宗教界和平委员会的倡导下，中国五大宗教根据自身特点举办了形式多样的和平祈祷活动，比如，中国佛教协会、中国道教协会共同举办了海峡两岸暨港澳佛教、道教界和平祈祷活动，来自港澳台地区的佛教、道教界人士与大陆佛教、道教界人士及近万名信教群众，分别在北京和江苏举行和平祈祷大会，充分展示了中国宗教界促进祖国统一与维护世界和平的良好意愿。

（七）组织全国政协委员集中学习

常委会在继续抓好常委会组成人员集体学习，办公厅和各专门委员会分别开展经常性学习的基础上，从去年开始，组织全体政协委员轮流集中学习，并先后举办了两期全国政协委员学习研讨班，209名全国政协委员参加了学习研讨。委员们重点学习了中国共产党领导的多党合作和政治协商制度、政协章程、统一战

线和人民政协的基本理论与基本政策，交流研讨了做好调研、视察、提案、反映社情民意等工作的经验和体会。委员们普遍反映，通过集中学习，深化了对统一战线和人民政协理论以及人民政协性质、地位、作用的认识，增强了作为全国政协委员的责任感和使命感，在提高自身素质和履行职责的水平方面有很大收获。

（八）举办“21世纪论坛”2005年会议

“21世纪论坛”是全国政协举办的高层次论坛，也是全国政协开展对外交往的一个重要平台。“论坛”2005年会议受到国内外的普遍关注。国家主席胡锦涛发来贺电，国务院总理温家宝出席开幕式并发表演讲。来自五大洲32个国家和地区以及9个国际组织的代表与会，其中包括一些国际著名政治家、专家学者。这次会议以“可持续发展——中国与世界”为主题，突出宣传了我国贯彻科学发展观与走和平发展道路的战略选择。与会人员围绕发展理念、发展模式和国家发展战略等7个专题畅所欲言，深入探讨，形成一些重要共识，并就我国转变经济增长方式、推进有质量的全民教育、增强科技创新能力、建立和健全社会保障体系等提出许多有益的建议。一些外方与会人员认为，坚持以人为本、全面协调可持续的科学发展观，不仅是中国经济社会发展模式的创新，也是对世界可持续发展理论和实践的丰富；中国的和平发展，不仅惠及中国人民，也是对世界和平与发展的贡献。

（九）中国经济社会理事会在对外交往中取得新突破

积极拓展与国外相关非政府组织的联系和往来，是全国政协发展人民外交、服务国家对外工作全局的重要内容。去年，全国政协主管的中国经社理事会第四次当选为经社理事会和类似组织国际协会领导机构成员，中国经社理事会主席首次当选为国际协会主席。这对于中国经社理事会根据自身特点和优势，发展同国外相关机构、民间团体及非政府组织的友好合作具有重要意义。由中国经社理事会在上海承办的国际协会管委会会议，本着相互尊重、平等相待、求同存异、协商合作的原则，就新一届国际协会的工作思路、工作要点等8项全部议题达成了共识。与会成员对这次会议的组织工作和取得的成果给予了高度评价。

一年来，常委会在大力抓好上述重点工作的同时，积极推进政协的各项经常性工作。主要有：按照新修订的各项规章制度，加强和规范了提案、委员视察、反映社情民意等工作。共立案并交办提案4496件；组织了有605位常委、委员参加的24个视察团；编报《政协信息》335期，中共中央和国务院领导同志批示172人次，比往年有较大增加。充分运用多种传媒，扩大了对人民政协工作的宣传。贯彻执行“一国两制”“港人治港”“澳人治澳”高度自治的方针，进一步密切与港澳委员的联系，努力发挥他们在维护港澳稳定、促进繁荣发展等方面的作用，鼓励他们继续为内地建设贡献力量。认真贯彻“和平统一、一国两制”的基本方针和胡锦涛同志关于新形势下发展两岸关系的四点意见，广泛宣传制定《反分裂国家法》的重要意义，加强与各界台胞、台湾岛内有关党派团体和知名人士的联系与交流，为促进祖国统一做贡献。积极配合国家总体外交部署，进一步拓展人民政协的对外交往，共组织29个出访团组，接待了19个来访团，与5个国家、7个机构建立了新的友好关系。全国政协机关按照中共中央统一部署开展了保持共产党员先进性教育活动，机关党员干部素质进一步提高，机关建设进一步加强。

各位委员：

过去一年各项工作成绩的取得，是以胡锦涛同志为总书记的中共中央高度重视、正确领导的结果，是人民政协的各级组织、各参加单位和广大政协委员共同努力的结果，是各级党委、政府和社会各方面大力支持的结果。在此，我代表全国政协常委会向大家表示衷心的感谢！

总结过去一年的工作，也必须看到，与新形势新任务的要求和人民政协肩负的职责相比，我们的工作还存在许多不足，主要是：人民政协履行职能的工作机制还有待完善，民主党派、无党派人士在政协中发挥作用的领域需要拓宽，人民政协的界别特点和优势需要进一步发挥，与地方政协的联系需要不断加强。在新的一年里，我们要针对存在的问题采取积极措施，认真加以改进。我们真诚希望各位委员对常委会工作提出意见，推动人民政协工作不断取得新的进展。

二

2006年，是实施“十一五”规划的开局之年，是在新的起跑线上推进全面建设小康社会的重要一年。政协全国委员会及其常委会要坚持以邓小平理论和“三个代表”重要思想为指导，全面落实科学发展观，深入学习贯彻中共中央关于加强人民政协工作的指示，牢牢把握团结和民主两大主题，充分履行政治协商、民主监督、参政议政职能，把为实施“十一五”规划和构建社会主义和谐社会服务，作为履行职能的重点，求真务实，开拓创新，扎实工作，为全面推进社会主义经济建设、政治建设、文化建设、社会建设作出新的贡献。

（一）认真学习贯彻《中共中央关于加强人民政协工作的意见》

《中共中央关于加强人民政协工作的意见》，高度概括中国共产党三代中央领导集体关于人民政协事业的重要论述和以胡锦涛同志为总书记的中共中央对人民政协工作的新思想、新要求，明确提出人民政协充分履行职能和切实搞好自身建设的任务，为人民政协事业发展指明了正确的方向，是指导新世纪、新阶段人民政协事业发展的纲领性文件。各级政协组织和政协各参加单位，要把学习贯彻《意见》作为当前和今后一个时期推动各项工作的重要任务，摆在突出位置，切实抓紧抓好。要结合本地政协工作实际，采取有力措施认真加以落实，并积极主动地协助党委和政府制定贯彻实施《意见》的具体方案，推动当地学习贯彻活动的开展。要把学习贯彻《意见》与充分履行职能结合起来，积极探索履行职能的新形式；要把学习贯彻《意见》与全面加强政协自身建设结合起来，努力在促进参加政协的各党派、无党派人士的团结合作，充分发挥界别、委员和机关作用方面取得新进展；要把学习贯彻《意见》与加强人民政协的理论研究结合起来，推动人民政协的理论创新和工作创新；要把学习贯彻《意见》与广泛宣传人民政协结合起来，大力宣传中国共产党领导的多党合作和政治协商制度，宣传人民政协的性质、地位和作用，宣传各级政协组织履行职能的情况，努力形成有利于人民政协事业发展的良好氛围。

（二）围绕实施“十一五”规划切实履行职能

围绕中心、服务大局，是人民政协履行职能必须遵循的原则。要围绕贯彻实施《国民经济和社会发展第十一个五年规划纲要》，精心选择带有综合性、全局性、前瞻性的重大问题，以各专门委员会为依托，与参加人民政协的各党派团体加强协作，开展重点课题的专题调研，比如，建设社会主义新农村，建设创新型国家，构建社会主义和谐社会，落实国家中长期科学和技术发展规划纲要，建设资源节约型、环境友好型社会，推进财政税收和金融体制改革，加强现代市场体系建设，推进社会主义法律体系建设等问题。在深入调查研究的基础上，召开常委会议协商讨论，并适时组织专题协商会，向中共中央和国务院提出有价值的意见建议，为顺利实现今年经济社会发展的主要目标，为推动我国经济社会切实转入科学发展的轨道作出应有的贡献。

（三）积极为构建社会主义和谐社会贡献力量

为构建社会主义和谐社会服务是人民政协的一项重点工作和战略任务。当前，要更加关注社会发展问题，更加关注民生问题，更加关注人与人之间关系问题，更加关注人与自然和谐问题。要把围绕团结和民主两大主题履行职能与发挥政协在构建社会主义和谐社会中的作用结合起来，积极探索人民政协为构建社会主义和谐社会服务的途径和方法，认真总结各级政协在和谐社会建设中的工作经验。要充分发挥政协界别优势，注重通过界别渠道，为各界群众有序参与政治生活创造条件。鼓励政协委员深入基层，联系群众，反映群众的愿望和要求，帮助群众排忧解难，促进群众间的相互理解和沟通，化解矛盾，维护社会和谐与稳定。

（四）努力探索履行职能的新形式

坚持解放思想，实事求是，与时俱进，继续用创新的思维，拓展履行政治协商、民主监督、参政议政职能的形式和方法。要完善工作机制，切实开好政协全体会议、常委会议。认真总结举办专题协商会的成功经验，搞好全体会议和常委会议闭会期间的政治协商。要进一步改进专题调研的形式和方法，继续以课题为纽带，整合政协各参加单位和各界代表人士的智力资源，选择对全局工作具有典型意义的课题进行调研，包括尝试开展由知名人士牵头、有关部门配合进行调研的新方式。要加强政协各专门委员会之间、参加政协的各党派团体之间以及全国政协与地方政协之间的工作联系，密切政协专门委员会同党政有关部门之间的协作与配合。要及时总结交流各地政协履行职能的经验，注意推广那些比较成熟又具有普遍意义的做法，使政协工作不断取得新的进步和发展。

（五）广泛开展促进祖国统一和海外联谊工作

要继续贯彻“一国两制”“港人治港”“澳人治澳”高度自治的方针，支持香港、澳门特别行政区政府和行政长官依法施政。发挥在香港、澳门特别行政区的政协委员在港澳社会生活中的作用，进一步扩大与港澳各界人士的联系，维护和促进香港、澳门的长期繁荣、稳定和发展。要继续坚定不移地贯彻“和平统一、一国两制”的基本方针和现阶段发展两岸关系、推进祖国和平统一进程的八项主张，贯彻胡锦涛同志关于新形势下发展两岸关系的四点意见，继续以最大的诚意、尽最大的努力，维护和促进两岸关系和平稳定发展，争取和平统一的前景。同时，我们决不容忍“台独”，坚决反对和遏制“台独”分裂势力及其活动。要加强同归侨、侨眷和海外侨胞的联系，开展多种形式的团结联谊活动，为实现祖国完全统一和中华民族的伟大复兴贡献力量。

（六）继续扩大对外友好交往

继续开展同有关国家高层人士的互访，有计划、有重点、多层次地发展同有关国家的相关机构、国际组织及非政府组织的友好往来与交流合作。在继续保持和发展高层对外交往的同时，积极开展全方位、多层次的对外交流；在着重开展双边交往的同时，广泛开展多边交往；在发展与官方机构交往的同时，重视与民间组织的交流。进一步拓宽人民政协对外交往工作领域，充分发挥中国经社理事会和中国宗教界和平委员会在对外交往中的作用。

三

实现今年的工作目标，完成肩负的历史使命，必须大力加强人民政协的自身建设。人民政协的各级组织、广大政协委员和政协机关干部，必须适应新形势新任务的要求，与时俱进，开拓创新，以发挥民主党派和无党派人士作用、体现界别特点、突出委员主体作用、搞好机关建设为重点，全面加强人民政协的思想建设、组织建设、制度建设和作风建设。

（一）重视发挥民主党派和无党派人士的作用

各民主党派和无党派人士是人民政协的重要组成部分。要充分发挥人民政协作为中国共产党领导的多党合作和政治协商机构的作用，建立健全会议和活动的各项制度，支持各民主党派和无党派人士参与国家重大方针政策的讨论协商及其履行职责的各种活动，尊重和保障他们在政协的各种会议上以本党派名义发表意见的权利，尊重和保障他们开展视察、提出提案、举报、反映社情民意以及参与调查和检查活动的权利。充分运用主席会议、秘书长会议通报情况，听取意见，研究确定在政协重大活动中加强协作的重要事项，根据需要邀请各民主党派有关负责人和无党派人士，协商讨论政协工作中的共同性事务，及时研究并帮助解决各民主党派和无党派人士在参加政协工作中遇到的困难和问题。人民政协的重要考察活动及重大外事活动要请参加政协的民主党派有关负责人参加，政协专门委员会要积极开展与参加政协的各党派团体的联合调研。继续探索民主党派和无党派人士在政协发挥作用的方法和途径，对行之有效的做法，要及时加以总结并形成制度。要按照中共中央的要求，保证民主党派成员和无党派人士在政协委员、常务委员和政协领导成员中占有较大比例；政协各专门委员会要有民主党派和无党派人士参加；政协机关中应有一定数量的民主党派和无党派人士担任专职领导职务，并做到有职、有权、有责。

（二）注重体现人民政协的界别特点

由界别组成是人民政协组织的显著特色。要把加强界别建设作为人民政协的一项重要工作，认真总结根据界别的特点和要求开展各项活动的经验，积极探索发挥界别作用的方法和途径，不断为各界别开展活动、充分调动各界别参政议政的积极性，提供更加完善的制度保证，使人民政协的界别活动更加经常、更加规范、更加有效。要重视界别渠道的作用，推动委员通过界别渠道密切联系群众，了解和反映社会不同阶层、不同群体的愿望和要求，协助党和政府协调关系、化解矛盾、理顺情绪，增进社会各阶层和不同利益群体的和谐。要适应改革开放和经济社会发展的实际情况，立足扩大团结面，增强包容性，认真研究界别的合理设置和调整，在充分调查研究的基础上，提出切实可行的意见和建议。

（三）注意突出委员主体作用

政协委员是参加政协的各党派、各团体、各民族、各界别的代表人士，是人民政协履行职能的主体。要继续办好政协委员学习研讨班，完善学习规划，丰富学习内容，创新学习形式，努力提高政协委员自身素质和履行职责的能力，在本届任期内，使每一位全国政协委员参加一次集中学习。要尊重和依法保护政协委员的各项民主权利，为他们履行职责、发挥作用创造条件。要加强与党政有关部门的联系与沟通，建立健全政协委员意见和建议的跟踪办理及反馈机制。要努力增强政协委员责任感和使命感，自觉维护政协委员形象，努力做一名合格的政协委员。政协委员中的共产党员要努力成为合作共事的模范、发扬民主的模范、廉洁奉公的模范。

（四）切实搞好政协机关建设

政协机关是做好人民政协工作的重要保障。要重视政治理论学习，坚持用马列主义、毛泽东思想、邓小平理论和“三个代表”重要思想武装干部职工头脑，牢固树立和全面落实科学发展观，弘扬与时俱进和改革创新精神，提高全局观念、服务意识和政策水平。要加强政协机关的制度建设，适应壮大爱国统一战线和发展社会主义民主政治的要求，完善为政协履行职能服务的各项工作制度，提高工作水平和效率，保证机关工作协调统一、规范有序、精干高效地运行。要加强政协机关的组织建设，着眼于统一战线和人民政协事业的长远发展，配备好领导班子，加强干部的选拔、交流、任用工作，加大干部培训、挂职锻炼的工作力度，努力造就一支政治坚定、作风优良、学识丰富、业务熟练的高素质干部队伍。巩固保持共产党员先进性教育活动的成果，发挥政协机关中的共产党员的先锋模范作用。

各位委员！

展望祖国未来，前途无限光明。在实现“十一五”规划宏伟蓝图的奋斗过程中，人民政协肩负着庄严的历史使命，政协工作大有可为、大有作为。让我们紧密团结在以胡锦涛同志为总书记的中共中央周围，高举邓小平理论和“三个代表”重要思想伟大旗帜，同心同德，开拓进取，为推进社会主义现代化建设，为完成祖国的统一大业，为实现中华民族的伟大复兴，作出新的更大的贡献！

全国政协副主席罗豪才在全国政协十届四次会议上作《中国人民政治协商会议全国委员会常务委员会关于政协十届三次会议以来提案工作情况的报告》

各位委员：

我代表中国人民政治协商会议全国委员会常务委员会，向大会报告政协十届三次会议以来的提案工作，请予审议。

政协十届三次会议以来，政协委员、政协各参加单位和政协专门委员会共提交提案4660件。经审查,立案4496件,其中,委员提案4288件,8个民主党派中央和全国工商联提案170件,有关人民团体、界别小组、政协专门委员会提案共38件。

政协十届三次会议闭幕后,全国政协召开了提案交办会,将会议期间审查立案的提案分别送交中共中央、全国人大常委会、国务院、全国政协、中央军委所属有关部门,最高人民法院、最高人民检察院办公厅,相关省、自治区、直辖市中共党委和人民政府,有关人民团体共155个承办单位办理;全体会议后审查立案的提案,也及时送交承办单位办理。未予立案的已转送有关部门研究处理或参考。截至2006年2月20日,99.29%的提案已经办复。

一

提案作为履行人民政协职能的一个重要方式,越来越受到政协委员和政协各参加单位的重视。一年来,广大政协委员和政协参加单位,以高度的政治责任感和使命感,积极参政议政,坚持全面贯彻落实科学发展观,把促进发展作为人民政协履行职能的第一要务,围绕经济社会协调发展、构建和谐社会、编制"十一五"规划等重大问题,提出了大量有情况、有分析、有具体建议的提案,提案的整体质量有了进一步提高。尤其是各民主党派中央和全国工商联的提案,具有较强的针对性和可行性。政协提案得到了中共中央、国务院以及承办单位的高度重视。许多承办单位将办理政协提案与促进本部门工作紧密结合起来,积极采纳落实提案的建议。许多建议已在国家的政策法规、发展规划、部门工作中得到体现。政协提案在协助党和政府实现决策民主化、科学化,促进经济社会协调发展中,发挥了重要作用。

经济建设领域的提案共1992件,占提案总数的44.31%,涉及宏观调控、经济结构调整和增长方式转变、"三农"问题、循环经济、节约型社会、区域协调发展、经济体制改革、促进非公有制经济发展以及安全生产等方面。委员们多年来连续提出的加快环渤海地区建设、推进天津滨海新区发展、建设海峡西岸经济区促进两岸经济技术交流等提案,在全国政协相关专门委员会调研的基础上,经过多方面的共同努力,有关内容已体现在《中共中央关于制定国民经济和社会发展第十一个五年规划的建议》中。围绕促进中部地区崛起,近百位委员和民革中央、民盟中央、致公党中央等,从不同角度提出了多件提案。围绕发展循环经济、建设节约型社会,许多政协委员、农工党中央、九三学社中央等提出了50余件提案。政协十届三次会议期间,就上述两个问题分别召开了专题协商办理座谈会,引起了政府部门的高度重视和社会各界的广泛关注。农业、农村、农民问题,一直是政协委员和民主党派关注的内容,提案提出的促进农民专业经济合作组织发展的建议,被农业部等承办单位积极采纳。关于解决农户贷款难的提案,国家发展和改革委员会吸收提案中有关建议,通过"四位一体"的金融创新方式,研究解决农户贷款难问题。针对委员反映基层财政困难问题的提案,财政部经过深入调研,制定并实施了以"三奖一补"为主要内容的缓解县乡财政困难的政策措施。根据强化环境保护统一监管能力的提案,提案委员会组织提案者与有关部门联合调研后,向中共中央、国务院报送了调研报告,国务院有关领导认为调研报告反映了当前环保工作中存在的实际情况和问题,要求有关部门认真研究解决。对于整顿我国矿产资源开发秩序的提案,国土资源部进行了重点办理,国务院发出了《关于全面整顿和规范矿产资源开发秩序的通知》。委员们十分关注煤矿安全生产问题,提出了多件提案,结合提案建议,国家进一步加大了煤矿安全生产的投入,加强了安全设施保障。民建中央提出的加快长江"黄金水道"建设的提案,国务院有关领导在重要提案摘报上作了批示,交通部积极吸纳提案建议,提出了《关于合力建设长江水道促进流域经济全面发展的意见》,明确了建设目标和相关政策措施。结合民盟中央等提出的加强反洗钱工作的提案,中国人民银行建立了与公安部门的联络协调、联合督办和情报会商机制,加强了国际合作,在打击洗钱活动方面取得了良好效果。

科教文卫体领域的提案共1324件,占提案总数的29.45%,涉及实施科教兴国战略、人才强国战略以及科技、教育、文化、卫生体制改革等方面。针对增强我国科技自主创新能力方面的提案,科技部积极采纳,进一步明确了我国科学技术事业的发展方向和重点支持领域。建议修订《义务教育法》的提案,引起了有关部门的重视,相关意见已吸收进国务院提交全国人大常委会审议的《义务教育法(修订草案)》。结合改革技工学校管理体制的提案,教育部等部门研究制定了推动职业教育快速健康发展的政策。民进中央等对我国出版体制改革提出的提案,新闻出版总署将其作为重点提案进行了认真办理。关于农村饮水安全方面的提案,中央领导同志十分关注,并作出重要批示,国家发展和改革委员会会同水利部、卫生部开展了深入调查,印发了《关于进一步做好农村饮水安全工程建设工作的通知》,国务院办公厅下发了《关于加强饮用水安全保障工作的通知》。就完善我国食品安全监管体系的提案,提案委员会与中央机构编制委员会办公室、国家食品药品监督管理局等部门联合进行调研,进一步推动了相关工作。针对"看病难、看病贵"现象,委员们就改善农村卫生条件、建立健全农村新型合作医疗制度提出了多件提案，卫生部会同有关部门结合提案建议，编制了《农村卫生服务体系和发展规划》，加大了对新型农村合作医疗试点的指导力度。根据尽快制定国家《全民健身条例》的提案，提案委员会、国家体育总局、国务院法制办公室联合进行了调研，建议适时启动条例的起草工作。

政治法律、社会保障等领域的提案共1180件，占提案总数的26.24%，涉及民主法制建设、廉政建设、就业与再就业、社会保障、收入分配、加快民族地区发展、贯彻落实宗教政策、促进祖国统一等方面。针对法院司法改革问题，委员们提出了改革法官选任制度、制定解决执行难的法律法规等建议，最高人民法院十分重视，努力推进相关工作。委员们连续多年呼吁加快户籍管理制度改革，公安部积极吸纳提案建议，提出了进一步改革户籍管理制度的初步意见。40余位委员在提案中联名提出的实施关爱老年人的“爱心护理工程”，经过多方面的共同努力，已经启动。九三学社中央等提出的引导高校毕业生面向基层就业方面的提案，在中央领导同志的关心下，经中共中央组织部、教育部、人事部等部门的努力，由中共中央办公厅、国务院办公厅印发了《关于引导和鼓励高校毕业生面向基层就业的意见》。关于解决拖欠职工工资问题的提案，劳动和社会保障部、全国总工会、建设部等部门开展了专项整治活动，联合下发了相关文件，取得了阶段性成果。针对提案反映的调节收入分配问题，有关部门修订并完善了相关条例和规定，着力保障低收入群体的利益。结合大力发展慈善事业促进和谐社会建设的提案，民政部、中华慈善总会与提案委员会联合进行了调研，还举办了首届中华慈善大会，公布了《中国慈善事业发展指导纲要》。针对加大兴边富民行动实施力度加快边境少数民族聚居地区发展的提案，国家民委编制了《兴边富民行动“十一五”规划》，会同有关部门在资金投入、基础设施建设等方面，进一步加大支持力度，积极探索建立帮助贫困边境少数民族发展生产、改善生活的有效机制。多位政协委员、台盟中央等就加强两岸经济技术合作、推动台湾农产品在大陆销售、加快两岸“三通”进程、向台湾同胞赠送大熊猫等问题，提出了具体建议。国务院台湾事务办公室按照中央的统一部署，积极协调有关部门，使提案中反映的许多问题得到解决或取得了突破性进展。

政协十届三次会议以来，提案涉及的问题已经解决或列入计划准备解决的占83.29%；因条件所限，一时确实难以解决的，承办单位也及时向提案者作了说明。从整体上看，2005年提案办理工作取得了新的进展。

一是领导更加重视。温家宝总理、贾庆林主席及多位副总理、国务委员等中央领导同志，就有关提案工作作出批示达22人次。中共中央纪律检查委员会等许多承办单位的主要领导同志，对本系统、本部门的提案办理工作作出具体指示。各承办单位进一步加强了领导，责任更明确、制度更健全、程序更规范。许多承办单位的主要领导同志，亲自部署办理工作、督办重点提案、审改办理复文，有力地促进了提案办理工作。

二是进一步加强了与提案者的沟通。许多承办单位在提案办理过程中，积极通过调研、座谈以及上门走访、电话沟通等多种形式，主动与提出提案的委员、民主党派中央研讨问题，受到了普遍欢迎。比如，7个承办单位主动上门走访了有关的民主党派中央。科技部与全国政协办公厅共同召开了全国政协委员科技工作座谈会，科技部部长就有关情况直接同委员进行沟通。财政部部长邀请在北京的部分全国政协委员进行座谈，两位副部长分别带队赴京外委员所在地，深入调查研究，当面同委员商讨落实提案的办法。

三是把办理提案同改进部门工作紧密结合起来。许多承办单位将办理好政协提案作为保持共产党员先进性教育活动成果的具体体现，把办理政协提案的过程作为改进工作、改进作风、完善决策的过程。比如，司法部在《律师法》的执法检查和修订过程中，积极采纳委员建议。针对提案反映的电信资费问题，信息产业部会同国家发展和改革委员会，下发了《关于调整部分电信业务资费管理方式的通知》等文件。

四是加强提案办理的后续工作。许多承办单位不仅对提案件件有答复，更注重通过一系列具体措施将提案建议逐步落在实处。比如，政协十届一次会议以来委员连续提出的小排量汽车“解限”问题，引起了国家发展和改革委员会等部门的关注，2005年年底，有关部门联合发文，提出了清理小排量汽车限制性规定的要求。针对治理车辆超限超载运输的提案，交通部在以往重点办理的基础上，又联合有关部门召开了全国专项治理的电视电话会议，进一步提出了治理意见。针对关于加强网络文化管理的提案，文化部在往年整顿治理的基础上，又联合有关部委印发了《关于进一步深化网吧管理工作的通知》。

二

政协十届三次会议以来，常务委员会按照“围绕中心、服务大局、提高质量、讲求实效”的方针，把提高提案质量和办理成效作为工作重点，积极稳妥地推进提案工作。

(一)贯彻落实全国政协第五次提案工作座谈会精神，推动提案工作制度化建设。在全国政协第五次提案工作座谈会上，贾庆林主席、王忠禹副主席对提高提案工作整体质量提出了新要求。为更好地贯彻落实会议精神，全国政协办公厅专门发文，对地方政协和各承办单位明确提出要求，强调要切实贯彻中共中央办公厅、国务院办公厅关于转发《全国政协办公厅关于办理政协提案的意见》的通知精神，要认真落实新修订的提案工作条例精神。为更好地学习、宣传、贯彻提案工作条例，提案委员会起草了宣传提纲，在组织本委员会委员学习的同时，利用参加地方政协提案工作座谈会、召开提案承办单位座谈会等机会，向政协委员、地方政协以及承办单位进行广泛宣传，进一步推动提案工作的制度化、规范化、程序化建设。

（二）努力提高提案质量，充分发挥提案作用。一是推动委员提案质量不断提高，体现委员在提案工作中的主体作用。将承办单位提供的工作重点及希望委员帮助出谋划策的重要问题进行归纳分类，整理成260个提案参考选题，发送全体委员；向委员提供大会期间提案全文检索光盘及《把握人民的意愿——政协提案及复文选》等材料；邀请提案者参与协商办理座谈会、重点提案调研、走访承办单位等活动；召开多种形式的提案工作座谈会，就进一步提高提案质量，进行广泛交流。2005年年底，提案委员会在香港召开了香港特别行政区全国政协委员提案工作座谈会，取得了积极成效。二是加强民主党派提案工作，发挥民主党派在提案工作中的带动作用。通过座谈会、联合调研等方式，加强与民主党派中央、全国工商联的联系与合作，使党派提案更好地发挥各自优势，突出各自特点。2005年，民主党派中央和全国工商联提案，数量有了明显增加，质量有了进一步提高。在全国政协研究确定的14个方面的重点提案中，9个方面有民主党派中央提案。在上报的重要提案摘报中，民主党派中央提案占52.3%。三是围绕中心工作，多渠道发挥提案作用。根据政协第十次常委会议"关于构建社会主义和谐社会"的议题及专题协商会关于编制"十一五"规划的内容，提案委员会将提案中反映的重要意见和建议，分别整理成综述材料供会议参阅。结合改革、发展、稳定中的重要问题，将提案中的相关建议通过《重要提案摘报》及时上报，2005年报送的40期《重要提案摘报》中，有19期得到中央领导同志的重要批示。

（三）健全提案办理工作机制，提高提案办理实效。在提案数量大幅度增加的情况下，采取提案分层办理机制，积极推动提案的落实。一是加强重点提案办理工作。经与承办单位充分协商，将人民群众普遍关注、党和政府亟待解决、对推动工作有重要作用的提案，作为全国政协重点提案，采取协商座谈、实地调研等方式促进重点办理。一年来，共召开协商办理座谈会9次，进行重点提案调研5次。同时，要求各承办单位在对提案进行认真分析的基础上，研究确定本部门办理工作重点，进一步加大办理党派、团体提案力度，加强与提案者的沟通联系，不断提高办理质量。二是加强提案办理的跟踪。对一些办理难度大、承办单位承诺解决的提案，加强沟通协调，加大跟踪力度。比如，就敦煌莫高窟文物保护和利用、尽快制定调解工作的法律法规等提案，连续进行跟踪办理，推动了相关工作的开展。三是加强办理工作的督促检查。通过召开提案承办单位办理工作座谈会、上门走访等方式，督促检查办理工作整体情况。一年来，先后走访了国家发展和改革委员会、湖北省人民政府、国务院台湾事务办公室、国家安全生产监督管理总局、国家文物局、建设部。

（四）加大宣传力度，扩大提案工作影响。除充分运用人民政协报、中国政协杂志的宣传渠道外，积极发挥人民日报、新华社、中央电视台等中央和地方新闻媒体的作用，通过召开提案工作情况通气会、邀请新闻媒体参加重点提案调研和提案协商办理座谈会等活动，将全体会议期间的集中报道、日常工作中的专题报道有机结合起来，大力宣传政协委员运用提案参政议政的典型事例，宣传提案关注的重点、热点问题，宣传提案办理情况及提案产生的作用，进一步扩大政协提案及提案工作的影响。

（五）密切与地方政协的联系，全面提升提案工作水平。通过座谈会、研讨会等多种方式，进一步加强与地方政协的沟通，加强对地方政协提案工作的指导。大力支持地方政协结合各自实际，创造性地开展提案工作。及时推广地方政协在审查、立案、交办、督办、宣传等方面好的做法，共同推动提案工作水平的提高。

各位委员，一年来，在中共中央、国务院领导的关怀下，在政协委员、政协各参加单位和专门委员会的积极参与以及提案承办单位的大力支持下，提案工作取得了可喜的成效。但是，提案工作还存在着诸多不足，提案质量、办理质量和服务质量都有待进一步提高。

2006年，是实施"十一五"规划的开局之年。新的形势和任务，对人民政协的提案工作提出了更高的要求。在新的一年里，要认真贯彻落实《中共中央关于加强人民政协工作的意见》，着力把握好以下工作重点：

一是进一步提高提案质量。提案质量是提案工作的生命，要坚持不懈地抓下去。要正确处理提案数量和质量的关系，在一定数量的基础上，更要注重提案质量。要围绕全局性、战略性、关系国计民生的重大问题，深入调研，为决策的民主化、科学化提出更有价值的建议。进一步加大征集民主党派、人民团体、界别小组、政协专委会提案的力度，及时将具有真知灼见的会议发言、调研报告等转化为提案。严格审查立案工作，从源头上把好提案质量关。计划在下半年召开全国政协提案质量研讨会。

二是努力促进提案办理更加富有成效。进一步加强与承办单位的联系与合作,及时了解承办单位提案办理工作情况,促进重点提案的办理。做好提案者和承办单位之间的协调沟通工作,加大跟踪办理和督促检查力度,积极推动提案的落实。进一步做好重要提案摘报工作,努力推进重点、难点问题的解决。开好每年一度的提案承办单位办理工作座谈会。

三是增大提案工作合力。通过座谈、联合调研等形式,进一步加强政协委员、政协各参加单位、政协各专委会、各承办单位之间的联系与合作,各司其职,逐步形成整体推进、协调高效的提案工作机制,使提案工作真正成为人民政协的一项全局性工作。

四是加强提案工作机构自身建设。进一步解放思想,从实际出发,努力探索提案工作新的方式方法,积极推动提案工作机制创新和理论创新。加强学习,深刻理解和全面把握《中共中央关于加强人民政协工作的意见》,提高提案工作队伍的政策水平和业务素质。完善提案信息化管理系统,不断提高工作效率。

各位委员:回顾过去,提案工作稳步前进,不断发展。面对未来,提案工作责任重大,任务艰巨。让我们在邓小平理论和"三个代表"重要思想指引下,全面贯彻科学发展观,求真务实,再接再厉,在我国经济和社会发展切实转入全面协调可持续发展的进程中,使政协提案发挥更大的作用!

发展改革委等4部门联合发出通知公布2006年稻谷和小麦最低收购价格

通知由国家发展改革委、财政部、国家粮食局和中国农业发展银行4部门联合发出。小麦(三等,下同)最低收购价为每50公斤白小麦72元、红小麦69元,早籼稻、中晚籼稻和粳稻最低收购价分别为每50公斤70元、72元和75元。

中共中央书记处书记何勇在北京会见以联邦副干事长波斯特为团长的德国社民党国际部代表团一行

全国人大常委会副委员长许嘉璐在北京会见以日本东京青年会议所理事长高桥克之为团长的日本东京青年会议所绿化合作代表团

黎巴嫩总统埃米尔·拉胡德在贝鲁特会见中联部部长王家瑞率领的中共代表团

王家瑞对黎巴嫩坚持一个中国政策、支持中国实现统一大业的立场表示赞赏,并希望黎今后继续给予中国坚定支持。他表示中国共产党愿在党际关系四项原则的基础上深化同黎各党派和组织的关系,从而进一步推动两国友好合作关系的发展。

中央军委颁发《建立健全军队惩治和预防腐败体系实施意见》

中央军委日前颁发《建立健全军队惩治和预防腐败体系实施意见》。解放军总政治部、军委纪委发出通知,要求军队各级党组织和广大党员干部认真抓好《实施意见》的学习贯彻。

中央军委根据党中央《建立健全教育、制度、监督并重的惩治和预防腐败体系实施纲要》制定的《实施意见》,坚持以邓小平理论和"三个代表"重要思想为指导,深入贯彻江泽民国防和军队建设思想,认真落实胡锦涛主席一系列重要指示,按照科学发展观的要求,系统总结了改革开放特别是党的十三届四中全会以来军队反腐倡廉工作的基本经验,明确了构建适应军队特点的惩治和预防腐败体系的指导思想、主要目标、工作原则和基本要求,抓住教育、制度、监督三个关键环节,提出了有效反对和防止腐败的一系列措施和办法。这是当前和今后一个时期深入推进军队党风廉政建设的重要指导性文件。

总政和军委纪委的通知强调,各单位要把构建军队惩治和预防腐败体系的工作纳入部队建设总体规划之中,从实际出发,抓紧制定贯彻落实的具体措施和办法,对军队"十一五"期间惩治和预防腐败体系建设进行整体规划,重点对今明两年的工作作出具体安排。

国务院副总理回良玉主持会议听取中国草业可持续发展战略研究成果汇报

回良玉对这项战略研究成果予以充分肯定,强调要充分认识新形势下加快草业发展的重要意义,以科学发展观为指导,把人与自然和谐发展的理念与草业发展的自身规律结合起来,把建设环境友好型社会的要求与草业发展的具体实践结合起来,把建设社会主义新农村的任务与草业发展的丰富内涵结合起来,大力加强草原保护和建设,努力做大做强草业,让草原绿起来、让草业兴起来、让农牧民富起来,切实保障国家生态安全和经济社会可持续发展。

农业部突发重大动物疫情应急指挥中心在北京召开全体会议

会议由农业部副部长尹成杰主持。农业部副部长张宝文、危朝安、牛盾出席会议。农业部突发重大动物疫情应急指挥中心各工作组组长、副组长,农业部兽医局、全国畜牧兽医总站、中国兽医药品监察所和农业部动物检疫所等单位的负责同志和专家参加了会议。

会议传达了全国防控高致病性禽流感指挥部电视电话会议精神，全面部署春季禽流感防控工作。农业部部长杜青林强调，根据全国防控高致病性禽流感指挥部关于春季高致病性禽流感防控工作部署，针对国内外疫情的严峻形势，近期要重点做好以下几项工作。

一是做好突发疫情应急处置准备工作，坚决扑灭新发疫情。各工作组要保持高度警惕，做好应对突发禽流感疫情的充分准备。一旦发生疫情，应急预备队要在24小时内赶赴疫区，督促各项防控措施的落实，指导和协助疫区扑灭疫情。

二是做好新型禽流感疫苗使用推广工作，提高免疫密度和效果。要组织专家到养禽大省进行宣传指导，宣传新型疫苗的实际使用效果，帮助一些大型养殖企业调整免疫程序，对雏鸡基础免疫使用新型疫苗，督促各地根据家禽补栏情况，尽快定购新型疫苗。

三是进一步抓好疫情监测和报告，及时掌握疫情。要加强对水库、湖泊、湿地，特别是青海湖、鄱阳湖等大型候鸟迁徙繁殖地区周围的家禽监测，随时掌握汇总各地疫情监测信息。严格执行疫情报告和核查制度，提高疫情报告的及时性、准确性。

四是密切关注境外疫情信息。要密切关注境外禽流感和人感染禽流感疫情，掌握其他国家、地区以及有关国际组织防控高致病性禽流感新动向。

五是加大督促检查力度，确保各项防控措施落实到位。要继续加大督查力度，重点检查免疫情况，疫苗定购和新型疫苗推广使用情况，特别是农村、偏远山区等地区免疫和防控措施落实情况。要认真研究落实国务院关于兽医管理体制改革的意见，组成督查组赴重点省份进行督查，加快改革进程。

六是确保“两会”期间畜禽产品安全。要继续做好产地检疫和屠宰检疫工作，加强流通环节检疫监管，利用“全国农资打假专项治理行动”的有利时机，加强督促检查，严厉打击经营病死动物及其产品的违法行为，为“两会”顺利召开提供保障。

李庄逝世

老新闻工作者，《人民日报》的创始人之一，人民日报社原总编辑李庄，于3月3日在北京逝世，享年88岁。

3月4日

党和国家领导人胡锦涛等分别看望出席全国政协十届四次会议的委员并参加讨论

中共中央总书记、国家主席、中央军委主席胡锦涛，中共中央政治局常委、全国人大常委会委员长吴邦国，中共中央政治局常委、国务院总理温家宝，中共中央政治局常委、全国政协主席贾庆林，中共中央政治局常委、国家副主席曾庆红，中共中央政治局常委、中央纪委书记吴官正，中共中央政治局常委李长春，中共中央政治局常委、中央政法委书记罗干，4日分别看望出席全国政协十届四次会议的委员，并参加分组讨论，听取委员们的意见和建议。

在民盟、民进联组会上，胡锦涛亲切看望各位委员，并参加了他们的讨论。委员们发言踊跃，讨论热烈，积极建言献策。胡锦涛仔细倾听，并认真记下发言要点。在听取了厉以宁、贺旻、柏均和、严隽琪等委员的发言后，胡锦涛指出，实现“十一五”时期的发展目标，必须广泛深入动员人民群众，坚定不移依靠人民群众，真心诚意造福人民群众，把人民群众的历史主动精神充分发挥出来。胡锦涛强调，要把发展社会主义先进文化放到十分突出的位置，充分发挥文化启迪思想、陶冶情操、传授知识、鼓舞人心的积极作用，努力培育有理想、有道德、有文化、有纪律的社会主义公民。胡锦涛说，社会风气是社会文明程度的重要标志、是社会价值导向的集中体现。树立良好的社会风气是广大人民群众的强烈愿望，也是经济社会顺利发展的必然要求。在我们的社会主义社会里，是非、善恶、美丑的界限绝对不能混淆，坚持什么、反对什么，倡导什么、抵制什么，都必须旗帜鲜明。要在全社会大力弘扬爱国主义、集体主义、社会主义思想，倡导社会主义基本道德规范，促进良好社会风气的形成和发展。要引导广大干部群众特别是青少年树立社会主义荣辱观，坚持以热爱祖国为荣、以危害祖国为耻，以服务人民为荣、以背离人民为耻，以崇尚科学为荣、以愚昧无知为耻，以辛勤劳动为荣、以好逸恶劳为耻，以团结互助为荣、以损人利己为耻，以诚实守信为荣、以见利忘义为耻，以遵纪守法为荣、以违法乱纪为耻，以艰苦奋斗为荣、以骄奢淫逸为耻。贾庆林一同参加了讨论。

在农工民主党、九三学社联组会上，王志珍、周然、洪绂曾等委员踊跃发言，气氛热烈。吴邦国同大家亲切交谈，共商国是。他说，长期以来，各民主党派紧紧围绕国家的中心工作，深入开展调查研究，提出了许多有价值的意见和建议，为改革开放和社会主义现代化建设作出了重要贡献。他指出，中国共产党领导的多党合作和政治协商制度是适合我国国情的一项基本政治制度。中共中央一贯高度重视这一基本政治制度的建设，去年下发了关于进一步加强中国共产党领导的多党合作和政治协商制度的意见，最近又下发了关于加强人民政协工作的意见，这两个重要文件为做好新形势下的统一战线和人民政协工作指明了方向。中国共产党将一如既往地贯彻和落实“长期共存、互相监督、肝胆相照、荣辱与共”的方针，一如既往地巩固和发展最广泛的爱国统一战线，一如既往地加强同各民主党派、无党派人士的团结合作。吴邦国强调，全面建设小康社会，巩固和发展民主团结、安定和谐的政治局面，是中国共产党的光荣使命，也是各民主党派的重要职责。他希望各民主党派发挥人才荟萃和智力密集的优势，积极建言献策，动员各自组织和成员，团结所联系的群众，为实施“十一五”规划、推进社会主义现代化建设作出新的贡献。

在经济界联组会上，委员们围绕会议议题畅所欲言，各抒己见。温家宝认真听取罗冰生、陈振东、李德水等委员的发言，并不时记下发言要点。几位委员发言后，温家宝说，科学民主决策是社会主义民主政治建设的重要内容，也是经济社会各项事业健康发展的重要保证。近年来，中共中央、国务院高度重视科学民主决策，着力完善重大决策的规则和程序，就一系列事关全局、涉及群众利益的重大问题以各种形式广泛征询意见，对形成正确决策起到了很好的作用，《政府工作报告》和“十一五”规划纲要草案就是经过多次广泛征求意见，反复论证修改形成的。今后，我们要继续完善深入了解民情、充分反映民意、广泛集中民智的决策机制，使科学民主决策制度化和规范化。全国政协集中了一大批各个领域的知名人士，人才荟萃，充分发挥政协委员参政议政作用，是健全科学民主决策制度的重要方面。从政府来说，要加强四项工作：一要及时把经济社会发展情况向政协作通报；二要经常地、不拘形式地听取政协的意见；三要认真研究和采纳政协和政协委员经过广泛深入调研形成的咨询建议和提案，并及时反馈落实的情况；四要自觉接受政协对政府工作的监督。

在民革、台盟、台联联组会上，贾庆林与委员们一起讨论。听取李赣骝、刘亦铭、梁国扬等委员发言后，贾庆林指出，去年胡锦涛总书记在参加全国政协十届三次会议委员讨论时，就台湾问题和对台工作发表重要讲话，提出了新形势下发展两岸关系的四点意见，表明了我们坚决反对“台独”的坚定立场和推动两岸关系和平稳定发展的最大诚意，体现了我们对台方针政策的一贯性和连续性。在两岸同胞共同努力下，台海局势出现了一些新的积极变化，两岸关系中有利于遏制“台独”分裂活动的积极因素增加，朝着和平稳定方向发展的趋势增强。今年以来，台湾当局领导人为了一己私利，不顾两岸关系的大势所趋和两岸同胞的民心所向，更加赤裸裸地推行“台独”路线，公然进一步背弃“四不一没有”的承诺，挑战国际社会普遍承认一个中国的格局，蓄意在台湾内部挑起争端，全面制造两岸关系紧张。我们要继续坚定不移地贯彻“和平统一、一国两制”的基本方针和现阶段发展两岸关系、推进祖国和平统一进程的八项主张，贯彻胡锦涛总书记关于新形势下发展两岸关系的四点意见。为了中华民族的团结振兴，为了两岸同胞的幸福安康，我们下定决心要以最大的诚意、尽最大的努力争取两岸关系和平稳定发展，争取和平统一的前景。同时，必须严正指出，维护国家主权和领土完整，是国家的核心利益，是民族的根基所在。我们决不容忍“台独”，反对“台独”分裂活动决不妥协。我们有决心、有能力、有办法坚决制止“台独”分裂势力把台湾从中国分割出去。我们说到，就一定能够做到。

在致公、侨联联组会上，曾庆红参加了委员们的讨论。在何添发、程津培、林明江等委员发言后，曾庆红满怀深情地说，今天来，一是受中共中央的委托看望大家，二是听取大家的意见和建议，三是就致公、侨联政协委员如何进一步发挥作用谈点认识和意见。他在仔细听取并认真记录委员们的发言后，就“齐心协力促进科学发展、同舟共济构建和谐社会”发表了意见。曾庆红指出，开好今年两会，对于统一意志、凝聚力量，在新的历史起点上实施我国的新目标、开创工作新局面至关重要。致公党和侨联都具有“侨”“海”特色，都联系着3000多万海外华侨华人和3000多万归侨侨眷，在进一步凝聚侨心、集中侨智、发挥侨力、维护侨益方面大有可为。曾庆红强调，十六大以来，中共中央提出的树立和落实科学发展观、构建社会主义和谐社会的战略思想，是对邓小平理论和“三个代表”重要思想的继承和发展，是保持我国经济社会平稳较快发展、解决我们面临的矛盾和问题的根本之策，也是政协委员们参政议政、建言献策、发挥作用的聚焦之点。

他希望致公党和侨联的政协委员围绕这个聚焦点，在落实科学发展观、促进经济社会又快又好地发展，深化改革、构建社会主义和谐社会，建设创新型国家和社会主义新农村，保持港澳长期繁荣稳定、挫败“台湾法理独立”图谋、实现祖国完全统一大业这四个方面，建言献策、建功立业。

在新闻出版界联组会上，委员们讨论热烈，赵启正、黄景钧、李瑞英等委员先后发言。吴官正和委员们一起讨论，他向大家通报了中共开展反腐倡廉工作的情况。吴官正强调，要以邓小平理论和“三个代表”重要思想为指导，全面贯彻落实科学发展观，坚持反腐倡廉战略方针，推进惩治和预防腐败体系建设，以改革和制度建设为重点，进一步加大防治腐败力度。要维护纪律，加强对贯彻落实科学发展观情况的监督检查，确保政令畅通。运用保持共产党员先进性教育活动中创造的好做法好经验，教育领导干部树立正确的权力观，促进他们廉洁从政。坚持纠建并举、综合治理，继续开展解决损害群众利益问题的专项治理工作,努力建立长效机制,从源头上防止损害群众利益问题的发生。保持查办案件的强劲势头,严厉惩处腐败分子。完善权力运行的制约监督机制,进一步加强对领导干部特别是主要领导干部的监督。吴官正说,中共中央、国务院对深化文化体制改革作出了新的重大部署,新闻出版战线广大干部职工要积极投身改革,为发展繁荣社会主义先进文化作出新贡献。

在文化艺术界联组会上,冯骥才、傅庚辰、夏燕月等委员各抒己见,现场气氛热烈。李长春边听边记,并和大家一起讨论。李长春说,前不久,中共中央、国务院颁布了关于深化文化体制改革的若干意见,充分表明以胡锦涛同志为总书记的中共中央对文化体制改革的高度重视。我们一定要把思想统一到中央精神上来,解放思想、实事求是、与时俱进、开拓创新,扎扎实实推进文化体制改革。要坚持社会主义先进文化的前进方向,坚持“二为”方向和“双百”方针,坚持面向群众、面向市场,始终把社会效益摆在首位。要树立以改革为动力、以体制机制创新促发展,遵循社会主义精神文明建设规律,适应社会主义市场经济发展要求的新的文化发展观。要一手抓公益性文化事业、一手抓经营性文化产业,促进文化事业和文化产业协调发展。要坚持区别对待、分类指导,循序渐进、逐步推开的原则,建立有利于调动文化工作者积极性,推动文化创新,多出精品、多出人才的文化管理体制和运行机制。要完善文化产业政策,加强市场监管,形成以公有制为主体、多种所有制共同发展的文化产业格局和民族文化为主体、吸收外来有益文化的文化市场格局。他希望广大文艺工作者积极投身改革,坚持贴近实际、贴近生活、贴近群众,创造更多更好适应人民群众需求的优秀文化产品。

在特邀界联组会上,秦德文、刘善璧、陈开枝等委员先后发言。罗干在认真听取委员们的发言后说,中共中央高度重视政协特邀界的工作,注重发挥政协特邀界人士在经济社会发展中的重要作用。多年来,政协特邀界围绕中心、服务大局,认真履行政治协商、民主监督、参政议政职能,为国家有关方针政策的制定和实施提供了重要参考意见。在新的形势下,希望政协特邀界解放思想,与时俱进,开拓创新,认真贯彻落实《中共中央关于加强人民政协工作的意见》,全面推进新世纪、新阶段的人民政协工作。要充分发挥政协特邀界智力密集的优势,紧密联系实际,充分发挥职能作用,围绕实施“十一五”规划、落实科学发展观、构建社会主义和谐社会等重大任务,有计划、有重点地选择一些带有综合性、战略性、前瞻性的重要问题,深入开展调查研究,提出对策建议,为党委、政府决策提供依据和参考。要积极协助党委、政府做好协调关系、化解矛盾、理顺情绪等工作,更加关注现阶段人民群众最关心、最直接、最现实的利益问题,深入基层、深入群众,了解社情民意,反映群众呼声,积极建言献策,为构建社会主义和谐社会贡献智慧和力量。罗干向大家介绍了当前维护社会稳定工作情况,希望政协特邀界继续关心支持维护社会稳定工作,为实施“十一五”规划、全面建设小康社会创造和谐稳定的社会环境。

许嘉璐、韩启德、王忠禹、刘延东、李贵鲜、张思卿、白立忱、罗豪才、张克辉、周铁农、郝建秀、陈奎元、阿不来提·阿不都热西提、徐匡迪、李兆焯、黄孟复、张怀西、李蒙、张梅颖、张榕明分别参加了以上各组的讨论。

十届全国人大四次会议在人民大会堂举行预备会议

全国人大常委会委员长吴邦国主持会议,他宣布:十届全国人大四次会议3月5日召开,会议的各项准备工作已经就绪。出席预备会议的代表2739人,符合法定人数。

吴邦国在讲话中指出,十届全国人大四次会议的指导思想是:以邓小平理论和“三个代表”重要思想为指导,深入贯彻党的十六大和十六届三中、四中、五中全会精神,全面落实科学发展观,切实履行宪法和法律赋予全国人大的各项职责,以对人民高度负责的态度,完成各项议案的审议工作和大会的各项任务,动员全国各族人民紧密团结在以胡锦涛同志为总书记的党中央周围,为全面推进社会主义经济建设、政治建设、文化建设、社会建设而共同奋斗。

预备会议经过表决,选举产生了十届全国人大四次会议主席团和秘书长,通过了十届全国人大四次会议议程。大会主席团由176人组成,王兆国为大会秘书长。

十届全国人大常委会副委员长王兆国、李铁映、司马义·艾买提、何鲁丽、丁石孙、成思危、许嘉璐、顾秀莲、热地、盛华仁、路甬祥、乌云其木格、韩启德出席预备会议。

十届全国人大四次会议预备会议通过会议议程

一、听取和审议国务院总理温家宝关于政府工作的报告

二、审查和批准国民经济和社会发展第十一个五年规划纲要

三、审查和批准2005年国民经济和社会发展计划执行情况的报告与2006年国民经济和社会发展计划

四、审查2005年中央和地方预算执行情况的报告与2006年中央和地方预算草案

批准2005年中央预算执行情况的报告与2006年中央预算

五、听取和审议全国人民代表大会常务委员会委员长吴邦国关于全国人民代表大会常务委员会工作的报告

六、听取和审议最高人民法院院长肖扬关于最高人民法院工作的报告

七、听取和审议最高人民检察院检察长贾春旺关于最高人民检察院工作的报告

十届全国人大四次会议预备会议通过主席团和秘书长名单

主席团(176人,按姓名笔画为序)

丁石孙 刀美兰(女,傣族) 于均波 习近平
马启智(回族) 王二江 王万宾 王云坤
王月娥(女) 王以铭(回族) 王乐泉
王立平(满族) 王永平 王永炎 王 刚 王兆国
王宋大 王学萍(黎族) 王 涛(女) 王梦奎
韦广图 木基以布(彝族) 毛如柏
乌云其木格(女,蒙古族) 方工(回族) 方 明
石广生 石宗源(回族) 卢展工 白志健 白克明
白恩培 冯之浚(回族) 冯长根
司马义·艾买提(维吾尔族) 列 确(藏族) 成思危
朱丽兰(女) 乔晓阳 廷·巴特尔(蒙古族)
多吉才让(藏族) 庄公惠 刘云山 刘长瑜(女)
刘本仁 刘应明 刘明祖 刘胜玉 刘 珩 刘积斌
刘 淇 刘焯华 江泽民 汤洪高 许远明 许智宏
许嘉璐 孙凤阳 孙金龙 孙晓群 严义埙 严 俊
苏 荣 杜国盛 李小鹏 李长春 李从军
李兆焯(壮族) 李克强 李建国 李树文 李铁映
李继耐 李登海 李源潮 李慎明 杨长槐(侗族)
杨永良 杨传堂 杨国庆 杨 晶(蒙古族) 杨景宇
吴邦国 吴官正 吴俊光 吴基传 吴康民 邱娥国
何升平 何 勇 何鲁丽(女) 何椿霖
余公保(藏族) 汪利娟(女,满族) 汪 洋 汪啸风
沈辛荪 张龙俊(朝鲜族) 张立昌 张庆黎
张志坚 张宝顺 张学忠 张春贤
张美兰(女,哈尼族) 张高丽 张德江
陆 兵(壮族)
阿不来提·阿不都热西提(维吾尔族)
阿不都热依木·阿米提(维吾尔族) 陈光毅 陈良宇
陈建生 陈建国 陈 虹 陈难先 陈章良
奉恒高(瑶族) 武连元(回族) 林文漪(女)
林兆枢 罗 干 金炳华 周玉清 郑成思 孟建柱
赵乐际 胡亚芳(女,高山族) 胡贤生(苗族)
胡康生 胡锦涛 南振中
柯赛江·赛力禾加(哈萨克族) 俞正声 姜恩柱
贺一诚 贺国强 袁 武 热 地(藏族) 贾庆林
夏赞忠 顾秀莲(女) 钱运录 钱 易(女)
徐才厚 徐光春 奚美娟(女) 高祀仁
高 洪(白族) 郭凤莲(女) 郭伯雄 郭金龙
郭树言 娘毛先(女,藏族) 黄丽满(女)
黄康生(布依族) 曹伯纯 龚学平 盛华仁 梁光烈
彭启友 蒋正华 蒋树声 韩启德 傅志寰 傅铁山
储 波 鲁冠球 童 傅 曾庆红 曾宪梓 曾蛟赖
爱 光 路甬祥
嘉木样·洛桑久美·图丹却吉尼玛(藏族) 廖锡龙

秘书长 王兆国

十届全国人大四次会议主席团举行第一次会议

全国人大常委会委员长吴邦国主持会议。出席会议的164名主席团成员首先推选了十届全国人大四次会议主席团常务主席。主席团常务主席由十届全国人大常委会委员长、副委员长、秘书长担任。

会议通过了十届全国人大四次会议日程。根据会议日程,这次大会定于3月5日开幕,3月14日闭幕。

根据全国人大议事规则的规定,主席团会议推选主席团成员若干人分别担任大会每次全体会议的执行主席。经过表决,会议推选了大会全体会议执行主席,决定盛华仁、王万宾、傅志寰、姜恩柱、令计划、张平为大会副秘书长。姜恩柱兼任大会新闻发言人。

会议经表决,决定了十届全国人大四次会议表决议案办法和代表提出议案截止日期。会议决定,代表提出议案的截止时间为3月10日24时。

十届全国人大四次会议主席团第一次会议推定主席团常务主席名单

吴邦国 王兆国 李铁映 司马义·艾买提(维吾尔族)
何鲁丽(女) 丁石孙 成思危 许嘉璐 蒋正华
顾秀莲(女) 热 地(藏族) 盛华仁 路甬祥
乌云其木格(女,蒙古族) 韩启德 傅铁山

十届全国人大四次会议主席团第一次会议决定副秘书长名单

盛华仁 王万宾 傅志寰 姜恩柱 令计划 张 平

全国人大新闻发言人姜恩柱在新闻发布会上介绍十届全国人大四次会议的有关情况并回答中外记者提问

发言人介绍说,十届全国人大四次会议将于5日上午开幕,14日上午闭幕。代表提交议案截止时间为3月10日24时,比去年延长了12个小时。本次会议第一次专门安排时间供代表讨论和提出议案。大会期

间将邀请国务院有关部门负责人,分别就国际形势和我国的对外政策、"十一五"规划纲要、建设社会主义新农村、建设创新型国家、建设资源节约型和环境友好型社会等问题回答记者提问。3月14日会议闭幕后,国务院总理温家宝将与中外记者见面。

基本形成中国特色社会主义法律体系目标能如期实现

发言人说,过去3年十届全国人大及其常委会已经通过法律、法律解释和法律问题决定共58件,涉及构成中国特色社会主义法律体系7个法律部门的每一个部门。现在这7个法律部门中,每一个部门的主要法律都已制定。再经过两年的努力,基本形成中国特色社会主义法律体系的目标完全能够如期实现。

政府年度工作和"十一五"规划纲要将合并报告

今年的政府工作报告与以往有所不同,将合并报告年度工作和"十一五"规划纲要,主要讲年度工作,同时简要报告"十一五"规划纲要。"十一五"规划纲要主要突出体现宏观性、战略性、政策性,所提出的指标总体上说是预测性、指导性的,因此其报告方式也应做相应的改变。鉴于"十一五"规划纲要的重要性,大会决定把它单独列为一项议程,有利于充分发扬民主,提高审议质量。

人大今年将对11部法律进行执法检查

今年全国人大常委会将进一步加强监督工作,对5个方面的11部法律进行执法检查,并继续加强对年度国民经济和社会发展计划和中央预算执行情况的审查和监督。还将听取关于增强自主创新能力、普及义务教育和资源环境保护等方面的专题工作报告,以及高法和高检关于规范执法行为方面专题工作报告。

人大代表作用得到进一步发挥

全国人大常委会采取一系列措施,进一步发挥人大代表作用:邀请更多代表列席常委会会议、参加常委会执法检查和立法调研;加强代表议案和建议办理工作;组织代表进行集中视察,并第一次组织代表进行专题调研;在省级人大常委会办事机构内新设立了全国人大代表联络处;增加代表活动经费,加强对代表的培训工作。

决不允许把台湾从中国分裂出去

台湾当局领导人不顾岛内外的强烈反对,强行决定终止"国统会"运作和"国统纲领"适用,是推翻他自己作出的"四不一没有"承诺的危险步骤,是在走向"台独"道路上迈出的危险一步,是对国际社会普遍坚持的一个中国原则和台海和平稳定的严重挑衅,理所当然地遭到两岸同胞的强烈反对和国际社会的严厉谴责。我们将继续尽最大的努力维护和促进两岸关系和平稳定发展,争取和平统一的前景,但是决不允许把台湾从中国分裂出去。

中国将继续走中国特色社会主义道路

改革开放以来,中国经济社会发展取得了举世瞩目的巨大成就,全国人民的生活水平有了大幅度的提高。这充分说明,中国特色社会主义道路是符合中国国情的,是符合中国人民根本利益的,我们将坚定不移地继续走中国特色社会主义道路。全国人大常委会已经将制定企业所得税法列入今年的立法计划。制定这部法律时,将会充分考虑与现有法律、政策的衔接,并采取适当的过渡性措施,同时还要充分考虑外商投资企业的负担能力。随着中国改革开放的不断深入和扩大,中国的投资环境会更好。

统一内外资企业所得税不会对中国吸引外资产生大的影响

全国人大常委会已经将制订企业所得税法列入今年的立法计划。制定这部法律时,将会充分考虑与现有法律、政策的衔接,并采取适当的过渡性措施,同时还要充分考虑外商投资企业的负担能力。他表示,随着中国改革开放的不断深入和扩大,中国的投资环境会更好。统一内外资企业所得税,不会对中国吸引外资产生大的影响。

人大"三管齐下"强化反腐工作

全国人大及其常委会在反腐败工作中发挥着十分重要的作用。第一,通过立法将国家各项活动法制化、规范化,着重从源头上遏制腐败。第二,每年对若干部法律进行执法检查和听取国务院、高法、高检若干专题工作报告,督促政府、法院、检察院依法行政、公正司法。第三,通过各种渠道密切联系群众,督促有关地方和部门认真查处和解决群众反映的腐败问题。

提请人大审查批准的预算草案中国防经费约合351亿美元

国务院提请全国人大审查批准的2006年预算草案中,国防经费为2838亿元人民币,约合351亿美元,比上年预算执行数增长14.7%。国防经费支出预算占当年全国财政支出预算的7.4%,与前几年相比,所占比重大体持平。主要用于:提高军队人员工资福利待遇;适当增加军用油料购置费用;加大对军队人才建设投入;适度增加部分装备建设经费,提高军队防卫作战能力。中国的国防费用与有些国家相比,无论是绝对数、其占国民生产总值比重,还是其占财政支出比重,都处于较低水平。

港区人大代表选举办法目前没有考虑要改变

全国人大没有计划要改变现有的香港特区人大代表选举办法。香港特区人大代表在贯彻"一国两制"方针,维护香港繁荣稳定方面,发挥了重要的作用,希望他们今后继续发挥更大的作用。

国办印发《中央预算单位2006年政府集中采购目录及标准》

国务委员唐家璇在钓鱼台国宾馆会见日本创价学会副会长池田博正

中央军委批转解放军总政治部《关于进一步加强军队政治理论研究的意见》

叶至善逝世

中国人民政治协商会议第六、七、八、九届全国委员会常务委员，中国民主促进会中央委员会名誉副主席，中国科普作家协会名誉理事长，中国出版工作者协会顾问，中国编辑学会顾问，中国少年儿童新闻出版总社编审叶至善同志，因病于3月4日在京逝世，享年88岁。

叶至善同志1918年出生在江苏苏州，青年时代协助其父叶圣陶编辑少儿书刊，1953年任中国青年出版社编辑室主任，1956年任中国少年儿童出版社首任社长兼总编辑，1988年年底筹建开明出版社并任社务委员会主任。他先后担任中国民主促进会第六届中央常委，第七、八、九届中央副主席，第十、十一届中央名誉副主席，是全国政协第二、三、四、五届委员，第六、七届副秘书长，为坚持和完善中国共产党领导的多党合作和政治协商制度做了大量工作。他长期从事编辑出版工作和科普创作，为青少年编创了大量优秀书刊，为我国出版事业和科普事业作出了杰出贡献。

3月5日

《人民日报》发表社论《在新的历史起点上团结奋进——热烈祝贺十届全国人大四次会议开幕》

十届全国人大四次会议在北京隆重开幕，这是我国人民政治生活中的一件大事。来自全国各地的人民代表，肩负庄严使命，共商发展大计。开好这次大会，对于动员和团结全国各族人民在新的历史起点上求真务实，艰苦奋斗，开拓创新，为“十一五”时期经济社会发展开好局、起好步，继续推进全面建设小康社会进程，具有十分重要的意义。我们对会议的召开表示热烈祝贺。

这次会议的主要议题是：听取和审议政府工作报告，审查和批准国务院关于国民经济和社会发展第十一个五年规划纲要。同时，审查和批准国务院关于2005年国民经济和社会发展计划执行情况和2006年国民经济和社会发展计划的报告；审查国务院关于2005年中央和地方预算执行情况与2006年中央和地方预算的报告，批准2005年中央预算执行情况的报告与2006年中央预算；听取和审议全国人大常委会、最高人民法院、最高人民检察院的工作报告等。

“十五”时期是我国发展进程中很不平凡的五年。全国各族人民在中国共产党的领导下，团结一心，开拓进取，摆脱了亚洲金融危机带来的冲击，战胜了“非典”疫情和重大自然灾害，不失时机地推进改革开放，进一步发挥市场配置资源的基础性作用，加强和改善宏观调控，保持了经济平稳较快发展。我国工业化、城镇化、市场化、国际化进程明显加快，社会生产力、综合国力和人民生活水平都跃上一个新台阶，城乡面貌发生了很大变化。五年来，我国经济实力显著增强，改革开放成果丰硕，人民生活明显改善，社会主义经济建设、政治建设、文化建设与和谐社会建设取得新的进展。

在过去的一年里，全党全国人民在以胡锦涛同志为总书记的党中央领导下，坚持以科学发展观统领经济社会发展全局，着力解决经济运行中的突出问题，积极推进经济结构调整和增长方式转变，深化体制改革和推进对外开放，加快发展各项社会事业，努力做好就业和社会保障工作，切实加强民主法制建设，在全面建设小康社会道路上迈出新步伐，胜利完成了“十五”计划确定的发展目标。这些辉煌成就，为实施“十一五”规划奠定了坚实的基础，极大地鼓舞了全国各族人民全面建设小康社会的豪情壮志，坚定了沿着中国特色社会主义道路奋勇前进的信心。

在过去的一年里，全国人大及其常委会全面落实科学发展观，把坚持党的领导、人民当家做主和依法治国有机统一起来，切实履行宪法和法律赋予的职责，坚持围绕中心、以人为本、突出重点、讲求实效，在发挥代表作用、加强制度建设、提高立法质量、增强监督实效等方面做了大量的工作。认真贯彻中共中央转发的《中共全国人大常委会党组关于进一步发挥全国人大代表作用，加强全国人大常委会制度建设的若干意见》，人民代表大会制度进一步完善；代表服务工作进一步改善，代表作用进一步发挥；立法质量不断提高，民主立法迈出新步伐；监督重点更加突出，监督实效明显增强；对外交往日益活跃，与外国议会交流机制建设取得新进展。这些卓有成效的工作，为坚持和完善人民代表大会制度、推进社会主义民主法制建设、促进经济社会全面协调可持续发展、构建社会主义和谐社会发挥了重要作用。

这次会议将审查和批准的国民经济和社会发展第十一个五年规划纲要，是指导今后一个时期我国经济社会发展的行动纲领。“十一五”时期是我国改革发展的关键时期，也是全面落实科学发展观、推动经济社会转入科学发展轨道的关键时期。制定好“十一五”规划，对于未来五年我国经济社会发展、推进全面建设小康社会进程，意义十分重大。要认真贯彻党的十六大和十六届三中、四中、五中全会精神，把思想真正统一到中央精神上来，本着对国家对人民高度负责的精神，从国家经济社会发展全局出发观察和思考问题，着重把握战略重点和主要任务，提出切实可行的意见和建议，制定好“十一五”规划纲要，以利于进一步动员和团结全国各族人民，为全面推进社会主义经济建设、政治建设、文化建设、社会建设贡献力量。

五年看头年。今年是实施“十一五”规划的开局之年。做好今年的经济和社会发展的各项工作，是摆在全党全国人民面前的一项重要任务。我们要以邓小平理论和“三个代表”重要思想为指导，认真贯彻党的十六大和十六届三中、四中、五中全会精神，坚持以科学发展观统领经济社会发展全局，坚持发展为了人民、发展依靠人民、发展成果由人民共享，着力加快改革开放，着力增强自主创新能力，着力推进经济结构调整和经济增长方式转变，着力提高经济增长的质量和效益，正确处理改革发展稳定的关系，全面推进社会主义经济建设、政治建设、文化建设、社会建设，为“十一五”时期的发展开好局、起好步。

面向未来，我们站在了一个新的历史起点上。十届全国人大四次会议使命光荣，全国人大代表责任重大。要充分发扬民主、严格依法办事，坚持求真务实、广泛集中民智，共同把十届全国人大四次会议开成民主、团结、求实、奋进的大会。

预祝大会圆满成功。

十届全国人大四次会议在人民大会堂开幕

大会执行主席、主席团常务主席吴邦国主持会议。大会执行主席、主席团常务主席王兆国、李铁映、司马义·艾买提、何鲁丽、丁石孙、成思危、许嘉璐、顾秀莲、热地、盛华仁、路甬祥、乌云其木格、韩启德在主席台执行主席席就座。

胡锦涛、贾庆林、曾庆红、吴官正、李长春、罗干和大会主席团成员在主席台就座。

温家宝代表国务院向大会作政府工作报告。

根据会议议程，大会印发了国民经济和社会发展第十一个五年规划纲要草案、国务院关于 2005 年国民经济和社会发展计划执行情况与 2006 年国民经济和社会发展计划草案的报告、国务院关于 2005 年中央和地方预算执行情况与 2006 年中央和地方预算草案的报告，提请代表审查。

这次会议将审议政府工作报告，审查和批准国民经济和社会发展第十一个五年规划纲要，为今年和未来五年我国经济社会发展作出重大战略部署，推动我国在新的历史起点上朝着全面建设小康社会的目标继续前进。

在主席台就座的还有：王乐泉、回良玉、刘淇、刘云山、吴仪、张立昌、张德江、俞正声、贺国强、曹刚川、曾培炎、王刚、何勇、唐家璇、华建敏、陈至立、肖扬、贾春旺、王忠禹、廖晖、刘延东、帕巴拉·格列朗杰、李贵鲜、张思卿、丁光训、马万祺、白立忱、罗豪才、张克辉、周铁农、郝建秀、陈奎元、阿不来提·阿不都热西提、徐匡迪、李兆焯、黄孟复、张怀西、李蒙、董建华、张梅颖、张榕明等，以及中央军委委员梁光烈、李继耐、廖锡龙、陈炳德、乔清晨、靖志远。

香港特别行政区行政长官曾荫权、澳门特别行政区行政长官何厚铧列席会议并在主席台就座。

出席全国政协十届四次会议的政协委员列席大会。

中央和国家机关有关部门、解放军及武警部队、各人民团体的有关负责人列席或旁听了大会。

各国驻华使节旁听了大会。

国务院总理温家宝在十届全国人大四次会议上作《政府工作报告》

各位代表：

现在，我代表国务院，向大会作政府工作报告，请予审议，并请全国政协各位委员提出意见。

一、去年工作回顾

2005 年，我国社会主义现代化事业取得显著成就。

——经济平稳较快发展。全年国内生产总值达到 18.23 万亿元，比上年增长 9.9%；财政收入突破 3 万亿元，增加 5232 亿元；居民消费价格总水平上涨 1.8%。国民经济呈现增长较快、效益较好、价格较稳的良好局面。

——改革开放迈出重大步伐。一些重点领域和关键环节的改革取得新突破；进出口贸易总额达到 1.42 万亿美元，增长 23.2%；实际利用外商直接投资 603 亿美元；年末国家外汇储备达到 8189 亿美元。

——社会事业取得新进步。科技、教育、文化、卫生、体育等事业全面发展。“神舟”六号载人航天飞行圆满成功，标志着我国在一些重要科技领域达到世界先进水平。

——人民生活进一步改善。城镇新增就业 970 万人；城镇居民人均可支配收入达到 10493 元，农村居民人均纯收入达到 3255 元，扣除价格因素，分别增长 9.6% 和 6.2%。

我国在全面建设小康社会道路上迈出了新的坚实

步伐。

一年来,我们以科学发展观统领经济社会发展全局,主要做了以下几方面工作:

(一)着力解决经济运行中的突出问题。继续搞好宏观调控,坚持区别对待、有保有压的原则,综合运用财税、货币、土地等手段,控制固定资产投资过快增长,遏制房地产投资过快增长和房价过快上涨的势头。进一步增加农业、能源、交通、社会事业等薄弱环节投入,促进协调发展,增强发展后劲。加强经济运行调节,继续缓解煤电油运紧张状况,保障了经济平稳较快增长。

(二)积极推进经济结构调整和增长方式转变。继续加强"三农"工作。28个省(区、市)全部免征了农业税,全国取消了牧业税。增加对种粮农民的补贴和对产粮大县及财政困难县的转移支付,对部分粮食主产区的重点粮食品种实行最低收购价政策,多渠道增加农民收入。全年中央财政用于"三农"的支出达到2975亿元,比上年增加349亿元。粮食总产量在上年大幅度增长的基础上,又增产1454万吨,达到48401万吨。农业综合生产能力得到加强,粮食稳定增产和农民持续增收,为经济平稳较快发展和社会稳定奠定了基础。

在产业结构调整方面,制定和实施了能源、重要原材料和装备制造等行业发展规划和产业政策,提出了促进流通业发展的政策措施,引导和支持重点行业健康发展;淘汰了一批高耗能、高污染和不符合安全生产条件的落后生产能力。

为推进经济增长方式转变,突出抓了能源资源节约和环境保护,提出了建设资源节约型社会、发展循环经济的任务和政策措施,启动了178项节能、节水和资源综合利用等重大项目。加强了矿产开发、土地利用和城乡规划管理。去年投入国债资金152亿元,主要用于淮河、太湖等重点流域污染防治和天然林保护、退耕还林还草、防沙治沙等重点生态工程。深入开展环保专项治理,解决了一些危害群众健康的环境问题。

(三)深化体制改革和推进对外开放。农村综合改革试点继续推进。国有商业银行股份制改革和农村信用社改革取得重要进展,上市公司股权分置改革稳步推进,完善人民币汇率形成机制改革顺利实施。国有企业建立现代企业制度步伐加快。中央财政安排219亿元支持116户国有企业实施政策性关闭破产,企业分离办社会职能工作继续进行。财税、投资、价格改革继续深化。邮政体制改革开始启动。铁路、民航体制改革取得新进展。制定并实施了鼓励、支持和引导非公有制经济发展的政策措施。一些重点领域和关键环节的改革,取得了突破性进展。

我们积极应对对外开放中出现的新情况新问题。调整出口退税、关税和加工贸易政策,优化对外贸易结构。完善出口退税机制。稳步推进服务业对外开放。全面部署了加入世界贸易组织后过渡期的各项工作。

(四)加快发展各项社会事业。2005年中央财政用于科技、教育、卫生、文化等方面的支出1168亿元,比上年增长18.3%;投入国债建设资金95.4亿元。

在科技方面,加强了国家创新体系、基础研究和基础设施建设。集成电路芯片设计开发、第三代移动通信、高性能复合材料、高档数控机床研制等重大科技专项取得重要进展。在国务院领导下,组织和动员各方面力量,经过两年多的深入研究和广泛论证,制定了《国家中长期科学和技术发展规划纲要》。

在教育方面,重点加强了义务教育特别是农村义务教育。中央和地方财政安排专项资金70多亿元,对592个重点贫困县1700万名贫困家庭学生免除学杂费、免费提供教科书和补助寄宿生生活费,还为中西部地区1700多万名贫困家庭学生免费提供教科书,许多辍学儿童重新回到学校。继续实施西部地区"两基"攻坚计划。两年来新建、改建、扩建农村寄宿制学校2400多所,为16万个农村中小学校和教学点配备了远程教育设施。职业教育得到进一步加强。高等教育持续发展。

在卫生方面,着力加强公共卫生体系建设和农村卫生工作。近三年,中央和地方投入105亿元,基本建成了覆盖省市县三级的疾病预防控制体系;总投资为164亿元的突发公共卫生事件医疗救治体系建设进展顺利。中央安排30亿元国债资金支持中西部乡镇卫生院建设,改善农村医疗卫生条件。新型农村合作医疗制度试点已扩大到671个县,惠及1.77亿农民。加强艾滋病等重大疾病防治。高度重视高致病性禽流感疫情防控工作,有效遏制了疫情蔓延和对人的传播。人口和计划生育工作取得新进展。

在文化方面,积极开展文化体制改革试点工作,公共文化基础设施建设进一步加强,文化信息资源共享工程顺利实施。对外文化交流日益活跃。体育事业取得新成绩。社会主义精神文明建设得到加强。

(五)努力做好就业和社会保障工作。加大对就业再就业的政策支持和资金投入。去年中央财政安排国有企业下岗职工基本生活保障专项补助、再就业补助209亿元,比上年增加29亿元。统筹做好城镇新增劳动力、高校毕业生、复员退伍军人等就业工作。中央财政还安排专项资金支持农村劳动力转移培训和城镇退役士兵自谋职业。

社会保障体系不断完善,覆盖面进一步扩大。已有17个省(区、市)完成国有企业下岗职工基本生活保障向失业保险并轨。城市低保对象基本实现应保尽保。

重点优抚对象抚恤补助标准明显提高，中央财政安排优抚事业费74.6亿元，比上年增长90%。28个省(区、市)、2300个县(市)已初步建立社会救助体系的基本框架。救灾和扶贫工作力度加大。全年中央财政用于抗灾救灾的资金89亿元，救助受灾群众9000多万人次。中央和地方财政安排扶贫资金162亿元，农村贫困人口比上年减少245万人。

(六)切实加强民主法制建设。基层民主政治建设继续推进，21个省(区、市)完成了村委会换届选举。政务公开、厂务公开和村务公开不断扩大。加强了政府决策科学化、民主化工作，对涉及群众利益的重大事项实行公示、听证等制度。重视政府法制建设，国务院提出了劳动合同法、妇女权益保障法和个人所得税法修正案(草案)等7部法律议案，制定并颁布了《重大动物疫情应急条例》《关于预防煤矿生产安全事故的特别规定》等22部行政法规。制定和实施了《国家突发公共事件总体应急预案》和专项预案，应对突发事件的能力不断提高。审计、监察监督进一步强化。认真做好实施《中华人民共和国公务员法》的准备工作。实施新的《信访条例》，畅通了信访渠道，规范了信访秩序。稳步推进司法体制改革。深入开展规范执法行为、促进执法公正的专项整改活动，保障公民合法权益。继续加强社会治安综合治理，依法严厉打击各种违法犯罪活动，刑事发案数有所下降，社会保持稳定。

民族、宗教、侨务和对台工作进一步加强。国防和军队现代化建设取得新进展。外交工作成果显著。

一年来的成就，是以胡锦涛同志为总书记的党中央驾驭全局、正确领导的结果，是广大干部群众共同奋斗、辛勤劳动的结果。在这里，我代表国务院，向全国各族人民，向各民主党派、各人民团体和各界人士，表示诚挚的感谢！向香港特别行政区同胞、澳门特别行政区同胞和台湾同胞以及广大侨胞，表示诚挚的感谢！向一切关心和支持中国现代化建设的各国朋友，表示诚挚的感谢！

在看到成绩的同时，我们也清醒地认识到，经济社会生活中的困难和问题还不少。一些长期积累的和深层次的矛盾尚未根本解决，又出现了一些不容忽视的新问题。一是粮食增产和农民增收难度加大。当前粮价走低和农业生产资料价格上涨的压力都不小，影响农民增加收入和种粮积极性。耕地不断减少，农业综合生产能力不强，粮食安全存在隐患。二是固定资产投资增幅仍然偏高。有些行业投资增长过快，新开工项目偏多，投资结构不合理，投资反弹的压力比较大。三是部分行业过度投资的不良后果开始显现。产能过剩问题日趋突出，相关产品价格下跌，库存上升，企业利润减少，亏损增加，潜在的金融风险加大。四是涉及群众切身利益的不少问题还没有得到很好解决。看病难、看病贵和上学难、上学贵等问题突出，群众反映比较强烈；在土地征用、房屋拆迁、库区移民、企业改制、环境保护等方面，还存在一些违反法规和政策而损害群众利益的问题。五是安全生产形势严峻。煤矿、交通等重特大事故频繁发生，给人民群众生命财产造成严重损失。

我们还认识到，各级政府工作中存在不少缺点和不足。政府职能转变滞后，一些工作落实不够，办事效率不高，形式主义、做表面文章的现象还比较突出，一些政府工作人员弄虚作假、奢侈浪费，甚至贪污腐败。

我们要进一步增强使命感和紧迫感，发扬成绩，改进工作，以更加昂扬的斗志，更加奋发有为的精神状态，更加扎实的工作作风，努力把政府各项工作做得更好，决不辜负人民的厚望和国家的重托。

二、今年主要任务

2006年是实施“十一五”规划的第一年，改革发展稳定的任务十分繁重。做好政府工作的基本思路是：以邓小平理论和“三个代表”重要思想为指导，认真贯彻党的十六大和十六届三中、四中、五中全会精神，全面落实科学发展观，坚持加快改革开放和自主创新，坚持推进经济结构调整和增长方式转变，坚持把解决涉及人民群众切身利益问题放在突出位置，全面加强社会主义经济建设、政治建设、文化建设与和谐社会建设，为“十一五”开好局、起好步。

综合考虑各种因素，2006年国民经济和社会发展的主要预期目标是：国内生产总值增长8%左右，单位国内生产总值能耗降低4%左右；居民消费价格总水平涨幅控制在3%；城镇新增就业900万人，城镇登记失业率控制在4.6%；国际收支基本平衡。

通观全局，做好今年政府工作必须把握好以下原则：一是稳定政策，适度微调。继续搞好宏观调控，保持宏观经济政策的连续性和稳定性，正确把握宏观调控的方向和力度，注重区别对待、分类指导，有针对性地解决经济发展中的突出矛盾。二是把握大局，抓好重点。正确处理改革发展稳定的关系，以改革开放为动力推动各项工作，着力解决事关全局的重大问题，促进经济社会全面发展。三是统筹兼顾，关注民生。坚持以人为本，搞好“五个统筹”，更加注重城乡、区域协调发展，更加注重社会事业建设，更加注重社会公平和社会稳定，让全体人民共享改革发展成果。四是立足当前，着眼长远。把做好今年工作和实现“十一五”规划目标结合起来，积极进取，量力而行，注重实效。

今年要着力做好以下几方面的工作。

(一)继续保持经济平稳较快发展

从当前国际环境和国内形势看，今年经济发展的有利条件很多,但制约发展的矛盾也不少,还有一些不确定因素,需要采取正确的应对之策,防止经济出现大的起落。

稳定宏观经济政策,主要是继续实施稳健的财政政策和稳健的货币政策。鉴于当前经济增长势头较好,社会投资活跃,今年要继续适当减少长期建设国债发行规模和财政赤字。拟发行长期建设国债600亿元,比上年减少200亿元,同时增加中央预算内经常性建设投资100亿元;拟安排中央财政赤字2950亿元,比上年预算减少50亿元。长期建设国债资金和预算内投资,主要用于农林水利、科教文卫、生态建设、环境保护和西部开发等方面,保证重点续建项目,适当开工建设关系发展全局的重大项目。从今年开始,参照国际通行做法,采取国债余额管理方式管理国债发行。大力推进依法治税,切实加强税收征管,规范非税收入管理。财政支出要统筹兼顾、量入为出、确保重点、厉行节约。加强财政监管,控制行政经费增长。要保持货币信贷适度增长,优化信贷结构,创新金融产品,加大对“三农”、中小企业、就业、助学的信贷支持,合理控制中长期贷款。健全利率形成和传导机制。完善有管理的浮动汇率制度,保持人民币汇率在合理、均衡水平上的基本稳定。

坚持扩大内需的战略方针,重点是扩大消费需求,增强消费对经济发展的拉动作用。一是努力增加城乡居民收入。要调整收入分配关系,规范收入分配秩序,增加中低收入者的收入。坚持“多予少取放活”,特别要在“多予”上采取更多措施,增加农民收入。各地都要合理调整和严格执行最低工资制度,制定和推行最低小时工资标准。逐步解决农民工工资偏低的问题。建立并完善防止工资拖欠的法规和机制。认真实施修改后的个人所得税法,减轻中低收入者的税负。今年国家将适当提高企业离退休人员基本养老金标准、优抚对象抚恤补助标准、城市居民最低生活保障补助标准。改革公务员工资制度,在清理规范津贴补贴的基础上,建立国家统一的职务与级别相结合的工资制度和工资正常增长机制,完善艰苦边远地区津贴制度。同时,推进事业单位收入分配制度改革。二是稳定居民支出预期,扩大即期消费。通过加快完善社会保障体系和解决教育、医疗卫生、住房等领域的突出问题,减轻居民增加消费的后顾之忧。三是大力开拓农村消费市场。加强农村流通体系和市场建设,充分发挥农村现有流通网络的作用,支持城市流通企业经营网络向农村延伸,为农民增加消费提供便利。四是完善消费环境和政策。改善居民住、行条件,积极发展旅游、文化、健身等服务性消费。切实保障消费者合法权益。合理调整消费税,规范和发展消费信贷,抓紧清理、修订现行抑制消费的不合理规定和政策,促进居民消费结构升级。

保持固定资产投资适当规模,坚持有保有压,优化投资结构,防止投资过快增长。继续把好土地、信贷两个闸门,坚持实行最严格的土地管理制度,坚持按照贷款条件和市场准入标准发放贷款。从严控制新开工项目。同时,进一步加强经济社会发展薄弱环节和重点领域的建设。继续解决部分城市房地产投资规模过大和房价上涨过快的问题。要着力调整住房供应结构,严格控制高档房地产开发,重点发展普通商品房和经济适用房。建立健全廉租房制度和住房租赁制度。整顿规范房地产和建筑市场秩序,基本完成建设领域清理拖欠工程款任务,促进房地产业和建筑业健康发展。

(二)扎实推进社会主义新农村建设

建设社会主义新农村,是党的十六届五中全会提出的重大历史任务,事关全面建设小康社会和现代化建设全局。要贯彻工业反哺农业、城市支持农村的方针,加大对“三农”的支持力度,推进农村体制改革和制度创新,尽快使广大农村面貌有比较明显的变化。

建设社会主义新农村,首先要发展现代农业,促进粮食生产稳定发展和农民持续增收。稳定、完善和强化对农业的扶持政策。进一步增加对农民的种粮直接补贴、良种补贴、农机具补贴,增加对产粮大县和财政困难县的转移支付。坚持和完善重点粮食品种最低收购价政策,抑制农业生产资料价格上涨。今年中央财政用于“三农”的支出达到3397亿元,比上年增加422亿元。要切实保护耕地特别是基本农田,稳定粮食播种面积,不断提高粮食综合生产能力。增强农业科技创新和转化能力,加强农业技术推广和服务。加快兽医管理体制改革和动物疫病防控体系建设。继续调整农业结构,积极发展畜牧业,推进农业产业化,大力发展农村二、三产业特别是农产品加工业,壮大县域经济,推进农村劳动力向非农产业和城镇有序转移,多渠道增加农民收入。

建设社会主义新农村,必须加强农村基础设施建设。要下决心调整投资方向,把国家对基础设施建设投入的重点转向农村,这是一个重大转变。主要是加强以小型水利设施为重点的农田基本建设,加强防汛抗旱和减灾体系建设,加强农村道路、饮水、沼气、电网、通信等基础设施和人居环境建设,加强教育、卫生、文化等农村公共事业建设。主要措施是:逐年加大国家财政投资和信贷资金对农业、农村的投入;整合各种渠道的支农资金,提高资金使用效益;积极引导农民对直接受益的公益设施建设投资投劳;鼓励和引导社会各类资金投向农村建设,逐步建立合理、稳定和有效的资金投入机制。通过坚持不懈努力,使农村基础设施有一个大的改善。

建设社会主义新农村，必须全面推进农村综合改革。今年在全国彻底取消农业税，标志着在我国实行了长达2600年的这个古老税种从此退出历史舞台，这是具有划时代意义的重大变革。农村税费改革不仅取消了原先336亿元的农业税赋，而且取消了700多亿元的“三提五统”和农村教育集资等，还取消了各种不合理收费，农民得到了很大的实惠。为保证基层政权正常运转和农村义务教育的需要，从今年起，国家财政将每年安排支出1030多亿元，其中中央财政转移支付每年将达到780多亿元，地方财政每年将安排支出250多亿元。需要指出，全部取消农业税后，巩固和发展农村税费改革成果的任务仍然十分艰巨，关键是要全面推进农村综合改革，包括深化乡镇机构、农村义务教育和县乡财政管理体制等改革。这些改革，既涉及农村生产关系调整，也直接触及农村上层建筑变革，意义更深刻，工作更艰难，一定要坚定不移地推进。

建设社会主义新农村是一项长期而艰巨的任务。要坚持从实际出发，因地制宜，分类指导，搞好规划；要尊重农民意愿，不能搞形式主义和强迫命令，防止一哄而起；要发扬自力更生、艰苦奋斗精神，求真务实，真抓实干。

(三)加大产业结构调整、资源节约和环境保护力度

推进产业结构调整和优化升级，是转变经济增长方式、提高经济增长质量的重要途径和迫切任务。一要着力提升产业层次和技术水平。要加快发展先进制造业、高新技术产业和现代服务业，继续加强交通、能源、水利等基础产业和基础设施建设，推进国民经济和社会信息化。提高产业技术水平，关键是要全面增强自主创新能力。要在一些重要产业尽快掌握核心技术和提高系统集成能力，形成一批拥有自主知识产权的技术、产品和标准。主要措施是：强化企业在自主创新中的主体地位，建立以市场为导向、产学研相结合的技术创新体系；大力实施品牌战略，鼓励开发具有自主知识产权的知名品牌；健全知识产权保护体系，加大知识产权保护的执法力度；完善自主创新的激励机制，实行支持企业创新的财税、金融和政府采购等政策；改善市场环境，发展创业风险投资，支持中小企业提升自主创新能力。二要推进部分产能过剩行业调整。进行这项调整，要综合运用经济、法律和必要的行政手段，充分发挥市场机制的作用。主要措施是：认真贯彻国家产业政策，严格市场准入标准，控制新增产能；推动企业并购、重组、联合，支持优势企业做强做大，提高产业集中度；依法关闭那些破坏资源、污染环境和不符合安全生产条件的企业，淘汰落后生产能力；通过调整投资结构、扩大消费需求等措施，合理利用和消化一些已经形成的生产能力。这项工作涉及面广，政策性强，要积极而有序地进行。

抓好资源节约工作。一要综合运用各种手段，特别是价格、税收等经济手段，促进资源合理开发和节约使用。二要抓紧制定和完善各行业节能、节水、节地、节材标准，推进节能降耗重点项目建设，促进土地集约利用。鼓励发展节能降耗产品和节能省地型建筑。三要大力推动以节能降耗为重点的设备更新和技术改造，加快淘汰高耗能、高耗水、高耗材的工艺、设备和产品。四要大力发展循环经济。在重点行业、产业园区、城市和农村实施一批循环经济试点。完善资源综合利用和再生资源回收的税收优惠政策，推进废物综合利用和废旧资源回收利用。五要全面加强管理，把节能降耗纳入经济社会发展的统计、评价考核体系，建立信息发布制度。从今年开始，每年都要公布各地区和主要行业的单位产值能源消耗情况。六要在全社会广泛持久地开展资源节约活动，使建设资源节约型社会深入人心，蔚成风气。

加快建设环境友好型社会。加强对水源、土地、森林、草原、海洋等自然资源的生态保护。重点搞好“三河三湖”(淮河海河辽河、太湖巢湖滇池)、南水北调水源及沿线、三峡库区、松花江等流域污染防治。大力推行清洁生产，加强工业废水治理工程建设。抓好大气污染防治和重点城市污水处理、生活垃圾无害化处理。综合防治农业面源污染和畜禽养殖污染。继续实施自然生态保护工程。抓紧建立生态补偿机制。强化环境和生态保护执法检查，健全环境保护的监测体系、评价考核和责任追究制度。

(四)继续推动区域协调发展

进一步推进西部大开发。着力支持重点地带、重点城市和重点产业加快发展。确保青藏铁路、三峡三期工程等一批重点工程建成投产，新开工一批重大建设项目。巩固和发展退耕还林、退牧还草成果，抓紧研究制定后续相关政策。继续实施天然林保护、风沙源和石漠化治理等生态工程。支持发展优势产业和建设特色资源加工基地。加快科技、教育发展。加大政策扶持和财政转移支付力度，加快建立长期稳定的西部开发资金渠道。

继续实施东北地区等老工业基地振兴战略。重点加强大型粮食基地建设，推进重点行业改革重组和技术改造。搞好资源枯竭型城市经济转型和采煤沉陷区治理、棚户区改造，抓紧研究建立资源开发补偿机制、衰退产业援助机制。做好部分城市和国有企业厂办大集体改革试点工作。认真落实扩大对外开放的政策措施，在加快改革开放中走出振兴的新路子。

积极促进中部地区崛起。充分发挥中部区位、资

源、产业和人才优势,重点加强现代农业特别是粮食主产区商品粮基地建设,加强能源和重要原材料基地建设,加强现代综合交通运输体系、现代流通体系和现代市场体系建设。支持老工业基地振兴和资源型城市转型,建设现代装备制造基地和高技术产业基地。增强中心城市辐射功能,带动周边地区发展。

鼓励东部地区率先发展。着力增强自主创新能力,推进产业结构优化升级,增强国际竞争力和可持续发展能力,更加注重节约利用土地、水、能源等资源和环境保护,实现既快又好发展,在科学发展道路上走在全国前面。继续发挥经济特区、上海浦东新区的作用,推进天津滨海新区开发开放。

进一步支持革命老区、少数民族地区、边疆地区和贫困地区加快经济社会发展。加大对人口较少民族的扶持力度,推进兴边富民行动。发达地区要采取多种方式帮助和带动欠发达地区。

(五)实施科教兴国战略和人才强国战略,加强文化建设

我国已进入必须更多地依靠科技进步和创新推动经济社会发展的历史阶段,要把加快科技发展放在更加突出的战略地位。要以建设创新型国家为目标,全面实施《国家中长期科学和技术发展规划纲要》。抓紧启动一批重大科技专项和重点项目,集中力量在重点领域和关键环节取得突破。继续加强基础研究、前沿技术研究和社会公益性科技研究。建设国家重大科技基础设施和一批产业技术研发试验设施。加强国家创新体系建设。深化科技体制改革,有效整合全社会科技资源,促进科技成果向现实生产力转化。建立财政性科技投入稳定增长机制。今年中央财政安排科技投入716亿元,比上年增长19.2%,地方和企业也都要增加科技投入。要进一步繁荣和发展哲学社会科学,推动理论创新。

要大力普及和巩固九年义务教育。从今年起用两年时间,全部免除农村义务教育阶段学生学杂费,今年在西部地区实施,明年扩大到中部和东部地区;继续对贫困家庭学生免费提供教科书并补助寄宿生生活费。将农村义务教育全面纳入国家财政保障范围,建立中央和地方分担的农村义务教育经费保障机制。主要是:提高农村义务教育阶段中小学公用经费保障水平,建立农村中小学校舍维修改造投入机制,完善农村中小学教师工资经费保障机制。为此,今后五年国家财政新增义务教育经费累计将达2182亿元。在全国农村普遍实行免除学杂费的义务教育,这是我国教育发展史上的一个重要里程碑,必将对全面提高国民素质产生重大而深远的影响。要解决城市低收入家庭和农民工子女义务教育阶段上学困难问题,让每个孩子都有平等接受义务教育的机会。继续扎实推进西部地区“两基”攻坚计划,确保到2007年如期实现计划目标。发展职业教育是一项重要而紧迫的任务,今后五年中央财政将投入100亿元支持职业教育发展。高等教育要创新教育教学模式和方法,着力提高教育质量,推进高水平大学和重点学科建设。各级各类学校都要全面推进素质教育。要培养一支德才兼备的教师队伍,造就一批杰出的教育家。

实施人才强国战略,加强人才队伍建设。要多渠道增加对人力资源开发的投入,推进市场配置人才资源,规范人才市场管理。

加强社会主义文化建设。抓好理想信念教育,特别是青少年的思想道德教育。深入开展群众性精神文明创建活动。深化文化体制改革,发展文化事业和文化产业。加强文化基础设施建设尤其是农村基层文化建设,完善公共文化服务体系。繁荣文学艺术、广播影视、新闻出版事业。加强文化遗产和自然遗产保护。大力扶持民族文化艺术,扩大国际文化交流。加强文化市场管理,坚持开展“扫黄打非”。广泛开展全民健身运动,提高竞技体育水平。继续做好北京奥运会和上海世博会筹办工作。

(六)进一步推进改革开放

改革开放是决定中国命运的重大决策。当前改革正处于攻坚阶段,必须以更大的决心加快推进各项改革。今年一些关系全局的重大体制改革要取得新进展。

要认真贯彻《中华人民共和国公司法》,加快国有大型企业股份制改革。着力完善产权结构、公司治理结构和激励约束机制,加快形成一批具有国际竞争力的大公司大企业集团。加大国有独资企业和垄断行业的改革力度,放宽市场准入,推进投资主体和产权多元化。完善国有资产监管体制,健全国有资本经营预算制度、经营业绩考核体系和国有资产重大损失责任追究制度。规范国有企业改制和产权转让行为,防止国有资产流失,维护职工合法权益。推进集体企业改革和发展。认真落实鼓励、支持和引导非公有制经济发展的政策措施,进一步为各类所有制企业创造公平竞争的法治环境、政策环境和市场环境。

要加快金融体制改革。一是坚定不移地推进国有商业银行股份制改革。坚持国家绝对控股,改善产权结构,引进借鉴国外先进管理经验,规范公司治理结构,完善内控机制与管理制度,推进制度创新。二是大力发展资本市场。认真贯彻《中华人民共和国证券法》,切实加强证券市场基础性制度建设。要着力提高上市公司质量,继续搞好证券公司综合治理,依法强化市场监管,努力营造公开、公正、公平、透明的市场环境。继续推进上市公司股权分置改革。积极稳妥地发

展债券市场和期货市场。三是深化农村金融改革。完善农村信用社体制,推进农业银行、农业发展银行改革,加快农村金融创新,健全农村金融体系,改进农村金融服务。同时,要深化保险业改革,拓宽服务领域;推进政策性银行、邮政储蓄机构等其他金融机构改革。加强和改进金融监管,强化银行资本充足率约束。依法严厉打击金融领域的违法犯罪行为,防范系统性金融风险,维护金融稳定和安全。

要深化财税、投资、价格改革。财政体制改革的重点,是健全公共财政体系,完善转移支付制度,实施政府收支分类改革,完善预算管理制度。积极推进增值税转型改革。调整和完善资源税。研究统一各类企业税收制度。投资体制改革的重点,是落实投资主体的自主权和风险承担机制,改进项目核准和备案制度,加强产业投资信息发布,完善并认真执行市场准入制度,健全投资宏观调控体系。价格改革的重点,是逐步理顺和完善资源性产品和要素价格形成机制,改革要兼顾各方面的利益,尤其要考虑低收入群众的基本生活。

继续深入整顿和规范市场秩序。要强化市场法治,加快社会信用体系建设。依法严惩制假售假、商业欺诈、走私贩私、偷逃骗税、金融证券犯罪和侵犯知识产权等行为。坚决打击传销和变相传销活动。集中力量开展食品安全专项整治,严把市场准入关,加强生产和流通全过程的监管,让人民群众吃上安全、放心的食品。

进一步扩大对外开放,更好地利用国内国外两个市场、两种资源。要转变贸易增长方式,注重优化进出口结构,努力改善进出口不平衡状况。支持具有自主知识产权、自主品牌、高附加值的产品和服务产品出口,继续控制高耗能、高污染和资源性产品出口。推动加工贸易转型升级和合理布局。适当扩大进口,增加先进技术、关键设备和国内短缺资源进口。继续积极有效利用外资,着力提高利用外资质量。扩大服务领域对外开放。支持有条件的企业"走出去",按照国际通行规则对外投资和跨国经营,在境外建立加工基地、营销服务网络和研发机构。建立政策支持和服务体系,完善境外投资协调机制和风险控制机制。

今年,我国加入世贸组织过渡期将基本结束,要增强做好各项应对工作的紧迫感。进一步完善涉外经济管理体制和机制,提高贸易和投资便利化水平。运用世贸组织规则,支持重点产业提高抗风险能力和国际竞争力。健全应对贸易争端的有效机制,妥善处理贸易摩擦。有步骤、有重点地推进区域经济合作和自由贸易区谈判。在世贸组织新一轮谈判中发挥建设性作用。

(七)高度重视解决涉及群众切身利益的问题

我们要牢记执政为民的宗旨,坚持一切为了人民。要抓紧解决广大群众最关心、最直接、最现实的利益问题,尤其要切实做好就业、社保、医疗、安全生产等工作。

继续实施积极的就业政策,千方百计扩大就业。进一步解决体制转轨遗留的下岗失业人员再就业问题和重组改制、关闭破产企业的职工安置问题。国有企业下岗失业人员再就业扶持政策再延长三年,并根据各地实际将适用范围逐步扩大到城镇集体企业下岗职工。加大对军工、森工等困难行业下岗职工再就业的支持力度。中央财政今年安排再就业补助资金251亿元,比上年增加42亿元。地方财政也要增加这方面的投入。重视做好高等学校毕业生就业、退役军人的安置工作,搞好城镇新增劳动力和进城农民工就业工作。加强职业培训和就业服务体系建设。切实维护劳动者的合法权益。

加快推进社会保障体系建设。切实保证各项社会保险金的及时支付。完善城镇职工基本养老保险制度,搞好做实个人账户试点工作,扩大试点范围;改革养老金计发办法,建立参保缴费的激励约束机制。提高各类所有制企业的参保率,统一城镇个体工商户和灵活就业人员的参保办法,扩大社会保险覆盖范围。加大社会保险费征缴和基金监管力度,多渠道筹集社会保障基金。同时,加强城镇职工基本医疗保险和失业、工伤、生育保险制度建设。继续完善城市低保制度。研究制定机关事业单位养老保险制度改革方案。研究适合农民工特点的社会保障办法。完善农村"五保户"供养、特困户救助、灾民救济等制度,增加资金支持并适当提高救助标准。有条件的地方要探索建立农村居民最低生活保障制度。各地都要加快城乡特殊困难群众社会救助体系建设。加强防灾减灾救灾工作。加大扶贫投入和工作力度,进一步减少贫困人口。落实军烈属优抚政策。积极发展社会福利事业和慈善事业,开展多种形式的捐助和帮扶活动。要使失去父母的儿童、没有生活来源的老人和残疾人,得到更多的关爱和帮助,让他们感受到社会主义大家庭的温暖。

突出抓好医疗卫生工作。着眼于逐步解决群众看病难、看病贵问题,主要抓好三个方面:一是加快农村医疗卫生服务体系建设。启动《农村卫生服务体系建设与发展规划》,健全县、乡、村三级医疗卫生服务体系和网络;五年内国家财政将投入200多亿元,对乡镇卫生院和部分县医院房屋和设备进行改造。加快推进新型农村合作医疗制度建设,今年把试点范围扩大到全国40%的县,中央和地方财政对参加合作医疗农民的补助标准由20元提高到40元,中央财政为此将增加支出42亿元。到2008年,要在全国农村基本建立新型合作医疗制度和医疗救助制度。实行城市医疗卫生人员定期到农村服务的制度。二是大力发展城市社区卫生服务。要通过调整城市医疗卫生资源、加大政府投入、加强人才培养、完善服务功能、推进机制创新等措施,加快构建以社区为基础的新型城市医疗卫生服务体系。将符合条件的社区卫生服务机构纳入城镇基本医疗保险定点范围,实行社区首诊制度试点,逐步实现小病不出社区、大病才上医院。探索建立城市医疗救助制度。三是深化医疗卫生体制改革,深入整顿和规范医疗服务、药品生产流通秩序。加强对药品、医疗服务的价格监管。规范医院、医生的医疗和用药行为,加强医德医风建设,提高医疗服务质量,控制医药费用。要支持中医药事业发展,充分发挥中医药在防病治病中的重要作用。加强严重危害人民群众健康的重大疾病预防工作,认真落实艾滋病、结核病、血吸虫病等重大传染病防治措施。高度重视防控人感染高致病性禽流感工作。

稳定现行生育政策和低生育水平,提高出生人口质量,有效治理出生人口性别比偏高的问题。扩大农村计划生育家庭奖励扶助制度的覆盖面和西部地区"少生快富工程"的实施范围。重视做好老龄工作。保障妇女儿童权益。积极发展残疾人事业。

切实加强安全生产工作。安全生产责任重于泰山,经济发展必须建立在安全生产的基础上。近几年,我们在安全生产方面采取了一系列措施,取得了一定成效。但是,问题还很突出。主要原因是:安全措施没有真正落实,企业安全主体责任不到位,生产安全设施设备落后;煤炭需求过旺,生产和运输绷得过紧;企业基础工作薄弱,管理松弛,有的严重违法违规生产。一些地方领导干部和工作人员严重失职渎职,甚至徇私舞弊。

加强安全生产必须标本兼治、重在治本。第一,各级政府要把安全生产摆在更加重要的位置,主要领导亲自抓、负总责,强化企业安全生产主体责任,层层落实安全生产责任制。第二,实行有利于安全生产的经济政策。健全激励和约束机制,促进企业重视安全生产。第三,加快煤炭等行业改革重组步伐。加强大型煤炭基地建设,鼓励大型煤炭企业集团兼并改造中小煤矿。第四,加大安全生产投入。国家今年再安排30亿元国债资金,重点支持煤矿瓦斯综合治理和利用的科技攻关试点工程。地方和企业也要加大这方面的投入。第五,深入开展安全生产专项整治。继续打好煤矿瓦斯治理和矿山整顿两个攻坚战。同时,要抓好其他矿山、危险化学品、烟花爆竹、道路和水上交通、建筑施工、消防安全等专项整治。第六,强化企业管理。加强企业安全生产基础工作,完善安全生产技术规范和质量工作标准。加强安全技术人才培养和职工安全技能培训。充分发挥职工群众对安全生产的参与和监督作用。第七,加强安全生产法制建设。尤其要严格执法和监管。加大安全生产事故责任追究和处罚力度。严肃查处安全生产领域的失职渎职和腐败问题。通过采取综合措施,坚决遏制重特大事故频发的势头。

(八)加强民主政治建设和维护社会稳定

我们要巩固和发展民主团结、生动活泼、安定和谐的政治局面。健全民主制度,丰富民主形式,扩大公民有序的政治参与,保证人民依法实行民主选举、民主决策、民主管理、民主监督。全面推进依法行政,加强和改进政府立法工作,重点加强节约资源、保护生态环境、就业和社会保障、应对和处置突发公共事件、促进社会稳定、维护市场秩序等方面的立法。完善公众参与立法的机制、程序和方法。积极开展法律法规实施的跟踪检查。继续强化审计、监察等专项监督。深入开展普法教育。做好法律服务和法律援助工作,为困难群众打官司提供有效帮助。落实司法体制改革各项措施,进一步规范执法行为,促进司法公正,维护司法权威,实现严格、公正、文明执法。

高度重视社会稳定工作,广泛深入推进平安建设。正确处理新时期社会矛盾,认真落实涉及群众利益的各项政策。重视解决群众反映的问题,及时化解矛盾。做好信访工作。加强和巩固基层政权,推进和谐社区、和谐村镇建设。完善社会稳定预警体系和应急处理机制。搞好社会治安综合治理,加快建设社会治安防控体系,依法严厉打击严重暴力性犯罪、经济犯罪和盗窃、抢劫等多发性侵财犯罪。加强国家安全工作。

加强民族团结、维护祖国统一和社会稳定,是全国各族人民的共同愿望。要全面贯彻民族政策和有关法律法规,认真落实国务院颁布的实施民族区域自治法若干规定,促进各民族共同团结奋斗、共同繁荣发展。大力培养少数民族干部和各方面人才。贯彻党的宗教工作基本方针,提高依法管理宗教事务的能力。进一步做好新形势下的侨务工作。

各位代表!

加强国防和军队建设,是社会主义现代化建设的重要战略任务。坚持以毛泽东军事思想、邓小平新时期军队建设思想、江泽民国防和军队建设思想为指导,坚持把科学发展观作为加强国防和军队建设的重要指导方针,坚持党对军队绝对领导的根本原则和制度,着眼于有效履行新世纪、新阶段军队的历史使命,加速推进中国特色军事变革,提高军队信息化条件下的整体防卫作战能力。狠抓军事训练,培养高素质军事人才。深化后勤建设和改革。加强国防科研和高新技术武器装备研制。坚持从严治军,依法治军,提高军队正规化水平。全面加强人民武装警察部队建设,增强执勤和处置突发事件的能力。完善国防动员体制机制,注重民兵预备役部队质量建设。深入开展"双拥"活动,巩固和发展军政军民团结。

各位代表!

我们要继续贯彻"一国两制""港人治港""澳人治澳"高度自治的方针,严格按照特别行政区基本法办事,全力支持香港、澳门两个特别行政区行政长官和政府依法施政。继续实施内地与香港、澳门更紧密经贸关系安排,进一步加强和推动内地同港澳在经贸、科教、文化、卫生、体育等领域的交流和合作。我们坚信,香港、澳门一定能够保持长期繁荣稳定。

我们坚持"和平统一、一国两制"的基本方针和现阶段发展两岸关系、推动祖国和平统一进程的八项主张,坚持一个中国原则决不动摇、争取和平统一的努力决不放弃、贯彻寄希望于台湾人民的方针决不改变、反对"台独"分裂活动决不妥协。我们将继续和台湾同胞一道,促进两岸人员往来和经济、科技、文化交流与合作,构建和平稳定的两岸关系。我们将努力争取在一个中国原则基础上恢复两岸对话与谈判;推动全面、直接、双向"三通"进程;支持海峡西岸和其他台商投资相对集中地区的经济发展;依法保障台湾同胞正当权益,竭诚为台湾同胞服务。两岸关系朝着和平稳定、互利共赢方向发展是人心所向,任何人妄图破坏这种大趋势是注定要失败的。最终完成祖国统一大业是全体中国人的共同愿望,是任何人都阻挡不了的。

各位代表!

一年来,我们高举和平、发展、合作的旗帜,坚持奉行独立自主的和平外交政策,维护国家和人民的根本利益,发展同世界各国的友好与互利合作关系,为维护世界和平、促进共同发展作出了贡献。

新的一年,我们将继续坚定不移地走和平发展道路。在国际事务中,坚持民主公正,推进协调合作;坚持和睦互信,维护共同安全;坚持平等互利,促进共同繁荣;坚持开放包容,推动文明对话,积极促进国际秩序向公正合理方向发展。

我们要在和平共处五项原则基础上加强全方位外交。巩固和加强同广大发展中国家的友好合作。坚持与邻为善、以邻为伴的周边外交方针,推动区域合作机制建设,把务实合作上升到新水平。扩大同发达国家的共同利益,妥善处理分歧,推进交流与合作。积极参与和开展多边外交,在国际和地区事务中发挥建设性作用。扩大和深化对外文化交流,增进同世界各国人民之间的了解与友谊。保护我国公民和法人在海外的合法权益。中国政府和人民愿与世界各国人民一道,为建立和平、公正、和谐的新世界而不懈奋斗!

三、关于《国民经济和社会发展第十一个五年规划纲要(草案)》的说明

党的十六届五中全会通过的《中共中央关于制定国民经济和社会发展第十一个五年规划的建议》(以下简称《建议》),提出了未来五年国民经济和社会发展的奋斗目标、指导方针和主要任务。根据《建议》精神,国务院制定了《国民经济和社会发展第十一个五年规划纲要(草案)》(以下简称《纲要(草案)》),已提请大会审查。下面,我就几个问题作简要说明。

(一)"十一五"规划《纲要(草案)》的编制过程和主要特点

党中央、国务院对制定"十一五"规划工作高度重视。早在2003年7月,国务院就开始部署相关准备工作。组织有关部门、地方、研究机构和各方面专家,对经济社会发展面临的若干重大问题开展专题研究,为编制《纲要(草案)》提供了基础。党的十六届五中全会后,国务院根据中央《建议》精神,深入研究和编制"十一五"规划,成立了由各领域专家组成的专家委员会进行咨询论证,在全国范围内开展多种形式的为"十一五"规划建言献策活动,人大代表、政协委员和各界人士提出了许多建议。《纲要(草案)》的编制过程,是发扬民主、集思广益、科学决策的过程。

《纲要(草案)》力求反映社会主义市场经济发展和改革开放新形势的要求,体现宏观性、战略性和政策性,并明确政府的工作重点和责任。从内容到形式都有所创新。在规划内容上,贯穿了落实科学发展观和构建社会主义和谐社会的战略思想,突出了"五个统筹",突出了加强经济社会发展薄弱环节,突出了解决人民群众关注的切身利益问题,注意处理好市场机制与宏观调控的关系。在规划指标上,分为预期性和约束性两大类。预期性指标,是预计和期望达到的目标,主要通过引导市场主体行为来实现;约束性指标,是必须实现的目标,主要通过依法加强管理和提供服务来实现。在规划形式上,《纲要(草案)》采取正文加专栏的形式,在专栏中列举了有关发展指标和重点工程,使规划内容更加直观、清晰。

《纲要(草案)》的制定以第一次全国经济普查数据为基础。历时两年多的经济普查工作,进一步摸清了我国经济社会发展的基本情况,查实了国内生产总值总量和三次产业的比重,更加全面、准确地反映了国情国力。依据新的经济普查数据制定"十一五"规划,更符合实际情况,更具有科学性。

(二)"十五"时期国民经济和社会发展主要情况

过去五年,是我国发展进程中很不平凡的五年,是继往开来、与时俱进的五年。我们摆脱了亚洲金融危

机带来的冲击，战胜了“非典”疫情和重大自然灾害，不失时机地推进改革开放，进一步发挥市场配置资源的基础性作用，加强和改善宏观调控，保持了经济平稳较快发展。我国工业化、城镇化、市场化、国际化进程明显加快，社会生产力、综合国力和人民生活水平都跃上一个新台阶，城乡面貌发生了很大变化。

五年来，我国经济实力显著增强。2005 年与 2000 年相比，国内生产总值增长 57.3%，年均增长 9.5%；财政收入增长 1.36 倍，年均增加 3647 亿元。农业特别是粮食生产出现重要转机，主要工业产品产量大幅度增长，高技术产业快速发展，基础产业和基础设施建设成就斐然，在水利、能源、交通、通信等领域建成或新开工一大批重大工程。经济社会信息化程度迅速提高。

五年来，改革开放成果丰硕。农村、国有企业、金融、财税、投资等改革和市场体系、社会保障体系建设都取得重大进展。我国加入世界贸易组织，对外开放进入新的阶段。五年间，进出口贸易总额增长两倍，实际利用外商直接投资累计 2740.8 亿美元。一批有竞争力的企业走向世界。

五年来，人民生活明显改善。城镇居民人均可支配收入和农村居民人均纯收入，分别实际增长 58.3% 和 29.2%。城镇新增就业 4200 万人。住房、通信、汽车和服务消费大幅度增加。科技、教育、文化、卫生、体育等社会事业加快发展。

五年来，社会主义政治建设、文化建设、社会建设取得新进展。

这些辉煌成就，极大地增强了全国各族人民沿着中国特色社会主义道路奋勇前进的信心。

“十五”时期经济社会发展中也存在不少矛盾和问题。主要是：经济结构不合理，自主创新能力不强，经济增长方式转变缓慢，能源资源消耗过大，环境污染加剧；就业矛盾比较突出；投资和消费的关系不协调；城乡、区域发展差距和部分社会成员之间收入差距继续扩大；社会事业发展仍然滞后。这些问题都需要我们努力加以解决。

(三)“十一五”时期经济社会发展的指导原则和主要目标

“十一五”时期是全面建设小康社会的关键时期。综合分析各种因素，未来五年国际环境总体上对我国发展有利，但不稳定不确定因素比较多；国内有许多有利条件，同时存在不少制约因素和困难。我们要抓住机遇，趋利避害，增强忧患意识，做好克服各种困难、应对各种风险和挑战的充分准备，奋力把改革开放和现代化事业推向前进。

《纲要(草案)》全面贯彻落实科学发展观，体现了中央《建议》提出的重要原则，这就是：必须保持经济平稳较快发展，必须加快转变经济增长方式，必须提高自主创新能力，必须促进城乡区域协调发展，必须加强和谐社会建设，必须不断深化改革开放。贯彻这些原则，就要转变发展观念、创新发展模式、提高发展质量，切实把经济社会发展转入以人为本、全面协调可持续发展的轨道。

根据中央《建议》确定的指导思想和原则，《纲要(草案)》提出了“十一五”时期经济社会发展的主要目标。这些目标既与全面建设小康社会的目标相衔接，又反映了经济社会发展的阶段性特征和客观要求。这里，我仅就其中两个方面的重要目标作简要说明。

一是关于经济增长速度问题。《纲要(草案)》提出，今后五年国内生产总值年均增长 7.5%，这是综合考虑各方面因素，根据需要和可能提出的。按照新近公布的第一次全国经济普查数据和 2005 年经济增长实际结果，“十五”期间国内生产总值增长速度比原来预计的高一些，“十一五”年均增长 7.5%，将会超过中央《建议》提出的 2010 年人均国内生产总值比 2000 年翻一番的要求。这个目标是积极的，经过努力是可以实现的。还需要指出，这个目标是建立在优化结构、提高效益和降低消耗基础上的。在实际执行中，各地要处理好速度和结构、效益的关系，不要片面追求和盲目攀比速度。历史经验和现实情况表明，保持经济平稳较快发展至关重要。

二是关于节能和环保问题。《纲要(草案)》提出了“十一五”期间单位国内生产总值能源消耗降低 20% 左右、主要污染物排放总量减少 10% 等目标。这是针对资源环境压力日益加大的突出问题提出来的，体现了建设资源节约型、环境友好型社会的要求，是现实和长远利益的需要，具有明确的政策导向。尽管实现这一目标的难度很大，但我们有信心、有决心完成。

(四)“十一五”时期的战略重点和主要任务

《纲要(草案)》对“十一五”时期的经济建设、社会发展、改革开放等方面，都作出了全面部署，提出了明确的任务和政策措施。

一是建设社会主义新农村。《纲要(草案)》把解决“三农”问题放在各项战略任务的首位。强调坚持统筹城乡经济社会发展，按照生产发展、生活宽裕、乡风文明、村容整洁、管理民主的要求，扎实稳步地推进社会主义新农村建设。要进一步提高农业综合生产能力，推进农业结构调整，加强农村基础设施建设，增加农民收入。着力抓好大型粮棉油生产基地、优质粮食产业、农田水利、饮水安全、公路、沼气和农村教育、文化、卫生建设等重点工程。全面推进农村综合改革，基本完成乡镇机构、农村义务教育和县乡财政管理体制等改革任务。培养造就有文化、懂技术、会经营的新型农民。

各地方、各部门必须在经济工作思路和重点上有一个大的转变。建设资金要更多地向"三农"倾斜,公共服务要更大范围地覆盖农村,全社会都要大力支持农村发展。

二是加快推进经济结构调整和增长方式转变。我国当前经济发展中诸多问题的症结,在于结构不合理和增长方式粗放。必须按照走新型工业化道路的要求,从优化产业结构中求发展,从节约资源、保护环境中求发展。《纲要(草案)》提出,要推进工业结构优化升级,促进工业由大变强。这是针对我国工业规模已经不小,但总体素质不高、竞争力不强的现状,而提出的一个重大任务。《纲要(草案)》对推进信息化、发展高技术产业、振兴装备制造业、发展能源原材料工业等方面的主要任务和建设布局作了部署,规划了一批重大建设项目。提出要加快发展服务业特别是信息、金融、保险、物流、旅游和社区服务业,不断提高服务业的比重和水平。

《纲要(草案)》把建设资源节约型、环境友好型社会摆在突出位置,提出了明确任务和措施,规划了一批节能重点工程、循环经济示范试点工程、生态保护和环境治理重点工程。认真落实这些任务和措施,将会明显提高资源利用效率,基本遏制生态环境恶化的趋势。我们一定要坚持不懈地努力,为人民群众创造清洁、良好的生活和工作环境,为子孙后代留下蓝天绿地、碧水青山。

三是促进区域协调发展。《纲要(草案)》分别提出了不同区域发展的重点任务,要求健全协调互动的市场机制、合作机制、互助机制和扶持机制。《纲要(草案)》根据各个区域资源、环境承载能力和发展潜力,将国土空间划分为优化开发、重点开发、限制开发和禁止开发四类主体功能区,实施不同的区域政策。同时,强调积极稳妥地推进城镇化,发挥城市群的带动和辐射作用。

四是着力增强自主创新能力。这是《纲要(草案)》的一个特点。要按照自主创新、重点跨越、支撑发展、引领未来的方针,加快建设创新型国家,全面提高原始创新能力、集成创新能力和引进消化吸收再创新能力。《纲要(草案)》提出,适应国家战略需求,启动一批重大科技专项,涉及信息、生物等战略产业领域,能源、资源、环境和人民健康等重大紧迫问题,以及军民两用技术。实施好这些重大专项,对于整合有限的科技资源、加快攻克事关全局和长远的科技难关,带动相关领域技术水平的整体提升,具有重大的现实意义和深远的战略意义。提高自主创新能力,最根本的是加快科技教育发展和人才队伍建设,《纲要(草案)》对此也作了全面部署。

五是深化改革和扩大开放。过去20多年,我国经济社会发展取得的一切成就,都是同坚定地推进改革开放分不开的。要完成新阶段的发展任务,也必须坚定不移地全面深化改革和扩大开放。《纲要(草案)》提出,要加快完善社会主义市场经济体制,形成有利于转变经济增长方式、促进全面协调可持续发展的体制机制。要加强对改革的总体指导和统筹协调,在推进经济体制改革的同时,继续推进政治体制改革、文化体制改革和社会管理体制改革。正确处理改革发展稳定的关系。要按照统筹国内发展和对外开放的要求,实施互利共赢的开放战略,以开放促改革促发展。在扩大开放中重视维护国家经济安全。

六是努力建设和谐社会。这是推进经济社会发展的重要目标和保障。《纲要(草案)》提出,要做好人口工作,扩大就业,健全社会保障体系,不断提高人民生活水平和健康水平,加强公共安全建设,加强社会主义民主政治建设和文化建设,完善社会管理体制。经过今后五年的努力,使我们的社会更加和谐,让人民群众生活得更加美好!

各位代表!

全面完成今年和"十一五"期间的任务,对各级政府提出了更高的要求。必须大力加强政府自身改革和建设。

我们要加快推进行政管理体制改革,进一步转变政府职能。继续推进政企分开,减少和规范行政许可和行政审批。坚决把不该由政府管理的事交给市场、企业、社会组织和中介机构。切实转变政府管理经济方式,加强社会管理和公共服务职能。大力推行政务公开,完善政府新闻发布制度和信息公布制度,提高工作透明度和办事效率。建立健全行政问责制,提高政府执行力和公信力。

我们要深入开展廉政建设和反腐败斗争。认真落实惩治和预防腐败的各项任务和措施。今年要集中开展治理商业贿赂专项工作,重点治理工程建设、土地出让、产权交易、医药购销和政府采购等领域的商业贿赂问题,坚决纠正不正当交易行为,依法查处商业贿赂案件。要继续纠正损害群众利益的不正之风,着力解决教育乱收费、医疗高收费等突出问题。

我们要认真贯彻实施公务员法,加强对公务员的教育、管理和监督。坚持从严治政,赏罚分明。各级政府工作人员特别是领导干部要忠于职守,勤勉尽责,全心全意为人民服务;要顾全大局,加强纪律性,做到令行禁止,不折不扣地执行国家的法律法规、方针政策;要艰苦奋斗,勤俭节约,反对铺张浪费;要求真务实,力戒空谈,克服官僚主义、形式主义、弄虚作假和浮夸作风,把各项任务和部署真正落到实处。

各位代表！

我们国家正站在新的历史起点上，朝着全面建设小康社会的目标阔步前进。我们要更加紧密地团结在以胡锦涛同志为总书记的党中央周围，高举邓小平理论和“三个代表”重要思想伟大旗帜，凝聚13亿人民的智慧和力量，坚定信心，奋发图强，努力把“十一五”规划的宏伟蓝图变为美好现实，谱写社会主义现代化事业的新篇章。任何艰难险阻都挡不住我们前进的步伐。我们的目标一定要达到！我们的目标一定能够达到！

国务院提请十届全国人大四次会议审议《国民经济和社会发展第十一个五年规划纲要(草案)》

《国民经济和社会发展第十一个五年规划纲要(草案)》根据《中共中央关于制定国民经济和社会发展第十一个五年规划的建议》编制，主要阐明国家战略意图，明确政府工作重点，引导市场主体行为，是未来五年我国经济社会发展的宏伟蓝图，是全国各族人民共同的行动纲领，是政府履行经济调节、市场监管、社会管理和公共服务职责的重要依据。

国家发改委向十届全国人大四次会议作《关于2005年国民经济和社会发展计划执行情况与2006年国民经济和社会发展计划草案的报告》

各位代表：

受国务院委托，现将2005年国民经济和社会发展计划执行情况与2006年国民经济和社会发展计划草案提请十届全国人大四次会议审议，并请全国政协各位委员提出意见。

一、2005年国民经济和社会发展计划执行情况

2005年，全国各族人民在中国共产党的领导下，树立和落实科学发展观，加强和改善宏观调控，团结奋进，锐意进取，国民经济呈现增长比较快、效益比较好、价格比较稳的良好局面，完成了十届全国人大三次会议审议通过的国民经济和社会发展计划。

(一)经济继续保持平稳较快增长。经济运行的稳定性有所提高。全年国内生产总值达到182321亿元，增长9.9%，四个季度分别增长9.9%、10.1%、9.8%和9.9%。规模以上工业增加值全年增长16.4%，四个季度分别增长16.2%、16.5%、16.2%和16.4%。

经济发展的协调性有所改善。呈现增速较高、物价平稳的格局，全年居民消费价格总水平涨幅为1.8%。效益与速度同步提高，全年财政收入增长19.8%，增收5231.5亿元，规模以上工业企业实现利润增长22.6%。经济增长支撑条件绷得过紧的状况有所缓解，煤炭产量21.9亿吨，增长9.9%；发电量2.47万亿千瓦小时，增长12.3%，迎峰度夏期间国家电网系统拉限电条次和损失电量同比分别减少61%和66%；重点物资运输得到较好保障。

(二)产业结构调整取得新进展。农业得到进一步加强。中央财政用于“三农”的支出达到2975亿元，比上年增加349亿元。粮食播种面积比上年增加267万公顷，粮食产量达4840亿公斤，增加145.4亿公斤。农业优质化、区域化、产业化和标准化程度继续提高，全国优质专用小麦种植面积占全部小麦种植面积的比重达48%，优质稻种植面积比重为64%，分别提高4个百分点和3个百分点。畜牧水产业发展势头良好。

工业结构升级步伐加快。高技术产业快速发展，规模以上工业中，高技术产业增加值增长19.8%。一批重大科技专项和产业化专项顺利实施。重大关键技术和装备国产化取得新进展。重型燃气轮机、城市轨道交通运输装备、大型水电和抽水蓄能机组的引进消化吸收工作顺利推进，百万吨级乙烯装备国产化依托工程开始启动，建成750千伏交流输变电示范工程。企业兼并重组步伐加快，淘汰了一批高耗能、高污染和不符合安全生产条件的落后生产能力，部分过度扩张行业投资增幅继续回落。

基础设施建设继续加强。西电东送、南水北调等重点工程建设进展顺利。青藏铁路提前一年全线铺通。县际公路改造工程基本完成。新建公路13万公里，其中高速公路6457公里。新建铁路投产里程1203公里，新增电气化铁路863公里，新增铁路复线486公里。

服务业继续稳定发展。政府和企业信息化应用水平进一步提高。邮电通信、现代物流、社区服务、旅游、会展等新兴服务业发展加快，商贸、餐饮等传统服务业保持良好发展势头。

(三)区域发展总体战略积极推进。西部大开发进展顺利，新开工重点工程10项，投资总规模1360亿元。遂宁—重庆—怀化铁路建成投产，“五纵七横”国道主干线西部路段全部开工，重庆、西宁、满洲里等10个西部机场新建、改扩建工程先后完工，百色、紫坪铺等水利工程相继下闸蓄水。东北地区等老工业基地振兴战略扎实推进。以重大装备国产化和提升企业自主创新能力为重点，支持石化、钢铁、重大装备、造船、汽车和零部件等优势产业发展壮大。资源型城市经济转型试点取得阶段性成果，棚户区改造开始实施。研究制定了促进中部崛起的政策措施，中部地区农业基础进一步巩固，优势产业发展壮大，城市群的辐射带动作用增强。东部地区继续保持率先发展的良好态势，经济结构调整、增长方式转变取得新的成效。

(四)经济体制改革实现新突破。农村综合改革试

点积极推进,取消了牧业税,全部免征农业税的省份扩大到28个。国有企业改革继续深化,国有资产监管力度加大。铁路、民航、烟草等行业管理体制改革迈出新步伐,邮政体制改革开始启动。制定并实施了鼓励支持和引导非公有制经济发展的政策措施。人民币汇率形成机制改革顺利实施。上市公司股权分置改革稳步推进。国有商业银行股份制改革迈出重要步伐。深化农村信用社改革试点全面展开。调整完善了出口退税机制。东北老工业基地增值税转型改革试点进展顺利。投资体制改革继续推进,企业投资项目核准制和备案制全面实施。天然气出厂价格改革方案顺利出台,煤电、煤热价格联动机制初步建立,水价改革稳步实施。

(五)对外开放迈出新步伐。外贸进出口总额14221亿美元,增长23.2%。其中,出口7620亿美元,增长28.4%;进口6601亿美元,增长17.6%。机电产品和高新技术产品出口分别增长32%和31.8%。服务业对外开放进一步扩大。控制高耗能、高污染和资源性产品出口取得成效。利用外资继续保持较大规模,水平进一步提高,全年实际利用外商直接投资603亿美元。年末外汇储备8189亿美元。企业"走出去"取得积极进展,全年对外直接投资(非金融部分)达69亿美元。

(六)资源节约和环境保护取得新成效。节能、节水、节材、节地、资源综合利用和发展循环经济工作力度加大。在重点行业、重点领域、产业园区和部分地区启动了国家第一批循环经济试点。对部分高耗电行业实行了差别电价政策,对部分高耗水行业制定了取水定额国家标准,对部分产品发布了强制性能效标准。万元国内生产总值用水量下降8.7%。节能建筑推广、墙体材料革新及木材节约和代用取得新进展。全社会资源忧患意识与节约意识进一步增强。

"三河三湖"、三峡库区、南水北调工程沿线等重点流域区域水污染防治工作步伐加快,城镇污水、工业废水、危险废物、火电厂二氧化硫污染治理进一步加强。城市污水处理率和工业固体废物综合利用率继续提高。部分空气污染严重城市的空气质量有所改善。退耕还林完成111.1万公顷,荒山荒地造林及封山育林266.7万公顷,退牧还草666.7万公顷。天然林资源保护、京津风沙源治理等重点生态建设工程进展顺利。"三化"草地治理、水土流失治理和矿山生态恢复面积分别为838万公顷、420万公顷和7.2万公顷。野生动植物资源保护得到加强。

(七)科技、教育、文化、卫生等社会事业全面发展。制定并公布实施《国家中长期科学和技术发展规划纲要(2006—2020年)》。国家创新体系、基础研究和科技基础设施建设进一步加强。"神舟"六号载人航天飞行取得圆满成功。"龙芯二号"高性能通用计算机芯片、禽用禽流感基因工程灭活疫苗研制成功。抗虫棉推广面积达300万公顷。全年共签订技术合同26.5万项;技术合同成交额1510亿元,比上年增长13.2%。

全国义务教育人口覆盖率超过95%。西部地区"两基"攻坚计划取得新进展。新建、改扩建农村寄宿制学校2400多所,为16万个农村中小学和教学点配备了远程教育设施。中央和地方财政安排专项资金70多亿元,对592个重点贫困县1700万名贫困家庭学生免除学杂费、免费提供教科书和补助寄宿生生活费,还为中西部地区1700多万名贫困家庭学生免费提供教科书。中等职业学校和县级职教中心的校舍和实训设施建设步伐加快。高等教育"211"工程、"985"工程稳步推进。

公共文化体系建设进一步加强。重大文化项目建设和自然文化遗产保护力度加大,基本实现县县有文化馆和图书馆。广播电视村村通工程取得新进展,新增覆盖人口2700万。《全国红色旅游发展规划纲要》开始实施。全民健身运动深入开展,奥运场馆建设进展顺利。

疾病预防控制体系基本建成。医疗救治体系建设进展顺利。农村卫生服务体系建设继续推进,以中西部乡镇卫生院为重点的农村卫生基础设施建设得到加强。新型农村合作医疗制度试点范围扩大到671个县,有1.77亿农民参加合作医疗。城市社区卫生服务发展加快。高致病性禽流感疫情防控取得初步成效。农村计划生育服务体系建设开始实施,全国人口自然增长率5.89‰。

(八)人民生活进一步改善。城镇居民人均可支配收入和农村居民人均纯收入分别实际增长9.6%和6.2%。社会消费品零售总额增长12.9%。城镇新增就业970万人,城镇登记失业率4.2%。社会保障覆盖范围继续扩大,"两个确保"进一步巩固,城乡困难群众基本生活得到保障。全国绝大多数地方已基本实现国有企业下岗职工基本生活保障向失业保险并轨,东北三省完善城镇社会保障体系试点顺利实施。

经济社会发展在取得成绩的同时,也面临不少困难和挑战。制约我国经济健康发展的长期性、深层次问题仍然是:自主创新能力弱,经济结构不合理;增长方式粗放,资源环境约束加剧;城乡经济二元结构矛盾突出,经济社会发展不协调;体制机制不完善,法制环境不健全等。当前比较突出的是:(1)粮食增产和农民增收难度加大。农业基础薄弱的状况没有根本改变,依靠扩大种植面积增加粮食产量的余地不大。农业总体效益低,粮食价格下行压力较大,能源、原材料价格上涨导致农资生产成本提高,农民增加务工收入的制约因素较多。(2)固定资产投资增幅仍然偏高。2005年全社会固定资产投资增长25.7%,增速虽比上年有所回落,但仍在高位运行。在建规模偏大,新开工项目偏多,有些行业投资增长过快,投资结构不合理,投资反弹压力较大。(3)部分行业产能过剩的不良后果开始显现。导致相关产品价格下跌,库存上升,企业利润增幅下降、亏损增加,金融潜在风险加大。(4)涉及群众切身利益的不少问题还没有得到很好解决。就业再就业压力加大,社会保障体系不健全,部分社会成员之间收入差距仍有继续拉大趋势,教育乱收费、群众看病难和看病贵问题没有明显改观。在环境保护、企业改制、土地征用、房屋拆迁、库区移民等方面还存在不少群众反映强烈的问题。高致病性禽流感和重大动植物疫病防控任务较重。(5)安全生产形势相当严峻。煤矿、交通等重特大事故频繁发生,给人民群众生命财产造成严重损失。对上述问题,要高度重视,积极采取措施,认真加以解决。

二、2006年经济社会发展的总体要求和主要目标

今年是"十一五"的开局之年,是我们在新的历史起点上继续前进的一年。做好今年的各项工作,对于巩固和发展经济平稳较快发展的好势头,顺利实施"十一五"规划至关重要。2006年经济社会发展工作,要以邓小平理论和"三个代表"重要思想为指导,认真贯彻党的十六大和十六届五中全会精神,坚持以科学发展观统领经济社会发展全局,保持宏观经济政策的连续性和稳定性,着力加快改革开放,着力增强自主创新能力,着力推进经济结构调整和经济增长方式转变,着力提高经济增长的质量和效益,坚持把解决涉及人民群众切身利益问题放在突出位置,正确处理改革发展稳定的关系,全面加强社会主义经济建设、政治建设、文化建设与和谐社会建设,为"十一五"开好局、起好步。

按照上述要求,做好今年经济社会发展工作,必须坚持"稳定政策、适度微调,把握大局、抓好重点,统筹兼顾、关注民生,立足当前、着眼长远"的原则。综合考虑经济社会发展的需要和可能以及上年实际执行情况,并与"十一五"《规划纲要(草案)》相衔接,2006年经济社会发展的主要目标是:

——国内生产总值增长8%左右。主要考虑是:我国资源环境压力加大,经济运行总体上仍绷得较紧,发展中还存在一些不稳定、不确定因素,增长速度不宜定得过高;从有利于增强综合国力、扩大就业和缓解各种社会矛盾的需要,以及近几年增长速度较快的情况出发,增长速度又不宜定得过低。8%左右是全国经济增长的预期目标,各地要从实际出发,合理、适度地确定本地增长速度,防止盲目追求和攀比速度,切实把主要精力放到提高经济增长质量和效益上来。

——城镇新增就业900万人,城镇登记失业率控制在4.6%。今年就业压力仍然较大,推进企业改革和结构调整,会在短期内影响就业岗位的增加。按照经济增长与提供就业岗位的关系测算,通过完善和落实积极的就业政策,这一目标是可以实现的,但必须付出艰苦努力。

——居民消费价格总水平上涨3%。这一指标比上年实际略高一些,主要考虑是:国际油价高位运行会对国内相关产品价格产生一定影响;理顺资源性产品价格关系,疏导价格矛盾,调整部分服务类价格,也会在一定程度上推动价格总水平上升。

——外贸进出口总额增长15%。要继续保持外贸进出口稳定增长。鉴于目前出口规模已经较大,且相当多的出口商品附加值较低,外贸增长目标不宜定得过高,以有利于引导各方面着力转变外贸增长方式,加快调整进出口商品结构,促进国际收支基本平衡。

——单位国内生产总值能耗降低4%左右。我国目前仍处在资源消费强度较高的时期,强化节能降耗措施见效需要一个过程,实现这一目标的难度较大。但我国能源效率低下的状况已难以为继,同时节能降耗的潜力很大,只要加大调整经济结构力度、加快转变粗放型增长方式,这一指标必须也能够实现。

——城乡居民收入稳定增长。城镇居民人均可支配收入和农村居民人均纯收入分别实际增长6%和5%。主要考虑是:随着经济较快增长,企业效益继续提高,国家促进农民增收、加强社会保障和扶贫工作等各项措施逐步落实,城乡居民收入将持续增加;但提高居民特别是农民收入水平也面临许多困难和制约因素。在城乡居民收入稳定增长的基础上,消费需求保持平稳较快增长,全社会消费品零售总额预期增长12%。

——科技、教育等各项社会事业加快发展。研究与试验发展经费支出占国内生产总值的比重力争达到1.45%。高中阶段教育毛入学率达到57%,普通高校计划招生530万人,研究生40万人。公共文化服务体系建设进一步加强。新型农村合作医疗试点范围扩大到全国40%左右的县(市、区)。人口自然增长率控制在7.5‰以内。

——生态环境状况继续改善。主要污染物排放总量减少2%。工业固体废物综合利用率提高到56.2%。城市污水处理率达到50%。

三、2006年经济社会发展的主要任务和措施

实现今年国民经济和社会发展目标,要统筹安排、突出重点,务必保持经济平稳较快增长的良好势头,务必在推进社会主义新农村建设上有良好开端,务必在

增强自主创新能力、推进结构调整上取得明显进展，务必在节能降耗、转变增长方式上取得显著成效，务必在重点领域和关键环节的改革上取得新突破，务必在构建社会主义和谐社会上迈出新步伐。为此，要着力抓好以下十方面工作。

（一）稳定宏观经济政策，保持经济平稳较快发展。继续实施稳健的财政政策和稳健的货币政策。(1)适当减少中央财政赤字，继续调整财政支出结构。2006年，全国财政预算收入35423亿元，支出38373亿元，中央财政赤字拟安排2950亿元，比上年预算减少50亿元，财政赤字占国内生产总值的比重进一步降低。大力开展增收节支，依法加强收入征管，严格控制一般性支出增长，保障重点支出需要。(2)缩减长期建设国债发行规模，合理确定投资方向。2006年拟发行长期建设国债600亿元，比上年减少200亿元；中央预算内经常性建设资金554亿元，增加100亿元。按照突出重点、压缩一般的原则，进一步调整国债资金和预算内投资结构，优先安排重点续建项目，适当开工建设事关“十一五”发展全局的重大项目。中央政府投资的主要方向是：改善农村生产生活条件，推进社会主义新农村建设；促进基础教育、公共卫生等社会事业发展；支持西部大开发等区域协调发展；加强环境保护与生态建设、水利、交通、能源等重大基础设施建设，以及涉及人民群众生命财产安全和切身利益的建设项目等。加强稽察监管，提高投资效益。(3)保持货币信贷适度增长，着力优化信贷结构。2006年，广义货币供应量(M2)和狭义货币供应量(M1)分别预期增长16%和14%，新增人民币贷款2.5万亿元。合理控制中长期贷款规模。积极引导金融机构增加对有效益、有市场企业的流动资金贷款，着力解决农户、中小企业等贷款难问题，加大对经济社会发展薄弱环节和西部大开发、东北地区等老工业基地调整改造、中部崛起的信贷支持。发展直接融资，扩大企业债券发行规模。继续推进利率市场化改革，健全货币政策传导机制。完善有管理的浮动汇率制度，保持人民币汇率在合理、均衡水平上的基本稳定。进一步改进外汇管理，优化储备结构，加强对跨境资本流动的监控。(4)保持价格总水平基本稳定。继续加强对价格总水平和粮食、棉花、石油、煤炭、钢材、商品房等重要商品和服务价格走势的监测分析。做好市场价格巡查工作。

加强固定资产投资调控。2006年全社会固定资产投资总规模预期增长18%。继续严把土地、信贷两个闸门，从严控制新开工项目，抑制固定资产投资过快增长，防止投资反弹。(1)坚持实行最严格的土地管理制度，从紧控制农用地特别是耕地转为建设用地。2006年，农用地转为建设用地的规模控制在26.67万公顷。(2)坚持区别对待、有保有压的原则，严格控制过度扩张行业的土地和资金供应，保障国家重点建设项目、有利于结构调整重大项目的建设用地和资金需要。(3)加强城市规划，合理控制拆迁规模，规范城建项目打捆贷款。巩固清理整顿开发区成果，进一步完善政策。(4)着力调整住房供应结构，增加普通商品房和经济适用房供给，健全商品房与经济适用房、廉租住房相结合的城镇住房供应体系，控制高档房地产开发，基本完成建设领域清理拖欠工程款任务，引导建筑业与房地产市场健康发展。

着力扩大消费需求。(1)努力增加城乡居民尤其是中低收入者的收入，适当提高企业离退休人员基本养老金标准、残疾军人等各类优抚对象抚恤补助标准、城市居民最低生活保障补助标准。合理调整并严格执行企业最低工资标准，制定和推行最低小时工资标准。根据《中华人民共和国公务员法》，改革公务员工资制度。推进事业单位收入分配制度改革。(2)改善消费心理预期，通过加快完善社会保障体系和解决教育、医疗、住房等领域的突出问题，稳定居民支出预期，扩大即期消费。(3)积极开拓农村市场，加快农村商业流通体系建设，加大对农村商业网点连锁经营、农资物流配送等项目的支持力度，继续实施“万村千乡”市场工程。发展城市社区商业和服务业。(4)培育新的消费热点，扩大文化、健身、旅游等服务性消费，规范和发展住房、汽车交易市场。(5)改善消费环境，合理调整现行消费税，加快个人征信体系建设，完善消费信贷政策。积极发展电子商务。继续开展教育、医药价格收费专项检查，严厉查处商业欺诈行为，切实保障消费者合法权益。

促进煤电油运供需有效衔接。在保证安全的前提下，稳定煤炭生产和供应，推进大型煤炭基地建设。加快水电、核电、可再生能源等清洁能源建设，优化发展火电，完善电网结构。努力增加石油天然气供给，推进煤炭液化示范、煤层气开发利用工程，加快建立石油储备体系。继续加强煤运通道、下水港口和其他重大交通基础设施建设。建立电力需求侧管理的长效机制。搞好煤电油运综合协调，着力解决与群众生活密切相关的供水、供气、供电、供暖和供油等问题。

（二）推进社会主义新农村建设，促进农业发展和农民增收。坚持“多予少取放活”的方针，加快建立以工促农、以城带乡的长效机制。(1)稳定发展粮食生产。继续加强农业综合生产能力建设，努力使粮食总产量保持在上年水平。搞好土地管理和基本农田保护，稳定粮食播种面积。加强大型商品粮基地建设，继续实施优质粮食产业工程、种子工程和植保工程。增加对产粮大县和财政困难县的转移支付。继续对短缺的重点粮食品种在主产区实行最低收购价政策，稳定粮食市场价格。健全中央和省级粮食储备调节制度和调控机制，进一步充实地方储备。(2)发展现代农业。按照“高产、优质、高效、生态、安全”的要求，积极推进优势农产品的区域化布局、专业化生产和产业化经营。加快农业科技进步，大力推广农业先进适用技术。建设新疆优质棉基地和长江流域“双低”油菜产业带。继续实施畜禽水产良种工程，支持有条件的地区发展养殖小区。加快实施动物防疫体系建设规划，落实好扶持家禽业发展的各项措施。(3)着力改善农村生产生活条件。把国家对基础设施建设投入的重点放在农村，继续加强以小型水利建设为重点的农田基本建设，支持大型灌区节水改造和中部地区排涝泵站改造，突出抓好农村“水、气、路、电”等基础设施和人居环境建设。2006年，用于农村饮水安全工程的中央投资拟比上年增加1倍，再解决2000万高氟、高砷、苦咸水、污染水和季节性缺水地区农村人口的饮用水安全问题。用于农村沼气建设的中央投资拟比上年增加1.5倍，新增农村沼气用户250万户，带动农户改圈、改厕、改厨。启动“十一五”农村公路改造工程，加强东部、中部地区的通村沥青(水泥)路和西部地区的通乡沥青(水泥)路建设。加快无电村电力建设，实施部分省份农网完善工程。(4)加快发展农村公共事业。今年要在西部地区全部免除农村义务教育阶段学生学杂费。继续对农村义务教育阶段贫困家庭学生免费提供教科书并补助寄宿生生活费。提高农村义务教育阶段中小学公用经费保障水平，建立和完善农村中小学校舍维修改造投入机制、教师工资经费保障机制。基本完成农村寄宿制学校改造任务和农村中小学现代远程教育工程。实施《农村卫生服务体系建设与发展规划》，以中西部为重点继续推进农村卫生基础设施建设，再改建和新建4200个乡镇卫生院，达到规划目标的68%。扩大新型农村卫生合作医疗制度的试点范围，推行农村医疗救助制度。启动20户以上通电自然村的广播电视村村通工程，继续实施农村电影放映工程，推动乡镇文化站建设。(5)多渠道增加农民收入。稳步推进农业产业化经营，积极发展贸工农一体化和农副产品加工龙头企业及各类专业合作经济组织，挖掘农业内部增收潜力。增加对农民的种粮直接补贴、良种补贴、农机具补贴，对种粮农民逐步实行化肥、柴油等农资直接补贴制度。加强化肥价格和涉农收费的监管，抑制农业生产资料价格上涨，切实减轻农民负担。强化农民工就业培训，继续清理对农民工的歧视性政策，落实农民工工资支付措施，促进农村劳动力向城镇和非农产业转移就业。发展壮大县域经济。

(三)大力增强自主创新能力，扎实推进创新型国家建设。认真实施《国家中长期科学和技术发展规划纲要(2006—2020年)》，大力推进原始创新、集成创新和引进消化吸收再创新。(1)加强重大科技攻关。在条件成熟的基础上，启动实施重大新药创制、转基因生物新品种培育等若干重大科技专项。实施蛋白质研究、纳米研究等重大科学研究计划。在能源、资源、信息、装备等领域，集中力量组织一批重大产业核心技术攻关。加强生态环境、人口与健康、公共安全等领域的公益性技术研究。继续繁荣和发展哲学社会科学。(2)加快国家创新体系建设。强化企业在自主创新中的主体地位，培育3000家左右行业骨干企业技术中心。新建煤矿瓦斯治理、新型疫苗、船舶制造等一批国家工程中心。启动建设下一代互联网应用、生物冶金等若干国家工程实验室。积极推动海洋科学综合考察船、新一代大型天文望远镜等9大科技基础设施建设。建设中科院知识创新三期工程。调整和完善国家科技计划体系，优化科技资源配置，促进科技成果转化。继续推进技术开发类院所企业化转制和社会公益类科研机构改革。完善科技评审评估和成果评价奖励等制度。大力培育和发展科技中介服务机构。加强科学普及工作，实施全民科学素质行动计划。(3)进一步细化鼓励自主创新的财税、金融、政府采购等政策措施，鼓励企业加大研发投入。支持使用、制造和设计单位联合招标引进重大技术。建立财政性科技投入稳定增长机制。设立创业风险投资引导基金。对选用国产首台、首套装备给予政策扶持。加强对重大技术和装备引进的管理，防止盲目重复引进。支持中小企业提升自主创新能力，鼓励外资企业研发活动本地化。加大对知识产权的保护力度。(4)加强科技人才队伍建设。建立健全人才评价机制。依托国家重点项目、重点学科和重点科研基地，造就一批科技领军人才、学科带头人和战略科学家。

(四)加快推进产业结构优化升级，大力提升产业技术水平和整体竞争力。(1)着力推进部分产能过剩行业的结构调整。综合运用经济、法律和必要的行政手段，充分发挥市场机制作用，促进优胜劣汰。加强产业政策引导、信贷政策调节、财政政策支持，继续完善行业规划，贯彻落实《促进产业结构调整暂行规定》，提高并严格执行环保、安全、技术、土地和资源综合利用等市场准入标准，严格控制新增产能。继续清理整顿在建和拟建项目，对不符合市场准入条件的项目，依法停止建设。依法关闭一批破坏资源、污染环境和不具备安全生产条件的企业。围绕提升技术水平、改善品种、保护环境、降低消耗、保障安全等，对传统产业实施改造提高。按照市场原则，鼓励钢铁、水泥、电解铝、煤炭等行业兼并重组，支持优势企业做强做大，提高整体技术水平和行业集中度。(2)加快发展高技术产业。改善高技术企业的信贷服务和融资环境。重点支持集成电路、软件和新型元器件等核心产业,培育数字化音视频、下一代互联网、新一代移动通信、高性能计算机及网络设备等信息产业群。积极发展生物产业。加快推进广播电视直播卫星、新支线飞机工程。坚持以信息化带动工业化,广泛应用高新技术和先进适用技术改造提升传统产业。(3)大力振兴装备制造业。完善支持重大装备发展的政策和配套措施。依托重点工程,继续推进燃气轮机、超临界和超超临界燃煤发电机组、百万千瓦核电机组、高速列车、大型煤化工成套设备等16个重点领域的重大装备国产化,带动基础产品和零部件的发展。(4)促进服务业全面发展。选择若干城市开展服务业体制改革与创新试点。加快发展交通运输、金融、信息、现代物流、各种中介服务组织等生产性服务业和社区服务、旅游等新兴消费性服务业。提高商贸、餐饮、邮政等传统服务业的水平和质量。

(五)加强资源节约和环境保护,促进经济增长方式转变。(1)积极推进节能降耗。抓紧制定和完善各行业节能、节水、节材、节地标准,建立各地区和重点行业能耗目标考核体系和单位国内生产总值能耗公报制度。实施十大重点节能工程,突出抓好1000家高耗能企业的节能工作。扩大节能产品认证范围,推行强制性能效标准,加强重点用能产品能效标识管理。继续推进政府部门采购和使用节能产品。发展农业节水灌溉。支持高耗水行业节水技术改造,加快再生水利用设施建设,支持海水淡化和直接利用,加大节水设备和器具的推广力度。加强重点行业原材料消耗管理。鼓励开发高强度和耐腐蚀金属材料,促进木材节约和代用。强化节约和集约利用土地,建立和完善建设用地定额标准,发展节能省地型建筑。推动第二批城市限时禁用实心黏土砖。(2)大力发展循环经济。完善发展循环经济、促进资源节约和综合利用的财税、价格政策。组织实施国家循环经济试点。支持循环经济关键和共性技术研发及产业化示范。推进共伴生矿产资源和工业废物综合利用,做好再生资源回收利用。广泛开展宣传教育,倡导健康文明、节约资源的消费模式和生活方式。(3)搞好生态建设和环境保护。继续实施天然林资源保护、水土保持、京津风沙源治理、三江源自然保护区生态保护和建设、三峡库区周边绿化带建设等重点生态工程。抓紧建立生态补偿机制。加大"三河三湖"、环渤海、三峡库区、南水北调沿线等重点流域区域水污染防治力度。严格保护城镇饮用水源地水质。加强现有燃煤电厂烟气二氧化硫排放治理。做好城市大气污染综合防治工作。推行清洁生产。加强核安全和辐射环境的监管。认真履行《联合国气候变化框架公约》。大力发展环保产业。

(六)充分发挥比较优势,推动区域协调发展。(1)着力促进西部地区重点地带、重点城市和重点产业开发,努力增强自身发展能力。新开工一批重大基础设施工程。巩固和发展退耕还林、退牧还草成果。继续加强长江、黄河上游水污染治理。加大矿产资源勘探开发力度,支持建设石油、稀土、钾磷肥等特色资源加工基地。进一步加强西部地区科技教育、人才开发和法制建设。加快建立长期稳定的西部开发资金渠道。(2)加强东北大型粮食基地建设,促进重点行业结构调整和国有企业改革重组,抓好资源型城市经济转型、采煤沉陷区治理和棚户区改造工作,实施以松花江、辽河流域为重点的生态环境整治工程。抓紧研究建立资源开发补偿机制、衰退产业援助机制。做好东北地区厂办大集体改革试点工作。认真落实扩大对内对外开放的政策措施。(3)出台并组织实施促进中部崛起的指导意见,在产业发展、重大基础设施建设、资金投入、推进改革开放等方面加大支持力度。重点加强现代农业特别是粮食主产区商品粮基地、能源重要原材料基地、现代装备制造和高技术产业基地以及综合交通运输体系建设。发展现代流通业。支持老工业城市加快企业改组改造和资源型城市转型。增强中心城市辐射功能。(4)东部地区要率先增强自主创新能力、国际竞争力和可持续发展能力,更加注重节约利用土地、水、能源、矿产资源,加快发展高技术产业和现代服务业。继续发挥经济特区、上海浦东新区的作用,推进天津滨海新区开发开放,支持海峡西岸和其他台商投资相对集中地区的经济发展。积极发展海洋经济。(5)进一步支持革命老区、少数民族地区、边疆地区和贫困地区的经济社会发展。加大对人口较少民族的扶持力度,推进兴边富民行动。健全发达地区帮扶欠发达地区发展的机制,继续做好区域合作对口支援工作。(6)开展主体功能区划研究,合理确定优化开发、重点开发、限制开发、禁止开发四类功能区的范围,根据各区域的主体功能定位,确定发展方向和配套政策。

(七)继续深化改革,营造科学发展的体制环境。加强对改革的总体指导、统筹协调和综合配套,力争在一些重要领域和关键环节继续取得新突破。(1)全面推进以深化乡镇机构、农村义务教育和县乡财政管理体制改革为主要内容的农村综合改革。规范农村土地流转政策,加快征地制度改革。深化粮棉流通体制改革。完善农村信用社体制,做好农业银行、农业发展银行改革和政策性农业保险试点工作,改进农村金融服务。(2)深化企业改革。以贯彻修订后的公司法为契机,推进国有大型企业股份制改造,着力完善产权结构、法人治理结构和激励约束机制,加快形成一批拥有自主知识产权、知名品牌和国际竞争力的大公司、大企业集团。继续做好企业政策性关闭破产、分离办社会职能和主辅分离工作。规范国有企业改制和国有产权转让行为,防止国有资产流失,维护职工合法权益。加快建立国有资本经营预算制度,建立健全非经营性资产、自然资源资产等监管体制。进一步深化电信、电力、民航、邮政、烟草管理体制改革。推进铁路投融资体制改革,研究提出铁路体制改革方案。进一步引入市场机制,完善市场监管,深化供水、供气、供热等市政公用事业改革。积极推动集体企业改革和发展。完善鼓励支持和引导非公有制经济发展的配套政策措施,推动实施中小企业成长工程。(3)加快推进金融体制改革。继续做好国有商业银行股份制改革工作,坚持国家绝对控股,完善公司治理结构和内控机制。积极稳妥地推进资本市场改革和发展,着力提高上市公司质量,搞好证券公司的综合治理,继续开展股权分置改革和产业投资基金试点。深化保险业改革,推进政策性银行、邮政储蓄机构等其他金融机构改革。规范金融市场,强化金融监管,维护金融稳定和安全,防范和化解金融风险。(4)深化财税体制改革。健全公共财政体系,完善转移支付制度,实施政府收支分类改革,完善预算管理制度。积极推进增值税转型改革,调整和完善资源税,研究统一各类企业税收制度。(5)深化投资体制改革。进一步完善投资项目核准制和备案制。尽快制定中央预算内直接投资管理和中央政府投资项目决策责任追究等办法。健全投资宏观调控体系。(6)积极稳妥推进资源性产品价格改革。继续实行峰谷、丰枯分时电价制度,稳步推进电力竞价上网,实行鼓励可再生能源发展的电价机制。完善石油价格形成机制。调整天然气出厂价格。加大水资源费征收力度,合理调整城市供水和水利工程供水价格,全面开征污水处理费,在有条件的地方加快实施阶梯式水价和超计划超定额用水加价制度。建立规范的基准地价制度。价格改革要兼顾各方面利益,尤其是要采取措施,保证低收入群众基本生活不受影响。(7)继续推进行政管理体制改革。深入贯彻行政许可法,进一步转变政府职能,减少和规范行政许可。健全对涉及经济社会发展全局重大事项决策的协商和协调机制,完善专家论证、技术咨询、决策评估制度和公示、听证制度,提高决策的科学化、民主化水平。积极推进事业单位改革。

(八)积极实施互利共赢开放战略,进一步提高对外开放质量和水平。(1)加快转变外贸增长方式,优化进出口商品结构。大力实施科技兴贸战略。完善出口退税、金融支持和品牌认证等措施,提高出口产品的质量、档次和附加值。支持企业扩大具有自主知识产权、自主品牌的高新技术和机电产品出口。推动加工贸易转型升级,提高产业层次和加工深度。控制高耗能、高污染和资源性产品出口。着重增加先进技术、关键设备和国内短缺资源进口,努力改善贸易不平衡状况。做好加入世贸组织后过渡期工作。加强区域和多双边经贸合作。进一步落实内地与港澳更紧密经贸关系安排的各项措施。(2)继续积极利用外资,优化结构、提高质量。注重引导跨国公司向我国转移附加值高、技术含量高的加工制造环节、服务外包业务和建立技术研发机构。加强对外资投向的产业和区域引导,完善规范企业并购的相关政策,严格限制低水平、高消耗、高污染的外资项目进入,维护产业安全。(3)积极稳妥地实施“走出去”战略。继续支持和引导有条件的企业对外投资,完善境外投资的相关政策、法律法规以及促进和保障体系,健全协调和监管机制。

(九)坚持把教育放在优先发展的战略位置,促进各项社会事业全面进步。(1)优先发展教育事业。全面实施素质教育。普及和巩固九年义务教育,强化政府对义务教育的保障责任,改善农村办学条件,解决好城市低收入家庭和进城务工农民的子女上学问题。启动实施职业教育基础能力建设工程,专项支持县职教中心、中等职业学校和示范性高等职业院校建设。推进高中阶段教育协调发展。继续实施“211工程”和“985工程”,提高高等教育质量。积极发展民办教育。(2)完善公共卫生和基本医疗服务体系。全面完成医疗救治体系建设任务。调整和优化城市医疗资源布局,构建以社区为基础的新型城市医疗卫生服务体系。继续做好艾滋病、结核病、血吸虫病等重大疾病的防治及高致病性禽流感的防控工作。推动医疗卫生体制和药品生产流通体制改革。继续降低药品价格,整顿医疗器械市场价格秩序,加强医德医风建设,规范医疗服务中的诊疗和用药行为,抓紧解决群众看病难、看病贵问题。支持中医药事业发展。(3)大力发展文化、广播影视、新闻出版、旅游、体育等事业。深化文化体制改革。积极推进文化设施建设,加强重大自然文化遗产、民间文化保护。做好新闻出版工作。围绕全国重点红色旅游区和精品路线,加强经典景区和相关景区的基础设施建设。积极推进全民健身运动,提高竞技体育水平。继续抓好北京奥运会和上海世博会筹办工作。(4)稳定现行生育政策和低生育水平,提高出生人口素质。以中西部地区县级和中心乡计划生育服务站建设为重点,健全基层计划生育服务网络,完善流动人口计划生育管理和服务。扩大农村计划生育家庭奖励扶助制度的覆盖面和西部地区“少生快富工程”的实施范围。大力发展老龄事业。

(十)认真解决关系人民群众切身利益的问题,高度重视和维护社会稳定。以扩大就业、完善社会保障体系、理顺分配关系、维护社会稳定为着力点，扎实推进和谐社会建设。(1)继续实施积极的就业政策。进一步解决体制转轨遗留的下岗失业人员再就业问题和重组改制关闭破产企业的职工安置问题。大力发展服务业、劳动密集型产业和中小企业，拓宽就业渠道。做好新增劳动力特别是高校毕业生、退役军人和就业困难人员的就业指导和服务工作。大力开展职业培训和就业服务体系建设。完善对特殊困难群众的就业援助制度。鼓励自谋职业和自主创业，支持多种形式灵活就业。加强劳动者权益保护工作。(2)加快完善社会保障体系。切实保证各项社会保险待遇及时支付。继续扩大城镇社会保险覆盖面。完善城镇基本养老和基本医疗保险制度，提高统筹层次。做好城市低保工作。在有条件的地方，建立农村居民最低生活保障制度。加强失业、工伤、生育保险制度建设。积极稳妥地解决农民工和被征地农民的社会保障问题。加快建立城乡特殊困难群众社会救助体系。进一步发展残疾人、社会福利和社会慈善事业。(3)合理调节收入分配。抓紧建立居民收入分配监测和预警体系。规范居民收入分配秩序，调节过高收入，完善国有企事业单位收入分配规则和监管体制。强化个人所得税征管，取缔各种非法收入。(4)积极帮助城乡困难群众解决生产生活问题。加大扶贫开发力度，稳步推进以工代赈和易地扶贫试点。做好灾区群众生活救济、生产恢复和灾后重建工作。完善农村"五保户"供养、特困户救助、灾民救济等制度，增加资金支持并适当提高救助标准。(5)进一步加强安全生产管理。严格落实安全生产责任制，依法关闭取缔不具备安全生产条件的厂矿企业，加大矿山、交通运输、危险化学品、烟花爆竹等重点领域安全生产的治理力度，强化对食品、药品和餐饮卫生等的监管。特别是要按照"企业负责、政府支持"的原则，加大煤矿安全技改和瓦斯治理的投入，企业要提足用好安全生产费用，中央政府要继续安排资金，地方政府也要加大投入，完善通风、防尘、防火、排水、运输等安全生产系统，强化瓦斯抽采和综合利用，坚决遏制重特大事故频发的势头。(6)维护和促进社会稳定。高度重视并认真解决征地拆迁、企业改制、库区移民和环境污染等方面存在的损害群众利益的问题。加快完善社会稳定预警体系和应急处理机制，妥善应对自然灾害、事故灾难、公共卫生以及社会安全等突发事件。健全社会治安防控体系，加强和谐社区、和谐村镇建设，创造城乡居民安居乐业的社会环境。

2006年，我国改革发展稳定的任务艰巨而繁重。我们要在以胡锦涛同志为总书记的党中央领导下，高举邓小平理论和"三个代表"重要思想伟大旗帜，全面落实科学发展观，齐心协力，扎实工作，为实现经济社会发展目标和"十一五"的良好开局而努力奋斗！

财政部向十届全国人大四次会议作《关于2005年中央和地方预算执行情况与2006年中央和地方预算草案的报告》

各位代表：

受国务院委托，现将2005年中央和地方预算执行情况与2006年中央和地方预算草案的报告提请十届全国人大四次会议审议，并请全国政协各位委员提出意见。

一、2005年中央和地方预算执行情况

2005年，在党中央、国务院的坚强领导下，各地区、各部门以科学发展观为统领，认真贯彻中央各项方针政策和十届全国人大三次会议的有关决定、决议，经济建设和各项社会事业发展取得了新的成绩，人民生活进一步改善。各级财政、税务、海关等部门严格依法理财，加强财政监督管理，狠抓增收节支，中央和地方都圆满完成了预算。

全国财政收入突破3万亿元，达到31627.98亿元(不含债务收入，下同)，再上了一个新台阶，比2004年增加5231.51亿元，增长19.8%，完成预算的108.1%；全国财政支出33708.12亿元，比2004年增加5221.23亿元，增长18.3%，完成预算的104.5%。收支相抵，支出大于收入2080.14亿元。

分中央与地方来看：中央财政总收入17249.79亿元，按可比口径比2004年增加2581.02亿元(已扣除新增出口退税指标584.11亿元)，增长17.6%，完成预算的106.4%。其中，中央本级收入16535.94亿元，比2004年增加2580.6亿元，增长18.5%，完成预算的108.5%。中央财政总支出20249.41亿元，比2004年增加2388.87亿元，增长13.4%，完成预算的105.4%。其中，中央本级支出8775.73亿元，比2004年增加881.65亿元，增长11.2%，完成预算的104%；对地方税收返还和补助支出11473.68亿元，比2004年增加1507.22亿元，增长15.1%，完成预算的106.5%。中央财政赤字2999.62亿元，比十届全国人大三次会议批准的3000亿元减少0.38亿元，财政赤字占GDP的比重为1.6%。2005年中央财政归还到期国内外债务本金3923.25亿元，加上弥补当年赤字，中央财政国债发行总规模为6922.87亿元。另外，代地方政府发行国债100亿元。中央政府性基金收入1399.1亿元，中央政府性基金支出1399.1亿元。地方财政总收入26565.72亿元(含中央税收返还和补助收入)，按可比口径比2004年增加4158.13亿元，增长18.6%，完成预算的107.2%。其中，地方本级收入15092.04亿元，比2004年增加2650.91亿元，增长21.3%，完成预算的107.7%。地方财政总支出25646.24亿元，比2004

年增加4340亿元，增长20.4%，完成预算的103.5%。其中，地方本级支出24932.39亿元，比2004年增加4339.58亿元，增长21.1%，完成预算的104.7%；上解中央支出713.85亿元，与2004年基本持平。地方财政收支相抵，结余或结转919.48亿元。上述预算执行数字，在决算编制汇总后，还会有些小的变化。

2005年中央预算执行及财政工作的主要情况是：

（一）实施稳健财政政策，预算执行情况较好。2005年年初，根据国民经济和社会发展面临的新形势，中央及时调整财政政策取向，实施了以“控制赤字、调整结构、推进改革、增收节支”为主要内容的稳健财政政策。中央财政赤字预算3000亿元，比2004年减少192亿元；压缩国债项目资金规模300亿元，增加中央预算内经常性建设投资100亿元。在政策落实过程中，切实按照“五个统筹”的要求，既注重运用税收、补贴、转移支付等多种政策手段，又适当调整国债项目资金的使用结构和投向，加强农业等经济社会发展的薄弱环节，重点保证重大在建项目、农林水利、教科文卫、能源等方面的资金需要。

在经济平稳较快发展的基础上，依法加强收入征管，积极实施科学化管理，全面清理和规范税收优惠政策，严格控制减免税，努力做到应收尽收，全国财政收入实现较大幅度增长。2005年，全国财政收入比上年增收5231.51亿元，增长19.8%。

需要说明的是，全国财政收入实现较大幅度增长，除了国民经济平稳较快增长的基本因素外，也存在一些非经常性和税务部门加强征管因素。主要有：一是受煤炭、原油、有色金属等基础能源、原材料生产增长和价格大幅上涨，以及房地产行业增长较快等因素的影响，来自这些行业的增值税、营业税等税收大幅度高于其他行业，约有600多亿元增收是超常规的。二是2005年全国企业所得税增长38.9%，高于同期规模以上工业企业利润增长22.6%的水平，其主要原因是2004年企业利润大幅度增长，2005年企业所得税汇算清缴收入比上年增加500多亿元。其中，2005年中国银行、中国建设银行和中国工商银行实施了股份制改造，剥离了不良资产，资产质量提高，盈利能力增强，账面利润增加，三大商业银行上缴企业所得税比2004年增加200多亿元。三是税务部门加强税收征管稽查，大力清缴欠税，也增加了较多收入。综合上述因素，2005年的增收中有1200亿元左右是非经常性因素带来的。如果剔除非经常性因素收入，全国财税增收与经济增长和物价水平是基本一致的。

2005年，中央财政比预算超收1619亿元（未扣除新增出口退税指标）。按照党中央、国务院关于认真落实科学发展观的指示精神，根据《全国人大常委会关于加强中央预算审查监督的决定》及十届全国人大三次会议有关决议的要求，中央财政超收收入除按有关法律、法规和财政体制规定，增加对地方税收返还、一般性转移支付、民族地区转移支付共328亿元外，主要用于加强经济社会发展薄弱环节的支出和解决历史欠账。具体是：增加社会保障支出244亿元（其中拨付全国社保基金194亿元，增加国有企业破产关闭补助资金50亿元）；增加教育科学支出26亿元；新增出口退税指标584亿元，用于增加当年出口退税指标以及解决部分历史陈欠资金需要；消化供销社经营棉花政策性财务挂账90亿元；其余347亿元用于预留公务员工资制度改革及配套政策支出。中央财政预计超收收入安排使用的情况，国务院已向全国人大常委会报告。

（二）大力支持解决“三农”问题，促进城乡协调发展。2005年财政支持“三农”继续保持了力度大、政策实、措施强的特点。全年仅中央财政用于“三农”的支出就达2975亿元，比2004年实际执行数增加349亿元，增长13.3%。一是不断深化农村税费改革。中央财政为此转移支付662亿元，比2004年增长26.3%。2005年，牧业税和除烟叶外的农业特产税已全部免征；免征农业税的省份达到28个，8亿农民受益。二是认真落实“三补贴”等政策。全国30个省份用于粮食直补的资金达到132亿元，比2004年增长13.8%。兑付良种补贴资金38.7亿元，比2004年增长35.8%。中央财政兑付农机具购置补贴资金3亿元，是2004年的4倍多。另外，落实专项资金55亿元，对产粮大县予以财力补助；对企业生产销售的尿素免征增值税，运用关税政策鼓励进口国内短缺的农业生产资料。调动了地方政府重农抓粮的积极性，维护了粮食安全。三是支持农业和农民长远发展。2005年中央财政用于农业农村基础设施建设的预算内基本建设投资和国债项目资金达812.78亿元，进一步改善了农村生产生活条件。中央财政用于农业综合开发资金98.55亿元，新增资金中76.6%用于粮食主产区中低产田改造的农业基础设施建设。同时，积极探索采用投资参股、专项贴息等形式，更加有效地发挥农业综合开发资金的引导、示范和带动效应。中央财政支持280万农村劳动力转移培训，补助资金4亿元，比2004年增长60%。不断增加用于扶贫开发方面的投入，2005年达到130亿元。中央财政安排资金251.7亿元，直接补贴退耕还林的农民。继续大力支持农业科技推广、农业产业化、农民专业合作组织发展、小型农田水利建设和测土配方施肥等。

（三）进一步加大财政投入，促进社会各项事业发展。一是支持就业再就业和社会保障工作。2005年全国财政就业和社会保障支出3649.27亿元，增长

17.1%。其中，中央财政社会保障支出1623.59亿元，增长10%。积极支持东北三省开展完善城镇社会保障体系试点，完善企业职工基本养老保险制度，研究制定了扩大做实基本养老保险个人账户试点方案。积极参与制定并认真落实中央关于就业和再就业的财税优惠政策。多数省份已基本完成了国有企业下岗职工基本生活保障向失业保险并轨工作，城市低保基本实现应保尽保。支持做好企业军转干部和复退军人解困工作，并大力支持抗灾救灾，同时进一步清理和取消了针对农民进城就业的不合理收费，并采取积极措施解决农民工子女教育和农民工管理服务的经费问题。二是支持加快教科文事业发展。2005年全国教育支出3951.59亿元，增长17.4%。中央财政负担的教育支出384.38亿元，增长15.9%。其中，中央本级教育事业费338.64亿元，增长17.2%，高于中央财政经常性收入增长。中央和地方各级财政安排专项资金70多亿元，进一步扩大"两免一补"政策实施范围，使中西部地区农村义务教育阶段3400万名贫困家庭学生受益。中央财政还安排资金55亿元，继续支持实施全国中小学危房改造工程、国家西部地区"两基"攻坚计划、农村中小学现代远程教育工程、农村中小学布局调整等项目。中央财政安排专项资金7.7亿元，用于职业教育实验培训基地建设，进一步支持职业教育改革与发展。安排专项资金32.6亿元，继续支持实施"211工程""985工程"等重点工程，增强高校科技创新和社会服务能力。中央财政安排专项资金36.4亿元，继续支持深化高校管理体制改革。特别是从2005年起，中央财政每年安排国家助学奖学金10亿元，进一步加强对高校经济困难学生的资助工作。2005年，全国科技支出991.56亿元，增长20.9%。其中，中央财政科技支出600.78亿元，增长21.8%。重点支持了国家科技基础条件平台建设和中国科学院"知识创新工程试点"等工作。2005年，全国文体广播事业费支出692.88亿元，增长18%。其中，中央财政文体广播事业费支出99.27亿元，增长17%。加强基层文化建设，继续支持全国文化信息资源共享工程、广播电视村村通工程、送书下乡工程等。安排专项经费2.5亿元，用于大遗址等重要文物保护。三是促进医疗卫生体系建设和制度创新。2005年，全国财政医疗卫生支出1026.99亿元，增长20.2%。中央财政安排资金42亿元，支持建立和完善突发公共卫生事件医疗救治体系、疾病信息网络体系、卫生执法监督体系。安排补助资金5.42亿元，支持新型农村合作医疗制度试点，试点范围由2004年全国县(市、区)的11.6%扩大到2005年的23.5%。同时，积极推进城乡医疗救助制度建设。安排农村计划生育奖励扶助资金3.35亿元，比2004年增长68%。特别是中央财政设立20亿元禽流感防控基金，并实施了阶段性减免税政策，切实保障了高致病性禽流感防治工作的需要，促进了家禽业恢复发展。四是保障国家政权建设。2005年中央财政安排政法专款48.1亿元，有效改善了基层政法机关的执法办案条件，并通过改进管理方法，不断提高资金的使用效益；安排专项经费4亿元，继续支持"大通关"建设，初步实现"提速、减负、增效、严密监管"的目标；安排专款9.24亿元，继续支持有关省(区、市)进行监狱体制改革试点。积极支持全国及各地区、各部门建立突发公共事件应急预案。

(四)加大转移支付力度，促进基本公共服务均等化。在认真落实西部大开发和振兴东北地区等老工业基地等各项财税优惠政策的同时，不断创新支持方式，加大支持力度。一是积极创新缓解县乡财政困难的机制。从2005年起，按照"明确责任、综合治理、激励约束、分类指导"的总体思路，中央财政安排150亿元资金，实施了以"三奖一补"为核心的政策措施，调动了地方各级政府财力安排向下倾斜、发展县域经济、精简机构和人员、完善省以下财政体制的积极性。各省(区)在保持原有对县乡财力性转移支付规模的基础上，新增安排奖励补助资金108亿元，县乡财政困难加剧的势头得以遏制并开始向好的方向转化。二是大幅度增加转移支付。2005年除税收返还和体制性补助4143.71亿元外，中央财政安排各类转移支付补助达到7329.97亿元，比2004年增长21.6%。其中财力性转移支付达到3812.72亿元，比2004年增长46.4%，用于中西部地区的比例达到90%以上。不仅推动了基本公共服务均等化，也有效缓解了县乡财政困难，促进了区域协调发展。

(五)深化财税等改革，促进完善社会主义市场经济体制。一是税收制度改革成效明显。进一步完善增值税转型改革试点方案，研究明确了东北地区工业企业固定资产折旧的税收政策，为下一步全面推开增值税转型改革积累了经验。认真研究个人所得税调整方案，经全国人大常委会批准，自2006年1月1日起，个人所得税工薪收入费用扣除额由每月800元提高至每月1600元，同时扩大纳税人自行申报范围，加强对高收入者的征管。进一步研究完善了新的企业所得税法草案和消费税政策的调整方案。此外，根据改革中出现的新情况，进一步完善出口退税负担机制。自2005年1月1日起，各地出口退税超基数部分中央、地方负担比例由75∶25改为92.5∶7.5，减轻了地方负担，促进了外贸发展。二是预算管理制度改革向纵深拓展。在中央和地方全面推进部门预算改革的基础上，稳步推进了中央部门实物费用定额改革试点，实施了项目预算滚动管理，增强了预算编制的统一性、完整性和公平性。加强财政拨款结余资金管理,稳步推进绩效考评试点工作,提高财政资金使用效益。强化非税收入管理,深化“收支两条线”管理改革取得了新进展。2005年国库集中支付制度改革扩大到所有中央部门,将3300多个基层预算单位、3700多亿元财政资金全部纳入改革实施范围,有非税收入的中央部门也全部纳入了收入收缴管理改革实施范围;36个省(自治区、直辖市)和计划单列市本级,以及200多个地级市和500多个县实行了国库集中收付制度改革。政府采购制度改革在全国范围内取得了明显成效,中央和省级政府已经完成了政府采购管理与操作机构分设、职能分离的任务;全国政府采购规模达到2500亿元,比2004年增加了364亿元,资金节约率达11%。经全国人大常委会委员长会议同意,从2006年起,采取国债余额管理方式,提高国债管理的透明度,防范财政风险。政府收支分类改革已开始在6个中央部门以及5个省市模拟试点,效果较好。“金财工程”建设步伐加快,财政核心业务系统开发应用力度加大,并初步形成了纵向连接中央、省、市(地)三级,横向连接同级相关职能部门和预算单位的网络体系,为财政管理实现信息化奠定了基础。三是大力支持国有企业改革和金融体制改革。2005年,中央财政安排资金219亿元,支持116户国有企业实施政策性关闭破产,安置职工55万人。第二批74户中央企业分离办社会职能工作顺利推进。大力支持国有企业改组改制和债转股改革,推动电力、电信、铁路、民航、邮政等行业改革,出台了支持企业改组改制、分离办社会、债转股等系列税收优惠政策。出台了调整纺织品出口结构、化解贸易摩擦的出口关税措施,支持纺织企业实施“走出去”战略。大力支持金融体制改革创新,重点支持了中国工商银行、中国银行、中国建设银行、交通银行进行财务重组和改制上市,加强对四大资产管理公司的财务管理,制定并落实了保险、证券以及资本市场发展的税收优惠政策。中央财政安排保值储蓄利息补贴29.31亿元,推动和支持29个省(区、市)深化农村信用社改革。四是积极推进住房制度改革。进一步完善住房公积金管理制度,积极运用税收政策遏止投机性炒房,促进了住房价格的基本稳定和房地产业的健康发展。

(六)积极推进依法理财,加强财政监督管理。一方面把依法理财、规范管理、严格监督和建设法治财政贯穿到财政工作的各个方面和环节,不断强化财政自身监督;另一方面,落实全国人大有关决议和审计意见,认真分析研究,采取措施整改。一是财政法律法规体系不断完善。积极贯彻落实国务院《全面推进依法行政实施纲要》,全面实施《财政违法行为处罚处分条例》,制定《财政部门全面推进依法行政依法理财实施意见》。积极推进《预算法》《财政转移支付法》《税收基本法》《政府采购法实施条例》等主要财政法律法规的调研起草和修改工作。结合贯彻实施《行政许可法》,对财政行政审批事项进行了全面清理,共取消行政审批项目39项、调整审批项目6项。二是会计基础工作不断强化。积极推进会计准则、审计准则国际接轨和会计领军人才培养,加强了注册会计师行业管理和诚信建设,统一组织实施了会计师事务所执业质量和企业会计信息质量检查。三是财政监督不断深化。突出社会关注的重点资金监督,积极推进有效性监督,财政监督机制不断健全,财政监督效率不断提高。2005年共查处有问题资金606亿元,核减和收回财政资金159亿元,征收监缴中央非税收入266亿元。四是整改工作不断加强。国务院对于全国人大有关决议和审计报告所提意见和问题高度重视,要求各部门和有关单位自觉接受审计监督,认真落实审计决定,坚决纠正存在的问题。目前,各部门和有关单位已认真进行了整改。审计发现的中央预算执行中存在的问题,大部分已得到整改纠正并追究有关人员的责任。截至2005年10月底,已上缴财政各项资金11.83亿元,完善各项制度规定472项,有121人受到党纪政纪处分。有关整改情况国务院已报全国人大常委会。

2005年是“十五”计划的最后一年。回顾过去的五年,国家财政面貌发生了新的变化,主要是:国家财政实力不断壮大。全国财政收入连续突破2万亿元、2.5万亿元和3万亿元大关。“十五”时期全国财政收入为11.5万亿元,比“九五”时期增加6.4万亿元,增长126.5%,其中中央财政本级收入增长141.5%,地方财政本级收入增长111.3%。“十五”末2005年全国财政收入占GDP比重为17.3%,比“九五”末2000年的13.5%上升了3.8个百分点。全国财政支出为12.8万亿元,比“九五”时期增加7.1万亿元,增长124%,其中中央财政本级支出增长109.5%,地方财政本级支出增长130.5%。财政收入增长的稳定性和协调性进一步增强,财政发展的步伐不断加快。财政宏观调控作用不断增强。根据经济发展的客观需要,相机调整并顺利实现了积极财政政策向稳健财政政策的转变,促进了经济保持平稳较快发展。在认真总结财政政策实践的基础上,建立健全了基本适应通货膨胀、通货紧缩、供求总量基本平衡但结构不均衡等不同经济运行形态需要的,包括目标定位、政策组合、时机选择、组织实施等一系列要素在内的财政宏观调控体系。以人为本的公共支出体系不断完善。按照科学发展观和社会主义市场经济发展的要求,大力调整和优化支出结构,不断减少并逐步退出对一般竞争性、经营性领域的财政投入;大力支持义务教育、就业和社会保障、公共卫生等公益性社会事业的改革和发展；向困难地区、行业和群众倾斜，注意解决事关人民群众切身利益的突出矛盾和问题，把实现好、维护好、发展好最广大人民群众的根本利益作为财政支出的出发点和落脚点。公共财政管理体制改革不断深化。积极推进出口退税机制改革、增值税转型、个人所得税及所得税收入分享改革，深化预算管理制度改革，支持其他方面经济体制改革；推动财政法制建设、加强会计基础工作、转变财政监督方式，进一步健全了公共财政管理框架。

同时，我们也清醒地认识到，财政运行和预算执行中还存在不少亟待解决的问题。一是随着我国经济社会发展进入新阶段，促进经济社会全面协调可持续发展的财政保障能力仍需提高。如对“三农”、义务教育、公共卫生、环境保护等经济社会发展薄弱环节的投入力度仍需加强。二是对提高自主创新能力、促进科技进步、转变经济增长方式的支持力度仍需加大。三是基本公共服务均等化建设步伐仍需加快。部分地区基层财政还比较困难，基层政权保障和公共服务能力有待增强。四是经济运行中仍有不少来自其他领域的显性和隐性负债，防范和化解财政风险的任务仍十分艰巨。五是预算制度和财政管理制度改革仍需深化，财政管理的规范化、科学化和透明度仍需不断提高。国务院高度重视这些矛盾和问题，要求财政部和有关部门采取切实措施加以解决。我们将增强紧迫感、使命感，加快公共财政体制建设，健全科学决策机制，着力深化改革，优化支出结构，不断提高财政管理能力和服务水平。

二、2006年中央和地方预算草案

根据中央对经济工作的有关部署和要求，结合财政工作面临的新形势，2006年预算编制和财政工作的总体思路是：在邓小平理论和“三个代表”重要思想指导下，认真贯彻党的十六大和十六届三中、四中、五中全会及中央经济工作会议精神，以科学发展观为统领，继续实施稳健的财政政策；狠抓增收节支，优化支出结构，切实保障重点支出需要；着力深化改革，推动经济结构调整和增长方式转变，促进经济持续快速协调健康发展和社会全面进步，为顺利实现“十一五”规划目标开好局、起好步。

根据上述总体思路，2006年预算的主要指标安排如下：中央财政总收入19272.04亿元，比2005年增加2022.25亿元，增长11.7%。其中，中央本级收入18520.3亿元，比2005年增加1984.36亿元，增长12%。中央财政总支出22222.04亿元，比2005年增加1972.63亿元，增长9.7%。其中，中央本级支出9525亿元，比2005年增加749.27亿元，增长8.5%；对地方税收返还和补助支出12697.04亿元，比2005年增加1223.36亿元，增长10.7%。中央财政收支相抵，赤字2950亿元，比2005年预算减少50亿元，财政赤字占GDP的比重预计进一步下降到1.5%。2006年，中央财政安排国债项目资金600亿元，比2005年减少200亿元(其中取消代地方政府发行国债100亿元)，同时增加中央预算内经常性建设投资100亿元。中央财政国债余额35568亿元，比2005年同口径增加2954亿元。汇总中央和地方财政收支安排，2006年全国财政收入35423.38亿元，增加3795.4亿元，增长12%；全国财政支出38373.38亿元，增加4665.36亿元，增长13.8%。

2006年，全国财政收入增幅安排12%，一方面是考虑了中央确定的宏观经济预期指标；另一方面充分考虑了各种减收因素。比如，全面取消农业税、推进增值税转型改革试点、继续调整关税税率、提高个人所得税工薪所得减除费用标准等政策变化，以及足额安排出口退税和部分行业企业效益可能下滑等。这样的安排是积极稳妥的。

按照“统筹兼顾、量入为出、确保重点”的方针和实施稳健财政政策的要求，2006年中央财政支出安排将着力调整支出结构，有保有压，保障公共支出需要，压缩一般性开支，向农业、教育、就业和社会保障、公共卫生等经济社会发展薄弱环节倾斜；向困难地区和群体倾斜；向科技创新和转变经济增长方式倾斜。

(一)着力加强财政宏观调控，促进经济又快又好发展。根据中央经济工作会议精神和经济发展的客观需要，2006年要保持宏观经济政策的连续性和稳定性，继续实施稳健财政政策，着力推进投资、消费和出口健康发展。一是调整和优化政府投资结构。2006年中央财政预算内基建投资总规模1154亿元，包括国债项目资金600亿元和预算内投资554亿元，与2005年一致。进一步调整优化国债项目资金和中央预算内投资使用结构，发挥政府投资对落实“五个统筹”、加强薄弱环节和促进协调发展的作用，优先支持农村建设、科教文卫、资源节约、生态环境保护、西部大开发和关系“十一五”规划顺利实施的重点项目建设。二是整顿和规范收入分配秩序。适时推行公务员职级工资制改革，建立国家统一的职务与级别相结合的公务员工资制度；清理整顿津贴补贴，建立规范有序的津贴补贴发放制度和监督制约机制；推进事业单位收入分配制度改革，完善艰苦边远地区津贴制度，促进公平收入分配，更好地发挥消费对经济的拉动作用。三是巩固和发展出口退税负担机制改革成果。2006年中央财政安排出口退税指标4264亿元，用于保障对出口企业及时足额退税所需资金。各地特别是省级财政也要按体制规定足额保障出口退税所需资金。同时，进一步发挥关税等税收政策作用，支持推进外贸代理制，转变外贸发展方式，促进外贸健康发展。

(二)着力加大政策扶持和资金投入力度，加快建设社会主义新农村。建设社会主义新农村是党的十六届五中全会提出的一项宏伟目标，不仅有利于农业、农村的发展和农民的富裕，更关系到实现国家的长治久安和中华民族的伟大复兴。要逐步扩大公共财政覆盖农村范围，建立健全财政支农资金稳定增长机制。2006年，将继续保持新增教育、文化、卫生支出主要用于农村等政策的连续性、稳定性，并加大投入力度，突出在“多予”和“放活”上做文章，引导和调动社会各方面增加“三农”投入的积极性。全年中央财政预算安排用于“三农”的支出将达3397亿元，比2005年实际执行数增加422亿元，增长14.2%，高于中央财政总收入、总支出的增长水平，占中央财政总支出增量的21.4%。一是在全国范围内全面取消农业税。延续了2600多年的农业税走进了“历史博物馆”。农村税费改革使8亿农民每年减轻负担约1250亿元。2006年将积极研究提出烟叶特产税替代方案，实施国有农场税费改革，全面推进农村综合改革。为此，中央财政每年将安排转移支付资金782亿元，地方财政也将安排相应支出。二是完善并加强“三补贴”政策。扩大粮食直补资金规模，安排13个粮食主产省(区)的粮食直补资金125亿元，比2005年增加10亿元，全部达到本省(区)粮食风险基金总规模的50%；中央财政安排良种补贴资金40.7亿元，比2005年增加2亿元；安排农机具购置补贴资金6亿元，比2005年增加1倍，并扩大补贴范围，调整补贴重点；积极研究探索建立对农民种粮收益综合补贴制度。三是支持扩大新型农村合作医疗试点。将试点范围扩大到全国40%的县(市、区)，中央和地方财政补助标准均由10元提高到20元，中央财政相应安排资金47.3亿元，增长7倍多。加强农村医疗救助工作，缓解特困群众“因病致贫、因病返贫”的问题。四是积极支持农业综合生产能力建设。增加农业和农村基础设施建设、生态建设、农业科技进步、农业综合开发、扶贫开发等方面的投入，促进现代农业建设。同时，进一步整合支农资金，提高支农资金使用效益。

(三)着力建立农村义务教育经费保障机制，全部免除西部地区农村中小学生学杂费。加强农村义务教育，是关系经济社会发展全局的一项战略任务，是实现“十一五”规划战略目标和全面建设小康社会的重大举措。从2006年至2010年，将按照“明确各级责任、中央地方共担、加大财政投入、提高保障水平、分步组织实施”的原则，逐步将农村义务教育全面纳入公共财政保障范围，建立中央和地方分项目、按比例分担的农村义务教育经费保障机制。改革的主要内容是：对农村义务教育阶段学生免收学杂费，对贫困家庭学生提供免费课本和寄宿生活费补助；提高农村中小学公用经费保障水平；建立农村中小学校舍维修改造的长效机制；进一步巩固完善现行教师工资保障机制。同时全面建立农村中小学预算编制制度，积极推进教育综合改革。为确保改革的顺利实施，中央财政将对中西部地区农村义务教育经费保障机制改革承担主要的投入责任，对东部困难地区也给予支持。按照“两年实现，三年完善”的进度安排，分年度、分地区推进。2006年西部地区12个省(区、市)首先全面推行农村义务教育经费保障机制改革，并在全国范围内启动和实施农村中小学校舍维修改造机制。2007年全国农村将全面实行免费义务教育。不包括教师调资的因素，预计全国财政2006年至2010年累计新增农村义务教育经费将达2182亿元。大力支持职业教育，加大对职业教育实验培训基地建设的支持力度，进一步完善职业院校经济困难学生资助政策。为此，中央财政安排实验培训基地建设资金7.4亿元、职业教育助学奖学金8亿元，合计比2005年增加7.7亿元。同时，进一步支持提高高等教育质量。

(四)着力支持就业再就业和社会保障工作，促进构建和谐社会。加强就业再就业和社会保障工作，是维护群众利益、促进社会公平、构建社会主义和谐社会的重要措施。2006年，中央财政安排社会保障补助支出和就业再就业支出1859.82亿元，比2005年增加236.23亿元，增长14.5%。一是继续做好就业再就业工作。落实新的就业再就业扶持政策，妥善解决国有企业下岗职工有关历史遗留问题。二是完善企业职工基本养老保险制度。抓好做实基本养老保险个人账户试点工作；研究制订事业单位养老保险制度改革方案。三是结合推行公务员职级工资改革，相应提高部分困难群众的待遇。四是认真帮助解决困难群众基本生活问题。加快城市社区卫生事业发展和城乡医疗救助制度建设步伐，逐步解决群众“看病难、看病贵”的问题；推进社会救助体系建设，进一步巩固城市低保应保尽保成果；深入研究解决被征地农民的社会保障工作。支持实行城乡平等的就业制度，抓紧研究并逐步解决进城务工农民社会保障问题，依法将务工农民全部纳入工伤保险范围，探索适合务工农民特点的大病医疗保障和养老保障办法。有条件的地方要积极探索建立农村最低生活保障制度；继续做好优抚安置和军转干部解困工作，大力支持安全生产和抗灾救灾。五是全力支持防控高致病性禽流感工作。进一步加大投入，支持公共卫生体系建设，提高重大疾病预防控制能力。确保防控经费和相关基础设施建设需要，同时采取有效财税政策措施扶持家禽业发展，研究支持建立统筹人、畜、禽疫病防治、城乡一体的公共卫生体系。

（五）着力促进自主创新，推动经济增长方式转变。提高自主创新能力是提升科技水平和国家核心竞争力的关键，是调整产业结构，转变经济增长方式的中心环节，也是促进经济持续平稳较快增长，实现经济可持续发展的必由之路。一是大力增加财政科技投入。根据《国家中长期科学和技术发展规划纲要(2006—2020年)》和"十一五"科技发展规划的要求，2006年中央财政科技支出安排716.04亿元，比2005年增加115.26亿元，增长19.2%，地方财政也相应增加投入。通过这一政策信号更好引导全社会重视科技创新和增加科技投入。加大对基础研究、前沿技术研究、社会公益研究以及科技基础条件和科学技术普及的支持力度。合理安排科研机构（基地）正常运转经费、科研项目经费、科研基础条件经费的比例，稳定、持续地支持基础研究和社会公益类研究机构。切实改进资金管理，提高科技资金使用效益，逐步建立财政科技资金的绩效评价体系。二是充分发挥税收政策促进科技进步的作用。充分利用税收扶持措施，鼓励和引导企业增加科技投入，开发具有自主知识产权的关键技术；研究制定扶持企业技术创新活动以及鼓励创业投资企业发展的税收政策；完善进出口税收政策，鼓励能源和资源性产品、先进技术设备及其零部件的进口，限制高能耗、高污染以及资源性产品的出口；进口税收优惠政策要逐步从对进口整机设备的优惠，转变到对国内企业开发具有自主知识产权产品、装备所需重要原材料、关键零部件的优惠上来。三是完善企业财务和分配制度。加快企业财务制度改革，建立符合现代企业制度、有利于企业自主创新的财务管理制度体系；改革和完善企业分配制度，允许企业对有突出贡献的科技骨干实行股权激励等政策，鼓励企业引进科技人才；拓展政府采购政策的扶持功能，支持国内具有自主知识产权的重要高新技术装备及产品的生产。四是积极制定并实施支持循环经济发展的财税政策。推动理顺资源价格，建立合理反映资源稀缺程度的价格形成机制；逐步实行矿业权有偿取得制度，促进矿产资源的合理利用和综合开发；逐步加大对清洁生产、可再生资源和新能源开发等项目的支持力度，并整合资金，重点用于支持与发展循环经济有关的科技研发、技术推广和重大项目建设示范；运用有关财税政策措施，引导形成有利于节约资源、减少污染的生产和消费模式。大力支持建立健全生态建设和环境保护政策机制。按照"污染者付费"原则，充分考虑资源的稀缺性和环境成本，逐步提高排污收费水平，将环境要素成本化；按照"谁开发谁保护、谁利用谁补偿"的原则，逐步建立健全我国生态补偿机制；以支持推进城市污水、垃圾处理产业化为突破口，推进污染治理市场化；加大对污染防治、生态建设、环境保护试点示范及其监管能力建设的资金投入。

（六）着力加大转移支付力度，促进区域协调发展。实现基本公共服务均等化，促进地区协调发展，是公共财政的目标，更是构建和谐社会的要求。一是加大对欠发达地区的财政支持力度，促进革命老区、民族地区、边疆地区和贫困地区加快发展。2006年，中央财政对地方主要是中西部地区一般性转移支付资金将达到1359亿元，比2005年增加238亿元，增长21.2%；对民族地区转移支付资金将达到200亿元，比2005年增加40.77亿元，增长25.6%。二是增加扶贫开发投入。2006年，中央财政安排扶贫开发资金137亿元，比2005年增加7亿元。重点支持以改善贫困人口生产生活条件为主要目标的贫困村基础设施建设，支持以改进农业生产组织方式、提高贫困群众生产能力和收入水平为主要目标的贫困地区农业产业化发展，支持农村贫困劳动力转移培训等。三是认真落实区域发展总体战略的各项财税政策措施。重点落实西部大开发、振兴东北地区等老工业基地的财税优惠政策。积极研究制定促进中部地区崛起的财税政策；支持东部率先发展。

（七）着力支持改革，完善社会主义市场经济体制。改革是发展的动力，也是实现科学发展的重要保证。一是大力支持国有企业改革。中央财政安排资金338亿元，继续推进国有企业政策性关闭破产和中央企业分离办社会工作。组织开展解决东北地区厂办大集体问题试点。二是支持深化金融体制改革。重点研究改革国有金融资产管理体制，促进建立政策性银行自我约束及可持续发展机制。支持深化农村金融体制改革，增强服务功能。三是进一步完善税收制度。尽快在全国范围内实施将企业新增机器设备所含税款纳入增值税抵扣范围的改革方案。出台实施个人所得税工薪所得费用扣除标准的调整方案。择机实施消费税改革，对部分资源性产品和高档消费品征收消费税。积极推进部分地区实施物业税模拟评税试点工作，积极推进资源税、车船税、耕地占用税等改革。积极推进企业所得税"两法"合并改革。继续大力支持粮食流通、事业单位、外贸、邮政、住房等体制改革创新。

（八）着力加大财政保障力度，加强政权建设。为巩固和扩大缓解县乡财政困难成果，继续完善"三奖一补"政策，2006年中央财政安排奖补资金210亿元，比2005年增加60亿元。同时，积极研究各级政府间支出责任、收入划分，重点完善省以下财政管理体制。为加强基层政法机关建设，安排贫困地区公检法司专项支出59.3亿元，比2005年增加11.2亿元，增长

23.3%；为提高我军在高技术条件下的防卫作战和应对突发事件的能力，维护国家主权和领土完整，适当提高军人待遇，安排国防支出2807.29亿元，比2005年增加360.25亿元，增长14.7%；为加强国际间交流与合作，安排对外援助支出85亿元，比2005年增加10.3亿元，增长13.8%；为提高国家应急保障能力，中央财政预备费安排150亿元，比2005年增加50亿元，地方也相应增加。中央财政还将积极保障落实科学发展观、服务改革发展稳定大局的其他重点支出需要。

三、扎实工作，确保圆满完成2006年预算

根据2006年政府工作的总体要求，将重点抓好以下财政工作：

(一)狠抓税收、非税收入征管，促进财政收入稳定增长。在大力支持经济发展、做大经济“蛋糕”的基础上，依法加强收入征管，做到应收尽收，防止跑冒滴漏；严格控制减免税，抓紧清理到期的税收优惠政策，坚决制止和纠正擅自出台“先征后返”等变相减免税政策；大力整顿和规范税收秩序，严厉打击各种偷骗税等违法活动。进一步加强非税收入管理，继续深挖非税收入的增收潜力。研究制定规范的非税收入管理办法，进一步拓展非税收入管理范围，逐步将国有资产有偿使用收入、国有资本经营收益、特许经营收入、罚没收入、捐赠收入纳入非税收入管理范围；进一步严格“收支两条线”管理，特别是做好教育、农民、企业负担等各项减负治乱的专项治理工作。加强收入动态监管，不断提高收入监管分析质量，堵塞各种漏洞，确保财政收入稳定增长，逐步实现税收收入和非税收入的统筹安排，提高各级政府的调控能力。编制执行好财政发展第十一个五年规划，积极探索处理乡村债务的有效措施和办法，防范和化解财政风险，促进财政可持续发展。

(二)确保落实“五个统筹”需要，坚决反对铺张浪费。尽管近年来经济总量越来越大、财政收入快速增长，但我们仍需保持清醒头脑，增强忧患意识。我国还处在社会主义初级阶段，维护稳定、促进发展、支持改革、落实“五个统筹”等各方面都需要财政支持和保障，增支压力很大，决不能因为财政收入形势相对好一些就可以敞开口子花钱。要严格按预算确保农村义务教育经费保障机制改革、扩大新型农村合作医疗制度改革试点、促进科技创新等各项重点支出需要。不仅中央财政将足额保证，地方也要足额安排所需资金，决不能留硬缺口。同时，切实按照“两个务必”的要求，严格支出管理，狠抓勤俭节约，重点压缩会议费、招待费、公务用车等支出，切实采取措施控制不务实的论坛、节庆和国际会议，坚决防止形象工程、政绩工程，反对盲目建设和重复建设。积极推进绩效考评工作，坚决制止铺张浪费、挥霍资金的行为，提高财政资金使用的规范性、安全性和有效性，推动构建节约型社会。

(三)实施新的政府收支科目，进一步深化预算管理制度改革。政府收支科目分类改革是预算管理制度的一次创新，对提高政府预算的透明度，加强预算管理和监督，从源头上治理腐败，促进社会主义民主政治建设都具有重要意义。认真总结2005年政府收支科目分类改革模拟试点经验，完善相关办法，逐步建立科学规范的政府收支分类体系，正式启用新科目编制2007年政府预算。进一步深化部门预算和财政国库管理制度改革。中央和省两级将国库集中支付制度改革范围扩大到所有基层预算单位，逐步将其全部财政性资金纳入改革范围；地市级也都将实施这一改革，同时积极向县一级推进。大力推进财税库横向联网和非税收入收缴管理制度改革，建立健全收入收缴监管机制。规范政府采购管理，运用政府采购政策功能，加强政府采购政策的国际协调与合作，政府采购规模力争突破3000亿元。推动实施国债余额管理工作，建立科学、灵活的国债管理机制。积极推进“金财工程”建设，完善财政信息管理的网络平台和安全体系。切实加强行政事业单位国有资产管理，完善行政事业单位国有资产管理的规章制度，全面开展行政事业单位清产核资。积极研究建立国有资本经营预算制度的有关问题。

(四)狠抓依法理财，加强财政监督管理和会计基础工作。认真贯彻国务院《全面推进依法行政实施纲要》，积极推进修订《预算法》和《企业所得税法》立法进程，进一步完善财政法律体系。按照党中央、国务院的统一部署，积极推动政务公开工作，制定并出台有关具体实施办法，自觉接受社会监督。建立健全财政监督机制，把财政监督贯穿于财政运行的各个环节，实现对财政资金运行事前、事中和事后的全过程监控，充分发挥财政监督在推进完善市场经济体制、整顿和规范市场经济秩序、确保财政宏观政策执行、提高财政资金效益等方面的积极作用。制定发布新的会计准则和审计准则，形成适应社会主义市场经济发展要求、与国际接轨的会计准则和审计准则体系。加强诚信建设和职业道德教育，健全企业和会计师事务所内部控制制度和文化体系，搞好注册会计师、注册评估师行业管理和建设，严格行业监管，提高信息质量，增强社会公信力。在加强财政管理制度创新的同时，自觉接受全国人大和审计部门的监督，增强使命感、紧迫感，提高为民理财的责任意识，加强对财政资金使用的监督管理，完善内控机制，不断推进财政管理工作的规范化，预防各类违反财经法规的问题。

2006年是“十一五”的开局起步之年。圆满完成预算和各项财政工作任务意义重大。我们要在以

胡锦涛同志为总书记的党中央领导下，高举邓小平理论和“三个代表”重要思想伟大旗帜，牢固树立和认真贯彻科学发展观，按照十届全国人大四次会议对经济财政工作提出的各项要求，自觉接受人民代表大会对财政工作的监督和指导，认真听取人民政协的意见和建议，切实转变工作作风，深入开展调查研究，努力服务大局、做大经济财政蛋糕、以人为本、开拓创新、主动服务，为促进国民经济持续快速协调健康发展和“十一五”规划目标的顺利实现作出积极贡献！

国家主席胡锦涛参加十届全国人大四次会议西藏代表团审议

胡锦涛强调，要实现“十一五”时期的各项目标任务，必须贯彻落实好科学发展观，坚持用科学发展观武装头脑、指导工作、研究问题，推动经济社会发展切实转入以人为本、全面协调可持续发展的轨道。

在西藏代表团，代表们围绕会议议题，结合西藏实际，进行了热烈讨论，会场气氛活跃。在认真听取列确、向巴平措、德吉、多托、洛桑等代表的发言后，胡锦涛发了言。他首先表示完全赞成温家宝总理代表国务院作的政府工作报告。全国人大常委会副委员长热地参加了审议。

胡锦涛指出，过去的5年是我国发展进程中不平凡的5年，也是西藏经济社会发展取得显著成绩的5年，西藏经济持续较快增长，各项事业全面发展，民族团结进一步巩固。

胡锦涛强调，做好“十一五”时期的各项工作，关键是贯彻落实好科学发展观。要坚持用科学发展观武装头脑，继续加强科学发展观的学习、宣传、教育，引导广大干部群众深刻认识科学发展观的时代背景，进一步明确贯彻落实科学发展观是新世纪、新阶段推动我国经济社会发展的必然要求；深刻认识科学发展观的指导意义，进一步明确科学发展观是推进我国改革开放和社会主义现代化建设必须长期坚持的指导方针；深刻认识科学发展观的科学内涵，进一步明确以人为本、全面协调可持续发展是实现科学发展的本质要求，从而切实把思想统一到科学发展观上来，不断增强贯彻落实科学发展观的自觉性和坚定性。要坚持用科学发展观指导工作，努力把科学发展观的要求转化为谋划发展的正确思路，转化为促进发展的政策措施，转化为领导发展的实际能力，真正做到符合科学发展观的事情就全力以赴地去做、不符合科学发展观的事情就毫不迟疑地去改，确保实现科学发展。要坚持用科学发展观研究问题，深入研究和解决转变经济增长方式、克服资源环境瓶颈制约的问题，深入研究和解决统筹发展、逐步改变发展不平衡的问题，深入研究和解决推进改革攻坚、完善社会主义市场经济体制的问题，深入研究和解决关心群众生产生活、促进社会和谐的问题，进一步把握我国现代化建设的客观规律，更好地把我们的各项事业推向前进。

胡锦涛说，发展是解决西藏所有问题的基础。要坚持实干兴藏、创业富民，加快发展步伐，提高发展质量，不断增强自我积累和自我发展能力，努力走出一条符合西藏实际的发展道路。要大力建设社会主义新农村，积极调整经济结构，不断加强生态环境保护和建设，切实加快改革开放步伐。要着力解决各族群众生产生活的实际问题，全面贯彻党的民族政策和宗教政策，努力创造各族群众和睦相处、安居乐业的良好社会环境。希望西藏各族干部群众牢牢把握“十一五”时期国家继续实施西部大开发战略和加大支援西藏力度的宝贵机遇，紧紧抓住发展和稳定两件大事，确保西藏经济社会跨越式发展，确保西藏长治久安，努力建设团结、民主、富裕、文明、和谐的社会主义新西藏。

全国人大常委会委员长吴邦国参加十届全国人大四次会议安徽代表团审议

中共中央政治局常委、全国人大常委会委员长吴邦国5日下午来到他所在的安徽代表团，与代表们一起审议政府工作报告。吴邦国边听取意见边做记录，并不时插话。在王金山、倪发科、朱玉明、吴存荣等代表发言后，吴邦国作了发言，他充分肯定了安徽省“十五”时期经济社会发展和民主法制建设等方面取得的成绩。

吴邦国说，“十五”时期是不平凡的5年。面对动荡起伏的国际环境，面对突如其来的“非典”疫情和重大自然灾害的严重冲击，面对纷繁复杂的改革和建设任务，我们正确判断形势，积极有效应对，牢牢把握改革发展稳定大局，坚持以经济建设为中心，改革开放和社会主义现代化建设取得举世瞩目的重大成就，向全面建设小康社会迈出了坚实步伐。以胡锦涛同志为总书记的党中央，继承和发展党的三代中央领导集体关于发展的思想，科学总结国内外发展实践的经验教训，提出了科学发展观和构建社会主义和谐社会的重大战略思想。“十一五”规划纲要草案通篇贯穿了科学发展观，明确提出了今后5年的奋斗目标和主要任务，经大会批准后将成为全国各族人民的行动纲领。吴邦国指出，中央对各项工作的方针政策非常明确，关键在于落实。我国幅员辽阔，各地自然条件、经济基础和发展水平不同，必须结合实际创造性地开展工作，把中央的方针政策真正落实到具体措施上、落实到实际工作中。

吴邦国强调，一要大力推动经济结构调整，切实转变经济增长方式，促进经济社会发展尽快转入科学发展的轨道。要更加重视经济增长的质量和效益，着力提高自主创新能力。要坚持走新型工业化道路，用高新技术和先进适用技术改造传统产业，促进产业结构的优化升级。要通过优化市场竞争环境，推动生产要素向优势产业和优势企业集中，把具有竞争力的优势企业做大做强。要积极开展以节能降耗为核心的新一轮企业技术改造，大力发展循环经济，鼓励循环生产、循环利用和循环消费。二要重视社会建设，为实现“十一五”规划目标创造有利的社会环境。要研究解决经济社会发展面临的深层次矛盾和问题，逐步理顺分配关系，逐步改变城乡二元结构，逐步缩小地区差距。要切实转变政府职能，继续深化改革，不断完善社会主义市场经济体制，努力形成有利于转变经济增长方式、促进经济社会全面协调可持续发展的体制机制，促进社会和谐。三要坚持以人为本。要创造条件，着力解决人民群众最关心、最直接、最现实的利益问题，特别是群众就业、就学、就医等实际困难，更多地关心特殊困难群众的生产生活，使全体人民共享改革发展成果。

全国政协主席贾庆林参加十届全国人大四次会议北京代表团审议

中共中央政治局常委、全国政协主席贾庆林5日下午来到他所在的北京代表团，与代表们共同审议温家宝总理所作的政府工作报告。中共中央政治局委员、北京市委书记刘淇，全国人大常委会副委员长何鲁丽参加了审议。会场上，代表们踊跃发言，气氛热烈。柳传志、赵凤桐、王岐山、罗益锋等代表先后就贯彻落实科学发展观、建设社会主义新农村、提高自主创新能力等问题发了言。贾庆林认真听取大家的发言，并不时就有关问题与代表们进行讨论。贾庆林说，这次会议是在我国开始进入“十一五”的关键时刻召开的一次重要会议。温家宝总理所作的政府工作报告，对去年工作的总结全面客观、实事求是，对今年工作的部署思路清晰、重点突出，对“十一五”规划纲要草案的说明目标明确、求真务实，是一个鼓舞人心、催人奋进的好报告。

贾庆林强调，2008年在北京举办一届有特色、高水平的奥运会，是全国各族人民的共同企盼，也是载入中华民族历史的一件大事。4年多来，奥运会筹办工作取得了显著成绩，得到了国内外广泛好评。当前，奥运会筹办工作进入关键时期、攻坚阶段。中央十分重视奥运会的筹办工作，作出了一系列重要指示。我们要认真贯彻中央的精神，坚持以科学发展观为统领，按照“绿色奥运、科技奥运、人文奥运”三大理念，扎实做好各项筹办工作，努力实现“新北京、新奥运”的战略构想。

贾庆林指出，通过重大活动凝聚力量、加快建设、推动发展，是北京市工作的一条重要经验。抓住奥运机遇、积极推动各项工作，应当成为“十一五”时期首都发展的一个特色和亮点。要紧紧抓住奥运机遇，充分发挥首都科技、人才等方面的优势，促进首都经济发展，提高发展的质量和水平；要紧紧抓住奥运机遇，提高城市建设和管理的现代化水平，使北京更好地体现国家首都、国际城市、文化名城、宜居城市的要求；要紧紧抓住奥运机遇，切实做好扩大就业工作，解决群众普遍关注的教育、医疗卫生等问题，努力提高全体市民的文明素质和城市文明程度，全力维护首都的稳定，把北京建设成为社会主义和谐社会的首善之区。

贾庆林强调，奥运会筹办是个庞大的、复杂的系统工程，涉及北京市工作的方方面面，需要各部门、各区县、各单位之间的密切配合、通力合作。同时，我们还要充分发挥统一战线和人民政协的作用，广泛团结各党派团体、各族各界人士，齐心协力把这个世纪盛会办好。

国家副主席曾庆红参加十届全国人大四次会议江西代表团审议

中共中央政治局常委、国家副主席曾庆红5日下午同来自革命老区江西省的全国人大代表一起审议政府工作报告。曾庆红关心江西的经济社会发展情况，牵挂九江地震灾区的灾后重建工作。他请代表们转达对4000多万江西人民特别是灾区父老乡亲的问候。在讨论中，黄智权、蒲日新、潘逸阳、邝小平等代表先后发言。曾庆红边听边记，不时插话。他强调，审议“十一五”、干好“十一五”，关键是要深刻认识和把握“十一五”是新起点、科学发展是立足点、改革创新是着力点、和谐惠民是落脚点这个总体要求和基本思路。

曾庆红指出，温家宝总理的政府工作报告是一个充分肯定成绩、深刻分析问题、展望美好前景、非常鼓舞人心的报告。他表示完全赞成这个报告。曾庆红说，2005年，江西同全国一样，坚持解放思想搞创新、聚精会神谋发展、同舟共济促和谐，经济总量迈上了新台阶，结构调整取得了新进展，现代化建设增添了新后劲，人民生活水平有了新提高，为“十一五”时期又快又好地发展奠定了坚实基础。

关于“十一五”是新起点，曾庆红提出，这既是全面建设小康社会承上启下的新起点，也是构建社会主义和谐社会、建设创新型国家和社会主义新农村的新起点。我们要从改革开放以来特别是“十五”这5年已经达到的较高的发展起点出发，向着本世纪头20年重要战略机遇期的第二个5年新的发展目标迈进，全面完成十六大提出的21世纪头10年我国国民经济第一个翻番的目标，为后10年的顺利发展打下坚实基础。关于科学发展是立足点，曾庆红强调，发展是我国自立于世界民族之林的根本立足点。要以科学发展观为统领，坚持发展不动摇，扭住经济建设这个中心不放松，落实"五个统筹"，坚持以人为本，实现我国经济社会全面协调可持续发展。关于改革创新是着力点，曾庆红指出，改革开放是决定中国命运的重大决策，是全面建设小康社会的必由之路。坚持创新特别是自主创新是推动我国发展的决定性力量。坚持深化改革，促进自主创新，才能为经济社会发展提供强大动力和重要支撑。关于和谐惠民是落脚点，曾庆红强调，在科学发展基础上，使我国社会更加和谐，让人民生活更加美好，这是我们党立党为公、执政为民的根本落脚点，也是"十一五"规划纲要的根本落脚点。要提高协调各方面利益关系的能力，从人民群众最关心的就业、社保、教育、医疗、环保和安全生产等问题入手，扎扎实实地推进社会主义和谐社会建设。

曾庆红祝愿江西人民自觉坚定地贯彻好中央关于"十一五"经济社会发展的总体要求和基本思路，在实现又快又好的科学发展、构建统筹协调的和谐社会中，取得更大成绩。

中共中央 全国人大常委会 国务院领导同志分别到各代表团分组审议政府工作报告

到代表团参加审议的领导同志有：王乐泉、王兆国、回良玉、刘淇、刘云山、张立昌、张德江、俞正声、贺国强、曾培炎、何勇、李铁映、司马义·艾买提、何鲁丽、许嘉璐、顾秀莲、路甬祥、乌云其木格、唐家璇、华建敏、陈至立、阿不来提·阿不都热西提、李兆焯等。

解放军代表团分组审议政府工作报告

代表们认为，温家宝总理所作的政府工作报告，全面总结了去年取得的成就和经验，客观分析了当前经济建设和社会生活中存在的矛盾和问题，提出了今年改革发展的基本思路和主要任务，对科学编制"十一五"规划纲要问题作了说明，是一个与时俱进、求真务实、催人奋进的报告。代表们指出，今年是"十一五"开局之年，也是推进中国特色军事变革、做好军事斗争准备的重要一年。要坚持把科学发展观作为国防和军队建设的重要指导方针，围绕有效履行新世纪、新阶段我军历史使命，振奋精神，扎实工作，推动各项建设又快又好地发展。

国家工商总局公布10例涉嫌严重违法的广告

包括：宁夏卫视2006年2月20日发布"贴立塑吸脂贴"减肥产品广告；甘肃卫视2006年2月20日发布"西线·日耳曼"保健食品广告；黑龙江卫视2006年2月20日发布北京燕竹医院广告；内蒙古卫视2006年2月20日发布"洗斑祛斑液"广告；陕西卫视2006年2月20日发布"二点激瘦减肥液"广告；甘肃卫视2006年2月20日发布"普尔泰心血活力液"保健食品广告；《兰州晨报》2006年1月13日A9版发布"参龟固本酒"药品广告；《都市时报》2006年1月13日A4版发布"华佗眼康"药品广告；《南方都市报》2006年1月13日B14版发布中大医院病毒疣、疱疹治疗中心医疗服务广告；《新消息报》2006年1月13日B4版发布新协和医院肝病防治中心医疗服务广告。

王皓和王楠分别获得第十九届亚洲杯乒乓球赛男单 女单冠军

农村小康环保行动计划启动示范试点工作

据《人民日报》报道：旨在解决农村突出环境问题、推进农村全面建设小康社会进程的"农村小康环保行动计划"日前在江苏省、吉林省、宁夏回族自治区和四川省成都市、湖南省常德市、安徽省绩溪县启动示范试点工作。该计划由国家环保总局农业部和卫生部等联合组织实施。

"农村小康环保行动计划"，是"十一五"期间开展农村环境综合整治、解决农村"脏、乱、差"、改善农村环境的重大举措。该计划以改善农村生产、生活环境，培育农村生态文明为目的，有重点、有步骤、有层次地逐步推进。

中国临床用血95.5%来自无偿献血

据2006年全国血液管理工作会议消息：我国无偿献血占临床用血比例由1998年的22%上升到2005年的95.5%，其中自愿无偿献血比例从1998年的5.5%上升到2005年的84.7%，血液供应实现由有偿献血向无偿献血的平稳过渡。会议提出，"十一五"期间，临床用血100%来自无偿献血，其中自愿无偿献血达到95%。

3月6日

国家主席胡锦涛 全国人大常委会委员长吴邦国 全国政协主席贾庆林 国家副主席曾庆红分别参加十届全国人大四次会议一些团组的审议和讨论

胡锦涛参加了上海代表团的审议。代表们畅所欲言，热烈讨论。胡锦涛在听取了彭镇秋、程静萍、袁以星、俞国生等12位代表的发言后作了讲话。他首先充分肯定了上海近年来经济社会发展取得的显著成绩，并着重就转变经济增长方式、提高自主创新能力、推进改革开放、构建社会主义和谐社会等发表了意见。胡锦涛强调，要在新的历史起点上继续推进社会主义现代化建设，说到底要靠深化改革、扩大开放。要毫不动摇地坚持改革方向，进一步坚定改革的决心和信心，不断完善社会主义市场经济体制，充分发挥市场在资源配置中的基础性作用，同时努力加强和改善宏观调控，保证经济社会又快又好发展。要不失时机地推进改革，切实加大改革力度，在一些重要领域和关键环节实现改革的新突破，同时注重提高改革决策的科学性，增强改革措施的协调性，使改革兼顾到各方面利益、照顾到各方面关切，真正得到广大人民群众拥护和支持。要不断提高对外开放水平，着力转变对外贸易增长方式，优化引进外资结构，支持有条件的企业对外投资和跨国经营，同时注意维护国家经济安全。

吴邦国参加了江苏代表团的审议。代表们围绕会议议题，认真进行审议。在听取了王荣、季建业、公丕祥、刘立仁等代表的发言后，吴邦国说，“十一五”规划纲要草案一条突出的主线就是我国经济社会发展将更多依靠科技进步和提高劳动者素质。只有大力推进自主创新，才能实现生产力质的飞跃、推动经济增长方式的根本转变。江苏有科技、人才优势，要在自主创新上走在全国前列。要形成有利于创新的体制机制，强化企业在自主创新中的主体地位，加大科技投入，鼓励专利发明，开发知名品牌，加快科技成果向现实生产力转化，不断提高科技进步对经济增长的贡献率。要支持和鼓励技术要素参与分配，研究制定支持自主创新政策，形成鼓励自主创新政策体系。要在全社会培育创新意识，倡导敢于创新、勇于竞争的精神，着力营造人才辈出的良好氛围。

贾庆林看望了港澳地区全国政协委员，并同大家一起讨论。刘汉铨、颜延龄、施展熊、李业广等委员先后发言。贾庆林在讲话中对港澳地区全国政协委员长期以来为国家的改革开放和现代化建设所做的大量工作表示感谢。贾庆林指出，港澳回归后的实践充分证明，“一国两制”“港人治港”“澳人治澳”高度自治的方针是完全正确的，已经并将继续显示出强大的生命力。保持港澳地区的长期繁荣稳定，是中央政府处理港澳事务的根本出发点和立足点。我们将继续坚定不移地贯彻“一国两制”方针，严格按照基本法办事，全力支持行政长官和特区政府依法施政，促进香港、澳门的发展与和谐。贾庆林希望港澳地区全国政协委员认真学习宣传“一国两制”方针和基本法，学习最近颁布的《中共中央关于加强人民政协工作的意见》，认真履行政治协商、民主监督、参政议政职责，支持行政长官和特区政府依法施政，团结港澳各界人士和广大市民，为全面实施“一国两制”，为保持港澳的长期繁荣稳定，为构建和谐香港、和谐澳门作出新贡献。

曾庆红来到天津代表团，和代表们一起审议政府工作报告和“十一五”规划纲要草案。代表们踊跃发言，会场气氛热烈。曾庆红边听边记，并不时插话。皮黔生、李亚力、王治平、李泉山等代表先后就实施“十一五”规划、加快滨海新区建设、推动技术创新、促进商贸流通、建设社会主义新农村、加强文化建设、发展教育事业等发了言。在听取代表们的发言后，曾庆红就“以‘十一五’基本思路指导滨海新区建设，促进天津经济又快又好发展”发表了意见。

国务院总理温家宝参加十届全国人大四次会议甘肃代表团审议

代表们认真审议政府工作报告，并就民族地区社会主义新农村建设、非公有制经济发展、大气污染治理等问题各抒己见，会场气氛活跃。温家宝认真记下代表们的发言要点，还不时插话，就有关问题与大家一起讨论。

温家宝在听取了陆浩、张津梁、嘉木样、雷菊芳等代表的发言后强调，未来一个时期我们国家发展的目标任务和方针政策已经确定，把宏伟蓝图变成美好现实，实现既快又好的发展，需要付出极大的努力，特别要大力发扬艰苦奋斗精神。我们要清醒地看到，尽管我国经济规模已经不小，综合国力显著增强，但我国还处于社会主义初级阶段，人口多，底子薄，生产力不发达，发展不平衡，仍然是我们的基本国情，现代化建设的路还很长，任务还很艰巨。因此，必须有长期艰苦奋斗的思想准备。

温家宝指出，在新时期发扬艰苦奋斗精神，就是要求真务实。要把已经确定的规划、政策和各项工作真正落到实处，做到有部署、有检查，以群众满意不满意作为衡量各项工作的标准。在新时期发扬艰苦奋斗精神，就是要敢于面对困难。改革和建设从来都不是一帆风顺的，要有克服困难的思想准备，知难不难，知难而进，迎难而上，这要作为我们的座右铭。在新时期发扬艰苦奋斗精神，就是要有创新精神。广大干部群众特别是领导干部，一定要与时俱进，开拓创新，不能因循守旧，不思进取，使我们的工作永葆生机和活力。

温家宝说，甘肃自然条件差，经济发展的基础比较薄弱，甘肃改变面貌要花更大的气力。人一之，我十之；人十之，我百之。要坚忍不拔，不等不靠，奋发图强，扎实工作。我相信，经过长期不懈的艰苦努力，一定能使甘肃的经济建设和社会发展取得新的成绩。

中共中央政治局常委吴官正参加十届全国人大四次会议山东代表团审议

代表们围绕政府工作报告进行了热烈讨论。张高丽、韩寓群、李长顺、连承敏等代表先后发言。

吴官正在听取代表们的发言后说,温家宝总理代表国务院所作的政府工作报告,对过去一年的工作进行了实事求是的总结,对今年的发展目标和重点任务作出了明确部署,对"十一五"规划纲要草案作了很好的说明,体现了科学发展观的要求,我完全赞成。吴官正强调,要加强监督检查,从思想上、作风上、纪律上为落实科学发展观提供有力保证。

吴官正指出,科学发展观是推进我国社会主义经济建设、政治建设、文化建设、社会建设全面发展的指导方针。我们要进一步增强贯彻落实科学发展观的自觉性和坚定性,努力把科学发展观的要求体现在经济社会发展的具体工作中。各级纪检监察机关要认真履行职责,既要支持和保护广大党员干部谋划发展、勇于探索的积极性,为发展营造良好的环境;又要严明纪律,配合有关部门坚决纠正违背科学发展观要求的行为,促进经济社会又快又好发展。

吴官正强调,要以人为本,把切实解决损害群众利益的问题作为党风廉政建设的一项十分重要的工作。坚持标本兼治、纠建并举,既要坚决纠正不正之风,又要注意解决苗头性、倾向性问题,防止蔓延成风。继续围绕群众在教育、医疗、安全生产、食品药品安全等方面反映强烈的问题,进行专项治理,以实实在在的成效取信于民。大力弘扬厉行节约、艰苦奋斗的优良传统和作风,坚决纠正讲排场、比阔气、奢侈挥霍等不良风气,推动全社会形成勤俭光荣、浪费可耻的良好风尚。要在坚决查办案件、严厉惩治腐败的同时,进一步加大预防腐败的力度,努力从政治、经济、文化和社会等方面,拓展从源头上防治腐败的领域。

中共中央政治局常委李长春参加十届全国人大四次会议广东代表团审议

中共中央政治局常委李长春6日上午在参加他所在的广东代表团审议时说,"十一五"时期是全面建设小康社会的关键时期。要把发展社会主义先进文化放在十分重要的位置,大力弘扬以爱国主义为核心的民族精神和以改革创新为核心的时代精神,加强社会主义思想道德建设,树立良好的社会风气,为实施"十一五"规划和构建社会主义和谐社会提供强大的思想保证和精神动力。

在人民大会堂广东厅,代表们踊跃发言,各抒己见。中共中央政治局委员、广东省省委书记张德江参加了审议。在听取黄华华、林树森、李鸿忠、杨月梅等代表的发言后,李长春说,温家宝总理代表国务院作的政府工作报告,贯穿了解放思想、实事求是、与时俱进、求真务实的主线,突出了以科学发展观统领经济社会发展全局,突出了建设社会主义新农村,突出了提高自主创新能力、转变经济增长方式,突出了深化改革、扩大开放、完善社会主义市场经济体制,是一个全面系统、鼓舞人心的好报告。广东要按照政府工作报告提出的各项目标任务,全面落实科学发展观,加快改革开放步伐,推动经济社会又快又好发展。要把提高自主创新能力作为调整经济结构、转变经济增长方式的中心环节,摆在突出位置抓紧抓好,努力培育一批具有自主创新能力、拥有自主知识产权的企业和品牌,在提高自主创新能力上走在全国前列。要大力推进社会主义新农村建设,在促进区域协调发展,加快发展农村教育、卫生和文化事业,加强农村劳动力技能培训,不断改善农村生产生活条件和整体面貌方面创造新鲜经验。

李长春说,胡锦涛总书记最近强调,树立良好的社会风气是广大人民群众的强烈愿望,也是经济社会顺利发展的必然要求。广东作为改革开放的先行地区,要在加强思想道德建设,树立良好社会风气,构建民主法治、公平正义、诚信友爱、充满活力、安定有序、人与自然和谐相处的社会主义和谐社会方面不断取得新成果。要大力弘扬爱国主义、集体主义、社会主义思想,倡导社会主义基本道德规范,引导广大干部群众特别是青少年树立社会主义荣辱观,促进良好社会风气的形成和发展。要妥善处理不同利益群体关系,认真解决关系人民群众切身利益的实际问题,形成团结友爱、和睦相处的人际关系,促进社会和谐。李长春希望广东认真总结文化体制改革试点工作经验,牢牢把握社会主义先进文化的前进方向,坚持以改革为动力,以体制机制创新促发展,根据社会主义精神文明建设的特点和规律,适应社会主义市场经济的要求,全面深化文化体制改革,不断创造新鲜经验。

中共中央政治局常委罗干参加十届全国人大四次会议福建代表团审议

邓力平、郑道溪、欧阳元和、陈慧珠等代表先后发言。

罗干在讲话中充分肯定了"十五"期间福建省经济社会发展取得的成绩。罗干指出,党的十六大以来,以胡锦涛同志为总书记的党中央坚持以邓小平理论和"三个代表"重要思想为指导,明确提出并认真落实科学发展观,我国社会安定,民族团结,经济保持平稳较快发展,人民生活不断改善,各项社会事业取得新进步。当前,要深入开展平安建设,进一步加强社会治安综合治理，保持良好的治安秩序，为顺利实施“十一五”规划创造和谐稳定的社会环境。

罗干说，要深刻认识新形势下人民内部矛盾的特点和规律，加强矛盾纠纷排查调处工作，积极化解和努力减少各种矛盾纠纷。要建立健全工作制度，加强调解工作，把人民调解、行政调解、司法调解紧密结合起来，充分发挥调解的作用，消除和化解矛盾纠纷。要提高基层排查调处矛盾纠纷的能力，把矛盾纠纷化解在基层、化解在内部，解决在萌芽状态、解决在当地，促进社会和谐稳定。

罗干强调，要继续坚持“严打”方针，依法严厉打击各种刑事犯罪活动。要从当地的实际情况出发，什么犯罪突出就重点打击什么犯罪，什么时候犯罪猖獗就什么时候开展集中整治。继续重点打击“两抢一盗”等多发性侵财犯罪和严重暴力犯罪，增强人民群众的安全感。严厉打击破坏市场经济秩序的经济犯罪活动，维护良好的市场经济秩序。认真贯彻宽严相济的刑事政策，突出打击重点，化消极因素为积极因素。要扎实开展打黑除恶专项斗争，严厉打击黑恶势力犯罪，坚决查处黑恶势力的“保护伞”，通过打黑除恶专项斗争，推进各项社会治安工作，实现社会治安持续稳定。

罗干指出，在依法严厉打击刑事犯罪活动的同时，要把更多的精力放到加强治安防范上，坚持打防结合、预防为主，专群结合、依靠群众的方针，坚持群众路线，广泛发动群众维护社会治安，构筑打击和预防犯罪的“铜墙铁壁”。把“严打”与严管、严防结合起来，着力解决苗头性、倾向性问题。进一步加强社会治安防控体系建设，落实社会治安综合治理措施，增强治安防控能力，努力维护良好的社会治安秩序。

罗干强调，要深入开展农村平安建设，加强农村社会治安综合治理，依法打击各种违法犯罪活动和“黄赌毒”等社会丑恶现象，营造安定祥和的社会环境。要结合开展保持共产党员先进性教育活动，进一步加强农村基层组织建设，切实维护农民的合法权益，保障和促进社会主义新农村建设。

国家发改委主任马凯 副主任朱之鑫在十届全国人大四次会议记者招待会上就“十一五”规划纲要草案等问题回答中外记者提问

规划纲要草案内容形式都有新特点

在回答记者有关“十一五”规划纲要草案特点的问题时，马凯说，“十一五”规划纲要草案从内容和形式上，都呈现出一些新特点。1. 指导思想贯穿了科学发展观和构建和谐社会两大战略思想，提出了“六个立足”的政策取向；2. 在目标体系上，不但重视经济指标，更重视人文、社会、环境指标，特别是首次把发展指标分为预期性和约束性两类；3. 在战略任务方面，把建设社会主义新农村独立成篇，摆在各项任务的首位；4. 在工业领域明确提出下一个五年工业发展的主要任务不是扩大规模，而是结构升级，促进我国工业由大变强；5. 在三次产业结构方面，首次把服务业独立成篇，放在突出位置；6. 在区域发展战略上，进一步明确了优化开发、重点开发、限制开发和禁止开发四类功能区的定位和政策导向；7. 把节约资源和保护环境这两个基本国策写入了规划纲要草案，提出了建设资源节约型社会和环境友好型社会的战略任务和具体措施；8. 提出了建设创新型国家和实施人才强国战略的一些重大任务和政策措施；9. 规划纲要草案全篇都贯穿改革的内容；10. 政治文明建设、文化建设和社会建设独立成篇，突出强调以人为本和解决关系群众切身利益的一些重大问题。

马凯说，规划纲要草案从形式上也有一些创新，主要采取了正文加专栏的形式，一方面可以使正文更加简洁明快；另一方面又可以通过专栏凸显实现规划的一些“抓手”，使规划更容易落实。

国家三年内将建成4个石油储备基地

马凯在回答记者关于中国战略石油储备的问题时说，为了防止石油供应中断和平抑石油市场的价格，建立一定的国家战略储备，是国际惯例，也是成熟的经验。我国的石油储备目前还是以商业储油为主，国家石油储备体系刚刚起步，从2004年开始，国家规划了第一期共4个石油储备基地建设，目前浙江镇海的石油储备罐基本建成，另外3个基地将在今后3年内完成。

规划纲要草案十一易其稿

在回答记者有关“请人民群众建言献策活动”开展效果的问题时，马凯说，两个月内，有5000多人通过电子邮件等各种形式提出了数以万计的建议，许多建议都吸收在规划纲要草案中。为了广泛发扬民主，还实现了三个“首次”：首次采取公开招标的方式，对涉及“十一五”的重大问题进行专题研究；首次组建由37位各领域著名专家组成的专家委员会，对规划纲要草案进行咨询论证；首次将规划纲要草案在正式提请人代会审议前，印发到各地，请代表初审。规划纲要草案在反复征求意见过程中，曾经十一易其稿，才形成了提交会议审议和讨论的草案。

要缩小地区间公共服务和生活水平差距

朱之鑫在回答记者有关缩小地区差距问题时说，缩小地区差距不是指缩小经济总量上的差距，更重要的是要缩小各地区间在公共服务和生活水平方面的差距。各地区人口有多有少，基础有强有弱，自然资源有丰有缺，发展潜力有大有小。在这种情况下，缩小地区差距关键是要使不同地区的群众都能享受到同等的义务教育、公共卫生、公共安全，最终使不同地区的人民逐渐地享受到同等生活水平。

四项措施抑制房价过快增长

朱之鑫在回答记者有关房地产市场宏观调控的问题时说，今后国家将主要从四个方面进一步解决房价过快增长等问题：一是优化土地供应结构，合理确定各类土地供应比例，加强土地供应与住房供应的衔接；二是加快普通商品住宅建设，增加中小型、中低价位住房供应；三是进一步完善信贷、土地、税收、销售等方面的政策措施；四是继续整顿房地产市场秩序，建立有利于房地产市场稳步发展的长效机制。

指标设计充分体现以人为本和“五个统筹”

马凯在回答记者有关规划纲要草案指标体系的问题时说，指标设计充分体现了以人为本和“五个统筹”的要求。22个主要指标中，反映经济增长的只有2个，反映经济结构的有4个，反映人口、资源、环境的有8个，反映公共服务和人民生活的有8个。

马凯说，在这个指标体系中，有两方面指标最有代表性：一个是反映产出的指标，即GDP年均增长7.5%；二是反映投入的指标，即单位GDP能耗下降20%，主要污染物减排10%，用以衡量经济总量的增长需要在资源和环境上付出多大代价。

台湾是中华人民共和国不可分割的神圣领土

在回答记者关于台湾问题时，马凯说，台湾是中华人民共和国不可分割的神圣领土，这是一个政治常识，这也是得到世界各国公认的一个事实，是不容置疑的。

规划纲要草案设置专门篇章确保实施

在回答记者有关国家将采取哪些措施确保规划顺利实施的问题时，朱之鑫说，规划纲要草案特意设置了实施篇，总的原则就是要建立分类指导的规划实施机制，主要是发挥市场对资源配置的基础性作用。对于主要是由市场发挥作用的领域，要通过财政政策、金融政策、产业政策、区域政策和社会政策等，来建立一种利益导向机制，引导市场的主体行为。对于主要由政府来履行职责的领域，就要通过合理地配置公共资源、政府投资等，分解、落实需要完成的约束性指标。要在规划实施的中期，对整个规划的实施进行中期评估，总结经验，改正规划实施中的一些问题，保证规划的实施。

通过规划的实施百姓会得到更多实惠

在回答“十一五”规划纲要的实施老百姓能得到哪些实惠时，马凯说，规划纲要草案提出，到2010年，人均GDP要超过2400美元，到时候综合国力更加强大了。在经济发展的基础上，老百姓的钱袋子会更鼓一些，到2010年，城镇居民人均可支配收入由去年的10493元提高到13390元，农村居民人均纯收入由3255元提高到4110元；就业岗位会更多一些，五年累计城镇新增就业和农村转移劳动力各4500万人；生活质量会更高一些，吃得更放心，行得更方便，教育公共服务的均等化将迈出更大步伐，医疗卫生体系将逐步健全，农村新型医疗卫生体系覆盖面到2010年要达到80%；人居环境会更好一些，主要污染物排放将降低10%，森林覆盖率将提高到20%，再解决1亿农民的饮水安全问题；一些特别困难和有特殊情况的群体，他们将得到政府和社会更多的关爱。

3月7日

党和国家领导人胡锦涛 吴邦国 温家宝 贾庆林 吴官正 李长春 罗干等分别参加一些团组的审议和讨论

7日下午，胡锦涛参加了全国政协农业界联组讨论。委员们积极建言献策，共商国是。胡锦涛在听取了吴金印、甘宇平、刘坚、王志宝等委员的发言后强调，在新世纪、新阶段，我们必须始终不渝地高度重视并认真解决好“三农”问题，着力推进社会主义新农村建设，促进形成新型工农城乡关系，不断开创“三农”工作新局面。要处理好发展农村生产力和促进农民增收的关系，推动农村产业全面协调发展，不断增强农业和农村经济实力，同时把促进农民持续增收作为农业和农村工作的中心任务，进一步加大对农民增收的支持力度。要处理好推动经济发展和促进社会进步的关系，坚持以经济建设为中心，同时加快农村社会事业发展，不断提高农民享受公共服务的水平。要处理好加大外部支持和挖掘农村内部潜力的关系，不断增加对农业和农村发展的投入，加快建立以工促农、以城带乡的长效机制，同时积极推进农村改革，激发农民自主创业的潜能。要处理好调动干部积极性和调动群众积极性的关系，引导农村基层干部提高认识、坚定信心、明确方向、增强本领，带领农民群众埋头苦干，同时充分尊重农民群众的意愿，有效发挥农民群众的主体作用。要处理好抓紧当前工作和着眼长远发展的关系，从农民群众最关心、要求最迫切、最容易见效的事情抓起，不断让农民群众得到实实在在的好处，同时注意解决农业和农村长远发展中的根本性问题，为农村全面协调可持续发展打下良好基础。贾庆林参加了讨论。

7日上午，吴邦国参加了香港代表团和澳门代表团的审议。在香港代表团，曾宪梓、吴康民、范徐丽泰、吴清辉等代表发言后，吴邦国说，目前香港形势总体上是好的，社会保持稳定，经济持续发展，民生继续改善。曾荫权先生和特区政府努力实践“强政励治，福为民开”的施政理念，集中精力发展经济、改善民生，思路是正确的，是符合香港公众根本利益和普遍愿望的。中央充分肯定曾荫权先生和特区政府的施政，希望香港社会各界人士大力支持行政长官和特区政府的工作，为促进香港经济发展、不断提高竞争力共同努力。吴邦国强调，香港特别行政区基本法在香港具有最高的法律地位，香港特别行政区的一切立法、行政和司法行为都不能与基本法相抵触，更不能违反基本法。吴邦国重申，中央坚定不移地支持香港特别行政区按照基本法有关规定，推进政治体制循序渐进地发展。他希望香港社会各界能够就此形成广泛共识，继续依法做好政治体制发展的有关工作。在澳门代表团，杨秀雯、黄枫桦、吴仕明、杨允中等代表发言后，吴邦国说，过去的一年，在何厚铧先生和特区政府的领导下，澳门社会各界人士齐心协力，继续保持了社会稳定和经济快速增长的良好局面。事实证明，"一国两制"方针是完全正确的，澳门同胞是有智慧、有能力、有办法把澳门管理好、建设好、发展好的。他希望澳门各界人士继续大力支持何厚铧先生和特区政府的工作，共同推进澳门经济社会的协调可持续发展。

7日上午，温家宝参加了浙江代表团的审议。代表们围绕政府工作报告和"十一五"规划纲要草案发表意见，提出建议。温家宝一边听一边记，并不时插话询问有关情况。在听取习近平、吕祖善、成央珍、宗庆后等代表的发言后，温家宝说，实现今年的任务和"十一五"规划提出的宏伟目标，归根结底要充分调动各方面的积极性和创造性。一要继续深化改革，扩大开放，特别是要坚持和完善公有制为主体、多种所有制经济共同发展的基本经济制度，给所有企业创造一个公平、公正、透明的发展环境，让一切创造社会财富的源泉充分涌流。二要继续推进民主政治建设，团结一切可以团结的力量，调动一切可以调动的积极因素，充分发挥社会各界和广大群众的积极性和创造性。三要认真落实科学发展观，努力构建和谐社会，实现地区的协调发展和社会的公平正义，让人民群众共享改革和建设的成果。只要广大人民群众的聪明才智进一步焕发出来，各级领导干部都勤勉尽责，真抓实干，现代化建设的目标就一定能够实现。

7日上午，贾庆林参加了全国政协民建、工商联联组讨论。王少阶、辜胜阻、李说、尹明善等委员先后发言。贾庆林在听取委员们的发言后指出，在党和国家政策的正确指引下，我国非公有制经济获得长足发展，已经成为我国国民经济新的增长点，成为推动社会主义市场经济体制完善的重要力量，成为吸纳社会就业的重要渠道，成为活跃市场方便群众生活的重要力量，成为对外经贸合作的积极参与者，成为科技创新的生力军。贾庆林说，我们要充分认识非公有制经济在建设中国特色社会主义事业中的重要作用，进一步增强发展非公有制经济的自觉性和坚定性。要认真贯彻落实科学发展观，积极引导非公有制经济人士为实施"十一五"规划和全面建设小康社会作贡献。要充分发挥民建、工商联的作用，积极引导非公有制经济健康发展和非公有制经济人士健康成长。贾庆林强调，我们要按照中央的要求，始终坚持"两个毫不动摇"，不断消除体制性障碍，允许非公有制经济进入法律法规未禁止的行业领域，继续鼓励和支持非公有制企业参与国企改革，进入金融服务、基础设施建设等领域，完善金融、税收、科技创新等方面的政策，推动非公有制经济健康发展。

7日上午，吴官正来到海南代表团，同代表们一起审议政府工作报告和"十一五"规划纲要草案。会上讨论热烈，汪啸风、卫留成、王学萍、林玉权等代表先后就建设社会主义新农村、构建社会主义和谐社会、保护环境与资源、创建民族品牌、发展特色旅游等问题发言。吴官正认真听取代表们的发言，不时记下发言要点。几位代表发言后，吴官正就进一步推进改革和制度建设、逐步铲除腐败现象滋生的土壤和条件问题发表了意见。

7日下午，李长春参加了山西代表团的审议。代表们在发言中畅所欲言，各抒己见，话题涉及建设新型能源和工业基地、建立适合我国国情的技术创新体系、发展农村文化事业、培育大企业集团、培养公民道德意识等方面的内容。李长春仔细听取王国正、陈川平、张高勇等代表的发言，不时询问有关情况，并就发展社会主义先进文化、为促进中部地区崛起提供强大精神动力发表了意见。

7日下午，罗干参加了湖北代表团的审议。代表们认真审议政府工作报告和"十一五"规划纲要草案。罗清泉、马清明、陈天会、苗圩等代表踊跃发言，就推进社会主义新农村建设、发展县域经济、实施南水北调工程、加强社区建设、做好司法工作等提出建议。在听取代表们的发言后，罗干就湖北省抓住国家促进中部地区崛起的机遇、充分发挥自身优势加快发展发表了意见。

中共中央政治局委员、国务院副总理吴仪，中共中央政治局委员、湖北省省委书记俞正声，中共中央政治局候补委员、中央书记处书记、中央办公厅主任王刚，全国人大常委会副委员长成思危、盛华仁，最高人民法院院长肖扬，全国政协副主席王忠禹、廖晖、罗豪才、黄孟复、张怀西、李蒙、张梅颖、张榕明等，分别参加了上述团组、界别的审议和讨论。

全国政协十届四次会议举行记者招待会

全国政协十届四次会议举行记者招待会，吴敬琏、林毅夫、赵忠贤、鲁志强等委员围绕全国政协为编制“十一五”规划建言献策等问题回答了中外记者提问。

全国政协积极为编制“十一五”规划建言献策

在回答全国政协为编制“十一五”规划建言献策问题时，全国政协委员、经济委员会副主任、国务院发展研究中心研究员吴敬琏说，政协组织具有人才荟萃、地位超脱的突出优点，在决策过程中充分发挥政协委员的作用，集思广益，有利于提高决策的科学性。例如，去年全国政协经济委员会组成了有各方面委员参加的“十一五”规划专题调研组。对于我国传统的粗放增长方式为什么老是转变不过来，过去大家感到疑惑不解，这次各方委员聚在一起，经济学家根据市场理论指出了生产要素价格向下扭曲的影响；从领导岗位退下来的委员从自己切身体会指出，“政绩”压力和财政压力是导致不惜代价追求高产值现象普遍化的重要原因。这就使我们对转变增长方式所遇到的体制性障碍有比较全面清晰的认识，提出的解决方法也更加具有针对性和可行性。

社会主义新农村建设延续并扩展了“三农”政策内涵

全国政协委员、经济委员会副主任、北京大学中国经济研究中心主任林毅夫在回答关于建设社会主义新农村的问题时说，社会主义新农村建设既是过去“三农”政策的延续，同时也反映了我国已经达到了需要解决城乡收入、生活各方面差距的新发展阶段的需要。新中国成立以来，党和政府对农业、农村、农民的问题一直非常重视。改革前强调发展生产，解决温饱问题；改革后从实际情况出发，一方面强调重视生产，同时也强调增加农民的收入。在20世纪80年代中期的5个关于农村问题的一号文件，以及2004年、2005年的一号文件，反映的都是这个精神。“十一五”规划建议提出了建设社会主义新农村的目标，既包含了“生产发展，生活宽裕”等过去“三农”政策所强调的发展生产、提高农民收入的内容，同时也包含了“乡风文明、村容整洁、管理民主”等反映全面建设小康社会和构建和谐社会的必要内容。只有发展好农村经济，建设好农民的家园，让农民过上宽裕的生活，才能保障全体人民共享经济社会发展的成果。也只有这样，才会有社会主义和谐社会的构建，才会有全面建设小康社会目标的实现。

建设创新型国家成为国策

在回答关于建设创新型国家的问题时，全国政协委员、中国科协副主席赵忠贤说，全国政协有许多来自科技界的委员，十分关注科技创新的问题，从“科学技术是第一生产力”的提出，到“科教兴国”及“人才强国”战略的形成，直到目前的“走中国特色的自主创新之路，建设创新型国家”的决定，是一脉相承的，是符合中国经济社会及科技发展的英明决策。走中国特色自主创新之路是国家重大战略抉择。中国要建设的是惠及十几亿人口的更高水平的小康社会，但我国可耕地只占世界的7%，大部分重要资源远低于世界平均水平，战略资源相对紧缺，存在生态退化和环境污染问题。赵忠贤委员特别提到，企业是技术创新的主体。虽然中国现在的企业在技术创新方面相对比较弱，但是已经具备了一定的基础，而且也有好的典型。通过产学研三结合和其他配套政策的落实，企业作为自主创新主体是可以实现的，而且有助于科技成果产业化和提高企业的竞争能力。

政协对促成环渤海区域决策发挥了重要作用

全国政协委员、国务院发展研究中心研究员鲁志强在回答政协在推动环渤海经济圈和天津滨海新区的发展中的作用时说，促进区域协调发展是近几年全国政协关注的焦点之一。政协委员发挥跨行业、跨地域的优势，进行了大量的调研和准备工作，对促成环渤海区域和中部崛起的决策发挥了重要作用。

鲁志强认为，在天津滨海新区发展过程中政府应当发挥四方面作用：第一就是规划，确定滨海地区和环渤海将来在中国经济发展中的地位和作用，这一点现在已经做到了，而且已经发生了作用。第二就是要提供一些方便、提供一些政策，打破环渤海地区发展中间的障碍。第三就是要创造一个适宜的环境，比如环渤海地区实际由三大块组成：大连、山东、京津冀。这三块协调发展有软件上的原因，也有硬件上的原因，这都需要中央政府创造条件。最后一项就是要给予政策上的特殊优惠，比如成立渤海银行，比如天津周围有大量的荒地和盐碱地，在土地政策上能不能适当给予一些关照等等。

外交部部长李肇星在十届全国人大四次会议举行的记者招待会上就中国外交工作及国际和地区问题回答中外记者提问

李肇星说，温家宝总理在本次人大会议的政府工作报告中，已经全面阐述了我国对外政策。我们要继续贯彻胡锦涛主席强调的执政为民思想，坚持独立自主的和平外交政策，继续同国际社会一道，致力于维护世界和平，促进共同发展，加强互利合作，推动人类进步。下面我愿意回答各位的问题。

中央电视台记者：中国公民现在到国外旅游、探亲、经商或居住的人越来越多，随之而来的就是公民在海外生命财产安全以及其他权益受到伤害的问题也日益突出。请问部长，今后外交部会推出哪些具体措施体现以人为本的理念，让公民走出国门的时候更加安心和放心？关于中国公民在海外应如何做好自我保护，您有哪些建议和提醒？

李肇星：为人民服务是中国外交的宗旨，这首先是为和平、发展和合作服务，同时也为维护我海外同胞和法人的合法权益，提供以人为本的领事服务。

去年我国出境人数达到3100多万，我驻外使领馆共处理各种领事案件近3万起。其中，今年春节期间，香港同胞在埃及遭遇车祸和最近我3名工程师在巴基斯坦遇袭身亡案件发生后，党中央、国务院高度重视，外交部、商务部、有关驻外使领馆等部门迅速行动，妥善处理，受到中国公民的称赞，也得到外国朋友的敬重。有的侨胞对我说，这些事使他们进一步感到，在当今世界上，做个中国人是值得自豪的。

根据国际法和国际惯例，我国公民在国外旅行的安全保证，主要由往访国有关部门负责提供。中国有句老话，“在家靠父母，在外靠朋友”。中国公民到国外办事或旅游，也需要尽量学一些自我保护的知识，譬如说，要了解和遵守往访国的法律，要了解和尊重当地的风俗习惯，最好能了解一些当地的社会、安全情况等。为以防万一，你最好还要了解离你出访国所在地区最近的中国大使馆或总领事馆的电话，一旦出事，以便联系，中国驻有关国家或地区的使领馆，会依法全力以赴提供援助。

我顺便告诉你，现在我国在国外一共有外交部和其他30多个部门派出的常驻人员5000多人。这是一支值得信任的队伍。他们中有许多人在非常艰苦的地方工作，有的地方海拔高达4000多米，有的地区气温常年在40摄氏度以上，有的地区战乱不断，有的地区还遭受核污染，但是我们的外交官们都能忠于祖国、忠于人民，勤奋工作。

韩国联合通讯社记者：我最关心的问题是六方会谈。中国在六方会谈上起着非常重要的作用。中国国家主席胡锦涛4月将出访美国，请问胡锦涛主席访美之前，六方会谈是否可能复会？此外，台湾问题最近成为非常重要的问题，中国与美国在台湾问题上有时有一致意见，有时有不同意见，台湾问题可能会影响六方会谈吗？

李肇星：关于朝鲜半岛核问题，去年六方会谈发表了共同声明，明确实现朝鲜半岛无核化的总体目标，并就如何落实共同声明进行了初步讨论，这一阶段性的成果来之不易，值得珍惜，也充分证明只要各方富有诚意，显示灵活，坚持从东北亚安全大局出发，会谈就能够逐步取得积极进展。中方一直在为推动和平解决半岛核问题而不懈努力，现正在为尽早复谈与各方保持着沟通与协调，耐心、深入地做工作。无论困难有多大，我们都坚持劝和促谈。我们希望有关各方本着对话和协商的态度，来争取解决问题，多做增进信任的事，坚持务实灵活，努力落实共同声明。这对维护半岛的和平乃至东北亚地区的和平与稳定都有重要意义，也符合各方共同利益。

你说的很对，也很有意思，中美两个大国，在有些问题上意见一致，有些问题上不一致；有的时候一致，有的时候又不一致。我看你说出了一个普遍适用的道理：大概对于任何两个大国之间的关系，这样说都不会太错。如果两个国家，特别是两个大国，什么都完全一样，这个世界也就太单调了，我看有好多记者可能就失业了。

台湾问题是影响中美关系的最重要因素。我们希望美方坚持一个中国政策，遵守中美三个联合公报，认清“台独”分裂势力及其活动的危险性，切实反对“台独”分裂活动，不向“台独”势力发出任何错误信号，共同维护台海和平稳定和中美关系大局。

我们愿与美方共同努力，增进了解，扩大共识，加深互信，发展合作，妥善处理分歧，推动中美关系健康发展。

胡锦涛主席不久将应邀访问美国，这将是胡主席作为国家主席首次访美，意义重大。双方正在抓紧准备，确保访问成功。

香港亚洲电视台记者：最近梵蒂冈委任香港的陈日君为枢机主教，请问中央政府对此有何评价？此事会不会影响中国与梵蒂冈建交呢？

李肇星：香港是中国的香港，是包括香港同胞在内的中国人民的香港。对香港事务，我们按照中国宪法和香港特别行政区基本法办事。我们为在特区政府领导下香港同胞在各方面所取得的成就感到高兴。

关于梵蒂冈，我们希望它不要以任何形式干预中国内部事务，也希望它不要同中国的一个地方、同中国的一个省保持所谓的“外交关系”。

美国彭博新闻社记者：大家都知道，中国很多军人很多年工资都非常低。在海峡两岸局势紧张的时候，军费是必须增加的。可是今年增加了14.7%，增幅好像是最近四五年来最高的。很多国家担心：中国虽说要“和平崛起”，却不停地增加军费。请问外长对此有何反应，其他国家是不是不应该这样担心？如果不用担心，请问军费为什么要增加这么多？

李肇星：我认为看事情要看最基本的事实，不能光看一个数字，一个百分比，而忘记这个百分比后面，前年的底数、去年的底数是多少。如果你不知道的话，我可以建议你看一看新华社刚发的对中国人民解放军廖锡龙将军的专访，发表在今天的《北京日报》上。实际上，除了廖锡龙将军所说的，我想补充几点。那就是增加之后的中国军事预算，也比你所来自的那个国家的军事预算少得多。中国人均军费是你所来自的那个国家的1/77。更重要的是,中国国防政策是透明的,那就是中国的国防完全是防御性的。

我告诉你一个经典的例证。1964年10月16日,中国首次核试验成功当天,就向全世界明示:中国在任何时候、任何情况下都不首先使用核武器,此后又无条件承诺不对无核武器国家和无核武器地区使用或威胁使用核武器。你注意到了中国的军费,好像研究得很仔细,我不知道你是否研究过其他有核国家有没有像中国这样就核武器问题向全世界作出如此透明而诚恳的承诺。

中国国际广播电台记者:去年此时,也在这里,您说中国外交就是要广交朋友,今年中国将迎来与非洲国家、阿拉伯国家开启外交关系50周年的纪念日。可以说,许多发展中国家都是中国的老朋友,许多发展中国家的听众也是中国国际广播电台的老朋友。他们通过各种各样的方式向我们提这样一个问题,未来中国将采取何种方式加强与这些老朋友和这些发展中国家的关系?

李肇星:今年是中非开启外交关系50周年,中非关系经受了时间和国际风云变幻的考验,中非成为平等相待的好朋友、相互支持的好兄弟、互利合作的好伙伴。加强和发展同非洲的团结合作,是中国外交的重要组成部分,我们愿意继承和发展中非友好传统,发展政治上平等互信、经济上合作共赢、文化上交流互鉴的新型战略伙伴关系。

中非在能源、资源等领域的合作是互补、互利、互惠的,有利于非洲国家实现经济发展,符合双方的共同利益,有利于共同发展。中国还注重帮助当地发展基础设施和社会福利事业,受到非洲国家欢迎。

不久前,我访问了一些非洲国家,发现中国同非洲国家的关系越来越紧密,基础越来越稳固。在利比里亚,我看到中国派出的维和部队和当地人民友好相处,为维护当地稳定发挥了非常好的作用。尼日利亚是非洲人口最多的国家,也是我们的老朋友。但由于两国外长都很忙,所以我对尼日利亚的访问只有两个小时,双方的正式会谈是在机场贵宾室举行的。尽管时间短,访问却取得了成功。中尼将不断加深和扩大在各方面的互利合作。我也访问了非洲一个人口很少的国家,叫佛得角。这个国家的领导人很热情,也特别客气,不断地说,我们国家很小。我被他们谦虚的态度所感动,但我也很诚恳地告诉佛得角朋友:“山不在高,有仙则名”,国不在大,热爱和平、主持公道就好。令我特别感动的是,像佛得角这样一个国家在国际上确实主持公道,他们坚持一个中国原则,在联合国改革等问题上坚持按《联合国宪章》宗旨办事。我只是举几个例子。我也知道,你们的广播在这些国家很受欢迎。

俄通社—塔斯社记者:今年中国将举办“俄罗斯年”活动。普京总统很快将访华,中俄关系现状如何,是怎么样发展的,还有哪些合作方向,有没有什么问题?

李肇星:中俄两国领导人保持着密切联系,在双边关系及重大国际和地区问题上有广泛共识。双方彻底解决了边界问题,成功举行首次联合军演。双边贸易连续七年高速增长,能源、投资合作取得重大进展。2004年,中国从俄罗斯光是进口原油就超过1200万吨。在其他领域,合作也富有成效,给两国人民都带来了实在利益。今明两年,双方将互办“国家年”,举办一系列活动,以进一步加强两国人民友谊,全面推动各领域务实合作。

应胡锦涛主席邀请,普京总统将在本月下旬来中国进行国事访问。访问期间,两国元首将共同出席“俄罗斯年”开幕式和“中俄经济工商界高层论坛”,双方还将发表政治成果文件并签署一系列双边合作协定。普京总统此访,将促进中俄战略协作伙伴关系全面发展,有利于促进世界和平、稳定与发展。中俄在上海合作组织以及包括联合国在内的其他国际组织中的合作也在不断加强。

阿拉伯半岛电视台记者:今年是中国和阿拉伯国家开启外交关系50周年。中国在中东地区的利益越来越大,但这个地区问题和矛盾也越来越多。在一些分析家看来,中国在这个地区发挥的作用不是很大,立场也不很清楚。今天能否听到中国外交部门领导就这些问题比较清楚的立场?比如伊朗核问题、伊拉克问题、哈马斯上台和以色列不断违反国际条约等。

李肇星:中阿合作论坛成立以来,双方密切合作,论坛建设取得积极进展。去年论坛成功举办了首届企业家大会、第二次高官会、投资洽谈研讨会和文明对话研讨会等。双方在人力资源培训方面也开始合作。事实证明,论坛已成为加强中阿地区对话和合作的新平台。今年还将在北京举行第二届部长级会议,我们愿意同所有阿拉伯国家一起努力,在论坛框架下不断深化各领域合作,推动新时期中阿关系不断发展。

你说中国的中东政策好像不那么清楚。我估计可能是因为你在听外交部发言人孔泉讲话的时候在忙别的事。中国非常关注中东地区事务,致力于早日实现地区和平与稳定。我们主张在相互尊重、平等互利的基础上,发展中东地区国与国的关系,并一直在为劝和促谈做积极的努力。我们将继续与国际社会一道,推动包括巴以冲突在内的本地区各种问题的解决。

对于不久前发生的非常敏感的漫画事件,中国政府和人民也明确表达了自己的立场,我们倡导各种文明之间要相互尊重。中东有着自己独特的历史传统、宗教信仰和文化特性,任何有关这一地区的行动都应该有利于和平解决热点问题,有利于实现和平、稳定和发展,应该尊重这个地区国家和人民的意愿,应同本地区国家广泛协商。

关于伊拉克问题,我们的立场也十分清晰。中国主张要坚决维护伊拉克统一、主权和独立,鼓励伊拉克各派加强对话与团结,共同推动重建,稳定局势。我们也主张要发挥联合国和国际社会的重要作用。

对伊朗核问题,我们也很关注。中国支持维护核不扩散体系,反对核武器扩散,主张通过外交和谈判方式,早日妥善解决伊朗核问题。中国的立场符合各方的根本利益。伊朗作为《不扩散核武器条约》缔约国,享有和平利用核能的权利,当然也应履行相关义务。我们希望伊朗和国际原子能机构充分合作,多采取有助于增进信任的措施。为了介绍中国立场,中国外交部副部长吕国增刚刚访问了德黑兰。我们注意到,联合国原子能机构总干事巴拉迪先生昨天晚上还说,仍有希望就伊朗核问题达成某种协议。当前形势下,国际社会维持通过外交解决问题这一共识十分重要。在国际原子能机构框架内解决该问题还有空间,国际社会不应放弃努力。我们希望有关方面的谈判能取得积极成果,希望有关各方均能够保持冷静、克制与耐心,显示灵活,继续致力于通过外交途径解决伊朗核问题。为了妥善解决问题,为了和平,中国愿意同所有相关国家继续保持沟通和协调,中国外交部军控司司长张炎现正在维也纳积极参与有关工作。

关于中国同巴勒斯坦的关系,中巴有着深厚的传统友谊,中国愿意继续保持和发展同巴方友好关系。中方一直向巴方提供力所能及的支持和帮助。今后如巴方提出援助要求,我们还会认真考虑。和平手段和政治谈判是解决中东问题的正确途径,希望巴以双方继续遵守联合国有关决议和"土地换和平"原则,坚持通过对话解决争端。中国坚定支持中东和平进程,一直以自己的方式做各方工作。我们将继续同有关方面合作,为早日实现中东地区的和平与稳定发挥建设性作用。

日本广播协会记者:日中之间有关东海油气田的磋商今天在北京刚刚结束。请问中国政府提出了哪些建议?打算如何解决这个问题?另外,中日两国存在许多问题,请问您怎样看待两国外交部长的会晤?

李肇星:中日是近邻,中国人民愿意同日本人民世世代代友好下去。现在中日政治关系面临困难的症结是,日本个别领导人至今仍坚持参拜发动和指挥侵略战争的甲级战犯的亡灵。日本领导人不应该再做伤害中国人民和其他侵略战争受害国人民感情的事情了。这是一个非常严肃的问题。不仅中国人民不能接受日本现任领导人至今还参拜甲级战犯亡灵,其他许多国家的人民也不能接受。一位德国官员告诉我,德国人也不能理解,日本的领导人怎么能干这种事,这种傻事,这种不道德的事。他们说,二战后,没有哪个德国领导人还对希特勒或其他纳粹分子表示崇拜。不论怎么做,那些被纳粹分子屠杀的人也不能复活了,但是至少不应该做任何会伤害死难者后代感情的事。一位美国官员告诉我,美国人民也没有忘记1941年12月7日所发生的事情。一位马来西亚朋友告诉我,就在日本侵略者空袭珍珠港的同一天,日本侵略者空袭马六甲,伤害了许多无辜群众。这样的例子太多了,我可能3个小时也说不完,所以请把这样的信息转告你的听众。

中方发展与日本睦邻友好合作的基本方针没有改变。中国将继续按照胡锦涛主席去年4月23日在雅加达提出的五点主张,为改善和发展中日关系积极努力。一、严格遵守中日间三个政治文件,以实际行动致力于发展面向21世纪的中日友好合作关系。二、切实坚持"以史为鉴、面向未来"。日方要以严肃慎重的态度处理好历史问题。三、正确处理好台湾问题。日方要以实际行动体现在台湾问题上所作的承诺。四、坚持通过对话,平等协商,妥善处理中日之间分歧。五、加强双方在广泛领域的交流与合作,加强民间友好往来。

我再强调一点,在历史问题上,中国人民是受害者。现在关键是,日本个别领导人要拿出足够的诚意和勇气,纠正自己的错误行动。

关于东海问题,中方有关开发活动是在中日双方没有争议的中国近海进行的。中日两国在东海问题上存在分歧,这是客观事实。双方都表示希望通过谈判解决分歧,寻求合作。中国外交部亚洲司司长胡正跃和日本外务省亚洲大洋洲局局长佐佐江贤一郎今天刚刚结束了在北京举行的东海问题第四轮磋商。这次磋商是务实的,建设性的,双方同意尽早举行下一轮磋商。

英国路透社记者:胡锦涛主席即将访美,请评价一下中美关系。现在华盛顿有一些人,包括美国国防部一些人,说中国是将来美国主要的潜在敌手。您怎么看待中国将来的发展。再过十年、二十年,中美关系会怎么样?如果处理不好的话会怎么样?

李肇星:中国人民正在坚定地走和平发展道路,中国永远是一支维护和平和促进共同发展的力量。中国的发展不对任何国家构成任何威胁。相反,中国的发展,为世界其他国家的发展创造了越来越多的机遇。譬如说,中美去年双边贸易额已高达2116亿美元,同比增长24.8%。这样的经贸合作,给两国人民带来了实在利益。中国已经成为美国增长最快的出口市场。有人估计,中美贸易带动的美国国内就业人数大概在 400 万至 800 万之间。物美价廉的中国商品使广大美国消费者得到了好处,也有利于降低美国通货膨胀压力。你可能知道,美国好多人家过圣诞节用的圣诞树是在中国人工制造的,这也有利于美国的环境和生态保护。中国还是美国大豆、棉花的最大进口国。2004 年,中国进口美国大豆 1020 万吨,占美国大豆出口的 43%;进口 106 万吨美国棉花,同比增长一倍多。去年,中国还购买了 70 架波音飞机。

的确,美国朋友也有一些抱怨,说他们同中国的贸易赤字太大。但是赤字的产生,原因很复杂,其中包括美国除了波音飞机之外,只愿意卖给中国刚才说到的大豆、棉花,还有加利福尼亚葡萄酒、佛罗里达柑橘等。有一些更值钱的东西,他们不卖,他们说那是高技术含量的,甚至是军民两用的。实际上,很难说得清楚什么叫军用,什么叫民用。比如说这杯茶,我和姜恩柱主任委员喝了就是民用,要是当兵的喝了就是军用,说得清楚吗?所以不要把什么问题都政治化,还是要按照世贸组织的规则办事才好。中方并不追求贸易顺差,我们愿意继续采取积极措施,来逐步解决贸易不平衡问题。

美国朋友的另一个抱怨是,在知识产权保护方面,中国做得不够。实际上,我们也是侵权问题的受害者。中国特别重视知识产权保护,这应该是中美两国进行交流和合作的共同点。中国已从立法、司法、执法和教育等诸多方面,加强对知识产权的保护。2005 年,中国全国工商行政管理部门共查处商标侵权案件 39000 多件,中国法院共受理侵犯知识产权案件 3500 多件。

我们希望美方认真对待中方关切,放宽对华技术出口限制,反对通过影响正常贸易合作的议案,共同推动中美经贸关系健康发展。

我们感到高兴和鼓舞的是,胡锦涛主席和布什总统去年就全面推进 21 世纪中美建设性合作关系达成了重要共识。中美在经济、贸易、反恐、防扩散以及朝鲜半岛核问题、伊朗核问题、联合国改革、禽流感防控等重要领域的协调、合作富有成效。这对双方都有利,也有利于地区和世界的和平、稳定与发展。

至于你问到十年甚至是二十年之后的中美关系,我认为中美两国有着广泛的共同利益。只要双方共同努力,按照三个联合公报原则办事,十年、二十年之后,中美两国友好合作关系会更加富有成效。

台湾中天电视台记者:有人呼吁两岸在国际上"外交休兵",您对此有何评价?台湾最近宣布终止"国统会"运作和"国统纲领"适用,您怎么看这对两岸关系的影响?是不是 4 月份胡锦涛主席访问美国的时候,中美双方会针对台湾问题发表新的声明?

李肇星:世界上只有一个中国,台湾是中国的一部分,这是国际社会普遍坚持的重要原则。这体现在 1943 年的《开罗宣言》、1945 年的《波茨坦公告》和 1971 年联合国大会第 2758 号决议等重要文件中。世界上 190 多个国家中,同中国建立外交关系的国家有 167 个,它们都承认世界上只有一个中国,台湾是中国的一部分。世界上包括联合国在内的 138 个政府间国际组织都承认世界上只有一个中国,台湾是中国的一部分。

中国的主权不容分割,中国的领土完整不容破坏。台湾当局领导人挑衅一个中国原则,挑战国际公理和人类正义,妄图把台湾从中国分裂出去,理所当然遭到两岸同胞的强烈反对和国际社会的谴责和蔑视。台湾当局领导人的"台独"分裂活动必将遭到可耻的失败。

大陆和台湾同属一个中国的事实从未改变。这就是两岸关系的现状。台湾当局领导人强行终止"国统会"运作和"国统纲领"适用,是走向"台独"的危险一步,是对国际社会普遍坚持的一个中国原则和台海和平稳定的严重挑衅。我们将高度关注事态发展,随时准备应对可能出现的复杂局面。我们愿以最大诚意、尽最大努力,争取和平统一,但决不会容忍"台独",决不允许任何人、以任何方式把台湾从中国分裂出去。

非常高兴有机会同一位台湾同胞讨论这个问题。我不由得想起不久前逝世的全国政协副主席巴金先生的一段话。这位活了 101 岁的老人深情地说:"我家乡的泥土,我祖国的土地,我永远同你们在一起……"我们每个人都只有一位母亲,只有一个祖国。让我们共同努力,捍卫自己祖国的主权、领土完整和尊严,坚决反对任何分裂活动。

新华社记者:传统的国际关系理论认为,一个大国崛起必将对既定的国际秩序构成挑战。这也成为所谓"中国威胁论"的重要论据。中国正在迅速发展,如何同其他发展中国家一道为世界的和平与发展发挥作用?

李肇星:中国是发展中国家一员,愿意同所有发展中国家一起努力谋发展,不断改善本国人民的生活。在这个过程中,我们愿意与所有国家加强互利合作,争取共赢的成果。在联合国 191 个成员国中,发展中国家占 2/3;全世界约 65 亿人口当中,发展中国家总人口有 53 亿,包括中国有 13 亿,约占全世界的 4/5。我们必须清醒地认识到,没有发展中国家的稳定与发展,就没有世界的和平与繁荣。

中国同其他广大发展中国家有着相同的历史遭遇,面临共同挑战,有着共同利益,加强与发展中国家团结合作,是中国外交政策的基础。我们愿意同发展中国家永远做好朋友、好伙伴。

我们将相互尊重、相互支持,尊重各国根据各自国情选择的发展道路。中国还不太富裕,但是愿意向发展中国家提供力所能及的援助,继续落实胡锦涛主席去年出席联合国成立60周年首脑会议期间宣布的中国支持发展中国家的所有举措。

在国际事务中,我们将同发展中国家加强磋商与协调,共同维护发展中国家的正当权益。在联合国改革问题上,我们主张,应该首先重视发展问题。在安理会改革问题上,我们主张应优先增加发展中国家特别是非洲国家的代表性。

总之,在中国人民全面奔小康的伟大进程中,中国外交将努力提供切实有效的服务,为祖国的发展创造一个和平、友好的国际环境,为祖国广交朋友。

记者招待会历时一个半小时,近600名中外记者出席。

全国政协在北京召开提案办理协商会

全国政协在北京召开“关于农业增产、农民增收,促进社会主义新农村建设问题”提案办理协商会。全国政协副主席周铁农、李兆焯出席会议并讲话。

此次会议邀请提案党派、提案人、提案委员会委员、有关政协委员,以及国家发展与改革委员会、财政部、农业部、科技部、商务部、水利部、国土资源部、国务院扶贫办、中国人民银行、供销合作总社等提案办理单位参加。

国务院任免国家工作人员

任命陈存根为人事部副部长,胡晓义为劳动和社会保障部副部长。

免去侯建良的人事部副部长职务,王东进的劳动和社会保障部副部长职务。

全国妇联在人民大会堂举行中外妇女招待会庆祝三八国际劳动妇女节

中共中央政治局委员、全国人大常委会副委员长王兆国,中共中央政治局委员、国务院副总理、国务院妇女儿童工作委员会主任吴仪,全国人大常委会副委员长何鲁丽,全国人大常委会副委员长、全国妇联主席顾秀莲,全国人大常委会副委员长乌云其木格,国务委员唐家璇,国务委员陈至立,全国政协副主席、中央统战部部长刘延东,全国政协副主席郝建秀,全国政协副主席张梅颖,全国政协副主席张榕明,全国妇联名誉主席、原全国人大常委会副委员长彭珮云,原全国政协副主席钱正英和在京女中央委员、候补委员,全国人大、全国政协在京女常委,各有关部委女领导以及各界妇女代表和各国驻华外交官、使节夫人、外国女专家、专家夫人等1500人出席了招待会。

顾秀莲在致辞中说,2005年是联合国第四次世界妇女大会10周年。近90个国家的首脑及政要、政府部长、妇女组织的负责人为推动全球妇女的共同进步与发展,参加了北京的纪念大会。在纪念大会上,国家主席胡锦涛指出:中国始终高度重视发挥妇女作用,积极推动妇女事业发展。中国明确把男女平等作为一项基本国策,表明了中国促进性别平等、保障妇女权益的坚定决心。

顾秀莲强调,2005年,中国全国人大常委会通过了《关于修改〈中华人民共和国妇女权益保障法〉的决定》,进一步明确了实行男女平等是中国的基本国策,加大了对妇女权益的司法保障力度;国务院新闻办公室发布了《中国性别平等与妇女发展状况》白皮书,向国际社会介绍了近十年来中国性别平等和妇女发展状况。

顾秀莲指出,2006年是中国实施“十一五”规划的开局之年。妇女是推动社会进步与发展的伟大力量,“十一五”期间,全国妇联将团结带领广大妇女群众,积极投身社会主义现代化建设事业,在实施“十一五”规划中,推进妇女事业与经济社会的共同发展。

2006年中日工商界友好迎春会在北京举行

中日友好协会与中国日本商会、日中经济协会今天在北京举行“2006年中日工商界友好迎春会”。这是中方与日本在华企业和工商界人士首次举行这样的大型交流活动。中日友好协会会长宋健、中国日本商会会长副岛利宏、日本驻中国大使阿南惟茂等中日各界人士150多人参会。

中日第四轮东海问题磋商在北京结束

外交部亚洲司司长胡正跃率领的中方代表团与日本外务省亚洲大洋洲局局长佐佐江贤一郎率领的日方代表团,3月6日和7日在北京举行了中日第四轮东海问题磋商。双方着重就共同开发等问题深入交换了意见。磋商是务实的和建设性的,双方同意尽早举行下一轮磋商。

高校毕业生“三支一扶”计划启动

从今年开始连续5年,国家将每年招募2万名高校毕业生,主要安排到农村基层从事支教、支农、支医和扶贫工作(以下简称“三支一扶”)。

国家将按照公开招募、自愿报名、组织选拔、统一派遣的方式,坚持“公开、平等、竞争、择优”的原则进行“三支一扶”大学生的招募工作。“三支一扶”计划服务期限一般为2—3年，工作期间给予一定的生活、交通补贴，统一办理人身意外伤害保险和住院医疗保险，费用由地方财政安排专项经费和中央财政予以支持。从每年的4月份开始，有关部门将按照一定的程序，完成相关招募工作的汇总计划、组织招募、确定人选以及上岗前的集中培训，于每年7月底前派遣"三支一扶"大学生到服务单位报到。《通知》要求各级组织、人事、教育、财政、农业、卫生、扶贫、团委等部门要加强协调，密切配合，及时协助解决其工作和生活上出现的问题，注意发现和培养在基层作出突出贡献的"三支一扶"大学生，广泛宣传典型事迹，努力营造良好氛围，唱响到基层去、到艰苦地区去、到祖国和人民最需要的地方去的时代强音。

全国义务教育阶段教师多半在农村

据《人民日报》报道：从教育部获悉，我国义务教育阶段教师多半在农村。906.43万名小学和初中专任教师中，城市县镇教师占43.71%，农村教师占56.29%。但目前农村教师整体素质有待提高，农村小学年轻教师偏少，农村教师补充困难的难题仍亟待解决。

据了解，我国教师资源区域和城乡分布不均衡，城市超编与农村部分地区师资紧缺并存；学科分布不均衡，农村中小学外语、信息技术、音乐、体育、美术教师普遍短缺。大量代课人员的存在，严重影响了农村教育水平。据统计，2004年全国共有49.9万名代课人员，主要集中在农村小学，75.9%分布在中西部农村小学。

3月8日

党和国家领导人胡锦涛 吴邦国 温家宝 贾庆林 曾庆红 吴官正 李长春 罗干等分别参加一些团组的审议和讨论

8日上午，胡锦涛参加了黑龙江代表团的审议。代表们踊跃发言，各抒己见。胡锦涛仔细倾听，并不时就一些问题与大家一起探讨，会场上气氛十分活跃。在听取张左己、吕维峰、关思伟等代表的发言后，胡锦涛作了讲话，就建设社会主义新农村、推进经济结构调整和经济增长方式转变、构建社会主义和谐社会、深化改革扩大开放、加强干部队伍作风建设等发表了意见。胡锦涛强调，要抓住当前国际生产要素流动和产业转移加快的历史机遇，坚持以市场为导向，抓紧调整经济结构、转变经济增长方式，不断提高经济增长的质量和效益。要着力推进产业结构优化升级，充分发挥比较优势，不断培育新的经济增长点，努力形成以高新技术产业为先导、基础产业和制造业为支撑、服务业全面发展的产业格局。要着力提高自主创新能力，按照建设创新型国家的要求，深化科技体制改革，加快创新体系建设，大力增强原始创新能力、集成创新能力和引进消化吸收再创新能力。要着力建设资源节约型、环境友好型社会，坚持节约资源和保护环境的基本国策，坚持开发节约并重、节约优先，积极开发和推广资源节约、替代、循环利用技术，抓紧解决严重危害人民群众健康安全的环境污染问题，努力形成低投入、低消耗、低排放和高效率的节约型增长方式。要着力提高劳动者素质，加大人力资源开发的投入，加强人力资源能力建设，特别是加强高级管理人才、高端研发人才、高层创新人才和实用技能人才队伍建设。要切实加强干部队伍作风建设，引导各级干部坚持立党为公、执政为民，解放思想、实事求是，严于律己、廉洁奉公，团结互助、齐心协力，带领广大群众继续创造新的业绩。

8日上午，吴邦国参加了内蒙古代表团的审议。在人民大会堂内蒙古厅，代表们积极发言。吴邦国边听边记，不时插话，仔细询问内蒙古经济社会发展情况。杨晶、韩志然、云峰、刘卓志等代表先后就落实科学发展观、推进区域协调发展、加强生态建设等发了言。听取代表们的发言后，吴邦国强调，建设社会主义新农村是中央从党和国家发展全局出发提出的重大历史任务，各地要结合实际扎实向前推进。要提倡艰苦奋斗、求真务实，尊重农民意愿，防止一哄而起。要提高农业综合生产能力，落实好各项支农政策，加强农村电力、水利、道路等基础设施建设，推广先进适用农业技术，发展农业产业化经营，广辟农村富余劳动力转移就业途径，促进农民持续增收。要加强农村社会事业建设，尤其要解决农村义务教育经费保障和农民看病难、看病贵及饮水、沼气建设等问题。要加强农村基层组织建设，统筹推进农村各项改革，全面增强农业和农村的发展活力。

8日上午，温家宝参加了新疆代表团的审议。司马义·铁力瓦尔地、史大刚、铁力瓦尔迪·阿不都热西提、关桂珍等围绕实施"十一五"规划、加快边疆民族地区经济社会发展等进行了热烈讨论。温家宝在认真听取大家的发言后说，民族团结和社会稳定是我国经济社会发展的重要保障。我们要贯彻各民族平等、团结、互助，共同繁荣与进步的民族政策。党中央、国务院高度重视民族地区的经济社会发展，在整个经济建设中，把支持民族地区的发展放在重要位置，制定了一系列扶持措施。温家宝强调，民族地区的发展要重视四项工作：第一，合理开发利用资源，保护生态环境，带动地区经济发展。第二，加强道路、水利、电力、通信等基础设施建设，改善生产生活条件。第三，加快发展教育、医疗卫生等社会事业，实现经济和社会协调发展。第四，努力改善群众的物质文化生活，让各族人民得到实实在在的利益。

8日上午，贾庆林参加了台湾代表团的审议。范增胜、陈建德、王琼瑛、魏丽惠等代表先后发言。贾庆林说，温家宝总理代表国务院作的政府工作报告提出的今年对台工作要点，重点突出，针对性强，表明了中央进一步做好新形势下对台工作的坚定决心，我们要认真学习贯彻。贾庆林强调，我们要进一步扩大两岸交流与合作，努力把寄希望于台湾人民的方针落到实处。当前，我们不但不会因为台湾当局的蓄意挑衅和阻挠而改变对台湾同胞的庄严承诺，已经宣布的各项政策措施将抓紧落实，还要一如既往地为台湾同胞办实事、做好事、谋福祉。要深化、扩大两岸经济交流与合作。我们希望两岸民间行业组织依照既有的协商模式，尽早就两岸客运包机、货运包机问题开始商谈，力争取得实质性进展。要继续大力推动两岸文化交流。要继续开展与承认“九二共识”、反对“台独”的台湾各党派、团体和代表性人士的交流与对话，争取在“九二共识”的基础上恢复两岸对话与谈判。

8日上午，曾庆红来到四川代表团，同代表们一起审议政府工作报告和计划报告、预算报告。蒋巨峰、赵爱明、王宁、尧斯丹等代表先后发言，大家结合本地实际，围绕构建社会主义和谐社会、推进社会主义新农村建设、增强自主创新能力、加强民族团结等展开讨论，提出建议。在听取几位代表的发言后，曾庆红针对代表们普遍关心的问题，就“抓住建设社会主义新农村的新机遇、推动四川由农业大省向农业强省转变”发表了意见。

8日下午，吴官正参加了河南代表团的审议。在人民大会堂东大厅，代表们进行热烈的讨论，大家的话题涉及全面落实科学发展观、推进城乡区域协调发展、解决关系群众切身利益的问题、加快老区发展、加强廉政建设等方面内容。吴官正仔细听取李成玉、唐祖宣、王尚宇、熊维政等代表的发言，认真记下发言要点，并就切实纠正损害群众利益的不正之风，在保持惩治腐败强劲势头的同时进一步加大预防力度，促进和谐社会建设等发表了意见。

8日下午，李长春参加了湖南代表团的审议。会上，代表们畅所欲言，周伯华、蒋作斌、梁又姿、黄培劲等代表相继发言，他们就推进社会主义新农村建设、加快科技自主创新、建设节约型社会等问题提出自己的见解。李长春认真做笔记，详细问情况，并就进一步解放思想、抢抓机遇、加快发展，促进中部地区崛起，以及加快文化体制改革、大力发展文化事业和文化产业发表了意见。

8日下午，罗干来到人民大会堂青海厅，参加青海代表团的审议。宋秀岩、黄立功、王小青、张守成等代表先后发言，围绕民族地区扶贫开发、资源开发利用、基层政法工作等方面问题进行讨论。罗干在大家发言过程中不时插话，了解有关情况。在几位代表发言后，罗干就用科学发展观统领政法工作、为顺利实施“十一五”规划创造和谐稳定的社会环境发表了意见。

中共中央政治局委员、新疆维吾尔自治区党委书记王乐泉，中共中央政治局委员、中央书记处书记、中宣部部长刘云山，全国人大常委会副委员长李铁映、司马义·艾买提、盛华仁、乌云其木格、韩启德，国务委员唐家璇，最高人民检察院检察长贾春旺，全国政协副主席阿不来提·阿不都热西提等，分别参加了上述代表团的审议。

十届全国人大四次会议就建设社会主义新农村举行记者招待会

农业部副部长尹成杰、国家发展和改革委员会副主任杜鹰、财政部副部长朱志刚就建设社会主义新农村回答了中外记者的提问。

六项措施推进新农村建设

尹成杰说，建设社会主义新农村必须从我国国情出发，紧紧围绕“生产发展、生活宽裕、乡风文明、村容整洁、管理民主”的总体目标，着眼长远，立足当前，突出重点，扎实推进。今后将采取六项措施推进新农村建设：要加大财政投入，加强农业和农村基础设施建设，转变农业增长方式，大力发展现代农业，提高农业综合生产能力；要千方百计增加农民收入；进一步扩大农村基层民主；进一步加强农村精神文明建设；加强农村的社会建设和管理；进一步深化农村的各项改革，为农村经济社会发展提供强大的动力。

办好“水、气、路、电”四件事

在回答有关国家将采取哪些措施改善农村生产生活条件的问题时，杜鹰说，国家发展改革委会同有关部门研究确定了中央投资三个方面的建设重点：一是今年拟安排120多亿元，继续加强种子工程、大型商品粮基地建设、优质粮食产业工程、大型灌区节水改造、小型农田水利设施建设、动物防疫体系建设等。二是在改善农民生产生活条件方面，要集中力量办好“水、气、路、电”四件事。今年拟安排40亿元，比上年翻了一番，计划再解决2000万农村人口的饮水安全问题；拟安排25亿元投资，比去年增长了1.5倍，准备再建250万口户用沼气池；拟安排国债和车购税资金170多亿元，改建新建乡村公路18万公里，东中部地区重点是“乡通村”油路，西部地区重点是“县通乡”油路；拟安排12亿元国债，对中西部部分地区农网进行完善，启动无电乡电力建设工程。三是准备安排60多亿元投资,加快农村教育、卫生、文化事业发展。

财政支农再加力,给农民看得见的实惠

财政如何支持新农村建设?朱志刚说,首先要建立财政支农资金稳定增长的机制。调整财政支出的存量,同时把增量重点向农村倾斜。2006年中央财政预算用于"三农"的支出达到3397亿元,比上年增长14.2%。

第二,在全国全面取消农业税,为此中央财政将每年安排转移支付782亿元。

第三,继续完善和强化粮食直补、良种补贴、农机具补贴等强农惠农财税政策措施。今年粮食直补资金在13个主产区达到粮食风险基金的50%,预计比上年增长10个亿。同时良种补贴和农机具补贴也比上年有了很大幅度的增长。

第四,加大对农村义务教育投入。"十一五"期间,中央财政和地方财政将增加2182亿元,全面推进农村义务教育经费保障机制改革。今年率先在西部中小学免收学杂费,明年在全国农村全面实行义务教育免收学杂费。

第五,解决农民看病难的问题。今年中央财政对新型农村合作医疗试点的补助将达到47.3亿元,是去年的7倍多。预计到2008年,全面实行新型农村合作医疗制度。

第六,推进以乡镇机构改革、农村义务教育制度改革和县乡财政体制改革为主要内容的农村综合改革,把给农民的实惠切切实实落到实处。

管好用好支农资金,实行追踪问效制度

如何监管规范财政支农资金的使用?朱志刚说,财政部门和国家发展改革部门在安排项目时都采取公开、透明的程序,严格进行专家论证,对资金的规模、用途、使用方向进行严格审核。发展改革委、农业部、科技部、教育部、卫生部等部门确定的支农项目,采取国库集中支付制度,把资金直接支付给用款单位,并且进行严格监督。建立财政性资金的追踪问效制度。

杜鹰补充说,管好、用好国家投资,是新农村建设中非常重要的问题。在资金管理方面,所有的项目都要有切合实际的管理办法;在资金流程上,提倡使用报账制;发展改革、财政、审计、纪检等部门要加大稽查、审查的力度;最重要的是让农民享有知情权、参与决策权和监督权。

五大举措发展现代农业

在回答政府有哪些具体措施发展现代农业的问题时,尹成杰说,一要稳定粮食的播种面积,提高粮食单产、粮食质量、种粮的比较效益,加强粮食生产基地建设,特别是要加强13个粮食主产区的建设。二要优化农业的区域化布局,推进优势农产品产业带建设,特别是发展专业化、区域化的农业生产。同时,按照节约资源、保护环境的要求,发展资源节约型、环境友好型农业,发展农业和农村循环经济。三要大力推进农业科技的自主创新和成果转化。四要通过挖掘农业内部增收潜力,提高农民收入水平;积极促进农村劳动力转移,增加农民务工的劳务收入;落实各项扶持农业发展的政策,增加农民转移性收入。五要加强农民的教育培训。

有力维护失地农民利益

在回答国家将如何维护失地农民利益的问题时,尹成杰说,国家提出了一系列保护耕地、保护基本农田、保护农民合法权益的政策和措施。一是实行严格的耕地保护制度,尽量减少失地农民。对耕地的占用要严格审批,不得随意占用农民耕地和基本农田。二是对被占用耕地的农民给予合理的补偿,严格按照国家关于被征、占用耕地的补偿政策,把补偿资金及时足额地落实到村、落实到农户。三是安排好失地农民的就业。对被占用耕地的农民就业,按照当地政府的安排,扩大就业门路。四是对生活困难的农民实行最低生活保障制度。

杜鹰补充说,低价征占农民土地、损害农民利益的现象的确存在,表明我们现在的农村土地征占用制度已经不能适应新时期的需要,必须进行改革。有关部门正在研究制订改革方案,基本思路是区分征占用土地的用途,对公益性用途的,逐步提高补偿标准;对商业性用途的,要引入市场机制。

六项措施防控禽流感

尹成杰说,当前正处在禽流感疫情的高发期,防控任务十分繁重。面对严峻的疫情形势,有关部门采取了一系列措施:认真贯彻中央提出的"加强领导、密切配合、依法防控、科学防治、群防群控、果断处置"的24字方针,把疫情控制在疫点上;坚持依法防控,特别是按照法律法规的要求,加强疫情的监测,及时地报告疫情;坚持科学防控,加大禽流感疫苗和药物的研制和开发,推进禽流感防控相关技术的进步;坚持联防联控,形成防控合力;实行群防群控,落实扑杀、免疫的补偿政策,调动群众参与禽流感防控的积极性;加强禽流感防控的国际合作。

全国政协十届四次会议在人民大会堂举行第二次全体会议

会议由陈奎元主持,中共中央政治局常委、全国政协主席贾庆林出席会议,会议的执行主席是王忠禹、张思卿、张克辉、陈奎元、李兆焯、张榕明。委员们就建设社会主义新农村、发展循环经济、转变增长方式等问题作大会发言。中共中央政治局委员、国务院副总理吴仪和中共中央、国务院有关部门负责人到会听取发言。

陈耀邦委员代表全国政协经济委员会发言时说，发展农民专业合作经济组织，是促进社会主义新农村建设的重大措施。要努力营造农民专业合作经济组织发展的法律和政策环境，加快立法，明确其法人地位，加大政府扶持力度，不断完善内部管理机制，提高发展水平。

陈昌智委员代表民建中央发言时建议，进一步调整和优化我国财政支出结构。要深化财政体制改革，严格财政转移性支出管理，调整财政支出方向，整合公共财力资源，严格购买性支出中的公用经费管理，提高财政支出透明度，建立新型的财政支出测算模式。

陈守义委员在发言时说，国家预算，事关国计民生，必须实施强有力的政府预算监督。要及时完善预算法，杜绝制度外的政府收支，建立一套相应的绩效管理和考评体系以及财政支出责任追究制度。政府每年要向公众公布预算决算情况，重大项目要向公众说明。

鲁志强委员代表全国政协人口资源环境委员会发言时建议，尽快编制循环经济长远发展规划，防止循环经济流于形式和口号；充分发挥政府和市场作用，从激励和约束两个方面着手，推进循环经济健康、持续发展；组织力量跟踪调查，加强促进循环经济发展的探讨研究。

寿嘉华等3位委员在联合发言中就加快新疆资源开发发表了意见。他们建议，将新疆非油气矿产资源“十一五”勘查项目规划列入国家“十一五”规划，把新疆列入国家重要煤电规划基地，增加在新疆石油天然气就地深加工数量，加强对新疆矿产资源的综合利用和深加工。

李永海委员提出，必须把加快贫困老区发展作为解决“三农”问题和建设新农村的重点。在规划西部、东北、中部、东部发展的过程中，把“老少边穷”特别是老区突出出来，实施“4+1”的国家区域发展战略，加快老区发展促进法立法进程，出台支持老区发展的具体政策。

张龙之委员代表全国工商联发言时说，实施“十一五”规划纲要，实现未来发展目标，非公有制经济具有不可替代的重要作用。应从改变立法滞后状况、加快行政管理体制改革、完善行业准入配套政策等方面采取措施，为非公有制经济发展创造公平竞争的法治环境、政策环境和市场环境。

冯培恩委员认为，为控制和化解地方政府的债务风险，必须深入展开地方政府债务登记调查，建立地方政府偿债机制。在清理现有债务的基础上，按照“谁举债、谁偿还”原则，确定偿债责任单位。同时，完善相关法规，严防新生不合理债务，逐步建立科学的地方政府债务管理机制。

萧灼基委员在发言时说，几年来，中央提出的“少取”，已经取得很大成绩，“多予”应是今后支农的重点。必须加大财政支农的比重，着力改善农村生产环境和公共设施，发展农村教育等最具根本性和长远性的事业。要对农产品实行保护价，引导农民按照市场需求调整产品结构。

汪纪戎委员代表无党派人士界委员就尽快完善生态补偿机制作了发言。她说，按照“谁开发、谁保护，谁破坏、谁恢复，谁受益、谁补偿”的责任原则，政府主导、市场推进的组织原则，从点到面、先易后难的操作原则，广泛参与、因地制宜的实施原则，加快建立中国生态补偿整体框架。

尹明善委员在发言中提出，中国许多企业靠物美价廉的增长方式快速长大，需要反思。这一方式可以使企业做大，但难以做强；可以使企业做快，但难以做久；使员工不宽裕、股东少回报，国家难富强。他提出：中国企业必须转到优质优价的增长之路。

全国政协十届四次会议举行记者招待会

会上，王蒙、邓伟志、王建伦、沈国舫委员围绕“发挥政协优势、构建和谐社会”等问题回答了中外记者提问。

文化工作者要起和谐的示范和引领作用

在回答人文知识分子应如何理解和对待建立和谐社会的问题时，全国政协委员、文史和学习委员会主任、中国作协副主席王蒙说，和谐社会的提出受到人文知识分子尤其政协有关界别委员的欢迎与关注。委员们认为，这是一种价值理念的新发展，也是中国共产党执政兴国方面的一个新意，又是有针对性的一剂良药。它给了我们一个目标，淡化和逐步消除长久以来中国社会的剧烈冲突、纷争、动乱的后遗症，妥善处理社会的不容忽视的各种新的不和谐因素，努力达到安定团结，达到有序的改革开放和可持续发展。

王蒙说，文化工作者要主动从理论上、文化传统上、精神资源上，寻找和丰富对于和谐社会的意义、任务、内涵与实现路径的进一步理解和阐发。同时，对于当前的种种妨碍和谐的现实问题进行研讨。为此，政协教科文卫体委员会与文史和学习委员会都组织了专题研究，如“传统文化的继承发扬”“青少年教育”“社会诚信体系建设”“社会保障与社会稳定”等。

王蒙说，我们还要注意文化成果的社会共享和文化权利的平等化，尤其是关注乡村、边远地区、少数民族地区等文化教育条件、文化生活的丰富程度与质量，提出一些办法，包括捐赠文化用品与设施、送戏下乡，组织支援欠发达地区的文化发展等。

王蒙说,文化工作者的内部和谐很重要,文化工作者要起到和谐的示范和引领作用。当然,争论也非常多,希望这种争论能够高尚化,不致变成个人的矛盾,克服圈子习气。和谐是一种文明,和谐离不开道德自律和礼貌规范,人民政协与广大文化工作者在这方面有大量的事情可做。我们还要讲爱心,讲亲和,讲诚信,讲谦恭,讲礼仪之邦,讲严于律己,宽以待人,用善良美好的情操和信念代替那种与人为恶的浮躁乖戾,提高全民族的文化道德素质。

构建和谐社会是政协的神圣使命

全国政协委员、上海大学教授邓伟志在回答人民政协在构建和谐社会中的作用问题时说,构建和谐社会是政协的神圣使命。政协的基本属性与构建和谐社会的目标一致,主要职能与构建和谐社会的要求一致,政协工作程序、活动方式与构建和谐社会的途径一致。

邓伟志说,政协的基本属性就是大团结、大联合,而和谐社会也要求把各种不同的社会资源整合起来,形成合力,朝着一个目标前进。政协包容了各个党派,包容了各个团体,包括了 56 个民族的代表。政协包容各界、联系广泛、人才聚集的三大优势,决定了政协能够在构建和谐社会当中大显身手,发挥作用。

去年,全国政协多次召开以和谐社会为主题的常委会议、专题论坛。2005 年,政协中的八个民主党派围绕和谐社会提出的提案 170 件。各个党派反映社情民意 3365 条,算起来平均每个党派就是 400 多条,一年 365 天,他们天天都在反映社情民意。

寻求社会收入分配理论和实践的新突破

在回答关于社会分配问题时,全国政协委员、社会和法制委员会副主任、中国社会保险学会会长王建伦说,全国政协社会和法制委员会自 2004 年开始,用了将近两年的时间,就与收入分配有关的问题分赴东部、中部、西北部、西南部几十个城市调研,召开了近百个座谈会和专家研讨会。我们认为,深化收入分配制度改革,必须引起国家的高度重视,并且要在“十一五”期间采取措施给予解决。要在继续坚持效率优先、兼顾公平,以按劳分配为主体、多种分配方式并存的原则基础上,加紧研究收入分配应该遵循的具体原则,包括管理、技术在内的劳动参与收入分配的实现方式,妥善处理按劳分配和按资分配的关系,力求在分配理论和具体操作的实践中取得新的突破。

王建伦说,近期应该先解决群众普遍关注、反映最为强烈的问题,重点是要保障低收入群体的基本生活。要通过一系列措施切实保障城乡的低收入群体的基本生活,消除社会不安定因素,维护社会稳定局面。同时,还要进一步规范收入分配的秩序,完善宏观调控体系,加大政府对收入分配差距的调节力度,创建一个公开、公正、公平的收入分配的外部环境和条件。

王建伦说,委员们建议,要深化收入分配制度改革,理顺收入分配的关系。要全面实施“保低”(保障低收入群体的基本生活)、“扩中”(扩大中等收入群体的规模)、“调节过高收入”(对过高收入群体给予调节并进行二次分配)。

人与自然和谐相处

全国政协委员、中国工程院副院长、院士、北京林业大学教授沈国舫说,人和自然和谐相处,是构建和谐社会的一个重要和基础性的组成部分,也是贯彻落实科学发展观的一个组成部分。

沈国舫说,以牺牲生态和环境,过度消耗资源为代价来发展,是一种粗放型经济的发展模式。过去有,现在很多地方还存在。具体的表现形式就是过度采伐、过度开垦、过度放牧、无序开矿。对此,全国政协常委会和人口资源环境委员会组织了人与自然和谐发展的讨论,并作为去年常委会和谐社会发展讨论的四个课题之一来研究。

沈国舫说,实现人与自然的和谐发展,首先要科学认识自然,尊重自然规律。第二,要在自然生态系统可以调节的弹性范围内控制开发行为,要注意做修复自然生态的工作。比如天然林保护、退耕还林、退牧还草等等。第三,要调整产业结构,改变经济增长方式,提高科技水平。按照清洁生产和循环经济的理念来发展产业。第四,要加大投入,抓重点,采取各种措施抑制或者减轻各种污染,包括水污染、大气污染和固体废弃物的污染等等。第五,要加强宣传教育,提高人民群众的环境意识和可持续发展的意识,改变消费观念和生活方式。第六,要健全法制,强化监督,保证经济和社会发展沿着全面协调可持续发展的道路前进。

中央纪委副书记何勇出席查办商业贿赂案件座谈会并讲话

中央治理商业贿赂领导小组今天召开座谈会,专题研究部署查办商业贿赂案件工作。

何勇指出,各级司法机关和行政执法部门要按照中央要求,充分发挥职能作用,切实加大力度,进一步做好商业贿赂案件查处工作。对已掌握的线索要抓紧立案查处。要充分发挥各司法机关和行政执法部门信访举报系统的作用,动员群众反映和举报商业贿赂问题,拓宽举报渠道,扩大案件线索来源。要集中力量依法查处一批有影响的商业贿赂案件。对涉案金额巨大、情节严重、性质恶劣、严重侵害群众利益和破坏市场秩序的案件,必须依法从严从重从快查处,严惩违法犯罪分子。不管涉及哪个单位、哪个人,都要敢于碰硬、一查到底。要坚决查处国家公职人员利用职权参与或干预企业事业单位经营，谋取非法利益、索贿受贿问题，严惩不贷。

何勇要求，查处商业贿赂案件既要坚决果断，又要慎重稳妥。要把严格依纪依法这一根本要求贯穿到查处商业贿赂案件的各个环节。检察、公安、审计、工商行政管理和纪检监察机关要建立情况通报、线索移送、案件协查、信息共享机制，及时沟通情况，研究和协调重大案件的查处，完善合作机制。执纪执法部门要同有关主管、监管部门加强合作，形成突破大案要案的整体合力。各级党委、政府要重视和支持执纪执法部门的办案工作，加强对查办商业贿赂案件的督查指导。

监察部部长、中央治理商业贿赂领导小组副组长李至伦，国务院副秘书长、中央治理商业贿赂领导小组副组长李适时，监察部副部长、中央治理商业贿赂领导小组副组长兼办公室主任李玉赋出席了会议。另外参加今天座谈会的还有最高人民检察院副检察长王振川、公安部部长助理郑少东、中央纪委驻审计署纪检组组长安国、国家工商行政管理总局副局长钟攸平、国家食品药品监管局副局长惠鲁生。

京沪高速铁路获批准立项

据新华社报道：作为我国《中长期铁路网规划》的一个重要项目，京沪高速铁路经过充分论证，日前已经正式批准立项。

在铁路技术装备方面，京沪高速铁路在引进消化吸收再创新的基础上，采用国产化的技术装备，打造中国品牌。京沪高速铁路建设资金将采取市场化融资方式，吸纳民间资本、法人资本及国外投资，构建多元投资主体，拓展多种投资渠道。京沪高速铁路的建成将缓解既有京沪铁路运力长期严重紧张局面，形成我国铁路客运专线网，对促进我国经济社会发展具有重要意义。

全国人大常委会副委员长顾秀莲在北京会见以孟加拉国国会议员莎里亚·阿卡特·布鲁为团长的孟中友好协会代表团

最高人民法院公布3起重大责任事故犯罪案件的审判结果

这3起重大责任事故犯罪案件是：江苏“3·29”京沪高速公路重大液氯泄漏、河南郑煤集团太平煤矿重大瓦斯爆炸和广东梅州矿难。康兆永、贾江华、赖新泉等27名对事故负有责任的被告人，被分别判处有期徒刑。

3月9日

党和国家领导人胡锦涛 温家宝 曾庆红 吴官正等分别参加十届全国人大四次会议一些代表团的审议

胡锦涛来到人民大会堂宁夏厅，参加宁夏代表团的审议。代表们就实施西部大开发战略、推进社会主义新农村建设、加快生态环境建设、构建社会主义和谐社会、加强民主法制建设等问题展开了热烈讨论。代表们表示赞同吴邦国委员长所作的全国人大常委会工作报告。在大家发言的过程中，胡锦涛不时插话，同代表们交换看法。在听取马启智、齐同生、袁汉民、何学清等代表的发言后，胡锦涛强调，我们一定要从立党为公、执政为民的要求出发，把促进经济发展和关心群众生活有机统一起来，从解决群众最关心、最直接、最现实的利益问题入手，扎扎实实为群众办好事、办实事、解难事。要加强就业再就业工作，积极扩大就业容量，完善就业环境，强化就业培训，加强就业指导和服务。要加强社会保障工作，逐步扩大社会保障的覆盖面，切实保障困难群众的基本生活。要加强教育和医疗卫生工作，加大政府助学力度，促进各级各类教育协调发展，重视公共卫生和医疗服务体系建设，逐步解决人民群众看病难、看病贵问题。要坚持把各民族共同团结奋斗、共同繁荣发展作为新世纪、新阶段民族工作的主题，坚持和完善民族区域自治制度，尊重和保障少数民族的合法权益，加快少数民族和民族地区经济社会发展，进一步加强平等、团结、互助、和谐的社会主义新型民族关系。要切实做好宗教工作，认真贯彻党和国家的宗教工作方针政策，加强信教群众和不信教群众的团结，共同为改革发展稳定贡献力量。

在重庆代表团，温家宝参加审议，认真听取代表们的意见和建议。会场上气氛活跃，代表们相继发言，大家赞成吴邦国委员长所作的全国人大常委会工作报告，并就做好人大工作、促进农村经济和社会事业发展等问题发表意见。温家宝不时插话，详细询问有关情况。刘文、涂安祥、刘中慧、陈忠林等代表发言后，温家宝强调，我们国家发展的新形势新任务，对政府自身改革和建设提出了更高的要求。关键是要加快转变政府职能，当前要在四个方面有所突破：一是切实推进政企分开。要进一步减少和规范行政许可和行政审批，真正让企业成为市场的主体，充分发挥市场配置资源的基础性作用。二是切实创新管理方式和内容。经济管理主要是为各类市场主体创造公平竞争的环境和提供良好的服务，要更加注重履行社会管理和公共服务职能，把应由政府管理的事务切实管好。三是切实提高依法行政能力。各级政府都要按照法定的权限和程序行使权力、履行职责,并接受民主监督、行政监督和舆论监督。四是切实推进政务公开。这要作为政府施政的一项基本制度。要健全和严格执行问责制,提高政府执行力和公信力。同时,还要大力加强政风建设和公务员队伍建设。

在广西代表团,曾庆红同代表们一起审议,表示完全赞同吴邦国委员长所作的全国人大常委会工作报告。会上,曹伯纯、陆兵、徐钦恒等代表先后发言,话题涉及切实做好人大工作、建设社会主义新农村、加快民族地区经济发展、扩大对外开放等方面内容。在听取几位代表的发言后,曾庆红就"坚持又快又好的科学发展,建设统筹协调的和谐广西"发表了意见。

在陕西代表团,吴官正和代表们一起审议吴邦国委员长所作的全国人大常委会工作报告,大家一致赞同这个报告。崔林涛、马平一、黄玮、马克宁等代表围绕会议议题,就进一步做好人大工作、加强民主监督、搞好政风行风建设、促进依法行政和公正司法等问题提出意见和建议。几位代表发言后,吴官正就领导干部要学法、知法、懂法,带头遵纪守法,严格依纪依法办事,自觉接受监督等发表了意见。

中共中央政治局委员、中央书记处书记、中央组织部部长贺国强和全国人大常委会副委员长许嘉璐参加了重庆代表团的审议。

十届全国人大四次会议在人民大会堂举行第二次全体会议

会议听取和审议全国人大常委会工作报告。

胡锦涛、吴邦国、温家宝、贾庆林、曾庆红、吴官正、李长春、罗干等出席会议。大会执行主席、主席团常务主席王兆国主持会议。大会执行主席于均波、王云坤、卢展工、白克明、朱丽兰、多吉才让、刘明祖、刘焯华、李建国、李源潮、杨永良、何椿霖、汪啸风、张学忠、张高丽、阿不都热依木·阿米提、陈光毅、赵乐际、钱运录、黄丽满等在主席台执行主席席就座。

吴邦国委员长代表十届全国人大常委会向大会作了工作报告。

全国人大常委会委员长吴邦国作全国人大常委会工作报告

各位代表:

现在,我代表十届全国人大常委会,向大会报告工作,请予审议。

过去一年的主要工作

2005年是深入贯彻落实党的十六大和十六届三中、四中、五中全会精神,胜利完成"十五"计划的重要一年,也是人民代表大会制度建设和人大各项工作取得重大进展的一年。常委会以邓小平理论和"三个代表"重要思想为指导,全面落实科学发展观,把坚持党的领导、人民当家做主和依法治国有机统一起来,切实履行宪法和法律赋予的职责,按照十届全国人大三次会议的精神,坚持围绕中心、以人为本、突出重点、讲求实效,在发挥代表作用、加强制度建设、提高立法质量、增强监督实效等方面做了大量工作,为坚持和完善人民代表大会制度、推进社会主义民主法制建设、促进经济社会全面协调可持续发展、构建社会主义和谐社会发挥了重要作用。

一、认真贯彻中央九号文件精神,人民代表大会制度进一步完善

根据党的十六大和十六届四中全会精神,我们在认真调查研究、广泛听取各方面意见的基础上,提出了《关于进一步发挥全国人大代表作用,加强全国人大常委会制度建设的若干意见》。去年5月,中共中央以中发〔2005〕九号文件批转了《意见》,这是我国人民代表大会制度建设中的一件大事。中央九号文件科学总结了半个多世纪特别是改革开放以来人民代表大会制度建设的基本经验,进一步明确了坚持和完善人民代表大会制度、做好新形势下人大工作的指导思想、基本原则和工作重点,对于提高党的执政能力、保障人民当家做主、实施依法治国的基本方略具有重大的现实意义和深远的历史意义。围绕贯彻落实中央九号文件精神,我们主要做了三方面的工作:

深入学习中央九号文件,统一思想,提高认识。中央九号文件发出后,委员长会议立即对学习贯彻工作进行全面部署,各专门委员会召开会议提出贯彻落实的具体意见。常委会机关根据中央九号文件精神,完善了保持共产党员先进性教育活动的整改方案。常委会办公厅举办省级人大常委会负责人学习班和代表专题培训班,交流学习体会,统一思想认识。通过深入学习,进一步增强了坚持和完善人民代表大会制度、走中国特色社会主义政治发展道路的坚定性和自觉性。我们还采取举办讲座、答记者问、组织专题报道和评论员文章等多种形式,广泛宣传文件的主要内容和重大意义,增强全社会对我国人民代表大会制度特点和优越性的认识。

改进代表服务工作,进一步发挥代表作用。为保障代表知情权,在继续向代表寄送有关公报的基础上,增加了常委会会议情况通报、常委会工作安排、年度立法计划、执法检查计划、听取和审议专题工作报告计划、国民经济和社会发展统计资料以及经济形势分析报告等20多件书面材料。大幅增加列席常委会会议、参加执法检查和立法调研活动的代表名额,邀请代表列席专门委员会会议,并使之制度化。全年共有140

多名代表列席常委会会议，有近400名代表参加执法检查和立法调研。列席会议和参加活动的代表提出了许多很好的意见和建议，对提高立法质量、增强监督实效、改进常委会工作发挥了重要作用。

改进代表议案办理工作，办理质量有所提高。一是各专门委员会通过多种方式加强与代表的联系，了解代表的想法，增强办理工作的针对性。二是有关专门委员会召开专题座谈会，请领衔代表和有关单位负责人参加，面对面沟通情况，共同研究议案处理意见。三是邀请提出议案的代表参加相关立法调研和法律草案的起草、审议工作，充分听取代表的意见和建议。十届全国人大三次会议主席团交付审议的991件代表议案，有161件涉及的12件法律已由常委会审议通过，46件涉及的7件法律草案已提请常委会审议，125件涉及的30个立法项目已列入立法规划或年度计划。其他议案，有的送交国务院制定行政法规；目前尚不具备立法条件的，分别向提出议案的代表作了说明。常委会审议并批准了有关专门委员会关于代表议案审议结果的报告，这些报告已经印发各位代表。

代表建议、批评和意见的办理，采取了一些新的做法。一是在加强综合分析的基础上，实行统一交办制度。二是对10个方面的重点建议，由有关专门委员会跟踪督办。三是常委会第一次听取了代表建议处理情况的报告。十届全国人大三次会议期间代表提出的5884件建议、批评和意见已经办理完毕，并逐件答复代表。代表建议中，所提问题已经解决或正在抓紧解决的有1502件，占25%，比去年有较大提高；所提建议被采纳并已列入今后工作计划的有2347件，占40%。据对1000多名代表直接反馈的意见统计，对代表建议办理工作满意和基本满意的占92%。

为增强代表活动的实效，组织代表就“十一五”规划编制涉及的重大问题进行集中视察，并针对执法检查、代表议案和建议、人民群众来信来访反映比较集中的问题，先后组织了1500多名代表参加专题调研，共提交调研报告170多篇。为加强与全国人大代表的联系，在省级人大常委会办事机构设立全国人大代表联络处，并召开工作会议，代表服务工作得到加强，代表活动经费有所增加。为加强代表培训工作，常委会办公厅编写了人大代表依法履职读本，先后举办4期有近400名代表参加的培训班。还组织香港、澳门、台湾的全国人大代表分别到甘肃、贵州、福建视察和调研。

制定配套工作文件，常委会工作进一步规范化。根据中央九号文件精神，为加强常委会制度建设，在总结经验的基础上，制定了6个方面的12个配套工作文件。一是为进一步发挥代表作用，支持、规范代表依法履行职责，制定了关于代表活动、代表议案和建议办理工作的3个文件。二是为提高议事效率和议事质量，制定了关于会议服务和保障工作的4个文件。三是为加强和改进专门委员会的工作，制定了发挥专门委员会作用的若干意见。四是为维护国家法制统一，修订了法规备案审查工作程序，制定了司法解释备案审查工作程序。五是为加强和改进信访工作，制定了信访工作的若干规定。六是为进一步发挥人大对外交往的特点和优势，制定了加强外事服务和保障工作的意见。这些配套工作文件的制定和实施，有力地促进了常委会工作的制度化和规范化。

二、立法质量不断提高，立法民主化迈出新步伐

一年来，全国人大及其常委会共审议25件法律、法律解释和有关法律问题决定的草案，通过了18件，向基本形成中国特色社会主义法律体系的目标迈出重要步伐。

农业是国民经济的基础。中央历来高度重视“三农”工作，把解决好“三农”问题作为党和国家工作的重中之重，近年来出台了一系列强有力的政策措施，其中一条就是从2004年开始减免农业税。这一重大举措得到广大农民的衷心拥护。常委会经过认真审议，决定废止农业税条例，取消农业税这一税种，结束了延续两千多年农民种田缴纳“皇粮国税”的历史，向实行城乡统一税制迈出重要一步。这对于调动农民生产积极性、促进城乡协调发展、推进社会主义新农村建设具有重大意义。

为适应城镇居民收入和基本生活支出增长的新情况，进一步强化个人所得税调节收入分配的功能，常委会对个人所得税法作了修改，将工薪所得减除费用标准由800元提高到1600元，扩大高收入纳税人自行申报的范围，减轻了中低工薪收入者的纳税负担，加强了对高收入者的税收征管，有利于缩小收入差距、理顺收入分配关系。

公司法和证券法是发展社会主义市场经济的重要法律。随着形势的发展，这两部法律的一些规定已经不能适应现实需要，近两年的代表大会期间，许多代表提出了修改公司法和证券法的议案和建议。在总结实践经验、广泛听取各方面意见的基础上，常委会对公司法和证券法作了全面修订。公司法修改的主要内容有：一是下调公司注册资本最低限额，扩大股东出资财产的范围，降低公司设立门槛，鼓励投资创业。二是充实职工民主管理和保护职工权益的规定，明确公司监事会职工代表比例不得低于三分之一，职工的法定补偿金列入公司清算优先清偿的范围。三是修改公司股东大会、股东会、董事会、监事会和经理的职责等规定，强化内部监督与制约，进一步完善了公司法人治理结构。四是从知情权、投票权和退出机制等方面，加强对中小

股东利益的保护。证券法的修改,主要是完善证券发行和交易制度,开辟证券市场发展的新空间,针对有的上市公司控股股东和证券公司侵害中小股东利益的行为,加强对中小投资者权益的保护,强化证券监管措施和手段,加大对违法行为的处罚力度。这两部法律的修改完善,对规范市场主体及其行为,维护社会经济秩序,推动现代企业制度建设,促进社会主义市场经济发展将发挥重要作用。

常委会审议通过的公务员法,贯彻党的干部路线和方针,坚持党管干部的原则,对于完善公务员制度,建设高素质公务员队伍,促进勤政廉政建设,提高工作效能,推进干部人事制度改革具有重要意义。国务院高度重视公务员法的贯彻实施工作,召开专门会议进行部署,认真组织学习,研究制定配套办法,从思想上、组织上和制度上确保公务员法的实施。治安管理事关群众切身利益,事关构建社会主义和谐社会,人民群众十分关心。治安管理处罚法是针对社会治安出现的新情况新问题制定的。常委会在审议过程中始终注意把握两条:一是该法适用范围和处罚规定与刑法及其他相关法律的区别和衔接;二是既赋予公安机关及人民警察必要的权力,同时对权力的行使加以规范和监督,维护公民的合法权益。修改后的妇女权益保障法,第一次在法律中明确"实行男女平等是国家的基本国策",进一步明确政府和妇联组织在保障妇女权益方面的职能和作用,从政治、经济、文化、社会等方面完善妇女权益保障的规定,得到了广大妇女和社会各界的普遍拥护。

解决台湾问题,完成祖国统一大业,是海内外中华儿女的共同心愿。去年3月,十届全国人大三次会议高票通过了反分裂国家法,把中央关于解决台湾问题的大政方针以法律形式固定下来,充分体现了我们以最大的诚意、尽最大的努力争取和平统一的一贯主张,同时表明了全中国人民为维护国家主权和领土完整,决不允许"台独"分裂势力以任何名义、任何方式把台湾从中国分裂出去的共同意志和坚定决心。反分裂国家法的颁布和实施,对促进两岸关系发展、增进两岸同胞福祉、稳定台海局势、推进两岸和平统一,反对和遏制"台独"分裂势力及其活动、维护国家主权和领土完整,发挥了重大作用,产生了深远影响。

香港特别行政区基本法的解释权,是宪法和香港特别行政区基本法赋予全国人大常委会的重要职权。香港特别行政区行政长官是由中央人民政府任命的,行政长官的任期是由香港特别行政区基本法规定的。去年3月,香港特别行政区行政长官缺位后,香港社会对新的行政长官的任期出现不同理解。根据香港特别行政区署理行政长官的请求,国务院向常委会提出了关于提请解释香港特别行政区基本法第五十三条第二款的议案。常委会依照法定程序,征询了香港特别行政区基本法委员会的意见,还听取了香港特别行政区全国人大代表、全国政协委员和香港各界人士的意见。常委会第15次会议高票通过解释草案,明确行政长官缺位后产生的新的行政长官的任期为原行政长官的剩余任期,保障了香港特别行政区基本法的正确实施,确保了新的行政长官选举工作如期顺利进行。

过去的一年,常委会还就推进立法科学化、民主化进行了有益探索。一是向社会全文公布物权法草案,广泛听取社会各方面意见;二是就个人所得税法中的工薪所得减除费用标准问题举行立法听证会。物权法草案公布后在社会上引起积极反响,共收到人民群众信函11500多件,并收到来自26个省区市和15个较大市人大常委会、47个中央有关部门、16个大公司、22个教学研究机构提出的意见。我们对各方面意见进行综合分析和研究,梳理出意见比较集中的10个问题,专门召开座谈会,认真听取部分全国人大代表、地方人大常委会和中央有关部门负责人、法学专家的意见。今年1月初,又就社会关注的3个问题分别召开专题座谈会,进一步征求意见。目前,正根据各方面意见和建议,修改物权法草案,待条件成熟时再提请审议。考虑到调整工薪所得减除费用标准涉及广大工薪收入者的切身利益,经委员长会议同意,法律委、财经委和法工委联合举行了全国人大及其常委会历史上第一次立法听证会,直接听取公众和有关方面的意见。这次听证会公众踊跃报名,我们从近5000名申请人中遴选出具有代表性的20名公众陈述人在听证会上发表意见。根据常委会审议意见和听证会的意见,综合考虑各种因素,将个人所得税工薪所得减除费用标准由原草案的1500元提高到1600元。

常委会还通过了公证法、畜牧法、外国中央银行财产司法强制措施豁免法、刑法有关规定的解释和决定,修改了审计法,审议了劳动合同法、行政强制法、农产品质量安全法、护照法草案和刑法修正案(六)、义务教育法修订草案等。

三、监督重点更加突出,监督实效明显增强

一年来,常委会检查了6件法律的实施情况,听取和审议了国务院、最高人民法院和最高人民检察院10个专题工作报告,推动法律有效实施,支持和督促有关国家机关依法行使职权,切实维护人民群众的合法权益。

常委会始终关注"三农"工作,在前两年对农村土地承包法和土地管理法进行执法检查的基础上,检查了农业法的实施情况,听取了国务院关于当前农业与农村工作情况的报告,提出了调整农业投入统计口径,

整合政府支农投资，建立稳定的农业投入增长机制，改革和完善农业技术推广体系，切实保障务工农民和被征地农民的合法权益，建立农村义务教育经费保障机制，加强农村社会事业建设等重要建议，得到了党中央、国务院高度重视。

节约资源和保护环境是我国的基本国策。资源环境问题关系经济社会发展的全局。针对近年来资源环境约束加重的严峻形势，党的十六届五中全会明确提出"十一五"期末单位国内生产总值能源消耗比"十五"期末降低20%左右、基本遏制生态环境恶化趋势的重要目标。去年，常委会把资源环境问题作为监督工作的重点，一是结合水法对水污染防治法进行执法检查，二是听取和审议国务院关于当前能源形势与能源安全问题的报告。在充分肯定国务院工作的同时，指出造成近年来能源消费弹性系数大幅攀升、能源供求关系紧张、水环境恶化趋势加剧的根本原因，在于不合理的经济结构和粗放型经济增长方式，强调各地区、各部门一定要把思想统一到党的十六大和十六届五中全会精神上来，坚持以科学发展观统领经济社会发展全局，切实把科学发展观落实到具体政策措施上、落实到实际工作中。国务院认真研究和制定措施，明确当前和今后一个时期，要把转变经济增长方式作为战略重点，更加重视经济增长的结构、质量和效益，着力增强自主创新能力，加快推进结构调整，积极开展节能降耗和水污染防治，大力发展循环经济，下决心淘汰落后生产能力，使经济增长真正建立在科技进步和劳动力素质提高的基础上。

安全生产人命关天，是人民群众和代表们普遍关注的问题。常委会结合矿山安全法对安全生产法进行执法检查，重点检查了煤矿安全生产情况。召开了60多次座谈会，实地考察了70多户企业，下井检查了30多处煤矿，深入了解安全生产工作中存在的突出问题。明确提出"力争用两年左右时间使重特大瓦斯爆炸事故有较大幅度下降"，"争取用3年左右时间解决小煤矿问题"，"2006年年底以前在全国煤炭等高危行业普遍实施工伤保险制度"等建议。要求各级政府和有关方面充分认识安全生产形势的严峻性和复杂性，着力解决工作落实不下去、管理严不起来的问题，坚决防止重特大责任事故的发生，切实保障人民群众生命财产安全。对常委会执法检查报告和审议中提出的意见和建议，国务院高度重视，立即召开国务院常务会议，就安全生产工作进行专题研究和部署。据统计，去年已关闭不具备安全生产条件的煤矿和非法煤矿5243个，清理国家机关工作人员和国有企业负责人投资入股煤矿问题4878起，撤资5.62亿元。

建立社会主义新型劳动关系，对于保障劳动者合法权益、调动职工积极性、促进社会主义现代化建设具有重要意义。针对劳动法执法检查中发现的非公有制中小企业劳动合同签订率不到20%，个体经济组织签订率更低，以及部分职工工资低于当地最低工资标准和拖欠职工工资等问题，明确提出"尽快实现各类企业与劳动者依法签订劳动合同"，"在2007年年底以前基本解决职工工资历史拖欠问题"等建议，要求各级政府和有关方面认真贯彻劳动法，严格执行最低工资标准，积极落实就业再就业政策，不断完善社会保障制度。国务院及有关部门正在采取措施，认真解决这些问题，并发出了关于进一步加强就业再就业工作的通知，作出了关于完善企业职工基本养老保险制度的决定。

公正司法直接关系群众切身利益，事关社会稳定与社会和谐，是代表们十分关心的问题，也是群众来信来访反映较多的问题。常委会一直把维护司法公正作为监督工作的重要内容，在前两年推动解决超期羁押问题和推进基层法院、检察院队伍建设的基础上，去年着重就司法系统内部监督问题，听取和审议了最高人民法院关于加强审判工作监督的报告、最高人民检察院关于加强法律监督工作的报告。在肯定成绩的同时，要求审判机关和检察机关切实履行宪法和法律赋予的职责，围绕人民群众反映强烈的突出问题，加强和改进司法系统内部监督。对常委会的意见和建议，最高人民法院和最高人民检察院高度重视，结合"规范执法行为专项整改活动"，完善内部监督机制。全国法院系统进一步完善了"立案与审判、审判与执行、审判与监督"分立等制度。检察院系统正在推行讯问职务犯罪嫌疑人全程同步录音录像的做法，逐步建立职务犯罪案件撤案或不起诉报上一级检察院批准的制度，立案和逮捕报上一级检察院备案的制度，进一步强化对刑讯逼供、超期羁押等违法行为的法律监督。常委会还检查了律师法的实施情况，要求以遵守职业道德和提高业务素质为重点，切实加强律师队伍建设，改善律师执业环境，对律师法的实施产生了积极影响。

根据代表和常委会组成人员的建议，国务院提出了从2006年起实行国债余额管理的报告，委员长会议经过认真研究，同意了这个报告。从审批当年发债规模到实行国债余额管理，这是财政预算监督工作的一大进步，对科学控制国债规模、优化国债期限结构、降低国债筹资成本、提高财政管理透明度、防范财政风险具有重要意义。常委会听取和审议了中央决算报告、审计工作报告和计划执行情况的报告，审查批准了2004年中央决算。在肯定财政和审计工作的同时，要求国务院责成财政部进一步强化财政支出管理，责成审计署将人大对中央财政预算监督的重点，作为向人大报告审计工作的重点。

常委会还检查了统计法的实施情况，提出了加强统计基础工作和改进统计方法等建议，增强了全社会的统计法律意识，国务院及时修改了统计法实施细则。针对代表关心的其他热点问题，还听取和审议了国务院关于国有资产监管和国有企业改革、振兴东北地区等老工业基地、食品药品安全形势与监管工作等3个专题报告，有力地推动了相关工作。

常委会高度重视人民群众来信来访工作，把群众反映强烈的突出问题和带有普遍性的问题作为监督工作的重要内容。一年来，共收到群众来信13万多封，接待来访5.8万人次。我们按照统一交办、综合分析、定期反馈、严格督查的要求，督促各地区、各部门和各基层组织及时调查核实，依法按政策秉公处理，把矛盾和问题解决在当地，解决在基层。针对群众来信来访中反映强烈的城市房屋拆迁、拖欠工程款和务工农民工资等问题，有关专门委员会和常委会办公厅与国务院有关部门组成联合督查组进行跟踪督办，经过各方面共同努力，群众反映属实的问题基本得到解决。据建设部统计，到2006年1月，各地政府和企业累计偿还拖欠工程款1673亿元，占已清理出的2003年以前竣工工程拖欠总额的90%；累计偿还2003年以前拖欠的务工农民工资334亿元。

四、对外交往日益活跃，定期交流机制建设取得新进展

全国人大对外交往工作是国家总体外交的重要组成部分。我们重视发挥人大对外交往的特点和优势，积极开展与国外议会各层次、各领域的友好交流与合作，为深化政治互信、促进互利合作、增进人民之间的了解与友谊、推动国家关系全面发展做了大量工作。一年来，共接待54个国家的86个代表团来访，派出115个代表团到78个国家进行访问，出席29次国际和地区会议。

建立和完善全国人大与外国议会定期交流机制。与美国参众两院分别举行了两轮正式会谈，双方领导人多次会晤。与俄罗斯联邦委员会和国家杜马先后成立了合作委员会，高层交往日益频繁。与德国联邦议院、日本众议院、韩国国会、英国议会的定期交流机制相继建立。与加拿大联邦议会和欧洲议会定期交流机制有所完善。与有关发展中国家议会商讨了建立定期交流机制事宜。与周边国家议会的友好交往继续发展，同广大发展中国家议会的友好合作进一步巩固。反分裂国家法颁布后，我们及时向有关国家议会介绍立法宗旨和主要内容，有针对性地做好相关工作，争取国际社会的理解和支持。

积极参加各国议会联盟、亚洲议会和平协会、亚太议会论坛、东盟各国议会间组织、拉美议会、太平洋岛国论坛议长会议等国际和地区议会组织的多边活动，在国际和地区议会组织中发挥日益重要的作用。去年9月，我们组成高级代表团出席在纽约联合国总部举行的第二届世界议长大会，全面阐述我国关于加强多边合作的观点和主张，强调相互尊重是合作的前提、建立互信是合作的保障、共同发展是合作的目的，重申中国全国人大愿与世界各国议会一道，为建设和平、繁荣、和谐的新世界而不懈努力，得到了与会各国议会领导人尤其是发展中国家议会领导人的积极评价。同时，发挥我国作为世界议长大会筹备委员会成员的有利条件，在大会宣言中突出了和平与发展的时代主题。作为东道主，还成功举办议会世贸大会香港会议，通过了基调积极的香港宣言。

一年来，常委会批准了我国与外国缔结的条约、协定、协议和我国加入的国际公约15件。常委会还先后决定和批准任免了一批国家机关工作人员。

常委会继续加强自身建设，依法履职能力不断增强。各专门委员会密切配合，整体工作水平和工作效率明显提高。健全新闻发布制度，开设“人大说法”专栏，现场直播常委会会议有关议程，正式开通中国人大网，增加了常委会工作透明度。常委会机关认真开展保持共产党员先进性教育活动，狠抓思想作风建设，积极改进工作，服务意识明显增强，机关面貌出现可喜变化。

地方各级人大及其常委会在同级党委的领导下，依法履行职责，各项工作也取得明显成效，为加强社会主义民主法制建设作出了重要贡献。

各位代表！

全国人大常委会一年来各项工作所取得的进展和成绩，是以胡锦涛同志为总书记的党中央正确领导的结果，是全国人大代表、常委会组成人员、各专门委员会组成人员以及全国人大机关工作人员辛勤工作的结果，也是与国务院、最高人民法院、最高人民检察院的密切配合，与地方各级人大及其常委会的大力支持分不开的。在此，我代表全国人大常委会，向大家表示衷心的感谢。

回顾过去一年的工作，我们也清醒地看到，代表议案和建议的办理质量有待提高，代表活动的组织工作有待改进。提高立法质量和增强监督实效还有大量工作要做，一些重要的法律亟待制定，一些现行的法律亟须修改，法规和司法解释备案审查工作需要加强。我们要高度重视这些问题，采取更加有效的措施，认真加以解决。

今后一年的主要任务

2006年，是“十一五”时期的开局之年。在新的

一年里，常委会工作的总体要求是：坚持以邓小平理论和“三个代表”重要思想为指导，牢固树立和全面落实科学发展观，认真贯彻党的十六大和十六届三中、四中、五中全会精神，坚定不移地走中国特色社会主义政治发展道路，把坚持党的领导、人民当家做主和依法治国有机统一起来，紧紧围绕党和国家工作的大局，切实履行宪法和法律赋予的职责，努力开创人大工作新局面，为实施“十一五”规划，推进社会主义经济建设、政治建设、文化建设和社会建设作出更大的贡献。根据这个总体要求，我们要着重做好以下三方面的工作。

一、继续以发挥代表作用和加强常委会制度建设为重点，把人民代表大会制度坚持好完善好

人民代表大会制度作为我国的根本政治制度，与国家和人民的命运息息相关。中央九号文件把当前和今后一段时间坚持和完善人民代表大会制度的重点放在进一步发挥代表作用和加强常委会制度建设上，抓住了关键，符合做好新形势下人大工作的实际。去年，我们根据中央九号文件精神制定了一系列配套工作文件，经过一段时间的实践，取得了初步成效。今年，要在落实上狠下功夫。

一是进一步提高代表议案和建议的办理质量。要为代表提出高质量的议案和建议提供更好的服务。在代表议案和建议办理中要进一步加强与代表的沟通，充分听取代表的意见。在制定常委会年度工作要点和立法、监督工作计划时，应充分考虑代表议案和建议的情况。在起草、修改和审议相关法律草案过程中，应邀请有关代表参加。要加强对代表建议的综合分析，确定重点建议，落实承办单位，加大督办力度。

二是进一步扩大代表对常委会活动的参与。邀请更多代表列席常委会和专门委员会会议，参加常委会组织的执法检查等活动。要通过多种渠道听取代表的意见和建议，不断加强和改进常委会工作。在总结经验的基础上，进一步提高向代表提供信息的服务质量。

三是进一步加强和改进代表视察和专题调研等工作。要突出重点，选好题目，加强组织，增强视察和调研活动的针对性和实效性。完善代表小组的组织和活动方式，为代表依法履职创造条件，更好地发挥代表在密切联系群众等方面的作用。继续做好代表培训工作，不断提高代表依法履职能力。

学习贯彻中央九号文件重要的一点，就是进一步增强坚持和完善人民代表大会制度的坚定性和自觉性，进一步增强走中国特色社会主义政治发展道路的坚定性和自觉性。邓小平同志曾明确指出：“我们评价一个国家的政治体制、政治结构和政策是否正确，关键看三条：第一是看国家的政局是否稳定；第二是看能否增进人民的团结，改善人民的生活；第三是看生产力能否得到持续发展。”我国是一个拥有13亿人口的发展中大国，改革开放27年来，经济保持年均9.6%的增长速度，综合国力明显增强，人民生活不断改善，民族团结，社会稳定，国际地位日益提高。实践充分证明，在中国共产党的领导下，中国人民自己选择的政治发展道路，是符合中国国情、顺应时代潮流、体现人民意愿、强国富民的道路。进一步完善人民代表大会制度，充分发挥人大及其常委会作为国家权力机关、工作机关和代表机关的作用，就是要把坚持党的领导、人民当家做主和依法治国有机统一起来，其中最重要、最关键的是坚持党的领导。党的领导是人民当家做主和依法治国的根本保证，也是坚持和完善人民代表大会制度、做好新形势下人大工作的根本保证。

二、继续以关系经济社会发展全局和在法律体系中起支架作用的重要法律为重点，把立法工作提高到新水平

今年是落实五年立法规划的第四年，是实现本届全国人大及其常委会立法目标的关键之年。2005年11月，常委会召开的第二次立法工作会议，认真总结前3年的立法工作，并根据新形势新任务，对今明两年的立法工作进行了统筹安排。今年计划安排审议的立法项目共25件。主要有：一是制定物权法、侵权责任法、企业所得税法、企业破产法、监督法、突发事件应对法、行政强制法、劳动合同法、促进就业法、城乡规划法、农产品质量安全法、禁毒法、护照法等。二是修改义务教育法、未成年人保护法、预算法、合伙企业法、食品卫生法等。法律起草单位要切实负起责任，提高起草质量，确保草案按期提请审议。有关专门委员会和常委会工作机构要提前介入法律草案的调研起草工作，为常委会审议法律草案做好充分准备。常委会要加强组织协调，督促有关方面认真研究解决立法项目涉及的重大问题，保证立法工作顺利进行。

坚持走群众路线、充分发扬民主，是提高立法质量的内在要求。今年，要在总结经验的基础上，进一步推进科学立法、民主立法，使之制度化、规范化和程序化。我们将选择事关人民群众切身利益的重要法律草案，法律草案中需要统筹兼顾各方面利益的重大问题，或者意见分歧较大、法律关系比较复杂的专门问题，采取向社会公布草案全文、举行立法听证会或论证会等形式，广泛听取社会各方面尤其是基层群众的意见，做到集思广益，使制定的法律符合实际，更好地维护最广大人民的根本利益。

这些年立法工作的实践告诉我们，在制定和修改法律过程中，应当把握好以下三条原则：一是坚持正确的政治方向。要以邓小平理论和“三个代表”重要思想为指导，全面落实科学发展观，以宪法为依据，通过

法定程序，使党的主张成为国家意志。二是坚持从国情出发。要总结我国改革开放和社会主义现代化建设的实践经验，确立符合我国经济社会发展实际的法律制度。注意借鉴国外法律中对我们有益的东西，但不能照抄照搬。三是坚持实事求是。要重点解决现实生活中迫切需要规范的问题，妥善处理稳定性与变动性、前瞻性与可操作性的关系，既要肯定实践成果，又要为进一步深化改革留下空间。

三、继续以关系改革发展稳定的重大问题和群众关心的突出问题为重点，把监督工作落到实处

执法检查、听取和审议专题工作报告，是常委会开展监督工作的基本形式。按照围绕中心、突出重点、讲求实效的思路，确定今年监督工作的重点：一是围绕建设社会主义新农村的重大历史任务，跟踪检查农村土地承包法、土地管理法、农业法执法检查报告所提建议和中央农村工作会议提出的支农政策的落实情况。二是围绕建设创新型国家的目标，对专利法进行执法检查，听取和审议关于增强自主创新能力、普及义务教育等专题工作报告，推动全国科技大会精神和有关法律法规及政策措施的贯彻落实。三是围绕建设资源节约型、环境友好型社会的目标，对节约能源法进行执法检查，跟踪检查固体废物污染环境防治法、水污染防治法执法检查报告所提建议的落实情况，听取和审议有关专题工作报告。四是围绕公正司法和司法队伍建设问题，对法官法和检察官法进行执法检查，听取和审议关于规范执法行为的专题工作报告。五是为贯彻落实中央民族工作会议精神，对民族区域自治法进行执法检查；为加强新形势下的侨务工作，对归侨侨眷权益保护法进行执法检查。

继续加强对预算和经济工作的监督。通过听取和审议决算报告、审计工作报告，督促有关方面加强财政管理、完善预算制度、深化财税改革，做好保证重点支出、规范转移支付、控制国债余额、合理使用预算超收收入等工作。通过听取和审议计划执行情况的报告，加强对宏观调控政策、重大经济政策和涉及人民群众切身利益的政策落实情况的监督。加强调查研究，及时了解"十一五"规划的实施情况。严格执行法规和司法解释备案审查工作程序，进一步加强备案审查工作，维护国家法制统一。按照信访工作若干规定的要求，进一步提高信访动态综合分析水平，督促有关方面认真解决人民群众反映强烈的突出问题和带有普遍性的问题，切实维护人民群众的合法权益。

进一步提高人大监督工作的透明度。常委会组成人员在执法检查、审议专题工作报告中提出的重要意见和建议，有关问题的整改情况等，要采取多种方式向社会公开，进一步发挥舆论监督和群众监督的作用。

监督权是宪法和法律赋予人大及其常委会的重要职权。这些年来，我们从坚持中国特色社会主义政治发展道路的高度，深化和统一了对人大监督工作的认识，这当中很重要的一条，是要处理好人大与"一府两院"的关系。人民代表大会是人民行使国家权力的机关，国家行政机关、审判机关和检察机关都由人民代表大会产生，对它负责，受它监督，这与西方资本主义国家"三权鼎立"的政体有着本质区别。我国的国家权力机关、行政机关、审判机关和检察机关虽然职责分工不同，但目标是完全一致的，都在党的领导下协调开展工作。这个体制既能够充分发扬民主，使国家政治生活充满活力，又可以集中力量办大事，提高工作效率。人大统一行使国家权力，要尽职尽责，但不代行行政权、审判权、检察权。人大对"一府两院"的监督，从本质上讲是为了促进工作，目的是保障宪法和法律的全面正确实施，促进依法行政和公正司法，确保宪法和法律赋予人民的各项权利得到尊重和维护。处理好人大与"一府两院"的关系，有利于充分发挥人民代表大会制度这一根本政治制度的特点和优势。

在新的一年里，要按照我国外交工作的方针和总体部署，继续加强对外交往工作。稳步推进与有关国家议会定期交流机制建设，加强与周边国家、发展中国家和发达国家议会的友好交流与务实合作，重视做好外国议会议员的友好工作，积极发挥我国在国际和地区议会组织中的作用，为我国社会主义现代化建设营造良好的国际环境贡献力量。

常委会必须进一步加强自身建设。要深入开展调查研究，不断提高审议质量和工作水平。要密切联系人民群众，自觉接受人民群众监督。要积极推动"五五"普法工作，增强全体公民的法制观念。要继续加强人民代表大会制度理论研究，加强宣传培训和信息化建设，增强坚持和完善人民代表大会制度的自觉性。要继续加强与地方人大的联系，共同推进社会主义民主法制建设。常委会机关要巩固和扩大保持共产党员先进性教育活动的成果，继续加强思想作风建设，提高服务质量和保障能力，更好地发挥集体参谋助手作用。

各位代表，让我们紧密团结在以胡锦涛同志为总书记的党中央周围，高举邓小平理论和"三个代表"重要思想伟大旗帜，全面落实科学发展观，振奋精神，开拓创新，扎实工作，为实现全面建设小康社会的宏伟目标而努力奋斗！

全国政协十届四次会议在人民大会堂举行第三次全体会议

会议的执行主席是廖晖、白立忱、周铁农、阿不来

提·阿不都热西提、黄孟复、李蒙，会议由阿不来提·阿不都热西提主持。

中共中央政治局常委、全国政协主席贾庆林出席会议。全国政协副主席王忠禹、刘延东、李贵鲜、张思卿、罗豪才、张克辉、郝建秀、陈奎元、徐匡迪、李兆焯、张怀西、张梅颖、张榕明，秘书长郑万通出席会议。12位委员就建设创新型国家、教育、医疗等社会事业发展问题作大会发言。中共中央政治局委员、书记处书记刘云山，国务委员陈至立，以及中共中央、国务院有关部门负责人到会听取发言。

韦钰委员代表全国政协教科文卫体委员会发言时说，建设创新型国家，要从娃娃抓起，提高国民素质，培育创新文化。要尽快认真研究落实建设创新型国家的途径和措施，加大对教育科学研究的投入，加强对教师的培训和科学教育教师队伍的建设。

程津培委员代表致公党中央发言时说，支持鼓励企业成为技术创新的主体，是建设创新型国家的根本要求。要力争在财税、金融等政策上有所突破，搭建以企业为主体、产学研结合的技术创新平台，加大国家财政资金扶持力度，鼓励引导企业开展自主创新。

王志珍委员代表九三学社中央发言时说，自主创新，人才为本。要建立合理高效的科研经费管理体制，完善科技项目管理运行机制和科研人员分配机制，建立符合科研规律的人才评价体系和科研管理模式，努力营造良好的自主创新环境。

卢强委员代表民盟中央发言时指出，择校是典型的损害教育公平现象。要以消除择校现象为切入点，持之以恒地实施教育资源的均衡配置。要禁止学校在同一年级各个班之间划分等级，逐步取消公立学校的重点校、示范校。要确保政府教育投入，资源配置要向弱势学校倾斜。

沈士团委员代表教育界委员发言时说，搞现代化建设，建设创新型国家，归根到底要靠人才，而人才要靠教育。我国经济实力已显著增强。未来5年要切实增加财政性教育经费投入，尽快实现国家财政性教育经费支出占国内生产总值的比例达到4%的目标。

贺旻委员代表民进中央发言时提出，建设社会主义新农村，必须依靠科技创新和进步。要大力推进以应用为导向的科技创新，深化农村教育改革，构建新农村建设科技创新体系、农民科技培训体系、农村科技服务体系和农村信息服务体系，全方位创新星火富民科技工程。

任玉岭委员在发言中指出，医疗改革要把解决“难”和“贵”作为重点，坚决转变“重城轻乡”“重大轻小”“重西轻中”的局面。要实行医生处方在全市流通、检查单据双向流通、医生资质证书全国流通，统一药品名称，统一抗生素使用比例，统一医疗保障。

张大宁委员代表农工党中央，就进一步加强公共卫生体系建设提出建议，包括：提高认识，加大投入力度；完善法律体系，加强监督执法；加强公共卫生策略的制定及实施力度；加快推进城市社区和农村卫生服务体系建设；加紧制定配套政策，完善计划免疫经费保障。

邓伟志委员在发言时就健全社会管理制度问题提出建议：要扩大社会管理主体，强化政府社会管理职能；优化组织结构，再造社会管理流程；完善社会指标体系，建立社会运行状况监测体系。全社会尤其是企业要提升社会责任，大力发展社会事业。

沈淑济委员代表全国妇联发言时，分析了农村流动人口家庭问题现状及产生的主要原因，建议相关部门进一步开展农村流动人口家庭的专题调查研究，从法律上落实儿童的监护责任主体，保障农村留守儿童权益，积极探索制定家庭政策，建立相关帮扶支援机制。

李汉秋委员发言说，“仁义礼智信”当前仍有顽强生命力，弘扬它们有利于弘扬和培育民族精神，有利于建设社会主义和谐社会，有利于当前的精神文明建设。建议在整个国民教育中强化“仁义礼智信”的内涵，进而扩展和渗透到精神文明建设的全过程。

赵启正委员认为，我国对外文化交流和传播取得了很多成就，但文化严重逆差的状况尚未根本改变，文化软实力包括文化对外传播能力还不够强大。要制定国家文化发展战略，培养人才、组织队伍，加强文化教育，积极开拓国际文化市场，推动中华文化走向世界。

国务院新闻办发布《2005年美国的人权记录》白皮书

白皮书从关于生命和人身安全；关于执法、司法侵权；关于政治权力和自由；关于经济、社会和文化权利；关于种族歧视；关于妇女、儿童权利；关于侵犯别国人权7个方面系统揭露了美国自身糟糕的人权记录，帮助世人看清了美国“人权卫士”的真实面目。

国办发出《关于成立全国农村义务教育经费保障机制改革领导小组的通知》

各省、自治区、直辖市人民政府，国务院各部委、各直属机构：

为加强对全国农村义务教育经费保障机制改革工作的领导，国务院决定成立全国农村义务教育经费保障机制改革领导小组（以下简称领导小组）。领导小组组成人员如下：

组　长：陈至立　国务委员

副组长：周　济　教育部部长
　　　　陈进玉　国务院副秘书长
　　　　张少春　财政部部长助理
成　员：欧阳坚　中央宣传部副部长
　　　　陈锡文　中央农村工作领导小组办公室主任
　　　　杜　鹰　发展改革委副主任
　　　　陈小娅　教育部副部长
　　　　屈万祥　监察部副部长
　　　　王晓初　人事部副部长
　　　　范小建　农业部副部长
　　　　高鸿宾　国务院扶贫办副主任

领导小组办公室设在财政部、教育部，办公室主任由张少春、陈小娅兼任。领导小组成员因工作变动需要调整的，由所在单位提出意见，经领导小组办公室报请领导小组组长审定。

国务院办公厅
2006年3月9日

全国政协提案委员会在北京召开关于加快科技自主创新成果转化问题提案办理协商会

全国政协副主席黄孟复出席会议并讲话。会议邀请提案党派、提案人、提案委员会委员、有关政协委员以及国家发改委、财政部、科技部、国资委、国家知识产权局等提案承办单位共同参加。

来自民盟中央、民建中央、九三学社中央以及经济界、科技界等十多位政协委员围绕我国科技创新成果转化中存在的突出问题以及对策做了认真的发言。在听取了政协委员们的发言后，国家发改委、财政部、科技部、国资委以及知识产权局的相关负责人表示，提案人与提案承办单位面对面协商的方式有助于形成互动，达成共识。通过双方的研究与探讨，为科技创新成果转化出谋划策，来共同推动科技创新问题得到有效的落实与解决。

致公党十二届中常会十三次会议在北京召开

全国政协副主席、致公党中央主席罗豪才出席并讲话。致公党中央常务副主席杜宜瑾主持会议，副主席吴明熹、俞云波、王珣章、程津培、王钦敏、杨邦杰等出席会议，出席全国两会的致公党人大代表、政协委员列席会议。会议讨论了《致公党中央关于学习贯彻两会精神的决议》，通报了《致公党中央2006年工作要点》。

罗豪才提出，全体党员要认真学习贯彻《中共中央关于加强人民政协工作的意见》，共同坚持好、完善好、落实好共产党领导的多党合作制度，齐心协力促进科学发展，同舟共济构建和谐社会，为促进经济社会又快又好发展，建设创新型国家和社会主义新农村建言献策，协助共产党和政府做好调解矛盾、理顺情绪的工作，为构建社会主义和谐社会建立功勋，积极开展海外联谊和侨务对台工作，为保持港澳长期繁荣稳定、挫败“台湾法理独立”、实现祖国统一作出不懈努力。

罗豪才强调，广大党员要增强时代责任感，发挥主体作用，激发全党创造活力，增强历史使命感，发挥自身优势，加强自身建设，切实履行参政党职能。

民建八届十四次中常会在北京举行

全国人大常委会副委员长、民建中央主席成思危主持会议并讲话。他强调，民建要认真学习和贯彻好《中共中央关于进一步加强中国共产党领导的多党合作和政治协商制度建设的意见》《中共中央关于加强人民政协工作的意见》，为坚持、发展和完善中国共产党领导的多党合作和政治协商制度打好思想基础；要围绕“十一五”规划的实施、保持经济平稳发展等经济社会发展中的重大问题，深入调查研究，积极建言献策；要继续围绕广大会员和人民群众最关心、最直接、最现实的利益问题，反映社情民意；围绕建设适应新世纪要求参政党的目标，引导和带领广大会员切实履行参政党职能。

全国政协副主席、民建中央常务副主席张榕明，民建中央副主席路明、刘珩、黄关从、朱相远、陈昌智、程贻举、王少阶、马培华、陈明德、陈政立，秘书长张皎等出席了会议。

全国总工会将为维护农民工合法权益办好十件实事

中华全国总工会副主席、书记处书记徐德明表示，为提高维权工作的针对性和实效性，推动工会维护农民工合法权益经常化、社会化和制度化，全国总工会决定在今年和今后一个时期扎扎实实地为维护农民工合法权益办好十件实事。

第一件实事是实施推进劳动合同制度三年行动计划。从今年开始，全国总工会要积极协助政府劳动保障等有关部门，开展推进劳动合同制度实施三年行动计划，帮助和指导农民工签订劳动合同，规范劳动用工行为，力争2008年农民工劳动合同签订率达到90%。

第二件实事是维护农民工收入分配权益。要切实解决拖欠农民工工资问题，配合劳动保障部门在建筑施工企业全面推行工资支付“月结月清”制度，保证农民工工资按月足额支付。

第三件实事是维护农民工劳动安全卫生权益。要加强对农民工职业安全、劳动保护的教育，增强农民工自我保护能力。

第四件实事是维护农民工社会保障权益。配合有关部门共同督促将农民工纳入工伤保险范围，及时为农民工办理工伤保险手续，确保发生工伤的农民工享受《工伤保险条例》规定的待遇。今年在全国10个省(区、市)工会举办适合农民工特点的职工医疗互助项目试点，构筑农民工抵御医疗风险的防线。

第五件实事是向农民工提供法律援助。

第六件实事是开展为农民工送温暖活动。

第七件实事是开展农民工职业技能培训和就业援助。

第八件实事是改善农民工的精神文化生活。

第九件实事是保障农民工的民主政治权利。

第十件实事是开展农民工春节顺利返乡平安行动。

3月10日

党和国家领导人吴邦国 温家宝 李长春 罗干等分别参加十届全国人大四次会议一些代表团的审议

在人民大会堂河北厅，吴邦国参加河北代表团的审议，认真听取代表们对全国人大常委会工作报告的审议意见。刘作田、佟淑芸、郭庚茂、肖玉田等代表相继发言，表示赞同全国人大常委会工作报告，并就进一步做好人大工作、促进环京津地区发展、建设社会主义新农村、增强自主创新能力等问题发表意见。吴邦国在讲话中首先感谢代表们对全国人大常委会工作的支持，表示全国人大常委会要自觉接受代表和群众的监督，不断改进工作。吴邦国强调，实践充分证明，在中国共产党的领导下，中国人民自己选择的政治发展道路，是符合中国国情、顺应时代潮流、体现人民意愿、强国富民的道路。进一步完善人民代表大会制度，充分发挥人大及其常委会作为国家权力机关、工作机关和代表机关的作用，就是要把坚持党的领导、人民当家做主和依法治国有机统一起来，其中最重要、最关键的是坚持党的领导。党的领导是人民当家做主和依法治国的根本保证，也是坚持和完善人民代表大会制度、做好新形势下人大工作的根本保证。

在人民大会堂辽宁厅，温家宝参加了辽宁代表团的审议。代表们在发言中表示赞同吴邦国委员长所作的全国人大常委会工作报告，还围绕振兴装备制造业、建设社会主义新农村、促进资源枯竭型城市经济转型等问题踊跃发表意见。在听取张文岳、陈惠仁、张文成、毛丰美等代表的发言后，温家宝指出，改革是关系中国前途命运的重大决策。实现现代化的宏伟目标，建设中国特色社会主义，必须继续坚定不移地推进改革。当前，我国经济和社会发展面临的许多突出矛盾和问题，如经济结构不合理，经济增长方式粗放，企业创新能力不强，就业矛盾突出，地区发展差距和部分社会成员收入差距扩大，以及群众反映强烈的就医、上学、社会保障等问题，都要通过改革和发展来解决。要坚持解放思想，实事求是，勇于创新，不断消除影响经济健康发展的体制、机制性障碍，进一步解放和发展社会生产力；要坚持全面改革，在推进经济体制改革的同时，继续推进政治体制、文化体制、社会管理体制改革；要处理好改革、发展、稳定的关系，充分调动广大群众的积极性和创造性，使经济社会发展的成果惠及全体人民。

在人民大会堂贵州厅，李长春参加了贵州代表团的审议。会场上气氛活跃，石秀诗、龚贤永、张林春、杨玉学等代表先后发言，就实施“十一五”规划、推动社会主义和谐社会建设、做好人大工作、促进依法行政和公正司法等问题提出建议。李长春认真听取代表们的发言，仔细询问当地经济社会发展情况。李长春表示完全赞成吴邦国委员长代表全国人大常委会所作的工作报告，并就贵州如何抓住机遇、加快发展和以改革促发展、以开放促开发，以及发展文化事业和文化产业发表了意见。

在人民大会堂云南厅，罗干和云南代表团的代表一起审议吴邦国委员长所作的全国人大常委会工作报告。代表们一致赞成这个报告，并就扩大沿边开放、促进富民兴边、加强民族团结、做好禁毒工作等展开热烈讨论。在代表发言过程中，罗干一边认真听取意见，一边记下发言要点，还不时插话与大家交流看法。在徐荣凯、牛绍尧、赵仕杰、李春林等代表发言后，罗干就做好民族工作、维护边疆稳定以及加强禁毒和防治艾滋病工作发表了意见。

中共中央政治局委员、全国人大常委会副委员长王兆国，全国人大常委会副委员长成思危、顾秀莲、盛华仁、路甬祥等，分别参加了上述一些代表团的审议。

十届全国人大四次会议主席团举行第二次会议

主席团常务主席吴邦国主持会议。主席团常务主席王兆国、李铁映、司马义·艾买提、何鲁丽、丁石孙、成思危、许嘉璐、顾秀莲、热地、盛华仁、路甬祥、乌云其木格、韩启德出席会议。

3月5日至8日，代表们认真审议了政府工作报告，对国务院过去一年的工作给予充分肯定。代表们认为，国务院提出的今年的主要任务和工作部署，全面贯彻了科学发展观和构建社会主义和谐社会两大战略思想，体现了党的十六大和十六届三中、四中、五中全会精神，是积极的、切实可行的。根据代表审议意见，国务院对政府工作报告认真进行了修改，共修改17处，其中比较重要的修改有8处。

会议表决通过,决定将关于政府工作报告的决议草案,提交各代表团审议后,提请大会表决。

全国人大财政经济委员会主任委员傅志寰向主席团会议作了关于国民经济和社会发展第十一个五年规划纲要草案的审查结果报告。

全国人大财政经济委员会副主任委员石广生向主席团会议作了关于2005年国民经济和社会发展计划执行情况与2006年国民经济和社会发展计划草案的审查结果报告。

全国人大财政经济委员会副主任委员刘积斌向主席团会议作了关于2005年中央和地方预算执行情况与2006年中央和地方预算草案的审查结果报告。

会议经过表决,通过了这3个审查结果报告。

根据代表们的审议意见,国务院此前对规划纲要草案、计划报告、预算报告进行了修改。会议表决通过,决定将关于国民经济和社会发展第十一个五年规划纲要的决议草案、关于2005年国民经济和社会发展计划执行情况与2006年国民经济和社会发展计划的决议草案、关于2005年中央和地方预算执行情况及2006年中央和地方预算的决议草案,提交各代表团审议后,提请大会表决。

十届全国人民代表大会财政经济委员会《关于国民经济和社会发展第十一个五年规划纲要(草案)的审查结果报告》

十届全国人大四次会议主席团:

第十届全国人民代表大会第四次会议审查了国务院提出的《国民经济和社会发展第十一个五年规划纲要(草案)》。全国人民代表大会财政经济委员会在对《纲要(草案)》进行初步审查的基础上,根据各代表团和有关专门委员会的审查意见,又作了进一步审查。国务院根据审查意见对《纲要(草案)》做了修改。现将审查结果报告如下。

财政经济委员会认为,《纲要(草案)》全面体现了《中共中央关于制定国民经济和社会发展第十一个五年规划的建议》的精神,坚持以科学发展观统领经济社会发展全局,按照必须保持经济平稳较快发展、必须加快转变经济增长方式、必须提高自主创新能力、必须促进城乡区域协调发展、必须加强和谐社会建设、必须不断深化改革开放的要求,提出了未来五年经济社会发展的指导原则、发展目标、战略重点和主要任务,将成为"十一五"期间全面建设小康社会的行动纲领。财政经济委员会认为,《纲要(草案)》是积极可行的,经过努力是能够实现的,建议批准国务院提出的《国民经济和社会发展第十一个五年规划纲要(草案)》。

"十五"时期是不平凡的五年。面对复杂多变的国内外形势,全国各族人民在中国共产党的领导下,团结一致,锐意进取,经济社会发展取得巨大成就,我国的经济实力和综合国力明显增强,国际地位显著提高。五年来,我们摆脱了亚洲金融危机带来的冲击,成功战胜非典疫情和重大自然灾害的挑战,有效抑制经济运行中出现的不稳定不健康因素,积极应对加入世界贸易组织后的新变化,国民经济平稳较快发展,农业基础地位得到加强,工业化、城镇化、市场化、国际化步伐加快,经济体制改革不断深化,对外贸易迈上新台阶,财政收入大幅度增加,价格总水平保持基本稳定,城乡人民生活进一步改善,各项社会事业取得新进步,社会主义民主政治和精神文明建设继续加强。同时,我们也面临着不少突出问题和严峻挑战。财政经济委员会认为,《纲要(草案)》对困难和问题的分析是实事求是的。对这些问题要高度重视,针对经济社会发展中存在的薄弱环节,采取有力措施加以解决。

"十一五"时期是全面建设小康社会承前启后的关键时期,也是把经济社会发展转入科学发展轨道的关键时期。面向未来,我们站在一个新的历史起点上,必须以邓小平理论和"三个代表"重要思想为指导,全面贯彻落实科学发展观,坚持以人为本,转变发展观念,创新发展模式,提高发展质量,促进经济社会协调可持续发展,开创社会主义经济建设、政治建设、文化建设、社会建设的新局面。

要坚持统筹城乡经济社会发展的基本方略,按照工业反哺农业、城市支持农村的方针,进一步做好"三农"工作,扎实推进社会主义新农村建设。加快经济结构调整,切实转变经济增长方式。把扩大国内需求作为拉动经济增长的基本立足点,特别要增强消费对经济增长的拉动作用。推进工业结构优化升级,提高综合竞争能力。大力发展服务业,提高服务业的比重和水平。实施区域发展总体战略,促进东中西部协调发展。建设资源节约型、环境友好型社会,发展循环经济。继续实施科教兴国和人才强国战略,坚持优先发展教育,大力增强自主创新能力,努力建设创新型国家。继续深化改革,进一步转变政府职能,加快完善社会主义市场经济体制。坚持对外开放,加快转变外贸增长方式,提高利用外资质量。着力解决关系人民群众切身利益的问题,千方百计扩大就业,加快完善社会保障体系,加大收入分配调节力度,积极发展各项社会事业,切实抓好安全生产和社会治安工作,努力构建社会主义和谐社会。发展民主,健全法制,繁荣文化,增强中华民族的凝聚力和创造力。

"十一五"期间的任务十分繁重和艰巨,必须狠抓落实。要坚持和发扬实事求是、艰苦奋斗的作风,求真务实，开拓创新，扎实工作，为实现国民经济和社会发展第十一个五年规划和全面建设小康社会的宏伟目标而努力奋斗！

以上报告，请予审议。

全国人民代表大会财政经济委员会

2006年3月10日

十届全国人民代表大会财政经济委员会《关于2005年中央和地方预算执行情况与2006年中央和地方预算草案的审查结果报告》

十届全国人大四次会议主席团：

第十届全国人民代表大会第四次会议审查了国务院提出的《关于2005年中央和地方预算执行情况与2006年中央和地方预算草案的报告》以及2006年中央和地方预算草案。全国人民代表大会财政经济委员会在对预算报告和预算草案进行初步审查的基础上，根据各代表团和有关专门委员会的审查意见又作了进一步审查。国务院根据审查意见对预算报告做了修改。现将审查结果报告如下。

一、财政经济委员会认为，2005年预算执行情况是好的。2005年，全国财政收入完成31628亿元(不含债务收入，下同)，超过预算2372亿元，完成预算的108.1%；全国财政支出33708亿元，超过预算1453亿元，完成预算的104.5%；收支相抵，支出大于收入2080亿元。中央财政收入完成17249亿元，超过预算1034亿元，完成预算的106.4%；中央财政支出完成20249亿元，超过预算1034亿元，完成预算的105.4%；中央财政收支相抵，赤字2999.62亿元。地方财政收支相抵，结余或结转919亿元。全年发行国债7023亿元，其中中央财政债务收入6923亿元，代地方政府发债100亿元。赤字和国债发行均在批准的数额内。2005年年末中央财政国债余额32614亿元。中央预算超收收入主要用于解决出口退税、供销社政策性历史欠账，增加对地方的转移支付、科技教育和社会保障等方面的支出。

2005年，国务院和地方各级人民政府认真落实十届全国人大三次会议《关于2004年中央和地方预算执行情况及2005年中央和地方预算的决议》，实施稳健的财政政策，严格依法理财，狠抓增收节支，收入再上新台阶，突破3万亿元，重点支出得到保障，支持了经济社会全面发展，国家财政在落实科学发展观、构建和谐社会中发挥了重要作用。同时也要看到，财政运行中还存在一些亟待解决的问题：对“三农”、义务教育、公共卫生、社会保障等重点支出的保障力度还不够；促进转变经济增长方式、自主创新、节约能源资源和保护环境方面还缺乏强有力的财税政策；部分县乡财政比较困难；财政风险不容忽视等。要深化改革，加强管理，采取切实有效的措施认真加以解决。

二、2006年的预算安排，全国财政收入35423亿元，比上年增长12%；全国财政支出38373亿元，比上年增长13.8%。中央财政收入19272亿元，比上年增长11.7%；中央财政支出22222亿元，比上年增长9.7%。中央财政收支相抵，赤字2950亿元。2006年年末中央财政国债余额控制在35568亿元以内。

财政经济委员会认为，2006年的预算草案贯彻了党中央的方针政策，体现了落实科学发展观和构建和谐社会的要求，继续实施稳健的财政政策，注重增收节支，优化支出结构，体现了向重点支出的倾斜。预算草案是可行的。

财政经济委员会建议批准《2005年中央和地方预算执行情况与2006年中央和地方预算草案的报告》，批准2006年中央预算草案。地方各级政府预算由本级人民代表大会审查批准。

三、为更好地完成2006年预算，做好财政工作，财政经济委员会提出以下建议。

(一)进一步完善惠农财税政策措施根据建设社会主义新农村的总体要求，制定工业反哺农业、城市支持农村的财税政策。积极推进农村综合改革，做好农业税取消后保障基层政权正常运转的工作。整合支农资金，改进分配使用方式，调整支出结构，重点增加对农村教育、卫生等公共投入，加强农村基础设施和农业科技服务体系建设，改善农村生产生活条件。完善农业补贴政策，扩大补贴范围，加大补贴力度，增加农民收入。大力支持县域经济的发展。积极研究清理化解乡村债务的措施，各地要做好试点工作。

(二)加大财税政策对经济增长方式转变的支持力度通过调整财税政策，促进经济结构调整和优化资源配置，增加科技投入，鼓励自主创新、关键技术开发和创业风险投资，大力发展循环经济，限制高能耗、高污染产品的生产和出口，建立和完善有利于自主创新、节约能源资源和保护环境的财税制度，促进经济增长方式转变。

(三)增加财政对解决涉及群众切身利益问题的投入继续增加对教育经费的投入，切实将农村义务教育经费纳入中央和地方财政保障范围。进一步加大对就业再就业和社会保障的支持力度，加快城乡特殊困难群众社会救助体系的建设。政府要保障公共卫生的经费需求，支持新型农村合作医疗试点和城乡医疗救助制度建立，推进农村和城市医疗卫生服务体系建设，合理界定各级政府在公共卫生和基本医疗服务中应承担的事权和支出责任，逐步建立中央和地方各级政府分担的长效机制。

(四)加强预算管理工作严格预算管理,坚持依法理财。切实将土地出让收入纳入预算管理。研究完善土地出让收入的征缴政策和办法,改革土地出让收入管理制度,建立严格的约束机制。改进预算编制办法。做好政府收支分类改革工作。提高有二次分配权的部门年初预算的项目到位率。进一步规范超收收入的分配和使用。研究规范预算执行中支出划转的办法。逐步建立财政支出绩效考评制度。坚持厉行节约,反对铺张浪费。

(五)继续深化财税体制改革在合理界定各级政府事权的基础上,建立健全与事权相匹配的财税体制。改革和完善省级以下财政管理体制。积极推进税制改革,尽快建立内外资企业统一的所得税制,加快增值税转型在全国范围内的实施,加快资源税改革。进一步完善转移支付制度,增加财力性转移支付,规范专项转移支付,提高透明度,加强转移支付资金使用的审计和监督。抓紧建立国有资本经营预算制度。

以上报告,请予审议。

全国人民代表大会财政经济委员会

2006年3月10日

十届全国人民代表大会财政经济委员会《关于2005年国民经济和社会发展计划执行情况与2006年国民经济和社会发展计划草案的审查结果报告》

十届全国人大四次会议主席团:

第十届全国人民代表大会第四次会议审查了国务院提出的《关于2005年国民经济和社会发展计划执行情况与2006年国民经济和社会发展计划草案的报告》以及2006年国民经济和社会发展计划草案。全国人民代表大会财政经济委员会在对计划报告和计划草案进行初步审查的基础上,根据各代表团和有关专门委员会的审查意见,又作了进一步审查。国务院根据审查意见对报告作了修改。现将审查结果报告如下。

一、财政经济委员会认为,2005年国民经济和社会发展计划执行情况是好的,这是全国各族人民在中国共产党的领导下求真务实,艰苦努力,认真落实科学发展观的结果。经济保持平稳较快增长,经济结构调整取得进展,经济体制改革稳步推进,农业得到进一步加强,区域发展总体战略积极推进,对外开放不断扩大,就业和社会保障工作取得成效,城乡人民生活继续改善,各项社会事业加快发展。同时也要看到,经济和社会发展中还存在不少困难和问题。主要是:粮食增产和农民增收难度加大,固定资产投资增幅仍然偏高,部分行业产能过剩问题突出,就业、医疗、教育、收入分配等涉及群众切身利益的领域还存在不少问题,资源环境约束矛盾加剧,安全生产形势相当严峻。应在今后工作中努力解决。

二、财政经济委员会认为,2006年国民经济和社会发展计划报告和计划草案体现了“十一五”规划纲要的总体要求,指导思想和重点明确,经济社会发展的主要目标适宜,总的安排可行。财政经济委员会建议批准国务院提出的《关于2005年国民经济和社会发展计划执行情况与2006年国民经济和社会发展计划草案的报告》,批准2006年国民经济和社会发展计划草案。

三、财政经济委员会认为,完成2006年国民经济和社会发展计划,为实施“十一五”规划开好局、起好步,必须按照科学发展观和建设社会主义和谐社会的要求,着重抓好以下工作。

(一)继续搞好宏观调控,促进经济平稳协调运行。切实发挥经济社会发展主要目标在宏观调控中的导向作用,注重经济增长的质量和效益。采取更加有效的措施,确保实现资源环境和公共服务方面的约束性目标。继续实施稳健的财政政策和货币政策。合理确定投资方向,进一步把紧土地、信贷两个闸门,防止固定资产投资过快增长。坚持扩大内需的方针,着力扩大消费需求,在解决投资率持续偏高、消费率偏低、经济增长过分依赖投资的问题上取得新进展。

(二)继续推进农村经济全面发展,努力增加农民收入。加大对农业和农村基础设施的投入,提高农业综合生产能力,着力改善农村生产生活条件。积极发展现代农业,推进农业产业化经营,确保粮食等主要农产品产量稳定增长。全面推进农村综合改革,巩固和发展农村税费改革成果。采取切实有力措施,进一步改变金融支农薄弱状况。继续实行对“三农”的各项补贴政策并不断加以完善,多渠道增加农民收入。稳步推进社会主义新农村建设。

(三)提高自主创新能力,推动经济结构调整。把贯彻实施国家中长期科学和技术发展规划落实到年度工作中。实行支持自主创新的财税、金融和政府采购政策,加大对创业风险投资的支持。强化企业技术创新主体地位。广泛应用高新技术和先进适用技术改造提升传统产业,提高装备制造业水平,制定和落实促进服务业发展的政策措施,切实推进产业结构优化升级。贯彻执行有关区域协调发展的各项政策措施,加大对老少边穷地区的支持力度。发展壮大县域经济。

(四)加快经济增长方式转变,加强资源节约和环境保护。增强资源忧患意识和节约意识。认真落实节能降耗措施,确保实现预期目标。发展循环经济。加强能源和资源管理,建立有效的监督和执法机制。加快资源性产品价格改革。采取切实有力措施,加大重点流域区域污染防治力度，做好城市大气污染综合防治工作。

（五）积极稳妥地推进改革，保持经济平稳较快发展。深化行政管理体制改革，进一步促进政府职能转变。继续推进国有企业改革，完善国有资产管理体制和监管方式，严格规范国有企业改制和国有产权转让。搞好国有商业银行股份制改革，进一步完善防范和化解金融风险的机制和措施，切实维护金融安全。继续推进股权分置改革，促进资本市场稳定健康发展。深化投资体制改革，健全投资宏观调控体系。完善鼓励、支持和引导非公有制经济发展的配套政策措施。积极转变外贸增长方式，优化出口商品结构，不断提高吸收外资的质量和水平。

（六）统筹经济和社会发展，促进社会事业全面进步。坚持把教育摆在优先发展的战略地位，强化各级政府对农村义务教育的保障责任。继续实行积极的就业政策，加大对困难群体就业的扶持力度。引导农村富余劳动力向非农产业和城镇有序转移，切实保障农民工合法权益。加快社会保障体系建设，继续扩大社会保障覆盖面。积极扩大新型农村合作医疗制度试点范围，发展城市社区卫生服务。全面整顿、规范医疗服务和药品生产流通秩序。继续加大安全生产特别是煤矿安全生产监管力度。妥善应对社会突发事件，维护社会稳定。

以上报告，请予审议。

全国人民代表大会财政经济委员会

2006年3月10日

全国政协十届四次会议在人民大会堂举行第四次全体会议

12位委员就发展民主政治、构建和谐社会、促进祖国统一等问题作大会发言。中共中央政治局常委、全国政协主席贾庆林出席会议。会议的执行主席是刘延东、李贵鲜、罗豪才、郝建秀、徐匡迪、张怀西、张梅颖，会议由张梅颖主持。中共中央、国务院有关部门负责人到会听取发言。全国政协副主席王忠禹、廖晖、帕巴拉·格列朗杰、张思卿、白立忱、张克辉、周铁农、陈奎元、阿不来提·阿不都热西提、李兆焯、黄孟复、李蒙、张榕明，秘书长郑万通出席会议。

蒋以任委员代表上海市政协发言时说，《中共中央关于加强人民政协工作的意见》是人民政协发展史上具有里程碑意义的重要文件。我们要进一步增强政治责任感和历史使命感，认真贯彻落实文件精神，努力在思想认识上达到新的高度，在工作实践上加强新的探索，在制度建设上形成新的规范。

李君如委员在发言时说，人民政协作为协商民主的主要形式，在社会主义民主政治建设中具有独特的地位和作用。要不断完善人民政协的民主机制，深入研究政协在发挥协商民主作用时，如何更好地推进公民有序的政治参与，把政协工作与群众关心的问题更好地联系起来。

朱培康委员代表民革中央发言时说，"台独"逆历史潮流而动，违背13亿中华儿女的意志和愿望，是注定要失败的。要进一步全面深入贯彻胡锦涛总书记关于新形势下发展两岸关系的四点意见，在加大打击"台独"分裂活动力度的同时，加大做台湾人民工作的力度，共同反对"台独"。

刘善璧委员代表武汉市政协发言时提出，为构建社会主义和谐社会服务，是人民政协肩负的历史使命。要充分发挥人民政协的独特优势，为营造和谐的政治局面作贡献，为实现和谐发展建言谋策，为形成和谐的思想文化支撑献计出力，为夯实和谐的社会基础服务。

梁国扬委员代表台盟中央和全国台联联合发言时说，两岸关系出现了一系列有利于和平稳定的积极因素，但导致台海局势紧张的根源并未消除。要坚决贯彻胡锦涛总书记新形势下发展两岸关系的四点意见，进一步解决好常住大陆台胞遇到的问题和困难，深入做好台湾青少年工作，切实把寄希望于台湾人民的工作做到实处。

陈勋儒委员发言时说，构建和谐社会，必须完善行政立法机制。要牢固树立"制约权力"的行政立法观念，强化程序正当原则，完善行政立法的程序控制，着力建立立法回避、公开、参与制度以及立法经费预算和公开制度，建立健全行政法规、规章的备案审查和司法审查制度。

王蒙委员在发言中说，创新的关键在于人才。要从教育入手，提倡、鼓励青少年与儿童的创造性思维。提倡理论联系实际，提倡理论创新、制度创新与科技创新。提倡活泼生动、富有新意的文风，提倡说真话、说自己的话、说有新意的话。允许和鼓励不同学派、不同方法、不同见地的争鸣齐放。

纪明波委员代表全国总工会发言时提出，加快健全、完善企业职工工资正常增长机制。要加大对企业收入分配调控力度，规范企业工资标准，规范国有企业经营者收入，充分发挥最低工资制度的保障作用，大力推进和完善工资集体协商制度，加强有关工资分配的立法和执法监督。

徐枫委员代表共青团中央发言时说，开展海外青年志愿服务，有利于树立中国负责任大国的形象，有利于探索对外援助工作的新途径，有利于培养优秀青年人才。要完善政策、加强宣传，建立健全海外青年志愿服务的长效工作机制，不断丰富服务内涵，鼓励和引导更多青年参与海外服务。

刘永好委员在发言中说，建设新农村，民营企业大有可为。他和其他一些民营企业家发出倡议：农业类民营企业实行一个企业帮助一个村或几个企业帮助一个村计划，更多的民营企业家到农村去创业、在农村求发展，非农民营企业家开展"一帮一、手牵手"活动，尽心尽力帮助农民发展致富。

谭耀宗、王敏贤委员在联合发言中指出，作为国际性金融、航运等中心，香港完全可以发挥自身优势，配合国家落实"十一五"规划。他们建议，提高服务水平，进一步发挥香港集资中心功能；发挥商贸优势，协助内地把科技成果转化成商品；发展香港新工业，加强同内地的创新科技合作。

崔世昌委员在发言中指出，维护台海地区稳定，促进祖国和平统一，是中华民族的根本利益之所在。作为"一国两制"成功实践的地区之一，澳门同胞坚决反对"台独"。同时，要充分发挥自身的独特优势，促进两岸人员往来和经济文化交流，为祖国的和平统一大业做贡献。

四部委负责人在十届全国人大四次会议记者招待会上就建设创新型国家答记者问

十届全国人大四次会议下午举行记者招待会。科学技术部部长徐冠华、国家发展和改革委员会副主任张晓强、教育部副部长赵沁平、财政部部长助理张少春就建设创新型国家回答了中外记者的提问。

建设创新型国家是一项紧迫的战略任务

有记者问，我国为什么要提出建设创新型国家的战略目标？科技部部长徐冠华说，这是我国实现全面建设小康社会目标的保证。全面建设小康社会，实现2020年翻两番的目标，要求科技进步的贡献率必须由目前的39%提高到60%。我国人均能源、水资源、土地资源的供应严重不足，面临的资源问题和环境问题越来越严峻，只有依靠科技进步，才能打破瓶颈。在全球化进程当中，我国企业面临着越来越严重的国际竞争压力。由于缺乏核心技术，我国在生产手机、计算机和程控数控机床时，不得不付出相当于价格20%、30%、40%的高昂专利费用。同时，随着劳动力成本的不断提高，我国劳动力的比较优势在不断弱化。只有增强自主创新能力，建设创新型国家，才是我们提高国际竞争力的根本出路。

我国具有建设创新型国家的基础和条件

建设创新型国家，我国具备哪些基础和条件？徐冠华说，首先，经过几代人的努力，我国已经建成只有世界上为数不多的国家才具备的、完整的科学技术体系。其次，我们有充足的科技人力资源。据统计，我国的科技人力资源达到3850万人，名列世界第一。再次，我国已具备了比较强的科技实力，目前我国人均GDP大约1000多美元，但科技综合创新指标已相当于人均GDP5000—6000美元国家的水平。在生物、纳米、航天等一些重要领域跻身世界先进水平。最后，中华民族有悠久的历史文化传统，中华民族重视教育、辩证思维、集体主义精神和丰厚的文化积累，都是建设创新型国家的宝贵财富。

国家采取四大措施促进企业技术创新

国家发展和改革委员会副主任张晓强说，"十一五"期间，国家发改委将会同国务院有关部门，主要采取4个方面的措施促进企业技术创新。第一，进一步完善激励企业自主创新的政策环境。有关部门要抓紧研究制定激励企业自主创新的具体实施细则。第二，加快建设重大科技基础设施。"十一五"期间，国家将加大投资力度，建设包括上海同步辐射光源、远洋综合科学考察船等12项国家重大科技基础设施，推进中国科学院的知识创新三期工程建设。第三，组织实施企业自主创新专项。今后五年，国家将投资建设100个国家工程实验室，建设下一代互联网等50个国家工程研究中心。组织实施高技术产业化专项。第四，加强重大技术装备研制和重大产业技术研发。今后五年，国家将组织研制包括核电、高速铁路等16项重大成套技术装备。

财政部三项重要举措支持科技进步

财政部部长助理张少春说，为全面落实《国家中长期科学和技术发展规划纲要》，财政部将采取三项重要举措：第一，大力增加财政资金投入。2006年中央财政科技支出716亿元，比上年增加115亿元，增长19.2%。在"十一五"期间，财政科技投入的增幅也将明显高于财政经常性收入的增幅。第二，充分发挥财税政策对促进科技进步的作用，利用财税的扶持政策，营造激励创新的环境，推动企业成为技术创新的主体。第三，完善科技经费的管理制度，切实提高资金的使用效益。要建立对科研课题及其经费的申报、评审、立项、执行和结果全过程的监督制度，调整和完善科研经费管理的制度体系，建立财政科技经费的绩效评价体系。

五大财政政策支持企业技术创新

国家将采取哪些财政政策，支持企业成为技术创新的主体？张少春介绍了五大政策。一、加大企业对企业研发投入的所得税前的抵扣力度，允许企业当年发生的研发费用的150%来抵扣当年的应纳税所得额。二、允许企业加速用于研究开发的设备仪器的折旧。三、完善促进高新技术企业的税收政策。四、完善进出口税收政策。五、实施促进自主创新的政府采购政策。

高校在建设创新型国家中将发挥重要作用

教育部副部长赵沁平说，建设创新型国家，高等学校应该而且必须发挥重要作用。第一，为建设创新型国家、国家创新体系和全面建设小康社会，提供全面的人才支持。第二，高等学校凭借自己的特色和优势，可以在建设国家创新体系中发挥独特作用。第三，在创新文化的建设方面高校大有作为。

民盟九届十五次中常会在北京举行

会议的主要内容是，学习贯彻全国两会精神，开拓创新，做好全盟2006年的工作。

会议由民盟中央主席蒋树声主持。全国政协副主席、民盟中央常务副主席张梅颖出席会议并就民盟中央2006年主要工作做了安排部署。

民盟中央副主席冯之浚、袁行霈、卢强、吴正德、张宝文、王维城、张圣坤、李重庵、郑兰荪、张平、索丽生，秘书长高拴平出席会议。

九三学社十一届十四次中常会在北京举行

会议认真学习了十届全国人大四次会议和全国政协十届四次会议精神，审议并通过了《九三学社中央关于学习贯彻十届全国人大四次会议和全国政协十届四次会议精神的决议》，审议并通过了九三学社中央有关专门委员会负责人调整名单。会议由全国人大常委会副委员长、九三学社中央主席韩启德主持。

会议号召九三学社各级组织和广大社员要认真学习两会文件，深刻领会两会精神，围绕两会提出的各项任务搞好参政议政，把握大局，发挥优势，突出特色，切实加强自身建设，进一步提高适应新形势、完成新任务的能力和水平。

九三学社中央常务副主席陈抗甫，副主席刘应明、谢丽娟、冯培恩、贺铿、王志珍、邵鸿，以及九三学社中央常委出席会议。

中组部等联合发文要求缓解西部及贫困地区基层法官检察官短缺问题

中国动物疫病预防控制中心和全国畜牧总站正式成立

新组建的中国动物疫病预防控制中心承担全国动物疫情分析、处理重大动物疫情防控、畜禽产品质量安全检测和全国动物卫生监督等工作。全国畜牧总站和中国饲料工业协会合署办公，承担着全国畜牧技术推广、畜禽牧草品种资源保护、畜牧品种资源保护、畜牧经济运行分析、饲料和奶业技术服务、畜产品质量安全认证等工作。这是我国建立健全畜牧兽医技术支持体系的重大举措。

中央统战部等6部门联合下发《关于进一步解决部分定居台胞生活困难问题的通知》

这个通知是为解决定居祖国大陆的部分台湾同胞生活困难问题而制定的一份政策性文件。主要内容是：对各级党委、政府重视定居台胞工作提出了要求；对各级统战、台办、公安等涉台工作部门建立工作协调机制、定期走访定居台胞、配合有关职能部门解决定居台胞具体生活困难问题等方面明确了职责；对定居台胞的养老、医疗、失业保险等方面的问题制定了政策；对部分生活困难的定居台胞的社会救助以及各地采取各种措施妥善解决定居台胞生活困难问题作出了规定。

3月11日

十届全国人大四次会议在人民大会堂举行第三次全体会议

会议听取和审议最高人民法院院长肖扬作《最高人民法院工作报告》、最高人民检察院检察长贾春旺作《最高人民检察院工作报告》。

胡锦涛、吴邦国、温家宝、贾庆林、曾庆红、吴官正、李长春、罗干等出席会议。

大会执行主席、主席团常务主席热地主持会议。大会执行主席习近平、毛如柏、石宗源、刘胜玉、李克强、杨国庆、杨景宇、汪洋、张庆黎、张宝顺、张春贤、陈建国、孟建柱、姜恩柱、袁武、徐光春、郭金龙、曹伯纯、龚学平、傅志寰、储波等在主席台执行主席席就座。

最高人民法院院长肖扬在十届全国人大四次会议上作《最高人民法院工作报告》

各位代表：

现在，我代表最高人民法院向大会报告工作，请予审议，并请全国政协各位委员提出意见。

一、2006年工作回顾

2006年，最高人民法院在以胡锦涛同志为总书记的党中央领导下，以邓小平理论和“三个代表”重要思想为指导，全面落实科学发展观，深入贯彻中共中央《关于进一步加强人民法院、人民检察院工作的决定》，遵照第十届全国人民代表大会第四次会议提出的要求，认真履行宪法和法律赋予的职责，审判、执行和监督指导工作取得了新成绩。

一年来，最高人民法院共办结各类案件3668件，结案数同比上升14.77%。其中，审结刑事案件405件；审结民事案件673件，诉讼标的额151亿元；审结行政案件和国家赔偿案件318件；协调和督办跨地区民事执行案件213件;审结申诉和申请再审案件2059件。围绕党和国家工作大局,结合审判实践,制定司法解释12件,发布司法指导性文件36件。

地方各级人民法院共办结各类案件8105007件,结案数同比上升2.07%。其中,审结一审刑事案件701379件,判处罪犯889042人;审结一审民事案件4382407件,诉讼标的额6827.8亿元;审结一审行政案件95052件,审结国家赔偿案件2323件,涉及赔偿金额3484万元;办理执行案件2149625件,执行到位金额3455.8亿元;审结申诉和申请再审案件197468件。审判质量稳步提高,一审后当事人服判息诉的占89.72%,上诉的占10.28%。审判效率进一步提高,一审案件在法定审理期限内结案的占95.19%。

一年来,最高人民法院在构建社会主义和谐社会中,进一步明确指导思想,调整工作部署,探索新的思路,依法履行审判职责,努力提供司法保障,重点开展了以下工作:

(一)依法惩罚刑事犯罪,努力维护国家安全和社会稳定

最高人民法院根据社会治安形势,指导地方各级人民法院依法惩罚危害国家安全犯罪、恐怖犯罪、黑社会性质组织犯罪,以及其他严重危害社会治安的犯罪。全国法院共审结爆炸、故意杀人、抢劫、强奸、绑架等犯罪案件245254件,判处罪犯340715人。依法加大惩治腐败和治理商业贿赂专项工作的力度,共审结贪污贿赂、渎职犯罪等案件23733件。其中,公司企业人员贿赂犯罪案件359件,国家工作人员贿赂犯罪案件8310件。判处县处级以上国家工作人员825人,地厅级92人,省部级9人。依法惩罚破坏社会主义市场经济秩序犯罪,共审结生产、销售伪劣产品、走私、破坏金融管理秩序等案件16679件,判处罪犯22944人。依法惩罚各种毒品犯罪,共审结制造、贩卖毒品等案件31582件,判处罪犯37256人。依法惩罚侵犯知识产权刑事犯罪,共审结假冒、盗版等侵犯知识产权刑事案件2277件,判处罪犯3508人。在全部罪犯中,判处5年以上有期徒刑、无期徒刑以及死刑的153724人。

完善死刑核准制度。为保证今年1月1日起统一行使死刑案件核准权,最高人民法院从思想、制度、组织和物质装备等方面做了充分准备。进一步完善了死刑案件一审、二审和核准工作制度;会同最高人民检察院制定了《关于死刑第二审案件开庭审理程序若干问题的规定》,实现了死刑第二审案件全面开庭审理;选拔优秀人才充实审判力量,连续举办两期全国刑事审判法官培训班;利用多种形式指导地方各级人民法院统一思想认识,坚决执行严格控制和慎重适用死刑的刑事政策,确保死刑只适用于极少数罪行极其严重、社会危害极大、罪证确实充分、依法应当判处死刑的犯罪分子。

坚持惩罚犯罪与保障人权并重,确保刑事案件审判质量。最高人民法院注意总结审判经验和教训,针对各地办理刑事案件中存在的问题,指导各级人民法院完善和落实各项制度,规范办案人员的审判行为,严把案件的事实关、证据关、程序关和适用法律关,保证案件事实清楚、证据确实充分、定罪准确、量刑适当、审判程序合法;保证判决经得起历史的检验,坚决防止冤错案件的发生。各级人民法院依法保障被告人行使各项诉讼权利,共为17221名符合法律援助条件的被告人指定了辩护人;坚决贯彻尊重和保障人权的宪法原则,严格依法办案,保证无罪的人不受刑事追究,共依法宣告1713名刑事被告人无罪;依法保护被害人及其亲属的合法权益,探索刑事案件被害人救助办法。据开展工作试点的10个高级人民法院统计,全年共为378名刑事案件被害人及其亲属发放救助金780.24万元,努力减少被害人的损失。

积极参与社会治安综合治理。在刑事审判的各个环节加强犯罪预防工作,参与社会治安防控体系建设和平安创建活动,促进打击、防范、教育、管理、改造等各项工作全面提高。各级人民法院对未成年犯罪人实行教育、感化、挽救方针,寓教于审,惩教结合,使83697名失足青少年及时得到矫治。推行减刑、假释裁前公示和听证制度,依法办理减刑429852人,假释20254人,促进罪犯改过自新。

(二)充分发挥民事审判职能,促进经济社会又好又快发展

最高人民法院根据社会转型期民事案件的特点,指导各级人民法院依法妥善审理各类民事案件,防止矛盾激化,防止民事案件转化为刑事案件,防止非对抗性矛盾转化为对抗性矛盾。各级人民法院共审结婚姻家庭、遗产继承纠纷案件1159437件;审结权属、侵权纠纷案件986082件,其中,相邻纠纷案件31427件;审结劳动争议案件179637件,诉讼标的额31.89亿元。

依法调节经济关系。各级人民法院努力化解经济社会发展进程中出现的利益纷争,及时消除影响改革开放、经济发展和社会稳定的不利因素,共审结国有企业兼并、破产、产权转让等纠纷案件4755件;审结金融纠纷案件717526件;审结各类合同纠纷案件2236888件,诉讼标的额4757亿元。

加强知识产权司法保护。为促进自主创新能力和国家创新体系建设,各级人民法院加大对知识产权司法保护力度,依法制裁知识产权侵权行为,共审结知识产权一审民事案件14056件,诉讼标的额27.1亿元。其中,审结著作权侵权案件5751件,商标侵权案

件 2378 件，专利侵权案件 3227 件，不正当竞争案件 1188 件。

加强海事海商审判工作。为促进我国对外经济交往和海运经济发展，最高人民法院颁布《关于海事审判工作发展的若干意见》，完善海事审判制度，规范诉讼程序。各级人民法院依据我国法律和已参加的国际条约，尊重国际惯例，平等保护中外当事人的合法权益，共审结海事海商案件 7375 件，诉讼标的额 44.45 亿元。

此外，各级人民法院还加强涉外和涉港澳台案件的审理，共审结各类涉外和涉港、涉澳、涉台案件 23313 件，同比上升 16.39%。

确立司法调解工作新目标。最高人民法院根据构建社会主义和谐社会的需要，进一步贯彻落实“能调则调、当判则判、调判结合、案结事了”的民事司法原则，以定纷止争为目标，最大限度地化解社会矛盾纠纷。全国法院审结的民事案件中，有 30.41% 的案件以调解方式结案，其中一审民事案件调解和撤诉率达到 55.06%。

(三)依法审理行政案件，维护行政相对人的合法权益

各级人民法院充分发挥行政审判在依法化解行政争议、促进依法行政方面的重要作用，加强对涉及城市建设、土地征用、房屋拆迁、社会治安、社会保障、农民权益、自然资源和环境保护等行政案件的审理。对应当撤销的违法行政行为，依法判决撤销，维护行政相对人的合法权益。全国法院共撤销、变更、确认行政行为违法或无效 14250 件；对应当支持的行政行为，依法判决支持，维持行政机关行政行为 37360 件。

依法探索行政案件处理新机制。依据行政诉讼法关于被告改变具体行政行为可以允许原告撤诉的规定，人民法院在查明事实、分清是非，不损害国家利益、公共利益和他人合法权益的前提下，建议由行政机关完善或改变行政决定，补偿行政相对人的损失，允许行政相对人自愿撤诉。在全部行政案件中，行政机关完善或改变行政决定后，行政相对人自愿撤诉的 32146 件，占总数的 33.82%，同比上升 12.13%。各级人民法院还积极提出司法建议，帮助有关行政机关改进行政执法，完善社会管理。

(四)加大执行工作力度，最大限度地实现债权人的合法权益

为解决人民群众反映强烈的执行难问题，最高人民法院在去年上半年组织全国法院开展了为期半年的集中清理执行积案活动，通过充实执行力量，摸清积案底数，逐案分析原因，创新执行方法，依法惩处拒不执行判决裁定和暴力抗拒执行的违法犯罪行为，共执结 78 万件积案，执行到位金额 2160 亿元。

认真开展执行工作专项整改。针对一些法院存在的执行行为不规范等突出问题，最高人民法院在深入开展“规范司法行为，促进司法公正”专项整改活动的基础上，于去年年底又组织开展了为期两个月的执行工作专项整改活动，依法依纪追究 85 名违法违纪执行人员的责任。

继续推进执行工作制度建设。制定关于执行公开的若干规定和办理执行案件期限的规定，强化执行公开，解决消极执行问题；严格执行条件，解决暂缓、中止、终结执行和查封案外人财产中存在的问题；加强执行管理，解决委托拍卖、委托执行、执行款物管理和执行档案管理中存在的问题。由中央各主管部门牵头，分别建立解决执行难问题的领导协调机制、典型事例通报制度和目标考核机制。完成执行案件信息管理系统开发和试点，并于今年 1 月 1 日起在全国法院正式运行，为建立国家执行联动机制打下良好基础。

(五)完善再审工作机制，依法支持当事人的合理诉求

最高人民法院把再审工作放到更加突出的位置，一是努力提高审判质量，从源头上减少涉诉信访案件；二是依法保障当事人正当行使申诉权利，畅通涉诉信访渠道，建立教育引导群众、支持合理诉求、依法纠正错案相统一的涉诉信访工作机制；三是充实加强涉诉信访工作力量，加强对下级法院涉诉信访工作的监督和指导；四是建立全国法院涉诉信访案件处理协调机制，督促重大涉诉信访事项的办理。经过努力，全国法院涉诉信访总量下降，集体访、初访、越级访均呈现下降趋势，最高人民法院全年办理的涉诉信访件同比下降 4.71%，地方各级人民法院办理的涉诉信访件同比下降 11.18%。

认真审理再审案件。对申诉、申请再审理由充分、裁判确有错误的，依法提起审判监督程序予以纠正，及时保护当事人的合法权益；对申诉和申请再审无理的，在驳回再审请求的同时进行判后答疑，最大限度地止争息访。各级人民法院共依法审理再审案件 48286 件，审结 47270 件，改判 15568 件。其中，依法受理各级人民检察院按照审判监督程序提起抗诉的 10918 件，审结 10715 件，改判 2798 件。

(六)深化司法体制和工作机制改革，完善社会主义审判制度

按照中央关于司法体制和工作机制改革的部署，根据全国人大常委会修改人民法院组织法的决定，最高人民法院从 2007 年 1 月 1 日起统一行使死刑案件核准权，结束了部分死刑案件核准权下放 26 年的历史；改革和完善人民法庭工作机制，人民法庭的立案管

理、巡回办案、诉讼调解和适用简易程序等工作均已形成制度性规定；改革了审判委员会工作方式、表决机制、委员任职资格；执行体制与工作机制改革和审判监督制度改革，已经向全国人大常委会提出立法建议；继续探索未成年人司法制度，完善基层人民法院少年法庭工作机制；贯彻实施人民陪审员制度，共有48211名人民陪审员参与审理案件339965件。

完善司法为民工作机制。各级人民法院努力改进和完善便民诉讼措施，推行人民法庭直接立案制度，有6520个人民法庭具备直接立案条件，解决偏远地区当事人申请立案不便问题；有328个中级法院和2307个基层法院建立了"一站式"立案大厅，为当事人免费提供诉讼指南；完善巡回审判制度，直接到当事人所在地或案发地开庭审理案件，方便群众参加诉讼；依法扩大简易程序适用范围，适用简易程序审理的一审刑事案件达38.87%，民事案件达71.26%；对经济上确有困难的当事人及时提供司法救助，全年救助282581人次，缓、减、免交诉讼费12.11亿元。

完善司法解释工作机制。最高人民法院专门制定了司法解释工作规范，同时规定重要司法解释出台前，要通过互联网等媒体予以公布，广泛征求有关部门、专家学者和社会各界意见。所有司法解释严格按照《司法解释备案审查工作程序》规定，报送全国人大常委会备案。一年来，最高人民法院就审理劳动争议案件、环境污染案件、侵犯植物新品种权纠纷案件等具体应用法律问题，分别制定了重要司法解释；就如何为社会主义和谐社会建设、社会主义新农村建设和创新型国家建设提供司法保障，分别发布了司法指导性文件；就加强内地与香港和澳门特别行政区的司法交流与合作，签署了相互认可和执行民商事判决的相关文件；就涉外案件逐年增多的情况，制定了涉外民事或商事案件司法文书送达问题的规定，各级人民法院依据双边和多边协定开展司法协助2798件次。

(七)加强队伍建设，规范司法行为，确保司法公正

加强法官队伍思想政治建设。各级人民法院广泛开展了社会主义法治理念教育和社会主义荣辱观教育，进一步增强大局意识、法律意识、责任意识、为民意识，把明荣知耻的思想融入司法实践，不断加强法官队伍的审判作风建设和廉政建设。涌现出一批"公正司法、一心为民"的好法院、好法官，全年共有445个集体和489名个人受到中央有关部门和最高人民法院表彰。宋鱼水、金桂兰等先进典型的优秀事迹在社会上广为传颂。

加强法官队伍业务建设。开展了"增强司法能力，提高司法水平"培训活动，修订《法官培训条例》，制定《2006—2010年全国法院教育培训规划》，鼓励、支持法官参加更高的法学学历或学位教育，组织支援西部讲师团培训西部法院法官。全国法院各级培训机构共培训法官及其他工作人员23万余人次。健全法官选用制度。最高人民法院从下级法院、大专院校、科研单位和律师队伍中选调、招录100多名优秀人才从事审判工作，同时，选派多名法官到地方挂职锻炼。

加强法院领导班子建设。最高人民法院高度重视各级人民法院领导班子建设，一是协助地方党委选好配强高级人民法院领导班子，要求上级人民法院加强对下级人民法院领导班子的协管力度，努力把政治立场坚定、熟悉法律业务、清正廉洁、符合法官法规定条件的人选拔到领导岗位；二是以落实党风廉政建设责任制为重点，强化领导干部的审判管理、行政管理和队伍管理职责；三是通过正反两方面的典型事例，教育领导干部不断提高反腐防变的能力和自觉性；四是不断加强对各级人民法院领导班子和领导干部的监督制约。

深入开展"规范司法行为，促进司法公正"专项整改活动。按照最高人民法院制定的《法官行为规范》，从立案、审判、监督和执行四个方面入手，从最容易发生侵犯当事人诉讼权利、实体权利的环节和最容易发生徇私枉法、权钱交易的岗位入手，规范法官审判行为，约束法官业外活动。针对一些法院忽视司法管理，导致权责分离、制约不够、效率不高的现象，加大了规范司法管理行为的力度，逐步建立法院内部权责分明、相互制约的制度体系。

认真落实违法违纪审判责任追究制度。通过上级法院的审判监督以及人民群众反映强烈的案件，从中发现违法审判线索，加大查处利用审判权和执行权贪赃枉法、徇私舞弊行为的力度，共查处违法违纪人员292人，其中，依法被追究刑事责任的109人。

坚持向全国人大及其常委会报告工作制度，自觉接受监督。去年，最高人民法院向十届全国人大常委会报告了全国法院开展规范司法行为专项整改的情况，配合全国人大常委会开展了法官法执法检查和人民陪审员制度实施情况的检查，认真办理全国人大代表和政协委员建议、提案241件。主动听取各民主党派、工商联以及无党派人士的意见和建议。健全了新闻发布制度，自觉接受人民群众和新闻舆论监督。《各级人民代表大会常务委员会监督法》颁布后，最高人民法院立即组织全国法院认真学习，并结合实际提出贯彻落实意见，为今年正式实施监督法做了充分准备。

2006年，最高人民法院的工作取得了一定的成绩，这是以胡锦涛同志为总书记的党中央正确领导的结果，是全国人大及其常委会监督、帮助的结果，也是各级党委、人大、政府、政协和社会各界重视、关心、支

持的结果。在这里,我代表最高人民法院表示诚挚的感谢!

在看到成绩的同时,我们也清醒地认识到,法院工作还存在不少问题。有的案件审判质量不高,裁判不公;有的案件办案周期长,超过法定审理期限;有的案件执行不力,胜诉当事人的合法权益不能得到及时保障。存在这些问题的主要原因,一是一些法官的司法能力和水平与承担的工作任务不相适应,依法维护社会稳定,妥善化解矛盾纠纷,调节经济关系,实现案结事了的水平不高;二是有的法官缺乏职业道德,审判作风差,司法行为不规范,偏听偏信,主观断案;三是极少数法官和法院领导干部徇私舞弊,贪赃枉法,造成十分恶劣的社会影响。另外,大部分东部沿海地区和大中城市基层法院案多人少的矛盾依然比较突出,中西部基层法院办案经费短缺问题依然较为严重。

对于以上问题和困难,最高人民法院负有指导不够、监督不力、协管不到位的责任。我们必须紧紧依靠党的坚强领导、人大监督、政府、政协和社会各界支持,采取更加有力的措施,切实加以改进。

二、2007 年工作安排

今年是我国经济社会发展进程中具有重要意义的一年。最高人民法院将紧紧围绕构建社会主义和谐社会这个目标,全面贯彻落实科学发展观,以确保社会稳定为着力点,以维护群众利益为出发点,以有效化解矛盾纠纷为切入点,以坚持司法公正为立足点,充分发挥宪法和法律赋予的审判和监督职能,为实现我国在重要战略机遇期的顺利发展,创造和谐稳定的社会环境和良好的法治环境。

第一,依法履行审判职能,为构建社会主义和谐社会提供司法保障。要把维护社会稳定作为刑事审判工作的重要任务,依法严厉惩罚各种严重危害社会治安的刑事犯罪;把推动反腐败斗争的深入开展作为刑事审判工作的重要职责,依法严厉惩罚贪污贿赂、渎职犯罪和商业贿赂犯罪;把维护最广大人民群众的切身利益作为刑事审判工作的重要使命,依法严厉惩罚严重破坏社会主义市场经济秩序和危害人民群众生命健康的犯罪。同时,严格控制和慎重适用死刑,完善死刑案件核准程序和裁判标准,确保统一行使死刑案件核准权工作依法顺利实施;加强司法领域的人权保护,依法保障被告人享有的诉讼权利;健全重要证人、鉴定人出庭作证制度;认真执行宽严相济的刑事政策,最大限度地减少社会对立面;完善刑事被害人救助办法;推行被告人认罪案件简便审判制度;依法扩大刑事简易程序适用范围;完善司法建议和参与社会治安综合治理工作。

进一步加强民事审判工作,确保当事人诉权依法得到有效保障,确保当事人获得公正裁判,确保有利于社会和谐的行为得到司法裁判认可,维护社会公平正义。依法审理婚姻家庭案件、社区邻里纠纷案件、涉农案件、涉军案件、涉及妇女儿童权益案件、损害残疾人权益案件、劳动争议案件,化解社会矛盾,促进社会和谐。依法审理环境侵权案件、涉及国有企业改制案件、金融案件、知识产权纠纷案件、海事海商案件、涉侨案件、涉外案件和涉港、涉澳、涉台案件,维护公平竞争、合法有序的市场经济秩序,保障经济社会又好又快地发展。

依法审理行政案件,注重运用法律手段规范行政权力的运行。既依法保护公民、法人和其他组织的合法权益,又依法促进和支持行政机关依法行政,维护行政管理秩序。特别是依法处理群体性行政争议,防止和避免因工作方法不当激化矛盾、引发群体性事件,努力维护社会稳定。

进一步加大执行工作力度,强化执行措施,完善执行机制。运用执行案件信息管理系统,实行执行信息全程公开,接受社会各界监督,努力提高执结率,维护胜诉当事人的合法权益。

第二,着力完善监督制约机制,保证审判权和执行权的正确行使。按照建立教育、制度、监督并重的惩治和预防腐败的要求,进一步强化对法官的监督管理,特别是加大对各级人民法院领导班子、领导干部和重点岗位人员的监督力度,保障司法公正,维护司法廉洁。

要完善法院内部监督制约体系,依法完善二审对一审的审级监督,加强上级人民法院对下级人民法院的审判工作监督,探索建立科学的再审工作制度。加强廉政建设,不断完善符合法官职业特点的惩戒制度。切实抓好各项制度的落实,加强对执行制度情况的监督检查和跟踪问责。对有令不行、有禁不止、有章不循、违法乱纪的,坚决严肃处理,决不护短,决不手软。

要以贯彻《各级人民代表大会常务委员会监督法》为契机,自觉接受同级人大及其常委会的监督,充分尊重和主动听取人大代表的意见和建议。对在专项报告、执法检查、人事任免等具体监督活动中发现的问题,认真进行整改,并将整改情况向全国人大常委会汇报,听取进一步改进工作的指导意见。完善邀请人大代表、政协委员旁听庭审工作,认真听取他们的意见和建议。依法接受人民检察院法律监督。保障人民陪审员依法行使职权,加强司法民主建设,健全公开审判制度,增加司法透明度,自觉接受社会各界的民主监督和舆论监督。

第三,进一步制定和落实司法为民措施,保障当事人的各项诉讼权益。人民法院的各项工作归根到底都是为了实现好、维护好、发展好最广大人民群众的根本利益。为此,审判工作必须依法最大限度地保障人民群众的合法利益,最大限度地支持当事人的合理诉求,最大限度地保障在全社会实现公平和正义。

各级人民法院要进一步从立案、审判、执行、再审等各个环节完善方便当事人的工作机制。健全巡回审判制度,方便当事人诉讼;依法扩大适用简易程序审理案件的范围,提高诉讼效率;拓宽诉讼调解的适用范围,尝试刑事自诉案件和其他轻微刑事案件调解新模式;探索行政案件依法审理的新办法;落实当事人诉讼权利义务告知制度;建立案件办理情况查询机制,推行裁判文书公开查阅制度;尊重律师的诉讼地位,确保律师在诉讼活动中的正当权利;认真执行《诉讼费用交纳办法》,坚决纠正损害当事人利益的乱收费问题;高度关注经济困难群体的司法需求,进一步完善司法救助制度;积极推进涉诉信访信息化建设,方便群众进行网上信访和查询;加强法制宣传教育,引导公民依法行使权利、履行义务。

第四,全面加强法院自身建设,努力提高司法能力和司法水平。构建社会主义和谐社会的目标对人民法院自身建设提出了更新、更高的要求。各级人民法院要进一步加强法院队伍建设和制度建设,为推进各项审判工作提供更好的组织、制度和后勤保障。

继续深入开展社会主义法治理念教育和实践活动,进一步明确司法指导思想,端正司法理念,改进审判作风,确保司法廉洁;加强各级人民法院领导班子建设,特别是领导干部的作风建设;强化法官的教育和培训,全面提高法官的整体素质和业务水平;加强法官队伍的专业化、职业化建设,建立符合法官职业特点的选任机制;继续宣传和树立先进典型,充分发挥先进典型的激励、示范作用,弘扬司法正气。

稳妥推进包括诉讼制度、审判组织、司法管理在内的各项改革,确保人民法院改革做到整体推进,重点突破,取得成效。为统一裁判标准,继续加强和改进司法解释工作,着力探索案例指导制度,规范法官自由裁量行为。商请有关部门逐步解决法官编制不足和人才流失问题。在经费物质保障方面,配合财政部门制定和完善基层人民法院公用经费保障标准,向基层人民法院包括人民法庭倾斜,向中西部地区倾斜。

各位代表:在新的一年里,最高人民法院将在以胡锦涛同志为总书记的党中央领导下,高举邓小平理论和"三个代表"重要思想伟大旗帜,全面落实科学发展观,坚持"公正司法,一心为民"的指导方针,进一步增强司法能力,提高司法水平,为构建社会主义和谐社会、推进社会主义现代化建设事业,提供更加有力的司法保障,以优异成绩迎接党的十七大胜利召开!

最高人民检察院检察长贾春旺在十届全国人大四次会议上作《最高人民检察院工作报告》

各位代表:

现在,我代表最高人民检察院向大会报告工作,请予审议,并请全国政协各位委员提出意见。

2005年,最高人民检察院以邓小平理论和"三个代表"重要思想为指导,全面落实科学发展观,认真贯彻十届全国人大三次会议要求,依法领导地方各级人民检察院和专门人民检察院,忠实履行宪法和法律赋予的职责,检察工作取得了新的进展。

一、围绕改革发展稳定大局,加强法律监督

全国检察机关坚持服从、服务于党和国家工作大局,把为发展这个第一要务服务作为检察工作的出发点和落脚点,深入实践"强化法律监督,维护公平正义"的检察工作主题,落实"加大工作力度,提高执法水平和办案质量"的总体要求,在提高法律监督能力、增强法律监督实效上下功夫,努力为经济社会发展营造和谐稳定的社会环境和良好的法治环境。

(一)依法履行批捕、起诉职责,维护社会稳定

稳定是改革发展的重要前提,是社会和谐的基础。各级检察机关始终把维护稳定摆在突出位置,充分发挥批捕、起诉职能作用,保障社会安定有序和人民群众安居乐业。

依法惩治各类刑事犯罪。坚决打击危害国家安全犯罪和严重暴力犯罪、黑恶势力犯罪以及抢劫、抢夺、盗窃等多发性侵财犯罪,保持对严重刑事犯罪的高压态势。坚持与侦查机关、审判机关分工负责、互相配合、互相制约,在审查批捕、审查起诉工作中严把事实关、证据关、程序关和适用法律关,确保稳、准、狠地打击犯罪。全年共批准逮捕各类刑事犯罪嫌疑人860372人,提起公诉950804人,比上年分别上升6.1%和9.6%。加大打击走私、金融诈骗、非法集资等破坏市场经济秩序犯罪的力度,批准逮捕此类犯罪嫌疑人21193人,提起公诉24950人,比上年分别上升3.8%和12.5%。

认真贯彻宽严相济的刑事政策。坚持区别对待,对严重刑事犯罪坚决严厉打击,依法快捕快诉,做到该严则严;对主观恶性较小、犯罪情节轻微的未成年人、初犯、偶犯和过失犯,贯彻教育、感化、挽救方针,慎重逮捕和起诉,可捕可不捕的不捕,可诉可不诉的不诉,做到当宽则宽。全年共对应当逮捕而未提请逮捕、应当起诉而未移送起诉的,决定追加逮捕12686人、追加起诉8646人。依照法律规定,对29334名涉嫌犯罪但无逮捕必要、可以采取取保候审等其他措施的,决定不批准逮捕;对14939名涉嫌犯罪情节轻微、社会危害较小的决定不予起诉,提出检察意见并移送有关主管机关处理。

积极参加社会治安综合治理。配合有关部门开展禁毒、禁赌等专项斗争以及对校园周边环境和治安乱点的集中整治,推动完善社会治安防控体系,促进平安建设。探索建立未成年人与成年人共同犯罪案件分案起诉制度,加强对失足青少年的教育挽救和对罪犯监外执行社区矫正工作的法律监督,预防和减少违法犯罪。

(二)依法履行查办和预防职务犯罪职责,促进廉政建设和反腐败工作

近年来,职务犯罪在一些行业和领域仍然易发多发,涉案金额增大,手段更加隐蔽,携款潜逃的增多。针对这些特点,检察机关积极创新侦查机制和工作方法,努力提高发现和查办职务犯罪的能力,推动查办职务犯罪工作不断深入。全年共立案侦查涉嫌贪污贿赂、渎职侵权犯罪的国家工作人员41447人,已侦结提起公诉30205人。

突出办案重点,加大办案力度。各级检察机关坚持把大案要案、社会关注的行业和领域发生的案件、损害人民群众切身利益的案件、造成国有资产流失的案件作为查办职务犯罪工作的重点。加强上级检察院对办案工作的指挥和协调,采取提办、督办、参办和异地交办等形式,集中力量突破了一批有影响的案件。全年共立案侦查涉嫌贪污、贿赂十万元以上和挪用公款百万元以上的国家工作人员8490人;立案侦查涉嫌犯罪的县处级以上国家工作人员2799人,其中厅局级196人、省部级8人;立案侦查金融、教育、医疗、电力、土地、交通等行业和领域涉嫌犯罪的人员7805人;立案侦查私分、侵吞、挪用国有资产的国企人员9117人;立案侦查贪污、挪用公共财产的农村基层组织人员1931人。加强追逃追赃工作,抓获在逃职务犯罪嫌疑人703人,比上年上升14.5%;追缴赃款赃物和非法所得计74亿多元,比上年上升62.9%。

改进办案工作,提高办案质量。坚持法律效果与社会效果相统一、依法办案与服务发展相统一。严格区分罪与非罪的界限,慎重对待改革中出现的新情况和新问题;慎用查封、扣押、冻结等措施,维护发案单位正常的生产、经营和工作秩序;对经查确属错告诬告的,及时澄清事实,挽回影响;当事人及其家属对案件处理结果有疑问的,耐心做好解释工作。严格掌握立案条件,健全办案工作考评机制,强化内外部监督制约,加强执法规范化建设,不断提高办案质量,职务犯罪案件起诉率比上年上升了4.4个百分点;已作有罪判决的人数比上年上升了5.6%,有罪判决数占立案数的比例上升了6.3个百分点。

立足检察职能开展预防职务犯罪工作。采取以案释法、举办惩治和预防职务犯罪展览等形式,开展法制宣传和警示教育。深入分析职务犯罪的原因、特点和规律,与有关行业主管部门联手,在重大公共投资和重点工程建设项目中开展犯罪预防,共提出预防检察建议19015件。在试点基础上与13个中央部委、行业主管部门联合,对发生在建筑、金融、教育、医药卫生和政府采购领域的行贿犯罪建立档案查询系统,向社会提供查询,对预防贿赂犯罪、促进社会信用体系建设发挥了积极作用。

(三)依法履行对诉讼活动的法律监督职责,保障司法公正

加强法律监督,维护司法公正,是社会公平正义的重要保障。各级检察机关不断强化监督意识,着力提高敢于监督、善于监督、依法监督的能力,努力做到有罪追究、无罪保护、严格依法、客观公正。

加强立案监督和侦查活动监督。在立案监督中,一方面依法监督纠正有案不立、有罪不究、以罚代刑等问题,通过监督促使侦查机关立案17940件;另一方面依法纠正滥用刑事手段插手民事经济纠纷、违法立案等问题,监督侦查机关撤销案件3737件。在侦查活动监督中,重点强化对严重违反法定程序、侵犯人权问题的监督,维护当事人的诉讼权利,对依法不应当追究刑事责任和证据不足的,决定不批准逮捕19957人、不起诉7366人;对侦查活动中滥用强制措施等违法情况提出纠正意见7845件次。

加强审判监督。在刑事审判监督中,严格依法掌握抗诉标准,加大抗诉力度,提高抗诉水平,对有罪判无罪、量刑畸轻畸重等刑事判决、裁定提出抗诉2978件;对刑事审判中的违法情况提出纠正意见1865件次。在民事审判和行政诉讼监督中,对认为确有错误的判决、裁定依法提出抗诉12757件;对一些案件建议法院自行启动再审程序,共提出再审检察建议5192件。对人民法院正确的裁判,注意做好申诉人的服判息诉工作,共息诉50951件,占检察机关受理民事、行政申诉案件总数的73.9%。

加强刑罚执行和监管活动监督。探索建立权利告知制度和被监管人员约见检察官制度,及时受理被监管人员的控告和申诉,维护其合法权益。对违法减刑、假释、保外就医,不按规定交付执行和违法会见、通信、提审等情况提出纠正意见8625件次。进一步加强对侦查、审判环节超期羁押问题的监督,建立健全纠防超期羁押的长效机制。在有关部门的共同努力下,前纠后超、边纠边超现象得到有效遏制,各个诉讼环节新发生的超期羁押从2004年的4947人次下降到2005年的271人次。

(四)开展专项工作,增强监督实效

为了更好地服务于党和国家的中心工作,切实解

决人民群众反映强烈、影响社会和谐稳定的问题，最高人民检察院在全国统一部署开展了专项法律监督工作，取得良好效果。一是针对一些地方制售伪劣食品、药品、农资以及假冒注册商标、侵犯著作权等犯罪突出的情况，继续开展打击制假售假、侵犯知识产权犯罪专项立案监督，建议行政执法机关向侦查机关移送涉嫌犯罪案件1286件，监督侦查机关立案1045件。二是为了加强对人权的司法保障，继续深化查办国家机关工作人员侵犯人权犯罪专项工作，立案侦查非法拘禁、虐待被监管人、破坏选举等侵犯公民人身权利和民主权利犯罪案件599件。三是针对近年来发现的冤错案件中暴露出来的问题，开展以纠正刑讯逼供为重点的专项侦查监督，对侦查活动中刑讯逼供、违法取证问题提出纠正意见598件次，立案侦查刑讯逼供犯罪案件110件。四是积极参加整顿和规范市场经济秩序工作，开展集中查办破坏社会主义市场经济秩序渎职犯罪专项工作，立案侦查滥用职权、玩忽职守、徇私舞弊造成重大经济损失的犯罪案件1666件。积极配合有关部门对一些地方发生的重大安全事故和环境污染事件进行调查处理，查办了一批渎职失职、权钱交易的犯罪案件。最高人民检察院直接介入11起重特大责任事故的调查处理工作，现已立案查办52人。五是在2004年处理涉法上访取得初步成效的基础上，又开展了集中处理涉检信访问题专项工作。坚持检察长接待日制度和控告申诉首办责任制，对不服检察机关处理决定的12808件信访案件，定领导、定专人、定方案、定时限，逐件落实责任，年内共办结10765件，其中息诉9110件，使大多数涉检信访案件得到了依法妥善处理。

二、围绕提高整体素质和执法水平，狠抓检察队伍建设

各级检察机关坚持把队伍建设作为战略任务常抓不懈，以保障严格、公正、文明和廉洁执法为目标，有针对性地加强教育、管理和监督，着力解决队伍建设与业务工作相关联的突出问题，使队伍素质和执法水平有了新的提高。

（一）开展保持共产党员先进性教育活动和“规范执法行为，促进执法公正”专项整改活动，提高检察队伍的整体素质。在先进性教育活动中，各级检察机关组织广大党员认真学习邓小平理论和“三个代表”重要思想，查找与党的先进性要求不相适应、不相符合的突出问题，从理想信念、宗旨意识、纪律作风等方面进行深入剖析，树立立检为公、执法为民的执法观。为了深化先进性教育活动并巩固其成果，又结合检察机关的实际开展了“规范执法行为，促进执法公正”专项整改活动。最高人民检察院把职务犯罪侦查、公诉、侦查监督、民事行政检察和控告申诉检察等执法环节作为整改的重点，对近几年发现的典型错案进行深入剖析，针对检察环节存在的证据审查不细、把关不严、监督不到位等问题进行了检查，并从中选择5起作为警示教材印发全国检察机关对照反思。各级检察机关从本地区、本单位发生的违法违纪案件、涉检信访案件入手，针对查摆出来的执法不文明、不公正和违法违规办案等问题，逐一制定措施，限期整改。在此基础上，对原有规章制度进行全面清理，制定和完善了一批规范执法程序、强化执法责任、加强监督制约的规章制度。以岗位技能、规章制度、执法程序、职业纪律为主要内容，对全体检察人员进行了培训，并统一组织了考试考核。其中对业务部门的85000多名检察官进行集中培训，对2003年以来在执法中有严重过错的275名检察人员由上级检察院组织离岗培训。为了推进高层次人才培养工程，鼓励检察人员刻苦钻研业务，在全系统评选了首批42名检察业务专家。通过先进性教育和专项整改，广大检察人员规范执法、公正执法的自觉性进一步增强，队伍的政治、业务和职业道德素质有了新的提高，涌现出以王书田、白云等为代表的一批心系百姓、执法为民的先进典型，全年有1711个集体和2809名个人受到省级以上表彰。经过持续不断地抓队伍建设，检察人员违法违纪现象逐年减少，去年有292名违法违纪人员受到查处，比上年下降15.4%，其中被依法追究刑事责任的23人。

（二）加强各级检察院领导班子建设。坚持以领导班子建设带动队伍建设，大力加强领导班子的思想、组织和作风建设。强化上级检察院对下级检察院领导班子的管理、监督和考核，对软弱涣散、工作不力的领导班子，商地方党委及时进行调整。着力提高领导干部的政治和业务素养，强化对领导干部的监督。最高人民检察院对366名地市级检察院检察长进行了培训；继2004年对各级检察院领导干部提出“六个严禁”的要求后，去年又制定了《检察机关领导干部违反“六个严禁”处理办法》。认真执行党风廉政建设责任制，推行重大事项报告、任前廉政谈话、诫勉谈话、巡视等制度。最高人民检察院和16个省级检察院开展了对下一级检察院领导班子的巡视。

（三）加强基层检察院建设。认真贯彻十届全国人大常委会第十二次会议审议基层检察院建设情况报告的意见，研究并落实改进工作的措施。坚持最高人民检察院和省级检察院领导联系基层制度，对基层检察院实行分类指导、分类考核。继续深入开展争创先进检察院活动，激发基层检察院加强自身建设、争先创优的积极性。争取有关部门的支持，积极为基层检察院解决实际问题和困难。最高人民检察院与财政部联合

下发了《关于制定县级人民检察院公用经费保障标准的意见》。围绕西部大开发、振兴东北地区等老工业基地战略的实施和促进中部地区崛起，加大了对中西部地区和边远贫困地区基层检察院的扶持力度。召开了援藏工作座谈会，增加对口援助单位，从人才、项目、经费等方面支援西藏基层检察院建设。积极采取措施引进和培养人才，选调、招录优秀大学毕业生充实基层，与团中央联合选派了第二批300多名青年志愿者到西部地区基层检察院工作，缓解了一些地方人才短缺的问题，促进了基层检察队伍素质和执法水平的提高。

三、围绕完善检察体制和工作机制，推进检察改革

根据党的十六大和中央关于推进司法体制改革的部署，最高人民检察院制定了《关于进一步深化检察改革的三年实施意见》，以保障在全社会实现公平和正义为目标，以解决制约司法公正和人民群众反映突出的问题为重点，以强化法律监督职能和加强对自身执法活动的监督制约为主线，确定了今后一个时期检察体制和工作机制改革6个方面的主要任务：改革和完善对诉讼活动的法律监督制度，增强监督效力，维护司法公正；改革和完善检察机关内外部监督制约制度，保障检察权的正确行使；改革和完善检察业务工作机制，规范执法活动；改革和完善检察机关组织体系，解决目前一些企业、部门管理检察院的问题；改革和完善检察干部管理体制，建设高素质、专业化检察队伍；改革和完善检察机关经费保障体制，努力解决基层检察院经费困难问题。一年来，各级检察机关认真组织实施三年改革意见，重点抓了以下工作：

（一）建立讯问职务犯罪嫌疑人全程同步录音录像制度。为加强对检察机关自身执法办案的监督，规范侦查讯问活动，保障严格执法、文明办案，最高人民检察院决定，逐步推行在讯问职务犯罪嫌疑人时全程同步录音录像。目前绝大多数检察院已经实现同步录音，各省级检察院、省会市检察院和东部地区地市级检察院实现了同步录音录像。

（二）实行查办职务犯罪工作报备、报批制度。规定省级以下人民检察院对职务犯罪案件立案、逮捕必须报上一级人民检察院备案审查，撤案、不起诉必须报上一级人民检察院批准，进一步强化了上级检察院对下级检察院办案工作的领导和监督，完善了查办职务犯罪的监督制约机制。

（三）规范检察机关司法鉴定机构和人员的管理机制。认真贯彻《全国人大常委会关于司法鉴定管理问题的决定》，从完善我国司法鉴定体制、保障司法鉴定客观公正出发，规定自2005年10月1日起，检察机关的鉴定机构不再面向社会从事鉴定业务，鉴定人员不再参与面向社会的鉴定机构组织的司法鉴定活动。

（四）完善刑事赔偿确认程序。为进一步解决“赔偿难”的问题，保障公民依法获得国家赔偿的权利，最高人民检察院决定，地方各级人民检察院对申请赔偿的违法侵权事项拟不予确认的，要报请上一级人民检察院批准。上一级人民检察院发现下级人民检察院对刑事赔偿案件不依法受理或者应当赔偿而不赔偿的，要责令下级人民检察院予以纠正。

（五）进一步深化人民监督员制度试点工作。截至去年年底，全国有80%的检察院实行了人民监督员制度，人民监督员共对9652件拟作撤案、不起诉处理和犯罪嫌疑人不服逮捕决定的职务犯罪案件进行了监督，其中不同意办案部门原拟定意见的484件。经检察长或检察委员会研究，检察机关决定采纳218件，对没有采纳的依据事实和法律向人民监督员作出了说明。同时，还探索开展了人民监督员对检察机关查办职务犯罪工作中该立案不立案或立案不当，违法搜查、扣押等“五种情形”的监督，取得了较好效果。

各位代表，一年来检察工作的成绩，是在以胡锦涛同志为总书记的党中央正确领导下，各级党委领导和各级人大、政府、政协的监督、支持以及社会各界关心、帮助的结果。全国人大常委会专门听取了最高人民检察院关于检察机关开展法律监督工作情况的报告，地方各级人大常委会听取检察机关有关业务工作、队伍建设的专题报告3361次，各级检察机关按照人大常委会的审议意见认真制定了整改措施。全国人大代表和政协委员就检察工作提出了许多很好的建议和提案，这些建议和提案均在规定期限内办结。国务院有关部门加大了对检察机关办案经费和基础设施建设经费的补助力度，地方各级党委、人大和政府及时为检察机关解决执法工作、队伍建设和经费保障等方面的实际问题，有力地支持和促进了检察工作的开展。

当前检察工作中还存在不少问题：一是法律监督工作的力度与人民群众的期望和要求还有差距。一些检察机关监督意识不强，在诉讼活动中重协调配合轻监督制约，有的怕影响与有关部门的关系，对法律监督工作存在畏难情绪；有的监督水平不高，不能及时发现执法、司法中的违法问题，致使一些违法现象没有依法得到监督纠正。二是执法办案的规范化程度有待进一步提高。一些检察机关依法办案、文明办案的意识不强，重打击轻保护、重实体轻程序的现象仍然存在，执行法律和制度不严格，办案质量不高。三是检察人员的整体素质和执法能力不能完全适应法律监督工作的需要。一些检察人员法治意识、群众意识和职业道德意识淡薄，执法作风不好，方式方法简单；一些检察官执法办案水平不高，审查甄别证据、突破案件、适用法律等能力不强；极少数检察人员办关系案、人情案、金

钱案，甚至贪赃枉法、徇私舞弊。同时，一些地方检察机关办案力量不足、人才匮乏、检察官面临断档，特别是因经费保障不力制约工作开展、影响公正执法的问题还没有得到有效解决。最高人民检察院自身，包括对地方检察机关的领导和指导工作还存在一些薄弱环节，对上述问题负有领导责任。我们将以改革的精神和务实的作风，认真研究和解决存在的问题，促进检察工作全面健康发展。

各位代表，2006年是实施"十一五"规划的开局之年。检察机关要认真贯彻党的十六大和十六届三中、四中、五中全会精神，落实本次全国人大会议的要求，坚持"执法公正，一心为民"的政法工作指导方针，进一步实践检察工作主题和总体要求，认真履行各项法律监督职责，努力维护社会稳定和公平正义，为构建社会主义和谐社会，顺利实施"十一五"规划提供有力的法律服务和保障。

第一，依法打击和防范各类犯罪，维护社会和谐稳定。坚决打击危害人民群众生命财产安全的刑事犯罪活动，重点打击严重暴力犯罪、黑恶势力犯罪和抢劫、抢夺、盗窃等多发性侵财犯罪，认真解决涉检信访问题，积极化解矛盾，促进社会和谐稳定。加大打击严重破坏市场经济秩序犯罪的力度，积极参与商业贿赂专项治理行动，营造公平竞争的市场环境，促进现代市场体系建设。依法打击侵犯商标权、专利权和著作权的犯罪，加强对知识产权的司法保护，促进创新型国家建设。依法打击破坏环境、资源的犯罪，强化生态环境保护，促进资源节约型、环境友好型社会建设。依法打击各种侵害农民合法权益、危害农业生产、影响农村社会稳定的犯罪活动，促进社会主义新农村建设。继续深入查办贪污贿赂、渎职侵权等职务犯罪，严肃查办国家工作人员利用人事权、司法权、审批权谋取私利的犯罪案件，造成国有资产流失的犯罪案件，以及侵害群众切身利益的犯罪案件。坚持标本兼治、惩防并举，积极参加社会治安综合治理，继续深入开展职务犯罪预防，创新工作方法，加强对策研究，增强预防工作的针对性和实效性，从源头上减少犯罪的发生。

第二，进一步加强对诉讼活动的法律监督，维护社会公平和正义。全面开展刑事诉讼、民事审判和行政诉讼监督，着力改变民事审判监督相对薄弱的状况。依法对死刑案件办案活动进行监督，确保死刑的正确适用。加强对刑罚执行活动的监督，依法纠正违法减刑、假释、保外就医等问题，继续做好纠防超期羁押工作，防止发生新的超期羁押。进一步加大抗诉力度，提高抗诉质量，依法监督纠正确有错误的裁判。针对人民群众反映突出的执法不严、司法不公等问题，开展必要的专项监督工作，切实维护群众的合法权益。坚决纠正和查处侵害公民人身权利和民主权利的违法犯罪行为，依法保护人权。严肃查处司法人员贪赃枉法、徇私舞弊犯罪，清除司法队伍中的腐败分子，维护司法公正，彰显社会正义。

第三，进一步规范执法行为，提高公正执法水平。深化"规范执法行为、促进执法公正"专项整改活动，以执法办案的关键环节为重点，建立健全业务工作运行规范、执法质量保障规范、检察业务考评规范，完善执法责任制和错案责任追究制，推进检察业务、队伍和信息化相结合的机制建设，逐步建立比较完善的执法规范化体系。加强对制度执行情况的监督检查，保证各项制度规范落实到基层，落实到每一个执法环节，落实到每一个具体案件，切实解决执法不规范的突出问题，把执法活动纳入制度的有效约束之中。

第四，继续推进检察体制和工作机制改革，完善法律监督制度。认真贯彻中央的部署，落实《关于进一步深化检察改革的三年实施意见》，加大组织实施力度。围绕健全检察机关对立案、侦查、审判和刑罚执行的监督制度，积极提出建议，以完善监督程序，强化监督手段，增强监督效力，更好地发挥检察机关在维护法律统一正确实施、维护社会公平和正义中的职能作用。健全检察机关接受监督和内部制约的制度，继续深化人民监督员制度试点工作，全面开展对"五种情形"的监督；进一步推行讯问职务犯罪嫌疑人全程同步录音录像制度，强化对办案工作的监督；推行当事人权利义务告知制度，深化检务公开。健全检察官选拔和任职培训制度，加快检察人员分类管理改革步伐，完善干部管理体制。

第五，坚持不懈地抓好检察队伍建设，提高队伍整体素质和法律监督能力。把思想政治建设放在首位，深入开展社会主义法治理念教育，牢固树立依法治国、执法为民、公平正义、服务大局、党的领导的观念，为严格、公正、文明和廉洁执法奠定坚实的思想基础。加强检察文化建设，营造健康向上的良好氛围。加强对检察队伍的管理和监督，突出抓好对各级检察院领导班子特别是各级检察长的监督，强化对反贪、公诉等重点执法岗位人员的监督，加大干部交流的力度。大力加强检察人才队伍建设，做好人才培养工作，以执法办案一线的检察官为重点，开展正规化分类培训，提高业务技能和执法水平。依靠各级党委、人大和政府的支持，抓紧解决一些基层检察院办案力量不足、人才短缺、检察官断档问题，加大基础设施和办案装备建设投入。加强廉政建设和纪律作风建设，坚决防止和纠正各种损害群众利益、伤害群众感情的行为和不正之风，严肃查处检察人员以权谋私、执法犯法等违法违纪案件，维护检察队伍的良好形象。

第六，自觉接受各级人大、政协和社会各界监督。按照《关于进一步发挥全国人大代表作用、加强全国人大常委会制度建设的若干意见》的要求，完善检察机关接受监督的具体措施，积极主动地报告工作，配合全国人大常委会搞好检察官法的执法检查。自觉接受政协民主监督、人民群众监督和新闻舆论监督。认真听取人大代表、政协委员和各民主党派、工商联、无党派人士的建议、批评和意见，不断改进和加强法律监督工作。

各位代表，在新的一年里，全国检察机关要在以胡锦涛同志为总书记的党中央领导下，高举邓小平理论和"三个代表"重要思想伟大旗帜，全面落实科学发展观，求真务实，开拓进取，为在全社会实现公平和正义，为全面建设小康社会、保障"十一五"规划的顺利实施作出不懈的努力！

中央军委主席胡锦涛出席十届全国人大四次会议解放军代表团全体会议

黄新、李增林、许纪文、张永义、郭洪超、夏国富、庞维义代表先后就国防和军队建设的一些问题发表了意见。

胡锦涛认真听取了代表们的发言并发表了重要讲话。他在深刻分析当前国际国内形势后指出，"十一五"时期是我国全面建设小康社会的关键时期，也是实现国防和军队现代化建设"三步走"发展战略的重要时期。我们一定要认清国际形势的发展变化和我国安全形势面临的新情况新特点，认清我国经济社会发展和国防建设的阶段性特征，进一步增强加快国防和军队建设的责任感和紧迫感。要把维护国家主权和安全放在第一位，进一步强化忧患意识，加快推进中国特色军事变革，加强军队全面建设，加紧推进军事斗争准备，坚决履行好捍卫国家主权、统一、领土完整和安全的神圣职责，为维护国家发展的重要战略机遇期、实现全面建设小康社会的目标提供坚强有力的安全保证。

胡锦涛强调，要自觉把科学发展观贯彻落实到国防和军队建设的各个领域和全过程，实现国防和军队建设全面协调可持续发展。要适应新的形势，积极探索军民结合、寓军于民的新途径新方法，全面推进经济、科技、教育、人才等方面的军民结合，从国家经济社会发展中获取国防和军队现代化建设的丰厚资源和强大支撑。要按照革命化、现代化、正规化相统一的原则加强全面建设，协调推进军事、政治、后勤、装备等各领域的工作。要始终把革命化建设放在第一位，更加有力、更加扎实、更加富有成效地推进思想政治建设。要坚持以现代化建设为中心，科学统筹军队建设和改革的全局，努力发展应对多种安全威胁、完成多样化军事任务的能力。要深入研究信息化条件下和社会主义市场经济环境中建军治军的特点规律，贯彻依法治军、从严治军的方针，推动正规化建设向更高水平发展。

胡锦涛指出，科学技术是第一生产力，也是推动国防和军队建设又快又好发展的巨大动力。要适应建设创新型国家的要求，围绕建设信息化军队、打赢信息化战争的目标，进一步实施科技强军战略，依靠科技进步和创新，加快战斗力生成模式转变。要解放思想、实事求是、与时俱进，着力推进军事组织体制创新和军事管理创新，切实解决关系军队长远发展、关系广大官兵切身利益的实际问题，积极探索具有我军特色的科学管理模式，不断提高现代管理水平。

胡锦涛强调，要充分调动一切积极因素，努力开创国防和军队建设的新局面。要坚持人民战争的战略思想，紧紧依靠人民办国防，不断增强国防实力。要加强国防动员建设，建立健全快速高效的国防动员体制机制，提高后备力量建设质量。要进一步加强军政军民团结，巩固和发展同呼吸、共命运、心连心的军政军民关系。要加强军队内部政治民主、经济民主、军事民主建设，深入开展尊干爱兵教育，进一步巩固和发展我军团结、友爱、和谐、纯洁的内部关系。

全国政协主席贾庆林参加十届全国人大四次会议吉林代表团审议

王儒林、刘淑莹、别胜学、竺延风等代表先后发言，就振兴老工业基地、建设社会主义新农村、加快科技自主创新、加强法制建设等提出见解。贾庆林认真记录代表们的发言要点，并就有关问题同大家交流。贾庆林在讲话中强调，实施东北地区等老工业基地振兴战略，是党中央从全面建设小康社会全局出发作出的重大战略决策。要以科学发展观统领老工业基地振兴全局，切实做好各项工作，尽快实现全面振兴目标。要坚持统筹城乡发展，扎实推进社会主义新农村建设，继续稳定发展粮食生产，为确保国家粮食安全作出新的贡献；要着力增强自主创新能力，不断提升产业竞争力；要进一步深化改革开放，加快体制和机制创新；要认真解决关系群众切身利益的问题，努力保持社会和谐稳定。贾庆林说，各级党委要切实加强和改善对统一战线和人民政协的领导，充分发挥统一战线和人民政协的作用，广泛凝聚各方面的智慧和力量，为实现振兴老工业基地的目标、胜利完成"十一五"规划任务而共同奋斗。

中共中央书记处书记、中央纪委副书记何勇参加了审议。

三部委负责人在十届全国人大四次会议记者会上

就建设资源节约型和环境友好型社会答记者问

十届全国人大四次会议今天下午举行记者招待会，国家环境保护总局局长周生贤、国家发展和改革委员会副主任姜伟新、国土资源部副部长李元就建设资源节约型和环境友好型社会回答中外记者的提问。

今年春天松花江不会引起第二次污染

有记者问将会采取哪些措施和政策来加强中俄两国之间水体和水域之间的环境保护工作？周生贤说，松花江长远治理第一步是确保沿江人民喝上安全的水。这个目标已经顺利实现。第二步是搞好松花江环境影响评价。经过上千名环保专家的连续监测、分析、模拟试验，结论就是今年春天松花江不会有二次污染。第三步是关于松花江水污染治理规划，目前已经编制就绪，新的规划突出三个特点：把松花江的治理和三河、三湖放在同等重要的地位；在治理当中，把水污染，特别是确保饮水安全作为重中之重；松花江的治理规划实行规划、责任、目标、任务、资金的"五到省"责任制。

采取系列举措解决企业水污染的问题

有记者问有很多工厂离河、湖、水库距离较近，如何解决这些工厂所造成的水污染问题？周生贤说，一是在春节之前就已经开始对这些企业进行了全面、拉网式的检查，发现四个方面问题：1. 选址不当。2. 违背"三同时"的原则。3. 存在明显的环境安全隐患。4. 一些新上的工业园区有可能成为新的污染源。正在采取有步骤、有针对性的措施，分门别类地加以解决。二是逐一进行复查，做到防患于未然，体现预防为主的原则，使它少出问题或把问题解决在萌芽状态。

实现"单位GDP能耗下降20%"的目标

"十一五"规划草案中还明确提出到"十一五"末，单位GDP能耗要下降20%左右，这个目标如何实现？国家发展和改革委员会副主任姜伟新说，一是通过调整产业结构进行节能。二是通过提高技术水平进行节能。三是通过完善价格和财税体制机制进行节能。四是通过加强管理进行节能。组织实施十大重点节能工程，对1000户耗能大的企业进行跟踪、监督、检查。

缓解资源相对不足制约经济发展的问题

"十一五"期间将采取什么措施有效缓解资源相对不足对经济发展的制约？国土资源部副部长李元介绍说，在土地管理方面有五大措施：首先是依法严格管理，实行严格的规划、计划控制，严把土地闸门。第二，大力推进建设用地的节约集约利用，解决保证经济发展的用地需要。第三，严格收缴新增建设用地有偿使用费，全部用于农业。第四，结合推进新农村建设，帮助乡村搞好规划，节省土地。第五，严肃查处各类土地违法案件，坚决纠正损害农民利益的行为。

详解征地制度改革的八大要点

谈到目前在征用农民集体土地问题时，李元对国家征地制度改革八大要点进行了详解：

第一，在征地补偿的法律原则上明确规定，要使被征地农民生活水平不因征地而降低，纠正了长期以来的误解，以为达到农业产值的一定倍数就是最高的原则，充分体现了以人为本的思想。第二，在费用的标准上明确要求，依照现行法律规定支付土地补偿费和安置补助费，尚不能使被征地农民保持原有生活水平的，不足以支付因征地而导致无地农民社会保障费用的，省、自治区、直辖市人民政府应当批准增加安置补偿的费用。第三，在费用的来源上规定，土地补偿费和安置补助费的总和达到法定上限，尚不足以使被征地农民保持原有生活水平的，当地人民政府可以用国有土地有偿使用收入予以补贴。第四，在地价平衡上规定，征地补偿做到同地同价。国家重点建设项目必须将征地费用足额列入工程概算，这项规定从根本上防止一些大型项目借口公共利益而损害被征地农民的利益。第五，在安置上增加了新的方式，允许对有稳定收入的项目，农民可以用依法批准的土地使用权作价入股。第六，在征地程序上增加了对被征地农民事先告知和对土地现场调查的确认，并赋予可要求听证的权利。第七，在土地补偿费的分配上规定了主要用于被征地农户的原则，改变了过去主要由集体经济组织使用土地补偿费的办法，从制度上防止一些地方乡镇、村干部的截留和挪用。第八，在争议的解决方面，要求加快建立和完善征地补偿安置争议的协调和裁决机制。这些改革措施正在落实过程当中。

新任民盟及台盟中央主席在全国政协十届四次会议记者集体采访活动上就发挥参政党作用答记者问

全国政协十届四次会议今天下午举行记者集体采访活动，新任民盟中央主席蒋树声、台盟中央主席林文漪就加强多党合作、充分发挥参政党作用等问题回答了记者的提问。

做好新形势下的参政议政

有记者问，在新的形势和任务下，作为新任主席，对加强民主党派自身建设、提高参政能力方面有何新的思路和打算？蒋树声说，中共中央新近颁发的两个重要文件、胡锦涛总书记对民主党派提出的四点希望，核心是希望把中国共产党领导的多党合作和政治协商制度向前推进一步，调动一切可以调动的积极因素，团结一切可以团结的力量，促进国家现代化的建设。民盟要做的事情很多，最重要的是提高参政议政的能力，从服务大局、谋大事、议大计的要求出发，建言献策要具有全局性、前瞻性、战略性和可操作性。我们将发挥民盟在教育领域的优势,为我国的教育改革和发展提出意见和建议;关心民生是民盟的传统,我们要在构建社会主义和谐社会、解决与人民群众切身利益相关的问题、化解矛盾方面多做工作;紧密围绕经济建设这个中心出主意、想办法,继续拓展和深化在转变经济增长方式、建设创新型国家、建设社会主义新农村等方面的调查研究与建言献策。与此同时,民盟要进一步加强自身建设。

林文漪说,随着中国共产党领导的多党合作和政治协商制度不断发展和完善,要求包括台盟在内的各民主党派广泛参与国家事务,为国家各项事业的发展提出更多有价值的意见和建议。当前,国家的经济持续健康发展,已经顺利地进入了"十一五"规划的开局之年。国家的昌盛和民族的复兴正面临着难得的机遇。这样的形势为各民主党派参政议政提供了广阔的政治舞台。台盟今年将加强理论学习,认真领会中共中央总书记胡锦涛同志关于加强多党合作的四点希望和中共中央新近颁布的两个重要文件精神;加强参政议政,针对经济全面协调可持续发展的关键问题,在实施循环经济、建设资源节约型和环境友好型社会方面提出科学的建议;进一步加强两岸的交流,同时,加强自身建设。

民盟要从三方面关注教育问题

针对目前老百姓关心的教育改革问题,蒋树声说,民盟成员在高教界、教育界占的比重相当大,推进我国教育事业健康发展历来是我们的重点议题。今年全国政协会议上,民盟中央的3个大会口头发言中两个涉及教育,5篇书面发言中3篇涉及教育,提案中教育问题也占了相当大的比重。今年,民盟工作主要集中在三部分:一是关于义务教育方面,民盟主要着眼于目前正在修改的《义务教育法》,如何从法律上面来保证我国义务教育的发展,包括义务教育经费的投入、教师工作生活的保障等问题;还有教育资源的问题,怎么才能改变目前教育资源不平衡问题,解决教育不公问题。二是职业教育,现在大学毕业生就业出现困难,与此同时,很多单位招不到技术工人,怎样调整高等教育和职业教育之间的关系和比例,怎样能够扩大职业教育是个大课题。此外,职业教育离不开行业和企业,如何使行业和企业能够介入职业教育的发展,使职业教育有的放矢,也是我们关注的课题。三是关于高等教育的质量问题,我们的高等教育近几年发展很快,已经进入大众化的阶段,如何提高高等教育的质量,培养出高层次的创新人才,为建设创新型国家提供强有力的人才支持,也是我们民盟关注的问题。

台盟要促进两岸交流为台胞服务

针对最近台湾当局领导人宣布终止"国统会"运作、"国统纲领"适用,林文漪说,陈水扁企图借终止"国统会"和"国统纲领",加速推进"台独"活动,恶意挑衅台海和平,制造两岸关系紧张,关闭两岸协商的大门,为一己之利把极少数人的"台独"噩梦强加给2300万台湾人民身上,这是全体中华儿女不能容许的。

有记者问,在促进两岸交流合作方面,台盟将做哪些工作?林文漪说,台盟是由生活在大陆的台籍人士组成的参政党,我们有信心、有责任、有义务,发挥好自身的优势,为促进两岸交流合作做几件实事。一是从更宽的视角,协助政府逐步把台商在大陆的投资引导到"十一五"规划的建设循环经济体系的轨道上来。二是继续推动与台湾科技界和专业人士的交流,比如,新能源与可再生能源的开发合作等。三是我们要以论坛、互访等多种形式,进一步加深与岛内各方面人士的联系,广泛联络,增进共识,共同谋求两岸关系和平稳定发展。我们也将一如既往地关心到大陆来的台商、台生和台胞,支持他们在大陆发展,帮助他们维护合法权益。我们特别要加强两岸青年尤其是大学生之间的交流。我们十分希望台胞青年与大陆青年一道,共同投身于举办2008年北京奥运会的活动中,比如成为光荣的志愿者。

有记者问,常驻大陆的台商能不能加入台盟?林文漪说,台盟是由具有大陆户籍的台籍人士组成的,目前生活在大陆的台商、台生和台胞由于还不具备大陆的户籍,所以我们还不能接受他们加入,但是他们和我们的联系是非常密切的。

全国政协办公厅 中央统战部在钓鱼台国宾馆举行招待会

招待会宴请了出席全国政协十届四次会议的香港特别行政区和澳门特别行政区全国政协委员。全国政协主席贾庆林出席。

全国政协副主席王忠禹在招待会上致辞。他代表全国政协和中共中央统战部,向香港、澳门地区全国政协委员表示诚挚的问候。王忠禹说,港澳地区的政协委员都是港澳各界有代表性、有影响的人士,长期以来为香港、澳门回归祖国和保持繁荣稳定,为祖国内地的改革开放和现代化建设,为促进祖国和平统一大业,作出了重要贡献。今年是我国实施"十一五"规划的开局之年,人民政协要充分发挥人才荟萃、智力密集的特点和优势,把为实施"十一五"规划和构建和谐社会服务作为履行职能的重点,为全面建设小康社会作出新的贡献。

王忠禹指出,政协十届四次会议前,《中共中央关于加强人民政协工作的意见》(以下简称《意见》)公开发表。《意见》是以胡锦涛同志为总书记的中共中央从党和国家事业发展的全局出发，加强人民政协工作的一项重要部署，是指导新世纪、新阶段人民政协事业发展的纲领性文件。学习好、宣传好、落实好《意见》，是当前和今后一个时期人民政协的一项重要任务。人民政协各级组织、各参加单位和包括港澳委员在内的广大政协委员要充分认识学习和全面把握《意见》的精神，切实推进人民政协事业不断向前发展。

王忠禹说，今年是实施"十一五"规划的开局之年，我们国家正站在一个新的历史起点上，香港、澳门也处于发展的关键时期，希望各位委员继续高举爱国爱港、爱国爱澳的旗帜，广泛团结香港、澳门各界人士，全面准确地理解、宣传和贯彻"一国两制"方针，全面落实基本法，支持行政长官和特区政府依法施政，为保持香港、澳门的繁荣稳定作出新贡献。

全国政协副主席、中共中央统战部部长刘延东主持招待会。国务委员唐家璇，全国政协副主席罗豪才、张克辉、徐匡迪、董建华，全国政协秘书长郑万通以及有关部门的负责人出席招待会。

民革十届十五次中常会在北京召开

会议主题是学习贯彻十届全国人大四次会议和全国政协十届四次会议精神。全国人大常委会副委员长、民革中央主席何鲁丽出席会议并讲话，全国政协副主席、民革中央常务副主席周铁农主持会议。

何鲁丽在讲话中高度评价了两会工作报告和"十一五"规划纲要的重要意义。她说，民革全党要增强全局意识和参政议政意识，把思想统一到两会精神上来，凝聚力量，奋发进取，为实施"十一五"规划贡献我们的力量。要认真做好参政议政、民主监督、社会服务和促进祖国统一等各个方面的工作，深入开展支边扶贫、义务咨询、"三下乡"等活动，继续关注"三农"问题，关心群众疾苦，关心弱势群体，进一步树立参政党良好社会形象。

会议通过了民革十届中常会《关于学习贯彻十届全国人大四次会议和全国政协十届四次会议精神的决议》。会议还审议并通过了《中国国民党革命委员会中央常务委员会关于2007年省级组织换届若干问题的决定》和其他事项。民革中央副主席童傅、徐志纯、厉无畏、钮小明、朱培康、万鄂湘、齐续春和民革中央常委出席会议，中央各工作部门负责人列席会议。

数字电影《金牌工人》在北京首映

中共中央政治局委员、全国人大常委会副委员长、中华全国总工会主席王兆国出席首映式，并会见许振超及电影主创人员和演职人员。

《金牌工人》是以许振超为原型的作品，它艺术地再现了许振超"练就一身绝活，做个优秀工人"的成长历程，通过选取工作生活中的典型事例体现了他爱岗敬业、拼搏奉献和超越自我的精神，塑造了一位当代产业工人"自强不息、为国争光"的生动形象。

刘志坚逝世

原中央顾问委员会委员，中国人民解放军原政治学院院长兼政委刘志坚同志，因病医治无效，于3月11日在北京逝世，享年95岁。

3月12日

全国政协十届常委会第十三次会议在北京举行

会议由全国政协主席贾庆林主持会议。会议听取了政协十届四次会议秘书长郑万通关于本次会议情况的综合汇报。郑万通说，政协十届四次会议期间，委员们审议了政协常委会工作报告、提案工作情况的报告，听取和讨论了政府工作报告、《国民经济和社会发展第十一个五年规划纲要(草案)》以及其他重要报告，学习了《中共中央关于加强人民政协工作的意见》。委员们以高度的政治责任感和饱满的政治热情，对国家发展的重大问题和进一步做好人民政协工作提出了许多很好的意见和建议。

郑万通说，委员们对去年一年国务院的工作和政府工作报告给予积极评价，对纲要草案给予充分肯定。委员们普遍认为，报告和纲要草案贯穿了科学发展观和构建社会主义和谐社会的战略思想，体现了党中央、国务院总结过去、面向未来的战略思考。政府工作报告总结去年工作，用数字说话，很有分量；分析存在的问题，不回避矛盾，客观实在；部署今年的工作，针对性和指导性很强。纲要草案阐明了未来五年国家的战略意图和总体目标，是一个宏观性、前瞻性、指导性都很强的规划。在讨论中，委员们对报告和纲要草案提出了一些修改意见。

郑万通说，委员们对政协常委会工作报告普遍表示赞同，认为常委会工作报告结构新颖，文字精练，内容严谨，体现了求真务实的作风和开拓创新的精神。报告总结去年全国政协的各项工作，重点突出，实事求是，部署2006年工作任务，思路清晰，切实可行，体现了政协工作的特点和优势。委员们对提案工作情况的报告表示赞同，对一年来的提案工作给予充分肯定。委员们对这两个报告提出了一些修改意见，大会文件起草组已据此做了修改。

郑万通说，委员们对政协十届四次会议政治决议(草案)普遍表示赞同，认为今年的政治决议充分反映了政协十届四次会议对国家政治生活中重大问题的政治主张，郑重表明了政协各级组织和广大政协委员的立场和态度，明确提出了学习贯彻《中共中央关于加强人民政协工作的意见》的要求，是非常必要的。委员们提出的一些修改意见已经得到采纳。

经过逐项表决，会议通过了政协十届四次会议关于常委会工作报告的决议草案、政协十届四次会议关于政协十届三次会议以来提案工作情况报告的决议草案、政协十届四次会议政治决议草案，审议通过了政协十届全国委员会提案委员会关于政协十届四次会议提案审查情况的报告草案，决定将上述草案提交3月13日上午举行的政协十届四次会议闭幕会表决。

会议表决通过了政协第十届全国委员会不再担任专门委员会副主任名单、专门委员会副主任增补名单、副秘书长免职名单和任命名单，根据工作需要，张榕明副主席不再担任全国政协人口资源环境委员会副主任，张梅颖副主席不再兼任全国政协副秘书长。由于年龄原因，陈洪、范西成同志不再担任政协十届全国委员会副秘书长。会议决定增补范西成等6人为有关专门委员会副主任，决定任命索丽生、卞晋平、仝广成同志为政协第十届全国委员会副秘书长。

全国政协副主席王忠禹、廖晖、刘延东、帕巴拉·格列朗杰、李贵鲜、张思卿、马万祺、白立忱、罗豪才、张克辉、周铁农、郝建秀、陈奎元、阿不来提·阿不都热西提、徐匡迪、李兆焯、张怀西、李蒙、董建华、张梅颖、张榕明出席会议。

国务院印发《关于加快推进产能过剩行业结构调整的通知》

各省、自治区、直辖市人民政府，国务院各部委、各直属机构：

推进经济结构战略性调整，提升产业国际竞争力，是"十一五"时期重大而艰巨的任务。当前，部分行业盲目投资、低水平扩张导致生产能力过剩，已经成为经济运行的一个突出问题，如果不抓紧解决，将会进一步加剧产业结构不合理的矛盾，影响经济持续快速协调健康发展。为加快推进产能过剩行业的结构调整，现就有关问题通知如下：

一、加快推进产能过剩行业结构调整的重要性和紧迫性

近年来，随着消费结构不断升级和工业化、城镇化进程加快，带动了钢铁、水泥、电解铝、汽车等行业的快速增长。但由于经济增长方式粗放，体制机制不完善，这些行业在快速发展中出现了盲目投资、低水平扩张等问题。2004年，国家及时采取一系列宏观调控措施，初步遏制了部分行业盲目扩张的势头，投资增幅回落，企业兼并重组、关闭破产、淘汰落后生产能力等取得了一定成效。

但从总体上看，过度投资导致部分行业产能过剩的问题仍然没有得到根本解决。钢铁、电解铝、电石、铁合金、焦炭、汽车等行业产能已经出现明显过剩；水泥、煤炭、电力、纺织等行业目前虽然产需基本平衡，但在建规模很大，也潜藏着产能过剩问题。在这种情况下，一些地方和企业仍在这些领域继续上新的项目，生产能力大于需求的矛盾将进一步加剧。还应看到，这些行业不但总量上过剩，在企业组织结构、行业技术结构、产品结构上的不合理问题也很严重。目前，部分行业产能过剩的不良后果已经显现，产品价格下跌，库存上升，企业利润增幅下降，亏损增加。如果任其发展下去，资源环境约束的矛盾就会更加突出，结构不协调的问题就会更加严重，企业关闭破产和职工失业就会显著增加，必须下决心抓紧解决。要充分认识到，加快产能过剩行业的结构调整，既是巩固和发展宏观调控成果的客观需要，也是宏观调控的一项重要而艰巨的任务；既是把经济社会发展切实转入科学发展轨道的迫切需要，也是继续保持当前经济平稳较快增长好势头的重要举措。

部分行业产能过剩，给经济和社会发展带来了负面影响，但同时也为推动结构调整提供了机遇。在供给能力超过市场需求的情况下，市场竞争加剧，企业才有调整结构的意愿和压力，也有条件淘汰一部分落后的生产能力。国家在宏观调控的过程中，已经积累了产业政策与其他经济政策协调配合的经验，形成了相对完善的市场准入标准体系，为推进产业结构调整、淘汰落后生产能力提供了一定的制度规范和手段。各地区、各有关部门要进一步树立和落实科学发展观，加深对统筹协调发展、转变经济增长方式必要性和紧迫性的认识，增强预见性，避免盲目性，提高主动性和自觉性，因势利导，化害为利，加快推进产能过剩行业结构调整。

二、推进产能过剩行业结构调整的总体要求和原则

加快推进产能过剩行业结构调整的总体要求是：坚持以科学发展观为指导，依靠市场，因势利导，控制增能，优化结构，区别对待，扶优汰劣，力争今年迈出实质性步伐，经过几年努力取得明显成效。在具体工作中要注意把握好以下原则：

（一）充分发挥市场配置资源的基础性作用。坚持以市场为导向，利用市场约束和资源约束增强的"倒逼"机制，促进总量平衡和结构优化。调整和理顺资源产品价格关系，更好地发挥价格杠杆的调节作用，推动企业自主创新、主动调整结构。

（二）综合运用经济、法律手段和必要的行政手段。加强产业政策引导、信贷政策支持、财税政策调节，推动行业结构调整。提高并严格执行环保、安全、技术、土地和资源综合利用等市场准入标准，引导市场投资方向。完善并严格执行相关法律法规，规范企业和政府行为。

（三）坚持区别对待，促进扶优汰劣。根据不同行业、不同地区、不同企业的具体情况，分类指导、有保有压。坚持扶优与汰劣结合，升级改造与淘汰落后结合，兼并重组与关闭破产结合。合理利用和消化一些已经形成的生产能力，进一步优化企业结构和布局。

（四）健全持续推进结构调整的制度保障。把解决当前问题和长远问题结合起来，加快推进改革，消除制约结构调整的体制性、机制性障碍，有序推进产能过剩行业的结构调整，促进经济持续快速健康发展。

三、推进产能过剩行业结构调整的重点措施

推进产能过剩行业结构调整，关键是要发挥市场配置资源的基础性作用，充分利用市场的力量推动竞争，促进优胜劣汰。各级政府在结构调整中的作用，一方面是通过深化改革，规范市场秩序，为发挥市场机制作用创造条件；另一方面是综合运用经济、法律和必要的行政手段，加强引导，积极推动。2006年，要通过重组、改造、淘汰等方法，推动产能过剩行业加快结构调整步伐。

（一）切实防止固定资产投资反弹。这是顺利推进产能过剩行业结构调整的重要前提。一旦投资重新膨胀，落后产能将死灰复燃，总量过剩和结构不合理矛盾不但不能解决，而且会越来越突出。要继续贯彻中央关于宏观调控的政策，严把土地、信贷两个闸门，严格控制固定资产投资规模，为推进产能过剩行业结构调整创造必要的前提条件和良好的环境。

（二）严格控制新上项目。根据有关法律法规，制定更加严格的环境、安全、能耗、水耗、资源综合利用和质量、技术、规模等标准，提高准入门槛。对在建和拟建项目区别情况，继续进行清理整顿；对不符合国家有关规划、产业政策、供地政策、环境保护、安全生产等市场准入条件的项目，依法停止建设；对拒不执行的，要采取经济、法律和必要的行政手段，并追究有关人员责任。原则上不批准建设新的钢厂，对个别结合搬迁、淘汰落后生产能力的钢厂项目，要从严审批。提高煤炭开采的井型标准，明确必须达到的回采率和安全生产条件。所有新建汽车整车生产企业和现有企业跨产品类别的生产投资项目，除满足产业政策要求外，还要满足自主品牌、自主开发产品的条件；现有企业异地建厂，还必须满足产销量达到批准产能80%以上的要求。提高利用外资质量，禁止技术和安全水平低、能耗物耗高、污染严重的外资项目进入。

（三）淘汰落后生产能力。依法关闭一批破坏资源、污染环境和不具备安全生产条件的小企业，分期分批淘汰一批落后生产能力，对淘汰的生产设备进行废毁处理。逐步淘汰立窑等落后的水泥生产能力；关闭淘汰敞开式和生产能力低于1万吨的小电石炉；尽快淘汰5000千伏安以下铁合金矿热炉（特种铁合金除外）、100立方米以下铁合金高炉；淘汰300立方米以下炼铁高炉和20吨以下炼钢转炉、电炉；彻底淘汰土焦和改良焦设施；逐步关停小油机和5万千瓦及以下凝汽式燃煤小机组；淘汰达不到产业政策规定规模和安全标准的小煤矿。

（四）推进技术改造。支持符合产业政策和技术水平高、对产业升级有重大作用的大型企业技术改造项目。围绕提升技术水平、改善品种、保护环境、保障安全、降低消耗、综合利用等，对传统产业实施改造提高。推进火电机组以大代小、上煤压油等工程。支持汽车生产企业加强研发体系建设，在消化引进技术的基础上，开发具有自主知识产权的技术。支持纺织关键技术、成套设备的研发和产业集群公共创新平台、服装自主品牌的建设。支持大型钢铁集团的重大技改和新产品项目，加快开发取向冷轧硅钢片技术，提升汽车板生产水平，推进大型冷、热连轧机组国产化。支持高产高效煤炭矿井建设和煤矿安全技术改造。

（五）促进兼并重组。按照市场原则，鼓励有实力的大型企业集团，以资产、资源、品牌和市场为纽带实施跨地区、跨行业的兼并重组，促进产业的集中化、大型化、基地化。推动优势大型钢铁企业与区域内其他钢铁企业的联合重组，形成若干年产3000万吨以上的钢铁企业集团。鼓励大型水泥企业集团对中小水泥厂实施兼并、重组、联合，增强在区域市场上的影响力。突破现有焦化企业的生产经营格局，实施与钢铁企业、化工企业的兼并联合，向生产与使用一体化、经营规模化、产品多样化、资源利用综合化方向发展。支持大型煤炭企业收购、兼并、重组和改造一批小煤矿，实现资源整合，提高回采率和安全生产水平。

（六）加强信贷、土地、建设、环保、安全等政策与产业政策的协调配合。认真贯彻落实《国务院关于发布实施〈促进产业结构调整暂行规定〉的决定》（国发〔2005〕40号），抓紧细化各项政策措施。对已经出台的钢铁、电解铝、煤炭、汽车等行业发展规划和产业政策，要强化落实，加强检查，在实践中不断完善。对尚未出台的行业发展规划和产业政策，要抓紧制定和完善，尽快出台。金融机构和国土资源、环保、安全监管等部门要严格依据国家宏观调控和产业政策的要求，优化信贷和土地供应结构，支持符合国家产业政策、市场准入条件的项目和企业的土地、信贷供应，同时要防止信贷投放大起大落，积极支持市场前景好、有效益、有助于形成规模经济的兼并重组；对不符合国家产业政策、供地政策、市场准入条件、国家明令淘汰的项目和企业，不得提供贷款和土地，城市规划、建设、环保和安全监管部门不得办理相关手续。坚决制止用压低土地价格、降低环保和安全标准等办法招商引资、盲目上项目。完善限制高耗能、高污染、资源性产品出口的政策措施。

（七）深化行政管理和投资体制、价格形成和市场退出机制等方面的改革。按照建设社会主义市场经济体制的要求，继续推进行政管理体制和投资体制改革，切实实行政企分开，完善和严格执行企业投资的核准和备案制度，真正做到投资由企业自主决策、自担风险，银行独立审贷；积极稳妥地推进资源性产品价格改革，健全反映市场供求状况、资源稀缺程度的价格形成机制，建立和完善生态补偿责任机制；建立健全落后企业退出机制，在人员安置、土地使用、资产处置以及保障职工权益等方面，制定出台有利于促进企业兼并重组和退出市场，有利于维护职工合法权益的改革政策；加快建立健全维护市场公平竞争的法律法规体系，打破地区封锁和地方保护。

（八）健全行业信息发布制度。有关部门要完善统计、监测制度，做好对产能过剩行业运行动态的跟踪分析。要尽快建立判断产能过剩衡量指标和数据采集系统，并有计划、分步骤建立定期向社会披露相关信息的制度，引导市场投资预期。加强对行业发展的信息引导，发挥行业协会的作用，搞好市场调研，适时发布产品供求、现有产能、在建规模、发展趋势、原材料供应、价格变化等方面的信息。同时，还要密切关注其他行业生产、投资和市场供求形势的发展变化，及时发现和解决带有苗头性、倾向性的问题，防止其他行业出现产能严重过剩。

加快推进产能过剩行业结构调整，涉及面广，政策性强，任务艰巨而复杂，各地区、各有关部门要增强全局观念，加强组织领导，密切协调配合，积极有序地做好工作。要正确处理改革发展稳定的关系，从本地区、本单位实际情况出发，完善配套措施，认真解决企业兼并、破产、重组中出现的困难和问题，做好人员安置和资产保全等工作，尽量减少损失，避免社会震动。各地区、各有关部门要及时将贯彻落实本通知的情况上报国务院。国家发展改革委要会同有关部门抓紧制定具体的政策措施，做好组织实施工作。

国务院

2006年3月12日

女魔术师赵育莹在法国赢得第十五届金鸽世界魔术大赛金奖

3月13日

十届全国人大四次会议主席团在人民大会堂举行第三次会议

主席团常务主席吴邦国主持会议。

3月9日至10日，各代表团认真审议了全国人大常委会工作报告。代表们对常委会过去一年的工作给予了充分肯定。代表们认为，常委会工作报告是一个政治性、思想性和针对性都很强的报告。根据代表们的审议意见，全国人大常委会委员长会议对报告进行了修改。

会议经过表决，决定将关于全国人大常委会工作报告的决议草案提交各代表团审议后，提请大会表决。

会议经过表决，决定将关于最高人民法院工作报告的决议草案、关于最高人民检察院工作报告的决议草案提交各代表团审议后，提请大会表决。

十届全国人大四次会议副秘书长盛华仁向会议作了关于代表提出议案处理意见的报告。会议经过表决，通过了这个报告。会后这个报告将印发全体代表。

主席团常务主席王兆国、李铁映、司马义·艾买提、何鲁丽、丁石孙、成思危、许嘉璐、顾秀莲、热地、路甬祥、乌云其木格、韩启德出席会议。

十届全国人大四次会议副秘书长盛华仁作《关于十届全国人大四次会议代表提出议案处理意见的报告》

十届全国人大四次会议主席团：

在十届全国人大四次会议上，代表们以对国家和人民高度负责的态度，围绕全面贯彻科学发展观，推进社会主义经济建设、政治建设、文化建设和社会建设全面发展这一总的要求，认真履行宪法和法律赋予的职责，积极提出议案。到大会提出议案截止时间，由30名以上代表联名和代表团提出的议案共1006件。其中，代表联名提出的议案1003件，代表团提出的议案3件。议案数量比上次会议的991件略有增加。

代表依法向本级人民代表大会提出议案，是代表履行职责和行使权力的重要途径和形式。党中央去年5月发出的九号文件，对改进代表议案工作、提高议案提出和处理质量提出了明确的要求。全国人大常委会办公厅据此制定的《全国人民代表大会代表议案处理办法》，具体规范了代表议案的范围和条件、议案的提出和处理程序，加强了代表提出议案的服务工作。这次会议上，代表们对提出议案比以往更加重视，议案质量有了明显提高。议案基本上达到了案由案据清楚、方案具体的要求,并附有必要的说明。在1003件法律案中,有541件提供了法律草案文本,占总数的53.9%。为了能够提出服务大局、反映民意、切实可行的议案,代表们在会前深入基层调查研究,为形成议案认真做了准备。在提出的议案中,代表通过专题调研和集中视察形成的有256件,占议案总数的25.5%;通过座谈、走访、征求意见等形式形成的有448件,占议案总数的44.5%;其他议案主要是代表结合本职工作,总结实践经验提出来的。在这次大会日程中,专门安排了半天时间供代表团和代表讨论和提出议案。这样,代表们共同讨论,汇集智慧,领衔代表和附议代表增加交流,增进共识,使提出的议案具有较强的针对性、实用性和民意基础。

这次提出的代表议案,绝大多数是法律案。按照立法工作的进程和性质分析,立法项目已经列入常委会五年立法规划和2006年立法计划的有436件,占议案总数的43.3%。这部分法律案,有的正在审议或正在起草,有的准备调研和起草,代表提出了法律草案文本,要求常委会在起草、审议这些法律案时,吸收他们草案文本的内容。在其他567件法律案中,提出修改现行法律的270件,占议案总数的26.8%;提出制定法律的297件,占议案总数的29.5%。按照中国特色社会主义法律体系7个法律部门来划分,根据代表提出议案的数量,依次情况是:(一)属于行政法类的333件,占议案总数的33.1%。例如,围绕增强自主创新能力、建设创新型国家,提出制定或修改科技进步法、促进科技成果转化法、自主创新促进法等;围绕教育优先发展等重大问题,提出制定或修改教育法、义务教育法、教育投入保障法等。(二)属于经济法类的202件,占议案总数的20.1%。例如,围绕建设社会主义新农村的重大历史任务,提出制定或修改农民合作经济组织法、农业投入法、农田水利促进法、农业技术推广法等,为支持"三农"、促进农村经济社会发展提供法律保障;围绕建设资源节约型、环境友好型社会,提出制定或修改节约能源法、能源法、电力法、土地管理法和循环经济法等。(三)属于社会法类的127件,占议案总数的12.6%。例如,围绕社会保障与救助、特殊群体保护等社会关注的问题,提出制定或修改劳动法、劳动合同法、社会保障法等,从法律上保障和谐社会的建设。(四)属于宪法相关法类的117件,占议案总数的11.6%。例如,围绕推进司法改革,加强司法队伍建设,提出修改人民法院组织法、人民检察院组织法、法官法、检察官法,建设公正司法和公正执法的法官、检察官队伍。(五)属于诉讼与非诉讼程序法类的99件,占议案总数的9.8%。例如,提出修改刑事诉讼法、民事诉讼法和行政诉讼法,完善诉讼制度,更好地维护司法公正。(六)属于民法商法类的74件,占议案总数的7.4%。例如,提出制定或修改知识产权保护法、著作权法等,加大知识产权保护力度。(七)属于刑法类的51件,占议案总数的5.1%。例如,提出修改、完善刑法有关条款,加强对犯罪行为的预防和惩罚,维护社会安定。另外,还有3件属于应由全国人大常委会决定事项的议案。

会议期间,大会秘书处成立了由常委会办公厅、全国人大各专门委员会和各代表团联合组成的议案组,一方面为代表提出议案提供服务;另一方面对收到的代表议案逐件进行分析。大会秘书处认为,在这次会议收到的议案中,没有需要列入本次大会审议的议案。我们建议,按照专门委员会的职责分工,将这些议案分别交由有关专门委员会进行审议。其中,由财政经济委员会审议的296件,法律委员会审议的283件,内务司法委员会审议的160件,教育科学文化卫生委员会审议的136件,环境与资源保护委员会审议的78件,农业与农村委员会审议的50件,外事委员会审议的3件。各有关专门委员会审议后,依法向全国人大常委会提出代表议案审议结果的报告。经过协商,各专门委员会已经同意。他们表示,待主席团批准后,将尽快开展工作。

大会秘书处和各有关专门委员会一致认为,这次会议上代表们提出的议案,都是经过深入调查和艰苦思索,花费巨大精力,集中集体智慧提出来的。认真处理好代表议案,是尊重代表权利、支持代表履职、发挥代表作用的必然要求,是我们的一项重大责任。去年大会以后,在改进代表议案处理工作方面取得了较好成绩,吴邦国委员长在常委会工作报告中已经向大会作了报告。今年要在去年工作的基础上,继续加以改进,务必认真负责地处理好每一件代表议案。一是,各有关专门委员会在审议代表议案时,都应邀请提出议案的代表主要是领衔代表参加会议,加强与代表的沟通,充分听取代表的意见。凡要采纳的议案要补充列入立法计划,一时不能采纳的要向代表说明情况,以取得代表的理解和支持。二是,代表议案列入立法计划后,在调研和起草的过程中,要请有关代表参加,把代表提出的相关议案文本内容和调研时提出的意见尽可能吸收到法律草案中去。三是,在常委会审议法律案时,要邀请提出相关议案的代表列席会议,参与审议,以提高立法质量和效率。在明年召开的十届全国人大五次会议上,将把代表议案审议结果和处理情况,向全体代表提出报告。

以上报告,请审议。

十届全国人大四次会议秘书处

2006年3月13日

全国政协十届四次会议在人民大会堂闭幕

全国政协主席贾庆林主持闭幕会。全国政协副主席王忠禹、廖晖、刘延东、帕巴拉·格列朗杰、李贵鲜、张思卿、丁光训、马万祺、白立忱、罗豪才、张克辉、周铁农、郝建秀、陈奎元、阿不来提·阿不都热西提、徐匡迪、李兆焯、黄孟复、张怀西、李蒙、董建华、张梅颖、张榕明，秘书长郑万通在主席台前排就座。

胡锦涛、吴邦国、温家宝、曾庆红、吴官正、李长春、罗干等在主席台就座。

贾庆林宣布，政协十届全国委员会第四次会议应出席委员2280人，实到2094人，符合法定人数。

会议通过了政协第十届全国委员会第四次会议关于常务委员会工作报告的决议，关于政协十届三次会议以来提案工作情况报告的决议，政协提案委员会关于政协十届四次会议提案审查情况的报告和政协第十届全国委员会第四次会议政治决议。

贾庆林在讲话中说，在中共中央、全国人大常委会、国务院的重视和有关部门的支持下，经过与会委员的共同努力，这次大会开得圆满成功，取得了丰硕成果。我们坚持平等协商、求同存异，提倡广开言路、畅所欲言，整个会议充满了合作共事、民主协商的气氛，进一步体现了中国共产党领导的多党合作和政治协商制度的特点和优势，充分显示了人民政协这一具有中国特色的政治组织和民主形式的生机与活力。这是一次民主、团结、求实、奋进的大会。

贾庆林指出，今年是实施“十一五”规划的开局之年，是在新的历史起点上推进全面建设小康社会进程的重要一年，也是人民政协乘势而上、继续前进的一年。中共中央、国务院对今年党和国家的全局工作已经作出了统一部署，提出了明确要求。深入学习贯彻两会精神是全党全国各族人民当前的一项重要任务。我们要切实把两会精神贯彻到人民政协开展政治协商、民主监督、参政议政的各项工作中去，把学习贯彻两会精神与学习贯彻《中共中央关于加强人民政协工作的意见》紧密结合起来，在服务党和国家工作大局的实践中，不断体现人民政协制度化、规范化、程序化建设的成果。

贾庆林强调，人民政协的各级组织、各参加单位和广大委员，要按照《政府工作报告》和“十一五”规划纲要的要求，紧紧围绕经济社会发展中的重大问题，深入调查研究，为促进经济建设、政治建设、文化建设和社会建设全面发展献计出力。要自觉肩负起庄严的使命，认真履行崇高的职责，密切联系各界群众，积极反映社情民意，团结各方面的力量，增进各方面的共识，凝聚各方面的智慧，为“十一五”时期的发展开好局、起好步，为促进党和国家奋斗目标的实现作出不懈的努力。

中国人民政治协商会议第十届全国委员会第四次会议政治决议

（2006年3月13日政协第十届全国委员会第四次会议通过）

中国人民政治协商会议第十届全国委员会第四次会议，于2006年3月3日至13日在北京举行。会议开得隆重热烈，富有成效，是一次民主、求实、团结、鼓劲的大会。

会议听取并赞同温家宝总理所作的政府工作报告、《国民经济和社会发展第十一个五年规划纲要（草案）》，赞同最高人民法院工作报告、最高人民检察院工作报告以及其他报告。会议批准了贾庆林主席代表常务委员会所作的工作报告和罗豪才副主席代表常务委员会所作的提案工作情况的报告。

会议认为，过去的一年，是我国社会主义现代化事业取得显著成就的一年。全国各族人民在以胡锦涛同志为总书记的中共中央领导下，高举邓小平理论和“三个代表”重要思想伟大旗帜，坚持以科学发展观统领经济社会发展全局，胜利完成了“十五”计划，社会主义经济建设、政治建设、文化建设和社会建设全面推进。我国在全面建设小康社会的道路上迈出了新的坚实步伐。政协第十届全国委员会及其常务委员会，深入贯彻中共十六大和十六届三中、四中、五中全会精神，牢牢把握团结和民主两大主题，广泛动员和组织人民政协各参加单位和政协委员，围绕党和国家的中心工作，认真履行职能，加强自身建设，各项工作取得了新的进展，人民政协事业呈现出生动活泼、有序推进的良好局面。会议对常务委员会一年来的工作给予充分肯定。

会议认为，“十一五”规划纲要是全面建设小康社会进程中的重要规划。规划纲要所体现的发展理念、发展模式和发展战略，符合以人为本、全面协调可持续发展的要求。规划纲要所确定的未来五年的奋斗目标、指导方针和主要任务，符合全国各族人民的根本利益和共同愿望。我们要同心同德，团结奋斗，努力把“十一五”规划的宏伟蓝图变为美好现实，谱写社会主义现代化建设事业的新篇章。2006年是实施“十一五”规划的开局之年，扎实做好今年的工作，必将为实现“十一五”规划确定的各项目标奠定坚实的基础。委员们对未来五年的发展充满期望，对胜利完成今年的各项任务充满信心。

会议指出，建设社会主义新农村，是中共十六届五中全会提出的重大历史任务。这一战略举措的提出和实施，必将推动我国广大农村走上生产发展、生活宽裕、生态良好的文明发展道路。要按照建设社会主义新农村的总体要求,进一步发展农村生产力,着力促进农民增收,切实保障农民民主权利,培育新型农民,维护农村社会稳定,全面深化农村改革。要坚持从实际出发,加强分类指导,不搞形式主义和“一刀切”,防止一哄而起。参加人民政协的各党派团体和各族各界人士要团结一心,扎实工作,推动社会主义新农村建设成为惠及亿万农民群众的民心工程。

会议指出,建设创新型国家,把增强自主创新能力作为发展我国科学技术的战略基点,作为调整产业结构、转变增长方式的中心环节,作为贯穿于现代化建设各个方面的国家战略,是新世纪、新阶段我国发展道路的历史性选择。要坚持走中国特色自主创新道路,大幅度提高国家竞争力,加快推进国家创新体系建设,培养造就富有创新精神的人才队伍,努力培育全社会的创新精神,为把我国建设成为创新型国家而努力奋斗。

会议指出,建设社会主义和谐社会,要更加注重社会公平、社会稳定,更加注重城乡、区域协调发展,更加注重社会事业建设。要高度关注并切实解决与群众利益密切相关的问题。继续实施积极的就业政策,千方百计扩大就业,加快推进社会保障体系建设,让困难群众得到更多的关爱和帮助;合理调节收入分配,规范收入分配秩序,努力缓解地区之间和部分社会成员收入分配差距扩大的趋势;继续深化教育体制改革,全面实施素质教育,维护和实现教育公平;深化文化体制改革,形成科学有效的宏观文化管理体制和富有活力的文化产品生产经营机制;加快医疗卫生体制改革,合理配置医疗卫生资源,整顿药品生产和流通秩序,解决群众看病难、看病贵的问题;切实加强安全生产工作,坚决遏制重特大事故的发生,保障人民群众生命财产安全;加强公民道德建设,弘扬中华优秀传统文化,倡导爱国守法、明礼诚信、团结友善、勤俭自强、敬业奉献的基本道德规范。

会议指出,要坚决贯彻“一国两制”“港人治港”“澳人治澳”高度自治的方针,严格按照香港特别行政区基本法和澳门特别行政区基本法办事,支持香港、澳门特别行政区行政长官和政府依法施政。加强和推动内地与港澳在经贸、科教、文化、卫生、体育等领域的交流和合作。发挥在香港、澳门特别行政区的政协委员在港澳社会生活中的作用,进一步扩大与港澳各界人士的联系,维护和促进香港、澳门的长期繁荣、稳定和发展。

会议指出,今年以来,台湾当局领导人加快“台独”分裂活动的步伐,图谋通过所谓“宪政改造”实现“台湾法理独立”的目标。特别是近期不顾岛内外的强烈反对,一意孤行,强行决定终止“国统会”和“国统纲领”,在全面推翻“四不一没有”承诺上迈出了危险一步。我们对此表示强烈愤慨和严重关注。维护国家主权和领土完整,是国家的核心利益,是民族的根基所在。我们捍卫国家主权和领土完整的坚强意志和坚定决心,是“台独”分裂势力无法撼动的。我们要继续坚定地贯彻“和平统一、一国两制”的基本方针和现阶段发展两岸关系、推进祖国和平统一进程的八项主张,全面贯彻胡锦涛总书记关于新形势下发展两岸关系的四点意见,紧紧围绕反对和遏制“台独”分裂势力及其活动这一当前对台工作的首要任务开展工作,努力推动两岸关系朝着和平稳定的方向发展;进一步扩大两岸交流与合作,努力把寄希望于台湾人民的方针落到实处。参加人民政协的各党派团体和各族各界人士,要广泛团结海内外一切热爱祖国的中华儿女,坚决反对和遏制“台独”分裂势力及其活动,为发展两岸关系、实现祖国完全统一贡献力量。

会议认为,胡锦涛总书记在参加本次会议民盟、民进联组讨论时提出的树立社会主义荣辱观,非常重要,非常及时,与会全体同志热烈响应并认为,“八荣八耻”论述精辟,内涵深邃,体现了中国传统美德与时代精神的完美结合,应当使之深入人心,成为规范,蔚成风气。

会议指出,《中共中央关于加强人民政协工作的意见》(以下简称《意见》),集中概括了中国共产党三代中央领导集体关于人民政协的重要论述,充分体现了十六大以来中共中央关于人民政协工作的新思想新要求,科学总结了人民政协成立以来特别是改革开放以来创造的实践经验,是以胡锦涛同志为总书记的中共中央从党和国家事业发展的全局出发,加强人民政协工作的一项重要部署,是指导新世纪、新阶段人民政协事业发展的纲领性文件。《意见》关于人民政协是中国共产党把马克思列宁主义统一战线理论、政党理论和民主政治理论同中国具体实践相结合的伟大创造的论述,关于人民政协是我国政治体制的重要组成部分、在我国政治生活中具有不可替代的作用的论述,关于人民通过选举、投票行使权利和人民内部各方面在重大决策之前进行充分协商是我国社会主义民主的两种重要形式的论述,关于人民政协的基本属性、主要职能、组织构成、工作原则和活动方式与构建社会主义和谐社会的要求是完全一致的论述,关于人民政协政治协商、民主监督、参政议政的性质、内容、形式和程序的规定,不仅对人民政协的建设和发展有着十分重要的指导作用,而且对发展社会主义民主政治,建设社会主义政治文明,也有着十分重大的意义。人民政协的各级组织、各参加单位和广大政协委员,要把学习贯彻《意见》作为当前和今后一个时期的一项重大政治任务,深刻理解和全面把握《意见》的基本精神,充分认识在全面建设小康社会、加快推进社会主义现代化的新的发展阶段,加强人民政协工作的重要性,认真履行政协职能,切实抓好自身建设,推动人民政协事业在新的历史起点上不断向前发展。

会议号召,人民政协的各级组织、各参加单位和广大政协委员,紧密团结在以胡锦涛同志为总书记的中共中央周围,高举邓小平理论和"三个代表"重要思想伟大旗帜,全面落实科学发展观,牢牢把握团结和民主两大主题,把努力实施"十一五"规划和构建社会主义和谐社会作为履行职能的重点,求真务实,开拓创新,扎实工作,为全面建设小康社会、推进祖国和平统一、实现中华民族的伟大复兴作出新的更大贡献!

政协第十届全国委员会提案委员会关于政协十届四次会议提案审查情况的报告

政协第十届全国委员会第四次会议期间,政协委员、政协各参加单位围绕党和国家的中心工作,以高度的政治责任感提出了许多有情况、有分析、有具体建议的提案。截至2006年3月8日下午5时,提案委员会共收到提案5030件,参与提案的委员2041人,占委员总数的89.52%。经审查,立案4898件,占提案总数的97.38%。作为委员来信转送有关部门研究处理的132件,其中需要及时处理的,已送交有关部门。

本次会议提案的质量稳步提升,但有些提案的建议尚需进一步具体化。

在立案的提案中,委员提案4647件;各民主党派中央、全国工商联提案198件;人民团体提案1件;界别、小组提案52件。按类别分,有关经济建设方面的提案2213件,占45.18%;科教文卫体方面的提案1441件,占29.42%;政治法律和社会保障等方面的提案1244件,占25.40%。

本次会议提案内容十分丰富,委员们就我国改革发展稳定中的一些重大问题,特别是贯彻落实科学发展观、实施"十一五"规划、构建社会主义和谐社会必须抓紧抓好的重大问题,提出了大量有价值的意见和建议。主要有:加大对"三农"支持力度,推进社会主义新农村建设;稳定宏观经济政策,保持经济平稳较快发展;推进经济结构调整和增长方式转变,建设资源节约型和环境友好型社会;推进西部大开发、东北地区等老工业基地振兴和中部地区崛起,促进区域经济协调发展;加快国有大型企业改革,完善国有资产监管体制;改善市场发展环境,鼓励、支持和引导非公有制经济健康发展;深化金融体制和财税体制改革,维护金融稳定促进经济发展;实施科教兴国战略和人才强国战略,加强国家创新体系建设;深化科技体制改革、加强知识产权保护,促进自主创新与成果转化;进一步扩大开放,完善涉外经济管理体制;增加教育投入,大力促进教育公平;实施素质教育,全面提高教育质量;弘扬中华民族优秀传统文化,加强公民思想道德建设;深化文化体制改革,发展文化事业和文化产业;加快医疗卫生体制改革和服务体系建设,逐步解决群众看病难、看病贵问题;深入整顿和规范市场秩序,加大食品、药品监管力度;进一步做好就业再就业工作,加快推进社会保障体系建设;切实加强安全生产工作,坚决遏止重特大事故频发;积极发展慈善事业,关爱城乡困难群体;健全社会救助体系,加大扶贫济困力度;调整收入分配关系,增加城乡居民收入;加强民主法制建设,促进社会和谐稳定;全面贯彻民族宗教政策和有关法律法规,促进各民族共同繁荣发展;加强内地同港澳的交流与合作,维护香港、澳门长期繁荣稳定;反对"台独"分裂活动、构建和平稳定发展的两岸关系,争取祖国和平统一;加强人民政协工作,充分履行政协职能。

提案反映出,委员们格外关注的问题有:社会主义新农村建设、自主创新、节约资源、循环经济、环境保护、协调发展、思想道德建设,以及涉及群众切身利益的义务教育、就业和再就业、医药卫生、社会保障、收入分配、安全生产等。

会议期间,提案委员会就"关于农业增产、农民增收,促进社会主义新农村建设问题"和"关于加快科技自主创新成果转化问题",召开了两次提案办理协商会,邀请国家发改委、财政部、农业部、科技部等15个有关部委,与提出提案的民主党派中央、政协委员当面沟通情况,交换意见,共商解决问题的措施。

大会闭幕后,定于3月20日召开政协十届四次会议提案交办会,将已审查立案的提案分别送交中共中央、全国人大常委会、国务院、全国政协、中央军委所属有关部门,最高人民法院、最高人民检察院办公厅,各省、自治区、直辖市中共党委和人民政府,以及有关人民团体等160多个承办单位办理。

本次大会提案截止日期以后收到的提案,将及时审查立案,送交有关单位办理。

《人民日报》发表社论《携手开创美好未来——热烈祝贺全国政协十届四次会议胜利闭幕》

全国政协十届四次会议圆满完成各项预定议程,我们对大会的成功表示热烈祝贺。

会议高举邓小平理论和"三个代表"重要思想伟大旗帜,全面贯彻党的十六大和十六届三中、四中、五中全会精神,牢牢把握团结和民主两大主题,紧紧围绕国家经济和社会发展的一系列重大问题展开讨论。这是一次民主、求实、团结、鼓劲的大会,充分体现了人民政协这一具有中国特色的政治组织和民主形式的生机与活力。

会议期间，全体委员认真学习和讨论了《中共中央关于加强人民政协工作的意见》，听取和审议了政协常委会工作报告和提案工作情况报告，审议和通过了政协十届四次会议各项决议和提案审查情况的报告；列席了十届人大四次会议，听取和讨论了温家宝总理所作的《政府工作报告》《国民经济和社会发展第十一个五年规划纲要(草案)》和其他重要报告。全体委员认真履行政治协商、民主监督、参政议政职能，建言献策，共商国是。这次大会对于进一步加强人民政协的各项工作，对于推进全面建设小康社会伟大事业，必将产生重大而深远的影响。

政协委员们一致认为，中共中央的《意见》是指导新世纪、新阶段人民政协事业发展的纲领性文件，认真贯彻落实《意见》，对于加强和改善党对人民政协的领导，充分发挥人民政协的作用，推进我国的社会主义民主政治建设，体现我国社会主义政治制度和政党制度的特点和优势具有重要的意义。委员们高度评价《政府工作报告》，认为《报告》求真务实、鼓舞人心，体现了解放思想、实事求是、与时俱进，突出了以科学发展观统领经济社会发展全局。委员们围绕《国民经济和社会发展第十一个五年规划纲要(草案)》，踊跃发言，热烈讨论，提出了许多具有建设性的意见和建议，更加深刻地认识到，实现"十一五"规划，人民政协使命光荣，责任重大，舞台广阔。

人民政协是中国共产党领导的各党派、各团体、各民族、各阶层大团结大联合的组织，具有人才荟萃、智力密集等多方面优势，具有不可替代的作用。当前，人民政协的重要任务是，坚持把促进发展作为履行职能的第一要务，围绕"十一五"时期我国经济和社会的发展，深入调研、充分论证，提出更多有价值的意见和建议。鼓励政协委员深入基层，联系群众，帮助群众排忧解难，为构建社会主义和谐社会贡献力量。深刻理解和全面把握《意见》的基本精神，在各项工作中认真贯彻落实《意见》。注意突出界别特点，发挥委员主体作用，不断推进履行职能的规范化、制度化、程序化，把政协工作提高到一个新水平。广泛开展促进祖国统一和海外联谊工作，扩大对外友好交往，为我国改革开放和现代化建设作出新的更大贡献。

民主凝聚力量，团结成就伟业。长期以来，人民政协认真履行政治协商、民主监督、参政议政职能，在国家政治、经济和社会生活中发挥着越来越重要的作用。各级党委和领导干部要认真贯彻落实《意见》精神，进一步加强和改善对政协工作的领导。要更加重视、关心和支持人民政协工作，为人民政协履行职能、发挥作用创造良好条件，推动人民政协事业蓬勃发展。

在新的历史起点上展望未来，我们伟大的祖国前景灿烂。在以胡锦涛同志为总书记的党中央领导下，在全面落实科学发展观、构建和谐社会的历史进程中，在实现祖国完全统一、实现民族复兴的伟大事业中，在维护世界和平、促进共同发展的崇高事业中，人民政协大有可为，也必将大有作为。

中国宗教界和平委员会二届三次会议在北京召开

会议审议通过了中国宗教界和平委员会2005年度工作报告，通报了中国宗教界和平委员会2006年度工作要点及其他事项。全国政协民族和宗教委员会主任钮茂生、全国政协副秘书长齐续春出席会议。钮茂生代表全国政协民族和宗教委员会致辞，有关部门负责人应邀列席了会议。全国政协副主席、"中宗和"主席丁光训出席会议并讲话。

丁光训指出，全面贯彻落实宗教信仰自由政策，依法管理宗教事务，坚持独立自主自办原则，积极引导宗教与社会主义社会相适应，是我国宗教工作的基本方针。独立自主自办原则是我国宪法明确规定的，是历史的选择，是宗教界人士和信教群众的选择，对此我们格外珍爱。我们要始终不渝地贯彻独立自主自办原则，适应对外开放的新形势和新特点，继续加强对外交往工作。

援助西藏发展基金会第三届理事会在北京开幕

会议3月13日至15日召开。全国政协副主席、援藏基金会理事长阿沛·阿旺晋美出席会议。全国政协副主席、援藏基金会副理事长帕巴拉·格列朗杰主持会议。

全国人大常委会副委员长热地，全国政协副主席、中央统战部部长刘延东等有关领导到会亲切接见了与会代表并合影留念。

会议以举手表决的方式再次一致推选阿沛·阿旺晋美为援藏基金会理事会理事长，帕巴拉·格列朗杰、天宝为副理事长，并组成了新一届理事会。

援助西藏发展基金会努力投身援藏扶贫事业，自1997年4月召开第二届理事会换届会议以来，基金会开展以医疗卫生援助为内容的"光明工程"实施项目105个，为治愈白内障失明患者筹集落实资金8000多万元；以文化教育援助为内容的"育人工程"实施项目87个，筹集落实资金1400多万元，使数千名大中小学学生和学龄前儿童受益；以扶贫救灾济困援助为内容的"公益工程"共实施项目92个，筹集落实资金2500多万元；"阳光工程"也实施了"爱我西藏、支援西藏"阳光计划一日捐公益活动等。

中共中央政治局常委李长春在人民大会堂会见罗马尼亚国家自由党代表团

3月14日

十届全国人大四次会议在人民大会堂闭幕

大会执行主席、主席团常务主席吴邦国主持闭幕大会。

出席今天上午闭幕大会的2891名代表，首先表决通过了关于政府工作报告的决议。会议通过了《关于国民经济和社会发展第十一个五年规划纲要》；通过了关于2005年国民经济和社会发展计划执行情况与2006年国民经济和社会发展计划的决议，决定批准关于2005年国民经济和社会发展计划执行情况与2006年国民经济和社会发展计划草案的报告，批准2006年国民经济和社会发展计划；表决通过了关于2005年中央和地方预算执行情况与2006年中央和地方预算的决议，决定批准关于2005年中央和地方预算执行情况与2006年中央和地方预算草案的报告，批准2006年中央预算。

会议表决过了关于全国人大常委会工作报告的决议。

会议表决通过了关于最高人民法院工作报告的决议、关于最高人民检察院工作报告的决议，决定批准这两个报告。

大会完成各项议程后，吴邦国发表讲话。他说，十届全国人大四次会议期间，代表们肩负全国各族人民的重托，以对国家对人民高度负责的精神，按照宪法和法律赋予的职责，圆满完成了各项任务。会议充分发扬民主，严格依法办事，进一步统一了思想、明确了任务、鼓舞了干劲，开得很成功，是一次民主、团结、求实、奋进的大会。

吴邦国指出，这次会议的一个重要成果，就是批准了国民经济和社会发展第十一个五年规划纲要。规划纲要以邓小平理论和“三个代表”重要思想为指导，通篇贯穿了科学发展观，全面体现了党的十六届五中全会《建议》的精神，集中了全党全国各族人民的智慧。批准的规划纲要，将是指导今后一个时期我国经济社会发展的行动纲领。规划纲要的实施，必将进一步动员和团结全国各族人民，满怀豪情地投身社会主义现代化建设的伟大事业，创造更加美好的明天。

上午9时20分，在军乐队高奏国歌后，吴邦国宣布：第十届全国人民代表大会第四次会议闭幕。

王乐泉、回良玉、刘淇、刘云山、吴仪、张立昌、张德江、俞正声、贺国强、曹刚川、曾培炎、王刚、何勇、唐家璇、华建敏、陈至立、肖扬、贾春旺、王忠禹、廖晖、刘延东、帕巴拉·格列朗杰、李贵鲜、张思卿、马万祺、白立忱、罗豪才、张克辉、周铁农、郝建秀、陈奎元、阿不来提·阿不都热西提、徐匡迪、李兆焯、黄孟复、张怀西、李蒙、董建华、张梅颖、张榕明等，以及中央军委委员梁光烈、李继耐、廖锡龙、陈炳德、靖志远等，和主席团成员在主席台上就座。

中央党政军群机关负责人，各民主党派中央、全国工商联和无党派代表人士列席了今天的大会。

各国驻华使节旁听了会议。

第十届全国人民代表大会第四次会议决议

（2006年3月14日通过）

关于政府工作报告的决议

第十届全国人民代表大会第四次会议听取和审议了国务院总理温家宝所作的政府工作报告。会议充分肯定国务院过去一年的工作，同意报告提出的今年主要任务和工作部署，决定批准这个报告。

会议号召，全国各族人民在以胡锦涛同志为总书记的党中央领导下，以邓小平理论和“三个代表”重要思想为指导，以科学发展观统领经济社会发展全局，认真贯彻党的十六大和十六届三中、四中、五中全会精神，求真务实，锐意进取，艰苦努力，扎实工作，为开创“十一五”时期经济社会发展新局面，为全面推进社会主义经济建设、政治建设、文化建设、社会建设而奋斗！

关于国民经济和社会发展第十一个五年规划纲要的决议

第十届全国人民代表大会第四次会议审查了国务院提出的《国民经济和社会发展第十一个五年规划纲要（草案）》，会议同意全国人民代表大会财政经济委员会的审查结果报告，决定批准这个规划纲要。

会议认为，规划纲要全面贯彻了《中共中央关于制定国民经济和社会发展第十一个五年规划的建议》的精神，提出的“十一五”时期经济社会发展的奋斗目标和主要任务，符合我国国情，集中了全国各族人民的共同意愿，反映了时代发展的客观要求，经过努力是完全可以实现的。

会议号召，全国各族人民紧密团结在以胡锦涛同志为总书记的党中央周围，高举邓小平理论和“三个代表”重要思想伟大旗帜，全面落实科学发展观，认真贯彻党的十六大和十六届三中、四中、五中全会精神，同心同德，开拓创新，扎实工作，为实现国民经济和社会发展第十一个五年规划和全面建设小康社会的宏伟目标而努力奋斗！

关于2005年国民经济和社会发展计划执行情况与2006年国民经济和社会发展计划的决议

第十届全国人民代表大会第四次会议审查了国务

院提出的《关于2005年国民经济和社会发展计划执行情况与2006年国民经济和社会发展计划草案的报告》及2006年国民经济和社会发展计划草案,同意全国人民代表大会财政经济委员会的审查结果报告。会议决定,批准《关于2005年国民经济和社会发展计划执行情况与2006年国民经济和社会发展计划草案的报告》,批准2006年国民经济和社会发展计划。

关于2005年中央和地方预算执行情况与2006年中央和地方预算的决议

第十届全国人民代表大会第四次会议审查了国务院提出的《关于2005年中央和地方预算执行情况与2006年中央和地方预算草案的报告》及2006年中央和地方预算草案,同意全国人民代表大会财政经济委员会的审查结果报告。会议决定,批准《关于2005年中央和地方预算执行情况与2006年中央和地方预算草案的报告》,批准2006年中央预算。

关于全国人民代表大会常务委员会工作报告的决议

第十届全国人民代表大会第四次会议听取和审议了吴邦国委员长代表全国人民代表大会常务委员会所作的工作报告。会议充分肯定全国人大常委会过去一年的工作,同意报告提出的今后一年的主要任务,决定批准这个报告。

会议要求,全国人大常委会要以邓小平理论和"三个代表"重要思想为指导,全面落实科学发展观,坚定不移地走中国特色社会主义政治发展道路,把坚持党的领导、人民当家做主和依法治国有机统一起来,紧紧围绕党和国家工作的大局,认真履行宪法和法律赋予的职责,努力开创人大工作新局面,为发展社会主义民主、健全社会主义法制,为全面推进社会主义经济建设、政治建设、文化建设、社会建设作出更大的贡献。

关于最高人民法院工作报告的决议

第十届全国人民代表大会第四次会议听取和审议了肖扬院长所作的最高人民法院工作报告。会议对最高人民法院一年来工作取得的进展表示满意,同意报告提出的今年工作安排,决定批准这个报告。

会议要求,最高人民法院要以邓小平理论和"三个代表"重要思想为指导,全面落实科学发展观,切实履行宪法和法律赋予的职责,进一步发挥审判机关职能作用,规范司法行为,提高司法水平,加强队伍建设,推进司法改革,维护社会稳定,为促进经济社会发展、实现社会公平正义、构建社会主义和谐社会作出新的贡献。

关于最高人民检察院工作报告的决议

第十届全国人民代表大会第四次会议听取和审议了贾春旺检察长所作的最高人民检察院工作报告。会议对最高人民检察院过去一年工作取得的进展表示满意,同意报告提出的今年工作安排,决定批准这个报告。

会议要求,最高人民检察院要以邓小平理论和"三个代表"重要思想为指导,全面落实科学发展观,切实履行宪法和法律赋予的职责,进一步发挥检察机关职能作用,规范执法行为,提高执法水平,加强队伍建设,推进司法改革,维护社会稳定,为促进经济社会发展、实现社会公平正义、构建社会主义和谐社会作出新的贡献。

国务院总理温家宝出席十届全国人大四次会议记者招待会并回答记者提问

十届全国人大四次会议14日上午在人民大会堂举行记者招待会,国务院总理温家宝应大会新闻发言人姜恩柱邀请同中外记者见面,并回答记者提出的问题。

招待会开始时,温家宝说:

女士们、先生们,上午好!现在面对我的是记者,是少数,但是在会场外听我谈话的群众是多数,我必须向群众讲几句话。

两会受到广大群众的关注,他们通过代表、委员、新闻媒体和信息网络,给政府工作提出了许多意见和建议。据人民网、新华网、搜狐网、新浪网和央视国际网不完全的统计,对政府工作提出的意见和给总理本人提出的问题,多达几十万条。我从群众的意见中感受到大家对政府工作的期待和鞭策,也看到了一种信心和力量。我们的国家和民族正站在历史的新起点上,面对新的任务,需要更加清醒、更加坚定、更加努力。

清醒,就是要认识到我们已经取得的成绩只是在现代化进程中迈出的第一步,今后的路还更长,更艰苦。形势稍好,尤须兢慎。思所以危则安,思所以乱则治,思所以亡则存。

坚定,就是要坚定不移地推进改革开放,走中国特色社会主义道路。前进中尽管有困难,但不能停顿,倒退没有出路。

努力,就是要准备应对各种困难和风险。困难和风险有些是可以预料到的,有些是难以预见的。我们民族生生不息,就在于她的刚健自强、百折不挠、艰苦奋斗。我们必须做长期努力奋斗的准备。谢谢大家!

《农民日报》记者:在今年两会期间,代表委员以及社会各界关注度最高的一个话题就是建设社会主义新农村。我国的经济体制改革是从农村开始的,中央也一直非常重视"三农"问题,从今年起全部取消农业税,中央财政支农资金达到3397亿元。请问总理,现在为何还要专门提出建设社会主义新农村?建设新农村与中央过去一贯的农村政策是什么关系?

温家宝：农业、农村和农民问题是关系现代化建设全局的根本性问题。我想谈一下关于建设社会主义新农村的深层次的三点考虑。

第一，建设社会主义新农村就是把农业和农村工作放在现代化建设全局的更加突出的位置。通过工业反哺农业、城市支持农村，促进农村的小康和农业的现代化，这是整个现代化建设的一个重大步骤。我还想提出一点，加强农业和农村建设是一着“活棋”，这一步棋走好了，就能够带动内需和消费，从而使中国的经济发展建立在更加坚实的基础上。

第二，建设社会主义新农村的着眼点是发展现代农业，提高农业的综合生产能力。我们之所以提出要加强农村基础设施建设和农村各项社会事业的发展，就是为了改善农民的生产和生活条件。

第三，建设社会主义新农村必须坚持两条根本原则：一是保障农民的民主权利，特别是土地承包经营的自主权。要尊重农民的意愿，不搞强迫命令。二是让农民得到实实在在的利益，要把提高农民的物质文化生活水平贯彻始终，并且作为检验的标准。要讲求实效，不搞形式主义。

台湾TVBS记者：台湾领导人2月27日宣布终止“国统会”运作和“国统纲领”适用，同时表示在条件许可时，会推动台湾公众制定新“宪法”，一般认为这使两岸关系再次进入到比较复杂的局面，想请教您的是台湾当局的做法是不是已经冲撞了大陆对台问题的底线？在这样的情况下，大陆是不是还会和台湾的执政党进行接触、往来？大陆方面对台的基本立场和方针政策，是不是会作出新的调整和变化？我们还想了解在新的一年里，大陆在两岸交流方面还会不会有一些新的重要的措施？

温家宝：中国有一句古话，叫作“得道者多助，失道者寡助”。台湾当局领导人阻挠开放“三通”，收紧以至限制两岸的经贸往来，这不仅不利于台湾的经济发展，而且损害了台湾同胞的利益。台湾当局领导人制造麻烦，转移视线，造成岛内纷争和两岸局势的紧张。台湾当局领导人数典忘祖，妄图割断中华民族的血脉，切断两岸同胞的骨肉联系。台湾当局领导人的这种做法，违背了两岸和平稳定、互利双赢的大趋势，也违背了包括台湾同胞在内的全体中国人的愿望，必将落得失道寡助的下场。

台湾当局领导人决定终止“国统会”和“国统纲领”，公然挑衅一个中国的原则，严重破坏两岸的和平稳定，具有极大的冒险性、危险性和欺骗性。值得警惕的是，他们正在加紧“台独”分裂活动，推行以“法理台独”为目标的所谓“宪改”工程。我们正在密切注视情况的发展，做好应对一切可能发生后果的准备。

我们坚持一个中国的原则是一贯的、明确的，这就是说世界上只有一个中国，海峡两岸同属于一个中国，中国的主权和领土完整不容分割。在一个中国原则的基础上，我们主张两岸进行协商与谈判。这是完全平等的，不存在谁吃掉谁的问题。

我在这里再次重申：不管什么政党、什么人，不管他过去说过什么、做过什么，只要坚持一个中国的原则，我们就愿意同他进行对话与谈判。包括民进党，只要它放弃“台独”纲领，我们也愿意作出正面的回应，进行接触和协商。

我们争取和平解决台湾问题的努力决不放弃，反对“台独”分裂活动决不妥协，决不允许把台湾从祖国分割出去。

香港《文汇报》记者：我为在香港的读者和分布在十多个国家和地区的海外版读者，向您请教两个问题：第一，“十一五”规划考虑了港澳地区的发展，并征求了香港地区一些人士的意见，令香港市民备受鼓舞。请问在“十一五”规划蓝图中，您如何看待内地发展与香港发展的关系，香港的发展在整个国家政治、经济发展过程中又将扮演怎样的角色？第二，去年9月一位驻京香港记者曾经给您写过一封信，信中的内容也是我想当面向您了解的。本届内阁任期已经过半，回顾过去这1000多天的施政历程，您觉得什么成绩是令您最欣慰的，什么情景是令您最感动的，什么事情是令您最痛心的，您能否给您本人及内阁团队打个分，您将以怎样的精神状态完成下半段的任期？

温家宝：香港回归近9年了，香港的资本主义制度没有改变，法律基本没变，港人的自由权利得到应有的保障。香港在克服亚洲金融危机带来的困难以后，经济有了新的发展，民生逐步得到改善。

香港是世界上最自由和开放的经济体系，具有比较完备的法律制度，有着良好的营商环境和广泛的国际市场联系，拥有一大批熟悉国际经济规则的人才。香港是世界的金融、贸易、航运中心，这些优势不仅是香港自身发展的有利条件，而且对内地发展也发挥着重要的、不可替代的作用。20多年来，香港已经成为内地第四大贸易伙伴，是最大的外商投资来源地。随着“十一五”规划的实施，香港的这些优势和作用会得到进一步的发挥。

最近几年，内地同香港建立了更紧密经贸关系，内地对原产于香港的产品进口已经全部实施零关税。内地向香港开放了27个服务贸易领域，特别是在金融、会计、法律等领域，提供了更加便利的市场准入条件。开放居民个人赴港旅游的内地城市已经达到38个，到今年“五一”将再增加6个。香港银行开办人民币业务范围不断扩大。香港与内地联系的基础设施建设，有的已经开始兴建，有的正在加快进行。总之，"十一五"规划的实施和内地与香港建立更紧密的经贸关系，将会使两地共同繁荣与发展。

我还想再说一句，香港经济的发展和民生的改善，有利于香港同胞根据《基本法》的原则，循序渐进地推进民主政制建设。

关于第二个问题。我们的政府是人民的政府。我作为一个中国人，是人民的儿子。我们所取得的一切成绩都归功于人民。我最感动的是人民对政府的支持。这种支持既来自鼓励，也来自批评，而且总是那么热情、一贯。我最觉得痛心的问题是在这三年的工作中，还没能够把人民最关心的医疗、上学、住房、安全等问题解决得更好。但是，中国的总理懂得一个道理，就是知难不难，迎难而上，知难而进，永不退缩，不言失败。

英国《金融时报》记者：我想请教您一个有关农村的问题。中国的农民是否需要有更加完整的，而且是更加强有力的物权保障，以更好地实现他们土地的价值，也可以抵御非法占地所带来的不良影响。我想问一下，您在这方面有些什么考虑？

温家宝：中国农民问题的核心是土地问题。中国的改革是从农村开始的，最重要的是实行了家庭承包经营。土地所有权属于集体，但生产和经营权属于农民，这是一大特点，也是一大优势。我们说要给农民土地经营权以长期的保障，15年不变，30年不变，就是说永远不变。

在中国，必须实行最严格的耕地保护制度，必须保护农民对土地生产经营的自主权，占用农民土地必须给予应有的补偿。土地出让金主要应该给予农民。必须依法严惩那些违背法律，强占乱占农民土地的人。

中央人民广播电台记者：尽管中国领导人多次表示中国坚持走和平发展的道路，但是国际上还有人认为中国的发展是威胁，也有人认为中国在国际体系中承担的义务有限，没有发挥应有的作用。您认为如何才能让人相信中国是一个负责任的国际社会成员？

温家宝：中国坚持走和平发展的道路，是由中国的传统文化、发展需要和国家利益决定的。中国已经成为一个负责任的国家。

第一，中国通过改革和建设，成功地解决了13亿人口的吃饭问题，消除了两亿多人口的贫困。中国的发展和稳定是对世界和平与繁荣的重大贡献。

第二，中国通过建设的实践，摸索到了一条科学发展的道路，这就是要节约资源、保护环境。中国的发展不会给世界造成不利影响。

第三，中国奉行独立自主的和平外交政策，不以意识形态划线，不与任何国家和国家集团结盟，而在和平共处五项原则的基础上，愿与所有的国家和平相处。

第四，中国奉行与邻为善、以邻为伴，睦邻友好的周边外交政策，与周边的国家发展友好合作关系。

第五，中国是国际体系的参与者和维护者。我们参加了100多个国际组织、近300个国际条约。我们与国际社会一道为建立国际政治经济新秩序而共同努力。

第六，中国是维护世界和平的坚定力量。我们在朝核、伊核这些重大的地区和国际问题上，一贯持劝和促谈的立场。中国在非传统安全领域，包括对国际上发生的重大自然灾害，积极开展国际合作。去年，我们在印度洋海啸后，就组织了一次中国最大的国际救援活动。

第七，中国坚决反对恐怖主义和核扩散。

第八，中国加入世界贸易组织以后，切实履行自己的承诺。

第九，中国自己虽然是一个发展中国家，但是积极落实联合国千年发展目标。我们已经对44个不发达国家减免了200亿元人民币的债务，并且在今后三年，要对不发达国家提供100亿美元的优惠贷款。中国所提供的援助是不附加任何条件的。

第十，中国奉行的是自卫的国防政策。中国有限的军费增长完全是为了改善军队的条件和提高自卫的能力。我们自卫的国防政策是透明的。除了参加联合国维和部队以外，我们在世界上没有派出一兵一卒，没有占领过任何一个地方。中国即使强大了，也不会干涉任何人、影响任何人，不会称霸。

美国全国广播公司记者：刚才您在答问中提到了互联网。我们知道胡锦涛主席即将对美国进行访问，在美国以及其他地方，大家对中国在互联网方面进行的内容审查颇有微词。我想了解一下您如何看待中国在互联网方面进行的审查？您是否对现行的这一政策感到满意？或者说您对国际媒体对这一事件的报道是否满意？

温家宝：我想先引用两句话：一句是萧伯纳说的"自由意味着责任"；一句是你们美国老报人赛蒙·斯特朗斯基说的"要讲民主的话，不要关在屋子里只读亚里士多德，要多坐公共汽车和地铁"。

中国的互联网一直保持着很快的发展速度，现在的网民已经超过1亿。中国政府支持互联网的发展和广泛的应用。作为人民的政府，应该接受群众的民主监督，也包括在网上广泛听取意见。只有人民监督政府，政府才不敢懈怠；只有人人负起责来，各项事业才能顺利发展。

按照我国《宪法》规定的原则，每一个公民都有利用互联网的权利和自由，但同时要自觉地遵守法律和秩序，维护国家、社会和集体的利益。中国对互联网依法实行管理,同时我们也倡导互联网业界实行行业自律,实行自我管理。中国对互联网管理的做法是国际通行的做法。我们非常重视吸收国际上有关互联网管理的经验。网站要传播正确的信息,不要误导群众,更不能对社会秩序造成不良的影响。这些规范作为职业道德,应该得到遵守。

日本共同社记者:我有两个关于中日关系的问题:今年9月日本首相小泉将离任。请问如果下一任日本首相依旧去参拜靖国神社,中国政府会采取哪些措施,是否会恢复和日本领导人的会晤?第二,2006年主要有哪些因素和问题会影响中日关系的发展?

温家宝:目前中日关系的发展确实遇到很多困难,这是我们不愿意看到的。造成目前这种状况的原因不在中国,也不在日本人民,而在日本领导人。日本领导人多次参拜供有二战甲级战犯的靖国神社,极大地伤害了中国人民和亚洲人民的感情。这个问题得不到解决,中日关系就很难顺利发展。

中日两国是近邻,发展世代友好关系是我们坚定不移的对日外交方针。发展中日关系必须遵守"以史为鉴、面向未来"和中日之间三个政治文件的原则。为了进一步推进中日关系,我想强调三点:第一,继续进行政府之间的战略对话,以消除影响中日关系的障碍;第二,加强民间交往,增进相互了解和信任;第三,稳定和发展两国经贸关系,扩大互利双赢合作。

台湾人权新闻通讯社记者:我要提的问题是环境污染问题。我们知道今天中国是一个非常具有科技基础的国家,我所知道的现在每天制造的垃圾有17857吨,每人每天要制造1.28公斤,而且现在垃圾排放量以10%上升(原话如此)。我从上海来,上海的水简直就不能吃了,而且是黄的。我们今天的工业发展得再好,假如连民众吃的水都有问题的话,总理先生,你的丰功伟业可能就化为乌有了。

温家宝:您用极大的勇气得到了一次发言权,而且你问的问题十分重要。环境污染确实已经成为当前中国发展中的一个重大问题,这个问题至今没有得到很好的解决。"十五"计划我们大多数的指标都基本完成了,但是坦率地告诉大家,环境指标没有完成。

我们多次强调,中国决不能走"先污染、后治理"的老路,要给子孙后代留一片青山绿水。但是必须要采取切实有力的措施。我想至少有四个方面:第一,我们在制定发展目标时,不要只看经济增长,而要看能源节约和环境保护。因此,这次"十一五"规划纲要特别提出了两项目标,就是在今后五年,单位国内生产总值能源消耗要降低20%左右,主要污染物的排放总量要降低10%。第二,要严格执行产业政策,特别是建设项目和企业准入制度。那些污染环境、浪费资源的企业和建设项目,一律不能搞。第三,要加大对环境污染的专项整治。特别是对水、空气的污染和土地面源污染,要有计划、有步骤地进行治理。第四,要严格执法,依法保护环境,这是最关键的,也是最难的。要依法关闭那些高耗能、高污染的企业,依法追究那些制造污染而给群众、给社会带来重大损失的企业和个人的责任。

我相信,只要我们认真、坚决地执行上述政策、措施,中国环境的状况会有改变的。如果你年年来采访的话,你可以观察,随时提出你的意见。

法新社记者:我有两个问题:第一,三年来,我们发现言论自由受到更多限制,特别是在互联网和媒体上,还关闭了一些报刊。我们也留意到,在处理失去土地的村民抗议活动的时候,公安越来越多地使用暴力。请问您觉得用这些办法处理这些问题是合适的吗?第二,几年来,中国有很多安全生产事故发生,特别是在煤矿领域,我们也注意到政府采取了很多措施,包括惩罚一些不负责任的官员,关闭很多煤矿。可是我们也看到,中国煤矿工人还继续有大量的死亡,解决这个问题的唯一办法就是允许工人有权利自由组织工会。中国什么时候允许工人建立独立的工会呢?

温家宝:关于言论和出版自由的问题,我在回答互联网问题时已经谈了。我可以再重复两句,就是任何公民都有言论和出版的自由;同时,任何公民都要遵守法律,维护国家和社会的利益。

我们国家正处在经济快速发展时期,也是各类矛盾集中凸显的时期。造成这些矛盾的原因是多方面的,其中很重要的就是一些地方违反法律法规,侵害群众的切身利益,比如说在土地征用、房屋拆迁、企业改制等方面侵害了群众的利益。处理新时期的社会矛盾,我想强调两点:第一,要采取有力的措施保护群众的切身利益,依法维护群众的合法权益。第二,要教育和引导群众,合理的诉求要通过合法的形式来表达。

最近,在一些行业和地区,确实接连发生了一些重特大安全生产事故,这是我们感到非常痛心的事情。我在《政府工作报告》中,已经提出了加强安全生产的各项措施。我想强调一点,就是加强对职工的安全培训,增强职工的安全意识和自我防范的能力。此外,要发挥各级工会组织的作用,特别是对安全生产的监督作用,使各级工会能够负起维护群众切身利益和安全的责任。在中国,工会是工人自己的组织,不是由雇主建立的。

新华社记者:总理,在您的《政府工作报告》中,教育是一个亮点,尤其是农村义务教育提出了实行"两免一补"的政策,这受到了广大老百姓的热烈欢迎。但我们也看到在中国这样一个有着13亿人口的大国,实行真正意义上的义务教育是非常困难的。请问温总理:中国政府对教育下这么大的决心,基于什么考虑?如何确保这个目标的实现?

温家宝:教育是国家现代化的基石。国家的发展最终要靠提高全民素质。我们已经在全国建立了巩固和普及义务教育、大力发展职业教育和着力提高高等教育质量的格局。今后,我们要使这三个方面都有所进步。

在这里,我特别想强调一下平民教育问题。因为世界上绝大多数人都是平民。平民素质关系到一个国家国民的整体素质。我们有13亿人口,9亿农民,平民的比重更高。我们之所以把义务教育和职业教育放在重要位置,就是要使教育成为面向平民的教育,从而使人人都能受到教育。

《华尔街日报》记者:最近中国有几家国有商业银行向外国银行出售了股权,可是有些国内人士批评说这个价格太低了。您如何回应这些批评的意见?另外,中国政府什么时候会开始允许外资企业获得国有银行的控股权?比如说美国花旗银行希望收购广东发展银行的控股权,您是否支持花旗这个收购案?

温家宝:国有商业银行的改革目标是建立现代商业银行制度。我们要探索公有制的多种实现形式,而股份制就是一种有效的实现形式。实行股份制不是目的,改革的目的在于改善公司治理结构,学习和借鉴先进的管理经验,从而提高国有商业银行的管理水平和经营效益。在把握商业银行改革的过程中,我们坚持两条原则:第一,就是国家绝对控股,从而保持国家对经济命脉的控制权,防范金融风险;第二,加强对改革全过程的管理,完善内控机制和监管体系,防止国有资产流失。

我们的国有商业银行改革正在进行中,应该说取得了一定的成效。我们要继续推进改革,同时注意随时总结经验,避免损失,特别是大的损失。

印度报业托拉斯记者:我想问一个有关中印双边关系的问题。2006年是"中印友好年",您认为中印两国将如何进一步加强两国的战略伙伴关系,加强两国的互信和友好,同时也能够妥善地处理两国的分歧,尤其是边界分歧?

温家宝:去年,我成功地访问了印度。中印两国建立了面向和平与繁荣的战略合作伙伴关系,签署了解决中印边界问题的政治指导原则协定,制定了中印两国经贸发展的五年规划。今年是中印友好年,其中一个重要内容就是"梵典与华章",即中印文化的交流。我觉得中印关系发展到今天,确实进入了一个新的历史阶段。

我有一个信念:当中印两国真正强大起来,能够充分展示自己精神风貌的时候,那就是亚洲世纪的真正到来。到那时,我希望我们两个国家兄弟般的合作关系仍然存在,并将友谊深藏在两个东方民族的心底。

中央电视台记者:去年实施人民币汇率改革,人民币兑美元小幅升值被认为是中美贸易摩擦的缓冲器,但是美方要求人民币升值的压力依然存在。请问总理:今年人民币还会不会继续大幅升值?

温家宝:去年7月,我们进行了人民币汇率形成机制的改革,改变了人民币单一与美元挂钩,建立了根据市场供求为基础、有管理的浮动汇率制度。从那以后,已经半年多了。在美元坚挺的情况下,人民币对美元升值接近3%,对欧元和日元升值的幅度更大一些。我们将进一步完善人民币汇率形成机制,扩大外汇市场,增加人民币汇率的浮动弹性。我想说明的是,按照现在的机制,根据市场的变化,人民币具有自主向上或者向下浮动的空间和能力。那种用行政性的办法一次性地使人民币或升或降的事情不会再出现了,也不会再发生"出其不意"的事情了。

记者招待会历时2小时10分钟。近千名中外记者参加。

外交部发言人秦刚在例行记者会上就中外媒体关心的问题答记者问

关于伊朗核问题,秦刚表示,中国与国际社会绝大多数成员国有着共同的目标,即都支持维护国际核不扩散体系的严肃性和权威性,反对核武器扩散,都不希望中东地区再出现新的动荡,主张通过外交和谈判的方式早日妥善解决伊朗核问题。目前,通过外交谈判解决伊朗核问题仍有空间,各方都应加紧外交努力。中方希望伊朗与国际原子能机构充分合作,多采取增进信任的措施,为通过谈判解决伊朗核问题创造条件。中方也希望所有有关各方保持克制与耐心,避免采取可能导致局势进一步升级的举动,以利于通过谈判解决该问题。

他说,中国支持一切有利于通过谈判和平解决伊朗核问题的努力。中方认为,在当前形势下,俄罗斯的有关建议仍不失为打破伊朗核问题僵局的有益尝试,中方一直支持伊朗和俄罗斯进行谈判,并希望谈判早日取得进展。中方正在并将继续与有关各方密切协调,为通过外交手段解决伊朗核问题发挥建设性的作用。

有记者问,中国对发展同周边国家特别是南亚邻邦的关系有何政策?前不久,巴基斯坦总统穆沙拉夫对中国进行了国事访问,中国对发展同巴基斯坦的关系有何政策?

秦刚表示,中国奉行"与邻为善,以邻为伴"的周边外交方针,愿同包括南亚地区在内的所有周边国家发展平等互利的友好合作关系。

他说，无论是巴基斯坦还是南亚的其他国家都是中国的朋友和友好邻邦。中国愿同南亚地区有关国家共同努力，进一步促进友好互利合作关系的深入发展。

秦刚说，去年4月，国务院总理温家宝对巴基斯坦等南亚国家进行了正式访问，中巴宣布建立战略合作伙伴关系。前不久，巴基斯坦总统穆沙拉夫对中国进行了成功的国事访问，双方就广泛领域的合作以及在国际事务中的协调与磋商达成了重要共识。中国非常重视同巴基斯坦和南亚其他国家的友好关系，愿共同致力于维护地区的和平与稳定，促进共同发展。

当记者问到最近中国官员会见六方会谈韩国代表团团长千英宇的情况时，秦刚介绍说，3月10日，六方会谈韩方新任团长、韩国外交通商部外交政策室长千英宇访华。千英宇访华期间，中方代表团团长、外交部副部长武大伟与他举行会谈，双方就六方会谈有关问题深入交换了意见。双方均认为，中韩应继续保持密切沟通与合作，为逐步落实共同声明，实现朝鲜半岛无核化，维护东北亚地区和平作出努力。

秦刚说，访华期间，千英宇与中国外交部部长助理崔天凯、何亚非以及美大司司长刘结一等会面，就共同关心的问题交换了意见。

外交部部长李肇星在北京与伊朗政府特使贾瓦德·拉里贾尼举行会谈

《建设社会主义新农村》由中共中央党校出版社正式出版

该书收入了《中共中央国务院关于推进社会主义新农村建设的若干意见》和人民日报发表的胡锦涛、温家宝在今年2月省部级主要领导干部研讨班上的重要讲话摘要。

3月15日

国家主席胡锦涛在人民大会堂接受8国新任驻华大使递交的国书

这些新任驻华大使是：荷兰大使闻岱博、印度尼西亚大使苏特拉查、英国大使欧威廉、沙特阿拉伯大使侯杰兰、阿尔巴尼亚大使佩卡、毛里求斯大使钟律芳、科特迪瓦大使科菲和莱索托大使蒂贝利。

国务院总理温家宝主持召开国务院常务会议

会议研究落实《政府工作报告》提出的今年工作任务，审议并原则通过《国务院2006年工作要点》。

会议指出，刚刚闭幕的十届全国人大四次会议审议通过了《政府工作报告》，国务院根据《政府工作报告》的要求制定了2006年工作要点，把今年政府工作的任务明确分解到各部门。国务院及各部门要以对国家、对人民高度负责的精神，集中精力狠抓落实。这是做好今年工作、完成既定任务的关键，也是对政府执行力和公信力的检验。

会议强调，落实好《政府工作报告》提出的任务，必须坚持做到以下几点：一要加强领导，明确责任。各部门、各单位要精心部署，周密安排，领导干部带头，层层抓好落实。对重点任务，要制订工作方案，提出明确要求，集中力量确保完成。二要开拓进取，勇于创新。坚持用改革的办法抓落实，密切结合实际，创造性地开展工作。三要求真务实，真抓实干。所有工作都要讲求实效。加强调查研究，转变工作作风。各级政府工作人员特别是领导干部要深入实际、深入基层，注重研究新情况，解决新问题。四要密切配合，通力协作。各部门、各单位都要增强全局观念，认真履行职责，齐心协力。坚决克服推诿扯皮的现象，提高办事效率。有关工作任务的牵头部门要切实负起责任，其他有关部门要积极配合。五要提高执行力，确保政令畅通。各部门、各单位都要自觉维护中央决策的统一性、权威性和严肃性，加强纪律性，做到令行禁止。六要加强督促检查，健全问责制。坚持高标准、严要求，注重提高工作水平。每项任务都要有人负责，有明确的时间进度和工作质量要求，定期汇报，督促检查，强化考核，严明奖惩。

全国政协主席贾庆林在北京出席中国残疾人福利基金会换届大会并发表讲话

贾庆林首先代表党中央、国务院向大会表示祝贺。他说，在党和政府的关怀和领导下，经过各有关部门、海内外各界人士和广大残疾人的共同努力，我国残疾人事业取得了举世瞩目的伟大成就，1100多万残疾人得到不同程度的康复，残疾少年儿童义务教育入学率提高到80%，残疾人就业率稳步上升，就业渠道不断拓宽，参与社会生活的条件和环境不断改善。中国残疾人福利基金会是发展残疾人事业的一个重要团体，是动员全社会参与残疾人事业的一支重要力量，成立20多年来为我国残疾人事业发展作出了重要贡献。

贾庆林要求中国残疾人福利基金会新一届理事会要认真贯彻两会精神，要把实现和维护广大残疾人的根本利益作为一切工作的出发点和落脚点，大力加强自身建设，同时加强与相关公益组织的协作与配合，形成推动残疾人事业发展的强大合力。

中国残疾人福利基金会成立于1984年，是为残疾人服务的全国性公益组织，其宗旨是“弘扬人道，奉献爱心，全心全意为残疾人服务”。22年来，基金会累计筹集款物总价值33.4亿元人民币，推行旨在帮助残疾人走向新生活的公益项目，受益者成千上万，遍布全国各地。

国务院副总理回良玉，全国人大常委会副委员长司马义·艾买提、何鲁丽，全国政协副主席刘延东、白立忱、罗豪才，以及布赫、吴阶平、彭珮云等出席大会。

中共中央政治局常委罗干在人民大会堂会见由第一书记穆萨耶夫率领的土库曼斯坦民主党代表团

3月16日

中央统战部发出《关于学习贯彻〈中共中央关于加强人民政协工作的意见〉的通知》

通知指出，《中共中央关于加强人民政协工作的意见》（以下简称《意见》）是以胡锦涛同志为总书记的党中央从党和国家事业发展的全局出发，根据新的形势和任务，着眼推进社会主义政治文明建设，不断开创统一战线和人民政协事业新局面作出的一项重大举措，是指导我国新世纪、新阶段统一战线和人民政协工作的纲领性文件。

通知要求，各级统战部门要把学习贯彻《意见》精神作为当前和今后一个时期统一战线的一项重要任务，精心组织，周密部署，切实抓紧抓好。要把学习贯彻《意见》与深刻领会十六大以来党中央关于治国理政特别是有关统一战线和人民政协事业发展的一系列新的重要论述结合起来，与学习贯彻《中共中央关于进一步加强中国共产党领导的多党合作和政治协商制度建设的意见》结合起来，与开展纪念"长期共存、互相监督"方针提出50周年等一系列重要活动结合起来，推动学习贯彻活动深入开展。要组织引导和支持帮助统一战线广大成员通过多种形式，认真开展《意见》的学习贯彻活动，确保取得明显成效。要支持民主党派、工商联和无党派人士等各界政协委员和其他社会各界人士中的党外政协委员，积极参加政协组织的会议和活动，帮助他们提高自身素质，遵守政协章程，密切联系群众，切实履行好政治协商、民主监督、参政议政的职能。

通知提出，要以学习贯彻《意见》为契机，运用新闻媒体、报纸杂志和互联网等多种途径和方式，广泛、深入地宣传统一战线和人民政协事业，宣传中国共产党领导的多党合作和政治协商制度，使社会上更多的人认识和了解统一战线和人民政协工作，不断坚持和完善我国的政治制度和政党制度，推动新世纪、新阶段统一战线、多党合作和人民政协事业不断向前发展。

国家主席胡锦涛根据全国人大常委会的决定任免驻外大使

一、免去甄建国的中华人民共和国驻丹麦王国特命全权大使职务；

任命谢杭生为中华人民共和国驻丹麦王国特命全权大使。

二、免去汪晓源的中华人民共和国驻赤道几内亚共和国特命全权大使职务；

任命李仲良为中华人民共和国驻赤道几内亚共和国特命全权大使。

三、免去王永占的中华人民共和国驻乌拉圭东岸共和国特命全权大使职务；

任命汪晓源为中华人民共和国驻乌拉圭东岸共和国特命全权大使。

四、免去陈笃庆的中华人民共和国驻东帝汶民主共和国特命全权大使职务；

任命苏健为中华人民共和国驻东帝汶民主共和国特命全权大使。

五、免去李正君的中华人民共和国驻巴布亚新几内亚独立国特命全权大使职务；

任命魏瑞兴为中华人民共和国驻巴布亚新几内亚独立国特命全权大使。

外交部部长李肇星在北京会见联合国秘书长黎巴嫩和叙利亚问题特使拉森

外交部部长李肇星在北京会见拉脱维亚外交部国务秘书彭凯

联合国千年发展目标教育与培训第四次圆桌会议在北京举行

全国政协副主席、中国经济社会理事会主席、经社理事会和类似组织国际协会主席王忠禹出席并讲话。

王忠禹指出，联合国千年发展目标凝聚了人类社会对美好生活的渴望，体现了促进世界和平、稳定与繁荣，实现互利共赢的共同信念。他倡议各国采取有效措施，积极行动起来，加强联合国在推动国际发展合作中的核心作用，发挥联合国经社理事会在发展领域的引导和协调作用，建立公平、合理、有效的千年发展目标进展评估框架，各国经社理事会、非政府组织和教育界要加强协调与合作，实现优势互补。

联合国千年发展目标，是指2000年9月联合国千年首脑会议通过的《联合国千年宣言》中所确定的"到2015年将世界上极端贫困人口减少一半，普及初等教育"等8项发展目标。

《政府工作报告》单行本和《十届全国人大四次会议〈政府工作报告〉辅导读本》出版

2005年年末中国总人口为13亿756万

国家统计局今天发布的“2005年全国1%人口抽样调查主要数据公报”显示，2005年年末，我国总人口为13亿756万(未包括中国香港、中国澳门、中国台湾省人口数)。

据介绍，全国1%人口抽样调查工作于2005年年底开展，调查的样本量为1705万人，占全国总人口的1.31%。调查显示，与2000年11月1日零时第五次全国人口普查的总人口相比，中国人口总数增加了4045万人，增长3.2%。人口年平均增加809万人，年平均增长0.63%。

目前，我国居住在城镇的人口占42.99%，居住在乡村的人口占57.01%。全国人口中，流动人口为14735万人，其中，跨省流动人口4779万人。

我国男性为67309万人，占总人口的51.53%；女性为63319万人，占总人口的48.47%。性别比(以女性为100，男性对女性的比例)为106.30，与第五次全国人口普查相比下降0.44。具有大学程度(指大专及以上)的人口为6764万人，高中程度(含中专)的人口为15083万人，初中程度的人口为46735万人，小学程度的人口为40706万人。

3月17日

全国人大常委会委员长吴邦国到天津考察

3月17日至18日，吴邦国在天津市市委书记张立昌，市长戴相龙，市人大常委会主任刘胜玉等陪同下，深入滨海新区、新技术产业园区等地考察工作。

考察期间，吴邦国听取了天津市的工作汇报，对天津市的工作给予了充分肯定。吴邦国指出，十届全国人大四次会议批准的国民经济和社会发展第十一个五年规划纲要，是指导今后一个时期我国经济社会发展的行动纲领。他强调，要实施好“十一五”规划、把全面建设小康社会和社会主义现代化事业不断推向前进。关键是要坚持以科学发展观统领经济社会发展全局，转变发展观念，创新发展模式，提高发展质量，结合实际创造性地开展工作，把科学发展观真正落实到具体政策措施上、落实到实际工作中。吴邦国强调，提高自主创新能力是调整经济结构、转变经济增长方式，建设集约型、节约型、生态型天津的关键。要增加科技投入，创新产学研相结合的体制机制，使企业尤其是大型企业真正成为科技创新的主体，以提高科技进步对经济增长的贡献率，推进产业结构优化升级，不断提高经济增长的质量和效益。

考察期间，吴邦国还亲切看望了天津市人大常委会机关干部职工。吴邦国指出，人大在依法治国、建设社会主义法治国家进程中，发挥越来越大的作用。他强调，做好新形势下的人大工作，一要坚持正确的政治方向，坚定不移地走中国特色社会主义政治发展道路，把坚持党的领导、人民当家做主和依法治国有机统一起来。二要紧紧围绕党和国家工作大局，紧紧围绕改革发展稳定中的重大问题，紧紧围绕人民群众普遍关心的突出问题开展工作，不断增强人大工作的实效。三是要坚持以人为本，切实体察民情、充分反映民意、广泛集中民智，做到权为民所用、情为民所系、利为民所谋，更好地发挥人大作为国家权力机关、工作机关和代表机关的作用。

中共中央 国务院转发《中央宣传部、司法部关于在公民中开展法制宣传教育的第五个五年规划》并发出通知

各省、自治区、直辖市党委和人民政府，中央和国家机关各部委，解放军各总部、各大单位，各人民团体：

《中央宣传部、司法部关于在公民中开展法制宣传教育的第五个五年规划》(以下简称“五五”普法规划)已经中央同意，现转发给你们，请结合实际情况，作出具体安排，认真组织实施。

法制宣传教育是提高全民法律素质、推进依法治国基本方略实施、建设社会主义法治国家的一项基础性工作。继续深入开展法制宣传教育，是贯彻落实党的十六大和十六届五中全会精神的一项重要任务，是实施“十一五”规划、构建社会主义和谐社会和全面建设小康社会的重要保障。各级党委、人大和政府要高度重视法制宣传教育工作，切实加强对法制宣传教育工作的领导和监督，把这项工作纳入当地经济和社会发展总体规划，确保“五五”普法规划落到实处。全党同志特别是各级领导干部要带头学习法律知识，努力提高宪法意识和法制观念，不断增强依法执政和运用法律管理经济和社会事务的本领。要进一步加强公务员法制宣传教育，提高法律素养，做到依法决策、依法行政、依法管理，不断提高工作效率和为人民服务的水平。要进一步加强法制宣传教育立法，促进法制宣传教育工作的制度化和规范化。各地区、各部门各行业都要结合实际，大力开展法制宣传教育工作，坚持学用结合，深入推进依法治理，全面提高全社会法治化管理水平，为构建社会主义和谐社会和全面建设小康社会提供有力的法制保障。

中共中央　国务院

2006年3月17日

中央宣传部 司法部关于在公民中开展法制宣传教育的第五个五年规划

在党中央、国务院的正确领导下,我国已经顺利实施了“四五”普法规划,以宪法为核心的法律知识得到较为广泛的普及,人民群众的法律意识和法律素质明显提高;依法治理工作深入开展,各项事业的法治化管理水平逐步提高,法制宣传教育在实施依法治国基本方略、构建社会主义和谐社会中发挥了重要作用。党的十六大和十六届五中全会对做好法制宣传教育工作进一步提出明确要求。大力开展法制宣传教育,对于保障“十一五”规划的顺利实施和全面建设小康社会宏伟目标的实现,具有十分重要的意义。为适应新形势新任务对法制宣传教育工作提出的新要求,特制定本规划。

一、指导思想、主要目标和工作原则

第五个五年法制宣传教育工作的指导思想是:以邓小平理论和“三个代表”重要思想为指导,深入贯彻党的十六大和十六届三中、四中、五中全会精神,全面落实科学发展观,紧紧围绕经济社会发展的目标任务,按照依法治国基本方略的要求,深入开展法制宣传教育,大力推进依法治理,坚持法制教育与法治实践相结合,坚持法制教育与道德教育相结合,为构建社会主义和谐社会和全面建设小康社会营造良好的法治环境。

第五个五年法制宣传教育工作的主要目标是:适应党和国家工作大局,适应整个社会和广大人民群众对法律知识的现实需求,紧密结合国家民主法制建设的新进展新成果,通过深入扎实的法制宣传教育和法治实践,进一步提高全民法律意识和法律素质;进一步增强公务员社会主义法治理念,提高依法行政能力和水平;进一步增强各级政府和社会组织依法治理的自觉性,提高依法管理和服务社会的水平。

第五个五年法制宣传教育工作应坚持以下原则:

——坚持围绕中心,服务大局。紧紧围绕“十一五”规划总体目标,安排和落实法制宣传教育各项任务,服务经济建设,服务改革开放,服务构建社会主义和谐社会。

——坚持以人为本,服务群众。始终坚持全心全意为人民服务的根本宗旨,从群众需要出发开展法制宣传教育,着力解决群众关心的热点难点问题,在服务群众中教育群众。宣传教育内容要与群众生产生活密切相关,宣传教育形式要为群众喜闻乐见。

——坚持求实创新,与时俱进。研究构建社会主义和谐社会和全面建设小康社会的新形势新任务,把握全社会对法制宣传教育的根本需求,探索内在规律,转变工作观念,创新工作形式。

——坚持从实际出发,分类指导。各地区、各部门各行业要根据不同地域、不同对象和不同行业的特点,确定法制宣传教育的重点内容,研究切实可行的方法,制定年度工作计划,提高工作的针对性和实效性。

二、主要任务

(一)深入学习宣传宪法。宪法是国家的根本大法,是治国安邦的总章程。深入学习宣传宪法,是法制宣传教育的基础性、根本性和重点工作。要进一步学习宣传宪法,努力提高全体人民特别是各级领导干部和公务员的宪法意识,在全社会进一步形成学习贯彻宪法的热潮,使宪法家喻户晓、深入人心。要进一步学习宣传党和国家关于民主法制建设的理论、方针和政策,促进党的领导、人民当家做主和依法治国的有机统一。要进一步学习宣传国家基本法律制度,培育民主法制观念、爱国意识和国家安全统一意识。

(二)深入学习宣传经济社会发展的相关法律法规。要着力完善社会主义市场经济法律体系,加强契约自由、公平竞争、诚实信用等市场经济基本法律原则和制度的宣传教育,促进经济主体依法生产经营和管理,推进经济平稳持续较快发展。要大力提倡和学习宣传通过法律途径、运用法律手段进行社会管理和公共服务,促进社会事业进步。要积极开展人口、资源、环境和公共卫生等方面法律法规的宣传教育,推进资源节约型和环境友好型社会建设。要深入开展文化、体育及与奥林匹克相关法律法规的宣传教育,为文化和体育事业发展特别是办好2008年北京奥运会服务。

(三)深入学习宣传与群众生产生活密切相关的法律法规。要加强安全生产、劳动和社会保障、社会救助等方面法律法规的宣传教育,增强全社会的安全生产意识和保护劳动者合法权益意识。要普及知识产权法律法规,培养全社会尊重劳动、尊重知识、尊重人才、尊重创造的观念,促进形成有利于推进自主创新、建设创新型国家的良好社会氛围。要大力开展与城镇房屋拆迁、农村土地征用和承包地流转、国有企业改制等相关法律法规的宣传教育,预防和减少社会矛盾。

(四)深入学习宣传整顿和规范市场经济秩序的法律法规。围绕群众关切、反映强烈和社会危害严重的问题,深入开展以打击制售假冒伪劣食品、药品、农资等为重点的法制宣传教育,深入开展以打击规避招标、假招标、转包和违法分包为重点的整顿和规范建筑市场的法制宣传教育,深入开展以打击偷税、骗税、非法减免税为重点的税收征管法制宣传教育,深入开展以整顿出版物市场、文化娱乐市场、信息网络市场为重点的法制宣传教育,维护社会主义市场经济秩序。

(五)深入学习宣传维护社会和谐稳定、促进社会公平正义的相关法律法规。深入开展以“学法律、讲权利、讲义务、讲责任”为主要内容的公民法制宣传教育,促进公民依法行使权利、履行义务,自觉用法律规范行为，形成遵守法律、崇尚法律、依法办事的社会风尚。要加强守法观念的培养，积极开展基层民主自治观念的宣传教育，努力增强公民依法参与管理社会事务的能力。要加强依法维权、依法信访宣传教育，引导公民依法表达自己的利益诉求，依法解决各种矛盾和纠纷。要开展治安和刑事法律法规宣传教育，预防和减少违法犯罪。要加强法律权威和司法公正教育，促进社会公平正义。

（六）坚持普法与法治实践相结合，大力开展依法治理。贯彻依法治国基本方略，开展多层次多领域依法治理工作，鼓励公民积极参与公共管理，促进依法行政、依法管理和公正司法，努力提高全社会法治化管理水平。

全面开展依法治省（自治区、直辖市）、依法治市（地、州）、依法治县（市、区）工作。要根据经济社会发展实际，制定依法治理规划，确定阶段性工作计划，明确责任，认真组织实施。要积极探索和推进地方、行业和基层依法治理的实践形式，深入开展法治城市、法治县（市、区）创建活动。

认真贯彻《全面推进依法行政实施纲要》，促进法治政府建设。要完善依法行政体制和机制，健全依法行政制度，严格依法行政程序，强化行政行为监督。要完善和推广执法责任制、执法公示制和执法过错责任追究制，积极探索建立执法质量考核评议制度。要围绕平安建设、和谐区域建设以及群众特别关注的社会热点难点问题，深入开展专项治理活动和依法行政示范单位创建活动。

（七）组织开展法制宣传教育主题活动。要大力推进法制宣传教育进机关、进乡村、进社区、进学校、进企业、进单位，在各行各业掀起学法用法的热潮。

开展“法律进机关”活动，提高依法管理和服务社会的水平。要把法律作为机关学习的重要内容，做到有计划、有安排、有落实、有检查；充分利用机关学习园地、网络等阵地，建设机关法制学习资料信息平台，为公务员学法提供条件；建立和落实公务员学法制度，逐步实现法律知识考试考核工作规范化；健全行政执法责任制度，把依法行政水平和效果作为工作考核内容；积极开展面向社会的法制宣传教育，把法制宣传教育融入管理和服务全过程。

开展“法律进乡村”活动，促进社会主义新农村建设。要把法制宣传教育纳入政府对农村公共服务的重要内容，开展法制宣传资料、法制信息、法制文艺和法律服务进乡村活动，切实提高农民的法律意识和法制观念；加强农村法制宣传教育基础设施建设，扩大宣传教育覆盖范围；提高农村法制宣传教育的服务性；继续深化“民主法治村”创建活动，健全充满活力的村民自治机制。

开展“法律进社区”活动，促进和谐社区建设。要建立社区居民学法制度，建立社区法制宣传橱窗，建立社区法律图书角，建设社区法制宣传教育队伍，定期开展群众性法制专题活动；充分发挥市民学校、社区青少年法律学校等在法制宣传教育中的作用，开展公益法制讲座、居民法制论坛活动；全面开展“民主法治社区”创建活动，促进管理有序、文明祥和的新型社区建设。

开展“法律进学校”活动，推进青少年学生法律素质教育。要发挥第一课堂的主渠道作用，坚持品德教育与法制教育并重，将法制教育列入课程，落实法制教育教材、课时和师资；积极开辟第二课堂，推进学法用法实践活动；开展法制教育师资培训，推动法制副校长、法制辅导员工作规范化；组织和引导学校开展依法治理活动。

开展“法律进企业”活动，促进企业依法经营、诚信经营。围绕企业生产经营和改革发展，开展多种形式的法制教育和法制培训，提高企业经营管理人员和广大职工法律素质；按照“谁主管谁负责”的原则，加强对广大职工进行劳动和社会保障、工会及民主管理方面的法制教育，建立企业干部职工学法用法制度；深入开展依法治企活动，促进企业建立健全规章制度，完善和规范企业运行机制，提高企业依法经营和管理水平；完善企业民主管理制度，依法保障职工的合法权益；坚持法制教育与诚信教育相结合，开展争创诚信守法企业活动，促进现代企业制度的建立。

开展“法律进单位”活动，促进法治化管理。各类单位要切实履行法制宣传教育责任，组织开展形式多样的法制宣传教育活动。要建立法制学习园地，开展经常性法制教育；利用单位培训场所和机构组织，开展对所属人员的法律培训；结合工作实际开展社会性公益法制宣传，尤其是公园、车站、机场、港口等公共活动场所管理单位要在所辖范围内开展法制宣传；有条件的单位要向公众开放宣传教育场地、设施，开展法律咨询和服务。

做好“12·4”全国法制宣传日宣传教育活动，集中开展以宪法为核心的法制宣传教育。要利用宣传月、宣传周、纪念日等，广泛开展群众喜闻乐见的宣传教育活动，营造学法用法的氛围。要努力拓展法制宣传教育与群众文化生活相结合的深度和广度，繁荣法制文艺创作，鼓励、支持和引导群众性法制文化活动，积极探索法制教育与道德教育有机结合的新途径，加强对外法制宣传。

三、对象和要求

（一）法制宣传教育的对象是一切有接受教育能力

的公民。广大公民要结合工作、生产、学习和生活实际，自觉学习法律，维护法律权威。要重点加强对领导干部、公务员、青少年、企业经营管理人员和农民的法制宣传教育。

（二）加强领导干部法制宣传教育，着力提高依法执政能力。领导干部要带头学法用法，树立在宪法和法律范围内活动的观念，树立国家一切权力属于人民的观念，树立国家尊重和保障人权的观念，提高依法管理经济和社会事务的能力，规范决策、管理和服务行为。要大力推进领导干部法制教育制度化、规范化，继续坚持和完善党委（党组）理论学习中心组集体学法制度、领导干部法制讲座制度、法律知识年度考试考核制度，并把学习和掌握法律知识的情况作为领导干部年度考核和任用考察时的重要内容。各级党校、行政学院和干部院校要把法制教育纳入教学计划和培训规划，加强法制课程建设。

（三）加强公务员法制宣传教育，着力提高依法行政和公正司法能力。要培养公务员树立有权必有责、用权受监督、违法要追究的观念。司法和行政执法人员要带头学法用法，提高依法行使公共权力的能力，促进严格执法、公正执法和文明执法，确保国家法律的正确实施。在公务员录用中，要注重测试应试人员掌握法律知识的水平和运用法律知识的能力。继续推进公务员年度法制学习培训工作，加强廉政法制教育，促进惩治和预防腐败体系建设。

（四）加强青少年法制宣传教育，着力培养法制观念。要努力培养青少年的爱国意识、守法意识和权利义务意识。根据不同年龄阶段学生的生理、心理特点和接受能力，有针对性地开展法制教育。要注重中小学生的法律启蒙和法律常识教育，培养自我保护意识，提高分辨是非的能力，养成守法习惯；加强大中专学生法律基础理论教育，牢固树立崇尚法律、遵守法律的意识，增强法制观念。要建立和完善学校、社会、家庭相结合的法制教育网络，充分利用各种教育阵地，增强青少年法制教育的引导性、互动性和趣味性。要加强预防青少年违法犯罪教育，加强对重点青少年群体的教育、管理和服务，实施“为了明天”工程，通过教育和法制相结合，预防和减少未成年人违法犯罪。

（五）加强企业经营管理人员法制宣传教育，着力提高依法经营、依法管理能力。要培养企业经营管理人员树立诚信守法、依法经营、依法办事的观念。采取多种形式，结合企业管理工作需要，开展企业经营管理人员法制教育和法制培训。要将法制教育纳入企业领导人培训纲要，建立企业经营管理人员学法用法考试考核制度，把依法决策、依法管理、依法经营作为考核企业经营管理人员的重要依据。要加强个体、私营等非公有制企业经营管理人员的法制宣传教育。

（六）加强农民法制宣传教育，着力提高农民法律素质。要着力培养和增强农民参与村民自治活动和其他社会管理的能力，使农民了解和掌握解决矛盾纠纷、维护合法权益的法律途径。加强法制宣传教育与法律服务的结合，创新农村基层法制宣传教育的途径和形式；开展对农村“两委”干部法制教育轮训活动，培养农村基层兼职法制干部。要采取多种形式，突出加强进城务工人员的法制宣传教育，明确用工单位法制宣传教育的责任，在进城务工人员管理活动中加强法制宣传教育和法律服务。

四、工作步骤和安排

“五五”普法规划从2006年开始实施，到2010年结束。共分三个阶段：

宣传发动阶段：2006年上半年。各地区、各部门要根据本规划研究制定地方、部门和行业五年规划，做好宣传、发动工作，营造浓厚的社会氛围。各省（自治区、直辖市）、中央和国家机关制定的“五五”普法规划，报全国普法办备案。

组织实施阶段：2006年下半年至2010年。依据本规划确定的目标、任务和要求，结合地方、部门和行业实际，每年制订工作计划，突出年度工作重点，做到部署及时、措施有效、指导有力、督促到位，确保“五五”普法规划全面贯彻落实。2008年开展督导检查活动。

检查验收阶段：2010年。在党委统一领导下，各级普法依法治理主管机关具体组织对“五五”普法规划实施情况的总结验收。

五、组织领导和保障

（一）进一步完善党委领导、人大监督、政府实施的领导体制。各级党委要切实加强对法制宣传教育工作的领导，党的各级组织和全体党员都要模范遵守宪法，严格按照宪法办事，自觉在宪法和法律范围内活动。要健全各级普法依法治理领导机构，明确领导职责，建立和完善领导小组定期会议、联席会议、年度工作汇报、工作督查等制度，日常工作仍由司法行政部门承担；各级人大要加强对法制宣传教育工作的检查和督促，保障规划确定的各项任务的落实，在立法过程中，逐步扩大公民对立法工作的有序参与。要把法制宣传教育纳入国民经济和社会发展规划，纳入各地区、各部门各行业的目标管理责任制。

（二）建立健全协调配合的法制宣传教育工作机制。各级党委宣传部门、政府司法行政部门负责规划的实施，组织、协调、指导和检查法制宣传教育工作，制定具体实施方案。党委和政府各部门及各行业要运用各种手段和途径，面向全社会开展法制宣传教育活动，建立和实施部门、行业工作人员和从业人员法制宣传教育制度。鼓励和引导各类社会组织、广大公民开展和支持法制宣传教育活动。在开展法制宣传教育活动中要区别对待、分类指导、因人制宜,防止形式主义,注重实效。

(三)建立法制宣传教育激励监督机制。要逐步建立评估考核机制,完善评估考核指标体系;建立健全激励监督机制,开展规划实施的年度和阶段性考核工作,开展法制宣传教育表彰奖励工作。

(四)落实法制宣传教育经费保障。各级政府要把普法依法治理工作经费列入财政预算,专款专用,根据经济社会发展水平制定地方普法依法治理工作经费保障标准。各部门各单位也要安排法制宣传教育专项经费,保证工作正常开展。

(五)培养专兼职相结合的法制宣传教育队伍。开展法制宣传教育工作者学习培训活动,提高专职法制宣传教育工作者的政治、法律素质和业务能力;加强兼职法制宣传教育队伍建设,建立法制宣传教育人才资源库;积极鼓励法律职业者和法律院校(系)教师、学生加入志愿者队伍,加强组织培训,积极开展主题宣传教育活动,推进志愿者活动向规范化发展;进一步加强法制宣传教育讲师团工作,充分发挥法制宣传教育讲师团的作用。

(六)加强法制宣传教育阵地建设。新闻媒体要承担开展公益性法制宣传教育的社会责任。电视、广播、报刊要开办法制栏目(专栏、专版)等,开展形式多样、丰富多彩和生动活泼的法制宣传教育。要充分利用互联网平台开展法制宣传教育,办好法制宣传教育网站,创新网络法制教育形式,政府网及各门户网站要专门开辟法制宣传教育栏目。要加强宣传园地建设,在公共场所建立固定和流动法制宣传设施;加强教育基地建设,充分发挥市民学校、夜校、技术培训学校等各类学校的作用;加强服务阵地建设,利用便民服务场所、法律服务热线等形式,为人民群众提供方便快捷的法律服务。

中国人民解放军和武警部队的第五个五年法制宣传教育工作,参照本规划进行安排部署。

中央纪委书记吴官正在吉林考察

3月17日至21日,中共中央政治局常委、中央纪委书记吴官正到吉林考察工作。

吴官正听取了吉林省委、省政府的工作汇报,对他们的工作给予充分肯定。他指出,胡锦涛同志关于树立社会主义荣辱观的重要讲话,概括精辟,内涵深刻,对深入推进党风廉政建设意义重大。领导干部要在树立社会主义荣辱观方面当模范、做表率。要加强道德修养,自觉遵守社会公德、职业道德和家庭美德,做一个心地清净、品行端正的人。要树立正确的权力观和政绩观,慎用权力,用好权力,决不能用人民赋予的权力牟取私利。要把树立社会主义荣辱观作为党风廉政教育的重要内容,加强廉政文化建设,弘扬真善美,鞭挞假恶丑,进一步推动党风政风和社会风气的好转。

吴官正强调,各级领导干部要切实改进作风,设身处地为群众着想,认真解决损害群众利益的突出问题。要按照中央的部署,扎实开展治理商业贿赂专项工作,切实抓好自查自纠,集中力量查办一批商业贿赂案件,建立健全防治商业贿赂的长效机制,并注意把握政策,依纪依法办事,维护改革发展稳定的大局。要进一步加强反腐败国际交流与合作,认真做好履行《联合国反腐败公约》的相关工作。

吉林省省委书记王云坤、省长王珉,中央纪委常委、秘书长干以胜,中央纪委常委吴玉良,吉林省委副书记、纪委书记杜学芳等陪同考察。

中宣部 中央文明办发出通知就社会主义荣辱观宣传教育作出安排部署

为认真学习贯彻胡锦涛总书记关于社会主义荣辱观的重要论述,中央宣传部、中央文明办发出通知,就在全国范围组织开展宣传教育作出安排部署。

通知指出,胡锦涛总书记在看望出席全国政协十届四次会议委员时提出的"八荣八耻"重要论述,涵盖爱国主义、集体主义、社会主义思想,体现中华民族传统美德和时代要求,反映社会主义世界观、人生观、价值观,明确了当代中国最基本的价值取向和行为准则,是马克思主义道德观的精辟概括,是新时期社会主义道德的系统总结,是以人为本、全面协调可持续科学发展观的重要组成部分,是新形势下社会主义思想道德建设的重要指导方针。大力倡导以"八荣八耻"为主要内容的社会主义荣辱观,对于弘扬以爱国主义为核心的民族精神和以改革创新为核心的时代精神,加强社会主义思想道德建设,巩固马克思主义在意识形态领域的指导地位,打牢全国人民团结奋斗的共同思想基础,形成积极健康向上的社会风尚,具有重大的现实意义和深远的历史意义。必须从贯彻落实科学发展观的战略高度,把树立社会主义荣辱观作为思想道德建设的基础性工程和长期任务,切实抓紧抓好。

通知要求,以邓小平理论和"三个代表"重要思想为指导,以科学发展观为统领,大力宣传胡锦涛总书记关于社会主义荣辱观重要论述的重大意义和精神实质,宣传社会主义荣辱观的科学内涵和基本要求,宣传各地各部门贯彻落实的具体举措和进展成效,宣传各地涌现出来的先进典型和鲜活经验。报刊、广播、电视、互联网要开辟专题、专栏，通过新闻报道、言论评论、专家点评、群众讨论和公益广告等多种形式，营造树立社会主义荣辱观的浓厚舆论氛围。要围绕树立社会主义荣辱观，推出一批理论文章，创作一批优秀文艺作品。要发挥爱国主义教育基地等各类文化阵地的作用，运用多种形式开展宣传教育。街道社区、乡村集市、公园广场、车站机场、港口码头等公共场所，要设立标语牌、设置公益广告。通过扎实有效的宣传教育，使社会主义荣辱观家喻户晓，深入人心。

通知要求，适应社会主义道德建设的规律和特点，坚持知行统一、教育和实践相结合，在全社会特别是青少年中，广泛开展以“知荣辱、树新风”为主题的道德实践活动，引导人们从我做起，从身边做起，从点滴做起，把“八荣八耻”转化为自觉行动。党政机关要开展争创文明机关、争当“人民满意公务员”活动，为全社会作出表率。学校要把树立社会主义荣辱观作为加强改进未成年人思想道德建设和大学生思想政治教育的重要内容，渗透到课堂教学、学校管理、课外活动等各个环节，引导学生养成良好的道德品格和行为习惯。企业要以创建文明行业为龙头，开展“共铸诚信”等活动，推动社会信用体系建设。农村要结合社会主义新农村建设，开展创建文明户、文明村镇等活动，培养新型农民。城市社区要开展创建文明社区、节约型社区等活动，促进邻里和睦、人际和谐。通过多种多样的实践活动，形成人人身体力行社会主义荣辱观的良好局面。

通知要求，把自律和他律结合起来，建立完善激励机制，鼓励人们积极向上，追求真善美。宣传表彰具有鲜明时代特点和广泛群众基础的道德建设先进典型，为人们树立学习的榜样。文明城市、文明村镇、文明行业等各类创建活动，新闻、出版、文艺、体育、教育、科技等各类评奖，都要把“八荣八耻”作为重要内容和评选标准。报刊、广播、电视和互联网等大众传媒要加强舆论监督，揭露、批评有悖于社会主义荣辱观的言行和现象，帮助人们抵制假恶丑。社区、农村、企业、学校等基层单位要依靠群众，修订完善市民公约、乡规民约、职业规范、学生守则等具体行为准则，开展多种形式道德评议活动。一切精神文明创建活动，一切道德实践活动，一切社会行为规范，都要体现“八荣八耻”的要求，把社会主义荣辱观融入经济社会生活的各方面，贯穿公民道德建设的全过程。

通知强调，各级宣传部、文明办要把组织开展社会主义荣辱观宣传教育作为发展社会主义先进文化、建设社会主义精神文明的重要举措，摆上突出位置，列入议事日程。要把社会主义荣辱观宣传教育与全面落实科学发展观、实现“十一五”规划的宣传教育结合起来，与保持共产党员先进性教育活动结合起来，与贯彻《公民道德建设实施纲要》结合起来，与各类精神文明创建活动结合起来。要紧密联系改革开放和现代化建设的实际，联系干部群众的思想实际，从具体事情抓起，着力解决群众反响强烈的突出问题。要按照“三贴近”要求，针对道德建设中出现的新情况、群众提出的新要求，积极改进创新，增强工作的针对性、实效性，把宣传教育的成果转化为促进改革发展、维护社会稳定、构建和谐社会的强大精神力量。

中共中央政治局委员刘云山在北京出席树立社会主义荣辱观座谈会

座谈会由中宣部和中央文明办召开。

刘云山指出，树立正确的荣辱观，是形成良好社会风气的重要基础。胡锦涛同志提出的以“八荣八耻”为主要内容的社会主义荣辱观，具有很强的思想性、指导性和现实针对性，集中体现了爱国主义、集体主义、社会主义思想，体现了社会主义基本道德规范的本质要求，体现了依法治国同以德治国相统一的治国方略，是中华民族传统美德、优秀革命道德与时代精神的完美结合，是我们党关于社会主义道德建设思想的继承和发展，是进一步推进精神文明建设的重要指导方针。

刘云山指出，要在营造舆论氛围上下功夫，在深入普及上下功夫，在进教材、进课堂上下功夫，大力宣传、广泛普及以“八荣八耻”为主要内容的社会主义荣辱观，使之家喻户晓、深入人心。要积极开展各种道德实践活动和群众性创建活动，把社会主义荣辱观的要求渗透到人们日常工作生活中，引导人们明荣辱之分、做当荣之事、拒为辱之行，使弘扬社会主义荣辱观在全社会蔚然成风。要在精神文化产品创作生产中坚持“八荣八耻”导向，在基层群众文化活动中体现“八荣八耻”要求，为树立社会主义荣辱观创造良好文化条件，推动全社会形成知荣辱、树新风、促和谐的文明风尚。

中央有关部门负责同志参加座谈会，教育部、文化部、中国社科院、全国总工会、共青团中央、《人民日报》、中央电视台、北京市委及北京大学、清华大学等单位负责同志在会上发了言。座谈会由中宣部常务副部长、中央文明办主任吉炳轩主持。

中共中央政治局委员贺国强在北京出席第三批先进性教育活动中央巡回检查组和中央督导组第二次工作座谈会

贺国强强调，第三批先进性教育活动目前已进入后期，各巡回检查组和督导组要深入学习贯彻全国两会精神和中央领导同志最近关于先进性教育活动的一系列重要指示精神，再接再厉、善始善终地做好督促检查工作，为先进性教育活动真正取得实效、成为群众满意工程作出应有贡献。

贺国强指出，当前春耕农忙季节已经到来，其他各项工作也将陆续展开，先进性教育活动的后期工作任务非常繁重，要特别注意防止产生松劲情绪、放松工作要求。中央巡回检查组和中央督导组的全体同志要保持良好的精神状态，发扬连续作战的精神，认真抓好各项工作的落实。要抓好实践成果的督促检查，重点了解各地区、各部门结合学习贯彻两会精神，树立社会主义荣辱观，切实搞好先进性教育活动的情况；了解农村基层党组织的整改情况，看整改方案是否科学合理，整改责任是否落实到位，整改措施是否切实可行，农民群众是否真正满意；了解各级党组织统筹兼顾、合理安排的情况，看是否真正做到了"两不误，两促进"。要抓好制度成果的督促检查，重点了解保持共产党员先进性长效机制建立的情况，看各项制度是否坚持了前瞻性和现实性的有机统一，是否坚持了继承与创新的结合，是否具有针对性和可操作性。要抓好理论成果的督促检查，了解县以上党委(党组)对这项工作是否高度重视、精心组织，是否形成了一批有分量、有深度、有影响的理论成果。

国务院副总理吴仪在北京出席全国整顿和规范市场经济秩序电视电话会议

吴仪要求，2006年要着力抓好食品安全专项整治、保护知识产权专项行动、打击传销、打击商业欺诈4项重点工作。此外，各地区、各部门要针对本地区、本领域的突出问题，搞好其他专项整治。她说，本届政府一直把食品安全作为整规工作的重中之重，食品安全状况一年比一年好，但是离人民群众的要求还有很大差距。我们必须高度重视，继续集中力量开展专项整治，严把市场准入关，加强生产、加工、流通和消费全过程监管。要突出抓好农村的食品安全，发展农村现代流通网络，坚决把假冒伪劣食品逐出农村市场。

吴仪说，要依照《禁止传销条例》和《直销管理条例》规范直销，查禁传销。要坚决取缔"拉人头"、团队计酬、收取入门费和利用互联网等形式的传销活动，严厉查处以介绍工作、从事经营活动等名义欺骗他人离开居所非法聚集并限制人身自由的行为。特别是决不能让传销进入学校，危害青少年。要继续打击虚假违法广告、非法行医和商贸活动中的欺诈行为，配合中央治理商业贿赂专项工作，率先在整治虚假促销方面取得突破。

国务院副总理曾培炎在北京分别会见美国斯普林特·那克斯特通信公司董事局执行主席多纳休和美国朗讯科技贝尔实验室总裁金钟勋

尼泊尔国王贾南德拉在加德满都会见国务委员唐家璇

国务委员唐家璇在加德满都发表演讲阐述中国对尼泊尔政策

唐家璇在尼泊尔中国研究中心和中国驻尼泊尔大使馆联合举行的招待会上发表题为《深化传统友谊谋求共同发展》的演讲，全面阐述了中国政府对尼泊尔政策和发展与南亚各国友好合作关系的积极态度。尼大臣会议副主席比斯塔等尼各界人士近300人出席。

唐家璇说，中尼友好事业历久弥新，兴旺发达，关键在于两国始终能够平等互信，相互尊重，真诚相待。中国政府和人民历来奉行不干涉内政原则，从不干预尼泊尔的内部事务，高度尊重尼人民所选择的发展模式和道路。中国政府和人民真诚希望尼泊尔国泰民安，期待尼各种宪政力量以国家和人民的根本利益为重，在维护独立、主权和国家统一的基础上，通过对话妥善解决当前面临的困难和问题。一个和平、和解、和睦的尼泊尔，一个稳定、发展、繁荣的尼泊尔，符合尼人民的根本利益，也有利于本地区的和平、稳定与发展。尼泊尔是主权国家，其内政不应受到来自外部的任何干涉，我们相信尼泊尔政府和人民有政治智慧、有能力解决自己的问题。

国务委员陈至立在北京出席《科技日报》创办20周年庆祝会并讲话

陈至立指出，《科技日报》创办20年来，紧紧围绕党和政府的中心任务，突出宣传"科学技术是第一生产力"的思想，突出宣传科教兴国和人才强国战略，突出宣传走自主创新之路、建设创新型国家的奋斗目标，传播科技信息，普及科技知识，弘扬科学精神，在全社会特别是科技界产生了广泛的影响，为推动科技发展和现代化建设作出了重要贡献。

陈至立要求《科技日报》继续努力，坚持党的新闻工作方针，坚持"三贴近"，大力宣传胡锦涛总书记和温家宝总理在全国科技大会上的重要讲话精神，宣传中央关于建设创新型国家的重大决策部署和《国家中长期科学和技术发展规划纲要》，宣传各地、各部门贯彻落实科技大会精神的好举措，宣传科技体制改革的新进展，宣传为科技事业作出突出贡献的先进典型。

科技部部长徐冠华、中国科协党组书记邓楠等出席大会。

《中华人民共和国国民经济和社会发展第十一个

五年规划纲要》单行本由人民出版社出版

3月18日

中共中央政治局委员贺国强在江西调研

贺国强3月18日至21日在江西期间，深入江西瑞金的部分乡村、农户了解先进性教育活动的情况和农民群众的生产生活情况，瞻仰革命旧址，看望慰问老红军和苏区老干部。调研期间，贺国强还看望了江西省部分老同志。

贺国强强调，农村先进性教育活动集中学习教育结束以后，各级党组织要把工作重点转到加强对农村党员的经常性教育管理上来，努力使广大党员在先进性教育活动中焕发出来的政治热情长期保持下去。要紧紧围绕建设社会主义新农村的目标任务，切实加强对农村党员的教育培训，不断提高农村党员队伍的整体素质；要按照党章要求，不断探索新形势下农村党员的有效管理方式，特别是要加强对流动党员的管理；要积极探索在青年农民、外出务工经商人员、专业协会中培养入党积极分子，改善农村党员队伍的年龄结构、文化结构和知识结构；要认真总结各地在先进性教育活动中创造出来的好经验好做法，把党员承诺制、党员设岗定责、党员"结对帮扶"等成功做法坚持下去，努力形成保持农村党员先进性的长效机制。

中国首座露井联采大型煤矿——平朔安家岭矿投产

《国家社科基金成果文库》出版座谈会在北京举行

首都社科界部分专家学者及有关人士等近60人参加了此次座谈会。

《国家社科基金成果文库》首批优秀成果的10部专著包括:《经济全球化与社会主义意识形态建设研究》(王永贵等著，人民出版社出版)、《中国社会主义社会形态论》(许俊达等著，学习出版社出版)、《经济全球化与经济转轨互动研究》(程伟等著，商务印书馆出版)、《20世纪的历史巨变》(齐世荣、廖学盛主编，学习出版社出版)、《中国历史上的人才选拔制度(上、下卷)》(房列曙主编，人民出版社出版)、《中国宗教与中国文化(四卷)》(吕大吉等著，中国社会科学出版社出版)、《华侨与中国民族民主革命》(任贵祥著，中央编译出版社出版)、《周易经传研究》(杨庆中著，商务印书馆出版)、《中国墨学通史(上、下卷)》(郑杰文著，人民出版社出版)、《归纳逻辑百年历程》(邓生庆、任晓明著，中央编译出版社出版)。

与会同志高度评价了《国家社科基金成果文库》首批优秀成果。他们说，这批成果选题好、方向对、学风正、分量重，坚持以马克思主义为指导，发扬理论联系实际的马克思主义学风，紧密联系国际国内实际，紧密联系学科发展实际，有力地回答了一些关于建设中国特色社会主义的重要理论和现实问题，深化和拓展了学科发展中的一些重要基础理论问题研究，对服务党和政府的科学决策，对推动哲学社会科学学科建设具有重要作用。

3月19日

全国人大常委会委员长吴邦国在河北考察

吴邦国3月19日至21日在河北考察工作时强调，要实现经济社会又快又好地发展，必须全面理解和深刻认识科学发展观的精神实质和科学内涵，真正把发展观念转到科学发展观上来，坚持以科学发展观统领经济社会发展全局，加快经济结构调整步伐，切实转变经济增长方式，不断创新发展模式，持续提高发展质量，努力增强发展后劲，推动社会主义经济建设、政治建设、文化建设、社会建设全面发展。为此，吴邦国提出三点希望：一是要把调整经济结构和转变增长方式摆在更加突出的位置。要坚持走新型工业化道路，充分发挥市场配置资源的基础性作用，促使生产要素向优势产业和优势企业集中，把优势产业和优势企业做大做强，提高生产的集中度。要着力提高自主创新能力，加大科技投入，鼓励专利发明，发展知名品牌，提高科技进步对经济增长的贡献率。要大力开展以节能降耗为核心的新一轮企业技术改造，下决心尽快淘汰能耗高、物耗大、破坏资源、污染环境的落后生产能力。要积极发展循环经济，鼓励循环生产和循环消费，促进资源节约型和环境友好型社会建设。

二是要更加重视社会建设，维护社会稳定，促进社会和谐。要注意从制度上、体制上和机制上探索解决矛盾和问题的办法，使社会在不断化解矛盾中前进。要坚持以人为本，从实际出发，着力解决就业、就医、就学等群众最关心、最直接、最现实的利益问题，把好事做实、把实事做好，让全体人民特别是困难群众共享改革发展成果。要加强思想道德教育，倡导和树立正确的荣辱观，努力提高全社会思想道德素质。

三是要统筹城乡发展，扎实推进社会主义新农村建设。要提高农业综合生产能力，落实好各项支农惠农政策，加强农村电力、水利、道路等基础设施建设，推广先进适用农业技术，发展农业产业化经营，加快县域经济发展步伐，广辟农村富余劳动力转移就业途径，促进农民持续增收。要加强农村社会事业建设，着力解决农村义务教育经费保障和农民看病难、看病贵等问题。要加强农村基层组织建设,选好带头人,统筹推进农村各项改革,全面增强农业和农村的发展活力。建设社会主义新农村是一项长期而艰巨的任务,要坚持从实际出发、因地制宜,发挥农民的主体作用,提倡艰苦奋斗、求真务实,尊重农民意愿,防止一哄而起。

国务院印发《国务院2006年工作要点》并发出通知

国务院各部委、各直属机构:

《国务院2006年工作要点》已经2006年3月15日国务院第128次常务会议通过。现印发给你们,请认真贯彻落实。

国务院

2006年3月19日

国务院2006年工作要点

根据党中央关于2006年工作部署和十届全国人大四次会议精神,今年国务院工作总的要求是:以邓小平理论和"三个代表"重要思想为指导,认真贯彻党的十六大和十六届三中、四中、五中全会精神,全面落实科学发展观,坚持加快改革开放和自主创新,坚持推进经济结构调整和增长方式转变,坚持把解决涉及人民群众切身利益问题放在突出位置,全面加强社会主义经济建设、政治建设、文化建设与和谐社会建设,为"十一五"开好局、起好步。

一、继续保持经济平稳较快发展

(一)做好"十一五"规划纲要的落实工作。纲要确定的目标任务要落实到年度工作。建立健全年度计划与实施纲要衔接的机制,明确纲要重点任务的时间安排和顺序,制定相应配套政策措施。将主要约束性指标分解到各地区和各有关部门,并将完成情况纳入各地区和各有关部门经济社会发展综合评价和绩效考核。组织开展全国功能区划规划研究。编制重点领域专项规划,规范规划编制审批程序。健全规划实施监督评估制度。(发展改革委牵头)

(二)继续实施稳健的财政政策。适当减少长期建设国债发行规模和财政赤字,增加中央预算内经常性建设投资。长期建设国债资金和预算内投资主要用于农林水利、科教文卫、生态建设、环境保护和西部开发等方面,保证重点续建项目,适当开工建设关系发展全局的重大项目。大力推进依法治税,加强税收征管,规范非税收入管理。财政支出要统筹兼顾、量入为出、确保重点、厉行节约。加强财政监管,控制行政经费增长。(财政部、发展改革委、税务总局负责)

(三)继续实施稳健的货币政策。保持货币信贷平稳适度增长,优化信贷结构,创新金融产品,加大对"三农"、中小企业、就业、助学的信贷支持,合理控制中长期贷款。健全利率形成和传导机制。完善有管理的浮动汇率制度,保持人民币汇率在合理、均衡水平上的基本稳定,促进国际收支平衡。(人民银行、金融监管机构负责)

(四)积极扩大消费需求。调整收入分配关系,规范收入分配秩序,增加中低收入者的收入。认真实施修改后的个人所得税法,减轻中低收入者的税负。稳定居民支出预期,扩大即期消费。大力开拓农村消费市场。加强农村流通体系和市场建设,充分发挥农村现有流通网络的作用,支持城市流通企业经营网络向农村延伸,为农民增加消费提供便利。完善消费环境和政策,改善居民住、行条件,积极发展旅游、文化、健身等服务性消费。切实保障消费者合法权益。合理调整消费税,规范和发展消费信贷,清理、修订抑制消费的不合理规定和政策,促进居民消费结构升级。(发展改革委、财政部、商务部、人民银行、税务总局、旅游局负责)

(五)加强经济运行调节。搞好煤电油运的平衡工作,协调解决经济运行中的紧急情况,推动市场化方向的改革。促进煤电油运供需衔接,统筹协调石油、天然气、煤炭、电力、核能的发展,加快水电、核电、可再生能源建设,优化发展火电,完善电网结构,建立电力需求侧管理的长效机制。着力解决与群众生活密切相关的供水、供气、供电、供暖和供油问题。(发展改革委牵头)

(六)努力保持价格总水平基本稳定。准确把握价格调控的政策取向,认真做好粮食、棉花、化肥、药品、副食品、石油、煤炭、钢材、房地产等重要商品价格监测工作,适时发布价格信息。继续对短缺的重点粮食品种实行最低收购价政策,保持粮食价格在合理水平上的基本稳定。整顿和规范价格秩序。(发展改革委牵头)

(七)改革公务员工资制度和规范公务员收入分配秩序。根据公务员法的要求,改革公务员职级工资制,建立国家统一的职务与级别相结合的公务员工资制度。进一步加大清理规范津贴补贴的力度,研究地区附加津贴制度;完善艰苦边远地区津贴制度,提高艰苦边远地区津贴标准,适当扩大实施范围。同时,相应调整离退休人员待遇和最低工资、最低生活保障标准以及各类优抚对象的相关待遇。(人事部、财政部、民政部、劳动保障部负责)

(八)保持固定资产投资适当规模。坚持有保有压,优化投资结构,防止投资过快增长。继续把好土地、信贷两个闸门,坚持实行最严格的土地管理制度,坚持按照贷款条件和市场准入标准发放贷款。加强经济社会发展薄弱环节和重点领域的建设,从严控制新开工项目。继续解决部分城市房地产投资规模过大和房价上涨过快的问题。调整住房供应结构，严格控制高档房地产开发，重点发展普通商品房和经济适用房，建立健全廉租房制度和住房租赁制度。整顿规范房地产和建筑市场秩序，基本完成建设领域清理拖欠工程款任务。（发展改革委、国土资源部、建设部、人民银行、税务总局负责）

二、扎实推进社会主义新农村建设

（九）稳定、完善和强化对农业的扶持政策。继续增加对农民的种粮直接补贴、良种补贴、农机具补贴，抓紧研究建立农民种粮收益综合补贴制度。增加对产粮大县和财政困难县的转移支付。坚持和完善主产区重点粮食品种最低收购价政策，抑制农业生产资料价格上涨。加强农业综合开发和农村扶贫开发工作。（财政部、发展改革委、农业部、扶贫办负责）

（十）继续推进农业和农村经济结构调整。切实保护耕地特别是基本农田，稳定粮食播种面积，继续实施优质粮食产业工程，加快大型商品粮生产基地建设，不断提高粮食综合生产能力。优化农业生产布局，推行农业标准化，强化农产品质量安全监管，提高农产品质量安全水平。推进农业产业化经营，积极发展畜牧水产业和特色林产业，大力发展农村二、三产业特别是农林产品加工业，壮大县域经济，促进农民收入增加。加快兽医管理体制改革和动物疫病防控体系建设。继续做好防控高致病性禽流感工作。（农业部、发展改革委、国土资源部、林业局负责）

（十一）加强农村基础设施建设。加强以小型水利设施为重点的农田基本建设和防汛抗旱、减灾体系建设，加强农村道路、饮水、节水灌溉、沼气、电网、通信、污水处理等基础设施和人居环境建设，加强教育、卫生、文化等农村公共事业建设。逐年加大国家财政投资和信贷资金对农业、农村的投入，整合各种渠道的支农资金，提高资金使用效益。积极引导农民对直接受益的公益设施建设投资投劳。鼓励和引导社会各类资金投向农村建设，逐步建立合理、稳定和有效的资金投入机制。（发展改革委、财政部、水利部、农业部负责）

（十二）全面推进农村综合改革。巩固和发展农村税费改革成果，保证基层政权正常运转和农村义务教育需要，防止增加新的农民负担。推进以乡镇机构、农村义务教育和县乡财政管理体制等改革为主要内容的农村综合改革。深化国有农场税费改革，开展化解乡村债务试点工作，探索处理乡村债务的措施和办法。（国务院农村税费改革工作小组牵头）

三、加大产业结构调整、资源节约和环境保护力度

（十三）着力提升产业层次和技术水平。加快发展先进制造业、高新技术产业和现代服务业，依托重点工程抓好重大技术装备研制开发。提高产业技术水平，全面增强自主创新能力。积极推进军民两用高技术产业化，健全军民互动合作的协调机制。尽快掌握一些重要产业的核心技术和提高系统集成能力，形成一批拥有自主知识产权的技术、产品和标准。大力实施品牌战略，鼓励开发具有自主知识产权的知名品牌。完善自主创新的激励机制，实行支持企业创新的财税、金融和政府采购等政策。改善市场环境，发展创业风险投资，支持中小企业提升自主创新能力。（发展改革委、国防科工委、铁道部、交通部、信息产业部、民航总局等负责）

（十四）推进部分产能过剩行业结构调整。认真贯彻国家产业政策，严格市场准入标准，控制新增产能。推动企业并购、重组、联合，支持优势企业做强做大。依法关闭破坏资源、污染环境和不符合安全生产条件的企业，淘汰落后生产能力。通过调整投资结构、扩大消费需求等措施，促进产业升级，合理利用和消化一些已经形成的生产能力。加快调整重要原材料工业的结构和布局。（发展改革委牵头）

（十五）突出抓好资源节约工作。综合运用价格、税收等各种手段，促进资源合理开发和节约使用，实现单位国内生产总值能耗降低4%左右的预期目标。抓紧制定和完善各行业节能、节水、节地、节材标准，推进节能降耗重点项目建设，促进土地集约利用，鼓励发展节能降耗产品和节能省地型建筑，推进第二批城市限时禁止使用实心黏土砖，发展海水淡化。大力推动以节能降耗为重点的设备更新和技术改造，加快淘汰高耗能、高耗水、高耗材的工艺、设备和产品。大力发展循环经济，在重点行业、产业园区、城市和农村实施一批循环经济试点。完善资源综合利用和再生资源回收的税收优惠政策，推进废物综合利用和废旧资源回收利用。把节能降耗纳入经济社会发展的统计、评价考核体系，建立信息发布制度，公布各地区和主要行业单位产值的能源消耗情况，广泛持久地开展资源节约活动。（发展改革委牵头）

（十六）加快建设环境友好型社会。加强对水源、土地、森林、草原、海洋等自然资源的生态保护，重点搞好“三河三湖”、南水北调水源及沿线、三峡库区、松花江等流域污染防治，加强饮用水水源地的保护。推行清洁生产，加快工业废水、废气、废渣的治理。抓好大气污染防治和重点城市污水处理、生活垃圾无害化处理等国家重点环保工程。综合防治土壤污染、农村面源污染和畜禽养殖污染。加强生物多样性保护和生物遗传资源的管理，防治外来物种的侵害。加强地下水监测、地质灾害等自然灾害防治。继续实施自然生态保护工程，强化环境和生态保护执法检查。抓紧建立生态补偿机制。加强核与辐射安全监管，健全环境

保护的监测体系、评价考核和责任追究制度。(环保总局、发展改革委、监察部、国土资源部、建设部、水利部、农业部负责)

四、继续推动区域协调发展

(十七)进一步推进西部大开发。支持重点地带、重点城市和重点产业加快发展。确保青藏铁路、三峡三期工程等一批重点工程建成投产。巩固和发展退耕还林、退牧还草成果,研究制定后续相关政策。继续实施天然林保护、风沙源和石漠化治理等生态工程。支持发展优势产业和建设特色资源加工基地。加大政策扶持和财政转移支付力度,加快建立长期稳定的西部开发资金渠道。进一步支持革命老区、少数民族地区、边疆地区和贫困地区加快经济社会发展。(西部开发办牵头)

(十八)继续实施东北地区等老工业基地振兴战略。重点加强大型粮食基地建设,推进重点行业改革重组和技术改造。搞好资源枯竭型城市经济转型和采煤沉陷区治理、棚户区改造,抓紧研究建立资源开发补偿机制、衰退产业援助机制。做好部分城市和国有企业厂办大集体改革试点工作。认真落实扩大对外开放的政策措施。(振兴东北办牵头)

(十九)积极促进中部地区崛起。发挥中部区位、资源、产业和人才优势,重点加强现代农业特别是粮食主产区商品粮基地建设,加强能源和重要原材料基地建设,加强现代综合交通运输体系、现代流通体系和现代市场体系建设。支持老工业基地振兴和资源型城市转型,建设现代装备制造基地和高技术产业基地。增强中心城市辐射功能,带动周边地区发展。(发展改革委牵头)

(二十)鼓励东部地区率先发展。着力增强东部地区自主创新能力,推进产业结构优化升级,增强国际竞争力和可持续发展能力,更加注重节约利用土地、水、能源等资源和环境保护。继续发挥经济特区、上海浦东新区的作用,推进天津滨海新区开发开放。(发展改革委牵头)

五、实施科教兴国战略和人才强国战略,加强文化建设

(二十一)实施《国家中长期科学和技术发展规划纲要(2006—2020年)》。贯彻实施《国家中长期科学和技术发展规划纲要(2006—2020年)》和各项配套政策,落实《中共中央、国务院关于实施科技规划纲要增强自主创新能力的决定》。年内要相继出台各部门有关配套政策的实施细则。建立有效的组织领导机制,启动一批重大科技专项和重点项目,集中力量在重点领域和关键环节取得突破。加强基础研究、前沿技术研究和社会公益性科技研究。深化科技体制改革,有效整合全社会科技资源,建立财政性科技投入稳定增长机制。(科技部、发展改革委、财政部、教育部、国防科工委、中科院、工程院、自然科学基金会、科教办及相关部委负责)

(二十二)推进科技管理体制的改革和创新。加快国家创新体系建设,建立以企业为主体、市场为导向、产学研结合的技术创新体系。优化科技资源配置,调整和完善国家科技计划体系,强化科技基础条件平台建设。促进科技成果转化和应用,发挥国家高新技术产业开发区作用,促进区域协调发展。发展科技中介服务机构,做好技术咨询、技术转让等社会化服务。增强农业科技创新和转化能力,加强农业技术推广和服务。推进地震科技创新,不断提高防震减灾能力。(科技部、发展改革委、财政部、国资委、农业部、地震局等负责)

(二十三)大力普及和巩固九年义务教育。在西部地区全部免除农村义务教育阶段学生学杂费,继续对贫困家庭学生免费提供教科书并补助寄宿生生活费。将农村义务教育全面纳入国家财政保障范围,建立中央和地方分担的农村义务教育经费保障机制。推进西部地区"两基"攻坚计划。解决城市低收入家庭和农民工子女义务教育阶段上学困难的问题。(教育部、财政部、发展改革委负责)

(二十四)大力发展职业教育。加大中央财政对职业教育的投入力度。合理调整结构,重点发展中等职业教育。以就业为导向,推进办学机制创新,形成多元化办学格局。深化改革,提高职业学校办学水平和质量。大力发展面向农村的职业教育,提高广大农民的职业技能和转移就业能力。建立中等职业学校贫困家庭学生助学制度。(教育部牵头)

(二十五)着力提高高等教育质量。改革创新高等教育教学模式和方法。继续实施"211工程"和"985工程",推进高水平大学和重点学科建设。着力培养具有创新精神、创新能力和实践能力的人才。采取切实措施,保证急需和艰苦行业的人才培养数量和质量。加强高校科技工作,加大自主创新能力建设,坚持产学研结合。积极推进高校哲学社会科学的繁荣与发展。(教育部牵头)

(二十六)全面推进素质教育。深化教育教学改革,突出创新精神和实践能力的培养。改革教育教学评估和考试制度,完善推进素质教育的体制,营造推进素质教育的良好环境。着力培养一支德才兼备的教师队伍,造就一批杰出的教育家。研究制定《中国教育发展纲要(2006—2020年)》。(教育部牵头)

(二十七)加强人才队伍建设。多渠道增加对人力资源开发的投入,研究建立政府、社会、用人单位和个

人多元人才投入机制。进一步发挥市场在配置人才资源中的作用，规范人才市场管理，建立和完善区域性人才交流合作机制，营造人才辈出、人尽其才的社会氛围。（人事部牵头）

（二十八）加快发展文化事业和文化产业。继续深化文化体制改革和机制创新。大力发展文学艺术、广播影视、新闻出版事业，进一步完善公共文化服务体系，增强文化事业单位活力。加强文化基础设施建设，特别是农村基层文化建设。加强自然和文化遗产保护。发展文化产业，完善文化产业政策，提高文化企业竞争力。进一步健全文化市场体系，促进新兴文化市场的发展。深入开展“扫黄打非”工作，加大版权保护工作力度。加快推进文化资源、文化服务和广播影视、新闻出版数字化进程，进一步提高全国文化信息资源共享工程和广播电视“村村通”水平。扶持民族文化艺术，拓展对外文化交流渠道，提高对外文化交流质量和水平，进一步推动中华文化走向世界，加强汉语国际推广工作。（文化部、广电总局、新闻出版总署、教育部、侨办负责）

（二十九）积极筹办北京奥运会和上海世博会。继续做好北京奥运会筹备、备战工作，切实做好多哈第十五届亚运会等国际体育赛事参赛工作。广泛开展全民健身活动，推动群众性体育工作深入开展。继续做好上海世博会筹备工作，重点做好主题演绎、园区建设、宣传推介和招商招展等工作。（北京奥组委、上海世博会组委会、体育总局负责）

六、进一步推进改革开放

（三十）深化行政管理体制改革。抓住转变政府职能这个关键，进一步明确政府履行“经济调节、市场监管、社会管理、公共服务”职能的内涵，深化行政审批制度改革，研究解决部门职能交叉、权责脱节、责任不清、行政成本过高等突出问题。积极稳妥地推进事业单位分类改革试点工作。大力推进政务公开，建立健全行政问责制和政府绩效评估制度。提高政府执行力和公信力。（国务院办公厅牵头，有关部门按职责分工负责）

（三十一）深化国有企业改革。加快国有大型企业股份制改革，着力完善产权结构、公司治理结构和激励约束机制，加快形成一批具有国际竞争力的大公司大企业集团。加大国有独资企业和垄断行业的改革力度，放宽市场准入，推进投资主体和产权多元化。积极推进铁路投融资体制改革。认真落实邮政体制改革方案。进一步理顺烟草行业管理体制。推动供水、供气、供热等市政公用事业单位改革。完善国有资产监管体制，建立健全国有资产经营预算制度、经营业绩考核体系和国有资产重大损失责任追究制度。规范和发展产权交易市场，继续做好国有企业政策性关闭破产、分离办社会职能和主辅分离等工作，规范国有企业改制和产权转让行为。推进集体企业改革和发展。认真落实鼓励、支持和引导非公有制经济发展的政策措施，加快清理限制非公有制经济发展的规定，推动实施“中小企业成长工程”。（国资委、发展改革委、财政部负责）

（三十二）加快金融体制改革。进一步推进国有商业银行股份制改革，规范公司治理结构，完善内控机制与管理制度。贯彻落实《中华人民共和国证券法》，加快证券市场基础性制度建设，依法强化市场监管，着力提高上市公司质量，继续搞好证券公司综合治理，促进市场创新和发展。基本完成上市公司股权分置改革。积极稳妥地发展债券市场和期货市场。深化农村金融改革，完善农村信用社体制，推进农业银行、农业发展银行改革。加快农村金融创新，健全农村金融体系，改进农村金融服务。推进政策性银行、邮政储蓄机构等其他银行业金融机构改革。深化保险业改革，规范保险市场秩序，完善保险市场体系。加强和改进金融监管。依法严厉打击金融违法犯罪行为，防范系统性金融风险，维护金融稳定和安全。研究建立存款保险制度等风险补偿和市场退出机制。认真做好金融业对外开放的应对工作。（人民银行、金融监管机构、财政部等负责）

（三十三）深化财税、投资、价格改革。健全公共财政体系，完善转移支付制度，实施政府收支分类改革，完善预算管理制度。采取国债余额管理方式管理国债发行。积极推进增值税转型改革，调整和完善资源税，研究统一各类企业税收制度。落实投资主体的自主权和风险承担机制，改进项目核准和备案制度，加强产业投资信息发布，完善并认真执行市场准入制度，健全投资宏观调控体系。深化价格体制改革，逐步理顺和完善资源性产品和要素价格形成机制。（财政部、发展改革委、税务总局负责）

（三十四）深入整顿和规范市场经济秩序。开展食品安全的专项整治行动，强化保护知识产权工作，坚决打击各种商业欺诈行为、传销和变相传销活动。继续抓好其他专项整治工作。严惩制假售假、商业欺诈、走私贩私、偷逃骗税、金融证券犯罪和侵犯知识产权行为。（全国整顿和规范市场经济秩序领导小组办公室牵头，成员单位按职能负责）

（三十五）加快社会信用体系建设。制定《社会信用体系建设指导意见》，明确目标、原则和任务，加强组织领导和统筹协调。加快企业和个人征信体系建设。研究社会信用体系监督管理体制和行业自律机制，维护国家信息安全。研究社会信用体系建设的配套政策措施，积极推进信用服务行业标准化建设，开展社会信

用宣传和教育活动。(国务院办公厅牵头)

(三十六)进一步扩大对外开放。利用国内国外两个市场、两种资源,着力转变贸易增长方式,注重优化进出口结构。大力实施科技兴贸战略,支持具有自主知识产权、自主品牌、高附加值的产品和服务产品出口,继续控制高耗能、高污染和资源性产品出口。扩大农产品出口,推动加工贸易转型升级和合理布局。适当扩大进口,加大引进高新技术和先进设备的力度,改善进出口不平衡状况。继续积极有效利用外资,着力提高利用外资的质量和效益。重视对外资投向的产业和区域引导。健全国家级经济技术开发区持续健康发展的有效机制。扩大服务领域对外开放。(商务部牵头)

(三十七)继续实施"走出去"战略。支持有条件的企业"走出去",按照国际通行规则对外投资和跨国经营,在境外建立加工基地、营销服务网络和研发机构。建立健全政策支持和服务体系,完善境外投资协调机制和风险控制机制。积极发展对外承包工程与劳务合作。(发展改革委、商务部负责)

(三十八)做好加入WTO后过渡期各项工作。进一步完善涉外经济管理体制和机制,提高贸易和投资便利化水平。运用世界贸易组织规则,支持重点产业提高抗风险能力和国际竞争能力。健全应对贸易争端的有效机制,建立健全国家经济安全预警系统和产业损害预警系统。有步骤、有重点地推进区域经济合作,积极稳妥地推进自由贸易区建设。积极参与世界贸易组织新一轮谈判并发挥建设性作用。(商务部牵头)

七、高度重视解决涉及群众切身利益的问题

(三十九)继续实施积极的就业政策。落实就业再就业各项扶持政策,继续增加资金投入,确保完成城镇新增就业900万人、城镇登记失业率控制在4.6%等就业再就业目标任务。进一步解决体制转轨遗留的下岗失业人员再就业问题和重组改制、关闭破产企业的职工安置问题。加大对军工、森工等困难行业下岗职工再就业的支持力度。统筹做好高校毕业生、城镇新增劳动力和进城农民工就业工作。加强职业培训和就业服务体系建设,加强高技能人才队伍建设。继续推进劳动关系三方协调机制建设,做好劳动争议调解和仲裁工作。(劳动保障部、财政部等负责)

(四十)加快推进社会保障体系建设。切实保证各项社会保险金的及时支付。完善城镇企业职工基本养老保险制度,继续做好做实个人账户试点工作,扩大试点范围;改革基本养老金计发办法,建立参保缴费的激励约束机制;积极发展企业年金。提高各类所有制企业的参保率,统一城镇个体工商户和灵活就业人员的参保办法,扩大社会保险覆盖范围。加大社会保险费征缴和基金监管力度,多渠道筹集社会保障基金。加强城镇职工基本医疗保险和失业、工伤、生育保险制度建设。推进社会化管理服务工作。研究制订机关事业单位养老保险制度改革方案。(劳动保障部、财政部、人事部、税务总局负责)

(四十一)切实做好农民工有关工作。认真贯彻落实《国务院关于解决农民工问题的若干意见》。建立并完善防止工资拖欠的法规和机制,探索解决拖欠农民工工资问题的办法。指导地方合理调整和严格执行最低工资制度,制定实施最低小时工资标准,逐步解决农民工工资偏低问题。以非公有制企业和农民工为重点,全面检查劳动合同制度执行情况。研究适合农民工特点的社会保障办法。依法做好农民工工伤保险和职业病防治工作。为农民工提供就业培训、子女上学和计划生育等相关公共服务,改善农民工居住环境。加大劳动保障监察执法力度,健全维护农民工权益的保障机制。促进城乡统筹就业和农村劳动力就地就近转移就业。(劳动保障部牵头)

(四十二)进一步解决困难群众基本生活问题。加快城乡特殊困难群众社会救助体系建设。继续完善城市低保制度,有条件的地方积极探索建立农村居民最低生活保障制度。进一步完善农村"五保户"供养、特困户救助、灾民救济、临时救助等制度,增加资金支持。逐步建立和完善城乡医疗救助制度。实行流浪乞讨人员分类救助和管理,加强流浪儿童救助保护。加强防灾减灾救灾工作。落实优抚政策,适当提高抚恤补助标准。进一步发展社会福利事业和慈善事业,开展多种形式的捐助和帮扶活动。重视做好老龄工作。加强妇女儿童权益保障。积极发展残疾人事业。(民政部牵头)

(四十三)加快农村医疗卫生服务体系建设。实施《农村卫生服务体系建设与发展规划》,以乡镇卫生院为重点,同步推进县医院、县中医院(民族医院)和县级妇幼保健机构房屋、设备改造和建设,推进县、乡、村三级医疗卫生服务体系和网络建设。加快推进新型农村合作医疗制度建设,将新型农村合作医疗试点范围扩大到全国40%以上的县(市)。完善城市医疗卫生人员定期到农村服务的制度,提高农村医疗卫生服务能力和水平。(卫生部牵头)

(四十四)积极发展城市社区卫生服务。继续深化城市医疗服务体制改革。调整城市医疗卫生资源,加大政府对社区卫生的投入,创新投入机制,加强社区卫生服务人才培养,完善社区卫生服务功能,努力构建以社区为基础的新型城市医疗卫生服务体系。贯彻落实《国务院关于发展城市社区卫生服务的指导意见》精神,研究制定相关配套文件,完善各项政策措施。落实全国城市社区卫生工作会议精神,全面开展城市社区

卫生服务工作。(卫生部牵头)

(四十五)继续加强重大疾病预防控制工作。完善城乡公共卫生服务体系,基本完成突发公共卫生事件应急救治体系建设和化学中毒、核辐射救治基地建设任务。加强对严重危害人民群众健康重大疾病的预防控制工作,认真落实艾滋病、结核病、血吸虫病和乙肝等重大传染病防治措施,切实做好防控人感染高致病性禽流感工作。完善卫生监督体系,加大卫生监督执法力度,深入开展打击非法行医的专项治理。深入整顿和规范医疗服务、药品购销秩序,加强对药品医疗服务的价格监管,规范医院、医生的医疗和用药行为,加强医德医风建设。支持中医药事业发展,加快推进中医药现代化、国际化,促进中医药的适宜性和在农村和社区卫生服务中的应用,积极发挥中医药在疾病治疗和预防控制方面的作用。(卫生部、发展改革委、食品药品监管局负责)

(四十六)进一步做好人口和计划生育工作。研究制定新时期加强人口和计划生育工作的意见,稳定现行生育政策和低生育水平,提高出生人口素质,认真组织实施《关于广泛开展关爱女孩行动综合治理出生人口性别比偏高问题的行动计划》。扩大农村部分计划生育家庭奖励扶助制度的覆盖面和西部地区“少生快富”扶贫工程实施范围,继续建立健全计划生育利益导向机制。加强农村计划生育服务体系建设,稳定基层计划生育机构和队伍,推进人口信息化建设。(人口计生委牵头)

(四十七)切实加强安全生产工作。全面落实安全生产责任制,实行有利于安全生产的经济政策。继续完善监管体制,夯实企业安全生产基础工作。加强安全技术人才培养和职工安全技能培训。加快煤炭等行业改革重组,加强大型煤炭基地建设,鼓励大型煤炭企业集团兼并改造中小煤矿。多渠道加大安全生产投入,增加安排国债资金,重点支持煤矿瓦斯综合治理和利用的科技攻关试点工程。深入开展重点行业和领域安全生产专项整治,继续抓好煤矿瓦斯治理和矿山整顿。强化企业安全生产管理,加强安全生产法制建设,严格执法和监管。(安全监管总局、发展改革委负责)

(四十八)全面加强应急管理工作。建立健全应急管理体制、机制和法制,研究制定加强应急管理工作的政策措施,编制国家突发公共事件应急体系建设规划。加强预防工作,建立社会预警体系,健全信息报告制度,开展各类危险源排查与监控。完善和落实各类预案,重点推进企业、社区、农村、学校等基层应急管理工作,增强应对突发公共事件的能力。加快国家应急平台建设,推动公共安全技术研究与应用。深入开展应急管理培训和面向全社会的科普宣教工作。(国务院办公厅牵头)

八、加强民主政治建设和维护社会稳定

(四十九)加强民主法制建设。进一步发展基层民主,完善基层民主管理制度。加强和改进政府立法工作,重点加强节约能源资源、保护生态环境、扩大就业和完善社会保障体系、应对和处置突发公共事件、维护社会稳定和市场秩序等方面的立法。完善公众参与立法的机制、程序和方法,进一步提高立法质量。(民政部、法制办负责)

(五十)进一步推进依法行政。认真贯彻实施公务员法。大力推动《全面推进依法行政实施纲要》的贯彻落实,加快建设法治政府。继续对行政许可法的贯彻落实情况开展监督检查。全面推行行政执法责任制,完善行政执法程序,规范行政执法行为,实行行政执法依据公开、执法过错责任追究和执法行为评议考核制度。进一步提高行政机关工作人员依法行政的意识和能力。深入开展民主评议政风行风工作。依法接受公民、社会和新闻舆论对行政行为的监督。(法制办、监察部、中央编办、人事部、审计署等负责)

(五十一)加强廉政建设和反腐败工作。加强对中央重大政策和改革措施落实情况的监督检查。继续把解决群众上学难、看病难作为纠风专项治理工作的重点,坚决治理教育乱收费,大力整顿医疗服务秩序和药品、医疗器械流通秩序。开展对社团、行业组织和社会中介组织的清理和规范工作。加强对土地转让和矿产等重要资源开发审批的监督。严肃查处安全生产领域的失职、渎职和腐败问题,严肃查办领导干部滥用权力、贪污贿赂的案件,认真查办严重侵害群众利益的案件。(监察部牵头)

(五十二)认真开展治理商业贿赂专项工作。组织开展不正当交易行为的自查自纠,针对发现的问题研究提出整改措施。依法严肃查处商业贿赂案件,重点查处政府工作人员利用职权参与或干预企业事业单位经营活动,谋取非法利益、索贿受贿行为。完善管理制度,强化日常监管,建立健全防治商业贿赂的有效机制。(监察部牵头)

(五十三)努力维护社会稳定。高度重视和维护社会稳定,广泛深入推进平安建设。正确处理新时期社会矛盾,认真落实涉及群众利益的各项政策。重视解决群众反映的问题,及时化解矛盾。加强基层政权建设,加强和谐社区、和谐村镇建设。完善社会稳定预警体系和应急处理机制。加强社会治安综合治理,加快建设社会治安防控体系,依法严厉打击各种刑事犯罪活动。落实司法体制改革的各项措施,进一步规范执法行为,促进司法公正,维护司法权威,实现严格、公正、文明执法。加强法制宣传教育,做好法律服务、法

律援助工作，为困难群众打官司提供有效帮助。维护国家安全。（公安部、司法部、安全部负责）

（五十四）加强民族、宗教、侨务工作。认真落实《国务院实施〈中华人民共和国民族区域自治法〉若干规定》。进一步支持少数民族地区加快经济社会发展，认真实施扶持人口较少民族发展规划，大力推进兴边富民行动，大力培养少数民族干部和各方面人才，切实保障少数民族合法权益，促进各民族共同团结奋斗、共同繁荣发展。贯彻党的宗教工作基本方针，提高依法管理宗教事务的能力。完成化解华侨农场债务的工作，增强其可持续发展能力。加强侨务对台工作，维护海外侨胞在境内的正当合法权益，切实做好归侨侨眷等工作。（国家民委、宗教局、财政部、侨办负责）

九、支持国防和军队建设，推进祖国统一，做好外交工作

（五十五）积极支持国防和军队建设。加强国防科研和武器装备建设，推进国防科技工业改革和发展。深化退伍军人安置改革，做好军队转业干部和退役士兵安置工作。深入开展"双拥"活动，巩固和发展军政军民团结。支持加强国防和军队法制建设。（国防科工委、民政部、人事部负责）

（五十六）加强港澳工作。坚持"一国两制""港人治港""澳人治澳"高度自治的方针，严格按照特别行政区基本法办事，全力支持香港、澳门两个特别行政区行政长官和政府依法施政。继续实施内地与香港、澳门更紧密经贸关系安排，进一步加强和推动内地同港澳在经贸、科教、文化、卫生、体育等领域的交流和合作，保持香港、澳门长期繁荣稳定。（港澳办牵头）

（五十七）推进祖国和平统一进程。坚持"和平统一、一国两制"的基本方针和现阶段发展两岸关系、推进祖国和平统一进程的八项主张，贯彻胡锦涛主席关于新形势下发展两岸关系的四点意见。坚决反对和遏制"台独"分裂势力通过"宪改"进行"台湾法理独立"活动。广泛团结台湾同胞，扩大两岸经济、文化交流和人员往来，推动全面、直接、双向"三通"进程。支持海峡西岸和其他台商投资相对集中地区的经济发展，促进两岸经济技术交流和合作。加强与反对"台独"、主张发展两岸关系的台湾各党派、团体和各界人士的对话与交流。继续争取在一个中国原则基础上恢复两岸对话与谈判。维护台海和平与稳定。（台办牵头）

（五十八）积极开展全方位外交。继续高举和平、发展、合作的旗帜，奉行独立自主的和平外交政策，坚定不移地走和平发展道路，在和平共处五项原则基础上加强全方位外交。巩固和加强同广大发展中国家的团结与合作。坚持与邻为善、以邻为伴的周边外交方针，推动区域合作机制建设，把务实合作提升到新水平。扩大同发达国家的共同利益，妥善处理分歧，推进交流和合作。积极参与和开展多边外交，在国际和地区事务中发挥建设性作用。大力开展经济外交，妥善处理经贸摩擦，维护国家经济安全。认真做好外宣和公众外交工作。保护我国公民和法人在海外的合法权益。（外交部牵头）

2006年是实施"十一五"规划的第一年，改革发展稳定的任务十分繁重。国务院各部门和各单位要进一步增强使命感和紧迫感，认真履行职责，求真务实，励精图治，不懈进取，努力完成好全年的各项任务。

上述各项工作任务由国务院副秘书长按分工督促落实。国务院各部门和单位要根据本要点抓紧制定本部门和本单位的2006年工作要点，并报国务院备案。

国务院副总理曾培炎在钓鱼台国宾馆出席第七届中国发展高层论坛开幕式并致辞

曾培炎强调，为了实现未来五年经济社会发展目标，我们将重点从6个方面付诸努力。

第一，推进新农村建设。中国将加大对农村的支持力度，增强农村综合生产能力，加强农村基础设施建设，发展农村社会事业。积极稳妥地推进城镇化，引导农村富余劳动力向城镇有序转移。

第二，促进产业结构升级。中国将大力振兴装备制造业，加强基础产业和基础设施建设。坚持以企业为主体，增强自主创新能力，着力调整优化产业结构、产品结构和产业布局。

第三，加强资源节约和环境保护。中国将继续坚持资源开发与节约并举、把节约放在首位的方针，在全社会推进节能降耗。控制污染物排放总量，努力遏制生态环境恶化的趋势。

第四，促进区域经济协调发展。中国将进一步推进西部大开发，实施东北地区等老工业基地振兴战略，积极促进中部地区崛起，鼓励东部地区率先发展，健全促进区域协调发展的市场机制、合作机制、互助机制和扶持机制。

第五，加快发展社会事业。中国将不断完善就业政策，健全社会保障体系。加强现代国民教育体系、公共卫生体系建设，加大扶贫开发力度，健全突发公共事件应急处理机制。

第六，深化改革开放。中国将坚持市场化改革方向，加快转变政府职能。继续实施互利共赢的开放战略，进一步优化进出口商品结构，积极合理地吸收外资，鼓励有条件的企业到境外投资。

国务院发展研究中心主任王梦奎、美国联邦快递董事长施伟德也发表了致辞。国务院有关部门负责人参加了开幕式。本届论坛的主题是"立足科学发展，

构建和谐社会”,来自20多个国家的200多名专家学者、企业家、国际组织代表出席了论坛。

国务院副总理曾培炎在北京会见粮食系统先进集体代表先进个人及与会代表

全国粮食局长会议暨粮食系统先进集体和先进工作者(劳动模范)表彰大会在北京召开,曾培炎会见受到表彰的先进集体代表和先进个人以及与会代表。曾培炎强调,粮食工作事关改革发展稳定的大局。要以科学发展观为指导,围绕建设社会主义新农村,进一步完善粮食流通体制改革和深化国有粮食企业改革,加强粮食宏观调控,维护粮食安全,切实保障种粮农民利益。

曾培炎提出四点要求,一是要继续完善粮食流通体制。加强粮食市场体系建设,搞好粮食市场监管,维护粮食流通秩序。二是要深化国有粮食企业改革。妥善解决企业历史包袱,切实转换经营机制,继续发挥好主渠道作用。三是要建立产销区稳定的购销关系。加强产销合作,做好产销衔接,在政策上给予必要的扶持。四是要加强对粮食市场的宏观调控。完善最低收购价政策,加强市场监测,及时进行调节。

国家发展改革委、国家粮食局和国务院有关部门负责人参加了会见。会上,人事部、国家粮食局联合表彰了全国粮食系统先进集体90个,劳动模范51人,先进工作者75人。会议要求全国粮食系统广大干部职工要以这些优秀代表为榜样,掀起“学榜样·赶先进”的热潮,树立粮食行业新风,促进粮食行业蓬勃发展。

国务院副总理曾培炎在北京会见美国联邦快递董事长施伟德

中科院在北京首次颁布《中国科学院章程》

《中国科学院章程》共8章51条,包括总则、领导体制、中国科学院学部、组织管理、科技管理、人力资源开发与管理、资产与财务管理、附则。《中国科学院章程》是中国科学院的“基本法”,是构建中国科学院制度体系的基础;对外是宣言与旗帜,对内是共识与准则。

3月20日

中共中央总书记胡锦涛就加强干部教育培训工作作出指示

胡锦涛强调,加强干部教育培训工作,最重要的是要联系实际创新路,加强培训求实效,不断探索干部教育培训工作的新方法新途径,不断增强教育培训工作的针对性和实效性,不断提高各级领导干部的马克思主义理论水平和运用理论解决实际问题的能力。

胡锦涛指出,现在我国改革开放和现代化建设已经进入关键时期,要全面贯彻落实科学发展观,实现经济社会全面协调可持续发展,关键在于各级领导干部,在于不断提高他们的素质和能力。这就对干部教育培训工作提出了新的更高的要求。胡锦涛希望各级各类干部学院紧紧围绕党和国家的工作大局开展工作,充分利用宝贵的资源优势,努力办出一流的教学水平,更好地为全面建设小康社会、加快推进社会主义现代化服务。

国务院总理温家宝在钓鱼台国宾馆会见出席中国发展高层论坛2006年会的外方代表

温家宝对外国友人长期关注和支持中国现代化建设表示感谢,并与他们就中国改革开放和经济、社会发展问题广泛交换了意见。

中共中央政治局常委贾庆林在河内与越共中央政治局委员 书记处常务书记潘演举行会谈

贾庆林表示,中国共产党和中国政府始终把发展中越关系放在周边外交工作的突出位置。为落实两国领导人达成的共识,推动两党两国关系持续深入发展,我们愿与越方一道,在以下方面继续努力:第一,保持两党两国高层交往,进一步增强互信,不断巩固中越关系的政治基础。第二,本着优势互补、互利双赢的原则,深化经贸合作。积极扩大双边贸易,落实好双方商定的合作项目,推进大项目合作,加强在国际和区域经济事务中的协调。第三,着眼大局和长远利益,加快陆地边界勘界进程,加大北部湾油气勘采和渔业合作力度,推进南海共同开发早日取得实质成果。第四,加强各领域的友好交流与合作,争取两党理论研讨内容和形式都有所创新,增加青少年交往,为中越友好事业注入新的活力。第五,加强中国全国政协与越南祖国阵线全方位和多层次的交流与合作,为促进两国关系的全面发展作出应有的贡献。

贾庆林表示,台湾问题事关中国主权和领土完整,是中国的核心利益,牵动着全体中国人民的感情。我们赞赏越南党和政府奉行一个中国政策、反对任何形式的“台独”分裂活动。

潘演重申,越南党和政府将继续坚持一个中国原则,坚决反对“台独”活动,希望中国的统一大业早日实现。

潘演介绍了越南经济情况和越共第十次全国代表大会的筹备情况。贾庆林预祝越共十大取得圆满成功,祝愿越南在革新开放和社会主义建设事业中取得更大成就。

全国人大常委会办公厅发出关于公布《中华人民共和国劳动合同法(草案)》征求意见的通知

《中华人民共和国劳动合同法(草案)》是一部规范用人单位与劳动者订立和履行劳动合同的行为,保护劳动者合法权益,促进劳动关系和谐稳定,关系人民群众切身利益的重要法律草案。经第十届全国人大常委会第十九次会议审议后,委员长会议决定,全文公布《中华人民共和国劳动合同法(草案)》,广泛征求意见,作进一步修改,再提请全国人大常委会会议审议。将《中华人民共和国劳动合同法(草案)》向社会公布广泛征求意见,是全国人大常委会推进科学立法、民主立法的又一重大举措,各有关方面务必高度重视,统筹安排,精心组织,确保工作顺利进行。现将有关事项通知如下:

一、请各省、自治区、直辖市人大常委会负责征求、收集本地区全国人大代表和有关部门、法学教学研究等有关单位的意见,于2006年4月20日前将意见汇总报送全国人大常委会法制工作委员会。

二、请社会各界人民群众广泛展开讨论,充分发表意见。可以将意见寄送各省、自治区、直辖市人大常委会,也可以将意见直接寄送全国人大常委会法制工作委员会,或者通过中国人大网站提出意见。全国人大常委会法制工作委员会邮编:100805。中国人大网址:www.npc.gov.cn。

三、由全国人大法律委员会和全国人大常委会法制工作委员会进一步征求有关部门和各有关方面人士的意见。

四、请中央和省级报刊、广播电台、电视台等媒体组织刊播讨论《中华人民共和国劳动合同法(草案)》的文章,并报道讨论情况和意见。

全国人大常委会办公厅

2006年3月20日

全国政协十届四次会议提案交由150多家单位办理

全国政协今日举行十届四次会议提案交办会,把经审查已立案的4941件提案送交150多家承办单位办理,将于今年8月底前办复。全国政协副主席李贵鲜出席提案交办会并讲话。

据介绍,全国政协十届四次会议共收到提案5000多件,经审查立案的4941件,内容涉及加快经济结构调整、转变经济增长方式、推进社会主义新农村建设和中国特色城镇化建设、提高自主创新能力、促进区域协调发展、理顺分配关系、深化体制改革等贯彻落实科学发展观、实施“十一五”规划和构建社会主义和谐社会中的重大问题。

首届中日韩产业交流会在山东青岛举行

交流会由中国贸促会、日本贸易振兴机构、韩国贸易投资振兴公社共同主办。

此次为期4天的交流会主要展示中、日、韩3国电子、机械、汽车、通信、环保设备等行业的产品,总展出面积1.65万平方米,其中中方展位500个,日方325个,韩方159个。

河南省探明中国最大钼矿

据《人民日报》报道:河南省地矿局宣布在豫西汝阳县东沟一带探明一特大型钼矿,其目前保有储量居全国第一位,潜在经济价值在2000亿元以上。有关该钼矿的勘探报告,已由国土资源部矿产资源储量评审中心一次性评审通过。

该矿床与钼相伴的还有磁铁矿,其金属铁储量达1321万吨,相当于一个中型规模的铁矿,可综合回收利用。

国家副主席曾庆红在人民大会堂会见多米尼克国总统利物浦

曾庆红表示,中国政府高度重视与多米尼克国关系,愿与多方共同推动两国友好关系和各领域的互利合作不断向前发展。中方将继续支持多米尼克国政府和人民促进本国经济社会发展的努力,鼓励中方企业到多米尼克国开展各种形式的经贸合作。曾庆红还表示,中国愿在和平共处五项原则基础上与加勒比各国加强联系,为推动中加经贸合作深入发展而不懈努力。

利物浦说,多米尼克国政府坚定地支持一个中国政策,反对“台独”。利物浦感谢中国政府给予多米尼克国的支持和援助,表示愿与中方一道,进一步加强两国在各领域的友好合作,不断推进双边关系向前发展。

全国人大常委会副委员长许嘉璐在人民大会堂会见俄罗斯国家杜马副主席维亚切斯拉夫·沃洛金

全国政协副主席阿不来提·阿不都热西提在人民大会堂会见由议会多数党领袖穆罕默德·福法纳率领的塞拉利昂议员代表团

《社会主义荣辱观教育读本》由人民出版社出版

该书分为8个专题,分别对胡锦涛总书记提出的“八荣八耻”重要论述作了逐一阐述和详尽解读,阐明了树立社会主义荣辱观的重要性和紧迫性，阐释了社会主义荣辱观的思想渊源、主要内涵和基本要求，是广大干部群众深入学习胡锦涛总书记的重要论述、进行社会主义荣辱观教育的重要辅导读物。

3月21日

国家主席胡锦涛在人民大会堂与俄罗斯联邦总统弗拉基米尔·弗拉基米罗维奇·普京举行会谈

两国元首高度评价中俄战略协作伙伴关系建立10年来取得的成果，一致同意进一步加强和深化两国的战略协作和务实合作，把中俄战略协作伙伴关系推上更高的水平。

胡锦涛表示，在新的一年里，中方愿与俄方一道，着力从以下几个方面进一步加强两国的战略协作和务实合作：第一，把增进政治互信作为发展双边关系的长期任务，加强在涉及对方核心利益问题上的相互支持。中方高度评价俄方在台湾问题上给予的坚定支持，重申尊重俄罗斯人民选择的符合本国国情的发展道路，支持俄罗斯为维护国家稳定安全所做的努力。第二，把深化务实合作作为中心环节，通过改善贸易结构，推动大项目合作，增加相互投资，推进两国在贸易、能源、高新技术产业、基础设施建设、跨界水资源利用和保护等领域的合作，不断提高两国经贸合作的整体水平。第三，把协调两国经济发展战略作为深化合作的努力方向。两国政府要积极引导和支持两国地方和企业，从对方的经济和区域发展战略中寻找新的合作机会，拓展新的合作空间，实现互利双赢，共同发展。第四，把扩大人文交流与合作作为中俄世代友好的重要基础，持之以恒，常抓不懈。双方要密切配合，精心组织，精心实施，共同搞好"国家年"活动。

普京说，俄罗斯政府在台湾问题上坚定不移地支持中国政府立场，中国政府有实现国家统一的权利。

普京表示，中国已成为俄罗斯的第四大贸易伙伴，俄方对双边经贸关系非常满意。两国经贸合作具有巨大潜力，到2010年实现年贸易额600亿至800亿美元的目标完全可以实现。俄方希望双方加强交通运输和银行领域合作，以适应贸易量增加的需要，进一步扩大机电产品对华出口，继续在航天、移动通信等领域扩大合作。俄罗斯已有60多个地区与中国地方积极开展交往。俄罗斯政府将继续支持俄远东地区与中国各地区发展友好合作。

两国元首还就伊朗核问题、朝鲜半岛核问题、巴以局势等交换了意见，并达成广泛共识。

会谈后，两国元首签署了《中华人民共和国与俄罗斯联邦联合声明》，还出席了外交、投资、交通、通信、银行等领域合作文件的签字仪式。

参加会谈和出席签字仪式的有国务院副总理吴仪、国务委员唐家璇及有关部委负责人。

中华人民共和国和俄罗斯联邦发表联合声明

一

（一）双方将继续保持密切的高层交往，利用各种渠道就双边关系和重大国际问题交换意见。

（二）双方高度评价中俄总理定期会晤机制的工作。作为执行两国全面推动经贸、科技和人文合作政策的主渠道，该机制建立10年来高效运转，为推动中俄各领域合作发挥了重要作用。双方支持在中俄总理定期会晤委员会框架下成立环保合作分委会和民用航空技术合作分委会。

（三）双方指出，由中华人民共和国国务院和俄罗斯联邦安全会议领导主持的中俄战略安全磋商机制是两国新的重要对话渠道。双方商定，将在该机制框架内继续讨论涉及中俄国家安全的重大问题。

（四）双方表示，愿继续加强两国议会交往，认为议会交往对推动双边关系具有重要意义。两国元首满意地指出，中国全国人民代表大会与俄罗斯联邦会议联邦委员会和国家杜马建立的合作委员会，将有助于促进两国议会交流。

二

（一）双方一致认为，2006年在中国举办"俄罗斯年"和2007年在俄罗斯举办"中国年"具有战略意义。"国家年"活动规模之大、内容之丰富史无前例，"国家年"活动将进一步增强中俄政治互信，深化双方在政治、经贸、科技、人文等领域的合作，巩固中俄友好的社会基础，为中俄战略协作伙伴关系全面发展注入强大的推动力。

（二）双方满意地指出，"俄罗斯年"活动计划正在中国顺利实施，这是双方建设性协作的成果。双方责成有关部门保障"俄罗斯年"活动顺利进行并积极制订在俄罗斯的"中国年"活动计划。

三

（一）双方指出，2005年两国批准的《中华人民共和国和俄罗斯联邦关于中俄国界东段的补充协定》，标志着两国边界问题的彻底解决。

（二）双方一致认为，两国最终完成划界工作及双方十年来顺利执行关于在边境地区加强军事领域信任和在边境地区相互裁减军事力量的协定，以及关于对界河中个别岛屿及其附近水域进行共同经济利用的协定，有助于把两国边界变成和平与友好的边界。边境地区的良好气氛进一步深化了两国毗邻地区和地方的交往与合作。

(三)双方重申,2007年年底前全部完成剩余两块地段的勘界工作,并满意地指出,有关勘界的各项准备工作正按照双方商定的进度进行。

四

双方决心,相互支持对方为维护国家主权、统一和领土完整采取的政策和行动。

俄方将继续奉行一个中国政策,承认中华人民共和国政府是代表全中国的唯一合法政府,台湾是中国领土不可分割的一部分。俄方不同台湾建立官方关系和进行官方往来,反对包括"法理台独"在内的任何形式的"台湾独立",不接受"两个中国""一中一台",反对台湾加入联合国及其他只能由主权国家参加的国际组织,不向台湾出售武器。

俄方理解中方根据《反分裂国家法》为实现和平统一所做的努力,认为台湾问题是中国的内政,外部势力无权干涉。

俄方承认西藏是中国领土不可分割的一部分。

五

双方满意地指出,在双方共同努力下,过去十年两国经贸合作步入快速增长的轨道,取得了重大积极成果。

(一)2001年7月16日《中俄睦邻友好合作条约》签署以来,在不到5年的时间里,双边贸易额增长了1.7倍,接近300亿美元。合作领域不断拓宽,投资合作加速发展,边境地区和地方经济往来规模快速增长,两国实业界接触和联系得到加强。

双方一致认为,在中俄经贸合作发展的现阶段,切实提高效率,充实新的内涵,完善经贸关系的形式和方法具有现实、重大意义。双方将共同采取措施,努力实现2010年双边贸易额达到600亿至800亿美元的目标。

为进一步挖掘合作潜力,双方将继续致力于改善贸易结构,扩大机电产品和高新技术贸易比重,提高经贸合作的质量和水平。

(二)双方强调,中俄投资合作是两国扩大经济合作的重要途径,具有广阔前景。两国拟议中的《中俄鼓励和相互保护投资协定》对于保护两国投资者的合法权益、促进投资合作深入发展具有重要意义。双方将继续完善投资促进会议机制,加强信息沟通与政策协调,创造良好的投资环境,促进两国企业在基础设施建设、加工制造、高技术、能源和资源开发等领域开展多种形式的合作,实现优势互补,互利共赢。

(三)双方指出,中俄在能源领域的合作是两国战略协作伙伴关系的重要组成部分,正在向高水平发展,对进一步深化双边经济合作具有重要意义。

在能源领域,中俄双方均采取多元化战略。

两国的能源主管部门和公司将继续积极推动从俄罗斯向中国出口原油、天然气的管道项目。

双方支持两国企业投资开发油气资源和挖掘中国和俄罗斯的能源潜力,以及开展其他形式的互利合作,包括在石油天然气加工、石化及动力机械制造等方面的合作。

双方注意到,两国有关电力企业正在积极工作,努力推动俄罗斯向中国大规模出口电力。

双方指出,两国有关公司开展合作,逐步落实双方能源合作项目,进而在长期和互利的基础上签署能源领域合作的政府间、部门间协议,将促进两国经济发展并加强亚太地区乃至世界的能源安全。

(四)双方将深化在能源设备制造、高科技、信息技术、核能、航天领域、汽车制造、农业机械制造、黑色和有色金属制造、森林工业和其他工业领域的合作,推动大项目的落实。双方将加强在金融、交通、建立经济特区方面的沟通与合作,扩大资源开发和木材、海产品深加工合作,完善交通运输及边境口岸的基础设施,促进两国地方及毗邻地区的合作。

六

双方指出,近年来两国中央及地方政府在环保和自然资源利用方面的合作进一步加强。成立中俄总理定期会晤委员会环保合作分委会有助于加强双方的环保合作。

(一)双方同意,共同加强双方边境地区的环境保护,积极预防环境事故,将边界地区环境风险降至最低。双方就签署跨界水保护和合理利用合作的协定加快磋商。

(二)双方对中国国家环保总局和俄罗斯联邦自然资源部在中俄两国跨界水体水质联合监测的谅解备忘录基础上,就环境保护开始建设性对话表示欢迎。

七

双方指出,两国宣布发展战略协作伙伴关系方针十年来,签署《中俄睦邻友好合作条约》五年来,在中俄双边关系中占有重要地位的人文领域合作持续发展。双方将加强在教育、文化、媒体、卫生、旅游和体育等领域的合作。

八

(一)两国在司法、减灾防灾领域,特别是在边境地区和移民领域的合作水平高,发展速度快。双方对此表示满意。

(二)两国元首对军事领域现有协议的执行情况给予高度评价并指出,中俄军事合作得到全面顺利发展。2005年8月举行的中俄首次联合军事演习"和平使命2005"体现出中俄国防部门愿进一步加强协作,以有效应对国际和地区安全带来的新威胁和新挑战。

九

双方指出,近年来双方在国际事务中的合作不断扩大和深化,为世界和平与发展作出了积极贡献。2005年7月签署的《中俄关于21世纪国际秩序的联合声明》具有重要意义。

近年来世界局势的发展表明,国际社会只有共同努力才能有效应对新威胁和新挑战。中俄双方与大多数国家一样,主张在公认的国际法准则基础上建立新型安全架构,它要求尊重各国维护国家统一和民族尊严的权利,尊重各国根据本国国情独立自主选择发展道路的权利,尊重各国平等参与国际事务和平等发展的权利,尊重世界文化和文明的多样性。

(一)双方指出,联合国在维护世界和平与安全方面发挥着不可替代的重要作用。双方高度评价彼此在联合国事务中的合作水平。中俄两国在联合国改革问题上开展合作的基础是,两国都认为联合国应当进行改革。双方认为,联合国改革关系到各国的切身利益,不能仓促行事,应争取达成最广泛的协商一致,应有助于加强多边行动,提高联合国的权威和效率以及应对新挑战和新威胁的能力。

(二)双方认为,恐怖威胁带有全球性和综合性特点,并指出,应在联合国框架内就打击恐怖主义加强合作。双方支持通过《制止核恐怖主义行为国际公约》,支持在打击金融恐怖主义方面,包括在欧亚反洗钱和反恐融资小组框架内加强双边合作。

(三)中俄两国承诺将在《不扩散核武器条约》基础上进一步加强国际不扩散核武器机制。双方将继续努力推进关于缔结防止外空武器化和外空军备竞赛的文件的共同倡议。双方将继续积极推动全面禁止和彻底销毁化学武器和生物武器。双方将加强防止大规模杀伤性武器及其运载工具扩散的出口控制。俄罗斯将继续支持中国加入导弹及其技术控制制度。

(四)双方指出,将继续密切合作,通过政治和外交方式解决伊朗核问题。

(五)双方重申,六方会谈是寻求解决朝鲜半岛核问题的现实有效途径。双方呼吁会谈各方保持耐心,显示灵活,以建设性态度继续积极推动六方会谈,和平解决朝核问题,实现朝鲜半岛无核化目标,维护半岛和地区的和平与稳定。

(六)双方满意地指出,上海合作组织成立五年,已成为国际关系中一支独特的力量,在有效应对跨国新威胁和新挑战方面发挥着特殊作用。双方将采取一切措施,在上海合作组织框架内推动安全、经济及其他领域的务实合作不断深化和发展。

上海合作组织5周年峰会将于2006年6月在上海举行。峰会将总结该组织的工作经验,根据各成员国通过的《上海合作组织宪章》规定的任务和原则为组织的发展注入新的活力。

中俄两国将推动上海合作组织的发展作为本国外交的重要环节,并将继续在上海合作组织框架内密切协调立场。

(七)双方一致认为,全面、公正和持久地解决阿以冲突是总体战略目标,这一目标只有在公认的国际法基础上,包括联合国安理会有关决议和"土地换和平"原则,通过谈判才能实现。双方支持尽快恢复巴以谈判进程,并最终建立主权、民主和有生命力并与以色列共享安全与和平的巴勒斯坦国。

(八)两国一贯主张,应使伊拉克局势尽快实现稳定,应维护伊拉克的主权、统一和领土完整。

(九)双方指出,中亚各国的稳定和安全,经济持续发展和社会不断进步,完全符合中俄的切身利益。双方重申将共同致力于扩大同中亚国家在双边和上海合作组织框架内的合作,重点是打击恐怖主义、分裂主义和极端主义。两国支持中亚国家为在本地区建立无核区所作的努力,主张尽快缔结相关条约。

(十)双方支持加快建立中俄印三方合作机制,认为这将有助于更充分发挥各国的经济发展潜力,增强国际社会应对新威胁和新挑战的能力。

中华人民共和国主席 俄罗斯联邦总统
胡锦涛 弗·弗·普京

2006年3月21日于北京

"俄罗斯年"开幕式在北京举行

国家主席胡锦涛和来华进行国事访问的俄罗斯总统普京出席开幕式并致辞。

国家主席胡锦涛在"俄罗斯年"开幕式上致辞

尊敬的普京总统:

女士们,先生们,朋友们:

今天是中国农历春分。在这个充满春天气息的美好夜晚,我很高兴同普京总统一起出席"俄罗斯年"开幕式。这是中俄两国人民的共同节日。首先,我谨代表中国政府和中国人民,向普京总统,向俄罗斯代表团全体成员,向参加今晚演出的俄罗斯艺术家们,表示最热烈的欢迎!向伟大的俄罗斯人民,致以最诚挚的祝福!

中俄是山水相连的友好邻邦,中俄两国人民的友谊源远流长。在漫长的岁月里,我们两国人民相互理解、相互支持,结下了深厚的友谊。我们尤其不会忘记,在中国人民抗击日本军国主义侵略的伟大斗争中,许多英勇的俄罗斯儿女在中国的土地上献出了宝贵生命。我们尤其不会忘记,在新中国成立之初,俄罗斯人民伸出友谊之手,为中国人民建设新国家提供了多方援助。这种用鲜血和真诚凝结的友谊,牢牢铭记在两国人民心中,成为中俄关系发展的重要力量源泉。

10年前,中俄两国根据冷战结束后国际形势的深刻变化和两国关系发展的战略需要,高瞻远瞩,决定建立战略协作伙伴关系,揭开了中俄关系发展的新篇章。10年来,我们两国本着相互尊重、平等互利、密切协作、相互支持的精神,签署了《中俄睦邻友好合作条约》,提出了“世代友好,永不为敌”的和平思想,加强各领域的务实合作,密切在国际事务中的相互配合,为两国人民带来了实实在在的利益,为促进世界的和平、稳定、繁荣作出了重要贡献。

中国和俄罗斯都有着悠久的历史和灿烂的文化,都正在大力发展经济、改善人民生活,都肩负着维护世界和平、促进共同发展的重大责任。加强中俄两个伟大民族的交流,加强两国各领域的合作,有利于增进两国人民的相互了解和传统友谊,有利于促进两国关系全面发展。

中俄互办“国家年”活动,是我们双方为推动两国关系不断发展和两国人民世代友好而采取的重大步骤,目的是深化友谊、密切合作,推动中俄战略协作伙伴关系迈上新台阶。今晚的开幕式之后,丰富多彩的“俄罗斯年”活动将在中国全面展开。我相信,在两国政府大力支持和两国各界广泛参与下,“俄罗斯年”活动一定能够取得圆满成功。

俄罗斯伟大作家列夫·托尔斯泰曾经说过,朋友是永久的财富。我和普京总统都认为,中俄应该永做好邻居、好伙伴、好朋友。让我们共同努力,推动中俄友好事业不断向前发展,造福两国人民,为人类和平与发展的崇高事业作出新的更大的贡献。

中共中央总书记胡锦涛电贺朱马利·赛雅贡当选老挝人民革命党中央委员会总书记

全国政协主席贾庆林在河内与越南祖国阵线主席范世阅举行会谈

国务院总理温家宝签署第462号令公布《机动车交通事故责任强制保险条例》

《机动车交通事故责任强制保险条例》已经2006年3月1日国务院第127次常务会议通过,现予公布,自2006年7月1日起施行。

总　理　温家宝

2006年3月21日

机动车交通事故责任强制保险条例

第一章　总　则

第一条　为了保障机动车道路交通事故受害人依法得到赔偿,促进道路交通安全,根据《中华人民共和国道路交通安全法》《中华人民共和国保险法》,制定本条例。

第二条　在中华人民共和国境内道路上行驶的机动车的所有人或者管理人,应当依照《中华人民共和国道路交通安全法》的规定投保机动车交通事故责任强制保险。

机动车交通事故责任强制保险的投保、赔偿和监督管理,适用本条例。

第三条　本条例所称机动车交通事故责任强制保险,是指由保险公司对被保险机动车发生道路交通事故造成本车人员、被保险人以外的受害人的人身伤亡、财产损失,在责任限额内予以赔偿的强制性责任保险。

第四条　国务院保险监督管理机构(以下称保监会)依法对保险公司的机动车交通事故责任强制保险业务实施监督管理。

公安机关交通管理部门、农业(农业机械)主管部门(以下统称机动车管理部门)应当依法对机动车参加机动车交通事故责任强制保险的情况实施监督检查。对未参加机动车交通事故责任强制保险的机动车,机动车管理部门不得予以登记,机动车安全技术检验机构不得予以检验。

公安机关交通管理部门及其交通警察在调查处理道路交通安全违法行为和道路交通事故时,应当依法检查机动车交通事故责任强制保险的保险标志。

第二章　投　保

第五条　中资保险公司(以下称保险公司)经保监会批准,可以从事机动车交通事故责任强制保险业务。

为了保证机动车交通事故责任强制保险制度的实行,保监会有权要求保险公司从事机动车交通事故责任强制保险业务。

未经保监会批准,任何单位或者个人不得从事机动车交通事故责任强制保险业务。

第六条　机动车交通事故责任强制保险实行统一的保险条款和基础保险费率。保监会按照机动车交通事故责任强制保险业务总体上不盈利不亏损的原则审批保险费率。

保监会在审批保险费率时,可以聘请有关专业机构进行评估,可以举行听证会听取公众意见。

第七条　保险公司的机动车交通事故责任强制保险业务,应当与其他保险业务分开管理,单独核算。

保监会应当每年对保险公司的机动车交通事故责任强制保险业务情况进行核查,并向社会公布;根据保险公司机动车交通事故责任强制保险业务的总体盈利或者亏损情况，可以要求或者允许保险公司相应调整保险费率。

调整保险费率的幅度较大的，保监会应当进行听证。

第八条　被保险机动车没有发生道路交通安全违法行为和道路交通事故的，保险公司应当在下一年度降低其保险费率。在此后的年度内，被保险机动车仍然没有发生道路交通安全违法行为和道路交通事故的，保险公司应当继续降低其保险费率，直至最低标准。被保险机动车发生道路交通安全违法行为或者道路交通事故的，保险公司应当在下一年度提高其保险费率。多次发生道路交通安全违法行为、道路交通事故，或者发生重大道路交通事故的，保险公司应当加大提高其保险费率的幅度。在道路交通事故中被保险人没有过错的，不提高其保险费率。降低或者提高保险费率的标准，由保监会会同国务院公安部门制定。

第九条　保监会、国务院公安部门、国务院农业主管部门以及其他有关部门应当逐步建立有关机动车交通事故责任强制保险、道路交通安全违法行为和道路交通事故的信息共享机制。

第十条　投保人在投保时应当选择具备从事机动车交通事故责任强制保险业务资格的保险公司，被选择的保险公司不得拒绝或者拖延承保。

保监会应当将具备从事机动车交通事故责任强制保险业务资格的保险公司向社会公示。

第十一条　投保人投保时，应当向保险公司如实告知重要事项。

重要事项包括机动车的种类、厂牌型号、识别代码、牌照号码、使用性质和机动车所有人或者管理人的姓名(名称)、性别、年龄、住所、身份证或者驾驶证号码(组织机构代码)、续保前该机动车发生事故的情况以及保监会规定的其他事项。

第十二条　签订机动车交通事故责任强制保险合同时，投保人应当一次支付全部保险费；保险公司应当向投保人签发保险单、保险标志。保险单、保险标志应当注明保险单号码、车牌号码、保险期限、保险公司的名称、地址和理赔电话号码。

被保险人应当在被保险机动车上放置保险标志。

保险标志式样全国统一。保险单、保险标志由保监会监制。任何单位或者个人不得伪造、变造或者使用伪造、变造的保险单、保险标志。

第十三条　签订机动车交通事故责任强制保险合同时，投保人不得在保险条款和保险费率之外，向保险公司提出附加其他条件的要求。

签订机动车交通事故责任强制保险合同时，保险公司不得强制投保人订立商业保险合同以及提出附加其他条件的要求。

第十四条　保险公司不得解除机动车交通事故责任强制保险合同；但是，投保人对重要事项未履行如实告知义务的除外。

投保人对重要事项未履行如实告知义务，保险公司解除合同前，应当书面通知投保人，投保人应当自收到通知之日起5日内履行如实告知义务；投保人在上述期限内履行如实告知义务的，保险公司不得解除合同。

第十五条　保险公司解除机动车交通事故责任强制保险合同的，应当收回保险单和保险标志，并书面通知机动车管理部门。

第十六条　投保人不得解除机动车交通事故责任强制保险合同，但有下列情形之一的除外：

(一)被保险机动车被依法注销登记的；

(二)被保险机动车办理停驶的；

(三)被保险机动车经公安机关证实丢失的。

第十七条　机动车交通事故责任强制保险合同解除前，保险公司应当按照合同承担保险责任。

合同解除时，保险公司可以收取自保险责任开始之日起至合同解除之日止的保险费，剩余部分的保险费退还投保人。

第十八条　被保险机动车所有权转移的，应当办理机动车交通事故责任强制保险合同变更手续。

第十九条　机动车交通事故责任强制保险合同期满，投保人应当及时续保，并提供上一年度的保险单。

第二十条　机动车交通事故责任强制保险的保险期间为1年，但有下列情形之一的，投保人可以投保短期机动车交通事故责任强制保险：

(一)境外机动车临时入境的；

(二)机动车临时上道路行驶的；

(三)机动车距规定的报废期限不足1年的；

(四)保监会规定的其他情形。

第三章　赔　偿

第二十一条　被保险机动车发生道路交通事故造成本车人员、被保险人以外的受害人人身伤亡、财产损失的，由保险公司依法在机动车交通事故责任强制保险责任限额范围内予以赔偿。

道路交通事故的损失是由受害人故意造成的，保险公司不予赔偿。

第二十二条　有下列情形之一的，保险公司在机动车交通事故责任强制保险责任限额范围内垫付抢救费用，并有权向致害人追偿：

(一)驾驶人未取得驾驶资格或者醉酒的；

(二)被保险机动车被盗抢期间肇事的;

(三)被保险人故意制造道路交通事故的。

有前款所列情形之一,发生道路交通事故的,造成受害人的财产损失,保险公司不承担赔偿责任。

第二十三条　机动车交通事故责任强制保险在全国范围内实行统一的责任限额。责任限额分为死亡伤残赔偿限额、医疗费用赔偿限额、财产损失赔偿限额以及被保险人在道路交通事故中无责任的赔偿限额。

机动车交通事故责任强制保险责任限额由保监会会同国务院公安部门、国务院卫生主管部门、国务院农业主管部门规定。

第二十四条　国家设立道路交通事故社会救助基金(以下简称救助基金)。有下列情形之一时,道路交通事故中受害人人身伤亡的丧葬费用、部分或者全部抢救费用,由救助基金先行垫付,救助基金管理机构有权向道路交通事故责任人追偿:

(一)抢救费用超过机动车交通事故责任强制保险责任限额的;

(二)肇事机动车未参加机动车交通事故责任强制保险的;

(三)机动车肇事后逃逸的。

第二十五条　救助基金的来源包括:

(一)按照机动车交通事故责任强制保险的保险费的一定比例提取的资金;

(二)对未按照规定投保机动车交通事故责任强制保险的机动车的所有人、管理人的罚款;

(三)救助基金管理机构依法向道路交通事故责任人追偿的资金;

(四)救助基金孳息;

(五)其他资金。

第二十六条　救助基金的具体管理办法,由国务院财政部门会同保监会、国务院公安部门、国务院卫生主管部门、国务院农业主管部门制定试行。

第二十七条　被保险机动车发生道路交通事故,被保险人或者受害人通知保险公司的,保险公司应当立即给予答复,告知被保险人或者受害人具体的赔偿程序等有关事项。

第二十八条　被保险机动车发生道路交通事故的,由被保险人向保险公司申请赔偿保险金。保险公司应当自收到赔偿申请之日起1日内,书面告知被保险人需要向保险公司提供的与赔偿有关的证明和资料。

第二十九条　保险公司应当自收到被保险人提供的证明和资料之日起5日内,对是否属于保险责任作出核定,并将结果通知被保险人;对不属于保险责任的,应当书面说明理由;对属于保险责任的,在与被保险人达成赔偿保险金的协议后10日内,赔偿保险金。

第三十条　被保险人与保险公司对赔偿有争议的,可以依法申请仲裁或者向人民法院提起诉讼。

第三十一条　保险公司可以向被保险人赔偿保险金,也可以直接向受害人赔偿保险金。但是,因抢救受伤人员需要保险公司支付或者垫付抢救费用的,保险公司在接到公安机关交通管理部门通知后,经核对应当及时向医疗机构支付或者垫付抢救费用。

因抢救受伤人员需要救助基金管理机构垫付抢救费用的,救助基金管理机构在接到公安机关交通管理部门通知后,经核对应当及时向医疗机构垫付抢救费用。

第三十二条　医疗机构应当参照国务院卫生主管部门组织制定的有关临床诊疗指南,抢救、治疗道路交通事故中的受伤人员。

第三十三条　保险公司赔偿保险金或者垫付抢救费用,救助基金管理机构垫付抢救费用,需要向有关部门、医疗机构核实有关情况的,有关部门、医疗机构应当予以配合。

第三十四条　保险公司、救助基金管理机构的工作人员对当事人的个人隐私应当保密。

第三十五条　道路交通事故损害赔偿项目和标准依照有关法律的规定执行。

第四章　罚　则

第三十六条　未经保监会批准,非法从事机动车交通事故责任强制保险业务的,由保监会予以取缔;构成犯罪的,依法追究刑事责任;尚不构成犯罪的,由保监会没收违法所得,违法所得20万元以上的,并处违法所得1倍以上5倍以下罚款;没有违法所得或者违法所得不足20万元的,处20万元以上100万元以下罚款。

第三十七条　保险公司未经保监会批准从事机动车交通事故责任强制保险业务的,由保监会责令改正,责令退还收取的保险费,没收违法所得,违法所得10万元以上的,并处违法所得1倍以上5倍以下罚款;没有违法所得或者违法所得不足10万元的,处10万元以上50万元以下罚款;逾期不改正或者造成严重后果的,责令停业整顿或者吊销经营保险业务许可证。

第三十八条　保险公司违反本条例规定,有下列行为之一的,由保监会责令改正,处5万元以上30万元以下罚款;情节严重的,可以限制业务范围、责令停止接受新业务或者吊销经营保险业务许可证:

(一)拒绝或者拖延承保机动车交通事故责任强制保险的;

(二)未按照统一的保险条款和基础保险费率从事机动车交通事故责任强制保险业务的;

(三)未将机动车交通事故责任强制保险业务和其他保险业务分开管理,单独核算的;

(四)强制投保人订立商业保险合同的;

(五)违反规定解除机动车交通事故责任强制保险合同的;

(六)拒不履行约定的赔偿保险金义务的;

(七)未按照规定及时支付或者垫付抢救费用的。

第三十九条 机动车所有人、管理人未按照规定投保机动车交通事故责任强制保险的,由公安机关交通管理部门扣留机动车,通知机动车所有人、管理人依照规定投保,处依照规定投保最低责任限额应缴纳的保险费的2倍罚款。

机动车所有人、管理人依照规定补办机动车交通事故责任强制保险的,应当及时退还机动车。

第四十条 上道路行驶的机动车未放置保险标志的,公安机关交通管理部门应当扣留机动车,通知当事人提供保险标志或者补办相应手续,可以处警告或者20元以上200元以下罚款。

当事人提供保险标志或者补办相应手续的,应当及时退还机动车。

第四十一条 伪造、变造或者使用伪造、变造的保险标志,或者使用其他机动车的保险标志,由公安机关交通管理部门予以收缴,扣留该机动车,处200元以上2000元以下罚款;构成犯罪的,依法追究刑事责任。

当事人提供相应的合法证明或者补办相应手续的,应当及时退还机动车。

第五章 附 则

第四十二条 本条例下列用语的含义:

(一)投保人,是指与保险公司订立机动车交通事故责任强制保险合同,并按照合同负有支付保险费义务的机动车的所有人、管理人。

(二)被保险人,是指投保人及其允许的合法驾驶人。

(三)抢救费用,是指机动车发生道路交通事故导致人员受伤时,医疗机构参照国务院卫生主管部门组织制定的有关临床诊疗指南,对生命体征不平稳和虽然生命体征平稳但如果不采取处理措施会产生生命危险,或者导致残疾、器官功能障碍,或者导致病程明显延长的受伤人员,采取必要的处理措施所发生的医疗费用。

第四十三条 机动车在道路以外的地方通行时发生事故,造成人身伤亡、财产损失的赔偿,比照适用本条例。

第四十四条 中国人民解放军和中国人民武装警察部队在编机动车参加机动车交通事故责任强制保险的办法,由中国人民解放军和中国人民武装警察部队另行规定。

第四十五条 机动车所有人、管理人自本条例施行之日起3个月内投保机动车交通事故责任强制保险;本条例施行前已经投保商业性机动车第三者责任保险的,保险期满,应当投保机动车交通事故责任强制保险。

第四十六条 本条例自2006年7月1日起施行。

国务院批准调整现行消费税政策

经国务院批准,财政部、国家税务总局联合发出通知,自2006年4月1日起,对我国现行消费税的税目、税率及相关政策进行调整。调整的主要内容是:

1. 新增高尔夫球及球具、高档手表、游艇、木制一次性筷子、实木地板等税目。增列成品油税目,原汽油、柴油税目作为该税目的两个子目,同时新增石脑油、溶剂油、润滑油、燃料油、航空煤油5个子目。

2. 取消“护肤护发品”税目。

3. 调整部分税目税率。现行11个税目中,涉及税率调整的有白酒、小汽车、摩托车、汽车轮胎等税目。

此次调整可以说是对消费税制的一次制度性调整。这次政策调整主要突出了两个重点:一是突出了促进环境保护和节约资源的重点;二是突出了合理引导消费和间接调节收入分配的重点。

中俄财长对话机制正式建立

财政部部长金人庆与俄罗斯联邦外交部长拉夫罗夫在北京正式宣布建立中俄财长对话机制,并共同签署了《中华人民共和国财政部和俄罗斯联邦财政部关于启动中俄财长对话机制的谅解备忘录》。

中俄财长对话机制级别为部长级,每年一次,轮流在中俄两国举行。两国财政部为主要牵头单位,必要时邀请其他部门参加。对话主要议题包括中俄宏观经济形势、财政政策、金融改革以及在国际财金领域的合作等;双方还将开展相关考察和培训活动。首次中俄财长对话会议将适时启动。

3月22日

中俄经济工商界高峰论坛在钓鱼台国宾馆开幕

国家主席胡锦涛和来华进行国事访问的俄罗斯总统普京共同出席了开幕式并发表重要演讲。来自中俄两国的政府官员、专家学者、工商界人士800多人出席论坛。

国务院副总理吴仪、俄罗斯第一副总理梅德韦杰夫等出席了论坛开幕式。

据组织者介绍,这次论坛旨在对双边经贸合作的重点领域进行深入探讨,除主论坛外,还同时举办能源合作、信息技术、金融服务、机电产品4个专题分论坛。

国家主席胡锦涛在中俄经济工商界高峰论坛开幕式上发表题为《互利双赢 共创未来》的演讲

尊敬的普京总统,女士们,先生们,朋友们:

今天,我很高兴同普京总统一道前来出席中俄经济工商界高峰论坛开幕式。首先,我要对论坛的召开表示衷心的祝贺!对出席论坛的两国经济工商界人士表示热烈的欢迎!对我的老朋友普京总统莅临会议表示衷心的感谢!

中国有句古话,叫作"一年之计在于春"。在当前中俄关系蓬勃发展的重要时刻,两国经济工商界人士相聚一堂,共商双方经济技术合作大计,具有十分重要的意义。

今年是中俄战略协作伙伴关系建立10周年。10年来,中俄各领域合作取得了丰硕成果。我们两国不断密切高层交往、增强政治互信,签署了《中俄睦邻友好合作条约》,彻底解决了历史遗留的边界问题;深入拓展各领域的务实合作,双边贸易持续快速增长;在国际事务中加强协调和配合,为推动一系列重大国际和地区问题的妥善解决,为促进世界的和平、稳定、繁荣,作出了不懈努力。实践证明,我们两国建立和发展战略协作伙伴关系,不仅为两国人民带来了实实在在的利益,也有利于推动人类和平与发展的崇高事业。

今明两年,我们两国将互办"国家年"活动。昨天,"俄罗斯年"活动已正式拉开帷幕。我相信,这一重大举措,必将对深化中俄战略协作伙伴关系产生重大而深远的影响。

女士们、先生们、朋友们!

经济技术合作是中俄战略协作伙伴关系的重要内容,是发展两国关系、增进两国人民福祉的重要基础。经过我们双方共同努力,目前中俄已互为重要的经济技术合作伙伴。这主要体现在以下几个方面。

——经济技术合作发展迅速。1996年两国双边贸易额为68亿美元,2005年已达到291亿美元;双向投资从无到有,在能源资源开发、高新技术产业、工程承包等领域陆续启动了一批大型合作项目。

——确定了重点合作领域。中俄经济互补性强,在市场、技术、资源、人才、商品等方面互有需求。我们已经确定了今后双方合作的重点领域,主要内容是:尽快提高机电产品在双边贸易中的比重,稳步扩大能源资源性产品的贸易规模;加大在家电、通信、基础设施建设以及油气、森林、矿产资源开发和深加工等领域的双向投资;开展航空航天、机械制造、核能、新材料、生物技术等领域的科技成果产业化合作和人才交流。

——企业合作意愿日益增强。近年来,越来越多的中俄企业进入对方市场,并取得了良好业绩。中国的通信设备、家电等产品已逐步为俄罗斯消费者所熟知。俄罗斯油气企业已成为中国重要的能源合作伙伴,俄罗斯建设的田湾核电站一期工程即将竣工投产,等等。两国企业合作的成功范例,增强了两国更多企业开展合作的意愿和信心。

女士们、先生们、朋友们!

当前,经济全球化趋势深入发展,国际产业结构调整加快。中俄经济都处在快速发展的良好时期。2005年,中国经济增长9.9%,进出口总额增长23%;俄罗斯经济增长6.4%,进出口总额增长32.2%。这为两国加强经济技术合作提供了强大动力。中俄都确立了各自国家未来5年经济发展的目标。中国的目标是:到2010年实现人均国内生产总值比2000年翻一番,单位国内生产总值能耗比2005年降低20%。俄罗斯也提出了到2010年实现国内生产总值翻一番的目标。中俄实现未来5年经济发展目标的过程,将为两国互利合作创造更多的机遇,开辟更广的空间。两国企业家应该认清这个大趋势,抓住机遇、奋发有为,提升合作水平,实现互利双赢。为此,我愿提出以下建议。

第一,加快提升贸易规模和质量。2004年,我和普京总统共同提出,到2010年要使双边贸易额达到600亿至800亿美元。按照现在的发展势头,这一目标经过努力是完全可以实现的。同时,我们应该更加注重改善贸易结构,积极扩大机电产品的比重。现在,中国每年进口的机电产品超过3500亿美元。只要俄罗斯企业发挥自身优势,拿出有竞争力的产品和技术,完全可以在中国市场上占有更大份额。

第二,积极推动双向投资合作。中方已经提出,到2020年要使在俄投资达到120亿美元。中方正在积极组织实施。我们将进一步鼓励中方企业到俄罗斯经济特区投资办厂和开展技术研发,扩大对俄罗斯基础设施建设的投资。中国正在实施西部大开发、振兴东北地区等老工业基地、促进中部地区崛起等战略,俄罗斯正在大力开发远东和西伯利亚地区,双方企业可以充分利用这些机遇,积极开展投资合作。

第三,深化能源资源开发合作。加强中俄能源资源开发领域的合作,潜力巨大,前景广阔。双方应该立足长远、互利互惠,注重协调各自的利益关切,既促进两国经济发展,又维护国际市场稳定。同时,要加快能源资源合作的多元化,积极开展油气和森林资源的联合开发和生产加工,推动合作方式由资源贸易型向生产加工型转变。

第四,加强高新技术合作。当今世界,科技进步日新月异,是推动世界经济增长的重要力量。俄罗斯科技基础雄厚,在许多领域都拥有先进技术和优秀人才。中国正在建设创新型国家,形成了科技成果产业化的良好环境。双方完全可以通过共建科技园区等多种形式的合作,丰富科技合作内容,推进科技成果转化,以取长补短、优势互补,争取互利双赢的成果。

第五,改善两国贸易投资环境。两国政府应该共同努力,创造更加良好的环境,建设更加完备的法制,在规范贸易秩序、保护知识产权、打击假冒伪劣商品等方面加强合作,为对方商品、资本、服务进入本国市场提供有力支持,为对方企业提供更多扶持和爱护,切实保护投资者的合法权益。

女士们、先生们、朋友们!

企业是加强国际经济技术合作的主力军。中国政府一贯并将继续支持双方企业开展多层次、宽领域的互利合作。我衷心希望两国企业家们多结伙伴、多找商机、多搞合作,为进一步推动中俄经济技术合作、推动两国战略协作伙伴关系发展作出更大贡献。

全国人大常委会委员长吴邦国 国务院总理温家宝在北京分别会见俄罗斯联邦总统弗拉基米尔·弗拉基米罗维奇·普京

吴邦国说,中俄互办"国家年",是两国元首为全面深化两国战略协作伙伴关系作出的重大决定。中国全国人大是"俄罗斯年"活动的积极支持者和参与者,相信这一活动将全面提升中俄战略协作伙伴关系的水平。中俄议会定期交流机制的建立,使中俄领导人会晤机制更加完善。为进一步推动两国议会合作,吴邦国建议:加强立法经验交流与合作;推动经贸、能源、投资等重点领域的合作;充分发挥议员的区域代表性,协调两国地方发展战略,推动中俄地方合作。

普京祝贺中国十届全国人大四次会议的圆满成功,认为会议通过的一系列重要文件对促进俄中经贸合作具有重要意义。俄方满意地看到两国议会成立了合作委员会,期待吴邦国委员长即将对俄罗斯的访问将进一步推动两国关系的发展。

温家宝说,中俄互办"国家年"活动,是两国关系高水平发展的结果,体现了两国领导人发展中俄全面友好合作的政治意愿和两国人民希望世代友好的民意基础。双方应将中俄关系摆在两国对外关系的更加突出位置,进一步巩固和加深中俄战略协作伙伴关系。中俄建立长期稳定、互利共赢的经贸关系符合两国的长远利益。两国应继续扩大双边贸易,优化贸易结构,加强能源合作,鼓励相互投资,为中俄关系发展打下更为坚实的基础。

普京说,俄中关系正处于非常高的水平,双方为两国战略协作伙伴关系的发展创造了良好的政治环境。俄方希望双方继续加强在能源、机械制造、交通运输、通信、金融、航天和环保等领域的合作。

国务院总理温家宝在人民大会堂会见西班牙外交大臣米格尔·安赫尔·莫拉蒂诺斯

全国政协主席贾庆林在河内会见越南总理潘文凯

贾庆林表示,中越都处在经济快速发展时期。近年双方经贸合作富有成果,已成为两国关系发展的新亮点。中越地缘优势独特,经济互补性强,合作潜力很大、前景广阔。中方愿继续本着互利双赢的原则,与越方深化经贸合作,更好地造福于两国人民。为此,中方愿与越方作出以下努力:第一,进一步扩大两国贸易,保持贸易持续、稳定增长,力争提前实现2010年贸易额达到100亿美元的目标。第二,挖掘潜力,积极推进能源、资源、电力、基础设施建设等领域的合作项目,把两国经贸合作提高到新的水平。第三,加强两国主管部门间的协作,落实好已商定的合作项目,使合作早出成果、早日发挥效益。第四,加强在国际和区域经济事务中的配合与协调。中方积极支持越南早日加入世贸组织,也愿与越方共同推进中国—东盟自贸区建设进程。

潘文凯表示,当前,越中关系发展良好,政治、经贸、国防、安全、治党理政等各个领域和各职能部门之间的合作呈现出全面发展的新局面。越南党和政府高度评价胡锦涛主席去年对越南的成功访问,认为这次访问对全面提升越中关系具有重要意义。越方愿与中方以此为新起点,把越中两党两国关系提升到更高的发展水平。越方愿与中方加强经贸合作,努力使双边贸易额在2010年前达到100亿美元。越方欢迎中国企业到越南投资兴业,并将为他们提供更多便利。

贾庆林还介绍了中国经济发展情况和刚刚结束的两会情况,并应询介绍了胡锦涛主席近期提出的社会主义荣辱观和中国共产党党建工作情况。

潘文凯表示,越南党和政府对中国改革开放取得的各项成就感到钦佩,愿借鉴中国推进改革开放和促进发展的成功经验。

国办转发监察部和国务院纠风办《关于2006年纠风工作的实施意见》并发出通知

各省、自治区、直辖市人民政府,国务院各部委、各直属机构:

监察部、国务院纠正行业不正之风办公室《关于2006年纠风工作的实施意见》已经国务院同意,现转发给你们,请结合实际,认真贯彻执行。

国务院办公厅
2006年3月22日

关于2006年纠风工作的实施意见

监察部国务院纠正行业不正之风办公室为贯彻落实中央纪委第六次全会和国务院第4次廉政工作会议的部署和要求，现提出2006年纠风工作实施意见。

一、主要任务

2006年的纠风工作，要以邓小平理论和“三个代表”重要思想为指导，紧紧围绕解决损害群众切身利益的突出问题，纠建并举，注重预防，务求在重点工作上有新成效、在难点问题上有新突破，为全面贯彻落实科学发展观、构建社会主义和谐社会、顺利实施“十一五”规划提供重要保障。

(一)积极推进治理教育乱收费工作。认真落实西部地区全部免除农村义务教育阶段学生学杂费政策；继续做好对农村贫困家庭学生免费提供教科书和补助寄宿生生活费工作。坚决查处并杜绝农村学校乱收费行为，决不允许一边免费、一边乱收费。仍实行“一费制”的地区，要继续执行义务教育阶段公办学校“一费制”收费办法，严格规范服务性收费。停止审批新的改制学校，对已改制学校进行全面清理整顿，符合“四独立”(独立办学、独立法人、独立校园或校舍、独立财务核算)要求的要加强收费监管，严格规范办学行为；不符合“四独立”要求的要坚决予以纠正。坚决禁止公办高中以下学校开办“校中校”“校中班”，切实加强对“示范”“星级”等学校达标创建活动的管理，坚决制止把学校分为不同等级、实行不同收费标准的做法，严禁以还贷等名义向学生高额收费。进一步完善公办普通高中招收择校生“三限”(限分数、限人数、限钱数)政策，全面推进高校招生“阳光工程”。加强对中小学收费资金管理使用情况的监督审计，严禁以任何名义和方式挤占、挪用。2006年，对全国各级各类学校的收费项目和标准进行全面清理和规范。继续开展创建教育收费示范县(区、市)活动，总结和推广一批先进典型。

(二)加大纠正医药购销和医疗服务中不正之风的力度。推进药品、医疗器械流通体制改革，认真治理变相涨价和层层加价行为。推行以省(区、市)为单位的网上药品集中招标采购办法，鼓励大型制药企业直接参与竞标；继续推进高值医用耗材和大型医用设备集中采购试点工作。开展医药购销领域商业贿赂专项治理工作，严肃查处药品回扣、开单提成等商业贿赂案件。加强医疗机构管理，推进院务公开，探索建立科学完善的医院管理和医疗服务质量评价体系，坚决制止科室承包及医务人员个人收入与科室经济收入直接挂钩的做法，规范医院和医生的用药和治疗行为，坚决纠正医务人员收受“红包”等问题。强化医药价格监管，严格执行国家有关医疗服务和药品价格规定，全面规范医院药品加价行为，降低医院药品实际加价率，认真清理整顿乱检查、乱开药、乱加价、乱收费等问题，严肃查处各种价格违法行为；进一步完善药品定价办法，对政府定价的药品分期分批降低价格，对市场调节价格的药品和医疗器械的价格进行必要的干预。简化药品批发环节，加速推进药品零售连锁经营，抓好农村药品监督网络和农村药品供应网络建设。扩大城镇基本医疗保险覆盖面，完善医疗保险制度，加强医保定点机构管理。

(三)认真解决企业违法排污等破坏环境的问题。坚决贯彻落实《国务院关于落实科学发展观加强环境保护的决定》(国发〔2005〕39号)，以保障群众饮用水源安全为重点，严厉打击企业违法排污行为，对群众反映强烈的工业园区集中超标排放污染物等问题进行全面整治，并用三年时间督促地方政府和企业对重大环境安全隐患进行全面整改，建立较为完善的环境污染事件应急管理体系。按照监察部、环保总局《环境保护违法违纪行为处分暂行规定》，坚决查处各种环境违法违纪行为，保障广大群众的健康和生命安全。

(四)加强对农民负担监督管理工作。紧密围绕推进社会主义新农村建设和农村综合改革，加强监督检查，确保取消农业税和其他各项支农惠农政策和资金落实到位，严防农民负担反弹。严格执行涉农税收、价格和收费“公示制”，乡镇、村级组织和农村中小学校公费订阅报刊“限额制”，涉及农民负担案(事)件“责任追究制”。坚决纠正面向农民的乱收费、乱罚款和各种集资、摊派行为，不断完善预防和处置涉及农民负担案(事)件的有效机制。严厉打击哄抬农资价格、制售假劣农资伤农坑农行为，推进“放心农资下乡进村”活动，切实维护农民的合法权益。进一步清理和取消各种针对农民工进城就业的歧视性规定和不合理限制，改善农民工就业环境。积极推进村干部任期和离任专项审计工作，加强农村财务管理和监督。

(五)继续纠正在征收征用土地、城镇房屋拆迁、企业重组改制和关闭破产中损害群众利益，以及拖欠农民工工资等问题。加强法规制度建设，进一步完善征地补偿安置办法，各省(区、市)人民政府要在年底前制定并公布各市、县征地的统一年产值标准或区片综合地价并严格执行；严格执行征地告知、确认、听证、公告等程序规定，加强村集体征地补偿费的使用管理，维护被征地农民集体和农户的知情权、参与权、监督权和申诉权。认真做好城镇房屋拆迁计划的编制工作，合理确定城镇房屋拆迁规模；建立健全拆迁公示、听证、许可、承诺、资金监管、投诉举报、行政裁决和责任追究等制度，全面推进拆迁管理规范化，完善拆迁管理工作责任制和责任追究机制。继续加强国有资产管理、工会、劳动保障、监察、财政等部门之间的工作协调，加强对企业重组改制和关闭破产工作的监督检查，切实解决好对职工的经济补偿和社会保障等问题。建立健全解决拖欠农民工工资问题的长效机制，完善企业工资支付制度，加强工资支付保障制度建设。

（六）全面清理和规范评比达标活动。各地区、各部门要在全面调查摸底的基础上，坚决取消脱离实际以及加重基层、企业和人民群众负担的评比达标项目，严肃查处利用评比达标活动乱收费和搞各种摊派的行为，制定进一步加强评比达标活动管理的规范性意见，确保评比达标活动过多过滥问题得到基本解决。

（七）严格规范出租汽车行业管理。认真落实《国务院办公厅关于进一步规范出租汽车行业管理有关问题的通知》（国办发〔2004〕81号），严格清理整顿出租汽车经营权有偿出让的做法，所有城市一律不得出台新的出租汽车经营权有偿出让政策，已经出让的要依法解决好遗留问题；加强对出租汽车行业行政主管部门及其工作人员的监管，全面清理针对出租汽车的收费项目，严禁各种乱收费、乱罚款；严格规范出租汽车企业经营行为，切实保障出租汽车从业人员合法权益。

（八）巩固全国公路基本无“三乱”等工作的成果。制订公路“三乱”反弹摘牌办法，建立健全快速反应机制，严格责任追究制度；严格临时性动物、植物防疫监督检查站的设置、审批和监督管理；严禁在高速公路上设置车辆通行费收费站以外的各类站点，加强对高速公路收费情况的审计监督；畅通鲜活农产品运输“绿色通道”，落实各项优惠政策。深化治理党政部门报刊过滥和利用职权发行报刊的工作，进一步规范发行行为。

（九）进一步加强部门和行业作风建设。各地区、各部门要牢固树立科学发展观和正确的政绩观，坚持“管行业必须管理行风”的原则，认真履行监管职责，以基层为重点，坚决纠正以权谋私、与民争利、侵害群众利益的问题，坚决克服形式主义、官僚主义和弄虚作假行为；大力推进行政执法责任制，规范行政执法行为，严格按照法定程序行使权力、履行职责，对违法或不当的行政执法行为要坚决纠正。与人民群众利益密切相关的部门和行业，要围绕加强职业道德建设，积极开展多种形式的文明行业创建活动，努力为群众办实事、办好事，以良好的作风取信于民。深化民主评议政风行风活动，在坚持全面评议的基础上，各地要结合实际，把评议工作与纠风专项治理紧密结合起来，深入开展对教育、卫生等行政部门和公用事业单位的评议。各省（区、市）和有条件的市（地）要开办“政风行风热线”，并逐步建立纠风工作互联网站，强化人民群众和新闻媒体对部门和行业作风的监督。

二、主要措施

（一）加强领导，落实责任制。各地区、各部门要把纠风工作作为党风政风建设的重点工作，坚持“谁主管谁负责”的原则，结合实际，尽快作出工作部署，细化任务，明确责任，狠抓落实，并加强对纠风工作的考核。各专项治理工作的牵头部门要精心制订工作方案，各责任单位要按照分工抓紧组织实施。各派驻监察机构要把切实做好本部门本系统的纠风工作作为一项经常性的重要任务，认真履行职责，落实各项工作措施。

（二）突出重点，加强监督检查。各地区、各部门要把治理教育乱收费、纠正医药购销和医疗服务中的不正之风、解决企业违法排污问题作为纠风工作的重中之重，进一步抓紧抓好，务求实效。要把监督检查贯穿于各项治理工作的全过程，坚持定期的普遍检查与经常性的明察暗访相结合，及时发现和解决工作中存在的问题。监督检查的重点是：落实全部免除西部地区农村义务教育阶段学生学杂费等政策，以及地方政府履行教育投入责任情况；招标采购中标药品让利患者、医疗机构执行国家有关医疗服务和药品价格规定情况；企业违法排污及治理情况；有关征收征用土地、城镇房屋拆迁、企业重组改制和关闭破产，以及农民工工资等政策法规执行情况；评比达标活动依法登记和清理情况；出租汽车经营权出让及出租汽车行业收费情况；可能发生公路“三乱”问题的重点地区、重点路段。

（三）坚决查处不正之风案件，严格责任追究。各地区、各部门要坚持以查案促纠风，对损害群众利益的不正之风问题，坚决做到发现一起、查处一起。要依据有关规定，严肃追究直接责任人和有关领导的责任；对问题严重、影响恶劣的，要予以曝光。要从严查处以下方面的问题：学校以“改制”等名义违规收费、中小学校违规办班收费、学校强制性服务收费，地方政府及有关部门违规出台收费政策，以及政府部门挤占、挪用、截留教育经费的；医疗机构乱收费和医务人员收受回扣、“红包”和开单提成，刊发虚假违法医药广告，以及制售假冒伪劣药品的；企业违法排污造成严重环境污染的；挪用、克扣涉农转移支付和粮食直补资金，巧立名目加重农民负担特别是由此引发恶性案件和严重群体性事件的；侵吞、截留、挪用征地补偿安置费和城镇房屋拆迁中不依法办事、滥用强制手段的；在治理车辆超限超载中以罚代纠、只罚不纠和借执法为之名谋取私利的；政府公务人员利用职权徇私舞弊、私养“黑车”，或因监管不力引发群体性事件、侵害出租汽车企业或从业人员合法权益的。

（四）注重预防，加大源头治理力度。各地区、各部门要增强工作的预见性和主动性，加强调查研究，对发现的苗头性、倾向性问题，要及时采取有效措施加以治理，防止蔓延。要切实加强制度建设，特别是要从改革体制机制、解决利益驱动问题入手，逐步铲除滋生不正之风的土壤。在教育方面，要加快推进教育综合改革，抓紧抓好教育均衡发展，逐步缩小区域内办学差距；全面清理和规范各级各类学校的收费项目和标准，全面落实学校收费公示制，清理规范后保留的收费项目要在当地政府门户网站或通过其他方式予以公布，做到公开透明；进一步加强对中小学教材价格的监管，建立教育行政部门审定内容、新闻出版行政部门审定印装技术标准和质量、价格行政部门审定价格的中小学教材联合审定机制，推行教材出版、发行招标采购制度。在医药卫生方面，要加快健全农村县、乡、村三级卫生服务网络，加快推进农村新型合作医疗制度建设，大力发展城市社区卫生服务，加快建立以社区为基础的新型城市医疗服务体系，方便城乡群众看病就医，降低医疗负担；要进一步完善药品审评程序，严格药品审评标准和市场准入条件；对部分政府定价药品试行核定出厂价和限制流通环节加价率。其他纠风专项治理工作，也要通过深化改革、创新机制推进源头治理。

中国政府正式邀请各建交国家参加2010年上海世博会

中国政府向各国驻华使馆递交了由国务院总理温家宝签署的2010年上海世博会官方邀请函，热情邀请与中国建交国家来华参加2010年上海世界博览会。这标志着上海世博会国际招展工作正式启动，世博会筹办工作进入关键阶段。

外交部部长李肇星在钓鱼台国宾馆与西班牙外交大臣米格尔·安赫尔·莫拉蒂诺斯举行会谈

《政府工作报告》（单行本）少数民族文字版出版发行

国务院总理温家宝在第十届全国人民代表大会第四次会议上所作的《政府工作报告》（单行本）由中国民族语文翻译局翻译、民族出版社用蒙古、藏、维吾尔、哈萨克、朝鲜5种少数民族文字出版向全国公开发行。

3月23日

国家主席胡锦涛电贺亚历山大·格里戈里耶维奇·卢卡申科再次当选白俄罗斯总统

全国人大常委会委员长吴邦国在人民大会堂会见巴西副总统若泽·阿伦卡尔

吴邦国表示，中国全国人大与巴西议会已有良好的交往基础，希望双方共同努力，把中巴议会关系提升到一个新的水平，为增进两国人民的相互了解和友谊，促进中巴关系的发展作出更大的贡献。

阿伦卡尔表示，几天来的参观访问中，亲眼目睹中国取得的巨大建设成就，更坚定了巴方不断推进巴中战略伙伴关系向前发展的信心。巴西政府积极评价中国的内外政策，愿与中方一道，推动巴中关系以及巴中议会间交流与合作的深入、稳定发展。

国务院总理温家宝主持召开国务院常务会议

会议审议并原则通过《核电中长期发展规划(2005—2020年)》《天津市城市总体规划(2005—2020年)》和《血吸虫病防治条例(草案)》。

会议听取了发展改革委关于核电中长期发展规划的汇报。会议强调，实施核电发展规划，要着力抓好以下几个方面工作：一是推进体制改革和机制创新。建立健全现代企业制度，积极推动现有国内技术力量和设备制造企业重组，逐步建立与社会主义市场经济相适应的核电发展体制、核电建设与运营体系。二是完善核电安全保障体系，加快法律法规建设。依法强化核电安全监督工作，积极开展核安全研究，加强核应急系统建设。三是搞好运行与技术服务体系建设，加快核电人才培养，全面提高核电站安全、稳定运行水平。四是加快推进核电设备制造自主化，重点突破关键设备的设计和制造技术，努力提高成套设备生产能力。五是合理开发国内资源，积极利用国外资源，建立稳定的核电燃料供给保障体系。六是加大政策支持和引导力度，规范核电项目投资行为，促进核电事业健康发展。

会议听取了天津市和建设部关于天津城市总体规划修编工作及审查情况的汇报。会议指出，总体规划是天津市城市发展、建设和管理的基本依据，必须认真组织实施。一要按照全面落实科学发展观、构建社会主义和谐社会的要求，正确处理以经济建设为中心和全面发展、当前发展和长远发展的关系，促进经济、社会、人口、城乡、资源和环境的协调发展。二要突出天津的发展特色和比较优势，进一步推进滨海新区的开发开放，增强和完善滨海新区为区域服务的综合功能，充分发挥天津在环渤海区域的服务、辐射和带动作用。三要坚持可持续发展，加强环境保护和治理，大力发展循环经济，提高资源利用效率，实现节约发展、清洁发展和安全发展。努力把天津市建设成为国际港口城市、北方经济中心和生态城市。

会议认为，为了预防、控制和消灭血吸虫病，保障疫区人体健康、动物健康和公共卫生，促进经济社会全面发展，根据传染病防治法、动物防疫法，制定《血吸虫病防治条例》是十分必要的。会议决定,《血吸虫病防治条例(草案)》经进一步修改后,由国务院公布施行。

全国政协主席贾庆林在河内会见越南国家主席陈德良

贾庆林就推动中越关系向更高水平发展提出以下建议:第一,保持高层互访势头,为两国关系持续深入发展奠定更为坚实的政治基础。第二,进一步推进经贸合作,特别是重点领域的合作,扩大合作规模,提高合作水平。第三,加强外交、安全等部门的合作机制,深化治党理政经验交流,扩大青少年友好交往,使中越两党和两国人民世世代代友好下去。第四,推动陆地边界勘界、北部湾油气勘采和渔业合作、南海共同开发取得积极进展。

陈德良首先对中国经济建设和科技发展取得的成就表示祝贺。他说,去年是对越中两党两国关系具有特殊重要意义的一年,胡锦涛主席成功访越,将两党两国关系提高到了新的发展水平。中国是越南的近邻和最大市场,双方经济互补性强,合作潜力很大。中国妥善处理改革开放进程中有关问题的经验值得越方学习借鉴。越南党和政府将继承和发扬两国传统友谊,与中方加强互信,扩大经贸、投资、文教等领域的合作,加强在边界勘界、北部湾合作和南海共同开发方面的合作,推动两党两国关系不断向前发展。越方愿与中方共同努力,推动东盟—中国自由贸易区建设和东亚合作进程。

陈德良表示,越南党和政府多次重申坚持一个中国原则、反对各种形式"台独"活动,这一立场没有改变。

中共中央政治局常委罗干在海南调研

3月23日至26日,罗干在海南省省委书记汪啸风、省长卫留成等陪同下,先后来到三亚、万宁、琼海、海口等地,深入企业、社区、农村和基层政法单位,实地考察了海南省的基层政法工作和经济社会发展情况,并亲切看望慰问了因劳累过度不幸以身殉职的三亚市公安局民警余玉全的亲属。

考察期间,罗干听取了海南省委、省政府的工作汇报。他对海南省近年来经济社会发展取得的成就和维护社会稳定工作给予了充分肯定,并对海南省下一步的工作提出了希望和要求。

罗干指出,要深入开展平安建设活动,努力构建和谐社会。在平安建设中,要把加快一方发展与维护一方平安有机统一起来,切实维护广大人民群众的合法权益,从源头上预防和减少社会矛盾。要深入开展打黑除恶专项斗争,依法严厉打击各种黑恶势力,铲除其"保护伞",摧毁其赖以生存的经济基础,并落实各项防范措施,遏制新的黑恶势力滋生发展。要坚持不懈地打击"两抢一盗"和毒品犯罪等违法犯罪活动,加强社会治安防控体系建设,推进各项社会治安工作。要把农村平安建设纳入社会主义新农村建设的总体规划,认真落实各项工作措施,以农村的稳定促进全社会的稳定。

罗干强调,要着眼于提高政法队伍的整体素质,扎实开展社会主义法治理念教育,用依法治国、执法为民、公平正义、服务大局、党的领导等科学的、先进的法治理念,统一全体政法干警的执法指导思想,切实解决"为谁执法、靠谁执法、怎样执法"的问题。要教育广大政法干警牢固树立社会主义荣辱观,进一步巩固和扩大保持共产党员先进性教育活动的成果,促进严格执法、公正执法、文明执法。

全国经济体制改革工作会议在上海召开

3月23日至24日,由国家发展和改革委主办的"2006年全国经济体制改革工作会议"在上海召开。来自全国各省、自治区、直辖市、计划单列市、副省级省会城市和新疆生产建设兵团发展改革部门、国务院有关部门的有关负责同志参加了会议。国家发展和改革委员会主任马凯出席会议并作了题为《坚定不移地深化改革完善落实科学发展观与构建和谐社会的体制保障》重要讲话。国家发展改革委员会经济体制综合改革司司长范恒山同志作了工作报告。

马凯在会上指出,"十一五"包括今年要抓住重点领域和关键环节,努力使关系经济社会发展全局的重大体制改革取得突破性进展。要围绕三个着力点,不断把改革引向深入:一是围绕消除不利于发挥市场基础性作用的体制机制障碍深化改革。重点是改革行政管理体制、完善所有制结构、推进现代市场体系建设。二是围绕消除不利于贯彻落实科学发展观的体制机制障碍深化改革。重点是财税、金融、价格等方面的改革。三是围绕消除不利于构建和谐社会的体制机制障碍深化改革。重点是推进就业、收入分配、社会保障制度和教育、卫生体制改革,建立有利于逐步改变城乡二元经济结构、有利于实现基本公共服务均等化的体制。

中国人民银行货币政策委员会第一季度例会在北京召开

会议研究了下一阶段货币政策取向和措施,认为应进一步完善人民币汇率形成机制,扩大外汇市场,增加人民币汇率的浮动弹性,保持人民币汇率在合理、均衡水平上的基本稳定。

会议认为,下一阶段应继续执行稳健的货币政策,在总量上保持连续性和稳定性的同时,加强预调和微调,提高货币政策的前瞻性。加强本外币政策的协调,增强货币政策的主动性和有效性。大力推动金融市场制度性建设,扩大直接融资渠道,推进金融市场的整体协调发展。深化外汇管理体制改革,促进国际收支基本平衡。

中俄签署出版交流与合作备忘录

《2006至2007年中华人民共和国新闻出版总署与俄罗斯联邦出版与大众传媒署合作备忘录》(以下简称《备忘录》)签字仪式在京举行。中华人民共和国新闻出版总署署长龙新民和俄罗斯联邦出版与大众传媒署署长米·瓦·谢斯拉文斯基代表中俄双方签署《备忘录》。

《备忘录》确定了中俄双方开展出版交流与合作的原则,其中包括:促进反映两国政治、经济、历史、科学、文化和教育等方面图书的广泛交流和推广;双方将在互利互惠的原则基础上,促进联合出版项目的制定和实施;双方将鼓励俄罗斯联邦和中华人民共和国的出版社、图书贸易组织、报刊社和印刷企业之间建立直接的联系;双方将鼓励两国从事图书出版和推广的专家进行交流。

国家副主席曾庆红在人民大会堂与巴西副总统若泽·阿伦卡尔举行会谈

曾庆红指出,2004年胡锦涛主席和卢拉总统成功互访,有力推动了两国关系的发展。中方愿与巴方一道,共同努力,推动两国在以下方面取得新的进展:(一)保持两国高层往来,加深政治互信,以进一步加深了解,扩大共识;(二)按照两国元首确立的指导原则,发挥中巴高层协调与合作委员会的作用,统筹规划,稳步推进两国政治、经贸、科技、文化等领域合作的全面、有序发展;(三)不断开拓新的合作领域和增长点;(四)加强在联合国等国际和地区组织中的协调与合作,共同维护发展中国家利益。

阿伦卡尔赞同曾庆红对巴中关系的评价和进一步发展两国关系的建议。他表示,巴方愿与中方共同努力,加强高层互访,以巴中高委会启动为契机,在经贸、科技等传统领域加强合作的同时,扩大航空、信息、农业和文教合作,为两国加强与对方所在地区的交流与合作提供良好合作平台,把巴中战略伙伴关系建设成为内涵更加广泛而丰富的南南合作典范。

阿伦卡尔重申巴西坚定支持一个中国原则,支持中国早日实现和平统一。

会谈后,曾庆红和阿伦卡尔共同出席了中巴开展信息通信合作等双边文件的签字仪式。

国务院副总理吴仪在中南海紫光阁会见美国联邦参议员格雷厄姆和舒默一行

双方就中美关系和两国经贸合作等问题交换了看法。

吴仪说,中美经贸合作为两国人民带来了实实在在的好处,保持和发展这种关系符合两国的共同利益。希望美方与中方密切合作,通过平等磋商在发展中解决目前双方存在的问题,避免贸易保护主义思想的干扰,防止经贸问题政治化。美方表示,这次访问使他们目睹中国经济的快速发展。美中两国人民有许多共同点,两国的未来互补性强。美中关系很重要,这次访问表明美方对这一关系的重视。希望双方共同努力解决两国经贸方面存在的问题。

外交部发言人秦刚在例行记者会上就日本修订联合国会费比额的建议答记者问

有记者提问,近日,日本向第六十届联合国大会负责预算问题的第五委员会提交了修订联合国会费比额的建议,称应为安理会常任理事国会费比额设立3%或5%的下限,中方对此有何评论?

秦刚说,日本提出关于会费比额的建议,是企图以所谓的“支付责任”概念否定各国公认的“支付能力”原则。中国政府对此坚决反对。一、日建议实质是将权力与会费挂钩,为“以钱买权”铺路。这将从根本上动摇各国主权平等这一《联合国宪章》规定的基本原则,严重损害广大发展中国家的利益。二、“支付能力”原则是确定联合国会费比额的基本原则,长期以来被实践证明行之有效,也最能凝聚各方共识,不容改变。三、中国经济虽不断发展,但人均收入还很低。即便如此,中国目前会费比额名列第九,并一直忠实履行联合国财政义务,按期缴纳会费,还在维和摊款方面承担了其他国家宽减下来的份额,对联合国财政作出重要贡献。随着中国经济的发展,中方还愿作出更大的贡献。四、会费比额问题事关联合国能否有效履行其职能,也涉及广大会员国的利益。我们希望在广泛协商基础上,达成一个符合《联合国宪章》和有关原则而且公平合理的方案。

中国组合庞清 佟健在加拿大卡尔加里举行的世界花样滑冰锦标赛双人滑比赛中夺冠

3月24日

国家主席胡锦涛在人民大会堂会见巴西副总统若

泽·阿伦卡尔

胡锦涛说，中巴建交32年来，两国关系长足发展，各领域合作成果丰硕。近年来，在双方共同确立的发展两国关系四项原则的指引下，中巴高层协调与合作机制正式启动，互利合作领域不断扩大，一些重大合作项目稳步推进，在国际和地区事务中也保持着良好的磋商与协调。中巴战略伙伴关系呈现出新的气象。我们对此感到高兴。

阿伦卡尔感谢胡锦涛主席的会见。他说，不断推动巴中战略伙伴关系的发展是卢拉总统以及巴西政府和人民的共同愿望。他此次访华的一个重要目的是落实两国元首互访成果，召开巴中高委会第一次会议。这一合作机制的启动为两国深化和扩大合作提供了良好平台。巴西政府愿与中方一道，挖掘互补性潜力，鼓励和支持两国企业加强合作，推动中巴战略伙伴关系取得更加丰硕的成果。

全国政协主席贾庆林在河内会见越共中央总书记农德孟

贾庆林高度评价越南共产党带领越南人民坚持社会主义发展方向，大胆探索适合本国国情的发展道路，在革新开放和社会主义建设事业中取得令人瞩目的巨大成就。他指出，中越两党两国有相同的理想信念，有许多共同的战略利益。维护好、发展好中越友谊和两国关系，符合两党两国和两国人民的根本利益。中国党和政府愿同越南党和政府共同努力，继续从战略和全局高度牢牢把握两党两国关系发展的大方向，不断丰富16字方针和“四好”目标的内涵，使中越友谊代代相传、不断发扬光大，使双方合作更加广泛深入、结出更多互利双赢的硕果。

农德孟赞同贾庆林对两党两国关系的评价和提出的有关建议。他说，中国在以胡锦涛为总书记的中共中央领导下取得了巨大的发展成就，这是越中双方的骄傲，对越南革新开放也是很大鼓舞。越南正探索适合本国国情的发展道路，重视学习中国经验。越南党和政府将坚定维护越中同志加兄弟的亲密关系，尽最大努力并以最有效方式落实两党两国领导人达成的各项重要共识。我们愿与中方加强高层互访，推进各领域的合作，加深在国际和地区事务中的协调，使两党两国关系更加密切。农德孟重申，台湾是中国领土不可分割的一部分，越南党和政府将始终如一地坚持一个中国政策。

国务委员华建敏出席全国纠风工作会议并讲话

会议3月24日至25日在河北省石家庄市召开，国务委员兼国务院秘书长华建敏出席会议并讲话，中央纪委副书记、监察部部长、国务院纠风办主任李至伦作了工作报告。

华建敏强调，2006年的纠风工作要紧紧围绕党和国家的重大决策，按照突出重点、全面推进的总体思路，重点做好六个方面的工作：一是继续坚决纠正损害农民利益的不正之风，按照建设社会主义新农村的要求，加大对农民负担监督管理的力度，加强对转移支付、资金投入等政策措施落实情况的监督检查，确保中央各项支农惠农政策落到实处。二是积极开展治理商业贿赂专项工作，重点解决社会反映强烈的教材销售回扣、药品开单提成和回扣等商业贿赂问题，重点查处国家机关工作人员利用职权谋取非法利益、索贿受贿的行为，坚决查处涉及纠风专项治理的商业贿赂案件。三是继续着力解决群众上学难、上学贵问题，加强对中央转移支付资金的监管，坚决停止审批新的改制学校，加大对各地教育收费文件全面清理的力度，全面落实学校收费公示制。四是切实解决群众看病难、看病贵问题，加快农村医疗卫生服务体系建设，大力发展城市社区卫生服务，深入整顿和规范医疗服务、药品生产流通秩序，加强对药品和医疗服务的价格监管，降低群众医疗费用负担。五是认真解决企业违法排污侵害群众权益问题，加大执法力度，消除环境安全隐患，打击各种环境违法行为。六是大力加强政风行风建设，积极推进行政执法责任制，规范行政执法行为，在公务员队伍中深入开展廉洁从政教育、职业道德教育，使公务员带头牢固树立社会主义荣辱观。同时，要继续纠正土地征收征用、城镇房屋拆迁、企业重组改制和关闭破产中损害群众利益以及拖欠农民工工资问题；做好治理公路“三乱”、党政部门报刊散滥和利用职权发行等工作；切实抓紧抓好清理和规范评比达标活动、规范出租汽车行业管理的工作。

华建敏要求，纠风工作要按照“为民、务实、清廉”的要求抓实抓好，要坚持“谁主管谁负责”“管行业必须管行风”的原则，着力构建长效机制，建立和完善齐抓共管的责任机制、纠建并举的预防机制、群众广泛参与的监督机制、着眼治本的创新机制，不断铲除源头上滋生不正之风的土壤和条件。

商务部新闻发言人崇泉就欧盟对华皮鞋反倾销案发表谈话

欧委会正式批准了皮鞋反倾销案的初裁征税方案，商务部新闻发言人崇泉说，中方对此表示不满。

崇泉说，中国鞋类出口产品并不存在倾销行为，也没有对欧盟产业造成实质损害。欧方拒绝中国所有应诉企业的市场经济地位和分别裁决待遇的申请，具有明显的歧视性；裁决对所有涉案企业实行统一税率，这种做法缺乏事实和法律依据,违反了公平贸易原则。中方曾多次与欧方交涉,但欧方未予考虑,仍然通过了对中国皮鞋出口产品的征税方案,中国业界对此表示强烈不满。

崇泉表示,中方要求欧方公平对待中国的应诉企业,重新对本案进行全面合理的分析与评估,作出符合WTO规则的裁决,以确保中欧鞋类贸易的正常发展。

2005年度中国国际科学技术合作奖颁奖仪式在北京举行

国务委员陈至立代表中国政府向荣获此项殊荣的沃尔夫·迪特·杜登豪森(德国),艾菲特·雅可布森(荷兰),蒲慕明(美国),内维尔·阿格纽(美国)和戴伟(英国)5位外籍专家颁发了获奖证书。

科技部部长徐冠华在致辞中高度赞扬了5位获奖人对促进国际科学技术合作与交流所作出的贡献。他说,5位获奖人都是在国际学术界具有一定声望的专家学者,近10年来,他们在信息技术、生物技术、文物保护和化工技术等领域与中方科技人员开展了积极的合作,传授了大量的国际先进研究方法和管理经验,为我国相关单位和研究领域人才队伍的建设和培养作出了重要的贡献。目前,各项合作项目进展顺利,有些已取得了重要研究成果,对促进中国科技进步和经济发展起到了积极的作用。他们严谨的治学态度和友好合作的精神感染和激励着中方的科技人员,他们的学术智慧和科研方法赢得了中方科技人员的赞赏和尊重。

"人造太阳"在合肥完成首次调试

由中国自行设计、研制的世界上第一个全超导托卡马克EAST(原名HT—7U)核聚变实验装置(又称"人造太阳")在合肥成功完成首次工程调试。调试中,最受关注的低温调试和磁体通电测试获得通过,为年内运行及国家验收奠定了可靠基础。

第二届中国国际新闻摄影比赛(华赛)评选结果在深圳揭晓

在128幅(组)获奖作品中,美国盖蒂图片社女摄影师保拉·布朗斯坦的《克什米尔地震的难民》获"年度最佳新闻照片奖",中国林勤的《中国农村城市化改革第一爆》等16幅作品获金奖,美国弗朗科·帕杰蒂的《搜捕起义军》等16幅作品获银奖,孟加拉国阿卡什的《孟加拉的童工》等16幅作品获铜奖,印度索拉·达斯的《战争中受伤的妇人求救》等80幅作品获入围优秀奖。

3月25日

发展改革委决定适当提高成品油价格水平建立补贴弱势群体和公益性行业的机制

经国务院批准,国家发展改革委决定自3月26日起,适当提高成品油价格水平,同时建立对部分弱势群体和公益性行业给予适当补贴的机制。

随着我国经济的持续快速发展,国内石油消费对外依存度不断提高。2003年以来,国际市场原油价格持续大幅度上涨。目前国内成品油价格大幅度低于国际市场价格,与原油价格严重倒挂,不利于调动炼油企业生产积极性、保障成品油市场供应和促进石油资源的节约,影响经济的平稳运行。鉴于上述情况,国家发展改革委通知,将汽油和柴油出厂价格每吨分别提高300元和200元。

为妥善处理国际市场油价持续走高及国内成品油调价的影响,国务院决定建立对部分弱势群体和公益性行业补贴的机制。补贴的对象包括:种粮农民,从事近海捕捞、内陆捕捞及养殖并使用机动渔船的渔民和渔业企业,国有林业企业和林场苗圃,城市公交企业。对种粮农民,统筹考虑柴油、化肥等农业生产资料价格上涨的影响,通过综合直补予以补偿。农村道路客运经营者因油价上涨增加的支出,主要通过调整运价等措施消化,确有困难的也可以给予适当补贴。城市出租车司机因油价上涨增加的支出,各地将采取调整运价、加收燃油附加等措施疏导,同时清理整顿涉及出租汽车的收费,减轻出租车司机负担;近期上述措施难以到位的地区,也可以对出租车司机给予适当临时性补贴。

国务院要求各地区、各有关部门采取有力措施,尽快将各项补贴措施落实到位。各级价格主管部门要加强成品油价格监督检查,严厉打击造谣惑众、扰乱市场秩序的行为,维护成品油市场的稳定。

发展改革委有关负责人就新出台的石油综合配套调价方案答记者问

记者:请您介绍一下国家出台石油综合配套调价方案的背景。

负责人:早在1998年我国就确立了国内石油价格与国际市场接轨的定价机制,对促进石油、石化企业加快建立现代企业制度,保持石油行业持续健康发展,充分利用国内国际两个市场、两种资源,保证国内市场供应,维护我国经济平稳运行和社会稳定发挥了重要作用。近两年石油价格机制运行的基础和国内外市场环境发生了重大变化。一是石油供求矛盾比较突出。我国人均占有的探明可采储量大大低于世界平均水平。随着国民经济持续快速发展,石油需求增长,进口数量逐年增加。目前进口石油已占我国石油消费的40%以上,国际市场石油价格变化对国内石油市场和价格的影响越来越大。二是国际市场石油价格大幅度上涨。2003年国际市场原油平均价格为每桶31美元左右,2004年涨到41美元左右;2005年又涨到56美元左右。目前,国际市场原油价格仍在每桶60美元左右的高位震荡。三是成品油价格与原油价格倒挂。为减轻油价过快上涨对社会弱势群体和公益性行业的影响,近两年国家放缓了成品油价格调整的力度和节奏。去年7月份以来,国内成品油价格没有随国际市场油价上涨而相应提高,国内成品油价格与原油价格出现严重倒挂。现在进口原油价格已经上升到每桶60美元左右,国内加工后销售价格只相当于原油每桶43美元左右。四是成品油价格调整与部分行业承受能力弱的矛盾日益尖锐。一方面,国内成品油价格不调整,炼油亏损,生产难以为继,地方炼厂停产等现象也将继续增加,保证市场供应的难度越来越大。另一方面,成品油价格的多次提高已给农业和交通运输业等带来很大压力,继续大幅度提价势必进一步加剧这些行业的困难。

因此,适当提高成品油价格水平,同时建立相关配套机制,解决好国内石油价格与国际市场接轨后带来的矛盾和问题,妥善处理各方面利益关系,是做好成品油市场供应和价格管理工作的一项十分重要而又紧迫的任务。

记者:在采取综合配套措施的基础上调整成品油价格意义何在?

负责人:采取综合配套措施疏导成品油价格提高带来的影响,对完善社会主义市场经济体制,促进国民经济持续快速协调健康发展具有重要意义。一是保证石油供应,促进经济平稳运行。国内石油价格长期背离国际市场石油价格,会挫伤企业生产和组织进口的积极性,导致资源外流,进而影响国内成品油供应。完善石油价格机制,理顺价格关系,有利于调动企业积极性,保证市场供应。二是调整行业利益关系,维护弱势群体和公益性行业利益。石油价格调整直接影响到各行业的利益和人民群众生活。有的公益性行业难以通过提高其产品价格消化;还有些弱势群体承受能力很弱。要建立对这些弱势群体和公益性行业适当补贴的机制,减缓油价上涨的影响。三是建立节约型社会,促进经济增长方式转变。一方面,我国石油资源相对短缺,已经成为制约经济社会发展的瓶颈;另一方面,石油资源浪费现象还相当严重,成品油消耗水平偏高。现在我国机动车每百公里油耗比发达国家高20%以上。理顺价格关系,充分发挥价格杠杆的调节作用,是促进资源节约和提高资源利用效率的有效手段。四是进一步发挥市场配置资源基础性作用,完善市场经济体制。价格机制是市场机制的核心。成品油价格与原油价格关系扭曲,不利于充分发挥市场机制作用,不利于资源的优化配置。

记者:这次制定石油综合配套调价方案的原则和基本思路是什么?

负责人:完善石油价格形成机制,提高成品油价格,涉及各方面利益关系的调整,关系到石油工业的健康发展和石油供给的保障,关系到交通运输业和农业的发展,关系到广大人民群众的生活,涉及面广,情况复杂。在方案制定过程中,我们始终把握以下原则:一是有利于促进节约石油资源和提高资源利用效率,促进经济结构调整和增长方式转变;二是有利于充分利用国内和国外两种资源,满足国民经济发展对石油的需求;三是统筹兼顾、协调配套,妥善处理好各方面利益关系;四是积极稳妥、循序渐进,处理好改革、发展和稳定的关系。

这次制订石油综合配套调价方案,主要是要建立一个符合市场经济要求、能够妥善处理好各方面利益关系的石油价格形成机制。基本思路是:在坚持与国际市场接轨的前提下,建立既反映国际市场石油价格变化,又考虑国内市场供求、生产成本和社会各方面承受能力等因素的石油价格形成机制。同时建立对部分弱势群体和公益性行业给予补贴的机制,相关行业的价格联动机制,石油企业涨价收入的财政调节机制,以及石油企业内部上下游利益调节机制。

记者:请您介绍一下成品油调价后如何对部分弱势群体和公益性行业予以补贴?

负责人:党和政府高度重视油价上涨对弱势群体的影响。与以往相比,这次制订石油综合配套调价方案时,不是就价格论价格,而是强调了方案的整体性和协调性,重点是建立了对部分弱势群体和公益性行业给予补贴的机制。因成品油提价影响种粮农民、渔业、林业、城市公交增加的支出,由政府给予补贴。其中对种粮农民,统筹考虑柴油、化肥等农业生产资料价格上涨的影响,通过综合直补予以补偿,补贴资金尽快兑现到位。具体方案财政部很快会公布。农村道路客运经营者因油价上涨产生的增支,主要通过调整运价等措施消化,对消化确有困难地区的农村道路客运经营者,也可以给予适当补贴。同时,建立民航、铁路以及出租车和公路客运等运输价格与成品油价格联动机制。在企业适当消化燃油涨价影响的基础上,根据市场情况,对实行政府定价或政府指导价的运输价格进行适当调整,及时疏导成品油涨价影响。

记者:成品油价格调整,对出租车行业影响较大,国家将采取什么具体措施缓解出租车行业困难?

负责人:近两年各地人民政府采取多种措施缓解

成品油价格上涨对出租车行业的影响,取得了一定成效。在完善石油价格形成机制,调整成品油价格的同时,各地仍要继续采取综合措施,减缓对出租车行业的影响。一是依法调整出租车运价或加收燃油附加,疏导成品油价格上涨的影响。二是清理整顿涉及出租汽车的收费,减轻司机的负担。三是规范出租车企业的管理,维护司机的合法权益。四是近期在上述措施难以到位的地区,可以对出租汽车司机给予临时性补贴。五是严厉打击非法运营,改善出租汽车运营环境,维护正常的市场秩序。

财政部出台《石油特别收益金征收管理办法》

办法规定,凡在中华人民共和国陆地领域和所辖海域独立开采并销售原油的企业,以及在上述领域以合资、合作等方式开采并销售原油的其他企业,均应当按照规定缴纳石油特别收益金。

办法规定,石油特别收益金实行5级超额累进从价定率计征,征收比率从20%至40%分为五级,按月计算、按季缴纳。石油特别收益金征收比率按石油开采企业销售原油的月加权平均价格确定。为便于参照国际市场油价水平,原油价格按美元/桶计价,起征点为40美元/桶。石油开采企业在规定的期限内未足额缴纳石油特别收益金的,由财政机关责令限期缴纳,并从滞纳之日起按日加收万分之五的滞纳金。

办法规定,财政机关不得擅自减征或免征石油开采企业应缴纳的石油特别收益金。石油特别收益金列入企业成本费用,准予在企业所得税税前扣除。

“迎奥运、讲文明、树新风”活动在北京正式启动

由中央文明委、北京奥组委和首都文明委组织开展的“迎奥运、讲文明、树新风”活动在人民大会堂正式启动。中共中央政治局委员、北京市委书记、北京奥组委主席刘淇在启动仪式上强调,紧紧抓住并用好举办2008年北京奥运会的历史机遇,广泛深入开展“迎奥运、讲文明、树新风”活动,大力倡导和树立以“八荣八耻”为主要内容的社会主义荣辱观,努力培育文明健康的社会风气,为举办一届“有特色、高水平”的奥运会营造文明和谐的社会环境。

许昱华获得2006年女子国际象棋世锦赛冠军

2006年国际象棋女子世锦赛决赛第三局在俄罗斯叶卡捷琳堡结束,中国选手许昱华执黑经过58回合的艰苦鏖战、力克俄罗斯棋手加里亚莫娃,以2.5:0.5的总比分荣登世界冠军宝座,成为继谢军、诸宸之后中国第三位世界棋后。

3月26日

全国政协主席贾庆林在印尼各界人士欢迎活动上发表题为《加强交流合作 共创美好未来》的演讲

尊敬的印尼人民协商会议副主席法特瓦,

尊敬的印尼—中国经济、社会、文化合作协会总主席苏坎达尼,

尊敬的印尼工商会主席希达亚特,

女士们,先生们,朋友们:

在我对美丽的千岛之国——印度尼西亚进行正式友好访问之际,有机会与印尼的工商界以及其他各界朋友欢聚一堂,共叙友谊,感到十分高兴。首先,请允许我对印尼各界朋友为我和我的代表团举行如此盛大的欢迎活动,表示由衷的感谢。借此机会,我愿转达中国人民对印尼人民的诚挚问候和良好祝愿!

中国与印尼是友好邻邦,传统友谊源远流长。2000多年前,中国就曾接待过来自爪哇的特使,开启了两国友好交往的历史。600多年前,中国明朝航海家郑和七下西洋,多次到过爪哇等地,留下许多至今仍广为传颂的佳话。上个世纪前叶,在争取国家独立和民族解放的斗争中,中印尼人民始终站在一起,相互支持、相互鼓励,共同谱写了抗击侵略者的壮丽诗篇。50年前,中国与印尼等亚非发展中国家一道,共同确立了以和平共处为基础的万隆精神,并使之成为国际上公认的处理国家间关系的基本准则,为加强发展中国家的团结与合作,作出了历史性的贡献。中印尼两国和两国人民在长期的历史进程中结下的深厚友情,已经成为双方共同拥有的宝贵精神财富。

印尼是最早与中国建交的国家之一。50多年来,两国关系取得了长足发展。在两国政府和人民的共同努力下,中国和印尼关系已经进入全面发展的新时期。双方政治互信不断增强,经贸合作成果斐然。两国在能源、资源开发和基础设施等领域启动了一系列大型合作项目,推动了双边经贸关系发展,给两国人民带来了越来越多的实惠。两国在文化、教育、卫生、科技等领域的合作不断深化,在国际和地区事务中保持着密切的协调与配合。在印尼人民遭受的那场罕见的地震海啸灾难中,中国政府和人民感同身受,展开了新中国历史上最大规模的对外救援行动,体现了中国人民与印尼人民互帮互助、同舟共济的深情厚谊。

去年是中印尼关系史上具有重要意义的一年。胡锦涛主席与苏西洛总统签署了关于建立中印尼战略伙伴关系的联合宣言,从战略高度为两国关系的未来发展指明了方向,开启了双边关系一个崭新的历史时期。作为两个重要的发展中国家,中国同印尼建立的战略

伙伴关系，是不结盟、不对抗、不针对任何第三方的新型国家关系，宗旨是维护世界和平、促进共同发展。在世界多极化和经济全球化趋势深入发展的新形势下，中国和印尼有着广泛的共同利益，双方发展战略伙伴关系符合两国和两国人民的根本利益，有利于地区的和平、稳定与发展。我相信，在我们双方共同努力下，中印尼关系一定会有更加美好的未来。

女士们、先生们！

我们赞赏印尼政府和人民长期以来在台湾问题上给予中国的宝贵支持。众所周知，台湾是中国领土不可分割的一部分，这是关系到13亿中国人民民族感情的重大敏感问题。

去年以来，我们采取了一系列积极和建设性的举措，推动两岸关系朝着和平稳定的方向发展，得到台湾同胞的广泛赞同，也受到国际社会的普遍欢迎。但是，台湾当局顽固坚持"台独"分裂立场，加紧从事"台独"分裂活动。今年以来，更是加紧通过"宪政改造"，图谋"台湾法理独立"。特别是不顾岛内外的强烈反对，强行终止"国统会"和"国统纲领"，这是对国际社会普遍坚持一个中国原则和台海和平稳定的严重挑衅。反对"台独"分裂势力及其活动，维护台海和平稳定，是我们坚定不移的意志和决心。我们将继续努力争取和平统一的前景，但决不允许把台湾从中国分割出去。"台独"分裂势力的行径不仅是对两岸关系的公然挑衅，也直接威胁到亚太地区的和平与稳定。在这一重大问题上，我们希望印尼各界朋友同我们一道，共同反对"台独"，共同维护本地区的和平与安宁。

女士们、先生们！

改革开放20多年来，中国发生了巨大的变化。1978年，中国国内生产总值仅为1473亿美元，2005年达到了22300亿美元，年均增长9.5%；贸易总额从206亿美元增长到11548亿美元，年均增长超过16%。中国的社会生产力和综合国力实现了历史性跨越，人民生活总体上达到了小康水平。特别是过去5年，中国摆脱了上世纪末亚洲金融危机的严重冲击，成功战胜了"非典"疫情和重大自然灾害的挑战，胜利完成"十五"计划，经济社会保持良好发展势头。5年间，中国国内生产总值增长57.3%，财政收入增长1.36倍，进出口贸易额增长两倍，城镇和农村居民收入分别增长58.3%和29.2%。这些辉煌成就极大地增强了我国各族人民沿着中国特色社会主义道路奋勇前进的信心。

我们也清醒地认识到，中国仍然是世界上最大的发展中国家，人口多、底子薄，发展不平衡，资源环境压力突出，人民生活水平还不高。中国的现代化建设还有很长的路要走，还需要进行长期的艰苦奋斗。前不久，我们召开了十届全国人大四次会议和全国政协十届四次会议，审议通过了《国民经济和社会发展第十一个五年规划纲要》，为今后5年的发展描绘了宏伟蓝图。我们将按照"十一五"规划所确定的奋斗目标、指导方针和主要任务，坚持以科学发展观统领经济社会发展全局，稳步推进社会主义新农村建设，加快推进经济结构调整和增长方式转变，着力增强自主创新能力，促进区域协调发展，深化改革和扩大开放，努力建设和谐社会，为全面建设小康社会奠定坚实的基础。

坚持和平发展的道路，是中国人民坚定不移的选择。无论是汉唐时期开辟通往西域的"丝绸之路"，还是明朝著名航海家郑和七下西洋，给有关国家和人民带去的都是加强交流与合作的诚意，传递的都是增进友好情谊的心声。中国人民深刻认识到，只有通过和平方式实现的发展才是持久的、牢靠的发展，也才是既有利于中国人民也有利于世界各国人民的发展。中国将始终高举和平、发展、合作的旗帜，始终奉行独立自主的和平外交政策，坚定不移地走和平发展道路。中国的发展不会妨碍任何人，也不会威胁任何人，只会有利于世界的和平稳定、共同繁荣。

女士们、先生们！

中国的发展离不开亚洲，亚洲的繁荣离不开中国。中国奉行"与邻为善、以邻为伴"的周边外交方针，积极谋求与周边国家实现互利共赢。在这里，我想用一组数据来说明中国与亚洲的关系。中国已成为亚洲第一大进口市场。2005年，中国从亚洲国家和地区进口额达4400亿美元，同比增长20%，占中国进口总额的67%。未来5年，中国将从亚洲进口超过2万亿美元的商品。中国企业的对外投资也在以每年20%以上的速度增长，其中对外投资的80%集中在亚洲地区。事实证明，中国的和平发展给亚洲国家带来了实实在在的好处，是亚洲发展的机遇。

推进与东盟的战略伙伴关系是中国周边外交的重要组成部分。今年是"中国—东盟友好合作年"。我们高兴地看到，中国—东盟关系发展势头很好，双方政治互信不断增强，各领域合作持续深化。中国—东盟自贸区建设进展顺利，双方贸易额近几年来一直保持近30%的增长速度，按照这样的发展态势，胡锦涛主席提出的到2010年中国—东盟的贸易额达到2000亿美元的目标一定能够实现。印尼是东盟中有重要影响的国家，和中国同属于"10 + 1"和"10 + 3"等多边机制中的成员，双方合作的渠道很多、范围很广。我们应在中国与东盟自由贸易区框架中加强交流与合作，特别是要加强在农业、金融、教育、卫生、高新技术等领域的合作，积极支持与鼓励两国企业间经济技术的交流与合作，不断优化合作的机制和环境，促进两国经贸合作迈出新步伐，推进中国—东盟关系不断向前发展。

女士们、先生们!

中国与印尼是亚洲两个重要的发展中国家。虽然我们相隔遥远,但浩瀚的海洋阻挡不了我们的友好交往。正如印尼朋友在歌中所唱的:“虽然我们相隔万水千山,可是我们的心紧紧相连。从雅加达到北京,一路悠扬的歌声,歌颂我们两国人民如兄弟一般。”是的,共同的目标把我们联结在一起,共同的挑战需要我们团结在一起。让我们携起手来,为亚洲的和平与发展,为建设一个持久和平、共同繁荣的和谐世界而努力奋斗!

谢谢大家。

解放军四总部联合颁发《中国人民解放军专业技术人才奖励规定》

经中央军委批准,解放军四总部日前联合颁发《中国人民解放军专业技术人才奖励规定》(以下简称《规定》),对现有军队专业技术人才奖项进行规范,扩大奖励名额、缩短奖励周期、提高奖金数额。

目前,军队设有专业技术重大贡献奖、作战部队优秀专业技术人才奖、院校育才奖。《规定》决定,军队专业技术重大贡献奖更名为军队杰出专业技术人才奖,奖金由每人5万元提高到10万元,奖励周期由3年改为2年;作战部队优秀专业技术人才奖的奖金由每人1万元提高到2万元,奖励周期由3年改为每年评选1次,奖励人数由50名增加为300名;军队院校育才奖“金奖”的奖金由每人1万元提高到3万元,“银奖”的奖金由每人5000元提高到1万元。

《规定》新增设了军队科技创新群体奖,以鼓励科研群体优势互补、协作攻关,每个集体奖金100万元,奖励数量不超过10个。同时,把军队优秀专业技术人才岗位津贴纳入了奖励范畴,岗位津贴设置为3类,享受一类岗位津贴的人数为300名,每人每月5000元;二类岗位津贴为700名,每人每月3000元;三类岗位津贴为4000名,每人每月1000元。

《规定》适用于在军队编制的专业技术岗位任职的现役军官、文职干部和文职人员,将于2006年4月1日起施行。

3月27日

中共中央政治局召开会议研究促进中部地区崛起工作

中共中央总书记胡锦涛主持会议。

会议指出,促进中部地区崛起,是党中央、国务院继作出鼓励东部地区率先发展、实施西部大开发、振兴东北地区等老工业基地战略后,从我国现代化建设全局出发作出的又一重大决策,是落实促进区域协调发展总体战略的重大任务。

会议认为,中部地区在我国经济社会发展全局中占有重要地位,长期以来为全国经济社会发展作出了重大贡献。实现中部地区经济社会又快又好发展,事关我国经济社会发展全局,事关全面建设小康社会全局。促进中部崛起,有利于提高我国粮食和能源保障能力,缓解资源约束;有利于深化改革开放、不断扩大内需,培育新的经济增长点;有利于促进城乡区域协调发展,构建良性互动的发展新格局。我们要抓住机遇,加快发展,充分发挥中部地区的区位、资源、产业、人才等综合优势,进一步形成东中西互动、优势互补、相互促进、共同发展的新格局。

会议指出,促进中部地区崛起,要以邓小平理论和“三个代表”重要思想为指导,全面贯彻落实科学发展观,坚持把改革开放和科技进步作为动力,着力增强自主创新能力、提升产业结构、转变增长方式、保护生态环境、促进社会和谐,努力建设全国重要的粮食生产基地、能源原材料基地、现代装备制造及高技术产业基地和综合交通运输枢纽,在发挥承东启西和产业发展优势中崛起,实现中部地区经济社会全面协调可持续发展,为全面建设小康社会作出新贡献。

会议强调,中部地区崛起是一项长期的战略任务。要坚持深化改革和扩大对内对外开放,推进体制机制创新,发挥市场配置资源的基础性作用;坚持依靠科技进步和自主创新,走新型工业化道路;坚持突出重点,充分发挥比较优势,巩固提高粮食、能源原材料、制造业等优势产业,稳步推进城市群的发展,增强对全国发展的支撑能力;坚持立足现有基础,自力更生,国家给予必要的支持,着力增强自我发展能力;坚持以人为本,统筹兼顾,努力扩大就业,逐步减少贫困人口,提高城乡公共服务水平,加强生态建设和环境保护,促进城市与农村、经济与社会、人与自然和谐发展。

会议要求中部地区各级党委和政府以及有关部门高度重视,加强领导,更新观念,深化改革,科学规划,精心组织,通力协作,坚持从实际出发,按客观规律办事,全面落实中央确定的促进中部地区崛起的重点任务和政策措施,扎扎实实做好促进中部地区崛起的各项工作。

中共中央政治局进行第三十次集体学习

中共中央总书记胡锦涛主持。

中共中央政治局这次集体学习安排的内容是国外安全生产的制度措施和加强我国安全生产的制度建设。清华大学公共安全研究中心范维澄教授、中国安全生产科学研究院刘铁民研究员就这个问题进行了讲解,并谈了他们的有关看法和建议。

中共中央政治局各位同志认真听取了他们的讲解,并就有关问题进行了讨论。

《人民日报》发表社论《全社会都要关心和保护农民工》

新春伊始,《国务院关于解决农民工问题的若干意见》(以下简称《若干意见》)正式发布了。这是中央落实科学发展观,统筹城乡发展、解决“三农”问题的又一重大举措,对于切实保障广大农民工的合法权益,进一步改善农民工的就业环境,引导农村富余劳动力合理有序转移,推动社会主义新农村建设和中国特色的工业化、城镇化、现代化健康发展,具有重大的意义。

农民工是我国改革开放和工业化、城镇化进程中涌现的一支新型劳动大军,他们广泛分布在国民经济的各个行业,为城市繁荣、农村发展和国家现代化建设作出了重大贡献。农民外出务工,一头连着城市和发达地区,一头连着农村和落后地区,为改变城乡二元结构、解决“三农”问题闯出了一条新路,是工业带动农业、城市带动农村、发达地区带动落后地区的有效形式。我国正处在工业化、城镇化加快发展的阶段,将有越来越多的农村富余劳动力逐渐转移到非农产业和城镇中来,大量农民工在城乡之间流动就业在我国将长期存在。解决好农民工问题,既是关系改革发展稳定全局的迫切任务,也是建设中国特色社会主义的战略任务。

党中央、国务院高度重视保障农民工权益和改善农民工就业环境问题,近年来制定了一系列政策措施,各地区、各部门做了大量工作,取得了明显成效。但当前农民工在培训就业、劳动工资、社会保障、公共服务等方面仍然面临不少问题,侵犯农民工合法权益的事情仍时有发生。国务院出台《若干意见》,充分肯定了农民工在我国经济社会发展中的地位和作用,深刻阐述了解决好农民工问题的重要性、紧迫性和长期性,明确提出了做好农民工工作的指导思想、基本原则和政策措施。落实好这个文件,解决好农民工外出务工遇到的困难和问题,必将会极大地保护和调动广大农民工的积极性,推动城乡共同繁荣,促进社会和谐稳定。

贯彻落实《若干意见》,必须把握文件的精神实质。一是坚持以人为本、公平对待,尊重和维护农民工的合法权益。既要充分体现社会公平和正义,使农民工和城市职工享有同等的权利和义务,又要引导农民工全面提高自身素质,努力适应新的工作、生活环境。二是坚持“两条腿走路”的方针,从我国国情出发引导农村劳动力合理有序流动。既要积极引导农民进城务工并安居乐业,又要大力发展乡镇企业和县域经济,扩大农村劳动力在当地转移就业。要坚持农村基本经营制度,依法保障进城农民工的土地承包权,使他们进退有路。三是坚持当前和长远相结合、方向性和渐进性相统一,城乡统筹解决农民工问题。既要抓紧解决农民工最关心、最直接、最现实的问题,又要依靠体制改革和制度创新,逐步解决长期城乡分割的二元结构带来的深层次问题。

农民工是活跃在城镇和乡村中最积极、最能干、最可敬的新生力量,他们在创造社会财富的同时也在塑造自己,已经与城市发展和居民生活、与农村繁荣和文明进步密不可分。各级政府要切实加强和改善对农民工工作的领导,真心实意地为农民工办实事、解难事、做好事。输入地政府要把农民工纳入城市公共服务体系,统筹解决他们在就业培训、子女就学、公共卫生、居住场所、文化生活等方面存在的问题。各级工会、共青团、妇联组织要成为广大农民工温暖的家,充分发挥在维护农民工合法权益和服务工作中的重要作用。所有企业和用人单位都要强化社会责任,珍惜和爱护农民工的劳动和创造,不得违反国家法律法规和政策规定损害农民工权益。城市社区要积极发挥在农民工管理和服务中的作用,为他们融入城市、同市民和谐相处创造良好环境和条件。新闻媒体要大力宣传农民工在改革开放和现代化建设中的重要贡献和先进典型。社会各个方面都应该尊重农民工、理解农民工、保护农民工,在全社会形成关爱农民工的舆论氛围。

“东方风来满眼春。”《若干意见》的出台,不仅农民工高兴,而且广大农民也高兴,全国人民都高兴。我们坚信,只要各地区、各部门真正把《若干意见》中的各项方针政策落到实处,就一定能够进一步激发广大农民工的积极性和创造性,有力推动全面建设小康社会和整个现代化事业的进程。

国办印发《2006年全国整顿和规范市场经济秩序工作要点》并发出通知

各省、自治区、直辖市人民政府,国务院各部委、各直属机构:

《2006年全国整顿和规范市场经济秩序工作要点》已经国务院同意,现印发给你们,请认真贯彻执行。

国务院办公厅

2006年3月27日

2006年全国整顿和规范市场经济秩序工作要点

根据国务院2006年工作要点,今年全国整顿和规范市场经济秩序工作总的要求是:全面贯彻党的十六届五中全会和中央经济工作会议精神,落实科学发展观,紧紧抓住关系人民群众切身利益、影响经济健康运行和社会稳定的重大问题，标本兼治，推动市场经济秩序持续好转，为促进公平竞争、净化消费环境、扩大内需提供保障。

一、继续提高食品安全水平

（一）全面贯彻《国务院关于进一步加强食品安全工作的决定》(国发〔2004〕23号)，落实食品安全责任制和责任追究制，特别是地方各级人民政府要对本地区食品安全负总责。

（二）继续实施全国食品放心工程规划，进一步完善食品安全综合监督、组织协调机制，加强食品安全检测和信息资源共享，开展食品安全宣传教育，加快食品安全信用体系和社会监督体系建设，加强对食品安全隐患和危害因素的监督检查，完善食品标准体系，建立和完善重大食品安全事故应急机制和回访督查制度。

（三）集中力量开展食品安全整治专项行动，严把市场准入关，加强生产、加工、流通和消费全过程监管，不断提高食品安全水平，更好地满足人民群众的消费需求。要将农村食品安全作为重中之重抓出明显成效，通过集中整治和推进农村食品安全现代流通网、监督责任网和群众监督网建设，有效遏制假冒伪劣食品流向农村。具体行动方案另行印发。

二、强化保护知识产权工作

（四）制定实施《保护知识产权行动纲要(2006—2007年)》。按照标本兼治的要求，在重点行业和领域，针对薄弱环节，确定阶段性目标，提出强化执法、打击违法犯罪以及推动法律法规建设、加强队伍建设和宣传教育等长效机制建设方面的工作任务，健全行政保护、司法保护、权利人维权、行业自律、中介机构服务和社会监督共同发挥作用的知识产权保护体系。落实和推进地方人民政府和大中型企业使用正版软件工作。

（五）健全保护知识产权工作机制，切实落实地方政府责任。各地都要建立保护知识产权工作协调机制，明确一位政府负责同志分管，同时确定一个工作班子。

（六）进一步推动加强行政执法与刑事司法的衔接，开展跨地区、跨部门执法协作和国际合作；充实和加强基层版权、专利、文化、公安和工商专业执法力量。

（七）建立健全举报、公告、统计通报等工作制度，开展保护知识产权教育培训和对策研究，进一步扩大对外宣传和交流。办好保护知识产权宣传周活动和中国保护知识产权成果展。

三、严厉打击传销活动

（八）依照《禁止传销条例》和《直销管理条例》规范直销，查禁传销。要坚决取缔“拉人头”、团队计酬、收取入门费和利用互联网等形式的传销活动，严厉查处以介绍工作、从事经营活动等名义欺骗他人离开居所非法聚集并限制人身自由的行为。

（九）集中力量查处涉及地域广、参与人员多、社会危害严重的重点案件，务求摧毁传销网络。加强对传销多发区、易发区的整治，严防传销进入学校。要多形式、多渠道充分揭露传销的伎俩和伪直销的操作手法等，使广大群众认清传销的违法犯罪性质和欺诈本质。

具体工作方案另行印发。

四、继续打击各种商业欺诈行为

（十）按照《国务院办公厅关于开展打击商业欺诈专项行动的通知》(国办发〔2005〕21号)的要求，继续打击虚假违法广告、非法行医和商贸领域中的欺诈行为，务必在整治虚假促销方面见到实效。加强对商业欺诈行为的监控，强化执法协调，对苗头性、倾向性问题要早发现、早定性、早查处，防止对公众利益构成更大损害。打击商业欺诈行为要与治理商业贿赂专项工作密切配合。

（十一）建立反商业欺诈行为的长效机制。逐步完善反商业欺诈行为的法律法规体系；建立跨地区、跨部门和跨行业的反商业欺诈行为预警监管、执法协调和社会联防体系；构建反商业欺诈行为预警监管信息平台，实现相关信息互联互通和联合监管；加强政府引导，开展反商业欺诈行为的宣传教育；建立企业诚信档案，推动商业信用体系建设。

五、结合行业和地方特点，搞好其他专项整治

（十二）严厉打击制售假冒伪劣种子、肥料、农药、兽药、饲料和饲料添加剂、农机及零配件和向农村贩卖假冒伪劣消费品等坑农害农行为；打击制售假劣建材、汽车配件、烟酒、边销茶以及烟花爆竹等产品及其商标和包装物的违法行为，遏制非法拼装车、“地条钢”“黑心棉”和“毒鼠强”反弹势头；开展手机市场专项整治，查禁走私和以旧充新手机。

（十三）充分运用现代信息技术，逐步推行产品质量电子监管。严格进出口物流监控，严厉打击货运渠道价格瞒骗以及加工贸易和减免税货物进口中的各类走私活动，加强反走私综合治理，建立打击走私贩私的长效机制。

（十四）贯彻实施《财政违法行为处罚处分条例》，依法维护财经秩序。强化税收征管，打击虚开和接受虚开增值税发票、做假账、账外经营等偷逃骗税违法行为。严肃查处价格违法行为，继续开展化肥价格、涉农收费、教育收费、医药价格、电力价格的专项检查，整治商业促销和通信业务经营中存在的价格欺诈行为。规范农村经纪人的经纪行为。

（十五）取缔地下钱庄和变相期货市场，打击非法集资和银行卡短信诈骗。加强对大额资金和可疑外汇资金流动的监控，打击和防范逃汇套汇、网络炒汇以及

洗钱行为，落实账户实名制，打击地下保单。

(十六)整顿土地、文化、建筑、房地产市场和矿产资源开发秩序。抓好安全生产。

六、完善市场监管的法律体系和执法体制

(十七)针对市场经济秩序中的突出问题，提出治理生产源头、完善市场监管、强化食品安全、打击商业欺诈、保护知识产权、规范竞争秩序以及有关社会公共安全等立法建议，推动反垄断法出台，完善关于破坏社会主义市场经济秩序罪的规定，出台行政法规和规章，完善法律法规。

(十八)积极探索市场监管领域的综合行政执法。推动行政执法体制的完善，提高执法效能。落实行政执法责任制，下移监管重心，加强基层执法。认真落实加快行政执法向刑事司法移送的有关规定，严肃查处对涉嫌犯罪案件该移送不移送、以罚代刑行为，切实防止和纠正打击不力的问题，对在查办破坏市场经济秩序案件中玩忽职守、徇私舞弊、包庇纵容等构成犯罪的，坚决依法追究责任人的刑事责任。各行政执法机关和公安、司法机关要加强调查研究，及时解决办理破坏市场经济秩序案件中遇到的突出问题。对重大案件，要继续实行部门联动、挂牌督办制度。

七、充分发挥新闻宣传和社会监督作用

(十九)坚持对内宣传与对外宣传、日常宣传与专题报道、正面引导与批评曝光、传统手段和互联网等新型媒体相结合，做好新闻宣传工作。突出重点，注重实效，围绕食品安全、保护知识产权、打击商业欺诈、打击传销等工作内容，制订专门的宣传报道方案，有计划、有步骤地组织好宣传。继续组织开展“诚信兴商”活动，通过“百城万店无假货”“价格计量信得过”“价格诚信”“诚信企业”“守合同重信用”“质量诚信”“诚信纳税”等诚信创建活动，加强社会主义荣辱观的宣传教育，大力倡导以诚实守信为荣，以见利忘义为耻的新风尚。发挥好有关行业协会和消费者协会的行业自律和社会监督作用，维护人民群众的合法权益。

八、加强领导、落实责任

(二十)各地区、各部门要进一步加强领导，把“整规”工作摆到重要议事日程，把工作责任逐级落实到基层。要充分发挥积极性和主观能动性，针对市场经济秩序中出现的突出问题，深入基层，加强调研，及时采取坚决果断的措施加以整治。对于那些搞地方保护、工作不力、消极应付甚至失职渎职的人员特别是领导干部，要追究行政责任和法律责任。有关部门要加强对地方工作的指导协调，切实帮助解决工作中的实际困难。各级整规办要做好督查、协调、指导工作。

国办印发《保护知识产权行动纲要(2006—2007年)》并发出通知

各省、自治区、直辖市人民政府，国务院各部委、各直属机构：

《保护知识产权行动纲要(2006—2007年)》已经国务院同意，现印发给你们，请认真贯彻执行。

国务院办公厅

2006年3月27日

保护知识产权行动纲要(2006—2007年)

为强化保护知识产权工作，依照有关法律法规和规定，制定本纲要。

一、指导思想

(一)以邓小平理论和“三个代表”重要思想为指导，落实科学发展观，按照“履行承诺、适应国情、完善制度、积极保护”的方针，建立健全相关法律法规，夯实基础工作，加强综合协调，抓住重点领域和突出问题，落实责任，加大行政和司法保护力度，依法严厉打击侵犯知识产权违法犯罪行为，为鼓励自主创新、维护权利人合法权益提供有力保障。

二、工作目标

(二)要通过扎实有效的工作，使保护知识产权的执法能力和执法效能明显提高，行政执法与刑事司法的衔接更加密切，侵犯知识产权违法犯罪行为得到有效遏制，企业、科研院所、高等院校创造、管理、运用、维护知识产权的意识和能力得到增强，社会公众知识产权保护意识明显提高，保护知识产权的长效机制建设取得新进展。

三、工作要求

(三)总的要求是：加强统筹协调，形成条块结合、上下联动的工作机制，打破地方保护；日常监管与专项整治相结合，集中力量严查情节严重、影响恶劣的侵权案件，严厉打击侵权犯罪团伙；及时向司法机关移交行政执法中发现的涉嫌犯罪案件，加大刑事打击力度。

(四)要把保护知识产权工作列入地方各级人民政府的重要议事日程，纳入经济社会发展总体规划，加强组织领导，落实责任制和责任追究制。完善保护知识产权督查制度，建立保护知识产权工作问责制，对问题严重的地区要通报批评，并追究相关领导责任，对在知识产权问题上搞地方保护，甚至包庇违法犯罪行为，特别是涉嫌徇私舞弊不移交刑事案件的，要依法严肃处理。

(五)建立健全统一领导、部门分工负责的保护知识产权工作机制。要加强各级政府尤其是地方政府执法协调机制建设，形成一支精干高效的工作队伍，提供必要的工作条件，发挥好统筹协调作用，建立数据统计和通报制度，加大案件督办力度。各知识产权主管部门、相关部门要充分发挥职能作用，相互配合。公安、司法机关要进一步加大打击力度,加强知识产权刑事司法保护。发展改革、财政等有关部门要对保护知识产权工作给予必要的支持。宣传教育部门要积极配合重点工作,组织媒体开展广泛宣传和深度报道,并注重向国外介绍我国保护知识产权的工作和成效。

(六)要密切关注当前国际知识产权制度的变革与发展方向,把握国内外知识产权纠纷发展的特点和规律,提出有针对性的应对措施。要适应我国对外贸易发展和知识产权保护形势的需要,积极参与国际规则的制定,扩大我国在国际知识产权保护领域的影响。要加强国际交流与合作,妥善化解涉外知识产权纠纷,推动建立完善多双边打击知识产权侵权行为的合作机制,遏制跨国跨境侵权行为。

(七)要充实商标、文化、版权、专利、公安等部门及司法机关的基层力量,做到执法能力与承担任务相适应。同时,大力推进执法责任制,规范执法行为,切实做到有法必依、执法必严、违法必究。

四、工作重点及主要措施

(八)严厉打击盗版行为。坚决取缔盗版光盘生产线,严厉查处通过邮政、航空、公路、铁路等渠道运输盗版品的违法犯罪行为,清理售卖盗版光盘的不法摊点和游商小贩,打击盗版书刊、教材教辅以及网络侵权盗版等行为。继续推进使用正版软件工作。

(九)继续打击商品交易市场的商标侵权行为。要重点整治侵权行为突出的商品交易市场,严格市场主办者的管理责任,强化行政执法部门的监管责任,对长期销售假冒侵权商品且整治不力的商品交易市场,要责令限期整改,侵权情节严重的要坚决依法取缔。

(十)加大对侵犯专利权重点问题的整治力度。要提高处理专利侵权纠纷的能力与效率,以食品药品、农业及高新技术领域为重点,加强专利权保护。继续严厉打击涉及专利的诈骗行为,遏制重复性、群体性专利侵权行为,查处冒充专利、假冒他人专利行为。要从流通环节入手,运用现代技术手段积极防范,加强监控,快速处理,坚决打击。

(十一)加强进出口环节知识产权保护。海关要强化对侵权行为的风险管理,积极采用先进的检查手段,提高查获侵权货物的能力和效率,切断侵权货物国际流通渠道。工商、海关、专利和商务等部门要密切合作,完善对出口生产加工企业尤其是定牌加工企业的监管和服务,建立委托方备案制度,帮助企业加强自律和完善内部管理,增强对侵权活动的防范能力。

(十二)加强展会知识产权管理。要开展保护展会知识产权“蓝天会展行动”,贯彻落实展会知识产权保护办法,强化对各类展会的知识产权管理,防止境内外不法分子通过展会组织加工和销售假冒侵权商品。

(十三)建立全国举报投诉服务系统。要充分利用现有机构和人员,在全国50个城市建立综合性的知识产权举报投诉服务中心,并通过完整的案件受理、转交办理、跟踪监督、办结反馈、情况汇总等工作机制,强化案件督办。

五、建立长效机制

(十四)完善法律法规体系。要针对当前保护知识产权工作中的突出问题,完善有关法律法规,增强可操作性,加大打击力度。要研究解决侵权违法所得数额计算标准、约束滥用知识产权行为以及企业名称、商标和标志模仿知名度高的商标等问题,推动遗传资源、传统知识、民间文学艺术等领域的知识产权保护法律法规建设。

(十五)建立高效的执法协调机制。要完善跨部门的联合执法机制,建立跨地区的案件移送、信息通报、配合调查等工作机制。开通中英文中国保护知识产权网,搭建具有信息服务、案件督办、数据统计、状况评价、监测预警等功能的工作平台,实现执法协调机构、行政执法部门和公安、司法机关工作的有机衔接。

(十六)提高企业知识产权保护能力和水平。要加强与国内外权利人的沟通协调,及时提供知识产权方面的信息咨询和公共服务。在企业并购、技术交易等经济活动中强化知识产权审查机制,避免自主知识产权流失。支持企业运用法律武器和国际规则维护自身权益,防止知识产权滥用。推动企业建立和完善知识产权管理制度。建立企业海外维权援助机制。

(十七)充分发挥行业协会和知识产权中介组织的作用。要鼓励和支持行业协会开展行业自律和维权活动,有效应对知识产权纠纷。支持知识产权中介服务组织依法拓展服务领域、提高服务水平。推动完善相关法律法规和管理办法,整顿和规范知识产权中介服务市场。

(十八)加强宣传和培训。要采取多种形式,及时宣传我国保护知识产权工作取得的成效,不断增强全社会知识产权保护意识。建立新闻发布会制度,继续开展保护知识产权宣传周活动。积极发挥舆论监督作用,曝光典型侵权案例。要多渠道、多途径开展对党政领导干部、行政执法和司法人员、企业管理人员的培训。把保护知识产权法律的宣传教育纳入“五五”普法内容,列入中小学教学计划。高等院校要加强保护知识产权学科建设和专门人才培养。

各地区、各有关部门要根据本纲要精神,结合各自工作实际,制订具体的工作方案,并切实抓好落实。

2005年全国查处价格违法案5万多件

从国家发改委获悉:2005年全国各级价格主管部门共受理价格举报、咨询60.41万件,依据价格举报立案查处价格违法案件5.05万件，实施经济制裁金额2.66亿元，其中退还消费者(用户)金额1.86亿元，占经济制裁总额的69.9%。

中共中央政治局委员刘淇在北京会见由党中央群众团体及首都建设部第一副部长张成泽率领的朝鲜劳动党友好考察团

全国人大常委会副委员长顾秀莲在人民大会堂会见以利比里亚团结党全国主席查尔斯·克拉克为团长的利比里亚政党联合代表团

国务委员唐家璇在中南海紫光阁会见英国王室约克公爵安德鲁王子一行

文化部 浙江省人民政府和上海市人民政府在杭州召开中国越剧诞辰100周年纪念大会

3月28日

国家主席胡锦涛在人民大会堂与罗马尼亚总统特拉扬·伯塞斯库会谈

胡锦涛表示，当前，中罗关系已进入新的发展时期，巩固和深化中罗传统友谊，全面加强两国各领域务实合作，使新世纪的中罗关系不断迈上新的台阶，是双方共同的责任和使命。为了实现这一目标，中方愿与罗方保持高层交往，加强两国政府、立法机构和政党之间的友好交流；扩大经贸合作，提高合作的规模和水平，支持各自企业在对方国家重点发展领域和项目上进行投资，开展各种形式的互利合作，两国政府应为双方企业开展合作牵线搭桥，排忧解难；深化双方在文化、教育、旅游、青年等领域的交流与合作；密切两国在人权、联合国改革、打击恐怖主义等国际多边事务中的磋商与协调。

伯塞斯库表示赞同胡锦涛对深化罗中双边合作的建议。他说，罗马尼亚视中国为亚洲地区的重要经济伙伴，欢迎中国投资者赴罗马尼亚投资，并将为此在投资政策等方面创造良好条件。

会谈后，两国领导人出席了两国关于海关事务的合作与行政互助谅解备忘录的签字仪式。

国务院总理温家宝在中南海紫光阁分别会见美国商务部部长卡洛斯·古铁雷斯和阿尔及利亚外交国务部部长穆罕默德·贝贾维

全国政协主席贾庆林在雅加达会见印度尼西亚总统苏西洛·班邦·尤多约诺

贾庆林表示，中国和印尼都是发展中大国，都肩负着发展本国经济、改善人民生活的重任。加强两国战略伙伴关系，推进各领域的合作，符合双方的根本利益，有利于本地区及世界的和平、稳定与发展。为推动两国关系进一步发展，我愿提出以下建议：第一，进一步加强两国高层交往，早日启动两国战略对话机制，不断增进政治互信、扩大战略共识。第二，继续重视涉及对方重大利益的问题，加大相互支持的力度。我们将继续支持印尼政府打击分裂势力、维护国家统一的努力，赞赏印尼政府把一个中国政策作为发展双边关系的政治基础。第三，本着平等互利、合作共赢的原则，大力推进两国经贸合作。要努力实现双方确定的贸易发展目标，落实好电力、水利、桥梁、铁路等方面的合作项目，扩大能源、金融等领域的合作。第四，加强防灾减灾和防治新发传染病等方面的合作，共同应对非传统安全威胁。中方愿继续通过双边和多边渠道，帮助印尼加强防灾抗灾和防控禽流感的能力。第五，加强在国际和地区事务中的协调与配合，积极推进中国—东盟合作和东亚合作进程。

苏西洛赞同贾庆林提出的建议。他表示，印尼愿与中方共同努力，密切高层交往，深化经贸、能源、基础设施建设等领域的合作，加强在国际和地区事务中的配合，推动两国战略伙伴关系不断发展，并为促进本地区的和平与发展作出积极努力。苏西洛强调，坚持一个中国原则是印尼政府始终不渝的政策和全体印尼人民的选择。印尼政府赞赏中方支持印尼为维护国家统一所作的努力，将继续坚定奉行一个中国政策。

全国政协主席贾庆林在雅加达会见印尼副总统优素福·卡拉

全国文化体制改革工作会议在北京召开

会议3月28日至30日召开。中共中央政治局常委李长春出席会议并讲话。

李长春指出，改革开放是中国特色社会主义最鲜明的特征。哪里有改革，哪里就有新局面。我们一定要毫不动摇地坚持改革方向，通过改革解放和发展文化生产力，用改革凝聚人心，用改革的办法解决前进中的问题。在深化改革的过程中，要加强组织领导，注重统筹协调，明确责任，狠抓落实。要按照区别对待、分类指导、循序渐进、逐步推开的原则，充分考虑不同地区经济社会文化发展的不平衡性，充分考虑农村和城市的差别，充分考虑不同行业、不同单位的性质和功能，因地制宜，积极稳妥，有计划、有步骤地推进改革。要加大政策扶持力度，完善改革措施的配套协调，妥善处理各方面利益关系。要认真总结文化体制改革试点工作经验,加强典型示范,为全面推开改革提供有益借鉴。要切实加强领导班子建设,加大人才培养力度,最大限度地激发广大文化工作者投身文化体制改革,繁荣社会主义文化的积极性、主动性和创造性。

中共中央政治局委员、书记处书记、中宣部部长刘云山对文化体制改革试点工作作了总结,对推进文化体制改革作出具体部署。

国务委员陈至立作总结讲话,对贯彻落实会议精神提出了要求。全国政协副主席陈奎元出席会议。

浙江、深圳等试点地区以及北京儿童艺术剧院等试点单位负责人在大会上发言。

中央宣传思想工作领导小组、中央文化体制改革工作领导小组成员,全国各省、自治区、直辖市党委宣传部长和政府有关负责同志,中央宣传文化系统各部门各单位负责同志和试点地区试点单位代表等参加会议。

全国社保基金资产规模达2010亿元

据《人民日报》报道:截至2005年年底,我国社保基金资产规模达到2010.2亿元,全年已实现收益52.85亿元。2006年的投资目标是高于当年一年期国债收益率加20个基点,努力争取更高收益。这是今天闭幕的全国社会保障基金理事会第二届理事大会上透露的。全国社保基金理事会理事长项怀诚表示,今年社保基金确定可用于再投资的境内资金约410亿元。

第三届全球纺织经济论坛在北京举行

世贸组织、国际纺织服装局的主要官员,以及许多国家和地区纺织服装行业协会的主要负责人,参加论坛并演讲。

国务院副总理吴仪在中南海会见美国商务部部长卡洛斯·古铁雷斯

双方就中美经贸关系及第十七届中美商贸联委会交换了意见。吴仪表示,中美经贸关系在过去一年中实现了长足发展,中美经贸合作在深度和广度上不断发展,互利共赢的特点更加显著,两国互为重要贸易伙伴。中美经贸关系发展潜力巨大,保持和发展互利共赢的中美经贸关系符合两国和两国人民的共同利益。她还介绍了中方在保护知识产权方面所做的工作和中美贸易不平衡等问题的立场。吴仪说,中美商贸联委会是推动双边经贸合作的重要机制,希望中美两国商务部认真务实地开展工作,努力使第十七届中美商贸联委会取得成功,推动中美经贸关系的健康、稳定发展,并为胡锦涛主席访美创造积极氛围。

古铁雷斯表示,此行中他已与中国商务部等有关部门官员进行了很好的会谈,希望美中两国商务部门密切合作,争取在即将召开的第十七届美中商贸联委会上就双方关注的问题达成共识,推动两国经贸关系健康发展,也为两国领导人在华盛顿的会晤创造良好氛围。

中共中央政治局委员王兆国在人民大会堂会见以秘书长穆沙希德·侯赛因·赛义德为团长的巴基斯坦穆斯林联盟代表团

中央军委副主席曹刚川在八一大楼与卢旺达国防部部长马塞尔·加钦齐举行会谈

外交部部长李肇星在钓鱼台国宾馆与阿尔及利亚外交国务部部长穆罕默德·贝贾维举行会谈

《国务院关于解决农民工问题的若干意见》单行本由人民出版社出版

第二届国际智能 绿色建筑与建筑节能大会在北京国际会议中心召开

国务院副总理曾培炎出席开幕式并讲话。

曾培炎说,推动建筑向节能、绿色、智能化方向发展,是国际建筑界实践可持续发展理念的大趋势,也是中国经济社会发展面临的重要任务。随着我国城镇化、工业化进程加快,社会主义新农村建设逐步推进,发展绿色建筑,开展建筑节能有着广阔的前景和巨大的潜力。未来五年,中国将采取的主要措施包括:

第一,对新的建筑积极推行绿色标准。严格执行节能标准,同时加大绿色建筑标准的认证和推广力度。以节能为突破口,全面推进节水、节地、节材,从整体上提升建筑的资源节约水平。

第二,稳步推进既有建筑节能改造。政府机关和大型公共建筑应率先实施节能改造。开展居民住宅等普通建筑的节能改造试点,并适时加以全面推广。

第三,利用先进技术推动绿色节能建筑发展。加强对绿色节能技术、设备、建材的研究开发,广泛运用建筑智能技术,改善生产、生活和公共活动场所的环境质量,降低建筑能耗。

第四,加强政策引导和法制建设。积极稳妥地推进供热体制改革,制定有利于促进建筑节能的财税、金融等政策。建立健全建筑节能的法规体系,加强对有关标准执行的监督。

曾培炎最后指出,建筑形式是外在美的体现,建筑是否节能、环保,则是建筑内在美的体现。只有做到了内在美与外在美、形式美与内容美的统一，才是一个符合科学发展观要求、反映人类文明进步水平的优秀建筑作品，这也是当代建筑师们应当追求的目标。他希望广大建筑从业者以新的观念审视自己的工作，在追求建筑美观、舒适的同时，把节能、环保放在更加重要的位置。

中国选手赵颖慧获得 2006 年国际射联世界杯射击赛女子 10 米气步枪冠军

3 月 29 日

全国人大常委会委员长吴邦国 国务院总理温家宝在北京分别会见罗马尼亚总统特拉扬·伯塞斯库

吴邦国说，中罗是传统友好国家，两国人民之间的友谊经受住了风雨的考验。建交 57 年，中罗关系持续不断向前发展，政治互信增强，各领域合作富有成果。罗马尼亚是中国重要的合作伙伴和可信赖的朋友。中国全国人大支持中罗全面友好合作伙伴关系深入发展，愿本着相互尊重、增强互信和共同发展的精神与罗马尼亚议会保持高层接触，深化各专门委员会、友好小组和青年议员之间的交流，为中罗关系全面发展作出贡献。

伯塞斯库说，我访华期间感受到了中国人民对罗马尼亚人民的友好情谊。两国始终相互尊重，这构成了两国友好关系的政治基础。我此访的目的就是要巩固两国政治关系，为互利务实合作创造条件。访问取得了成功，将有力地推动双边关系发展。

温家宝指出，中罗两国政治互信日益加深，经贸、文教、科技等领域的互利合作不断扩大，在国际事务中相互支持。我们将继续致力于发展中罗友好合作关系，将两国传统友谊发扬光大。

温家宝说，中罗双边贸易额连年大幅攀升，在经济技术合作方面也有突破。我们对两国经贸合作的良好发展势头表示满意，希望双方继续鼓励和支持两国企业加强沟通与合作，积极扩大和平衡双边贸易，落实好双方大型合作项目，推动双边互利经贸合作不断迈上新台阶。

伯塞斯库说，罗方将继续坚定奉行对华友好政策，致力于不断巩固和发展两国伙伴关系。两国经贸关系的发展具有很大的潜力。罗方期待扩大双边贸易的规模，欢迎更多的中国企业家赴罗马尼亚投资兴业，开展互利合作。

全国人大常委会委员长吴邦国在人民大会堂会见尼日利亚众议长阿米努·贝洛·马萨里

吴邦国说，近几年来，两国关系尤其是在经贸等领域的合作取得新进展，去年两国元首就建立中尼战略伙伴关系达成共识，将两国关系提升到一个新的水平。吴邦国感谢尼日利亚坚持一个中国政策以及在人权等问题上对中国的宝贵支持。

吴邦国说，中国为非洲经济社会发展取得的成就感到由衷高兴。中国政府在今年年初发表《中国对非洲政策文件》，全面系统地宣示了中国对非政策的目标及措施。中方愿与包括尼日利亚在内的非洲国家一道，共同努力构筑平等互信、合作共赢、交流互鉴的新型战略伙伴关系。

吴邦国积极评价了中国全国人大和尼日利亚议会间的友好往来，希望双方保持高层交往，扩大各专门委员会和议员之间的交流，深化立法和监督领域的合作，加强在国际议会组织中的沟通与配合，为中尼关系的全面发展充实内容、增添活力。

马萨里重申，尼方将坚定奉行一个中国政策，表示尼议会愿进一步提升同中国全国人大的关系，为增进两国人民的友谊、促进两国的互利合作、推动两国关系的发展作出积极的贡献。

国务院总理温家宝主持召开国务院常务会议

会议审议并原则通过《松花江流域水污染防治规划(2006—2010 年)》《大中型水利水电工程建设征地补偿和移民安置条例(修订草案)》，核定第六批全国重点文物保护单位。

会议强调，制定和实施松花江流域水污染防治规划，一要坚持治理污染、消除隐患。重点安排一批工业污染源治理和城市污水处理项目。二要坚持统筹兼顾、突出重点。优先治理和保护大中城市集中式饮用水源地，保证饮用水安全和中俄界河水质。三要坚持综合治理、防治结合。既要加快治理现有污染，又要严格控制新污染；既要重视工程措施削减排污总量，又要加强环境监管巩固治污成果。四要坚持地方为主、国家支持。地方政府是水污染治理的责任主体，国家在资金和政策上给予支持。

会议确定了松花江流域水污染防治的阶段目标。到 2010 年，大中城市集中式饮用水源得到治理和保护，完成重点城市污水处理和重点工业污染源的治理任务，重点污染隐患得到有效治理和监控，主要污染物排放总量得到有效控制，大中城市污染严重水域水质有所改善，流域水环境监管及水污染预警和应急处置能力显著增强。为此，要着力做好以下工作：(一)加强饮用水源地环境监管，让人民喝上干净的水。(二)强化工业污染防治，杜绝重大污染事故。(三)加快污水处理设施建设，控制城市污染。(四)强化分区保护战略，防治区域污染。(五)提升环境监管能力，严格环保执法监督。(六)建立政府、企业、社会多元化投入机制,落实规划项目。

会议认为,1991年国务院发布实施的《大中型水利水电工程建设征地补偿和移民安置条例》,对于确保征地补偿和移民安置资金的合法使用、保障工程建设顺利进行,发挥了积极作用。根据形势发展的需要,有必要在总结实践经验的基础上,对现行条例进行修订。修订后的条例调整了征收耕地的土地补偿费和安置补助费标准,规范了移民安置的程序和方式,完善了对水库移民的后期扶持制度和移民管理体制。会议决定,该草案经进一步修改后,由国务院公布施行。

会议还听取了国家文物局关于第六批全国重点文物保护单位评审工作的汇报,核定第六批全国重点文物保护单位1081处。会议强调,加强和改善文化遗产保护工作,对于继承和发扬民族优秀文化传统,增强民族自信心和凝聚力,促进社会主义精神文明建设,具有重要而深远的意义。各地区、各部门要进一步提高认识,切实做好文物的保护、管理和合理利用工作,更好地展示中华民族的历史文化遗产。

国务院总理温家宝在中南海紫光阁分别会见波兰外交部部长斯特凡·梅莱尔和沙特国家安全委员会秘书长班达尔·本·苏尔坦亲王

全国政协主席贾庆林在吉隆坡会见马来西亚最高元首端古·赛义德·西拉杰丁·赛义德·普特拉·贾马卢莱尔

贾庆林说,中马都是发展中国家,有着广泛的共同利益。中方高度重视发展中马关系,愿同马方进一步加强政治互信,扩大经贸合作,共同推动两国战略性合作全面深入地向前发展。我们愿与马方密切旅游合作,推动两国旅游健康、有序地发展;不断扩大教育交流,支持派更多的青年学生到对方学习;积极落实两国《农业合作协定》,加强重点领域的合作,更好地造福于两国人民。我相信,在双方共同努力下,中马关系必将取得更大发展,互利合作定会结出更多硕果。

西拉杰丁说,两国领导人保持密切接触,推动了马中友好关系和各领域互利合作的持续发展。马方对两国关系的良好发展感到满意。中国是具有重要影响的亚洲国家和马来西亚的友好邻国,两国都奉行和平外交政策,积极倡导地区合作,有许多共同点。马方一向重视对华关系,愿继续与中方加强政治、经贸、教育、旅游等各领域的交流与合作,推动两国关系进一步发展。

《人民日报》发表社论《培养造就高素质干部队伍的重大举措》

中共中央最近颁布了《干部教育培训工作条例(试行)》(以下简称《干部教育条例》),这是党中央着眼于党和国家事业发展全局作出的一项重大决策。它的颁布实施,对于我们党在新形势下加强和改进干部教育培训工作,培养和造就高素质的干部队伍,推动学习型政党、学习型社会建设,加强党的执政能力建设和先进性建设,都具有十分重要的意义。

我们党历来高度重视干部教育培训工作。在波澜壮阔的革命、建设和改革进程中,以毛泽东、邓小平、江泽民同志为核心的三代中央领导集体,总是把干部的学习和教育培训作为推进党的事业发展的重要基础工作,作为转折关头的紧迫任务,作为在重要历史时期着眼未来、积蓄力量的战略举措,不断开创和推进了干部教育培训事业,培养和造就了一批又一批优秀的领导骨干和专业人才,为实现党在各个历史时期的政治路线和战略目标提供了重要保证。党的十六大以来,以胡锦涛同志为总书记的党中央,从党和国家事业发展的全局出发,提出了大规模培训干部、大幅度提高干部素质的战略任务,放开视野看教育,集中力量抓培训,干部教育培训事业进入了一个大发展时期。在推进干部教育培训事业发展的实践中,我们党不断总结经验,开拓创新,形成了一整套干部教育培训工作的指导思想、基本原则、政策措施和规章制度,初步建立起了具有中国特色的干部教育培训体系。

在新的历史起点上推进党的事业发展,关键在于培养一支政治上靠得住、工作上有本事、作风上过得硬的干部队伍,这对干部教育培训工作提出了新的更高的要求。《干部教育条例》集中体现了中央对干部教育培训工作的要求,系统总结了党的干部教育培训工作的历史经验和新鲜成果,首次以法规形式对干部教育培训工作作出了全面系统的规定,这表明我们党对干部教育培训规律的认识达到了新的高度,标志着党的干部教育培训事业迈进了崭新的发展阶段。

《干部教育条例》着眼于推进干部教育培训工作的科学化、制度化、规范化,对干部教育培训工作的各个方面作出了明确规定,构成了完整的规范体系,是干部教育培训工作必须遵循的基本规章。其基本精神,就是坚持以马克思列宁主义、毛泽东思想、邓小平理论和"三个代表"重要思想为指导,全面贯彻落实科学发展观,围绕党和国家工作大局,联系实际创新路,加强培训求实效,按照实事求是、与时俱进、艰苦奋斗、执政为民的要求,以增强执政意识、提高执政能力为重点,推动学习型政党、学习型社会建设,为全面建设小康社会、加快推进社会主义现代化提供思想政治保证、人才保证和智力支持。

各级党委(党组)要充分认识贯彻实施《干部教育条例》的重要性,把干部教育培训工作放到改革开放和现代化建设的新形势下,放到加强党的执政能力建设和先进性建设的总要求中,放到干部教育培训工作的新起点上来认识和把握。要大力开展《干部教育条例》的学习、宣传和贯彻工作,组织广大干部认真学习领会《干部教育条例》的基本精神和主要内容,全面把握中央对干部教育培训工作的要求,切实把思想和行动统一到中央精神上来。要通过《干部教育条例》的贯彻实施,努力使干部教育培训工作在体现时代性上有新飞跃,在把握规律性上有新进展,在富于创造性上有新突破。

各地区、各部门要以贯彻实施《干部教育条例》为动力,紧紧围绕全面建设小康社会奋斗目标和"十一五"时期经济社会发展战略任务,进一步拓展干部教育培训工作为党和国家工作大局服务的思路和途径,不断提高干部教育培训工作的整体水平。要认真研究加强党的执政能力建设和先进性建设对干部队伍素质和能力提出的新要求,创新培训内容,改进培训方式,进一步增强干部教育培训的针对性和实效性。要坚持与时俱进、改革创新,把《干部教育条例》的要求和本地区本部门的工作实际结合起来,不断探索提高干部教育培训质量的新途径和新办法。要加大教育培训资源的整合力度,加强基础建设,为干部教育培训工作提供有力保障。要研究制定以《干部教育条例》为主体的干部教育培训配套制度,不断推进干部教育培训工作的科学化、制度化、规范化。

教之有道,则人才济济。贯彻实施好《干部教育条例》,事关全局,事关长远。让我们紧密团结在以胡锦涛同志为总书记的党中央周围,高举邓小平理论和"三个代表"重要思想伟大旗帜,全面贯彻和落实科学发展观,锐意进取,扎实工作,把《干部教育条例》提出的各项任务落到实处,不断开创干部教育培训事业的新局面,为培养和造就高素质干部队伍,为实现全面建设小康社会宏伟目标作出新的更大的贡献!

国务院副总理曾培炎在人民大会堂会见法国前总统吉斯卡尔·德斯坦一行

曾培炎说,即将召开的第十二届中法经济研讨会,以能源与可持续发展为主题,共同探讨能源开发、可再生能源利用、能源和环境的关系等问题,是非常有意义的。中国政府从调整能源结构、实现能源可持续发展出发,作出了加快发展核电的计划。目前,中国有关方面正在进行第三代核电技术的引进工作,包括法国企业在内的国际著名核电企业参与了投标。核电招标按国际惯例,需要在技术先进性、运行安全性、质量可靠性、价格合理性等方面综合考虑。现在评标工作仍在进行当中,合作伙伴还没有最终确定。希望法国公司提出具有竞争力的合作方案,继续作出努力。

双方还就加强中法经济合作的其他问题交换了看法。

国务委员唐家璇在中南海会见塔吉克斯坦副总理阿萨杜洛·古洛莫夫

外交部部长李肇星在钓鱼台国宾馆与波兰外长斯特凡·梅莱尔和沙特国家安全委员会秘书长班达尔·本·苏尔坦亲王举行会谈

2005年度长江学者特聘教授和讲座教授受聘仪式暨长江学者成就奖颁奖典礼在人民大会堂举行

2005年共有102位长江学者特聘教授和89位长江学者讲座教授受聘;长江学者成就奖一等奖授予中国农业大学李宁教授,二等奖分别授予中国科学院遗传与发育生物学研究所李家洋研究员、第二军医大学曹雪涛教授和香港中文大学沈祖尧教授。

在受聘仪式上,部分长江学者发出题为《严谨治学立身,自主创新报国》的倡议书,倡议全体长江学者努力铸就引领时代风范的长江精神,为实现中华民族的伟大复兴贡献力量。

教育部部长周济出席会议并讲话。

民政部等15部委联合印发《关于加强孤儿救助工作的意见》

《关于加强孤儿救助工作的意见》(以下简称《意见》)要求建立政府领导、民政牵头、部门配合、社会参与的孤儿救助保护工作机制。各相关部门应当按照有利于孤儿成长的原则,区别不同情况,采取寄养、收养、集中安置等形式做好孤儿工作。

民政、财政、发展改革、卫生、教育、劳动和社会保障、司法、建设等部门的职责,《意见》作了进一步明确。例如,财政部门应当将孤儿救助所需资金纳入城乡社会救助和社会福利事业发展资金需求,统筹考虑,合理安排;发展改革部门应当统筹考虑儿童福利机构和流浪未成年人救助保护机构建设。到2010年,基本达到每个地级市都拥有一所具有养护、医疗康复、教育能力的儿童福利机构;教育部门应当对处于义务教育阶段的孤儿免收杂费,免费提供教科书并补助寄宿生生活费。

社会力量参与孤儿救助,在《意见》中得到鼓励。《意见》要求共青团、妇联等组织协助各级政府开展孤儿权益的保护工作,通过志愿者活动等多种形式为孤儿提供及时有效的服务。鼓励民间组织、企业事业单位、公民和外资等社会力量支持参与儿童福利事业。

3月30日

全国政协主席贾庆林在吉隆坡会见马来西亚总理阿都拉·巴达维

贾庆林说,总理先生和马来西亚政府重视并积极发展对华关系,坚定奉行一个中国政策,我们对此表示高度赞赏。

贾庆林说,马来西亚是中国在东盟的重要伙伴。随着中马战略性合作的深入推进,两国关系的发展面临新的良好机遇。中方愿与马方共同努力,推动中马睦邻关系不断向新的深度和广度发展,使中马永做相互信赖的好朋友、互利合作的好伙伴。贾庆林就进一步发展中马关系提出以下建议:

第一,加强双方高层交往和两国各界的交流,不断加深政治互信,增进了解和友谊。中国全国政协集中了中国各民族、各党派、各阶层的优秀代表,在国家政治生活和对外交往中发挥着重要作用。我们愿通过这一平台同马社会各界加强友好交流,促进合作,为中马关系和两国人民友谊的发展作出积极贡献。第二,深化经贸合作,实现互利双赢。保持经贸合作快速发展的势头,大力推进基础设施建设、旅游等重点领域的合作,争取提前实现2010年两国贸易额突破500亿美元的目标。我们鼓励中国企业到马来西亚投资兴业,欢迎马方企业参与中国西部和东北地区的建设。第三,积极开展能源合作,充实两国关系内涵。发挥各自在资源和市场方面的优势,推动有关合作项目早日取得成果;本着相互尊重、平等互利的原则,积极探讨南海共同开发的途径和方式,使南海成为中马能源合作的纽带。第四,加强在国际和地区事务中的协调与配合,维护和促进发展中国家的正当权益。今年10月将在南宁举行中国—东盟关系15周年纪念峰会,中方愿与马来西亚等东盟各国一道,以此为契机,推动双方关系取得更大发展。

巴达维赞同贾庆林对两国关系的评价和提出的建议。他说,马中是友好邻国,各个层次的交流不断,双边关系发展良好。两国经贸合作已经进入了全面发展的阶段,能源领域的有关合作项目也取得了积极进展,促进了两国的发展。马方始终把发展对华关系摆在突出的位置,愿与中方保持高层互访,加强经贸、能源、投资、基础设施建设等各个领域的合作,进一步丰富合作形式、拓宽合作渠道、充实合作内容,使两国关系和互利合作不断取得更多成果。马方赞同并支持两国友好机构和商务机构在推动马中友好和经贸合作方面发挥更大的作用,鼓励两国企业合作开拓市场。马方愿本着合作精神,继续与中方探讨南海共同开发的有关问题。巴达维重申,马来西亚政府将一如既往地坚持一个中国政策。

全国政协主席贾庆林在吉隆坡与马来西亚国会上议院议长赛义德·哈米德和下议院议长斯里·拉姆利·雅·塔利布举行会谈

国办发出《关于进一步做好履行我国加入世界贸易组织议定书透明度条款相关工作的通知》

各省、自治区、直辖市人民政府,国务院各部委、各直属机构:

为进一步做好履行我国加入世界贸易组织议定书透明度条款的相关工作,经国务院批准,现就有关事项通知如下:

一、商务部负责编辑、发行的《中国对外经济贸易文告》,是我国政府指定的汇集刊登我国已按现行规定公布的所有有关或影响货物贸易、服务贸易、与贸易有关的知识产权或外汇管制的法律、法规及其他措施的官方刊物。

二、各地方、各部门在公布上述法规、规章及其他措施,或者就其草案公开向社会征求意见的同时,要抄送商务部,以便在《中国对外经济贸易文告》上即时刊登。

三、商务部要主动与有关方面搞好衔接配合,全面及时履行我国加入世界贸易组织关于透明度问题的承诺。

国务院办公厅

2006年3月30日

中国上海合作组织研究中心成立大会在北京举行

中国国际问题研究所所长兼中心主任马振岗主持成立大会。中国上海合作组织研究中心是国家级研究中心,它与上海合作组织其他成员国相应的国家研究中心一道,组成上海合作组织论坛,并通过论坛携手各成员国专家学者,开展有关上海合作组织的学术研究和理论探讨。

中国教育发展基金会在北京举行成立大会

国务委员陈至立出席大会并讲话。陈至立指出,成立中国教育发展基金会,开展经常性的全国助学、助教及其他有关活动,资助贫困家庭学生完成学业,支持一些贫困地区解决在改革发展教育事业过程中遇到的特殊困难,是一项重要的社会公益事业和民心工程。她希望基金会以积极主动的精神广募资金,保证基金数量的持续增加,为实现基金会助学助教的宗旨和目标打下坚实基础；以优质的服务提高基金的使用效益，确保所有捐款都实实在在地用在学生身上，用在教育事业上；以规范的管理树立基金会的良好信誉，努力提高管理和专业化水平，管好、使用好社会捐赠的资金，做好每一个公益项目。她还希望社会各界有识之士、海外华人华侨以及国际友好人士继续为捐资助学这项功在当代、利在千秋的崇高事业贡献力量。

中国教育发展基金会是经国务院批准，由财政部、教育部支持发起的全国性公募基金会，是非营利性的社会团体。

《干部教育培训工作条例(试行)》单行本由人民出版社出版

《中国农民工调研报告》由中国言实出版社出版

3月31日

国家主席胡锦涛在人民大会堂会见日本日中友好七团体负责人

国家主席胡锦涛在人民大会堂会见了日本日中友好七团体负责人桥本龙太郎、高村正彦、平山郁夫、辻井乔、千速晃、野田毅、林义郎。宾主就加强中日民间交流，促进中日关系的改善和发展等进行了友好的谈话。

胡锦涛首先欢迎日中友好七团体负责人联袂访华，并高度评价日中友好七团体长期以来为实现中日邦交正常化、发展中日睦邻友好合作关系所做的大量有益的工作和作出的突出贡献。

胡锦涛说，近年来，中日关系出现困难局面。两国人民担忧，国际社会关注。这是我们不愿意看到的。之所以如此，责任不在中国方面，也不在日本人民，症结在于日本个别领导人坚持参拜供奉有甲级战犯的靖国神社，伤害了包括中国人民在内的受害国人民的感情，损害了中日关系的政治基础。中国政府一贯重视中日关系，认为中日关系是当今世界重要的双边关系之一，并为改善和发展两国关系作出了不懈努力。我曾多次强调要本着对历史、对人民、对未来高度负责的态度妥善处理中日关系中出现的问题。对历史负责，就是要尊重历史事实，汲取历史教训，防止历史悲剧重演；对人民负责，就是要始终把增进两国人民的友谊，为两国人民谋取实实在在的利益，作为发展中日关系的出发点和落脚点；对未来负责，就是要坚持和平共处、世代友好，共同开创两国睦邻友好与互利合作的美好未来。

胡锦涛强调，中国政府在对日关系上的立场是明确的、一贯的、坚定不移的。中国政府将始终从战略高度和长远角度看待中日关系，致力于两国和平共处、世代友好、互利合作、共同发展；中国政府将坚持《中日联合声明》等三个政治文件的原则，继续本着“以史为鉴、面向未来”的精神，通过平等协商，妥善处理两国间存在的问题，维护中日友好的大局；中国政府将坚定奉行“与邻为善、以邻为伴”的周边外交方针，积极推进双方在广泛领域的交流与合作，增进两国人民之间的友好感情。只要日本领导人明确作出不再参拜供奉有甲级战犯的靖国神社的决断，我愿就改善和发展中日关系与日本领导人进行会晤和对话。

桥本龙太郎等日中友好七团体负责人感谢胡锦涛主席在百忙之中拨冗会见，介绍了各自团体的对华交流计划，表示日中关系对双方都极为重要，作为民间友好团体，将坚持日中友好，继续为推进双方在各领域的交流与合作发挥积极作用。

国办印发《关于深化国有农场税费改革的意见》

各省、自治区、直辖市人民政府，国务院各部委、各直属机构：

国有农场是我国农业和农村经济的重要组成部分，在确保国家粮食安全，推动农业现代化建设，促进农村经济发展，维护社会稳定等方面发挥了重要作用。自2000年以来，各地区按照中央的要求，结合本地区实际，逐步将国有农场(包括新疆生产建设兵团、国有农垦企业、华侨农场、国有林场、地方国有农牧渔场等，下同)纳入农村税费改革试点范围，通过取消农业特产税、减免农业税等措施，减轻了国有农场农业职工(以下简称农工)负担，促进了国有农场发展和农工增收。但是，由于一些地区国有农场管理体制不完善、农场与农村地区税费改革不同步等原因，农工负担偏重的问题仍很突出。为切实减轻农工负担，进一步发挥国有农场的作用，促进国有农场改革、发展和稳定，经国务院同意，现就深化国有农场税费改革提出以下意见：

一、深化国有农场税费改革的指导思想、基本原则和总体要求

(一)指导思想。以邓小平理论和“三个代表”重要思想为指导，认真贯彻党的十六大、十六届四中五中全会精神，全面落实科学发展观，推进国有农场管理体制改革，消除束缚农场发展的体制障碍，规范国家、国有农场与农工之间的分配关系，切实减轻农工负担，推动国有农场经济和各项社会事业的发展，促进全面建设小康社会和建设社会主义新农村目标的实现。

(二)基本原则。坚持统一政策、规范分配的原则，全面落实农村税费改革各项政策规定，规范国有农场与农工的分配关系，切实保障农工合法权益。坚持各

负其责、适当补助的原则,按隶属关系由各级人民政府及相关部门负责组织实施国有农场税费改革,国有农场由于税费改革而减少的收入,由中央和地方财政予以适当补助。坚持因地制宜、积极稳妥的原则,各地区可结合实际,有针对性地采取改革措施和办法,并在实践中不断总结完善。

(三)总体要求。各地区要在2006年内全面实施深化国有农场税费改革,并实现“三个确保”:一是取消国有农场的农业税,并将农工承担的土地承包费(管理费或租金,下同)中类似农村“乡镇五项统筹”(即九年义务教育、计划生育、优抚、民兵训练和乡村道路建设等五项)的收费全部免除,确保将农工较重的负担减下来。二是推进国有农场内部管理体制和各项配套改革,确保农工负担减轻后不反弹。三是逐步理顺国家、国有农场与农工之间的分配关系,确保国有农场经营有序、生产发展、社会稳定。

二、深化国有农场税费改革的主要内容

(一)全面落实取消农业税政策。2006年,要按照《中共中央国务院关于推进社会主义新农村建设的若干意见》(中发〔2006〕1号)和《国务院关于2005年深化农村税费改革试点工作的通知》(国发〔2005〕24号)的要求,将国有农场纳入取消农业税政策的实施范围。对在土地承包费外由农工自行缴纳的农业税和在土地承包费内由国有农场统一缴纳的农业税均予以取消。

(二)免除农工承担的类似农村“乡镇五项统筹”的收费。从2006年起,对国有农场通过收取土地承包费等形式由农工承担的类似农村“乡镇五项统筹”收费予以免除。国有农场要采取绝大多数农工愿意接受的形式和方法,将免除的类似农村“乡镇五项统筹”收费的好处全部落实给承包土地的农工,严禁通过其他形式变相加重农工负担。

(三)对国有农场税费改革予以补助。对新疆生产建设兵团和中央直属农垦企业因免除类似农村“乡镇五项统筹”收费而减少的收入,由中央财政予以适当补助;对地方所属的国有农场因免除类似农村“乡镇五项统筹”收费而减少的收入,参照农村税费改革财政转移支付有关政策,适当考虑国有农场的历史因素,由中央财政和地方财政予以适当补助。具体补助办法由财政部另行制定。

(四)清理和规范国有农场对农工的其他各种收费。严格控制和清理国有农场面向农工的其他收费项目和标准。确属必要的,应由职代会讨论通过并按隶属关系报国有农场主管部门和财政部门备案。要印制农工负担手册,凡手册之外的收费,农工均可拒付。清理规范收费工作由农业部会同财政部等有关部门负责。

三、积极落实国有农场税费改革的配套措施

(一)逐步分离国有农场办社会职能。各地区要根据实际情况,因地制宜,积极创造条件分离国有农场办社会职能,实行政企分开,切实减轻农工负担。对地处边陲、担负屯垦戍边任务的国有农场,要继续加强其履行职责所必要的职能,提高其综合保障能力。

(二)进一步推进国有农场内部管理体制改革。要积极调整国有农场(团场)组织结构,减少管理层次和人员,降低管理成本。要推行国有农场(团场)财务预算管理制度,实行生产经营性与非生产经营性支出分账核算,规范各项支出,严格控制管理费用增长,防止管理费膨胀侵蚀税费改革带给农工的好处。

(三)加大监督检查力度。各地区、各有关部门要加强对所属国有农场税费改革政策落实情况进行监督和检查,确保税费改革政策得到认真执行。建立和完善农工负担监管机制,切实防止国有农场通过提高承包费、增加管理费等方式变相增加农工负担。国有农场要实行涉农负担公示制度,按照场务公开、财务公开的要求,以农场(团场)、生产队(连队)为单位设置税费改革政策公开栏和监督电话,公布农工负担的具体项目、标准和数额,接受农工和社会监督。对加重农工负担的行为,有关部门要依照《中共中央办公厅国务院办公厅关于对涉及农民负担案(事)件实行责任追究的暂行办法》(中办发〔2002〕19号)的有关规定,严肃追究责任。

(四)加大对国有农场公益事业的投入。实行税费改革后,地方各级人民政府要加大对国有农场内公益事业建设支持的力度,国有农场要继续增加对生产队(连队)内公益事业建设的投入。生产队(连队)可以按照有关规定,由农工筹资筹劳进行公益事业建设。

四、切实加强对国有农场税费改革工作的组织领导

(一)加强组织领导。深化国有农场税费改革是国家、国有农场和农工利益关系的一次重大调整,关系到广大农工的切身利益,工作量大、政策性强、涉及面广、情况复杂。各地区、各有关部门要高度重视,切实加强对改革工作的领导。要坚持政府主要领导亲自抓,建立健全相关部门分工负责的工作制度,妥善处理好改革过程中遇到的各种矛盾和问题。有关部门要加强对各地区国有农场改革工作的指导协调和监督检查,及时发现新情况,解决新问题,确保改革工作顺利进行。改革中的重大问题要及时向国务院报告。

(二)抓紧制订国有农场税费改革方案。各地区、各有关部门要结合实际,深入调查研究,抓紧制订深化国有农场税费改革方案。地方国有农场税费改革方案

由各省、自治区、直辖市人民政府制订，新疆生产建设兵团税费改革方案由兵团制订，中央直属垦区税费改革方案由农业部制订，报国务院农村税费改革工作小组批准后认真组织实施。

国务院办公厅

2006年3月31日

国办印发《2006年全国食品安全专项整治行动方案》并发出通知

各省、自治区、直辖市人民政府，国务院各部委、各直属机构：

《2006年全国食品安全专项整治行动方案》已经国务院同意，现印发给你们，请认真贯彻执行。

国务院办公厅

2006年3月31日

2006年全国食品安全专项整治行动方案

根据2006年全国整顿和规范市场经济秩序工作要点的要求，继续贯彻《国务院关于进一步加强食品安全工作的决定》(国发〔2004〕23号)，开展食品安全专项整治行动，使食品生产经营秩序持续好转，人民群众消费安全感进一步增强，继续提高我国食品安全水平。

一、突出抓好农村食品安全

(一)进一步加强农村地区食品生产加工、流通和消费等各个环节的监管，突出抓好分散在广大农村的各类食品批发市场、集贸市场、个体商贩、小作坊、小商店、小食店、小餐馆和学校食堂等整治，有效遏制农村市场的假冒伪劣食品。

(二)进一步推进农村食品安全流通网、监管责任网和群众监督网建设。推进"万村千乡市场工程"。建立农村专兼职食品安全管理队伍，填补监管空白。

二、狠抓农产品污染源头治理

(三)深入推进"无公害食品行动计划"。组织实施农产品质量安全绿色行动，制(修)订农业行业标准300项。在14个省、直辖市开展良好农业规范(GAP)和认证示范单位创建活动。启动首批100个国家级农业标准化示范县(场)建设。力争达到认证无公害农产品、绿色食品、有机农产品5000个。

(四)强化农产品质量安全例行监测。继续开展种植业产品农药残留、畜产品"瘦肉精"和水产品"氯霉素"等质量安全例行监测工作，监测范围逐步覆盖全国大中城市的主要农产品生产基地、批发市场等。促进农产品污染源头追溯工作，并定期向社会发布农产品质量安全检验检测信息。开展水产品中"孔雀石绿"检测和液态奶中复原乳相关检测。开展无公害农产品、绿色食品和有机农产品专项监测与认证的抽查工作。

(五)深入开展对农业生产环境、投入品、生产过程的治理。继续推行加强农业投入品监管的相关计划，推广使用高效低残农药、兽药。强化农资产品质量监管，扩大放心农资下乡进村试点，推进农资信用体系建设，加强对农民的服务指导，提高农民科学选购和使用农资水平。

三、强化食品生产加工监管

(六)严格对食品的质量安全进行监管。要对食品生产加工企业和厂点进行普查，健全企业档案，严格证后监管，严查无证生产。认真组织开展强制检验和专项监督抽查，督促企业严格按照标准组织生产、严格出厂检验。加快实施食品包装材料、食品添加剂等食品相关产品的生产许可、强制检验等市场准入制度及食品生产加工企业使用食品添加剂的备案制度。进一步完善区域监管责任制，实现对食品安全问题的早发现、早控制、早处理。

(七)深入开展食品执法打假工作。大力整顿食品小作坊的安全卫生。国家食品质量监督检查要覆盖60种以上食品，全国重点监督抽查的食品不少于6类。规范食品标签标志，加强对非食品用原料的风险监测，严厉打击使用非食品原料加工食品的违法行为。继续实施食品质量安全专项整治工程。推动食品标准建设，提高企业标准化意识。

四、进一步整治和规范食品流通环节经营秩序

(八)严格食品经营主体市场准入。要严把食品生产经营主体准入关，始终坚持先证后照，坚决依法取缔无照经营。对涉及食品生产、销售的企业和个体工商户的经营资格进行全面清理。主要内容包括证照是否齐全有效、经营事项与登记事项是否一致、年检和验照是否通过等。

(九)加强市场食品质量监管。建立健全食品质量准入体系，逐步扩大对食品的日常监测和快速检测的覆盖面，配备食品快速检测设备，完善食品安全监测数据直报点制度；加强食品市场日常监管力度，开展重点区域、经营者自律承诺和节日食品市场等专项执法检查，依法查办食品违法案件。加强对食品退市的监管。

(十)继续推进"三绿"工程，确保上市销售食品的渠道正、品质好、手续全。加强对生猪屠宰行为的监管，对全国屠宰企业进行清理整顿，严厉打击私屠滥宰和制售注水肉、病害肉等不法行为。开展酒类市场专项整治。

五、加强食品卫生许可和监督

(十一)继续推进"食品安全行动计划"，贯彻实施《食品卫生许可证管理办法》《餐饮业和集体用餐配送单位卫生规范》，全面实施食品卫生监督量化分级管理制度，严格食品生产经营和餐饮单位卫生许可方面的

规范和要求，加大食品卫生监督抽检力度，加强对儿童食品、保健食品和餐饮业的卫生监督检查。

（十二）开展卫生许可专项整治。严格卫生许可证的发放审核和监督。在2006年8月底前，对婴幼儿配方食品、瓶(桶)装水、膨化食品、食用植物油等生产企业和学生营养餐配送单位的卫生许可情况开展专项整治，对不符合要求的企业依法予以查处。

（十三）开展农村食品卫生专项整治。强化对农村集贸市场和餐饮单位的食品卫生监督检查，严厉查处无卫生许可证生产、经营食品和餐饮服务的违法行为。在2006年"五一""十一"期间分别开展集中执法行动。

六、完善食品安全监管机制

（十四）加强食品安全信息工作。启动国家、省、市、县4级食品安全信息网络和重点企业的食品安全信息监测网络建设。继续开展乳品、猪肉、香精香料、甜味剂、化妆品5个品种的信息收集和分析工作。结合食品安全专项整治工作中的重点品种和环节，选择重大危害因素开展食品安全调查与评价工作。

（十五）健全食品安全事故应急体系。全面落实《突发公共卫生事件应急预案》《国家重大食品安全事故应急预案》，建立健全食品安全事故报告系统，完善事故处理机制。相关部门要确定各级事故应急责任人，严格执行应急预案规定的各项措施，对延误事故处理时机、行政不作为等行为要追究责任，严肃处理。积极组织重大食品安全事故应急救援工作，建立和完善重大食品安全事故回访督查制度。

（十六）加强对食品安全隐患和危害因素的监督检查。选择重点地区、重点行业、重点品种，总结重大食品安全事故的规律，建立健全危害因素监控操作规范，提高预防控制能力，对食品安全措施落实情况加大监察力度。加大查办食品违法案件力度，尤其要抓好对大案要案的督办和查处，建立健全重大食品违法案件逐级报告制度和案件协查与协作机制。

七、保障措施及工作要求

（十七）全面落实食品安全责任制和责任追究制。各地区、各部门要按照权责明确、行为规范、监督有效、保障有力和责权一致、实事求是、客观公正、落实到位的原则，将食品安全专项整治行动的具体任务和工作目标逐级分解落实，逐级考核，确保抓实抓细抓出成效。

（十八）加快长效机制建设。积极配合推进《食品卫生法》《生猪屠宰管理条例》的修订和《农产品质量安全法》的立法工作。继续做好食品安全信用体系试点工作，不断巩固和扩大试点成果。进一步完善食品安全综合评价标准体系，推动各地深入开展食品安全综合评价工作。在北京、上海、广州开展试点，探索综合监督与信用体系建设相结合、销地与产地全链条监管、中心城市与生产基地共建食品安全保障体系的新路子。

（十九）加强宣传报道，正确引导消费。制定食品安全知识普及五年纲要。通过多种形式开展宣传，普及食品安全知识，提高公众食品安全意识，增强辨别能力。注重宣传各类放心食品，正确引导消费。建立食品安全专项整治新闻发布制度，及时发布食品安全信息。

各省、自治区、直辖市要在5月底前将2006年食品安全专项整治工作安排报送国家食品药品监督管理局。2006年年底，国家食品药品监督管理局将会同公安部、农业部、商务部、卫生部、工商总局、质检总局和海关总署等部门，对各地开展专项整治情况进行检查，并将检查结果报告国务院。

中共中央政治局委员贺国强在中央先进性教育活动领导小组第十三次会议上发表讲话

贺国强提出，要在巩固和扩大整改成果的基础上，做好"回头看"工作，参加第三批先进性教育活动的基层单位要普遍开展一次自查，在此基础上还要选择部分单位进行抽查。"回头看"工作，主要看党组织和党员存在的突出问题是否得到了解决，看影响改革发展稳定的突出问题和群众关心的重点问题是否得到了解决，看是否建立健全了相关制度等。要大力表彰立足本职岗位、充分发挥先锋模范作用的党员，对不履行党员义务、不具备党员条件的党员及时进行教育帮助和组织处理，同时，要把那些符合党员条件的先进分子吸收到党内来。

贺国强强调，群众满意度测评是确保先进性教育活动真正成为群众满意工程的一个重要环节。第三批先进性教育活动集中学习教育结束后，地方各级党委要对本地区整个先进性教育活动进行群众满意度测评。在第三批开展先进性教育活动的部分党政机关，也要结合本单位实际进行群众满意度测评。群众满意度测评要力戒形式主义，不要过分追求满意率百分比，而要把关注点放在进一步了解民意、查找问题、深化整改上，使测评过程成为进一步发扬民主、倾听群众意见的过程，成为检验成效、巩固成果、改进工作的过程。

全国政务公开领导小组第六次会议在北京举行

会议由国务院副秘书长、全国政务公开领导小组副组长李适时主持。中央纪委常委、秘书长、全国政务公开领导小组副组长干以胜在会上代表全国政务公开领导小组对2005年的政务公开工作作了总结，通报了

《2006年全国政务公开工作要点》。

中共中央书记处书记、中央纪委副书记何勇出席会议并讲话。

全民科学素质工作领导小组第一次会议北京召开

国务委员、领导小组组长陈至立主持会议并讲话。她强调，要突出重点，抓住关键，全面推进《全民科学素质行动计划纲要(2006—2010—2020年)》实施工作。

陈至立指出，制定和实施《科学素质纲要》，是国务院作出的重要战略决策，也是贯彻落实《国民经济和社会发展第十一个五年规划纲要》《国家中长期科学和技术发展规划纲要(2006—2020年)》的一项重要措施，对于增强自主创新能力、建设创新型国家，解决"三农"问题、推进社会主义新农村建设，推进经济社会全面协调可持续发展，建设社会主义和谐社会，实现全面小康的宏伟目标，有着十分重要的意义。

陈至立强调，实施《科学素质纲要》，要突出重点、抓住关键。要坚持以重点人群科学素质行动带动全民科学素质的整体提高；紧紧抓住科学教育这个关键环节，加强校内外资源整合力度；充分发挥大众传媒作为传播科技知识、宣传尊重科学和崇尚科学重要载体的作用；加强科普资源建设与共享，推动形成社会化大科普格局；要以全体公民为科学素质建设的主体，发动全民参与纲要实施。

会议审议通过了《全民科学素质工作领导小组工作规则》(以下简称《工作规则》)和《全民科学素质行动计划纲要实施工作方案》(以下简称《实施方案》)，对《全民科学素质行动计划纲要》的实施工作进行了动员部署。中国科协书记处第一书记、领导小组副组长邓楠在会上作了关于《工作规则》和《实施方案》的说明。

中央军委副主席曹刚川在八一大楼与苏丹国防部部长阿卜杜勒·拉希姆·侯赛因举行会谈

全国人大常委会副委员长王兆国在北京分别会见苏丹国防部部长阿卜杜勒·拉希姆·侯赛因一行和印度尼西亚人民协商会议副主席法特瓦一行

国务委员唐家璇在钓鱼台国宾馆会见并宴请日中友好七团体负责人

全国新闻界发出保护奥林匹克知识产权倡议书

中华全国新闻工作者协会和58家新闻媒体代表在北京发出倡议，呼吁全国新闻界和全体新闻工作者，与社会各界一道，共同营造尊重、保护奥林匹克知识产权的良好社会环境。

4月1日是《奥林匹克标志保护条例》实施4周年的日子，北京奥组委与中华全国新闻工作者协会今天主办了以"新闻界保护奥林匹克知识产权"为主题的座谈会。会上，58家新闻媒体签署了《全国新闻界保护奥林匹克知识产权倡议书》。

4月1日

党和国家领导人胡锦涛 吴邦国 温家宝 曾庆红 吴官正 李长春 罗干等在北京奥林匹克森林公园与首都各界群众代表一起参加义务植树活动

参加首都义务植树活动的领导同志还有：王兆国、回良玉、刘淇、刘云山、吴仪、贺国强、曹刚川、曾培炎、王刚等。中央和国家机关有关部门以及北京市的负责同志也参加了植树活动。

胡锦涛在植树时强调，各级党委、政府要从全面落实科学发展观的高度，持之以恒地抓好生态环境保护和建设工作，着力解决生态环境保护和建设方面存在的突出问题，切实为人民群众创造良好的生产生活环境。要通过全社会长期不懈的努力，使我们的祖国天更蓝、地更绿、水更清、空气更洁净，人与自然的关系更和谐。

国务院总理温家宝抵达西澳大利亚州首府珀斯开始对澳大利亚进行正式访问

应澳大利亚联邦总理霍华德的邀请，国务院总理温家宝1日晚乘专机抵达西澳大利亚州首府珀斯，开始对澳大利亚进行正式访问。

专机抵达后，霍华德总理的代表——澳大利亚联邦工业、旅游和资源部部长麦克法兰，西澳州总理卡彭特、澳大利亚驻中国大使唐茂思等到机场迎接。温家宝在机场发表了书面讲话。他说，中澳同处亚太地区，两国在许多领域拥有广泛的共同利益。当前，中澳关系发展势头良好，经贸等领域的互利合作富有成果。双边关系基础稳固，面临着新的发展机遇。深化中澳全面合作关系符合两国和两国人民的根本利益，也有利于亚太地区乃至世界的稳定与繁荣。

澳大利亚是温家宝此次出访的第一站。他还将应邀对斐济、新西兰和柬埔寨进行正式访问，并出席在斐济举行的首届“中国—太平洋岛国经济发展合作论坛”会议开幕式。

国家副主席曾庆红在浙江考察

4月1日至5日，曾庆红在浙江省省委书记习近平、省长吕祖善等陪同下，先后考察了台州、宁波、杭州、嘉兴等地。他深入企业、农村、社区、高新技术开发区和海港码头，实地了解浙江省各基层单位贯彻落实全国两会精神情况、建设创新型省份和社会主义新农村情况，以及保持共产党员先进性教育活动进展情况。他对近年来浙江省委省政府在科学发展、统筹发展、和谐发展方面取得的成效，给予充分肯定，并就学习贯彻好全国两会精神、搞好社会主义新农村建设和巩固发展先进性教育活动成果等问题，同浙江省党政负责干部进行了座谈。

国务院总理温家宝签署第463号令公布《血吸虫病防治条例》

《血吸虫病防治条例》已经2006年3月22日国务院第129次常务会议通过，现予公布，自2006年5月1日起施行。

总　理　温家宝

2006年4月1日

血吸虫病防治条例(文略)

国办发出《关于国家保护知识产权工作组主要职责和调整组成人员的通知》

各省、自治区、直辖市人民政府，国务院各部委、各直属机构：

2004年，为了加强知识产权保护工作，国务院决定成立国家保护知识产权工作组(以下简称工作组)。其主要职责是：统一领导全国保护知识产权工作，推动知识产权保护工作体系和法律法规建设；推动建立跨部门的知识产权执法协作机制，搞好行政执法和刑事司法衔接；加强知识产权宣传，增强全社会保护知识产权意识。

根据人员变动情况和工作需要，国务院决定对工作组组成人员进行相应调整。现将调整后的名单通知如下：

组　长：吴　仪　国务院副总理

副组长：徐绍史　国务院副秘书长

成　员：(略)

工作组办公室设在全国整顿和规范市场经济秩序领导小组办公室，负责日常工作和督办侵犯知识产权重大案件。办公室主任由商务部副部长姜增伟兼任。今后，如工作组成员需做调整，由成员单位提出意见，经工作组办公室报工作组组长审定。

国务院办公厅

2006年4月1日

国务院副总理回良玉在国家森林防火指挥中心部署森林防火工作

回良玉到国家森林防火指挥中心看望值班工作人员，慰问扑火前线指战员，进一步部署当前森林防火工作。

回良玉首先听取了国家林业局森林防火办公室负责人对当前全国森林火灾情况的汇报，并与山西扑火前线有关负责同志通电话了解火情，转达党中央、国务院对扑火前线解放军指战员、武警官兵、森林公安民警和广大干部职工的亲切慰问。

回良玉指出，当前正是春季植树造林的黄金季节，也是森林防火的重要时刻。目前许多地区温高、风大、物燥，森林火险等级居高不下，特别是清明节前夕，野外人员活动增多，火源管理难度加大。各级党委、政府要在抓好植树造林的同时，务必抓好森林防火工作，切实保护来之不易的造林成果。

截至4月1日中午，发生在山西省五台县、安泽县、沁源县、定襄县和云南省安宁市的4起森林火灾正在扑救之中，已投入兵力23000多人。国家林业局已派出5个工作组，由局领导带队分别深入各地落实国务院领导同志指示精神，检查各项防火措施落实情况，协助查处火灾案件。

自今日起中国常驻联合国代表王光亚大使担任安理会当月轮值主席

中国与世界知识产权组织 欧盟 美国等组织和国家有关执法机构一致通过《上海宣言》

2006中国知识产权刑事保护论坛在上海闭幕，我国与世界知识产权组织、欧盟、美国、加拿大、澳大利亚、法国、德国等组织和国家有关执法机构一致通过了《上海宣言》，旨在加强国际合作，共同打击侵犯知识产权犯罪。

全国地方志系统表彰先进会议在人民大会堂举行

这是我国社会主义新编地方志工作开展以来的首次全国性表彰活动。全国政协副主席、中国地方志指导小组组长陈奎元出席会议并讲话。北京市海淀区党史区志办公室等31个集体和秦海轩等10名同志，分别获得国家人事部和中国地方志指导小组授予的"全国地方志系统先进集体"及"全国地方志系统先进工作者"荣誉称号。

上海男排获得2005—2006赛季步步高全国男排联赛冠军

上海男排在主场以3:0击败江苏男排，从而以2:0的总比分获得2005—2006赛季全国联赛冠军。这也是上海男排连续第三次获得全国联赛的冠军。

王濛和付天余在美国举行的世界短道速滑锦标赛女子500米比赛中分获金牌和银牌

全国草原陆续进入春季禁牧休牧期

春季禁牧休牧启动仪式今天在内蒙古自治区正镶白旗大草原举行，这是新中国成立以来首次在全国范围推行禁牧休牧总动员。从现在开始，我国草原陆续进入春季禁牧休牧期，春季休牧时间约为两个月，禁牧时间在一年以上。

4月2日

中共中央发出《关于认真做好今明两年省、自治区、直辖市党委换届工作的通知》

通知指出：要按照"明确方向、积极稳妥、突出重点、分步到位"的原则，在精减领导班子职数、减少副书记职数、适当扩大党政领导成员交叉任职等方面取得实质性进展。

国务院总理温家宝在澳大利亚西澳州首府珀斯参观访问

温家宝参加了澳大利亚工业、旅游和资源部部长麦克法兰主持的西澳州资源情况介绍会，参观了海斯美尔熔融还原铁项目和科廷科技大学天然气研究中心并与中澳学生座谈。温家宝还会见了西澳州州长卡彭特。

建设部通报全国城镇廉租住房制度实施情况

截至2005年年底，291个地级以上城市中，已经有221个城市实施了廉租住房制度，占地级以上城市的75.9%，全国累计用于最低收入家庭住房保障的资金为47.4亿元，已有32.9万户最低收入家庭被纳入廉租住房保障范围。其中，租赁补贴9.5万户，占保障总户数的28.9%；实物配租4.7万户，占保障总户数的14.3%；租金核减18.2万户，占保障总户数的55.3%；其他方式保障4796户，占保障总户数的1.5%。

建设部在通报中提出，目前廉租住房制度建设还存在以下突出问题：一是部分地区对廉租住房制度建设重视不够。二是没有建立稳定的廉租住房资金来源渠道，部分城市财政预算安排资金不足。三是廉租住房制度覆盖面小，一些符合条件的最低收入家庭不能及时得到保障。四是部分城市廉租住房制度不完善，有122个地级以上城市没有建立严格的申请审批程序。

《中华人民共和国政府与日本国政府海关互助与合作协定》在北京签署

该协定共有14条、52款，涵盖了中日海关间互相提供执法协查，开展情报交换、技术交流和人员培训等多个方面。协定的签署为进一步巩固和加强中日海关合作奠定了坚实的法律基础。

中宣部 教育部 科技部在北京举行向部分省区市基层文教单位赠书仪式

为弘扬培育科学精神和民族精神提供生动教材，中宣部、教育部、科技部在北京举行赠书仪式，向各省（区、市）部分中小学校、青少年科技馆，以及县图书馆、乡镇文化站等基层单位赠送《中国古代100位科学家故事》和《中国古代科学家画像》。

《中国古代100位科学家故事》和《中国古代科学家画像》，是在中央领导同志倡导和关心下，由中央宣传部宣传教育局会同教育部基础教育司、科技部政策法规与体制改革司组织编写和绘制的。主办单位在赠送仪式上要求，各地各有关部门高度重视，协调配合，加大宣传力度，迅速把《故事》和《画像》送到受赠单位。结合实际，组织开展多种形式的读书活动，使《故事》和《画像》更好地发挥作用，把科学精神、科学理念深深植根于民众之中。

《科学发展观与中国特色社会主义》由社会科学文献出版社出版

该书收录了中国社会科学院不同学科的专家学者围绕中国特色社会主义理论研究撰写的40篇文章（含4篇调研报告），内容涉及科学发展观、构建社会主义和谐社会、党的执政能力建设和先进性建设等重大问题。

杜婧/于洋在马来西亚举行的亚洲羽毛球锦标赛上获得女双冠军

4月3日

国家主席胡锦涛在人民大会堂与土库曼斯坦总统萨帕尔穆拉特·阿塔耶维奇·尼亚佐夫举行会谈

胡锦涛表示中方愿本着以下原则，与土方一起，共同推动中土关系全面深入向前发展：（一）坚持相互尊重、平等相待。中国珍视中土传统友谊，遵循大小国家一律平等原则。中土永远是真诚的朋友、可靠的伙伴。（二）坚持互利双赢，扩大经贸合作。中土两国在市场、技术、资金、资源等方面有很强的互补性。双方应抓住机遇，挖掘潜力，进一步扩大在交通、能源、化工、电信、纺织等领域的合作，取长补短，共同发展。（三）坚持互信互助，加强安全合作。共同防范和打击"三股势力"，维护各自国家和本地区的安全与稳定。（四）坚持互学互鉴，拓展人文交流。进一步加强在文化、教育、旅游等领域的交流与合作，增进两国人民的了解和友谊。（五）坚持相互协调，密切国际合作。进一步加强两国在人权、联合国改革等问题上的沟通与配合，维护发展中国家共同利益。

尼亚佐夫完全赞同胡锦涛提出的建议。他说，中国在经济发展方面取得了惊人的成就，国际地位进一步提高，加强同中国的友好关系符合土库曼斯坦人民的利益。我们愿与中方一道，尽全力推动土中关系深入发展，使两国经贸、能源和资源开发等领域的合作取得更大成果。

双方还就共同关心的国际问题交换了意见。

中华人民共和国和土库曼斯坦发表联合声明

一、应中华人民共和国主席胡锦涛的邀请，土库曼斯坦总统萨·阿·尼亚佐夫2006年4月2日至7日对中华人民共和国进行了国事访问。

两国元首就进一步发展双边关系及共同关心的国际和地区问题进行了富有成果的会谈，达成广泛共识。

二、双方一致认为，中土传统友谊是宝贵财富。中土友好符合两国和两国人民的共同愿望和根本利益，也有利于促进地区和世界的和平与发展。

三、双方全面回顾了中土建交14年来双边关系的发展历程，高度评价两国各领域合作取得的成果，愿继续保持和开展包括高层在内的各级别交往，积极落实双方业已达成的各项协议，扩大两国在政治、经贸、能源、人文等领域的交流与合作，将中土关系提高到新的水平。

四、土方重申奉行一个中国政策，强调中华人民共和国政府是代表全中国的唯一合法政府，台湾是中国领土不可分割的一部分。土方反对包括"法理台独"在内的任何形式的"台湾独立"，反对制造"两个中国"或"一中一台"的企图，反对台湾加入任何必须由主权国家参加的国际组织。土方不与台湾建立任何形式的官方关系和进行官方往来。中方对土方这一原则立场表示高度赞赏。

中方重申支持土库曼斯坦为维护国家独立、主权和领土完整、发展民族经济、保持国内稳定所作的努力。支持土方奉行永久中立的外交政策，认为这对保持地区局势健康稳定发展具有积极意义。

五、中土两国不允许第三国利用本国领土损害另一方的国家主权、安全和领土完整。

双方不允许在本国领土上成立和存在旨在损害另一方主权、安全和领土完整的组织和团体。

六、双方决定进一步采取有效措施，深入挖掘经贸合作潜力，发挥互补优势，不断提高合作水平。双方表示将进一步改善贸易和投资环境，积极支持两国企业在对方国家开展生产和经济贸易活动。

双方愿在平等互利基础上优先拓展能源、电信、机电、纺织、化工、基础设施等领域的合作。

七、双方重申加强两国能源领域合作符合双方利益,将采取切实措施深化这一合作。两国有关部门将加快研究和实施中土天然气管道项目,支持中方企业参与土天然气领域的勘探开发。

八、双方指出,恐怖主义、分裂主义、极端主义是本地区安全与稳定的主要威胁。此次访问期间签署的《中华人民共和国和土库曼斯坦关于打击恐怖主义、分裂主义、极端主义的合作协定》,对指导双方在安全领域开展有效合作,打击地区"三股势力"具有重要意义。

双方认为,打击"东突"恐怖势力是国际反恐斗争的重要组成部分。双方将根据上述协定,加强两国执法安全部门的协作,共同打击包括"东突"在内的一切形式的恐怖主义,维护两国及本地区的和平与安宁。

九、双方认为,人权具有普遍性,各国应尊重《世界人权宣言》中规定的人权和基本自由,根据本国国情促进保障和维护人权,在平等和相互尊重的基础上通过对话与合作解决分歧。国际人权保护应建立在坚定维护各国主权平等和不干涉内政的原则基础之上。

十、双方认为,当前国际形势继续发生深刻复杂的变化,和平与发展仍是当今时代主题。只有以公认的国际法原则和准则为基础,在公正、合理的国际政治经济秩序下,才能解决人类面临的问题。应充分保障各国根据本国国情选择发展道路的权利、平等参与国际事务的权利和平等发展的权利。必须和平解决分歧与争端,不采取单边行动,不采取强迫政策,不使用武力或以武力相威胁。

十一、双方强调,联合国是世界上最具普遍性、代表性和权威性的国际组织,其地位和作用不可替代。联合国的改革应当是全方位和多领域的,目的是加强联合国在国际事务中的主导作用,提高效率,增强应对新挑战与威胁的能力。推进改革应以协商一致原则为基础,充分体现广大成员国的共同利益。

十二、尼亚佐夫总统邀请胡锦涛主席对土库曼斯坦进行国事访问,胡锦涛主席感谢邀请,并表示将在双方方便的时候访问土库曼斯坦。

中华人民共和国主席 土库曼斯坦总统
胡锦涛 萨·尼亚佐夫

2006年4月3日于北京

全国人大常委会委员长吴邦国在人民大会堂会见希腊议会第一副议长索蒂里奥斯·哈齐哈基斯一行

国务院总理温家宝在堪培拉与澳大利亚总理霍华德举行会谈

温家宝说,目前,中澳关系全面发展,处于历史最好时期。在政治上,两国高层交往密切,政治对话不断加深。在经济上,中澳双边贸易额以年均30%的速度递增,去年达到273亿美元。在国际事务中,保持了良好的磋商与协调。中方高度评价澳方将中国视为合作伙伴而不是威胁,赞赏澳方奉行一个中国政策和反对"台独"的立场。中澳同为亚太地区的重要国家,没有根本利害冲突,在许多领域拥有广泛的共同利益,合作前景广阔。发展长期稳定的友好合作关系是中澳政府的政治意愿,也是两国人民的共同愿望,符合双方的根本利益,也有利于亚太地区的和平与繁荣。

霍华德完全赞同温家宝对两国关系的评价。他表示,澳中关系近十年来发生了前所未有的积极变化,双方在经贸、能源矿业资源、文化、教育等领域的交往与合作日益密切。对华关系是澳大利亚最重要的对外关系之一。澳大利亚将继续恪守一个中国的政策,致力于同中国建立更为紧密、更富成效的合作伙伴关系。

两国总理一致同意发展两国21世纪互利共赢的全面合作关系,并在此框架下达成以下共识:一、建立两国领导人定期互访和会晤机制,及时就双边关系中的重大问题交换意见。二、全面推动经贸合作,本着互谅互让的原则,加快推进自贸区谈判,争取在1至2年内取得实质性进展,为全面达成一个互利互惠、符合双方利益的协议奠定基础。三、建立长期、稳定、健康的能源矿产资源供求关系和公平合理的价格机制,并从贸易合作逐渐拓展到上游开采、新能源、可再生能源、清洁能源及相关技术的合作。四、在和平利用核能的原则下,开展铀矿合作。五、进一步加强文化、教育交流,增进相互了解与友谊。六、加强在重大国际和地区问题上的对话与磋商,共同致力于亚太和平与繁荣。

两国总理均表示,要从战略高度和长远角度看待和处理双边关系,紧紧抓住当前的重要机遇,在相互尊重、求同存异、互利互惠、共同发展的原则基础上,实现中澳21世纪互利共赢的全面合作关系。

国务院总理温家宝在澳大利亚联邦总理霍华德举行的欢迎宴会上发表题为《坚持走和平发展道路 促进世界和平与繁荣》的演讲

尊敬的霍华德总理阁下,

尊敬的比兹利先生,

女士们,先生们,朋友们:

我很高兴与澳大利亚各界朋友在这里相聚。请允许我对霍华德总理的盛情款待表示衷心的感谢,并借此机会,向澳大利亚人民致以良好的祝愿!

1995年我曾到访过贵国,那次访问给我留下了美好印象。时隔11年后再次来到这里,我不仅感受到澳大利亚人民对中国人民的友好情谊,而且还发现这里的人们对中国表现出浓厚的兴趣。人们之所以更多地关注中国,是因为中国改革开放以来发生了巨大变化。从1978年到2005年,中国国内生产总值增长了11倍,按年均汇率折算,由2153亿美元增加到2.2257万亿美元;人均国内生产总值由225美元提升到1707美元;去年进出口贸易额达1.42万亿美元;到今年2月,外汇储备达8536亿美元。

随着中国综合国力的增强,国际社会普遍关注,中国将走一条什么样的发展道路?将对国际社会承担什么样的责任?能否成为世界和平与繁荣的稳定力量?我愿就此谈一些看法。

中国正在走的是一条和平发展道路。它的精髓是,中国既通过争取和平的国际环境来发展自己,又以自身的发展来促进世界和平;中国主要依靠自身力量和改革创新实现发展,同时坚持对外开放;中国在平等互利的基础上同世界各国开展交流与合作,实现互利共赢、共同发展。中国的发展是和平的发展、开放的发展、合作的发展。

坚定不移地走和平发展道路,是中国的必然选择。

第一,这是由中国历史文化传统所决定的。中华民族历来讲信修睦、崇尚和平。"己所不欲,勿施于人","利而不害,为而不争",反映出中华民族"天下情怀与道德理性"的品格。

第二,这是由中国自身发展需要所决定的。加快经济社会发展,建设现代化国家,是中国人民正在为之奋斗的历史性任务。要实现这个任务,我们必须与各国相互信任、和睦相处。

第三,这是由当今世界发展潮流所决定的。求和平、促发展、谋合作是各国人民的共同追求。中国是国际社会一员,要实现自己的发展,也要顺应天下大势,与各国共同承担维护世界和平的责任。

总之,坚持走和平发展道路,不是权宜之计,而是中国政府和人民的郑重选择与庄严承诺。

霍华德总理曾讲过,中国的发展有利于中国,也有利于世界。这体现了他对中国和平发展的理解与支持。任何不带偏见的人士都会看到,中国在谋求自身发展的同时,正以实际行动在世界上发挥着负责任的作用。概括地说,表现在以下十个方面:

——中国高度重视发展社会生产力和提高人民的物质文化生活水平,致力于促进人类进步事业。中国成功解决了13亿人口的吃饭问题,消除了两亿多人口的贫困,在全国基本普及了九年义务教育,向6000多万残疾人提供了帮助,为各民族提供了平等的发展机会。目前中国社会稳定,人民安居乐业。中国的发展和稳定是对世界和平与繁荣的最大贡献。

——中国通过总结实践经验,正在走一条科学发展之路。中国坚持把节约资源、保护环境作为基本国策,着力建设资源节约型、环境友好型社会,促进经济社会全面协调可持续发展。中国的发展不会给世界造成威胁。

——中国奉行独立自主的和平外交政策,根据事情本身的是非曲直确定自己的立场。中国在国际事务中坚持以合作谋和平、促发展,严格遵循《联合国宪章》宗旨和公认的国际关系准则,不以意识形态的异同来决定国家关系的亲疏,不同任何国家结盟,在和平共处五项原则基础上与各国友好相处。

——中国坚定地维护世界和平,是国际体系的参与者、维护者和建设者。中国参加了100多个政府间国际组织,签署了近300个国际条约。中国积极推动建立公正合理的国际新秩序,促进国际关系民主化,维护世界文明多样性。

——中国坚持与邻为善、以邻为伴,做周边国家的好邻居、好伙伴。中国通过亚太经合组织、上海合作组织、中国—东盟合作、大湄公河次区域合作,推进双边和区域合作,促进共同繁荣。我们主张区域合作应遵循开放原则,应同其他国家和国际组织加强联系。

——中国主张和平解决争端,在处理热点问题上发挥建设性作用。中国在朝核、伊核、中东等重大国际问题上一贯持劝和促谈的立场,就非传统安全问题,包括对重大自然灾害积极开展国际合作。去年我们对印度洋海啸受灾国实施了中国有史以来最大规模的国际救援行动。

——中国积极参与反恐和防扩散合作,努力维护全球安全与战略稳定。中国反对恐怖主义,在国际反恐合作中始终发挥建设性的作用;中国签署了《不扩散核武器条约》和《全面禁止核试验条约》,支持《禁止生物武器公约》和《禁止化学武器公约》的实施,制定了全面的防扩散出口管制法律体系,并不断加强执法。

——中国切实履行入世承诺,致力于建设公平、自由的国际贸易体制。加入世贸组织后,中国积极开放国内市场,平均关税降至9.9%。在世贸组织划分的服务贸易160个部门和分部门中,中国已承诺开放100个。中国对主要的知识产权法律做了进一步修改,使之与世贸组织的有关协议相一致。中国还对侵犯知识产权降低了刑事处罚门槛,加大了保护知识产权的执法力度。

——中国认真落实联合国千年发展目标,向发展中国家提供真诚无私的援助。迄今,中国向110多个国家和区域组织提供了2000多个援助项目,对44个不发达国家减免了200多亿元人民币的债务。另外,中国将在今后3年向不发达国家提供100亿美元的优惠贷款和优惠出口买方信贷,帮助它们加强基础设施建设。

——中国奉行防御性的国防政策,推进国际裁军和军控事业。中国在过去20多年中,裁军170多万。中国军费占国内生产总值和财政支出比重,在世界上是比较低的。中国有限的军费增长,主要是为改善军人生活、提高防御能力和维护国家统一,不会威胁任何人。我们的国防政策是透明的。

中国真诚地希望为世界和平与繁荣作出更大贡献。为此,中国首先要加快发展。唯有发展,中国才能解决自身的问题;唯有发展,中国才能在世界上承担更多责任。中国虽然已取得巨大进步,但仍然是一个发展中国家,面临的发展任务还很艰巨。人口多,生产力不发达,发展不平衡,是中国的基本国情。目前中国人均国内生产总值还排在世界100位之后,农村尚有2365万贫困人口,每年需要解决近2400万人口就业,有6000多万残疾人需要关爱和帮助,还有1亿多农村劳动力需要转移就业。中国要实现现代化,还有很长的路要走,需要几代、十几代,甚至几十代人的不懈奋斗。

女士们,先生们,朋友们:

和平发展是全人类的共同事业,构建和谐世界是各国人民的共同愿望。实现人与人的和睦,人与自然的和谐,国与国之间的和平相处,需要国际社会共同努力。贵国前总理孟席斯先生曾经告诫:奋斗、追寻、探索,永不放弃!我们愿与包括澳大利亚在内的国际社会携手合作,建设持久和平与共同繁荣的和谐世界。

澳大利亚有着丰富的资源、发达的经济和先进的技术,中国有着众多的人口、巨大的市场和发展潜力,经济互补性很强。目前,中国是澳大利亚最大的留学生来源国和增长速度最快的海外游客来源国。随着中国在澳大利亚第二家孔子学院的建立和"中国文化澳洲行"的成功举办,中澳人文联系将会更加紧密。中澳没有根本的利害冲突,而是拥有广泛的共同利益。建立中澳长期稳定的友好合作关系,符合两国和两国人民的根本利益。中方从战略高度看待中澳关系,愿与澳大利亚成为好朋友、好伙伴。

今天,我同霍华德总理进行富有成果的会谈,就发展中澳21世纪互利共赢的全面合作关系达成广泛共识。我们一致同意加强政治交往和战略对话,增强互信;扩大在贸易、投资、能源、矿产资源等领域的合作和加快中澳自贸谈判进程,实现互利共赢;促进文化、教育、旅游等领域的交流,增进人民之间的了解与友谊;促进区域合作健康有序发展,共同维护亚太地区的繁荣与稳定。我相信,经过双方的共同努力,中澳全面合作关系必将取得丰硕成果!

现在,我提议:

为霍华德总理阁下的健康,

为中澳两国和两国人民的友谊,

为世界和平与发展的崇高事业,

干杯!

国务院总理温家宝在堪培拉会见澳大利亚总督迈克尔·杰弗里

在会见杰弗里时,温家宝表示,中澳关系已进入持续、稳定和健康发展的阶段,两国确立发展21世纪互利共赢的全面合作关系就是双边关系成熟的体现。中澳应该成为不同社会制度、不同历史和文化背景的国家和平相处的典范。这就需要双方加强高层交往和战略对话,消除双边关系发展过程中存在的问题,不使两国关系因一时一事而受到影响。中澳还应加强全面经济合作,实现优势互补,互利双赢。中澳加强人文交流也十分重要。中国是一个古而又新的国家,澳大利亚是一个新而又兴的国家。两国文化有一个共同点,这就是多元性、开放性和包容性。双方可以通过文化和教育交流,增进彼此了解、信任和友谊。

温家宝强调,中方从战略高度看待中澳关系的发展,愿与澳方一道深化双边合作,造福于两国人民,为促进亚太地区的和平、稳定与发展作出更大贡献。

当天,温家宝还会见了澳大利亚工党领袖金·比兹利和昆士兰州州长彼得·贝蒂。

全国地质工作会议在北京召开

中共中央政治局常委、国务院总理温家宝就贯彻《国务院关于加强地质工作的决定》作出重要批示,强调要重视和加强地质工作,贯彻科学发展观,努力提高为经济社会发展服务的水平。中共中央政治局委员、国务院副总理曾培炎出席会议并讲话。

曾培炎在讲话中指出,地质工作是经济社会发展的基础性、先行性工作。新中国成立以来,我国地质工作取得了举世瞩目的成就,为社会主义现代化建设作出了重要贡献。当前,加强地质工作是缓解资源瓶颈制约、提高国内资源供给能力的重要举措,对保障人民生活、保护生存环境、支持城乡建设,以及促进经济结构调整、提高国际竞争力都具有重要意义。

曾培炎强调,做好新形势下的地质工作,要坚持立足国内、适度超前、突出重点、完善体制、依靠科技的原则,努力做到"四个统筹",即统筹地质工作与经济社会发展,统筹公益性地质调查与商业性地质勘查,统筹矿产地质勘查与环境地质勘查,统筹国内地质事业发展与地质领域对外开放。

曾培炎要求,当前和今后一段时期,要以石油、天然气等重要矿产勘查为突破口,尽快形成一批新的资源接替基地。要加强基础地质、环境地质、水文地质、工程地质等工作，搞好地质灾害防治，全面增强地质服务功能。进一步深化改革，建立政府与企业合理分工、有机结合的工作机制，公益性地质调查与商业性地质勘查区别运行、相互促进的勘查体系，中央与地方各负其责、相互协调的管理体制，勘查与开发紧密衔接、良性循环的运行机制。集中力量开展科技攻关，大力推进成矿理论、找矿方法和勘探开发关键技术的自主创新，实现地质科技新的突破。要大力发展地质教育，用好现有人才，吸引优秀人才，培养杰出人才，加快地质人才队伍建设。地方各级政府要加强对地质工作的领导和支持，国土资源部门要统筹管理地质工作，有关部门要抓紧制定并落实相关政策，全社会都要关心和支持地质工作，与广大地质工作者上下一心，团结奋斗，为全面建设小康社会、构建社会主义和谐社会作出更大的贡献。

各省(区、市)政府及国土资源部门、中央国务院有关部门、有关地勘单位和企业负责人，以及专家学者代表出席了会议。

中共中央政治局常委李长春在北京调研

4月3日至5日，李长春在中共中央政治局委员、北京市市委书记刘淇和市长王岐山陪同下，深入社区、村镇、高科技园区和宣传文化单位，就开展社会主义荣辱观教育、深化文化体制改革、加快发展文化创意产业和新兴媒体等进行调研。

在西城区三里河社区、大兴区西黄垡村，李长春与基层干部群众讨论交流开展社会主义荣辱观教育的经验和做法。他指出，社会主义荣辱观是对马克思主义道德观的精辟概括，是对新时期社会主义道德的深刻阐述，是新形势下推进社会主义精神文明建设的强大思想动力和重要指导方针。要把树立社会主义荣辱观与广泛开展“迎奥运、讲文明、树新风”活动紧密结合起来，集中解决公民行为习惯和社会风尚中存在的突出问题，在文明礼仪、公共秩序、社会服务、城乡环境等精神文明建设的重点领域取得突破，为奥运会的成功举办营造良好的人文环境。要把树立社会主义荣辱观与贯彻公民道德建设实施纲要结合起来，引导群众从日常学习、工作、生活实际入手，从点滴小事做起，扎扎实实地提高自身的思想道德素质。要把树立社会主义荣辱观与未成年人思想道德建设结合起来，让“八荣八耻”进教材、进课堂、进学生头脑，使广大青少年成为实践社会主义荣辱观最活跃的群体。要运用多种形式广泛宣传社会主义荣辱观，使“八荣八耻”家喻户晓、深入人心，形成实践社会主义荣辱观的强大舆论力量。

李长春来到朝阳区文化馆、首都博物馆、北京歌舞剧院、动漫中心、中关村科技园区等地，了解北京文化事业和文化产业发展情况。他指出，北京市文化产业发展的实践证明，只有把民族文化与现代科技结合起来，与产业化结合起来，与市场机制结合起来，才能得到迅速广泛传播，扩大其影响力，才能把民族文化的资源优势转化为现实的文化竞争优势，提高民族文化产品的市场占有率，推动中华文化走向世界。要大力发展知识经济，扶持和培育文化创意产业，形成一批特色鲜明的新兴文化企业，培育一批拥有自主知识产权和核心技术的知名品牌，加快北京产业结构调整和升级步伐，形成新的经济增长点。他强调，要加紧构建覆盖全社会的比较完备的公共文化服务体系，高度重视基层特别是农村的基础文化设施建设，积极探索建立有利于公益性文化单位增强活力、最大限度地实现社会效益的运行机制，更好地满足人民群众的基本文化需求。

考察期间，李长春还来到千龙网、北京人民广播电台、新世纪影城等地，了解互联网等新兴媒体的发展情况。

中共中央政治局委员刘云山在云南考察

4月3日至6日，中共中央政治局委员、书记处书记、中宣部部长刘云山在云南省省委、省政府主要负责同志的陪同下，深入昆明、丽江、大理等地的宣传文化单位，考察了文化体制改革和文化产业发展情况，看望慰问了云南宣传思想战线干部职工，就文化体制改革和文化事业繁荣、文化产业发展进行深入调研，并与基层干部群众亲切座谈。他还看望了农户，了解社会主义新农村建设的情况。

刘云山指出，以“八荣八耻”为主要内容的社会主义荣辱观，继承和发展了我们党关于社会主义道德建设的思想，集中体现了社会主义基本道德规范的本质要求。树立社会主义荣辱观，是落实科学发展观、构建社会主义和谐社会的重要内容和必然要求，是精神文明建设的紧迫任务。我们一定要把社会主义荣辱观作为思想道德建设的核心内容，贯穿于精神文明建设的全过程，体现在经济社会生活的各个方面，使社会主义荣辱观成为引领社会风尚的一面旗帜。

刘云山强调，牢固树立社会主义荣辱观，重在实际行动，重在持之以恒，重在形成机制。要把践行社会主义荣辱观与日常工作生活结合起来，鼓励人们从自己做起、从身边事情做起、从一点一滴做起，教育党员干部以身作则、率先垂范、带头实践，使“八荣八耻”的基本要求成为广大干部群众的行为标准和自觉行动。要把集中性宣传教育与经常性宣传教育结合起来，倡导求真务实的作风，发扬锲而不舍的精神，持之以恒、久久为功，在实践中逐步积累，在常抓不懈中扎实推进，使树立社会主义荣辱观取得实实在在的成效。要把加强教育与健全机制结合起来，用政策措施褒扬和激励先进，用法律手段引导和规范社会道德生活，使“八荣八耻”的基本要求渗透到市民公约、乡规民约、职业规范、学生守则等具体行为准则和各项行业管理制度中，形成践行社会主义荣辱观的长效机制。

商务部公布《中国消费品市场发展报告》

报告显示，2006年我国消费品市场将继续保持较快增长，消费规模持续扩大，预计社会消费品零售总额将达到7.5万亿元，增长13%左右。

中石化宣布在中国川东北地区发现迄今为止国内规模最大 丰度最高的特大型整装海相气田

该气田为普光气田，经国土资源部矿产资源储量评审办公室审定，目前普光气田累计探明可采储量为2510.75亿立方米，技术可采储量为1883.04亿立方米。该气田目前已具备商业开发条件，规划到2008年将实现商业气量40亿立方米/年以上，2010年将达到80亿立方米/年。

普光气田的发现，不仅对中国石化资源发展战略具有重大意义，对缓解中国油气资源紧缺起到了积极作用，而且还是我国海相勘探理论和实践的重大突破，扩大了我国天然气勘探的领域。

中国化工成功收购澳大利亚最大的乙烯生产商凯诺斯控股有限公司100%股权

国务院副总理回良玉在钓鱼台国宾馆会见泰国公主诗琳通

全国人大常委会副委员长顾秀莲在人民大会堂会见由主席汤·阿塔奇率领的土耳其——中国妇女友好协会代表团

国务委员唐家璇出席在北京举行的第十一次世界海关组织亚太地区海关署长会议并致辞

两年一度的世界海关组织亚太地区海关署长会议是该组织最重要的地区活动之一。世界海关组织副秘书长御厨邦雄、31个地区成员海关的署长及观察员代表参会。

唐家璇说，中央政府十分关注和支持中国海关的改革与建设。作为世界海关组织副主席(亚太地区)，中国海关在亚太地区海关合作事务中所发挥的积极作用，得到了本地区成员海关以及世界海关组织秘书处的肯定。

唐家璇强调，作为世界海关组织的成员，中国海关积极参与国际海关事务，大力推动“保障全球贸易安全与便利”“能力建设”“海关商界伙伴关系”“海关现代化”以及“打击商业瞒骗”等重大议题的讨论和实施，承办了世界海关组织亚太地区情报联络中心，并在上海海关高等专科学校建立了世界海关组织亚太地区培训中心。

唐家璇最后表示，中国的发展离不开与世界各国特别是亚太地区各国的合作与交流，中国海关的发展也同样与地区海关的整体进步息息相关。

国务委员唐家璇在人民大会堂会见以日本乒乓球协会专务理事木村兴治为团长的“纪念中日体育交流50周年”日本代表团

外交部部长李肇星在堪培拉会见澳大利亚外长亚历山大·唐纳

第九次李四光地质科学奖颁奖仪式在北京举行

在颁奖仪式上，国土资源部部长孙文盛宣读了《关于颁发第九次李四光地质科学奖的决定》，授予赵文津李四光地质科学奖荣誉奖，授予夏代祥等8人李四光地质科学奖野外地质工作者奖，授予崔盛芹等5人李四光地质科学奖地质科技研究者奖，授予曾勇等2人李四光地质科学奖教师奖。

中共中央政治局委员、国务院副总理曾培炎出席颁奖仪式，为获奖者颁奖，并与获奖者合影留念。

有关地方、中央国务院有关部门、有关地勘单位和企业负责人，以及专家学者代表出席了颁奖仪式。

“探月工程”40米射电望远镜主体工程在昆明竣工

去年8月开工建设的这台大型射电望远镜，高45米，重400余吨，直径40米的锅状天线展开面积相当于4个篮球场，是我国目前最大的两台(另一台安装在北京)射电望远镜之一。

为我国从2007年起开始实施的“月球探测”计划服务的这部大型射电望远镜，主要用于接收探月卫星发回的科学数据，参加对卫星位置的准确测定等。

中国自主研发的L15猎鹰高级教练机在南昌亮相

国防科工委主任张云川在下午举行的汇报飞行仪式上说，L15猎鹰高教机的研制成功，是我国教练机发展史上的一个重要里程碑，标志着我国航空工业水平和能力的提高。

战国青铜鼎重归故土

据《人民日报》报道：在流落海外100多年后，一尊珍贵的战国青铜鼎日前重新回到祖国，目前在北京保利博物馆暂存，4月4日将启程运往西安。据悉，这尊青铜鼎是欧洲保护中华艺术协会主席高美斯无偿捐赠给我国的。

在覆盖保护近3年后西安半坡遗址重新对外开放

半坡博物馆是中国第一座史前遗址博物馆，它首次将史前聚落遗址就地保护和展示。1958年建成的原遗址保护大厅经历半个世纪后破旧不堪，在结构、抗震、防雨、防火、通风、展示等方面存在重大缺陷，2003年博物馆开始对遗址大厅进行重建。

为避免遗址在重建过程中受损，需要对遗址实施覆盖保护。今年1月遗址保护大厅主体竣工，半坡博物馆开始对遗址覆盖保护层进行清理，请专家组对清理工作进行了技术指导。近日，陕西省文物局等相关部门和文物保护及考古专家对遗址进行了认真细致的检查验收。专家指出，对面积达1800平方米的史前土遗址进行覆盖保护近3年之后，成功地完成保护层清理，使遗址很好地重现，这在国内也是第一次。

《中国古代100位科学家故事》和《中国古代科学家画像》在北京举行出版座谈会

出版座谈会由中宣部宣传教育局、教育部基础教育司、科技部政策法规与体制改革司、北京市委宣传部以及人民教育出版社和学习出版社联合举行。与会专家学者指出，要以《中国古代100位科学家故事》和《中国古代科学家画像》出版为契机，通过多种形式和载体，大力营造“以崇尚科学为荣、以愚昧无知为耻”的浓厚氛围，把科学精神、科学理念深深植根于民众之中。

4月4日

全国人大常委会委员长吴邦国在人民大会堂分别会见土库曼斯坦总统尼亚佐夫和越南国会副主席张光得

在会见尼亚佐夫时，吴邦国说，我们赞赏土方在台湾、西藏、打击“三股势力”等问题上给予中方的一贯支持，将继续支持土方为维护国家主权和发展民族经济所做的努力。中方视土为中国在中亚地区的重要伙伴，愿与土方不断深化经贸、能源等领域的务实合作。

吴邦国说，中国全国人大支持中土两国加强合作，这符合两国人民的根本利益，有利于地区和平与发展。我们愿与土国民议会开展多层次的交流与合作，在加强和完善民主法制建设、治国理政等方面相互学习与借鉴，为两国关系全面深入发展作出新的贡献。

尼亚佐夫说，我们愿与中方一道，深化在经贸、能源、基础设施建设、文化等领域的交流与合作，加强在国际事务中的协调与配合，推动土中友好合作关系进一步发展。土将继续坚持一个中国原则。他表示希望两国议会加强交往，建立长期的友好合作关系。

在会见张光得时，吴邦国指出，中越两国都选择了符合本国国情的发展道路，坚持共产党的领导，坚持社会主义制度，都把发展经济、改善民生作为首要任务，有着广泛的共同利益。在新的国际和地区环境下，发展中越睦邻友好与全面合作关系符合两国和两国人民的共同利益，有利于地区乃至世界的和平与发展。中国全国人大愿与越南国会一道为中越关系的发展作出新的贡献。

张光得说，越方高度重视越中关系，愿积极借鉴中国社会主义现代化建设的经验，希望通过加强双边各领域的交流与合作，促进两国经济社会全面发展。

国务院总理温家宝在斐济楠迪会见斐济总统约瑟法·伊洛伊洛

关于两国合作，温家宝说，斐济有丰富的农林渔业和旅游资源，中国有广阔的市场、适合斐济的较先进的技术和众多的旅游客源，双方可以在互利互惠的基础上加强合作。中方鼓励中国公司到斐济投资兴业。

伊洛伊洛说，斐济人民对中国怀有友好的感情。在斐济的华侨华人与当地人民共同生活，共同创业，为斐济的发展作出了贡献。多年来，中国为斐济提供了帮助和合作，使斐济人民受益。斐济为有中国这样的伟大朋友和伙伴感到荣幸，祝愿中国人民在国家建设中取得更大成就。伊洛伊洛表示，斐济重视同中国的关系，愿与中国加强交往与合作。斐方将与中方密切配合，确保在斐济召开的“中国—太平洋岛国经济发展合作论坛”首届部长级会议取得成功，共同促进中国与各岛国关系的发展。

中华人民共和国政府和斐济群岛共和国政府发表联合新闻公报

一、应斐济群岛共和国总理莱塞尼亚·恩加拉塞的邀请，中华人民共和国国务院总理温家宝于2006年4月4日至5日对斐济进行正式访问。访问期间，温家宝总理会见了斐济总统约瑟法·伊洛伊洛·乌鲁伊温达，与恩加拉塞总理举行了会谈。双方就两国关系及共同关心的国际和地区问题深入交换意见，达成了广泛共识。

二、两国领导人对1975年建交以来中斐关系取得的长足进展表示满意，认为中斐关系的发展给两国和两国人民带来了实实在在的利益，也有利于亚太地区的和平、稳定与繁荣。

两国领导人回顾了1975年《中华人民共和国政府和斐济政府关于中斐两国建立外交关系的联合公报》、2002年《中华人民共和国政府和斐济群岛共和国政府关于巩固和促进友好合作关系的联合声明》和2004年《中华人民共和国和斐济群岛共和国联合新闻公报》，一致认为上述三份文件对中斐关系未来发展具有重要的指导意义，决心继续遵循有关方针和原则。

三、为推动中斐关系在21世纪长期健康发展，两国领导人决定建立和发展"中斐重要合作伙伴关系"，在政治上相互尊重，经济上互利合作，国际和地区事务中相互支持、密切配合。双方同意加强高层交往，增进政治互信；利用经贸优势互补，加强互利合作，促进双方的可持续发展；在国际和地区问题上加强沟通，密切合作，以不断充实"中斐重要合作伙伴关系"的内涵。

四、双方对此访期间签署的有关经贸、经济技术合作、质检、电讯等协议表示满意。斐方认为中国是世界贸易组织中一个坚定致力于发展市场经济的成员，承认中国的完全市场经济地位。中方对此表示赞赏。双方鼓励和支持两国企业重点在渔业、林业、旅游业、农业等领域开展多种形式的互利合作，推动两国经贸关系不断发展。

五、斐方重申，斐济致力于同中华人民共和国发展最密切的友好合作，坚持以尊重国家主权、不干涉内政、和平解决争端、在经济和社会发展中相互支持和协助作为斐中关系的指导原则。

斐方重申，斐济政府奉行一个中国的政策，中华人民共和国政府是代表全中国的唯一合法政府，台湾是中国领土不可分割的一部分。斐方反对任何制造"两个中国"或"一中一台"的图谋，反对"台湾独立"，反对台湾加入任何必须由主权国家参加的国际和地区组织。斐济只与台湾保持民间的经济与商业关系。

六、中方重申，尊重和支持斐济政府在发展民族经济、改善人民生活方面所做的积极努力，希望斐经济增长、民族和睦、人民安康，为维护和促进本地区的稳定与繁荣作出贡献。

七、双方积极评价并同意在联合国、世界卫生组织、太平洋岛国论坛等国际和地区组织中加强协调与合作，维护地区稳定，促进共同发展。

2006年4月4日在斐济楠迪发表。

全国政协主席贾庆林在人民大会堂会见泰国公主诗琳通

中共中央政治局常委罗干在人民大会堂会见美国国土安全部部长迈克尔·切尔托夫一行

中央军委副主席曹刚川在平壤与朝鲜人民武装力量部部长金一哲次帅举行会谈

双方就国际和地区形势、两国两军关系及其他共同关心的问题交换了意见。

曹刚川还介绍了中国对朝鲜半岛问题及朝核问题的原则立场，并表示中方愿与朝方一道，继续为维护地区和平与稳定作出努力。

金一哲表示，朝鲜党、政府、人民和军队始终高度重视与中国党、政府、人民和军队的传统友谊，希望双方共同努力，推动朝中友好合作关系更加深入地发展。

国务院副总理吴仪在檀香山会见夏威夷州州长琳达·林格尔

吴仪在会见中说，近年来，夏威夷州与中国关系发展良好，双方在经贸、科技、文化、教育、旅游等领域联系广泛，双边贸易快速增长。2005年，夏威夷州与中国贸易额为11.2亿美元，比2004年增长67.6%。

吴仪表示，中国政府积极促进夏威夷州与中国的友好关系，加强相互交流与合作。中国广东省和海南省分别同夏威夷州结为友好省州。夏威夷州旅游观光局在中国设立了代表处，双方在旅游开发、旅游教育方面的合作不断拓宽。

林格尔代表夏威夷州政府和全州人民对吴仪的到访表示热烈欢迎。她认为，此次访问对促进夏威夷州和中国在各领域的合作关系意义重大。

中组部部长贺国强在人民大会堂会见英国牛津大学副校长比尔·麦克米兰

全国人大常委会副委员长路甬祥在人民大会堂会见由张光得副主席率领的越南国会代表团一行

国务委员唐家璇在人民大会堂会见文莱外交和贸易部无任所大使玛斯娜公主

国务委员陈至立在安徽考察

4月4日至6日，陈至立在安徽省主要领导陪同下，考察了铜陵市金口岭小学、第十二中学，同师生亲切交谈，并听取了安徽省和铜陵市关于促进义务教育均衡发展情况的汇报。教育部部长周济等参加了考察活动。

陈至立对铜陵市促进义务教育均衡发展的做法和经验给予充分肯定。她指出，促进义务教育均衡发展是社会主义教育的本质要求，也是构建社会主义和谐社会的客观需要，铜陵市的经验具有普遍意义，要认真总结和推广。

陈至立强调，一要强化政府责任，不断加大对薄弱学校的投入，把促进义务教育均衡发展作为执政为民的一件大事，摆上重要议事日程抓紧抓好；二要坚持不懈，讲求实效，一切从实际出发，以办人民满意的教育为出发点和落脚点，锲而不舍地向前推进；三要因地制宜、因校制宜，充分调动广大师生的积极性，勇于探索促进义务教育均衡发展的路子。陈至立强调，各地要以实施农村义务教育经费保障机制改革为契机，从加大投入、深化改革和严格管理入手，力争在不长的时间内逐步化解义务教育阶段高收费择校问题。

陈至立在皖期间，还考察了池州市青阳县竹阳初级中学、乔木中心小学，现场听取农村义务教育经费保障机制改革试点工作情况汇报；考察了安徽奇瑞、华菱、江淮等汽车制造企业和中科大讯飞信息科技有限公司等高新技术企业。她对安徽省认真贯彻落实全国科技大会精神，大力推进自主创新和合肥市开展科技创新型城市建设试点工作给予了充分肯定。

国办发出《关于切实加强当前森林防火工作的紧急通知》

紧急通知指出，入春以来，我国华北、西南及南方部分省(区)降水偏少，风干物燥，森林火险等级居高不下，云南等地森林火灾呈暴发态势。近期，随着气温回升，高火险天气增多，森林防火形势将更加严峻。为切实做好当前森林防火工作，紧急通知要求：

一要切实增强做好森林防火工作的责任感和紧迫感。地方各级人民政府和有关部门一定要从全面落实科学发展观、构建社会主义和谐社会的高度，以对党和人民高度负责的态度，在大力植树造林的同时，切实抓好森林防火工作。华北、西南等高火险省(区、市)要紧急行动起来，采取更加有效措施，坚决遏制火灾高发态势。东北三省和内蒙古自治区要未雨绸缪，提前做好火灾防范准备。其他地区要查漏补疏，确保本地区春季防火不出大的问题。

二要努力提高全民防火意识。各地区、各有关部门要加大《中华人民共和国森林法》《森林防火条例》和部门、地方防火规章制度的宣传力度，加强防火法制教育。宣传部门要组织新闻媒体及时做好火险气象信息发布、防火动态报道，及时宣传森林防火典型案例。

三要进一步强化火源管理。地方各级人民政府负责同志、森林防火指挥部成员单位要分头带领工作组赴基层开展森林防火大检查。要严格执行野外用火审批制度，防火紧要期要实行封山防火，严禁一切野外用火。林业、公安、纪检、监察等有关部门要严格执法，从严从快查处森林火灾案件。

四要全面加强应急处置。气象部门要加强火险天气分析，防火主管部门要全方位监测林火，做好森林火险等级预测预报和发布工作，各有关单位和部门要根据不同火险等级采取相应工作措施。要进一步完善应急预案，一旦发现火情，在最短时间内做到组织领导到位、技术指导到位、物资资金到位、扑火人员到位，高效妥善处置火情。

五要科学组织指挥扑火。各级森林防火指挥部要牢固树立“以人为本、安全第一”的思想，科学指挥、科学扑救，做到出动快速、扑救高效、撤退安全。要加强防火知识和技能培训，避免伤亡事故发生。要突出保护重点，超前安排做好城镇、村屯、油库、风景区以及其他重要设施的防护工作。要坚持“打小、打了”的原则，防止小火酿成大灾。

六要严格落实责任制。地方各级人民政府全面负责本地区森林防火工作，政府主要负责同志为第一责任人，分管同志为主要责任人。要层层落实责任，层层细化责任，把责任落实到各级政府、各有关部门、各个行政辖区和单位。要加大森林防火责任追究力度。对失职、渎职行为，并造成重大损失或重大伤亡的，要依法依纪严肃追究有关责任人员的责任。

七要加强组织领导。进一步建立健全各级森林防火指挥系统，充分发挥和调动消防、林区驻军、预备役部队、武警部队和广大公安民警等各方面的力量参与预防与扑灭重大森林火灾，形成工作合力。

中国社会保障论坛正式启动

该论坛由中宣部等26个部委共同举办，论坛重点研究探讨中国社会保障领域的热点难点问题。据介绍，论坛首届年会拟于今年9月在北京举行，主题为“和谐社会与社会保障”。年会设4个研讨专题：完善城镇社会保障体系试点、医疗保障制度建设、农民工社会保障、企业年金与多层次社会保障。论坛还将面向国内外广大理论研究和实务工作者征集论文。全国人大常委会副委员长成思危、蒋正华，全国政协副主席王忠禹、黄孟复担任论坛顾问。

太湖治理一期骨干工程完成

太湖流域综合治理一期最重要的骨干工程——望虞河、太浦河工程在江苏苏州通过了水利部主持的竣工验收。此举标志着历时15年、投资逾百亿元、太湖流域有史以来规模最大的综合治理工程全面完成。

4月5日

中国—太平洋岛国经济发展合作论坛首届部长级会议在斐济开幕

本届论坛由中国商务部同斐济外交和外贸部主办。

国务院总理温家宝出席开幕式并发表了题为《加强互利合作实现共同发展》的主旨讲话，全面阐述了中国对太平洋岛国的政策，提出了中国为加强与太平洋岛国友好合作而采取的重要举措。

密克罗尼西亚联邦总统乌鲁塞马尔，斐济总理恩加拉塞，巴布亚新几内亚总理索马雷，瓦努阿图总理利尼，库克群岛总理马鲁雷，汤加首相塞韦莱，纽埃总理维维安，萨摩亚总理代表——萨商业、工业和劳动部部长基尔，太平洋岛国论坛秘书长厄温，澳大利亚和新西兰政府代表率团出席了开幕式。来自中国和太平洋岛国工商企业界人士近600人也参加了开幕式。

国务院总理温家宝在"中国—太平洋岛国经济发展合作论坛"首届部长级会议开幕式上发表题为《加强互利合作实现共同发展》的主旨讲话

尊敬的恩加拉塞总理阁下，

尊敬的太平洋岛国论坛主席索马雷总理阁下，

尊敬的各位国家元首和政府首脑阁下，

各位代表团团长、部长和大使阁下，

中国和太平洋岛国工商企业界的朋友们，

女士们，先生们：

"中国—太平洋岛国经济发展合作论坛"首届部长级会议今天在这里开幕，我很高兴与各位相聚，共商合作与发展大计。我谨代表中国政府，对论坛首届部长级会议的召开表示热烈祝贺，对各国领导人和与会代表表示热烈欢迎，对斐济政府和太平洋岛国论坛秘书处为本届会议所做的大量工作和周到安排表示感谢。

当今世界正经历复杂而深刻的变化。世界经济稳步增长，科学技术日新月异，全球产业重组和生产要素流动转移加快，为各国经济发展提供了难得机遇。与此同时，南北差距拉大，贫富分化加剧，世界发展不平衡问题日益突出。恐怖主义、跨国犯罪、环境恶化、传染性疾病等非传统安全威胁上升，使包括太平洋岛国在内的广大发展中国家的可持续发展面临严峻挑战。趋利避害、携手共进，是我们的共同任务。

中国和太平洋岛国同属亚太地区，都是发展中国家，都在致力于经济振兴和社会发展。面对新的国际形势和经济全球化发展趋势，抓住机遇，应对挑战，跟上时代步伐，是本地区人民的殷切期待。"中国—太平洋岛国经济发展合作论坛"就是在这样一个大背景下召开的，其宗旨是"加强合作、共同发展"，更好地造福于各国人民。本次论坛在中国和太平洋岛国关系发展中具有里程碑意义，将会成为南南合作的新典范。

女士们，先生们，朋友们，

中国坚定不移地走和平发展道路，在国际事务中坚持和平、发展、合作的政策主张，致力于"以合作谋和平、以合作促发展"，在和平共处五项原则基础上同太平洋岛国发展友好合作关系。

在政治上，中国主张国家不分大小、强弱、贫富，都是国际社会的平等一员，都应相互尊重，平等相待。我们尊重太平洋岛国根据本国国情所选择的社会制度和发展道路，也尊重各岛国为维护国家主权与独立、为维护本地区的和平与稳定所作出的努力；

在经济上，中国对太平洋岛国在发展中取得的成就感到高兴，同时也对遇到的困难感同身受。我们致力于落实联合国千年发展目标，努力帮助各国增强自主发展能力。中国并不富裕，但我们将在力所能及范围内继续向岛国提供不附带任何政治条件的援助；

在国际事务中，中国坚定维护包括太平洋岛国在内的广大发展中国家的利益。中国作为联合国安理会常任理事国，支持各岛国在海洋资源开发和保护、气候变化等问题上的合理要求与平等参与地区和国际事务的权利。

"路遥知马力，日久见人心"。发展与太平洋岛国的友好合作关系不是中国外交的权宜之计，而是战略决策。历史已经并将继续证明，中国永远是太平洋岛国真诚、可信、可靠的朋友和合作伙伴。

女士们，先生们，朋友们，

近年来，中国与太平洋岛国关系蓬勃发展，共同利益不断扩大。中国是太平洋岛国论坛的对话伙伴，已出资设立了"中国—太平洋岛国论坛合作基金"，用于资助旨在推进区域合作进程的"太平洋计划"。今天即将签署的《中国—太平洋岛国经济发展合作行动纲领》，是我们加强实质性合作的又一重要举措。深化中国与太平洋岛国间的友谊、扩大互利合作，是双方人民的共同愿望，符合各自的根本和长远利益，也有利于实现地区的和平与繁荣。为此，我建议中国和太平洋岛国进一步密切政府、议会、政党、民间交往，增进相互了解与信任；加强就重大国际和地区问题的磋商与协调，照顾彼此关切，给予相互支持；着眼岛国实际需要，建立新型经贸互利合作关系。

经贸关系是中国与太平洋岛国关系的重要组成部分。中国和太平洋岛国在经济上有互补性，中国在资金、人才等方面具有优势，太平洋岛国资源丰富，双方合作潜力巨大。只要遵循"着眼长远、循序渐进、互惠互利、共同发展"的原则,中国与太平洋岛国经贸合作就一定会不断发展。根据当前太平洋岛国经济的发展需要,中方决定:

(一)为加强中国企业和太平洋岛国企业间的合资合作,中方将在今后3年内提供30亿元人民币优惠贷款,推动双方企业在资源开发、农林渔业、旅游、轻纺制造业、电信和航空交通等领域的合作。中国政府还将设立专项资金,鼓励中国企业在太平洋岛国投资。

(二)为支持太平洋岛国发展民族经济,减轻债务负担,中方将对本地区同中国建交的最不发达国家多数对华出口商品给予零关税待遇;免除这些国家对华2005年年底之前的到期债务,对其他岛国截至2005年年底到期债务的还款期延长10年。

(三)为帮助太平洋岛国防治疟疾等疾病,中方将在今后3年内向疟疾流行的岛国无偿提供抗疟疾药品,继续向岛国派遣医疗队,并每年为岛国举办卫生官员、医院管理及医药研究人员的培训班。我们也愿积极开展与各岛国在防治禽流感方面的信息交流和多种形式的合作。

(四)为增强岛国的能力建设,中方将在今后3年内向岛国提供总计2000个培训名额,协助岛国培训政府官员和各类技术人员。

(五)为加快发展太平洋岛国的旅游业,中方决定正式批准巴布亚新几内亚、萨摩亚和密克罗尼西亚联邦为中国公民出境旅游目的地。至此,本地区7个与中国建交的岛国均已成为中国公民旅游目的地。

(六)为提高各岛国预防地震或海啸等自然灾害的能力,中方将根据岛国的需求,在地震或海啸预警监测网建设方面提供支持。

女士们,先生们!

太平洋岛国是全世界每天最早迎来太阳的地方,这里人民热情友好,经济发展潜力巨大。中国和各岛国的关系也犹如旭日东升,拥有光明而广阔的前景。让我们怀抱一个共同理想,为促进本地区的和平、稳定与繁荣而继续共同努力!

最后,预祝论坛首届部长级会议圆满成功!

谢谢大家。

国务院总理温家宝在斐济楠迪会见太平洋岛国领导人

温家宝分别会见了参加"中国—太平洋岛国经济发展合作论坛"首届部长级会议的太平洋岛国论坛轮值主席国、巴布亚新几内亚总理索马雷,瓦努阿图总理利尼,密克罗尼西亚联邦总统乌鲁塞马尔,汤加首相塞韦莱,库克群岛总理马鲁雷,纽埃总理维维安和萨摩亚总理代表——商业、工业和劳动部部长基尔。

温家宝积极评价中国与上述国家双边关系的良好发展,高度赞赏它们坚持奉行一个中国的政策,在联合国等国际和地区组织中主持正义,给予中方坚定的支持。他说,中国与太平洋岛国同处亚太地区,同属发展中国家。双方在促进地区稳定与繁荣方面有共同的利益,在国际事务中有相同的诉求,完全可以在相互尊重、平等互利的基础上成为可信赖的朋友和真诚的合作伙伴。中方重视发展与太平洋岛国的关系,愿继续加强双边交往,扩大互利合作。

参加会见的各岛国领导人一致重申,各国继续坚定地奉行一个中国政策,不与台湾进行官方往来,支持中国的和平统一大业。

国务院总理温家宝结束对斐济的访问抵达惠灵顿开始对新西兰进行正式访问

应新西兰总理克拉克的邀请,国务院总理温家宝5日晚乘专机抵达惠灵顿,开始对新西兰进行正式访问。这是近18年来中国总理首次访问新西兰。

在机场发表的书面讲话中,温家宝说,中新虽相距遥远,但两国人民的友好交往源远流长。近年来,两国关系稳步发展,双方政治关系不断加强,经贸合作富有成果,人员往来不断扩大,在地区和国际问题上的对话与协调日益增多。发展中新全面合作关系不仅符合两国和两国人民的根本利益,也有利于亚太地区的稳定与繁荣。

温家宝说:"我这次来访的目的是为了推进中新两国的全面合作关系。访问期间我将与新方领导人就推进两国全面合作关系及其他共同关心的问题交换意见,并期待着与新西兰各界朋友进行广泛交流。"

商务部根据《二手车流通管理办法》制定并出台了《二手车交易规范》

《二手车交易规范》要求二手车交易市场经营者和经营主体应确认卖方的身份及车辆的合法性,且应核实卖方的所有权或处置权证明。交易完成后,买卖双方持法定证明、凭证向公安机关交通管理部门申办车辆转移登记手续。

全国人大常委会副委员长司马义·艾买提在人民大会堂会见以副主席执行书记阿里·阿赫梅多夫为团长的新阿塞拜疆党代表团

国土资源部在北京召开的科学技术大会上宣布其实施"科技兴地"战略的5项重点任务

——发展土地资源调查、监测技术和土地科学理论,加快发展土地调查与监测技术体系,加强以集约合理和可持续利用为核心的土地利用评价和规划的理论、方法研究,发展节约集约用地的方法和技术。

——开展重要矿种、成矿区(带)、重大地质问题研究和勘查技术攻关,加强煤炭勘查和重点含油气盆地的科技攻关,加强非能源重要矿产的成矿规律研究等。

——构建地质环境保护、地质灾害监测预防的技术和理论体系,发展地下水勘查和监测装备技术等。

——加快推进国土资源信息化,建立耕地保护国家监管系统、矿产资源国家安全保障系统等。

——加强重大基础问题研究和前沿技术开发,开展全国和区域性的关键地质问题攻关等。

据国土资源部部长孙文盛介绍,"科技兴地"战略力争取得四大突破,即突破资源调查勘查、规划管理、保护和合理利用的关键技术;突破地质灾害监测预防的关键技术和方法;突破国土资源基础研究和前沿技术;突破国土资源信息化应用方法和技术。

广西水牛研究创下5项世界第一

据《人民日报》报道:从中国农业科学院广西水牛研究所获悉,这5项世界第一包括:世界最大的试管水牛群,44头全部成活;世界首例完全体外化冻胚胎试管水牛;世界第一例试管水牛双犊;首次利用活体采卵——胚胎体外生产——胚胎移植技术,由沼泽型水牛产下河流型水牛;世界首例分离XY精子性别控制试管水牛。

丙戌年清明公祭轩辕黄帝典礼在陕西省黄陵县桥山轩辕殿前广场隆重举行

全国人大常委会副委员长韩启德、全国政协副主席李兆焯和中共陕西省委书记李建国以及来自台湾的亲民党秘书长秦金生等参加了公祭典礼。

来自中央政府各部委和各省、自治区、直辖市的代表,以及台湾同胞、港澳同胞、海外侨胞和陕西省各界的代表,依次向轩辕黄帝敬献花篮。陕西省省长陈德铭恭诵了祭文。

随后举行了传统的乐舞告祭仪式。

齐晖在第八届世界短池游泳锦标赛女子400米个人混合泳决赛中获得金牌

齐晖以4分34秒28的成绩轻松夺得冠军,为中国队夺得了本届短池世锦赛的首枚金牌。

4月6日

国家主席胡锦涛在人民大会堂与也门共和国总统萨利赫举行会谈

双方就进一步深化中也传统友谊,把两国友好合作关系提高到新的水平达成广泛一致。

胡锦涛表示,值此两国建交50周年之际,中方愿与也方继往开来,共同努力,从以下三个方面进一步加强双方的友谊与合作:第一,促进各层次对话与交流,不断增强政治互信。加强两国领导人和政府间的沟通与磋商,加强两国立法机构、政党间的友好交往,以及双方在国际和地区事务中的协调与合作。第二,大力拓展经贸能源互利合作,谋求共同发展。双方应相互提供贸易便利,改善贸易结构,积极探索扩大贸易的新途径、新方式,不断提高两国经贸合作的水平。中方支持并欢迎两国企业增加在对方国家的投资。愿意扩大双方在能源、基础设施建设、渔业等领域的合作。第三,深入开展其他领域交流,巩固两国传统友谊。希望双方通过纪念两国建交50周年,促进两国在人文等领域的交流与合作全面发展,使中也友好和中阿友好深入人心。

萨利赫完全赞同胡锦涛提出的深化双边关系与合作的各项建议。他说,巩固也中传统友谊、进一步发展两国关系与合作是我此次访华的目的,也是也政府的一贯政策。也方对中国经济社会发展取得的巨大成就感到钦佩,重视中国的发展经验,愿与中方密切高层和各方面的交往,加强在经贸、能源、投资、基础设施建设等领域的互利合作。

国务院总理温家宝在惠灵顿与新西兰总理海伦·克拉克举行会谈

双方就深化两国合作进行了务实和建设性的讨论,达成以下重要共识:一、确立中新21世纪互利共赢的全面合作关系。二、建立两国领导人年度会晤机制。三、争取在一至两年内达成一个全面、平衡、高质量、为双方所接受的自由贸易区协定。四、扩大在农业、畜牧业等领域的相互投资。五、将生物、信息技术等作为两国新的合作方向,早日建立中新科技联委会。六、共同致力于打击有组织的跨国犯罪。七、加强在东亚峰会和太平洋岛国组织中的协调与配合。

国务院总理温家宝在惠灵顿分别会见新西兰总督西尔维亚·卡特赖特和国家党领袖布拉什

在会见卡特赖特时,温家宝说,中新关系良好发展的历程证明,相互尊重、求同存异、平等互利、和平共处是两国关系的重要基础,也是确保今后中新关系不断发展的重要原则。中新关系发展不仅符合双方的利益,也有利于亚太地区的和平与稳定。中方将从战略高度和长远角度看待和处理中新关系,愿与新方加强对话与合作。温家宝强调，经贸合作在两国关系中固然必不可少，但文化和教育交流更加重要。如果说经贸合作代表着今天，那么文化和教育交流就意味着未来。通过开展多种形式的文化和教育交往，可以增进两国人民特别是青年之间的了解与友谊，确保两国关系更深入、持久地发展。

卡特赖特表示，新中建交近35年来，两国关系发展良好。温家宝总理此访取得了成功，两国就发展21世纪互利共赢的全面合作关系达成重要共识，这必将有力地推动两国关系的进一步发展，我对此感到高兴。新西兰愿意在农牧业、科技、文化、教育等领域与中方加强交流与合作。新方欢迎更多的中国留学生来新西兰留学，也鼓励更多的新西兰学生到中国学习，了解中国悠久灿烂的历史和文化。

在会见布拉什时，温家宝对国家党多年来积极致力于发展与中国的友好合作关系表示赞赏。他说，正是在国家党执政时期，新西兰在发达国家中率先与中国达成了关于中国加入世界贸易组织的双边协定。这说明新西兰不同的政党在发展对华关系问题上的意见是一致的，两国友好有着坚实的基础。我们愿与包括国家党在内的新方各界共同努力，推动中新关系不断迈上新台阶。

布拉什说，国家党坚持一个中国的原则，主张新西兰加强同中国的合作，支持两国尽快达成自贸区协定，愿为促进两国的交往与合作而努力。我愿强调，新西兰无论哪个政党执政，积极发展对华关系的政策不会改变。

全国人大常委会归侨侨眷权益保护法执法检查组在北京召开第一次全体会议

会议由全国人大常委会副委员长盛华仁主持。国务院侨办、国家发改委、教育部、财政部、劳动和社会保障部、建设部、中国侨联有关负责人在会上汇报了归侨侨眷权益保护法贯彻实施情况。

王兆国说，这次执法检查，要从解决涉及归侨侨眷和海外侨胞切身利益的问题入手，努力为他们解难事，做实事、办好事，协调关系、化解矛盾、理顺情绪，充分调动和保护他们的积极性、主动性和创造性。要重点检查“一府两院”依法加强保护归侨侨眷和海外侨胞在国内合法权益的情况，扶持华侨农场改革发展政策措施落实的情况，归侨侨眷社会保障规定落实的情况。王兆国要求执法检查组要围绕这三项重点内容，以高度负责的精神，认真搞好检查，务求取得实实在在的效果。

盛华仁说，归侨侨眷权益保护法是我国第一部保护归侨侨眷合法权益的专门法律，它贯彻了党和国家对归侨侨眷“一视同仁，不得歧视，根据特点，适当照顾”的原则，使我国的侨务工作走上了规范化、法制化的道路。贯彻实施这部法律，对切实保护归侨侨眷的合法权益，充分调动广大归侨侨眷和海外侨胞爱乡爱国的积极性，吸引他们支持和参与祖国改革开放和现代化建设事业发挥了重要作用。要通过检查，督促有关部门解决法律实施中存在的突出问题。

据悉，近些年来，每次全国人大会议上，都有不少代表提出有关华侨事务方面的建议。去年十届全国人大三次会议上代表提出的关于简化海外华侨华人入境、签证手续的建议办理工作取得了实效。今年十届全国人大四次会议上，代表提出的关于加大对华侨农场扶持力度的建议，已经确定为重点办理的建议，由有关专门委员会督促办理。

检查组自4月9日至5月中旬，将赴广西、陕西、广东、上海、福建、山东进行检查，并委托天津等省、直辖市人大常委会协助在本行政区域内进行检查。

全国人大常委会副委员长盛华仁在人民大会堂会见南非国民议会秘书长丁盖尼

中央军委副主席曹刚川上将在平壤分别会见朝鲜国防委员会第一副委员长赵明录次帅和最高人民会议常任委员会委员长金永南

国务委员唐家璇在人民大会堂会见摩洛哥国王特使费赫里

国家林业局通报近期6起森林火灾处理情况

这6起森林火灾处理情况分别是：

一、四川木里重大森林火灾

2005年5月18日至6月1日，四川省木里县东孜乡、水洛乡、唐央乡分别因野外用火不慎、违规施工等原因相继发生3起森林火灾。经广大军民奋力扑救，2005年6月9日火灾全部被扑灭。据统计，东孜乡过火面积1412公顷，受害森林面积211.3公顷；水洛乡过火面积996.4公顷，受害森林面积507.7公顷；唐央乡过火面积2214公顷，受害森林面积900.5公顷。

处理结果：给予木里县林业局局长党内严重警告、行政记大过处分，木里林业局(森工企业)局长行政记大过处分，木里县县长行政记过处分，分管副县长党内严重警告、行政记大过处分，西昌电力股份有限公司总经理党内严重警告处分，中国水电顾问集团成都勘测设计研究院物探中心主任党内警告、行政记大过处分，卡基娃电站项目总工程师行政记过处分。责成木里县委、凉山州林业局主要领导及凉山州分管领导写出书面检查。对火灾肇事犯罪嫌疑人辛国平、丁洪提请检察院批准逮捕,移送司法机关依法处理。

二、黑龙江嫩江"9·29"特大草地森林火灾

2005年9月29日至10月6日,黑龙江省嫩江县先后因打草烧荒、点烧麦茬等引起地下火数月不灭,引发多起森林火灾。经军民奋力扑救,火灾于2005年10月7日全部扑灭。据统计,火灾过火面积约10330公顷,受害森林面积2231公顷。

处理结果:给予负有责任的嫩江县委主要领导党内警告处分,县政府主要领导行政记过处分,分管领导行政记大过处分,嫩江县林业局局长行政记过处分,分管副局长行政记大过处分,嫩江县多宝山镇党委书记党内警告处分,镇长行政记大过处分,卧都河林场书记、场长党内严重警告、行政降级处分,分管副场长党内严重警告、行政降级处分。黑河市政府向黑龙江省政府作出深刻检查。对卧都河林场瞭望员没有及时发现和报告火情,导致火灾蔓延进行责任追究。对火灾肇事犯罪嫌疑人王明国、周传修、延新滨等依法作出相应处理。

三、黑龙江省大兴安岭"10·23"重大草甸森林火灾

2005年10月23日,黑龙江省大兴安岭呼玛县韩家园林业局在点烧防火线时突起8级到9级大风,致使北疆林场北面防火线跑火,引发特大森林火灾。经7400多名军民艰苦扑救,火灾于10月30日被全部扑灭。据统计,火场面积108730公顷,受害森林面积21746公顷。

处理结果:否决呼玛县、韩家园林业局经济和社会发展目标全部指标奖励。呼玛县县长和韩家园林业局局长分别写出深刻检查,并通报全区。给予负有责任的呼玛县副县长和韩家园林业局副局长行政记大过处分,呼玛县防火办主任撤职处分,韩家园林业局防火办主任行政记大过处分。依据《大兴安岭地区扑救森林火灾用兵补偿制度》,呼玛县和韩家园林业局各承担此次扑火费200万元,行署、林管局一次扣缴;呼玛县受灾农户财产损失288万元,行署、林管局承担损失费用的一半,其余部分由呼玛县自行解决。

四、山西省左权县"3·27"程家沟森林火灾

今年3月27日,山西省左权县程家沟由于野外热饭引发森林火灾,火灾于3月30日10时40分被扑灭。火场总面积347.3公顷,受害面积15.8公顷,损失林木734立方米。参加扑火人员达5010人,有3名乡干部在扑火中牺牲。

初步处理结果:肇事者王春林已被批准逮捕,负有领导责任的左权县林业局局长已被免职。

五、河北省顺平县"3·23"森林火灾

2006年3月23日12时,河北省顺平县神南乡由于人吸烟引发森林火灾。火灾于3月25日11时被扑灭。火场过火面积66.7公顷。共出动扑火人员1133人。火灾造成2人轻伤,2人重伤,1人死亡。

初步处理结果:肇事者韩银乐因涉嫌失火罪被批准逮捕,此案正在进一步审理中。

六、河北省滦平县"3·25"森林火灾

今年3月25日13时,河北省滦平县巴克什营镇缸房村由于小孩吸烟引发森林火灾。火灾于3月26日9时扑灭。火场过火面积29.6公顷,受害森林面积11.7公顷。共出动扑火人员860余人。

初步处理结果:肇事者监护人负责赔偿损失。

中国建成世界首个防治禽流感专利数据库

据《人民日报》报道:这套数据库配备了强大的专利信息检索平台和数据支持。数据库分中国专利和世界专利两部分,汇集了1985年至今的中外相关专利138508件,其中中国专利44439件,世界各国专利94069件。这套数据库将有助于科研人员、专利审查人员及时、准确、全面地检索国内外防治禽流感的相关专利。

4月7日

全国人大常委会委员长吴邦国在人民大会堂会见也门总统阿里·阿卜杜拉·萨利赫

吴邦国说,今年是中也建交50周年,两国元首的成功会晤对中也关系的深入发展具有重要意义。他说,中也两国人民有着传统友谊。建交以来,双方始终彼此尊重、平等相待,相互信赖、相互支持,在国际和地区问题上保持沟通与配合。进一步发展两国关系具有坚实的民意和政治基础。我们愿与也方共同努力,推动两国关系迈上新台阶。

吴邦国表示,中国全国人大愿与也门议会加强友好交往,深化交流与合作,为增进两国人民的相互理解和友谊、促进两国的互利合作、推动两国关系全面深入发展作出新的贡献。

萨利赫说,目前,也中关系正处于两国建交以来的最好时期。也门对中国改革开放和现代化建设取得的巨大成就表示钦佩,认为中国发展的许多经验值得借鉴。萨利赫表示,也方高度重视发展对华关系,愿与中方加强政府、议会、政党之间的友好交往,扩大经贸、能源等领域的互利合作,推动也中关系实现新的飞跃。

国务院总理温家宝抵达金边开始对柬埔寨进行正式访问

国务院副总理回良玉主持召开国务院残疾人工作委员会全体会议

回良玉总结了"十五"期间的残疾人工作,研究部署当前和今后一个时期的残疾人事业发展。

回良玉强调,"十一五"时期是我国全面建设小康社会的关键时期,也是残疾人事业发展的重要时期。要结合经济社会发展各项事业统筹规划,紧紧围绕实现和维护广大残疾人的权益大力推进,努力在残疾人康复、教育、就业、维权、社会保障、无障碍建设、宣传文体等方面取得更大进展。要把解决贫困残疾人特别是农村残疾人的困难放到更加突出的位置,尽快改变农村残疾人事业发展滞后的状况。各级政府和有关部门要重视建立残疾人事业发展的长效机制,在政策、资金等方面给予支持和倾斜。要不断完善政府主导、部门负责、密切配合、社会参与的工作机制,创新工作方法,形成工作合力,综合运用多种资源和手段,全面提高为残疾人综合服务的能力。各级残疾人组织要加强自身建设,更好地发挥联系残疾人的桥梁纽带作用。要在全社会弘扬人道主义和扶弱助残的传统美德,广泛深入地开展各种形式的扶残助残活动。当前要重点抓好残疾人事业"十一五"发展纲要的制定和实施工作,扎实推进残疾人保障法的修改,精心组织好2008年北京残奥会和2007年上海特奥会的筹备工作。要继续做好第二次全国残疾人抽样调查工作,确保数据的真实可靠和调查的圆满成功。

最高人民法院发出通知要求各地法院切实做好商业贿赂犯罪案件审判工作

通知强调,最高人民法院成立治理商业贿赂领导小组,指导和协调全国法院开展治理商业贿赂专项工作。各高级法院也要建立健全组织领导机构,制订实施方案,搞好组织协调,切实担负起对本辖区法院开展治理商业贿赂专项工作的组织领导责任,推动治理商业贿赂专项工作稳步有序进行。

通知要求,对起诉到法院的商业贿赂犯罪案件,各级法院要依法及时审判。突出大要案审判,对发生在工程建设、土地出让、产权交易、医药购销和政府采购以及资源开发和经销等领域的商业贿赂犯罪行为,以及国家工作人员利用权力参与企业、事业单位的经营活动,谋取非法利益、索贿受贿的犯罪行为,要依法予以严惩。

通知指出,商业贿赂情况复杂,审理商业贿赂犯罪案件的专业性、政策性都很强。各级法院必须正确把握政策界限,严格依照刑法的规定,注意区分犯罪与一般违法违纪违规的界限,区分犯罪与正常的商业活动的界限。坚持宽严相济的刑事政策,对性质恶劣、情节严重、涉案范围广、影响面大的商业贿赂犯罪案件,依法从严惩处。对自首、立功或者积极退赃的犯罪分子,依法从轻、减轻或者免予处罚。

2006年中国义乌(国际)文化产业博览会在义乌开幕

这是国内首个国际性文化产业展会,来自京津沪等16个省区市、港澳台地区和新加坡等国家的700多家企事业单位参展,展位1500个;展品包括30多个种类,是国内迄今展览范围最广、展览品种最多、展览规模最大的文化产业展会。本届展会为期3天。

国务院副总理吴仪在洛杉矶出席中美项目采购签约仪式

中国企业家代表团与洛杉矶市政府今天共同举行中美项目采购签约仪式和中美企业家投资贸易洽谈会,国务院副总理吴仪与洛杉矶市市长维拉莱戈萨和洛杉矶郡郡政委员会主席安东诺维奇共同出席了签约仪式。

此次双方在签约仪式上签约项目共27个,总额达44.4亿美元,涉及产品范围广泛,既有软件、发电设备,也有汽车和电子元器件等。

越南国家主席陈德良在河内会见中央军委副主席曹刚川

全国政协副主席罗豪才在北京会见中央执委吴年吞昂率领的缅甸联邦巩固与发展协会代表团

中也建交50周年庆祝招待会在北京举行

中国人民对外友好协会和中国阿拉伯友好协会共同举行招待会,庆祝中国与也门建交50周年。全国人大常委会副委员长路甬祥出席了招待会。

中国阿拉伯友好协会会长铁木尔·达瓦买提、也门通信与信息技术部部长苏莱曼·穆阿里米分别代表中也双方在招待会上致辞。出席招待会的还有中国驻也门大使罗晓光、中国人民对外友好协会副会长王运泽、外交部部长助理崔天凯,以及也门驻华大使阿卜杜拉·努阿曼、也门驻华公使萨利赫·麦德哈吉等。

全国已有300多万被征地农民纳入了社会保障体系

据《人民日报》报道:从今天国土资源系统党风廉政建设工作会议上获悉,2005年,清欠征地补偿费成果基本得到巩固,征地中损害农民利益的问题基本得到遏制。各地普遍提高了征地补偿标准,为被征地农民增加补偿费2.3亿元,江苏、浙江等十几个省建立了被征地农民社会保障制度,全国已有300多万被征地农民纳入了社会保障体系。

胡峨亭逝世

国防大学原政治部主任胡峨亭因病医治无效，于4月7日在北京逝世，享年81岁。

4月8日

国务院总理温家宝在金边与柬埔寨首相洪森举行会谈

温家宝在会谈中强调，中国坚持走和平发展道路，中国的发展是对世界和平与繁荣的贡献，不会对任何国家构成威胁，中国将在发展过程中继续向包括柬在内的发展中国家提供不附带任何条件的经济援助，实现共同进步。

温家宝赞赏柬埔寨为推进中国—东盟关系发展所发挥的重要作用，表示中国支持东盟一体化进程，支持东盟在东亚合作进程中发挥主导作用。中国—东盟建立对话关系15周年纪念峰会将于今年10月在中国南宁举行。中方愿与柬方密切配合，确保会议取得成功，将中国—东盟关系提高到一个新的水平。

洪森说，中国在自身发展的同时，也愿意帮助包括柬埔寨在内的其他发展中国家，从不借此干涉别国内政，柬人民对此衷心感谢。中国是柬真诚无私的朋友和伙伴，是维护世界和平、促进共同发展的重要力量。

洪森说，我已决定率团赴南宁参加中国—东盟纪念峰会。柬愿与中方共同推动中国与东盟深化合作。

会谈后，温家宝与洪森共同出席了两国政府经济技术合作协定等双边合作文件的签字仪式，以及中方援建的柬政府办公大楼奠基仪式和甘再水电站象征性开工仪式。

国务院总理温家宝在金边柬埔寨王宫会见柬埔寨国王西哈莫尼

温家宝强调，中国政府重视对柬关系，珍视同柬王室的特殊友谊，愿与柬方一道，巩固传统友谊，扩大互利合作，不断推进两国睦邻友好合作关系向前发展。

西哈莫尼代表柬埔寨人民对温家宝的到访表示热烈欢迎。他说，柬埔寨人民对中国怀有深切的友情，心中铭记着来自中国的宝贵支持和帮助，柬中友好牢不可破。柬王室将一如既往为促进两国世代友好作出贡献。

国务院总理温家宝在金边分别会见柬埔寨国民议会议长韩桑林和参议院议长谢辛

中央纪委书记吴官正在湖南考察

4月8日至12日，中共中央政治局常委、中央纪委书记吴官正在湖南省省委书记张春贤、省长周伯华等陪同下，先后到衡阳、株洲、湘潭、长沙等地考察，了解党风廉政建设和社会主义和谐社会建设情况。在农村，与干部和村民交谈，了解基层党风建设和村务公开的情况；在企业，了解节约能源资源、减少排污的做法以及治理商业贿赂的情况；在政务服务中心，了解办事公开和便民利民的情况；在医院，了解改进医德医风、方便群众就医的情况。他还到韶山瞻仰了毛泽东同志故居。

吴官正听取了湖南省委、省政府的工作汇报，对他们的工作给予充分肯定。他指出，干部队伍清正廉洁、团结向上，是社会和谐稳定的重要基础。要按照“八个坚持、八个反对”和树立社会主义荣辱观的要求，切实加强党风廉政教育，促进领导干部增强党性修养和廉洁从政意识，规范从政行为。广大党员干部要发挥表率作用，自觉做到明是非、知廉耻、晓荣辱，做一个心地清净、品行端正的人，心系群众、乐于奉献的人，求真务实、奋发有为的人。

吴官正强调，要严肃党的纪律，加强监督检查，确保政令畅通，推动科学发展观的贯彻落实。对有利于科学发展的，要鼓励、支持和保护；对干扰和妨害科学发展的，要坚决克服和纠正。今明两年地方各级党委要集中换届，各级领导干部要讲政治、顾大局，正确对待进退留转，自觉遵守组织人事纪律，坚决防治用人上的不正之风。要加强司法队伍作风建设，切实维护社会公平和正义。坚持法纪面前人人平等，保持查办案件的高压态势，依纪依法严厉惩处腐败分子。

中国最大风力发电项目将在新疆落户

据新华社报道：中国华电集团公司和新疆吐鲁番地区行署3月底签署合作开发协议：从2006年起，中国华电集团公司将投资150亿元，按照每年4万千瓦的速度，在吐鲁番小草湖风区建立200万千瓦的风力发电场，在初期的五年内将投资15亿元，以每年6万千瓦的速度使风电装机容量达到30万千瓦。

第十届海峡两岸机械电子商品交易会暨厦门对台出口商品交易会在厦门国际会展中心开幕

国务院副总理吴仪发来贺电。全国人大常委会副委员长许嘉璐、全国政协副主席张克辉以及海内外嘉宾上千人出席了开幕式。

本届台交会吸引了海峡两岸以及美国、日本等20多个国家和地区的700多家企业前来参展，1612个展位、33000平方米的展览面积，使这次台交会成为举办以来规模最大的一届。参展企业中有60%以上是回头客。专门为台湾客商设置的台湾展区是台交会的最大亮点,共有110家来自台湾的企业踊跃参展。由于参展的台湾企业数量明显增加,展位数也从去年的210个增加到今年的260个。台交会展馆分设机械设备、模具展区,仪器仪表暨工业自动化展区,光电展区和汽车电子暨零部件展区,不仅参展的商品门类更趋集中,高技术产品和新产品也比往届增多。

台交会期间还将举办"海峡两岸经贸论坛""中国照明学会青年学术论坛"与"海峡两岸三地光电产业科技交流与合作研讨会"等专业性研讨会,以及10多场不同类型的配套活动。

国务院副总理吴仪在孟菲斯会见美国田纳西州州长

吴仪在会见布雷德森时说,中国是田纳西州第三大出口市场,双方贸易迅速发展。2005年,中国自田纳西州进口了谷物、棉花、化工产品、电子元器件等价值14亿美元的产品。

吴仪表示,发展健康、稳定的中美经贸关系对双方都有利。中国的市场是开放的,中美间的贸易是互惠互利的,欢迎更多的美国产品、包括田纳西州的产品出口到中国,也欢迎田纳西州的企业到中国投资。

布雷德森对吴仪访问田纳西州以及中国企业家代表团在美开展多种形式的贸易投资促进活动表示热烈欢迎。他说,田纳西州与中国经贸合作密切,总部设在田纳西州的美国联邦快递公司将中国作为发展业务的重要市场,取得了成功的业绩。他对中方给予联邦快递的协助表示感谢。

中共中央书记处书记何勇在新德里会见印度内政部部长希夫拉杰·帕蒂尔

全球第一家商务孔子学院在伦敦举行成立签字仪式

伦敦商务孔子学院由汇丰集团、英国石油公司等机构发起,在中国教育部、国家汉办、中国驻英大使馆支持下,由清华大学和伦敦经济政治学院合作承办,是面向英国工商界高中层管理人员,以讲授汉语、当代中国文化、经济、法律为办学宗旨的新型学校。目前全球已有28个国家建立了54所孔子学院。

《诗说千家姓》出版发行

汇集2798个华夏姓氏的《诗说千家姓》一书由黑龙江人民出版社出版发行。作者邓洪文把从各个渠道搜集到的姓氏,编写成反映重大历史事件、重要历史人物、神话传说故事、人生伦理道德、讴歌中华文明的诗句,内容包含历史、地理、科技、教育等多方面的文化知识,并配有注音和释文,深度开发了姓氏文化资源。

齐晖夺得第八届世界短池游泳锦标赛女子200米混合泳金牌

齐晖凭借后半程发力,以2分09秒33夺得女子200米个人混合泳金牌,这也是中国队在第八届世界短池游泳锦标赛上获得的第二枚金牌。

截至2005年年底我国共有卫生人员635万人

据《人民日报》报道:从卫生部获悉,截至2005年年底,我国共有卫生人员635万人,其中卫生机构的卫生人员543万人,农村乡村医生和卫生员92万人。我国每千人口医生、护士(师)数虽然低于大多数发达国家水平,但已超过了亚洲地区平均水平,也超过了世界平均水平。

4月9日

国务院印发《关于加强和改进社区服务工作的意见》

各省、自治区、直辖市人民政府,国务院各部委、各直属机构:

随着社会主义市场经济的发展和城镇化进程的加快,城市社区在经济社会发展中的地位越来越重要,社区居民对社区服务的需求越来越多,要求越来越高。做好社区服务工作对于提高居民生活质量、扩大就业、化解社会矛盾、促进和谐社会建设都具有重要意义。现就加强和改进社区服务工作提出以下意见:

一、加强和改进社区服务工作的指导思想、基本原则和主要任务

(一)指导思想。以邓小平理论和"三个代表"重要思想为指导,贯彻落实科学发展观,推进社会主义和谐社会建设,以不断满足社区居民的物质、文化、生活需要为出发点,充分发挥政府、社区居委会、民间组织、驻社区单位、企业及居民个人在社区服务中的作用,整合社区资源,健全服务网络,创新服务方式,拓宽服务领域,强化服务功能。

(二)基本原则。1.坚持以人为本。着眼于居民多层次、多样化的物质文化需求,特别是对居民最关心、最需要、通过努力又可以解决的问题及时提供服务,为社区居民排忧解难。2.坚持社会化。发挥政府、社区居委会、民间组织、驻社区单位、企业及个人在社区服务中的作用,政府提供公共服务,鼓励、支持社区居民和社会力量参与社区服务。3.坚持分类指导。按照政

企分开、政事分开原则，区分不同类型的社区服务，实行分类指导。既要整体推进，又要解决薄弱环节、重点项目和关键问题；既要坚持广受居民欢迎的传统服务方式，又要善于运用现代科学技术手段，不断提高社区服务水平。

（三）主要任务。通过努力，逐步建立与社会主义市场经济体制相适应，覆盖社区全体成员、服务主体多元、服务功能完善、服务质量和管理水平较高的社区服务体系，努力实现社区居民困有所助、难有所帮、需有所应。

二、大力推进公共服务体系建设，使政府公共服务覆盖到社区

（四）推进社区就业服务。加强街道、社区劳动保障工作平台建设，通过提供就业再就业咨询、再就业培训、就业岗位信息服务和社区公益性岗位开发等，对就业困难人员提供针对性的服务和援助。结合居民物质文化生活需要开发就业岗位，挖掘社区就业潜力，创建充分就业社区，提高就业稳定性。探索建立信用社区、创业培训与小额担保贷款联动机制，为下岗失业人员自谋职业和自主创业创造条件。建立就业与失业保险、城市居民最低生活保障工作联动机制，促进和帮助享受失业保险、城市居民最低生活保障待遇的相关人员尽快实现就业。

（五）推进社区社会保障服务。加强企业离退休人员社会化管理服务工作，加快老年公共服务设施和服务网络建设。具备条件的地方，可开展老年护理服务，兴建退休人员公寓。充分发挥劳动保障工作平台的作用，促进和帮助城镇居民按规定参加各项社会保险。

（六）推进社区救助服务。加强对失业人员和城市居民最低生活保障对象的动态管理，及时掌握他们的就业及收入状况，切实做到“应保尽保”。积极开展基层社会救助服务，帮助群众解决生产生活中的实际困难。进一步推进社会福利社会化，加快发展社区居家养老服务业。大力发展社区慈善事业，加强对社区捐助接收站点、“慈善超市”的建设和管理。

（七）推进社区卫生和计划生育服务。坚持政府主导、社会力量参与，建立健全以社区卫生服务中心（站）为主体的社区卫生和计划生育服务网络，以妇女、儿童、老年人、慢性病人、残疾人、贫困居民等为重点，为社区居民提供预防保健、健康教育、康复、计划生育技术服务和一般常见病、多发病、慢性病的诊疗服务。大力培养社区卫生服务技术和管理人员，加强对社区卫生服务的监督管理，保证服务质量。实施国家政策规定的计划生育基本项目免费服务。建立民主监督制度，把社区居民满意程度作为考核社区卫生服务工作人员业绩的重要标准。完善社区卫生服务运行机制，发挥社区卫生服务的健康保障功能，努力实现人人享有初级卫生保健的目标。

（八）推进社区文化、教育、体育服务。发展面向基层的公益性文化事业，逐步建设方便社区居民读书、阅报、健身、开展文艺活动的场所，加强对社区休闲广场、演艺厅、棋苑、网吧等文化场所的监督管理，促进社会主义精神文明建设。调动社区资源和力量支持和保障社区内中小学校开展素质教育和社会实践活动，为青少年健康成长创造良好的社区环境。落实《全民科学素质行动计划纲要》，不断提高居民科学素质。统筹各类教育资源，充分发挥社区学院、市民学校的作用，积极创建各种类型的学习型组织，面向社区居民开展多种形式的教育培训和科普活动，建立覆盖各类人群的多渠道、全方位的社区学习服务体系。培育群众性体育组织，落实《全民健身计划纲要》，配置相应的健身器材，不断增强居民体质。

（九）推进社区流动人口管理和服务。按照“公平对待、合理引导、完善管理、搞好服务”和“以现居住地为主，现居住地和户籍所在地互相配合”的原则，实行与户籍人口同宣传、同服务、同管理，为流动人口的生活与就业创造好的环境和条件。简化办事程序，减少相关手续，取消不合理收费，为流动人口提供优质服务。

（十）推进社区安全服务。深入开展基层安全创建活动，加强社区警务室（站）建设，大力实施社区警务战略，建立人防、物防、技防相结合的社区防范机制和防控网络。依托社区居委会等基层组织，挖掘和利用社区资源，加强群防群治队伍建设。深入开展法制宣传教育和咨询服务活动，建立完善收集、反馈社情民意的工作机制，组织开展以社区保安、联防队员为主体，专职和义务相结合的巡逻守望、看楼护院等活动。建立及时有效的矛盾纠纷排查、调处工作机制，加强对刑释解教人员、监外执行人员和有不良行为青少年的帮助、教育和转化工作。做好社区消防工作，提升社区消防安全水平。深入开展打击“黄赌毒”和禁止传销等工作。健全社区环境保护管理制度，建设资源节约型、环境友好型社区。建立传染病、食品安全、灾害事故的应急反应机制，不断提高社区应对突发事件的能力。

（十一）不断改进政府公共服务方式。整合政府各部门在城市基层的办事机构，积极推进“一站式”服务，提高为社区及其居民提供公共服务的水平。政府有关部门不得将应由自身承担的行政性工作摊派给社区组织。对有些社区组织做起来有优势的行政性工作，可依法采取“权随责走、费随事转”的原则，委托社区组织承担。积极探索通过政府“购买服务”、项目管理等多种形式，调动社会组织参与社区服务的积极性，促

进公共服务社会化。梳理、整合各类服务热线、呼叫热线,形成社区公共资源共享机制。建设社区信息化平台,提高社区公共服务的自动化、现代化水平。

三、充分发挥社区居委会在社区服务中的作用

(十二)支持社区居委会协助城市基层政府提供社区公共服务。充分发挥社区居委会在了解社区居民需求、提供便民服务方面的独特优势和重要作用。城市基层政府及有关单位要妥善解决社区居委会开展有关服务所必需的房屋、设施和工作经费。要积极指导社区居委会定期听取居民对社区公共服务的意见,并积极向政府反映,促进社区公共服务质量的不断提高。

(十三)支持社区居委会组织社区成员开展自助和互助服务。鼓励并支持社区居委会组织动员驻社区单位和社区居民开展邻里互助等群众性自我服务活动,为居家的孤老、体弱多病和身边无子女老人提供各种应急服务,为优抚对象、残疾人及特困群体缓解生活困难提供服务;倡导社区居民和驻社区单位开展社会捐赠、互帮互助,对社区困难群体实行辅助性生活救助;管理、利用好社区公益性服务设施,方便社区成员生活。有条件的地方,社区居委会可以根据居民需要,建立热线电话救助网络、社区智能服务网络、社区服务站、社区公共服务社等服务载体,开展非营利服务。

(十四)指导社区居委会为发展社区服务提供便利条件。鼓励并指导社区居委会组织居民参与文化、教育、科技、体育、卫生、法律、安全等进社区活动;支持社会各方面力量利用闲置设施、房屋等资源兴办购物、餐饮、就业、医疗、废旧物资回收等与居民生活密切相关的服务网点,并维护其合法权益;引导和管理各类组织和个人依法有序开展社区服务;正确处理好社区居委会与社区物业管理企业的关系,支持和指导物业管理企业依法经营。

四、培育社区服务民间组织,组织开展社区志愿服务活动

(十五)大力培育社区生活服务类民间组织。支持和鼓励社区居民成立形式多样的慈善组织、群众性文体组织、科普组织和为老年人、残疾人、困难群众提供生活服务的组织,使社区居民在参与各种活动中,实现自我服务、自我完善和自我提高。积极支持民间组织开展社区服务活动,加强引导和管理,使其在政府和社区居委会的指导、监督下有序开展服务。

(十六)积极组织开展社区志愿服务活动。培育社区志愿服务意识,弘扬社区志愿服务精神,推行志愿者注册制度。积极动员共产党员、共青团员、公务员、专业技术人员、教师、青少年学生以及身体健康的离退休人员等加入志愿服务队伍,优化志愿人员结构,壮大志愿人员力量。指导建立志愿服务激励机制,使志愿者本人需要帮助时,能够及时得到志愿者组织和其他志愿者的服务。指导志愿组织和志愿人员开展社会救助、优抚、助残、老年服务、再就业服务、维护社区安全、科普和精神文明建设活动,不断创新服务形式,提高服务水平。

五、鼓励和支持各类组织、企业和个人开展社区服务

(十七)鼓励和支持有关单位服务设施向社区居民开放。按照互惠互利、资源共享原则,积极引导社区内或周边单位内部食堂、浴池、文体和科教设施等向社区居民开放。充分利用社区内的学校、培训机构、幼儿园、文物古迹等开展社区教育活动。有关单位开展社区服务,既可以单独经营,也可以与社区组织联营共建。

(十八)鼓励和支持各类组织、企业和个人开展社区服务业务。鼓励相关企业通过连锁经营提供购物、餐饮、家政服务、洗衣、维修、再生资源回收、中介等社区服务。利用现代信息技术、物流配送平台帮助社区内中小企业,实现服务模式创新,推动社区商业体系建设。对开办商业性社区服务项目的,有关部门要依法简化审批手续,维护其合法权益。积极落实各项优惠政策,鼓励下岗失业人员自办或合伙兴办社区服务组织,或通过小时工、非全日制工和阶段性就业等灵活方式参与社区服务。

六、加强领导和政策指导,强化社区服务监管

(十九)加强组织领导。地方各级人民政府和有关部门要充分认识新形势下搞好社区服务的重要性,把这项工作与提高居民生活质量、实施社会救助和再就业工程、发展第三产业、促进精神文明建设等各项工作紧密结合起来。要建立健全政府统一领导、民政部门牵头、有关部门配合、社会广泛参与的社区服务管理体制和工作机制。依托社区提供公共服务的教育、科技、公安、司法行政、劳动保障、建设、文化、卫生、人口计生、环保、体育等部门,要按照社区服务发展要求加强业务指导,提高服务水平。各级发展改革、财政、商务、银行、税务、工商等部门要按照各自职能,进一步制定促进社区服务发展的政策措施。积极鼓励工会、共青团、妇联及残联、老龄、慈善等组织参与社区服务,大力倡导团结互助、扶贫济困的良好风尚,形成推动社区服务发展的合力。

(二十)加强社区服务工作队伍建设。切实解决社区居委会成员及其聘用的服务人员的生活补贴、工资、保险等福利待遇问题,并使待遇水平随经济发展而适当增长。经常开展对社区服务人员的思想教育和业务培训,不断提高他们服务居民、管理社区的能力。加强对社区服务的理论研究,鼓励有条件的大专院校和培训机构开设社会工作专业、社区服务课程,培养专业人才。

(二十一)加强社区服务的统筹规划和政策指导。地方各级人民政府要从实际出发,因地制宜,分级制定社区服务发展规划,确定发展目标和重点,完善相关政策措施,促进社区服务各项工作的落实。要将社区服务设施建设纳入城市规划和土地利用规划,统筹安排,通过新建和改造,完善社区各类服务设施,健全服务体系,增强服务功能。有条件的地方,可以开展农村社区服务的试点,逐步实现城乡社区服务统一规划,统筹发展。

地方各级人民政府和有关部门要帮助社区落实开展公共服务的资金、场所和人员,对社区组织开展的互助性服务、志愿服务和社会力量兴办的微利性商业服务给予政策和资金扶持;对社区营利性商业服务要积极引导向产业化、市场化发展,充分发挥行政机制、互助机制、志愿机制、市场机制在社区服务中的作用。积极推进适宜产业化经营的社区服务实体的股份制改造;鼓励大型服务企业兼并、控股国有或集体所有的社区服务单位,支持个体私营经济参股或兴办社区服务企业。

(二十二)加强对社区服务活动的监督管理。综合运用行政、法律手段监督、管理社区服务。推动制定各类社区服务行业标准并监督执行。建立健全反映社区服务设施、服务管理、居民需求及满意程度等有关信息的采集及工作评估体系。严格财务和审计制度,严禁将救助、福利、公益款物等挪作他用。认真解决社区服务发展中的各种问题,及时查处违法违纪和损害群众利益的行为,保证社区服务健康发展。

各省、自治区、直辖市人民政府要按照本意见精神,结合实际,制定贯彻落实的具体措施。国务院有关部门要加强对本意见贯彻执行情况的监督检查。

国务院

2006年4月9日

中国农业发展银行初步计划2006年度发行金融债券2000亿元以支持新农村建设

国务委员兼国防部部长曹刚川在胡志明市会见越共中央政治局委员阮明哲

双方就两国、两党及两军关系等问题交换了意见。

曹刚川说,中越友好关系源远流长。自两国领导人确定了“长期稳定、面向未来、睦邻友好、全面合作”的新世纪中越关系16字方针以来,双方做了许多扎扎实实的工作,推动两国、两党友好关系进入了新的发展阶段。中越两军关系也发展顺利。我们愿与越方一道,继承传统,面向未来,把中越友好世代相传下去。

阮明哲说,多年来,越中两党、两国和两国人民之间的关系不断巩固和发展,双方领导人经常互访,增进了相互了解,扩大了共识,开展了全面的合作。越方对越中两国两军关系取得的积极进展感到满意,希望越中两军继续加强交流与合作,为增进越中两党、两国及两国人民的团结友谊作出新的努力。

中美科学家合作在中国境内发现的陨石中找到不透明矿物集合体

不透明矿物集合体曾被认为是太阳系最古老的物质。科学家们对这些物质进行了微区原位氧同位素组成分析,首次完整和清晰地揭示了不透明矿物集合体复杂矿物组合的形成奥秘。相关研究成果近日发表在国际重要地球科学刊物《地球和行星科学通信》上。国际同行认为,这一发现可能改写太阳系起源和演化的历史。

我国考古工作者在南京发掘出长度超过20米的古墓葬

据《人民日报》报道:这是迄今为止发现的中国最大的六朝古墓。据南京市博物馆有关专家介绍,整个墓坑长21.5米,宽14.4米,其中残存的墓道长达10.05米,宽4.10—4.25米。从墓的构造以及墓砖上的纹饰来看,应为六朝早期东吴时期的墓,距今约有1700多年。

北京14家网站联合向全国互联网界发出文明办网倡议书

北京千龙网、新浪网、搜狐网、网易网、TOM网、中华网、百度网、北青网、中国搜索网、西陆网、西祠胡同网、雅虎网、和讯网、大旗网等网站,9日联合向全国互联网界发出如下倡议:

一、在互联网工作者中大力宣传、贯彻、落实胡锦涛总书记提出的以“八荣八耻”为主要内容的社会主义荣辱观,以传播弘扬热爱祖国、服务人民、崇尚科学、辛勤劳动、团结互助、诚实守信、遵纪守法、艰苦奋斗的内容为荣,坚持文明办网,把互联网办成宣传科学理论,传播先进文化,塑造美好心灵,弘扬社会正气的阵地。我们要坚持唱响“主旋律”,坚持传播有益于提高民族素质、推动经济社会发展的信息,努力营造积极向上、和谐文明的网上舆论氛围。

二、坚决抵制与社会公德和中华民族优秀传统美德相背离的不良信息,自觉抵制网络低俗之风,净化网络环境。不刊载不健康文字和图片,不链接不健康网站,不提供不健康内容搜索,不发送不健康短(彩)信,不开设不健康声讯服务,不运行带有凶杀、色情内容的游戏,不登载不健康广告;不在网站社区、论坛、新闻跟帖、聊天室、博客等中发表、转载违法、庸俗、格调低下的言论、图片、音视频信息，积极营造网络文明新风。

三、坚持自我约束，实施行业自律。建立、健全网站内部管理制度，规范信息制作、发布流程，强化监管、惩处机制；加强对网站从业人员的职业道德、网上公德教育，增强社会责任感，推动互联网行业健康发展。

四、自觉接受管理，欢迎社会监督，开设举报电话、举报邮箱，建立全天候举报制度，对网民反映的问题认真整改，不断提高网络媒体的社会公信力，让社会信任，让家长放心，让广大网民文明上网。

中国选手史红艳在射击世界杯女子双向飞碟决赛中夺得金牌并打破96中的世界纪录

中国队在短池游泳世锦赛最后一天收获3金3铜

今天是短池游泳世锦赛的最后一天，也是中国游泳队收获最多的一天。中国队拿下了3枚金牌3枚铜牌，为本届世锦赛之旅画上了一个完美的句号。吴鹏以1分52秒36夺得男子200米蝶泳金牌，并打破了该项目的赛会纪录；另外一名中国选手张琳在男子1500米自由泳决赛中，以14分42秒82夺得铜牌。

在女子200米蛙泳决赛中，齐晖发挥后半程实力优势，以2分20秒72夺得金牌，这也是她在本次世锦赛上夺得的第三枚金牌。另外一名中国选手罗男以2分23秒49获得铜牌。杨雨以1分54秒94夺得女子200米自由泳金牌，这也是她第一次获得世锦赛金牌。高畅在女子50米仰泳决赛中以27秒28夺得铜牌。

2006年十佳劳伦斯冠军奖在长沙揭晓

刘翔包揽年度最佳男运动员奖和年度最佳人气奖，郭晶晶获得年度最佳女运动员奖。

4月10日

全国政协主席贾庆林在北京会见以胡仙为荣誉团长的香港崇正总会访问团一行

贾庆林表示，我们将继续贯彻“一国两制”“港人治港”高度自治的方针，严格按照香港特别行政区基本法办事，支持香港特别行政区行政长官和政府依法施政，进一步加强和推动内地同香港在各领域的合作，与香港同胞一道，共同为保持香港的长期繁荣稳定而努力。

贾庆林指出，我们要继续坚定不移地贯彻“和平统一、一国两制”的基本方针和现阶段发展两岸关系、推进祖国和平统一进程的八项主张，贯彻胡锦涛总书记关于新形势下发展两岸关系的四点意见，继续以最大的诚意、尽最大的努力，维护和促进两岸关系和平稳定发展，争取和平统一的前景。同时，我们决不容忍“台独”，坚决反对和遏制“台独”分裂势力及其活动。

中共中央政治局常委李长春在河北考察

4月10日至12日，李长春在河北省省委书记白克明、省长季允石陪同下，先后来到秦皇岛、唐山、廊坊等地，深入农村、企业、社区、循环经济示范区、经济技术开发区和宣传文化单位，就学习宣传贯彻“十一五”规划、开展社会主义荣辱观教育、深化文化体制改革等进行调研。

李长春指出，要大力宣传社会主义新农村建设，推动“三农”工作，按照生产发展、生活宽裕、乡风文明、村容整洁、管理民主的要求，改变农村生产生活面貌；宣传提高自主创新能力、建设创新型国家，加快实现在若干领域掌握一批核心技术，拥有一批自主知识产权，造就一批具有国际竞争力企业的目标，大幅度提高国家竞争力；宣传调整经济结构，建设资源节约型、环境友好型社会，坚持节约发展、清洁发展、安全发展，促进可持续发展；宣传不断深化改革开放，为落实科学发展观革除体制弊端，加快完善社会主义市场经济体制，形成有利于转变经济增长方式、促进全面协调可持续发展的机制；宣传以人为本的执政理念，坚持发展为了人民、发展依靠人民、发展成果由人民共享，切实解决关系群众切身利益的问题，更加关注社会公平，保障人民群众安居乐业。各新闻媒体要开辟专栏和专题节目，大力宣传贯彻落实“十一五”规划纲要的先进典型，推广成功经验。有关部门要组织报告团、宣讲团，深入城乡、深入基层，广泛开展“十一五”规划纲要的宣讲活动，使科学发展观更加深入人心。

考察期间，李长春还来到秦皇岛市新建村、唐山市福乐园社区和沙流河村、廊坊市一街村，实地了解社会主义精神文明建设的情况。他强调，要全面贯彻胡锦涛总书记关于树立社会主义荣辱观的讲话精神，运用群众喜闻乐见的形式，充分发挥大众传媒的作用，广泛深入宣传“八荣八耻”，做到家喻户晓，深入人心。要突出重点，在文明礼仪、公共秩序、社会服务、城乡环境等方面取得突破，在全社会形成知荣辱、讲正气、树新风、促和谐的文明风尚。要紧密联系实际，把社会主义荣辱观教育与贯彻公民道德建设实施纲要紧密结合起来，与加强和改进未成年人思想道德建设紧密结合起来，与城乡群众性精神文明创建活动紧密结合起来，从小事做起，从自我做起，推动社会主义荣辱观进学校、进社区、进农村。他要求河北省认真贯彻《中共中央国务院关于深化文化体制改革的若干意见》，落实全国文化体制改革工作会议精神，统一思想认识，制定试点规划,借鉴成功经验,精心组织指导,扎扎实实推进文化体制改革工作。

国办发出《关于调整国务院扶贫开发领导小组组成人员的通知》

各省、自治区、直辖市人民政府,国务院各部委、各直属机构:

根据工作需要和人员变动情况,国务院决定对国务院扶贫开发领导小组(以下简称领导小组)成员作如下调整:发展改革委副主任杜鹰为领导小组副组长,教育部副部长袁贵仁、科技部副部长刘燕华、民政部副部长李立国、国土资源部副部长王世元、水利部副部长矫勇、西部开发办副主任王金祥、全国妇联书记处书记甄砚为领导小组成员;发展改革委原副主任刘江不再兼任领导小组副组长,教育部原副部长张保庆、科技部副部长李学勇、民政部原副部长贾治邦、国土资源部副部长鹿心社、水利部原副部长陈雷、西部开发办原副主任李子彬、全国妇联原副主席沈淑济不再兼任领导小组成员。

国务院办公厅

2006年4月10日

国办发出《关于设置国务院应急管理办公室的通知》

各省、自治区、直辖市人民政府,国务院各部委、各直属机构:

为进一步加强应急管理工作,全面履行政府职能,根据《国务院关于实施国家突发公共事件总体应急预案的决定》(国发〔2005〕11号)和中编办《关于增设国务院办公厅国务院应急管理办公室的批复》(中央编办复字〔2005〕47号),国务院办公厅设置国务院应急管理办公室(国务院总值班室),承担国务院应急管理的日常工作和国务院总值班工作,履行值守应急、信息汇总和综合协调职能,发挥运转枢纽作用。经国务院同意,现将有关事项通知如下:

一、国务院应急管理办公室(国务院总值班室)的主要职责

(一)承担国务院总值班工作,及时掌握和报告国内外相关重大情况和动态,办理向国务院报送的紧急重要事项,保证国务院与各省(区、市)人民政府、国务院各部门联络畅通,指导全国政府系统值班工作。

(二)办理国务院有关决定事项,督促落实国务院领导批示、指示,承办国务院应急管理的专题会议、活动和文电等工作。

(三)负责协调和督促检查各省(区、市)人民政府、国务院各部门应急管理工作,协调、组织有关方面研究提出国家应急管理的政策、法规和规划建议。

(四)负责组织编制国家突发公共事件总体应急预案和审核专项应急预案,协调指导应急预案体系和应急体制、机制、法制建设,指导各省(区、市)人民政府、国务院有关部门应急体系、应急信息平台建设等工作。

(五)协助国务院领导处置特别重大突发公共事件,协调指导特别重大和重大突发公共事件的预防预警、应急演练、应急处置、调查评估、信息发布、应急保障和国际救援等工作。

(六)组织开展信息调研和宣传培训工作,协调应急管理方面的国际交流与合作。

(七)承办国务院领导交办的其他事项。

二、国务院应急管理办公室(国务院总值班室)办理的主要业务

主要办理各地区、各部门报送国务院涉及下列业务的文电和有关会务、督查工作等:

(一)涉及防汛抗旱、减灾救济、抗震救灾,以及重大地质灾害、重大森林草原火灾及病虫害、沙尘暴及重大生态灾害事件的处置及相关防范业务,重要天气形势和灾害性天气的预警预报等业务。

(二)涉及安全生产、交通安全、环境安全、消防安全及人员密集场所事故处置和预防等业务。

(三)涉及重大突发疫情、病情处置,重大动物疫情处置,重大食品药品安全事故处置及相关防范等业务。

(四)涉及社会治安、反恐怖、群体性事件等重大突发公共事件应急处置和防范业务,涉外重大突发事件的处置等业务。

国务院办公厅

2006年4月10日

国办转发劳动保障部《关于做好被征地农民就业培训和社会保障工作的指导意见》并发出通知

各省、自治区、直辖市人民政府,国务院各部委、各直属机构:

劳动保障部《关于做好被征地农民就业培训和社会保障工作的指导意见》已经国务院同意,现转发给你们,请认真贯彻执行。

国务院办公厅

2006年4月10日

关于做好被征地农民就业培训和社会保障工作的指导意见

劳动保障部随着我国城镇化的发展,部分集体土地被征用,被征地农民的就业和社会保障问题日益突出,直接影响了被征地农民的切身利益和社会稳定。为妥善解决被征地农民的基本生活和长远生计问题,维护其合法权益,保持社会稳定,促进城镇化健康发

展,根据《国务院关于深化改革严格土地管理的决定》(国发〔2004〕28号)的有关要求,现就做好被征地农民就业培训和社会保障工作提出以下指导意见:

一、基本思路和原则要求

(一)将做好被征地农民就业培训和社会保障工作作为征地制度改革的重要内容。地方各级人民政府要从统筹城乡经济社会和谐发展的高度,加强就业培训和社会保障工作,将被征地农民的就业问题纳入政府经济和社会发展规划及年度计划,尽快建立适合被征地农民特点与需求的社会保障制度,采取有效措施落实就业培训和社会保障资金,促进被征地农民实现就业和融入城镇社会,确保被征地农民生活水平不因征地而降低,长远生计有保障。

(二)明确范围,突出重点,统筹兼顾。被征地农民就业培训和社会保障工作的对象,主要是因政府统一征收农村集体土地而导致失去全部或大部分土地,且在征地时享有农村集体土地承包权的在册农业人口,具体对象由各地确定。做好被征地农民就业培训和社会保障工作要以新被征地农民为重点人群,以劳动年龄段内的被征地农民为就业培训重点对象,以大龄和老龄人群为社会保障重点对象。在实施过程中,各地要结合本地实际,充分考虑地方政府财政、村集体和农民承受能力,统筹考虑同一地区新老被征地农民就业培训和社会保障问题。对符合条件的新被征地农民,政府应在征地的同时即作出就业培训安排并落实相应的社会保障政策。对原已被征地农民的就业培训和社会保障问题,也要统筹考虑需要与可能、新老政策相互衔接等因素,予以妥善解决。

(三)根据城市规划区内外不同情况实行分类指导。各地应根据实际情况,妥善解决被征地农民的就业培训和社会保障问题。在城市规划区内,当地人民政府应将被征地农民纳入城镇就业体系,并建立社会保障制度。在城市规划区外,应保证在本行政区域内为被征地农民留有必要的耕地或安排相应的工作岗位,并纳入农村社会保障体系;对不具备生产生活条件地区的被征地农民,要异地移民安置,并纳入安置地的社会保障体系。

二、努力促进被征地农民就业

(四)促进被征地农民就业。坚持市场导向的就业机制,统筹城乡就业,多渠道开发就业岗位,改善就业环境,鼓励引导各类企业、事业单位、社区吸纳被征地农民就业,支持被征地农民自谋职业和自主创业。在城市规划区内,要将被征地农民纳入统一的失业登记制度和城镇就业服务体系。未就业的被征地农民可到当地公共就业服务机构办理失业登记,公共就业服务机构要及时办理,并积极为被征地农民提供就业咨询、就业指导、就业培训、职业介绍等服务,促进在劳动年龄段内有就业愿望的被征地农民尽快实现就业。在劳动年龄段内尚未就业且有就业愿望的,可按规定享受促进就业再就业的相关扶持政策。

(五)落实被征地农民就业安置责任。政府要积极开发公益性岗位安置就业困难的被征地农民就业,督促指导用地单位优先安置被征地农民就业。就业安置可以采取用地单位直接提供就业岗位并与符合就业条件的安置对象签订劳动合同的方式,也可以采取用地单位、就业服务机构和被征地农民三方签订合同委托安置的方式。

(六)加强对被征地农民的培训工作。在城市规划区内,各地要有针对性地制订适合被征地农民特点的职业培训计划,通过订单式培训等多种方式帮助被征地农民实现就业。在城市规划区外,各地要针对被征地农民的特点积极开展职业培训,提高被征地农民的就业竞争能力和创业能力。

三、积极做好被征地农民社会保障工作

(七)明确保障对象。被征地农民社会保障对象的确定,要严格按规定程序核准并予以公告后,报县(市)人民政府有关部门备案。具体办法由各省、自治区、直辖市人民政府制定。

(八)保障基本生活和长远生计。各地要从实际出发,采取多种方式保障被征地农民的基本生活和长远生计。对城市规划区内的被征地农民,应根据当地经济发展水平和被征地农民不同年龄段,制定保持基本生活水平不下降的办法和养老保障办法。对符合享受城市居民最低生活保障条件的,应按规定纳入城市居民最低生活保障范围。已开展城市医疗救助制度试点的地区,对符合医疗救助条件的要按规定纳入救助范围。有条件的地区可将被征地农民纳入城镇职工养老、医疗、失业等社会保险参保范围,通过现行城镇社会保障体系解决其基本生活保障问题。对城市规划区外的被征地农民,凡已经建立农村社会养老保险制度、开展新型农村合作医疗制度试点和实行农村最低生活保障制度的地区,要按有关规定将其纳入相应的保障范围。没有建立上述制度的地区,可由当地人民政府根据实际情况采取多种形式保障被征地农民的基本生活,提供必要的养老和医疗服务,并将符合条件的人员纳入当地的社会救助范围。

(九)合理确定保障水平。各地要按照统筹城乡就业和社会保障制度建设的要求,根据适应当地经济社会发展水平、政策可衔接、政府财力能承受、被征地农民生活水平不降低、简便易行等原则,合理确定被征地农民的社会保障水平。被征地农民基本生活和养老保障水平,应不低于当地最低生活保障标准。

四、落实被征地农民就业培训和社会保障资金

（十）落实就业培训和社会保障资金。开展被征地农民就业培训所需资金从当地财政列支；社会保障所需资金从当地政府批准提高的安置补助费和用于被征地农户的土地补偿费中统一安排，两项费用尚不足以支付的，由当地政府从国有土地有偿使用收入中解决。有条件的地区，地方财政和集体经济要加大扶持力度，支持和引导被征地农民参加城乡社会保险。被征地农民社会保障资金筹集办法，由各省、自治区、直辖市人民政府制定。

（十一）严格资金管理。政府承担的被征地农民就业培训和社会保障所需资金由当地有关部门在征地过程中统一划拨。各地政府要严格执行各项财务管理规定，加强资金监督和管理，确保资金的安全和增值，任何单位和个人不得挤占、截留或挪用。

五、加强领导，精心组织

（十二）高度重视被征地农民就业培训和社会保障工作。地方各级人民政府和有关部门要充分认识做好被征地农民就业培训和社会保障工作的必要性、紧迫性和艰巨性，将其列入重要议事日程，实行一把手负责制，建立责任追究制度。要广泛深入宣传开展被征地农民就业培训和社会保障工作的重要意义和有关政策。劳动保障部门作为被征地农民就业培训和社会保障工作的主管部门，要切实履行职责，地方各级人民政府要确保必要的人员和工作经费，务必把工作做细做实，切忌简单化。

（十三）制定具体实施办法。各省、自治区、直辖市人民政府要根据国发〔2004〕28号文件和本指导意见，结合本地实际情况制定切实可行的实施办法。要本着先试点、再推开的原则，及时研究和解决工作中出现的新情况、新问题，不断完善有关政策措施。各有关部门要通力协作，密切配合，积极稳妥地做好被征地农民的就业培训和社会保障工作。

中共中央政治局常委罗干在人民大会堂会见委内瑞拉最高法院院长莫拉

罗干说，中委两国都是发展中国家，在许多国际问题上有着相同或相似的看法。两国之间的友好关系为两国司法部门的交流与合作奠定了基础。

罗干向客人介绍了中国法制建设的概况。他表示，中国重视吸收和借鉴外国的司法经验。中委两国司法界的交流与合作必将为推进两国关系发展作出贡献。

莫拉表示，委中两国关系正处于历史上最好的时期。委内瑞拉愿进一步加强与中国在司法等领域的合作，在国际事务上相互支持，推动两国关系进一步发展。

国务委员兼国防部部长曹刚川在吉隆坡会见马来西亚副总理纳吉布

国务院副总理吴仪在美国南卡罗来纳州首府哥伦比亚市会见该州联邦参议员格雷厄姆和德明特

国务委员唐家璇在中南海紫光阁会见以美国外交政策全国委员会会长乔治·施瓦布为团长的美国外交政策全国委员会访华团

最高人民法院院长肖扬在钓鱼台国宾馆会见委内瑞拉最高法院院长莫拉一行

中宣部 教育部在河北省石家庄市召开高校哲学社会科学教学科研骨干研修工作座谈会

各省、自治区、直辖市党委宣传部、教育(高校)工委、教育厅(教委)的有关负责同志参加了座谈会。中宣部、教育部有关领导出席会议并讲话。河北、云南、新疆、重庆、广西等地在座谈会上介绍了组织研修的经验。座谈会旨在贯彻中央领导同志重要指示精神，总结经验，提高认识，统一思想，明确要求，进一步推动地方高校哲学社会科学教学科研骨干研修工作深入开展。

会议强调，要深刻认识组织高校哲学社会科学教学科研骨干研修工作的重大意义，按照中央的要求，进一步扎实抓好这项工作。各地党委要高度重视，把研修工作作为一项重要的政治任务，摆在重要位置，切实加强组织领导，做好安排部署，加强督促检查，明确责任，狠抓落实。要突出重点，明确研修内容，用马克思主义中国化的最新成果武装哲学社会科学工作者，增强他们的政治意识、大局意识、责任意识。要加强对研修活动的宣传，不断改进研修的内容、形式、方法，增强研修活动的针对性和实效性。各地要从实际出发，作出总体规划，把研修工作逐步纳入经常化、制度化轨道。

国家广电总局改革电视剧拍摄管理办法

国家广电总局下发通知，将取消执行多年的“电视剧题材规划立项审批”制度，自今年5月1日起，实行“电视剧拍摄制作备案公示管理暂行办法”。

通知要求，凡经广电总局公示的拍摄制作剧目，须按申报公示内容拍摄制作，确因创作和市场原因须对主要人物和主要情节进行大幅度调整的，须重新履行报备公示手续。

**国务院副总理回良玉在北京参加国家防汛抗旱总

指挥部2006年第一次全体会议

回良玉指出,去年我国部分地区发生了严重的洪涝、干旱、台风等灾害。面对严重的灾情,在党中央、国务院的坚强领导下,经过全国上下、广大军民的共同努力,防汛抗旱和救灾工作取得了显著成效。去年入冬以来,我国部分地区气候异常,特别是华北、东北西部、西北东部、黄淮及西南部分地区春旱持续发展。据气象部门预测分析,今年气象年景总体偏差,防汛抗旱形势较为严峻。对此,我们务必要有清醒的认识,务必时刻保持高度的警惕,对可能出现的灾情必须充分估计,对存在的问题必须十分重视,对工作中的薄弱环节必须切实改进,对各项应对措施必须及早准备。不论大江大河、大型水库存在的问题,还是中小河流、中小型水库潜在的隐患,都要及时排除;不论山洪和台风突发性灾害,还是抗旱工作中的困难,都要有应对举措。

回良玉强调,今年是实施"十一五"规划的开局之年,也是推进社会主义新农村建设的起始之年,扎实做好今年的防汛抗旱工作,对于巩固和发展农业农村来之不易的大好形势,保障经济社会全面协调可持续发展,具有十分重要的意义。各地区、各有关部门对今年水旱灾害形势要有一个清醒认识,决不能心存侥幸,决不能畏难厌战,决不能麻痹松懈。一要加强领导,完善预案,认真落实行政首长防汛抗旱责任制,确保责任到位,措施到位。二要增加投入,加快进度,抓紧完成水毁工程修复和防汛应急工程建设。三要切实做好当前春季抗旱工作,努力扩大水源,加快抗旱设施建设,提高抗旱能力。四要着力抓好水库安全度汛、山洪和台风灾害防御工作。五要落实抢险队伍,备足抢险物资,做好防汛抗旱人员、资金和物资准备工作。近期,要认真组织好汛前防汛抗旱检查,确保安全不留隐患,工作不留死角。各有关部门要各司其职,密切配合,充分发挥人民解放军和武警部队的突击队作用,形成工作合力,努力夺取今年防汛抗旱工作的全面胜利。

4月11日

国家主席胡锦涛在人民大会堂与格鲁吉亚总统米哈伊尔·萨卡什维利举行会谈

双方就双边关系和共同关心的国际及地区问题深入交换意见,达成广泛共识。

胡锦涛说,在新世纪新形势下,中方愿与格方:(一)加强高层交往,增进政治互信。扩大两国政府、立法机构、政党间多层次的交流,建立并完善双边对话与磋商机制。(二)坚持互惠互利,深化经济合作。中方愿优先加强两国在经贸、农业、机械制造、交通运输、通信、基础设施等领域的合作,鼓励中国企业扩大在格投资。双方要充分发挥两国经贸混委会的作用,更好地规划和指导两国的经贸合作。(三)发展人文交流,加强友好往来。重点加强双方在文教、科研、卫生、体育等领域的交流与合作,扩大两国青年交流和民间交往。(四)加强多边协商,密切国际合作。就联合国事务、反恐、打击"三股势力"和跨国犯罪等重大问题保持沟通、磋商与合作,维护和促进地区及世界的和平与稳定。胡锦涛表示相信,随着双方各领域合作的全面展开,中格友好合作关系一定会发展得更好,并造福两国和两国人民。

萨卡什维利赞同胡锦涛提出的建议。他说,中国的改革开放和现代化建设取得了令人钦佩的成就,中国在国际事务中发挥着日益重要的作用。格方正大力推进国家发展建设,愿学习和借鉴中国改革开放的经验。我们愿与中方一道继承并发扬格中传统友谊,密切高层交往,加强政治对话和经贸、基础设施建设、文化、教育、旅游等领域的合作,使两国成为相互信赖的好伙伴。

全国政协第三十五次主席会议在北京召开

全国政协主席贾庆林主持会议。全国政协副主席王忠禹、廖晖、刘延东、李贵鲜、张思卿、白立忱、罗豪才、张克辉、周铁农、郝建秀、陈奎元、阿不来提·阿不都热西提、徐匡迪、李兆焯、黄孟复、李蒙、张梅颖、张榕明出席会议。

会议建议政协常委会第十四次会议以"建设社会主义新农村和提高自主创新能力问题"为议题,建议分别以"提高自主创新能力"和"推进西部大开发"为议题召开两次专题协商会。会议要求政协办公厅和各专门委员会抓紧做好常委会议筹备工作,尽快拟定会议的具体工作方案;各专门委员会要围绕十四次常委会议和两次专题协商会的议题,根据各自的职责和特点,抓紧确定重点调研课题,精心组织、深入调研,力争提出一批高质量的调研成果;要及时与各民主党派中央、全国工商联、无党派人士和有关人民团体就常委会议的内容进行沟通、组织调研。

会议强调,今年是实施"十一五"规划的开局之年,也是学习贯彻《中共中央关于加强人民政协工作的意见》的第一年,要着重抓好五项工作:一要深入学习贯彻《中共中央关于加强人民政协工作的意见》;二要开好第十四次常委会议和两次专题协商会;三要努力推进工作创新;四要大力加强人民政协的理论研究和政协委员学习培训工作;五要切实加强人民政协自身建设。

会议听取了全国政协秘书长郑万通就政协常委会第十四次会议和专题协商会议题等事项所作的汇报和

说明。

中央6部门部署推进清理纠正国家机关工作人员和国有企业负责人投资入股煤矿工作

4月11日至12日，中央纪委、监察部、国务院国资委、工商总局、安全监管总局、国家煤矿安全监察局在京召开清理纠正国家机关工作人员和国有企业负责人投资入股煤矿工作汇报会。

汇报会上，监察部副部长陈昌智介绍，2005年8月下旬以来，清理纠正工作取得了阶段性成果，社会反响良好。但目前一些地方存在松劲情绪，导致工作尚未完全落实。各有关地区和部门要继续努力，做好三方面的工作：

——在7月底前完成对申报登记情况的核实和处理工作。认真核实已经申报登记的情况，防止出现弄虚作假、“明撤暗持”等问题，督促申报登记人员抓紧撤出入股资金，抓紧按规定将投资入股收益收缴国库，查清已申报登记人员投资入股的资金来源是否合法、是否参与煤矿违法生产经营活动、有无纵容包庇煤矿违法生产行为。并依据核实的结果，实事求是、宽严相济地对有关人员作出处理。

——严肃查处一批典型案件。重点查处逾期未申报登记、私自将股份转给他人或私下退股、采取各种形式继续持有股份，以及顶风违纪投资入股的案件。要整合信访资源，及时掌握案件线索，结合矿业秩序整顿规范工作，从煤矿资源整合、煤矿企业变更登记工作中发现问题。要在调查安全生产责任事故中，注意了解有无违反规定投资入股问题。省以下各级清理纠正工作机构都要直接调查处理若干重点案件线索。

——探索建立防范违反规定投资入股煤矿问题的长效机制。当前，要推动以招标拍卖挂牌方式配置煤炭资源，规范矿业权出让管理，按照建立健全惩治和预防腐败体系的要求，加强廉洁从政教育，并结合实际制定切实可行的制度措施。要注意发挥社会监督和舆论监督的作用，鼓励广大人民群众举报公职人员投资入股煤矿问题。

陈昌智强调，对因领导和工作不力，导致国家机关工作人员和国有企业负责人投资入股煤矿问题迟迟得不到解决，被上级机关查实，或者被媒体曝光造成恶劣社会影响的，要进行责任追究。各级清理纠正工作机构对煤矿比较集中却无人申报的地方，对申报登记后续工作进展迟缓的地方，对群众信访举报较多但排查力度不够的地方，要重点进行督查，及时解决工作中存在的问题。对搞“上有政策、下有对策”，弄虚作假、敷衍塞责的，要严肃追究有关人员的责任。

中央财政今年对种粮农民的直接补贴总额达267亿元

财政部近日发出《关于对种粮农民柴油、化肥等农业生产资料增支实行综合直补的通知》，决定新增125亿元补贴资金，对2006年种粮农民柴油、化肥、农药等农业生产资料增支实行综合直补。

对新增农业生产资料增支综合直补后，今年对种粮农民的直接补贴总额达267亿元，比上年增长102%。

全国人大常委会副委员长顾秀莲在北京会见由巴拿马议会外委会主席阿罗塞梅纳率领的巴拿马议会代表团

解放军总政治部下发《关于积极参加和支援建设社会主义新农村的意见》

《关于积极参加和支援建设社会主义新农村的意见》(以下简称《意见》)指出，积极参加和支援建设社会主义新农村，是新形势下党赋予军队的新任务，是我军践行“三个代表”重要思想、贯彻落实科学发展观的具体体现。全军和武警部队要坚决响应党的号召，从国家发展全局和战略的高度出发，积极参加和支援社会主义新农村建设。各级党委和政治机关要组织部队认真学习党中央、国务院《关于推进社会主义新农村建设的若干意见》，深刻领会胡锦涛主席关于军队要积极参加和支援建设社会主义新农村的重要指示，教育引导官兵充分认清建设社会主义新农村的重大意义，认清新农村建设的内涵、目标和主要任务，认清军队在新农村建设中肩负的重要责任，切实把思想统一到党中央的决策部署上来，以强烈的使命感和饱满的政治热情做好援建工作，为建设社会主义新农村作出新的贡献。

《意见》强调，军队参加和支援建设社会主义新农村，要紧紧围绕“生产发展、生活宽裕、乡风文明、村容整洁、管理民主”的新农村建设总要求，在确保完成教育训练、战备执勤、科研试验等任务的前提下，根据地方政府的统一规划，扎实做好支援农村基础设施建设、扶贫开发、发展农村社会事业、传播健康文明新风尚、加强农村籍士兵民用技术培训等工作，促进农村经济、政治、文化和社会建设全面协调发展。

《意见》指出，要坚持从部队实际出发参加和支援社会主义新农村建设，应本着就地就近、积极进取、量力而行、有所作为的原则，把地方所需、群众所盼和部队所能结合起来，稳步扎实地推进。要充分发挥军队优势开展援建工作，着眼部队特点分类组织实施。各级人武部门要积极发动和组织民兵预备役人员，在新农村建设中发挥生力军和突击队作用。要把参加和支援建设社会主义新农村、西部大开发、振兴东北等老工业基地结合起来,提高军队支援国家建设的整体水平。

《意见》强调,各级党委和机关要切实把参加和支援建设社会主义新农村摆上重要位置,纳入议事日程,加强领导,确保援建工作有组织地进行。要坚持以科学发展观为指导,统筹部队建设与援建工作,确保以军事斗争准备为"龙头",各项任务和援建工作两不误。要根据地方对援建的需求和部队实际,研究制订支援计划,创造性地开展援建工作。要树立长期作战思想,把完成当前援建任务与长期支援结合起来。要坚持求真务实,防止贪大求全、提过急过高要求,坚决克服搞形式主义、形象工程和做表面文章的现象。

国家保护知识产权工作组办公室公布2005年侵犯知识产权十大案件

这十大案件分别是:特大跨国制售假药案;张挺群等销售伪劣香烟案;假冒"ZIPPO"注册商标案;沈建韬等人生产假冒"中华"铅笔案;陆小亮、陈亮团伙架设网络游戏私服案;赵维伦等人销售假冒汽车配件案;覃学臻、温剑崃非法出售盗版图书案;李亚德、陈俊假冒化妆品注册商标案;厦门海关连续查获侵犯碧浪洗衣粉商标权案;浙江省杭州市"8·25"盗版音像制品案。

吉林发现新属种恐龙化石"长春龙"

吉林大学博物馆科研人员经过研究认定,3年前在吉林省中部出土的一具恐龙化石是一种新属新种的鸟脚类恐龙化石。根据它的挖掘地点和样本保存地点,吉大博物馆研究人员将这具恐龙化石命名为"长春龙"。这具恐龙化石全长约1米,头骨长为115毫米,吻部短,眼眶长度接近头骨长度的1/3。这种恐龙具有5颗前上颌齿、眶前孔小、外下颌孔缺失、前齿骨发达等特征。经科研人员研究认定,这是鸟脚类恐龙化石,根据其头部特征判断,这条恐龙属于世界上首次发现的新属新种。

国务委员华建敏在吉林黑龙江部署松花江水污染防治工作

华建敏在吉林省委书记王云坤、黑龙江省委书记钱运录分别陪同下察看了吉林市环保监测站、黑龙江省环境监测中心站水质监测分析情况和中石油吉化分公司双苯厂东10号线污水治理现场,慰问了一线干部职工,并对松花江水污染防治工作作出部署。

华建敏强调,随着松花江化冰期的到来,各有关地区和部门要加大工作力度,再接再厉,继续深入扎实做好水质监测和污染综合治理工作。一要加强对化冰期松花江水质的监测分析,加密监测断面和监测次数,水质监测结果要通过报纸、互联网等媒体及时向社会公布,让人民群众放心。二要继续做好各项水污染防控工作,加强对饮用水源、取水口的巡查和保护,确保群众饮用水安全。三要加大沿江企业污水处理和排放治理力度,各化工企业必须制定严密的污染防范措施和制度,严防消防灭火污水、工业生产废水等排入江河湖泊,对生活污水排放也要严格管理。四要全面做好安全生产工作,防止因生产安全事故造成对河流、土壤等的污染。五要制订和完善保障饮用水安全预案、水污染应急处置预案等,增强快速反应和应急处置能力。

华建敏特别强调,要认真组织实施好《松花江流域水污染防治规划》,这是关系经济和社会发展的长远大计。要做到统筹兼顾,突出重点,把确保群众饮用水安全、确保大中城市集中式饮用水源建设放在优先位置,坚持综合治理、防治结合,在加快治理污染、消除隐患的同时,防止出现新的污染。

4月12日

国务院总理温家宝主持召开国务院常务会议

会议审议并原则通过《国务院关于完善粮食流通体制改革政策措施的意见》和《中华人民共和国濒危野生动植物进出口管理条例(草案)》。

会议认为,2004年以来,各地区、各部门按照中央部署,积极稳妥地推进粮食流通体制改革,放开粮食购销市场,发挥国有粮食企业的主渠道作用,加强和改善粮食宏观调控,取得了明显成效。新的粮食流通体制基本框架初步确立,国有粮食企业改革稳步推进,粮食流通秩序逐步规范,粮食产销合作得到加强,为促进粮食生产发展、保护种粮农民利益、保障国家粮食安全发挥了重要作用。

会议指出,随着粮食流通体制改革的推进,也出现了一些新的情况和问题,主要是国有粮食购销企业改革进展不够平衡,促进粮食稳定增产和农民持续增收的有效机制尚未建立,粮食宏观调控和流通监管体制有待健全。必须进一步加大改革力度,完善政策措施,健全体制机制,确保粮食流通体制改革的顺利推进。当前要着力做好以下几个方面的工作:(一)加快推进国有粮食购销企业改革,切实转换企业经营机制,使国有粮食购销企业真正成为市场主体。(二)加快清理和剥离国有粮食企业财务挂账,继续做好国有粮食企业分流职工再就业和社会保障工作,抓紧库存陈化粮的定向销售,妥善解决企业历史包袱。(三)积极培育和规范粮食市场,加快建立全国统一开放、竞争有序的粮食市场体系。进一步培育和规范多种粮食市场主体，健全粮食收购市场准入制度，加强粮食市场监管执法，完善粮食市场体系建设，维护正常流通秩序。(四)加强粮食产销衔接，逐步建立产销区之间的利益协调机制。大力发展长期稳定的粮食产销合作关系，建立有利于产销区协作发展的支持体系，支持和引导产区与销区优势互补。(五)切实加强和改善粮食宏观调控，确保国家粮食安全。完善粮食直补和最低收购价政策，加大对主产区和种粮农民的支持力度，进一步加强和充实地方粮食储备，完善中央储备粮食管理体系，探索建立中长期粮食供求总量和品种结构的平衡机制，保证市场粮食的有效供应。

会议认为，为了加强对濒危野生动植物及其产品的进出口管理，保护和合理利用野生动植物资源，更好履行《濒危野生动植物种国际贸易公约》，制定《中华人民共和国濒危野生动植物进出口管理条例》是十分必要的。会议决定，该条例草案经进一步修改后，由国务院公布施行。

全国人大常委会委员长吴邦国 国务院总理温家宝在北京分别会见格鲁吉亚总统萨米哈伊尔·卡什维利

吴邦国说，中方赞赏格鲁吉亚政府在台湾问题上给予中方的坚定支持，重视发展中格关系，视格鲁吉亚为好朋友、好伙伴，愿与格方加强高层交往，扩大经贸等领域的务实合作，进一步提高两国关系与互利合作的水平。

萨卡什维利说，我此次访华同胡锦涛主席达成很多重要共识，这对格中关系的深入发展有着重要意义。格政府积极支持两国议会加强交往与合作，将继续坚持一个中国政策。

温家宝在会见中说，中格应充分发挥各自特点，实现优势互补。他希望双方重点加强在农业、科技、交通等领域的合作，从各方面创造条件吸引对方投资。相信在双方的共同努力下，中格经贸合作一定会有更大的发展。

萨卡什维利说，格方积极看待中国的发展，愿学习中国改革开放的经验。我们愿与中方加强经贸、人力资源开发、电信、电力、交通运输、旅游等领域的合作，推动格中互利合作关系取得新的发展。

国务院总理温家宝在中南海紫光阁分别会见新加坡国务资政吴作栋和哈萨克斯坦外长托卡耶夫

全国政协主席贾庆林在杭州会见参加首届世界佛教论坛的部分代表

贾庆林代表中国政府向各位代表的到来表示热烈欢迎，并预祝"论坛"圆满成功。贾庆林指出，建设和谐世界需要各国人民的共同努力，需要各种文明、各种宗教都来发挥积极作用。佛教作为一种历史悠久的世界性宗教，与其他宗教一样，在全世界具有重大影响。佛教传入中国以后，就与中国文化相融合，成为中国传统文化的组成部分。

他说，这次论坛以"和谐世界、从心开始"为主题很有意义，相信"论坛"的举办将有助于加强各国佛教徒之间的交流与合作，为建设和谐世界作出独特的贡献。

贾庆林强调，中国政府全面贯彻执行宗教信仰自由政策，充分尊重和保护公民的宗教信仰自由权利。在中国，各种宗教地位平等，和谐相处；信教与不信教的公民之间彼此尊重，团结和睦。中国将一如既往地支持中国佛教与世界佛教及其他宗教一起，为建设一个持久和平、共同繁荣的和谐世界，发挥应有的作用。

第十七届中美商贸联委会在华盛顿举行

国务院副总理吴仪与美国商务部部长古铁雷斯、贸易代表波特曼共同主持了联委会，美国农业部部长约翰斯参加。双方就诸多经贸议题坦诚、深入地交换了意见，达成一系列共识，会议取得积极成果。

美国总统布什在白宫会见国务院副总理吴仪

吴仪副总理首先转达了胡锦涛主席和温家宝总理对布什总统的问候。布什总统对此表示感谢，并请吴仪副总理转达他对胡锦涛主席和温家宝总理的问候。

吴仪说，我这次率领中国政府代表团前来华盛顿参加第十七届中美商贸联委会会议，并在经贸领域为胡锦涛主席访问美国做准备。经过中美双方共同努力，本届中美商贸联委会会议取得了积极成果，这有助于缓解两国的贸易摩擦，推动中美经贸合作健康稳定发展。随我来美的中国企业家代表团与美工商企业界签署了数额可观的商业合同或协议。中方还决定有条件地恢复美国牛肉的进口。

布什总统对吴仪副总理和中方为推动第十七届中美商贸联委会会议取得积极成果和缓解两国贸易摩擦所作出的积极努力表示赞赏，认为这符合美中双方的共同利益。

吴仪副总理说，胡锦涛主席即将对美国的访问是中美关系中的一件大事，对中美关系的长远稳定发展意义重大。中方高度重视这次访问，希望双方继续共同努力，确保访问取得成功，推动中美建设性合作关系全面向前发展。

布什总统说，美中关系十分重要。我期待着胡锦涛主席对美国的访问，将与胡主席就美中关系和双方共同关心的其他重大问题深入交换意见。我愿重申，在台湾问题上我的立场是一贯的和坚定的。

国务院副总理曾培炎在人民大会堂会见西班牙第二副首相佩德罗·索尔韦斯一行

外交部部长李肇星在北京与哈萨克斯坦外长卡西姆若马尔特·克梅列维奇·托卡耶夫举行会谈

国务委员唐家璇在北京会见来访的哈萨克斯坦外长卡西姆若马尔特·克梅列维奇·托卡耶夫

全国数字电视用户突破400万户

在北京首发的《2006年中国广播影视发展报告》中说，截至2005年年底全国数字电视用户达413万户，比2004年增长3倍多。

4月13日

全国政协主席贾庆林在人民大会堂会见新加坡国务资政吴作栋

贾庆林说，中新建交16年来，双边关系取得了长足进展。两国在政治、经贸、科技、教育、文化及人员往来等领域的交流与合作不断深化。中新两国的贸易额达到331.5亿美元，双方已互为对方重要的贸易伙伴。在国际地区事务中，特别是在促进中国与东盟关系方面，两国也进行了良好的协调与配合。贾庆林表示，中方愿与新方共同努力，将两国友好合作关系不断向前推进。

贾庆林应邀向客人介绍了台海两岸关系近况，对新加坡政府坚持一个中国政策，反对“台独”的立场表示赞赏。

吴作栋表示，新加坡高度重视新中关系，对两国在各领域的合作进展感到满意。新方希望在新形势下，加强与中方在各领域及重大国际与地区问题上的沟通与合作。他重申新加坡坚持一个中国政策，反对“台独”。

中国国民党荣誉主席连战一行抵达北京准备参加在北京举行的两岸经贸论坛

阔别一年再到北京，连战在机场发表简短讲话，说自己有一种重逢的喜悦，更有宾至如归的感觉。此次参加两岸经贸论坛，连战表示，是因为当前全球化趋势正如火如荼，两岸经贸关系非常密切。在这样的大环境下，我们殷切期盼能够在和平双赢的架构下，共同努力来促进两岸经贸合作，互惠互利，提升人民的福祉，促进社会的繁荣。

连战说，他们代表了台湾人民殷切的期盼。连战表示，万事起头难，只怕有心人。我们就是有心人，与人民同心、与时代同步。今天两岸同胞需要互助互惠，让我们抓住中华民族千载难逢的好机会，共同努力。

中国国民党副主席江丙坤、关中、林益世和国民党中央党部有关部门主管，亲民党代表和参加论坛的部分台湾工商企业界人士、学者、专家等同机抵达。中国国民党副主席吴伯雄、新党主席郁慕明等先期抵达北京。

中央政法委书记罗干出席中央政法委在北京举办的社会主义法治理念研讨班并讲话

罗干要求，各级政法部门要紧密联系实际开展社会主义法治理念教育活动，确保取得实实在在的效果。特别要紧密联系思想实际，把社会主义法治理念教育同社会主义荣辱观教育结合起来，同巩固和扩大保持共产党员先进性教育成果结合起来，使广大政法干警牢固树立社会主义法治理念；紧密联系规范执法行为专项整改活动的实际，进一步促进公正执法；紧密联系司法体制和工作机制改革的实际，推进政法工作的改革创新；紧密联系执法活动的实际，妥善处理人民内部矛盾，深入开展打黑除恶专项斗争，广泛开展平安建设，全面推进政法工作，全力维护社会和谐稳定，为顺利实施“十一五”规划、构建社会主义和谐社会创造良好稳定的社会环境和公正高效的法治环境。

国务委员华建敏在北京主持召开安全生产会议

会议学习贯彻胡锦涛总书记在中央政治局第三十次集体学习会上的重要讲话精神和温家宝总理在《政府工作报告》中关于安全生产工作的要求，研究全面加强安全生产工作的措施。

华建敏指出，一季度全国生产安全事故总量和死亡人数比去年同期有所下降，但安全生产形势依然严峻，煤矿、危险化学品、交通运输等重点行业和领域重特大伤亡事故多发的势头尚未得到遏制。华建敏要求，各地区、各部门要把安全生产工作作为重中之重，从制度、监管、技术等层面制定综合措施，进一步排查和消除事故隐患；要深入开展瓦斯综合治理和煤矿关闭整顿，采取有力措施，严防已关闭的小煤矿死灰复燃，严防基建、改扩建矿井非法生产；继续深入开展各重点行业和领域的安全专项整治，切实加强危险化学品和易燃易爆品生产、经营、储存、运输、使用、废弃处置等各环节的安全管理；制定安全生产规划，全面落实安全生产控制指标和责任；扎实开展“安全生产月”活动，强化群众安全防范意识；要切实加强“五一”黄金周期间安全生产工作,落实各项预案,坚决防止重特大事故发生。

国家副主席曾庆红在人民大会堂会见立陶宛外长安塔纳斯·瓦廖尼斯一行

全国人大常委会副委员长王兆国在人民大会堂会见由巴耶科娃院长率领的吉尔吉斯斯坦宪法法院代表团一行

国务委员唐家璇在钓鱼台国宾馆会见新加坡国务资政吴作栋

外交部部长李肇星在北京与立陶宛外长安塔纳斯·瓦廖尼斯举行会谈

中越边界谈判政府代表团团长在北京举行会晤就中越陆界勘界问题交换意见

中国政府代表团团长为外交部副部长武大伟,越南政府代表团团长为越南副外长武勇。

双方回顾并积极评价去年勘界工作,就落实两国领导人有关2008年结束勘界工作的共识交换意见,商定了遗留问题的解决原则和措施。双方表示将继续密切配合,进一步加快勘界立碑进程,确保按期完成全部陆界勘界工作。

首届世界佛教论坛在杭州开幕

有来自37个国家和地区的1200余位高僧大德、著名学者及各界知名人士参加此次论坛。

全国政协副主席刘延东应邀出席开幕式并致辞。她代表中国政府和全国政协向首届世界佛教论坛的召开表示热烈祝贺,向为人类福祉、国际友好、世界和平作出积极贡献的各位高僧表示崇高的敬意。

刘延东指出,和谐是人类的美好愿望,是社会进步的重要标志。这次论坛以"和谐世界,从心开始"为主题,着重讨论佛教界的合作、社会责任及其和平使命,反映了时代的呼声,体现了佛教界关爱众生、关注社会的理念,对包括宗教界在内的社会各界共同建设和谐世界,必将起到重要的促进作用。

刘延东说,和平发展的中国期盼着和谐共生的世界。建设和谐世界,需要各国政府和人民的共同努力,需要宗教界发挥积极的作用。佛教是世界三大宗教之一,在历史的长河中,佛教为世界和平、人类文明作出了重要的贡献。这次世界佛教论坛,为探讨佛教在建设和谐世界的伟大事业中发挥积极作用,促进社会和睦、维护世界和平、增进人类福祉,提供了一个高层次的对话交流平台。

开幕式上,全国政协副主席董建华宣读了联合国秘书长安南发来的贺信。浙江省人大常委会主任习近平,中国佛教协会副会长圣辉,第十一世班禅额尔德尼·确吉杰布,来自世界各地三大语系佛教的领袖,主要国际佛教组织负责人,以及老挝建国战线主席西沙瓦·乔本潘,柬埔寨高级大臣兼宗教事务大臣坤杭,越南宗教事务委员会主任何晏诗等出席了论坛开幕式。

首届世界佛教论坛由中国佛教协会和中华宗教文化交流协会联合主办、浙江省承办,为期4天,将先后在浙江省杭州市和舟山市举行。论坛开始前,已收到500多篇专题论文。论坛期间,还将举行祈祷世界和平法会等活动。

4月14日

国务院总理温家宝主持召开国务院常务会议

会议分析了一季度经济形势并部署当前经济。会议认为,一季度国民经济继续保持平稳较快增长,总体形势良好。粮食种植面积稳定,农业生产资料供应充足;工业生产增长加快,企业效益有所提高;财政运行平稳;国内需求比较旺盛,市场销售稳定增长;改革开放继续深化;对外贸易持续发展,进出口结构有所改善;城乡居民收入继续增加,市场价格平稳;社会保持稳定。

会议指出,必须清醒地看到,当前经济运行中的一些问题还比较突出,要引起高度重视。主要是固定资产投资增长过快,货币供应量偏高,信贷投放偏快,对外贸易结构性矛盾依然突出。

会议强调,要坚持以科学发展观统领经济社会发展全局,继续实施稳健的财政政策和货币政策,保持宏观经济政策的连续性和稳定性,注重区别对待,分类指导,有针对性地解决当前的突出问题。重点要做好以下工作:一是切实抓好农业生产和农民增收。抓紧落实各项支农惠农政策,尽快将粮食直补、良种、农机具补贴以及农资综合直补发放到农民手中。稳定农业生产资料价格。搞好春耕生产,加强夏粮田间管理。二是加强固定资产投资调控。严格执行土地规划和计划,控制城市房屋拆迁规模,注重运用土地供给引导和优化投资结构,新上项目必须符合国家产业政策和市场准入标准,防止部分行业、地区投资过快增长。继续加大对农业农村、社会事业等重点领域和薄弱环节的投资力度。认真落实国家调控房地产市场的各项措施,稳定住房价格,调整住房供给结构,促进房地产业健康稳定发展。三是控制货币信贷投放。采取综合措施,解决银行货币信贷过快增长问题。着力优化贷款结构,合理控制中长期贷款,加大对农业农村经济和中小企业的信贷支持力度。继续促进资本市场稳定健康发展。加强对短期入境流动资本的监管,保持金融稳定运行。四是加强经济运行调节。对部分产能过剩行业进行调整和改造,控制新增产能,优化结构。搞好能源、原材料的节约和供求协调。尽快建立对各地区降低能耗、减少排污和保护耕地等方面的统计、考核和公布制度。今年7月国家统计局要公布上半年各地区和主要行业的单位产值能源消耗情况。五是推进对外贸易方式转变。继续严格控制高能耗、高污染和资源性产品出口,鼓励先进技术、关键设备和资源类商品的进口。六是加快推进各项改革。抓住当前有利时机,加大改革力度,抓紧落实农村综合改革、国有企业改革、金融、价格、财税和投资体制改革的各项任务,特别要加快推进政府自身改革和建设。七是切实做好关系群众利益的工作。千方百计扩大就业。安排好灾区和困难群众的生活。严格执行安全生产责任制,遏制重特大事故的发生。

会议要求,各地区、各部门要加强调查研究,深入、全面了解经济运行状况,抓紧研究解决影响经济平稳较快发展的重大问题,明确责任,狠抓落实,促进经济又快又好地发展。

全国政协主席贾庆林在人民大会堂会见出席两岸经贸论坛的台湾工商企业界代表

在向来宾简要介绍了大陆经济社会发展情况后,贾庆林指出,大力发展两岸经济交流合作,推动尽快实现两岸直接、双向、全面“三通”,符合两岸同胞的切身利益,是民之所愿、所想,既是大势所趋,也是当务之急。面对各种机遇与挑战,两岸同胞应当更加紧密地携起手来,相互扶持,优势互补,全面深化和扩大经济交流合作,实现两岸共同繁荣,推动两岸关系朝和平稳定的方向发展。

贾庆林表示,我们将继续以最大诚意、尽最大努力维护两岸关系和平稳定发展,争取和平统一前景,同时我们决不容忍“台独”。我们将继续坚持不以政治分歧影响和干扰两岸经济交流合作的主张,切实维护和保障台湾同胞的合法权益。凡是有利于台湾同胞的事,凡是有利于促进两岸交流合作的事,凡是有利于促进两岸和平稳定发展的事,我们都会尽最大努力去做,并且一定做好。这是我们对台湾同胞的庄严承诺,决不会改变。当前,只有尽快促成实现两岸客运包机的节日化、周末化、常态化和货运包机的便捷化,才能真正满足两岸同胞的共同愿望和实际利益。希望两岸民间航空行业组织尽快按照2005年春节包机澳门协商的方式,就两岸客货运包机相关事宜直接沟通,共同努力,取得突破。

贾庆林预祝两岸经贸论坛举办成功,祝愿台湾企业家在大陆投资发展事业取得更大成就,并继续为促进两岸经济交流合作,推动实现两岸直接“三通”,促进两岸和平稳定发展发挥积极影响。

两岸经贸论坛在北京开幕

全国政协主席贾庆林和中国国民党荣誉主席连战出席了论坛开幕式,并分别发表了演讲。

贾庆林作了题为《以民为本,深化合作,共同开创两岸经贸互利双赢的新局面》的演讲。他说,举办此次论坛是落实胡锦涛总书记与连战主席去年会谈新闻公报的重要举措,是国共两党继续交流和两岸关系中的一件大事。这次论坛以两岸经贸交流与直接通航为主题,必将对深化两岸经贸合作、构建和平稳定发展的两岸关系,产生重要而积极的影响。

贾庆林指出,去年4月,中共中央和胡锦涛总书记邀请中国国民党主席连战率团来大陆访问,双方共同发布了“两岸和平发展共同愿景”,揭开了两党正视现实、开创未来的新的一页,具有里程碑式的重大意义。此后,国共两党共同努力,积极推动落实双方达成的重要共识,并取得实质性进展。在两岸同胞共同努力下,两岸关系中有利于遏制“台独”分裂活动的积极因素增多,两岸关系朝和平稳定方向发展的势头增强。努力构建和平稳定发展的两岸关系,已成为两岸同胞的共同心愿,也成为国际社会的普遍期待。

贾庆林强调,构建和平稳定发展的两岸关系,需要脚踏实地地从加强两岸经济交流合作做起。面对新的形势,两岸同胞必须抓住机遇,加强合作,不断扩大共同利益,努力实现互利双赢。就全面深化和扩大两岸经济交流合作,贾庆林提出四点建议。

一是要以为民谋利为出发点,实现两岸经济共同发展繁荣。深化两岸经济交流合作,是实现两岸经济共同发展繁荣的必由之路,也是两岸同胞的共同利益所在。

目前,两岸经济交流合作呈现良好的发展势头,但仍然存在许多人为的障碍和政治干扰。我们应当从维护和扩大两岸同胞的共同利益出发,尽快排除干扰,消除障碍,兴利除弊,不断拓展两岸经济交流合作的新境界。

二是要以直接通航为突破口,开创两岸经济关系正常发展的新局面。应本着方便两岸人员往来、便利两岸经济关系发展、符合两岸航运企业利益的原则,采取务实灵活的措施,积极推进两岸空中、海上直航进程。当前,可以零关税农产品直航为先导,推动台湾农产品从台湾本岛到大陆的直达运输;继续扩大福建沿海与金门、马祖海上客货运直航的功能与范围，推动福建沿海与澎湖的直航及两岸贸易货物经金门、马祖、澎湖的中转，加快直接、双向、全面“三通”的进程。

三是要以提高技术水平和竞争力为重点，促进两岸经济关系持续健康发展。两岸应当本着优势互补、互惠互利的原则，加强在电子信息、光电、生物、农业等产业的分工与合作，协调两岸高新技术产业布局，优化资源配置，共同建立自主的技术标准，创造中国人自己的国际品牌。在深化两岸经济交流合作的进程中，要始终注意立足当前、着眼未来，深入探讨建立两岸经济合作机制问题。当前，可以考虑在互相尊重和保障对方经济利益的前提下，以区域对区域、民间对民间、行业对行业、企业对企业的方式，灵活处理有关事宜，不断深入探索，不断积累经验。

四是要以加强交流沟通为途径，广泛凝聚两岸促进互利合作的智慧和力量。全面扩大和深化两岸经济交流合作，推动两岸关系和平稳定发展，实现中华民族的伟大复兴，是两岸同胞的共同愿望，要靠两岸同胞的共同努力。应当充分发挥好两岸经贸论坛的作用，进一步加强对话，增进互信，凝聚智慧。既可以通过举办两岸经贸文化论坛，讨论加强两岸经济合作的议题、加强文化交流的议题；也可以通过举办两岸和平发展论坛，讨论台湾同胞关心的其他议题。

贾庆林强调，“台独”的阴霾并没有从台海上空散去。今年以来，台湾当局领导人为了一己之私，逆潮流而动，执意推行激进“台独”路线，加紧进行“台独”分裂活动，蓄意在台湾内部和两岸之间挑起新的对抗与冲突，直至公然背信弃诺，强行终止“国统会”和“国统纲领”。这是对国际社会普遍坚持的一个中国原则和台海和平稳定的严重挑衅，是在走向“台独”的道路上迈出的危险一步。事实表明，台湾当局领导人企图通过“宪改”谋求“台湾法理独立”的冒险性、危险性在上升。对于这种危险性，我们必须有充分的估计。为了维护两岸同胞的根本利益，我们决不会容忍“台独”。

贾庆林最后指出，只要我们站在时代的前列，以历史和世界的眼光观察两岸关系发展大势，以为两岸同胞谋福祉的胸怀把握未来，以互利双赢的精神致力于促进两岸交流合作，我们就一定能克服前进道路上的艰难险阻，促进两岸关系和平稳定发展，谱写中华民族伟大复兴的新篇章。

连战发表了题为《和平繁荣，共同期望》的演讲。他强调，两岸应当掌握历史趋势，顺应时代潮流，抓住当前千载难逢的机会，加强经贸合作，实现中华民族的光荣、进步、繁荣。

论坛开幕式由中共中央台湾工作办公室主任陈云林、中国国民党国政研究基金会副董事长林丰正共同主持。中国国民党荣誉主席连战率领的台湾代表团成员中国国民党副主席吴伯雄、江丙坤、关中、林益世及中央党部主管人士，新党主席郁慕明，亲民党、新党代表等出席了开幕式。中共中央政治局委员、北京市委书记刘淇，中共中央政治局委员、国务院副总理曾培炎，国务委员唐家璇，北京市市长王岐山，中央、国家机关有关部委负责人等也出席了开幕式。

本届论坛由中共中央台办海研中心与中国国民党国政研究基金会共同主办，两岸经济科技交流与合作中心与两岸和平发展基金会协办。与会人员有两岸相关企业、工商团体负责人，两岸著名经济界专家学者以及大陆台资企业协会会长等共500多人。

两岸经贸论坛通过《共同建议》

依据2005年4月29日中国共产党中央委员会总书记胡锦涛与中国国民党主席连战会谈新闻公报中关于“建立党对党定期沟通平台”的共识，由中共中央台湾工作办公室海研中心与中国国民党国政研究基金会共同主办，海峡经济科技合作中心与两岸和平发展基金会共同承办的两岸经贸论坛，于2006年4月14日至15日在北京举行。

两岸经贸论坛的举办，是中国共产党与中国国民党继续开展政党交流与对话的一次重要活动。4月14日，中国国民党荣誉主席连战、中共中央政治局常委贾庆林出席论坛开幕式并先后发表演讲。两党人士和两岸企业界人士、专家学者、台商代表等共400余人出席了会议。本届论坛之主题是“两岸经贸交流与直接通航”。与会人士就“在全球化浪潮下，两岸经贸交流对双方经济发展的影响”“两岸农业交流与合作”“两岸直航对产业发展策略、企业全球布局的影响”“两岸观光交流对双方经济发展的影响”“两岸金融交流与两岸经贸发展”5项议题，进行了广泛而深入的研讨。

会议认为，去年4月，中国共产党中央委员会总书记胡锦涛与中国国民党主席连战就促进两岸关系改善和发展的重大问题深入交换了意见，取得广泛而重要的成果，其中在促进两岸经济全面交流，建立两岸经济合作机制，推动两岸实现全面、直接、双向“三通”，加强两岸农业合作和解决台湾农产品在大陆销售、推动大陆居民赴台旅游等涉及两岸经贸合作方面达成的共识，对于维护两岸同胞的利益和福祉、改善和发展两岸关系、实现两岸双赢和共同繁荣，有着重大意义。论坛积极评价去年以来两党在推动两岸经济关系发展方面所做的各种努力，并就进一步落实两党领导人会谈成果、在新的历史发展机遇面前加强和深化两岸经济交流与合作，提出以下共同建议。

——两岸经济交流与合作，符合两岸同胞的共同利益和期望。面对经济全球化和区域经济整合的各种机遇与挑战，两岸同胞应当在两岸经济关系持续发展之基础上，更加紧密地携起手来，全面深化和扩大经济交流与合作，相互扶持，优势互补，实现两岸共同繁荣，推动两岸关系朝和平稳定的方向发展，造福两岸同胞。

——积极推动两岸直接通航。共同推动两岸民间航空行业组织尽快按既有模式，就两岸货运包机便捷化和客运包机节日化、周末化、常态化的相关问题进行协商，作出安排，尽早实施。为便于包机的协商和实施，可以根据两岸航空业者和市场的需求，务实、灵活处理相关事宜。大陆“海峡两岸航空运输交流委员会”与“台北市航空运输商业同业公会”应尽早就两岸空中通航的航路进行协商，争取建立最为便捷的直达航路。积极推动大陆“海峡两岸航运交流协会”与台湾民间航运行业组织按2005年春节包机澳门协商的模式，就海上直航相关事宜进行沟通，务实推进两岸海上直航进程。继续扩大福建沿海与金门、马祖海上客货运直航的功能与范围，推动福建沿海与澎湖的直航及两岸贸易货物经金门、马祖、澎湖的中转。

——促进两岸农业交流与合作。两岸农业具有很强的互补性，两岸应结合双方的农业优势，强化研发、技术管理及行销的能力，互惠双赢，扩大两岸农业技术交流与合作的平台。大陆方面将进一步扩大开放台湾部分农产品的准入品种，对其中部分农产品实行关税优惠政策。双方共同努力促成两岸民间团体就有关台湾农产品输入大陆所涉及的原产地认证、检验检疫等技术问题进行协商，并采取措施防止假冒台湾农产品。大陆方面积极提供方便条件，欢迎台湾农民、农业企业到大陆投资、兴业。推动两岸农业组织本着互利互惠的原则，加强经验交流，相互合作，振兴农村经济。呼吁台湾方面同意农产品采取直航方式经高雄等港口销往大陆，以争取时效，减少损耗。

——加强两岸金融交流，促进两岸经贸发展。鼓励和推动两岸金融行业组织就监管机制的建立开展研讨。鼓励两岸金融行业的业者和组织就双方金融机构相互准入有关业务技术性安排进行进一步研究。鼓励和推动两岸金融业者采取多种形式、通过多种渠道开展人才培训和学术交流，共享经验，共同发展。大陆方面将进一步创造条件，为广大中小台资企业在经营过程中的融资需求提供方便。呼吁台湾方面尽快同意大陆金融机构在台湾设立代表处。

——积极创造条件，鼓励和支持台湾其他服务业进入大陆市场。开展两岸产业合作研究，实现优势互补、互惠互利和共同繁荣。加强两岸在通信、资讯(信息)领域的交流与合作，共同推动信息产业标准的制定。大陆方面进一步鼓励和支持海峡西岸及其他台商投资相对集中地区与台湾的经济交流与合作。

——积极推动实现大陆居民赴台旅游，促进两岸人员往来及经济关系发展。开放大陆居民赴台旅游，是海峡两岸同胞和业者多年的期盼，有利于推动台湾地区旅游业及相关服务业的发展与繁荣，有利于稳定和振兴台湾经济。建议大陆方面尽快公布大陆居民赴台湾地区旅游管理措施。呼吁台湾方面参照2005年春节包机澳门协商模式，同意台湾民间旅游行业组织与大陆“海峡两岸旅游交流协会”尽快进行协商，作出安排，建立健康有序的两岸旅游交流合作机制。

——共同探讨构建稳定的两岸经济合作机制，扩大和深化两岸经济交流与合作，促进两岸关系发展，实现共同繁荣。要努力推动两岸经济关系实现正常化、规范化、稳定化，消除在两岸经贸关系中的各种障碍。推动两岸学者专家、工商界人士就更紧密的两岸经贸合作关系、两岸共同市场的相关问题进行研讨。

大会与会人士共同认为，在经贸发展全球化的浪潮下，两岸经贸的进一步推展与合作，必能产生互利互补的效果。因此，除了透过民间力量将大会所做结论认真推动外，并呼吁透过两党沟通平台所建立的机制，将大会结论运用各种管道积极研商付诸实施的办法，同时将建议转达两岸有关方面重视并获得支持。

国家人口发展战略研究工作总结座谈会在北京召开

2004年年初，经国务院批准，成立了由蒋正华同志为组长，徐匡迪、宋健同志为副组长，300多位专家学者和70多个部门、单位的有关同志组成的国家人口发展战略研究课题组，对“科学发展观”“人口发展态势”和“人口与经济社会资源环境重大关系”三大课题进行全面系统的研究和探索。经过两年多的研究，形成了近300万字的研究报告。

国务委员华建敏在会上指出，国家人口发展战略研究是在我们党提出坚持以人为本、树立和落实科学发展观以及“五个统筹”的要求，作出全面建设小康社会、构建社会主义和谐社会重大战略部署的背景下开展的。这次战略研究确立了“优先投资于人的全面发展”的战略理念，阐述了新时期的人口观，提出了新时期稳定低生育水平、以人的全面发展统筹解决人口数量、素质、结构与分布问题的战略思路和政策建议，为中央决策提供了重要思路和科学依据，得到了党中央、国务院的充分肯定。

华建敏强调，要充分利用战略研究成果，以建设社会主义新农村为契机，切实加强“十一五”时期人口和计划生育工作。要在战略研究成果基础上，科学编制并实施好人口发展“十一五”和2020年规划；坚持计划生育基本国策不动摇，努力稳定低生育水平，确保我国经济社会发展战略目标顺利实现；加强部门和地区间协调，形成统筹解决人口问题的良好局面，提高出生人口素质，遏制出生人口性别比偏高势头，改进流动人口计划生育管理和服务，积极应对人口老龄化。

蒋正华、徐匡迪、宋健同志出席并讲话，有关部门负责人和部分参与国家人口发展战略研究的著名专家出席了座谈会。

全国人大常委会副委员长许嘉璐在人民大会堂会见由韩国青少年委员会委员长崔英姬率领的韩国青年代表团

全国人大常委会副委员长路甬祥在人民大会堂会见由厄瓜多尔议会外委会主席塞拉诺率领的代表团

“青春的选择”大学毕业生基层创业先进事迹报告团首场报告会在人民大会堂举行

报告会由共青团中央、中组部、中宣部、教育部、人事部、全国学联共同举办。中共中央政治局委员王兆国会见了报告团全体成员并与他们座谈。

王兆国强调，各级共青团、学联组织和有关部门密切配合、共同努力，积极促进大学生面向基层就业。要加强对大学生的思想政治教育，通过开展“我与祖国共奋进”主题教育实践活动，引导大学生坚定理想信念，认清历史责任，转变就业观念；要为大学生到基层就业拓宽渠道，完善政策，建立机制，创造条件；要热情关心在基层工作的大学毕业生，为他们的工作、学习和生活提供服务，促进他们在基层更好地成长和发展。

报告团成员四川省沐川县海云乡同心村党支部书记周毅、西藏军区边防某连指导员王开钊、科大讯飞公司总裁刘庆峰、新疆英吉沙县萨罕乡副乡长吾斯曼江·司马义、北京市轨道交通建设管理有限公司土建工程师李宏安、新疆奇台县一中教师付静、广州军区某营教导员刘开奉、陕西杨凌本香农业产业集团有限公司董事长燕君芳等8人，将各自在大学毕业后到基层工作的情况和感受在座谈会上作了汇报，并在之后举行的首场报告会上与首都高校学生和部队院校学员近千人共同分享。报告团成员胸怀祖国、服务人民、扎根基层、艰苦创业的先进事迹，集中体现了当代大学生的时代风采，深深打动了聆听报告的每一位大学生。

4月15日

中共中央台办主任陈云林在两岸经贸论坛闭幕式上受权宣布和通报大陆方面将进一步采取的促进两岸交流合作惠及台湾同胞的15项政策措施

这15项措施分为两部分，一部分是国务院批准实施的，一部分由国务院有关部门批准实施。

经国务院批准的3项政策措施如下：

（一）为扩大台湾农产品在大陆销售，自今年5月1日起，对台湾水果检验检疫准入品种由18种扩大到22种，新增柳橙、柠檬、火龙果和哈密瓜4种水果准入。

（二）为帮助解决台湾产蔬菜丰产季节出现的销售困难，开放甘蓝、花椰菜、丝瓜、青江菜、小白菜、苦瓜、洋葱、胡萝卜、莴苣、芋头、山葵等11种台湾主要蔬菜品种检验检疫准入，并实行零关税。

（三）为扩大台湾捕捞和养殖的水产品在大陆销售，对台湾部分鲜、冷、冻水产品实行零关税优惠措施和检验检疫便利。对台湾籍渔船打捞的部分远洋、近海水产品和在台湾地区养殖的部分水产品进口，实行零关税措施；具体品种为鲳鱼、鲭鱼、带鱼、比目鱼、鲱鱼、鲈鱼、虾和贻贝等8种。对来自台湾渔船自捕水产品输往福建，参照大陆自捕鱼船做法，凭公海自捕鱼许可证、贸易合同、发票等资料向检验检疫部门报检，不再要求提供台湾主管部门出具的卫生证书。

经国务院有关部门批准的12项政策措施如下：

（一）为进一步加强两岸农业合作，在现有5个海峡两岸农业合作试验区的基础上，农业部、商务部、国务院台办决定，新批准在广东省佛山市和湛江市、广西玉林市设立两个海峡两岸农业合作试验区；农业部、国务院台办批准在福建省漳浦县、山东省栖霞市设立两个台湾农民创业园。

（二）为帮助台湾农民解决水果、蔬菜丰产时出现的销售困难，供销总社等将根据台湾农民和农民组织反映的情况与要求，适时组织由有实力的农产品供销企业和行业组织组成的台湾农产品采购团，赴台采购。

（三）为方便原产于台湾的水果进入大陆，降低台湾果农和台商的经营成本，福建省厦门市建立台湾水果销售集散中心，对入驻集散中心的进口台湾水果经销商，给予免交保鲜冷库储存使用费以及经销场地免一年租金的优惠。

（四）为降低台湾农产品在大陆销售的运输成本，交通部决定，开放台湾农产品运输“绿色通道”；台湾农产品在大陆运输，享受部分地区过路、过桥费减免的优惠政策。

（五）为进一步促进两岸交流，教育部决定，自即日起，正式认可台湾教育主管部门核准的台湾高等学校学历。

（六）为促进大陆居民赴台旅游早日实现，国家旅游局、公安部、国务院台办已制定《大陆居民赴台湾地区旅游管理办法》，将于4月16日公布。该办法规定，大陆居民赴台湾旅游，由指定的大陆旅行社作为组团社组织，以旅游团形式整团往返。组团社由国家旅游局会同有关部门，从已批准的特许经营出境旅游业务的旅行社范围内指定。这些旅行社大多是大型旅行社，信誉好，服务质量有保证。台湾接待大陆居民赴台旅游的旅行社也就是接待社，须经大陆有关部门会同国家旅游局确认。该办法还规定，大陆居民赴台湾地区旅游实行配额管理，配额由国家旅游局会同有关部门确认后，下达给组团社。组团社在开展组织大陆居民赴台旅游业务前，须与接待社签订合同、建立合作关系。组团社须为每个旅游团选派领队，领队要经过专门的培训、考核，并申领赴台旅游领队证。大陆居民须持有效的《大陆居民往来台湾地区通行证》及旅游签注赴台湾地区旅游。

（七）为进一步方便台湾同胞来往大陆，公安部决定，在原有开放海口、三亚、厦门、福州、上海5个口岸签注点（即“落地签注”）基础上，增设沈阳、大连、成都3个台胞口岸签注点，并将根据各地的实际需要，继续增加新的口岸签注点，为未办妥入境手续直抵大陆的台湾同胞办理签注手续。

（八）为满足在大陆工作的一些台湾同胞希望取得报关员资格的愿望，海关总署决定，开放台湾同胞参加报关员考试，成绩合格者在报名地海关即可申请报关员资格证书。海关总署将制定并公布具体报名办法，以利台湾同胞报名考试。

（九）为了给在大陆居住的台湾同胞提供良好、便利的医疗服务，卫生部采取积极有效措施，开展适合台湾同胞就医习惯和特点的服务。继续在台胞较集中的广东、福建、江苏、上海等地医院指定相对固定的诊区，为台湾同胞提供医疗服务。在有条件的地方，挑选一些资质好的医院，如心血管、脑神经、口腔医院等，设立专门门诊部，接待台湾同胞，实行“一条龙”服务。接诊医师可以是大陆医师，也可以是按规定经卫生行政部门批准、取得在大陆行医许可的台湾医师。

（十）为有利于两岸医疗卫生交流合作、方便台湾同胞在大陆就医，将为台湾同胞在大陆就医后回台湾报销医疗费用提供便利。大陆医院在按大陆有关规定书写和保存医疗文书的同时，据实给就诊的台湾同胞提供一份符合回台湾核退费用要求的医疗文书。

（十一）继续欢迎和鼓励台湾医疗机构与大陆合资合作兴办医院。台湾投资者最高股权可占70%，合作期限暂定20年，合作期满可申请延长。

（十二）卫生部决定，准许符合规定条件的台湾同胞在大陆申请执业注册和短期行医。台湾同胞可在大陆申请参加医师资格考试、注册、执业或从事临床研究等活动。在大陆取得医学专业学历、考取医师资格的台湾学生，如需要在大陆执业，可在各地卫生部门办理执业注册手续。台湾地区医师申请来大陆短期行医，在履行相应手续后，可在大陆从事为期1年的执业活动，期满后可申请延长。

中共中央 国务院发出《关于促进中部地区崛起的若干意见》

意见要求把中部地区建设成全国重要的粮食生产基地、能源原材料基地、现代装备制造及高技术产业基地和综合交通运输枢纽，使中部地区在发挥承东启西和产业发展优势中崛起。

第九十九届中国出口商品交易会在广州开幕

50个交易团、13686家企业参加本次盛会，展位总数达到30058个的历史最高水平，比上届增加1250个。本届交易会延续了“两馆（流花馆、琶洲馆）两期”同时办展的格局，第一期展出时间为4月15日至20日，第二期为4月25日至30日，21日至24日为换展期。

慕田峪长城文化节开幕

此次文化节历时1年，由国际摄影大赛、长城音乐会等一系列公益活动组成，旨在唤起人们关注和保护世界文化遗产的意识。

4月16日

中共中央总书记胡锦涛在人民大会堂会见中国国民党荣誉主席连战和台湾各界人士

胡锦涛代表中共中央对论坛的成功举办表示热烈的祝贺。

连战代表出席两岸经贸论坛的台湾各界人士，对胡锦涛总书记的关心和支持表示感谢。连战表示，这次论坛形成的共同建议，尤其是陈云林主任受权宣布的大陆方面将采取的促进两岸交流合作、惠及台湾同胞的15项政策措施影响深远，代表了两岸主流民意的期盼。

他说，拥有13亿人口的中国大陆，在长达27年的时间里，以接近10%的经济增长率，昂首阔步向前发展，这是人类历史上空前的奇迹。过去50多年来，台湾从一个百业凋敝的环境，经过努力奋斗，一步步走过来，创造了经济奇迹。两岸的中国人在不同环境下，都创造了经济奇迹，我们都为此感到骄傲。更重要的是，现在我们民族面临百年罕见、千载难逢的发展机会。两岸同胞应当抓住机会，运用智慧和能力，加强彼此合作，达到共荣双赢的目标。

连战说，和平与繁荣应该是一体两面，没有和平绝对没有繁荣，有了和平才能为繁荣铺路搭桥。当前在两岸关系发展中，仍然存在着和平与冲突、开放与紧缩两种不同方向拉扯的力量。和平是生存、发展、繁荣的基础，两岸必须向前看、向远看。我们应当与人民同心，与时代同步，扩大和平、开放的力量，为历史写下光荣的一页。只要我们锲而不舍，就一定能够创造亮丽的未来。

在认真听取了连战的意见后，胡锦涛发表了重要讲话。胡锦涛强调，和平发展理应成为两岸关系发展的主题，成为两岸同胞共同为之奋斗的目标。胡锦涛就推动两岸关系和平发展提出四点建议。

第一，坚持"九二共识"，是实现两岸关系和平发展的重要基础。50多年来，虽然两岸尚未统一，但是大陆和台湾同属一个中国的事实没有改变，两岸同胞血浓于水的民族感情也没有改变。14年前，两岸双方正是基于这一共同认识，本着求同存异的精神，达成了"九二共识"，开启了1993年的"汪辜会谈"。去年，也正是在坚持"九二共识"的基础上，我们两党达成了"两岸和平发展共同愿景"，提出了为两岸同胞谋和平、谋福祉的一系列重要举措。

近些年来，两岸关系波折不断，根本原因就在于"台独"分裂势力罔顾民意，竭力否定"九二共识"，蓄意破坏大陆和台湾同属一个中国的现状。事实表明，坚持"九二共识"，才能实现两岸和平发展、共同繁荣；坚决反对和遏制"台独"，才能消除危害两岸关系和平发展的最大威胁。

第二，为两岸同胞谋福祉，是实现两岸关系和平发展的根本归宿。实现两岸关系和平发展，目的是维护和发展两岸同胞的利益。我们任何时候都要把两岸同胞的利益放在首位。我曾多次说过，凡是关系到台湾同胞切身利益的事情都要认真对待，凡是对台湾同胞作出的承诺都要认真履行。在这里，我要再次郑重表示，我们将忠实履行对台湾同胞作出的承诺，既不会因局势的一时波动有任何改变，也不会因有少数人的干扰和破坏而有任何改变。

第三，深化互利双赢的交流合作，是实现两岸关系和平发展的有效途径。20多年来，两岸民间交流合作蓬勃发展，基本形成了互补互利的格局，两岸同胞的利益已更加紧密地联系在一起。在经济全球化和区域经济一体化趋势加快发展的形势下，两岸有识之士对深化两岸经贸合作都有着强烈的紧迫感。深化两岸经贸合作，是关系两岸发展前途和两岸同胞利益的大事。我们将采取积极举措，促进早日实现两岸直接"三通"，加强两岸农业合作，推动两岸教育交流，促进早日实现大陆居民赴台旅游，扩大台湾同胞在大陆就业的范围，等等，以利于促进两岸交流、扩大两岸互利合作，为两岸关系和平发展创造更有利的条件。

第四，开展平等协商，是实现两岸关系和平发展的必由之路。我们历来主张，两岸应本着前瞻性、建设性的态度进行对话和谈判，心平气和地解决彼此间的各种问题。去年，我同连主席会谈时已经达成共识，双方要共同促进两岸在"九二共识"的基础上尽速恢复平等协商，就共同关心和各自关心的问题进行讨论。只要谈起来，就可以务实协商台湾同胞关心的各种问题，为两岸共同发展开辟道路。

中共中央政治局委员、国务院副总理吴仪，中共中央政治局候补委员、中共中央书记处书记、中共中央办公厅主任王刚，中共中央台湾工作办公室主任陈云林，出席两岸经贸论坛的台湾工商团体负责人、著名企业家和来自大陆各地的台资企业协会负责人参加了会见。

中国国民党荣誉主席连战在中国国民党国政研究基金会上回答记者的提问

连战说，在台湾与会人士来京之前，台湾行政当局赶着作了开放两岸客货运包机、开放大陆居民赴台观光、开放台湾农产品"登陆"的政策宣示，以为两岸经贸论坛顶多在这三方面达成共识，因此想减低论坛的效应，达到先声夺人的效果。但是，论坛共同建议和15日中台办主任陈云林受权宣布和通报的15项政策措施涵盖面非常广，超过了预期。

连战强调，两岸经贸论坛所讨论的问题，决不是国共两党之间的事情，而是两岸人民的大事情。国民党绝对会全心全意来落实论坛的成果，将联合友党加强对行政当局的监督，通过制定法案等来推动。同时，希望台湾当局主政者能以宽阔的心胸来倾听人民的声音，真正地尊重人民，与人民同心，不要再像过去那样内耗、对立，把时间、资源、精力平白流失。

有记者问，对"两岸和平发展共同愿景"一年落实情况如何评价？

连战说，去年4月他与胡锦涛总书记达成了"两岸和平发展共同愿景"，在双方的共同努力下，许多方面都有很具体的落实。他列举说，两岸经贸论坛此次在北京召开，就是落实国共两党建立党对党定期沟通平台的行动。在经济领域，推动了彼此交流、互惠，春节包机的做法、范围更有效、更扩大；推动了台湾农产品、水果"登陆"；在保障台商权益方面，两党分别建立了对口单位，更有效率地处理台商在大陆发展所面对的问题；完成了6种信息产业的标准化规格，将来还要持续推广。此外，大陆方面对在大陆就学的台湾学生实施同等收费，向大陆台商提供300亿元开发性贷款。

这些都是非常好的事情。

在谈到两岸直航问题时，连战说，可以根据已有的3次春节包机的经验，先推动两岸包机节日化、周末化。至于包机常态化，则还需要协商。希望有关协商能尽快进行，可采用2005年春节包机澳门协商的模式，由双方相关团体和适当的参与者共同来推动。

有记者问，国民党与大陆方面在“九二共识”认知上有无不同?

连战表示，“九二共识”对于中国国民党，对于大陆方面都不是问题。今天问题出在陈水扁身上，出在民进党身上，他们应该来回答媒体的质询。

他表示，国民党现行的两岸政策是国民党长期所坚持的，不会因党主席的人事变动而改变。他去年4月与胡锦涛总书记达成的五项共识，已经纳入国民党的政策纲领，马英九担任党主席以来，在两岸关系上也有很好的做法。他这次到北京曾代马英九主席问候胡锦涛总书记，胡锦涛总书记也请他代为问候马英九主席。

谈及两岸是否存在制度之争的问题，连战表示，不必特别夸大两岸制度的不同，要抱持乐观的态度来看待。两岸应相互鼓励，相互调适，抓住当下，共创繁荣。

国家旅游局 公安部和国务院台办联合发布《大陆居民赴台湾地区旅游管理办法》

第一条　为规范大陆居民赴台湾地区旅游，依据《中国公民往来台湾地区管理办法》和《旅行社管理条例》，特制定本办法。

第二条　大陆居民赴台湾地区旅游(以下简称赴台旅游)，须由指定经营大陆居民赴台旅游业务的旅行社(以下简称组团社)组织，以团队形式整团往返。参游人员在台湾期间须集体活动。

第三条　组团社由国家旅游局会同有关部门，从已批准的特许经营出境旅游业务的旅行社范围内指定，由海峡两岸旅游交流协会公布。除被指定的组团社外，任何单位和个人不得经营大陆居民赴台旅游业务。

第四条　台湾地区接待大陆居民赴台旅游的旅行社(以下简称接待社)，经大陆有关部门会同国家旅游局确认后，由海峡两岸旅游交流协会公布。

第五条　大陆居民赴台旅游实行配额管理。配额由国家旅游局会同有关部门确认后，下达给组团社。

第六条　组团社在开展组织大陆居民赴台旅游业务前，须与接待社签订合同、建立合作关系。

第七条　组团社须为每个团队选派领队。领队经培训、考核合格后，由地方旅游局向国家旅游局申领赴台旅游领队证。组团社须要求接待社派人全程陪同。

第八条　组团社须要求接待社不得引导和组织参游人员参与涉及赌博、色情、毒品等内容的活动。

第九条　组团社须要求接待社严格按照合同规定的团队日程安排活动;未经双方旅行社及参游人员同意，不得变更日程。

第十条　大陆居民须持有效《大陆居民往来台湾通行证》(以下简称《通行证》)及旅游签注(签注字头为L，以下简称签注)赴台旅游。

第十一条　大陆居民赴台旅游须向指定的组团社报名，并向其户口所在地公安机关出入境管理部门申请办理《通行证》及签注。

第十二条　赴台旅游团须凭《大陆居民赴台湾地区旅游团名单表》，从大陆对外开放口岸整团出入境。

第十三条　旅游团出境前已确定分团入境大陆的，组团社应事先向有关出入境边防检查总站或省级公安边防部门备案。

旅游团成员因紧急情况不能随团入境大陆或不能按期返回大陆的，组团社应及时向有关出入境边防检查总站或省级公安边防部门报告。

第十四条　参游人员应按期返回，不得非法滞留。当发生参游人员非法滞留时，组团社须及时向公安机关及旅游行政主管部门报告，并协助做好有关滞留者的遣返和审查工作。

第十五条　违反本办法之规定的旅行社，旅游行政主管部门将根据《旅行社管理条例》予以处罚。对组团单位和参游人员违反国家其他有关法律、法规的，由有关部门依法予以处理。

第十六条　本办法由国家旅游局、公安部、国务院台湾事务办公室负责解释。

第十七条　本办法自发布之日起施行。

海关总署发出“补天行动”的倡议

该倡议希望亚太地区海关采取联合行动，共同打击有害废物走私等环境犯罪活动，打击重点锁定在废物、珍稀动植物、毒品、盗版、淫秽物品等。

中国保护知识产权成果展览会在中国人民革命军事博物馆开幕

本次展览历时8天，由国家保护知识产权工作组等11个部门共同主办、国家保护知识产权工作组办公室和中国工业经济联合会承办，信息产业部、最高人民法院、最高人民检察院等7个单位和北京等15个保护知识产权专项行动重点地区以及中国航天科技集团等14家企业参展。

全国人大常委会副委员长、中国科学院院长路甬祥宣布展览会开幕。国务院副秘书长、国家保护知识产权工作组副组长徐绍史简要评价了近年来我国在知识产权保护方面取得的显著成效。商务部副部长、国家保知办主任姜增伟主持了开幕式。展览期间还将邀请外国驻华使节和外商投资企业观展。

本次展览分为部门、地方和企业展区。部门展区主要展示知识产权整体情况、保护商标权、保护专利权、保护著作权、海关知识产权保护、其他领域知识产权和司法保护等内容；地方展区主要展示保护知识产权专项行动15个重点地区取得的成效和当地企业自主创新、主动维权取得的成果；企业展区主要展示我国企业提高和增强知识产权保护意识，运用知识产权制度参与市场竞争，注重自主知识产权的开发与创新，塑造自主品牌，提升国际知名度和竞争力等内容。展览以图片、模型、实物为主，利用声、光、电等高科技手段，生动形象地展示我国近年来在知识产权保护方面取得的成果。

这是我国首次举办以保护知识产权为内容的大型展览，是我国知识产权制度建设、保护工作成绩的一次全面展示，也是开展公众教育，促进国际合作与交流的一项举措。

北京奥组委举行第二十九届奥运会开闭幕式主要工作人员聘书颁发仪式

根据应征创意方案的评审和陈述情况，北京奥组委从优秀创意方案工作团队的主创人员中确定了2008年奥运会开闭幕式的主要创作团队。其中，张艺谋将担任总导演；中国人民解放军总政歌舞团团长张继钢和国家歌舞团副团长、艺术总监陈维亚为副总导演；北京特种工程设计院院长于建平为技术制作组组长；歌华集团北奥大型文化体育活动公司总经理路健康为制作总监；文化艺术顾问包括著名国学大师、北京大学教授季羡林，著名哲学家、北京大学教授汤一介，著名美术家、中国美术家协会主席靳尚谊，著名戏剧教育家、导演艺术家、中央戏剧学院名誉院长徐晓钟，著名电影导演陈凯歌，美国著名电影导演史蒂文·斯皮尔伯格，法国ECA2公司总裁伊文思·潘平，澳大利亚著名大型活动策划、制作人理查德·彼得·伯奇。

中共中央政治局委员、北京市市委书记、北京奥组委主席刘淇，国务委员、北京奥组委第一副主席陈至立等为创作团队主要工作人员颁发了聘书。

首届世界佛教论坛闭幕式暨祈祷世界和平法会在浙江省舟山市普陀山举行

参加首届世界佛教论坛的108位高僧代表主持了法会仪式，共祈世界和平。中国佛教协会副会长明生法师宣读了《世界和平祈愿文》。此次论坛发表了《普陀山宣言》，并在普陀山立碑铭记。

4月17日

十届全国人大常委会第四十五次委员长会议在人民大会堂举行

会议由全国人大常委会委员长吴邦国主持。全国人大常委会副委员长王兆国、李铁映、司马义·艾买提、丁石孙、成思危、许嘉璐、蒋正华、路甬祥、乌云其木格、韩启德出席会议。

会议决定，十届全国人大常委会第二十一次会议于4月25日至29日在京举行。根据建议的议程，本次常委会会议将首次审议备受社会关注的反洗钱法草案、合伙企业法修订草案等法律案。

根据建议的议程，十届全国人大常委会第二十一次会议还将继续审议农产品质量安全法草案、护照法草案、刑法修正案(六)草案和义务教育法修订草案等，听取国务院关于普及义务教育和实施素质教育的工作报告、关于增强自主创新能力及加强知识产权保护的工作报告，审议国务院提请审议关于加强法制宣传教育的决议草案的议案，审议国务院关于提请审议加入《乏燃料管理安全和放射性废物管理安全联合公约》的议案和关于提请审议批准四个条约的有关议案等。

全国人大常委会副委员长兼秘书长盛华仁汇报了关于十届全国人大常委会第二十一次会议的议程草案和日程安排意见。全国人大法律委员会主任委员杨景宇汇报了关于农产品质量安全法草案、护照法草案、刑法修正案(六)草案和义务教育法修订草案等四个法律案主要问题的修改情况；全国人大常委会预算工作委员会主任刘积斌、全国人大财政经济委员会主任委员傅志寰分别汇报了反洗钱法草案的有关情况和合伙企业法修订草案的起草情况。全国人大外事委员会主任委员姜恩柱汇报了外事委员会审议有关国际条约议案的情况。全国人大内务司法委员会主任委员何椿霖汇报了内务司法委员会对关于加强法制宣传教育的决议草案的审议意见，全国人大教科文卫委员会主任委员朱丽兰汇报了教科文卫委员会对国务院关于科技、教育两个专题工作报告的审议情况。

第六次全国环境保护大会在北京召开

大会4月17日至18日在北京召开。中共中央政治局委员、国务院副总理曾培炎主持会议并作了总结讲话。中共中央政治局常委、国务院总理温家宝出席会议并发表重要讲话。

会上表彰了全国环保系统先进集体和先进工作者。

各地区、各有关部门的负责同志，以及部分中央管理的国有重要骨干企业负责人,全国环保系统先进集体和先进工作者代表在北京参加了会议。各省(区、市)、市(地)、县(市)政府主要负责同志在当地分会场参加了会议。

国务院总理温家宝在第六次全国环境保护大会上发表题为《全面落实科学发展观加快建设环境友好型社会》的讲话

这次全国环境保护大会,是实施"十一五"规划开始时召开的一次重要会议。会议的主要任务是,认真贯彻党的十六届五中全会和十届全国人大四次会议精神,落实国务院关于加强环境保护的决定,总结"十五"期间的环保工作,部署今后五年的环保任务,进一步开创我国环境保护工作的新局面。

一、必须把环境保护摆在更加重要的战略位置

保护环境关系到我国现代化建设的全局和长远发展,是造福当代、惠及子孙的事业。党中央、国务院历来重视环境保护工作,把保护环境作为一项基本国策,把可持续发展作为一项重大战略。党的十六大以后,我们提出树立科学发展观、构建社会主义和谐社会的重要思想,提出建设资源节约型、环境友好型社会的奋斗目标。这是我们党对社会主义现代化建设规律认识的新飞跃,也是加强环境保护工作的根本指导方针。

"十五"期间,我们在推进经济发展的同时,采取一系列措施加强环境保护,取得积极进展。在资源消耗和污染物产生量大幅度增加的情况下,环境污染和生态破坏加剧的趋势减缓,部分流域区域污染治理取得初步成效,部分城市和地区环境质量有所改善,工业产品的污染排放强度有所下降。对于环境保护工作的成绩应予充分肯定。

同时,必须清醒地看到,我国环境形势依然十分严峻。长期积累的环境问题尚未解决,新的环境问题又在不断产生,一些地区环境污染和生态恶化已经到了相当严重的程度。主要污染物排放量超过环境承载能力,水、大气、土壤等污染日益严重,固体废物、汽车尾气、持久性有机物等污染持续增加。流经城市的河段普遍遭到污染,1/5的城市空气污染严重,1/3的国土面积受到酸雨影响。全国水土流失面积356万平方公里,沙化土地面积174万平方公里,90%以上的天然草原退化,生物多样性减少。发达国家上百年工业化过程中分阶段出现的环境问题,在我国已经集中出现。生态破坏和环境污染,造成了巨大的经济损失,给人民生活和健康带来严重威胁,必须引起我们高度警醒。

"十五"时期,我国经济发展的各项指标大多超额完成,但环境保护的指标没有完成,主要是两个指标:一个是二氧化硫排放量;一个是化学需氧量。2005年全国二氧化硫排放量比2000年增加了27%,化学需氧量仅减少了2%,均未完成削减10%的控制目标。环境污染严重,主要是三个原因:

一是对环境保护重视不够。主要是没有正确认识和处理好经济发展与环境保护的关系,当前与长远的关系,局部与全局的关系。一些地方重经济发展、轻环境保护,甚至不惜以牺牲环境为代价换取经济增长;只顾当前,不计长远,考虑局部利益多,考虑全局和整体利益少。由于重视不够,投入不足,环保欠账过多,不少地方环境治理明显滞后于经济发展,该治理的不治理,边治理边破坏。环境保护已成为经济社会发展中的一个薄弱环节。

二是产业结构不合理,经济增长方式粗放。新中国成立以来,特别是改革开放以来,我国经济建设取得了巨大成就,经济总量已经位居世界前列。但是,我们还是一个发展中国家,产业水平总体上比较低,能源资源消耗比较高,在加快发展的过程中付出了比较大的环境代价。长期以来经济增长方式粗放,高投入、高消耗、高排放。特别是一些地方上了不少小钢铁、小水泥、小化工、小造纸、小皮革等项目,加剧了环境污染。这几年我国煤炭消费高速增长,导致二氧化硫排放总量大幅度增加。2005年全国煤炭消耗量达到21.4亿吨,比2000年增加了8.2亿吨。燃煤电厂是二氧化硫排放的主要来源,而燃煤电厂脱硫设施建设严重滞后。不加快调整产业结构,不转变经济增长方式,环境污染的问题就难以从根本上解决。

三是环境保护执法不严,监管不力。近些年来,我们重视环境法制建设,加强了环境管理。但是,环境保护中有法不依、执法不严、违法不究的现象还比较普遍,对环境违法处罚力度不够,违法成本低、守法成本高。一些地方对环境保护监管不力,甚至存在地方保护主义。有的地方不执行环境标准,违法违规批准严重污染环境的建设项目;有的地方对应该关闭的污染企业下不了决心,动不了手,甚至视而不见,放任自流;还有的地方环境执法受到阻碍,使一些园区和企业环境监管处于失控状态。这种状况不改变,环境污染就不可能得到根本治理。

我们必须充分认识我国环境形势的严峻性和复杂性,充分认识加强环境保护工作的重要性和紧迫性,切实把环境保护放在更加重要的战略位置。

贯彻落实科学发展观,促进人与自然和谐发展,必须加强环境保护。我国在发展中面临着两大矛盾:一个是不发达的经济与人们日益增长的物质文化需求的矛盾,这将是长期的主要矛盾,解决这个矛盾要靠发展。另一个是经济社会发展与人口资源环境压力加大的矛盾,这个矛盾越来越突出,解决这个矛盾要靠科学发展。我国已进入工业化、城镇化加快发展的阶段，这个阶段往往也是资源环境矛盾凸显的时期。靠过量消耗资源和牺牲环境维持经济增长是不可持续的。必须转变发展观念，创新发展模式，提高发展质量，把经济社会发展切实转入科学发展的轨道。

实现全面建设小康社会的目标，必须加强环境保护。全面建设小康社会，不仅包括经济建设、政治建设、文化建设、社会建设，还包括生态环境建设，使整个社会走上生产发展、生活富裕、生态良好的文明发展道路。现在看来，全面小康的经济目标，经过努力完全可以达到，而要达到小康社会对环境的要求难度很大。今后，随着经济总量不断扩大和人口继续增加，污染物产生量还会不断增多，生态压力还会进一步加大，环境问题会更加突出。如果到那时，经济发展了，生活富裕了，但人居环境恶化了，那就不能说全面建成了小康社会。因此，我们必须更加重视环境保护工作，在实现国内生产总值翻两番的同时，把单位资源消耗和污染物排放明显降下来，在环境污染治理和生态建设方面取得明显成效。

提高人民群众的生活质量和健康水平，必须加强环境保护。生态环境的好坏，直接关系到人民群众的生活质量和身心健康。近年来，一些地方空气质量下降，水源受到污染，直接影响到人民群众的生活。一些地方环境事故频发，老百姓反映比较强烈，有关环境问题的投诉和纠纷明显增多。一些地方发生的重大环境污染事件，严重损害了人民群众的利益，甚至影响社会和谐稳定。随着人民生活水平的提高，广大群众对环境质量的要求越来越高。我们必须把保护环境这件事关人民群众切身利益的大事抓紧做好，让人们喝上干净的水，呼吸清新的空气，吃上放心的食品，有一个良好的生产生活环境。

为中华民族的生存和长远发展着想，必须加强环境保护。人类文明的发展和延续，与生态环境密切相关。生态环境的恶化不仅会破坏人们的生存条件，甚至会导致人类文明的消亡。恩格斯在《自然辩证法》一书中说过一段精辟的话："我们不要过分陶醉于对自然界的胜利。对于每一次这样的胜利，自然界都报复了我们。美索不达米亚、希腊、小亚细亚以及其他各地的居民，为了想得到耕地，把森林都砍完了，但是他们梦想不到，这些地方今天竟因此成为荒芜不毛之地。"我国也有不少地区历史上曾经山清水秀、林草丰茂，由于植被破坏和水土流失，如今土地荒漠化、石漠化日益严重。面对历史的沧桑巨变，我们更加感受到环境对生存与发展的价值和意义。我国许多地方生态脆弱，环境承载力很低。目前，一些地区已经出现了"有河皆干、有水皆污、土地退化、沙漠碰头"等现象。如果再不重视保护环境，今后治理的成本会更高，付出的代价会更大，环境将更难以恢复，我们就可能犯难以改正的历史性错误。保护环境，就是保护我们赖以生存的家园，就是保护中华民族发展的根基。我们决不能做"吃祖宗饭、断子孙路"的蠢事。

总之，我们一定要深刻认识加强环境保护的重大意义，增强忧患意识，增强紧迫感和责任感，以对国家、对民族、对子孙后代高度负责的精神，切实做好环境保护工作，推动经济社会全面协调可持续发展。

二、今后五年环境保护的目标和主要任务

"十一五"时期是全面建设小康社会的关键时期，也是加强环境保护、改善环境状况的关键时期。"十一五"经济社会发展规划明确提出了今后五年环境保护的主要目标：到2010年，在保持国民经济平稳较快增长的同时，使重点地区和城市的环境质量得到改善，生态环境恶化趋势基本遏制。单位国内生产总值能源消耗比"十五"期末降低20%左右；主要污染物排放总量减少10%；森林覆盖率由18.2%提高到20%。这些目标，体现了防治环境污染和保护自然生态的要求，体现了人民群众的愿望和国家长远利益的要求。尽管实现的难度很大，但必须下定决心确保完成。

实现"十一五"环境保护的目标，必须进一步明确环保工作的指导思想。这就是以邓小平理论和"三个代表"重要思想为指导，全面落实科学发展观，坚持保护环境的基本国策，深入实施可持续发展战略；坚持预防为主、综合治理，全面推进、重点突破，着力解决危害人民群众健康的突出环境问题；坚持创新体制机制，依靠科技进步，强化环境法治，发挥社会各方面的积极性。经过长期不懈的努力，使生态环境得到改善，资源利用效率显著提高，可持续发展能力不断增强，人与自然和谐相处，建设环境友好型社会。

做好新形势下的环保工作，关键是要加快实现三个转变：一是从重经济增长轻环境保护转变为保护环境与经济增长并重，把加强环境保护作为调整经济结构、转变经济增长方式的重要手段，在保护环境中求发展。二是从环境保护滞后于经济发展转变为环境保护和经济发展同步，做到不欠新账，多还旧账，改变先污染后治理、边治理边破坏的状况。三是从主要用行政办法保护环境转变为综合运用法律、经济、技术和必要的行政办法解决环境问题，自觉遵循经济规律和自然规律，提高环境保护工作水平。

当前和今后一个时期，需要着力做好以下几方面工作。

(一)加大污染治理力度，切实解决突出的环境问题。加强环境保护，当务之急是解决水和空气等污染加剧的问题。要加强水污染治理。我国本来就是一个缺水的国家，有限的水资源又被严重污染。保障饮水安全直接关系人民群众的生命和健康，要切实保护饮用水水源地。我国化工企业多数布局在江河沿岸，一旦发生事故，就可能造成严重后果。要加大重点流域水污染防治力度，消除环境安全隐患，防止发生重大环境污染事件。要加强大气污染防治，不断改善重点城市空气质量。积极开展土壤污染防治，减少农村面源污染。加强危险化学品管理，妥善处置危险废物和医疗废物，保障核与辐射环境安全。

(二)加强自然生态保护，努力扭转生态恶化趋势。维护生态系统平衡，既是环境保护的重要任务，也是扩大环境容量、提高环境承载能力的基本前提。一方面，要坚持保护优先、开发有序的原则，控制不合理的资源开发活动，注重发挥生态系统的自然修复功能，保护好天然植被和生物的多样性。另一方面，要坚持不懈地开展生态工程建设，继续实施天然林保护、退耕还林等林业重点工程，退牧还草工程，京津风沙源治理等防沙治沙工程，加强西南地区石漠化治理，遏制土地沙化、退化、荒漠化趋势。

(三)加快经济结构调整，从源头上减少对环境的破坏。要大力推动产业结构优化升级，加快发展先进制造业、高新技术产业和服务业，形成一个有利于资源节约和环境保护的产业体系。严格执行产业政策和环保标准，下决心淘汰那些高消耗、高排放、低效益的落后生产能力，严禁新上那些浪费资源、污染环境的建设项目。要大力发展循环经济，缓解资源供给不足的矛盾，减少污染物的排放。要推进节能、节水、节地、节材和资源综合利用、循环利用，推行清洁生产，努力实现增产减污。

(四)大力发展环境科技和环保产业，提高环境保护的水平。加强环境保护，必须依靠科技创新。国家中长期科学和技术发展规划，已经把环境保护相关技术列入优先领域。要把自主创新和引进消化吸收结合起来，集中力量组织攻关，力争在环保关键技术、共性技术方面取得突破，切实提高我国环境保护的科技含量。加强环境保护，必须发展环保产业。要积极发展环保装备制造业，加快发展环保服务业，支持各类所有制企业参与污染治理和环保产业发展，培育一批有实力、有竞争力的环保企业和企业集团，促进环保产业成为具有良好经济效益和社会效益的新兴支柱产业。

三、真抓实干，努力开创环境保护工作新局面

中央关于环境保护的大政方针和目标任务已经明确，各地区、各部门要把思想真正统一到科学发展观的要求上来，统一到中央加强环境保护的方针政策和工作部署上来，增强保护环境的自觉性，切实加强领导，采取有效措施，把环境保护的各项任务落到实处。

(一)落实环境保护责任制。保护环境是加强社会管理和公共服务的重要方面，是政府义不容辞的职责。地方政府要对环境质量负总责，把环境保护摆上重要议事日程。要建立环境保护目标管理责任制，并将环保目标纳入经济社会发展评价范围和干部政绩考核。从今年开始，每半年公布一次各地区和主要行业的能源消耗、污染排放情况，让社会和群众监督。保护环境，守土有责，要建立环保工作问责制。对于因决策失误、监管不力造成重大环境污染事故的，要严肃追究责任。

(二)实行污染物排放总量控制制度。这是减少环境污染的“总闸门”。各地都要按照国家环保总体目标要求，制订污染物排放总量控制计划，并将控制指标层层分解，落实到基层和重点排污单位。任何地方、任何单位都要严格执行，不得突破。要全面推行排污许可证制度，加强重点排污企业在线监控，禁止无证或违章排污。

(三)加强对建设项目的环境影响评价。这是防止新增污染的重要关口，要作为市场准入的一项重要制度。今后凡是不符合国家环保法律法规和标准的建设项目，不得审批或核准立项，不得批准用地，不得给予贷款。同时要开展规划环境影响评价，建立规划环评专家审查机制，从决策源头上防止环境污染和生态破坏。

(四)制定区域开发和保护政策。国家“十一五”规划纲要已经明确提出，根据不同地区的资源环境承载能力，把国土空间划分为优化开发、重点开发、限制开发和禁止开发四类主体功能区域。这是优化经济布局、促进区域协调发展的战略举措，也是保护生态环境的一项重要措施。要加快制定相应的政策和评价指标，明确各类功能区的范围，规范国土空间开发秩序，把这项措施落到实处。

(五)加大环境执法力度。强化法治是治理污染、保护生态最有效的手段，要把环境保护真正纳入法治化轨道。加强环境立法，健全和完善环境法律体系。建立完备的环境执法监督体系，坚决做到有法必依、执法必严、违法必究，严厉查处环境违法行为和案件。深入开展整治违法排污企业、保障群众健康专项行动，决不允许违法排污的行为长期进行下去，决不允许严重危害群众利益的环境违法者逍遥法外。

(六)用改革的办法解决环境问题。注重运用市场机制促进环境保护。发挥价格杠杆的作用，建立能够反映污染治理成本的排污价格和收费机制，全面实施城镇污水处理和生活垃圾处理的收费政策。逐步提高工业企业排污收费标准，建立企业保护环境的激励机制和减少污染排放的约束机制。按照“谁开发谁保护、

谁破坏谁恢复、谁受益谁补偿、谁排污谁付费”的原则,完善生态补偿政策,建立生态补偿机制。

(七)进一步增加环保投入。污染治理的钱迟早要花,早治理早主动,晚治理就被动。要把环境保护投入作为公共财政支出的重点,各级财政都要调整支出结构,加大对环境保护的支持,保证环保投入增长幅度高于经济增长速度。国家基本建设投资,要继续向环境保护倾斜。加强污染防治和生态保护项目、环境公共设施建设。实施一批国家环保重点工程。对有偿还能力的环境基础设施建设项目和污染治理项目,银行应给予贷款扶持。要拓宽环保投融资渠道,鼓励企业增加环保投入,积极引导外资和社会资金参加环保建设,形成多元化的环保投入格局。

(八)不断加强环保监管能力建设。要建立先进的环境监测预警体系,全面反映环境质量状况和趋势,准确预警各类环境突发事件。各级政府和有关企业都要制订应急预案,切实提高突发环境事件的处置能力。要加强环保队伍建设,建设一支政治素质好、业务水平高、奉献精神强的环保队伍。从事环保工作的同志要坚持原则、忠于职守、敢于碰硬,做保护环境的忠诚卫士。各级环保部门要发挥环境综合管理职能,抓好环境规划、执法监督和信息发布工作。各有关部门要认真履行职责,密切协作配合,形成环保工作的合力。

保护环境是全民族的共同事业,必须紧紧依靠广大人民群众,动员全社会的力量共同参与。各级机关要带头节约资源、保护环境,为全社会作出表率。各类企业都要自觉遵守环境法规,主动承担社会责任。每个公民、每个家庭、每个单位、每个社区都要从自我做起,从力所能及的事情做起,自觉参加环保活动。要大力开展环境宣传教育,增强全民环保意识,弘扬环境文化,在全社会形成保护环境的良好氛围。

做好环境保护工作,任务光荣而艰巨。让我们紧密团结在以胡锦涛同志为总书记的党中央周围,高举邓小平理论和“三个代表”重要思想伟大旗帜,全面贯彻落实科学发展观,坚定信心,真抓实干,不断开创环境保护工作新局面,为全面建设小康社会作出更大的贡献!

全国政协主席贾庆林在人民大会堂会见由奥地利联邦议会常务副议长哈泽尔巴赫率领的奥中友协高级人士代表团

国家副主席曾庆红在海南考察

4月17日至20日,曾庆红在海南省省委书记汪啸风、省长卫留成等陪同下,先后考察了三亚、乐东、东方、儋州、海口等市县和洋浦经济开发区,他在企业、农村、社区、学校调研时,鼓励基层干部群众结合海南实际,落实好科学发展观和社会主义荣辱观,在齐心协力建设好新兴工业省、热带高效农业基地、海岛休闲度假旅游胜地的过程中,进一步保护好海南的生态环境,走出一条有海南特色的,依托生态环境建设增创新优势、实现新发展的绿色小康之路。

中共中央政治局常委吴官正在山东考察

4月17日至22日,中共中央政治局常委、中央纪委书记吴官正在山东省省委书记张高丽、省长韩寓群的陪同下,到烟台、临沂、泰安、聊城、济南等地考察。在农村与村民交谈,听取群众意见,了解党风建设情况。在企业,询问自主创新、降低能耗和治理商业贿赂的做法。在城市社区,听取开展社会主义荣辱观教育和廉政文化建设的介绍。在行政审批和资金结算中心,了解办事公开、方便群众和加强监管的经验。在工商、税务、公安等行政执法部门,了解公正执法和加强队伍建设情况。

吴官正听取了山东省委、省政府的工作汇报,对他们的工作给予充分肯定。他指出,要增强党风廉政建设的前瞻性和系统性,在政治、经济、文化、社会等领域深化防治腐败工作。要树立正确的权力观,不断完善和严格执行廉洁自律规定,严明政治纪律,加强对科学发展观贯彻落实情况的监督检查,加强对权力运行的制约和监督,建立健全防止权力滥用的有效机制。树立正确的利益观,严格经济工作纪律,认真开展治理商业贿赂专项工作,进一步加大改革力度,充分发挥市场配置资源的基础性作用。树立正确的道德观,模范遵守社会公德、职业道德、家庭美德,加强廉政文化建设,形成以廉为荣、以贪为耻的良好风尚。树立正确的群众观,听民声、顺民意、重民利,切实改进干部作风,认真解决损害群众利益的问题,深入推行政务公开、厂务公开、村务公开,逐步推进党务公开,建立健全干部服务群众、群众民主监督的有效机制。

吴官正强调,查办案件工作任何时候都不能放松,对腐败分子要依纪依法严厉惩处。

中宣部和国家发改委联合组织的“十一五”规划报告团首场报告会在人民大会堂举行

为深入宣传“十一五”规划纲要,中宣部和国家发展改革委组织“十一五”规划报告团,成员有:国家发展改革委主任马凯,中央财经工作领导小组办公室副主任陈锡文、刘鹤,国务院研究室副主任江小涓,国家发展改革委副主任朱之鑫,劳动和社会保障部副部长胡晓义,农业部副部长张宝文。首场报告会今天在人民大会堂举行,马凯作题为《全面建设小康社会进程中的重要规划》的报告。报告会由中宣部副部长欧阳坚主持,首都各界干部群众3000多人参会。

报告团近日将分赴全国各地宣讲。

国务院副总理曾培炎出席中国航空工业创建55周年纪念大会并讲话

曾培炎说,党中央、国务院高度重视和极为关心航空工业的发展。55年来,我国航空工业从无到有,从小到大,逐步形成了较为完整的工业体系和科研体系。特别是进入新世纪以来,航空工业的同志们坚决执行中央的战略部署,团结协作,顽强拼搏,为国家经济建设作出了重大贡献。他代表党中央、国务院,向广大干部职工、工程技术人员表示亲切的慰问和衷心的感谢,向为航空工业建立功勋的老同志们致以崇高的敬意。

曾培炎指出,今年是"十一五"规划开局之年,我国社会主义现代化建设事业又翻开了新的一页。他说,未来五年,中国将大力发展航空工业。要推进航空工业产业化,不断提高产品质量和企业效益;完善体制机制,增强航空工业企业活力;大力推动科技创新,力争在前沿领域和关键技术上取得新的突破;坚持用事业凝聚人才,用实践造就人才,用机制激励人才,努力形成一支推动航空工业蓬勃发展的高素质人才队伍。

中央军委副主席曹刚川在首尔会见韩国总统卢武铉

曹刚川转达了胡锦涛主席的问候和祝愿。他说,中方高度重视中韩关系,愿继续与韩方共同努力,推动两国关系长期稳定发展。曹刚川重申了中国在朝鲜半岛有关问题上的一贯立场,表示中方愿继续加强与有关各方的合作,维护地区的和平与稳定,促进共同发展。

卢武铉欢迎曹刚川访韩,并请曹刚川转达他对胡锦涛主席的亲切问候和良好祝愿。韩国政府十分重视与中国的友好合作关系,高度评价中国在朝核等地区和国际问题上所发挥的重要作用。韩方将继续推动两国关系深入发展,为维护地区的和平与稳定作出积极努力。

中央军委副主席曹刚川在首尔与韩国国防部长官尹光雄举行会谈

双方就国际和地区形势、两国两军关系及其他共同关心的问题交换了意见。

曹刚川说,中韩建交后,特别是两国建立全面合作伙伴关系以来,各领域合作全面展开。中韩两军交流也不断扩大。中韩合作不仅促进了两国的发展,也为维护东北亚的和平稳定作出了重要贡献。中方愿在平等互利的基础上,推动两国、两军关系不断深入发展。

尹光雄说,当前两国、两军关系发展良好,两国在维护地区和平、稳定、繁荣方面有着共同利益,韩方将继续致力于发展两军关系。尹光雄还重申,韩方坚持一个中国政策。

全国人大常委会副委员长盛华仁在人民大会堂会见以会长普达尔为团长的2006年度印度工商会联合会访华团一行

全国人大常委会副委员长路甬祥在北京会见菲律宾共和国参议院议长富兰克林·德里隆

全国人大常委会副委员长许嘉璐在北京会见欧洲议会对华关系代表团团长迪尔克·斯特克斯一行

国务院副总理吴仪参观在北京举办的中国保护知识产权成果展览会

吴仪详细参观了近年来我国在商标权、专利权、著作权保护以及其他领域知识产权和司法保护等方面取得的成果。吴仪听取了公安部、国家专利局、国家版权局、国家工商总局、国家质检总局、海关总署、高检、高法等有关部门的介绍。当听说目前全国法院已经设立了170多个知识产权法庭时,吴仪高兴地说,这说明我们在知识产权司法保护方面已经取得了很大的进展。在看到去年中宣部等部门联合举办的"中学生知识产权保护"主题活动图片时,吴仪说,保护知识产权要从学生抓起,让他们从小就树立保护知识产权的观念。

吴仪说,近几年国家在保护知识产权方面投入的人力物力之多,工作强度之大,都是前所未有的,成效也十分明显。但是也要看到,保护知识产权工作是一项长期的工作,任重道远。要把保护知识产权工作上升到建设创新型国家的战略层面来认识,作为一项长期任务抓紧抓实抓好。

全国农村图书室援建工程在北京启动

中央文明办、民政部、国家新闻出版总署、国家广电总局联合在北京宣布:第4期万家社区图书室援建活动将从城市拓展到农村,全国农村图书室援建工程启动。从今年到"十一五"期末,每年援建3万—5万个农村图书室,5年内在全国1/3以上村委会建立图书室,确保2亿多农民受益。各直辖市、计划单列市和省会城市争取在5年内完成本辖区的农村图书室援建工作。

4月18日

国家主席胡锦涛抵达西雅图开始对美国进行国事

访问

胡锦涛在机场发表书面讲话指出，美丽的华盛顿州西雅图市是他这次访美的第一站。近年来，华盛顿州和西雅图市同中国的经贸往来和互利合作发展迅速，为促进中美关系发展和两国人民友好交往作出了积极贡献。

胡锦涛指出，中美都是伟大的国家，拥有广泛的共同利益和坚实的合作基础，肩负着促进世界和平与发展的共同责任。一个健康稳定、不断发展的中美关系不仅造福两国人民，而且有利于亚太地区及世界的和平、稳定、繁荣。

胡锦涛表示，在中美双方共同努力下，当前中美关系发展势头良好。他期待着同布什总统就中美关系和事关两国共同利益的重大问题交换意见，并广泛接触美国各界人士，以增进两国人民的相互了解和友谊。

他表示相信，这次访问将有力地推动中美建设性合作关系取得新的更大的发展。

全国政协主席贾庆林在人民大会堂会见日本前首相桥本龙太郎率领的日本国际贸易促进协会访华团

贾庆林积极评价日本国际贸易促进协会长期以来为促进中日友好、推动中日经贸合作所做的贡献，并阐述了对当前中日关系形势的看法。贾庆林指出，中日关系目前的状况不符合两国人民的根本利益，也不符合国际社会的普遍期待，应尽快加以扭转。

贾庆林向客人介绍了中国经济社会发展情况，强调中日作为重要经贸合作伙伴，应在既有成果的基础上，抓住机遇，深化互利合作，拓宽合作领域，扩大合作规模，提高合作水平，推动两国经贸关系继续向前发展。

桥本龙太郎表示，当前日中政治关系处于困难局面，但两国人民希望日中友好的愿望没有任何变化。他此次率大型经济代表团访华，主要是同中方就如何深化两国经济合作交换意见，尽可能为日中关系的改善和发展作出积极努力。

全国政协主席贾庆林在江西 江苏调研

4月18日至26日，贾庆林在江西省省委书记孟建柱、省长黄智权，江苏省省委书记李源潮、省长梁保华等分别陪同下，先后来到江西吉安、景德镇，江苏连云港、淮安、扬州、泰州、南通、无锡、南京等地调研，深入了解建设社会主义新农村和提高自主创新能力的情况。全国政协副主席、中央统战部部长刘延东也参加了调研。

贾庆林十分关心社会主义新农村建设的情况。在江西泰和县南圳村、江苏江阴市华西村、涟水县王嘴村等地，他来到田间地头、农户家中，详细询问农民群众的生产生活情况和对建设社会主义新农村的展望与建议。他指出，建设社会主义新农村，要按照中央的决策和部署，从不同地区的实际情况出发，创造性地开展工作，形成各具特色的发展模式。要大力发展现代农业，全面繁荣农村经济，不断促进粮食生产稳定发展和农民持续增收，为推进农村各项事业的发展提供坚实的物质基础。要统筹区域协调发展，贯彻工业反哺农业、城市支持农村的方针，加强不同区域的交流合作，实现优势互补、互利双赢。要充分调动广大农民群众建设社会主义新农村的积极性、主动性、创造性，积极培育新农村建设的带头人，稳步扎实地推进社会主义新农村建设。

在昌河飞机工业(集团)有限责任公司、扬子江药业集团、无锡尚德太阳能电力有限公司、康尼机电新技术有限公司、南京大学等单位，贾庆林来到生产和科研第一线，就如何提高自主创新能力进行了调研。他强调，加强自主创新，建设创新型国家，是我们党面向未来提出的一项重大战略。要把增强自主创新能力作为调整产业结构、转变增长方式的中心环节，着力提升产业层次和技术水平。要充分发挥对外开放的优势，增强自主创新的动力，重视引进技术的消化吸收再创新，鼓励引进高端核心技术、关键技术和优秀人才。要注重发挥民营企业的优势，推动民营企业成为自主创新的生力军。

贾庆林指出，各级党委和政府要进一步加强对统一战线和人民政协工作的领导，努力为统一战线和人民政协发挥作用创造良好条件。他强调，要进一步贯彻落实中央对台工作的方针政策和胡锦涛总书记最近提出的关于发展两岸关系的四点建议精神，进一步深化两岸经贸合作，扩大两岸人员往来和双向交流，改善台商投资环境，促进两岸经济关系持续健康发展。

中共中央政治局常委李长春在天津考察

4月18日至21日，李长春在中共中央政治局委员、天津市市委书记张立昌和市长戴相龙陪同下，深入企业、农村、学校、宣传文化单位和滨海新区，就学习宣传贯彻“十一五”规划、提高自主创新能力、开展社会主义荣辱观教育、深化文化体制改革等进行调研，听取天津市工作汇报，对天津改革开放和现代化建设取得的成绩给予充分肯定。

李长春指出，“十一五”规划明确提出推进天津滨海新区开发开放，这是党中央从全局出发作出的一项重大决策，是振兴环渤海区域经济的关键措施，也是天津的希望所在、后劲所在。要以创新的精神建设好天津滨海新区，大力推进理论创新、体制创新、科技创新、文化创新，以创新求活力，以创新促发展，通过创新发挥后发优势。

在天津市第一中学、天津工业大学、天津华夏未来少儿艺术中心，李长春详细了解社会主义荣辱观教育和青少年思想道德建设情况。他强调，要紧密联系实际，把开展社会主义荣辱观教育与巩固保持共产党员先进性教育成果结合起来，与加强未成年人思想道德建设和大学生思想政治教育结合起来，与贯彻《公民道德建设实施纲要》结合起来，与群众性精神文明创建活动结合起来，推动党员干部率先垂范，推动各行各业各单位修订完善乡规民约、职业规范等行为准则，把社会主义荣辱观转化成为每个公民的自觉行动。要充分发挥典型示范作用，坚持常抓不懈，使社会主义荣辱观教育经常化、制度化。

考察期间，李长春还来到天津广播电视网络有限公司、天津日报红旗路发行站、天津青年京剧团、杨柳青年画馆等地，了解天津市文化事业和文化产业的发展情况。他指出，要总结《天津日报》发行改革的新经验，不断提高党报党刊的市场占有率。要加快有线电视数字化建设步伐，满足人们多方面、多样性的文化需求。要从艺术创新和转换体制机制入手，推动民族传统艺术面向市场、面向群众。要认真保护和开发利用非物质文化遗产，弘扬中华优秀传统文化。他要求天津市结合自身实际，加快推进文化体制改革。

中办 国办印发《关于进一步加强高技能人才工作的意见》并发出通知

各省、自治区、直辖市党委和人民政府，中央和国家机关各部委，解放军各总部、各大单位，各人民团体：

《关于进一步加强高技能人才工作的意见》已经党中央、国务院同意，现印发给你们，请结合实际认真贯彻执行。

中共中央办公厅　国务院办公厅

2006年4月18日

关于进一步加强高技能人才工作的意见

为贯彻落实《中共中央、国务院关于进一步加强人才工作的决定》和《中共中央、国务院关于实施科技规划纲要增强自主创新能力的决定》精神，加快高技能人才队伍建设，充分发挥高技能人才在国家经济社会发展中的重要作用，现就进一步加强高技能人才工作提出如下意见。

一、加快推进人才强国战略，切实把加强高技能人才工作作为推动经济社会发展的一项重大任务来抓

(一)充分认识做好高技能人才工作的重要性和紧迫性。高技能人才是我国人才队伍的重要组成部分，是各行各业产业大军的优秀代表，是技术工人队伍的核心骨干，在加快产业优化升级、提高企业竞争力、推动技术创新和科技成果转化等方面具有不可替代的重要作用。改革开放以来，我国高技能人才工作取得了显著成绩，人才队伍不断壮大。但是，随着经济全球化趋势深入发展，科技进步日新月异，我国经济结构调整不断加快，人力资源能力建设要求不断提高，高技能人才工作也面临严峻挑战。从总体上看，高技能人才工作基础薄弱，培养体系不完善，评价、激励、保障机制不健全，轻视技能劳动和技能劳动者的传统观念仍然存在。当前，高技能人才的总量、结构和素质还不能适应经济社会发展的需要，特别是在制造、加工、建筑、能源、环保等传统产业和电子信息、航空航天等高新技术产业以及现代服务业领域，高技能人才严重短缺，已成为制约经济社会持续发展和阻碍产业升级的“瓶颈”。

本世纪头20年，是我国全面建设小康社会、开创中国特色社会主义事业新局面的重要战略机遇期。加快推进人才强国战略，大力加强高技能人才工作，培养造就一大批具有高超技艺和精湛技能的高技能人才，稳步提升我国产业工人队伍的整体素质，是增强我国核心竞争力和自主创新能力、建设创新型国家的重要举措，是在新的历史条件下巩固和发展工人阶级先进性、增强党的阶级基础的必然要求，对于促进人的全面发展，营造人才辈出、人尽其才的社会氛围，对于全面贯彻落实科学发展观、构建社会主义和谐社会，具有重大而深远的意义。各级党委和政府要进一步提高认识，坚决贯彻尊重劳动、尊重知识、尊重人才、尊重创造的方针，牢固树立科学的人才观，不断增强做好高技能人才工作的责任感和紧迫感，把高技能人才工作作为加快推进人才强国战略的重要内容，努力开创高技能人才队伍建设的新局面。

(二)高技能人才工作的指导思想和目标任务。高技能人才工作的指导思想是，以邓小平理论和“三个代表”重要思想为指导，全面贯彻落实科学发展观，大力实施人才强国战略，坚持党管人才原则，以职业能力建设为核心，紧紧抓住技能培养、考核评价、岗位使用、竞赛选拔、技术交流、表彰激励、合理流动、社会保障等环节，进一步更新观念，完善政策，创新机制，充分发挥市场在高技能人才资源开发和配置中的基础性作用，健全和完善企业培养、选拔、使用、激励高技能人才的工作体系，形成有利于高技能人才成长和发挥作用的制度环境和社会氛围，带动技能劳动者队伍整体素质的提高和发展壮大。

当前和今后一个时期，高技能人才工作的目标任务是，加快培养一大批数量充足、结构合理、素质优良

的技术技能型、复合技能型和知识技能型高技能人才，建立培养体系完善、评价和使用机制科学、激励和保障措施健全的高技能人才工作新机制，逐步形成与经济社会发展相适应的高、中、初级技能劳动者比例结构基本合理的格局。到“十一五”期末，高级技工水平以上的高技能人才占技能劳动者的比例达到25%以上，其中技师、高级技师占技能劳动者的比例达到5%以上，并带动中、初级技能劳动者队伍梯次发展。力争到2020年，使我国高、中、初级技能劳动者的比例达到中等发达国家水平，形成与经济社会和谐发展的格局。

二、完善高技能人才培养体系，大力加强高技能人才培养工作

（三）动员社会各方面力量开展高技能人才培养工作。针对经济社会发展实际需要，健全和完善以企业行业为主体、职业院校为基础、学校教育与企业培养紧密联系、政府推动与社会支持相互结合的高技能人才培养体系。在国家发展职业教育、实施国家技能型人才培养培训工程中，突出高技能人才培养工作。充分发挥高等职业院校和高级技工学校、技师学院的培训基地作用。大力发展民办职业教育和培训，充分发挥各类社会团体在高技能人才培养中的作用。建立现代企业职工培训制度和高技能人才校企合作培养制度，加快高技能人才培养步伐。结合国家重大工程和重大科技计划项目的实施，以及重大技术和重大装备的引进消化吸收再创新培养高技能人才。结合产业结构调整，加大对包括农民工在内的新产业工人中高技能人才的培养力度。

（四）以企业行业为主体，开辟高技能人才培养的多种途径。行业主管部门和行业组织要结合本行业生产、技术发展趋势以及高技能人才队伍现状，做好需求预测和培养规划，提出本行业高技能人才合理配置标准，指导本行业开展高技能人才培养工作。

增强企业对高技能人才培养工作重要性的认识，充分发挥企业培养高技能人才的主体作用。各类企业特别是大型企业（集团），应结合企业生产发展和技术创新需要制定高技能人才培养规划，并纳入企业发展总体规划。企业应依法建立和完善职工培训制度，加强上岗培训和岗位技能培训，可采取自办培训学校和机构，与职业院校和培训机构联合办学、委托培养等方式，加快培养高技能人才。鼓励企业推行企业培训师制度和名师带徒制度，建立技师研修制度，并通过技术交流等活动促进高技能人才成长。鼓励企业依托车间班组，通过岗位练兵、岗位培训、技术比赛等形式，促进职工在岗位实践中成才。鼓励企业结合技术创新、技术改造和技术项目引进，利用国内、国际两种资源，开展新技术、新工艺、新材料等相关知识和技能培训，并通过研发攻关等活动，促进高技能人才培养。国有和国有控股企业要将高技能人才培养规划的制定和实施情况作为企业经营管理者业绩考核的内容之一，定期向职工代表大会报告。积极支持、推动和引导非公有制企业开展高技能人才培养工作。

机关事业单位也要结合各自实际，做好本部门本单位的高技能人才培养工作。

（五）建立高技能人才校企合作培养制度。各地要建立高技能人才校企合作培养制度，可由政府及有关部门负责人、企业行业和职业院校代表，以及有关方面专家组成高技能人才校企合作培养协调指导委员会，研究制定校企合作培养高技能人才的发展规划，确定培养方向和目标，指导和协调学校与企业开展合作。

进一步调整教育结构，对承担高技能人才培养任务的各类职业院校，要规范办学方向和培养标准。职业院校应以市场需求为导向，深化教学改革，紧密结合企业技能岗位的要求，对照国家职业标准，确定和调整各专业的培养目标和课程设置，与合作企业共同制订实训方案，采取全日制与非全日制、导师制等多种方式实施培养。对积极运用市场机制开展校企合作、实施产学结合，并在高技能人才培养方面作出突出成绩的职业院校，中央财政在实训基地建设等方面给予支持和奖励。鼓励普通高校毕业生参加职业技能培训。

企业应结合对高技能人才的实际需求，与职业院校联合制订培养计划，提供实习场地，选派实习指导教师，组织学员参与技术攻关。支持企业为职业院校建立学生实习实训基地。实行校企合作的定向培训费用可从企业职工教育经费中列支。对积极开展校企合作承担实习见习任务、培训成效显著的企业，由当地政府给予适当奖励。

（六）支持和鼓励职工参加职业技能培训。鼓励广大职工学习新知识和新技术，钻研岗位技能，积极参与技术革新和攻关项目，不断提高运用新知识解决新问题、运用新技术创造新财富的能力。鼓励并支持企业通过出国培训（研修）和引进国外先进培训资源等方式培养高技能人才。职工经单位同意参加脱产或半脱产培训，用人单位要按国家有关规定制定参加培训人员的薪酬制度和激励办法。对参加当地紧缺职业（工种）高级技能以上培训，获得相应职业资格且被企业聘用的人员，企业可给予一定的培训和鉴定补贴。

（七）加强高技能人才培训基地建设。充分发挥现有教育培训资源的作用，依托大型骨干企业（集团）、重点职业院校和培训机构，建设一批示范性国家级高技能人才培训基地。有条件的城市，可多方筹集资金，根据本地区支柱产业发展的需求，建立布局合理、技能含量高、面向社会提供技能培训和技能鉴定服务的公共

实训基地。

三、以能力和业绩为导向，建立和完善高技能人才考核评价、竞赛选拔和技术交流机制

（八）健全和完善高技能人才考核评价制度。大力加强职业技能鉴定工作，积极推行职业资格证书制度，进一步突破年龄、资历、身份和比例限制，加快建立以职业能力为导向、以工作业绩为重点，注重职业道德和职业知识水平的高技能人才评价体系。要结合生产和服务岗位要求，强化标准，健全程序，坚持公开、公平、公正的原则，进一步完善符合高技能人才特点的业绩考核内容和评价方式，反对和防止高技能人才考评中的不正之风。对在技能岗位工作并掌握高超技能、作出重大贡献的骨干人才，可进一步突破工作年限和职业资格等级的要求，允许他们破格或越级参加技师、高级技师考评。

积极探索高技能人才多元评价机制，逐步完善社会化职业技能鉴定、企业技能人才评价、院校职业资格认证和专项职业能力考核的实施办法。依托具备条件的大型企业，逐步开展高技能人才评价改革试点。试点企业可按规定，结合企业生产和科研活动实际，开展技师、高级技师考核鉴定工作。在职业院校开展职业技能鉴定工作，大力推行职业资格证书制度，努力使学生在获得学历证书的同时，取得相应的职业资格证书。开发与后备高技能人才评价要求相适应的课程标准。选择部分职业院校进行预备技师考核试点，取得预备技师资格的毕业生在相应职业岗位工作满两年后，经单位认可，可申报参加技师考评。推行专项职业能力考核制度，为劳动者提供专项职业能力公共认证服务。

（九）广泛开展职业技能竞赛活动。引导社会各方面力量，开展各种形式的岗位练兵和职业技能竞赛等活动，为发现和选拔高技能人才创造条件。对职业技能竞赛中涌现出来的优秀技能人才，在给予精神和物质奖励的同时，可按有关规定直接晋升职业资格或优先参加技师、高级技师考评。

（十）积极组织高技能人才技术交流活动。依托公共职业介绍机构、人才交流机构或有条件的大型企业(集团)、行业组织、职业院校，或通过科技协会、技师协会、职工技术协会、职业教育培训协会以及高技能人才工作室等，举办各种形式的高技能人才主题活动，为高技能人才参与高新技术开发、同业技术交流以及与科技人才交流、绝招绝技和技能成果展示等创造条件。挖掘和保护具有民族特色的民间传统技艺，实现代际传承，使之发扬光大。鼓励和支持高技能人才参与国际间职业技能交流活动。

四、建立高技能人才岗位使用和表彰激励机制，激发高技能人才的创新创造活力

（十一）健全高技能人才岗位使用机制。进一步推行技师、高级技师聘任制度。充分发挥技师、高级技师在技能岗位的关键作用，以及在解决技术难题、实施精品工程项目和带徒传技等方面的重要作用。鼓励企业根据自身发展需要，探索建立高技能人才带头人制度，在进行重大生产决策、组织重大技术革新和技术攻关项目时，要充分发挥高技能人才带头人的作用，并给予经费等方面的支持。高技能人才配置状况应作为生产经营性企业及实体等参加重大工程项目招投标、评优和资质评估的必要条件。

（十二）进一步完善高技能人才激励机制。引导和鼓励用人单位完善培训、考核、使用与待遇相结合的激励机制。引导和督促企业根据市场需求和经营情况，完善对高技能人才的激励办法，对优秀高技能人才实行特殊奖励政策。允许国有高新技术企业探索实施有利于鼓励优秀高技能人才创新创造的收入分配制度。企业应对高技能人才在聘任、工资、带薪学习、培训、休假、出国进修等方面，制定相应的鼓励办法；对到企业技能岗位工作的各类职业院校毕业生，应合理确定工资待遇；对参加科技攻关和技术革新，并作出突出贡献的高技能人才，可从成果转化所得收益中，通过奖金等多种形式给予相应奖励。

（十三）表彰和奖励作出突出贡献的高技能人才。以政府奖励为导向，企业奖励为主体，辅以必要的社会奖励，对作出突出贡献的高技能人才进行表彰和奖励。对为国家和社会发展作出杰出贡献的高技能人才给予崇高荣誉并实行重奖。进一步完善国家技能人才评选表彰制度，对中华技能大奖获得者和全国技术能手给予奖励，并通过企业支持、社会赞助等多种方式筹集经费，鼓励他们参加培训深造、带徒传技、同业交流、技术创新等活动。省、自治区、直辖市人民政府应对作出突出贡献的高技能人才进行奖励，并参照高层次人才有关政策确定相应待遇。

五、完善高技能人才合理流动和社会保障机制，提高高技能人才配置和保障水平

（十四）引导高技能人才按需合理流动。坚持以市场为导向，依法维护用人单位和高技能人才的合法权益，保证人才流动的规范性和有序性。建立健全高技能人才柔性流动和区域合作机制，鼓励高技能人才通过兼职、服务、技术攻关、项目引进等多种方式发挥作用。加强对高技能人才流动的宏观调控，采取有效措施，鼓励和引导高技能人才面向西部地区重点建设项目流动。建立、健全高技能人才流动服务体系，完善高技能人才信息发布制度，定期发布高技能人才供求信息和工资指导价位信息，引导高技能人才遵循市场规

律合理流动。探索引进国内紧缺、企业急需的海外高技能人才。在公共职业介绍机构开设专门窗口，为高技能人才提供职业介绍、职业培训、劳动合同鉴证、社会保险关系办理、代存档案等"一站式"服务。鼓励人才交流和社会各类职业中介机构为高技能人才提供相应服务。

（十五）完善高技能人才社会保障制度。在进一步落实好高技能人才社会保障权益的同时，做好高技能人才在不同所有制单位、不同性质单位、不同行业和跨地区流动中社会保险关系的接续工作，逐步突破部门、行业、地域和所有制限制。高技能人才跨统筹地区流动，基本养老保险个人账户基金按规定转移。具备条件的企业，应积极探索为包括生产、服务一线的高技能人才在内的各类人才建立企业年金制度和补充医疗保险。

六、加大资金投入，做好高技能人才基础工作

（十六）加大资金投入力度，建立政府、企业、社会多渠道筹措的高技能人才投入机制。各级政府要根据高技能人才工作需要，对高技能人才的评选、表彰、师资培训、教材开发等工作经费给予必要的支持。地方各级政府要按规定合理安排城市教育费附加的使用，对高技能人才培养给予支持。要从国家安排的职业教育基础设施建设专项经费中，择优支持高技能人才培养成效显著的职业院校。将高技能人才实训基地建设纳入国家支持职业教育发展的规划。

企业应按规定提取职工教育经费(职工工资总额的1.5%—2.5%)，加大高技能人才培养投入。企业进行技术改造和项目引进，应按相关规定提取职工技术培训经费，重点保证高技能人才培养的需要。对自身没有能力开展职工培训，以及未开展高技能人才培训的企业，县级以上地方人民政府可依法对其职工教育经费实行统筹，由劳动保障等部门统一组织培训服务。机关事业单位要积极探索符合自身特点的高技能人才培养经费投入机制。

鼓励社会各界和海外人士对高技能人才培养提供捐赠和其他培训服务。企业和个人对高技能人才培养进行捐赠，按有关规定享受优惠政策。鼓励金融机构为公共实训基地建设和参与校企合作培养高技能人才的职业院校提供融资服务。各类职业院校可按照高技能人才实际培养成本提出收费标准，经物价部门核定后向学员收取培训费用。

（十七）做好高技能人才基础性工作。加强高技能人才相关理论研究，加快高技能人才法制建设。做好高技能人才调查统计和需求预测工作。完善国家高技能人才信息交流平台，开发高技能人才信息库和技能成果信息库。加强适用于高技能人才的远程培训和现代培训技术的开发和应用。加快编制、修订技师和高级技师国家职业标准，加强职业技能鉴定题库开发，健全职业技能鉴定质量督导制度。组织开发反映企业岗位需求、符合高技能人才培养特点的教材及教学辅助材料。加强高技能人才师资队伍建设，不断提高师资队伍水平。

七、加强领导，营造有利于高技能人才成长的良好氛围

（十八）切实加强对高技能人才工作的领导。各地区、各部门要根据经济社会发展需要制定高技能人才队伍建设规划，并纳入经济社会发展规划和人才队伍建设规划。各级党委和政府要将高技能人才工作作为人才工作的一项重要内容，列入重要议事日程，定期研究解决工作中存在的主要问题。要建立由组织、劳动保障、发展改革、教育、科技、国防科工、财政、人事、国资等部门以及工会、共青团、妇联等人民团体参加的高技能人才工作协调机制，负责对高技能人才工作的宏观指导、政策协调和组织推动。在党委和政府统一领导下，组织部门要加强宏观指导，劳动保障部门要进行统筹协调，有关部门要各司其职、密切配合，并动员社会各方面力量广泛参与，共同做好高技能人才工作。

（十九）加强舆论宣传，营造尊重劳动、崇尚技能、鼓励创造的良好氛围。充分发挥报刊、广播、电视、网络等多种媒体的作用，组织开展形式多样的宣传活动，大力宣传党和国家关于高技能人才工作的方针政策，大力宣传高技能人才在经济建设和社会发展中的重要作用和突出贡献，树立一批高技能人才的先进典型，提高高技能人才的社会地位。动员全社会都来关心高技能人才队伍建设，努力营造有利于高技能人才成长的良好氛围。

上海合作组织五年历程与展望国际研讨会在北京新闻大厦举行

这是中国国际问题研究所上海合作组织研究中心召开的第三届国际学术研讨会。与以往不同的是，除哈萨克斯坦、中国、吉尔吉斯斯坦、俄罗斯、塔吉克斯坦、乌兹别克斯坦6个成员国外，蒙古、巴基斯坦、伊朗、印度4个观察员国家的专家和学者首次应邀参加了研讨会。

研讨会主要任务不仅是回顾过去5年的成绩，更重要的是展望未来，为上海合作组织的进一步发展进言献策。

外交部部长助理李辉在开幕式上致辞时回顾了上海合作组织的发展历程。他指出，在过去的5年里，该组织通过了《上海合作组织宪章》，启动了秘书处和地

区反恐机构，给蒙古、巴基斯坦、伊朗、印度以观察员国地位，与联合国、东盟、独联体等国际或地区组织建立了密切联系。目前，该组织已结束了初创阶段，步入全面发展的新时期。作为一个新型的国际组织，上海合作组织在维护地区安全、促进地区经济发展方面正扮演着积极的角色，受到国际社会越来越多的重视。与会者一致认为，上海合作组织经受了国际风云变幻的考验，正逐步走向成熟，日益成为具有强大生命力和重要影响力的地区性国际组织。

各国专家、学者总结了上海合作组织已经取得的可喜成就。在机制建设顺利完成的同时，该组织呈现出安全、经济、人文合作齐头并进的良好势头。安全合作不断深化，各成员国执法安全部门刚刚结束了联合反恐演习，正在积极商谈建立突发事件应急机制；经济合作走向务实，中方向其他成员国提供9亿美元优惠买方信贷的落实工作接近尾声，组织框架内的能源合作取得积极进展；人文合作迈出重要步伐，各成员国签署了紧急救灾互助协定和教育合作协定。与会者普遍认为，上海合作组织巨大的合作潜力正逐渐转化为实实在在的合作成果，给成员国人民带来切实的利益，为维护地区和平与稳定作出了贡献。

与会者指出，目前，中亚地区形势总体稳定，各国在政治、经济和社会进步方面取得了显著成就。与此同时，地区"三股势力"（恐怖主义、分裂主义、极端主义）回潮。在这种情况下，以维护地区安全、促进共同发展为使命的上海合作组织的作用更显得突出和重要。专家们就上海合作组织如何应对各种挑战及其推进区域经济一体化等问题进行了深入探讨，就该组织的进一步发展提出了各自的建议。

与会专家、学者一致认为，上海合作组织自成立以来，一直倡导并实践"互信、互利、平等、协商、尊重多样文明、谋求共同发展"的"上海精神"，这对推进国际关系民主化、建立公正合理的国际政治经济新秩序具有重要的现实意义。最后，各国专家、学者一致表示，上海合作组织框架内经济潜力巨大、互补性强，各国人民有着求发展、促合作、谋共赢的强烈愿望，相信该组织的前景更加美好。

全国人大常委会副委员长顾秀莲应朝鲜民主女性同盟中央委员会委员长朴顺姬邀请率中国妇女代表团访问朝鲜

全国政协副主席罗豪才在人民大会堂会见由副主席伊利耶·瑟尔布率领的罗马尼亚社会民主党代表团

科技部部长徐冠华与美国白宫科学和技术政策办公室主任马伯格在华盛顿代表两国政府签署《〈中美科技合作协定〉延期议定书》和《谅解备忘录》

同日，徐冠华还与美国卫生与公众服务部部长莱维特签署了《卫生健康医药科学合作谅解备忘录》并举行会谈。备忘录旨在加强两国在艾滋病、新发和再发传染病、传统医药、可用疫苗预防的疾病、组织器官工程和再生医学等领域的科研合作。双方在会谈中交流了两国在人口健康领域的科研状况，并就如何落实备忘录达成共识。

教育部发布《关于加强硕士研究生招生复试工作的指导意见》

这是教育部首次就研究生复试出台专项文件。它进一步扩大了高校研究生招生的自主权，赋予了学术团队和指导教师更多的权力和责任。

《关于加强硕士研究生招生复试工作的指导意见》扩大了复试权重，首次明确复试成绩占总成绩的30%—50%；复试由招生单位全面负责，校院二级管理，导师、专家集体考查。复试范围包括专业素质、文化素养、思想品德，其中专业素质重在考查学生的发展潜力、创新精神和能力；思想品德重在考查学生的事业心、社会责任感、诚实守信等。复试的形式和方法更加多样化，根据学科特点可以进行笔试、面试、实验、心理测试等。强化了程序公平和环节规范，每生复试时间一般不少于20分钟，复试小组成员一般不少于5人；学校实行复试分数及要求、办法、结果三公开。同时实行考场监察和巡视制度；保证投诉、申诉渠道畅通；实行复议制度，对投诉和申诉问题经调查属实，招生单位要组织复议。

另外，对有特殊学术专长或具有突出培养潜质者，以及在科研或相关实践中表现突出者，经研究生招生工作领导小组审核同意，可适当加分，计入复试成绩。

中宣部等11部门共同倡议积极开展全民阅读活动

中宣部、中央文明办、新闻出版总署、文化部、教育部、解放军总政治部宣传部、中华全国总工会、共青团中央、中华全国妇女联合会、中国科学技术协会、中国作家协会等11部门共同向全社会提出，在2006年4月23日"世界读书日"前后，开展"爱读书、读好书"的全民阅读活动，并为此倡议：全国各地各有关部门要开展丰富多彩的读书推广活动，为全民阅读营造良好的读书环境。提倡全国各地的图书馆围绕"全民阅读"组织讲座、荐书、咨询、展览等读书宣传活动。全国各大书店、书城开展优惠售书活动，各地各有关部门还要开展"向困难群众赠书"等专项活动，让全民人人有书读，家家有书香。

为了让全民共同参与读书,体验读书的喜悦,中宣部、中央文明办等11部门鼓励读者积极参与“我最喜爱的一本书”征文活动。这项活动将于近日开始在各相关媒体同时举行,并在2007年的“世界读书日”公布优秀征文结果。

9处近现代工业遗产入选第六批全国重点文物保护单位

入选的工业遗产是:黄崖洞兵工厂旧址、中东铁路建筑群、青岛啤酒厂早期建筑、汉冶萍煤铁厂矿旧址、石龙坝水电站、个旧鸡街火车站、钱塘江大桥、酒泉卫星发射中心导弹卫星发射场遗址和南通大生纱厂。

中国队在马来西亚吉隆坡进行的第三届U19女足亚青赛决赛中夺得冠军

2006年中国大陆慈善家排行榜在人民大会堂发布

排行榜由民政部担任指导单位、中国社会工作协会主办、公益时报社和企业公民委员会共同编制发布,入榜对象包括中国大陆公民以及主要活动基地和捐赠行为在中国大陆的港澳台胞和海外侨胞,年度捐赠额在100万元以上。此次有慈善家163人入榜,共计捐赠15.9亿元,人均捐款970万元。世纪金源集团董事局主席黄如论、索尼(中国)有限公司、中国联通公司,分别以1.61亿元、5215万元、890万元的年度捐赠额,分别成为本年度最慷慨的慈善家、最慷慨的跨国公司和最慷慨的上市公司。

黄如论、刘沧龙、邹锡昌,袁熙坤,古润金、李春平、汤燕雯、李书福、陈逢干、周建云依次获得“年度十大慈善家”荣誉称号;香港著名实业家李嘉诚、大连万达集团董事长王健林、明月居士等3人获得“年度特别贡献”;微软、中国海油、亿阳集团、汇丰银行、中天建设、索尼、福耀玻璃、摩托罗拉、新华联、奥康集团等“年度十大慈善企业”称号。

全国铁路从4月18日零时起调整铁路运行图

增开杭州—西安、西安—东莞东、信阳—上海3对快速旅客列车,同时全线开通宁(南京)西(西安)铁路旅客列车。

此次运行图调整涉及宁西、京九、淮南、宣杭、宁芜、沪宁等线。其中,宁西线东起南京市,西至西安市,横贯江苏、安徽、河南、湖北、陕西五省,穿越我国东、中、西3个经济带,是我国“十五”重点建设项目、西部大开发十大重点工程之一。

4月19日

国家主席胡锦涛在西雅图会见出席中国和平发展道路与中美关系的未来研讨会的中美两国专家学者

国家主席胡锦涛在波音未来飞行博物馆出席由华盛顿州和西雅图市工商企业界和友好团体举行的午餐会并发表题为《深化互利合作 促进共同发展》的讲话

尊敬的葛瑞格尔州长,

尊敬的骆家辉先生,

尊敬的盖茨先生,

尊敬的穆拉利先生,

女士们、先生们、朋友们:

我十分高兴出席华盛顿州和西雅图市工商企业界和友好团体举行的午餐会,同各位新老朋友相聚一堂。多年来,在座各位为增进中美两国人民的相互了解和友谊、促进中美关系发展作出了积极贡献。在这里,我谨向你们表示衷心的感谢和良好的祝愿!

西雅图是一座举世闻名的“翡翠城”。我很高兴选择这座城市作为访美的首站,也愿通过这扇“通向东方的大门”向美国人民传递中国人民的良好祝愿。我希望通过这次美国之行,同美方增进互信、深化合作,推动中美建设性合作关系全面向前发展。

女士们、先生们、朋友们!

当今世界,经济全球化趋势深入发展,国与国的联系日益紧密,相互依存不断加深,形成了利益交融、休戚与共的局面。现代信息技术和交通设施的发展,使世界上的重要信息都能够在瞬间传递到全球的各个角落。生活在这样一个世界里,我们必须用广阔的全球视野来审视周围的一切,更加注重交流合作、相互借鉴,更加注重互利共赢、共同发展。这是当今时代发展给予我们的重要启示。

美国是世界上最大的发达国家,拥有先进的科学技术、雄厚的资金和旺盛的市场需求。中国是世界上最大的发展中国家,拥有丰富的劳动力资源、广阔的市场和不断改善的投资环境。中美经济互补性很强,共同利益广泛,合作空间广阔。

中美建交的1979年,双边贸易额只有24亿多美元,2005年则达到2116亿美元,增长80多倍。现在,美国在华投资项目超过4.9万个,实际投资累计510多亿美元。中国已成为美国第三大贸易伙伴和增长最快的出口市场,美国则是中国第二大贸易伙伴和最大出口市场。

迅速发展的中美经贸合作,给两国人民带来了实实在在的利益。据摩根斯坦利公司的材料,仅2004

年，中国向美国出口质优价廉的商品就为美国消费者节省了1000亿美元，美国对华贸易为美国创造了400多万个工作岗位。美国公司从中美经贸合作中获利丰厚，增强了全球竞争力和在美国本土的持续发展能力。2005年，美资企业在华销售额达到1076亿美元。中国美国商会的调查显示，86%的在华美国公司收益提高，42%的公司在华利润率高于全球利润率。中国也有800多家企业到美国投资，为当地发展和增加就业作出了贡献。

中美经贸合作带动了两国同亚太地区其他国家的经贸往来，推动了亚太区域经济发展和经济合作，促进了世界经济增长。美国是世界经济增长的火车头，中国也是亚太地区和世界经济增长的重要推动力量。目前，中国对世界经济增长的贡献率在10%以上，对全球贸易增长的贡献率超过12%。

实践表明，经贸合作是中美关系发展的重要支柱。中美加强经贸合作，符合两国和两国人民的根本利益，对于推进和稳定中美关系发展发挥着重要作用。

美国西北地区是美国大陆距离中国最近的地区，也是最早同中国开展贸易的地区。这里的航空、电子、信息技术和农、林、牧、渔业等产品在中国广受欢迎，微软、波音等公司更是家喻户晓。两周前，我收到华盛顿州布拉德·欧文副州长给我的来信，他在信中表示，中国在华盛顿州的经济发展中正扮演着越来越重要的角色，去年华盛顿州向中国大陆的出口增长了64%，突破50亿美元，双方在工程业、制造业和其他工业领域开展了广泛的合作。这是优势互补、互利双赢的中美经贸合作的缩影。中国有关省区分别同华盛顿州、俄勒冈州、爱达荷州、蒙大拿州建立了友好省州关系，双方交流合作正在向新的深度和广度发展。

女士们、先生们、朋友们！

中美经贸合作发展快、规模大、领域多，出现一些问题是难免的，但互利合作、共同发展始终是中美经贸关系的主流。对出现的问题，我们应该通过平等协商和对话，在扩大互利合作中妥善解决。我高兴地看到，不久前举行的第十七届中美商贸联委会会议取得了积极成果。这表明，中美完全能够解决合作中出现的问题，推动中美经贸合作持续健康发展。

中国重视并努力解决中美贸易不平衡问题。中国坚持扩大内需的方针，把扩大内需作为推动经济社会发展的基本立足点。中国不追求大额对外贸易顺差。中国对日本、韩国、东南亚国家的贸易都是逆差。中国对美贸易顺差的产生有多方面的原因，但从根本上讲，是两国产业结构调整和经济全球化推动下国际产业分工的结果。美国从中国进口的商品中，90%以上美国已不再生产，如不从中国进口，也要从其他国家进口。中国一直在扩大进口美国商品，积极减少对美贸易顺差。比如，2005年，中国从美国进口了价值67亿多美元的大豆、棉花等农产品，签订了购买60架波音787飞机的商业合同。今年年初，中国签订了购买70架波音737飞机的商业合同，日前又签订了购买80架波音737飞机的框架协议。中国的市场是开放的。据美方统计，2001年至2005年的4年间，美国对华出口增长118%，年均增长21.5%，是美国对全球出口增幅的4.9倍。今后，中国将进一步扩大对美国产品和服务的市场准入，同时希望美方在放宽对华出口限制、减少贸易保护主义措施等方面采取积极行动，促进美国产品对华出口，以利于更快更好地解决贸易不平衡问题。

中国高度重视保护知识产权。保护知识产权是世界各国的共同利益所在，也是中国扩大开放、改善投资环境、增强自主创新能力的需要。中国保护知识产权、打击盗版侵权行为的立场是坚定的。中国将继续健全知识产权保护法律体系，加大执法力度，严厉打击侵犯知识产权的各种行为，依法保护各国知识产权权利人在华合法权益。去年，中国政府部门已完成了软件正版化工作。今年，我们将全面推进大型企业的软件正版化工作。中国将继续同包括美国在内的国际社会加强知识产权领域的合作。

中国高度重视人民币汇率问题。中国一贯以高度负责的态度，从中国经济社会发展的实际及地区和世界经济金融稳定出发，确定适合中国国情的汇率制度。去年7月以来，中国实行了以市场供求为基础、参考一篮子货币进行调节、有管理的浮动汇率制度。人民币汇率不再固定不变，而是根据外汇市场供求和国际主要货币之间汇率的变化自主浮动。从去年7月到今年3月底，人民币对美元汇率升值累计超过3%，对日元汇率升值累计超过7%。中国将继续坚定不移地推进金融改革，完善人民币汇率形成机制，发展外汇市场，增加人民币汇率的弹性，提高金融机构自主定价和风险管理的能力，保持人民币汇率在合理、均衡水平上的基本稳定。这符合中国的利益，符合美国的利益，也符合亚洲和世界各国的共同利益。

中国高度重视能源资源问题。随着中国经济不断发展，中国对能源的需求相应上升。中国既是能源消费大国，也是能源生产大国。中国在能源供应上实行立足于国内的基本方针，坚持开发与节约并举，重视提高能源利用效率。上个世纪90年代以来，中国能源总自给率一直保持在90%以上。目前，中国人均能源消费水平并不高，2004年仅1.08吨油当量，不及美国的1/8。中国煤炭资源丰富，3/4的水电资源尚未开发，核电所占比例不到2%，风力发电、生物质发电等新能源刚刚起步，国内能源供应潜力巨大。最近，我们提出了中国2006年至2010年经济社会发展的目标,既要实现2010年人均国内生产总值比2000年翻一番,又要实现单位国内生产总值能源消耗比2005年年末降低20%左右。中国将加快转变经济增长方式,大力发展循环经济,建设资源节约型、环境友好型社会,实现可持续发展。适度利用国外能源是中国能源供应的必要补充。我们将按照国际规则,同包括美国在内的其他国家在能源领域开展互利合作,共同维护世界能源市场秩序。

女士们、先生们、朋友们!

为了进一步深化中美经贸合作,推动中美建设性合作关系全面发展,双方应该在以下几方面进行更大努力。

第一,共同努力,促进亚太地区和世界经济发展繁荣。中美在亚太地区有广泛的共同利益,我们两国对亚太地区的和平与发展负有重要责任。中方愿同美方加强对话和协调,共同参与亚太区域经济合作,促进亚太地区经济保持快速增长和旺盛活力,促进世界经济平衡有序发展。

第二,加强协调,维护国际自由贸易体制。自由贸易是各国实现优势互补的根本途径。中美应该积极推进贸易和投资自由化、便利化,消除各种贸易壁垒,致力于建立一个公开、公正、合理、透明、开放、非歧视的多边贸易体制。双方应该加强协调,积极推动多哈回合谈判取得全面、平衡的成果。

第三,创新思路,拓展双边合作领域。中美应该积极探索扩大两国经贸合作的新途径新领域,培育双边经贸新的增长点。两国可以进一步探讨在核能、天然气、节能、可再生能源、清洁能源、新能源等方面的合作,深化能源政策对话,扩大在服务业、环境保护等领域的对话和合作。中国欢迎美国工商界参与中国西部大开发、振兴东北地区等老工业基地和促进中部地区崛起。双方还可以积极寻求在第三国开展合作的机会。

第四,加强引导,支持两国企业扩大合作。中国支持两国企业在平等互利的基础上就大型经济合作项目进行合作,欢迎美国公司投资中国的高新技术产业、现代农业、服务业、环保产业和基础设施建设。中国支持美国大公司在华设立地区性总部、研发中心,欢迎更多美国中小企业到中国拓展业务。中国鼓励本国企业到美国寻求发展。两国政府应该为双方工商界开展合作提供便利和支持。

第五,健全机制,妥善处理双方合作中的问题。中美应该坚持对话和协商妥善处理双边经贸问题,而不应把经贸问题政治化。我们应该继续充分发挥中美商贸联委会、中美经济联委会、中美科技合作联委会等机制的作用,还应该根据形势发展不断充实和健全双方在宏观经济政策、贸易、金融等领域的磋商和合作。

女士们、先生们、朋友们!

当前,进一步扩大中美经贸合作正面临着难得的机遇。这种机遇,既来自美国的经济发展和市场需求,也来自中国的经济发展和市场需求。

从1978年到2005年,中国国内生产总值从1473亿美元增长到2.2257万亿美元,年均增长9.6%;进出口总额从206亿美元增长到1.4221万亿美元,年均增长超过16%;截至2005年年底,中国实际利用外商直接投资额累计达到6200亿美元,批准外商投资企业53万多家。

中国未来15年的发展目标,是把国内生产总值提高到4万亿美元左右,人均提高到3000美元左右,使经济更加发展、民主更加健全、科教更加进步、文化更加繁荣、社会更加和谐、人民生活更加殷实。

当前,中国经济正处于新一轮增长期。中国将坚持扩大内需的战略方针,中国的产业发展、基础设施建设、环境保护、社会事业发展等方面有大量工作要做。中国网民人数已经突破1.1亿人,固定电话和移动电话用户总数已超过7.4亿户,信息产业将成为中国经济增长最为活跃的领域之一。到2020年,中国将需要2000多架新飞机。中国正在加快发展高新技术产业和服务业,银行、保险、证券、分销、会计等领域将进一步对外开放。中国规划在未来15年中再新建约3000万千瓦的大型核电站。中国将继续采取积极措施扩大进口,今后5年中国进口总额将超过4万亿美元。中国的发展将给包括美国在内的世界各国带来巨大商机。美国的先进技术和企业管理经验在中国有着广阔市场和巨大需求。希望美国企业抓住机遇,积极开拓中国市场,进一步扩大中美经贸合作。

女士们、先生们、朋友们!

1200多年前,中国唐代大诗人李白写下了"长风破浪会有时,直挂云帆济沧海"的著名诗句,表达了不畏艰险、勇往直前的精神。美国思想家爱默生也说过:"前进是今天的活力、明天的保障。"人类社会总是向前发展的。只要向前看,就能找到正确方向,就能坚定前进的步伐。让我们携起手来,深化互利合作,促进共同发展,推动中美建设性合作关系全面发展。

谢谢大家。

国家主席胡锦涛在美国西雅图会见华盛顿州州长葛瑞格尔

胡锦涛说,华盛顿州是美国大陆距离中国最近的地方,在发展对华关系方面走在前列,同中国在经贸、教育、卫生、科技等领域的友好交往和合作非常密切,成果丰硕。华盛顿州物产丰富,经济发达,产业门类齐全,在航空、信息技术等高技术产业和农业、林业等传统产业方面具有优势。随着中国改革开放的不断深入,双方加强互利合作的前景将更加广阔。我们高度赞赏华盛顿州重视发展同中国合作,努力推动中美关系发展,欢迎工商等各界朋友同中方加强交流,使华盛顿州同中国各领域的合作不断取得新成果。

葛瑞格尔代表华盛顿州600万人民热烈欢迎胡锦涛访问华盛顿州。她说,在华盛顿州的发展过程中,华人作出了重要贡献,中国文化在华盛顿州的影响很大,已很好地融入当地文化。我们为同中国在经贸等领域形成的强有力的关系感到鼓舞,希望不断深化和扩大双方在经贸、卫生、教育、科技等领域的合作。

国务院总理温家宝主持召开国务院常务会议

会议研究部署煤炭工业可持续发展试点工作审议并原则通过《国防科技工业"十一五"发展和改革意见》。会议指出,煤炭工业可持续发展关系国民经济和能源安全大局。目前,煤炭工业在体制、资源、安全、环境和转产发展等方面的矛盾比较突出,煤炭工业和一些产煤地区经济社会可持续发展面临严峻挑战。尽快使我国煤炭工业步入资源回采率高、安全有保障、环境污染少、经济效益好、全面协调和可持续发展道路,已是一项十分重要而紧迫的任务。

会议批准在山西省开展煤炭工业可持续发展政策措施试点。试点的主要任务是:(一)强化煤炭行业管理。优化资源配置和煤炭生产开发布局,提高煤矿准入标准,形成职责明确、相互协调、务实高效的管理体制和监管机制。(二)完善煤矿安全生产机制。落实安全生产责任制,建立联合执法机制,加强劳动用工管理,提高安全生产技术水平,保障煤炭工业安全发展。(三)深化煤炭企业改革。分离煤矿企业办社会职能,大力培育和发展大型煤炭企业集团,加快中小型煤矿股份制改革,完善煤炭成本核算办法,培育具有发展活力、依法经营、承担经济和社会责任的市场主体。(四)推进资源市场化管理。完善矿业权有偿取得制度,合理分配和使用矿业权出让收益,形成企业节约和合理开发煤炭资源的机制。(五)建立煤炭开采综合补偿和生态环境恢复补偿机制。制定生态环境恢复治理规划,完善生态环境评价及监管制度,提取矿山环境治理恢复保证金,征收煤炭可持续发展基金。(六)建立煤炭企业转产、煤炭城市转型发展有效机制。加大转产转型力度,建立煤矿转产发展基金,做好煤矿企业转产职工再就业和社会保障工作,促进产煤地区经济和社会协调发展。

会议强调,开展煤炭工业可持续发展政策措施的试点工作涉及面广,政策性强,必须统筹考虑,周密安排,积极稳妥,把握节奏。试点地区务必加强领导,精心组织;国务院有关部门要密切配合,加强指导,确保试点工作取得成效,确保煤炭生产、供给正常进行。

会议原则同意国防科工委提出的国防科技工业"十一五"发展和改革的意见。会议指出,国防科技工业的发展和改革要认真贯彻党的十六届五中全会精神,坚持军民结合,寓军于民,军民互动,协调发展;坚持强化基础,自主创新,提高科研和制造水平;坚持改革,扩大开放,建立和完善适应国防建设需要和市场经济发展要求的体制、机制;坚持实施人才战略,努力培养和造就一大批高素质的国防科技人才。

国务院总理温家宝在中国人民革命军事博物馆参观中国保护知识产权成果展览

温家宝向在场的各地、各部门保护知识产权人员和各行业企业相关负责人说:"展览展出的我国保护知识产权的这些成果,显示了中国政府保护知识产权的决心。中国政府高度重视保护知识产权,这既是我国现代化建设的需要,又是履行我们应尽的国际义务。保护知识产权就是尊重知识、鼓励创新、保护生产力。"

温家宝强调说,中国将采取四项重要措施,以形成一个比较完整的保护知识产权体系。第一,加强执法,依法保护知识产权;第二,加强行政监管,经常地开展专项保护知识产权的行动;第三,加强国际合作,同世界各国密切配合共同打击侵权行为;第四,加强全民教育,在全社会形成保护知识产权的氛围。

国务委员陈至立在重庆考察

4月19日至21日,陈至立在重庆市市委书记汪洋、市长王鸿举的陪同下,考察了万州区新田中学和百安移民小学,并在万州区召开座谈会,与重庆市有关负责同志研究解决库区移民教育工作中存在的困难和问题。她对重庆市近年来教育工作所取得的长足进步以及认真做好三峡库区移民教育工作给予了充分肯定。三峡工程建成前,重庆市需安置移民约107万人,占三峡移民总数的85.2%,重庆市市委、市政府高度重视库区移民教育工作,不断加大财政支持力度,教育经费占财政预算内支出的比重逐年提高,努力清偿"普九"欠债,积累了许多宝贵经验,有力地促进了教育事业的改革发展。

陈至立指出,库区移民在三峡工程建设中为国家作出了特殊的贡献,做好库区移民子女学校建设和教育工作关系到库区的可持续发展。

陈至立强调,要采取各种有效措施,努力解决库区移民教育工作中遇到的困难和问题。一要加大对库区移民教育工作的投入。二要把农村义务教育经费保障机制的政策措施落实到每一个农村移民学生。三要大力发展库区移民职业教育工作,支持职业学校建设和资助贫困学生,加强移民转岗就业技能培训。

陈至立在重庆期间,还出席了第七届中国重庆高新技术交易会暨第三届中国国际军民两用技术博览会开幕式,考察了重庆邮电大学和重庆海扶技术有限公司。她肯定了重庆市在支持高新技术企业发展和加强自主创新方面取得的成绩,鼓励重庆市认真贯彻落实全国科技大会精神,为建设创新型国家作出更大贡献。

中国国民党荣誉主席连战及其家人到福建漳州连氏祖籍地祭祖并接受厦门大学授予的法学名誉博士学位

2006世界包装大会在钓鱼台国宾馆召开

本次大会由中国包装联合会主办,会议的主题是"科技、环保、合作、发展"。会上,世界包装组织主席斯达西诺保罗斯向谷牧授予了世界包装行业终身成就奖。来自29个国家和地区的140多位嘉宾与中国包装企业的代表共约600人参加了大会。

国务院副总理曾培炎出席开幕式并致辞。曾培炎说,包装工业在人类生产、流通、消费活动中扮演着重要角色。改革开放以来,中国包装工业迅速发展,已进入了世界包装大国的行列。但大量包装废弃物的产生,对人体健康、资源环境会产生长期的影响,必须引起高度重视。在满足安全实用、审美装饰等基本需求的同时,使包装物更加符合绿色、环保、节约的要求,这已经成为不可逆转的世界潮流。

国家发改委和民航总局就民航国内航线燃油附加收取标准发出补充通知

通知指出,自4月20日起,对按规定享受国内民航票价优惠政策的婴儿、儿童以及革命伤残军人和因公致残的人民警察,燃油附加收取标准实行优惠。具体标准为:按成人普通票价10%计价的婴儿免收燃油附加;按成人普通票价50%计价的儿童(含无成人陪伴儿童)、革命伤残军人和因公致残的人民警察,800公里以下航段每位旅客收取20元,800公里(含)以上航段每位旅客收取30元。上述规定以出票日期为准。

中铝公司发布《2005年可持续发展报告》

这是我国中央企业中首次把GRI(全球报告倡议组织)规范与我国国情和行业特点相结合,以经济、环境、社会这"三重底线"为框架构成的可持续发展报告。

世界贸易组织对中国贸易政策进行"入世"以来的首次审议

商务部副部长易小准率领中方代表团出席了在日内瓦世贸组织总部举行的审议大会。他指出,中国坚持互利共赢的对外开放战略,认真履行加入世贸组织时作出的广泛承诺,主张按照世贸组织宗旨和原则处理各成员之间的贸易纠纷,在国际贸易大家庭中承担起了与自己发展水平相称的义务。

审议大会主席哥伦比亚大使、审议讨论引导人新加坡大使以及印度、智利、美国、欧盟、加拿大、澳大利亚、日本、瑞士等成员的代表对中国经济发展取得的成就予以高度评价。他们普遍认为,中国加入世贸组织给世界带来了机遇。中国信守承诺是对多边贸易体系的重大贡献。各成员代表还对中国在世贸组织多哈回合谈判中发挥的建设性作用予以充分肯定。

世贸组织和中国为此次审议做了两年的准备。世贸组织秘书处起草了长达300多页的《中国贸易政策审议报告》。中国政府也发表书面政策声明,回顾了加入世贸组织以来的经贸发展、特别是履行承诺的情况。

纪念中国与非洲国家开启外交关系50周年座谈会在北京举行

中共中央政治局常委罗干在人民大会堂会见由总书记阿莱卡·帕帕里加率领的希腊共产党代表团

中国常驻联合国代表王光亚向联合国秘书长安南交存中国参加《制止向恐怖主义提供资助的国际公约》批准书

中国国家纳米科学中心海外主任王中林等发明了纳米发电机

王中林和他的博士生宋金会利用竖直结构的氧化锌纳米线的独特性质,研制出将机械能转化为电能的纳米发电机,这是目前世界上最小的发电装置。

农业部发出紧急通知要求各地加强草原火灾的监测和防范

当前已进入草原火灾的高发期,草原防火形势仍十分严峻。农业部发出紧急通知,要求各地加强草原火灾的监测和防范,要立足于抓早、抓小,抓好各项防火措施的落实,加强当前草原防火工作。

农业部要求,各级草原防火部门要把草原防火工作行政领导负责制、防火责任制和责任追究制落到实处。要切实提高预防和扑救能力,全面履行草原防火职责。要进一步加大草原防火宣传力度,通过电视、广播、报纸等媒体，及时发布火险天气预报和火险警示语，增强全民草原防火意识，把预防草原火灾变成广大干部群众的自觉行动，防患于未然。

4月20日

国家主席胡锦涛在华盛顿白宫出席美国总统布什举行的盛大欢迎仪式并致辞

总统先生，布什夫人，女士们，先生们，朋友们：

应布什总统的盛情邀请，我很高兴在这春光明媚的美好时节访问贵国。首先，我谨向伟大的美国人民转达13亿中国人民的诚挚问候和良好祝愿！

我希望通过这次访问，同美方加强对话，扩大共识，增进互信，深化合作，全面推进21世纪中美建设性合作关系。

中国人民对美国人民一向怀有深厚友情。1784年，美国商船“中国皇后号”跨洋过海，首航中国，揭开了两国人民友好交往的序幕。19世纪中叶，数以万计的中国工人和美国人民一起，逢山开路，遇水架桥，共同铺设了横贯美国东西的铁路大动脉。60多年前，中美两国人民携手抗击法西斯侵略，数以千计的美国官兵血洒中国疆场，中国人民至今仍深深怀念他们。在两国政府和人民长期共同培育下，中美两国人民友好之树茁壮生长并不断结出丰硕果实。

中美两国人民都是伟大的人民。美国人民乐观进取、务实创新，用200多年时间把自己的国家建设成为世界最发达的国家，创造了举世瞩目的经济、科技成就。中国人民勤劳勇敢、善良智慧，创造了悠久灿烂的中华文明，正坚定不移地走和平发展道路，继续在改革开放的进程中推进国家现代化建设。

中美都是世界上有重要影响的国家。双方在经贸、安全、公共卫生、能源、环境保护等众多领域和重大国际及地区问题上拥有重要的共同战略利益，特别是互利双赢的中美经贸合作不仅造福两国人民，促进了亚太地区乃至世界的经济增长，而且成为两国关系的重要基础。

中美加强交流合作对两国人民有利，也对促进世界的和平与发展有利。我们应该立足当前、着眼长远，坚持从战略高度和长远角度审视和处理中美关系，在中美三个联合公报原则的基础上，相互尊重，平等相待，加强交往，深化合作，推动中美建设性合作关系不断取得新的发展，更好地造福两国人民和世界各国人民。

我们愿同包括美方在内的有关各方共同努力，通过外交谈判和平解决朝鲜半岛核问题和伊朗核问题，维护国际不扩散体制，维护世界的和平稳定。

我们愿本着互利双赢的精神，同美方一道努力，妥善解决彼此关切，推动中美经贸关系健康稳定地向前发展。我们将坚持扩大内需的战略方针，实现中国经济社会又快又好发展。这将给中美经贸合作带来更多机遇。我们将继续推进人民币汇率形成机制改革，在扩大市场准入、增加进口、加强知识产权保护等方面采取积极措施，进一步发展中美经贸合作。

我们愿扩大两国人民的友好交往，促进科技、文化、教育等领域的交流合作。

我们愿同美方在相互尊重和平等的基础上加强对话和交流，促进世界人权事业。

我们赞赏布什总统和美国政府多次表示坚持一个中国政策、遵守中美三个联合公报、反对“台独”。台湾是中国领土不可分割的一部分。我们将继续以最大的诚意、尽最大的努力争取两岸和平统一的前景，同台湾同胞一道，促进两岸关系和平发展，但决不允许任何人以任何方式把台湾从中国分割出去。

女士们、先生们、朋友们！

21世纪赋予世界各国人民崇高的历史使命，这就是：维护世界和平，促进共同发展，创造人类更加美好的明天。让我们同世界各国人民一道，努力建设一个持久和平、共同繁荣的和谐世界。

再次感谢总统先生对我们的热烈欢迎！

国家主席胡锦涛和美国总统布什在白宫举行会谈

双方进行了务实、建设性的会谈，就中美关系和共同关心的重大国际和地区问题深入交换了意见，达成重要共识。

胡锦涛指出，中美关系已超越双边关系的范畴，越来越具有全球影响和战略意义。中美在维护世界和平、促进共同发展方面拥有广泛而重要的共同战略利益，肩负着共同责任。中美双方不仅是利益攸关方，而且更应该是建设性合作者。双方应共同努力，全面推进中美建设性合作关系。

布什赞同胡锦涛对双边关系的评价。他说，中美合作领域日益宽广。中国是伟大的国家，国际地位显著上升，中国是维护世界和平的关键伙伴，对世界和平发挥着日益重要的影响。

胡锦涛表示，中美在反对和遏制“台独”、维护台海和平稳定方面有共同战略利益。他赞赏布什总统和美国政府多次表示坚持一个中国政策，遵守中美三个联合公报，反对“台独”。他强调，我们坚持在一个中国原则的基础上维护台海和平稳定，促进两岸关系改善和发展。我们将以最大的诚意、尽最大的努力争取和平统一的前景，但我们决不容忍“台独”。

布什表示，美国政府在台湾问题上的立场没有变化。美国坚持一个中国政策，理解中方在台湾问题上的关切，不希望看到台湾当局单方面改变台海现状的行动损害中美关系。

双方一致认为，在当前国际形势下，中美拥有广泛而重要的共同战略利益，互利合作前景广阔；良好的中美关系对维护和促进亚太地区和世界的和平、稳定、繁荣具有战略意义。双方同意从战略高度和长远角度看待和处理两国关系，全面推进21世纪中美建设性合作关系，更好地造福两国人民和世界各国人民。

双方同意共同推进互利双赢的中美经贸关系，并表示应该从两国和两国人民的根本利益出发，通过平等协商妥善解决存在的一些分歧和摩擦。

双方同意加强两国在军事、执法、科技、教育、文化、青年等领域的交流合作，并就反恐、防扩散、禽流感防治、能源、环保、抗灾救灾以及维护亚太地区安全稳定等重大问题继续开展对话和合作。双方将继续推动朝鲜半岛核问题六方会谈进程，继续为和平解决伊朗核问题而努力。

国务院总理温家宝主持召开国家能源领导小组第二次会议

会议听取了《2005年能源工作和2006年主要任务》的汇报并审议《可再生能源中长期发展规划》，国务院副总理曾培炎出席会议。国家能源领导小组全体成员参加了会议，有关部门、能源协会和企业负责人列席了会议。

温家宝在讲话中指出，能源问题关系我国经济发展、社会稳定和国家安全，必须坚持开发与节约并重、把节约放在首位的方针，采取更加有力的措施全面推动能源节约，大力发展可再生能源，增加能源供给，调节能源需求，调整能源结构，努力开创能源工作新局面。

会议认为，去年以来，我国能源发展和改革工作取得了新进展。能源供需紧张状况有所缓解，节能降耗工作积极推进，能源工业改革继续深入，能源对外合作力度加大，能源法制建设和规划工作得到加强。但是，当前能源形势依然比较严峻，我国能源供求矛盾将长期存在，确保能源安全，构筑稳定、经济、清洁的能源供给体系，以能源的可持续发展支持经济社会的可持续发展，是我国现代化建设中一项长期的重大战略任务。要充分认识做好新的发展阶段能源工作的极端重要性，把能源工作摆在更加突出的位置，下更大力气抓实抓好。

会议提出，今年重点做好以下几项工作：(一)大力抓好能源节约。要切实把节约能源放在更加突出的位置。关键是要加快推进经济结构调整和经济增长方式转变，突出抓好重点耗能行业和企业的节能工作。深化能源体制改革，抓紧制定和完善鼓励节能的财税、信贷、技术、价格等政策。要增加节能资金投入，重点用于节能技术开发推广和节能技术改造。将节能降耗指标纳入经济社会发展统计、评价、考核体系，定期公布各地区和主要行业的单位国内生产总值能源消耗情况。(二)着力提高能源产业技术水平。要推进能源科技进步，切实增强能源创新能力建设。积极推广先进适用能源技术，加快热电联产、煤炭先进开采、能源综合利用等技术的开发应用。依托国家重点建设工程，坚持技术引进与消化吸收相结合，围绕关键核心技术组织研究开发，提高重大能源技术装备自主研制和集成创新能力。(三)加强能源立法和规划工作。要进一步完善能源法律法规体系。抓紧制定"十一五"能源总体规划，修订完善有关专项规划和专题规划，发挥规划对能源节约和发展的引导作用。

会议指出，可再生能源是重要的战略替代能源，对增加能源供应，改善能源结构，保障能源安全，保护环境有重要作用，开发利用可再生能源是建设资源节约型、环境友好型社会和实现可持续发展的重要战略措施。要更加重视水能、风能、太阳能、生物质能、地热能等可再生能源的开发利用。加快发展水电、太阳能热利用、沼气等技术成熟的可再生能源，尽快使优良资源得到合理开发利用；积极推进资源潜力巨大，技术基本成熟的风力发电、生物质发电、太阳能发电、生物质液化等可再生能源技术的发展，以规模化建设带动产业化发展。要采取行之有效的保障措施，包括营造市场需求、消除市场障碍、财政税收扶持、推动技术进步、培育产业体系、加强法制建设等，加快可再生能源发展，不断提高优质清洁能源在能源结构中的比例。

会议对进一步做好能源工作提出了要求。一要统一思想，提高认识，坚持用科学发展观统领各项能源工作。二要把握大局，统筹兼顾，正确处理当前与长远、局部与全局的关系。三要密切协作，形成合力，共同推动能源工作。四要深化改革，勇于创新，提高能源管理水平。五要狠抓落实，注重实效。

博鳌亚洲论坛理事会议决定增加新西兰和以色列作为论坛的发起国

国家税务总局公布2005年税务机关查处结案的9大涉税违法案件

它们是："黑津冀"系列虚开发票案；河南仁和集团关联企业偷税案；广东十八宝医药保健品公司偷税案；湖南朱希德等制贩假发票案；江西金盛公司虚开增值税专用发票案、河南31户企业虚开发票案；浙江翔诚饰品公司骗税案；浙江陈伟良等虚开倒卖运输发票案；湖南三兆实业公司涉税案。

中国国际休闲产业博览会在杭州举行

博览会以“休闲时代——一个服务时代的到来”为主题，共设标准展位1183个，有来自国内外的近千家厂商参展。

中组部等8部门在北京联合召开全国实施高校毕业生“三支一扶”计划电视电话会议

中组部、人事部、教育部、财政部、农业部、卫生部、国务院扶贫办、共青团中央8部门今天在京联合召开了全国实施高校毕业生“三支一扶”计划电视电话会议。会议旨在贯彻中办、国办《关于引导和鼓励高校毕业生面向基层就业的意见》精神，落实中组部、人事部等八部门联合下发的《关于组织开展高校毕业生到农村基层从事支教、支农、支医和扶贫工作的通知》，全面部署并启动2006年高校毕业生“三支一扶”计划。

会议强调，各地有关部门要认真组织实施高校毕业生“三支一扶”计划。当前，要着重做好六个方面的工作：一要统筹规划，合理安排实施高校毕业生“三支一扶”计划的各项工作；二要把握重点，抓紧做好基层岗位需求信息的收集发布工作；三要精心组织，做好高校毕业生“三支一扶”计划的招募工作；四要多方配合，切实强化对“三支一扶”大学生的日常管理；五要妥善安排，确保实施高校毕业生“三支一扶”计划的各项经费落实；六要加强宣传，创造实施高校毕业生“三支一扶”计划的良好舆论氛围。

从今年起连续5年，各地组织、人事、教育、财政、农业、卫生、扶贫、团委等部门，将按照公开招募、自愿报名、组织选拔、统一派遣的方式，每年招募2万名左右高校毕业生，主要安排到农村基层乡镇从事支教、支农、支医和扶贫工作(简称“三支一扶”)。从4月下旬开始着手招募首批2万名高校毕业生，7月底前他们将到服务单位报到。

2006年全国艺术创作会议在江西南昌召开

此次会议由国家文化部主办、江西省文化厅承办，会议的主题是“实施艺术创新战略，构建艺术创新体系”。

一年一度的全国艺术创作会议是国内最高规格、最高水准的有关艺术创作及研究的会议。会议就艺术创新在创新型国家中的地位和作用，当前制约艺术创新的主要因素，如何实施艺术创新主战略、构建艺术创新体系推动艺术创作的发展与繁荣等问题展开了探讨，就2006年全国艺术生产和创作进行了研究部署。

会上，文化部副部长陈晓光在肯定我国艺术创作成就的同时，指出了加强艺术创新的必要性和紧迫性。他认为，当前至少存在五大制约艺术创新的因素：

一是在思想观念上对于艺术创新重视不够，缺乏创新意识和精神。一方面是创作人员创新意识不够，导致艺术创作缺乏活力，舞台面貌变化不大。另一方面，整个社会对于新作品还缺乏足够的包容和鼓励，甚至横加指责，在艺术创作上往往用沿袭多年的固有观念来评判，或用所谓的“正宗”标准来衡量，对新创作品求全责备，束缚了艺术的创新和探索。

二是艺术创作的管理体制存在阻碍创新的诸多因素，如“长官意志”“政绩工程”等。

三是缺乏创新型艺术人才。既缺乏具有创新能力的艺术创作人才，缺乏艺术管理方面的创新人才，也缺乏了解世界艺术状态、具有前瞻意识的文艺理论家、批评家。

四是艺术家生活积累过度支出，补充不足，导致作品肤浅、粗糙，缺乏新意和感染力。

五是缺乏良好的艺术创新生态环境。目前，我国的艺术创新还缺乏良好的法治环境、管理环境。同时，物质利益的驱动和诱惑对艺术创新造成很大冲击，使许多创新的火花在金钱面前熄灭。

陈晓光认为，创新意识不够已经严重阻碍了艺术创作的发展与繁荣，这种现况必须引起重视。实施艺术创新战略、构建艺术创新体系迫在眉睫。

全国各地文化厅(局)长、中直属艺术院团负责人、入围2005至2006年度国家舞台艺术精品工程初选剧目的院团代表、特邀艺术家等200余人参加会议。

文献纪录片《国事亲历》摄制完成

这是我国第一部以亲历者口述的方式再现新中国成立以来重大庆典的大型纪录片，它将作为建党85周年的献礼片在荧屏上与观众见面。

国务院法制办负责人就《血吸虫病防治条例》答记者问

为了加大防治血吸虫病的力度，2006年4月1日，国务院总理温家宝签署第463号国务院令，公布《血吸虫病防治条例》(以下称条例)。国务院法制办负责人今天就条例有关问题回答记者提问。

记者：血吸虫病的传播途径比较特殊和复杂，其防治工作与转变传统的生产、生活方式密切相关。请问在制定条例的总体思路上如何把握？

法制办负责人：制定本条例，要根据经济社会发展的新要求和血吸虫病防治工作的特点，将血吸虫病防治工作实践中行之有效的措施法律化、制度化。我们在立法总体思路上把握了以下几点：一、建立政府统一领导，有关部门分工负责，专业机构履行技术职责，基层组织和人民群众广泛参与的血吸虫病防治工作机制；二、遵循血吸虫病防治工作规律，对血吸虫病防治实行分类管理、联防联控，做到人与家畜同步防治，重点加强对人、畜粪便的管理；三、实施血吸虫病防治措施与引导群众改变传统的生产、生活方式的措施相结合。安排实施农机推广、农村改水改厕、林业工程和水利建设项目时，应当同时考虑血吸虫病防治工作需要；四、明确政府对血吸虫病病人的救治政策，加大对血吸虫病病人的救治力度。

记者：条例为何提出重点加强对人、畜粪便的管理？

法制办负责人：通过几十年的血吸虫病防治工作，我们认识到，未经无害化处理的血吸虫病病人、病畜的粪便直接进入水体是导致血吸虫病传播的关键因素。条例突出规定了有关加强人、畜粪便管理的制度：

一、推进农村改水改厕工作，加强对人的粪便的管理。规定：(1)血吸虫病防治地区县级以上地方人民政府卫生、农业主管部门在组织实施农村改厕、沼气池建设项目时，应当按照无害化要求和血吸虫病防治技术规范，保证厕所或者沼气池具备杀灭粪便中血吸虫卵的功能。(2)血吸虫病防治地区的公共厕所应当具备杀灭粪便中血吸虫卵的功能。(3)血吸虫病重点防治地区县级以上地方人民政府应当在渔船集中停靠地设点发放抗血吸虫基本预防药物；按照无害化要求和血吸虫病防治技术规范修建公共厕所；推行在渔船和水上运输工具上安装和使用粪便收集容器，并采取措施，对所收集的粪便进行集中无害化处理。

二、推行对家畜舍饲圈养，加强对家畜粪便的管理。规定：(1)加强对圈养家畜粪便的无害化处理。(2)禁止在有钉螺地带放养牛、羊、猪等家畜。(3)禁止在血吸虫病防治地区施用未经无害化处理的粪便。

记者：在血吸虫病防治工作中，过去一直把杀灭钉螺作为主要措施。对此，条例作了哪些规定？

法制办负责人：杀灭钉螺，目前依然是血吸虫病防治的重要措施之一。条例规定，血吸虫病防治地区县级人民政府及其卫生主管部门应当根据药物杀灭钉螺工作规范，组织实施本行政区域内的药物杀灭钉螺工作。

钉螺是血吸虫的中间宿主，有钉螺地带是最容易感染血吸虫病的区域。条例重点加强了对有钉螺地带的严格管理：

一、划定有钉螺地带并予以公告。规定：血吸虫病防治地区县级人民政府卫生主管部门会同同级人民政府农业或者兽医、水利、林业主管部门，根据血吸虫病监测等流行病学资料，划定、变更有钉螺地带，并报本级人民政府批准；县级人民政府应当及时公告有钉螺地带；乡(镇)人民政府应当在有钉螺地带设立警示标志，并负责保护。

二、对有钉螺地带生产、建设活动加强管理。规定：禁止在有钉螺地带放养牛、羊、猪等家畜，禁止引种在有钉螺地带培育的芦苇等植物和农作物种子、种苗等繁殖材料。建设单位在血吸虫病防治地区兴建水利、交通、旅游、能源等大型建设项目，应当事先提请省级以上疾病预防控制机构对施工环境进行卫生调查，并根据疾病预防控制机构的意见，采取必要的血吸虫病预防、控制措施。施工期间，建设单位应当设专人负责工地上的血吸虫病防治工作；工程竣工后，应当告知当地县级疾病预防控制机构，由其对该地区的血吸虫病进行监测。

记者：实践证明，在地理和环境因素相同的地区，同步实施有关防治措施——人和家畜的血吸虫病筛查、治疗，流行病学调查，疫情控制和药物杀灭钉螺等，非常必要。条例对此如何规定？

法制办负责人：条例明确规定，处于同一水系或者同一相对独立地理环境的血吸虫病防治地区各地方人民政府应当开展联防联控，组织有关部门和机构同步实施有关血吸虫病防治措施。为了确保联防联控工作落到实处，条例规定，开展血吸虫病防治联防联控的地区，由上一级人民政府统一制订联防联控方案，并组织实施；跨省开展联防联控工作的，由参加联防联控的省级人民政府共同制订联防联控方案，并组织实施。

记者：刚刚通过的《国民经济和社会发展第十一个五年规划纲要》提出，高度关注人民健康，加大政府投入力度，加快发展医疗卫生事业。条例对此有哪些具体体现？

法制办负责人：加强对血吸虫病防治工作的保障和对血吸虫病病人的救治，条例主要规定了三方面措施：

一、加大血吸虫病防治经费投入，提高血吸虫病防治经费的使用效益。规定：血吸虫病防治地区县级以上地方人民政府应当根据血吸虫病防治规划、计划，安排血吸虫病防治经费和基本建设项目。国家对经济困难地区的血吸虫病防治经费、血吸虫病重大疫情应急处理经费给予适当补助，对承担血吸虫病防治任务的机构的基本建设和跨地区的血吸虫病防治重大工程项目给予必要支持。血吸虫病防治地区县级以上地方人民政府应当加强血吸虫病防治网络建设，将承担血吸虫病防治任务的机构所需基本建设投资列入基本建设计划。

二、明确政府对血吸虫病病人的救治责任。规定：

国家对农民免费提供抗血吸虫基本预防药物，对经济困难农民的血吸虫病治疗费用予以减免。因工作原因感染血吸虫病的，依照《工伤保险条例》的规定，享受工伤待遇。参加城镇职工基本医疗保险的血吸虫病病人，不属于工伤的，按照国家规定享受医疗保险待遇。对未参加工伤保险、医疗保险的人员因防汛、抗洪抢险患血吸虫病的，按照县级以上地方人民政府的规定解决所需的检查和治疗费用。血吸虫病防治地区县级以上地方人民政府民政部门对符合救助条件的血吸虫病病人进行救助。

三、国家对家畜免费实施血吸虫病检查和治疗，免费提供抗血吸虫基本预防药物。

国家林业局在黑龙江大兴安岭召开现场会

从每年4月21日起，我国东北、内蒙古重点林区陆续进入森林防火紧要期。国家林业局20日在黑龙江大兴安岭召开现场会，全面部署东北、内蒙古今春森林防火工作。中共中央政治局委员、国务院副总理回良玉作出重要指示，要求针对当前森林防火的严峻形势，着力做好宣传教育、隐患排查、火源管理、预测预报工作，切实提高组织指挥、应急处置、科学扑救的能力，严防重特大森林火灾和重大伤亡情况的发生，确保今年春季森林防火不出现大问题。

4月21日

国家主席胡锦涛在华盛顿出席美国12个友好团体举行的晚宴并发表题为《全面推进中美建设性合作关系》的重要讲话

尊敬的埃斯丘先生，
尊敬的希尔斯女士，
尊敬的多诺霍先生，
尊敬的赵小兰部长，
尊敬的基辛格博士，
女士们，先生们，朋友们：

首先，我要感谢美中贸易全国委员会、美中关系全国委员会、美国商会、美中协会、美中政策基金会、美国战略与国际问题研究中心、百人会、美国亚洲协会、对外关系委员会、布鲁金斯学会、美国中国总商会、华美协进社今晚为我们举行这场盛大宴会，使我有机会同各位新老朋友相聚，畅叙友情，展望未来，我感到非常高兴。

多年来，在座各位朋友为增进中美两国人民友谊、促进中美关系发展作出了不懈努力和宝贵贡献。在这里，我谨代表中国政府和人民，向你们表示衷心的感谢！我还要通过你们，向所有关心和支持中美关系发展的美国各界人士，表示良好的祝愿！

我这次应布什总统的邀请访问美国，目的就是同美方加强对话，扩大共识，增进互信，深化合作，全面推进21世纪中美建设性合作关系。访问期间，我同布什总统以及美国其他领导人进行了富有成效的会谈，还会见和接触了美国各界人士，取得了重要共识。我最深切的感受是，中美都有进一步发展两国关系的强烈愿望，都认识到中美关系已远远超出双边范畴，越来越具有全球意义。

女士们、先生们、朋友们！

我们所处的时代，是一个充满机遇和挑战的时代。世界在发生深刻变化，人类的生产生活方式在发生深刻变化，人与人、人与自然乃至国与国关系也在发生深刻变化。中国主张，面对深刻变化的世界，面对层出不穷的挑战，世界各国应该通力合作，共同推动国际社会发展进步；应该尊重各国人民的意愿，推进国际关系民主化、法制化，逐步改革和完善现行国际体系和秩序，使之朝着更加公正合理的方向发展；应该树立互信、互利、平等、协作的新安全观，通过对话和谈判解决争端，共同维护世界和平与安全；应该更加重视发展问题，支持广大发展中国家加快发展，改革和完善国际贸易、金融体制，推动经济全球化朝着有利于实现共同繁荣的方向发展；应该尊重不同国家的历史文化传统和发展阶段性特点，加强不同文明的对话，共同维护世界多样性，促进人类文明发展。

女士们、先生们、朋友们！

当代中国正在发生深刻变化。拥有世界五分之一人口的中国的发展，既关系中国自身，也关系亚太地区和世界的和平与发展。我相信，大家都关注中国今后的发展方向。在这里，我明确地告诉大家，中国坚定不移地走和平发展道路，对内聚精会神搞建设、一心一意谋发展，对外致力于维护世界和平、促进共同发展。

走和平发展道路，是中国实现现代化目标的必然要求。改革开放28年来，中国社会生产力显著提高，人民生活不断改善。但是，中国人口多、底子薄、发展很不平衡，人民生活水平还不高，仍然是一个发展中国家。中国最紧迫、最现实的任务，就是集中精力发展经济，不断改善人民生活。中国最需要和平的国际环境。我们希望，既通过维护世界和平来发展自己，又通过自身的发展来促进世界和平。

走和平发展道路，在中国具有深厚的历史文化根基。中华民族历来强调亲仁善邻的思想。几千年来，中国人民始终同各国人民友好相处，开展贸易，交流文化。从1840年鸦片战争到1949年中华人民共和国成立的100多年间，中国曾长期遭受外来侵略，根本谈不上经济社会发展。中国人民最能体会和平之可贵。走和平发展道路，符合中华文化几千年发展形成的民族精神，也符合当代中国人民热爱和平、珍惜和平的崇高追求。

走和平发展道路，符合时代发展潮流和人类社会前进的方向。当今世界，各国相互依存日益加深，各国人民的命运更加紧密地联系在一起。只有创造和平环境，各国才能具备发展的前提条件。只有加强交流，扩大合作，各国才能实现共同发展。维护世界和平，同世界各国发展友好关系，既有利于中国的现代化建设，也有利于亚太地区和世界的稳定和繁荣。

中国走和平发展道路，坚持把中国人民的根本利益与各国人民的共同利益结合起来，为促进世界的和平与发展发挥负责任、建设性的作用。中国积极参与缓解地区热点问题，努力促进区域互利合作。中国坚决维护联合国及其安理会的权威和作用，积极参与国际维和行动和国际救灾行动。中国同各国进行能源对话和合作，共同维护世界能源市场稳定。

女士们、先生们、朋友们!

中美建交27年来，两国关系虽历经风风雨雨，但总的趋势是不断向前发展的。中美友好是两国人民的共同愿望，互利合作是两国的正确选择。

进入新世纪，中美作为两个大国，共同利益在增多，合作领域在扩大。双方在反恐和防扩散领域拥有重要的共同利益，两国建立了中长期反恐交流合作机制。双方经贸合作快速发展，给两国人民带来了巨大实惠，也有力地推动着世界经济增长。双方致力于维护亚太地区的和平安宁，保持亚太地区的发展活力。双方在文化、教育、科技等领域的交流合作为两国人民友好架起了重要桥梁。双方都关注环境保护、公共卫生、气候变化、人道主义援助等重大问题，开展了富有成效的合作。双方还共同支持亚太地区防控禽流感合作。这充分体现了中美两国的共同责任。

同时，我们也要看到中美共同面对的挑战。从全球范围看，国际安全环境依然复杂，发展问题更趋突出，贫富差距正在拉大，贸易摩擦不断出现。妥善应对这些问题，是摆在我们面前的重大课题。

女士们、先生们、朋友们!

发展中美关系，符合两国和两国人民的根本利益，有利于促进亚太地区和世界的和平、稳定、繁荣。我们应该以宽广深邃的战略眼光、以互利共赢的时代思维来审视和处理中美关系，确保两国关系沿着建设性合作关系的正确轨道稳定发展。为此，我愿提出以下主张。

第一，增进了解，扩大共识，构筑长期稳定的中美建设性合作关系。中国一贯高度重视中美关系，将其置于中国对外关系的重要位置，致力于同美国长期和平共处、互利共赢。中美应该继续加强高层往来，保持和扩大各级别、各层次的磋商，推进战略对话，增强战略互信，发展互利合作。

第二，把握机遇，开拓思路，巩固和扩大经贸合作基础。经贸合作是中美关系发展的重要支柱。我们应该促进两国大中小各类企业开展合作，在电信、环保、服务业等领域开辟新的合作天地，加强能源战略磋商和相关合作。中美应该通过平等协商，在扩大互利合作中解决经贸摩擦。中国将坚定地履行加入世界贸易组织的承诺，扩大市场准入，加强知识产权保护，增加从美国的进口。中方也希望美方采取促进两国经贸关系发展的积极行动。中美还应该加强宏观经济政策等方面的对话和合作，推动全球经济平衡有序发展。

第三，恪守原则，履行承诺，在中美三个联合公报的基础上妥善处理台湾问题。台湾问题事关中国的核心利益。中美三个联合公报确定的原则应该得到切实遵守。这是中美关系健康稳定发展的关键。我们愿以最大的诚意、尽最大的努力，同台湾同胞一道，促进两岸关系和平稳定发展，争取和平统一的前景。但是，我们决不允许“台独”分裂势力以任何名义、任何方式把台湾从祖国分割出去。我们赞赏布什总统和美国政府多次重申坚持一个中国政策，遵守中美三个联合公报，反对“台独”。我们希望美方认真兑现坚持一个中国政策、反对“台独”的承诺。这符合中美的共同战略利益，也有利于维护台海及亚太地区的和平稳定。

第四，密切磋商，迎接挑战，加强在重大国际和地区问题上的沟通和协调。中方愿在双向互利的基础上同美方深化反恐合作，共同致力于维护国际防扩散体制，推动以外交和谈判方式妥善解决伊朗核问题，并继续通过六方会谈和平解决朝鲜半岛核问题。中方也愿同美方加强在环境保护、公共卫生、赈灾减灾等领域的磋商和协调。中美应该保持和加强在联合国事务中的合作，推动解决全球发展问题。中方愿同美方一道，继续致力于促进亚太地区稳定繁荣，在亚太经合组织、东盟地区论坛等地区多边框架中加强沟通和合作，共同推进开放、包容的地区多边合作。

第五，相互借鉴，取长补短，不断加强两国人民的友好交流。中美都有引以自豪的文化，都为人类文明进步作出了贡献。中美应该加强科技、文化、教育等领域的合作，加强媒体、智库等各界的交流，扩大省州、城市的友好往来。青年是未来，是希望。我们尤其要加强两国青年交流，为中美关系发展提供持续动力。

第六，相互尊重，平等相待，正确看待和处理彼此的差异。中国将根据自己的国情继续推进政治体制改革，发展社会主义民主政治，扩大公民有序的政治参与，保证人民依法实行民主选举、民主决策、民主管理、民主监督。中国高度重视人权问题，已将国家尊重和保障人权明确写入宪法，并在社会发展进程中不断推进人权事业。中国人民依法充分享有宗教信仰自由。中美国情不同，在一些具体问题上存在不同看法是正常的，应该求同存异、平等协商，在相互交流中共同进步。

女士们、先生们、朋友们！

富兰克林·罗斯福总统曾经说过："世界可以由人的奋斗而改变，人的奋斗可以创造更新更美的事物。"我相信，建设持久和平、共同繁荣的和谐世界，需要健康稳定发展的中美关系。让我们携起手来，全面推进中美建设性合作关系，为中美两国人民的福祉、为人类和平与发展的崇高事业作出更大贡献。

谢谢大家。

国家主席胡锦涛在华盛顿会见美国临时参议长史蒂文斯

国务院总理温家宝主持国务院西部地区开发领导小组会议并讲话

会议认为，2005年西部大开发各项重点工作取得新进展，特色优势产业发展步伐加快，基础设施特别是农村基础设施建设得到加强，生态建设和环境保护继续推进，科技教育卫生等社会事业全面发展，人才开发取得成效，东、中、西区域合作迈出新步伐，城乡人民生活水平进一步提高。总的看，西部大开发正在积极推进。

会议强调，今年是实施"十一五"规划的第一年，做好西部大开发各项工作十分重要。要着重做好以下工作。(一)扎实推进社会主义新农村建设。坚持把"三农"工作作为重中之重，增加对农业和农村的投入，促进粮食稳定增产和农民持续增收，突出抓好农村沼气、安全饮水、乡村道路等建设。(二)着力优化产业结构和布局。发挥比较优势，利用现有基础，大力发展特色优势产业。依托中心城市和交通干线，加快推进重点区域、重点地带开发。继续加强交通、水利、能源等基础设施和基础产业建设。(三)加强生态建设和环境保护。按照巩固成果、稳步推进的要求，进一步做好退耕还林工作。着力提高造林质量，强化后期管护。完善退耕还林政策，突出加强基本口粮田建设，积极发展后续产业，妥善解决好特殊困难地区退耕农户的吃饭、烧柴和长远生计等问题。抓好退牧还草、天然林保护、防沙治沙、石漠化治理等重点生态工程。推进三峡库区及其上游、滇池等水环境污染治理和西部地区重点城市污染综合治理。(四)加强教育、文化、卫生等社会事业。认真落实全部免除西部地区农村义务教育阶段学生学杂费和对贫困家庭学生免费提供教科书并补助寄宿生生活费的政策，继续实施西部地区"两基"攻坚计划。加快推进新型农村合作医疗制度，加强农村医疗卫生服务体系建设。继续抓好广播电视"村村通"工程。支持西部地区科技创新和人才开发。(五)解决好涉及群众切身利益的问题。采取综合措施，增加就业岗位，强化就业服务。加快社会保障体系建设，加强对城乡特殊困难群众的社会救助。做好土地征用、房屋拆迁、库区移民、企业改制、安全生产、环境保护等工作。(六)建立促进西部大开发的有效机制。进一步落实和完善西部大开发政策，加大政策扶持和财政转移支付力度，加快建立长期稳定的西部开发资金渠道。建立健全区域协调互动机制，扩大东西部地区对口支援与经济合作。

中共中央政治局委员、国务院副总理、国务院西部地区开发领导小组副组长曾培炎出席了会议。国务院西部地区开发领导小组成员以及党中央、国务院有关部门负责人参加了会议。会议听取了2005年西部开发工作等情况的汇报，原则通过了2006年西部开发工作要点。

国家副主席曾庆红在海南博鳌会见台湾两岸共同市场基金会董事长萧万长一行

曾庆红指出，去年以来，在两岸同胞的共同努力下，两岸关系出现了朝着和平稳定方向发展的良好势头。但也必须看到，两岸关系紧张的根源尚未消除，"台独"的危险性依然存在。尤其是台湾当局领导人企图通过"宪改"谋求"台湾法理独立"的冒险性、危险性在上升。对此，我们必须要有充分的估计。为了维护两岸同胞的根本利益，我们决不允许任何人以任何名义将台湾从祖国分割出去。我们希望广大台湾同胞与我们一道坚决反对和遏制"台独"，共同维护台海和平。

曾庆红指出，今后一个时期内，两岸关系发展仍然面临着两种前途。一种是，台湾当局顽固坚持"台独"立场，继续推动"台独"活动，从而导致两岸关系持续紧张、剧烈动荡，甚至再次濒临危险的边缘；另一种是，"台独"活动被有效遏制，两岸关系得以和平稳定发展。毫无疑问，应该坚决制止第一种前途，争取第二种前途，这就要靠两岸同胞包括台湾各界有识之士共同努力，关键是有效地遏制"台独"分裂活动。

曾庆红强调，台湾同胞是我们的骨肉兄弟，我们不会因为台湾个别人或某些势力的挑衅而改变对台湾同胞的承诺。无论在什么情况下，我们维护两岸关系和平稳定发展的信念不会改变，我们推进两岸经济合作、谋求两岸共同繁荣的决心不会改变，我们为台湾同胞谋福祉、办实事的诚意和善意也不会改变。

萧万长表示,两岸可以从经贸上继续加强合作,在政治上不断开展交流与对话,不断加深了解,从而化解两岸政治僵局,为台湾经济发展寻找出路。

国家副主席曾庆红在博鳌分别会见香港特别行政区行政长官曾荫权和澳门特别行政区行政长官何厚铧及港澳地区工商界代表团

在会见曾荫权时,曾庆红表示,香港特别行政区政府努力实践“强政励治,福为民开”的施政理念,赢得了香港社会的广泛认同。他希望特区政府不断总结经验,努力工作,进一步保持和发展香港目前比较好的社会局面。

在会见何厚铧时,曾庆红表示,澳门回归以来一直保持比较好的发展势头,希望特区政府和社会各界为促进澳门经济适度多元发展作出新的努力,从而为澳门的长远发展打下更为坚实的基础。

在会见港澳地区工商界代表团时,曾庆红发表即席讲话,他高度评价了港澳工商界人士为国家的改革开放和现代化建设事业作出的重要贡献,并向港澳工商界人士提出了两点希望:一是要抓住机遇谋发展;二是要齐心协力促和谐。他表示,目前港澳社会安定,经济发展,民生改善。祖国内地正在贯彻落实科学发展观,为全面建设小康社会而共同奋斗。特别是不久前刚刚闭幕的十届全国人大四次会议通过了《国民经济和社会发展第十一个五年规划纲要》,为国家的发展描绘了宏伟的蓝图。随着这一纲要的实施,不仅会使国家的各项事业迈上一个新台阶,也必将为港澳的进一步发展提供更强有力的支持。只要港澳各界人士珍惜和抓住机遇,充分利用和发挥自身优势,进一步加强与内地的经济交流和合作,就一定能够实现互利双赢、共同发展。

国务院任免国家工作人员

任命:

丹珠昂奔为国家民族事务委员会副主任;

黄丹华(女)为国务院国有资产监督管理委员会副主任。

免去:

周明甫的国家民族事务委员会副主任职务;

吴晓华的国务院国有资产监督管理委员会副主任职务。

国务院副总理吴仪在浙江考察

4月21日至24日,在浙江省省委书记习近平、省长吕祖善和国家质检总局局长李长江、国务院副秘书长徐绍史等陪同下,吴仪先后赴杭州、舟山、宁波等地考察了旅游和外经贸工作,对当地注重旅游资源的开发利用与保护,以及支持企业发展自主品牌的做法表示赞赏,要求浙江省各级政府继续走自主创新之路、和谐发展之路。

在杭州西溪国家湿地公园,吴仪充分肯定了杭州市遵循“生态优先,最小干预、修旧如旧、注重文化、以人为本、可持续发展”的原则,对西溪湿地进行科学保护和恢复,从而打造湿地生态品牌的做法。她认为这有助于提升杭州的生态环境质量和旅游的知名度。

在舟山普陀山国家风景区,吴仪详细询问了普济禅寺和洛迦山诸庵僧人的生活情况,以及整个景区的保护、开发和建设管理情况,对舟山市通过依法治山,景区管理工作日趋规范化和制度化,从而创造出的优越自然环境和人文景观给予高度评价。她希望舟山市政府部门、企业、民间机构和僧俗各界,继续通力合作,不断提高普陀佛教名山的影响力,吸引更多的海内外香客游人。

吴仪还考察了杭州万事利集团、杭州娃哈哈集团和浙江苏泊尔家电制造有限公司。

国务院副总理曾培炎出席国家信息化专家咨询委员会第三届委员会成立大会并讲话

曾培炎希望专家们加强对信息领域战略性、全局性、前瞻性问题的研究。

一是认真总结国内外信息化发展的历史经验和教训,研究信息化发展的趋势规律,探索符合中国国情的信息化模式。

二是研究信息领域的重大技术问题。如集成电路设计与制造、新一代移动通信、下一代互联网、数字电视、信息安全等技术,力争在一些关键领域早日实现突破。

三是研究推广应用信息技术的政策措施。包括利用信息技术改造提升传统产业,振兴装备制造业,提高基础产业发展水平。加强信息扶贫,缩小信息差距,消除“数字鸿沟”。改善城市、社区、家庭信息服务。鼓励使用自主可控信息产品。

四是研究有利于推进信息化的体制机制。重点是规范政府和企业行为,优化信息资源配置,维护信息市场秩序,整合信息内容,促进信息共享。建立健全推广信息技术应用、促进信息化建设的法律法规。

据悉,国家信息化专家咨询委员会是国家信息化领导小组决策咨询机构,本届委员会分为政策规划、电子政务与信息化应用、网络与信息安全、技术与专业等4个专委会,共55名委员。国务院信息办等有关部门负责人出席了成立大会。

中共中央政治局委员贺国强在山西调研

调研期间，贺国强深入到太原市、晋中市的企业、社区和农村，实地考察先进性教育活动的开展情况，听取意见和建议。他在与省市领导同志、基层党员干部、普通党员和群众座谈时指出，第三批先进性教育活动集中学习教育结束后，要用两个月左右的时间开展巩固扩大整改成果及“回头看”工作。要把学习实践“三个代表”重要思想，全面落实科学发展观，学习贯彻全国两会精神和中央关于建设社会主义新农村的战略部署，践行社会主义荣辱观，作为巩固扩大整改成果及“回头看”工作的重点，看取得了哪些实效和进展，还存在哪些薄弱环节，集中力量抓好整改措施的落实。

贺国强强调，要继续抓好建立健全保持共产党员先进性长效机制工作。既要坚持和完善长期以来行之有效的好制度、好办法，又要注意总结新的实践特别是先进性教育活动的新鲜经验，抓紧建立健全加强党员学习培训、扩大党内民主、严格党内组织生活、联系和服务群众、党建工作责任制等方面的制度。要深入开展保持共产党员先进性教育活动与加强党的先进性建设理论研讨工作。通过对先进性教育活动的经验总结和理性思考，从中提炼概括出党在长期执政条件下，保持和发展先进性的规律性认识，进一步推进党的先进性建设理论研究。

贺国强指出，地方党委和在第三批开展先进性教育活动的部分党政机关，要在集中学习教育活动结束后，做好群众满意度测评工作，以进一步发扬民主、听取群众意见，进一步检验成效、巩固成果、改进工作。要从现在开始，着手考虑对第三批先进性教育活动和整个先进性教育活动的总结工作，围绕对先进性教育活动的基本估价、先进性教育活动积累创造的基本经验、进一步加强党的先进性建设的意见和建议等方面的内容，实事求是地估价先进性教育活动取得的成效，总结先进性教育活动的成功经验，研究提出加强党的先进性建设的意见和建议。

调研期间，贺国强还考察了所到地方的经济社会发展情况，看望了部分老同志和省委组织部机关全体干部。

中国轻工业联合会第二次会员大会在北京召开

会议总结了5年来轻工行业在发展和改革中取得的主要成就，研究了“十一五”时期轻工行业加快结构调整、促进产业升级的思路和发展目标，表彰了2005年度全国轻工业卓越绩效先进企业，并选举产生中轻联第二届理事会。

中共中央政治局委员、国务院副总理曾培炎为大会作出批示，希望中国轻工业联合会积极发挥桥梁纽带作用，服务于行业发展和企业要求，为发展轻工业、增加就业、满足人民日益增长的消费需求作出新的贡献。全国人大常委会副委员长蒋正华出席会议并讲话，全国人大常委会副委员长顾秀莲发来贺信。

中国和东盟各国信息通信部部长在第二届中国—东盟电信周信息通信部长论坛上发表联合声明

声明指出，今年，中国和东盟将研究制定“中国—东盟网络和信息安全应急反应协调框架”，并将举行包括考察访问、信息通信技术研讨会等10多项交流活动，以进一步推进中国和东盟在信息产业领域的合作。

声明说，中国和东盟同意加快大湄公河区域信息高速公路的建设，并在此基础上研究建立中国—东盟信息高速公路的可能性。

声明高度评价去年首届中国—东盟电信周信息通信部长论坛通过旨在共同发展信息产业领域伙伴关系的《北京宣言》以来，中国与东盟在这一领域的合作成果。

声明还对中国和东盟的私营企业在信息产业领域的合作中所发挥的作用表示肯定，并欢迎更多的私营企业积极参加到这一进程中来。

全国人大常委会副委员长何鲁丽在哈拉雷会见津巴布韦副总统穆朱鲁

国务院副总理回良玉在巴黎与法国农业和渔业部部长比瑟罗举行会谈并签署《中法农业合作联合声明》

国务委员华建敏在安卡拉与土耳其副总理沙欣举行会谈

2006年中法文化交流之春百场文化艺术活动在中国美术馆拉开帷幕

由法国巴卡拉博物馆水晶珍品展；框架与反射——法国多媒体艺术家阿兰·弗莱士艺术展；夜幕下的巴黎：布拉塞，1933——蓬皮杜艺术中心馆藏摄影作品展三大板块组成的“法兰西之春系列展”今天下午在中国美术馆开幕，它意味着2006年“中法文化交流之春”百场文化艺术活动拉开了帷幕。

中宣部等5部门决定全面启动交通安全宣传教育工程

中宣部、公安部、教育部、司法部和国家安全监管总局决定，2006年至2008年在全国范围内实施“保护生命、平安出行”交通安全宣传教育工程。今天5部委在京联合召开电视电话会议，对实施“保护生命、平安出行”交通安全宣传教育工程进行了全面部署。

4月22日

国家主席胡锦涛在耶鲁大学发表重要演讲

尊敬的理查德·莱文校长，同学们，老师们，女士们，先生们：

首先，我感谢莱文校长的邀请，使我有机会来到世界著名学府耶鲁大学，同青年朋友和老师们相聚在一起。

进入耶鲁大学的校园，看到莘莘学子青春洋溢的脸庞，呼吸着书香浓郁的空气，我不由回想起40年前在北京清华大学度过的美好时光。学生时代，对人的一生都会产生重要影响。当年老师们对我的教诲，同学们给我的启发，我至今仍受用不尽。

耶鲁大学以悠久的发展历史、独特的办学风格、卓著的学术成就闻名于世。如果时光能够倒流几十年，我真希望成为你们中的一员。

耶鲁大学校训强调追求光明和真理，这符合人类进步的法则，也符合每个有志青年的心愿。300多年来，耶鲁大学培养出一大批杰出人才，其中包括20位诺贝尔奖获得者、5位美国总统。美国民族英雄内森·黑尔是耶鲁校友，他的名言——“我唯一的憾事，就是没有第二次生命献给我的祖国”，深深感染了我和许多中国人。我衷心祝愿贵校培养出更多英才，为美国经济社会发展、为人类进步事业作出更大贡献！

女士们、先生们、朋友们！

长期以来，中美两国人民一直相互抱有浓厚的兴趣和友好的感情。中国人民欣赏美国人民的开拓进取精神，钦佩美国人民在建设国家中取得的骄人业绩。随着中国的快速发展和中美合作的不断拓展，越来越多的美国人也把目光投向中国，更加关注中国的发展进步。

了解是信任的基础。今天，我愿从中华文明历史流变和现实发展的角度，谈谈当代中国的发展战略和前进方向，希望有助于美国人民更全面、更深入地了解中国。

在5000多年的历史长河中，中华民族为人类文明进步作出了巨大贡献，同时也走过了曲折艰辛的道路。特别是从1840年鸦片战争以来的160多年间，中国人民为摆脱积贫积弱的境遇，实现民族复兴，前仆后继，顽强斗争，使中华民族的命运发生了深刻变化。95年前，中国人民通过辛亥革命推翻了统治中国几千年的君主专制制度，为中国的进步打开了闸门。57年前，中国人民经过长期浴血奋斗实现了民族独立和人民解放，建立了人民当家做主的新中国。28年前，中国人民开始了改革开放和现代化建设的伟大历史进程，经过艰苦创业取得了举世瞩目的巨大成就，从1978年到2005年，中国国内生产总值从1473亿美元增长到22257亿美元，进出口总额从206亿美元增长到14221亿美元，国家外汇储备从1.67亿美元增加到8189亿美元，农村贫困人口由2.5亿人减少到2300多万人。回顾这160多年来中国发生的沧桑巨变，可以说，中国人民经过艰苦探索和顽强奋斗，既改变了自己的命运，也推动了人类进步事业。

必须看到，中国尽管取得了巨大的发展成就，但仍是世界上最大的发展中国家，人均国内生产总值仍排在世界100名之后，中国人民的生活还不富裕，中国的发展还面临着不少突出的矛盾和问题。要彻底改变中国的面貌和改善中国人民的生活，需要继续持之以恒地艰苦奋斗。中国将在未来15年集中力量全面建设惠及十几亿人口的更高水平的小康社会。具体来说，就是要使中国国内生产总值到2020年达到40000亿美元左右，人均达到3000美元左右，使经济更加发展、民主更加健全、科教更加进步、文化更加繁荣、社会更加和谐、人民生活更加殷实。

为了实现我们的发展目标，中国根据本国国情和时代要求明确了自己的发展理念，这就是树立和贯彻以人为本、全面协调可持续发展的科学发展观，统筹城乡发展、统筹区域发展、统筹经济社会发展、统筹人与自然和谐发展、统筹国内发展和对外开放，更加注重解决民生问题，更加注重克服发展的不平衡性，更加注重解决发展中存在的突出矛盾，致力于走科技含量高、经济效益好、资源消耗低、环境污染少、人力资源优势得到充分发挥的新型工业化道路，推进经济建设、政治建设、文化建设、社会建设协调发展，努力实现生产发展、生活富裕、生态良好的文明发展格局。

科学发展的理念，是在总结中国现代化建设经验、顺应时代潮流的基础上提出来的，也是在继承中华民族优秀文化传统的基础上提出来的。

中华文明是世界古代文明中始终没有中断、连续5000多年发展至今的文明。中华民族在漫长历史发展中形成的独具特色的文化传统，深深影响了古代中国，也深深影响着当代中国。现时代中国强调的以人为本、与时俱进、社会和谐、和平发展，既有着中华文明的深厚根基，又体现了时代发展的进步精神。

——中华文明历来注重以民为本，尊重人的尊严和价值。早在千百年前，中国人就提出“民惟邦本，本固邦宁”“天地之间，莫贵于人”，强调要利民、裕民、养民、惠民。今天，我们坚持以人为本，就是要坚持发展为了人民、发展依靠人民、发展成果由人民共享，关注人的价值、权益和自由,关注人的生活质量、发展潜能和幸福指数,最终是为了实现人的全面发展。保障人民的生存权和发展权仍是中国的首要任务。我们将大力推动经济社会发展,依法保障人民享有自由、民主和人权,实现社会公平和正义,使13亿中国人民过上幸福生活。

——中华文明历来注重自强不息,不断革故鼎新。"天行健,君子以自强不息。"这是中国的一句千年传世格言。中华民族所以能在5000多年的历史进程中生生不息、发展壮大,历经挫折而不屈,屡遭坎坷而不馁,靠的就是这样一种发愤图强、坚忍不拔、与时俱进的精神。中国人民在改革开放中表现出来的进取精神,在建设国家中焕发出来的创造热情,在克服前进道路上的各种困难中表现出来的顽强毅力,正是这种自强不息精神的生动写照。

——中华文明历来注重社会和谐,强调团结互助。中国人早就提出了"和为贵"的思想,追求天人和谐、人际和谐、身心和谐,向往"人人相亲,人人平等,天下为公"的理想社会。今天,中国提出构建和谐社会,就是要建设一个民主法治、公平正义、诚信友爱、充满活力、安定有序、人与自然和谐相处的社会,实现物质和精神、民主和法治、公平和效率、活力和秩序的有机统一。中国人民把维护民族团结作为自己义不容辞的职责,把维护国家主权和领土完整作为自己至高无上的使命。一切有利于民族团结和国家统一的行为,都会得到中国人民真诚的欢迎和拥护。一切有损于民族团结和国家统一的举动,都会遭到中国人民强烈的反对和抗争。

——中华文明历来注重亲仁善邻,讲求和睦相处。中华民族历来爱好和平。中国人在对外关系中始终秉承"强不执弱""富不侮贫"的精神,主张"协和万邦"。中国人提倡"海纳百川,有容乃大",主张吸纳百家优长、兼集八方精义。今天,中国高举和平、发展、合作的旗帜,奉行独立自主的和平外交政策,坚定不移地走和平发展道路,既通过维护世界和平来发展自己,又通过自身的发展来促进世界和平。中国坚持实施互利共赢的对外开放战略,真诚愿意同各国广泛开展合作,真诚愿意兼收并蓄、博采各种文明之长,以合作谋和平、以合作促发展,推动建设一个持久和平、共同繁荣的和谐世界。

女士们、先生们、朋友们!

中美都拥有辽阔的国土,都是多个民族并存、多种文化融合的国家,都生活着勤劳智慧的人民。中美因不同的历史背景和现实国情而存在着差异,这有利于我们相互借鉴,取长补短。中美加强合作,符合两国和两国人民的根本利益,对世界的和平与发展也具有重大影响。

200多年来,浩瀚的太平洋并未阻断中美两国人民的交流合作,中美两国人民相互学习、相互帮助,谱写了世界不同文明相互借鉴的美好篇章。1979年中美建交27年来,两国关系曾历经曲折,但总体上保持了稳定发展的大方向,给两国和两国人民带来了巨大利益。

进入21世纪,国际形势继续深刻变化。和平与发展仍然是当今时代的主题,但不稳定不确定因素在增多,新挑战新威胁在增加。在新的国际形势下,中美两国共同利益在增多,合作领域在扩大。世界和平与安全面临的新课题,特别是反对国际恐怖主义、防止大规模杀伤性武器扩散、保护人类生存环境、打击跨国犯罪等,使我们两国拥有重要的共同战略利益。中国的巨大市场和发展需求,美国的先进科技和优质产品,使两国具有巨大的经济技术合作空间。中美全面发展建设性合作关系前景广阔。

昨天上午,我同布什总统就中美关系及共同关心的重大国际和地区问题深入交换看法,达成了许多重要共识。我们都认为,双方应该坚持从战略高度和长远角度审视和处理中美关系,加强对话,扩大共识,增进互信,深化合作,全面推进21世纪中美建设性合作关系。

我相信,只要我们从中美关系发展的大局出发,彼此尊重,相互理解,两国关系就能够健康稳定地向前发展,给两国人民带来更多利益,给世界各国人民带来更大希望。

女士们、先生们、朋友们!

一个音符无法表达出优美的旋律,一种颜色难以描绘出多彩的画卷。世界是一座丰富多彩的艺术殿堂,各国人民创造的独特文化都是这座殿堂里的瑰宝。一个民族的文化,往往凝聚着这个民族对世界和生命的历史认知和现实感受,也往往积淀着这个民族最深层的精神追求和行为准则。人类历史发展的过程,就是各种文明不断交流、融合、创新的过程。人类历史上各种文明都以各自的独特方式为人类进步作出了贡献。

文明多样性是人类社会的客观现实,是当今世界的基本特征,也是人类进步的重要动力。历史经验表明,在人类文明交流的过程中,不仅需要克服自然的屏障和隔阂,而且需要超越思想的障碍和束缚,更需要克服形形色色的偏见和误解。意识形态、社会制度、发展模式的差异不应成为人类文明交流的障碍,更不能成为相互对抗的理由。我们应该积极维护世界多样性,推动不同文明的对话和交融,相互借鉴而不是相互排斥,使人类更加和睦幸福,让世界更加丰富多彩。

女士们、先生们、朋友们!

文化、教育和青年交流是中美两国人民增进相互了解和友谊的重要桥梁,也是推动中美关系健康稳定发展的重要力量。耶鲁大学是中美教育合作的先行者和文化交流的重要平台。156年前,一位名叫容闳的中国青年走进了耶鲁大学校园,4年后他以优异的成绩获得了文学士学位,成为毕业于美国大学的第一个中国留学生。此后,一批又一批中国青年来到耶鲁大学求学。近20年来,耶鲁大学吸引了4000多名中国留学人员,同中国文化界、科技界、教育界的合作项目超过80个。去年夏天,耶鲁大学派遣首批学生到中国实习,其中一些人成为中国故宫博物院的第一批外国实习生。借此机会,我对莱文校长和耶鲁大学为增进中美两国人民的交流所做的积极努力表示赞赏。

为增进中美两国青年以及教育界的相互了解,我高兴地宣布,中方决定邀请100名耶鲁大学师生今年夏天访问中国。我相信,你们的访问将是一次十分愉快的经历。

女士们、先生们、朋友们!

“长江后浪推前浪,世上新人换旧人。”青年人是世界的希望和未来,青年人有着蓬勃向上的生命活力和无穷的创造力。我衷心希望,中美两国青年携起手来,以实际行动促进中美两国人民友好,同世界各国人民一道,共创世界美好的明天。

谢谢各位。

国家主席胡锦涛结束美国之行并在利雅得出席沙特国王阿卜杜拉举行的隆重欢迎仪式

国家主席胡锦涛在利雅得同沙特国王阿卜杜拉举行会谈

胡锦涛指出,以互利共赢为原则,加强务实合作,是中沙关系顺利发展的一条宝贵经验,现阶段双方合作应围绕以下重点开展:一、扩大企业间的投资和合作。我们支持并鼓励中方企业积极参与沙特基础设施项目。中方愿在工农业技术、职业教育、环境治理、信息技术等领域为沙方培训人员,为沙特民族工业发展作出贡献。二、深化能源合作,扩大原油贸易,探索在储油设施、炼油、石化和销售方面的合作。三、扩大双边贸易规模,丰富进出口商品的种类。我们愿同沙特一道努力加快中国同海湾合作委员会关于自由贸易区谈判的进程。四、促进文化、教育等人文领域的交流,增进两国人民的相互了解和友谊。五、完善合作机制建设,充分发挥双方各种合作机制的作用。

阿卜杜拉表示完全赞同胡锦涛的谈话内容。他说,沙特希望同中国发展真诚的友谊,开展全方位、多领域的合作。双方的合作对两国有利,对本地区的和平、稳定、繁荣也有利。

双方还就地区形势及巴以冲突和伊拉克问题交换了意见。胡锦涛说,我们关注中东海湾地区的形势,努力促进该地区的和平与发展。我们主张,一切有关中东海湾地区的行动和倡议,都应该以实现本地区和平为目的,坚持把对话作为实现和平的途径,都应该尊重本地区国家和人民的选择,同本地区国家广泛协商。我们愿加强同沙特的协调和配合,共同促进本地区的稳定和发展。

阿卜杜拉赞赏中国为本地区实现和平、促进经济社会发展方面所发挥的建设性作用,希望中国更多关注本地区的问题,并继续为解决有关问题发挥积极作用。

会谈后,胡锦涛和阿卜杜拉出席了双方有关合作文件的签字仪式。

国家主席胡锦涛在利雅得会见沙特石油和矿产资源大臣纳伊米商工会主席拉希德和沙中友协主席杰莱西及企业家代表

国家主席胡锦涛在利雅得会见海湾合作委员会秘书长阿提亚

博鳌亚洲论坛2006年年会在海南博鳌开幕

本届论坛以“亚洲寻求共赢亚洲的新机会”为主题,国家副主席曾庆红出席开幕式并发表题为《把握亚洲新的机会共创世界美好未来》的主旨演讲。

密克罗尼西亚总统乌鲁塞马尔,斯洛文尼亚总统德尔诺夫舍克,斯里兰卡政府总理维克勒马纳亚克,印度尼西亚副总统优素福,博鳌亚洲论坛理事长、菲律宾前总统拉莫斯,全国政协副主席廖晖,以及香港特别行政区行政长官曾荫权,澳门特别行政区行政长官何厚铧等39个国家和地区的1400多名政界、工商界人士和专家学者等出席开幕式。

国家副主席曾庆红在博鳌亚洲论坛2006年年会开幕式上作题为《把握亚洲新的机会共创世界美好未来》的主旨演讲

尊敬的理事长、副理事长、各位理事、秘书长,
尊敬的各位贵宾、女士们,先生们,
朋友们:

在这生机盎然的美好季节,在这风景秀丽的万泉河畔,我们一起迎来了以“亚洲寻求共赢:亚洲的新机会”为主题的博鳌亚洲论坛2006年年会。在这里,我谨代表中国政府,对各位朋友的光临表示热烈欢迎!

创建于2001年的博鳌亚洲论坛已历时5年了。5

年来，论坛坚持为亚洲服务、向世界开放，积极关注和应对地区及全球性问题，日益成为亚洲各国和地区政界、工商界、学术界进行对话交流和增进了解、扩大互信、推动亚洲区域合作的重要平台。作为东道国，我们将一如既往地为论坛的发展提供支持和服务，同时也希望亚洲各国和地区的朋友们继续给予各种支持。

女士们、先生们！

亚洲是我们共同的家园，亚洲的和平、稳定、发展关系到亚洲各国人民的共同命运。我们高兴地看到，在当前总体和平稳定的国际环境下，亚洲也迎来了有史以来较为稳定的和平发展时期。我们说，要把握亚洲寻求共赢的新机会，这就是一个最重要的新机会。

在亚洲各国政府和人民的共同努力下，亚洲的发展正呈现出前所未有的良好态势，突出表现在：亚洲巨大的市场潜能逐步得到开发，亚洲各国和地区经济结构调整成效显著，产业优化升级继续加快，经济持续快速发展，亚洲已成为全球经济最具活力的地区之一。我们说，要把握亚洲寻求共赢的新机会，这又是一个新机会。

亚洲和平、稳定、发展的整体氛围，促进了亚洲区域合作进程的快速发展，一个平等、多元、开放、互利的地区合作新局面正在逐步形成。特别是以东亚、东盟、中亚、南盟、亚洲合作对话以及多双边自由贸易安排为标志，各种形式的区域、次区域经济合作蓬勃发展。我们说，要把握亚洲寻求共赢的新机会，这同样也是一个新机会。

应当看到，这些积极而重大的变化，既为推动亚洲区域合作提供了有利条件，也为亚洲各国和地区的发展带来了历史性机遇。只要我们继续相互尊重、平等对待，把握住发展的机会，把握住自己的命运，就一定能够促进亚洲的发展与振兴，达致互利共赢的目标。

女士们、先生们！

5年前，博鳌亚洲论坛成立之际，正值中国第十个五年计划的开局之年，本次论坛年会开幕之时，又正逢中国第十一个五年规划的起步之年。在过去的5年中，中国不失时机地推进改革开放，克服亚洲金融危机带来的困难，战胜了“非典”疫情等重大自然灾害，抑制了经济运行中出现的若干不稳定不健康因素，保持了经济平稳较快发展的势头，国内生产总值年均增长率达到9.5%，2005年经济总量超过2.2万亿美元，人均国内生产总值达到1700美元，为中国在今后5年的发展打下了良好的基础。

前不久，中国召开的第十届全国人大四次会议通过了2006—2010年国民经济和社会发展规划纲要。中国今后5年的发展，将注重落实科学发展观与构建和谐社会的要求，注重兼顾各个社会群体的切身利益，注重同亚洲和世界各国实现互利共赢、共同发展。

中国的发展，是一切为了人民、一切依靠人民、实现和维护最广大人民根本利益的发展，这就是以人为本的发展；是经济建设、政治建设、文化建设、社会建设相结合的发展，这就是全面发展；是统筹城市和乡村、沿海和内地、经济和社会的发展，这就是协调发展；是以节约资源和保护环境为基本国策，以建设资源节约型社会和环境友好型社会为目标的发展，这就是可持续发展。同时，我们还强调，坚持走改革开放道路，走中国特色自主创新道路，以改革创新为动力，来促进发展、支撑发展。我们的这些发展理念、发展思路和发展举措，是在20多年改革开放和现代化建设实践中逐步探索形成的，对中国当前和今后的发展是具有长远指导作用的。

女士们、先生们！

中国对内坚持科学发展、统筹发展、和谐发展，对外坚持和平发展、开放发展、合作发展，这就是中国的和平发展道路。胡锦涛主席和温家宝总理曾多次深刻阐述了中国走和平发展道路是基于中国国情的必然选择，是基于中国历史传统文化的必然选择，是基于当今世界发展潮流的必然选择，总之，是符合中国人民根本利益和世界人民共同利益的正确选择。

中国坚持走和平发展道路，坚持聚精会神搞建设、一心一意谋发展，一方面逐步发展壮大了自己；另一方面也给周边地区和整个国际社会带来了更多的发展机遇。特别是2001年加入世界贸易组织以后，中国平均每年进口近5000亿美元的商品，为相关国家和地区创造了约1000万个就业机会。据统计，2005年中国从亚洲国家和地区的进口总额达到4400亿美元，同比增长20%，占中国进口总额的67%。中国企业的对外投资也在以每年20%以上的速度增长，其中对外投资的80%集中在亚洲地区。2005年，中国出境人数达到3100万，大量中国游客把亚洲国家和地区作为出境旅游的首选地。这对于促进亚洲和世界经济的增长，已经并将继续产生重要作用。

女士们、先生们！

努力建设一个持久和平、共同繁荣的和谐世界，是中国作为一个负责任的大国提出的一项重要政治主张。我们所倡导的和谐世界，是和而不同的世界；我们承认亚洲和整个世界的多元性，承认人类文明的多样性和利益的差异性，主张在多样性中和谐共处、在差异性中求同存异。

中国是亚洲的一员，亚洲的和谐繁荣同中国的和平发展息息相关。我们将坚持与邻为善、以邻为伴的周边外交方针和睦邻、安邻、富邻的周边外交政策，继续积极参与亚洲区域合作，努力探讨实现亚洲各国互利共赢的有效途径,促进区域合作进程健康发展。我们将坚持互信、互利、平等、协作的新安全观,推动亚洲国家在联合国宪章以及和平共处五项原则的基础上,加强政治对话,增进相互信任,化解矛盾,缩小分歧,扩大共识,维护地区和平、安全和稳定。中国是最大的发展中国家,亚洲是最大的发展中地区,在维护地区和平、促进共同发展的过程中,中国和亚洲其他国家将更加紧密地相互支持、相互合作。

当前,亚洲各种方式的合作方兴未艾。寻求亚洲的共赢、把握发展的机会,需要亚洲各国的政府和人民作出不懈的努力,并在以下方面采取积极步骤:

第一,继续深化互利合作,促进共同发展和可持续发展。在经济全球化深入发展的新形势下,各国利益相互交织。脱离了地区乃至世界经济的共同发展,一国的发展是难以为继的。亚洲各国经济互补性强,在金融、能源、交通、农业、中小企业、文化产业以及信息技术、公共卫生等领域,都有广泛的合作空间,都可以进一步深化务实合作。我们要推动各种区域合作机制建设,把务实合作上升到新的水平,实现地区经济均衡、普惠、共赢的发展。

第二,坚持和谐相处,尊重和维护地区多样性。文明的多样性是人类社会的基本特征,也是人类进步的基本动力。亚洲各国社会制度和历史文化的不同,经济发展水平和发展模式的差异,没有也不应妨碍我们在尊重多样性的基础上扩大交流、增进共识、加强合作。我们主张以和为贵、和而不同,主张不同文明的相互交流、相互借鉴,主张不同信仰的人们相互尊重、相互宽容。只有这样,才能不断促进各国和地区取长补短、和谐和睦。

第三,坚持开放包容,面向整个世界。亚洲的发展同世界的发展是互为条件的。在加强地区内合作的同时,还要进一步面向世界开放,面向全球合作。以开阔的视野、坦荡的胸怀,学习和借鉴世界其他国家和地区的成功经验,欢迎他们参与到亚洲的和平发展进程中来。"海纳百川,有容乃大"。只要我们顺应世界潮流,实行兼容并蓄,我们就可以走出一条符合亚洲实际、具有亚洲特色的区域发展道路。

女士们、先生们!

中国的发展离不开亚洲,中国的发展也必将促进亚洲的繁荣。中国将坚定不移地走和平发展道路,高举和平、发展、合作的旗帜,同亚洲各国人民一道,共同开创亚洲和谐、繁荣、美好的未来!

谢谢大家!

国家副主席曾庆红在博鳌分别会见斯里兰卡总理维克勒马纳亚克 印度尼西亚副总统优素福和日本经济产业大臣二阶俊博

中共中央政治局委员刘云山出席中国民间文艺家协会第七次全国代表大会开幕式并讲话

来自全国31个省、自治区、直辖市和解放军、中直机关等单位的民间文艺工作者代表参加了会议,大会选举产生了新一届理事会和以冯骥才为主席的主席团等领导机构。

刘云山在讲话中指出,我国民间文艺历史悠久、源远流长,生于民间、兴于民间、藏于民间,与人民群众的日常生产生活息息相关,与人民群众的精神文化活动息息相通,是人民群众自己创造、自己传承的文化艺术,是中华民族五千年历史的宝贵结晶。广大民间文艺工作者要牢牢把握社会主义先进文化前进方向,坚持继承与创新统一、专业与业余结合、研究与展示并重,进一步做好优秀民间文艺的宣传展示和开发利用。要按照建设社会主义新农村的要求,把弘扬民间文艺作为农村文化建设的重要内容,科学利用农村民间文化资源,积极开展具有浓郁民间特色的群众文化活动,促进农村物质文明与精神文明协调发展。

人民日报社网络中心正式对公众开通人民网新农村频道

新农村频道目前设要闻、国际、地方动态、农企、农业科技、理论、评论、典型报道、专栏、人物、图片等28个栏目。每天发布《人民日报》等各主流媒体关于新农村建设的最新报道,同时提供各地新农村建设动态,务工资讯、农村、农业及相关产品市场信息,提供农资及科技信息等支农服务。

4月23日

国家主席胡锦涛在沙特阿拉伯王国协商会议发表题为《促进中东和平 建设和谐世界》的演讲

尊敬的哈米德主席阁下,

各位协商会议成员,

先生们,朋友们:

我很高兴应阿卜杜拉国王陛下的邀请访问沙特阿拉伯王国。我一踏上贵国的土地,就深切感受到沙特人民对中国人民的友好情谊。首先,我谨对阿卜杜拉国王陛下和沙特政府给予我和中国代表团的盛情款待,表示衷心的感谢!

中沙虽然相距遥远,但两国人民的友好交往源远流长。早在2000多年前,古老的丝绸之路就把中国和阿拉伯半岛联结在一起。中沙建交以来,在双方共同努力下,两国各领域友好合作取得长足发展,为两国人民带来了实实在在的利益，也为世界和地区的和平与发展作出了重要贡献。现在，我们两国已成为相互信赖的好朋友、真诚合作的好伙伴。

刚才，我参观了阿卜杜勒—阿齐兹国王历史中心。那里丰富的陈列让我产生了许多感触。

中国有句古话，叫作“以史为鉴，可以知兴替”。历史为人们提供了全面理解今天的启示，也为人们提供了正确开创未来的钥匙。回顾和总结人类社会发展的历程，总能给人以教益，深化人们对现实和未来的思考。

当今世界正在发生前所未有的历史性变革。世界多极化和经济全球化的趋势深入发展，科技进步日新月异。人类和平与发展的崇高事业前景光明。同时，传统安全威胁和非传统安全威胁的因素相互交织，世界经济发展不平衡，南北差距继续扩大。人类也面临着需要认真对待的种种矛盾和挑战。我们应该从历史中汲取经验和教训、获取智慧和力量，顺应时代潮流和人民愿望，妥善应对各种矛盾和挑战，为世界开太平，为各国创繁荣，推动人类社会更好地向前发展。

中华民族和阿拉伯民族在历史上都创造了辉煌的文明。我们两个民族的先哲们，在探索人类社会发展规律的过程中不约而同地提出了和谐的思想。他们都主张，在承认差异性和多样性的前提下，实现社会和谐。这一主张至今仍闪烁着灿烂的思想光芒，为我们审视和处理国际关系提供着重要启迪。

面对当今纷繁复杂的世界，我们应该更加重视和谐，强调和谐，促进和谐。建设一个持久和平、共同繁荣的和谐世界，是世界各国人民的共同愿望，也是人类社会发展的必然要求。建立和谐世界，需要国际社会每一个成员携手努力。

——建立和谐世界，必须致力于实现各国和谐共处。各国应该恪守公认的国际法和国际关系的基本准则，互相尊重主权和领土完整、互不侵犯、互不干涉内政，尊重和维护各国自主选择社会制度和发展道路的权利；应该坚持多边主义，促进国际关系民主化，保障各国参与国际事务的平等权利；应该鼓励和支持以和平方式，通过对话、协商和谈判解决争端和冲突，反对任意使用武力或以武力相威胁；应该在平等的基础上，加强合作，共同应对全球性挑战。

——建立和谐世界，必须致力于实现全球经济和谐发展。各国应该重视并采取有效措施推动经济全球化朝着均衡、普惠、共赢的方向发展，努力缓解发展不平衡问题，消除贫困；应该积极推进区域和全球经济合作，共同解决全球经济发展中出现的问题，维护经济安全；应该以相互开放取代彼此封闭，努力建立开放、公平、规范的多边贸易体制，实现优势互补、互利共赢，使所有国家都从中受益。

——建立和谐世界，必须致力于实现不同文明和谐进步。各国应该维护世界多样性和发展模式多样化，坚持平等对话和交流，倡导开放和兼容并蓄的文明观，使不同文明在竞争比较中取长补短，在求同存异中共同发展；应该承认各国文化传统、社会制度、价值观念和发展道路的差异，不能以此为借口对别国内政说三道四，更不能把世界上存在的一些问题和矛盾归因于哪一种文明、哪一个民族或哪一种宗教；应该努力使世界上所有文明、所有民族携手合作，共同推进人类和平与发展的崇高事业。

朋友们！

中东是具有世界影响的重要地区。没有中东的稳定和发展，就没有世界的和平与繁荣。一个和谐的中东符合本地区各国和各国人民的长远利益，也是世界的共同期盼。

“冷战”结束以来，中东地区形势总体上朝着和平稳定的方向发展，但也面临着各种矛盾和挑战。一些热点问题长期得不到公正合理的解决，新的矛盾和冲突不断出现，威胁本地区和平与安全的不稳定不确定因素依然存在，本地区的发展潜力远远没有释放出来。

要实现建设一个和谐的中东的目标，需要继续进行长期艰辛的努力。

第一，努力实现地区和平稳定。历史经验一再昭示我们：战争和武力从来就不能从根本上解决问题。面对各种错综复杂的矛盾和冲突，应该继续加强对话、平等协商，坚持通过政治手段公正合理地处理冲突、弥合分歧。这是唯一可行的现实途径。

第二，大力倡导相互尊重。中东地区有自己的历史文化传统，各国根据本国国情探索发展道路的努力应该得到尊重和保障。本地区的不同文明应该以平和、包容的心态看待彼此的差异。差异不应该成为本地区冲突和矛盾的根源，而应该成为本地区相互借鉴和融合的动力。

第三，积极鼓励发展合作。发展是维护和平、实现稳定的重要基础和保障。没有持续发展，难享长久和平。在经济全球化的背景下，发展应该通过互利合作来实现。广泛的区域及全球经济合作，有利于促进各国共同繁荣，有利于增进各国人民的相互了解和友谊，也有利于促进实现地区和世界的持久和平。

朋友们！

当前，中国人民正在为全面建设小康社会而团结奋斗。我们的目标是，争取到2020年国内生产总值达到40000亿美元左右，人均达到3000美元左右，使经济更加发展、民主更加健全、科教更加进步、文化更加繁荣、社会更加和谐、人民生活更加殷实。我们将在推动经济社会发展的基础上，努力构建民主法治、公平正义、诚信友爱、充满活力、安定有序、人与自然和谐相处的和谐社会。为实现我们确立的发展目标，我们将坚持和贯彻以人为本、全面协调可持续发展的科学发展观，统筹城乡发展、统筹区域发展、统筹经济社会发展、统筹人与自然和谐发展、统筹国内发展和对外开放，把经济社会发展真正转入科学的轨道，走生产发展、生活富裕、生态良好的文明发展道路。

中国将始终高举和平、发展、合作的旗帜，始终不渝地奉行独立自主的和平外交政策，坚持走和平发展道路，实行互利共赢的对外开放战略，按照和平共处五项原则和其他公认的国际关系准则同世界各国发展友好互利合作，继续在国际舞台上积极发挥建设性作用，同世界各国人民一道努力，推进人类和平与发展的崇高事业。

朋友们！

中华民族和阿拉伯民族都是爱好和平的伟大民族。我们两个民族在历史上就开展了各种形式的友好交往，在争取和维护民族独立的斗争中相互支持，在发展民族经济、改善人民生活的事业中相互帮助，结下了深厚的友谊。中国人民和阿拉伯人民的友好合作，不仅促进了双方的共同发展，也为人类社会进步作出了重要贡献。

在当前形势下，中国愿同包括沙特在内的广大阿拉伯国家一道努力，促进中东地区的和平与发展，共同建设一个持久和平、共同繁荣的和谐世界。

谢谢各位。

国家主席胡锦涛在利雅得会见沙特王储苏尔坦和协商会议主席哈米德

全国人大常委会委员长吴邦国在上海考察

吴邦国在上海市有关负责人的陪同下，先后考察了上海浦东新区、洋山深水港区、临港产业区、化学工业区、长兴岛港口机械和造船基地，还兴致勃勃地来到金山区廊下镇，深入田间农户，了解社会主义新农村建设情况。

考察期间，吴邦国听取了上海市的工作汇报，对上海市的工作给予充分肯定。吴邦国对上海工作提出三点要求。一是在科技创新方面上海要走在全国前列。上海集中了众多大专院校、科研院所和大型企业，科技力量雄厚，国际合作条件优越，提高科技创新能力具有得天独厚的优势，完全是可以大有作为的。要加快体制机制创新，整合科技资源，强化企业在科技创新中的主体地位，努力提高科技进步对经济增长的贡献率。要面向国民经济主战场，集中优势力量，加大科技投入，鼓励专利发明，发展知名品牌，在掌握核心技术和关键部件上下功夫。要建立和完善培养人才、聚集人才、激励人才和人尽其才的机制和制度，为人才的成长和使用提供保障，使上海成为鼓励科技人员创新、支持科技人员实现创新的大舞台。

二是在产业结构优化升级方面上海要走在全国前列。经过多年的不懈努力，上海新的产业布局已经基本完成，"十一五"期间要进一步提高第三产业的比重，尤其要优先发展现代物流业、旅游会展业和方便服务市民的第三产业。传统工业要往高端调整，轻工纺织业要向品牌转移。要推动高新技术产业加快从加工装配为主向自主研发制造为主转变。要结合国家重点工程建设，大力发展新型装备工业，提高成套设备的制造能力和水平。

三是在城市生态环境建设方面上海要走在全国前列。要加强环境保护，对老污染源要限期治理，达不到环保要求的必须坚决关闭和淘汰。对新上项目要实行环保一票否决，防止产生新的污染源。要大力开展节能降耗，积极发展循环经济，鼓励循环生产，倡导循环消费。要加强环境卫生建设，提高城镇和工业区绿化覆盖率，提高污水和垃圾处理能力，努力建设环境友好型、资源节约型社会，以良好的生态环境迎接2010年世博会。

博鳌亚洲论坛2006年年会在博鳌国际会议中心落下帷幕

会议期间，来自39个国家和地区的850名代表就促进亚洲区域经济一体化、亚洲经贸合作等问题进行了广泛、深入的讨论，达成了许多共识。

本届年会共举行了两场全体大会和11场分会，分别就加入WTO后的中国汽车工业、中国银行业的改革开放进程、国际能源市场走势、创新与IT产业的下一次革命、国有企业如何走上创新成长之路等议题进行讨论。年会还举办了"我们时代的青年领袖"特别圆桌会议和海峡两岸企业家座谈会，推动了青年交流和海峡两岸经济合作。

本次论坛年会有三个特点：第一，延续了"亚洲寻求共赢"的论坛主题，和平发展、和谐共存、合作共赢已经成为人们普遍接受的理念。第二，继续对影响当前国际经贸关系的问题进行了深入讨论，包括多哈回合谈判、国际能源趋势走向等。第三，企业界人士成为年会参加主体，正式代表中有3/4来自企业界。

国务院副总理吴仪出席2006世界休闲高层论坛并发表主旨演讲

中共中央政治局委员，国务院副总理吴仪22日出席在浙江省杭州市举行的2006世界休闲高层论坛和2006杭州世界休闲博览会开幕式，并在论坛上发表了题为《积极发展休闲服务，不断提高生活质量》的主旨演讲。

吴仪说，“上有天堂、下有苏杭”，选择在杭州召开世界休闲高层论坛并举行休闲博览会是明智的。本届博览会以“休闲——改变人类生活方式”为主题，反映了我们共同追求文明、健康生活方式的积极态度，体现了人类全面发展的客观要求。经济社会发展到一定阶段，人们劳动的时间会逐步缩短，休闲时间会相应增加，满足人们的休闲需求，发展与休闲相关的产业，是一个值得深入思考的问题，应积极研究使大多数人都能够享受休闲生活的具体措施，倡导积极向上、文明、健康的生活方式。

吴仪指出，让中国人民过上好日子，不断满足人民群众日益增长的物质文化生活需要，始终是中国政府工作的基本出发点。中国政府支持和鼓励人们将劳动所得用于文明、健康、积极的休闲，更全面地发展自己。在介绍改革开放以来中国经济社会发展取得的巨大成就之后，她具体介绍了近年来中国旅游业、文化产业、体育产业等与休闲相关产业的发展情况。

吴仪强调，展望未来，中国处于发展的黄金时期。中国的发展是科学发展观指导下的发展，是以扩大内需为基础的发展，是市场机制导向的发展，是和谐的发展，是和平、开放的发展。中国将构建社会主义和谐社会，使全体人民共享改革发展的成果。休闲将不只是“少数人的特权”，而是大众化的普遍行为，与休闲相关的产业也必然获得更多的发展机遇、更大的发展空间。

2006杭州世界休闲博览会是首届世界休闲博览会，于4月22日至10月22日举行，由世界休闲组织、国家旅游局、国家体育总局、浙江省政府、全国工商联和中国轻工业联合会、中国纺织工业协会、中国商业联合会主办，杭州市及杭州市萧山区政府、宋城集团共同承办。全国政协副主席张怀西，浙江省省委书记习近平、省长吕祖善，国家体育总局局长刘鹏，国家质检总局局长李长江，国务院副秘书长徐绍史和世界休闲组织理事会主席德雷克·卡塞等中外嘉宾应邀参加。

全国人大常委会办公厅举行新闻发布会通报劳动合同法草案征求意见情况

劳动合同法草案征求到的意见集中在以下6个方面：

一、立法宗旨问题。多数意见赞成劳动合同法草案关于立法宗旨所作的规定。

二、法律的适用范围问题。许多意见提出，应当覆盖所有应受保护的劳动者，建议将事业单位实行聘用制的人员、非在编人员、外来农民工和兼职的劳动者都纳入调整范围。

三、劳动合同制度问题。许多人对劳动合同的形式及内容，特别是工资和社会保障的内容，试用期的规定等问题，提出了非常好的意见和建议。

四、集体合同和三方协商机制问题。工会方面要求在劳动合同法中，对集体合同作专章规定。还有意见建议，应规定建立协调劳动关系的三方机制。

五、其他用工方式问题。涉及劳务派遣、临时工、非全日制工等方式。

六、劳动监察和法律责任问题。在草案中增加劳动监察的内容，规定劳动监察机构的职能以及执法程序。

自3月20日劳动合同法草案向全社会广泛征求意见以来，各地人民群众通过网络、报刊等媒体和来信积极提出意见，截至4月20日，共收到意见191849件。这是全国人大常委会在历次就法律草案公开征求意见中，所收集意见最多的一次。

全国人大常委会法工委已将这些意见分类整理，并将根据这些意见，对劳动合同法草案进行研究和修改。

全国文化体制改革工作培训班在北京举行

国务委员陈至立出席座谈会并讲话。全国各省、自治区、直辖市党委宣传部负责同志和文化、广播电视、新闻出版等部门的负责同志，各计划单列市、副省级城市党委宣传部负责同志共150人参加了为期五天的培训。中央有关部门的负责同志在培训班上作了专题辅导报告。中央文化体制改革工作领导小组成员出席了今天的座谈会。

中共中央政治局委员、书记处书记、中宣部部长刘云山在同培训班全体学员座谈时强调，各级政府要把文化体制改革纳入重要议事日程。各级文化行政主管部门要转变职能，加强对本行业、本系统和直属单位改革工作的指导。要认真贯彻并不断完善深化改革的配套政策，充分发挥政策措施对于推动改革、促进发展的重要作用。政府其他各相关部门要满腔热情地支持文化体制改革，为深化文化体制改革办实事。她指出，要坚持一手抓公益性文化事业，一手抓经营性文化产业，特别要加大对公益性文化事业的投入，保障人民群众的基本文化权益；要坚持一手抓改革，一手抓管理，保证文化事业与文化产业健康发展。

4月24日

国家主席胡锦涛在拉巴特同摩洛哥国王穆罕默德

六世举行会谈

胡锦涛说,当前,中摩两国都处在改革发展的重要时期,双边合作也进入了新的发展阶段。为了推动两国各领域友好合作继续深入发展,我们愿在以下几个方面同摩方一起作出努力:一、继续保持高层往来,扩大两国政府、议会及政党之间的交流,加强在国际和地区事务中的磋商和配合,全面推进两国友好合作。二、采取措施扩大双方贸易规模,不断拓宽合作领域,重点加强科技、通信、农业、油气资源开发、劳务承包及人力资源培训领域的合作,鼓励双方企业相互投资。三、进一步推进两国教育、文化、卫生、旅游等领域的合作。更多地举办文化周、艺术节、展览会等活动,加快落实两国旅游合作协议,积极推动地方、民间机构的交往。

穆罕默德六世热烈欢迎胡锦涛的到访,表示此访必将为双边关系发展注入新的活力。他感谢中方长期以来向摩洛哥提供帮助和支持,高度评价中国在经济社会发展过程中所取得的重大成就。穆罕默德六世赞成胡锦涛提出的关于进一步发展中摩关系的建议,强调摩洛哥愿在渔业、旅游、文化、基础设施建设等领域深化同中方的交流合作。

双方还就中非关系等共同关心的国际和地区问题交换了意见,同意在中非合作论坛框架内进一步加强合作。

中央先进性教育活动领导小组第十四次会议在北京举行

中共中央政治局委员、书记处书记、中央组织部部长、中央先进性教育活动领导小组组长贺国强出席会议并讲话。贺国强指出,建立健全保持共产党员先进性的长效机制,是衡量先进性教育活动取得实效的一条重要标准。当前,第三批先进性教育活动集中学习教育即将基本结束,整个先进性教育活动结束也还只有两个多月的时间,要在坚持实践成果、制度成果、理论成果一齐抓的前提下,集中较多的精力抓好长效机制的建立健全工作。要坚持从实际出发,既综合考虑当前工作急需、条件具备等因素,又着眼于制度建设的长远性和基础性,做到现实性和前瞻性的有机统一。对全党来说,要把党员学习培训、扩大党内民主、严格党内组织生活、联系和服务群众以及党建工作督导检查等方面的工作制度,作为建立健全保持共产党员先进性长效机制的主要内容,逐步建立健全起来。具体到一个单位,不要搞大而全,不要搞得烦琐,要本着“突出重点、务实管用、简便易行,缺什么补什么,什么急需就建立什么”的原则,制定相关制度。

贺国强强调,要坚持在继承的基础上不断创新,很好地继承党建工作的优良传统以及以往党内集中教育活动的成功经验。要对已有的党建工作制度进行认真梳理,修订完善一批规范性文件。同时,要把先进性教育活动的新鲜经验总结好、运用好、发展好,探索建立一批新的制度。要注意制度的系统性和可操作性,做到相互衔接、系统配套,务实管用,避免抽象笼统,避免单纯追求数量,力戒形式主义。要积极发动广大党员群众参与长效机制的建立,广泛听取党员群众的意见,把党员群众是否满意作为衡量建立健全保持共产党员先进性长效机制工作成效的重要标准。

贺国强指出,先进性教育活动为建立长效机制创造了条件,奠定了基础,要逐步把建立健全保持共产党员先进性长效机制转入经常性的工作。要在抓好建立健全相关制度的同时,下大力气抓好制度的贯彻执行。要搞好制度的学习宣传。各级党员领导干部要进一步增强政治观念、组织观念、制度观念,身体力行地执行制度,为广大党员作出示范。要加强监督和检查,确保制度规定得到认真、严格的贯彻执行。

统一战线各界人士在北京举行座谈会

座谈会深入学习贯彻中共中央颁发的关于进一步加强中国共产党领导的多党合作和政治协商制度建设的意见和关于加强人民政协工作的意见(以下简称两个文件)精神,并纪念中共中央提出“长期共存、互相监督”八字方针50周年。

民革中央常务副主席周铁农、民盟中央主席蒋树声、民建中央主席成思危、民进中央主席许嘉璐、农工党中央主席蒋正华、致公党中央主席罗豪才、九三学社中央主席韩启德、台盟中央主席林文漪、全国工商联主席黄孟复,无党派人士叶朗分别从充分认识学习贯彻两个文件在推进我国政治文明建设方面的重大意义,坚定不移地走中国特色社会主义政治发展道路,发展和运用好社会主义民主的两种形式,充分认识政治协商的两种方式,进一步发挥民主党派、工商联和无党派人士在参政议政、民主监督中的作用等角度,阐述了学习贯彻中共中央两个文件的体会。

全国政协副主席、中共中央统战部部长刘延东在座谈会上说,中共中央的两个文件,核心是坚持走中国特色社会主义政治发展道路,进一步坚持好、完善好中国共产党领导的多党合作和政治协商制度,进一步推进人民政协事业;实质是推进社会主义政治文明建设,更好地发挥我国社会主义民主制度及其形式的特点和优势,实现党的领导、人民当家做主和依法治国的有机统一;重点是加强制度建设,将长期形成的一些好做法好形式上升为制度规定,对过去已有的一些政策和规定作了丰富和完善,着眼形势发展提出了一些新的政策和要求。

刘延东希望各民主党派、工商联、无党派人士等统一战线广大成员和各级统战部门,要把学习贯彻两个文件精神与学习邓小平理论、“三个代表”重要思想和以胡锦涛同志为总书记的中共中央关于治国理政的一系列重大战略思想结合起来,与为实施“十一五”规划服务结合起来,与为构建社会主义和谐社会做贡献结合起来,与加强自身建设结合起来,紧密团结在中共中央周围,同心同德,开拓进取,在全面建设小康社会、推进社会主义现代化事业的伟大进程中谱写统一战线、多党合作和人民政协新的辉煌篇章。

李蒙、张梅颖,以及各民主党派中央、全国工商联负责人,无党派人士,中央统战部及系统单位负责人等共150人参加座谈会。

中国杰出(优秀)青年卫士表彰大会在人民大会堂举行

来自政法、行政执法和经济监督管理战线的121名青年楷模在人民大会堂受到团中央等部门的表彰。其中,刘忠强等10人被授予第五届“中国杰出青年卫士”称号,刘国长等111人被授予第五届“中国优秀青年卫士”称号。

受到表彰的10名第五届“中国杰出青年卫士”是:被群众誉为“公正执法、解民倒悬”的“铁面法官”,河北省任丘市人民法院民事审判第三庭庭长刘忠强;舍生忘死、勇抓逃犯的青年检察官,广东省阳江市江城区人民检察院监所检察科科长陈奇劲;创新治安管理、热心服务群众的人民警察,辽宁省东港市公安局椅圈派出所所长隋国峰;成功完成多名危顽罪犯转化任务的湖北省武汉女子监狱副政委蒋春;多次查获违反国家财经纪律大案要案的财政部驻广西壮族自治区专员办二处处长卢文斌;奋战在反走私斗争前沿,查获多起毒品大案的上海浦东机场海关旅检处主任科员郑勇;忠于职守,为国家挽回巨额财税损失的广东省国家税务局稽查局检查三科科长卢伟雄;严格执法、清正廉洁的经济卫士,河南省新乡县工商局局长杨传峰;直面生死考验,成功处置多起突发事件的武警勇士,武警山东省总队直属支队一大队教导员薛若卫;不顾个人安危,奋勇抢救人民群众生命财产的消防尖兵,河北省公安消防总队承德市支队特勤中队政治指导员刘国。

国家副主席曾庆红在人民大会堂同塞拉利昂副总统贝雷瓦举行会谈

曾庆红表示,中国政府珍视中塞传统友谊和两国友好合作,为不断开创两国友好合作关系的新局面,建议双方从以下四个方面进一步作出努力:(一)保持两国高层以及各种形式的密切交往,加强政府各部门、两国议会、双方政党之间的交流与合作,增进相互了解和信任,夯实两国友好的政治基础。(二)发挥优势互补,拓展经贸合作,谋求共同发展。(三)进一步密切双方在联合国以及国际和地区事务中的磋商与合作。(四)推动两国在人力资源开发和能力建设领域的合作。

贝雷瓦说,塞中建交以来,两国建立了牢固的友谊和良好的合作关系。中方为塞拉利昂经济社会发展提供了很多慷慨无私的援助,塞拉利昂政府和人民受益匪浅。2002年塞拉利昂内战结束后,中国为塞拉利昂战后重建作出了重要贡献,塞拉利昂政府和人民对此深表感谢。在国际多边领域,两国也有很多共同利益,一贯保持密切的协调与合作。塞拉利昂政府特别感谢中国作为安理会常任理事国,在联合国为维护塞拉利昂和平与稳定作出的巨大努力。塞方高度重视对华关系,希望这一兄弟般的友好合作关系不断得到加强。贝雷瓦表示,塞拉利昂政府坚定支持中国政府在台湾问题上的立场,希望中国早日实现国家统一大业。

国务院副总理曾培炎在中南海紫光阁会见联合国拉丁美洲和加勒比经济委员会执行秘书马奇内亚一行

国务委员华建敏在莫斯科出席主题为“有效的国家及其在发展俄中合作中的作用”研讨会并致辞

华建敏说,中国政府在推进经济体制改革和扩大对外开放方面取得了举世瞩目的伟大成就。与此同时,积极稳妥地推进政府改革和自身建设,并取得了重要进展。我们将继续坚持以经济建设为中心,坚持改革开放,坚持以人为本,全面贯彻落实科学发展观,走和平发展的道路,加快推进国家的现代化。他强调,中国政府愿与俄方积极开展经贸、科技、教育以及人事行政等各领域的交流与合作,推动两国关系不断发展。

全国人大常委会副委员长路甬祥在人民大会堂会见日本众议院外务委员会委员长原田义昭

全国人大常委会副委员长成思危在人民大会堂会见由团长马克·米盖尔森率领的爱沙尼亚议会外事委员会代表团

2006年度国家社科基金项目评审会议在北京召开

全国政协副主席陈奎元主持了会议。今年国家社科基金项目评审会议的主要任务是,总结“十五”时期哲学社会科学研究工作,部署“十一五”时期哲学社会科学研究工作,评审2006年度国家社科基金项目。全国哲学社会科学规划领导小组成员和评审专家共300

多人出席了会议。

中共中央政治局委员、书记处书记、中宣部部长、全国哲学社会科学规划领导小组组长刘云山发表讲话。他在讲话中指出，面对“十一五”时期的新形势新任务，哲学社会科学界一定要进一步增强责任感和使命感，坚定信心、振奋精神，开拓创新、锐意进取，努力开创“十一五”时期哲学社会科学繁荣发展的新局面，充分发挥认识世界、传承文明、创新理论、咨政育人、服务社会的重要作用。刘云山对做好今年社科基金项目评审工作提出了要求。强调要坚持质量第一，严格执行评审程序，本着对国家负责、对人民负责、对学科发展负责的精神，公平竞争、择优立项。

4月25日

十届全国人大常委会第二十一次会议在人民大会堂举行

全国人大常委会委员长吴邦国主持会议。全国人大常委会副委员长王兆国、李铁映、司马义·艾买提、何鲁丽、丁石孙、成思危、许嘉璐、蒋正华、顾秀莲、热地、盛华仁、路甬祥、乌云其木格、韩启德出席会议。最高人民法院院长肖扬、最高人民检察院检察长贾春旺等列席会议。

按照会议通过的议程，会议听取了全国人大法律委员会副主任委员李重庵、王以铭、周坤仁分别作的关于农产品质量安全法草案审议结果的报告、关于护照法草案审议结果的报告和关于刑法修正案(六)草案修改情况的汇报。法律委员会认为，农产品质量安全法草案和护照法草案基本可行，建议本次常委会会议分别审议通过。

为了预防和监控洗钱活动，遏制洗钱犯罪及其上游犯罪，维护金融秩序，保障国家经济安全，按照全国人大常委会立法规划的要求，全国人大常委会预算工作委员会拟定了反洗钱法草案。这个草案已经全国人大常委会委员长会议讨论同意。受委员长会议委托，预算工作委员会副主任冯淑萍就制定反洗钱法的必要性、反洗钱法草案的起草过程、立法宗旨和调整范围、主要内容等作了说明。

合伙企业法自1997年施行以来，对确立合伙企业的法律地位、规范合伙企业设立和经营、保护合伙企业及其合伙人的合法权益、鼓励民间投资、促进经济发展，发挥了积极作用。随着社会主义市场经济体制的逐步完善，经济社会生活中出现了一些新的情况和问题，合伙企业法的有些规定已不适应现实要求，迫切需要修改完善。全国人大财经委员会副主任委员严义埙作了关于合伙企业法修订草案的说明。

国务院向全国人大常委会提交了关于提请审议加入《乏燃料管理安全和放射性废物管理安全联合公约》的议案以及关于提请审议批准中国和巴西引渡条约、中国和西班牙关于刑事司法协助的条约、中国和西班牙引渡条约、中国政府和法国政府关于刑事司法协助的协定的4个议案。受国务院委托，国防科学技术工业委员会主任张云川和外交部副部长武大伟分别就上述议案作了说明。

受国务院委托，司法部部长吴爱英向会议作了关于“四五”法制宣传教育基本情况的报告和对关于加强法制宣传教育的决议草案的说明。会议还审议了有关任免案。

国家主席胡锦涛在拉巴特会见摩洛哥首相杰图

胡锦涛指出，中摩两国政治关系良好，经贸合作潜力很大，希望两国共同探索经贸合作的新方式新途径，促进两国贸易稳定健康发展。他提出：一、扩大双边贸易，实现综合平衡。中国的市场对摩洛哥是开放的，我们将增加从摩进口，扩大两国贸易合作。二、确定优先领域，加强投资合作。中方将继续支持和鼓励有实力的企业赴摩洛哥投资兴业。双方可加强在农业、渔业、油气资源开发等领域的投资合作。三、推进承包合作，拓展合作领域。中国企业愿积极参与摩洛哥公路、铁路、隧道、通信等基础设施建设项目。四、扩大旅游合作，增进人员往来。希望双方落实好已达成的旅游协议。

杰图赞同胡锦涛的建议。他说，摩洛哥希望成为中国的经贸合作伙伴，这符合摩洛哥的利益。摩洛哥已确定建设一批规模较大的公路、港口、电力等基础设施建设项目，期待中国企业参与。摩洛哥政府将向中国企业提供优惠政策，以利于它们顺利进入摩洛哥投资创业。

国家主席胡锦涛在拉巴特分别会见摩洛哥参议院议长奥卡沙和众议院议长拉迪

国务院总理温家宝在人民大会堂与芬兰总理万哈宁举行会谈

温家宝强调，中方高度重视发展中芬关系，愿与芬方继续保持高层交往势头，就双边关系及时交换意见；积极推动议会、政党间的交流，增进相互了解；认真落实《中芬经济、工业和技术合作协定》，扩大信息通讯、林业、环保、节能等领域的合作；加强在重大国际和地区问题上的磋商与协调，维护世界文明的多样性。

万哈宁说，芬兰是中国的老朋友，两国1950年建交以来，双边关系发展顺利，高层互访频繁，经贸关系快速发展,芬兰企业在华投资已达50亿欧元。芬兰在环保、节能、木材、建筑业、社会保障等领域具有优势,愿进一步加强同中国在上述领域的合作。芬方期待着温家宝总理今年秋天赴芬兰出席第九次中欧领导人会晤和第六届亚欧首脑会议。万哈宁再次重申芬兰政府坚定奉行一个中国政策。

在谈到中欧关系时,温家宝说,当前,中欧全面战略伙伴关系发展势头良好。中方愿与欧盟在相互尊重、平等互利的基础上,加强政治交往,深化互利合作,通过对话和协商,妥善解决彼此关切的问题,包括贸易争端。希望芬兰在今年下半年轮任欧盟主席国期间为中国与欧盟关系的发展作出新的贡献。

温家宝强调,亚欧会议有利于加强亚欧两大洲的交流与合作,促进文明对话和多边主义,对发展亚欧新型全面伙伴关系有着重要作用。中方愿以更加积极的姿态参与亚欧合作,并全力配合芬方举办好今年亚欧首脑会议,推动亚欧关系长期稳定健康发展。

万哈宁说,近年来中欧关系发展良好,中欧贸易额去年突破2000亿美元。芬方希望在担任欧盟主席国期间,积极推动中欧在各领域的合作关系深入发展。

国务院总理温家宝在北京参加全国儿童预防接种日活动

中共中央政治局常委、国务院总理温家宝在北京市市委书记刘淇、北京市市长王岐山的陪同下来到北京市月坛社区卫生服务中心三里河三区社区卫生服务站,参加全国儿童预防接种日的活动。

国办转发财政部等部门《关于推动我国动漫产业发展的若干意见》并发出通知

各省、自治区、直辖市人民政府,国务院各部委、各直属机构:

财政部、教育部、科技部、信息产业部、商务部、文化部、税务总局、工商总局、广电总局、新闻出版总署《关于推动我国动漫产业发展的若干意见》已经国务院同意,现转发给你们,请认真贯彻执行。

国务院办公厅

2006年4月25日

关于推动我国动漫产业发展的若干意见

动漫产品是广大人民群众特别是未成年人喜爱的文化产品。发展动漫产业对于满足人民群众精神文化需求,促进社会主义先进文化和未成年人思想道德建设,推动文化产业发展,培育新的经济增长点都具有重要意义。近年来,我国动漫产业发展较快,一批动漫企业崭露头角,但也要看到,我国动漫产业的发展与人民群众不断增长的精神文化需要和不断发展的市场需求之间还有很大差距,与动漫产业发达的国家差距更大。为推动我国动漫产业健康快速发展,现提出以下意见:

一、推动动漫产业发展的指导思想、基本思路和发展目标

(一)动漫产业是指以"创意"为核心,以动画、漫画为表现形式,包含动漫图书、报刊、电影、电视、音像制品、舞台剧和基于现代信息传播技术手段的动漫新品种等动漫直接产品的开发、生产、出版、播出、演出和销售,以及与动漫形象有关的服装、玩具、电子游戏等衍生产品的生产和经营的产业。

(二)指导思想。按照繁荣和发展社会主义先进文化与构建和谐社会的要求,促进弘扬中华民族优秀文化、内容积极健康、贴近群众的动漫产品的创作,满足人民群众精神文化需求,为未成年人健康成长营造良好氛围。按照发展社会主义市场经济的要求,逐步形成产业体系相对完整、结构布局日趋合理、整体技术水平先进、市场竞争有序、经济效益显著的动漫产业发展格局。

(三)基本思路。立足我国动漫产业发展实际,按照社会主义市场经济发展和社会主义先进文化建设的特点和规律,努力消除影响动漫产业发展的体制、机制和制度性障碍,为动漫产业发展营造良好的社会环境和市场条件。采取切实有效措施,增强我国动漫产业自主良性发展的能力。重点支持国内企业自主研发,具有我国自主知识产权的动漫图书、报刊、电影、电视、音像制品、舞台剧和基于现代信息传播技术手段的动漫新品种等动漫直接产品的开发、生产、出版、播出、演出和销售。鼓励与动漫形象有关的服装、玩具、电子游戏等衍生产品的生产和经营。

(四)发展目标。通过政策推动,逐步形成艺术形象创作、动漫产品生产供应和销售环环相扣的成熟动漫产业链;打造若干个实力雄厚、具有国际竞争力的大型动漫龙头企业,培育一批充满活力、专业性强的中小型动漫企业,创造一批有中国风格和国际影响的动漫品牌。力争用5年至10年时间,使国产原创动漫产品的生产数量大幅增加、产品质量明显提高、技术创新能力持续增强、精品力作不断涌现,动漫产业创作开发和生产能力跻身世界动漫大国和强国行列,在逐步占据国内主要市场的同时,积极开拓国际市场。

(五)建立扶持动漫产业发展部际联席会议制度。部际联席会议由文化部牵头,教育部、科技部、财政部、信息产业部、商务部、税务总局、工商总局、广电总局、新闻出版总署等部门负责同志参加,办公室设在文化部。

二、加大投入力度,重点支持原创行为,推动形成

成熟的动漫产业链

(六)中央财政设立扶持动漫产业发展专项资金。专项资金主要用于支持优秀动漫原创产品的创作生产、民族民间动漫素材库建设,以及建立动漫公共技术服务体系等动漫产业链发展的关键环节。有关地方人民政府要采取有效措施,加大投入,积极支持动漫原创行为,推动形成成熟动漫产业链。

(七)建立优秀原创动漫产品评选、奖励和推广机制。设立国家级动漫原创大奖,奖励内容健康、艺术性强、创新度高、深受群众喜爱的我国动漫原创产品。支持和鼓励动漫原创产品的播出、演出、出版,通过举办各种动漫原创大赛和展览等活动,推广动漫原创产品。

(八)鼓励动漫出版和播映机构增加国产动漫产品的出版、刊载和播出比例,采取有效措施增加对出版、刊载、播出和演出的国产动漫产品的成本补偿。

三、支持动漫企业发展,增强市场竞争能力

(九)加大投融资支持力度,鼓励动漫企业建立现代企业制度。消除阻碍社会资本进入动漫产业的各种障碍,鼓励利用中小企业创业投资有关基金加大对动漫产业的风险投资,鼓励我国有实力的大型企业通过参股、控股或兼并等方式进入动漫产业,鼓励非公有资本平等地投资和参与各类动漫产品的研究开发和创作生产。按照《外商投资产业指导目录》和文化领域引进外资有关政策,引导外商投资各类动漫产品的研究开发和创作生产。政策性银行对符合条件的动漫企业要提供融资支持。将具备条件的动漫中小企业纳入"科技型中小企业技术创新基金"资助范围。优先安排符合条件的动漫企业境内上市融资。

(十)经国务院有关部门认定的动漫企业自主开发、生产动漫产品,可申请享受国家现行鼓励软件产业发展的有关增值税、所得税优惠政策;动漫企业自主开发、生产动漫产品涉及营业税应税劳务的(除广告业、娱乐业外),暂减按3%的税率征收营业税。享受上述优惠政策的动漫产品和企业的范围及管理办法,由财政部和税务总局会同有关部门另行制定。

(十一)经国务院有关部门认定的动漫企业自主开发、生产动漫直接产品,确需进口的商品可享受免征进口关税及进口环节增值税的优惠政策。具体免税商品范围及管理办法由财政部会同有关部门另行制定。

四、支持国家动漫产业基地建设,促进动漫"产、学、研"一体发展

(十二)积极支持建设集人才教育与培训、技术研发与服务、龙头企业集约发展、中小型企业孵化以及国际经济技术合作等多功能一体的国家动漫产业基地。部际联席会议要做好国家动漫产业基地的布局和规划,制定基地相关标准,负责基地的认定,建立有关评估机制。

(十三)新认定的国家动漫产业基地建设,要优先与高新技术开发区和软件园区建设相结合,充分利用已有的政策、技术、服务、场所等条件。

(十四)国家动漫产业基地实行优胜劣汰机制,每三年进行一次评估和调整。

五、支持动漫核心技术研发,为动漫产业发展提供技术保障

(十五)科技、信息产业等部门要通过现有渠道加大对动漫产业发展中基础性、战略性和前瞻性核心技术的研发和产业化支持力度,积极推动动漫技术设备和公共技术平台支撑服务体系与共享机制的建立。

(十六)鼓励国内外企业、科研院所、高等院校等通过各种方式,向有关单位提供动漫创作工具和相关服务。

六、支持动漫人才培养,增强动漫产业发展后劲

(十七)发挥国内教育与培训资源优势。要把动漫人才培养纳入国家文化艺术类人才培养规划并给予适当支持。按照市场需求和动漫产业发展趋势,完善动漫人才培养成本分担机制,扩大人才培养规模,改革人才培养模式,积极利用职业教育、现代远程教育等方式培养动漫人才。通过举办创作比赛、建立兴趣小组等方式,培养和引导公众对动漫产品的创作兴趣和消费习惯,扩大国产动漫产品的影响。充分发挥动漫企业、科研院所、行业协会、高等教育和职业教育等机构和单位的积极性,开展动漫技术与人才培训。

(十八)积极利用海外优势教育资源。以动漫产业需求为导向,通过"出国留学经费"等渠道来培养动漫教师队伍和优秀人才;聘请海外动漫创意、技术和企业经营管理专家来华讲学和工作。

七、加强市场监管和知识产权保护,为动漫产业发展营造良好环境

(十九)加强动漫产业知识产权保护。保护知识产权是动漫产业生存发展的根本保障,要积极鼓励动漫作品著作权登记,依法采取措施重点保护动漫产品的知识产权,加强对动漫运营市场的监管,严厉打击各种走私、侵权和盗版动漫产品的行为。

(二十)加强对引进动漫产品的审查,确保动漫产品内容积极健康。

八、支持动漫产品"走出去",拓展动漫产业发展空间

(二十一)建立健全动漫产业海外服务支撑体系。支持我国动漫企业开拓海外市场,适当补助动漫产品出口译制经费。通过"中小企业国际市场开拓资金"渠道,积极鼓励和支持优秀国产动漫作品和产品到海

外参展。中国进出口银行可以为动漫企业出口动漫产品提供出口信贷支持。积极利用国家出口信用保险促进动漫产品海外市场营销。

(二十二)企业出口动漫产品享受国家统一规定的出口退(免)税政策。企业出口动漫版权可适当予以奖励。对动漫企业在境外提供劳务获得的境外收入不征营业税,境外已缴纳的所得税款可按规定予以抵扣。

九、倡导行业自律,推动动漫产业健康有序发展

(二十三)各级文化、广电、新闻出版和信息产业等部门要对动漫产业实行行业管理和监督。鼓励根据动漫产业发展的集聚程度成立不同层次的动漫行业协会,支持行业协会配合政府部门制定行业标准和动漫分级制度,畅通企业和政府之间的沟通渠道,保障和促进动漫产业健康有序发展。各级行业协会开展活动所需经费由协会成员共同承担,也可经过批准接受一定的社会赞助。

十、做好动漫行业标准制定和享受扶持政策的动漫企业认定工作

(二十四)动漫产业行业标准和享受本意见规定政策的动漫企业认定标准由部际联席会议制定。

(二十五)对享受本意见规定政策的动漫企业实行年审制度。年审不合格的企业,不再享受有关优惠政策。

(二十六)享受本意见规定政策动漫企业的认定和年审组织工作由省级以上文化、广电、新闻出版、信息产业、税务等部门具体负责实施。

十一、加强组织领导和协调配合,共同推动动漫产业发展

(二十七)各地区、各有关部门要按照本意见要求,统一思想,提高认识,加强组织领导,把推动动漫产业发展列入议事日程,认真抓好各项政策法规的落实。国务院有关部门要相互支持,加强协调配合,及时研究解决动漫产业发展中的重大问题,共同推动动漫产业发展。

(二十八)各省、自治区、直辖市人民政府和国务院有关部门要按照本意见精神,结合实际,制定配套实施细则和具体政策措施。

中共中央政治局委员刘云山在重庆调研

4月25日至28日,刘云山在重庆市市委书记、市人大常委会主任汪洋,市委副书记、市长王鸿举等陪同下,先后考察了重庆彩电中心、重庆日报报业集团、新华书店集团重庆书城、渝中区第一实验小学、人民广场群众文化活动、市规划展览馆、重庆中国三峡博物馆、红岩革命纪念馆等,并在石宝镇和黄梅村分别召开基层宣传文化工作座谈会和新农村建设院坝座谈会,听取基层干部群众的意见和建议。

刘云山还对当前和今后一个时期宣传思想工作的重点提出了具体要求。他指出,要在全社会大力宣传倡导社会主义荣辱观,把“八荣八耻”的基本要求贯穿于宣传思想工作和精神文明建设的全过程,让社会主义荣辱观成为每个公民的行为标准。要更加关心农业、关注农村、关爱农民,积极为建设社会主义新农村贡献力量。要认真贯彻落实中央部署,推动文化体制改革不断取得新进展新成效。重庆在文化建设和文化体制改革方面有着很好的工作基础,希望进一步解放思想、创造经验、提供示范,为推动全国文化体制改革作出新的贡献。

中宣部等6部门在北京联合举行形势报告会

中宣部、中央直属机关工委、中央国家机关工委、教育部、解放军总政治部、中共北京市委在北京举办形势报告会。解放军总政治部副主任刘永治主持报告会。在京党政军机关司局级以上干部,在京中央企业、高校负责人800人参加了报告会。

报告会邀请了农业部部长杜青林就扎实推进社会主义新农村建设作报告。

杜青林全面回顾了“十五”以来农业农村改革发展所取得的成就。一是农业综合生产能力在宏观调控中得到增强。“十五”期间农业生产水平不断提高,农产品供求基本平衡、丰年有余,粮食生产出现重要转机,支撑了国民经济的较快发展。二是农业生产布局在结构调整中得到进一步优化。伴随结构调整的推进,我国农业表现出生产区域化、品种优质化、经营产业化的明显趋向。三是农村改革在突破二元结构束缚中取得重大进展。近几年围绕建立城乡统筹的体制机制、加快市场化进程,特别是在农村税费改革和粮食流通体制改革方面均取得了突破性进展。四是农民收入在爬坡中实现较快增长。“十五”时期农民收入年均增长5.3%,比“九五”提高了0.6个百分点,实现了农民收入的较快增长,形成了多元化的增收格局。五是农村基础设施和社会事业在统筹城乡中得到发展。“十五”期间,国家不断加强农村基础设施建设,大力发展农村社会事业,农村面貌有了较大改观。“十五”期间,国家投资35亿元用于农村沼气建设,到2005年年底,农村用沼气总数达到1700万户。六是农业对外开放在挑战与竞争中取得新成绩。我国加入世贸组织这几年,农业经受着严峻的考验。但由于准备比较充分,应对比较得当,再加上比较有利的国际环境,加入世贸组织对我国农业的冲击比预想的要小。

4月26日

国家主席胡锦涛在摩洛哥卡萨布兰卡亲切会见我国援助摩洛哥医疗队队员代表

胡锦涛高度评价中国医疗队不畏艰难、救死扶伤、忘我奉献的高尚精神，并代表党中央、国务院和祖国人民对他们为增进中摩和中非友谊作出的贡献表示衷心的感谢，向全体工作在非洲的中国医疗队队员表示亲切的问候。

胡锦涛强调，向非洲国家派遣医疗队，是中非开展时间最长、涉及国家最多、成效最为显著的合作项目。从1963年第一支中国医疗队抵达非洲国家起，43年来，中国医疗队坚持不懈地在非洲许多国家和地区开展医疗援助工作。中国医疗队精湛的医术和高尚的医德赢得了受援国政府和人民的高度赞誉。中国援非医疗队43年的光辉历程，是中非人民伟大友谊的历史见证，是中国同广大发展中国家友好合作的光辉典范。中国援非医疗队是全国医务工作者学习的榜样，祖国人民为你们感到骄傲。

胡锦涛指出，医疗卫生合作是中非友好合作的重要组成部分。无论是从中非友谊还是从人道主义的角度出发，我们都要尽力帮助非洲国家改善医疗卫生条件，为提高非洲人民的健康素质作出力所能及的贡献。希望大家再接再厉，开拓进取，为进一步发展中摩和中非友好合作关系作出新的成绩。胡锦涛还对摩洛哥政府和人民给予中国医疗队的支持和帮助表示感谢。

摩洛哥卫生大臣穆罕默德·谢赫·比亚迪拉参加会见并发言。他说，中国医疗队队员不畏艰辛，以认真的态度、高超的医术为改善摩洛哥人民的医疗卫生状况作出了贡献，在摩中两国人民间架起了友谊的桥梁。

国家主席胡锦涛在阿布贾同尼日利亚总统奥巴桑乔举行会谈

胡锦涛强调，我们高度重视中尼关系，把发展中尼关系放在中国对外关系中的重要位置。中方愿同尼方一道努力，推动中尼战略伙伴关系不断深入发展。他建议：一、以深化战略合作为目标，增强政治互信。保持两国高层交往的良好势头，加强各层次对话和交流，在涉及各自国家利益的重大问题上协调立场，增强互信，密切合作。二、以实现互利双赢为目标，拓展合作领域。重点加强农业、能源、电力、基础设施建设、通信和卫星等领域的合作。中国政府将继续支持有实力、信誉好的企业同尼方开展交流，支持两国金融机构开展合作。三、以增进人民友好为目标，扩大人文领域的交流合作。共同应对各种疾病，特别是疟疾和禽流感等疾病威胁。中方愿继续在技术、物资等方面向尼方提供力所能及的支持。扩大文化交流，支持社会各界开展友好交往，增进两国人民的相互了解和传统友谊。四、以促进世界和平和发展为目标，加强在国际事务中的合作。加强在联合国改革、人权、反恐、维和等重大国际问题上的协调和配合，促进南南合作、南北对话，共同维护发展中国家的正当权益。

奥巴桑乔表示，热烈欢迎胡锦涛主席访问尼日利亚，胡主席到访表明，尼中关系发展正保持着良好势头。他感谢中方在帮助尼日利亚抗击疟疾和禽流感、开展铁路和水电站等基础设施建设方面提供的援助。尼日利亚人民希望借鉴中国在经济社会发展方面的经验，愿同中国人民携手共进，共筑两国发展的美好未来。

全国人大常委会委员长吴邦国在人民大会堂分别会见芬兰总理万哈宁和日本自民党前副总裁山崎拓

吴邦国强调，中方重视发展同欧盟的关系，视欧盟为重要合作伙伴，愿与芬兰共同努力，推动中欧全面战略伙伴关系深入发展。

万哈宁说，芬中互为对方重要的贸易伙伴，双方贸易增长迅速。芬兰希望双方加强在能源、环保、旅游等领域的合作，鼓励两国企业加强合作，增加在高科技等领域的相互投资。

在会见山崎拓时，吴邦国说，中日两国隔海相望，是无法重新选择的邻居。中日友好不是一句空洞的口号，而是确保两国共同发展繁荣的唯一正确选择。前不久，胡锦涛主席会见日中友好七团体负责人时曾就中日关系发表重要讲话，明确表达了中国党和政府在日本领导人参拜靖国神社问题上的原则立场和致力于改善中日关系的真诚愿望。

吴邦国强调，越是在困难的时候，两国的政党和政治家越要登高望远，坚决维护两国关系的政治基础，积极推进人民之间的友好交流，发展各领域的合作，推动两国关系尽快回到健康稳定发展的轨道。

山崎拓说，日中两国不仅是邻国，更是相互需要的发展伙伴，两国在世界特别是亚洲地区有着重要影响。中国的发展对日本不是威胁，而是机遇。日中两国保持友好关系，不仅有利于各自国家的发展，也有利于世界的和平与繁荣。

国务院总理温家宝主持召开国务院常务会议

会议研究推进天津滨海新区开发开放的意见，审议并原则通过《国务院关于进一步加强消防工作的意见》和《民用爆炸物品安全管理条例(修订草案)》。

会议指出，推进天津滨海新区开发开放，是在新的历史条件下，党中央、国务院从我国经济社会发展全局出发作出的重要战略部署，对于提升京津冀乃至环渤海地区的国际竞争力，促进东部地区率先发展，形成东中西互动、优势互补、相互促进、共同发展的区域协调发展格局具有重要意义。

会议指出，天津滨海新区经过10多年的开发与建设，已经具备进一步加快发展的条件和基础。要抓住机遇，发挥优势，努力把滨海新区建设成为我国现代制造业和研发转化基地，北方的国际航运中心和现代国际物流中心，逐步成为经济繁荣、社会和谐、环境优美的宜居生态型新城区。

会议强调，推进天津滨海新区的开发开放，要着力抓好以下工作：(一)全面贯彻落实科学发展观。坚持统筹兼顾，把调整结构和转变经济增长方式放在重要位置，节约和合理用地，注重生态建设和环境保护，促进经济社会和环境的协调发展。(二)坚持科技创新和自主创新。加强创新能力建设，大力发展高新技术产业，努力提高综合竞争力和区域服务能力。(三)突出发展特色。以改革促进开发开放，选择体现自身特点的建设模式。(四)推进管理创新。建立统一、协调、精简、高效的行政管理体制。

会议研究了推进天津滨海新区开发开放的政策措施，批准滨海新区进行综合改革配套试点。

会议强调，推进天津滨海新区开发开放是一项长期的战略任务。各有关方面要切实加强领导，周密部署，精心筹划，通力协作，扎扎实实做好推进天津滨海新区开发开放的各项工作。

会议指出，近年来我国消防工作取得明显进步，但公共消防安全水平与经济社会发展还不相适应。各地区、各部门要以对人民生命财产高度负责的精神，进一步加强消防工作，切实提高全社会防控火灾的意识和能力，有效预防和减少火灾事故发生。

会议提出了当前和今后一个时期消防工作的主要任务：一是构建政府统一领导、部门依法监管、单位全面负责、群众积极参与的消防工作格局。二是加强公共消防安全基础建设，提高全社会防控火灾能力。三是认真整治重点环节，预防和消除火灾隐患。四是建立健全考评机制，严格责任追究制度。

会议认为，1984年1月国务院公布施行的《民用爆炸物品管理条例》，对于依法管理民用爆炸物品、保障公民生命财产安全和公共安全，发挥了重要作用。但民用爆炸物品安全管理仍存在很大隐患，有必要在总结实践经验的基础上，针对民用爆炸物品安全管理出现的新情况、新特点，对现行条例进行修改完善。修订后的《民用爆炸物品安全管理条例》，完善了民用爆炸物品安全管理制度，明确规定了民用爆炸物品的安全管理责任，加大了对违反民用爆炸物品管理行为的处罚力度。会议决定，该草案经进一步修改后，由国务院公布施行。

国务院总理温家宝在人民大会堂与密克罗尼西亚联邦总统乌鲁塞马尔举行会谈

关于中国对南太政策，温家宝表示，中方高度重视发展与太平洋岛国的关系，尊重各岛国维护国家主权与独立的正义立场，支持各岛国争取平等参与国际事务的要求，愿为各岛国的经济发展提供力所能及的帮助。中国对南太政策不是权宜之计，而是战略方针。历史已经并将继续证明，中国是太平洋岛国真诚、可信、可靠的朋友和合作伙伴。

乌鲁塞马尔高度评价中国对太平洋岛国的政策。他说，中国在与太平洋岛国的交往中坚持相互尊重、平等相待的原则，是岛国的真正朋友。岛国重视并赞赏中国在国际和地区事务中发挥的日益重要的作用，愿与中方加强合作，从而更多地从中国的发展中受益。

国务院总理温家宝在人民大会堂先后会见塞内加尔和上海合作组织客人

温家宝先后会见了由党的副总书记、政府总理萨勒率领的塞内加尔民主党代表团和参加上海合作组织国防部长会议的哈萨克斯坦国防部第一副部长和吉尔吉斯斯坦、俄罗斯、塔吉克斯坦、乌兹别克斯坦国防部部长。

全国政府系统政务信息化首期培训班在杭州结业

近百名来自全国各省(自治区、直辖市)及副省级市政府办公厅和国务院各部门办公厅(室)分管政务信息化的领导参加了培训。据悉，培训班将用3年时间，对国务院各部门和县级以上地方政府办公厅(室)分管领导、政务信息化建设单位负责人和技术骨干进行一遍轮训。

博鳌亚洲论坛国际医药产业大会在江苏泰州举行

这是博鳌亚洲论坛今年年会后举办的第一次专业性会议，也是我国医药产业界迄今举办的规模最大的国际会议，来自30多个国家的部长、国际组织、协会和跨国公司的代表共600多人出席了大会。全国政协副主席张怀西、新西兰前总理希普利、哈萨克斯坦前总理捷列先科、江苏省副省长李全林先后致辞。博鳌亚洲论坛秘书长龙永图主持大会。

为期两天的大会有8个主题：世界医药产业发展与全球经济一体化；全球医药开发与产业发展、创新，医药研究开发的重要命题；知识产权与交换；医疗保险体系；政策对医药产业的影响；金融与医药产业发展；风险投资在促进生物医药产业发展中的作用；健康产品与健康促进。

大会还举行了“南南对话：共谋健康与繁荣”圆桌会议。“南南合作计划”中27名发展中国家的卫生部长及高层官员和中外著名医药企业的代表进行了交流。

上海磁浮线通过国家竣工验收并投入正式运营

4月25日至26日，由国家发改委、科技部和上海市等方面组成的验收委员会对上海磁悬浮列车示范运营线进行正式验收。验收委员会认为，上海磁浮线工程建设符合国家有关规定和要求，试运营情况正常，同意工程通过竣工验收。经过近两年的商业试运行的上海磁浮线，由此投入正式运营。

上海磁浮线于2004年建成并投入试运营，是世界上首条高速磁悬浮交通商业示范运营线。上海磁浮线的成功建设和运营，验证了磁悬浮交通系统的安全性和实用性，在国际上产生重大影响，同时也展示了我国的工程技术水平，创造了技术引进和科研开发同步实施的范例。

2006中国水博览会在北京全国农业展览馆开幕

本届博览会的主题是：“饮水安全·人水和谐”。博览会由中国水利学会主办，全国政协副主席张梅颖及一些外国驻华使节等出席了开幕式。

上海合作组织国防部长会议在钓鱼台国宾馆举行

中央军委副主席兼国防部部长曹刚川、俄罗斯联邦副总理兼国防部部长伊万诺夫、吉尔吉斯共和国国防部部长伊萨科夫、塔吉克斯坦共和国国防部部长海鲁洛耶夫、乌兹别克斯坦共和国国防部部长米尔扎耶夫和哈萨克斯坦共和国国防部第一副部长兼参谋长联席会议主席达尔别科夫率团与会。会议由曹刚川主持。

与会国防部长就当前地区安全形势、在上海合作组织成立5年来所取得的成就基础上加强成员国防务部门之间的合作等有关问题进行了讨论，并就实质问题达成一致意见。

曹刚川在致辞时说，今年是上海合作组织成立5周年，也是上海5国机制建立10周年。防务安全合作是上海合作组织的重点工作之一。国防部长定期会议是保障上海合作组织在防务安全领域合作持续稳定发展的重要机制。当前，本地区面临着恐怖主义、分裂主义、极端主义、大规模杀伤性武器扩散、跨国犯罪、环境恶化、疫情传播等新威胁和新挑战，上海合作组织应当成为各国共同应对这些挑战和威胁、保障国际及地区安全的有效机制。

与会部长们在发言中强调了进一步扩大上海合作组织成员国防务部门对话与交流的必要性，表示将继续加强上海合作组织成员国国防部长、军队总参谋部代表和国防部负责军事合作部门领导定期会议机制；应当确定上海合作组织成员国防务部门合作的主要方向，在防务领域继续举办研讨班和以其他形式开展交流，就保障区域安全方面共同关心的问题交换意见。

部长们表示，上海合作组织应在相互尊重、平等互利、互不干涉内政的原则基础上继续加强防务与安全领域的合作。这种合作将促进上海合作组织各成员国友好关系的长期发展，并对维护地区乃至世界的和平与稳定具有重要的意义。

部长们还表示，上海合作组织成员国将继续在公开、透明的原则下秉承“互信、互利、平等、协商、尊重多样文明、谋求共同发展”为内容的“上海精神”开展防务及安全领域的合作，这种合作不针对任何其他国家或国际组织。

会后，与会部长们签署了联合公报，并共同会见了记者，积极评价了会议取得的成果。

根据联合公报，上海合作组织成员国将于2007年在俄罗斯联邦境内举行下一次上海合作组织框架内的联合反恐军事演习，并成立上海合作组织国防部专家组，就演习的组织和实施进行协调。会议还确定，上海合作组织国防部长会议2007年例会将在吉尔吉斯共和国举行。

上海合作组织成员国国防部长会议发表联合公报

上海合作组织成员国国防部长会议于2006年4月26日在中国北京举行。哈萨克斯坦共和国国防部第一副部长兼参谋长联席会议主席布·戈·达尔别科夫中将、中华人民共和国中央军委副主席、国务委员兼国防部部长曹刚川上将、吉尔吉斯共和国国防部部长伊·伊·伊萨科夫中将、俄罗斯联邦副总理兼国防部部长谢·鲍·伊万诺夫、塔吉克斯坦共和国国防部部长舍·海·海鲁洛耶夫上将和乌兹别克斯坦共和国国防部部长鲁·爱·米尔扎耶夫参加了会议。

上海合作组织成员国国防部长(以下称部长们)在热烈、友好的气氛中，就当前国际和地区形势，在上海合作组织成立5年来所取得的成就基础上加强成员国防务部门之间的合作等有关问题进行了讨论，并就实质问题达成一致意见。

部长们重申，公正合理的国际秩序应当建立在《联合国宪章》的宗旨和原则以及公认的国际法准则的基础上。

部长们认为，当前新威胁和新挑战变得越来越突出，如恐怖主义、分裂主义、极端主义、大规模杀伤性武器扩散、跨国犯罪、环境恶化、疫情传播等，只有通过区域和广泛国际合作才能应对。

部长们认为，上海合作组织应当成为各国共同应对新的挑战和威胁、保障国际及地区安全的有效机制。

部长们强调，1996年4月26日在上海签署的《中、哈、吉、俄、塔关于在边境地区加强军事领域信任的协定》和1997年4月27日在莫斯科签署的《中、哈、吉、俄、塔关于在边境地区相互裁减军事力量的协定》具有重要的历史意义。两个协定的落实加强了协定签署国间的互信和睦邻关系，为上海合作组织的成立创造了良好条件。

部长们重申，上海合作组织各成员国应在相互尊重、平等互利、互不干涉内政的原则基础上继续加强防务与安全领域的合作。这种合作将促进上海合作组织各成员国友好关系长期发展，并对维护地区和世界的和平与稳定具有重要的意义。

部长们指出，上海合作组织成员国将继续在公开、透明的原则下秉承“互信、互利、平等、协商、尊重多样文明、谋求共同发展”为内容的“上海精神”开展防务及安全领域的合作，这种合作不针对任何其他国家或国际组织。

部长们责成由上海合作组织成员国国防部负责国际军事合作部门领导或者部长授权人员组成的高官委员会制定具体建议，以落实2005年7月5日阿斯塔纳宣言，应对本地区和平、安全所面临的新挑战。

部长们表示，上海合作组织成员国防务部门愿与集体安全条约组织和其他国际组织合作，共同打击恐怖主义、分裂主义和极端主义以及贩卖毒品、走私武器、非法移民等跨国犯罪。

部长们强调，2005年由中华人民共和国国防部在北京举办的上海合作组织防务安全论坛扩大了上海合作组织框架内的合作，有利于加强上海合作组织成员国及观察员国之间的相互理解。

部长们积极评价上海合作组织成员国以往举行的联合演习取得的成果，并商定2007年在俄罗斯联邦境内举行下一次上海合作组织框架内的联合反恐军事演习。为协调演习组织和实施的相关问题，决定成立上海合作组织成员国国防部专家组。

部长们强调了进一步扩大上海合作组织成员国防务部门对话与交流的重要性，决定继续并强化上海合作组织成员国国防部长、军队总参谋部代表和国防部负责国际军事合作部门领导定期会议的机制。认为应当确定上海合作组织成员国防务部门合作的主要方向，在防务领域继续举办研讨班和以其他形式开展交流，就保障区域安全方面共同关心的问题交换意见。

部长们商定，上海合作组织国防部长2007年例会将在吉尔吉斯共和国举行。

哈萨克斯坦共和国国防部代表
布·达尔别科夫中将

中华人民共和国国防部代表
曹刚川上将

吉尔吉斯共和国国防部代表
伊·伊萨科夫中将

俄罗斯联邦国防部代表
谢·伊万诺夫

塔吉克斯坦共和国国防部代表
舍·海鲁洛耶夫上将

乌兹别克斯坦共和国国防部代表
鲁·米尔扎耶夫

国家副主席曾庆红在人民大会堂会见由总书记桑·巴雅尔率领的蒙古人民革命党代表团

中共中央政治局常委李长春在北京考察文物工作

4月26日至27日，李长春在中共中央政治局委员、北京市市委书记刘淇和市长王岐山陪同下，先后来到西周燕都遗址、周口店北京人遗址、圆明园遗址公园、雍和宫、恭王府等地，就加强文物的保护、发掘、管理和利用进行调研，对北京市委市政府重视文物保护及取得的成绩给予充分肯定。

2006年中国保护知识产权高层论坛在北京举行

这是继“中国保护知识产权成果展”后，今年全国保护知识产权宣传周的又一重要活动。本次论坛由“全国保护知识产权宣传周”组委会、“中国保护知识产权成果展”组委会主办，全国人大常委会副委员长许嘉璐在论坛上发表了题为《营造知识产权良性环境，促进社会经济发展》的主旨演讲。

本次论坛旨在探讨加强知识产权领域的国际交流与合作、知识产权保护对促进经济社会发展的作用、各国知识产权保护应对策略、我国企业运用知识产权参与国际竞争的方法和策略等问题。

4月27日

十届全国人大常委会第二十一次会议举行第二次全体会议

会议继续审议义务教育法修订草案等法律草案，听取国务院关于普及义务教育和实施素质教育的工作报告、关于增强自主创新能力及加强知识产权工作有关情况的报告等。

吴邦国委员长出席会议。蒋正华副委员长主持会议。副委员长王兆国、李铁映、司马义·艾买提、何鲁丽、丁石孙、成思危、许嘉璐、顾秀莲、热地、盛华仁、路甬祥、乌云其木格、韩启德出席会议。国务院副总理吴仪、最高人民法院副院长曹建明、最高人民检察院副检察长张耕列席会议。

全国人大法律委员会副主任委员蒋黔贵汇报了义务教育法修订草案的修改情况。十届全国人大常委会第二十次会议对义务教育法修订草案进行初次审议后,全国人大法律委员会、教科文卫委员会和常委会法制工作委员会广泛听取了各方面意见,法律委员会对草案进行了修改。蒋黔贵逐一汇报了草案对逐步免收杂费、政府主管部门不履行保障义务教育法定职责的问责、教育公平和均衡发展、违反国家规定乱收费、确保适龄少年儿童入学和防止辍学、流动人口子女入学、残疾少年儿童特殊教育和教师队伍建设等问题的修改意见。

普及义务教育、实施素质教育是全社会关注的问题。本次常委会会议在审议义务教育法修订草案的同时,为了把改进工作与修改法律结合起来,安排听取国务院关于普及义务教育和实施素质教育的工作报告。受国务院委托,教育部部长周济向会议报告了近年来我国义务教育的主要工作和进展、目前面临的突出问题和困难、实施素质教育工作情况,并提出了近期将着力抓好的几项重点工作:如期完成西部地区"两基"攻坚任务,全面提高义务教育整体水平;把全面实施素质教育作为统领各项教育工作的主线,促进青少年全面发展和健康成长;以社会主义荣辱观教育为重点,切实加强中小学生思想道德建设;采取多种措施,努力提高农村教师整体水平;把推动教育信息化作为推动今后教育发展的战略性举措,以信息化带动现代化;加强依法治教和检查监督,抓紧研究解决人民群众关注的教育热点问题。

受国务院委托,科技部部长徐冠华向会议作了关于增强自主创新能力及加强知识产权工作有关情况的报告。他在报告科技创新工作的主要进展和存在的主要问题后,提出了增强自主创新能力、落实《国家中长期科学和技术发展规划纲要》的七项举措:落实《规划纲要》配套政策;组织好重大专项的实施;推进以企业为主体的技术创新体系建设;大幅度增加科技投入,提高经费使用效益;加大对基础研究、前沿技术和社会公益研究的支持力度;把科技发展环境建设作为科技工作的重点;着力抓好科学道德和学风建设。徐冠华还报告了与科技创新有关的知识产权工作的主要进展、存在的问题以及加强知识产权工作的主要思路和六项措施。

本次常委会会议对农产品质量安全法草案进行了第三次审议,对护照法草案进行了第二次审议。全国人大法律委员会主任委员杨景宇报告了法律委员会关于这两个法律草案的修改意见。两个法律草案已根据常委会组成人员的审议意见作了修改,法律委员会认为两个草案是可行的,建议本次常委会会议审议通过。

国家主席胡锦涛在尼日利亚国民议会发表题为《为发展中非新型战略伙伴关系而共同努力》的演讲

尊敬的纳马尼参议长,

尊敬的马萨里众议长,

各位议员,

女士们,先生们,朋友们:

今天,有机会在尼日利亚国民议会同大家见面,我感到十分高兴。首先,我谨向在座的朋友们,向伟大的尼日利亚人民,转达13亿中国人民的诚挚问候和良好祝愿!

我这次访问非洲,是为了进一步了解非洲、感受非洲、学习非洲,继承传统友谊,增进相互信任,深化互利合作,推动共同发展,同非洲国家一道发展中非新型战略伙伴关系。

这是我第一次访问尼日利亚。尼日利亚美丽的国土和热情的人民给我留下了美好而深刻的印象。今年适逢中尼建交35周年。35年来,我们共同秉持和平共处五项原则,两国人民真诚友好,各领域合作卓有成效。事实证明,发展中尼战略伙伴关系,既造福两国人民,也有利于推进中非合作和南南合作。

女士们、先生们、朋友们!

今年是新中国同非洲国家开启外交关系50周年。50年来,中国和非洲国家互相理解、互相支持、互相帮助,在推动各自国家建设、创造美好生活的伟大征程上,中非人民结下了深厚的友谊,中非合作取得了丰硕成果。

从1955年万隆会议新中国领导人同非洲国家领导人第一次握手,到2005年纪念万隆会议50周年会议中国和亚非国家共同推动建立亚非新型战略伙伴关系;从中国帮助非洲培训争取民族解放的"自由战士",到非洲国家支持恢复中华人民共和国在联合国的合法席位;从中非建设者们共同奋战在热带丛林、用血汗筑就坦赞铁路,到中非各领域务实合作不断深化拓展;从中非共同建立中非合作论坛,到中非建立新型战略伙伴关系……历史见证了中非友好的一座座里程碑。中非关系50年的发展进程历历在目,我们永远都不会忘记。

我们将永远铭记中非几代领导人特别是老一代领导人呕心沥血为中非友好建立的丰功伟绩,永远铭记中非人民为中非友好事业共同作出的不可磨灭的贡献。

今天,中非已成为好朋友、好伙伴、好兄弟。双方合作遍及政治、经济、科技、文教、卫生等各个领域,并不断拓展和深化。我们为此感到欣慰和高兴。

女士们、先生们、朋友们!

当前,国际形势正在发生深刻而复杂的变化。求和平、促发展、谋合作是当今时代的潮流。在当今经济全球化趋势深入发展的情势下,世界各国相互依存日益加深,利益关联更为紧密,各国人民普遍希望携手互助,共享机遇,共应挑战,共同发展。

我们高兴地看到,近年来,非洲国家为实现自身发展和振兴,联合自强,开拓进取,推动非洲和平与发展事业取得了令人瞩目的成就。非洲一体化进程迈出重要步伐,非洲联盟已成为引领非洲阔步前进的旗帜。非洲人民更加团结、更加自信,快速发展中的非洲正在吸引着全世界的目光。中国人民真诚地为兄弟的非洲人民取得的成就感到高兴,衷心祝愿兄弟的非洲人民在建设国家和振兴民族的伟大道路上取得新的更大的成就!

女士们、先生们、朋友们!

今年年初,中国政府发表了《中国对非洲政策文件》,全面阐述了中国在新形势下继承中非传统友谊、致力于发展中非新型战略伙伴关系的明确目标和坚定信念。

为实现这一目标,中国愿同非洲国家一道努力,与时俱进,开拓创新,不断为中非友好合作开辟新的途径、充实新的内容、注入新的活力。为此,我愿提出以下建议。

第一,政治上增强互相信任。中国始终不渝地支持非洲国家维护独立和主权、根据国情自主选择发展道路的愿望,支持非洲国家谋求联合自强、自主解决非洲问题的努力,支持非洲联盟在加强非洲团结合作方面发挥主导作用。中国愿同非洲各国一道,保持领导人密切交往,促进双方政府、议会、政党、社会团体加强沟通和交流,加深彼此了解,夯实友好基础;加强中非合作论坛建设,深化中国同非洲联盟及非洲次区域组织和区域性多边机构的合作,加强集体对话,凝聚新的共识,扩大利益交汇点;从中非友好大局出发,重视彼此的关切,妥善应对新形势下中非关系面临的新课题。

第二,经济上扩大互利共赢。非洲有着丰富的资源和市场潜力,中国在现代化建设中积累了有益经验和实用技术,中非互利合作前景广阔。中非扩大合作领域,促进合作方式多样化,实现优势互补,符合双方的共同利益。中国将继续推动双方合作从贸易往来向贸易、投资、技术、项目承包等多领域并重的方向发展,从政府间合作向政府、企业、其他经济实体共同参与的方向发展,特别是要增加能力建设、人力资源培训、科技交流等智力合作项目,积极发展初级产品加工增值、传统制造业优化升级,注重促进当地社会发展和民生改善。继续为非洲国家提供力所能及的帮助,这是中国坚定不移的方针。去年,我在联合国成立60周年首脑会议发展筹资高级别会议上提出了支持发展中国家加快发展的5项举措,包括给予最不发达国家部分商品零关税待遇、增加对重债穷国和最不发达国家的援助和免除债务、提供优惠贷款、提供防治疟疾特效药、培训人才等。这些举措主要是面向非洲的。中方将加快实施这些举措,使非洲人民切实受益。

第三,文化上注重互相借鉴。中非都有着灿烂多姿的文化,都为人类文明进步作出了重要贡献。中非应该共同努力,加强在文化领域的交流和借鉴,增进人民的相互了解和友谊。中国支持双方文化机构、新闻媒体、学术团体、高等院校加强合作,并可举办各种形式的文化节、艺术展和体育赛事。中国将逐步增加非洲国家来华留学生奖学金名额,鼓励中国青年志愿者赴非洲参与建设事业。中国要求在非洲的中国公民和侨民与当地人民和睦相处,为当地经济社会发展作出积极贡献,发挥中非友谊的桥梁和纽带作用。

第四,安全上加强互相合作。世界安全,关系到包括中国和非洲国家在内的各国的切身利益。中非应该加强交流和磋商,推动国际社会树立集体安全意识,树立互信、互利、平等、协作的新安全观,营造有利于共同发展的国际环境。中国愿加强同非洲国家在防治重大传染性疾病、禽流感、跨国犯罪等非传统安全领域的磋商和合作,共同应对全球性挑战。中国支持非洲联盟等地区组织和非洲各国为促进地区和平所做的努力,将加大投入,积极参与联合国主导的非洲维和行动。中国愿为非洲内部解决一些分歧和争端进行促和努力,发挥建设性作用。

第五,国际上密切互相配合。中国始终认为,非洲是国际事务中的重要力量。中非在重大国际问题上有着广泛的共同立场和良好的合作传统,在国际事务中加强协调和配合符合双方的共同利益。我们愿同非洲一道维护联合国宪章的宗旨和原则,加强在联合国及国际多边机构的磋商和合作,积极参与亚非新型战略伙伴关系建设以及其他南南合作和南北对话机制,推进多边主义和国际关系民主化、法治化,推动建立公正合理的国际政治经济新秩序,共同维护发展中国家的正当权益。非洲求和平、促发展的愿望应该得到更多尊重,国际社会应该更多关注非洲发展问题,加大对非洲的投入。中国将继续推动联合国改革朝着更加重视发展问题、优先解决包括非洲在内的发展中国家代表性不足问题的方向发展。

女士们、先生们、朋友们!

新中国成立以来特别是改革开放28年来,中国经济社会发展取得了巨大成就,社会生产力和综合国力实现了历史性跨越,人民生活总体上达到了小康水平。当前,中国人民正在为实现全面建设小康社会的宏伟目标而团结奋斗。我们对中国今后经济社会发展作出了全面部署。我们的目标是:到2010年实现人均国内生产总值比2000年翻一番,单位国内生产总值能源消耗比2005年年末降低20%;到2020年实现国内生产总值比2000年翻两番,达到40000亿美元左右,人均达到3000美元左右,使经济更加发展、民主更加健全、科教更加进步、文化更加繁荣、社会更加和谐、人民生活更加殷实。

我们清醒地认识到,中国仍然是一个发展中国家,人口多、底子薄、发展很不平衡,正处于并将长期处于社会主义初级阶段。目前,中国的经济总量虽然已居于世界前列,但中国有13亿人口,人均国内生产总值还排在世界各国100位之后,中国的发展还面临着不少困难和问题,实现现代化还需要经过长期的艰苦奋斗。

中国人民在建设国家的进程中,将始终高举和平、发展、合作的旗帜,坚持奉行独立自主的和平外交政策,坚持走和平发展道路,坚持实行互利共赢的对外开放战略,同世界各国人民一道,共同建设一个持久和平、共同繁荣的和谐世界。

——中国将一如既往地维护世界和平。中国将永远是维护世界和平的坚定力量。中国将坚持把自身发展与人类进步紧密联系在一起,既通过维护世界和平来发展自己,又通过自己的发展来促进世界和平,同各国人民一道更好地促进世界的安全和稳定。

——中国将一如既往地促进共同发展。中国将坚定不移地实行对外开放,同世界各国开展互利合作,既利用世界经济、科技发展的成果发展自己,又以自身的发展回馈世界。中国将继续推动经济全球化朝着均衡、普惠、共赢的方向迈进,努力使国际经济、贸易、金融体制为各国特别是发展中国家发展创造有利的条件,使21世纪真正成为人人享有发展的世纪。

——中国将一如既往地推动文明交流。中国将坚定地维护世界多样性和发展模式多元化,倡导各国相互尊重、相互学习,推动不同文明和睦共处、交流互鉴,在竞争比较中取长补短,在求同存异中共同发展。

总之,事实已经证明并将继续证明,中国的发展是和平的发展、开放的发展、合作的发展。中国的发展不会给任何人带来威胁,只会给世界带来更多的发展机遇和空间。

女士们、先生们、朋友们!

今年11月,中非合作论坛北京峰会暨第三届部长级会议将在北京召开。这次峰会,是中非双方共同倡议召开的,得到了非洲国家领导人的热烈响应和大力支持。我们正在同非洲国家领导人协商在峰会上发表中非领导人共同宣言,以集中反映中非对重大国际问题和非洲问题及中非关系的看法和共同立场。我们还将通过中非合作论坛2007年至2009年行动计划,对中非未来3年的合作进行全面规划,中方届时将宣布同非洲加强合作的重要举措。我们正在全力做好会议的各项筹备工作,同非洲国家加强沟通和磋商,以共同把会议开成一个团结、务实、成功的盛会。

我衷心期待着奥巴桑乔总统和其他非洲国家领导人届时前来北京,共襄中非友好盛举,共谋中非合作大计。

女士们、先生们、朋友们!

非洲是人类的发源地之一,中国是人类文明的发祥地之一。我们这两个人类历史上最古老的文明,应该也能够为21世纪人类社会发展作出更大贡献。共同的命运把我们连在一起,共同的目标把我们连在一起,共同的未来把我们连在一起。让我们抓住机遇、共迎挑战,继承传统友谊,深化全面合作,为发展中非新型战略伙伴关系而不懈努力!

祝中尼友谊万古长青!

祝中非友谊万古长青!

谢谢大家。

国家主席胡锦涛在阿布贾会见尼日利亚国民议会参议长纳马尼和众议长马萨里

胡锦涛表示,中尼两国建立政治上互信、经济上互利、国际事务中互助的战略伙伴关系,为两国关系发展指明了方向,中尼关系由此进入了新的发展阶段。近年来,两国在贸易、农业、能源、电力、通信和卫星等领域的合作取得重要进展,尼日利亚已成为中国在非洲最重要的经贸合作伙伴之一。两国在国际事务中也进行了良好合作,为维护发展中国家的正当权益、促进世界和平与发展作出了不懈努力。中方对双边关系发展现状感到满意。

两位议长表示,尼日利亚人民热烈欢迎胡锦涛主席来访。尼中关系近年来不断加强,现处于历史最好时期。两国在农业、贸易、投资等经贸领域的合作富有成果。尼中互利经贸合作潜力大,加强该领域合作将造福两国人民和西部非洲各国人民。尼日利亚议会支持两国深化经贸合作,将在法律方面为两国企业合作提供便利。尼议会愿加强两国立法机构交往,推动两国战略伙伴关系不断向前发展。

国办发出《关于成立国家文化遗产保护领导小组的通知》

各省、自治区、直辖市人民政府,国务院各部委、各直属机构:

为加强文化遗产保护,国务院决定成立国家文化遗产保护领导小组(以下简称领导小组)。领导小组组成人员如下:

组　长:陈至立　国务委员

副组长:孙家正　文化部部长

　　　　陈进玉　国务院副秘书长

成　员:(略)

领导小组负责研究文化遗产保护工作的重大政策措施,协调解决文化遗产保护工作中的有关重大问题,督促检查各地区、各部门的文化遗产保护工作。

领导小组下设办公室,办公室设在文化部,由孙家正兼任办公室主任,周和平、单霁翔兼任办公室副主任。办公室负责承担领导小组的日常工作,提出文化遗产保护工作政策和措施的建议,落实领导小组会议议定事项,承办领导小组交办的有关事项。

领导小组成员因工作变动需要调整的,由成员单位向领导小组办公室提出,报领导小组组长批准。

国务院办公厅

2006年4月27日

国办转发科技部等4部门《关于推进县(市)科技进步的意见》并发出通知

各省、自治区、直辖市人民政府,国务院各部委、各直属机构:

科技部、中央编办、财政部、人事部《关于推进县(市)科技进步的意见》已经国务院同意,现转发给你们,请结合本地区、本部门实际认真贯彻执行。

国务院办公厅

2006年4月27日

关于推进县(市)科技进步的意见

为贯彻落实全国科技大会精神,实施科教兴国和人才强国战略,提高区域创新能力,发挥科技进步在县(市)经济社会发展中的关键作用,促进社会主义新农村建设,提出以下意见。

一、充分认识新时期县(市)科技工作的重要意义

(一)推进县(市)科技进步是落实科学发展观、全面建设小康社会的客观要求。县(市)处于统筹城乡区域发展的特殊地位。当前,科技进步已成为县域经济社会发展的关键因素。科技的差距已成为城乡差距和地区差距的主要原因之一,技术落后制约了县(市)特别是中西部地区县(市)的发展。全面推进县(市)科技进步,对转变增长方式、调整经济结构、加快新型工业化步伐、加强社会主义新农村建设、促进县域经济社会发展具有重要的现实意义和深远的战略意义。

(二)加强县(市)科技工作是国家科技工作和地方政府工作的重要任务。目前县(市)科技工作仍比较薄弱,一些县(市)的科技工作没有得到足够重视,科技资源未能得到有效的利用,不能适应市场经济体制和政府职能转变的要求,不能满足我国县域经济社会发展的需要。国务院有关部门要加强对县(市)科技工作的指导、支持。地方各级政府和有关部门要充分认识新时期加强县(市)科技工作的重要性和紧迫性,把推进科技进步摆在县域经济社会发展的关键位置,采取有效措施,切实加强县(市)科技工作。

二、全面规划和部署县(市)科技工作

(三)指导思想和目标。坚持以邓小平理论和"三个代表"重要思想为指导,全面贯彻和落实科学发展观,紧紧围绕全面建设小康社会和建设创新型国家的宏伟目标,按照"自主创新、重点跨越、支撑发展、引领未来"的指导方针,以富民强县为宗旨,以地方为主体,以科技创新和体制机制创新为动力,以科技成果应用、推广及产业化为主线,大力实施"科技富民强县""星火""火炬"等科技计划,切实加强科技创新体系和创新能力的建设,充分发挥科技的支撑和引领作用,使县域经济社会发展真正转移到依靠科技进步和提高劳动者素质的轨道上来。

到"十一五"末期,初步扭转县(市)科技工作总体薄弱的状况,增强科技成果转化和技术创新能力,初步建立新型科技服务体系,构建科技公共服务平台,显著提高科技投入水平,开创县(市)科技工作新局面;到2015年,建立比较完善的新型科技服务体系,具备科技公共服务能力,基本形成一支适合基层需求的科技人才队伍,使科技创新能力和科技进步水平显著提高,对县域经济社会协调发展发挥重要的支撑和引领作用。

(四)重点任务。一是大力推广先进适用技术。重点在传统产业技术改造和升级、区域特色高新技术产业发展、资源节约和环境保护等方面,加大技术集成创新和推广力度。

二是全面推动农业科技进步。加速农业新品种、新技术、新成果的转化、应用和推广,进一步提高粮食主产区的综合生产能力;大力推广农产品深加工技术,提高农产品附加值;发挥农业科技园区等科技示范基地和农业龙头企业的示范和辐射作用,带动农民致富,促进农业产业化经营。组织实施好"星火富民""粮食丰产"等科技工程。

三是积极推进企业技术创新。结合县域特色优势资源的开发利用以及传统产业的改造升级,重点推进

中小企业技术创新和技术进步,提升产业的核心竞争力和整体技术水平。构建技术创新平台,服务和支撑中小企业集群发展。

四是大力开展科技普及工作。广泛开展面向城乡居民的群众性、社会性和经常性的科技普及工作,开展科技培训,提高广大群众特别是农民的科技素质和劳动技能。

五是构建县(市)科技公共服务平台。以政府为主导,引入市场机制,推进科技信息服务、科技成果转化、共性技术开发、中小企业创新、技术培训和科技普及等科技公共服务平台建设,满足县域科技发展和科技进步的公共需求。

六是加强基层科技人才队伍建设。培养、造就一支适合基层工作的专业技术人才和科技乡土人才队伍,满足县域科研生产一线的人才需求。

七是建立适应市场经济体制的新型县(市)科技服务体系。发挥市场配置资源的基础性作用,整合各类科技资源,协调各部门的科技力量,形成政府引导、多方参与、利益共享、多种形式并存的新型县域科技服务体系及农村科技服务体系。

三、重点抓好专项工作

(五)组织实施科技富民强县专项行动计划(以下简称专项行动)。每年选择一批具有典型意义和较强带动作用的县(市)开展科技富民强县试点工作,并带动地方开展相应工作。重点支持中西部地区和东部欠发达地区。3年内启动约300个国家级试点县(市),整体带动约1000个县(市)。按照"统一部署、地方为主、集成资源、因地制宜"的原则,国务院有关部门做好专项行动总体方案并整体推动实施,以"奖补结合"的方式对试点县(市)进行支持;省级政府有关部门制定本地区的方案并组织实施;试点县(市)具体组织实施,县(市)主要负责同志领导本县(市)专项行动工作。地方各级政府要按照总体方案要求,支持和保障专项行动的顺利实施。

(六)建设基层科技信息服务网络及平台。整合、开发各类科技信息资源,形成科技信息资源库,利用现有信息基础设施构建国家、省、市(地)、县(市)互通的科技信息服务网,推动各县(市)建立科技信息服务平台。经过3年至5年的努力,形成面向基层、资源丰富、运行规范、使用便捷、具有统一服务标志的基层科技信息服务网络及服务平台,推动形成多层次、多功能、交互式的基层科技信息服务体系。按照"统一设计、分层实施"的原则,国务院有关部门负责总体设计、标准制定、资源整合等工作;地方各级政府负责县(市)科技信息服务平台建设和运行,将其列入本地区信息化建设规划、计划,确保资金投入;广泛动员、全面推动,营造有利于基层科技信息服务体系建设和运行的政策环境。各级科技主管部门要结合本地区实际,认真组织实施好试点和全面建设工作,同时要注重队伍建设,建立基层科技信息服务的长效机制。

四、加强县(市)科技工作的政策措施

(七)按照"健全机构、加强队伍、转变职能、提高能力"的要求,提高县(市)科技主管部门的综合管理和公共服务能力。县(市)科技主管部门作为统筹、协调县域科技进步工作的行政主管部门,在做好日常管理工作的同时,要重点做好以下工作:一是加强县(市)经济社会发展等重大问题的前瞻性研究,组织制定科技发展规划,为政府决策提供科技支撑;二是加强科技管理与统筹协调,集成、整合各方科技力量和资源,推动县域科技创新及科技服务体系建设,推动中小企业技术创新、高新技术产业发展及行业科技进步;三是组织县域重大科技项目实施、科技成果转化、应用、推广和科技奖励等,抓好科技示范和引导;四是充分发挥科技公共服务职能,在技术、项目和科技人才引进及科技招商等方面发挥积极作用,抓好科技公共服务平台建设特别是科技信息服务等工作;五是做好科技普及与科技培训工作,加强基层科技队伍建设。

(八)优化县(市)科技工作的政策环境,激发基层科技人员的积极性。抓住培养、吸引、用好人才3个环节,完善和创新人才政策及措施,建立激励科技人员在基层工作的长效机制。贯彻落实《中华人民共和国促进科技成果转化法》和《关于促进科技成果转化的若干规定》精神,切实落实收益分成、技术入股、股权激励等分配政策,激励科技人员在研究与开发、成果推广以及产业化等工作中作出贡献,并取得相应报酬;鼓励和吸引科研院所和高等院校等机构的科技人员通过兼职、技术开发、项目引进、科技咨询等多种方式,为基层提供技术服务;鼓励、支持高等院校毕业生到基层就业和创业;引导和帮助志愿者到基层服务。采取多种方式宣传基层科技人员先进事迹,根据国家有关规定奖励为县域经济社会发展作出重大贡献的优秀科技人员。

(九)加大对县(市)科技工作的投入,建立多元化的投入体系。县级政府要按照《中华人民共和国科学技术进步法》的要求,把科技投入作为县域经济社会发展的战略性投资纳入公共财政框架予以保证,县本级财政用于科技的经费应当逐步增加,并同本地区经济社会发展相适应。县级以上地方各级政府要积极开辟渠道,加大对县(市)科技工作的经费投入,支持科技能力建设,改善基层科技基础条件,特别要重视欠发达地区和少数民族地区县(市)的科技基础设施建设。中央财政在地方支持的基础上,专项支持科技富民强县专项行动计划和基层科技服务网络及平台建设。做好统筹协调,避免科技资金与其他资金重复交叉使用。鼓励企业加大研发投入,不断提高其占销售收入的比重。引导金融机构对科技型中小企业的技术活动开展小额信贷等融资服务。鼓励有条件的县(市)设立科技成果转化专项资金。鼓励各类社会资金投入到县(市)科技发展。要规范县(市)科技经费的使用范围,管好、用好科技资金,确保科技投入的安全、高效。

(十)加强机制创新,探索市场经济条件下县(市)科技工作的有效模式。坚持政府引导与市场调节相结合,促进科技与经济结合,不断探索基层科技工作新机制,充分发挥各方面积极性,促进各类科技资源有效整合和各类生产要素有机结合。鼓励科技人员与农民、企业结成利益共同体,大力推广"公司+基地+农户""农业科技专家大院""农业科技服务110""科技特派员"等成功模式和经验。发展县域生产力促进中心、技术市场、专业技术协会、科技企业孵化器等各类科技服务组织,促进技术、人才和资金的流通。

(十一)加强对县(市)科技工作的领导。县级以上地方各级政府要把县(市)科技工作摆上重要议事日程,切实予以重视和支持。县(市)政府要把科技发展目标纳入本行政区域国民经济和社会发展规划。县(市)主要负责同志要树立正确的政绩观,亲自抓"第一生产力",定期研究科技工作。继续推动县(市)主要负责同志科技进步目标考核工作。国务院有关部门着重宏观规划和政策引导,省级政府有关部门制定政策、加大投入、组织实施。县级政府科技部门要找准需求、发挥优势、奋发有为。

推进县(市)科技进步,要立足于县(市)经济和社会发展的内在需求,充分调动各方面的积极性,集成各类科技资源。要大力促进东中西部地区协作,鼓励发达地区以及国家高新技术产业开发区、科技型企业、科研院所和高等院校与欠发达县(市)之间开展科技结对帮扶活动,整体推动县(市)走依靠科技进步的发展道路,推动形成城乡统筹、和谐发展的基层科技工作新局面。

秦山核电二期工程顺利通过国家竣工验收

第二届中国国际动漫节在杭州开幕

国务委员陈至立出席了开幕式,并参观了中国国际动漫产业博览会,考察了浙江省部分动漫企业。

此次中国国际动漫节历时6天,由国家广播电影电视总局、浙江省人民政府主办,杭州市人民政府、浙江省广播电视局和浙江广播电视集团承办。动漫节围绕中国动画发展80周年,以"动漫,让生活更精彩"为主题。参展单位来自25个国家和地区,包括我国16个国家级动画产业基地等。中国影视动画专业奖项"美猴奖"、全国大学生动漫原创作品大赛,也在动漫节期间颁奖。此次动漫节"重头戏"之一的中国国际动漫产业博览会,共吸引28万人次参观,总成交额37.3亿元,是迄今为止国内动漫界规模最大的专业博览会。

2006年全国"扫黄打非"工作座谈会在河南郑州召开

来自全国各省、自治区、直辖市及副省级城市"扫黄办"以及中宣部、公安部、文化部、民航总局、工商总局、交通部、信息产业部、海关总署、铁道部等全国"扫黄打非"工作小组成员单位的有关负责同志共200多人参加了会议。

新闻出版总署署长、国家版权局局长、全国"扫黄打非"工作小组副组长龙新民在讲话中要求,各地要从维护国家战略安全和文化安全的高度,进一步提高对"扫黄打非"工作重要性的认识,严守"三条底线":一是坚决防止境内出现引起社会广泛议论,危害社会稳定和政治安定,有严重政治问题的出版物;二是坚决防止出现引起社会强烈不满,危害青少年身心健康,造成严重影响的制黄贩黄、淫秽色情出版物泛滥的恶性事件;三是坚决防止出现引起国际社会关注、损害国家利益的盗版、侵犯知识产权的重大案件。他说,把握好这三条,事关党的宣传思想工作的大局,事关"扫黄打非"工作部门的政治责任,任何时候都不能松懈,不能掉以轻心。

4月28日

国家主席胡锦涛在内罗毕同肯尼亚总统齐贝吉举行会谈

胡锦涛指出,我们高度重视中肯关系,把肯尼亚视为中国在非洲的重要合作伙伴。为深化双方各领域友好合作,他提出4点建议。一、保持高层交往,加强人员交流,就治国理政、发展经济、改善民生等议题和双方共同关心的国际及地区问题交换意见,在联合国等国际多边场合继续加强协调、密切合作。二、积极落实已签署的双边合作协议。我们鼓励企业从肯尼亚进口肯方商品,扩大在肯尼亚的投资,参与肯尼亚的基础设施建设和资源能源开发,拓展同肯方在加工业和农业等领域的合作。我们将继续提供力所能及的经济援助,加强对肯尼亚人力资源开发的帮助。三、扩大文化、教育、卫生、旅游、新闻、环保、体育等领域的合作,进一步增进两国人民的相互了解和友谊。四、加强在中非合作论坛框架内的合作,共同努力使今年11月召开的论坛北京峰会暨第三届部长级会议取得成功。

胡锦涛赞赏肯尼亚在东非事务中发挥的积极作用。齐贝吉对此表示感谢,并希望中国继续支持东部非洲实现和平、稳定、发展。他表示肯尼亚支持中非合作论坛,愿同中方加强合作,推动论坛不断发展。

会谈后,胡锦涛和齐贝吉出席了双方关于经贸、文化、教育等领域合作文件的签字仪式。

国家主席胡锦涛在内罗毕会见联合国人类住区规划署执行主任蒂贝琼卡和联合国环境规划署代理执行主任卡卡海勒

十届全国人大常委会组成人员分组审议义务教育法修订草案

组成人员分组审议了义务教育法修订草案,同时审议了国务院关于普及义务教育和实施素质教育的工作报告。义务教育经费保障、彻底取消杂费、对乱收费进行问责、扭转应试教育倾向等问题,成为审议中的热点。

吴邦国委员长参加审议。

本次常委会会议把审议义务教育法修订草案和审议国务院关于普及义务教育和实施素质教育的工作报告安排在同一时间,既有利于根据义务教育法的规定来检查政府普及义务教育的情况,又有利于结合义务教育实际情况修改好义务教育法。审议时,许多常委会组成人员就义务教育法修订草案发表意见和看法。

有常委会组成人员提出,许多农村地区义务教育经费短缺,一些学校缺少运转经费,为了省钱大量聘请代课教师上课。上学费用成为不少农村家庭的沉重负担。本次修改义务教育法,应当重点解决好义务教育特别是农村义务教育经费保障问题,从法律上确立义务教育经费财政保障体制。希望草案针对学校办公经费、维修改造经费、教师工资、贫困学生教科书补助、助学金等具体问题,作出更加明确的规定。

针对逐步免收杂费的问题,许多常委会组成人员提出,义务教育是普及教育、强制教育,也是免费教育。目前中小学校义务教育阶段不再收取学费,但不少学校还在收取杂费。如果不能确立完全免费的义务教育制度,可能难以保证义务教育的顺利实施。近几年,我国财政收入增长很快,已有条件实施免费义务教育。要进一步明确义务教育不得收取学费和杂费,特别是不要为收取杂费留下"尾巴",建议删去草案中的有关条款。但也有常委会委员提出,考虑到实际情况,取消杂费应逐步进行。

一些学校违反国家规定,以各种名目乱收费,社会反映强烈。有常委会组成人员提出,草案虽然规定了"学校不得违反国家规定收取费用,不得以向学生推销或者变相推销商品、服务等方式谋取利益",但在法律责任部分未就学校乱收费或者变相乱收费作出规定,没有明确学校负责人应对乱收费承担何种法律责任。建议草案在学校乱收费问题上引入问责制,明确规定对于违反本法规定收取学费、杂费和其他乱收费的行为,学校负责人或直接责任人应分别承担何种法律责任。同时有常委会组成人员提出,对学校向学生提供必要的服务而收取的合理的服务性收费和代收费应依法加以规范。

还有常委会组成人员提出,虽然目前素质教育取得了一定进展,但千万不能高估。从整体上看,学生课业负担依然很重,应试教育的倾向没有得到改变,素质教育任重道远。建议草案针对这种情况作出切实可行的规定,促进素质教育的真正实施。

国务院总理温家宝签署第464号令发布《中华人民共和国烟叶税暂行条例》

现公布《中华人民共和国烟叶税暂行条例》,自公布之日起施行。

总　理　温家宝

2006年4月28日

中华人民共和国烟叶税暂行条例

第一条　在中华人民共和国境内收购烟叶的单位为烟叶税的纳税人。纳税人应当依照本条例规定缴纳烟叶税。

第二条　本条例所称烟叶,是指晾晒烟叶、烤烟叶。

第三条　烟叶税的应纳税额按照纳税人收购烟叶的收购金额和本条例第四条规定的税率计算。应纳税额的计算公式为:

应纳税额＝烟叶收购金额 × 税率

应纳税额以人民币计算。

第四条　烟叶税实行比例税率,税率为20%。

烟叶税税率的调整,由国务院决定。

第五条　烟叶税由地方税务机关征收。

第六条　纳税人收购烟叶,应当向烟叶收购地的主管税务机关申报纳税。

第七条　烟叶税的纳税义务发生时间为纳税人收购烟叶的当天。

第八条　纳税人应当自纳税义务发生之日起30日内申报纳税。具体纳税期限由主管税务机关核定。

第九条　烟叶税的征收管理,依照《中华人民共和国税收征收管理法》及本条例的有关规定执行。

第十条　本条例自公布之日起施行。

省部级领导干部民族工作专题研讨班结业式在北京举行

中共中央政治局委员回良玉，中共中央统战部部长刘延东参加座谈。来自北京、辽宁、广东、云南、甘肃、新疆6个省、自治区和直辖市的学员分别在座谈会上发言。

省部级领导干部民族工作专题研讨班由中共中央组织部、中共中央统战部、国家民委、中共中央党校举办，各省、自治区、直辖市和新疆生产建设兵团分管民族工作的党政领导和有关部门负责同志参加。

中共中央政治局常委、全国政协主席贾庆林出席结业式并与学员们座谈。

贾庆林强调，党的领导是做好民族工作的根本保证。各级党委一定要按照中央民族工作会议的要求，高度重视民族问题和民族工作，加强和改善党对民族工作的领导。要把民族工作列入重要议事日程，认真研究，周密部署，常抓不懈。要加强对民族问题的学习研究，进一步认识和把握新形势下民族问题、民族工作的特点和规律，坚定不移地走中国特色的解决民族问题的正确道路。要切实加强民族工作机构和干部队伍建设，切实解决少数民族群众生产生活中的特殊困难和问题，扎扎实实地为各民族群众办实事、解难事、做好事。

国务院副总理吴仪在贵州考察

4月28日至30日，在贵州省省长石秀诗等陪同下，吴仪到安顺市平坝县天龙镇双硐村卫生室、贵阳市云岩区宅吉街道办事处社区卫生服务中心以及农民家中了解了农民和城市生活困难群众看病就医情况，考察了天龙镇屯堡文化和贵阳市红枫湖景区、青岩古镇等民俗风情旅游景点以及相关旅游设施，观看了“多彩贵州风”民族歌舞演出。

吴仪对贵州省近年来挖掘多民族文化风情和生活习俗开展旅游、带动当地群众脱贫致富的做法表示赞赏。她强调，贵州旅游资源丰富，具备把旅游业培育成支柱产业的条件，要充分开发并合理利用多姿多彩的民族文化风情和独特的自然景观等旅游资源，大力实施精品战略，坚持传统观光旅游与休闲度假旅游相结合，红色旅游与乡村旅游相结合，推动全省旅游业向更高层次发展。

全国社会治安综合治理工作会议在苏州市召开

中国证监会发布《首次公开发行股票并上市管理办法(征求意见稿)》

国产枭龙全状态战机成功首飞

我国自主研制、具有完全自主知识产权的新一代多用途歼击机枭龙全状态飞机04架，在成都温江机场呼啸着腾空而起。枭龙战机04架空中飞行16分钟，状态良好，首飞圆满成功。

中国首次野外放归圈养大熊猫

国务委员陈至立出席全国高校辅导员队伍建设工作会议并讲话

陈至立要求各地各高校一要把思想认识统一到中央精神上来，切实加强辅导员队伍建设。将加强辅导员队伍建设作为一项具有长期性、基础性的重大任务，作为加强和改进大学生思想政治教育的关键措施来抓。二要健全制度，长远规划。要着眼于建立一套能有效解决队伍建设的突出问题，保证辅导员队伍建设不断推进的领导体制和工作机制。三要明确政策，保障有力。努力创造良好的政策环境、工作环境和生活环境，使辅导员工作有条件、干事有平台、发展有空间，真正做到政策留人、事业留人、感情留人。四要提高素质，开拓创新。要加强辅导员队伍的培训；鼓励专职辅导员成为思想教育、心理健康教育、职业生涯规划、学生事务管理等方面的专门人才；鼓励开拓创新，因地、因校制宜，创造性地开展工作。五要坚持全员育人、全过程育人、全方位育人。高校全体教师都应该以德施教、为人师表，并把思想政治工作贯穿到教育教学各个环节和各个方面。她希望高校辅导员加强学习，不断提高水平，努力做到政治强、业务精、纪律严、作风正。

4月29日

十届全国人大常委会第二十一次会议在人民大会堂闭幕

全国人大常委会委员长吴邦国主持会议并作重要讲话。

会议表决通过了农产品质量安全法、护照法。国家主席胡锦涛签署第49号、第50号主席令，公布了这两部法律。

全国人大常委会副委员长王兆国、李铁映、司马义·艾买提、何鲁丽、丁石孙、成思危、许嘉璐、蒋正华、顾秀莲、热地、盛华仁、路甬祥、乌云其木格、韩启德、傅铁山出席会议。国务委员曹刚川、最高人民法院副院长曹建明、最高人民检察院副检察长张耕列席会议。

会议分别表决通过了全国人大常委会关于加入《乏燃料管理安全和放射性废物管理安全联合公约》的决定、关于批准中国和巴西引渡条约的决定、关于批准中国和西班牙关于刑事司法协助的条约的决定、关于批准中国和西班牙引渡条约的决定、关于批准中国政府和法国政府关于刑事司法协助的协定的决定。

会议还表决通过了全国人大常委会关于加强法制宣传教育的决议。会议表决通过了关于最高人民法院院长提请任免解放军军事法院院长的名单，决定免去曲大成的解放军军事法院院长职务，任命苏勇为解放军军事法院院长。会议还表决通过了其他任免案。

完成各项议程后，吴邦国发表讲话。他指出，中央高度重视科技发展和自主创新，制定了国家中长期科技发展规划纲要，召开了全国科技大会，提出了建设创新型国家的目标。围绕这一目标，全国人大常委会把推动全国科技大会精神和有关法律政策的贯彻落实，作为今年监督工作的一个重点。

吴邦国强调，义务教育和素质教育事关青少年的健康成长，是实施科教兴国和人才强国战略的基础性工作，人民群众十分关注。国务院对此高度重视，采取了一系列政策措施，并于今年2月提出了义务教育法修订草案，常委会进行了初次审议。本次会议在继续审议修订草案的同时，还安排听取和审议国务院关于普及义务教育和实施素质教育的报告。他指出，把执法检查、审议专题工作报告与立法工作结合起来，既可以把各方面提出的比较成熟的意见和建议及时写进法律，提高立法的质量，同时也便于对工作提出意见和建议，推动有关部门改进工作、深化改革。

国家主席胡锦涛签署第49号令发布《中华人民共和国农产品质量安全法》

《中华人民共和国农产品质量安全法》已由中华人民共和国第十届全国人民代表大会常务委员会第二十一次会议于2006年4月29日通过，现予公布，自2006年11月1日起施行。

中华人民共和国主席　胡锦涛

2006年4月29日

中华人民共和国农产品质量安全法

第一章　总　则

第一条　为保障农产品质量安全，维护公众健康，促进农业和农村经济发展，制定本法。

第二条　本法所称农产品，是指来源于农业的初级产品，即在农业活动中获得的植物、动物、微生物及其产品。

本法所称农产品质量安全，是指农产品质量符合保障人的健康、安全的要求。

第三条　县级以上人民政府农业行政主管部门负责农产品质量安全的监督管理工作；县级以上人民政府有关部门按照职责分工，负责农产品质量安全的有关工作。

第四条　县级以上人民政府应当将农产品质量安全管理工作纳入本级国民经济和社会发展规划，并安排农产品质量安全经费，用于开展农产品质量安全工作。

第五条　县级以上地方人民政府统一领导、协调本行政区域内的农产品质量安全工作，并采取措施，建立健全农产品质量安全服务体系，提高农产品质量安全水平。

第六条　国务院农业行政主管部门应当设立由有关方面专家组成的农产品质量安全风险评估专家委员会，对可能影响农产品质量安全的潜在危害进行风险分析和评估。

国务院农业行政主管部门应当根据农产品质量安全风险评估结果采取相应的管理措施，并将农产品质量安全风险评估结果及时通报国务院有关部门。

第七条　国务院农业行政主管部门和省、自治区、直辖市人民政府农业行政主管部门应当按照职责权限，发布有关农产品质量安全状况信息。

第八条　国家引导、推广农产品标准化生产，鼓励和支持生产优质农产品，禁止生产、销售不符合国家规定的农产品质量安全标准的农产品。

第九条　国家支持农产品质量安全科学技术研究，推行科学的质量安全管理方法，推广先进安全的生产技术。

第十条　各级人民政府及有关部门应当加强农产品质量安全知识的宣传，提高公众的农产品质量安全意识，引导农产品生产者、销售者加强质量安全管理，保障农产品消费安全。

第二章　农产品质量安全标准

第十一条　国家建立健全农产品质量安全标准体系。农产品质量安全标准是强制性的技术规范。

农产品质量安全标准的制定和发布，依照有关法律、行政法规的规定执行。

第十二条　制定农产品质量安全标准应当充分考虑农产品质量安全风险评估结果，并听取农产品生产者、销售者和消费者的意见，保障消费安全。

第十三条　农产品质量安全标准应当根据科学技术发展水平以及农产品质量安全的需要，及时修订。

第十四条　农产品质量安全标准由农业行政主管部门商有关部门组织实施。

第三章　农产品产地

第十五条　县级以上地方人民政府农业行政主管部门按照保障农产品质量安全的要求，根据农产品品种特性和生产区域大气、土壤、水体中有毒有害物质状况等因素，认为不适宜特定农产品生产的，提出禁止生产的区域，报本级人民政府批准后公布。具体办法由国务院农业行政主管部门商国务院环境保护行政主管部门制定。

农产品禁止生产区域的调整，依照前款规定的程序办理。

第十六条　县级以上人民政府应当采取措施，加强农产品基地建设，改善农产品的生产条件。

县级以上人民政府农业行政主管部门应当采取措施，推进保障农产品质量安全的标准化生产综合示范区、示范农场、养殖小区和无规定动植物疫病区的建设。

第十七条　禁止在有毒有害物质超过规定标准的区域生产、捕捞、采集食用农产品和建立农产品生产基地。

第十八条　禁止违反法律、法规的规定向农产品产地排放或者倾倒废水、废气、固体废物或者其他有毒有害物质。

农业生产用水和用作肥料的固体废物，应当符合国家规定的标准。

第十九条　农产品生产者应当合理使用化肥、农药、兽药、农用薄膜等化工产品，防止对农产品产地造成污染。

第四章　农产品生产

第二十条　国务院农业行政主管部门和省、自治区、直辖市人民政府农业行政主管部门应当制定保障农产品质量安全的生产技术要求和操作规程。县级以上人民政府农业行政主管部门应当加强对农产品生产的指导。

第二十一条　对可能影响农产品质量安全的农药、兽药、饲料和饲料添加剂、肥料、兽医器械，依照有关法律、行政法规的规定实行许可制度。

国务院农业行政主管部门和省、自治区、直辖市人民政府农业行政主管部门应当定期对可能危及农产品质量安全的农药、兽药、饲料和饲料添加剂、肥料等农业投入品进行监督抽查，并公布抽查结果。

第二十二条　县级以上人民政府农业行政主管部门应当加强对农业投入品使用的管理和指导，建立健全农业投入品的安全使用制度。

第二十三条　农业科研教育机构和农业技术推广机构应当加强对农产品生产者质量安全知识和技能的培训。

第二十四条　农产品生产企业和农民专业合作经济组织应当建立农产品生产记录，如实记载下列事项：

(一)使用农业投入品的名称、来源、用法、用量和使用、停用的日期；

(二)动物疫病、植物病虫草害的发生和防治情况；

(三)收获、屠宰或者捕捞的日期。

农产品生产记录应当保存二年。禁止伪造农产品生产记录。

国家鼓励其他农产品生产者建立农产品生产记录。

第二十五条　农产品生产者应当按照法律、行政法规和国务院农业行政主管部门的规定，合理使用农业投入品，严格执行农业投入品使用安全间隔期或者休药期的规定，防止危及农产品质量安全。

禁止在农产品生产过程中使用国家明令禁止使用的农业投入品。

第二十六条　农产品生产企业和农民专业合作经济组织，应当自行或者委托检测机构对农产品质量安全状况进行检测；经检测不符合农产品质量安全标准的农产品，不得销售。

第二十七条　农民专业合作经济组织和农产品行业协会对其成员应当及时提供生产技术服务，建立农产品质量安全管理制度，健全农产品质量安全控制体系，加强自律管理。

第五章　农产品包装和标识

第二十八条　农产品生产企业、农民专业合作经济组织以及从事农产品收购的单位或者个人销售的农产品，按照规定应当包装或者附加标识的，须经包装或者附加标识后方可销售。包装物或者标识上应当按照规定标明产品的品名、产地、生产者、生产日期、保质期、产品质量等级等内容；使用添加剂的，还应当按照规定标明添加剂的名称。具体办法由国务院农业行政主管部门制定。

第二十九条　农产品在包装、保鲜、贮存、运输中所使用的保鲜剂、防腐剂、添加剂等材料，应当符合国家有关强制性的技术规范。

第三十条　属于农业转基因生物的农产品，应当按照农业转基因生物安全管理的有关规定进行标识。

第三十一条　依法需要实施检疫的动植物及其产品，应当附具检疫合格标志、检疫合格证明。

第三十二条　销售的农产品必须符合农产品质量安全标准，生产者可以申请使用无公害农产品标志。农产品质量符合国家规定的有关优质农产品标准的，生产者可以申请使用相应的农产品质量标志。

禁止冒用前款规定的农产品质量标志。

第六章　监督检查

第三十三条　有下列情形之一的农产品，不得销售：

(一)含有国家禁止使用的农药、兽药或者其他化学物质的；

(二)农药、兽药等化学物质残留或者含有的重金属等有毒有害物质不符合农产品质量安全标准的；

(三)含有的致病性寄生虫、微生物或者生物毒素不符合农产品质量安全标准的；

(四)使用的保鲜剂、防腐剂、添加剂等材料不符合国家有关强制性的技术规范的；

(五)其他不符合农产品质量安全标准的。

第三十四条 国家建立农产品质量安全监测制度。县级以上人民政府农业行政主管部门应当按照保障农产品质量安全的要求，制定并组织实施农产品质量安全监测计划，对生产中或者市场上销售的农产品进行监督抽查。监督抽查结果由国务院农业行政主管部门或者省、自治区、直辖市人民政府农业行政主管部门按照权限予以公布。

监督抽查检测应当委托符合本法第三十五条规定条件的农产品质量安全检测机构进行，不得向被抽查人收取费用，抽取的样品不得超过国务院农业行政主管部门规定的数量。上级农业行政主管部门监督抽查的农产品，下级农业行政主管部门不得另行重复抽查。

第三十五条 农产品质量安全检测应当充分利用现有的符合条件的检测机构。

从事农产品质量安全检测的机构，必须具备相应的检测条件和能力，由省级以上人民政府农业行政主管部门或者其授权的部门考核合格。具体办法由国务院农业行政主管部门制定。

农产品质量安全检测机构应当依法经计量认证合格。

第三十六条 农产品生产者、销售者对监督抽查检测结果有异议的，可以自收到检测结果之日起五日内，向组织实施农产品质量安全监督抽查的农业行政主管部门或者其上级农业行政主管部门申请复检。

采用国务院农业行政主管部门会同有关部门认定的快速检测方法进行农产品质量安全监督抽查检测，被抽查人对检测结果有异议的，可以自收到检测结果时起四小时内申请复检。复检不得采用快速检测方法。

因检测结果错误给当事人造成损害的，依法承担赔偿责任。

第三十七条 农产品批发市场应当设立或者委托农产品质量安全检测机构，对进场销售的农产品质量安全状况进行抽查检测；发现不符合农产品质量安全标准的，应当要求销售者立即停止销售，并向农业行政主管部门报告。

农产品销售企业对其销售的农产品，应当建立健全进货检查验收制度；经查验不符合农产品质量安全标准的，不得销售。

第三十八条 国家鼓励单位和个人对农产品质量安全进行社会监督。任何单位和个人都有权对违反本法的行为进行检举、揭发和控告。有关部门收到相关的检举、揭发和控告后，应当及时处理。

第三十九条 县级以上人民政府农业行政主管部门在农产品质量安全监督检查中，可以对生产、销售的农产品进行现场检查，调查了解农产品质量安全的有关情况，查阅、复制与农产品质量安全有关的记录和其他资料；对经检测不符合农产品质量安全标准的农产品，有权查封、扣押。

第四十条 发生农产品质量安全事故时，有关单位和个人应当采取控制措施，及时向所在地乡级人民政府和县级人民政府农业行政主管部门报告；收到报告的机关应当及时处理并报上一级人民政府和有关部门。发生重大农产品质量安全事故时，农业行政主管部门应当及时通报同级食品药品监督管理部门。

第四十一条 县级以上人民政府农业行政主管部门在农产品质量安全监督管理中，发现有本法第三十三条所列情形之一的农产品，应当按照农产品质量安全责任追究制度的要求，查明责任人，依法予以处理或者提出处理建议。

第四十二条 进口的农产品必须按照国家规定的农产品质量安全标准进行检验；尚未制定有关农产品质量安全标准的，应当依法及时制定，未制定之前，可以参照国家有关部门指定的国外有关标准进行检验。

第七章 法律责任

第四十三条 农产品质量安全监督管理人员不依法履行监督职责，或者滥用职权的，依法给予行政处分。

第四十四条 农产品质量安全检测机构伪造检测结果的，责令改正，没收违法所得，并处五万元以上十万元以下罚款，对直接负责的主管人员和其他直接责任人员处一万元以上五万元以下罚款；情节严重的，撤销其检测资格；造成损害的，依法承担赔偿责任。

农产品质量安全检测机构出具检测结果不实，造成损害的，依法承担赔偿责任；造成重大损害的，并撤销其检测资格。

第四十五条 违反法律、法规规定，向农产品产地排放或者倾倒废水、废气、固体废物或者其他有毒有害物质的，依照有关环境保护法律、法规的规定处罚；造成损害的，依法承担赔偿责任。

第四十六条 使用农业投入品违反法律、行政法规和国务院农业行政主管部门的规定的，依照有关法律、行政法规的规定处罚。

第四十七条 农产品生产企业、农民专业合作经济组织未建立或者未按照规定保存农产品生产记录的，或者伪造农产品生产记录的，责令限期改正；逾期不改正的，可以处二千元以下罚款。

第四十八条　违反本法第二十八条规定，销售的农产品未按照规定进行包装、标识的，责令限期改正；逾期不改正的，可以处二千元以下罚款。

第四十九条　有本法第三十三条第四项规定情形，使用的保鲜剂、防腐剂、添加剂等材料不符合国家有关强制性的技术规范的，责令停止销售，对被污染的农产品进行无害化处理，对不能进行无害化处理的予以监督销毁；没收违法所得，并处二千元以上二万元以下罚款。

第五十条　农产品生产企业、农民专业合作经济组织销售的农产品有本法第三十三条第一项至第三项或者第五项所列情形之一的，责令停止销售，追回已经销售的农产品，对违法销售的农产品进行无害化处理或者予以监督销毁；没收违法所得，并处二千元以上二万元以下罚款。

农产品销售企业销售的农产品有前款所列情形的，依照前款规定处理、处罚。

农产品批发市场中销售的农产品有第一款所列情形的，对违法销售的农产品依照第一款规定处理，对农产品销售者依照第一款规定处罚。

农产品批发市场违反本法第三十七条第一款规定的，责令改正，处二千元以上二万元以下罚款。

第五十一条　违反本法第三十二条规定，冒用农产品质量标志的，责令改正，没收违法所得，并处二千元以上二万元以下罚款。

第五十二条　本法第四十四条、第四十七条至第四十九条、第五十条第一款、第四款和第五十一条规定的处理、处罚，由县级以上人民政府农业行政主管部门决定；第五十条第二款、第三款规定的处理、处罚，由工商行政管理部门决定。

法律对行政处罚及处罚机关有其他规定的，从其规定。但是，对同一违法行为不得重复处罚。

第五十三条　违反本法规定，构成犯罪的，依法追究刑事责任。

第五十四条　生产、销售本法第三十三条所列农产品，给消费者造成损害的，依法承担赔偿责任。

农产品批发市场中销售的农产品有前款规定情形的，消费者可以向农产品批发市场要求赔偿；属于生产者、销售者责任的，农产品批发市场有权追偿。消费者也可以直接向农产品生产者、销售者要求赔偿。

第八章　附　则

第五十五条　生猪屠宰的管理按照国家有关规定执行。

第五十六条　本法自2006年11月1日起施行。

国家主席胡锦涛签署第50号令发布《中华人民共和国护照法》

《中华人民共和国护照法》已由中华人民共和国第十届全国人民代表大会常务委员会第二十一次会议于2006年4月29日通过，现予公布，自2007年1月1日起施行。

中华人民共和国主席　胡锦涛

2006年4月29日

中华人民共和国护照法

第一条　为了规范中华人民共和国护照的申请、签发和管理，保障中华人民共和国公民出入中华人民共和国国境的权益，促进对外交往，制定本法。

第二条　中华人民共和国护照是中华人民共和国公民出入国境和在国外证明国籍和身份的证件。

任何组织或者个人不得伪造、变造、转让、故意损毁或者非法扣押护照。

第三条　护照分为普通护照、外交护照和公务护照。

护照由外交部通过外交途径向外国政府推介。

第四条　普通护照由公安部出入境管理机构或者公安部委托的县级以上地方人民政府公安机关出入境管理机构以及中华人民共和国驻外使馆、领馆和外交部委托的其他驻外机构签发。

外交护照由外交部签发。

公务护照由外交部、中华人民共和国驻外使馆、领馆或者外交部委托的其他驻外机构以及外交部委托的省、自治区、直辖市和设区的市人民政府外事部门签发。

第五条　公民因前往外国定居、探亲、学习、就业、旅行、从事商务活动等非公务原因出国的，由本人向户籍所在地的县级以上地方人民政府公安机关出入境管理机构申请普通护照。

第六条　公民申请普通护照，应当提交本人的居民身份证、户口簿、近期免冠照片以及申请事由的相关材料。国家工作人员因本法第五条规定的原因出境申请普通护照的，还应当按照国家有关规定提交相关证明文件。

公安机关出入境管理机构应当自收到申请材料之日起十五日内签发普通护照；对不符合规定不予签发的，应当书面说明理由，并告知申请人享有依法申请行政复议或者提起行政诉讼的权利。

在偏远地区或者交通不便的地区或者因特殊情况，不能按期签发护照的，经护照签发机关负责人批准，签发时间可以延长至三十日。

公民因合理紧急事由请求加急办理的，公安机关出入境管理机构应当及时办理。

第七条　普通护照的登记项目包括：护照持有人

的姓名、性别、出生日期、出生地,护照的签发日期、有效期、签发地点和签发机关。

普通护照的有效期为:护照持有人未满十六周岁的五年,十六周岁以上的十年。

普通护照的具体签发办法,由公安部规定。

第八条　外交官员、领事官员及其随行配偶、未成年子女和外交信使持用外交护照。

在中华人民共和国驻外使馆、领馆或者联合国、联合国专门机构以及其他政府间国际组织中工作的中国政府派出的职员及其随行配偶、未成年子女持用公务护照。

前两款规定之外的公民出国执行公务的,由其工作单位依照本法第四条第二款、第三款的规定向外交部门提出申请,由外交部门根据需要签发外交护照或者公务护照。

第九条　外交护照、公务护照的登记项目包括:护照持有人的姓名、性别、出生日期、出生地,护照的签发日期、有效期和签发机关。

外交护照、公务护照的签发范围、签发办法、有效期以及公务护照的具体类别,由外交部规定。

第十条　护照持有人所持护照的登记事项发生变更时,应当持相关证明材料,向护照签发机关申请护照变更加注。

第十一条　有下列情形之一的,护照持有人可以按照规定申请换发或者补发护照:

(一)护照有效期即将届满的;

(二)护照签证页即将使用完毕的;

(三)护照损毁不能使用的;

(四)护照遗失或者被盗的;

(五)有正当理由需要换发或者补发护照的其他情形。

护照持有人申请换发或者补发普通护照,在国内,由本人向户籍所在地的县级以上地方人民政府公安机关出入境管理机构提出;在国外,由本人向中华人民共和国驻外使馆、领馆或者外交部委托的其他驻外机构提出。定居国外的中国公民回国后申请换发或者补发普通护照的,由本人向暂住地的县级以上地方人民政府公安机关出入境管理机构提出。

外交护照、公务护照的换发或者补发,按照外交部的有关规定办理。

第十二条　护照具备视读与机读两种功能。

护照的防伪性能参照国际技术标准制定。

护照签发机关及其工作人员对因制作、签发护照而知悉的公民个人信息,应当予以保密。

第十三条　申请人有下列情形之一的,护照签发机关不予签发护照:

(一)不具有中华人民共和国国籍的;

(二)无法证明身份的;

(三)在申请过程中弄虚作假的;

(四)被判处刑罚正在服刑的;

(五)人民法院通知有未了结的民事案件不能出境的;

(六)属于刑事案件被告人或者犯罪嫌疑人的;

(七)国务院有关主管部门认为出境后将对国家安全造成危害或者对国家利益造成重大损失的。

第十四条　申请人有下列情形之一的,护照签发机关自其刑罚执行完毕或者被遣返回国之日起六个月至三年以内不予签发护照:

(一)因妨害国(边)境管理受到刑事处罚的;

(二)因非法出境、非法居留、非法就业被遣返回国的。

第十五条　人民法院、人民检察院、公安机关、国家安全机关、行政监察机关因办理案件需要,可以依法扣押案件当事人的护照。

案件当事人拒不交出护照的,前款规定的国家机关可以提请护照签发机关宣布案件当事人的护照作废。

第十六条　护照持有人丧失中华人民共和国国籍,或者护照遗失、被盗等情形,由护照签发机关宣布该护照作废。

伪造、变造、骗取或者被签发机关宣布作废的护照无效。

第十七条　弄虚作假骗取护照的,由护照签发机关收缴护照或者宣布护照作废;由公安机关处二千元以上五千元以下罚款;构成犯罪的,依法追究刑事责任。

第十八条　为他人提供伪造、变造的护照,或者出售护照的,依法追究刑事责任;尚不够刑事处罚的,由公安机关没收违法所得,处十日以上十五日以下拘留,并处二千元以上五千元以下罚款;非法护照及其印制设备由公安机关收缴。

第十九条　持用伪造或者变造的护照或者冒用他人护照出入国(边)境的,由公安机关依照出境入境管理的法律规定予以处罚;非法护照由公安机关收缴。

第二十条　护照签发机关工作人员在办理护照过程中有下列行为之一的,依法给予行政处分;构成犯罪的,依法追究刑事责任:

(一)应当受理而不予受理的;

(二)无正当理由不在法定期限内签发的;

(三)超出国家规定标准收取费用的;

(四)向申请人索取或者收受贿赂的;

(五)泄露因制作、签发护照而知悉的公民个人信息，侵害公民合法权益的；

（六）滥用职权、玩忽职守、徇私舞弊的其他行为。

第二十一条 普通护照由公安部规定式样并监制；外交护照、公务护照由外交部规定式样并监制。

第二十二条 护照签发机关可以收取护照的工本费、加注费。收取的工本费和加注费上缴国库。

护照工本费和加注费的标准由国务院价格行政部门会同国务院财政部门规定、公布。

第二十三条 短期出国的公民在国外发生护照遗失、被盗或者损毁不能使用等情形，应当向中华人民共和国驻外使馆、领馆或者外交部委托的其他驻外机构申请中华人民共和国旅行证。

第二十四条 公民从事边境贸易、边境旅游服务或者参加边境旅游等情形，可以向公安部委托的县级以上地方人民政府公安机关出入境管理机构申请中华人民共和国出入境通行证。

第二十五条 公民以海员身份出入国境和在国外船舶上从事工作的，应当向交通部委托的海事管理机构申请中华人民共和国海员证。

第二十六条 本法自2007年1月1日起施行。本法施行前签发的护照在有效期内继续有效。

十届全国人大常委会在人民大会堂举行第二十次专题讲座

全国人大常委会委员长吴邦国主持讲座。全国人大常委会副委员长王兆国、李铁映、司马义·艾买提、何鲁丽、丁石孙、成思危、许嘉璐、蒋正华、顾秀莲、热地、盛华仁、乌云其木格、韩启德听取了讲座。

讲座的题目是《走中国特色自主创新之路，建设创新型国家》。主讲人是全国人大常委会副委员长、中国科学院院长路甬祥。他着重从人类发展历史的启迪、当今时代的特征、我国的国情与挑战、建设中国特色的创新型国家等方面作了讲述。

路甬祥说，在人类社会发展的进程中，特别是近代科学和工业革命发生以来，以科学技术为基础的创新活动将社会生产力和人类文明不断推进到新的阶段，推动着人类社会生产方式、生活方式、思维方式和社会结构的变革。发展中国家现代化的不同路径表明，走劳动密集型、资源依赖型的发展模式或依赖外国资本和技术的发展模式，都无法实现追赶目标，只有依靠自主创新才能实现跨越发展、持续发展。

路甬祥说，国情决定了我们必须建设创新型国家。只有走自主创新道路，建设创新型国家，我们才能继续保持经济的稳定高速增长，才能保持经济社会全面协调可持续发展，才能从容应对日趋激烈的国际竞争。与此同时，我国已基本具备建设创新型国家的综合国力、科技基础、文化氛围。

路甬祥说，我国尚处在社会主义初级阶段，处在全面建设小康社会、加快社会主义现代化的关键机遇期，建设创新型国家，必须坚持从我国的基本国情以及当前和长远发展的需求出发，进一步明确发展目标、增加科技投入、建设国家创新体系，造就创新人才、创新体制机制、建设创新文化，实现创新能力的跨越发展。

讲座还通过视频会议系统向各省、自治区、直辖市人大直播。各省级人大组织相关人员收看了讲座。

国务院总理温家宝签署第465号令发布《中华人民共和国濒危野生动植物进出口管理条例》

《中华人民共和国濒危野生动植物进出口管理条例》已经2006年4月12日国务院第131次常务会议通过，现予公布，自2006年9月1日起施行。

总　理　温家宝

2006年4月29日

中华人民共和国濒危野生动植物进出口管理条例

（文略）

国务院副总理曾培炎出席在浙江杭州召开的加快服务业发展工作座谈会并讲话

曾培炎说，服务业发展水平是一个国家现代化程度的重要标志。改革开放以来，我国服务业规模不断扩大、结构不断改善，为增加就业、满足人民生产生活需要发挥了积极作用。当前，加快发展服务业，有利于推动经济增长方式转变，有利于建设资源节约型、环境友好型社会，对于完善社会主义市场经济体制，促进经济社会协调发展具有重要意义。

曾培炎提出六点要求。第一，大力发展面向生产的服务业。重点发展交通运输、现代物流、金融服务、信息服务和中介服务业。要抓住重点领域、关键环节，促进连锁化经营，鼓励生产性服务业走专业化道路。

第二，规范提升面向生活的服务业。大力发展社区服务业、商贸服务业，以及旅游休闲、文化娱乐、体育健身等需求潜力大的服务业。要围绕方便群众生活，扩大短缺服务产品供给，提升服务质量，规范服务业市场秩序。

第三，充实改善面向农村的服务业。健全农业技术支持体系，发展农资连锁经营，完善农副产品流通体制，推进农村经济信息服务。要结合农村综合改革，引导富余人员向农村服务行业转移，提高农村服务业发展水平。

第四，积极参与国际服务业竞争。要积极承接国际服务业转移，加强同国外服务企业的交流与合作。大力发展服务贸易，支持有实力的服务企业走出去。

引进国际服务业的先进理念、先进技术和管理经验，促进国内服务业现代化。

第五，加快推进服务业自主创新和人才开发。在服务业各领域广泛普及和应用先进技术，培育和打造知名服务品牌。加强服务业人才培养，努力造就一大批高层次、高技能、通晓国际规则、熟悉现代管理的服务业专门人才。

第六，着力解决制约服务业发展的体制性障碍。深化垄断行业改革，放宽准入条件，创造公平竞争的市场环境，鼓励、支持和引导非公有制经济在更广泛的领域发展服务业。要进一步转变政府职能，加强市场监管，强化服务功能。

中国常驻联合国代表王光亚在芝加哥大学出席中国与世界的未来研讨会并发表主旨演讲

王光亚说，历史上，大国在崛起的过程中往往试图影响或改变其所处时代的国际格局。目前，美国的学术界就有人对中国是否会重复这样的做法表示担心。对此，他指出，中国需要并将坚持走对内和谐、对外和平的发展道路。中国外交政策的目标必然是谋求和平、维护稳定、推进合作。

王光亚强调，走和平发展之路意味着中国将全力争取和平的国际环境，进一步发展自己，又以自身发展促进世界和平。和平发展是中国实现富裕的需要，是中国根本利益使然，也是中国“和为贵”文化传统的必然选择。他说，在当前各国相互依存度不断提高的情况下，和则共赢，战则皆输。大国崛起而触发冲撞的传统模式，必然要让位于彼此和平共处。“中国在发展过程中，不会、也不可能重复以往大国崛起的‘零和’道路。”

王光亚还以丰实的数据和事例，指出中国的发展对世界不是挑战与威胁，而是巨大的贡献和机遇。他说，中国经济对世界经济的拉动效应日益显现，已成为世界经济增长的一个重要引擎。中国庞大的市场能量开始显现，世界各个地区均从其中受益。中国切实履行入世承诺，认真落实联合国千年发展目标，向发展中国家提供不带政治条件的援助，履行国际义务。

王光亚特别指出，中国迄今已向 110 多个国家和区域组织援建了 2000 多个项目，对 44 个不发达国家减免了 200 多亿元人民币（1 美元约合 8.02 元人民币）债务。今后 3 年，中国将向不发达国家提供 100 亿美元的优惠信贷，帮助其加强基础建设。

在谈到中美是合作伙伴还是竞争对手的问题时，王光亚说，中国国家主席胡锦涛前不久在美国进行国事访问时，就发展和深化中美关系提出了六点主张，这对全面推进中美建设性合作关系将产生深远影响。王光亚表示，中美在一些问题上存在着差异，甚至分歧。这是正常的。关键是如何看待和处理彼此间的正常矛盾。从现实和长远看，两国共同利益是第一位的，中美完全可以彼此受益，成为建设性合作伙伴。

王光亚说，作为最大的发展中国家和发达国家，中美对世界、特别是亚太地区的和平、安全与繁荣负有特殊责任。两国在一系列领域拥有广泛共同利益。中美应继续在反恐、反扩散、亚太事务、打击跨国犯罪、防范传染病等一系列传统和非传统领域加强合作，共同维护和促进亚太地区和世界的和平、稳定和发展。

第十三届北京大学生电影节在北京朝阳体育馆落下帷幕

《天狗》获最佳故事片奖；张元凭借《看上去很美》获得最佳导演奖。

国家林业局在北京召开全国春季森林防火工作电视电话会议

会议部署了春季森林防火攻坚阶段各项工作，会议要求，打好春季森林防火攻坚战，重点抓好两个时段，突出四大区域，做到六个到位。

两个时段是：从现在起到 5 月 20 日前，集中精力抓好“五一”期间森林防火工作，深入推进南方省区“三无创优”活动，做好东北、内蒙古重点林区和西北林区森林火灾防范，打好春防第二战役。5 月 20 日之后，加强大兴安岭北部林区和新疆林区森林防火工作，严密防范雷击火灾和人为火灾，打好春防第三战役，夺取春季森林防火工作全面胜利。

四大区域是：目前森林火险等级居高不下的西南林区、华北林区、西北林区和火险形势日趋严峻的东北、内蒙古林区，是当前全国森林防火工作的重中之重。

六个到位是：加强宣传教育，做到思想认识到位；加强预测预报，做到预警响应到位；加强火源管控，做到防范措施到位；加强预案落实，做到应急处置到位；加强综合保障，做到人员物资到位；加强组织领导，做到责任落实到位。

4 月 30 日

国办发出《关于全面做好“五一”黄金周期间安全工作的通知》

各省、自治区、直辖市人民政府，国务院各部委、各直属机构：

“五一”黄金周来临，城乡居民出行大量增加，旅游景点等公共场所人员增多，安全管理任务更加繁重。

为全面做好节日期间安全工作,确保广大人民群众度过一个欢乐、祥和、平安的假期,经国务院同意,现就有关事项通知如下:

一、加强组织领导,确保安全责任落实各地区、各部门、各单位要高度重视"五一"黄金周期间的安全工作,牢固树立"以人为本"的理念,坚持"安全第一、预防为主、综合治理"的方针,进一步强化行政领导负责制,落实企业和单位主体责任。要精心组织好本地区、本部门、本单位的安全管理工作,针对薄弱环节,制定严密的防范措施。要组织力量深入基层,加强督促检查,解决突出问题,坚决防止重、特大事故的发生。

二、切实加强旅游、交通、消防安全管理,确保公共场所安全要加强旅游场所的安全管理工作,做好对游船、缆车、索道等旅游设备设施的安全检查,达不到安全要求的一律停止运营使用;对带有危险性的登山、探险、漂流等旅游项目要制定严密的安全保障措施;加强对重点旅游景点天气情况、游客数量、交通住宿等相关信息及境外旅游预警信息的发布工作,各类旅游场所要按照接待容量,控制高峰时段游客数量,合理疏导游客,严防拥堵、踩踏等事件的发生。要加强对各种体育、文化、娱乐等大型活动的组织管理,制订妥善的人群疏散方案和应急预案,切实做好安全保卫工作。公安、交通、铁路、民航等部门要加强对运营企业安全生产监督检查,严禁车船超速、超载、超限运输,严禁不具备运营条件的交通工具非法载客,严禁旅客携带易燃、易爆、剧毒等危险物品进站、上车(船、飞机)。消防部门要加强对宾馆饭店、车站、码头、商场、集贸市场等人员密集场所的消防安全检查,确保疏散通道、安全出口畅通,确保消防设备设施齐全完好,严防火灾事故发生。

三、全面落实煤矿、危险化学品及易燃易爆品等方面的安全管理措施,确保安全生产要加强节日期间安全生产的监督检查,及时发现并整改事故隐患,对重大危险源要24小时严密监控。要认真落实煤矿瓦斯防治各项措施,杜绝超能力、超强度、超定员开采;有关部门要加强对停产整顿矿井、已关闭矿井、基建矿井、改扩建矿井等巡查,严防非法生产。要全面加强危险化学品的安全监管,严密防范泄漏等事故发生,依法取缔各类非法生产经营的企业和销售网点。加强对民爆物品和烟花爆竹生产、经营、储存、运输、销售等各环节的安全管理,坚决纠正各种违法违规现象。同时,要加强非煤矿山、建筑施工、冶金、建材、电力、军工、渔业船舶等行业和领域的安全生产工作,对不具备安全生产基本条件的企业,依法停产整顿或关闭。

四、加强食品安全监管和卫生监督工作,确保人民群众饮食安全和身体健康要切实加强食品生产、销售卫生的监督管理,重点加强餐饮业卫生监督检查,防止食源性疾病和食物中毒事件的发生。加强对供水单位执行《生活饮用水卫生监督管理办法》情况的检查,确保群众饮用水安全。要保证突发公共卫生事件监测直报网络和通讯系统正常运行,密切关注可能危及群众安全的重大传染病疫情动态,做好突发公共事件医疗救援的技术、人员和物资准备。加强各级各类医疗机构临床一线人员的值班力量,满足群众节日期间看病就医需要。

五、加强森林防火和防汛等工作,确保防范自然灾害的各项措施落到实处要加强对高火险区和火灾多发区域的巡视和检查,严格执行野外用火审批制度,林区风景名胜景点要严禁游客野外用火。有关部门要加强火险天气分析和监测,及时做好森林火险等级预测预报和发布工作。要全面做好火灾扑救的各项准备,提前安排好人力、物力,森林消防队伍要随时保持高度警惕,落实各项应急防范措施,一旦发现火情,要在最短时间内组织扑救,防止火灾蔓延。要加强防汛抢险、水库旅游、水利施工等重点领域的安全管理和监督检查,做好山洪灾害和滑坡、泥石流等地质灾害的监测预报,落实防、抢、撤、救预案和群测群防的各项措施。

六、加强节日期间值班工作,确保信息畅通、快速反应各地区、各部门、各单位要高度重视节日期间值班工作,做好值班安排。有关负责同志要亲自带班,并安排熟悉业务的同志昼夜值班。值班人员要尽职尽责,不得擅离职守。负有安全监管职责和承担专业应急指挥职能的有关部门,要准备足够的应急力量,遇有突发公共事件,要按规定及时启动应急预案,进行妥善处置。同时,要迅速上报情况,保证信息畅通。各地区、部门、单位之间要加强协作配合和联系沟通,在信息资源、监督执法及突发公共事件抢险救援等环节形成合力,确保各项工作协调有序。

国务院办公厅

2006年4月30日

中共中央政治局常委李长春在北京观看京剧武戏武打探索实验折子戏专场演出

演出由文化部组织,演出结束后,李长春亲切会见了演职人员,祝贺演出成功。李长春说,京剧武戏武打探索实验,在创新和发展京剧艺术方面迈出了可喜的一步。创新是艺术生存和发展的根本动力。实现京剧的振兴,一方面要把京剧优秀传统的精华和绝活儿很好地传承下来;另一方面也要重视吸收其他艺术品种的优秀元素,不断丰富和发展。要充分调动广大演职人员的主动性、积极性、创造性,进一步吸收专家和观众的意见，面向市场、面向群众，鼓励探索、鼓励创新，使京剧这门古老的艺术焕发出新的生机和活力。

2006中国沈阳世界园艺博览会开幕

全国人大常委会副委员长司马义·艾买提，全国政协副主席李贵鲜，世界园艺生产者协会主席法贝尔，18个国家的驻华使节以及来自国内外的2500多名来宾出席了开幕式。

沈阳世园会组委会主任、辽宁省省长张文岳说，这是第一次在森林里举办融合城市建筑文化、体现环保生态理念的博览会，此次世园会荟萃了五大洲23个国家和中国53个城市的园林园艺，以及25个专类展园，风格各异，多姿多彩，将向世界展现“人与自然和谐共生”的优美画卷。

世界园艺博览会至今已举办了25届。2006中国沈阳世界园艺博览会是由辽宁省人民政府、建设部、商务部、中国国际贸易促进会、国家旅游局、中国花卉协会主办，由沈阳市人民政府承办，展览日期从4月30日至10月31日，主题为“我们与自然和谐共生”，展会的吉祥物为“阳阳”——一只展翅飞翔的小喜鹊。

中国女队在德国不来梅举行的第四十八届世乒赛女团决赛中获得冠军

卫生部发出《关于贯彻落实〈国务院关于解决农民工问题的若干意见〉的通知》

5月1日

国务院总理温家宝与首钢工人共度“五一”国际劳动节

中共中央政治局常委、国务院总理温家宝在中共中央政治局委员、北京市市委书记刘淇，北京市市长王岐山陪同下专程来到首钢总公司，和首钢工人共度“五一”国际劳动节，代表党中央、国务院向全国广大工人、农民、知识分子表示崇高的敬意和亲切的慰问，致以节日的祝福。

国务院副总理吴仪在重庆考察

5月1日至3日，在重庆市市委书记汪洋、市长王鸿举等陪同下，吴仪先后到渝中区、九龙坡区和武隆县，考察了商务、卫生、旅游工作，亲切慰问了节日期间坚守岗位的干部职工，勉励大家牢固树立安全第一的思想，更加扎实细致地工作，确保人民群众度过一个欢乐祥和的“五一”黄金周。

吴仪对重庆近年来经济社会发展的巨大变化，特别是在发展开放型经济方面所作的积极探索予以肯定。她指出，重庆是西部地区唯一的直辖市，要加快改革开放步伐，在对内开放和对外开放上迈出更大的步子，把体制、区位、自然资源，以及市场潜力大、劳动力成本低等优势充分发挥出来，实现经济社会又快又好发展。

在九龙坡区疾病预防控制中心、渝中区石油路社区卫生服务站、武隆县仙女山镇龙宝塘村卫生室，吴仪详细了解了疾病预防控制、社区卫生服务和新型农村合作医疗试点工作情况，并与社区居民和农民分别进行了座谈。她对重庆基层卫生工作的发展表示赞赏，她要求：充分发挥疾病预防控制体系的作用，认真加强疾病监测和疫情报告，落实好应急预案，有效保障公共卫生安全；在城市积极整合医疗卫生资源，努力构建社区卫生服务体系，不断完善相关政策措施，切实解决困难群众看病难、看病贵问题；在农村大力推进新型农村合作医疗试点工作，不断加强农村基层卫生服务机构建设，使广大农民能够得到更加便捷、经济、有效的医疗卫生服务。

国务委员唐家璇在钓鱼台国宾馆会见日本自民党干事长武部勤一行

百花芬芳——明荣辱树新风促和谐主题演出周在北京民族文化宫拉开帷幕

由中国文联及中国戏剧家协会、中国电影家协会、中国音乐家协会、中国曲艺家协会、中国舞蹈家协会、中国杂技家协会及中国文联演艺中心等单位组织的这台晚会，把精彩纷呈的艺术佳作献给观众。歌曲《“八荣八耻”人人须知》《爱我中华》《愚公移山》《和谐大家园》，京剧《红色娘子军》《贞观盛事》，舞蹈《祝福祖国》，相声短剧《夫妻日记》等十几个由名家表演的精彩节目，赢得阵阵掌声。中央领导同志与各界群众一起观看了当晚的首场演出。

中国男队在德国不来梅举行的第四十八届世乒赛男团决赛中夺冠

5月2日

国务院 中央军委发出关于授予金春明同志“雷锋式消防战士”荣誉称号的命令

公安部：

国务院、中央军委决定：授予辽宁省公安消防总队本溪市支队明山区大队特勤中队一班班长金春明“雷锋式消防战士”荣誉称号。

金春明，男，朝鲜族，1977年12月出生，黑龙江省尚志市人，中共党员。金春明同志1995年12月入伍以来，始终以雷锋同志为榜样，视人民群众的利益高于一切，在平凡的岗位上作出了不平凡的业绩。他忠于职守，英勇顽强，不畏艰险，冲锋在前，共参加灭火救援战斗1500多次，抢救遇险群众65人，先后11次立功，7次被评为优秀士兵，被本溪市公安局授予“忠诚卫士”荣誉称号，被公安部授予“模范消防战士”荣誉称号。他胸怀报效祖国和人民的志向，勤学苦练，奋发有为，练就了过硬本领，曾连续三年获得本溪市公安消防支队技能大比武冠军，先后被评为辽宁省公安消防部队“十大杰出官兵”“十佳战斗班班长”和全国公安消防部队执勤岗位练兵“十佳技术能手”。他牢记为人民服务的宗旨，心系群众，爱民为民，以弘扬雷锋精神为己任，长期照顾孤寡老人，全力资助贫困学生，深受驻地人民群众的好评，曾先后8次被评为优秀共产党员，分别被共青团本溪市委员会和本溪市委精神文明建设指导委员会办公室授予“希望工程特殊贡献奖”和“学雷锋标兵”荣誉称号，先后荣获“辽宁省雷锋奖章”“辽宁省青年五四奖章”和“中国青年五四奖章”，并被评为全国民族团结进步模范个人、军民共建社会主义精神文明先进个人。

金春明同志忠于党的事业，在生与死的考验中，敢于赴汤蹈火、冲锋陷阵，为保卫人民群众生命财产安全作出了突出贡献。他爱岗敬业，爱警习武，苦练本领，勇攀高峰，是新时期消防官兵的杰出代表。他自觉传承、大力弘扬雷锋精神,从警为民,乐于奉献,为人民抛洒一片爱心,是新时期青年的楷模。金春明同志以朴实无华、一心为民的高尚情操、勇攀高峰的进取精神、精湛过人的专业技能、冲锋在前的英雄气概、无私奉献的优秀品德,忠实地践行了"三个代表"重要思想和全心全意为人民服务的宗旨,用雷锋精神抒写了新时期革命军人爱民为民的壮丽诗篇。

国务院、中央军委号召全体公安民警、武警官兵和全军指战员以金春明同志为榜样,认真学习邓小平理论和"三个代表"重要思想,牢固树立和落实科学发展观,继承和发扬我党、我军优良传统,不断提高队伍的整体素质和战斗力,全心全意为人民服务,努力完成党和人民赋予的各项任务,为保障人民安居乐业和全面建设小康社会作出新贡献。

国务院总理 温家宝

中央军委主席 胡锦涛

2006年5月2日

中方要求日方加快销毁遗弃在华的化学武器

中国有关部门近日表示,要求日本国会议员敦促日本切实履行在《禁止化学武器公约》及中日有关备忘录中作出的承诺,加快工作进程,早日干净、彻底地销毁日本遗弃在中国的化学武器。

日本日中新世纪会会长、公明党众议员远藤乙彦率领该会5名国会议员于4月29日至5月2日考察了在吉林和广东两省发现的日本遗弃化学武器的埋藏点。日本内阁府处理遗弃化学武器担当室室长高松明陪同进行了考察。

中国外交部和国防部主管部门负责人到现场向日方介绍了日本遗弃化学武器对当地人民生命财产和生态环境安全构成严重威胁和危害等有关情况,并要求日本国会议员敦促日本切实履行在《禁止化学武器公约》及中日关于销毁在中国遗弃化学武器备忘录中作出的承诺,加快工作进程,早日干净、彻底地销毁日本遗弃在中国的化学武器。

中国企业代表吕佩师首次跻身IEC

吕佩师是"全国五一劳动奖章"获得者、海尔集团洗衣机产品本部总工程师,还是"环保双动力洗衣机(即不用洗衣粉的洗衣机)"发明人,并因此获得国家科技进步二等奖。2002年,吕佩师带领海尔研发团队发明出被誉为"世界第四种洗衣机"的双动力洗衣机,与此前公认的世界洗衣机三大流派——欧洲滚筒式、亚洲波轮式和美国搅拌式比肩而立。

2003年,在双动力洗衣机的基础上,吕佩师的团队又发明了"环保双动力洗衣机"。2005年,国际电工委员会(以下简称IEC)接受了海尔环保双动力洗衣机为国际标准的提案。2006年4月,吕佩师成为中国首位进入IEC技术委员会的专家。专家组认为,吕佩师在海尔创造的世界第四种洗衣机——"双动力洗衣机、环保双动力洗衣机两款标志性产品极具创新意义,代表了行业未来20年的发展方向。"

我国发明专利申请量列世界第四

据《人民日报》报道:我国目前发明专利申请量位居世界第四位,商标、实用新型专利和外观专利的年申请量跃居世界第一位。

5月3日

国家主席胡锦涛就亚美尼亚客机失事向亚美尼亚共和国总统科恰良致慰问电

第十届"中国青年五四奖章"评选结果揭晓

10名"中国青年五四奖章"获得者分别是:丁晓兵、花二军、徐涛、徐强、陈化兰、朱张金、郎丽华、刘庆峰、吾斯曼江·司马义、高晓飞。

中国队在第五届CSK杯亚洲围棋团体赛中夺得冠军

5月4日

国务院总理温家宝在北京师范大学看望青年学生

中共中央政治局常委、国务院总理温家宝和国务委员陈至立一行专程来到北京师范大学,亲切看望青年学生,与大家共度"五四"青年节,代表党中央、国务院向全国广大青年朋友表示亲切的慰问,致以节日的祝贺。

国务院安全生产委员会办公室发出紧急通知要求各地做好"五一"黄金周后期的安全工作

通知要求,切实加强领导,做好"五一"黄金周后期的安全工作。要坚持领导干部到岗带班的值班制度,掌握重大情况,发现问题,及时解决。各级安全监管监察部门要切实加强对重点地区、重点单位、关键环节的安全监管监察。要加强对各类交通运输工具、旅游场所和人员密集场所的重点安全监管,严防重大交通、火灾、踩踏等群死群伤事故发生。

通知指出,要加强放假停产企业节后复产和旅游返程的安全管理工作。督促煤矿、非煤矿山、危险化学品、建筑施工、民爆器材等企业制定并落实完善的安全保障措施。公安、交通、铁路、民航等部门要做好返程旅客、游客的合理疏导工作,加强对运营企业和交通工具的安全检查,严禁非法载客和超速、超载、超限运输,严禁旅客携带易燃、易爆、剧毒等危险物品进站、上车。

全国共有共青团员7000多万人

新华社报道:截至2005年年底,全国共有共青团员7214.6万人,基层团委19.9万个,团总支22万个,团支部249.1万个;专职团干部19.1万人,其中,学生团员总数为3570.1万人,约占团员总数的49%。

"中国青年五四奖章"获得者向全国青年发出《青春奉献十一五 我与祖国共奋进》的倡议书

全国的青年朋友们:

在伟大的"五四"爱国运动87周年之际,我们,中国青年五四奖章获得者相聚在首都北京,向大家致以节日的问候和崇高的敬意!

青春,是人的一生中最美好的黄金岁月。飞扬的青春带给我们奋进的勇气,带给我们创造的激情。回首往昔,为了中华民族的振兴和富强,一代又一代青年勇立时代潮头,前仆后继,锐意进取,拼搏奉献,创造了辉煌的青春业绩。这是中国青年引以为自豪的光荣历史,也是激励当代青年在新世纪再创佳绩的巨大动力。

当前,我们的祖国已进入全面建设小康社会、加快推进社会主义现代化建设新的发展阶段。把握机遇,再创辉煌,历史的重任责无旁贷地落在了当代青年的肩上。在此,我们向全国青年朋友们倡议:与祖国共奋进,与时代同发展,与人民齐奋斗,为中华民族伟大复兴贡献青春、智慧和力量。

与祖国共奋进,需要广大青年树立坚定理想信念,用邓小平理论和"三个代表"重要思想武装头脑,全面贯彻落实科学发展观,坚定不移地跟党走中国特色社会主义道路。让我们继承和发扬"五四"精神,牢固树立报国志向,传承民族优秀文化,坚决维护民族尊严和祖国统一,始终做到胸怀祖国、心系民族,把炽热的爱国热情转化为报效祖国、服务人民的实际行动。

与祖国共奋进,需要广大青年刻苦学习砥砺成才,用人类创造的一切先进文明成果不断充实和提高自己,努力成为社会主义现代化建设的合格建设者。让我们树立终身学习的观念,紧跟时代和社会前进的步伐,在学习中实践,在实践中提高,学以致用,知行合一,成长成才。

与祖国共奋进,需要广大青年锐意进取勇于创新,在社会主义现代化建设的历史进程中,在祖国和人民需要的广阔天地里,施展创业才华,竞展青春风采。让我们结合自身实际,立足本职岗位,以改革的精神、创新的勇气,脚踏实地,艰苦奋斗,建功立业。

与祖国共奋进,需要广大青年知荣明耻,甘于奉献,自觉践行社会主义荣辱观,努力做中华民族传统美德的传承者,做体现时代进步要求的新道德规范的实践者。让我们从身边做起,从点滴做起,把健康向上的社会道德风尚融入到自己的一言一行中,把甘于奉献的崇高精神体现到关爱他人、服务社会的一举一动中。

青年朋友们,"五四"先辈的火炬已传递到我们手中,祖国和人民对我们寄予厚望。让我们紧密团结在以胡锦涛同志为总书记的党中央周围,高举邓小平理论和"三个代表"重要思想伟大旗帜,自觉肩负起时代赋予的历史使命,勤于学习,善于创造,甘于奉献,用青春承载理想,用奋斗成就未来,在全面建设小康社会的伟大实践中谱写壮美恢弘的青春画卷,奏响雄浑激扬的青春乐章!

国务院4·29特别重大瓦斯爆炸事故调查组在陕西延安成立

2006年4月29日16时,陕西省延安市子长县瓦窑堡镇煤矿发生瓦斯爆炸事故,造成32名矿工遇难。调查组将就这个今年以来全国煤矿发生的最大的事故展开调查。

事故调查组组长、国家煤矿安全监察局局长赵铁锤说,子长瓦窑堡镇煤矿安全管理混乱,安全隐患严重,教训十分深刻。该矿安全生产管理上存在严重问题,主要体现在采掘布置混乱、通风管理混乱和瓦斯检查不到位等方面。

赵铁锤指出,在陕西省委、省政府的领导下,抢险救灾工作取得积极成效,善后处理工作正在有序进行。国务院调查组将努力搞好事故调查工作,坚持实事求是,按照"四不放过"的原则依法追究事故责任人的责任,拿出经得起历史检验、经得起社会监督的调查结论。

5月5日

外交部部长李肇星与泰国外长甘达提通话

双方就进一步深化中泰战略性合作关系和共同关心的问题交换了看法。

5月6日

国务院总理温家宝在宁夏考察

宁夏中部地区遭受历史上罕见的旱灾,连续600多天没有有效降雨。温家宝非常关心受灾地区群众的生产生活。5月6日至7日,他先后到中宁县、同心县察看旱情,同当地干部群众研究抗旱救灾工作的措施。

在同心县,温家宝说,严重的灾情给群众生产生活带来很大困难,当前首要任务是做好抗旱工作。第一,安排好群众生活,特别是解决好受灾地区的人畜饮水问题;第二,开展生产自救,调整农业结构,发展多种经营,结合退牧还草,发展畜牧业,组织好劳务输出,有条件的地区要解决好灌溉用水,大力推进节水灌溉;第三,要特别注意解决贫困地区、少数民族地区困难群众的生活,对老人、孩子要给予照顾,保障他们的基本生活;第四,各级政府要加大对受灾地区的扶持。抗旱救灾措施要落实到村到户。当温家宝离开李家山村时,太阳已落山了。

6日晚,温家宝与县、乡、村干部和农民群众进行座谈。他指出,近年来,我国农民收入增长较快,粮食生产连续获得丰收,这说明中央采取的一系列支农政策是完全正确的。但我们要居安思危,既要看到有利条件,又要看到不利因素。他强调,保持国民经济的平稳较快发展,必须加强农业基础地位,这是国民经济发展中的关键一环。建设社会主义新农村,首要任务是发展农业生产,使农业持续增产,农民持续增收,提高农民的物质文化生活水平。新农村建设要从实际出发,不做表面文章,解决好农民生产生活的紧迫问题。当前特别要重视保护农民的合法权益,坚决制止乱占滥用耕地行为,把农民的积极性保护好、调动好、发挥好。

国务院副总理曾培炎在浙江考察

曾培炎在中共浙江省委书记习近平、省长吕祖善等陪同下,考察了杭州湾跨海大桥、华电半山发电有限公司、杭钢集团公司、杭州动漫基地、杭州数字电视有限公司、义乌小商品市场、吉利汽车和城市基础设施建设。

曾培炎指出,浙江等沿海地区要按照建设创新型国家的要求,全面增强自主创新能力,努力掌握核心技术和关键技术,增强科技成果转化能力,从而提升产业整体技术水平。要建立以企业为主体、市场为导向、产学研相结合的技术创新体系,逐步实现经济增长由主要依靠资金和物质要素投入,向主要依靠科技进步和人力资本带动的转变,促进经济社会发展迈上新台阶。

曾培炎强调,要加快建设资源节约型、环境友好型社会。在生产、流通、消费、建设各个领域,大力推进节能、节水、节材,搞好资源综合利用,鼓励清洁生产,加快发展循环经济。要处理好保障经济社会发展与保护土地资源的关系,强化土地节约利用。贯彻国务院关于加强环境保护的决定精神,严格控制污染物排放总量,搞好环境保护和生态建设。

国家宗教事务局发言人在北京就梵蒂冈发表声明攻击中国天主教自选自圣主教一事发表谈话

5月4日上午,梵蒂冈新闻室主任纳瓦罗发表声明,对最近中国天主教一些教区自选自圣主教进行指责,对被祝圣的主教和参与选圣的广大神长教友以“严厉惩罚”相威胁,这是毫无道理的。

一、中国天主教自选自圣主教已经延续了半个多世纪。现97个教区中,尚有40多个教区空缺主教,且现有主教多数年事已高。天主教会认为,没有主教就没有教会。选拔和祝圣新的主教,是中国教会开展正常教务活动和牧灵福传事业的迫切需要。

二、中国天主教会自选自圣主教,也是中国天主教会得以延续和发展所必需的。1958年,中国天主教一些教区选举产生主教人选报梵蒂冈,梵蒂冈非但不批准,反而以“绝罚”相威胁,对中国天主教伤害至深,给中国教徒的心灵留下很深的创伤,同时也迫使中国天主教会走上了自选自圣主教的道路。几十年来,中国天主教已经自选自圣了170余位主教,他们为中国教会福传事业的发展作出了历史性贡献。

三、据我们了解,最近中国天主教有关教区选举和祝圣主教,充分体现和尊重绝大多数神长教友的意愿,自主地按照有关宗教程序和民主程序进行。这些教区的主教人选信仰虔诚,德才兼备,能力出众,受到教友的拥护和爱戴。中国政府基于对宗教信仰自由的尊重,对此也当然予以尊重和支持。

四、在主教任命问题上,中梵双方存在很大分歧。中国政府为了推进中梵关系的改善,本着积极务实的态度,向梵方建议搁置争议,共同探讨。近期又特别将中国天主教一些教区祝圣主教一事多次告知梵方,梵方一直不作正面回应,却在祝圣成功之后横加指责,这与梵方希望改善中梵关系的言论严重不符。

五、中国政府对于改善中梵关系是富有诚意的,并作出了不懈努力,也愿意与梵蒂冈进行坦诚和建设性的对话。希望梵蒂冈停止干涉中国内部事务,尊重中国天主教会和广大神长教友的共同意愿,不要再为改善中梵关系设置新的障碍。

外交部发言人刘建超发表谈话谴责美国国际宗教自由委员会干涉中国内政

有记者问:近日,美国国际宗教自由委员会发表2006年度报告,批评中国等国家的宗教政策。请问中方对此有何评论?

刘建超说:美国国际宗教自由委员会在其发表的年度报告中,对中国等一些发展中国家的宗教状况妄加评论。该委员会不顾去年访华所见所闻,在其报告涉华部分中歪曲和攻击中国的宗教和民族政策,甚至替“法轮功”邪教张目。这再次说明它的无知和偏见。

刘建超说，中国政府依法保护公民宗教信仰自由，中国公民依法享有充分的宗教信仰自由，这是有目共睹的事实。上述委员会一再打着宗教自由幌子干涉中国内政，与当前中美两国关系的良好发展势头背道而驰，是不得人心的。

刘建超表示，中方奉劝上述委员会改弦易辙，停止利用宗教问题干涉别国内政，以免进一步损害自身形象，给美国与其他国家的关系及上述委员会与有关方面的交流设置障碍。

中国女队在东京举行的第二十一届尤伯杯羽毛球赛决赛中以3:0战胜荷兰队实现五连冠

国家环保总局有关负责人向媒体通报松花江水质监测情况

目前松花江、黑龙江化冰期已完全结束，根据《松花江水污染事件后期环境监测技术方案》的要求，吉林、黑龙江省环保部门对松花江干流各重要断面开展了不间断监测，并每日对外发布水质监测情况。监测结果显示，化冰期间，松花江干流及黑龙江同江断面以下水体中“11·13”污染事故的主要污染物苯、硝基苯及苯胺均未超出中国及俄罗斯国家标准限值，水质稳定，没有出现二次污染。

5月7日

国务院副总理回良玉在河南考察

5月7日至9日，回良玉先后来到河南省防汛会商中心、黄河水量总调度中心和黄河大堤，详细询问水情旱情，检查防汛抗旱措施落实情况；深入乡村农户、田间地头，实地察看春管春播和夏粮长势，调查了解政策落实情况。他指出，要针对今春以来我国气候异常的突出问题和农业年景总体偏差的预测情况，牢固树立抗灾夺丰收的思想，切实加强预测预警，完善应急预案，做好汛前检查，落实防汛抗旱措施，努力把灾害造成的影响和损失降低到最低限度。

回良玉指出，现在距夏粮收获还有一个月左右时间，距春播结束仅有20天左右时间，春管春播正处在关键时期，时间紧迫，任务繁重。各地要认真贯彻今年中央一号文件精神，及时把粮食直补、良种补贴、农机具购置补贴、农资综合补贴等各项支农惠农政策落到实处，切实保护和调动农民的生产积极性。要高标准抓好夏粮后期田间管理，搞好技术推广和服务，强化病虫害防治，组织好跨区机收作业，确保夏粮丰产丰收。要争农时、抢季节，加快春播作物进度，努力扩大粮食作物播种面积，着力提高播种质量。要加强粮食市场调控，正确引导市场粮价走势。要保障农资供应，加大市场监管力度，努力稳定农资价格。要继续抓好重大动物疫病防控，促进畜牧业稳定发展。要高度重视森林和草原防火工作，确保不发生重大火灾和重大人员伤亡。

全国政协副主席李蒙在河北省部分地区调研

5月7日至11日，李蒙率中国农工民主党调研组，在河北就“社会主义新农村建设与县域经济信息化”进行了专题调研。调研期间，调研组先后到河北省的石家庄、衡水、沧州、唐山、廊坊等地乡村，听取各地政府的情况汇报，并就农村农民就医、上学、饮水、住房等问题进行了实地考察。

李蒙指出，建设社会主义新农村，不可能追求一个模式、一个标准，类似的自然条件，类似的人口密度，也存在多方面的差别。各地应因地制宜，利用科学技术，利用信息化，发展县域特色经济的主导产品和主导产业。

第五次中日战略对话在北京钓鱼台国宾馆举行

5月7日至9日，外交部副部长戴秉国同日本外务事务次官谷内正太郎在华举行第五次中日战略对话。

双方就当前中日关系中共同关心的重大问题深入交换了意见。戴秉国全面阐述了胡锦涛主席3月31日会见日中友好七团体负责人时的讲话精神，希望双方共同努力，日方尤其要相向行动，以尽快消除影响两国关系改善和发展的政治障碍。

双方同意，将于5月中旬举行第五轮中日东海问题磋商。双方探讨了在多边场合举行中日外长会晤的可能性。

外交部发言人刘建超就梵蒂冈指责中国天主教祝圣主教一事发表谈话

刘建超说，梵方不顾中国天主教的历史与现实，对中国天主教会进行指责是毫无道理的。6日，中国国家宗教局发言人已就此发表了谈话，全面阐述了中国政府在此问题上的立场。

刘建超说，中国政府处理中梵关系的两条基本原则是一贯的、明确的，即梵蒂冈必须断绝与台湾的所谓“外交关系”，不得干涉中国内政，包括不以宗教为名干涉中国的内部事务。

刘建超说，中国政府对改善中梵关系始终是富有诚意的，并为此作出了不懈努力。我们愿本着这一精神，与梵方进行建设性对话，继续探索改善关系的途径。

中国科学院常务副院长白春礼和中国工程院院士袁隆平获选美国国家科学院院士

现年52岁的白春礼先后从事过晶体结构、分子力学等方面的研究。他从上世纪80年代中期开始转入纳米科技的重要领域——扫描隧道显微学的研究，主要工作集中在扫描探针显微技术以及分子纳米结构和纳米技术研究。白春礼还担任中国化学会理事长、国家纳米科学中心主任、国际理论与应用化学联合会执行局委员等。

现年75岁的袁隆平自1964年开始研究杂交水稻，1974年育成第一个杂交水稻强优组合“南优2号”，1975年研制成功杂交水稻制种技术，为大面积推广杂交水稻奠定了基础。他1997年提出了超级杂交稻育种技术路线。他先后获得过国家特等发明奖、首届国家最高科学技术奖。

创建于1863年的美国国家科学院是美国科学界最高荣誉机构，在所有美国国内与外籍院士中，共有150人获得过诺贝尔奖。美国国家科学院每年4月底在华盛顿举行年会，年会选出本年度的新院士，当选者终生保持荣誉称号。

此前，当选美国国家科学院外籍院士的中国籍科学家有谈家桢、周光召、陈竺以及已故的华罗庚。

中国选手郑洁在里斯本举行的第十七届埃斯托里尔网球公开赛女单决赛中获得女单冠军

中国男队在日本东京举行的第二十四届汤姆斯杯羽毛球决赛中以3:0战胜丹麦队成功卫冕

劳动和社会保障部发布第六批的14个新职业

这14个新职业分别是：数控机床装调维修工、体育经纪人、木材防腐师、照明设计师、安全防范设计评估师、咖啡师、调香师、陶瓷工艺师、陶瓷产品设计师、皮具设计师、糖果工艺师、地毯设计师、调查分析师、肥料配方师。

严恺逝世

著名水利专家、中国科学院院士、中国工程院院士、墨西哥科学院外籍院士、中共党员、河海大学名誉校长严恺因病于5月7日在南京逝世，享年94岁。

5月8日

国办关于设立江西南昌和山东青岛西海岸出口加工区的复函

海关总署：

你署《关于设立江西南昌和山东青岛西海岸出口加工区的请示》(署加发〔2006〕180号)收悉。经国务院批准，现函复如下：

一、同意在南昌国家高新技术产业开发区内设立江西南昌出口加工区，规划面积1平方公里，四至范围为：东至京东大道，南至火炬三路，西至高新大道，北至城东一路——高新五路——城东二路。

二、同意在青岛经济技术开发区内设立山东青岛西海岸出口加工区，规划面积2平方公里，四至范围为：西至珠宋路，北至红石崖六号线，东至昆仑山北路，南至红石崖十二号。

三、请你署通知江西省和山东省人民政府按照出口加工区建设的有关规定，分别对江西南昌出口加工区和山东青岛西海岸出口加工区进行封闭围网，待条件具备后，由你署会同有关部门验收。

四、请你署会同有关部门认真贯彻落实2005年11月召开的全国出口加工区工作会议精神，抓紧对已批准设立的出口加工区发展状况进行评估，按照分类指导的原则，充分考虑东部和中西部地区经济发展存在差距的现实状况，制定我国出口加工区长期发展规划；完善出口加工区审批标准和考核指标，并严格执行准入及退出机制。

国务院办公厅

2006年5月8日

中办 国办印发《2006—2020年国家信息化发展战略》

据新华社报道：中共中央办公厅、国务院办公厅近日印发了《2006—2020年国家信息化发展战略》，并发出通知要求各地区、各部门结合实际，认真贯彻落实。

《2006—2020年国家信息化发展战略》全文如下：

信息化是当今世界发展的大趋势，是推动经济社会变革的重要力量。大力推进信息化，是覆盖我国现代化建设全局的战略举措，是贯彻落实科学发展观、全面建设小康社会、构建社会主义和谐社会和建设创新型国家的迫切需要和必然选择。

一、全球信息化发展的基本趋势

信息化是充分利用信息技术，开发利用信息资源，促进信息交流和知识共享，提高经济增长质量，推动经济社会发展转型的历史进程。20世纪90年代以来，信息技术不断创新，信息产业持续发展，信息网络广泛普及，信息化成为全球经济社会发展的显著特征，并逐步向一场全方位的社会变革演进。进入21世纪，信息化对经济社会发展的影响更加深刻。广泛应用、高度渗透的信息技术正孕育着新的重大突破。信息资源日益成为重要生产要素、无形资产和社会财富。信息网络更加普及并日趋融合。信息化与经济全球化相互交织，推动着全球产业分工深化和经济结构调整，重塑着全球经济竞争格局。互联网加剧了各种思想文化的相互激荡，成为信息传播和知识扩散的新载体。电子政务在提高行政效率、改善政府效能、扩大民主参与等方面的作用日益显著。信息安全的重要性与日俱增，成为各国面临的共同挑战。信息化使现代战争形态发生重大变化，是世界新军事变革的核心内容。全球数字鸿沟呈现扩大趋势，发展失衡现象日趋严重。发达国家信息化发展目标更加清晰，正在出现向信息社会转型的趋向；越来越多的发展中国家主动迎接信息化发展带来的新机遇，力争跟上时代潮流。全球信息化正在引发当今世界的深刻变革，重塑世界政治、经济、社会、文化和军事发展的新格局。加快信息化发展，已经成为世界各国的共同选择。

二、我国信息化发展的基本形势

(一)信息化发展的进展情况

党中央、国务院一直高度重视信息化工作。20世纪90年代，相继启动了以金关、金卡和金税为代表的重大信息化应用工程；1997年，召开了全国信息化工作会议；党的十五届五中全会把信息化提到了国家战略的高度；党的十六大进一步作出了以信息化带动工业化、以工业化促进信息化、走新型工业化道路的战略部署；党的十六届五中全会再一次强调，推进国民经济和社会信息化，加快转变经济增长方式。“十五”期间，国家信息化领导小组对信息化发展重点进行了全面部署，作出了推行电子政务、振兴软件产业、加强信息安全保障、加强信息资源开发利用、加快发展电子商务等一系列重要决策。各地区、各部门从实际出发，认真贯彻落实，不断开拓进取，我国信息化建设取得了可喜的进展。

——信息网络实现跨越式发展，成为支撑经济社会发展重要的基础设施。电话用户、网络规模已经位居世界第一，互联网用户和宽带接入用户均位居世界第二，广播电视网络基本覆盖了全国的行政村。

——信息产业持续快速发展，对经济增长贡献度稳步上升。2005年，信息产业增加值占国内生产总值的比重达到7.2%，对经济增长的贡献度达到16.6%。电子信息产品制造业出口额占出口总额的比重已超过30%。掌握了一批具有自主知识产权的关键技术。部分骨干企业的国际竞争力不断增强。

——信息技术在国民经济和社会各领域的应用效果日渐显著。农业信息服务体系不断完善。应用信息技术改造传统产业不断取得新的进展，能源、交通运输、冶金、机械和化工等行业的信息化水平逐步提高。传统服务业转型步伐加快，信息服务业蓬勃兴起。金融信息化推进了金融服务创新，现代化金融服务体系初步形成。电子商务发展势头良好，科技、教育、文化、医疗卫生、社会保障、环境保护等领域信息化步伐明显加快。

——电子政务稳步展开，成为转变政府职能、提高行政效率、推进政务公开的有效手段。各级政务部门利用信息技术，扩大信息公开，促进信息资源共享，推进政务协同，提高了行政效率，改善了公共服务，有效推动了政府职能转变。金关、金卡、金税等工程成效显著，金盾、金审等工程进展顺利。

——信息资源开发利用取得重要进展。基础信息资源建设工作开始起步，互联网上中文信息比重稳步上升，信息资源开发利用水平不断提高。

——信息安全保障工作逐步加强。制定并实施了国家信息安全战略，初步建立了信息安全管理体制和工作机制。基础信息网络和重要信息系统的安全防护水平明显提高，互联网信息安全管理进一步加强。

——国防和军队信息化建设全面展开。国防和军队信息化取得重要进展，组织实施了一批军事信息系统重点工程，军事信息基础设施建设取得长足进步，主战武器系统信息技术含量不断提高，作战信息保障能力显著增强。

——信息化基础工作进一步改善。信息化法制建设持续推进，信息技术标准化工作逐步加强，信息化培训工作得到高度重视，信息化人才队伍不断壮大。

我国信息化发展的基本经验是：坚持站在国家战略高度，把信息化作为覆盖现代化建设全局的战略举措，正确处理信息化与工业化之间的关系，长远规划，持续推进。坚持从国情出发，因地制宜，把信息化作为解决现实紧迫问题和发展难题的重要手段，充分发挥信息技术在各领域的作用。坚持把开发利用信息资源放到重要位置，加强统筹协调，促进互联互通和资源共享。坚持引进消化先进技术与增强自主创新能力相结合，优先发展信息产业，逐步增强信息化的自主装备能力。坚持推进信息化建设与保障国家信息安全并重，不断提高基础信息网络和重要信息系统的安全保护水平。坚持优先抓好信息技术的普及教育，提高国民信息技术应用技能。

(二)信息化发展中值得重视的问题

当前我国信息化发展也存在着一些亟待解决的问题，主要表现在：第一，思想认识需要进一步提高。我国是在工业化不断加快、体制改革不断深化的条件下推进信息化的，信息化理论和实践还不够成熟，全社会对推进信息化的重要性、紧迫性的认识需要进一步提高。第二，信息技术自主创新能力不足。核心技术和关键装备主要依赖进口。以企业为主体的创新体系亟待完善,自主装备能力急需增强。第三,信息技术应用水平不高。在整体上,应用水平落后于实际需求,信息技术的潜能尚未得到充分挖掘;在部分领域和地区应用效果不够明显。第四,信息安全问题仍比较突出。在全球范围内,计算机病毒、网络攻击、垃圾邮件、系统漏洞、网络窃密、虚假有害信息和网络违法犯罪等问题日渐突出,如应对不当,可能会给我国经济社会发展和国家安全带来不利影响。第五,数字鸿沟有所扩大。信息技术应用水平与先进国家相比存在较大差距。国内不同地区、不同领域、不同群体的信息技术应用水平和网络普及程度很不平衡,城乡、区域和行业的差距有扩大趋势,成为影响协调发展的新因素。第六,体制机制改革相对滞后。受各种因素制约,信息化管理体制尚不完善,电信监管体制改革有待深化,信息化法制建设需要进一步加快。

经过多年的发展,我国信息化发展已具备了一定基础,进入了全方位、多层次推进的新阶段。抓住机遇,迎接挑战,适应转变经济增长方式、全面建设小康社会的需要,更新发展理念,破解发展难题,创新发展模式,大力推进信息化发展,已成为我国经济社会发展新阶段重要而紧迫的战略任务。

三、我国信息化发展的指导思想和战略目标

(一)指导思想和战略方针

我国信息化发展的指导思想是:以邓小平理论和“三个代表”重要思想为指导,贯彻落实科学发展观,坚持以信息化带动工业化、以工业化促进信息化,坚持以改革开放和科技创新为动力,大力推进信息化,充分发挥信息化在促进经济、政治、文化、社会和军事等领域发展的重要作用,不断提高国家信息化水平,走中国特色的信息化道路,促进我国经济社会又快又好地发展。

我国信息化发展的战略方针是:统筹规划、资源共享,深化应用、务求实效,面向市场、立足创新,军民结合、安全可靠。要以科学发展观为统领,以改革开放为动力,努力实现网络、应用、技术和产业的良性互动,促进网络融合,实现资源优化配置和信息共享。要以需求为主导,充分发挥市场机制配置资源的基础性作用,探索成本低、实效好的信息化发展模式。要以人为本,惠及全民,创造广大群众用得上、用得起、用得好的信息化发展环境。要把制度创新与技术创新放在同等重要的位置,完善体制机制,推动原始创新,加强集成创新,增强引进消化吸收再创新能力。要推动军民结合,协调发展。要高度重视信息安全,正确处理安全与发展之间的关系,以安全保发展,在发展中求安全。

(二)战略目标

到2020年,我国信息化发展的战略目标是:综合信息基础设施基本普及,信息技术自主创新能力显著增强,信息产业结构全面优化,国家信息安全保障水平大幅提高,国民经济和社会信息化取得明显成效,新型工业化发展模式初步确立,国家信息化发展的制度环境和政策体系基本完善,国民信息技术应用能力显著提高,为迈向信息社会奠定坚实基础。具体目标是:

促进经济增长方式的根本转变。广泛应用信息技术,改造和提升传统产业,发展信息服务业,推动经济结构战略性调整。深化应用信息技术,努力降低单位产品能耗、物耗,加大对环境污染的监控和治理,服务循环经济发展。充分利用信息技术,促进我国经济增长方式由主要依靠资本和资源投入向主要依靠科技进步和提高劳动者素质转变,提高经济增长的质量和效益。

实现信息技术自主创新、信息产业发展的跨越。有效利用国际国内两个市场、两种资源,增强对引进技术的消化吸收,突破一批关键技术,掌握一批核心技术,实现信息技术从跟踪、引进到自主创新的跨越,实现信息产业由大变强的跨越。

提升网络普及水平、信息资源开发利用水平和信息安全保障水平。抓住网络技术转型的机遇,基本建成国际领先、多网融合、安全可靠的综合信息基础设施。确立科学的信息资源观,把信息资源提升到与能源、材料同等重要的地位,为发展知识密集型产业创造条件。信息安全的长效机制基本形成,国家信息安全保障体系较为完善,信息安全保障能力显著增强。

增强政府公共服务能力、社会主义先进文化传播能力、中国特色的军事变革能力和国民信息技术应用能力。电子政务应用和服务体系日臻完善,社会管理与公共服务密切结合,网络化公共服务能力显著增强。网络成为先进文化传播的重要渠道,社会主义先进文化的感召力和中华民族优秀文化的国际影响力显著增强。国防和军队信息化建设取得重大进展,信息化条件下的防卫作战能力显著增强。人民群众受教育水平和信息技术应用技能显著提高,为建设学习型社会奠定基础。

四、我国信息化发展的战略重点

(一)推进国民经济信息化

推进面向“三农”的信息服务。利用公共网络,采用多种接入手段,以农民普遍能够承受的价格,提高农村网络普及率。整合涉农信息资源,规范和完善公益性信息中介服务,建设城乡统筹的信息服务体系,为农民提供适用的市场、科技、教育、卫生保健等信息服务,支持农村富余劳动力的合理有序流动。

利用信息技术改造和提升传统产业。促进信息技术在能源、交通运输、冶金、机械和化工等行业的普及应用，推进设计研发信息化、生产装备数字化、生产过程智能化和经营管理网络化。充分运用信息技术推动高能耗、高物耗和高污染行业的改造。推动供应链管理和客户关系管理，大力扶持中小企业信息化。

加快服务业信息化。优化政策法规环境，依托信息网络，改造和提升传统服务业。加快发展网络增值服务、电子金融、现代物流、连锁经营、专业信息服务、咨询中介等新型服务业。大力发展电子商务，降低物流成本和交易成本。

鼓励具备条件的地区率先发展知识密集型产业。引导人才密集、信息化基础好的地区率先发展知识密集型产业，推动经济结构战略性调整。充分利用信息技术，加快东部地区知识和技术向中西部地区的扩散，创造区域协调发展的新局面。

（二）推行电子政务

改善公共服务。逐步建立以公民和企业为对象、以互联网为基础、中央与地方相配合、多种技术手段相结合的电子政务公共服务体系。重视推动电子政务公共服务延伸到街道、社区和乡村。逐步增加服务内容，扩大服务范围，提高服务质量，推动服务型政府建设。

加强社会管理。整合资源，形成全面覆盖、高效灵敏的社会管理信息网络，增强社会综合治理能力。协同共建，完善社会预警和应对突发事件的网络运行机制，增强对各种突发性事件的监控、决策和应急处置能力，保障国家安全、公共安全，维护社会稳定。

强化综合监管。满足转变政府职能、提高行政效率、规范监管行为的需求，深化相应业务系统建设。围绕财政、金融、税收、工商、海关、国资监管、质检、食品药品安全等关键业务，统筹规划，分类指导，有序推进相关业务系统之间、中央与地方之间的信息共享，促进部门间业务协同，提高监管能力。建设企业、个人征信系统，规范和维护市场秩序。

完善宏观调控。完善财政、金融等经济运行信息系统，提升国民经济预测、预警和监测水平，增强宏观调控决策的有效性和科学性。

（三）建设先进网络文化

加强社会主义先进文化的网上传播。牢牢把握社会主义先进文化的前进方向，支持健康有益文化，加快推进中华民族优秀文化作品的数字化、网络化，规范网络文化传播秩序，使科学的理论、正确的舆论、高尚的精神、优秀的作品成为网上文化传播的主流。

改善公共文化信息服务。鼓励新闻出版、广播影视、文学艺术等行业加快信息化步伐，提高文化产品质量，增强文化产品供给能力。加快文化信息资源整合，加强公益性文化信息基础设施建设，完善公共文化信息服务体系，将文化产品送到千家万户，丰富基层群众文化生活。

加强互联网对外宣传和文化交流。整合互联网对外宣传资源，完善互联网对外宣传体系建设，不断提高互联网对外宣传工作整体水平，持续提升对外宣传效果，扩大中华民族优秀文化的国际影响力。

建设积极健康的网络文化。倡导网络文明，强化网络道德约束，建立和完善网络行为规范，积极引导广大群众的网络文化创作实践，自觉抵御不良内容的侵蚀，摈弃网络滥用行为和低俗之风，全面建设积极健康的网络文化。

（四）推进社会信息化

加快教育科研信息化步伐。提升基础教育、高等教育和职业教育信息化水平，持续推进农村现代远程教育，实现优质教育资源共享，促进教育均衡发展。构建终身教育体系，发展多层次、交互式网络教育培训体系，方便公民自主学习。建立并完善全国教育与科研基础条件网络平台，提高教育与科研设备网络化利用水平，推动教育与科研资源的共享。

加强医疗卫生信息化建设。建设并完善覆盖全国、快捷高效的公共卫生信息系统，增强防疫监控、应急处置和救治能力。推进医疗服务信息化，改进医院管理，开展远程医疗。统筹规划电子病历，促进医疗、医药和医保机构的信息共享和业务协同，支持医疗体制改革。

完善就业和社会保障信息服务体系。建设多层次、多功能的就业信息服务体系，加强就业信息统计、分析和发布工作，改善技能培训、就业指导和政策咨询服务。加快全国社会保障信息系统建设，提高工作效率，改善服务质量。

推进社区信息化。整合各类信息系统和资源，构建统一的社区信息平台，加强常住人口和流动人口的信息化管理，改善社区服务。

（五）完善综合信息基础设施

推动网络融合，实现向下一代网络的转型。优化网络结构，提高网络性能，推进综合基础信息平台的发展。加快改革，从业务、网络和终端等层面推进“三网融合”。发展多种形式的宽带接入，大力推动互联网的应用普及。推动有线、地面和卫星等各类数字广播电视的发展，完成广播电视从模拟向数字的转换。应用光电传感、射频识别等技术扩展网络功能，发展并完善综合信息基础设施，稳步实现向下一代网络的转型。

建立和完善普遍服务制度。加快制度建设，面向老少边穷地区和社会困难群体，建立和完善以普遍服务基金为基础、相关优惠政策配套的补贴机制，逐步将普遍服务从基础电信和广播电视业务扩展到互联网业务。加强宏观管理,拓宽多种渠道,推动普遍服务市场主体的多元化。

(六)加强信息资源的开发利用

建立和完善信息资源开发利用体系。加快人口、法人单位、地理空间等国家基础信息库的建设,拓展相关应用服务。引导和规范政务信息资源的社会化增值开发利用。鼓励企业、个人和其他社会组织参与信息资源的公益性开发利用。完善知识产权保护制度,大力发展以数字化、网络化为主要特征的现代信息服务业,促进信息资源的开发利用。充分发挥信息资源开发利用对节约资源、能源和提高效益的作用,发挥信息流对人员流、物质流和资金流的引导作用,促进经济增长方式的转变和资源节约型社会的建设。

加强全社会信息资源管理。规范对生产、流通、金融、人口流动以及生态环境等领域的信息采集和标准制定,加强对信息资产的严格管理,促进信息资源的优化配置。实现信息资源的深度开发、及时处理、安全保存、快速流动和有效利用,基本满足经济社会发展优先领域的信息需求。

(七)提高信息产业竞争力

突破核心技术与关键技术。建立以企业为主体的技术创新体系,强化集成创新,突出自主创新,突破关键技术。选择具有高度技术关联性和产业带动性的产品和项目,促进引进消化吸收再创新,产学研用结合,实现信息技术关键领域的自主创新。积聚力量,攻克难关,逐步由外围向核心逼近,推进原始创新,力争跨越核心技术门槛,推进创新型国家建设。

培育有核心竞争能力的信息产业。加强政府引导,突破集成电路、软件、关键电子元器件、关键工艺装备等基础产业的发展瓶颈,提高在全球产业链中的地位,逐步形成技术领先、基础雄厚、自主发展能力强的信息产业。优化环境,引导企业资产重组、跨国并购,推动产业联盟,加快培育和发展具有核心能力的大公司和拥有技术专长的中小企业,建立竞争优势。加快"走出去"步伐,鼓励运营企业和制造企业联手拓展国际市场。

(八)建设国家信息安全保障体系

全面加强国家信息安全保障体系建设。坚持积极防御、综合防范,探索和把握信息化与信息安全的内在规律,主动应对信息安全挑战,实现信息化与信息安全协调发展。坚持立足国情,综合平衡安全成本和风险,确保重点,优化信息安全资源配置。建立和完善信息安全等级保护制度,重点保护基础信息网络和关系国家安全、经济命脉、社会稳定的重要信息系统。加强密码技术的开发利用。建设网络信任体系。加强信息安全风险评估工作。建设和完善信息安全监控体系,提高对网络安全事件应对和防范能力,防止有害信息传播。高度重视信息安全应急处置工作,健全完善信息安全应急指挥和安全通报制度,不断完善信息安全应急处置预案。从实际出发,促进资源共享,重视灾难备份建设,增强信息基础设施和重要信息系统的抗毁能力和灾难恢复能力。

大力增强国家信息安全保障能力。积极跟踪、研究和掌握国际信息安全领域的先进理论、前沿技术和发展动态,抓紧开展对信息技术产品漏洞、后门的发现研究,掌握核心安全技术,提高关键设备装备能力,促进我国信息安全技术和产业的自主发展。加快信息安全人才培养,增强国民信息安全意识。不断提高信息安全的法律保障能力、基础支撑能力、网络舆论宣传的驾驭能力和我国在国际信息安全领域的影响力,建立和完善维护国家信息安全的长效机制。

(九)提高国民信息技术应用能力,造就信息化人才队伍

提高国民信息技术应用能力。强化领导干部的信息化知识培训,普及政府公务人员的信息技术技能培训。配合现代远程教育工程,组织志愿者深入老少边穷地区从事信息化知识和技能服务。普及中小学信息技术教育。开展形式多样的信息化知识和技能普及活动,提高国民受教育水平和信息能力。

培养信息化人才。构建以学校教育为基础,在职培训为重点,基础教育与职业教育相互结合,公益培训与商业培训相互补充的信息化人才培养体系。鼓励各类专业人才掌握信息技术,培养复合型人才。

五、我国信息化发展的战略行动

为落实国家信息化发展的战略重点,保证在"十一五"时期国家信息化水平迈上新的台阶,按照承前启后、以点带面的原则,优先制订和实施以下战略行动计划。

(一)国民信息技能教育培训计划

在全国中小学普及信息技术教育,建立完善的信息技术基础课程体系,优化课程设置,丰富教学内容,提高师资水平,改善教学效果。推广新型教学模式,实现信息技术与教学过程的有机结合,全面推进素质教育。

加大政府资金投入及政策扶持力度,吸引社会资金参与,把信息技能培训纳入国民经济和社会发展规划。依托高等院校、中小学、邮局、科技馆、图书馆、文化站等公益性设施,以及全国文化信息资源共享工程、农村党员干部远程教育工程等,积极开展国民信息技能教育和培训。

(二)电子商务行动计划

营造环境、完善政策,发挥企业主体作用,大力推

进电子商务。以企业信息化为基础，以大型重点企业为龙头，通过供应链、客户关系管理等，引导中小企业积极参与，形成完整的电子商务价值链。加快信用、认证、标准、支付和现代物流建设，完善结算清算信息系统，注重与国际接轨，探索多层次、多元化的电子商务发展方式。

制定和颁布中小企业信息化发展指南，分类指导，择优扶持，建设面向中小企业的公共信息服务平台，鼓励中小企业利用信息技术，促进中小企业开展灵活多样的电子商务活动。立足产业集聚地区，发挥专业信息服务企业的优势，承揽外包服务，帮助中小企业低成本、低风险地推进信息化。

(三)电子政务行动计划

规范政务基础信息的采集和应用，建设政务信息资源目录体系，推动政府信息公开。整合电子政务网络，建设政务信息资源的交换体系，全面支撑经济调节、市场监管、社会管理和公共服务职能。

建立电子政务规划、预算、审批、评估综合协调机制。加强电子政务建设资金投入的审计和监督。明确已建、在建及新建项目的关系和业务衔接，逐步形成统一规范的电子政务财政预算、基本建设、运行、维护管理制度和绩效评估制度。

(四)网络媒体信息资源开发利用计划

开发科技、教育、新闻出版、广播影视、文学艺术、卫生、“三农”、社保等领域的信息资源，提供人民群众生产生活所需的数字化信息服务，建成若干强大的、影响广泛的、协同关联的互联网骨干网站群。扶持国家重点新闻网站建设。鼓励公益性网络媒体信息资源的开发利用。

制定政策措施，引导和鼓励网络媒体信息资源建设，开发优秀的信息产品，全面营造健康的网络信息环境。注重研究互联网传播规律和新技术发展对网络传媒的深远影响。

(五)缩小数字鸿沟计划

坚持政府主导、社会参与，缩小区域之间、城乡之间和不同社会群体之间信息技术应用水平的差距，创造机会均等、协调发展的社会环境。

加大支持力度，综合运用各种手段，加快推进中西部地区的信息网络建设，普及信息服务。把缩小城乡数字鸿沟作为统筹城乡经济社会发展的重要内容，推进农业信息化和现代农业建设，为建设社会主义新农村服务。逐步在行政村和城镇社区设立免费或低价接入互联网的公共服务场所，提供电子政务、教育培训、医疗保健、养老救治等方面的信息服务。

(六)关键信息技术自主创新计划

在集成电路(特别是中央处理器芯片)、系统软件、关键应用软件、自主可控关键装备等涉及自主发展能力的关键领域，瞄准国际创新前沿，加大投入，重点突破，逐步掌握产业发展的主动权。

在具有研发基础、市场前景广阔的移动通信、数字电视、下一代网络、射频识别等领域，优先启用具有自主知识产权的标准，加快产品开发和推广应用，带动产业发展。

六、我国信息化发展的保障措施

为了保持我国信息化发展的协调性和连续性，顺利部署我国信息化发展的战略重点和战略行动，提出以下保障措施。

(一)完善信息化发展战略研究和政策体系

紧密跟踪全球信息化发展进程，适应经济结构战略性调整、产业升级换代和转变经济增长方式的需要，持续深化信息化发展战略研究，动态调整信息化发展目标。

把推广信息技术应用作为修订和完善各类产业政策的重要内容。明确重点，保障资金，把工业化提高到广泛应用智能工具的水平上来，提高我国产业的整体竞争力。

按照西部大开发、东北地区等老工业基地振兴改造、中部崛起以及有关国家产业基地和工业园区的部署，把信息化作为促进区域协调发展、增进区域之间优势互补、实现区域比较优势的平衡器和助推器。

制定并完善集成电路、软件、基础电子产品、信息安全产品、信息服务业等领域的产业政策。研究制定支持大型中央企业的信息化发展政策。

(二)深化和完善信息化发展领域的体制改革

完善市场准入和退出机制，规范法人治理结构，推动运营服务市场的公平有效竞争。鼓励和推广各种形式的宽带终端和接入技术。鼓励业务创新，提供市场许可、资源分配、技术标准、互联互通等方面的支持。

研究探索适应网络融合与信息化发展需要的统一监管制度。以创造公平竞争环境和保护消费者利益为重点，加快转变监管理念。防范和制止不正当竞争。逐步建立以市场调节为主的电信业务定价体系。

(三)完善相关投融资政策

根据深化投资体制改革和金融体制改革的要求，加快研究制定信息化的投融资政策，积极引导非国有资本参与信息化建设。研究制定适应中小企业信息化发展的金融政策，完善相关的财税政策。培育和发展信息技术转让和知识产权交易市场。完善风险投资机制和资本退出机制。

健全和完善招投标、采购政策，逐步完善扶持信息产业发展的产业政策。加大国家对信息化发展的资金投入，支持国家信息化发展所急需的各类基础性、公益性工作，包括基础性标准制定、基础性信息资源开发、互联网公共服务场所建设、国民信息技能培训、跨部门业务系统协同和信息共享应用工程等。完善并严格实施政府采购政策，优先采购国产信息技术产品和服务，实现技术应用与研发创新、产业发展的协同。

(四)加快制定应用规范和技术标准

加强政府引导，依托重大信息化应用工程，以企业和行业协会为主体，加快产业技术标准体系建设。完善信息技术应用的技术体制和产业、产品等技术规范和标准，促进网络互联互通、系统互为操作和信息共享。加快制定人口、法人单位、地理空间、物品编码等基础信息的标准。加强知识产权保护。加强国际合作，积极参与国际标准制定。

(五)推进信息化法制建设

加快推进信息化法制建设，妥善处理相关法律法规制定、修改、废止之间的关系，制定和完善信息基础设施、电子商务、电子政务、信息安全、政府信息公开、个人信息保护等方面的法律法规，创造信息化发展的良好法制环境。根据信息技术应用的需要，适时修订和完善知识产权、未成年人保护、电子证据等方面的法律法规。加强信息化法制建设中的国际交流与合作，积极参与相关国际规则的研究和制定。

(六)加强互联网治理

坚持积极发展、加强管理的原则，参与互联网治理的国际对话、交流和磋商，推动建立主权公平的互联网国际治理机制。加强行业自律，引导企业依法经营。理顺管理体制，明确管理责任，完善管理制度，正确处理好发展与管理之间的关系，形成适应互联网发展规律和特点的运行机制。

坚持法律、经济、技术手段与必要的行政手段相结合，构建政府、企业、行业协会和公民相互配合、相互协作、权利与义务对等的治理机制，营造积极健康的互联网发展环境。依法打击利用互联网进行的各种违法犯罪活动，推动网络信息服务健康发展。

(七)壮大信息化人才队伍

研究和建立信息化人才统计制度，开展信息化人才需求调查，编制信息化人才规划，确定信息化人才工作重点。建立信息化人才分类指导目录。确定信息化相关职业的分类，制定职业技能标准。

尊重信息化人才成长规律，以信息化项目为依托，培养高级人才、创新型人才和复合型人才。发挥市场机制在人才资源配置中的基础性作用，高度重视“走出去，引进来”工作，吸引海外人才，鼓励海外留学人员参与国家信息化建设。

(八)加强信息化国际交流与合作

密切关注世界信息化发展动向，建立和完善信息化国际交流合作机制。坚持平等合作、互利共赢的原则，积极参与多边组织，大力促进双边合作。准确把握我国加入世界贸易组织后过渡期的新情况，统筹国内发展与对外开放，切实加强信息技术、信息资源、人才培养等领域的交流与合作。

(九)完善信息化推进体制

切实加强领导，凡涉及信息化的重大政策和事项要经国家信息化领导小组审定。要抓紧研究建立符合行政体制改革方向、分工合理、责任明确的信息化推进协调体制。加大政府部门间的协调力度，明确中央、地方政府在信息化建设上的事权，加强对地方的业务指导。

各地区、各部门要贯彻落实党的十六大和十六届三中、四中、五中全会精神，因地制宜，加快编制信息化发展规划，制定科学的信息化统计指标体系，改进信息化绩效评估方法，完善国民经济和社会发展的统计核算体系，使信息化融汇到国民经济和社会发展的中长期规划之中。

第十届“中国青年五四奖章”颁奖座谈会在人民大会堂举行

中共中央政治局委员王兆国在参加座谈时强调，要在全社会大力宣传优秀青年的先进事迹，让崇尚先进、学习先进、争当先进成为广大青年的自觉行动。

颁奖座谈会由团中央书记处第一书记周强主持。

在听取了部分“中国青年五四奖章”获得者代表发言后，王兆国指出，在新的形势下，广大青年要积极投身“我与祖国共奋进”的主题教育实践活动，这对于广大青年坚定跟党走中国特色社会主义道路的信心和决心，更好地报效祖国、服务人民具有重要意义。广大青年要结合这一重大活动的有关部署，把个人理想同国家前途和民族命运紧密结合，把个人进步融入到与人民共同奋斗的事业之中，充分发挥主动性、积极性和创造性，与祖国共奋进，与时代同发展。要坚持理论与实践相结合，深入改革开放和现代化建设的第一线，到基层去、到艰苦的地方去、到祖国最需要的地方去建功立业。共青团组织要进一步发挥优势，努力培养“四有”新人，团结教育广大青年牢固树立以“八荣八耻”为主要内容的社会主义荣辱观，积极投身实施“十一五”规划的伟大实践，为推动我国的经济建设、政治建设、文化建设与社会主义和谐社会建设贡献智慧和力量。

中国伊斯兰教第八次全国代表会议在北京召开

来自全国各地的回族、维吾尔族、哈萨克族、柯尔克孜族、乌孜别克族、塔塔尔族、塔吉克族、东乡族、撒拉族、保安族等少数民族的伊斯兰教界代表及教育、学术、经济、文艺等各界的穆斯林代表360余人出席会议。

中共中央政治局委员、国务院副总理回良玉向会议表示祝贺并问候全体会议代表。全国人大常委会副委员长司马义·艾买提，全国政协副主席、中央统战部部长刘延东，全国政协副主席白立忱、阿不来提·阿不都热西提出席开幕式。刘延东和国家宗教事务局局长叶小文分别在开幕式上作了讲话。

这次会议的指导思想是以“三个代表”重要思想和党的十六大精神为指导，高举爱国主义和社会主义旗帜，全面贯彻党的宗教工作基本方针和《宗教事务条例》，积极推动伊斯兰教与社会主义社会相适应；认真学习“十一五”规划纲要，动员广大穆斯林群众为祖国统一、民族团结、经济发展、社会稳定、世界和平贡献力量；引导广大穆斯林群众积极投身全面建设小康社会和构建社会主义和谐社会的伟大事业，推动中国伊斯兰教事业的发展进步。

会议还将听取并审议中国伊斯兰教协会第七届常委会的工作报告；选举产生中国伊斯兰教协会第八届委员会，由第八届委员会选举产生常务委员会和会长、副会长、秘书长等领导班子成员。

全国假日办发布《2006年“五一”黄金周旅游统计报告》

今年“五一”黄金周期间，全国共接待旅游者1.46亿人次，同比增长20.0%；实现旅游收入585亿元，同比增长25.2%。

上海合作组织与欧亚经济共同体在北京签署谅解备忘录

双方将在贸易、能源、环保、交通、投资、旅游等经贸领域和教育、卫生、体育、劳务、科学、文化等社会人文领域加强合作。

上海合作组织秘书长张德广和欧亚经济共同体秘书长拉波塔签署了谅解备忘录。

中共中央政治局常委罗干在人民大会堂会见匈牙利最高法院院长罗姆尼茨一行

中联部部长王家瑞在马德里分别同西班牙人民党主席马里亚诺·拉霍伊和共产党总书记弗朗西斯科·弗鲁托斯举行会谈

我国棉花栽培技术获得革命性突破

据《人民日报》报道：在“国家科技攻关”“农业结构调整”等科技项目的资助下，中国农业科学院棉花研究所栽培室主任毛树春研究员领导的课题组发明了无土基质、促根剂和保叶剂等系列专利技术，攻克了棉苗生根困难，裸苗移栽不易成活等难题。新技术具有苗床成苗率高、移栽成活率高、省种、省工等特点，可使每亩增效80元以上。

中共中央政治局常委贾庆林和李长春观看京剧藏戏《文成公主》

京剧、藏戏《文成公主》开辟了京剧、藏戏两种传统戏曲艺术同台演出的先河，将两种戏曲艺术有机地融为一体，完美展现了京剧、藏戏的艺术魅力，谱写了一曲藏汉团结、共创和谐、携手奋进的新乐章。整台晚会高潮迭起，异彩纷呈，给观众带来美的艺术享受，不时赢得阵阵掌声。剧院到处洋溢着团结、欢乐、祥和的喜庆气氛。

演出结束后，贾庆林、李长春等走上舞台亲切会见了藏汉艺术家，并与全体演职员合影留念，西藏自治区藏剧团演员向中央领导同志献上洁白的哈达。

中共中央政治局常委李长春到中国美术馆参观俄罗斯艺术300年——国立特列恰科夫美术博物馆珍品展

这次展览由中国文化部和俄罗斯联邦文化电影署共同主办，是中国“俄罗斯年”的一项重要文化活动。展览共展出俄罗斯特列恰科夫美术博物馆珍藏的110幅油画精品，时间跨度达300年，包括了俄罗斯艺术史上许多重要画家的作品，展示了俄罗斯18世纪至20世纪现实主义绘画的发展史。

国务委员陈至立主持国家文化遗产保护领导小组第一次会议并讲话

陈至立强调，党中央、国务院历来高度重视文化遗产保护工作，我国文化遗产保护多年来取得了很大成绩。但也必须清醒地看到，当前我国文化遗产保护还存在许多问题，面临严峻挑战。在现代化进程中保护好文化遗产，是一项长期艰巨的任务。当前和今后一个时期，要围绕解决存在的突出问题，重点抓好五个方面工作：一是认真做好文化遗产的普查和保护规划的制定实施工作；二是加强重大建设工程中的文化遗产保护和历史文化名城（街区、村镇）保护；三是加强对文物市场的监督管理，规范文物经营和民间文物收藏行为，促进文物市场健康发展；四是加强非物质文化遗产的保护和抢救；五是加大文化遗产保护的执法力度。

陈至立要求，各级政府和有关部门要按照“政府主导、社会参与，明确职责、形成合力；长远规划、分步实施，点面结合、讲求实效”的原则，加强领导，统筹协调，形成全社会共同参与文化遗产保护的工作格局。

各级领导要带头增强保护意识,切实加大依法保护的工作力度。要发挥政府主导作用,建立协调高效的工作机制;要加大投入,为文化遗产保护提供必要的经费保障;要加强队伍建设,不断提高文化遗产保护工作水平;要大力开展宣传工作,增强公民依法保护的意识,营造保护文化遗产的社会环境和舆论氛围。

5月9日

外交部部长李肇星在纽约出席联合国安理会苏丹问题外长会议

李肇星指出,全面、及时、忠实履行和平协议,需要苏丹各派信守诺言,更需要国际社会给予有力帮助。他呼吁国际社会通过加强非盟驻苏丹特派团能力,为落实阿布贾协议创造良好基础。他同时指出,获得苏丹政府的同意与合作是联合国在达尔富尔地区部署维和部队的前提。

2005年度中国十大考古新发现评选结果在北京揭晓

十大考古新发现分别是:浙江嵊州小黄山遗址、湖南洪江高庙遗址、贵州威宁中水遗址、河南鹤壁刘庄遗址、福建浦城猫耳山商代窑群、山西绛县横水西周墓地、陕西韩城梁带村两周遗址、江苏句容、金坛周代土墩墓群、河南内黄三杨庄汉代聚落遗址、山西大同沙岭北魏壁画墓。

"博爱论坛"在人民大会堂举办

本次论坛的主题是"发展公益事业 建设社会主义新农村"。中国红十字会会长彭珮云;全国政协常委、全国政协社会与法制委员会副主任伍绍祖以及农业部、工青妇等相关部门领导出席论坛。

本次论坛达成了这样一些共识:(一)公益事业的发展是新农村建设的重要组成部分,建设社会主义新农村必须发展公益事业;(二)公益事业的发展有助于缩小贫富差距,能够创建良好社会道德风尚与和谐的人际关系,有助于农村精神文明的建设;(三)目前我国公益组织的发育、发展离建设社会主义新农村的要求还相差甚远,公益组织的发展离不开政府的支持、企业及社会各界的参与,随着改革的深入、政府职能的转变,政策的逐步完善,我国公益组织的发展将会有一个更大的飞跃!

5月10日

国务院总理温家宝主持召开国务院常务会议

会议听取高等教育工作汇报审议并原则通过了《信息网络传播权保护条例(草案)》。

会议认为,近几年来,我国高等教育的发展和改革取得了明显成就。2005年,全国普通高校招生504万人,是1998年的4.7倍,毛入学率为21%,高等学校在学人数达2300万人,规模居世界第一。我国高等教育已步入大众化阶段,为现代化建设培养了大批高素质人才,为国家经济社会发展作出了重要贡献。但也要清醒看到,当前我国高等教育还面临许多矛盾和问题,特别是高等教育质量还不能完全适应经济社会发展的需要,高校教育观念、人才培养方式、教学内容和方法需要进一步转变,高校教师队伍水平亟待提高,高等教育投入增长跟不上规模发展,部分高校办学条件不足,高校毕业生就业面临较大压力。

会议指出,高等教育的发展要全面贯彻落实科学发展观,切实把重点放在提高质量上。当前,要着力抓好以下工作:一要根据经济社会发展需求,合理确定办学规模,调整学科布局和专业设置,加快紧缺型人才培养,鼓励各高校办出水平、办出特色;二要以学生为本,以社会需求为导向,以培养高素质人才为目标,深化高校教育教学改革,建立和完善高等教育质量保证体系;三要提高教师队伍的整体素质,实行启发式教学,注重培养学生的社会责任感、实践能力和创造精神;四要推动高校科技创新与人才培养紧密结合,提高科研和创新能力;五要进一步加强高校内部管理,推进校风、学风和制度建设,确保学生健康成长和校园和谐。同时,继续增加投入,逐步改善办学条件。

会议强调,根据当前高校的实际情况,有必要适当控制招生增长幅度,相对稳定招生规模,这样做,有利于集中必要的财力,改善办学条件,优化育人环境;有利于集中精力,加快学科专业结构调整,深化人才培养方式改革;有利于逐步解决当前高校存在的矛盾和问题,特别是缓解高校毕业生就业的压力,从而实现高等教育的可持续发展。高校招生规模的确定,要从实际出发,因地制宜,区别对待,不搞"一刀切"。在稳定高校招生规模的同时,要加强对应届高中毕业生的毕业教育和就业前的职业技能培训;大力发展中等职业教育、各种形式的成人和继续教育,为国民提供多样化的接受高等教育机会;要严格规范高校办学行为,坚决制止"乱收费",对办学条件达不到国家规定要求的要限期整改。

会议认为,为保护著作权人、表演者、录音录像制作者的信息网络传播权,鼓励有益于社会主义精神文明、物质文明建设作品的创作和传播,根据《中华人民共和国著作权法》,制定《信息网络传播权保护条例》是十分必要的。会议决定,该条例草案经进一步修改后,由国务院公布施行。

全国政协主席贾庆林在人民大会堂会见由主席马尔格洛夫率领的俄罗斯联邦委员会国际事务委员会代表团

贾庆林说,今年是中俄战略协作伙伴关系建立10周年和《中俄睦邻友好合作条约》签署5周年。经过双方共同努力,中俄关系取得全面、深入、快速的发展。在重大国际和地区问题上,中俄双方保持着密切的磋商与合作。

贾庆林指出,不久前,普京总统成功访华,与胡锦涛主席就进一步深化中俄战略协作伙伴关系和加强双方在重大国际和地区问题上的合作达成新的重要共识,为中俄关系的发展注入了新的动力。今明两年中俄将互办"国家年"。这是发展两国关系的一个创举,必将进一步巩固中俄友好的社会基础,全面提升两国战略协作水平。中国全国政协是"俄罗斯年"活动的积极支持者和参与者。我们愿与俄罗斯联邦委员会一道,完成好共同承担的"国家年"活动项目,为增进两国人民的相互了解和友谊,推动两国关系的发展多做贡献。

马尔格洛夫说,俄中战略协作伙伴关系已达到前所未有的高度。随着两国互办"国家年",双方交往将进一步密切。俄方认为俄中保持友好关系和密切合作对亚太地区乃至世界稳定具有重要作用。俄方愿与中方共同努力,继续推动双边关系的深入发展。

国务院总理温家宝签署第466号令发布《民用爆炸物品安全管理条例》

《民用爆炸物品安全管理条例》已经2006年4月26日国务院第134次常务会议通过,现予公布,自2006年9月1日起施行。

总　理　温家宝

2006年5月10日

民用爆炸物品安全管理条例(文略)

国务院印发《关于进一步加强消防工作的意见》

各省、自治区、直辖市人民政府,国务院各部委、各直属机构:

"十五"以来,在党中央、国务院和地方各级党委、政府的领导下,全国消防工作取得明显进步。消防安全责任制进一步落实,全社会防控火灾的能力明显提高,重特大火灾事故多发势头得到初步遏制。但是,当前消防工作形势依然严峻。一些地区、部门和单位对消防工作重视不够,公民消防安全素质仍然不高,全社会消防安全基础仍然薄弱,重特大火灾事故时有发生。为有效预防火灾事故,减轻火灾危害,保障公共安全,现就进一步加强消防工作提出以下意见:

一、指导思想、工作原则和工作目标

(一)指导思想。以邓小平理论和"三个代表"重要思想为指导,全面贯彻落实科学发展观,按照构建社会主义和谐社会的要求,深入贯彻《中华人民共和国消防法》等法律法规,全面落实预防为主、防消结合的方针,努力构建"政府统一领导、部门依法监管、单位全面负责、群众积极参与"的消防工作格局,着力整治各种火灾隐患,全面加强城乡消防工作,建立健全灭火应急救援工作机制,切实提高全社会防控火灾的意识和能力,有效预防和减少火灾事故发生,为我国经济发展、社会稳定和人民群众安居乐业创造良好的消防安全环境。

(二)工作原则。坚持协调发展,有效统筹消防工作与经济社会发展的关系;坚持城乡统筹,大力加强农村消防工作;坚持依法治火,严格落实消防法律法规、技术规范和消防工作责任制;坚持预防为主,不断改善城乡防火安全条件;坚持科技先行,依靠科技进步不断提升防火、灭火和救援能力;坚持以人为本,全面提高公民消防安全素质,切实保障人民群众生命财产安全。

(三)工作目标。到2010年,基本建立适应社会主义市场经济体制要求的消防法律法规和技术规范体系,基本实现消防工作与经济社会同步协调发展,基本形成覆盖城乡的专业灭火应急救援力量体系,消防工作社会化水平显著提升,全社会消防安全环境明显改善,抗御火灾的整体能力明显提高,重特大火灾尤其是群死群伤火灾事故得到有效遏制。

二、构建"政府统一领导、部门依法监管、单位全面负责、群众积极参与"的消防工作格局

(四)切实加强领导,认真履行消防工作职责。消防工作是政府履行社会管理和公共服务职能的重要内容。地方各级人民政府要将消防工作纳入"十一五"国民经济和社会发展总体规划,增加财政投入,认真组织实施。要切实落实地方各级人民政府消防工作负责制,建立政府分管领导牵头、有关部门领导参加的消防工作联席会议制度,定期研究并协调解决消防工作重大问题,适时组织开展消防安全专项治理。

(五)切实加大联合执法力度,依法加强监管。要建立健全部门信息沟通和联合执法机制,有关部门各负其责,齐抓共管。公安消防部门要认真履行消防监督执法职责,并加强与有关部门的信息沟通,及时将消防安全专项治理以及认定的重大火灾隐患等情况报告当地政府并通报相关部门;安全监管、建设、工商、质检等部门要结合各自职责,对发现的火灾隐患,依法查处或者移送、通报公安消防等部门处理;教育、民政、铁路、交通、农业、文化、卫生、民航、广电、体育、旅游、文物、人防等部门和单位要建立健全消防安全工作领导

机制和责任制，制定消防安全管理办法，定期组织消防安全专项检查，及时排查和整改火灾隐患。

（六）依法落实单位消防安全责任。各单位负责人对本单位消防安全负责。要严格落实消防安全责任制和岗位责任制，健全消防安全管理制度，定期组织防火检查和巡查，制定灭火和应急疏散预案并实施演练，加强对本单位员工尤其是流动务工人员的消防安全教育和培训，定期维护保养消防设施，建立并落实消防安全自我管理、自我检查、自我整改机制，确保本单位消防安全。

（七）充分发挥社会组织和市场机制的作用。要将单位消防安全信息纳入社会信用体系，推动建立行业、系统消防安全自律机制。鼓励发展提供消防安全技术服务的中介组织。居委会、村委会要制定防火安全公约，定期检查本区域公共消防安全，督促整改火灾隐患。

三、加强公共消防安全基础建设，提高全社会防控火灾能力

（八）切实加强公共消防设施建设。地方各级人民政府要结合实际编制城乡消防规划，确保公共消防设施建设与城镇和乡村建设同步实施；对缺少消防规划或消防规划不合理的城市总体规划、乡村和集镇建设规划，不得批准。对公共消防设施不能满足灭火应急救援需要的，要及时增建、改建、配置或者进行技术改造；要按照消防规划改造供水管网、修建消火栓、消防水池和天然水源取水设施，确保消防用水。

（九）大力发展多种形式的消防队伍。地方各级人民政府要根据经济社会发展需要，大力发展以公安消防队为主体的多种形式消防队伍。未设立公安消防队的城市人民政府应当按照国家规定的消防站建设标准，抓紧建立公安消防队、专职消防队；乡（镇）人民政府可以根据当地经济发展和消防工作的需要，建立专职消防队、义务消防队。

（十）充分发挥公安消防队作为应急抢险救援专业力量的骨干作用。公安消防队在地方各级人民政府统一领导下，除完成火灾扑救任务外，要积极参加以抢救人员生命为主的危险化学品泄漏、道路交通事故、地震及其次生灾害、建筑坍塌、重大安全生产事故、空难、爆炸及恐怖事件和群众遇险事件的救援工作，并参与配合处置水旱灾害、气象灾害、地质灾害、森林、草原火灾等自然灾害，矿山、水上事故，重大环境污染、核与辐射事故和突发公共卫生事件。

各级人民政府要按照现行事权、财权划分原则，进一步加强公安消防队力量特别是应急抢险救援能力建设，专项解决公安消防队应急抢险救援装备和队站、设施建设经费。

（十一）广泛开展消防安全宣传教育。地方各级人民政府每年要制订并组织实施消防宣传教育计划，公安消防等部门、单位和新闻媒体要改进消防宣传教育形式，普及消防法律法规，教育广大人民群众切实增强防范意识，掌握防火、灭火和逃生自救常识。教育部门、学校及其他教育机构要将消防知识纳入教学内容；科技、司法、劳动保障等部门和单位要将消防法律法规和消防知识列入科普、普法、就业教育工作内容；乡（镇）人民政府、街道办事处和单位要在乡村、社区、办公区等场所设立消防宣传教育专栏和消防安全标识；广播、电视、报刊、互联网站等新闻媒体应当定期刊播消防公益广告，义务宣传消防知识。

（十二）认真组织消防安全培训。地方各级人民政府要加强对各级领导干部消防法律法规等知识的培训。有关行业、单位要大力加强对消防管理人员和消防设计、施工、检查维护、操作人员，以及电工、电气焊等特种作业人员、易燃易爆岗位作业人员、人员密集的营业性场所工作人员和导游、保安人员的消防安全培训，严格执行消防安全培训合格上岗制度。地方各级人民政府和有关部门要责成用人单位对农民工开展消防安全培训。

（十三）切实维护公民的消防安全权益。地方各级人民政府要切实采取措施保障公民对火灾危险的知情、监督、投诉、举报等权利，并定期向社会公布本地区的重大火灾隐患及整改情况。公安消防部门要公布举报电话、信箱或者电子邮件地址，认真受理并及时依法处理公民对火灾隐患和消防违法行为的投诉、举报；工会、共青团、妇联、残联、消费者权益保护组织等要切实承担起依法维护相关人员消防安全权益的责任。存在重大火灾隐患的生产经营场所和为公众服务的场所，要采取公告、广播、设置警示牌等方式告知公民火灾危险和保护生命财产安全的方法。

四、整治重点环节，预防和消除火灾隐患

（十四）坚决整治严重威胁公共安全的重大消防安全问题。地方各级人民政府对不符合城市消防安全布局的易燃易爆危险物品生产、储存场所等重大火灾危险源，要限期搬迁；对无法保证消防安全的，要责令停止使用。在制订近期建设规划和城镇房屋拆迁计划时，要依据城市总体规划和土地利用总体规划，优先安排“城中村”、易燃建筑密集区的拆迁、改造。要严格落实重点场所和部位的消防安全管理措施。对存在重大火灾隐患的人员密集场所，要责令限期整改；对不能保证人员生命财产安全的，要责令停止使用。

（十五）切实加强火灾隐患的源头控制。对涉及消防安全的审批项目，行政审批部门要严格依法审批。对不符合城镇消防安全布局要求的建设项目，城市规

划部门不得核发建设用地规划许可证和建设工程规划许可证；对建筑工程消防设计未经审核合格的，建设部门不得核发施工许可证，房地产管理部门不得核发商品房预售许可证；对按照国家标准需要进行消防设计的建筑工程竣工验收资料中没有消防验收合格文件的，房地产管理部门不得颁发房屋权属证书。对消防安全条件未获得公安消防部门审查通过，拟开办的学校、幼儿园、托儿所、养老院、福利院、医疗机构以及文化、体育等公共场所，教育、民政、卫生、文化、体育等部门不得批准。对不具备安全生产条件的危险物品生产储存运输和建筑施工等企业，安全监管、建设等部门不得颁发安全生产许可证。对未经消防安全检查合格而擅自经营的歌舞厅、影剧院、宾馆、饭店、商场、集贸市场等公众聚集的场所，或者未依法获得批准而擅自从事大型集会、焰火晚会、灯会等具有火灾危险的大型活动的，公安消防等有关部门要及时依法采取相应的行政强制措施并依法给予行政处罚；对原已取得批准文件但不再具备法律法规、技术规范规定的消防安全条件的，必须撤销批准文件。对容易引发火灾事故的电气、燃气等设备，质检部门应制定标准对其防火性能提出要求，生产单位应标明火灾危险性和防火注意事项。

（十六）严格加强消防产品质量监督管理。各级公安消防部门要切实履行法定职责，各有关部门要按照国务院确定的职责分工，依法采取有力措施，加大对消防产品市场整顿和规范的力度。严禁生产、销售、进口、使用未取得市场准入证书的消防产品。严厉打击制售假冒伪劣消防产品的违法行为。要建立全国消防产品信息库，定期发布消防产品市场准入信息和质量信息。消防产品生产企业要实行不合格消防产品主动召回制度。

（十七）进一步建立健全重大火灾隐患立案销案和挂牌督办制度。地方各级人民政府及公安消防等部门要建立健全监督检查机制，依法督促有关单位及时整改和消除重大火灾隐患。公安消防部门对检查发现和群众举报、投诉并经认定的重大火灾隐患，要立案并抄报有关主管部门，及时提请当地人民政府挂牌督促整改。当地人民政府要明确整改责任，责令限期整改。下级人民政府要及时向上级人民政府报告重大火灾隐患整改情况，对未按期整改完毕的，上级人民政府要明确整改责任并备案督办。对严重威胁公共安全的重大火灾隐患，上级人民政府要直接挂牌督办，公安消防部门要依法报请当地人民政府决定责令停产停业，当地人民政府要在接报后 7 日内作出决定。对自身确无能力整改的严重威胁公共安全的重大火灾隐患，有关单位要及时报请本行业或本系统管理部门和当地人民政府确定整改措施，并认真落实。

五、建立健全考评机制，严格责任追究制度

（十八）地方各级人民政府要把消防工作作为政府目标责任考核和领导干部政绩考评的重要内容，纳入社会治安综合治理、创建文明城市（乡镇、村、社区）和平安地区等考评范围，建立科学的考核评价机制，定期检查考评。各省、自治区、直辖市人民政府每年要将本地区消防工作情况向国务院作出专题报告。公安消防部门要会同有关方面，对各地区消防工作进行督促检查。

（十九）地方各级人民政府和公安消防部门、其他有关部门不履行或不认真履行消防工作职责，对涉及消防安全的事项未依照法律法规和规章制度实施审批、监督检查的，或者对重大火灾隐患整改不力的，要依法依纪追究有关责任人员和负责人的责任；地方各级人民政府和公安消防部门、其他有关部门及其工作人员因工作不力、失职、渎职，导致重特大火灾事故发生的，或者造成重大人员伤亡和经济损失，社会影响恶劣的，要依法追究主要负责人的法律责任。

（二十）对不依法履行预防和消除火灾隐患职责的单位及其负责人和其他工作人员，公安等行政执法部门应当依法给予行政处罚。对拒不执行行政处罚的，要坚决依法追究有关人员的法律责任。对发生火灾造成人员伤亡和他人财产损失的，制售假冒伪劣消防产品造成严重后果的，明知是假冒伪劣消防产品仍购买和使用的，要依法追究有关单位和人员的法律责任。

国务院

2006 年 5 月 10 日

国务院任免国家工作人员

任命陈训秋、郝赤勇、赵大程为司法部副部长。

免去范方平、段正坤的司法部副部长职务。

全国保持共产党员先进性教育活动与党的先进性建设理论研讨会在北京举行

中共中央政治局常委、中央纪委书记吴官正主持研讨会开幕会。中共中央政治局常委、中央书记处书记曾庆红在研讨会开幕会上发表讲话。

曾庆红说，加强党的先进性建设的重大战略思想，作为十六大以来我们党提出的一系列重要战略思想之一，既是治党的理论，又是治国的理论；加强党的先进性建设，既要贯穿于党的建设新的伟大工程的各个方面，又要体现在中国特色社会主义伟大事业的各个领域。要继续加强党在思想理论方面的先进性建设，在指导我们思想的理论基础上保持和发展党的先进性；继续加强党在治国理政方面的先进性建设，在促进科学发展和构建和谐社会的实践中保持和发展党的先进性；继续加强党在奋斗纲领方面的先进性建设，在树立远大理想和坚定信念上保持和发展党的先进性；继续加强党的组织和党的队伍方面的先进性建设，在夯实组织基础和培训领导骨干上保持和发展党的先进性；继续加强在党风廉政方面的先进性建设，在作风和形象上保持和发展党的先进性；继续加强党内制度体系方面的先进性建设，在领导体制和工作机制上保持和发展党的先进性。

曾庆红强调，只要党的先进性长在，党的创造力就不竭，党的生命力就永存。要以这次理论研讨会为契机，集中全党智慧，依靠广大理论工作者和实际工作者的共同努力，在进一步加强党的先进性建设理论研究方面不断取得新成果。他还对进一步加强党的先进性建设理论研究的内容、方法，以及加强对党的先进性建设理论研究工作的领导和支持等提出了明确要求。

这次理论研讨会，是经中央批准、由中央保持共产党员先进性教育活动领导小组和全国党的建设研究会联合召开的。中央保持共产党员先进性教育活动领导小组成员，各省、自治区、直辖市和副省级城市以及新疆生产建设兵团有关负责同志，中央党政军群有关部门负责同志，第三批先进性教育活动中央巡回检查组和中央督导组组长、副组长，以及理论研讨会入选论文作者等参加了研讨会。

王首道同志诞辰100周年纪念座谈会在人民大会堂举行

王首道同志1906年出生于湖南浏阳，1926年加入中国共产党，是中国共产党的优秀党员、久经考验的共产主义战士、无产阶级革命家、新中国交通运输事业的开拓者和奠基人之一，中国共产党第七届中央候补委员、委员，第八、九、十、十一届中央委员，中国人民政治协商会议第五届全国委员会副主席，原中共中央顾问委员会常委。

中共中央政治局常委、全国政协主席贾庆林出席。全国政协副主席王忠禹主持座谈会并讲话。他指出，王首道同志在长达70多年的革命生涯中，不畏艰险、不怕牺牲，勤勤恳恳、忠勉为公，鞠躬尽瘁、死而后已，为中华民族的独立和解放，为实现国家富强和人民幸福，为改革开放和现代化建设事业努力奋斗，建立了不朽功勋。我们缅怀他的伟大功绩，要学习他对理想信念的无比坚定和对党的无限忠诚；学习他善于学习、勇于实践、敢于创新、不断进取的开拓精神；学习他坚持原则、顾全大局、谦虚谨慎、光明磊落的优秀品质。王首道同志的一生，是革命的一生，光辉的一生，是为党和人民无私奉献的一生。我们要学习他和其他老一辈革命家的高尚品格，弘扬革命风范，继承革命传统，把中国特色社会主义事业继续推向前进。

座谈会上，中央党史研究室副主任李忠杰、交通部部长李盛霖、湖南省委副书记戚和平和王首道同志生前友好代表孙铁钟先后发言。全国政协副主席刘延东、李贵鲜、罗豪才，全国政协秘书长郑万通，中央和国家机关有关部门、人民团体和湖南省、广东省的负责同志，王首道同志的亲属、生前友好和原身边工作人员等出席了座谈会。

国家副主席曾庆红在人民大会堂会见突尼斯外交部长阿卜杜勒—瓦哈卜·阿卜杜拉

中共中央政治局委员刘云山在人民大会堂会见葡萄牙社会党全国政治委员会委员若泽·莱洛一行

全国人大常委会副委员长韩启德在人民大会堂会见由主席贾尔加尼率领的欧洲议会法律事务委员会代表团一行

全国政协副主席刘延东在北京会见德国黑森州州长科赫一行

中央军委副主席曹刚川在八一大楼会见美军太平洋总部司令威廉·法伦

曹刚川说，台湾问题攸关中国的核心利益。希望美方明确反对“台独”，明确支持中方为维护台海和平稳定、改善和发展两岸关系所作出的积极努力，停止美台军事交往，停止售台先进武器。

法伦说，希望美中两军进一步加强在各层次的交流与接触，增进相互了解和信任。关于台湾问题，他重申美国政府将继续坚持一个中国政策，希望海峡两岸找出好的办法和平解决双方的分歧，避免发生冲突。

中央军委副主席曹刚川在北京会见来华访问的菲律宾武装部队总参谋长赫内罗索·森加

全军树立和落实科学发展观高级干部理论研讨班在国防大学开班

55347名高校应届毕业生报名参加2006年大学生志愿服务西部计划

据《人民日报》报道：2006年大学生志愿服务西部计划报名工作近日结束，全国共有55347名高校应届毕业生报名，报名人数比去年增加3353人。

今年西部计划全国项目将新招募大学生志愿者6500名，加上2005年2年期志愿者，在岗服务的西部计划志愿者人数仍将保持在10000人左右。今年西部计划的服务领域得到进一步拓展，将实施支教、支医、支农、青年中心建设和管理、全国农村党员干部现代远程教育扩大试点工作、农村文化建设、西部基层人民法院、西部基层检察院、西部基层法律援助和开发性金融等10个志愿服务专项行动。

黄炎培职业教育思想研讨会暨《黄炎培职业教育思想文萃》发行及赠书仪式在北京举行

此次活动由中华职业教育社主办。研讨会上，12位专家、学者就黄炎培职业教育思想的主要内容和现实意义进行了深入研讨。中央统战部、劳动和社会保障部等有关部门负责人及职业教育界专家学者出席了会议。

5月11日

国家主席胡锦涛在云南考察

5月11日至15日，胡锦涛和随行的中共中央政治局候补委员、中央书记处书记、中央办公厅主任王刚，在云南省省委、省政府主要负责同志的陪同下，先后来到西双版纳、思茅、昆明等地，深入民族村寨、田间地头、企业车间和科研院所，就落实科学发展观、构建社会主义和谐社会等进行调查研究。

促进经济社会又快又好发展，是胡锦涛此次考察的主要内容。他来到西双版纳云麻实业有限公司、昆明云内动力股份有限公司、昆明船舶设备集团有限公司、昆明北方红外光电子有限公司、中国医学科学院医学生物学研究所、思茅至小勐养高速公路等企事业单位和重点建设工程，详细询问生产经营、自主创新、环境保护等方面的情况。

胡锦涛十分关心实现好、维护好、发展好人民群众根本利益的问题。他来到位于思茅市倚象镇的茶园和倚象镇营盘山移民扶贫搬迁点，深入了解当地群众脱贫致富的情况。在昆明市困难职工帮扶服务中心和农民工维权中心，胡锦涛来到一个个服务窗口前，关切地询问困难职工和农民工的就业服务、困难救助、权益维护等情况，并同前来寻求帮助的困难职工和农民工亲切交谈，了解他们的实际困难，鼓励他们在党和政府支持下克服困难、改善生活。在农民工工会工作联络站，胡锦涛对工作人员说，要关心农民工，帮助农民工，切实维护农民工的合法权益。

考察期间，胡锦涛听取了云南省委和省政府的工作汇报，充分肯定了云南改革开放和现代化建设取得的成就。胡锦涛强调，要切实推进党的先进性建设，切实加强干部队伍和领导班子建设，切实加强党的基层组织建设，大力弘扬解放思想、实事求是的作风，激励广大党员干部团结带领群众抓住国家实施西部大开发战略的宝贵机遇，不断创造新的业绩。要树立共同理想、打牢共同思想基础，特别是要宣传和树立“八荣八耻”为主要内容的社会主义荣辱观，促进和谐文化建设，为构建社会主义和谐社会提供强大的思想道德力量。

中共中央政治局委员贺国强在第三批保持共产党员先进性教育活动中央巡回检查组和中央督导组工作总结座谈会上讲话

贺国强在讲话中对一年多来先进性教育活动督导和巡回检查工作进行了全面总结。

贺国强指出，先进性教育活动的成功实践证明，中央关于建立督促检查制度，逐级派出督导组和巡回检查组、选派大批干部进村驻点的决策是完全正确的。先进性教育活动的督导和巡回检查工作，为我们今后进一步做好督促检查工作积累了宝贵经验，提供了有益启示。要高度重视督促检查在推进决策落实中的重要作用，切实把中央的重大部署和要求贯彻到基层；要坚持从党和国家的工作大局出发，紧密围绕派驻单位的中心任务开展督促检查；要坚持求真务实的科学态度，及时有效地发现问题、反映问题和解决问题；要坚持走群众路线，广泛听取群众的意见，善于从群众中吸取营养、凝聚智慧；要坚持运用正确的工作方法，增强督促检查的针对性、实效性；要切实加强参加督导检查工作人员的自身建设，严明纪律、以身作则，在督促检查工作中不断增强党性、提高素质。

国务委员陈至立在山东考察

5月11日至14日，陈至立在山东省委书记张高丽、省长韩寓群陪同下，考察了海信集团、海尔集团、潍柴动力工业园、力诺集团以及齐鲁软件园、中科院海洋研究所、科考船“东方红2号”、寿光蔬菜高科技示范园，并与有关专家和企业代表进行了座谈。

陈至立指出，企业是社会主义市场经济的主体，也是国家技术创新的主体，在国家创新体系中占有十分重要的地位。企业要增强生命力和核心竞争力，必须要紧跟市场需求和技术前沿，坚持自主创新。

国务院副总理回良玉在钓鱼台国宾馆会见新加坡内阁资政李光耀

·

外交部部长李肇星在外交部与突尼斯外交部部长阿卜杜勒—瓦哈卜·阿卜杜拉举行会谈

李肇星说，中方感谢突方在台湾、人权问题上给予的宝贵支持,愿进一步增进两国政治互信,拓展双方在通信、纺织、旅游等领域的互利合作,加强两国在中非合作论坛和中阿合作论坛及其他多边事务中的协调与合作,推动中突友好合作关系迈向更高层次。

国务委员唐家璇在中南海紫光阁会见日本前首相羽田孜率领的日中青年研修协会代表团

2006年中华环保世纪行活动在北京启动

全国人大常委会副委员长司马义·艾买提在启动仪式上为即将出发的记者团授旗。

由全国人大环境与资源保护委员会牵头,中宣部、国家环保总局等14个部委共同主办的中华环保世纪行宣传活动,已经连续开展13年,在社会上产生了广泛的影响。今年活动主题是"推进节约型社会建设"。

5月12日

国务院总理温家宝在中南海紫光阁分别会见新加坡内阁资政李光耀 丹麦外交大臣佩尔·斯蒂·默勒 爱尔兰外长德莫特·埃亨

全国政协主席贾庆林在人民大会堂会见中国伊斯兰教协会新一届领导班子成员

贾庆林代表党中央、国务院对中国伊斯兰教第八次全国代表会议的胜利召开表示祝贺,并向新一届伊斯兰教协会领导班子成员、全体与会代表及全国广大穆斯林群众表示亲切问候。

贾庆林希望新一届中国伊斯兰教协会要进一步增强大局意识,团结和引导伊斯兰教界人士和广大穆斯林群众,自觉服从服务于我国社会主义现代化建设事业,正确处理信仰宗教与发展经济的关系,为促进我国"十一五"时期经济社会又快又好发展作出应有贡献。

国务院任免国家工作人员

任命王野平为国家电力监管委员会副主席。

免去邵秉仁的国家电力监管委员会副主席职务,段瑞春、姜均露的国有重点大型企业监事会主席职务。

国务院三峡工程建设委员会第十五次全体会议在北京召开

会议由温家宝主持。会议听取三峡办等有关部门的工作汇报,审议批准三峡水库今年汛后蓄水至156米的工作方案,部署今后一段时期的重点工作。国务院副总理、国务院三峡工程建设委员会副主任曾培炎,国务委员兼国务院秘书长华建敏出席会议。三峡建委组成人员出席会议,三峡工程建设专家组和稽查检查组有关成员、国务院有关部门、部分企业和湖北省、重庆市有关部门负责人列席会议。

会议指出,自2003年三峡工程全面转入三期建设以来,三峡枢纽工程和输变电工程建设进展顺利,三峡大坝即将全线达到185米设计高程,防洪、发电、航运等综合效益开始发挥。库区移民安置稳步推进,生态环境建设步伐加快,水库综合管理得到加强。同时,在工程建设、移民工作、库区经济社会发展和环境保护等方面,还面临一些问题,任务依然繁重。

会议强调,2006年和今后一段时期需要做好以下重点工作:一是确保三峡工程建设质量。三峡大坝很快就要接受高位蓄水的考验,其他各项工程正处于攻坚阶段,必须坚持质量第一、安全第一,继续加强质量监管,认真落实各项质量保障措施,努力把三峡工程建成国际一流工程。二是切实做好移民稳定工作。要继续把维护移民稳定摆到突出位置,进一步提高移民安置质量,重点抓好移民后期扶持工作,帮助群众解决生产生活中的突出问题,实现移民安稳致富。三是大力推动库区经济社会发展。调整和优化库区经济结构,加强库区交通、水利等基础设施建设,加快发展农副产品加工、旅游等特色优势产业,高度重视教育、卫生等社会事业建设,促进库区经济繁荣和社会进步。四是进一步加强生态环境保护和水库管理。抓紧推进地质灾害防治,搞好治污工程建设和运营,加强水库周边绿化带建设,改善水库综合管理,确保三峡水库水质优良和安全运行。

会议对做好三峡工程建设各项工作提出要求:一是加强领导,协调配合。各地区、各部门要高度重视,密切合作,继续做好推进和支持三峡工程建设的各项工作。有关省市要加大对口支援三峡库区的工作力度。二是统筹兼顾,整体推进。切实处理好工程建设与运行、工程建设与生态环境保护、移民搬迁安置与安稳致富、库区发展与水库管理等方面的关系,确保三峡工程长期发挥效益和安全运行,确保移民长治久安和库区可持续发展。三是强化管理,严格督查。认真开展工程质量、建设进度和资金使用等稽查审计,保证工程质量,提高资金使用效益。四是明确责任,狠抓落实。各级领导要深入实际,深入群众,深入调研,针对新情况新问题,及时制定和完善政策措施,解决三峡工程建设中存在的困难和问题。

国办发出《关于调整国务院三峡工程建设委员会组成人员的通知》

各省、自治区、直辖市人民政府,国务院各部委、各直属机构:

根据工作需要和人员变动情况，国务院决定对国务院三峡工程建设委员会的组成人员进行相应调整。现将调整后的名单通知如下：

主任：温家宝　国务院总理

副主任：曾培炎　国务院副总理

蒲海清　国务院三峡工程建设委员会办公室主任

马　凯　发展改革委主任

罗清泉　湖北省省长

王鸿举　重庆市市长

李永安　中国长江三峡工程开发总公司总经理

委员：张平　国务院副秘书长

李学勇　科技部副部长

刘金国　公安部副部长

朱志刚　财政部副部长

刘永富　劳动保障部副部长

贠小苏　国土资源部副部长

仇保兴　建设部副部长

徐祖远　交通部副部长

矫　勇　水利部副部长

张宝文　农业部副部长

刘士余　人民银行行长助理

令狐安　审计署副审计长

邵　宁　国资委副主任

张力军　环保总局副局长

贾治邦　林业局局长

李家洋　中科院副院长

单霁翔　文物局局长

漆　林　国务院三峡工程建设委员会办公室原副主任

何文彬　国务院三峡工程建设委员会办公室纪检组组长

唐双宁　银监会副主席

邵秉仁　电监会原副主席

陈　元　开发银行行长

周坚卫　湖北省副省长

余远牧　重庆市副市长

甘宇平　重庆市原副市长

刘振亚　国家电网公司总经理

蔡其华　水利部长江水利委员会主任

国务院办公厅

2006年5月12日

第六次全国法制宣传教育工作会议在北京开幕

会议由中央宣传部等联合召开，全国普法办公室主任、司法部部长吴爱英主持会议。中共中央政治局常委、中央政法委书记罗干出席会议并讲话。

各省、自治区、直辖市，副省级城市和新疆生产建设兵团有关负责同志，中央和国家机关、解放军和武警部队有关部门负责同志，以及“四五”普法先进集体和先进个人代表参加了会议。

中共中央政治局常委罗干在第六次全国法制宣传教育工作会议上发表讲话

罗干指出，党中央、国务院历来高度重视法制宣传教育工作。改革开放以来，已批准实施了四个五年普法规划，取得了显著成效。特别是开展“四五”普法以来，各地区和有关部门大力开展宪法和有关市场经济建设、维护社会稳定以及群众关心关注问题的法制宣传，加强领导干部、司法和行政执法人员、青少年和企业经营管理人员法制宣传教育，坚持学用结合，深入推进依法治理，全体公民法律意识普遍增强，全社会法治化管理水平明显提高，为实施依法治国基本方略，加强社会主义法制建设，促进经济社会发展，作出了积极贡献。

罗干要求，加强法制宣传教育，要围绕“十一五”规划确定的目标任务，积极为保障和促进经济社会全面发展服务。要突出抓好宪法的学习宣传，大力宣传与经济社会发展相关的法律法规、与群众生产生活密切相关的法律法规、整顿和规范市场经济秩序的法律法规以及维护社会和谐稳定、促进社会公平正义的相关法律法规。要坚持服务人民群众，结合人民群众最关心、最直接、最现实的利益问题，根据不同对象的特点，有针对性地开展法制宣传教育。要在农村广泛开展基本法律知识的宣传教育，推进社会主义新农村建设。要坚持法制宣传教育与法治实践相结合，广泛开展“法律进机关、进乡村、进社区、进学校、进企业、进单位”活动，进一步推进基层依法治理，加强基层民主政治建设。

罗干指出，领导干部要做学法用法的表率。各级领导干部要提高学法的自觉性，做遵守法律、执行法律的模范。要依法决策、依法管理，不断提高依法执政的本领。进一步推进领导干部学法用法规范化、制度化建设，完善领导干部法律知识和依法办事能力考试考核制度。

罗干强调，各级党委和政府要切实加强对法制宣传教育工作的领导，把这项工作纳入当地经济和社会发展总体规划，进一步完善党委领导、人大监督、政府实施的领导体制，建立健全普法依法治理领导机构，落实领导责任制。要加强法制宣传教育队伍建设，完善经费保障机制。要求真务实，坚决克服形式主义，确保“五五”普法规划落到实处、取得实效。

罗干等领导同志在会上为受到表彰的“四五”普

法先进集体和先进个人代表颁奖，并在会前亲切会见了与会代表。

国土资源部发出通知要求在全国全面开展矿山储量动态监督管理工作

通知要求，到2007年年底前，各省区市要全面建立矿山储量动态监管制度。矿山企业在每年12月31日前要完成对其动用、消耗、损失的资源储量的地质测量工作，建立矿山技术档案和资源储量台账，并在次年1月底前报送国土资源管理部门。

海峡两岸农业合作试验区挂牌仪式在佛山和湛江同时举行

经国务院批准，佛山、湛江两地同时举行海峡两岸农业合作试验区挂牌仪式，这标志着广东省海峡两岸农业合作试验区正式启动。

佛山海峡两岸农业合作试验区确定的重点合作领域，包括花卉园艺、农业生物技术、水产养殖、农产品精深加工、农业物流、农业科技展示和观光旅游农业等6个方面。在重点项目建设上，突出建设"一个农业保税区、两大物流中心、三大种苗繁育基地"，以点带面，推动两岸农业合作加速发展。

湛江试验区则由南、北两个核心区组成，规划以发展高效绿色农业、渔业、畜牧业为重点，引进台湾优良种苗、先进技术设备和管理经验，开展科技教育、信息、市场营销体系建设的交流合作，重点领域包括热带精品农业、沿海渔业、畜牧业、农产品加工业、生态观光农业五个方面。该试验区将利用其对粤西乃至我国西南地区的辐射带动作用，以推进海峡两岸农业多层次、全方位的交流与合作为目标，努力做到"两高三有"，即"高起点、高标准，有创意、有新意、有成效"，实现农业产业群聚和产业升级。

中国—欧盟村务管理培训项目在北京举行项目交接仪式

该项目包括全国村务公开协调小组办公室、民政部培训中心和江西、云南、黑龙江、辽宁、山东、河南、甘肃省民政厅9个合作伙伴，覆盖约4亿人口，其中有3亿农民。

中国—欧盟村务管理培训项目是我国同欧盟之间的政府合作项目，既是我国中央政府和欧盟欧洲委员会在基层民主和社会治理领域最大的合作项目之一，也是目前国内最大的致力于村务管理工作的国际合作项目。该项目《财政协议》由我国外经贸部(现商务部)和欧盟委员会于1998年签署，2001年5月项目正式启动。

国家副主席曾庆红在人民大会堂会见新加坡内阁资政李光耀

中共中央政治局委员刘淇在北京会见日本共同社社长石川聪

全国人大常委会副委员长顾秀莲在人民大会堂会见以主席科马罗娃为团长的俄罗斯国家杜马自然资源与利用委员会代表团

全国人大常委会副委员长司马义·艾买提在人民大会堂会见土中妇女友好协会主席汤·阿塔奇率领的代表团

外交部部长李肇星在钓鱼台国宾馆与爱尔兰外长德莫特·埃亨举行会谈

外交部部长李肇星在钓鱼台国宾馆与丹麦王国外交大臣佩尔·斯蒂·默勒举行会谈

2006年全国普通高校招生网上咨询周活动开幕

咨询周期间，考生可在每天9时至17时登录"阳光高考"信息平台(http // gaokao.chsi.com.cn)，浏览高校招生政策信息，向教育部高校学生司、各省市招办负责人以及1300多所高校的招办负责人提问。

"大洋一号"考察船赴太平洋开始执行为期3个月的大洋考察任务

这是中国大洋矿产资源研究开发协会"十一五"首次科学考察任务，也是中国大洋第十八个航次考察任务。

此航次由国家海洋局第二海洋研究所初凤友研究员任首席科学家，中国海监第一支队副支队长陆会胜任"大洋一号"船第一船长。共有约40名科学家参加此次考察任务。考察期间，"大洋一号"将在密克罗尼西亚停靠补给。

京杭大运河保护与申遗考察活动在北京举行启动仪式

启动仪式由全国政协组织，考察团将对京杭大运河沿线的北京、天津、河北、山东、江苏、浙江6省市进行广泛深入的调查研究，为大运河的保护与申报世界文化遗产工作提供科学依据。此次考察活动为期14天，行程近2000公里，是大运河历史上规模较大的一次全程考察。

中共中央政治局委员陈奎元为京杭大运河保护与

申遗纪念标揭幕。全国政协、北京市政协领导及建设部、文化部、水利部、文物局、中国联合国教科文组织全国委员会等单位负责人出席启动仪式。

5月13日

国务院印发《关于完善粮食流通体制改革政策措施的意见》

各省、自治区、直辖市人民政府,国务院各部委、各直属机构:

2004年以来,各地区、各部门认真贯彻落实《国务院关于进一步深化粮食流通体制改革的意见》(国发〔2004〕17号)精神,积极稳妥地推进粮食流通体制改革,取得了明显成效。当前,粮食流通体制改革已进入关键时期,为妥善解决改革中出现的新问题,以科学发展观为统领,坚持中央确定的粮食流通体制改革总体目标和基本思路,进一步完善政策措施,健全体制机制,加大改革力度,确保粮食流通体制改革的顺利推进,现提出以下意见:

一、加快推进国有粮食购销企业改革,切实转换企业经营机制

(一)切实使国有粮食购销企业真正成为市场主体。各级粮食行政管理部门要依法加强对全社会粮食市场主体的指导、监督、检查和服务,不得直接干预企业的日常经营活动。国有独资和国有控股粮食购销企业要实行自主经营、自负盈亏。进一步规范政府调控与企业经营之间的关系,政府可根据粮食宏观调控的需要,委托具备资质的粮食购销企业承担相关政策性业务,并按确定的标准给予补贴。继续发挥国有粮食购销企业的主渠道作用,增强政府对粮食市场的调控能力。

(二)加快国有粮食购销企业组织结构创新。在粮食主产区的产粮大县,可以现有国有粮食购销企业为基础,通过改制重组,因地制宜地组建国有独资或国有控股的公司制粮食购销企业。在非粮食主产区和主产区的非产粮大县,也要保留必要的国有独资或国有控股的粮食购销企业。支持国有粮食购销企业进行跨行业、跨地区、跨所有制的资产重组,鼓励各种资本参与企业改组改造,以资产为纽带,逐步培育若干个大型粮食企业集团。对小型国有粮食购销企业,可以通过改组联合、股份合作、资产重组、授权经营等多种形式放开搞活。

(三)规范国有粮食购销企业产权制度改革。各地在推进国有粮食购销企业产权制度改革过程中,要按照国家所有、分级管理、授权经营、分工监督的原则,积极探索国有资产经营和监管的有效形式,明确国有资产出资人职责,实现国有资产的保值增值,防止国有资产流失。改制后的国有独资、国有控股粮食购销企业要依据《中华人民共和国公司法》建立法人治理结构,按照现代企业制度的要求实行规范运作。农业发展银行要会同有关部门研究制定促进国有粮食购销企业产权制度改革的信贷管理措施。

(四)大力发展粮食产业化经营。积极培育粮食产业化龙头企业,加快以粮食购销、加工企业为龙头的粮食产业化体系建设,鼓励和发展粮食订单生产、订单收购,引导企业与农民建立利益共享、风险共担的合作机制。加大对国有粮食企业、大型粮食加工企业和其他多元化龙头企业的扶持力度,支持企业发展粮食精深加工,延长产业链,增加产品附加值。对以粮油为主要原料的加工企业,特别是骨干龙头企业,各级人民政府要给予重点扶持。

(五)研究建立新型粮食仓储管理机制。加快制(修)订适应新形势的粮食仓储管理办法、粮食储存标准和粮食卫生标准。加强粮食储藏技术的研究和推广,提升粮食仓储企业的核心竞争力,降低粮食的数量、品质损失,保证库存粮食安全。结合粮食企业改革和人员分流安置,鼓励国有粮食购销企业利用现有的仓储设施和技术力量向社会提供粮食仓储和技术服务,国家在政策、资金、税收上给予适当支持。加强对农民储存粮食的技术指导,降低粮食产后损失。

(六)做好粮食收购资金贷款发放和管理工作。农业发展银行要继续发挥政策性银行的职能,积极支持粮食产业发展。对中央和地方储备粮所需信贷资金,要按计划保证供应;对粮食企业受政府委托收购粮食以及启动最低收购价执行预案收购粮食所需的信贷资金,在落实收购粮食的费用、利息和可能出现的价差亏损补贴来源的前提下,应及时足额发放。按照企业风险承受能力,积极支持各类具有收购资质的粮食企业入市收购,加大对粮食产业化龙头企业、精深加工和转化企业、工商联营企业及其他粮食企业、粮食生产基地和粮食市场建设等贷款扶持力度。

二、加快清理和剥离国有粮食企业财务挂账,妥善解决企业历史包袱

(七)认真做好粮食财务挂账的清理、审计和剥离工作。要按照国家有关规定,抓紧将国有粮食购销企业政策性粮食财务挂账剥离到县以上粮食行政管理部门集中管理,为企业发挥主渠道作用和推进产权制度改革创造条件。对经清理、审计的企业经营性亏损挂账,按照债务与资产一并划转和防止逃废银行债务的原则,结合推进国有粮食企业改革,实行有效管理,因地制宜地逐步消化或依法处置,有关部门要尽快制定具体实施办法。审计、财政、发展改革、粮食、农业发展

银行等部门和单位要组成联合督查组,加强对各地粮食财务挂账清理、审计和剥离工作的检查、指导。

(八)继续做好国有粮食购销企业分流职工再就业和社会保障工作。按照省级人民政府统筹考虑和多渠道筹集的原则,切实解决好国有粮食购销企业分流安置职工和离退休人员所需资金。对国有粮食购销企业分流安置职工、依法解除劳动关系等所需资金,地方各级人民政府要按规定给予适当补助;同时,继续在中央批准的限额内从粮食风险基金中专项安排一部分资金,用于企业分流安置职工。粮食企业依法出售自有产权公房、建筑物收入和处置企业使用的划拨土地的收入,优先留给企业用于缴纳社会保险费和安置职工。国有粮食企业要改善经营,加强管理,增加盈利,做好自筹资金工作。

地方各级人民政府要按规定将国有粮食企业分流职工纳入当地再就业规划和社会保障体系,并对符合条件的分流人员核发《再就业优惠证》,落实小额担保贷款、税收减免等再就业扶持政策。做好企业解除劳动合同人员的档案移交和社会保险关系接续等工作,为其再就业创造良好条件。国有粮食企业要充分发挥现有购销网点和产业化经营的优势,开展多种形式的面向农民、方便居民的服务业务,努力增加就业岗位,为分流人员创造更多的再就业机会。

(九)认真做好现有库存中按保护价(含定购价)收购的高价位粮食的分步销售工作。对这部分粮食要继续实行“新老划断、分步销售”。对销售后发生的价差亏损和尚未销售粮食发生的利息以及必要的保管费用,继续按照有关政策规定办理。各省、自治区、直辖市人民政府要制定具体办法,根据市场情况把握节奏,按计划适时销售。要抓紧完成库存陈化粮的定向销售工作,坚决打击倒卖陈化粮的违法行为。

三、积极培育和规范粮食市场,加快建立全国统一开放、竞争有序的粮食市场体系

(十)继续培育、发展和规范多种粮食市场主体。鼓励各类具有资质的市场主体从事粮食收购和经营活动,培育农村粮食经纪人,开展公平竞争,活跃粮食流通。引导多元投资主体投资各类粮食交易市场、粮食物流设施以及高科技粮油加工企业。

(十一)健全粮食收购市场准入制度。继续做好粮食收购企业入市资格审核工作。对已经取得粮食收购资格的企业,粮食行政管理部门要加强指导、服务和监管,定期进行审核。

(十二)加强粮食市场监管执法。工商行政管理部门要加强对粮食市场以及市场开办者和粮食经营者的监管,严厉打击违法收购、囤积居奇、欺行霸市等各种违法经营行为,对粮食市场经营实行分类监管。粮食行政管理部门要加强对粮食质量的监管。质检、卫生部门要加强对粮食加工和销售的质量管理、卫生检验检疫。各有关部门要密切配合,完善信息通报机制,形成管理合力,维护粮食交易秩序,保护粮食生产者、经营者和消费者的合法权益。

(十三)完善粮食市场体系建设。做好粮食市场体系建设布局规划,规范市场交易规则,完善市场服务功能,引导企业入市交易。重点扶持大宗粮食品种的区域性、专业性和成品粮油批发市场,加快大中城市成品粮油交易市场建设。中央和地方储备粮的购销和轮换,原则上通过规范的粮食批发市场采取竞价交易方式进行,也可以通过国家规定的其他方式进行。大力推广电子商务等先进的交易方式和手段,增加交易的透明度,发挥引导粮食市场购销价格的作用。进一步完善和规范粮食期货交易,为企业和农民提供发现价格、规避风险的服务。

(十四)加强粮食现代物流体系建设。加快实施全国粮食现代物流设施建设规划,以市场为导向,以企业为主体,以现代科技为支撑,通过各级人民政府的适当投资引导,重点建设从粮食主产区到主销区的跨省区粮食物流通道和物流节点,实现跨省区粮食物流主要通道的散装、散卸、散储、散运和整个流通环节的供应链管理,形成快捷高效、节省成本的现代化粮食物流体系。

四、加强粮食产销衔接,逐步建立产销区之间的利益协调机制

(十五)大力发展长期稳定的粮食产销合作关系。按照“政府推动、部门协调、市场调节、企业运作”的原则,积极支持和鼓励产销区双方以经济利益为纽带,以市场为导向,充分发挥各自的比较优势,形成多元化的合作格局,发展长期稳定的产销合作关系。鼓励主销区粮食工贸企业在主产区建设粮食生产和收购基地。鼓励主产区粮食企业在主销区粮食市场经销粮食,建立集收储、加工、销售为一体的粮食经营企业。

(十六)建立有利于产销区协作发展的支持体系。到主产区建设粮食生产、收购基地的企业,可享受农业产业化优惠政策。铁路、交通部门要优先安排履行产销合作协议的粮食运输。农业发展银行要对产销区之间开展购销协作提供贷款和更加便捷的跨省结算服务。

(十七)逐步建立产销区之间的利益协调机制。经济发达的粮食主销区要调整粮食风险基金的支出结构,将中央财政补贴的粮食风险基金专项用于粮食产销衔接的资金需要,支持主产区的粮食生产和流通。对主产区到主销区建立粮食储备、参与主销区粮食供应并具有一定经营规模的企业,主销区可给予适当的

费用补贴。对到主产区建立粮食生产基地、参与主产区粮食生产和收购、将粮食运往主销区销售且具有一定经营规模的企业,主销区也可给予适当的费用补贴。

五、进一步加强和改善粮食宏观调控,确保国家粮食安全

(十八)健全粮食宏观调控体系。粮食宏观调控的目标是基本立足国内保障粮食供给,探索建立中长期粮食供求总量和品种结构基本平衡的长效机制。落实最严格的耕地保护制度,加强农业基础设施建设,提高粮食综合生产能力,充分发挥储备粮的调节作用和进出口粮食品种的调剂作用,确保国家粮食安全。有关部门要健全粮食监测预警系统,进一步完善粮食价格监测体系和粮食供求、质量、价格信息发布制度,健全粮食应急机制。

(十九)完善粮食直接补贴和最低收购价政策。对种粮农民直接补贴和农业生产资料增支综合直补要坚持向产粮大县、产粮大户倾斜的政策。2006年,13个粮食主产省、自治区的粮食直接补贴资金,要全部达到本地区粮食风险基金总规模的50%以上。其他地区要根据本地实际,继续完善对种粮农民的直接补贴政策。国务院有关部门和有关省级人民政府要进一步完善粮食最低收购价政策的执行预案,健全最低收购价启动机制、补贴机制和监督机制。对不实行最低收购价的主要粮食品种,在出现供过于求、价格下跌较多时,政府要及时采取有效措施调节供求,防止出现农民"卖粮难"和"谷贱伤农"。有关部门要在实践中进一步探索保护农民利益和种粮积极性的政策措施。

(二十)进一步完善中央储备粮管理体系。要充分发挥中央储备粮在调节供求平衡、稳定粮食价格、保护农民利益、确保国家粮食安全等方面的重要作用,加快建立符合市场化改革要求的中央储备粮调控机制。国务院有关部门要继续加强对中央储备粮管理工作的指导和监督,完善中央储备粮的轮换和有关财务管理等方面的政策。对承储中央储备粮的代储企业实行资格认证,未取得承储资格的企业不得存储中央储备粮。中国储备粮管理总公司专职从事政策性业务,具体负责中央储备粮(含食油)的业务管理,对中央储备粮的总量、质量和储存安全负总责,除经营与储备粮油吞吐轮换直接相关的业务外,不从事其他商业经营活动。加强中央储备粮垂直管理体系建设,确保中央储备粮数量真实、质量良好,确保在国家需要时调得动、用得上。

(二十一)进一步充实地方粮食储备。要按照"产区保持3个月销量、销区保持6个月销量"的要求,核定和充实地方储备粮规模。粮食供给比较薄弱的产销平衡区,可比照销区确定地方储备粮规模。有关部门要积极指导和督促地方储备粮充实到位。地方储备粮要严格管理,及时轮换,确保质量合格、数量真实。改善储备粮布局和品种结构,大中城市要适当增加成品粮油储备。

(二十二)保证粮食供给和市场稳定。大中城市的地方人民政府应重点掌握或指定一部分粮食加工和批发、零售企业,服从成品粮油供应宏观调控的需要。稳定军粮供应渠道,继续做好军粮供应的服务工作。对粮食供应比较困难的山区、牧区、水库移民区、少数民族聚居地区和边疆地区,当地人民政府要保证粮食稳定供应。

六、加强粮食流通的监督检查,做好全社会粮食流通统计工作

(二十三)依法加强对全社会粮食流通的监管。各省、自治区、直辖市人民政府要按照《粮食流通管理条例》的规定,结合本地区实际,抓紧制定和出台粮食流通监管的相关配套办法。有关执法部门在各自职责范围内,依法加强对全社会粮食流通的监督检查,建立完善的粮食流通监督检查体系。

(二十四)切实做好全社会粮食流通统计工作。建立健全全社会粮食流通统计制度,不断改进统计调查方法和手段。统计和粮食行政管理部门要加强对粮食流通统计制度执行情况的监督检查,督促各类粮食经营企业和用粮企业自觉执行粮食流通统计制度,履行向当地粮食行政管理部门报送粮食购销存等基本数据和情况的义务。

七、加强领导,确保粮食流通体制改革顺利推进

(二十五)全面落实粮食省长负责制。省级人民政府要在国家宏观调控下,切实对本地区的粮食生产、流通和安全负起责任,提高粮食综合生产能力,推进国有粮食购销企业改革,维护正常粮食流通秩序,保持市场粮食价格的基本稳定,保证市场粮食的有效供应。地方各级人民政府要负责本地区粮食的总量平衡和地方储备粮的管理,确保粮食风险基金地方配套部分及时到位。

(二十六)加强和充实粮食行政管理机构、人员。各级人民政府要根据管理全社会粮食流通、开展粮食行政执法和粮食流通统计工作的需要,核定并落实各级粮食行政管理部门或主管部门行政执法、监督检查、统计调查的职责、机构和人员,从2006年起将其工作经费纳入本级财政预算。

粮食流通体制改革关系到广大粮食生产者、消费者、经营者的利益,关系到国家的粮食安全,关系到社会主义市场经济体制的完善。各地区、各部门要按照全面落实科学发展观和建设社会主义新农村的要求,进一步统一思想,提高认识,加强领导,密切配合,确保

各项政策措施的贯彻落实，把粮食流通体制改革不断推向深入。

国务院

2006年5月13日

中宣部等3部门决定在广大知识分子和统一战线各界人士中开展向王选同志学习活动

据新华社报道：中宣部、中央统战部、教育部日前联合决定，在广大知识分子和统一战线各界人士中开展向王选同志学习活动。

决定指出，要通过深入开展学习王选同志活动，激励和引导广大知识分子和统一战线各界人士，更加紧密地团结在以胡锦涛同志为总书记的中共中央周围，坚持走中国特色的政治发展道路，为全面建设小康社会和创新型国家，开创中国特色社会主义事业新局面而努力奋斗。

决定要求各地有关部门要高度重视、认真组织好向王选同志学习的活动。要结合学习贯彻邓小平理论和"三个代表"重要思想，结合学习贯彻以胡锦涛同志为总书记的中共中央关于树立和落实科学发展观、构建社会主义和谐社会、建设创新型国家等一系列治国理政思想，结合学习贯彻《中共中央关于进一步加强中国共产党领导的多党合作和政治协商制度建设的意见》《中共中央关于加强人民政协工作的意见》精神，把向王选同志学习活动作为当前开展社会主义荣辱观教育的一项重要内容和措施，认真安排，精心组织，切实抓紧抓好。要充分运用新闻宣传媒介，通过组织研讨会、报告会、座谈会等多种形式，广泛深入地学习宣传王选同志的先进事迹。中央宣传部、中央统战部、教育部、九三学社中央将联合组织王选同志先进事迹报告团，到知识分子和统一战线成员比较集中的城市和一些高校、科研机构宣传王选同志的先进事迹。

决定指出，王选同志是享誉海内外的著名科学家、中国共产党的亲密朋友，生前担任全国政协副主席、九三学社中央副主席。王选同志一生执着追随当代世界科学技术发展的脚步，献身科学、追求真理，勇于创新、甘于奉献，他创造的计算机汉字激光照排技术，开创了汉字印刷的崭新时代。他衷心拥护和坚定实践中国共产党领导的多党合作和政治协商制度，始终注重调查研究，积极参政议政，建言献策，不断为统一战线和多党合作事业增光添彩。他深知人才对于创业兴国的极端重要性，不计个人名利地位，以科学家的博大胸怀，教书育人，为祖国培养造就出一批批年轻的学术骨干。王选同志以自己崇高的人品、巨大的贡献和对中国共产党、对社会主义事业的无限热爱，为广大知识分子和统一战线成员树立了光辉的榜样，赢得了广泛的赞誉和爱戴。王选同志是当代知识分子的楷模，是广大统一战线成员的骄傲，他的事迹是对树立社会主义荣辱观、走中国特色自主创新道路、坚持中国共产党领导的多党合作和政治协商制度的生动诠释，具有鲜明的时代精神。

全国人大常委会副委员长乌云其木格在全国集体林权制度改革高峰论坛上发表讲话

乌云其木格指出，实践证明，集体林权制度改革是集体林区经济社会发展的一项重大变革，是贯彻落实科学发展观的一项重要实践。通过改革，还权于民，还利于民，促进生产关系、生态关系和社会关系和谐发展，是今后农村林业的发展方向。

乌云其木格说，林权制度改革是解决"三农"问题的重要实践，关系到农村、林区的改革、发展和稳定，关系到相关方面利益的调整。目前，应精心组织、积极推进集体林权制度改革，将这项工作作为深化农村改革和社会主义新农村建设的一件大事来抓，切实加强对林权制度改革工作的组织领导。在改革过程中，要切实做到组织领导到位、部门配合到位、扶持政策到位、指导检查到位、总体规划与分级规划到位，保护农民利益，防止过度收费，积极摸索经验，采取有效的措施保障这项工作顺利、稳妥的实施。

乌云其木格强调，充分利用林地资源，发挥林业生态和经济潜力，是我国农村地区，尤其是广大山区、林区生产发展的重要内容，是林农脱贫致富、林区全面繁荣和生态环境保护升级的希望所在，必须从深化集体林权制度改革入手，调整林业生产关系，调动农民经营林业的积极性，深入探索发展林业、保护生态环境和兴林富民、提高农业综合生产能力的路子，为推进社会主义新农村建设作出积极贡献。

此次高峰论坛由国家林业局、福建省人民政府、中央党校、中国人民大学联合举办。

全国创建规范教育收费示范县经验交流会议在山东济南召开

目前，已有21个省、自治区、直辖市开展了这项工作，其中有13个省份经过社会公示，已评选出119个规范教育收费示范县(市、区)，有8个省份正在公示评审之中。

经教育部、国务院纠风办等七部委共同研究决定，从2005年开始在全国开展创建规范教育收费示范县活动。这项活动的重要意义在于树立一批正面典型，进一步弘扬正气，深入治理教育乱收费，促进教育收费工作实现规范化、制度化、法制化管理。

国务委员陈至立出席会议并讲话。陈至立指出，开展创建规范教育收费示范县活动，发挥示范县的表率作用，对于推动规范教育收费和治理教育乱收费工作，逐步解决社会普遍关注的“上学难、上学贵”问题具有十分重要的意义。她强调，解决“上学难、上学贵”问题，是贯彻“三个代表”重要思想和维护广大人民群众切身利益的具体体现，是贯彻落实科学发展观和建设社会主义和谐社会的重要工作，也是促进教育事业持续健康发展的重要保证。要坚定信心，贯彻落实科学发展观，树立正确的教育思想，进一步推动规范教育收费工作，努力尽快解决“上学难、上学贵”问题。

陈至立要求，要认真分析“上学难、上学贵”问题产生的原因，统一思想、坚定信心，采取有力政策措施加以解决。一要落实好农村义务教育经费保障新机制工作，解决农村义务教育阶段“上学难、上学贵”问题。二要着力推进区域内义务教育的均衡发展，遏制愈演愈烈的“择校风”；努力缩小城乡之间、区域之间教育的差距。三要进一步加大工作力度，建立健全贫困生资助体系，帮助家庭经济困难学生顺利完成学业。四要注重在制度建设上下功夫，建立规范收费的长效机制，做到标本兼治、着力治本。五要加大对教育投入的力度，强化政府对教育的保障责任。六要提倡勤俭办学，提高办学效益。

中国选手在德国克林根塔尔国际手风琴比赛中创出佳绩

中国中央音乐学院附中的3名青少年手风琴选手，在德国克林根塔尔国际手风琴比赛中一举囊括3项大奖，其中，田佳男和王寒之分别在12岁以下的少年一组和16岁以下的少年二组中获得第一名，蒋伯龙在18岁以下的青年组中拔得头筹。

这是中国手风琴选手第一次在这项世界顶尖级国际比赛中获得突破性奖项，在国际手风琴界引起轰动。

5月14日

首届中国贫困地区可持续发展战略论坛在天津举行

论坛通过并发布了天津滨海宣言，全国政协副主席阿不来提·阿不都热西提、张梅颖出席论坛，并在宣言上署名。

宣言指出，到2005年年底，全国农村没有解决温饱的贫困人口还有2365万人。如果按照人均1天1美元的标准，我国的贫困人口总数仅次于印度，列世界第二位。东部发达地区对口帮扶西部贫困地区，开展扶贫协作，是符合中国国情的扶贫开发方式，而且也是东部改革开放先行区应尽的义务。

宣言提出，贫困和生态环境退化的恶性循环是造成贫困落后地区经济社会不可持续发展的重要原因。必须树立科学的发展理念，统筹当前和长远的利益，正确处理经济效益、社会效益和生态效益三者的关系，形成相互促进的良性循环，从根本上消除贫困。东部发达地区对口帮扶西部贫困地区，开展扶贫协作，是符合中国国情的扶贫开发方式，而且也是东部改革开放先行区应尽的义务。

宣言还建议采取加大对贫困地区劳动者的培训、加大对贫困地区生态建设的投入等6项行动。

外交部部长李肇星在上海与塔吉克斯坦外长纳扎罗夫举行会谈

两国外长积极评价中塔关系的良好发展，对两国在政治、经贸、人文等领域的合作成果感到满意，一致同意加强两国外交部之间的磋商与合作，搞好中塔边界勘界工作，继续共同努力，打击恐怖主义、分裂主义、极端主义“三股势力”和毒品走私活动。双方还就地区形势、联合国改革等问题交换了意见，并签署了《中塔外交部2006年至2007年合作计划》。

中国科学院院士季羡林执教60周年暨95华诞庆祝大会在北京大学举行

国务委员陈至立发来贺信。她在贺信中说，季先生60年来致力于中外文化交流，为推动中华文化的传播，促进人类不同文明之间的和谐发展与共同繁荣作出了卓越贡献。

季羡林表示，在他生活的将近百年的岁月里，最近几年的变化尤其大。他坚定地说：“我们这个大国能够和谐、团结，会影响世界和全人类。”“没有人能阻止中国的腾飞。”

北大校长许智宏在发言中说，季先生从事教育事业60年，为我国高等教育事业发展尽心尽力，是我国老一代知识分子的缩影。他拥有始终热切关注国家和民族命运的爱国情怀，宽厚、仁爱、高风亮节的人格风范，令人敬仰。他那种苦心耕耘、勤奋执着的学术精神为北大师生树立了一个极好的学习典范。

5月15日

中共中央政治局常委吴邦国 李长春在人民大会堂分别会见由副主席纳菲阿率领的苏丹全国大会党代表团

吴邦国积极评价中苏关系。他说，建交近半个世纪以来，两国关系始终稳步发展。一是在对方关切的问题上相互理解和相互支持，两国政治互信不断增强；

二是建立在互利双赢基础上的经贸等领域的务实合作卓有成效,给两国关系不断注入新的活力;三是在国际和地区问题上有着相同或者相似的看法,在国际事务中保持协调与合作,维护了两国的共同利益。

吴邦国说,中苏党际关系已成为增进两国人民相互了解和友谊的重要桥梁,有力地促进了两国在政治、经济、文化等领域的交流与合作。中国共产党愿进一步加强与包括全国大会党在内的苏丹各政党的友好关系。

李长春表示,中苏党际关系发展迅速,有力地推动了两国关系的发展。中国共产党愿同全国大会党进一步扩大交往、加强合作,推动国家关系全面发展。他还介绍了中国致力于发展中非新型战略伙伴关系的政策和主张,表示中国愿与包括苏丹在内的非洲各国共创中非友好关系的新篇章。

纳菲阿说,苏方高度重视与中国的友好关系,坚决支持中国人民的统一大业,反对任何形式的"台独"活动。纳菲阿说,苏丹全国大会党希望进一步加强与中国共产党的交流与合作,为苏中关系的深入发展作出新的贡献。

国办发出《关于加强电子口岸建设的通知》

各省、自治区、直辖市人民政府,国务院各部委、各直属机构:

口岸电子执法系统(以下称电子口岸)是经国务院批准、由海关总署会同国务院有关部门共同建设的跨部门电子政务工程。电子口岸的建设对改善各地投资环境,提高口岸通关效率,降低企业成本,增强我国企业国际竞争力,促进对外贸易和国民经济快速健康发展,起到了十分重要的作用。为进一步加快电子口岸建设步伐,经国务院同意,现就有关问题通知如下:

一、电子口岸建设的基本内容、指导原则和发展目标

(一)基本内容。建设一个以口岸通关执法管理为主,逐步向相关物流商务服务延伸的大通关、大物流、大外贸的统一信息平台。具体包括两个层面的内容:一是中国电子口岸建设,即实现国务院各有关部门间与大通关流程相关的数据共享和联网核查,由部门向统一的信息平台提供的只是为企业服务涉及通关部分的数据和信息,部门自身的其他信息仍保留在各自的信息系统当中;二是地方电子口岸建设,即地方各有关部门、单位和企业将大通关核心流程及相关的物流商务服务程序整合到统一的信息平台上,实行全国"统一认证,统一标准,统一品牌"。

(二)指导原则。牢固树立和落实科学发展观,以服务为宗旨,以促进为目的,以需求为导向,以合作促发展。坚持统一认证、统一标准、统一品牌,实行共建、共管、共享。涉及大通关业务的各有关部门和单位,都要在国务院和当地政府的统一领导下,积极参与电子口岸建设,建立共同管理、协商决策的领导体制和开发运行机构,打通大通关有关业务的电子流程,在互联互通的基础上实现信息资源共享。各地在实体平台建设中应当加强与中国电子口岸的合作,在安全管理、数据标准和身份认证方面接受中国电子口岸的统一指导。

(三)发展目标。用五年左右的时间,把电子口岸建设成为具有一个"门户"入网、一次认证登录和"一站式"服务等功能、集口岸通关执法管理及相关物流商务服务为一体的大通关统一信息平台,使口岸执法管理更加严密、高效,使企业进出口通关更加有序、便捷,进一步提高我国对外开放水平和国际竞争力。

二、采取有效措施,大力推进电子口岸建设

(四)实行电子口岸统一身份认证。为确保电子口岸现有联网应用项目的安全稳定运行,参与电子口岸建设的各部门要遵循《中华人民共和国电子签名法》等法律法规,在保持基本格局不变、职能不变的前提下,按照自愿的原则,共同申请组建第三方联合认证机构,承担电子口岸的统一身份认证业务。

(五)加大资源共享力度。口岸执法管理各有关部门和单位要在共同协商基础上,规范电子口岸数据交换标准,在电子口岸信息平台上尽快实现大通关业务流程及相关信息数据的互联互通和资源共享,为企业进出口通关提供"一卡通""一站式"服务,为管理部门提供决策信息,避免资源浪费和重复建设。

(六)增加对电子口岸建设的投入。各级政府要为电子口岸建设和运行维护提供必要的资金保障,地方电子口岸建设初期所需资金主要由地方政府解决。为实现可持续发展,可以积极稳妥地探索电子口岸的市场化运营模式,但地方政府必须严格收费管理,决不能以赢利为目的,决不能给企业带来额外负担。要尊重地方政府对运营模式的自主选择,允许进行一些有益的探索,不搞"一刀切"。

(七)加快推进各地电子口岸实体平台或虚拟平台建设。有条件的地区要加快电子口岸实体平台建设步伐,不断提高服务水平。要充分利用现有资源,并与当地电子政务建设统筹考虑。口岸业务量小的内陆地区,应本着实事求是、因地制宜的原则,借助中国电子口岸建立本地电子口岸虚拟平台。

(八)确保电子口岸的数据和系统安全。各部门对本部门上网数据要加强管理,建立完善数据公开、使用授权和信息安全管理办法,对外提供数据必须经主管部门许可。电子口岸承建、运营单位要始终坚持"安全第一"的运行维护准则,加强对系统的安全管理工作,健全应急机制,确保系统的安全稳定运行。

三、完善电子口岸建设领导体制和工作机制

(九)加强部门间的协调和配合。鉴于电子口岸建设工作涉及面广、政策性强,为加强组织协调,将"口岸电子执法系统协调指导委员会"更名为"国家电子口岸建设协调指导委员会"(以下简称电子口岸委),由国务院分管副秘书长任主任委员,海关总署分管领导任副主任委员,成员包括发展改革委、公安部、财政部、铁道部、交通部、信息产业部、商务部、人民银行、税务总局、工商总局、质检总局、环保总局、民航总局、外汇局等部门的分管领导。电子口岸委办公室设在海关总署,作为电子口岸委的日常办事机构。

(十)加快地方电子口岸建设。地方政府要把电子口岸建设列入重要议事日程,切实履行地方电子口岸建设的牵头职责,积极推动、协调、整合各方面的资源和力量,把电子口岸作为本地唯一的大通关信息平台,加快建设步伐。要结合实际情况,建立行之有效的协调机制和工作机制;找准切入点,科学制订电子口岸发展规划和实施方案,分步实施,确保地方电子口岸顺利推进并取得实效。

国务院办公厅

2006年5月15日

人民币汇率中间价首度破8

中国人民银行授权中国外汇交易中心于今天上午9时15分公布了今天的人民币汇率中间价:1美元对人民币7.9982元。这是从去年7月21日人民币汇率形成机制改革以来,人民币汇率中间价首度破8。

中共中央政治局常委吴官正在人民大会堂会见由党的第一副主席巴利斯特·伊布拉辛·希马率领的尼日利亚人民民主党代表团

上海合作组织成员国外长会议在上海国际会议中心举行

会议由中国外长李肇星主持。哈萨克斯坦外长托卡耶夫、吉尔吉斯斯坦外长杰克申库洛夫、俄罗斯外长拉夫罗夫、塔吉克斯坦外长纳扎罗夫、乌兹别克斯坦外长加尼耶夫出席。上海合作组织秘书长张德广、地区反恐机构执委会主任卡西莫夫列席。

会议在务实和建设性的气氛中进行。外长们研究了将于6月中旬在上海举行的上海合作组织峰会的准备工作并通过了一系列决议。

会议指出,为落实2005年阿斯塔纳峰会就发展政治、经济和人文领域多边合作达成的协议,上海合作组织做了大量卓有成效的工作。即将举行的峰会对规划本组织今后的发展意义重大,各方将密切配合,共同确保会议取得成功。

会议确认成员国在当前重大国际问题上立场一致。重申愿积极利用外交部磋商机制协调对外政策,以应对迅速变化的地区和世界形势。

李肇星在发言中强调,面对机遇和挑战,各成员国应加强务实合作,以集体的智慧和力量谋求共同安全、发展和繁荣。

会议批准了《上海合作组织观察员团观察总统和(或)议会选举及全民公决条例》。

会议结束后,各国外长共同会见了记者。

中央军委副主席曹刚川在八一大楼会见孟加拉国陆军参谋长莫伊恩一行

国务委员唐家璇在中南海会见由总编巴奎特率领的美国《洛杉矶时报》访华代表团

郑洁/晏紫在WTA一级红土赛事——德国网球公开赛决赛中获得中国女子网球历史上第一个一级赛冠军

5月16日

国家主席胡锦涛在人民大会堂会见俄罗斯外长拉夫罗夫

胡锦涛希望两国有关部门抓紧工作,认真落实两国领导人达成的重要共识,加强组织指导和协调配合,共同办好"国家年"活动;积极推进双方在经贸、能源、投资、高科技等领域大项目上的合作,争取早出成果、早见成效;保持两国在国际和地区多边事务中的良好合作,与上海合作组织其他成员国一道,共同开好下个月即将举行的上海合作组织峰会,为促进地区和世界的和平、稳定与发展作出新的贡献。

拉夫罗夫感谢胡锦涛主席的会见。他说,俄方愿与中方共同认真落实两国元首达成的重要共识,积极推进两国在广泛领域的交流与合作,筹备好明年在俄罗斯举行的"中国年"活动,在重大国际和地区问题上保持密切磋商与协调,加强在上海合作组织框架内的合作。俄方将与中方相互配合,为上海合作组织峰会的成功召开作出贡献。

全国政协主席贾庆林在全国政协礼堂会见古巴共产党中央政治局委员佩得罗·赛斯

全国人大常委会执法检查组开展专利法执法检查

这是自1993年全国人大常委会作出关于加强对

法律实施情况检查监督的若干规定以来，第一次对这部法律的实施情况进行检查。

此次执法检查的重点包括两个方面。在政府和司法机关方面：一是各级政府加强知识产权保护，优化创新环境所采取措施的情况；二是专利行政主管部门和相关部门严格执法，司法机关公正司法，依法保护专利权人合法权益的情况。在企业和科研机构、高等院校方面：一是建立和完善内部知识产权管理制度，加强自主创新，增强研究开发投入，创造知识产权的情况；二是拥有自主知识产权的核心、关键技术的研究开发，成果转化及产业化的情况。

执法检查组16日上午举行第一次全体会议。在听取国家知识产权局、科技部、商务部、国家发展改革委、国资委、最高人民法院有关负责人关于专利法贯彻实施情况的汇报后，中共中央政治局委员、全国人大常委会副委员长王兆国，全国人大常委会副委员长、执法检查组组长路甬祥分别讲话。全国人大常委会副委员长蒋正华出席会议。

执法检查组将分成3个小组，于5月中旬到6月赴北京、辽宁、上海、江苏、四川、广东进行检查。同时委托天津、重庆、浙江、陕西、河北、福建、湖南、湖北8个省、直辖市的人大常委会协助在本行政区域内进行检查。

中共中央政治局常委吴官正到农业部检查中央纪委第六次全会和国务院第四次廉政工作会议精神贯彻落实情况

吴官正指出，建设社会主义新农村，是惠及亿万农民的重大部署，是贯彻落实科学发展观、全面建设小康社会的重要举措。按照中央的要求，既要支持和保护广大基层干部因地制宜建设新农村的积极性，又要防止脱离实际、做表面文章。要认真解决损害农民群众利益的突出问题，切实纠正有的地方乱收费、乱罚款和乱摊派行为；加强对农资市场的监管，严厉打击制售假冒伪劣产品坑农、害农的行为；进一步规范村级财务管理，坚决制止挪用、克扣政策性补贴资金等违纪违法行为。要严肃查处农田水利、社会事业基础设施等项目建设中的违规违纪问题，对侵吞国家资金和农民血汗钱的人，务必绳之以法。切实加强农村基层党风廉政建设，注重建立健全维护群众利益的长效机制。

吴官正强调，要深化行政审批制度改革，推进制度创新。建立和完善行政许可监督管理机制，加强对行政审批权和行政执法权的监督。建立健全重大项目监管、工程建设招投标等制度，防止利用项目审批权谋取私利。凡涉及农民群众切身利益的重大事项，应当公开的都要公开。

中共中央政治局委员贺国强在广西壮族自治区就地方党委换届工作进行调研

中组部发出通知表彰全国先进基层党组织及优秀共产党员和优秀党务工作者

通知强调，这次表彰的重点是近5年来特别是在保持共产党员先进性教育活动中涌现出来的先进基层党组织、优秀共产党员和优秀党务工作者。各地、各单位推荐的表彰对象要向企业、农村、学校、机关、科研院所、街道社区、解放军连队等基层单位及生产、教学、科研一线等基层岗位倾斜。

通知要求，各省（区、市）、各部门（系统）党委（党组）在推荐表彰对象工作中，要采取自下而上、上下结合的方式，多方面听取党员、干部、群众的意见，坚持标准，精心组织，严格程序，认真把关。“全国先进基层党组织”和“全国优秀党务工作者”表彰对象，要在本省（区、市）、部门（系统）一定范围内进行公示。“全国优秀共产党员”表彰对象，要通过中央主要新闻媒体进行公示。要把推荐过程作为加强基层党组织建设、激励先进、鞭策后进、推动各项工作的过程。

通知要求，各地、各部门（系统）要在纪念建党85周年之际，普遍开展一次党内表彰活动。“七一”前后，要集中一段时间，充分利用党报、党刊和其他大众传播媒介，对这次表彰的先进基层党组织、优秀共产党员、优秀党务工作者的先进事迹，进行广泛深入的宣传，号召广大基层党组织、共产党员、党务工作者向他们学习，努力形成评先进、学先进、赶先进的良好局面。

中共中央政治局常委李长春在中央文明委全体会议上发表讲话

李长春强调，树立社会主义荣辱观，深入人心是关键，联系实际是途径，弘扬正气是落脚点。要以践行社会主义荣辱观、加强思想道德建设为主题，以促进社会风气不断改善为目标，形成“知荣辱、讲正气、树新风、促和谐”的文明风尚。要坚持贴近实际、贴近生活、贴近群众，把树立社会主义荣辱观与加强爱国主义教育结合起来，与贯彻公民道德建设实施纲要结合起来，与未成年人思想道德建设和大学生思想政治教育结合起来，与群众性精神文明创建活动结合起来，与学习先进典型结合起来，扩大宣传教育的覆盖面，推动社会主义荣辱观教育进社区、进农村、进企业、进机关、进家庭。要切实抓好党员干部的学习，促进各级领导干部以身作则、率先垂范，带动社会风气的好转。要精心组织纪念中国共产党建党85周年、长征胜利70周年活动，广泛开展“迎奥运、讲文明、树新风”活动，扎实推进“文明办网、文明上网”活动，深入开展群众性文化娱乐活动,以丰富多彩的形式倡导和树立社会主义荣辱观,引导人们从身边做起,从自我做起,从点滴小事做起,扎扎实实地提高自身的思想道德素质。要紧紧抓住青少年这个重点,让“八荣八耻”进校园、进教材、进课堂,使广大青少年成为落实社会主义荣辱观的生力军。广大文艺新闻工作者要自觉践行社会主义荣辱观,用社会主义荣辱观指导采编创作,为人民群众提供健康丰富的精神食粮。

李长春指出,树立社会主义荣辱观,是全党全社会的共同责任。各级党委政府要把深入开展社会主义荣辱观学习实践活动,作为实践“三个代表”重要思想、落实科学发展观、构建社会主义和谐社会的重要内容,作为加强思想道德建设的重大举措,列入重要议事日程,切实加强组织领导。要建立健全长效机制,注重发挥规章制度对人们道德行为的激励约束作用,发动群众修订完善市民公约、乡规民约、职业规范、学生守则等行为准则,完善文明城市、文明村镇、文明单位的评选标准,使“八荣八耻”的基本要求更好地渗透到社会管理之中。要大兴求真务实之风,把工作的着力点放在解决群众反映强烈的社会风气中存在的突出问题上,在文明礼仪、公共秩序、社会服务、城乡环境、旅游出行、文化市场、互联网管理等重要领域取得成效,让人民群众切身感受到开展社会主义荣辱观学习实践活动的实际成果,推动良好社会风气的形成和发展。

全国人大常委会副委员长顾秀莲在人民大会堂会见由主席祖兹卡·茹伊布诺娃率领的捷克共和国众议院诉讼委员会代表团

外交部部长李肇星在外交部与俄罗斯外长拉夫罗夫举行会谈

中国首批派往苏丹参加联合国维和行动的135名官兵抵达苏丹开始执行为期8个月的维和任务

第七届世界传媒经济学术会议在北京开幕

全国人大常委会副委员长许嘉璐在给大会发来的贺信中表示,中国传媒经济总量当前已处于世界前列,并具有举足轻重的世界地位。

新闻出版总署副署长石峰在大会发言中介绍,目前,我国年出版报纸1900多种,总印数400多亿份,平均期印数2亿份,定价总金额达到250多亿元人民币。出版期刊9400多种,总印数达到228亿多册,平均期印数达到1.7亿份,定价总金额达到130亿元人民币。报刊广告收入近300亿元人民币。

我国日报总发行量世界第一、电视机拥有量世界第一、手机拥有量世界第一、收音机拥有量仅次于美国、上网人数世界第二。

2006年北京国际版权贸易研讨会召开

此次研讨会的主题为“世界需要中国,文化需要图书”,由国家版权局主办中国图书进出口(集团)总公司承办。

版权贸易,是指以著作权人对其依法享有的文学、艺术和科学作品的专有权(财产使用权)为标的的交易行为(区别于有形物交易,如图书实物贸易)。

国家版权局负责人、海内外从事版权工作的专家及全国图书、期刊、音像及电子出版物单位主管领导及从事版权贸易等专业人士参加了此次版权研讨会,就引进本土化和输出特色化、版权贸易对我国图书出版业的影响和作用、两岸合作迎接版权国际化新契机等内容进行交流研讨。

国家版权局局长阎晓宏、国家版权局版权司司长王自强、国务院新闻办公室三局副局长吴伟、中国图书进出口(集团)总公司代总经理焦国瑛、湖北长江出版集团总编辑周百义、台湾高谈文化出版社社长许丽雯,俄罗斯版权协会、德国Herder出版社、美国约翰威利公司、英国多林金德斯利有限公司等国外版权专家进行了主题发言。

卫生部发出紧急通知要求各级各类医疗机构立即停止使用齐齐哈尔第二制药有限公司和江苏省泰兴化工总厂相关产品

卫生部要求,各级各类医疗机构必须立即清点检查库存和使用的药品,停止购入和使用齐齐哈尔第二制药有限公司生产的包括“亮菌甲素注射液”在内的所有药品;医疗机构制剂室要暂停使用江苏省泰兴化工总厂生产的丙二醇,控制和检验库存的丙二醇;对已使用标示为泰兴化工总厂的丙二醇所生产、配制的药品就地暂控。

医疗机构要积极组织技术力量,对本机构内使用齐齐哈尔第二制药有限公司生产的“亮菌甲素注射液”的患者进行密切观察;发生药物不良反应事件的医疗机构要全力救治出现严重不良反应的患者,并与相关部门密切配合,及时采取有效措施,妥善处置。

国务院副总理回良玉在北京主持召开国家防汛抗旱总指挥部办公会议

回良玉深入分析当前的台风走势和汛情旱情灾情,研究部署今年第1号强台风(珍珠)的防御工作,对今年的防汛抗旱救灾工作作出进一步的安排。

5月17日

国务院总理温家宝主持召开国务院常务会议

会议研究促进房地产业健康发展措施，审议并原则通过《中华人民共和国测绘成果管理条例(修订草案)》。会议认为，中央去年实施加强房地产市场调控的决策和部署以来，各地区、各部门做了大量工作，房地产投资增长和房价上涨过快的势头初步得到抑制。但房地产领域的一些问题尚未根本解决，主要是少数大城市房价上涨过快，住房供应结构不合理矛盾突出，房地产市场秩序比较混乱。

会议指出，房地产业是我国新的发展阶段的一个重要支柱产业，引导和促进房地产业持续稳定健康发展，有利于保持整个经济平稳较快增长，有利于满足广大群众的基本住房消费需求，有利于实现全面建设小康社会的目标。房地产业发展和住房建设，必须充分考虑我国人口多、土地少的基本国情和建设资源节约型社会的要求，合理引导住房消费需求和消费模式。

会议强调，进一步搞好房地产市场引导和调控，要坚持落实和完善政策，调整住房结构，引导合理消费；坚持深化改革，标本兼治，加强法治，规范秩序；坚持突出重点，分类指导，区别对待。

会议指出，要认真落实去年以来中央关于促进房地产市场健康发展的部署，根据当前存在的问题，进一步采取有针对性的措施：(一)切实调整住房供应结构。重点发展中低价位、中小套型普通商品住房、经济适用住房和廉租住房。各地都要制定和实施住房建设规划，对新建住房结构提出具体比例要求。(二)进一步发挥税收、信贷、土地政策的调节作用。严格执行住房开发、销售有关政策，完善住房转让环节税收政策，有区别地适度调整信贷政策，引导和调节住房需求。科学确定房地产开发土地供应规模，加强土地使用监管，制止囤积土地行为。(三)合理控制城市房屋拆迁规模和进度，减缓被动性住房需求过快增长。(四)进一步整顿和规范房地产市场秩序。加强房地产开发建设全过程监管，制止擅自变更项目、违规交易、囤积房源和哄抬房价行为。(五)加快城镇廉租住房制度建设，规范发展经济适用住房，积极发展住房二级市场和租赁市场，有步骤地解决低收入家庭的住房困难。(六)完善房地产统计和信息披露制度，增强房地产市场信息透明度，全面、及时、准确地发布市场供求信息，坚持正确的舆论导向。

会议要求，各地区、各部门要统一思想，增强全局观念，齐心协力做好房地产市场的引导和调控工作。各地区、特别是城市政府要切实负起责任，把调整住房供应结构、控制住房价格过快上涨纳入经济社会发展工作的目标责任制，促进房地产市场健康发展。

会议认为，1989年3月国务院发布的《中华人民共和国测绘成果管理规定》，对加强测绘成果的管理，促进测绘成果的应用，发挥了重要作用。但随着改革的深化和社会主义市场经济的发展，管理规定已不能适应新形势下测绘成果管理工作的需要，有必要在总结实践经验的基础上，对其进行修改和完善。会议决定，《中华人民共和国测绘成果管理条例(修订草案)》经进一步修改后，由国务院公布施行。

全国政协主席贾庆林在人民大会堂会见菲律宾菲华各界联合会访华团一行

国务院印发《关于完善大中型水库移民后期扶持政策的意见》

各省、自治区、直辖市人民政府，国务院各部委、各直属机构：

新中国成立以来，我国兴建了一大批大中型水库，在防洪、发电、灌溉、供水、生态等方面发挥了巨大效益，有力地促进了国民经济和社会发展，大中型水库移民为此作出了重大贡献。为了帮助移民改善生产生活条件，国家先后设立了库区维护基金、库区建设基金和库区后期扶持基金，努力解决水库移民遗留问题，对保护移民权益、维护库区社会稳定发挥了重要作用。但由于扶持政策不统一、扶持标准偏低、移民直接受益不够等多种原因，目前水库移民的生产生活条件依然普遍较差，有相当多的移民仍生活在贫困之中。当前，我国总体上已进入统筹城乡发展、以工促农、以城带乡的发展阶段，有必要也有能力加大对水库移民的后期扶持。为帮助水库移民脱贫致富，促进库区和移民安置区经济社会发展，保障新时期水利水电事业健康发展，构建社会主义和谐社会，现就完善大中型水库移民后期扶持政策(以下简称后期扶持政策)提出如下意见：

一、完善后期扶持政策的指导思想、目标和原则

(一)指导思想。以邓小平理论和“三个代表”重要思想为指导，坚持以人为本，全面贯彻落实科学发展观，做到工程建设、移民安置与生态保护并重，继续按照开发性移民的方针，完善扶持方式，加大扶持力度，改善移民生产生活条件，逐步建立促进库区经济发展、水库移民增收、生态环境改善、农村社会稳定的长效机制，使水库移民共享改革发展成果，实现库区和移民安置区经济社会可持续发展。

(二)目标。近期目标是，解决水库移民的温饱问题以及库区和移民安置区基础设施薄弱的突出问题；中长期目标是，加强库区和移民安置区基础设施和生

态环境建设，改善移民生产生活条件，促进经济发展，增加移民收入，使移民生活水平不断提高，逐步达到当地农村平均水平。

（三）原则。

——坚持统筹兼顾水电和水利移民、新水库和老水库移民、中央水库和地方水库移民。

——坚持前期补偿补助与后期扶持相结合。

——坚持解决温饱问题与解决长远发展问题相结合。

——坚持国家帮扶与移民自力更生相结合。

——坚持中央统一制定政策，省级人民政府负总责。

二、完善政策，提高移民后期扶持标准

（四）扶持范围。后期扶持范围为大中型水库的农村移民。其中，2006年6月30日前搬迁的水库移民为现状人口，2006年7月1日以后搬迁的水库移民为原迁人口。在扶持期内，中央对各省、自治区、直辖市2006年6月30日前已搬迁的水库移民现状人口一次核定，不再调整；对移民人口的自然变化采取何种具体政策，由各省、自治区、直辖市自行决定，转为非农业户口的农村移民不再纳入后期扶持范围。

（五）扶持标准。对纳入扶持范围的移民每人每年补助600元。

（六）扶持期限。对2006年6月30日前搬迁的纳入扶持范围的移民，自2006年7月1日起再扶持20年；对2006年7月1日以后搬迁的纳入扶持范围的移民，从其完成搬迁之日起扶持20年。

（七）扶持方式。后期扶持资金能够直接发放给移民个人的应尽量发放到移民个人，用于移民生产生活补助；也可以实行项目扶持，用于解决移民村群众生产生活中存在的突出问题；还可以采取两者结合的方式。具体方式由地方各级人民政府在充分尊重移民意愿并听取移民村群众意见的基础上确定，并编制切实可行的水库移民后期扶持规划。采取直接发放给移民个人方式的，要核实到人、建立档案、设立账户，及时足额将后期扶持资金发放到户；采取项目扶持方式的，可以统筹使用资金，但项目的确定要经绝大多数移民同意，资金的使用与管理要公开透明，接受移民监督，严禁截留挪用。

（八）扶持资金筹集。要坚持全国统筹、分省（区、市）核算，企业、社会、中央与地方政府合理负担，工业反哺农业、城市支持农村，东部地区支持中西部地区的原则。

水库移民后期扶持资金由国家统一筹措：(1)提高省级电网公司在本省（区、市）区域内全部销售电量（扣除农业生产用电）的电价，提价收入专项用于水库移民后期扶持。为了减轻中西部地区的负担，移民人数较少的河北、山西、内蒙古、吉林、黑龙江、贵州、云南、西藏、甘肃、青海、宁夏、新疆12个省（区）的电价加价标准根据本省（区）的移民人数一次核定，原则上不再调整；如上述12个省（区）2006年7月1日以后搬迁的纳入扶持范围的水库移民所需后期扶持资金出现缺口，由中央统筹解决；其他19个省（区、市）实行统一的电价加价。(2)提高电价形成的增值税增收部分专项用于水库移民后期扶持。(3)继续保留中央财政每年安排用于解决中央直属水库移民遗留问题的资金。(4)经营性大中型水库也应承担移民后期扶持资金，具体办法由发展改革委会同财政部、水利部另行制定。

（九）扶持资金管理。后期扶持资金作为政府性基金纳入中央财政预算管理。通过电价加价筹措的后期扶持资金由各省级电网公司随电费征收，全额上缴中央财政；应拨付给各省、自治区、直辖市的后期扶持资金由财政部会同国务院移民管理机构，按照发展改革委、财政部、水利部等部门核定的各省、自治区、直辖市移民人数和规定的标准据实拨付。后期扶持基金征收使用管理办法由财政部会同发展改革委、水利部和国务院移民管理机构等部门另行制定。

（十）现行水库移民扶持基金的处理。现行的库区建设基金并入完善后的水库移民后期扶持资金；现行的库区后期扶持基金并入库区维护基金，并相应调整和完善库区维护基金的征收、使用和管理，具体办法由财政部会同发展改革委、水利部另行制定。自完善后的水库移民后期扶持政策实施之日起，现行关于征收库区建设基金和后期扶持基金的政策即行废止，各地自行批准向水利、水电和电网企业征收的涉及水库移民的各种基金、资金一律停止收取。

三、统筹兼顾，安排好其他移民和征地拆迁人口的生产生活

（十一）做好大中型水库非农业安置移民工作。各省、自治区、直辖市要进一步完善城镇最低生活保障制度，把符合条件的大中型水库非农业安置移民中的困难家庭，纳入地方城镇最低生活保障范围，切实做到应保尽保；同时，要积极通过其他渠道进行帮扶，努力改善他们的生活条件。三峡工程的移民工作，依照《长江三峡工程建设移民条例》办理。

（十二）妥善解决小型水库移民的困难和现有后期扶持项目续建问题。各省、自治区、直辖市人民政府可通过提高本省（区、市）区域内全部销售电量（扣除农业生产用电）的电价筹集资金，统筹解决小型水库移民的困难，并保证对在建后期扶持项目的后续资金投入，确保项目按期建成并发挥作用。提价标准为每千瓦时不超过0.5厘，具体方案报发展改革委、财政部审批后

实施。

(十三)切实做好其他征地拆迁人口的工作。完善水库移民后期扶持政策可能对其他征地拆迁人口产生影响,地方各级人民政府要高度重视,密切关注,做好宣传解释工作,并采取多种措施,及时解决他们生产生活中遇到的实际困难,妥善化解矛盾,维护社会稳定。

四、加大投入,促进库区和移民安置区长远发展

(十四)明确扶持重点。在提高后期扶持标准帮助解决水库移民温饱问题的同时,要继续从其他渠道积极筹措资金,加大扶持力度,解决库区和移民安置区长远发展问题,重点加强基本口粮田及配套水利设施建设,加强交通、供电、通信和社会事业等方面的基础设施建设,加强生态建设、环境保护,加强移民劳动力就业技能培训和职业教育,通过贴息贷款、投资补助等方式对移民能够直接受益的生产开发项目给予支持。

(十五)落实扶持资金。一是现有政府性资金,包括预算内投资和国债资金、扶贫资金、农业综合开发资金以及政府部门安排的各类建设基金和专项资金,要向库区和移民安置区倾斜;二是从筹集的后期扶持资金结余中安排,用于对库区和移民安置区的扶持,具体办法由财政部、发展改革委会同水利部等部门另行制定;三是从调整和完善后的库区维护基金中筹集。同时,地方各级人民政府要加大资金投入,鼓励社会捐助和企业对口帮扶,努力拓宽资金渠道。

(十六)做好项目规划。要以水库移民村为基本单元,按照优先解决突出问题的原则,抓紧编制库区和移民安置区基础设施建设和经济发展规划,作为国家安排扶持资金和项目的前提与依据。项目的确定要坚持民主程序,尊重和维护移民群众的知情权、参与权和监督权。

五、加强领导,精心组织实施

(十七)提高认识,增强工作责任感。做好移民工作,妥善解决移民群众关心的问题,使他们的长久生活有保障,关系到党和政府的威信,关系到党群、干群关系,关系到改革发展稳定的大局。完善水库移民后期扶持政策,加大扶持力度,是坚持以人为本、体现执政为民思想的一项重要举措,具有十分重要的意义。各地区、各有关部门要充分认识做好水库移民工作的重要性、紧迫性和艰巨性,进一步统一思想,提高认识,加强领导,明确责任,把移民工作摆上重要的议事日程,周密部署,精心组织,稳步推进,确保移民政策落到实处。

(十八)落实责任,加强协调配合。移民工作实行属地管理,省级人民政府对本地区移民工作和社会稳定负总责,地方各级人民政府主要负责同志是第一责任人,要有一位负责同志分管移民工作,实行一级抓一级,逐级落实责任,做到责任到位、工作到位。国务院有关部门要按照职责分工,各负其责,密切配合,加强对水库移民工作的指导。要抓紧研究组建统一的国务院移民管理机构,在新机构组建之前,由发展改革委牵头,会同有关部门建立部际联席会议制度,及时协调解决水库移民后期扶持政策实施中出现的问题。省级人民政府也要整合现有移民工作力量,明确负责移民工作的管理机构,明确职能,充实人员,工作经费要纳入同级财政预算。省以下各级人民政府可结合本地实际,因地制宜地明确负责移民工作的机构。各级人民政府要建立水库移民后期扶持政策实施情况的监测评估机制。要切实加强移民乡村基层组织建设,充分发挥农村基层组织作用,配合做好移民工作。

(十九)制订方案,抓好干部培训。各省、自治区、直辖市人民政府要根据本意见抓紧制订本地区水库移民后期扶持政策实施方案,报国务院批准后组织实施。要细化实施办法,制定相关配套文件,选择若干不同类型的水库先行试点,取得经验后在全省范围内推开。各地要挑选一批思想素质好、政策水平高、业务能力强、群众工作经验丰富的干部组成移民工作组,深入库区开展工作。对参与移民工作的干部要分期分批进行培训,使移民工作干部深刻领会中央精神,准确把握政策界限,掌握正确的工作方法,提高依法办事能力。

(二十)强化监督,保证资金安全。地方各级人民政府要认真落实政策,严肃工作纪律。要审定移民人数,核实移民身份,并在乡村两级张榜公布,严禁弄虚作假。要认真执行水库移民后期扶持资金征收使用管理办法,严格资金支出管理,防止跑冒滴漏,严禁截留挪用。监察部要会同财政部制定有关责任追究办法。各级监察和审计部门要提前介入,加大工作力度,加强监督检查。对后期扶持资金使用中发现的问题,要限期整改。对违反法律法规和国家有关政策的,要依法依纪严肃处理;涉嫌犯罪的,要移送司法机关依法追究有关责任人员的刑事责任。

(二十一)加强宣传,维护社会稳定。各级宣传部门要坚持正确的舆论导向,为后期扶持政策的顺利实施营造良好的舆论氛围。要大力宣传国家的移民法规,配合移民部门做好后期扶持政策的有关宣传、解释工作,充分体现党和政府对水库移民的关心和照顾。要把握好宣传报道口径,严肃宣传纪律,防止炒作。地方各级人民政府要始终注意做好维护稳定的工作,认真排查各种不稳定因素,及时化解矛盾。要耐心细致地做好移民的思想政治工作,引导移民以合理合法的方式表达利益诉求,坚持依法办事、按政策办事,确保社会稳定。

发展改革委要会同财政部、水利部等有关部门,

对各地实施水库移民后期扶持政策的情况进行监督检查,重大情况要及时向国务院报告。

国务院

2006年5月17日

王选同志先进事迹报告会在人民大会堂举行

报告会由中央宣传部、中央统战部、教育部和九三学社中央联合举办。

报告会上,王选同志夫人陈堃銶和报告团的4位成员以自己的亲身经历,讲述了王选同志的先进事迹和崇高精神。丁石孙、蒋正华、韩启德、罗豪才、黄孟复、李蒙、张榕明,中央国家机关有关部门负责同志以及社会各界代表3000多人参加了报告会。报告团还将赴一些省市作巡回报告。

贾庆林在报告会上发表了讲话,贾庆林指出,王选同志的先进事迹是对坚持中国共产党领导的多党合作和政治协商制度、树立社会主义荣辱观、走中国特色自主创新道路的生动诠释,体现了鲜明的时代精神。

贾庆林说,广大知识分子和统一战线各界人士,要以王选同志为榜样,认真学习他的爱国情操、思想风范、创新精神和崇高品德,坚持中国共产党领导的多党合作和政治协商制度,牢固树立社会主义荣辱观,坚持走中国特色自主创新道路,把自己的人生价值与国家的前途命运紧密结合起来,把个人的奋斗进取与中华民族的伟大复兴紧密结合起来,奋发有为、努力拼搏,开拓创新、勇攀高峰,为国家富强、民族振兴、社会和谐、人民幸福,贡献自己的聪明才智。

全面建设小康社会理论与实践(昆山经验)研讨会在北京召开

这次研讨会由中共中央党校、中共江苏省委、江苏省政府和人民日报社联合主办。

与会者认为,昆山经验体现在以下几方面:第一,利用倒逼机制破解发展难题,推动经济增长方式转变。面对资源环境制约,昆山推动招商引资向招商选资转变,建立健全以科技含量、投资强度、产出效益和生态影响为核心内容的项目评审筛选机制;推动分散建设向集聚发展转变,工业向园区集中、人口向城镇集中、住宅向社区集中,初步实现了城乡空间合理布局、资源集约利用。第二,立足富裕人民,促进经济社会协调发展。到去年年底,昆山人均GDP、城镇居民人均可支配收入、农民人均纯收入分别达到了78553元、16809元和8519元。同时,努力实现“人人有技能、个个有工作、家家有物业”,建立起比较完善的农村社会保障体系,教育、卫生等社会事业发展水平居全省前列。第三,坚持城乡统筹,突破城乡二元结构的束缚。打破城乡户籍壁垒,缩小城乡教育差距,为城乡协调发展创造基础条件。为了切实打破城乡分割,把市域927平方公里作为一个整体来规划,在全省率先实现城乡规划的全覆盖。

与会者认为,昆山之所以能够创造一个全面小康社会的具体形态,提供一条实现全面小康的现实路径,关键就在于坚持科学规划,制定了一个既包括经济发展指标又包括社会发展指标、既包括人民生活水平指标又包括生态环境指标的符合科学发展观要求的指标体系;就在于不仅制定了科学规划和指标体系,而且切实根据这个规划和指标体系来引导发展、考核政绩。来自中央政策研究室、中央财经工作领导小组办公室、中央党校、国家发展和改革委员会、中国社会科学院、国家统计局以及江苏省和昆山市的有关方面负责人和专家学者,围绕昆山经验进行了研讨。

中国东盟民间友好组织大会在北京举行

全国人大常委会副委员长、中国东盟协会会长顾秀莲,对外友协会长陈昊苏,外交部部长助理李辉以及东盟10国民间友好组织代表出席了大会。

会上回顾了中国—东盟建立友好合作关系15年来的成效,探讨了如何从民间交流的角度加强中国和东盟的战略伙伴关系。顾秀莲在讲话中说,我们主张中国与东盟国家的合作由政府主导扩展到政府和民间共同参与,相互促进。愿以民间友好组织为依托,加强人员的往来和交流,增进社会经济文化合作,为中国—东盟的伙伴关系打下坚实的基础。东盟北京委员会主席、泰国驻华大使祝立鹏在致辞中表示,中国和东盟都期待进一步加强友好合作关系,希望通过增进民间交往推动政府间战略伙伴关系的深化。

与会各国民间组织的代表从促进政治互信、经贸往来、社会文化、地方合作四个方面讨论了民间友好组织如何在中国—东盟战略伙伴关系中发挥作用,并在此基础上签署了《中国—东盟民间友好合作宣言》。

宣言决定,中国和东盟的民间友好组织在保持双边高层接触的同时,建立“10 + 1”民间合作机制,每两年定期召开中国—东盟友好组织大会,在中国和东盟国家举办群众性的文化活动推动旅游,并为加强双方的经贸和投资合作牵线搭桥。

国家副主席曾庆红在人民大会堂会见塔吉克斯坦外长纳扎罗夫

中共中央政治局常委吴官正在人民大会堂会见芬兰社民党主席埃罗·海内卢奥马

全军高级干部理论研讨班在国防大学开班

这次研讨班集中了全军学习贯彻科学发展观的最新成果。围绕在国防和军队建设中牢固确科学发展观重要指导方针这一重大战略问题,来自总部、军兵种和中央党校、军事科学院、国防大学的领导、专家,为研讨班作了4次专题讲座和6个专题报告,从不同侧面系统阐述了树立和落实科学发展观的重大意义、科学发展观的精神实质以及在国防和军队建设中贯彻落实科学发展观的基本要求。

研讨班发扬理论联系实际的学风,将读书、听课与研讨问题相结合,将提高思想认识与解决现实问题相结合,突出对国防和军队建设贯彻科学发展观重要理论和现实问题的研讨,从揭露矛盾、分析问题入手,把握国防和军队建设的阶段性特点,找准影响和制约军队建设发展的主要矛盾和问题,进一步增强贯彻落实科学发展观、提高履行新世纪、新阶段我军历史使命能力的紧迫感和自觉性。

参加研讨班的有全军各大单位和武警部队的主要领导和有关部门负责同志。四总部和军委办公厅领导及四总部有关部门负责人也参加了听课研讨。

青城山中低速磁悬浮列车工程试验线在四川省都江堰市建成并联调成功

这是我国自行研制、设计、施工的首条中低速磁悬浮线路,它的联调成功标志着我国已掌握磁悬浮轨道交通的完整技术,具有中低速磁悬浮列车投入实际应用的能力。

中国科学家公布日本血吸虫基因组工作框架图

全世界开展血吸虫病及其他寄生虫病相关研究的机构和科学家,都可以通过点击上海市研发公共服务平台——生命科学与生物技术数据中心网址,免费获取由我国自主测序的日本血吸虫基因组工作框架图,共计300多万条的DNA序列,浩瀚的数据量,相当于约3万本长达百万字的小说。

中科院院士、国家人类基因组南方研究中心执行主任赵国屏表示,测出“基因天书”后,科学家们将致力于读懂“天书”,并从中进行重要功能基因发掘及应用于免疫诊断、预防疫苗和新药靶点等研究工作,这将有力推动我国和世界各国对血吸虫病和其他人类寄生虫病的科学研究和防治技术创新。

纪念昆曲《十五贯》晋京50周年戏曲专场演出在北京举行

今年是昆曲《十五贯》晋京50周年暨联合国授予昆曲“人类口头及非物质遗产代表作”5周年。为弘扬祖国传统文化,使昆曲这一古老艺术发扬光大,全国政协京昆室近期举行戏曲系列展演晚会。此次戏曲系列展演,涉及昆剧、京剧、黄梅戏、豫剧、评剧、楚剧、晋剧、河北梆子8个剧种,演员来自全国7省6市20个院团。

民进中央考察团在浙江省完成促进我国文化体制改革和文化产业发展的专题调研

考察团由民进中央主席许嘉璐和民进中央常务副主席张怀西率领。

许嘉璐高度肯定了浙江在文化体制改革和文化产业发展方面取得的成绩。他说,浙江不仅在经济发展上走在全国前列,在文化体制改革方面也率先迈出了重要而有成效的一步,形成了文化事业蓬勃发展、文化产业初具规模的新局面。

他希望,浙江在改革与发展的观念、体制和机制上进一步创新,以时代精神为核心,将优秀文化传统和新的文化技术手段有机结合起来,增强文化产品的科技含量,加强创意产业建设,丰富文化产品内容,创新文化形式和手段。

调研期间,考察团在杭州、宁波、台州和金华考察了西湖区数字娱乐产业园、宁波城市展览馆、台州吴子熊玻璃艺术馆和东阳横店影视实验区等地,听取了浙江省和四市的文化体制改革和文化产业发展情况汇报,就文化体制改革和文化产业发展、公益性文化事业发展、新农村文化建设和保护、弘扬优秀文化传统等方面进行座谈。

中国参加世界首次海啸预警演习

这是世界上首次进行的海啸预警系统测试和演习,我国和太平洋周边的30多个国家和地区共同参加了此次演习。

本次海啸预警演习由联合国教科文组织政府间海洋学委员会组织,主要是测试太平洋各国海啸预警系统警报的接受、制作、分发,并对这些国家的海啸预警决策程序进行检验,演习不涉及人员的疏散和撤离。

国土资源部就防御今年第1号强台风(珍珠)发出紧急通知

通知要求,各级国土资源主管部门根据所在地政府的统一要求,在充分做好防御台风的同时,采取有效措施防止台风引发的山体滑坡和泥石流等地质灾害给人民生命财产造成损失。密切注视台风“珍珠”的动向,迅速部署重要地质灾害隐患点的监测预报工作,落实监测责任人,制定落实隐患点应急预案,并密切关注气候变化和灾害发展趋势,做到制度落实、责任落实、措施落实，出现险情，立即采取应急措施，果断撤离人员，确保人民生命财产安全。进一步健全和完善汛期值班、险情巡查和灾情速报、专报制度及通讯保障体系，做到汛期24小时轮流值班，信息准确畅通，地质灾害应急指挥系统人员要到位，进入临战状态。

5月18日

中央军委主席胡锦涛对军队转业干部安置工作作出指示

胡锦涛指出，多年来，各级党委、政府和军转安置战线的同志们坚决贯彻落实中央的决策部署，为安置军转干部做了大量工作，取得了明显成绩。胡锦涛要求，各级党委、政府充分认识军转干部安置工作的重要性，从大局出发，千方百计克服困难，圆满完成安置任务。胡锦涛希望军队转业干部保持和发扬我军的优良传统和作风，自觉体谅地方困难，自觉服从和正确对待组织安排，为全面建设小康社会、构建社会主义和谐社会作出新的贡献。

全国军队转业干部安置工作电视电话会议18日在京召开。会议传达学习了胡锦涛总书记的重要指示，部署安排了今年军队转业干部安置工作。国务委员兼国务院秘书长华建敏，中央军委委员、总政治部主任李继耐出席会议并讲话。

全国人大常委会委员长吴邦国出席中国—罗马尼亚经贸研讨会开幕式并发表讲话

中罗经贸研讨会开幕式在罗马尼亚议会宫罗塞蒂厅举行。吴邦国首先着重阐述了中罗经贸合作的有利条件：一是两国政治关系很好。中罗有着传统友谊，已经确立发展全面友好合作伙伴关系，双方经贸合作没有任何政治障碍，良好的政治关系必将促进经贸关系的发展。二是两国经贸合作已有一定的基础。中罗双边贸易开展得比较早，近年来中罗贸易和投资合作的发展势头良好，合作领域正在不断拓展，信息及通信、基础设施、农业、环保正成为双方合作的重点领域。三是两国经贸合作潜力很大。中国的快速发展为包括罗马尼亚在内的世界各国提供了巨大的和高回报率的投资场所，中国已经形成了一批具有国际竞争力的大企业、大集团。罗马尼亚经济恢复发展，基础设施建设需求增加，产业调整和优化升级任务加重，并正在为加入欧盟做最后的准备，这为中罗、中欧经贸合作开辟了新的空间。

吴邦国指出，提升两国经贸合作的质量和水平是中罗企业家面临的共同任务。中罗两国都在发展市场经济，企业已经成为市场主体和投资主体，提升两国经贸合作的质量和水平，重要课题就是推动中罗企业之间的合作，尤其是推动一些带动全局的大项目的合作。只有企业的参与，双方的经贸合作才具有强大的生命力。希望中罗企业界的各位朋友就此进行深入研讨。

吴邦国强调，中国政府鼓励有实力、信誉好的大企业、大集团到罗马尼亚投资兴业，也欢迎罗马尼亚的企业到中国创业发展。同时，希望中罗经贸混委会进一步发挥作用，及时协调处理两国经贸关系中的特别是产业合作的一些重大问题，为两国企业合作及大项目合作创造良好的条件、提供更多的便利。

奥尔泰亚努在致辞中说，罗马尼亚议会和政府支持罗中企业界就加强经贸和企业合作进行深入探讨，希望通过面对面的交流和接触，加深相互了解、扩大互利合作，造福两国人民。

此次研讨会由中国商务部和罗马尼亚经济商务部共同举办。吴邦国委员长夫人章瑞珍和全国人大常委会副委员长热地等陪同人员出席了开幕式。两国官员和工商界人士共600多人参加了研讨会。

全国人大常委会委员长吴邦国在罗马尼亚议会宫会见罗马尼亚参议长沃克罗尤和罗马尼亚总统伯塞斯库

全国人大常委会委员长吴邦国在罗马尼亚议会宫与罗马尼亚众议长奥尔泰亚努举行会谈

国务院总理温家宝签署第467号令发布《地方志工作条例》

现公布《地方志工作条例》，自公布之日起施行。

总　理　温家宝

2006年5月18日

地方志工作条例

第一条　为了继承和发扬中华民族优秀文化传统，全面、客观、系统地编纂地方志，科学、合理地开发利用地方志，发挥地方志在促进经济社会发展中的作用，制定本条例。

第二条　中华人民共和国境内地方志的组织编纂、管理、开发利用工作，适用本条例。

第三条　本条例所称地方志，包括地方志书、地方综合年鉴。

地方志书，是指全面系统地记述本行政区域自然、政治、经济、文化和社会的历史与现状的资料性文献。

地方综合年鉴，是指系统记述本行政区域自然、政治、经济、文化、社会等方面情况的年度资料性文献。

地方志分为：省（自治区、直辖市）编纂的地方志，设区的市（自治州）编纂的地方志，县（自治县、不设区的市、市辖区)编纂的地方志。

第四条　县级以上地方人民政府应当加强对本行政区域地方志工作的领导。地方志工作所需经费列入本级财政预算。

第五条　国家地方志工作指导机构统筹规划、组织协调、督促指导全国地方志工作。

县级以上地方人民政府负责地方志工作的机构主管本行政区域的地方志工作,履行下列职责:

(一)组织、指导、督促和检查地方志工作;

(二)拟定地方志工作规划和编纂方案;

(三)组织编纂地方志书、地方综合年鉴;

(四)搜集、保存地方志文献和资料,组织整理旧志,推动方志理论研究;

(五)组织开发利用地方志资源。

第六条　编纂地方志应当做到存真求实,确保质量,全面、客观地记述本行政区域自然、政治、经济、文化和社会的历史与现状。

第七条　省、自治区、直辖市人民政府制定本行政区域地方志编纂的总体工作规划(以下简称规划),并报国家地方志工作指导机构备案。

第八条　以县级以上行政区域名称冠名的地方志书、地方综合年鉴,分别由本级人民政府负责地方志工作的机构按照规划组织编纂,其他组织和个人不得编纂。

第九条　编纂地方志应当吸收有关方面的专家、学者参加。地方志编纂人员实行专兼职相结合,专职编纂人员应当具备相应的专业知识。

第十条　地方志书每20年左右编修一次。每一轮地方志书编修工作完成后,负责地方志工作的机构在编纂地方综合年鉴、搜集资料以及向社会提供咨询服务的同时,启动新一轮地方志书的续修工作。

第十一条　县级以上地方人民政府负责地方志工作的机构可以向机关、社会团体、企业事业单位、其他组织以及个人征集有关地方志资料,有关单位和个人应当提供支持。负责地方志工作的机构可以对有关资料进行查阅、摘抄、复制,但涉及国家秘密、商业秘密和个人隐私以及不符合档案开放条件的除外。

地方志资料所有人或者持有人提供有关资料,可以获得适当报酬。地方志资料所有人或者持有人不得故意提供虚假资料。

第十二条　以县级以上行政区域名称冠名、列入规划的地方志书经审查验收,方可以公开出版。

对地方志书进行审查验收,应当组织有关保密、档案、历史、法律、经济、军事等方面的专家参加,重点审查地方志书的内容是否符合宪法和保密、档案等法律、法规的规定,是否全面、客观地反映本行政区域自然、政治、经济、文化和社会的历史与现状。

对地方志书进行审查验收的主体、程序等由省、自治区、直辖市人民政府规定。

第十三条　以县级以上行政区域名称冠名的地方综合年鉴,经本级人民政府或者其确定的部门批准,方可以公开出版。

第十四条　地方志应当在出版后3个月内报送上级人民政府负责地方志工作的机构备案。

在地方志编纂过程中收集到的文字资料、图表、照片、音像资料、实物等以及形成的地方志文稿,由本级人民政府负责地方志工作的机构指定专职人员集中统一管理,妥善保存,不得损毁;修志工作完成后,应当依法移交本级国家档案馆或者方志馆保存、管理,个人不得据为己有或者出租、出让、转借。

第十五条　以县级以上行政区域名称冠名的地方志书、地方综合年鉴为职务作品,依照《中华人民共和国著作权法》第十六条第二款的规定,其著作权由组织编纂的负责地方志工作的机构享有,参与编纂的人员享有署名权。

第十六条　地方志工作应当为地方经济社会的全面发展服务。县级以上地方人民政府负责地方志工作的机构应当积极开拓社会用志途径,可以通过建设资料库、网站等方式,加强地方志工作的信息化建设。公民、法人和其他组织可以利用上述资料库、网站查阅、摘抄地方志。

第十七条　县级以上地方人民政府对在地方志工作中作出突出成绩和贡献的单位、个人,给予表彰和奖励。

第十八条　违反本条例规定,擅自编纂出版以县级以上行政区域名称冠名的地方志书、地方综合年鉴的,由县级以上地方人民政府负责地方志工作的机构提请本级人民政府出版行政部门依法查处。

第十九条　违反本条例规定,未经审查验收、批准将地方志文稿交付出版,或者地方志存在违反宪法、法律、法规规定内容的,由上级人民政府或者本级人民政府责令采取相应措施予以纠正,并视情节追究有关单位和个人的责任;构成犯罪的,依法追究刑事责任。

第二十条　负责地方志工作的机构的工作人员违反本条例第十四条第二款规定的,由其所在单位责令改正,依法给予处分。

第二十一条　编纂地方志涉及军事内容的,还应当遵守中央军委关于军事志编纂的有关规定。

国务院部门志书的编纂,参照本条例的相关规定执行。

第二十二条　本条例自公布之日起施行。

全国政协主席贾庆林在北京考察中国藏学研究中心

在参观“中国藏学研究中心20年成果展”时，贾庆林首先转达了胡锦涛总书记对中国藏学研究中心20年来所取得丰硕成果的热烈祝贺，向多年来辛勤努力和敬业奉献的全国藏学研究工作者表示亲切问候。

贾庆林强调，进一步加强藏学研究工作，首先要坚持藏学研究工作的正确方向，坚持以邓小平理论和“三个代表”重要思想为指导，全面贯彻落实科学发展观，维护国家统一，维护民族团结，维护藏区的发展稳定。要积极为西藏和其他藏区的经济社会发展服务，把维护稳定与促进发展结合起来，围绕中心、服务大局，积极建言献策；要把历史研究与现实研究结合起来，把普遍性问题研究与重点问题研究结合起来，在实现西藏和其他藏区的科学发展、社会主义新农村建设、构建社会主义和谐社会等方面，加强研究，多出成果。要建立和培养一支高素质的藏学研究队伍，努力培养出一批在国际国内有影响的马克思主义藏学家。

贾庆林希望中国藏学研究中心扎实工作、开拓创新，努力把中国藏学研究中心建设成为全国乃至世界藏学研究的学术中心、人才中心、文献中心、出版中心、信息中心和展示中心，为维护祖国统一、增进民族团结、促进藏区经济社会发展作出新的贡献。

全国政协副主席、中央统战部部长刘延东陪同考察。

中共中央政治局常委李长春在广东考察

5月18日至22日，李长春在广东省省委书记张德江和省长黄华华陪同下，先后到深圳、东莞、广州等地，深入高新技术企业、宣传文化单位和居民家中，与干部群众亲切交谈，就提高自主创新能力、加快文化产业发展、学习实践社会主义荣辱观等进行调研，对广东改革开放和现代化建设取得的成就给予充分肯定。他指出，广东是改革开放的先行地区，要充分发挥机制好、实力强的优势，加快自主创新步伐，在建设创新型国家方面走在全国前列。

李长春说，文化创新是建设创新型国家的重要方面。深化文化体制改革，就是要解放和发展文化生产力，大力推进文化创新，最大限度地满足人民群众日益增长的精神文化需求，推动中华文化走向世界。广东是文化体制改革的试点地区，要在前一阶段工作的基础上，进一步扩大范围，拓展领域，深入推进，努力走在前列。要广泛运用高新技术特别是数字技术发展的最新成果，改造传统文化创作、生产和传播模式，提高传统文化产业的科技含量和市场竞争力。要加快发展文化创意、文化博览、动漫游戏、数字传输等新兴文化产业，促进文化产业与现代服务业和高新技术产业的融合，形成新的经济增长点。要以文化创新为动力，把民族文化与高新技术和市场机制结合起来，提高民族文化产品的国际竞争力。李长春指出，深圳有线电视数字化转换的经验值得借鉴。他希望深圳面向全国开展技术服务和培训，为我国广播电视数字化建设作出贡献；希望广东加快广播电视数字化转换，为全国积累经验。

李长春强调，宣传思想文化战线要紧紧围绕提高自主创新能力、建设创新型国家的目标，大力倡导敢为人先、敢冒风险、敢于创新的精神，增强全民族的自强自尊信念，激发全社会的创造活力。要积极宣传鼓励自主创新的政策和举措，深入发掘自主创新的经验和典型，开展丰富多彩的科普宣传教育活动，为建设创新型国家提供强大的精神动力、思想保证和舆论支持。

中共中央政治局委员贺国强在中央保持共产党员先进性教育活动领导小组第十五次会议上发表讲话

贺国强指出，目前，第三批先进性教育活动集中学习教育已经结束，取得了较好的成效。要进一步完善整改方案、细化整改措施、落实整改责任、加大整改力度，确保取得实实在在的成效，为建设社会主义新农村提供坚强的组织保证。整个先进性教育活动已进入收尾阶段，要继续抓好巩固和扩大整改成果的工作，努力取得更大的实践成果；要继续抓好建立健全保持共产党员先进性长效机制工作，抓紧修改完善有关制度性文件，努力取得更大的制度成果；要做好保持共产党员先进性教育活动与党的先进性建设理论研讨的后续工作，运用好研讨活动取得的成果，从中选择有价值、有创见的理论观点、经验概括和工作建议等加以提炼，作为工作借鉴和参考，努力取得更大的理论成果。

贺国强强调，要继续做好先进性教育活动的宣传工作，大力宣传先进性教育活动取得的实践成果、制度成果、理论成果；要结合开展评选先进基层党组织、优秀共产党员和优秀党务工作者活动，大力宣传他们的先进事迹；要注意选取生动、具体的事例和富有群众特色的语言，进一步增强舆论宣传的说服力和感染力。要围绕对先进性教育活动的基本估价、先进性教育活动创造的基本经验、进一步加强党的先进性建设的意见和建议等方面，认真做好先进性教育活动的总结工作。要继续保持良好的精神状态，做到思想不松懈、工作不松劲，努力完成好各项任务，以先进性教育活动的丰硕成果迎接建党85周年。

会议审议了有关文件，研究了有关事项。中央先进性教育活动领导小组成员参加了会议。

中央纪委 中组部发出通知强调在地方党委换届工作中进一步严肃组织人事纪律

据新华社报道:近日中央纪委、中央组织部发出《关于在地方党委换届工作中进一步严肃组织人事纪律的通知》,要求进一步严肃组织人事纪律,营造风清气正的换届环境,保证地方党委换届工作顺利进行。

2005年全国个人所得税收入达到2094亿元

证监会首次公开发行股票规范性文件

为规范首次公开发行股票(IPO)并上市的信息披露行为,进一步提高信息披露质量,证监会对《公开发行证券的公司信息披露内容与格式准则第1号——招股说明书》进行了修订,并于今天发布。同时,为规范首次公开发行股票并上市申请文件的格式和报送行为,证监会还制定并发布了《公开发行证券的公司信息披露内容与格式准则第9号——首次公开发行股票并上市申请文件》(2006年修订)。这两个文件均为发布之日起施行。

在向投资者和社会各界公开征求意见和建议后,中国证监会昨天正式颁布并开始施行《首次公开发行股票并上市管理办法》。另外,经国务院批准,2000年3月16日中国证监会发布的《中国证监会股票发行核准程序》予以废止。

第四届APEC中小企业技术交流暨展览会在山东青岛开幕

第四届APEC中小企业技术交流暨展览会由国家发改委主办,外交部、商务部支持,中国中小企业对外合作协调中心和青岛市人民政府共同承办。APEC秘书处执行主任、越南计划投资部副部长,文莱、新西兰成员体驻华大使,中国国家发改委、外交部、商务部、信息产业部、海关总署、国家质检总局等部委领导出席了开幕式和相关活动。

中共中央政治局委员、国务院副总理曾培炎给大会发来贺信,希望进一步加强技术交流,提升APEC区域中小企业的整体竞争力。

第四届APEC中小企业技术交流暨展览会将围绕"技术提升经济、合作创造未来"的主题,举行一系列技术交流、论坛和洽谈会。主要是国际采购配对洽谈会、投资项目对接洽谈会、技术交流洽谈会、APEC中小企业对话世界500强财富论坛、第二届APEC电子商务工商联盟论坛、"中日韩"制造业论坛、供应链管理与中国现代物流发展论坛、中国土耳其中小企业合作研讨会、莫斯科中小企业高新科技投资风险说明会、中小企业海外投资论坛、经贸投资与合作发展论坛和新产品、新技术发布会。

国家发改委会同有关部门印发2006年小麦最低收购价执行预案

预案规定,小麦的最低收购价以2006年生产的国标三等小麦为标准品,白麦每市斤0.72元,红麦、混合麦每市斤0.69元。执行小麦最低收购价预案的地区为小麦主产区的河北、江苏、安徽、山东、河南、湖北6省。在2006年6月1日至9月30日,当小麦市场价格低于上述最低收购价格水平时,由中储粮总公司及其分公司和有关省地方储备粮公司按照国家规定的小麦最低收购价格和质量标准,挂牌收购农民交售的小麦。

国家发改委强调,国家公布小麦最低收购价执行预案,只是在市场价格下跌较多情况下,通过指定企业入市收购,以保护农民利益。在正常情况下,小麦价格仍在市场竞争中形成。

中共中央政治局常委李长春在深圳会见米比亚前总统努乔马

中共中央政治局委员刘云山在人民大会堂会见拉美国家媒体高级考察团

外交部部长李肇星和墨西哥外长德韦斯率团出席中国墨西哥政府间常设委员会第二次会议

李肇星表示,中墨同为发展中国家,相互学习和借鉴,加强合作共谋发展,符合两国和两国人民的根本利益。中国政府高度重视在两国常设委员会框架内全面推进两国战略伙伴关系。我们愿与墨方不懈努力,落实两国领导人达成的共识,通过两国常设委员会这一新平台加强合作,以本次会议制订《共同行动计划》为契机,不断丰富中墨战略伙伴关系内涵,提高两国互利合作水平。

德韦斯表示,墨政府把发展与中方合作置于重要地位,希望两国制定长远合作战略,更好地把握发展机遇、应对共同挑战。两国常设委员会举行第二次会议和制订《共同行动计划》,是按照两国领导人近年来达成的共识推进墨中战略伙伴关系的重要步骤。墨方将与中方一道确保会议取得具体成果,为墨中合作奠定基础。

中国与联合国粮农组织签署协议

联合国粮农组织18日与中国政府签署协议,为其他发展中国家的小型农庄和渔场提供技术帮助。根据协议,中国政府将在6年时间内提供至少3000名灌溉、农艺、牲畜、渔业和其他领域的专家和技术人员,这些专业人员的一次任期为3年。

联合国粮农组织和中国的这次合作是该组织“南南合作”计划的一部分,这个计划希望通过处于不同阶段的发展中国家的合作,来提高一些最贫穷国家的农业产量和粮食安全水平。中国是这个计划的主要参与者,已经和孟加拉国、埃塞俄比亚、加纳、马里、毛里求斯、尼日利亚以及其他14个岛国签署了合作协议。

全国气象科学技术大会在北京召开

这次大会是经国务院批准,中国气象局、科技部、国防科工委、中国科学院、国家自然科学基金委员会5部委联合主办的一次气象科技界的盛会,是继1993年全国气象工作会议和1996年全国气象科技大会之后第一次召开的全国气象行业大会。

中国气象局局长秦大河在会上作了题为《加强自主创新建设气象强国》的报告。秦大河说,应让自主创新成为气象科技的主旋律是国家应对气候变化、维护国家权益的需要。全球气候近百年的显著变化,对经济社会、国家安全和可持续发展造成严重影响,中国气象事业面临为国家应对气候变化提供科技支撑的重任和挑战。我国气象科技工作者只有不断通过科技创新,才能在未来竞争中赢得主动。秦大河说,要坚持走气象自主创新的道路,迫切需要有关部门和气象部门一起,以不断提高对天气、气候系统和环境演变规律的认识为目标,以满足国家需求为落脚点,以提高综合观测能力和数值预报的模拟预测能力为突破口,通过加强科技研发、推进资源共享和科研成果转化与应用、创新业务技术体制等手段,加快气象科技创新体系建设,提升气象科技对事业发展的支撑能力和为全面建设小康社会的服务能力。

第二届中国(深圳)国际文化产业博览交易会在深圳会展中心开幕

国务委员陈至立出席开幕式并参观了博览交易会。文博会是目前我国最具规模的文化产业博览交易会。第二届文博会由文化部、国家广播电影电视总局、新闻出版总署、广东省人民政府和深圳市人民政府共同主办。

本届文博会以“文化中国、创意未来”为主题,以“创意”和“科技”为核心,分博览、交易、论坛、评奖、网上展会和艺术节等项目,设文化产业成果交易、创意设计、传媒科技等9个专业馆和6个分会场。国内34个省区市及国外26个城市组团参展,参展企业和中介机构达到1500多家,专业观众21000多人。

京杭大运河正式被确定为全国重点文物保护单位

山西左云县新井煤矿发生特别重大透水事故

19时36分,山西大同市左云县张家场乡新井煤矿发生一起特别重大透水事故,造成56人死亡,直接经济损失5312万元。

5月19日

国家主席胡锦涛在人民大会堂会见联合国秘书长科菲·安南

胡锦涛赞赏安南就任秘书长以来,致力于加强以联合国为中心的国际多边机制、积极推动联合国各领域工作。胡锦涛说,维护世界和平、加强国际合作、促进共同发展,是联合国及其各成员国面临的共同任务。在实现这一目标的进程中,联合国具有不可替代的作用。要充分利用联合国集体安全机制,通过加强多边对话与合作,共同应对全球性挑战,实现人类持久和平和普遍安全。要把发展摆在突出位置,努力营造有利于发展中国家发展的国际环境,促进经济全球化朝着互利共赢的方向发展。要继续推动联合国改革,提高联合国效率,更好地反映各国特别是广大发展中国家的愿望。要给予非洲更多关注,支持和帮助非洲实现和平稳定与振兴发展。

胡锦涛强调,中国是联合国坚定的支持者,也是重要的合作伙伴。中国始终尊重和维护《联合国宪章》的宗旨和原则,忠实履行应尽的责任和义务,全面深入参与联合国各领域的活动,积极支持联合国及秘书长在国际事务中发挥更重要的作用。

安南感谢胡锦涛主席的会见,感谢中国政府长期以来对联合国及他本人工作的宝贵支持。安南说,中国作为联合国安理会常任理事国和有影响力的大国,在联合国及国际舞台上发挥着重要作用,为世界和平与发展作出了积极贡献。安南赞同胡锦涛主席有关加强多边合作、维护世界和平、促进共同发展的主张。他表示,中国在应对全球性挑战、实现人类持久和平与发展方面作出了卓越的业绩,特别是长期以来给予非洲国家大力支持。联合国期待着中国在国际事务中发挥更大作用。

双方还就“南南合作”、中非关系、伊朗核问题等交换了看法。

全国人大常委会委员长吴邦国在总理府会见罗马尼亚总理波佩斯库—特里恰努

全国人大常委会委员长吴邦国在罗马尼亚议会宫发表题为《深化传统友好 促进共同发展》的重要演讲

尊敬的奥尔泰亚努众议长,

女士们,先生们,朋友们:

这是我第一次访问罗马尼亚。昨天,我和我的同事一踏上这片美丽的国土,就深切感受到罗马尼亚人民对中国人民的友好情谊。今天,有机会来到议会,与各位新老朋友见面,我感到十分高兴。首先,我向在座各位,并通过你们向罗马尼亚人民转达中国人民的诚挚问候和良好祝愿。

中国与罗马尼亚虽然远隔千山万水,但两国人民世代友好、心心相印。早在17世纪,罗马尼亚人斯帕达鲁就来到中国,撰写了《中国漫记》,盛赞中国人民勤劳善良,中华文化悠久璀璨,东方工艺精湛绝美,把中国古老文明介绍到中东欧。这本书被后人誉为展示中国古老文明的一幅才华卓绝的壁画。上世纪20年代,鲁迅、茅盾等中国新文化运动的先驱,把罗马尼亚伟大诗人埃米内斯库的诗歌、散文等文学作品介绍给中国人民,感染了一代又一代中国读者。在中国人民抗日战争期间,杨库等罗马尼亚朋友在中国人民最艰难的时刻,不远万里来到中国,把宝贵的青春献给了中国人民的解放事业,他们的名字与事迹将永远铭记在中国人民心中。1949年10月5日,新中国刚刚诞生,罗马尼亚就同中国建立了外交关系,成为世界上第三个承认中华人民共和国的国家。

中罗建交半个多世纪以来,尽管国际形势和各自国内情况都发生了很大变化,但两国始终真诚相待,彼此信任,相互支持,中罗友好关系一直稳步发展。中国尊重罗马尼亚根据本国国情选择的社会制度和发展道路,中国尊重罗马尼亚融入欧洲的对外政策。1996年,江泽民主席对罗马尼亚进行国事访问,双方强调要从面向21世纪的高度来看待和处理中罗关系,加强各部门、各领域的交往与合作,把两国友好合作关系推向一个新水平。2004年,胡锦涛主席对贵国进行国事访问,两国领导人就深化中罗友好关系达成广泛共识,共同签署了建立全面友好合作伙伴关系的联合声明,为新世纪全面发展中罗友好关系指明了方向。罗马尼亚历届政府、各政党和各界人士都积极主张对华友好。2005年2月,刚刚就职不久的伯塞斯库总统,在中国农历大年初一来到中国驻罗马尼亚大使馆,欢度新春佳节,充分表达了罗马尼亚人民对中国人民的美好祝愿。今年3月,伯塞斯库总统对中国进行了成功访问,双方就巩固和深化中罗传统友谊,进一步发展两国全面友好合作伙伴关系达成广泛共识。两国领导人的密切交往,巩固和深化了双边关系的政治基础。

近年来,两国经贸关系也快速发展,相互投资日趋活跃。从2000年到2005年,双边贸易额由2.98亿美元增加到16.6亿美元。5年间增长了近5倍。到2005年年底,中方在罗投资累计额超过2亿美元,注册成立了上千家中资公司;罗方在华合同投资额为4.34亿美元,实际投入1.78亿美元,涉及334个项目。双边经贸关系的快速发展,给两国人民带来了实实在在的利益,为中罗关系的发展奠定了坚实的物质基础。

在这里,我愿重申,中国高度重视发展与罗马尼亚的友好关系,始终把罗马尼亚视为中国在欧洲的好朋友、好伙伴。我此次来访的目的,就是为了进一步推动中罗全面友好合作伙伴关系向前发展。我相信在双方共同努力下,建立在传统友谊基础上的中罗关系,一定能够迎来更加美好的明天。

女士们、先生们、朋友们!

罗马尼亚朋友对中国的发展都很关心。借此机会,我愿向各位简要介绍一下中国经济社会发展情况。

如大家所知,从上个世纪70年代末,中国开始实行邓小平先生倡导的改革开放政策。28年过去了,中国的面貌焕然一新。从1978年到2005年,中国国内生产总值年均增长9.6%,由2165亿美元提升到2.23万亿美元,增长了10倍多。人均国内生产总值由226美元提升到1707美元,增长了近7倍,经济规模已居世界第四位。进出口贸易总额从206亿美元提升到1.42万亿美元,增长了67倍,成为世界第三大贸易国。外汇储备由1.67亿美元提升到8189亿美元。在经济发展的同时,人民生活明显改善。中国农村贫困人口从2.5亿人减少到2365万人。据世界银行评估,近20年来,中国的减贫人数约占发展中国家减贫人数的75%。现在,中国社会主义市场经济体制初步建立,全方位对外开放格局基本形成,政治体制改革逐步深化,民主法制建设不断加强,科技、教育、文化、卫生事业全面发展,人民生活总体上实现了由温饱到小康的历史性跨越。与此同时,中国在快速发展中也面临一些亟待解决的问题,主要是:经济增长方式总体粗放,能源资源消耗过大,环境污染日益突出,自主创新能力不强,城乡区域发展差距和部分社会成员之间收入差距继续扩大,社会事业发展滞后。今年3月,中国十届全国人大四次会议审议批准了《国民经济和社会发展第十一个五年规划纲要》。这个《纲要》通篇贯穿了科学发展观和构建社会主义和谐社会两大战略思想,确定了今后5年的经济社会发展目标,就是在优化结构、提高效益和降低消耗的基础上,保持国内生产总值年均增长7.5%,到2010年实现人均国内生产总值比2000年翻一番,单位国内生产总值能源消耗比2005年年末降低20%左右。为实现这一目标,我们将坚持以科学发展观统领经济社会发展全局,坚持扩大内需的方针,坚持走新型工业化道路,加快经济结构调整,转变经济增长方式,提高自主创新能力,继续深化改革,不断扩大开放,促进区域协调发展,加强和谐社会建设,把经济社会发展切实转入科学发展的轨道。

女士们、先生们、朋友们!

罗马尼亚是我此次欧洲之行的第一站。欧盟是世界上最大的发达国家集团,中国是世界上最大的发展中国家。中欧之间不存在根本利害冲突,也不存在历史遗留问题。双方在人类和平与发展的一些重大问题上有着广泛的共同利益。欧盟国家有较强的经济科技实力,中国有丰富的人力资源和广阔市场,中欧经济互补性强,合作潜力巨大。发展和深化中欧关系,不仅符合双方的根本利益,也有利于世界的和平、发展与稳定。我们高兴地看到,中欧建交30多年来,在双方共同努力下,中欧关系经受住了时间和国际风云变幻的考验,特别是上个世纪90年代中期以来,中欧关系持续稳定发展。可以说,现在是中欧关系发展的最好时期。

——加强政治对话,深化相互信任。互信是中欧关系的政治基础。中欧一直保持着密切的高层往来。去年是中欧建交30周年,双方举行了一系列庆祝活动。仅去年一年,就有9位中国领导人访问了包括新成员国在内的14个欧盟国家和欧盟总部,18个欧盟国家和欧盟机构的领导人也相继访华,双方领导人在多边场合也保持了频繁接触。双方在重大国际和地区问题上有着相同或相似的看法,都主张推动世界多极化和国际关系民主化,都主张尊重联合国的权威和主导作用,都主张用和平手段解决国际争端。双方在对方关切的重大问题上相互理解和支持。欧盟多次重申坚持一个中国政策,支持中国在国际和地区问题上发挥建设性作用。中方支持欧盟一体化进程,乐见欧盟在地区和国际事务中发挥更大作用。中欧各级别政治对话与磋商机制不断完善。自1998年中欧建立领导人定期会晤机制以来,迄今已成功举行8次会晤。2002年,中欧签署加强政治对话的协议,双方每年定期举行不同层次和类别的政治磋商,及时就重大国际和地区问题进行沟通。在双方共同努力下,中欧关系不断提升。2003年,中欧领导人第六次会晤时,双方决定建立全面战略伙伴关系。

——扩大经贸合作,实现互利双赢。经贸合作是中欧关系的经济基础。近年来,随着中欧政治关系的日益深化,中欧经贸关系迅速发展。一是双边贸易额快速增长。2005年,达到2173亿美元,同比增长22.6%。欧盟已连续两年成为中国第一大贸易伙伴,中国已成为欧盟第二大贸易伙伴。二是投资和技术合作不断扩大。到2005年年底,欧盟在华投资设立企业2.26多万家,累计合同外资金额870多亿美元,实际投入470多亿美元,欧盟已成为在华第四大实际投资方。空中客车、诺基亚、大众等许多著名欧洲企业,在中国的市场份额越来越大。与此同时,中国的海尔、华为、中兴、TCL等一大批企业,走出国门,在欧盟投资创业。三是经贸磋商机制不断完善。1985年,中欧签署贸易与经济合作协定,决定定期举行部长级经贸混委会,迄今已召开20次会议,并相继设立了经贸、环保、能源和信息社会等4个工作组及科技指导委员会,并将启动贸易政策、竞争政策、知识产权和纺织品等10多个对话机制。

——促进人文交流,增强发展活力。人文交流是中欧关系的社会基础。双方在科技、教育、文化、旅游等领域的交流与合作空前活跃,为中欧关系发展注入生机与活力。科技合作相互开放,中方参与了大约4%的欧盟科技项目,成为实施伽利略计划的第一个非欧盟国家,在信息技术、生命科学、能源和材料领域的合作尤为成功。欧方也与中方就中国“863”计划和“973”规划等进行合作。教育合作方兴未艾,双方启动了教育合作高层对话,相互承认学位工作取得重要进展。欧方投入900万欧元,设立“中国窗口计划”,鼓励中国学者和学生赴欧进修学习。目前,中国在欧留学生有16万人,在华学习的欧盟国家学生也越来越多。中国已同欧盟所有成员国签署了旅游目的地国协议,有力地促进了中欧人民的直接往来。2004年9月1日,中国公民赴欧旅游首发团到达欧洲,一年多来欧盟国家共接待了100多万中国游客。2005年,有470多万欧洲公民来华旅游观光或开展商务活动。

中欧关系发展的事实表明,只要坚持和平共处五项原则,不断扩大共同利益的汇合点,妥善解决分歧,不同社会制度的国家是完全可以加强合作、发展关系的。中国始终支持欧盟的一体化建设,将中欧关系置于中国外交的重要位置。不断充实和发展中欧全面战略伙伴关系,符合中欧双方的根本利益,也有利于国际关系的良性互动,有利于世界的和平、稳定与发展。

女士们、先生们、朋友们!

2007年1月1日罗马尼亚将实现加入欧盟的夙愿。中国支持罗马尼亚政府和人民为融入欧盟一体化的进程所做的努力。我们相信,罗马尼亚入盟,必将为欧盟的发展注入新的活力,也将为中欧关系的发展提供新的机遇。让我们携起手来,承前启后,继往开来,为巩固和加强中罗传统友谊,深化和发展中欧全面战略伙伴关系作出新的贡献。

谢谢大家。

国务院总理温家宝就查处齐齐哈尔第二制药有限公司假药事件作出重要批示

一、要查封流入各地的假药,并公诸于众,保障群众生命安全;二、由监察部、卫生部、食品药品监管局派出工作组会同黑龙江省政府对这起事件进行彻底调查,追究直接责任和监管责任;三、药品市场秩序混乱,必须下决心整顿。

为贯彻落实温家宝总理的批示精神,今天上午,国务院办公厅召集有关部门负责人开会,研究部署了处置和查处工作。会后组成了由监察部牵头,公安部、卫生部、国家食品药品监管局参加的调查工作组,明天即赴黑龙江省,会同黑龙江省政府尽快查明真相,依法惩处违法犯罪分子,严肃追究有关人员责任。为加强部门间在事件处置和查处过程中的协调配合,还专门成立了由国家食品药品监管局牵头、有关部门参加的工作小组。

全国政协主席贾庆林在吉林调研

5月19日至23日,贾庆林在吉林省省委书记王云坤、省长王珉的陪同下,先后来到延边、四平、长春等地,深入企业乡村、科研院所、城市社区,就建设社会主义新农村和提高自主创新能力问题进行调研。

贾庆林听取了吉林省委省政府的工作汇报,会见了吉林省统战、政协工作干部和各民主党派负责人,对吉林省近年来改革开放和现代化建设取得的成就给予了充分肯定。

建设社会主义新农村是贾庆林十分关心的问题。在延边朝鲜族自治州和四平市,他深入田间地头、农户家中,和村民、村干部座谈,听取大家对建设社会主义新农村的意见和建议。他指出,吉林是农业大省,要继续根据中央的部署,坚持统筹城乡发展,按照"二十字"方针的要求,以增加农民收入为重点,大力推进社会主义新农村建设。要加强粮食综合生产能力建设,进一步提高粮食产量,切实保障国家粮食安全。要抓住发展龙头企业、建设优质商品粮基地、培育品牌等重点,大力发展农业产业化经营。要加强人居环境建设,大力发展农村教育、卫生等社会事业。

增强自主创新能力、建设创新型国家,也是贾庆林此次调研的一个重点。在一汽集团公司、吉大正元信息技术股份有限公司、中科院长春光机所等企业和科研院所,贾庆林与企业职工、科研人员亲切交谈,仔细了解生产、研发和经营情况。他指出,增强自主创新能力、建设创新型国家,是党中央、国务院作出的重大决策。加快振兴吉林老工业基地步伐,要以增强自主创新能力为核心,加快经济结构调整,做强做大高新技术产业、农产品加工业、现代服务业,大力振兴装备制造业。吉林要围绕汽车工业做文章,尽快建成有自主开发能力、有较强的综合配套能力、有竞争能力的重要汽车工业基地。要大力弘扬创新文化,努力营造创新氛围。贾庆林强调,要以增强发展动力和活力为目标,进一步深化改革和扩大开放。要以解决人民群众最关心的问题为切入点,努力构建社会主义和谐社会,为振兴东北地区等老工业基地提供有力保障。

中央精神文明建设指导委员会下发《关于深入学习实践社会主义荣辱观大力加强思想道德建设的意见》

该意见共分为7个方面:一、充分认识树立和实践社会主义荣辱观的重大意义;二、准确把握社会主义荣辱观学习实践活动的基本要求;三、深化社会主义荣辱观的学习宣传教育;四、广泛开展社会主义荣辱观实践活动;五、努力创造弘扬社会主义荣辱观的文化环境;六、扎实推进以社会主义荣辱观为导向的"文明办网、文明上网"活动;七、切实加强对社会主义荣辱观学习实践活动的领导。

国办发出《关于落实〈中共中央国务院关于促进中部地区崛起的若干意见〉有关政策措施的通知》

国务院各有关单位并中央编办:

为贯彻落实《中共中央国务院关于促进中部地区崛起的若干意见》(中发〔2006〕10号)提出的一系列政策措施,需要有关部门按照职责分工研究提出具体实施意见并认真组织实施。经国务院领导同志同意,现将有关部门职责分工事项通知如下:

一、加快建设全国重要粮食生产基地,扎实稳步推进社会主义新农村建设

(一)加大对粮食生产的支持力度。完善扶持粮食生产的各项政策。完善对种粮农民直接补贴制度,继续安排资金支持良种补贴和农机具购置补贴。中央财政加大对产粮大县奖励政策的实施力度。(财政部牵头)

(二)逐步解决中部地区粮食主产区粮食流通领域的历史遗留问题。加快制定促进粮食产区与销区建立稳定购销协作机制的政策措施。(发展改革委牵头)

(三)把严格保护耕地放在突出地位,稳定粮食种植面积,提高粮食单产水平和商品率。(国土资源部、农业部等部门负责)

(四)加大对农业综合开发、土地整理、中低产田改造、大型商品粮基地建设、旱作农业的投入。(财政部、发展改革委、国土资源部、农业部等部门负责)

(五)继续实施优质粮食产业工程、畜禽良种工程、超级杂交水稻等种子工程和动植物保护工程。加强动物疫病防治,推进农业科技推广、应用和服务体系建设。(发展改革委、农业部、林业局等部门负责)

(六)加大农业基础设施投入,改善生产生活条件。进一步搞好大型灌区续建配套,抓紧实施中部粮食主

产省大型排涝设施更新改造。加强病险水库除险加固，继续开展节水改造、干旱山区雨水集蓄利用项目建设。逐步建立起保障农田水利建设健康发展的长效机制。加大对农村安全饮水工程的支持力度。积极发展农村沼气、秸秆发电、小水电等可再生能源，完善农村电网。(发展改革委牵头)

(七)扩大农村劳动力转移培训阳光工程实施规模，提高补助标准，支持中部地区加大农村劳动力职业技能培训力度，增强农民转产转岗就业的能力。(农业部牵头)

(八)建立完善农民外出就业服务体系和可靠信息渠道，加强对农民外出就业的管理和服务。发挥中部地区农村劳动力资源丰富的优势，引导富余劳动力向沿海发达地区、非农产业和城镇有序流动。(劳动保障部、农业部等部门负责)

(九)以属地化管理为主，加强流动人口的管理与服务网络建设。(公安部、劳动保障部、农业部、人口计生委等部门负责)

(十)大力发展农业产业化经营，推进农业结构调整。加大对农业产业化龙头企业和农民专业合作经济组织的支持力度，落实对内资重点龙头企业从事种植业、养殖业和农林产品初加工业所得暂免征收企业所得税政策。(农业部、发展改革委、财政部、税务总局、林业局等部门负责)

(十一)引导龙头企业、合作组织与农户建立利益联结关系，发展有优势的农产品加工业，重点建设一批优质、专用、规模化和标准化的农产品加工基地，延长产业链，努力增加农民收入。(发展改革委、农业部牵头)

(十二)加大金融支农力度，深化农村信用社改革。政策性金融机构要增加支持农业和农村发展的中长期贷款，引导商业银行加大对农业产业化、农业基础设施、农村公共服务设施等领域的金融服务力度。进一步完善扶贫贴息贷款运作模式。培育和发展农村竞争性金融市场。推行农村小额信贷。支持在中部地区进行政策性农业保险试点，引导商业性保险机构进一步开展“三农”保险业务。引导和支持外资银行、国内股份制金融机构到中部地区设立机构。(人民银行、财政部、农业部、银监会、保监会、扶贫办、民政部等部门负责)

(十三)在国外政府和国际金融组织贷款的使用上继续向中部地区倾斜。(发展改革委、财政部等部门负责)

二、加强能源原材料基地和现代装备制造及高技术产业基地建设，推进工业结构优化升级

(十四)加强能源基地建设。稳步推进山西、河南、安徽等煤炭资源丰富地区的大型煤炭基地建设，搞好矿井设备更新和安全改造，大力发展煤矸石、煤层气、矿井水等资源的综合利用。建设在全国能源规划布局中已确定的火电、水电等电源项目，发展坑口电站，促进煤电联营和综合开发。加快抽水蓄能电站建设。支持骨干电网建设，提高外送能力。因地制宜、积极稳妥地推进生物质能发电和风电建设工作。(发展改革委牵头)

(十五)加强原材料基地建设。发挥中部地区铁矿石、有色金属、黄金、磷和石灰石等矿产资源优势，建设综合开发利用基地。优先支持中部地区重要矿产资源的勘查。鼓励重点矿山加快技术改造，提高资源综合回收率。重点支持钢铁、石化、化肥、有色、建材等优势产业的结构调整，形成精品原材料基地。国家对优势企业的联合、重组给予必要的政策支持。(发展改革委、国土资源部、财政部、国资委等部门负责)

(十六)积极推进国有经济战略性调整，选择部分老工业基地城市，在增值税转型、厂办大集体改革和社会保障等方面，比照振兴东北老工业基地有关政策给予支持。(发展改革委、财政部、国资委、劳动保障部等部门负责)

(十七)支持资源型城市和资源型企业加快经济转型，培育、发展循环经济和接续产业，研究建立资源开发补偿机制和衰退产业援助机制。对重点资源枯竭型企业关闭破产、分离办社会职能、职工安置、沉陷区居民搬迁给予扶持。(发展改革委、财政部、国资委等部门负责)

(十八)依托骨干企业，重点发展清洁高效发电技术装备、高压输变电设备、大型矿山开采设备、石化装备、大型施工机械、数控机床及关键功能部件、新型农业装备、高速铁路列车、大功率铁路机车、新型地铁车辆、汽车及零部件、高附加值船舶及配套等领域。(发展改革委、科技部、国防科工委、铁道部等部门负责)

(十九)国家加大对重点企业技术改造的支持力度，并通过科研投入、工程设备采购以及税收政策等，支持重大成套装备技术研制和重大产业技术开发。(发展改革委、财政部、科技部、国资委等部门负责)

(二十)国家对电子信息、生物工程、现代中药、新材料等领域的研发和产业化给予重点支持。建立一批特色产业基地，形成产业链和产业体系，逐步实现优势高技术产业集群，形成若干高技术产业增长点。(发展改革委、财政部、信息产业部、科技部等部门负责)

(二十一)加强高等院校、科研院所与企业的技术合作，促进企业成为技术创新的主体。加强技术创新服务体系建设，加快科技成果转化。(科技部、教育部牵头)

（二十二）在有优势的领域建设和完善国家工程中心、国家工程实验室、国家重点实验室和企业技术中心，支持建设若干科技基础平台，实施一批重大科技项目，加大关键技术的攻关力度。（发展改革委、科技部牵头）

三、提升交通运输枢纽地位，促进商贸流通旅游业发展

（二十三）加快综合交通运输体系规划实施。加强铁路、高速公路、干线公路、民航、长江黄金水道、油气管道等建设，优先解决中部地区与沿海地区以及中部地区内部的连通，着力构建连接东西、纵贯南北的综合交通运输体系，全面加强中部地区综合交通运输能力建设。（发展改革委牵头）

（二十四）加快铁路客运专线和开发性新线建设，加强现有铁路的电气化改造及复线建设，强化中部地区煤运通道，推进铁路站场建设和改造，完善铁路枢纽工程。（铁道部牵头）

（二十五）加强公路建设，基本实现具备条件的乡镇、建制村通油（水泥）路。加快高速公路建设及扩容改造，加大省际间公路干线建设和国省道升级改造力度；加强长江中游及淮河中上游地区航道疏浚治理，改善航运条件，实施“航电结合、滚动开发”；加强内河港口设施建设，发展集装箱、大宗散货运输。（交通部牵头）

（二十六）扩建省会城市枢纽机场，增加中小型机场。（民航总局牵头）

（二十七）构建以武汉、郑州等全国性市场为中心，以区域性重点市场为骨干，以具有地方特色的专业市场为补充，现货市场和期货市场相结合的市场体系。（商务部、发展改革委、证监会等部门负责）

（二十八）重点发展粮食及鲜活农产品、重要生产资料和工业品交易市场，加大传统零售业态改造力度，推动农村商业网点建设。鼓励发展所有制形式和经营业态多样化、有利于吸纳就业、诚信便民的零售、餐饮、修理等商贸服务。积极发展连锁经营、电子商务等现代流通方式，加强物流基础设施建设，支持大型流通企业集团发展。（发展改革委、农业部、商务部等部门负责）

（二十九）加强旅游景区的基础设施建设，挖掘、整合各类特色旅游资源，加快建设一批优秀旅游城市、旅游名县、旅游名镇。广泛吸纳社会投资，高水平开发一批有国际影响、带动性强、效益好的旅游项目，发展红色旅游，打造精品旅游景区及线路。加强黄河中游、长江中游等集中连片旅游区的规划，推进跨省区旅游合作。（发展改革委、旅游局、建设部、文化部、林业局等部门负责）

四、增强中心城市辐射功能，促进城市群和县域发展

（三十）构建布局完善、大中小城市和小城镇协调发展的城镇体系。以省会城市和资源环境承载力较强的中心城市为依托，加快发展沿干线铁路经济带和沿长江经济带。以武汉城市圈、中原城市群、长株潭城市群、皖江城市带为重点，形成支撑经济发展和人口集聚的城市群，带动周边地区发展。支持城市间及周边地区基础设施建设，引导资源整合、共建共享，形成共同发展的合作机制。（发展改革委、建设部、国土资源部、民政部等部门负责）

（三十一）大力发展县域经济。根据当地资源优势，培育和发展各具特色的优势产业，形成产业集群，扩大社会就业，增加财政收入。加大对县城、中心镇基础设施建设的支持力度，发挥其集聚和辐射作用。（发展改革委牵头）

（三十二）科学合理地调整乡镇设置，优化布局，促进人口和产业的适度集聚，开展村庄整治试点，逐步改善生产生活设施，推进社会主义新农村建设。（民政部、建设部、国土资源部、农业部、人口计生委等部门负责）

（三十三）扩大国家“科技富民强县专项行动计划”在中部地区的试点范围，对特色产业项目给予专项支持。（科技部牵头）

（三十四）积极推行“省直管县”财政管理体制和“乡财县管乡用”财政管理方式的改革试点，加大对财政困难县乡的财政转移支付力度。规范县级政府经济社会管理权限，完善公共财政体制，加大对社会事业发展的支持力度，增强县级政府面向农村提供公共服务的能力。（财政部牵头）

（三十五）对贫困人口集中分布地区、革命老区和少数民族地区，实行集中连片开发，增加支援欠发达地区资金和以工代赈资金的投入，在扶贫开发、金融信贷、建设项目安排、教育卫生事业等方面比照西部大开发政策执行。对干旱缺水、水土流失严重、行蓄（滞）洪区等特殊困难地区加大扶持力度。推动村村通电话工程，提高欠发达地区的通信水平。（发展改革委、财政部、教育部、卫生部、农业部、水利部、人民银行、银监会、扶贫办、信息产业部、林业局等部门负责）

五、扩大对内对外开放，加快体制机制创新

（三十六）发挥承东启西的区位优势，促进中部地区与东、西部地区协调互动发展。加强政策引导和组织协调，为中部地区企业与跨国公司、东部企业对接搭建平台，更好地承接东部地区和国际产业的转移。支持中部地区与东、西部地区在粮食、能源、原材料等方面建立长期稳定的合作关系。鼓励中部地区与毗邻的沿海地区推进区域经济一体化建设。（发展改革委、商务部等部门负责）

（三十七）加强进出口协调和服务，加大中央外贸

发展基金政策支持力度，转变贸易增长方式，优化贸易结构，开拓国际市场。（商务部牵头）

（三十八）支持一类口岸建设，建好出口加工区，引导加工贸易向中部地区转移。（海关总署、商务部、发展改革委等部门负责）

（三十九）加强指导和服务，鼓励有条件的企业“走出去”，扩大对外劳务输出的规模。（发展改革委、商务部等部门负责）

（四十）支持发展势头好、产业特色明显、带动力较强的国家级开发区和省级开发区加快发展，鼓励工业项目向开发区集中，促进优势产业集聚、土地集约使用、资源综合利用和环境保护，努力提高园区土地利用效率。（发展改革委、商务部、科技部、国土资源部、建设部、环保总局等部门负责）

（四十一）着力改革行政管理体制，转变政府职能，优化组织结构，构建服务政府、责任政府、法治政府。（中央编办、监察部、法制办等部门负责）

（四十二）加快大中型国有企业股份制改革，深化完善相关配套改革，着力解决历史负担。鼓励和支持社会资本和境外投资者以多种方式参与国有企业改组改造。鼓励优秀上市企业开展多种形式的资产收购、合并和重组。支持军工企业加快调整改造步伐。（国资委、发展改革委、财政部、商务部、证监会、国防科工委等部门负责）

（四十三）落实鼓励、支持和引导非公有制经济发展的方针政策，切实清除体制性障碍，允许非公有资本进入法律法规未禁止的行业和领域。放宽从业条件，简化审批手续，鼓励各类人员从事非公有制经济，充分发挥非公有制经济吸纳劳动力就业的功能。各地可根据实际情况，研究制定促进非公有制经济发展的具体政策措施，引导、规范非公有制经济的发展。（发展改革委牵头）

六、加快社会事业发展，提高公共服务水平

（四十四）加快教育事业发展，提高公共服务水平。改善农村中小学办学条件，落实“两免一补”政策，加大对财政困难县义务教育经费的转移支付力度。切实落实普及和巩固九年义务教育的各项政策措施。加大对中等职业教育和培训的支持力度，积极调整高等教育人才培养结构，稳步扩大招生规模。（财政部、教育部、发展改革委等部门负责）

（四十五）加强公共卫生服务体系建设。加强以乡镇卫生院为重点的农村卫生基础设施建设。建立健全疾病预防控制和医疗救治体系。加强艾滋病、血吸虫病、结核病等传染病和地方病的预防控制工作。深化医疗卫生体制改革，加强城市社区卫生服务体系建设。（卫生部、发展改革委、财政部等部门负责）

（四十六）积极稳妥推进文化体制改革，支持基层文化设施建设，推广文化信息资源共享。加强自然和文化遗产的有效保护和合理开发利用。发展有地方特色的文化产业。积极推进城市社区文化建设。发展农村文化事业，大力推进广播电视进村入户。（发展改革委、财政部、文化部、广电总局、新闻出版总署等部门负责）

（四十七）加强人才队伍建设，进一步扩大与东部发达地区人才交流的规模，吸引各类人才到中部地区创业。在国家级专家选拔、博士后工作、留学人员回国创业等方面，向中部地区的特色和优势产业倾斜。推动中部地区与东、西部地区在人口流动与就业方面加强合作。（人事部牵头）

（四十八）落实并完善城镇就业再就业各项优惠政策，促进下岗失业人员再就业。建立覆盖城乡的就业管理服务体系，将农村劳动力纳入公共就业服务范围。（劳动保障部、财政部等部门负责）

（四十九）增加财政对社会保障的投入，加大中央财政对中部地区的专项转移支付力度。（财政部、劳动保障部等部门负责）

（五十）加强农村计划生育服务体系建设，扩大农村部分计划生育家庭奖励扶助制度试点范围，稳定低生育水平。（人口计生委、财政部等部门负责）

七、加强资源节约、生态建设和环境保护，实现可持续发展

（五十一）继续支持长江中游干支流、黄河中游干支流，特别是海河和淮河上中游、巢湖、丹江口库区及上游、三峡库区、南水北调工程影响区的水污染防治项目建设，支持重点城市的污水与垃圾处理设施建设。（发展改革委、环保总局、财政部、农业部、水利部、建设部、林业局、三峡办、南水北调办等部门负责）

（五十二）加强流域、区域水资源开发利用和水环境保护的统一管理，提高水资源利用综合效益。建立大江大河上下游之间生态环境保护的协调和补偿机制。加强环境保护和水资源保护监管与执法力度，落实污染治理达标责任制。（发展改革委、水利部、环保总局、国土资源部、林业局等部门负责）

（五十三）继续实施长江中游天然林资源保护、长江流域防护林二期等重点防护林体系建设。加强湿地保护与恢复工程和水土保持工程建设。加大野生动植物保护和自然保护区建设力度。（林业局牵头）

（五十四）支持工业污染防治、节能节水改造、资源综合利用，发展循环经济。解决好产业转移过程中的污染转移问题。加强“两控区”大气污染防治，加快“三废”无害化处理和再生利用设施建设。切实做好工矿废弃土地复垦和矿山生态环境恢复。（发展改

革委、环保总局、国土资源部、建设部、财政部等部门负责)

(五十五)提高防灾减灾能力。加快对自然灾害频发地区防灾减灾体系建设。重点加强长江中下游、黄河中游、淮河等重要流域的干支流,洞庭湖、鄱阳湖水系和局部山洪频发地区的防洪工程建设。(水利部、发展改革委、国土资源部、民政部等部门负责)

八、加强领导,狠抓落实

(五十六)在国务院领导下,发展改革委设立专门机构负责促进中部地区崛起有关工作的协调和落实。(中央编办、发展改革委负责)

《中共中央国务院关于促进中部地区崛起的若干意见》是党中央、国务院在新时期统筹区域经济协调发展的重要部署,是指导当前和今后一个时期中部地区发展的纲领性文件。各有关部门要针对中部地区区域发展的特点,按照上述分工,研究提出落实相关任务的实施意见和具体工作计划,明确工作任务和完成时限,并认真抓好落实。牵头单位要切实负起责任,参与部门要积极支持和配合牵头部门做好落实工作。有关部门要将实施意见和工作计划报送发展改革委,工作进展情况由发展改革委汇总并报国务院。

国务院办公厅

2006年5月19日

国办印发《关于推进种子管理体制改革加强市场监管的意见》

各省、自治区、直辖市人民政府,国务院各部委、各直属机构:

《中华人民共和国种子法》实施五年多来,我国农作物种子(以下简称种子)产业发生了重大变化,种子市场主体呈现多元化,农作物品种更新速度加快,有力地推动了农业发展和农民增收。但是,由于我国种子产业仍处在起步阶段,种子管理存在体制不顺、队伍不稳、手段缺乏、监管不力等问题,一些地区种子市场秩序比较混乱,假劣种子坑农害农事件时有发生,损害了农民利益,影响了农业生产安全和农民增收。因此,改革和完善种子管理体制,加强种子市场监管,对于提高农业综合生产能力,确保国家粮食安全,促进农民增收,具有十分重要的意义。经国务院同意,现就推进种子管理体制改革和加强种子市场监管提出以下意见:

一、指导思想和总体要求

(一)指导思想。以邓小平理论和"三个代表"重要思想为指导,全面落实科学发展观,认真贯彻《中华人民共和国种子法》,按照建立社会主义市场经济体制的要求,加快推进种子管理体制改革,实现政企分开,强化管理,完善法制,规范种子市场秩序,维护广大农民的利益,保障农业生产安全,促进粮食稳定发展和农民持续增收。

(二)总体要求。坚持以政企分开为突破口,强化政府职能,明确部门职责,完善管理制度,稳定管理队伍,提高人员素质,改善执法手段;坚持以产权改革为切入点,加快国有种子企业改组、改制步伐,促进种子产业生产要素的合理配置;坚持"精简、统一、效能"和"标本兼治"的方针,逐步构建种子市场监管长效机制;坚持以质量监管为重点,规范市场准入,严厉打击制售假劣种子等违法行为,促进种子产业健康发展。

二、推进种子管理体制改革

(三)实行政企分开。种子生产经营机构与农业行政主管部门尚未分开的,要依照《中华人民共和国种子法》规定,将种子生产经营机构从农业行政主管部门剥离出去,实现人、财、物的彻底分开。农业行政主管部门及其工作人员不得参与和从事种子生产、经营活动;种子生产经营机构不得参与和从事种子行政管理工作。剥离出来的种子生产经营机构依照有关规定移交同级国有资产监督管理机构管理。目前一些地方事业单位性质的种子生产经营机构,应当剥离经营职能,整体转化为种子技术推广服务单位或与种子管理、农业技术推广部门合并,不再从事种子生产经营活动。种子生产经营机构与农业行政管理部门的分开工作要在2007年6月底之前完成。到期未分开的种子生产经营机构,自2007年7月1日起,不得从事种子生产经营活动,农业行政主管部门不得再向其核发种子生产经营许可证,工商行政管理机关不再核发营业执照或办理年检,金融机构不得提供贷款,财政、发展改革、农业等部门不得安排项目和提供资金支持。

(四)做好政企分开的善后工作。地方各级人民政府要采取有效措施,做好政企分开后有关人员的善后工作。对分流的企业富余人员,可以采取多种方式妥善安置,并做好社会保险关系的接续。对辞退的人员,种子企业要按照国家对企业与职工解除劳动合同的有关政策规定支付经济补偿金。对自谋职业和自主创业的人员,可按有关规定给予一次性自谋职业安置费。种子企业依法出售自有产权公房、建筑物收入,以及处置企业使用的划拨土地的收入,应优先用于安置职工和缴纳社会保险费。对国有种子企业的亏损应先清理,分析原因,分清责任,再根据实际情况由相关部门提出处理意见。

(五)推进产权制度改革。种子企业与农业行政主管部门政企分开后,要严格执行《国务院办公厅转发国务院国有资产监督管理委员会关于规范国有企业改制工作意见的通知》(国办发〔2003〕96号)等有关规定,按照"归属清晰、权责明确、保护严格、流转顺畅"

的要求,在确保国有资产不流失的情况下,通过产权转让、股份制改造、兼并、破产、出售等多种形式,加快改制重组。对于大型骨干种子企业,要保持国有资本控股地位。在改制过程中,要做好劳动关系处理工作,维护好职工合法权益。企业管理人员和核心技术开发人员可以按照国家有关规定相对控股。

三、完善种子管理体系

(六)加强种子管理法制建设。农业部要会同有关部门,研究完善种子管理制度,抓紧起草与《中华人民共和国种子法》配套的法规、规章,充分发挥法制在种子管理工作中的保障作用。

(七)健全种子管理机构。种子管理是农业行政主管部门的重要职责,各级农业行政主管部门要进一步健全种子管理机构,特别是要强化省、县级种子管理机构建设。要加强种子管理技术支持和服务体系建设,不断完善种子质量检验体系、品种区域试验体系和信息服务体系。各级种子管理机构要依法履行种子行政许可、行政处罚、行政管理等职责,加强对本行政区域内种子市场和种子质量的监管。上级种子管理机构对下级种子管理机构负有指导和监督职责。

(八)加强种子管理、服务队伍建设。要按照稳定队伍、转变作风、搞好服务的原则,加强对种子管理人员的教育培训,提高业务水平和依法行政能力。现有的种子行政执法人员,要通过业务培训,经过资格考核,持证上岗。严格落实种子质量检验员考核制度,逐步实行品种试验人员执业资格准入制度。

(九)健全种子标准体系。根据我国法律法规的有关规定和我国种子产业发展的实际情况,参照国际通行做法,建立完善我国种子技术规范、技术标准和合格评定程序,健全国家种子标准体系,规范商品种子的贸易行为;制定种子生产、加工、贮藏、包装等过程管理的技术标准和规范,强化标准化意识,提高质量管理水平。

(十)强化保障措施。地方各级人民政府要积极支持种子管理和技术服务部门开展种子质量监督、技术推广、品种试验和检验检疫等方面的工作,切实保证种子管理机构和公益性事业单位的经费支出。

四、强化种子市场监管

(十一)严格企业市场准入。地方各级人民政府要按照《中华人民共和国行政许可法》等有关法律的规定,尽快完成清理和修订种子市场准入条件的法规、规章和政策性规定等工作。各级农业行政主管部门和工商行政管理机关要严格按照法定条件办理种子企业证照,加强对种子经营者的管理。同时,要消除影响种子市场公平竞争的制度障碍,促进种子企业公平竞争。

(十二)严格商品种子管理。商品种子要符合《中华人民共和国种子法》有关品种审定、新品种保护、质量要求、加工包装、标签标注等规定。品种名称应当规范。主要农作物品种推广应用前应当通过国家或省级审定;转基因植物种子要经过安全评价和品种审定,生产经营转基因植物种子要取得农业部颁发的生产、经营许可证,发布转基因植物种子广告要经农业部审查批准。逐步建立"缺陷种子召回制度",发现销售的种子有问题的,要及时更换;实行品种退出机制,发现经审定通过的品种已不适合农业生产需要或有难以克服缺点的,要及时退出。

(十三)加强市场监管。各级农业行政主管部门和工商行政管理机关要依法加强对种子市场的监管,切实履行种子市场监管职责。农业、工商、公安部门要密切配合,依法加大打击力度,及时查处生产销售假、劣种子等违法行为。要加强对种子企业的监督检查,对资质条件不再符合发证要求的,要依法撤销其种子生产经营许可。加强种子质量市场监督抽查的力度,认真落实种子质量标签制度。依法加强种子市场的宏观调控和价格监管。

种子是关系农业生产安全和农民利益的重要生产资料,地方各级人民政府要按照本意见,切实加强领导,认真制订工作方案,精心组织实施。各有关部门要认真履行职责,密切配合,做好对改革工作的指导和市场监管的检查。

国务院办公厅

2006年5月19日

纪念沈鸿同志百年诞辰暨2006机械制造业发展论坛在人民大会堂举行

沈鸿同志是机械工业界的重要领导人和开拓者之一,是国内外知名的机械工程专家,是自学成才的著名科学家。

中共中央政治局委员、国务院副总理曾培炎出席纪念活动并讲话。

曾培炎说,当前我国已进入全面建设小康社会、加快推进社会主义现代化的新阶段。我们纪念沈鸿同志,就是要学习他的崇高精神和优良作风,为国民经济持续发展和社会全面进步作出新的贡献。要学习他热爱祖国、忠于理想的献身精神,坚定不移地贯彻党的路线、方针和政策;学习他崇尚真理、实事求是的科学精神,坚持走科学发展的道路;学习他开拓进取、自强不息的创新精神,坚持不懈地推进自主创新;学习他刻苦钻研、百折不挠的奋斗精神,努力开拓机械工业的新局面。

曾培炎强调,实现装备制造业的振兴,是沈鸿同志最大的心愿,也是我们对他最好的缅怀。在新的历史条件下，我们要坚持市场竞争和政策引导相结合，坚持对外开放和自主创新相结合，坚持产业结构调整和深化企业改革相结合，坚持重点发展和全面提升相结合，加快振兴装备制造业。争取到2010年，形成一批有较强竞争力的大型装备制造企业集团，增强具有自主知识产权重大技术装备的制造能力，基本满足能源、交通、原材料等领域及国防建设的需要。要选择重点领域和关键技术，整合资源、组织攻关，在一批重大技术装备上早日实现突破。要以企业为主体、以项目为依托，加快建立适应市场竞争要求的装备制造产业体系。要强化政策支持，完善法律法规，抓紧落实振兴装备制造业的重点任务，努力把我国机械工业提高到一个新水平，为社会主义现代化事业作出更大的贡献。

全国人大常委会副委员长路甬祥、全国政协副主席徐匡迪和王汉斌、钱正英，国资委、中国科协等有关部门负责人，沈鸿同志的亲属和生前友好、专家学者和机械行业有关单位代表等出席了纪念活动。

第十一世班禅额尔德尼·确吉杰布到云南省参观学习并举行佛事活动

中国—墨西哥政府间常设委员会第二次会议落下帷幕

外交部部长李肇星和墨西哥外长德韦斯共同签署了2006年至2010年委员会《共同行动计划》等合作文件。

李肇星和德韦斯在闭幕式上先后致辞，积极评价会议取得的成果。两国外长强调，会上签署的委员会《共同行动计划》对指导中墨长期合作、推动两国战略伙伴关系全面发展具有重大意义。他们表示，两国将一道落实《共同行动计划》和会议其他成果，推动两国合作健康、持续、深入发展，造福于两国和两国人民，促进南南合作和世界共同发展。

国务院在北京召开加强和改进高等学校招生管理工作会议

这次会议的主要任务是，传达贯彻国务院常务会议精神，统一思想，明确任务，狠抓落实，对加强和改进高等学校招生管理工作进行全面部署。国务委员华建敏主持会议，国务委员陈至立作了讲话。

陈至立在讲话中指出，要正确认识我国高等教育发展和改革的形势。她强调，党中央、国务院历来高度重视发展我国高等教育，1999年，作出扩大高等教育招生规模的重大决策，实践证明是正确的，成效是显著的。陈至立要求认真做好高等学校招生管理工作。她说，今年高等学校招生规模比去年增加5%，既考虑了今年普通高中毕业生增长的实际情况，也有利于为高校提高办学质量创造良好的环境。各地区、各部门要把思想和行动统一到中央的决策部署上来，严格执行国家下达的招生计划。

华建敏在主持会议时强调，要全面、准确领会国务院常务会议精神。高等教育贯彻科学发展观，把重点放在提高质量上，这是一个积极的方针。各地区、各有关部门要加强领导，齐心协力，狠抓落实，切实有效地做好高校招生管理工作。教育部部长周济作了发言，国务院副秘书长陈进玉作了总结。

各省、自治区、直辖市和新疆生产建设兵团分管教育工作负责同志及教育、发展改革部门负责同志，国务院有关部门负责同志参加了会议，会议还邀请了中央有关部门负责同志。

第二届文化发展战略论坛在深圳举行

论坛由中宣部文化体制改革和发展办公室、广东省委宣传部、深圳市委联合举办，主题是“文化创新与构建社会主义和谐社会”。

与会同志一致认为，大力推进文化创新，是落实科学发展观、全面建设小康社会，促进经济、政治、文化和社会协调发展的内在要求，是促进文化事业和文化产业发展、繁荣社会主义文化的重要内容，是扩大中华文化国际影响的迫切需要。

与会者认为，大力推进文化创新，要树立新的文化发展观，以观念创新引领文化创新。在文化创新过程中，要坚持马克思主义在意识形态领域的指导地位，坚持以人为本，立足于中国实际，尊重科学、尊重规律、大胆探索，激发全民族的创造活力。文化创新要以改革为动力，积极推动体制机制创新，消除束缚文化创新的体制机制弊端；要紧扣时代脉搏，积极探索内容创新的规律，深入实际、深入生活、深入群众，为人民群众提供更多更好的优秀文化产品和服务；要充分利用现代科技，加快文化生产、文化传播和文化消费的手段创新；要尊重知识、尊重人才，精心组织实施“四个一批”文化人才培养工程，努力培养造就一大批具有创新精神的优秀人才。

中宣部、文化部、国家广电总局、新闻出版总署、国家统计局等部门有关负责同志，部分省市的党委宣传部长、专家学者和文化单位负责同志出席论坛并发言。

全国防控高致病性禽流感指挥部召开第六次会议

回顾总结前一阶段防控情况，分析会商当前疫情形势，研究部署下一步防控工作。

中共中央政治局委员、国务院副总理、全国防控高致病性禽流感指挥部总指挥回良玉在会上指出，我国已连续83天没有新发家禽禽流感疫情，春季禽流感防控取得了阶段性重要成果。要系统总结防控工作经验，不断深化防控规律认识，正确分析疫情形势，始终保持高度警惕，毫不松懈地做好防控工作，进一步巩固和扩大防控成果。

5月20日

国家主席胡锦涛与巴基斯坦伊斯兰共和国总统佩尔韦兹·穆沙拉夫互致贺电热烈庆祝两国建交55周年

全国人大常委会委员长吴邦国抵达摩尔多瓦首都基希讷乌开始正式友好访问

三峡大坝全线建成

当三峡大坝右岸最后一方混凝土送入仓位后，举世瞩目的长江三峡水利枢纽工程迎来历史性的一刻：中国三峡总公司总经理李永安宣布，三峡大坝建成！

三峡大坝全线浇筑达到海拔185米高程，比原计划提前近10个月。自此，气势雄伟的三峡大坝矗立西陵峡谷，毛泽东同志“更立西江石壁，截断巫山云雨，高峡出平湖”的伟大预言成为现实。

三峡工程于1994年年底正式动工，是迄今世界上最大的水利枢纽，其1820万千瓦的装机容量和847亿千瓦时的年发电量均居世界第一。主体工程三峡大坝全长2309米，是世界上规模最大的混凝土重力坝。三峡大坝坝体混凝土浇筑总量为1600多万立方米。1997年12月11日，三峡工程左岸厂房坝段浇筑第一方混凝土，三峡水利枢纽主体工程浇筑施工拉开帷幕。在三峡大坝高强度、大规模的混凝土施工中，建设者通过运用世界先进的科学技术与自主创新相结合，摸索了一套按期保质的施工工艺和管理制度，解决了大坝混凝土的一系列技术难题，创造了100多项世界之最。以大坝为主体的三峡枢纽工程，分为三期建设。国务院枢纽工程专家组经过深入详尽的调查，认为枢纽工程一期比一期干得好，工程质量稳步提高。三峡建设者们以对国家和历史高度负责的精神，谱写了世界坝工史上新的纪录，创造了建筑史上的奇迹。

中国藏学研究中心成立20周年庆祝大会暨首届中国藏学研究珠峰奖颁奖仪式在北京举行

庆祝大会上还举行了首届中国藏学研究珠峰奖颁奖仪式。首届中国藏学研究珠峰奖共评选出特别奖2项、一等奖5项、二等奖18项、三等奖47项，15位德高望重的老一辈藏学家获得荣誉奖。中国藏学研究珠峰奖是我国藏学领域的国家级奖项。

中国藏学研究中心是1986年5月20日在北京成立，现已发展成为国内外规模最大的藏学研究专门机构。

国务院发出《关于公布第一批国家级非物质文化遗产名录的通知》

各省、自治区、直辖市人民政府，国务院各部委、各直属机构：

国务院批准文化部确定的第一批国家级非物质文化遗产名录(共计518项)，现予公布。

我国是历史悠久的文明古国，拥有丰富多彩的文化遗产。非物质文化遗产是文化遗产的重要组成部分，是我国历史的见证和中华文化的重要载体，蕴含着中华民族特有的精神价值、思维方式、想象力和文化意识，体现着中华民族的生命力和创造力。保护和利用好非物质文化遗产，对于继承和发扬民族优秀文化传统、增进民族团结和维护国家统一、增强民族自信心和凝聚力、促进社会主义精神文明建设都具有重要而深远的意义。

各地区、各部门要按照《国务院关于加强文化遗产保护的通知》(国发〔2005〕42号)的精神和有关要求，认真贯彻“保护为主、抢救第一、合理利用、传承发展”的工作方针，切实做好非物质文化遗产的保护、管理和合理利用工作。

国务院

2006年5月20日

第一批国家级非物质文化遗产名录(共计518项)

(文略)

海峡两岸佛教文化交流大会在福州举行

台湾佛教界25个县市约600名诸山长老、大德法师借此善缘得以回山参礼祖庭，马来西亚槟城极乐寺等国外鼓山法系的代表也组团参加了活动。

20日，两岸佛教界人士在鼓山涌泉寺举行海峡两岸佛教(福州鼓山)文化交流活动开幕式和祈福法会，以鼓山法系为代表的两岸佛教界高僧大德1000多人出席了开幕式和祈福法会，共同祝愿神州大地风调雨顺，两岸人民幸福安康。在为期5天的活动中，主办方将举行海峡两岸祈福法会、海峡两岸佛教学术研讨会、海峡两岸鼓山法系圆桌座谈会、签署《促进两岸佛教文化交流福州倡议书》等一系列活动。

第三届全国体育大会在苏州举行

国务院副总理回良玉在河南郑州考察残疾人抽样调查工作

第十六个“全国助残日”来临之际，回良玉来到河南省郑州市看望残疾人群众，考察第二次全国残疾人抽样调查工作。他向全国广大残疾人及其亲属致以亲切问候和良好祝愿，向参加第二次全国残疾人抽样调查工作的全体同志表示衷心感谢和崇高敬意。

回良玉认真听取了河南省开展残疾人抽样调查工作的汇报，仔细询问和了解入户调查、数据处理等有关情况，对抽样调查工作取得的进展予以充分肯定。

造福残疾人的"科技助残行动计划"在北京启动

中国科学院和中国残疾人联合会共同倡议开展的"科技助残行动计划"今天在人民大会堂正式签署协议，标志着这一为期10年(2006—2015年)、造福残疾人的大型助残行动正式启动。全国人大常委会副委员长、中国科学院院长路甬祥和中国残疾人联合会主席邓朴方分别代表双方在"科技助残行动计划"框架协议上签字。

"科技助残行动计划"在国家残疾人事业两个五年发展规划("十一五""十二五")期间，以帮助残疾人解决迫切需求为目标，通过技术集成和科技创新，确定一批重点科技项目和科技产品，直接服务于残疾人，实现科技成果为残疾人所用。中科院将根据残疾人的具体需求，启动"聋儿语音学习及其矫治软件的开发""喷点盲文印刷系统"等第一批10余个科技助残项目。

路甬祥和邓朴方在签字仪式上致辞。路甬祥表示，中国科学院将根据残疾人的具体需求，选择若干项目或方向进行攻关，力争经过5年至10年努力为我国残疾人矫正和防残、护残作出重要贡献。邓朴方指出，"科技助残行动计划"是实现科技成果与残疾人共享的民心工程，计划的实施必将对改善残疾人生活状况，提高科技扶残的水平，增强残疾人平等参与社会的能力起到重要作用。

5月21日

全国人大常委会委员长吴邦国在总理府会见摩尔多瓦总理塔尔列夫和总统沃罗宁

吴邦国说，中摩建交14年来，两国关系稳定健康发展。2001年江泽民主席成功访问了摩尔多瓦，2003年沃罗宁总统对中国进行了国事访问，使中摩关系提升到一个新的水平。近年来，两国政治、经济、文化、教育等领域的合作逐步深入，双方在国际组织和国际事务中保持磋商与配合。中方尊重摩尔多瓦人民根据本国国情选择的社会制度和发展道路，支持摩维护国家独立、主权和领土完整。吴邦国表示，中方重视发展对摩关系，愿与摩方加强高层交往，深化经贸合作，扩大人文交流，共同推动建立在相互尊重、平等互利基础上的中摩关系取得新的更大发展。

沃罗宁完全赞成吴邦国对两国关系的评价。他说，摩中两国良好的政治关系应当促进双边经贸关系的发展和人文领域的合作。发展同中国的友好关系是摩尔多瓦政府、议会和各党派的共识，符合摩尔多瓦人民的根本利益。他重申，摩尔多瓦坚持一个中国的原则不会改变，认为世界上只有一个中国。

国务院副总理回良玉在福建考察

福建、广东等地遭受了今年第1号强台风"珍珠"的袭击，部分地区降雨强度之大为历史罕见，造成了严重的损失。回良玉深入到福建灾区，代表党中央、国务院看望慰问奋战在抗击台风一线的广大干部群众和人民解放军、武警部队官兵，检查指导抗灾救灾工作。

考察期间，回良玉听取了福建省防抗台风和救灾工作情况汇报，对福建省防风救灾工作予以充分肯定。他指出，面对这次强台风的袭击，福建、广东等地认真贯彻中央的部署，紧急动员，科学安排，及时启动预案、适时转移群众，奋起抗灾救灾，最大限度地减轻了灾害损失。今年我国总体气候异常，强对流天气明显增多，自然灾害偏重发生。目前南方大部已进入汛期，北方即将入汛，更为繁重的任务、更为严峻的考验还在后头。我们要立足于防大汛、抗大旱、救大灾，把各种困难和情况考虑得更充分一些，把各项措施制定得更严密一些，把各方面的工作做得更扎实一些。一要进一步强化救灾安置工作，妥善安排好受灾群众的基本生活。二要进一步强化防御台风工作，认真总结经验教训，加强预测预报，主动防灾避险，完善各项预案和应急机制。三要进一步强化次生灾害的防御，着力做好水库、小流域山洪和地质灾害的监测、巡查和避险工作。四要进一步强化防汛抗旱责任制，抓紧修复灾毁设施，做好抢险队伍和物料准备。五要进一步强化统一指挥、部门协作、社会联动的防灾机制，形成防灾减灾的合力。六要进一步强化统筹协调工作，在做好防灾救灾工作的同时，抓好面上的各项工作，促进粮食稳定发展、农民持续增收，扎实推进社会主义新农村建设，努力保持经济平稳较快发展、社会稳定和谐的良好局面。

外交部部长李肇星在巴哈马首都拿骚分别拜会巴总督汉纳和总理克里斯蒂

2006全国科技活动周暨北京科技周在北京开幕

中国科协主席周光召宣布2006全国科技活动周暨北京科技周开幕，科技部部长徐冠华介绍了科技活动周情况，中宣部副部长欧阳坚主持开幕式，中央和国务院有关部门和北京市的负责同志出席了开幕式。

2006科技活动周的主题是“携手建设创新型国家”。科技活动周期间，全国科技活动周组委会将举办一系列重大活动，各部门和地方也将根据各自的工作实际和各地特色，组织数千项丰富多彩的科技活动。其中，30多个中央、国务院部委组织400多项活动；各省(自治区、直辖市)参与科技活动周的筹备，将组织2000多项各具特色的活动。

国务委员陈至立出席开幕式并强调，要在全社会进一步营造激励自主创新、建设创新型国家的良好氛围。

我国科学家发起的国际数字地球学会在北京宣布成立

这是第一个由我国科学家发起的国际科学组织，全国人大常委会副委员长路甬祥出席了成立大会并致辞。科技部部长徐冠华、联合国教科文组织官员马里奥·埃尔南德斯一同为国际数字地球学会揭牌。

国际数字地球学会中国国家委员会也同时成立并揭牌。通俗地讲，“数字地球”就是一个完整的地球信息模型，把地球上每一个点的所有信息按地理坐标加以整理，帮助人们快速、形象、完整地了解地球上任何一点、任何方面的信息，实现“信就在指尖上”的理想。它在推动环境保护、灾害治理、世界遗产和自然资源保护，以及反对恐怖主义、维护世界和平等方面发挥出日益重要的作用。

国际数字地球学会是在中国、加拿大、美国、日本、捷克等10多个国家科学家的共同倡议下，由中国科学院发起，并联合国内外相关机构成立的非政府国际科学组织，总部设在北京。我国科技工作者积极参与“数字地球”的构建。作为“数字地球”的重要组成部分，“数字中国”建设近年来取得了实质性进展。

5月22日

国家主席胡锦涛在人民大会堂会见德国总理安格拉·默克尔

胡锦涛高度评价中德关系，赞赏德国新政府成立后，重视发展对华关系，保持对华政策的连续性。胡锦涛说，近年来，中德两国高层互访频繁，各部门各层次交往密切。双边贸易快速增长，相互投资逐年递增。中德连续多年互为各自地区最大的贸易伙伴。两国其他领域的交流与合作不断发展，在国际事务中和中欧关系框架内也进行了密切的磋商与合作。我们赞赏德国政府一贯坚持一个中国政策，支持德国在联合国等国际多边组织中发挥更大作用。

默克尔说，德国新政府将保持对华政策的连续性，继续坚定地奉行一个中国的政策，推动两国战略合作伙伴关系深入发展。德中两国有着广泛的共同利益，可以在很多领域开展合作。我访华期间，双方就加强在经济、技术、知识产权保护、文化、人权等领域的交流与合作达成许多共识并签署了一系列协议。德方还希望就能源安全、提高能效等问题与中方合作。双方还应在国际事务及联合国等多边机构中加强沟通与合作。

会见中，胡锦涛还阐述了中国的和平发展道路和能源政策。双方还就伊朗核问题等国际问题交换了看法。

全国人大常委会委员长吴邦国抵达希腊首都雅典开始对希腊进行正式友好访问

国务院总理温家宝在人民大会堂会见联合国秘书长科菲·安南

温家宝表示，中国与联合国有着良好的合作，将继续积极支持联合国和秘书长的工作，致力于建设一个持久和平、共同发展的和谐世界。

安南高度评价中国为维护世界和平、促进共同发展、推动国际合作发挥的重要作用，感谢中国政府对联合国及他本人工作的支持。他说，中国积极支持联合国千年发展目标，大力促进南南合作，特别是长期以来向非洲国家提供了无私的帮助。在防治禽流感、艾滋病、疟疾等方面，中国也作出了重要贡献。联合国愿不断加强与中国在各领域的合作。双方还就共同关心的国际和地区问题交换了看法。

国务院总理温家宝在人民大会堂与德国总理安格拉·默克尔举行会谈

温家宝高度赞赏默克尔和德国新政府奉行积极的对华政策，他强调，深化中德关系是中国政府的既定政策，符合两国的共同利益，希望双方进一步扩大合作：第一，加强政治对话与磋商，年内正式启动首届中德副外长级战略对话，继续密切两国在国际事务中的配合与协调。中方支持德国在联合国等多边机构内发挥更大作用。第二，充分发挥高技术对话论坛、经济合作联委会、环境论坛等机制的桥梁作用，推动两国在能源、基础设施、服务贸易以及中小企业的合作。第三，促进文化、教育交流，办好“国家文化年”，鼓励高校和职业教育合作，增加互派留学生的名额。第四，在平等和尊重的基础上开展人权对话，增进相互了解。

默克尔表示，德中合作潜力巨大，前景广阔。德方愿与中方保持高层交往，开展战略对话，在重大国际和地区问题上加强磋商与协调。德方希望进一步提升两国经济、技术合作水平，在经贸、交通、航空、技术转让、知识产权保护等方面加强合作。德方鼓励双向投资和两国企业间的合作，愿推动双方磁浮交通合作取得成功。德方将积极促进双方在文化、教育、科技、法治建设等领域的交流与合作。

关于中欧关系，温家宝指出，进一步加强中欧关系是双方的共同需要。希望中欧在相互尊重、平等互利的原则基础上继续深化合作，确保双边关系长期稳定健康地向前发展。

默克尔表示，德国明年上半年轮任欧盟主席国期间，愿积极推动欧中全面战略伙伴关系的发展。

双方还就一些共同关心的国际和地区问题交换了看法。

中共中央政治局常委吴官正在人民大会堂会见由瑞典议会宪法委员会主席伦马尔克率领的瑞典监察代表团

中共中央政治局委员刘云山在人民大会堂会见由主席桑·奥云率领的蒙古公民意志党代表团

中央军委副主席曹刚川在北京会见泰国军队最高司令伦罗·玛哈沙拉暖上将一行

国务委员唐家璇在钓鱼台国宾馆与联合国秘书长科菲·安南举行会谈

国家发改委与德国联邦经济与技术部在北京共同举办第四届中德高技术对话论坛

本届论坛期间，中德参会代表进行了富有成效的研讨，双方议定要进一步加强电子通信、医疗与生物、交通、能源、环保与循环经济、汽车、化工材料等7个领域的合作。在电子通信领域，将重点加强新一代移动通信技术、WAPI标准等的共同研发。在医疗与生物领域，进一步挖掘医疗设备、生物医药、生物能源等方面的合作潜能。在交通领域，积极推进上海至杭州磁悬浮交通项目可行性研究工作，以及高速铁路技术的广泛应用。在能源领域，开展贵州生物柴油示范工程建设，加强煤矿瓦斯利用、煤矿安全、太阳能发电等方面的技术转让。在环保领域，共同推进钢铁、水泥等行业发展循环经济，合作开发废物处理技术和再利用技术。在汽车领域，重点发展混合动力汽车、燃料电池汽车、氢动力汽车、柴油汽车、汽车电子等。在化工材料领域，双方将在南京扬子石化—巴斯夫一期合作的基础上，积极推进二期建设，进一步扩大生产规模，提高产品附加值。

中国国家发展和改革委员会副主任朱之鑫和德国联邦经济与技术部格洛斯部长签署了《第四届中德高技术对话论坛谅解备忘录》。

5月23日

全国人大常委会委员长吴邦国在雅典出席中希经贸合作论坛开幕式并发表题为《中希携手再创辉煌》的演讲

尊敬的贝纳基议长，

女士们，先生们，朋友们：

在我对文明古国希腊进行正式友好访问的时候，有机会出席中希经贸合作论坛，与各位新老朋友见面，感到十分高兴。首先，我谨对论坛的召开表示热烈祝贺，向与会的各界朋友表示诚挚问候。

我是第一次访问希腊。百闻不如一见。一踏上这片神奇的土地，我们就被贵国山海掩映的风光、随处可见的历史和熠熠生辉的文化所吸引。希腊是西方文明的摇篮、奥林匹克的故乡、欧洲对外贸易的发源地，为人类社会的文明进步作出了重要贡献。2004年又成功举办了第二十八届奥运会，再次向世人展示了希腊的古老文明与时代风貌。作为希腊人民的真诚朋友，中国人民对希腊人民所创造的古代文明奇迹和现代文明成果感到由衷钦佩！

女士们、先生们、朋友们！

一谈起中国，有些外国朋友首先想到的是广袤的土地、众多的人口和古老的长城。在这里，我要向大家介绍的是，改革开放28年来，一个走向现代化的新中国。

——中国是快速发展的国家。发展是中国的第一要务。中国自上世纪70年代末实行邓小平先生倡导的改革开放政策以来，综合国力不断增强，人民生活水平日益提高。从1978年到2005年，国内生产总值从2165亿美元增加到2.23万亿美元，年均增长9.6%。人均国内生产总值由226美元增加到1707美元，增长了近7倍。粮食产量从3亿吨增产到4.8亿吨，成功解决了占世界近22%人口的吃饭问题。高速公路上世纪90年代初期几乎为零，现总里程已达4.1万公里，居世界第二。2005年港口货物吞吐量达49亿吨、国际集装箱吞吐量达7580万标准箱，都为世界第一。城乡居民年均收入分别增长5.1倍和5.2倍，人均住房面积，城市居民从6.7平方米提高到25平方米，农村居民由8.1平方米提高到29.7平方米。汽车已经走入寻常百姓家，2005年轿车销售量已达313万辆。人的平均寿命从1949年前的35岁上升到72岁,超过中等收入国家的平均水平。基本普及了九年义务教育,基本扫除了青壮年文盲,在校大学生人数从1978年的86万人增加到2005年的1562万人。上网用户总数突破1亿。固定及移动电话用户总数达到7.43亿。农村贫困人口从2.5亿人减少到2365万人。据世界银行评估,近20年来,中国的减贫人数约占发展中国家减贫人数的75%。

——中国是对外开放的国家。对外开放是中国的基本国策。邓小平先生曾说:“任何国家要发达起来,闭关自守都不可能。”从1980年起,中国先后在深圳、珠海、汕头、厦门和海南建立了5个经济特区。1984年,进一步开放了上海、天津、广州等14个沿海城市。1985年后,陆续将长江三角洲、珠江三角洲、闽南三角地区、山东半岛、辽东半岛、河北、广西辟为经济开放区,形成沿海经济开放带。1990年,中国政府决定开发开放上海浦东新区,并开放一批长江沿岸城市,形成以浦东为龙头的长江开放带。1992年以来,一批边疆城市和内陆所有的省会、自治区首府城市对外开放。中国政府先后批准建立了54个经济技术开发区,53个高新技术产业开发区,14个边境经济合作区,12个旅游度假区,57个出口加工区,15个保税区和253个一类口岸。中国已经形成沿海、沿江、沿边、内陆地区相结合的全方位、宽领域、多层次的对外开放格局。2001年12月11日,中国正式成为世界贸易组织的成员,标志着中国对外开放进入新阶段。28年来,中国进出口贸易总额从206亿美元增加到1.42万亿美元,年均增长超过17%,已成为世界第三大贸易国。其中,进口年均增长16%以上,去年进口额达6600亿美元。实际利用外商直接投资累计超过6200亿美元,连续13年居发展中国家之首。外汇储备由1978年的1.67亿美元增加到目前的8700多亿美元,位居世界第一。有55万多家外资企业正在中国创业发展。世界500强企业绝大部分都在华投资,一些跨国公司还将其亚太总部和研发中心转移到中国。有50多个国家先后承认中国的完全市场经济地位。改革开放前,中国只有7条国际航线,通往10个国家,现在有233条国际航线把中国与世界各地紧密相连。中国接待入境旅客由1978年的180多万人次增加到2005年的1.2亿人次,出境人数2005年达3100多万人次。中国对世界经济增长的贡献率超过10%,对全球贸易增长的贡献率超过12%。

——中国是民主法治的国家。依法治国是中国的基本方略。1949年中华人民共和国诞生,中国人民从此站起来了,开创了中国历史上从未有过的人民当家做主的新纪元。中国宪法明确规定:“中华人民共和国的一切权力属于人民。”新中国成立以来,中国从本国国情出发,建立了一整套制度、体制和机制来保障和实现人民的权利。在政权制度上,实行人民代表大会制度。人民通过这个制度牢牢地把国家和民族的前途和命运掌握在自己手中。各级人民代表大会都由民主选举产生,对人民负责,受人民监督。在中国,除依法被剥夺政治权利的以外,凡年满18周岁的公民都有选举权和被选举权,选民数占18周岁以上公民的99%以上,历次选举的参选率在90%左右。中国的各级行政区划都有人民代表大会,各级人大代表共有280多万人,他们来自方方面面,具有广泛的代表性,代表人民决定国家和地方的重大事项。他们在人大各种会议上的发言,不受法律追究;他们的人身自由,受到法律的特别保护。各少数民族无论人数多少,都有自己的全国人大代表。在中国,人民代表大会统一行使国家权力,国家行政机关、审判机关和检察机关都由人大产生,对人大负责,受人大监督。在政党制度上,实行中国共产党领导的多党合作和政治协商制度。中国共产党是领导核心,是执政党,各民主党派不是在野党,更不是反对党,而是参政党。中国共产党关于国家事务的重大政策主张都同民主党派充分协商,既有定期的协商机制,又有其他的协商方式。目前,中国有8个民主党派,共有党员60多万人,其中17.6万人担任各级人大代表,3.2万人担任县级以上领导职务。中国共产党和民主党派的合作关系是在中国民族解放和民主革命的斗争中形成的,8个民主党派同中国共产党长期共存、互相监督、肝胆相照、荣辱与共。在农村和社区,实行基层自治制度。农村行政村建立了村民委员会,城市社区建立了居民委员会。在基层自治制度下,广大村民和城市居民依法行使民主选举、民主决策、民主管理、民主监督的权利,自己管理自己的事务。邓小平先生曾深刻指出,为了保障人民民主必须加强法制。必须使民主制度化、法律化,使这种制度和法律不因领导人的改变而改变,不因领导人的看法和注意力的改变而改变。中国已经制定了220多件现行有效的法律、670多件现行有效的行政法规、8000多件现行有效的地方性法规和600多件自治条例和单行条例。以宪法为核心的中国特色社会主义法律体系基本形成,国家政治、经济、社会生活的主要方面做到有法可依,中国公民的自由和权利依法得到维护和保障。中国宪法明确规定,尊重和保障人权,公民有宗教信仰自由。中国已先后加入了21项国际人权公约。妇女、未成年人、老年人和残疾人的权益受到宪法和法律的特别保护。为了提高全社会的法律意识和法制观念,我们已经连续开展了四个五年的法制宣传教育,最近中国全国人大常委会又对实施第五个五年普法规划作出了决议,依法治国的理念不断深入人心。

中国又是世界上最大的发展中国家。人口多、底子薄、发展不平衡，是中国的基本国情。中国要实现现代化还有很长的路要走，需要几代人、十几代人、甚至几十代人的不懈努力。今年3月，十届全国人大四次会议通过了中国未来五年的发展规划。目标是在优化结构、提高效益和降低消耗的基础上，保持国内生产总值年均增长7.5%，到2010年，实现人均国内生产总值比2000年翻一番，单位国内生产总值能源消耗比2005年年末降低20%左右。为实现这一目标，我们将坚持以科学发展观统领经济社会发展全局，坚持扩大内需的方针，坚持走新型工业化道路，加快经济结构调整，转变经济增长方式，提高自主创新能力，继续深化改革，不断扩大开放，促进区域协调发展，加强和谐社会建设，把经济社会发展切实转入科学发展的轨道。

中国是世界大家庭中的一员，始终坚持走和平发展道路。中国的发展与世界的发展息息相关。13亿中国人过上小康生活，这本身就是对世界和平、发展和稳定的重大贡献。中国的发展也给包括希腊在内的世界各国的发展带来了重要机遇。中国稳定和谐的政治社会环境、丰富良好的劳动力资源和潜力巨大的市场，为与世界各国开展互利互惠的经贸合作提供了理想场所。

女士们、先生们、朋友们！

中国和希腊虽然远隔千山万水，但两国人民的友谊源远流长。1972年中希建交，掀开两国友好的新篇章。34年来，在相互尊重、平等互利的基础上，两国政治关系不断加强，经贸合作持续发展，人文交流日益活跃，中希关系迎来了历史上最好的时期。2000年，江泽民主席对贵国进行了国事访问，这是中国国家主席首次访希，双方表示将致力于在新千年把中希互利友好合作提高到新水平。同年，两国签署政治磋商协议，政治互信进一步增强。今年1月，卡拉曼利斯总理成功访华，与胡锦涛主席等中国国家领导人进行了坦诚友好的会晤，双方宣布建立全面战略伙伴关系。中希双方在许多重大国际问题上有着相同或相似的看法，在联合国等国际组织中相互协调与配合。我们感谢希腊在台湾、人权等问题上对中国的理解和支持，赞赏希腊为推动中欧关系发展所做的不懈努力。

双边经贸关系一直保持良好发展势头，特别是近五年来进入了高速发展阶段。2000年贸易额突破了5亿美元，到2005年贸易额达到了20.2亿美元，5年增长3倍多。目前希腊在华直接投资项目累计58个，协议金额1亿多美元。中希签订的工程承包合同累计金额2.9亿美元，完成营业额2.4亿美元。双方贸易结构不断改善，中方出口产品中机电和高新技术产品比重逐年加大，希方在电信等领域与中方进行了很好的合作。今年以来，双方有关部门围绕双边贸易已举办了三次经贸论坛，表达了两国扩大双边贸易合作的愿望和决心。

女士们、先生们、朋友们！

中国和希腊同为文明古国，历史文化积淀深厚，经济发展底蕴坚实，虽然两国社会制度不同，文化传统各异，但中希之间不存在历史积怨，也没有根本利害冲突，相反我们有着广泛的共同利益。深化中希经贸合作不仅符合两国人民的根本利益，也是发展中希全面战略伙伴关系的重要内容。我们高兴地看到，中希双方对加强互利合作、提升合作质量和水平的热情空前高涨。今天，我想利用中希经贸合作论坛的讲台，谈一谈进一步深化中希经贸合作的问题。一是深化航运、造船等传统领域的合作。双方在这一领域合作基础良好，互补性很强。中国进口的原油和其他大宗进出口商品，有50%以上是由希腊船队承运的。希腊是世界上第一大航运国，拥有全球最大的商船队和世界级的航运枢纽。中国是世界第三大贸易国和第三大造船国，还拥有丰富的海员人力资源。双方应开展航运、造船、港口建设和海员劳务等方面的战略合作，构建长期稳定的伙伴关系，实现互利双赢。中方欢迎有实力的希腊企业到中国投资造船、修船项目，支持有实力的中国企业来希腊投资港口、码头等设施建设，并愿与希方共同扩大两国间的直达海运及经对方港口到邻近国家或地区的海上中转运输。二是拓展旅游、奥运等新领域的合作。中希两国历史悠久、文化灿烂，旅游资源十分丰富。旅游业是希腊的传统产业，在希腊国民经济中占有举足轻重的地位，发展旅游业具有丰富的经验。旅游业在中国是新兴产业。中国既是世界上最大的旅游客源国，也是潜在的最大旅游市场。2008年中国北京将举办第二十九届奥运会。希腊既是奥运的发祥地，又是上一届奥运会的举办地，在举办奥运会和发展奥运经济方面有很多独到之处。双方在旅游和奥运领域的合作，互补性也很强，商机无限，潜力巨大。希望双方有关部门和企业抓住机遇，广开思路，积极拓展旅游、奥运的合作方式，不断提升旅游、奥运的合作水平。三是发挥企业在经贸合作中的重要作用。企业是市场活动的主体，也是双边经贸合作的主体。只有企业的参与，双方的经贸合作才能做实做大，才能具有强大的生命力。目前中希企业合作的规模还不大，怎样把两国企业加强合作的强烈愿望转化为现实，是我们当前面临的一个重大课题。双方应把加强企业合作，作为深化中希经贸合作的优先方向，积极推动有实力、有竞争力的企业，开展多种形式的投资和经济技术合作。两国政府应共同努力，继续推动贸易和投资便利化，为两国企业的互利合作创造更好的条件、提供更多的支持。应充分利用现有双边经贸混委会、经贸论坛等机制，加强对话与协商，妥善解决经贸合作中出现的问题。

女士们、先生们、朋友们！

在人类发展历程中，以古代中国和古代希腊为代表的东西方文明曾经彼此交融，相映生辉。如今，历史再次让两个文明古国联袂牵手，再创辉煌。再过两年，不灭的奥林匹克圣火将传递到万里长城，"希腊文化年"也将在中国拉开帷幕。让我们携起手来，抓住千载难逢的历史机遇，开拓中希经贸合作的崭新天地，为两国的经济发展和人民福祉，为世界的繁荣与和谐作出新的贡献。

最后，祝中希经贸合作论坛圆满成功！

谢谢大家。

全国人大常委会委员长吴邦国在总统府会见希腊总统帕普利亚斯

全国人大常委会委员长吴邦国在议会大厦与希腊议长贝纳基举行会谈

国办发出《关于调整国家汉语国际推广领导小组组成人员的通知》

各省、自治区、直辖市人民政府，国务院各部委、各直属机构：

根据工作需要和人员变动情况，经国务院同意，对国家汉语国际推广领导小组组成人员进行相应调整。现将调整后的名单通知如下：

组　长：陈至立　国务委员

副组长：周　济　教育部部长

陈玉杰　侨办主任

陈进玉　国务院副秘书长

张少春　财政部部长助理

成　员：章新胜　教育部副部长

刘泽彭　侨办副主任

何亚非　外交部部长助理

王春正　发展改革委副主任

魏建国　商务部副部长

孟晓驷　文化部副部长

胡占凡　广电总局副局长

王庚年　广电总局党组成员、国际广播电台台长

邬书林　新闻出版总署副署长

李　冰　新闻办副主任

赵沁平　国家语委主任

国家汉语国际推广领导小组办公室设在教育部。

国务院办公厅

2006年5月23日

纪念西藏和平解放55周年大会在拉萨举行

西藏各族各界代表500多人在拉萨集会，热烈庆祝西藏和平解放55周年。全国政协副主席帕巴拉·格列朗杰出席大会，西藏自治区党委代理书记张庆黎出席会议并讲话。

1951年5月23日，党中央和毛泽东同志高瞻远瞩，审时度势，果断作出了和平解放西藏的重大决策。中央人民政府和原西藏地方政府在北京签订了《关于和平解放西藏办法的协议》（简称"十七条协议"）。人民解放军迅速进军西藏，驱逐帝国主义势力，西藏宣告和平解放。"十七条协议"的签订，是西藏发展史上具有划时代意义的转折点，它标志着西藏从此摆脱了帝国主义的武装侵略和经济羁绊，开辟了西藏人民从黑暗痛苦走向光明幸福的伟大新时代。

为庆祝西藏和平解放55周年，西藏自治区党委和政府还将举行文艺会演等一系列活动。

中共中央政治局委员王兆国在北京会见由主席汉斯—格特·珀特林率领的欧洲议会人民党党团代表团

上海合作组织论坛首次会议在莫斯科举行

来自各成员国的上海合作组织国家研究中心负责人和该组织秘书处的代表出席会议。上海合作组织论坛是该组织内建立的一个多边学术机制，由各成员国具有上海合作组织国家研究中心地位的权威研究机构组成，其主要职能是为上海合作组织的发展提供支持。在此次会议上，各国代表着重讨论通过了上海合作组织论坛规则，确定了论坛的主要目标和组织机构，制订了今后一年的工作计划，并就一些共同关心的问题进行了探讨。

中国科学技术协会第七次全国代表大会在人民大会堂开幕

1200多名优秀科技工作者代表，肩负着全国2100万名科技工作者的重托，出席我国科技界的这一盛会。胡锦涛、温家宝、曾庆红、吴官正、李长春、罗干等党和国家领导人到会祝贺。

上午，大会主席团主席周光召宣布大会开幕。中共中央政治局常委、国家副主席曾庆红代表党中央，作了题为《立足科学发展着力自主创新，为建设创新型国家建功立业》的祝词。科技部部长徐冠华和全国总工会副主席、书记处第一书记孙春兰，分别代表科技界

和各人民团体向大会致贺词。中国科协主席周光召代表第六届全国委员会，在会上作了题为《团结动员广大科技工作者，为提高全民科学素质，增强自主创新能力，建设创新型国家而努力奋斗》的工作报告。报告分为三个部分：五年来的主要成就；新世纪、新阶段科技工作者的历史使命；关于今后五年工作的建议。

到会祝贺的领导同志还有：王兆国、刘云山、贺国强、王刚、何勇、顾秀莲、盛华仁、韩启德、华建敏、陈至立、刘延东、徐匡迪、张梅颖等。

大会开幕前，胡锦涛、温家宝、曾庆红、吴官正、李长春、罗干等党和国家领导人在人民大第会堂宴会厅亲切会见了出席大会的全体代表，并同大家合影留念。

中央和国家机关有关部门、各人民团体，各省、自治区、直辖市的负责同志，在京的中国科协历届负责同志，以及首都各界人士和科技工作者代表共3000多人参加了开幕式。

第九届中国北京国际科技产业博览会开幕

中共中央政治局委员刘淇出席科博会主题报告会，国务委员陈至立在主题报告会上致辞。

陈至立指出，作为世界上最大的发展中国家，中国对科技创新进行的探索、作出的努力和取得的成果，将有益于人类文明和世界的可持续发展。陈至立表示，中国在提高自主创新能力的过程中，将继续坚持对外开放，充分利用各种积极因素和有利条件，加强多种形式的国际交流与合作；支持在双边、多边科技合作协议框架下实施国际合作项目，主动参与国际大科学工程和国际学术组织；鼓励在中国设立重要的国际学术组织或办事机构；进一步完善国家知识产权制度，加大知识产权保护力度，依法严厉打击侵犯知识产权的各种行为，进一步营造尊重和保护知识产权的法治环境。

科博会组委会主席、科技部部长徐冠华在主题报告会上说，到2020年，我国的自主创新能力将显著增强，科技促进经济社会发展和保障国家安全的能力显著增强，基础科学和前沿技术研究实力显著增强。取得一批在世界具有重大影响的科学技术成果，进入创新型国家行列，为全面建设小康社会提供强有力的支撑。科博会的举办进一步表明了中国政府大力推进高技术产业国际交流与合作的决心。

联合国副秘书长金学洙、2005年诺贝尔经济学奖获得者罗伯特·奥曼、国际著名创意经济学家约翰·霍金斯、诺基亚公司董事长兼首席执行官约玛·奥利拉分别发表演讲。

科博会的展览会、10场高层论坛和10余个场次的科技经贸项目推介洽谈活动已全面展开。

本届科博会由科技部、商务部、教育部、信息产业部、中国贸促会、国家知识产权局和北京市人民政府共同主办，2000多家海内外企业参展。

国产首台TETRA数字集群对讲机面世

由深圳市好易通科技有限公司（HYT）生产的我国首款TETRA数字集群对讲机——PT-790正式面世，这标志着我国已打破了集群专业无线通信核心技术被少数国家垄断的局面，开始从模拟集群系统向数字集群系统转变。

全国血吸虫病防治工作会议在江西召开

国务院副总理吴仪出席会议并讲话。吴仪强调，要深入贯彻胡锦涛总书记、温家宝总理关于做好血防工作的重要指示，落实《国务院关于进一步加强血吸虫病防治工作的通知》，认真总结经验，巩固血防成果，严格执行《血吸虫病防治条例》，动员有关部门、疫区各级政府和人民群众，弘扬余江血防精神，进一步落实各项防治措施，确保实现到2008年全国血吸虫病流行县全部达到疫情控制标准的目标。

5月24日

国家主席胡锦涛在人民大会堂会见纳米比亚前总统努乔马

胡锦涛说，中纳两国人民有着长期友好交往的历史和传统友谊。我们感谢纳米比亚始终坚持一个中国的立场，在台湾、人权等问题上给予中国宝贵支持。胡锦涛表示，中国党和政府十分重视中纳关系，愿与纳方共同努力，深化传统友谊，全面加强双方在各领域的务实合作，造福两国和两国人民。

胡锦涛充分肯定了中纳党际交往为两国关系的建立和发展所发挥的重要作用。胡锦涛说，中国共产党和纳米比亚人组党都是执政党。中国共产党愿在党际关系四项原则基础上，进一步开展同纳米比亚人组党的交流与合作，推动两国友好合作关系全面深入地向前发展。

努乔马说，纳米比亚人民永远不会忘记中国人民在纳米比亚争取民族解放和各项建设事业中所给予的无私支持和慷慨援助。中国是一个伟大的国家，中国人民在中国共产党领导下，在各项建设事业中取得了巨大成就。纳米比亚党和政府高度重视纳中友好合作关系，愿继续加强两国和两国人民之间业已存在的传统友谊。纳方坚决反对任何形式的“台独”分裂活动，坚定支持中国人民的统一大业。纳米比亚人组党将继续深化与中国共产党的友好交流，推动纳中在经贸、投资等领域的互利合作。

努乔马还高度评价中国对非洲联合自强、稳定和发展事业的支持。他表示，中非合作论坛定将进一步促进非洲与中国在各个领域的友好交流，推动“南南合作”取得新进展。

全国政协主席贾庆林在北京会见全国政协山西革命老区视察团

贾庆林指出，努力消除贫困，实现共同富裕，是我们党始终不渝的奋斗目标。新中国成立以来，特别是改革开放以来，我们广泛动员社会力量，开展了有计划、有组织、大规模的扶贫开发活动，成功地使2.3亿人口摆脱了贫困，取得了举世瞩目的伟大成就。

贾庆林强调，在肯定成绩的同时，我们也要清醒地看到，我国扶贫开发的任务还相当艰巨，还需要进行艰苦的努力。

贾庆林希望，广大民营企业家和社会各界人士继续坚持弘扬中华民族传统美德，努力促进共同富裕。自觉地把弘扬中华民族传统美德与遵守社会主义市场经济规律结合起来，把个人富裕和全体人民的共同富裕结合起来，以强烈的社会责任感，积极投身扶贫开发的实践，为中国扶贫开发事业的深入发展作出更大的贡献。

5月下旬，全国政协山西革命老区视察团将到山西长治及晋中地区，就老区扶贫开发情况进行视察。

国办转发建设部等部门《关于调整住房供应结构稳定住房价格的意见》并发出通知

各省、自治区、直辖市人民政府，国务院各部委、各直属机构：

建设部、发展改革委、监察部、财政部、国土资源部、人民银行、税务总局、统计局、银监会《关于调整住房供应结构稳定住房价格的意见》已经国务院同意，现转发给你们，请认真贯彻执行。

房地产业是我国新的发展阶段的一个重要支柱产业。引导和促进房地产业持续稳定健康发展，有利于保持国民经济的平稳较快增长，有利于满足广大群众的基本住房消费需求，有利于实现全面建设小康社会的目标。当前，要针对房地产业发展中存在的问题，进一步加强市场引导和调控。要按照科学发展观的要求，坚持落实和完善政策，调整住房结构，引导合理消费；坚持深化改革，标本兼治，加强法治，规范秩序；坚持突出重点，分类指导，区别对待。各地区、特别是城市人民政府要切实负起责任，把调整住房供应结构、控制住房价格过快上涨纳入经济社会发展工作的目标责任制，促进房地产业健康发展。国务院有关部门要组成联合检查组，对各地2005年以来落实中央关于房地产市场调控政策的情况进行一次集中检查。对宏观调控政策落实不到位、房价涨幅没有得到有效控制、结构性矛盾突出、拆迁问题较多的城市，要予以通报批评，并限期整改。

国务院办公厅

2006年5月24日

关于调整住房供应结构稳定住房价格的意见

去年以来，各地区、各部门贯彻中央关于加强房地产市场调控的决策和部署，房地产投资增长和房价上涨过快的势头初步得到抑制。但是，房地产领域的一些问题尚没有得到根本解决，少数城市房价上涨过快，住房供应结构不合理矛盾突出，房地产市场秩序比较混乱。为切实解决当前房地产市场存在的问题，要继续认真落实《国务院办公厅关于切实稳定住房价格的通知》和《国务院办公厅转发建设部等部门关于做好稳定住房价格工作意见的通知》提出的各项政策措施，并根据房地产市场的新情况对部分政策措施作适当调整。现就调整住房供应结构、稳定住房价格提出以下意见：

一、切实调整住房供应结构

（一）制定和实施住房建设规划。要重点发展满足当地居民自住需求的中低价位、中小套型普通商品住房。各级城市（包括县城，下同）人民政府要编制住房建设规划，明确“十一五”期间，特别是今明两年普通商品住房、经济适用住房和廉租住房的建设目标，并纳入当地“十一五”发展规划和近期建设规划。各级城市住房建设规划要在2006年9月底前向社会公布。直辖市、计划单列市、省会城市人民政府要将住房建设规划报建设部备案；其他城市住房建设规划报省级建设主管部门备案。各级建设（规划）主管部门要会同监察机关加强规划效能监察，督促各地予以落实。

（二）明确新建住房结构比例。“十一五”时期，要重点发展普通商品住房。自2006年6月1日起，凡新审批、新开工的商品住房建设，套型建筑面积90平方米以下住房（含经济适用住房）面积所占比重，必须达到开发建设总面积的70%以上。直辖市、计划单列市、省会城市因特殊情况需要调整上述比例的，必须报建设部批准。过去已审批但未取得施工许可证的项目凡不符合上述要求的，应根据要求进行套型调整。

二、进一步发挥税收、信贷、土地政策的调节作用

（三）调整住房转让环节营业税。为进一步抑制投机和投资性购房需求，从2006年6月1日起，对购买住房不足5年转手交易的，销售时按其取得的售房收入全额征收营业税；个人购买普通住房超过5年（含5年）转手交易的，销售时免征营业税；个人购买非普通住房超过5年（含5年）转手交易的，销售时按其售房

收入减去购买房屋的价款后的差额征收营业税。税务部门要严格税收征管,防止漏征和随意减免。

(四)严格房地产开发信贷条件。为抑制房地产开发企业利用银行贷款囤积土地和房源,对项目资本金比例达不到35%等贷款条件的房地产企业,商业银行不得发放贷款。对闲置土地和空置商品房较多的开发企业,商业银行要按照审慎经营原则,从严控制展期贷款或任何形式的滚动授信。对空置3年以上的商品房,商业银行不得接受其作为贷款的抵押物。

(五)有区别地适度调整住房消费信贷政策。为抑制房价过快上涨,从2006年6月1日起,个人住房按揭贷款首付款比例不得低于30%。考虑到中低收入群众的住房需求,对购买自住住房且套型建筑面积90平方米以下的仍执行首付款比例20%的规定。

(六)保证中低价位、中小套型普通商品住房土地供应。各级城市人民政府要编制年度用地计划,科学确定房地产开发土地供应规模。要优先保证中低价位、中小套型普通商品住房(含经济适用住房)和廉租住房的土地供应,其年度供应量不得低于居住用地供应总量的70%;土地的供应应在限套型、限房价的基础上,采取竞地价、竞房价的办法,以招标方式确定开发建设单位。继续停止别墅类房地产开发项目土地供应,严格限制低密度、大套型住房土地供应。

(七)加大对闲置土地的处置力度。土地、规划等有关部门要加强对房地产开发用地的监管。对超出合同约定动工开发日期满1年未动工开发的,依法从高征收土地闲置费,并责令限期开工、竣工;满2年未动工开发的,无偿收回土地使用权。对虽按照合同约定日期动工建设,但开发建设面积不足1/3或已投资额不足1/4,且未经批准中止开发建设连续满1年的,按闲置土地处置。

三、合理控制城市房屋拆迁规模和进度

(八)严格控制被动性住房需求。各地要按照《国务院办公厅关于控制城镇房屋拆迁规模严格拆迁管理的通知》的要求,加强拆迁计划管理,合理控制城市房屋拆迁规模和进度,减缓被动性住房需求的过快增长。2006年各地房屋拆迁规模原则上控制在2005年的水平以内。要量力而行,严禁大拆大建,在没有落实拆迁安置房源和补偿政策不到位的情况下,不得实施拆迁,不得损害群众合法利益。

四、进一步整顿和规范房地产市场秩序

(九)加强房地产开发建设全过程监管。对已经规划许可仍未开工的项目,要重新进行规划审查。对不符合规划控制性要求,尤其是套型结构超过规定的项目,不得核发规划许可证、施工许可证和商品房预售许可证。对擅自改变设计、变更项目、超出规定建设的住房要依法予以处理直至没收。

(十)切实整治房地产交易环节违法违规行为。房地产、工商行政主管部门要依法查处合同欺诈等违法违规交易行为,对不符合条件擅自预售商品房的,责令停止并依法予以处罚;对捂盘惜售、囤积房源,恶意炒作、哄抬房价的房地产企业,要加大整治查处力度,情节恶劣、性质严重的,依法依规给予经济处罚,直至吊销营业执照,并追究有关负责人的责任。

五、有步骤地解决低收入家庭的住房困难

(十一)加快城镇廉租住房制度建设。廉租住房是解决低收入家庭住房困难的主要渠道,要稳步扩大廉租住房制度覆盖面。尚未建立廉租住房制度的城市,必须在2006年年底前建立,并合理确定和公布今明两年廉租住房建设规模。要落实廉租住房资金筹措渠道,城市人民政府要将土地出让净收益的一定比例用于廉租住房建设,各级财政也要加大支持力度。2006年年底前,各地都要安排一定规模的廉租住房开工建设。

(十二)规范发展经济适用住房。各地要继续抓好经济适用住房建设,进一步完善经济适用住房制度,解决建设和销售中存在的问题,真正解决低收入家庭的住房需要。严格执行经济适用住房管理的各项政策,加大监管力度,制止违规购买、牟取不正当利益的行为。严格规范集资合作建房,制止部分单位利用职权以集资合作建房名义,变相进行住房实物福利分配的违规行为。

(十三)积极发展住房二级市场和房屋租赁市场。引导居民通过换购、租赁等方式,合理改善居住条件,多渠道增加中低价位、中小套型住房供应。

六、完善房地产统计和信息披露制度

(十四)建立健全房地产市场信息系统和信息发布制度。城市人民政府要抓紧开展住房状况调查,全面掌握当地住房总量、结构、居住条件、消费特征等信息,建立健全房地产市场信息系统和信息发布制度,增强房地产市场信息透明度。要完善市场监测分析工作机制,统计和房地产主管部门要定期公布市场供求和房价情况,全面、及时、准确地发布市场供求信息。

(十五)坚持正确的舆论导向。要加强对房地产市场调控政策的宣传,客观、公正报道房地产市场情况,引导广大群众树立正确的住房消费观念。对提供虚假信息、恶意炒作、误导消费预期的行为,要严肃处理。

国务院副总理回良玉在福建省考察

回良玉在漳州、泉州、晋江、南安、惠安、石狮等地,考察了特色农业和农业产业化经营情况。他对福建省经济社会发展取得的成就和农业农村工作予以充分肯定。

回良玉指出，因地制宜发展特色优势农业，是促进农民持续增收的重要途径，是建设现代农业的重要内容。福建地处沿海开放地区，山海资源丰富，农村劳动力素质较高，具有发展特色优势产业的巨大潜力。要在严格保护和合理利用耕地资源的同时，念好“山海经”，推进农业区域局调整，形成各具特色的产业带。要大力发展设施农业，推广良种良法，实行标准化生产、集约化经营，提高农业资源利用率、劳动生产率和土地产出率。要加快农业开放步伐，积极引进优良品种、先进技术和现代营销理念，提升农业的整体素质和竞争力。

回良玉强调，推进农业产业化经营，是新农村建设中一件带有全局性、方向性的大事，一定要切实抓紧抓好。要大力发展农产品加工业，延伸产业链条，带动相关产业，形成产业集群，发挥集聚效益。要继续培育壮大龙头企业，推广龙头带基地、公司连农户、产加销一条龙等多种形式，完善利益联结机制。积极培育和建立专业营销组织、中介机构和农民合作组织，搞活农产品流通。

中央纪委副书记何勇在最高人民检察院调研

自去年中央部署开展治理商业贿赂专项工作以来，最高人民检察院及时成立了领导小组和工作机构，结合实际制定了指导性和操作性强的实施意见，在全国检察系统进行了全面动员和部署，组织力量查处了一批有影响的商业贿赂案件。

在听取情况介绍后，何勇指出，依法查处商业贿赂案件，是专项治理工作的一项重要任务，反腐倡廉取信于民的重要措施，也是司法机关和执纪执法机关的一项重要职责。对商业贿赂案件特别是大案要案的查处态度越坚决，惩处违法犯罪分子越有力，就越能增强教育的说服力，制度的约束力和监管的威慑力，从而有效遏制商业贿赂滋生蔓延的势头。

何勇强调，司法机关和执纪执法机关在治理商业贿赂专项工作中要积极拓宽案件来源渠道，深入挖掘商业贿赂的案件线索，集中力量查办一批涉案金额大、涉案范围广、涉案人员多、严重破坏市场秩序、严重危害人民群众切身利益的大案要案和窝案串案。要把严格依法办案贯穿于查处商业贿赂案件的各个环节，坚持打击违法犯罪与保障合法权益相统一，切实做到公正、规范、文明、廉洁执法，真正把每个案子都办扎实，办成铁案。要加强与有关部门的协调配合，建立情况通报、线索移送、信息共享、办案联席会议、重要案件协查等制度，提高查办案件工作的整体效能。要加强对查办案件工作的法律监督，坚决防止以罚代刑、以纪代刑、有案不立、有罪不究，防止漏罪、漏犯、重罪轻判、有罪判无罪、判决生效后不按规定执行以及违法减刑、假释、保外就医等问题。对行政执法人员徇私舞弊不移交商业贿赂犯罪案件，以及司法人员徇私枉法、贪赃受贿，故意放纵、包庇商业贿赂犯罪的，要依法严肃查处。

全国工商联九届八次常委会议在武汉召开

会议审议通过《关于组织、引导和支持民营企业参与社会主义新农村建设的意见》，号召民营企业响应党中央、国务院号召，把参与新农村建设作为义不容辞的社会责任和重要任务积极承担，发挥自身优势，结合企业特点，选准切入角度和进入方式，采取产业带村、项目兴村、村企合作、人户结对等多种途径，到农村去创业、到农村去发展。努力为新农村建设献爱心、出力量、做贡献。

中共中央政治局委员、湖北省省委书记俞正声向大会致辞时强调指出，实践证明，县域经济要上去，必须坚持以发展民营企业为主的方针；实践还证明，广大民营企业家具有强烈的事业心和社会责任感。他希望民营企业为中部崛起作出新贡献。

全国政协副主席、全国工商联主席黄孟复指出：建设社会主义新农村这一重大战略决策的实施，必将对解决“三农”问题，改变中国农村面貌，实现全面建设小康社会目标产生重大而深远的影响。民营经济的发展壮大，得益于党和国家的改革开放政策，得益于广大人民，特别是来自农业和农村的巨大支持、农民工的巨大贡献。作为最大受益者之一的非公有制经济人士，一定要主动参与新农村建设，作出积极贡献。这不只是社会责任，也是发展的机遇。

中国科学技术协会第七次全国代表大会举行全体会议

中国科协七大主席团主席周光召主持报告会。出席中国科协七大的全体代表和首都科技界3000多人出席了报告会。

国务院总理温家宝应邀作形势报告，他强调要全面落实科学发展观，充分发挥科技对经济社会发展的支撑和引领作用，依靠科技进步和创新把我国经济社会发展切实转入科学发展轨道。

温家宝指出，全面完成“十一五”规划目标，实现又快又好的发展，必须大力推进科技进步和创新，突破一些制约发展的瓶颈因素，解决经济社会发展中面临的突出问题。一要依靠科技缓解农业发展的资源约束，保证国家粮食安全，促进农业增效和农民增收，实现传统农业向现代农业的转变。二要通过科技创新，促进经济结构调整，推动产业和产品结构升级，创造更多的自主知识产权，培育更多的知名企业和品牌。三要发挥科学技术的作用,转变经济增长方式,建设资源节约型、环境友好型社会。四要加快发展科技和教育、卫生等社会事业,切实解决经济社会发展不平衡的问题。

温家宝强调,提高自主创新能力,增强科技发展活力,必须深化科技体制改革。关键是发挥企业的主体作用,加快建立以企业为主体、市场为导向、产学研相结合的技术创新体系。在国家宏观调控下,更大程度地发挥市场配置科技资源的基础性作用,最大限度地激发广大科技工作者和全社会的创造力。

温家宝指出,坚持自主创新,建设创新型国家,我国的科技发展要实现三项目标:一是为完成"十一五"规划和全面建设小康社会提供强有力的支撑;二是在世界科技前沿领域占有与一个发展中大国地位相称的一席之地;三是培养和造就一批具有世界水平的科学家和研究团队。他希望广大科技工作者抓住机遇,加倍努力,多出成果,多出人才,大力开展科学普及工作,共同创造良好的科研风气,为我国科技发展和现代化建设作出新贡献。

中法大型青年交流项目在北京启动

两国将于2006年至2007年开展400名青年的互访交流。两国总理分别为交流活动致辞。

这一青年交流项目是温家宝总理2005年12月访问法国期间,与法国总统希拉克达成的共识。这是中法两国近20年来首次开展的大规模青年交流活动,也是近年来中国与欧洲国家开展的首个大规模青年交流活动。

项目开展期间,400名法国青年将于年内分4批来华访问,各批访问主题分别为文化艺术、经贸合作、民间组织合作、学生和学者交流。第一批100名法国文化界青年代表将于6月初到访。

2007年,400名中国青年将访问法国。法国驻华大使高毅表示,此次中法大规模青年交流项目在两国历史上是史无前例的,将为两国全方位合作翻开新的一页。

中共中央政治局委员贺国强在人民大会堂会见奥地利联邦共和国教育科学与文化部部长伊丽莎白·格雷尔一行

国务委员陈至立在北京主持会议听取2006年高校毕业生就业工作情况汇报

陈至立在讲话中强调,切实做好高校毕业生就业工作,一要全面贯彻落实好各项政策,引导和鼓励高校毕业生面向基层就业;二要建立和完善政府开发基层公共服务性岗位的新机制;三要进一步加大对高校毕业生自主创业和灵活就业的扶持力度;四要深化户籍、人事和用工制度改革,优化制度环境;五要加强对未就业毕业生的就业服务和帮助;六要建立更加完善的高校毕业生就业信息服务体系;七要深化高校教育教学改革,努力提升高校毕业生就业、创业能力。

5月25日

全国人大常委会委员长吴邦国在总理府会见希腊总理卡拉曼利斯

两位领导人深入探讨了如何进一步扩大中希在海运、中小企业、旅游等领域的互利合作并达成共识。

吴邦国强调,中希海运合作潜力巨大。中方支持两国企业进一步加强在修造船、航运、港务、船员劳务等方面的良好合作,鼓励更多中国商船挂靠希腊港口,支持中国公司投资建设希腊港口。卡拉曼利斯说,海运合作是当前双方经贸关系重点,中国经济、特别是造船业的迅速发展,对外贸易的不断扩大为希中海运合作开辟了广阔前景。希方积极欢迎中国企业投资参与希腊港口等基础设施建设并将为此提供便利。

在谈到国际问题时,双方一致认为,两国在许多重大问题上有着相同或相似的立场,双方将进一步加强协调与配合,共同致力于维护世界的和平与稳定。吴邦国转达了温家宝总理对卡拉曼利斯总理的亲切问候。卡拉曼利斯对此表示感谢,并请吴邦国委员长转达他对温家宝总理的良好祝愿。

中方有关陪同人员及希腊外交部部长巴科扬尼斯等参加了会见。

全国人大常委会委员长吴邦国在克里特岛会见希腊外交部部长巴科扬尼斯

国务院总理温家宝主持召开国务院常务会议

会议研究国有企业改革和国有资产监管工作,审议并原则通过《中国残疾人事业"十一五"发展纲要(2006年—2010年)》。

会议认为,近几年来,国有企业改革和国有资产管理体制改革取得了重要进展。国有经济布局和结构调整力度加大,国有大型企业股份制改革不断推进,国有经济的整体素质和竞争力进一步增强;企业改制和产权转让逐步规范;国有资产监管体制不断完善,监管基础工作和监管力度加强,在实践中探索和积累了一些好的经验,国有资产保值增值、经济效益明显。

会议指出,深化国有企业改革仍然是当前经济体制改革的重要任务。完善和加强国有资产监管工作,对于深化国有企业改革、实现国有资产保值增值有着重要作用。当前和今后一个时期，深化国有企业改革和国有资产管理体制改革要着力做好以下重点工作：(一)优化国有经济布局和结构，继续推动国有资本向关系国家安全和国民经济命脉的重要行业与关键领域集中，完善国有资本有进有退、合理流动的机制，充分发挥国有企业的骨干带动作用。(二)建立比较完善的现代企业制度，继续推进股份制改革，着力完善产权结构、公司法人治理结构和激励约束机制，推进企业制度创新、管理创新和技术创新。(三)加大垄断行业改革力度，放宽市场准入，推进市场主体和产权多元化，提高市场竞争和抗御风险能力。(四)切实规范国有企业改制和产权转让行为，防止国有资产流失，维护职工合法权益。(五)依法完善国有资产监管体系。国有资产监管机构要认真履行出资人职责，加强国有资产监管，规范监管方式，充分发挥监事会的作用。(六)加强国有资产监管法制建设，建立完善国有资本经营预算制度、授权经营制度，建立科学的业绩考核体系和国有资产重大损失责任追究制度，积极探索国有资产监管和经营的有效形式。

会议审议通过并决定由国务院批转中国残疾人事业"十一五"发展纲要。会议指出，党和政府高度重视残疾人事业。中国残疾人事业"十五"计划纲要实施5年来，残疾人事业取得了明显成绩，残疾人参与社会生活的环境更加和谐，残疾人状况得到改善，残疾人事业的国际影响日益扩大。会议要求，"十一五"期间各级政府和有关部门要进一步加大工作力度，着力推进残疾人事业的发展。重点抓好以下工作：一是全面推进残疾人"人人享有康复服务"工作。建立和完善社会化康复服务体系，实施康复救助工程，使更多的残疾人得到不同程度的康复。二是切实保障残疾人接受教育的权利。完善学前教育、义务教育、高级中等教育、高等教育相互衔接的残疾人特殊教育体系，基本普及残疾儿童少年义务教育，保障符合国家录取标准的残疾考生接受高级中等以上教育。三是切实做好残疾人就业和社会保障工作。全面落实按比例安排残疾人就业政策，鼓励社会力量依法兴办福利企业，完善残疾人社会保障政策，扩大残疾人社会保险覆盖面。四是做好农村残疾人扶贫工作。加大扶贫力度，使1000万农村贫困残疾人基本解决温饱，并稳定提高经济收入。五是丰富和活跃残疾人文化、体育生活，加强残疾人事业的法制建设及无障碍环境建设，完善综合服务设施，提高为残疾人服务的能力。六是大力弘扬人道主义思想，充分开发社会资源，倡导和鼓励社会各界关心、支持和参与残疾人事业。

马克思主义理论研究和建设工程在北京召开全面落实科学发展观第四次研讨会

会议以全面落实科学发展观，促进经济、政治、文化和社会全面进步为主题，围绕用科学发展观统领经济、政治、文化和社会建设的理论与现实意义，经济、政治、文化、社会建设和人与社会之间的辩证关系等问题进行了深入探讨。

会议认为，科学发展观是以胡锦涛同志为总书记的党中央从新世纪、新阶段党和国家事业发展全局出发提出的重大战略思想，是对马克思列宁主义、毛泽东思想、邓小平理论和"三个代表"重要思想关于发展思想的继承和发展，是指导发展的世界观和方法论的集中体现，是推动经济社会发展、加快推进社会主义现代化必须长期坚持的重要指导思想。科学发展观的提出，凝结着几代共产党人带领人民群众建设中国特色社会主义的心血，也反映了多年来世界各国发展的经验教训。我们一定要增强落实科学发展观的自觉性和坚定性，全面把握贯彻落实科学发展观的目标要求，建立健全贯彻落实科学发展观的制度、体制和机制，切实把科学发展观贯穿于经济社会发展的全过程、落实到经济社会发展的各个环节，切实把经济社会发展转入以人为本、全面协调可持续发展的轨道。

会议指出，科学发展观在指导和推动我国现代化建设上的一个重大贡献，就是明确提出构建社会主义和谐社会的重大任务，把中国特色社会主义事业的总体布局由社会主义经济建设、政治建设、文化建设三位一体发展为社会主义经济建设、政治建设、文化建设、社会建设四位一体，使党的社会主义现代化建设理论更加充实、更加完善。

会议强调，做好"十一五"时期的各项工作，把全面建设小康社会和社会主义现代化建设事业推向前进，关键是要坚持以科学发展观统领经济社会发展全局，在坚持以经济建设为中心的同时，继续推进社会主义政治建设、文化建设、社会建设，为经济建设提供有力的体制保障、智力支持和良好的社会氛围。

此次研讨会由中国社会科学院邓小平理论和"三个代表"重要思想研究中心承办。中宣部和中国社会科学院负责同志，马克思主义理论研究和建设工程相关课题组首席专家和主要成员，全国部分省(区、市)邓小平理论和"三个代表"重要思想研究中心有关负责同志和专家学者，共100多人参加了会议。

国务院副总理回良玉在北京出席中国扶贫开发工作20周年纪念座谈会

回良玉指出，自1986年在全国范围开展有组织、有计划、大规模的扶贫开发以来，在党中央、国务院的正确领导下，在社会各界的大力支持下，经过贫困地区广大干部群众的艰苦奋斗，取得了举世瞩目的巨大成就。全国农村贫困人口大幅减少，贫困地区生产生活条件明显改善，各项社会事业长足发展，走出了一条符合国情的“政府主导、社会参与、自力更生、开发扶贫、全面发展”的扶贫开发道路。这在中国发展史上是一个伟大的壮举，也为全球反贫困事业作出了重要贡献。同时，也要清醒地看到，目前农村贫困人口和低收入人口的数量仍然很多，脱贫致富的难度不断加大，扶贫开发的任务十分繁重。要从根本上消除贫困、实现共同富裕，任重而道远，必须付出长期艰苦的努力。

回良玉指出，“十一五”是全面建设小康社会的关键时期，也是扶贫开发的攻坚阶段。各地区、各部门要以科学发展观为指导，按照构建社会主义和谐社会的要求，切实把扶贫开发工作放在更加突出的位置，进一步强化扶贫责任，创新工作机制，落实扶贫措施，增强扶贫开发的针对性和实效性。要继续坚持开发式扶贫方针，从群众最迫切的需求入手，从最困难的村寨入手，抓好整村推进扶贫开发、劳动力转移培训和产业化扶贫三项重点工作。要继续坚持瞄准贫困群体，采取有针对性的帮扶措施，在提高减贫效果上下功夫。要继续加大扶贫开发投入，完善管理机制，提高使用效益。要继续加大东部地区对中西部贫困地区对口帮扶力度，不断推进机关定点扶贫工作，积极鼓励社会力量参与扶贫。要继续坚持自然资源开发和人力资源开发相结合，统筹人与自然和谐发展，促进贫困地区经济社会全面发展。

第七届中国西部国际博览会在四川成都开幕

第七届中国西部国际博览会由国务院西部开发办、中国国际贸易促进委员会、中国人民对外友好协会、中华全国工商联合会、中华全国供销合作总社、四川省人民政府共同主办，来自50多个国家和地区的客商参会。

国务院副总理吴仪在开幕式上致辞并宣布博览会开幕。

吴仪说，在党中央、国务院的正确领导下，经过西部地区各族人民的艰苦奋斗、开拓创新，西部大开发取得了重大进展。西部地区经济增长速度普遍加快，基础设施和投资环境不断改善，生态建设和环境保护得到加强，教育科技卫生等社会事业稳步发展。最为重要的是，西部地区的人民群众得到了实实在在的好处，全国其他地区也从西部地区的发展中受益。

吴仪指出，第七届中国西部国际博览会以“开放、合作、共赢、发展”为主题，符合西部地区的发展需求和时代特点。她要求四川省政府和国务院有关部门精心组织，密切合作，充分发挥博览会的平台作用，加大招商引资力度，注重品牌建设和知识产权保护，为参展各方提供良好服务，把本届博览会办出特色、办出水平。

吴仪强调，当前和今后一个时期，是我国全面建设小康社会、加快推进现代化进程的重要历史时期，西部大开发也进入了一个新的历史阶段。随着西部大开发战略的深入推进，西部地区经济一定会持续快速健康协调发展，来自海内外的朋友们也一定能在这里获得更多的商机和更加广泛的合作空间。她希望越来越多的海内外朋友通过博览会走进西部、认识西部、喜欢西部，越来越多的西部地区产品和企业更快更好地走出西部、走出中国、走向世界。

审计署公布西部地区退牧还草项目以及16省农村公路改造等项目实施情况的审计结果

公告显示，退牧还草取得了显著成效，但存在部分项目前期工作薄弱、配套资金不落实等问题；16省农村公路改造和10省通达工程改善了农村交通条件，促进了农村经济发展，但存在高估冒算等问题。

但审计调查也发现，部分项目前期工作薄弱，有的地方还将林地、道路、农田、农舍置于围栏中算作退牧还草面积。如宁夏灵武市1.65万亩草原已经规划为建设重化工基地，却将其计入退牧还草围栏面积。配套资金不落实，有的地方向农牧民收费作为“配套资金”。工程投资计划中安排了占投资额30%的地方配套资金，但调查的5省(区)和新疆生产建设兵团地方财政实际到位配套资金仅3029万元，占配套资金计划4亿元的8%。

此外，部分省(区)未将饲料粮补助及时足额发放到农牧户，少数地方滞留项目资金4068万元，挤占挪用项目资金6462万元。如内蒙古兴安盟财政局滞留资金3276万元，乌拉特中旗和新巴尔虎左旗分别挪用1080万元和525万元用于经费支出、发工资等。

对审计调查中发现的问题，地方政府和相关部门经过认真整改，大部分问题已得到纠正。16省农村公路改造和10省通达工程取得了较好的社会效益和经济效益，深受广大农民欢迎。农村公路建成后，加强了城乡沟通，促进了资金、技术等生产要素向农村流动和农村经济发展。

财政部决定发行2006年记账式(六期)国债

实际发行面值总金额为305.6亿元，期限7年，经投标确定的票面年利率为2.62%。即日起开始发行并计息，5月30日发行结束。

财政部决定发行2006年凭证式(三期)国债

发行总额400亿元，其中3年期280亿元，票面年利率3.14%；5年期120亿元，票面年利率为3.49%。发行期为2006年6月1日至2006年6月30日。本期国债从购买之日开始计息，到期一次还本付息，不计复利，逾期兑付不加计利息。

国务院副总理曾培炎在中南海紫光阁会见澳大利亚前总理霍克等部分外方代表

中共中央政治局委员贺国强在人民大会堂会见由中央政治局常委不破哲三率领的日本共产党理论交流代表团

中央军委副主席曹刚川在八一大楼与来访的厄立特里亚国防部部长塞巴特·埃弗雷姆举行会谈

外交部部长李肇星出席亚洲合作对话第五次外长会议

会议肯定亚洲合作对话取得的重要进展，审议并通过了亚洲合作对话未来的发展方向、新成员标准和《多哈宣言》等3个文件，同意接纳乌兹别克斯坦和塔吉克斯坦为新成员。

李肇星在会上发表讲话，他积极评价亚洲合作对话成立以来在促进全亚洲范围的对话合作方面发挥的作用，建议亚洲合作对话统筹规划、突出重点、加强协调、形成合力，循序渐进、互利共赢，推动合作取得更多具体成果。

会议期间，李肇星分别会见了巴基斯坦外长卡苏里和斯里兰卡外长萨马拉维拉，与他们就发展中巴、中斯关系和共同关心的问题交换了看法。

中央军委近日下发《关于提高各级党委贯彻落实科学发展观能力的措施》

据新华社报道，经胡锦涛主席批准，中央军委今日下发《关于提高各级党委贯彻落实科学发展观能力的措施》(以下简称《措施》)指出，以邓小平理论和“三个代表”重要思想为指导，充分贯彻胡主席在去年年底军委扩大会议上的重要讲话精神，认真分析党委能力建设面临的新情况新问题，高度概括实践中创造的成功经验和做法，提出了提高各级党委贯彻落实科学发展观能力的目标任务和方法途径，明确了检验衡量提高能力成效的基本标准和尺度。

《措施》指出，胡主席关于提高各级党委贯彻落实科学发展观能力的重要指示，为加强军队党组织能力建设和先进性建设进一步指明了方向，提供了根本遵循。各级一定要充分认清科学发展观的重大理论和实践意义，自觉把科学发展观作为国防和军队建设的重要指导方针牢固确立起来；充分认清提高贯彻落实科学发展观能力的重要性和必要性，正确把握贯彻落实科学发展观对党委素质能力的新要求，切实把提高能力素质的工作作为加强党委能力建设和先进性建设重大而紧迫的任务，精心组织，狠抓落实。

《措施》要求，各级党委要紧密联系实际，下功夫学理论、学科技、学管理。要科学规范学习内容，把学习科学发展观突出出来，重点学好胡主席关于在国防和军队建设中贯彻落实科学发展观的重要讲话，抓紧学习现代军事知识和以信息技术为主要内容的高新科技知识，注重学习现代管理科学的基本理论和方法。要严格落实学习制度，定期对团以上领导干部进行政治理论、军事科技知识和现代管理知识考试，并将考试结果作为评价和使用干部的重要依据。充分利用军地学习培训资源，丰富学习内容，创新学习模式。要注重加强实践锻炼，落实干部交流制度，提高党委班子成员的综合素质。

《措施》提出，要提高决策水平，坚持科学决策、民主决策、依法决策。各级党委要注重把上级指示要求与本单位实际相结合，准确理解和把握党的路线方针政策，国家的法律和军队的法规制度，以及上级的指示精神，保证决策的正确性。要认真贯彻民主集中制的根本制度，要自觉以国家的法律法规和军队的规章制度作为决策的基本依据，严格落实党委工作条例议事和决策的八个程序、七项原则，建立决策监督机制和纠错机制，防止决策失误和降低决策失误带来的损失。

《措施》强调，要坚持求真务实，认真转变领导作风和工作作风。抓好政绩观教育，进一步端正工作指导思想，从军委总部和各大单位党委班子做起，从高中级干部自身做起，坚持求真务实、真抓实干，大力倡导讲真话、报实情，促使各项工作进一步往深里抓、往实里做。要把选准用好干部作为改进作风的治本之策，逐步建立起公平公正、科学合理的干部考察、评价、使用、监督机制，高度重视并认真做好培养选拔优秀年轻干部的工作，真正把政治上可靠、懂现代战争指挥、会抓现代化建设的优秀干部选拔到各级领导岗位。

《措施》要求，各级党委和领导干部要带头认真学习党章、自觉遵守党章、切实贯彻党章、坚决维护党章，落实保持共产党员先进性长效机制，树立以“八荣八耻”为主要内容的社会主义荣辱观，严格执行党风廉政建设的制度规定，依靠真理的力量、人格的力量树立良好形象，开拓创新，扎实工作，努力推动部队全面建设又快又好地发展。

纪念国家自然科学基金委员会成立20周年暨21

世纪科学前沿与中国的机遇高层论坛在北京举行

包括7位诺贝尔奖获得者在内的国际科学大师、国内有关学科领域的知名专家学者，以及美、日、俄等7国科研资助机构的领导人出席论坛。基金会主任陈宜瑜主持开幕式。

国务委员陈至立出席开幕式并强调，要进一步发挥科学基金制在促进基础研究、建设创新型国家中的重要作用。

韩启德在中国科协七届一次全委会议上当选中国科协第七届全国委员会主席

国务院发出《关于核定并公布第六批全国重点文物保护单位的通知》

各省、自治区、直辖市人民政府，国务院各部委、各直属机构：

国务院核定文化部确定的第六批全国重点文物保护单位（共计1080处）以及与现有全国重点文物保护单位合并的项目（共计106处），现予公布。

我国是历史悠久的文明古国，拥有极为丰富的文化遗产。文物是文化遗产的重要组成部分，蕴含着中华民族特有的精神价值、思维方式、想象力，体现着中华民族的生命力和创造力。保护和利用好文物，对于继承和发扬民族优秀文化传统，增进民族团结和维护国家统一，增强民族自信心和凝聚力，促进社会主义精神文明建设，都具有重要而深远的意义。

各地区、各部门要依照《中华人民共和国文物保护法》等法律法规和《国务院关于加强文化遗产保护的通知》（国发〔2005〕42号）的要求，进一步贯彻“保护为主、抢救第一、合理利用、加强管理”的工作方针，针对不同文化遗产的特点，采取切实可行的保护方式，科学规划，妥善处理文化遗产保护与经济发展、人民群众生活条件改善的关系，认真做好全国重点文物保护单位的保护、管理和合理利用工作。

国务院

2006年5月25日

第六批全国重点文物保护单位名单（共计1080处）（文略）

5月26日

中共中央政治局召开会议研究改革收入分配制度和规范收入分配秩序问题

中共中央总书记胡锦涛主持会议。会议强调，改革收入分配制度，规范收入分配秩序，构建科学合理、公平公正的社会收入分配体系，关系到最广大人民的根本利益，关系到广大干部群众积极性、主动性、创造性的充分发挥，关系到全面建设小康社会、开创中国特色社会主义事业的全局，必须高度重视并切实抓好。要坚持和完善按劳分配为主体、多种分配方式并存的分配制度，坚持各种生产要素按贡献参与分配，在经济发展的基础上，更加注重社会公平，合理调整国民收入分配格局，加大收入分配调节力度，使全体人民都能享受到改革开放和社会主义现代化建设的成果。要积极推进收入分配制度改革，进一步理顺分配关系，完善分配制度，着力提高低收入者收入水平，扩大中等收入者比重，有效调节过高收入，取缔非法收入，努力缓解地区之间和部分社会成员收入分配差距扩大的趋势。

会议指出，要按照《中华人民共和国公务员法》规定实行国家统一的职务与级别相结合的公务员工资制度的要求，深化公务员工资制度改革，建立科学完善的公务员薪酬制度，努力解决当前公务员收入分配领域存在的突出问题，逐步缩小地区间收入差距，适当向基层倾斜，以促进公务员队伍建设，促进党风廉政建设。要完善地区津贴制度特别是艰苦边远地区津贴制度。改革和完善事业单位工作人员收入分配制度。合理调整机关事业单位离退休人员待遇。完善机关工人工资制度。要随着经济发展，适当提高企业离退休人员基本养老金标准、各类优抚对象抚恤补助标准、城市低保对象补助标准，并注意提高其他低收入人员待遇水平。

会议强调，理顺收入分配关系，是一项长期而艰巨的任务。要坚持从我国实际出发，把解决好收入分配问题放在重要的位置，进行广泛深入的调查研究，找准解决问题的切入点，拿出切实可行的方案。各地区、各部门要把思想统一到中央精神上来，坚决贯彻中央的决策部署，周密安排，精心组织，扎实工作，把各项政策落实到位，促进人民生活水平的提高，促进社会主义和谐社会建设。

会议还研究了其他事项。

中共中央总书记胡锦涛主持中共中央政治局第三十一次集体学习

这次集体学习安排的内容是国际知识产权保护和我国知识产权保护的法律和制度建设。中国社会科学院法学所郑成思研究员、中南财经政法大学知识产权研究中心主任吴汉东教授就这个问题进行讲解，并谈了他们的有关看法和建议。

中共中央政治局各位同志认真听取了他们的讲解，并就有关问题进行了讨论。

全国人大常委会委员长吴邦国结束希腊之行抵达

伏尔加格勒开始对俄罗斯进行正式友好访问

访俄期间，吴邦国委员长将会见普京总统、弗拉德科夫总理，并与米罗诺夫主席和格雷兹洛夫主席举行会谈，就中俄关系和双方共同关心的国际和地区重大问题深入交换意见，还将出席上海合作组织成员国议长会晤。

吴邦国委员长的其他陪同人员同机抵达。俄罗斯国家杜马副主席库普佐夫、伏尔加格勒州杜马主席利哈乔夫，中国驻俄罗斯大使刘古昌以及使馆工作人员也到机场迎接。

国务院总理温家宝在中南海紫光阁会见出席21世纪科学前沿与中国的机遇高层论坛的中外著名科学家

国务院印发《关于推进天津滨海新区开发开放有关问题的意见》

各省、自治区、直辖市人民政府，国务院各部委、各直属机构：

推进天津滨海新区开发开放，是在新世纪、新阶段，党中央、国务院从我国经济社会发展全局出发作出的重要战略部署。为了更好地推进天津滨海新区开发开放，现就有关问题提出以下意见：

一、推进天津滨海新区开发开放的重大意义

天津滨海新区包括塘沽区、汉沽区、大港区三个行政区和天津经济技术开发区、天津港保税区、天津港区以及东丽区、津南区的部分区域，规划面积2270平方公里。经过十多年的开发建设，天津滨海新区已经具备了进一步加快发展的条件和基础。

推进天津滨海新区开发开放，有利于提升京津冀及环渤海地区的国际竞争力。天津滨海新区位于环渤海地区的中心位置，内陆腹地广阔，区位优势明显，产业基础雄厚，增长潜力巨大，是我国参与经济全球化和区域经济一体化的重要窗口。推进天津滨海新区的开发开放，促进这一地区加快发展，可以有效地提升京津冀和环渤海地区的对外开放水平，使这一地区更好地融入国际经济，释放潜能，增强竞争力。

推进天津滨海新区开发开放，有利于实施全国区域协调发展总体战略。经过十多年的发展，天津滨海新区的综合实力不断增强，服务功能进一步完善，是继深圳经济特区、浦东新区之后，又一带动区域发展的新的经济增长极。天津滨海新区的开发开放，有利于促进我国东部地区率先实现现代化，从而带动中西部地区，特别是“三北”地区发展，形成东中西互动、优势互补、相互促进、共同发展的区域协调发展格局。

推进天津滨海新区开发开放，有利于探索新时期区域发展的新模式。在经济全球化和区域经济一体化进程加快，我国全面建设小康社会和构建社会主义和谐社会的新形势下，把握国际国内形势的变化特点，用新的思路和发展模式推进天津滨海新区的开发开放，有利于全面落实科学发展观，实现人与自然和谐相处，走出一条区域创新发展的路子。

二、推进天津滨海新区开发开放的指导思想和主要任务

推进天津滨海新区开发开放的指导思想是：以邓小平理论和“三个代表”重要思想为指导，全面落实科学发展观，进一步解放思想，进一步改革开放，进一步发挥优势，坚持高起点、宽视野，注重科技创新和自主创新，突出发展特色，改善发展环境，用新思路、新体制、新机制推动新区不断提高综合实力、创新能力、服务能力和国际竞争力，在带动天津发展、推进京津冀和环渤海区域经济振兴、促进东中西互动和全国经济协调发展中发挥更大的作用。

推进天津滨海新区开发开放要把握好以下原则：坚持以科学发展观统领经济社会发展全局，走科学发展之路；坚持突出发展特色，充分发挥比较优势；坚持推进改革开放，用改革开放促开发建设；坚持科技创新和自主创新，加强创新能力建设；坚持增强服务功能，带动和促进区域经济发展；坚持节约集约用地，切实发挥土地对经济建设的引导和调控作用；坚持可持续发展，建设资源节约型和环境友好型新区；坚持以人为本，推进和谐社会建设与全面发展。

天津滨海新区的功能定位是：依托京津冀、服务环渤海、辐射“三北”、面向东北亚，努力建设成为我国北方对外开放的门户、高水平的现代制造业和研发转化基地、北方国际航运中心和国际物流中心，逐步成为经济繁荣、社会和谐、环境优美的宜居生态型新城区。

推进天津滨海新区开发开放的主要任务是：以建立综合配套改革试验区为契机，探索新的区域发展模式，为全国发展改革提供经验和示范。走新型工业化道路，把增强自主创新能力作为中心环节，进一步完善研发转化体系，提升整体技术水平和综合竞争力。充分发挥区位、资源、产业等综合优势，加快基础设施建设，积极发展高新技术产业和现代服务业，努力提高综合竞争力和区域服务能力，提高对区域经济的带动作用。统一规划，综合协调，建设若干特色鲜明的功能区，构建合理的空间布局，采取有力措施，节约用水、集约用地、降低能耗，努力提高单位面积的投资强度和产出效率。搞好环境综合整治，维护生态平衡，大力发展循环经济，实现人与自然、经济社会与生态环境相和谐。推进管理创新，建立统一、协调、精简、高效、廉洁的管理体制。

三、切实发挥综合配套改革试验区的示范和带动作用

批准天津滨海新区为全国综合配套改革试验区。要按照党中央、国务院的部署并从天津滨海新区的实际出发,先行试验一些重大的改革开放措施。要坚持重点突破与整体创新相结合、经济体制改革与其他方面改革相结合、解决当地实际问题与攻克面上共性难题相结合,不断拓展改革的领域,通过综合配套改革推进天津滨海新区的开发开放。近期工作重点是:

——鼓励天津滨海新区进行金融改革和创新。在金融企业、金融业务、金融市场和金融开放等方面的重大改革,原则上可安排在天津滨海新区先行先试。本着科学、审慎、风险可控的原则,可在产业投资基金、创业风险投资、金融业综合经营、多种所有制金融企业、外汇管理政策、离岸金融业务等方面进行改革试验。

——支持天津滨海新区进行土地管理改革。在有利于土地节约利用和提高土地利用效率的前提下,优化土地利用结构,创新土地管理方式,加大土地管理改革力度。开展农村集体建设用地流转及土地收益分配、增强政府对土地供应调控能力等方面的改革试验。

——推动天津滨海新区进一步扩大开放,设立天津东疆保税港区。为适应天津建设北方国际航运中心和国际物流中心的需要,按照统筹规划、合理布局、创新体制、分步实施的原则,借鉴国际通行做法,在天津港东疆港区设立保税港区,重点发展国际中转、国际配送、国际采购、国际转口贸易和出口加工等业务,积极探索海关特殊监管区域管理制度的创新,以点带面,推进区域整合。

——给予天津滨海新区一定的财政税收政策扶持。对天津滨海新区所辖规定范围内、符合条件的高新技术企业,减按15%的税率征收企业所得税;比照东北等老工业基地的所得税优惠政策,对天津滨海新区的内资企业予以提高计税工资标准的优惠,对企业固定资产和无形资产予以加速折旧的优惠;中央财政在维持现行财政体制的基础上,在一定时期内对天津滨海新区的开发建设予以专项补助。

四、认真做好推进天津滨海新区开发开放的各项工作

推进天津滨海新区开发开放,主要靠天津自身的力量和加强区域合作,国务院有关部门也要采取有力措施给予支持和帮助。有关方面要加强对推进天津滨海新区开发开放工作的宏观指导和协调,研究建立必要的协调和协作机制。天津市人民政府要充分认识推进天津滨海新区开发开放工作的长期性和艰巨性,全面分析有利条件和面临的挑战,精心筹划,周密部署,通力协作,使天津滨海新区的开发开放顺利有序推进,并为促进区域协调发展提供更加有效的服务。要进一步研究,细化完善综合配套改革试点总体方案和金融、土地改革等专项方案,并按照有关工作程序报批后实施。国务院有关部门要根据本《意见》的精神,认真做好贯彻落实工作,结合天津滨海新区的实际情况,抓紧研究出台具体的政策措施。要认真研究解决天津滨海新区开发开放过程中出现的新问题,提出相应的对策。

推进天津滨海新区开发开放,是贯彻落实党的十六届五中全会精神和国民经济和社会发展第十一个五年规划纲要的重大举措,是实施国家区域协调发展战略的重要步骤,是一项涉及诸多方面的系统工程,各有关方面要牢固树立全国一盘棋的思想,统一认识,同心协力,勇于创新,扎实工作,努力开创天津滨海新区开发开放的新局面。

国务院

2006年5月26日

民盟九届十六次中常会在广东佛山举行

会议的主要议题是:贯彻科学发展观和中共中央两个“五号文件”精神,坚持把促进发展作为第一要务,加强调查研究,积极参政议政,为落实“十一五”规划建言献策。

全国政协副主席、民盟中央常务副主席张梅颖主持开幕会议。民盟中央主席蒋树声作了题为《重调研 做实事 为落实“十一五”规划建言献策》的主题报告。他指出,调查研究是我们发挥党派作用、提高参政能力一个非常重要的基本功。我们要继承和发扬以费孝通同志等盟内前辈重视调查研究的优良传统,把调查研究这个传家宝接过来,传下去。在促进社会公平公正、发展教育、建设社会主义新农村等方面深入持久开展调查研究,注重实效,提出事关国计民生的好主意,实实在在解决问题的好办法。

会议讨论通过了《民盟中央关于做好2007年省级组织换届工作的意见》。民盟中央副主席李重庵主持闭幕会并讲话。

对外友协和苏里南驻华使馆在北京举行招待会庆祝两国建交30周年

外交部部长李肇星在麦纳麦会见巴林首相哈利法并同巴林外交大臣哈立德举行会谈

中国科协第七次全国代表大会在人民大会堂闭幕

许嘉璐、陈至立、李贵鲜和周光召出席闭幕式。闭幕式由中国科协副主席、书记处第一书记邓楠主持。

大会号召广大科技工作者和各级科协组织，紧密团结在以胡锦涛同志为总书记的党中央周围，坚持以邓小平理论和“三个代表”重要思想为指导，全面落实科学发展观，不辱使命，不负重托，努力在推进自主创新和提高全民科学素质的伟大实践中再立新功。

中共中央政治局委员、全国人大常委会副委员长王兆国出席闭幕式并讲话。他强调，各级科协组织要认清形势，明确任务，抓住机遇，继承优良传统，总结丰富经验，发挥独特优势，不断开创科协工作的新局面。要团结动员广大科技工作者，坚持以科学发展观为统领，充分发挥科学技术的第一生产力作用；坚持以建设创新型国家为主题，充分发挥科技工作者的自主创新先锋作用；坚持以提高全民科学素质为己任，充分发挥科协的科普工作主力军作用。要适应新的发展形势，切实把加强党和政府同科技工作者的联系作为基本职责，采取有力措施，进一步加快自身的改革与发展，全面建设好“科技工作者之家”，努力把科技工作者的积极性、主动性和创造性凝聚到全面建设小康社会、构建社会主义和谐社会的伟大事业上来。

全国人大常委会副委员长、新当选的中国科协主席韩启德致闭幕词。他指出，当前，我国科技工作迎来了历史上最好的发展时期，党和政府高度重视科技工作，为科技发展创造了良好的法治、政策和舆论环境。中国科协第七届全国委员会要紧紧把握我国发展的重要战略机遇期，继承和发扬科协工作的优良传统，切实履行联系广大科技工作者的桥梁纽带职责，求真务实，开拓创新，为完成“十一五”规划、建设创新型国家、实现全面建设小康社会的宏伟目标和中华民族的伟大复兴作出新的更大的贡献。

大会宣布了中国科协第七届全国委员会主席、副主席、常务委员会委员和中国科协第七届书记处第一书记、书记名单，通过了中国科学技术协会第七次全国代表大会关于第六届全国委员会工作报告的决议，宣布授予周光召同志中国科协名誉主席、左铁镛等9位同志中国科协荣誉委员、聘请张晓强等6位同志为中国科协顾问的决定。大会还向100名中国青年科技奖获奖者、20名全国科协系统先进工作者、32个全国科协系统先进集体和124名中国科协先进工作者颁了奖。

中国学生叶茂当选美国康奈尔大学大学校董

美国著名的常春藤高校康奈尔大学日前宣布，来自中国内地的经济学博士生叶茂在2006年度校董事会学生席位的选举中获胜，成为美国常春藤名校有史以来首位中国大陆校董。

5月27日

国家主席胡锦涛与苏里南共和国总统鲁纳尔多·罗纳德·费内蒂安互致贺电庆祝两国建交30周年

全国人大常委会委员长吴邦国在伏尔加格勒会见俄罗斯伏尔加格勒州州长马克休塔

国务院总理温家宝签署第469号令公布《中华人民共和国测绘成果管理条例》

《中华人民共和国测绘成果管理条例》已经2006年5月17日国务院第136次常务会议通过，现予公布，自2006年9月1日起施行。

总　理　温家宝

2006年5月27日

中华人民共和国测绘成果管理条例(文略)

全国人大常委会副委员长司马义·艾买提带队赴黑龙江调研

他就俄罗斯族、赫哲族、鄂伦春族、鄂温克族等人口较少民族经济社会发展情况进行调研。他认真听取了黑龙江省地方各级政府关于扶持人口较少民族发展的工作汇报，并深入乡村，走访了农户、学校、卫生院、养殖基地等。

司马义·艾买提强调，扶持人口较少民族发展，是我们党和国家作出的一项重大决策，必须认真贯彻落实。要全面贯彻中央民族工作会议精神，认真落实国务院《扶持人口较少民族发展规划(2005—2010)》，切实把各项政策措施落到实处。

司马义·艾买提指出，“十一五”时期是全面建设小康社会的关键时期，也是人口较少民族发展的重要机遇期，要深入贯彻落实科学发展观，结合“十一五”规划纲要的实施和社会主义新农村建设，切实加快人口较少民族的发展。当前，要特别注重做好制定发展规划、调整产业结构、强化基础设施、提高人口素质、改善生活质量等方面的工作。

国办转发商务部等部门《关于“十一五”期间加快转变机电产品出口增长方式的意见》并发出通知

各省、自治区、直辖市人民政府，国务院各部委、各直属机构：

商务部、发展改革委、科技部、财政部、信息产业部、人民银行、海关总署、税务总局、质检总局《关于“十一五”期间加快转变机电产品出口增长方式的意见》已经国务院同意，现转发给你们，请认真贯彻执行。

国务院办公厅

2006年5月27日

关于"十一五"期间加快转变机电产品出口增长方式的意见(文略)

中共中央政治局常委吴官正在人民大会堂会见由部长帕夫洛普洛斯率领的希腊内政部代表团

中国与欧盟在维也纳结束第二十一次人权对话

外交部国际司司长吴海龙和欧盟现任轮值主席国奥地利外交部法律顾问特劳特曼斯多夫共同主持了会议。

会议期间,吴海龙向欧盟代表全面介绍了中国政府贯彻以人为本、尊重和保障人权、建立社会主义和谐社会的情况。特劳特曼斯多夫对中国在促进和保障人权方面取得的进展表示赞赏。双方在友好、坦率的气氛中深入讨论了批准和执行国际人权公约、联合国人权机制合作、非政府组织管理、人权教育等问题,并就新成立的联合国人权理事会工作交换了看法。

双方一致认为,在平等和相互尊重基础上就人权问题开展对话反映了中欧关系的成熟和双方的高度互信。中欧第二十一次人权对话富有成果,加深了彼此了解,减少了分歧,扩大了共识,有助于推动中欧战略伙伴关系的进一步发展。

中国与欧盟人权对话始于1997年。根据双方达成的协议,中国与欧盟每半年举行一次人权对话。

中国第一所证据科学研究机构在中国政法大学成立

中国政法大学证据科学研究院设有证据法研究所、法庭科学研究所和《证据科学》杂志等,包括法医学、司法精神心理学、物证技术、理化分析检验4个研究室和司法鉴定制度、卫生法学、法医交通医学3个研究中心,其中还有先期并入学校的北京市高级人民法院所属的北京市法庭科学技术鉴定研究所。

研究院与学校的"证据科学教育部重点实验室"资源共享,该实验室是两个全国文科院校教育部重点实验室之一。

国务院山西大同市左云县张家场新井煤矿"5·18"特大透水事故调查组在大同成立

调查组组长由国家安全生产监督管理总局局长李毅中担任,副组长有山西省省长于幼军、国家煤矿安全监察局局长赵铁锤、公安部副部长刘金国、监察部副部长陈昌智等。调查组下设技术组、管理组和综合组3个工作小组,另聘请专家组成专家组。

5月28日

中共中央总书记胡锦涛 国务院总理温家宝等中央领导同志对黑龙江 内蒙古森林扑火作出重要指示

全国政协副主席罗豪才率领考察组就"林业发展与社会主义新农村建设"到江西省进行专题调研

罗豪才一行深入江西省宜春、赣州、吉安、九江等市山区、丘陵、平原,与县乡村干部深入座谈,走村入户听取农民意见,考察林业生态和产业建设的成功经验,探讨林业在社会主义新农村建设中的作用和潜力。他对江西省以集体林权制度改革为切入点全面推进社会主义新农村建设予以高度评价。

罗豪才指出,林业在社会主义新农村建设中具有巨大潜力,关键要以科学发展观统领林业发展全局,处理好生态建设与产业发展的关系,推动林业全面协调可持续发展;处理好兴林与富民的关系,充分发挥林业的多种功能和效益;处理好改革与发展的关系,努力提高林业生产力,增强发展动力;处理好数量规模与质量效益的关系,努力实现林业又快又好发展;处理好政府主导与林农主角的关系,动员全社会关心支持林业的发展。

第七届全国"创业之星"经验交流表彰大会在北京召开

神舟神箭杯2005年度中国十大科技新闻人物评选结果揭晓

荣获神舟神箭杯2005年度中国十大科技新闻人物的是:结束中国计算机"无芯"历史的三栖学者邓中翰;为印尼海啸遇难者找到"回家"之路的女科学家邓亚军;曾"七下西洋"的环球科考首席科学家王春生;在微生物研究与应用领域作出突出贡献的生物技术专家王厚德;凭借自主创新完成"世界第一穿"的工程专家史占华;为"神舟"六号保驾护航的年轻副总设计师张庆君;去年唯一一项国家技术发明奖一等奖得主宗保宁;默契配合成功出征太空的英雄航天员费俊龙、聂海胜;自主设计出我国首枚彩电芯片的科研领军人战嘉瑾;取得棉花育种重大突破的棉花专家郭三堆。

5月29日

全国人大常委会委员长吴邦国在政府大厦会见俄罗斯总理弗拉德科夫

吴邦国首先高度评价了中俄关系和俄经济社会发

展取得的成就。他说,经贸合作是国家关系的经济基础。近些年来,中俄经贸互利合作快速发展,双边贸易额不断攀升,合作领域不断拓展,大项目合作势头良好,相信在双方的共同努力下,到2010年双边贸易额达到600亿到800亿美元的目标是完全可以实现的。吴邦国说,中国正在实施"十一五"规划,俄罗斯正在振兴本国经济,这为深化两国经贸合作创造了难得的机遇。中方愿与俄方一道,挖掘合作潜力,拓展合作领域,充分发挥企业在双边经贸合作中的主体作用,进一步改善贸易结构,规范贸易秩序,扩大相互投资,推动大项目实施,加强科技尤其是高科技领域的战略合作,不断提升两国务实合作的质量和水平。

弗拉德科夫赞成吴邦国对两国关系的评价。他说,俄中经济互补性很强,合作基础良好,潜力很大。俄政府将认真落实两国元首达成的共识,继续搞好互办"国家年"的活动,把推动大项目的合作作为发展双边经贸关系的优先任务,进一步加强科技、环保等领域的合作,实现互利双赢、共同发展。

吴邦国还转达了温家宝总理对弗拉德科夫总理的亲切问候,弗拉德科夫对此表示感谢并请吴邦国委员长转达他对温家宝总理的良好祝愿。

全国人大常委会委员长吴邦国在俄罗斯分别会见哈萨克斯坦议会上院议长阿贝卡耶夫和乌兹别克斯坦议会下院议长哈利洛夫

全国人大常委会委员长吴邦国与俄罗斯联邦会议联邦委员会主席米罗诺夫举行会谈并共同主持中国全国人大与俄联邦委员会合作委员会第一次会议

吴邦国说,去年9月米罗诺夫主席成功访华,我们共同签署了中国全国人大与俄罗斯联邦委员会合作委员会章程,启动了双方定期交流机制,确立了双方定期交流的宗旨、任务和形式。这次我们又共同主持召开了合作委员会第一次会议,标志着中俄议会合作实现机制化。

在谈到中国全国人大与俄联邦委员会的合作问题时,吴邦国提出了4点建议:第一,议会合作要服从和服务于中俄战略协作伙伴关系的大局,务求取得实效。应发挥议会的立法职能作用,及时修改和完善与之不相适应的法律法规,为中俄关系的发展提供法律保障;发挥议会的监督职能作用,督促两国政府和有关方面,把双边已签署的法律性文件执行好、贯彻好、落实好;发挥议会信息密集、人才荟萃、联系广泛的优势,积极推动两国经贸领域的大项目合作。第二,加强立法领域的交流,相互借鉴,提高立法质量,更好地保障经济社会的协调发展。第三,加强人文等领域的交流,尤其要发挥俄联邦委员会的优势,推动地方及边境地区的合作。第四,加强在国际和地区议会组织中的协调与配合,维护两国的共同利益。

米罗诺夫完全赞同吴邦国对两国关系和两国议会交往的评价以及加强两国议会合作的建议。他说,双方合作委员会第一次会议的召开表明了两国议会合作又有了一个良好的开端,迈出了实质性的步伐。俄联邦委员会代表俄各个地区,希望发挥这一优势,推动两国地方之间的交流与合作,尤其是推动经贸领域的务实合作。

国务院总理温家宝主持召开国家科教领导小组第四次全体会议

会议同意科技部会同有关部门研究提出的科技规划纲要实施方案。方案明确了组织实施的指导原则、目标任务、运行机制和保障措施,并对重大专项的组织领导体制、牵头部门和单位以及实施程序等提出了具体要求。

会议指出,实施科技规划纲要,是推进现代化建设的重大战略举措,特别是组织实施好科技规划纲要提出的重大专项,对于提高国家竞争力具有重要意义。必须紧紧抓住世界新科技革命的机遇,充分利用我国改革开放的有利环境,发挥社会主义制度集中力量办大事的优势,以只争朝夕精神和改革精神抓好科技规划的实施。

会议对实施科技规划提出以下要求:一要着眼增强国家自主创新能力、带动相关产业发展。通过科技规划的实施,提升我国若干重点产业的核心竞争能力,形成一批拥有自主知识产权、市场占有率高的产品和世界知名品牌。二要大力协同,调动各方面积极性。根据规划项目的不同特点采取不同的组织方式。既要注重发挥政府的主导作用,又要充分发挥市场机制的作用。三要抓好科技规划的启动实施和评估验收。抓紧提出实施方案,包括项目目标、完成时限、经费筹措以及关键技术的研发攻关等。根据项目实施进度,做好协调监管和评估验收工作。四要强化权责统一的目标责任制。根据规划实施的目标和任务,明确责任主体以及主要负责人的责任,严格执行技术、经济、法律和其他方面的责任追究制。五要充分发挥专家在科技规划实施中的作用。完善专家参与机制,项目的方案论证、技术选择和项目的实施、验收,都要充分尊重专家的意见。六要形成实施科技规划的持续、稳定支持机制。从投入、人才等方面给予稳定的支持和保障,同时要优化科技资源配置,避免分散和浪费。七要创新科研体制机制。加快推进以企业为主体、市场为导向、产学研相结合的国家技术创新体系建设。支持企业与高等院校、科研院所共同承担国家研发任务。改革科技计划和科技经费的管理制度,建立科研项目投入决策机制、财务审计制度和经费绩效考评体系。八要扩大科技对外开放与合作。充分利用国内和国际两种科技资源,在更宽领域、更高层次上推进原始创新、集成创新和引进消化吸收再创新。

国务委员兼国务院秘书长华建敏,国务委员、国家科技教育领导小组副组长陈至立等出席了会议。

全国政协主席贾庆林在人民大会堂会见乌拉圭前总统桑吉内蒂

建设社会主义新农村——社会与法制研讨会在北京召开

会议由全国政协社会和法制委员会与中共中央党校联合举办,全国政协副主席周铁农在开幕式上指出,农业、农村和农民问题,始终是关系我国经济和社会发展全局的重大问题。现阶段新农村建设面临的困难和问题还很多,制约农业和农村发展的深层次矛盾尚未消除,促进农民持续稳定增收的长效机制尚未形成,农村经济社会发展滞后的局面还没有根本改变,一些突出问题急需认真研究解决。人民政协、各民主党派具有独特的优势,要最广泛地凝聚各党派、各团体、各民族、各阶层和各界人士的智慧和力量,充分发挥统一战线和人民政协的优势和力量,紧紧围绕中央决策部署,为扎实推进社会主义新农村建设献计出力。

研讨会就"推进农村综合改革""社会主义新农村建设的法律保障""发展农村公共事业""推进农村统筹发展"等问题展开了深入讨论,提出了许多建设性的意见和建议。全国政协副主席王忠禹、李贵鲜、罗豪才、阿不来提·阿不都热西提,全国政协秘书长郑万通,中央党校等有关部门及部分地方政协社会和法制委员会负责人出席研讨会。

国办发出《关于成立国家森林防火指挥部的通知》

各省、自治区、直辖市人民政府,国务院各部委、各直属机构:

为进一步加强对森林防火工作的领导,完善预防和扑救森林火灾的组织指挥体系,充分发挥各部门在森林防火工作中的职能作用,经国务院同意,成立国家森林防火指挥部。现将有关事项通知如下:

一、指挥部主要职责

指导全国森林防火工作和重特大森林火灾扑救工作,协调有关部门解决森林防火中的问题,检查各地区、各部门贯彻执行森林防火的方针政策、法律法规和重大措施的情况,监督有关森林火灾案件的查处和责任追究,决定森林防火其他重大事项。

二、指挥部组成人员

总指挥:　贾治邦　国家林业局局长
副总指挥:雷加富　国家林业局副局长
　　　　戚建国　总参作战部部长
　　　　梁　洪　武警部队副司令员
成　员:武大伟　外交部副部长
　　　　杜　鹰　发展改革委副主任
　　　　刘金国　公安部副部长
　　　　李立国　民政部副部长
　　　　廖晓军　财政部副部长
　　　　胡亚东　铁道部副部长
　　　　冯正霖　交通部副部长
　　　　奚国华　信息产业部副部长
　　　　张宝文　农业部副部长
　　　　李　军　民航总局副局长
　　　　雷元亮　广电总局副局长
　　　　许小峰　中国气象局副局长
　　　　王国庆　新闻办副主任
　　　　白自兴　总参动员部副部长
　　　　刘国华　总参陆航部副部长
　　　　韩祥林　武警森林指挥部主任

三、指挥部工作机构及其职责

国家森林防火指挥部办公室设在国家林业局,其主要职责为:联系指挥部成员单位,贯彻执行国务院、国家森林防火指挥部的决定和部署,组织检查全国森林火灾防控工作,掌握全国森林火情,发布森林火险和火灾信息,协调指导重特大森林火灾扑救工作,督促各地查处重要森林火灾案件,承担国家森林防火指挥部日常工作。办公室主任由国家森林防火指挥部副总指挥、国家林业局副局长雷加富同志兼任,副主任由国家林业局防火办主任杜永胜同志担任。

地方各级人民政府要高度重视森林防火工作,落实责任,切实加强各级森林防火指挥部建设,充分发挥森林防火指挥部在预防和扑救森林火灾中的作用,扎扎实实做好森林防火工作。

国务院办公厅
2006年5月29日

"新时期援藏交通工程技术人员的楷模"陈刚毅先进事迹报告会在人民大会堂举行

陈刚毅是湖北交通规划设计院高级工程师,在两次援藏工作中,先后担任山南地区湖北大道项目部总工程师和国道214线角笼坝大桥项目法人。在角笼坝大桥施工期间,身患结肠癌,他顶住病魔摧残的巨大压力，术后7次化疗，4次进藏，出色完成工程建设任务，用忠于职守，不畏艰险的信念，演绎了生命对事业的忠诚，谱写了一曲交通人负责任的赞歌。

报告会由中组部、中宣部、中央保持共产党员先进性教育活动领导小组、全国总工会、人事部、交通部、湖北省委以及西藏自治区委联合举办。陈刚毅同志是荆楚大地继“为民模范”周国知、“师德楷模”郑琦之后，涌现出的又一位重大先进典型。

中央军委副主席曹刚川在北京与印度国防部部长普拉纳布·慕克吉举行会谈

外交部部长李肇星在外交部会见印度国防部部长普拉纳布·慕克吉

外交部部长李肇星在外交部与叙利亚外交部部长瓦立德·穆阿利姆举行会谈

第十二次中国—东盟高官磋商在柬埔寨暹粒举行

与会各方就中国—东盟关系及其未来发展和共同关心的国际和地区问题广泛深入地交换了意见。

中国外交部副部长武大伟、东盟10国外交部副部长和东盟秘书长王景荣出席会议。

今年是中国—东盟建立对话关系15周年和“中国—东盟友好合作年”，中方将于10月30日在广西南宁承办中国—东盟纪念峰会。本次中国—东盟高官磋商重点为此做了全面准备。双方一致认为，纪念峰会在中国—东盟关系中具有里程碑意义，有利于进一步巩固和深化中国—东盟战略伙伴关系。双方将共同努力，确保峰会取得圆满成功。会议同意，第十三次中国—东盟高官磋商将在中国举行。

大豆新品种“中黄13”首获国际新品种保护权

由著名农学家王连铮研究员主持培育的超高产高蛋白大豆新品种“中黄13”，近日获得韩国品种权，品种权号：KHV060039.8NW，从而成为我国第一个获得国际新品种保护权的农作物新品种。

中国科学家最新研究成果证明人类干细胞可存活于山羊体内

这是一项我国科学家在干细胞研究领域获得的重要进展，由上海交通大学医学遗传研究所黄淑帧教授领衔的课题组完成，成果发表在最新一期的《美国科学院院报》上。

干细胞研究过去大多只能在培养基中进行，黄淑帧教授等科研人员首次在国际上将山羊作为实验动物，将人脐血造血干细胞注射到经过妊娠45天至55天的山羊胚胎的腹腔中，成功建立了人源性干细胞在山羊体内长期存活的人/山羊异种移植嵌合体，解决了干细胞对异种生物体的移植问题，为研究干细胞在活体内的生物学行为提供了新的思路和动物模型。

该研究为不少疾病的治疗提供了理论依据和新的技术手段。目前一些难以根治的先天性/遗传性疾病，包括血友病、地中海贫血等，将可以通过干细胞宫内移植进行疾病的产前治疗和组织损伤的修复。

首届中日节能环保综合论坛在东京拉开帷幕

本次论坛由日本经济产业省、日中经济协会，中国国家发改委、商务部、驻日大使馆等主办。280多名中方人士及500余名日方代表将在为期3天的论坛上围绕节能、环保方面的问题进行广泛的交流。

5月30日

国家主席胡锦涛在人民大会堂接受上海合作组织各成员国记者联合采访

胡锦涛主席：各位记者朋友，大家好！上海合作组织成员国元首理事会第六次会议将于6月15日在上海举行。很高兴在峰会举行的前夕，接受各成员国记者朋友们的联合采访。感谢各位记者朋友对上海合作组织的热情关心和积极报道。

今年是上海合作组织成立5周年和它的前身——“上海五国”机制建立10周年。今年的峰会具有特殊的意义。峰会期间，各成员国元首将共商上海合作组织发展大计，就推进成员国政治、安全、经济、人文等领域的互利合作深入交换意见，并签署和发表重要文件。上海合作组织观察员国、同上海合作组织建立了合作关系的国家以及国际组织的领导人也将应邀与会。目前，峰会的各项准备工作正在有序进行。我相信，在各成员国和有关方面的共同努力下，这次峰会将会取得圆满成功。

下面，我愿回答大家提出的问题。

哈萨克斯坦《主权哈萨克斯坦报》记者：你如何评价上海合作组织成立5年来走过的道路？该组织是否已成为一个成熟的国际组织？各成员国国情不同，如何在本组织内和谐相处、共谋发展？

胡锦涛主席：上个世纪末本世纪初，国际形势发生深刻变化，欧亚大陆的地缘政治格局也经历了深刻调整，本地区各国面临的机遇和挑战并存。在这样的形势下，我们毗邻而居的中国、哈萨克斯坦、吉尔吉斯斯坦、俄罗斯、塔吉克斯坦、乌兹别克斯坦都希望加强睦邻互信和互利合作，维护地区稳定，谋求共同发展。正是出于这样的初衷，我们成立了上海合作组织。5年来，在成员国的共同努力下，上海合作组织的发展硕果累累。主要表现在以下5个方面：一是通过了几十份合作文件，奠定和完善了组织的法律基础，建立了稳定的合作机制。二是在安全领域开展了卓有成效的合作，维护了本地区形势的整体稳定。三是在互惠、互利、共赢原则的基础上，开展了密切的经贸合作，商定和启动了一些大的合作项目，促进了各成员国经济发展。四是在人文领域的交流合作不断深化。五是上海合作组织积极开展国际合作，对外交往日益增多，影响进一步扩大。

尽管上海合作组织各成员国在意识形态、文化背景、经济发展水平等方面存在较大差异，但在短短5年里，上海合作组织能取得如此的快速发展和显著成就，其中最根本的一条是我们始终坚持互信、互利、平等、协商，尊重多样文明，谋求共同发展的"上海精神"，保证各成员国和谐相处、共谋发展。

吉尔吉斯斯坦《吉尔吉斯斯坦言论报》记者：今年的上海合作组织峰会也是组织成立5周年的峰会。中国对这次峰会有何期待？峰会将讨论哪些问题？这次峰会对上海合作组织今后的发展有何意义？

胡锦涛主席：当前，国际形势错综复杂，欧亚地区形势也面临诸多挑战，本地区各国都正在为维护本国和平稳定和促进本国经济社会发展而积极努力。在这样的背景下召开的上海峰会，应该成为一次继往开来、团结务实的重要会议。这次峰会将认真总结上海合作组织5年来的发展经验，全面分析当前的国际和地区形势，研究本组织下一步的发展方向，制定具体的合作规划和措施。我相信，这将有利于推动把本地区建设成为一个持久和平、共同繁荣的和谐地区。

俄罗斯"俄罗斯电视台"记者：共同维护本地区和平、安全、稳定是上海合作组织的重要任务，你认为目前本地区面临的安全威胁是什么？上海合作组织准备如何应对这些威胁？采取了哪些措施？上海合作组织如何应对阿富汗境内的安全、毒品等问题带来的挑战？

胡锦涛主席：共同维护本地区的和平、安全、稳定，是上海合作组织成立的初衷，也是本组织现阶段的核心任务之一。上海合作组织成立当天，各成员国元首就签署了《打击恐怖主义、分裂主义和极端主义上海公约》，后又在塔什干设立了地区反恐怖机构。上海合作组织是最早打出反恐旗帜的国际组织之一，在协调各国反恐合作方面发挥了重要作用。近年来，上海合作组织已举行3次联合反恐演习，各成员国在开展情报交流、司法协助等方面进行了卓有成效的合作。明年，上海合作组织各成员国还将在俄罗斯举行联合反恐演习。这些措施对提高组织联合反恐能力、维护地区和平稳定已经并将继续产生积极影响。

跨国贩毒以及由此引发的系列犯罪活动是上海合作组织需要严肃面对的重要问题之一。本组织各成员国签署了《禁毒合作协定》。本组织还积极协助阿富汗政府反毒禁毒、早日实现和平重建，去年同阿富汗建立了联络组，目前正在研究向阿富汗开放《禁毒合作协定》。这次峰会特别邀请阿富汗总统卡尔扎伊先生作为主席国客人参加。我相信，这将有助于促进本地区的反毒禁毒工作。

塔吉克斯坦《共和国报》记者：你如何评价上海合作组织对外交往活动？上海合作组织如何进一步展示自己的开放性和在国际及地区事务中的建设性作用？

胡锦涛主席：上海合作组织奉行开放、不结盟的原则，对外倡导新安全观，对内坚持"上海精神"，从一开始就不是一个封闭、排他的组织，也不针对任何第三方。5年来，上海合作组织先后吸收蒙古、印度、巴基斯坦、伊朗为观察员，同联合国、东盟、独联体和欧亚经济共同体等国际及地区组织建立了正式联系。越来越多的国家表达了希望同本组织建立联系的愿望。

实践证明，上海合作组织是维护地区和世界和平稳定、推动国际关系民主化、促进建设和谐地区和世界的重要力量。上海合作组织将继续以建设性的态度，凝聚组织内各方共识，同有关国家一道，共同维护本地区的和平稳定，促进本地区各国共同发展繁荣。

乌兹别克斯坦"扎洪"新闻社记者：你如何评价现阶段上海合作组织框架内的经贸合作？合作的优先领域是什么？你曾宣布中国政府向其他成员国提供9亿美元优惠出口买方信贷用于促进成员国的经贸合作，目前落实情况如何？

胡锦涛主席：各成员国对上海合作组织框架内的经贸合作都高度重视，已经签署了《上海合作组织成员国多边经贸合作纲要》和落实该纲要的措施计划，确定了127个各方将共同完成的项目，成立了质检、海关、电子商务、投资促进、交通运输、能源、电信7个专业工作组，负责研究和协调相关领域合作。在2004年的塔什干峰会上，我代表中国政府宣布向上海合作组织其他成员国提供9亿美元优惠出口买方信贷。在2005年的阿斯塔纳峰会上，我又代表中国政府宣布中方愿为落实这笔贷款提供更为优惠的条件。目前，这笔贷款已基本落实。

总体来看，本组织框架内的经贸合作潜力巨大、前景广阔。只要大家共同努力，一定能够取得扎扎实实的成果，造福各成员国人民。

中国中央电视台记者：你如何展望上海合作组织的发展前景？上海合作组织成立5年来，中国为该组织发展发挥了什么作用？中国将为上海合作组织的发展作出哪些贡献？

胡锦涛主席：上海合作组织的发展前景非常广阔。首先，上海合作组织各成员国地理相邻、历史相近、文化相通，有着传统的友好交往历史，开展合作具备得天独厚的优势。其次，上海合作组织各成员国都面临着推动经济社会发展、提高人民生活水平的现实任务，都面临着维护本国安全稳定的现实要求，都有通过本组织框架内各项合作促进本国发展、共同应对挑战的现实意愿。最后，经过5年的发展，上海合作组织已经建立了较为完善的组织结构和法律体系，各方面工作积累了重要经验，为下一步发展奠定了良好基础。中国政府高度重视上海合作组织的建设和发展，这也是中国贯彻与邻为善、以邻为伴的周边外交方针、实现和平发展的必然要求。多年来，中方同其他成员国一起，共同推动加强睦邻互信、加大对地区经贸合作的投入、开展人文领域的交流和对话，为组织的建立和发展壮大发挥了应有的作用。我相信，在各成员国共同努力下，上海合作组织一定能成为一个团结更加巩固、合作更加务实、行动更加有效的组织，成为一个高举和平、发展、合作旗帜的组织。中方愿一如既往地为组织发展贡献自己的力量。

俄罗斯《俄罗斯报》记者：今年是“上海五国”机制建立10周年，也是中俄战略协作伙伴关系建立10周年。上海峰会期间，胡锦涛主席将同普京总统和上海合作组织其他成员国领导人举行一系列双边会晤，你如何看待中俄关系的现状和前景？你如何评价中国同上海合作组织其他成员国的关系？

胡锦涛主席：今年是中俄战略协作伙伴关系建立10周年。明年是中国同上海合作组织其他成员国——哈萨克斯坦、吉尔吉斯斯坦、塔吉克斯坦、乌兹别克斯坦建交15周年。这些年来，中国同上述国家的关系经受住了国际风云变幻的考验，日益成熟和密切。俄罗斯是中国最重要的战略合作伙伴之一。在双方共同努力下，两国关系达到前所未有的水平，战略成分明显增强，双方贸易额连续7年高速增长，能源、投资领域合作取得重大进展。两国在国际和地区事务中保持着有效的磋商和合作。不久前，普京总统成功访问了中国。我们互办“国家年”活动，为全面深化双边关系创造了难得的机遇。中方愿同俄方继续增强政治互信，深化战略协作，推动两国关系不断发展。中哈去年建立战略伙伴关系，双边关系进入新的发展阶段。双方政治互信不断加强，务实合作逐步扩大，安全协作日益密切，人文交流更趋频繁。我对两国关系的发展水平感到满意。上海峰会后，我将应纳扎尔巴耶夫总统的邀请，前往阿拉木图参加亚信会议。中吉关系近年来发展顺利。两国彻底解决了边界问题，签署了《中吉睦邻友好合作条约》和《中吉10年合作纲要》，为两国关系深入发展奠定了基础。再过几天，巴基耶夫总统将首次访华，相信他的来访将为两国关系发展注入新的活力。中塔关系发展势头令人高兴。双方在经贸和交通、通信等基础设施领域的合作不断取得新成果。中方愿进一步加强中塔关系，深化双方各领域的务实合作，造福两国和两国人民。中乌去年签署了《中乌友好合作伙伴关系条约》，为两国关系长期稳定发展奠定了坚实的法律基础。两国政治上相互信任、经济上优势互补、文化上相互交流。下一步双方将继续落实去年卡里莫夫总统访华成果，推动中乌关系再上新台阶。

上海合作组织各成员国保持良好的双边关系，对维护地区和平稳定、促进共同发展，意义重大。上海合作组织各成员国都有增进双边关系的强烈愿望。我期待着在上海峰会期间及前后同各国元首会晤，就双边关系及共同关心的国际和地区问题深入交换意见。中方愿同各国一道努力，推动双边关系再上新台阶，推动上海合作组织不断取得新发展。

全国政协第三十六次主席会议在北京召开

会议决定2006年7月4日至7日召开政协第十届全国委员会常务委员会第十四次会议，建议这次常委会议的主要议题是围绕建设社会主义新农村和提高自主创新能力问题建言献策。中共中央政治局常委、全国政协主席贾庆林主持会议。

会议听取了全国政协秘书长郑万通关于政协十届常委会第十四次会议筹备工作情况的汇报和本次常委会议议程和日程草案的说明，审议并通过了会议日程和议程草案。

会议指出，建设社会主义新农村和提高自主创新能力，是党中央总览全局、着眼长远、与时俱进作出的重大战略决策。第十四次常委会议把这两个题目作为主要议题，是政协工作围绕中心、服务大局的必然要求，体现了把发展作为政协履行职能的第一要务这一指导思想。围绕这两个主题进行协商讨论、建言献策，抓住了党和国家重视、人民群众关心、政协能充分发挥参政议政作用的大问题，很有意义。会议要求，要进一步统一思想，树立责任意识和紧迫意识，高度重视，充分准备，加强协作，深化调研，扎扎实实做好会议的各项筹备工作，力争向党中央、国务院报送更多更好的建议。

为开好这次常委会议，全国政协各专门委员会和办公厅把筹备工作与学习贯彻《中共中央关于加强人民政协工作的意见》相结合，对会议的筹备工作精心部署，采取有效措施，注意发挥常委会组成人员的主体作用，各专门委员会还加强了与民主党派中央和全国工商联的联合调研工作，取得了一批调研成果。目前各项准备工作正在扎实认真、紧张有序地进行。

全国政协副主席王忠禹、廖晖、刘延东、李贵鲜、白立忱、罗豪才、张克辉、周铁农、郝建秀、陈奎元、阿不来提·阿不都热西提、徐匡迪、李兆焯、张怀西、李蒙、张梅颖、张榕明出席会议。

国务院召开推进天津滨海新区开发开放座谈会

中共中央政治局委员、国务院副总理曾培炎出席并讲话。曾培炎指出，推进天津滨海新区开发开放，是新世纪新时期党中央、国务院从我国经济社会发展全局出发作出的重要战略部署，是贯彻落实党的十六届五中全会精神和国家“十一五”规划纲要的重大举措，是实施区域协调发展总体战略的重要步骤。他强调，滨海新区开发开放，必须按照中央要求，高水平地体现科学发展观，提高综合实力、创新能力、服务能力和国际竞争力，实现又快又好的发展。

曾培炎说，继深圳特区开发开放带动珠江三角洲、浦东新区开发开放带动长江三角洲和长江流域之后，滨海新区的开发开放，必将带动京津冀乃至环渤海地区的发展。有利于探索新形势下深化改革扩大开放的新经验，有利于发挥比较优势，有利于促进区域协调发展。他强调，要认真总结和继承改革开放以来的经验和做法，用新思路、新举措、新机制推进开发建设，高水平、高起点、高标准地做好各项工作。

曾培炎提出六点要求：一是坚持统筹规划，发挥集聚功能和辐射作用。要依托京津冀、服务环渤海、辐射“三北”、面向东北亚，把新区建设成我国北方对外开放的门户、高水平的现代制造业和研发转化基地、北方国际航运中心和国际物流中心，走出一条跨区域合作的新路子。

二是坚持改革开放，取得综合配套改革的成效。进行综合配套改革试点，是推进滨海新区开发开放最重要的任务。要在管理、金融、土地、财税等方面先行先试，推进创新，为深化改革开放提供经验。

三是坚持发挥比较优势，促进产业结构优化升级。要优先发展先进制造业、高新技术产业、现代服务业，构筑高层次的产业结构，走在全国经济结构优化升级的前列。

四是坚持科技创新，提高自主创新能力。要大力推进科技开发和人才开发，在重点领域和关键技术上取得突破，使新区成为先进技术引进消化吸收的承接地和扩散地，成为高新技术的原创地和产业化基地。

五是坚持可持续发展，建设资源节约型和环境友好型新区。要加大节水力度，推进集约用地，发展循环经济，推广建筑节能，保护好生态环境，逐步成为经济繁荣、社会和谐、环境优美的宜居生态型新区。

六是坚持以人为本，推进和谐社会建设。要大力发展教育、卫生、文化等社会事业，千方百计扩大就业，健全社会保障体系，满足居民正常住房需求，解决好关系群众切身利益的实际问题。

曾培炎要求，天津市委市政府要加强领导、狠抓落实，京津冀和环渤海有关地区要密切分工协作，国务院有关部门要积极支持配合，切实搞好宏观指导和政策协调，注重政治文明和精神文明建设，抓住机遇，开拓创新，积极有序地推进新区开发开放，把天津建设得更加美好，为全面建设小康社会作出新的贡献。

中共中央政治局委员、天津市市委书记张立昌出席会议，天津市市长戴相龙作了汇报，中央和国务院有关部门负责人参加了座谈会。

学习陈刚毅先进事迹座谈会在人民大会堂召开

座谈会旨在贯彻落实中央领导同志重要指示，进一步学习陈刚毅的先进事迹，更好地弘扬“刚毅精神”。

与会代表们说，学习陈刚毅的先进事迹，就是要像陈刚毅那样，坚定正确的理想信念，牢记党的宗旨，始终保持共产党员的先进性。

座谈会由中组部办公厅、中宣部宣教局、中央保持共产党员先进性教育活动领导小组、全国总工会宣教部、人事部公务员司、交通部体改法规司、湖北省委宣传部和西藏自治区党委宣传部组织召开。会后还将组织巡回演讲活动。

外交部部长李肇星在北京与朝鲜外务相白南舜举行会谈

中共中央书记处书记何勇在钓鱼台国宾馆会见由党的秘书涅本蔡率领的柬埔寨奉辛比克党代表团

两位香港科学家获颁中国科学院院士证书

这次获颁中科院院士证书的是香港城市大学物理及材料科学系李述汤教授和香港科技大学化学系吴云东教授。他们于2005年年底当选中国科学院新增院士。

国家广电总局出台新规定实施电视剧拍摄制作备案公示管理制度

要求已经予以拍摄制作备案公示的电视剧，应当在公示之日起60个工作日内开机拍摄，否则将受到相应处罚。

国家食品药品监督管理局在北京召开全国整顿和规范药品市场秩序工作会议

央政治局委员、国务院副总理吴仪作出重要批示。吴仪要求,食品药品监管系统认真贯彻落实温家宝总理的重要批示和国务院的部署,大力整顿和规范药品市场秩序。要举一反三,认真查找典型案件背后的深层次原因,提出有效管用的办法和制度,解决好老百姓普遍关心的用药安全问题。

吴仪强调,事实告诫我们,饮食用药安全是人命关天的大事,食品药品监管工作责任重大,任务艰巨,丝毫不能放松,须臾不可懈怠!

国家食品药品监督管理局局长邵明立在会上提出,这次专项行动工作从2006年6月份开始,利用半年左右的时间,集中力量,上下联动,形成声势,扎实推进,务必取得阶段性成效。这次行动将按照"全面整治,突出重点"的原则,实现对监管环节的全覆盖,强调对存在安全隐患的重点品种、突出问题的整治。

专项行动的主要任务包括:

一是整顿和规范药品研制秩序。针对产品注册申请过多、过乱的问题,依法严厉打击弄虚作假行为,严格审评审批,从源头上保证产品的安全有效。组织对注册申请进行全面清查,重点加强对药品注册申请的现场考核,对发现造假行为的,坚决依法严厉查处,记入不良记录,并向社会公布。严格对注射剂类产品的审评审批,提高产品标准。组织开展医疗器械注册清理工作。

二是整顿和规范药品生产秩序。全面检查药品GMP实施情况。组织跟踪检查、飞行检查等,依法查处违法违规问题。让那些管理混乱、违规生产、隐患突出的企业受到严厉惩处;加强对医疗企业生产的监管。对重点监管品种和部分高风险产品生产企业的质量体系进行全面检查。

三是整顿和规范药品流通秩序。依法查处和取缔各种形式的无证经营、挂靠经营等违法经营活动;组织开展对中药材、中药饮片和疫苗流通的监督检查;继续按照国家局的部署治理"一药多名"现象,规范药品包装、标签和说明书;加强日常监管。对药品GSP认证进行跟踪检查。针对违法广告严重、群众投诉多和具有潜在质量隐患品种加大抽验力度,发现假劣药品医疗器械,立即采取措施,严格依法查处。

四是整顿和规范药品使用秩序。要高度重视上市药品的监管,及时发现问题、处置问题,防止和减少药害事故的发生。一方面,完善药品不良反应和医疗器械不良事件监测报告制度。全面检查各地落实监测工作情况。加大对严重不良反应的警示、宣传力度。组织对重点品种进行再评价,坚决淘汰安全性、有效性得不到有效保证的品种。另一方面,配合卫生部门,规范医疗机构药品管理,加强对临床合理用药的宣传、教育、管理与监督。

5月31日

国家主席胡锦涛在人民大会堂会见中阿合作论坛第二届部长级会议阿方主席穆罕默德和阿盟秘书长穆萨及与会的阿拉伯国家代表团团长

胡锦涛对本届论坛会议的召开表示诚挚祝贺,并高度评价中阿双方为论坛建设和发展所做的大量工作,希望双方通过充分协商,进一步完善论坛各项机制,充实合作内涵,扩大合作领域,更好地发挥论坛的作用,提高中阿合作的整体水平,共同开创中阿友好合作关系更加美好的未来。

胡锦涛表示,今年是中阿开启外交关系50周年。中方愿与阿方一道,充分利用这一契机,从以下四个方面推动新世纪中阿友好合作关系更快更好地向前发展:(一)加强政治合作,巩固和充实中阿关系政治基础。双方要继续坚定支持对方维护国家主权、独立和民族尊严,尊重和支持对方根据本国国情自主选择发展道路。中方感谢阿拉伯国家在台湾、人权等问题上给予中国的宝贵支持。无论国际风云如何变幻,中国政府和人民将始终坚定支持阿拉伯国家和人民的正义事业。(二)加强经济合作,努力开拓创新,实现互利共赢。双方要围绕促进共同发展这一中心任务,进一步扩大贸易、投资、能源、基础设施建设、人力资源开发、科技、环保等领域的合作,积极探索合作的新机制、新途径和新方式,共同把中阿务实合作提高到新的水平。(三)加强文化合作,扩大对话交流,弘扬传统友谊。双方要继续深化文化、教育、新闻、卫生、旅游等领域的交流与合作,充分依托中阿关系深厚的历史文化底蕴,采取多种形式,深入开展文明对话,相互借鉴,取长补短,推动不同文明和谐发展。(四)加强国际合作,密切协调配合,促进和平稳定。双方要通过双边和多边合作,共同应对全球性挑战,倡导以协商对话方式和平解决地区争端,推动多边主义和国际关系民主化、法治化,共同建设和谐世界。

穆罕默德和穆萨代表与会阿拉伯国家代表团团长感谢胡锦涛主席的会见,他们表示,中阿合作论坛是阿拉伯国家与中国对话合作的重要平台,已成为发展中国家间相互合作的典范,对促进世界的和平与稳定具有重要意义。阿中双方在论坛框架下密切合作,在政治、经济、文化等各领域取得了积极成果。阿方赞同胡主席关于推动新世纪阿中友好合作的四点建议,希望此次论坛能够进一步加强论坛建设,全面提升阿中合作水平，使双方合作更好地造福于双方人民。阿方重申所有阿拉伯国家均坚持一个中国原则，支持中国统一大业。阿方高度赞赏中国支持阿拉伯人民正义事业的立场和在国际事务中发挥的积极作用。

国家主席胡锦涛到北京市考察少年儿童工作同孩子们一起庆祝节日

胡锦涛代表党中央，向全国少年儿童致以节日的祝贺，向广大少年儿童工作者表示衷心的感谢。

胡锦涛和随行的中共中央政治局候补委员、中央书记处书记、中央办公厅主任王刚，国务委员陈至立，在中共中央政治局委员、北京市委书记刘淇和北京市市长王岐山等陪同下，先后来到北京市儿童福利院、北京市西城区西四北幼儿园考察。

我国现有孤残儿童约57万，绝大多数得到了政府和社会的救助和关怀。胡锦涛一直惦念着孤残儿童的成长，多次作出重要指示，要求有关方面切实做好孤残儿童救助工作。在总书记倡导下，有关地方和部门积极采取有力措施，使孤残儿童救助工作不断取得新的进展。带着对孤残儿童的牵挂，胡锦涛首先来到位于海淀区清河镇的北京市儿童福利院，看望生活在这里的孤残儿童。多年来，该院通过开展生活护理、康复训练、心理疏导、引导式教育等，使不少孤残儿童的身心状况得到了明显改善。

离开福利院后，胡锦涛又来到北京市西城区西四北幼儿园。这所幼儿园位于西城区平房居民聚居区，主要招收附近胡同普通居民家庭的孩子。长期以来，这所幼儿园坚持对幼儿进行快乐教育，受到孩子和家长的欢迎。

上海合作组织成员国首次议长会晤在莫斯科举行

全国人大常委会委员长吴邦国，哈萨克斯坦议会上院议长阿贝卡耶夫，吉尔吉斯斯坦议长苏丹诺夫，俄罗斯联邦会议联邦委员会(议会上院)主席米罗诺夫和国家杜马(议会下院)主席格雷兹洛夫，塔吉克斯坦议会上院议长乌拜杜拉耶夫，乌兹别克斯坦议会下院议长哈利洛夫出席了会晤，就推动上海合作组织发展、加强本组织成员国议会合作等问题深入交换了意见，并共同签署了《上海合作组织成员国首次议长会晤联合声明》。

哈利洛夫指出，上海合作组织的诞生掀开了地区合作的新篇章，为地区合作带来了难得的机遇。格雷兹洛夫说，上海合作组织为维护地区安全、稳定，促进共同发展作出了贡献，成为国际舞台上的一支重要力量。苏丹诺夫说，在上海合作组织中，小国与大国平等相待、相互尊重，“上海精神”使各成员国为实现共同的目标走在一起。乌拜杜拉耶夫指出，虽然各成员国国情不同、历史文化各异，但借助上海合作组织这个平台开展务实合作，可以共同迎接挑战，应对威胁。阿贝卡耶夫表示，发展议会合作对上海合作组织成员国加强安全、经贸等领域的合作是十分有利的。

各成员国议长一致表示，本国议会将发挥更积极的作用，为上海合作组织各领域合作提供法律保障，推动立法经验和法律信息交流，加快批准本组织的相关文件，支持各成员国不断巩固和深化安全、经济和人文等领域的交流，促进共同发展。

米罗诺夫主席致了欢迎词和闭幕词。吴邦国委员长在会上发表重要讲话，上海合作组织秘书长张德广也发了言。

会晤结束后，吴邦国与上海合作组织其他成员国议长共同签署了《上海合作组织成员国首次议长会晤联合声明》并合影留念，还共同会见了记者。

上海合作组织成员国首次议长会晤发表联合声明

(2006年5月30日　莫斯科)

上海合作组织成员国议会领导人——哈萨克斯坦共和国议会上院议长阿贝卡耶夫，中华人民共和国全国人民代表大会常务委员会委员长吴邦国，吉尔吉斯共和国议长苏丹诺夫，俄罗斯联邦会议联邦委员会主席米罗诺夫、俄罗斯联邦会议国家杜马主席格雷兹洛夫，塔吉克斯坦共和国议会上院议长乌拜杜拉耶夫，乌兹别克斯坦共和国议会下院议长哈利洛夫(以下简称“与会者”)——在莫斯科举行首次会晤，就推动上海合作组织发展、加强本组织成员国议会合作等问题交换意见，达成如下共识。

与会者声明，坚决支持各成员国领导人和政府为推动本组织不断发展、维护地区和平与稳定，以及发展成员国经济合作所作的努力。与会者满意地指出，上海合作组织自诞生之日起，一贯遵循以“互信、互利、平等、协商、尊重多样文明、谋求共同发展”为内容的“上海精神”，取得了显著的成果。“上海精神”是六国合作的独特经验和巨大财富，对确定建立区域合作和国家关系的新模式具有现实意义。上海合作组织日益成为地区和国际政治的重要因素。

与会者强调，上海合作组织成立5年来，各方为实现《上海合作组织宪章》确定的目标和任务做了大量工作，合作的范围和深度取得了长足的进展。当前，上海合作组织的活动涵盖国际合作的主要领域，包括维护中亚地区的和平、稳定和安全；应对新挑战和新威胁，首先是打击恐怖主义、分裂主义、极端主义、非法贩运毒品和武器、跨国犯罪；发展经济、科技和文教合作，改善人民生活和提高生活质量，解决非法移民问题；加强政治合作，就重大国际和地区问题举行磋商和协调立场等。制定并完善协调多边合作的法律基础。常设机构——北京秘书处和塔什干地区反恐怖机构执委会有效运作。

与会者认为，上海合作组织关于建立亚太地区国际组织间伙伴关系体系的2004年塔什干倡议具有重要战略意义。上海合作组织获得联合国大会观察员地位，与东盟、独联体、欧亚经济共同体签署合作文件、建立联系，吸收印度、伊朗、蒙古、巴基斯坦成为观察员，启动上海合作组织——阿富汗联络组机制，这表明该组织在国际社会所获的威望和肯定不断提高。

2006年6月15日将在上海举行上海合作组织成立5周年纪念峰会。这是本组织今年工作中的头等大事，各成员国应高度重视。与会者相信，峰会将进一步推动上海合作组织在政治、经济、人文、安全等领域取得实际成果。在全面总结本组织成立5年来取得成就的基础上，峰会将为本组织下一步工作指明大政方针，并将成员国多边合作提升到更高水平，有力地推进上海合作组织的发展进程。

与会者认为，议会合作是上海合作组织合作的重要组成部分。本组织成员国议会在宪法赋予的权限内参与制定本组织法律基础。成员国议会将在为本组织各领域合作提供法律保障方面发挥更积极的作用，促进立法经验和法律信息的交流，并及时、平衡地协调各成员国法律，加快批准本组织相关文件。这将有利于提高本组织的工作效率，确保取得丰硕成果。

与会者支持上海合作组织成员国不断巩固和深化安全、经济、人文和社会领域的合作。重申将为上述领域合作提供立法支持。欢迎建立本组织实业家委员会和银行联合体，以促进经济合作。根据国际经济体制的标准，完善包括中小企业在内的企业和银行机构合作的法律基础，是成员国立法机关面临的迫切任务。

与会者讨论了中亚地区形势，赞赏中亚国家立法机关为维护本国和本地区和平与安全所作的建设性贡献，支持上海合作组织在促进中亚地区稳定和经济发展中发挥积极作用。

与会者指出，开展议会合作的主要方式可以是，按照商定时间和国名俄文字母顺序在成员国举行议会领导人会晤，举行议会各专业委员会代表的磋商。这些活动可视情邀请本组织观察员国议会代表参加。

为落实此次上海合作组织议会倡议，决定成立议会专家组会同本组织秘书处就此提出更具体的建议，专家组级别由各方商定。

与会者认为，有必要将本联合声明呈报2006年6月在上海举行的本组织成员国元首理事会会议。

哈萨克斯坦共和国议会上院议长　阿贝卡耶夫

中华人民共和国全国人民代表大会

常务委员会委员长　吴邦国

吉尔吉斯共和国议长　苏丹诺夫

俄罗斯联邦会议联邦委员会主席　米罗诺夫

俄罗斯联邦会议国家杜马主席　格雷兹洛夫

塔吉克斯坦共和国议会上院议长　乌拜杜拉耶夫

乌兹别克斯坦共和国议会下院议长　哈利洛夫

全国人大常委会委员长吴邦国在上合组织成员国首次议长会晤上发表讲话

尊敬的米罗诺夫主席，

格雷兹洛夫主席，

各位同事：

在上海合作组织成立5周年之际，我很高兴与各位同事相聚在美丽的莫斯科，一起讨论共同关心的问题。在此，我谨对米罗诺夫主席和格雷兹洛夫主席为本次会晤所做的精心准备和周到安排表示衷心的感谢。相信在大家的共同努力下，这次会晤一定能够达到预期目的，使上海合作组织成员国议会合作有一个良好的开端。为了顺应和平、发展、合作的时代潮流，共同应对传统与非传统安全威胁，携手迎接经济全球化发展带来的机遇和挑战，维护和促进地区和平与发展，5年前，在江泽民主席的倡导下，中、俄、哈、吉、塔、乌等6国元首齐聚中国上海，共同发表了《上海合作组织成立宣言》，宣布在“上海五国机制”基础上成立上海合作组织。5年来，上海合作组织秉承互信、互利、平等、协商、尊重多样文明、谋求共同发展的“上海精神”，积极推进各领域的务实合作，成员国的政治互信全面深化，安全合作卓有成效，经贸关系日益密切，人文交流方兴未艾，为本地区各国人民带来了实实在在的利益，为促进地区乃至世界的安全、稳定与繁荣作出了重要贡献。上海合作组织5年来的发展，向世界展示了和平、合作、开放和负责任的国际形象，树立了不同社会制度、意识形态、发展模式和文明背景的国家超越差异、全面合作的典范，成长为国际和地区事务中一支重要的建设性力量，显示出越来越强的生命力。

这里值得一提的是，上海合作组织一直高度重视机制建设，已形成以元首峰会为核心，包括总理定期会晤、部门会议等不同层次，涵盖安全、经济、外交、国防、文化、教育、交通、救灾等众多领域的交流与合作机制，为实现上海合作组织的宗旨、发挥上海合作组织的作用提供了机制保障。同时，各成员国越来越认识到，上海合作组织工作的开展客观上需要各成员国议会的广泛支持和充分参与，加强各成员国议会合作势在必行。议会合作将成为完善上海合作组织机制建设的重要内容。议员代表人民，议会反映民意、体现国家意志。议会不仅在各自国家的政治、经济、社会生活中发挥着越来越重要的作用，也日益成为推动国际和区域合作不可或缺的建设性力量。我们要感谢米罗诺夫主席提出建立上海合作组织成员国议会会晤机制的建议。我们相信，建立议会交流与合作机制，有利于增进各成员国人民的相互了解，深化各成员国的政治互信，加强安全、经贸等领域的务实合作，扩大人文等方面的广泛交流，为上海合作组织的发展增添新的内容、注入新的活力。

下面，我愿就开展上海合作组织成员国议会合作问题提几点建议，与各位同事共同探讨。

第一点，坚持在上海合作组织的框架下开展工作。上海合作组织的宗旨是，加强各成员国的相互信任与睦邻友好；鼓励各成员国在政治、经贸、科技、文化、教育、能源、交通、环保及其他领域的有效合作；共同致力于维护和保障地区的和平、安全与稳定；建立民主、公正、合理的国际政治经济新秩序。议会合作作为上海合作组织的重要组成部分，应当遵循该组织的宗旨和原则，以该组织的根本目标和主要任务作为工作方向，在上海合作组织框架下开展工作。应当充分发挥各国议会的职能作用，及时批准并督促各成员国政府认真落实达成的有关协议，为上海合作组织的交流与合作提供有力的法律保障。要看到，议会合作对上海合作组织而言还是新生事物，缺乏经验，应当向其他比较成熟的合作机制学习，加强与其他合作机制的配合与协调，共同推动上海合作组织的发展。

第二点，促进各成员国的务实合作。上海合作组织的合作领域众多，各国议会议员关注的问题也很广泛。但是，议会合作不可能面面俱到，必须突出重点。只有抓住各成员国普遍关注的区域安全和经济合作问题，扎扎实实地加以推进，议会合作才能取得实效。各成员国议会应当根据上海合作组织的需要，及时修改国内相应的法律和有关规定，为安全和经贸等领域的合作创造良好的法治环境。应加强对政府工作的监督，督促有关部门改进工作，提高工作效率，改善服务质量。要发挥议会联系广泛、人才荟萃、信息密集的优势，为区域经贸合作献计献策，为国家、地方和企业间的合作牵线搭桥、提供服务。

第三点，实行灵活多样的合作方式。议会合作具有内容丰富、对象广泛、层次众多、方式灵活等特点。要从上海合作组织各领域合作的实际需要出发，结合议会合作的特点，创造性地开展工作。我们赞成和支持举行议长会晤，就议会合作中的重大问题进行沟通与协商。鼓励各成员国议会专门委员会、友好小组和办事机构的工作交流，加强各成员国议会年轻议员的友好交往，推动立法监督等领域的有效合作。针对上海合作组织进程中出现的新情况和新问题，还应探索议会合作的新途径和新方式，不断充实议会合作的内容，完善议会合作的机制。

各位同事：

中国是上海合作组织的重要一员，大家对中国的发展都很关心，我愿借此机会简要介绍一下中国经济社会发展情况。

1978年，中国开始实行邓小平先生倡导的改革开放的新政策，走上了一条符合中国国情、顺应时代潮流、体现人民意愿的发展道路。经济上，我们没有搞私有化，始终坚持公有制为主体、多种所有制经济共同发展的基本经济制度，坚定不移地发展社会主义市场经济。政治上，我们没有搞多党制、三权鼎立，始终坚持中国共产党的领导，坚持人民代表大会制度，坚持中国共产党领导的多党合作和政治协商制度，坚持民族区域自治制度，坚定不移地发展社会主义民主。所有这些，使我们不断消除生产力发展的体制性障碍，极大地激发了全体人民的积极性、主动性、创造性，大大加快了中国的发展步伐。

改革开放28年来，中国的面貌发生了巨大而深刻的变化，经济持续快速发展，人民生活不断改善，政治安定，民族团结，社会和谐。从1978年到2005年，中国国内生产总值年均增长9.6%，由2165亿美元提升到2.23万亿美元，增长了10倍多。人均国内生产总值由226美元提升到1707美元，增长了近7倍。进出口贸易总额从206亿美元提升到1.42万亿美元，增长了67倍，成为世界第三大贸易国。今年3月，中国十届全国人大四次会议审议批准的《国民经济和社会发展第十一个五年规划纲要》，确定了今后5年发展目标，就是在优化结构、提高效益和降低消耗的基础上，保持国内生产总值年均增长7.5%，到2010年人均国内生产总值比2000年翻一番，单位国内生产总值能源消耗比2005年年末降低20%左右。尽管在我们的前进道路上还会遇到重重困难，还要面临种种挑战，但只要坚定不移沿着中国人民自己选择的这条道路走下去，就一定能够实现全面建设小康社会的宏伟目标，为世界的和平与发展作出更大的贡献。

各位同事：

上海合作组织成员国地处欧亚大陆腹地，地域辽阔、人口众多、历史悠久、文化灿烂，为人类社会的文明进步作出过伟大贡献。今天，这一地区以其丰富的自然资源、潜力巨大的市场和丰富多彩的文明，在世界和平与发展的崇高事业中发挥着越来越重要的作用。与此同时，我们也应该看到，这一地区的安全稳定仍面临不少威胁和挑战，地区经济发展不平衡，发展总体滞后的问题尚未解决，相对落后的局面仍未改变。实现上海合作组织的发展目标,任重道远。再过半个月,上海合作组织就要迎来成立5周年的纪念日。6国元首将再次齐聚该组织的发源地——中国上海,举行隆重的庆祝活动,全面总结上海合作组织发展的成就和经验,深刻分析上海合作组织面临的形势和任务,统筹规划上海合作组织的发展战略和实施步骤,为上海合作组织的进一步发展指明方向。中国全国人大愿与上海合作组织其他成员国议会一道,为维护地区和平与稳定、促进地区繁荣与发展,共同谱写上海合作组织合作与发展的新篇章,作出新的更大的贡献。

谢谢大家。

全国人大常委会委员长吴邦国在俄罗斯分别会见吉尔吉斯斯坦议长苏丹诺夫和塔吉克斯坦上院议长乌拜杜拉耶夫

全国人大常委会委员长吴邦国在克里姆林宫会见俄罗斯总统普京

吴邦国说,中俄互为最大邻国,两国建立战略协作伙伴关系和签署睦邻友好合作条约以来,双边关系全面深入快速发展,互利合作不断加深,人文交往日益扩大,战略协作更加密切。两国在涉及主权和领土等重大问题上相互理解和坚定支持,在国际和地区事务中保持着良好的磋商与配合。今年是中俄关系发展进程中的重要一年,普京总统成功访华,与胡锦涛主席就中俄关系发展作出了长远规划。在中国举办的"俄罗斯年"活动成效显著,两国元首还将在上海合作组织峰会等多边场合会晤。中方愿与俄方一道,继续从战略和全局的高度加强政治互信,着力推动经贸、投资、能源、科技、人文等领域的务实合作,把中俄战略协作伙伴关系不断引向深入。

普京请吴邦国转达他对胡锦涛主席的良好祝愿,并期待着与胡锦涛主席在今年6月上海合作组织峰会期间再次会晤。他说,俄方高度评价中国改革开放和现代化建设取得的巨大成就。中国的快速发展为深化俄中各领域互利合作带来了机遇。经过双方共同努力,俄中关系已经达到前所未有的高水平。俄方高度重视举办"国家年"活动,认为这是推动两国关系向前发展的重要举措。两国继续增进政治互信,扩大经贸合作,加强在国际和地区事务中的协调与配合,符合两国和两国人民的愿望与利益,有利于维护地区和世界的和平与稳定。

普京说,上海合作组织成员国首次议长会晤,是该组织发展进程中的一件大事。加强上海合作组织成员国的议会合作,协调各成员国立法机构的有关活动,可以为该组织的发展与合作提供更加坚实的法律保障,促进地区的和平、稳定与发展。

国务院总理温家宝主持召开国务院常务会议

会议研究保险业改革发展问题讨论并原则通过《中华人民共和国突发事件应对法(草案)》。

会议认为,近几年来,我国保险业改革发展取得了明显成绩,保险业务快速增长,法律法规逐步健全,监管水平不断提高,为经济社会发展作出了积极贡献。但也要看到,我国保险业起步晚,基础薄弱,覆盖面不宽,整体水平不高,与全面建设小康社会和构建社会主义和谐社会的要求不相适应。

会议指出,随着我国经济社会发展水平的提高和社会主义市场经济体制的不断完善,人民群众对保险的认识进一步加深,保险需求日益增强,保险的作用更加突出。要按照科学发展观的要求,坚持以人为本,深化改革,加快发展,努力建设市场体系完善、服务领域广泛、经营诚信规范、偿付能力充足、综合竞争力较强、发展速度质量和效益相统一的现代保险业。

会议指出,当前和今后一个时期保险业改革发展的主要任务是:(一)拓宽保险服务领域,不断提升服务水平。统筹发展城乡商业养老保险和健康保险,完善多层次社会保障体系;大力发展责任保险,健全安全生产保障和突发事件应急保险机制;积极稳妥推进农业保险试点,探索建立适合我国国情的发展模式;提高保险资金运用水平,为国民经济建设提供资金支持。(二)深化保险体制机制改革,完善保险公司治理结构,增强可持续发展能力,提高对外开放水平。(三)加强和改善监管,防范化解风险。加快保险信用体系建设,切实保护被保险人合法权益。(四)进一步完善保险法规政策,宣传普及保险知识,营造良好发展环境。

会议认为,为了预防和减少自然灾害、事故灾难、公共卫生等突发事件的发生,控制、减轻和消除突发事件引起的严重社会危害,规范突发事件应对活动,保护人民生命财产安全,根据《中华人民共和国宪法》,制定《中华人民共和国突发事件应对法》是十分必要的。会议决定,《中华人民共和国突发事件应对法(草案)》经进一步修改后,由国务院提请全国人大常委会审议。

国务院任免国家工作人员

任命马涛为驻国际民用航空组织理事会代表。

免去张亚峰的驻国际民用航空组织理事会代表职务。

全国省(区、市)巡视工作座谈会在北京召开

中共中央政治局常委、中央纪委书记吴官正在会上强调,要坚持以邓小平理论和"三个代表"重要思想为指导,进一步提高巡视工作的质量和水平,建立和完善巡视制度,切实加强对领导班子特别是主要领导干部的监督。

中共中央政治局委员、中央书记处书记、中央组织部部长贺国强,中共中央书记处书记、中央纪委副书记何勇分别主持了会议。

吴官正指出,各级领导干部特别是主要负责人能否正确行使权力、清正廉洁,直接影响一个地方改革发展稳定大局,关系党和政府在人民群众中的威信和形象。加强对他们的监督,既是严格要求,也是关心爱护。巡视工作要向县(市、区)延伸,切实加强对这一级党政领导班子及其主要负责人的监督。

吴官正强调,要进一步提高巡视工作质量,充分发挥监督作用。巡视组要按照党内监督条例的要求,认真履行职责,对领导班子和领导干部的基本情况必须掌握,对被巡视地区和部门党风廉政建设的情况要有总体估价。当前,要着重了解贯彻党的路线方针政策特别是科学发展观、领导干部廉洁自律、党风政风、执行民主集中制等方面的情况。了解掌握情况要准确真实,既注意发现地方和部门存在的问题,帮助被巡视的领导班子和领导干部查找不足、改进工作,又要了解他们的好做法、好经验,发现为民、务实、清廉的优秀干部。对巡视中发现的重要问题和线索,要及时转交有关部门处理。对腐败问题要坚决查处,决不手软;对不适合担任现职、需要调整和交流的领导干部,要及时提出组织处理的意见和建议;对苗头性、倾向性问题,要早打招呼、早提醒。要注意研究新情况,解决新问题,总结新经验,不断提高巡视工作的制度化、规范化水平。巡视干部要加强学习,严于律己,谦虚谨慎,自觉接受各方面包括被巡视地区和部门的监督。

贺国强在主持会议时指出,吴官正同志的重要讲话,对做好下一步的巡视工作提出了明确要求,各级党委以及巡视机构要认真学习领会,切实把思想和行动统一到讲话精神上来。各级巡视机构要把严肃地方党委换届组织人事工作纪律作为巡视工作的重点,主要巡查各级地方党委是否认真贯彻执行党章、《干部任用条例》等法规制度和中央的指示精神,是否尊重和保护党员的民主权利,是否严厉查处违反换届组织人事纪律的案件;广大党员干部是否自觉抵制各种不正之风;各级组织部门是否在换届工作中切实负起责任等,努力营造风清气正的换届环境,确保地方党委换届工作的顺利进行。

北京、辽宁等10个省(区、市)的代表在会上作了交流发言。中央纪委、中央组织部巡视组、部分中央国家机关主管巡视工作的负责同志,以及各省(区、市)及新疆生产建设兵团纪委、组织部、巡视办,中央纪委、中央组织部有关部门负责人参加会议。

纪念罗瑞卿同志诞辰100周年座谈会在人民大会堂举行

中共中央政治局委员、中央军委副主席、国务委员兼国防部部长曹刚川主持会议并讲话。中央军委委员、总参谋长梁光烈和总装备部、公安部、四川省委的领导以及老同志代表,在座谈会上先后发言。

中央军委委员李继耐、廖锡龙、陈炳德、乔清晨和王瑞林同志出席座谈会。

中央和国家机关有关部门,解放军四总部、驻京部队各大单位、武警部队和军委办公厅以及四川省的领导,罗瑞卿同志的亲属和生前友好等也参加了座谈会。

中国—阿拉伯国家合作论坛第二届部长级会议在北京举行

这是中阿合作论坛首次在中国举办部长级会议。

此次会议的主题是建立中阿新型伙伴关系。22个阿拉伯国家的外长、部长或部长代表及阿拉伯国家联盟(阿盟)秘书长出席会议。会议由中国外交部部长李肇星,阿盟外长理事会轮值主席、阿联酋外交事务国务部长穆罕默德以及阿盟秘书长穆萨共同主持。会议将审议今后两年论坛的重点合作领域和项目,并制定下一阶段论坛建设的具体目标和任务。据了解,会议将签署联合公报及2006年至2008年论坛行动执行计划等一系列文件。

在部长级会议之前,双方于29日在北京举行了中阿合作论坛第三届高官会,就中东和平进程进行政治磋商。中阿合作论坛是2004年1月胡锦涛主席访问埃及时正式成立的。

国务委员唐家璇在钓鱼台国宾馆出席中阿合作论坛第二届部长级会议开幕式并发表讲话

唐家璇回顾了中阿合作50年历程。他说,中阿关系已经进入了成熟、稳定的阶段,并在实践中形成了政治上相互尊重、平等对待,经济上互利互惠、合作共赢,文化上相互借鉴、取长补短的宝贵经验。中阿友好为当代国际关系树立了典范,也为世界和平与发展作出了重要贡献。

唐家璇说,当前国际形势发生深刻变革,谋和平、求发展、促合作日益深入人心,各国都致力于维护地区和全球稳定,集中精力发展本国经济、改善民生、增强国力。共同的目标、共同的任务使中阿关系的发展比以往任何时候都更加迫切和重要。唐家璇就推动建立中阿新型伙伴关系提出四点建议:一、中阿双方要积极推动多层次往来,成为友好互信的伙伴。双方应继续加强领导人的交往，密切政府间合作，积极开展议会、政党的交流，推进各领域、各层次的民间往来。二、中阿双方要不断深化经济合作，成为共同发展的伙伴。双方应努力扩大贸易规模，积极鼓励相互投资，深化能源对话与合作，扩大在人力资源培训等领域的合作。三、中阿双方要进一步扩大友好交流，成为促进不同文明和谐共处的伙伴。四、中阿双方要全面加强在国际事务中的协调，成为维护世界和平、安全与稳定的伙伴。双方应深化在非传统安全领域的合作，努力促进"南北对话"和"南南合作"。

唐家璇指出，当今世界并不太平，包括中东和亚太地区在内，不稳定、不确定因素依然存在，传统、非传统安全威胁影响着世界的和平与稳定。作为发展中国家的两支重要力量，中阿加强在重大国际和地区问题上的协调有助于维护中东、亚太地区及世界的和平与稳定。中国将一如既往地支持阿拉伯人民恢复民族合法权益的正义事业；支持在联合国有关决议和"土地换和平"的基础上，通过谈判解决中东问题；支持阿拉伯国家提出的解决巴以问题的和平倡议。

唐家璇说，中阿合作论坛已成为加强中阿集体对话与合作的重要机制，并展现出强大活力。中方希望通过本届部长级会议，进一步推动论坛建设，落实论坛框架内各领域合作，推动中阿新型伙伴关系的发展。

唐家璇最后表示，进一步发展中阿友好合作符合双方根本利益，有利于促进世界和平与发展。中方愿与阿方共同努力，谱写中阿友好合作的新篇章。

中阿合作论坛第二届部长级会议于5月31日至6月1日在京举行。这是论坛首次在华举办部长级会议，会议由李肇星外长，阿盟外长理事会轮值主席、阿联酋外交事务国务部长穆罕默德和阿盟秘书长穆萨共同主持，22个阿拉伯国家的外长、部长或代表及中国有关部委负责人与会。

会议将重点探讨建立中阿新型伙伴关系的内涵，审议今后两年论坛的重点合作领域和合作项目并签署有关合作文件。

国家环保总局与俄罗斯自然资源部在北京共同签署《中俄跨界水体水质联合监测计划》

根据此计划，中俄两国将联合在额尔古纳河、黑龙江、乌苏里江、绥芬河、兴凯湖开展联合监测。

中俄两国水域国境线达3600公里。今年2月，国家环保总局与俄罗斯自然资源部就签署了关于中俄跨界水体水质联合监测的谅解备忘录。为执行备忘录，两国有关官员和专家5月30日至31日在京召开会议。据介绍，《联合监测计划》以掌握中俄跨界水体水质状况为目的，将对额尔古纳河、黑龙江、乌苏里江、绥芬河、兴凯湖等跨界水体的9个断面进行联合监测，联合监测将在同步检测、同步检验的基础上实现数据交换及数据评价。这一计划为期4年，监测将在明年年初正式启动。

国家环保局等7部门联合召开电视电话会议部署2006年环保专项行动

国家环保总局、国家发改委、监察部、工商总局、司法部、安全监管总局、电监会等国务院7部门联合召开电视电话会议，学习传达温家宝总理关于环保专项行动的批示精神，部署2006年整治违法排污企业保障群众健康环保专项行动。

会议认为，当前，水、大气、土壤等污染日益严重，重金属、有毒化学物质和持久性有机物等污染持续增加。一些地方已经喝不到干净的水，呼吸不到清洁的空气，土壤污染严重危及农产品安全。环境污染和生态破坏造成了巨大经济损失，严重危害群众健康，成为人民群众的切肤之痛。深入开展环保专项行动，就是要把人民群众的根本利益放在首位，实实在在地为人民群众排忧解难，维护社会和谐稳定。

国家环保总局局长周生贤对2006年环保专项行动进行了部署。今年的环保专项行动要重点抓好4个方面的工作：一是集中整治威胁饮用水源安全的污染和隐患。要对饮用水地表水源一级保护区内的环境违法问题进行集中整治，取缔保护区内所有污水排放口，清除所有违规建设的码头、畜禽养殖场和垃圾堆放场，严格控制网箱养殖活动。要集中整治对饮用水源构成重大污染事故隐患的排污企业，重点整治长江、黄河、淮河、辽河、松花江等重点流域沿岸大中型危险化学品生产企业存在的环境安全隐患。对直接导致饮用水源地水质超标的排污企业，要立即责令停产整顿。二是集中整治工业园区的环境违法问题。要对各类工业园区建设、管理中存在的环境违法问题进行全面清理。重点整治化工、冶炼、印染、造纸、制革、酿造和废旧物资加工等工业园区的违法排污问题。要坚决纠正降低环境准入门槛、阻挠环保现场执法、违规减免或取消排污费等一系列环境违法行为。对园区内的违法企业，该治的治、该停的停、该关的关，决不能姑息迁就，心慈手软。三是集中整治建设项目环境违法问题。要切实加大对建设项目环境管理的检查力度。对2003年《环境影响评价法》实施以来的化工、冶炼、造纸、印染、公路等重点行业的建设项目，要进行重点检查。对未经环保审批违法上马的建设项目，要依法查处；对以试生产为由拖延"三同时"验收的企业，一律停产整治，坚决遏制新的环境污染和生态破坏。四是落实责任，确保整治效果。要完善部门联动机制，充分发挥部门联动优势。对群众反映强烈、影响社会稳定的突出环境问题，要挂牌督办。对不履行环境监管职责、造成严重后果的，要依法依纪严肃查处。

国家发改委、监察部、司法部、国家工商总局、国家安全监管总局、国家电监会等部门有关领导同志在会议上发了言。

6月1日

中央纪委副书记何勇出席农村基层党风廉政建设工作座谈会并发表讲话

中共中央书记处书记、中央纪委副书记何勇在中央纪委监察部召开的农村基层党风廉政建设工作座谈会上强调,要认真解决当前农村基层党风政风中的几个重点问题。一是解决农民群众上学难、上学贵的问题,坚决杜绝农村学校乱收费行为。二是解决农民群众看病难、看病贵的问题,坚决查处假冒伪劣药品危害农民群众身体健康的恶性事件。三是要切实加强对农资市场的监管,严厉打击制售假冒伪劣产品坑农、害农的行为。四是进一步抓好严禁农村基层干部参与赌博的问题,净化社会风气。五是要解决土地征用中侵犯农民群众合法利益的问题,促进耕地保护制度和对被征地农民的合理补偿机制的实施。

何勇要求,各地区、各部门要高度重视,把加强农村基层党风廉政建设列入重要议事日程,加强组织领导。要加大督促检查力度,抓好各项任务的落实,务必取得实效。

中国—阿拉伯国家合作论坛第二届部长级会议在北京闭幕

会议通过并签署了《中国—阿拉伯国家合作论坛第二届部长级会议公报》《中国—阿拉伯国家合作论坛2006年至2008年行动执行计划》《中华人民共和国政府和阿拉伯国家联盟关于环境保护合作的联合公报》及《中阿企业家大会谅解备忘录》等文件。

外交部部长李肇星在总结发言中说,本次会议是一次继往开来的会议,增进了相互了解,为双方发挥互补优势,加强务实合作注入了新的活力。中方愿与阿方加强合作,办好阿拉伯艺术节和中阿友好大会,使论坛成为发展友谊、促进合作的平台;完善企业家大会和环境合作制度建设,探讨双方在投资、能源、人力资源开发等领域的合作,使论坛成为中阿加强互利合作的重要机制;进行深入的政治磋商,使论坛成为双方就重大国际和地区问题交换意见的沟通渠道。

外交部部长李肇星与苏丹外长拉姆·阿库勒举行会谈

6月2日

国务院总理温家宝在内蒙古考察

6月2日至4日,温家宝在内蒙古自治区鄂尔多斯市、包头市考察工作。他深入企业、农村和社区,与干部群众座谈,就煤炭工业改革与发展、特色优势产业发展、农牧业与生态建设、民族工作等进行调查研究。

温家宝来到正在建设的神华集团煤制油项目施工现场,这是世界上第一个把煤直接液化制成油的工业化项目。温家宝在察看煤制油反应器等核心设备时说,神华集团煤制油项目是国家能源安全战略的重要组成部分,也是一次重大的科技探索。要尊重科学规律和经济规律,先行试点,不可一哄而起。神华项目要保证质量,注重安全,讲求效益,在掌握煤直接液化技术的基础上,形成自主知识产权。

温家宝还考察了神华集团补连塔矿洗煤厂和装煤车站。他指出,煤炭工业改革发展事关国民经济全局,需要重点抓好以下几个方面:第一,通过大型煤矿兼并重组中小煤矿,中小煤矿联合改组等办法建设有实力的煤炭企业,下决心建几个亿吨级的大型煤炭基地。第二,实现煤矿生产的规模化、技术设备现代化、队伍专业化和管理信息化,把煤炭企业办成真正的现代企业。第三,下大力气抓好煤矿瓦斯治理,推进先抽后采,综合利用,确保生产安全。

考察期间,温家宝与部分企业负责人座谈。温家宝说,发展特色产业,一要发挥好资源优势,科学开发矿产和发展农牧业。二要立足自主创新,着力培育一批具有自主知识产权和知名品牌、国际竞争力强的优势企业。三要瞄准市场需求,占领、稳住、扩大市场份额。四要注重节约资源和保护生态环境,发展循环经济,使内蒙古的特色产业可持续发展。

温家宝还考察了包钢、北方重型汽车公司、第一机械制造公司等大型企业。

温家宝在考察中指出,内蒙古要认清自己资源丰富的长处和生态环境承载压力大的短处,集中力量抓好农牧业结构调整和生态建设这两件大事。

全国政协主席贾庆林在钓鱼台国宾馆出席"中国巴基斯坦关系55周年:友谊与伙伴"庆祝活动并发表讲话

贾庆林在讲话中表示,中巴建交55年来,双方始终相互理解、相互尊重、相互信任、相互支持,在政治、经济、军事、科技、文化等各领域开展了全方位合作,在国际和地区事务中保持了密切协调与配合。中巴友好合作给两国人民带来了实实在在的利益,也为维护世界持久和平、促进人类共同发展作出了积极的贡献。

贾庆林强调,中巴关系历经风雨,一直保持着旺盛的生命力,最重要的原因,就在于双方始终按照和平共处五项原则处理两国关系,共同致力于睦邻友好和互利合作。中巴关系已经成为发展中国家和不同文化背景国家间友好相处的成功典范。我们为有巴基斯坦这样的好伙伴、好邻居、好朋友深感自豪。

贾庆林说，中巴关系现在正面临着新的发展机遇。2005年两国签订的睦邻友好合作条约，为未来两国关系的发展规划了蓝图。中方相信，有55年友谊的坚实基础，有两国政府和人民的共同努力，中巴关系在新的世纪里一定能够取得更加富有成果的发展。

此次庆祝活动由中国外交部、巴基斯坦驻华使馆和中国人民对外友好协会共同主办。庆祝活动还包括举办中巴建交图片展，发行《中巴双边关系重要文献汇编》和《秘境之旅·巴基斯坦》两本新书。全国政协副主席、中央统战部部长刘延东，外交部副部长武大伟，中国人民对外友好协会会长陈昊苏，各界友好人士及部分国家驻华使节共700余人出席了庆祝活动。活动中，巴希尔大使还宣读了巴基斯坦总统穆沙拉夫为致力于巴中友好的中方人士授勋的名单。

国务院副总理曾培炎参观中国统计资料馆

曾培炎听取了国家统计局工作汇报。曾培炎强调，要努力做好新形势下的统计工作，大力推进统计方法制度改革，不断提高统计的科学性、准确性、时效性，为全面贯彻落实科学发展观提供有力的统计保障。

曾培炎说，我国正处于全面建设小康社会、完善社会主义市场经济体制的关键时期，经济社会发展对统计工作提出了新的更高的要求。加强和改进统计工作，是促进全面协调可持续发展的必要措施，是深化改革开放的客观要求，是搞好宏观调控的有效手段，是提高政府管理能力和水平的迫切要求。

曾培炎指出，统计工作要全面贯彻落实科学发展观，围绕坚持以人为本、促进全面协调可持续发展、构建和谐社会、推进新农村建设等新的要求，大力推进统计方法制度改革，不断扩大统计服务范围，建立健全统计评价体系，发挥统计指标的评估、监督和引导作用，使统计信息更好地为科学发展服务、为社会进步服务、为人民群众根本利益服务。

曾培炎要求，一是要围绕加快转变经济增长方式、推进产业结构优化升级、建设创新型国家，改进统计方法，完善统计指标，避免盲目追求速度、攀比总量，促进经济增长质量和效益的提高。二是强化可持续发展方面的统计，搞好节能、环保等约束性指标的统计工作，充分发挥统计的监督作用，把"十一五"规划提出的单位国内生产总值能源消耗比"十五"期末降低20%左右、主要污染物排放总量减少10%的要求落到实处。三是按照全面推进经济建设、政治建设、文化建设和社会建设的要求，加强统计核算和统计调查，使统计信息更好地为构建社会主义和谐社会服务。四是建立健全农业发展、农村经济和社会事业、农民生活及农民工等方面的统计指标，做好农村统计调查，组织好第二次全国农业普查，促进社会主义新农村建设健康发展。五是坚持政府统计的公益性，推进统计信息公开，增强为社会公众服务的功能。六是科学规范统计工作程序，强化统计执法监督，搞好统计队伍建设，加强对统计工作的指导和协调，坚决抵制弄虚作假，确保统计数据质量。

外交部部长李肇星在北京会见南非副外长帕哈德

外交部部长李肇星在北京与厄瓜多尔外长卡里翁举行会谈

外交部部长李肇星与伊朗外长穆塔基通电话

双方主要就伊核问题最新形势交换了看法。

李肇星重申，中方支持一切有利于通过外交谈判妥善解决伊核问题的努力。

《中华人民共和国职业教育法》颁布实施10周年座谈会在北京举行

座谈会由全国人大教科文卫委员会教育室及中华职业教育社和中国职业技术教育学会联合举办，全国人大常委会副委员长、中华职业教育社理事长成思危出席会议并讲话。教育部、劳动保障部、国资委等部委有关负责同志和各民主党派有关部门负责同志参加了座谈会。

成思危指出，职业教育法的颁布实施，标志着我国的职业教育事业走上了依法治教的轨道，在我国职业教育事业发展和现代化建设进程中具有重要的历史地位，是职业教育发展史上的里程碑。

成思危强调，要深入贯彻落实职业教育法，认清新的形势和任务，全面开创职业教育新的发展局面。对于今后职业教育的改革与发展，他提出了三点要求：一是要进一步提高认识，加强对职业教育的统筹协调和领导；二是要进一步深化体制改革，加快建立多元办学机制、与行业企业紧密结合的发展机制、劳动就业准入机制以及以就业为导向、面向市场需求的培养机制等"四个机制"；三是要进一步加强组织领导，强化部门协调，为实现依法治教营造良好的发展环境。

国务院批准首批国家级非物质文化遗产名录

新华社报道：国务院日前批准首批国家级非物质文化遗产名录，春节、端午节、中医诊法、针灸、梁祝传说、景德镇陶瓷、茅台酒酿制、昆曲、京剧等榜上有名。

该名录共分为10大类58项。其中传统戏剧类(92

项),传统手工技艺类(89项),民间音乐类(72项),入选数量名列名录前三位。

6月3日

教育部等7部门联合下发《二〇〇六年治理教育乱收费工作实施意见》

《二〇〇六年治理教育乱收费工作实施意见》(以下简称《意见》)提出,将农村义务教育全面纳入公共财政保障范围,建立中央和地方分项目、按比例分担的农村义务教育经费保障机制,是国务院作出的重大决策。从今年春季开学起,西部地区(包括中部地区的民族自治州和试点地区)全面实施农村义务教育经费保障机制改革。根据要求,各地要对改革资金建立科学、规范的管理制度,保证专款专用;决不允许挤占、挪用、截留改革资金,决不允许用改革资金偿还债务,决不允许出现"挤出效应",用中央投入的改革专项资金替代地方教育经费的正常增长。同时,要健全预算资金支付管理制度,加强农村中小学财务管理,严格按照预算办理各项支出,精打细算,提高资金使用效益。要建立专门的审计制度,推行财务公开制度,防止出现"吃教育"及"教育吃教育"的现象。对挤占、挪用、截留改革资金的行为,要严肃处理,决不姑息。

实行免杂费的地区,除按原"一费制"相关标准向学生收取课本费、作业本费及向寄宿学生收取住宿费外,不得再向学生收取其他任何费用;享受免费教科书的学生,不再缴纳课本费。决不允许"一边免费,一边乱收费"。未实行免杂费的地区,要严格按"一费制"规定的项目和标准收取费用。继续落实对义务教育阶段家庭困难学生的"两免一补"政策。督促各级政府调整教育支出结构,确保按预算内生均公用经费标准落实到位。

《意见》要求,要严格执行《国家发展改革委、教育部关于做好清理整顿改制学校收费准备工作的通知》规定,全面停止审批新的改制学校和新的改制学校收费标准。进一步规范义务教育办学行为,对以改制为名乱收费的学校进行全面清理。公办学校凡改制为民办学校的,必须符合"四独立"原则,否则要停止招生。严禁搞"校中校""一校两制"和以改制为名进行乱收费。各地要先停止审批新的改制学校,在调查研究的基础上,按照深化改革、有进有退、加强规范、稳步推进的原则,分步实施改制学校的清理和整顿工作。如需继续举办,必须与公办学校剥离,完全做到"四独立",并向当地群众公示,按照民办学校机制运行。要妥善解决好教师安置问题,保障教师的合法权益。要防止国有资产流失。如果不再举办,则要转回到公办学校,政府要承担相应的办学责任,保证学校所需办学经费投入到位。

《意见》提出,今年,财政部、国家发展改革委、教育部将对各级各类学校收费项目进行全面清理。并重申,教育收费项目属于全国性行政事业收费项目,除国务院规定或经财政部、教育部、国家发展改革委联合批准外,其他任何部门、省级及省级以下政府都无权出台新的教育收费项目。在国家规定限额内或国家未规定限额的收费标准,由省级人民政府审批。各地要对各级各类学校的收费项目和标准,进行一次全面清理和规范,不留"死角"。清理规范后按照国家规定保留的收费项目,以及各省(自治区、直辖市)确定的教育收费标准,要在当地政府门户网站或通过其他方式予以公布,方便群众查询和监督。部际联席会议办公室将适时组织抽查。各地要在清理规范收费项目和标准的基础上,结合本地实际,制定学校收费资金使用公示制度,保证学校收费资金使用情况公开透明,接受学生家长和社会的监督。

中山大学教授朱熹平和旅美数学家曹怀东破解庞加莱猜想

哈佛大学教授、著名数学家、菲尔兹奖得主丘成桐3日在中国科学院晨兴数学研究中心宣布,在美、俄等国科学家的工作基础上,中山大学朱熹平教授和旅美数学家、清华大学兼职教授曹怀东已经彻底证明了这一猜想。运用汉密尔顿、佩雷尔曼的理论,朱熹平和曹怀东第一次成功处理了猜想中"奇异点"的难题,发表了300多页的论文,给出了庞加莱猜想的完全证明。丘成桐指出,这一证明意义重大,将有助于人类更好地研究三维空间,对物理学和工程学都将产生深远的影响。

河南古刹慈源寺整体"乔迁"

河南林州千年古刹慈源寺历经近半年时间,累计移动1200多米,最近成功到达新址,3座建筑仍完好无损,整个工程改写5项世界纪录,创下6个国内第一。

林州慈源寺创建于唐代,是罕见的融佛、道、儒三教为一体的文物建筑群。因修建中的安林高速公路拟从慈源寺中部穿过,河南文物部门决定对慈源寺中价值较高的大雄宝殿、文昌阁、三教堂3座建筑进行整体迁移保护。这是目前中国第一例古建筑群整体移动保护工程。自2005年12月初开始,河南省文物管理局组织设计和施工单位——河南省古代建筑保护研究所历经5个月的时间,于今年6月3日下午5时18分圆满完成整体移动,大雄宝殿、文昌阁、三教堂等3座文物建筑均经过了400米左右的整体移动后,平安抵达新址既定位置。

据专家介绍，慈源寺的3座建筑的移动工程创下了迁移建筑年代最早、一次性移动建筑数量最多、首次使用降坡移动工艺、文物建筑迁移距离最长、建筑转向次数最多、新旧址之间地形高差起伏变化最大等6项国内同类工程之最，其中前5项也改写了世界陆上文物建筑迁移保护工程的纪录。

6月4日

国务院批转《中国残疾人事业“十一五”发展纲要(2006年—2010年)》并发出通知

各省、自治区、直辖市人民政府，国务院各部委、各直属机构：

国务院同意国务院残疾人工作委员会制定的《中国残疾人事业“十一五”发展纲要(2006年—2010年)》，现转发给你们，请认真贯彻执行。

2006年6月4日

中国残疾人事业“十一五”发展纲要(2006年—2010年)

为推动残疾人事业发展，进一步改善残疾人状况，依据《中华人民共和国国民经济和社会发展第十一个五年规划纲要》，制定《中国残疾人事业“十一五”发展纲要(2006年—2010年)》。

一、中国残疾人事业“十五”计划纲要执行情况和残疾人事业面临的任务

《中国残疾人事业“十五”计划纲要(2001年—2005年)》实施五年来，各级党委和政府关心残疾人、重视残疾人事业的发展，相关部门各司其职、密切配合，社会各界大力支持，残疾人事业取得显著成绩：

(一)残疾人参与社会生活的环境更加和谐。现代文明社会的残疾人观日益深入人心，人道主义思想得到进一步弘扬；社会各界广泛开展形式多样的扶残助残活动，助残志愿者队伍不断扩大，为满足残疾人基本生活需求和平等参与社会生活解决了大量实际困难；城市道路、建筑物和信息无障碍建设全面推进，为残疾人走出家门、共享社会物质文化成果和公共服务提供了便利，拓展了空间；新闻媒体积极宣传残疾人事业，进一步营造了关爱残疾人的舆论氛围；全社会依法维护残疾人权益的意识不断增强，发展残疾人事业的法治环境进一步改善。

(二)为残疾人服务的综合能力明显增强。地方各级党委、政府和公共服务机构更加重视改善残疾人生活，积极为残疾人服务，不断为残疾人创造“平等·参与·共享”的条件。残疾人特殊教育学校达到1662所、特殊教育班2700多个，残疾人职业培训机构3250个，残疾人就业服务机构3048个，残疾人康复服务机构和场所19000多个，法律维权服务机构2574个，盲人图书馆(室)建设有了新的发展，各级残疾人综合服务设施建设不断加强，改善了为残疾人服务的条件。全国县级以上普遍建立健全了残疾人组织，乡镇(街道)以下基层残疾人组织建设取得明显成绩，残疾人工作者队伍素质明显提高。

(三)残疾人状况进一步改善。642万残疾人得到不同程度的康复；残疾儿童少年义务教育入学率进一步提高，盲、聋、弱智儿童少年入学率平均提高到80%，近60万残疾人接受职业教育；残疾人就业率稳步上升；扶持700万农村贫困残疾人摆脱了贫困；516万城乡特困残疾人基本生活得到保障；残疾人群众性文化体育活动广泛开展，特殊艺术和残疾人体育取得举世瞩目的成就，参加第十二届残疾人奥运会的中国体育代表团取得金牌总数和奖牌总数两个第一的优异成绩；特殊奥林匹克运动得到长足发展。

(四)残疾人素质普遍提高。广大残疾人以珍惜人生、热爱祖国、志在奉献的高尚情怀，锐意进取、自强不息、顽强拼搏，不断提高自身思想道德和科学文化素质，积极参与社会生活，为国家的改革开放和社会主义现代化建设作出了应有的贡献。越来越多的残疾人通过参加生产劳动摆脱了贫困，其中一部分人实现了勤劳致富。各行各业的英雄模范群体中都有残疾人的杰出代表。一批优秀残疾人进入各级人大、政协，参政议政，积极为经济社会发展建言献策。

(五)残疾人事业的国际影响日益扩大。我国政府和残疾人组织积极参与、推进国际残疾人事务。配合国家外交大局，积极推动制定联合国残疾人权利公约，发起和支持第二个“亚太残疾人十年”行动。加强了残疾人事务的国际交往，国际合作领域不断拓展。残疾人事业取得的成就受到国际社会的广泛赞誉，为展示我国保障人权的良好形象和人权事业的发展成就作出了贡献。

残疾人事业“十五”计划纲要各项任务的全面完成，有效改善了广大残疾人的基本生活，为残疾人同全国人民一道实现小康生活打下了基础。但是，由于客观条件和残疾人自身障碍的影响，残疾人总体生活状况与社会平均水平还有较大差距；相当多的残疾人贫困状况没有得到根本改善，基本生活需求难以稳定保障；残疾人在康复、教育、就业等方面存在许多困难；改善残疾人参与社会生活的环境和条件的长效机制还不健全；建设残疾人小康生活的任务尤为繁重。发展残疾人事业，改善残疾人状况，促进残疾人事业与经济社会协调发展，使残疾人实现小康生活，是一项紧迫而艰巨的任务。各地区、各部门要以高度的政治责任感

和使命感，进一步加大工作力度，全面推进残疾人事业加快发展。

二、"十一五"发展纲要的总目标和指导原则

"十一五"期间残疾人事业的发展，要坚持以邓小平理论和"三个代表"重要思想为指导，坚持以人为本和全面、协调、可持续的科学发展观，紧紧围绕全面建设小康社会的奋斗目标，进一步缩小残疾人生活状况与社会平均水平的差距，改善残疾人平等参与社会生活的物质条件和社会环境。

(一)总目标

——残疾人基本生活总体初步达到小康水平。

——全面推进残疾人"人人享有康复服务"工作，通过实施重点工程，使830万残疾人得到不同程度的康复。

——扶助农村贫困残疾人脱贫，并实施残疾人危房改造工程，改善32万户农村贫困残疾人家庭居住条件。

——进一步将残疾人纳入社会保障体系，保障基本生活。

——基本普及残疾儿童少年义务教育，积极开展残疾儿童学前教育，发展残疾人高级中等教育、高等教育和职业教育，切实保障残疾人接受教育的权利。

——有就业需求的残疾人得到职业指导和职业培训，残疾人就业规模进一步扩大，就业水平进一步提高。

——残疾人文化生活水平进一步提高，体育活动得到普及。

——残疾人事业的法制建设及无障碍环境建设进一步加强，残疾人的权益保障状况持续改善。

——残疾人组织体系进一步完善，为残疾人服务的能力进一步增强。

(二)指导原则

——坚持以人为本和全面、协调、可持续的科学发展观。将残疾人事业纳入经济社会发展大局，统筹规划、同步实施、兼顾特点、整体推进、加速发展。

——坚持政府主导的工作模式。地方各级政府要加强对残疾人事业的领导，将残疾人工作纳入公共服务体系，充分发挥残疾人工作委员会的综合协调作用。各有关部门要将有关的残疾人工作纳入职责范围，各司其职、加强配合、密切协作，形成新时期发展残疾人事业的长效工作机制。各级财政要将残疾人事业发展经费列入预算，加大投入，支持残疾人事业加快发展。

——坚持社会化工作方法。大力弘扬人道主义思想，充分开发社会资源，广泛动员社会力量，倡导和鼓励社会各界关心、支持和参与残疾人事业。

——按照"求真务实，持续推进"的工作方针，围绕提高为残疾人综合服务的能力和提高残疾人基本生活水平，扎扎实实为残疾人办实事。

——统筹规划、分类指导。按照国家发展残疾人事业的统一部署和基本要求，东部地区要充分发挥自身优势，创造性地开展工作，率先使残疾人生活实现小康；中部地区和东北地区要抓住中部崛起及振兴东北老工业基地的机遇，加快发展；西部地区要抓住西部大开发的机遇，加大工作力度，努力实现残疾人事业跨越式发展。

——完善维护残疾人权益的政策法规，依法促进残疾人事业发展。

——充分发挥残疾人组织和残疾人的作用。提高残疾人工作者的素质，造就一支恪守"人道·廉洁·服务·奉献"职业道德的工作者队伍。激励广大残疾人发扬"自尊·自信·自强·自立"精神，积极参与社会生活。

三、"十一五"发展纲要的任务指标和主要措施

(一)康复

康复是帮助残疾人恢复和补偿功能，增强生活自理和社会适应能力，平等参与社会生活的基础。

任务指标

——加强社会化康复服务体系建设和康复服务人才培养，提高康复服务能力。城市和发达地区农村残疾人普遍得到康复服务，欠发达地区农村70%以上的残疾人得到康复服务。

——实施一批重点康复工程。完成白内障复明手术300万例、低视力者配用助视器10万名、盲人定向行走训练3万名、肢体残疾矫治手术1万例、装配假肢和矫形器8万例、聋儿听力语言训练8万名、智力残疾儿童系统训练10万名、肢体残疾人系统训练12万名，帮助480万名重症精神病患者得到综合治疗。组织供应各类辅助器具300万件。

——开展残疾预防，减少残疾发生。

主要措施

1. 以专业康复机构为骨干、社区为基础、家庭为依托，建立和完善社会化康复服务体系。积极推进残疾人康复服务专门机构和康复服务专业人才队伍建设；整合资源，发挥医疗卫生机构、社区服务机构、学校、幼儿园、福利企事业单位、残疾人活动场所等现有机构、设施和人员的作用，大力开展社区康复服务，建立社区康复员队伍，完善适宜的社区康复设施，将社区康复服务纳入社区建设和基层卫生工作。加强社会福利机构、残疾人养护机构、特殊教育机构中的残疾人康复工作。

2. 组织实施白内障复明手术。采取设立定点医疗机构与组派医疗队相结合的方式，实施贫困白内障患者复明手术；推动"白内障无障碍区"建设；完善低视

力康复服务网络，组织开发、生产、供应助视器，推广低视力康复技术，对贫困低视力患者实施救治；开展盲人定向行走和生活技能训练服务。

3. 健全聋儿康复网络。加强中国聋儿康复研究中心和省级聋儿康复中心建设，巩固基层聋儿康复机构；办好聋儿家长学校；指导社区、家庭开展康复训练；实施贫困聋儿康复救助；开展听力语言康复教师职称评定工作；逐步推广人工耳蜗植入技术；拓宽听力语言康复服务范围。

4. 完善精神病防治工作机制。全面推行“社会化、综合性、开放式”的精神病防治康复工作模式，在覆盖8亿人口的地区，对480万名重症精神病患者进行治疗康复；对贫困精神病患者实行医疗救助；推动精神病康复托养机构建设；大力开展精神病防治社区康复工作，采用工疗、娱疗、日常照料等多种康复手段，努力提高康复效果。

5. 加强二级以上综合医院康复医学科室建设，推动基层卫生机构开展肢体残疾康复训练与服务；完善中国康复研究中心和省、市(地)级康复中心的功能与条件；组织肢体残疾人在社区和家庭广泛开展康复训练；对麻风畸残人员实施手术矫治或配备辅助用具；做好手术矫治、辅具适配、功能训练的有机衔接；帮助贫困肢体残疾儿童接受手术矫治与康复训练。

6. 发挥社区和家庭的作用，以幼儿园、特殊教育学校、社区服务机构、工疗养护机构为依托，开展智力残疾康复综合服务。调动智力残疾人亲友的积极性，对智力残疾儿童进行生活自理和认知能力与语言交流等训练，对成年智力残疾人进行简单劳动技能、社会适应能力等训练；积极创造条件，建设集教育、康复、娱乐、劳动为一体的智力残疾和重度残疾人的养护机构，提供系统、终身康复服务；对贫困智力残疾儿童实施康复救助。开展早期干预，切实做好特殊人群的补碘宣传教育工作，减少智力残疾发生。

7. 组织研制开发、生产、供应各类残疾人急需的质优价廉的实用型辅助器具。推广、使用康复服务新技术、新产品；对贫困残疾人装配普及型下肢假肢、矫形器等辅助器具实施救助。巩固和完善全国辅助器具供应服务机构；建立国家和区域辅助器具资源中心，加强信息服务，推广评估和适配技术。加强残疾人辅助器具质量监督和管理。

8. 充分利用广播、电视、报刊、网络等媒体开展残疾人康复工作公益宣传服务。普及康复知识，提高残疾人的自我康复意识；广泛开展“爱眼日”“爱耳日”“精神卫生日”“防治碘缺乏病日”“防治麻风病日”等活动；针对遗传、疾病、中毒、意外伤害、有害环境等主要致残因素，有重点地开展宣传教育，采取干预措施；倡导早期干预和早期康复训练，有效减轻和控制残疾程度。

(二)教育

提高残疾人受教育水平是残疾人全面实现自身价值的基本条件。

任务指标

——基本普及残疾儿童少年义务教育，适应接受普通教育的残疾儿童少年入学率达到与当地健全儿童少年同等水平，接受特殊教育的视力、听力、语言和智力残疾儿童少年义务教育入学率达到国家要求，大力发展残疾儿童学前教育。

——符合条件的残疾人普遍得到职业教育或培训。

——保障符合国家录取标准的残疾考生接受高级中等以上教育。

——加快高级中等特殊教育发展，积极发展高等特殊教育。

主要措施

1. 继续将残疾儿童少年教育全面纳入国家和各地区义务教育体系，统一规划，统筹安排，同步实施。

2. 继续完善以随班就读和特教班为主体、特殊教育学校为骨干的残疾儿童少年义务教育体系。全面推行随班就读和普通中、小学校设立特教班，30万人口以上且适龄残疾儿童少年较多的县(市)要建立1所九年义务教育特殊教育学校。

3. 将残疾儿童少年入学指标列入义务教育评估验收指标体系，统计义务教育对象必须包括适龄残疾儿童少年。

4. 统筹规划高中阶段特殊教育学校建设，市(地)级以上城市要建立特殊教育高中或设立特殊教育高中班；倡导、鼓励兴办残疾人高等教育，有计划地扶持有条件的普通高等学校开设特殊教育专业和创办特殊教育学院。继续办好长春大学特殊教育学院、天津理工大学聋人工学院、山东滨州医学院、北京联合大学特殊教育学院等特殊教育院校，适当扩大招生规模，增加专业设置，提高办学层次和质量。进一步完善普通高等院校招收残疾考生的政策和考试办法。继续完善学前教育、义务教育、高级中等教育、高等教育相互衔接的残疾人特殊教育体系。

5. 继续将残疾人教育纳入国民教育体系，建立健全助学金制度，将残疾儿童少年接受义务教育切实列入政府优惠政策范围，在同等条件下，接受高级中等以上教育的贫困残疾学生优先享受国家资助政策。

6. 以社会普通职业教育机构为主，充分发挥具有特殊教育手段的残疾人职业教育机构的作用，普遍开展适应劳动力市场需求的残疾人职业教育与培训；城镇与就业相结合,农村与生产和扶贫相结合,开展多层次的职业技能教育和中短期实用技术培训。

7. 加强特殊教育师资人才队伍建设。创造条件办好特殊教育师范院校,在普通师范院校开设特殊教育专业或课程,增加特殊教育师资人才队伍的数量,提高质量。依托有条件的高等院校建立国家级残疾人职业教育师资培训基地。继续办好北京听力语言康复技术学院。加强盲文、手语的研究、完善和推广工作,继续研制专业手语和盲文符号,组织开展盲文、手语特殊教育培训,规范教材的编审和出版工作,为盲人、聋人接受义务教育、高级中等教育和高等教育创造条件。

8. 采取多种形式,扫除残疾青壮年文盲;鼓励自学成才。

(三)就业与社会保障

就业是残疾人改善生活状况,实现自强自立、实现人生价值的主要途径;保障贫困残疾人的基本生活,是健全和完善我国社会保障制度的重要内容。

任务指标

——完善残疾人就业的法律、法规和政策体系。

——城镇新增残疾人就业75万人,农村残疾人稳定就业1800万人。

——残疾人就业服务机构服务能力显著提高,残疾人就业服务需求得到基本满足。

——登记失业、求职的残疾人普遍得到职业指导和职业培训。

——培养、培训盲人按摩人员5万名,其中医疗按摩人员1万名、保健按摩人员4万名,使盲人按摩人员总数达到14万名。

——完善残疾人社会保障政策。促进城镇残疾职工按规定参加社会保险,扩大自谋职业残疾人社会保险覆盖面;按规定将残疾人纳入社会保障体系,实施分类救助,适当提高符合条件的残疾人的社会保障水平。

主要措施

1. 全面推进按比例安排残疾人就业政策的落实。进一步规范残疾人就业保障金征收工作,严格管理残疾人就业保障金,确保专款专用。

2. 鼓励社会力量依法兴办福利企业,集中安排残疾人就业。完善优惠政策和措施,扶持福利企业稳定、健康发展;在有条件的地方开办福利性工疗机构、庇护性工场,为精神病人、智力残疾人就业创造条件。

3. 加强各级残疾人联合会的残疾人就业服务机构建设。残疾人就业服务机构要在劳动保障部门指导下,综合管理残疾人劳动就业服务工作,为残疾人个体开业、集体从业和按比例就业提供职业指导和培训服务;要拓展服务项目,不断提高服务质量和服务效率;大力推进残疾人就业信息网建设;全面开展残疾人失业登记工作,为残疾人就业提供全方位服务。

4. 以市场需求为导向,以社会化培训为重点,大力开展残疾人职业技能培训和农村残疾人实用技术培训,不断提高残疾人参与市场竞争的能力。建立健全残疾人职业技能优秀人才奖励机制,举办2007年第三届全国残疾人职业技能竞赛,选拔优秀人才参加第七届国际残疾人技能竞赛。

5. 发挥中、高等医学院校按摩专业优势,培养残疾人医疗按摩人员;利用残疾人各类职业培训机构,培训残疾人保健按摩人员,加强对在职盲人按摩人员的继续教育,提高其市场竞争力。编写、修订盲人按摩专业教材,建立国家级盲人按摩教研实习基地,加强学术交流与国际交往。各级残疾人联合会要依据国家规定,加强盲人按摩行业管理,规范盲人按摩市场。

6. 切实将残疾人纳入社会保障体系。加强监督、检查,确保城镇残疾职工参加基本养老、基本医疗和失业、工伤、生育保险。落实和完善城镇贫困残疾人个体工商户参加基本养老保险补贴制度,鼓励并组织个体就业残疾人参加社会保险。帮助农村贫困残疾人参加新型农村合作医疗,并按规定给予医疗救助。按规定执行城乡居民最低生活保障政策,及时向符合条件的残疾人家庭提供最低生活保障;帮助农村贫困残疾人参加农村社会养老保险。对不适合参加劳动、无法定扶养义务人或法定扶养义务人无扶养能力、无生活来源的重度残疾人,按照规定予以供养、救济。有条件的地区,可按分类救助原则,适当提高重度残疾、一户多残等贫困残疾人家庭的生活保障水平。

(四)扶贫

做好农村残疾人扶贫工作,扶助农村残疾人摆脱贫困、解决温饱,是全面建设小康社会的重要任务。

任务指标

——扶持1000万农村贫困残疾人基本解决温饱;初步解决温饱的扶助其稳定提高经济收入。

——帮助中西部地区100万名农村适合参加生产劳动的贫困残疾人接受实用技术培训。

——扶持中西部地区25万户农村贫困残疾人家庭进行危房改造,完成32万户农村贫困残疾人家庭危房改造任务。

主要措施

1. 地方各级政府和有关部门要继续将扶持农村贫困残疾人列入扶贫工作规划,统筹安排,同步实施。要针对残疾人特点采取有效措施,加大扶持力度。

2. 国家扶贫开发工作重点县要将残疾人扶贫开发工作纳入整体规划,在"整村推进"扶贫过程中,选择适合残疾人脱贫的项目,帮助有劳动能力的贫困残疾人参加生产劳动,保证各项扶持措施真正落实到残疾人户。经济较发达的地区要将残疾人扶贫开发工作纳入当地经济社会发展规划，重点解决低收入残疾人及其家庭的相对贫困问题，稳定提高经济收入。其他地区要采取措施，保证中央扶贫贷款落实到位，扶助残疾人摆脱贫困。

3. 帮助中西部地区农村贫困残疾人接受实用技术培训，掌握脱贫致富的技能。

4. 加强康复扶贫贷款项目管理，规范运行，量化绩效考核，最大程度地保障残疾人受益。开展农村残疾人扶贫到户贷款贴息方式改革试点，有条件的地方可将中央康复扶贫贷款贴息直接核补给贫困残疾人贷款户。

5. 继续开展农村贫困残疾人危房改造工作，努力解决城镇贫困残疾人住房困难问题。对中西部地区贫困残疾人危房改造给予补助；东部地区要对贫困残疾人住房状况进行摸底调查，安排资金帮助贫困残疾人改善住房条件。

(五)文化、体育

丰富和活跃残疾人文化、体育生活，发展残疾人特殊艺术和竞技体育，展示残疾人的才华，是激励残疾人自强不息的重要形式。

任务指标

——倡导、动员社会公共文化机构为残疾人提供服务，普遍、深入开展群众文化活动。

——发展残疾人特殊艺术，培养优秀艺术人才。

——落实国家《全民健身计划纲要》，组织残疾人开展体育健身活动，增强残疾人体质。

——举办、参加国内外重大残疾人体育赛事，贯彻《奥运争光计划》，提高残疾人竞技运动水平。

主要措施

1. 支持公共文化、体育设施和机构普遍对残疾人开放并提供优惠服务。公共图书馆和街道(镇)、社区、村图书阅览室要为残疾人提供图书借阅服务，有条件的地方要开辟盲文及盲人有声读物场所。

2. 城市社区、农村乡镇的残疾人组织和特殊教育学校、福利企事业单位要根据各类残疾人的特点，开展残健融合、形式多样、有益身心健康的文化、艺术、健身、娱乐活动。

3. 各级残疾人联合会的残疾人综合服务设施要为残疾人开展文化、体育活动设立专门场所，对残疾人开放并提供周到服务。县级以上残疾人联合会要定期举办文化、体育活动，活跃基层残疾人文化、体育生活。

4. 办好残疾人特殊艺术团体，培养特殊艺术人才，展示残疾人特殊艺术才华。组织第七届全国残疾人艺术汇演和盲、聋、弱智学校学生艺术调演。

5. 发展残奥、特奥和聋奥运动。组织动员各类残疾人参加残健融合、康复健身的体育活动。开发、研制适合残疾人的体育器具，开展残疾人体育科学研究，抓好特殊教育学校体育教学和活动；有条件的体育院校、师范院校和各级体校要招收、培养一定数量的优秀残疾人运动员。全民健身路径要充分考虑残疾人参加体育锻炼的要求，适当增加相应的设施。

6. 建立健全各级残疾人体育管理机构。所有公共体育活动场所都应向残疾人免费开放。市(地)级以上地区至少有一处符合残疾人公共体育活动要求的体育综合活动场所，有条件的应设立专门为残疾人服务的体育综合活动场所。建立一支相对稳定的裁判员、分级员队伍；做好国家残疾人集训队的选拔、训练和管理工作；积极解决残疾人运动员等级评定、就学、就业和保险、奖励问题，解除他们的后顾之忧，鼓励他们为国争光。

7. 办好2007年第十二届世界特奥运动会和2008年第十三届残奥会并争取取得优异成绩。办好2006年、2010年第四届、第五届全国特奥运动会和2007年第七届全国残疾人运动会。广泛动员社会力量，进一步增强全社会对残疾人体育事业的关心和支持。

(六)社会环境

大力宣传人道主义思想和现代文明社会的残疾人观，倡导理解、尊重、关心、帮助残疾人的良好社会风尚，营造残疾人平等参与社会生活的社会环境，是发展残疾人事业的重要条件。

任务指标

——弘扬人道主义思想，加大残疾人事业的宣传力度。

——在公众传播媒介中积极推进“字幕工程”，办好手语新闻节目和残疾人专题节目。

——宣传优秀残疾人、先进残疾人工作者和扶残助残先进典型，激励残疾人自强和残疾人工作者的敬业精神，培养社会助残意识。

主要措施

1. 新闻、出版和教育行政部门要采取有效措施，支持和动员新闻媒体通过不同形式，报道和反映残疾人生活情况，宣传残疾人事业；在中、小学思想道德课程中增加人道主义、自强与助残教育等内容，营造关爱他人、扶助弱者的良好社会环境。

2. 市(地)级以上电视台要开办手语节目，县级以上广播电台要开设残疾人专题节目，积极推进影视作品加配字幕工作。

3. 广泛动员公共媒体宣传残疾人事业的成就和优秀残疾人、残疾人工作者的先进事迹，宣传社会各界扶残助残取得的成效。

4. 继续组织好“全国助残日”活动，广泛开展“志愿者助残”“红领巾助残”和“文化助残”“科技助残”“法律助残”等多种形式的扶残助残活动；举办好“国际残疾人日”等活动。

5. 大力宣传“全国自强模范”“全国扶残助残先进集体”“残疾人之家”“全国扶残助残先进个人”和“全国残联系统先进工作者”的典型事迹，鼓励更多的单位和个人关心、帮助残疾人。

6. 继续组织好全国残疾人事业好新闻作品的评选工作。

(七)维权

依法维护残疾人的合法权益是残疾人工作的主题。

任务指标

——建立残疾人维权工作机制，进一步改善残疾人权益保障状况。

——加强残疾人事业法制建设，推动保障残疾人权益法律法规的修订，加大执法和法制宣传力度，建立残疾人法律救助机制。

——针对残疾人权益保障的需求和面临的突出问题，制定相关政策，维护残疾人权益。加大对侵害残疾人合法权益重大恶性案件的查处力度。

——全面推进无障碍设施建设，在全国100个城市开展无障碍设施建设，积极开展信息交流无障碍工作，增强社会公众无障碍意识。

主要措施

1. 进一步完善残疾人法律、法规体系。修订残疾人保障法，积极制定、修订与残疾人切身利益密切相关的法律、法规，制定残疾人康复条例、完善无障碍建设等方面的法规和规范性文件，适时修订残疾人保障法实施办法，制定、修订残疾人优惠政策及扶助规定。

2. 加强对残疾人法律、法规的宣传，将残疾人保障法等法律、法规纳入国家“五五”全民普法教育规划，制订相应计划，倡导形成全社会尊重、理解、关心、帮助残疾人的良好社会氛围，提高广大残疾人的法律意识，增强残疾人法律工作者的维权能力。

3. 加大残疾人保障法执法力度，积极配合有关方面开展残疾人保障法及相关法规执行情况的检查、视察，依法维护残疾人权益。

4. 建立以各级法院的司法救助、各级司法行政部门的法律服务和法律援助为主导，以各级残疾人联合会和社会力量提供的法律救助为补充的残疾人法律救助体系，解决残疾人的实际困难。

5. 对因企业转制、国家征用土地、城市拆迁等造成残疾人生活困难、权益受损等突出问题，有关部门要按相关政策维护残疾人权益。加大对重大、典型侵害残疾人合法权益案件的查处力度。

6. 认真贯彻《信访条例》，建立相应的工作机制，加强残疾人信访工作；发挥残疾人维权示范岗的作用，听取残疾人意见，了解残疾人需求，解决残疾人困难，为维护残疾人权益和社会稳定大局服务。

7. 严格执行无障碍建设的相关法律、法规和设计规范，制定实施无障碍设施建设行业标准，加快行业无障碍建设；对城市现有道路、建筑物、公共服务设施进行无障碍改造，加大对已建无障碍设施的维护和管理力度；加强无障碍环境建设的宣传，开展全国城市无障碍设施建设工作。

8. 积极开展信息交流无障碍工作。推动信息交流无障碍法律、法规建设，采用盲文、手语、字幕、特殊通讯设备等辅助技术或替代技术，为残疾人接受和传播信息，参与社会生活创造条件。

(八)信息化建设

加强残疾人事业信息化建设是国家政务信息化建设的整体要求，是实现残疾人事业现代化管理和可持续发展的重要措施。

任务指标

——建立健全基层残疾人事业信息化工作管理体系。

——完善残疾人联合会系统网络建设，实现中国残疾人联合会和省级残疾人联合会间的网络互连和信息资源共享。

——整合残疾人事业信息资源，建立和完善全国残疾人联合会综合业务数据和信息管理系统，加强互联网网站建设与信息服务。

——完善残疾人事业统计指标体系，加强基层统计管理。

——推广信息无障碍技术的应用。

主要措施

1. 以省级残疾人联合会信息化专业机构为骨干，以市(地)级以下残疾人联合会为基础，逐步建立完善基层残疾人联合会信息化工作组织体系。

2. 在“十五”残疾人联合会网络建设基础上，实现中国残疾人联合会与省级残疾人联合会局域网的连接，逐步建立全国残疾人联合会系统业务应用平台，实现业务数据、政务信息网上传输。

3. 根据残疾人事业发展需要，规划残疾人联合会系统业务数据库管理体系；统一标准、整合资源，逐步建立和完善全国残疾人联合会综合业务数据管理系统，提高残疾人工作管理水平。

4. 进一步推动残疾人联合会系统公众信息网建设，丰富信息内容，加强社会宣传，促进政务公开，努力为残疾人提供方便快捷的网络信息服务。

5. 做好残疾人事业信息化服务的业务指导、标准规范和政策咨询工作。统一组织和推进面向残疾人的康复、教育、就业等方面的信息服务；制定相关政策，鼓励社会机构积极参与残疾人事业信息化建设。

6. 完善残疾人事业统计指标体系，加强统计制度管理，建立基层统计台账，推进数据统计电子化，提高统计数据的科学性和准确性。

7. 积极推动信息无障碍技术标准的制定，开展信息无障碍项目和产品的研发、推广和实效评估。

（九）残疾人组织建设

加强残疾人组织建设，培养、造就高素质的残疾人工作者队伍，是做好残疾人工作的重要组织保障。

任务指标

——完善残疾人组织机构，全面履行职能。

——提高工作人员素质，增强服务能力。

——健全、完善各类残疾人专门协会，密切联系残疾人。

——动员社会力量支持残疾人工作，组织志愿者扶残、助残。

——加强综合服务设施建设，创造为残疾人服务的条件。

主要措施

1. 县级和乡镇（街道）残疾人联合会按照国务院残疾人工作协调委员会《关于加强基层残联建设的决定》和《进一步加强基层残疾人组织建设的意见》的要求，完善机构、健全机制、加强力量、提高效能。建立健全社区居民委员会、村民委员会和企事业单位的残疾人组织，形成完整的残疾人工作组织体系。

2. 采取多种形式，培养、培训残疾人工作者，认真贯彻《全国残疾人工作者职业道德规范（试行）》，制定《全国残联系统干部教育培训规划（2006年—2010年）》，提高残疾人工作者的职业道德水平和综合服务能力，培养思想好、作风硬、能力强、素质高，恪守"人道·廉洁·服务·奉献"职业道德的残疾人工作者队伍。

3. 依照《中国残疾人联合会章程》规定，建立健全各类残疾人专门协会，发挥"代表·服务·维权"作用，密切联系广大残疾人，活跃基层残疾人生活。

4. 广泛动员社会力量，普遍组织志愿者开展文化、科技、法律助残，支持残疾人工作，为残疾人提供志愿服务。

5. 组织第四次"全国自强模范""全国扶残助残先进个人"和"全国扶残助残先进集体""残疾人之家""全国残联系统先进工作者"的评选、表彰活动。

6. 继续做好残疾人证的核发和管理工作。

7. 加强残疾人综合服务设施建设，提高服务能力。已建成投入使用的残疾人综合服务设施要进一步完善功能，充分发挥作用，为残疾人接受康复训练、职业培训、就业指导和开展文化、体育活动提供服务；尚未建设残疾人综合服务设施的地区要创造条件，建设符合要求、规模适度的残疾人综合服务设施。中央有关部门视情对中西部困难地区的残疾人综合服务设施建设给予适当补助。

8. 认真做好第二次全国残疾人抽样调查工作。加强残疾人事业理论研究。继续做好残疾人福利基金会工作，挖掘社会资源支持残疾人事业。加强国际交流与合作，继续积极参与联合国残疾人权利公约制定工作及其他国际残疾人事务和活动；加大对外宣传力度，展示我国人权保障成就。

残疾人事业是文明、进步、崇高的事业，是建设中国特色社会主义和我国人权保障事业的重要组成部分。加快残疾人事业发展是构建社会主义和谐社会的本质要求，是各级政府和全社会义不容辞的责任。为保证本纲要的实施，国务院残疾人工作委员会将组织相关部门制定配套实施方案。各地区要依据本纲要制订本地残疾人事业"十一五"发展纲要和实施方案，采取有力措施，确保完成本纲要规定的各项任务。

国务院任命国家工作人员

任命刘士余为中国人民银行副行长。

6月5日

中国科学院第十三次院士大会和中国工程院第八次院士大会在人民大会堂开幕

国家主席胡锦涛出席会议并发表重要讲话。

中共中央政治局常委吴邦国、温家宝、贾庆林、曾庆红、黄菊、吴官正、李长春、罗干出席大会。

这次大会是我国科学技术和工程技术界最高学术团体召开的一次盛会。大会的主题是，高举邓小平理论和"三个代表"重要思想伟大旗帜，全面贯彻落实科学发展观，落实国家中长期科学和技术发展规划纲要提出的战略任务，团结带领全国科学和工程技术工作者，为全面建设小康社会奠定坚实的科学技术基础，为推动经济社会协调发展，为中华民族的伟大复兴，作出应有的贡献。

出席大会的中央领导同志还有：回良玉、刘云山、吴仪、贺国强、曾培炎、王刚、何鲁丽、盛华仁、韩启德、唐家璇、华建敏、陈至立、刘延东、陈奎元、黄孟复和吴阶平、周光召、宋健、钱正英。

大会由全国人大常委会副委员长、中国科学院院长路甬祥主持。全国政协副主席、中国工程院院长徐匡迪致开幕词。

1100多位两院院士，中央和国家机关有关部门负责人出席大会。

国家主席胡锦涛在中国科学院第十三次院士大会和中国工程院第八次院士大会上发表讲话

各位院士，同志们：

中国科学院第十三次院士大会和中国工程院第八次院士大会今天隆重开幕了。首先，我代表党中央、国务院，向大会的召开表示热烈的祝贺！向两院院士和全国广大科技工作者致以诚挚的问候！

这次两院院士大会，是在我国经济社会发展进入"十一五"时期的重要时刻召开的。开好这次会议，对发挥两院院士在我国科学技术事业发展中的领军作用，动员我国科技界为建设创新型国家、实现全面建设小康社会目标建功立业，具有十分重要的意义。

下面，我讲三个问题。

一、目前的形势和我国科技战线的任务

改革开放28年来，我国经济社会长期保持较快发展势头，工业化、城镇化、市场化、国际化进程明显加快，社会生产力、科技实力、综合国力显著增强，人民生活日益改善，社会主义政治文明建设、精神文明建设全面加强，国际地位和国际影响力不断提高。我们已经胜利完成了"十五"计划，全国各族人民正在新的历史起点上满怀信心地为实现"十一五"规划确定的发展目标而奋斗。今年年初，国务院制定了国家中长期科学和技术发展规划纲要。党中央、国务院作出关于实施科技规划纲要、增强自主创新能力的决定，召开全国科学技术大会，提出了用15年时间使我国进入创新型国家行列的重大战略任务。全国广大科技工作者正在意气风发地为建设创新型国家而奋斗。越是取得的成绩大，越是发展的前景好，我们越要保持清醒的头脑，要在充分肯定成绩的同时，全面分析和正确认识我国发展面临的机遇和挑战。

从国际环境看，和平、发展、合作是当今时代的潮流，世界多极化和经济全球化的趋势深入发展，科技进步日新月异，国际产业和技术转移加速进行，各国同我国合作的意愿普遍增强。同时，国际局势继续发生深刻复杂变化，影响和平与发展的不稳定不确定因素增多，国际竞争日趋激烈，我国仍面临着发达国家经济科技占优势的压力。

从国内发展看，我国经济实力明显增强，社会主义市场经济体制日渐完善，劳动力资源丰富，市场空间广阔，社会政治保持长期稳定，我国的发展具有更为坚实的基础，也具有更为广阔的前景。同时，我国是一个有13亿人口的发展中大国，正处于并将长期处于社会主义初级阶段，生产力还不发达，发展还很不平衡，人民生活还不富裕，农业基础比较脆弱，经济增长方式比较粗放，能源资源约束日渐突出，环境污染和生态破坏问题严重。要解决面临的突出矛盾和问题，实现现代化建设的目标，需要我们进行长期努力。

从世界科技发展看，科学技术特别是战略高技术正日益成为经济社会发展的决定性力量，成为综合国力竞争的焦点。科技进步不断突破人类认识的已有境界，学科之间、科学和技术之间、科学技术和人文社会科学之间交叉渗透，产生了众多新的跨学科领域。科学发现正在为技术创新和生产力发展开辟更加广阔的道路，科技成果产业化周期缩短，技术更新速度越来越快，以信息科技、生物科技为主要标志的高技术及其产业快速发展，不断创造出新的科技制高点和经济增长点，成为科技创新和先进生产力的集中体现，成为推动经济社会发展的强大动力。国家核心竞争力越来越表现为对智力资源和智慧成果的培育、配置、调控能力，表现为对知识产权的拥有、运用能力。在当代世界科技发展的澎湃大潮中，可以说，谁把握了这些新特点新趋势，紧紧抓住追赶和跨越的机遇，不断增强科技实力特别是自主创新能力，谁就能在综合国力竞争中占据更有利的战略地位。世界主要国家纷纷加快了争夺科技制高点的步伐。世界科技进步迅猛发展及其带来的巨大影响，给我们提出了不能回避、也回避不了的严峻挑战。我们必须急起直追、锲而不舍，加快自主创新步伐，增强国家核心竞争力，带动我国社会生产力实现质的飞跃，努力在激烈的国际竞争中赢得和保持发展的主动权。经过长期努力，我国科学技术事业取得了伟大成就，形成了比较完整的学科布局，培养了一支勇于攀登世界科技高峰的优秀科技队伍，部分重要领域的研究开发能力已跻身世界先进行列。但是，我国科技的总体水平同世界先进水平相比仍有较大差距，同我国经济社会发展的要求也有许多不适应的地方，特别是自主创新能力不强，发明专利数量少，关键技术对外依存度高，高新技术产业所占比例较低，企业还没有真正成为技术创新的主体，许多技术研究开发的成果还难以实现产业化，优秀拔尖人才比较少，科技体制机制存在不少弊端。这些影响我国科学技术事业发展的突出问题，都需要我们下大气力认真加以解决。

总之，无论从国际看还是从国内看，无论从经济社会发展看还是从科学技术事业发展看，我们都既面临着难得的发展机遇，又面临着严峻的挑战。古人说："不谋万世者，不足谋一时；不谋全局者，不足谋一域。"在国际竞争日趋激烈、国内改革发展稳定任务艰巨繁重的情况下，我们必须增强忧患意识，做到居安思危，既要认清机遇、抓住机遇、用好机遇，又要正视挑战、迎接挑战、战胜挑战。要把注意力更多地放在分析和应对可能影响我国当前和长远发展的各种挑战上，把着力点更多地放在把握和解决可能影响我国发展的突出矛盾和问题上，更多地依靠科技进步和创新推动经济社会又快又好发展。

建设创新型国家，是党中央、国务院从全面建设小康社会、开创中国特色社会主义事业新局面的全局出发作出的一项战略决策。建设创新型国家，就要把增强自主创新能力作为发展科学技术的战略基点，走出中国特色自主创新道路，推动科学技术的跨越式发展；就要把增强自主创新能力作为调整经济结构、转变经济增长方式的中心环节，建设资源节约型、环境友好型社会，推动国民经济又快又好发展；就要把增强自主创新能力作为国家战略，贯穿到现代化建设各个方面，激发全民族创新精神，培养高水平创新人才，形成有利于自主创新的体制机制，大力推进理论创新、制度创新、科技创新，不断巩固和发展中国特色社会主义伟大事业。我们一定要有高度的历史责任感和宽广的世界眼光，按照自主创新、重点跨越、支撑发展、引领未来的要求，坚定不移地把科学技术作为第一生产力，坚定不移地实施科教兴国战略和人才强国战略，坚定不移地贯彻经济建设和社会发展必须依靠科学技术、科学技术发展必须面向经济建设和社会发展的方针，制定科技发展的重大政策和配套措施，推进国家创新体系建设，加强基础研究、高技术前沿研究、可持续发展相关研究，加快把知识和技术转化为现实生产力，为我国经济社会发展提供强大的科技支撑，真正使科学技术现代化成为实现中华民族伟大复兴的强大动力。

二、建设宏大的创新型科技人才队伍

"功以才成，业由才广。"建设创新型国家，关键在人才，尤其在创新型科技人才。没有一支宏大的创新型科技人才队伍作支撑，要实现建设创新型国家的目标是不可能的。世界范围的综合国力竞争，归根到底是人才特别是创新型人才的竞争。谁能够培养、吸引、凝聚、用好人才特别是创新型人才，谁就抓住了在激烈的国际竞争中掌握战略主动、实现发展目标的第一资源。这里，我想专门讲讲加紧培养造就创新型科技人才的问题。古往今来的科技创新实践都表明，创新型科技人才是新知识的创造者、新技术的发明者、新学科的创建者，是科技新突破、发展新途径的引领者和开拓者，是国家发展的宝贵战略资源。抓紧并持之以恒地培养造就创新型科技人才，是提高自主创新能力、建设创新型国家的必然要求，也是实现国家发展目标、实现中华民族伟大复兴的必然要求。我们必须坚持人才资源是第一资源的战略思想，把培养造就创新型科技人才作为建设创新型国家的战略举措，加紧建设一支宏大的创新型科技人才队伍。

培养造就创新型科技人才，要全面贯彻尊重劳动、尊重知识、尊重人才、尊重创造的方针，以建设创新型国家的需求作为基准，遵循创新型科技人才成长规律，用事业凝聚人才，用实践造就人才，用机制激励人才，用法制保障人才，不断发展壮大科技人才队伍，努力形成江山代有才人出的生动局面。

培养造就创新型科技人才是一个系统工程，需要各级党委和政府、有关部门、高等院校、科研院所以及全社会共同努力。在工作中，要突出抓好以下几个重要环节。

第一，要完善培养体系。创新型科技人才的成长是一个综合培养的过程，不可能一蹴而就，首先要从教育这个源头抓起。要根据我国经济社会发展特别是科学技术事业发展的要求，继续深化教育改革，加强素质教育，努力建设有利于创新型科技人才生成的教育培养体系。要以系统的观点统筹小学、中学、大学直到就业等各个环节，形成培养创新型科技人才的有效机制。要改变单纯灌输式的教育方法，探索创新型教育的方式方法，在尊重教师主导作用的同时，更加注重培育学生的主动精神，鼓励学生的创造性思维。要把中小学生从沉重的课业负担下解放出来，激发他们的好奇心和探究精神，使广大青少年在发掘兴趣和潜能的基础上全面发展。要改革和完善高等学校的课程设置，更新教学内容，重视理论与实践相结合，培养学生的创新精神和能力。要高度重视技术科学的发展和工程实践能力的培养，提高把科技成果转化为工程应用的能力。要多层次、多渠道、大规模地开展在职科技人员的继续教育，加快建立网络化、开放式、自主性的终身教育体系，使广大科技人员不断掌握新知识新技能，不断提高进行科技创新的素质和能力。

第二，要不拘一格选用人才。要建立健全一套有针对性的管理制度和方法，坚持在公平竞争中识别人才、发现人才、培育人才，摒弃论资排辈、攀比学历等做法，为优秀人才特别是年轻的创新型科技人才施展才干提供更多机会。要认真贯彻国家和产业层面的科技人才队伍建设规划，积极推进创新团队建设，依托国家重大人才培养计划、重大科研和重大工程项目、重大产业攻关项目、重点学科和重点科研基地、国际学术交流合作项目，积极搭建各类创新平台，为创新型科技人才脱颖而出、建功立业创造条件。要大力发展奋力攀登的创新文化，培育相互友爱的人际关系，保持宽松自由的工作氛围，营造团结和谐的组织机制，理解创新型科技人才的个性特点，允许他们在学术上发表新见解新主张，鼓励和培养他们的创新精神，最大限度地激发和保护科技人员的创新激情和活力，保证科技人才能够心无旁骛地从事科技创新活动。科技创新具有很强的风险性和不可预见性，要允许和宽容科技创新失败，关心和爱护在探索中受挫的科技人才，支持他们在总结经验教训的基础上继续前进。科技团队的领军人物和管理者要提高科技领导和管理的能力，争当发现创新型科技人才的“伯乐”，做到知人善任，促进人尽其才、才尽其用。

第三，要完善制度和政策保障。要继续深化科技体制改革，充分发挥政府的主导作用，充分发挥市场在科技资源配置中的基础性作用，建立健全人才培养、使用、评价、分配、流动等方面的体制机制，坚决破除束缚人才成长和限制人才充分发挥作用的观念、做法、体制，保证激励科技创新的制度和政策在科研第一线得到落实。要完善品德、业绩、知识、能力等要素构成的全面的人才评价体系，对创新型科技人才的贡献实施目标化管理，进一步克服人才评价中重学历资历、轻能力业绩的倾向。要充分发挥企业在技术创新中的主体作用，健全鼓励企业增加科技投入的机制，形成多元化的科技投入格局，建立以企业为主体、市场为导向、产学研相结合的技术创新体系，推动创新型科技人才向企业集聚。要完善知识产权制度，激励创新，保障权益，为推动科技创新和创新成果的运用提供法律保障。要改革和完善职称评审制度，以引导和激励各类人才积极进行知识创新、技术创新为导向，更加关注重点行业和人才密集单位，更加关注边远贫困地区和基层科技推广、工农业生产第一线，更加关注取得显著社会经济效益的各类企事业单位，更加关注中青年专业技术人员。要建立健全鼓励人才创新的分配制度和激励机制，坚持向关键岗位和优秀人才倾斜的政策，对作出突出贡献的给予重奖，真正形成岗位靠竞争、报酬靠贡献的激励机制，让优秀人才得到优厚报酬。要健全人才流动机制和人才信息化管理机制，进一步消除人才流动的体制性障碍，促进人才合理有序流动，让稀缺人才和特殊专业人才充分发挥作用，并保障国家重大科技工作的人才储备。

第四，要进行开放式培养。创新型科技人才特别是领军人物，关起门来是培养不出来的。在世界科技水平总体领先于我国的形势下，不采用开放式培养，难以尽快培养造就大批创新型科技人才。在引进消化吸收再创新的基础上提高自主创新能力是赶超世界先进科技水平的有效途径，开放式培养则是加快培养造就国际一流的科技尖子人才和科技领军人物的有效途径。我国两院院士以及一些杰出的科技工作者，大都曾留学海外或经常与国外同行进行交流，既在国际交流合作中展现了自己的才华，也汲取了先进的创新理念和最新的科技知识。要坚持对外开放的基本国策，加强同国际科技界多种形式的交流合作，有效利用全球科技资源，积极吸收人类创造的一切文明成果。要鼓励科研院所、高等院校同海外研究开发机构建立联合实验室或研究开发中心，支持在双边和多边科技合作协议框架下实施国际合作项目，支持我国企业在海外设立研究开发机构或产业化基地，鼓励跨国公司在华设立研究开发机构。要积极参与国际大科学工程和国际学术组织，支持我国科学家和科研机构参与或牵头组织国际和区域性大科学工程。要善于利用国内国外两种人才资源，坚持自主培养开发和引进海外人才并重，立足国内进行人才资源开发，坚持自力更生培养人才，同时加大引进人才、引进智力工作的力度，采取多种方式吸引广大出国留学人员回国创业，尤其是要积极引进海外高层次人才和我国经济社会发展需要的紧缺人才。

第五，要营造鼓励科技创新的社会氛围。创新文化同科技创新有着相互促进、相互激荡的关系。中华文化包含着鼓励创新的丰富内涵，我们的先人们历来强调推陈出新、革故鼎新，强调“天行健，君子以自强不息”。要大力倡导和弘扬崇尚创新、鼓励创新的精神，为造就一支浩浩荡荡的创新型科技人才队伍、建设创新型国家提供强有力的文化支撑。要在全社会培育创新意识，大力提倡敢于创新、敢为人先、敢冒风险的精神，营造鼓励人才干事业、支持人才干成事业、帮助人才干好事业的良好社会环境。要在全社会广为传播科学知识、科学方法、科学思想、科学精神，使广大人民群众更好地接受科技武装，进一步形成讲科学、爱科学、学科学、用科学的社会风尚。要加强宣传科技创新的典型事迹和典型人物，让人民群众了解科技创新对我国经济社会发展的重大推动作用，引导全社会树立创新光荣的价值观，使科技创新成为全社会景仰的工作和活动。要加强科普工作，使我国广大青少年从小就树立从事科技创新的理想，立志成为未来科技创新的生力军和我国科学技术事业发展的接班人。实践表明，创新型科技人才特别是领军人物都具有成长成才、实现科技创新所必需的一些基本素质和特点。归纳起来，在当代中国，要成为一名创新型科技人才，应该具有以下主要素质和品格。一是具有高尚的人生理想，热爱祖国，热爱人民，热爱科技事业，努力做到德才兼备，坚持在为祖国、为人民勇攀科技高峰中实现自己的人生价值。二是具有追求真理的志向和勇气，坚持解放思想、实事求是、与时俱进，保持强烈的创新欲望和探索未知领域的坚定意志，对新事物新知识特别敏锐，敢于挑战权威和传统观念，为追求真理、实现创新而勇往直前。三是具有严谨的科学思维能力，掌握辩证唯物主义的思维方法，善于运用科学方法和科学手段，坚持终身学习，不断更新知识、夯实理论功底，构建广博而精深的知识结构，养成比较全面的科学文化素质。四是具有扎实的专业基础、广阔的国际视野、敏锐的专业洞察力，能够准确把握科技发展和创新的方向，善于对解决重大科技问题提出关键性对策。五是具有强烈的团结协作精神，善于组织多学科的专家、调动多方面的知识，领导创新团队在重大科技攻关和科技前沿领域取得重大成就。六是具有踏实认真的工作作风，淡泊名利，志存高远，坚忍不拔，不怕艰难困苦，不畏挫折失败，勇于在科技创新的实践中经历磨炼，不断攀登科学技术高峰。这些素质和品格，不仅可以在世界许多成功的科学家身上看到，也可以在我们的院士和一些优秀科技工作者身上看到。我们要继承和发扬我国科技工作者的优良传统和作风，使之在培养造就大批创新型科技人才中发挥重要作用。

"千军易得，一将难求。"国际一流的科技尖子人才、国际级科学大师、科技领军人物，可以带出高水平的创新型科技人才和团队，可以创造世界领先的重大科技成就，可以催生具有强大竞争力的企业和全新的产业。在我们的院士队伍里，就不乏这样的将才和帅才。但是，从整体上看，我国这类人才还不够多。培养造就创新型科技人才，首先要抓紧培养造就这类人才，尤其要培养造就一批中青年领军人物。同时，我们还要培养大批各个层次的创新型科技人才，在学术和技术梯队中形成科技创新的骨干力量和符合科技创新需求的人才结构，以推动科技活动各个领域各个层面的创新实践。我国科技事业正处在实现发展跨越的重要机遇期。我国改革开放和现代化建设的伟大实践，既对科技事业发展提出了迫切要求，也为广大科技工作者施展才华提供了广阔舞台。有志气、有抱负的我国科技工作者，一定要抓住这个重大历史机遇，在建设创新型国家的伟大事业中奉献自己的聪明才智，实现美好的人生追求。

三、两院院士要在建设创新型国家中大显身手

中国科学院院士、中国工程院院士代表着我国科学和工程技术界的最高学术水平，享有崇高荣誉，受到全社会广泛尊重。长期以来，两院院士作为全国科技大军的领军人物，崇尚科学，敬业奉献，为我国科学技术事业发展、经济社会发展作出了重大贡献。从1956年我国制定《十二年科学技术发展远景规划》到在条件异常艰苦的岁月里成功研制"两弹一星"，从制定和实施对我国科技发展起到重大作用的"863""973"计划到"神舟"五号、"神舟"六号载人航天飞船遨游太空，从我国取得杂交水稻、陆相成油理论和应用、高性能计算机等领域的重大成果到三峡工程、南水北调、西电东送、西气东输、青藏铁路、高速轨道交通等重大决策，两院院士都付出了大量心血和辛劳。前不久过世的王选院士就是我国院士的杰出代表，他献身科学、敢为人先，提携后学、甘为人梯，为我国广大知识分子树立了光辉的榜样。两院院士真正是祖国和人民的骄傲！

实践证明，中国特色的院士制度，有利于凝聚我国科技界的精英为国家经济社会发展出主意、攻难关，有利于组织创新团队承担国家重大科研项目，有利于激励广大科技工作者为国家富强、民族振兴贡献智慧才干。院士制度在我国才实行几十年，需要根据形势的发展，在总结经验的基础上继续完善，使之更好地发挥作用。

党中央、国务院和全国人民对两院院士寄予厚望。希望中国科学院、中国工程院进一步发挥跨学科、跨部门、高水平的优势，围绕推进经济社会发展、改善人民生活、保障国防安全等方面的重大科技问题，开展宏观性、战略性、前瞻性、综合性的决策咨询，组织科研团队在专业领域内发挥领军作用，为党和政府决策提供真知灼见，以实际行动推动重大决策的科学化、民主化。

希望两院院士发扬心系祖国、自觉奉献的爱国精神，求真务实、勇于创新的科学精神，不畏艰险、勇攀高峰的探索精神，团结协作、淡泊名利的团队精神，争当科技创新的尖兵。要紧紧抓住当前制约我国经济社会发展的重大科技问题，把国家需求、宏观部署和自由探索结合起来，继续推进原始性创新，继续推进核心技术、关键技术、集成技术研发，继续推进引进消化吸收再创新，继续推进产学研相结合，努力为实现自主创新能力的跨越式发展、建设创新型国家贡献力量。

希望两院院士在建设创新型国家的伟大实践中做拼搏奉献的楷模，带头弘扬追求真理、实事求是的科学精神，积极实践以"八荣八耻"为主要内容的社会主义荣辱观，承担起向社会示范创新行为、展示创新成果、传播创新文化的责任，培养广大人民群众对科技的兴趣和爱好，加深全社会对科技创新的认识和感知，共同建设创新文化。同时，我殷切希望大家承担起培养和提携人才特别是创新型科技人才的重任，建设好学术梯队，为年轻人奋勇创新提供舞台，为年轻人加快成才铺路搭桥。

各位院士、同志们！

提高自主创新能力，建设创新型国家，为全面建设小康社会提供强大科技支撑，是时代赋予我国科技工作者的历史使命。希望我国广大科技工作者埋头苦干、锐意进取，努力创造出无愧于时代的光辉业绩，不断为祖国、为人民作出新的更大的贡献！

全国人大常委会委员长吴邦国在人民大会堂会见由参议长比鲁塔率领的卢旺达参众两院代表团

国务院副总理曾培炎在中国生态安全高层论坛上的讲话

今天是“6·5世界环境日”。在全球各个国家和地区，关心环保的人们正围绕“莫使旱地变荒漠”这一主题，以不同的方式举行活动，充分显示了人类保护共同家园的坚定信心。中国是世界上荒漠化最严重的国家之一，荒漠化已经成为危及国家生态安全的突出问题。今天，我们在这里举办生态安全高层论坛，既是对世界环境日主题的积极响应，也是根据中国实际情况开展的具体行动，有着十分重要的现实意义。

近年来，在各级政府和有关方面的共同努力下，在广大人民群众的大力支持下，我国生态环境保护和建设工作取得了积极进展。“十五”期间，在经济快速增长的同时，全国环境质量基本稳定，部分城市和地区有所改善。通过退耕还林、退牧还草，一些沙化退化的土地，已经能够看到绿色；通过污染控制、综合治理，一些水体恶化的河湖，已经恢复了原有的风光；通过生态移民、自然修复，一些环境脆弱的地区，已经得到有效保护；通过生态建设，一些往日污染矛盾突出的地方，开始走上经济与环境协调发展的道路。

刚才表彰的生态市、生态县和环境优美乡镇就是全国可持续发展的先进典型。江苏省张家港、常熟、昆山和江阴市加大环境综合整治力度，在环保模范城的基础上又上了新台阶；浙江省安吉县通过发展生态经济，探索出环境与经济“双赢”的路子；上海市闵行区严格保护环境，把“脏乱差”的城乡结合部建成了人居环境良好的花园小区。事实证明，只要我们全面落实科学发展观，认真贯彻环境保护基本国策，无论是发达地区，还是欠发达地区，都能实现可持续发展。

同时必须清醒地看到，我国生态环境形势依然十分严峻。水土流失和土地沙化威胁着国家生态安全，全国已有1/3的国土面积受到水土流失的侵蚀，90%的天然草原不同程度的退化，有限的耕地资源受到环境污染和地力下降的双重威胁，宝贵的生物资源正在锐减。沱江、松花江等接连发生的重大环境污染事故，直接威胁到人民的生产生活。频繁袭击北方的沙尘暴，再次敲响了生态安全的警钟。

历史经验告诉我们，生态兴则文明兴。环境适宜的长江、黄河流域孕育了辉煌的中华文明，生态较好的“两河”流域塑造了古巴比伦文明。反之，生态衰则文明衰。丝绸之路上的楼兰古国，随着生态环境的变迁，早已湮没在万顷流沙之中。当代现实也告诉我们，生态环境一旦遭到严重污染，将导致难以恢复的灾难。前苏联切尔诺贝利核电站的核辐射泄漏、印度博帕尔农药厂的毒气爆逸事故，造成的危害至今不能彻底消除，其教训十分深刻。我们维护生态安全就是捍卫我们赖以生存的家园，就是巩固中华民族发展的根基。

党中央、国务院高度重视生态安全问题。党的十六届五中全会提出，全面贯彻落实科学发展观，加快建设资源节约型、环境友好型社会。“十一五”规划对建设资源节约型、环境友好型社会提出了具体目标和措施。不久前，国务院作出了加强环境保护的决定，召开了第六次全国环境保护大会，对保护生态环境、维护生态安全提出了明确要求。我们要在促进经济发展能力，明显改善生态环境，推动整个社会走上生产发展、生活富裕、生态良好的文明发展道路。

维护生态安全，必须努力扭转自然生态恶化的趋势。要按照优化开发、重点开发、限制开发和禁止开发的要求，区别不同区域的生态功能定位，把经济活动控制在自然生态的承载力之内。加强生态功能保护区和自然保护区建设，发挥自然修复作用，保护生物多样性和生态系统的整体功能。要继续实施天然林保护、天然草原植被恢复、退耕还林、退牧还草和防沙治沙等生态治理工程。要因地制宜发展适应抗灾要求的避灾经济。积极推进生态省、生态市、生态县和环境优美乡镇等生态示范创建工作，树立一批科学发展的典型。

维护生态安全，必须加大环境污染防治力度。要将水、空气、土壤污染防治作为环保工作的重中之重，把确保群众饮水安全作为首要任务，不断加大整治力度。要坚决淘汰落后工艺、设备和生产能力，关闭浪费资源、污染严重的企业。严格执行建设项目环评制度，依法开展规划环评，积极探索重大决策环评，做到增产不增污、增产要减污。要按照建设社会主义新农村的要求，强化农村环境保护工作，实施农村小康环保行动计划，确保农产品安全。加快实施危险废物处置、污水处理、垃圾无害化处理、燃煤电厂脱硫、核与辐射环境安全等国家环保重点工程，着力解决当前突出的环境问题。

维护生态安全，必须有效防范突发性环境事件。当前我国正处于一个环境事故的高发期，近年来发生的重大突发性环境污染事件警示我们，事故出于麻痹，责任重于泰山！我们必须建立健全防控体系，完善事故应急预案，健全决策响应系统。要将重点流域、重点地区、重点行业、重点部位作为防控的主要对象，常抓不懈，把环境安全隐患消除在萌芽中。一旦发生环境事故，各级政府和有关部门要采取断然措施，科学处置，通力合作，沉着应对，把危害和损失控制在最小程度。

维护生态安全，需要动员全社会的力量广泛参与。保护环境是全民族的共同事业，要加强生态安全的警示教育，提高全社会的生态安全意识。健全环境法律法规体系，加强监督检查，强化环境执法。各级政府要及时发布环境信息，让社会公众了解环境状况。要群策群力、群防群治，充分调动广大人民群众爱护环境的积极性主动性，将保护环境的热情转化为自觉行动。要倡导健康文明的生产、生活方式，努力营造建设环境友好型社会的良好氛围。

维护生态安全，需要加强国际环境交流与合作。要积极引进国外先进技术和经验，提高我国生态治理与环境保护的装备水平和管理水平。要采取有效措施，防范危险废物非法进口、有害外来物种入侵和生物遗传资源流失。中国将以更加积极主动的姿态参与国际环境与发展事务，认真履行国际环境公约，广泛开展双边和多边环境合作，共同研究解决危及生态安全的世界难题，为维护全球生态安全作出积极贡献。

今天，国内外专家和学者、有关部门的同志将围绕生态安全展开讨论，希望大家各抒己见，畅所欲言，为保障国家生态安全献计献策，我相信，这将有利于提高全社会生态安全的忧患意识，对改进政府生态环境保护和建设工作发挥积极的作用。

维护生态安全，贵在实践、重在落实。让我们共同努力，以对国家、对民族、对子孙后代高度负责的精神，把环境保护和生态建设的各项措施落到实处，为全面建设小康社会、构建社会主义和谐社会作出新的贡献。

国务院新闻办发表《中国的环境保护(1996—2005)》白皮书

2006年6月·北京

前 言

中国是世界上人口最多的发展中国家。20世纪70年代末期以来，随着中国经济持续快速发展，发达国家上百年工业化过程中分阶段出现的环境问题在中国集中出现，环境与发展的矛盾日益突出。资源相对短缺、生态环境脆弱、环境容量不足，逐渐成为中国发展中的重大问题。

中国政府高度重视保护环境，认为保护环境关系到国家现代化建设的全局和长远发展，是造福当代、惠及子孙的事业。多年来，中国政府将环境保护确立为一项基本国策，把可持续发展作为一项重大战略，坚持走新型工业化道路，在推进经济发展的同时，采取一系列措施加强环境保护。特别是近年来，中国政府坚持以科学发展观统领环境保护事业，坚持预防为主、综合治理，全面推进、重点突破，着力解决危害人民群众健康的突出环境问题；坚持创新体制机制，依靠科技进步，强化环境法治，发挥社会各方面的积极性。经过努力，在资源消耗和污染物产生量大幅度增加的情况下，环境污染和生态破坏加剧的趋势减缓，部分流域污染治理初见成效，部分城市和地区环境质量有所改善，工业产品的污染排放强度有所下降，全社会环境保护意识进一步增强。

值此世界环境日之际，为使世人更全面地了解中国的环境保护情况，这里对过去十年间中国为保护环境而进行的不懈努力作一系统介绍。

一、环境保护法制和体制

中国《宪法》明确规定："国家保护和改善生活环境和生态环境，防治污染和其他公害。"自1949年新中国成立以来，全国人民代表大会及其常务委员会制定了环境保护法律9部、自然资源保护法律15部。1996年以来，国家制定或修订了包括水污染防治、海洋环境保护、大气污染防治、环境噪声污染防治、固体废物污染环境防治、环境影响评价、放射性污染防治等环境保护法律，以及水、清洁生产、可再生能源、农业、草原和畜牧等与环境保护关系密切的法律；国务院制定或修订了《建设项目环境保护管理条例》《水污染防治法实施细则》《危险化学品安全管理条例》《排污费征收使用管理条例》《危险废物经营许可证管理办法》《野生植物保护条例》《农业转基因生物安全管理条例》等50余项行政法规；发布了《关于落实科学发展观加强环境保护的决定》《关于加快发展循环经济的若干意见》《关于做好建设资源节约型社会近期工作的通知》等法规性文件。国务院有关部门、地方人民代表大会和地方人民政府依照职权，为实施国家环境保护法律和行政法规，制定和颁布了规章和地方法规660余件。

中国已建立国家和地方环境保护标准体系。国家环境保护标准包括国家环境质量标准、国家污染物排放(控制)标准、国家环境标准样品标准及其他国家环境保护标准；地方环境保护标准包括地方环境质量标准和地方污染物排放标准。截至2005年年底，国家颁布了800余项国家环境保护标准，北京、上海、山东、河南等省(市)共制定了30余项环境保护地方标准。

中国不断加强环境执法检查和行政执法。近年来，国家连续对环境保护、大气污染防治、水污染防治、固体废物污染环境防治等法律实施情况进行检查，推动重点地区污染治理。中国刑法还对破坏环境资源罪有专门规定。国家颁布《环境保护违法违纪行为处分暂行规定》，建立起环境保护行政执法责任制度，并连续三年开展整治违法排污企业、保障公民健康环保专项行动，依法查处7.5万多起环境违法案件，取缔关闭违法排污企业1.6万家，对1万多个环境污染问题实行挂牌督办。国家还开展矿山生态环境保护和海洋环境保护专项执法检查，依法处理多起违法行为。

中国实行各级政府对当地环境质量负责，环境保护行政主管部门统一监督管理，各有关部门依照法律规定实施监督管理的环境管理体制。1998年中国政府将原国家环境保护局升格为国家环境保护总局(正部级),作为国务院主管环境保护工作的直属机构,负责对中国环境保护工作实施统一监管。国家建立了全国环境保护部际联席会议制度,并建立了区域环境督查派出机构,以加强部门和地区间的协调与合作。各省(自治区、直辖市)、市、县级政府设置了环境保护议事协调机构。目前,全国有各级环保行政主管部门3226个,从事环境行政管理、监测、科学研究、宣传教育等工作的总人数达16.7万人;有各级环境监察执法机构3854个,总人数达5万多人。各级政府综合部门和资源管理部门以及多数大中型企业也设有环保机构,负责本部门和企业的环境保护工作,目前从业人员达30多万。

二、工业污染防治

工业污染防治是中国环境保护工作的重点。与过去相比,中国工业污染防治战略目前正在发生重大变化,逐步从末端治理向源头和全过程控制转变,从浓度控制向总量和浓度控制相结合转变,从点源治理向流域和区域综合治理转变,从简单的企业治理向调整产业结构、清洁生产和发展循环经济转变。与1995年相比,2004年全国单位国内生产总值(GDP)工业废水、工业化学需氧量、工业二氧化硫、工业烟尘和工业粉尘排放量分别下降了58%、72%、42%、55%和39%。与1990年相比,2004年全国每万元人民币GDP能耗下降45%,累计节约和少用能源7亿吨标准煤;火电供电煤耗、吨钢可比能耗、水泥综合能耗分别降低11.2%、29.6%和21.9%。

——淘汰和关闭一批技术落后、污染严重、浪费资源的企业。"九五"(1996—2000年)期间,国家关闭8.4万家严重浪费资源、污染环境的小企业。2001—2004年,连续三次发布淘汰落后生产能力、工艺和产品的目录,淘汰3万多家浪费资源、污染严重的企业,并对资源消耗大、环境污染重的钢铁、水泥、电解铝、铁合金、电石、炼焦、皂素、铬盐等8个重污染行业进行集中整顿,停建、缓建项目1900多个。2005年,关停污染严重、不符合产业政策的钢铁、水泥、铁合金、炼焦、造纸、纺织印染等企业2600多家,并对水泥、电力、钢铁、造纸、化工等重污染行业积极开展综合治理和技术改造,使这些行业在产量逐年增加的情况下,主要污染物排放强度呈持续下降趋势。

——开展循环经济实践。一是实行清洁生产,在企业生产的源头和全过程充分利用资源,使废物最小化、资源化、无害化,逐步建立生产者责任延伸制度,促进产品生态设计。目前,化工、轻工、电力、煤炭、机械、建材等行业5000多家企业通过了清洁生产审核,全国已有12000多家企业获得了ISO 14000环境管理体系认证,800多个企业、18000多种规格型号产品获得环境标志认证,年产值约600亿元人民币。二是在工业集中地区积极发展生态工业,使上游企业的废物成为下游企业的原料,延长生产链条,做到废物产生量最小,实现"零排放",并建设生态工业区,实现区域或企业群的资源最有效利用。目前,中国已建立了17个不同类型的生态工业园。三是统筹规划工业与农业、生产与消费、城市与农村的发展,大力发展资源循环利用产业,实行可持续生产和消费。国家在重点行业、重点领域、产业园区和有关省市选择82家单位开展第一批循环经济试点工作。在北京、上海等24个城市开展了再生资源回收体系建设试点工作。海南、吉林、黑龙江等9省积极开展生态省建设,全国150个县市开展了生态县(市)创建工作。

——积极防范突发环境事件。2005年中国政府制定了《国家突发环境事件应急预案》,对突发环境事件信息接收、报告、处理、统计分析,以及预警信息监控、信息发布等提出明确要求。国家制定和完善了涉及重点流域敏感水域水环境应急预案、大气环境应急预案、危险化学品(废弃化学品)应急预案、核与辐射应急预案等九个相关环境应急预案,以及《黄河流域敏感河段水环境应急预案》《处置化学恐怖袭击事件应急预案》《处置核与辐射恐怖袭击事件应急预案》《农业环境污染突发事件应急预案》《农业重大有害生物及外来生物入侵突发事件应急预案》等突发环境事件应急预案。近年来,中国对127个分布在全国江河湖海沿岸、人口稠密区、自然保护区等环境敏感区附近的重点化工石化类项目进行了环境风险排查;对近5万家重点企业进行了全面、拉网式检查。

——对工业危险废物实行全过程管理制度。2003年,国家开始实施《全国危险废物和医疗废物处置设施建设规划》,强化了工业危险废物转移联单、经营许可证等各项制度。2005年,工业危险废物处置量由1998年的131万吨增至339万吨。全国31个省、自治区、直辖市建立了固体废物管理中心。

——实行严格的核与辐射环境安全管理。中国共有运行的核电厂5座(9台核电机组)、研究堆18座;在建的核电厂2座(4台核电机组)、研究堆1座,没有出现重大核安全问题,实现了"保护工作人员、公众和环境不遭受超过国家规定限值的辐射照射和污染"的目标。中国严格遵守国际原子能机构发布的《放射源安全与保安行为准则》,实行许可证制度,规定放射源进出口必须依法履行审批等有关手续。

三、重点地区污染治理

近年来,中国政府把"三河"(淮河、辽河、海河)、

“三湖”(太湖、滇池、巢湖)、国家重点工程(三峡工程、南水北调工程)、“两控区”(二氧化硫控制区和酸雨控制区)、“一市”(北京市)、“一海”(渤海)作为全国污染防治的重点地区,取得明显成效。

——重点流域水污染防治。“三河”“三湖”流域面积达81万平方公里,跨越全国14个省(市),居住人口3.6亿。国家制订并实施重点流域“九五”“十五”(2001—2005年)水污染防治计划,实行污染物总量控制制度,将总量削减指标落实到排污单位,逐步完善排污许可证管理方式,并建设了一批重点治理工程项目。截至2005年年底,列入重点流域水污染防治“十五”计划的2130个项目中,已完成1378项,占项目总数的65%。“三河”“三湖”流域已经建成和正在建设的污水处理厂达416个,日处理能力2093万吨;流域内的5000多家重点污染企业,已有80%以上实现了达标排放。目前,流域水污染物大幅度削减,水环境恶化趋势基本得到控制,一些河段和湖体水质有明显的改善。国家投入181.67亿元人民币在三峡库区及其上游建设了一批城镇污水、垃圾处理设施,清理了库底固体废物,确保库区水质安全。

——“两控区”污染防治。1998年中国政府批准划定了酸雨控制区和二氧化硫控制区,涉及27个省、自治区、直辖市的175个城市、地区,总面积约为109万平方公里。国家在“两控区”内进行能源结构调整,推广清洁燃料和低硫煤,大中城市禁止民用炉灶燃用散煤。与1998年相比,2005年二氧化硫控制区内二氧化硫年均浓度达标城市比例由32.8%增加到45.2%;2005年酸雨控制区内二氧化硫年均浓度超过国家三级标准的城市比例由15.7%下降到4.5%。

——北京市大气污染治理。自1998年以来,北京市连续实施了大气污染控制措施。天然气、电采暖、地源热泵、建筑节能等清洁能源利用技术和节能技术进一步推广,到2005年,北京市天然气用量达到32亿立方米,城市热网集中供热面积超过1亿平方米;严格机动车排放管理,对在用机动车实施了环保标志管理,对高排放黄标车采取限行措施,并淘汰老旧机动车30多万辆,发展天然气公交车2800辆,2005年提前实施了国家第三阶段排放标准(相当于欧洲Ⅲ号标准);修订完善了施工现场环境保护标准,加大建筑工地管理,加强对道路机械清扫、冲刷和喷雾压尘工作的监督检查,并对市区100多家污染企业实施关停搬迁,全市水泥立窑生产线全部关停。经过积极治理,北京市大气环境质量二级和好于二级的天数从1998年的100天增加到2005年的234天,各种大气污染物浓度普遍下降,空气质量明显改善。

——渤海污染治理。2001年中国政府批复《渤海碧海行动计划》。截至2005年年底,已完成各类渤海污染治理环境保护工程项目166个,在建项目70个,投资达175亿元人民币,其中新建城市污水处理厂44个,形成污水日处理能力355.3万吨,新建城市垃圾处理场18个,形成垃圾日处理能力7000多吨,新建生态农业、生态养殖项目89个,新建船舶港口和溢油反应项目9项,初步遏制了渤海海域环境继续恶化的趋势。

四、城市环境保护

中国城市化率已从1995年的29.04%提高到2004年的41.76%。针对城市化快速发展中的环境问题,中国政府采取一系列综合措施,使城市环境逐步改善,部分城市环境质量有明显改善。与1996年相比,2005年空气质量达到国家二级标准的城市比例增加了31个百分点,空气质量劣于国家三级标准的城市比例下降了39个百分点。

从城市环境容量和资源保证能力出发,中国的许多城市制定和实施城市总体规划和城市环境质量按功能区全面达标规划,测算大气和水环境容量,合理确定城市规模和发展方向,调整城市产业结构和空间布局,逐步优化城市的功能分区。许多大中城市在城区发展中实行“退二进三”的策略,即退出第二产业进入第三产业,关闭了一批污染严重的企业,利用地价杠杆把一些污染企业迁出城区,按照“工业入园、集中治污染”的原则,实行技术改造和污染集中控制。一些城市把旧城改造与调整城市布局相结合,解决老城区脏乱差的问题,改善居民生活环境;大力调整城市能源结构,积极推广清洁能源和集中供热,减轻燃煤污染。在城市建设工程中推行使用预拌混凝土,对直辖市、省辖市、部分大中城市、旅游城市禁止在城市城区现场搅拌混凝土,减少建筑工地的粉尘污染。

中国各级政府把城市环境基础设施建设作为财政投资的重点,促进了城市污水、垃圾处理设施建设。截至2004年年底,城市污水处理率达46%,城市生活垃圾无害化处理率达52%,城区清洁能源使用率达40%。近年来,机动车排放标准从国家第Ⅰ阶段标准提高到国家第Ⅱ阶段标准,并制定了国家第Ⅲ阶段标准。一些城市开展清洁汽车行动,积极推行低污染的天然气、液化石油气清洁燃料汽车。自2000年7月起,全国停止销售、使用含铅汽油,每年可减少排铅1500吨。

全国500多个城市开展城市环境综合整治定量考核,对城市环境质量、污染防治工作和城市环境基础设施建设情况进行量化,综合评价城市政府的环保工作。从1997年起,按照经济发展、社会进步、设施完善、环境改善的要求,开展创建环境保护模范城市活动。目前,全国共有100多个城市(区)在创建环保模范城市,其中56个城市和直辖市的5个城区已创建成功。国家环境保护模范城市空气质量达到二级或好于二级的天数均大于80%，城市生活污水处理率大于70%，生活垃圾无害化处理率大于80%，城市绿化覆盖率大于35%，都高于全国平均水平，“蓝天、碧水、绿地、宁静、和谐”已成为环境保护模范城市环境的重要标志。

近年来，国家大力开展城市园林绿化工作，建设国家园林城市，改善人居环境。到2004年年底，全国城市绿化覆盖率为31.66%，绿地率为27.72%，人均公共绿地面积为7.39平方米，分别比2000年增长3.51%、4.05%和3.7平方米，其中人均公共绿地面积翻了一番。目前，全国已命名国家园林城市83个、园林城区4个，国家园林县城10个，并有12个城市获得了“中国人居环境范例奖”。

五、农村环境保护

中国是一个农业大国，农村人口占绝大多数。防治农业环境污染、改善农村环境是中国环境保护的重要任务。

——农村环境综合整治。近年来，中国政府在广大农村地区开展环境优美乡镇、生态文明村等创建活动，推动农村环境综合整治。目前，全国有178个乡镇获得“全国环境优美乡镇”称号。国家重点在“三湖”地区和长江三角洲、珠江三角洲、黄河三角洲地区，开展畜禽渔养殖污染、面源污染的综合防治示范。一些省市加大村庄环境整治力度，完善农村基础设施，在农村生活污水、垃圾和农业面源污染治理方面取得了一定进展。近年来，国家兴建各类农村饮水工程80多万处，解决了6700多万农村人口的饮水困难和不安全问题。开展全国土壤污染调查和污染防治示范，建立农产品安全检测和监管体系；加强农药和化肥环境安全管理，推广高效、低毒和低残留化学农药，禁止在蔬菜、水果、粮食、茶叶和中药材生产中使用高毒、高残留农药；防止不合理使用化肥、农药、农膜和污灌带来的面源污染，保证农产品安全；开发生产新型安全优质高效饲料，提高饲料吸收利用率，减少养殖产品药物残留和有害物质的排放；推广畜禽粪便综合利用和处理技术，鼓励建设养殖业和种植业紧密结合的生态农业工程。

——生态农业和生态示范区建设。中国政府把生态农业建设作为促进农村经济和生态环境全面协调发展的重要举措。目前，全国生态农业建设县达到400多个，开展示范区建设县市达500多个，其中国家级生态农业县102个，国家级生态示范区233个。近年来，有机食品相关的管理和发展机制不断完善，出台了《有机食品认证管理办法》《有机食品国家标准》；出台了良好农业规范国家标准和认证实施规则，开展源头治理；开展国家有机食品生产基地创建工作，已命名43个国家级有机食品生产基地，推动有机食品的产业化发展。全国有机认证面积超过300万公顷。

——发展旱作节水农业。截至2005年，国家投入7亿多元人民币，在水资源匮乏的干旱区、半干旱区建设了460多个旱作节水农业示范基地，综合运用农艺、生物和工程措施及旱作农业技术，充分利用天然降水，提高水资源利用效率和农业生产能力，控制水土流失。国家积极推广保护性耕作，启动了以秸秆覆盖、免耕播种、深松和除草技术为主要内容的保护性耕作项目，重点在环京津区和西北风沙源头区建立了两条保护性耕作带。截至2005年年底，共建立示范县100个。

——农村新能源建设。开发与推广农村新能源是保护和改善农村生态环境的重要手段。“十五”期间，国家先后投入35亿元人民币，重点推广以沼气建设为纽带的能源生态模式。到2005年年底，全国沼气用户已达1700多万户，年生产沼气65亿立方米。国家大力发展畜禽养殖废弃物沼气工程，已建成2200多处，年处理畜禽粪便6000多万吨；建成生活污水净化沼气池13.7万处，秸秆气化集中供气工程500多处；推广省柴灶1.89亿户，太阳能热水器2850万平方米。同时，还积极推广使用太阳灶、风能、地热等可再生能源。

六、生态保护与建设

经过长期不懈努力，中国一些地区生态环境开始得到改善。

——造林绿化。中国政府确立以生态建设为主的林业发展指导方针，开展大规模植树造林，加强森林资源管理，启动森林生态效益补偿制度，营造林面积自2002年以来连续四年超过667万公顷。近年来，森林面积和森林蓄积量迅速增加，林龄结构、林相结构趋于合理，森林质量趋于提高，实现了由持续下降到逐步上升的历史性转折。目前，全国森林面积达1.75亿公顷，森林覆盖率达18.21%，森林蓄积量达124.56亿立方米。国家重视林业生态工程建设。从1998年起，中国开展了天然林资源保护工程、退耕还林工程、“三北”（东北、华北、西北）及长江流域等防护林体系建设工程、京津风沙源治理工程、野生动植物保护及自然保护区建设工程和重点地区速生丰产用材林基地建设工程等。“十五”期间，天然林资源保护工程共营造生态公益林800万公顷，9333万公顷森林资源得到休养生息；退耕还林工程共完成造林2133万公顷，其中生态退耕538万公顷，荒山荒地造林1200万公顷，封山育林133万公顷；京津风沙源治理工程共完成各项治理任务达667万公顷；“三北”和长江流域等重点防护林工程造林341万公顷，新封山育林346万公顷。

——草原保护。为加强草原的生态建设和规划管理，草原工作战略重点实现由经济目标为主向“生态、经济、社会目标并重，生态优先”的转变，草原植被得到有效恢复，草原生态环境逐步好转。国家对草原保护建设的投入持续增加，2000—2005年中央财政共投入资金90多亿元人民币，实施了天然草原植被恢复与建设、草原围栏、牧草种子基地、退牧还草、京津风沙源治理工程草原生态建设等项目，取得了良好的生态、经济和社会效益。截至2005年年底，全国人工种草累计保留面积达到1300万公顷，草原改良面积1400万公顷，草原围栏3300万公顷，有20%的可利用草原实施了禁牧、休牧和划区轮牧。

——土地保护、开发与整治。中国政府把保护耕地作为一项基本国策，实行严格的耕地保护政策。国家划定基本农田保护区，为确保粮食安全提供重要基础。同时，建立土地用途管制制度，严格控制建设用地总量和结构，使乱占耕地现象得到抑制。2004年各项建设占用耕地较上年下降37%，总体实现数量上的占补平衡。国家还加大土地开发整理力度，建立土地开发整理项目管理制度，组织实施国家投资土地开发整理项目，保持耕地总量动态平衡，改善生态环境。“十五”期间，通过对农村及城镇土地、灾毁土地、工矿区废弃土地等进行科学的土地开发，整理复垦，复垦土地7.6万公顷，建成了一批布局规整、生态环境良好的新农村，部分资源枯竭型城市和重点矿区生态环境得到进一步的治理和恢复。

——水土保持。国家实施京津风沙源治理、首都水资源可持续利用水土保持、黄土高原地区水土保持淤地坝、东北黑土区和珠江上游南北盘江石灰岩地区水土流失综合防治等多个专项工程，水土流失重点防治范围由长江、黄河上中游拓展到东北黑土区、珠江上游和环京津等地区。国家开展示范区和示范工程建设，已建成面积在200平方公里以上的水土保持工程300多个，水土保持生态建设示范县190个，示范小流域1398条，并开始实施第一批62个面积不少于300平方公里的示范区和50多个水土保持科技示范园建设。在全国188个县开展水土保持生态修复试点工程，所有国家水土保持重点工程区全面实施封育保护，封育保护面积达12.6万平方公里，并在“三江源区”实施水土保持预防保护工程。目前，已有25个省(自治区、直辖市)980个县全部或部分实施了封山禁牧，封禁范围60多万平方公里，封禁区内的植被得到了较快的恢复。“十五”期间，全国综合治理水土流失面积24.02万平方公里，综合整治小流域11500多条，建设基本农田406万公顷，营造水土保持林、经果林和水源涵养林1533万公顷，建设拦沙坝、坡面水系等小型水土保持工程350多万座(处)，淤地坝7000座。

——防沙治沙。中国政府将防止土地荒漠化、沙化作为改善生态环境，拓展生存和发展空间，促进经济社会协调和可持续发展的战略举措，颁布实施了《防沙治沙法》，批复了《全国防沙治沙规划(2005—2010年)》，颁发了《关于进一步加强防沙治沙工作的决定》，实施一批防沙治沙重点工程，使荒漠化和沙化土地面积同时出现净减少。截至2004年年底，全国荒漠化土地为263.62万平方公里，沙化土地面积为173.97万平方公里，与1999年相比，五年间全国荒漠化土地面积净减少37924平方公里，沙化土地面积净减少6416平方公里；土地荒漠化和沙化程度有所减轻，重、极重度荒漠化面积减少24.59万平方公里。荒漠化和沙化整体扩展的趋势得到初步抑制。

——海洋环境保护。中国已经基本形成了海洋环境保护的法律体系和行政执法体系，构建了海洋环境监测网络，制定和实施了海洋功能区划、近岸海域环境功能区划，合理开发和保护海洋资源，防止海洋污染和生态破坏，促进海洋经济可持续发展。中国政府积极实施主要入海河流的污染防治计划和重点海域的环境保护计划，继渤海之后，中国政府于2005年启动了长江口及毗邻海域、珠江口及毗邻海域的污染治理工作，在长江口和珠江口及其毗邻海域开展了河海统筹、陆海兼顾的陆域、海域同步的环境监测和调查工作。中国政府严格执行海洋工程和海上倾废的审批制度，强化对倾倒活动的执法监视，加强海洋环境监测。国家批准了《赤潮灾害应急预案》和《海洋石油勘探开发重大溢油应急计划》，并纳入国家灾害应急管理体系，初步建立了海洋灾害应急机制。加强了船舶污染防治和危险品运输管理，积极推进海上船舶溢油应急体系建设。截至2004年年底，中国已建立各级海洋自然保护区120个，一批海洋珍稀物种得到保护，珊瑚礁、红树林及海草床等重要生境得以保护。通过采取控制渔业捕捞强度、压缩捕捞渔船、完善休渔制度、建立渔业资源保护区、实施海洋捕捞产量“零增长”等措施，保护和恢复海洋渔业资源。

——自然保护区、生态功能保护区、风景名胜区建设。中国政府把建立自然保护区作为保护生态环境的重要措施。截至2005年年底，全国共建立各级各类自然保护区2349处，面积达150万平方公里，约占陆地国土面积的15%，初步形成了类型比较齐全、布局比较合理的全国自然保护区网络；全国85%的陆地生态系统类型，85%的野生动物种群和65%的天然植物群落类型都得到保护。国家在江河源头区、重要水源涵养区、江河洪水调蓄区、防风固沙区以及其他具有重要生态功能的区域开展生态功能保护区建设，在东江源、洞庭湖、秦岭山地等18个典型区域开展国家级生态功能保护区试点。内蒙古、黑龙江、江西、湖北、湖南、甘肃、青海等省(自治区)开展了地方级生态功能保护区建设。目前,经中国政府审定命名的风景名胜区有677个,其中国家重点风景名胜区187个。泰山、黄山、峨眉山—乐山、武夷山、庐山、武陵源、九寨沟、黄龙、青城山—都江堰、三江并流等国家重点风景名胜区和一批自然保护区,分别列入联合国教科文组织《世界遗产名录》或《国际人与生物圈保护区网络》《国际重要湿地名录》。全国建有各类森林公园数量超过1900处,其中国家森林公园627处。全国共有85个国家地质公园,其中安徽黄山、江西庐山、河南云台山、云南石林、广东丹霞山、湖南张家界、黑龙江五大连池和河南嵩山等8家地质公园首批进入世界地质公园网络名录。

——生物多样性保护。中国是一个生物多样性非常丰富的国家,国家制定了《中国生物多样性保护行动计划》,编写了《中国生物多样性国情研究报告》,编制了《生物物种资源保护与利用规划》。目前,全国共建立野生动物拯救繁殖基地250处,野生植物种质资源保育或基因保存中心400多处,使200多种珍稀濒危野生动物、上千种野生植物建立了稳定的人工种群。同时,开展了国家重点保护野生植物资源的调查和抢救性收集,建立了67个农业野生植物原生境保护区。开展了全国外来入侵物种调查,针对危害较大的主要外来入侵生物开展了“十省百县”灭毒除害行动,提高了公众防止外来入侵生物的意识和能力。全国野生植物资源调查的189种野生植物中有71%的野外种群达到稳定生存发展的标准;全国野生动物调查的252种野生动物中有55.7%的种群稳中有升,扬子鳄、朱鹮等珍稀濒危野生动物种群成倍增加,野生大熊猫数量达到1596只,人工圈养数量达到183只。一些物种的分布区逐步扩展,黑嘴鸥、黑脸琵鹭等物种的新记录、新繁殖地或越冬地被不断发现。100多年未见踪迹、已被国际自然保护联盟宣布为世界极危物种崖柏被重新发现。

——湿地保护。中国政府颁布了《中国湿地保护行动计划》,编制实施《全国湿地保护工程规划(2002—2030年)》《全国湿地保护工程实施规划(2005—2010年)》。目前,全国共有湿地自然保护区473处,总面积达4346万公顷。全国纳入自然保护区得到有效保护的自然湿地近45%,洞庭湖、鄱阳湖、扎龙等30块湿地列入国际重要湿地名录,面积达346万公顷。一批重要湿地面积得到稳定和扩展,生态功能得到恢复和改善,湿地面积快速减少的趋势得到有效遏制。城市湿地资源保护得到重视和加强,国家批准了10个城市湿地公园。

七、环境经济政策和投入

近十年是中国环保投入增幅最大的时期,经过努力,已初步建立起以政府为主导的多元环保投融资体制。

——加大环境保护财政投入。“十五”期间,中央财政安排环境保护资金1119亿元人民币,其中,国债资金安排1083亿元人民币,主要用于京津风沙源治理、天然林保护工程、退耕还林(草)工程、三峡库区及其上游地区水污染治理、“三河三湖”污染治理、污水、垃圾产业化及中水回用工程等。1998年以来,国家把环境基础设施建设作为国债投资的重点,带动了大量社会资金投入环保。1996—2004年,中国环境污染治理投入达到9522.7亿元人民币,占同期GDP的1.0%。2006年,环境保护支出科目被正式纳入国家财政预算。

——完善环境收费政策。加强排污费征收和管理,排污费的征收使用严格实行“收支两条线”管理,排污费收入专项用于环境污染防治。扩大二氧化硫排污费征收范围,即对所有排放二氧化硫的企、事业单位和个体经营者均征收二氧化硫排污费,并提高二氧化硫排污费标准,由每公斤二氧化硫0.2元人民币提高到0.63元人民币。实行城市污水、垃圾、危险废物处理收费政策,引导社会资金以多种方式投入环保设施建设和运营,积极推动污染治理市场化、产业化进程。建立并推行城市污水、垃圾处理特许经营制度。一些地方对已有污水处理厂和垃圾处理等政府建设设施,通过招投标,以合同方式交给企业运营,加强了政府监管,提高了环保资金投入的效益。

——制定有利于环保的价格税收政策。建立可再生能源费用分摊机制。可再生能源发电项目上网电价高于当地脱硫燃煤机组标杆上网电价的部分,国家投资或补贴建设的公共可再生能源独立电力系统运行维护费用高于当地省级电网平均销售电价的部分,以及可再生能源发电项目接网费用等,通过向电力用户征收电价附加的方式解决。分批调低和取消钢铁、电解铝、铁合金等产品的出口退税政策。制定有利于汽车产业升级、减轻汽车污染的税收政策,对提前达到低污染排放标准的汽车生产企业减征30%的消费税。对再生资源回收及资源综合利用,生产环保产业设备的企业,利用废水、废气、废渣等废弃物为主要原料进行生产的企业,给予减免税收的优惠政策。严格执行耕地占用税政策,合理利用土地资源,加强土地管理,保护农用耕地。陆续提高煤炭、原油、天然气等矿产品的资源税税额标准,进一步保护矿产资源,促进资源的合理开发利用。

八、环境影响评价制度

环境影响评价制度是源头控制环境污染和生态破坏的法律手段。1998年,中国政府颁布实施《建设项目环境保护管理条例》,明确提出环境影响评价制度,以及建设项目环境保护设施同时设计、同时施工、同时投产使用的"三同时"制度。2003年开始实施的《中华人民共和国环境影响评价法》,将环境影响评价制度从建设项目扩展到各类开发建设规划。国家实行环境影响评价工程师职业资格制度,建立了由专业技术人员组成的评估队伍。

全国共有146万多个建设项目执行了环境影响评价制度,63万多个新建项目执行了"三同时"制度,环评执行和"三同时"执行率分别达到99.3%和96.4%,"三同时"合格率达到95.7%。1996年以来,全国建设项目投资总额为269980亿元人民币,环保投资总额达12306亿元人民币,并呈逐年上升趋势。通过执行环境影响评价制度,工业类项目实现了"增产不增污"或"增产减污";涉及重要环境敏感问题生态类项目,通过调整选址、选线和工程方案等,有效避免了新的生态破坏。2005年公开叫停30个总投资额达1179.4亿元人民币的违法建设项目。2006年2月,对10个投资约290亿元人民币的违反"三同时"制度的建设项目进行了查处。

国家环保部门将内蒙古、新疆、广西及大连市、武汉市等5个行政区,铁路和石油化工行业,以及宁夏宁东煤炭化工基地规划和上海市城市轨道交通网络规划列为首批规划环境影响评价试点;完成了《全国林纸一体化工程建设专项规划》环境影响评价工作;开展了塔里木河流域、澜沧江中下游、四川大渡河、雅砻江上游、沅水流域等流域开发利用规划的环境影响评价。其中,怒江流域水电开发规划环境影响评价比较了不同梯级开发方案在开发布局、规模、方式和开发时序等方面的环境影响程度,为该规划的实施提出了预防和减缓环境影响的措施;大渡河流域水电梯级开发规划的环境影响评价充分考虑了环境与发展协调性,提出了流域资源开发环境保护整体性安排,减少梯度淹没39公里,减少耕地淹没1867公顷,减少淹没县城2座,减少移民人口8.5万人。国家积极推动水电建设的有序发展,将能源发展战略和电力发展方针由积极开发水电调整为在保护生态基础上有序开发水电。

九、环保科技、产业和公众参与

中国重视并不断提高科技对环境保护的支撑能力,积极推动环保产业化进程,并采取各种措施促进公众对环境保护的参与。

——环境保护科学研究。"十五"期间,组织实施了国家重大科技专项"水污染控制技术与治理工程",开展了湖泊污染治理与生态修复、城市水环境质量改善、饮用水安全保障、新型废水处理等水污染控制技术的研发与示范,为中国水污染防治提供了切实可行的技术方案与配套技术体系。研制了一批环境监测技术与设备,多种技术与设备实现了业务化应用。开展了机动车排气净化、燃煤锅炉烟气脱硫、固体废弃物处理、重点行业清洁生产等关键技术研发与工程示范,开发了一批具有自主知识产权的高新技术与设备。在国家科技攻关计划中设立"重大环境问题对策与关键支撑技术研究"项目,在环境保护战略和技术政策、循环经济理论与生态工业技术、化学品控制技术、污染场地修复技术等方面开展研究,初步建立了中国绿色GDP核算体系框架。组织了西部生态系统综合评估、生态功能区划、脆弱生态区恢复与重建等研究,形成了多种西部生态脆弱区治理技术模式,实现了规模化示范推广。完成了全国外来入侵物种调查,建立起中国生物多样性数据库。制定了《国家环境与健康行动计划》,开展部分重点地区环境健康调查工作。积极开展全球环境变化研究工作,组织编制了《气候变化国家评估报告》,为国家制定应对全球环境变化政策和参加有关国际公约谈判提供了科学依据。

——环保产业。经过多年实践,中国已形成产业门类基本齐全,具有一定经济规模的环境保护产业体系,环境保护产品生产领域和服务业取得较大进展,资源综合利用和洁净技术产品领域快速发展。到2004年年底,全国有环保产业年销售(经营)收入达200万元人民币规模以上的从业单位11623家,从业人员有159.5万人,全行业年收入达4572.1亿元人民币,实现利润393.9亿元人民币。

——公众参与。中国政府努力创造条件,鼓励公众参与环境保护工作。环境影响评价法对公众参与作出制度性规定,要求对可能造成不良影响的规划或建设项目,应通过举行论证会、听证会或采取其他形式,征求有关单位、专家和公众对环境影响评价报告书的意见。2006年2月,国家环保部门颁布了《环境影响评价公众参与暂行办法》,详细规定公众参与环境影响评价的范围、程序、组织形式等内容。民间组织和环保志愿者是环境保护公众参与的重要力量,中国目前有非政府环保组织1000余家。

——宣传教育。为加强环保宣传教育,国家制定《全国环境宣传教育行动纲要(1996—2010年)》和《2001—2005年全国环境宣传教育工作纲要》。2001年开始实施的第四个五年普法规划,把环境保护法律法规的宣传教育作为全民法制宣传教育的重要内容,并把环境保护法律法规纳入年度法制教育计划。在一年一度的"6·5"世界环境日开展全国性环境宣传教育活动。开展了绿色社区、绿色学校、绿色家庭创建活动,目前全国有2348个社区参加了绿色社区创建活动,25000多所中小学校、中等职业学校及幼儿园参加了绿色学校创建活动，100个绿色家庭受到表彰；通过“保护母亲河”“绿色承诺”“天天环保”“生态监护”等实践活动，对广大青少年进行生态环境道德教育，增强他们的环境保护意识；举办绿色中国论坛、中国环境文化节等活动，进行环境知识培训，引导公众参与讨论环境问题，形成“人人参与、共创绿色家园”的社会氛围。

——环境信息公开。到2005年年底，全国所有地级以上城市实现了城市空气质量自动监测，并发布空气质量日报；组织开展重点流域水质监测，发布十大流域水质月报和水质自动监测周报；定期开展南水北调东线水质监测工作；113个环保重点城市开展集中式饮用水源地水质监测月报；建立环境质量季度分析制度，及时发布环境质量信息。各级政府和环保部门通过定期或不定期召开新闻发布会，及时通报环境状况、重要政策措施、突发环境事件、违法违规案例等，保障社会各界对环境保护的知情权，促进公众对环境保护的参与。

——公众环境权益维护。截至2005年年底，全国有4个直辖市、312个地级市、374个县级市、677个县开通了环保举报投诉热线电话，覆盖了全国69.4%的县级以上行政区。2003年以来，全国各级环保部门通过环保热线共受理环境污染投诉114.8万件，结案率在97%左右，主要城市环境投诉满意率在80%左右。随着公众环境意识和对环境质量的要求不断提高，反映环境权益被侵害的来信来访数量逐年增加。2001—2005年，各级政府环保部门共受理群众来信253万余封，群众来访43万余批次、59.7万余人次，受理全国人大代表建议673件，全国政协委员提案521件。

十、国际环境保护合作

中国重视环境保护领域里的国际合作，积极参与联合国等国际组织开展的环境事务。多年来，中国派高级代表团参与联合国可持续发展委员会历次会议、可持续发展世界首脑会议及其系列筹备活动。中国与联合国环境规划署在荒漠化防治、生物多样性保护、臭氧层保护、清洁生产、循环经济、环境教育和培训、长江中上游洪水防治、区域海行动计划和防止陆源污染保护海洋全球行动计划等领域开展了卓有成效的合作。中国与联合国开发计划署、世界银行、亚洲开发银行等国际组织建立了有效的合作模式。中国积极参与亚太经合组织框架下的各项环境保护和可持续发展活动，出席历次亚太经合组织环境部长会议。中国在环境保护领域的努力得到国际社会的承认和赞誉。联合国环境规划署、世界银行、全球环境基金先后将“联合国环境规划署笹川环境奖”“绿色环境特别奖”“全球环境领导奖”授予中国环保部门负责人，联合国环境规划署还将“地球卫士奖”授予中华青年联合会负责人。截至2005年年底，中国共有22个单位和6名个人被联合国环境规划署授予“全球500佳”称号。

中国参加了《联合国气候变化框架公约》及其《京都议定书》《关于消耗臭氧层物质的蒙特利尔议定书》《关于在国际贸易中对某些危险化学品和农药采用事先知情同意程序的鹿特丹公约》《关于持久性有机污染物的斯德哥尔摩公约》《生物多样性公约》《生物多样性公约〈卡塔赫纳生物安全议定书〉》和《联合国防治荒漠化公约》等50多项涉及环境保护的国际条约，并积极履行这些条约规定的义务。

中国政府编写了《中华人民共和国可持续发展国家报告》，编制了《中国21世纪可持续发展行动纲要》，确定了21世纪初中国可持续发展的重点领域和行动计划。中国政府批准了《中国逐步淘汰消耗臭氧层物质的国家方案》，相继颁布了100多项有关保护臭氧层的政策和措施，建立了消耗臭氧层物质替代品和其他环保相关产品的开发和生产基地，顺利完成了《蒙特利尔议定书》规定的阶段性削减指标。据世界银行估计，中国淘汰消耗臭氧层物质占所有发展中国家淘汰总量的50%。中国政府在北京举办了《保护臭氧层维也纳公约》缔约方大会第五次会议和《蒙特利尔议定书》缔约方大会第十一次会议，通过了《北京宣言》和《北京修正案》。

中国加强和推动与周边国家或相关地区的合作，积极参与区域合作机制化建设。建立中日韩三国环境部长会议机制，定期进行政策交流，讨论共同关心的环境问题。大湄公河次区域环境合作机制开始启动，并于2005年成功举办第一届大湄公河次区域环境部长会议，提出了次区域生物多样性保护走廊计划等合作项目。东盟与中国(10 + 1)和东盟与中日韩(10 + 3)机制下的环境合作开始起步。在中国政府的倡议下，2002年召开了第一届亚欧环境部长会议，通过了《亚欧环境部长会议主席声明》，就开展亚欧环境合作的基础、潜力及合作原则等方面达成基本共识，确定了亚欧环境合作的关键领域和重点。近年来，建立了中欧环境政策部长级对话机制和中欧环境联络员会议机制，并于2006年2月召开了中国—阿拉伯国家首次环境合作会议。

中国积极开展环境保护领域的双边合作，先后与美国、日本、加拿大、俄罗斯等42个国家签署双边环境保护合作协议或谅解备忘录，与11个国家签署核安全合作双边协定或谅解备忘录。在环境政策法规、污染防治、生物多样性保护、气候变化、可持续生产与消费、能力建设、示范工程、环境技术和环保产业等方面广泛进行交流与合作，取得一批重要成果。中国还与欧盟、日本、德国、加拿大等13个国家和国际组织在双边无偿援助项下开展了多项环保领域的合作。中国积极开展与发展中国家的环境合作与交流。为配合中非合作论坛的后续行动,中国举办“面向非洲的中国环保”主题活动,推动中非在环保领域的交流与合作。2005年中国与联合国环境规划署共同举办了中非环保合作会议。中国政府还举办了“非洲国家水污染和水资源管理研修班”,帮助非洲国家开展环境培训。

结束语

中国政府和中国人民为保护环境付出了巨大努力。但是,中国政府清醒地看到,由于中国正处于工业化和城市化加速发展的阶段,也正处于经济增长和环境保护矛盾十分突出的时期,环境形势依然十分严峻。一些地区环境污染和生态恶化还相当严重,主要污染物排放量超过环境承载能力,水、土地、土壤等污染严重,固体废物、汽车尾气、持久性有机物等污染增加。新世纪头20年,中国人口将继续增加,经济总量将比2000年再翻两番,经济社会发展对资源的需求不断增加,环境保护面临的压力越来越大。

针对资源环境压力日益增大的突出问题,中国政府明确提出以科学发展观统领经济社会发展全局,加快建设资源节约型、环境友好型社会,促进人与自然和谐发展。在制定发展目标时,中国政府把能源节约和环境保护摆上了重要战略位置。中国“十一五”经济社会发展规划明确提出了今后五年环境保护的主要目标:到2010年,在保持国民经济平稳较快增长的同时,使重点地区和城市的环境质量得到改善,生态环境恶化趋势基本遏制。单位国内生产总值能源消耗比“十五”期末降低20%左右;主要污染物排放总量减少10%;森林覆盖率由18.2%提高到20%。

实现这一目标,中国政府将切实落实水污染和大气污染防治任务,加强城市、农村和生态环境保护,确保核与辐射环境安全,以及实施国家环保工程等重点任务,全面推进环保工作。中国政府将集中力量解决严重危害人民群众健康的污染问题,把保障人民群众的饮水安全作为污染防治的首要任务,采取最为严格的措施,有效化解危害饮用水水源水质的污染隐患。

实现这一目标,中国政府将积极加快实现“三个转变”:一是从重经济增长轻环境保护转变为保护环境与经济增长并重;二是从环境保护滞后于经济发展转变为环境保护和经济发展同步;三是从主要用行政办法保护环境转变为综合运用法律、经济、技术和必要的行政办法解决环境问题。建立经济稳定增长、环境资源代价最小、环境意识较高的经济、社会、文化体系;在空间布局上,将经济发展与环境承载能力相统一,形成各具特色的发展格局。按照优化开发、重点开发、限制开发和禁止开发的不同要求,明确不同区域的功能定位,制定不同的发展方向和环保目标。中国政府将在发展中落实保护,在保护中促进发展,坚持节约发展、安全发展、清洁发展,实现可持续发展。

实现这一目标,中国政府将坚持全面推进重点突破方针,坚持预防为主、综合治理的原则,继续完善环境保护的政策法规,并严格监督执行,依法加强环境管理,强化地方政府对环境质量负责的法律责任;严格环境准入,加强规划和重大决策的环境影响评价,从源头防治环境污染和生态破坏;加大重点流域水域城市海域专项整治,切实改善环境质量;完善政府、企业、社会多元化环保投融资机制,加大环保投入;推动公众参与环境保护,加强社会监督;建立先进的环境监测预警体系和完备的环境执法监督体系,切实提高对突发性环境事件的预警能力,全面提高环境监管能力。

保护全球环境,已经成为人类社会的共识。作为一个负责任的发展中大国,解决好环境问题,符合中国发展目标,是13亿中国人民的福祉所在,也是人类共同利益的重要体现。中国政府和人民将与世界各国政府和人民一道,共同保护美丽的地球家园。

国家副主席曾庆红在人民大会堂同菲律宾副总统德卡斯特罗举行会谈

国务院任命国家工作人员

任命陈德铭(正部长级)、张茅为国家发展和改革委员会副主任。

任命杨传堂为国家民族事务委员会副主任(正部长级)。

《人民日报》发表署名钟轩理的文章《毫不动摇地坚持改革方向 为实现“十一五”规划目标提供强大动力和体制保障》

6月6日

全国人大常委会委员长吴邦国人民大会堂会见拉美议会副议长皮萨罗

国务院总理温家宝在中南海紫光阁分别会见菲律宾副总统德卡斯特罗 加纳外长阿库福—阿多和孟加拉国外长穆尔希德汗

国务院振兴东北地区等老工业基地领导小组在北京召开第三次全体会议

会议总结2005年的工作,研究部署2006年的任务。国务院总理、国务院振兴东北地区等老工业基地领导小组组长温家宝主持会议并作重要讲话。

会议认为,2005年振兴东北地区等老工业基地的重点工作取得新进展、新突破,东北地区经济社会发展保持良好态势。改革开放步伐加快,结构调整力度加大,农业综合生产能力进一步提高,基础设施建设得到加强,资源型城市经济转型取得阶段性成果,生态建设和环境保护继续推进。

会议强调,今年是实施"十一五"规划的开局之年,做好推动东北地区等老工业基地振兴工作意义重大,务必取得更大的进展。重点要做好以下工作:(一)进一步深化改革,扩大开放。推进国有企业改革,加快现代企业制度建设,搞好厂办大集体改革试点,引导非公有制经济健康发展。促进东北三省与内蒙古东部地区经济一体化。扩展同东北亚国家以及港澳台的经济技术合作。(二)努力发展现代化的大农业。加强东北大型商品粮基地建设,进一步推进农业规模化、标准化、机械化和产业化经营,提高农业综合生产能力。坚持农村基本经济制度和基本经济政策,积极而稳步地推进社会主义新农村建设。(三)推进产业结构优化升级。坚持依靠科技进步,着力提高自主创新能力,加快创新体系建设。加大企业技术改造力度,积极打造东北优势产业基地和知名品牌。发展高新技术产业和现代服务业,增强老工业基地发展后劲。(四)加快振兴东北地区装备制造业。要加强组织协调工作,开展重大技术装备和关键技术的协同攻关,抓好引进重大技术装备消化吸收再创新。(五)切实加强环境保护和生态建设。抓紧制定东北地区协调统一的环境保护规划和生态补偿政策,建立东北三省的环境安全与资源安全监控体系和预警机制,保护好东北地区的水资源、土地资源和森林、湿地资源,治理好辽河、松花江的水污染。(六)着力解决涉及群众切身利益的突出问题。采取更加有力的措施,更好地解决森工、煤炭、军工等困难行业、困难企业职工的就业和生活问题。努力扩大城镇社会保障制度覆盖面,完善城市居民最低生活保障制度。继续支持东北地区实施棚户区改造计划,加快采煤沉陷区治理。

会议要求,要坚持用科学发展观统领振兴老工业基地各项工作,切实把经济社会发展转入全面协调可持续发展的轨道;要深入调查研究,着力突破影响老工业基地振兴的重点和难点问题;要发扬自力更生、艰苦奋斗精神,依靠广大干部群众锐意创新,积极进取。

国务院副总理、国务院振兴东北地区等老工业基地领导小组副组长曾培炎,国务委员兼国务院秘书长华建敏出席会议。国务院振兴东北地区等老工业基地领导小组成员参加了会议,有关部门和东北三省负责人列席会议。

国务院和中央军委向在黑龙江 内蒙古3起特大森林火灾扑灭中的全体参战人员发出慰问电

国务院和中央军委关于授予辽宁省公安消防总队本溪市支队明山区大队特勤中队一班班长金春明"雷锋式消防战士"荣誉称号命名大会在人民大会堂举行

中共中央政治局常委李长春在塔什干分别会见乌兹别克斯坦总统伊斯兰·卡里莫夫和立法院议长叶尔金·哈利洛夫

中共中央政治局常委吴官正在人民大会堂会见由主席洛塔尔·比斯基率领的德国左翼党—民社党代表团

国务委员唐家璇在北京会见来华进行工作访问的负责科索沃最终地位谈判的联合国特使 芬兰前总统阿赫蒂萨里

外交部部长李肇星在北京与加纳外交部部长纳纳·丹夸·阿库福—阿多举行会谈

外交部部长李肇星在北京与孟加拉国外长穆尔希德汗举行会谈

外交部副部长张业遂与欧盟轮值主席国奥地利外交部国务秘书温克勒尔为首的欧盟"三驾马车"代表团在北京举行第二轮战略对话

双方重点就中欧关系、东亚、经济与能源以及其他共同关心的国际和地区问题坦诚、深入地交换了意见。

首轮中欧战略对话于去年12月在伦敦举行。

中国科学院和中国工程院在北京举行陈嘉庚科学奖和光华工程科技奖颁奖仪式

经过严格评选,晶体学家范海福院士、生物物理学家饶子和院士、空间物理学家涂传诒院士、密码学家王小云教授获得2006年陈嘉庚科学奖。闻邦椿等20位专家荣获光华工程科技奖。

仪式结束后,国务委员陈至立应邀通报了实施《国家中长期科学和技术发展规划纲要》的有关情况。

陈至立指出,今年年初召开的全国科学技术大会,提出了坚持走中国特色自主创新道路、建设创新型国家的奋斗目标,科学确定了我国科技工作的基本方针,全面部署了今后15年的科技工作,动员全党全社会为建设创新型国家而努力奋斗,是我国科技发展乃至现代化建设进程中具有里程碑意义的重要会议。要深入贯彻全国科学技术大会精神,切实抓好科技规划纲要的实施工作,全面落实好科技规划纲要确定的各项任务。

陈至立指出,实施科技规划纲要,要加大投入,统筹协调,调动各方面积极性,通过规划的实施,提升我国核心竞争能力;要完善专家参与机制,抓好科技规划纲要的启动实施和评估验收;要加强目标责任制,深化改革、加强管理,优化科技资源配置,避免分散和浪费。她强调,一是要将建立企业为主体、市场为导向、产学研结合的技术创新体系作为深化改革的突破口,作为经济和科技体制改革的结合点,真正解决科技和经济"两张皮"的问题。二是科研院所和高等院校要充分发挥在国家创新体系中的重要作用,通过建立有效机制,促进其结合和资源集成。三是切实加强基础研究,鼓励自由探索。四是尊重科学研究规律,努力构建鼓励创新、支持创新、保护创新的宽松和谐环境,克服片面追求简单量化的科研"政绩"的急功近利的做法,防止浮躁学风的蔓延。五是把培养造就创新型科技人才作为建设创新型国家的战略举措,加紧建设一支宏大的创新型科技人才队伍。

全国人大常委会副委员长、中国科学院院长路甬祥出席报告会和颁奖仪式。大会由全国政协副主席、中国工程院院长徐匡迪主持。中科院、工程院1200多名院士与会。

由中国残疾人福利基金会 中国残疾人联合会共同发起并主办的"爱心永恒·启明行动"在北京启动

全国人大常委会副委员长司马义·艾买提出席了启动仪式。

"十五"期间,中国残疾人康复工作全面超额完成任务。其中,完成白内障复明手术271.9万例。卫生部、中国残联和国际狮子会共同发起的"视觉第一中国行动"直接补助了22万名贫困白内障盲人进行手术。地方各级政府以及海内外公益组织也对贫困白内障盲人复明手术给予了支持。

全国仍有白内障盲人300余万,且每年新增约45万,今后5年全国共约有525万人需要实施白内障复明手术。今年5月国务院批准了《中国残疾人事业"十一五"发展纲要》,计划在5年内完成白内障复明手术300万例,其中包括35万例扶贫手术,中央财政将给予大力支持。中国残疾人福利基金会广泛募集资金,对国家计划中尚未包括的200余万例白内障患者中贫困盲人实施复明手术,此举正是"爱心永恒·启明行动"的主旨。

6月7日

国务院总理温家宝主持召开国务院常务会议

会议讨论并原则通过《中华人民共和国反垄断法(草案)》,研究改革和加强基层农业技术推广体系建设问题。

会议认为,反垄断法是保护市场竞争,防止和制止垄断行为,维护市场秩序的重要法律制度。目前,我国有关法律、行政法规中的一些反垄断规定,已经不能适应我国发展社会主义市场经济和参与国际竞争的需要,有必要制定一部比较系统、全面的反垄断法,为营造公平有序的市场环境,保持我国经济活力,促进社会主义市场经济健康发展,进一步提供法律保障。草案从我国实际出发,借鉴国际有益经验,规定了禁止垄断协议、禁止滥用市场支配地位,以及对垄断行为的调查处理等内容。会议决定,《中华人民共和国反垄断法(草案)》经进一步修改后,由国务院提请全国人大常委会审议。

会议指出,基层农业技术推广体系是实施科教兴农战略的重要载体,在推广先进适用农业新技术和新品种、防治动植物病虫害、搞好农田水利建设、提高农民素质等方面发挥了重要作用。为适应加快新阶段农业和农村经济发展、推进社会主义新农村建设的形势,要按照强化公益性职能、放活经营性服务的要求,加大改革力度,逐步建立起以国家农业技术推广机构为主导,农村合作经济组织为基础,农业科研、教育等单位和涉农企业广泛参与、分工协作、服务到位、充满活力的多元化基层农业技术推广体系。为此,要改革基层农业技术推广机构,明确基层农业技术推广机构承担的公益性职能,合理设置县乡农业技术推广机构,理顺管理体制。要发展社会化农业技术服务组织,积极稳妥地将可交由市场来办的一般技术推广和经营性服务分离出来,鼓励其他经济实体依法进入农业技术服务行业和领域,参与基层经营性推广服务实体的基础设施投资、建设和运营。要加大对基层农业技术推广体系的支持力度,保证履行公益性职能所需资金的供给。

会议强调,基层农业技术推广体系改革事关农业农村经济发展全局,各地区要切实加强领导,及时研究解决改革中出现的问题;国务院有关部门要密切配合,加强指导,完善措施,确保改革的顺利进行。

国务院副总理曾培炎要求加强监测预警落实应急预案做好地质灾害防治工作

近日,南方暴雨天气频繁。据有关部门信息,地质灾害发生频次为近6年来之最。今年全国大部分地区降水较常年同期偏多，发生崩塌、滑坡、泥石流等地质灾害也将增多。对此党中央、国务院高度重视，国务院副总理曾培炎作出明确要求，强调按照以人为本、预防为主、合理避让、重点整治的要求，针对今年地质灾害多发的情况，加大工作力度，采取特殊措施，最大限度地减少地质灾害造成的人员伤亡和财产损失。曾培炎要求，加强监测预警，密切关注气候变化和灾害发展趋势，及时准确发布相关信息。落实地质灾害应急预案，搞好群防群测，健全应急响应机制，必要时组织群众搬迁避让。抓紧做好重点地区特别是三峡库区地质灾害防治工作。密切部门间的配合，及时沟通协调，加强对全国地质灾害防治的指导和监督，共同做好今年地质灾害防治工作。

中共中央政治局常委李长春在乌兹别克斯坦世界经济与外交大学应邀发表即席讲话

正在乌兹别克斯坦访问的中共中央政治局常委李长春在乌立法院议长哈利洛夫的陪同下，在塔什干参观了“契卡洛夫”飞机制造厂，考察了乌兹别克斯坦艺术博物馆并参观了世界经济与外交大学，在大学校长卡拉马托夫的邀请下发表了即席讲话。

李长春在讲话中介绍了中国改革开放28年来取得的巨大成就，指出，尽管中国发生了巨大变化，但要真正实现社会主义现代化还有很长的路要走，经过多年摸索，中国已经找到一条符合国情的中国特色社会主义道路。目前，中国党和政府正在全面落实科学发展观，致力于建设社会主义新农村，建设资源节约型、环境友好型社会，努力构建社会主义和谐社会。

李长春说，坚持走和平发展道路，符合当今世界发展潮流。中国走和平发展道路，是中国历史文化传统的必然选择，是中国实现现代化目标的必然要求，是中国的社会主义制度所决定的。中国愿同包括乌兹别克斯坦在内的中亚国家人民一道，努力促进和平与发展，共同建设一个持久和平、共同繁荣的和谐世界。

李长春阐述了文化、教育交流与合作在增进各国人民友谊、推动国家关系健康发展方面发挥的重要作用，表示中方将支持乌兹别克斯坦世界经济与外交大学开设汉语课，进一步促进两国间的文化交流与合作，为推动中乌关系全面发展作出新贡献。

6月8日

全国人大常委会委员长吴邦国对法官法检察官法执法检查工作作出批示

吴邦国指出，法官和检察官的素质，直接关系办案质量的高低，是人大代表和人民群众关注的问题之一，事关社会稳定和谐。希望通过执法检查，推动法院、检察院队伍建设，提高法官、检察官政治、业务和职业道德素质，以维护社会公平正义。同时要督促有关方面帮助基层法院、检察院解决工作生活中的实际困难，确保工作正常开展。

全国残疾人事业工作会议在北京召开

会议认真学习贯彻国务院批转的中国残疾人事业“十一五”发展纲要，研究部署当前和今后一个时期的残疾人工作。中共中央政治局委员、国务院副总理、国务院残疾人工作委员会主任回良玉在会上强调，以人为本的执政理念、科学发展观的指导思想、构建和谐社会的目标任务，对做好残疾人工作提出了新的更高的要求。我们要以邓小平理论和“三个代表”重要思想为指导，带着感情做残疾人工作，深入基层为残疾人办实事，着力解决贫困残疾人的生产生活困难，大力推进康复、教育、就业、维权等工作的深入开展，合力构建残疾人事业发展的长效机制，不断提高政府和社会为残疾人综合服务的能力和水平。

回良玉说，党中央、国务院高度重视残疾人工作，十分关心残疾人的生产生活。5年来，残疾人的实际困难和需求不断得到解决，残疾人事业的基础建设不断加强，残疾人参与社会生活的环境不断改善，残疾人的整体素质不断提高，残疾人事业的国际国内影响不断扩大。通过工作实践，我们也积累了一些宝贵的经验，就是既要把残疾人事业纳入经济社会发展全局统筹安排，又要采取特殊政策措施支持残疾人事业发展；既要坚持政府的主导作用，又要充分发挥社会各方面的积极性；既要大力解决残疾人的突出困难，又要促进残疾人自身全面发展。这些行之有效的做法，应在今后的残疾人工作中继续坚持和完善。

回良玉指出，“十一五”时期是残疾人事业加快发展的重要时期。随着我国综合实力的增强和各项建设的加快推进，将为解决残疾人的困难提供越来越坚实的物质基础，残疾人事业发展的社会环境更为有利。但我们也要清醒地看到，我国残疾人数量多，困难程度大，残疾人的总体生活水平与社会平均水平相比还有差距，农村还有数百万残疾人尚未脱贫，残疾人在参与社会生活中竞争能力弱的问题将进一步凸显。各地区、各部门要充分认识新形势下做好残疾人工作的重大意义，进一步加大工作力度。

回良玉强调，各地区、各有关部门要把解决残疾人的突出困难和问题，促进残疾人平等参与社会生活，实现全面发展作为残疾人工作的根本任务，坚持不懈地抓紧抓好。要继续深入做好残疾人扶贫工作，大力推进残疾人“人人享有康复服务”,不断提高残疾人受教育的程度和水平。就业是残疾人改善生活状况,实现自强自立的重要途径和条件,要坚持和完善适合我国国情的残疾人就业政策,多渠道安排残疾人就业和再就业。要不断完善残疾人保障法律法规体系,高质量地完成残疾人抽样调查,大力推进交通、建筑、信息等方面的无障碍建设,建立促进残疾人事业发展的长效机制。要认真筹办2008年北京残奥会和2007年上海特奥会,促进残疾人群众性体育活动的开展和残疾人素质的提高。

回良玉指出,越是困难的群体,越要众人同心帮扶和关爱;越是难度大的工作,越需要众多部门合力推进和关心。各地区、各有关部门要切实把残疾人工作摆上重要议事日程,纳入经济社会发展规划,加强统筹协调,继续增加投入。要满怀深厚的感情去做残疾人工作,深入到贫困残疾人中,关心他们的安危冷暖。要在全社会弘扬人道主义精神,进一步形成尊重、关心和帮助残疾人的良好社会风尚。广大残疾人要继续发扬自强不息、顽强拼搏的精神,积极投身于国家现代化建设的伟大实践和社会生活中来。

各省、自治区、直辖市及中央有关部门负责人参加了会议。中国残联主席邓朴方代表国务院残工委作了工作报告。会议还表彰了全国残疾人工作先进县(市区旗)。

国务院副总理吴仪在北京会见欧盟贸易委员曼德尔森

吴仪表示,中国政府重视发展与欧盟的全面战略伙伴关系,历来站在全局和战略的高度处理中欧双边关系。双方在处理中欧双边经贸合作中出现的问题时,应秉承友好磋商的精神,通过沟通和对话找到解决办法,实现互利共赢。目前,欧盟已成为中国最大的贸易伙伴,中国是欧盟第二大贸易伙伴,进一步发展中欧关系和双边经贸合作符合双方的共同利益。

双方还就修订1985年《中欧贸易与经济合作协定》及商签中欧新框架协定、知识产权保护等问题交换了意见。

国务院副总理曾培炎在中南海紫光阁会见美国IBM公司董事长兼首席执行官彭明盛一行

曾培炎指出,中国政府十分重视信息产业的发展,坚持以信息化带动工业化,以工业化促进信息化,提升发展电子信息制造业,积极发展信息服务业。

曾培炎说,我们鼓励和支持中国企业开展国际业务及投资。联想在收购IBM全球电脑业务后的全球整合工作进展顺利,这是双方友好合作的结果。希望双方进一步加强合作,实现互利共赢。

曾培炎强调,中国政府致力于创建公平和良好的投资发展环境,包括保护知识产权、提供优惠投资政策等。希望IBM发挥自身优势,与中国信息产业界在半导体、软件、信息服务等领域开展广泛深入的合作,尤其是研发、技术及产品创新等方面的合作,将双方的合作推进到一个新的水平。

外交部部长李肇星在北京会见伊朗副外长阿拉格齐

双方主要就当前伊朗核问题形势交换了看法,均表示应通过外交谈判妥善解决伊朗核问题。

同日,外交部部长助理崔天凯与阿拉格齐举行了会谈。

中国科学院第十三次院士大会和中国工程院第八次院士大会在北京闭幕

1000多位中国科学院院士和中国工程院院士出席了大会。

会上选举产生了中科院第七批7位外籍院士,至此,中科院外籍院士人数达到51位;中国工程院原来的“农业、轻纺与环境工程学部”一分为二——分为“农业学部”和“环境与轻纺工程学部”,使中国工程院的学部增至9个。

新当选的7位外籍院士是:俄罗斯科学院高级研究员、教授、半导体物理学专家若列斯·阿尔费罗夫,德国马普学会固体问题研究所教授、凝聚态物理学专家克·冯·克利钦,美国科学院院士、犹他大学教授、有机化学专家彼得·史唐,美国洛克菲勒大学教授、植物分子生物学专家蔡南海,美国加州大学圣地亚哥分校教授、生物工程和生理学专家钱煦,美国佐治亚理工学院教授、气候学专家迪金森、俄罗斯国立莫斯科罗蒙洛索夫大学教授、力学专家萨姆韦尔·格里戈良。

中国工程院第八次院士大会选出中国工程院新一届领导班子

经过院士选举,现任中国工程院院长徐匡迪,副院长邬贺铨、刘德培、杜祥琬获得连任。内蒙古大学校长、中国工程院院士旭日干和浙江大学校长、中国工程院院士潘云鹤成为新任的中国工程院副院长。

第二届应用数学前沿问题国际研讨会暨林家翘教授90华诞庆祝会在清华大学举行

国务委员陈至立到会表示祝贺。她在致辞中强调,要认真贯彻胡锦涛总书记在两院院士大会上的讲话精神,把培养造就创新型科技人才作为建设创新型国家的战略举措，最大限度地激发科技人员的创新激情和活力，形成有利于优秀人才脱颖而出的良好环境，加紧建设一支宏大的创新型科技人才队伍。

林家翘先生是世界公认的力学和应用数学领域的著名科学家。1972 年以来，多次回国进行学术访问，为国内培养了一批有造诣的学者，推动了应用数学与流体力学的许多新领域在中国的发展。2002 年从美国回国定居，创建清华大学周培源应用数学中心，为中国教育和科学事业发展作出了卓越贡献。

文化部部长孙家正就文化遗产保护接受《人民日报》记者采访

问：今年的 6 月 10 日是我国第一个“文化遗产日”，为什么要设立“文化遗产日”？为何选择在 6 月的第二个星期六？

答：2005 年 12 月，国务院下发了《关于加强文化遗产保护的通知》（以下简称《通知》），专门成立了由 15 个部委部门组成的国家文化遗产保护领导小组，由国务委员陈至立同志任组长，以加强对全国文化遗产保护工作的领导。《通知》决定，从 2006 年起，每年 6 月的第二个星期六为中国的文化遗产日。今年的 6 月 10 日将迎来我国第一个“文化遗产日”，我们制定的主题是“保护文化遗产，守护精神家园”。

设立“文化遗产日”，是我国文化遗产保护史上的一件大事，充分体现了党和国家对文化遗产保护事业的高度重视，凸显了文化遗产保护事业在国民经济发展与社会进步中的重要作用。“文化遗产日”的设立，更有利于普及文化遗产保护知识，提高公众对文化遗产保护重要性的认识，增强全社会的文化遗产保护意识，营造全民参与保护文化遗产的良好氛围。

选择这个时间主要是综合考虑了当时活动的密度、气候等多种因素，群众能够方便地参与活动。

问：中国有着丰富的物质文化遗产资源。据前不久文化部公布的数字，中国大陆已登记的不可移动文物近 40 万处，目前我国共有全国重点文物保护单位 2352 处，103 座历史文化名城。从 1985 年加入《保护世界文化和自然遗产公约》以来，我国共有 31 处文物古迹和自然遗产列入《世界遗产名录》。这些文化遗产是我们的宝贵财富。如何加强文化遗产的法律法规建设，使之免遭现代化建设、全球化思潮等的冲击和破坏？

答：我国政府非常重视文化遗产保护工作，作出了一系列重大决策和部署。法制建设不断加强，文化遗产保护法规体系基本形成。1982 年我国颁布了《文物保护法》，2002 年重新修订。国务院还颁布实施了《文物保护法实施条例》，文化部也以部长令发布了《文物保护工程管理办法》等 30 余项部门规章、规范性文件，《非物质文化遗产保护法》已经列入全国人大 2007 年立法计划，国家有关部门和地方也颁布了一些行业性和地方性的保护法规。此外，我国还加入了《关于禁止和防止非法进出口文化财产和非法转让其所有权的方法的公约》《保护非物质文化遗产公约》等与文化遗产保护有关的国际公约。

问：我们发现在一些地方，经常是打着提高人民生活水平，加快现代化建设的旗号，对文化遗产进行破坏，您怎么看待这种现象？

答：我认为发展经济、改善人民群众的生活与保护文化遗产并不是一对必然的矛盾。从世界各国的经验来看，越是在市场经济条件下，越要加强政府对文化遗产的抢救、保护和管理。

一些地方片面追求面貌焕然一新，大规模地拆毁了一些历史文化街区和文化遗产，结果使其悠久的历史失却了记忆，鲜明的个性失去特征。在建设和发展中，要把文化遗产保护放在第一位。重大工程建设中，要严格执行重大建设工程项目审批、核准和备案制度，涉及文化遗产保护的重大建设要提前向社会公示，并广泛征求有关部门意见。要采取强有力的保护措施，坚决制止和避免基本建设工程对文化遗产的破坏。

文化遗产是我们民族悠久历史的稀世证物，是我们与遥远的祖先联系、沟通的唯一渠道。保护文化遗产就是保护中华民族的悠久历史和赖以生存、发展，走向未来的文化根基。我们要坚持保护与利用的良性互动，树立文化遗产资源有效保护与合理利用的发展理念，坚决反对和防止不顾文化遗产及其环境的客观承受力，不顾长远发展需要的盲目利用和恶性开发。

问：正在审议中的《非物质文化遗产保护法》着重强调非物质文化遗产保护的哪些方面？

答：《非物质文化遗产保护法（草案送审稿）》在对于非物质文化遗产的认定、立档、保存、研究、宣传、弘扬、传承和振兴等方面都有具体规定，着力强调三大制度的建设，即名录制度的建设、传承人制度的建设、保障制度的建设。

问：目前我们国家的文化遗产保护面临着非常艰巨的工作，从您的角度上去考虑，您觉得要做好这项工作最重要的是什么？

答：确实，保护文化遗产是一件长期的艰巨的任务，在资金、人才、立法等许多方面都需要加强。但我认为最有战略意义，也是最最重要的是提高全民族的文化自觉，增强全体人民保护文化遗产的意识。这点加强了，文化遗产保护工作就有了深厚的群众基础。正因为如此，国家才设立“文化遗产日”，动员全社会保护文化遗产。

问：您刚刚说过，在文物保护方面，中国政府投入了很大的保护经费。文化遗产保护常常给人们一个印象,即遗产是国家的资源,保护是政府的工作,好像跟我们每一个人的生活关系并不大,您怎么评价这种看法呢?

答:这种观点是错误的。从本质上讲,文化是属于大众的,每一个人都生活在文化之中,保护文化传统、繁荣民族文化,关系到每一个中国的公民,人人都不能例外。我们对文化遗产保护的工作原则是“政府主导,社会参与;长远规划,分步实施;明确职责,形成合力”。为公民提供公共文化服务,是政府义不容辞的责任。保护好文化遗产,也是政府的重要责任。政府主导,不光要拿钱,还要进行指导和规划。保护和传承文化遗产还必须依靠全社会的自觉,形成“保护文化遗产人人有责”的全民意识。社会上的力量包括一些著名企业,在获得利润回馈社会的时候,我觉得一个非常好的方式,就是投向文化遗产的保护。政府一方面号召全社会特别是有一定能力的企业、机构、个人等来关心支持文化遗产保护事业;另一方面,制定了一系列的政策鼓励企业向文化投资,向文化事业包括文化遗产保护的投入;鼓励社会力量兴办文化事业,包括民间的博物馆、民间的文化馆。

问:在《国务院关于加强文化遗产保护的通知》中提出要“从维护国家文化安全的高度,充分认识保护文化遗产的重要性”。您是怎么理解这句话的?

答:一个国家要独立,首先政治上要独立。我们过去的浴血奋战,一代一代人前仆后继,就是为了民族的解放、国家的独立,政治上的独立;第二,经济上要独立。如果经济上完全受制于别人,很难保证政治上的独立。但政治独立、经济独立还不够,还必须在思想文化上保持自己的独立性。我国文化遗产所蕴含的中华民族特有的精神机制、思维方式、想象力和文化意识,是维护我国文化身份和维护文化主权的基本依据。保护好文化遗产,关系文化血脉的传承,关系精神家园的维护,关系先进文化的建设。所以,从这个意义上讲,保护文化遗产关系到国家的文化安全。

问:在文化建设中,我们一方面要保护文化遗产;另一方面又提倡文化创新,您怎样看待两者之间的关系?

答:这两者是我们现在文化建设当中遇到的一个很重要的问题,就是传统与当代的问题,继承与创新的问题。过去历来有一种观点,认为传统的东西都是保守的,实际上这是一种误解。中国文化、中国文明能绵延五千年从来没有割断过,就在于它内在有一股创新的活力。我们民族的传统是创新,我们的优秀传统,就是我们历代祖先创新的结晶。

保护传统文化和文化创新、建设先进文化并不矛盾,有着紧密的内在联系。今天的保护和继承,正是为了明天更好地开发利用和发展创新。传统文化作为一种遗产,我们首先要原生态地将其保护下来,然后再加以分析。我们要进行文化创新,建设社会主义先进文化,必须依托历史,立足现实,尊重过去,面向未来,通过对传统文化的深刻继承和科学扬弃,来创造和熔铸既有丰厚历史底蕴,又有鲜明时代特色的新文化。

6月9日

国家主席胡锦涛在人民大会堂与吉尔吉斯斯坦总统巴基耶夫举行会谈

胡锦涛表示,中方高度重视中吉关系,愿同吉方共同努力,从以下六个方面进一步发展中吉睦邻友好合作关系:(一)恪守双边条约,巩固传统友谊。使中吉世代友好、永不为敌的理念牢牢植根于两国人民心中。(二)保持高层交往,加强政治关系。两国领导人、政府、立法机构、政党可通过多种方式,开展多层次交流,增进相互了解和信任。(三)深化务实合作,实现互利双赢。双方应抓住机遇,深挖潜力,优化贸易结构,改善贸易和投资环境,扎实推进交通、通信、矿业、建材等重点领域大型合作项目。(四)扩大人文交流,拓宽友好基础。双方可加强在互派教师和大学生方面的合作,鼓励两国科研机构开展交流,互办文化日和艺术节,积极推动两国青年团体互访,为中吉友好注入持久动力。(五)加强安全合作,维护地区安宁。双方在涉及对方核心利益的重大原则问题上,要继续相互支持与协作,共同打击包括“东突”恐怖势力在内的“三股势力”和跨国犯罪。(六)密切多边合作,促进和平稳定。双方应保持和加强在联合国、上海合作组织等国际组织内的协调与配合,促进地区和世界的和平与发展。

会谈后,两国元首签署了《中华人民共和国和吉尔吉斯共和国联合声明》,还出席了中吉经济技术合作协定等13个合作文件的签字仪式。

中华人民共和国和吉尔吉斯共和国发表联合声明

应中华人民共和国主席胡锦涛的邀请,吉尔吉斯共和国总统巴基耶夫2006年6月9日至10日对中华人民共和国进行了国事访问。两国元首在相互理解和信任的气氛中,就中吉关系现状和发展前景,以及一系列共同关心的国际问题深入交换意见,达成广泛共识。

中华人民共和国和吉尔吉斯共和国(以下简称双方),基于加强两国业已存在的睦邻友好和互利合作关系的共同愿望,重申恪守14年来双方签署和发表的一系列政治文件中确定的各项原则,决定继续推进两国政治、经贸和其他领域的合作,声明如下:

一、双方对建交14年来两国在政治、经贸、安全、人文等各领域合作取得的积极成果感到满意，一致认为，中吉友好符合两国和两国人民的根本利益，也有利于促进地区的和平与发展。

二、中方重申，进一步巩固和发展与吉尔吉斯共和国的睦邻友好，是中国对外政策的重要组成部分。吉方重申，同中国全面发展友好合作关系，是吉尔吉斯共和国对外政策的优先方向之一。双方表示将恪守《中华人民共和国和吉尔吉斯共和国睦邻友好合作条约》，全力落实《中华人民共和国和吉尔吉斯共和国2004年至2014年合作纲要》，愿继续保持和开展包括高层互访在内的各级别交往，不断扩大和深化两国各领域的交流与合作，将中吉睦邻友好合作关系提高到新的水平。

三、双方强调，《中华人民共和国政府和吉尔吉斯共和国政府关于中吉国界线的勘界议定书》及其所附的中华人民共和国和吉尔吉斯共和国国界线地图具有重大历史意义，标志着两国边界问题获得彻底解决。这为新世纪中吉关系的发展开辟了更为广阔的前景。双方决心严格遵守两国签订的所有关于边界问题的协定和文件，切实按照新勘定的国界线实施管辖并加强边界管理合作，积极致力于将两国边界建设成永久和平、世代友好的边界。

四、吉方重申奉行一个中国政策，中华人民共和国政府是代表全中国的唯一合法政府，台湾是中国领土不可分割的一部分。吉方反对包括“法理台独”在内的任何形式的“台湾独立”，反对制造“两个中国”“一中一台”的企图，反对台湾加入任何必须由主权国家参加的国际组织。吉方不与台湾建立任何形式的官方关系和进行官方往来。中方对吉方这一原则立场表示高度赞赏。

中方重申支持吉尔吉斯共和国为维护国家独立、主权和领土完整以及为维护国内稳定、发展民族经济所作的努力，并高度评价吉尔吉斯共和国为巩固中亚地区安全、稳定与合作所做的贡献。

五、双方表示，相互尊重对方根据本国国情选择的发展道路，主张加强在政治、经济和安全等事务上的磋商与合作，不允许第三国利用本国领土损害另一方的国家主权、安全和领土完整。

双方不允许在本国领土上成立和存在旨在损害另一方主权、安全和领土完整的组织和团体。

双方将与本地区各国一道，继续共同致力于维护中亚地区安全与稳定、实现中亚地区发展和繁荣。

六、中方支持有关国家建立中亚无核武器区的努力，相信这将有利于该地区乃至全球的和平与安全。

七、双方重申，“三股势力”仍是本地区安全与稳定的主要威胁。双方将根据《打击恐怖主义、分裂主义和极端主义上海公约》和《中华人民共和国和吉尔吉斯共和国关于打击恐怖主义、分裂主义、极端主义的合作协定》的规定，加强两国执法安全部门的协调与合作，并在上海合作组织框架内继续采取有力措施，共同打击包括“东突”恐怖势力在内的一切形式的恐怖主义，维护两国及本地区的和平与安宁。双方强调，打击“东突”恐怖势力是国际反恐斗争的重要组成部分。

八、双方一致认为，为在应对非传统安全的威胁和挑战方面进一步有效协作，双方必须开展更密切的合作，打击非法贩运各种麻醉药品、精神药物。

九、双方将保持和发展两国军事部门的交流与合作。

十、双方对近年来两国经贸合作取得的进展感到满意，决定进一步采取有效措施，充分发挥中吉经贸合作混委会的作用，深入挖掘经贸合作潜力，发挥互补优势，改善贸易结构，不断提高合作水平。双方表示将进一步改善贸易和投资环境，积极支持两国企业在对方国家开展生产和经济贸易活动。

作为世界贸易组织成员，双方愿进一步加强在该组织中的合作。中方高度评价吉方承认中国完全市场经济地位。

十一、双方愿在预防和消除紧急状况和自然灾害后果方面开展合作。

十二、双方表示，交通运输领域的合作对促进双边经贸合作的深入发展具有重要意义。双方将扩大公路交通运输和过境运输的能力，在公路、铁路和航空运输方面相互提供便利条件。双方支持扩大两国及过境运输，促进《上海合作组织成员国政府间国际道路运输便利化协定》早日签署。

双方指出，尽快修复和开通中国—吉尔吉斯斯坦—乌兹别克斯坦跨国公路对促进三国友好关系和经贸合作、推动本地区经济发展具有重要意义。双方将为该项目的顺利实施创造一切必要条件。双方愿与乌兹别克斯坦方面一道，继续进行建设中国—吉尔吉斯斯坦—乌兹别克斯坦铁路的经济技术论证，并研究融资问题，积极推动该项目取得进展。

十三、双方表示支持发展和完善两国人文领域的合作，加强文化、教育、卫生、环保、旅游、体育、信息等方面的交流。双方将积极促进两国青年团体的交流，加强在互换教师和大学生方面的合作，鼓励扩大两国高等教育学校和科研机构的交流与合作。双方商定，2007年在吉尔吉斯共和国举办“中国文化日”活动，2008年在中国举办“吉尔吉斯共和国文化日”活动。

十四、双方将采取有效措施，促进和便利双边人员正常往来，以加深相互了解，巩固中吉友好关系。双方强调，将依法保护在各自境内对方公民的合法权益，严肃惩处针对对方公民的违法行为。

双方重申继续鼓励发展两国地方合作，并认为这种联系与合作必将扩大双边合作的规模，丰富双边关系的内涵。

十五、双方指出，上海合作组织成立5年来，已发展成为深化成员国睦邻互信和互利合作的重要机制，维护地区和平、安全与稳定的重要力量，促进国际关系民主化的重要因素。双方强调，将采取切实措施，与其他成员国一道，推动上海合作组织在安全、经济、人文等领域的务实合作不断深化和拓展，为维护地区安全与稳定发挥更大的作用。今年6月15日在上海举行的成员国元首会议将成为上海合作组织发展进程中的重要里程碑，为该组织框架内更有效的合作创造良好条件。

十六、双方认为，当前国际形势继续发生复杂深刻的变化，和平、发展、合作是当今时代的潮流。国际社会拥有实现持久和平和普遍发展的良好机遇，也面临错综复杂的各种传统和非传统安全问题。世界各国应在公认的国际关系准则基础上，建立互信、互利、平等、协作的新安全架构，以利于有效应对共同面临的重大挑战。应尊重和维护世界文明的多样性和发展模式的多样化，提倡各种文明彼此尊重、相互交流、取长补短、和谐相处。

双方强调，联合国的改革应当是全方位和多领域的，应优先解决发展问题，注重增加发展中国家的代表性并保障发展中国家在联合国决策过程中拥有更大的参与权。联合国改革事关重大，应通过民主协商，达成广泛一致。双方愿意就联合国改革等共同关心的问题加强磋商与合作。

十七、巴基耶夫总统邀请胡锦涛主席对吉尔吉斯共和国进行国事访问。胡锦涛主席感谢邀请，并表示将在双方方便的时候访问吉尔吉斯共和国。

中华人民共和国主席　　吉尔吉斯共和国总统
胡锦涛　　库·萨·巴基耶夫

2006年6月9日于北京

全国人大常委会委员长吴邦国在人民大会堂会见俄罗斯国家杜马国际事务委员会主席科萨切夫

全国人大常委会委员长吴邦国和国务院总理温家宝在北京分别会见吉尔吉斯斯坦总统巴基耶夫

纪念陆定一同志诞辰100周年座谈会在人民大会堂举行

中共中央政治局常委、全国政协主席贾庆林出席。中共中央政治局委员、书记处书记、中宣部部长刘云山主持座谈会并讲话。

座谈会上，中央党史研究室主任李景田，共青团中央书记处常务书记杨岳，江苏省委书记李源潮，中央党校原副校长龚育之先后发言。

国务委员陈至立、全国政协副主席陈奎元出席了座谈会。出席会议的还有中央和国家机关有关部门、人民团体和江苏省的负责同志，陆定一同志的亲属、生前友好和原身边工作人员等。

国办转发财政部 中宣部《关于进一步支持文化事业发展的若干经济政策》的通知

各省、自治区、直辖市人民政府，国务院各部委、各直属机构：

财政部、中宣部《关于进一步支持文化事业发展的若干经济政策》已经国务院同意，现转发给你们，请认真贯彻执行。

国务院办公厅

2006年6月9日

关于进一步支持文化事业发展的若干经济政策

为加强社会主义先进文化建设，推动宣传文化事业健康发展，进一步深化文化体制改革，根据《中华人民共和国国民经济和社会发展第十一个五年规划纲要》中关于“加大政府对文化事业的投入，逐步形成覆盖全社会的比较完备的公共文化服务体系”的要求，现提出“十一五”期间国家支持文化事业发展的有关经济政策：

一、继续征收文化事业建设费

(一)各种营业性的歌厅、舞厅、卡拉OK歌舞厅、音乐茶座和高尔夫球、台球、保龄球等娱乐场所，按营业收入的3%缴纳文化事业建设费。广播电台、电视台和报纸、刊物等广告媒介单位以及户外广告经营单位，按经营收入的3%缴纳文化事业建设费。

(二)文化事业建设费由地方税务机关在征收娱乐业、广告业的营业税时一并征收。中央和国家机关所属单位缴纳的文化事业建设费，由地方税务机关征收后全额上缴中央金库。地方缴纳的文化事业建设费，全额缴入省级金库。

(三)文化事业建设费纳入财政预算管理，分别由中央和省级设立基金，用于文化事业建设。财政部要根据有关规定，会同相关部门对原有的政策进行修订和完善，制定新的文化事业建设费征收和使用管理办法，以体现政府性基金预算的管理要求，加强对资金的宏观调控和监管力度。

二、继续实行税收优惠政策

继续对宣传文化单位实行增值税优惠政策，对电影发行单位实行营业税优惠政策。有关部门要在完善相关政策的同时,突出扶持重点,更好地促进宣传文化事业健康发展。具体实施办法由财政部和国家税务总局另行制定。

三、继续实施促进电影事业发展的有关经济政策

(一)从电影放映收入中提取5%建立"国家电影事业发展专项资金",实行基金预算管理方式,用于电影行业的宏观调控。财政部要会同有关部门进一步完善原有的电影事业发展专项资金管理政策,制定新的国家电影事业发展专项资金征收和使用管理办法。

(二)继续设立电影精品专项资金,用于支持电影精品摄制。

四、继续增加对宣传文化事业的财政投入

(一)中央和省级财政建立宣传文化发展专项资金,每年按2005年实际拨付数为基数列支出预算。财政部要会同有关部门研究修订宣传文化发展专项资金管理办法。

(二)整合"万里边境文化长廊"等补助经费,设立"中央补助地方文体广播事业发展专项资金",用于支持地方文化、体育和广播事业的发展。有关地方人民政府也要逐步增加对文化事业的投入。

五、建立健全专项资金管理制度

为促进宣传文化事业发展,增强调控能力,保证重点需要,规范资金管理,财政部门要做好专项资金的预算安排。专项资金使用部门要按照有关财政法规的要求,健全制度、加强管理,保证专项专用并接受财政和审计部门的监督检查。

六、继续鼓励对宣传文化事业的捐赠

社会力量通过国家批准成立的非营利性的公益组织或国家机关对宣传文化事业的公益性捐赠,经税务机关审核后,纳税人缴纳企业所得税时,在年度应纳税所得额10%以内的部分,可在计算应纳税所得额时予以扣除;纳税人缴纳个人所得税时,捐赠额未超过纳税人申报的应纳税所得额30%的部分,可从其应纳税所得额中扣除。公益性捐赠的范围为:

(一)对国家重点交响乐团、芭蕾舞团、歌剧团、京剧团和其他民族艺术表演团体的捐赠。

(二)对公益性的图书馆、博物馆、科技馆、美术馆、革命历史纪念馆的捐赠。

(三)对重点文物保护单位的捐赠。

(四)对文化行政管理部门所属的非生产经营性的文化馆或群众艺术馆接受的社会公益性活动、项目和文化设施等方面的捐赠。

七、狠抓落实,加强管理

各级财税部门要认真落实支持文化事业发展的各项经济政策。宣传文化主管部门要充分发挥有关政策的宏观调控作用,拓宽文化事业资金投入渠道。宣传文化机构要按照中央关于文化体制改革的总体部署,深化文化体制改革,促进文化产业发展;要健全财务制度,加强基金和专项资金的管理;接受的捐赠资金要专门用于发展宣传文化事业,不得挤占、挪用甚至私分,也不得以捐赠为由搞乱摊派、乱集资等活动。对出现的各种违法违纪行为,要追究责任,严肃处理。

中共中央政治局常委李长春在索非亚会见保加利亚总理谢尔盖·斯塔尼舍夫并与保副总理兼教科部部长达尼埃尔·沃尔切夫举行会谈

谈及中保贸易关系时,李长春说,近年来,中保经贸关系发展顺利。保加利亚正在积极发展本国经济,争取加入欧盟。中国正在实施西部大开发、振兴东北老工业基地和中部崛起等战略。这些都为进一步发掘两国经贸合作潜力创造了条件。中方将采取积极态度和有效措施,推动双边贸易达到积极的平衡状态,也希望保加利亚企业加大开拓中国市场的力度。

双方还就深化两国在文教、科技、旅游等领域的互利合作深入交换了意见。

在与沃尔切夫的会谈中,李长春全面介绍了中国教育体制改革和科技体制改革情况,并对保加利亚在文化和教育领域改革的做法和经验做了详细了解。双方就续签两国文化、科学和教育合作协定达成原则一致。沃尔切夫表示,李长春此访拓宽了两国文化、科教合作的空间,丰富了双方在相关领域交流的形式,对保中关系发展具有重要意义。

当日下午,李长春出席了保加利亚孔子学院的协议签字、授牌暨赠书仪式。

中共中央政治局常委李长春在索非亚会见保加利亚总统格奥尔基·珀尔瓦诺夫

首批"国家环境友好工程"奖颁发仪式在北京举行

环保总局局长周生贤在仪式上讲话时指出,要在加大环境执法力度的同时辅之以激励措施,大力表彰宣传先进典型,认真落实环评7项承诺,动员全社会关心环保、重视环保、支持环保,为建设环境友好型社会而奋斗。

周生贤说,荣获第一批国家环境友好工程奖的十大项目,既有事关国计民生的重大工程,又有与人民群众切身利益息息相关的建设项目;既有解决当前突出环境问题的重点整治工程,又有影响环境安全和国家形象的重点项目。这些先进典型坚持以人为本,切实维护群众利益和国家长远利益;坚持依法施工,严格执

行《中华人民共和国环境影响评价法》和《建设项目环境保护管理条例》,自觉执行环境影响评价的各项要求,为工程建设项目树立了榜样。

获奖的10个建设工程项目是:中国石油西气东输管道工程、雅砻江二滩水电站工程、苏州河环境综合整治一期工程、大连大有恬园住宅小区一期工程、华阳电业有限公司漳州后石电厂一期工程、神府东胜煤田朔州至黄骅港铁路工程、京珠国道主干线湖南临湘至长沙高速公路、华润电力登封有限公司一期工程、广州市地铁二号线首期工程、中国石油新疆油田分公司石西油田开发建设工程。

6月10日

国家主席胡锦涛在人民大会堂接受5国新任驻华大使递交的国书

这5位新任驻华大使分别是:埃塞俄比亚大使海尔基洛斯,南非大使倪清阁,菲律宾大使布蕾迪,日本大使宫本雄二和乌干达大使瓦吉多索。

中国非物质文化遗产保护论坛在北京开幕

来自全国各地的近百位文化界学者为非物质文化遗产保护建言献策。历时3天的中国非物质文化遗产保护论坛将围绕非物质文化遗产的基本理论建设、如何建立保护体系、遗产保护与社会发展等议题进行深入探讨。论坛由文化部、中国艺术研究院主办。

"中国戏曲剧种保护展"在中国艺术研究院开展

在我国第一个文化遗产日来临之际,"中国戏曲剧种保护展"在中国艺术研究院开展。中国戏曲剧种从20世纪50年代的368个,到80年代初的317个,到2005年的267个,正在日益减少,许多地方剧种已经消失或正在消失。

6月11日

成都金沙遗址考古发掘再获重大发现

据新华社报道:出土的130多件珍贵文物包括中国迄今发现的最大的商代石磬、肩扛象牙跪坐人像图案的玉璋、鸟首鱼身纹金带等。

这次保护性考古发掘经国家文物局批准,在金沙遗址祭祀区的4个地点同时展开。这也是自2001年发现金沙遗址以来所进行的第六次考古发掘。

据成都市文物考古研究所所长王毅介绍,这次考古最为重要的发现是在祭祀区北部发掘出两件形制巨大的石磬,其中一件长达1.1米,是中国目前发现的最大的商代石磬。

金沙遗址是继三星堆遗址之后中国最为重要的考古发现,也是中国21世纪初第一个重要的考古发现,其遗址面积超过5平方公里。在这里出土的"太阳神鸟"金饰图案已被中国国家文物局用作"中国文化遗产标志"。

金沙遗址的发现再现了古蜀文明的辉煌灿烂,代表了古蜀文明发展的一个重要阶段,它与成都平原早期古城遗址群、三星堆遗址、商业街战国船棺墓葬一起构建起了古蜀文明的发展演进体系,证明成都平原是长江上游文明中心,是中华文明的有机组成部分。

6月12日

国家主席胡锦涛在上海考察

6月12日至13日,胡锦涛在上海有关负责人的陪同下,深入港口、企业、乡村,就贯彻落实科学发展观、转变经济增长方式、推动经济社会又快又好发展进行调查研究。

胡锦涛首先考察了跨越杭州湾北部海域的东海大桥和位于浙江省嵊泗县洋山地区的洋山深水港区。胡锦涛在大桥上听取了大桥设计、建设、养护情况的介绍。洋山深水港区是离上海最近的深水港,可建造50多个大型集装箱泊位。在港区管委会,胡锦涛仔细询问港区总体建设规划和工程建设的情况,并来到码头实地察看。胡锦涛指出,要转变经济增长方式、优化产业结构,把上海建设成国际经济、金融、贸易、航运中心和现代化国际大都市,必须有比较完备的基础设施。他希望上海立足当前、着眼长远,科学规划、突出重点,继续推进重大基础设施体系建设,为经济社会持续发展打下坚实基础。

胡锦涛十分关心企业创新能力建设,他来到上海振华港口机械(集团)股份有限公司、中船江南长兴造船基地等企业,在厂房、码头同企业干部职工亲切交谈,深入了解企业生产经营特别是技术创新的情况。他对企业在自主创新和引进消化吸收再创新方面取得的成绩给予肯定。胡锦涛强调,科学技术是第一生产力,是提高国家核心竞争力的决定性因素,也是提高企业市场竞争能力和抗御风险能力的决定性因素。一定要瞄准世界科技发展前沿,大力加强企业创新能力建设,努力掌握核心技术和关键技术,拥有更多自主知识产权,为把企业进一步做大做强提供强大科技支撑。

胡锦涛还考察了上海推进社会主义新农村建设的情况。在孙桥现代农业科技园区,当得知这里在推动农业科技自主创新、带动农户增产增收方面取得明显成效时,胡锦涛说,建设社会主义新农村,最重要的是发展农业和农村经济；发展农业和农村经济，必须依靠科技进步和创新，努力在农业科技上取得新突破，加快建设现代农业。胡锦涛勉励他们加强农业技术推广，不断取得更大成绩。在浦东新区张江镇环东中心村，胡锦涛来到村委会视察，胡锦涛说，中央提出建设社会主义新农村的重大战略任务，就是要让广大农民群众过上更好的生活。希望你们再接再厉，使经济发展更生机勃勃、村民生活更丰富多彩、邻里关系更和谐融洽、党的建设更扎实有效，让大家伙儿的生活越来越红火。

在考察过程中，胡锦涛充分肯定了上海改革开放和现代化建设取得的显著成绩。他希望上海广大干部群众坚持以邓小平理论和"三个代表"重要思想为指导，全面落实科学发展观，牢牢抓住战略机遇，开拓进取，乘势而上，努力实现率先全面建成小康社会、率先基本实现现代化的目标。

国务院总理温家宝在北京主持召开沙尘暴防治工作专家座谈会

温家宝强调，防沙治沙是一项长期艰巨的历史任务，要以科学发展观为指导，遵循自然规律和经济规律，进一步健全防沙治沙机制，坚持实行综合防治、科学防治和依法防治，锲而不舍地抓紧抓好防沙治沙工作，促进经济社会可持续发展。

在座谈会上，与会专家就我国沙尘暴的形成原因和防治对策，各抒己见，建言献策。中国地质科学院研究员韩同林认为，要重视筛选和种植高耐盐碱的植物，修复干涸盐渍湖盆地生态环境，减少京津地区的尘暴源。全国政协人口与资源环境委员会副主任、中国林科院院长江泽慧建议，要继续加强重大生态工程建设，应用综合生态系统管理防治荒漠化。全国人大常委会委员、民建中央副主席路明认为，要着力治理裸露农田，调整农业种植结构，推广保护性耕作制度。中国科学院研究员李文华院士认为，治理沙尘暴是一项人口、资源和环境协调发展的系统工程，需要加强统一管理。国家气象中心研究员李泽椿院士建议，建立和完善沙尘天气的动态监测与预警系统。中国农科院研究员任继周院士强调，要保护和建设好草原，着力解决超载过牧、滥开滥垦问题。中国工程院原副院长沈国舫院士认为，沙尘暴是长期以来存在的不断在波动的自然现象，不能简单以年度发生情况来评价治理工作成效。中国科学院研究员石玉林院士强调，要以封育为主，把农牧交错带及黄土高原地区作为防治重点。北京师范大学教授史培军建议制定沙区发展与生态环境保护公共政策，建立生态补偿机制。中国科学院研究员孙鸿烈院士提出，要通过合理放牧、建设人工草场等措施，遏制草地荒漠化进程。全国人大常委会委员、中国林科院研究员王涛院士建议，要全面实施防沙治沙规划，建立防沙治沙科技支撑体系。全国政协常委、中国科学院研究员张新时院士认为，加强植被建设要遵循自然地带性规律，科学合理确定乔灌草品种。清华大学国际问题研究中心教授刘江永提出，应加强防沙治沙国际交流与合作。

在听取专家的发言后，温家宝说，今天开的是"神仙会"，大家提出了不少好的意见和建议，国务院有关部门要在防沙治沙规划和实际工作中加以吸收、采纳。他指出，党中央、国务院历来高度重视防沙治沙工作，采取了一系列有力的措施，取得了一定成效。但要清醒地看到，我国防沙治沙形势依然十分严峻。土地沙化的人为隐患还没有消除，一些地区土地沙化仍在扩展，已治理的沙化土地基础也比较脆弱。我们要进一步增强忧患意识，以对国家、对人民、对子孙后代高度负责的态度，坚持不懈地将防沙治沙事业向前推进。

温家宝指出，沙尘暴的成因极其复杂，防沙治沙必须采取综合措施，标本兼治。要突出抓好土地沙化预防和治理工作，全面落实防沙治沙规划，实行人工治理与自然修复相结合，生物措施与工程措施相结合，区域防治与重点防治相结合，建立和巩固以林草植被为主体的沙区生态安全体系。要严格保护沙区植被，依法划定沙化土地封禁保护区，合理利用水资源。继续实施"三北"防护林、京津风沙源治理、退耕还林还草等生态建设工程，并根据实际情况充实建设内容，确保工程建设进度和质量。

温家宝强调，要加强对防沙治沙工作的领导。地方各级政府要对防沙治沙工作负总责。国务院各有关部门要密切配合，通力协作，形成合力。要完善防沙治沙扶持政策，建立稳定的投入机制，保护治理者的合法权益，调动沙区群众和各方面参与防沙治沙的积极性。要加强舆论宣传，引导人们科学认识沙尘暴成因和正确的治理方法，营造全社会关心和支持防沙治沙的良好氛围。

国务院副总理回良玉，国务委员兼国务院秘书长华建敏，以及有关部门负责人参加了座谈会。

中央纪委会同有关部门召开实施《联合国反腐败公约》第二阶段工作会议

中央纪委书记吴官正出席会议并讲话。他强调，要按照中央的要求，认真做好该公约和我国法律制度相衔接的各项具体工作，加强反腐败国际合作，进一步推动我国反腐败向纵深发展。

吴官正指出，十届全国人大常委会第十八次会议审议并批准了《联合国反腐败公约》,我国已经成为该公约的缔约国。要本着平等互利、尊重差异、注重实效的原则,建立健全执法合作、司法协助、人员遣返、涉案资产返还等方面的工作机制。要深化政府间双边合作,参与并推动区域性多边合作和全球性国际合作;在反腐败能力建设、经验交流、人员培训、资金技术援助等方面,与国际公共组织开展合作;继续按照积极参与、相互理解、扩大交流、分享经验的要求,做好与非政府组织的交流和合作;在推动跨国公司建立健全内部监督机制、预防腐败、遏制商业贿赂等方面,与他们开展必要的合作。

吴官正强调,要健全反腐败国际合作的法律基础,积极与其他国家开展司法协助和引渡条约的谈判、签署工作,堵住腐败分子携款外逃的后路。抓紧完善我国的相关法律制度,建立健全反腐败国际合作的国内协调机制,形成合力,增强效果。坚持与时俱进,开拓创新,进一步探索反腐败国际合作的有效途径和方法。注意吸收和借鉴各国反腐败的经验和教训,坚定不移地走中国特色政治发展道路,不断增强防治腐败的预见性、科学性和有效性,努力从源头上减少滋生腐败的土壤和条件。

中共中央书记处书记、中央纪委副书记何勇主持会议。

全国电子政务工作座谈会在北京召开

中共中央政治局常委曾庆红在钓鱼台国宾馆会见由党的副主席乔伊斯·穆朱鲁率领的津巴布韦非洲民族联盟—爱国阵线(简称津民盟)代表团

国务委员唐家璇在中南海会见印度尼西亚外长哈桑

唐家璇指出,在涉及国家主权和领土完整的重大问题上相互理解和支持,是中印尼战略伙伴关系的一大重要体现。中方坚定支持印尼维护国家统一的努力,希望印尼切实恪守一个中国政策。

《周口店北京人遗址保护总体规划》获得国家文物局批准

这部规划是该遗址有史以来第一部保护性法规,规划的时间从2005年至2020年。有了规划后,周口店遗址的保护范围将由0.24平方公里扩大到4.8平方公里,重点保护区面积增加近七成;保护范围内现有超过6米高的建筑将被逐步拆除,今后新建建筑不得超过6米;周口店遗址博物馆将迁出保护区重建。

6月13日

国务院总理温家宝在中南海紫光阁会见世界经济论坛主席克劳斯·施瓦布一行

双方就加强中国与世界经济论坛合作的有关问题交换了意见。

世界经济论坛北京代表处成立仪式在钓鱼台国宾馆举行

国务院副总理曾培炎出席仪式并为代表处揭牌。

世经论坛是世界著名的论坛性经济组织,被称为“非官方的国际经济最高级论坛”,在国际事务中发挥重要影响。该组织于1971年成立,总部设在瑞士日内瓦。自1979年以来,我国与世经论坛一直保持良好合作关系。我国家领导人先后多次出席达沃斯年会并讲话。

北京代表处是世经论坛在瑞士境外设立的首家代表机构,也是中国政府批准的首家境外基金会驻华代表机构。成立北京代表处是深化中国与世经论坛已有良好合作的重要一步,标志着双方的合作跨入一个新的阶段。世经论坛北京代表处将代表世经论坛与中国政府、企业和其他有关机构进行联络沟通,协助世经论坛在华举办全球行业峰会,促进全球成长型公司企业网络的发展。

国家安监总局 国家煤监局 国家发改委 监察部 劳动保障部 国资委 全国总工会联合发布《关于加强国有重点煤矿安全基础管理的指导意见》

《关于加强国有重点煤矿安全基础管理的指导意见》(以下简称《意见》)对进一步加强国有重点煤矿安全基础管理提出了具体的实施办法。

《意见》说,国有重点煤矿的安全状况直接影响煤矿安全的全局。当前煤矿安全形势依然严峻,事故总量仍然很大,特别是国有重点煤矿重特大事故多发的势头尚未得到有效遏制,重大事故隐患依然存在,重大未遂事故时有发生。

《意见》指出,安全基础管理薄弱是当前国有重点煤矿安全生产的突出问题。主要表现在:一些企业领导思想认识不到位,对安全生产不重视,安全责任制落实不到位;技术管理、现场管理、设备管理弱化,劳动组织管理松弛,以包代管较为普遍;安全投入不足,工作质量、工程质量、材料设备质量达不到安全标准要求;规章制度执行不严,“三违”现象时有发生;队伍培训缺失。

为此,必须把加强安全基础管理工作摆上重要位置，抓住关键、抓住薄弱环节，采取有力措施，迅速改变上述不良状况。

全国义务教育均衡发展经验交流现场会在成都召开

国务委员陈至立出席交流现场会讲话强调，要坚持科学发展观和正确教育思想，坚持一切从实际出发，积极探索，采取切实措施，加快推进义务教育均衡发展。

陈至立要求，要通过中央和地方各级政府的共同努力，力争用3到5年的时间，做到义务教育资源配置更加合理，体制机制更加完善；大中城市基本消除薄弱学校，学校之间差距明显缩小，义务教育阶段“择校”现象大大减少；广大农村地区学校普遍达到基本办学标准，贫困地区及其薄弱学校办学条件和困难群体受教育的状况得到明显改善；校长和教师队伍水平得到整体提升，素质教育全面推进；教育乱收费现象得到有效治理，义务教育阶段“上学难、上学贵”问题得到解决。

四川省省委书记张学忠、省长张中伟和教育部部长周济出席会议。

劳动和社会保障部及国家统计局联合发布2005年劳动和社会保障事业发展统计公报

公报显示，去年我国就业和社会保障事业迈出了新步伐。到去年年底，全国就业人员75825万人，同比增625万人。全年城镇单位在岗职工平均工资18364元，同比增14.6%，扣除物价因素实际增长12.8%。

公报显示，到去年年底，第一产业就业人员33970万人，占全国就业人员的44.8%；第二产业18084万人，占23.8%；第三产业23771万人，占31.4%。年末城镇登记失业人数为839万人，城镇登记失业率为4.2%。年末全国共有技工学校2855所，在校学生275万人，比上年年末增加41万人。全年共有1000万人参加了职业技能鉴定，比上年增长13.6%，831万人取得不同等级职业资格证书，比上年增长12.9%。

年末全国共有离退休人员5088万人，比上年年末增加413万人。全国参加城镇基本养老保险人数为17487万人，比上年年末增加1134万人。全国参加农村养老保险人数为5442万人，比上年年末增加64万人，全年共有302万农民领取了养老金，比上年增加97万人。

年末全国参加失业保险人数为10648万人，参加基本医疗保险人数为13783万人，参加工伤保险人数为8478万人，参加生育保险人数为5408万人。

全年城镇单位在岗职工平均工资18364元，同比增长14.6%，扣除物价因素实际增长12.8%。国有单位在岗职工年平均工资为19313元，城镇集体单位为11283元，其他单位为18244元。据悉，公报中的各项统计数据均未包括香港特别行政区、澳门特别行政区和台湾省。

《人民日报》发表解放军总政治部的文章《人民军队政治工作的卓越领导者和实践者——纪念谭政同志诞辰100周年》

6月14日

国家主席胡锦涛在上海分别会见哈萨克斯坦总统纳扎尔巴耶夫 塔吉克斯坦总统拉赫莫诺夫和乌兹别克斯坦总统卡里莫夫

国务院总理温家宝主持召开国务院常务会议

会议分析了当前经济形势研究部署近期经济工作，会议认为，当前经济情况总体是好的，保持平稳较快发展的势头。农业生产形势较好，夏粮丰收已成定局；工业持续快速增长，煤电运供需状况好转，企业效益继续提高；财政收支良好；城乡居民收入增加，消费增长加快；消费价格总水平基本稳定；各项社会事业加快发展。当前经济运行中存在的主要问题，仍然是固定资产投资增长过快、货币信贷投放过多，特别是结构性矛盾突出，能源资源和环境压力增大。

会议强调，各地区、各部门要认真贯彻中央关于今年经济工作的部署，全面落实科学发展观，真正把工作重点放在调整经济结构、转变增长方式和深化改革开放上来，坚决改变一味追求经济增长速度和盲目扩大投资规模的做法，注重优化经济结构，注重提高经济增长质量和效益，注重能源资源节约和环境保护，把经济社会发展切实转入全面协调可持续发展的轨道。

会议指出，要进一步落实中央的一系列政策措施，主要用经济手段有针对性地解决经济运行中的突出问题。坚持突出重点、区别对待、有保有压、适度微调。近期，要着重抓好以下工作：

一是继续加强农业和农村工作。抓好夏收、夏种、夏管，扩大秋粮播种面积，力争全年粮食生产稳定发展。抓好防汛抗旱救灾工作。正确引导社会主义新农村建设，重点是提高农业生产力和增加农民收入，坚持农村基本经济制度和经济政策，尊重农民意愿，力戒形式主义，防止急于求成和盲目攀比，防止乱占耕地和增加农民负担。二是坚决遏制固定资产投资过快增长。坚持把好土地、信贷两个闸门，严格执行技术、环保、安全等市场准入标准。坚决制止违法违规用地行为，严肃查处重大土地违法案件。从严控制新上项目,特别要严格控制产能过剩行业新上项目。严格控制城市建设规模。认真落实调整住房供应结构、稳定住房价格的各项措施。三是进一步抑制货币信贷过快增长。继续引导商业银行合理把握中长期贷款投放规模和节奏。加强对农业和中小企业的贷款支持。促进资本市场稳定健康发展。四是突出抓好节能降耗和环境保护工作。抓紧建立节能目标责任制和评价考核体系,狠抓重点领域和重点企业节能,对高耗能行业实行差别电价,加快实施重大节能工程。加大对高污染行业的环保监管和执法力度。五是促进对外贸易平衡发展。进一步控制高耗能、高污染和资源性产品的出口,扩大国内紧缺资源性产品、先进技术及设备的进口。同时继续做好改革开放各项工作,努力解决涉及人民群众利益的问题。

国务院副总理回良玉主持召开会议审议全国山洪灾害防治规划

回良玉指出,我国是一个多山的国家,受气候、地理环境和生产活动的共同影响,山洪灾害发生十分频繁和严重,成为自然灾害造成人员伤亡的主要灾种。编制和实施山洪灾害防治规划,对于提高社会防御自然灾害的能力和水平十分重要和紧迫。要按照“全面规划、统筹兼顾、标本兼治、综合治理”的要求,处理好防与治、建设与管理、当前与长远的关系,争取用5年左右的时间,在重点山洪灾害防治区初步建立以监测、通信、预报、预警等非工程措施为主并与工程措施相结合的防灾减灾体系。

纪念谭政同志诞辰100周年座谈会在人民大会堂举行

中共中央政治局委员曹刚川出席会议。迟浩田、张万年等同志出席。

谭政同志的一生,是对党和人民坦荡无私、忠贞不渝的一生。革命战争年代,无论环境多么严酷,形势多么险恶,他都坚韧执着,不畏艰险,革命意志百折不挠,革命信念历久弥坚。和平建设时期,他始终保持坚定的政治立场和坚强的党性原则,即使在遭受不公正待遇的情况下,也不改初衷。“文化大革命”中,他正气凛然,刚直不阿,同林彪、江青反革命集团进行了坚决斗争。1975年重新工作后,谭政同志一如既往地对党和国家的前途充满信心,对人民军队建设充满深情,不顾衰弱的身体,深入边防海岛,看望广大官兵,体察部队生活。他坚决拥护实践是检验真理的唯一标准的讨论,衷心拥护党的十一届三中全会以来的路线、方针、政策,积极为社会主义现代化建设建言献策。谭政同志在60多年的革命生涯中,绝大部分时间是做军队政治工作,为我军政治工作的建设和发展,作出了不可磨灭的贡献。谭政同志善于集中群众的智慧,运用马克思主义的立场、观点和方法,总结政治工作经验,使之升华为科学的理论;重视把党的路线方针政策同部队实际相结合,创造性地提出和确立政治工作的方针和任务;严格按照党的原则和德才兼备标准培养选拔干部,确保枪杆子牢牢掌握在忠诚于党的事业的人手中;正确处理继承传统和发展创新的关系,在不断研究新情况、解决新问题中推动政治工作不断前进。他关于建立革命的政治工作是人民军队的特色、政治工作的核心是保证党对军队的绝对领导、军队政治工作必须服从服务于党和军队的中心任务、军队政治工作要把思想教育放在优先位置等思想,对毛泽东军事思想的丰富和发展作出了重要贡献。

中央军委委员梁光烈、廖锡龙、陈炳德出席座谈会。中央军委委员、总政治部主任李继耐和湖南省的领导以及老同志代表,在座谈会上先后发言。中央和国家机关有关部门,解放军四总部、驻京部队各大单位、武警部队和军委办公厅领导,湖南省的领导,谭政同志的亲属和生前友好也参加了座谈会。

国台办新闻发言人就两岸包机协商取得新进展接受记者采访

发言人说,积极推进两岸直航是我们的一贯主张,我们为此进行了长期不懈的努力。随着两岸经贸关系不断发展和两岸人员往来日益密切,早日实现两岸直接通航,已成为当前两岸交流中最为迫切需要解决的问题。两岸直航是每年数百万到大陆经商、探亲、旅游的台湾同胞的需要,是众多台湾工商企业界人士在大陆经商、发展事业的需要,是实现两岸民众旅游正常化的需要,是台湾水果、蔬菜到大陆销售,降低运输成本,照顾台湾农民利益的需要。总之一句话,尽快实现两岸直航,是两岸民之所愿,利之所系。

发言人强调指出,胡锦涛总书记在去年与率团来访的中国国民党主席连战、亲民党主席宋楚瑜举行会谈后发布的公报中,均明确表达了积极促进两岸全面、直接、双向“三通”,包括开放两岸海空直航的共识和我们的一贯立场。此后,我们积极促成两岸航空民间组织在既有协商模式基础上展开商谈,同时我们也注意到台湾有关主管部门作出的积极表示。双方经过多次协商,在2006年台商春节包机基础上,就两岸客运包机节日化和开办专案包机的技术性、业务性问题达成了共识,作出了框架性安排。双方在原有的基础上,今天终于迈出了新的一步。在推动两岸直航问题上,我们的态度始终如一,对任何有利于推动两岸直航进程、方便两岸人员往来、便利两岸经贸关系发展的事，我们都表示欢迎。

发言人说，需要指出的是，以目前两岸经贸交流规模和人员往来频繁程度，以及促进两岸旅游正常化的要求来衡量，今天公布的这种安排还不能适应需要。两岸民众迫切要求尽快实现两岸包机周末化、常态化，直至实现全面、直接、双向直航。我们希望台湾当局能为台湾航空民间组织与大陆同行继续就此进行协商提供各种方便。

从民航总局获悉：为积极推动实现两岸客运包机节日化、周末化和常态化，以及两岸货运包机便捷化，今年以来，海峡两岸航空运输交流委员会与台北市航空运输商业同业公会按照既有模式多次进行直接沟通协商，经过努力，最近双方就两岸客运包机节日化和开办专案包机的技术性、业务性问题达成了共识，作出了框架性安排。经双方业务主管部门认可，这个安排自即日起实施。主要内容为：

节日包机指在清明、端午、中秋、春节4个节日期间的两岸包机，相关安排比照2006年两岸春节包机作业方式进行。其中，春节包机实施时间为春节前后各14天。清明、端午及中秋包机时间为节日前后各7天。

飞行班次是在上述四个节日期间，双方各执行84个往返班次，双方共计168班。其中，春节期间双方各执行48个往返班次，双方共计96班；飞行航点是北京、上海、广州、厦门与台北、高雄；搭载对象是所有持合法、有效证件往来两岸的台湾居民及台商眷属；两岸各6家航空公司承担运输任务；有关证件的处理及其他有关技术、业务问题的操作，均比照2006年两岸春节包机做法办理。

同时，双方还就运送紧急医疗救援包机、残疾人等急难救助包机和有特殊需求的货运包机等专案包机问题，作出了相应的安排。

6月15日

国家主席胡锦涛在上海会见俄罗斯总统普京

关于两国务实合作，胡锦涛强调，办好“国家年”活动，对两国关系发展具有重要意义。“俄罗斯年”活动效果很好。建议双方尽早筹划“中国年”活动，以利把它切实办好。中俄经贸合作正处在快速增长、全面深化的重要机遇期，希望双方尽快签署并实施《2006—2010年中俄经贸合作发展规划》，继续改善贸易结构，规范贸易秩序，完善保护相互投资的法律基础，为两国经贸合作持续发展创造条件。中俄领导人已就协调两国地区发展战略达成协议，双方应为两国地方合作提供便利，鼓励两国有关地方相互参与区域开发项目，实现两国地方发展相互协调、相互促进。

两国元首表示要加强在上海合作组织框架内的合作，积极推动落实元首峰会达成的各项共识，推动上海合作组织更好地向前发展。

会见后，胡锦涛和普京出席了两国有关合作文件的签字仪式。

上海合作组织峰会在上海举行

国家主席胡锦涛、哈萨克斯坦总统纳扎尔巴耶夫、吉尔吉斯斯坦总统巴基耶夫、俄罗斯总统普京、塔吉克斯坦总统拉赫莫诺夫、乌兹别克斯坦总统卡里莫夫出席会议。胡锦涛作为主席国元首主持会议。

其他成员国元首先后讲话。观察员国伊朗总统内贾德、蒙古总统恩赫巴亚尔、巴基斯坦总统穆沙拉夫、印度政府代表石油和天然气部长德奥拉，主席国客人阿富汗总统卡尔扎伊，独联体执行委员会主席鲁沙伊洛、东盟副秘书长比利亚科塔也在峰会上发言。

会议决定，明年的上海合作组织峰会将在吉尔吉斯斯坦举行。

会议结束后，六国元首共同签署了《上海合作组织五周年宣言》等文件，并出席一系列重要文件的签字仪式。

会议发表了《上海合作组织成员国元首理事会第六次会议联合公报》。

国家主席胡锦涛在上海合作组织成员国元首理事会第六次会议上发表题为《共创上海合作组织更加美好的明天》的讲话

尊敬的同事们、朋友们：

我完全赞同各位对上海合作组织发展成就的高度评价。大家提出的建设性意见和建议，对推动上海合作组织更好地发展具有重要指导意义。10年前，“上海五国”机制建立，启动了“上海合作”进程，为国际社会探索建立摒弃“冷战”思维的新型国家关系作出了开创性贡献。5年前，面对世界多极化和经济全球化的趋势带来的机遇和挑战，为更好地促进本地区的和平与发展，我们6国作出建立上海合作组织的历史性决定。这为我们6国睦邻互信和互利合作向更广领域、更深层次、更高水平迈进搭建了广阔舞台。5年来，上海合作组织走过了不平凡的道路，取得了令人瞩目的成绩。我们全面深化了各成员国之间的睦邻友好和信任，为组织健康顺利发展奠定了坚实的政治基础；我们建立了以元首、总理、外长会议为核心的决策机制和秘书处、地区反恐机构两个常设执行机构，使组织具备了较为完善的运行体系；我们出台了多个打击“三股势力”和禁毒反毒的重要合作文件，举行了3次联合反恐演习,有效维护和促进了本地区的安全稳定;我们签署了由127个项目组成的多边经贸合作纲要措施计划,启动了一批具有重要影响的双边和多边合作项目,有力促进了地区经济合作进程;我们同联合国、东盟、独联体等国际和区域组织建立联系,给予蒙古、巴基斯坦、伊朗、印度观察员地位,鲜明展示了和平、合作、开放的国际形象,在国际和地区事务中产生了积极影响。

在复杂多变的国际和地区形势中,上海合作组织之所以能够在5年时间里取得今天这样的发展,有着深刻的原因,主要是:

——拥有得天独厚的优势。各成员国地理相邻、历史相近、文化相通,人民有着长期友好交往的传统。

——恪守和平与发展的宗旨。各成员国致力于以合作求安全、以合作促发展,顺应了求和平、促发展、谋合作的时代主旋律。

——遵循充分民主的原则。各成员国不分大小,对组织事务享有平等的参与权和决策权,在协商一致的基础上决定所有问题。

——奉行对外开放的政策。积极同本地区以外的国家和组织开展交流合作,始终保持透明和开放。

上海合作组织的成功经验,归结到一点,就是坚定不移地倡导和实践互信、互利、平等、协商,尊重多样文明,谋求共同发展的"上海精神"。"上海精神"已植根于各成员国的对外政策、价值观念和行为准则之中,越来越具有普遍的国际意义。

各位同事:

纵观当今世界,和平、发展、合作已成为时代潮流,但各种传统和非传统安全威胁因素相互交织。树立互信、互利、平等、协作的新安全观,维护各国的独立、主权和民族尊严,尊重世界多样性,成为各国人民越来越强烈的要求和呼声。同整个世界一样,本地区形势总体保持稳定,经济普遍增长,区域合作稳步发展。与此同时,"三股势力"仍相当活跃,毒品泛滥、跨国犯罪等问题仍比较突出,特别是经济发展水平还比较低,贫困化问题还未根本解决。面对机遇和挑战,我们应该全面加强合作,努力把本地区建设成为持久和平、共同繁荣的和谐地区。这是一个美好的目标,更是一项艰巨的任务。为实现这一远景规划,各成员国应该弘扬团结协作精神,不断深化和拓展务实合作。为此,我愿提出如下建议。

第一,加强战略协作,巩固睦邻友好。我们应该相互尊重和支持各成员国的利益和关切,不做任何损害其他成员国利益的事情。我们应该强化在国际和地区事务中的协调和合作,及时协商共同应对重大国际和地区问题的措施。我们应该加强执法安全部门的合作,特别是要加强情报交流和沟通,努力提高联合反恐的行动能力。为巩固各成员国政治互信和团结协作的基础,确保本组织的持久生命力,我建议缔结上海合作组织长期睦邻友好合作公约。

第二,深化务实合作,带动全面发展。上海合作组织要保持勃勃生机,就要推动务实合作取得突破,不断给各成员国人民带来实实在在的利益。上海合作组织已建立各种合作机制、签订了不少合作文件、达成了诸多共识,当务之急是抓好落实,做实事、求实效、收实益。我们应该完善地区经济合作的法律框架,加快商签海关、交通领域的合作协议,研究签署多边投资保护协定的可能性。我们应该尽快实施一批多方参与、共同受益的经济技术合作项目,特别是能源、电力、交通、电信等领域的网络性项目。我们应该发挥银行联合体的作用,推动其同国际金融机构建立联系,为经济合作提供多渠道融资支持。

第三,拓展人文交流,夯实社会基础。我们应该积极开展形式多样的文化、教育、科技、体育、旅游、救灾、青年和新闻等领域的交流合作。尽快启动地方特别是边境地区的合作,使各成员国的相互边界真正成为和平、友好、繁荣的纽带。我们应该认真落实本次峰会通过的教育合作协定,加大联合培养人才的力度,保证各成员国人民的友谊世代相传。

第四,坚持开放合作,维护世界和平。上海合作组织不是封闭的排他的军事政治集团,不搞地缘政治对抗,不针对任何国家和组织。我们应该通过广泛的国际合作和积极的对外交流,维护世界和地区的安全稳定,促进各国共同发展繁荣,推进国际关系民主化。我们希望国际社会尊重本组织成员国以及观察员国自主选择的社会制度和发展道路,尊重各国根据本国国情奉行和平、友好、合作的内外政策,为各国发展提供和谐、宽松的外部环境。

各位同事:

吸收蒙古、巴基斯坦、伊朗、印度为观察员,有利于上海合作组织更好地发挥促进和平与发展的积极作用。中国愿同其他成员国一道,推动上海合作组织成员国和观察员国在经济、交通、能源、禁毒等领域开展务实合作,并通过上海合作组织—阿富汗联络组这一渠道同阿富汗开展各种形式的合作。我们愿同有关各方一道努力,落实上海合作组织同东盟、独联体签署的合作文件。

各位同事:

世界关注中国的发展,关心中国未来的发展道路。我愿在此庄严重申:中国的发展,是和平的发展、合作的发展、开放的发展。中国将坚定不移地走和平发展道路,既通过维护世界和平来发展自己,又通过自身的发展来促进世界和平。中国将坚持实施互利共赢的开放战略，真诚同各国开展互利合作、实现共同发展。中国将坚持与邻为善、以邻为伴的周边外交方针，奉行睦邻、安邻、富邻的周边外交政策。上海合作组织是中国全面深化同俄罗斯和中亚国家长期睦邻友好和互利合作的重要平台，是中国对外政策的优先方向。中国的和平发展，将首先给周边国家特别是本组织成员国带来巨大机遇。我在2004年塔什干峰会上宣布的向其他成员国提供9亿美元优惠出口买方信贷已基本落实，一些具有重要区域意义的项目即将开工。我在去年阿斯塔纳峰会上宣布的为其他成员国培训1500名专家和管理人才的计划正在顺利实施。中方将不断加大投入，同其他成员国一道全力推动上海合作组织向前发展。

各位同事：

上海合作组织承载着我们致力于世界和地区和平稳定、共同发展的美好理想。让我们携起手来，共创上海合作组织更加美好的明天。

谢谢大家！

上海合作组织成员国元首理事会第六次会议发表联合公报

一、2006年6月15日，上海合作组织(以下简称“本组织”或“组织”)成员国元首理事会第六次会议在上海举行。哈萨克斯坦共和国总统纳扎尔巴耶夫、中华人民共和国主席胡锦涛、吉尔吉斯共和国总统巴基耶夫、俄罗斯联邦总统普京、塔吉克斯坦共和国总统拉赫莫诺夫、乌兹别克斯坦共和国总统卡里莫夫与会。

本组织秘书长张德广、地区反恐怖机构执委会主任卡西莫夫出席了会议。

印度共和国石油和天然气部长德奥拉、伊朗伊斯兰共和国总统内贾德、蒙古国总统恩赫巴亚尔、巴基斯坦伊斯兰共和国总统穆沙拉夫作为观察员国高级代表，以及阿富汗伊斯兰共和国总统卡尔扎伊、独联体执委会主席鲁沙伊洛、东盟副秘书长比利亚科塔作为主席国客人列席并发言。

元首们签署了《上海合作组织五周年宣言》和《上海合作组织成员国元首关于国际信息安全的声明》，批准了新版《上海合作组织秘书处条例》和《上海合作组织成员国打击恐怖主义、分裂主义和极端主义2007年至2009年合作纲要》，通过了一系列有关本组织人事和组织问题的决议，批准努尔加利耶夫(哈萨克斯坦共和国)自2007年至2009年担任本组织秘书长。

本组织成员国全权代表还签署了《关于在上海合作组织成员国境内组织和举行联合反恐行动的程序协定》《关于查明和切断在上海合作组织成员国境内参与恐怖主义、分裂主义和极端主义活动人员渗透渠道的协定》《上海合作组织成员国政府间教育合作协定》《上海合作组织实业家委员会决议》《上海合作组织银行联合体成员行关于支持区域经济合作的行动纲要》。

元首们会见了本组织实业家委员会成立大会与会人员，并出席了本组织成员国艺术节开幕式。

元首理事会会议在建设性和友好气氛中，总结了本组织的发展经验和成就，讨论了组织工作中的迫切问题和任务，并就共同关心的国际问题广泛深入地交换了意见。

二、元首们指出，本组织在落实2005年夏阿斯塔纳峰会达成的协议方面做了卓有成效的工作，这为推动本组织各领域多边合作更加蓬勃发展创造了良好条件。

此次元首理事会会议通过了关于加强秘书处在本组织机构体系中的作用和把秘书处领导职务称谓改为秘书长的决议，将为本组织工作注入全新的活力，并提高本组织常设机构完成日益重要任务的工作效率。根据这一方针，国家协调员理事会应在2006年年底前商定秘书处机构改革问题和在平衡及保持工作连续性基础上轮换本组织常设机构编内人员的问题。

元首们注意到成员国就制定本组织应对威胁地区和平、稳定和安全事态的措施机制的原则立场达成共识，认为本组织秘书处应尽快起草有关协定，使该机制的各项措施有法可依。

打击恐怖主义、分裂主义、极端主义的威胁和非法贩运毒品，仍是本组织的优先工作。这些威胁的规模和尖锐性有增无减。继续在成员国境内举行包括有防务部门参加的不同形式的联合反恐演习，对提高成员国联合反恐行动的效率是有益的。元首们对本组织地区反恐怖机构的工作给予积极评价，同时认为，该机构在更加出色地履行所肩负的职能和任务方面仍有潜力。

元首们指出，目前开展经济合作已具备法律基础和组织机制，多边经贸合作纲要及其落实措施计划的落实工作已经启动。建立本组织实业家委员会和银行联合体将极大地推动本组织经济合作的发展。落实中方提供的9亿美元信贷有助于扩大区域合作。各方同意将能源、信息技术和交通作为优先方向。上述领域的合作已进入实施具体示范性项目的阶段，这对加强本组织框架内的经济合作具有特殊意义。

元首们满意地指出，环保、文化、教育、体育等领域多边合作已迈出有益步伐，本组织专家论坛已开始运作。元首们强调，这对增进成员国相互了解、开展本组织框架内的民间外交具有与日俱增的意义。

元首们完全支持六国议会领导人在2006年5月

30日莫斯科会议上达成的有关协议("上海合作组织议会倡议"),认为这是巩固本组织和发展成员国议会联系的有益创举。

元首们认为,随着国际形势的发展,以及本组织活动日趋积极,有必要加强本组织的新闻宣传工作,营造有利于本组织发展的公众意见和舆论环境。本组织秘书处应协调相关具体建议的制定工作。

各成员国在信息安全领域面临的具有军事政治、犯罪和恐怖主义性质的威胁,是需要立即采取措施共同应对的新挑战。责成成员国专家组在2007年本组织下次峰会前制订维护信息安全的行动计划,其中包括确定本组织框架内解决这一问题的途径和方式。

基于本组织的崇高宗旨和长远利益,并根据本组织5周年宣言,元首们责成国家协调员理事会就缔结本组织框架内长期睦邻友好合作的多边法律文件问题进行协商。

三、本组织将积极利用各种形式和方法,扩大成员国在国际舞台上的合作,并与观察员国和有关国际组织举行定期磋商。这完全适用于已成立并开始运作的上海合作组织——阿富汗联络组。

元首们满意地指出,2004年塔什干国家元首理事会关于亚太地区国际组织间建立合作关系的倡议得到广泛积极的响应。元首们欢迎本组织与东南亚国家联盟、独立国家联合体、欧亚经济共同体签署相关合作文件,并重申,本组织愿在平等、相互尊重的基础上与其他国际组织和国际金融机构发展类似联系。

本组织秘书处应会同地区反恐怖机构执委会经常关注本组织与其他组织签署的合作文件的具体落实情况,全力促进本组织与观察员国开展积极的具体合作。

元首们责成国家协调员理事会着手就本组织扩员程序提出建议。该程序应完全符合《上海合作组织宪章》规定的目的和任务,确保构成本组织法律基础的全部条约文件的有效性,应有助于增强本组织凝聚力,并保证本组织在所有层面上协商任何问题时始终遵循协商一致原则。

本组织成员国元首理事会例行会议将于2007年在比什凯克举行,下年度本组织轮值主席国相应由吉尔吉斯共和国担任。

上海合作组织成员国在上海国际会议中心签署《上海合作组织五周年宣言》等10份文件

这些文件有:《上海合作组织五周年宣言》《上海合作组织成员国元首关于国际信息安全的声明》、上海合作组织成员国元首理事会关于上海合作组织秘书长的决议、上海合作组织成员国元首理事会关于《上海合作组织秘书处条例》的决议;

在打击恐怖主义等"三股势力"方面的文件有:上海合作组织成员国元首理事会关于批准《上海合作组织成员国打击恐怖主义、分裂主义和极端主义2007年至2009年合作纲要》的决议、《关于在上海合作组织成员国境内组织和举行联合反恐行动的程序协定》《关于查明和切断在上海合作组织成员国境内参与恐怖主义、分裂主义和极端主义活动人员渗透渠道的协定》;

有关教育、经贸和金融合作的文件有:《上海合作组织成员国政府间教育合作协定》《上海合作组织实业家委员会决议》和《上海合作组织银行联合体成员行关于支持区域经济合作的行动纲要》。

国务院颁布《关于保险业改革发展的若干意见》

各省、自治区、直辖市人民政府,国务院各部委、各直属机构:

改革开放特别是党的十六大以来,我国保险业改革发展取得了举世瞩目的成就。保险业务快速增长,服务领域不断拓宽,市场体系日益完善,法律法规逐步健全,监管水平不断提高,风险得到有效防范,整体实力明显增强,在促进改革、保障经济、稳定社会、造福人民等方面发挥了重要作用。但是,由于保险业起步晚、基础薄弱、覆盖面不宽,功能和作用发挥不充分,与全面建设小康社会和构建社会主义和谐社会的要求不相适应,与建立完善的社会主义市场经济体制不相适应,与经济全球化、金融一体化和全面对外开放的新形势不相适应。面向未来,保险业发展站在一个新的历史起点上,发展的潜力和空间巨大。为全面贯彻落实科学发展观,明确今后一个时期保险业改革发展的指导思想、目标任务和政策措施,加快保险业改革发展,促进社会主义和谐社会建设,现提出如下意见:

一、充分认识加快保险业改革发展的重要意义

保险具有经济补偿、资金融通和社会管理功能,是市场经济条件下风险管理的基本手段,是金融体系和社会保障体系的重要组成部分,在社会主义和谐社会建设中具有重要作用。

加快保险业改革发展有利于应对灾害事故风险,保障人民生命财产安全和经济稳定运行。我国每年因自然灾害和交通、生产等各类事故造成的人民生命财产损失巨大。由于受体制机制等因素制约,企业和家庭参加保险的比例过低,仅有少部分灾害事故损失能够通过保险获得补偿,既不利于及时恢复生产生活秩序,又增加了政府财政和事务负担。加快保险业改革发展,建立市场化的灾害、事故补偿机制,对完善灾害防范和救助体系,增强全社会抵御风险的能力,促进经济又快又好发展,具有不可替代的重要作用。

加快保险业改革发展有利于完善社会保障体系，满足人民群众多层次的保障需求。我国正处在完善社会主义市场经济体制的关键时期，人口老龄化进程加快，人民生活水平提高，保障需求不断增强。加快保险业改革发展，鼓励和引导人民群众参加商业养老、健康等保险，对完善社会保障体系，提高全社会保障水平，扩大居民消费需求，实现社会稳定与和谐，具有重要的现实意义。

加快保险业改革发展有利于优化金融资源配置，完善社会主义市场经济体制。我国金融体系发展不平衡，间接融资比例过高，影响了金融资源配置效率，不利于金融风险的分散和化解。本世纪头20年是我国加快发展的重要战略机遇期，金融在现代经济中的核心作用更为突出。加快保险业改革发展，发挥保险在金融资源配置中的重要作用，促进货币市场、资本市场和保险市场协调发展，对健全金融体系，完善社会主义市场经济体制，具有重要意义。

加快保险业改革发展有利于社会管理和公共服务创新，提高政府行政效能。随着行政管理体制改革的深入，政府必须整合各种社会资源，充分运用市场机制和手段，不断改进社会管理和公共服务。加快保险业改革发展，积极引入保险机制参与社会管理，协调各种利益关系，有效化解社会矛盾和纠纷，推进公共服务创新，对完善社会化经济补偿机制，进一步转变政府职能，提高政府行政效能，具有重要的促进作用。

二、加快保险业改革发展的指导思想、总体目标和主要任务

随着我国经济社会发展水平的提高和社会主义市场经济体制的不断完善，人民群众对保险的认识进一步加深，保险需求日益增强，保险的作用更加突出，发展的基础和条件日趋成熟，加快保险业改革发展成为促进社会主义和谐社会建设的必然要求。

加快保险业改革发展的指导思想是：以邓小平理论和"三个代表"重要思想为指导，坚持以人为本、全面协调可持续的科学发展观，立足改革发展稳定大局，着力解决保险业与经济社会发展和人民生活需求不相适应的矛盾，深化改革，加快发展，做大做强，发展中国特色的保险业，充分发挥保险的经济"助推器"和社会"稳定器"作用，为全面建设小康社会和构建社会主义和谐社会服务。

总体目标是：建设一个市场体系完善、服务领域广泛、经营诚信规范、偿付能力充足、综合竞争力较强，发展速度、质量和效益相统一的现代保险业。围绕这一目标，主要任务是：拓宽保险服务领域，积极发展财产保险、人身保险、再保险和保险中介市场，健全保险市场体系；继续深化体制机制改革，完善公司治理结构，提升对外开放的质量和水平，增强国际竞争力和可持续发展能力；推进自主创新，调整优化结构，转变增长方式，不断提高服务水平；加强保险资金运用管理，提高资金运用水平，为国民经济建设提供资金支持；加强和改善监管，防范化解风险，切实保护被保险人合法权益；完善法规政策，宣传普及保险知识，加快建立保险信用体系，推动诚信建设，营造良好发展环境。

三、积极稳妥推进试点，发展多形式、多渠道的农业保险

认真总结试点经验，研究制定支持政策，探索建立适合我国国情的农业保险发展模式，将农业保险作为支农方式的创新，纳入农业支持保护体系。发挥中央、地方、保险公司、龙头企业、农户等各方面的积极性，发挥农业部门在推动农业保险立法、引导农民投保、协调各方关系、促进农业保险发展等方面的作用，扩大农业保险覆盖面，有步骤地建立多形式经营、多渠道支持的农业保险体系。

明确政策性农业保险的业务范围，并给予政策支持，促进我国农业保险的发展。改变单一、事后财政补助的农业灾害救助模式，逐步建立政策性农业保险与财政补助相结合的农业风险防范与救助机制。探索中央和地方财政对农户投保给予补贴的方式、品种和比例，对保险公司经营的政策性农业保险适当给予经营管理费补贴，逐步建立农业保险发展的长效机制。完善多层次的农业巨灾风险转移分担机制，探索建立中央、地方财政支持的农业再保险体系。

探索发展相互制、合作制等多种形式的农业保险组织。鼓励龙头企业资助农户参加农业保险。支持保险公司开发保障适度、保费低廉、保单通俗的农业保险产品，建立适合农业保险的服务网络和销售渠道。支持农业保险公司开办特色农业和其他涉农保险业务，提高农业保险服务水平。

四、统筹发展城乡商业养老保险和健康保险，完善多层次社会保障体系

适应完善社会主义市场经济体制和建设社会主义新农村的新形势，大力发展商业养老保险和健康保险等人身保险业务，满足城乡人民群众的保险保障需求。

积极发展个人、团体养老等保险业务。鼓励和支持有条件的企业通过商业保险建立多层次的养老保障计划，提高员工保障水平。充分发挥保险机构在精算、投资、账户管理、养老金支付等方面的专业优势，积极参与企业年金业务，拓展补充养老保险服务领域。大力推动健康保险发展，支持相关保险机构投资医疗机构。努力发展适合农民的商业养老保险、健康保险和意外伤害保险。建立节育手术保险和农村计划生育家

庭养老保险制度。积极探索保险机构参与新型农村合作医疗管理的有效方式,推动新型农村合作医疗的健康发展。

五、大力发展责任保险,健全安全生产保障和突发事件应急机制

充分发挥保险在防损减灾和灾害事故处置中的重要作用,将保险纳入灾害事故防范救助体系。不断提高保险机构风险管理能力,利用保险事前防范与事后补偿相统一的机制,充分发挥保险费率杠杆的激励约束作用,强化事前风险防范,减少灾害事故发生,促进安全生产和突发事件应急管理。

采取市场运作、政策引导、政府推动、立法强制等方式,发展安全生产责任、建筑工程责任、产品责任、公众责任、执业责任、董事责任、环境污染责任等保险业务。在煤炭开采等行业推行强制责任保险试点,取得经验后逐步在高危行业、公众聚集场所、境内外旅游等方面推广。完善高危行业安全生产风险抵押金制度,探索通过专业保险公司进行规范管理和运作。进一步完善机动车交通事故责任强制保险制度。通过试点,建立统一的医疗责任保险。推动保险业参与"平安建设"。

六、推进自主创新,提升服务水平

健全以保险企业为主体、以市场需求为导向、引进与自主创新相结合的保险创新机制。发展航空航天、生物医药等高科技保险,为自主创新提供风险保障。稳步发展住房、汽车等消费信贷保证保险,促进消费增长。积极推进建筑工程、项目融资等领域的保险业务。支持发展出口信用保险,促进对外贸易和投资。努力开发满足不同层次、不同职业、不同地区人民群众需求的各类财产、人身保险产品,优化产品结构,拓宽服务领域。

运用现代信息技术,提高保险产品科技含量,发展网上保险等新的服务方式,全面提升服务水平。提高保险精算水平,科学厘定保险费率。大力推进条款通俗化和服务标准化。加强保险营销员教育培训,提升营销服务水平。发挥保险中介机构在承保理赔、风险管理和产品开发方面的积极作用,提供更加专业和便捷的保险服务。加快发展再保险,促进再保险市场和直接保险市场协调发展。统筹保险业区域发展,提高少数民族地区和欠发达地区保险服务水平。

鼓励发展商业养老保险、健康保险、责任保险等专业保险公司。支持具备条件的保险公司通过重组、并购等方式,发展成为具有国际竞争力的保险控股(集团)公司。稳步推进保险公司综合经营试点,探索保险业与银行业、证券业更广领域和更深层次的合作,提供多元化和综合性的金融保险服务。

七、提高保险资金运用水平,支持国民经济建设

深化保险资金运用体制改革,推进保险资金专业化、规范化、市场化运作,提高保险资金运用水平。建立有效的风险控制和预警机制,实行全面风险管理,确保资产安全。

保险资产管理公司要树立长期投资理念,按照安全性、流动性和收益性相统一的要求,切实管好保险资产。允许符合条件的保险资产管理公司逐步扩大资产管理范围。探索保险资金独立托管机制。

在风险可控的前提下,鼓励保险资金直接或间接投资资本市场,逐步提高投资比例,稳步扩大保险资金投资资产证券化产品的规模和品种,开展保险资金投资不动产和创业投资企业试点。支持保险资金参股商业银行。支持保险资金境外投资。根据国民经济发展的需求,不断拓宽保险资金运用的渠道和范围,充分发挥保险资金长期性和稳定性的优势,为国民经济建设提供资金支持。

八、深化体制改革,提高开放水平,增强可持续发展能力

进一步完善保险公司治理结构,规范股东会、董事会、监事会和经营管理者的权责,形成权力机构、决策机构、监督机构和经营管理者之间的制衡机制。加强内控制度建设和风险管理,强化法人机构管控责任,完善和落实保险经营责任追究制。转换经营机制,建立科学的考评体系,探索规范的股权、期权等激励机制。实施人才兴业战略,深化人才体制改革,优化人才结构,建立一支高素质人才队伍。

统筹国内发展与对外开放,充分利用两个市场、两种资源,增强保险业在全面对外开放条件下的竞争能力和发展能力。认真履行加入世贸组织承诺,促进中外资保险公司优势互补、合作共赢、共同发展。支持具备条件的境内保险公司在境外设立营业机构,为"走出去"战略提供保险服务。广泛开展国际保险交流,积极参与制定国际保险规则。强化与境外特别是周边国家和地区保险监管机构的合作,加强跨境保险业务监管。

九、加强和改善监管,防范化解风险

坚持把防范风险作为保险业健康发展的生命线,不断完善以偿付能力、公司治理结构和市场行为监管为支柱的现代保险监管制度。加强偿付能力监管,建立动态偿付能力监管指标体系,健全精算制度,统一财务统计口径和绩效评估标准。参照国际惯例,研究制定符合保险业特点的财务会计制度,保证财务数据真实、及时、透明,提高偿付能力监管的科学性和约束力。深入推进保险公司治理结构监管,规范关联交易,加强信息披露,提高透明度。强化市场行为监管,改进现场、

非现场检查，严厉查处保险经营中的违法违规行为，提高市场行为监管的针对性和有效性。

按照高标准、规范化的要求，严格保险市场准入，建立市场化退出机制。实施分类监管，扶优限劣。健全保险业资本补充机制。完善保险保障基金制度，逐步实现市场化、专业化运作。建立和完善保险监管信息系统，提高监管效率。

规范行业自保、互助合作保险等保险组织形式，整顿规范行业或企业自办保险行为，并统一纳入保险监管。研究并逐步实施对保险控股(集团)公司并表监管。健全保险业与其他金融行业之间的监管协调机制，防范金融风险跨行业传递，维护国家经济金融安全。

加快保险信用体系建设，培育保险诚信文化。加强从业人员诚信教育，强化失信惩戒机制，切实解决误导和理赔难等问题。加强保险行业自律组织建设。建立保险纠纷快速处理机制，切实保护被保险人合法权益。

十、进一步完善法规政策，营造良好发展环境

加快保险业改革发展，既要坚持发挥市场在资源配置中的基础性作用，又要加强政府宏观调控和政策引导，加大政策支持力度。根据不同险种的性质，按照区别对待的原则，探索对涉及国计民生的政策性保险业务给予适当的税收优惠，鼓励人民群众和企业积极参加保险。立足我国国情，结合税制改革，完善促进保险业发展的税收政策。不断完善保险营销员从业和权益保障的政策措施。建立国家财政支持的巨灾风险保险体系。修改完善保险法，加快推进农业保险法律法规建设，研究推动商业养老、健康保险和责任保险以及保险资产管理等方面的立法工作，健全保险法规规章体系。将保险教育纳入中小学课程，发挥新闻媒体的正面宣传和引导作用，普及保险知识，提高全民风险和保险意识。

各地区、各部门要充分认识加快保险业改革发展的重要意义，加强沟通协调和配合，努力做到学保险、懂保险、用保险，提高运用保险机制促进社会主义和谐社会建设的能力和水平。要将保险业纳入地方或行业的发展规划统筹考虑，认真落实各项法规政策，为保险业改革发展创造良好环境。要坚持依法行政，切实维护保险企业的经营自主权及其他合法权益。保监会要不断提高引领保险业发展和防范风险的能力和水平，认真履行职责，加强分类指导，推动政策落实。通过全社会的共同努力，实现保险业又快又好发展，促进社会主义和谐社会建设。

国务院

2006年6月15日

国务院关于同意在山西省开展煤炭工业可持续发展政策措施试点意见的批复

山西省人民政府，发展改革委、财政部、劳动保障部、国土资源部、税务总局、环保总局、煤矿安全监察局：

发展改革委商有关部门和地方报送的《关于在山西省开展煤炭工业可持续发展政策措施试点的意见》收悉。现批复如下：

一、同意《关于在山西省开展煤炭工业可持续发展政策措施试点的意见》。

二、试点工作的主要任务是：强化煤炭行业管理，完善煤矿安全生产机制，深化煤炭企业改革，推进资源市场化管理，建立煤炭开采综合补偿和生态环境恢复补偿机制以及煤炭企业转产、煤炭城市转型发展的长效机制，探索实现煤炭工业可持续发展的有效途径。

三、山西省人民政府要制订试点工作具体实施方案，加强领导，精心组织，积极稳妥地推进试点工作。发展改革委要会同有关部门加强指导，密切配合，认真研究解决试点中遇到的困难和问题，确保试点工作取得成效。

关于在山西省开展煤炭工业可持续发展政策措施试点的意见(文略)

国务院印发《关于全面加强应急管理工作的意见》

各省、自治区、直辖市人民政府，国务院各部委、各直属机构：

加强应急管理，是关系国家经济社会发展全局和人民群众生命财产安全的大事，是全面落实科学发展观、构建社会主义和谐社会的重要内容，是各级政府坚持以人为本、执政为民、全面履行政府职能的重要体现。当前，我国现代化建设进入新的阶段，改革和发展处于关键时期，影响公共安全的因素增多，各类突发公共事件时有发生。但是，我国应急管理工作基础仍然比较薄弱，体制、机制、法制尚不完善，预防和处置突发公共事件的能力有待提高。为深入贯彻实施《国家突发公共事件总体应急预案》(以下简称《国家总体应急预案》)，全面加强应急管理工作，提出以下意见：

一、明确指导思想和工作目标

(一)指导思想。以邓小平理论和“三个代表”重要思想为指导，全面落实科学发展观，坚持以人为本、预防为主，充分依靠法制、科技和人民群众，以保障公众生命财产安全为根本，以落实和完善应急预案为基础，以提高预防和处置突发公共事件能力为重点，全面加强应急管理工作，最大限度地减少突发公共事件及其造成的人员伤亡和危害，维护国家安全和社会稳定，

促进经济社会全面、协调、可持续发展。

(二)工作目标。在"十一五"期间,建成覆盖各地区、各行业、各单位的应急预案体系;健全分类管理、分级负责、条块结合、属地为主的应急管理体制,落实党委领导下的行政领导责任制,加强应急管理机构和应急救援队伍建设;构建统一指挥、反应灵敏、协调有序、运转高效的应急管理机制;完善应急管理法律法规,建设突发公共事件预警预报信息系统和专业化、社会化相结合的应急管理保障体系,形成政府主导、部门协调、军地结合、全社会共同参与的应急管理工作格局。

二、加强应急管理规划和制度建设

(三)编制并实施突发公共事件应急体系建设规划。依据《国民经济和社会发展第十一个五年规划纲要》(以下简称"十一五"规划),编制并尽快组织实施《"十一五"期间国家突发公共事件应急体系建设规划》,优化、整合各类资源,统一规划突发公共事件预防预警、应急处置、恢复重建等方面的项目和基础设施,科学指导各项应急管理体系建设。各地区、各部门要在《"十一五"期间国家突发公共事件应急体系建设规划》指导下,编制本地区和本行业突发公共事件应急体系建设规划并纳入国民经济和社会发展规划。城乡建设等有关专项规划的编制要与应急体系建设规划相衔接,合理布局重点建设项目,统筹规划应对突发公共事件所必需的基础设施建设。

(四)健全应急管理法律法规。要加强应急管理的法制建设,逐步形成规范各类突发公共事件预防和处置工作的法律体系。抓紧做好突发事件应对法的立法准备工作和公布后的贯彻实施工作,研究制定配套法规和政策措施。国务院各有关部门要根据预防和处置自然灾害、事故灾难、公共卫生事件、社会安全事件等各类突发公共事件的需要,抓紧做好有关法律法规草案和修订草案的起草工作,以及有关规章、标准的修订工作。各地区要依据有关法律、行政法规,结合实际制定并完善应急管理的地方性法规和规章。

(五)加强应急预案体系建设和管理。各地区、各部门要根据《国家总体应急预案》,抓紧编制修订本地区、本行业和领域的各类预案,并加强对预案编制工作的领导和督促检查。各基层单位要根据实际情况制订和完善本单位预案,明确各类突发公共事件的防范措施和处置程序。尽快构建覆盖各地区、各行业、各单位的预案体系,并做好各级、各类相关预案的衔接工作。要加强对预案的动态管理,不断增强预案的针对性和实效性。狠抓预案落实工作,经常性地开展预案演练,特别是涉及多个地区和部门的预案,要通过开展联合演练等方式,促进各单位的协调配合和职责落实。

(六)加强应急管理体制和机制建设。国务院是全国应急管理工作的最高行政领导机关,国务院各有关部门依据有关法律、行政法规和各自职责,负责相关类别突发公共事件的应急管理工作。地方各级人民政府是本行政区域应急管理工作的行政领导机关,要根据《国家总体应急预案》的要求和应对各类突发公共事件的需要,结合实际明确应急管理的指挥机构、办事机构及其职责。各专项应急指挥机构要进一步强化职责,充分发挥在相关领域应对突发公共事件的作用。加强各地区、各部门以及各级各类应急管理机构的协调联动,积极推进资源整合和信息共享。加快突发公共事件预测预警、信息报告、应急响应、恢复重建及调查评估等机制建设。研究建立保险、社会捐赠等方面参与、支持应急管理工作的机制,充分发挥其在突发公共事件预防与处置等方面的作用。

三、做好各类突发公共事件的防范工作

(七)开展对各类突发公共事件风险隐患的普查和监控。各地区、各有关部门要组织力量认真开展风险隐患普查工作,全面掌握本行政区域、本行业和领域各类风险隐患情况,建立分级、分类管理制度,落实综合防范和处置措施,实行动态管理和监控,加强地区、部门之间的协调配合。对可能引发突发公共事件的风险隐患,要组织力量限期治理,特别是对位于城市和人口密集地区的高危企业,不符合安全布局要求、达不到安全防护距离的,要依法采取停产、停业、搬迁等措施,尽快消除隐患。要加强对影响社会稳定因素的排查调处,认真做好预警报告和快速处置工作。社区、乡村、企业、学校等基层单位要经常开展风险隐患的排查,及时解决存在的问题。

(八)促进各行业和领域安全防范措施的落实。地方各级人民政府及有关部门要进一步加强对本行政区域各单位、各重点部位安全管理的监督检查,严密防范各类安全事故;要加强监管监察队伍建设,充实必要的人员,完善监管手段。各有关部门要按照有关法律法规和职责分工,加强对本系统、本行业和领域的安全监管监察,严格执行安全许可制度,经常性开展监督检查,依法加大处罚力度;要提高监管效率,对事故多发的行业和领域进一步明确监管职责,实施联合执法。上级主管部门和有关监察机构要把督促风险隐患整改情况作为衡量监管机构履行职责是否到位的重要内容,加大监督检查和考核力度。各企业、事业单位要切实落实安全管理的主体责任,建立健全安全管理的规章制度,加大安全投入,全面落实安全防范措施。

(九)加强突发公共事件的信息报告和预警工作。特别重大、重大突发公共事件发生后,事发地省级人民政府、国务院有关部门要按规定及时、准确地向国务院报告,并向有关地方、部门和应急管理机构通报。要进一步建立健全信息报告工作制度，明确信息报告的责任主体，对迟报、漏报甚至瞒报、谎报行为要依法追究责任。在加强地方各级人民政府和有关部门信息报告工作的同时，通过建立社会公众报告、举报奖励制度，设立基层信息员等多种方式，不断拓宽信息报告渠道。建设各级人民政府组织协调、有关部门分工负责的各类突发公共事件预警系统，建立预警信息通报与发布制度，充分利用广播、电视、互联网、手机短信息、电话、宣传车等各种媒体和手段，及时发布预警信息。

(十)积极开展应急管理培训。各地区、各有关部门要制定应急管理的培训规划和培训大纲，明确培训内容、标准和方式，充分运用多种方法和手段，做好应急管理培训工作，并加强培训资质管理。积极开展对地方和部门各级领导干部应急指挥和处置能力的培训，并纳入各级党校和行政学院培训内容。加强各单位从业人员安全知识和操作规程培训，负有安全监管职责的部门要强化培训考核，对未按要求开展安全培训的单位要责令其限期整改，达不到考核要求的管理人员和职工一律不准上岗。各级应急管理机构要加强对应急管理培训工作的组织和指导。

四、加强应对突发公共事件的能力建设

(十一)推进国家应急平台体系建设。要统筹规划建设具备监测监控、预测预警、信息报告、辅助决策、调度指挥和总结评估等功能的国家应急平台。加快国务院应急平台建设，完善有关专业应急平台功能，推进地方人民政府综合应急平台建设，形成连接各地区和各专业应急指挥机构、统一高效的应急平台体系。应急平台建设要结合实际，依托政府系统办公业务资源网络，规范技术标准，充分整合利用现有专业系统资源，实现互联互通和信息共享，避免重复建设。积极推进紧急信息接报平台整合，建立统一接报、分类分级处置的工作机制。

(十二)提高基层应急管理能力。要以社区、乡村、学校、企业等基层单位为重点，全面加强应急管理工作。充分发挥基层组织在应急管理中的作用，进一步明确行政负责人、法定代表人、社区或村级组织负责人在应急管理中的职责，确定专(兼)职的工作人员或机构，加强基层应急投入，结合实际制订各类应急预案，增强第一时间预防和处置各类突发公共事件的能力。社区要针对群众生活中可能遇到的突发公共事件，制订操作性强的应急预案，经常性地开展应急知识宣传，做到家喻户晓；乡村要结合社会主义新农村建设，因地制宜加强应急基础设施建设，努力提高群众自救、互救能力，并充分发挥城镇应急救援力量的辐射作用；学校要在加强校园安全工作的同时，积极开展公共安全知识和应急防护知识的教育和普及，增强师生公共安全意识；企业特别是高危行业企业要切实落实法定代表人负责制和安全生产主体责任，做到有预案、有救援队伍、有联动机制、有善后措施。地方各级人民政府和有关部门要加强对基层应急管理工作的指导和检查，及时协调解决人力、物力、财力等方面的问题，促进基层应急管理能力的全面提高。

(十三)加强应急救援队伍建设。落实“十一五”规划有关安全生产应急救援、国家灾害应急救援体系建设的重点工程。建立充分发挥公安消防、特警以及武警、解放军、预备役民兵的骨干作用，各专业应急救援队伍各负其责、互为补充，企业专兼职救援队伍和社会志愿者共同参与的应急救援体系。加强各类应急抢险救援队伍建设，改善技术装备，强化培训演练，提高应急救援能力。建立应急救援专家队伍，充分发挥专家学者的专业特长和技术优势。逐步建立社会化的应急救援机制，大中型企业特别是高危行业企业要建立专职或者兼职应急救援队伍，并积极参与社会应急救援；研究制定动员和鼓励志愿者参与应急救援工作的办法，加强对志愿者队伍的招募、组织和培训。

(十四)加强各类应急资源的管理。建立国家、地方和基层单位应急资源储备制度，在对现有各类应急资源普查和有效整合的基础上，统筹规划应急处置所需物料、装备、通信器材、生活用品等物资和紧急避难场所，以及运输能力、通信能力、生产能力和有关技术、信息的储备。加强对储备物资的动态管理，保证及时补充和更新。要建立国家和地方重要物资监测网络及应急物资生产、储备、调拨和紧急配送体系，保障应急处置和恢复重建工作的需要。合理规划建设国家重要应急物资储备库，按照分级负责的原则，加强地方应急物资储备库建设。充分发挥社会各方面在应急物资的生产和储备方面的作用，实现社会储备与专业储备的有机结合。加强应急管理基础数据库建设和对有关技术资料、历史资料等的收集管理，实现资源共享，为妥善应对各类突发公共事件提供可靠的基础数据。

(十五)全力做好应急处置和善后工作。突发公共事件发生后，事发单位及直接受其影响的单位要根据预案立即采取有效措施，迅速开展先期处置工作，并按规定及时报告。地方各级人民政府和国务院有关部门要依照预案规定及时采取相关应急响应措施。按照属地管理为主的原则，事发地人民政府负有统一组织领导应急处置工作的职责，要积极调动有关救援队伍和力量开展救援工作，采取必要措施，防止发生次生、衍生灾害事件，并做好受影响群众的基本生活保障和事故现场环境评估工作。应急处置结束后，要及时组织受影响地区恢复正常的生产、生活和社会秩序。灾后恢复重建要与防灾减灾相结合，坚持统一领导、科学规划、加快实施。健全社会捐助和对口支援等社会动员机制,动员社会力量参与重大灾害应急救助和灾后恢复重建。各级人民政府及有关部门要依照有关法律法规及时开展事故调查处理工作,查明原因,依法依纪处理责任人员,总结事故教训,制定整改措施并督促落实。

(十六)加强评估和统计分析工作。建立健全突发公共事件的评估制度,研究制定客观、科学的评估方法。各级人民政府及有关部门在对各类突发公共事件调查处理的同时,要对事件的处置及相关防范工作作出评估,并对年度应急管理工作情况进行全面评估。各地区、各有关部门要加强应急管理统计分析工作,完善分类分级标准,明确责任部门和人员,及时、全面、准确地统计各类突发公共事件发生起数、伤亡人数、造成的经济损失等相关情况,并纳入经济和社会发展统计指标体系。突发公共事件的统计信息实行月度、季度和年度报告制度。要研究建立突发公共事件发生后统计系统快速应急机制,及时调查掌握突发公共事件对国民经济发展和城乡居民生活的影响并预测发展趋势。

五、制定和完善全面加强应急管理的政策措施

(十七)加大对应急管理的资金投入力度。根据《国家总体应急预案》的规定,各级财政部门要按照现行事权、财权划分原则,分级负担公共安全工作以及预防与处置突发公共事件中需由政府负担的经费,并纳入本级财政年度预算,健全应急资金拨付制度。对规划布局内的重大建设项目给予重点支持。支持地方应急管理工作,建立完善财政专项转移支付制度。建立健全国家、地方、企业、社会相结合的应急保障资金投入机制,适应应急队伍、装备、交通、通信、物资储备等方面建设与更新维护资金的要求。建立企业安全生产的长效投入机制,增强高危行业企业安全保障和应急救援能力。研究建立应对突发公共事件社会资源依法征用与补偿办法。

(十八)大力发展公共安全技术和产品。在推进产业结构调整中,要将具有较高技术含量的公共安全工艺、技术和产品列入《国家产业结构调整指导目录》的鼓励类发展项目,在政策上积极予以支持。对公共安全、应急处置重大项目和技术开发、产业化示范项目,政府给予直接投资或资金补助、贷款贴息等支持。采取政府采购等办法,推动国家公共安全应急成套设备及防护用品的研发和生产。加强对公共安全产品的质量监督管理,实行严格的市场准入制度,确保产品质量安全可靠。

(十九)建立公共安全科技支撑体系。按照《国家中长期科学和技术发展规划纲要》的要求,高度重视利用科技手段提高应对突发公共事件的能力,通过国家科技计划和科学基金等,对突发公共事件应急管理的基础理论、应用和关键技术研究给予支持,并在大专院校、科研院所加强公共安全与应急管理学科、专业建设,大力培养公共安全科技人才。坚持自主创新和引进消化吸收相结合,形成公共安全科技创新机制和应急管理技术支撑体系。扶持一批在公共安全领域拥有自主知识产权和核心技术的重点企业,实现成套核心技术与重大装备的突破,增强安全技术保障能力。

六、加强领导和协调配合,努力形成全民参与的合力

(二十)进一步加强对应急管理工作的领导。地方各级人民政府要在党委领导下,建立和完善突发公共事件应急处置工作责任制,并将落实情况纳入干部政绩考核的内容,特别要抓好市(地)、县(区)两级领导干部责任的落实。各地区、各部门要加强沟通协调,理顺关系,明确职责,搞好条块之间的衔接和配合。建立和完善应对突发公共事件部际联席会议制度,加强部门之间的协调配合,定期研究解决有关问题。各级领导干部要不断增强处置突发公共事件的能力,深入一线,加强组织指挥。要建立并落实责任追究制度,对有失职、渎职、玩忽职守等行为的,要依照法律法规追究责任。

(二十一)构建全社会共同参与的应急管理工作格局。全面加强应急管理工作,需要紧紧依靠群众,军地结合,动员社会各方面力量积极参与。要切实发挥工会、共青团、妇联等人民团体在动员群众、宣传教育、社会监督等方面的作用,重视培育和发展社会应急管理中介组织。鼓励公民、法人和其他社会组织为应对突发公共事件提供资金、物资捐赠和技术支持。积极开展基层公共安全创建活动,树立一批应急管理工作先进典型,表彰奖励取得显著成绩的单位和个人,形成全社会共同参与、齐心协力做好应急管理工作的局面。

(二十二)大力宣传普及公共安全和应急防护知识。加强应急管理科普宣教工作,提高社会公众维护公共安全意识和应对突发公共事件能力。深入宣传各类应急预案,全面普及预防、避险、自救、互救、减灾等知识和技能,逐步推广应急识别系统。尽快把公共安全和应急防护知识纳入学校教学内容,编制中小学公共安全教育指导纲要和适应全日制各级各类教育需要的公共安全教育读本,安排相应的课程或课时。要在各种招考和资格认证考试中逐步增加公共安全内容。充分运用各种现代传播手段,扩大应急管理科普宣教工作覆盖面。新闻媒体应无偿开展突发公共事件预防与处置、自救与互救知识的公益宣传,并支持社会各界发挥应急管理科普宣传作用。

(二十三)做好信息发布和舆论引导工作。要高度重视突发公共事件的信息发布、舆论引导和舆情分析工作,加强对相关信息的核实、审查和管理,为积极稳妥地处置突发公共事件营造良好的舆论环境。坚持及时准确、主动引导的原则和正面宣传为主的方针,完善政府信息发布制度和新闻发言人制度,建立健全重大突发公共事件新闻报道快速反应机制、舆情收集和分析机制,把握正确的舆论导向。加强对信息发布、新闻报道工作的组织协调和归口管理,周密安排、精心组织信息发布工作,充分发挥中央和省级主要新闻媒体的舆论引导作用。新闻单位要严格遵守国家有关法律法规和新闻宣传纪律,不断提高新闻报道水平,自觉维护改革发展稳定的大局。

(二十四)开展国际交流与合作。加强与有关国家、地区及国际组织在应急管理领域的沟通与合作,参与有关国际组织并积极发挥作用,共同应对各类跨国或世界性突发公共事件。大力宣传我国在应对突发公共事件、加强应急管理方面的政策措施和成功做法,积极参与国际应急救援活动,向国际社会展示我国的良好形象。密切跟踪研究国际应急管理发展的动态和趋势,参与公共安全领域重大国际项目研究与合作,学习、借鉴有关国家在灾害预防、紧急处置和应急体系建设等方面的有益经验,促进我国应急管理工作水平的提高。

国务院

2006年6月15日

全国结核病防治工作电视电话会议在北京召开

国务院副总理吴仪在会议上强调,要认清结核病防治工作的严峻形势,切实增强责任感和紧迫感,抓住有利时机,巩固成果,再接再厉,集中财力、物力和人力,千方百计地提高患者的发现率和治愈率,降低患病率和死亡率,坚持不懈地深入推进结核病防治工作。

吴仪指出,党中央、国务院始终高度重视并坚持把结核病防治作为关系人民群众身体健康和生命安全的大事来抓。各地区、各有关部门认真贯彻中央的部署和要求,不断加大工作力度,积极落实有关政策措施,扎扎实实开展防治工作,取得了明显成效。截至2005年年底,以直接面视下服药为主要内容的现代结核病控制策略覆盖率达到100%,结核病患者发现率达到79%,治愈率达到91%,如期实现了全国结核病防治规划的中期目标和向国际社会承诺的结核病控制阶段性目标,为今后的防治工作打下了坚实的基础,为全球的结核病防治作出了贡献。同时也要清醒地认识到,当前结核病的疫情形势依然十分严峻,还存在一些地方对结核病的危害性认识不足,对防治工作重视不够等问题,防治任务相当艰巨。

吴仪强调,各地区、各有关部门要围绕下一阶段结核病防治工作目标,进一步落实各项工作。一是加强监测检查,切实提高结核病患者发现率。要充分发挥结核病防治服务网络的作用,继续实施医疗机构报病奖励制度,对所有掌握的结核病患者及其密切接触者都要进行追踪观察,切实做到发现一例,登记一例,报告一例。要以农村地区为重点,特别关注流动人口、在校学生和学龄前儿童等重点人群的结核病发现率。二是规范治疗管理,有效提高结核病患者治愈率。要根据结核病患者的病情实施规范化治疗,落实好国家为结核病患者免费提供药品的政策,并妥善解决好耐药性问题和结核病菌、艾滋病病毒双重感染问题,力争做到治疗一例,管理一例,治愈一例。各级各类医疗机构不得为了经济利益截留或变相截留收治结核病患者。对不进行规范化治疗的医疗机构要按照有关规定追究责任。三是进一步加大投入,完善结核病防治服务体系。要充分发挥中央和地方的两个积极性,继续加大资金支持力度,确保足额到位,并加强财务管理和监督。要继续加强基层结核病防治机构和队伍建设,全面提升防治能力。四是加强领导,落实职责,建立结核病防治可持续发展机制。各地区务必把结核病防治工作列入重要议事日程,依法落实有关部门和人员的责任和义务,落实各项防治措施。各有关部门要按照职责分工,切实做好工作,各有关方面要积极予以配合,真正形成"政府领导、多部门合作、全社会参与"的可持续发展机制。要加强健康教育工作,积极开展防治科学研究和国际交流与合作。

国务院副总理回良玉在国家森林防火指挥部全体会议上发表讲话

回良玉指出,近年来,在党中央、国务院的高度重视和正确领导下,经过各方面的共同努力,森林防火工作取得了显著成效。全民森林防火意识普遍增强,森林防火组织体系逐步健全,专业消防队伍不断壮大,防火基础设施有所改善,综合防控能力得到提高。同时也要看到,我国森林防火形势依然严峻,森林火灾威胁常年存在,森林防火任务十分繁重。对此,我们必须始终保持清醒认识和高度警惕,对发生重特大森林火灾的可能性决不能低估,对森林防火面临的困难决不能轻视,切实做到思想不麻痹、作风不松懈,持之以恒地把森林防火这件大事抓紧抓好。

回良玉强调,做好新时期的森林防火工作,要深入探索防火扑火规律,认真总结实践经验,着力构建防火长效机制。要坚持以人为本、预防为主、积极扑救的工作方针,坚持依靠科学、依靠群众、依靠法治的工作原则,坚持政府全面负责、部门齐抓共管、社会广泛参与的工作机制，坚持因地制宜、分类指导、分区施策的工作举措，坚持专群结合、军地协同、各方支持的工作方式，努力提高森林防火水平。要进一步强化防火工作责任制，层层签订责任状，明确目标，分解任务，细化责任，切实把地方政府负责制落到实处。要进一步强化基础设施建设，建立以政府投入为主的经费保障机制，加快林区道路、防火隔离带和森林火险预警监测系统建设，确保“打早、打小、打了”。要进一步强化森林消防队伍建设，充分发挥武警森林部队突击队和生力军的作用，增加现代化灭火装备和林火监测设备，加大灭火物资的储备，建立全方位覆盖、全天候运行、快速反应的森林防火应急扑救体系。要进一步强化防火措施落实工作，把各项规章制度和办法措施真正落实到基层、落实到山头地块。

回良玉指出，森林防火责任重于泰山，工作光荣，任务艰巨。国家森林防火指挥部要认真贯彻党中央、国务院关于防火工作的部署，切实担负起领导和指挥全国森林防火工作的责任，不断完善和改进领导方式，提高决策指挥水平。指挥部各成员单位既要各司其职、各负其责，又要密切配合，互相支持，形成防火整体合力。各地区、各有关部门要认真执行指挥部的决定，坚决服从指挥部的指挥，确保政令畅通、行动一致，确保森林防火工作有力有序有效地开展。

会议由国家森林防火指挥部总指挥、国家林业局局长贾治邦主持，回顾总结了近几年特别是今年以来的森林防火工作，分析会商了当前的森林防火形势，安排部署了下一阶段的森林防火工作。

中共中央政治局常委李长春在伯尔尼会见瑞士联邦主席洛伊恩贝格尔

中共中央政治局常委李长春在伯尔尼分别会见瑞士联邦副主席兼外交部部长米舍利娜·卡尔米—雷伊和联邦委员兼内政部部长库什潘

李长春就进一步加强中瑞友好合作提出5点主张。第一，增进了解，扩大共识，构筑长期稳定的中瑞建设性合作关系。第二，继续加强两国在经贸、科技等领域的务实合作。第三，不断深化两国文化、新闻领域的交流与合作，增进两国和两国人民之间的相互了解和友谊。第四，珍惜友好合作局面，从两国关系的大局出发，在平等和相互尊重的基础上妥善处理分歧，确保两国关系健康、稳定发展。第五，加强在国际和地区问题上的协调与沟通。

外交部部长李肇星在上海会见伊朗外长穆塔基

空军运输机失事遇难人员追悼大会在空军驻江苏某部举行

6月3日，空军一架运输机在执行任务中失事，机上人员不幸全部遇难。

中央军委主席胡锦涛对这次飞机失事非常重视，对遇难人员亲属非常关心。事发当日，胡主席接到报告后，立即作出重要批示，对事故调查和善后工作提出明确要求。6月4日，胡主席向遇难人员亲属发了唁电。

我国首个750千伏输变电工程在青海省湟中县开工建设

这是我国自主研发建设的最高电压等级的电力系统工程。

西北750千伏输变电系统在海拔1735—2873米之间，这也是世界上海拔最高的750千伏输变电工程。工程主要包括新建一座750千伏变电站、157公里的750千伏输电线路，预计工程估算静态投资13.44亿元。

这项工程的建设，不仅实现了我国电网输变电最高电压等级由500千伏升级为750千伏的跨越，推动了“西电东送、南北互供、全国联网”的战略发展，也填补了我国500千伏以上电压等级的空白，标志着我国电力系统工程设计及建设、设备、制造、系统运行达到了国际先进水平。

当日，另一项330千伏湟源—乌兰—格尔木输变电工程也同时开工，这项总投资10.6亿元的工程将为青藏铁路安全运行提供电力保障。

6月16日

国家主席胡锦涛在上海会见巴基斯坦总统穆沙拉夫

胡锦涛对进一步发展中巴关系提出重要建议，强调要保持高层互访势头，通过两国领导人在双边和多边场合经常接触，增强政治互信，推动各领域合作；拓宽经贸合作领域，加紧对中巴经贸合作5年规划的联合研究，争取早日达成中巴自由贸易协议；加快巴基斯坦灾区重建进程，争取双方早日就喀喇昆仑公路升级改造、中方为巴基斯坦地震灾区援建学校、医院和建设地震台网等事宜作出决定；深化安全合作，继续在传统和非传统安全领域保持密切合作，落实双方达成的各项相关合作文件。

国家主席胡锦涛在上海会见蒙古总统恩赫巴亚尔

胡锦涛就深化两国睦邻互信伙伴关系提出4点建议：一、密切相互交往，增进相互理解和信任，加强两国议会、政党和政府部门之间的交流。二、深化双方经贸合作,促进两国共同发展,把资源开发和基础设施建设作为两国经贸合作的重点。三、拓展双方人文领域的合作,中方正积极筹备在蒙古设立文化中心,还愿积极考虑扩大两国青少年交流。双方还可在旅游、防治沙尘暴、空间技术等领域加强合作。四、加强在国际和地区事务中的协调和合作,共同促进地区和世界的和平与发展。

国家主席胡锦涛在上海会见伊朗总统内贾德

胡锦涛指出,中国政府高度重视发展同伊朗的友好合作关系。希望双方以建交35周年为契机,共同努力,不断拓展双边合作。他建议,一、加强政治磋商,巩固传统友谊,在各层次上继续保持形式多样的沟通和接触。二、深化经济合作,实现互利双赢,努力保持两国贸易快速发展的良好势头,积极培育双方经济合作的新增长点。三、推动文明对话,密切人文交流,继续致力于不同文明相互尊重、相互借鉴、共同发展,鼓励两国人民加强友好交往。

十届全国人大常委会第四十七次委员长会议在人民大会堂举行

会议决定,十届全国人大常委会第二十二次会议于6月24日至29日在京举行。

全国人大常委会委员长吴邦国主持今天的委员长会议。

委员长会议建议本次常委会会议的主要议程为:继续审议刑法修正案(六)草案、义务教育法修订草案、监督法草案、合伙企业法修订草案等法律案;初次审议农民专业合作经济组织法草案、突发事件应对法草案等法律案;审议国务院关于提请审议批准亚太空间合作组织公约、防止倾倒废物及其他物质污染海洋的公约1996年议定书、中国和西班牙关于移管被判刑人的条约、中国和墨西哥关于刑事司法协助的条约4个议案;审议国务院关于2005年中央决算的报告,审查和批准2005年中央决算;审议国务院关于2005年度中央预算执行的审计工作报告;审议全国人大常委会执法检查组关于检查专利法实施情况的报告、关于检查归侨侨眷权益保护法实施情况的报告;审议全国人大常委会代表资格审查委员会关于个别代表的代表资格的报告;审议吴邦国委员长访问罗马尼亚、摩尔多瓦、希腊和俄罗斯及出席上海合作组织成员国议长会晤情况的书面报告;审议有关任免案等。

全国人大常委会副委员长兼秘书长盛华仁汇报了关于十届全国人大常委会第二十二次会议议程草案和日程安排意见。全国人大法律委员会、农业与农村委员会、财政经济委员会、外事委员会、教育科学文化卫生委员会、华侨委员会以及全国人大常委会代表资格审查委员会负责人分别就委员长会议建议的有关议程的情况作了汇报。

全国人大常委会副委员长李铁映、司马义·艾买提、何鲁丽、丁石孙、许嘉璐、蒋正华、顾秀莲、热地、路甬祥、乌云其木格、韩启德和傅铁山出席会议。

中共中央政治局常委曾庆红在河北考察

6月16日至20日,曾庆红在河北省省委书记白克明、省长季允石等陪同下,到唐山、廊坊、邢台和石家庄等地考察调研。他强调,要全面落实科学发展观,进一步巩固和扩大先进性教育活动成果,努力开创"十一五"经济社会发展新局面。

曾庆红在曹妃甸工业区以及国有、民营和外资企业调研时反复强调,要坚持以科学发展观统领经济社会发展全局,推动经济社会又快又好发展。他充分肯定河北省提出的"加快发展中间一线、积极推进南北两厢"的区域发展战略,以及突出结构调整这"一条主线"、抓好重大项目建设和县域经济发展这"两大支撑"的发展思路,是创造性地贯彻科学发展观的具体体现。他指出,要立足优化产业结构促进发展,立足转变增长方式推动发展,立足增强自主创新能力支撑发展,把经济社会发展切实转入全面协调可持续发展的轨道;要进一步节约资源能源、保护生态环境,实现可持续发展;要进一步坚持改革方向、完善体制机制,为经济社会发展提供强大动力和体制保障;要进一步贯彻党管人才方针和人才强国战略,培养、引进、用好各类人才,为经济社会发展提供人才保证。他强调,立足科学发展、着力自主创新、完善体制机制,归根到底就是要促进社会和谐、造福人民群众。要进一步解决好群众最关心、最直接、最现实的问题,扎实推进和谐社会建设。

扎实稳步地推进社会主义新农村建设,是曾庆红此次考察调研的一项重要内容。他专程来到太行山深处的邢台县前南峪村和南沟门村,考察了文明生态村建设情况。他指出,河北省近几年开展的文明生态村创建活动,是社会主义新农村建设的一个很好的载体和抓手,是在实践中摸索出的有河北特点的社会主义新农村建设的好路子。他要求河北总结经验、保持特色,把建设社会主义新农村的规定动作同文明生态村创建活动的自选动作结合起来,充分发挥各级党委和政府的主导作用、广大农民群众的主体作用、社会力量的帮扶作用,形成社会主义新农村建设的合力。

在同河北省党政负责干部座谈时,曾庆红指出,先进性教育活动和地方党委换届是今年党建工作的两个重点。现在，历时一年半的保持共产党员先进性教育活动即将结束，总体上取得了提高党员素质、加强基层组织、服务人民群众、促进各项工作的预期效果，办成了“群众满意工程”。当前，要认真搞好先进性教育活动的总结，高质量地做好收尾阶段的各项工作，巩固和扩大先进性教育活动的成果。地方四级党委换届工作是今明两年全党政治生活中的一件大事。他要求按照中央的统一部署，切实把这件事关全局、事关长远的大事抓紧抓好。

国办发出《关于做好当前减轻农民负担工作的意见》

各省、自治区、直辖市人民政府，国务院各部委、各直属机构：

近年来，随着农村税费改革全面推进，各项支农惠农政策进一步强化，农民负担重的状况发生了根本性变化，农民负担已得到明显减轻。减轻农民负担工作也由重点“治重”“治乱”转入巩固农村税费改革成果、有效防止反弹的新阶段。但是，当前减轻农民负担工作仍然面临着许多新情况、新问题。一些干部产生了盲目乐观的思想，放松了对农民负担的监管；有的地方巧立名目乱收费、乱罚款以及各种集资、摊派现象有所抬头；各项支农惠农政策在不同程度上存在着不落实或落实不到位等问题；在征地和安置补偿过程中，损害农民权益的问题仍比较突出。为切实做好当前农民负担监督管理工作，防止农民负担反弹，不断巩固农村税费改革成果，经国务院同意，现提出如下意见：

一、准确把握减轻农民负担工作的总体要求

各地区、各部门要从全面落实科学发展观，统筹城乡经济社会发展，推进社会主义新农村建设，加快全面建设小康社会进程的高度，深刻认识做好新形势下减轻农民负担工作的重要性和艰巨性，澄清和消除各种模糊认识及盲目乐观情绪，准确把握减轻农民负担工作的总体要求，强化监管措施，加强制度建设，努力做到“四个坚持”：一是坚持标本兼治。既要坚定不移地推进农村综合改革，加大治本工作力度，逐步消除农民负担反弹的隐患，又要加强对农民负担的监督管理，控制农民负担增加。二是坚持尊重农民意愿。在改善农村基础设施和发展农村公益事业中，既要引导农民对直接受益的项目出资出劳，把国家投入与农民投工投劳有机结合，改善农民生产生活条件，又要防止超越农民承受能力，违背农民意愿，加重农民负担。三是坚持推进基层民主。通过逐步规范基层民主制度，不断增强农民群众的民主意识，强化民主监督，切实保障农民群众的知情权、决策权、监督权。四是坚持预防与查处相结合。要加强教育，着力构筑防止农民负担反弹的思想和工作防线，坚决查处违规违纪行为。

二、进一步明确农民负担监管工作重点

减轻农民负担工作要继续坚持以维护农民合法权益为中心，适时调整监督管理工作范围。当前，要重点做好五方面的监管工作：一是规范涉及农民负担的行政事业性收费的管理，加强对涉及农民负担文件出台、项目公示的审核。二是加强对农业生产性费用和村集体收费的监管。对农民反映强烈的农业灌溉水费电费、排涝排渍收费、农业生产资料价格等实行重点监管。同时，要将与农民负担有关的承包土地、“册外地”、草地等方面的不合理收费纳入监管范围。三是强化对村民“一事一议”筹资筹劳的监管。要纠正违背农民意愿、超范围超标准向农民筹资筹劳和强行以资代劳等问题，防止将“一事一议”筹资筹劳变成加重农民负担的新口子。同时，加强对筹集的资金、劳务和专项补助资金的管理，提高使用效率。四是开展对向农民专业合作经济组织乱收费乱摊派等问题的监管，保护农民专业合作经济组织及其成员的合法权益。五是做好对农民补贴补偿和对村级财政性补助资金的监管，并将农民反映强烈的征地补偿等涉及农民权益的问题纳入监管范围。

三、认真落实和完善减轻农民负担的“四项制度”

各地要进一步落实和健全涉农税收、价格及收费“公示制”，适时更新公示内容，创新公示形式，除在乡镇政府所在地统一公示外，涉农收费单位要在收费现场进行公示。认真落实农村义务教育收费“一费制”，对实行免学杂费的地区，除按“一费制”规定的额度收取课本费、作业本费和寄宿学生住宿费外，学校不得再向学生收取其他费用；对享受免费提供教科书的学生，不再收取课本费。乡镇、村级组织和农村中小学校公费订阅报刊要严格执行“限额制”，坚持自愿订阅原则，严禁摊派发行。继续深入贯彻执行涉及农民负担案(事)件“责任追究制”，坚持对涉及农民负担案(事)件进行通报，进一步完善预防和处置涉及农民负担案(事)件的有效机制。

四、重点治理农民反映强烈的突出问题

各地要从实际出发，深入开展对农村义务教育、农民建房、农村土地、殡葬、计划生育等方面乱收费、乱罚款的专项治理。农村中小学校向学生提供服务，必须坚持学生自愿和非营利原则，不得强制服务和强制收费，不得向学生收费统一购买教学辅导材料和学具，不得要求学生统一购买校服、卧具。严禁向农民家庭承包的土地收取土地承包费。今年要在全国范围内重点抓好农民普遍反映强烈的农业灌溉水费电费问题的专项治理。继续选择农民负担重的县(市、区)进行综合治理，实行检查、处理、整改全程监督。

五、严格规范村级组织收费

开展对村级组织乱收费行为的专项治理，严禁有关部门或单位委托村级组织向农民收取税费，违反规定的要坚决纠正。地方各级人民政府及有关部门需要村级组织协助开展工作的，要提供必要的工作经费，严禁将部门或单位经费的缺口转嫁给村级组织。建立健全村级组织运转经费保障机制，加大对村级组织运转资金补助力度，确保补助资金及时足额到位，确保五保户供养、村干部报酬和村级办公经费等方面的支出。村级补助资金要专款专用，确定到县、控制到乡、落实到村，防止“跑冒滴漏”。地方各级人民政府进行农村公益事业建设必须量力而行，不准向村级组织摊派、集资或强制要求村级配套。严禁村级组织擅自设立项目向农民收费，严禁用押金、违约金、罚款等不合法方式来约束村民、管理村务。

六、健全以“一事一议”为主要形式的村民民主议事机制

各地要认真总结经验，按照群众急需、直接受益、量力而行、民主决策的原则，进一步规范议事程序、范围和标准，逐步建立以政府补助资金为引导、筹补结合的农村基础设施等公益事业建设投入新机制，引导农民依靠自己的辛勤劳动改善自身生产生活条件。在推进“一事一议”中，各地要积极探索加强农村基层民主制度建设的新途径。所议事项要符合大多数农民的需要，解决农民迫切需要解决的问题；议事过程要坚持民主程序，不走过场，不搞形式主义；实施过程和结果要让群众全程参与监督，筹资筹劳的使用情况要透明公开。强化财政投入与农民投入相结合，有条件的地方可采取以奖代补、项目补助等办法给予支持，引导农民自愿出资出劳。

七、完善农民负担日常监督管理机制

要继续坚持和完善农民负担监督卡、项目审核与监测等日常监督管理制度，将农民负担监督管理与农村土地承包、农村集体财务和农村审计等管理紧密结合，切实维护农民合法权益。强化农民负担信访管理，畅通涉及农民负担的信访渠道，建立健全信访受理、督办、处理和反馈制度，做到受理及时、督办得力、处理到位。强化农民负担检查，实行综合检查与专项检查、检查与回访、明察与暗访、检查与处理相结合，不断提高检查效果。强化对违规违纪行为的查处，重点查处向农民乱收费、乱罚款、截留平调挪用农民的各种补贴补偿款以及其他涉及农民负担的案(事)件。有关部门要尽快研究制定对涉及农民负担的违规违纪行为的处理办法。

八、强化减轻农民负担工作责任制

地方各级人民政府要继续坚持主要领导亲自抓、负总责的工作制度，层层落实责任，一级抓一级，一级对一级负责。继续落实谁主管、谁负责的专项治理部门责任制，强化分工协作、齐抓共管的工作机制。加强调查研究，积极研究探索新形势下对农民负担监督管理的长效机制。加强法制建设，完善相关法律法规，切实做到依法监督管理农民负担。各地要制定和完善减轻农民负担工作考核办法，逐步形成制度，重点对政府主要领导负责制、涉农收费监管、农民权益维护、制度建设、案件查处等方面进行考核。对减轻农民负担工作成绩突出的，要进行表彰。对农民负担问题较多的地方或单位，要实行重点监控，限期整改，确保减轻农民负担的各项政策落到实处。

国务院办公厅

2006年6月16日

中共中央政治局常委李长春在奥斯陆会见挪威首相 工党主席延斯·斯托尔滕贝格

中共中央政治局常委李长春在奥斯陆会见挪威议会代议长卡尔·哈根

中共中央政治局常委吴官正在人民大会堂会见由副领袖卡鲁·贾亚苏里亚率领的斯里兰卡统一国民党代表团

国务院副总理曾培炎在中南海紫光阁会见由主席贺百恩率领的美国半导体行业协会董事会代表团

中国发现世界上最早的今鸟类化石

6月16日，美国《科学》杂志发表了尤海鲁(中国地质科学院地质研究所研究员)等人撰写的《中国西北早白垩世两栖型今鸟类化石》文章，研究表明，我国甘肃发现的“甘肃鸟”是目前世界上发现的最古老的今鸟类化石。值第二届国际古生物大会在北京召开之际，该研究成果使我国鸟类起源和早期演化研究再次获得了突破性进展。

今鸟类起源和早期演化研究是国际科学界一直关注的重大科学问题之一。鸟类起源于侏罗纪的一支长羽毛的小型兽脚类恐龙，到了白垩纪，演化出了反鸟类和今鸟类两大支系。反鸟类种类和数量在当时都占有优势，至白垩纪末期完全灭绝；包括了所有现生鸟类的共同祖先在内的今鸟类，相对于反鸟类，已发现的今鸟类化石材料比较少，尤其是在早白垩世。

自2003年以来，中国地质科学院地质研究所季强研究员领导的科研小组与甘肃省地矿局第三地质矿产勘查院和美国卡内基自然历史博物馆科研人员合作，

对甘肃酒泉昌马盆地早白垩世地层进行了考察和挖掘，发现了大量的鸟类、鱼类和两栖类脊椎动物化石。其中，大多数鸟类化石应是侯连海研究员 1984 年命名的玉门甘肃鸟。如此丰富的实物材料，为科学研究提供了准确可信的基础保障。这次研究运用分支系统学的方法，通过对包括甘肃鸟在内的 20 余种主要中生代鸟类的 200 余个性状的分析发现，甘肃鸟与发现于北美晚白垩世的鱼鸟和黄昏鸟的亲缘关系密切，它们与现生鸟类共同构成了今鸟类。甘肃鸟系统关系的确定，将今鸟类的化石纪录提前了约 3000 万年。中美科学家一致认为：甘肃鸟是已知最早的今鸟类化石；以甘肃鸟为主的鸟化石群是已知最早的以今鸟类为主导的鸟化石群；现生鸟类很可能起源于水栖生境。

中美科学家认为，对甘肃以玉门甘肃鸟为代表的早白垩世化石群的研究还仅仅是个开始，有许多问题尚需要进一步解答。

6 月 17 日

国家主席胡锦涛出席在哈萨克斯坦阿拉木图市举行的亚洲相互协作与信任措施会议(简称亚信会议)成员国领导人第二次会议

胡锦涛发表了题为《携手建设持久和平、共同繁荣的和谐亚洲》的重要讲话。

其他成员国的领导人也先后讲话，就增进成员国相互信任和协作、促进地区安全、和平、稳定等问题阐述了看法和建议。

与会领导人通过了亚信会议成员国领导人第二次会议宣言。宣言强调应恪守联合国宪章的宗旨和原则，呼吁亚洲各国加强合作，共同应对非传统威胁和挑战，并在反恐、防扩散、打击跨国犯罪、禁毒、经贸、能源及交通、通信等基础设施领域加强合作，促进不同文明对话，防止地区冲突。

此次峰会期间，韩国被接纳为亚信会议正式成员，亚信会议的成员国由此扩大到 18 个，包括中国、阿富汗、阿塞拜疆、埃及、印度、伊朗、以色列、哈萨克斯坦、蒙古、俄罗斯、吉尔吉斯斯坦、巴基斯坦、巴勒斯坦、塔吉克斯坦、泰国、土耳其、乌兹别克斯坦等。

亚信成员国领导人会议每 4 年举行一次，首次会议于 2002 年 6 月在阿拉木图举行。

国家主席胡锦涛在亚信会议成员国领导人第二次会议上发表题为《携手建设持久和平、共同繁荣的和谐亚洲》的讲话

尊敬的纳扎尔巴耶夫总统，各位同事，各位代表，女士们，先生们：

首先，我谨对亚洲相互协作与信任措施会议成员国领导人第二次会议的召开表示热烈的祝贺！向东道国哈萨克斯坦政府和人民表示诚挚的感谢！

纳扎尔巴耶夫总统倡导建立的亚洲相互协作与信任措施会议论坛，已逐步发展成为探讨亚洲安全和合作问题的重要论坛，成为不同文明展开对话、不同国家谋求共识的有益平台。中国始终高度重视并积极参与亚信进程。今后，中国将一如既往地遵循亚信的宗旨和原则，支持亚信在维护亚洲地区安全、扩大区域合作方面发挥重要作用。

女士们、先生们！

亚洲是一块充满多样性的大陆。今天的亚洲正呈现出前所未有的发展态势，成为全球经济最具活力的地区之一。办好亚洲的事情，必须依靠亚洲各国和各国人民的团结协作。所有亚洲国家应该携手建设一个持久和平、共同繁荣的和谐亚洲。为实现这一美好目标，我们应该重点在以下几方面共同努力。

第一，坚持互信协作，建立亚洲新型安全架构。我们应该尊重各国维护国家统一的权利，尊重各国独立自主选择发展道路、制定内外政策的权利，尊重各国平等参与国际事务、平等发展的权利。

第二，坚持相互借鉴，促进各种文明共同繁荣。我们应该尊重人类文明多样性，鼓励各种文明相互交流、取长补短，倡导各种文明相互包容、求同存异。

第三，坚持多边主义，加强区域内外合作。我们应该加强上海合作组织、独联体、欧亚经济共同体、东盟、亚信等区域组织或机制内的合作，构筑密切的伙伴关系网络，加强优势互补，同时应该加强与区域外的合作和协调，扩大同相邻地区的对话和交流，为实现亚洲各国发展繁荣创造更好的条件。

第四，坚持互利共赢，继续深化经济合作。我们应该发挥亚洲各国的经济互补性和潜力，积极开展能源、交通、金融、农业、通信、公共卫生等领域的合作，扎实推进贸易和投资便利化，努力推进区域经济一体化，促进共同发展繁荣。

女士们、先生们！

中国的发展离不开亚洲，中国的发展将继续为亚洲的发展注入强大动力。中国将坚定不移地走和平发展道路，坚持奉行与邻为善、以邻为伴的周边外交方针和睦邻、安邻、富邻的周边外交政策，同亚洲各国一道，致力于开创亚洲更加美好的未来。此时此刻，我不禁想起一句哈萨克谚语：没有什么比昨天更远，也没有什么比明天更近。我坚信，有着悠久历史并极富创造力的亚洲各国人民，能够创造辉煌的昨天，也一定有智慧有能力创造亚洲美好的明天。

国务院总理温家宝在开罗与埃及总理纳齐夫举行会谈

双方就深化两国战略合作进行了深入探讨，达成广泛共识。

双方对签署《中埃关于深化战略合作关系的实施纲要》(以下简称《纲要》)予以高度评价，强调《纲要》是对今后双边各领域合作作出的全面规划，对深化中埃战略合作关系具有重要意义。双方愿为落实好《纲要》作出共同努力。

会谈中，双方同意采取以下措施推动两国关系的发展：一是保持两国政府、议会、政党间的往来，加强战略对话，及时就双边关系及重大国际问题交换看法；二是探索经贸合作的新领域、新途径，实现双边贸易的均衡发展。增加相互投资，提升技术合作水平，扩大在工业、农渔业、电信、能源、交通、基础设施建设等方面的合作；三是加强在文化、教育、科技、卫生、旅游等领域的交流，增进相互了解；四是密切在国际和地区事务中的磋商与协调，共同推动国际关系民主化，促进文明对话，构建和谐世界。

双方还就中阿关系交换了意见。温家宝说，埃及是阿拉伯世界有重要影响的大国。50年前中埃建交，开启了中国与阿拉伯国家关系的大门。中国珍视与阿拉伯国家的传统友谊，将一如既往地支持阿拉伯国家恢复民族合法权益的正义事业，支持阿拉伯国家探索符合本国国情的发展道路。中方愿与包括埃及在内的阿拉伯国家一道努力，通过中阿合作论坛等渠道，加强中阿集体合作，创建平等互利，面向未来的中阿新型伙伴关系。纳齐夫表示，埃方也希望与中方共同推动阿中关系的发展。

会谈结束后，温家宝与纳齐夫共同签署了《纲要》并出席了两国政府经济技术合作协定、两国外交部建立战略对话机制的谅解备忘录和两国政府关于建设农村小学校的谅解备忘录等双边合作文件的签字仪式。两国总理还出席了中国援建的埃及苏伊士经济区投资服务大楼等项目揭幕仪式。

中国与埃及建交 50 周年庆祝活动在埃及尼罗河畔吉萨高地上的金字塔前广场举行

中埃两国各界人士1000多人参加了活动。正在埃及进行正式访问的中国国务院总理温家宝与埃及总理纳齐夫共同出席。

温家宝发表了题为《传承友谊，携手发展，开创中埃关系更加美好的未来》的讲话。他说，中埃远隔千山万水，但友谊源远流长。埃及是第一个与新中国建交的非洲和阿拉伯国家。半个世纪以来，中埃友谊历久弥坚。在争取民族自强的斗争中，我们是患难与共的好战友；在建设各自国家的事业中，我们是互相帮助的好兄弟；在建立公正合理的国际新秩序、维护发展中国家利益上，我们是密切合作的好朋友；在新世纪的征程中，我们是携手并肩、共建未来的好伙伴。中埃战略合作已经结出丰硕成果，中埃交往从未像今天这样密切。

温家宝说，在当前形势下，中埃双方要从两国战略需要和根本利益出发，以中埃建交50周年为新的起点，不断为两国友好增添新的内容，注入新的活力，共同开创中埃关系更加美好的未来。

纳齐夫在致辞中表示，埃及和中国都拥有悠久的历史和灿烂的文明，埃中两国人民应加强文明对话与交流，加深友谊与合作。埃方愿以建交50周年为契机，与中方共同努力，推动埃中友好合作关系不断发展。

活动中，温家宝向联合国前秘书长加利、阿拉伯国家联盟前秘书长马吉德、埃及前副总理瓦利等埃及友人颁发了“中埃关系50周年杰出贡献奖”。两国总理还与两国各界人士共同观赏了由中埃艺术家同台演出的“中国—埃及手拉手——庆祝中埃建交50周年晚会”。晚会由中国驻埃及大使馆、中国中央电视台与埃及国际合作部、埃及国家电视一台联合主办。

第二届国际古生物学大会在北京大学开幕

中国科协名誉主席周光召出席开幕式。

大会以“远古生命和现代研究途径”为主题，对近年来古生物学的新发现和新进展进行深入而广泛的研讨，会期4天。参会代表达800余位，来自50个国家，其中许多人是古生物学领域的顶级科学家。

国际古生物学大会是国际古生物学界最高级别的学术年会，被誉为国际古生物学界的“奥林匹克盛会”，每4年举行一次。

本次大会由中国古生物学会主办，中科院南京地质古生物研究所、中科院古脊椎与古人类研究所和北京大学地球与空间学院承办。

在第二届国际古生物学大会举行之际，中国古生物学会理事长、中科院南京地质古生物研究所所长沙金庚研究员对记者们说：“近年来随着许多重要化石材料的不断发现，我国已成为世界古生物研究的一大热点地区。”

沙金庚介绍，在中国辽阔的国土上，广泛发育着从几十亿年前的太古代到近代第四纪地层，剖面连续完整，化石丰富多彩，堪称世界之最。由于许多重要古生物学理论问题的解决有赖于中国古生物材料的发现与研究，所以大批国外同行都期盼到中国进行实地考察、交流与合作。

沙金庚说，近20年来，中国古生物学家在地球早期生命起源与演化、澄江动物群和寒武纪大爆发、最古老的脊索动物、鸟类的起源、被子植物的起源、生物大灭绝、全球年代地层系统和界线层型等研究领域作出了一系列具有重大国际影响的原创性成果,在国际古生物界引起强烈反响。中国古生物学家在国际古生物学界的威望、地位和竞争力不断提高,有数十位古生物学家在国际学术组织和机构中担任主席、副主席、秘书长等近百个重要职务。

6月18日

国务院总理温家宝在开罗举行记者会

埃及主流媒体、驻埃国际媒体和中国媒体记者共约100人出席。

埃及《金字塔报》记者问:您对此次访问埃及的意义有何评论?对中埃关系前景有何看法?您认为中国在中东地区可以发挥什么样的作用?

答:我是在中埃建交50周年之际来埃及访问的。中埃都是文明古国,正像穆巴拉克总统所说,"中国和埃及是人类光荣和进步的共同创造者、文化遗产的共同捍卫者、崇高价值和理想的共同追求者"。这句话深刻道出了中埃关系的内涵精髓。在过去50年里,中埃相互支持,相互帮助,结下了兄弟般的情谊。两天来,我同穆巴拉克总统和纳齐夫总理进行了会见和会谈,签署了《中埃关于深化战略合作关系的实施纲要》。我们还就双边关系和共同关心的重大国际、地区问题达成广泛共识。我相信,在双方的共同努力下,中埃关系将会得到进一步发展,中埃友谊也将像金字塔一样历久弥坚。

关于中国在中东问题上将会发挥什么样的作用,我的回答是,中国将继续发挥积极的、建设性的作用。

日本《产经新闻》记者问:当前,巴以冲突是中东地区最大的难题,在这一问题上中国能作出什么贡献?针对哈马斯领导的巴勒斯坦政府,有关方面采取了一些制裁措施。中国是否打算通过援助等方式对哈马斯政府表示支持?

答:中国支持中东和平进程及"路线图"计划,主张在联合国有关决议和"土地换和平"原则基础上,通过对话和政治谈判解决巴以冲突。

中国希望巴勒斯坦内部各派别能够冷静对待彼此之间的分歧,通过协商,就内部政策达成一致。这也有利于巴以问题的解决。

中国希望看到一个和平、稳定和发展的中东。中国发挥的作用是劝和促谈,使巴以人民都能够在和平的条件下生活和发展。

当前中东地区形势和巴勒斯坦的人道主义形势令人担忧,中方不赞成政治孤立和经济封锁的做法。国际社会应该向巴勒斯坦提供更多的援助,帮助阿巴斯主席和巴政府实现巴内部局势的稳定。

西班牙埃菲社记者问:过去几年中,中国在国际舞台上发挥着越来越大的作用。同时中国也寻求同拉美和非洲国家加强关系。您是否认为,在同非洲和拉美国家发展关系时,会与美国发生摩擦甚至冲撞?

答:这些年来,中国经济、社会发展确实取得了很大进步,但中国坚持奉行独立自主的和平外交政策。中国发展同非洲、拉美国家的友好合作关系,不针对任何第三国,也不会损害任何国家的利益。我相信这一点连美国政府也都承认。

埃及中东通讯社记者问:今年11月将举行中非合作论坛峰会及部长级会议。会议期间,中国向非洲提供的援助中是否将包括技术援助?中国如何帮助非洲一起迈入21世纪?在给予非洲帮助时,中国是否会把援助与人权、良政等问题挂钩?这次峰会的目标是什么?

答:中非合作论坛是中非开展集体对话的有效机制和务实合作的重要平台,中非应该充分利用这一平台开展友好互利合作。我相信,将在今年11月举行的中非合作论坛北京峰会将对中非关系的未来发展产生积极的推动作用。

中非友好合作的历史已经有半个世纪。中国即使在自己非常困难的情况下,也给予了非洲国家和人民宝贵的支持和力所能及的援助。中国对非洲国家的援助涉及各个方面,50年来中国为支持非洲发展民族经济,共在非洲实施了近900个基础设施和社会公益项目。中国向非洲43个国家派出了医疗队,累计达1.6万人次,共救助疾病患者2.4亿人次。

在即将举行的中非合作论坛峰会上,我们将重点讨论经济合作、人员培训和企业投资等问题。在论坛框架内,中国已免除31个非洲重债穷国和最不发达国家的105亿元人民币债务;对29个非洲最不发达国家190个税目的输华商品给予零关税待遇。3年前在亚的斯亚贝巴举行的第二届中非合作论坛上,中国提出为非洲培训1万名各类人才,这一目标将于今年全部如期完成。中国鼓励本国企业来非洲开展合作,这种合作的目的旨在提高非洲自身的发展能力。11月份中非合作论坛峰会的目标是,构筑政治上平等互信、经济上合作共赢、文化上交流互鉴的中非新型战略伙伴关系。

英国路透社记者问:您认为打破当前伊朗核问题僵局的最佳方法是什么?此访期间中国将与非洲国家签订一系列的贸易协议,您如何看待这些协议与人权、环保的关系?

答：首先我想谈一下中国政府在伊核问题上的立场。我们坚决支持维护国际核不扩散体系，反对核武器扩散。我们认为，伊朗有和平利用核能的权利，但同时必须履行应有的义务和自己的承诺，并采取措施增进国际社会的信任。我们主张伊核问题应通过外交途径来解决。目前，六国外长会议就伊核问题提出的建议为和平解决伊核问题打下了基础，希望各方抓住机遇，采取建设性态度和显示更大的灵活性，以推动尽早复谈。中国将继续以自己的方式做有关各方的工作，并同有关各方进行配合。

非洲是一个拥有53个国家、8亿多人口的大陆，中国非常重视发展同非洲国家的经贸关系。去年双边贸易额仅有398亿美元，其中非洲顺差24亿美元。我们认为，中非发展经贸关系仍有很大潜力。

我们对非经贸关系有三个着力点：第一，要积极扩大进口非洲的商品，中国将采取有力措施为非洲推介自己的商品创造条件；第二，要把技术援助同经济援助与合作紧密结合起来，重在增强非洲自我发展能力；第三，大力帮助非洲培训技术人员和管理人才。

在处理中非关系时，中国政府的一贯方针是相互尊重，平等互利，不干涉别国内政。中国支持非洲的民主法治建设，但从不把自己的意志强加于人。我们相信，各个地区和国家的人民都有权利，也有能力解决好自己的问题。国际社会应该尊重非洲国家自主选择发展道路。

俄通—塔斯社记者问：中埃此次是否谈到能源合作，特别是中国从埃及获得能源供应的问题？

答：中埃合作是全面的。能源是埃及经济的一个重要支柱，我们愿意同埃及在平等互利的基础上开展能源合作。

中国国际广播电台记者问：我想接着前面的记者问一个有关能源的问题。您这次非洲之行非常引人注目，有舆论说中国同非洲国家发展关系就是为了石油，为了攫取非洲的能源，说中国搞“新殖民主义”。您对此有何看法？

答：“新殖民主义”这顶帽子绝对扣不到中国的头上。从1840年鸦片战争开始，中国遭受了大约110年的殖民主义侵略。中华民族懂得殖民主义给人民带来的苦痛，也深知要同殖民主义作斗争。我们长期以来之所以支持非洲民族解放和振兴，这是一个主要原因。

在这里，我想强调，长期以来非洲人民也给予了中国宝贵的支持。我们说，非洲人民对中国有“德”。中国的先哲说过：“人之有德于我也，不可忘也；吾有德于人也，不可不忘也。”

大家知道，中国同非洲几个国家有石油贸易，这些合作是公开的、透明的，也是正常的、互利的。去年中国从非洲进口的石油不及某些大国的1/3。

中国在自己困难的时候，帮助非洲人民修建了像坦赞铁路那样的工程。今天，中国的经济发展了，更要不忘老朋友。中国有一句古话，“路遥知马力，日久见人心”。让历史去证明吧。

埃及《金字塔报》记者问：在报纸上看到，中国和以色列也有着宝贵的双边关系。中国如何把与阿拉伯世界的良好关系同与以色列的良好关系结合在一起，并在有关问题上发挥作用？中国如何通过自己的努力来帮助巴勒斯坦人民摆脱困境？

答：是的，中国同以色列有着正常的、友好的国家关系。这种关系不仅有利于中以两国人民，也有利于阿拉伯世界，有利于中国劝和促谈，维护该地区的和平与稳定。

我马上就要结束对埃及的访问。昨天在与纳齐夫总理会谈时，我引用了19世纪一位埃及大诗人的诗句，“请跟我来尼罗河边，这里的椰枣林硕果满枝，这里充满友爱、希望和生机”。我访埃时间虽短，但埃及灿烂的古代文明、辉煌的现代成就和热情友好的人民给我留下了深刻的印象。我衷心祝愿埃及人民取得更大的成就，希望中埃、中阿、中非友谊万古长青。

国务院总理温家宝在开罗会见埃及总统穆巴拉克和人民议会议长苏鲁尔

国务院总理温家宝在阿克拉与加纳总统库福尔举行会谈

双方就加强中加双边合作交换了意见。

温家宝表示，中方十分重视发展中加关系，愿与加方共同致力于建立平等互信、互利共赢的全面合作关系，为此，双方要在以下几方面进行努力：一、密切高层交往和各层次的友好往来，继续在涉及各自国家利益的重大问题上予以相互支持；二、扩大在基础设施建设、电信、纺织、农业和渔业等领域的合作，继续挖掘潜力，开展多种形式的经贸合作；三、推进在卫生、文教、旅游等领域的交流与合作；四、加强在国际事务中的合作，共同维护发展中国家的权益。

温家宝强调，中国是发展中国家，本身还不富裕，但仍愿向非洲国家提供力所能及的援助。此次中方决定向加纳派遣医疗队、赠送抗疟药品、援建防疟疾示范中心和乡村小学、为加培养各类专业人才。中方的上述措施是真诚的，无私的，希望能对加医疗卫生和教育事业及经济发展起到积极的促进作用。温家宝还高度赞赏了加政府在政治上一贯给予中国的宝贵支持，特别是坚持奉行一个中国的政策。

会谈结束后，温家宝和库福尔共同出席了《中加政府经济技术合作协定》等双边合作文件的签字仪式。双方还发表了联合公报。

全国中共党员总数超过7000万名

新华社报道：中央组织部最新党内统计结果显示，截至2005年年底，全国中共党员总数为7080万名，比上年增长1.7%。党的基层组织352万个，比上年净增4.3万个，增长1.2%。党员结构进一步改善。2005年全国共发展党员247万名，比上年增长2.4%，其中，在学生中发展党员73.4万名。

6月19日

国家主席胡锦涛在人民大会堂与阿富汗总统哈米德·卡尔扎伊举行会谈

两国元首就扩大和加强双方各领域交流与合作，建立和发展中阿全面合作伙伴关系达成了重要共识。

胡锦涛表示，中方高度重视中阿关系，愿与阿方一道，从以下五个方面推动两国关系全面深入地发展。一、坚持中阿世代友好。今天，双方签署《中阿睦邻友好合作条约》，我们将认真落实条约的各项内容，不断充实和发展中阿全面合作伙伴关系。二、拓展两国经贸合作。中方愿与阿方加强在交通、电力、采矿、通信等重点领域，以及在农业、畜牧、渔业、水资源利用等领域的合作。互利互惠、共同发展。三、加强安全警务合作。中方支持阿方打击恐怖主义和有组织犯罪，愿按照《喀布尔睦邻友好宣言》等文件精神，加强双方在反恐、禁毒等非传统安全领域的合作，共同打击"三股势力"和跨国犯罪。四、扩大其他领域合作。中方愿与阿方加强教育、文化交流和人力资源开发等领域的合作，为阿富汗经济社会重建提供智力支持和帮助。五、发展多边务实合作。中方重视与阿方在国际和地区事务中的沟通与协调，愿着力推进双方在南盟、上海合作组织等多边框架内的务实合作，共同维护和促进地区的和平与发展。

会谈后，两国元首共同签署了《中阿睦邻友好合作条约》，并出席了《中阿贸易和经济合作协定》等合作文件的签字仪式。

国务院总理温家宝出席中国政府援建的加纳阿克拉至库马西公路改扩建项目竣工移交仪式

温家宝与加纳总统库福尔共同为公路竣工移交剪彩。

阿克拉至库马西公路改扩建项目由中国铁路工程总公司承建，于2004年5月正式开工。该段公路总长18公里，是连接加纳首都与中部地区以及加纳内陆邻国与加纳特马海港的重要交通干线。

中华人民共和国和加纳共和国发表联合公报

一、应加纳共和国总统约翰·阿吉耶库姆·库福尔邀请，中华人民共和国国务院总理温家宝于2006年6月18日至19日对加纳共和国进行正式访问。

二、访问期间，温家宝总理同库福尔总统就中加共同关心的问题举行会谈。为进一步加强双边真诚友好的关系，两国领导人就共同关心的双边、地区和国际问题达成广泛共识。会谈后，双方签署了涉及经贸、电信、文教、卫生等领域的合作文件。

三、两国领导人对近年来两国友好合作关系稳步发展表示满意，愿进一步密切两国高层交往和各层次的友好往来，深化各领域的合作，促进两国业已存在的友谊，深化并扩大中加互利合作。

四、双方承诺在涉及国家主权和领土完整的问题上相互支持。加方重申坚持奉行一个中国政策，承认台湾是中国领土不可分割的一部分。加方声明支持中国的和平统一大业。中方对加方上述立场表示高度赞赏。

五、双方表示愿共同努力，挖掘两国经贸合作潜力，进一步加强在基础设施建设、电信和人力资源开发等领域的合作。两国政府将继续鼓励双方企业增加往来，扩大合作，并为双方的贸易和投资创造有利条件。中方同意继续在力所能及的范围内向加方提供援助，为加经济、社会发展作出贡献。中方愿就布维水电站项目与加方进行探讨，寻找双方可以接受的互利共赢的解决办法。

六、双方同意进一步密切两国在卫生、文教、旅游等领域的交流与合作。中方将向加方派遣医疗队，双方将加强在疟疾等传染病防治领域的合作。中方支持加方发展教育事业，将继续向加方提供奖学金和各类专业培训名额。中方宣布开放加纳为中国公民组团出境旅游目的地。

七、双方决定继续加强在国际事务中的合作，在减贫、债务、联合国改革、人权、反恐等重大国际问题上，根据需要，进行定期或不定期磋商与协调，共同维护发展中国家的权益，促进世界的和平与发展事业。

八、双方高度评价中非友好合作关系，愿共同致力于构筑中非政治上平等互信、经济上合作共赢、文化上交流互鉴的新型战略伙伴关系。双方愿加强磋商、密切配合，为中非合作论坛北京峰会的成功召开作出积极贡献。温家宝总理转达了中国国家主席胡锦涛对库福尔总统出席峰会的邀请，库福尔总统接受了邀请。

九、双方对温家宝总理此访取得的成果表示满意。

温家宝总理对库福尔总统以及加纳政府和人民的热情友好接待表示感谢。

2006年6月19日于阿克拉

国务院总理温家宝在布拉柴维尔人民宫与刚果(布)总统萨苏举行会谈

双方就加强中刚战略伙伴关系交换了意见。

温家宝说,中方从战略高度重视中刚关系的持续发展,愿与刚方共同努力,推动两国在各领域的务实合作。为此,中方希望加强双边政治磋商,探讨政府援助与企业合作并行的合作模式,开展人文交流。为帮助刚果经济、社会发展,中国政府决定再向刚方提供3000万元人民币无偿援助,赠送抗疟药品,援建农业示范中心和乡村学校,提供专业技术人员培训等。

双方还就非洲形势交换了意见。温家宝对萨苏总统担任非盟轮值主席以来,为维护非洲团结和解决地区热点问题所作的积极努力表示赞赏。他说,中方重视加强与非盟的合作。为支持非盟在苏丹达尔富尔的维和行动,中国政府决定向非盟提供100万美元现汇援助,还将通过双边渠道向达尔富尔地区紧急提供2000万元人民币人道援助。中方将一如既往地支持非盟加强自身建设,希望非盟在促进地区和平与发展问题上发挥更大的作用。萨苏表示,非洲国家和人民有能力解决自己的问题。非洲感谢中国在解决苏丹达尔富尔等该地区热点问题上发挥的积极作用,希望中国继续关心非洲和平与发展问题。

会谈后,温家宝与萨苏共同出席了两国经济技术合作协定等双边合作文件的签字仪式并共同会见了记者。双方还发表了联合公报。

国务院总理温家宝在布拉柴维尔议会大厦会见刚果(布)总理姆武巴

中华人民共和国和刚果共和国发表联合公报

一、应刚果共和国总统德尼·萨苏—恩格索阁下的邀请,中华人民共和国国务院总理温家宝于2006年6月19日至20日对刚果共和国进行正式访问。

二、访问期间,温家宝总理与德尼·萨苏—恩格索总统举行会谈,会见伊西多尔·姆武巴总理。两国领导人就进一步发展中刚友好合作关系及共同关心的国际和地区问题深入交换了意见。

三、双方达成广泛共识,并对1964年建交以来中刚关系不断巩固和发展表示满意,愿本着真诚友好、平等相待、相互支持、共同发展的原则继续保持高层交往,增进政治互信,扩大互利合作,造福两国人民。

四、双方承诺在涉及国家主权和领土完整的问题上继续相互支持。刚方重申坚持一个中国政策,反对包括"法理台独"在内的任何形式的"台湾独立",反对台湾加入任何只有主权国家才能参加的国际和地区组织,不同台湾发生任何官方关系和进行任何官方往来。中方对刚方上述立场表示高度赞赏。

五、双方一致认为,中刚合作潜力巨大,愿共同努力加强在农业、能源、电信、交通、基础设施建设及人力资源开发等领域的合作。两国政府将为双方企业在贸易和投资领域加强交流创造必要条件和便利。

六、双方表示将继续加强在国际事务中的合作,共同致力于维护发展中国家权益,促进世界和平与发展事业。中方赞赏刚方,特别是德尼·萨苏—恩格索总统在推动非洲联盟事务以及促进达尔富尔、科特迪瓦、刚果民主共和国的和平进程所做的努力。

七、双方高度评价中非友好合作关系,将共同致力于促进中非政治上平等互信、经济上合作共赢、文化上交流互鉴的新型战略伙伴关系。双方愿加强磋商,密切配合,为中非合作论坛北京峰会的成功召开作出积极贡献。

八、温家宝总理转达了中国国家主席胡锦涛对德尼·萨苏—恩格索总统出席中非合作论坛北京峰会的邀请,德尼·萨苏—恩格索总统愉快地接受了邀请。

九、中方对温家宝总理访问刚果共和国期间刚方热情友好的接待和周到的安排表示感谢。

2006年6月19日于布拉柴维尔

国务院在西安召开振兴装备制造业工作会议

国务院副总理曾培炎出席并讲话。曾培炎指出,振兴装备制造业关系现代化建设全局。要适应装备制造业发展的特点和规律,加强组织领导,健全体制机制,完善政策法规,尽快实现关键领域重大技术装备的突破,为经济社会发展提供基础保障。

曾培炎说,装备制造业是基础性、战略性产业,体现了一个国家的综合国力、科技实力和国际竞争力。新中国成立以来,经过几代人的艰苦创业,我国装备制造业取得了历史性成就。特别是改革开放后,装备制造业发展步伐明显加快,一批重大装备自主化建设实现了突破,已经形成了一个门类齐全、具有相当规模和一定技术水平的装备制造业体系,成为国民经济的重要支柱产业。但也要看到,目前我国装备制造业水平总体还较低,重大技术装备研发制造能力仍然薄弱,还不能适应经济社会发展的需要。

曾培炎指出,党中央、国务院高度重视振兴装备制造业,国务院不久前发布了《关于加快振兴装备制造业的若干意见》。要把振兴装备制造业放到突出重要的战略位置,切实抓好以下工作。

第一,进一步加强对振兴装备制造业的组织领导。各级政府要在充分发挥市场配置资源作用的基础上,加强组织协调和规划指导,依托国家重大工程实施重大技术装备国产化,有计划、有重点地研究开发共性技术、关键原材料及零部件,推动装备制造企业和用户搞好协作,推进电子信息技术与装备制造技术的交流融合。

第二,实施振兴装备制造业重大工程。重点发展大型清洁高效发电装备、大型石化成套设备、大型煤炭综采设备、大型船舶、高速列车、大型精密高速数控机床、集成电路关键设备等16个领域的重大技术装备。组织实施一批重大技术装备自主化依托工程,逐步实现自主设计、自主制造、自主建设、自主运营。协同推进科技攻关,努力掌握核心技术和系统集成技术。

第三,建立健全振兴装备制造业的体制机制。深化装备制造企业改革,加快建立现代企业制度,积极化解历史包袱,增强自主创新和市场竞争能力。加快调整产业组织结构,发展一批科研、生产、营销三位一体的行业龙头企业;形成一批工程公司,搞好系统设计、技术集成和工程承建,完善产业服务体系。建立以企业为主体、市场为导向、产学研相结合的技术创新体系。把引进来与走出去更好地结合起来,努力提高装备制造业对外开放水平,依法规范外资并购装备制造企业管理。

第四,完善振兴装备制造业的政策法规。抓紧制定有关财税政策、科技政策和产业政策,支持重大装备和产品研发制造。鼓励使用国产装备特别是首台首套产品,促进产销衔接,为制造企业创造公平竞争的市场环境和良好的发展条件。积极拓展企业资金融通渠道。研究制定相关法律法规,及时修订相关标准,为振兴装备制造业提供必要的法律保障。

会议表彰了在重大装备国产化工作中作出突出贡献的单位和个人。国务院有关部门、有关省区市政府负责人,有关行业协会、装备制造和应用企业及科研院所负责人参加了会议。

中组部部长贺国强在贯彻落实《党政领导干部职务任期暂行规定》等5个法规文件视频会上发表讲话

贺国强在会议上强调,要坚持解放思想、实事求是、与时俱进,认真落实中央关于干部人事制度改革的一系列法规文件,按照积极稳妥的原则,不断加大改革力度,进一步推动干部人事工作的科学化、民主化、制度化。

贺国强指出,党中央对干部人事制度改革高度重视,最近集中出台的5个法规文件,是干部人事制度改革的又一个重要阶段性成果。《党政领导干部职务任期暂行规定》,对党政领导干部的职务任期、连任限制、最高任职年限、任期内保持相对稳定等问题作了规定;《党政领导干部交流工作规定》对交流的对象、范围、方式、组织实施、工作纪律、保障措施等作了规定;《党政领导干部任职回避暂行规定》对领导干部任职回避的适用情形、操作程序等作出了规定;《关于对党员领导干部进行诫勉谈话和函询的暂行办法》规定通过直接谈话或书面询问的形式对了解到的党员领导干部的有关问题作进一步的了解和提醒;《关于党员领导干部述职述廉的暂行规定》规定党员领导干部要定期报告自己履行职责和廉洁从政等方面的情况。这5个法规文件和2004年4月集中出台的“5+1”法规文件,与《公务员法》《干部任用条例》《党内监督条例(试行)》《干部教育条例(试行)》等法律法规一道,初步构成了较为完备的干部人事工作法规体系,为加强干部队伍建设提供了有力的制度保证。

贺国强指出,要以中央集中颁布这5个法规文件为契机,进一步抓好中央关于干部人事制度改革各项法规文件的贯彻落实,做到坚持原则不动摇、执行政策不走样。要认真研究贯彻执行法规文件过程中的新情况新问题,积极探索解决的有效途径和办法。要切实加强督促检查,确保各项改革措施不折不扣地贯彻落实。要针对社会广为关注的干部人事制度改革的重点难点问题,坚持不懈地进行探索实践,推进干部人事制度改革取得新进展。

贺国强强调,中央关于干部人事制度改革的一系列法规文件,对于做好地方领导班子换届工作,具有重要的指导意义。各地要严格执行有关法规文件,切实把中央关于干部人事制度改革的各项要求和规定体现到换届工作中,以选好配强领导班子、优化领导班子结构、增强领导班子的整体功能。

中央和国家机关各部委、各人民团体干部人事部门的负责同志,部分国有重要骨干企业、高等院校分管干部人事工作的负责同志在北京主会场参加了会议。各省区市、副省级城市和新疆生产建设兵团党委及其组织部门的有关负责同志在各地分会场参加了会议。

首届中国城市发展与规划年会在北京召开

本届年会的主题为资源节约型、环境友好型的中国城镇化发展之路。大会围绕主题,研讨中外城市规划体系的比较及借鉴,城市交通挑战及技术解决,各国住房制度比较,生态城市与可持续发展,城市历史文化遗产保持和特色的延续和创造等城市发展中的问题,交流经验做法,探讨相关政策策略。

中共中央政治局常委黄菊在人民大会堂会见中国

银行业监督管理委员会国际咨询委员会委员

黄菊就进一步推进中国金融改革和发展向客人作了阐述。

黄菊首先向客人介绍了当前中国宏观经济形势，以及金融改革等方面情况。他说，近年来，伴随着中国经济持续快速增长和对外开放进一步深化，中国金融改革也取得很大进展。在国有商业银行股份制改革、农村信用社改革、邮政储蓄改革、股权分置改革、人民币汇率形成机制改革，以及金融领域扩大对外开放等重大问题上，我们根据中国国情，借鉴国际先进经验，不断探索，稳步有序推进，并取得重要突破。金融企业法人治理结构和资产质量得到改善。新的金融监管体系平稳运行，金融监管大大加强。

黄菊指出，当前中国经济保持良好发展势头，为金融业继续推进改革、加快发展创造了条件。中国政府将坚定不移地推进金融领域各项改革，按照加入世界贸易组织承诺，继续稳步扩大金融业对外开放，不断提高金融监管水平和风险防范能力。

中央军委副主席曹刚川在八一大楼分别会见阿富汗国防部部长瓦尔达克和哥伦比亚民族团结社会党领导人曼努埃尔·桑托斯

6月20日

全国人大常委会委员长吴邦国和全国政协主席贾庆林在人民大会堂分别会见阿富汗总统哈米德·卡尔扎伊

国务院总理温家宝在罗安达与安哥拉总统多斯桑托斯举行会谈

双方一致同意在平等互利基础上扩大合作，谋求共同发展。

温家宝指出，近年来，中安经贸合作成效显著，安已成为中国在非洲第二大贸易伙伴。目前，中方企业正在积极参与安经济建设，中方援建的一批项目在安也取得了良好的经济和社会效益。这些合作成果不仅增进了双方的友谊，而且为两国关系未来的发展奠定了基础。建立中安经济上的互利合作关系是两国人民的共同愿望，符合双方的长远利益，因而有着广阔的发展前景。中方将继续本着相互尊重、平等互利的原则，扩大与安方在基础设施、通信和能源等领域的合作，中方还愿向安提供力所能及的援助，并鼓励中资企业来安投资。

关于中安能源合作，温家宝说，中国能源发展的基本原则是立足国内，把节约优先、效率为本作为能源政策的首要任务。目前，中国能源自给率在90%左右。每年中国从非洲进口石油不到有的国家从非洲进口石油的1/3。中国将在平等互利基础上同包括安哥拉在内的非洲国家加强在能源领域的合作，这种合作只是中非在广泛领域友好合作的一部分，不会影响任何第三方。

会谈后，两国领导人共同出席了《中安引渡条约》《中安经济技术合作协定》等双边合作文件的签字仪式。两国还发表了联合公报。

国务院总理温家宝在首都罗安达会见安哥拉总理费尔南多

温家宝说，中方在中安经济合作中始终坚持三条原则不动摇：一是合作应有利于提高安哥拉整体经济实力。安哥拉正在进行战后重建工作，百废待兴。双方可以利用各自优势，重点加强在能源、基础设施建设、农业、渔业等领域的合作。二是合作应有利于安哥拉掌握先进的技术。中方愿通过技术转让和人才培训等方式提高安哥拉自我发展能力。三是合作应有利于安哥拉的可持续发展和造福于安哥拉人民。

全国政协主席贾庆林在钓鱼台国宾馆会见出席第四届世界华人论坛的代表

贾庆林说，这次论坛选择以“实施‘走出去’战略——海外华商企业与中国民营企业的合作与发展”为主题，很有意义。

贾庆林对中国民营企业和海外华商提出4点希望：一是努力实现合作共赢。要把民营企业的产权、机制和成本优势，与华商企业熟悉所在国法律制度和经商环境、经济实力强、商业渠道广、人脉关系好的优势结合起来，加强合作，实现优势互补、合作共赢。二是积极促进祖国和平统一。广大华商要积极参与全球华侨华人反“独”促统运动，加强与台湾同胞的交流，共同促进两岸关系发展，共圆国家统一、民族复兴的夙愿。三是切实增进中国与世界各国的友好交往。要多结交朋友，多宣传中国，多了解沟通，使每一个合作企业都成为增进中国和东道国友好合作的模范，成为加强中国人民和东道国人民了解与友谊的桥梁。四是诚实守信、文明经商。要努力增强信誉意识，不断提高信用水平，遵守所在国的法律制度，尊重当地的宗教信仰和文化习俗，支持当地社会公益事业的发展，海外华商要帮助中国民营企业更好地融入当地社会。

国务院在新疆乌鲁木齐召开全国农村民居防震保安工作会议

国务院副总理回良玉指出，农村民居防震保安是一项复杂的系统工程，要突出重点，抓住关键环节。一要科学制定规划,明确总体思路、工作目标和保障措施。二要积极探索农村民居防震保安管理途径,逐步提高农村的综合抗灾防灾能力。在农村民居选址时,要按照统一规划、合理布局、科学选址、配套建设的原则,充分考虑综合防灾和应急疏散的要求,既要使农民建房避开地震断裂带和抗震不利地段,又要注重防范台风、洪水、滑坡、泥石流和暴雨等自然灾害以及地震可能引发的次生灾害。三要切实加强技术服务,引导和帮助农民采用简便有效的防震保安技术措施。要编制农居建设技术标准,提供适合不同地区,满足不同需要的农居设计图集和施工技术指南,建筑选型和结构形式要考虑当地农民的生活习惯和生产要求。四要多渠道筹集资金,加大农村民居防震保安投入。五要充分发挥典型的示范带动作用,按照"试点先行,逐步推开"的原则,选择有条件、有代表性的地方进行试点,新建、改造、加固一批安全适用的农居,让广大农民群众看得见,学得会,受教育,得实惠。

各省、自治区、直辖市人民政府和新疆生产建设兵团负责同志及地震、建设部门负责同志,中央有关部门负责人参加了会议。与会代表还现场考察了新疆农村民居地震安全工程。

国务院副总理回良玉在新疆考察

6月20日至24日,回良玉来到昌吉、阿勒泰、伊犁、克拉玛依等地,深入田间地头、农牧民家中以及葡萄园、林业基地、龙头企业等,详细了解农作物生长、特色农业发展情况,仔细询问群众的生产生活和各项惠农政策的落实情况。回良玉考察了多处水利枢纽和引水工程,对新疆的水利发展予以高度评价。他说,水利是新疆经济社会可持续发展的命脉,是功在当代、惠及子孙的德政,要统筹规划,强化质量,抓紧建设。在昌吉市兽医站,回良玉详细了解了动物疫病防控的各项措施和防疫体系的建设情况。他说,新疆是我国动物疫病防控的重点地区,禽流感等重大疫病的外堵内控任务相当繁重。要坚决克服麻痹思想和侥幸心理,继续加强疫情监测、报告和处置,落实免疫等各项防控措施。要积极推进兽医管理体制改革,建立完善动物防疫的长效机制。

考察期间,回良玉听取了新疆维吾尔自治区农业农村工作汇报,对新疆经济社会发展和农业农村工作取得的成绩予以充分肯定。他指出,新疆水土光热资源得天独厚,要在稳定发展粮食生产的同时,坚定不移地走特色经济之路,推进现代农业发展。有特色才有知名度、才有品牌,才能有市场、有效益。要把特色产业做大做强,推进特色农产品的规模化生产、区域化布局、产业化经营。要积极推广龙头带动基地、公司连接农牧户、产加销一条龙等多种模式,培育壮大龙头企业,积极推进特色农产品生产基地建设,提高科技含量和标准化水平。要大力发展现代畜牧业,加强生态保护和建设。

中共中央政治局委员、新疆维吾尔自治区党委书记王乐泉,新疆维吾尔自治区主席司马义·铁力瓦尔地参加考察。

中华人民共和国与阿富汗伊斯兰共和国发表联合声明

一、应中华人民共和国主席胡锦涛的邀请,阿富汗伊斯兰共和国总统哈米德·卡尔扎伊于2006年6月18日至21日对中华人民共和国进行了国事访问。

二、胡锦涛主席同卡尔扎伊总统举行了会谈。中国全国人大常委会委员长吴邦国和全国政协主席贾庆林分别会见了卡尔扎伊总统。两国领导人在亲切、友好的气氛中,就进一步扩大和深化中阿睦邻友好合作关系及共同关心的国际和地区问题深入交换了意见,达成广泛共识。

访问期间,卡尔扎伊总统分别在中国现代国际关系研究院和北京大学向中国学术界和知识界人士作了演讲,出席了两国企业界人士座谈会,介绍了在阿富汗的贸易和投资机会,并接受了中国媒体的采访。

三、两国领导人对1955年建交以来双边关系的发展予以积极评价,对阿富汗临时政府成立后两国关系得到迅速恢复和发展表示满意。双方一致认为,进一步加强睦邻友好与互利合作符合两国和两国人民的根本利益,有利于本地区乃至世界的和平、稳定与发展。双方一致同意建立中阿全面合作伙伴关系,以巩固两国传统友谊,拓展各领域合作。

四、双方肯定两国在1960年签署的《中华人民共和国和阿富汗王国友好和互不侵犯条约》对深化双边关系起到了重要指导作用,一致同意在此基础上签订《中华人民共和国和阿富汗伊斯兰共和国睦邻友好合作条约》。双方同意将恪守条约的原则和精神,不断充实两国全面合作伙伴关系的内涵,造福两国和两国人民,为本地区和平、稳定与发展作出贡献。

五、中方对波恩进程4年多来阿富汗政府和人民在和平进程和经济重建方面取得的成就表示赞赏。中方希望并相信,在阿富汗政府和人民的共同努力下,阿富汗能够尽早实现持久和平与繁荣。中方重申将一如既往地支持和积极参与阿富汗经济重建,今年将再向阿富汗提供8000万元人民币无偿援助。卡尔扎伊总统代表阿富汗政府和人民感谢中国政府和人民长期以来向阿富汗和平重建提供的无私帮助。

六、双方一致认为,经贸合作是中阿睦邻友好合作关系的重要组成部分。为进一步加强两国经贸关系，双方决定签署《中华人民共和国政府和阿富汗伊斯兰共和国政府贸易和经济合作协定》，成立中阿经贸联委会。双方同意在自然资源开发、发电、筑路等基础设施建设领域加强合作。为扩大阿富汗对华商品出口，中方宣布从2006年7月1日起给予阿富汗278种商品零关税待遇。双方愿继续探讨扩大和深化两国经贸合作的新途径和新方式。

七、双方一致同意在平等互利的基础上，进一步扩大在农业、文化、教育、交通、能源、投资等领域的合作。为支持阿富汗国家建设，中方将在今后两年内为阿方培训200名各类专业人才，从2007年起每年向阿方提供30个为期一学年的中国政府奖学金名额。

八、双方强调，加强在国防、安全与警务领域的合作是发展两国关系的重要组成部分，双方将积极推进上述领域的务实合作。

九、阿方重申，世界上只有一个中国，中华人民共和国政府是代表全中国的唯一合法政府，台湾是中国领土不可分割的一部分。阿方支持中方为维护国家主权和领土完整所做的努力，反对台湾当局任何制造“两个中国”或“一中一台”的图谋，反对包括“法理台独”在内的“台湾独立”。中方重申尊重阿富汗的独立、主权和领土完整，支持阿富汗为维护独立、主权、领土完整以及国内安全所做的努力，反对任何危害阿富汗稳定的图谋。

十、双方一致认为，恐怖主义是国际公害，对世界和平与安全构成严重威胁。中阿都是恐怖主义受害国，都坚决反对任何形式的恐怖主义。中方支持阿方为打击恐怖主义、维护国家稳定所做的努力，愿与阿方开展合作，共同打击恐怖主义、分裂主义和极端主义以及有组织犯罪、非法移民和非法贩运毒品和武器的活动。阿方重申将在打击“三股势力”方面继续坚定支持中方。

十一、中方赞赏阿方为推动区域合作所作的努力，欢迎阿富汗根据《联络组议定书》的规定与上海合作组织建立联系。中方愿在区域合作框架内与阿方开展务实合作。阿方欢迎中国成为南盟观察员，支持中国与南盟开展互利合作。

十二、访问期间，双方分别签署了《中华人民共和国和阿富汗伊斯兰共和国睦邻友好合作条约》《中华人民共和国政府和阿富汗伊斯兰共和国政府关于打击跨国犯罪的协议》《中华人民共和国政府和阿富汗伊斯兰共和国政府贸易和经济合作协定》《中华人民共和国政府和阿富汗伊斯兰共和国政府经济技术合作协定》《中国给予阿富汗部分对华商品零关税待遇的换文》《中华人民共和国政府和阿富汗伊斯兰共和国政府民用航空运输协定》《中华人民共和国外交部和阿富汗伊斯兰共和国外交部官员会晤制度议定书》《中华人民共和国国防部和阿富汗伊斯兰共和国国防部关于中国向阿富汗提供无偿军事人员培训援助的协议》《中华人民共和国农业部和阿富汗伊斯兰共和国农业、畜牧及食品部合作谅解备忘录》《中华人民共和国文物局与阿富汗伊斯兰共和国信息、文化、旅游、青年部关于维护与保护文化遗产谅解备忘录》《中国国际贸易促进委员会与阿富汗工商会合作协议》《中国国际贸易促进委员会与阿富汗投资支持局合作协议》。

十三、卡尔扎伊总统邀请胡锦涛主席在方便的时候对阿富汗进行国事访问，胡锦涛主席对此表示感谢。

2006年6月20日于北京

外交部副部长杨洁篪在日内瓦出席联合国人权理事会首届会议

杨洁篪在发言中指出，本届会议的开幕翻开了国际人权事业新的一页，联合国全体会员国，尤其是人权理事会成员国，有责任拿出政治意愿，采取实际行动，共建一个真正有活力、有效率的人权理事会。为此，中国政府愿提出以下主张：

第一，享受人权需要和平的环境。理事会应继续重点关注武装冲突引发的大规模粗暴侵犯人权现象，支持国际社会在预防冲突、重建和平和打击各种形式恐怖主义方面加倍努力。第二，享受人权需要可持续的发展。理事会应纠正人权委员会在促进经社文权利方面虚多实少的弊端，动员国际社会和联合国各机构采取有效措施，支持各国实现发展权的努力，特别是帮助最不发达国家消除贫困，实现《发展权宣言》提出的所有人民积极参与和公平受益的发展。第三，享受人权需要和谐包容的社会。在世界许多地方，基于种族、肤色、性别、语言、宗教等各种原因的歧视和偏见依然存在。理事会应继续特别关注妇女、儿童、残疾人、移民工人和少数民族等弱势群体的权利，致力于普及人权教育，培养人权文化，构建和谐社会，使所有人享受同等的尊严。第四，享受人权需要建设性对话与合作。国别人权审议机制必须改革，以确保其仅适用于大规模粗暴侵犯人权现象。普遍定期审议应确保所有国家，不论大小强弱，都受到公正、公平的对待，其历史、文化、宗教背景和差异得到同等尊重。第五，享受人权需要有效的机制保障。我们主张整合原人权委员会特别机制，明确其行为准则，提高其可信度、公正性和工作效率。我们支持加强人权事务高级专员办公室，希望高专办提高职员地区代表性和专业性，更好地为成员国提供咨询服务和技术援助，并以开放和透明的态度接受成员国监督。

国防部部长曹刚川在北京会见卡塔尔武装部队总参谋长哈马德·阿提亚一行

6月21日

国务院总理温家宝在开普敦与南非总统塔博·姆贝基举行会谈

双方一致认为,两国制定并签署的《中南关于深化战略伙伴关系的合作纲要》是一份具有重要意义的历史性文件,必将推动中南关系更快、更好地发展。

为落实好《中南关于深化战略伙伴关系的合作纲要》的任务,双方同意:一、密切政治交往,充分发挥"国家双边委员会"等机制的作用,及时就双边关系中的重大问题交换意见。二、扩大和提高经贸合作的规模和质量,鼓励双向投资。拓展在农村发展、人力资源开发、基础设施建设等领域的合作。三、加强人文交流,共同在南非举办好"感知中国"大型文化活动,增进相互了解和友谊。四、在重大国际和地区问题上加强对话与磋商,在联合国和国际贸易、金融体系内密切协调与配合,共同维护发展中国家权益,促进世界和平与发展。

温家宝赞赏南非为非洲和平与发展作出的重要贡献。他说,没有非洲的稳定与发展,就没有世界的和平与繁荣。中国关心非洲,一贯支持和参与非洲问题的解决,希望非洲国家稳定、发展、自强和团结。中方重视并支持"非洲发展新伙伴计划",把同该计划的合作列为中非合作的重要内容,以帮助非洲实现自主发展。中非合作不是仅对一方有利,而是符合双方各自的利益。中方在发展对非关系上没有私利,一向按照平等互利,共同发展的原则开展对非经贸合作。中方已经并将继续采取减免债务、降低关税、鼓励投资等措施促进中非贸易实现平衡发展。此外,中方也愿意向非洲提供发展援助,帮助非洲提高自身的技术和管理水平,增强可持续发展能力。

双方还就八国集团与发展中国家对话会议、中非合作论坛和共同关心的地区问题交换了意见。

会谈后,温家宝与姆贝基共同签署了《中南关于深化战略伙伴关系的合作纲要》,出席了在经贸、医疗卫生、质检、文化等领域双边合作文件的签字仪式。

国务院总理温家宝在开普敦会见南非全国省级事务委员会主席马赫兰古及国民议会和全国省级事务委员会的主要议员

中华人民共和国与南非共和国关于深化战略伙伴关系的合作纲要(摘要)

应南非共和国总统塔博·姆贝基邀请,中华人民共和国国务院总理温家宝于2006年6月21日至22日对南非共和国进行正式访问,与塔博·姆贝基总统举行了会谈。

双方对1998年建交以来中南关系快速、全面发展表示满意并认为中南关系基础牢固,发展前景广阔,有必要通过加强政治对话和各领域合作,进一步拓展和深化两国战略伙伴关系,促进共同发展,以造福两国人民。

双方一致同意保持高层交往;充分发挥中南国家双边委员会这一提升双边关系的高级别机制在促进两国各领域交流与合作中的作用,定期评估两国各领域合作进展;加强两国立法机关之间的交流与合作;确认双方在促进多边主义和国际关系民主化、维护发展中国家共同权益以及推动国际社会更加关注非洲问题等方面具有共识和一致诉求。定期开展战略对话,并在联合国系统、更为广泛的国际组织及其他重要多边场合加强磋商和协调。

两国注意到,有必要改革联合国安理会以使其更为有效并更具代表性,强调应增加非洲成员国在该机构的代表性。双方同意继续就此进行探讨和合作。中国愿在这方面加强与南非的沟通与合作。中方将积极推动联合国安理会关注和帮助解决非洲地区冲突问题,并继续参与联合国在非洲维和行动,支持非洲地区和次地区组织维和行动。中方重视并支持"非洲发展新伙伴计划",愿在中非合作论坛框架下,帮助非洲实现自主发展。

南方欢迎中方发表《中国对非洲政策文件》。双方愿加强磋商,密切配合,共同为中非合作论坛北京峰会的成功召开作出贡献。双方愿共同致力于促进中非政治上平等互信、经济上合作共赢、文化上交流互鉴的新型战略伙伴关系。

南非政府重申坚持一个中国政策,中华人民共和国政府是代表全中国的唯一合法政府,台湾是中国领土不可分割的一部分。鼓励扩大双边贸易,以实现平衡、互利的贸易关系。两国将鼓励各自企业寻求发掘贸易潜力的机会。

关于南部非洲关税同盟与中国自由贸易协定,中国期待南部非洲关税同盟就着手进行具体商谈予以积极回应。

南非积极鼓励中国企业抓住南非经济增长和有利投资环境所提供的投资机会。中国积极支持南非企业扩大在华投资和商业活动。两国将继续致力于加强对重大国际经济问题的政策磋商,协调对重大国际财经问题的立场。

双方同意加强在卫生和植物卫生,林业科研等领域的合作。在农业领域,重点在种植、畜牧、水产养殖、生物技术和政策法规等方面开展交流与合作。鼓励在煤炭液化、矿产和矿区安全管理领域的技术与投资合作。重点在交通科技、农业技术、信息技术、纳米技术、新材料、可再生能源、清洁技术、矿产开采技术和采矿安全技术等领域加强合作。

积极落实两国政府间文化交流计划,鼓励两国开展多种形式的文化艺术交流活动。中方将于2006年年底在南非举办“2006年南非感知中国”大型文化活动。推动两国公共卫生和医学科学方面的交流与合作。促进双方旅游业共同发展。两国政府鼓励并支持双方航空公司探讨尽早实现两国通航的可能性。

中国政府愿在技能培训、能力建设、汉语教学等人力资源培训领域向南非“加速和共享增长倡议”提供力所能及的帮助。加强司法合作和警务执法合作。

中华人民共和国政府和安哥拉共和国政府发表联合公报

一、应安哥拉共和国总统兼政府首脑多斯桑托斯总统邀请,中华人民共和国国务院总理温家宝于2006年6月20日至21日对安哥拉共和国进行正式访问。此访旨在加强两国间良好的友谊、团结和合作关系。

二、两国领导人主持了正式会谈。会谈中,双方对两国在政治、经济和外交领域良好的双边合作关系表示高兴,重申愿在共同关心的各领域内加强合作。

三、双方签署了涉及经济技术合作、司法、卫生和农业等领域的多项协议和法律文件。双方表示有必要就重大国际和地区问题加强磋商,以维护共同利益,促进和平、稳定与发展。中国政府同意安哥拉共和国在中华人民共和国澳门特别行政区设立总领事馆。

四、双方介绍了各自国内形势,并就总体国际形势和有关问题交换了意见和看法。温家宝总理对安哥拉政府实现和平并为国家重建与民族和解作出努力表示祝贺。多斯桑托斯总统代表安哥拉政府和人民感谢中国政府和人民对安哥拉重建一直给予多种形式的帮助。

五、安哥拉政府重申坚持一个中国政策,承认中华人民共和国政府是代表全中国的唯一合法政府。安哥拉政府认为台湾是中国领土不可分割的一部分,并重申坚定支持中国政府为实现国家统一所作出的努力。

六、双方高度评价中非合作论坛为推动中国与非洲国家关系所发挥的积极作用。同时,双方表示希望在中国—葡语国家经贸合作论坛(澳门)框架内深化合作关系。

七、温家宝总理转达了中国国家主席胡锦涛对多斯桑托斯总统出席将于2006年11月在中国举行的中非合作论坛峰会的邀请,多斯桑托斯总统愉快地接受了邀请。

八、温家宝总理与安哥拉总理费尔南多·多斯桑托斯举行了会晤,就双边合作相关问题交换了意见。温家宝总理还参观了中方援建的社会福利项目——罗安达省总医院。

九、温家宝总理对安哥拉政府在其正式访安期间给予其本人及其代表团的热情友好接待表示感谢。

2006年6月21日于罗安达

国务院副总理曾培炎考察南水北调中线水源地

6月21日至23日,曾培炎在考察南水北调中线水源地时强调,实施南水北调工程是优化水资源配置、缓解北方地区水资源短缺状况的一项重大举措,也是落实科学发展观、建设资源节约型和环境友好型社会的一次重要实践。要坚持保护优先、防治结合,统筹协调、突出重点,加大水污染防治和生态保护与建设力度,扎实做好水源地保护工作,切实保障人民群众用水安全,促进经济社会可持续发展。

曾培炎在中共中央政治局委员、湖北省省委书记俞正声和湖北省政府负责人陪同下,考察了丹江口大坝加高施工现场和移民新村,看望了坝区移民,仔细察看检测丹江口水库水质情况,听取了湖北省和长江水利委员会有关工作汇报。在陕西省政府负责人陪同下,考察沿汉江的陕西省两个主要城市,实地考察了安康市江南污水处理厂和垃圾处理有限公司、安康瀛湖水库现场水质状况,汉中市市政环保建设工地、城市排污口及汉江渝营段,以及陕西飞机工业集团公司,还听取了关于加强土地管理情况的汇报。

曾培炎指出,推进丹江口库区及上游水源保护和水污染防治,是确保“一江清水”入库和“一库清水”北送的关键,也是南水北调中线工程成功的前提条件。要认真落实国务院批准的规划,遵循“先节水后调水、先治污后通水、先环保后用水”的原则,加大水污染防治和水土保持力度,确保水源地水质长期稳定达标,库区及上游地区人民稳定致富,发挥南水北调工程的综合效益。

他要求做好以下几项工作:

第一,加大污染治理力度。加快建设城市污水处理和垃圾处理设施,配套建设污水收集管网,加强工业点源治理、农业面源治理和小流域综合治理。同时,深化收费改革,运用市场机制促进污水和垃圾处理设施建设与运营。

第二,大力调整产业结构。加快转变经济增长方式,依法淘汰破坏资源、污染环境的企业,严禁新上高耗能、高污染的项目,同时积极发展绿色产业和生态经济。调整和优化产业布局,合理划定保护区,明确限制开发、禁止开发的要求,并依法进行管理。

第三,进一步搞好生态建设。在水源地要继续实施退耕还林、天然林保护等生态工程。按照综合治理与生态建设相结合的原则,做好水土保持工作,提高林草植被覆盖率,减少入库泥沙量。完善生态建设有关政策,建立健全生态补偿机制。

第四,严格保护耕地特别是基本农田。南水北调中线水源地人多地少,保护耕地尤为重要。要深化改革,综合运用法律、经济和行政手段,合理调整土地收益分配机制,保护好耕地,保护好农民利益,把最严格的耕地保护制度落到实处。

第五,坚持把工程质量放在首位。丹江口大坝加高工程建设,要坚持进度服从质量,强化质量管理,使工程经得起历史的检验。汛期即将到来,要加强安全管理,做好应急预案,防止意外事故发生。要抓紧做好南水北调工程各项前期工作,落实建设资金,推进科技创新,完善体制机制,把南水北调工程的建设提高到一个新水平。

全国煤矿瓦斯治理和利用现场会在山西晋城召开

国务委员兼国务院秘书长华建敏出席会议并讲话。

华建敏指出,瓦斯既是煤矿安全生产的最大危害,也是宝贵能源。加强瓦斯治理和利用,对于防范煤矿事故、缓解能源紧张状况、改善环境质量具有重要意义,是落实科学发展观,实现节约发展、清洁发展和安全发展的具体体现。

华建敏要求,要切实增强煤矿瓦斯可防、可控、可治的信心,以更大的决心、更强的力度、更负责的态度和更有力的措施,抓好煤矿瓦斯治理与利用。一是大力推进科技创新,加强瓦斯治理与利用的基础理论研究、关键技术攻关和科研成果应用;二是研究制定促进瓦斯治理和利用的经济政策,及时解决存在的问题,促进煤层气开发和煤炭生产同步发展;三是健全完善有关法律法规和规章制度,把煤矿瓦斯治理和利用建立在法制保障基础上;四是进一步加强对煤矿瓦斯治理和利用的监督管理力度,坚决落实“先抽后采、监测监控、以风定产”的要求,扎实推进煤矿瓦斯防治工作。

华建敏强调,在集中开展瓦斯治理和利用的同时,要固本强基,全面推进煤矿安全生产和煤炭工业健康发展。要继续深入开展煤矿整顿关闭攻坚战,严防已关闭矿井非法生产;进一步加大煤矿安全监管监察力度,坚决查处各种违章违纪违法行为;严格落实煤炭企业安全生产的主体责任,加强煤矿现场安全管理,严禁超能力超强度超定员生产。要着力建设煤矿安全生产的长效机制,继续加大安全投入,加快大型煤炭基地和企业集团的建设,提高员工安全素质,从根本上提升煤矿安全保障水平。

会议由国家发展改革委、国家安全生产监督管理总局、国家煤矿安全监察局、科技部联合召开。中央和国务院有关部门,各省、自治区、直辖市有关负责同志等参加了会议。

《中国经济普查年鉴——2004》由中国统计出版社出版发行

中共中央政治局常委罗干在人民大会堂会见由总书记穆罕默德·阿布杜尔·贾利尔率领的孟加拉国人民联盟代表团

中国科学院院士吴文俊获2006年邵逸夫奖数学科学奖

邵逸夫奖评审会主席杨振宁在香港宣布了2006年邵逸夫奖得奖名单,中国科学院研究员、院士吴文俊与美国布朗大学教授大卫·曼福德同获数学科学奖。

邵逸夫数学科学奖遴选委员会认为,吴文俊早年在拓扑学方面有开创性的贡献,他自20世纪70年代转而研究用计算机证明几何命题,并发现了一个新的有效方法将几何命题转化为代数命题,从而可以用计算机解决几何命题,创造了一个新兴学科。

邵逸夫奖是2002年设立的国际性奖项,目前设有3个奖项,每年颁奖一次,每项奖金100万美元。

世界首例人工驯养藏羚羊分娩

可可西里国家级自然保护区人工驯养的一只3岁母藏羚羊在藏羚羊救护中心成功产下一只雌性小藏羚羊。这是世界首例在人工救护管理条件下受孕并顺利生产的藏羚羊。可可西里自然保护区管理局局长才嘎介绍,藏羚羊救护中心迎来第一胎小藏羚羊,标志着可可西里保护区在世界上首次实现人工驯养条件下的藏羚羊成功分娩,为藏羚羊物种科学研究提供了重要参考。

6月22日

国家主席胡锦涛在人民大会堂与塞内加尔总统瓦德举行会谈

双方就双边关系和共同关心的问题深入交换意见,达成广泛共识。两国元首一致同意,不断巩固和加强中塞友好的基础,推动中塞友好合作关系长期稳定地向前发展。

胡锦涛表示,中方愿同塞方共同努力,从以下四个方面着力推进中塞友好事业,造福两国和两国人民:一、坚持真诚相待,深化政治互信。中方愿与塞方保持两国高层交往势头,扩大两国政府部门、立法机构和政党之间的友好往来,加强各种形式的对话与磋商,在彼此关切的重大原则问题上相互理解、相互支持。二、坚持互利双赢,谋求共同发展。中塞两国经济互补性较强,合作潜力很大。中方愿与塞方加强在农业、资源开发、基础设施建设等领域的合作,共同组织实施好有关合作项目。中方鼓励有实力的中国企业与塞方开展互利合作,希望塞方为中方企业在塞投资、经营提供便利。三、坚持全面友好,扩大人文交流。中塞两国有着独特的文化传统,双方可相互借鉴、相互学习。为帮助塞内加尔开发人力资源、加强能力建设,中方愿在双边范围和中非合作论坛框架内,为塞方人员来华参加各类技术培训和专业研讨提供便利。中方将恢复向塞派遣医疗队。四、坚持多边合作,维护共同利益。中方愿与塞方加强在联合国、世界贸易组织、中非合作论坛等多边领域的磋商、协调与合作,共同推动中非新型战略伙伴关系的发展,促进世界和地区的和平稳定与发展繁荣。

会谈后,两国元首共同出席了中塞经济技术合作协定等合作文件的签字仪式。

首届中国—南非商务合作论坛在开普敦国际会议中心举行

国务院总理温家宝和南非副总统姆兰博—努卡共同出席了开幕式。温家宝就中非、中南关系以及中国对非洲政策发表了重要演讲。

中南商务合作论坛由中国商务部与南非贸易和工业部联合举办,中南两国近千名工商界人士出席。

国务院总理温家宝在中国—南非商务合作论坛开幕式上发表题为《增进传统友谊促进共同发展推动中非友好合作迈上新台阶》的演讲

尊敬的努卡副总统,

各位部长,

女士们,先生们,朋友们:

今天,我很高兴出席首届中国—南非商务合作论坛,同各位朋友相聚一堂,共商深化中南、中非合作大计。在座各位多年来为促进中南、中非友好合作作出了积极贡献,我谨借此机会向你们表示衷心的感谢!

中国与非洲相距遥远,但万水千山并没有阻断中非之间的友谊与合作。今年是新中国与非洲国家开启外交关系50周年。50年来,中国人民和非洲人民在维护国家主权和民族尊严的斗争中相互支持,在发展经济和改善民生的征程中携手合作,在维护世界和平和捍卫发展中国家权益的事业中密切配合,结下了深厚的友谊。中非关系是当今世界国家间平等相待、真诚友好的典范。

中国一贯坚持在力所能及的范围内向非洲兄弟提供不附加任何政治条件的援助。多年来,我们帮助非洲实施了近900个经济和社会发展项目,为非洲50个国家1.8万名学生赴华留学提供奖学金,派出1.6万名医疗队员赴47个非洲国家,诊治患者达2.4亿人次。还有3000多名中国官兵参与非洲热点地区维和行动。中国积极推进对非贸易,尽力缓解非洲的债务负担,支持区域合作,促进非洲自主发展。

中非之间的帮助从来就是相互的,我们不会忘记非洲国家对中国的帮助。长期以来,在涉及中国国家利益的重大问题上,特别是在恢复中国在联合国合法席位和台湾、人权等问题上,非洲国家总是对中国予以坚定的支持。中国成功申办2008年奥运会和2010年世界博览会,也得到非洲的鼎力相助。

"路遥知马力,日久见人心。"50年岁月流逝,世事沧桑。建立在和平共处五项原则之上的中非友好关系经得起历史的考验,中国和非洲是患难与共、情深义重的好朋友、好兄弟、好伙伴。我坚信,无论今后国际风云如何变幻,中非人民的友好感情永远不会改变。

女士们、先生们:

中国是最大的发展中国家,非洲是发展中国家最集中的大陆。中非关系是中国外交的重要基石之一,巩固和发展同非洲国家的友好合作,是中国长期的战略选择。我们衷心希望非洲发展强大。中国政府将继续遵循真诚友好、平等相待、互利互惠、共同发展的原则,与非洲国家携手建立和发展中非新型战略伙伴关系。为此,我们愿作出以下努力:

第一,政治上坚持平等互信。中国愿加强与非洲国家的高层互访,增进相互了解和友谊。尊重非洲国家根据本国国情自主选择社会制度和发展道路,不会向非洲输出自己的价值观念和发展模式。继续在国际场合为非洲仗义执言,支持非洲国家为维护国家主权和独立、实现地区和平与稳定所做的不懈努力。

第二,经济上促进互利共赢。中国将大力促进对非经贸合作。落实主要面向非洲等发展中国家的零关税待遇、增加援助、免除债务等措施。鼓励更多中国企业赴非洲投资,加强在基础设施建设、农业等领域的合作,向非洲转让技术,帮助非洲将资源优势转化为竞争优势,提高非洲的经济实力。积极发展对非贸易,扩大从非洲进口。我们重视一些非洲国家在贸易逆差、纺织品等问题上的关切,努力寻求解决办法。

第三,在人文和社会领域加强交流。中国将继续支持非洲发展教育、卫生、文化等社会事业。增加中方资助的非洲赴华留学生名额，为非洲国家援建学校。继续派遣医疗队，提供防治疟疾药品，建立疟疾防治中心，开展防治艾滋病方面的合作。支持中国青年志愿者来非洲工作。鼓励双方举办各种文化节、艺术展和体育赛事，推动科教文卫机构交流与合作。

第四，在国际事务中密切配合。中国将继续加强与非洲在国际事务中的协调与合作，积极参与建设亚非新型战略伙伴关系，共同促进南南合作和南北对话。作为安理会常任理事国，中国主张非洲的合理要求应该得到更多尊重，反对在国际事务中恃强凌弱和搞双重标准，推动国际社会更加关心和支持非洲，为非洲实现千年发展目标创造条件。

中非合作是南南合作的一部分，不是封闭的或排他的，不会影响中非各自与第三方的合作，更不会威胁第三方的利益。中非合作是透明、开放和包容的合作，我们欢迎其他国家和国际机构的参与和加入。

女士们、先生们：

南非是中国在非洲重要的战略合作伙伴。中国和南非都是发展中国家，政治上有广泛的共同语言，经济上有很大的合作空间。深化中南战略伙伴关系符合两国的根本利益，中国政府十分重视发展中南合作。昨天，中南签署了《中南关于深化战略伙伴关系的合作纲要》，明确了深化合作的目标和任务。我们愿与南非保持高层交往势头，进一步发挥"国家双边委员会"的作用，经常就双边关系和共同关心的问题交换意见。我们愿拓展在农业、林业、科技、基础设施建设、通信、能源、矿产等领域的合作，积极鼓励企业增加从南非进口，力争使中南贸易有更快的发展。中方赞赏南非制定并实施"加速和共享增长倡议"，愿在技能培训、能力建设等方面提供帮助，计划未来3年为南非培训300名各类人才。我们将积极推动两国民间交往，增加双方人文交流，促进旅游合作，增进两国人民之间的了解和友谊。

女士们、先生们：

中国实行改革开放20多年来，现代化建设取得了巨大成就。中国的发展为世界展现了广阔的市场前景，也为非洲国家提供了更多的机遇。近年来中国对外贸易快速增长，从非洲的进口也大幅增加。2005年中非贸易额达到398亿美元，其中从非洲进口211亿美元，超过了中国向非洲的出口。随着中国的发展，我们将同非洲在更大范围、更广领域、更高层次开展合作，实现优势互补；进一步增加对非援助，扩大对非投资，促进非洲国家的自主发展。

当前，中国人民正在为实现全面建设小康社会的宏伟目标而努力奋斗，经济和社会发展总体形势良好。但我们清醒地认识到，中国在较长时间内还是发展中国家，中国的经济总量已位居世界前列，但我们有13亿人口，人均国内生产总值在世界100位以后。我们还有几千万贫困人口，城乡之间、地区之间发展不平衡，就业压力很大，实现现代化还有很长的路要走。我们的发展需要和平的国际环境，需要世界各国的友好合作。我们坚持走和平发展道路，对内集中精力搞建设，构建和谐社会，对外与各国一道致力于建设和谐世界。中国的发展不会威胁任何人，中国永远是维护世界和平、促进共同发展的坚定力量。

再过几个月，"第二届中非企业家大会"将在北京举行。我诚挚地邀请在座各位和其他非洲企业家踊跃与会，与中国的企业家交流洽谈，寻求合作，共同为促进中非友好合作作出贡献。

最后，预祝本次中南商务合作论坛圆满成功！

谢谢大家！

国务院总理温家宝在开普敦分别会见南非副总统姆兰博—努卡和"非洲发展新伙伴计划"秘书处首席执行官穆卡韦莱

温家宝对姆兰博—努卡说，我对南非的访问十分成功。我同姆贝基总统就加强中南合作达成广泛共识，双方还签署了《中南关于深化战略伙伴关系的合作纲要》等一系列重要协议。中南以相互信任和平等互利的原则发展双边关系，因而两国关系的基础是牢固的。相信随着该纲要的全面实施，中南关系一定会得到进一步的巩固和发展。

在会见穆卡韦莱时，温家宝说，中方把与"非洲发展新伙伴计划"的合作列为中非友好合作的重要内容。2000年中非合作论坛成立以来，中方在论坛框架下出台了免债、免关税、加强人员培训等一系列对非务实合作举措，增加了对非援助，与非洲国家在基础设施建设、扶贫、传染病防治、人力资源开发和农业等"非洲发展新伙伴计划"确定的优先领域开展了形式多样的合作。中非合作论坛与"非洲发展新伙伴计划"在推动互利合作、促进共同发展方面的目标是一致的，双方的优先发展领域也吻合，合作潜力巨大。为加强中非合作论坛与"非洲发展新伙伴计划"之间的务实合作，希望双方加强联系与协调，并建立长效合作机制。中方将通过双边和多边渠道加大对"非洲发展新伙伴计划"优先领域的支持。

国务院总理温家宝在达累斯萨拉姆与坦桑尼亚总统基奎特举行会谈

双方就进一步发展两国关系达成共识。

温家宝说，为进一步巩固和发展中坦友好合作，中方愿与坦方从以下几方面作出共同努力：一是加强政治交往。广泛开展两国政府、政党、立法机构之间的联系。二是扩大经贸合作。中方愿采取进一步优惠措施，增加从坦进口。中国政府鼓励中资企业加大对坦投资力度，加强双方在坦基础设施、资源开发、农业、电信等领域的合作。三是中方将一如既往地为坦经济、社会发展提供力所能及的帮助。中方准备在坦援建农业示范中心和抗疟示范中心，探讨与坦合作生产抗疟药品。四是促进在文化、教育、旅游等领域的合作，增进两国人民的相互了解和友谊。五是密切在国际事务中的沟通与协作，共同促进南南合作，维护发展中国家权益。

温家宝说，近来外界对中非关系有一些错误的议论。这些议论既不符合历史事实，也损害中非关系。中非友好合作50年的历程表明，中国是非洲国家可以真正信赖的朋友，中非关系的内涵越来越丰富，但平等、互利、共赢的原则不会改变。中国发展了，将为非洲提供更多的援助，为非洲的发展作出更大的贡献。

会谈结束后，温家宝和基奎特共同出席了两国政府经济技术合作协定等双边合作文件的签字仪式。两国还发表了联合公报。

国务委员华建敏出席2006年海上搜救联合演习

交通部和辽宁省人民政府主办的2006年海上联合搜救演习在我国渤海海峡附近海域举行。国务委员兼国务院秘书长华建敏亲临演习现场并强调，要通过演习不断提高队伍素质，及时发现薄弱环节，修订完善应急预案，努力提高应对突发公共事件的能力。

华建敏指出，这次演习组织安排严密，针对性和实战性强，协同性高，社会参与广泛，充分展示了我国海上搜救队伍的良好素质和整体实力，有效地检验了《国家海上搜救应急预案》，为进一步完善海上应急反应和搜救机制，加强各方面的协调与配合，提高海上搜救能力进行了有益的探索，提供了宝贵的经验。

华建敏充分肯定了近年来我国海上安全监管和搜救工作所取得的成绩，并对今后的工作提出了要求：一是要坚持安全第一、预防为主、综合治理的原则，全面加强海上安全监管，把《国家海上搜救应急预案》规定的各项措施真正落到实处；二是要加快制定和实施海上搜救体系建设规划，加大投入力度，拓宽投资渠道，进一步提高装备水平和应急处置能力；三是要加强协调配合，努力整合各类资源，形成专业力量与社会力量相结合、地方与军队相结合、多部门协同配合的救助格局；四是要进一步加强国际交流与合作，建立健全互助机制，提高我船舶和公民在国际海域的安全保障能力。

国务委员唐家璇在人民大会堂会见以美国前参谋长联席会议主席迈尔斯为团长的美国对外政策理事会代表团

全国人口和计划生育科学技术大会在北京召开

全国人大常委会副委员长何鲁丽、蒋正华，全国政协副主席徐匡迪、张榕明，以及姜春云、彭珮云等出席会议。会议向获得全国人口和计划生育“科技成果奖”“科技发明奖”“科技贡献奖”“软科学奖”以及科学技术工作先进集体和先进个人的代表颁了奖。

由全国多学科、多领域的300多名专家学者开展的国家人口发展战略研究，科学预测了未来我国人口发展的态势，为科学制定国家“十一五”发展规划提供了重要的政策建议和基础数据，基础研究成果丰硕。两项国家重点基础研究发展计划（“973”计划）项目取得新突破，分离出一批与生殖功能相关的新基因，揭示了一些特异性基因、蛋白质的重要功能和作用机理，发现了部分出生缺陷致病基因新的突变位点，使我国这方面的研究达到国际一流水平；应用研究不断创新。组织实施了“国家科技攻关计划”项目，在一根型皮下埋植剂、哺乳期避孕环、男性绝育新技术等生育调节新方法上取得新成果；计划生育生殖健康产业健康发展。目前，直接从事生殖健康产品生产的企业有数千家，新技术、新产品不断涌现，产品优质率由1995年的20%上升到目前的70%，经济总量近千亿元，生产总值逐年增加。

我国科学家发现“热河生物群”最原始脊椎动物化石

今天出版的《自然》杂志，刊登了中国科学院古脊椎动物与古人类研究所张弥曼院士、张江永研究员和美国堪萨斯大学苗德岁博士合作的七鳃鳗化石研究成果。这一化石采自内蒙古宁城，属著名的“热河生物群”。中科院古脊椎动物与古人类研究所“热河生物群”创新研究群体负责人周忠和说：“这是迄今发现的‘热河生物群’最原始的脊椎动物化石，进一步丰富了‘热河生物群’的生物多样性。”

“热河生物群”是指在距今1亿多年的白垩纪早期，生活于我国北方、蒙古、西伯利亚以及朝鲜和日本等地的古老生物群。我国辽西地区是研究“热河生物群”的经典地区，保存了一座世界罕见的中生代化石宝库。在生物系统分类上，七鳃鳗属于原始的无颌类，在地球上至少已生存了3亿年。现生的七鳃鳗，广泛分布于寒、温带的淡水和近海水域。可是，在七鳃鳗漫长的生命史中，其化石记录却极为零星和残破。20世纪60年代和80年代，美国和法国的科学家曾先后发现两枚七鳃鳗化石，但保存欠佳，许多形态特征难以确认。

张弥曼院士等研究的七鳃鳗化石代表了一个新的属种，其重要意义在于：首次发现于中生代地层中，首次发现于欧亚大陆上，首次发现于淡水环境里；化石保存较好，许多重要的形态特征得以确认；与国外此前发现的两个种类相比，这一新种类在时代上“年轻”近两亿年，而且生活在淡水水域。这表明七鳃鳗起源于海洋，但至少在1亿多年前，其中一部分就脱离了海洋。

6月23日

国务院总理温家宝在坎帕拉与乌干达总统穆塞韦尼举行会谈

温家宝说，中方重视发展中乌经贸关系，主张将政府引导、企业为主、市场运作相结合，推进经贸合作。中方已经并将继续采取一系列积极措施增加从乌进口。中方鼓励中资企业来乌投资，参与乌农业、水利、交通、通信和基础设施建设。中方愿继续帮助乌发展教育、卫生事业，包括防治疟疾和艾滋病。

会谈后，温家宝与穆塞韦尼共同出席了两国政府经济技术合作协定以及中方向乌提供抗疟药品、在乌建立农业示范中心和乡村学校等双边合作文件的签字仪式。两国还发表了联合公报。

国务院总理温家宝在达累斯萨拉姆会见坦桑尼亚总理洛瓦萨

温家宝说，在两国经济技术合作过程中，中方将根据坦方的切身需要，把合作重点放在农业、水利、基础设施建设等领域。中国政府将鼓励中国企业来坦投资兴业，与坦企业开展各种形式的合作，包括建立合资企业。中方还将对坦部分输华商品减免关税，通过为坦培训各类人才、援建医疗和教育设施来促进坦社会事业的发展。

双方还就共同关心的国际和地区问题交换了意见。

中华人民共和国与坦桑尼亚联合共和国发表联合公报

一、应坦桑尼亚联合共和国总统贾卡亚·姆里绍·基奎特阁下邀请，中华人民共和国总理温家宝阁下于2006年6月22日至23日对坦桑尼亚联合共和国进行了为期两天的正式访问。

二、访问期间，温家宝总理与基奎特总统在总统府举行了正式会谈。双方在热情友好的气氛中，就共同关心的双边、地区及国际问题交换了意见，达成广泛共识。

三、两国领导人重申将致力于进一步深化和加强两国间业已存在的“全天候”友谊。双方一致同意加强高层交往，增进政治互信，密切在各领域的友好合作，努力将中坦“全天候”伙伴关系向深层次、宽领域、高水平推进。

四、双方承诺在涉及各自国家建设、主权和领土完整的问题上继续相互支持。中方支持坦为维护国家联合、民族团结和发展经济所做的努力。

五、坦方重申坚持一个中国政策，承认中华人民共和国政府是代表全中国的唯一合法政府，台湾是中国领土不可分割的一部分。坦方支持中国政府为实现国家统一所做的一切努力，认为台湾问题是中国的内政。坦方反对“台湾独立”，反对任何制造“两个中国”“一中一台”的图谋，反对台湾加入任何只有主权国家才能参加的国际和地区组织，不与台湾发生任何官方关系和进行任何官方往来。中方对坦方这一原则立场表示高度赞赏。

六、双方一致认为，中坦经济合作有着巨大潜力，愿在互利基础上，积极拓展在农业、电信、贸易、投资、资源勘探、基础设施建设、人力资源开发等领域的合作。双方愿进一步扩大在文化、教育、卫生、旅游、公安、移民、审计等领域的交流与合作。

七、双方同意在国际事务中密切协调与配合，就应对全球化挑战、加强“南南合作”及实现区域经济合作等重大国际和地区问题加强沟通与磋商，共同维护发展中国家权益。

八、温家宝总理对坦桑尼亚于2005年10月和12月和平举行民主选举表示赞赏，并再次对基奎特阁下当选坦桑尼亚联合共和国第四任总统表示祝贺并致以良好祝愿。

九、温家宝总理对坦桑尼亚在和平解决大湖地区冲突方面所作的贡献表示赞赏。

十、温家宝总理于2006年6月23日会见了坦桑尼亚联合共和国总理爱德华·恩戈亚·洛瓦萨。

十一、坦桑尼亚政府欢迎中方发表《中国对非洲政策文件》，赞赏中方愿同非洲建立和发展政治上平等互信、经济上合作共赢、文化上交流互鉴的新型战略伙伴关系。双方一致认为，即将在2006年11月召开的中非合作论坛北京峰会为发展中非关系带来新的契机，将进一步促进中非共同发展。温家宝总理转达了中国国家主席胡锦涛对基奎特总统出席峰会的邀请，基奎特总统愉快地接受了邀请。

十二、温家宝总理对他及他的代表团所受到的热烈欢迎和友好接待向基奎特总统和坦桑尼亚联合共和国人民表示感谢。

全国政协主席贾庆林在人民大会堂分别会见由党的总主席梅加瓦蒂率领的印度尼西亚民主斗争党代表团和巴基斯坦国家人类发展委员会主席阿什拉夫一行

民族区域自治法执法检查组第一次全体会议在北京召开

根据全国人大常委会2006年执法检查计划，全国人大常委会近期将开始检查民族区域自治法的实施情况。中共中央政治局常委、全国人大常委会委员长吴邦国日前作出重要批示。他强调，民族区域自治法涉及面广，执法检查要突出重点、注重实效，要督促各地区、各有关部门切实解决实施中的突出问题，促进民族区域自治地方的经济社会发展。要帮助人口较少民族解决实际困难。通过执法检查促进民族大团结，实现共同发展。

会上传达学习了吴邦国委员长的重要批示，对本次执法检查工作进行了部署。在听取国家民委、发展改革委、国务院法制办等部门有关负责人关于贯彻实施民族区域自治法的情况汇报后，中共中央政治局委员、全国人大常委会副委员长王兆国，全国人大常委会副委员长、执法检查组组长司马义·艾买提分别讲话。全国人大常委会副委员长何鲁丽、许嘉璐、韩启德出席会议。

王兆国强调，民族问题始终是建设中国特色社会主义必须处理好的一个重大问题。党的十六大以来，以胡锦涛同志为总书记的党中央对进一步坚持和完善民族区域自治制度，贯彻实施民族区域自治法，促进少数民族和民族地区经济社会发展，采取了一系列重大措施。民族区域自治法颁布以来，贯彻实施的情况总体上是好的。这次执法检查要着力解决法律实施中的突出问题。执法检查要精心组织、周密安排，确保取得实实在在的成效。

司马义·艾买提说，检查民族区域自治法的实施情况，对于进一步坚持和完善民族区域自治制度，促进少数民族和民族地区加快经济社会发展，增强全国各族人民的大团结，有着重大意义。要抓住促进少数民族和民族地区经济社会发展这条主线，重点围绕上级国家机关依法帮助少数民族和民族地区加快经济社会发展情况和民族区域自治法配套法规建设情况进行检查。要认真听取基层干部群众反映的意见和建议。要切实做好工作，务求取得实效。

这次执法检查是民族区域自治法颁布实施22年来，全国人大常委会开展的第一次执法检查，是今年全国人大常委会执法检查的一项重要内容，也是深入贯彻中央民族工作会议精神的一项重要举措。执法检查组将分成4个小组，分别由司马义·艾买提、何鲁丽、许嘉璐、韩启德带队，于7月至9月赴内蒙古、宁夏、黑龙江、新疆、青海、甘肃、广西、贵州、云南、西藏、四川进行检查。对没有安排实地检查的辖有民族自治地方的9个省市，委托当地省市人大常委会在辖区内进行检查。

部分省区市就业再就业工作座谈会在江西省南昌市召开

国务院副总理黄菊作出重要批示，要求各地区、有关部门根据当前形势，进一步总结经验，落实政策，群策群力，不断破解再就业工作难题，把就业再就业工作做得更好。国务委员兼国务院秘书长华建敏出席会议并作了重要讲话。他指出，就业是民生之本，做好就业再就业工作是落实科学发展观、构建社会主义和谐社会的客观要求，也是解决好人民群众最关心、最直接、最现实的切身利益问题的具体举措。各地区和有关部门要认真贯彻落实各项扶持政策，扎实做好就业再就业工作。

华建敏强调，我们应该清醒地看到，我国劳动力供大于求的矛盾将长期存在，就业总量矛盾和结构性失业问题也将长期并存，当前就业形势依然十分严峻。今年是实施“十一五”规划的开局之年，各地区、有关部门要把就业再就业工作纳入“十一五”规划，集中力量，加强领导，认真抓好政策落实工作，力争在以下九个方面取得新的进展：一是落实小额担保贷款政策，推动劳动者自谋职业自主创业；二是落实税收减免和社会保险补贴政策，鼓励企业吸纳，扩大社会就业；三是落实公益性岗位补贴和社会保险补贴政策，促进困难群体就业；四是落实税收扶持政策，推动国有大中型企业主辅分离、辅业改制分流安置富余人员；五是落实职业培训补贴政策和高技能人才工作政策，推动劳动者全面提高素质和就业能力；六是落实公共就业服务政策，提高服务的质量和效率；七是落实促进高校毕业生就业政策，推动做好高校毕业生就业工作；八是落实农民工就业政策，推动做好农民工工作；九是落实就业再就业资金，推动资金管理使用规范化，使需要帮助的就业对象直接受益。

江苏、浙江、安徽、福建、江西、河南、湖北、湖南、广东、广西、重庆、四川等12个省(区、市)政府以及劳动和社会保障部等国务院就业工作部际联席会议成员单位负责同志出席了会议。

中国人民银行首次发布《2005年国际金融市场报告》

《2005年国际金融市场报告》(以下简称《报告》)认为，2005年中国对国际金融市场的参与程度有所加深,中国金融市场初步融入全球金融市场体系,但所占份额仍然有限。

《报告》披露,2005年中资企业海外直接上市规模刷新历史纪录。中国境外直接上市首次发行企业12家,增资发行12家,共筹集资金206.47亿美元。2005年中国直接海外上市筹资额占从1993年有统计以来全部筹资额的37.17%。其中,香港是中资企业海外上市首选地。截至2005年年末,在香港联合交易所直接和间接上市的内地企业已达335家,占其总市值的39%。

《报告》指出,美国是中国对外金融投资的最主要目的地,中国对美国的金融投资以国债为主。截至2005年年末,中国持有的美国国债达到3109亿美元,仅次于日本,居世界第二位。

《报告》透露,截至2005年年末,中国沪、深两个股票市场股票市价总值为32430.28亿元人民币,中国股市占世界股票市场的市值比重约为1%,但考虑到全球仅有18个市场的市值占比超过1%,因此中国股票市场仍是世界上重要的市场之一。

《报告》还就采取措施扩大中国金融市场的国际影响,拓宽境外参与者在国内金融市场的投资范围和融资渠道,鼓励中资金融机构在联结国内和国际金融市场方面发挥更加积极的作用等提出了有关建议。

6月24日

中央军委在北京举行晋升上将军衔仪式

中央军委主席胡锦涛向晋升上将军衔的同志颁发命令状。

这次晋升上将军衔的高级军官是:总政治部副主任刘永治、总政治部副主任兼中央军委纪律检查委员会书记孙忠同、总装备部政治委员迟万春、空军政治委员邓昌友、第二炮兵政治委员彭小枫、国防大学校长裴怀亮、北京军区政治委员符廷贵、兰州军区政治委员喻林祥、南京军区司令员朱文泉、成都军区司令员王建民。

中央军委委员梁光烈、李继耐、廖锡龙、陈炳德、乔清晨、靖志远出席晋衔仪式。

十届全国人大常委会第二十二次会议在人民大会堂举行

农民专业合作经济组织法草案、突发事件应对法草案、反垄断法草案等法律案首次进行审议。

吴邦国委员长主持会议。按照会议通过的议程,会议听取了全国人大法律委员会副主任委员周坤仁、李重庵分别作的关于刑法修正案(六)草案审议结果的报告、关于义务教育法修订草案审议结果的报告。法律委员会认为,这两部草案分别经过常委会两次审议、修改,已经比较成熟,建议本次常委会会议审议通过。

会议听取了全国人大法律委员会副主任委员乔晓阳作的关于监督法草案修改情况的汇报。草案以宪法为依据,从我国国情和实际出发,区别不同情况进行修改完善:实践经验比较成熟的,加以深化、细化,作出具体规定;实践经验尚不成熟,又需要作规定的,作出原则规定,为进一步改革留下空间;缺乏实践经验,各方面的意见又不一致的,暂不作规定,待条件成熟时再作补充完善。会议还听取了全国人大法律委员会副主任委员洪虎作的关于合伙企业法修订草案修改情况的汇报。法律委员会建议本次常委会会议继续审议这两部法律草案。

全国人大农业与农村委员会副主任委员李春亭对农民专业合作经济组织法草案作了说明。

受国务院委托,国务院法制办公室主任曹康泰对突发事件应对法草案作了说明。

受国务院委托,曹康泰对反垄断法草案作了说明。

会议审议了国务院关于提请审议批准亚太空间合作组织公约、防止倾倒废物及其他物质污染海洋的公约1996年议定书、中国和西班牙关于移管被判刑人的条约、中国和墨西哥关于刑事司法协助的条约四个议案。受国务院委托,国防科学技术工业委员会主任张云川、国家海洋局局长孙志辉、司法部部长吴爱英、外交部副部长张业遂分别就有关议案作了说明。会议还听取了全国人大常委会代表资格审查委员会主任委员何椿霖作的关于个别代表的代表资格的报告。

全国人大常委会副委员长王兆国、李铁映、司马义·艾买提、何鲁丽、丁石孙、成思危、许嘉璐、蒋正华、顾秀莲、热地、盛华仁、路甬祥、乌云其木格、韩启德、傅铁山出席会议。国务委员陈至立、最高人民法院院长肖扬、最高人民检察院检察长贾春旺列席会议。

国务院总理温家宝在坎帕拉会见乌干达总理恩西班比

温家宝说,我此次访乌期间与穆塞韦尼总统就进一步发展两国关系进行了深入探讨,取得了广泛共识。双方还签署了一系列合作协议。这些合作成果是两国加深友谊,共谋发展的具体体现。我的访问达到了增进了解与信任、推动交流与合作的目的。

双方在会见中一致同意,积极开展在农业、水利领域的技术合作和加强教育交流。

国务院总理温家宝在坎帕拉与部分中国驻非洲国家大使就新形势下中非关系等问题举行座谈

温家宝就进一步加强中非友谊作出了重要指示。

外交部部长李肇星主持了座谈。

中华人民共和国与乌干达共和国发表联合公报

一、应乌干达共和国总统约韦里·卡古塔·穆塞韦尼邀请，中华人民共和国国务院总理温家宝于2006年6月23日至24日对乌干达共和国进行正式访问。此次访问系中国总理首次访问乌干达。

二、访问期间，温家宝总理与穆塞韦尼总统在友好、坦诚的气氛中举行了会谈。温家宝总理转达了中华人民共和国主席胡锦涛对穆塞韦尼总统的问候，穆塞韦尼总统请温家宝总理转达他对胡锦涛主席的问候。双方就中乌关系和共同关心的国际、地区问题深入交换了意见，达成广泛共识。温家宝总理还会见了乌干达总理恩西班比。

三、两国领导人对建交44年来双方在各领域富有成效的合作表示满意。双方一致同意继续保持高层交往，增进政治互信，深化经贸合作，加强多边配合，推动中乌友好合作关系向更高层次迈进。

四、双方承诺在涉及各自国家建设、主权和领土完整等问题上继续相互支持。中方支持乌为维护国家政局稳定、社会长治久安和经济持续发展所做的努力。乌方重申坚持一个中国政策，承认中华人民共和国政府是代表全中国的唯一合法政府，台湾是中国领土不可分割的一部分。乌方反对任何制造"两个中国"或"一中一台"的图谋，反对任何形式的"台湾独立"，反对台湾加入任何只有主权国家才能参加的国际和地区组织，不与台湾发生任何官方关系和进行任何官方往来。乌方支持中国政府为实现国家统一所做的一切努力，认为台湾问题是中国的内政，外部势力无权干涉。中方对乌方这一原则立场表示高度赞赏。

五、双方一致认为，中乌经济合作前景广阔，愿本着平等互利、共同发展的原则，认真落实已商定的合作项目，拓展在贸易、投资、农业、水利、电信、基础设施建设、能源、农产品加工、纺织、人力资源培训等领域的互利合作，不断提高两国经贸合作水平，造福两国人民。双方愿进一步加强在文教、卫生、旅游等领域的交流与合作。

六、双方愿继续扩大政党、议会、地方政府及民间交往，相互学习借鉴治党、治国经验，增进两国人民的相互了解和友谊。

七、双方愿在国际事务中密切磋商与合作，携手维护发展中国家的权益，促进世界的共同繁荣与发展。

八、乌方欢迎中方发表《中国对非洲政策文件》，赞赏中方愿同非洲建立和发展政治上平等互信、经济上合作共赢、文化上交流互鉴的新型战略伙伴关系。双方一致认为，即将在今年下半年召开的中非合作论坛北京峰会为发展中非关系带来新的契机，将进一步促进中非共同发展。温家宝总理转达了中国国家主席胡锦涛对穆塞韦尼总统出席峰会的邀请，穆塞韦尼总统愉快地接受了邀请。

九、中方赞赏穆塞韦尼总统领导乌干达政府和人民走符合本国国情的发展道路，保持了国家长期稳定，实现了经济持续增长。中方对乌干达在促进非洲联合振兴、推动区域经济合作进程中所发挥的积极作用表示赞赏。

十、中方对温家宝总理访问乌干达期间受到的热烈欢迎和友好接待表示感谢。

2006年6月24日于坎帕拉

中共中央政治局常委李长春在人民大会堂会见阿拉伯国家政府文化代表团

国务委员唐家璇在辽宁省兴城市会见日本前首相村山富市

唐家璇说，我们共同纪念葫芦岛百万日侨大遣返60周年这一历史性事件，展示我们珍视和平、反对战争、推进中日友好的决心和信念，在当前形势下具有重要意义。

唐家璇强调，中国政府高度重视中日关系，真诚地致力于维护和发展两国人民的友好，愿与日方共同努力，使两国和平共处、世代友好、互利合作、共同发展。村山先生1995年发表的著名的"村山谈话"体现了对历史和未来负责的精神，应得到认真贯彻落实。我们希望日方与中方相向而行，尽快消除两国关系中的政治障碍，推动中日关系回到健康发展的轨道。

全军军事训练会议在北京召开

经中央军委批准召开的这次会议，是在我军建设进入机械化信息化复合发展、加速推进中国特色军事变革和军事斗争准备的关键时期，军事训练处在向信息化条件下训练发展的重要阶段召开的一次重要会议。会议的任务和目的是，深入贯彻胡锦涛主席关于大抓军事训练的重要指示，全面落实科学发展观，进一步明确新世纪、新阶段军事训练的指导思想，理清发展思路，研究对策措施，推进军事训练创新发展。会议将对新世纪、新阶段军事训练作出总体部署。

梁光烈在会议开幕时就军事训练形势和贯彻军委决策的有关问题作了讲话。

福中 赵杰在意大利维罗那举行的第十二届世界桥牌锦标赛上获得公开双人赛冠军

这是我国桥牌运动史上的第一个世界冠军。

6月25日

十届全国人大常委会组成人员分组审议监督法草案

全国人大常委会委员长吴邦国参加审议。

2002年8月九届全国人大常委会第二十九次会议对监督法草案进行了初次审议,2004年8月十届全国人大常委会第十一次会议进行了再次审议。24日开幕的十届全国人大常委会第二十二次会议开始对监督法草案进行第三次审议。

常委会组成人员还就人大常委会行使监督权应坚持的原则、监督政府专项工作、监督计划和预算执行情况、在监督"两院"工作的同时保障其依法独立行使职权、执法检查、规范性文件包括司法解释的备案审查、审议和决定撤职案等草案中的主要内容进行了深入审议。

十届全国人大常委会组成人员还分组审议了合伙企业法修订案。

这是合伙企业法修订草案进行的第二次审议,在合伙企业组织形式上,有限责任合伙是否归入普通合伙成为审议的热点。

葫芦岛百万日侨大遣返60周年回顾暨中日关系展望论坛在辽宁省葫芦岛市举行

论坛由辽宁省政府、葫芦岛市政府、中国人民对外友好协会和日本日中友好协会等团体共同举办,中日双方近500人出席,部分当年被遣返日侨和家属也专程来华。辽宁省省长张文岳、对外友协会长陈昊苏也参加了论坛开幕式。国务委员唐家璇和日本前首相村山富市共同出席开幕式。唐家璇在开幕式上发表了题为《以史为鉴,面向未来,努力推动中日世代友好》的讲话。

唐家璇说,60年前,中国人民承受着日本军国主义侵略给中华民族造成的巨大创伤和牺牲,帮助百万日本侨民从葫芦岛踏上了归国之路,葫芦岛成为战后日本侨民"生命的驿站"。这体现出中国人民的博大胸怀、崇高的人道主义精神和宽宏大度的优秀品德,蕴含着中国人民对和平的殷切期盼,对日本人民的真诚情谊,对中日两国人民世代友好的强烈向往。我们无法改变已经发生的不幸历史,但必须对未来负责,必须从历史中汲取沉痛的教训,不让历史悲剧重演,为子孙后代创造美好幸福的明天。

唐家璇指出,中国政府重视中日关系,始终坚持中日友好的方针。中日关系的发展,给两国人民带来了巨大利益,也为亚太地区乃至世界和平、稳定与发展作出了重要贡献。中日关系已成为世界上最重要的双边关系之一。近年来,中日关系遇到了严重的政治障碍,这是中国政府和中国人民不愿看到的,也是广大日本人民和有识之士不愿看到的。我们希望日本领导人以对历史、对人民、对未来高度负责的态度,作出正确决断,消除两国关系的政治障碍,使中日关系回到正常发展的轨道。这符合两国人民的根本利益,也是国际社会的普遍期待。

唐家璇强调,推动中日关系健康稳定发展,要坚定不移地维护中日友好的正确方向。中国政府坚持以"和平共处、世代友好,互利合作、共同发展"的方针为指导,高度重视中日关系,为改善和发展中日关系作出了不懈努力。希望日方也能够从战略高度、用长远眼光看待中日关系,与中方一道作出相向努力;要坚定不移地维护中日关系的政治基础,正确对待历史,妥善处理台湾问题。希望中日双方都能够不折不扣地信守各自在中日三个重要政治文件中作出的承诺,本着"以史为鉴、面向未来"的精神,为中日关系开辟更加美好的未来;要积极促进两国各领域的互利合作。维护世界和平与繁荣,促进亚洲振兴与发展是中日两国义不容辞的责任,也是两国战略利益之所在。中国坚持走和平发展道路,中国的发展不会给任何国家带来威胁。希望中日两国能够成为致力于和平发展、亚洲振兴和人类进步的伙伴。村山富市在讲话中说,日本侵华战争期间,包括葫芦岛在内,中国遭受了军国主义的践踏,然而中国人民悉心照料在华日本侨民并将他们遣返回国,葫芦岛成为日中人民友好的桥梁。中国人民宽广的胸怀和人道主义精神,令日本人民深为感动,我们体会到了中国人民对日本人民的深情厚谊。前事不忘,后事之师。我在1995年的讲话阐述了日本应走的道路。那就是要汲取历史教训,不要让悲剧重演,应深刻反省历史,促进世界和平与发展。现在重要的是,日方要以实际行动落实这一精神,认真对待并妥善处理与中国的关系,加深相互理解,与中方共建和谐合作的双边关系。

徐悲鸿的油画名作《愚公移山》从海外归来

北京市文物局出资3000万元人民币,从拍卖市场将我国现代著名画家徐悲鸿的油画名作《愚公移山》的第一稿买下,并交由徐悲鸿纪念馆收藏。

至此,这幅流落海外65年、命运多舛的《愚公移山》,与徐悲鸿的另两幅同题同名作品得以团圆。

6月26日

全国人大常委会委员长吴邦国在人民大会堂会见

斯里兰卡议长洛库班达拉

保监会在北京召开保险工作座谈会

国务院副总理黄菊作出重要批示，国务委员兼国务院秘书长华建敏出席会议并讲话。

黄菊指出，今后一个时期，要把贯彻落实《国务院关于保险业改革发展的若干意见》作为保险业的中心任务。一是要推进自主创新，拓宽服务领域，提高服务水平，着力解决保险业与经济社会发展和人民生活需求不相适应的矛盾。二是要继续深化改革，完善保险公司的治理结构，建立有效的风险内控机制。三是要进一步提高监管水平，完善法规制度，防范化解风险；加快保险信用体系建设，切实保护被保险人的合法权益。

华建敏在讲话中指出，要充分认识做好保险工作的重要意义。保险是保障社会经济平稳运行的重要手段，是社会保障体系的重要组成部分，是现代金融体系的重要内容，是社会管理的重要方式。加快保险业改革发展，对于增强全社会抵御风险的能力，扩大内需、扩大出口，优化金融资源配置，促进经济又快又好发展，具有不可替代的重要作用；对于提高全社会保障水平，化解社会矛盾，实现社会稳定与和谐，具有重要的现实意义。

华建敏强调，做好新时期的保险工作，要坚持以人为本、全面协调可持续的科学发展观，转变增长方式，走内涵式、集约化发展道路。要拓宽服务领域，加快业务发展，提高服务经济社会能力。要深化改革，进一步完善保险公司治理结构，转换经营机制，加强自主创新，提高可持续发展能力。要坚持把防范风险作为保险业健康发展的生命线，加强改善监管，提高防范化解风险能力。要下大力气抓好人才队伍建设，夯实发展基础，增强行业发展后劲。在风险可控的前提下，要积极拓展保险资金运用的渠道和范围，为国民经济建设提供资金支持。要不断满足人民群众的保险需求，使保险业改革发展的成果惠及全体人民。要坚持从实际出发，正确处理好发挥政府主导作用与坚持市场原则、按经济规律办事的关系，保持市场稳定运行，促进保险业的健康发展。

有关省、自治区、直辖市、计划单列市和中央国务院有关部门负责同志以及部分保险公司负责人参加了座谈会。

经国务院同意中国银监会批准筹建中国邮政储蓄银行

银监会要求邮政储蓄银行的筹建工作应在6个月内完成。

银监会要求，邮政储蓄银行筹建工作应严格按照国务院同意的《中国邮政储蓄银行筹建方案》制定具体实施办法，落实各项筹建要求。邮政储蓄银行的筹建工作要建立规范的董事会、监事会和高级管理层制度，建立科学的权力制衡、责任约束和利益激励机制；尽快开展邮政储蓄业务的清产核资工作，确保邮政储蓄银行注册资本金足额实缴到位。

外交部副部长戴秉国在北京会见俄罗斯副外长基斯里亚克

双方重申将继续致力于通过外交谈判和平解决伊核问题，希望有关各方采取建设性姿态，体现必要的灵活性，共同努力推动早日恢复谈判。双方同意继续就伊核问题保持磋商。

首届全军青年十大爱军精武标兵颁奖典礼在北京举行

中央军委主席胡锦涛亲笔题写了“爱军精武标兵”奖章、章名。中央军委有关领导以及国防部长曹刚川出席颁奖典礼，并为首届全军青年十大爱军精武标兵颁奖。

中央军委委员梁光烈、李继耐、廖锡龙、陈炳德、乔清晨、靖志远一同出席颁奖典礼，并一起为标兵颁奖。

首届全军青年十大爱军精武标兵是：海军某潜艇艇长马立新、空军某试飞团副团长李中华、二炮某导弹发射营士官潘海亮、沈阳军区某防空旅参谋长刘鑫、北京军区某工兵团副团长刘向阳、兰州军区某师参谋冯世清、济南军区装备部某部副部长刘卫星、广州军区某部科长江旻舟、成都军区某团政治处副主任程大远、武警青海总队海西蒙古族藏族自治州支队直属中队中队长高军强。

解放军四总部、全军各大单位、武警部队和军委办公厅领导也出席了颁奖典礼。正在北京出席全军军事训练会议的代表与驻京部队1200多名官兵一起观看了颁奖典礼暨“青春·使命”大型文艺演出。

故宫博物院和大英博物馆在北京签署合作意向书

两馆将在包括展览、研究、修复等在内的各个领域开展合作和交流。

创立于1753年的大英博物馆，是世界上第一个国家级公共博物馆，也是世界上最受欢迎的博物馆之一。

故宫一直十分注重和国外博物馆之间的交流，平均每年有10余个展览在国外展出，并在学术研究及文物修复等方面和业界同行进行积极的交流与合作。目前，故宫和大英博物馆已开始计划策展人和文保专家的互访和交换展览，并计划在学术图录编纂、教育计划、市场营销和推广服务方面开展相互协助。

6月27日

中央军委主席胡锦涛在全军军事训练会议上发表讲话

胡锦涛强调，进入新世纪、新阶段，我军军事训练面临新形势新任务新环境，必须在已有成绩的基础上创新发展，把军事训练提高到一个新的水平。加强新世纪、新阶段军事训练，要着眼有效履行我军历史使命，以新时期军事战略方针为统揽，以提高一体化联合作战能力为目标，围绕推进机械化条件下军事训练向信息化条件下军事训练转变的主题，坚持从实战需要出发从难从严训练，坚持全面提高官兵素质，坚持走科技兴训之路，坚持以改革创新推动训练发展，为确保我军打得赢、不变质服务。

胡锦涛指出，我国安全形势发生深刻变化，我军肩负着新的历史使命，要求我们必须着眼战略全局大抓军事训练。军事训练作为和平时期生成和发展部队战斗力的基本途径，对于确保我军打赢信息化条件下局部战争，增强应对多种安全威胁、完成多样化军事任务的能力，具有至关重要的作用。世界新军事变革加速推进，中国特色军事变革逐步深化，要求我们必须努力适应战争形态和作战方式的发展变化大抓军事训练。改革开放和社会主义市场经济深入发展，全面建设小康社会进程不断推进，要求我们必须适应新形势下建军治军的特点规律大抓军事训练，探索和完善军事训练组织、管理和保障机制。

胡锦涛强调，要立足机械化信息化复合发展的实际，更加自觉地主动地推进机械化条件下军事训练向信息化条件下军事训练的转变。强军必须兴训，治训务必从严。要按照打赢信息化条件下局部战争的要求，从实战需要出发从难从严训练。要努力抓好各级各类人员训练，抓好技术战术基础、合同战术和战略战役训练，抓好战时政治工作研练和后勤、装备保障训练，加强院校教育和民兵预备役训练。坚持依法治训，按纲施训，进一步优化训练程序，强化军事训练全过程全要素精细管理。

胡锦涛指出，信息化条件下局部战争是体系与体系的对抗，基本作战形式是一体化联合作战。联战必须联训。要着眼提高诸军兵种一体化联合作战能力大力加强联合训练。要抓好战略战役战术各个层次的联合训练，并积极探索军政军民联合训练的有效机制和方法。推进我军军事训练向信息化条件下军事训练转变，最根本、最紧要的是在提高官兵综合素质上狠下功夫。要根据军事人才成长规律和各类岗位需求，强化院校和部队合力育人，加大开放式培养力度，建立完善以提高能力为核心、培训与使用紧密结合的人才全程培养机制，努力形成院校教育与部队训练衔接、军事教育与依托国民教育并举、国内培养与国外培训结合的官兵素质培养格局，使军队人力资源得到有效开发和充分利用。要适应战斗力生成模式转变坚持走科技兴训之路。充分发挥科学技术对军事训练的推动作用，提高科学技术对战斗力增长的贡献率，提高军事训练的质量和效益。要坚持以改革为动力，通过改革创新，逐步构建体现时代特征、适应战争发展、符合使命要求、具有我军特色的信息化条件下军事训练的科学体系。

胡锦涛指出，要充分发挥军事训练对军队全面建设的推动作用。军事训练是军队和平时期最基本的实践活动。大力抓好军事训练，有利于促进军队全面建设，更好地落实政治合格、军事过硬、作风优良、纪律严明、保障有力的总要求。要注重结合军事训练开展思想政治教育，培养官兵的革命精神和优良作风。要深入开展我军历史使命教育、理想信念教育、战斗精神教育和社会主义荣辱观教育，引导广大官兵牢固树立马克思主义战争观，大力发扬爱国主义和革命英雄主义精神。要在近似实战的环境中，在艰苦严格的训练中，在重大军事行动中，培养官兵坚定的战斗意志、顽强的战斗作风、过硬的心理素质。要以军事训练为重要着力点，推动军队建设的创新发展。通过加强军事训练，检验完善各种改革创新和部队建设的成果，把蕴藏在广大官兵中的积极性和创造力充分调动起来、有效发挥出来。要强化军事训练对部队的管理作用，促进从严治军方针的有效落实。要严格训练、严格要求，不断增强广大官兵的纪律性，切实养成部队行动的准确性，全面增强部队秩序的规范性。

胡锦涛强调，全军部队首先是各级党委一定要认清形势，贯彻落实科学发展观，切实把军事训练摆在战略地位，以高度的历史责任感和强烈的忧患意识，推动新世纪、新阶段军事训练的创新发展和有效落实。

中共中央政治局委员、中央军委副主席、国务委员兼国防部部长曹刚川，中央军委委员梁光烈、李继耐、廖锡龙、陈炳德、乔清晨、靖志远出席会议。

解放军四总部、驻京各大单位、武警部队和军委办公厅的领导也出席了会议。

国家主席胡锦涛在人民大会堂与老挝国家主席朱马利·赛雅贡举行会谈

胡锦涛表示，中国党和政府一贯高度重视中老关系，愿同老方一道：(一)发扬高层密切交往的优良传统。保持双方领导人经常会晤，就共同关心的问题交换意见。(二)全面推进各个领域的交流合作。中方愿与老方进一步开展在干部培训以及国防、治安、禁毒、文教、旅游等领域的合作。(三)深化两国经贸合作。根据平等互利、讲求实效、形式多样、共同发展的原则,继续挖掘潜力,重点加强在农业、矿产、基础设施建设等领域的互利合作,不断探索合作的新形式、新途径。我们支持两国边境省份开展各种形式的合作,支持有实力、信誉好的中国企业到老挝投资设厂,也欢迎老方工商界积极发展对华贸易。(四)加强在国际和地区事务中的协调和配合。中方愿与老方加强在联合国、中国—东盟、东盟—中日韩、东亚峰会、大湄公河次区域开发等多边框架下的合作,维护共同利益,共同为促进本地区的和平与发展作出贡献。

双方还就国际和地区形势深入交换了意见,达成广泛共识。

会谈后,胡锦涛和朱马利共同出席了两国政府间有关合作协定的签字仪式。

中共中央政治局常委吴邦国在人民大会堂会见由党的全国领导委员会成员克劳迪娅·布卢姆率领的哥伦比亚激进变革党代表团

十届全国人大常委会第二十二次会议在人民大会堂举行第二次全体会议

会议听取了关于2005年中央决算的报告和关于2005年度中央预算执行的审计工作报告。

全国人大常委会委员长吴邦国出席会议。会议由全国人大常委会副委员长路甬祥主持。全国人大常委会副委员长王兆国、李铁映、司马义·艾买提、何鲁丽、丁石孙、成思危、许嘉璐、蒋正华、顾秀莲、热地、盛华仁、乌云其木格、韩启德出席会议。国务委员华建敏、最高人民法院院长肖扬、最高人民检察院检察长贾春旺列席会议。

受国务院委托,财政部部长金人庆提出2005年中央决算报告和中央决算草案。金人庆说,2005年中央和地方财政改革和发展情况比较好,全国财政收入突破3万亿元,达到31649.29亿元;全国财政支出33930.28亿元;全国财政收支相抵,支出大于收入2280.99亿元。中央财政总收入17260.49亿元;中央财政总支出20259.99亿元;中央财政赤字2999.5亿元,比十届全国人大三次会议批准的3000亿元赤字规模减少0.5亿元。在报告2005年中央财政运行的主要情况时,金人庆说,2005年实施稳健财政政策,财政收入实现较快增长;加大公共财政对"三农"支持力度,统筹城乡协调发展;加大对社会事业投入力度,统筹经济社会协调发展;创新财政支持机制,统筹区域协调发展;积极支持环境保护和资源节约,统筹人与自然协调发展;发挥税收政策调控功能,统筹国内发展和对外开放;支持和深化各项改革,促进完善社会主义市场经济体制;加强财政监督管理,积极整改审计提出的问题。金人庆还报告了2006年前5个月全国财政收支的主要情况。金人庆说,总体上看,1—5月财政预算执行情况较好。全国财政收入16630.96亿元,比去年同期增长22.8%;全国财政支出11186.47亿元,比去年同期增长16.7%。前5个月财政运行的主要情况是:财政收入增长较快,增收较多;财政支出进度正常,重点支出得到较好保障;加大投入和创新力度,社会主义新农村建设迈出重要步伐;调整完善税收政策,税收宏观调控作用进一步发挥。

根据法律规定,审计署对2005年度中央预算执行情况进行审计,主要审计了财政部具体组织中央预算执行情况,发展改革委和中央其他部门预算执行情况,青藏铁路环境保护、中小学危房改造、农村合作医疗、高等级公路建设管理情况,以及开发区财政税收政策执行情况等。受国务院委托,审计署审计长李金华报告了审计情况。他说,从审计结果看,2005年中央预算执行情况总体较好。国民经济持续快速发展,保证了中央财政收入稳定增长;严格控制预算支出,合理分配使用超收节支资金;合理配置财政资源,促进了各项社会事业发展;加大转移支付力度,促进了区域经济协调发展;坚持依法行政,圆满完成十届全国人大三次会议批准的中央预算。

李金华说,各部门、单位在做好2005年度预算执行的同时,按照全国人大常委会和国务院的要求,认真整改去年审计发现的问题,取得明显效果。审计38个中央部门查出的问题已有95%得到纠正,其他问题正在纠正之中。目前,中央财政已初步构建起"预算有标准、执行有约束、决算有考核"的制度框架,为进一步深化财政体制改革,规范财政财务管理奠定了基础。但本次审计也发现中央预算执行和其他财政收支中仍存在一些问题。李金华提出3条意见:改进中央补助地方支出预算编报方式,清理整合专项转移支付项目;进一步深化部门预算改革,增强预算的刚性约束;健全中央政府性投资管理制度。

全国人大财经委员会主任委员傅志寰报告了全国人大财经委员会关于2005年中央决算的审查报告。财经委员会认为,2005年中央决算所反映的预算执行情况是好的,审计发现问题的整改效果也是好的,但也存在一些问题。财经委员会建议国务院责成有关部门和地方对审计查出的问题,认真分析原因,切实进行整改,依法追究责任,在2006年年底前将纠正情况和处理结果向全国人大常委会提出报告。为做好财政预算工作,财经委员会还建议:进一步规范预算编制工作;完善财政转移支付制度;严格执行人民代表大会批准的预算。会议还审议了有关任免案。

全国人大常委会副委员长王兆国、李铁映、司马义·艾买提、何鲁丽、丁石孙、成思危、许嘉璐、蒋正华、顾秀莲、热地、盛华仁、乌云其木格、韩启德出席会议。国务委员华建敏、最高人民法院院长肖扬、最高人民检察院检察长贾春旺列席会议。

国务院总理温家宝赴福建看望灾区群众 代表党中央国务院慰问抢险救灾军民

国务院副总理曾培炎就土地问题到北京市调研

曾培炎考察了北京经济技术开发区土地规划利用情况,听取了北京市关于土地管理和调控情况的汇报。

他指出,自2004年10月国务院发布《关于深化改革严格土地管理的决定》以来,各地区和有关部门做了大量工作,出台了一系列政策措施,取得了积极成效。但当前土地使用和管理存在的问题仍然十分突出,特别是非法用地、未批先用、"以租代征"等土地违法违规现象相当严重。这不仅影响当前经济平稳较快发展,也危及民族生存和国家长远利益,必须采取有力措施加以解决。

曾培炎强调,要全面落实科学发展观,充分认识严格土地管理的极端重要性,加大土地调控管理工作的力度,把好土地"闸门"。严格控制建设用地增量,保护好耕地特别是基本农田,确保全国基本农田总量不减少、用途不改变、质量不下降。努力盘活存量土地,制止各种囤积土地行为。强化节约利用土地,提高土地集约利用水平。

曾培炎要求,进一步加强土地调控管理,要综合运用法律、经济和必要的行政手段,努力从体制和机制上解决问题,切实把最严格的土地管理制度落到实处。要完善土地管理责任制,层层落实地方政府保护和合理利用土地的责任。健全土地收益分配机制,抑制盲目扩大征地规模的利益驱动。完善土地立法、执法和司法制度,做到有法可依、执法必严、违法必究,为加强土地管理提供法制保障。

全国安全生产标准化技术委员会成立

该委员会下设煤矿、非煤矿山、化学品、烟花爆竹、粉尘防爆、涂装作业和防尘防毒7个分会。这标志着我国将通过技术规范和提高市场准入门槛加强安全生产。

外交部部长李肇星在北京会见老挝副总理兼外长通伦·西苏里

外交部部长李肇星与韩国外交通商部长官潘基文举行会谈

中印边界问题特别代表第八次会晤在北京举行

中方特别代表、外交部副部长戴秉国与印度特别代表、国家安全顾问纳拉亚南就边界问题的解决框架进一步交换了意见。会晤是在友好和坦诚的气氛中进行的。双方同意,下次特别代表会晤在新德里举行,具体时间将通过外交途径商定。

6月28日

中央军委主席胡锦涛在第二炮兵机关考察

胡锦涛强调要高举邓小平理论和"三个代表"重要思想伟大旗帜,牢固树立和认真落实科学发展观,加快推进中国特色军事变革,加紧做好军事斗争准备,加强二炮全面建设,努力做到在思想政治上非常过硬,在军事技术上非常过硬,在作风纪律上非常过硬,在遂行任务上非常过硬,不断开创二炮科学发展的新局面。

胡锦涛强调,在新世纪、新阶段,二炮肩负着光荣使命和重大责任。党中央、中央军委对二炮建设高度重视,寄予厚望。相信二炮的同志们一定会忠诚履行新世纪、新阶段我军历史使命,在新的起点上推动二炮建设又快又好地向前发展,圆满完成党中央、中央军委赋予的各项任务。

中共中央政治局委员、中央军委副主席、国务委员兼国防部长曹刚川,中央军委委员梁光烈、李继耐、廖锡龙、陈炳德、乔清晨等参加考察。

国家主席胡锦涛在人民大会堂接受8国新任驻华大使递交的国书

这8位新任或首任驻华大使分别是:安提瓜和巴布达非常驻大使肖尔、巴巴多斯非常驻大使菲尔兹、圣卢西亚非常驻首任大使亨特、马耳他共和国大使雪瑞布、塞尔维亚共和国大使乌多维契基、白俄罗斯共和国大使托济克、塞内加尔共和国大使法勒和摩尔多瓦共和国大使季姆丘克。

十届全国人大常委会第二十二次会议举行第三次全体会议

会议听取全国人大常委会执法检查组关于检查专利法实施情况的报告、关于检查归侨侨眷权益保护法实施情况的报告等。吴邦国委员长出席会议。会议由热地副委员长主持。

今年5月,全国人大常委会执法检查组对专利法的实施情况进行了检查。路甬祥副委员长在向会议报告专利法实施情况时说,20多年来,特别是2000年专利法修订以后的6年来,随着我国科技进步与创新步伐的加快,专利法的实施取得了显著成绩,提升了我国自主创新的能力,推动了创新型国家的建设。但专利法实施中存在的问题仍然不少,还不能适应“切实加强我国知识产权制度建设,为建设创新型国家提供有力支撑”的需要:自主创新能力还不强,需要进一步提高对知识产权的拥有和运用能力;知识产权意识还较薄弱,需要进一步加强对知识产权法律的宣传力度;专利技术的实施率还比较低,需要进一步加强产学研结合,促进企业真正成为技术创新的主体;对专利权人合法权益的保护还不够有力,需要进一步加强知识产权行政保护和司法保护的力度;知识产权人才短缺,需要进一步加强人才培养和中介服务机构的建设;专利法的某些规定已经不适应形势发展,需要进一步加以修改完善。

归侨侨眷权益保护法是我国第一部保护归侨侨眷合法权益的专门法律。为进一步加强新形势下的侨务工作,维护归侨侨眷和海外侨胞的合法权益,常委会执法检查组四五月间对这部法律的实施情况进行了检查。这是归侨侨眷权益保护法颁布实施16年来,由全国人大常委会组织进行的第一次执法检查。副委员长兼秘书长盛华仁向会议报告归侨侨眷权益保护法实施情况时说,从检查的情况看,侨务法律实施和侨务政策落实总体情况是好的,主要体现在4个方面:为大批海外侨胞回国定居和创业创造条件;依法维护归侨侨眷和海外侨胞的权利和利益;吸引海外侨胞回国投资创业;侨务法制建设和侨务工作不断取得进展。

在分析了侨务法律实施和侨务政策落实存在的主要问题后,盛华仁就华侨农场的改革发展等问题提出了整改建议。他指出,依法保护归侨侨眷和海外侨胞的权益,做好侨务工作,是一项长期而重要的战略任务。要全面贯彻实施归侨侨眷权益保护法和相关的涉侨法律法规,遵循中央加强新形势下侨务工作的总体要求,加强和改进侨务工作。一要进一步加强侨务法律宣传,增强侨务法制观念;二要进一步完善侨务政策,落实适当照顾的原则;三要进一步加强侨务工作机构和队伍建设,不断开创侨务工作新局面。

会议还审议了吴邦国委员长访问罗马尼亚、摩尔多瓦、希腊、俄罗斯并出席上海合作组织成员国首次议长会晤情况的书面报告。

全国人大常委会副委员长王兆国、李铁映、司马义·艾买提、何鲁丽、丁石孙、成思危、许嘉璐、蒋正华、顾秀莲、乌云其木格出席会议。国务委员唐家璇、最高人民法院院长肖扬、最高人民检察院检察长贾春旺列席会议。

全国人大常委会委员长吴邦国在人民大会堂分别会见老挝人民革命党中央委员会总书记 国家主席朱马利·赛雅贡和菲律宾基督教穆斯林民主力量党总裁众议长何塞·德贝内西

国务院总理温家宝在深圳与澳大利亚总理霍华德举行会谈

双方就进一步发展中澳关系和共同关心的重大国际和地区问题深入交换了意见。

温家宝指出,推动中澳21世纪互利共赢的全面合作关系不断向前发展,符合中澳双方的根本利益,也是中方的战略抉择和坚定不移的政策。我们愿与澳方继续密切高层交往,加强战略对话;积极推进自贸协定谈判,力争早日达成一个符合双方利益的高质量协定;扩大在能源矿产资源、洁净煤、新能源、替代能源以及清洁能源与技术、煤矿安全生产等方面的合作,开展和平利用核能和铀矿领域的合作,提高两国经贸合作水平;加强教育、文化交流,增进相互了解;密切就地区问题的政策协调,共同维护亚太地区的持久稳定和发展。

会谈后,两国总理共同会见中外记者,就中澳关系、两国能源资源合作等回答了提问。

会谈前,两国总理共同出席了中澳第一个天然气合作项目——广东液化天然气项目第一期工程的投产仪式。

全国政协主席贾庆林在香港分别与港澳地区全国政协常委港区全国政协委员以及香港工商专业界代表人士举行座谈

在与港澳地区全国政协常委、港区全国政协委员座谈时,贾庆林指出,保持香港长期繁荣稳定是中央对港政策的根本出发点和落脚点。中央所做的一切,都是为了香港好。今后,中央政府将继续坚定不移地贯彻“一国两制”方针和基本法,全力支持行政长官和特区政府依法施政,保持香港国际金融、贸易、航运等中心的地位,促进香港的长期繁荣稳定。在谈到港区全国政协委员在特区如何更好地发挥作用时,贾庆林强调,大家在国家政治生活中积极参政议政、建言献策的同时,要在香港社会政治事务中进一步发挥积极作用。要充分发挥自身优势,挖掘发展潜力,拓展发展空间,不断促进香港的经济发展和社会的全面进步,为建设繁荣香港不懈努力;要坚持求同存异、体谅包容,在爱国爱港的旗帜下,把香港各方面力量都凝聚起来,为建设和谐香港不懈努力；要全面贯彻“一国两制”方针和基本法，坚决维护行政主导体制，坚决支持行政长官和特区政府依法施政，与香港各界人士一起，维护香港的法治精神，完善香港的法律体系，努力建设公平正义、民主有序的法治社会，为建设法治香港不懈努力。

在与香港工商专业界代表人士座谈时，贾庆林说，国家“十一五”规划明确指出，继续实施内地与香港更紧密经贸关系的安排，加强内地和香港在基础设施建设、产业发展、资源利用、环境保护等方面的合作，支持香港发展金融、物流、旅游、资讯等服务业，保持香港国际金融、贸易、航运等中心的地位。随着国家“十一五”规划的实施和全面建设小康社会宏伟事业的不断推进，香港必将从祖国内地获得更为有力的支持，取得更大的发展。贾庆林指出，CEPA的实施确实为香港工商界提供了许多商机，为专业界向内地发展拓宽了渠道，使香港与内地之间的投资和贸易更加便利，不仅对香港经济的恢复和发展发挥了重要的促进作用，对内地的经济发展特别是服务业的发展也是有益的。今天大家提出许多好意见、好建议，对于我们完善、充实CEPA的内容很有帮助。我相信只要香港工商专业界人士抓住机遇，加快发展，就一定会大有作为。

全国政协副主席、国务院港澳办主任廖晖，全国政协副主席董建华，全国政协秘书长郑万通等参加了座谈。

全国政协主席贾庆林在出席香港特别行政区政府欢迎晚宴上的致辞(摘要)

香港回归祖国以来，在中央政府的大力支持下，行政长官和特区政府带领广大市民共同努力，克服了前所未有的种种困难，经济社会发展取得了显著成就。2003年6月29日，CEPA在香港正式签署。这是在“一国两制”方针和世贸组织的框架内作出的特殊安排。根据这一安排及其后一些补充协议，内地对原产于香港的货物全部实行零关税，向香港开放多个服务贸易领域，两地间的投资和贸易更加便利。这些重大举措，有力地推动了内地与香港的经贸合作，促进了香港经济的复苏和发展。今天的香港，经济明显复苏，社会保持稳定，民生逐渐改善，公众信心日益增强。这样的局面来之不易，值得我们倍加珍惜。

香港回归以来的发展历程，充分展示了“一国两制”的巨大优越性。用“一国两制”方式解决香港、澳门问题，是中国人民的伟大创造，充分体现了中华民族的政治智慧和博大胸怀。在“一国两制”条件下，香港既可以保持原有的社会制度和生活方式不变，继续发挥自身的特色和优势；又能够更加紧密地依托伟大祖国，不断获得广阔的发展空间和不竭的发展动力。CEPA的签署和实施，就是“一国两制”优越性的生动体现。事实说明，香港的繁荣稳定与祖国的繁荣富强是分不开的。从祖国内地的强劲发展中，从中央政府支持香港的政策举措中，从香港与内地日益紧密的合作交流中，香港的发展必将得到更加有力的支撑。

香港回归以来的发展历程，充分证明了香港同胞是完全能够管理好、建设好、发展好香港的。香港的过去，是以中国人为主体的香港人奋斗出来的；香港的现在和未来，归根到底还要靠香港人自己去努力创造。邓小平先生说过：“要相信香港的中国人能治理好香港。”我们欣喜地看到，香港回归以来，在两任行政长官董建华先生和曾荫权先生的领导下，特区政府和香港各界人士团结拼搏、自强不息、开拓进取，香港保持了繁荣稳定，仍然是全球最具发展活力和竞争力的地区之一。事实胜于雄辩，当家做了主人的香港同胞，依靠自己的勤奋和智慧，完全能够治理好香港。香港特别行政区走过的不平凡道路，给予了我们许多有益的启示，形成了这样两点重要共识：

第一，务必加快发展。发展经济、改善民生，是解决香港各种矛盾和问题的根本之策，是推动香港社会进步的永恒主题。香港有今天这样的良好局面，关键在于发展；解决香港目前仍然存在的一些深层次矛盾和问题，归根到底还要靠发展。特别是在经济全球化不断深入，科技进步日新月异，各国、各地区综合实力竞争日趋激烈的新形势下，香港唯有把主要的精力集中到发展经济上来，才能继续保持自己的优势，不断巩固国际金融、贸易、航运等中心的地位，并以此带动其他各项事业不断进步。可以说，做好了发展这篇大文章，香港就不仅不会被“边缘化”，而且将在国家整体发展格局中扮演更加重要的角色，在国际竞争中占据更加有利的地位。

第二，务必促进和谐。多元化、多样性是香港社会的显著特征，是香港充满生机和活力的内在动因。正确认识和对待多元化、多样性问题，直接关系到香港社会的和谐与稳定。不同阶层、不同界别、不同人士，在一些问题上存在不同意见是正常的，关键是要求同存异、体谅包容、理性沟通、增进共识。无论是说话、做事还是思考问题，都要以“一国两制”方针和基本法为准则，以保持香港长期繁荣稳定为依归，自觉服从香港的整体利益和长远利益，识大体、顾大局。只有这样，才能形成和睦共处、和衷共济、和谐发展的良好局面。

中央政府将继续坚定不移地贯彻落实“一国两制”方针和基本法，全力支持行政长官和特区政府依法施政，并按照国家“十一五”规划的要求，进一步推动内地与香港在各个领域的交流和合作，保持香港长期繁荣稳定。让我们携起手来，齐心协力，共创祖国和香港更加美好的未来。

最高人民法院 最高人民检察院贯彻《中共中央关于进一步加强人民法院、人民检察院工作的决定》大会在北京举行

中央政法委书记罗干出席会议并讲话。他强调，全国各级人民法院、人民检察院的广大法官、检察官和其他工作人员，要认真贯彻落实中央文件精神，坚持"公正与效率"的法院工作主题和"强化法律监督，维护公平正义"的检察工作主题，忠实履行宪法和法律赋予的职责，把人民法院、人民检察院工作推上一个新的台阶。

罗干指出，人民法院、人民检察院是国家的司法机关，担负着惩罚犯罪、维护稳定，化解矛盾、促进发展的重要任务。当前，我国社会主义现代化建设正处在关键的发展时期，同时也是人民内部矛盾凸显期、刑事犯罪高发期、对敌斗争复杂期。在这种形势下，加强司法工作，充分发挥人民法院、人民检察院的职能作用，对于维护社会稳定、促进经济发展、建设社会主义法治国家、构建社会主义和谐社会，具有十分重要的意义。

罗干强调，各级人民法院、人民检察院要认清肩负的历史责任，统一思想，振奋精神，全面推进人民法院、人民检察院工作，为全面建设小康社会、构建社会主义和谐社会，作出新的更大的贡献。要切实增强大局意识，按照构建社会主义和谐社会的要求，妥善处理改革、发展、稳定的关系，始终坚持"稳定压倒一切"的方针，充分发挥审判职能和法律监督职能，依法严惩严重刑事犯罪，维护国家安全和社会稳定，为经济发展、构建社会主义和谐社会、建设社会主义新农村、建设创新型国家，提供有力的司法保障。要巩固和扩大保持共产党员先进性教育的成果，结合社会主义荣辱观教育，在司法机关中深入开展社会主义法治理念教育，使全体司法人员准确领会社会主义法治理念的基本内涵、精神实质和基本要求，牢固树立严格执法、司法为民、公平正义、服务大局和党的领导的理念，用社会主义法治理念武装头脑，始终保持忠于党、忠于国家、忠于人民、忠于法律的政治本色，切实用社会主义法治理念指导司法实践。要全面加强人民法院、人民检察院队伍建设，提高广大法官、检察官的素质，努力建设一支政治坚定、业务精通、作风优良、执法公正的司法队伍。要按照中共中央转发的《中央司法体制改革领导小组关于司法体制和工作机制改革的初步意见》的要求，积极稳妥地推进司法体制改革，不断健全完善司法工作机制，提高司法能力。

罗干要求，各级党委要从提高党的执政能力、巩固党的执政地位的高度，深刻认识新形势下人民法院、人民检察院工作的重要性，加强和改善对司法工作的领导。要经常听取人民法院、人民检察院的工作汇报，帮助他们解决工作中的困难和问题，为人民法院、人民检察院更好地发挥职能作用创造条件，为司法机关依法行使职权营造良好的司法环境。

6月29日

中共中央政治局召开会议

会议总结在全党开展的以实践"三个代表"重要思想为主要内容的保持共产党员先进性教育活动。中共中央总书记胡锦涛主持会议。

会议指出，2005年1月，根据党中央的决定，在全党开展了保持共产党员先进性教育活动，到今年6月已基本结束。这次先进性教育活动，按照党中央提出的关键是要取得实效、真正成为群众满意工程的要求，各级党组织精心组织，广大党员积极参加，人民群众大力支持，以学习实践"三个代表"重要思想为主线，全面落实科学发展观，坚持正面教育、自我教育为主，坚持理论联系实际，坚持教育活动与生产工作"两不误、两促进"，主题鲜明，领导有力，措施得当，工作扎实，基本实现了提高党员素质、加强基层组织、服务人民群众、促进各项工作的目标，取得了显著的实践成果、制度成果、理论成果。

会议强调，这次先进性教育活动，是我们党参加人数最多、规模最大的一次党内集中教育活动，是我们党在改革开放和发展社会主义市场经济条件下用发展着的马克思主义武装全党的一项重大举措，是在全面建设小康社会、加快推进社会主义现代化的关键时期加强党的执政能力建设和先进性建设的一次成功实践，对推进党的建设新的伟大工程和中国特色社会主义伟大事业具有十分重大的意义。

会议强调，各级党委要认真搞好总结，实事求是地分析取得的工作成绩和工作中存在的不足，切实抓好先进性教育活动整改提高的后续工作。要充分借鉴先进性教育活动创造的宝贵经验，从思想、组织、作风和制度等方面入手，全面加强领导班子建设、基层党组织建设和党员队伍建设，继续扎扎实实推进党的先进性建设。要认真贯彻落实中央下发的《关于加强党员经常性教育的意见》等4个保持共产党员先进性长效机制的文件，坚持把集中教育与经常性工作很好地衔接起来，在经常性工作中继续巩固和扩大先进性教育活动的成果。要深化党的先进性建设理论研究，逐步建立健全以党章为核心的党内制度体系，不断探索党的先进性建设的有效途径。

会议认为，加强党的先进性建设是一项长期任务。

必须把党的先进性建设作为我们党的根本性建设摆在突出位置，坚持用发展着的马克思主义武装全党、指导实践，切实把党的建设新的伟大工程同党领导的伟大事业紧密结合起来，坚决贯彻从严治党、党要管党的方针，不断实现好、维护好、发展好最广大人民的根本利益，始终保持党同人民群众的血肉联系，始终保持党的蓬勃生机和旺盛活力。

中共中央总书记胡锦涛主持中共中央政治局第三十二次集体学习

胡锦涛强调，科学执政、民主执政、依法执政，核心是要为人民执好政、掌好权。要把坚持党的领导、人民当家做主和依法治国有机统一起来，不断改革和完善党的领导方式和执政方式，不断提高党的执政能力和领导水平，在为人民治国理政的实践中体现党的先进性、发展党的先进性、永葆党的先进性。

中共中央政治局这次集体学习安排的内容是坚持科学执政、民主执政、依法执政。中央党校党建教研部张志明教授、政法教研部卓泽渊教授就这个问题进行讲解，并谈了他们的有关看法和建议。

中共中央政治局各位同志认真听取了他们的讲解，并就有关问题进行了讨论。

胡锦涛在主持学习时发表了讲话。他指出，坚持科学执政、民主执政、依法执政，是新的历史条件下加强党的执政能力建设和先进性建设的重要内容。强调科学执政、民主执政、依法执政，反映了我们党对共产党执政规律认识的深化和对党长期执政正反两方面经验的科学总结，反映了我们党对自己所处的历史方位和所承担的历史使命的清醒认识，反映了我们党把推进党的建设新的伟大工程同推进中国特色社会主义伟大事业紧密结合的高度自觉。只有坚持科学执政、民主执政、依法执政，我们党才能更加有效地完成人民和时代赋予我们党的庄严使命。

胡锦涛强调，科学执政是马克思主义政党执政成功的前提条件。科学执政，就是坚持以马克思主义的科学理论为指导，不断探索和遵循共产党执政规律、社会主义建设规律、人类社会发展规律，以科学的思想、科学的制度、科学的方式组织和带领人民共同建设中国特色社会主义。要科学制定和实施党的理论和路线方针政策，科学设计、组织、开展各项执政活动。在当代中国，科学执政尤其要体现在切实抓好发展这个党执政兴国的第一要务上，坚持以科学发展观统领经济社会发展全局，不断实现好、维护好、发展好最广大人民的根本利益。要大力推进决策科学化、民主化，努力使我们作出的决策特别是关系国计民生的重大决策符合客观规律和科学规律，符合人民群众的愿望。

胡锦涛强调，民主执政是马克思主义政党执政的本质要求。民主执政，就是坚持为人民执政、靠人民执政，发展中国特色社会主义民主政治，推进社会主义民主政治的制度化、规范化、程序化，以民主的制度、民主的形式、民主的手段支持和保证人民当家做主。要牢牢坚持立党为公、执政为民，真正把最广大人民的根本利益作为一切工作的出发点和落脚点，切实做到权为民所用、情为民所系、利为民所谋。要进一步健全民主制度，保证人民依法实行民主选举、民主决策、民主管理、民主监督，充分发挥人民群众和社会各方面的积极性、主动性、创造性，共同做好改革发展稳定的各项工作。要不断完善和扩大党内民主，加强对权力的监督，保证把人民赋予的权力真正用来为人民谋利益。

胡锦涛强调，依法执政是新的历史条件下马克思主义政党执政的基本方式。依法执政，就是坚持依法治国、建设社会主义法治国家，领导立法，带头守法，保证执法，不断推进国家经济、政治、文化、社会生活的法制化、规范化，以法治的理念、法治的体制、法治的程序保证党领导人民有效治理国家。要加强党对立法工作的领导，推进科学立法、民主立法，从制度上、法律上保证党的路线方针政策的贯彻实施。各级党组织都要在宪法和法律范围内活动，全体党员都要模范遵守宪法和法律。要督促和支持国家机关依法行使职权，依法推动各项工作的开展，切实维护公民的合法权益。

胡锦涛强调，各级党委都要切实把坚持科学执政、民主执政、依法执政落实到加强党的执政能力建设和先进性建设的实践中去，落实到改革开放和现代化建设的各项工作中去，不断推进党执政的科学化、民主化、法治化，更好地团结带领全国各族人民夺取建设中国特色社会主义事业新的更大的胜利。

十届全国人大常委会第二十二次会议在人民大会堂闭会

会议表决通过了刑法修正案(六)和修订后的义务教育法，国家主席胡锦涛签署第51号和第52号主席令予以公布。

全国人大常委会委员长吴邦国主持会议并作重要讲话。

会议分别表决通过了全国人大常委会关于批准亚太空间合作组织公约的决定、关于批准防止倾倒废物及其他物质污染海洋的公约1996年议定书的决定、关于批准中国和西班牙关于移管被判刑人的条约的决定、关于批准中国和墨西哥关于刑事司法协助的条约的决定。会议表决通过了全国人大常委会关于批准2005年中央决算的决议，决定批准2005年中央决算。会议还表决通过了全国人大常委会代表资格审查委员会关于个别代表的代表资格的报告。

会议表决决定，任命石秀诗为全国人大财经委副主任委员、曹伯纯为全国人大环资委副主任委员。会议还表决通过了其他任免事项。

完成各项议程后，吴邦国发表讲话。谈到义务教育法时，吴邦国指出，针对义务教育存在的突出问题，在认真总结经验、广泛征求意见的基础上，这次对义务教育法作了全面修订，重点是三个方面：一是将义务教育经费保障机制以法律形式固定下来，明确义务教育不收学费、杂费，实施步骤由国务院规定；二是将促进义务教育均衡发展作为方向性要求确定下来，明确各级政府应当合理配置教育资源；三是将实施素质教育写入法律，进一步明确了义务教育的方针和目标。各级政府及有关部门要高度重视修改后的义务教育法的实施工作，将法律规定落到实处。要采取有效措施，确保义务教育经费纳入财政预算并及时足额拨付，尤其要重点扶持农村地区、贫困地区和民族地区义务教育的发展。要从素质教育是义务教育的本质属性出发，改革教学制度，优化课程设置，降低课程难度，精简教学内容，提高教师素质，改进教学方法，减轻课业负担，尽快将义务教育转到素质教育的轨道上来，确保中小学生德、智、体全面发展。

关于监督法草案的审议情况，吴邦国说，会议期间，常委会组成人员和列席会议的同志本着对党和人民高度负责的精神，结合本届全国人大常委会的监督工作，深入讨论，对修改后的监督法草案给予肯定。普遍赞成将监督法的调整范围确定为规范人大常委会监督工作，认为这符合实际，也是各级人大常委会最为关注、最希望规范的问题，有很强的针对性和可操作性。审议中大家认为，草案坚持以邓小平理论和"三个代表"重要思想为指导，以宪法为依据，充分体现了坚持党的领导、人民当家做主和依法治国的有机统一，正确处理了加强人大监督工作和坚持党的领导的关系，正确处理了加强人大监督工作和支持"一府两院"依法开展工作的关系，体现了民主集中制、集体监督、有序监督的原则。大家一致认为，草案符合我国国情，符合人大工作实际，已经比较成熟，希望进一步修改完善后尽快提请审议通过。

吴邦国指出，这次专利法执法检查的情况从一个侧面反映了我国科技总体水平同世界先进水平的巨大差距，表明建设创新型国家的战略任务有多么艰巨。对此，我们必须保持清醒头脑，增强忧患意识，采取强有力措施，迎头赶上。要认真贯彻全国科技大会精神，全面落实国家中长期科技发展规划纲要，围绕建设创新型国家的目标，真正把增强自主创新能力作为发展科学技术的战略基点，作为调整经济结构、转变经济增长方式的中心环节，作为国家战略贯穿到现代化建设的各个方面，激发全民族创新精神，培育高水平创新人才，建立以企业为主体、市场为导向、产学研相结合的自主创新体系，形成有利于自主创新的体制机制。

在谈到归侨侨眷权益保护法执法检查报告的审议情况时，吴邦国说，常委会组成人员赞成执法检查组提出的建议，认为这些建议符合实际，经过努力是可以做到的。希望国务院及有关部门和地方政府，积极采纳这些建议，切实解决归侨侨眷生产生活中的突出困难，维护和保障归侨侨眷的合法权益。

全国人大常委会副委员长王兆国、李铁映、司马义·艾买提、何鲁丽、丁石孙、成思危、许嘉璐、蒋正华、顾秀莲、热地、盛华仁、路甬祥、乌云其木格、韩启德、傅铁山出席会议。国务院副总理吴仪、最高人民法院副院长曹建明、最高人民检察院副检察长张耕列席会议。

国家主席胡锦涛签署第51号令公布《中华人民共和国刑法修正案(六)》

《中华人民共和国刑法修正案(六)》已由中华人民共和国第十届全国人民代表大会常务委员会第二十二次会议于2006年6月29日通过，现予公布，自公布之日起施行。

中华人民共和国主席　胡锦涛

2006年6月29日

中华人民共和国刑法修正案(六)

(2006年6月29日第十届全国人民代表大会常务委员会第二十二次会议通过)

一、将刑法第一百三十四条修改为："在生产、作业中违反有关安全管理的规定，因而发生重大伤亡事故或者造成其他严重后果的，处三年以下有期徒刑或者拘役；情节特别恶劣的，处三年以上七年以下有期徒刑。

"强令他人违章冒险作业，因而发生重大伤亡事故或者造成其他严重后果的，处五年以下有期徒刑或者拘役；情节特别恶劣的，处五年以上有期徒刑。"

二、将刑法第一百三十五条修改为："安全生产设施或者安全生产条件不符合国家规定，因而发生重大伤亡事故或者造成其他严重后果的，对直接负责的主管人员和其他直接责任人员，处三年以下有期徒刑或者拘役；情节特别恶劣的，处三年以上七年以下有期徒刑。"

三、在刑法第一百三十五条后增加一条，作为第一百三十五条之一："举办大型群众性活动违反安全管理规定，因而发生重大伤亡事故或者造成其他严重后果的，对直接负责的主管人员和其他直接责任人员，处三年以下有期徒刑或者拘役；情节特别恶劣的，处三年以上七年以下有期徒刑。”

四、在刑法第一百三十九条后增加一条，作为第一百三十九条之一：“在安全事故发生后，负有报告职责的人员不报或者谎报事故情况，贻误事故抢救，情节严重的，处三年以下有期徒刑或者拘役；情节特别严重的，处三年以上七年以下有期徒刑。”

五、将刑法第一百六十一条修改为：“依法负有信息披露义务的公司、企业向股东和社会公众提供虚假的或者隐瞒重要事实的财务会计报告，或者对依法应当披露的其他重要信息不按照规定披露，严重损害股东或者其他人利益，或者有其他严重情节的，对其直接负责的主管人员和其他直接责任人员，处三年以下有期徒刑或者拘役，并处或者单处二万元以上二十万元以下罚金。”

六、在刑法第一百六十二条之一后增加一条，作为第一百六十二条之二：“公司、企业通过隐匿财产、承担虚构的债务或者以其他方法转移、处分财产，实施虚假破产，严重损害债权人或者其他人利益的，对其直接负责的主管人员和其他直接责任人员，处五年以下有期徒刑或者拘役，并处或者单处二万元以上二十万元以下罚金。”

七、将刑法第一百六十三条修改为：“公司、企业或者其他单位的工作人员利用职务上的便利，索取他人财物或者非法收受他人财物，为他人谋取利益，数额较大的，处五年以下有期徒刑或者拘役；数额巨大的，处五年以上有期徒刑，可以并处没收财产。

“公司、企业或者其他单位的工作人员在经济往来中，利用职务上的便利，违反国家规定，收受各种名义的回扣、手续费，归个人所有的，依照前款的规定处罚。

“国有公司、企业或者其他国有单位中从事公务的人员和国有公司、企业或者其他国有单位委派到非国有公司、企业以及其他单位从事公务的人员有前两款行为的，依照本法第三百八十五条、第三百八十六条的规定定罪处罚。”

八、将刑法第一百六十四条第一款修改为：“为谋取不正当利益，给予公司、企业或者其他单位的工作人员以财物，数额较大的，处三年以下有期徒刑或者拘役；数额巨大的，处三年以上十年以下有期徒刑，并处罚金。”

九、在刑法第一百六十九条后增加一条，作为第一百六十九条之一：“上市公司的董事、监事、高级管理人员违背对公司的忠实义务，利用职务便利，操纵上市公司从事下列行为之一，致使上市公司利益遭受重大损失的，处三年以下有期徒刑或者拘役，并处或者单处罚金；致使上市公司利益遭受特别重大损失的，处三年以上七年以下有期徒刑，并处罚金：

“（一）无偿向其他单位或者个人提供资金、商品、服务或者其他资产的；

“（二）以明显不公平的条件，提供或者接受资金、商品、服务或者其他资产的；

“（三）向明显不具有清偿能力的单位或者个人提供资金、商品、服务或者其他资产的；

“（四）为明显不具有清偿能力的单位或者个人提供担保，或者无正当理由为其他单位或者个人提供担保的；

“（五）无正当理由放弃债权、承担债务的；

“（六）采用其他方式损害上市公司利益的。

“上市公司的控股股东或者实际控制人，指使上市公司董事、监事、高级管理人员实施前款行为的，依照前款的规定处罚。

“犯前款罪的上市公司的控股股东或者实际控制人是单位的，对单位判处罚金，并对其直接负责的主管人员和其他直接责任人员，依照第一款的规定处罚。”

十、在刑法第一百七十五条后增加一条，作为第一百七十五条之一：“以欺骗手段取得银行或者其他金融机构贷款、票据承兑、信用证、保函等，给银行或者其他金融机构造成重大损失或者有其他严重情节的，处三年以下有期徒刑或者拘役，并处或者单处罚金；给银行或者其他金融机构造成特别重大损失或者有其他特别严重情节的，处三年以上七年以下有期徒刑，并处罚金。

“单位犯前款罪的，对单位判处罚金，并对其直接负责的主管人员和其他直接责任人员，依照前款的规定处罚。”

十一、将刑法第一百八十二条修改为：“有下列情形之一，操纵证券、期货市场，情节严重的，处五年以下有期徒刑或者拘役，并处或者单处罚金；情节特别严重的，处五年以上十年以下有期徒刑，并处罚金：

“（一）单独或者合谋，集中资金优势、持股或者持仓优势或者利用信息优势联合或者连续买卖，操纵证券、期货交易价格或者证券、期货交易量的；

“（二）与他人串通，以事先约定的时间、价格和方式相互进行证券、期货交易，影响证券、期货交易价格或者证券、期货交易量的；

“（三）在自己实际控制的账户之间进行证券交易，或者以自己为交易对象，自买自卖期货合约，影响证券、期货交易价格或者证券、期货交易量的；

“（四）以其他方法操纵证券、期货市场的。

“单位犯前款罪的，对单位判处罚金，并对其直接负责的主管人员和其他直接责任人员，依照前款的规定处罚。”

十二、在刑法第一百八十五条后增加一条，作为第一百八十五条之一:“商业银行、证券交易所、期货交易所、证券公司、期货经纪公司、保险公司或者其他金融机构,违背受托义务,擅自运用客户资金或者其他委托、信托的财产,情节严重的,对单位判处罚金,并对其直接负责的主管人员和其他直接责任人员,处三年以下有期徒刑或者拘役,并处三万元以上三十万元以下罚金;情节特别严重的,处三年以上十年以下有期徒刑,并处五万元以上五十万元以下罚金。

“社会保障基金管理机构、住房公积金管理机构等公众资金管理机构,以及保险公司、保险资产管理公司、证券投资基金管理公司,违反国家规定运用资金的,对其直接负责的主管人员和其他直接责任人员,依照前款的规定处罚。”

十三、将刑法第一百八十六条第一款、第二款修改为:“银行或者其他金融机构的工作人员违反国家规定发放贷款,数额巨大或者造成重大损失的,处五年以下有期徒刑或者拘役,并处一万元以上十万元以下罚金;数额特别巨大或者造成特别重大损失的,处五年以上有期徒刑,并处二万元以上二十万元以下罚金。

“银行或者其他金融机构的工作人员违反国家规定,向关系人发放贷款的,依照前款的规定从重处罚。”

十四、将刑法第一百八十七条第一款修改为:“银行或者其他金融机构的工作人员吸收客户资金不入账,数额巨大或者造成重大损失的,处五年以下有期徒刑或者拘役,并处二万元以上二十万元以下罚金;数额特别巨大或者造成特别重大损失的,处五年以上有期徒刑,并处五万元以上五十万元以下罚金。”

十五、将刑法第一百八十八条第一款修改为:“银行或者其他金融机构的工作人员违反规定,为他人出具信用证或者其他保函、票据、存单、资信证明,情节严重的,处五年以下有期徒刑或者拘役;情节特别严重的,处五年以上有期徒刑。”

十六、将刑法第一百九十一条第一款修改为:“明知是毒品犯罪、黑社会性质的组织犯罪、恐怖活动犯罪、走私犯罪、贪污贿赂犯罪、破坏金融管理秩序犯罪、金融诈骗犯罪的所得及其产生的收益,为掩饰、隐瞒其来源和性质,有下列行为之一的,没收实施以上犯罪的所得及其产生的收益,处五年以下有期徒刑或者拘役,并处或者单处洗钱数额百分之五以上百分之二十以下罚金;情节严重的,处五年以上十年以下有期徒刑,并处洗钱数额百分之五以上百分之二十以下罚金:

“(一)提供资金账户的;

“(二)协助将财产转换为现金、金融票据、有价证券的;

“(三)通过转账或者其他结算方式协助资金转移的;

“(四)协助将资金汇往境外的;

“(五)以其他方法掩饰、隐瞒犯罪所得及其收益的来源和性质的。”

十七、在刑法第二百六十二条后增加一条,作为第二百六十二条之一:“以暴力、胁迫手段组织残疾人或者不满十四周岁的未成年人乞讨的,处三年以下有期徒刑或者拘役,并处罚金;情节严重的,处三年以上七年以下有期徒刑,并处罚金。”

十八、将刑法第三百零三条修改为:“以营利为目的,聚众赌博或者以赌博为业的,处三年以下有期徒刑、拘役或者管制,并处罚金。

“开设赌场的,处三年以下有期徒刑、拘役或者管制,并处罚金;情节严重的,处三年以上十年以下有期徒刑,并处罚金。”

十九、将刑法第三百一十二条修改为:“明知是犯罪所得及其产生的收益而予以窝藏、转移、收购、代为销售或者以其他方法掩饰、隐瞒的,处三年以下有期徒刑、拘役或者管制,并处或者单处罚金;情节严重的,处三年以上七年以下有期徒刑,并处罚金。”

二十、在刑法第三百九十九条后增加一条,作为第三百九十九条之一:“依法承担仲裁职责的人员,在仲裁活动中故意违背事实和法律作枉法裁决,情节严重的,处三年以下有期徒刑或者拘役;情节特别严重的,处三年以上七年以下有期徒刑。”

二十一、本修正案自公布之日起施行。

国家主席胡锦涛签署第52号令公布《中华人民共和国义务教育法》

《中华人民共和国义务教育法》已由中华人民共和国第十届全国人民代表大会常务委员会第二十二次会议于2006年6月29日修订通过,现将修订后的《中华人民共和国义务教育法》公布,自2006年9月1日起施行。

中华人民共和国主席　胡锦涛

2006年6月29日

中华人民共和国义务教育法

(1986年4月12日第六届全国人民代表大会第四次会议通过2006年6月29日第十届全国人民代表大会常务委员会第二十二次会议修订)

第一章　总　则

第一条　为了保障适龄儿童、少年接受义务教育的权利,保证义务教育的实施,提高全民族素质,根据宪法和教育法,制定本法。

第二条　国家实行九年义务教育制度。

义务教育是国家统一实施的所有适龄儿童、少年必须接受的教育,是国家必须予以保障的公益性事业。

实施义务教育,不收学费、杂费。

国家建立义务教育经费保障机制,保证义务教育制度实施。

第三条 义务教育必须贯彻国家的教育方针,实施素质教育,提高教育质量,使适龄儿童、少年在品德、智力、体质等方面全面发展,为培养有理想、有道德、有文化、有纪律的社会主义建设者和接班人奠定基础。

第四条 凡具有中华人民共和国国籍的适龄儿童、少年,不分性别、民族、种族、家庭财产状况、宗教信仰等,依法享有平等接受义务教育的权利,并履行接受义务教育的义务。

第五条 各级人民政府及其有关部门应当履行本法规定的各项职责,保障适龄儿童、少年接受义务教育的权利。

适龄儿童、少年的父母或者其他法定监护人应当依法保证其按时入学接受并完成义务教育。

依法实施义务教育的学校应当按照规定标准完成教育教学任务,保证教育教学质量。

社会组织和个人应当为适龄儿童、少年接受义务教育创造良好的环境。

第六条 国务院和县级以上地方人民政府应当合理配置教育资源,促进义务教育均衡发展,改善薄弱学校的办学条件,并采取措施,保障农村地区、民族地区实施义务教育,保障家庭经济困难的和残疾的适龄儿童、少年接受义务教育。

国家组织和鼓励经济发达地区支援经济欠发达地区实施义务教育。

第七条 义务教育实行国务院领导,省、自治区、直辖市人民政府统筹规划实施,县级人民政府为主管理的体制。

县级以上人民政府教育行政部门具体负责义务教育实施工作;县级以上人民政府其他有关部门在各自的职责范围内负责义务教育实施工作。

第八条 人民政府教育督导机构对义务教育工作执行法律法规情况、教育教学质量以及义务教育均衡发展状况等进行督导,督导报告向社会公布。

第九条 任何社会组织或者个人有权对违反本法的行为向有关国家机关提出检举或者控告。

发生违反本法的重大事件,妨碍义务教育实施,造成重大社会影响的,负有领导责任的人民政府或者人民政府教育行政部门负责人应当引咎辞职。

第十条 对在义务教育实施工作中作出突出贡献的社会组织和个人,各级人民政府及其有关部门按照有关规定给予表彰、奖励。

第二章 学 生

第十一条 凡年满六周岁的儿童,其父母或者其他法定监护人应当送其入学接受并完成义务教育;条件不具备的地区的儿童,可以推迟到七周岁。

适龄儿童、少年因身体状况需要延缓入学或者休学的,其父母或者其他法定监护人应当提出申请,由当地乡镇人民政府或者县级人民政府教育行政部门批准。

第十二条 适龄儿童、少年免试入学。地方各级人民政府应当保障适龄儿童、少年在户籍所在地学校就近入学。

父母或者其他法定监护人在非户籍所在地工作或者居住的适龄儿童、少年,在其父母或者其他法定监护人工作或者居住地接受义务教育的,当地人民政府应当为其提供平等接受义务教育的条件。具体办法由省、自治区、直辖市规定。

县级人民政府教育行政部门对本行政区域内的军人子女接受义务教育予以保障。

第十三条 县级人民政府教育行政部门和乡镇人民政府组织和督促适龄儿童、少年入学,帮助解决适龄儿童、少年接受义务教育的困难,采取措施防止适龄儿童、少年辍学。

居民委员会和村民委员会协助政府做好工作,督促适龄儿童、少年入学。

第十四条 禁止用人单位招用应当接受义务教育的适龄儿童、少年。

根据国家有关规定经批准招收适龄儿童、少年进行文艺、体育等专业训练的社会组织,应当保证所招收的适龄儿童、少年接受义务教育;自行实施义务教育的,应当经县级人民政府教育行政部门批准。

第三章 学 校

第十五条 县级以上地方人民政府根据本行政区域内居住的适龄儿童、少年的数量和分布状况等因素,按照国家有关规定,制定、调整学校设置规划。新建居民区需要设置学校的,应当与居民区的建设同步进行。

第十六条 学校建设,应当符合国家规定的办学标准,适应教育教学需要;应当符合国家规定的选址要求和建设标准,确保学生和教职工安全。

第十七条 县级人民政府根据需要设置寄宿制学校,保障居住分散的适龄儿童、少年入学接受义务教育。

第十八条 国务院教育行政部门和省、自治区、直辖市人民政府根据需要,在经济发达地区设置接收少数民族适龄儿童、少年的学校(班)。

第十九条 县级以上地方人民政府根据需要设置相应的实施特殊教育的学校(班),对视力残疾、听力语言残疾和智力残疾的适龄儿童、少年实施义务教育。特殊教育学校(班)应当具备适应残疾儿童、少年学习、康复、生活特点的场所和设施。

普通学校应当接收具有接受普通教育能力的残疾适龄儿童、少年随班就读,并为其学习、康复提供帮助。

第二十条 县级以上地方人民政府根据需要,为具有预防未成年人犯罪法规定的严重不良行为的适龄少年设置专门的学校实施义务教育。

第二十一条 对未完成义务教育的未成年犯和被采取强制性教育措施的未成年人应当进行义务教育,所需经费由人民政府予以保障。

第二十二条 县级以上人民政府及其教育行政部门应当促进学校均衡发展,缩小学校之间办学条件的差距,不得将学校分为重点学校和非重点学校。学校不得分设重点班和非重点班。

县级以上人民政府及其教育行政部门不得以任何名义改变或者变相改变公办学校的性质。

第二十三条 各级人民政府及其有关部门依法维护学校周边秩序,保护学生、教师、学校的合法权益,为学校提供安全保障。

第二十四条 学校应当建立、健全安全制度和应急机制,对学生进行安全教育,加强管理,及时消除隐患,预防发生事故。

县级以上地方人民政府定期对学校校舍安全进行检查;对需要维修、改造的,及时予以维修、改造。

学校不得聘用曾经因故意犯罪被依法剥夺政治权利或者其他不适合从事义务教育工作的人担任工作人员。

第二十五条 学校不得违反国家规定收取费用,不得以向学生推销或者变相推销商品、服务等方式谋取利益。

第二十六条 学校实行校长负责制。校长应当符合国家规定的任职条件。校长由县级人民政府教育行政部门依法聘任。

第二十七条 对违反学校管理制度的学生,学校应当予以批评教育,不得开除。

第四章 教 师

第二十八条 教师享有法律规定的权利,履行法律规定的义务,应当为人师表,忠诚于人民的教育事业。

全社会应当尊重教师。

第二十九条 教师在教育教学中应当平等对待学生,关注学生的个体差异,因材施教,促进学生的充分发展。

教师应当尊重学生的人格,不得歧视学生,不得对学生实施体罚、变相体罚或者其他侮辱人格尊严的行为,不得侵犯学生合法权益。

第三十条 教师应当取得国家规定的教师资格。

国家建立统一的义务教育教师职务制度。教师职务分为初级职务、中级职务和高级职务。

第三十一条 各级人民政府保障教师工资福利和社会保险待遇,改善教师工作和生活条件;完善农村教师工资经费保障机制。

教师的平均工资水平应当不低于当地公务员的平均工资水平。

特殊教育教师享有特殊岗位补助津贴。在民族地区和边远贫困地区工作的教师享有艰苦贫困地区补助津贴。

第三十二条 县级以上人民政府应当加强教师培养工作,采取措施发展教师教育。

县级人民政府教育行政部门应当均衡配置本行政区域内学校师资力量,组织校长、教师的培训和流动,加强对薄弱学校的建设。

第三十三条 国务院和地方各级人民政府鼓励和支持城市学校教师和高等学校毕业生到农村地区、民族地区从事义务教育工作。

国家鼓励高等学校毕业生以志愿者的方式到农村地区、民族地区缺乏教师的学校任教。县级人民政府教育行政部门依法认定其教师资格,其任教时间计入工龄。

第五章 教育教学

第三十四条 教育教学工作应当符合教育规律和学生身心发展特点,面向全体学生,教书育人,将德育、智育、体育、美育等有机统一在教育教学活动中,注重培养学生独立思考能力、创新能力和实践能力,促进学生全面发展。

第三十五条 国务院教育行政部门根据适龄儿童、少年身心发展的状况和实际情况,确定教学制度、教育教学内容和课程设置,改革考试制度,并改进高级中等学校招生办法,推进实施素质教育。

学校和教师按照确定的教育教学内容和课程设置开展教育教学活动,保证达到国家规定的基本质量要求。

国家鼓励学校和教师采用启发式教育等教育教学方法,提高教育教学质量。

第三十六条 学校应当把德育放在首位,寓德育于教育教学之中,开展与学生年龄相适应的社会实践活动,形成学校、家庭、社会相互配合的思想道德教育体系,促进学生养成良好的思想品德和行为习惯。

第三十七条 学校应当保证学生的课外活动时间,组织开展文化娱乐等课外活动。社会公共文化体育设施应当为学校开展课外活动提供便利。

第三十八条 教科书根据国家教育方针和课程标准编写,内容力求精简,精选必备的基础知识、基本技能,经济实用,保证质量。

国家机关工作人员和教科书审查人员,不得参与或者变相参与教科书的编写工作。

第三十九条 国家实行教科书审定制度。教科书的审定办法由国务院教育行政部门规定。

未经审定的教科书,不得出版、选用。

第四十条 教科书由国务院价格行政部门会同出版行政部门按照微利原则确定基准价。省、自治区、直辖市人民政府价格行政部门会同出版行政部门按照基准价确定零售价。

第四十一条 国家鼓励教科书循环使用。

第六章 经费保障

第四十二条 国家将义务教育全面纳入财政保障范围,义务教育经费由国务院和地方各级人民政府依照本法规定予以保障。

国务院和地方各级人民政府将义务教育经费纳入财政预算,按照教职工编制标准、工资标准和学校建设标准、学生人均公用经费标准等,及时足额拨付义务教育经费,确保学校的正常运转和校舍安全,确保教职工工资按照规定发放。

国务院和地方各级人民政府用于实施义务教育财政拨款的增长比例应当高于财政经常性收入的增长比例,保证按照在校学生人数平均的义务教育费用逐步增长,保证教职工工资和学生人均公用经费逐步增长。

第四十三条 学校的学生人均公用经费基本标准由国务院财政部门会同教育行政部门制定,并根据经济和社会发展状况适时调整。制定、调整学生人均公用经费基本标准,应当满足教育教学基本需要。

省、自治区、直辖市人民政府可以根据本行政区域的实际情况,制定不低于国家标准的学校学生人均公用经费标准。

特殊教育学校(班)学生人均公用经费标准应当高于普通学校学生人均公用经费标准。

第四十四条 义务教育经费投入实行国务院和地方各级人民政府根据职责共同负担,省、自治区、直辖市人民政府负责统筹落实的体制。农村义务教育所需经费,由各级人民政府根据国务院的规定分项目、按比例分担。

各级人民政府对家庭经济困难的适龄儿童、少年免费提供教科书并补助寄宿生生活费。

义务教育经费保障的具体办法由国务院规定。

第四十五条 地方各级人民政府在财政预算中将义务教育经费单列。

县级人民政府编制预算,除向农村地区学校和薄弱学校倾斜外,应当均衡安排义务教育经费。

第四十六条 国务院和省、自治区、直辖市人民政府规范财政转移支付制度,加大一般性转移支付规模和规范义务教育专项转移支付,支持和引导地方各级人民政府增加对义务教育的投入。地方各级人民政府确保将上级人民政府的义务教育转移支付资金按照规定用于义务教育。

第四十七条 国务院和县级以上地方人民政府根据实际需要,设立专项资金,扶持农村地区、民族地区实施义务教育。

第四十八条 国家鼓励社会组织和个人向义务教育捐赠,鼓励按照国家有关基金会管理的规定设立义务教育基金。

第四十九条 义务教育经费严格按照预算规定用于义务教育;任何组织和个人不得侵占、挪用义务教育经费,不得向学校非法收取或者摊派费用。

第五十条 县级以上人民政府建立健全义务教育经费的审计监督和统计公告制度。

第七章 法律责任

第五十一条 国务院有关部门和地方各级人民政府违反本法第六章的规定,未履行对义务教育经费保障职责的,由国务院或者上级地方人民政府责令限期改正;情节严重的,对直接负责的主管人员和其他直接责任人员依法给予行政处分。

第五十二条 县级以上地方人民政府有下列情形之一的,由上级人民政府责令限期改正;情节严重的,对直接负责的主管人员和其他直接责任人员依法给予行政处分:

(一)未按照国家有关规定制定、调整学校的设置规划的;

(二)学校建设不符合国家规定的办学标准、选址要求和建设标准的;

(三)未定期对学校校舍安全进行检查,并及时维修、改造的;

(四)未依照本法规定均衡安排义务教育经费的。

第五十三条 县级以上人民政府或者其教育行政部门有下列情形之一的,由上级人民政府或者其教育行政部门责令限期改正、通报批评;情节严重的,对直接负责的主管人员和其他直接责任人员依法给予行政处分:

(一)将学校分为重点学校和非重点学校的;

(二)改变或者变相改变公办学校性质的。

县级人民政府教育行政部门或者乡镇人民政府未采取措施组织适龄儿童、少年入学或者防止辍学的,依照前款规定追究法律责任。

第五十四条 有下列情形之一的,由上级人民政府或者上级人民政府教育行政部门、财政部门、价格行政部门和审计机关根据职责分工责令限期改正；情节严重的，对直接负责的主管人员和其他直接责任人员依法给予处分：

（一）侵占、挪用义务教育经费的；

（二）向学校非法收取或者摊派费用的。

第五十五条　学校或者教师在义务教育工作中违反教育法、教师法规定的，依照教育法、教师法的有关规定处罚。

第五十六条　学校违反国家规定收取费用的，由县级人民政府教育行政部门责令退还所收费用；对直接负责的主管人员和其他直接责任人员依法给予处分。

学校以向学生推销或者变相推销商品、服务等方式谋取利益的，由县级人民政府教育行政部门给予通报批评；有违法所得的，没收违法所得；对直接负责的主管人员和其他直接责任人员依法给予处分。

国家机关工作人员和教科书审查人员参与或者变相参与教科书编写的，由县级以上人民政府或者其教育行政部门根据职责权限责令限期改正，依法给予行政处分；有违法所得的，没收违法所得。

第五十七条　学校有下列情形之一的，由县级人民政府教育行政部门责令限期改正；情节严重的，对直接负责的主管人员和其他直接责任人员依法给予处分：

（一）拒绝接收具有接受普通教育能力的残疾适龄儿童、少年随班就读的；

（二）分设重点班和非重点班的；

（三）违反本法规定开除学生的；

（四）选用未经审定的教科书的。

第五十八条　适龄儿童、少年的父母或者其他法定监护人无正当理由未依照本法规定送适龄儿童、少年入学接受义务教育的，由当地乡镇人民政府或者县级人民政府教育行政部门给予批评教育，责令限期改正。

第五十九条　有下列情形之一的，依照有关法律、行政法规的规定予以处罚：

（一）胁迫或者诱骗应当接受义务教育的适龄儿童、少年失学、辍学的；

（二）非法招用应当接受义务教育的适龄儿童、少年的；

（三）出版未经依法审定的教科书的。

第六十条　违反本法规定，构成犯罪的，依法追究刑事责任。

第八章　附　则

第六十一条　对接受义务教育的适龄儿童、少年不收杂费的实施步骤，由国务院规定。

第六十二条　社会组织或者个人依法举办的民办学校实施义务教育的，依照民办教育促进法有关规定执行；民办教育促进法未作规定的，适用本法。

第六十三条　本法自2006年9月1日起施行。

全国人大常委会任命名单

（2006年6月29日第十届全国人民代表大会常务委员会第二十二次会议通过）

一、任命任卫华、杨万明、高贵君、高憬宏为最高人民法院审判委员会委员。

二、任命胡伟新、耿景仪（女）为最高人民法院审判员。

全国人大常委会任命名单

（2006年6月29日第十届全国人民代表大会常务委员会第二十二次会议通过）

一、任命石秀诗为第十届全国人民代表大会财政经济委员会副主任委员。

二、任命曹伯纯为第十届全国人民代表大会环境与资源保护委员会副主任委员。

十届全国人大常委会发布公告

第十届全国人民代表大会代表、中国科学院化学研究所研究员、中国工程院院士徐端夫（贵州省代表团）因病逝世，徐端夫的代表资格自然终止。

最近，浙江省人大常委会接受了葛政提出的辞去第十届全国人民代表大会代表职务的请求；广东省人大常委会接受了罗泽勤（女）提出的辞去第十届全国人民代表大会代表职务的请求；海军本届军人代表大会接受了王守业提出的辞去第十届全国人民代表大会代表职务的请求。依照代表法的有关规定，葛政、罗泽勤、王守业的代表资格终止。

现在，第十届全国人民代表大会实有代表2984人。

特此公告。

全国人民代表大会常务委员会

2006年6月29日

全国人大常委会关于批准《亚太空间合作组织公约》的决定

（2006年6月29日通过）

第十届全国人民代表大会常务委员会第二十二次会议决定：批准国防科学技术工业委员会主任张云川代表中华人民共和国于2005年10月28日在北京签署的《亚太空间合作组织公约》。

全国人大常委会关于批准《〈防止倾倒废物及其他物质污染海洋的公约〉1996年议定书》的决定

（2006年6月29日通过）

第十届全国人民代表大会常务委员会第二十二次会议决定：批准于1996年11月7日在《防止倾倒废物及其他物质污染海洋的公约》缔约国会议上通过的《〈防止倾倒废物及其他物质污染海洋的公约〉1996年议定书》（以下简称《议定书》）；同时声明：

一、对于《议定书》第十六条第二款、第五款，如果中华人民共和国因为《议定书》的解释和适用（包括第三条第一款、第二款的解释和适用）而成为争端当事方，须经中华人民共和国政府书面同意，才能适用《议定书》附件Ⅲ所列仲裁程序。

二、在中华人民共和国政府另行通知前，《议定书》暂不适用于中华人民共和国澳门特别行政区。

全国人大常委会关于批准《中华人民共和国和西班牙王国关于移管被判刑人的条约》的决定

（2006年6月29日通过）

第十届全国人民代表大会常务委员会第二十二次会议决定：批准外交部副部长张业遂代表中华人民共和国于2005年11月14日在马德里签署的《中华人民共和国和西班牙王国关于移管被判刑人的条约》。

全国人大常委会关于批准《中华人民共和国和墨西哥合众国关于刑事司法协助的条约》的决定

（2006年6月29日通过）

第十届全国人民代表大会常务委员会第二十二次会议决定：批准外交部副部长周文重代表中华人民共和国于2005年1月24日在墨西哥城签署的《中华人民共和国和墨西哥合众国关于刑事司法协助的条约》。

全国人大常委会关于批准2005年中央决算的决议

（2006年6月29日通过）

第十届全国人民代表大会常务委员会第二十二次会议听取了财政部部长金人庆受国务院委托所作的《关于2005年中央决算的报告》和审计署审计长李金华受国务院委托所作的《关于2005年度中央预算执行的审计工作报告》。会议结合审议审计工作报告，对《2005年中央决算（草案）》和中央决算的报告进行了审查，同意全国人民代表大会财政经济委员会提出的《关于2005年中央决算的审查报告》，决定批准《2005年中央决算》。

会议要求国务院进一步加强和改进预算管理，尤其要规范中央财政转移支付；改进固定资产投资项目审批制度，明确审批权限；规范部门预算管理，严格财经纪律；继续加强对预算执行的审计。要动员全国各族人民，发扬艰苦奋斗作风，厉行节约，反对浪费，努力增加收入，为经济社会全面协调和可持续发展作出更大贡献。

全国人大财政经济委员会关于2005年中央决算的审查报告

全国人民代表大会常务委员会：

第十届全国人民代表大会常务委员会第二十二次会议听取了财政部部长金人庆受国务院委托所作的《关于2005年中央决算的报告》和审计署审计长李金华受国务院委托所作的《关于2005年度中央预算执行的审计工作报告》。全国人民代表大会财政经济委员会结合审计工作报告，对决算草案和决算报告进行了审查。现将审查结果报告如下：

2005年中央财政收入17260.49亿元（已扣除新增出口退税指标592.4亿元），比因出口退税政策变化后的调整预算增加1045.41亿元，完成预算的106.4%；中央财政支出20259.99亿元，比预算增加1044.91亿元，完成预算的105.4%，其中，中央对地方的税收返还和补助支出11484.02亿元，完成预算的106.6%；中央财政赤字2999.5亿元，比预算减少0.5亿元；国债发行7022.87亿元，其中代地方政府发行100亿元，与预算基本持平。中央预算超收收入主要用于解决出口退税、供销社政策性历史欠账，增加对地方的转移支付、科技教育和社会保障等方面的支出，并依法向全国人大常委会作了报告。

这次提交的决算草案与十届全国人大四次会议审查和批准的2005年中央预算执行情况相比略有变化，主要是中央财政收入增加了10.7亿元，中央财政支出增加了10.58亿元，赤字减少了0.12亿元，增加的支出主要用于补助国有企业破产关闭等。

财经委员会认为，2005年中央决算所反映的预算执行情况是好的。国务院及其财政等部门，落实科学发展观，实施稳健财政政策，积极组织财政收入，保障重点支出需要，较好地完成了十届全国人大三次会议批准的中央预算。审计发现问题的整改效果也是好的，国务院已将具体纠正情况向全国人大常委会作了专题报告。财经委员会建议批准国务院提出的《2005年中央决算（草案）》。

同时，财经委员会认为，中央预算执行中也存在一些问题。主要是：一些中央部门存在虚报冒领、挤占挪用财政资金等违法违规问题；预算编制和执行中不规范、不透明的问题仍未解决；转移支付制度，尤其是专项转移支付的立项、分配和管理，问题甚多，需要加大改革力度；中央与地方之间基本建设项目管理中的事权划分和管理方式还需要改进等。审计工作报告突出反映了预算执行情况,加强了对预算执行情况的总体评价,注重对重点问题的原因分析,提出了改进预算管理工作的意见。建议国务院责成有关部门和地方对审计查出的问题,认真分析原因,切实进行整改,依法追究责任,在2006年年底前将纠正情况和处理结果向全国人大常委会提出报告。审计工作报告中提出的加强中央预算管理的意见是可行的,应当认真加以落实。

为做好财政预算工作,财经委员会提出如下建议:

(一)改进预算编制工作。要改进预算收入预测和编制方法,继续做好政府收支分类改革工作。切实将土地出让收入纳入预算管理,今年要研究提出完善土地出让收入的收支管理政策措施。加快研究完善各类开发区的财政税收政策。完善预算支出标准和定额。要严格预算审查,防止虚报冒领现象的发生。进一步细化和提前预算编制,提高年初预算分配到项目的到位率;中央对地方税收返还和补助支出要编制分地区、分项目的详细预算,提高年初列入地方政府预算的到位率。要进一步推进中央基本建设预算管理制度改革,国务院有关部门应将工作重点放在宏观管理上,不要把精力过多地放在中小项目审批上,要改变对投资项目批得过细、过小的做法。

(二)规范财政转移支付。要按照实现基本公共服务均等化和实现政府宏观政策目标的总体要求,推进财政管理体制改革,完善财政转移支付制度。科学划分一般性转移支付和专项转移支付,适时合理调整转移支付的分配方法和计算公式,增加一般性转移支付,减少专项转移支付。要改进对专项转移支付的管理。目前中央对地方的专项转移支付项目已达200多项,存在项目分散、相互交叉重复的现象。建议国务院下决心对现有项目进行清理整顿,完善制度和办法。要严格规范和控制新项目的设立,项目的设立要经国务院批准。项目资金的分配要规范、公开、透明,逐步做到在提交各级人大审议批准前编入各级预算。

(三)严格执行人民代表大会批准的预算。要提高预算的权威性和严肃性。进一步加大对预算执行情况的审计,加强效益审计,强化预算约束和责任追究,对随意修改预算、不严格执行预算的要依法追究责任。要加强对超收收入使用的管理,需要动用超收收入追加支出时,应先编制超收收入使用方案,并向全国人大常委会报告和备案。

以上报告,请予审议。

十届全国人大常委会在人民大会堂举行第二十一次专题讲座

讲座的题目是:《努力实现节能降耗目标,建设节约型社会》。

全国人大常委会委员长吴邦国主持讲座。

讲座的主讲人是国家发展改革委能源研究所所长、国家能源领导小组专家组专家周大地。他着重从当前能源形势、"十一五"规划确定的节能降耗目标和任务、建设节约型社会实现节能降耗目标必须要有新举措等方面作了讲述。

全国人大常委会副委员长王兆国、李铁映、司马义·艾买提、何鲁丽、丁石孙、成思危、许嘉璐、蒋正华、顾秀莲、热地、盛华仁、路甬祥、乌云其木格、韩启德、傅铁山听取了讲座。

全国政协主席贾庆林出席内地与港澳经贸合作发展论坛开幕式并发表题为《深化合作共创辉煌》的演讲

同胞们,朋友们:

在香港回归9周年和CEPA签署3周年之际,我们来到美丽的香江之畔,出席内地与港澳经贸合作发展论坛,感到十分高兴。今天,群贤毕至,嘉朋云集。在此,我谨代表中央政府对这次论坛的举办致以热烈的祝贺!向与会的各位朋友表示亲切的问候和良好的祝愿!

南国紫荆翠,香江景色新。踏上香港这片充满生机的土地,所见所闻,令人欢欣,使人振奋。从风景秀丽、设施完善的优美环境中,从琳琅满目、百业兴旺的繁荣景象中,从稳定有序、安定祥和的社会氛围中,我们深切地感受到,在香港特别行政区政府和广大香港同胞共同努力下,香港克服了亚洲金融危机、外部环境变化和非典疫情等各种困难和挑战,经济明显复苏,社会保持稳定,民生逐渐改善,公众投资和消费信心日益增强,经济整体竞争力不断提升,世界自由港和国际金融、贸易、航运等中心的地位进一步巩固,社会稳定并充满活力。香港这颗享誉世界的"东方之珠",显得更加璀璨夺目、光彩照人。同时,我们了解到,现在澳门的形势也十分喜人,澳门特别行政区政府有效施政,经济持续发展,社会祥和安定,市民安居乐业,呈现出一派欣欣向荣的景象。港澳回归以来的成就雄辩证明,"一国两制""港人治港""澳人治澳"高度自治的方针是完全正确的,具有强大的生命力。香港、澳门特别行政区政府完全有智慧有能力治理好香港、澳门,港澳同胞完全可以依靠自身的聪明才智和创业精神建设好自己的家园。中央政府高度评价香港、澳门特别行政区政府卓有成效的工作,高度评价港澳各界为香港、澳门繁荣稳定所作出的积极努力和重要贡献!

三年前的今天,中央政府与香港特别行政区政府在这里签署了《内地与香港关于建立更紧密经贸关系的安排》。随后不久,又在澳门签署了《内地与澳门关于建立更紧密经贸关系的安排》。后来还陆续签署了一些补充协议,使CEPA的内容不断充实和完善。CEPA作为国家主体与其单独关税区之间的特殊经贸安排,是在“一国两制”方针和世贸组织框架内发展内地与港澳经贸关系的制度性创新,既体现了香港、澳门均为单独关税区的特殊地位,又体现了内地与港澳同属一个国家的紧密关系,标志着内地与港澳的经贸合作进入了一个崭新的发展阶段。

我们高兴地看到,CEPA的签署和实施,促进了内地与港澳经贸合作全方位、多层次、宽领域的开展,带动了香港、澳门经济的全面增长。2004年和2005年,香港本地生产总值分别增长8.6%和7.3%,澳门本地生产总值分别增长28.3%和6.7%。同时,CEPA的签署和实施,对内地进一步扩大开放、优化经济结构也起到了积极作用。2005年,内地与香港进出口贸易总额达到1367.1亿美元,比2003年增长56.4%;内地吸收香港直接投资项目14831个,实际使用港资达179.7亿美元,香港继续成为内地累计吸收境外投资的最大来源地。内地与澳门进出口经贸总额也达到18.8亿美元,创历史新高。特别值得一提的是,作为港澳经济强项的服务业加快进入内地,带来了全新经营理念和先进服务方式,促进了内地服务业水平的提高,推动了内地经济结构的优化。实践表明,CEPA的实施,有利于畅通三地经脉,加快区域经济整合,促进内地与港澳经济优势互补、互利共赢,是深化内地与港澳经贸合作的双向平台和有力引擎。我相信,CEPA的深入实施,必将为内地与港澳的经贸合作开辟更宽广的空间,为三地经济快速持续发展注入新的强大活力。

同胞们,朋友们!维护和促进香港、澳门长期繁荣、稳定、发展,是中央政府对港澳方针政策的出发点和落脚点。中央政府制定的涉及港澳的每一项政策,采取的涉及港澳的每一项措施,都是为了香港好、为了澳门好。今年3月,十届全国人大四次会议批准的《国民经济和社会发展第十一个五年规划纲要》,明确把香港、澳门纳入国家的总体发展规划之中,提出要加强和推动内地与港澳在经贸、科教、文化、卫生、体育等领域的交流和合作,继续实施内地与香港、澳门更紧密的经贸关系的安排;支持香港发展金融、物流、旅游、资讯等服务业,保持香港国际金融、贸易、航运等中心的地位。支持澳门发展旅游等服务业,促进澳门经济适度多元发展。这充分表明了中央对香港、澳门特别行政区的关心和支持,也充分反映了香港、澳门特别行政区在国家发展战略中的重要地位。我在这里重申,中央政府将坚定不移地贯彻“一国两制”“港人治港”“澳人治澳”高度自治的方针和基本法,坚定不移地支持特别行政区行政长官和政府依法施政,坚定不移地加强和推动内地同港澳的交流和合作。无论发生什么情况,伟大的祖国都将是香港、澳门保持繁荣稳定的坚强后盾。

同胞们,朋友们!

大家都非常关心内地的发展情况,这里我作一简要介绍。新中国成立以来特别是改革开放以来,全国各族人民在中国共产党的三代中央领导集体的坚强领导下,艰苦探索,顽强奋斗,社会主义现代化建设取得了举世瞩目的伟大成就。特别是中共十六大以来,以胡锦涛同志为总书记的中共中央,从战略和全局的高度,先后提出了全面建设小康社会、树立和落实科学发展观、构建社会主义和谐社会、建设社会主义新农村、建设创新型国家等一系列重大决策和部署,推动经济社会又快又好发展。据统计,改革开放28年来,我国国内生产总值年均增长9.6%,由2165亿美元提升到2.23万亿美元,居世界第四位。进出口总额从206亿美元提升到1.42万亿美元,居世界第三位。到今年2月,外汇储备达8536亿美元,居世界第一位。在经济发展的同时,人民生活明显改善,总体上实现了由温饱到小康的历史性跨越。放眼神州大地,经济发展,政治稳定,民族团结,社会进步,一派兴旺景象。“面向未来,我们站在一个新的历史起点上”。这是一个贯彻科学发展理念的新起点。我们将以科学发展观统领经济社会发展全局,转变发展观念,创新发展模式,提高发展质量,把经济社会发展切实转入以人为本、全面协调可持续发展的轨道。这是一个落实科学发展战略的新起点。我们将牢牢把握经济社会发展的指导原则,扎实推进新农村建设,加快经济结构调整和经济增长方式转变,促进区域协调发展,着力增强自主创新能力,深化改革和扩大开放,努力建设和谐社会。这是一个实现科学发展目标的新起点。我们将在优化结构、提高效益和降低消耗的基础上,到2010年实现人均国内生产总值比2000年翻一番,单位国内生产总值能源消耗比2005年年末降低20%左右。我们相信,“十一五”规划的实施,对于我们国家实现全面建设小康社会的宏伟目标,对于香港、澳门保持长期繁荣稳定必将产生重大而深远的影响。

同胞们,朋友们!

回顾过去,内地与港澳的经贸合作硕果累累,令人鼓舞;展望未来,三地经贸合作前景广阔,催人奋进。希望广大港澳同胞继续发扬爱国爱港、爱国爱澳的光荣传统,珍惜来之不易的良好局面,以繁荣稳定为重,自强不息、艰苦创业,努力把香港、澳门建设得更加美好。这里,我就进一步加强内地与港澳的经贸合作提出几点意见:

第一,抓住机遇,乘势而上。本世纪头20年是我们国家发展的重要战略机遇期，也是三地经贸合作实现新跨越的黄金时期。内地深化改革开放、全面建设小康社会，需要加强与港澳的经贸合作；香港进行经济结构调整，澳门实现经济适度多元发展，在激烈的国际竞争中抢占先机，更需要加强与内地的经贸合作。三地的经贸合作顺时应势，大有可为。面对难得的机遇，国家有关部门和地方将会按照国家"十一五"规划的要求，把进一步深化与港澳的经贸合作当作扩大开放、促进发展的一项重要工作来抓；香港、澳门特别行政区政府和各界人士也应准确把握当前港澳社会"求稳定、求发展、求和谐"的普遍心态，集中精力抓经济、齐心协力谋发展，推动内地与港澳的经贸合作更上一层楼。

第二，拓宽领域，提升层次。近几年来，内地已经推出了一系列支持港澳经济发展、促进内地与港澳经贸合作的政策措施，包括实施CEPA，开放并逐步扩大内地居民个人赴港澳旅游，加强内地与港澳基础设施建设的协调，推进粤港、沪港、京港和泛珠三角等区域合作，允许港澳银行经营人民币业务，等等。今天，曾荫权先生还将宣布经中央政府批准刚刚签署的CEPA新措施，国务院正在研究扩大人民币业务的新政策。实施这些政策措施，必将推动三地经济更快更好地发展，为内地与港澳的经贸合作注入强大动力。希望香港、澳门特别行政区政府和港澳各界人士认真总结CEPA实施以来三地经贸合作的成功经验及存在的问题，在现行安排的框架内，把有关政策措施用足用好。同时，国家有关部门和地方与香港、澳门特别行政区都要顺应经济发展的客观需要，与时俱进，着力推动基础设施建设、产业发展、资源利用、环境保护等方面的合作不断取得突破，并将内地有关地方与港澳的区域合作特别是泛珠三角区域合作引向深入。将来，国家还会根据实际需要制定新的有关政策措施，有些政策措施如一时尚不宜在全国实行的，还可以在泛珠三角区域内先实行起来。总之，要从内地与港澳经贸合作的实际出发，不断拓展合作领域、提升合作层次，探索合作的新思路、新模式和新方法，努力使合作更加富有成效。

第三，加强协调，完善机制。内地与港澳的联系十分广泛和密切，加强相互之间的经贸合作需要充分尊重市场规律，运用市场机制，发挥工商界、专业界等各界人士的积极性、创造性。同时，由于内地与港澳的经贸合作涉及的领域多，政策性强，需要重视和发挥政府的作用，在CEPA及其他现有合作机制的基础上，进一步健全中央政府与香港、澳门特别行政区政府之间的经贸沟通机制，使之长期、稳定、有效地运作。国家有关部门和地方将在中央政府的统筹下，就经贸合作的政策措施和具体事项与香港、澳门特别行政区政府加强沟通和协调。做好这方面的工作，将有助于为内地与港澳的经贸合作提供完善的制度保证。

第四，优势互补，实现共赢。内地具有腹地广阔、市场巨大、科技实力较强和人力资源丰富等优势，是世界上最具吸引力的投资创业的热土之一。香港、澳门有高度自由开放的经济体系、较为完备的法律制度、发达的基础设施、广泛的国际联系和良好的营商环境。特别是香港作为国际金融、贸易、航运等中心，现代服务业比较发达，拥有一大批熟悉国际经济规则的人才。澳门的经济规模虽然不大，但很有活力，而且与葡语系国家和地区有比较深厚的经贸交往关系。加强内地与港澳的经贸合作，可以进一步发挥各自的比较优势，形成内地与港澳经济互补发展的合力，从而在国际经济竞争中产生更强的竞争力。

同胞们，朋友们！

祖国发展的宏伟蓝图已经绘就，中华民族伟大复兴的朝阳已经跃出东方地平线。伴随着时代的铿锵脚步和祖国改革发展的大潮，香港、澳门也将迈上更加壮丽的征程。我们的前景光明而美好，我们的任务繁重而艰巨。让我们团结起来，以与时俱进、奋发进取的精神，以扎实苦干、锲而不舍的努力，共同创造香港、澳门繁荣和谐的新局面，共同谱写中华民族伟大复兴的新篇章。

最后，祝本次论坛取得圆满成功！谢谢大家！

国务院总理温家宝和国家副主席曾庆红在北京分别会见老挝人民革命党中央委员会总书记 国家主席朱马利·赛雅贡

中办印发《关于加强党员经常性教育的意见》等4个保持共产党员先进性长效机制文件并发出通知

中共中央办公厅近日印发《关于加强党员经常性教育的意见》《关于做好党员联系和服务群众工作的意见》《关于加强和改进流动党员管理工作的意见》和《关于建立健全地方党委、部门党组(党委)抓基层党建工作责任制的意见》，并发出通知，要求各地区、各部门结合实际认真贯彻落实。

通知指出，这4个文件的制定和印发，是开展以实践"三个代表"重要思想为主要内容的保持共产党员先进性教育活动经验的系统总结，是建立健全保持共产党员先进性长效机制的重要举措，对于巩固和扩大先进性教育活动成果，更好地落实党要管党、从严治党的方针，坚持不懈地加强党的执政能力建设和先进性建设；对于更好地发挥基层党组织的战斗堡垒作用和广大党员的先锋模范作用，为全面建设小康社会、构建社会主义和谐社会提供坚强的政治和组织保证，具有十分重要的意义。

通知要求，各地区、各部门各单位党组织要高度重视，加强领导，认真抓好文件精神的学习贯彻，把这些文件作为培训党员和干部的重要内容，并结合工作实际，全面加以落实。同时，要以改革的精神探索加强党的先进性建设的新方法新途径，努力实现党建工作的科学化、规范化、制度化，不断把党的建设新的伟大工程和建设中国特色社会主义伟大事业推向前进。

广西壮族自治区党委主要领导同志职务调整

日前，中共中央决定：刘奇葆同志任广西壮族自治区党委书记，曹伯纯同志不再担任广西壮族自治区党委书记、常委、委员职务。

6月30日

庆祝中国共产党成立85周年暨总结保持共产党员先进性教育活动大会在中南海怀仁堂礼堂举行

中共中央总书记、国家主席、中央军委主席胡锦涛在大会上发表重要讲话。中共中央政治局常委吴邦国、温家宝、贾庆林、曾庆红、黄菊、吴官正、李长春、罗干出席大会。

中共中央政治局常委、中央书记处书记曾庆红宣读《中共中央关于表彰全国先进基层党组织和优秀共产党员、优秀党务工作者的决定》。决定指出，为表彰先进、弘扬正气，激励各级党组织和广大共产党员、党务工作者在建设中国特色社会主义伟大事业中创先争优、建功立业，中央决定由中央组织部对近年来在工作中取得优异成绩的500个基层党组织、50名共产党员、200名党务工作者予以表彰，分别授予全国先进基层党组织、全国优秀共产党员、全国优秀党务工作者荣誉称号，并追授郑培民等10名同志全国优秀共产党员荣誉称号。

出席大会的还有：王乐泉、王兆国、回良玉、刘淇、刘云山、吴仪、张立昌、张德江、俞正声、贺国强、曹刚川、曾培炎、王刚、何勇、李铁映、司马义·艾买提、何鲁丽、丁石孙、成思危、蒋正华、顾秀莲、热地、盛华仁、路甬祥、乌云其木格、韩启德、唐家璇、华建敏、陈至立、肖扬、贾春旺、王忠禹、廖晖、刘延东、李贵鲜、白立忱、罗豪才、张克辉、郝建秀、陈奎元、阿不来提·阿不都热西提、徐匡迪、李兆焯、黄孟复、张怀西、李蒙、张榕明等，以及中央军委委员梁光烈、李继耐、廖锡龙、陈炳德、乔清晨、靖志远。

中央党的建设工作领导小组成员，中央保持共产党员先进性教育活动领导小组成员，各省区市保持共产党员先进性教育活动领导小组负责同志，中央和国家机关各部委及军队驻京各大单位主要负责同志，北京市负责同志，各民主党派中央、全国工商联主要负责人和无党派人士代表，全国先进基层党组织和优秀共产党员、优秀党务工作者代表，全国组织部长座谈会代表，全军党建座谈会部分代表，以及首都基层党员和各界群众代表等出席了大会。

中共中央总书记胡锦涛在庆祝中国共产党成立85周年暨总结保持共产党员先进性教育活动大会上发表讲话

同志们：

今天，我们在这里隆重集会，庆祝中国共产党成立85周年，总结以实践“三个代表”重要思想为主要内容的保持共产党员先进性教育活动，表彰全国先进基层党组织和优秀共产党员、优秀党务工作者。首先，我代表党中央，向全国广大共产党员，表示节日的祝贺！向受表彰的全国先进基层党组织和优秀共产党员、优秀党务工作者，表示崇高的敬意！全党要认真学习他们的先进事迹和崇高精神，不断保持和发展党的先进性，继续团结带领全国各族人民在全面建设小康社会、开创中国特色社会主义事业新局面的伟大道路上奋勇前进。

一

中国共产党已经走过了85年不平凡的历程。在这85年里，我们党紧紧依靠和紧密团结全国各族人民，干了三件大事。在新民主主义革命时期，我们经过28年艰苦卓绝的斗争，推翻了帝国主义、封建主义、官僚资本主义的反动统治，实现了民族独立和人民解放，建立了人民当家做主的新中国。在社会主义革命和建设时期，我们确立了社会主义基本制度，在一穷二白的基础上建立了独立的比较完整的工业体系和国民经济体系，使古老的中国以崭新的姿态屹立在世界的东方。在改革开放和社会主义现代化建设时期，我们开创了中国特色社会主义道路，坚持以经济建设为中心、坚持四项基本原则、坚持改革开放，初步建立起社会主义市场经济体制，大幅度提高了我国的综合国力和人民生活水平，为全面建设小康社会、基本实现社会主义现代化开辟了广阔的前景。这三件大事，从根本上改变了中国人民的前途命运，决定了中国历史的发展方向，在世界上产生了深刻而广泛的影响。

总起来说，中国共产党85年的历史，就是为中华民族的独立、解放、繁荣，为中国人民的自由、民主、幸福而不懈奋斗的历史。这85年，是马克思主义基本原理同中国具体实际相结合、不断推进马克思主义中国化的85年；是我们伟大的祖国结束近代饱受屈辱的历史和长年战乱的局面、战胜各种困难和风险顽强奋进的85年；是中国人民掌握自己的命运、意气风发地建设新生活的85年；是我们党经受住各种风浪考验、不断发展壮大、不断开创各项事业新局面的85年。85年来，中国革命、建设、改革事业取得的一切成就，是一代又一代中国共产党人团结带领全国各族人民共同奋斗的结果。长期以来，为了中国革命的胜利，为了中华民族的富强，为了中国人民的幸福，广大共产党员在革命战争年代出生入死、浴血奋战，在和平建设时期开拓进取、甘于奉献，为党和人民建立了巨大功绩。此时此刻，我们怀着崇高的敬意，深切缅怀为中国人民和中华民族建立了丰功伟绩的毛泽东、周恩来、刘少奇、朱德、邓小平、陈云等已故的老一辈革命家，深切缅怀英勇牺牲的无数共产党人和革命先烈！总结我们党85年的历史，可以得出一个基本结论，这就是：我们党之所以能够成为领导中国革命、建设、改革事业的核心力量，之所以能够承担起中国人民和中华民族的历史重托，之所以能够在剧烈变动的国际国内环境中始终立于不败之地，根本原因是我们党始终代表中国先进生产力的发展要求、代表中国先进文化的前进方向、代表中国最广大人民的根本利益，始终高度重视并不断保持和发展自己作为马克思主义政党的先进性。85年来我们党保持和发展先进性的创造性实践，为我们加强党的先进性建设提供了宝贵经验。

第一，加强党的先进性建设，必须准确把握时代脉搏，保证党始终与时代发展同步伐。正确判断时代特征，准确把握发展趋势，科学制定目标任务，是关系到马克思主义政党前途命运的重大问题，也是衡量马克思主义政党先进性的重要根据。我们党坚持用马克思主义的立场、观点、方法观察和分析世界发展的总趋势、中国社会的实际状况和中国人民的根本要求，依据发展变化的实际，明确党在各个历史时期的目标和任务，不断为党和人民的事业指明前进方向。20世纪上半叶，面对帝国主义和无产阶级革命时代的特点，面对中国半殖民地半封建社会的状况，我们党紧紧把握民族独立和人民解放的时代主题，确立了新民主主义革命的历史任务，举起了救亡图存、推动中国社会发展进步的旗帜。新中国成立后，面对世界社会主义方兴未艾、民族解放运动风起云涌的国际局势，面对中国百废待兴的局面，我们党紧紧把握时代发展的大势和广大人民的意愿，成功进行了社会主义革命，开展了社会主义建设。20世纪70年代末以来，面对和平与发展成为时代主题的国际环境，面对人民日益增长的物质文化需要同落后的社会生产之间的矛盾这个现阶段我国社会的主要矛盾，我们党在拨乱反正的基础上及时实现了工作重点的战略转移，果断作出改革开放的战略抉择，紧紧把握发展这个党执政兴国的第一要务，加快建设富强民主文明的社会主义现代化国家。历史表明，只有正确认识和把握时代特征和世界发展的总趋势，科学制定和实施符合我国实际和人民愿望的目标和任务，我们党才能始终站在时代发展的前列和中国社会发展进步的潮头。

第二，加强党的先进性建设，必须把最广大人民的根本利益作为党全部工作的出发点和落脚点，保证党始终与人民群众共命运。人民是创造历史的根本动力。我们党坚持马克思主义的群众观点，坚持全心全意为人民服务的宗旨，始终把实现和维护最广大人民的根本利益作为党的理论和路线方针政策以及全部工作的根本依据，始终深深扎根于人民之中，为中国人民和中华民族的根本利益不懈奋斗。进行新民主主义革命，进行社会主义革命和建设，进行改革开放，都是为了顺应人民意愿、实现人民利益。现在，我们提出坚持以人为本、实现科学发展、构建社会主义和谐社会、建设社会主义新农村、建设创新型国家等重大任务，同样是为了顺应人民意愿、实现人民利益。中国人民正是在长期的历史比较中，选择我们党作为自己根本利益的代表，作为国家和民族复兴的领导力量。历史表明，只有深刻认识人民创造历史的伟力，真诚代表中国最广大人民的根本利益，一切为了人民，一切依靠人民，我们党才能得到人民的充分信赖和拥护，才能无往而不胜。

第三，加强党的先进性建设，必须使党的理论和路线方针政策不断与时俱进，保证党的全部工作始终符合实际和社会发展规律。党的理论和路线方针政策关乎党的生命。马克思主义政党要保持和发展先进性，必须与时俱进地研究、提出、贯彻正确的理论和路线方针政策。我们党坚持解放思想、实事求是、与时俱进，把马克思主义基本原理同中国具体实际相结合，产生了毛泽东思想、邓小平理论和“三个代表”重要思想。党的十六大以来，党中央又提出了科学发展观、构建社会主义和谐社会等一系列重大战略思想。这些理论成果都是党和人民实践经验的总结和集体智慧的结晶。在这些正确理论指导下，我们党及时制定符合中国实际、反映人民愿望的路线方针政策，如新民主主义革命时期提出农村包围城市、武装夺取政权的正确道路，抗日战争时期提出建立抗日民族统一战线的正确主张，新中国成立后制定过渡时期的总路线，改革开放时期提出“一个中心、两个基本点”的社会主义初级阶段的基本路线、建立社会主义市场经济体制的重大理论、科学发展观的重大战略思想，等等。历史表明，只有不断实现党的理论和路线方针政策的与时俱进，我们党才能找到实现中国人民和中华民族根本利益的正确道路和科学方法，推动党和人民的事业不断从胜利走向新的胜利。

第四,加强党的先进性建设,必须围绕党的中心任务来进行,保证党始终引领中国社会发展进步。衡量一个马克思主义政党是否先进,要放到具体的历史的实践中去考察,归根到底要看在推动历史前进中的实际作用。我们党始终根据不同历史阶段中国社会发展的主要矛盾来确定党的中心任务,并围绕实现党的中心任务来加强党的建设。比如,在新民主主义革命时期,我们党围绕争取民族独立和人民解放的中心任务,要求党的各级组织和广大党员成为民主革命的先锋、民族解放的先锋、联系群众的先锋,在顽强斗争、浴血奋战中体现党的先进性。在改革开放新时期,我们党围绕经济建设这个中心任务,要求党的各级组织和广大党员成为解放思想的模范、落实第一要务的模范、求真务实的模范、开拓创新的模范,在改革开放和现代化建设的实践中体现党的先进性。历史表明,只有始终围绕实现党的中心任务来加强党的先进性建设,才能使党的先进性建设与党和人民的事业相互促进,在不断发展中国先进生产力、先进文化、实现中国最广大人民根本利益的实践中体现党的先进性。

第五,加强党的先进性建设,必须坚持党要管党、从严治党,保证党始终具有蓬勃生机和旺盛活力。保持和发展党的先进性,必须坚持加强和改进党的自身建设,保证党永远充满生机和活力。我们党之所以能够从成立时仅有50多名党员、处在秘密状态的党,发展成为拥有350多万个基层党组织、7000多万名党员、在13亿人口的大国长期执政的大党,历经磨难而巍然屹立,千锤百炼而更加坚强,一个重要原因,就在于我们党始终坚持党要管党、从严治党,始终注重加强自身建设。早在革命战争年代,我们党就把党的建设确立为"三大法宝"之一,实施了党的建设伟大工程,明确提出要把党建设成为一个全国范围的、广大群众性的、思想上政治上组织上完全巩固的马克思主义政党。改革开放以来,面对日趋复杂的国际形势和不断发展变化的国内环境,我们党又实施党的建设新的伟大工程,明确提出要大力加强党的执政能力建设和先进性建设,进一步解决提高党的领导水平和执政水平、提高拒腐防变和抵御风险能力这两大历史课题,把党建设成为全心全意为人民服务、思想上政治上组织上完全巩固、能够经受住各种风险、始终走在时代前列、领导全国人民建设中国特色社会主义的马克思主义政党。在党和人民事业发展的重要关头,我们党总是紧紧抓住党的建设这个关键,总是首先动员和组织党自身的力量,进而团结带领人民群众克服困难、夺取胜利。历史表明,只有紧密结合实际不断加强和改进党的思想建设、组织建设、作风建设和制度建设,我们党才能建设一支高素质的党员队伍和干部队伍,建立严密稳固的组织体系和科学有效的领导制度,形成保持和发展党的先进性的最广大的载体和最可靠的制度保障。这些宝贵经验来之不易,对于我们进一步推进党的先进性建设,具有长期指导作用,必须十分珍视并持之以恒地坚持下去。

二

先进性是马克思主义政党的本质属性,是马克思主义政党的生命所系、力量所在。党的先进性是历史的具体的,既是一以贯之的,又是与时俱进的。这就决定了保持和发展党的先进性是马克思主义政党自身建设的根本任务和永恒课题。党中央提出加强党的先进性建设的重大战略思想,就是基于对这个重大课题的深刻认识,也是基于对不断解决好这个重大课题的战略思考。回顾《共产党宣言》发表以来的历史,马克思主义政党在保持和发展先进性方面,有许多成功经验,也有不少深刻教训。中国共产党作为马克思主义政党,在本质上具有非马克思主义政党无可比拟的先进性。这种先进性,集中体现在坚持把马克思主义科学理论作为指导,坚持把实现符合人类社会发展规律的社会主义和共产主义作为坚定信念和远大理想,坚持把立党为公、执政为民作为本质要求,坚持把民主集中制作为根本组织制度和领导制度,坚持把最广大人民作为根本力量源泉等主要方面。这种先进性,从根本上说,是由中国共产党的性质和宗旨决定的,是靠坚持不懈地开展自身建设来保持和发展的。历史和现实都表明,一个政党过去先进不等于现在先进,现在先进不等于永远先进;马克思主义政党赢得先进性固然不容易,在复杂的国内外环境中和长期执政的条件下保持和发展先进性更不容易。我们必须把加强党的先进性建设作为一项重大战略任务更加突出、更加紧迫地提到全党面前。

现在,我们党是在国际形势深刻变化、国际竞争日趋激烈、国内改革开放日益深化的条件下带领人民搞社会主义现代化建设的。深刻变化的国际国内环境,给党员队伍和党的自身建设带来了深刻影响,使保持和发展党的先进性既面临许多新情况新考验,又面临许多新任务新要求。面对机遇和挑战并存的形势,我们党只有不断保持和发展自身的先进性,始终走在时代前列,才能巩固党的执政地位、提高党的执政能力、完成党的执政使命。我们必须清醒认识新的历史条件下加强党的自身建设的必要性、紧迫性、艰巨性、复杂性,全面把握党所肩负的历史使命和党员队伍的总体状况,扎扎实实加强党的先进性建设。保持和发展党的先进性,是马克思主义建党学说的重要内容。我们党的三代领导核心毛泽东同志、邓小平同志和江泽民同志都高度重视党的先进性问题，并在理论和实践的结合上进行了长期探索，形成了一系列重要思想。党的十六大以来，党中央提出加强党的先进性建设的重大战略思想，同马克思列宁主义创始人和我们党三代中央领导集体关于党的先进性的重要思想是一脉相承的，同时又以新的思想观点和时代内容丰富了马克思主义关于党的先进性建设的思想。提出加强党的先进性建设的重大战略思想，就是要更加鲜明地强调党的先进性建设这一重大课题，更加深入地认识共产党执政规律和党自身建设规律，更加全面地认识党的先进性建设的科学内涵和目标要求，更加突出地把党的先进性建设作为党的各方面建设的主线，从而使党的建设的努力方向和检验标准更加鲜明，使我们能够更好、更全面、更有成效地推进党的建设新的伟大工程。正是基于这样的考虑，我们根据党的十六大的部署，在全党开展了以实践“三个代表”重要思想为主要内容的保持共产党员先进性教育活动。这次先进性教育活动历时一年半，现已基本结束。在党中央坚强领导下，中央先进性教育活动领导小组周密部署，各级党组织精心组织，广大党员积极参与，人民群众大力支持，按照关键是要取得实效、真正成为群众满意工程的要求，坚持理论联系实际，整个先进性教育活动主题鲜明、领导有力、措施得当、工作扎实，实现了预期目标，取得了显著成效。

这次先进性教育活动，是我们党参加人数最多、规模最大的一次马克思主义集中教育活动，具有鲜明的特点。主要有以下几个方面：一是坚持以实践“三个代表”重要思想为主线，全面落实科学发展观，以学习贯彻党章为重点，坚持用发展着的马克思主义武装党员。二是着眼于取得实效和群众满意，在提高党员素质、加强基层组织、服务人民群众、促进各项工作上狠下功夫。三是坚持正面教育、自我教育为主，实行开门搞教育，广泛发扬民主，走群众路线。四是实行试点先行、分批推进、分类指导，既有统一要求，又鼓励从各自实际出发进行创新，形式灵活多样。五是紧紧围绕改革发展稳定大局，做到先进性教育活动和生产、工作“两不误、两促进”。六是强调领导机关、领导干部带头，在各个阶段、各个环节为基层和党员作出表率。七是注重宣传引导，加强先进典型报道，积极营造良好的社会舆论氛围，形成正确导向。八是把解决问题、总结经验、探索规律结合起来，坚持实践成果、制度成果、理论成果一起抓，实现整体推动、相互促进。

这次先进性教育活动取得的显著成效，归纳起来主要有以下几条。一是广大党员受到了一次深刻的马克思主义教育，进一步坚定了理想信念，提高了素质能力，增强了实践“三个代表”重要思想、落实科学发展观的自觉性，党员队伍中存在的一些突出问题得到初步解决，党员、干部的先锋模范作用进一步发挥。二是基层党组织的创造力、凝聚力、战斗力进一步提高，一些软弱涣散和不够健全的基层党组织得到整顿和加强，党的工作覆盖面明显扩大，党执政的组织基础更加巩固。三是党组织和党员服务群众的行动更加自觉，党员干部的作风进一步改进，人民群众关心的一些重点问题得到初步解决，党群干群关系进一步密切。四是各地区、各部门按照科学发展观的要求，进一步理清了发展思路，努力解决影响改革发展稳定的一些主要问题，积极促进经济社会又快又好发展。五是各级党组织在加强党员经常性教育管理、做好党员联系和服务群众工作、加强和改进流动党员管理工作、建立健全抓基层党的建设工作责任制等方面形成了一些务实管用的新制度，推动了保持共产党员先进性长效机制建设。六是各级党组织认真总结先进性教育活动的成功实践和党的先进性建设的历史经验，深入研究党的先进性建设规律，丰富了党的先进性建设理论。各级党委要按照中央的要求，切实巩固和充分运用这次先进性教育活动取得的重要成果，继续从思想建设、组织建设、作风建设和制度建设上进行努力，抓好先进性教育活动整改提高的后续工作，把集中教育和经常性工作紧密结合起来，抓好保持共产党员先进性的经常性工作，抓好党的先进性建设理论研究，在改革开放和现代化建设的实践中不断取得新成效、积累新经验。这次先进性教育活动，是我们党在新的历史条件下用发展着的马克思主义武装全党的一项重大举措，是加强党的执政能力建设和先进性建设的一次成功实践。通过这次先进性教育活动，我们更加深刻地认识到：党员是党的肌体的细胞和党的活动的主体，党员队伍的先进性是党的先进性的重要基础。加强党的先进性建设，必须始终抓好保持和发展党员队伍的先进性这个基础工程，必须始终抓住党员队伍这个主体，充分依靠全党同志共同努力。

第一，保持党员队伍的先进性，根本在于增强广大党员的先进性意识，激发其自我教育、自我提高的内在动力。保持党员队伍的先进性，必须把着力点放在坚定广大党员的理想信念和增强广大党员的自觉性、主动性、责任感上，推动广大党员增强先进性意识，高标准地要求自己、剖析自己、提高自己，为保持先进性而不懈努力。在这次先进性教育活动中，从学习培训到分析评议再到整改提高，从正面宣讲到典型示范再到警示教育，都注意把工作重点放在激发党员的内在动力上。实践证明，抓住了党员主体这个根本，促使党员自重、自省、自警、自励，不断增强党员意识、责任意识、忧患意识、使命意识，保持党的先进性就有了强大而不竭的动力源泉。

第二，保持党员队伍的先进性，重点在于解决党员队伍中存在的突出问题，不断增强党员队伍整体的先进性。我们党有7000多万名党员的宏大队伍，绝大多数党员、干部是能够发挥先锋模范作用的。同时，在各种因素影响下，一些党员身上也出现了这样那样不容忽视的问题。党员生活在社会之中，出现一些问题并不奇怪，也不可怕，重要的是要教育和帮助党员勇于正视、认真纠正存在的问题，在党内不断弘扬积极因素、克服消极因素。这次先进性教育活动的一个基本出发点，就是要认真解决党员队伍中存在的同保持共产党员先进性要求不适应、不符合的突出问题。各地区、各部门各单位从自己的实际出发，提出保持共产党员先进性的具体要求，发动党员对照具体要求查找自己在思想、工作、作风上存在的问题和不足，进行深入的党性分析，制定整改方案，落实整改措施，着力解决不适应、不符合的问题，受到群众好评。实践证明，不回避存在的问题，下决心解决存在的突出问题，促使广大党员、干部在履行岗位职责中充分发挥先锋模范作用，并让人民群众来监督党员和评判党员，是保持党员队伍的先进性的有效途径。

第三，保持党员队伍的先进性，关键在于完善制度和机制，把党的先进性要求转化为党员自觉遵守的行为准则。制度更带有根本性、全局性、稳定性和长期性。党的先进性是多方面要素共同构成的，包括指导思想、路线纲领、奋斗目标、方针政策，也包括组织原则、领导体制、工作机制、干部能力、党员素质，等等。要长期保持和不断发展党的先进性，必须通过完善制度和机制，使党的先进性要素充分发挥作用，激励广大党员自觉遵守党章和党规党纪，自觉实践党的先进性基本要求。这次先进性教育活动，把党的先进性基本要求同广大党员的岗位职责结合起来，明确了保持共产党员先进性的具体要求，使保持党员队伍的先进性有了进一步的制度保障。实践证明，有了这样的制度和机制，才能使党的先进性要求切实成为广大党员的自觉意识和实际行动，才能使广大党员更加积极主动地发挥先进分子的模范带头作用。

三

我们党坚持不懈地加强先进性建设，不断取得重要成果，为党更好地完成执政使命提供了重要保证。同时，我们必须清醒地看到，党内目前仍然存在着一些与党的先进性要求不适应、不符合的突出问题。比如，一些党员先进性意识淡薄，理想信念不坚定，宗旨观念不牢固；一些领导干部和领导班子思想理论水平不高，解决复杂矛盾的本领不强，工作作风不实；一些地方党的基层组织建设还比较薄弱；一些领域的腐败现象还比较严重，特别是有些领导干部以权谋私、贪赃枉法、腐化堕落的案件仍时有发生。要解决这些问题，不重视不行，不抓紧不行，不下大气力也不行，否则就会影响党的先进性的充分发挥。全党同志都必须深刻认识到，加强党的先进性建设是一项长期的历史任务，我们必须紧紧围绕党的历史使命和中心任务，进一步推进党的先进性建设。

第一，要紧密结合贯彻落实科学发展观的实践加强党的先进性建设。发展是我们党执政兴国的第一要务，也是解决我国社会一切矛盾和问题的根本办法。坚持以科学发展观统领经济社会发展全局，切实抓好发展这个党执政兴国的第一要务，推动经济社会又快又好发展，是我们这一代中国共产党人的神圣使命，是党的先进性在当代中国最重要最具体的体现，也是新的历史条件下加强党的先进性建设的重要着力点和衡量标准。要坚持用科学发展观武装全党，进一步把全党的思想统一到科学发展观上来，真正把科学发展观转化为全党的实际行动，转化为领导改革开放和社会主义现代化建设的工作能力，抓住发展机遇，转变发展观念，创新发展模式，提高发展质量，切实把我国经济社会发展转入科学发展的轨道。要坚持以经济建设为中心，深化改革开放，加快调整经济结构、转变经济增长方式，正确处理经济发展和社会发展、建设社会主义新农村和推进城镇化、推动全国发展和促进区域协调发展、健全市场机制和改善宏观调控、加快自主创新和加强引进消化吸收再创新、促进经济发展和保护生态环境、自力更生和对外开放等一系列重大关系，切实加强社会主义民主法制建设，加强社会主义精神文明建设，努力推动社会主义经济建设、政治建设、文化建设、社会建设全面发展。要建立健全保障科学发展观贯彻落实的体制机制，完善经济社会发展评价体系，建立体现科学发展观和正确政绩观的干部考核、评价、激励机制。要把科学发展观作为检验党的建设的重要标准，对符合科学发展观的事情就全力以赴地去做，对不符合的就毫不迟疑地去改，努力使党的建设各项工作都符合科学发展观的要求，经得起实践、历史、人民的检验。

第二，要紧密结合构建社会主义和谐社会的实践加强党的先进性建设。构建社会主义和谐社会，是我们党从中国特色社会主义事业四位一体的总体布局和全面建设小康社会的全局出发提出的重大战略任务。促进和维护社会和谐，把全体人民最广泛地团结起来、把各方面力量最大限度地凝聚起来，共同为推进中国特色社会主义伟大事业而奋斗，对提高党的执政能力和保持党的先进性提出了更高的要求。各级党组织都要把构建社会主义和谐社会放在更加突出的位置，按照民主法治、公平正义、诚信友爱、充满活力、安定有序、人与自然和谐相处的要求，切实做好构建社会主义和谐社会的各项工作，以促进社会和谐的成效体现党的先进性。要适应我国利益格局变化和利益主体多元化的客观要求，在经济发展的基础上，更加注重社会公平正义，正确反映和兼顾不同方面群众的利益，抓紧完善利益协调机制，以扩大就业、健全社会保障体系、理顺分配关系、发展社会事业、维护社会稳定等为着力点，努力让全体人民共享改革发展的成果。要完善社会管理的政策法规，创新社会管理体制和管理方式，有效整合社会管理资源，推动社会管理的科学化、规范化、法制化。要坚持尊重劳动、尊重知识、尊重人才、尊重创造的方针，积极营造鼓励人们干事业、支持人们干成事业的社会氛围，充分激发各方面的创造活力。要正确处理改革发展稳定的关系，正确处理人民内部矛盾，营造安定团结、和谐稳定的社会局面。要组织和引导基层党组织和广大党员在构建社会主义和谐社会中充分发挥作用，切实做好服务群众、凝聚人心的工作。

第三，要紧密结合加强党的执政能力建设的实践加强党的先进性建设。加强党的执政能力建设和先进性建设是紧密相关、相辅相成的，要贯穿于党的思想建设、组织建设、作风建设和制度建设之中，统一于党的建设新的伟大工程。要坚持以邓小平理论和“三个代表”重要思想为指导，全面贯彻落实科学发展观，不断巩固全党全国各族人民团结奋斗的共同思想基础。要坚持立党为公、执政为民，按照科学执政、民主执政、依法执政的要求，把全心全意为人民服务的宗旨更好地体现在执政实践中。要全面贯彻干部“四化”方针和德才兼备的原则，不断深化干部人事制度改革，扩大干部工作中的民主，扩大广大群众对干部工作的知情权、参与权、选择权、监督权，健全干部选拔任用和管理监督机制，严格遵守干部选拔任用的规定和程序，不断加强各级领导班子建设。要切实防止和纠正考察失真、“带病提拔”和跑官要官、买官卖官等问题。要加强对党的领导机关和党员领导干部的监督，把党内监督与人大监督、政府专门机关监督、政协民主监督、民主党派监督、司法监督、群众监督、舆论监督等很好地结合起来，形成监督合力，提高监督效果。要建立健全教育、管理、服务党员队伍的长效机制，引导广大党员牢记历史使命，增强宗旨意识，在各自岗位充分发挥先锋模范作用。要切实加强党的基层组织建设，按照围绕中心、服务大局、拓宽领域、强化功能的要求，调整组织设置，改进工作方式，创新活动内容，进一步扩大党的工作的覆盖面，不断增强基层党组织的创造力、凝聚力、战斗力，使基层党组织成为人民群众信任和拥护、认真贯彻党的方针政策的坚强战斗堡垒。要认真贯彻“两个务必”和“八个坚持、八个反对”的要求，大力发扬理论联系实际、密切联系群众、批评和自我批评的优良传统，大兴求真务实之风，坚持重实际、说实话、出实招、求实效，扎扎实实为人民群众办实事、办好事。广大党员特别是党员领导干部要模范地发扬党的优良传统和作风，模范地实践以“八荣八耻”为主要内容的社会主义荣辱观，常修为政之德、常思贪欲之害、常怀律己之心，自觉抵御拜金主义、享乐主义、极端个人主义等消极腐朽思想文化的侵蚀，真正做到为民、务实、清廉，为在全社会树立社会主义道德新风尚作出表率。要深刻认识反腐倡廉工作的长期性、复杂性、艰巨性，把反腐倡廉工作作为加强党的先进性建设的重大战略任务，持之以恒地抓紧抓好，一刻都不能放松。要坚持标本兼治、综合治理、惩防并举、注重预防的方针，建立健全教育、制度、监督并重的惩治和预防腐败体系，切实解决损害群众利益的突出问题，严格要求领导干部廉洁从政，特别是要依纪依法严肃查办领导干部滥用权力、谋取私利、贪污贿赂、腐化堕落、失职渎职等方面的案件，决不能手软。

第四，要紧密结合保持党同人民群众血肉联系的实践加强党的先进性建设。民心向背，是检验一个政党是否具有先进性的试金石。一个政党，如果不能保持同人民群众的血肉联系，如果得不到人民群众的支持和拥护，就会失去生命力，更谈不上先进性。我们党的根基在人民、血脉在人民、力量在人民。保持党同人民群众的血肉联系，是我们党无往而不胜的法宝，也是我们党始终保持先进性的法宝。广大党员干部尤其是各级领导干部要牢固树立科学的世界观、人生观、价值观和正确的权力观、地位观、利益观，坚持权为民所用、情为民所系、利为民所谋，始终与人民群众同呼吸、共命运、心连心。要坚持把群众关心的热点难点问题作为我们工作的重点，认认真真访民情，诚诚恳恳听民意，实实在在帮民富，兢兢业业保民安，努力增强为人民服务的本领。要深入实际、深入基层、深入群众，倾听群众呼声，了解群众意愿，集中群众智慧，使我们作出的决策、采取的举措、推行的工作更加符合客观实际和规律，更加符合广大人民的愿望和利益。要建立健全密切联系群众和实现好、维护好、发展好最广大人民根本利益的长效机制，为我们党始终保持同人民群众的血肉联系提供可靠的制度保证。

同志们！我们党紧紧依靠全国各族人民，在过去的85年里写下了光辉篇章。我们党也一定能够团结带领全国各族人民在新世纪、新阶段谱写更加壮丽的篇章。全党同志要更加紧密地团结起来，坚持以马克思列宁主义、毛泽东思想、邓小平理论和“三个代表”重要思想为指导，全面贯彻落实科学发展观，不负人民重托，不辱历史使命，为全面建设小康社会、不断开创中国特色社会主义事业新局面而继续奋斗！

中共中央作出关于表彰全国先进基层党组织和优秀共产党员优秀党务工作者的决定

今年是中国共产党成立85周年。85年来，中国共产党团结带领全国各族人民艰苦奋斗、开拓前进，取得了革命、建设和改革事业的伟大胜利。各级党组织和广大共产党员、党务工作者为党和人民的事业辛勤工作，无私奉献，谱写了壮丽的历史篇章。党的十六大以来，在以胡锦涛同志为总书记的党中央领导下，全党高举邓小平理论和"三个代表"重要思想伟大旗帜，牢固树立和认真落实科学发展观，求真务实，开拓创新，在推进社会主义经济建设、政治建设、文化建设和社会建设的伟大实践中充分展现党的先进性，涌现出一大批先进基层党组织和优秀共产党员、优秀党务工作者。在全党开展的以实践"三个代表"重要思想为主要内容的保持共产党员先进性教育活动，是我们党在新的历史条件下加强先进性建设的一次成功实践，有力促进了基层党组织战斗堡垒作用和共产党员先锋模范作用的进一步发挥。在纪念建党85周年和总结全党先进性教育活动之际，为表彰先进、弘扬正气，激励各级党组织和广大共产党员、党务工作者在建设中国特色社会主义伟大事业中创先争优、建功立业，中央决定：由中央组织部对近年来在工作中取得优异成绩的中国第一汽车集团公司党委等500个基层党组织、宋鱼水等50名共产党员、王化东等200名党务工作者予以表彰，分别授予"全国先进基层党组织""全国优秀共产党员"和"全国优秀党务工作者"荣誉称号，追授郑培民等10名同志"全国优秀共产党员"荣誉称号。

这次表彰的先进基层党组织和优秀共产党员、优秀党务工作者，是农村、企业、街道社区、机关、学校、科研院所、军队等各条战线中的优秀代表。他们的先进事迹和崇高精神，集中体现了我们党作为马克思主义政党的先进性，体现了当代中国共产党人的先进性。中央号召，各级党组织要向受表彰的先进集体学习，模范贯彻执行党的基本理论和路线方针政策，切实加强领导班子和党员队伍建设，团结带领广大群众围绕中心、服务大局，扎实工作、开拓进取，不断开创各项工作的新局面。广大共产党员和党务工作者要以受表彰的优秀个人为榜样，学习他们坚持理想信念，坚定不移地为建设中国特色社会主义而奋斗；学习他们坚持勤奋学习，不断提高实践"三个代表"重要思想和贯彻落实科学发展观、推动经济社会发展的能力；学习他们坚持党的根本宗旨，始终做到立党为公、执政为民；学习他们坚持勤奋工作，努力创造一流业绩；学习他们坚持遵守党的纪律，坚决维护党的团结统一；学习他们坚持"两个务必"，带头践行社会主义荣辱观，永葆共产党人的政治本色。中央希望，受表彰的先进集体和优秀个人，要珍惜荣誉、再接再厉，为党和人民的事业作出新的更大贡献。

国家主席胡锦涛与塞舌尔总统米歇尔互致贺电庆祝两国建交30周年

国务院总理温家宝主持召开国务院常务会议

会议部署深化农村税费改革和推进农村综合改革工作，讨论并原则通过《中华人民共和国禁毒法(草案)》。

会议指出，近几年来，各地区和各有关部门按照中央统一部署，积极推进农村税费改革和农村综合改革试点，取得明显成效，对进一步减轻农民负担，发展农村生产力，增加农民收入，密切干群关系，保持农村经济社会发展良好势头，发挥了重要作用。但必须清醒地认识到，农村税费改革是涉及农村经济社会的一场深刻变革，任务十分艰巨、复杂，需要坚持不懈地继续推进。

会议指出，巩固农村税费改革成果，关键在于继续推进以乡镇机构改革、农村义务教育改革和县乡财政管理体制改革为主的农村综合改革，解决好可能加重农民负担的重点和难点问题。这是社会主义新农村建设的一项重大任务。今年要着力抓好以下工作。(一)扩大农村综合改革试点范围。鼓励有条件的省份开展全面试点，暂不具备全面试点条件的省份尽可能扩大市、县试点的范围。(二)扎实推进乡镇机构改革。重点转变乡镇政府职能，不仅要做到减人、减事、减支，而且要使农村社会管理和公共服务得到加强。(三)加强农村义务教育综合改革。全面落实农村义务教育经费保障机制改革措施，免除学生学杂费，规范课本等其他收费，坚决制止乱收费。加强教育人事制度改革，合理配置教育资源。(四)改革和完善县乡财政管理体制。加快建立覆盖农村的公共财政制度，明确界定县乡政府支出责任，加大对县乡政府的一般性转移支付力度，增强基层政府财政实力，落实和完善财政对村级的补助政策，确保农村税费改革后乡村组织正常运转，提高基层公共服务保障水平。(五)严格控制乡村债务。坚决制止发生新债，扎实开展化解乡村债务试点工作。(六)建立农民负担监管机制。加强对涉农行政事业性收费的管理，对农业生产性费用以及村集体收费严格监管，认真落实和完善减轻农民负担的各项制度。

会议认为，禁毒工作关系国家和民族的兴衰存亡。近年来，经过各地区各有关部门的共同努力，我国禁毒工作取得了明显成效。但也要看到禁毒工作面临的形势仍然十分严峻，有必要在总结实践经验的基础上，制定一部专门的禁毒法律，为预防和惩治毒品违法犯罪行为进一步提供法律保障。《中华人民共和国禁毒法（草案）》遵循专群结合、预防与惩治结合、教育与救治结合的原则，规定了禁毒工作的方针和工作机制、毒品管制、隔离戒毒、禁毒国际合作，以及法律责任等内容。会议决定，该草案经进一步修改后，由国务院提请全国人大常委会审议。

会议还研究了其他事项。

国务院总理温家宝函贺非洲联盟第七届国家元首和政府首脑会议召开

国务院副总理回良玉在国家防总组织的黄河防汛抗洪实战演习上强发表讲话

回良玉强调，我国从南到北已全面进入主汛期，近期南方部分地区强降雨不断，局部地区发生了严重的洪涝灾害，当前正处于防汛抗洪的关键时期，抗灾救灾的任务十分繁重。对此我们一定要有充分的认识，决不能有丝毫的松劲情绪和侥幸心理。要把保障人民生命安全放在首位，坚持以人为本、科学防控，强化责任、落实预案，依法防洪、严肃纪律，依靠群众、合力抗灾，采取有力措施，确保大江大河、大型和重点中型水库、重要交通干线安全，切实加强山洪灾害和台风的防御，最大限度地减轻灾害损失。

回良玉对黄河防汛演习予以充分肯定。他说，这次演习准备充分、调度科学、部署周密，实战性、针对性、协同性强，取得了较好的效果，不仅有利于提高黄河防汛决策水平，对其他江河和全国的防汛抗洪也将起到重要的指导和促进作用。

回良玉指出，今年以来，我国气候异常多变，防汛形势不容乐观。台风登陆早，强度大，今年第1号强台风和第2号热带风暴都在我国登陆。降雨时空分布极为不均，部分地区持续强降雨，闽江发生了历史实测的第二位大洪水，部分中小河流发生了超过保证水位或历史最高水位的洪水。南方局部地区山洪、滑坡、泥石流灾害频发，人员伤亡和财产损失相当严重。与此同时，西北、华北、东北和西南部分地区发生了较为严重的春旱。面对严重的汛情旱情灾情，在党中央、国务院的正确领导下，各级党政领导及时部署、靠前指挥，有关部门明确责任、密切配合，各级防指精心组织、科学调度，广大军民团结奋战、顽强拼搏，防汛抗旱救灾工作正在有序进行。

回良玉说，按照国家防总第一次会议的安排，国家防总派出8个检查组对七大江河和重点地区防汛抗旱工作进行了检查。从检查情况看，防汛抗旱的各项工作总的做得是好的，但也存在一些薄弱环节。今年的自然灾害已经偏重发生，一些江河发生大洪水的可能性在增大，防汛抗洪救灾任务十分繁重。对此，必须增强忧患意识，保持清醒头脑，切不可掉以轻心，决不能麻痹大意。

回良玉要求，各地、各部门要以对党和人民高度负责的精神，以求真务实的作风，认真做好当前防汛抗旱救灾的各项工作。一要进一步落实防汛抗旱工作责任制，做到思想到位、职责到位、指挥到位、措施到位，把握工作的主动权。二要进一步落实防洪预案和队伍物资准备，提高抢险队伍的实战能力，发挥预案的减灾效益。三要高度重视大江大河和水库防洪保安工作，加强巡坝查险，及时掌握和通报情况。四要高度重视山洪灾害和台风的防御工作，加强实时监测和预警预报，提高群众自我防范意识和能力，及时转移危险区域人员。五要继续坚持防汛抗旱救灾工作统筹推进，务必妥善安排好灾区群众的生产生活。六要继续坚持统一指挥、部门协作、合力抗灾的有效机制，努力夺取今年防汛抗旱救灾的全面胜利。

中华人民共和国和老挝人民民主共和国发表联合新闻公报

一、应中国共产党中央委员会总书记、中华人民共和国主席胡锦涛的邀请，老挝人民革命党中央委员会总书记、老挝人民民主共和国主席朱马利·赛雅贡于2006年6月27日至7月2日对中华人民共和国进行了国事访问。

访问期间，胡锦涛总书记、国家主席与朱马利总书记、国家主席举行了会谈，吴邦国委员长、温家宝总理和曾庆红副主席分别会见了朱马利总书记、国家主席。双方就两党两国关系及共同关心的国际和地区问题深入交换意见并取得了广泛的共识。除北京外，朱马利总书记、国家主席还前往河南、上海、浙江等地参观访问。

二、双方一致认为，由老一代领导人缔造和培育的中老传统友谊是两党两国和两国人民的宝贵财富。双方一致确认，2000年11月12日发表的《中华人民共和国和老挝人民民主共和国关于双边合作的联合声明》确立了两党两国关系在新时期的发展方向，具有重要的历史和现实意义。双方重申将在和平共处五项原则的基础上，根据“长期稳定、睦邻友好、彼此信赖、全面合作”的方针，共同致力于推动中老两党两国全面合作关系不断向前发展，中老永做好邻居、好朋友、好同志、好伙伴。

三、双方一致认为，两党两国高层保持密切联系和接触对推动双边关系不断向前发展具有重要的导向作用。双方重申将继续保持两党两国领导人的经常接触，进一步加强两国党政部门、议会、群众团体及地方之间的交流与合作，进一步深化治党治国理论和经验的交流。

四、双方充分肯定两国在经贸合作方面所取得的进展，一致同意继续挖掘潜力，不断推进双方在经贸、电力、矿产、农业、旅游等领域的互利合作。双方表示继续加强对经贸合作的指导与协调，支持和鼓励双方企业界进行双向投资、开展密切交往和互利合作；积极探索扩大双边贸易的新途径，拓展两国边境贸易。双方签署了关于中国政府向老挝政府提供优惠贷款的框架协议、关于中国政府向老挝政府提供农用机械设备项目的换文和关于中国政府为老挝政府举办党政干部培训的换文。

五、双方表示继续加强两国在国防、公安、司法、文化、教育、卫生、体育等领域的交流与合作。通过派团互访和交流，进一步增进两国人民之间的友谊，加强两国青年之间的了解和信任，培养和造就中老友好事业的接班人。

六、中方重申尊重老挝的独立、主权和领土完整，支持老挝党、政府和人民坚持社会主义方向、革新开放路线和为发展经济、维护社会稳定所作出的努力。老方重申坚定奉行一个中国的政策，反对任何制造"两个中国"或"一中一台"的图谋，支持中国和平统一事业。

七、双方高度评价两国在国际和地区事务中富有成效的合作，并重申将继续在东盟、东盟地区论坛、大湄公河次区域开发、东亚领导人非正式会议、联合国等多边场合中加强合作，在地区和国际事务中保持密切协调与配合。

八、朱马利总书记、国家主席以其个人名义并代表老挝人民革命党和老挝政府，对在访问期间受到的热烈欢迎和盛情款待，向胡锦涛总书记、国家主席以及中国共产党、中国政府和中国人民表示诚挚的谢意，并邀请胡锦涛总书记、国家主席访问老挝。胡锦涛总书记、国家主席愉快地接受了邀请。

2006年6月30日于北京

《人民日报》发表中共中央党史研究室的文章《领导中华民族走向伟大复兴的核心力量——纪念中国共产党成立85周年》

7月1日

《人民日报》发表社论《先进性长在 生命力永存——热烈庆祝中国共产党成立八十五周年》

在"十一五"规划的开局之年,我们迎来了中国共产党成立八十五周年。这是一个光荣而伟大的日子。历时一年半的以实践"三个代表"重要思想为主要内容的保持共产党员先进性教育活动,以丰硕的成果和宝贵的经验,向党的生日献上了一份不同寻常的贺礼。七千多万名党员通过先进性教育活动的洗礼,进一步焕发出蓬勃朝气;走过八十五年光辉历程的中国共产党,更加展现出生机和活力。

光阴荏苒,岁月峥嵘。八十五年间,在中国共产党的领导下,中国实现了从最悲惨境遇向着光明前途奋进的伟大历史转变,中国人民实现了从积贫积弱向着全面小康生活迈进的伟大历史转变,这是中华民族发展的一个历史奇迹。这一奇迹雄辩地证明,中国共产党不愧为伟大、光荣、正确的马克思主义政党,不愧为领导中国人民不断开创新局面的核心力量。八十五年间,中国共产党之所以能够从一个只有五十几名党员的党发展为今天拥有七千多万党员的大党,团结带领中国各族人民在艰苦的环境下克敌制胜、在曲折的探索中不断奋起、在改革开放的伟大实践中开拓创新,一个极其重要的原因就在于,我们党始终坚持先进性建设,始终保持和发展马克思主义政党的先进性品质,始终把不断实现最广大人民的根本利益作为党全部奋斗的最高目的。

先进性是马克思主义政党的生命所系、力量所在,是党生存、发展、壮大的根本前提。八十五年来,党的先进性作为一面光辉的旗帜,吸引和凝聚全党全民族共同实现党在各个历史时期的奋斗目标;党的先进性作为一种崇高的精神,激励和鼓舞全党全民族在革命、建设、改革的历程中排除万难、开拓前进;党的先进性作为一种伟大的力量,催生和激发全党全民族无穷的创造力、凝聚力、战斗力。八十五年波澜壮阔的历史证明,党的先进性长在,党的创造力不竭,党的生命力永存。

千秋伟业,代代相承。坚持用时代发展的要求审视自己,以改革的精神加强和完善自己,是我们党保持和发展先进性的根本要求。我国正处在全面建设小康社会、加快推进社会主义现代化的关键时期,面对复杂的国际国内环境,继续保持和发展党的先进性,关系党执政能力的提高和执政地位的巩固,关系党和人民事业的兴旺发达和国家的长治久安。以胡锦涛同志为总书记的中央领导集体,鲜明提出了加强党的先进性建设的重大战略思想。这是中国共产党八十五年光荣传统的历史继承,也是对马克思主义政党思想风貌的时代创新。

在全党开展的以实践"三个代表"重要思想为主要内容的保持共产党员先进性教育活动,涵盖了三百五十多万个基层党组织、七千多万名党员。这次教育活动按照中央提出的关键是要取得实效、真正成为群众满意工程的要求,坚持理论联系实际,主题鲜明、领导有力、措施得当、工作扎实,基本实现了提高党员素质、加强基层组织、服务人民群众、促进各项工作的目标,取得了丰硕的实践成果、制度成果和理论成果,得到了广大党员、群众的拥护,受到了社会各界的好评。这是我们党成立以来参加人数最多、规模最大的一次党内集中教育活动,是在长期执政、改革开放和发展社会主义市场经济条件下,用发展着的马克思主义武装全党的一项重大举措,是在全面建设小康社会,实现中华民族伟大复兴的关键时期,加强党的执政能力建设和先进性建设的一次成功实践。其重大意义和深远影响,必将随着时间的推移、随着我们伟大事业的推进不断显现出来。

与时代同步伐,党的先进性就长在;与人民共命运,党的生命力就永存。先进性的保持,要靠长期的自我教育和自我完善。先进性的发展,要靠全体党员在改革和建设的伟大实践中坚持不懈地与时俱进。当前,我们党正带领全国人民为实现"十一五"规划的宏伟蓝图而努力奋斗。我们一定要把先进性教育活动的成果转化为推动改革开放和现代化建设的智慧和力量,要在认真总结先进性教育活动成功经验的基础上,切实巩固和充分运用先进性教育活动取得的重要成果,扎实做好保持共产党员先进性的经常性工作。通过在全体共产党员中加强经常性教育活动,提高党员思想政治素质,增强党员工作能力,发挥党员先锋模范作用和基层党组织战斗堡垒作用,更好地落实党要管党、从严治党的方针,坚持不懈地加强党的执政能力建设和先进性建设,为全面建设小康社会、构建社会主义和谐社会提供坚强的政治和组织保证。要以改革的精神探索加强党的先进性建设的新方法新途径,把党的先进性体现到不断发展先进生产力、发展社会主义民主政治、发展社会主义先进文化、实现最广大人民的根本利益中去。

八十五载辉煌已经载入史册。今后的几十年,将是中国发生更加深刻变化的伟大时代。到二〇一〇年,我们将实现"十一五"规划目标;到二〇二一年,我们党将迎来建党一百周年;到本世纪中叶新中国成立一百周年的时候,我们将基本实现社会主义现代化。新的使命鼓舞和召唤着我们。让我们紧密团结在以胡锦涛同志为总书记的党中央周围,高举邓小平理论和“三个代表”重要思想伟大旗帜,全面贯彻落实科学发展观,解放思想、实事求是、与时俱进、开拓创新,紧紧依靠全国各族人民,把中国特色社会主义伟大事业不断推向前进,实现中华民族的伟大复兴。

青藏铁路通车庆祝大会在青海省格尔木市和西藏自治区拉萨市同时举行

中共中央总书记、国家主席、中央军委主席胡锦涛专程前往格尔木市出席庆祝大会并发表重要讲话。

庆祝大会由中共中央政治局委员、国务院副总理曾培炎主持,中共中央政治局候补委员、中央书记处书记、中央办公厅主任王刚出席。

11时许,胡锦涛来到站台,为青藏铁路首趟旅客列车开通剪彩。

庆祝大会上,青藏铁路建设者代表、青藏铁路建设总指挥部副指挥长拉有玉,青海省省委书记赵乐际,西藏自治区党委书记张庆黎等先后发言。

中央和国家机关以及军队有关方面负责同志,青藏铁路建设领导小组成员单位负责同志,青海省、西藏自治区负责同志,铁路建设者代表,各族各界群众等共3000余人,分别在格尔木、拉萨参加了庆祝大会。

青藏铁路西宁至拉萨全长1956公里。其中,西宁至格尔木段814公里已于1984年投入运营。2001年6月开工修建的格尔木至拉萨段,全长1142公里,海拔4000米以上的地段达960公里,最高点海拔5072米,经过连续多年冻土地段550公里,是世界铁路建设史上最具挑战性的工程项目。各参建单位和广大铁路建设者顽强拼搏,勇克难关,破解了多年冻土、高寒缺氧、生态脆弱三大世界性工程技术难题,使这一钢铁大动脉提前一年建成通车,创造了多项世界铁路之最。

中共中央总书记胡锦涛在青藏铁路通车庆祝大会上发表讲话

同志们:

今天,我们在格尔木和拉萨两地同时集会,热烈庆祝青藏铁路全线建成通车,号召全党全国各族人民学习和弘扬挑战极限、勇创一流的青藏铁路精神,为全面建设小康社会、把中国特色社会主义伟大事业继续推向前进而团结奋斗。

青藏铁路建成通车,是我国社会主义现代化建设取得的又一个伟大成就。在这里,我代表党中央、国务院,向青藏铁路建成通车,表示热烈的祝贺!向为青藏铁路建设作出突出贡献的全体建设者,表示崇高的敬意!向关心和支持青藏铁路建设的沿线各级党委、政府和各族干部群众、各有关方面人士、国际友人,表示衷心的感谢!

建设青藏铁路是几代中国人梦寐以求的愿望,党和政府始终高度重视。1958年,党中央决定建设青藏铁路西宁至格尔木段,1984年5月这段铁路建成通车。进入新世纪,党中央从推进西部大开发、实现各民族共同发展繁荣的大局出发,作出了修建青藏铁路格尔木至拉萨段的重大决策,提出了建设世界一流高原铁路的目标。现在,经过全体建设者和各方面的顽强拼搏、艰苦奋斗,几代中国人特别是沿线各族干部群众的心愿终于实现了。

青藏铁路是世界上海拔最高、线路最长的高原铁路,沿线高寒缺氧,地质复杂,冻土广布,工程十分艰巨。修建这样一条铁路,不仅是对我国综合实力和科技实力的检验,也是对人类自身极限的挑战。铁道部和各参建单位坚持以邓小平理论和“三个代表”重要思想为指导,全面贯彻落实科学发展观,周密部署,严格管理,确保了青藏铁路建设高起点、高标准、高质量地向前推进。在5年的建设过程中,全体参建人员始终牢记党和人民的重托,以国家需要为最高需要,以人民利益为最高利益,奋战在条件异常艰苦的雪域高原上,以惊人的毅力和勇气战胜了各种难以想象的困难,用自己的心血和汗水谱写了人类铁路建设史上的辉煌篇章。这不仅是中国铁路建设史上的伟大壮举,也是世界铁路建设史上的一大奇迹。这一成功实践再次向世人昭示,勤劳智慧的中国人民有志气、有信心、有能力不断创造非凡的业绩,有志气、有信心、有能力屹立于世界先进民族之林。建成青藏铁路这一壮举将永载共和国的史册。

从青藏铁路建设的伟大实践中,我们得到许多重要启示。

第一,必须紧紧抓住发展这个党执政兴国的第一要务,不断增强我国的综合国力。这次建成的青藏铁路格尔木至拉萨段,施工难度之大、设备可靠性和安全性要求之高在世界铁路建设史上是前所未有的。在特殊的地理和气候条件下,我们仅用5年时间就建成了这条1100多公里的高原铁路。这一巨大成就的取得,是改革开放20多年来我国综合国力不断增强的重要体现。这一事实再一次充分说明,只要我们紧紧抓住发展这个党执政兴国的第一要务,不断增强我国的综合国力,我们就一定能够不断夺取社会主义现代化建设的新胜利。

第二,必须加快科技进步和创新,大力提高我国的自主创新能力。青藏铁路建设面临多年冻土、高寒缺氧、生态脆弱三大世界性工程难题。解决这些难题,世界上没有现成的经验。广大科技工作者和全体建设人员在充分借鉴世界铁路先进技术的同时,发扬自力更生精神，大力推进科技创新，开展大量科学试验，取得一系列重大成果，为进行多年冻土施工、发展高原医学事业、保护生态环境积累了宝贵经验。这一事实再一次充分说明，中华民族是富有创造精神的民族，只要我们坚持不懈地提高自主创新能力，不断增强科技实力、攀登世界科技高峰，我们就一定能够为世界科技进步作出更大贡献。

第三，必须发挥社会主义制度的政治优势，形成万众一心共创伟业的生动局面。在建设青藏铁路的过程中，从中央到地方上百个单位、十几万建设大军同舟共济、团结协作，自觉服从大局，全力保证大局，形成了青藏铁路建设的强大合力。这一事实再一次充分说明，只要我们坚持发挥社会主义制度能够集中力量办大事的政治优势，并善于把这一优势与市场经济体制的优势有机结合起来，我们就一定能够推动关系国计民生的重大建设项目更快更好地完成。

第四，必须大力弘扬艰苦奋斗、自强不息的精神，坚韧不拔地创造历史伟业。艰苦奋斗、自强不息的精神，是几千年来中华民族生生不息、发展壮大的重要精神支撑。青藏铁路建设者表现出来的挑战极限、勇创一流的精神，就是这种伟大精神的生动体现。这一事实再一次充分说明，只要我们大力发扬艰苦奋斗、自强不息的精神，我们就一定能够战胜前进道路上的任何艰难险阻，不断开创中国特色社会主义事业新局面。

青藏铁路建成通车，这对于青藏两省区加快经济社会发展、改善各族群众生活，对于增进民族团结和巩固祖国边防，都具有十分重大的意义。铁路部门要切实管好、用好青藏铁路，牢固树立以人为本和安全发展的理念，确保广大职工劳动安全，确保广大乘客身体健康，确保青藏铁路运输安全。要充分认识搞好青藏高原环境保护的极端重要性，严格落实各项环保措施，教育广大干部职工和乘客增强环保意识，自觉爱护青藏高原的山山水水、一草一木，切实保护好沿线生态环境。

青藏铁路建成通车，为青藏两省区经济社会发展带来了历史性机遇。青藏两省区要抓住有利时机，全面贯彻落实科学发展观，进一步完善发展思路，科学规划产业布局，促进资源优化配置，推动经济结构调整，加快形成具有地区优势和民族特色的经济发展格局。要科学规划和开发铁路沿线旅游资源，创建高原特色旅游品牌，加快旅游产业发展。要适应青藏铁路通车的新情况，积极开发利用优势资源，千方百计增加就业岗位，促进农牧民增收致富，提高沿线各族群众生活水平。国家有关部门要加强指导和协调，同铁路部门和青藏两省区一道努力，把青藏铁路沿线逐步建设成经济发展、社会和谐、环境优美的地区。

铁路作为国民经济的大动脉、国家重要基础设施和大众化交通工具，在我国经济社会发展中具有重要作用。希望铁路系统广大干部职工认清使命，抓住机遇，再接再厉，开拓进取，为加快我国铁路发展步伐，全面建设小康社会、加快推进社会主义现代化作出新的更大的贡献。

中共中央政治局常委李长春在辽宁考察

7月1日至5日，李长春在辽宁省省委书记李克强、省长张文岳陪同下，先后到大连、丹东、抚顺、沈阳等地，深入企业、农村、社区和宣传文化单位，就提高自主创新能力、振兴东北老工业基地、加强公共文化服务体系建设等进行调研，了解棚户区改造情况，听取辽宁省委省政府工作汇报，对辽宁改革开放和现代化建设取得的成就给予充分肯定。

李长春指出，要认真学习宣传贯彻胡锦涛总书记今年两会期间参加上海代表团审议时发表的重要讲话，毫不动摇地推进改革，坚持改革的正确方向，提高改革决策的科学性，增强改革措施的协调性，不断开创改革的新局面。改革是中国特色社会主义最鲜明的特征，是强国之路。没有改革，就没有今天的大好局面。促进经济发展，维护社会稳定，提高人民群众生活水平，归根到底要靠改革。不论改革遇到什么困难，都要坚定改革信念，坚定不移地坚持市场取向的改革方向，用改革的办法解决前进中遇到的矛盾和问题，不失时机地推进改革，实现经济社会又快又好发展。

李长春强调，振兴东北地区等老工业基地，是党中央着眼全局作出的一项重大战略决策。宣传思想战线要围绕中心、服务大局，唱响改革开放的主旋律，多做统一思想、凝聚力量的工作，多做促进改革发展、维护社会稳定的工作，动员和激励广大干部群众为振兴东北老工业基地、实现“十一五”规划纲要提出的任务而团结奋斗。要充分反映老工业基地贯彻科学发展观，转变经济增长方式、提高经济质量和效益的新进展；充分反映老工业基地加快自主创新步伐，在改造和发展重大装备制造业，提高研发制造能力，掌握核心技术，努力抢占国际国内市场制高点方面取得的新成就；充分反映老工业基地在提高改革决策的科学性，增强改革措施的协调性，关心困难群众生产生活，为群众办实事办好事方面创造的新经验，为振兴东北老工业基地创造良好的舆论环境。

李长春强调，建设和谐文化是构建社会主义社会的重要内容。积极促进和谐文化建设，就是要树立共同理想信念，增强全社会的凝聚力和创造力，为构建社会主义和谐社会打下坚实的思想基础；就是要加强社会主义精神文明建设，建立与社会主义市场经济相适应、与社会主义法律规范相协调、与中华民族传统美德相承接的社会主义思想道德体系，营造团结互助、和睦相处的社会风尚，为构建社会主义和谐社会提供强大的道德支撑；就是要大力发展公益性文化事业和经营性文化产业，不断丰富人们的精神文化生活，形成和谐的人际关系，保持社会稳定，为构建社会主义和谐社会创造良好的人文环境。

李长春十分关心基层文化建设，在丹东市小四台子村、辽宁省图书馆等地，他详细了解广播电视村村通工程、全国文化信息资源共享工程等的建设情况。李长春强调，建设公共文化服务体系，是贯彻落实科学发展观的必然要求。要按照“十一五”规划纲要的部署，积极构建覆盖全社会的比较完备的公共文化服务体系，实现人民群众的基本文化权益，提高全民族的科学文化素质，提升社会文明水平。他指出，全国文化信息资源共享工程是在信息化不断发展的历史条件下满足人民群众基本文化需求的重要手段，是一项战略性的文化基础设施建设，是深受群众欢迎的民心工程、德政工程。要调动各方面的力量，把文化信息资源共享工程与广播电视村村通、现代远程教育等紧密结合起来，加快建设步伐，扩大城乡覆盖面，提高使用效率，让广大群众特别是农民群众共享文化发展成果。

国务院任免国家工作人员

任命姜异康为国家行政学院副院长。

免去陈福今的国家行政学院副院长职务。

最高人民法院要求从2006年7月1日起对所有死刑二审案件开庭审理

中共三大会址纪念馆正式对公众开放

上午9时，广州东山恤孤院路3号中国共产党第三次全国代表大会会址前响起庄严的国歌声，中共三大会址纪念馆正式落成并对公众开放。

1923年6月12日至20日，中共三大在广州召开，党的早期领导人陈独秀、李大钊、毛泽东等40人出席了大会。此前，党中央已于同年4月迁驻广州，办公地点就位于三大会议召开地附近的春园。

中共三大主要解决了与孙中山领导的国民党合作的问题，决定在保持中国共产党政治上、组织上、思想上的独立性的前提下，全体共产党员以个人身份加入国民党，共同开展国民革命运动，以推翻帝国主义和封建军阀在中国的反动统治。中共三大所确定的党的统一战线的方针政策，经过新民主主义革命斗争的反复实践和发展，成为党战胜强敌、夺取革命胜利的“三大法宝”之一。

7月2日

中央先进性教育活动领导小组 中组部负责同志就中办印发的4个保持共产党员先进性长效机制文件答新华社记者问

问：中央提出，要通过先进性教育活动努力取得实践成果、制度成果和理论成果，请您简要介绍一下保持共产党员先进性长效机制建设工作的基本情况。

答：坚持继承与创新相结合，用完善制度、健全机制的办法，把先进性教育活动的具体经验系统化、感性认识理性化、成功做法制度化，形成一批使党员长期受教育、永葆先进性的制度成果，是这次先进性教育活动的一项重要任务。中央对建立健全保持共产党员先进性长效机制工作高度重视。《中共中央关于在全党开展以实践“三个代表”重要思想为主要内容的保持共产党员先进性教育活动的意见》明确提出了要搞好建章立制，建立健全党员教育管理常抓不懈的工作机制。2005年2月，胡锦涛同志在贵州考察时强调指出，要通过先进性教育活动，在坚持党要管党、从严治党方针，建立新形势下广大党员长期受教育、永葆先进性的长效机制工作方面有新收获，切实把党的执政能力建设和先进性建设推向前进。中央先进性教育活动领导小组认真贯彻落实中央要求，下发了《关于认真做好建立健全保持共产党员先进性长效机制工作的通知》，对建立健全长效机制工作及时作出了具体部署；明确分工，确定了领导小组成员侧重负责抓长效机制建设工作；通过各种会议和深入调研，对各地区、各部门各单位长效机制建设工作进行具体指导和检查督促；组织专门力量，根据当前急需、条件基本具备、在先进性教育活动中又积累了成功经验的原则，研究起草了适用全党的4个制度性文件。通过各级党组织的共同努力，目前已经建立健全了一大批务实管用的制度，保持共产党员先进性长效机制建设工作取得了阶段性成果。

问：请您简要介绍一下各地区、各部门、各单位党组织在开展长效机制建设工作中取得的成效和主要特点。

答：各地区、各部门、各单位党组织对长效机制建设工作高度重视，认真贯彻中央精神，切实加强领导，精心安排部署，认真组织实施，在党员学习培训、扩大党内民主、严格党内组织生活、联系和服务群众以及党建工作责任制等方面形成了一大批务实管用的制度。这些制度具有以下特点：一是内容丰富，重点突出。这些文件内容涵盖了基层党组织建设、党员队伍建设等各个方面，有效规范了新时期的基层党建工作。普遍抓住基层党建工作中的重点难点问题，并把解决共性问题与突破难点问题结合起来,有针对性地提出了措施办法。二是充分吸收了先进性教育活动的成果。这些制度性文件不仅广泛吸收了先进性教育活动和近年来基层党建工作中创造的成功经验,而且充分借鉴了理论研究的有关成果,既有广泛的实践基础,又有理论的有力支撑。三是系统性和可操作性强。这些文件普遍注意相互衔接、系统配套,注意从实际出发,讲求实效,尽量使规定明确具体,简便易行,便于基层操作。

问:中央为什么首先考虑制定《关于加强党员经常性教育的意见》等4个文件?制定这几个文件有何重要意义?

答:我们党在过去长期的实践中,形成了一系列关于加强党的建设的规章制度,对推进党的先进性建设起到了十分重要的作用,今后仍要认真贯彻落实。研究制定这4个文件,主要是着眼于解决当前基层党建工作中的重点难点问题,着眼于总结和运用先进性教育活动的成功经验,着眼于坚持不懈地推进党的先进性建设。加强党员经常性教育是不断提高党员素质、保持共产党员先进性的根本途径;密切联系群众、践行党的宗旨是保持共产党员先进性的本质要求;加强流动党员管理是党员队伍建设的迫切需要;建立健全地方和部门党委(党组)抓基层党建工作责任制是落实党要管党、从严治党方针的重要措施。这4个文件的制定和贯彻落实,对于巩固和扩大先进性教育活动成果,更好地落实党要管党、从严治党的方针,坚持不懈地加强党的执政能力建设和先进性建设;对于更好地发挥基层党组织的战斗堡垒作用和广大党员的先锋模范作用,为全面建设小康社会、构建社会主义和谐社会提供坚强的政治和组织保证,具有十分重要的意义。今后还将根据加强党的先进性建设的实际需要,继续完善、制定出台相应的制度。

问:在这4个文件的起草过程中,注意把握了哪些原则?

答:在文件的起草过程中,我们坚持以马克思列宁主义、毛泽东思想、邓小平理论和"三个代表"重要思想为指导,认真落实科学发展观,注意把握了以下几点:一是把学习党章、遵守党章、贯彻党章、维护党章的要求贯穿始终,注意与已有党内文件和国家法律法规相衔接。二是充分体现中央关于加强党的执政能力建设和先进性建设等方面理论创新的最新成果,增强文件的时代感。三是充分吸收先进性教育活动和各级党组织在党的建设实践中创造的成功经验。四是从基层党组织和党员队伍的实际出发,既注意文件的原则性和可操作性,又注意给基层留有空间。五是深入调查研究,充分听取各方面意见。通过实地调研、召开座谈会、发函征询意见等多种方式,广泛征求并尽可能吸收各地区、各部门、各单位的意见。

问:各级党组织在这次先进性教育活动中创造了许多好经验好做法,文件是如何加以体现和吸收的?

答:先进性教育活动中,各地区、各部门、各单位党组织按照中央要求,创造性地开展工作,积累了许多行之有效的经验做法,为建立健全保持共产党员先进性长效机制奠定了实践基础。我们注意认真总结提炼各级党组织创造的成功经验,在相关文件的指导原则、目标要求和具体措施等方面予以充分体现。比如,把先进性教育活动中坚持的以正面教育、自我教育为主的原则确定为党员经常性教育的一条重要原则;把广泛开展谈心活动、深入开展党性分析评议、积极开展主题实践活动等成功做法,作为加强党员经常性教育的基本方法;把党员承诺、设岗定责、结对帮扶等确定为党员联系和服务群众的主要方式;充分借鉴"流动党员找党组织、党组织找流动党员"的经验,对流出地、流入地党组织和流动党员分别提出要求;把明确地方和部门党委(党组)全面负责、主要领导为第一责任人、基层党组织书记为直接责任人,建立督查制度和群众监督评价制度等成功做法加以总结,作为抓基层党建工作责任制文件的重要内容。

问:怎么保证这4个文件的贯彻落实,进一步建立健全保持共产党员先进性长效机制?

答:这次印发的4个文件是先进性教育活动取得的重要制度成果,各地区、各部门各单位党组织要按照《中共中央办公厅印发〈关于加强党员经常性教育的意见〉等4个保持共产党员先进性长效机制文件的通知》要求,加强领导,认真抓好文件精神的学习贯彻,把这些文件作为培训党员和干部的重要内容,并结合工作实际,全面加以落实。各级党委(党组)要进行集体学习讨论,并将文件精神尽快传达到基层党组织,通过举办培训班、辅导讲座等形式,使广大党员特别是党员领导干部切实领会文件精神,把思想统一到中央要求上来。各级党组织要结合实际,尽快研究制定具体的实施办法,提出切实有效的贯彻落实措施。要加强对文件贯彻落实情况的督促检查,了解和掌握文件的贯彻执行情况,及时解决存在的问题。

建立健全保持共产党员先进性长效机制是一项长期的任务。各地区、各部门各单位党组织在执行好现有行之有效的制度的同时,要根据形势和任务的需要,及时研究制定新的制度,努力实现党建工作的科学化、规范化、制度化,为保持和发展党的先进性提供切实可靠的制度保证,不断把党的建设新的伟大工程和建设中国特色社会主义伟大事业推向前进。

首届中日韩三国旅游部长会议在北海道正式签署

三国旅游交流和合作基本框架《北海道宣言》

7月3日

全国人大常委会委员长吴邦国和全国政协主席贾庆林在人民大会堂分别会见马达加斯加参议长拉杰米松

全国人大常委会委员长吴邦国在人民大会堂与印度议会人民院议长查特吉举行会谈

双方就发展中印战略合作伙伴关系和共同关心的问题深入交换了意见，达成重要共识。

吴邦国表示，发展与印度的睦邻友好合作关系是我们的既定方针。中方愿与印方共同努力，全面拓展和深化各领域合作，加强在国际和地区事务中的协调与配合，不断充实两国战略合作伙伴关系的内涵。

关于议会交往，吴邦国说，议会交往在国家关系发展中发挥着越来越重要的作用。中国全国人大高度重视发展同印度议会的关系，愿与印度议会两院保持高层互访势头，扩大双方专门委员会、友好小组和工作机构之间的交往，加强民主法制和治国理政经验等方面的交流，密切在国际和地区议会组织中的配合，共同推动两国各领域的务实合作，促进中印战略合作伙伴关系深化与发展。

会谈后，吴邦国和查特吉共同签署了中国全国人大与印度议会人民院谅解备忘录。双方商定，建立定期交流机制，双方友好小组原则上每年正式会晤一次，轮流在两国举行，统筹研究两国议会交往等问题。

国家主席胡锦涛根据全国人大常委会的决定任免驻外大使

一、免去张直鑑的中华人民共和国驻芬兰共和国特命全权大使职务；

任命马克卿（女）为中华人民共和国驻芬兰共和国特命全权大使。

二、免去刘关仁的中华人民共和国驻萨摩亚独立国特命全权大使职务；

任命施隆壮为中华人民共和国驻萨摩亚独立国特命全权大使。

三、免去吴从勇的中华人民共和国驻巴林王国特命全权大使职务；

任命李志国为中华人民共和国驻巴林王国特命全权大使。

四、免去唐国强的中华人民共和国驻捷克共和国特命全权大使职务；

任命霍玉珍（女）为中华人民共和国驻捷克共和国特命全权大使。

五、免去吴海龙的中华人民共和国常驻联合国维也纳办事处和其他国际组织代表、特命全权大使职务；

任命唐国强为中华人民共和国常驻联合国维也纳办事处和其他国际组织代表、特命全权大使。

六、免去张义山的中华人民共和国常驻联合国副代表、特命全权大使职务；

任命刘振民为中华人民共和国常驻联合国副代表、特命全权大使。

全国人大与日本众议院在北京举行合作委员会第二次会议

全国人大常委会副委员长路甬祥和日本国会众议院运营委员会委员长佐田玄一郎3日在北京共同主持了全国人大和日本国会众议院合作委员会第二次会议。

全国人大与日本国会众议院于2004年建立定期交流机制。合作委员会第一次会议于2005年4月在东京举行。

国务委员唐家璇在钓鱼台国宾馆会见日本民主党党首小泽一郎一行

农业部发布《全国农业和农村经济发展第十一个五年规划（2006—2010年）》

文化部 中国作协在北京联合举行座谈会纪念茅盾诞辰110周年

来自中宣部、统战部、中国作协的有关负责同志和首都文学、文化界百余位代表出席会议。

中国作协党组书记、副主席金炳华在讲话中首先肯定了茅盾同志为祖国文化和文学事业作出的卓越贡献，他说，茅盾同志的作品已成为中国现当代文学史上的经典，茅盾同志是现当代中国作家理想追求和人品文品的杰出代表。他指出，我们学习茅盾同志，就是要学习他坚持为人民写作，深入社会实践，反映社会生活的原则，与时代同步，与人民同心；学习他在创作上博采众长，不断创新的精神，学习他关心文学新人，善于团结广大作家和文学工作者，凝聚多方面的文学力量。我们缅怀茅盾同志的崇高精神，总结他的创作成就，就是要从革命前辈那里汲取营养和力量，更好地为发展和繁荣社会主义文学事业、弘扬发展先进文化而勤奋创作，努力工作。

今年7月4日是我国现代进步文化的先驱者、杰出的革命文学家茅盾同志诞辰110周年。北京后圆恩寺13号茅盾故居经修缮后于7月2日重新开放。这是一座两进四合院，茅盾1974年至1981年在此生活了近7年,完成了回忆录《我走过的道路》。故居的起居室、书房、会客室等陈设均按原貌保留下来。除新增百余幅图片和电子触摸屏,新辟一个展室,通过图片展示茅盾故乡和早年生活。

胡立教逝世

原中顾委委员,中共上海市委原第二书记,上海市第七、八届人大常委会主任胡立教同志因病医治无效,于7月3日在上海逝世,享年92岁。

胡立教1914年12月生,江西吉安人。1928年6月加入中国共产主义青年团。1930年10月转为中国共产党党员。历任赣西南少先队中路指挥部指挥,新四军后方政治部副主任,中央华中局调研室主任,中央华东局情报处处长、统战部部长,华东军区政治部组织部部长等职。新中国成立后,历任中央华东局组织部部长,中央财政部副部长,黑龙江省牡丹江地委第一书记,中国人民银行代行长等职。1975年至1981年任河南省委副书记、省委第二书记、省人大常委会主任。1981年至1985年任上海市委第二书记、市人大常委会主任。1985年至1988年任上海市人大常委会主任。

胡立教是党的十一大、十二大代表,中共第十一、十二届中央委员。第五、六届全国人大代表。1985年当选为中顾委委员。

7月4日

国家主席胡锦涛在人民大会堂会见日本民主党党首小泽一郎

胡锦涛说,中国党和政府一贯高度重视中日关系,始终从战略高度和长远角度审视和处理两国关系,坚持和平共处、世代友好、互利合作、共同发展的对日关系方针,坚持《中日联合声明》等三个政治文件的原则和以史为鉴、面向未来的精神,致力于通过对话和平等协商,妥善处理两国间存在的问题,扩大双方各层次、各领域的交流与合作,增进两国人民的了解和友好感情,为两国人民谋取实实在在的利益。我们希望通过双方的共同努力,早日消除两国关系中的政治障碍,推动中日关系尽快回到健康稳定发展的轨道,共同谱写新世纪中日睦邻友好与互利合作的新篇章。

全国人大常委会委员长吴邦国在人民大会堂会见日本国会众议院代表团

国务院总理温家宝在中南海紫光阁会见印度议会人民院议长查特吉

国务院总理温家宝签署第470号令发布《国务院关于修改〈棉花质量监督管理条例〉的决定》

现公布《国务院关于修改〈棉花质量监督管理条例〉的决定》,自公布之日起施行。

总　理　温家宝

2006年7月4日

国务院关于修改《棉花质量监督管理条例》的决定

国务院决定对《棉花质量监督管理条例》做如下修改:

一、将第三条第一款修改为:“棉花经营者从事棉花加工经营活动,应当按照国家有关规定取得资格认定。”

二、将第二十四条修改为:“棉花经营者收购棉花,违反本条例第七条第二款、第三款的规定,不按照国家标准和技术规范排除异性纤维和其他有害物质后确定所收购棉花的类别、等级、数量,或者对所收购的超出国家规定水分标准的棉花不进行技术处理,或者对所收购的棉花不分类别、等级置放的,由棉花质量监督机构责令改正,可以处3万元以下的罚款。”

本决定自公布之日起施行。

《棉花质量监督管理条例》根据本决定做相应的修改,重新公布。

棉花质量监督管理条例

(2001年8月3日中华人民共和国国务院令第314号公布　根据2006年7月4日《国务院关于修改〈棉花质量监督管理条例〉的决定》修订)

第一章　总　则

第一条　为了加强对棉花质量的监督管理,维护棉花市场秩序,保护棉花交易各方的合法权益,制定本条例。

第二条　棉花经营者(含棉花收购者、加工者、销售者、承储者,下同)从事棉花经营活动,棉花质量监督机构对棉花质量实施监督管理,必须遵守本条例。

第三条　棉花经营者从事棉花加工经营活动,应当按照国家有关规定取得资格认定。

棉花经营者应当建立、健全棉花质量内部管理制度,严格实施岗位质量规范、质量责任及相应的考核办法。

第四条　国务院质量监督检验检疫部门主管全国棉花质量监督工作,由其所属的中国纤维检验机构负责组织实施。

省、自治区、直辖市人民政府质量监督部门负责本行政区域内棉花质量监督工作。设有专业纤维检验机构的地方,由专业纤维检验机构在其管辖范围内对棉花质量实施监督;没有设立专业纤维检验机构的地方,由质量监督部门在其管辖范围内对棉花质量实施监督(专业纤维检验机构和地方质量监督部门并列使用时,统称棉花质量监督机构)。

第五条　地方各级人民政府及其工作人员不得包庇、纵容本地区的棉花质量违法行为,或者阻挠、干预棉花质量监督机构依法对棉花收购、加工、销售、承储中违反本条例规定的行为进行查处。

第六条　任何单位和个人对棉花质量违法行为,均有权检举。

第二章　棉花质量义务

第七条　棉花经营者收购棉花,应当建立、健全棉花收购质量检查验收制度,具备品级实物标准和棉花质量检验所必备的设备、工具。

棉花经营者收购棉花时,应当按照国家标准和技术规范,排除异性纤维和其他有害物质后确定所收购棉花的类别、等级、数量;所收购的棉花超出国家规定水分标准的,应当进行晾晒、烘干等技术处理,保证棉花质量。

棉花经营者应当分类别、分等级置放所收购的棉花。

第八条　棉花经营者加工棉花,必须符合下列要求:

(一)按照国家标准,对所加工棉花中的异性纤维和其他有害物质进行分拣,并予以排除;

(二)按照国家标准,对棉花分等级加工,并对加工后的棉花进行包装并标注标识,标识应当与棉花质量相符;

(三)按照国家标准,将加工后的棉花成包组批放置。

棉花经营者不得使用国家明令禁止的皮辊机、轧花机、打包机以及其他棉花加工设备加工棉花。

第九条　棉花经营者销售棉花,必须符合下列要求:

(一)每批棉花附有质量凭证;

(二)棉花包装、标识符合国家标准;

(三)棉花类别、等级、重量与质量凭证、标识相符;

(四)经公证检验的棉花,附有公证检验证书,其中国家储备棉还应当粘贴公证检验标志。

第十条　棉花经营者承储国家储备棉,应当建立、健全棉花入库、出库质量检查验收制度,保证入库、出库的国家储备棉的类别、等级、数量与公证检验证书、公证检验标志相符。

棉花经营者承储国家储备棉,应当按照国家规定维护、保养承储设施,保证国家储备棉质量免受人为因素造成的质量变异。

棉花经营者不得将未经棉花质量公证检验的棉花作为国家储备棉入库、出库。

政府机关及其工作人员,不得强令棉花经营者将未经棉花质量公证检验的棉花作为国家储备棉入库、出库。

第十一条　棉花经营者收购、加工、销售、承储棉花,不得伪造、变造、冒用棉花质量凭证、标识、公证检验证书、公证检验标志。

第十二条　严禁棉花经营者在收购、加工、销售、承储等棉花经营活动中掺杂掺假、以次充好、以假充真。

第三章　棉花质量监督

第十三条　国家实行棉花质量公证检验制度。

前款所称棉花质量公证检验,是指专业纤维检验机构按照国家标准和技术规范,对棉花的质量、数量进行检验并出具公证检验证书的活动。

第十四条　棉花经营者向用棉企业销售棉花,交易任何一方在棉花交易结算前,可以委托专业纤维检验机构对所交易的棉花进行公证检验;经公证检验后,由专业纤维检验机构出具棉花质量公证检验证书,作为棉花质量、数量的依据。

第十五条　国家储备棉的入库、出库,必须经棉花质量公证检验;经公证检验后,由专业纤维检验机构出具棉花质量公证检验证书,作为国家财政支付存储国家储备棉所需费用的依据。

经公证检验的国家储备棉,由专业纤维检验机构粘贴中国纤维检验机构统一规定的公证检验标志。

第十六条　专业纤维检验机构进行棉花质量公证检验,必须执行国家标准及其检验方法、技术规范和时间要求,保证客观、公正、及时。专业纤维检验机构出具的棉花质量公证检验证书应当真实、客观地反映棉花的质量、数量。

棉花质量公证检验证书的内容应当包括:产品名称、送检(委托)单位、批号、包数、检验依据、检验结果、检验单位、检验人员等内容。

棉花质量公证检验证书的格式由国务院质量监督检验检疫部门规定。

第十七条　专业纤维检验机构实施棉花质量公证检验不得收取费用,所需检验费用按照国家有关规定列支。

第十八条　国务院质量监督检验检疫部门在全国范围内对经棉花质量公证检验的棉花组织实施监督抽验,省、自治区、直辖市人民政府质量监督部门在本行政区域内对经棉花质量公证检验的棉花组织实施监督抽验。

监督抽验的内容是:棉花质量公证检验证书和公证检验标志是否与实物相符;专业纤维检验机构实施

的棉花质量公证检验是否客观、公正、及时。

监督抽验所需样品从公证检验的留样中随机抽取,并应当自抽取样品之日起10日内作出检验结论。

第十九条 棉花质量监督机构对棉花质量公证检验以外的棉花,可以在棉花收购、加工、销售、承储的现场实施监督检查。

监督检查的内容是:棉花质量、数量和包装是否符合国家标准;棉花标识以及质量凭证是否与实物相符。

第二十条 棉花质量监督机构在实施棉花质量监督检查过程中,根据违法嫌疑证据或者举报,对涉嫌违反本条例规定的行为进行查处时,可以行使下列职权:

(一)对涉嫌从事违反本条例的经营活动的场所实施现场检查;

(二)向棉花经营单位的有关人员调查、了解与涉嫌从事违反本条例的经营活动有关的情况;

(三)查阅、复制与棉花经营有关的合同、单据、账簿以及其他资料;

(四)对涉嫌掺杂掺假、以次充好、以假充真或者其他有严重质量问题的棉花以及专门用于生产掺杂掺假、以次充好、以假充真的棉花的设备、工具予以查封或者扣押。

第二十一条 棉花质量监督机构根据监督检查的需要,可以对棉花质量进行检验;检验所需样品按照国家有关标准,从收购、加工、销售、储备的棉花中随机抽取,并应当自抽取检验样品之日起3日内作出检验结论。

依照前款规定进行的检验不得收取费用,所需检验费用按照国家有关规定列支。

第二十二条 棉花经营者、用棉企业对依照本条例进行的棉花质量公证检验和棉花质量监督检查中实施检验的结果有异议的,可以自收到检验结果之日起5日内向省、自治区、直辖市的棉花质量监督机构或者中国纤维检验机构申请复检;省、自治区、直辖市的棉花质量监督机构或者中国纤维检验机构应当自收到申请之日起7日内作出复检结论,并告知申请人。棉花经营者、用棉企业对复检结论仍有异议的,可以依法向人民法院提起诉讼。

第二十三条 经国务院质量监督检验检疫部门认可的其他纤维检验机构,可以受委托从事棉花质量检验业务。具体办法由国务院质量监督检验检疫部门会同国务院有关部门规定。

第四章 罚 则

第二十四条 棉花经营者收购棉花,违反本条例第七条第二款、第三款的规定,不按照国家标准和技术规范排除异性纤维和其他有害物质后确定所收购棉花的类别、等级、数量,或者对所收购的超出国家规定水分标准的棉花不进行技术处理,或者对所收购的棉花不分类别、等级置放的,由棉花质量监督机构责令改正,可以处3万元以下的罚款。

第二十五条 棉花经营者加工棉花,违反本条例第八条第一款的规定,不按照国家标准分拣、排除异性纤维和其他有害物质,不按照国家标准对棉花分等级加工、进行包装并标注标识,或者不按照国家标准成包组批放置的,由棉花质量监督机构责令改正,并可以根据情节轻重,处10万元以下的罚款;情节严重的,由原资格认定机关取消其棉花加工资格。

棉花经营者加工棉花,违反本条例第八条第二款的规定,使用国家明令禁止的棉花加工设备的,由棉花质量监督机构没收并监督销毁禁止的棉花加工设备,并处非法设备实际价值2倍以上10倍以下的罚款;情节严重的,由原资格认定机关取消其棉花加工资格。

第二十六条 棉花经营者销售棉花,违反本条例第九条的规定,销售的棉花没有质量凭证,或者其包装、标识不符合国家标准,或者质量凭证、标识与实物不符,或者经公证检验的棉花没有公证检验证书、国家储备棉没有粘贴公证检验标志的,由棉花质量监督机构责令改正,并可以根据情节轻重,处10万元以下的罚款。

第二十七条 棉花经营者承储国家储备棉,违反本条例第十条第一款、第二款、第三款的规定,未建立棉花入库、出库质量检查验收制度,或者入库、出库的国家储备棉实物与公证检验证书、标志不符,或者不按照国家规定维护、保养承储设施致使国家储备棉质量变异,或者将未经公证检验的棉花作为国家储备棉入库、出库的,由棉花质量监督机构责令改正,可以处10万元以下的罚款;造成重大损失的,对负责的主管人员和其他直接责任人员给予降级以上的纪律处分;构成犯罪的,依法追究刑事责任。

第二十八条 棉花经营者隐匿、转移、损毁被棉花质量监督机构查封、扣押的物品的,由棉花质量监督机构处被隐匿、转移、损毁物品货值金额2倍以上5倍以下的罚款;构成犯罪的,依法追究刑事责任。

第二十九条 棉花经营者违反本条例第十一条的规定,伪造、变造、冒用棉花质量凭证、标识、公证检验证书、公证检验标志的,由棉花质量监督机构处5万元以上10万元以下的罚款;情节严重的,移送工商行政管理机关吊销营业执照;构成犯罪的,依法追究刑事责任。

第三十条 棉花经营者违反本条例第十二条的规定,在棉花经营活动中掺杂掺假、以次充好、以假充真,构成犯罪的,依法追究刑事责任;尚不构成犯罪的,由棉花质量监督机构没收掺杂掺假、以次充好、以假充真的棉花和违法所得，处违法货值金额2倍以上5倍以下的罚款，并移送工商行政管理机关依法吊销营业执照。

第三十一条　专业纤维检验机构违反本条例第十六条的规定，不执行国家标准及其检验方法、技术规范或者时间要求，或者出具的棉花质量公证检验证书不真实、不客观的，由国务院质量监督检验检疫部门或者地方质量监督部门责令改正；对负责的主管人员和其他直接责任人员依法给予降级或者撤职的行政处分。

第三十二条　专业纤维检验机构违反本条例第十七条的规定收取公证检验费用的，由国务院质量监督检验检疫部门或者地方质量监督部门责令退回所收取的公证检验费用；对负责的主管人员和其他直接责任人员依法给予记大过或者降级的行政处分。

第三十三条　专业纤维检验机构未实施公证检验而编造、出具公证检验证书或者粘贴公证检验标志，弄虚作假的，由国务院质量监督检验检疫部门或者地方质量监督部门对负责的主管人员和其他直接责任人员依法给予降级或者撤职的行政处分；构成犯罪的，依法追究刑事责任。

第三十四条　政府机关及其工作人员违反本条例第十条第四款的规定，强令将未经公证检验的棉花作为国家储备棉入库、出库的，对负责的主管人员和其他直接责任人员依法给予降级或者撤职的行政处分。

第三十五条　政府机关及其工作人员包庇、纵容本地区的棉花质量违法行为，或者阻挠、干预棉花质量监督机构依法对违反本条例的行为进行查处的，依法给予降级或者撤职的行政处分；构成犯罪的，依法追究刑事责任。

第三十六条　本条例第二十八条、第三十条规定的棉花货值金额按照违法收购、加工、销售的棉花的牌价或者结算票据计算；没有牌价或者结算票据的，按照同类棉花市场价格计算。

第三十七条　依照本条例的规定实施罚款的行政处罚，应当依照有关法律、行政法规的规定，实行罚款决定与罚款收缴分离，收缴的罚款必须全部上缴国库。

第五章　附　则

第三十八条　毛、绒、茧丝、麻类纤维的质量监督管理，比照本条例执行。

第三十九条　本条例自公布之日起施行。

全国政协十届常委会第十四次会议在北京开幕

这次会议的主要议题是围绕建设社会主义新农村和提高自主创新能力问题建言献策。全国政协主席贾庆林主持开幕会。

贾庆林指出，建设社会主义新农村和提高自主创新能力、建设创新型国家，是中共十六届五中全会提出的重大历史任务，贯穿了落实科学发展观和构建社会主义和谐社会的战略思想，是中共中央总览全局、着眼长远、与时俱进作出的重大战略决策，也是各级政协组织深入贯彻《中共中央关于加强人民政协工作的意见》，围绕中心、服务大局、履行职能、发挥作用的重要内容。希望常委会组成人员在前一时期调研的基础上，紧紧围绕这两个问题，畅所欲言、各抒己见，形成一批成果，向中共中央、国务院提供更多有参考价值的意见和建议。

国务院副总理回良玉应邀到会作了题为《关于推进社会主义新农村建设的几个问题》的报告。他指出，建设社会主义新农村是一项长期而繁重的历史任务，要扎实工作，稳步推进，切实把建设社会主义新农村的各项任务落到实处。

回良玉说，今年以来，各地区、各部门认真贯彻落实中央的部署，采取积极有效的措施，新农村建设有了良好的开端，取得了积极的进展；但也要注意苗头性、倾向性问题，加强工作指导和引导，确保新农村建设沿着正确方向顺利推进。他强调，要始终把发展农村生产力放在第一位，加强现代农业建设，稳定发展粮食生产，持续增加农民收入。要长期稳定和不断完善农村基本经营制度，深化农村改革，创新体制机制。要激发广大农民的积极性和主动性，扩大公共财政覆盖农村的范围，建立社会参与机制。要把尊重农民、依靠农民、造福农民作为基本出发点，着力解决农民群众生产生活中最迫切的实际问题，让农民得到实实在在的利益。要坚持因地制宜、量力而行，勇于探索创新，在实践中探索路子、积累经验，在创新中谋求发展、加快进步。

科学技术部部长徐冠华应邀到会作了题为《关于深化科技体制改革、加强自主创新环境建设情况》的报告。他指出，为了进一步营造有利于自主创新的环境和氛围，必须进一步深化改革，加强国家创新体系建设。要加快建立以企业为主体、产学研结合的技术创新体系；继续深化科技体制改革，充分发挥科研院所的骨干和引导作用；建立有利于进一步加强基础研究、前沿技术研究和社会公益研究的体制和机制。他强调，要围绕落实《国家中长期科学和技术发展规划纲要》的各项目标任务，调整“十一五”国家科技计划体系。在国务院的统一领导下组织实施重大专项，引入竞争机制，突出企业技术创新的主体作用。要抓紧制定配套政策的实施细则，确保促进自主创新的各项政策落到实处。要建立科技宏观协调和管理机制，切实解决科技资源重复和分散的问题。要积极推进科技管理改革，加快科技条件平台建设，提高发展和创造知识产权的能力，切实加强科学道德和学风建设。

本次常委会议为期4天。按照议程，本次会议还将审议全国政协常委赴安徽、江西、湖北、湖南和重庆，全国政协委员赴河北、山西、黑龙江、浙江、湖北视察情况的报告，审议外事出访报告及有关人事事项等。

全国政协副主席王忠禹、廖晖、刘延东、李贵鲜、张思卿、白立忱、罗豪才、张克辉、周铁农、郝建秀、陈奎元、阿不来提·阿不都热西提、徐匡迪、李兆焯、黄孟复、张怀西、李蒙、张梅颖、张榕明，秘书长郑万通出席会议。

中共中央和国务院有关部门负责人应邀列席会议。

中共中央政治局常委吴官正在人民大会堂会见由总书记伊斯梅尔·阿拉维率领的摩洛哥进步和社会主义党干部考察团

国防部部长曹刚川在北京会见新加坡武装部队总参谋长伍逸松

国务院副总理曾培炎在中南海紫光阁会见意大利环境与领土部部长斯卡尼奥一行

全国汉语国际推广工作会议在北京召开

国务委员陈至立出席并强调，要深刻认识加快汉语国际推广的重大意义，以能力建设为核心，注重质量和效果，积极而稳妥地推进汉语国际推广工作。

陈至立指出，加强汉语国际推广工作是进一步发展我国与世界各国人民友好往来、满足海外学习汉语愿望的客观要求，是增强我国文化影响力、提高国家软实力的迫切要求，是树立我国良好国际形象，维护世界文明多样性、构建和谐世界的必然要求，也是我国借鉴国际语言推广经验、提高汉语国际地位的战略举措。

陈至立强调，党中央、国务院高度重视汉语国际推广工作，明确指出汉语加快走向世界是件大好事，要求加大支持力度，统筹规划，扎实推进，重视质量和效果。要解放思想，创新体制、机制，通过5—10年的努力，使汉语国际推广体系更加健全，机制更加灵活多样，更好地满足海外汉语学习的需求，促进我国与世界各国经济、文化的合作与交流。

陈至立要求，要突出重点，切实加强汉语国际推广能力建设，切实加强师资队伍建设，突破教材开发瓶颈，继续加快孔子学院包括网上孔子学院建设，大力提高市场运作能力。各级政府和有关部门、高等学校以及我驻外机构都要深刻认识这项工作的重要性和紧迫性，加强领导，统筹协调，明确职责，形成合力推动的新局面；加强宣传，营造汉语国际推广的良好舆论环境。

教育部部长周济、国务院侨办主任陈玉杰等国家汉语国际推广领导小组成员出席了会议，国务院副秘书长陈进玉主持会议。

《光明日报》发表全国哲学社会科学规划领导小组的编制的《国家哲学社会科学研究“十一五”(2006—2010年)规划》

中医药国际科技合作计划在北京启动

科技部、卫生部、国家中医药管理局发布《中医药国际科技合作规划纲要》，第一个由中国政府倡议制定的国际大科学工程研究计划——“中医药国际科技合作计划”正式启动。这一计划希望在世界范围构筑中医药国际科技合作平台，动员全球科技资源加快推进中医药现代化进程。

国家中医药管理局副局长李大宁说，近年来，我国中医药现代化取得长足进步。但由于历史、文化背景和思维方式的差异，中医学行之有效的辨证论治方法和中药炮制、配伍用药原理尚未得到现代社会的正确评价和应用，中医药的科学内涵尚未被广泛理解和接受，推动中医药国际科技合作尚需提供技术和方法学的支撑。“中医药国际科技合作计划”立足于发挥传统中医药的原创优势，以我为主引导国际传统医药标准规范的制定，增强我国中医药在全球传统医药中的主导地位。

科技部副部长尚勇介绍，计划包括六项优先领域和重点内容。一是开展神经精神性疾病、心脑血管疾病、肿瘤、艾滋病等重大疑难疾病的中医治疗、预防和养生保健临床研究。二是研究并促进开发符合国际市场需求的现代重要产品。三是加强中医药国际标准与规范研究。四是构筑中医药国际科技合作平台。五是推进中医药知识的传播。六是培养国际科技合作人才。

科技部国际合作司司长靳晓明透露，今年年底之前，科技部将投入1亿元，与国外联合启动首批50个以治疗重大疾病的药品研发为重点的中医药国际科技合作项目，并将会同有关部门设立专项基金，吸引外国政府研究资金、跨国企业资金投入中医药国际科技合作。

7月5日

国务院总理温家宝主持召开国务院常务会议

会议部署对2005年度中央预算执行审计查出问题的整改工作，审议并原则通过《国家“十一五”时期文化发展规划纲要》《黄河水量调度条例(草案)》。

会议指出,审计署受国务院委托向全国人大常委会作了2005年度中央预算执行的审计报告,着重从体制和制度上查找漏洞,提出改进预算管理的意见。全国人大常委会同意并提出了整改要求。国务院各部门和有关单位要认真落实全国人大常委会的决议,坚决纠正存在的问题。

会议强调,编制和执行国家预算,是宪法赋予国务院的一项重要职责。国务院及有关部门要坚持依法行政、依法理财,严格执行全国人大批准的国家预算。要从审计发现的管理漏洞和薄弱环节入手,认真分析问题的原因,切实进行整改,要给人民群众一个认真、负责、满意的答复。一要加快深化改革,注重制度建设。继续推进预算编制改革,增强预算的透明度和刚性约束。改进收入预测管理,努力做到科学准确预测收入。抓紧研究将土地出让收入纳入预算管理的具体措施,完善各类开发区的财政税收政策。建立科学合理的预算支出标准和定额。进一步完善中央对地方财政转移支付制度,清理整合专项转移支付项目,严格控制和规范专项转移项目的设置。进一步深化投资体制改革,健全中央政府性投资管理制度,明确审批权限,做到政企分开。二要坚持依法办事,严格财经纪律。增强依法理财观念,严格执行人民代表大会批准的预算。加强对超收收入使用的管理,合理使用超收资金。加强财政财务管理的监督检查。三要切实强化管理,落实责任追究制度。对虚报冒领、挤占挪用财政资金等违法违规问题,要依法严肃查处,追究相关人员责任。各部门和有关单位都要进一步健全财务管理制度,并切实认真执行。四要自觉接受监督,加强协调配合。各部门和各单位都要积极支持审计部门的工作,增强审计监督意识,认真落实整改措施。对涉及体制机制、政策、法规方面的问题,有关部门要主动提出改进意见,相关部门要积极予以配合。各有关部门要在11月份向国务院报告整改情况,国务院在年底前向全国人大常委会作出专题报告。

会议认为,为贯彻落实好国民经济和社会发展第十一个五年规划,编制国家"十一五"时期文化发展规划纲要很有必要,这对于进一步繁荣发展社会主义文化,满足人民群众日益增长的精神文化需求,稳步推进经济、政治、文化、社会协调发展,具有重要意义。会议原则同意这个纲要,要求国务院各有关部门认真抓好落实。

会议认为,为加强黄河水量的统一调度,实现黄河水资源的可持续利用,促进黄河流域及相关地区经济社会发展和生态环境的改善,根据《中华人民共和国水法》,制定《黄河水量调度条例》是十分必要的。会议决定,该条例草案经进一步修改后,由国务院公布施行。

全国政协常委会第十四次会议举行专题分组讨论会

常委会组成人员围绕建设社会主义新农村问题建言献策。全国政协主席贾庆林出席。

为把建设社会主义新农村问题的研究讨论引向深入,这次常委会议分设了5个专题:一是坚持统筹城乡发展,改变城乡二元结构;二是发展农村经济,增加农民收入;三是加强基础设施建设,改善农村生产生活条件;四是发展农村社会事业,提高农民整体素质;五是加强农村民主管理,推进农村综合改革。

全国政协部分副主席分别参加了专题分组讨论会。中共中央和国务院有关部门负责人应邀到会听取意见和建议。

全国政协在北京召开地方政协主席座谈会

座谈会听取各地政协组织贯彻落实《中共中央关于加强人民政协工作的意见》(以下简称《意见》)情况的汇报,研究部署今年下半年对政协系统学习贯彻《意见》情况进行检查的工作。全国政协主席贾庆林主持会议并讲话。他强调,要把学习贯彻《意见》作为当前和今后一个时期人民政协的重要任务和工作重点,并不断引向深入。要进一步统一思想,树立责任意识和紧迫意识,扎扎实实地做好全面检查的各项工作。

贾庆林指出,学习好、贯彻好《意见》,是人民政协各级组织、各参加单位和广大政协委员的一项统领全局、带动全局、推动全局的重要工作。中共中央对这项工作高度重视,胡锦涛总书记对各级党委和人民政协各级组织学习贯彻《意见》的工作提出了明确要求,我们要认真贯彻执行,把抓好《意见》的学习摆在全年工作的首要位置。

贾庆林就进一步把学习贯彻《意见》工作引向深入提出四点要求:一是要努力提高认识,把学习贯彻工作摆在突出位置;二是要加强组织协调,努力形成学习贯彻《意见》的合力;三是要认真总结经验,着力健全工作机制;四是要加强理论研究,以理论创新推动工作创新。

贾庆林强调,各级政协组织对学习贯彻《意见》情况进行检查的工作一定要高度重视,要按照全国政协的要求和部署,把握好检查工作的总体要求和工作重点,积极配合全国政协认真做好全面检查的各项工作。

为推动各地学习贯彻《意见》活动的深入开展,全国政协决定今年下半年对各地政协组织学习贯彻《意见》的情况进行一次全面检查,并将检查情况向中共中央报送。

全国政协副主席王忠禹，全国政协秘书长郑万通，各省、自治区、直辖市政协和副省级市政协主席出席会议。北京市等10个地方的政协主席汇报了本地贯彻落实《意见》的情况，并提出了意见和建议。

全国总工会第十四届执行委员会主席团第九次全体（扩大）会议在北京召开

中华全国总工会主席王兆国在会上强调，企业工会是我国工会的重要组织基础和工作基础，加强企业工会工作是工会推动经济发展、构建社会主义和谐社会的重要着力点，是工会扩大覆盖面、增强凝聚力的必然要求，是工会应对新情况、解决新问题的迫切需要。各级工会领导机关要充分认识加强企业工会工作的重要性，改进工作作风，增强服务意识，切实加强对企业工会的帮助和指导。要适应形势发展的需要，创新工会组建方法，健全企业工会组织，把包括农民工在内的职工群众最广泛地组织到工会中来。企业工会要围绕促进企业发展、依法维护职工合法权益确定工作目标和重点，坚持主动维权、依法维权、科学维权，不断创新活动载体，进一步增强企业工会活力。要提高企业工会干部的能力和水平，使之成为组织动员职工的能手、协调劳动关系的行家、关心服务职工的模范，把企业工会真正建设成为坚持党的领导、促进企业发展、维护职工权益、团结职工群众的工会组织。

会上，中华全国总工会副主席、书记处第一书记孙春兰代表全总书记处向主席团报告了全总十四届三次执委会议以来的主要工作情况，并对下半年工作作了部署。

会议还将集中审议《企业工会工作条例（试行）》。

国务委员华建敏在北京主持召开安全生产会议

会议审议并原则通过《安全生产“十一五”规划》，分析当前安全生产形势，研究部署下半年安全生产工作。

华建敏指出，上半年全国安全生产保持了总体稳定的态势，生产安全事故总量和死亡人数比去年同期有所下降。但是，近期部分地区和行业生产安全事故多发，暴露出安全管理中仍然存在薄弱环节。华建敏要求，各地区、各部门要认清安全生产工作的长期性、艰巨性和复杂性，全面落实科学发展观，牢固树立“安全发展”的理念，切实采取有效措施，维护人民群众生命财产安全。要继续推进煤矿瓦斯治理和整顿关闭两个攻坚战，深化瓦斯综合治理和开发利用，巩固煤矿整顿关闭成果，严防已关闭矿井非法生产；要深入开展重点行业和领域的安全专项整治，严格落实安全生产许可制度，加强事故隐患排查和治理；要认真宣传贯彻《中华人民共和国刑法修正案（六）》，加强安全生产法制建设，加大安全生产执法力度，促进安全生产责任制的落实；要加快实施国务院确定的12项安全生产治本之策，强化源头管理，扎扎实实地做好安全生产工作。

华建敏强调，“十一五”期间，我国安全生产任务紧迫而艰巨。各地区、各有关部门要从全局出发，切实抓好安全生产“十一五”规划的实施工作。要全面落实规划确定的目标、任务和各项重点工程，建立健全规划实施保障体系，搞好安全生产规划与其他专项规划之间的衔接，加大安全生产投入，实施科教兴安战略，制定有利于安全生产的经济政策，从根本上强化安全生产基础，大力提升有安全保障的生产能力，促进安全生产形势稳定好转。

外交部部长李肇星就朝鲜半岛局势先后与美国国务卿赖斯 日本外相麻生太郎 韩国外交通商部长官潘基文 澳大利亚外长唐纳通电话

天津大沽桥获全球桥梁设计建造最高奖——尤金·菲戈奖

在2006年国际桥梁大会上，由天津城建集团城建设计院合作设计、天津城建集团组织施工的大沽桥获得了全球桥梁设计建造最高奖——尤金·菲戈奖。

尤金·菲戈奖由国际桥梁大会创立，以表彰近期建成的标志性桥梁，全球每年只有一座桥梁获此殊荣。我国江苏江阴长江大桥、上海卢浦大桥先后于2002年、2004年获得此奖。

建设部公布首批《中国国家自然遗产、国家自然与文化双遗产预备名录》

其中，入选首批中国国家自然遗产预备名录的有17个，分别是：黑龙江省五大连池风景名胜区、吉林省长白山植被垂直景观及火山地貌景观、福建省海坛风景名胜区、江西省三清山风景名胜区、江西省武功山风景名胜区、河南省云台山风景名胜区、湖南省崀山风景名胜区、重庆市天坑地缝风景名胜区、重庆市金佛山风景名胜区、四川省贡嘎山风景名胜区、四川省若尔盖湿地、贵州省织金洞风景名胜区、贵州省马岭河峡谷风景名胜区、贵州平塘省级风景名胜区、云南省澄江动物化石群保护地、青海省青海湖风景名胜区和新疆喀纳斯自治区级风景名胜区。

入选首批中国国家自然与文化双遗产预备名录的有13个，分别是：山西省五台山风景名胜区、安徽省九华山风景名胜区、福建省清源山风景名胜区、江西省龙虎山风景名胜区、江西省高岭—瑶里风景名胜区、河南省嵩山风景名胜区、湖南省南岳衡山风景名胜区、湖南省紫鹊界—梅山龙宫风景名胜区、贵州省黄果树风景名胜区及屯堡文化、云南省大理苍山与南诏历史文化遗存、陕西省华山风景名胜区、甘肃省麦积山风景名胜区和宁夏贺兰山—西夏王陵风景名胜区。

建设部于2005年设立《中国国家自然遗产、国家自然与文化双遗产预备名录》，建立了我国遗产申报管理的国家遗产预备名录、世界遗产预备名录、世界遗产名录三级申报和保护机制。目前，我国共有31处世界遗产。

7月6日

国家主席胡锦涛在北京就当前朝鲜半岛局势与美国总统布什通电话

胡锦涛表示，中方一向致力于维护朝鲜半岛和平稳定，反对任何导致半岛局势紧张的行动。我们严重关切目前的事态。在当前复杂的形势下，保持冷静和克制十分必要。我们愿就目前事态同各方保持沟通和磋商。全面落实六方会谈共同声明，对于实现朝鲜半岛无核化、维护半岛和平稳定具有重要意义。希望各方创造条件争取尽早恢复六方会谈。

中共中央在中南海就改革收入分配制度和规范收入分配秩序召开党外人士座谈会

新华社报道：中共中央近日在中南海召开党外人士座谈会，座谈会就改革收入分配制度和规范收入分配秩序听取各民主党派中央、全国工商联领导人和无党派人士的意见。中共中央总书记胡锦涛主持座谈会并发表重要讲话。

中共中央政治局常委温家宝、贾庆林、曾庆红出席座谈会。温家宝通报了改革收入分配制度和规范收入分配秩序的有关情况。

座谈会上，民革中央主席何鲁丽、民盟中央常务副主席张梅颖、民建中央主席成思危、民进中央主席许嘉璐、农工党中央主席蒋正华、致公党中央主席罗豪才、九三学社中央主席韩启德、台盟中央主席林文漪、全国工商联主席黄孟复、无党派人士陈章良先后发言。

在认真听取了大家的发言后，胡锦涛说，大家就改革收入分配制度和规范收入分配秩序提出了很有见地的意见和建议，有关部门要研究和认真吸收大家的意见和建议。

胡锦涛指出，改革收入分配制度，规范收入分配秩序，构建符合国情、科学合理的社会收入分配体系，关系到最广大人民的根本利益，关系到全面建设小康社会、开创中国特色社会主义事业新局面的全局，是国家政治经济生活中的一件大事。对收入分配问题，中共中央一直高度重视，强调要完善按劳分配为主体、多种分配方式并存的分配制度，坚持各种生产要素按贡献参与分配，在经济发展的基础上，更加注重社会公平，加大调节收入分配的力度，规范个人收入分配秩序，着力提高低收入者收入水平，扩大中等收入者比重，有效调节过高收入，取缔非法收入，努力缓解地区之间和部分社会成员收入分配差距扩大的趋势。

胡锦涛强调，《中华人民共和国公务员法》今年1月1日开始实施，公务员法规定实行国家统一的职务与级别相结合的公务员工资制度。改革公务员工资制度和规范公务员收入分配秩序，是贯彻落实公务员法的要求。形成科学合理的公务员工资体系和正常的工资增长机制，建立适应经济体制和干部管理体制要求的公务员工资管理体制，有利于保持公务员队伍稳定，有利于加强公务员队伍建设，也有利于为整个社会收入分配制度改革创造一个良好的环境，具有重要意义。改革公务员工资制度和规范公务员收入分配秩序，面临的情况相当复杂，要坚持从我国实际出发，进行深入的调查研究，找准问题的切入点，拿出切实可行的方案，在实践中逐步探索、逐步推进、逐步完善。

胡锦涛指出，在解决公务员收入分配问题的同时，要注意协调各方面的利益关系，特别是要关注低收入群众的利益问题，使全体人民都能够享受到改革开放和社会主义现代化建设的成果。为了逐步缩小地区间的差距，适当向基层和艰苦边远地区倾斜，照顾低收入者的利益，这次在考虑改革公务员工资制度时，要完善地区津贴制度特别是艰苦边远地区津贴制度，同步改革和完善事业单位工作人员收入分配制度，完善机关工人工资制度，合理调整机关事业单位离退休人员待遇，适当提高企业离退休人员基本养老金标准、有关优抚对象抚恤补助标准、移交政府安置的军队离退休干部待遇标准、城市居民最低生活保障补助标准，并注意提高其他低收入人员待遇水平。

胡锦涛强调，改革收入分配制度，规范收入分配秩序，涉及方方面面，涉及广大干部群众的切身利益。要加强领导，统一认识，齐心协力，扎扎实实把工作做好。各地区、各部门都要讲党性、讲大局、讲纪律，把这项工作摆上重要议事日程，制定周密方案，完善工作机制，严格落实政策。

胡锦涛最后表示，长期以来，各民主党派、工商联和无党派人士在解决事关国计民生的重大问题中发挥了重要作用。希望大家继续发挥自身优势，充分利用联系广泛的特点，深入调查研究，及时反映社情民意，为进一步理顺收入分配关系、完善收入分配制度积极建言献策。

王刚、华建敏、刘延东和有关部门负责人出席座谈会。

出席座谈会的党外人士还有张克辉、周铁农、张怀西、李蒙、张榕明和李重庵、杨邦杰、陈抗甫、刘亦铭、辜胜阻、袁隆平等。

国务院总理温家宝在北京考察海关工作

温家宝指出，海关工作代表着国家的形象、政府的行政能力和管理水平。在新形势下，全国海关要坚持高标准、严要求，坚持改革创新，坚持现代海关制度建设，坚持建设高素质队伍，担负起国门忠诚卫士的重任。

温家宝在国务院副总理吴仪，国务委员兼国务院秘书长华建敏陪同下，来到全国海关信息中心，听取中心负责人的工作汇报，和新疆红其拉甫海关、深圳皇岗海关的值班人员通话，代表党中央、国务院向海关系统工作人员表示感谢和敬意。

温家宝接着来到海关总署，看望海关工作人员，和来自全国海关的代表进行座谈。

温家宝指出，海关对内要为人民服务，对外要展示国家形象，为此必须做好以下工作：一要确保海关税收应收尽收，为增强国家财力多做贡献。二要继续保持打击走私高压态势，维护国家经济安全和社会稳定。三要创新加工贸易和保税监管制度，推进外贸增长方式转变。四要进一步提高口岸管理水平，加快“大通关”建设。五要不断推进海关信息化建设，努力建成“耳聪目明”的智能型海关。六要推进依法行政，加强法治海关建设。七要坚持从严治关，建设高素质的海关队伍。

全国政协常委会第十四次会议在北京举行全体会议

12位全国政协常委和全国政协委员围绕建设社会主义新农村和提高自主创新能力问题作了大会发言。

朱佩玲常委作了《加快新农村建设，城乡统筹是关键》的发言，她就城乡统筹对建设社会主义新农村的重要作用和如何建立新型的城乡关系提出了意见和建议。李雅芳常委代表民建中央作了《加强农民合作经济组织建设，促进农村经济发展》的发言，并就党和政府对农民合作经济的发展扶持提出了九点具体建议。杨春兴常委在发言中分析了我国农村社保体系有待完善的五个问题，建议将建立和完善农村社会救助与保障体系工作纳入政府工作的议事日程。朱永新常委作了《加强农村文化建设，树立健康文明新风》的发言，提出建立既有区域特色又有时代特点的农村文化，是目前一项紧迫的重要任务。马国良委员代表人口资源环境委员会作了《实施“乡村清洁工程”，推进新农村建设》的发言，提出了统筹规划、加快试点和推广“乡村清洁工程”等四点建议。刘亦铭常委代表台盟中央发言，认为加强两岸农业合作与交流，是新形势下发展两岸经贸关系的重要内容，也是促进祖国大陆农村经济发展的有效途径，建议采取措施促进两岸农业合作，为新农村建设服务。吴正德常委代表民盟中央发言，建议通过调整国民收入分配、增加对农业的直接投资、引导金融和社会资金投向农业和农村，解决社会主义新农村建设的资金来源问题。张宝明常委在发言中认为，深化科研改革事关国家科技进步和科研机构自身发展，建议深化科研机构改革，建立现代科研院所制度。冯培恩常委在发言中建议深化科技管理体制改革，强化激励自主创新的法制和政策环境，建立健全科技成果转化机制。邵鸿常委代表致公、九三两个界别联合视察团作了《提升国有大中型企业自主创新能力，建设一支我国产业技术创新的骨干队伍》的发言，提出了建立企业参与国家科技计划项目的有效机制、增加政府对国有大中型企业的科技投入等六点建议。王渝生委员在发言中提出，要为科技创新提供有效支撑，进一步树立有利于培育创新文化的价值观念，加强相关制度建设。谢克昌常委在发言中从明确大学责任、找准办学定位，深入思考创新型人才的育人机制、回归真正的大学之道，营造良好的创新环境和氛围、强化研究生教育等三个方面，建议深化高等教育改革，努力培养造就创新型人才。

全国政协副主席张怀西主持全体会议。全国政协副主席王忠禹、李贵鲜、张思卿、白立忱、罗豪才、张克辉、周铁农、郝建秀、陈奎元、阿不来提·阿不都热西提、徐匡迪、李兆焯、黄孟复、李蒙、张梅颖、张榕明，秘书长郑万通出席会议。

中共中央和国务院有关部门负责人应邀列席会议。

国办下发《关于加强煤炭行业管理有关问题的意见》

各省、自治区、直辖市人民政府，国务院各部委、各直属机构：

煤矿安全事故多发是当前煤炭行业发展中的一个突出问题，加强安全生产管理事关人民生命财产和改革发展稳定大局。党中央、国务院高度重视煤矿安全生产，采取了一系列措施，不断强化煤矿安全生产监管监察体系和组织机构建设。各地区、各有关部门做了大量工作，取得一定成效。但是，当前煤矿安全生产形势依然严峻，煤矿重特大事故多发，反映出煤炭行业管理上存在一些深层次矛盾和问题，主要是在资源开发管理、行业标准和规程修订、市场准入、企业安全基础管理、隐患治理、科技进步、人才培养等方面还存在薄弱环节。为此,要围绕煤矿安全生产采取措施,加强煤炭行业管理,推进体制机制创新,不断夯实煤矿安全生产的基础。经国务院同意,现提出如下意见:

一、建立和完善煤炭行业管理工作协调机制

煤炭行业管理涉及面广,工作复杂。为加强综合协调,统筹兼顾煤矿安全生产和有关行业管理,及时研究解决行业管理中涉及安全的重大问题,在国务院安全生产委员会建立和完善煤炭行业管理工作协调机制,并相应调整国务院安全生产委员会职责。

调整后,国务院安全生产委员会的主要职责是:在国务院领导下,负责研究部署、指导协调全国安全生产工作;研究提出全国安全生产工作的重大方针政策;分析全国安全生产形势,研究解决安全生产工作中的重大问题;必要时,协调总参谋部和武警总部调集部队参加特大生产安全事故应急救援工作;研究提出煤炭行业管理中涉及安全生产的重大方针政策、法规、标准,推动指导煤炭企业加强安全管理和科技进步等基础工作,协调解决相关问题;完成国务院交办的其他事项。国务院安全生产委员会办公室在现有职能基础上,承担国务院安全生产委员会协调煤炭行业管理涉及安全生产方面的工作,督促检查各项工作和措施的落实情况,并相应加强组织建设,加大协调指导工作力度。

二、调整国务院相关部门职能

加强煤炭行业管理,既要加强宏观管理,创造安全生产的良好环境,也要加强安全基础管理,强化管理手段,落实安全生产责任制。为解决当前煤炭行业管理中的突出矛盾和问题,充分发挥相关部门的职能作用,理顺职责关系,将发展改革委与安全生产密切相关的行业管理职能划转到安全监管总局和煤矿安监局。

将发展改革委负责的指导和组织制定或拟订煤炭行业规范和标准的职能,交由煤矿安监局承担。

将发展改革委指导和管理的矿长资格证颁发的工作,交由煤矿安监局承担。指导和监督煤矿生产能力核定的工作,改由煤矿安监局会同发展改革委承担。煤炭生产许可证、矿长资格证的审核发放,以及煤矿生产能力核定的具体工作由地方负责。指导煤矿整顿关闭工作由安全监管总局、煤矿安监局会同发展改革委等部门负责。

发展改革委核准重大煤炭建设项目,要征求安全监管总局和煤矿安监局的意见,煤矿安监局负责对项目进行安全核准。

进一步明确相关部门在国有重点煤矿安全技术改造和瓦斯综合治理与利用项目安排上的工作分工,即:由省(区、市)投资主管部门、煤炭行业主管部门和设在地方的省级煤矿安全监察机构,提出国有重点煤矿安全技术改造和瓦斯综合治理与利用项目的立项、资金安排的方案,联合上报发展改革委、安全监管总局和煤矿安监局。安全监管总局和煤矿安监局对方案和项目提出审核意见,报送发展改革委审批后,由发展改革委与安全监管总局、煤矿安监局联合下达。

三、明确和加强国务院相关部门职责

加强煤炭行业管理,要在宏观政策、安全监管、资源管理、科技进步、人才培养等多方面采取措施,进一步明确部门职责分工,强化和落实责任,建立和完善长效工作机制。

发展改革委要强化拟订煤炭行业发展战略和规划、产业政策,调节经济运行等职能,会同有关部门加快组织实施煤矿大集团、大公司战略。

安全监管总局和煤矿安监局要加强对地方相关煤炭行业管理和煤炭企业安全基础管理工作的指导。按照"国家监察、地方监管、企业负责"的原则,煤矿安监局要继续履行好煤矿安全监察和检查指导地方政府监管煤矿安全工作的职能。同时,安全监管总局、煤矿安监局也要尽快落实职能分工,明确各自责任。

国土资源部要加强对煤炭资源勘查、开采的监督管理,加大对无证非法开采、超层越界开采等乱采滥挖煤炭资源违法行为的查处力度。

科技部要加强对煤矿重大科技攻关和科技进步的组织工作,加大对煤矿重大灾害治理、瓦斯抽放等重大科研项目的科技投入,加快推动煤矿安全科研成果的转化应用。

劳动保障部要研究落实推进煤矿工伤保险的有关政策措施,规范煤矿用工和劳动管理。

教育部要制定有效的政策措施,鼓励发展地矿类高等教育和职业教育,加快培养地矿类专业人才。

国资委要按照国有资产出资人的职责,加强对中央煤炭企业安全生产工作的监督和考核,加强对地方国有资产管理机构监督和考核国有煤炭企业安全生产工作的指导。

中国煤炭工业协会要充分发挥行业自律作用,协助政府制定煤炭行业规范和标准,推动和促进煤矿企业加强安全基础管理。

做好煤炭行业管理工作,任务艰巨,责任重大。国务院相关部门要按照上述职责分工,认真履行职能,加强协调配合,做好落实工作。进一步完善煤矿安全生产监管监察体制,理顺国家监察与地方监管的关系,强化地方监管,落实企业主体责任。各省、自治区、直辖市人民政府要结合本地实际,采取有力措施,切实落实责任,加强煤炭行业管理和煤矿安全监管工作,促进煤炭行业持续健康发展。

国务院办公厅

2006年7月6日

中央政法委书记罗干在内蒙古考察

7月6日至9日，罗干在内蒙古自治区党委书记储波、自治区主席杨晶等陪同下，先后到呼伦贝尔、包头、鄂尔多斯和呼和浩特等地，深入边境口岸、企业、偏远牧区和基层政法单位，就落实科学发展观、维护社会和谐稳定进行调研。

考察期间，罗干听取了内蒙古自治区党委和政府的工作汇报，对自治区经济社会发展和维护社会稳定工作取得的成绩给予充分肯定。

罗干指出，坚持和落实科学发展观，最重要的是坚持以人为本，把最大多数人的利益作为改革决策的出发点和落脚点。构建和谐社会，关键是实现社会利益关系的和谐，使社会利益格局总体合理。要把解决人民群众最关心、最直接、最现实的利益问题，作为落实科学发展观、构建和谐社会的着力点，让人民群众直接感受到改革发展给自身带来的实际利益。既要着眼于绝大多数人的根本利益，推进工业化、城市化进程，又不使一部分人的利益因企业改制、征地、拆迁等而受到损害；既要保持经济发展的效率和活力，又要注重社会公平。

罗干要求各地从实际出发，从最基层单位抓起，从解决影响社会稳定的一个个不平安的具体问题入手，一步一个脚印地扎实推进平安建设。要深入开展"打黑除恶"专项斗争，推进社会治安综合治理工作，维护良好的社会治安秩序。

中组部印发实施《体现科学发展观要求的地方党政领导班子和领导干部综合考核评价试行办法》

贯彻落实科学发展观，需要建立体现科学发展观要求的党政领导班子和领导干部综合考核评价体系。《体现科学发展观要求的地方党政领导班子和领导干部综合考核评价试行办法》(以下简称《综合考核评价试行办法》)以科学发展观作为考核、评价和使用干部的重要指导思想和检验标准，坚持德才兼备、注重实绩、群众公认原则，明确了综合考核评价的指导思想、遵循原则和方法构成，要求综合运用民主推荐、民主测评、民意调查、实绩分析、个别谈话和综合评价等具体方法进行干部综合考核评价。

严格提名程序，扩大民主推荐。《综合考核评价试行办法》指出，选拔任用地方党政领导干部，必须按照《党政领导干部选拔任用工作条例》规定的要求和程序，经过民主推荐提出考察对象。为进一步扩大提名环节的民主，地方党政领导班子换届考察，在全额定向会议投票推荐和个别谈话推荐的基础上，可以根据实际情况，按一定差额比例进行二次会议推荐。

民主测评主要了解领导班子和领导干部履行职责情况及领导干部德才表现。《综合考核评价试行办法》要求对领导班子的民主测评，主要包括政治方向、精神面貌，贯彻科学发展观、执行民主集中制、驾驭全局、务实创新、选人用人、处理利益关系、处置突发事件的能力，经济建设、政治建设、文化建设、社会建设和党的建设，以及党风廉政建设等方面。围绕以上测评内容，设置了"政治鉴别力和敏锐性，大局观念，工作指导思想""贯彻科学发展观的自觉性和坚定性，联系本地实际贯彻落实的能力""发展速度，发展质量，发展代价""思想道德和纪律教育，履行廉政职责，班子自律"等14个评价要点。

对于领导干部的民主测评，《综合考核评价试行办法》按照"德、能、勤、绩、廉"设置测评内容，主要包括政治态度、思想品质，工作思路、组织协调、依法办事、心理素质，精神状态、工作作风，履行职责成效、解决复杂问题、基础建设，廉洁自律等方面。根据以上测评内容，设置了"理想信念，贯彻执行党的路线方针政策的坚定性，政治纪律，理论素养""发展观、政绩观，创新意识""事业心、责任感，敬业精神，学习态度""分管工作完成情况，抓班子带队伍情况""遵守廉政规定，对配偶、子女和身边工作人员的教育与要求，接受监督，生活作风"等12个评价要点。

民意调查主要了解对领导班子和领导干部工作成效和形象的社会评价。《综合考核评价试行办法》规定，对地方党政领导班子民意调查的内容主要包括在经济建设、政治建设、文化建设、社会建设和党的建设方面群众直接感受到的工作状态与成效，设置了"群众物质生活改善情况""依法办事、政务公开情况""公民道德教育情况""城乡扶贫济困情况""社会治安综合治理情况""党的基层组织和党员队伍、干部队伍、人才队伍建设情况"等12个评价要点。

对领导干部的民意调查，主要包括工作作风、履行职责、公众形象等内容，设置了"开拓创新与敬业精神""深入基层、联系群众情况""分管工作完成情况""为群众排忧解难、办实事情况""廉洁自律和接受监督情况""道德品行"6个评价要点。

《综合考核评价试行办法》要求对地方党政领导班子及其成员的实绩分析，主要通过有关方面提供的经济社会发展的整体情况和群众的评价意见，重点分析任期内的工作思路、工作投入和工作成效，以充分体现从实绩看德才、凭德才用干部。具体包括上级统计部门综合提供的本地人均生产总值及增长、人均财政收入及增长、城乡居民收入及增长、资源消耗与安全生产、基础教育、城镇就业、社会保障、城乡文化生活、人口与计划生育、耕地等资源保护、环境保护、科技投入与创新等方面的统计数据和评价意见,上级审计部门提供的有关经济责任审计结论和评价意见,还包括群众的评价。

个别谈话是深入了解地方党政领导班子建设状况和领导干部的德才素质的重要途径。《综合考核评价试行办法》进一步改进和完善了个别谈话的方法,要求分别不同情况确定谈话要点,提前发放谈话预告,提高谈话质量。对在现工作单位任职不满两年的拟提拔人选考察对象,还可到其原工作单位采取个别谈话等方式进行延伸考察,同时引入考察组集体面谈的方式,增强了个别谈话的针对性和深入程度。

综合评价是在全面掌握考核信息的基础上,对民主推荐、民主测评、民意调查、实绩分析、个别谈话的结果进行比较分析,并与纪检机关(监察部门)的意见,巡视组巡视、重大事项跟踪考察、参加民主生活会等方面反映的意见,以及其他平时了解的情况相互补充印证。通过考察组集体研究分析,对领导班子和领导干部作出客观公正的评价。

《综合考核评价试行办法》共分9章47条,适用于县级以上地方党政领导班子换届考察、领导班子成员个别提拔任职考察。县级以上地方党政领导班子及其成员的届中考核、年度考核,可参照执行。

中国和黑山共和国正式建交

中华人民共和国代表、外交部部长李肇星和黑山共和国代表、外交部部长米奥德拉格·弗拉霍维奇6日在北京签署了《中华人民共和国和黑山共和国建立外交关系联合公报》。公报内容如下:

一、中华人民共和国和黑山共和国根据两国人民的利益和愿望,决定自2006年7月6日起建立大使级外交关系。

二、中华人民共和国和黑山共和国愿在相互尊重主权和领土完整、互不侵犯、互不干涉内政、平等互利、和平共处原则基础上,发展两国之间的友好合作关系。

三、中华人民共和国尊重黑山共和国的独立、主权和领土完整。黑山共和国承认世界上只有一个中国,中华人民共和国政府是代表全中国的唯一合法政府,台湾是中国领土不可分割的一部分,反对任何形式的"台湾独立",反对台湾加入任何必须由主权国家参加的国际和地区组织。黑山共和国承诺不与台湾建立任何形式的官方关系或进行官方往来。

四、中华人民共和国和黑山共和国将根据平等互利的原则和国际惯例,互相为对方建立使馆和履行公务提供一切必要的协助。

黑山在5月21日就独立问题举行全民公决并获通过。6月3日,黑山正式宣布独立。6月14日,中国政府宣布承认黑山。联合国于6月28日接纳黑山为联合国第192个成员国。

第六次全军军事科学研究工作会议在北京召开

这次会议的主要任务是深入贯彻落实科学发展观,总结交流经验,研究实施全军"十一五"军事科研工作。

全军各大单位和武警部队、部分军队院校和科研机构的有关负责人参加会议。解放军四总部和军委办公厅领导出席会议。

国务委员陈至立在学习宣传和贯彻实施新《义务教育法》座谈会上的讲话(摘要)

6月29日,第十届全国人大常委会第二十二次会议审议通过了新修订的《义务教育法》,这是我国教育事业发展的一个新的里程碑,我国义务教育发展史也将翻开崭新的一页。新《义务教育法》的颁布和实施,对于保障公民接受义务教育的权利、提高全民族素质,实施科教兴国战略和人才强国战略,对于落实科学发展观,推进社会主义和谐社会建设和实现全面建设小康社会的目标,具有重大的现实意义和深远的历史意义。

我们要认真学习、广泛宣传新《义务教育法》,切实抓好新《义务教育法》的贯彻实施工作。

一、认真学习、全面理解新《义务教育法》的重要意义和深刻内涵

各级人民政府及有关部门要从全面贯彻科学发展观和依法行政的高度,深刻认识新《义务教育法》的重大意义和深刻内涵,依法履行职责,遵守法律规定。

第一,新《义务教育法》明确国家将义务教育全面纳入财政保障范围,将义务教育经费保障机制以法律的形式固定下来,明确义务教育不收学费、杂费,为在新的起点上更好地实施九年义务教育提供了法律保障。党的十六大提出的全面建设小康社会的目标之一是形成比较完善的现代国民教育体系,使人民享有接受良好教育的机会。义务教育是现代国民教育体系中的核心部分,是其他各级各类教育的基础。因此,对义务教育必须高度重视,优先保障。修订后的《义务教育法》进一步明确了义务教育的性质和培养目标,规定了义务教育是公益性事业,将义务教育经费保障机制以法律的形式固定下来,明确义务教育不收学费、杂费。明确了各级人民政府及有关部门等主体的职责和义务,规定了相应的法律规范,为我国在新的起点上更

好地实施义务教育，提供了有力的法制保障。这对于进一步构建比较完善的现代国民教育体系，提高全民族素质，实现全面建设小康社会的目标，具有重大的战略意义。

第二，新《义务教育法》将素质教育上升为法律的规定，进一步明确了义务教育的方针和目标，为全面贯彻教育方针，提高教育教学质量，促进人的全面发展提供了法律保障。全面推进素质教育是我国教育事业的一场深刻变革，关系到培养什么人、怎么培养人的大问题。多年来，素质教育已取得了一些重要成果和成功经验，但也碰到不少阻力和问题。新《义务教育法》将素质教育上升为法律概念，规定要根据适龄儿童、少年身心发展的状况和实际情况，确定教学制度、教育教学内容和课程设置，改革考试制度，注重培养学生独立思考能力、创新能力和实践能力，推进素质教育实施。新《义务教育法》还对教育教学和教师予以专章规定，为推进实施素质教育提供教育教学和师资保障。新《义务教育法》关于素质教育的一系列规定，有利于促进学生全面发展，培养创新型人才，将为实现党的十六大提出的造就数以亿计的高素质劳动者、数以千万计的专门人才和一大批拔尖创新人才的重大目标奠定坚实的基础。

第三，新《义务教育法》将促进义务教育均衡发展作为方向性要求确定下来，明确各级政府应当合理配置教育资源，为保障适龄儿童、少年平等接受义务教育的权利，促进教育公平提供了法律保障。推进义务教育均衡发展，是社会主义制度的本质体现，是构建社会主义和谐社会的基础性工作。新《义务教育法》针对我国促进义务教育均衡发展的成熟政策、成功经验及存在的问题，将促进义务教育均衡发展作为方向性要求确定下来，明确各级政府应当合理配置教育资源，改善薄弱学校的办学条件，并从师资流动、预算编制、设立专项资金等方面规定了促进义务教育均衡发展的措施。新《义务教育法》关于均衡发展的规定，有利于进一步完善政府推进义务教育均衡发展的体制机制，保障农村地区、民族地区实施义务教育，保障家庭经济困难的和残疾的适龄儿童、少年接受义务教育，推动各级政府、教育行政部门和学校切实办好每一所学校、关注每一个学生的健康成长。

第四，新《义务教育法》为进一步完善中国特色教育法律法规体系，为全面实施依法治教提供了法制基础。党的十六大提出要到2010年形成中国特色社会主义法律体系。第十届全国人大常委会提出要在本届任期内争取基本形成中国特色社会主义法律体系。国务院2004年提出要用10年左右的时间基本实现建设法治政府的目标。教育领域要加强立法工作，与社会主义法制建设的总体目标和要求相协调。从1980年至今，已经颁布实施了《学位条例》《义务教育法》《教师法》《教育法》《职业教育法》《高等教育法》《民办教育促进法》等7部专门的教育法律法规。其中一些制定时间比较早的法律法规，在一定的历史时期发挥了比较好的法制保障作用，但随着形势的发展，有必要进行修订。这次修订《义务教育法》，针对义务教育存在的突出问题，认真总结经验，广泛征求各方面意见，体现了党和国家对于义务教育的新要求，具有较强的时代性、针对性、规范性和前瞻性，为教育的立法提供了典范。新《义务教育法》的颁布，不仅为新时期全面推进依法行政、依法治教、依法治校，加强教育执法和监督工作提供了明确的法律依据，而且为提高义务教育法制建设的整体水平奠定了良好的基础。

二、切实抓好《义务教育法》的实施

吴邦国委员长6月29日要求各级政府及有关部门要高度重视修改后的《义务教育法》的实施工作，将法律规定落到实处；温家宝总理7月2日要求教育部抓紧研究贯彻《义务教育法》的具体方案和实施步骤。我们要认真贯彻落实吴邦国委员长和温家宝总理的指示，切实抓好新《义务教育法》的实施工作。

当前，要认真做好以下几个方面的工作：

第一，坚持贯彻国家的教育方针，实施素质教育，提高教育质量。新《义务教育法》规定义务教育应当贯彻国家的教育方针，实施素质教育，提高教育质量，使适龄儿童、少年在品德、智力、体质等方面全面发展，为培养有理想、有道德、有文化、有纪律的社会主义建设者和接班人奠定基础；规定义务教育是国家统一实施的所有适龄儿童、少年必须接受的教育，是国家必须予以保障的公益性事业。法律的这些规定，明确了我国义务教育的社会主义性质和正确的发展方向。我们对此应当深刻理解、切实落实。各级政府和教育行政部门要进一步提高对素质教育的认识，改革教学制度，优化课程设置，降低课程难度，精简教学内容，提高教师素质，改进教学方法，减轻课业负担，将素质教育贯穿到义务教育阶段的全过程。要研究推进素质教育的具体措施，切实加强德育工作，启发学生独立思考，增强学生的创新精神和实践能力，促进学生生动活泼地全面发展。

第二，切实推进我国义务教育均衡发展。当前我国地区间、城乡间及区域内义务教育发展存在较大差距，不利于少年儿童享有平等的受教育权利，这个问题必须采取措施加以解决。新《义务教育法》充分地体现了推进义务教育均衡发展、促进教育公平的重要理念。法律规定国务院和县级以上地方人民政府应当合理配置教育资源，促进义务教育均衡发展，改善薄弱学校的办学条件；规定各级人民政府及有关部门应当促进学校均衡发展，缩小学校之间办学条件的差距；保障农村地区、民族地区实施义务教育，保障家庭经济困难的和残疾的适龄儿童、少年接受义务教育。法律要求各级人民政府要鼓励和支持城市教师和高校毕业生到农村地区、民族地区从事义务教育工作，并鼓励高校毕业生以志愿者方式到上述地区任教；县级人民政府编制预算，应当向农村地区学校和薄弱学校倾斜。这些法律规定，是促进义务教育地区间、城乡间、学校间均衡发展的基本要求，也是新时期推进义务教育发展的迫切需要。各级政府和教育行政部门要切实按照法律的规定，制定实施办法，把促进义务教育均衡发展的各项工作真正落到实处。

第三，依法落实义务教育公共财政经费保障体制。经费保障是发展义务教育的基础。理顺义务教育财政经费保障机制，明确各级政府的投入职责，满足适应全面建设小康社会的义务教育发展的基本需求，是解决当前义务教育发展中诸多问题的关键所在。新《义务教育法》总结了农村义务教育经费保障机制改革的基本经验，结合我国财政体制改革的基本要求，规定我国义务教育经费投入实行国务院和地方各级人民政府根据职责共同负担，省、自治区、直辖市人民政府负责统筹落实的体制。其要点一是明确各级人民政府的分担机制，将义务教育全面纳入财政保障范围；二是由省级人民政府负责统筹落实，明确了责任主体。2005年12月国务院出台了《关于深化农村义务教育经费保障机制改革的通知》，规定农村义务教育所需经费由各级人民政府分项目、按比例分担，建立了中央和地方政府对农村义务教育的经费分担机制，到2007年全面免除农村义务教育学杂费，为新《义务教育法》的实施奠定了经费保障的基础。但是落实法律规定的义务教育财政经费保障体制尚有很多重要工作要做。今后，要根据法律的要求，不断完善义务教育经费保障体制。各级政府要采取有效措施，确保义务教育经费纳入财政预算并及时足额拨付，尤其要重点扶持农村地区、贫困地区和民族地区义务教育的发展。

第四，科学制定实施义务教育不收杂费规定的步骤。新《义务教育法》第一章第二条规定："实施义务教育，不收学费、杂费。"第八章第六十一条规定："对接受义务教育的适龄儿童、少年不收杂费的实施步骤，由国务院规定。"不收学费、杂费有利于保障所有适龄儿童、少年接受义务教育的权利，特别是保障农村地区、民族地区，以及其他家庭经济困难的适龄儿童、少年不因贫困失学、辍学，促进义务教育的公平。2005年国务院已作出决定，今明两年内在全国农村全部免除学杂费。最近，一些经济发达地区也已宣布在城市对义务教育免收学杂费。国务院有关部门要深入调查，及时总结研究一些城市不收学杂费的好做法和遇到的新问题，科学制定城市义务教育不收学杂费的步骤，积极稳妥地推进城市义务教育不收学杂费的工作。

第五，加强管理与监督，尽快解决义务教育阶段"上学难、上学贵"问题。义务教育阶段不收学费、杂费的规定为尽快解决义务教育阶段"上学难、上学贵"问题提供了法律武器。就农村而言，明年全国农村义务教育阶段全部免除学杂费，对家庭贫困学生提供免费教科书和寄宿生生活补助，农村儿童"上学难、上学贵"问题应该得到解决。新《义务教育法》明确作出了不得以任何名义改变或者变相改变公办学校的性质，不得将学校分为重点学校和非重点学校，不得分设重点班和非重点班等具体规定，为清理名目繁多的教育收费创造了良好的法制环境。各级教育行政部门和义务教育学校要严格遵守以上法律规定。还要贯彻落实好保障家庭经济困难、残疾、随父母或者其他法定监护人在非户籍所在地居住等不同情况的适龄儿童、少年接受义务教育的规定。新《义务教育法》还规定了教育督导、义务教育经费的审计监督和统计公告等制度。各级政府要切实落实法律规定，把加强义务教育管理和监督制度建设工作落到实处，并加大投入力度和治理教育乱收费工作力度，尽快解决"上学难、上学贵"问题。

第六，要做好学习宣传，为贯彻实施新《义务教育法》做好充分准备。修订后的《义务教育法》将于今年9月1日起施行。各级人民政府及有关部门特别是教育行政部门要带头学习好新《义务教育法》，深刻理解其精神实质。国务院有关部门和省、自治区、直辖市要尽快研究制定新《义务教育法》配套法规、实施办法和义务教育经费保障的具体办法等配套规定。要在全社会宣传新《义务教育法》，营造实施的良好舆论环境。

学校要及时组织教职工和学生学习新《义务教育法》。学校要坚持依法治校，坚持实施素质教育，按照国家规定完成教育教学任务，保证教育教学质量。教师要履行法律规定的义务，教书育人、为人师表，忠诚于人民的教育事业。学生要珍惜自己接受义务教育的权利，自觉地刻苦努力学习，全面发展，为成为有理想、有道德、有文化、有纪律的社会主义建设者和接班人奠定良好的基础。

孔子学院大会在北京开幕

国务委员陈至立出席并致辞，她强调，要通过孔子学院这个平台，加强交流与合作，互相学习语言和文化，增进理解和友谊，为促进世界和平和发展贡献力量。

陈至立说,从2004年开始,我国在海外设立了以教授汉语和传播中华民族文化为宗旨的、非营利性的“孔子学院”,受到了许多国家和地区的重视,目前已有80所孔子学院和孔子课堂在36个国家和地区落户。各地孔子学院结合实际,充分发挥自身优势,形成了各具特色的办学模式,积累了一定的经验,成为各国学习汉语言文化、了解当代中国的重要场所,受到了当地社会各界的广泛欢迎。

陈至立表示,中国政府愿意为各国人民学习汉语和了解中国文化提供便利。今后,我们将本着以下原则与海内外有识之士一起继续推进孔子学院建设:一是双方自愿,加强合作,共同建设,规范办学。二是遵守所在国家法律,尊重当地习俗,因地制宜,灵活办学。三是及时总结经验,规范教学标准,完善质量评估体系。

教育部部长周济主持会议,国家汉语国际推广领导小组成员、各国孔子学院院长、各省(自治区、直辖市)教育部门负责人、我驻外使(领)馆教育(文化)处负责人、有关高校负责人约400人参加会议。

7月7日

国务院总理温家宝在中南海紫光阁会见黑山外长弗拉霍维奇

国务院总理温家宝签署第471号令发布《大中型水利水电工程建设征地补偿和移民安置条例》

《大中型水利水电工程建设征地补偿和移民安置条例》已经2006年3月29日国务院第130次常务会议通过,现予公布,自2006年9月1日起施行。

总　理　温家宝

2006年7月7日

大中型水利水电工程建设征地补偿和移民安置条例

第一章　总　则

第一条　为了做好大中型水利水电工程建设征地补偿和移民安置工作,维护移民合法权益,保障工程建设的顺利进行,根据《中华人民共和国土地管理法》和《中华人民共和国水法》,制定本条例。

第二条　大中型水利水电工程的征地补偿和移民安置,适用本条例。

第三条　国家实行开发性移民方针,采取前期补偿、补助与后期扶持相结合的办法,使移民生活达到或者超过原有水平。

第四条　大中型水利水电工程建设征地补偿和移民安置应当遵循下列原则:

(一)以人为本,保障移民的合法权益,满足移民生存与发展的需求;

(二)顾全大局,服从国家整体安排,兼顾国家、集体、个人利益;

(三)节约利用土地,合理规划工程占地,控制移民规模;

(四)可持续发展,与资源综合开发利用、生态环境保护相协调;

(五)因地制宜,统筹规划。

第五条　移民安置工作实行政府领导、分级负责、县为基础、项目法人参与的管理体制。

国务院水利水电工程移民行政管理机构(以下简称国务院移民管理机构)负责全国大中型水利水电工程移民安置工作的管理和监督。

县级以上地方人民政府负责本行政区域内大中型水利水电工程移民安置工作的组织和领导;省、自治区、直辖市人民政府规定的移民管理机构,负责本行政区域内大中型水利水电工程移民安置工作的管理和监督。

第二章　移民安置规划

第六条　已经成立项目法人的大中型水利水电工程,由项目法人编制移民安置规划大纲,按照审批权限报省、自治区、直辖市人民政府或者国务院移民管理机构审批;省、自治区、直辖市人民政府或者国务院移民管理机构在审批前应当征求移民区和移民安置区县级以上地方人民政府的意见。

没有成立项目法人的大中型水利水电工程,项目主管部门应当会同移民区和移民安置区县级以上地方人民政府编制移民安置规划大纲,按照审批权限报省、自治区、直辖市人民政府或者国务院移民管理机构审批。

第七条　移民安置规划大纲应当根据工程占地和淹没区实物调查结果以及移民区、移民安置区经济社会情况和资源环境承载能力编制。

工程占地和淹没区实物调查,由项目主管部门或者项目法人会同工程占地和淹没区所在地的地方人民政府实施;实物调查应当全面准确,调查结果经调查者和被调查者签字认可并公示后,由有关地方人民政府签署意见。实物调查工作开始前,工程占地和淹没区所在地的省级人民政府应当发布通告,禁止在工程占地和淹没区新增建设项目和迁入人口,并对实物调查工作作出安排。

第八条　移民安置规划大纲应当主要包括移民安置的任务、去向、标准和农村移民生产安置方式以及移民生活水平评价和搬迁后生活水平预测、水库移民后期扶持政策、淹没线以上受影响范围的划定原则、移民安置规划编制原则等内容。

第九条　编制移民安置规划大纲应当广泛听取移民和移民安置区居民的意见；必要时，应当采取听证的方式。

经批准的移民安置规划大纲是编制移民安置规划的基本依据，应当严格执行，不得随意调整或者修改；确需调整或者修改的，应当报原批准机关批准。

第十条　已经成立项目法人的，由项目法人根据经批准的移民安置规划大纲编制移民安置规划；没有成立项目法人的，项目主管部门应当会同移民区和移民安置区县级以上地方人民政府，根据经批准的移民安置规划大纲编制移民安置规划。

大中型水利水电工程的移民安置规划，按照审批权限经省、自治区、直辖市人民政府移民管理机构或者国务院移民管理机构审核后，由项目法人或者项目主管部门报项目审批或者核准部门，与可行性研究报告或者项目申请报告一并审批或者核准。

省、自治区、直辖市人民政府移民管理机构或者国务院移民管理机构审核移民安置规划，应当征求本级人民政府有关部门以及移民区和移民安置区县级以上地方人民政府的意见。

第十一条　编制移民安置规划应当以资源环境承载能力为基础，遵循本地安置与异地安置、集中安置与分散安置、政府安置与移民自找门路安置相结合的原则。

编制移民安置规划应当尊重少数民族的生产、生活方式和风俗习惯。

移民安置规划应当与国民经济和社会发展规划以及土地利用总体规划、城市总体规划、村庄和集镇规划相衔接。

第十二条　移民安置规划应当对农村移民安置、城(集)镇迁建、工矿企业迁建、专项设施迁建或者复建、防护工程建设、水库水域开发利用、水库移民后期扶持措施、征地补偿和移民安置资金概(估)算等作出安排。

对淹没线以上受影响范围内因水库蓄水造成的居民生产、生活困难问题，应当纳入移民安置规划，按照经济合理的原则，妥善处理。

第十三条　对农村移民安置进行规划，应当坚持以农业生产安置为主，遵循因地制宜、有利生产、方便生活、保护生态的原则，合理规划农村移民安置点；有条件的地方，可以结合小城镇建设进行。

农村移民安置后，应当使移民拥有与移民安置区居民基本相当的土地等农业生产资料。

第十四条　对城(集)镇移民安置进行规划，应当以城(集)镇现状为基础，节约用地，合理布局。

工矿企业的迁建，应当符合国家的产业政策，结合技术改造和结构调整进行；对技术落后、浪费资源、产品质量低劣、污染严重、不具备安全生产条件的企业，应当依法关闭。

第十五条　编制移民安置规划应当广泛听取移民和移民安置区居民的意见；必要时，应当采取听证的方式。

经批准的移民安置规划是组织实施移民安置工作的基本依据，应当严格执行，不得随意调整或者修改；确需调整或者修改的，应当依照本条例第十条的规定重新报批。

未编制移民安置规划或者移民安置规划未经审核的大中型水利水电工程建设项目，有关部门不得批准或者核准其建设，不得为其办理用地等有关手续。

第十六条　征地补偿和移民安置资金、依法应当缴纳的耕地占用税和耕地开垦费以及依照国务院有关规定缴纳的森林植被恢复费等应当列入大中型水利水电工程概算。

征地补偿和移民安置资金包括土地补偿费、安置补助费，农村居民点迁建、城(集)镇迁建、工矿企业迁建以及专项设施迁建或者复建补偿费(含有关地上附着物补偿费)，移民个人财产补偿费(含地上附着物和青苗补偿费)和搬迁费，库底清理费，淹没区文物保护费和国家规定的其他费用。

第十七条　农村移民集中安置的农村居民点、城(集)镇、工矿企业以及专项设施等基础设施的迁建或者复建选址，应当依法做好环境影响评价、水文地质与工程地质勘察、地质灾害防治和地质灾害危险性评估。

第十八条　对淹没区内的居民点、耕地等，具备防护条件的，应当在经济合理的前提下，采取修建防护工程等防护措施，减少淹没损失。

防护工程的建设费用由项目法人承担，运行管理费用由大中型水利水电工程管理单位负责。

第十九条　对工程占地和淹没区内的文物，应当查清分布，确认保护价值，坚持保护为主、抢救第一的方针，实行重点保护、重点发掘。

第三章　征地补偿

第二十条　依法批准的流域规划中确定的大中型水利水电工程建设项目的用地，应当纳入项目所在地的土地利用总体规划。

大中型水利水电工程建设项目核准或者可行性研究报告批准后，项目用地应当列入土地利用年度计划。

属于国家重点扶持的水利、能源基础设施的大中型水利水电工程建设项目，其用地可以以划拨方式取得。

第二十一条　大中型水利水电工程建设项目用地，应当依法申请并办理审批手续，实行一次报批、分期征收，按期支付征地补偿费。

对于应急的防洪、治涝等工程，经有批准权的人民政府决定，可以先行使用土地，事后补办用地手续。

第二十二条　大中型水利水电工程建设征收耕地的，土地补偿费和安置补助费之和为该耕地被征收前三年平均年产值的16倍。土地补偿费和安置补助费不能使需要安置的移民保持原有生活水平、需要提高标准的，由项目法人或者项目主管部门报项目审批或者核准部门批准。

征收其他土地的土地补偿费和安置补助费标准，按照工程所在省、自治区、直辖市规定的标准执行。

被征收土地上的零星树木、青苗等补偿标准，按照工程所在省、自治区、直辖市规定的标准执行。

被征收土地上的附着建筑物按照其原规模、原标准或者恢复原功能的原则补偿；对补偿费用不足以修建基本用房的贫困移民，应当给予适当补助。

使用其他单位或者个人依法使用的国有耕地，参照征收耕地的补偿标准给予补偿；使用未确定给单位或者个人使用的国有未利用地，不予补偿。

移民远迁后，在水库周边淹没线以上属于移民个人所有的零星树木、房屋等应当分别依照本条第三款、第四款规定的标准给予补偿。

第二十三条　大中型水利水电工程建设临时用地，由县级以上人民政府土地主管部门批准。

第二十四条　工矿企业和交通、电力、电信、广播电视等专项设施以及中小学的迁建或者复建，应当按照其原规模、原标准或者恢复原功能的原则补偿。

第二十五条　大中型水利水电工程建设占用耕地的，应当执行占补平衡的规定。为安置移民开垦的耕地、因大中型水利水电工程建设而进行土地整理新增的耕地、工程施工新造的耕地可以抵扣或者折抵建设占用耕地的数量。

大中型水利水电工程建设占用25度以上坡耕地的，不计入需要补充耕地的范围。

第四章　移民安置

第二十六条　移民区和移民安置区县级以上地方人民政府负责移民安置规划的组织实施。

第二十七条　大中型水利水电工程开工前，项目法人应当根据经批准的移民安置规划，与移民区和移民安置区所在的省、自治区、直辖市人民政府或者市、县人民政府签订移民安置协议；签订协议的省、自治区、直辖市人民政府或者市人民政府，可以与下一级有移民或者移民安置任务的人民政府签订移民安置协议。

第二十八条　项目法人应当根据大中型水利水电工程建设的要求和移民安置规划，在每年汛期结束后60日内，向与其签订移民安置协议的地方人民政府提出下年度移民安置计划建议；签订移民安置协议的地方人民政府，应当根据移民安置规划和项目法人的年度移民安置计划建议，在与项目法人充分协商的基础上，组织编制并下达本行政区域的下年度移民安置年度计划。

第二十九条　项目法人应当根据移民安置年度计划，按照移民安置实施进度将征地补偿和移民安置资金支付给予其签订移民安置协议的地方人民政府。

第三十条　农村移民在本县通过新开发土地或者调剂土地集中安置的，县级人民政府应当将土地补偿费、安置补助费和集体财产补偿费直接全额兑付给该村集体经济组织或者村民委员会。

农村移民分散安置到本县内其他村集体经济组织或者村民委员会的，应当由移民安置村集体经济组织或者村民委员会与县级人民政府签订协议，按照协议安排移民的生产和生活。

第三十一条　农村移民在本省行政区域内其他县安置的，与项目法人签订移民安置协议的地方人民政府，应当及时将相应的征地补偿和移民安置资金交给移民安置区县级人民政府，用于安排移民的生产和生活。

农村移民跨省安置的，项目法人应当及时将相应的征地补偿和移民安置资金交给移民安置区省、自治区、直辖市人民政府，用于安排移民的生产和生活。

第三十二条　搬迁费以及移民个人房屋和附属建筑物、个人所有的零星树木、青苗、农副业设施等个人财产补偿费，由移民区县级人民政府直接全额兑付给移民。

第三十三条　移民自愿投亲靠友的，应当由本人向移民区县级人民政府提出申请，并提交接收地县级人民政府出具的接收证明；移民区县级人民政府确认其具有土地等农业生产资料后，应当与接收地县级人民政府和移民共同签订协议，将土地补偿费、安置补助费交给接收地县级人民政府，统筹安排移民的生产和生活，将个人财产补偿费和搬迁费发给移民个人。

第三十四条　城(集)镇迁建、工矿企业迁建、专项设施迁建或者复建补偿费，由移民区县级以上地方人民政府交给当地人民政府或者有关单位。因扩大规模、提高标准增加的费用，由有关地方人民政府或者有关单位自行解决。

第三十五条　农村移民集中安置的农村居民点应当按照经批准的移民安置规划确定的规模和标准迁建。

农村移民集中安置的农村居民点的道路、供水、供电等基础设施,由乡(镇)、村统一组织建设。

农村移民住房,应当由移民自主建造。有关地方人民政府或者村民委员会应当统一规划宅基地,但不得强行规定建房标准。

第三十六条　农村移民安置用地应当依照《中华人民共和国土地管理法》和《中华人民共和国农村土地承包法》办理有关手续。

第三十七条　移民安置达到阶段性目标和移民安置工作完毕后,省、自治区、直辖市人民政府或者国务院移民管理机构应当组织有关单位进行验收;移民安置未经验收或者验收不合格的,不得对大中型水利水电工程进行阶段性验收和竣工验收。

第五章　后期扶持

第三十八条　移民安置区县级以上地方人民政府应当编制水库移民后期扶持规划,报上一级人民政府或者其移民管理机构批准后实施。

编制水库移民后期扶持规划应当广泛听取移民的意见;必要时,应当采取听证的方式。

经批准的水库移民后期扶持规划是水库移民后期扶持工作的基本依据,应当严格执行,不得随意调整或者修改;确需调整或者修改的,应当报原批准机关批准。

未编制水库移民后期扶持规划或者水库移民后期扶持规划未经批准,有关单位不得拨付水库移民后期扶持资金。

第三十九条　水库移民后期扶持规划应当包括后期扶持的范围、期限、具体措施和预期达到的目标等内容。水库移民安置区县级以上地方人民政府应当采取建立责任制等有效措施,做好后期扶持规划的落实工作。

第四十条　水库移民后期扶持资金应当按照水库移民后期扶持规划,主要作为生产生活补助发放给移民个人;必要时可以实行项目扶持,用于解决移民村生产生活中存在的突出问题,或者采取生产生活补助和项目扶持相结合的方式。具体扶持标准、期限和资金的筹集、使用管理依照国务院有关规定执行。

省、自治区、直辖市人民政府根据国家规定的原则,结合本行政区域实际情况,制定水库移民后期扶持具体实施办法,报国务院批准后执行。

第四十一条　各级人民政府应当加强移民安置区的交通、能源、水利、环保、通信、文化、教育、卫生、广播电视等基础设施建设,扶持移民安置区发展。

移民安置区地方人民政府应当将水库移民后期扶持纳入本级人民政府国民经济和社会发展规划。

第四十二条　国家在移民安置区和大中型水利水电工程受益地区兴办的生产建设项目,应当优先吸收符合条件的移民就业。

第四十三条　大中型水利水电工程建成后形成的水面和水库消落区土地属于国家所有,由该工程管理单位负责管理,并可以在服从水库统一调度和保证工程安全、符合水土保持和水质保护要求的前提下,通过当地县级人民政府优先安排给当地农村移民使用。

第四十四条　国家在安排基本农田和水利建设资金时,应当对移民安置区所在县优先予以扶持。

第四十五条　各级人民政府及其有关部门应当加强对移民的科学文化知识和实用技术的培训,加强法制宣传教育,提高移民素质,增强移民就业能力。

第四十六条　大中型水利水电工程受益地区的各级地方人民政府及其有关部门应当按照优势互补、互惠互利、长期合作、共同发展的原则,采取多种形式对移民安置区给予支持。

第六章　监督管理

第四十七条　国家对移民安置和水库移民后期扶持实行全过程监督。省、自治区、直辖市人民政府和国务院移民管理机构应当加强对移民安置和水库移民后期扶持的监督,发现问题应当及时采取措施。

第四十八条　国家对征地补偿和移民安置资金、水库移民后期扶持资金的拨付、使用和管理实行稽察制度,对拨付、使用和管理征地补偿和移民安置资金、水库移民后期扶持资金的有关地方人民政府及其有关部门的负责人依法实行任期经济责任审计。

第四十九条　县级以上人民政府应当加强对下级人民政府及其财政、发展改革、移民等有关部门或者机构拨付、使用和管理征地补偿和移民安置资金、水库移民后期扶持资金的监督。

县级以上地方人民政府或者其移民管理机构应当加强对征地补偿和移民安置资金、水库移民后期扶持资金的管理,定期向上一级人民政府或者其移民管理机构报告并向项目法人通报有关资金拨付、使用和管理情况。

第五十条　各级审计、监察机关应当依法加强对征地补偿和移民安置资金、水库移民后期扶持资金拨付、使用和管理情况的审计和监察。

县级以上人民政府财政部门应当加强对征地补偿和移民安置资金、水库移民后期扶持资金拨付、使用和管理情况的监督。

审计、监察机关和财政部门进行审计、监察和监督时,有关单位和个人应当予以配合,及时提供有关资料。

第五十一条　国家对移民安置实行全过程监督评估。签订移民安置协议的地方人民政府和项目法人应当采取招标的方式，共同委托有移民安置监督评估专业技术能力的单位对移民搬迁进度、移民安置质量、移民资金的拨付和使用情况以及移民生活水平的恢复情况进行监督评估；被委托方应当将监督评估的情况及时向委托方报告。

从事移民安置规划编制和移民安置监督评估的专业技术人员，应当通过国家考试，取得相应的资格。

第五十二条　征地补偿和移民安置资金应当专户存储、专账核算，存储期间的孳息，应当纳入征地补偿和移民安置资金，不得挪作他用。

第五十三条　移民区和移民安置区县级人民政府，应当以村为单位将大中型水利水电工程征收的土地数量、土地种类和实物调查结果、补偿范围、补偿标准和金额以及安置方案等向群众公布。群众提出异议的，县级人民政府应当及时核查，并对统计调查结果不准确的事项进行改正；经核查无误的，应当及时向群众解释。

有移民安置任务的乡（镇）、村应当建立健全征地补偿和移民安置资金的财务管理制度，并将征地补偿和移民安置资金收支情况张榜公布，接受群众监督；土地补偿费和集体财产补偿费的使用方案应当经村民会议或者村民代表会议讨论通过。

移民安置区乡（镇）人民政府、村（居）民委员会应当采取有效措施帮助移民适应当地的生产、生活，及时调处矛盾纠纷。

第五十四条　县级以上地方人民政府或者其移民管理机构以及项目法人应当建立移民工作档案，并按照国家有关规定进行管理。

第五十五条　国家切实维护移民的合法权益。

在征地补偿和移民安置过程中，移民认为其合法权益受到侵害的，可以依法向县级以上人民政府或者其移民管理机构反映，县级以上人民政府或者其移民管理机构应当对移民反映的问题进行核实并妥善解决。移民也可以依法向人民法院提起诉讼。

移民安置后，移民与移民安置区当地居民享有同等的权利，承担同等的义务。

第五十六条　按照移民安置规划必须搬迁的移民，无正当理由不得拖延搬迁或者拒迁。已经安置的移民不得返迁。

第七章　法律责任

第五十七条　违反本条例规定，有关地方人民政府、移民管理机构、项目审批部门及其他有关部门有下列行为之一的，对直接负责的主管人员和其他直接责任人员依法给予行政处分；造成严重后果，有关责任人员构成犯罪的，依法追究刑事责任：

（一）违反规定批准移民安置规划大纲、移民安置规划或者水库移民后期扶持规划的；

（二）违反规定批准或者核准未编制移民安置规划或者移民安置规划未经审核的大中型水利水电工程建设项目的；

（三）移民安置未经验收或者验收不合格而对大中型水利水电工程进行阶段性验收或者竣工验收的；

（四）未编制水库移民后期扶持规划，有关单位拨付水库移民后期扶持资金的；

（五）移民安置管理、监督和组织实施过程中发现违法行为不予查处的；

（六）在移民安置过程中发现问题不及时处理，造成严重后果以及有其他滥用职权、玩忽职守等违法行为的。

第五十八条　违反本条例规定，项目主管部门或者有关地方人民政府及其有关部门调整或者修改移民安置规划大纲、移民安置规划或者水库移民后期扶持规划的，由批准该规划大纲、规划的有关人民政府或者其有关部门、机构责令改正，对直接负责的主管人员和其他直接责任人员依法给予行政处分；造成重大损失，有关责任人员构成犯罪的，依法追究刑事责任。

违反本条例规定，项目法人调整或者修改移民安置规划大纲、移民安置规划的，由批准该规划大纲、规划的有关人民政府或者其有关部门、机构责令改正，处10万元以上50万元以下的罚款；对直接负责的主管人员和其他直接责任人员处1万元以上5万元以下的罚款；造成重大损失，有关责任人员构成犯罪的，依法追究刑事责任。

第五十九条　违反本条例规定，在编制移民安置规划大纲、移民安置规划、水库移民后期扶持规划，或者进行实物调查、移民安置监督评估中弄虚作假的，由批准该规划大纲、规划的有关人民政府或者其有关部门、机构责令改正，对有关单位处10万元以上50万元以下的罚款；对直接负责的主管人员和其他直接责任人员处1万元以上5万元以下的罚款；给他人造成损失的，依法承担赔偿责任。

第六十条　违反本条例规定，侵占、截留、挪用征地补偿和移民安置资金、水库移民后期扶持资金的，责令退赔，并处侵占、截留、挪用资金额3倍以下的罚款，对直接负责的主管人员和其他责任人员依法给予行政处分；构成犯罪的，依法追究有关责任人员的刑事责任。

第六十一条　违反本条例规定，拖延搬迁或者拒迁的，当地人民政府或者其移民管理机构可以申请人民法院强制执行；违反治安管理法律、法规的，依法给予治安管理处罚；构成犯罪的，依法追究有关责任人员的刑事责任。

第八章　附　则

第六十二条　长江三峡工程的移民工作，依照《长江三峡工程建设移民条例》执行。

南水北调工程的征地补偿和移民安置工作，依照本条例执行。但是，南水北调工程中线、东线一期工程的移民安置规划的编制审批，依照国务院的规定执行。

第六十三条　本条例自 2006 年 9 月 1 日起施行。1991 年 2 月 15 日国务院发布的《大中型水利水电工程建设征地补偿和移民安置条例》同时废止。

全国政协十届常委会第十四次会议在北京闭幕

全国政协主席贾庆林出席闭幕会并讲话。

贾庆林在讲话中指出，建设社会主义新农村和提高自主创新能力是中共十六届五中全会提出的两项具有重大意义的历史任务。从国际上看，这是增强综合国力、使我国在国际竞争中立于不败之地的需要；从国内来看，这是保持经济社会快速发展、全面建设小康社会的需要；从党的建设来看，这是我们党巩固执政地位、保持和发展先进性的需要。建设社会主义新农村和提高自主创新能力，不仅是关系长远、影响全局的战略问题，而且是当前需要抓紧解决的紧迫问题。当前，这两项工作还面临许多重大而复杂的问题，需要我们以科学发展观为指导，进行深入研究，着重解决好统筹城乡发展、加快发展农村公共事业、以自主创新提升产业技术水平和发挥企业在自主创新中的主体地位等重大问题。

贾庆林强调，建设社会主义新农村和提高自主创新能力将贯穿于实施"十一五"规划和全面建设小康社会的整个过程，需要全党全社会的共同奋斗和持续努力。各级政协组织要紧紧围绕这两个重大问题继续有重点地选择一些课题深入开展调查研究。要进一步加强与政府有关部门之间的协作配合，努力在知情环节、沟通环节、反馈环节上建立联系和协调的机制，为党和政府决策提供有价值、有分量的意见和建议。

闭幕会上，全国政协秘书长郑万通作了关于本次常委会议小组讨论情况的综合汇报。会议还表决通过了政协第十届全国委员会副秘书长任命名单，任命杨崇汇同志为政协第十届全国委员会副秘书长。

全国政协副主席王忠禹主持闭幕会。全国政协副主席廖晖、刘延东、帕巴拉·格列朗杰、李贵鲜、张思卿、白立忱、罗豪才、张克辉、周铁农、郝建秀、陈奎元、阿不来提·阿不都热西提、徐匡迪、李兆焯、黄孟复、张怀西、李蒙、张梅颖、张榕明出席闭幕会。

中共中央和国务院有关部门负责人应邀列席闭幕会。

全国政协十届常委会举办第九次学习讲座

全国政协主席贾庆林主持讲座。

外交部部长李肇星应邀到会作了题为《当前国际形势和我国外交工作》的报告。

贾庆林指出，当前世界正在发生深刻变化，各国间的相互依存不断加深。中国的发展离不开世界，世界的发展也需要中国。深刻认识我国所面临的外部环境，全面分析国际政治经济形势，是我们准确把握机遇、积极应对挑战、制定和实施正确方针政策的重要前提。

贾庆林说，人民政协的对外交往是我国总体外交的重要组成部分。他希望广大政协委员要努力学习国家外交工作的方针政策，不断提高履行职能的水平。要继续围绕国家外交工作的总体部署，本着"积极、稳妥、务实"的精神，根据自身特点，有计划、有重点地开展领域更加广泛、渠道更加多样、形式更加灵活的外交活动，为国家的整体外交工作服务。要继续选择我国外交工作中的综合性、全局性和前瞻性问题，进行深入的思考和调研，提出有见解、有分量的意见和建议，为我国外交事业的发展贡献智慧和力量。

全国政协副主席王忠禹、李贵鲜、张思卿、白立忱、罗豪才、张克辉、周铁农、阿不来提·阿不都热西提、徐匡迪、李兆焯、黄孟复、张怀西、李蒙、张梅颖、张榕明，秘书长郑万通出席学习讲座。

中央纪委书记吴官正在青岛考察

7 月 7 日至 8 日，吴官正在山东青岛考察了海信集团、华欧海水淡化有限责任公司、青岛港前湾港集装箱码头、海尔工业园、海洋石油工程（青岛）有限公司和中石化大炼油项目工地、中船重工海西湾造修船基地，并召开部分大型企业负责人座谈会。他强调，要坚持以邓小平理论和"三个代表"重要思想为指导，全面树立和落实科学发展观，围绕促进国有企业改革发展，进一步加强国有企业党风建设和反腐倡廉工作。

吴官正指出，这些年国有企业坚决贯彻党中央、国务院的重大决策和部署，改革发展成绩显著，党风建设和反腐倡廉工作取得新成效。但国有企业违纪违法案件时有发生，有的还存在滥发钱物、奢侈浪费、侵害职工合法权益等问题，务必高度重视，采取切实有效措施，认真加以解决。

吴官正强调，国有企业领导人员要坚持廉洁从业，认真落实党风廉政建设责任制，既要以身作则，严格自律，又要敢抓敢管，带好队伍。规范职务消费行为，坚决反对挥霍浪费等不良风气。要坚持和完善职工代表大会制度，全面推进厂务公开，实行民主管理，切实保障职工群众的知情权、参与权和监督权。关心职工群众生活，认真解决损害职工利益的突出问题。要加强案件查办工作,特别是要坚决查处利用改制之机侵吞国有资产、商业贿赂以及重大安全生产事故背后的腐败问题。要适应建立现代企业制度的要求,抓紧构建惩治和预防腐败体系,强化监督制约机制,推进企业廉洁文化建设,加大从源头上防治腐败的力度。要支持和鼓励企业领导人员严格管理、敢于负责,大胆探索、不断创新。国有企业党组织要充分发挥政治核心作用,保证监督党和国家的方针、政策在本企业贯彻执行。

山东省省委书记张高丽、省长韩寓群等陪同考察和座谈。

国务院召开全国清理拖欠工程款电视电话会议

国务院副总理曾培炎出席并讲话。曾培炎指出,现在距离实现清欠预定目标只有半年左右的时间,各地方、各有关部门要认真总结经验,再接再厉,切实做到思想不松懈,措施不松动,工作不松劲,加快建设防范拖欠工程款的长效机制,确保在年底前完成国务院确定的三年清欠任务。

曾培炎说,党中央、国务院高度重视清理建设领域拖欠工程款和农民工工资工作。从2004年到2006年,用三年时间基本解决建设领域拖欠工程款和农民工工资问题,是本届政府的一项重点任务。温家宝总理指出,这项工作是向全社会作出的庄严承诺,要求务必抓紧。各地区、各部门认真贯彻国务院的决策部署,突出重点,分步推进,出台了一系列行之有效的政策措施,做了大量扎实细致的工作。经过两年多的努力,清理建设领域拖欠工程款和农民工工资问题取得明显成效,有力地保护了人民群众利益,促进了建筑业健康发展。同时也要看到,仍有少数地区清欠进度滞后,边清边欠问题仍然存在,预防与惩治拖欠的法规制度还有待完善。

曾培炎强调,要打好清欠攻坚战,坚持清欠工作目标不动摇,坚持省级政府负总责不动摇,坚持谁拖欠谁偿还的目标不动摇,坚持清欠与防范并重不动摇,确保三年清欠目标按期实现。

曾培炎提出三条要求。一是进一步加大工作力度,着力巩固清欠成果。对尚未偿还的拖欠工程款,要尽快形成还款计划,在下半年基本完成清欠任务。要切实防止新竣工项目形成新的拖欠。对违法违规的建设单位和个人,要严格依法追究责任。继续做好农民工工资支付和监管工作,妥善处理农民工对拖欠工资的投诉。

二是加快建设防范拖欠工程款的长效机制。要继续完善防止新欠的政策法规和管理办法,深化投资和建设体制改革,健全建筑市场信用体系。加大建筑市场执法能力建设,及时纠正和查处拖欠行为。

三是切实落实地方责任,加强部门间组织协调。地方各级政府要坚持把清欠工作纳入重要议事日程,继续采取目标考核、督查督办、部门联动、信用惩戒等行之有效的办法,加快清欠进度。国务院有关部门要密切配合,加强对清欠工作指导,搞好监督检查。对不能按时完成清欠任务或新欠严重的地方,应在项目安排、资金补助、土地供应等方面予以限制。

电视电话会上,建设部部长汪光焘代表清理拖欠工程款部际工作联席会议成员单位作了汇报,天津、上海、江苏、海南等省市负责人汇报了当地清欠工作。国务院有关部门,各省、自治区、直辖市负责人参加了电视电话会。

据建设部统计,截至目前,各地已偿付历史拖欠工程款1770亿元,占全国建筑企业上报的2003年年底前竣工项目拖欠总额的95.2%,有15个省(区、市)偿付比例超过95%。其中,政府投资项目完成清欠97.7%,社会投资项目清欠完成93.4%。

国务委员唐家璇在中南海紫光阁会见美国助理国务卿希尔

7月8日

国务院在北京召开全国应急管理工作会议

会议7月7日至8日召开。国务委员兼国务院秘书长华建敏出席会议并讲话。会议强调,各级政府要全面贯彻科学发展观,进一步完善和落实应急预案,增强应急管理能力,切实做好各类突发公共事件的预防和处置工作,促进社会和谐稳定。

会议指出,近年来,各地区、各部门认真贯彻落实党中央、国务院的要求和部署,努力工作,开拓进取,国家应急预案体系基本建立,应急管理机构得到充实和加强,应急管理机制和法制逐步完善,应急保障能力进一步提高,应急管理科普宣教工作有效开展,初步形成党委领导、政府主导、军地协同、条块结合、全社会共同参与的应急管理工作格局。

会议指出,最近,国务院印发的《关于全面加强应急管理工作的意见》,是继国家总体应急预案颁布实施后的又一个重要文件。各地区、各部门要按照国务院的部署和要求,切实加强六个方面的工作:(一)进一步深化应急预案体系建设,不断增强预案的针对性、操作性和实用性;(二)科学编制和实施应急体系建设规划,实现应急资源优化配置;(三)加快推进应急平台建设,提高应急处置效率和水平;(四)加强法规体系建设,规范应对各类突发公共事件共同行为;(五)加大公共安全技术科技攻关和应用力度,不断提高应急装备和技术保障水平;(六)充分依靠群众,动员社会各方面力量积极有序地参与突发公共事件应对工作。

会议强调，当前，大部分省区已进入汛期，重大自然灾害和安全生产隐患较多。各级政府和有关部门要进一步加大风险隐患排查和应急处置工作力度，把应急管理工作做得更加主动、扎实、有效。

各省、自治区、直辖市和计划单列市人民政府及新疆生产建设兵团分管负责同志，国务院有关部门及武警部队负责同志出席会议。中央有关部门和解放军总参谋部等单位的负责同志，以及部分高危行业重点企业负责人和应急管理方面的专家应邀出席了会议。

全国监察厅(局)长会议在山东青岛召开

会议于7月7日至8日召开。中央纪委书记吴官正出席会议并讲话。

吴官正指出，纪检监察机关实行合署办公以来，各级党委、政府坚决贯彻中央的决策和部署，进一步加强了对纪检监察工作的领导。各级纪检监察机关在加强纪律检查工作的同时，注意发挥行政监察职能作用，党政监督的整体合力得到增强，工作取得了明显成效。

吴官正要求，各级纪检监察机关要加强对中央重大决策和工作部署执行情况的监督检查，坚决维护中央权威。当前，要加强对宏观调控措施落实情况的执法监察，督促有关部门严格项目审批管理，坚决纠正盲目投资、重复建设、违法批地占地等违反宏观调控政策的行为。要按照"为民、务实、清廉"的要求，督促政府机关及其工作人员坚持执政为民、求真务实和清正廉洁，切实加强政风建设，着力解决损害群众利益的突出问题，对违纪违法案件要严肃查处。要深入到行政管理的各个部位和环节，围绕优化发展环境、改善行政管理、提高工作效率，加强效能监察，促进管理创新，推动政府效能建设。要进一步加大预防腐败的力度，以改革统揽预防腐败的各项工作，不断推进制度创新，逐步从源头上铲除滋生腐败的土壤和条件。

吴官正强调，各级纪检监察机关要进一步加强自身建设。要严格教育和管理，使纪检监察干部不断增强政治责任感和历史使命感，讲政治、讲大局，知荣辱、明是非，严格遵守工作纪律特别是办案纪律，自觉接受党和人民的监督，努力改进工作和作风。要树立全面履行纪检监察两项职能、充分发挥两个优势的意识，不断提高履行职责的能力和水平，进一步增强党政监督的整体效能。

中央纪委副书记、监察部部长李至伦在会上作了题为《把握大局、服务中心，努力开创行政监察工作新局面》的工作报告。

中央纪委监察部和山东省、青岛市有关领导同志出席了会议。各省(区、市)、新疆生产建设兵团监察厅(局)和监察部各派驻机构负责同志，部分监察部特邀监察员参加了会议。

国家发改委主任马凯在中宣部等6部委联合举办的形势报告会上就我国当前的能源形势与"十一五"能源发展目标作报告(摘要)

能源是人类生存和发展的重要物质基础，党中央、国务院历来高度重视。党的三代中央领导集体和以胡锦涛同志为总书记的党中央，都把能源作为关系经济发展、国家安全和民族根本利益的重大战略问题，摆在重要地位，倾注了大量心血。在党中央、国务院的正确领导下，在各地区、各部门长期的、共同的努力下，我国能源工业的发展取得了举世瞩目的成就。

能源供给能力逐步增强。2005年，一次能源生产总量达到20.6亿吨标准煤，是新中国成立初期的87倍、改革开放初的3.29倍。煤炭产量达到21.9亿吨，已多年位居世界第一位；原油产量达到1.81亿吨，居世界第六位，天然气500亿立方米；电力发电装机突破5亿千瓦，年发电量达到24747亿千瓦时，均居世界第二位；可再生能源近年来发展迅速，目前，小水电的装机容量达到3800万千瓦，太阳能热水器总集热面积8000万平方米，占世界的一半以上，核电装机近700万千瓦，年产沼气约80亿立方米，拥有户用沼气池1700多万口。

能源消费结构有所优化。2005年，我国能源消费总量达22.25亿吨标准煤，是世界第二大能源消费国。近年来，通过积极调整能源消费结构，总的趋势是：煤炭消费的比重趋于下降，优质清洁能源消费的比重逐步上升，1990—2005年，煤炭消费比重由76.2%降到68.7%，油气比重由18.7%提高到24%，水电及核电由5.1%提高到7.3%。

能源技术进步不断加快。经过半个多世纪的努力，石油天然气工业，从勘探开发、工程设计、施工建设到生产加工，形成了比较完整的技术体系，复杂段块勘探开发、提高油田采收率等技术达到国际领先水平。煤炭工业，已具备设计、建设、装备及管理千万吨级露天煤矿和大中型矿区的能力，综合机械化采煤等现代化成套设备广泛使用，国有重点煤矿采煤机械化程度1990年为65%，目前已超过80%。电力工业，火电单机容量从1978年的5万和10万千瓦级，发展到目前主力为30万和60万千瓦级机组，百万千瓦超临界、超超临界及核电机组正在成为新一代主力机组。三峡左岸最后一台机组国产化水平达到85%。500千伏直流输电设备实现了国产化，750千伏示范工程建成投运。

节能环保取得进展。单位GDP能耗总体下降。按不变价格计算，2005年万元GDP能耗比1980年下降了64%。改革开放以来，累计节约和少用能源超过

10亿吨标准煤，以能源消费翻一番支持了GDP翻两番。主要用能产品单位能耗逐步降低，能源效率有所提高，目前达到33%，比1980年提高了8个百分点。能源领域污染治理得到加强。新建火电厂配套建设了脱硫装置，已有火电厂加大了脱硫改造力度，电厂水资源循环利用率逐步提高，东北等地采煤沉陷区治理工程加快建设。

体制改革稳步推进。电力体制改革取得重要突破，2002年出台了电力体制改革方案，确定了改革的总体目标，目前已实现了政企分开、厂网分开。煤炭生产和销售已基本实现市场化。中石油、中石化、中海油等大型国有石油企业基本实现了上下游、内外贸一体化。能源需求侧管理取得积极成效，推广完善了峰谷电价、丰枯电价、差别电价办法。

能源立法明显加强。近年来，相继出台了《电力法》《煤炭法》《节约能源法》和《可再生能源法》，制定和完善了《电力监管条例》《煤矿安全监察条例》《石油天然气管道保护条例》等一系列法规。

我国能源工业的发展虽取得了很大成绩，但也要看到，随着经济社会快速发展，多年积累的矛盾和问题进一步凸显。概括起来，一是资源约束明显，供需矛盾突出。由于经济结构不合理，经济增长方式粗放，快速增长的能源供应赶不上更快增长的能源需求，靠过度消耗能源支撑经济快速增长难以持久。二是能源技术依然落后，能源效率明显偏低。能源开发利用的重大核心装备仍不能自主设计制造，节能降耗、污染治理等技术的应用还不广泛，我国单位GDP能耗和主要用能行业可比能耗都远远高于国际先进水平。三是能源结构尚不合理，环境承载压力较大。我国富煤、缺油、少气的能源消费结构在一定时期内难以改变，煤炭大量消费加大了环境保护的难度，目前，在全国烟尘和二氧化硫的排放量中，由煤炭燃烧产生的分别占70%和90%。四是石油储备体系不健全，安全生产存在隐患。油气资源储备和应急机制的建立还任重道远，能源特别是煤炭安全生产形势严峻，重特大事故未能得到有效遏制。五是能源体制改革尚未到位，法律法规有待完善。煤炭流通体制和企业机制转换滞后，适应WTO要求的原油、成品油和天然气市场体系尚不健全，电力体制改革有待进一步深化。体现我国能源战略、维护能源安全、衔接能源政策的基本法律还不完备。为此，我们要从顺利实现全面建设小康社会宏伟目标，保障中华民族长远发展和子孙福祉的高度，充分认识做好能源工作的极端重要性，进一步增强忧患意识和危机感，切实采取有效措施，积极化解我国能源发展中面临的突出矛盾和问题。

党的十六届五中全会提出了“十一五”期间单位国内生产总值能源消耗降低20%左右的奋斗目标。十届全国人大四次会议通过的“十一五”规划纲要，进一步明确了我国能源发展的总体要求：坚持节约优先、立足国内、煤为基础、多元发展，优化生产和消费结构，构筑稳定、经济、清洁、安全的能源供应体系。按照党中央、国务院的部署，近年来，我们会同有关部门，先后研究编制了能源中长期发展规划和煤炭、油气、电力、新能源、节能等专项规划，以及核电、风电、LNG(液化天然气)、煤层气、替代能源等子规划。当前和今后一个时期，要突出做好以下几方面工作。

(一)节约优先，效率为本。这是解决我国能源问题的根本途径。我们要从战略和全局的高度，充分认识节能工作的极端重要性和紧迫性，把节能摆在首要位置，采取综合的、更加有力的措施，进一步强化节能工作。一是通过调整结构节能。节能不仅是微观层面的问题，首先是宏观层面的问题，即要通过不断优化经济结构，建立节约型的国民经济体系。为此，要努力提高低耗能的第三产业和高技术产业在国民经济中的比重。大力发展现代物流业，有序发展金融服务业，积极发展信息服务业，规范发展商务服务业。促进高技术产业从加工装配为主向自主研发制造延伸。推进工业结构优化升级，调整原材料工业结构和布局，降低消耗，减少污染，提高产品档次、技术含量和产业集中度。加快制造业信息化，深度开发信息资源。二是通过技术进步节能。大力支持节能重点项目，优先扶持采用自主知识产权解决共性和关键技术的示范项目，促进节能技术产业化，加快应用高技术和先进适用技术改造提升传统产业。同时，要加快淘汰钢铁、有色金属、化工、建材、电力等高耗能行业的落后生产能力、工艺装备和产品。三是通过加强管理节能。建立节能目标责任和评价考核制度，把“十一五”规划确定的降低能耗的约束性指标分解落实到各省、自治区、直辖市，层层落实责任。加强重点耗能行业和企业的节能管理，抓紧实施十大重点节能工程，突出抓好1000家高耗能企业的节能工作。完善能效标识管理和节能产品认证制度。四是通过深化改革节能。加快资源性产品价格市场化改革进程，逐步形成有利于节约、能够反映稀缺程度的价格形成机制。加大财税政策对节能的支持。加快制定《节能产品目录》，对生产和使用目录中的产品，给予一定的税收优惠。实施节能产品政府强制性采购政策，特别是将企业研发的首台、首套节能产品优先纳入政府采购目录。五是通过强化法治节能。把实践中、改革中形成的节能措施和有益经验上升为法律，进一步完善节能法律法规体系和相关的标准体系。重点抓好《节约能源法》的修订工作，严格执行强制性建筑节能标准，制定和完善主要工业耗能设备、家用电器、照明器具、机动车等能效标准,组织修订和完善主要耗能行业的节能设计规范。六是通过全民参与节能。增强公众的能源忧患意识和节约意识,发挥政府机关的带头作用,进一步加大宣传力度,从我做起,从现在做起,从身边点滴事情做起,使"节约光荣、浪费可耻"的社会氛围更加浓厚。总之,解决我国能源问题的根本出路,在于节约能源。节约能源,从本质上讲,就是要加快转变经济增长方式和优化经济结构,形成健康文明、节约能源的消费模式,把我国建设成为节约型社会。

(二)立足国内,多元发展。这是维护我国能源安全的基本方略。有序发展煤炭。坚持煤为基础,高效清洁地开发利用煤炭资源。加快现代化大型煤炭基地建设,大力提升煤炭生产和设备制造技术水平,加快高产高效矿井建设,发展煤炭液化、气化,鼓励瓦斯抽采利用。积极发展电力。以大型高效环保机组为重点优化发展火电,建设金沙江、雅砻江、澜沧江、黄河上游等水电基地和溪洛渡、向家坝等大型水电站,积极推进核电建设,加强电网建设。加快发展石油天然气。加大石油天然气资源勘探力度。实行油气并举,稳定增加原油产量,提高天然气产量。逐步完善全国油气管线网络。大力发展新能源和可再生能源。加快开发风能和生物质能,积极开发利用太阳能、地热能和海洋能。到2020年,使可再生能源在能源结构中的比重,从目前的7%左右提高到16%左右。

(三)保障安全,保护环境。这是维护我国能源安全的基本要求。继续加大工作力度,打好煤矿瓦斯治理和整顿关闭两个攻坚战,多渠道增加煤矿安全投人,加强安全教育,强化监督管理,坚决遏制重特大事故频发的势头。兼顾经济性和清洁性的双重要求,规范开发秩序,大力发展循环经济,提高清洁能源比重,做好矿区生态保护工作,实现人与自然的和谐发展。

(四)对外合作,互利共赢。这是维护我国能源安全的战略选择。统筹国内发展和对外开放,积极参与世界石油天然气等资源的开发与合作,提高把握国际市场变化的能力和规避市场风险的能力,建立多元、稳定、可靠的能源供给保障,在开放的格局中维护我国能源安全。在能源对外合作中,我们坚持优势互补、互利共赢的原则。我国过去不曾、现在没有、将来也不会对世界能源安全构成威胁。

(五)加快石油储备,搞好运行调节。这是维护我国能源安全的应急保证。近期,要重点做好第一、二期石油储备基地项目建设工作。高度重视煤电油运的供需衔接,强化引导、搞好协调,确保居民生活用电,确保农业生产用电,确保医院、学校、金融机构、交通枢纽、重点工程等重点单位正常用电,确保高科技等优势企业的合理用电。进一步强化电力需求侧管理,调整完善峰谷电价、丰枯电价、季节电价办法,在有条件的地区研究制定可中断电价、高可靠性电价等新的电价制度,坚持对高耗能行业的差别电价政策不动摇。采取有力措施,着力确保电网安全,提高安全可靠供电的能力。

(六)深化体制改革,加强法制建设。这是维护我国能源安全的必由之路。按照"市场取向、政府调控,统筹兼顾、配套推进,总体设计、分步实施"的原则,加大能源价格改革力度。完善石油、天然气定价机制,积极推进电价改革,进一步健全市场化的煤炭价格形成机制。积极稳妥地推进电力体制改革,深化油气行业改革,健全能源监管体系。加快《能源法》的研究起草,做好《煤炭法》《电力法》《节能法》等法律法规的修订工作。

做好能源发展工作,事关经济社会发展全局,也与广大人民群众的切身利益密切相关,既是一个经济问题,也是一个政治问题,责任重大,任务艰巨。我们要在以胡锦涛同志为总书记的党中央领导下,进一步增强全局意识、责任意识和忧患意识,齐心协力,扎实工作,努力为全面建设小康社会提供稳定、经济、清洁、安全的能源保障。

外交部部长李肇星在北京与俄罗斯外长拉夫罗夫通电话

双方就加强中俄战略协作伙伴关系及联合国安理会审议朝鲜试射导弹问题交换了意见。

中日第六轮东海问题磋商在钓鱼台国宾馆举行

中国外交部亚洲司司长胡正跃和日本外务省亚洲大洋洲局局长佐佐江贤一郎分别率团参加。

外交部发言人姜瑜4日就本次磋商答记者问时表示,中方认为,搁置争议、共同开发有利于维护东海稳定和中日关系大局。中方愿与日方一道,继续通过对话协商逐步解决有关问题。

中日双方于2004年10月、2005年5月、2005年9月30日至10月1日、2006年3月和2006年5月举行了前五轮东海问题磋商。

7月9日

国家主席胡锦涛就俄罗斯民航客机在伊尔库茨克失事造成重大人员伤亡向俄罗斯总统普京致慰问电

中组部负责人就印发并实施《体现科学发展观要求的地方党政领导班子和领导干部综合考核评价试行

办法》答记者问

问：请您简要介绍一下为什么要制定《综合考核评价试行办法》。

答：科学发展观是我们党从新世纪、新阶段党和国家事业发展全局出发提出的重大战略思想，是推动经济社会发展、加快推进社会主义现代化必须长期坚持的重要指导思想。对于组织部门来讲，贯彻落实科学发展观，就必须大力加强各级领导班子和干部队伍建设，为全面落实科学发展观提供坚强的组织保证。这其中的一个重要方面，就是要建立体现科学发展观要求的干部考核评价办法，不断提高做好干部工作的水平。党的十六届四中全会明确提出，要抓紧制定体现科学发展观要求的干部考核评价办法。根据中央的统一部署，中组部将研究制定《综合考核评价试行办法》作为一项重点工作，从2004年年初开始，经过前后两年半时间的深入试点和反复修改完善后予以印发。印发和实施《综合考核评价试行办法》，有利于引导各级领导干部牢固树立科学发展观和正确政绩观，真正做到用科学发展观统领经济社会发展全局；有利于加强监督管理，切实解决领导班子和干部队伍中存在的突出问题，防止考察失真失实、"带病上岗"和"带病提拔"，提高选人用人水平；有利于扩大民主，进一步落实群众在干部工作中的知情权、参与权、选择权和监督权，防止和克服用人上的不正之风。

问：请您介绍一下制定《综合考核评价试行办法》的指导思想和工作思路。

答：为认真贯彻中央精神，中组部从建立地方党政领导班子和领导干部的考核办法入手，组织力量进行了一系列调研，明确了制定《综合考核评价试行办法》的指导思想和工作思路：首先是坚持以邓小平理论和"三个代表"重要思想为指导，全面贯彻落实科学发展观，使科学发展观成为贯穿干部综合考核评价全过程的思想红线。二是贯彻德才兼备、注重实绩、群众公认原则，充分体现从实绩看德才、凭德才用干部，以树立正确的选人用人导向。三是坚持继承与创新相结合，在改进和完善传统办法的基础上，积极探索和引入新的办法。四是突出综合考核评价，以德才素质评价为中心，综合运用多种办法考核评价干部。五是立足于选准用好干部，提高针对性和可操作性，努力做到于法周延、于事简便，避免烦琐。六是坚持在反复试点基础上，边探索、边总结、边完善、边提高。

问：在起草《综合考核评价试行办法》过程中做了哪些工作？您能简要介绍一下有关情况吗？

答：中组部在广泛调研的基础上，2005年年初起草了《综合考核评价试行办法》初稿，之后进行了两轮试点。2005年4月至9月，中组部选择内蒙古、浙江、四川三省区的8个地级市和28个县(市、区)开展了试点。年底，根据十六届五中全会精神，总结市(地)、县两级试点经验，同时结合总结剖析一些地方领导干部腐败案件涉及干部考察工作的深刻教训，对初稿进行了较大修改。2006年2月，专门召开了各省区市和副省级城市党委组织部长参加的贯彻落实科学发展观干部考核工作座谈会，对修改稿进行了讨论。会后，又请各省区市和副省级城市分别组织修改，广泛征求意见。根据各地提出的意见建议，对《综合考核评价试行办法》进一步做了修改。4月，结合省级党委换届考察准备工作，中组部和辽宁省委组成联合考察组，全面运用《综合考核评价试行办法》，分别对沈阳、大连两个副省级城市进行了党委换届考察试点。与此同时，在江西、河南等12个省区，选择了59个地级市和507个县(市、区)继续扩大试点。结合试点情况，再次对《综合考核评价试行办法》做了认真修改和完善。

两轮试点过程中，各地结合自身实际，进行了多种形式的探索和实践。国家统计局、国家环保总局、国家安全生产监督管理总局、国家人口计生委等部门就有关考核指标进行了论证。对各地各部门在实践中比较成功的做法和经验，我们都注意认真总结和吸收。可以说，《综合考核评价试行办法》是各地各部门共同努力、社会各界共同参与的结果。

问：《综合考核评价试行办法》的印发和实施确实具有重要意义，请您再介绍一下它的主要内容和特点。

答：《综合考核评价试行办法》共分9章47条，第一章"总则"主要明确制定目的、指导思想、遵循原则、方法构成、适用范围；第二章至第七章主要明确民主推荐、民主测评、民意调查、实绩分析、个别谈话和综合评价等方法步骤的基本作用、内容和要求；第八章"组织实施"主要明确领导责任、结果运用；第九章"附则"明确参照范围、解释权限。《综合考核评价试行办法》适用于县级以上地方党政领导班子换届考察、领导班子成员的个别提拔任职考察。其他考核，如届中考核、年度考核等，可参照执行。

《综合考核评价试行办法》在内容上有以下特点：一是按照科学发展观的总体要求，进一步明确考核评价标准。针对地方党政领导班子和领导干部的特点，明确提出必须综合考核经济建设、政治建设、文化建设、社会建设和党的建设5个方面的成效，考核贯彻科学发展观、驾驭全局、处理利益关系、务实创新、选人用人等方面的能力。二是严格考察对象的提名程序，进一步发挥民主推荐的作用。一方面强调选拔任用地方党政领导干部，必须严格执行《干部任用条例》规定的要求和程序，通过民主推荐产生考察对象；另一方面，要求扩大提名环节的民主，地方党政领导班子换届考察，在全额定向会议投票推荐和个别谈话推荐的基础上，可根据实际情况，按一定差额比例进行二次会议推荐。三是完善测评内容，提高民主测评的质量和效果。针对以往民主测评存在的测评内容比较笼统，参加测评人员准备不足，测评结果运用不充分等问题，在测评内容、组织方式、测评结果分析等方面进行了改进。四是坚持群众公认，搞好民意调查，更好地体现了群众的广泛参与。五是实行部门评价与群众检验相结合，开展实绩分析，在坚持注重实绩原则方面有了新的突破。六是改进个别谈话方法，提高个别谈话质量。根据个别谈话的不同类型，分类形成谈话提纲，对在现工作单位任职不满两年的拟提拔人选，还可到其原工作单位进行延伸考察，同时引入考察组集体面谈的方式，增强了个别谈话的针对性和深入程度。七是充分运用各个考察环节成果，突出综合评价。

问：《综合考核评价试行办法》坚持了继承与创新相结合，对干部考察的传统做法进行了改进和完善，又引入了新的方法和手段，请您重点介绍一下民意调查和实绩分析这两种新方法。

答：引入民意调查和实绩分析方法，对于进一步落实广大群众在干部工作中的知情权、参与权、选择权和监督权，充分发挥考核评价工作的导向和监督作用具有重要意义。通过多种方式的比较试验，《综合考核评价试行办法》明确，对地方党政领导班子和领导干部的民意调查，以在来自基层的"两代表一委员"（党代会代表、人大代表、政协委员）中进行问卷调查的方式为主，有条件的地方，还可采取入户调查、政府网站评议等方法在有关人员中进行；调查的内容既可以是领导班子的工作状态和工作成效，也可以是领导干部的作风形象；调查结果以群众的认可度来体现。对实绩分析，在内容设计上，坚持树立和落实科学发展观，紧扣经济建设、政治建设、文化建设、社会建设和党的建设，提出评价要点。同时，根据十六届五中全会关于逐步形成各具特色的区域发展格局的要求，明确具体分析指标由各地根据实际情况确定。在操作方法上，将有关职能部门能够提供、可以量化的指标，由统计部门归口统计。将难以量化的有关内容，整合到民意调查中进行，通过群众满意度来检验。通过对当地发展状况的总体了解，在适当进行不同地区之间的横向比较的同时，重点对任期内的情况进行纵向比较，以分析领导班子的工作实绩为基础，从中分析评价干部个人的工作实绩。

问：这次制定的《综合考核评价试行办法》，非常突出综合评价这一方法，请问应该怎样做好综合评价？

答：《综合考核评价试行办法》把综合评价作为干部考察的统筹性方法。进行综合评价时，要对民主推荐、民主测评、民意调查、实绩分析、个别谈话的结果进行全面分析，既看经济建设的情况，又看社会发展的情况；既看经济增长的数量，又看经济发展的质量；既看客观条件，又看主观努力；既看干部目前取得的成绩，又看其对长远发展作出的贡献、打下的基础。同时，要与纪检机关（监察部门）的意见，巡视组巡视、参加民主生活会等反映的意见，以及平时了解的其他情况相互补充印证。特别要注重考察干部执行民主集中制、勤政廉政、求真务实、心理素质等方面的情况。在全面掌握考核信息的基础上，采取类型分析、数据分析、比较分析、环境分析、历史分析等方法，由考察组集体进行研究。通过多方面、多角度的分析印证，这样能够更加深入地了解领导干部的工作实绩和德才素质，更加客观公正地对领导班子和领导干部作出评价。

问：《综合考核评价试行办法》初稿制定后，经过了两轮范围较大的试点，试点地区的干部群众反映怎样？试点工作取得了哪些成效？

答：从试点情况看，《综合考核评价试行办法》所提出的改进干部考核工作的基本思路和方法，得到了试点地区各级党委和干部群众的充分肯定。试点工作的成效主要表现在以下几个方面：

一是较好地体现了坚持和落实科学发展观的正确导向。试点中大家认为，综合考核评价注重经济建设、政治建设、文化建设、社会建设和党的建设协调发展，注重速度和质量、当前和长远、显绩和潜绩的辩证统一，注重群众的评价，这对树立和落实科学发展观具有非常明显的导向作用。不少地方根据对领导班子的综合考核评价结果，及时制定整改措施，并向社会公开，用以推进工作。二是提高了干部考察工作的有效性和准确性。试点表明，综合考核评价办法在继承以往行之有效的办法的基础上进行了新的探索，突出综合评价，这样能够从更多方面、更广角度获取考察对象的德才表现和工作实绩情况，进一步丰富对考察对象的评价信息，能够更加有效地发现德才兼备、群众公认、实绩突出的干部和相形见绌的干部，也能在一定程度上防止"带病上岗""带病提拔"。三是进一步扩大了干部工作中的民主。这次试点中开展民意调查、组织群众参与实绩分析等做法，进一步落实了广大群众对干部工作的知情权、参与权、选择权和监督权。许多参加民意调查的党代表、人大代表和政协委员，对他们能够通过这种方式参与对领导班子和领导干部的考核评价感到十分振奋，也十分珍惜。大家还认为，目前民意调查所直接提供的评价领导班子和领导干部的有效信息尽管还有限，但这一做法对于进一步加强党和政府与人民群众的联系，对于推进社会主义民主政治建设都有重要的现实意义。四是加强了对领导班子和领导干部的监督与约束。大家认为综合考核评价办法注重抓住当前干部队伍中存在的带共性的问题，并把党风廉政建设纳入实绩分析之中，体现出较好的监督和约束功能。试点中许多地方采取发布考察预告，公示考察对象名单，实施延伸考察等方式，尤其是注重了解群众的满意度，使群众监督增加了一条有效的实现途径。五是带动了其他方面的干部人事制度改革。干部考核评价涉及干部工作的许多方面，试点实践表明，改革和完善干部考核评价制度具有综合效应，可以进一步带动党政领导干部的日常考核、教育培训、职务任期、奖惩激励、交流轮岗，以及对党员领导干部进行诫勉谈话和函询、述职述廉、个人重大事项报告等制度的建立和完善，有利于干部人事制度改革的整体推进。

问：最后，请您谈谈中组部对贯彻实施《综合考核评价试行办法》有什么具体部署和要求？

答：《综合考核评价试行办法》印发后，要在地方各级党政领导班子和领导干部考核评价工作中，特别是结合今明两年地方党委集中换届考察全面实施。各级党委及其组织部门要坚持以邓小平理论和“三个代表”重要思想为指导，全面贯彻落实科学发展观，认真执行党的干部路线方针政策，抓好《综合考核评价试行办法》的贯彻实施。在实施过程中，要加强领导，周密部署，精心组织，搞好协调。要突出重点，把政治素质摆在首位，加强对贯彻民主集中制、勤政廉政、求真务实和心理素质的考核。要坚持从实际出发，力戒形式主义，在实践中边探索、边总结、边完善。要加强配套制度建设，改进工作方法，运用现代技术手段，提高考核评价工作的质量和效率。通过不断改进和完善干部考核评价工作，进一步推进干部工作的科学化、民主化和制度化，努力建设高素质干部队伍，从组织上保证科学发展观的贯彻落实。

外交部部长李肇星分别与安理会11个成员国以及韩国外长通电话

就联合国安理会审议朝鲜试射导弹问题交换看法。李肇星表示，任何行动都应该有利于维护地区的和平与稳定，有利于维护安理会的团结。

郑洁 晏紫首次获得温布尔登网球锦标赛女双冠军

7月10日

中共中央总书记胡锦涛在北京出席全国统战工作会议并发表重要讲话

会议于7月10日至12日召开。胡锦涛指出，在新世纪、新阶段，统一战线地位重要、作用重大，要坚持以马克思列宁主义、毛泽东思想、邓小平理论和“三个代表”重要思想为指导，全面贯彻落实科学发展观，高举爱国主义、社会主义旗帜，团结一切可以团结的力量，调动一切可以调动的积极因素，为促进社会主义经济建设、政治建设、文化建设、社会建设服务，为促进香港、澳门长期繁荣稳定和祖国和平统一服务，为维护世界和平、促进共同发展服务。

胡锦涛强调，要把巩固和壮大统一战线，作为提高党的执政能力的一项重要任务，作为发展中国特色社会主义事业的一项重要任务，作为增强中华民族凝聚力的一项重要任务，摆到全党工作的重要位置，真正抓紧抓实抓好，努力把统一战线建设成为坚持以人为本、具有强大凝聚力的统一战线，建设成为具有空前广泛性和巨大包容性的统一战线，不断巩固全体社会主义劳动者、社会主义事业的建设者、拥护社会主义的爱国者和拥护祖国统一的爱国者的最广泛的联盟，共创我们的幸福生活和美好未来。

中共中央政治局常委吴邦国、温家宝、贾庆林、曾庆红、黄菊、吴官正、李长春、罗干出席。会议由贾庆林主持。

胡锦涛在讲话中回顾了改革开放以来特别是进入新世纪、新阶段以来统一战线取得的显著成就。他指出，实践充分证明，我们的事业越发展，我们就越要巩固和壮大统一战线；统一战线的优势越得到发挥，团结的人越多，我们的力量就越强大，我们的事业就越能更好地向前发展。

胡锦涛指出，巩固和壮大统一战线，是贯彻落实科学发展观、全面建设小康社会的必然要求，是坚持“一国两制”方针、推进祖国统一大业的必然要求，是坚持走和平发展道路、为我国发展争取良好国际环境的必然要求，是加强党的执政能力建设和先进性建设、完成党的执政使命的必然要求。全党同志特别是各级领导干部一定要从继续推进现代化建设、完成祖国统一、维护世界和平与促进共同发展这三大历史任务的战略高度，全面认识和准确把握统一战线工作的重大作用和发展要求，充分认识巩固和壮大统一战线的重大意义。要把发展作为统一战线广大成员团结奋斗的第一要务，把走中国特色社会主义道路作为统一战线必须牢牢把握的政治方向，把维护团结稳定、促进社会和谐作为统一战线的突出任务，把保持香港、澳门长期繁荣稳定和促进两岸关系和平发展作为统一战线的重要使命，把巩固党的阶级基础、扩大党的群众基础作为统一战线的重要职责，把争取良好的国际环境和周边环境作为统一战线的重大课题，充分发挥统一战线的法宝作用。

胡锦涛着重从政党关系、民族关系、宗教关系、阶层关系、海内外同胞关系等5个方面，对充分发挥统一战线的优势和作用、为构建社会主义和谐社会作出更大贡献作了深刻阐述。他强调，要正确认识和处理中国共产党和民主党派的关系，巩固和发展中国共产党领导的多党合作的政治格局；正确认识和处理各民族特别是汉族和少数民族的关系，促进各民族共同团结奋斗、共同繁荣发展；正确认识和处理信教群众和不信教群众、信仰不同宗教群众之间的关系，积极引导宗教与社会主义社会相适应；正确认识和处理社会各阶层的关系，推动和实现全社会和谐相处、共同发展；正确认识和处理大陆同胞和港澳同胞、台湾同胞、海外侨胞的关系，在爱国主义旗帜下加强海内外中华儿女的大团结。

胡锦涛指出，中国共产党领导、多党派合作、中国共产党执政、多党派参政的多党合作的政治格局，体现了我国社会主义民主政治的本质要求，是我国社会主义制度的一个政治优势。巩固和发展我国社会主义政党关系，实现我国政党关系长期和谐，根本在于坚持走中国特色社会主义政治发展道路，关键在于坚持和完善中国共产党领导的多党合作和政治协商制度。既要坚持中国共产党的领导，又要促进多党派团结合作；既要提高党的执政能力，又要发挥民主党派参政议政的作用；既要重视做好民主党派的思想引导工作，又要真诚接受他们的民主监督；既要全面推进党的建设新的伟大工程，又要积极支持民主党派加强自身建设，使执政党建设与参政党建设相互促进，更好地统一于多党合作、共创伟业的历史进程中。

胡锦涛指出，平等、团结、互助、和谐的社会主义民族关系，体现了中华民族多元一体的基本格局，体现了中华民族大家庭的根本利益。平等是社会主义民族关系的基石，团结是社会主义民族关系的主线，互助是社会主义民族关系的保障，和谐是社会主义民族关系的本质。正确认识和处理我国民族关系，最根本的就是要始终不渝地坚持民族平等，加强民族团结，推动民族互助，促进民族和谐。要牢牢把握各民族共同团结奋斗、共同繁荣发展的主题，充分发挥民族区域自治制度的优越性，全面贯彻落实民族区域自治法，加快少数民族和民族地区经济社会发展，加强和维护民族团结，坚决防范和打击境内外敌对势力利用民族问题进行的各种分裂、破坏活动。

胡锦涛强调，做好新形势下的宗教工作，关键是要全面理解和认真贯彻党的宗教工作基本方针。要全面正确地贯彻党的宗教信仰自由政策，坚持政治上团结合作、信仰上互相尊重，努力使广大信教群众在拥护中国共产党的领导和社会主义制度、热爱祖国、维护祖国统一、促进社会和谐等重大问题上取得共识。要坚持依法管理宗教事务，保护合法，制止非法，打击犯罪，确保宗教活动规范有序进行。要坚持独立自主自办的原则，帮助和支持各宗教团体加强自身建设。要积极引导宗教与社会主义社会相适应，使信教群众在全面建设小康社会的宏伟目标下最大限度地团结起来。

胡锦涛指出，必须科学分析和准确把握我国社会阶层结构发生的深刻变化，全面兼顾和实现社会各阶层群众的利益，充分发挥社会各阶层在推动经济社会发展中的作用。要坚持充分尊重、广泛联系、加强团结、热情帮助、积极引导的方针，切实做好新的社会阶层人士的工作，尊重他们的劳动创造和创业精神，凝聚他们的聪明才智，引导他们做合格的中国特色社会主义事业的建设者。

胡锦涛强调，坚持“一国两制”“港人治港”“澳人治澳”高度自治的方针，是促进香港、澳门长期繁荣稳定的根本保证，也是推动内地同香港、澳门和谐相处、共同发展的根本保证。要严格按照宪法和特别行政区基本法办事，支持特别行政区行政长官和政府依法施政，重视和支持香港、澳门发展经济、改善民生，加强内地同香港、澳门的交流合作。要加强对台湾人民的工作，加强同台湾同胞的团结，扩大和深化两岸人员往来和经济文化交流合作。要以凝聚侨心、汇集侨智、发挥侨力为目标，坚持把维护海外侨胞和归侨侨眷的根本利益作为侨务工作的出发点和落脚点，使海外侨胞对祖国的认同感和自豪感不断增强，热爱祖国、振兴中华的优良传统代代相传。

胡锦涛最后指出，党对统一战线工作的领导，是统一战线事业发展的根本保证。要适应新形势新任务的要求，加强和改善党对统一战线工作的领导，坚持从战略高度重视和抓好统一战线工作，建立健全统一战线工作体制机制，切实加强统战部门建设，推动统一战线工作迈上新台阶。

贾庆林在主持会议时说，胡锦涛总书记的重要讲话从党和国家事业发展的战略高度，对新世纪、新阶段统一战线的重要地位、主要任务、工作要求等重大理论和实践问题作了全面深刻的阐述，具有宽广的战略眼光、鲜明的时代特征和深厚的实践基础。讲话高屋建瓴、总览全局，思想深刻、意蕴深远，是一篇马克思主义的重要文献，是新世纪、新阶段统一战线工作的行动纲领，对于巩固和发展统一战线必将产生重大而深远的影响。各级党委要认真学习领会，切实把思想统一到讲话精神上来，进一步加强和改善对统一战线工作的领导，推动新世纪、新阶段统一战线事业蓬勃发展。

全国政协副主席、中共中央统战部部长刘延东在会上作了题为《努力开创新世纪、新阶段统一战线工作新局面》的工作报告。

出席会议的领导同志还有：王兆国、刘云山、贺国强、王刚、何勇、顾秀莲、盛华仁、唐家璇、王忠禹。

中央党政军群有关部门负责同志，各省、自治区、直辖市和副省级城市、新疆生产建设兵团负责同志等出席会议。北京、上海、江苏、河南、湖北、新疆6省区市的代表在会上发言。

国家主席胡锦涛 全国人大常委会委员长吴邦国 国务院总理温家宝和朝鲜劳动党总书记 国防委员会委员长金正日 最高人民会议常任委员会委员长金永南 内阁总理朴凤柱互致贺电祝贺《中朝友好合作互助条约》签订45周年

中共中央政治局常委李长春在人民大会堂会见古巴共产党中央政治局委员 书记处书记 国务委员会副主席埃斯特万·拉索·埃尔南德斯

国务委员唐家璇在北京会见美国亚拉巴马州州长鲍勃·赖利一行

国务委员唐家璇在北京就朝鲜半岛问题应约与美国国务卿赖斯通电话

国务院 中央军委授予武警井冈山市中队荣誉称号命名大会在南昌举行

会上宣读了国务院、中央军委的命令，向井冈山市中队颁发了奖旗，授予武警江西总队吉安市支队井冈山市中队"井冈山爱民模范中队"荣誉称号。

7月11日

国家主席胡锦涛在人民大会堂会见以最高人民会议常任委员会副委员长杨亨燮为团长的朝鲜友好代表团

胡锦涛说，近年来，中朝领导人成功互访，就继承中朝传统友谊、加强中朝友好合作达成重要共识。在新的形势下，中方愿同朝方一道，坚持继承传统、面向未来、睦邻友好、加强合作的方针，进一步落实两国领导人达成的重要共识，继续推进双方各领域务实合作，为本地区和世界的和平、稳定与发展作出新的努力。

胡锦涛说，当前，半岛局势出现一些新的复杂因素。作为朝鲜的近邻，中方对此严重关切。我们一向致力于维护半岛和平稳定，坚持通过对话谈判和平解决半岛有关问题。我们反对任何导致半岛局势紧张的行动。希望有关各方以大局为重，多做有利于半岛和平稳定的事。中方愿与有关各方共同努力，克服困难，创造条件，推动六方会谈进程，共同维护半岛及东北亚地区的和平稳定。

全国人大常委会委员长吴邦国在人民大会堂会见委内瑞拉全国代表大会主席马杜罗

国务院任免国家工作人员

任命杨冬权为国家档案局局长。

免去毛福民的国家档案局局长职务。

国务委员华建敏在北京出席全国关爱女孩行动电视电话会议

7月11日是世界人口日，我国举办人口日活动的主题是"关爱女孩，行动起来"。国务委员兼国务院秘书长华建敏11日在全国关爱女孩行动电视电话会议上强调，务必把思想和行动进一步统一到党中央、国务院的决策部署上来，以对人民、对国家、对历史高度负责的精神，把深入开展关爱女孩行动、综合治理出生人口性别比偏高问题作为一件大事，列入重要议事日程抓紧抓实。

华建敏指出，当前，各地区、各有关部门要重点做好四项重点工作。一是采取多种形式，广泛深入地宣传计划生育、男女平等两项基本国策。二是严格执行医疗机构许可准入和卫生技术人员资质认定，大力加强出生人口的规范管理和优质服务。三是坚持同等优先原则，完善和落实有利于女孩成长与提高妇女地位的奖励扶助、医疗卫生、教育就业等社会经济政策。四是积极部署和开展专项治理行动，依法查处、打击非医学需要的胎儿性别鉴定和非医学需要的选择性别的人工终止妊娠行为、溺弃女婴等违法犯罪行为。

建设部等6部门联合发布《关于规范房地产市场外资准入和管理的意见》

各省、自治区、直辖市人民政府，国务院各部委、各直属机构：

今年以来，我国房地产领域外商投资增长较快，境外机构和个人在境内购买房地产也比较活跃。为促进房地产市场健康发展，经国务院同意，现就规范房地产市场外资准入和管理提出以下意见：

一、规范外商投资房地产市场准入

（一）境外机构和个人在境内投资购买非自用房地产，应当遵循商业存在的原则，按照外商投资房地产的有关规定，申请设立外商投资企业；经有关部门批准并办理有关登记后，方可按照核准的经营范围从事相关业务。

(二)外商投资设立房地产企业,投资总额超过1000万美元(含1000万美元)的,注册资本金不得低于投资总额的50%。投资总额低于1000万美元的,注册资本金仍按现行规定执行。

(三)设立外商投资房地产企业,由商务主管部门和工商行政管理机关依法批准设立和办理注册登记手续,颁发一年期《外商投资企业批准证书》和《营业执照》。企业付清土地使用权出让金后,凭上述证照到土地管理部门申办《国有土地使用证》,根据《国有土地使用证》到商务主管部门换发正式的《外商投资企业批准证书》,再到工商行政管理机关换发与《外商投资企业批准证书》经营期限一致的《营业执照》,到税务机关办理税务登记。

(四)外商投资房地产企业的股权和项目转让,以及境外投资者并购境内房地产企业,由商务主管等部门严格按照有关法律法规和政策规定进行审批。投资者应提交履行《国有土地使用权出让合同》《建设用地规划许可证》《建设工程规划许可证》等的保证函,《国有土地使用证》,建设(房地产)主管部门的变更备案证明,以及税务机关出具的相关纳税证明材料。

(五)境外投资者通过股权转让及其他方式并购境内房地产企业,或收购合资企业中方股权的,须妥善安置职工、处理银行债务、并以自有资金一次性支付全部转让金。对有不良记录的境外投资者,不允许其在境内进行上述活动。

二、加强外商投资企业房地产开发经营管理

(六)对投资房地产未取得《外商投资企业批准证书》和《营业执照》的境外投资者,不得进行房地产开发和经营活动。

(七)外商投资房地产企业注册资本金未全部缴付的,未取得《国有土地使用证》的,或开发项目资本金未达到项目投资总额35%的,不得办理境内、境外贷款,外汇管理部门不予批准该企业的外汇借款结汇。

(八)外商投资房地产企业的中外投资各方,不得以任何形式在合同、章程、股权转让协议以及其他文件中,订立保证任何一方固定回报或变相固定回报的条款。

(九)外商投资房地产企业应当遵守房地产有关法律法规和政策规定,严格执行土地出让合同约定及规划许可批准的期限和条件。有关部门要加强对外商投资房地产企业开发、销售等经营活动的监管,发现囤积土地和房源、哄抬房价等违法违规行为的,要根据国办发〔2006〕37号文件及其他有关规定严肃查处。

三、严格境外机构和个人购房管理

(十)境外机构在境内设立的分支、代表机构(经批准从事经营房地产业的企业除外)和在境内工作、学习时间超过一年的境外个人可以购买符合实际需要的自用、自住商品房,不得购买非自用、非自住商品房。在境内没有设立分支、代表机构的境外机构和在境内工作、学习时间一年以下的境外个人,不得购买商品房。港澳台地区居民和华侨因生活需要,可在境内限购一定面积的自住商品房。

(十一)符合规定的境外机构和个人购买自用、自住商品房必须采取实名制,并持有效证明(境外机构应持我政府有关部门批准设立驻境内机构的证明,境外个人应持其来境内工作、学习,经我方批准的证明,下同)到土地和房地产主管部门办理相应的土地使用权及房屋产权登记手续。房地产产权登记部门必须严格按照自用、自住原则办理境外机构和个人的产权登记,对不符合条件的不予登记。

(十二)外汇管理部门要严格按照有关规定和本意见的要求审核外商投资企业、境外机构和个人购房的资金汇入和结汇,符合条件的允许汇入并结汇;相关房产转让所得人民币资金经合规性审核并确认按规定办理纳税等手续后,方允许购汇汇出。

四、进一步强化和落实监管责任

(十三)各地区、特别是城市人民政府要切实负起责任,高度重视当前外资进入房地产市场可能引发的问题,进一步加强领导,落实监管责任。各地不得擅自出台对外商投资房地产企业的优惠政策,已经出台的要清理整顿并予以纠正。建设部、商务部、发展改革委、国土资源部、人民银行、税务总局、工商总局、银监会、外汇局等有关部门要及时制定有关操作细则,加强对各地落实规范房地产市场外资准入和管理政策的指导和监督检查,对擅自降低企业注册资本金和项目资本金比例,以及管理不到位出现其他违法违规行为的,要依法查处。同时,要进一步加大对房地产违规跨境交易和汇兑违法违规行为的查处力度。

(十四)完善市场监测分析工作机制。建设部、商务部、统计局、国土资源部、人民银行、税务总局、工商总局、外汇局等有关部门要建立健全外资进入房地产市场信息监测系统,完善外资房地产信息网络。有关部门要加强协调配合,强化对跨境资本流动的监测,尽快实现外资房地产统计数据的信息共享。

中华人民共和国建设部
中华人民共和国商务部
国家发展和改革委员会
中国人民银行
国家工商行政管理总局
国家外汇管理局
2006年7月11日

国家副主席曾庆红在人民大会堂会见毛里求斯外交国际贸易和合作部部长马丹·穆利达尔·杜卢

国务院副总理回良玉在平壤万寿台议事堂会见朝鲜内阁总理朴凤柱

我国中学生选手在韩国庆山市第三十八届国际化学奥林匹克竞赛中名列第一

我国中学生选手以4枚金牌的优异成绩在所有参赛队中名列第一。

本次竞赛共设奖牌165枚，其中金牌28枚，来自67个国家和地区的255名中学生参加了竞赛。我国4名选手均获得金牌，其中湖南省长沙市第一中学学生蔡李超还获得“LG最佳理论题成绩”单项奖。据介绍，我国选手在理论竞赛中成绩普遍好，但实验成绩不理想，其中两位选手的实验得分未到50%，仍未摆脱“理论强，实验弱”的现象。

7月12日

国家主席胡锦涛就印度孟买铁路列车发生连环爆炸事件造成重大人员伤亡向印度总统卡拉姆致慰问电

全国人大常委会委员长吴邦国在人民大会堂会见以最高人民会议常任委员会副委员长杨亨燮为团长的朝鲜友好代表团

全国人大常委会委员长吴邦国在人民大会堂会见欧洲议会议长博雷利

全国政协主席贾庆林在人民大会堂会见第七届海外杰青汇中华交流团全体成员和顾问团成员

中共中央政治局常委李长春在人民大会堂会见丛飞先进事迹报告团成员并讲话

李长春指出，要深入开展向丛飞同志学习的活动，大力弘扬社会主义荣辱观，加强社会主义思想道德建设，积极营造良好社会风尚，为构建社会主义和谐社会提供有力的道德支撑。

丛飞是深圳的青年歌手，深圳市义工联艺术团团长、共产党员，今年4月因病去世，年仅37岁。10多年来，他怀着诚挚的爱心，致力于社会公益事业，先后资助了178位贫困失学儿童和残疾人，直至生命的最后一刻，他还不忘奉献社会，把自己的眼角膜捐献出来，为6名眼疾患者带来了光明，谱写了一曲助人为乐、无私奉献的动人乐章。

李长春说，丛飞同志的先进事迹和崇高精神，很好地回答了在市场经济条件下，一个普通公民应该如何发扬社会主义思想道德，一个当代青年应该如何弘扬时代精神，一个文艺工作者应该如何做到德艺双馨、为人师表，一个共产党员应该如何践行“三个代表”重要思想、保持共产党员先进性等重大课题。他强调，当前，要把学习丛飞同志与开展社会主义荣辱观学习教育活动结合起来，推动形成“知荣辱、讲正气、树新风、促和谐”的文明风尚，不断加强社会主义市场经济条件下的思想道德建设；与加强未成年人思想道德建设和大学生思想政治教育结合起来，教育广大青少年以丛飞同志为榜样，从现在做起，从身边小事做起，不断提高思想道德修养，自觉培养高尚道德情操；与巩固保持共产党员先进性教育活动成果结合起来，引导广大党员坚定理想信念，坚持党的宗旨，发扬优良传统，自觉保持共产党员的先进性本色。文艺界要带头开展向丛飞同志学习活动，始终坚持文艺工作的正确方向，贴近实际、贴近生活、贴近群众，更好地为人民服务、为社会主义服务。

民盟中央在人民大会堂召开纪念李公朴 闻一多烈士殉难60周年座谈会

全国人大常委会副委员长、民盟中央名誉主席丁石孙出席座谈会，座谈会由全国政协副主席、民盟中央常务副主席张梅颖主持，全国人大常委、民盟中央主席蒋树声讲话。中央统战部、民盟中央和各民主党派、全国工商联负责同志，两位烈士家属、家乡代表及社会各界人士近200人出席会议。

李公朴、闻一多都是民盟第一届中央委员，民盟云南省支部早期领导人。抗日战争胜利前后，他们为反对国民党反动派的专制独裁、制造摩擦、发动内战、破坏政协协定，争取新民主主义革命的胜利，进行了英勇斗争。1946年7月，李公朴、闻一多在昆明先后遭到国民党特务的暗杀。

商务部公布中国进出口500强和出口200强最新名单

中国石化国际事业公司和鸿富锦精密工业(深圳)有限公司分别以343.3亿美元和144.7亿美元位居2005年进出口额和出口额之首。

这次公布的进出口额最大500家企业合计金额为6047.5亿美元，占全国进出口总额的42.6%，比上年提高0.4个百分点；出口额最大的200家企业合计金额2368.9亿美元，占全国出口总额的31.1%，比上年提高0.5个百分点。

从此次公布的排名情况看，进出口500强平均进出口规模由上年的9.7亿美元提高到12.1亿美元；出口200强企业平均出口规模由9.1亿美元提高到11.8亿美元。进出口500强排名前10位的全部为经营能源和机电及高新技术产品的企业，出口200强排名前10位的则全部为经营机电和高新技术产品的企业。入围企业主要集中于东部沿海地区，中西部地区入围进出口500强有18家，入围出口200强有4家，比重分别只占3.6%和2%。外商投资企业居主导地位，占到六成以上。

外交部部长李肇星在北京会见欧洲议会议长博雷利一行

外交部部长李肇星在北京与毛里求斯外交国际贸易和合作部部长马丹·穆利达尔·杜卢举行会谈

第三届中外大学校长论坛在上海中国浦东干部学院开幕

国务委员陈至立在开幕式上发表讲话。

陈至立指出，建设创新型国家，关键在人才。大学是科技进步和人才培养的结合点，在建设创新型国家中担负着重要的使命，肩负着不可替代的历史责任。大学要构建创新型人才的培养体系，成为培养和造就高素质的创造性人才的摇篮；要成为知识创新的策源地，为认识未知世界、探求客观真理、解决人类面临的重大课题提供科学依据；要与社会建立更为广泛和紧密的联系，提高原始创新能力、集成创新能力，促进科研成果转化和产学研结合，为经济建设和社会发展服务。大学必须顺应知识经济、经济全球化的潮流，在更迅速的技术创新、更快捷的知识流动和更激烈的人才竞争中，主动进行自身的变革；必须利用自身的知识和人才优势，增强对社会的服务能力和影响力。通过培养大批具有创新精神和创新能力的优秀人才服务于社会，通过科学发现、知识创新、技术创新和知识传播服务于社会，既是建设创新型国家的需要，也是大学自身发展的必然选择。

陈至立强调，无论大学如何创新，如何进一步服务于社会，但大学的精神和灵魂是永恒的。要坚定不移地守护大学的精神家园，使大学在创新和服务中以它的先进思想和品格影响社会，引导社会，使“大学”的荣誉得以发扬光大，永远光荣。要矢志不渝地坚持教书育人，培养学生具有高尚的人生理想，热爱祖国、热爱人民，具有高度的社会责任感和服务社会的奉献精神；坚持追求真理，鼓励师生敢于挑战权威和传统观念，为追求真理、实现创新而勇往直前；坚持严谨治学，用严谨治学的学风熏陶师生，培养科学精神，掌握科学方法，杜绝学术不端行为；坚持团结协作，这种精神应体现在校内，也应体现在对外合作上；坚持与时俱进，准确把握学科发展和创新的方向，鼓励自由探索，永远站在时代的前列。

教育部部长周济主持开幕式，上海市市长韩正致欢迎辞。本届论坛以“大学创新与服务”为主题，围绕21世纪创新型人才培养的模式与经验以及大学科技创新、理论创新如何服务于经济建设和社会发展进行为期7天的交流研讨。来自美国、英国、加拿大、澳大利亚、葡萄牙、比利时、日本等11个国家以及中国内地和香港特区的100余所知名大学的校长出席论坛。

中国四川大熊猫栖息地在维尔纽斯举行的第三十届世界遗产大会上入选《世界自然遗产名录》

中国选手刘翔在瑞士洛桑举行的田径超级大奖赛男子110米栏比赛中以12秒88的成绩打破由英国名将科林·杰克逊保持13年之久的12秒91的世界纪录

7月13日

国家主席胡锦涛在人民大会堂会见欧洲议会议长博雷利

胡锦涛说，中欧建交31年来，在双方共同推动下，双边关系长足发展。双方高层交往密切，对话和磋商频繁。在经贸、科技、能源、文教、旅游等众多领域的合作成果显著。双方人员往来空前活跃。在重大国际和地区问题上也保持着良好的沟通与协调。中方赞赏欧盟坚持一个中国政策，重视发展中欧关系。

胡锦涛表示，欧盟是国际上一支重要力量。发展对欧关系在中国外交中占有重要位置。希望双方通过对话和交流，增进了解和互信，妥善处理彼此的关切，扩大和深化战略合作，共同推动中欧全面战略伙伴关系健康深入地向前发展。胡锦涛还积极评价了中国全国人大和欧洲议会的友好交往为中欧关系发展所发挥的独特作用。

全国政协主席贾庆林在内蒙古调研

7月13日至17日，贾庆林在内蒙古自治区党委书记储波、政府主席杨晶等陪同下，先后到满洲里、呼伦贝尔、呼和浩特等地，深入边境口岸、农村牧区、工矿企业，就加快西部大开发、促进少数民族和民族地区经济社会发展等进行调研。新疆维吾尔自治区党委书记王乐泉和全国政协副主席、中央统战部部长刘延东参加了在呼和浩特市的调研活动。

贾庆林指出，实施西部大开发战略，为加快少数民族和民族地区经济社会发展提供了历史性机遇。要全面落实科学发展观，重点抓好基础设施和生态环境建设，积极发展有地方特色、民族特色的优势产业，使少数民族和民族地区走上又快又好发展的轨道。特别要以解决人民群众最关心、最直接、最现实的利益问题为切入点，帮助他们解决生产生活中遇到的困难，努力增加农牧民收入，使广大农牧民共同富裕起来。

在鄂温克族自治旗，贾庆林说，在中华民族大家庭里，鄂温克族是人口较少的22个民族之一，但各民族不论人口多少都一律平等。中央对人口较少民族的发展非常重视，国家专门出台了《扶持人口较少民族发展规划》。各级党委、政府和有关部门要采取有力措施，切实加大对人口较少民族的扶持力度，使各民族群众共享改革发展的成果。

如何扩大开放、搞好资源转换，也是贾庆林十分关心的问题。他指出，西部地区要充分利用边境口岸多的有利条件，加快对外开放的步伐，积极发展边境贸易，发展口岸加工业，同时鼓励和支持有优势的各种所有制企业"走出去"，大力发展与周边国家在石油、木材、有色金属、农牧业等领域的合作，为加快发展注入强大的动力。

在华能伊敏煤电有限责任公司、伊利集团、阿尔泰生态园、汉鼎光电(内蒙古)有限公司，贾庆林深入生产一线，与企业职工共商科学发展大计。他说，西部地区是我国资源与能源的战略基地，又是我国重要的生态屏障。要抓住实施"十一五"规划和《国家中长期科学和技术发展规划纲要》的机遇，不断增强自主创新能力，大力实施资源转换战略，搞好资源深加工，拉长产业链条，发展循环经济，加强生态保护和环境建设，真正把资源优势转化为产业优势、经济优势，为少数民族群众带来更多的利益。

贾庆林在调研中还广泛接触了基层政协组织和统战部门工作人员。他强调，刚刚闭幕的全国统战工作会议，是党中央在全面建设小康社会进入关键时期召开的一次重要会议。统一战线和人民政协各级组织要认真学习贯彻全国统战工作会议和政协十届常委会十四次会议精神，从党和国家事业发展的战略高度，进一步认识新世纪、新阶段巩固和壮大统一战线的重大意义，充分发挥统一战线在构建社会主义和谐社会中的优势和作用。各级政协组织要认真履行职能，积极建言献策，为加快少数民族和民族地区经济社会发展凝聚广泛而强大的力量支持。

中央党校在北京举行2006年春季学期毕业典礼

中央党校校长曾庆红出席毕业典礼，并为学员颁发毕业证书。中央组织部部长贺国强，中央办公厅主任王刚出席毕业典礼。

中央党校本期毕业学员共806人。另有中直机关分校、中央国家机关分校、部队分部和国资委分校的3200多名学员同期毕业。

国办印发《关于建立国家土地督察制度有关问题的通知》

各省、自治区、直辖市人民政府，国务院各部委、各直属机构：

为全面落实科学发展观，适应构建社会主义和谐社会和全面建设小康社会的要求，切实加强土地管理工作，完善土地执法监察体系，根据《国务院关于深化改革严格土地管理的决定》(国发〔2004〕28号)，经国务院批准，现将建立国家土地督察制度有关问题通知如下：

一、设立国家土地总督察及其办公室

国务院授权国土资源部代表国务院对各省、自治区、直辖市，以及计划单列市人民政府土地利用和管理情况进行监督检查。

设立国家土地总督察1名，由国土资源部部长兼任；兼职副总督察1名，由国土资源部1名副部长兼任；专职副总督察(副部长级)1名。国家土地总督察、副总督察负责组织实施国家土地督察制度。

在国土资源部设立国家土地总督察办公室(正局级)。主要职责是：拟定并组织实施国家土地督察工作的具体办法和管理制度；协调国家土地督察局工作人员的派驻工作；指导和监督检查国家土地督察局的工作；协助国土资源部人事部门考核和管理国家土地督察局工作人员；负责与国家土地督察局的日常联系、情况沟通和信息反馈工作。

二、向地方派驻国家土地督察局

由国土资源部向地方派驻9个国家土地督察局，分别是：国家土地督察北京局，督察范围为：北京市、天津市、河北省、山西省、内蒙古自治区；国家土地督察沈阳局，督察范围为：辽宁省、吉林省、黑龙江省及大连市；国家土地督察上海局，督察范围为：上海市、浙江省、福建省及宁波市、厦门市；国家土地督察南京局，督察范围为：江苏省、安徽省、江西省；国家土地督察济南局，督察范围为：山东省、河南省及青岛市；国家土地督察广州局，督察范围为：广东省、广西壮族自治区、海南省及深圳市；国家土地督察武汉局，督察范围为：湖北省、湖南省、贵州省；国家土地督察成都局，督察范围为：重庆市、四川省、云南省、西藏自治区；国家土地督察西安局，督察范围为：陕西省、甘肃省、青海省、宁夏回族自治区、新疆维吾尔自治区、新疆生产建设兵团。

派驻地方的国家土地督察局为正局级,每个国家土地督察局设局长1名、副局长2名和国家土地督察专员(司局级)若干名。根据工作需要,国家土地督察局可以适时向其督察范围内的有关省、自治区、直辖市及计划单列市派出国家土地督察专员和工作人员进行巡视与督察。

派驻地方的国家土地督察局,代表国家土地总督察履行监督检查职责。主要职责是:监督检查省级以及计划单列市人民政府耕地保护责任目标的落实情况;监督省级以及计划单列市人民政府土地执法情况,核查土地利用和管理中的合法性和真实性,监督检查土地管理审批事项和土地管理法定职责履行情况;监督检查省级以及计划单列市人民政府贯彻中央关于运用土地政策参与宏观调控要求情况;开展土地管理的调查研究,提出加强土地管理的政策建议;承办国土资源部及国家土地总督察交办的其他事项。

依照法律规定由国务院审批的农用地转用和土地征收事项,省级人民政府在报国务院时,应将上报文件同时抄送派驻地区的国家土地督察局。派驻地区的国家土地督察局发现有违法违规问题的,应及时向国家土地总督察报告。依照法律规定由省级和计划单列市人民政府审批的农用地转用和土地征收事项,应及时将批准文件抄送派驻地区的国家土地督察局。派驻地区的国家土地督察局发现有违法违规问题的,应在30个工作日内提出纠正意见。

对监督检查中发现的问题,派驻地区的国家土地督察局应及时向其督察范围内的相关省级和计划单列市人民政府提出整改意见。对整改不力的,由国家土地总督察依照有关规定责令限期整改。整改期间,暂停被责令限期整改地区的农用地转用和土地征收的受理和审批。整改工作由省级和计划单列市人民政府组织实施。结束对该地区整改,由派驻地区的国家土地督察局审核后,报国家土地总督察批准。

三、人员编制

国家土地督察行政编制360名,其中,副部长级(国家土地专职副总督察)领导职数1名,司局级领导职数67名。国家土地督察行政编制在国土资源部机关行政编制总额外单列。国家土地总督察办公室和派驻地区的国家土地督察局的具体编制方案另行下达。

四、其他事项

(一)要严格国家土地督察局及其工作人员的管理,建立健全各项规章制度,防止失职、渎职和其他违纪行为。国家土地督察局的人员实行异地任职,定期交流。国家土地督察局不认真履行职责、监督检查不力的,应承担相应责任。

(二)派驻地区的国家土地督察局负责对其督察范围内地方人民政府土地利用和管理情况进行监督检查,不改变、不取代地方人民政府及其土地主管部门的行政许可、行政处罚等管理职权。

(三)派驻地区的国家土地督察局履行监督检查职责,不直接查处案件。对发现的土地利用和管理中的违法违规问题,由国家土地总督察按照有关规定通报监察部等部门依法处理。

(四)国家土地督察局所需经费列入中央财政预算,按照国家有关规定进行管理。

建立国家土地督察制度有利于加强土地监管,落实最严格的土地管理制度。国土资源部要根据本通知要求,商各地方人民政府提出具体措施和办法尽快组织落实。各地方人民政府和国务院各有关部门要积极支持和配合。中央编办要对国家土地督察制度的建立和运行情况及时跟踪检查并向国务院报告。

国务院办公厅

2006年7月13日

中央保持共产党员先进性教育活动领导小组负责人答中外记者问

中央保持共产党员先进性教育活动领导小组副组长兼办公室主任、中央组织部副部长欧阳淞13日在国务院新闻办举行的新闻发布会上介绍了保持共产党员先进性教育活动的特点、成效、经验及下一步做好保持共产党员先进性经常性工作的安排和措施等情况,并回答了中外记者的提问。

欧阳淞说,6月30日,中共中央召开的庆祝中国共产党成立85周年暨总结保持共产党员先进性教育活动大会,标志着历时一年半在全党开展的先进性教育活动圆满结束。胡锦涛总书记在大会上发表的重要讲话,是新形势下全面推进党的先进性建设的纲领性文献,在各级党组织、广大党员干部、各族人民和社会各界引起强烈反响。

欧阳淞说,下一步,我们将深入学习贯彻胡锦涛总书记重要讲话精神,切实抓好保持和发展党员队伍先进性这个基础工程,推动党的先进性建设不断取得新的进展。

《中国日报》记者:先进性教育活动结束了,群众是否满意?

欧阳淞:借此机会,我给大家介绍一下今年5月份以来在全国31个省区市和部分中央国家机关开展的群众满意度测评的情况。各地共有603万名党员和群众参加了这次群众满意度测评,满意和基本满意率达到97%以上。中央先进性教育活动领导小组认为,先进性教育活动之所以能取得显著成效,主要是党中央的高度重视和坚强领导,各级党组织的精心组织,广大党员的积极参加和人民群众的大力支持。中央保持共产党员先进性教育活动领导小组还认为，这次群众满意度测评，只是在一定程度上反映了党内外群众对先进性教育活动的评价，先进性教育活动只是在有限的时间内解决了有限的问题。我们要正确对待群众满意度测评的结果，要从群众满意度测评中更多地看到工作中存在的不足，把关注点放在进一步了解民意、查找问题、深化整改上，把开展群众满意度测评的过程作为进一步发扬民主、倾听群众意见的过程，努力把今后的工作做得更好，争取群众能够更加满意。

香港《文汇报》记者：胡锦涛总书记不久前强调进一步扩大党内民主，在地方党委换届中对此会有哪些举措？

欧阳淞：中央明确提出，在这次地方党委换届和领导班子的调整中，要落实党员和群众对干部选拔任用的知情权、参与权、选择权和监督权，把扩大党内民主贯穿于换届选举的全过程。一是扩大提名环节的民主，二是扩大考察环节的民主，三是扩大选举环节的民主。同时，要加强思想教育，引导党员、代表，把发扬党内民主、行使民主权利与执行党的决议、贯彻党的主张统一起来，健康有序地推进党内民主。

中央电视台记者：胡锦涛总书记提出，保持党员队伍的先进性是加强党的先进性建设的基础工程。对这一论断怎么理解？下一步将采取哪些措施？

欧阳淞：胡锦涛总书记明确指出，加强党的先进性建设，必须始终抓好保持和发展党员队伍的先进性这个基础工程。这一重要论断，对于不断推进党的先进性建设具有十分重要的指导意义。党员是党的肌体的细胞和党的队伍的主体，党员队伍的先进性是党的先进性的基础，加强党的先进性建设必须始终抓住党员队伍这个主体，充分依靠全党同志的共同努力。要保持党员队伍的先进性必须抓根本、抓重点、抓关键。根本在于增强广大党员的先进性意识，激发其自我教育、自我提高的内在动力。重点在于解决党员队伍中存在的突出问题，不断增强党员队伍整体的先进性。关键在于完善制度和机制，把党的先进性要求转化为党员自觉遵守的行为准则。

英国《金融时报》记者：您认为有没有必要在私营企业中建立党委和党的基层组织？在这方面取得了什么最新进展？

欧阳淞：在私营企业里建立中国共产党的基层组织，是为了促进私营企业和非公有制经济更加健康、顺利地发展。由于我们党的这一主张得到了越来越多的私营企业主的认同，特别是各级党组织的努力工作，所以，在私营企业中建立党的基层组织的工作已经有了明显进展。我们党的章程规定，凡是有正式党员3人以上的，都应当成立党的基层组织。目前，具备这样条件的私营企业中已有85%以上建立了党的基层组织。今后这方面的工作还要进一步推进。

《新京报》记者：在先进性教育活动中，共整顿了软弱涣散的基层党组织15.6万个，各地采取了哪些措施整顿这些党组织？

欧阳淞：我们党的基层组织绝大多数都是好的，是有战斗力的，但当前仍有少量基层党组织处于软弱涣散的状态，对此，中央和各级党组织高度重视，采取了一系列措施，就农村基层党组织来说，一是抓领导班子，特别是选好配强党组织书记。二是抓培训，着力提高广大党员干部的思想政治素质和业务能力，特别是提高他们带头致富和带领群众共同致富的能力。三是抓帮扶，就是加大对于贫困村党组织的帮扶力度，增强党组织服务群众的功能。四是建场所，采取以地方财政投入为主，中央财政和中央管理的党费予以支持的办法，帮助村级组织解决活动场所的问题。今年以来，中央财政和中央管理的党费一共投入了17.5亿元来帮助各地解决村级组织活动场所的问题，目前已经解决了16.4万个。

中国国际广播电台记者：在目前经济发展的大潮中，流动党员存在着无法交党费和过组织生活的问题，有什么解决的办法？

欧阳淞：依托党的基层组织，绝大多数流动党员，不管流动到哪里，都应该能够接转党的关系，交纳党费，参加党的生活。对于少数流动到没有建立党组织的单位的党员，可以按照就近就便的原则，把他们纳入到单位所在地或者居住地所在的党组织，或者纳入到主管行业的党组织，或者县以上人事劳动部门所属的人才和劳动服务机构的党组织来管理。先进性教育活动中，各级党组织对流动党员的教育管理工作进行了积极探索。据统计，各地一共与232.9万名流动党员取得了联系，并组织他们参加了先进性教育活动。最近中央印发了《关于加强和改进流动党员管理工作的意见》，对流动党员管理作出了进一步的规定。

美国《华尔街日报》记者：能不能介绍一下北京市原副市长刘志华的情况？还有就是农村党组织的问题似乎比城市的多，原因是什么？

欧阳淞：北京市原副市长刘志华违反党纪、政纪，中央纪委和监察部正在对他进行立案审查。我愿借此机会就反腐败问题强调四点。第一，腐败作为一种社会历史现象，古今中外都有。第二，我们党对于反腐败问题高度重视，一直坚持坚定不移地反对腐败，对于腐败分子发现一个查处一个，决不姑息迁就。第三，反腐败工作这些年来已经取得了明显成效。我们的党风、政风总体上是好的。第四，随着反腐败工作的进一步深入，反腐败的形势会更好，我们的党风、政风也会更好。历史将不断证明，中国共产党是一个伟大光荣正确的党。

农村基层党组织总体上也是好的，但确有少数农村基层组织软弱涣散。经济发展水平的差异，是造成少数农村基层党组织出现这些问题的重要原因，对此我们各级党组织一直高度重视，并且积极努力帮助农村基层党组织解决他们自身难以解决的问题，帮助他们提高自身的工作水平。

香港凤凰卫视记者：中共党员超过7000万人，这么庞大的党如何保证党员的质量？我们也想了解一下，在先进性教育活动当中发展新党员以及处理有问题党员的情况。

欧阳淞：我们党历来高度重视发展党员的质量，严格按照“坚持标准、保证质量、改善结构、慎重发展”的方针，认真做好发展党员工作。党的十六大以来，全国每年发展新党员的数量在210万人到247万人之间，党员队伍的结构进一步改善，新党员的质量总体上是很好的。先进性教育活动开展以来，党组织的凝聚力、战斗力、创造力明显增强，党在群众中的威信进一步提高。去年年底统计，全国申请入党的人数达到1767万人，其中35岁以下的有1337万人，占申请入党人数的75.7%，全国去年共发展党员247万名，其中35岁以下的有198万人，占80.1%。与此同时，各级党组织认真贯彻党要管党、从严治党的方针，2005年，全国受到组织处理出党的党员有44738人。

中新社记者：我们了解到，现在社会上有人担心热热闹闹的先进性教育活动结束后会不会出现冷冷清清的现象，对于这种担心怎么评价？今后还会不会有持续的先进性教育活动？

欧阳淞：党中央在先进性教育活动开始时就明确提出，要搞好建章立制，建立健全党员教育管理常抓不懈的工作机制。胡锦涛同志在贵州等地考察工作时，特别强调建立新形势下广大党员长期受教育，永葆先进性的长效机制。各级党组织认真贯彻党中央的要求，形成了一批务实管用的制度，推动了保持共产党员先进性长效机制的建设。在先进性教育活动即将结束时，中央印发了《关于加强党员经常性教育的意见》等4个保持共产党员先进性的长效机制文件，对做好共产党员经常性教育工作做了具体部署。根据新的形势和任务的需要，围绕党的中心工作，今后我们党也还会选择适当的主题和方式，在党内开展必要的专题教育，引导教育广大党员充分发挥先锋模范作用。我相信，随着中央关于加强党的先进性建设一系列要求的落实，社会上担心的先进性教育活动之后冷冷清清的情况是不会出现的。

部分中央国家机关政务公开工作现场会在商务部召开

中共中央书记处书记、中央纪委副书记、全国政务公开领导小组组长何勇出席会议并讲话。他强调，要按照《中共中央办公厅国务院办公厅关于进一步推行政务公开的意见》的要求，把人民群众普遍关心、涉及人民群众切身利益的各类事项作为政务公开的重点，规范政务公开的内容和形式，健全政务公开的制度与措施，切实推进中央国家机关政务公开工作。

何勇要求，中央国家机关要真正将人民群众最关注、最需要了解的事项及其办理过程予以公开，通过政务公开为群众排忧解难。要把推行政务公开和电子政务建设紧密结合起来，把推进行政权力公开透明运行作为深化政务公开的突破口和切入点，推动政务公开逐步深入。中央国家机关要在抓好本部门政务公开的同时，加强对本系统、本行业政务公开工作的协调和指导，推动政务公开工作全面发展。

何勇强调，中央国家机关推行政务公开要与深化行政审批制度改革相结合，减少审批环节，简化审批程序，确保行政审批全程公开；要与加快政府职能转变相结合，促进政府机关及其工作人员转变工作作风；要与推进行政管理体制改革相结合，形成行为规范、运转协调、公正透明、廉洁高效的行政管理体制；要与从源头上预防和治理腐败相结合，防止权力失控、决策失误和行为失范。

中央纪委副书记、监察部部长李至伦主持会议。全国政务公开领导小组成员出席会议，部分中央国家机关有关负责人参加会议。

中央军委副主席曹刚川在北京八一大楼会见瑞士军队司令克里斯托夫·凯卡斯一行

国务委员唐家璇在中南海紫光阁会见日本国土交通大臣北侧一雄

外交部部长李肇星在北京与斯里兰卡外交部部长曼加拉·萨马拉维拉举行会谈

全国科技特派员试点工作会议在福建南平召开

国务委员陈至立出席会议并讲话。

陈至立指出，近年来，为了适应农民对农业实用技术的广泛需要，各地积极探索和大力推进农村科技工作体制和机制创新，涌现出科技特派员、农业专家大院、农技110等一些新做法和发展模式，受到农民群众的普遍欢迎。对这些好做法、好经验，要认真总结，大力推广。

陈至立说,科技特派员制度源于群众的需要,源于市场的需求,源于基层的探索,源于实践的创新。这一制度是新时期农村经济建设与社会发展实践中涌现出的新生事物,是构建农村科技服务新模式的一种成功探索,有利于促进农业生产和管理的现代化,有利于先进、实用的农业科技成果直接地、大面积地为农业增产、农民增收服务。实践表明,科技特派员已成为建设社会主义新农村的一支生力军,成为先进科学技术的传播者,成为农民致富奔小康的带头人和贯彻落实"三农"政策的促进者,得到了农村基层干部和农民的一致肯定。

陈至立要求,要根据社会主义新农村建设的新形势和新要求,积极探索,勇于实践,把科技特派员试点工作推上新的台阶。一要充分发挥市场机制的作用,不断创新和完善科技特派员试点工作的运行机制和发展模式。二要完善政策,加大投入,为科技特派员试点工作创造良好的环境。三要加强领导,因地制宜,扎实推进科技特派员试点工作。

科技部部长徐冠华作了工作报告,福建、宁夏、新疆、广西、浙江、山东、重庆、湖北、西藏、甘肃等10个省、自治区、直辖市的会议代表和4位科技特派员作了大会交流发言。

科技特派员试点工作于2002年启动实施,由科技部和人事部共同组织推动。截至2005年年底,全国已有24个省(区、市)的593个县开展了科技特派员试点工作,2005年各试点地区共选派科技特派员23115人,进驻26618个村(场)。

我国海域油气勘探取得重要进展

全国油气资源战略选区《南海北部陆坡深水海域油气资源战略调查及评价》项目,在中国南海珠江口盆地实施的LW3—1—1井获得天然气重大发现,初步估算天然气资源超过1000亿立方米,有望成为我国海域最大的天然气发现。

该井是全国油气资源战略选区《南海北部陆坡深水海域油气资源战略调查及评价》项目,位于我国南海珠江口盆地的流花32勘探区块,北距香港250公里。该井水深1480米,完钻井深3843米,是我国第一口水深超千米的深水钻井。根据二维地震数据资料,该井在60平方公里的圈闭上,钻遇56米气层,估算天然气资源超过千亿立方米。这一重大发现,证明我国南海珠江口盆地白云凹陷是一个有利的油气富集区,我国南海深水海域具有较大的油气资源潜力。

自上世纪90年代以来,我国在该地区做了大量油气基础地质调查。2002年4月,国土资源部组织开展全国油气资源战略选区工作。经专家论证,《南海北部陆坡深水海域油气资源战略调查及评价》项目被列为首批全国油气资源战略选区调查与评价项目之一,由国家财政出资,国土资源部组织实施,中国海洋石油总公司承担,于2004年正式启动。两年来,项目承担单位开展了大量有针对性的地球物理调查研究和勘探区带评价工作,落实了多个钻探目标。

中国安阳殷墟入选《世界遗产名录》

正在立陶宛首都维尔纽斯举行的联合国教科文组织第三十届世界遗产大会一致决定,将中国安阳殷墟作为世界文化遗产列入《世界遗产名录》。安阳殷墟成为中国第三十三处世界遗产。

中国安阳商代遗址又名殷墟,是中国奴隶社会商朝后期的都城遗址,位于河南省安阳市区西北小屯村一带,距今已有3300多年历史。殷墟是中国历史上有文献可考、并为甲骨文和考古发掘所证实的最早的古代都城遗址。

第八届中国国际合唱节在人民大会堂开幕

文化部、北京市奥组委领导以及部分驻华使节出席开幕式并致贺词,海内外近20支合唱团,共600余人登台演唱,新西兰巴拉丹学院卡巴哈克乐团、日本坂黑太郎可歌丽娜木笛乐团和菲律宾马尼拉室内乐团现场演奏,最后全体演员一同演唱合唱节的主题歌《和平友谊之歌》。

中国国际合唱节创立于1992年,由文化部外联局、北京市旅游局、中国对外文化集团公司等主办,每两年举办一届,是目前中国举办的规模最大的国际性合唱赛事。本届国际合唱节的最大亮点是与北京奥运会"联姻"。由于合唱节的宗旨"为了明天 和平友谊"与奥林匹克文化节"共同参与 分享奥运"的核心精神不谋而合,所以第二十九届奥运会组委会特地将第八届中国合唱节纳入第四届奥林匹克文化节的框架,使它成为"节中节",实现强强联合与文化资源共享。

本届合唱节共有200余支合唱团参加,近10个外国团体来自丹麦、巴哈马、菲律宾、俄罗斯、拉脱维亚等具有深厚合唱传统的国家。

《西藏藏羚羊生物生态学研究报告》完成

经过18年调查研究完成并刚通过权威部门认定的《西藏藏羚羊生物生态学研究报告》表明:西藏藏羚羊总数已近15万只。

负责这个研究报告的原西藏自治区林业调查规划研究院院长刘务林研究员说,西藏境内现有藏羚羊149930只左右,分布区面积69.8万平方公里,涉及18个县(区)103个乡。1999年至2005年,藏羚羊数量每年平均增长率为7.9%。

这是我国政府首次采用科学统计方法得出的数据,以前对西藏藏羚羊数量的统计仅为推测估计值。

7月14日

国务院总理温家宝在中南海紫光阁分别会见西班牙王储费利佩·德博尔冯—格雷西亚 柬埔寨副首相贺南洪和斯里兰卡外长曼加拉·萨马拉维拉

"百名法学家百场报告会"活动日在北京启动

该活动由中央宣传部、中央政法委、司法部和中国法学会联合举办,中央政法委书记罗干出席启动仪式并讲话。他强调,广大法学工作者要从落实科学发展观,促进和保障经济、政治、文化和社会建设全局和战略的高度,充分认识加强法制宣传教育的必要性和重要性,进一步增强做好法制宣传教育工作的自觉性和使命感,不断推动法制宣传教育活动深入开展,为在全社会树立社会主义法治理念、弘扬法治精神、普及法律知识、增强法治观念,作出积极的贡献。

罗干说,全面建设小康社会、构建社会主义和谐社会是党和国家的工作大局。法学理论研究和法制宣传教育,要紧紧围绕这个大局,服务这个大局。这次"百名法学家百场报告会"活动确定的内容都比较好地体现了围绕大局、服务大局的要求。希望法学家们以饱满的政治热情、强烈的责任意识和扎实的学风,在认真调研、精心准备的基础上,努力宣讲好重大理论和实际问题,在全局工作中发挥更大的作用。

罗干指出,社会主义法治理念是马克思主义法学理论和中国法治实践相结合的产物,是我们党在法治建设领域的重大理论创新,是指导我国法治实践的根本指针。树立社会主义法治理念是法制宣传教育工作的一项重要内容。广大法学工作者要以邓小平理论和"三个代表"重要思想为指导,深刻理解和正确把握社会主义法治理念的本质要求,联系实际深入宣讲依法治国、执法为民、公平正义、服务大局、党的领导这些社会主义法治理念的基本内涵,进一步形成全社会崇尚法治的风尚,更好地建设社会主义法治国家。

启动仪式由中央政法委秘书长王胜俊主持。中国法学会会长、"双百"活动组委会主任韩杼滨代表主办单位,中国政法大学校长徐显明代表报告会主讲人分别发言。

中共中央政治局委员贺国强在青海调研

7月14日至17日,中央书记处书记、中央组织部部长、中央先进性教育活动领导小组组长贺国强在青海省调研基层党建工作时强调,要认真学习贯彻胡锦涛同志在庆祝中国共产党成立85周年暨总结保持共产党员先进性教育活动大会上的重要讲话精神,切实巩固和充分运用先进性教育活动创造的重要成果,抓好先进性教育活动整改提高的后续工作,做好保持共产党员先进性的经常性工作,在加强党的先进性建设的实践中不断取得新成效、积累新经验。

调研期间,贺国强深入农村,看望基层党员群众,了解农民群众的生产生活情况。

贺国强强调,农村基层党组织要围绕建设社会主义新农村的战略任务,根据本地实际,大胆探索、积极实践,创造性抓好保持共产党员先进性的经常性工作,为新农村建设开好局、起好步提供坚强保障。要大规模培训农村党员干部,抓好邓小平理论和"三个代表"重要思想的学习,抓好科学发展观和党章的学习,抓好科技文化知识的学习,不断提高农村党员干部的综合素质。要引导党员增强服务群众的意识,积极推行党员承诺制等好做法好经验,帮助群众解决好生产、生活中的实际困难,切实维护群众最直接最现实的利益。要进一步探索新形势下农村党员的有效管理方式,坚持和完善党内生活制度,切实把党要管党、从严治党的方针落到实处。要大力整顿软弱涣散的基层党组织,切实加强农村基层领导班子建设,建立健全基层党组织各项工作制度,推进农村基层组织创新和工作创新,认真抓好村级组织活动场所建设工作。要抓好农村党的建设"三级联创"活动,切实加强对保持共产党员先进性的经常性工作的组织领导。要抓好领导班子建设,当前要切实加强对县、乡党委、人大和县级政协换届工作的指导,保证换届工作的顺利进行。

贺国强指出,广大基层党员干部长期在比较艰苦的条件下工作,直接面对群众、身处矛盾焦点,工作非常辛苦。各级党组织要对他们多体谅、多关心、多支持、多帮助,采取切实措施,把胡锦涛同志提出的真正重视、真情关怀、真心爱护广大基层党员干部的要求落到实处。

调研期间,贺国强还考察了西宁市、格尔木市城市建设、部分企业和青藏铁路,看望了部分老干部,与省委组织部的机关干部进行了座谈。

最高人民法院院长肖扬在山东考察

肖扬强调,司法调解制度,被国际司法界称为"东方经验"。各级人民法院必须确立新时期司法调解工作的三个目标:案结事了、胜败皆服、定纷止争,充分发挥司法调解在构建社会主义和谐社会中的积极作用,推进多元化纠纷解决机制的建立和完善。

他要求各级法院在民商事审判工作中,落实"能调则调,当判则判,调判结合,案结事了”的原则。

肖扬表示,司法调解制度根植于我国的长期司法实践,与我国特定的文化背景相吻合,有利于社会的和谐稳定,有利于把讲理与讲法结合起来,对于化解社会矛盾、彻底解决纠纷具有裁判所无法替代的作用。面对农村纠纷,基层人民法院及其派出法庭如果发挥熟悉农民思维及行为模式的优势,结合法理、道理、情理,以调解方式了结纠纷、化解矛盾、平息争端,有利于和谐社会关系的建立和巩固。

肖扬要求广大法官,要按照社会主义法治理念“依法治国、执法为民、公平正义、服务大局、党的领导”的新要求,按照“公正司法,一心为民”的指导方针,不断提高司法调解能力,为构建社会主义和谐社会作出新贡献。

《关于内地与香港特别行政区法院相互认可和执行当事人协议管辖的民商事案件判决的安排》在香港签署

该安排共19条,主要内容包括适用的范围、受理认可和执行申请的管辖法院、申请认可和执行必须具备的条件等。

国家副主席曾庆红在人民大会堂同西班牙王储费利佩举行会谈

双方就进一步发展中西关系和其他共同关心的问题交换了意见。

曾庆红积极评价中西关系,赞赏西班牙王室长期以来致力于加强两国友好合作。曾庆红说,去年,两国建立了全面战略伙伴关系,双方在政治、经贸、文化、教育、科技、司法等领域的合作富有成果。中方愿与西方共同努力,推动双边关系在以下方面取得更大进展:第一,保持两国高层互访势头,加强两国政府、议会、政党、地方之间的交流与合作。第二,充分挖掘潜力,扩大贸易规模,增加相互投资,提升经贸合作水平。第三,进一步促进双方在文化、教育、旅游等方面的交流与合作。第四,加强双方在国际和地区问题上的沟通与协调。

中共中央政治局常委吴官正在人民大会堂会见以老挝人革党中央政治局委员 政府常务副总理宋萨瓦·伦萨瓦为团长的老挝高级干部考察团

国务委员唐家璇在钓鱼台国宾馆会见柬埔寨副首相兼外交国际合作大臣贺南洪

外交部部长李肇星在北京与柬埔寨副首相兼外交国际合作大臣贺南洪举行会谈

外交部部长李肇星在北京与西班牙外交大臣莫拉蒂诺斯举行会谈

人民英雄纪念碑修缮工程竣工

今年2月8日正式开工的北京天安门广场人民英雄纪念碑修缮工程历时5个多月,现已全部竣工。

人民英雄纪念碑建成于1958年,由1.7万多块花岗岩和汉白玉砌筑而成,是新中国诞生后在天安门广场修建的第一座建筑,1961年被国务院确定为第一批全国重点文物保护单位。

近50年来,由于日晒雨淋等自然侵蚀作用,人民英雄纪念碑基座栏杆和碑体出现了不同程度的风化,局部建筑构件出现了开裂和错位。为确保人民英雄纪念碑的建筑安全,天安门地区管理委员会组织专家对纪念碑修缮进行了充分论证,由中国文物研究所等单位制订修缮方案。

此次修缮工程主要是对纪念碑基座月台护栏石质构件出现开裂和错位的部位进行修护归位;对月台地面进行防水处理;对碑体结构进行安全检测;对建筑外立面进行冲刷清洗等。

7月15日

国务院总理温家宝在河南考察

温家宝指出,当前国民经济总体形势是好的,但经济运行中也存在一些突出问题。要进一步加强和改善宏观调控,坚持以深化改革开放为动力,着力推进经济结构调整和增长方式转变,着力提高经济质量和效益,着力抓好节能降耗和环境保护,保持经济平稳较快发展。

7月15日至16日,温家宝先后来到孟津县、偃师市的农村看望农民,到洛阳市考察企业生产经营情况,看望居民。

在孟津县清河新村,温家宝走入农家小院,了解库区移民情况。在偃师市李庄村和唐僧寺村,他察看了农村沼气工程,他还考察了首阳山河南省储备粮库,向卖粮农民详细询问粮食购销情况。温家宝说,要高度重视“三农”工作,促进农业生产和农民稳定增收。夏粮已获丰收,当前要着力抓好秋粮生产,力争实现全年粮食生产稳定发展。要落实好粮食最低收购价政策,解决好仓容不足和收购资金供应等问题。加大对农资市场整治力度,稳定农资价格。真正使农民从政府的惠农政策中得到实实在在的好处。要加强对社会主义新农村建设的指导,把着力点放到发展农业生产、增加农民收入上来。重视研究解决新农村建设中出现的新情况、新问题,确保新农村建设沿着正确的方向发展。

考察期间,温家宝来到中铝洛阳铜业有限公司、中国一拖集团、中信重型机械公司等企业,在车间考察了生产情况,观看了产品展示区,慰问了在酷暑中紧张工作的工人。他指出,保持经济平稳较快发展,必须防止固定资产投资过快增长,着力优化投资结构。要切实把好土地闸门、信贷闸门和市场准入门槛,从严控制新开工项目。严格执行土地管理的法律法规,实行土地违法问责制,引导商业银行合理调整信贷结构,坚决抑制高耗能、高污染和产能过剩行业盲目扩张。要深化企业改革,增强企业创新能力,提高企业产品的质量、效益和市场竞争能力。各级政府和各类企业都要把节能和环保工作摆到更加突出的位置,建立目标责任制和评价考核体系,通过调整结构、强化管理、增加投入和运用价格、税收经济杠杆等方面的措施,努力实现节能和环保的目标。

16日上午,温家宝来到洛阳市涧西区重庆路办事处第二社区看望居民。他走进社区服务站,仔细询问了就业、医疗、低保政策落实等情况。他强调,认真解决涉及群众切身利益的问题,是政府的重要职责。要落实促进就业再就业的各项政策。加强劳动者权益保障,规范企业用工行为。积极解决在教育、卫生、环保、住房和安全生产等方面群众反映强烈的问题。加强社会治安综合治理,维护社会和谐稳定。

考察期间,温家宝听取了河南省的汇报。温家宝指出,各级领导干部要把思想认识进一步统一到科学发展观上来,统一到中央的决策和部署上来。中部地区要从当地实际出发,发挥自身优势,认真贯彻落实中央关于促进中部地区发展的各项政策措施。要大力推进改革和体制创新,加快形成一整套有利于推动经济结构调整和增长方式转变、促进经济社会全面协调可持续发展的体制机制,从根本解决妨碍经济平稳较快发展的诸多矛盾和问题。当前,尤其要加快政府自身改革和建设,加快推动政企分开,进一步转变和规范政府职能,加快建设服务型政府、法治型政府,提高工作效率。要切实把各方面的积极性引导好、保护好、发挥好,促进国民经济又快又好发展。

中国与斯里兰卡外长发表联合新闻公报

一、应中华人民共和国外交部长李肇星的邀请,斯里兰卡民主社会主义共和国外交部部长曼加拉·萨马拉维拉于2006年7月12日至16日对中华人民共和国进行了正式访问。

萨马拉维拉外长拜会了中国国务院总理温家宝。

李肇星外长同萨马拉维拉外长举行了深入会谈。

萨马拉维拉外长还分别会见了交通部部长李盛霖、商务部副部长于广洲、国家旅游局局长邵琪伟、中国进出口银行行长李若谷和全国人大中斯友好小组主席袁行霈。

萨马拉维拉外长在中国国际问题研究所就"中国政治经济发展背景下的中斯关系未来走向"发表了专题演讲。

二、在会见中,双方重点就双边关系和共同关心的国际和地区问题交换了意见。

双方表示,建交49年来,在和平共处五项原则的基础上,中斯关系健康、顺利发展。两国政治互信不断增强,经贸合作卓有成效,各层次交流频繁。

2005年4月,中国国务院总理温家宝访问斯里兰卡,两国宣布建立真诚互助、世代友好的全面合作伙伴关系,标志中斯关系进入新的发展阶段。斯里兰卡前总统钱德里卡·班达拉奈克·库马拉通加也于2005年8月访问中国。

双方回顾了中斯在政治、经贸、文化、旅游等各领域的交流与合作取得的积极进展,以及在国际和地区事务中进行的良好合作,并对此表示满意。

双方同意保持高层互访的势头。中方欢迎斯里兰卡总统马欣达·拉贾帕克萨阁下于2007年访华,具体时间可考虑两国于1957年2月7日正式建立外交关系这一因素,通过外交渠道商定。鉴于2007年是两国建交50周年,两国政府决定将其宣布为"中斯友好年"。双方同意以此为契机,在对方国家举行系列庆祝活动,增进人民间的相互了解,巩固传统友谊。具体事宜可通过两国外交部及驻对方国家使馆进一步商定。

双方强调,拓展经贸合作有利于促进两国的共同进步与繁荣,应进一步加强包括贸易、投资在内的双边经贸合作。双方表示,愿在业已签署的协议基础上,加强技术开发与培训、能源开发、旅游、教育、文化、宗教、青年、学术等领域的友好交流,寻求深化合作的新途径。双方欢迎中国企业更多地参与斯里兰卡基础设施和发展项目的建设。双方还举行磋商,寻求双方都能接受的方式,以推动在优惠条件下解决项目的融资问题,并加快其实施进程。优先考虑的项目包括普特拉姆燃煤电站、机场至科伦坡市区高速公路及汉班托塔港口和油品罐区。

萨马拉维拉外长感谢中方在斯海啸救灾方面向斯方提供的援助。中方表示愿在力所能及的范围内继续向斯经济和社会发展提供帮助。

斯里兰卡将位于马纳尔海盆的一油气区块交由中方开采,中方对此表示感谢。

双方强调,中斯在国际和地区事务中拥有广泛共同利益,并同意就此开展磋商,加强协调。斯方欢迎中国取得南亚区域合作联盟(南盟)观察员地位,愿继续积极推动中国与南盟合作进程。中方对此表示赞赏,重申愿在平等互利的基础上与南盟开展交流与合作。中方支持斯里兰卡参与区域和次区域合作。

双方同意继续就联合国及安理会改革协调立场。双方一致认为,亚洲国家应加强相互理解、团结与合作,确保下任联合国秘书长来自亚洲。

三、斯方重申,世界上只有一个中国,中华人民共和国政府是代表全中国的唯一合法政府,台湾是中国领土不可分割的一部分。斯方重申,反对任何形式的"台湾独立",承诺不与台湾进行任何官方往来,支持中国政府为捍卫国家主权与领土完整所做的一切努力,希望中国早日实现国家统一。中方对斯方这一立场表示高度赞赏。

萨马拉维拉外长介绍了斯里兰卡和平进程情况。中方重申,将继续支持斯里兰卡打击恐怖主义及维护国家主权、民族团结和领土完整所做的努力。

双方重申反对恐怖主义、分裂主义和极端主义三股邪恶势力,并讨论了如何加强在地区和国际反恐行动中的协商与配合。

四、萨马拉维拉外长感谢中方在访问期间给予的热情友好接待,邀请李肇星外长在双方方便的时候访问斯里兰卡。李肇星外长愉快地接受了邀请。

国务委员唐家璇在钓鱼台国宾馆会见日本行政改革担当大臣中马弘毅

我国最大规模近海水体环境调查启动

10时,随着"中国海监59"船从江苏省南通市如东国家洋口中心渔港起航,我国海洋发展史上规模最大、调查要素最多、调查技术最先进的近海海洋水体环境调查活动正式启动。

这次水体环境调查,是去年启动的"我国近海海洋综合调查与评价"(908专项)的重要组成部分,旨在全面系统地开展我国内水、领海及领海以外部分海域的物理海洋与海洋气象、海洋生物与生态、海洋化学、海洋光学和海洋药用生物资源等方面的调查,以查明我国近海海洋环境的基本状况,全面更新基础资料和图件。

水体环境调查涉及海域范围102万平方公里,自北向南分近岸11小区块、近海9大区块。9大区块的调查分别安排1艘调查船同步作业。7月14日上午,"中国海监71"船、"实验3"号科学考察船已分别从广州市的仓头码头和新洲码头起航,今后几天,其余调查船只也将陆续奔赴各自调查区域。调查船携带高精度GPS定位系统等先进设备,调查方式为大面断面观测、连续走航观测、定点锚系观测和定点连续观测等。

水体环境调查由国家海洋局组织实施,有春、夏、秋、冬四个季节的调查任务,这次为夏季调查,预计使用大、小船只50余艘,涉及作业人员3000余人次,历时1个半月。其余3次调查分别将于2006/2007冬季、2007春季和2007秋季进行。

第四届世界合唱比赛在厦门开幕

来自80多个国家和地区的400多个合唱团近2万人参加这次大赛。国家主席胡锦涛致信祝贺,国务委员陈至立出席开幕式。

在当晚举行的第四届世界合唱比赛开幕式上,国务委员陈至立宣读了中国国家主席胡锦涛的贺信。胡锦涛主席在贺信中说:"世界各国选手欢聚厦门,歌唱和平、发展、合作,歌颂团结、友谊、祥和,这是包括中国人民在内的世界各国人民的共同心声。中国人民愿同世界各国人民一道,为建设持久和平、普遍繁荣的和谐世界而共同努力。"

第四届世界合唱比赛是目前世界上规模最大、规格最高的国际性合唱比赛。德国、中国、俄罗斯等58个国家和地区组成比赛执行委员会和咨询委员会。比赛评委会由75名国际著名音乐家组成。

历时12天的本届比赛设童声合唱、混声合唱、现代音乐、宗教音乐、民谣等26个参赛项目,共举行52场复赛和决赛。同时举办开闭幕式、颁奖仪式、综合音乐会、合唱论坛、国际合唱理事会议等活动,配套举办"中国风"小商品博览会、中国功夫表演、中华国粹汇演等活动。

世界合唱比赛(原名奥林匹克国际合唱比赛)由总部设在德国的国际文化交流基金会创建和组织,两年一届。本届比赛活动由厦门市人民政府和国际文化交流基金会主办。

7月16日

国家主席胡锦涛在圣彼得堡同巴西墨西哥南非刚果(布)印度领导人举行集体会晤

国家主席胡锦涛16日在俄罗斯圣彼得堡同前来出席八国集团同发展中国家领导人对话会议的巴西总统卢拉、墨西哥总统福克斯、南非总统姆贝基、刚果(布)总统萨苏、印度总理辛格五个发展中国家领导人举行集体会晤。六国领导人就加强发展中国家合作、促进共同发展等问题交换了看法。

胡锦涛在会晤中发表重要讲话。

国家主席胡锦涛在发展中国家领导人集体会晤时

的讲话

各位同事：

很高兴再次同大家见面。我愿就我们共同关心的问题同各位坦诚交换意见。

当前，经济全球化趋势深入发展，科技进步日新月异，给各国发展带来了难得的机遇。同时，南北差距继续拉大，世界经济发展不平衡状况加剧，贸易保护主义上升并有新的表现，能源价格居高不下，环境污染、传染性疾病等跨国性问题日益突出，给各国特别是发展中国家发展提出了严峻挑战。在这种机遇和挑战并存的情况下，我们应该立足当前、着眼长远，从战略高度审视和加强发展中国家的合作。为此，我愿提出以下建议，同各位同事一起探讨。

（一）落实承诺，促进国际发展合作。去年9月举行的联合国成立60周年首脑会议，重申了千年发展目标，强调实现这些目标是当前国际发展合作的重点。随着目标时限日益临近，国际社会特别是发达国家应该采取更积极有效的措施，兑现在资金援助、减免债务、市场准入等方面的承诺，特别是要实现官方发展援助占国民总收入0.7%的目标，并积极探讨新的筹资方式，为国际发展合作提供资金保障。要通过必要的改革，使国际经济体制和规则更加公平合理，为广大发展中国家的发展提供更多空间和机遇。

（二）加强合作，推动多哈回合谈判取得成功。目前，多哈回合谈判处于关键时期。我们应该推动谈判在广大发展中国家关心的问题上取得实质性进展。首先，要解决农产品贸易问题，这是多哈回合谈判取得成功的一个关键。有关各方要实质性削减农产品国内支持，大幅度提高农产品市场准入，尽早取消各种形式的出口补贴。其次，要明确发展中成员的特殊和差别待遇，使之能充分参与多边贸易体制并确实从中受益。再次，非农产品、市场准入、规则问题以及其他议题的谈判也应该同步推进，并妥善解决新加入成员的关切。时间紧迫，我们应该共同推动有关各方拿出政治意愿，显示更大的灵活性，促进多哈回合谈判早日取得成功。

（三）开拓创新，深化南南合作。加强南南合作符合发展中国家的共同利益。我们应该加强团结合作，共同促进多边主义和国际关系民主化，推动按照联合国宪章和国际法准则和平解决国际争端。我们应该坚持互利共赢，不断拓展经贸合作领域，促进合作方式多样化，实现优势互补、共同发展。我们应该互尊互鉴，倡导开放包容精神，维护世界多样性和发展模式多元化，在求同存异、取长补短中推动人类文明进步。

各位同事！

非洲是发展中国家最集中的大陆，是实现和平与发展的重要力量。没有非洲的稳定就没有世界的和平，没有非洲的发展就没有世界的繁荣。国际社会应该更多关注非洲的稳定和发展。

我们同为发展中国家，应该也能够在帮助非洲国家执行“非洲发展新伙伴计划”、实现千年发展目标方面有所作为。

今年是新中国同非洲国家开启外交关系50周年。50年来，中国与非洲国家相互支持，结下了深厚友谊，也取得了丰硕的合作成果。去年，我在联合国成立60周年首脑会上提出了支持发展中国家加快发展的5项举措，主要是面向非洲的，中方正在抓紧落实。今年11月，中非合作论坛峰会暨第三届部长级会议将在北京召开。中方愿同非洲国家一道努力，将这次会议开成一个团结务实的盛会。

各位同事！

努力建设一个持久和平、共同繁荣的和谐世界，符合世界各国人民的共同福祉。我愿同各位同事一道，为实现这一崇高目标继续努力。

国家主席胡锦涛在圣彼得堡同美国总统布什举行会晤

双方就中美关系和共同关心的重大国际及地区问题深入交换了意见。

胡锦涛表示，近来中美关系稳定发展，双方就全面推进21世纪中美建设性合作关系达成的重要共识正逐步得到落实。中方愿同美方共同努力，坚持从战略高度和长远角度看待和处理中美关系，拓展两国利益的汇合点，加强双方在经贸、能源、防务、反恐、防扩散等各领域合作，同时尊重和照顾彼此关切，妥善处理两国关系中的敏感问题，推动中美关系继续向前发展。

在谈到两国经贸合作时，胡锦涛强调，双方应该按照平等互利、共同发展的原则，妥善处理经贸合作中存在的问题。中方将继续采取措施扩大从美国的进口，加强知识产权保护，积极稳妥地推进人民币汇率制度改革。希望美方高度重视解决中方有关经贸关切，放宽高技术产品对华出口限制，为中国企业赴美开展贸易投资活动提供公平环境。

胡锦涛强调，我们赞赏美方表示坚持一个中国政策，反对任何可能导致“台独”的单方面行动。希望美方更加明确地反对和遏制“台独”分裂活动。

布什重申美方坚持一个中国政策，反对任何可能导致“台独”的单方面行动的立场。

在谈到朝鲜半岛核问题时，胡锦涛强调，解决问题的根本出路是尽快恢复六方会谈。中方将致力于维护朝鲜半岛和平稳定，继续推进六方会谈进程，通过对话和谈判等和平方式推动实现半岛无核化的目标。布什表示，美方希望和平解决朝鲜半岛核问题，应抓住时机,尽早复会。

国务委员唐家璇参加会见。

国家主席胡锦涛在圣彼得堡会见非盟轮值主席国刚果(布)总统萨苏

胡锦涛表示,两国同意进一步加强战略合作,这标志着中刚合作进入了一个新的发展阶段。进一步加强中刚两国在经贸、文教、卫生等各领域合作,推动中刚战略合作迈上新的台阶,将造福两国人民。我们赞赏刚果(布)长期奉行一个中国政策。

胡锦涛指出,近年来,非洲形势出现令人欣慰的变化。非盟为维护非洲团结、解决非洲面临的各种问题发挥了主导作用。中刚都是发展中国家,都主张国际社会应该采取切实措施,帮助包括非洲在内的发展中国家加快发展,中方愿同刚方一起,努力推动发达国家加强同发展中国家的合作,帮助发展中国家提高在能源安全、传染病防控方面的应对能力,促进教育普及,早日实现联合国千年发展目标。中国政府重视加强同非盟的合作,我们把同"非洲发展新伙伴计划"的合作列为中非友好合作的重要内容,愿加强中非合作论坛与该计划的联系、协调、合作,为促进非洲解决发展问题提供实实在在的帮助。

国家主席胡锦涛在圣彼得堡会见南非总统姆贝基

双方就深化双边友好互利合作和中非合作交换了意见。

胡锦涛指出,中南关系一直保持快速发展势头。双方建立了战略伙伴关系,在政治、经贸、科技、文化、旅游等领域的合作不断扩大,在国际和地区事务中也进行了良好的协调和合作。南非政府坚定奉行一个中国政策,支持中国统一大业。我对此表示赞赏。中方高度重视发展同南非的关系。把南非看成是好朋友、好伙伴。希望双方共同努力,积极落实双方达成的共识,将两国战略伙伴关系提高到新的水平。

贯彻落实中央民族工作会议精神经验交流会在呼和浩特召开

会议于7月16日至17日召开。全国政协主席贾庆林出席会议并发表讲话。他强调,要认真贯彻落实中央民族工作会议和最近召开的全国统战工作会议精神,全面落实科学发展观,坚持和完善民族区域自治制度,推动少数民族和民族地区又快又好发展,不断巩固和发展平等、团结、互助、和谐的社会主义民族关系。

国务院副总理回良玉出席会议并作总结讲话。新疆维吾尔自治区党委书记王乐泉,中央统战部部长刘延东出席会议。

贾庆林在讲话中对一年来各地各部门贯彻落实中央民族工作会议精神取得的显著成绩给予充分肯定。他指出,去年5月召开的中央民族工作会议,是党中央、国务院在我国改革发展进入关键时期召开的一次重要会议。一年来,各地各部门认真贯彻中央的决策部署,思想认识有新的提高,政策措施有新的突破,领导体制和工作机制有新的完善,民族团结进步事业有新的气象,各项工作都取得了很大进展。

贾庆林强调,民族区域自治,是解决我国民族问题的伟大创举,是实现少数民族当家做主的重要途径,是发展社会主义民族关系的重要保障,是我国的一项基本政治制度,具有巨大的优越性和旺盛的生命力。新世纪、新阶段,要完成全面建设小康社会的历史任务,应对复杂多变的国际局势的严峻挑战,就必须坚持和完善民族区域自治制度,全面贯彻落实《民族区域自治法》,切实保障民族自治地方依法行使自治权,坚定不移地走中国特色政治发展道路。

贾庆林指出,加快少数民族和民族地区经济社会发展,是民族工作的主要任务,是解决我国民族问题的根本途径,也是少数民族干部群众的共同愿望。加快少数民族和民族地区经济社会发展要靠民族地区自身的努力,也离不开国家和发达地区的支持与帮助。我们要始终把发展作为民族工作的第一要务,认真贯彻落实中央制定的各项优惠政策措施,促进少数民族和民族地区经济社会又快又好发展。要着眼于提高经济增长的质量和效益,大力发展特色经济和优势产业;着眼于增强发展的动力与活力,进一步深化改革和扩大开放;着眼于促进人与自然的和谐,切实加强生态环境保护和建设;着眼于提高人口整体素质,加快民族地区教育、文化、卫生等社会事业的发展。

贾庆林强调,民族关系、宗教关系是我们这个多民族国家至关重要的社会关系。我们要认真学习贯彻胡锦涛同志在全国统战工作会议上的重要讲话精神,切实加强和维护民族团结,认真做好城市和散居地区民族工作,在全社会深入开展民族团结进步创建活动,让"三个离不开"的思想更加深入人心。要全面理解和认真贯彻党的宗教工作基本方针,进一步做好民族地区的宗教工作,努力使信教群众与不信教群众、信仰不同宗教群众团结起来,共同致力于建设中国特色社会主义伟大事业。

贾庆林要求,各级党委、政府要切实把民族工作摆上重要议事日程,不断完善民族工作的领导体制和工作机制,加强民族地区基层党组织建设,加强民族地区人力资源开发和少数民族干部队伍建设,为加快少数民族和民族地区经济社会发展提供智力支持和人才保证。

回良玉在会议总结讲话中说，贾庆林同志的重要讲话集中体现了以胡锦涛同志为总书记的党中央对新世纪、新阶段民族工作的重大决策和战略部署。各地、各部门要认真学习贯彻，进一步把握大局、提高认识，抢抓机遇、加快发展，维护团结、促进和谐，解放思想、开拓创新，加强领导、狠抓落实，努力开创各民族共同团结奋斗、共同繁荣发展的新局面。

刘延东在会议上对贯彻落实中央民族工作会议精神的情况作了全面总结。她指出，一年来，各地各部门用中央精神统一思想认识，切实把民族工作摆上重要位置，措施得力，效果明显，为今后的民族工作打下了坚实基础，积累了宝贵经验。

会议由中央统战部和国家民委共同举办。中央和国家14个部门，全国31个省区市和新疆生产建设兵团、30个民族自治州的同志参加了会议。21个省区市和国务院有关部委作了大会交流发言。

《人民日报》发表外交部部长李肇星的文章《站在历史的新起点上——纪念〈中俄睦邻友好合作条约〉签署5周年》

嫩江干流唯一一座控制性工程——尼尔基水利枢纽的首台机组成功并网发电

这标志着国家"十五"期间开工的重点工程，尼尔基水利枢纽工程建设基本完成。

尼尔基水利枢纽工程控制嫩江径流量45%以上，总库容为86.11亿立方米，总装机容量为25万千瓦，是一座以防洪、供水为主，结合发电，兼有改善下游航运和水环境，并为松辽流域水资源的优化配置创造条件的大型控制性工程。该工程可使下游齐齐哈尔市防洪标准由50年一遇提高到100年一遇；每年可为下游城市工业生活供水10.29亿立方米；农业灌溉供水16.46亿立方米，可使下游灌溉面积发展到454万亩；为航运供水8.2亿立方米，为环境供水4.75亿立方米，为湿地供水3.28亿立方米，改善下游航运条件及生态环境。

中国队在阿根廷举办的第十七届国际生物学奥林匹克竞赛中获得4金牌

7月17日

国家主席胡锦涛在圣彼得堡出席八国集团同发展中国家领导人对话会议并发表重要讲话

八国集团同中国、印度、巴西、南非、墨西哥、刚果(布)6个发展中国家领导人对话会议日在俄罗斯圣彼得堡举行。会议讨论了全球能源安全、传染病防控、教育、非洲发展等议题，国家主席胡锦涛出席会议并着重就全球能源安全问题作了阐述。

国家主席胡锦涛在八国集团同发展中国家领导人对话会议上的书面讲话

普京总统，各位同事：

来到普京总统的故乡圣彼得堡，有机会同各位同事就重大全球性问题交换意见，我感到非常高兴。近年来，八国集团加强了同发展中国家的对话，俄罗斯为推动本次对话作出了积极努力，我对此高度赞赏。

当今世界，和平、发展、合作的潮流浩浩荡荡。经济全球化深入发展，科技进步日新月异，生产要素流动和产业转移速度加快，主要经济体发展状态继续改善，世界经济总体增长平稳。

与此同时，人类发展面临的矛盾和挑战有增无减。地区热点此起彼伏，经济发展失衡仍然突出，南北差距继续扩大，油价长期在高位波动，贸易保护主义上升并有新的表现，恐怖主义、环境污染、自然灾害、传染病等全球性问题日益突出，对世界和平与发展构成现实威胁。需要特别指出的是，许多发展中国家特别是非洲国家的不利处境没有得到改观，发展仍然面临诸多困难。这些都是国际社会必须面对和解决的重大问题。

在这种机遇和挑战相互交织的形势下，我们迫切需要加强协调和合作，共同建设一个持久和平、共同繁荣的和谐世界。

这次对话会议以全球能源安全、传染病防控、教育、非洲发展为议题，既切合时宜，又着眼未来。处理好这些问题，关乎各国和各国人民的利益，关乎人类社会发展的前途。

各位同事！

全球能源安全，关系各国的经济命脉和民生大计，对维护世界和平稳定、促进各国共同发展至关重要。在经济全球化深入发展的今天，各国各地区的互联互动日益加深。每个国家都有充分利用能源资源促进自身发展的权利，绝大多数国家都不可能离开国际合作而获得能源安全保障。国际能源市场价格居高不下，冲击了全球经济发展，对产油国和消费国都没有好处。油价居高不下的原因是复杂的，需要国际社会加强对话和合作，从多方面加以解决。这符合各方的共同利益。

为保障全球能源安全，我们应该树立和落实互利合作、多元发展、协同保障的新能源安全观。具体而言，应该着重在以下三个方面进行努力。

(一)加强能源开发利用的互利合作。实现全球能源安全，必须加强能源出口国和消费国之间、能源消费大国之间的对话和合作。国际社会应该加强政策协调，完善国际能源市场监测和应急机制，促进油气资源开发以增加供给，实现能源供应全球化和多元化，在能源需求和供给基本均衡的基础上确保稳定的可持续的国际能源供应及合理的国际能源价格，确保各国能源需求得到满足。

（二）形成先进能源技术的研发推广体系。节约能源，促进能源多元发展，是实现全球能源安全的长远大计。国际社会应该加强节能技术研发和推广，支持和促进各国提高能效，节约能源，减少单位国内生产总值的能耗。我们应该积极倡导在清洁煤技术等高效利用化石燃料方面开展合作，推动国际社会加强可再生能源和氢能、核能等重大能源技术研发等方面的合作，探讨建立清洁、安全、经济、可靠的世界未来能源供应体系。我们要从人类社会持续发展的高度看待这些领域的合作，处理好资金投入、知识产权保护、技术推广等问题，使所有国家都从中受益。

（三）维护能源安全稳定的良好政治环境。维护世界和平和地区稳定，是实现全球能源安全的前提条件。我们应该携手努力，共同维护能源生产国特别是中东等产油地区的稳定，确保国际能源通道安全，避免地缘政治纷争干扰全球能源供应。

各国应该通过对话和协商解决分歧和矛盾，而不应该把能源问题政治化，更不应该动辄诉诸武力。

中国高度重视能源问题。中国能源战略的基本内容是：坚持节约优先、立足国内、多元发展、保护环境，加强国际互利合作，努力构筑稳定、经济、清洁的能源供应体系。中国是能源消费大国，更是能源生产大国。上个世纪 90 年代以来，中国能源总自给率始终保持在 90% 以上。中国煤炭资源丰富，三分之二的水电资源尚未开发，核电、风力发电、生物质发电刚刚起步，国内能源供应有巨大潜力。我们提出了中国 2006 年至 2010 年经济社会发展的目标，既要实现到 2010 年人均国内生产总值比 2000 年翻一番，又要实现单位国内生产总值能源消耗比 2005 年年末降低 20% 左右。我们将适度利用国际能源市场，在平等互惠、互利双赢的原则下加强同各能源生产国和消费国的合作，共同维护全球能源安全。

各位同事！

加强防控传染病是当今国际社会的当务之急。近年来，非典、禽流感等新发传染病频频发生，艾滋病、结核病、疟疾仍在肆虐，危害各国人民的身体健康和生命安全，影响有关国家的经济社会发展，甚至威胁到地区和全球的安全稳定。

国际社会应该建立和完善多边防控合作机制，加快制定抗击禽流感等传染病的总体规划，推广科学规范的防控措施，发挥联合国和世界卫生组织、联合国粮农组织以及区域合作组织等机构的重要作用。我们应该深化技术交流合作，推动各国相互提供技术支持和帮助，尽早在传染病基础研究领域取得突破性进展；建立传染病防控的信息平台，最终实现信息共享和交流的实时化、规范化；加强全球传染病防控能力建设，在技术和资金支持等方面作出更大努力，真诚帮助发生传染病的贫困国家；重点推动国际社会就禽流感防控流行病学及预防、疫情监测和诊断、疫苗研制和药物开发等开展合作，共享科技成果和防控经验。我们应该通过降价或者转让专利权等方式，提高艾滋病抗病毒治疗药物的可及性，使更多艾滋病人得到治疗；鼓励和支持低成本高效新药的研发和普及，使受疟疾困扰之苦的人们特别是非洲人民受益；推动各国在疾病监测报告、卫生保障、常见传染病防治等方面开展合作，交流先进经验，造福各国人民。

各位同事！

发展教育，是经济社会发展的基础条件，是促进社会公平的重要手段，也有助于增进不同文明的相互理解。对于广大发展中国家来说，加快发展教育，大力提高劳动者素质，可以有力促进就业和经济增长，加快扭转知识、人才、技能等方面的落后局面。加强发达国家和发展中国家在这一领域的合作，具有十分重要的意义。我们应该重点关注以下问题：完善教育体系、提高教育质量，促进终身教育、构建学习型社会，加强国际交流、共享教育资源，利用信息技术、拓展教育机会，增加政府投入、加强能力建设。我们应该促进联合国机构、其他国际组织和双边援助将全民教育和终身教育作为优先目标，帮助发展中国家加强人力资源能力建设，平等参与国际教育合作和规则制定。

为推进国际教育合作，可建立八国集团和发展中国家在教育领域的交流机制，相互借鉴成功经验。中方愿主办研究型大学校长研讨会，共商国际教育交流合作之计。

各位同事！

中国正在按照以人为本、全面协调可持续发展的科学发展观推动经济社会发展。中国一贯重视并积极参与全球能源安全、传染病防控、教育领域的国际合作。中国将加强同石油消费国和生产国在能源开发、利用、环保等领域的合作和对话，加大对传染病防控国际合作的投入，深化教育领域的对外合作。

各位同事！

对内坚持科学发展，对外坚持和平发展，是中国政府和中国人民的郑重选择和庄严承诺。中国将坚定不移地走和平发展道路，实施互利共赢的开放战略，同各国人民携手并进，为增进世界各国人民的福祉，为建设持久和平、共同繁荣的和谐世界而不懈努力!

谢谢各位。

国家主席胡锦涛在圣彼得堡同俄罗斯总统普京举行会晤

双方就深化双边合作和重大国际和地区问题深入交换了意见。

胡锦涛祝贺俄罗斯成功举办八国集团同发展中国家领导人对话会议。他说,这次会议对促进南北关系、推动多边主义、共同应对全球性问题具有积极意义。中方愿同俄方一道,推动对话会议的共识落到实处。

胡锦涛指出,当前,中俄关系继续保持良好发展势头,两国领导人交往密切,双方达成的共识得到积极落实,经济、科技、文化等各领域合作不断取得新进展。"俄罗斯年"各项活动进展顺利,达到了增进友谊、促进合作的预期目标。我们将继续办好"俄罗斯年"活动,积极筹备"中国年"活动。我们将加强两国在重大国际和地区问题上的战略协作,继续发挥在维护国际和地区和平稳定中的重要作用。

在谈到两国能源及经贸合作时,胡锦涛强调,中俄能源合作面临重要发展机遇。两国能源多元化战略一致,地缘和经济互补优势明显,开展能源合作前景广阔。双方在能源领域的合作已取得一些重要进展,希望双方共同努力,落实能源大项目合作。中方高度重视改善两国贸易结构问题,将同俄方一起采取积极措施,争取不断取得新成效。

两国元首还就朝鲜半岛局势交换了看法,呼吁有关各方从朝鲜半岛和东北亚和平稳定大局出发,显示灵活,尽早恢复六方会谈,共同致力于通过和平对话实现半岛无核化的目标。

国务委员唐家璇参加会晤。

国家主席胡锦涛在圣彼得堡会见意大利总理普罗迪

双方就双边关系和共同关心的问题交换了看法。

胡锦涛表示,中意关系发展顺利,两国建立了全面战略伙伴关系,在政治、经贸、文化等领域的合作富有成果,中意政府委员会在规划和协调双边关系中发挥着日益重要的作用。今年在华举办的"意大利年"活动取得成功。普罗迪总理多次表示致力于加强中意全面战略伙伴关系,我对此表示赞赏。我们同样高度重视发展同意大利的关系,愿同意方一起努力,推动双方互利合作迈上新台阶。

胡锦涛指出,中意双方应该继续相互理解和支持对方的重大关切,密切在国际事务中的战略磋商和合作。支持两国企业特别是中小企业开展交流,提升合作水平。我们将继续支持意方办好"意大利年"活动,希望双方在此基础上开展多种形式的文化交流,为两国人民友好奠定更加坚实的社会基础。

国务委员唐家璇参加会见。

国家主席胡锦涛在圣彼得堡会见法国总统希拉克

双方就深化双边关系、加强经济技术合作、推动国际发展合作交换了意见。

胡锦涛积极评价中法关系。他指出,中法关系发展势头很好,可以说是历史上最好的时期之一。两国各领域交往密切,战略对话富有成果,在朝鲜半岛局势和伊朗核问题等重大国际和地区问题上进行了富有成效的合作,两国关系的战略性更加突出。今明两年是中法青年交流年,这对促进两国青年交往和中法关系发展很有意义。

胡锦涛说,中法加强航空工业合作,是对深化中法经济技术合作具有重大影响的战略性决策,希望两国有关部门继续努力,早日正式启动项目建设。中国对开展中法能源领域的技术合作持积极态度。

关于法国提出国际互助捐税倡议,胡锦涛表示,中方一贯支持发展领域的国际合作,赞赏并积极支持法方倡议。中方愿参加互助捐税领导小组,为推动国际发展合作事业作出贡献。希拉克感谢中方支持。他说,胡锦涛主席和中国政府对国际事务作出了重要贡献,法方对此高度评价。

国务委员唐家璇参加会见。

国家主席胡锦涛在圣彼得堡出席中俄印三国领导人会晤

胡锦涛同俄罗斯总统普京、印度总理辛格举行会晤。三国领导人就加强三国合作交换了意见。

胡锦涛指出,中国、俄罗斯、印度在国际和地区事务中有着重要影响。三国相互关系发展顺利,分别建立了战略伙伴关系。三国经济社会发展势头良好,互补性较强,在经济、能源、科技等领域合作潜力巨大。我们应充分利用这些有利条件,抓住机遇,深化三方战略合作。

胡锦涛就加强三国合作提出了建议。他强调,要充分运用三国外长会晤机制,进一步探讨思路,扩大共识,完善机制建设,循序渐进,引导和推动三方在各领域开展深入的务实合作;加强三国在重大国际和地区问题上的沟通和协调,共同倡导多边主义,推动通过协商和对话解决争端和分歧,推动建立持久和平、共同繁荣的和谐世界;三国合作旨在加强友好关系,促进共同发展,维护世界和地区的和平稳定。

三国领导人还就亚太地区形势、反恐合作、打击跨国犯罪等问题交换了看法。

国务委员唐家璇参加会晤。

第三十六届世界空间科学大会在北京开幕

国家主席胡锦涛向大会发来贺信。国务院副总理曾培炎在开幕式上发表讲话,并会见了出席大会的外方主要代表。

全国人大常委会副委员长、中国科学院院长路甬祥在开幕式上宣读了胡锦涛主席的贺信。

曾培炎在开幕式上指出,上个世纪60年代以来,中国空间科学研究迅速发展,在空间材料、空间物理、空间天文和空间环境探测等领域取得了一系列成果,并广泛应用于经济、科技、文化等领域,产生了良好的经济和社会效益。目前,中国的空间事业已经形成了较为完整的研发、设计、试制、生产和试验体系,中国已经成为国际空间探索的一支重要力量。

曾培炎说,中国是一个发展中国家,发展经济和提高人们生活水平是我们的主要任务。空间技术、空间应用与空间科学的发展是增强我们国家自主创新能力以及可持续发展能力的主要方面。今后一个时期,中国将按照科学发展观的要求,加强空间前沿领域和基础科学研究,继续实施载人航天工程,推进绕月工程,启动空间天文卫星计划,进一步开发通信、气象、资源等卫星,继续开展地球空间环境探测,进行空间微重力科学和生命科学实验,部署宇宙大尺度物理学规律、天基地球观测与探测系统、空间科学研究新观测手段、航天重大力学问题等基础研究,从而提升中国空间研究的整体水平。

曾培炎强调,国际合作是综合利用世界各国资源,共同发展科学的重要方面。人类探索与利用外层空间的最终目标,是创造一个更加美好的生存和发展空间。中国主张,世界各国应遵循联合国国际空间合作宣言,坚持平等互利、和平利用、共同发展的原则,消除技术交流壁垒,加强空间合作与交流。中国将一如既往地支持和平利用外层空间的各项活动,广泛参与国际空间科学研究和探测计划,积极推进双边和多边空间合作,为建立太空文明、维护太空秩序进行不懈的努力。

世界空间科学大会的主题是"探讨空间科学与技术各领域的最新发展,交流空间科学与技术的最新成果,为空间科学与技术的国际间合作提供帮助"。来自世界50多个国家和地区的近2000名专家、官员出席本次大会。会议的主要活动包括:12个航天机构圆桌论坛、大型综合学术报告、中文科普报告以及空间科学展览等。

国家主席胡锦涛致第三十六届世界空间科学大会的贺信

第三十六届世界空间科学大会:

值此第三十六届世界空间科学大会在北京召开之际,我谨代表中国政府和中国人民,并以我个人的名义,向大会表示热烈的祝贺!向与会的空间科学家们表示热烈的欢迎!

人类对空间的探索和研究走过了漫长的道路,取得了丰硕的成果。在过去半个世纪中,人类通过空间科学探测活动,了解地球空间环境,探索太阳系中的行星和卫星,对宇宙起源和星系演化作出了更加科学的解释,在空间生命和空间材料等方面也获得了可喜的进展。这些都对人类文明进步起到了积极的推动作用。

空间是全人类的共同资源,探索空间、和平利用和开发空间是世界各国人民的共同权利,维护一个和平、清洁的空间是全人类的共同义务。二十一世纪将是人类在空间领域获得重大突破和飞速进展的世纪,空间科学的发展将进一步提高人类认识宇宙、利用和开发空间的能力。

国际空间研究委员会是空间科学领域的重要国际组织,为促进该领域的国际合作作出了贡献。中国政府支持国际空间研究委员会的工作,愿继续加强双方的友好合作。

我相信,通过世界各国人民和科学家的共同努力,空间科学事业必将迎来更加美好的明天,必将更好地造福全人类。

预祝第三十六届世界空间科学大会取得圆满成功。

中华人民共和国主席　胡锦涛

2006年7月14日

人事部 财政部 民政部 劳动保障部有关负责人就改革收入分配制度有关情况答新华社记者问

问:我国为什么要进行收入分配制度改革,其重要意义何在?

答:改革开放以来,我国收入分配制度改革不断深化,劳动、资本、技术和管理等生产要素按贡献参与分配的原则逐步确立,按劳分配为主体、多种分配方式并存的分配格局逐步形成。随着国民经济的持续快速健康发展,城乡居民收入较大幅度地增长,社会保障制度改革取得长足进展,城镇困难群众基本生活保障水平相应提高,人民生活总体上达到了小康水平。但是必须看到,收入分配领域还存在一些不容忽视的问题,城乡之间、地区之间、行业之间的收入差距还在扩大,一些行业收入水平过高,分配秩序比较混乱,妥善处理和解决这些问题,必须进一步深化收入分配制度改革,理顺收入分配关系,这是建设社会主义和谐社会的重要方面。收入分配问题解决好了,社会公平能够得到维护和实现,各方面的社会关系才能协调,人们的积极性才能充分发挥出来,整个社会才能充满活力。

问:收入分配制度改革将遵循哪些原则,要达到的目标是什么?

答:收入分配制度改革将遵循以下原则:一是坚持和完善按劳分配为主体、多种分配方式并存的分配制度,坚持各种生产要素按贡献参与分配。二是在经济发展的基础上,更加注重社会公平,合理调整国民收入分配格局,使全体人民都能享受到改革开放和社会主义现代化建设的成果。三是进一步理顺分配关系,完善分配制度,着力提高低收入者收入水平,扩大中等收入者比重,有效调节过高收入,取缔非法收入,努力缓解地区之间和部分社会成员之间收入分配差距扩大的趋势。

收入分配制度改革的目标是要通过深化改革,建立科学合理的工资制度;通过规范秩序,遏制收入分配的混乱现象,逐步缩小地区间、部门间的收入差距;通过统筹兼顾,着力构建科学合理、公平公正的社会收入分配体系。

问:公务员工资制度改革受到社会各界的普遍关注,请介绍一下当前推进这项改革的主要原因。

答:首先,改革公务员工资制度是落实《中华人民共和国公务员法》的必然要求。公务员法已于今年1月1日开始施行,公务员法明确规定"公务员实行国家统一的职务与级别相结合的工资制度"。按照公务员法的规定,需要对现行的公务员工资制度进行改革,建立国家统一的职务与级别相结合的、科学完善的公务员工资制度。根据公务员法的规定,今年3月召开的十届全国人大四次会议审议通过的《政府工作报告》,也把改革公务员工资制度作为今年政府的一项重要工作确定下来。其次,现行的公务员工资收入分配面临的矛盾和存在的问题比较突出,改革势在必行。一是收入分配秩序比较混乱;二是工资制度不尽合理;三是工资管理体制需要完善。这些问题说明,原来的工资制度已难以适应社会主义市场经济发展的要求,不利于建立规范和谐的收入分配秩序,一定程度上影响了公务员工作的积极性和队伍稳定,必须深化公务员工资制度改革。第三,改革公务员工资制度和规范公务员收入分配秩序,可以引导和带动整个社会收入分配制度的改革,逐步理顺社会各方面的收入分配关系,对于构建科学合理、公平公正的社会收入分配体系有着积极的促进作用。

问:公务员工资制度改革的主要特点是什么?

答:主要有以下三个特点:一是重在建立新制度,形成新机制。通过简化工资结构、增设级别、增强级别功能、完善工资调整办法等措施,进一步加强工资的激励作用,促进公务员队伍建设。二是适当向基层倾斜。我国公务员队伍60%在县以下基层单位,92%是科级以下人员。为了鼓励广大基层公务员安心本职工作,工资改革中采取了相应的倾斜措施。主要有:加大低职务对应级别数,使低职务公务员有充分的晋升空间;实行级别与工资等待遇适当挂钩,使基层机关因机构规格和领导职数限制没有晋升职务机会的公务员也能提高待遇;对县乡党政主要领导高定级别等等。三是向艰苦边远地区倾斜。完善艰苦边远地区津贴制度,扩大实施范围,提高津贴标准,增加津贴类别,建立动态调整机制。这对于扶持艰苦边远地区公务员提高工资收入,缩小地区间收入差距有着重要作用。

问:这次事业单位工作人员收入分配制度改革的总体目标是什么?改革的主要内容有哪些?

答:这次事业单位工作人员收入分配制度改革的总体目标是,建立符合事业单位特点、体现岗位绩效和分级分类管理的收入分配制度,完善工资正常调整机制,健全宏观调控机制。改革的主要内容:一是建立岗位绩效工资制度,使工作人员的收入与其岗位职责、工作表现和工作业绩相联系。岗位绩效工资包括岗位工资、薪级工资、绩效工资和津贴补贴四部分,其中岗位工资、薪级工资为基本工资,实行"一岗一薪、岗变薪变","一级一薪、定期升级"。二是实行新的工资分类管理办法。适应事业单位分类改革的要求,对从事公益服务的事业单位,根据单位类型不同实行工资分类管理。三是建立符合事业单位自身特点的工资正常调整机制,在运行机制上与机关不同。四是完善高层次人才收入分配激励机制,建立事业单位主要领导收入分配激励约束机制。在充分调动高层次人才和事业单位主要领导的积极性的同时,加强引导和调控事业单位的收入分配。五是健全收入分配调控机制。实行分类管理、分级调控,完善收入分配调控政策,加强工资收入支付管理,建立统分结合、权责清晰、运转协调、监督有力的宏观调控机制。

问:请介绍一下这次事业单位工作人员收入分配制度改革的特点。

答:这次事业单位工作人员收入分配制度改革的特点,主要体现在四个方面:一是与深化事业单位改革相适应。这次事业单位收入分配制度改革,在内容和方法步骤上,都充分考虑了事业单位其他相关配套改革的要求和进程,既有利于深化收入分配制度改革,也有利于推动事业单位其他各项制度改革。二是建立体现事业单位特点的收入分配制度。事业单位在功能性质、资源配置、管理方式、用人机制等方面都不同于机关,收入分配制度改革必须体现自身的特点,与公务员工资制度相区别。三是向高层次人才倾斜。根据全国人才工作会议精神，体现尊重知识、尊重人才，鼓励创新创造，采取多种分配形式和分配办法，进一步加大向高层次人才的倾斜力度。四是建立分级管理体制。适应社会主义市场经济体制和分级管理财政体制的要求，改革完善事业单位工资管理体制，明确中央、地方和部门的管理权限，发挥地方和部门在调控管理和监督检查等方面的作用。

问：落实中央关于深化收入分配制度改革，必须让广大人民群众享受改革发展成果的要求，国家对解决相关群体待遇方面总的安排是什么？

答：党中央、国务院明确要求，实现好、维护好、发展好最广大人民群众的根本利益，是我们党一切工作的根本出发点和落脚点。近年来，通过实施"三减免、三补贴"等一系列的惠农政策，促进了农民增收，提高了农民生活水平。提高了个人所得税工薪所得费用扣除标准，照顾了一部分低收入人员。同时，在确保企业离退休人员基本养老金按时足额发放基础上，多次提高企业离退休人员基本养老金标准，稳妥实施国有企业下岗职工基本生活保障和再就业工程。积极落实优抚对象的待遇政策，基本实现了城市居民最低生活保障对象应保尽保，完善了最低工资制度，城镇低收入人员的基本生活得到了较好保障。

按照党中央、国务院关于统筹兼顾、通盘考虑，让广大群众分享改革开放和社会主义现代化发展成果的要求，在这次收入分配制度改革中，国家将继续适当提高相关人员的待遇水平。一是适当提高企业离退休人员基本养老金标准；二是适当提高优抚对象等人员抚恤和生活补助标准；三是适当提高城市低保对象的补助水平等。与以往历次统筹考虑相关人员和社会保障对象的政策相比，这次调整的政策措施力度更大，中央财政补助的数量也是历史上最多的一次。可以说，这是一项把党和政府的关怀送到千家万户、确保广大群众共享改革开放成果的德政之举、民心工程。

问：国家对适当提高城市低保对象补助水平，采取了哪些措施？

答：为支持地方实现应保尽保，近几年来，中央财政较大幅度增加了低保补助，由2000年的8亿元增加到2005年的112亿元，覆盖人数由2000年的400多万人增加到2005年的2200多万人，目前已趋于稳定。因此，目前工作的重点是做好低保对象的基本生活保障，即适当提高补助水平，使低保对象月人均补助水平比2005年有一定幅度的提高。具体调整办法，由各地根据当地实际情况合理确定。调整时要适当向生活最困难、最需要救助的低保对象倾斜。

问：国家对提高优抚安置对象等人员待遇和生活标准是怎么考虑的？

答：继去年提高部分优抚对象等人员的抚恤补助标准后，民政部、财政部近日发出通知，再次大幅度提高部分优抚对象等人员的抚恤补助标准。提标对象包括：残疾军人、"三红"（在乡退伍红军老战士、在乡西路军红军老战士、红军失散人员）、"三属"（革命烈士家属、因公牺牲军人家属、病故军人家属）、在乡复员军人以及带病回乡退伍军人。这是1998年以来第8次提高抚恤补助标准，充分体现了党和国家对广大优抚对象的关心和厚爱，确保了其生活水平随国民经济发展和人民生活水平同步增长。另外，根据现行政策规定，对优抚对象按照全国职工平均工资和全国城乡居民家庭人均收入水平适当调整抚恤和生活补助标准；对移交政府安置的军队离退休干部，按照军队调整待遇的幅度相应提高待遇标准；对移交政府安置的军队无军籍退休退职职工和管理机构工作人员，适当提高了待遇标准。

问：国家在对提高企业离退休人员待遇方面主要采取了哪些措施？

答：党中央、国务院十分重视企业离退休人员的生活保障问题。近年来采取了一系列措施，确保企业离退休人员基本养老金按时足额发放，并多次调整了企业离退休人员的基本养老金水平。这次在改革收入分配制度的同时，继续提高企业离退休人员基本养老金水平。企业离休人员基本养老金调整水平由各省、自治区、直辖市人民政府参照机关事业单位离休人员离休费调整标准确定。企业退休人员基本养老金调整采取"一次出台，三年连调"的方案，即2005年、2006年、2007年三年连续提高基本养老金，调整时间为每年的7月1日，调整水平分别以上年企业退休人员月人均养老金为基数，按照上年企业在岗职工平均工资增长率的一定比例进行调整，调整时向具有高级职称的退休科技人员和退休早、基本养老金相对偏低的人员等适当倾斜。具体办法由各省、自治区、直辖市人民政府根据当地实际情况制定，报劳动保障部、财政部审批后实施。

问：这次收入分配制度改革的确是一项复杂的系统工程，涉及方方面面，社会关注度很高，如何保证改革工作顺利实施？

答：收入分配制度改革和规范收入分配秩序，是党中央、国务院针对当前收入分配领域存在的突出矛盾和问题，从贯彻落实科学发展观、构建社会主义和谐社会、完善社会主义市场经济体制的要求出发，作出的重大决策。作为职能部门，我们深感责任重大，任务艰巨。

由于收入分配制度的改革直接关系到人们的切身利益，直接影响到地方、部门和单位等社会收入分配格局的调整，是一项政策性强、涉及面广、难度大的工作。我们必须充分认识收入分配制度改革工作的重要性、必要性和复杂性，切实增强政治意识、大局意识、责任意识和纪律意识，自觉地把思想和行动统一到中央的决策部署上来。既要对顺利实施和推进收入分配制度改革充满信心，又要对可能遇到的矛盾和问题有充分的思想准备，以求真务实的精神，认真细致地做好各项工作。

在这里需要特别强调严肃工作纪律，加强监督检查。为确保改革收入分配制度和规范收入分配秩序工作的顺利进行，中央已提出了明确的纪律要求。各地区、各部门要严格遵守和坚决维护党的政治纪律，对工作中出现的各种违规违纪行为，要坚决予以制止和纠正，确保政令畅通。要严格遵守和坚决维护机构编制、组织人事和财经工作纪律，严格执行国家政策规定，切实维护国家政策的严肃性。要加强监督检查，严格执行纪律，严禁政出多门，各行其是，对违纪的要坚决查处。

中国队在卢布尔雅那举行的第四十七届国际数学奥林匹克竞赛中获得团体冠军

7月18日

国务院副总理回良玉在湖南考察指导防汛抗洪救灾

受今年第4号强热带风暴影响，湖南、福建、广东、广西、江西、浙江等省(区)出现大范围强降雨过程，发生了今年以来最为严重的洪涝灾害。在防汛抗洪救灾的关键时刻，受党中央、国务院委托，国务院副总理、国家防汛抗旱总指挥部总指挥回良玉深入到此次受灾最重的湖南灾区，看望慰问奋战在防汛抗洪救灾一线的广大干部群众和人民解放军、武警部队官兵，检查指导抗灾救灾工作。他强调，党中央、国务院对当前的抗洪救灾工作高度重视，中央领导同志对灾区群众的生产生活十分关心。目前汛情灾情仍在发展，我们要发扬连续作战的精神，按照以人为本的要求，扎扎实实做好防汛抗洪救灾的各项工作，确保受灾群众的基本生活，确保大江大河、大中型水库安全度汛。

考察期间，回良玉听取了湖南省抗洪救灾工作情况汇报，对湖南前一阶段的抗灾救灾工作予以充分肯定。他指出，面对严峻的险情和灾害，各级党委政府和防汛指挥部迅速启动应急预案，广大军民团结奋战，抗洪抢险救灾取得初步胜利。当前正值主汛期，今年气候复杂多变，雨情汛情异常，防汛抗洪形势严峻，救灾任务相当艰巨。各地要认真贯彻党中央、国务院关于防汛工作的方针和部署，坚持以人为本，加强领导，落实责任，科学决策，密切配合，动员和组织广大干部群众，合力做好抗洪救灾工作。一是救灾安置要到位。要情系受灾群众，妥善做好死亡失踪人员家属安抚工作，切实安排好灾区群众生活。要抓紧灾后抢收补种，帮助灾区群众恢复生产。要做好灾区卫生防疫工作，搞好巡回医疗，保证不出现大的疫情。二是领导指挥要到位。各级领导要深入抗洪救灾第一线，靠前组织指挥，现场指导督查，切实把责任和措施落实到人。三是抗洪措施要到位。在确保大江大河和大型水库防洪安全的同时，着力做好中小水库、小流域山洪和地质灾害监测、巡查和避险工作。抓紧抢修受损堤防、水毁工程，进一步做好队伍和物料准备。四是部门配合要到位。要坚持统一指挥、部门协作、社会联动的防灾机制，实行依法防洪、科学防洪、军民同心合力防洪。五是统筹协调要到位。在做好防灾救灾工作的同时，要抓好当前各项工作，促进粮食稳定发展、农民持续增收，扎实推进社会主义新农村建设，努力保持经济平稳较快发展、社会稳定和谐的良好局面。

国务院副总理曾培炎在北京考察北京烟草物流中心

曾培炎强调，要正确认识烟草行业的特殊性，坚持以人为本，以科学发展观统领各项工作，进一步深化改革、加强管理、调整结构、提高质量，促进烟草行业的健康发展。

曾培炎说，近年来，烟草行业广大干部职工认真贯彻党中央、国务院的决策部署，各项工作取得很大进展。他强调，烟草行业要着眼于满足群众需求，增加有效供给。同时要从维护人民健康出发，加强计划管理，严格控制卷烟生产总量，积极推进技术创新，调整产品结构。要结合建设社会主义新农村，实行“工业反哺农业，城市支持农村”的方针，抓好烟叶生产基地建设，带动农民增加收入，更好地支持农业和农村建设。要结合建设资源节约型和环境友好型社会，切实抓好烟草生产的节能降耗，努力实现节约发展、清洁发展和安全发展。要结合建设小康社会与和谐社会，积极支持新能源、环保等基础设施建设，加大对社会公益事业的投入，履行企业社会责任，为国家建设和改善人民生活作出新的贡献。

曾培炎要求，烟草行业要进一步深化改革，坚持和完善专营制度，实行“统一领导、垂直管理、专卖专营”。抓紧理顺行业资产管理体制，简化管理层次，加强清产核资，保证国有资产保值增值。卷烟工业企业要加快建立现代企业制度，增强企业活力和整体竞争力。要加快建设全国统一的销售网络，推动烟草经营从传统商业向现代流通的转变，理顺烟草进出口管理体制。加大市场监管力度，深入推进卷烟打假、打私。要抓好党风廉政和精神文明建设，严格行业自律，强化审计监督，完善分配机制，不断提高服务质量。

国务委员唐家璇在钓鱼台国宾馆会见美国前国务卿鲍威尔一行

7月19日

国务院总理温家宝主持召开国务院常务会议

会议讨论并原则通过《国务院关于加强节能工作的决定》，严肃处理齐齐哈尔第二制药有限公司制售假药案和黑龙江龙煤矿业集团东风煤矿“11·27”特大煤尘爆炸事故相关责任人。

会议指出，我国人口众多、能源资源相对不足，目前又正处在工业化和城镇化加快发展的重要阶段，能源资源的消耗强度高，消费规模不断扩大，能源供需矛盾越来越突出。解决我国能源问题，根本出路是必须坚持开发与节约并举、节能优先的方针，大力开展节能工作，提高能源利用效率。节能工作关系到我国经济社会可持续发展，既是长期的重要任务，也是当前的紧迫任务。今年上半年能源消耗增长仍然快于经济增长，单位国内生产总值能耗上升，实现节能降耗和主要污染物减排目标难度较大，形势十分严峻。

会议强调，加强节能工作需要着力抓好以下几个方面：(一)加快构建节能型产业体系。这是节能的根本性措施。要大力调整产业结构，推动能耗低、污染少的服务业加快发展，遏制高耗能行业过快增长。(二)着力抓好重点领域节能工作。抓好工业节能工作，特别是重点耗能行业和企业的节能工作，加快淘汰落后产品，改善建筑设计和材料，推进节能型综合运输体系建设，因地制宜发展多种能源，提高农村能源效率，做好政府机构节能工作。(三)大力推进节能技术进步。要加快先进节能技术、产品研发和推广应用，加大重点节能工程实施力度，培育节能服务体系，促进节能产业发展。(四)强化节能管理。健全节能法律法规和标准体系。建立节能目标责任制、评价考核制度和问责制，要将“十一五”规划确定的单位国内生产总值能耗降低目标分解落实到各级政府和重点耗能企业，向社会定期公布单位生产总值能耗、单位工业增加值能耗、重点企业能耗和单位产品综合能耗等指标，并纳入领导班子和领导干部的考核内容。(五)建立健全节能保障机制。逐步理顺能源价格，实行有利于节能的财税政策。从多方面增加节能投入，拓宽融资渠道。推进城镇供热体制改革。实行节能奖励制度。(六)加大宣传力度，培养和增强全社会节能意识，形成人人节约的良好风尚。

会议要求，各地区、各部门要全面贯彻落实科学发展观，把节能工作摆在更加突出的战略位置，省级政府要对本地区节能工作负总责，把节能工作纳入政府重要议事日程。当前，要加强和改善宏观调控，继续推进体制改革，严格控制固定资产规模过快增长，坚决淘汰高耗能、高污染企业，切实把各项节能措施落到实处。

会议听取了监察部关于齐齐哈尔第二制药有限公司制售“亮菌甲素注射液”假药案件调查和处理情况的汇报。现已查明，这是一起不法商人销售假冒药用辅料，齐齐哈尔第二制药有限公司采购和质量检验人员严重违规操作，使假冒药用辅料制成假药投放市场，导致11人死亡的恶性案件。在这起案件中，有关药品监管及工商行政管理部门监管不力，工作严重失职。为严肃法纪政纪，对群众身体健康和生命安全负责，会议同意对21名有关责任人员作出处理，其中移交司法机关处理10人，给予党纪政纪处分11人。国家药品监管部门已依法吊销齐齐哈尔第二制药有限公司药品生产许可证。会议认为，这起假药案件，暴露出我国药品生产和流通秩序存在的突出问题，也暴露出药品监管工作存在的漏洞，必须认真吸取教训。各级政府有关部门要加强和改进监管工作，下大力气整顿和规范药品市场秩序，坚决打击制售假劣药品的不法活动，保障人民群众的身体健康和生命安全。

会议听取了国务院事故调查组关于黑龙江省龙煤矿业集团东风煤矿“11·27”特别重大事故调查情况的汇报。2005年11月27日，黑龙江省龙煤矿业集团东风煤矿发生特别重大煤尘爆炸事故，造成171人死亡，48人受伤。经过调查，认定这是一起重大责任事故。会议同意对事故涉及的33名责任人作出处理，其中移交司法机关处理11人，给予党纪政纪处分及组织处理22人。会议指出，近期一些地区安全事故频发的问题必须引起高度重视。各级政府和有关部门要认真落实安全生产的各项措施，强化安全管理，确保人民群众生命安全。

全国政协主席贾庆林在人民大会堂会见以郭台强为团长的台湾工商建研会大陆经贸考察团

国务院任免国家工作人员

任命叶克冬为国务院台湾事务办公室副主任；

免去李炳才、王在希的国务院台湾事务办公室副主任职务。

贵州省十届人大常委会第二十二次会议任命林树

森为贵州省副省长并代理贵州省省长

中共中央政治局常委曾庆红在钓鱼台国宾馆会见日本自民党前干事长古贺诚

中共中央政治局常委李长春在人民大会堂会见南非共产党总书记布莱德·恩齐曼德

外交部部长李肇星在钓鱼台国宾馆与瑞典外交大臣第六十届联大主席埃利亚松举行会谈

我国科学家研制出一种光谱仪把传统光谱仪的效率提高6000倍

日前出版的《激光世界》和《光电子光谱》杂志，对该仪器进行了专题报道。相关研究成果在国际知名光学期刊《光学快报》上发表后，受到国际同行高度评价，被认为是对光谱学研究的“原创性重要贡献”。

由复旦大学信息科学与工程学院院长陈良尧领衔的课题组，设计出“二维CCD阵列探测器”光谱仪，可将10个光栅组成“集成光栅”，就像10面“镜子”将不同波长的光子各自分拣出来，同时反射到探测器上，使效率从原来的10分钟“提速”到了0.1秒。

我国首次多器官联合捐献及移植获成功

我国首次国际标准化的多器官联合捐献及移植在广州成功实施，并获得多项器官移植医学上的突破。因脑膜瘤二次手术救治无效脑死亡的杨女士，共捐献出心脏、肝脏、双侧肺、双侧肾脏及双眼角膜等8个健康器官，救治了9位危重病人。目前，9位病人全部顺利度过24小时危险期。

7月20日

国家主席胡锦涛在人民大会堂会见瑞典国王卡尔十六世·古斯塔夫

胡锦涛赞赏卡尔十六世国王和瑞典王室为推动中瑞友好合作关系发展作出的重要贡献。胡锦涛还祝贺象征中瑞传统友谊的瑞典“哥德堡”号仿古船，沿着古航线成功驶抵中国。

胡锦涛说，中瑞建交56年来，尽管国际形势发生了很大变化，但两国关系一直向前发展。双方在政治、经贸、科技、文教等各领域的合作不断扩大。在多边领域以及维和、人权、环保等问题上也开展了富有成效的交流与合作。

胡锦涛表示，瑞典政府一贯坚持一个中国政策，积极发展对华关系，我们对此表示赞赏。中国重视发展同瑞典的友好合作关系，愿在相互尊重、平等互利的基础上，深化两国各层次友好交往，进一步扩大双方各领域互利合作，把中瑞友好合作关系提高到新的水平。

国务院副总理吴仪对人民银行党建工作和金融服务工作作出重要批示

黄菊指出，进一步做好人民银行系统党建工作，加强思想政治工作和干部队伍建设，增强金融服务意识，改进和创新金融服务，提高金融服务水平、质量和效率，是全面贯彻落实科学发展观的重要内容，也是正确制定和实施货币政策、维护金融稳定的基础和保障。

黄菊强调，当前，要根据国民经济的发展态势和宏观调控的需要，切实加强对国际国内经济金融形势的跟踪、分析和研究，进一步提高前瞻性、预见性和主动性，为党中央、国务院制定宏观调控政策提供及时、准确的建议和意见，为确保国民经济继续保持平稳快速增长提供高水平的金融服务。

国务院副总理回良玉在广东 广西考察指导抗洪抢险救灾工作

回良玉强调，各地要按照以人为本的要求，以对党和人民高度负责的精神，深入细致地做好救灾工作，让受灾群众切实感受到党和政府的关怀与温暖。当前全国正处在防汛关键时期，大范围、高强度、持续性暴雨随时可能发生，台风也进入多发季节，防汛抗洪形势仍十分严峻。我们要继续保持高度警惕，认真抓好各项措施的落实，扎实做好防汛抗洪救灾工作。

回良玉十分关心灾后重建工作，他强调要切实搞好规划，因地制宜，科学重建，尤其是山区要合理选址、避险保安。

考察期间，回良玉听取了广东、广西抗洪救灾情况汇报，对两省区前一阶段抗灾救灾工作予以充分肯定。他指出，目前正值主汛期，各地要在前一段全面部署的基础上，针对近期防汛抗洪救灾中暴露出来的薄弱环节，作出进一步安排。要继续强化大江大河和大中型水库安全度汛的措施，加强监测巡查，及时排除隐患，防止汛期发生重大安全事故。要切实加强山洪、滑坡和泥石流等灾害的防御，做好灾害监测、预警和避险工作。要扎实做好当前的救灾和灾后恢复重建工作，在妥善安置受灾群众的同时，抓紧修复灾毁基础设施、房屋、耕地和基本农田，解决好群众的长远生计问题。要加强卫生防疫工作，确保灾后无大疫。要一手抓好防洪救灾这个当务之急，一手抓好面上的各项工作，促进经济社会的全面发展。

广东省省委书记张德江一同考察了广东的防汛抗洪救灾工作。

第二次全国检察机关司法警察工作会议在上海召开

最高人民检察院检察长贾春旺出席会议并作重要讲话。他强调,要认真学习贯彻《中共中央关于进一步加强人民法院、人民检察院工作的决定》和第十二次全国检察工作会议精神,深入实践检察工作主题和总体要求,加强和改进司法警察工作,推动检察机关司法警察工作迈上新台阶。

贾春旺指出,近几年来,全国检察机关认真贯彻落实高检院的部署,狠抓司法警察的机构和队伍建设,规范工作任务,创新工作机制,强化组织管理,司法警察工作取得了长足发展。贾春旺强调,各级检察机关司法警察部门要深入实践检察工作主题和总体要求,找准为全局工作服务的切入点和着力点。要以办案安全为重点发挥职能作用,建立司法警察与其他办案人员分工负责、互相配合的工作制度。认真开展保护检察官依法履行职责、保护公诉人出庭安全的工作,完成好维护办公、办案和上访秩序的任务。积极探索司法警察依法履行职责、协助职务犯罪侦查工作的途径和方式。要以健全制度为重点规范警务活动,把加强规范化建设作为司法警察部门重要的基础性工作来抓,认真查找容易发生问题的部位和环节,进一步建立健全规章制度,规定工作内容,完善工作流程,明确质量标准,加强工作管理,把各项警务工作纳入规范有序的轨道。要以科技强警为手段提高警务能力,把先进技术运用到办案和安全保障工作中。

外交部部长李肇星外长在北京会见赤道几内亚外交国际合作和法语国家事务部长米查一行

中央军委副主席曹刚川在驻内蒙古自治区、黑龙江省边防部队调研

曹刚川指出,胡锦涛总书记在庆祝中国共产党成立85周年暨总结保持共产党员先进性教育活动大会上的重要讲话,是进一步推进党的先进性建设的纲领性文献。各级党委要把学习贯彻胡总书记的重要讲话作为一项重要政治任务来抓。要围绕贯彻落实科学发展观、履行新世纪、新阶段我军历史使命加强先进性建设,着力解决思想、组织、作风等方面存在的问题,提高各级党委贯彻落实科学发展观的能力。要从边防部队实际出发,把科学发展观落实到部队建设的方方面面,努力取得实实在在的成果,推动部队建设又快又好地发展。要针对新形势下边防建设面临的新情况,切实加强边境管理,实行军警民联防联控,确保边境安全稳定。要认真贯彻全军军事训练会议精神,提高部队的训练质量和战斗力水平。要增强政治意识、大局意识,艰苦奋斗,无私奉献,严守纪律,树立良好形象,为保卫边疆、建设边疆作出新的贡献。

曹刚川强调,边防部队高度分散,工作独立性强,要依据《军队基层建设纲要》,扎实做好抓基层、打基础的工作。要坚持从严治军,平时严格教育、严格训练、严格管理,战时就会少付出血的代价,这是贯彻以人为本要求的重要体现。胡主席对边防官兵的身心健康非常关心,各级要认真落实胡主席的有关重要指示,积极改善边防执勤、生活和医疗卫生条件,为官兵守卫边防创造良好环境。

解放军总参谋部、总装备部和军委办公厅领导陪同调研。

7月21日

国家主席胡锦涛应约同韩国总统卢武铉通电话

双方就中韩关系和朝鲜半岛局势交换了意见。胡锦涛指出,当前中韩关系发展势头良好。双方政治、经贸等各领域的交流合作日益深化,在国际和地区事务中保持着良好的协调和配合。中方高度重视中韩关系,愿同韩方一道,推动两国全面合作伙伴关系更加深入地向前发展。

关于朝鲜半岛形势,胡锦涛强调,中方一贯致力于维护半岛和东北亚和平稳定,主张通过对话和平解决半岛有关问题。有关各方应按照有利于维护半岛和东北亚和平稳定、有利于推进六方会谈进程的原则,保持冷静和克制,审慎负责地处理半岛有关问题,避免任何使局势进一步复杂化的行动。应多做促进对话、增信释疑、缓和紧张局势的事,努力创造条件,争取尽早恢复六方会谈,推动半岛形势向好的方向发展。

中共中央在中南海就当前经济形势和经济工作召开

中共中央总书记胡锦涛主持座谈会并发表重要讲话。他强调,要坚持以科学发展观统领经济社会发展全局,统一思想、完善政策、狠抓落实,切实转变发展观念、创新发展模式、提高发展质量,确保实现全年经济社会发展的预期目标。

中共中央政治局常委温家宝、贾庆林、曾庆红、黄菊出席座谈会。温家宝通报了今年上半年我国经济运行的情况,并介绍了中共中央、国务院关于做好下半年经济工作的考虑。

座谈会上,民革中央主席何鲁丽、民盟中央主席蒋树声、民建中央主席成思危、民进中央主席许嘉璐、农工党中央主席蒋正华、致公党中央常务副主席杜宜瑾、九三学社中央常务副主席陈抗甫、台盟中央主席林文漪、全国工商联主席黄孟复、无党派人士林毅夫先后发言。他们认为,上半年国民经济平稳快速增长,保持了良好的发展态势,各项社会事业协调发展,为顺利实施“十一五”规划开了个好头。他们还就加强和完善宏观调控、加强社会主义新农村建设、扩大内需、发展循环经济、增强自主创新能力、扩大就业再就业、完善社会保障体系、发展社会事业等问题提出了意见和建议。

在认真听取了大家的发言后,胡锦涛作了重要讲话。他说,大家对上半年的经济工作给予了充分肯定,并提出了许多很有见地的意见和建议。这对于做好下半年的经济工作、完成全年的各项任务很有帮助。对大家提出的意见和建议,我们将认真研究、积极采纳。

胡锦涛指出,今年是“十一五”的开局之年,各地区、各部门坚持以邓小平理论和“三个代表”重要思想为指导,全面贯彻落实科学发展观,继续加强和改善宏观调控,上半年国民经济保持了发展速度较快、物价较低、效益较好的势头。各民主党派、工商联和无党派人士为推动社会经济发展、促进社会和谐做了大量工作,发挥了重要作用。胡锦涛代表中共中央、国务院,向各民主党派、工商联和无党派人士,向统一战线广大成员,表示衷心的感谢。

胡锦涛强调,我们分析形势,始终要坚持辩证唯物主义的方法论,既充分肯定取得的成绩,特别是在调整经济结构、转变经济增长方式、实现科学发展方面取得的成绩,以坚定信心、继续前进;又要充分认识存在的突出矛盾和问题,特别是对我国发展全局会产生重大影响的矛盾和问题,以保持清醒、适时调控。要坚持以科学发展观统领经济社会发展全局,高度重视并抓紧解决经济运行中存在的突出矛盾和问题,把各方面的积极性切实引导到实现科学发展上来。

胡锦涛就做好下半年的经济工作提出了6点要求。一是要切实控制固定资产投资规模。要继续加强和改善宏观调控,区别对待,分类指导,从信贷、土地、环境等方面采取有效措施,坚决抑制高耗能、高污染和产能过剩行业盲目扩张,切实把经济发展的着力点放在提高质量和效益上来。二是要积极扩大国内需求。要进一步增强内需对经济增长的拉动作用,扩大居民特别是农民和城镇中低收入者的消费,加大对社会发展的投入,加快发展农村教育、医疗、文化等社会事业和公共服务。三是要扎实推进社会主义新农村建设。要坚持抓好农业生产,继续推进农村综合改革,以生产发展和农民增收为重点,稳定和完善各项支农惠农政策,加强对新农村建设的指导,认真解决农民生产生活中的实际问题,努力使农业基础地位更加巩固、农民生活水平不断提高。四是要加快推进重点领域的体制改革。要毫不动摇地坚持社会主义市场经济的改革方向,进一步完善社会主义市场经济体制,完善宏观调控体系、行政管理体制和经济法律制度,深化国有企业、财税金融等方面的改革,加强现代市场体系建设,逐步形成有利于转变经济增长方式、促进全面协调可持续发展的体制机制。五是要着力提高对外开放水平。要加快转变外贸增长方式,推进加工贸易转型升级,切实优化外资结构和进出口商品结构,促进外贸进出口平衡。六是要进一步解决好关系人民群众切身利益的问题。要从人民群众最关心、最直接、最现实的利益问题入手,认真研究解决广大群众看病、上学等方面的困难,进一步做好扩大就业、健全社会保障体系、理顺收入分配关系等方面的工作,进一步抓好安全生产。当前防汛任务很重,要切实做好防灾救灾减灾工作。

胡锦涛最后表示,前不久,中共中央召开了全国统战工作会议,强调正确处理中国共产党和民主党派的关系,是发展社会主义民主政治、建设社会主义政治文明的重要内容,也是构建社会主义和谐社会的重要内容。相信随着会议精神的贯彻落实,统一战线和多党合作事业一定会蓬勃发展,在全面建设小康社会中一定能发挥更大作用。

回良玉、吴仪、曾培炎、王刚、华建敏、刘延东和中央有关部门负责人出席座谈会。

出席座谈会的党外人士还有周铁农、张怀西、李蒙、张梅颖、张榕明和吴明熹、邵鸿、李敏宽、辜胜阻、胡四一等。

全国政协主席贾庆林和国家副主席曾庆红分别在人民大会堂会见密克罗尼西亚联邦副总统雷德利·基利昂

国务院召开全国水污染防治工作电视电话会议

国家环保总局与“十一五”水污染物削减任务较重的河北等9省(区)政府签订了削减目标责任书。国务院副总理曾培炎出席并讲话。曾培炎强调,防治水污染是全面落实科学发展观,保护生态环境的重大任务,也是当前加强和改善宏观调控的重要举措。各有关方面要充分认识水污染防治的严峻形势,严格控制污染物排放总量,抓好重点流域环境治理,努力完成今年和“十一五”水污染防治任务。

曾培炎说,党中央、国务院高度重视水污染防治工作,胡锦涛总书记、温家宝总理多次作出重要指示,“十一五”规划也将主要污染物排放总量减少列为约束性指标。今年以来,各地区、各部门积极采取措施贯彻中央部署,加大了水污染防治力度,取得一定成效。但总体上看,与国家规划要求还有很大差距。目前,经济快速发展付出的资源环境代价过大,主要水污染物排放总量明显超过环境容量，污染治理仍然滞后，水污染事故时有发生，不少地方饮用水安全存在隐患。完成今年和“十一五”水污染防治目标，任务相当艰巨。

曾培炎指出，水污染问题已经成为制约经济发展、危害群众健康、影响社会稳定的重要因素，必须痛下决心加以解决。各地区和各有关部门要切实提高忧患意识和责任意识，增强使命感和紧迫感，扎扎实实抓好以下六项工作。

第一，严格控制污染物排放总量。要结合当前控制固定资产投资规模、解决部分行业产能过剩等问题，加大产业结构调整力度，加快淘汰一批企业，着力改造一批企业，重点监管一批企业，限期治理一批企业。对3200多家重点排污企业实行在线监控，通过改造，五年内削减10%或更多的化学需氧量。严格企业环境准入标准，从根本上减少企业的污染排放。

第二，抓好重点流域水污染防治。要抓紧实施“三河”“三湖”“一市”“一海”“一库”，以及南水北调中线水源地、松花江、黄河中上游、三江源保护区等重点流域治理规划。

第三，加快城镇污水垃圾处理设施建设。到2010年，全国设市城市污水处理率不低于70%，生活垃圾无害化处理率不低于60%。积极推进污染处理收费和处理设施建设与运营市场化。

第四，防范水环境安全事故。要尽快制定和完善环境安全应急预案，规范操作，加强监测，提高应对能力。积极排查环境安全隐患，加强环境安全设施建设，最大限度地降低环境安全风险。

第五，要优化经济布局、改善水环境质量。积极开展流域干支流源头、水源涵养区和集中式水源的保护。要保证江河必要的生态基流，以水的承载能力为基点，优化经济布局。

第六，大力搞好饮用水安全保障。要依法划定饮用水源保护区，限期关闭饮用水源一级保护区内所有直接排污口，加强城市备用水源建设。

曾培炎强调，要切实落实水污染防治工作责任。水污染防治的主要责任在地方。各级地方政府要逐级签订水污染物总量削减目标责任书，一级抓一级，层层抓落实。责任书规定的削减指标，是必须完成的约束性指标，国家有关部门要定期检查、考核并向社会公布。国务院各有关部门要按照各自分工，认真履行职责，密切沟通协作，加强对地方的指导和监督。

国家环保总局局长周生贤就水污染防治工作答《人民日报》记者问

记者：如何准确判断水污染防治面临的形势？

周生贤：“十五”期间，各地区、各部门认真贯彻落实党中央、国务院的决策部署，积极落实重点流域污染治理任务，不断加大水污染防治工作力度，水环境治理取得了积极进展。但必须清醒地看到，当前我国水污染的形势依然十分严峻，主要表现是：各地水污染现象还相当严重，工业和城乡水污染治理仍然滞后，水污染事故频繁发生，饮用水安全存在隐患。全国约1/3的水体丧失了直接使用功能，重点流域40%以上的水质没有达到治理要求，流经城市的河段普遍受到污染，不少地方有河皆干、有水皆污，近海水域赤潮接连发生。全国3亿多农村人口饮用不合格水，许多是因为水污染造成的。严重的水污染问题，已经成为制约经济发展、危害群众健康、影响社会稳定的重要因素，到了必须痛下决心非解决不可的时候了。

记者：目前水环境形势严峻的原因是什么？

周生贤：产生上述问题的原因是多方面的。一是不少地区对环境保护的重要性认识不足。片面追求眼前利益、局部利益和经济效益，忽视长远利益、全局利益和环境效益。二是经济增长方式粗放。高消耗、高污染行业盲目扩张，水资源浪费严重，生产用水重复利用和处理率较低。三是环保机制不健全。环保投资渠道单一，污水和垃圾处理收费不到位，各方面投入不足。四是环保执法不力。有法不依、执法不严、违法不究的现象比较普遍，环境案件难以处置。从根本上看，是科学发展观还没有得到全面落实，经济社会还没有走上全面协调可持续发展的轨道。

减少污染物排放，让人民群众喝上干净的水，是人民政府对人民的庄严承诺，必须以忧患之心对待水污染防治，加大防治水污染工作的力度，努力改善水环境质量，保证“十一五”规划水污染防治目标的实现。

记者：防治水污染将采取哪些根本性措施？

周生贤：做好水污染防治工作，总的指导思想是：一要坚持保护环境与经济增长并重，把加强环境保护作为搞好宏观调控、推进结构调整和转变增长方式的重要手段；二要坚持预防为主、防治结合，控制污染物排放总量，强化污染治理，不欠新账、多还旧账；三要坚持全面推进、突出重点，继续抓好重点流域环境治理，注重加强饮用水源保护，带动全国水污染防治；四要坚持远近结合、标本兼治，综合运用法律、经济、技术和必要的行政手段，不断加大水污染防治的力度。重点采取以下措施：

第一，严格控制污染物排放总量。这是减轻水污染的根本性措施。突出抓好“四个一批”，一是加快淘汰一批污染严重的企业，依法关闭一批污染严重的企业，淘汰一批耗水高、污染重的生产能力。二是着力改造一批企业，以造纸、化工、制药、食品、酿造、印染等行业为重点，加大企业技术改造力度，减少水污染排放。

三是重点监管一批企业。对水污染占全国工业水污染65%以上的3200多家重点企业,要在今后5年内削减10%或更多的化学需氧量,并逐年加以分解,届时达不到目标的,实行停产整治。四是限期治理一批企业。对于达不到国家或地方排放标准、达不到排污总量控制要求的企业,要依法责令限期治理;限期治理仍不达标的企业,吊销其工商营业执照。违反环评规定的项目,不符合环保标准要求的项目,一律停止建设。对超过污染物总量控制指标的地区,暂缓安排该地区国债项目和其他建设项目,停止审批该地区建设项目环评报告书。要加强在建项目的现场监管,督促建设单位真正落实环境影响评价和"三同时"制度的要求,控制新增污染。探索建立控制污染物排放总量的长效机制。

第二,继续抓好重点流域水污染防治。重点抓好"三河""三湖"、松花江等重点流域水污染防治工作,对于实现全国水环境保护目标具有决定性意义。要抓紧实施有关治理规划,加大治理投入力度,加快建设治理工程。

第三,加快城镇污水垃圾处理设施建设。这是改善水环境质量的重要基础。国务院已明确要求,到2010年全国设市城市污水处理率不低于70%,生活垃圾无害化处理率不低于60%。各地要加快污水处理厂、垃圾处理场及配套设施建设。要根据管网建设进度和污水收集能力,合理确定污水处理设施的建设规模,并采用先进适用的处理工艺与技术,避免浪费。要积极推进雨污分流改造和建设,强化污水处理厂的污泥处置,加强江河沿岸城镇生活垃圾无害化处置。积极推进污染处理收费。到今年年底,所有城镇都要开征污水处理费,并逐步提高收费标准,原则上达到每吨污水收费0.8元,以保证污水处理设施的正常运行。明后年内,所有自备水源用户都要开征污水处理费。同时要建立城市垃圾处理收费管理制度。吸引社会资金参与水污染防治。各级政府也要增加对治污设施建设投入。

第四,坚决防范水环境安全事故。要尽快制定和完善环境安全应急预案,定期进行演练。要加强对重点企业、尾矿坝、危险化学品储存设施等的环境隐患排查和整改,加强危险化学品运输管理,堵塞安全漏洞。对位于环境敏感地区、隐患大的企业和设施,该治理的要治理,该搬迁的要搬迁,该关闭的要关闭。要加强环境安全设施建设,对重点部位实施实时监控,降低环境安全风险。

第五,优化经济布局、改善水环境质量。加快转变经济增长方式,从源头上控制水污染排放总量。在重点开发区域,要坚持开发与保护并重,大力发展节水型、环保型的产业。在限制开发和禁止开发区域,要十分珍惜水资源,积极防治水污染。统筹流域水资源开发利用和保护,处理好生活、生产和生态用水的关系,保证江河必要的生态基流。加快建立生态补偿机制,调动上下游地区共同保护和监督水环境的积极性,改善全流域水环境质量。

第六,切实做好饮用水安全保障工作。抓紧编制饮用水安全保障规划、饮用水源地环境保护规划,安排一批保护和防治工程。依法划定和科学调整饮用水源保护区,坚决打击危害群众饮水安全的不法排污行为。

记者:环保部门将如何扎实推进水污染防治工作?

周生贤:一是层层分解落实削减指标。按照行政区域和流域污染控制相结合,排污总量、环境容量、环境质量和治污项目相统一的原则,把排污总量落实到污染源的治理上。环保总局将尽快制定责任书考核评估办法,每年将考核结果向国务院报告,并向全社会公布。同时每半年公布一次各地区化学需氧量排放情况,接受社会监督。

二是坚决落实削减任务。对不能稳定达标或超总量的排污单位,一律实行限期治理,治理期间限产、限排,逾期未完成治理任务的,依法责令停产整治。加强城镇污水处理厂的环境监管,排入市政管网的工业废水必须达到接管标准,所有城镇污水处理厂和重点排污企业必须安装在线监测装置。环保部门要主动做好联网工作,确保污水处理厂稳定达标排放。

三是全力保障群众饮水安全。抓紧进行饮用水源地环境状况的全面普查,积极开展地下水污染情况的专项调查,编制好饮用水源地环境保护规划。2007年年底前,完成生活饮用水地表水源保护区划定和调整工作,确定保护区等级和地理界限,并设立警示标志。每年对集中式饮用水源地开展一次水质全指标监测分析,并及时公布水质状况。今年年底前,坚决取缔饮用水水源一级保护区内的直接排污口,明年年底前关闭所有饮用水水源二级保护区内的直接排污口。

四是切实加强建设项目环境管理。按照国家产业政策、区域主体功能定位和环保准入标准的要求,严格执行环境影响评价制度。对违反分级审批管理规定,越级审批建设项目的,要严厉查处,并追究有关人员的责任。对超过污染物排放总量指标、超过跨界断面水质目标的地区,环保部门要暂停审批该地区新增水污染物排放总量的建设项目。要强化"三同时"管理,禁止未经验收的项目投入生产。对未审批就开工、不审批也建设、治污设施不运行,以及以试运行为由长期违法排污的企业,要严肃查处。

五是继续开展整治违法排污企业保障群众健康环保专项行动。要严厉查处污染农村饮用水源的违法排污企业，重点打击利用渗坑渗井和私设暗管排污的违法行为。集中整治化工、冶炼、印染、造纸、制革、酿造和废旧物资加工等工业园区的违法排污问题。坚决纠正降低环境准入门槛、阻挠环保现场执法、违规减免或取消排污费等一系列环境违法行为。要督促存在环境安全隐患的重点企业逐一落实应急设施，完善环境应急预案；对存在重大环境安全隐患的企业，要通过挂牌督办等形式责令限期整改。

六是探索建立水污染防治长效机制。组织开展工业污染源普查，建立污染源台账。推行排污许可证制度，按流域总量控制要求依法发放排污许可证，实行持证排污。加大排污费的征收力度。推广污水处理设施第三方运营的市场化模式，不断提高污染治理效果。环保总局正在抓紧筹建环境应急与事故调查中心和5个区域环境保护督查中心，进一步加大环境执法监督力度，加强跨流域区域重大环境纠纷的协调处理。

环保部门将认真落实全国水污染防治工作电视电话会议精神，与各有关部门密切合作，形成合力，动员全社会的力量，共同推进水污染防治工作，坚决完成“十一五”环保目标，为全面建设小康社会作出积极贡献。

最高人民法院发布《关于审理环境污染刑事案件具体应用法律若干问题的解释》

中共中央政治局常委罗干在人民大会堂会见日本法务大臣杉浦正健一行

国务院副总理曾培炎在中南海紫光阁会见阿根廷索克马集团董事长弗兰西斯科·马克里一行

外交部副部长武大伟和日本外务审议官西田恒夫分别率团在钓鱼台国宾馆举行中日第十次安全对话

双方通报了各自的国防政策，同意进一步加强两国防务交流。

双方还就朝鲜半岛和东北亚地区形势交换了意见，一致认为，应继续努力推进六方会谈，通过对话和协商，以和平和外交手段解决有关问题，维护东北亚地区的和平与稳定。

7月22日

中共中央总书记胡锦涛就朝鲜部分地区遭受严重洪涝灾害向朝鲜劳动党总书记金正日致慰问电

国务院总理温家宝赴湖南看望受灾群众部署灾后重建工作

温家宝来到湖南考察抗洪救灾工作，代表党中央、国务院看望受灾群众，慰问奋战在救灾一线的广大干部群众和人民解放军、武警部队官兵，并对灾后重建工作进行了部署。

考察途中，温家宝在车上、船上听取了湖南省委、省政府的抗洪救灾工作汇报。他说，在湖南省委、省政府的坚强领导下，灾区广大干部群众团结一致，奋力抗灾，把灾害损失减少到最低限度。在抗灾救灾中基层组织和党员干部发挥了战斗堡垒作用和模范带头作用。他要求各级党委和政府，要以对人民高度负责的精神，继续做好救灾和重建工作，夺取抗灾救灾的全面胜利。

温家宝指出，目前，正值汛期和台风季节，还有再次发生暴雨灾害的可能。应对台风和暴雨，要做好四件事情：一要有准确的气象信息，提前让群众安全避险。二要预防山体滑坡、泥石流等地质灾害。三要确保水库安全万无一失。东江水库是大型水库，不能出任何问题。四要确保大江大河堤坝安全。

中共中央政治局常委李长春等在北京音乐厅出席观看庆祝中国交响乐团建团50周年金色庆典音乐会

中国交响乐团是新中国成立以来第一个国家级交响乐团，也是我国最优秀的职业交响乐团之一，其前身是成立于1956年的中央乐团，1996年更名为中国交响乐团。半个世纪以来，乐团成功创作演出了大量古典主义、浪漫主义和近现代中外交响乐作品，其中许多作品是在国内首演。

7月23日

科技部 国资委和全国总工会联合启动创新型企业试点工作

科技部副部长李学勇介绍，我国创新型企业试点工作第一批选择的103家试点企业，包括国有大型骨干企业15家，民营科技企业77家，实行了企业化转制的应用开发类科研机构11家。既涉及高新技术产业，也涉及传统产业。试点企业的选择是根据科技部、国资委和中华全国总工会三部门确定的试点企业条件，在地方和部门的推荐和优选的基础上产生的。三部门商定，在三到五年内，将试点企业扩大到500家。通过试点工作，带动一大批企业在竞争中增强技术创新能力，加快以企业为主体的技术创新体系建设。

为了给企业自主创新营造公平竞争的良好环境，三部门将从各自职能出发，有针对性地对试点企业予以支持。三部门建立了联合推动机制，共同制定试点工作方案，共同提出试点企业条件，共同确定试点企业名单，共同支持试点企业的发展。其次建立了地方参与机制。同时推行动态调整机制，试点企业不搞终身制，而是实行有进有出的动态调整办法。

第十五届世界杯跳水赛在江苏常熟落幕

中国队在本次世界杯赛上一共收获了13枚金牌，在世界杯赛上的金牌总数达到了106枚。

7月24日

中共中央总书记胡锦涛主持召开中共中央政治局会议

会议决定今年10月在北京召开中国共产党第十六届中央委员会第六次会议，主要议程是：中共中央政治局向中央委员会报告工作，研究构建社会主义和谐社会问题。会议还讨论研究了当前经济形势和经济工作。

会议认为，构建社会主义和谐社会，是我们党从中国特色社会主义事业的总体布局和全面建设小康社会的全局出发提出的重大战略任务，反映了建设富强民主文明和谐的社会主义现代化国家的内在要求，体现了全党全国各族人民的共同愿望。在新世纪、新阶段，我们党要团结带领人民抓住机遇、应对挑战，把中国特色社会主义伟大事业推向前进，必须坚持以经济建设为中心，全面加强社会主义经济建设、政治建设、文化建设、社会建设，把构建社会主义和谐社会摆到更加突出的地位。

会议指出，目前，我国社会总体上是和谐的，但也存在不少影响社会和谐的矛盾和问题。全党同志要保持清醒头脑，居安思危，深刻认识我国发展的阶段性特征，科学分析影响我国社会和谐的矛盾和问题及其产生的原因，更加积极主动地正视矛盾、化解矛盾，最大限度地增加和谐因素，最大限度地减少不和谐因素，不断促进社会和谐。要按照民主法治、公平正义、诚信友爱、充满活力、安定有序、人与自然和谐相处的总要求，以解决人民群众最关心、最直接、最现实的利益问题为重点，着力发展社会事业、促进社会公平正义、增强社会创造活力，推动社会建设与经济建设、政治建设、文化建设协调发展，切实把构建社会主义和谐社会作为贯穿中国特色社会主义事业全过程的长期历史任务和全面建设小康社会的重大现实课题抓紧抓好。

会议认为，今年以来，全党全国按照十六届五中全会精神和“十一五”规划纲要提出的任务和要求，积极推动经济社会发展，国民经济总体形势是好的，保持了发展速度较快、物价水平较低、经济效益较好的势头，各方面工作都取得新的成绩。各地区、各部门贯彻落实科学发展观在认识上有了新的提高，实践上有了新的进展。当前经济发展的基本面是好的，但投资增长过快、货币信贷投放过多、能源消耗过多、环境压力增大等突出矛盾还没有得到有效解决。全党全国必须清醒认识存在的问题，进一步统一思想认识、完善调控措施、狠抓工作落实，切实推动经济社会发展转入科学发展的轨道。

会议提出，做好下半年经济工作，要坚持以邓小平理论和“三个代表”重要思想为指导，全面贯彻落实科学发展观，把思想认识和工作重点统一到中央的决策和部署上来，更加重视调整经济结构和转变经济增长方式，更加重视节约资源和保护环境，更加重视社会发展和民生问题，增强宏观调控的预见性、针对性、综合性、有效性，注重从体制机制上解决问题，切实引导好、保护好、发挥好各方面促进发展的积极性。各地区、各部门要认真贯彻落实中央的各项方针政策和工作部署，加强和改善对经济工作的领导，坚持讲全局、谋长远，有针对性地解决经济运行中的突出矛盾和问题，继续推动国民经济平稳较快协调发展，确保“十一五”时期发展的良好开局。

会议还研究了其他事项。

中共中央颁发《关于巩固和壮大新世纪、新阶段统一战线的意见》

《关于巩固和壮大新世纪、新阶段统一战线的意见》（以下简称《意见》）坚持以马克思列宁主义、毛泽东思想、邓小平理论和“三个代表”重要思想为指导，全面贯彻落实科学发展观，是指导新世纪、新阶段统一战线工作的纲领性文件。

《意见》指出，要正确认识和把握新世纪、新阶段统一战线的新发展新变化。统一战线是我们党夺取革命、建设、改革事业胜利的重要法宝，是我们党执政兴国的重要法宝，是实现祖国完全统一和中华民族伟大复兴的重要法宝。巩固和壮大最广泛的统一战线，是我们党不断取得胜利的一条基本经验，是党和国家工作全局中一个极为重要的方面，也是新的历史条件下治国理政必须正确处理的一个基本问题。随着改革开放的深入和社会主义市场经济的发展，新世纪、新阶段统一战线呈现出新的重要特征，具有空前的广泛性、巨大的包容性、鲜明的多样性和显著的社会性，已经进一步发展成为全体社会主义劳动者、社会主义事业的建设者、拥护社会主义的爱国者和拥护祖国统一的爱国者的最广泛的联盟。新世纪、新阶段统一战线必须始终坚持党对统一战线的领导，坚持为党和国家的中心任务服务，坚持高举爱国主义、社会主义两面旗帜，坚持大团结大联合的主题，坚持发扬社会主义民主，坚持求同存异、体谅包容，坚持“团结——批评——团结”，坚持以人为本、照顾同盟者利益。要全面加强新世纪、新阶段统一战线建设，推动统一战线事业蓬勃发展，使中国共产党同各民主党派和无党派人士的团结更加巩固，各民族的关系更加和谐，社会各阶层的关系更加协调，宗教与社会主义社会更加适应，大陆同胞和港澳同胞、台湾同胞、海外侨胞的联系更加密切。要团结一切可以团结的力量，调动一切可以调动的积极因素，化消极因素为积极因素，努力建设具有强大凝聚力和可持续发展的统一战线，为促进社会主义经济建设、政治建设、文化建设、社会建设服务，为促进香港、澳门长期繁荣稳定和祖国和平统一服务，为维护世界和平、促进共同发展服务。

《意见》强调，要充分发挥统一战线在全面建设小康社会中的优势和作用。要把发展作为统一战线成员团结奋斗的第一要务，树立落实科学发展观，按照全面建设小康社会和“十一五”规划的总体要求，努力把社会各方面的智慧和力量凝聚到促进国民经济持续快速协调健康发展上来，为促进社会主义经济建设服务。要充分发挥统一战线在坚持和完善人民代表大会制度、中国共产党领导的多党合作和政治协商制度、民族区域自治制度中的重要作用，切实体现我国政治制度和政党制度的特点和优势，为促进社会主义政治建设服务。要充分发挥广大统一战线成员在教育、文化、卫生、体育、新闻、出版等领域中的作用，继承和发扬中华民族优秀文化传统，吸收和借鉴世界各民族文化的有益成果，发展社会主义先进文化，为促进社会主义文化建设服务。要正确认识和处理中国共产党和民主党派的关系，各民族特别是汉族和少数民族的关系，信教群众和不信教群众、信仰不同宗教群众之间的关系，社会各阶层的关系，大陆同胞和港澳同胞、台湾同胞、海外侨胞的关系，为促进社会主义和谐社会建设服务。要充分发挥统一战线的作用，努力形成全体中华儿女共同致力于祖国统一和民族振兴的局面，为保持香港、澳门长期繁荣稳定和实现祖国完全统一服务。

《意见》指出，要认真贯彻统一战线若干重要领域的方针政策。要认真贯彻落实《中共中央关于进一步加强中国共产党领导的多党合作和政治协商制度建设的意见》和《中共中央关于加强人民政协工作的意见》精神，不断推进多党合作和政治协商的制度化、规范化、程序化。要认真贯彻《中共中央、国务院关于进一步加强民族工作加快少数民族和民族地区经济社会发展的决定》精神，牢牢把握各民族共同团结奋斗、共同繁荣发展的主题，正确认识和处理民族问题。要全面贯彻党的宗教信仰自由政策，依法管理宗教事务，坚持独立自主自办原则，积极引导宗教与社会主义社会相适应。要尊重党外知识分子的劳动和创造，发挥他们的聪明才智，鼓励他们把实现个人价值与建设创新型国家结合起来，积极为他们从事教育、科研等工作创造条件，帮助他们解决实际困难和问题。

《意见》指出，要切实做好新的社会阶层人士统战工作。改革开放以来出现的新的社会阶层，主要由非公有制经济人士和自由择业知识分子组成，集中分布在新经济组织、新社会组织中。他们作为中国特色社会主义事业的建设者，在促进共同富裕、构建社会主义和谐社会、全面建设小康社会中发挥着重要作用。新的社会阶层人士是统一战线工作新的着力点，要最大限度地把他们团结在党的周围，充分发挥他们的作用，不断为实现中华民族的伟大复兴凝聚新力量。要坚持充分尊重、广泛联系、加强团结、热情帮助、积极引导的方针，以社团为纽带，以社区为依托，以网络为媒介，以活动为抓手，探索做好新的社会阶层人士统战工作的机制和方法。要在党委统一领导下，建立由统战部门牵头、党政有关部门参加、社会有关团体参与的联席会议制度，形成开展新的社会阶层人士统战工作的合力。要把新的社会阶层代表人士的培养选拔纳入党外代表人士队伍建设的总体规划，逐步建立一支代表人士队伍。

《意见》指出，要加强党外代表人士队伍建设。建设一支素质优良、结构合理、数量充足的党外代表人士及其后备队伍，直接关系到党与党外人士合作的水平，关系到中国共产党领导的多党合作和政治协商制度的坚持和完善，关系到统一战线的持续发展。要努力提高党外代表人士的综合素质，提高他们的政治把握能力、组织协调能力、参政议政能力、合作共事能力。要加强党外代表人士后备队伍建设，按照干部队伍建设的基本要求和党外人才成长规律，把党外代表人士后备队伍建设工作纳入人才和干部队伍建设的总体规划。通过建立健全党外干部的培养选拔任用机制和监督管理机制，不断推进党外代表人士的新老交替和政治交接。

《意见》最后强调，要加强和改善党对统一战线工作的领导。把统战工作纳入党政领导班子工作的考核内容，作为选拔任用领导干部的重要依据。把统战工作纳入宣传、新闻工作计划，通过包括互联网在内的各种媒体积极宣传统一战线理论和方针政策，扩大统一战线的社会影响。把统一战线理论政策作为各级党校、行政学院、干部学院的重要教学内容，作为培训党政干部的必修课程。把多党合作、人民政协、民族、宗教理论政策等统一战线知识列入国民教育内容。把统一战线理论研究纳入马克思主义理论研究和建设工程。各级党政主要领导要带头学习宣传统一战线知识，带头贯彻落实统一战线政策，带头参加统一战线重要活动，带头广交深交党外朋友。各地要按照党总览全局、协调各方和精干、统一、高效的原则，结合各自特点，在统战工作方针政策的贯彻落实、重大问题的协调处理和相关干部的管理等方面，建立健全党委统一领导、统战部牵头协调、各有关部门和人民团体各负其责的体制。要加强基层统战工作。县级统战工作要以民族、宗教、非公有制经济人士和党外知识分子工作为重点，社区统战工作要以新的社会阶层人士工作为重点，高校、科研院所和国有大中型企业统战工作要以党外知识分子工作为重点。各级党委要按照政治素质高、工作能力强、具有民主作风、善于处理复杂问题的要求，配强配好统战部门领导班子，加大统战部门干部与其他部门干部交流的力度，努力建设一支勤奋学习、作风民主、求真务实、廉洁自律、团结奉献、开拓创新的统战干部队伍。

国务院副总理回良玉在中央气象台主持召开国家防总紧急办公会议

会议会商分析当前的防汛抗洪救灾形势，安排部署第5号台风的防御工作。回良玉强调，各有关地区和部门要以对人民高度负责的精神，发扬连续作战的作风，坚持以人为本、科学防控，强化责任、落实预案，依法防洪、严肃纪律，依靠群众、合力抗灾，以确保人民生命安全为中心，以确保大江大河和大中型水库安全为重点，切实加强台风防御和抗洪救灾工作，最大限度地减轻灾害损失。

据气象部门预测，今年第5号台风强度大、影响范围广并将带来强降雨，加上届时正值我国天文大潮期，可能会出现天文大潮、台风引起的暴雨和台风暴潮"三碰头"现象。回良玉指出，我们对防御台风形势的严峻性要有清醒的认识，对抗洪抢险救灾的难度要有足够的估计，在已有基础上进一步研究采取应急措施，切实做好防大汛、抗大洪、救大灾的充分准备。

回良玉要求，各有关地区和部门要认真贯彻中央关于防汛抗洪工作的部署，及时启动防台风预案，提前深入扎实做好各项准备工作。要紧急采取避险措施，立即组织转移危险地区的群众，及时通知相关海域海上作业的船舶和人员回港避风，加固各类高空设施，努力减轻人员伤亡和财产损失。要密切监视台风动向和天气变化，强化预测预报，及时发布信息。要继续强化大江大河和大中型水库安全度汛的措施，加强监测巡查，及时排除隐患，防止汛期发生重大安全事故。要加强山洪、滑坡和泥石流等灾害的防御，做好灾害的监测、预警和避险工作。要切实做好救灾工作，确保受灾群众有饭吃、有水喝、有衣穿、有住处、有病能医，确保灾后无大疫。要坚持统一指挥、部门协作、社会联动的防灾机制。各有关地区和部门要密切配合，通力合作，形成台风防御和抗洪救灾工作的合力。

国务院总理温家宝签署第472号令发布《黄河水量调度条例》

《黄河水量调度条例》已经2006年7月5日国务院第142次常务会议通过，现予公布，自2006年8月1日起施行。

总　理　温家宝

2006年7月24日

黄河水量调度条例

第一章　总　则

第一条　为加强黄河水量的统一调度，实现黄河水资源的可持续利用，促进黄河流域及相关地区经济社会发展和生态环境的改善，根据《中华人民共和国水法》，制定本条例。

第二条　黄河流域的青海省、四川省、甘肃省、宁夏回族自治区、内蒙古自治区、陕西省、山西省、河南省、山东省，以及国务院批准取用黄河水的河北省、天津市（以下称十一省区市）的黄河水量调度和管理，适用本条例。

第三条　国家对黄河水量实行统一调度，遵循总量控制、断面流量控制、分级管理、分级负责的原则。

实施黄河水量调度，应当首先满足城乡居民生活用水的需要，合理安排农业、工业、生态环境用水，防止黄河断流。

第四条　黄河水量调度计划、调度方案和调度指令的执行，实行地方人民政府行政首长负责制和黄河水利委员会及其所属管理机构以及水库主管部门或者单位主要领导负责制。

第五条　国务院水行政主管部门和国务院发展改革主管部门负责组织、协调、监督、指导黄河水量调度工作。

黄河水利委员会依照本条例的规定负责黄河水量调度的组织实施和监督检查工作。

有关县级以上地方人民政府水行政主管部门和黄河水利委员会所属管理机构，依照本条例的规定负责所辖范围内黄河水量调度的实施和监督检查工作。

第六条　在黄河水量调度工作中作出显著成绩的单位和个人，由有关县级以上人民政府或者有关部门给予奖励。

第二章　水量分配

第七条　黄河水量分配方案，由黄河水利委员会商十一省区市人民政府制订，经国务院发展改革主管部门和国务院水行政主管部门审查，报国务院批准。

国务院批准的黄河水量分配方案，是黄河水量调度的依据，有关地方人民政府和黄河水利委员会及其所属管理机构必须执行。

第八条 制订黄河水量分配方案，应当遵循下列原则：

(一)依据流域规划和水中长期供求规划；

(二)坚持计划用水、节约用水；

(三)充分考虑黄河流域水资源条件，取用水现状、供需情况及发展趋势，发挥黄河水资源的综合效益；

(四)统筹兼顾生活、生产、生态环境用水；

(五)正确处理上下游、左右岸的关系；

(六)科学确定河道输沙入海水量和可供水量。

前款所称可供水量，是指在黄河流域干、支流多年平均天然年径流量中，除必需的河道输沙入海水量外，可供城乡居民生活、农业、工业及河道外生态环境用水的最大水量。

第九条 黄河水量分配方案需要调整的，应当由黄河水利委员会商十一省区市人民政府提出方案，经国务院发展改革主管部门和国务院水行政主管部门审查，报国务院批准。

第三章 水量调度

第十条 黄河水量调度实行年度水量调度计划与月、旬水量调度方案和实时调度指令相结合的调度方式。

黄河水量调度年度为当年7月1日至次年6月30日。

第十一条 黄河干、支流的年度和月用水计划建议与水库运行计划建议，由十一省区市人民政府水行政主管部门和河南、山东黄河河务局以及水库管理单位，按照调度管理权限和规定的时间向黄河水利委员会申报。河南、山东黄河河务局申报黄河干流的用水计划建议时，应当商河南省、山东省人民政府水行政主管部门。

第十二条 年度水量调度计划由黄河水利委员会商十一省区市人民政府水行政主管部门和河南、山东黄河河务局以及水库管理单位制订，报国务院水行政主管部门批准并下达，同时抄送国务院发展改革主管部门。

经批准的年度水量调度计划，是确定月、旬水量调度方案和年度黄河干、支流用水量控制指标的依据。年度水量调度计划应当纳入本级国民经济和社会发展年度计划。

第十三条 年度水量调度计划，应当依据经批准的黄河水量分配方案和年度预测来水量、水库蓄水量，按照同比例丰增枯减、多年调节水库蓄丰补枯的原则，在综合平衡申报的年度用水计划建议和水库运行计划建议的基础上制订。

第十四条 黄河水利委员会应当根据经批准的年度水量调度计划和申报的月用水计划建议、水库运行计划建议，制订并下达月水量调度方案；用水高峰时，应当根据需要制订并下达旬水量调度方案。

第十五条 黄河水利委员会根据实时水情、雨情、旱情、墒情、水库蓄水量及用水情况，可以对已下达的月、旬水量调度方案作出调整，下达实时调度指令。

第十六条 青海省、四川省、甘肃省、宁夏回族自治区、内蒙古自治区、陕西省、山西省境内黄河干、支流的水量，分别由各省级人民政府水行政主管部门负责调度；河南省、山东省境内黄河干流的水量，分别由河南、山东黄河河务局负责调度，支流的水量，分别由河南省、山东省人民政府水行政主管部门负责调度；调入河北省、天津市的黄河水量，分别由河北省、天津市人民政府水行政主管部门负责调度。

市、县级人民政府水行政主管部门和黄河水利委员会所属管理机构，负责所辖范围内分配水量的调度。

实施黄河水量调度，必须遵守经批准的年度水量调度计划和下达的月、旬水量调度方案以及实时调度指令。

第十七条 龙羊峡、刘家峡、万家寨、三门峡、小浪底、西霞院、故县、东平湖等水库，由黄河水利委员会组织实施水量调度，下达月、旬水量调度方案及实时调度指令；必要时，黄河水利委员会可以对大峡、沙坡头、青铜峡、三盛公、陆浑等水库组织实施水量调度，下达实时调度指令。

水库主管部门或者单位具体负责实施所辖水库的水量调度，并按照水量调度指令做好发电计划的安排。

第十八条 黄河水量调度实行水文断面流量控制。黄河干流水文断面的流量控制指标，由黄河水利委员会规定；重要支流水文断面及其流量控制指标，由黄河水利委员会会同黄河流域有关省、自治区人民政府水行政主管部门规定。

青海省、甘肃省、宁夏回族自治区、内蒙古自治区、河南省、山东省人民政府，分别负责并确保循化、下河沿、石嘴山、头道拐、高村、利津水文断面的下泄流量符合规定的控制指标；陕西省和山西省人民政府共同负责并确保潼关水文断面的下泄流量符合规定的控制指标。

龙羊峡、刘家峡、万家寨、三门峡、小浪底水库的主管部门或者单位，分别负责并确保贵德、小川、万家寨、三门峡、小浪底水文断面的出库流量符合规定的控制指标。

第十九条 黄河干、支流省际或者重要控制断面和出库流量控制断面的下泄流量以国家设立的水文站监测数据为依据。对水文监测数据有争议的，以黄河水利委员会确认的水文监测数据为准。

第二十条　需要在年度水量调度计划外使用其他省、自治区、直辖市计划内水量分配指标的，应当向黄河水利委员会提出申请，由黄河水利委员会组织有关各方在协商一致的基础上提出方案，报国务院水行政主管部门批准后组织实施。

第四章　应急调度

第二十一条　出现严重干旱、省际或者重要控制断面流量降至预警流量、水库运行故障、重大水污染事故等情况，可能造成供水危机、黄河断流时，黄河水利委员会应当组织实施应急调度。

第二十二条　黄河水利委员会应当商十一省区市人民政府以及水库主管部门或者单位，制订旱情紧急情况下的水量调度预案，经国务院水行政主管部门审查，报国务院或者国务院授权的部门批准。

第二十三条　十一省区市人民政府水行政主管部门和河南、山东黄河河务局以及水库管理单位，应当根据经批准的旱情紧急情况下的水量调度预案，制订实施方案，并抄送黄河水利委员会。

第二十四条　出现旱情紧急情况时，经国务院水行政主管部门同意，由黄河水利委员会组织实施旱情紧急情况下的水量调度预案，并及时调整取水及水库出库流量控制指标；必要时，可以对黄河流域有关省、自治区主要取水口实行直接调度。

县级以上地方人民政府、水库管理单位应当按照旱情紧急情况下的水量调度预案及其实施方案，合理安排用水计划，确保省际或者重要控制断面和出库流量控制断面的下泄流量符合规定的控制指标。

第二十五条　出现旱情紧急情况时，十一省区市人民政府水行政主管部门和河南、山东黄河河务局以及水库管理单位，应当每日向黄河水利委员会报送取(退)水及水库蓄(泄)水情况。

第二十六条　出现省际或者重要控制断面流量降至预警流量、水库运行故障以及重大水污染事故等情况时，黄河水利委员会及其所属管理机构、有关省级人民政府及其水行政主管部门和环境保护主管部门以及水库管理单位，应当根据需要，按照规定的权限和职责，及时采取压减取水量直至关闭取水口、实施水库应急泄流方案、加强水文监测、对排污企业实行限产或者停产等处置措施，有关部门和单位必须服从。

省际或者重要控制断面的预警流量，由黄河水利委员会确定。

第二十七条　实施应急调度，需要动用水库死库容的，由黄河水利委员会商有关水库主管部门或者单位，制订动用水库死库容的水量调度方案，经国务院水行政主管部门审查，报国务院或者国务院授权的部门批准实施。

第五章　监督管理

第二十八条　黄河水利委员会及其所属管理机构和县级以上地方人民政府水行政主管部门应当加强对所辖范围内水量调度执行情况的监督检查。

第二十九条　十一省区市人民政府水行政主管部门和河南、山东黄河河务局，应当按照国务院水行政主管部门规定的时间，向黄河水利委员会报送所辖范围内取(退)水量报表。

第三十条　黄河水量调度文书格式，由黄河水利委员会编制、公布，并报国务院水行政主管部门备案。

第三十一条　黄河水利委员会应当定期将黄河水量调度执行情况向十一省区市人民政府水行政主管部门以及水库主管部门或者单位通报，并及时向社会公告。

第三十二条　黄河水利委员会及其所属管理机构、县级以上地方人民政府水行政主管部门，应当在各自的职责范围内实施巡回监督检查，在用水高峰时对主要取(退)水口实施重点监督检查，在特殊情况下对有关河段、水库、主要取(退)水口进行驻守监督检查；发现重点污染物排放总量超过控制指标或者水体严重污染时，应当及时通报有关人民政府环境保护主管部门。

第三十三条　黄河水利委员会及其所属管理机构、县级以上地方人民政府水行政主管部门实施监督检查时，有权采取下列措施：

(一)要求被检查单位提供有关文件和资料，进行查阅或者复制；

(二)要求被检查单位就执行本条例的有关问题进行说明；

(三)进入被检查单位生产场所进行现场检查；

(四)对取(退)水量进行现场监测；

(五)责令被检查单位纠正违反本条例的行为。

第三十四条　监督检查人员在履行监督检查职责时，应当向被检查单位或者个人出示执法证件，被检查单位或者个人应当接受和配合监督检查工作，不得拒绝或者妨碍监督检查人员依法执行公务。

第六章　法律责任

第三十五条　违反本条例规定，有下列行为之一的，对负有责任的主管人员和其他直接责任人员，由其上级主管部门、单位或者监察机关依法给予处分：

(一)不制订年度水量调度计划的；

(二)不及时下达月、旬水量调度方案的；

(三)不制订旱情紧急情况下的水量调度预案及其

实施方案和动用水库死库容水量调度方案的。

第三十六条　违反本条例规定,有下列行为之一的,对负有责任的主管人员和其他直接责任人员,由其上级主管部门、单位或者监察机关依法给予处分;造成严重后果,构成犯罪的,依法追究刑事责任:

(一)不执行年度水量调度计划和下达的月、旬水量调度方案以及实时调度指令的;

(二)不执行旱情紧急情况下的水量调度预案及其实施方案、水量调度应急处置措施和动用水库死库容水量调度方案的;

(三)不履行监督检查职责或者发现违法行为不予查处的;

(四)其他滥用职权、玩忽职守等违法行为。

第三十七条　省际或者重要控制断面下泄流量不符合规定的控制指标的,由黄河水利委员会予以通报,责令限期改正;逾期不改正的,按照控制断面下泄流量的缺水量,在下一调度时段加倍扣除;对控制断面下游水量调度产生严重影响或者造成其他严重后果的,本年度不再新增该省、自治区的取水工程项目。对负有责任的主管人员和其他直接责任人员,由其上级主管部门、单位或者监察机关依法给予处分。

第三十八条　水库出库流量控制断面的下泄流量不符合规定的控制指标,对控制断面下游水量调度产生严重影响的,对负有责任的主管人员和其他直接责任人员,由其上级主管部门、单位或者监察机关依法给予处分。

第三十九条　违反本条例规定,有关用水单位或者水库管理单位有下列行为之一的,由县级以上地方人民政府水行政主管部门或者黄河水利委员会及其所属管理机构按照管理权限,责令停止违法行为,给予警告,限期采取补救措施,并处2万元以上10万元以下罚款;对负有责任的主管人员和其他直接责任人员,由其上级主管部门、单位或者监察机关依法给予处分:

(一)虚假填报或者篡改上报的水文监测数据、取用水量数据或者水库运行情况等资料的;

(二)水库管理单位不执行水量调度方案和实时调度指令的;

(三)超计划取用水的。

第四十条　违反本条例规定,有下列行为之一的,由公安机关依法给予治安管理处罚;构成犯罪的,依法追究刑事责任:

(一)妨碍、阻挠监督检查人员或者取用水工程管理人员依法执行公务的;

(二)在水量调度中煽动群众闹事的。

第七章　附　则

第四十一条　黄河水量调度中,有关用水计划建议和水库运行计划建议申报时间,年度水量调度计划制订、下达时间,月、旬水量调度方案下达时间,取(退)水水量报表报送时间等,由国务院水行政主管部门规定。

第四十二条　在黄河水量调度中涉及水资源保护、防洪、防凌和水污染防治的,依照《中华人民共和国水法》《中华人民共和国防洪法》和《中华人民共和国水污染防治法》的有关规定执行。

第四十三条　本条例自2006年8月1日起施行。

7月25日

中共中央总书记胡锦涛主持中央政治局第三十三次集体学习

胡锦涛强调,只有铭记历史,特别是铭记我们党领导人民创造的中国革命史,才能深刻了解过去、全面把握现在、正确创造未来。我们必须坚持不懈地学习中国革命史,进一步从历史和现实的比较中加深对我国国情和中国特色社会主义道路的理解和认识,进一步从理论和实践的结合上增强贯彻党的基本理论、基本路线、基本纲领、基本经验的自觉性和坚定性,进一步结合新的时代条件发扬光大我们党在革命战争时期形成的光荣革命传统。

中共中央政治局这次集体学习安排的内容是红军长征胜利的回顾和思考。军事科学院军事历史研究所陈力研究员、科研指导部副部长黄星研究员就这个问题进行讲解,并谈了他们对继承和发扬长征精神的意见。

中共中央政治局各位同志认真听取了他们的讲解,并就有关问题进行了讨论。

胡锦涛在主持学习时就学习、研究、宣传包括长征在内的中国革命史发表了讲话。他指出,长征是中国共产党领导中国人民英勇革命的壮丽史诗。包括长征在内的中国革命史,是我们党领导全国各族人民为争取民族独立、人民解放长期英勇奋斗的真实记录,是坚持马克思主义基本原理同中国革命具体实践相结合、推进理论创新的生动教材,是中国共产党人光荣革命传统和中华民族伟大民族精神的集中反映。我们应该十分珍惜和充分运用这个精神宝库。在改革发展任务艰巨繁重的新形势下,在深刻变化的国际环境中,我们要更加注重用中国历史特别是中国革命史来教育干部和人民。

胡锦涛强调,要把学习中国革命史与推进马克思主义的中国化紧密结合起来。学习中国革命史,首先要注重学习以毛泽东同志为代表的中国共产党人善于运用马克思主义的立场、观点、方法剖析中国社会的特点,研究中国革命实际问题、揭示中国革命发展规律的科学态度;学习他们善于把党和人民取得的实践经验不断上升为理论并在实践中不断检验、丰富、发展理论的创新精神;学习他们善于运用民族语言和人民大众喜闻乐见的形式回答和阐明中国革命理论和政策问题的理论方法。我们要坚持以毛泽东思想、邓小平理论和"三个代表"重要思想为指导,全面贯彻落实科学发展观,加强对中国特色社会主义经济建设、政治建设、文化建设、社会建设和党的建设的重大现实问题的理论研究,不断开拓马克思主义理论发展的新境界。

胡锦涛强调,要把学习中国革命史与加强理想信念教育紧密结合起来。要注重学习和弘扬革命先辈对崇高理想矢志不渝、对党和人民无比忠诚、对革命事业锲而不舍的坚定信念,牢固树立中国特色社会主义共同信念和共产主义远大理想,做到任何时候任何情况下都坚持理想信念不动摇、革命意志不涣散、奋斗精神不懈怠,满怀信心地投身建设中国特色社会主义伟大事业。要把学习中国革命史与弘扬民族精神和时代精神紧密结合起来。爱国主义历来是中国共产党和中国人民团结奋斗的一面旗帜。要注重弘扬以爱国主义为核心的团结统一、爱好和平、勤劳勇敢、自强不息的伟大民族精神,同时坚持弘扬以改革创新为核心的时代精神,不断赋予民族精神新的时代内涵,引导广大党员和全体人民树立社会主义荣辱观,增强民族自尊心和自豪感,始终保持昂扬向上的精神状态。

胡锦涛强调,要把学习中国革命史与加强党的先进性建设紧密结合起来。要注重总结和发扬我们党在革命战争时期保持先进性的历史经验,坚持用时代发展的要求审视和认识自己,以改革的精神加强和完善自己,全面加强党的先进性建设,扎实做好保持共产党员先进性的各项工作,坚持立党为公、执政为民,牢记"两个务必",切实把党的先进性体现到不断实现好、维护好、发展好最广大人民的根本利益的各项工作中去。

国务院总理温家宝主持召开国务院常务会议

会议研究落实国民经济和社会发展"十一五"规划纲要确定的主要目标和任务,部署进一步加强土地调控工作,审议并原则通过《劳动和社会保障事业发展第十一个五年规划纲要》。

会议指出,为贯彻实施十届全国人大四次会议批准的《中华人民共和国国民经济和社会发展"十一五"规划纲要》,国务院决定按照明确政府职责和市场功能、落实责任主体、突出主要目标和重点任务的原则,将《纲要》确定的约束性指标、重大工程和项目、重大改革、重大政策、重要规划,以及相关法律法规的责任分解落实到各个部门,耕地保有量、单位国内生产总值能源消耗降低指标和主要污染物排放总量减少指标分解到各地区。会议要求,各部门、各地区要按照职责分工,制定周密的工作计划,明确任务和完成时限;牵头部门要切实负起责任,其他相关部门要积极配合;要加强跟踪分析,注重研究新情况,解决新问题;要加强督促检查,适时组织中期评估。

会议认为,近年来,各地区、各部门积极落实中央关于加强土地管理和调控的政策措施,做了大量工作,取得了初步成效。但也要看到,当前土地管理特别是土地调控中出现了一些新的情况和问题,建设用地总量增长过快,工业用地低成本过度扩张,违法违规用地、滥占耕地现象屡禁不止。会议强调,必须采取更严格的管理措施,切实加强土地调控。(一)调整利益机制。提高征地成本,征地补偿安置必须确保被征地农民原有生活水平不降低、长远生计有保障。规范土地出让收支管理,国有土地使用权出让总价款全额纳入地方预算,实行"收支两条线"管理。调整新增建设用地土地有偿使用费缴纳标准、城镇土地使用税征收标准和耕地占用税征收标准。建立工业用地出让最低价标准统一公布制度。(二)完善责任制度。地方各级人民政府主要负责人要对本行政区域内的土地管理和耕地保护负总责。坚决制止"以租代征"等违法违规用地行为。(三)健全法律机制。充分发挥国家土地督察机构的作用,强化对地方政府及土地管理部门执法行为的监督检查。严肃惩处土地违法行为,对重大土地违法违规案件要公开处理,构成犯罪的,要依法追究刑事责任。

会议指出,做好劳动和社会保障工作,是政府的重要职责。编制《劳动和社会保障事业发展第十一个五年规划纲要》,对"十一五"时期扩大就业、健全社会保障体系、调节劳动关系、维护劳动者权益作出部署,对于提高人民生活水平,促进社会主义和谐社会建设,具有重要意义。

会议提出了"十一五"期间劳动保障事业发展的目标任务:就业持续增长,实现城镇新增就业4500万人,转移农业劳动力4500万人,城镇登记失业率控制在5%;劳动者素质不断提高;社会保障体系比较完善,管理服务规范高效;劳动关系和谐稳定;劳动保障法制比较健全。为实现纲要提出的目标和任务,一要进一步加大政府投入和政策支持力度。逐步提高财政支出用于社会保障的比例,形成与劳动保障工作目标任务相适应的财政资金投入机制和激励机制。二要积极推进做实基本养老保险个人账户工作。建立基本养老金正常调整机制,初步形成基本养老保险、企业年金和个人储蓄养老保险相结合的多层次养老保险体系。积极探索建立农村社会养老保险制度。三要完善城镇居民医疗保障制度,逐步扩大覆盖面。四要加强劳动保障法制和能力建设,创新工作机制,全面提升系统管理服务能力。

国务院副总理 国家减灾委员会主任回良玉在中南海主持召开国家减灾委全体会议

会议认真分析研究当前减灾工作面临的形势和任务,进一步安排部署防汛抗洪和抗灾救灾工作。

回良玉说,今年我国降雨时空分布极为不均,南方大范围强降雨过程明显增多,一些中小河流发生超历史记录的特大洪水,山洪、滑坡、泥石流灾害频发突发,损失严重。台风来得早、强度大,登陆后持续时间长、行径变化多端,侵袭面广。部分地区旱情较重,森林火灾多发,扬沙沙尘天气增多,影响面大。高温雷电、低温雪灾等其他灾害也较重。面对严重的自然灾害,在党中央、国务院的正确领导下,中央有关部门及时启动相应的应急预案,灾区各级党委政府高度重视、领导靠前指挥,广大军民团结奋战、顽强拼搏,目前抗灾救灾工作正在有序进行,取得了显著成效。

回良玉要求,各地区、各有关部门要把抗灾救灾工作摆在更加突出的位置,既要狠抓责任制的落实,又要加强减灾能力的建设;既要搞好灾前预防预警,又要强化灾后紧急救援;既要抓紧灾区恢复重建,又要统筹抓好生产发展;既要着眼建立长效机制,又要着手解决突出问题。当前,尤其要加强台风和雨情汛情的监测,及时发布预警信息,根据需要及时启动相关预案,及时转移受威胁地区的群众,积极主动地防灾避险保安。妥善安排灾民的基本生活,确保受灾群众有饭吃、有衣穿、有住所、有干净饮水,有病能得到及时医治。组织和指导受灾群众开展生产自救,抓紧做好因灾损毁基础设施和倒塌房屋的恢复重建工作,确保倒房群众能够在入冬前搬入新居。要按照重建与防灾减灾相结合、重建与改善群众生活相统一、重建与当地总体规划相衔接的原则,搞好规划,科学选址,合理设计。要采取多种形式广泛宣传,普及预防避险和自救互救知识,切实提高公众防灾减灾意识和能力。建立健全统一指挥、协调有序、运转高效的抗灾救灾组织指挥体系,大力营造多数帮少数、无灾助有灾、全社会都来关心支持减灾工作的良好局面。

《人民日报》发表贺国强的文章《加强党的先进性建设的成功实践——学习胡锦涛同志在纪念中国共产党成立85周年暨总结保持共产党员先进性教育活动大会上的重要讲话体会》

全面推进劳动合同制度实施三年行动计划视频会议在北京召开

中华全国总工会主席王兆国在对会议作出的批示中强调,劳动合同制度是建立和协调劳动关系的重要法律制度。要全面实行劳动合同制度,积极推行集体合同制度,健全协调劳动关系三方机制,完善劳动争议处理体制。

王兆国在批示中指出,国家协调劳动关系三方会议成立以来,始终坚持把加强协调劳动关系,推进劳动合同制度实施作为重要工作内容,并取得了明显成效。希望各级劳动关系三方坚持以邓小平理论和“三个代表”重要思想为指导,牢固树立和全面落实科学发展观,有效运用三方机制这个平台,密切配合,通力协作,进一步做好劳动合同制度实施工作,深入开展创建劳动关系和谐企业、和谐工业园区活动,推动企业建立规范有序、公正合理、互利共赢、和谐稳定的社会主义新型劳动关系,为全面建设小康社会、构建社会主义和谐社会,作出积极的贡献。

会议要求,各级协调劳动关系三方要全面保障三年行动计划的顺利实施。全面推进劳动合同制度实施三年行动计划的目标任务是:到2008年,实现各类企业与劳动者普遍依法签订劳动合同,劳动合同管理水平明显提高,劳动合同内容趋于规范,劳动合同得到较好履行,基本实现劳动合同管理的规范化、法制化。

会议由劳动和社会保障部、中华全国总工会、中国企业联合会、中国企业家协会共同组织召开。

中央军委下发《关于落实科学发展观进一步加强军队环境保护与生态建设的意见》

这是军队环境保护与生态建设贯彻落实科学发展观的具体行动,是指导和推进我军环境保护与生态建设事业发展的纲领性文件,对促进军队全面协调可持续发展具有重要意义。

《关于落实科学发展观进一步加强军队环境保护与生态建设的意见》(以下简称《意见》)指出,加强环境保护,搞好生态建设,是落实科学发展观、建设资源节约型和环境友好型社会的重要举措,是全面提高部队战斗力的内在要求,是促进军队全面建设的有力保障,是满足官兵享有良好工作与生活环境需求的迫切要求。在全面推进军队革命化、现代化、正规化建设的进程中,必须将环境保护与生态建设作为一项重要任务,赋予其应有的基础地位,予以高度重视和加强。

《意见》明确了任务和目标。到2020年,生态环境建设的薄弱环节得到显著加强;军事特种污染得到基本控制,军事设施环境安全得到有效保障;驻国家重点区域流域军队主要污染源得到基本治理,军事区域环境质量得到明显改善；环境影响评价、“三同时”等制度得到全面落实，环境保护与生态建设统一监管效能得到大幅提升。基本满足军事活动和官兵工作生活对环境质量的要求，努力实现军事与环境和谐、人与环境友好。

《意见》要求，以科学发展观为统领，将军队环境保护与生态建设纳入军队全面建设整体规划，建立健全全军监察、战区监督、系统和部门监督、单位负责的环境监管体制和综合决策机制，加大经费投入，实行统一监管；各类建设规划、重大军事活动计划和建设项目的实施要以环境承载力为基础，严格进行环境影响评价，推动军队环境保护与生态建设由消极被动的事后补救向积极主动的事先预防转变；以保障和促进部队战斗力为牵引，优先治理危害严重、部队官兵和人民群众反映强烈的污染源，优先抓好军队环境脆弱区域的生态恢复，防止重大环境污染和生态破坏事件的发生。

《意见》强调，各级党委要把思想统一到科学发展观上来，自觉增强忧患意识和责任意识，坚持和完善环境保护与生态建设目标责任制，确保环境目标的实现；要把环境保护与生态建设工作纳入军队各项评优创先活动和领导班子、领导干部考核的重要内容，对严重违反有关规定或决策失误造成重大环境事故的责任人，要依法追究责任。

国家体育总局正式颁布《体育事业“十一五”规划》

《体育事业“十一五”规划》(以下简称《规划》)包括引言和9大部分60条，内容涵盖了全民健身、竞技体育、体育产业、体育法制、体育科技、体育交流等体育工作的重要方面，从战略和宏观的角度提出了未来五年的阶段性目标和任务，并提出了切实可行的政策措施。

《规划》指出，“十一五”时期体育事业发展的总体目标是以举办和参加2008年奥运会为契机，广泛开展群众体育活动，提高竞技运动水平，发展体育事业，不断满足群众日益增长的体育文化需求。

《规划》提出，力争到2010年实现人均体育场地面积1.40平方米，体育人口数占总人口的比例达到40%左右，关注老年人、残疾人、下岗失业人群、城镇贫困人口等特殊人群的身体健康，丰富他们的体育文化生活。

在竞技体育方面，《规划》提出要进一步提高竞技体育总体水平和国际竞争力，加强各级国家队建设，完善项目结构和布局，形成符合现代体育运动规律和中国实际的竞技体育体制，形成国家办与社会办相结合的竞技体育发展格局。

《规划》对体育事业发展中的一些重点问题，如体育后备人才培养、体育行业作风建设、退役运动员权益保障、高层次体育人才培养等，都做了规定和部署。

7月26日

国务院就上半年经济形势和下半年经济工作部署召开全国电视电话会议

中共中央政治局常委、国务院总理温家宝在会上作重要讲话。他强调，要坚持以科学发展观为指导，正确认识当前经济形势，统一思想，坚定信心，完善政策，明确任务，狠抓落实，促进经济平稳较快协调发展。

会议由中共中央政治局常委、国务院副总理黄菊主持。国务院副总理吴仪、曾培炎、回良玉，国务委员曹刚川、唐家璇、华建敏、陈至立出席会议。

温家宝在讲话中全面分析了当前经济形势。他说，今年以来，国民经济总体形势是好的。经济平稳快速发展，夏粮再获丰收，工业结构调整步伐加快，煤电运支撑条件改善，经济效益继续提高，消费增长趋旺，物价基本平稳，人民生活进一步改善，社会事业发展迈出新步伐，重点领域改革不断深化。经济社会发展和改革开放取得了显著成就。但是，经济运行中的问题也很突出。主要是：固定资产投资增长过快并呈加剧之势，货币信贷投放仍然过多，国际收支不平衡加剧，能源消耗过多，环境压力加大。必须采取有力措施，解决存在的突出矛盾和问题，防止经济增长由偏快转为过热。

温家宝指出，下半年经济工作要坚持以邓小平理论和“三个代表”重要思想为指导，全面贯彻落实科学发展观，更加重视调整经济结构和转变增长方式，更加重视节约资源和保护环境，更加重视社会发展和民生，更加重视从体制机制上解决深层次问题，把各方面发展的积极性引导好、保护好、发挥好，促进经济社会转入全面协调可持续发展轨道。

温家宝强调，要全面贯彻中央对经济工作的决策和部署，加强和改善宏观调控，增强调控的预见性、针对性、综合性和有效性。预见性，就是不仅要看当前，还要看长远，不仅看国内，还要看国际；针对性，就是要找准问题，区别对待，确保重点；综合性，就是要采用经济的、法律的手段和必要的行政手段，特别要通过改革解决体制和机制上的问题；有效性，就是调控要适时适度管用。

温家宝指出，当前要着力做好几项重点工作。(一)继续促进农业发展和农民增收。抓好秋粮生产，力争实现全年粮食生产稳定发展。落实粮食最低收购价政策，加大农资市场监管力度，继续拓宽农民增收渠道。深化农村综合改革。新农村建设要把重点放在发展农业生产和农民增收上,力戒形式主义。(二)坚决抑制固定资产投资过快增长。关键要切实把好土地闸门、信贷闸门、市场准入门槛。加强土地调控和管理,落实土地管理和耕地保护目标责任制,严格用地审批管理,加大违法违规用地查处力度。强化征地补偿制度,规范土地出让收支管理。合理调控货币信贷增长,采取综合措施回收银行体系流动性,着力优化贷款结构。完善人民币汇率形成机制,逐步增强汇率浮动的弹性。加强市场准入的审核和监督检查,全面清理新开工项目,严格审查各类拟建项目,完善行业市场准入标准。(三)继续加强房地产市场调控。推行符合国情的住房建设模式和消费模式,着力调整住房供给结构,继续整顿和规范房地产市场秩序,坚决遏制部分城市住房价格过快上涨。(四)切实加大节能降耗和环保工作力度。落实节能目标责任制,抓好重点企业节能和重大节能工程,加快构建节能型的产业结构,完善促进节能的体制机制和政策措施,健全能耗公报制度。尽快将二氧化硫和化学需氧量排放总量控制的目标责任分解落实到市(地)、县和重点排污单位。着力推进重点流域和区域污染治理,加大环境监测和执法力度。(五)努力扩大消费需求。增加居民特别是城镇低收入居民和农民收入,落实最低工资标准,抓紧建立小时最低工资制度、农民工工资支付保障体系。改善消费环境。(六)大力推进结构调整。加快发展服务业。积极发展能耗低、污染少的高新技术产业,控制高耗能、高污染工业发展。推进科技、教育事业发展。(七)着力深化各项改革。坚持社会主义市场经济改革方向,更大程度地发挥市场配置资源的基础性作用,加快完善市场体系、宏观调控体系,建立落实科学发展观的体制机制保障。特别要加快推进涉及政府职能转变的改革,真正实行政企分开。(八)进一步提高对外开放水平。着力推进贸易增长方式转变,积极调整和优化进出口结构。注重提高利用外资质量,规范招商引资行为。积极支持有条件的企业走出去投资兴业。(九)认真解决涉及人民群众利益的问题。积极解决就业、就学、医疗、征地拆迁、企业改制、环境污染、安全生产等方面群众反映突出的问题。切实加强防灾救灾工作。维护社会和谐稳定。

温家宝最后就做好下半年经济工作提出了三点要求。第一,统一思想认识,坚持科学发展。各地方、各部门要切实把思想统一到中央对当前经济形势的判断上来,统一到中央的方针政策和工作部署上来,牢固树立和全面落实科学发展观。第二,增强大局意识,做到令行禁止。认真贯彻中央的决策和部署,确保政令畅通,坚决维护中央宏观调控的统一性、权威性、有效性。第三,狠抓政策落实,注重工作实效,全面落实工作责任制,建立健全问责制,加强督促检查。

参加会议的有,各省(区、市)党委、政府主要负责人以及市(地)、县(市、区)党委、政府主要负责人和有关部门负责人,国务院有关部门主要负责人和武警部队负责人、部分中央企业主要负责人。中共中央、全国人大、全国政协、最高人民法院、最高人民检察院有关部门负责人也应邀参加会议。

国家发改委与除西藏外的30个省(区、市)人民政府 新疆生产建设兵团和14家中央企业负责人签订节能目标责任书

国家发改委主任马凯说,节能是当前经济工作的一项紧迫任务。长期以来,我国能源效率总体水平低,单位GDP能耗比世界平均水平高出许多。尤其是这几年,高耗能产业发展较快,转变经济增长方式进展缓慢,能源消耗量不断增加。特别是今年上半年以来,尽管采取了很多措施,作了很大努力,但节能形势仍不容乐观,能源消耗增长依然过快。

马凯说,国务院近日即将下发的关于加强节能工作的决定是"十一五"时期节能工作的纲领性文件。他表示,必须着力抓好10个方面的重点工作:一是落实节能目标责任制和评价考核体系;二是大力推进结构调整;三是着力抓好重点领域节能,全面实施十大重点节能工程;四是抓好重点耗能企业节能管理;五是完善节能保障机制;六是加强节能法制建设;七是强化节能管理队伍建设和基础工作;八是推动政府机构带头节能;九是加大节能宣传、教育和培训力度;十是加强节能工作的组织领导。

最高人民检察院在北京举行新闻发布会

新闻发布会公布了《最高人民检察院关于渎职侵权犯罪案件立案标准的规定》。这一司法解释补充、修改和完善了检察机关管辖的42个渎职侵权罪名的立案标准具体规定,为检察机关严厉打击国家机关工作人员渎职和利用职权实施的侵犯公民人身权利、民主权利犯罪,提供了重要依据和有力武器。

新修订的渎职侵权犯罪立案标准共规定了220余项立案情形,比1999年9月公布的最高人民检察院《关于人民检察院直接受理立案侦查案件立案标准的规定(试行)》增加了60余项。

最高人民检察院副检察长王振川说,随着社会的发展和形势的变化,试行标准的一些规定已不适应新形势下惩治渎职侵权犯罪工作的需要。新修订的立案标准注意保留和吸收了部分试行标准,并对司法实践中认识分歧较多、长期困扰和制约反渎职侵权工作发展的若干问题作出了规定。

修订的内容主要涉及渎职犯罪主体范围的界定、经济损失的认定、侵权犯罪立案标准的细化和新罪名案件立案标准的确定等方面。

中华人民共和国公安部和美利坚合众国司法部发表关于进一步加强执法合作的联合声明

双方共同回顾了近年来中美两国在执法领域开展的业务交流与合作。一致认为,中美执法合作是两国关系的重要组成部分,并已成为两国关系中的亮点。自1997年发表载有加强中美执法合作内容的《中美联合声明》以来,两国执法部门保持着密切的高层接触和业务交流,在许多领域开展了互利合作,建立了中美执法合作联络小组会晤机制,取得了积极成效。

双方决定进一步加强执法领域的合作。

一、双方认为,在当前国际安全形势下,中美加强安全执法合作,有效打击各种犯罪活动,不仅符合中美两国的共同利益,也有利于亚太地区和世界的和平、稳定与发展。

二、双方承诺,深化两国执法领域的务实合作,加强各级别人员的互访和各种形式的交流,进一步落实1997年发表的《中美联合声明》中关于执法合作的内容,促进双方在缉捕和遣返在逃犯罪嫌疑人、打击跨国有组织犯罪、毒品走私、伪造货币和洗钱犯罪以及遣返非法移民等方面的合作。

三、双方认识到,恐怖主义是当今世界和平与发展的严重威胁,双方愿意在打击一切形式的恐怖主义行为的斗争中加强司法、警务和国内安全等方面的合作。

四、双方愿意在打击网络犯罪、毒品犯罪、侵犯知识产权和反恐情报交流、执法交流等方面加强合作。

五、双边协议。

访问期间,双方签署了以下文件:

1.《中国公安部与美国联邦调查局关于反恐情报信息交流与合作的谅解备忘录》;

2.《中国公安部与美国联邦调查局关于打击网络犯罪的谅解备忘录》;

3.《中国公安部与美国联邦调查局关于加强执法人员联络与交流的谅解备忘录》;

4.《关于加强中国国家禁毒委员会与美国白宫国家禁毒政策办公室合作的意向备忘录》;

5.《中国公安部国际合作局与美国国土安全部移民海关执法局关于加强合作的谅解备忘录》。

本声明于2006年7月26日在华盛顿签署,一式两份,分别用中文和英文写成,两种文本同等作准。

外交部部长李肇星在马来西亚首都吉隆坡出席东盟与中日韩(10+3)外长会议和东亚峰会外长午餐会

在东盟与中日韩(10+3)外长会议上,李肇星重点回顾了“10+3”合作进展并就未来合作发展方向提出四点建议。他表示,一个政治上睦邻友好,安全上互信协作,经济上平等互利,文化上多元共荣的亚洲新局面正在形成。近10年来,“10+3”合作在广度和深度上都取得进展,成果丰硕,改善了东亚地区发展环境,提升了地区整体实力,为各国带来了实实在在的利益。

李肇星就发挥“10+3”合作潜力提出四点建议:一、以明年“10+3”合作10周年为契机,将合作提升到新的水平。二、加强“10+3”内部各组关系,形成合力;坚持东盟在推进“10+3”合作进程中继续发挥主导,同时发挥中日韩优势。三、不断拓展务实合作领域。中方将积极支持和参加“10+3”妇女、扶贫与农村发展、减灾救灾及矿物等新领域合作。四、支持以“10+3”为主渠道,推进东亚共同体建设,支持峰会等其他机制对东亚合作给予有益补充。

在谈到朝鲜半岛局势时,李肇星表示,中方严重关切朝鲜半岛出现的不利于和平稳定大局的新的不利因素。为了弥合分歧、增进互信,中方一直致力于推进六方会谈进程,希望各方能借助会谈这个平台,加强沟通和理解,消除隔阂,通过对话和平解决问题,不断推动半岛和东北亚形势向积极方向发展。中方愿一如既往地发挥建设性作用,也希望有关各方保持冷静克制,多做有利于恢复六方会谈的事情,避免局势激化。中方希望各方一道努力争取早日实现半岛无核化,维护半岛和东北亚地区的和平与稳定。

李肇星在出席东亚峰会外长午餐会时,就东亚峰会未来发展方向等问题与各国外长交换了意见。李肇星说,在首届东亚峰会上,与会国领导人提出的合作倡议,涵盖政治安全、经济贸易、财政金融、社会发展等众多领域。

李肇星强调,中方将一如既往地尊重东盟共识、支持东盟发挥主导作用。中方希望峰会成为开展对话与交流的论坛、增进理解与信任的桥梁、开展互利合作的渠道和推动东亚合作的力量以及实现东亚与其他地区共同发展的平台。

李肇星还与部分出席会议的国家外长举行了会谈。

外交部发言人刘建超就英国发表《香港问题半年报告》回答记者提问

有记者问:7月25日,英国外交部向英国议会提交了《香港问题半年报告》,内容涉及香港政制发展等问题。中方对此有何评论?

刘建超回答说,香港回归以来,政制民主一直在稳步向前发展,香港居民依法享有的民主权利是历史上前所未有的。中国中央政府支持香港特区按照基本法规定循序渐进地发展符合香港实际情况的民主制度。我想再次强调,香港事务是中国内政,外国政府不应就此妄加评论。

7月27日

国务院副总理回良玉在中央气象台考察并看望慰问气象工作者

回良玉时强调,各级气象部门要以高度负责的精神和科学严谨的作风,切实强化气候监测,着力增强服务功能,准确发布气象信息,监测好、预报好、预警好各类灾害性天气,更好地为防灾减灾和经济社会发展服务。

回良玉来到中央气象台天气会商室,认真观看了实时气象卫星监测图像,详细了解了近期天气状况,亲切慰问了全体气象预报人员。他充分肯定了气象部门在今年汛期气象服务中取得的显著成绩,为经济社会发展作出的积极贡献,并代表国务院向全体气象工作者表示衷心感谢和真挚慰问。他指出,今年以来,我国气候异常多变,多种自然灾害频繁发生,在防御台风和抗灾救灾中,气象部门准确分析台风、暴雨、高温等灾害性天气发展趋势及可能造成的影响,及时发布天气预报,及时发出预警信息,为各级政府和防汛抗旱指挥机构正确决策、及早部署、精心组织防灾抗灾减灾工作,提供了科学依据,为保障人民生命财产安全、减轻灾害损失发挥了重要作用。

回良玉强调,当前正值主汛期、台风多发期,正是防汛抗洪的关键期,防灾抗灾救灾任务十分繁重。各级气象部门要以对人民高度负责的精神,发扬连续作战的作风,积极主动地为防灾减灾服务。要密切监视台风等各类灾害性天气的动向和变化,加强预测预报和气象灾害科学评估,强化公共气象服务功能,及时准确发布信息,最大限度地减轻灾害损失。要坚持采用先进的技术手段,不断完善业务技术体系,努力提高灾害性天气监测预警能力,为防灾减灾和经济社会发展再立新功,向党中央、国务院和全国人民交上一份满意的答卷。

外交部部长李肇星在吉隆坡出席东盟与对话国外长午餐会

在谈到能源安全时,李肇星说,中国高度重视能源安全问题,是维护和加强世界能源安全的建设性力量。中国坚持节约优先、立足国内、优化结构、保护环境、加强合作的能源战略,愿在平等互惠、互利双赢的原则下加强同各能源生产国和消费国的合作,共同促进世界能源供应的稳定,维护全球能源安全。树立互利合作、多元发展、协同保障的新能源安全观,共同维护全球能源供应稳定及总体安全,符合各方的共同利益。

关于东盟共同体建设,李肇星表示,东盟一体化和共同体建设有助于提高东盟内部的融合水平,巩固东盟在地区合作中的核心地位。中方支持东盟一体化进程和共同体建设,愿积极参与有关合作,与东盟相互支持,密切配合,实现共同繁荣。

同日,李肇星分别会见了日本外相麻生太郎、新加坡外长杨荣文、澳大利亚外长唐纳和新西兰外长彼得斯。

十大重点节能工程实施意见出台

为组织实施好《节能中长期专项规划》提出的十大重点节能工程,国家发改委会同科技部、财政部、建设部、国家质检总局、国家环保总局、国管局和中直管理局组织编制并下发了《"十一五"十大重点节能工程实施意见》。

十大重点节能工程于2005年启动,通过实施十大重点节能工程,"十一五"期间,预计可实现节能2.4亿吨标准煤(未含替代石油),对实现"十一五"单位GDP能耗降低目标的贡献率近40%,对实现"十一五"主要污染物减排目标将发挥重要作用。

十大重点节能工程所需资金主要靠企业自筹、金融机构贷款和社会资金投入解决。为调动企业、金融机构和社会资金对节能项目投入的积极性,加速推进企业节能技术改造,加快高效节能产品的推广应用,大幅度提高能源利用效率,尽快形成稳定的节能能力,"十一五"期间,国家每年安排一定的资金,用于支持十大重点节能工程中的重点项目和示范项目及高效节能产品的推广。国家除了安排引导资金发挥"四两拨千斤"的作用外,还将通过价格机制、税收等政策引导投资。

十大重点节能工程包括:燃煤工业锅炉(窑炉)改造工程;区域热电联产工程;余热余压利用工程;节约和替代石油工程;电机系统节能工程;能量系统优化工程;建筑节能工程;绿色照明工程;政府机构节能工程;节能监测和技术服务体系建设工程。

7月28日

中共中央总书记胡锦涛在河北省唐山市考察

胡锦涛在考察工作时强调,必须进一步统一思想认识,着力增强贯彻落实科学发展观的自觉性和主动性,切实转变发展观念、创新发展模式、提高发展质量,真正把各方面的积极性引导到实现科学发展上来，努力推动经济社会又快又好发展。

7月28日至29日，胡锦涛和随行的中共中央政治局候补委员、中央书记处书记、中央办公厅主任王刚，在河北省省委书记白克明和省长季允石等陪同下，深入唐山企业、农村、社区和曹妃甸工业区，了解新唐山建设情况，就贯彻落实科学发展观等问题进行调查研究。

28日下午，胡锦涛前往位于市中心的抗震纪念碑广场，向纪念碑敬献花篮，并参观了唐山抗震纪念馆、河北理工大学地震遗址，视察了震后重建的居民小区。胡锦涛还亲切接见唐山抗震救灾模范人物和新唐山建设劳模代表，代表党中央、国务院向他们表示崇高的敬意。胡锦涛对他们说，在抗震救灾的危急时刻，你们临危不惧、勇往直前，为夺取抗震救灾胜利建立了功勋。在建设新唐山的过程中，你们奋发图强、艰苦创业，为促进唐山各项事业发展作出了突出贡献。他希望大家保持荣誉，再接再厉，为建设繁荣、文明、和谐的新唐山作出新的更大的贡献。

唐山南部渤海之滨，曹妃甸工业区正在加紧建设，首钢京唐钢铁联合有限公司将落户这里。胡锦涛驱车100多公里考察了工业区规划展示中心、围海造地工地、矿石码头一期工程现场，仔细了解工业区规划和建设情况。胡锦涛强调，一定要按照科学发展观的要求，着眼长远、整体规划，扬长避短、发挥优势，加快科技进步和创新，狠抓节约资源、保护环境，着力推进经济结构调整和产业优化升级，高起点、高质量、高水平地把曹妃甸工业区规划好、建设好、使用好，使之成为科学发展的示范区。

胡锦涛十分关心社会主义新农村建设，他来到丰润区沙流河村，考察农业生态建设等情况，并到村民家中看望。胡锦涛说，新农村建设要坚持因地制宜、讲求实效，防止形式主义、盲目攀比，尊重农民意愿，认真解决农民生产生活中的实际问题，努力使农业基础地位更加巩固、农民生活水平不断提高。

考察期间，胡锦涛听取了河北省和唐山市的工作汇报，对他们近年来经济社会发展取得的成绩给予充分肯定。胡锦涛希望河北坚持以邓小平理论和“三个代表”重要思想为指导，坚持以科学发展观统领经济社会发展全局，以改革创新的精神、求真务实的作风、团结和谐的氛围谋发展、促发展。

胡锦涛强调，要认真落实国家宏观调控的政策措施，积极主动地调整经济结构和投资结构，坚决抑制高耗能、高污染和产能过剩行业盲目扩张，坚决把固定资产投资过快增长的势头降下来，切实把经济发展的着力点放在提高质量和效益上。

胡锦涛指出，保持和发展党的先进性是一项长期而艰巨的任务，要持之以恒地进行努力，不断从思想、组织、作风和制度等方面加强党的先进性建设。他要求各级领导干部不断改进作风，把造福人民作为基本原则，把真抓实干作为基本准则，把清正廉洁作为基本守则，努力成为党放心、群众满意的好干部。

国务委员唐家璇在中南海紫光阁会见日本日中友好议员联盟干事长 自民党政调会长代理甘利明一行

外交部部长李肇星在吉隆坡出席第十三届东盟地区论坛外长会议

李肇星阐述了对加强东盟地区论坛建设的看法，表示中国将继续与域内外各国扩大合作，共同维护亚太地区安全。

李肇星说，亚太地区形势总体稳定，但不稳定、不确定因素依然存在。东盟地区论坛作为亚太地区最主要的官方多边安全对话渠道，促进了各国间的信任，为本地区国家应对新型安全挑战、构筑和谐地区安全环境、维护地区和平与稳定，发挥了积极作用。

李肇星表示，论坛的健康发展应建立在承认和尊重亚太地区多样性的基础上，各国应深化信任措施，逐步探讨开展预防性外交途径；应坚持东盟主导，遵循不干涉内政、协商一致等原则，支持通过对话、协商和谈判解决摩擦和争端；应以反恐、打击跨国犯罪、救灾等非传统安全领域为合作重点；应充分利用现有机制，发展与其他机制的关系，优势互补。

李肇星强调，中国高度重视论坛，积极参与论坛活动。作为亚太大家庭的一员，中国坚定走和平发展道路，奉行“与邻为善、以邻为伴”方针，继续以平等、互利、开放、包容的态度，与域内外各国扩大创作，推动东盟地区论坛健康发展，共同维护亚太地区安全。

李肇星还会见了美国国务卿赖斯、俄罗斯外长拉夫罗夫、朝鲜外务相白南舜和巴基斯坦外长卡苏里。

当日，李肇星出席了十国外长非正式聚会，就中东局势、朝鲜半岛核问题、伊核问题与各国外长交换了意见。

商务部发布《生物两用品及相关设备和技术出口管制清单》

依据《中华人民共和国生物两用品及相关设备和技术出口管制条例》，经国务院批准，商务部发布了新修订的《生物两用品及相关设备和技术出口管制清单》，商务部新闻发言人就此发表谈话表示，这是中国政府完善防扩散出口管制法律法规又一项重要举措。

这位发言人说，新修订的《生物两用品及相关设备和技术出口管制清单》,参照国际通行出口管制清单,结合中国出口管制管理需要,一是新增了13种病毒、毒素、细菌及设备;二是将11种致病剂从管制清单第一部分移入第二部分,以实行更为严格的管理;三是将新近发现、或生物学特征有明显改变的,可对人、动植物健康造成严重损害的病原体列入管制清单实施管制,如SARS冠状病毒。

这位发言人指出,为适应国际防扩散和反恐需要,近年来,中国政府先后颁布实施了一系列与大规模杀伤性武器及其运载工具相关的行政法规,并依法实施了严格管理。他表示,商务部作为国家两用物项和技术出口管制主管部门,将继续完善管理制度,加大管理力度,确保出口管制法律法规全面、有效实施。

中国少年军校总校成立10周年座谈会在北京举行

由共青团中央、解放军总政治部、公安部、全国少工委联合召开的中国少年军校总校成立10周年座谈会在人民大会堂举行。中共中央政治局委员、中央军委副主席、国务委员兼国防部部长曹刚川发来贺信。

中国少年军校总校名誉校长迟浩田出席座谈会并讲话。中央军委委员、总政治部主任李继耐也致信祝贺。

迟浩田在讲话时希望中国少年军校总校继续沿着系统化、机制化、科学化的方向发展,进一步丰富品牌项目的内涵和形式,进一步加强队伍建设、阵地建设和机制建设,为"少年军校"活动更加蓬勃地开展奠定坚实的基础。

"少年军校"活动是共青团、少先队组织在解放军、武警部队和公安部门的积极参与和支持下,在教育行政部门和国防教育机构的统一协调和指导下,面向全体少年儿童进行国防教育的重要形式。团中央、全国少工委于1996年4月正式组建中国少年军校总校,作为全国"少年军校"活动的最高协调、领导机构,对省级少年军校总校和各类基层少年军校进行指导、管理和服务。

团中央和总政治部、武警总部领导,长期以来关心支持"少年军校"活动的社会各界人士、少年儿童国防教育专家以及来自全国各地的少年军校学员代表共200人参加了座谈会。

7月29日

国务院副总理吴仪在北戴河会见世界卫生组织总干事 中方候选人陈冯富珍

吴仪表示,中国政府重视世界卫生组织的重要作用,愿为世界卫生事业的发展作出更大贡献,因此推荐你作为中方候选人竞选世界卫生组织总干事。相信你凭借自己卓越的领导才能、高度的责任心和对卫生事业的热爱以及你良好的专业背景,完全有能力担当重任,加之你作为一个女性候选人本身就占有优势。中央政府会全力支持你参选。

陈冯富珍感谢中央政府对她的信任和大力支持,表示如能当选,将全力以赴,为世界卫生事业作出贡献。

第四届全国特殊奥林匹克运动会在哈尔滨举行

国务委员陈至立出席开幕式并宣布开幕,全国政协副主席周铁农、国际特奥会主席蒂·施莱佛等出席开幕式。

本届特奥会组委会主席、黑龙江省省长张左己、国际特奥会主席蒂·施莱佛、中国残联主席邓朴方、国家体育总局局长刘鹏先后致辞,祝愿大会取得成功。

第四届全国特奥会由中国残联、国家体育总局、中国特奥会主办,黑龙江省人民政府承办。来自全国31个省、自治区、直辖市,新疆生产建设兵团,香港、澳门特别行政区、台北市和韩国特邀代表团的1418名智障运动员将向世人展示"平等、参与、自强不息"的特奥精神。

本届特奥会将于8月4日结束。在火炬点燃的7天时间里,特奥运动员们将在哈尔滨进行田径、球类、游泳等10个大项、115个小项的比赛和表演。届时还将举办全国书法绘画摄影展和运动员健康计划、家长论坛和青少年峰会等多项活动。

7月30日

国办印发《全国整顿和规范药品市场秩序专项行动方案》并发出通知

各省、自治区、直辖市人民政府,国务院各部委、各直属机构:

《全国整顿和规范药品市场秩序专项行动方案》已经国务院同意,现印发给你们,请认真贯彻执行。

国务院办公厅

2006年7月30日

全国整顿和规范药品市场秩序专项行动方案

(文略)

中国女足在澳大利亚阿德莱德获得第十五届女足亚洲杯决赛冠军

这也是中国女足自1999年来首次在亚洲杯上捧杯。

7月31日

国防部在人民大会堂举行招待会庆祝中国人民解放军建军79周年

中央军委副主席、国务委员兼国防部部长曹刚川上将致祝酒词。总参谋长梁光烈上将，总政治部主任李继耐上将，总后勤部部长廖锡龙上将，总装备部部长陈炳德上将，空军司令员乔清晨上将出席了招待会。

曹刚川向中外来宾致祝酒词。他首先代表党中央、国务院、中央军委，向中国人民解放军、武装警察部队全体指战员、预备役军人和广大民兵，致以节日的祝贺！向辛勤工作在国防科技工业战线的科学家、技术人员和干部、职工，致以亲切的问候！向为我军建设作出重要贡献的军队离退休老同志、复员转业军人、伤残军人以及烈军属，致以崇高的敬意！向关心支持国防和军队建设的各级党政领导、机关、社会团体和全国各族人民，表示衷心的感谢！向出席招待会的各国驻华武官和夫人及各位来宾，表示热烈的欢迎！

曹刚川说，过去的一年，人民解放军在党中央、中央军委和胡锦涛主席的正确领导下，高举邓小平理论和"三个代表"重要思想伟大旗帜，坚持以江泽民国防和军队建设思想为指导，认真落实胡锦涛主席关于军队建设的一系列重要论述，积极推进中国特色军事变革，扎实做好军事斗争准备，军队建设呈现出整体推进、协调发展的良好局面。思想政治建设不断加强，战备训练工作扎实有效，武器装备建设取得重大进展，后勤改革不断深化，从严治军力度进一步加大，提高了部队信息化条件下的防卫作战能力，圆满完成了党和人民赋予的各项任务。

曹刚川指出，我国正处在改革发展的关键时期，军队建设也处在加速发展的重要时期，任务光荣而繁重。全军要牢固树立和全面落实科学发展观，着眼履行新世纪、新阶段我军历史使命，以推进中国特色军事变革为主线，全面加强革命化现代化正规化建设，确保我军在各种复杂形势下能够有效应对危机、遏制战争、维护和平。

曹刚川强调，军队要始终把思想政治建设摆在首位。坚持党对军队绝对领导的根本原则和制度，坚持用党的创新理论武装全军，坚持把科学发展观作为国防和军队建设的重要指导方针，保持军队建设的正确方向。要不断推进军事训练的创新发展。适应战争形态和作战方式的发展趋势，立足我军机械化信息化复合发展的实际，积极推进机械化条件下军事训练向信息化条件下军事训练转变，切实增强部队履行使命任务的能力。要加强武器装备建设。从国情军情出发，有重点地发展先进武器装备，管好用好现有武器装备，为提高部队战斗力提供重要物质技术支撑。要全面建设现代后勤。继续深化后勤改革，进一步增强后勤综合保障能力。坚持艰苦奋斗、勤俭建军方针，强化后勤管理，提高军事经济效益。要贯彻依法治军、从严治军的方针。加强军事法制建设，把军队建设纳入法制化轨道。

曹刚川指出，我军79年的历史证明，人民军队的发展壮大，党的领导是根本，人民群众的支持是后盾。我们要始终与党共命运、与国家共命运、与人民共命运，紧紧依靠全党和全国各族人民建设军队、建设国防。要坚持军民一致、军政一致的原则，不断巩固和加强军政军民团结。要自觉服从服务于国家经济社会发展大局，积极支持和参加国家的改革和建设事业，为全面建设小康社会作出更大的贡献。

曹刚川说，和平、发展、合作是当今时代的主流，国际形势总体上保持和平、缓和与稳定。同时，影响和平与发展的不确定不稳定因素依然存在，人类社会发展面临着新的挑战。

曹刚川指出，中国人民爱好和平，追求发展，重视合作，崇尚和谐。中国奉行独立自主的和平外交政策，坚定不移地走和平发展的道路，致力于建设一个持久和平、共同繁荣的和谐世界。中国军队奉行防御性的国防政策，愿意本着相互尊重、平等互利的原则，与世界各国军队加强交流、深化合作、维护和平、促进安全。中国人民解放军永远是维护世界和平、促进共同发展、构建和谐世界的坚定力量。

曹刚川强调，维护国家主权和领土完整，实现祖国完全统一，是我们国家、民族的核心利益。我们坚决执行中央关于解决台湾问题的大政方针，继续以最大的诚意，尽最大的努力，促进两岸关系和平发展，争取和平统一的前景；同时，我们坚决履行捍卫国家主权、领土完整和安全的神圣职责，决不容忍"台独"，决不允许"台独"分裂势力以任何名义、任何方式把台湾从祖国分割出去。

曹刚川最后表示，我国社会主义现代化建设正站在新的历史起点上，国防和军队建设正朝着新的发展目标阔步前进。全军官兵要紧密团结在以胡锦涛同志为总书记的党中央周围，锐意进取，开拓创新，扎实工作，为不断开创中国特色社会主义事业和我军革命化现代化正规化建设的新局面而努力奋斗！

出席招待会的还有解放军四总部、驻京各大单位、武警总部、军委办公厅负责人张黎、吴胜利、刘永治、孙忠同、刘振起、孙大发、迟万春、胡彦林、邓昌友、郑申侠、刘源、裴怀亮、符廷贵、吴双战、隋明太、李玉、章沁生、姜吉初、孙志强、李买富、孙思敬、李安东、张诗明、李栋恒、郭桂蓉、徐小岩、韩延林、贾廷安、张永义、杨东明、赵书月、钱海皓、赵刚、高中兴、朱曙光、孙建国、范印华、于际训、张孝忠、王喜斌、董万才、霍毅等。

中共中央、国务院有关部门,北京市、对外友协负责人戴秉国、陈云林、陈佐洱、张志军、裘援平、李学勇、金壮龙、马建、魏建国、钱小芊、陈智敏、吉林、陈昊苏等也出席了招待会。

出席招待会的还有在京的军队离休老干部代表,部队各有关部门负责人,部队英模、首都民兵、军烈属和原国民党起义人员代表等。

外国驻华大使馆武官夫妇等也应邀出席了招待会。

外交部部长李肇星在阿皮亚与萨摩亚总理兼外长图伊拉埃帕举行会谈

李肇星强调,去年发表的《中华人民共和国和萨摩亚独立国政府联合声明》为新世纪中萨关系的长期稳定发展指明了方向。今年4月举行的"中国—太平洋岛国经济发展合作论坛"是中国与岛国加强经贸合作的多边对话机制。温家宝总理在会上宣布的支持岛国加快发展的一系列优惠措施,为中国与包括萨摩亚在内的岛国扩大合作提供了新契机。

陕西西安发现秦始皇祖母陵墓

据《人民日报》报道:经过一年多考古勘探、发掘与仔细研究,考古专家近日认定,西安市长安区的一座大型陵园的主人是秦始皇的祖母。该墓葬是迄今已发掘的"中国第二大墓葬",也是最大的具有4条墓道的墓葬。专家认为,此墓葬的发现对于研究中国古代陵墓制度变迁、尤其是秦始皇陵墓的建设与规制等具有十分重要的学术价值。

8月1日

国家主席胡锦涛与阿拉伯叙利亚共和国总统巴沙尔·阿萨德互致贺电庆祝两国建交50周年

同日，国务院总理温家宝、外交部长李肇星也就中叙建交50周年分别与叙利亚总理穆罕默德·纳吉·奥特里、外长瓦利德·穆阿利姆互致贺电。

国家主席胡锦涛致电古巴共产党中央委员会第一书记菲德尔·卡斯特罗祝愿他早日康复

国务委员唐家璇在广西考察

8月1日至5日，国务委员唐家璇率领调研组，赴广西考察华侨农场工作。他强调，各级政府要认真贯彻落实《归侨侨眷权益保护法》，切实关心归侨侨眷的生产生活，大力推进华侨农场的改革和发展。

唐家璇在南宁召开了华侨农场工作座谈会。他指出，进一步解决好华侨农场的改革和发展问题，是全面贯彻科学发展观，落实以人为本、执政为民宗旨的需要，是贯彻落实《归侨侨眷权益保护法》和侨务政策的需要，是建设社会主义新农村和构建和谐社会的需要。必须认清形势，找准办法，标本兼治，争取走出一条华侨农场真正融入地方、归难侨与当地群众共同富裕的发展之路。

唐家璇强调，解决好华侨农场问题，必须讲政治、带感情、办实事。在实际工作中，必须坚持三个“不动摇”，即坚持华侨农场由地方政府领导的体制不动摇；坚持对归侨侨眷“一视同仁，不得歧视，根据特点，适当照顾”的原则不动摇；坚持依靠华侨农场广大干部职工的努力奋斗不动摇。他强调，当前要着力解决好两个方面的问题。一是进一步解决华侨农场历史遗留问题，包括清还拖欠归难侨职工的工资、退休金、医药费，危房改造、饮水安全和维护农场职工土地权益等。二是理顺体制，转换机制，切实做到“体制融入地方、管理融入社会、经济融入市场”。

在广西期间，唐家璇还详细察看了预定今年10月下旬召开的中国—东盟纪念峰会的活动场所，听取了自治区领导关于筹备工作的汇报。

中国社科院首批学部委员正式产生

经过为期两周的公示，经中国社会科学院院务会议8月1日审议批准，方克立、王叔文、王家福等首批47名学部委员正式产生，包括丁伟志、丁守和、于光远等在内的95位荣誉学部委员的名单也向社会公布。

据中国社科院工作人员介绍，47名学部委员，经中国社会科学院首批学部委员、荣誉学部委员推选委员会于7月11日投票推选，中国社会科学院院务会议7月13日讨论，并于7月17日至30日进行公示，8月1日经中国社会科学院院务会议审议批准正式产生。95名荣誉学部委员，经中国社会科学院首批学部委员、荣誉学部委员推选委员会于7月11日投票推选，中国社会科学院院务会议7月13日讨论，正式授予荣誉学部委员称号。

8月2日

全国人大常委会副委员长王兆国在北戴河接见劳模代表

来自全国30个省、自治区、直辖市的103名全国劳动模范和全国“五一”劳动奖章获得者近日来到北戴河海滨参加由中华全国总工会组织的劳模休养。王兆国在接见劳动模范代表时强调，要在全社会大力弘扬劳模精神，引导广大职工在实现“十一五”奋斗目标、全面建设小康社会、构建社会主义和谐社会中充分发挥工人阶级主力军作用。

王兆国指出，党和政府历来高度重视和非常关心劳动模范。劳动模范是亿万劳动群众的杰出代表，劳模精神是我们国家的宝贵财富。各级工会要怀着深厚的感情，做好劳模管理和服务工作，当好劳模贴心人。农民工是工人阶级队伍的新成员，要重视农民工劳模的培养、选树工作。要大力宣传和弘扬劳模精神，帮助劳模解决生产生活中的实际困难和问题，为他们再立新功创造良好条件。

王兆国强调，工人阶级是推动我国经济社会发展的根本力量，是社会主义经济建设、政治建设、文化建设、社会建设的主力军。希望广大劳动模范和先进工作者，珍惜荣誉、戒骄戒躁，在加快转变经济增长方式、走新型工业化道路，推进自主创新、建设创新型国家，建设资源节约型、环境友好型社会过程中，不断创造新业绩、铸就新辉煌。希望广大职工以劳模为榜样，立足本职、爱岗敬业、勇于创新、甘于奉献、争创一流，踊跃参加“当好主力军、建功‘十一五’、和谐奔小康”活动，为实现“十一五”规划目标作出应有的贡献。

国务院副总理回良玉对防御今年第6号强热带风暴提出明确要求

今年第6号强热带风暴“派比安”正在向我国华南西部沿海逼近，并有可能于明天夜间到后天在华南沿海登陆。中共中央政治局委员、国务院副总理、国家防汛抗旱总指挥部总指挥回良玉要求，要切实强化对第6号台风走向和强度的监测预报，抓紧落实船只回港避风和人员避险保安措施，务必抓好水库防洪和滑坡、山洪、泥石流的防御工作，进一步防范城镇和平原地区的内涝灾害，最大限度地减轻强风强降雨所带来的灾害损失。

中共中央台办发言人就10月举办的两岸农业合作论坛接受记者采访

发言人表示，国共两党有关方面决定于今年10月在台北共同举办两岸农业合作论坛，中共中央台办主任陈云林将应邀率团赴台出席这次论坛。

发言人说，此次论坛由国民党智库与中共中央台办所属海峡两岸关系研究中心共同举办。论坛的主题是"加强两岸农业合作，实现两岸农业互利双赢"。论坛将主要围绕"加入WTO后两岸农业合作面临的机遇与挑战""当前两岸农业合作模式的探讨""两岸农业合作发展中的问题与对策"3个议题，通过深入的专业探讨，研究切实可行的措施，努力解决两岸农业合作的一些实际问题，以促进两岸农业互利双赢，增进两岸同胞特别是广大农民的福祉。

发言人指出，国共两党有关方面共同举办论坛，是根据去年两党达成的共识而进行的党际交流活动。去年两党有关方面商定于年底在台北共同举办两岸经贸论坛，但被台湾当局所阻挠。今年4月，我们与国民党方面在北京举办了两岸经贸论坛。根据两党的共识，双方共同举办的论坛原则上在大陆和台湾轮流举行。因此，双方商定，这次两岸农业合作论坛安排在台北举行。

发言人表示，中共中央台办主任陈云林将应邀率团赴台出席这次论坛。大陆方面应邀人员还包括中台办其他有关负责人和大陆有关行业协会、部分农渔业企业负责人以及专家学者共60余人。

发言人表示，当前，两岸同胞都希望两岸关系朝着和平稳定方向发展。顺应民意，关注民生，增进同胞福祉，是我们共同举办两岸农业合作论坛的主旨所在。台湾当局最近一再表示要"拼经济"，那么对于这样一个促进两岸经贸交流、为同胞谋福祉的活动，就应当以积极的态度务实处理，提供必要的方便。

8月3日

中央纪委书记吴官正在纪检监察干部培训班上发表题为《拓宽从源头上防治腐败工作领域》(摘要)

胡锦涛同志在庆祝中国共产党成立85周年暨总结保持共产党员先进性教育活动大会上的重要讲话，是新形势下全面推进党的建设新的伟大工程的纲领性文献，对深入开展党风廉政建设和反腐败斗争具有重要指导意义。

一、坚持不懈地开展反腐倡廉工作

我们要深刻认识反腐倡廉工作的长期性、复杂性、艰巨性，把反腐倡廉工作作为加强党的先进性建设的重大战略任务，持之以恒地抓紧抓好，一刻都不能放松。党的建设包括反腐倡廉工作，不重视不行，不抓紧不行，不下大气力抓也不行，否则就会影响党的先进性的充分发挥。

改革开放以来，深刻变化的国际国内环境给党员队伍和党的自身建设带来了很大影响，使保持和发展党的先进性面临许多新情况新考验。江泽民同志2001年就指出："抓住作风建设，就抓住了新形势下全面推进党的建设的一个十分重要的环节，抓住了提高党的领导水平和执政水平、提高拒腐防变和抵御风险能力的一个十分重要的切入点。"我们党的作风状况总的是好的，但是仍然存在一些比较严重的问题。比如，有的党员干部思想意识不好，说假话，沽名钓誉；有的搞形式主义，急功近利，甚至弄虚作假；有的与民争利，利用职权谋取非法利益；有的本位主义严重，对中央的决策搞"上有政策、下有对策"；有的贪图享受，讲排场、比阔气，挥霍公款、奢侈浪费；有的沉湎于灯红酒绿，生活糜烂；有的收送钱财，甚至买官卖官。这些不仅败坏党风，也毁掉一批干部。如果听任不良作风侵蚀党的肌体，就会严重损害党群干群关系，丧失党的先进性。我们必须高度重视，采取有力措施加以解决。

查办案件是党章赋予纪检机关的重要职责，任何时候都要抓得很紧。中国古代有"扁鹊三兄弟"的故事，对我们开展反腐倡廉工作启示很大。反腐倡廉要加大预防力度，像扁鹊大哥那样，治病于未发之前；发现同志有问题要早打招呼，像扁鹊二哥那样治病于初起之时；对腐败分子，要像扁鹊那样动手术、下猛药，务必严肃查处。当前，从总体上讲，违纪违法案件有所下降，但在一些地方和部门仍然呈现多发态势。一是极少数高级干部的违纪违法案件影响很坏。二是市(地)级和县(处)级领导干部违纪违法案件中涉及党政主要领导干部的案件比例较高。三是有的地方和部门大案时有发生，有的涉案人员多达几十人。四是有些基层党员干部违纪违法问题比较严重，群众反映强烈。我们要继续保持查办案件的高压态势，依纪依法严肃查办领导干部滥用权力、谋取私利、贪污贿赂、腐化堕落、失职渎职等方面的案件，重点查处利用人事权、司法权、行政审批权、行政执法权谋取非法利益的案件，查处工程建设、土地出让、产权交易、医药购销、政府采购、资源开发和经销等重点领域的商业贿赂案件。要深挖腐败分子，震慑腐败分子，让他们政治上身败名裂，经济上倾家荡产，思想上后悔莫及。

我们党历来坚持党要管党、从严治党。实践证明，中国共产党是一个好党，社会主义制度是一个好制度。同时也要看到，我国正处于体制深刻转换、结构深刻调整和社会深刻变革的历史时期，要把反腐倡廉工作贯穿于改革开放和现代化建设的全过程，通过改革和发展逐步铲除腐败现象滋生蔓延的土壤和条件。

二、拓宽从源头上防治腐败工作领域

反腐倡廉工作要树立和落实科学发展观，适应中国特色社会主义事业总体布局的要求，把反腐倡廉工作融入政治、经济、文化、社会建设之中，坚持标本兼治、综合治理、惩防并举、注重预防的方针，建立健全教育、制度、监督并重的惩治和预防腐败体系，努力形成有效防治腐败的新机制，促进社会主义经济建设、政治建设、文化建设、社会建设全面发展。

（一）在政治领域防治腐败，必须抓住正确行使权力这个关键

发展社会主义民主政治，建设社会主义政治文明，必须坚持党的领导、人民当家做主和依法治国的有机统一，必须坚持科学执政、民主执政、依法执政和廉洁施政，必须加强对权力运行的制约和监督。

加强对权力运行的制约和监督，是有效预防腐败的关键。要注意抓好以下几方面的工作：一是要建立健全决策权、执行权、监督权既相互制约又相互协调的权力结构，把对权力的科学配置与对领导干部的有效监督结合起来。二是要严格组织人事纪律。现在，有的地方干部"带病提拔"和跑官要官、买官卖官的问题时有发生。今明两年，地方各级党委集中分批换届，中央对这项工作高度重视，各级纪检机关一定要认真负责，协助组织部门把好关。要重视对拟提名、提拔的省、市、县后备干部的信访及有关问题的反映，对他们的考察不仅要了解政治立场、工作表现和廉洁情况，还要注意思想道德和生活作风方面的情况。三是要关口前移，加强事前监督和事中监督。几年来，我们建立和完善巡视制度，加强了对省、市、县领导班子特别是主要领导干部的监督。要认真总结经验，不断改进工作。要注意选配好巡视组组长、副组长。省、市、县、乡纪委书记一定要选配刚正不阿、清正廉洁的优秀干部。

党内民主是党的生命。这些年来，各地完善全委会投票表决制度，实行重大决策征求意见制度，逐步推进党务公开，效果是好的。要坚持和完善民主集中制，以保障党员民主权利为基础，以完善党的代表大会制度和党的委员会制度为重点，从改革体制机制入手，建立健全充分反映党员和党组织意愿的党内民主制度，保障党员充分行使知情权、参与权、选择权、监督权。要把发展党内民主与维护党的集中统一起来，保证全党高度一致。

严明政治纪律是开展反腐倡廉工作的重要保证。政治纪律加强了，有利于中央政令的畅通，有利于防止不正之风和腐败现象的发生。要按照中央要求，加强对科学发展观贯彻落实情况的监督检查，促进中央重大决策部署落到实处；加强对地方党委换届工作的监督检查，防止选人用人上的不正之风；加强对公务员法执行情况的监督检查，促进公务员工资制度改革顺利进行。

（二）在经济领域防治腐败，必须抓住建立健全正确利益导向机制这个核心

坚持以经济建设为中心，不断解放和发展社会生产力，是解决我国社会一切矛盾和问题的根本途径。社会主义市场经济体制的逐步完善，为防治腐败创造了有利条件。我们要坚持用发展的思路和改革的办法，建立健全正确的利益导向机制，逐步减少违纪违法案件的发生。

要发挥市场在资源配置中的基础性作用。一些地方从规范市场秩序入手，发展有形建筑市场、土地交易市场、产权交易市场，在防治腐败方面发挥了积极作用。但也要看到，目前在工程建设领域，规避招标、虚假招标等问题还比较严重，领导干部违规违法干预的情况时有发生，必须采取有力措施解决这些问题。要继续推进行政审批制度、财税体制、投资体制和金融体制改革，进一步完善工程建设项目招标投标等制度，建立健全监管机制，逐步减少权力"寻租"的机会。

要完善领导干部廉洁从政行为规范，防止利益冲突。上个世纪90年代以来，中央和国家机关有关部门制定限制领导干部配偶子女从业范围等具体规定，对促进领导干部廉洁自律起到了积极作用。要针对少数领导干部"官商勾结""投资入股""期权化"和生活作风腐化等问题，不断完善和落实相关规定。

要认真做好治理商业贿赂专项工作。按照中央的部署，坚决纠正不正当交易行为，着力查处商业贿赂案件，积极探索防治商业贿赂的长效机制。一些国际反腐败组织认为，预防腐败应从限制受贿方拓展到限制行贿方，从规范权力运行拓展到规范商业行为，从规范公营部门行为拓展到规范私营部门行为，这是有一定道理的。我国一些地方和部门注意强化行业管理和行业自律，加快社会信用体系建设；建立信用情况记录在案的制度，限制或取消违规商户的市场准入资格；金融机构和公安机关加大对洗钱行为的打击力度。这些做法都是符合市场规则、有助于防治腐败的有益探索。

（三）在文化领域防治腐败，必须抓住加强思想道德教育这个基础

建设社会主义先进文化，必须坚持马克思主义在意识形态领域的指导地位，坚持依法治国和以德治国

相结合,加强社会主义思想道德建设,树立和实践社会主义荣辱观。反腐败是严肃的政治斗争,也是文化和道德观念的较量。要牢牢把握先进文化的前进方向,大力推进廉政文化建设,筑牢拒腐防变的思想道德防线。

要加强党员干部廉政教育。通过正面宣传、典型示范和警示教育,引导广大党员干部认真学习贯彻党章,坚持立党为公、执政为民,按照"两个务必"和"八个坚持、八个反对"的要求,严格执行廉洁从政各项规定,自觉抵制拜金主义、享乐主义、极端个人主义等消极腐朽思想文化的侵蚀。要树立正确的权力观,做到权为民所用、情为民所系、利为民所谋,自觉接受党组织和人民群众的监督;树立正确的利益观,坚持党和人民的利益高于一切,切实体现全心全意为人民服务的根本宗旨;树立正确的道德观,模范遵守社会公德、职业道德、家庭美德;树立正确的群众观,进一步密切党同人民群众的血肉联系,做到为民、务实、清廉。

要加强面向全体公民的廉洁教育。有些国家腐败发案率较低,一个重要原因就是他们重视全民廉洁教育,社会文明程度较高。《联合国反腐败公约》提出,成功的反腐败策略不仅包括执行和查处,还应包括预防和社区教育。要组织协调有关部门,推动廉洁教育进校园,在大中小学开设廉洁教育课程;推动廉洁教育进企业,引导商务人员遵规守法、诚信经营;推动廉洁教育进社区、进农村、进家庭,营造以廉为荣、以贪为耻的社会氛围。

要努力改进教育的方式方法。教育的重要功能就是净化人的灵魂。要认真总结各地创造的新鲜经验,积极探索改革开放条件下反腐倡廉教育的特点和规律,努力贴近干部群众的思想和工作实际,做到入情入理、入耳入脑。要坚持正确的舆论导向,把正面宣传为主和积极开展舆论监督结合起来,加强网上宣传队伍建设。

(四)在社会领域防治腐败,必须抓住充分依靠人民群众这个根本

人民是创造历史的根本动力。我们党始终把最广大人民的根本利益作为全部工作的出发点和落脚点。随着改革发展进入关键时期,我国社会存在的一些人民内部矛盾出现多发多样的状况。我们要坚持把群众关心的热点难点问题作为工作重点,更加注重维护人民群众的根本利益,更加注重依靠人民群众的支持和参与,切实维护公平和正义,促进社会主义和谐社会建设。

要坚决反对和纠正各种损害群众利益的不正之风。坚持从实际出发,什么问题突出就先解决什么问题。今年6月份,中央纪委监察部召开会议,要求在继续狠抓中央部署的纠风任务的同时,着重解决坑农害农等损害农民群众利益的问题,解决药品制售中危害人民群众生命安全的问题,解决安全生产中危害人民群众生命财产安全的问题。我们要以深厚的感情抓好工作落实,严肃查处发生在群众身边、影响恶劣的案件,特别是查处重大安全事故背后的腐败问题。要把苗头性、倾向性问题解决在萌芽状态。同时,要继续深化教育体制、医疗体制等改革,让人民群众共享改革发展成果。

要拓宽群众参与党风廉政建设的渠道。坚持推行政务公开、厂务公开、村务公开,大力发展基层民主。认真倾听群众呼声,重视专家学者的意见和建议,发挥社团、行业组织和中介机构在协调利益、反映诉求、化解矛盾等方面的作用。加强信访举报受理工作,重视检举线索,依法保护举报人。要加强基层党风廉政建设。建设社会主义新农村,是惠及亿万农民的重大部署。既要支持和保护广大基层干部建设新农村的积极性,又要防止脱离实际、做表面文章。

从源头上预防和治理腐败涉及政治、经济、文化、社会各个领域。我们要认识到,权力是关键,利益是核心,道德是基础,群众是根本。围绕党的先进性建设开展反腐倡廉工作,既要把握四个领域防治腐败的重点,又要妥善处理相互之间的关系,统筹兼顾,整体推进。

三、加强反腐倡廉法规制度建设

要长期保持和不断发展党的先进性,必须通过完善制度和机制,使党的先进性要素充分发挥作用,激励广大党员自觉遵守党章和党规党纪,自觉实践党的先进性基本要求。加强制度建设是保持党的先进性、从源头上防治腐败的重要途径。改革开放以来特别是党的十六大以来,我们坚持把制度建设贯穿于反腐倡廉工作的各个环节,相继制定修订了党内监督条例、党员权利保障条例等一批法规制度,发挥了重要作用。要继续以改革的精神加强制度建设,形成用制度规范从政行为、按制度办事、靠制度管人的有效机制,保证领导干部廉洁从政。

(一)严格执行制度

目前,我国反腐倡廉法规制度并不少,党风廉政建设和反腐败工作初步实现了有法可依。但是,徒法不足以自行。现在,一些地方和部门管理不严、执行不力,有的甚至人为地破坏制度,导致一些法规制度落实不到位,没有发挥出应有的效力。我们既要重视制定制度,更要严格执行制度,在抓落实上下功夫。

要增强党员干部的制度意识。加强法规制度的宣传教育,使广大党员干部了解制度,营造执行制度的良好氛围。领导干部一定要带头遵守制度,自觉用制度约束自己的言行,同时要敢抓敢管,切实抓好分管部门

和单位的制度落实。

要加强法规制度执行情况的监督检查。建立健全督办机制,及时汇总执行中存在的突出问题,责成有关部门认真研究解决。有条件的地方可以建立以信息网络技术为载体的实时监控系统,发挥现代科技在落实制度中的作用。

要坚持制度面前人人平等。不管是谁违反制度,都应予以追究。对有令不行、有禁不止、不严格执行制度甚至破坏制度的,要依纪依法进行处理,切实维护制度的严肃性和权威性。

(二)不断完善制度

制度建设是动态的、开放的、发展的。如果制度存在缺陷不及时修补,就可能为破坏制度的人提供机会。要在实践中及时总结经验,不断完善制度,切实提高制度建设的质量和水平。

要重视制度的修订。随着实践的发展,现有制度该完善的要完善,该废止的要废止。要逐步建立法规制度实施情况的评估机制,查找问题和不足,有针对性地做好修订工作。

要注重制度的系统配套。既要注意单项制度的制定修订,又要注意与其他制度协调配合;既要充实完善惩戒性、约束性规定,又要建立健全激励性、保障性规定;既要重视实体性制度建设,又要重视程序性制度建设,发挥整体效能。要注意制定实施细则,将一些原则性要求转化为可操作的具体规定。

要努力使党内制度与国家法律相衔接。党内制度建设要体现依法治国的基本方略,同国家法律法规相协调。要适时将经过实践检验、适应形势发展的党内制度转化为国家法律法规,增强约束力和强制力。

(三)注重创新制度

要从实际出发,坚持解放思想,改革创新,实现制度建设的与时俱进。

制度创新要与完善社会主义市场经济体制相适应。既要与市场经济的发展进程相适应,同改革开放和经济建设重大措施的实施紧密结合起来,防止急于求成或者过于滞后;又要与市场经济的运行规则相适应,把反腐倡廉的要求寓于各项政策和措施之中,使制定的制度有利于促进改革开放和经济发展。

制度创新要科学有效、行得通、做得到。制度是管人的,人都有可能犯错误。我们制定制度,就是要针对那些不遵守甚至破坏制度的人。博弈论中有个"囚徒两难"的故事:两个人犯了罪,如果都不交代,将因证据不足而无罪释放;如果一个交代,另一个不交代,交代的判半年,不交代的判三年;如果两个人都交代,各判一年。这样两个罪犯就会盘算,假如都不招,可以无罪释放,但不能保证对方不招;假如对方先招,我就会重判,不如争取主动、坦白交代。所以,制度设计要考虑各种情况,努力做到使执行制度的人不吃亏,使不执行制度的人受惩罚。要深入研究人们心理活动的特点和规律,注意吸收社会科学和自然科学的新成果,使制度设计更加科学、管用。

制度创新要充分发扬民主。一些关系群众切身利益的重要措施和规章的制定,要采取多种方式广泛征求群众意见,以科学的态度做好调研论证工作。要把一些比较成熟的做法转化为对全局工作有指导作用的制度。有些制度应在一定范围试点,然后再逐步推开。

制度创新要注意借鉴国外经验。反腐败是世界各国面临的共同课题,离不开国际交流与合作。我们要立足国情,拓宽视野,吸收借鉴国外反腐败制度建设的有益做法。当前,尤其要做好我国法律法规与《联合国反腐败公约》的衔接工作,对一些法律法规进行修改和完善。同时,也要加强对外宣传,增进国际社会对我国反腐倡廉法规制度建设的了解。

纪检监察机关要会同有关部门制定制度建设规划,抓好任务分解和督促检查。重大问题要及时请示汇报,涉及全局性的重要制度一定要提请党委和政府审议决定。

纪检监察机关和纪检监察干部要带头学习毛泽东同志、邓小平同志、江泽民同志关于反腐倡廉的理论,带头学习胡锦涛同志近年来关于深入开展反腐败斗争的重要指示精神,在党委领导下,全面履行职责,自觉接受党内外的监督。对纪检监察干部要严格要求,严格管理,严格监督。不适合在纪检监察机关工作的,务必坚决调离;违反纪律的,务必依纪严肃追究;涉嫌违法的,务必依法坚决惩处。

执政党的党风关系党的形象,关系党和国家的生死存亡。我们要紧密团结在以胡锦涛同志为总书记的党中央周围,高举邓小平理论和"三个代表"重要思想伟大旗帜,全面落实科学发展观,切实增强党的意识、忧患意识、责任意识和使命意识,深入开展党风廉政建设和反腐败斗争,努力取得新成效,不辜负党中央的要求和人民的期望。

中国社科院成立五大学部

这五大学部分别为文史哲学部、经济学部、社会政法学部、国际研究学部、马克思主义研究学部。

学部是社科院院务会议领导下的学术指导、学术咨询和科研协调机构。据中国社科院院长陈奎元介绍,社科院30年来一直沿袭1977年成立时的院所两级格局,管理体制和运行机制不能适应新形势、新任务的要求,不利于发挥整体功能,特别是不利于组织全局性、前瞻性和战略性的重大课题的攻关与创新,不利于学科建设和学术交流。

改“片”为“部”，旨在推出一批坚持以马克思主义为指导、学贯中西、成就卓著的学术大家和学科带头人，推进哲学社会科学创新体系的建设。

在同日召开的社科院第一次学部委员大会上，通过了《中国社会科学院学部章程(试行)》。学部委员大会是社科院学部的最高组织形式，一般每两年举行一次。

国际田径联合会正式批准中国运动员刘翔创造的12秒88的男子110米栏世界纪录

这一消息在国际田联官方网站正式公布。刘翔的这一成绩是今年7月11日在瑞士洛桑举行的超级田径大奖赛上跑出的。

8月4日

国务院召开渤海环境保护工作现场会

国务院副总理曾培炎出席并讲话。曾培炎指出，加强渤海环境保护与治理是当前环境保护的一项重要任务，各有关方面要按照科学发展观的要求，增强责任感、使命感，切实做到认识到位、措施到位、监管到位，严格控制污染物排放总量，早日实现“十一五”渤海污染防治目标。

4日上午，曾培炎和国务院有关部门以及环渤海省市负责人，登上了中国海监83号船，实地察看了渤海原油污染清理情况，考察了海上石油平台、养殖区、废物倾倒区，并参加了海洋环保巡航执法活动。在航行中，曾培炎召开现场会，听取了国家海洋局、国家环保总局、国家发改委等部门和环渤海省市以及有关企业负责人的汇报，并不时提出问题。

曾培炎提出五点要求：一是控制陆源污染物排放。要下决心关掉一批污染严重项目，改造一批技术落后企业，整治一批违法排污单位，从源头上减少污染总量。加快污水处理、垃圾处理等环保设施建设，力争到2010年环渤海地区城市污水处理率不低于85%，生活垃圾无害化处理率不低于80%。同时，要高度重视农业面源污染治理，合理使用化肥、农药。

二是加强海域污染防治。各类海洋石油、海上航运和港口企业都要防止溢油漏油、超标排放，严格控制海洋倾废行为。海上养殖活动要合理规划、科学布局、控制密度，尽可能减少对生态环境的破坏。所有海岸和海洋工程建设，都要严格执行环境影响评价制度，按照“三同时”的要求，配套建设运行环保设施。要建立健全重大海上污染事故应急机制。抓紧渤海海域原油污染事件的善后工作。

三是保护好海洋生态系统。要科学修订海洋功能区划，完善海洋自然保护区，建立生态监控区。加强对重要水生物种资源和珍贵濒危水生动物，以及典型海洋生态系统的保护。

四是强化对海洋环境的监测。要加强海洋环境监测能力建设，优化海洋环境监测网络，共享监测数据和信息资源。有关部门要定期评价和发布海洋环境质量信息。对入海排污口、滨海旅游度假区、鱼类产卵区、海洋生态脆弱区和赤潮频发区等重要领域，要加大监测力度，及时发现问题并采取措施。

五是加强渤海环境保护工作的组织协调。要抓紧制定和完善渤海环境保护总体规划。环渤海三省一市各级政府和有关中央企业，要真正落实污染物减排任务，实现达标排放。各有关部门都要切实履行职责，密切配合，形成工作合力。强化舆论监督和社会监督，在环渤海地区乃至全社会形成“爱护海洋为荣，污染海洋为耻”的良好风尚。

第二届“北京—东京论坛”在东京闭幕

论坛发表的联合声明表示要努力推动中日关系走出低谷，建立互利双赢的新型中日关系。

声明说，中日关系正处于邦交正常化以来的低谷，这是不容回避的事实。两国各界有识之士对两国间的政治障碍以及国民感情的疏远深感担忧。对于中日关系的现状，双方与会者表示不能袖手旁观。与会者一致同意建立一个中日文双语“北京—东京论坛”网站，为两国有关人士提供一个可以更多地进行交流的平台，以推动中日关系的改善。

由中国日报社、北京大学与日本民间组织“言论NPO”联合主办的第二届“北京—东京论坛”3日在东京开幕。中国驻日大使王毅和日本内阁官房长官安倍晋三等出席并发表了讲话。

王毅在会上阐述了中国政府的对日政策，强调改善中日关系已成为当前两国人民的共同呼声。王毅还建议中日双方从增进相互了解、克服政治困难、重建彼此信任、实现互利双赢等四个方面作出努力，推动两国关系尽快走出目前的僵局。

安倍在讲话中表示，改善中日关系现状必须建立在日中之间有相互正确的认识的基础上。安倍还表示他极为重视日中关系，认为日中关系是最重要的双边关系之一。

外交部发言人秦刚就日本内阁官房长官安倍晋三今年参拜靖国神社一事答记者问

秦刚说：我们对日本媒体的有关报道表示关切。日本领导人停止参拜供奉有二战甲级战犯的靖国神社,以实际行动消除阻挠中日关系正常发展的政治障碍,是两国人民的共同愿望,符合两国的根本利益。希望日方与中方一道相向努力,推动中日关系早日回到正常发展的轨道。

第四届全国特奥会在哈尔滨商业大学体育馆闭幕

本届特奥会共设田径、游泳、篮球、足球等9个大项的比赛项目和网球一个表演项目,共计115个小项。来自31个省、自治区、直辖市和新疆生产建设兵团,香港、澳门特别行政区、台北市以及韩国特邀代表团的1418名特奥运动员向世人展示了"平等、参与、自强不息"的特奥精神,其中年龄最大的46岁,最小的只有8岁。

本届特奥会共产生了685枚金牌、629枚银牌和544枚铜牌。北京市、天津市、湖北省等代表团获得了体育道德风尚奖。此外,比赛期间还举办了运动员健康计划、家长论坛和青少年峰会等多项活动,参加者围绕如何推动特奥运动发展进行了交流和研讨。

8月5日

第二十一届全国青少年科技创新大赛在澳门开幕

来自全国各省、自治区、直辖市及香港、澳门特别行政区的300多名中学生选手将在两天时间里展开激烈角逐,并展示其科技活动的最新成果。

澳门特别行政区行政长官何厚铧宣布大赛正式开幕。

195个优秀科技创新成果竞赛项目、445幅优秀少年儿童科学幻想绘画作品将参与展示、交流;大赛邀请了美、加、日、韩、丹麦5个国家的28名青少年与教师参加项目展示;台湾中华创意发展协会也组织了23名师生参赛。

中国选手徐莉佳在美国加利福尼亚州举行的激光雷迪尔级帆船世锦赛上夺得冠军

这是中国帆船运动开展26年以来,首次在世锦赛中夺得奥运项目金牌。

8月6日

国务院印发《关于加强节能工作的决定》

各省、自治区、直辖市人民政府,国务院各部委、各直属机构:

为深入贯彻科学发展观,落实节约资源基本国策,调动社会各方面力量进一步加强节能工作,加快建设节约型社会,实现"十一五"规划纲要提出的节能目标,促进经济社会发展切实转入全面协调可持续发展的轨道,特作如下决定:

一、充分认识加强节能工作的重要性和紧迫性

(一)必须把节能摆在更加突出的战略位置。我国人口众多,能源资源相对不足,人均拥有量远低于世界平均水平。由于我国正处在工业化和城镇化加快发展阶段,能源消耗强度较高,消费规模不断扩大,特别是高投入、高消耗、高污染的粗放型经济增长方式,加剧了能源供求矛盾和环境污染状况。能源问题已经成为制约经济和社会发展的重要因素,要从战略和全局的高度,充分认识做好能源工作的重要性,高度重视能源安全,实现能源的可持续发展。解决我国能源问题,根本出路是坚持开发与节约并举、节约优先的方针,大力推进节能降耗,提高能源利用效率。节能是缓解能源约束,减轻环境压力,保障经济安全,实现全面建设小康社会目标和可持续发展的必然选择,体现了科学发展观的本质要求,是一项长期的战略任务,必须摆在更加突出的战略位置。

(二)必须把节能工作作为当前的紧迫任务。近几年,由于经济增长方式转变滞后、高耗能行业增长过快,单位国内生产总值能耗上升,特别是今年上半年,能源消耗增长仍然快于经济增长,节能工作面临更大压力,形势十分严峻。各地区、各部门要充分认识加强节能工作的紧迫性,增强忧患意识和危机意识,增强历史责任感和使命感。要把节能工作作为当前的一项紧迫任务,列入各级政府重要议事日程,切实下大力气,采取强有力措施,确保实现"十一五"能源节约的目标,促进国民经济又快又好地发展。

二、用科学发展观统领节能工作

(三)指导思想。以邓小平理论和"三个代表"重要思想为指导,全面贯彻科学发展观,落实节约资源基本国策,以提高能源利用效率为核心,以转变经济增长方式、调整经济结构、加快技术进步为根本,强化全社会的节能意识,建立严格的管理制度,实行有效的激励政策,充分发挥市场配置资源的基础性作用,调动市场主体节能的自觉性,加快构建节约型的生产方式和消费模式,以能源的高效利用促进经济社会可持续发展。

(四)基本原则。坚持节能与发展相互促进,节能是为了更好地发展,实现科学发展必须节能;坚持开发与节约并举,节能优先,效率为本;坚持把节能作为转变经济增长方式的主攻方向,从根本上改变高耗能、高污染的粗放型经济增长方式;坚持发挥市场机制作用与实施政府宏观调控相结合,努力营造有利于节能的体制环境、政策环境和市场环境;坚持源头控制与存量挖潜、依法管理与政策激励、突出重点与全面推进相结合。

(五)主要目标。到"十一五"期末,万元国内生产总值(按2005年价格计算)能耗下降到0.98吨标准煤,比"十五"期末降低20%左右,平均年节能率为4.4%。重点行业主要产品单位能耗总体达到或接近本世纪初国际先进水平。初步建立起与社会主义市场经济体制相适应的比较完善的节能法规和标准体系、政策保障体系、技术支撑体系、监督管理体系,形成市场主体自觉节能的机制。

三、加快构建节能型产业体系

(六)大力调整产业结构。各地区和有关部门要认真落实《国务院关于发布实施〈促进产业结构调整暂行规定〉的决定》(国发〔2005〕40号)要求,推动产业结构优化升级,促进经济增长由主要依靠工业带动和数量扩张带动,向三次产业协同带动和优化升级带动转变,立足节约能源推动发展。合理规划产业和地区布局,避免由于决策失误造成能源浪费。

(七)推动服务业加快发展。充分发挥服务业能耗低、污染少的优势,努力提高服务业在国民经济中的比重。要以专业化分工和提高社会效率为重点,积极发展生产服务业;以满足人们需求和方便群众生活为中心,提升生活服务业。大中城市要优先发展服务业,有条件的大中城市要逐步形成以服务经济为主的产业结构。

(八)积极调整工业结构。严格控制新开工高耗能项目,把能耗标准作为项目核准和备案的强制性门槛,遏制高耗能行业过快增长。对企业搬迁改造严格能耗准入管理。加快淘汰落后生产能力、工艺、技术和设备,不按期淘汰的企业,地方各级人民政府及有关部门要依法责令其停产或予以关闭,依法吊销排污许可证和停止供电,属实行生产许可证管理的,依法吊销生产许可证。积极推进企业联合重组,提高产业集中度和规模效益。

(九)优化用能结构。大力发展高效清洁能源。逐步减少原煤直接使用,提高煤炭用于发电的比重,发展煤炭气化和液化,提高转换效率。引导企业和居民合理用电。大力发展风能、太阳能、生物质能、地热能、水能等可再生能源和替代能源。

四、着力抓好重点领域节能

(十)强化工业节能。突出抓好钢铁、有色金属、煤炭、电力、石油石化、化工、建材等重点耗能行业和年耗能1万吨标准煤以上企业的节能工作,组织实施千家企业节能行动,推动企业积极调整产品结构,加快节能技术改造,降低能源消耗。

(十一)推进建筑节能。大力发展节能省地型建筑,推动新建住宅和公共建筑严格实施节能50%的设计标准,直辖市及有条件的地区要率先实施节能65%的标准。推动既有建筑的节能改造。大力发展新型墙体材料。

(十二)加强交通运输节能。积极推进节能型综合交通运输体系建设,加快发展铁路和内河运输,优先发展公共交通和轨道交通,加快淘汰老旧铁路机车、汽车、船舶,鼓励发展节能环保型交通工具,开发和推广车用代用燃料和清洁燃料汽车。

(十三)引导商业和民用节能。在公用设施、宾馆商厦、写字楼、居民住宅中推广采用高效节能办公设备、家用电器、照明产品等。

(十四)抓好农村节能。加快淘汰和更新高耗能落后农业机械和渔船装备,加快农业提水排灌机电设施更新改造,大力发展农村户用沼气和大中型畜禽养殖场沼气工程,推广省柴节煤灶,因地制宜发展小水电、风能、太阳能以及农作物秸秆气化集中供气系统。

(十五)推动政府机构节能。各级政府部门和领导干部要从自身做起、厉行节约,在节能工作中发挥表率作用。重点抓好政府机构建筑物和采暖、空调、照明系统节能改造以及办公设备节能,采取措施大力推动政府节能采购,稳步推进公务车改革。

五、大力推进节能技术进步

(十六)加快先进节能技术、产品研发和推广应用。各级人民政府要把节能作为政府科技投入、推进高技术产业化的重点领域,支持科研单位和企业开发高效节能工艺、技术和产品,优先支持拥有自主知识产权的节能共性和关键技术示范,增强自主创新能力,解决技术瓶颈。采取多种方式加快高效节能产品的推广应用。有条件的地方可对达到超前性国家能效标准、经过认证的节能产品给予适当的财政支持,引导消费者使用。落实产品质量国家免检制度,鼓励高效节能产品生产企业做大做强。有关部门要制定和发布节能技术政策,组织行业共性技术的推广。

(十七)全面实施重点节能工程。有关部门和地方人民政府及有关单位要认真组织落实"十一五"规划纲要提出的燃煤工业锅炉(窑炉)改造、区域热电联产、余热余压利用、节约和替代石油、电机系统节能、能量系统优化、建筑节能、绿色照明、政府机构节能以及节能监测和技术服务体系建设等十大重点节能工程。发展改革委要督促各地区、各有关部门和有关单位抓紧落实相关政策措施,确保工程配套资金到位,同时要会同有关部门切实做好重点工程、重大项目实施情况的监督检查。

(十八)培育节能服务体系。有关部门要抓紧研究制定加快节能服务体系建设的指导意见,促进各级各类节能技术服务机构转换机制、创新模式、拓宽领域,增强服务能力,提高服务水平。加快推行合同能源管理,推进企业节能技术改造。

(十九)加强国际交流与合作。积极引进国外先进节能技术和管理经验,广泛开展与国际组织、金融机构及有关国家和地区在节能领域的合作。

六、加大节能监督管理力度

(二十)健全节能法律法规和标准体系。抓紧做好修订《中华人民共和国节约能源法》的有关工作,进一步严格节能管理制度,明确节能执法主体,强化政策激励,加大惩戒力度。研究制定有关节能的配套法规。加快组织制定和完善主要耗能行业能耗准入标准、节能设计规范,制定和完善主要工业耗能设备、机动车、建筑、家用电器、照明产品等能效标准以及公共建筑用能设备运行标准。各地区要研究制定本地区主要耗能产品和大型公共建筑单位能耗限额。

(二十一)加强规划指导。各地区、各有关部门要根据"十一五"规划纲要,把实现能耗降低的约束性目标作为本地区、本部门"十一五"规划和有关专项规划的重要内容,明确目标、任务和政策措施,认真制定和实施本地区和行业的节能规划。

(二十二)建立节能目标责任制和评价考核体系。发展改革委要将"十一五"规划纲要确定的单位国内生产总值能耗降低目标分解落实到各省、自治区、直辖市,省级人民政府要将目标逐级分解落实到各市、县以及重点耗能企业,实行严格的目标责任制。统计局、发展改革委等部门每年要定期公布各地区能源消耗情况;省级人民政府要建立本地区能耗公报制度。要将能耗指标纳入各地经济社会发展综合评价和年度考核体系,作为地方各级人民政府领导班子和领导干部任期内贯彻落实科学发展观的重要考核内容,作为国有大中型企业负责人经营业绩的重要考核内容,实行节能工作问责制。发展改革委要会同有关部门抓紧制定实施办法。

(二十三)建立固定资产投资项目节能评估和审查制度。有关部门和地方人民政府要对固定资产投资项目(含新建、改建、扩建项目)进行节能评估和审查。对未进行节能审查或未能通过节能审查的项目一律不得审批、核准,从源头杜绝能源的浪费。对擅自批准项目建设的,要依法依规追究直接责任人的责任。发展改革委要会同有关部门制定固定资产投资项目节能评估和审查的具体办法。

(二十四)强化重点耗能企业节能管理。重点耗能企业要建立严格的节能管理制度和有效的激励机制,进一步调动广大职工节能降耗的积极性。要强化基础工作,配备专职人员,将节能降耗的目标和责任落实到车间、班组和个人,并加强监督检查。有关部门和地方各级人民政府要加强对重点耗能企业节能情况的跟踪、指导和监督,定期公布重点企业能源利用状况。其中,对实施千家企业节能行动的高耗能企业,发展改革委要与各相关省级人民政府和有关中央企业签订节能目标责任书,强化节能目标责任和考核。

(二十五)完善能效标识和节能产品认证制度。加快实施强制性能效标识制度,扩大能效标识在家用电器、电动机、汽车和建筑上的应用,不断提高能效标识的社会认知度,引导社会消费行为,促进企业加快高效节能产品的研发。推动自愿性节能产品认证,规范认证行为,扩展认证范围,推动建立国际协调互认。

(二十六)加强电力需求侧和电力调度管理。充分发挥电力需求侧管理的综合优势,优化城市、企业用电方案,推广应用高效节能技术,推进能效电厂建设,提高电能使用效率。改进发电调度规则,优先安排清洁能源发电,对燃煤火电机组进行优化调度,限制能耗高、污染重的低效机组发电,实现电力节能、环保和经济调度。

(二十七)控制室内空调温度。所有公共建筑内的单位,包括国家机关、社会团体、企事业组织和个体工商户,除特定用途外,夏季室内空调温度设置不低于26摄氏度,冬季室内空调温度设置不高于20摄氏度。有关部门要据此修订完善公共建筑室内温度有关标准,并加强监督检查。

(二十八)加大节能监督检查力度。有关部门和地方各级人民政府要加大节能工作的监督检查力度,重点检查高耗能企业及公共设施的用能情况、固定资产投资项目节能评估和审查情况、禁止淘汰设备异地再用情况,以及产品能效标准和标识、建筑节能设计标准、行业设计规范执行等情况。达不到建筑节能标准的建筑物不准开工建设和销售。严禁生产、销售和使用国家明令淘汰的高耗能产品。要严厉打击报废机动车和船舶等违法交易活动。节能主管部门和质量技术监督部门要加大监督检查和处罚力度,对违法行为要公开曝光。

七、建立健全节能保障机制

(二十九)深化能源价格改革。加强和改进电价管理,建立成本约束机制;完善电力分时电价办法,引导用户合理用电、节约用电;扩大差别电价实施范围,抑制高耗能产业盲目扩张,促进结构调整。落实石油综合配套调价方案,理顺国内成品油价格。继续推进天然气价格改革,建立天然气与可替代能源的价格挂钩和动态调整机制。全面推进煤炭价格市场化改革。研究制定能耗超限额加价的政策。

(三十)加大政府对节能的支持力度。各级人民政府要对节能技术与产品推广、示范试点、宣传培训、信息服务和表彰奖励等工作给予支持,所需节能经费纳入各级人民政府财政预算。“十一五”期间，国家每年安排一定的资金，用于支持节能重大项目、示范项目及高效节能产品的推广。

(三十一)实行节能税收优惠政策。发展改革委要会同有关部门抓紧制定《节能产品目录》，对生产和使用列入《节能产品目录》的产品，财政部、税务总局要会同有关部门抓紧研究提出具体的税收优惠政策，报国务院审批。严格实施控制高耗能、高污染、资源性产品出口的政策措施。研究建立促进能源节约的燃油税收制度，以及控制高耗能加工贸易和抑制不合理能源消费的有关税收政策。抓紧研究并适时实施不同种类能源矿产资源计税方法改革方案。根据资源条件和市场变化情况，适当提高有关资源税征收标准。

(三十二)拓宽节能融资渠道。各类金融机构要切实加大对节能项目的信贷支持力度，推动和引导社会各方面加强对节能的资金投入。要鼓励企业通过市场直接融资，加快进行节能降耗技术改造。

(三十三)推进城镇供热体制改革。加快城镇供热商品化、货币化，将采暖补贴由“暗补”变“明补”，加强供热计量，推进按用热量计量收费制度。完善供热价格形成机制，有关部门要抓紧研究制定建筑供热采暖按热量收费的政策，培育有利于节能的供热市场。

(三十四)实行节能奖励制度。各地区、各部门对在节能管理、节能科学技术研究和推广工作中作出显著成绩的单位及个人要给予表彰和奖励。能源生产经营单位和用能单位要制定科学合理的节能奖励办法，结合本单位的实际情况，对节能工作中作出贡献的集体、个人给予表彰和奖励，节能奖励计入工资总额。

八、加强节能管理队伍建设和基础工作

(三十五)加强节能管理队伍建设。各级人民政府要加强节能管理队伍建设，充实节能管理力量，完善节能监督体系，强化对本行政区域内节能工作的监督管理和日常监察(监测)工作，依法开展节能执法和监察(监测)。在整合现有相关机构的基础上，组建国家节能中心，开展政策研究、固定资产投资项目节能评估、技术推广、宣传培训、信息咨询、国际交流与合作等工作。

(三十六)加强能源统计和计量管理。各级人民政府要为统计部门依法行使节能统计调查、统计执法和数据发布等提供必要的工作保障。各级统计部门要切实加强能源统计，充实必要的人员，完善统计制度，改进统计方法，建立能够反映各地区能耗水平、节能目标责任和评价考核制度的节能统计体系。要强化对单位国内(地区)生产总值能耗指标的审核，确保统计数据准确、及时。各级质量技术监督部门要督促企业合理配备能源计量器具，加强能源计量管理。

(三十七)加大节能宣传、教育和培训力度。新闻出版、广播影视、文化等部门和有关社会团体要组织开展形式多样的节能宣传活动，广泛宣传我国的能源形势和节能的重要意义，弘扬节能先进典型，曝光浪费行为，引导合理消费。教育部门要将节能知识纳入基础教育、高等教育、职业教育培训体系。各级工会、共青团组织要重视和加强对广大职工特别是青年职工的节能教育，广泛开展节能合理化建议活动。有关行业协会要协助政府做好行业节能管理、技术推广、宣传培训、信息咨询和行业统计等工作。各级科协组织要围绕节能开展系列科普活动。要认真组织开展一年一度的全国节能宣传周活动，加强经常性的节能宣传和培训。要动员全社会节能，在全社会倡导健康、文明、节俭、适度的消费理念，用节约型的消费理念引导消费方式的变革。要大力倡导节约风尚，使节能成为每个公民的良好习惯和自觉行动。

九、加强组织领导

(三十八)切实加强节能工作的组织领导。各省、自治区、直辖市人民政府和各有关部门要按照本决定的精神，努力抓好落实。省级人民政府要对本地区节能工作负总责，把节能工作纳入政府重要议事日程，主要领导要亲自抓，并建立相应的协调机制，明确相关部门的责任和分工，确保责任到位、措施到位、投入到位。省级人民政府、国务院有关部门要在本决定下发后2个月内提出本地区、本行业节能工作实施方案报国务院；中央企业要在本决定下发后2个月内提出本企业节能工作实施方案，由国资委汇总报国务院。发展改革委要会同有关部门，加强指导和协调，认真监督检查本决定的贯彻执行情况，并向国务院报告。

国务院

2006年8月6日

中国与乍得恢复大使级外交关系

中华人民共和国外交部部长李肇星与乍得共和国外交和非洲一体化部部长艾哈迈德·阿拉米分别代表各自政府，在北京签署《中华人民共和国和乍得共和国关于恢复外交关系的联合公报》，内容如下：

中华人民共和国和乍得共和国，根据两国人民的利益和愿望，决定自2006年8月6日起恢复大使级外交关系。

中华人民共和国和乍得共和国同意恢复互派大使，并在对等的基础上为对方大使馆的建立和履行职务提供方便。

中华人民共和国政府支持乍得共和国政府为维护国家主权和发展经济所做的努力。乍得共和国政府承认世界上只有一个中国，中华人民共和国政府是代表全中国的唯一合法政府，台湾是中国领土不可分割的一部分。中华人民共和国政府对乍得共和国政府的这一立场表示赞赏。

签字仪式后,两国外长就中乍关系及共同关心的国际和地区问题交换了意见。

8月7日

中办印发《党政领导干部职务任期暂行规定》《党政领导干部交流工作规定》《党政领导干部任职回避暂行规定》3个法规文件

据新华社报道:中共中央办公厅近日印发《党政领导干部职务任期暂行规定》《党政领导干部交流工作规定》《党政领导干部任职回避暂行规定》3个法规文件,并发出通知,要求各地区、各部门结合实际情况,认真贯彻执行。法规全文如下:

党政领导干部职务任期暂行规定

第一条 为了规范党政领导干部职务任期和任期管理工作,保持领导干部任期内的稳定,增强干部队伍的活力,根据《中华人民共和国宪法》《中国共产党章程》《中华人民共和国地方各级人民代表大会和地方各级人民政府组织法》《中华人民共和国公务员法》《党政领导干部选拔任用工作条例》和有关法律法规,制定本规定。

第二条 本规定适用于中共中央、全国人大常委会、国务院、全国政协的工作部门和工作机构的正职领导成员;县级以上地方党委、政府领导成员,纪委、人民法院、人民检察院的正职领导成员;省(自治区、直辖市)、市(地、州、盟)党委、人大常委会、政府、政协的工作部门和工作机构的正职领导成员。

第三条 党政领导职务每个任期为5年。

第四条 党政领导干部在任期内应当保持稳定。除有下列情形之一的,应当任满一个任期:

(一)达到退休年龄的;

(二)由于健康原因不能或者不宜继续担任现职务的;

(三)不称职需要调整职务的;

(四)自愿辞职或者引咎辞职、责令辞职的;

(五)因受处分或处罚需要变动职务或者被罢免职务的;

(六)因工作特殊需要调整职务的。

党政领导干部在一个任期内因工作特殊需要调整职务,一般不得超过一次。

第五条 党政领导干部任期内和任期届满应当按照有关规定进行考核,考核结果作为干部使用的重要依据。

第六条 党政领导干部在同一职位上连续任职达到两个任期,不再推荐、提名或者任命担任同一职务。

第七条 党政领导干部担任同一层次领导职务累计达到15年的,不再推荐、提名或者任命担任第二条所列范围内的同一层次领导职务。根据干部个人情况和工作需要对其工作予以适当安排。

第八条 民族自治地方的少数民族党政领导干部执行本规定第六条和第七条,经批准可以适当放宽。

第九条 党政领导干部任期内调整职务,任职3年以上的,计算为一个任期;任职不足3年的,只计算任职年限,不计算任期届数。

第十条 选任制党政领导干部在新一届领导班子选举产生时,原任领导职务自然解除。

工作部门和工作机构正职领导成员任期届满不再连任的,按有关规定由任免机关下达免职通知,免去其担任的领导职务。

第十一条 各级党委(党组)及其组织(人事)部门按照干部管理权限,负责本规定的组织实施,对执行本规定的情况进行监督,对违反本规定的行为予以纠正。

第十二条 工会、共青团、妇联等人民团体的正职领导成员实行任期制度,按照有关章程并参照本规定执行。

市(地、州、盟)级以上党委、政府直属事业单位的正职领导成员实行任期制度,参照本规定执行。

第十三条 省(自治区、直辖市)党委根据本规定精神,结合各地实际,对乡(科)级党政领导干部实行任期制度作出规定,并报中共中央组织部备案。

第十四条 本规定由中共中央组织部负责解释。

第十五条 本规定自发布之日起施行。

党政领导干部交流工作规定

第一章 总 则

第一条 为了推进干部交流工作,进一步优化领导班子结构,提高领导干部的素质和能力,加强党风廉政建设,促进经济社会发展,根据《中华人民共和国公务员法》《党政领导干部选拔任用工作条例》和有关法律法规,制定本规定。

第二条 本规定适用于中共中央、全国人大常委会、国务院、全国政协的工作部门和工作机构的领导成员,上述工作部门和工作机构的内设机构的领导干部;中央纪委和最高人民法院、最高人民检察院的副职领导成员及其机关内设机构的领导干部;县级以上地方党委、人大常委会、政府、政协及其工作部门和工作机构的领导成员,上述工作部门和工作机构的内设机构的领导干部;县级以上地方纪委和人民法院、人民检察院的领导成员及其机关内设机构的领导干部。

第三条 本规定所称的党政领导干部交流,是指各级党委(党组)及其组织(人事)部门按照干部管理权限,通过调任、转任对党政领导干部的工作岗位进行调整。挂职锻炼工作另行规定。

第二章　交流对象

第四条　交流的对象主要是下列人员:

(一)因工作需要交流的;

(二)需要通过交流锻炼提高领导能力的;

(三)在一个地方或者部门工作时间较长的;

(四)按照规定需要回避的;

(五)其他原因需要交流的。

交流的重点是县级以上地方党委、政府正职领导成员及其他领导成员,纪委、人民法院、人民检察院和党委、政府部分工作部门的正职领导成员。

第五条　县级以上地方党委、政府领导成员在同一职位上任职满10年的,必须交流。民族自治地方的少数民族党政领导干部经批准可以适当放宽。

在同一地区党政领导班子中担任同一层次领导职务满10年的,应当交流。

新提拔担任县(市、区、旗)以上地方党委、政府领导成员的,应当有计划地易地交流任职。

第六条　县级以上地方纪检机关(监察部门)、组织部门、人民法院、人民检察院、公安部门的正职领导成员,在同一职位任职满10年的,必须交流;新提拔的一般应易地交流任职。副职领导成员在同一领导班子中任职满10年的,应当交流。

第七条　党政机关处级以上领导干部,特别是从事执纪执法、干部人事、审计、项目审批和资金管理工作的领导干部,在同一职位任职满10年的,应当交流。

第八条　缺少基层工作经验或者岗位经历单一的县(处)级以上领导干部,应当有计划地交流。

第九条　实行干部双重管理、以上级业务部门为主管理的单位的正职领导成员,在同一领导班子中任职满10年的,应当交流。

第十条　党政领导干部任职回避交流按有关规定执行。

第十一条　党政领导干部有下列情形之一的,可不交流或者暂缓交流:

(一)离最高任职年龄不满5年的(属于必须交流的对象,可区别不同情况对其工作进行调整);

(二)因健康原因不宜交流的;

(三)涉嫌违纪违法正在接受纪检监察或者司法机关审查尚未作出结论的;

(四)其他原因不适合交流的。

第三章　交流范围和方式

第十二条　干部交流可以在地区之间,部门之间,地方与部门之间,党政机关与国有企业事业单位、人民团体、群众团体之间进行。

第十三条　地(厅)级干部一般在本省(自治区、直辖市)内交流,根据工作需要,也可跨省(自治区、直辖市)交流。县(处)级干部一般在本市(地、州、盟)范围内交流,根据工作需要,县(市、区、旗)委书记、县(市、区、旗)长可在本省(自治区、直辖市)范围内交流。

第十四条　地区之间的干部交流,重点围绕国家经济社会发展战略和人才战略、地方经济社会发展布局和支柱产业及重大项目建设进行。

第十五条　中央和国家机关、省级党政机关应当注意选调有地方工作经验的干部,特别是市(地、州、盟)、县(市、区、旗)党政领导班子中的优秀年轻干部到机关任职,同时根据工作需要有计划地选派机关干部到地方任职。

第十六条　实行党政机关与国有企业事业单位之间的干部交流。选调国有企业事业单位领导人才到党政机关任职,推荐党政领导干部到国有企业事业单位任职。

第十七条　实行干部双重管理、以上级业务部门为主管理的单位的领导干部,可在本系统内交流,也可与地方或者其他系统交流。

第四章　组织实施

第十八条　干部交流工作按照干部管理权限组织实施。根据工作需要,上级党委(党组)及其组织(人事)部门也可直接组织实施。

中央和国家机关与地方之间组织成批干部交流,由中共中央组织部协调后实施;个别干部的交流,原则上由调出单位与调入单位协商办理。

实行干部双重管理部门的干部交流,由主管单位提出,征求协管单位的意见。

第十九条　干部交流工作一般按照下列程序办理:

(一)组织(人事)部门拟定交流方案,提出交流人选;

(二)征求干部调出、调入单位意见;

(三)党委(党组)集体讨论决定;

(四)党委(党组)或者组织(人事)部门与交流干部谈话,听取本人意见,做好思想工作;

(五)组织(人事)部门办理调动手续。

第二十条　干部交流应突出重点,增强计划性、针对性,注意与领导班子换届调整相结合。市、县两级党政正职领导成员未任满一届的一般不交流,同一地区党政正职领导成员一般不同时交流;领导班子一次性交流一般不超过班子成员的三分之一;需按法定程序选举或者任免的干部,交流时应当按照法定程序办理。按规定需作离任审计的,应当进行审计。

第五章　交流工作纪律

第二十一条　干部交流必须严格执行下列纪律:

(一)任何地方和单位必须执行上级党委(党组)关于干部交流的决定,不得以任何理由拒绝执行。

(二)各级党委(党组)必须严格执行干部交流程序,集体研究决定交流对象,不得借干部交流突击提拔干部。任何人不得借干部交流对干部进行打击报复。

(三)干部应当服从组织的交流决定。接到交流通知后,须尽快办理工作交接手续,在限定的时间内报到。跨地区跨部门交流的,应当同时迁转行政关系和党的组织关系。无正当理由拒不服从组织安排的,就地免职或者降职使用。

(四)调出单位应尽快向调入单位转递干部档案,提供真实情况和材料,不得弄虚作假。调入单位应当认真审核有关材料。

(五)干部调离时,不得违反规定随调工作人员,不准随带公共物品;干部调离后,不得干预原单位的工作。

第二十二条　实行干部交流工作责任追究制度。对违反纪律或者执行纪律不严格的,应当严肃批评教育;造成严重后果的,追究主要责任人以及其他直接责任人的责任。

第二十三条　党委(党组)及其组织(人事)部门负责对干部交流工作进行监督检查,受理有关举报、申诉,制止、纠正违反本规定的行为,对有关责任人提出处理意见或者建议。

第六章　保障措施

第二十四条　建立健全干部交流激励机制。坚持交流与培养使用相结合,采取有利于干部健康成长的政策措施,鼓励干部到艰苦边远地区、复杂环境、重点建设工程和基层经受锻炼,建功立业。

第二十五条　党委(党组)及其组织(人事)部门应关心爱护交流干部,妥善安排其工作、生活,充分发挥他们的作用。干部调入、调出单位应当相互配合,帮助交流干部解决困难和问题,解除其后顾之忧。

第二十六条　交流干部的配偶、子女是否随调随迁,尊重本人意愿,按有关规定办理。配偶、子女随调随迁的,应当妥善安排其就业、就学。

第二十七条　党委(党组)及其组织(人事)部门应当跟踪了解交流干部的思想、工作情况,加强教育、管理和监督。

第七章　附　则

第二十八条　工会、共青团、妇联等人民团体和县级以上党政机关所属事业单位的干部交流,参照本规定执行。

第二十九条　各地区、各部门可根据本规定制定实施办法。

第三十条　本规定由中共中央组织部负责解释。

第三十一条　本规定自发布之日起施行。《党政领导干部交流工作暂行规定》同时废止。

党政领导干部任职回避暂行规定

第一条　为了加强对党政领导干部的管理和监督,保证领导干部公正履行职责,促进党风廉政建设,根据《中华人民共和国公务员法》《党政领导干部选拔任用工作条例》和有关法律法规,制定本规定。

第二条　本规定适用于中共中央、全国人大常委会、国务院、全国政协的工作部门和工作机构的领导成员,上述工作部门和工作机构的内设机构的领导干部;中央纪委和最高人民法院、最高人民检察院的副职领导成员及其机关内设机构的领导干部;县级以上地方党委、人大常委会、政府、政协及其工作部门和工作机构的领导成员,上述工作部门和工作机构的内设机构的领导干部;县级以上地方纪委和人民法院、人民检察院的领导成员及其机关内设机构的领导干部。

第三条　有夫妻关系、直系血亲关系、三代以内旁系血亲关系以及近姻亲关系的,不得在同一机关担任双方直接隶属于同一领导人员的职务或者有直接上下级领导关系的职务,也不得在其中一方担任领导职务的机关从事组织(人事)、纪检(监察)、审计、财务等工作。

第四条　领导干部的配偶、子女及其配偶以独资、合伙或者较大份额参股的方式,经营企业或者举办经营性民办非企业单位的,该领导干部不得在上述企业或者单位的行业监管或者业务主管部门担任领导成员。

第五条　领导干部不得在本人成长地担任县(市)党委、政府以及纪检机关、组织部门、人民法院、人民检察院、公安部门正职领导成员,一般不得在本人成长地担任市(地、盟)党委、政府以及纪检机关、组织部门、人民法院、人民检察院、公安部门正职领导成员。

民族自治地方的少数民族领导干部参照上款规定执行。

第六条　领导干部任职时存在需要回避情况的,按照干部管理权限由组织(人事)部门提出回避意见,报党委(党组)作出决定。必要时,组织(人事)部门可要求领导干部报告拟任职务所需要回避的情况。

第七条　领导干部任职期间出现需要回避情况的,本人应当提出回避申请。所在单位党组织发现其有需要回避情况的应当提出回避建议,按照干部管理权限由组织(人事)部门审核后提出意见,报党委(党组)作出决定。

第八条　个人、组织有权反映领导干部需要回避的情况,接到反映的机关应当按照干部管理权限交有关组织(人事)部门处理。

第九条 出现本规定第三条所列需要回避情形时，职务层次不同的，一般由职务层次较低的一方回避；职务层次相当的，根据工作需要和实际情况决定其中一方回避。

第十条 实行回避需要跨地区跨部门调整、按照干部管理权限本级难以安排的，报请上级组织(人事)部门协调解决。

第十一条 经人民代表大会选举产生的领导干部需要实行地域回避的，根据实际情况，可以在任期内调整的，在任期内予以调整；任期内难以调整的，任期届满后予以调整。

第十二条 组织(人事)部门提出回避意见报党委(党组)决定前，可以听取领导干部本人及相关人员的意见。

第十三条 领导干部有需要回避的情况不及时报告或者有意隐瞒的，应当予以批评，情节严重的进行组织处理。

第十四条 领导干部必须服从回避决定。无正当理由拒不服从的，就地免职或者降职使用。

第十五条 除本规定第三条、第四条、第五条所列情形外，法律法规对领导干部任职回避另有规定的，从其规定。

国家驻外机构领导干部的任职回避，由有关部门另行规定。

第十六条 各级党委(党组)及其组织(人事)部门按照干部管理权限，负责本规定的组织实施，对执行党政领导干部任职回避制度的情况进行监督，对违反本规定的行为予以纠正。

第十七条 工会、共青团、妇联等人民团体和县级以上党政机关所属事业单位领导干部的任职回避，参照本规定执行。

第十八条 乡(镇、街道)领导干部的任职回避办法，由省(自治区、直辖市)党委根据本规定制定。

第十九条 本规定由中共中央组织部负责解释。

第二十条 本规定自发布之日起施行。

首届两岸青年联欢节开幕式暨“中华文化青年论坛”在厦门国际会展中心举行

全国政协主席贾庆林致信祝贺。贾庆林在信中说，贾庆林说，两岸同胞血脉相连、文脉相承，同是炎黄子孙，共为“龙的传人”。两岸青年情同手足，朝气蓬勃，风华正茂，共同肩负着实现民族振兴的历史重任。希望你们树立远大理想，勤奋学习，奋发成才，增进友谊，携手同心，努力传承中华文化，大力弘扬民族精神，为促进两岸关系和平稳定发展，实现中华民族伟大复兴，作出无愧于时代的贡献。

贾庆林说，盈盈海峡咫尺，两岸青山守望。台湾同胞大多祖籍福建，闽台关系源远流长，相信你们此行一定会体会到一种浓浓的乡情，并亲身感受中华民族走向复兴的蓬勃生机，从而激发起为振兴中华而共同奋斗的壮志豪情。面向未来，我们正站在一个新的历史起点上，相信通过两岸青年的共同努力和不懈奋斗，中华民族的未来一定会更加辉煌。

在上午举行的开幕式上，全国人大常委会副委员长许嘉璐作了主旨演讲，中共福建省委书记卢展工发了贺信，共青团中央书记处第一书记周强、福建省省长黄小晶等分别致辞。

首届两岸青年联欢节由中华全国青年联合会与厦门市人民政府共同举办。

杜照宇烈士悼念大会在北京举行

解放军总参谋部在北京举行大会，沉痛悼念为维护世界和平事业献身的中国共产党优秀党员、我军优秀军事外交干部杜照宇烈士。中央军委副主席曹刚川代表中央军委、代表胡锦涛主席，向杜照宇烈士表示深切的哀悼，向其亲属表示亲切的慰问。

曹刚川在讲话中指出，杜照宇同志在联合国黎巴嫩临时部队任务区执行维和任务时，不幸遇难，献出了年仅34岁的宝贵生命。他的牺牲是我们国家和军队的损失，也是国际维和事业的损失。全国人民和全军官兵对杜照宇同志的牺牲深感悲痛，全世界爱好和平的人们对他为世界和平事业作出的贡献深表敬意。杜照宇同志是在执行联合国维和任务中遭武装袭击牺牲的，他以实际行动向全世界表明，中国人民热爱和平，中国军队是维护世界和平事业的重要力量。

曹刚川强调，我们悼念杜照宇烈士，怀念杜照宇烈士，更要很好地向杜照宇烈士学习。要学习他对党和人民无限忠诚的优秀品质，坚定理想信念，铸牢军魂意识，始终做党和人民信赖的忠诚战士，坚决听从党中央、中央军委和胡主席指挥；学习他献身世界和平事业的崇高精神，坚持以国防和军队现代化建设为己任，爱岗敬业，勤奋工作，开拓进取，在军队建设和军事斗争准备中不断创造优异成绩；学习他淡泊名利、艰苦奋斗的高尚情操，自觉抵御腐朽思想文化的侵蚀，模范践行社会主义荣辱观，始终保持思想道德的纯洁性；学习他不畏艰险、勇往直前的英雄气概，发扬一不怕苦、二不怕死的革命精神，克服一切困难，坚决完成党和人民赋予的各项任务。

曹刚川要求全军官兵要化悲痛为力量，继续完成烈士未竟的事业，紧密团结在以胡锦涛同志为总书记的党中央周围，高举邓小平理论和“三个代表”重要思想伟大旗帜，全面贯彻落实科学发展观，积极推进中国特色军事变革和军事斗争准备，大力加强我军革命化、现代化、正规化建设，为维护国家安全统一、维护世界和平作出新的更大贡献。

悼念大会由总参谋长梁光烈主持。

出席悼念大会的还有外交部、总参谋部、总政治部、军委办公厅、山东省领导以及杜照宇烈士的亲属、生前友好和官兵代表共1000余人。

国务委员唐家璇在北京会见乍得共和国外交和非洲一体化部部长艾哈迈德·阿拉米

唐家璇欢迎阿拉米访华并签署中乍复交文件。他说，中乍关系虽然经历了波折，但中国人民始终对乍得人民怀有友好感情。中乍复交翻开了两国关系的新篇章，符合两国和两国人民的共同利益。中国政府重视发展中乍关系。希望双方共同努力，尽快恢复和发展两国在各领域的合作，积极扩大双边往来，不断增强政治互信，开展经贸互利合作，促进两国的共同发展。

2008年奥运会体育图标发布

在2008年奥运会倒计时两周年之际，北京奥组委今天发布了2008年奥运会体育图标。

2008年奥运会体育图标设计包括35个图标，分别是田径、赛艇、羽毛球、棒球、篮球、拳击、皮划艇(静水)、皮划艇(激流回旋)、自行车、马术、击剑、足球、体操、艺术体操、蹦床、举重、手球、曲棍球、柔道、摔跤、游泳、花样游泳、跳水、水球、现代五项、垒球、跆拳道、网球、乒乓球、射击、射箭、铁人三项、帆船、排球和沙滩排球。

2008年奥运会体育图标以篆字笔画为基本形式，融合了中国古代甲骨文、金文等文字的象形意趣和现代图形的简化特征，强烈的黑白对比效果的巧妙运用，显示出鲜明的运动特征、优雅的运动美感和丰富的文化内涵，达到了“形”与“意”的和谐与统一。

8月8日

国务院总理温家宝对当前抗旱工作作出重要批示

温家宝在批示中强调，要坚持以人为本，采取有力措施，确保旱区人畜饮水；充分发挥水利工程作用，精心组织，科学调度，努力解决灌溉用水，要大力提倡节约用水。各级抗旱组织要为农民提供便利服务，各有关部门要支持抗旱工作；要一手抓防汛，一手抓抗旱，尽力把灾害损失减少到最低程度。国务院副总理回良玉批示要求各地各部门认真贯彻落实温家宝总理批示精神，既要切实抓好防汛防台风工作，又要认真做好抗旱减灾等各项工作，尽最大努力减轻灾害所造成的损失。

今年以来，我国一些地区发生了不同程度的旱情，黄河以北大部分地区、西南南部及华南西部发生了严重春旱，4月下旬，全国受旱面积达到2.64亿亩，比多年同期偏多21%，是2001年以来同期最大值。入夏以来，重庆、四川、内蒙古、甘肃、宁夏、湖北、贵州等地发生了严重的夏旱和伏旱。部分地区重复受灾，有的地区六季连旱，抗旱水源奇缺，人饮困难十分突出，干旱损失巨大，给旱区城乡居民生活和工农业生产造成严重影响。

根据温家宝总理、回良玉副总理批示精神，国家防汛抗旱总指挥部发出紧急通知，要求各地、各部门采取切实有力措施做好当前抗旱工作，决定近期再派工作组深入重旱区了解灾情、指导抗旱工作。

国家环保总局首次发布生态工业园区标准

新华社报道：从9月1日起，我国生态工业园区将依照综合类、行业类、静脉产业(资源再生利用产业)类3个类别进行建设、管理和验收。这是国家环保总局首次发布生态工业园区标准。

《中国工农红军长征全史》由军事科学出版社出版

该书由军事科学院编著，分为“中央红军征战记”“红二方面军征战记”“红四方面军征战记”“红25军征战记”“三大主力红军大会师”5卷共100万字，以长征原始档案及相关历史文献和当事人回忆材料为基础，以当前党史和军史最新研究成果为创新点，以准确、生动、有说服力地再现历史为目标，全景式地反映和再现了中国工农红军长征这一人类历史上的伟大壮举。

8月9日

最高人民法院院长肖扬在河北调研

肖扬在河北省就人民法院工作如何为构建社会主义和谐社会提供司法保障等进行调研时强调，司法是解决社会矛盾、保障社会公正的重要途径。各级人民法院要积极发挥司法惩罚犯罪和化解纠纷职能、权利救济职能、平衡利益职能和司法监督职能，通过司法公正，保障社会公正，促进社会主义和谐社会的构建。

肖扬指出，人民法院必须重视人民群众对社会公平正义的现实需求，通过利益衡量、司法平衡等方式，合理协调各种利益关系，使裁判结果不仅在法律上符合规定，而且在实质上公正合理，满足人民群众的公平心、正义感。司法的职能不仅是裁决具体的案件和纠纷，而且是通过解决纠纷促成社会公平正义价值的实现。各级人民法院在司法活动中,应当努力实现当事人胜败皆服,使判决得到社会公众的普遍认可,实现办案的法律效果与社会效果的统一,最大限度地维护广大人民群众的利益,最大程度地实现社会的公平正义。

肖扬在调研中特别关注人民法院严格依法办案和用好自由裁量权的关系。他指出,法律是人民意志的反映,是实现社会公平和正义的本质要求,是人民法院裁判案件的基本依据,是司法活动的根本准绳。我们必须尊重法律,执行法律,真正做到言不离法,行不离法。同时,要准确把握时代脉搏,适应社会生活的丰富性、复杂性,真正实现主观和客观、法律和现实的有机统一。要树立公正司法的信念和品格,秉承司法良知,用好自由裁量权,切实防止形式合法、实体不公的裁判。

《人民日报》发表中共中央书记处书记何勇的文章《坚持科学执政、民主执政、依法执政,扎实推进中央国家机关政务公开工作》

中美全球事务论坛第二次会议在北京开幕

中美双方就能源安全与清洁能源、公共卫生、人道主义援助、打击贩卖人口、环保与可持续发展、国际发展合作等议题进行讨论。

会议由外交部部长助理崔天凯和美国副国务卿葆拉·多布里扬斯基共同主持。

崔天凯表示,作为对全球能源安全体系有重要影响的大国,中美双方应加强合作,为缓解全球能源安全形势作出应有贡献;双方可在加强传染病监测等领域加强合作;双方可加强交流,取长补短,促进全球保护环境和实现可持续发展事业;双方在人道主义援助领域应深入探讨同联合国系统加强合作,并推动两国合作走向务实、深入;双方在打击贩卖人口领域可开展区域、次区域合作,探讨加强执法合作的具体模式;双方在国际发展合作方面可就消除贫困、发展援助等交换意见。

中美全球事务论坛由中美双方于2005年4月13日在华盛顿发起成立。论坛为副部级,原则上每年举办一次,轮流在中美两国举行。

中国全国人大和美国参议院交流机制在桂林举行第三次正式会晤

以全国人大常委会副委员长盛华仁为主席的中国全国人大中美(参议院)议会交流小组与以美国参议院临时议长史蒂文斯、参议员井上健为共同主席的美参议院美中议会交流小组在桂林举行了第三次正式会晤。

双方在坦诚、友好、务实的气氛中就中美关系、台湾问题、中国的和平发展道路、中美经贸关系、能源问题以及当前国际和地区形势等议题充分交换了意见,取得了广泛共识。

双方一致认为,胡锦涛主席和布什总统就全面推进21世纪中美建设性合作关系达成的一系列重要共识,为中美关系的健康稳定发展指明了方向,应认真逐步落实。中方强调,台湾问题是中美关系最重要、最敏感的问题,涉及中国主权和领土完整,希望美国国会议员在台湾问题上发挥建设性的积极作用。美方重申坚持一个中国政策,反对"台独",并欢迎中国政府为维护台海和平稳定和改善两岸关系所采取的积极举措。

双方回顾并充分肯定交流机制建立近3年来取得的积极成果,一致认为,中美议会交往是两国关系的重要组成部分,交流机制已成为中美双方坦诚对话、加深了解、扩大共识、增进互信的重要平台。双方表示将共同努力,采取积极措施巩固和加强交流机制,并使其不断完善。

双方还就人民币汇率、环境和资源保护、防务和安全问题、禽流感防治等交换了意见。

8月10日

《江泽民文选》在全国出版发行

中共中央文献编辑委员会编辑的《江泽民文选》第一卷、第二卷、第三卷已由人民出版社出版,10日起在全国发行。

江泽民同志是党的第三代中央领导集体的核心,是"三个代表"重要思想的主要创立者。党的十六大提出,"三个代表"重要思想是对马克思列宁主义、毛泽东思想和邓小平理论的继承和发展,反映了当代世界和中国的发展变化对党和国家工作的新要求,是加强和改进党的建设、推进我国社会主义自我完善和发展的强大理论武器,是全党集体智慧的结晶,是党必须长期坚持的指导思想。党的十六大后,党中央部署在全党兴起学习贯彻"三个代表"重要思想新高潮,开展以实践"三个代表"重要思想为主要内容的保持共产党员先进性教育活动,把学习贯彻"三个代表"重要思想不断引向深入。2003年11月,党中央作出编辑出版《江泽民文选》的重大决定。《江泽民文选》的出版发行,是党和国家政治生活中的一件大事,也是马克思主义中国化发展进程中的一件大事,具有重大的现实意义和深远的历史意义。

《江泽民文选》收入了江泽民同志在1980年8月至2004年9月这段时间内具有代表性和独创性的重要著作,共有报告、讲话、谈话、文章、信件、批示、命令、题词等203篇,很大一部分是第一次公开发表。《江泽民文选》生动记录了以江泽民同志为核心的党的第三代中央领导集体带领全党全国各族人民把中国特色社会主义事业推向前进的历史进程,科学总结了我们党领导人民战胜各种艰难险阻、全面开创中国特色社会主义事业新局面的宝贵经验,集中反映了我们党坚持以马克思列宁主义、毛泽东思想、邓小平理论为指导,坚持马克思主义基本原理同当代中国实践和时代特征相结合创造性地提出的新的重大理论成果,深刻反映了“三个代表”重要思想孕育、形成、发展的历史过程和重大成果。

《江泽民文选》第一卷以1980年8月21日江泽民同志在五届全国人大常委会第十五次会议上所作的关于在广东、福建两省设置经济特区和广东省经济特区条例的说明《设置经济特区,加快经济发展》为开卷篇,以1997年8月5日江泽民同志的批示《再造一个山川秀美的西北地区》为结束篇,收入江泽民同志的著作81篇。

《江泽民文选》第二卷以1997年9月12日江泽民同志在中国共产党第十五次全国代表大会上所作的报告《高举邓小平理论伟大旗帜,把建设有中国特色社会主义事业全面推向二十一世纪》为开卷篇,以2000年2月1日江泽民同志在中央政治局常委会会议上的讲话《正确引导青少年健康成长》为结束篇,收入江泽民同志的著作59篇。

《江泽民文选》第三卷以2000年2月25日江泽民同志在广东省考察工作时的讲话《在新的历史条件下更好地做到“三个代表”》为开卷篇,以2004年9月20日江泽民同志辞去中共中央军委主席的职务后、在经过调整充实的中央军委举行的第一次扩大会议上的讲话《我的心永远同人民军队在一起》为结束篇,收入江泽民同志的著作63篇。

《江泽民文选》内容丰富,具有很强的现实针对性和鲜明的时代特征,集中展现了马克思主义中国化的新发展及其重大成果,系统阐述了“三个代表”重要思想的科学体系,充分体现了江泽民同志在经济、政治、文化、社会等各个领域和改革发展稳定、内政外交国防、治党治国治军等各个方面作出的杰出理论贡献。《江泽民文选》收入的著作包括:全面论述新的历史时期党的基本理论、基本路线、基本纲领、基本经验的党的十四大报告、十五大报告、十六大报告,通报中央政治局常委“三讲”情况的讲话、在庆祝中国共产党成立八十周年大会上的讲话等重要著作;着重论述改革开放和社会主义现代化建设、社会主义市场经济体制、我国社会主义初级阶段基本经济制度和分配制度、农业和农村经济、国有企业改革和发展、科技创新、西部大开发、可持续发展、实现共同富裕等的重要著作;着重论述社会主义民主政治、政治体制改革、依法治国、人民代表大会制度、中国共产党领导的多党合作和政治协商制度、民族区域自治制度、行政管理体制和政府机构改革、统一战线、民族、宗教、人权和工会、青少年、妇女工作等的重要著作;着重论述社会主义精神文明建设、社会主义先进文化、思想道德建设、科教兴国、哲学社会科学、宣传思想工作和文艺、卫生、体育等的重要著作;着重论述就业再就业、社会保障、关心困难群众生活、扶贫开发、计划生育、残疾人事业和正确处理新时期人民内部矛盾、社会治安等的重要著作;着重论述坚持党对军队的绝对领导、国防和军队现代化建设、新时期军事战略方针、中国特色军事变革、国家战略能力等的重要著作;着重论述“一国两制”方针、港澳工作、对台工作的重要著作;着重论述国际形势、世界多极化和经济全球化趋势、独立自主的和平外交政策和中美关系、中俄关系、中欧关系、中日关系、中非关系、周边外交、联合国、亚太经济合作组织、上海合作组织等的重要著作;着重论述党的建设新的伟大工程特别是党的思想理论建设、组织建设、干部队伍建设、党风廉政建设和制度建设等的重要著作。

《江泽民文选》中的重要著作和重大思想观点,充分展现了江泽民同志为党和人民的事业不懈奋斗的鲜明革命品格,充分反映了江泽民同志作为马克思主义政治家的雄才大略和高超政治领导艺术,充分体现了江泽民同志作为一位真正马克思主义者的巨大政治勇气和理论勇气。我们要学习江泽民同志的理论观点和战略思想,学习他科学运用马克思主义的立场、观点、方法研究和解决实际问题的求实态度和创新精神,继续推动改革发展稳定的各项工作取得新成就、开创新局面。

《江泽民文选》的出版发行,必将激励全党全国各族人民更加紧密地团结在以胡锦涛同志为总书记的党中央周围,高举邓小平理论和“三个代表”重要思想伟大旗帜,全面贯彻落实科学发展观,扎实工作,开拓进取,全面推进社会主义经济建设、政治建设、文化建设、社会建设,努力实现全面建设小康社会的宏伟目标,不断把中国特色社会主义伟大事业推向前进。

中共中央 国务院 中央军委下发《关于加强和改进新形势下民兵预备役政治工作的意见》

据新华社报道:中共中央、国务院、中央军委近日下发《关于加强和改进新形势下民兵预备役政治工作的意见》(以下简称《意见》),要求各级党委、政府和军队系统要切实抓好新形势下民兵预备役政治工作,充分发挥民兵预备役部队在全面建设小康社会和做好军事斗争准备中的作用。

《意见》指出,民兵预备役部队是我国武装力量的重要组成部分,肩负着建设祖国、保卫祖国的神圣使命。民兵预备役政治工作,是党在民兵预备役部队中进行的思想工作和组织工作,是构成民兵预备役部队战斗力的重要因素,是实现党对民兵预备役部队绝对领导和民兵预备役部队履行职能的根本保证,是民兵预备役部队的生命线。改革开放特别是近几年来,在党中央、国务院、中央军委的领导下,民兵预备役政治工作在继承中创新,在改革中发展,取得了很大进步。新世纪、新阶段,国际国内环境发生了重大变化,民兵预备役建设面临的任务十分繁重,对政治工作提出了更高的要求。为此,必须高度重视并切实抓好新形势下民兵预备役政治工作。

《意见》提出,新形势下民兵预备役政治工作的指导思想是:以马克思列宁主义、毛泽东思想、邓小平理论和“三个代表”重要思想为指导,深入贯彻江泽民国防和军队建设思想,坚持把科学发展观作为加强国防和军队建设的重要指导方针,着眼履行新世纪、新阶段我军历史使命,适应全面建设小康社会和推进中国特色军事变革、做好军事斗争准备的需要,丰富工作内容,改进方法手段,健全法规制度,完善领导体系,不断增强政治工作的主动性、针对性、实效性,为民兵预备役部队更好地发挥职能作用提供强大的精神动力,为保持民兵预备役部队性质和纯洁巩固提供可靠的政治保证。

《意见》要求,要毫不动摇地坚持党管武装的根本原则和制度,确保民兵预备役部队永远置于党的绝对领导之下,坚决听从党中央、中央军委的指挥;着眼增强政治上的坚定性、思想道德的纯洁性和履行国防义务的自觉性,切实做好思想政治教育这一保证民兵预备役人员政治合格的根本性基础性工作;加紧做好军事斗争政治工作准备,大力培育坚强的革命意志和旺盛的战斗精神,做好组织整顿、训练演习和反恐维稳中的政治工作;组织发动民兵预备役人员为全面建设小康社会作贡献,充分发挥民兵预备役人员在社会主义物质文明、政治文明、精神文明与和谐社会建设中的骨干带头作用。

《意见》强调,做好民兵预备役政治工作,是地方党委、政府和军队系统的共同责任。地方各级党委和政府要把民兵预备役政治工作纳入工作规划,加强领导,统筹安排。各有关部门要把这项工作列入职责范围,配合军队系统抓好落实,形成齐抓共管的合力。军队系统政治机关要加强对民兵预备役政治工作的指导,省军区、军分区政治部要以主要精力做好民兵预备役政治工作。要切实加强专职人民武装干部、预备役军官队伍建设。在民兵预备役部队中广泛开展争创先进单位、争当先进个人活动,促进基层全面建设。加强政策法规建设,促进民兵预备役政治工作依法开展。搞好经费和基本设施等保障,加强教育场所、阵地、器材等基本设施建设,为开展政治工作提供必要保障。

国务院总理温家宝在黑龙江考察

温家宝8月10日至12日在黑龙江省考察工作,着重研究大庆油田可持续发展问题,了解当前经济发展和振兴东北老工业基地战略实施情况。他强调,要全面贯彻落实科学发展观,把思想认识统一到中央的决策和部署上来,更加重视调整经济结构和转变增长方式,着力深化改革开放,推进自主创新,构建节能降耗、安全环保的长效机制,建设资源节约型和环境友好型社会,促进经济社会全面协调可持续发展。

10日晚,温家宝主持召开座谈会,专题研究大庆可持续发展问题。在听取了有关部门、地方、企业负责人以及专家的意见后,温家宝指出,大庆的可持续发展,关系到国家能源安全和国民经济发展大局,关系到东北地区老工业基地的振兴,具有重大的经济和政治意义。要加强油气勘探和技术创新,实现油气产量持续稳产;加快结构调整,发展接续替代产业;努力增加就业,促进社会和谐。

黑龙江省是国家重要的粮食生产基地。11日,在昌五镇昌盛村,温家宝走进田间,认真察看了玉米的长势。温家宝对当地的负责人说,保护耕地关系全局,关系子孙后代生存发展,是我们这一代人不可推卸的责任。黑龙江土地虽然较多,但也要认真落实最严格的耕地保护制度,千万注意合理用地、节约用地、集约用地。

在肇东镇新民村吴树峰家,温家宝详细了解了村民们住房建设情况。温家宝说,农民有了钱,要不要盖房子,盖什么样的房子,必须坚持自愿的原则,决不能搞强迫命令和“一刀切”,新农村建设要从实际出发,不搞形式主义。

考察期间,温家宝听取了黑龙江省委、省政府的工作汇报,充分肯定了黑龙江省在改革开放和经济社会发展中取得的成绩。他希望黑龙江省按照中央关于经济工作的总体部署,抓住机遇,充分发挥优势,扎实推进振兴东北老工业基地的各项工作,实现新的更大的发展。

国家副主席曾庆红在吉林考察调研

曾庆红8月10日至13日在吉林省省委书记王云坤、省长王珉等陪同下,围绕如何在振兴东北老工业基地过程中,全面贯彻落实科学发展观,推进社会主义和谐社会建设和加强党的先进性建设，开创“十一五”经济社会发展新局面的问题，深入到长春、辽源、松原市的企业、农村、社区以及采煤沉陷区和吉林油田考察调研。他强调，吉林近几年来所发生的可喜变化表明，中央关于振兴东北等老工业基地的决策是非常及时和完全正确的，包括吉林在内的东北老工业基地的振兴是指日可待的。

曾庆红十分关注以人为本、全面协调可持续发展的科学发展观在振兴东北老工业基地中的贯彻落实情况。吉林这几年抓住机遇、开拓进取、找准定位、奋发有为，改革开放取得新的突破，经济发展进入了自身历史发展中最快的时期，曾庆红对此给予充分肯定。他指出，要进一步把思想统一到中央对当前经济运行的判断和决策上来，把干部群众加快发展的积极性引导到实现又快又好的科学发展上来。要继续依靠深化改革、扩大开放，进一步解决好吉林经济社会发展中存在的问题。要在进一步调整经济结构、转变增长方式、增强自主创新能力的过程中，做大做强汽车制造、石油化工、农产品加工、医药、高新技术等产业，把吉林的比较优势尽快转变为产业优势和竞争优势。

在振兴东北老工业基地过程中如何促进社会和谐，是曾庆红此次调研的一个重点。他专程来到历史上曾作出过很大贡献的辽源市，深入到采煤沉陷区，听取当地党委政府关于资源枯竭型城市在转型中安排好职工群众生产生活的情况汇报，并深入职工家庭，实地了解情况。辽源市近几年来，按照让人民群众共享改革发展成果的要求，在国家支持下，共投资近8亿元，在采煤沉陷区先后建成了4个居民小区，安置了5万多名职工和家属居住。市里还积极发展替代产业，解决这部分群众的就业问题，使群众安居乐业。职工群众发自内心地感谢党和政府为他们办的这个民心工程、德政工程。曾庆红强调，辽源市的做法和经验，促进了劳动关系的和谐和党群关系的和谐，不仅对促进和谐社会建设有积极意义，而且也为其他资源枯竭型城市解决好转型问题提供了经验。曾庆红还到全国优秀共产党员谭竹青生前工作过的长春市二道区东站十委社区，了解和谐社区建设情况；到东丰县苗胜村，了解社会主义新农村建设与和谐农村建设情况。曾庆红强调，要结合化解吉林老工业基地和国家商品粮基地面临的突出矛盾，积极主动地解决影响社会和谐的问题。他还针对吉林有48个少数民族的实际，要求各级党委和政府贯彻落实好中央民族工作会议和全国统战工作会议精神，促进各民族共同团结奋斗、共同繁荣发展，进一步促进民族关系的和谐。

考察调研期间，曾庆红还就紧紧抓住党的先进性建设这条主线，继续全面推进党的建设新的伟大工程的问题，同吉林省党政负责干部进行座谈。他强调，要卓有成效地振兴东北老工业基地，关键在于加强党的先进性建设，进一步增强各级党组织的创造力、凝聚力和战斗力，充分发挥广大党员的先锋模范作用和各级干部的骨干作用。他强调要继续加强党在思想理论方面的先进性建设，当前，要按照中央部署认真抓好《江泽民文选》的学习，进一步加深对“三个代表”重要思想和科学发展观等重大战略思想内在联系的理解，增强把“三个代表”重要思想和科学发展观统一起来加以贯彻的自觉性和坚定性。曾庆红还对贯彻落实好保持共产党员先进性长效机制的4个文件以及做好地方党委换届工作提出了要求。他强调，要切实加强党风廉政建设，进一步抓好反腐倡廉工作，促进各级干部保持为民、务实、清廉的良好形象，进一步密切党群关系和干群关系。

国务院副总理回良玉对防御今年第8号超强台风提出明确要求

今年第8号超强台风“桑美”已经在我国东南沿海登陆。此次台风强度大、风速快、来势猛，将是近50年来登陆我国的最强台风。加之目前正值天文高潮位，极易形成狂风、暴雨、大潮“三碰头”，台风防御形势非常严峻，抗灾救灾任务异常艰巨。国务院副总理、国家防汛抗旱总指挥部总指挥回良玉强调，党中央、国务院高度重视、密切关注台风防御工作，受台风影响的地方党委、政府要按照中央的统一部署，突出重点、风雨兼防，及时启动应急预案，抓紧做好船只回港、人员避险工作，着力落实水库防洪保安措施，严密防范山洪、滑坡、泥石流等灾害，切实保障人民群众生命财产安全，最大限度地减轻灾害造成的损失。

国家防总今天启动Ⅲ级应急响应，进一步会商分析第8号超强台风的动向走势、登陆地点、强降雨范围和雨量，再次发出紧急通知，要求有关地区对台风防御工作进行再部署、再动员、再落实，各级领导要靠前指挥、科学调度，有关部门要密切配合、形成合力，全面做好防风避险、防汛抗洪和抗灾救灾工作。今天上午，由水利部、民政部、财政部等组成的国家防总工作组已赶赴福建、浙江指导台风防御工作。人民解放军总参谋部、武警总部也及时作出部署，随时准备参与抢险救灾。

全国妇联副主席黄晴宜为团长的中国代表团出席联合国消除对妇女歧视委员会审议会议

联合国消除对妇女歧视委员会对中国执行《消除对妇女一切形式歧视公约》第五次、第六次国家报告进行了审议，其中包括香港特别行政区政府的第二次报告和澳门特别行政区政府的首次报告。

中国代表团由中央政府、香港特别行政区和澳门特别行政区政府派出的共41名成员组成，国务院妇女儿童工作委员会副主任、全国妇联副主席、书记处第一书记黄晴宜任团长，全国妇联副主席、书记处书记赵少华任副团长。中央政府的代表来自国务院妇女儿童工作委员会、外交部、全国妇联、教育部、人事部、国家民族事务委员会、公安部、卫生部、民政部、劳动和社会保障部、国家人口和计划生育委员会、常驻联合国代表团和最高人民法院。香港特别行政区政府的代表来自香港卫生及食物局、妇女事务委员会、律政司、经济发展及劳工局、教育统筹局、民政事务局。澳门特别行政区政府的代表来自澳门国际法事务办公室、廉政公署、保安协调办公室。此次审议是中央政府、香港特别行政区政府和澳门特别行政区政府第一次作为一个整体，集体亮相于联合国，共同接受联合国消除对妇女歧视委员会的审议。

黄晴宜在审议会议上作了介绍性发言。她说，中国政府十分重视公约在中国的执行，认真履行公约义务，重视委员会审议时提出的意见和建议，不断推进公约在中国的全面落实。黄晴宜强调，中国重点加强了五方面工作：一、制定修订法律，提供法制保障。中国政府在修订宪法、妇女权益保障法和制定《农村土地承包法》等法律时，都十分注重保障和尊重妇女权利，明确规定男女平等基本国策和反对性别歧视。中国人大 2005年8月批准加入《反对就业/职业歧视公约》。二、强化政府职能，健全工作机制。2004年年底前，中国县以上各级政府都建立了妇女工作机构，形成了以政府为主体、各有关方面参与的执行公约、促进男女平等的组织机构体系、目标管理体系和监测评估体系。三、采取特别措施，实施发展纲要。中国各级政府都把贯彻男女平等基本国策、实施2001年至2010年中国妇女发展纲要(规划)的主要目标写进了经济和社会发展规划。四、集中财力物力，解决突出问题。中国政府集中、整合多方力量，解决降低孕产妇死亡率、消除新生儿破伤风、提高农村孕产妇住院分娩率、免除农村义务教育阶段学生学杂费、关怀艾滋病人及其家庭等涉及妇女生存、发展的突出问题。五、广泛宣传公约，营造舆论氛围。中国政府高度重视宣传公约精神，并把其列入国家普法教育内容，通过国家主流媒体宣传男女平等基本国策，宣传公约的原则和精神。

黄晴宜还就委员会关注的妇女参政、妇女就业、打击拐卖妇女犯罪和出生人口性别比偏高等问题简要介绍了中国政府采取的有力措施及取得的明显成绩。

黄晴宜强调，中国政府高度重视履约工作，为促进和保护妇女人权作出了不懈努力；本届政府正在落实科学发展观、构建和谐社会、实施国家“十一五”规划纲要，为妇女发展创造了新的历史机遇。但是由于中国是一个拥有13亿人口的发展中国家，妇女生存、发展及权益保障状况还存在着一些困难和问题。中国政府有信心通过各级政府和全社会的共同努力，使中国妇女事业不断向前推进。

在审议中，委员会委员提出的问题主要涉及法律保障、妇女参政、教育、就业、保健、婚姻家庭、农村妇女、对妇女的暴力等方面。对此，我代表团代表坚持原则、有理有据地回答了委员们提出的100多个问题。审议结束后，委员们纷纷向代表团表示祝贺。

《消除对妇女一切形式歧视公约》(以下简称《公约》)于1979年12月18日第三十四届联合国大会通过，1981年9月3日生效。中国是《公约》最早的缔约国之一。目前，共有183个公约缔约国。

首届中国少儿合唱节在南京市五台山体育馆闭幕

为了深入贯彻党中央、国务院《关于进一步加强和改进未成年人思想道德建设的若干意见》，进一步推进我国未成年人文化建设，配合中国少儿歌曲创作推广计划的开展，集中展示我国青少年合唱活动的成果，文化部、教育部和江苏省政府联合主办了这届少儿合唱节。8月8日至10日，来自全国26个省、自治区、直辖市的29支代表队，1350名少年儿童参加了这届少儿合唱节，多个代表队分别获得合唱节的“小百灵杯”“小云雀杯”和“小黄鹂杯”。

文化部有关人士介绍，本次合唱节是“中国少儿歌曲创作推广计划”2006年度工作之一，根据该计划，2006年还将开展“全国少儿歌曲创作大赛”、举办少儿歌曲基层创作骨干培训班和全国新创少儿歌曲电视演唱大赛等活动。

8月11日

全国人大常委会委员长吴邦国在人民大会堂与美国参议院临时议长史蒂文斯举行会谈

双方就中美关系、台湾问题、议会交往和共同关心的其他重大国际和地区问题深入、坦诚地交换了意见，达成重要共识。

在谈到中美关系时，吴邦国说，中国和美国是联合国安理会常任理事国和有重要影响的国家。中美不仅是利益攸关方，更应该是建设性合作者。对中美关系的长远发展具有重要意义。吴邦国指出，中美之间共同利益远远大于分歧，发展中美关系关键是要把握三点：一要始终从战略高度和长远角度看待和处理两国关系；二要着眼大局，牢牢把握两国的共同利益，不断加强和扩大在广泛领域的合作；三要尊重并照顾彼此关切，慎重、妥善地处理分歧。

吴邦国强调，台湾问题始终是影响中美关系稳定发展的关键因素，是中方的最大关切，希望美方以实际行动切实履行坚持一个中国政策、遵守中美三个联合公报、反对“台独”的承诺，多做有利于中美关系和台海和平稳定的事，不向“台独”分裂势力发出错误的信号。

吴邦国说，中美议会交往是两国关系的重要组成部分，双方定期交流机制的建立和发展，对加深相互了解、增进政治互信、促进务实合作、推动中美关系发展发挥着不可替代的作用。吴邦国就进一步加强两国议会定期交流机制建设提出三点建议：一是坚持定期举行会晤的机制，不断充实和深化对话内容；二是吸收更多的议员尤其是年轻议员参加机制框架下的各种活动，增强机制的活力；三是以机制为平台，推动两国议会高层交往以及专门委员会和工作机构的交流。中国全国人大愿与美国国会一道，不断拓展和加强两国议会交往，为中美关系持续健康稳定发展作出新的贡献。

国务院副总理回良玉在四川检查指导抗旱减灾工作

考察期间，回良玉听取了四川省抗旱工作情况汇报，对前一阶段的抗旱减灾工作予以充分肯定。他指出，近期我国西南地区东部仍然维持高温少雨天气，旱情还会继续发展和加重。我们要清醒认识当前严峻的抗旱形势，充分估计旱情对人民生活和工农业生产带来的严重影响，力戒麻痹大意思想，立足于抗大旱、抗长旱和抗大灾、救大灾，进一步强化抗旱减灾责任制，切实做到责任到位、领导到位、工作到位、措施到位。一要着力解决城乡居民生活用水困难，采取有效的应急措施，确保群众饮水安全。二要着力强化水资源统一管理和科学调度，按照先生活、后生产的原则，统筹安排各方用水。三要着力推进节约用水，推广节水技术，强化节水措施，提高用水效率。四要着力支持群众生产自救，拓展增收门路，夏季损失秋季补、种植业损失养殖业补，农业损失工贸业和劳务输出补，力争大灾之年不减收。五要着力调整产业结构，大力发展旱作农业，培育特色优势产业。六要着力加强农田水利基本建设，提高抗旱减灾能力。各级干部要深入一线，帮助旱区群众解决实际困难和问题。

外交部发言人姜瑜就台湾所谓“参与”联合国问题发表谈话

姜瑜指出，任何违背《联合国宪章》的宗旨和原则、试图歪曲和否定联大第2758号决议的行动，都不可能得到联合国广大会员国的支持，注定要失败。

8月10日，在台湾当局唆使下，布基纳法索、冈比亚等极少数国家致函联合国秘书长，要求将所谓“台湾在联合国的代表权”问题和“维护台海和平”问题列入第六十一届联大补充议程。

姜瑜说，这两个提案的实质是在国际上搞“台湾独立”，中方对此坚决反对。

她说，1993年以来，联大总务委员会已连续13年拒绝将涉台问题列入联大议程。这充分说明联合国及广大会员国坚持世界上只有一个中国，台湾作为中国的一部分，没有资格以任何名义、任何方式加入由主权国家组成的联合国。事实证明，任何违背《联合国宪章》的宗旨和原则、试图歪曲和否定联大第2758号决议的行动，无论怎样变换手法，混淆视听，都无法掩盖其企图分裂国家的真实目的，都不可能得到联合国广大会员国的支持，注定要失败。

姜瑜说，中国政府始终以最大的诚意、尽最大的努力促进两岸关系发展，维护台海和平稳定，致力于实现和平统一。但台湾当局顽固坚持“台独”立场，加紧进行分裂国家的活动。这是两岸关系发展的最大障碍，也是对台海乃至东亚地区和平稳定的威胁。台湾当局要做的就是彻底放弃“台独”主张，停止一切“台独”分裂活动，回到一个中国原则上来。

国务委员陈至立在福建 黑龙江 吉林 内蒙古 江苏调研

陈至立强调，教育工作要巩固成绩，深化改革，提高质量，协调发展。

调研期间，陈至立分别在五省区召开教育工作座谈会，围绕当前教育形势分析、各地的好做法和经验、存在的困难和问题，以及工作建议等，听取了当地党委、政府、教育行政部门、各级学校有关负责同志的意见。对五省区党委、政府近年来高度重视教育工作，进行的积极探索和创造的有益经验，陈至立给予充分肯定。

中国老龄科学研究中心资料室发布中国城乡老年人口状况抽样调查结果

本调查涉及20个省、自治区、直辖市，有效样本为20255个。其中农村样本有10084个，城市样本有10171个。

8月12日

国家主席胡锦涛在人民大会堂会见美国国会参议院临时参议长史蒂文斯一行

胡锦涛说，两国领导人保持密切交往，就双边关系等重大问题达成重要共识，增进了双方战略互信，促进了两国在众多领域和在重大国际及地区问题上的磋商、协调与合作。

胡锦涛表示，作为利益攸关方和建设性合作者，中美双方应本着相互尊重、求同存异、互利共赢的原则，加强交流、增进了解、扩大合作，不断拓展两国共同的战略利益，妥善处理两国关系中的敏感问题和彼此关切，使中美建设性合作关系长期稳定健康地向前发展。

胡锦涛还表示，近年来，中美两国立法机构交流活跃，对两国关系的发展起到了积极推动作用。希望中国全国人大和美国国会参、众两院继续发挥有关交流机制的作用，不断丰富对话和交流的内容，为全面推进中美建设性合作关系作出新的贡献。

国务院副总理回良玉赴浙闽灾区看望慰问奋战在抗灾救灾一线的广大军民

8月12日至13日，受胡锦涛总书记、温家宝总理委派，国务院副总理、国家防汛抗旱总指挥部总指挥回良玉深入到浙江、福建重灾区，代表党中央、国务院看望慰问受灾群众，检查指导抗灾救灾工作。他强调，目前仍处于防汛防台风的关键时期，灾区生产自救、恢复重建的任务很重。我们要按照以人为本的要求，发扬连续作战的精神，把保障人民群众生命安全放在首位，以最大限度地降低灾害损失为目标，以安置好受灾群众的生产生活为重点，进一步落实责任、完善预案、强化措施，努力夺取抗灾救灾斗争的全面胜利。

考察期间，回良玉分别听取了浙江、福建两省防抗台风和救灾工作情况汇报。他指出，面对这次超强台风的袭击，浙江、福建等地紧急动员，科学安排，及时转移群众，有效地减轻了灾害损失。现在台风已过，灾区的首要任务是做好救灾工作。要妥善安抚罹难人员家属，继续搜救失踪人员，尽力救治受伤人员。要千方百计安排好受灾群众的生产生活，确保他们有饭吃、有住处、有干净水喝、有衣穿、有病能医，学校能按时开学。要组织力量抓紧修复水毁供水、电力、道路、通信等设施，尽快恢复灾区的生产生活秩序。要支持受灾群众搞好生产自救，夏季损失秋季补，种植业、养殖业损失工贸业和劳务输出补，努力挽回灾害损失。要做好卫生防疫工作，确保大灾之后无大疫。要大力宣传和弘扬“一方有难、八方支援”的美德，动员和组织社会各方面力量支持灾区。回良玉十分关心灾后重建工作，他强调要认真总结这次防抗台风的经验教训，加强民居建设的规划和管理，科学选址，避险保安，并切实保证建设质量。

回良玉强调，目前全国仍处在主汛期和台风多发期，防汛抗洪形势依然严峻，务必保持高度警惕。切实做到思想认识到位，进一步强化组织领导；防汛措施到位，继续做好防汛防抗台风的充分准备；责任落实到位，认真贯彻执行防汛抗洪责任制；配合协调到位，统筹安排好抗灾救灾和面上的各项工作，促进经济社会的全面发展。

全国整顿和规范矿产资源开发秩序工作会议在昆明召开

国务院副总理曾培炎出席并讲话。曾培炎说，新中国成立特别是改革开放以来，我国矿产资源开发工作取得显著成就，为经济持续快速健康发展作出了巨大贡献。但是随着我国工业化、城镇化进程加快，矿产资源供求矛盾日益尖锐，矿产资源开发秩序混乱情况日渐严重。国务院决定全面整顿和规范矿产资源开发秩序一年来，各地区、各有关部门认真组织，积极行动，各项整顿和规范措施取得了阶段性成效。但同时也要清醒地看到，目前无证勘查开采，越权审批矿业权，矿山开发中浪费资源、破坏环境等问题还十分突出，必须引起高度重视，尽快加以解决。

曾培炎强调，建立适应市场经济要求的矿业开发运行机制和管理制度，是整顿和规范矿产资源开发秩序的治本之策。一是按照国家所有、分类分级管理的原则，合理划分中央和地方管理权限，明确管理责任，提高管理效率。二是完善矿产资源有偿使用制度，包括矿业权有偿取得和矿产资源有偿开采。要明确由国家垄断矿业权一级市场，规范发展矿业权二级市场。加强矿业权转让管理，制止转让过程中牟取暴利的行为。三是要完善矿产资源开发利益分配机制。矿业权有偿使用的收入要更多地向地方、向基层、向农村、向社会事业倾斜，主要用于改善人民群众的生产生活条件；中央取得的收益，要取之于矿、用之于矿，主要向矿产资源开发地区和中西部地区倾斜。四是健全和完善矿产资源管理制度，扎实做好资源规划、矿业权管理、监督检查和政策制定方面的工作。五是建立矿山安全生产、环境保护和生态恢复等补偿机制。要按照国家规定，提取矿山环境治理恢复保证金，专项用于环境治理支出。建立资源衰退产业转产、资源枯竭城市转型的有效机制。六是加强矿产资源开发管理法制建设。各地区、各部门和单位要切实落实整顿规范的各项任务，抓紧提出完善矿产资源开发体制机制的方案，加强矿产资源管理队伍建设，为促进矿业可持续发展营造有利的社会氛围。

国务院有关部门，各省、自治区、直辖市有关负责人出席了会议。

8月13日

中共中央作出关于学习《江泽民文选》的决定

(2006年8月13日)

党的十六大以来,党中央相继部署在全党兴起学习贯彻"三个代表"重要思想新高潮、开展以实践"三个代表"重要思想为主要内容的保持共产党员先进性教育活动,把学习贯彻"三个代表"重要思想不断引向深入。党中央还作出了编辑出版《江泽民文选》的重大决定。现在,《江泽民文选》已经出版发行。这是党和国家政治生活中的一件大事。

《江泽民文选》主要收录了江泽民同志从20世纪80年代末到21世纪初的重要著作。这些重要著作,生动记录了以江泽民同志为核心的党的第三代中央领导集体带领全党全国各族人民把中国特色社会主义事业推向前进的历史进程,科学总结了我们党领导人民战胜各种艰难险阻、全面开创中国特色社会主义事业新局面的宝贵经验,集中反映了我们党坚持以马克思列宁主义、毛泽东思想、邓小平理论为指导,坚持把马克思主义基本原理同当代中国实践和时代特征相结合创造性地提出的新的重大理论成果,为我们巩固和加强全党全国各族人民团结奋斗的共同思想基础提供了最好的教材。认真学习《江泽民文选》,对于我们高举邓小平理论和"三个代表"重要思想伟大旗帜,坚定不移地贯彻落实党的基本路线、基本纲领、基本经验,坚定不移地贯彻落实科学发展观,不断巩固马克思主义在意识形态领域的指导地位,正确认识国内外发展大势,团结带领全国各族人民为全面建设小康社会、加快推进社会主义现代化而不懈奋斗具有十分重大的意义。

江泽民同志是党的第三代中央领导集体的核心,他坚持马克思主义的思想路线,尊重实践,尊重群众,准确把握时代特征,科学判断我们党所处的历史方位,围绕建设中国特色社会主义这个主题,在改革发展稳定、内政外交国防、治党治国治军等各方面都提出了一系列新思想、新观点、新论断。特别是他集中全党智慧创立的"三个代表"重要思想,进一步回答了什么是社会主义、怎样建设社会主义的问题,创造性地回答了在长期执政的历史条件下建设什么样的党、怎样建设党的问题,是对马克思列宁主义、毛泽东思想、邓小平理论的继承和发展,实现了我们党在指导思想上的又一次与时俱进,为坚持和发展党的基本理论、基本路线、基本纲领、基本经验作出了杰出贡献。

学习《江泽民文选》,要紧密联系国内外形势的发展变化,着眼于推进党和国家的工作,进一步增强贯彻邓小平理论和"三个代表"重要思想的自觉性和坚定性,继续在武装头脑、指导实践、推动工作上下功夫。要深刻领会"三个代表"重要思想的时代背景、实践基础、科学内涵、精神实质、历史地位和重大意义,全面把握"三个代表"重要思想同马克思列宁主义、毛泽东思想、邓小平理论一脉相承而又与时俱进的科学体系,深刻认识"三个代表"重要思想是党必须长期坚持的指导思想,深刻认识党的十六大以来党中央提出的科学发展观等重大战略思想是对"三个代表"重要思想的坚持和发展。要深刻领会坚持解放思想、实事求是、与时俱进的极端重要性,认真学习江泽民同志运用马克思主义的立场、观点、方法解决重大理论和实际问题的科学态度和创新精神,继续推进理论创新,使党的全部理论和工作体现时代性、把握规律性、富于创造性。要深刻领会建设中国特色社会主义这个主题,紧紧抓住本世纪头20年的重要战略机遇期,满怀信心地为实现"十一五"时期的宏伟目标、推进全面建设小康社会进程而努力工作。要深刻领会发展是党执政兴国的第一要务,坚持以经济建设为中心,坚持四项基本原则,坚持改革开放,全面推进社会主义经济建设、政治建设、文化建设、社会建设。要深刻领会立党为公、执政为民的本质要求,坚持权为民所用、情为民所系、利为民所谋,实现好、维护好、发展好最广大人民的根本利益。要深刻领会推进中国特色军事变革的重大意义,坚持党对军队的绝对领导,贯彻新时期军事战略方针,有效履行新世纪、新阶段军队历史使命,继续推进国防和军队现代化。要深刻领会维护和促进祖国统一的重大意义,坚持"一国两制"方针,保持香港、澳门长期繁荣稳定,维护台海和平稳定,积极促进祖国统一大业。要深刻领会维护世界和平、促进共同发展的外交政策宗旨,坚持独立自主的和平外交政策,坚持走和平发展道路,继续为我国发展争取良好的外部环境,为建设持久和平、共同繁荣的和谐世界作出贡献。要深刻领会全面推进党的建设新的伟大工程的重大意义,着力加强党的执政能力建设和先进性建设,不断提高党的领导水平和执政水平、提高拒腐防变和抵御风险能力,使党始终成为中国特色社会主义事业的坚强领导核心。

学习《江泽民文选》,必须大力发扬理论联系实际的马克思主义学风,牢固树立尊重实践、尊重群众的科学态度,发扬求真务实、勇于创新的优良作风,坚持学习理论与指导实践相结合、改造客观世界与改造主观世界相结合、运用理论与发展理论相结合,密切联系各地区、各部门的工作实际和干部群众的思想实际,使全党在思想上不断有新解放、理论上不断有新发展、实践上不断有新创造。

当前,要把学习《江泽民文选》摆在党的思想政治建设和党员干部理论学习培训的重要地位。全党同志都要充分认识学习《江泽民文选》的重要性和必要性，潜心研读原著，把握精神实质，真正学通弄懂。各级干部要做好学习表率，用学习收获加强和改进工作，做到学以致用、用有所成。各级党委要加强对学习的领导，认真研究，精心部署，务求实效。各地区、各部门都要作出周密的学习安排，把学习纳入县(处)级以上党员干部培训计划，重点抓好各级党委(党组)理论学习中心组学习。要发挥党校、行政学院等干部培训学校的作用，通过举办各种形式的研讨班、培训班、学习班，推动干部的学习。各级党委宣传部门、组织部门要加强对学习的指导和督促检查，组织好宣传报道活动，注意总结和宣传学习的好经验好做法，不断把学习引向深入。

全党同志和全国各族人民要紧密团结在以胡锦涛同志为总书记的党中央周围，高举邓小平理论和“三个代表”重要思想伟大旗帜，全面贯彻落实科学发展观，同心同德，扎实工作，开拓进取，在全面建设小康社会的伟大进程中不断开创中国特色社会主义事业新局面！

全国土地调控工作座谈会在昆明召开

国务院副总理曾培炎出席并讲话。讲话中他提出四点要求：一是加强土地的管理和监督，对存在的问题采取针对性的措施，坚决予以遏制。二是从体制机制入手，对土地收益分配进行调整。提高新增建设用地有偿使用费缴纳标准，国有土地使用权出让总价款全额纳入地方预算，实行收支两条线管理。提高土地收益用于“三农”的比重。从土地纯收益中安排部分资金用于廉租房建设。三是提高耕地占用税和城镇土地使用税征收标准，盘活闲置土地，提高现有建设用地效率，促进土地节约和集约利用。四是按照权责一致的原则，强化地方政府土地管理责任。省级政府要对本行政区域内的耕地保有量、基本农田保护面积负总责。

中央有关部门，各省、自治区、直辖市、计划单列市和新疆生产建设兵团有关负责人出席了会议。

国家发改委 水利部 财政部等有关部门负责人就《国务院关于完善大中型水库移民后期扶持政策的意见》答新华社记者问

问：为什么要出台这个《意见》，其中的意义是什么？

答：新中国成立以来，我国共兴建了3000多座大中型水库，这些水库在防洪、发电、灌溉、供水、生态等方面发挥了巨大的效益，为经济社会可持续发展起到了重要的支撑和保障作用。

多年的水库建设也产生了数以千万计的移民，他们“舍小家、顾大家”，为国家经济建设作出了重大贡献。党中央、国务院历来高度重视水库移民工作，特别是改革开放以来，国家先后设立了库区维护基金、库区建设基金和库区后期扶持基金，努力解决水库移民的遗留问题。但由于多种原因，目前水库移民的生产生活条件依然普遍较差，有相当多的移民还生活在贫困中，库区和移民安置区基础设施薄弱，经济社会发展滞后，已成为制约区域经济发展和影响社会稳定的重要问题。

党的十六大以来，中央提出了以人为本的科学发展观，明确了统筹城乡发展的基本方略，制定了“三农”工作“多予少取放活”的方针，作出了我国总体上已到了以工促农、以城带乡发展阶段的重要判断，提出了构建社会主义和谐社会和建设社会主义新农村的重大任务，为完善水库移民政策奠定了坚实的思想基础，提供了良好的宏观政策环境。

2004年以来，国务院将完善水库移民政策工作列入重要议事日程。在加快修订《大中型水利水电工程建设征地补偿和移民安置条例》的同时，2005年，在四川省开展了大中型水库移民后期扶持政策调整的试点工作。与此同时，发展改革委会同水利部、财政部等21个部门和单位组成联合调研组，深入库区，走访了数以千计的移民户和基层干部，广泛征求有关方面专家和地方的意见，在此基础上形成了完善大中型水库移民后期扶持政策的意见，报经党中央、国务院审议同意后，国务院正式印发了《意见》，并召开了新中国成立以来第一次全国水库移民工作会议，对新的水库移民后期扶持政策作出了全面部署。

调整后的后期扶持政策，以邓小平理论和“三个代表”重要思想为指导，坚持以人为本，全面贯彻落实科学发展观，体现了让广大移民共享改革发展成果的理念，必将对帮助水库移民脱贫致富，促进库区和移民安置区经济社会发展，保障新时期水利水电事业健康发展，构建社会主义和谐社会产生重大而深远的影响。

问：完善水库移民后期扶持政策的目标是什么？

答：《意见》提出的完善水库移民后期扶持政策的指导思想，是做好新时期水库移民后期扶持工作的总的要求。主要有三层意思：第一，强调工程建设、移民安置与生态保护并重，切实转变“重工程、轻移民”和“重搬迁、轻安置”的观念，这是完善政策的思想基础。第二，强调继续坚持开发性移民的方针，完善扶持方式，加大扶持力度，阐明了完善政策的取向。第三，强调要逐步建立促进库区经济发展、水库移民增收、生态环境改善、农村社会稳定的长效机制，使广大移民共享改革发展成果，实现库区和移民安置区经济社会可持续发展，确定了完善政策的工作目标。

《意见》从水库移民工作的艰巨性和长期性出发，提出了完善后期扶持政策的两个目标。阶段性目标是，近期要集中解决水库移民的温饱问题以及库区和移民安置区基础设施薄弱的突出问题；中长期目标是，经过不懈努力，使移民生活水平不断提高，逐步达到当地农村平均水平。

《意见》明确了做好水库移民工作应遵循的五条原则：一是坚持"三兼顾"，即统筹兼顾水电和水利移民、新水库和老水库移民、中央水库和地方水库移民。各类大中型水库移民，都应统一纳入后期扶持范畴，实行统一的扶持政策。二是坚持前期补偿与后期扶持相结合。三是坚持解决温饱问题与解决长远发展问题相结合。四是坚持国家帮扶与移民自力更生相结合。五是坚持中央统一制定政策，省级人民政府负总责。这些原则，是对以往移民工作经验教训的总结，是做好新时期水库移民工作的重要保证。

问：与过去的后期扶持政策相比，新的水库移民后期扶持政策主要在哪些方面进行了完善？

答：过去的水库移民后期扶持政策有的只针对中央直属水库移民，有的只针对水电移民，扶持标准差异较大，扶持期限长短不一，政策不协调、不统一。为此，《意见》主要在以下五个方面进行了完善。

——明确扶持范围。《意见》规定，后期扶持范围为大中型水库农村移民。其中，2006年6月30日前搬迁的水库移民为现状人口，2006年7月1日以后搬迁的水库移民为原迁人口。之所以这样确定，主要是考虑老移民遗留了较多的生产生活问题，移民及其后代的生存发展都受到了影响，因此应当对新老移民有所区别。

——统一扶持期限。综合考虑水库移民生产生活现状、扶持目标要求和扶持力度等因素，《意见》规定，扶持期限统一确定为20年，即对2006年6月30日前搬迁的纳入扶持范围的移民，从今年7月1日起再扶持20年；对7月1日以后搬迁的纳入扶持范围的移民，从其完成搬迁之日起扶持20年。

——提高扶持标准。《意见》规定，对纳入扶持范围的移民每人每年扶持600元。这个标准由中央统一制定，各地不得自行确定其他标准，以免造成新的不平衡。

——完善扶持方式。《意见》提出按照"一个尽量、两个可以"的原则确定扶持资金的使用方式，也就是说，"能够直接发放给移民个人的应尽量发放到移民个人，用于移民生产生活补助；也可以实行项目扶持，用于解决移民村群众生产生活中存在的突出问题；还可以采取两者结合的方式"。这样规定，是经过深入调查，广泛听取各方面意见，包括一部分移民的意见后确定的。具体采用哪种扶持方式，由地方各级政府在充分尊重移民意愿并听取移民安置村群众意见的基础上确定。采取"直补到人"的，要核实到人、建立档案、设立账户，及时足额将后期扶持资金发放到移民户；采取项目扶持方式的，可以统筹使用资金，但项目的确定要经绝大多数移民同意，资金的使用与管理要公开透明，接受移民监督。

——加大项目扶持。为促进库区和移民安置区长远发展，《意见》指出，必须继续从其他渠道积极筹措资金，加大项目扶持力度。重点是加强库区和移民安置区基本口粮田及配套水利设施建设，加强供水供电、交通通信和社会事业基础设施建设，加强库区生态建设和环境保护，加强移民劳动力就业技能培训和职业教育等。为搞好项目扶持，必须切实做好项目规划，以此作为国家安排扶持资金和项目的前提与依据。项目的确定要坚持民主程序，尊重和维护移民群众的知情权、参与权和监督权。

问：完善水库移民后期扶持政策需要多少资金，这些资金怎么筹集？

答：完善水库移民后期扶持政策需要筹集两笔资金。一笔是后期扶持资金。全国2200多万大中型水库农村移民，按照每人每年600元的标准，每年约需筹集后期扶持资金130多亿元。《意见》规定，后期扶持资金由国家统一筹措，主要通过在全国范围内提高全部销售电量(扣除农业生产用电)的电价筹集。这个资金筹措方案，既体现了水电工程对促进电力工业发展，尤其是保障电网合理调度和安全运行发挥的重要作用，也体现了工业反哺农业、城市支持农村以及东部支持中西部地区的原则。据测算，全国31个省(区、市)平均电价每千瓦时涨价6.2厘钱。各地今年6月30日出台的电价调整方案已包括了这6.2厘钱的后期扶持基金。

另一笔是项目扶持资金。《意见》指出，项目扶持资金的来源：一是现有的政府性资金，包括预算内投资和国债资金、扶贫资金、农业综合开发资金以及政府部门安排的各类建设基金和专项资金，要向库区和移民安置区倾斜；二是从新筹集的后期扶持资金结余中安排；三是从调整和完善后的库区维护基金中筹集。同时，地方各级人民政府也要加大资金投入，鼓励社会捐助和企业对口帮扶。

问：在新政策的实施过程中需要特别注意什么问题？小水库移民的困难怎么解决？

答：水库移民问题涉及面广，政策性很强，在具体的政策落实过程中必须坚持统筹兼顾，做好可能连带影响人群的工作。

做好非农业安置移民的工作。各地政府要进一步完善城镇最低生活保障制度,把符合条件的大中型水库非农业安置移民中的困难家庭,纳入地方城镇最低生活保障范围,切实做到应保尽保。

妥善解决好小水库移民的困难问题。考虑到小型水库自建、自用、自管、自利的性质,小型水库移民没有纳入后期扶持政策范围。同时为主要解决小型水库移民问题,《意见》允许各省、自治区、直辖市人民政府通过提高本省(区、市)区域内的全部销售电量(扣除农业生产用电)的电价筹集资金,提价标准每千瓦时不超过0.5厘钱,由地方政府统筹解决。

做好其他征地拆迁人口的工作。各类建设工程都需要占用一定数量的土地,但这些工程的占地性质与水库淹没占地致使移民外迁不同,对上述征地拆迁人口遇到的问题和困难,由当地人民政府通过落实相关政策解决。

问:新的后期扶持政策如何安排实施?

答:今年6月,发展改革委、水利部、财政部联合召开了贯彻落实《意见》的工作会议,对下一步工作进行了部署。7月,经国务院批复,全国大中型水库移民后期扶持政策部际联席会议制度建立。在联席会议的领导下,各地克服时间紧、任务重等困难,抓紧编制后期扶持政策实施方案。截至目前,联席会议根据国务院授权,已经基本批复了各省(区、市)人民政府上报的实施方案,各地正在按计划、有步骤地开展后期扶持政策试点工作,预计10月份政策实施工作将陆续在面上推开。有关部门要求,今年年底以前,各地凡采取"直补到人"方式的,后期扶持资金要发放到人,而且是从7月1日起计发,项目扶持也要在年底前开始启动。明年,完善后的水库移民后期扶持政策要进入正常运转轨道。

问:贯彻实施好新的水库移民后期扶持政策,需要在哪些方面采取措施?

答:解决水库移民问题是件大事、好事。要把好事办好,关键是要把思想统一到中央的重大决策上来,把行动统一到中央的重大部署和要求上来。各地区、各部门都要牢固树立大局观念,树立全国"一盘棋"的思想,加强领导,落实责任,缜密部署,统筹考虑,精心组织,稳步推进,确保水库移民政策顺利实施。

第一,要落实地方工作责任制。地方各级政府要把解决水库移民问题列入重要议事日程,把移民工作纳入经济社会发展总体规划和新农村建设规划。地方政府是做好移民工作的"工作主体、责任主体、实施主体",各省级人民政府要对本地区包括外省迁入移民在内的全部移民工作和社会稳定负总责,主要领导是第一责任人,实行一级抓一级,层层落实责任。要整合现有的移民工作力量,建立强有力的移民工作管理机构,加强对移民工作的组织领导。各有关部门也要按照职责分工,各负其责,密切配合,共同做好移民工作。

第二,要加大干部培训力度。地方人民政府和有关部门要组织干部认真学习《意见》,加强政策辅导,分期分批对参与政策实施的干部进行系统培训,要使广大干部深刻领会中央精神实质,准确把握政策界限,掌握正确的工作方法,增强做好群众工作的能力,确保理解政策不偏差,执行政策不走样。各地要挑选一批思想素质好、政策水平高、业务能力强、群众工作经验丰富的干部组成移民工作组,深入库区贴近移民群众开展工作,关心移民疾苦,倾听移民呼声,了解移民愿望。充分发挥政治优势,做耐心细致的思想政治工作,保证移民诉求渠道畅通,维护社会稳定。

第三,要充分调动好广大移民的积极性。解决水库移民问题,必须把移民群众的积极性、主动性和创造性保护好、调动好、发挥好。加强乡村基层组织建设,发挥党组织和广大党员的战斗堡垒与先锋模范作用,团结和带领广大移民向前看,带领移民群众脱贫致富奔小康。库区广大移民群众要充分理解党和政府的关怀,把国家帮扶作为加快发展的契机,克服"等、靠、要"思想,树立自信、自立、自强的精神,发扬自力更生、艰苦奋斗的优良传统,依靠自身努力建设美好家园,开创美好新生活。

第四,要抓紧做好试点工作。目前,各地正在开展后期扶持政策试点。要通过试点工作,检验本省(区、市)人口核定登记办法是否合理,确定后期扶持方式的原则和程序是否可行,了解移民群众对政策落实工作的意见以及可能引起的其他问题。在此基础上,全面总结试点工作经验,进一步优化实施方案,完善相关配套文件,为后期扶持政策的全面实施打好基础。

第五,要管好用好资金。要认真执行水库移民后期扶持资金征收和使用管理办法,严格资金支出管理,防止跑冒滴漏,严禁截留挪用。各级监察和审计部门要提前介入,加大工作力度,加强监督检查。对后期扶持资金使用中发现的问题,要限期整改,对违反法律法规和国家有关政策的,依法依纪严肃处理。

做好水库移民工作任务艰巨,责任重大。我们要以对党和人民高度负责的精神,以对历史高度负责的态度,认真贯彻落实党中央、国务院关于水库移民工作的重大部署,把党的移民政策落到实处,让移民群众真正得实惠,不断开创全国水库移民工作的新局面。

8月14日

中共中央总书记胡锦涛为第二批全国干部学习培训教材作序

第二批全国干部学习培训教材近日出版发行。中共中央总书记、国家主席、中央军委主席胡锦涛在为这批教材所作的序言中强调，干部教育培训工作要坚持以马克思列宁主义、毛泽东思想、邓小平理论和“三个代表”重要思想为指导，全面落实科学发展观，认真贯彻联系实际创新路、加强培训求实效的要求，更好地为全面建设小康社会、加快推进社会主义现代化服务，更好地为加强党的执政能力建设和先进性建设服务。

胡锦涛在序言中说，干部教育培训工作必须把学习和传播马克思主义中国化的最新成果作为中心内容，着力引导广大干部准确把握当代中国马克思主义理论发展成果的科学内涵和精神实质，并用以武装头脑、指导实践、推动工作；必须紧紧围绕我国经济社会发展的总体目标、指导方针和重大部署来进行，把推动完成经济社会发展任务作为重要内容，把广大干部群众在实践中创造的好经验好做法作为生动教材，把研究和解决改革发展稳定面临的新情况新问题作为重要课题，着力提高广大干部推进经济社会发展的本领；必须紧紧围绕广大干部履行岗位职责的需要，有针对性地开展岗位必备知识和能力的培训、与本职工作密切相关的新理论新技能的培训，着力引导广大干部成为胜任本职工作的行家里手；必须根据完善知识结构、提高综合素质的要求，加强科学知识、科学精神、科学方法的培训，开展文学、艺术、历史等人文知识的学习，着力提高广大干部的科学素养和文化素养。

胡锦涛强调，加强干部教育培训教材建设，是增强干部教育培训工作实效的重要途径。要坚持少而精、管用的原则，做到理论与实际相结合，精心组织、精心编写、精心施教，使各类教材切实体现时代性、把握规律性、富于创造性，在建设一支宏大的高素质干部队伍中发挥积极作用。

中共中央政治局委员、中央书记处书记、中央组织部部长、全国干部培训教材编审指导委员会主任贺国强在日前召开的全国干部培训教材编审指导委员会第六次会议上指出，胡锦涛同志所作的序言，深刻阐述了干部教育培训工作在党和国家事业发展中的重要位置，明确提出了干部教育培训工作的指导思想、主要任务、工作重点和基本要求，对于我们进一步做好干部教育培训工作、加强干部教育培训教材建设具有重要的指导意义。我们一定要认真学习贯彻，进一步增强责任感和使命感，积极探索新形势下干部教育培训教材建设的有效途径，不断提高干部教育培训工作水平，为全面落实大规模培训干部、大幅度提高干部素质的战略任务提供有力保障。

第二批全国干部学习培训教材是全国干部培训教材编审指导委员会组织编写的，包括《“三个代表”重要思想概论》《科学发展观》《加强党的执政能力建设》等15种，由人民出版社、党建读物出版社出版。

国务院总理温家宝就金财工程建设作出重要批示

温家宝指出，要做到科学理财、依法理财，就要坚持财政工作为经济社会发展全局服务的方向，充分发挥财政政策在宏观调控中的重要作用；就要深化财政体制改革，健全制度，改善技术手段，提高财政管理的科学化、规范化、现代化水平。

金财工程是随着财政改革与发展以及国家信息化战略的实施提出来的。按照党中央、国务院关于建立社会主义市场经济体制下公共财政的总体要求，财政部结合我国财政管理的实际需要，从1999年下半年起开始着手规划建立“政府财政管理信息系统”，并进行设计和试点。2002年年初，国务院决定将财政部规划建设的“政府财政管理信息系统”定名为金财工程，并把金财工程列为国家电子政务十二个重点工程之一。今年4月，经国务院同意，国家发展和改革委员会正式批准金财工程(一期)建设项目立项，标志着金财工程建设进入一个新的发展阶段。

按照财政部确定的金财工程建设总体思路，财政部门计划在三年内初步完成金财工程的一期建设，初步建成业务标准统一、操作功能完善、网络安全可靠、覆盖所有财政资金、辐射各级财政部门和预算单位的政府财政管理信息系统。在此基础上，争取再经过两年或更长一点时间的补充完善，使政府财政管理信息系统更加现代化。

全国政协主席贾庆林和中共中央政治局常委李长春在北京分别会见老挝建国战线主席西沙瓦·乔本潘

中央军委副主席曹刚川在宁夏甘肃新疆调研

曹刚川强调，要从国家发展战略全局和履行新世纪、新阶段我军历史使命的高度，充分认清军队参加和支援西部大开发工作的重要性，坚持以科学发展观为指导，在新的起点上推进军队援建工作的深入发展，为加快西部开发建设、实现全面建设小康社会的宏伟目标，作出新的更大贡献。

总政治部和军委办公厅领导陪同调研。

陕西凤翔县发现秦代制陶作坊

据《人民日报》报道：最近在陕西凤翔县2500年前的秦都雍城遗址上，考古工作者发现了春秋晚期或战国早期的秦雍城制陶作坊，出土了2000多件以动物图案为主的早期秦瓦当。数量如此多的早期秦瓦当面世，这在国内尚属首次。

瓦当，即古代建筑的瓦头，其上多有装饰之用的纹饰和文字,有很高的艺术和考古价值。先秦瓦当并不多见,现存最多的是汉代瓦当。

8月15日

中共中央在中南海怀仁堂举行学习《江泽民文选》报告会

中共中央总书记、国家主席、中央军委主席胡锦涛在会上发表重要讲话。

中共中央政治局常委吴邦国、温家宝、贾庆林、曾庆红、黄菊、吴官正、李长春、罗干出席报告会。报告会由吴邦国主持。李长春宣读了《中共中央关于学习〈江泽民文选〉的决定》。

吴邦国在主持报告会时说,胡锦涛总书记的重要讲话深刻阐述了《江泽民文选》出版的重大意义,系统归纳了"三个代表"重要思想富有独创性的理论成果,高度评价了江泽民同志作为党的第三代中央领导集体核心和"三个代表"重要思想主要创立者的重大贡献,并对全党全国学习运用《江泽民文选》提出了明确要求。我们要认真学习、深刻领会、全面贯彻,真正把学好用好《江泽民文选》的工作落到实处。

出席报告会的领导同志还有:王兆国、回良玉、刘淇、刘云山、吴仪、贺国强、曹刚川、曾培炎、王刚、何勇、李铁映、司马义·艾买提、何鲁丽、丁石孙、成思危、许嘉璐、蒋正华、顾秀莲、热地、盛华仁、路甬祥、乌云其木格、韩启德、唐家璇、华建敏、陈至立、肖扬、贾春旺、王忠禹、廖晖、刘延东、李贵鲜、张思卿、罗豪才、张克辉、周铁农、陈奎元、阿不来提·阿不都热西提、徐匡迪、李兆焯、黄孟复、张怀西、李蒙、张梅颖、张榕明,中央军委委员梁光烈、李继耐、廖锡龙、陈炳德、乔清晨、靖志远等。

中央党政军群各部门和北京市负责同志,各民主党派中央、全国工商联负责人和无党派人士代表,部分理论、宣传工作者代表出席报告会。

中共中央总书记胡锦涛在学习《江泽民文选》报告会上的讲话

同志们:

今天,我们在这里隆重举行学习《江泽民文选》报告会。《江泽民文选》的出版发行,是党和国家政治生活中的一件大事。党中央专门作出《关于学习〈江泽民文选〉的决定》。各地区、各部门一定要按照党中央的要求,切实抓好落实。

党的十六大以来,党中央一直强调,"三个代表"重要思想反映了我国最广大人民的共同意愿,体现了当今世界和当代中国发展的时代精神,显示了马克思主义科学理论的强大力量,是新世纪、新阶段全党全国各族人民继往开来、与时俱进,实现全面建设小康社会宏伟目标的根本指针,是必须长期坚持的指导思想。根据这个精神,党中央先后部署在全党兴起学习贯彻"三个代表"重要思想新高潮、开展以实践"三个代表"重要思想为主要内容的保持共产党员先进性教育活动,把学习贯彻"三个代表"重要思想不断引向深入,有力地推动了党和国家各个方面的工作。现在,根据党中央的决定,《江泽民文选》已由中共中央文献编辑委员会编辑完成并在全国出版发行。《江泽民文选》主要收入了江泽民同志从20世纪80年代末至21世纪初具有代表性和独创性的重要著作,为我们更深入地学习领会"三个代表"重要思想,更好地用"三个代表"重要思想武装头脑、指导实践、推动工作,继续推进中国特色社会主义伟大事业和党的建设新的伟大工程,提供了最好的教材。

——《江泽民文选》生动记录了以江泽民同志为核心的党的第三代中央领导集体带领全党全国各族人民把中国特色社会主义事业推向前进的历史进程。江泽民同志说:"'三个代表'的思想,不是凭空产生的,而是我们十三年来在理论和实践上不断探索和开拓的结果。"党的十三届四中全会以后的13年间,国际形势风云变幻,我国改革开放和社会主义现代化建设的进程波澜壮阔。特别是20世纪80年代末90年代初,国内发生严重政治风波,国际上东欧剧变、苏联解体,世界社会主义出现严重曲折,我国社会主义事业的发展面临空前巨大的困难和压力,我们党和国家处在决定前途命运的重大历史关头。以江泽民同志为核心的党的第三代中央领导集体,高举马克思列宁主义、毛泽东思想、邓小平理论伟大旗帜,紧紧依靠全党同志和全国各族人民,坚持党的十一届三中全会以来的路线不动摇,坚持以经济建设为中心,坚持四项基本原则,坚持改革开放,从容应对来自各方面的困难和风险,全面推进社会主义现代化建设,开创了中国特色社会主义事业新局面。我国综合国力大幅度跃升,人民生活总体上实现了由温饱到小康的历史性跨越,香港、澳门回到祖国怀抱,我国社会长期保持安定团结,国际影响显著扩大,中华民族以崭新的面貌自立于世界民族之林。学习《江泽民文选》,重温这一历史时期我国非同凡响的发展历程,对于坚定广大党员、干部和人民群众走中国特色社会主义道路的决心和信心,具有十分重大的意义。

——《江泽民文选》科学总结了我们党领导人民战胜各种艰难险阻、全面开创中国特色社会主义事业新局面的宝贵经验。党的十三届四中全会以后的13年间,以江泽民同志为核心的党的第三代中央领导集体，科学判断形势，全面把握大局，进行艰辛探索，针对形势和任务的发展不断研究和提出新的战略部署和政策措施，在极其复杂的情况下妥善处理和解决了涉及党和国家工作全局的许多重大问题，奋力推进中国特色社会主义伟大事业和党的建设新的伟大工程，积累了大量成功经验。江泽民同志在党的十六大报告中提出的我们党在领导改革开放和社会主义现代化建设中取得的基本经验，集中体现了我们党在实践中形成的新的重要认识，标志着我们党对共产党执政规律、社会主义建设规律、人类社会发展规律的认识、把握、运用水平都有了进一步提高。学习《江泽民文选》，深刻领会并长期坚持这些宝贵经验，对于我们提高应对国际国内复杂局面、领导建设中国特色社会主义事业的能力和水平，加强党的执政能力建设和先进性建设，具有十分重大的意义。

——《江泽民文选》集中反映了我们党坚持以马克思列宁主义、毛泽东思想、邓小平理论为指导，坚持把马克思主义基本原理同当代中国实践和时代特征相结合创造性地提出的新的重大理论成果。我们党历来高度重视理论指导和理论创新，始终坚持把马克思主义基本原理同中国具体实际相结合，先后产生了毛泽东思想、邓小平理论这两大理论成果。党的十三届四中全会以后，以江泽民同志为主要代表的当代中国共产党人，高举毛泽东思想、邓小平理论伟大旗帜，坚持以发展着的马克思主义指导发展着的实践，准确把握时代特征，科学判断党所处的历史方位，紧紧围绕建设中国特色社会主义这个主题，集中全党智慧，总结实践经验，以马克思主义的巨大理论勇气进行理论创新，逐步形成“三个代表”重要思想这一科学理论。学习《江泽民文选》，始终高举毛泽东思想、邓小平理论和“三个代表”重要思想伟大旗帜，对于我们始终走在时代前列，在建设中国特色社会主义的伟大实践中不断推进马克思主义的中国化，更好地发挥马克思主义对实践的指导作用，具有十分重大的意义。

同志们！

“三个代表”重要思想突出强调我们党始终代表中国先进生产力的发展要求、代表中国先进文化的前进方向、代表中国最广大人民的根本利益，遵循了人类历史发展进步的普遍规律，顺应了时代发展的潮流和我国社会发展进步的要求，反映了全国各族人民的利益和愿望，抓住了新形势下提高党的执政能力、巩固党的执政地位、完成党的执政使命的根本。“三个代表”重要思想涵盖了社会主义经济建设、政治建设、文化建设、社会建设和党的建设以及国防和军队现代化建设、祖国统一、国际战略和外交工作等各个领域，涉及改革发展稳定、内政外交国防、治党治国治军等各个方面，是一个完整的科学的思想体系。

“三个代表”重要思想最鲜明的特点和最突出的贡献，在于用一系列紧密联系、相互贯通的新思想、新观点、新论断，进一步回答了什么是社会主义、怎样建设社会主义的问题，创造性地回答了在长期执政的历史条件下建设什么样的党、怎样建设党的问题，深化了我们对新的时代条件下推进中国特色社会主义事业和加强党的建设的规律的认识。

马克思主义诞生150多年来，社会主义在理论上、实践上都取得了历史性的伟大成就，但也发生了严重曲折。在我国几十年社会主义建设的进程中，中国共产党人既在独立自主的实践中创造了社会主义发展的辉煌成就，积累了丰富经验，同时也在失误和挫折中汲取了深刻教训。在国内外形势发生重大变化的条件下，如何科学总结国内外建设社会主义正反两方面的经验，回答好什么是社会主义、怎样建设社会主义这个根本问题，是当代中国共产党人面临的一个重大课题。党的十一届三中全会以后，邓小平同志紧紧抓住这个根本问题，深刻揭示社会主义的本质，把对社会主义的认识提高到新的科学水平。实践在发展，我们对这个根本问题的认识需要不断深化。“三个代表”重要思想创造性地运用马克思列宁主义、毛泽东思想特别是邓小平理论，紧密结合时代发展的新形势、我国广大人民群众的新要求、我国改革开放和社会主义现代化建设的新实践，在什么是社会主义、怎样建设社会主义这个根本问题上形成了富有独创性的理论成果。“三个代表”重要思想提出了关于实现好、维护好、发展好最广大人民的根本利益的思想，关于把发展作为党执政兴国的第一要务的思想，关于全面建设惠及十几亿人口的更高水平的小康社会的思想，关于坚持和完善社会主义公有制为主体、多种所有制经济共同发展的基本经济制度的思想，关于坚持和完善按劳分配为主体、多种分配方式并存的分配制度的思想，关于建立社会主义市场经济体制的思想，关于推进经济结构战略性调整和经济增长方式转变的思想，关于推进西部大开发、促进区域协调发展的思想，关于实施“引进来”和“走出去”相结合的开放战略的思想，关于建设社会主义政治文明、发展社会主义民主政治的思想，关于实行依法治国基本方略、建设社会主义法治国家的思想，关于发展社会主义先进文化的思想，关于实行依法治国和以德治国相结合的思想，关于推动社会主义物质文明、政治文明、精神文明协调发展的思想，关于促进人的全面发展的思想，关于正确处理改革发展稳定关系的思想，关于正确处理新时期人民内部矛盾的思想，关于贯彻新时期军事战略方针、推进中国特色军事变革的思想，关于现阶段发展两岸关系、推进祖国和平统一进程的思想,关于促进世界多极化和国际关系民主化的思想,关于正确应对和驾驭经济全球化、促进共同发展的思想,等等。这些重大思想,进一步回答了建设中国特色社会主义的发展道路、发展阶段、发展战略、根本目的、根本任务、发展动力、依靠力量、国际战略等重大问题,是对马克思主义理论的重大贡献。这些新论断,既坚持马克思主义基本原理,又具有鲜明的时代特征,是坚持和发展马克思主义的典范,也是坚持和发展社会主义的典范。我们学习《江泽民文选》,必须牢牢把握建设中国特色社会主义这个主题,进一步深刻认识和科学回答什么是社会主义、怎样建设社会主义这个根本问题,更好地把中国特色社会主义伟大事业推向前进。

要把中国的事情办好,关键在我们党。江泽民同志说过:"在实行改革开放和发展社会主义市场经济的条件下,建设什么样的党、怎样建设党,是一个重大现实问题,直接关系到我们党和国家的前途命运。"实施党的建设新的伟大工程,就是我们党对这个重大现实问题的明确回答。"三个代表"重要思想强调,在新的历史条件下加强党的建设,重点是要把握好党的历史方位,以改革的精神加强和改进党的建设,切实解决好提高党的领导水平和执政水平、提高拒腐防变和抵御风险能力这两大历史性课题。"三个代表"重要思想提出了关于中国共产党是中国工人阶级的先锋队、同时是中国人民和中华民族的先锋队的思想,关于坚持立党为公、执政为民的思想,关于坚持把加强党的思想理论建设放在首位、不断推进马克思主义的中国化的思想,关于加强党的执政能力建设、改革和完善党的领导方式和执政方式的思想,关于坚持民主集中制、以党内民主带动人民民主的思想,关于大力培养忠诚于马克思主义、坚持走中国特色社会主义道路、会治党治国的政治家的思想,关于领导干部一定要讲学习、讲政治、讲正气的思想,关于始终保持党同人民群众的血肉联系、不断增强党的阶级基础和扩大党的群众基础的思想,关于治国必先治党、治党务必从严的思想,关于反对腐败是关系党和国家生死存亡的严重政治斗争的思想,等等。这些重大思想,是在新的历史条件下对马克思主义党建理论的重大发展,为把党建设成为用邓小平理论武装起来、全心全意为人民服务、思想上政治上组织上完全巩固、能够经受住各种风险、始终走在时代前列、领导全国人民建设中国特色社会主义的马克思主义政党,指明了前进方向和现实途径。我们学习《江泽民文选》,必须紧紧抓住党的建设这个关键,进一步深刻认识和科学回答在长期执政的历史条件下建设什么样的党、怎样建设党这个重大问题,更好地把党的建设新的伟大工程推向前进,使党始终充满创造力、凝聚力、战斗力,始终成为中国特色社会主义事业的坚强领导核心。

同志们!

解放思想、实事求是、与时俱进,是马克思主义活的灵魂,是我们适应新形势、认识新事物、完成新任务的根本思想武器。这个活的灵魂,在"三个代表"重要思想的全部理论中得到了充分体现。"三个代表"重要思想坚定不移地坚持马克思主义基本原理,同时又根据我国实际和时代变化积极丰富和发展马克思主义。1992年10月,江泽民同志在党的十四届一中全会上就深刻指出:"过去有许多做法和经验已经不适用了,要根据新的实践要求,重新学习,不断创新,与时俱进。"后来,他又指出:"无论从国际还是从国内看,我们都面临着许多新情况新问题,必须从理论上、实践上作出回答并加以解决,否则我们就不能更好地前进。我们必须与时俱进,继续丰富和发展马克思主义。如果因循守旧、停滞不前,我们就会落伍,我们党就有丧失先进性和领导资格的危险。"他还说:"一是必须坚持马克思主义的立场、观点、方法,坚持马克思主义的基本原理。这一点,要坚定不移,不能含糊。二是一定要贯彻解放思想、实事求是的思想路线,坚持勇于追求真理和探索真理的革命精神。这一点,也要坚定不移,不能含糊。""这两个'坚定不移'、两个'不能含糊',始终是检验我们是不是真正的马克思主义者的试金石。"党的十三届四中全会以来,我们党在实践上的每一个重大发展,在理论上的每一个重大突破,在工作上的每一个重大进步,都是坚持解放思想、实事求是、与时俱进的结果。"三个代表"重要思想坚持把党的全部理论和工作能否体现时代性、把握规律性、富于创造性提到决定党和国家前途命运的高度,开拓了马克思主义理论发展的新境界,是在新的历史条件下运用马克思主义的立场、观点、方法的典范。学习《江泽民文选》,要牢牢把握解放思想、实事求是、与时俱进这个活的灵魂,坚定不移地贯彻执行党的思想路线,努力提高运用马克思主义世界观和方法论研究新情况、解决新问题的能力。

一切为了人民,一切依靠人民,是马克思主义政党最鲜明的政治立场。实现人民愿望、满足人民需要、维护人民利益,是"三个代表"重要思想的根本出发点和落脚点。尊重人民实践、从人民的伟大创造中汲取思想营养并上升为理论,是我们党进行理论创新的不竭源泉。江泽民同志反复强调,党的一切工作和方针政策,都要以是否符合最广大人民的根本利益为最高标准,以最广大人民满意不满意为根本准则,要努力使工人、农民、知识分子和其他群众共同享受到经济社会发展的成果。学习《江泽民文选》,要牢牢把握和坚持始终代表中国最广大人民根本利益的马克思主义立场，使我们的一切工作和方针政策充分体现最广大人民的根本利益，切实把人民群众的利益实现好、维护好、发展好，切实把他们的积极性引导好、保护好、发挥好，为中国特色社会主义伟大事业奠定坚实群众基础、提供强大奋进力量。

江泽民同志是党的第三代中央领导集体的核心，是“三个代表”重要思想的主要创立者。他目光远大、审时度势，总是从中国和世界发展大势、从党和国家工作全局出发观察和思考问题，不断推进理论创新和其他各方面的创新；他信念坚定、处事果断，总是把党和人民放在心中最高的位置，始终不渝地坚持共产党人的理想信念，在关键时刻具有作出果敢决策的非凡胆略和进行理论创新的巨大勇气；他尊重实践、与时俱进，总是紧紧把握时代发展的脉搏和契机，坚持从党和人民活生生的实践出发总结经验、寻找路子，脚踏实地而又开拓进取地推进党和国家的各项工作；他尊重群众、关心群众，总是高度关注人民群众的安危冷暖，依据最广大人民的根本利益来检验和推动工作。全党同志特别是领导干部要认真学习和大力发扬江泽民同志的这种优秀品格和高尚风范，坚持解放思想、实事求是、与时俱进，坚持中国特色社会主义共同信念和共产主义远大理想，坚持理论联系实际，坚持全心全意为人民服务，为党和人民持之以恒地去学习、去工作、去奋斗。

同志们！

加强思想理论建设，用马克思主义武装全党，是我们党永葆先进性的根本保证。党的理论创新每推进一步，理论武装就要跟进一步。我们党已经有了指引中国革命和建设取得伟大胜利的毛泽东思想及其代表作《毛泽东选集》，已经有了指引开创中国改革开放新的历史时期的邓小平理论及其代表作《邓小平文选》，现在又有了指引开创中国特色社会主义事业新局面的“三个代表”重要思想及其代表作《江泽民文选》。这三部著作都是我们党加强思想理论建设最好的教材。《江泽民文选》论述分析的实践过程和历史事实大都是我们亲自经历或者在我们身边发生的，谈到的许多事情都是我们前些年做过并且当前和今后要继续做的，讲的道理离我们最近，读起来十分亲切，可以从中得到深刻的启迪和教育。

《江泽民文选》全面反映了“三个代表”重要思想孕育、形成、发展的历史轨迹。学习《江泽民文选》，要把一至三卷作为一个整体来把握，花大力气研读原著，做到真学、常学、深学，勤于思考，善于运用，真正学通弄懂。要通过学习，进一步领会“三个代表”重要思想的时代背景、实践基础、科学内涵、精神实质、历史地位和重大意义，全面完整地把握“三个代表”重要思想的科学体系；进一步学习领会“三个代表”重要思想的基本观点和丰富内容，系统掌握贯穿其中的马克思主义的立场、观点、方法；进一步学习领会“三个代表”重要思想在建设中国特色社会主义一系列重大问题上进行理论思考取得的重大成果，深刻认识“三个代表”重要思想同马克思列宁主义、毛泽东思想、邓小平理论是一脉相承而又与时俱进的科学体系。要把学习江泽民同志的著作同学习马列著作、毛泽东著作、邓小平著作结合起来，同学习改革开放以来特别是党的十三届四中全会以来党的重要文献结合起来，同学习党的十六大以来我们党以邓小平理论和“三个代表”重要思想为指导提出的一系列重大战略思想结合起来，同进一步学习和总结党的历史经验特别是新鲜经验结合起来，把“三个代表”重要思想转化为为党和人民的事业不懈奋斗的坚定信念，转化为观察和解决问题的科学方法，转化为指导改造客观世界和主观世界的行为准则，努力做到认识上有新提高、运用上有新收获。

学习《江泽民文选》是当前和今后一个时期党的思想政治建设和党员干部理论学习培训的重要任务。各级党委要切实加强对学习的领导，作出周密部署，强化落实措施，坚持学习、宣传、研究相结合，确保学习活动深入扎实开展起来，确保学习活动收到实实在在的成效。各级领导干部要带头学好用好《江泽民文选》，为全社会起好表率作用，同时要采取多种形式把学习《江泽民文选》活动普及到广大人民群众中去。各地区、各部门要作出具体安排，把学习纳入县(处)级以上党员干部培训计划，重点抓好各级党委(党组)理论学习中心组的学习，充分发挥各级党委宣传部门、组织部门的指导和督促检查作用，充分发挥党校、行政学院等干部培训学校的重要作用，切实把学习抓紧抓实抓好。要弘扬理论联系实际的马克思主义学风，联系改革开放和社会主义现代化建设的实际，联系本地区本部门的工作实际和干部群众的思想实际，努力做到学以致用、用以促学、学用相长，着力提高广大党员、干部的思想认识水平，着力推进各地区、各部门的工作。

同志们！

世界在变化，中国在前进。客观实践的发展变化，对加强马克思主义理论武装和推进理论创新提出了新的更高的要求。江泽民同志曾经语重心长地说过：“实践没有止境，解放思想也没有止境。我们要突破前人，后人也必然要突破我们。这是社会前进的基本规律。用发展的观点对待马克思主义，在坚持中发展、在发展中坚持，这就是按规律办事，也是对待马克思主义唯一正确的态度。”学好用好“三个代表”重要思想，在实践中继续坚持和发展马克思主义，是时代赋予我们的光荣而神圣的使命。

科学判断和全面把握国际形势的发展变化、正确应对世界多极化和经济全球化以及科技进步的发展趋势、在日益激烈的综合国力竞争中牢牢掌握我国发展的主动权,科学判断和全面把握我国正处于并将长期处于社会主义初级阶段的基本国情、紧紧扭住经济建设这个中心、逐步实现全体人民共同富裕,科学判断和全面把握我们党所处的历史方位和肩负的历史使命、以改革的精神加强和改进党的建设、使党始终成为团结带领人民建设中国特色社会主义的领导核心,是我们必须高度重视并不断解决好的重大课题。党的十六大以来,党中央紧密结合新世纪、新阶段国际国内形势的发展变化,提出以人为本、实现科学发展、构建社会主义和谐社会、建设社会主义新农村、建设创新型国家、树立社会主义荣辱观、推动建设和谐世界、加强党的先进性建设等重大战略思想和重大战略任务,就是我们在邓小平理论和"三个代表"重要思想指导下取得的重要成果。今后,我们一定要坚持以邓小平理论和"三个代表"重要思想为指导,在新的历史条件下把马克思主义的中国化继续推向前进,在思想上不断有新解放、理论上不断有新发展、实践上不断有新创造,使马克思主义在中国放射出更加耀眼的真理光芒。

马克思主义理论的巨大生命力,在于能够给实践提供科学指导,使人们在认识规律、把握规律、运用规律的基础上更好地改造客观世界和主观世界。我们要继续坚定不移地加强用邓小平理论和"三个代表"重要思想武装全党、教育人民的工作,全面贯彻落实科学发展观,坚持马克思主义在意识形态领域的指导地位,加强马克思主义理论研究和建设,使马克思主义中国化的重大理论成果成为引领中国社会不断发展进步的强大思想先导。我们要继续坚定不移地抓好发展这个党执政兴国的第一要务,紧紧抓住重要战略机遇期,坚持以经济建设为中心,继续深化改革开放,贯彻落实"十一五"规划纲要,全面推进社会主义经济建设、政治建设、文化建设、社会建设,促进人的全面发展,促进人与自然相和谐。我们要继续坚定不移地转变发展观念、创新发展模式、提高发展质量,落实"五个统筹",加快调整经济结构和转变经济增长方式,大力提高自主创新能力,积极推进社会主义新农村建设,加快建设资源节约型、环境友好型社会,切实把经济社会发展转入科学发展的轨道。我们要继续坚定不移地坚持党的领导、人民当家做主和依法治国的有机统一,积极稳妥地推进政治体制改革,健全民主制度,丰富民主形式,建设社会主义法治国家,推进社会主义民主的制度化、规范化、程序化,扩大公民有序的政治参与,保证人民依法实行民主选举、民主决策、民主管理、民主监督。我们要继续坚定不移地发展社会主义先进文化,弘扬民族精神和时代精神,树立社会主义荣辱观,加强思想道德建设,推进文化体制改革,积极发展文化事业和文化产业,加快建立覆盖全社会的公共文化体系,不断提高全体人民的思想道德素质和科学文化素质。我们要继续坚定不移地做好构建社会主义和谐社会的各项工作,团结一切可以团结的力量,调动一切可以调动的积极因素,努力化解不和谐因素,创造全社会更加团结和谐地为全面建设小康社会、加快推进社会主义现代化而奋斗的良好氛围。我们要继续坚定不移地坚持发展为了人民、发展依靠人民、发展成果由人民共享,千方百计增加就业再就业,加快完善社会保障体系,扎实做好关心困难群众生产生活的工作,加强和改进社会管理,正确处理人民内部矛盾,搞好社会治安,保障人民群众安居乐业。我们要继续坚定不移地坚持立党为公、执政为民,坚持科学执政、民主执政、依法执政,全面推进党的建设新的伟大工程,切实加强和改进党的思想建设、组织建设、作风建设和制度建设,重点加强党的执政能力建设和先进性建设,大力开展党风廉政建设和反腐败斗争,做到权为民所用、情为民所系、利为民所谋,始终不渝地保持和发展党的先进性。

同志们!

实现我国社会主义现代化和中华民族伟大复兴的历史使命,职责光荣而任务繁重,道路广阔而充满挑战。全党全国各族人民要更加紧密地团结起来,高举邓小平理论和"三个代表"重要思想伟大旗帜,坚定不移地贯彻党的基本路线、基本纲领、基本经验,全面贯彻落实科学发展观,解放思想、实事求是、与时俱进、开拓创新,在全面建设小康社会、实现社会主义现代化的伟大征程中,用我们的不懈奋斗和辛勤汗水,共同创造中国人民更加美好的生活,共同书写中华民族更加壮丽的篇章!

国务院副总理曾培炎在中南海紫光阁会见联合国秘书长千年发展目标特别顾问萨克斯一行

曾培炎说,为实现千年发展目标,国际社会特别是联合国做了大量工作,取得了一定进展。中国政府积极落实胡锦涛主席在去年联合国60周年峰会上宣布的中国支持发展中国家发展的五项举措,同时希望国际社会认真落实联合国60周年峰会的成果,建立公平、合理、有效的千年发展目标进展评估框架,及时评估各国取得的进展,监督和促进国际合作和发展援助承诺的落实。中国政府愿与国际社会特别是联合国就此保持密切沟通,加强协调与配合,共同为落实千年发展目标而不懈努力。

双方还就共同关心的当前宏观经济形势、扶贫工作、可再生能源等问题广泛交换了意见。

外交部就日本首相小泉纯一郎再次参拜靖国神社发表声明

今天，日本首相小泉纯一郎又一次参拜供奉有二战甲级战犯的靖国神社。中国政府对这一严重伤害日本军国主义侵略战争受害国人民感情、破坏中日关系政治基础的行径表示强烈抗议。

靖国神社供奉的二战甲级战犯，是日本军国主义发动和实施对外侵略的策划者和指挥者，是近代史上给亚洲和世界造成巨大劫难的祸首。小泉首相无视国际社会、亚洲邻国和日本人民的关切和反对，执意参拜供奉有这批战犯的靖国神社，是在挑战国际正义，践踏人类良知。

中国是日本军国主义对外侵略战争的最大受害国，中国人民在日本侵华战争中蒙受了深重灾难。正确认识和对待这段历史，是战后中日关系得以恢复和发展的政治基础，也是两国共同面向未来的重要前提。小泉首相不断在历史问题上伤害中国人民感情，不仅失信于国际社会，也将失信于日本人民，损害日本的国家形象和利益。

维护中日关系的健康发展，符合两国人民的根本利益，有利于亚洲及世界的和平与稳定。中国政府和人民将与所有珍视并致力于中日友好的日本政治家和广大日本人民一道，在中日三个政治文件的基础上，本着"以史为鉴、面向未来"的精神，坚持不懈地致力于两国和平共处、世代友好、互利合作、共同发展。我们相信，日本各界有识之士将顺应历史潮流，致力于消除政治障碍，推动中日关系早日回到正常发展的轨道。

外交部部长李肇星紧急召见日本驻华大使宫本雄二就小泉纯一郎参拜靖国神社代表中国政府和人民提出强烈抗议

第十一届国际田联世界青年田径锦标赛在北京朝阳体育中心开幕

8月16日

十届全国人大常委会第四十九次委员长会议在人民大会堂举行

全国人大常委会委员长吴邦国主持。会议传达了中共中央关于学习《江泽民文选》的决定和报告会精神，根据会议建议的议程，十届全国人大常委会第二十三次会议将于8月22日至27日举行。

根据委员长会议建议的议程，十届全国人大常委会第二十三次会议将继续审议监督法草案、企业破产法草案、合伙企业法修订草案、物权法草案、反洗钱法草案和农民专业合作经济组织法草案，首次审议未成年人保护法修订草案和禁毒法草案等。常委会第二十三次会议还将审议国务院关于提请审议授权香港特别行政区对深圳湾口岸港方口岸区实施管辖的议案，关于提请审议批准中国政府和巴基斯坦政府关于打击恐怖主义、分裂主义和极端主义的合作协定的议案，审议国务院关于今年以来国民经济和社会发展计划执行情况的报告；审议全国人大常委会执法检查组关于检查节约能源法实施情况的报告、关于跟踪检查有关环境保护法律实施情况的报告、关于检查法官法和检察官法实施情况的报告，审议全国人大常委会代表资格审查委员会关于个别代表的代表资格的报告等。

全国人大常委会副委员长兼秘书长盛华仁汇报了关于常委会第二十三次会议议程草案和日程安排意见。全国人大有关专门委员会和全国人大常委会有关工作委员会负责人分别就委员长会议建议的有关议程情况作了汇报。

全国人大常委会副委员长王兆国、李铁映、司马义·艾买提、何鲁丽、丁石孙、成思危、许嘉璐、蒋正华、顾秀莲、热地、路甬祥、乌云其木格、韩启德、傅铁山等出席会议。

国务院总理温家宝主持召开国务院常务会议

会议对内蒙古新丰电厂项目违规建设和发生的重大施工事故作出严肃处理，审议并原则通过《全国沿海港口布局规划》《船舶工业中长期发展规划》。

会议听取了发展改革委、监察部对内蒙古新丰电厂项目违规建设和发生的重大施工事故调查情况的汇报。内蒙古新丰电厂建设规模为2台30万千瓦燃煤机组，工程总投资28.88亿元，2004年4月违规开工建设，2005年7月8日因抢进度、违规施工造成汽轮机主厂房球型网架坍塌，导致6人死亡，8人受伤。现已查明，该项目在建设过程中，当地政府有关部门和企业存在越权审批、违规批准征地、虚假申报、突击建设、违反招投标程序等严重问题，尤其是在国家有关部门将其确定为违规项目、明令停工后，电站建设施工仍未得到制止，是一起典型的漠视法纪、顶风违规并造成严重后果、影响极坏的事件。为了严肃法纪、政纪，维护国家和人民利益，会议同意对直接责任人员作出严肃处理，其中给予党纪、政纪处分7人，移交司法机关处理2人，并责成对项目违规建设负有领导责任的内蒙古自治区人民政府主席杨晶，副主席岳福洪、赵双连向国务院作出书面检查。内蒙古自治区人民政府对国家电力体制改革和宏观调控的决策执行不力，全区违规建设电站规模高达860万千瓦，问题十分严重。会议决定，对内蒙古自治区人民政府予以通报批评，所有违规电站项目一律停止建设，认真进行整顿。

会议强调，各地区、各部门都要从这起事件中吸取教训，引以为戒。要牢固树立和全面落实科学发展观，切实增强全局观念，认真贯彻中央各项宏观调控政策措施，坚决维护中央宏观调控的权威性，加强纪律，确保政令畅通。对有令不行、有禁不止并造成严重后果的行为，要严肃追究责任。

会议认为，沿海港口是国民经济和社会发展的重要基础设施。制定全国沿海港口布局规划，对于合理利用和有序开发有限的深水岸线资源，进一步完善国家综合运输体系，发展对外贸易，具有重要意义。会议指出，沿海港口布局要体现综合运输、突出重点、节约资源、区域协调、科学管理的原则，走集约化、规模化、效益优先的发展道路。2010年前，沿海港口的建设主要围绕煤炭、原油、铁矿石、集装箱4个运输系统进行，重点建设好大型、深水、高效的专业化码头；2010年以后，重点完善各个运输系统。通过规划的实施，逐步形成布局合理、结构优化的水路客、货运输系统，有效提升我国沿海港口的综合竞争力，基本适应国家经济、社会、贸易、国防发展的需要。

会议指出，我国船舶工业是具有较强国际竞争力和综合发展优势显著的产业。未来10年是我国船舶工业发展的关键时期，要抓住机遇，通过制定并实施船舶工业发展规划，提高我国造船工业整体水平，促进船舶工业可持续发展。会议强调，船舶工业发展，要着力抓好以下几个方面：一是深化改革，促进体制创新和管理升级，提高生产效率；二是进一步优化船舶工业组织结构，整合产业资源，提高运行效益；三是大力开展技术创新，提高自主研发能力和船用设备配套能力；四是坚持引进来和走出去并举，鼓励企业大力开拓国际市场；五是加强船舶工业人才队伍建设。

全国政协主席贾庆林在人民大会堂会见美国米高梅集团董事长连得利一行

纪念王稼祥同志诞辰100周年座谈会在人民大会堂举行

中共中央政治局常委、书记处书记、国家副主席曾庆红出席并讲话。

国务委员唐家璇等出席。座谈会上，中共中央党史研究室主任李景田、解放军总政治部副主任孙忠同、中共中央对外联络部部长王家瑞、外交部副部长杨洁篪、中共安徽省委书记郭金龙先后发言。

出席座谈会的还有中央党、政、军有关部门、人民团体和安徽省的负责同志，王稼祥同志亲属及生前友好、家乡代表和原身边工作人员等。

国家副主席曾庆红在纪念王稼祥同志诞辰100周年座谈会上发表讲话

同志们：

今天，我们怀着深切怀念与由衷敬仰之情，纪念王稼祥同志诞辰100周年，缅怀他为党和人民建立的不朽功勋，学习和弘扬他的革命精神与崇高风范。

王稼祥同志是中国共产党的优秀党员、忠诚的马克思主义者、杰出的无产阶级革命家、我党我军卓越的领导人、新中国优秀的外交家。王稼祥同志把毕生精力和智慧无私地献给了中国人民的解放事业和社会主义建设事业。他的光辉革命业绩、卓越理论贡献、崇高道德品质，永远铭记在党和人民的心中。

王稼祥同志1906年8月15日出生在安徽省泾县厚岸村。青年时期受进步思想的影响，积极参加反帝爱国的学生运动。1925年加入中国共产主义青年团，并前往苏联学习。1928年成为联共(布)候补党员。1930年回国后转为中国共产党党员。

1931年春，王稼祥同志前往中央革命根据地，先后担任苏区中央局委员、中华苏维埃中央革命军事委员会副主席、中华苏维埃共和国临时中央政府外交部部长、中国工农红军总政治部主任、中共中央政治局委员。在中央红军第二、第三、第四次反“围剿”斗争中，他参与制订军事计划，协助指挥部队作战，并为加强党的建设、建立和改进红军政治工作制度做了大量工作。他曾成功地参与指挥宁都起义。因王明“左”倾错误在党内逐步占据统治地位，王稼祥同志也执行过一些错误政策，但在实际工作中，他的思想逐步转变。在宁都会议上，他反对将毛泽东同志调离前线。在反“围剿”斗争中，他赞成和支持毛泽东同志的军事思想和战略战术原则。

1934年10月，王明“左”倾教条主义的错误导致中央红军第五次反“围剿”斗争失败后，中央红军被迫实行战略转移，王稼祥同志重伤未愈，躺在担架上开始了长征。长征途中，他与毛泽东等同志一起交流和研究反“围剿”斗争失败的教训，参与促成了遵义会议的召开。在会上，他旗帜鲜明地支持毛泽东同志的主张，批评“左”倾军事指挥的错误，对确立以毛泽东同志为代表的新的党中央的正确领导发挥了重要作用。毛泽东同志后来曾经说，王稼祥同志在遵义会议上投了“关键的一票”。遵义会议以后，王稼祥同志担任三人军事指挥小组成员，同毛泽东、周恩来同志一起指挥红军作战，逐步改变红军被动局面，打破了敌人的围追堵截。在与张国焘分裂行为的斗争中，他坚决维护党中央的决策和团结，做了许多深入细致的工作。到达陕北后，王稼祥同志带着伤病以顽强的毅力坚持工作，积极推动抗日民族统一战线的形成和健康发展。

1937年7月，经党中央安排，王稼祥同志辗转到达苏联治疗伤病。在苏联期间，他参加并一度负责中共驻共产国际代表团的工作，积极向斯大林和共产国际领导人介绍中国革命和抗战的情况，介绍中共中央从中国实际出发制定的路线和方针，参与共产国际对中国问题的研究。1938年3月，任弼时同志到达苏联后，他又与任弼时同志一起做了许多工作，促使共产国际通过了肯定中国共产党政治路线的决议。1938年7月，王稼祥同志回国，先后在中央政治局会议和党的六届六中全会上传达共产国际的指示，对于统一全党的思想认识，确立以毛泽东同志为主要代表的党中央的领导和路线，起了重要作用。

1938年至1945年，王稼祥同志先后担任中共中央军委副主席、总政治部主任兼八路军总政治部代主任、中共中央华中兼华北工作委员会主任、八路军军政学院院长。他协助毛泽东同志主持军委的日常工作，直接参与了党中央的一系列重大决策。延安整风初期，王稼祥同志担任中央学习组副组长，参与领导了整风运动。他参加起草的《中央关于增强党性的决定》，被列为整风运动学习文件之一。1943年7月，王稼祥同志发表《中国共产党与中国民族解放的道路》一文，率先提出了"毛泽东思想"的科学概念，对毛泽东思想的产生及其伟大意义作了深刻阐述。他的见解很快被党内许多同志接受，为党的七大确立毛泽东思想的指导地位作了思想上的准备。

抗日战争胜利后，王稼祥同志再次赴苏联治病。1947年5月，他回到哈尔滨，担任中共中央东北局委员、城市工作部部长，并曾代理宣传部部长，对如何做好城市工作、加强城市建设、将党的工作重心从农村转向城市等问题做了有益的探索。1949年3月出席党的七届二中全会。同年6月至8月，随刘少奇同志赴苏联，通报中国革命进程、商谈建立新中国和发展中苏两国友好关系等重要问题。同年9月，出席中国人民政治协商会议第一届全体会议。王稼祥同志为中国新民主主义革命的最后胜利和中华人民共和国的建立，贡献了自己宝贵的经验、智慧和力量。

新中国成立之初，王稼祥同志以外交部副部长的身份担任第一任驻苏联大使，他参与完成了安排毛泽东主席访问苏联的重要任务，参加了中苏会谈和《中苏友好同盟互助条约》的签订。1951年年初，王稼祥同志根据中央决定，负责组建中共中央对外联络部并出任部长，同时仍兼任外交部副部长至1959年。1953年至1958年，任中央国际活动指导委员会主任委员。1956年9月，在党的八届一中全会上当选为中央书记处书记。1954、1959、1965年，相继当选为政协第二、第三、第四届全国委员会常委。1966年3月，担任中央外事小组副组长。在这期间，王稼祥同志参与党的对外联络工作和国家外交工作的许多重大决策，多次出访苏联、东欧等国，出席有关国际会议，提出了比较完整的关于党际交往准则的思想，为发展对外党际关系作出了重要贡献。

1962年年初，王稼祥同志冷静思考、科学分析当时复杂的国际形势，就如何改进我们党和国家的对外政策提出了重要的建议。但在当时"左"倾错误日益发展的情况下，他的这些正确意见不仅未被接受，反而被指责犯了所谓"三和一少""三降一灭""修正主义外交路线"的错误。"文化大革命"开始后，王稼祥同志受到迫害。因毛泽东同志多次肯定他的历史功绩，1973年在党的十大上，他再次当选为中央委员。1974年1月25日，王稼祥同志因病与世长辞，终年68岁。1979年，中央批准为所谓"三和一少""三降一灭"问题平反，推倒了强加在王稼祥同志身上的一切不实之词。

王稼祥同志的一生，是革命的一生，战斗的一生，为党的事业无私奉献的一生，全心全意为人民服务的一生。在半个世纪的革命生涯中，王稼祥同志为中国革命的胜利，为社会主义事业的发展，为党的建设和人民军队建设，为新中国的外交工作和党的对外工作，为党的思想理论的丰富发展，呕心沥血，殚精竭虑，作出了卓越的贡献，建立了不朽的功勋。党和人民永远铭记他的光辉业绩和崇高风范。今天，我们纪念王稼祥同志诞辰100周年，就是要学习他的革命精神和高尚品德，把中国特色社会主义事业继续推向前进。

我们要向王稼祥同志学习，对党和人民的事业无限忠诚，对理想信念坚定不移，无论在什么情况下，都勇往直前，为中国革命和建设事业不懈奋斗。王稼祥同志从青年时代起，就立志以革命为"终身的寄托"。长征途中，面对难以想象的艰难困苦和自己的沉疴重疾，他始终对革命前途充满信心，保持旺盛的斗志，坚忍不拔地朝着胜利的目标前进。他善于从实践中总结经验，坚决支持毛泽东等同志的正确主张，多次在关键时刻、关键问题上发挥作用，为党制定正确的路线方针政策作出了贡献。在晚年特别是"文化大革命"中，王稼祥同志受到不公正的对待，但他相信党，相信人民，始终以共产党员的标准严格要求自己，坚持原则，坚持学习，努力为党和人民做一些有益的工作。临终前，他特别嘱咐亲属要坚定地跟党走。王稼祥同志历经磨难而意志弥坚，饱尝艰辛而信念不移，用坚定的信仰书写了自己无愧于党、无愧于人民的一生。

我们要向王稼祥同志学习，勤于思考，勇于创新，努力运用马克思主义的立场、观点、方法，研究和解决现实中的新情况新问题。王稼祥同志具有马克思主义理论素养，又有实践中正反两方面的经验，能够自觉地把马克思主义基本原理与中国实际相结合，努力在中国条件下坚持和发展马克思主义。他对党的许多方针政策的形成和发展起了重要作用，对毛泽东思想的产生、发展和成熟作出了重要贡献。他提出将马克思列宁主义的政党学说运用于中国的实际，坚持党的先进性，保证党员的质量，加强对党员的教育，关心和培养干部，建设"一个大而精的党"，并且以通俗的语言概括为"党外要多兵，党内要精兵"。他认真探索人民军队的建设问题，早在1934年就同朱德、周恩来同志一起，提出了"政治工作是我们红军的生命线"的论断，指出"一切战争如果没有政治工作的保障是不能达到任务的"，"政治工作是提高红军战斗力的原动力"。他十分重视知识分子在革命和建设中的作用，主张对知识分子大胆提拔、使用，强调要把一批知识分子培养成为党的骨干。在党的工作重点从农村转向城市过程中，他对城市工作的重要性，城市的经济建设、政权建设、党的建设、群众工作以及相关方针政策等，作了系统的论述。新中国成立后，在党和国家的对外工作中，他鲜明地提出要根据自己国家的情况决定自己的政策，各国共产党之间的关系应该是平等的。这些思想经受住了历史的检验，为改革开放新时期我们党提出同外国政党发展新型党际关系的四项原则奠定了基础。

我们要向王稼祥同志学习，实事求是，求真务实，光明磊落，严于律己，坚决维护党的团结，不断提高党的战斗力。王稼祥同志为党的事业作出了很多贡献，但是他始终谦虚谨慎，勇于自我批评，严于解剖自己。延安整风中，他曾给毛泽东同志写信，结合切身经验，谈如何坚持真理、修正错误以及"惩前毖后、治病救人"的问题。在后来的实践中，他经常联系自己的经历，说明对党中央和毛泽东思想应采取的正确态度。他尊重实践，注意调查研究。1958年，他在农村考察中发现一些浮夸现象，经过深思熟虑，郑重地请刘少奇同志向中央和毛泽东同志转达他对人民公社"一平二调"和国民经济不切实际的高指标的忧虑，充分表现出一个共产党员实事求是、无私无畏的精神。

我们要向王稼祥同志学习，艰苦朴素，廉洁奉公，始终与人民群众心连心，坚持"两个务必"，保持共产党员的优秀品质。王稼祥同志一生艰苦奋斗，朴素节俭，始终与人民群众同甘共苦。他的伤病很重，长征到达陕北后，被中央军委评为一等残废，按规定每月可领取几十元的残废金，但是他从来没有领过。延安时期，党中央为照顾王稼祥同志，规定他的伙食费实报实销，但他从不因此而搞特殊。新中国成立后，王稼祥同志任首任驻苏联大使，生活条件有了很大的改善，但他依然严格要求自己，吃穿十分简朴。在研究使馆人员的工资待遇时，他坚持降低自己的工资标准。他不仅自己不搞特殊，对家人要求也十分严格，从不以手中的权力谋取私利。

同志们，王稼祥同志的精神和风范，是中国共产党先进性具体而鲜明的体现，是党和人民的宝贵财富。正因为有像王稼祥同志这样无数的先进战士前赴后继，不懈奋斗，我们党的先进性才成为一面光荣的旗帜，把广大人民群众紧紧团结在党的周围；才成为一种崇高的精神，激励和鼓舞全党全国人民为革命、建设和改革事业开拓进取；才成为一种伟大的力量，催生和激发全党全民族强大的凝聚力和不竭的创造力。在新的历史条件下，我们一定要学习王稼祥同志等老一辈无产阶级革命家的崇高精神和品德，更加紧密地团结在以胡锦涛同志为总书记的党中央周围，坚持以马克思列宁主义、毛泽东思想、邓小平理论和"三个代表"重要思想为指导，全面贯彻落实科学发展观，为全面建设小康社会、构建社会主义和谐社会、开创中国特色社会主义事业新局面而努力奋斗！

国家副主席曾庆红在人民大会堂会见莫桑比克外交与合作部部长阿布雷乌

国务委员唐家璇在中南海紫光阁分别会见太平洋岛国论坛秘书长厄温一行 不丹外交大臣旺楚克

外交部部长李肇星在北京同莫桑比克外交与合作部长阿布雷乌举行会谈

8月17日

国办印发《安全生产"十一五"规划》并发出通知

各省、自治区、直辖市人民政府，国务院各部委、各直属机构：

《安全生产"十一五"规划》(以下简称《规划》)已经国务院同意，现印发给你们，请认真贯彻执行。

各地区、各部门要将《规划》相关内容纳入本地区、本行业和领域"十一五"发展规划，抓紧制订具体实施方案，做到安全生产与经济社会发展的各项工作同步规划、统一部署、协调推进。负有安全生产监管监察职责的各有关部门要按照职责分工，加强《规划》实施工作的组织指导和协调。对重点工程要编制工程专项规划，提出建设目标、建设内容、进度安排，以及国家、地方政府、企业分别承担的资金筹措方案。要研究建立《规划》实施的中期评估、调整和考核等制度，强化督促检查，确保安全生产“十一五”规划目标的实现。

国务院办公厅

2006年8月17日

安全生产“十一五”规划（文略）

外交部部长李肇星应约与美国国务卿赖斯通电话

双方就进一步落实两国元首在圣彼得堡达成的重要共识等交换了看法。

国家民委命名27个全国民族团结进步教育基地

全国人大常委会副委员长热地、全国政协副主席周铁农出席了在京举行的命名大会。

在我国历史上，尤其是在社会主义革命、社会主义建设和改革开放时期，涌现出许多在促进民族团结、密切民族关系、维护祖国统一等方面作出重要贡献的人物或具有重要影响的事件，形成了一批历史遗址、纪念场所和人文场馆等，以及各类展现民族文化和民族发展进步的博物馆等，将它们分期分批命名为全国民族团结进步教育基地，对于深入巩固和发展平等、团结、互助、和谐的社会主义民族关系，维护社会稳定和祖国统一，促进少数民族和民族地区经济社会发展，将起到积极作用。

全国民族团结进步教育基地名单：

北京：中央民族大学民族博物馆

河北：马本斋纪念馆

内蒙古：乌兰夫纪念馆、乌兰浩特“五·一会址”

吉林：延边朝鲜族自治州革命烈士陵园

黑龙江：同江市中国赫哲族博物馆

江苏：达浦生纪念馆

福建：闽东畲族革命纪念馆

山东：孔繁森同志纪念馆

湖北：兴山县昭君纪念馆

湖南：湘西土家族苗族自治州博物馆

广东：茂名市冼夫人故里

广西：李明瑞、韦拔群烈士纪念馆

海南：白沙起义纪念、陵水县苏维埃政府旧址

重庆：重庆市民族博物馆

四川：冕宁县红军长征“彝海结盟”遗址

贵州：大方县奢香博物馆

云南：普洱哈尼族彝族自治县民族团结誓词碑

陕西：延安民族学院旧址

甘肃：武威市“凉州会谈”旧址

青海：循化撒拉族自治县第十世班禅大师纪念馆

宁夏：豫海县回民自治政府成立大会会址

新疆：新疆维吾尔自治区博物馆、和田县饮水思源纪念馆

新疆生产建设兵团：军垦博物馆

中国人民解放军总政治部：西藏军区军史馆

8月18日

全国人大常委会委员长吴邦国在人民大会堂会见拉脱维亚议长乌德列

全国政协主席贾庆林在青海调研

8月18日至20日，贾庆林和国务委员、国务院秘书长华建敏，全国政协副主席、中央统战部部长刘延东，在青海省省委书记赵乐际、省长宋秀岩陪同下，来到西宁、海北等地，深入城市社区、民族企业和农村牧区，就继续推进西部大开发、加快少数民族和民族地区经济社会发展等问题进行调研。

贾庆林强调，学习《江泽民文选》是当前和今后一个时期党的思想政治建设和党员干部理论学习培训的重要任务。我们要认真贯彻执行《中共中央关于学习〈江泽民文选〉的决定》，学习贯彻胡锦涛总书记在学习《江泽民文选》报告会上的重要讲话精神，确保学习活动深入扎实开展起来，确保学习活动收到实实在在的成效。各级政协组织和统战部门要把学习《江泽民文选》与学习十六大以来党中央提出的一系列重大战略思想结合起来，与学习全国统战工作会议精神和中央关于加强统战、政协工作的一系列决策部署结合起来，努力提高思想理论水平和履行职责能力，不断把统一战线和人民政协事业推向前进。

贾庆林十分关心少数民族和民族地区的经济社会发展。贾庆林指出，要紧紧抓住西部大开发、建设社会主义新农村、青藏铁路建成通车、三江源自然保护区生态保护和建设工程实施等有利条件，大力发展特色优势产业，努力增强民族地区的自我发展能力，加快少数民族和民族地区经济社会发展。要全面贯彻落实科学发展观，更加重视调整经济结构和转变增长方式，更加重视节约能源和保护环境，更加重视社会发展和民生问题，把各方面发展的积极性引导好、保护好、发挥好，走可持续发展的道路。

贾庆林专程来到西宁东关清真大寺和位于湟中县的塔尔寺，亲切看望和慰问爱国宗教人士，充分肯定了“平安寺院”创建活动，勉励他们继续发扬爱国爱教的优良传统，旗帜鲜明地反对分裂，坚决维护祖国统一、民族团结和社会稳定。他指出，我国是一个多民族、多宗教的国家，正确认识和处理民族关系、宗教关系，

对于国家的长治久安和构建社会主义和谐社会至关重要。要牢牢把握各民族共同团结奋斗、共同繁荣发展的主题，始终不渝地坚持民族平等，加强民族团结，推动民族互助，促进民族和谐；要全面贯彻党的宗教工作基本方针，努力实现宗教与社会和谐相处，各宗教和谐相处，信教群众和不信教群众、信仰不同宗教群众和谐相处，为构建社会主义和谐社会作出积极贡献。

贾庆林对青海省近年来经济社会发展取得的显著成就给予充分肯定，对各级干部群众勇于吃苦、勇于奉献的精神予以高度赞扬，勉励他们再接再厉，锐意进取，把青海这块宝地建设得更加美好。调研期间，贾庆林还看望了青海省各民主党派、工商联负责人和统战、政协机关干部。

全国环保科技大会在北京召开

会议对未来5—15年的环境科技工作进行了部署。中共中央政治局委员、国务院副总理曾培炎对环境科技工作提出要求，强调要把科技创新放在突出位置，力争在环保技术方面取得突破，加快推动应用环境科研成果，努力实现“十一五”主要污染物排放总量减少10%的指标。

会议认为，要实施科技兴环保战略，增强环境科技的自主创新能力，推进中国环境科技事业的大发展。要紧紧抓住世界科技进步日新月异的难得机遇，以绿色技术改造传统产业；通过切实加强环境科技创新和技术进步，使我国在世界环境科技中占有一席之地；通过实施国家环境科技工程，全面提高科学技术对环境保护的支撑能力；通过发挥环境科技的平台作用，促进环保事业更快更好地发展。

会议指出，环境科技创新的总体目标是：到2010年，通过实施环境科技创新、环境标准体系建设和环境技术管理体系建设三大工程，在环境科技创新的关键领域取得重大突破，环境技术法规和标准基本满足环境管理需要，环境技术管理体系初步建立，使科技引领和支撑环保事业发展的能力有较大提高。到2020年，建立层次清晰、分工明确、运行高效、支撑有力的国家环境科技支撑体系。

国家环保总局局长周生贤作工作报告。会议期间，由86位知名专家学者组成的国家环境咨询委员会和环保总局科技委员会同时成立。国家环境咨询委员会的主要任务是：对我国环境保护事业发展中的战略性、全局性及重大环境问题开展调查研究，对环境保护的中长期发展规划、重大法律法规、经济和技术政策、重要方针措施等提出咨询意见和建议。环保总局科技委员会的主要任务是：组织开展国内外专题调研、考察和研究，对环境保护发展战略、规划、计划、法律法规标准以及重要项目、重大决策等进行审议咨询，提出意见和建议。会议还颁发了2005年度国家环保科技奖。来自全国环保系统、高校、中科院及国务院相关部委环境科技领域的500余名代表参加会议。

国家环保总局局长周生贤就环境科技工作答《人民日报》记者问

记者：请您首先介绍一下我国环境科技发展目前处于什么状况。

周生贤：我国30多年环境保护事业发展的历程，也是环境科技不断进步的历程。20世纪70年代，围绕着工业污染源治理，综合治理技术取得较大突破，环境保护事业开始起步。进入新世纪，开展了持久性有机污染物、污染物迁移转化等基础研究；研发了脱硫除尘、有机污染物去除、水体生态修复等一大批关键技术；组织实施了国家环境管理的关键支撑技术研究，为完善国家法规标准、强化宏观环境管理、加强国际环境合作作出了积极贡献。

在看到成绩的同时，我们更要看到，当前环境科技的现状和能力与国家环保要求还很不适应突出表现在：一是环境管理与决策缺乏依靠科技的工作机制，许多重大环保决策未经前期研究和充分论证，就匆忙出台，影响了决策的质量。二是近年来环保系统科技工作大幅度下滑，重大研究和调查项目较少，基础数据严重缺乏，部分成果与管理脱节，更有甚者，有的数据失真，不能真实反映环境状况和真实情况，凡此种种，难以满足解决复杂环境问题的种种需要。三是污染防治技术储备严重不足，科技成果转化率较低，难以形成产业化，企业污染治理技术水平普遍不高、达标不稳定；核与辐射安全研究水平较低；环境监测和执法的技术支撑不足，监测预警和执法的基础能力薄弱；环保标准体系亟待完善。四是科技队伍素质有待进一步提高，优秀的中青年科技人才偏少。五是科技投入严重不足，没有形成稳定的环境科技投入机制，科研基础条件落后。这种状况必须尽快改变。

记者：加强环境科技创新工作的重要性体现在哪些方面？

周生贤：当今世界，科学技术是综合国力竞争的决定性因素，自主创新是支撑一个国家崛起的筋骨。历史的经验告诉我们，谁抢占了技术创新的制高点，谁就在环境保护的历史性转变中掌握了主动权。

今年年初召开的全国科技大会，提出用15年时间使我国进入创新型国家行列，把建设资源节约型、环境友好型社会作为重大任务，将环境保护作为国家科技发展的5个战略重点和16个重大专项之一，为环境科技工作指明了方向。中央把发展能源、水资源和环境保护技术放在我国中长期科技发展的优先位置，这是以技术创新带动资源节约和环境保护的重大举措，是在发展中突破资源环境对经济社会发展瓶颈制约的重要途径，是建设资源节约型、环境友好型社会的必然选择，是实现生产发展、生活富裕、生态良好文明发展的必由之路。

记者："水体污染控制与治理"等是国家中长期科学和技术发展规划确定的重大环境保护专项，目前进展情况如何？

周生贤：《国家中长期科学和技术发展规划纲要》确定了16个重大专项，其中有4个与环境保护有关，充分显示了环境科技在我国科技创新中的重要地位。按照国务院统一安排，环保总局牵头组织实施"水体污染控制与治理"科技重大专项，参与组织实施"大型先进压水堆及高温气冷堆核电站""转基因生物新品种培育""高分辨率对地观测系统"3个科技重大专项。目前，"水体污染控制与治理"科技重大专项领导小组已经成立，环保总局为组长单位，科技部、国家发改委、财政部、建设部、水利部、农业部、教育部、中科院、工程院9个单位为成员单位。这个专项国家和地方财政将投入一定数量的资金予以支持，是有史以来资金投入总量最大的环境科研项目。对于其他3个重大专项，我局也在积极配合有关部门组织制订实施方案。

记者：环境标准是环境管理的重要手段和环境执法的重要依据。国家将采取哪些措施推进环境标准工作？

周生贤：建立科学完善的环境标准体系是我国环境科技的重要目标之一，也是环境标准工作的主要任务。一要科学确定我国的环境基准。环境基准是制定环境标准的基础。基准不准，标准就无法真实反映客观规律，环境保护就难以达到理想效果。确定环境基准，必须依靠科学研究。二要不断完善环境标准体系。建立健全环境质量标准和污染物排放标准。同时，加快制定适用于环境影响评价、污染物排放总量核算与控制、清洁生产审核、生态保护、环境工程建设管理、环境标志与环境保护产品认证、环境信息与档案管理、环境污染健康损害判定、循环经济与生态工业等工作的技术规范和标准。三要严格执行环境标准。首先要严格执行现行的污染物排放标准，同时要根据经济技术发展不断严格排放标准，提高环境准入门槛，改善环境质量，优化经济发展，使环境保护目标最终与环境质量标准要求相衔接。

记者：企业如何以环保科技自主创新为途径，全面提升污染防治水平？

周生贤：在污染治理与技术创新方面，企业是污染防治的主体、研发投入的主体、技术创新的主体和成果应用的主体。引导企业开展自主创新，提高污染治理水平，推动污染治理市场化，对环境保护具有重要意义。

一要创建各类企业公平竞争的环境。进一步消除各种体制机制性障碍，加大知识产权保护力度，坚决打破行业和市场垄断，实行全民搞环保。国家环境科技计划和重大环境工程项目要向企业开放，特别是在具有市场应用前景的领域，要建立由企业牵头实施国家重大环境科技项目的机制。国家环保重点实验室、工程中心和公共科技成果，要向企业开放。

二要健全科技中介服务体系。支持企业建立研发机构，鼓励企业与环保科研部门联合共建工程实验室、共性技术研发和工程化平台；鼓励外资企业在我国设立环保技术研发中心，为各类企业的创新活动提供社会化、市场化服务。

三要引导企业有针对性地进行污染防治技术和装备的研发。通过环境技术管理体系，引导企业重点研发火电厂脱硫脱硝成套技术、城市污水处理及中水回用技术、高浓度难降解工业废水处理技术、高效除尘与细微粉尘控制技术、大型垃圾焚烧及烟气处理技术、危险废物处理技术、垃圾填埋场渗滤液处理技术、清洁燃料技术、生态保护及修复技术、环境监测新技术等，努力提高环保工程科技水平和建设质量，为实现"十一五"环保目标提供技术支持和物质保障。

记者：新成立的国家环境咨询委员会将发挥哪些作用？

周生贤：保护环境是全民族的崇高事业。成立国家环境咨询委员会，就是要建立最广泛的环保"统一战线"。国家环境咨询委员会是环境保护宏观与综合决策的高级专家咨询机构，其主要任务是对我国环境保护事业发展中的战略性、全局性及重大环境问题开展调查研究，对环境保护中长期发展规划、重大环境保护法律法规、重大环境保护经济和技术政策、重要环境保护方针措施等提出咨询意见和建议。此外，我们还成立了科学技术委员会，作为环保总局常设的科学技术咨询审议机构，主要任务是组织开展国内外专题调研、考察和研究，对环境保护发展战略、规划、计划、法律法规标准以及重要项目、重大决策等进行审议咨询，提出意见和建议。

"两委"委员在各自领域具有很深的造诣和广泛的社会影响，他们的加盟必将对环保总局科学决策、民主决策发挥重大作用，必将对中国环保事业的发展产生重要影响，他们是环保总局倚重的"踱方步"的人，今后凡是涉及战略性、全局性、方向性的工作，都要充分听取他们的意见，要高度重视科学技术对重大决策的支撑作用，坚决做到“三个不决策”：不调查研究不决策、不科学论证不决策、不集体讨论不决策。

中石油辽宁抚顺千万吨炼油 百万吨乙烯工程在抚顺市奠基

这是国家振兴东北的重要项目，是目前东北最大的炼化一体化工程，也是抚顺市有史以来最大的投资项目。

中石油千万吨炼油、百万吨乙烯工程炼油部分投资39亿元，化工部分投资125亿元，将新建13套大型主体装置。其中常减压、焦化等炼油主要装置将于2008年9月建成投产，加氢裂化等炼油其他装置于2009年6月建成投产，乙烯及其下游化工装置2010年6月建成投产。

我国首个艾滋病疫苗Ⅰ期临床研究结果揭晓

科学技术部、国家食品药品监督管理局在北京联合宣布：我国自主研制的艾滋病疫苗已经顺利完成Ⅰ期临床试验，全部49名受试者均未出现明显不良反应，接种疫苗者中产生了针对艾滋病病毒的特异性细胞免疫反应，验证了疫苗的安全性和受试者的耐受性。

8月19日

国家统计局公布中国制造业500强

这500强是依据2005年企业年报，按照主营业务收入多少排序的。位居中国制造业500强前十名的企业是：宝钢集团有限公司、中国第一汽车集团公司、东风汽车公司、联想控股有限公司、海尔集团公司、摩托罗拉(中国)电子有限公司、首钢总公司、鞍山钢铁集团公司、唐山钢铁集团有限责任公司、武汉钢铁(集团)公司。

国家电网公司晋东南—南阳—荆门交流特高压试验示范工程在山西长治奠基

这是中国首条特高压电网，标志着中国百万伏级电压等级的交流特高压工程进入启动建设阶段。

国家电网公司晋东南至荆门特高压交流试验示范工程起于山西长治，经河南南阳，南至湖北荆门，跨越黄河、汉江两大河流，全长约653.8公里，工程静态总投资约56.88亿元，系统额定电压1000千伏，最高运行电压1100千伏，自然输送功率500万千瓦。

中央军委副主席曹刚川在驻新疆部队调研

曹刚川指出，要坚持把思想政治建设摆在首位，从思想上政治上组织上牢牢掌握部队。要牢固树立和认真落实科学发展观，在深入上下功夫，在实效上做文章。要把学习科学发展观与学习邓小平理论、“三个代表”重要思想结合起来，增强学习的系统性、深刻性。要认真贯彻中央最近作出的决定，把学习《江泽民文选》摆在党的思想政治建设和党员干部理论学习培训的重要地位，认真抓紧抓好，抓出成效。要强化军魂意识，坚持党对军队绝对领导的根本原则和制度，确保在任何时候、任何情况下都坚决听从党中央、中央军委和胡主席指挥。

曹刚川强调，坚强的军政军民团结和民族团结，是新疆稳定和发展的政治基础。驻疆部队一定要精心维护和发展这个大好局面。要积极支援新疆开发建设，要模范遵守党的民族、宗教政策，严格执行群众纪律，以威武之师、文明之师良好形象增进军政军民团结，以坚强的军政军民团结促进民族团结和社会稳定。

我国中学生在墨西哥梅里达举行的第十八届国际信息学奥林匹克竞赛中获得4枚金牌

这4名学生分别是来自湖南长沙雅礼中学的龙凡、江苏南京外国语学校的朱泽园、乌鲁木齐一中的王栋和上海复旦附中的李天翼。来自74个国家和地区的290名选手参加了本次竞赛。

8月20日

《人民日报》发表国务院副总理曾培炎的文章《深入学习江泽民同志的经济建设思想 促进经济社会全面协调可持续发展》

国务委员唐家璇在人民大会堂会见日本众议院前议长 社民党前党首土井多贺子

唐家璇指出，中日政治关系陷入僵局的症结在于日本领导人顽固坚持参拜供奉有二战甲级战犯的靖国神社，这严重伤害了中国人民的感情，损害了中日关系的政治基础。唐家璇强调，小泉首相于8月15日再次参拜靖国神社，这一挑战国际正义、践踏人类良知的行径严重冲击了中日关系的改善进程，也损害了日本的国际形象和国家利益。

唐家璇表示，中方将继续为打破中日关系政治僵局作出不懈努力，希望日方顺应历史潮流和两国人民的共同愿望，尽快消除政治障碍，与中方一道共同推动两国关系早日回到正常发展的轨道。唐家璇对土井等老朋友长期致力于中日友好事业表示高度赞赏，希望她在新形势下继续为发展中日友好事业作出宝贵贡献。

全国人大常委会副委员长盛华仁在北京与澳大利亚众议院秘书长伊恩·哈里斯举行会谈并签署《中国全国人大与澳大利亚联邦议会众议院谅解备忘录》

中文首次成为国际图联大会工作语言

经以中国国家图书馆和中国图书馆学会为代表的中国图书馆界长期争取和不懈努力，国际图联管理委员会从本次国际图联大会开始，正式将中文作为国际图联工作语言。

大会期间，在原有5种工作语言(英文、法文、俄文、西班牙文、德文)的基础上增设了中文同声传译服务，出版《国际图联大会快报》中文版，并免费向参会代表散发。这不仅表明国际图联对中国图书馆事业的进一步关注与重视，同时也是中国图书馆界在国际图联中占有越来越重要地位的一个标志，对于中国的图书馆界来说，这是一件具有里程碑意义的大事。

《全宋文》出版

据《解放军报》报道：新中国成立以来规模最大的古籍整理排印工程、由全国数十位专家学者历时20年编纂完成的《全宋文》近日出版。至此，宋代的诗、词、文总集已出齐。

《全宋文》是一部包含北宋、南宋320年间所有现存单篇散文、骈文、诗词以外的韵文的大型断代总集，更是目前已经出版的规模最大的文学总集。全书共360册，总字数超过1亿，分辞赋、诏令、奏议等15个大类，收录10万篇各种体例文章，涉及宋人文章9500余家，其中95%的作家此前未被编入过专集，不少孤本珍本是首次披露。《全宋文》的编纂源起于1985年，20余年间投资达1000多万元。安徽教育出版社与上海辞书出版社两家联手承担了这一大型出版项目。

第十一届国际田联世界青年田径锦标赛在北京闭幕

中国代表团以5金5银7铜的成绩位居金牌榜次席。

8月21日

中央外事工作会议在北京举行

会议于8月21日至23日举行。中共中央总书记胡锦涛，全国人大常委会委员长吴邦国，国务院总理温家宝，全国政协主席贾庆林，国家副主席曾庆红，国务院副总理黄菊，中央纪委书记吴官正，中共中央政治局常委李长春，中央政法委书记罗干出席会议。

胡锦涛在会上发表重要讲话，从全局和战略的高度，全面分析了当前国际形势发展变化的新趋势、新特点，深刻阐述了新世纪、新阶段做好外事工作的重要性和紧迫性，进一步明确了外事工作的指导思想、基本原则、总体要求和主要任务，对加强和改进党对外事工作的领导提出了具体要求。温家宝在讲话中分析了我国改革开放和社会主义现代化建设的形势，着重阐述了做好新形势下外事工作需要解决的重点问题，并对当前和今后一个时期的外事工作作出了具体部署。

会议认为，外事工作是党和国家的一项重要工作，在促进国家现代化建设，维护国家主权、安全、发展利益方面具有十分重要的作用。这些年来，我们高举和平、发展、合作的旗帜，坚持独立自主的和平外交政策，坚持走和平发展道路，统筹国内国际两个大局，妥善应对纷繁复杂的国际形势，广泛开展友好交往和互利合作，积极参与国际事务，各领域的外事工作蓬勃开展，为维护我国发展的重要战略机遇期、促进改革开放和社会主义现代化建设作出了积极贡献。外事工作在党和国家工作全局中的地位越来越重要，在改革开放和社会主义现代化建设中的作用越来越突出。

会议指出，和平与发展仍然是当今时代的主题，世界多极化和经济全球化的趋势在曲折中发展，维护和平、制约战争的因素不断增长，争取较长时期的和平国际环境和良好周边环境是可以实现的。同时，当今世界又处于大变动、大调整时期，国际形势继续发生深刻复杂变化。我们必须冷静观察和科学判断国际形势的发展变化，审时度势，因势利导，趋利避害，不断提高新形势下应对国际局势和处理国际事务的能力和水平。

会议指出，当前，全党全国各族人民正在为全面建设小康社会、加快推进社会主义现代化而团结奋斗。为了实现我们确定的宏伟目标，不仅需要切实做好国内改革发展稳定的各项工作，而且需要切实做好对外方面的各项工作。我国形成了全方位、多层次、宽领域的对外开放格局，在经济、政治、文化、安全等方面同国际社会建立起前所未有的密切联系，我国内政外交的关联性进一步增强。加强和改进外事工作，是我国同国际社会关系发生重大变化的必然要求，是抓住和用好重要战略机遇期、更好地应对挑战和化解风险的必然要求，是新形势下外事工作发展的必然要求。形势和任务迫切需要我们进一步提高对外工作的质量和水平，努力开创新世纪、新阶段外事工作新局面。

会议强调，新世纪、新阶段的外事工作，要坚持以毛泽东思想、邓小平理论和“三个代表”重要思想为指导，全面贯彻落实科学发展观，紧紧围绕发展这个党执政兴国的第一要务，高举和平、发展、合作的旗帜，坚持独立自主的和平外交政策，坚定不移地走和平发展道路，全方位开展外事工作，维护和用好重要战略机遇期，维护国家主权、安全、发展利益，努力为我国改革开放和社会主义现代化建设营造良好国际环境和有利外部条件，为推动建设持久和平、共同繁荣的和谐世界作出贡献。

会议强调，要把这个指导思想贯彻落实好，关键是要做好以下工作。

一、坚持统筹国内国际两个大局。外事工作必须把出发点和着力点放在促进党和国家工作全局上，放在实现好、维护好、发展好最广大人民的根本利益上。这是做好外事工作的根本目的，也是衡量外事工作成效的根本标准。外事工作必须坚持以经济建设为中心，紧密结合国内工作大局，在统筹国内国际两个大局中加以推进。要紧紧围绕党和国家的中心任务，把国内发展与对外开放统一起来，更加注重从国际国内形势的相互联系中把握发展方向，更加注重从国际国内条件的相互转化中用好发展机遇，更加注重从国际国内资源的优势互补中创造发展条件，更加注重从国际国内因素的综合作用中掌握发展全局。要坚持政治、经济、文化相结合，维护国家主权、安全、发展利益相统一，加强战略谋划和整体运筹，努力掌握对外关系的主动权，积极营造于我有利的工作局面和战略态势。

二、坚持走和平发展道路。中国坚定不移地走和平发展道路，永远不称霸，既通过维护世界和平来发展自己，又通过自身的发展来促进世界和平，努力实现和平的发展、开放的发展、合作的发展、和谐的发展。坚持走和平发展道路，是中国特色社会主义的本质要求，是我国独立自主的和平外交政策的应有之义，符合我们党和国家一贯坚持的对外大政方针，符合我国人民的根本利益，符合中华民族爱好和平的历史文化传统，符合人类进步的时代潮流。要加强同世界各国和平共处、互利合作，恪守和平共处五项原则，积极营造和平稳定的国际环境、睦邻友好的周边环境、平等互利的合作环境、互信协作的安全环境、客观友善的舆论环境。要把中国人民的根本利益与各国人民的共同利益结合起来，把我国的对外政策主张与各国人民的进步意愿结合起来，以合作谋和平，以合作促发展，以合作解争端。

三、坚持互利共赢的开放战略。要把我国发展的基点放在主要依靠自己的力量上，依靠扩大内需来促进发展，不断满足人民日益增长的物质文化需要。同时，要坚定不移地实施对外开放的基本国策和互利共赢的开放战略，在更大范围、更广领域、更高层次上参与国际经济技术合作和竞争，充分利用国际国内两个市场、两种资源，充分运用经济全球化和区域合作提供的各种有利条件，促进国家现代化建设。要坚持"引进来"和"走出去"相结合，坚持重信守诺、遵循法制、互利共赢，注重加强互利合作和共同开发。要进一步扩大对外开放，发展对外贸易和经济技术合作，深化涉外经济体制改革，转变对外贸易增长方式，优化进出口商品结构，扩大服务贸易比例，提高利用外资质量，切实保护知识产权，加快我国同有关国家和地区的自由贸易区建设，促进进出口贸易协调发展。要大力开展对外文化交流，深化对外文化体制改革，实施对外文化精品战略，扩大文化产品出口，搞好对外宣传，推动中华优秀文化走向世界，让世界更多更好地了解中国。

四、坚持推动建设和谐世界。推动建设和谐世界，是我们坚持走和平发展道路的必然要求，也是我们实现和平发展的重要条件。要致力于同各国相互尊重、扩大共识、和谐相处，尊重各国人民自主选择社会制度和发展道路的权利，坚持各国平等参与国际事务，促进国际关系民主化；致力于同各国深化合作、共同发展、互利共赢，推动共享经济全球化和科技进步的成果，促进世界普遍繁荣；致力于促进不同文明加强交流、增进了解、相互促进，倡导世界多样性，推动人类文明发展进步；致力于同各国加深互信、加强对话、增强合作，共同应对人类面临的各种全球性问题，促进和平解决国际争端，维护世界和地区安全稳定。

五、坚持以人为本的思想。外事工作坚持以人为本，就是要按照外事为民的要求，实践为人民服务的宗旨，维护最广大人民的根本利益，使外事工作成果惠及全体人民。要适应我国企业和人员大量走出国门的新形势，依法维护我国海外机构和人员的安全和合法权益。要依法维护华侨华人及香港特别行政区同胞、澳门特别行政区同胞、台湾同胞的正当权益。要引导广大干部群众正确认识国际形势，平等友好地对待各国人民。要尊重和顾及别国人民的合理利益和关切，随着国家实力增长适当增加对外援助，尤其要支持发展中国家加快发展、改善人民生活。

会议强调，我国正处于并将长期处于社会主义初级阶段，要把我国建设成为富强民主文明和谐的社会主义现代化国家，还需要进行长期努力。要有历史的、国际的眼光，要有全局的、战略的思维，深刻认识我国国情和所处的历史阶段，抓住当前有利时机加快发展自己。要毫不动摇地聚精会神搞建设、一心一意谋发展，不断增强我国综合国力，不断改善我国人民生活，不断促进社会和谐。

会议强调，做好新形势下的外事工作，党的领导是关键。要从加强党的执政能力建设和先进性建设的战略高度，着眼于提高在国际形势深刻复杂变化和全方位对外开放条件下维护国家主权、安全、发展利益的能力，切实加强和改进党对外事工作的领导。要坚持外事工作的正确方向,全党全国都要切实把思想认识统一到中央对国际形势的判断上来,统一到中央提出的对外大政方针和战略部署上来,坚决贯彻中央对外工作方针政策,齐心协力做好外事工作。要加强外事工作战略研究,不断丰富和发展我国外交理论和实践,深入研究当前国际形势和国际关系发展的规律和特点,全面加强外事工作科学决策、科学运筹、科学管理的能力。要建立健全外事工作管理体制机制,充分发挥政府外交的主渠道作用,加强和改进政党、人大、政协、军队、地方、民间团体对外交往工作,形成做好外事工作的整体合力。要加强外事干部队伍建设,积极探索新形势下外事干部的成长规律和培养途径,形成有利于优秀人才脱颖而出的体制机制,努力造就一支高素质的外事干部队伍。外事战线的干部特别是领导干部要发扬我国外事工作的优良传统,善于学习、掌握政策、熟悉业务、团结协作,始终忠于党、忠于国家、忠于人民、忠于职守。

会议指出,全面建设小康社会、加快推进社会主义现代化的伟大事业,为外事工作提供了广阔的舞台,也提出了更高的要求。做好新形势下的外事工作意义重大,任务艰巨。我们要在以胡锦涛同志为总书记的党中央领导下,同心同德、埋头苦干、锐意进取,以优异的工作成绩,为国家繁荣富强、人民幸福安康、世界和平与发展作出新的更大的贡献。

唐家璇在会上作了会议总结,对贯彻落实会议精神提出了要求。有关方面负责同志在会上发了言。

出席这次会议的中央领导同志还有:王乐泉、刘淇、刘云山、吴仪、张立昌、张德江、俞正声、曹刚川、王刚、盛华仁、华建敏、王忠禹等。

各省、自治区、直辖市和计划单列市、新疆生产建设兵团的党政主要负责人,中央和国家机关有关部门主要负责人,军队有关单位负责人,部分驻外使节及部分大型国有企业负责人出席了会议。

中共中央在中南海召开党外人士座谈会

座谈会就人民代表大会常务委员会监督法草案征求各民主党派中央、全国工商联领导人和无党派人士的意见和建议。中共中央总书记胡锦涛主持座谈会并发表重要讲话。他强调,制定监督法,有利于坚持和完善人民代表大会制度、更好地发挥这一制度的特点和优势,有利于健全人大监督机制,有利于促进依法行政、公正司法,也有利于推进社会主义民主政治的制度化、规范化、程序化。监督法经全国人大常委会审议通过后,要切实保证这部法律得到正确实施。

中共中央政治局常委吴邦国、贾庆林、曾庆红出席座谈会。吴邦国通报了监督法草案起草情况。

座谈会上,民革中央主席何鲁丽、民盟中央主席蒋树声、民建中央主席成思危、民进中央主席许嘉璐、农工党中央主席蒋正华、致公党中央主席罗豪才、九三学社中央主席韩启德、台盟中央主席林文漪、全国工商联主席黄孟复、无党派人士陈竺先后发言。他们认为,监督法草案以宪法为依据,按照走中国特色社会主义政治发展道路的要求,认真总结多年来的实践经验,充分体现了坚持中国共产党的领导、人民当家做主和依法治国的有机统一。制定监督法对于健全和完善社会主义法律体系,对于加强监督工作,对于发展社会主义民主,具有十分重要的意义。他们对制定监督法表示完全赞同,并对修改完善监督法草案提出了意见和建议。

在认真听取了大家的发言后,胡锦涛作了重要讲话。他指出,就重大立法在提交全国人大审议前听取各民主党派、全国工商联和无党派人士的意见、进行协商,是中国共产党领导的多党合作和政治协商制度的重要内容,是坚持民主立法、科学立法的重要形式,也是提高立法质量的重要保证。大家在发言中对制定监督法提出了许多很好的意见和建议。要认真研究、吸收大家提出的意见和建议。

胡锦涛强调,我国进入了改革发展的关键时期,深刻变化的国际环境,艰巨繁重的改革发展任务,都对发展社会主义民主政治、建设社会主义法治国家提出了新的要求。加强人大监督以及各方面的监督,是发展社会主义民主政治、实施依法治国基本方略的重要内容,也是我们做好改革发展稳定各项工作、维护人民群众利益、构建社会主义和谐社会的必然要求。

胡锦涛指出,制定监督法,要从推动党和国家事业发展、维护最广大人民根本利益、实现国家长治久安的大局出发,把握好重大原则问题。一是从我国国情和实际出发,发展社会主义民主政治,最根本的是要把坚持党的领导、人民当家做主和依法治国有机统一起来,走中国特色政治发展道路。二是人大对政府、法院、检察院进行监督,包括工作监督和法律监督,是宪法赋予人大的一项重要职权,是党和国家监督体系的重要组成部分。人大作为国家权力机关的监督,是代表国家和人民进行的具有法律效力的监督。人大监督的目的,在于确保宪法和法律得到正确实施,确保行政权、审判权、检察权得到正确行使,确保公民、法人和其他组织的合法权益得到尊重和维护。三是人大监督工作应该坚持民主集中制,依照宪法和法律规定,把关系改革发展稳定大局和群众切身利益、社会普遍关注的问题作为监督重点,综合运用听取和审议工作报告、执法检查等形式,切实加强对带有普遍性、倾向性的问题的监督,进一步增强监督工作的针对性和实效性。

胡锦涛强调,法律的生命力在于实施。各级人大常委会要依法加强对政府、法院、检察院的监督。政府、法院、检察院要忠实履行宪法和法律赋予的职责，自觉接受人大监督，不断提高依法行政、公正司法的水平。中国共产党各级党组织和全体党员要模范遵守和执行法律，严格依法办事，支持人大依法开展监督工作。

胡锦涛指出，开展民主监督，是各民主党派、工商联和无党派人士的一项基本职能，是我国社会主义监督体系的重要组成部分。这种监督是在坚持四项基本原则的基础上通过提出意见、批评、建议的方式进行的政治监督。切实发挥民主党派、工商联和无党派人士的民主监督作用，对于坚持和完善中国共产党领导的多党合作和政治协商制度，加强中国共产党的执政能力建设和先进性建设，具有重要作用。希望各民主党派、工商联和无党派人士紧紧围绕国家宪法和法律法规的实施情况，切实搞好民主监督，使民主监督渠道更加畅通、程序更加规范、作用得到充分发挥。

王刚、盛华仁、刘延东和有关部门负责人出席座谈会。

出席座谈会的党外人士还有张怀西、张梅颖、张榕明和童傅、桑国卫、杜宜瑾、陈抗甫、李敏宽、谢伯阳、袁驷等。

全国人大常委会委员长吴邦国在人民大会堂分别会见肯尼亚国民议会议长卡帕罗和澳大利亚众议院秘书长哈里斯

在会见卡帕罗时，吴邦国说，肯尼亚是东非重要国家，中国高度重视中肯关系，视肯尼亚为中国在非洲地区的重要合作伙伴。中方愿同肯方一道，巩固传统友谊，加强互利合作，共同推动中肯关系深入发展。吴邦国表示，中国全国人大愿进一步加强与肯尼亚议会的友好交往，保持双方在国际和地区议会组织中的密切合作，为增进两国关系的发展作出新的贡献。谈到中非关系时，吴邦国说，今年是新中国同非洲国家开启外交关系50周年，在中非关系史上具有重要意义。中方愿与包括肯尼亚在内的非洲国家一道，共同办好中非合作论坛峰会，把中非新型战略伙伴关系提升到新水平。

在会见哈里斯时，吴邦国对中国全国人大与澳大利亚联邦议会众议院就建立定期交流机制问题签署谅解备忘录表示祝贺。他说，谅解备忘录的签署标志着两国议会的交流与合作步入了机制化、制度化的轨道，有利于保持双方交往的连续性。希望发挥好这一定期交流机制的作用，统筹安排两国议会各层次的友好交往，切实推动各领域的务实合作。

国务院副总理曾培炎在北京主持召开会议研究部署“十一五”期间的测绘工作

曾培炎强调，“十一五”期间，要坚持推进自主创新，完善体制机制，加快信息化测绘体系建设，开发地理信息资源，推广应用测绘技术成果，加强测绘公共服务，全面提升测绘对实现科学发展的保障能力和服务水平。

曾培炎强调，今后五年，测绘工作要按照科学发展观要求，落实国家“十一五”规划纲要，坚持推进自主创新，加强测绘公共服务，大力发展地理信息产业，全面提升测绘对实现科学发展的保障能力和服务水平。一是强化对资源开发利用的测绘保障，加强基础测绘工作，推进数字中国地理空间框架建设。二是加强对重点规划和建设项目的技术支撑，提高规划编制的科学性和可操作性，满足重点建设项目对地理信息的需求。三是运用现代测绘技术为加强和改善宏观调控提供科学依据，更好地为经济社会管理工作服务。四是满足社会日益增长的测绘需求，加快地理信息资源的增值开发，促进地理信息产业健康发展。

曾培炎要求，进一步提高对测绘工作重要性的认识，加快科技进步和自主创新，推进测绘信息化建设，实现资源共用、信息共享，加强测绘队伍建设，完善测绘管理体制和运行机制，严格测绘执法监管，健全测绘技术标准，努力提高测绘工作水平。

最高人民法院公布《关于涉外民事或商事案件司法文书送达问题若干问题规定》的司法解释

根据该规定，人民法院向受送达人送达司法文书，可以送达给其在中华人民共和国领域内设立的代表机构；受送达人在中华人民共和国领域内有分支机构或者业务代办人的，经该受送达人授权，人民法院可以向其分支机构或者业务代办人送达。该司法解释自2006年8月22日起正式施行。

中央政府与香港特别行政区政府在香港签署《内地和香港特别行政区关于对所得避免双重征税和防止偷漏税的安排》

“新安排”涵盖个人和企业的直接收入（如营业利润及个人劳务所得），以及间接收入（如股息、利息及特许权使用费），把1998年2月签署的《内地和香港特别行政区关于对所得避免双重征税的安排》内容扩大。

国家税务总局局长谢旭人代表中央政府与香港特区行政长官曾荫权签署了“新安排”，并就在双方各自完成必要的批准程序后生效。“新安排”的内容包括：

——香港居民投资内地企业收取的股息所征收的预提税，最高税率由目前的20%减至10%。宽减将鼓励更多香港居民及外来资金经香港投资内地。

——香港居民和企业在内地赚取的利息所征收的预提税，最高税率由目前的20%及10%一律减至7%。

——香港居民和企业在内地赚取特许权使用费收入所征收的预提税最高税率，也由目前的20%及10%一律减至7%。

——香港居民及企业转让内地公司股份取得的收益征税权归于香港。

第三届中国青少年科技创新奖颁奖大会在北京举行

中共中央政治局委员王兆国、国务委员陈至立会见全体获奖学生并为获奖学生颁奖。颁奖会上，王兆国为首期中国青少年科技创新夏令营授旗，陈至立为首届"未来杯"全国中学生创意设计竞赛奖杯模型揭幕。

8月22日

中共中央总书记胡锦涛在人民大会堂与越共总书记农德孟举行会谈

双方高度评价中越两党两国关系，一致同意继承和发扬中越友好传统，增进友好互信，扩大互利合作，促进共同发展，把中越睦邻友好与全面合作关系提升到更高的水平。

胡锦涛表示，中国党和政府高度重视并始终把中越关系放在中国周边外交的重要位置，愿同越方一道，继续遵循长期稳定、面向未来、睦邻友好、全面合作的十六字指导方针，牢牢把握中越关系的正确方向和战略大局，从以下五个方面推动两党两国关系取得新的进展：(一)保持两党两国领导人经常互访的优良传统，随时就共同关心的重大问题深入交换意见，继续深化治党治国经验和社会主义理论与实践的交流，不断巩固两党两国关系的政治基础。(二)根据优势互补、互利双赢的精神，深化经贸合作。加强两国在能源、资源、交通等基础设施建设项目上的长期合作，积极推进"两廊一圈"开发合作进程。进一步扩大双边贸易，提前实现2010年双边贸易额的预定目标。中方支持有实力、信誉好的中国企业到越南投资，愿对经济社会效益好的合作项目提供信贷支持。(三)加强两国在文教、科技、公安、安全等各领域的交流合作，推进全面合作。继续搞好两国青少年和文化交流活动，增进两国人民了解和友谊，不断强化中越友好的社会基础。(四)本着大局为重、友好协商的精神，妥善处理边界领土问题。加快陆地边界勘界进度，确保2008年如期完成全线勘界立碑工作。稳步推进北部湾湾口外海域划界和共同开发谈判。保持中越菲南海三方合作势头。(五)加强两国在国际和地区事务中的协调与配合，共同促进世界和本地区的和平与发展。

会谈中，双方还就国际和地区形势深入交换了意见，并达成广泛共识。会谈后，胡锦涛和农德孟共同出席了两国政府间有关合作协议的签字仪式。

十届全国人大常委会第二十三次会议在人民大会堂举行

备受社会关注的未成年人保护法修订草案和禁毒法草案被首次提交审议。吴邦国委员长主持会议。

根据会议通过的议程，会议听取了全国人大法律委员会副主任委员乔晓阳、蒋黔贵、洪虎、胡康生、王以铭、李重庵分别作的关于监督法草案审议结果的报告、关于企业破产法草案审议结果的报告、关于合伙企业法修订草案审议结果的报告、关于物权法草案修改情况的汇报、关于反洗钱法草案修改情况的汇报、关于农民专业合作经济组织法草案修改情况的汇报。法律委员会认为，监督法草案、企业破产法草案、合伙企业法修订草案已基本可行，建议本次常委会会议审议通过。

未成年人保护法颁布实施10多年来，对于保障未成年人的合法权益，促进未成年人的健康成长，发挥了重要作用。但是，随着改革开放的深入和社会主义市场经济的发展，未成年人成长的社会环境已经发生了重大变化，未成年人保护领域出现了许多新情况、新问题，现行法律的一些规定已不适应经济和社会发展对未成年人保护工作的要求，有必要进行修改。全国人大内务司法委员会副主任委员祝铭山对未成年人保护法修订草案作了说明。

禁毒工作关系到国家和民族的兴衰存亡，党和国家对此一贯高度重视。1990年以来，全国人大常委会通过了关于禁毒的决定，国务院也出台了有关禁毒的行政法规，对于依法预防和惩治毒品违法犯罪行为、维护社会治安秩序、保护公民身心健康等，发挥了重要的作用。但是，受国际毒潮泛滥和国内涉毒因素的影响，我国的禁毒工作仍然面临着十分严峻的形势，境外毒品大量流入我国境内，国内制贩毒品特别是新型毒品的违法犯罪活动呈上升趋势，国内吸毒人员规模不断扩大，全社会的禁毒意识还不够强。因此，有必要制定一部专门的禁毒法律。受国务院委托，公安部副部长张新枫对禁毒法草案作了说明。

会议审议了国务院关于提请审议授权香港特别行政区对深圳湾口岸港方口岸区实施管辖的议案，关于提请审议批准中国政府和巴基斯坦政府关于打击恐怖主义、分裂主义和极端主义的合作协定的议案。受国务院委托，国务院港澳事务办公室副主任陈佐洱、外交部副部长武大伟分别就这两个议案作了说明。会议还审议了全国人大常委会代表资格审查委员会主任委员何椿霖所作的关于个别代表的代表资格的报告，审议了有关任免案等。

全国人大常委会副委员长王兆国、李铁映、司马义·艾买提、何鲁丽、丁石孙、成思危、许嘉璐、蒋正华、顾秀莲、热地、盛华仁、路甬祥、乌云其木格、韩启德出席会议。国务院副总理回良玉、最高人民法院院长肖扬、最高人民检察院检察长贾春旺列席会议。

全国政协第三十八次主席会议在北京召开

全国政协主席贾庆林主持会议并作重要讲话。全国政协副主席王忠禹、刘延东、罗豪才、周铁农、陈奎元、徐匡迪、张怀西、李蒙等在会上发言，他们结合统一战线和人民政协工作畅谈了学习《江泽民文选》的心得体会。

会议强调，学习《江泽民文选》是当前和今后一个时期人民政协的一项重要政治任务。要充分认识学习《江泽民文选》的重要性和必要性，自觉把思想认识统一到胡锦涛总书记讲话和中央《决定》上来，精心组织，切实加强领导，尽快在人民政协的各级组织、广大政协委员和机关干部中形成学习的热潮。要把学习《江泽民文选》和学习《中共中央关于加强人民政协工作的意见》结合起来，努力做到认识上有新提高，运用上有新收获，继续大力推进人民政协的理论研究和工作创新，不断提高履行人民政协职能的能力和水平。

全国政协副主席廖晖、张思卿、白立忱、张克辉、李兆焯、张梅颖、张榕明，秘书长郑万通出席会议。

全国政协主席贾庆林在北京会见以陈武雄为团长的台湾工业总会大陆经贸考察团一行

贾庆林指出，大力加强两岸经济交流与合作、发展两岸经济关系、尽快实现两岸直接"三通"，是我们的一贯主张，是两岸同胞的共同愿望，也是两岸经济互利双赢、共同繁荣的客观要求。两岸同胞骨肉相亲，是手足兄弟。在当今世界经济高速发展、竞争日趋激烈的情况下，两岸同胞比以往任何时候都需要携手合作、扩大交流、相互扶持。两岸关系发展的事实证明，合则两利，通则双赢，分则两害。我们高兴地看到，求和平、求安定、求发展已成为当前台湾民意的主流。我们一贯主张不以政治分歧去影响、干扰两岸经济合作。以民为本、为民谋利，应当成为发展两岸经贸关系和实现"三通"的出发点和落脚点。在促进两岸经济关系发展，推动尽快实现两岸全面、直接、双向"三通"的进程中，凡是有利于台湾同胞的切身利益、有利于两岸人民的各项交流和往来、有利于实现中华民族伟大复兴的事，我们都将积极推动。我们将继续鼓励台湾同胞来祖国大陆投资，认真贯彻《台湾同胞投资保护法》，切实维护和保障台商的正当权益。

中国市长协会第四次市长代表大会暨2006中国市长论坛在北京召开

国务院总理温家宝对会议作出重要批示。他强调，要以科学发展观为指导，统筹做好城市规划、建设和管理的各项工作。城市规模要合理控制；城市风貌要突出民族特色和地方特色；城市发展要走节约资源、保护环境的集约化道路；城市功能要以人为本，创建宜居环境；城市建设要实现经济社会协调发展、物质文明与精神文明共同进步；城市管理要健全民主法制，坚持依法治市，构建和谐社会。

国务院副总理曾培炎出席会议开幕式并讲话。他指出，"十五"期间，我国城镇化进程明显加快，城市建设和管理逐步加强，城市功能和作用不断提升，城市发展模式开始转变。同时，当前城市建设中也存在盲目扩大规模、产业结构趋同、资源浪费、缺乏特色等问题，必须采取措施加以解决。

曾培炎强调，在新的形势下做好城市工作，要全面贯彻落实科学发展观，按照构建社会主义和谐社会的要求，走中国特色的城镇化道路，统筹城市规划、建设和管理工作，合理控制城市规模，加快转变城市发展模式，改善人居环境，突出民族特色和地方特色，促进城市全面协调可持续发展。

一是科学制定城市规划，把握好城市建设节奏。科学制定城市总体规划的目标，合理确定城市人口、面积等主要指标，防止盲目扩大城市规模，防止随意占用土地资源，防止任意调整行政区划，防止人为刺激投资扩张。

二是发挥好城市辐射与带动作用，促进城乡和地区协调发展。贯彻工业反哺农业、城市支持农村的方针，统筹规划城区与郊区发展，促进市政公用设施向周围农村延伸，带动农村发展。改善农民进城就业环境，维护农民工合法权益。加强与周边城市的经济联系，在重大项目建设、资源合理利用、生态环境保护等方面搞好协作，推进基础设施衔接配套。

三是着力转变城市发展模式，加快建设资源节约型和环境友好型城市。切实把资源环境承载能力当作城市建设的前提条件，把节地、节水、节能、节材和资源综合利用作为城市发展的重点任务，把减少污染、保护环境、改善生态作为城市工作的重要内容，把城市建设成为节约资源和保护环境的首善之地。

四是切实改善城市人居环境，保护城市文化特色。加强住宅及交通、环保等市政基础设施建设，努力解决群众住房难、出行难等问题。健全防灾减灾体系，完善公共安全措施,提高应对和处置突发事件的能力。城市建设要注重对地方文化和民俗风情的发掘和提炼,保持和创造各具特色的城市风貌。

曾培炎希望市长代表,求真务实,开拓创新,科学决策,依法行政,改进服务,行政为民,努力提高城市工作能力和管理水平,促进城市全面协调可持续发展。

北京市市长、中国市长协会会长王岐山在开幕式上致辞,建设部部长、中国市长协会执行会长汪光焘主持开幕式。国务院有关部门负责人以及全国300多名市长、副市长以及直辖市区长、副区长出席了会议。

国务院副总理回良玉在人民大会堂会见格林纳达副总理兼农业部部长格雷戈里·鲍恩

中国队在奥地利第五十三届军事五项世界锦标赛中包揽4枚金牌

中国队包揽了男女个人和团体4块金牌,成功实现了男子团体"十一连冠"和女子团体"六连冠"。

中国男队以21845.8的团体总分位居第一,中国选手杨世伟以5538.1分的总成绩获得男子个人第一。中国女队以团体总分16126.8分的绝对优势获得女子团体第一,其中中国选手田琳娜、刘坤和徐蕾包揽了本届世锦赛女子个人前三名。

8月23日

国家主席胡锦涛就俄罗斯民航客机失事向俄罗斯总统普京致慰问电

全国人大常委会委员长吴邦国 国务院总理温家宝和全国政协主席贾庆林在北京分别会见越共中央总书记农德孟

国务院总理温家宝主持召开国务院常务会议

会议研究部署抗灾救灾工作。

会议指出,目前,我国还处于自然灾害易发时期。汛期和台风季节尚未过去,许多地区气温偏高,干旱灾害加剧,森林火灾易发,防灾抗灾形势仍然严峻。各级政府要以对人民群众高度负责的精神,扎扎实实做好抗灾救灾的各项工作。(一)进一步加强对抗灾救灾工作的组织领导。全面落实地方政府行政首长责任制,主要负责同志要深入一线,靠前指挥,科学部署。有关部门要按照职责分工,密切配合,通力合作。要认真分析查找防灾抗灾中的薄弱环节,制定各项应急预案,狠抓工作落实。(二)全面落实各项灾害防御措施。要切实加强天气形势、水情变化和地质灾害、森林火灾的监测预报,及时发布预警信息。要着力做好防秋汛和防台风的准备。完善应急预案,精心组织好大江大河洪水调度,加强查险和抢险,及时排除重点堤段和病险水库的隐患和险情,确保安全度汛,做好台风引发的次生灾害的防范工作。对易遭受山洪灾害的中小水库要进行专项治理,确保安全。要进一步抓好抗旱工作。把保障城乡居民饮水安全作为抗旱工作的首要任务,抓紧对现有供水和灌溉设施进行维修、配套和改造,因地制宜兴建一批小型蓄水、引水、提水、集雨等应急抗旱设施,加强水资源的统一管理和调度。(三)全力做好灾害救助和恢复生产、重建家园工作。要妥善安排受灾群众生活,确保他们有饭吃,有干净水喝,有衣穿,有住处,有病能医治。加大帮扶力度,积极组织和帮助受灾群众开展自救互救,指导有条件的地区抓紧补种改种,争取全年粮食有较好收成,鼓励受灾群众发展多种经营,开展劳务输出,千方百计增加农民收入。加快实施倒塌民房和水、电、路、通信、校舍等基础设施的恢复重建。秋季开学在即,要把受损中小学校舍的恢复重建作为重中之重,抓紧组织实施,确保灾区学校正常开课。加强对灾后重建尤其是提高农村房屋抗灾能力的指导,科学规划,注意选址安全,提高农村房屋建筑质量。

会议要求,国务院有关部门要派出工作组深入灾区,帮助指导抗灾救灾工作,及时解决灾区面临的困难和问题。中央和地方各级政府都要加大对抗灾救灾工作的投入。要充分动员社会各界力量,关心灾区,帮助灾区,形成抗灾救灾的合力。高度重视防灾减灾宣传教育,大力普及预防避险和自救互救知识,提高公众防灾减灾的意识和能力。广泛宣传灾区干部群众与灾害作斗争的顽强精神和感人事迹,振奋精神,激励斗志,夺取抗灾救灾的胜利。

会议还研究了其他事项。

国务院总理温家宝签署第473号令发布《全国农业普查条例》

现公布《全国农业普查条例》,自公布之日起施行。

总　理　温家宝

2006年8月23日

全国农业普查条例

第一章　总　则

第一条　为了科学、有效地组织实施全国农业普查,保障农业普查数据的准确性和及时性,根据《中华人民共和国统计法》,制定本条例。

第二条　农业普查的目的,是全面掌握我国农业、农村和农民的基本情况,为研究制定经济社会发展战略、规划、政策和科学决策提供依据,并为农业生产经营者和社会公众提供统计信息服务。

第三条　农业普查工作按照全国统一领导、部门分工协作、地方分级负责的原则组织实施。

第四条　国家机关、社会团体以及与农业普查有关的单位和个人,应当依照《中华人民共和国统计法》和本条例的规定,积极参与并密切配合农业普查工作。

第五条　各级农业普查领导小组办公室(以下简称普查办公室)和普查办公室工作人员、普查指导员、普查员(以下统称普查人员)依法独立行使调查、报告、监督的职权,任何单位和个人不得干涉。

各地方、各部门、各单位的领导人对普查办公室和普查人员依法提供的农业普查资料不得自行修改,不得强令、授意普查办公室、普查人员和普查对象篡改农业普查资料或者编造虚假数据,不得对拒绝、抵制篡改农业普查资料或者拒绝、抵制编造虚假数据的人员打击报复。

第六条　各级宣传部门应当充分利用报刊、广播、电视、互联网和户外广告等媒体,采取多种形式,认真做好农业普查的宣传动员工作。

第七条　农业普查所需经费,由中央和地方各级人民政府共同负担,并列入相应年度的财政预算,按时拨付,确保足额到位。

农业普查经费应当统一管理、专款专用、从严控制支出。

第八条　农业普查每10年进行一次,尾数逢6的年份为普查年度,标准时点为普查年度的12月31日24时。特殊地区的普查登记时间经国务院农业普查领导小组办公室批准,可以适当调整。

第二章　农业普查的对象、范围和内容

第九条　农业普查对象是在中华人民共和国境内的下列个人和单位:

(一)农村住户,包括农村农业生产经营户和其他住户;

(二)城镇农业生产经营户;

(三)农业生产经营单位;

(四)村民委员会;

(五)乡镇人民政府。

第十条　农业普查对象应当如实回答普查人员的询问,按时填报农业普查表,不得虚报、瞒报、拒报和迟报。

农业普查对象应当配合县级以上人民政府统计机构和国家统计局派出的调查队依法进行的监督检查,如实反映情况,提供有关资料,不得拒绝、推诿和阻挠检查,不得转移、隐匿、篡改、毁弃原始记录、统计台账、普查表、会计资料及其他相关资料。

第十一条　农业普查行业范围包括:农作物种植业、林业、畜牧业、渔业和农林牧渔服务业。

第十二条　农业普查内容包括:农业生产条件、农业生产经营活动、农业土地利用、农村劳动力及就业、农村基础设施、农村社会服务、农民生活,以及乡镇、村民委员会和社区环境等情况。

前款规定的农业普查内容,国务院农业普查领导小组办公室可以根据具体情况进行调整。

第十三条　农业普查采用全面调查的方法。国务院农业普查领导小组办公室可以决定对特定内容采用抽样调查的方法。

第十四条　农业普查采用国家统计分类标准。

第十五条　农业普查方案由国务院农业普查领导小组办公室统一制订。

省级普查办公室可以根据需要增设农业普查附表,报经国务院农业普查领导小组办公室批准后实施。

第三章　农业普查的组织实施

第十六条　国务院设立农业普查领导小组及其办公室。国务院农业普查领导小组负责组织和领导全国农业普查工作。国务院农业普查领导小组办公室设在国家统计局,具体负责农业普查日常工作的组织和协调。

第十七条　地方各级人民政府设立农业普查领导小组及其办公室,按照国务院农业普查领导小组及其办公室的统一规定和要求,负责本行政区域内农业普查的组织实施工作。国家统计局派出的调查队作为农业普查领导小组及其办公室的成员单位,参与农业普查的组织实施工作。

村民委员会应当在乡镇人民政府的指导下做好本区域内的农业普查工作。

第十八条　国务院和地方各级人民政府的有关部门应当积极参与并密切配合普查办公室开展农业普查工作。

军队、武警部队所属农业生产单位的农业普查工作,由军队、武警部队分别负责组织实施。

新疆生产建设兵团的农业普查工作,由新疆生产建设兵团农业普查领导小组及其办公室负责组织实施。

第十九条　农村的普查现场登记按普查区进行。普查区以村民委员会管理地域为基础划分,每个普查区可以划分为若干个普查小区。

城镇的普查现场登记,按照普查方案的规定进行。

第二十条　每个普查小区配备一名普查员,负责普查的访问登记工作。每个普查区至少配备一名普查指导员,负责安排、指导和督促检查普查员的工作,也可以直接进行访问登记。

普查指导员和普查员主要由有较高文化水平的乡村干部、村民小组长和其他当地居民担任。

普查指导员和普查员应当身体健康、责任心强。

第二十一条　普查办公室根据工作需要,可以聘用或者从其他有关单位借调人员从事农业普查工作。有关单位应当积极推荐符合条件的人员从事农业普查工作。

聘用人员应当由聘用单位支付劳动报酬。借调人员的工资由原单位支付,其福利待遇保持不变。

农业普查经费中应当对村普查指导员、普查员安排适当的工作补贴。

第二十二条　地方普查办公室应当对普查指导员和普查员进行业务培训,并对考核合格的人员颁发全国统一的普查指导员证或者普查员证。

第二十三条　普查人员有权就与农业普查有关的问题询问有关单位和个人,要求有关单位和个人如实提供有关情况和资料、修改不真实的资料。

第二十四条　普查人员应当坚持实事求是,恪守职业道德,拒绝、抵制农业普查工作中的违法行为。

普查人员应当严格执行普查方案,不得伪造、篡改普查资料,不得强令、授意普查对象提供虚假的普查资料。

普查指导员和普查员执行农业普查任务时,应当出示普查指导员证或者普查员证。

第二十五条　普查员应当依法直接访问普查对象,当场进行询问、填报。普查表填写完成后,应当由普查对象签字或者盖章确认。普查对象应当对其签字或者盖章的普查资料的真实性负责。

普查人员应当对其负责登记、审核、录入的普查资料与普查对象签字或者盖章的普查资料的一致性负责。

普查办公室应当对其加工、整理的普查资料的准确性负责。

第四章　数据处理和质量控制

第二十六条　农业普查数据处理方案和实施办法,由国务院农业普查领导小组办公室制定。

地方普查办公室应当按照数据处理方案和实施办法的规定进行数据处理,并按时上报普查数据。

第二十七条　农业普查的数据处理工作由设区的市级以上普查办公室组织实施。

第二十八条　普查办公室应当做好数据备份和加载入库工作,建立健全农业普查数据库系统,并加强日常管理和维护更新。

第二十九条　国家建立农业普查数据质量控制制度。

普查办公室应当对普查实施中的每个环节实行质量控制和检查验收。

第三十条　普查人员实行质量控制工作责任制。

普查人员应当按照普查方案的规定对普查数据进行审核、复查和验收。

第三十一条　国务院农业普查领导小组办公室统一组织农业普查数据的事后质量抽查工作。抽查结果作为评估全国或者各省、自治区、直辖市农业普查数据质量的重要依据。

第五章　数据公布、资料管理和开发应用

第三十二条　国家建立农业普查资料公布制度。

农业普查汇总资料,除依法予以保密的外,应当及时向社会公布。

全国农业普查数据和各省、自治区、直辖市的主要农业普查数据,由国务院农业普查领导小组办公室审定并会同国务院有关部门公布。

地方普查办公室发布普查公报,应当报经上一级普查办公室核准。

第三十三条　普查办公室和普查人员对在农业普查工作中搜集的单个普查对象的资料,应予保密,不得用于普查以外的目的。

第三十四条　普查办公室应当做好农业普查资料的保存、管理和为社会公众提供服务等工作,并对农业普查资料进行开发和应用。

第三十五条　县级以上各级人民政府统计机构和有关部门可以根据农业普查结果,对有关常规统计的历史数据进行修正,具体办法由国家统计局规定。

第六章　表彰和处罚

第三十六条　对认真执行本条例,忠于职守,坚持原则,作出显著成绩的单位和个人,应当给予奖励。

第三十七条　地方、部门、单位的领导人自行修改农业普查资料,强令、授意普查办公室、普查人员和普查对象篡改农业普查资料或者编造虚假数据,对拒绝、抵制篡改农业普查资料或者拒绝、抵制编造虚假数据的人员打击报复的,依法给予行政处分或者纪律处分,并由县级以上人民政府统计机构或者国家统计局派出的调查队给予通报批评;构成犯罪的,依法追究刑事责任。

第三十八条　普查人员不执行普查方案,伪造、篡改普查资料,强令、授意普查对象提供虚假普查资料的,由县级以上人民政府统计机构或者国家统计局派出的调查队责令改正,依法给予行政处分或者纪律处分,并可以给予通报批评。

第三十九条　农业普查对象有下列违法行为之一的,由县级以上人民政府统计机构或者国家统计局派出的调查队责令改正,给予通报批评;情节严重的,对负有直接责任的主管人员和其他直接责任人员依法给予行政处分或者纪律处分:

(一)拒绝或者妨碍普查办公室、普查人员依法进行调查的;

(二)提供虚假或者不完整的农业普查资料的;

(三)未按时提供与农业普查有关的资料,经催报后仍未提供的;

(四)拒绝、推诿和阻挠依法进行的农业普查执法检查的;

(五)在接受农业普查执法检查时,转移、隐匿、篡改、毁弃原始记录、统计台账、普查表、会计资料及其他相关资料的。

农业生产经营单位有前款所列违法行为之一的,由县级以上人民政府统计机构或者国家统计局派出的调查队予以警告,并可以处5万元以下罚款;农业生产经营户有前款所列违法行为之一的,由县级以上人民政府统计机构或者国家统计局派出的调查队予以警告,并可以处1万元以下罚款。

农业普查对象有本条第一款第(一)、(四)项所列违法行为之一的,由公安机关依法给予治安管理处罚。

第四十条　普查人员失职、渎职等造成严重后果的,应当依法给予行政处分或者纪律处分,并可以由县级以上人民政府统计机构或者国家统计局派出的调查队给予通报批评。

第四十一条　普查办公室应当设立举报电话和信箱,接受社会各界对农业普查违法行为的检举和监督,并对举报有功人员给予奖励。

第七章　附　则

第四十二条　本条例自公布之日起施行。

国务院总理温家宝在中南海紫光阁会见格林纳达副总理兼农业土地森林渔业公共设施和能源部部长格雷戈里·鲍恩

中共中央政治局常委李长春在北京参观2006中国国际广播影视博览会设备展览

由国家广播电影电视总局主办、中央电视台承办的本届博览会规模空前,展览面积超过7万平方米,参展厂商千余家,是目前亚洲地区最大的广播影视节目、技术和设备交易平台。作为博览会重要主体活动的广播影视设备展,突出高清、奥运转播以及数字新媒体三大亮点,展示了我国广播影视技术的新成果。

李长春指出,世界高新技术特别是数字技术、网络技术的飞速发展与应用,为加快文化创新,促进我国广播影视业快速发展,提供了极为有利的机遇。我们要坚持对外开放不动摇,充分利用对外开放的条件,广泛运用高新技术发展的最新成果,加强广播影视设备改造,加快新兴广播影视产业发展,不断增强我国广播影视产品的国际竞争力和影响力。要把提高自主创新能力摆在突出位置,大力开发具有自主知识产权的核心技术,积极推进广播影视领域重大技术装备制造的国产化,大幅提升我国广播影视业的整体实力和技术水平,不断扩大我国广播影视产品在国际市场的份额,推动中华优秀文化走向世界。

刘云山、陈至立等一同参观了展览。

国务院副总理回良玉在江西考察集体林权改革情况

8月23日至25日,回良玉先后到江西省新干县、泰和县等地,实地考察集体林权改革情况,详细了解林改流程,认真听取基层干部和群众对林改的反映,并出席了在井冈山召开的全国集体林权制度改革现场经验交流会。

回良玉强调,推进集体林权改革,涉及面广、政策性强、操作难度大,工作中要着重把握好四个方面。一是始终坚持确保农民得实惠、生态受保护两条基本准则。要切实维护农民的根本利益,该给的利益要给足,该减的负担要减够,该搞的服务要搞好,真正使集体林权制度改革成为惠及千家万户的德政之举、民心工程。要全面实施以生态建设为主的林业发展战略,努力实现经济效益、社会效益、生态效益的有机统一。集体林权制度改革,决不能牺牲生态,更不能以破坏生态为代价,这是必须坚守的一条底线。二是正确处理集体与农民、管理与放活两大关系。要坚持让利于民的原则,确保农民多得利、得“大头”,同时引导集体通过搞好社会化服务、多渠道盘活林产资源,分享林业发展收益,壮大集体经济实力。要创新林业管理机制,在充分发挥市场机制配置林木资源基础性作用的前提下,依法治林、依法护林、依法兴林,做到活而不乱。三是紧紧把握林权界定和农民决策两个关键环节。要依据《农村土地承包法》等法律和政策规定,坚持公开、公平、公正的原则,科学制订确权方案,精心组织确权改革。要依法签订林权承包合同,及时开展林权登记。坚持依法、有偿、自愿的原则,建立规范有序的林木所有权流转机制。要保障农民群众对改革的知情权、参与权、决策权和监督权,不能包办代替、强制推行。四是认真抓好明确林权和管理配套两项改革。要围绕林业确权的主体改革,因地制宜推进各项配套改革,完善财政税收、金融保险、科研推广等支持政策,推进林业分类经营、林木采伐管理和林业综合行政执法体制改革,加快林业社会化服务体系建设,完善林业法律法规,为林业的改革与发展创造良好的外部环境。

外交部部长李肇星在北京会见越南副总理兼外长范家谦

首起“南京大屠杀”涉外民事案一审宣判

23日上午，南京大屠杀幸存者、南京市民夏淑琴诉《南京大屠杀大疑问》《南京大屠杀的彻底检证》两书作者及出版社名誉侵权案件在南京市玄武区人民法院公开宣判。法院判决被告松村俊夫及展转社株式会社、东中野修道及展转社株式会社停止出版并收回、销毁已出版书籍，在中国《人民日报》等3家媒体、日本《读卖新闻》等3家媒体公开向原告赔礼道歉；赔偿原告精神损害抚慰金人民币共计160万元。宣判时，被告没有到庭。据悉，这是首起“南京大屠杀”涉外民事案件。

法庭认为，1998年由展转社株式会社出版的《南京大屠杀大疑问》《南京大屠杀的彻底检证》两书作者松村俊夫、东中野修道在未对原告本人及屠杀事件发生现场进行实地调查的情况下，在上述两书中否定原告是南京大屠杀幸存者和重要历史见证人的身份，存在重大过错。两书中一些语言明显具有侮辱原告人格的用意，足以造成对原告的精神损害。被告展转社株式会社，造成了对原告的名誉侵害，应当承担侵权责任，并且与两书作者互负连带责任。

中国3名高中生获得2006年度斯德哥尔摩“少年水奖”

来自中国上海南洋模范中学的3名高中生王昊、翁杰、萧易所完成的改造河流污染的科学试验获得本年度的斯德哥尔摩“少年水奖”。瑞典王储维多利亚公主亲自为这3名中国高中生颁奖，他们还同时获得5000美元的奖金和一尊状似水珠的水晶奖杯。

组委会官员在评价中国选手的表现时说，他们改造河流污染的方法新颖并极富创造力，这不仅会为拥有1900万人口的中国上海，也为世界其他有类似情况河流的改造带来希望。

斯德哥尔摩“少年水奖”起源于1994年，旨在鼓励青少年投身到开发和合理利用水资源的发明创造中。共有来自26个国家的高中生参加了本届“少年水奖”的角逐。

8月24日

国家主席胡锦涛在人民大会堂与委内瑞拉总统查韦斯举行会谈

双方一致同意，进一步深化两国各领域互利合作，推动中委共同发展的战略伙伴关系再上新台阶。

胡锦涛说，双方高层互访频繁，政治互信进一步增强，各领域互利合作取得实质性进展，在国际和地区事务中也进行了良好的合作。委内瑞拉政府长期坚持一个中国政策，在台湾等中方关切的重大问题上给予中国坚定支持。我们对此表示赞赏和感谢。

胡锦涛表示，今年是中委建立共同发展的战略伙伴关系五周年，希望双方以此为契机，从以下四个方面共同作出努力：(一)加强高层交往，扩大战略共识。中方愿与委方扩大两国政府、立法机构、政党之间的交流与合作，在彼此关切的重大问题上加强对话、磋商与协调。(二)深化互利合作，加快共同发展。中方愿与委方继续强化中委高级混合委员会协调职能和机制建设，抓紧落实已达成一致的合作项目，积极探讨双方在铁路建设、船舶制造、石油机械生产、高科技等方面的合作。中方鼓励中国企业赴委投资办厂，也欢迎委企业家来华开拓市场。中方愿与委方共同挖掘潜力，扩大合作领域，提升合作水平，使双方的合作产生良好的经济社会效益。(三)拓展人文交流，加深相互了解。扩大双方在文教、科技、新闻、旅游等领域的交流与合作，鼓励两国文化机构、高等院校、科研院所、新闻单位、民间团体和地方加强人员和信息交流，相互学习和借鉴。(四)加强国际合作，尤其是在联合国、世界贸易组织、美洲国家组织等国际和地区组织中的协调与配合，以共同促进世界的和平与发展。

会谈后，两国元首出席了中委高级混合委员会第五次会议纪要等合作文件的签字仪式。

中越发表联合新闻公报

一、应中国共产党中央委员会总书记、中华人民共和国主席胡锦涛的邀请，越南共产党中央委员会总书记农德孟于2006年8月22日至26日对中华人民共和国进行正式友好访问。访问期间，中共中央总书记、国家主席胡锦涛与农德孟总书记举行了会谈，全国人大常委会委员长吴邦国、国务院总理温家宝和全国政协主席贾庆林分别会见了农德孟总书记。双方相互通报了各自党和国家的情况，并就两党两国关系及共同关心的国际和地区问题深入交换了意见，取得了广泛共识。除北京外，农德孟总书记还前往辽宁、广西等地参观访问。

双方一致认为访问获得了圆满成功，将有力地推动中越睦邻友好与全面合作关系进一步向前发展。

二、越南方面高度评价中国在改革开放和中国特色社会主义建设事业中取得的巨大成就，坚信中国人民一定会胜利实现全面建设小康社会和加快推进社会主义现代化的宏伟目标。

中国方面高度评价越南革新20年来取得的具有历史意义的重大成就，坚信越南人民一定能胜利实现越共十大提出的各项目标和任务，把越南建成一个民富国强、社会公平、民主、文明的社会主义国家。

三、双方对近年来两党两国关系的发展表示满意，并认为，中越友谊是两党两国的宝贵财富，需要努力维护和培育。为增进互信，扩大交流，深化合作，共同发展，双方将继续遵循“长期稳定、面向未来、睦邻友好、全面合作”的方针和“好邻居、好朋友、好同志、好伙伴”的精神，保持高层互访传统，深化治党治国理论和经验的交流，加强中越友好传统的宣传教育，鼓励和支持两国文化、教育、科技、体育等各领域及群众团体、地方，特别是青少年之间形式多样的交流与合作。

四、双方对近年来两国在经贸合作方面取得的进展表示满意。双方决心抓住各自实施新五年规划的机遇，本着“优势互补、互利共赢”的精神，进一步扩大经贸合作规模，采取措施促进贸易平衡发展，共同努力提前实现2010年双边贸易额达到100亿美元的目标，积极支持和推动双方企业在基础设施建设、制造业、人力资源开发、能源、矿产加工及其他重要产业领域开展长期合作。双方将继续共同推动“两廊一圈”和中国—东盟自由贸易区的建设进程。中方表示坚决支持越南早日加入世贸组织。

双方签署了《中越两国政府经济技术合作协定》和《中国进出口银行向越南锦普火电厂一期30万千瓦燃煤电站项目提供贷款的协议》。

五、双方一致认为，两国陆地边界勘界立碑工作已取得积极进展，双方将进一步密切配合，加快工作进度，确保如期实现最迟于2008年完成陆地边界全线勘界立碑工作并签署新的边界管理制度文件的目标。双方对北部湾划界协定和渔业合作协定落实情况以及两国海军在北部湾开展联合巡逻予以积极评价，同意加快北部湾跨界油气构造勘采和其他领域的合作进度。双方将稳步推进北部湾湾口外海域划界谈判并积极商谈该海域的共同开发问题。双方同意恪守两国高层共识，继续推进海上问题谈判，共同维护南海局势稳定，积极研究和商谈共同开发问题，以便找到适合的模式和区域。

六、越南方面重申，越南将坚定奉行一个中国政策，支持中国统一大业，坚决反对任何形式的“台独”分裂活动，充分理解和支持中国全国人大通过《反分裂国家法》，欢迎近年来两岸关系的缓和趋势。越南同台湾只进行非官方经贸往来，决不同台湾发展任何官方关系。中国方面对越南方面的上述立场表示赞赏。

七、双方对两国在国际和地区事务中的合作表示满意。双方重申将继续加强两国在联合国、亚太经合组织、中国—东盟等多边框架下的合作与配合，致力于维护世界和地区的和平与稳定，促进繁荣与发展。中方再次重申积极支持越南主办2006年第十四次亚太经合组织领导人非正式会议。

八、农德孟总书记对中共中央总书记、国家主席胡锦涛以及中国共产党、中国政府和中国人民所给予的隆重、热情和友好的接待表示衷心感谢，邀请中共中央总书记、国家主席胡锦涛访问越南并出席在越南举行的第十四次亚太经合组织领导人非正式会议。中共中央总书记、国家主席胡锦涛对此表示感谢并愉快地接受了邀请。

2006年8月24日于北京

《人民日报》发表社论《坚持和平发展道路 推动建设和谐世界》

中央外事工作会议的召开，是党中央加强和改进外事工作的一项重大战略举措。会议深刻分析国际形势和我国外部环境的变化，在总结党的十六大以来外事工作理论和实践的基础上，明确提出了新形势下外事工作的指导思想、基本原则、总体要求和主要任务。这对全党统一思想，加强和改进外事工作，具有十分重要的意义。

党的十六大以来，以胡锦涛同志为总书记的党中央，高举和平、发展、合作的旗帜，坚持独立自主的和平外交政策，妥善应对纷繁复杂的国际形势，正确统筹国内国际两个大局，推动我国外事工作取得了显著成绩，为改革开放和社会主义现代化建设作出了重要贡献，为促进世界的和平发展作出了积极贡献。

当前，世界多极化趋势继续发展，但单极还是多极的斗争依然深刻复杂；经济全球化趋势继续发展，但国际经济竞争依然深刻复杂；不同文明交流继续发展，但国际思想文化领域的斗争依然深刻复杂；国际战略安全形势总体稳定态势继续发展，但人类面临的安全挑战依然深刻复杂；国际协调合作继续发展，但围绕国际秩序的斗争依然深刻复杂。综合看来，和平与发展仍然是当今时代的主题，国际环境保持总体稳定，但影响和平与发展的不稳定不确定因素增多。在这种形势下，要更好地维护我国发展的重要战略机遇期，抓住时机加快发展自己，营造有利于全面建设小康社会、加快推进社会主义现代化的良好外部环境，必须进一步加强和改进外事工作。

新时期新阶段的外事工作，要坚持以毛泽东思想、邓小平理论和“三个代表”重要思想为指导，全面贯彻落实科学发展观，统筹国际国内两个大局，紧紧围绕发展这个党执政兴国的第一要务，高举和平、发展、合作的旗帜，坚持独立自主的和平外交政策，坚定不移地走和平发展道路，全方位开展外事工作，维护和用好重要战略机遇期，维护国家主权、安全、发展利益，努力为我国改革开放和社会主义现代化建设营造良好国际环境和有利外部条件，为推动建设持久和平、共同繁荣的和谐世界作出贡献。

要坚持统筹国内国际两个大局。我们必须更加注重从国际国内形势的相互联系中把握发展方向，更加注重从国际国内条件的相互转化中用好发展机遇，更加注重从国际国内资源的优势互补中创造发展条件，更加注重从国际国内因素的综合作用中掌握发展全局。

要坚持走和平发展道路。作为一个拥有13亿人口并坚持走社会主义道路的发展中大国，以何种方式实现发展，必然会引起世界越来越多的关注。我们只有高举和平、发展、合作的旗帜，坚持走和平发展道路，既通过维护世界和平来发展自己，又以自身的发展促进世界和平，加强同世界各国和平共处、互利合作，才能为我国发展创造更好的外部条件，更好地实现持久发展。

要坚持互利共赢的开放战略。中国的发展有利于世界和平与发展。我们既要坚定不移地争取和维护我国的正当权益，也要妥善处理同其他国家的利益关系。通过加强对外经济技术合作，推动经济全球化向有利于各国共同繁荣的方向发展；通过加强对外文化交流合作，推动人类文明进步。

要坚持推动建设和谐世界。和谐是中华文明优秀传统的重要价值取向，也是人类社会的不懈追求。我们要致力于政治上与各国和谐相处，经济上共同发展，文化上取长补短，安全上加深互信。同时，对于损害我国主权、安全、发展利益的行径，对于损害世界各国人民共同利益的行径，必须旗帜鲜明地坚持原则，坚决斗争。

要坚持以人为本的思想。要按照外事为民的要求，实践为人民服务的宗旨，使外事工作成果惠及全体人民。要不断加强我国海外利益保护能力建设，加强领事和侨务工作，依法维护我国海外机构和人员的安全和合法权益。要力所能及地为发展中国家人民办好事、办实事，广交朋友深交朋友，夯实对外工作的社会基础。

中国对外政策的宗旨是维护世界和平、促进共同发展。中国将以实际行动向世界表明，中国始终是维护世界和平、促进共同发展的重要力量，中国人民始终是各国人民可以信赖的朋友和友好合作的伙伴。

做好新形势下的外事工作，加强党的领导是关键。全党同志要在以胡锦涛同志为总书记的党中央坚强领导下，从加强党的执政能力建设和先进性建设的战略高度，深刻认识新时期加强和改进外事工作的重大意义，切实加强和提高党对外事工作的领导能力。要坚持外事工作的正确方向，加强外事工作战略研究，加强统筹协调和科学管理，加强外事干部队伍建设。外事战线的同志，更要同心同德、埋头苦干、锐意进取，以优异的工作成绩，为国家繁荣富强和人民幸福安康作出新的更大的贡献！

中共中央政治局常委李长春在青海考察

8月24日至28日，李长春在青海省省委书记赵乐际、省长宋秀岩陪同下，先后到西宁、海南、海北、海西等地，深入农牧区、企业、基层文化单位，看望青藏铁路职工，就实施西部大开发、加强基层文化建设等进行调研，听取青海省委、省政府工作汇报，对青海改革开放和现代化建设取得的成就给予充分肯定。

李长春指出，青海等西部省区经济社会发展的成就充分证明，党中央提出的西部大开发战略、统筹区域发展战略是完全正确的，已开始见到成效。宣传思想战线要坚定不移地贯彻中央的战略部署，关注西部，宣传西部，支持西部，为西部大开发提供有力的思想保证和精神动力。要深入宣传西部大开发取得的成效，深入宣传西部各族人民自力更生、艰苦奋斗的生动实践，深入宣传全国人民对西部大开发的热情支持，充分展示西部地区壮丽的自然风光和丰厚的历史文化资源，让更多的人了解西部、热爱西部、建设西部，激励广大干部群众团结奋斗，共同建设一个经济发展、社会进步、民族团结、文化繁荣、山川秀美的西部地区。

李长春十分关心青海的公共文化服务建设。他深入农村文化中心户，了解基层群众文化活动情况；走进农牧民家中，查看广播电视“村村通”收视效果。李长春强调，要大力推动公共文化服务体系建设，重点抓好西新工程、广播电视“村村通”工程、文化信息资源共享工程等建设，加大投入力度，加强基础建设，提高服务水平，让广大基层群众共享文化发展的成果。要深入发掘青海丰厚的文化资源，推进民族文化与高新技术相结合，与产业化相结合，与市场机制相结合，培育和形成具有高原特色和浓郁风情的民族文化品牌。

国务院任免国家工作人员

任命王志国为铁道部副部长；

免去孙永福的铁道部副部长职务。

中国—委内瑞拉高级混合委员会第五次会议在人民大会堂举行

国务院副总理曾培炎与应邀来访的委内瑞拉总统查韦斯出席了闭幕式并分别致辞。

曾培炎说，新世纪以来，中委建立了“共同发展的战略伙伴关系”。近年来，两国在很多重大国际事务中相互理解、相互支持，政治、经济、文化、科技等各领域交流日益扩大，双边关系进一步发展。

曾培炎指出,中委高委会成立5年来,在能源、农业、基础设施等方面开展了广泛合作,促进了双边贸易和投资额成倍增长。在此次高委会上,双方举行了富有成效的会谈,有关部门和企业签署了多项合作协议,标志着中委互利合作进入了新的发展阶段。希望双方更好地发挥高委会的作用,坚持突出重点、发挥优势、互利共赢、注重实效的原则,不断扩大合作规模、拓宽合作领域、提高合作层次,为推进两国友好合作关系长期稳定发展作出新的贡献。

闭幕式前,曾培炎会见了查韦斯总统,并就双边加强经济技术合作深入交换了意见。

中委高委会中方主席、国家发展改革委主任马凯,委方主席、计划发展部长希奥达尼共同主持了会议。双方企业在能源、矿产、农业、电信等领域签署了多项合作协议。

苏州工业园区中国—新加坡联合协调理事会第八次会议在北京举行

国务院副总理、理事会中方主席吴仪和新加坡副总理、理事会新方主席黄根成共同主持了会议。

会议回顾了2004年5月理事会第七次会议以来苏州工业园区的建设和发展情况,对园区开发建设和各项事业所取得的成就予以高度评价。两年多来,苏州工业园区经济增长速度保持在年均25%左右,开发建设取得新的成绩,开放开发水平进一步提高。园区新批准外商投资项目981个,新增合同外资90亿美元,新增实际利用外资38亿美元。目前全区累计实现合同外资达到258亿美元,实际利用外资接近110亿美元。

会议指出,两年多来,苏州工业园区继续深化借鉴新加坡经验,更有针对性地组织重要课题的培训,进一步深化了课程内涵,先后组织了19批共计374人次专业管理人员赴新加坡培训。会议表示,将积极探索苏州工业园区借鉴成果的转移推广,不断扩大园区借鉴成果的辐射带动作用。

会议明确了苏州工业园区在"十一五"期间的发展目标和任务。总体要求是:进一步优化产业结构,持续提升国际竞争力,在大力发展现代工业的基础上,加快推进现代服务业的发展;进一步加大科技创新的力度,重点吸引科技创新型企业、科技服务型企业、研发机构,加快向高科技工业园区发展的进程;进一步扩大开放、深化改革、增强体制机制优势,更加注重知识产权保护,更加注重资源集约利用和环境保护,努力实现开发建设和各项事业的协调发展,加快构建园区和谐社会。具体目标为:从现在起到2010年,经济增长速度保持年均20%左右,主要经济指标在2005年的基础上翻一番以上。为此,中新双方将进一步加强合作,采取积极措施,努力为园区发展创造更好的环境和条件。

会议重申,中新双方将继续坚持"平等互利,真诚合作"的原则,进一步巩固和扩大中新友好合作成果,不断完善园区的投资环境,继续推进苏州工业园区更快更好发展,齐心协力尽早把苏州工业园区建成一个最具国际竞争力的高科技工业园区。

商务部发布《国内贸易发展"十一五"规划》

规划确定,"十一五"期间,我国社会消费品零售总额年均实际增长约11%;生产资料销售总额年均实际增长约11%;批发零售贸易和餐饮业增加值年均实际增长约9%,占GDP的10%左右;国内贸易就业人员2010年达到7100万人,约占全国总人口的5.2%;限额以上连锁企业销售总额年均增长约21%,占社会消费品零售总额的25%左右;形成15—20家具有全国影响力和一定国际竞争力的大型国内贸易企业及一批区域性龙头企业。

国务院副总理曾培炎在中南海紫光阁会见西班牙电信集团公司执行委员会委员阿巴雷一行

外交部部长李肇星在北京与几内亚外交和国际合作国务部部长马马迪·孔戴举行会谈

国防部部长曹刚川在北京与肯尼亚国防部部长卡鲁梅举行会谈

全国农村义务教育经费保障机制改革领导小组召开电视电话会议

会议部署推进了农村义务教育经费保障机制改革工作,国务委员陈至立出席会议并强调,要落实科学发展观,强化政府责任,认真研究新情况、新问题,狠抓各项措施的落实,全面推进农村义务教育经费保障机制改革。

陈至立要求,全面推进农村义务教育经费保障机制改革,务必做到责任落实、组织落实、资金落实及其他各项工作的落实。一是各级政府要进一步强化责任意识。二要进一步加强学校管理,强化校长责任。三要大力提高农村中小学的教育教学质量。四要加强监督检查和正面引导,加大宣传力度,为改革营造良好的舆论环境。

广西、贵州、重庆、湖北分管负责人作了交流发言,教育部、财政部负责人做了工作部署,全国农村义务教育经费保障机制改革领导小组成员出席了会议。

“中国文化发展战略研究”国家课题启动

“中国文化发展战略研究”主要由文化部中国艺术研究院承担，日前已获准立项为全国艺术科学规划特别委托课题。课题将分为4个子课题：中华民族核心价值观与建构社会主义和谐社会；中华文化“走出去”战略；建构公共文化服务体系；科学发展观与文化创新战略等。子课题下还将细化出50多个不同领域的研究专题。

作为该课题的主要承担者，中国艺术研究院近年来在国内率先成立了文化发展战略研究中心，大幅度调整了学术力量配置，加强了对文化战略与公共文化政策、文化产业、文化安全、互联网方面的研究。

生态补偿机制国际研讨会在北京召开

研讨会上，中国生态补偿的法制建设成为专家关注的焦点。

专家提出，考虑到法律出台的程序和生态补偿的急需，生态补偿的法制建设可分三步走：一是各部门和地方应及时总结有关生态补偿的实践经验和教训，并向全国人大和有关部门提出生态补偿机制的立法建议；二是在有关生态环境保护和资源利用的法律、法规修订和完善过程中，将生态补偿机制的内容吸收进去，形成有利于生态补偿机制实施的法律体系；三是建议中央尽快出台生态补偿机制和政策方面的指导意见，并以此为基础制定生态补偿总体战略。

据介绍，当前生态环境保护过程中存在的突出问题是，受益者无偿占有环境利益，保护者得不到应有的经济回报，缺乏保护的经济激励，破坏者未能承担破坏环境的责任和成本，受害者得不到应有的经济赔偿。

对此，国家环保总局政策法规司司长杨朝飞表示，我国要按照“谁开发谁保护，谁破坏谁修复，谁受益谁补偿，谁排污谁付费”的原则，完善生态补偿政策，建立生态补偿机制。力争通过5年至10年的努力，形成功能完备、措施有力的环境法规标准体系，从根本上解决“违法成本低、守法成本高”问题。

为期两天的生态补偿机制国际研讨会，由中国环境与发展国际合作委员会主办，国内外60多个相关机构的代表参会。

8月25日

十届全国人大常委会第五十次委员长会议在人民大会堂举行

全国人大常委会委员长吴邦国主持会议。委员长会议听取了全国人大法律委员会主任委员杨景宇关于监督法草案等4个法律案修改情况的报告。会议决定，将监督法草案、企业破产法草案、合伙企业法修订草案3部法律案交付正在举行的十届全国人大常委会第二十三次会议表决。有关授权香港特别行政区对深圳湾口岸港方口岸区实施管辖的决定案很有必要，对于促进内地和香港特别行政区之间的经贸往来和人员交流，推动两地经济共同发展，保持香港的繁荣和稳定，具有重要意义，委员长会议建议下次常委会会议继续审议。

会议还听取了全国人大外事委员会主任委员姜恩柱关于中国政府和巴基斯坦政府关于打击恐怖主义、分裂主义和极端主义的合作协定的审议情况和决定草案代拟稿的汇报；听取了全国人大常委会副委员长兼秘书长盛华仁关于个别代表的代表资格的报告和有关任免案的审议情况的报告。委员长会议决定，将上述有关议案交付十届全国人大常委会第二十三次会议表决。

全国人大常委会副委员长王兆国、李铁映、司马义·艾买提、何鲁丽、丁石孙、成思危、许嘉璐、蒋正华、顾秀莲、热地、路甬祥、乌云其木格、韩启德等出席会议。

十届全国人大常委会第二十三次会议在人民大会堂举行第二次全体会议

会议听取国务院关于今年以来国民经济和社会发展计划执行情况的报告、全国人大常委会执法检查组关于检查节约能源法实施情况的报告。吴邦国委员长出席会议。

全国人大常委会副委员长乌云其木格主持会议。

受国务院委托，国家发展和改革委员会主任马凯报告了今年以来国民经济和社会发展计划执行情况。

马凯说，在充分肯定成绩的同时，也要清醒地看到经济运行中的一些突出矛盾和问题还没有得到有效抑制，同时又出现了一些值得注意的新情况：投资增长过快、信贷投放过多、国际收支不平衡的矛盾突出；能源消耗过多，环境压力较大；部分大中城市房价上涨仍然较快；涉及人民群众利益方面还存在不少需要认真解决的问题。他还报告了下半年要重点做好的九项工作：继续促进农业发展和农民增收；坚决抑制投资过快增长；切实加大节能降耗和环保工作力度；继续完善房地产市场调控；积极扩大消费需求；加快推进产业结构调整；进一步提高对外开放的质量和水平；着力深化各项改革；认真解决人民群众最关心最直接最现实的利益问题。

根据2006年执法检查计划，全国人大常委会执法检查组自今年5月起对节约能源法的实施情况进行了检查。全国人大常委会副委员长李铁映报告了这次执法检查的有关情况。他说，节约能源法自1998年实施以来，国务院及其有关部门、各地和用能单位做了大量工作，取得了一定成效，单位国内生产总值能耗由1998年的每万元1.56吨标准煤下降到2005年的1.43吨标准煤，主要用能产品单位能耗逐步降低，能源利用效率有所提高。但从检查情况看，我国能源形势相当严峻，节约优先的方针没有得到落实，节能工作远不适应我国能源短缺的基本国情，远不适应我国经济社会发展的基本要求，主要问题是：体制不适应、政策不配套、结构不合理、技术支撑不到位、法制不完善。

全国人大常委会副委员长王兆国、司马义·艾买提、何鲁丽、丁石孙、成思危、许嘉璐、蒋正华、顾秀莲、热地、盛华仁、路甬祥、韩启德等出席会议，国务院副总理曾培炎、最高人民法院院长肖扬、最高人民检察院检察长贾春旺列席会议。

全国人大常委会委员长吴邦国 国务院总理温家宝在北京分别会见委内瑞拉总统查韦斯

国务院总理温家宝在中南海紫光阁会见新加坡副总理黄根成

温家宝说，中新双边合作联合委员会第三次会议开得很成功，取得了积极成果。中新是重要的经贸合作伙伴，双边贸易额占中国与东盟贸易额的1/4。苏州工业园区在促进管理经验交流和技术合作等方面发挥着重要作用，应该继续予以加强。中新在经济上有较强的互补性，两国不仅要加强双边经贸合作，而且还可以联合开拓国际市场，不断拓宽经贸合作领域。

温家宝指出，中新双边合作联合委员会第三次会议就启动两国自由贸易区谈判问题达成共识，这对深化中新经贸合作具有重要意义。中方对建立中新自由贸易区持积极态度，愿本着平等互利、照顾彼此关切的原则与新方尽快启动谈判，争取在中国与东盟自由贸易区建设的框架下实现中新之间的相互开放。

国务院总理温家宝在北京会见几内亚外交和国际合作国务部部长马马迪·孔戴

全国政协主席贾庆林在北京接见出席世界宗教和平会议第八届大会的中国宗教界和平委员会代表团

贾庆林指出，此次会议主题“抵制暴力，共享安全”和中国宗教界历来主张的崇尚和平、追求和谐的宗旨是一致的。我国坚持走和平发展的道路，我们倡导构建和谐世界的主张越来越得到国际社会的认同。他希望代表团认真学习胡锦涛总书记在全国统战工作会议的重要讲话精神，充分认识肩负的光荣使命，做中国宗教界的和平使者，做中国人民的和平使者。

贾庆林说，参加这次代表团的主要成员都是各全国性宗教团体的主要负责人，在宗教界有着很高的名望。要运用这种优势，坚持原则，多做工作，广交朋友，寻求共识，向世界宗教界人士积极宣传中华民族悠久灿烂的文化，宣传我国改革开放和现代化建设的显著成就，宣传我国的宗教政策以及宗教信仰自由的真实情况，宣传我国走和平发展道路和致力构建和谐社会的理念，把一个稳定、开放、繁荣的中国展示给世界，进一步树立我国在国际社会的良好形象。

陪同贾庆林主席接见的还有全国人大常委会副委员长、中国宗教界和平委员会名誉主席傅铁山，全国政协副主席王忠禹、刘延东，全国政协秘书长郑万通及有关方面的负责人。

《人民日报》发表国家发改委主任马凯的文章《认真学习江泽民同志的改革开放思想》

中国证监会 中国人民银行和国家外汇管理局联合发布《合格境外机构投资者境内证券投资管理办法》

这部法规较大幅度地放宽了合格境外机构投资者投资境内证券的门槛，以鼓励长期资金入市，促进我国资本市场的健康发展。

外交部发言人刘建超就台湾“陆军司令”访日答记者问

刘建超说，中方已对日方这一公然违反中日三个政治文件有关原则和相关承诺的行径提出强烈抗议。

有记者问：据日本媒体报道，日前台湾“陆军司令”胡镇埔以“观光”名义访日，并于8月24日观摩日本陆上自卫队实弹射击演习，请问中方对此有何评论？

刘建超说，日本政府允许台湾“陆军司令”胡镇埔访日是中日关系中的一个严重事件。中方已对日方这一公然违反中日三个政治文件有关原则和相关承诺的行径提出强烈抗议。我们强烈要求日本政府以实际行动体现一个中国立场，认真对待中方的严正立场和严重关切，防止类似事件再次发生。

中国选手在吉隆坡首届青少年武术世锦赛上共获得16枚金牌

8月26日

十届全国人大常委会第二十三次会议在人民大会

堂举行第三次全体会议

会议听取全国人大常委会执法检查组关于跟踪检查有关环境保护法律实施情况的报告，关于检查法官法、检察官法实施情况的报告，全国人大法律委员会关于监督法草案等四个法律案修改情况的报告。吴邦国委员长出席会议。

副委员长韩启德主持会议。

副委员长兼秘书长盛华仁作了关于跟踪检查有关环境保护法律实施情况的报告。盛华仁说，过去三年，全国人大常委会始终把环保问题作为监督工作的重点，先后检查了固体废物污染环境防治法等四部环保法律的实施情况，多次听取国务院的有关专题报告，并就加强环保、治理污染提出了一系列建议。鉴于全国人大常委会组成人员对有关建议落实情况非常关心，常委会决定对几部环保法律实施情况进行跟踪检查，同时结合检查大气污染防治法的实施情况。这是对我国环保法律的一次综合、全面的执法检查，目的是督促检查国务院及其有关部门对常委会建议的落实情况，进一步推动各级政府采取更加有力的措施，努力解决直接关系人民群众生产生活的突出环境问题，确保“十一五”时期环保工作达到预期目标。

副委员长顾秀莲作了关于检查法官法、检察官法实施情况的报告。她说，从检查情况看，法官法和检察官法在实施当中也存在一些问题，主要是：少数法官、检察官司法不公正，仍然是群众关注的一个主要问题；办案力量普遍不足，既影响办案质量，也影响法官、检察官身心健康；“以收定支”“收支挂钩”等违反财政纪律的做法屡禁不止；法官法和检察官法的一些规定未能落实，有关法官、检察官职业保障的配套规定仍未出台。顾秀莲还就改进法官法和检察官法实施工作提出五点建议：深入开展社会主义法治理念教育，切实提高法官、检察官综合素质；完善监督制约机制，保证法官、检察官执法规范公正、作风清正廉洁；抓紧落实相关措施，解决基层法院、检察院人才短缺问题；切实解决法院、检察院工作经费问题，保障法官、检察官的职业待遇；尽快制定法官法和检察官法的配套规定，保证法律确立的制度全面实施。

全国人大法律委员会主任委员杨景宇作了关于监督法草案等四个法律案修改情况的报告。法律委员会建议本次常委会会议审议通过监督法草案、企业破产法草案、合伙企业法修订草案等三个法律案；下次常委会会议继续审议有关授权香港特别行政区对深圳湾口岸港方口岸区实施管辖的决定案。

全国人大常委会副委员长王兆国、李铁映、司马义·艾买提、何鲁丽、丁石孙、成思危、许嘉璐、蒋正华、热地、路甬祥、乌云其木格等出席会议，最高人民法院院长肖扬、最高人民检察院检察长贾春旺列席会议。

“反商业贿赂高峰论坛”在北京开幕

全国人大常委会副委员长成思危出席开幕式时强调，治理商业贿赂是党中央、国务院作出的重大决策和部署，是实现经济社会又快又好发展的迫切需要，要广泛动员社会各界力量，形成治理商业贿赂的强大合力。

成思危指出，治理商业贿赂对于贯彻落实科学发展观、构建社会主义和谐社会、完善社会主义市场经济体制，解决发展面临的突出矛盾和问题具有十分重要的意义。要注重建立健全长效机制，以树立社会主义荣辱观为重点加强教育，引导各类市场主体依法经营、诚实守信，打造健康的商业文化，深化改革，创新体制，加快社会诚信体系建设。

最高人民法院院长肖扬、最高人民检察院检察长贾春旺、全国政协副主席罗豪才出席开幕式。

“反商业贿赂高峰论坛”由最高人民法院中国应用法学研究所、最高人民检察院检察理论研究所、公安部法制局、国家工商总局市场监督与管理研究中心、中国政策科学研究会和今日中国论坛等单位共同举办。

北半球首次发现的恐龙新物种化石在宁夏出土

正在宁夏灵武磁窑堡镇进行的大规模恐龙化石发掘获得了“国宝级”发现——科考队员们发掘出一具蜥脚类恐龙头骨化石，附带22颗排列整齐的牙齿，为我国百年恐龙发掘史上所罕见，并且被证实为一个北半球首次发现的恐龙新物种化石——梁龙类恐龙的分支叉背龙化石。

8月27日

十届全国人大常委会第二十三次会议在人民大会堂闭幕

会议表决通过了各级人大常委会监督法、企业破产法和修订后的合伙企业法，国家主席胡锦涛今天签署第53号、第54号和第55号主席令，分别公布了这三部法律。

吴邦国委员长主持会议并作重要讲话。

会议通过的监督法是在认真总结实践经验、广泛听取各方面意见的基础上，经过反复修改、多次审议后形成的，凝聚了全国人大代表、常委会组成人员、地方各级人大的同志和专家学者的集体智慧。会议通过的企业破产法确立了企业有序退出的法律制度，规范了企业破产程序，对于公平清理债权债务，保护债权人和债务人的合法权益，维护社会主义市场经济秩序具有重要意义。修订后的合伙企业法增加和完善了合伙企业的组织形式,扩大了举办合伙企业的主体范围,明确了合伙企业所得税缴纳办法,简化了合伙企业登记和清算手续等等,对于鼓励自主创新和风险投资,加强技术与资本的结合,推动专业服务机构做大做强,促进社会主义市场经济发展将发挥重要作用。

会议表决通过了全国人大常委会关于批准中国政府和巴基斯坦政府关于打击恐怖主义、分裂主义和极端主义的合作协定的决定,表决通过了全国人大常委会代表资格审查委员会关于个别代表的代表资格的报告。根据会后发表的全国人大常委会公告,现在十届全国人大代表实有2981人。会议还表决通过了有关任免事项。

在完成各项议程后,吴邦国发表重要讲话。他指出,监督法的颁布实施,对于各级人大常委会依法行使监督职权,健全监督机制,加强和改进监督工作,增强监督实效,促进依法行政和公正司法,更好地发挥人民代表大会制度的特点和优势,推进社会主义民主法治建设都具有重大的现实意义和深远的历史意义。要认真学习胡锦涛总书记关于监督工作的重要讲话精神,从坚持走中国特色社会主义政治发展道路的高度,深入领会监督法的精神实质,为监督法的实施打下坚实的思想基础。要搞好规范和过渡工作,确保监督法的全面正确实施。要以贯彻实施监督法为契机,进一步加强和改进人大监督工作,努力增强监督工作的针对性和实效性。

吴邦国指出,今年上半年国民经济和社会发展计划执行情况总体上是好的,实现了高增长、高就业、高效益和低通胀。国务院和地方政府做了大量工作,应予充分肯定。在看到成绩的同时,必须正视当前国民经济和社会发展中存在的突出矛盾和问题,按照中央的统一部署,采取切实有效措施,把今年下半年的经济和社会发展工作进一步抓实、做好,确保完成今年国民经济和社会发展的各项任务。

吴邦国说,对节约能源法和有关环保法律开展执法检查,是今年全国人大常委会监督工作的重点。从检查情况看,我国"十五"期间能源消费弹性系数明显高于"六五"至"九五"时期平均水平,环境保护的主要指标也没有完成。更应高度重视的是,今年上半年,单位国内生产总值能耗不但没有降低,反而上升了0.8%;污染物排放总量不但没有减少,反而都在增加。这既反映了我国能源和环境形势的严峻程度,也说明粗放型经济增长方式和经济结构不合理的问题尚未根本改变,表明建设资源节约型和环境友好型社会的任务有多么艰巨,必须引起各级政府的高度重视。要扭转这一局面,关键是要坚持以科学发展观为指导,切实转变发展观念、创新发展模式、提高发展质量,要把转变经济增长方式作为战略重点,着力调整经济结构,大力开展节能降耗,重视加强环境保护,努力推进自主创新,真正把科学发展观落实到具体政策措施上、落实到各项实际工作中,使经济社会发展尽快转入科学发展的轨道。

吴邦国说,常委会组成人员在审议法官法和检察官法执法检查报告过程中,充分肯定了法院和检察院在加强队伍建设、促进公正司法方面所做的工作。同时指出,法院、检察院要针对法官法和检察官法实施中存在的突出问题,进一步加强法院和检察院队伍建设,努力提高法官和检察官的政治、业务和职业道德素质。同时希望有关方面尽快解决基层法院和检察院工作经费保障问题,落实收支两条线,确保法院和检察院工作的正常开展。

全国人大常委会副委员长王兆国、李铁映、司马义·艾买提、何鲁丽、丁石孙、许嘉璐、蒋正华、顾秀莲、热地、盛华仁、路甬祥、乌云其木格、韩启德出席会议。国务委员曹刚川、最高人民法院院长肖扬、最高人民检察院检察长贾春旺列席会议。

国家主席胡锦涛签署第53号令发布《中华人民共和国各级人民代表大会常务委员会监督法》

《中华人民共和国各级人民代表大会常务委员会监督法》已由中华人民共和国第十届全国人民代表大会常务委员会第二十三次会议于2006年8月27日通过,现予公布,自2007年1月1日起施行。

中华人民共和国主席 胡锦涛

2006年8月27日

中华人民共和国各级人民代表大会常务委员会监督法

第一章 总 则

第一条 为保障全国人民代表大会常务委员会和县级以上地方各级人民代表大会常务委员会依法行使监督职权,发展社会主义民主,推进依法治国,根据宪法,制定本法。

第二条 各级人民代表大会常务委员会依据宪法和有关法律的规定,行使监督职权。

各级人民代表大会常务委员会行使监督职权的程序,适用本法;本法没有规定的,适用有关法律的规定。

第三条 各级人民代表大会常务委员会行使监督职权,应当围绕国家工作大局,以经济建设为中心,坚持中国共产党的领导,坚持马克思列宁主义、毛泽东思想、邓小平理论和"三个代表"重要思想,坚持人民民主专政,坚持社会主义道路,坚持改革开放。

第四条 各级人民代表大会常务委员会按照民主集中制的原则,集体行使监督职权。

第五条　各级人民代表大会常务委员会对本级人民政府、人民法院和人民检察院的工作实施监督，促进依法行政、公正司法。

第六条　各级人民代表大会常务委员会行使监督职权的情况，应当向本级人民代表大会报告，接受监督。

第七条　各级人民代表大会常务委员会行使监督职权的情况，向社会公开。

第二章　听取和审议人民政府、人民法院和人民检察院的专项工作报告

第八条　各级人民代表大会常务委员会每年选择若干关系改革发展稳定大局和群众切身利益、社会普遍关注的重大问题，有计划地安排听取和审议本级人民政府、人民法院和人民检察院的专项工作报告。

常务委员会听取和审议专项工作报告的年度计划，经委员长会议或者主任会议通过，印发常务委员会组成人员并向社会公布。

第九条　常务委员会听取和审议本级人民政府、人民法院和人民检察院的专项工作报告的议题，根据下列途径反映的问题确定：

(一)本级人民代表大会常务委员会在执法检查中发现的突出问题；

(二)本级人民代表大会代表对人民政府、人民法院和人民检察院工作提出的建议、批评和意见集中反映的问题；

(三)本级人民代表大会常务委员会组成人员提出的比较集中的问题；

(四)本级人民代表大会专门委员会、常务委员会工作机构在调查研究中发现的突出问题；

(五)人民来信来访集中反映的问题；

(六)社会普遍关注的其他问题。

人民政府、人民法院和人民检察院可以向本级人民代表大会常务委员会要求报告专项工作。

第十条　常务委员会听取和审议专项工作报告前，委员长会议或者主任会议可以组织本级人民代表大会常务委员会组成人员和本级人民代表大会代表，对有关工作进行视察或者专题调查研究。

常务委员会可以安排参加视察或者专题调查研究的代表列席常务委员会会议，听取专项工作报告，提出意见。

第十一条　常务委员会听取和审议专项工作报告前，常务委员会办事机构应当将各方面对该项工作的意见汇总，交由本级人民政府、人民法院或者人民检察院研究并在专项工作报告中作出回应。

第十二条　人民政府、人民法院或者人民检察院应当在常务委员会举行会议的二十日前，由其办事机构将专项工作报告送交本级人民代表大会有关专门委员会或者常务委员会有关工作机构征求意见；人民政府、人民法院或者人民检察院对报告修改后，在常务委员会举行会议的十日前送交常务委员会。

常务委员会办事机构应当在常务委员会举行会议的七日前，将专项工作报告发给常务委员会组成人员。

第十三条　专项工作报告由人民政府、人民法院或者人民检察院的负责人向本级人民代表大会常务委员会报告，人民政府也可以委托有关部门负责人向本级人民代表大会常务委员会报告。

第十四条　常务委员会组成人员对专项工作报告的审议意见交由本级人民政府、人民法院或者人民检察院研究处理。人民政府、人民法院或者人民检察院应当将研究处理情况由其办事机构送交本级人民代表大会有关专门委员会或者常务委员会有关工作机构征求意见后，向常务委员会提出书面报告。常务委员会认为必要时，可以对专项工作报告作出决议；本级人民政府、人民法院或者人民检察院应当在决议规定的期限内，将执行决议的情况向常务委员会报告。

常务委员会听取的专项工作报告及审议意见，人民政府、人民法院或者人民检察院对审议意见研究处理情况或者执行决议情况的报告，向本级人民代表大会代表通报并向社会公布。

第三章　审查和批准决算，听取和审议国民经济和社会发展计划、预算的执行情况报告，听取和审议审计工作报告

第十五条　国务院应当在每年六月，将上一年度的中央决算草案提请全国人民代表大会常务委员会审查和批准。

县级以上地方各级人民政府应当在每年六月至九月期间，将上一年度的本级决算草案提请本级人民代表大会常务委员会审查和批准。

决算草案应当按照本级人民代表大会批准的预算所列科目编制，按预算数、调整数或者变更数以及实际执行数分别列出，并作出说明。

第十六条　国务院和县级以上地方各级人民政府应当在每年六月至九月期间，向本级人民代表大会常务委员会报告本年度上一阶段国民经济和社会发展计划、预算的执行情况。

第十七条　国民经济和社会发展计划、预算经人民代表大会批准后，在执行过程中需要作部分调整的，国务院和县级以上地方各级人民政府应当将调整方案提请本级人民代表大会常务委员会审查和批准。

严格控制不同预算科目之间的资金调整。预算安排的农业、教育、科技、文化、卫生、社会保障等资金需要调减的，国务院和县级以上地方各级人民政府应当提请本级人民代表大会常务委员会审查和批准。

国务院和县级以上地方各级人民政府有关主管部门应当在本级人民代表大会常务委员会举行会议审查和批准预算调整方案的一个月前，将预算调整初步方案送交本级人民代表大会财政经济委员会进行初步审查，或者送交常务委员会有关工作机构征求意见。

第十八条　常务委员会对决算草案和预算执行情况报告，重点审查下列内容：

(一)预算收支平衡情况；

(二)重点支出的安排和资金到位情况；

(三)预算超收收入的安排和使用情况；

(四)部门预算制度建立和执行情况；

(五)向下级财政转移支付情况；

(六)本级人民代表大会关于批准预算的决议的执行情况。

除前款规定外，全国人民代表大会常务委员会还应当重点审查国债余额情况；县级以上地方各级人民代表大会常务委员会还应当重点审查上级财政补助资金的安排和使用情况。

第十九条　常务委员会每年审查和批准决算的同时，听取和审议本级人民政府提出的审计机关关于上一年度预算执行和其他财政收支的审计工作报告。

第二十条　常务委员会组成人员对国民经济和社会发展计划执行情况报告、预算执行情况报告和审计工作报告的审议意见交由本级人民政府研究处理。人民政府应当将研究处理情况向常务委员会提出书面报告。常务委员会认为必要时，可以对审计工作报告作出决议；本级人民政府应当在决议规定的期限内，将执行决议的情况向常务委员会报告。

常务委员会听取的国民经济和社会发展计划执行情况报告、预算执行情况报告和审计工作报告及审议意见，人民政府对审议意见研究处理情况或者执行决议情况的报告，向本级人民代表大会代表通报并向社会公布。

第二十一条　国民经济和社会发展五年规划经人民代表大会批准后，在实施的中期阶段，人民政府应当将规划实施情况的中期评估报告提请本级人民代表大会常务委员会审议。规划经中期评估需要调整的，人民政府应当将调整方案提请本级人民代表大会常务委员会审查和批准。

第四章　法律法规实施情况的检查

第二十二条　各级人民代表大会常务委员会参照本法第九条规定的途径，每年选择若干关系改革发展稳定大局和群众切身利益、社会普遍关注的重大问题，有计划地对有关法律、法规实施情况组织执法检查。

第二十三条　常务委员会年度执法检查计划，经委员长会议或者主任会议通过，印发常务委员会组成人员并向社会公布。

常务委员会执法检查工作由本级人民代表大会有关专门委员会或者常务委员会有关工作机构具体组织实施。

第二十四条　常务委员会根据年度执法检查计划，按照精干、效能的原则，组织执法检查组。

执法检查组的组成人员，从本级人民代表大会常务委员会组成人员以及本级人民代表大会有关专门委员会组成人员中确定，并可以邀请本级人民代表大会代表参加。

第二十五条　全国人民代表大会常务委员会和省、自治区、直辖市的人民代表大会常务委员会根据需要，可以委托下一级人民代表大会常务委员会对有关法律、法规在本行政区域内的实施情况进行检查。受委托的人民代表大会常务委员会应当将检查情况书面报送上一级人民代表大会常务委员会。

第二十六条　执法检查结束后，执法检查组应当及时提出执法检查报告，由委员长会议或者主任会议决定提请常务委员会审议。

执法检查报告包括下列内容：

(一)对所检查的法律、法规实施情况进行评价，提出执法中存在的问题和改进执法工作的建议；

(二)对有关法律、法规提出修改完善的建议。

第二十七条　常务委员会组成人员对执法检查报告的审议意见连同执法检查报告，一并交由本级人民政府、人民法院或者人民检察院研究处理。人民政府、人民法院或者人民检察院应当将研究处理情况由其办事机构送交本级人民代表大会有关专门委员会或者常务委员会有关工作机构征求意见后，向常务委员会提出报告。必要时，由委员长会议或者主任会议决定提请常务委员会审议，或者由常务委员会组织跟踪检查；常务委员会也可以委托本级人民代表大会有关专门委员会或者常务委员会有关工作机构组织跟踪检查。

常务委员会的执法检查报告及审议意见，人民政府、人民法院或者人民检察院对其研究处理情况的报告，向本级人民代表大会代表通报并向社会公布。

第五章　规范性文件的备案审查

第二十八条　行政法规、地方性法规、自治条例和单行条例、规章的备案、审查和撤销，依照立法法的有关规定办理。

第二十九条　县级以上地方各级人民代表大会常务委员会审查、撤销下一级人民代表大会及其常务委员会作出的不适当的决议、决定和本级人民政府发布的不适当的决定、命令的程序，由省、自治区、直辖市的人民代表大会常务委员会参照立法法的有关规定，作出具体规定。

第三十条　县级以上地方各级人民代表大会常务委员会对下一级人民代表大会及其常务委员会作出的决议、决定和本级人民政府发布的决定、命令，经审查，认为有下列不适当的情形之一的，有权予以撤销：

(一)超越法定权限，限制或者剥夺公民、法人和其他组织的合法权利，或者增加公民、法人和其他组织的义务的；

(二)同法律、法规规定相抵触的；

(三)有其他不适当的情形，应当予以撤销的。

第三十一条　最高人民法院、最高人民检察院作出的属于审判、检察工作中具体应用法律的解释，应当自公布之日起三十日内报全国人民代表大会常务委员会备案。

第三十二条　国务院、中央军事委员会和省、自治区、直辖市的人民代表大会常务委员会认为最高人民法院、最高人民检察院作出的具体应用法律的解释同法律规定相抵触的，最高人民法院、最高人民检察院之间认为对方作出的具体应用法律的解释同法律规定相抵触的，可以向全国人民代表大会常务委员会书面提出进行审查的要求，由常务委员会工作机构送有关专门委员会进行审查、提出意见。

前款规定以外的其他国家机关和社会团体、企业事业组织以及公民认为最高人民法院、最高人民检察院作出的具体应用法律的解释同法律规定相抵触的，可以向全国人民代表大会常务委员会书面提出进行审查的建议，由常务委员会工作机构进行研究，必要时，送有关专门委员会进行审查、提出意见。

第三十三条　全国人民代表大会法律委员会和有关专门委员会经审查认为最高人民法院或者最高人民检察院作出的具体应用法律的解释同法律规定相抵触，而最高人民法院或者最高人民检察院不予修改或者废止的，可以提出要求最高人民法院或者最高人民检察院予以修改、废止的议案，或者提出由全国人民代表大会常务委员会作出法律解释的议案，由委员长会议决定提请常务委员会审议。

第六章　询问和质询

第三十四条　各级人民代表大会常务委员会会议审议议案和有关报告时，本级人民政府或者有关部门、人民法院或者人民检察院应当派有关负责人员到会，听取意见，回答询问。

第三十五条　全国人民代表大会常务委员会组成人员十人以上联名，省、自治区、直辖市、自治州、设区的市人民代表大会常务委员会组成人员五人以上联名，县级人民代表大会常务委员会组成人员三人以上联名，可以向常务委员会书面提出对本级人民政府及其部门和人民法院、人民检察院的质询案。

质询案应当写明质询对象、质询的问题和内容。

第三十六条　质询案由委员长会议或者主任会议决定交由受质询的机关答复。

委员长会议或者主任会议可以决定由受质询机关在常务委员会会议上或者有关专门委员会会议上口头答复，或者由受质询机关书面答复。在专门委员会会议上答复的，提质询案的常务委员会组成人员有权列席会议，发表意见。委员长会议或者主任会议认为必要时，可以将答复质询案的情况报告印发常务委员会会议。

第三十七条　提质询案的常务委员会组成人员的过半数对受质询机关的答复不满意的，可以提出要求，经委员长会议或者主任会议决定，由受质询机关再作答复。

第三十八条　质询案以口头答复的，由受质询机关的负责人到会答复。质询案以书面答复的，由受质询机关的负责人签署。

第七章　特定问题调查

第三十九条　各级人民代表大会常务委员会对属于其职权范围内的事项，需要作出决议、决定，但有关重大事实不清的，可以组织关于特定问题的调查委员会。

第四十条　委员长会议或者主任会议可以向本级人民代表大会常务委员会提议组织关于特定问题的调查委员会，提请常务委员会审议。

五分之一以上常务委员会组成人员书面联名，可以向本级人民代表大会常务委员会提议组织关于特定问题的调查委员会，由委员长会议或者主任会议决定提请常务委员会审议，或者先交有关的专门委员会审议、提出报告，再决定提请常务委员会审议。

第四十一条　调查委员会由主任委员、副主任委员和委员组成，由委员长会议或者主任会议在本级人民代表大会常务委员会组成人员和本级人民代表大会代表中提名，提请常务委员会审议通过。调查委员会可以聘请有关专家参加调查工作。

与调查的问题有利害关系的常务委员会组成人员和其他人员不得参加调查委员会。

第四十二条　调查委员会进行调查时，有关的国家机关、社会团体、企业事业组织和公民都有义务向其提供必要的材料。

提供材料的公民要求对材料来源保密的，调查委员会应当予以保密。

调查委员会在调查过程中，可以不公布调查的情况和材料。

第四十三条　调查委员会应当向产生它的常务委

员会提出调查报告。常务委员会根据报告,可以作出相应的决议、决定。

第八章　撤职案的审议和决定

第四十四条　县级以上地方各级人民代表大会常务委员会在本级人民代表大会闭会期间,可以决定撤销本级人民政府个别副省长、自治区副主席、副市长、副州长、副县长、副区长的职务;可以撤销由它任命的本级人民政府其他组成人员和人民法院副院长、庭长、副庭长、审判委员会委员、审判员,人民检察院副检察长、检察委员会委员、检察员,中级人民法院院长,人民检察院分院检察长的职务。

第四十五条　县级以上地方各级人民政府、人民法院和人民检察院,可以向本级人民代表大会常务委员会提出对本法第四十四条所列国家机关工作人员的撤职案。

县级以上地方各级人民代表大会常务委员会主任会议,可以向常务委员会提出对本法第四十四条所列国家机关工作人员的撤职案。

县级以上地方各级人民代表大会常务委员会五分之一以上的组成人员书面联名,可以向常务委员会提出对本法第四十四条所列国家机关工作人员的撤职案,由主任会议决定是否提请常务委员会会议审议;或者由主任会议提议,经全体会议决定,组织调查委员会,由以后的常务委员会会议根据调查委员会的报告审议决定。

第四十六条　撤职案应当写明撤职的对象和理由,并提供有关的材料。

撤职案在提请表决前,被提出撤职的人员有权在常务委员会会议上提出申辩意见,或者书面提出申辩意见,由主任会议决定印发常务委员会会议。

撤职案的表决采用无记名投票的方式,由常务委员会全体组成人员的过半数通过。

第九章　附　则

第四十七条　省、自治区、直辖市的人民代表大会常务委员会可以根据本法和有关法律,结合本地实际情况,制定实施办法。

第四十八条　本法自2007年1月1日起施行。

国家主席胡锦涛签署第54号令发布《中华人民共和国企业破产法》

《中华人民共和国企业破产法》已由中华人民共和国第十届全国人民代表大会常务委员会第二十三次会议于2006年8月27日通过,现予公布,自2007年6月1日起施行。

中华人民共和国主席　胡锦涛

2006年8月27日

中华人民共和国企业破产法

第一章　总　则

第一条　为规范企业破产程序,公平清理债权债务,保护债权人和债务人的合法权益,维护社会主义市场经济秩序,制定本法。

第二条　企业法人不能清偿到期债务,并且资产不足以清偿全部债务或者明显缺乏清偿能力的,依照本法规定清理债务。

企业法人有前款规定情形,或者有明显丧失清偿能力可能的,可以依照本法规定进行重整。

第三条　破产案件由债务人住所地人民法院管辖。

第四条　破产案件审理程序,本法没有规定的,适用民事诉讼法的有关规定。

第五条　依照本法开始的破产程序,对债务人在中华人民共和国领域外的财产发生效力。

对外国法院作出的发生法律效力的破产案件的判决、裁定,涉及债务人在中华人民共和国领域内的财产,申请或者请求人民法院承认和执行的,人民法院依照中华人民共和国缔结或者参加的国际条约,或者按照互惠原则进行审查,认为不违反中华人民共和国法律的基本原则,不损害国家主权、安全和社会公共利益,不损害中华人民共和国领域内债权人的合法权益的,裁定承认和执行。

第六条　人民法院审理破产案件,应当依法保障企业职工的合法权益,依法追究破产企业经营管理人员的法律责任。

第二章　申请和受理

第一节　申　请

第七条　债务人有本法第二条规定的情形,可以向人民法院提出重整、和解或者破产清算申请。

债务人不能清偿到期债务,债权人可以向人民法院提出对债务人进行重整或者破产清算的申请。

企业法人已解散但未清算或者未清算完毕,资产不足以清偿债务的,依法负有清算责任的人应当向人民法院申请破产清算。

第八条　向人民法院提出破产申请,应当提交破产申请书和有关证据。

破产申请书应当载明下列事项:

(一)申请人、被申请人的基本情况;

(二)申请目的;

(三)申请的事实和理由;

(四)人民法院认为应当载明的其他事项。

债务人提出申请的,还应当向人民法院提交财产状况说明、债务清册、债权清册、有关财务会计报告、职工安置预案以及职工工资的支付和社会保险费用的缴纳情况。

第九条　人民法院受理破产申请前,申请人可以请求撤回申请。

第二节　受　理

第十条　债权人提出破产申请的,人民法院应当自收到申请之日起五日内通知债务人。债务人对申请有异议的,应当自收到人民法院的通知之日起七日内向人民法院提出。人民法院应当自异议期满之日起十日内裁定是否受理。

除前款规定的情形外,人民法院应当自收到破产申请之日起十五日内裁定是否受理。

有特殊情况需要延长前两款规定的裁定受理期限的,经上一级人民法院批准,可以延长十五日。

第十一条　人民法院受理破产申请的,应当自裁定作出之日起五日内送达申请人。

债权人提出申请的,人民法院应当自裁定作出之日起五日内送达债务人。债务人应当自裁定送达之日起十五日内,向人民法院提交财产状况说明、债务清册、债权清册、有关财务会计报告以及职工工资的支付和社会保险费用的缴纳情况。

第十二条　人民法院裁定不受理破产申请的,应当自裁定作出之日起五日内送达申请人并说明理由。申请人对裁定不服的,可以自裁定送达之日起十日内向上一级人民法院提起上诉。

人民法院受理破产申请后至破产宣告前,经审查发现债务人不符合本法第二条规定情形的,可以裁定驳回申请。申请人对裁定不服的,可以自裁定送达之日起十日内向上一级人民法院提起上诉。

第十三条　人民法院裁定受理破产申请的,应当同时指定管理人。

第十四条　人民法院应当自裁定受理破产申请之日起二十五日内通知已知债权人,并予以公告。

通知和公告应当载明下列事项:

(一)申请人、被申请人的名称或者姓名;

(二)人民法院受理破产申请的时间;

(三)申报债权的期限、地点和注意事项;

(四)管理人的名称或者姓名及其处理事务的地址;

(五)债务人的债务人或者财产持有人应当向管理人清偿债务或者交付财产的要求;

(六)第一次债权人会议召开的时间和地点;

(七)人民法院认为应当通知和公告的其他事项。

第十五条　自人民法院受理破产申请的裁定送达债务人之日起至破产程序终结之日,债务人的有关人员承担下列义务:

(一)妥善保管其占有和管理的财产、印章和账簿、文书等资料;

(二)根据人民法院、管理人的要求进行工作,并如实回答询问;

(三)列席债权人会议并如实回答债权人的询问;

(四)未经人民法院许可,不得离开住所地;

(五)不得新任其他企业的董事、监事、高级管理人员。

前款所称有关人员,是指企业的法定代表人;经人民法院决定,可以包括企业的财务管理人员和其他经营管理人员。

第十六条　人民法院受理破产申请后,债务人对个别债权人的债务清偿无效。

第十七条　人民法院受理破产申请后,债务人的债务人或者财产持有人应当向管理人清偿债务或者交付财产。

债务人的债务人或者财产持有人故意违反前款规定向债务人清偿债务或者交付财产,使债权人受到损失的,不免除其清偿债务或者交付财产的义务。

第十八条　人民法院受理破产申请后,管理人对破产申请受理前成立而债务人和对方当事人均未履行完毕的合同有权决定解除或者继续履行,并通知对方当事人。管理人自破产申请受理之日起二个月内未通知对方当事人,或者自收到对方当事人催告之日起三十日内未答复的,视为解除合同。

管理人决定继续履行合同的,对方当事人应当履行;但是,对方当事人有权要求管理人提供担保。管理人不提供担保的,视为解除合同。

第十九条　人民法院受理破产申请后,有关债务人财产的保全措施应当解除,执行程序应当中止。

第二十条　人民法院受理破产申请后,已经开始而尚未终结的有关债务人的民事诉讼或者仲裁应当中止;在管理人接管债务人的财产后,该诉讼或者仲裁继续进行。

第二十一条　人民法院受理破产申请后,有关债务人的民事诉讼,只能向受理破产申请的人民法院提起。

第三章　管理人

第二十二条　管理人由人民法院指定。

债权人会议认为管理人不能依法、公正执行职务或者有其他不能胜任职务情形的,可以申请人民法院予以更换。

指定管理人和确定管理人报酬的办法,由最高人民法院规定。

第二十三条　管理人依照本法规定执行职务,向人民法院报告工作,并接受债权人会议和债权人委员会的监督。

管理人应当列席债权人会议，向债权人会议报告职务执行情况，并回答询问。

第二十四条 管理人可以由有关部门、机构的人员组成的清算组或者依法设立的律师事务所、会计师事务所、破产清算事务所等社会中介机构担任。

人民法院根据债务人的实际情况，可以在征询有关社会中介机构的意见后，指定该机构具备相关专业知识并取得执业资格的人员担任管理人。

有下列情形之一的，不得担任管理人：

(一)因故意犯罪受过刑事处罚；

(二)曾被吊销相关专业执业证书；

(三)与本案有利害关系；

(四)人民法院认为不宜担任管理人的其他情形。

个人担任管理人的，应当参加执业责任保险。

第二十五条 管理人履行下列职责：

(一)接管债务人的财产、印章和账簿、文书等资料；

(二)调查债务人财产状况，制作财产状况报告；

(三)决定债务人的内部管理事务；

(四)决定债务人的日常开支和其他必要开支；

(五)在第一次债权人会议召开之前，决定继续或者停止债务人的营业；

(六)管理和处分债务人的财产；

(七)代表债务人参加诉讼、仲裁或者其他法律程序；

(八)提议召开债权人会议；

(九)人民法院认为管理人应当履行的其他职责。

本法对管理人的职责另有规定的，适用其规定。

第二十六条 在第一次债权人会议召开之前，管理人决定继续或者停止债务人的营业或者有本法第六十九条规定行为之一的，应当经人民法院许可。

第二十七条 管理人应当勤勉尽责，忠实执行职务。

第二十八条 管理人经人民法院许可，可以聘用必要的工作人员。

管理人的报酬由人民法院确定。债权人会议对管理人的报酬有异议的，有权向人民法院提出。

第二十九条 管理人没有正当理由不得辞去职务。管理人辞去职务应当经人民法院许可。

第四章 债务人财产

第三十条 破产申请受理时属于债务人的全部财产，以及破产申请受理后至破产程序终结前债务人取得的财产，为债务人财产。

第三十一条 人民法院受理破产申请前一年内，涉及债务人财产的下列行为，管理人有权请求人民法院予以撤销：

(一)无偿转让财产的；

(二)以明显不合理的价格进行交易的；

(三)对没有财产担保的债务提供财产担保的；

(四)对未到期的债务提前清偿的；

(五)放弃债权的。

第三十二条 人民法院受理破产申请前六个月内，债务人有本法第二条第一款规定的情形，仍对个别债权人进行清偿的，管理人有权请求人民法院予以撤销。但是，个别清偿使债务人财产受益的除外。

第三十三条 涉及债务人财产的下列行为无效：

(一)为逃避债务而隐匿、转移财产的；

(二)虚构债务或者承认不真实的债务的。

第三十四条 因本法第三十一条、第三十二条或者第三十三条规定的行为而取得的债务人的财产，管理人有权追回。

第三十五条 人民法院受理破产申请后，债务人的出资人尚未完全履行出资义务的，管理人应当要求该出资人缴纳所认缴的出资，而不受出资期限的限制。

第三十六条 债务人的董事、监事和高级管理人员利用职权从企业获取的非正常收入和侵占的企业财产，管理人应当追回。

第三十七条 人民法院受理破产申请后，管理人可以通过清偿债务或者提供为债权人接受的担保，取回质物、留置物。

前款规定的债务清偿或者替代担保，在质物或者留置物的价值低于被担保的债权额时，以该质物或者留置物当时的市场价值为限。

第三十八条 人民法院受理破产申请后，债务人占有的不属于债务人的财产，该财产的权利人可以通过管理人取回。但是，本法另有规定的除外。

第三十九条 人民法院受理破产申请时，出卖人已将买卖标的物向作为买受人的债务人发运，债务人尚未收到且未付清全部价款的，出卖人可以取回在运途中的标的物。但是，管理人可以支付全部价款，请求出卖人交付标的物。

第四十条 债权人在破产申请受理前对债务人负有债务的，可以向管理人主张抵销。但是，有下列情形之一的，不得抵销：

(一)债务人的债务人在破产申请受理后取得他人对债务人的债权的；

(二)债权人已知债务人有不能清偿到期债务或者破产申请的事实，对债务人负担债务的；但是，债权人因为法律规定或者有破产申请一年前所发生的原因而负担债务的除外；

(三)债务人的债务人已知债务人有不能清偿到期债务或者破产申请的事实，对债务人取得债权的；但是，债务人的债务人因为法律规定或者有破产申请一年前所发生的原因而取得债权的除外。

第五章 破产费用和共益债务

第四十一条 人民法院受理破产申请后发生的下列费用，为破产费用：

（一）破产案件的诉讼费用；

（二）管理、变价和分配债务人财产的费用；

（三）管理人执行职务的费用、报酬和聘用工作人员的费用。

第四十二条 人民法院受理破产申请后发生的下列债务，为共益债务：

（一）因管理人或者债务人请求对方当事人履行双方均未履行完毕的合同所产生的债务；

（二）债务人财产受无因管理所产生的债务；

（三）因债务人不当得利所产生的债务；

（四）为债务人继续营业而应支付的劳动报酬和社会保险费用以及由此产生的其他债务；

（五）管理人或者相关人员执行职务致人损害所产生的债务；

（六）债务人财产致人损害所产生的债务。

第四十三条 破产费用和共益债务由债务人财产随时清偿。

债务人财产不足以清偿所有破产费用和共益债务的，先行清偿破产费用。

债务人财产不足以清偿所有破产费用或者共益债务的，按照比例清偿。

债务人财产不足以清偿破产费用的，管理人应当提请人民法院终结破产程序。人民法院应当自收到请求之日起十五日内裁定终结破产程序，并予以公告。

第六章 债权申报

第四十四条 人民法院受理破产申请时对债务人享有债权的债权人，依照本法规定的程序行使权利。

第四十五条 人民法院受理破产申请后，应当确定债权人申报债权的期限。债权申报期限自人民法院发布受理破产申请公告之日起计算，最短不得少于三十日，最长不得超过三个月。

第四十六条 未到期的债权，在破产申请受理时视为到期。

附利息的债权自破产申请受理时起停止计息。

第四十七条 附条件、附期限的债权和诉讼、仲裁未决的债权，债权人可以申报。

第四十八条 债权人应当在人民法院确定的债权申报期限内向管理人申报债权。

债务人所欠职工的工资和医疗、伤残补助、抚恤费用，所欠的应当划入职工个人账户的基本养老保险、基本医疗保险费用，以及法律、行政法规规定应当支付给职工的补偿金，不必申报，由管理人调查后列出清单并予以公示。职工对清单记载有异议的，可以要求管理人更正；管理人不予更正的，职工可以向人民法院提起诉讼。

第四十九条 债权人申报债权时，应当书面说明债权的数额和有无财产担保，并提交有关证据。申报的债权是连带债权的，应当说明。

第五十条 连带债权人可以由其中一人代表全体连带债权人申报债权，也可以共同申报债权。

第五十一条 债务人的保证人或者其他连带债务人已经代替债务人清偿债务的，以其对债务人的求偿权申报债权。

债务人的保证人或者其他连带债务人尚未代替债务人清偿债务的，以其对债务人的将来求偿权申报债权。但是，债权人已经向管理人申报全部债权的除外。

第五十二条 连带债务人数人被裁定适用本法规定的程序的，其债权人有权就全部债权分别在各破产案件中申报债权。

第五十三条 管理人或者债务人依照本法规定解除合同的，对方当事人以因合同解除所产生的损害赔偿请求权申报债权。

第五十四条 债务人是委托合同的委托人，被裁定适用本法规定的程序，受托人不知该事实，继续处理委托事务的，受托人以由此产生的请求权申报债权。

第五十五条 债务人是票据的出票人，被裁定适用本法规定的程序，该票据的付款人继续付款或者承兑的，付款人以由此产生的请求权申报债权。

第五十六条 在人民法院确定的债权申报期限内，债权人未申报债权的，可以在破产财产最后分配前补充申报；但是，此前已进行的分配，不再对其补充分配。为审查和确认补充申报债权的费用，由补充申报人承担。

债权人未依照本法规定申报债权的，不得依照本法规定的程序行使权利。

第五十七条 管理人收到债权申报材料后，应当登记造册，对申报的债权进行审查，并编制债权表。

债权表和债权申报材料由管理人保存，供利害关系人查阅。

第五十八条 依照本法第五十七条规定编制的债权表，应当提交第一次债权人会议核查。

债务人、债权人对债权表记载的债权无异议的，由人民法院裁定确认。

债务人、债权人对债权表记载的债权有异议的，可以向受理破产申请的人民法院提起诉讼。

第七章 债权人会议

第一节 一般规定

第五十九条 依法申报债权的债权人为债权人会

议的成员，有权参加债权人会议，享有表决权。

债权尚未确定的债权人，除人民法院能够为其行使表决权而临时确定债权额的外，不得行使表决权。

对债务人的特定财产享有担保权的债权人，未放弃优先受偿权利的，对于本法第六十一条第一款第七项、第十项规定的事项不享有表决权。

债权人可以委托代理人出席债权人会议，行使表决权。代理人出席债权人会议，应当向人民法院或者债权人会议主席提交债权人的授权委托书。

债权人会议应当有债务人的职工和工会的代表参加，对有关事项发表意见。

第六十条　债权人会议设主席一人，由人民法院从有表决权的债权人中指定。

债权人会议主席主持债权人会议。

第六十一条　债权人会议行使下列职权：

(一)核查债权；

(二)申请人民法院更换管理人，审查管理人的费用和报酬；

(三)监督管理人；

(四)选任和更换债权人委员会成员；

(五)决定继续或者停止债务人的营业；

(六)通过重整计划；

(七)通过和解协议；

(八)通过债务人财产的管理方案；

(九)通过破产财产的变价方案；

(十)通过破产财产的分配方案；

(十一)人民法院认为应当由债权人会议行使的其他职权。

债权人会议应当对所议事项的决议作成会议记录。

第六十二条　第一次债权人会议由人民法院召集，自债权申报期限届满之日起十五日内召开。

以后的债权人会议，在人民法院认为必要时，或者管理人、债权人委员会、占债权总额四分之一以上的债权人向债权人会议主席提议时召开。

第六十三条　召开债权人会议，管理人应当提前十五日通知已知的债权人。

第六十四条　债权人会议的决议，由出席会议的有表决权的债权人过半数通过，并且其所代表的债权额占无财产担保债权总额的二分之一以上。但是，本法另有规定的除外。

债权人认为债权人会议的决议违反法律规定，损害其利益的，可以自债权人会议作出决议之日起十五日内，请求人民法院裁定撤销该决议，责令债权人会议依法重新作出决议。

债权人会议的决议，对于全体债权人均有约束力。

第六十五条　本法第六十一条第一款第八项、第九项所列事项，经债权人会议表决未通过的，由人民法院裁定。

本法第六十一条第一款第十项所列事项，经债权人会议二次表决仍未通过的，由人民法院裁定。

对前两款规定的裁定，人民法院可以在债权人会议上宣布或者另行通知债权人。

第六十六条　债权人对人民法院依照本法第六十五条第一款作出的裁定不服的，债权额占无财产担保债权总额二分之一以上的债权人对人民法院依照本法第六十五条第二款作出的裁定不服的，可以自裁定宣布之日或者收到通知之日起十五日内向该人民法院申请复议。复议期间不停止裁定的执行。

第二节　债权人委员会

第六十七条　债权人会议可以决定设立债权人委员会。债权人委员会由债权人会议选任的债权人代表和一名债务人的职工代表或者工会代表组成。债权人委员会成员不得超过九人。

债权人委员会成员应当经人民法院书面决定认可。

第六十八条　债权人委员会行使下列职权：

(一)监督债务人财产的管理和处分；

(二)监督破产财产分配；

(三)提议召开债权人会议；

(四)债权人会议委托的其他职权。

债权人委员会执行职务时，有权要求管理人、债务人的有关人员对其职权范围内的事务作出说明或者提供有关文件。

管理人、债务人的有关人员违反本法规定拒绝接受监督的，债权人委员会有权就监督事项请求人民法院作出决定；人民法院应当在五日内作出决定。

第六十九条　管理人实施下列行为，应当及时报告债权人委员会：

(一)涉及土地、房屋等不动产权益的转让；

(二)探矿权、采矿权、知识产权等财产权的转让；

(三)全部库存或者营业的转让；

(四)借款；

(五)设定财产担保；

(六)债权和有价证券的转让；

(七)履行债务人和对方当事人均未履行完毕的合同；

(八)放弃权利；

(九)担保物的取回；

(十)对债权人利益有重大影响的其他财产处分行为。

未设立债权人委员会的，管理人实施前款规定的行为应当及时报告人民法院。

第八章　重　整

第一节　重整申请和重整期间

第七十条　债务人或者债权人可以依照本法规定，直接向人民法院申请对债务人进行重整。

债权人申请对债务人进行破产清算的，在人民法院受理破产申请后、宣告债务人破产前，债务人或者出资额占债务人注册资本十分之一以上的出资人，可以向人民法院申请重整。

第七十一条　人民法院经审查认为重整申请符合本法规定的，应当裁定债务人重整，并予以公告。

第七十二条　自人民法院裁定债务人重整之日起至重整程序终止，为重整期间。

第七十三条　在重整期间，经债务人申请，人民法院批准，债务人可以在管理人的监督下自行管理财产和营业事务。

有前款规定情形的，依照本法规定已接管债务人财产和营业事务的管理人应当向债务人移交财产和营业事务，本法规定的管理人的职权由债务人行使。

第七十四条　管理人负责管理财产和营业事务的，可以聘任债务人的经营管理人员负责营业事务。

第七十五条　在重整期间，对债务人的特定财产享有的担保权暂停行使。但是，担保物有损坏或者价值明显减少的可能，足以危害担保权人权利的，担保权人可以向人民法院请求恢复行使担保权。

在重整期间，债务人或者管理人为继续营业而借款的，可以为该借款设定担保。

第七十六条　债务人合法占有的他人财产，该财产的权利人在重整期间要求取回的，应当符合事先约定的条件。

第七十七条　在重整期间，债务人的出资人不得请求投资收益分配。

在重整期间，债务人的董事、监事、高级管理人员不得向第三人转让其持有的债务人的股权。但是，经人民法院同意的除外。

第七十八条　在重整期间，有下列情形之一的，经管理人或者利害关系人请求，人民法院应当裁定终止重整程序，并宣告债务人破产：

(一)债务人的经营状况和财产状况继续恶化，缺乏挽救的可能性；

(二)债务人有欺诈、恶意减少债务人财产或者其他显著不利于债权人的行为；

(三)由于债务人的行为致使管理人无法执行职务。

第二节　重整计划的制订和批准

第七十九条　债务人或者管理人应当自人民法院裁定债务人重整之日起六个月内，同时向人民法院和债权人会议提交重整计划草案。

前款规定的期限届满，经债务人或者管理人请求，有正当理由的，人民法院可以裁定延期三个月。

债务人或者管理人未按期提出重整计划草案的，人民法院应当裁定终止重整程序，并宣告债务人破产。

第八十条　债务人自行管理财产和营业事务的，由债务人制作重整计划草案。

管理人负责管理财产和营业事务的，由管理人制作重整计划草案。

第八十一条　重整计划草案应当包括下列内容：

(一)债务人的经营方案；

(二)债权分类；

(三)债权调整方案；

(四)债权受偿方案；

(五)重整计划的执行期限；

(六)重整计划执行的监督期限；

(七)有利于债务人重整的其他方案。

第八十二条　下列各类债权的债权人参加讨论重整计划草案的债权人会议，依照下列债权分类，分组对重整计划草案进行表决：

(一)对债务人的特定财产享有担保权的债权；

(二)债务人所欠职工的工资和医疗、伤残补助、抚恤费用，所欠的应当划入职工个人账户的基本养老保险、基本医疗保险费用，以及法律、行政法规规定应当支付给职工的补偿金；

(三)债务人所欠税款；

(四)普通债权。

人民法院在必要时可以决定在普通债权组中设小额债权组对重整计划草案进行表决。

第八十三条　重整计划不得规定减免债务人欠缴的本法第八十二条第一款第二项规定以外的社会保险费用；该项费用的债权人不参加重整计划草案的表决。

第八十四条　人民法院应当自收到重整计划草案之日起三十日内召开债权人会议，对重整计划草案进行表决。

出席会议的同一表决组的债权人过半数同意重整计划草案，并且其所代表的债权额占该组债权总额的三分之二以上的，即为该组通过重整计划草案。

债务人或者管理人应当向债权人会议就重整计划草案作出说明，并回答询问。

第八十五条　债务人的出资人代表可以列席讨论重整计划草案的债权人会议。

重整计划草案涉及出资人权益调整事项的，应当设出资人组，对该事项进行表决。

第八十六条　各表决组均通过重整计划草案时，

重整计划即为通过。

自重整计划通过之日起十日内，债务人或者管理人应当向人民法院提出批准重整计划的申请。人民法院经审查认为符合本法规定的，应当自收到申请之日起三十日内裁定批准，终止重整程序，并予以公告。

第八十七条　部分表决组未通过重整计划草案的，债务人或者管理人可以同未通过重整计划草案的表决组协商。该表决组可以在协商后再表决一次。双方协商的结果不得损害其他表决组的利益。

未通过重整计划草案的表决组拒绝再次表决或者再次表决仍未通过重整计划草案，但重整计划草案符合下列条件的，债务人或者管理人可以申请人民法院批准重整计划草案：

(一)按照重整计划草案，本法第八十二条第一款第一项所列债权就该特定财产将获得全额清偿，其因延期清偿所受的损失将得到公平补偿，并且其担保权未受到实质性损害，或者该表决组已经通过重整计划草案；

(二)按照重整计划草案，本法第八十二条第一款第二项、第三项所列债权将获得全额清偿，或者相应表决组已经通过重整计划草案；

(三)按照重整计划草案，普通债权所获得的清偿比例，不低于其在重整计划草案被提请批准时依照破产清算程序所能获得的清偿比例，或者该表决组已经通过重整计划草案；

(四)重整计划草案对出资人权益的调整公平、公正，或者出资人组已经通过重整计划草案；

(五)重整计划草案公平对待同一表决组的成员，并且所规定的债权清偿顺序不违反本法第一百一十三条的规定；

(六)债务人的经营方案具有可行性。

人民法院经审查认为重整计划草案符合前款规定的，应当自收到申请之日起三十日内裁定批准，终止重整程序，并予以公告。

第八十八条　重整计划草案未获得通过且未依照本法第八十七条的规定获得批准，或者已通过的重整计划未获得批准的，人民法院应当裁定终止重整程序，并宣告债务人破产。

第三节　重整计划的执行

第八十九条　重整计划由债务人负责执行。

人民法院裁定批准重整计划后，已接管财产和营业事务的管理人应当向债务人移交财产和营业事务。

第九十条　自人民法院裁定批准重整计划之日起，在重整计划规定的监督期内，由管理人监督重整计划的执行。

在监督期内，债务人应当向管理人报告重整计划执行情况和债务人财务状况。

第九十一条　监督期届满时，管理人应当向人民法院提交监督报告。自监督报告提交之日起，管理人的监督职责终止。

管理人向人民法院提交的监督报告，重整计划的利害关系人有权查阅。

经管理人申请，人民法院可以裁定延长重整计划执行的监督期限。

第九十二条　经人民法院裁定批准的重整计划，对债务人和全体债权人均有约束力。

债权人未依照本法规定申报债权的，在重整计划执行期间不得行使权利；在重整计划执行完毕后，可以按照重整计划规定的同类债权的清偿条件行使权利。

债权人对债务人的保证人和其他连带债务人所享有的权利，不受重整计划的影响。

第九十三条　债务人不能执行或者不执行重整计划的，人民法院经管理人或者利害关系人请求，应当裁定终止重整计划的执行，并宣告债务人破产。

人民法院裁定终止重整计划执行的，债权人在重整计划中作出的债权调整的承诺失去效力。债权人因执行重整计划所受的清偿仍然有效，债权未受清偿的部分作为破产债权。

前款规定的债权人，只有在其他同顺位债权人同自己所受的清偿达到同一比例时，才能继续接受分配。

有本条第一款规定情形的，为重整计划的执行提供的担保继续有效。

第九十四条　按照重整计划减免的债务，自重整计划执行完毕时起，债务人不再承担清偿责任。

第九章　和　解

第九十五条　债务人可以依照本法规定，直接向人民法院申请和解；也可以在人民法院受理破产申请后、宣告债务人破产前，向人民法院申请和解。

债务人申请和解，应当提出和解协议草案。

第九十六条　人民法院经审查认为和解申请符合本法规定的，应当裁定和解，予以公告，并召集债权人会议讨论和解协议草案。

对债务人的特定财产享有担保权的权利人，自人民法院裁定和解之日起可以行使权利。

第九十七条　债权人会议通过和解协议的决议，由出席会议的有表决权的债权人过半数同意，并且其所代表的债权额占无财产担保债权总额的三分之二以上。

第九十八条　债权人会议通过和解协议的，由人民法院裁定认可，终止和解程序，并予以公告。管理人应当向债务人移交财产和营业事务，并向人民法院提交执行职务的报告。

第九十九条 和解协议草案经债权人会议表决未获得通过,或者已经债权人会议通过的和解协议未获得人民法院认可的,人民法院应当裁定终止和解程序,并宣告债务人破产。

第一百条 经人民法院裁定认可的和解协议,对债务人和全体和解债权人均有约束力。

和解债权人是指人民法院受理破产申请时对债务人享有无财产担保债权的人。

和解债权人未依照本法规定申报债权的,在和解协议执行期间不得行使权利;在和解协议执行完毕后,可以按照和解协议规定的清偿条件行使权利。

第一百零一条 和解债权人对债务人的保证人和其他连带债务人所享有的权利,不受和解协议的影响。

第一百零二条 债务人应当按照和解协议规定的条件清偿债务。

第一百零三条 因债务人的欺诈或者其他违法行为而成立的和解协议,人民法院应当裁定无效,并宣告债务人破产。

有前款规定情形的,和解债权人因执行和解协议所受的清偿,在其他债权人所受清偿同等比例的范围内,不予返还。

第一百零四条 债务人不能执行或者不执行和解协议的,人民法院经和解债权人请求,应当裁定终止和解协议的执行,并宣告债务人破产。

人民法院裁定终止和解协议执行的,和解债权人在和解协议中作出的债权调整的承诺失去效力。和解债权人因执行和解协议所受的清偿仍然有效,和解债权未受清偿的部分作为破产债权。

前款规定的债权人,只有在其他债权人同自己所受的清偿达到同一比例时,才能继续接受分配。

有本条第一款规定情形的,为和解协议的执行提供的担保继续有效。

第一百零五条 人民法院受理破产申请后,债务人与全体债权人就债权债务的处理自行达成协议的,可以请求人民法院裁定认可,并终结破产程序。

第一百零六条 按照和解协议减免的债务,自和解协议执行完毕时起,债务人不再承担清偿责任。

第十章 破产清算

第一节 破产宣告

第一百零七条 人民法院依照本法规定宣告债务人破产的,应当自裁定作出之日起五日内送达债务人和管理人,自裁定作出之日起十日内通知已知债权人,并予以公告。

债务人被宣告破产后,债务人称为破产人,债务人财产称为破产财产,人民法院受理破产申请时对债务人享有的债权称为破产债权。

第一百零八条 破产宣告前,有下列情形之一的,人民法院应当裁定终结破产程序,并予以公告:

(一)第三人为债务人提供足额担保或者为债务人清偿全部到期债务的;

(二)债务人已清偿全部到期债务的。

第一百零九条 对破产人的特定财产享有担保权的权利人,对该特定财产享有优先受偿的权利。

第一百一十条 享有本法第一百零九条规定权利的债权人行使优先受偿权利未能完全受偿的,其未受偿的债权作为普通债权;放弃优先受偿权利的,其债权作为普通债权。

第二节 变价和分配

第一百一十一条 管理人应当及时拟订破产财产变价方案,提交债权人会议讨论。

管理人应当按照债权人会议通过的或者人民法院依照本法第六十五条第一款规定裁定的破产财产变价方案,适时变价出售破产财产。

第一百一十二条 变价出售破产财产应当通过拍卖进行。但是,债权人会议另有决议的除外。

破产企业可以全部或者部分变价出售。企业变价出售时,可以将其中的无形资产和其他财产单独变价出售。

按照国家规定不能拍卖或者限制转让的财产,应当按照国家规定的方式处理。

第一百一十三条 破产财产在优先清偿破产费用和共益债务后,依照下列顺序清偿:

(一)破产人所欠职工的工资和医疗、伤残补助、抚恤费用,所欠的应当划入职工个人账户的基本养老保险、基本医疗保险费用,以及法律、行政法规规定应当支付给职工的补偿金;

(二)破产人欠缴的除前项规定以外的社会保险费用和破产人所欠税款;

(三)普通破产债权。

破产财产不足以清偿同一顺序的清偿要求的,按照比例分配。

破产企业的董事、监事和高级管理人员的工资按照该企业职工的平均工资计算。

第一百一十四条 破产财产的分配应当以货币分配方式进行。但是,债权人会议另有决议的除外。

第一百一十五条 管理人应当及时拟订破产财产分配方案,提交债权人会议讨论。

破产财产分配方案应当载明下列事项:

(一)参加破产财产分配的债权人名称或者姓名、住所;

(二)参加破产财产分配的债权额;

(三)可供分配的破产财产数额;

(四)破产财产分配的顺序、比例及数额;

(五)实施破产财产分配的方法。

债权人会议通过破产财产分配方案后,由管理人将该方案提请人民法院裁定认可。

第一百一十六条 破产财产分配方案经人民法院裁定认可后,由管理人执行。

管理人按照破产财产分配方案实施多次分配的,应当公告本次分配的财产额和债权额。管理人实施最后分配的,应当在公告中指明,并载明本法第一百一十七条第二款规定的事项。

第一百一十七条 对于附生效条件或者解除条件的债权,管理人应当将其分配额提存。

管理人依照前款规定提存的分配额,在最后分配公告日,生效条件未成就或者解除条件成就的,应当分配给其他债权人;在最后分配公告日,生效条件成就或者解除条件未成就的,应当交付给债权人。

第一百一十八条 债权人未受领的破产财产分配额,管理人应当提存。债权人自最后分配公告之日起满二个月仍不领取的,视为放弃受领分配的权利,管理人或者人民法院应当将提存的分配额分配给其他债权人。

第一百一十九条 破产财产分配时,对于诉讼或者仲裁未决的债权,管理人应当将其分配额提存。自破产程序终结之日起满二年仍不能受领分配的,人民法院应当将提存的分配额分配给其他债权人。

第三节 破产程序的终结

第一百二十条 破产人无财产可供分配的,管理人应当请求人民法院裁定终结破产程序。

管理人在最后分配完结后,应当及时向人民法院提交破产财产分配报告,并提请人民法院裁定终结破产程序。

人民法院应当自收到管理人终结破产程序的请求之日起十五日内作出是否终结破产程序的裁定。裁定终结的,应当予以公告。

第一百二十一条 管理人应当自破产程序终结之日起十日内,持人民法院终结破产程序的裁定,向破产人的原登记机关办理注销登记。

第一百二十二条 管理人于办理注销登记完毕的次日终止执行职务。但是,存在诉讼或者仲裁未决情况的除外。

第一百二十三条 自破产程序依照本法第四十三条第四款或者第一百二十条的规定终结之日起二年内,有下列情形之一的,债权人可以请求人民法院按照破产财产分配方案进行追加分配:

(一)发现有依照本法第三十一条、第三十二条、第三十三条、第三十六条规定应当追回的财产的;

(二)发现破产人有应当供分配的其他财产的。

有前款规定情形,但财产数量不足以支付分配费用的,不再进行追加分配,由人民法院将其上交国库。

第一百二十四条 破产人的保证人和其他连带债务人,在破产程序终结后,对债权人依照破产清算程序未受清偿的债权,依法继续承担清偿责任。

第十一章 法律责任

第一百二十五条 企业董事、监事或者高级管理人员违反忠实义务、勤勉义务,致使所在企业破产的,依法承担民事责任。

有前款规定情形的人员,自破产程序终结之日起三年内不得担任任何企业的董事、监事、高级管理人员。

第一百二十六条 有义务列席债权人会议的债务人的有关人员,经人民法院传唤,无正当理由拒不列席债权人会议的,人民法院可以拘传,并依法处以罚款。债务人的有关人员违反本法规定,拒不陈述、回答,或者作虚假陈述、回答的,人民法院可以依法处以罚款。

第一百二十七条 债务人违反本法规定,拒不向人民法院提交或者提交不真实的财产状况说明、债务清册、债权清册、有关财务会计报告以及职工工资的支付情况和社会保险费用的缴纳情况的,人民法院可以对直接责任人员依法处以罚款。

债务人违反本法规定,拒不向管理人移交财产、印章和账簿、文书等资料的,或者伪造、销毁有关财产证据材料而使财产状况不明的,人民法院可以对直接责任人员依法处以罚款。

第一百二十八条 债务人有本法第三十一条、第三十二条、第三十三条规定的行为,损害债权人利益的,债务人的法定代表人和其他直接责任人员依法承担赔偿责任。

第一百二十九条 债务人的有关人员违反本法规定,擅自离开住所地的,人民法院可以予以训诫、拘留,可以依法并处罚款。

第一百三十条 管理人未依照本法规定勤勉尽责,忠实执行职务的,人民法院可以依法处以罚款;给债权人、债务人或者第三人造成损失的,依法承担赔偿责任。

第一百三十一条 违反本法规定,构成犯罪的,依法追究刑事责任。

第十二章 附 则

第一百三十二条 本法施行后,破产人在本法公布之日前所欠职工的工资和医疗、伤残补助、抚恤费用,所欠的应当划入职工个人账户的基本养老保险、基本医疗保险费用,以及法律、行政法规规定应当支付给职工的补偿金,依照本法第一百一十三条的规定清偿后不足以清偿的部分,以本法第一百零九条规定的特定财产优先于对该特定财产享有担保权的权利人受偿。

第一百三十三条　在本法施行前国务院规定的期限和范围内的国有企业实施破产的特殊事宜,按照国务院有关规定办理。

第一百三十四条　商业银行、证券公司、保险公司等金融机构有本法第二条规定情形的,国务院金融监督管理机构可以向人民法院提出对该金融机构进行重整或者破产清算的申请。国务院金融监督管理机构依法对出现重大经营风险的金融机构采取接管、托管等措施的,可以向人民法院申请中止以该金融机构为被告或者被执行人的民事诉讼程序或者执行程序。

金融机构实施破产的,国务院可以依据本法和其他有关法律的规定制定实施办法。

第一百三十五条　其他法律规定企业法人以外的组织的清算,属于破产清算的,参照适用本法规定的程序。

第一百三十六条　本法自2007年6月1日起施行,《中华人民共和国企业破产法(试行)》同时废止。

国家主席胡锦涛签署第55号令发布《中华人民共和国合伙企业法》

《中华人民共和国合伙企业法》已由中华人民共和国第十届全国人民代表大会常务委员会第二十三次会议于2006年8月27日通过,现予公布,自2007年6月1日起施行。

中华人民共和国主席　胡锦涛

2006年8月27日

中华人民共和国合伙企业法

第一章　总　则

第一条　为了规范合伙企业的行为,保护合伙企业及其合伙人、债权人的合法权益,维护社会经济秩序,促进社会主义市场经济的发展,制定本法。

第二条　本法所称合伙企业,是指自然人、法人和其他组织依照本法在中国境内设立的普通合伙企业和有限合伙企业。

普通合伙企业由普通合伙人组成,合伙人对合伙企业债务承担无限连带责任。本法对普通合伙人承担责任的形式有特别规定的,从其规定。

有限合伙企业由普通合伙人和有限合伙人组成,普通合伙人对合伙企业债务承担无限连带责任,有限合伙人以其认缴的出资额为限对合伙企业债务承担责任。

第三条　国有独资公司、国有企业、上市公司以及公益性的事业单位、社会团体不得成为普通合伙人。

第四条　合伙协议依法由全体合伙人协商一致、以书面形式订立。

第五条　订立合伙协议、设立合伙企业,应当遵循自愿、平等、公平、诚实信用原则。

第六条　合伙企业的生产经营所得和其他所得,按照国家有关税收规定,由合伙人分别缴纳所得税。

第七条　合伙企业及其合伙人必须遵守法律、行政法规,遵守社会公德、商业道德,承担社会责任。

第八条　合伙企业及其合伙人的合法财产及其权益受法律保护。

第九条　申请设立合伙企业,应当向企业登记机关提交登记申请书、合伙协议书、合伙人身份证明等文件。

合伙企业的经营范围中有属于法律、行政法规规定在登记前须经批准的项目的,该项经营业务应当依法经过批准,并在登记时提交批准文件。

第十条　申请人提交的登记申请材料齐全、符合法定形式,企业登记机关能够当场登记的,应予当场登记,发给营业执照。

除前款规定情形外,企业登记机关应当自受理申请之日起二十日内,作出是否登记的决定。予以登记的,发给营业执照;不予登记的,应当给予书面答复,并说明理由。

第十一条　合伙企业的营业执照签发日期,为合伙企业成立日期。

合伙企业领取营业执照前,合伙人不得以合伙企业名义从事合伙业务。

第十二条　合伙企业设立分支机构,应当向分支机构所在地的企业登记机关申请登记,领取营业执照。

第十三条　合伙企业登记事项发生变更的,执行合伙事务的合伙人应当自作出变更决定或者发生变更事由之日起十五日内,向企业登记机关申请办理变更登记。

第二章　普通合伙企业

第一节　合伙企业设立

第十四条　设立合伙企业,应当具备下列条件:

(一)有二个以上合伙人。合伙人为自然人的,应当具有完全民事行为能力;

(二)有书面合伙协议;

(三)有合伙人认缴或者实际缴付的出资;

(四)有合伙企业的名称和生产经营场所;

(五)法律、行政法规规定的其他条件。

第十五条　合伙企业名称中应当标明"普通合伙"字样。

第十六条　合伙人可以用货币、实物、知识产权、土地使用权或者其他财产权利出资，也可以用劳务出资。

合伙人以实物、知识产权、土地使用权或者其他财产权利出资，需要评估作价的，可以由全体合伙人协商确定，也可以由全体合伙人委托法定评估机构评估。

合伙人以劳务出资的，其评估办法由全体合伙人协商确定，并在合伙协议中载明。

第十七条 合伙人应当按照合伙协议约定的出资方式、数额和缴付期限，履行出资义务。

以非货币财产出资的，依照法律、行政法规的规定，需要办理财产权转移手续的，应当依法办理。

第十八条 合伙协议应当载明下列事项：

(一)合伙企业的名称和主要经营场所的地点；

(二)合伙目的和合伙经营范围；

(三)合伙人的姓名或者名称、住所；

(四)合伙人的出资方式、数额和缴付期限；

(五)利润分配、亏损分担方式；

(六)合伙事务的执行；

(七)入伙与退伙；

(八)争议解决办法；

(九)合伙企业的解散与清算；

(十)违约责任。

第十九条 合伙协议经全体合伙人签名、盖章后生效。合伙人按照合伙协议享有权利，履行义务。

修改或者补充合伙协议，应当经全体合伙人一致同意；但是，合伙协议另有约定的除外。

合伙协议未约定或者约定不明确的事项，由合伙人协商决定；协商不成的，依照本法和其他有关法律、行政法规的规定处理。

第二节 合伙企业财产

第二十条 合伙人的出资、以合伙企业名义取得的收益和依法取得的其他财产，均为合伙企业的财产。

第二十一条 合伙人在合伙企业清算前，不得请求分割合伙企业的财产；但是，本法另有规定的除外。

合伙人在合伙企业清算前私自转移或者处分合伙企业财产的，合伙企业不得以此对抗善意第三人。

第二十二条 除合伙协议另有约定外，合伙人向合伙人以外的人转让其在合伙企业中的全部或者部分财产份额时，须经其他合伙人一致同意。

合伙人之间转让在合伙企业中的全部或者部分财产份额时，应当通知其他合伙人。

第二十三条 合伙人向合伙人以外的人转让其在合伙企业中的财产份额的，在同等条件下，其他合伙人有优先购买权；但是，合伙协议另有约定的除外。

第二十四条 合伙人以外的人依法受让合伙人在合伙企业中的财产份额的，经修改合伙协议即成为合伙企业的合伙人，依照本法和修改后的合伙协议享有权利，履行义务。

第二十五条 合伙人以其在合伙企业中的财产份额出质的，须经其他合伙人一致同意；未经其他合伙人一致同意，其行为无效，由此给善意第三人造成损失的，由行为人依法承担赔偿责任。

第三节 合伙事务执行

第二十六条 合伙人对执行合伙事务享有同等的权利。

按照合伙协议的约定或者经全体合伙人决定，可以委托一个或者数个合伙人对外代表合伙企业，执行合伙事务。

作为合伙人的法人、其他组织执行合伙事务的，由其委派的代表执行。

第二十七条 依照本法第二十六条第二款规定委托一个或者数个合伙人执行合伙事务的，其他合伙人不再执行合伙事务。

不执行合伙事务的合伙人有权监督执行事务合伙人执行合伙事务的情况。

第二十八条 由一个或者数个合伙人执行合伙事务的，执行事务合伙人应当定期向其他合伙人报告事务执行情况以及合伙企业的经营和财务状况，其执行合伙事务所产生的收益归合伙企业，所产生的费用和亏损由合伙企业承担。

合伙人为了解合伙企业的经营状况和财务状况，有权查阅合伙企业会计账簿等财务资料。

第二十九条 合伙人分别执行合伙事务的，执行事务合伙人可以对其他合伙人执行的事务提出异议。提出异议时，应当暂停该项事务的执行。如果发生争议，依照本法第三十条规定作出决定。

受委托执行合伙事务的合伙人不按照合伙协议或者全体合伙人的决定执行事务的，其他合伙人可以决定撤销该委托。

第三十条 合伙人对合伙企业有关事项作出决议，按照合伙协议约定的表决办法办理。合伙协议未约定或者约定不明确的，实行合伙人一人一票并经全体合伙人过半数通过的表决办法。

本法对合伙企业的表决办法另有规定的，从其规定。

第三十一条 除合伙协议另有约定外，合伙企业的下列事项应当经全体合伙人一致同意：

(一)改变合伙企业的名称；

(二)改变合伙企业的经营范围、主要经营场所的地点；

(三)处分合伙企业的不动产；

(四)转让或者处分合伙企业的知识产权和其他财

产权利;

(五)以合伙企业名义为他人提供担保;

(六)聘任合伙人以外的人担任合伙企业的经营管理人员。

第三十二条 合伙人不得自营或者同他人合作经营与本合伙企业相竞争的业务。

除合伙协议另有约定或者经全体合伙人一致同意外,合伙人不得同本合伙企业进行交易。

合伙人不得从事损害本合伙企业利益的活动。

第三十三条 合伙企业的利润分配、亏损分担,按照合伙协议的约定办理;合伙协议未约定或者约定不明确的,由合伙人协商决定;协商不成的,由合伙人按照实缴出资比例分配、分担;无法确定出资比例的,由合伙人平均分配、分担。

合伙协议不得约定将全部利润分配给部分合伙人或者由部分合伙人承担全部亏损。

第三十四条 合伙人按照合伙协议的约定或者经全体合伙人决定,可以增加或者减少对合伙企业的出资。

第三十五条 被聘任的合伙企业的经营管理人员应当在合伙企业授权范围内履行职务。

被聘任的合伙企业的经营管理人员,超越合伙企业授权范围履行职务,或者在履行职务过程中因故意或者重大过失给合伙企业造成损失的,依法承担赔偿责任。

第三十六条 合伙企业应当依照法律、行政法规的规定建立企业财务、会计制度。

第四节 合伙企业与第三人关系

第三十七条 合伙企业对合伙人执行合伙事务以及对外代表合伙企业权利的限制,不得对抗善意第三人。

第三十八条 合伙企业对其债务,应先以其全部财产进行清偿。

第三十九条 合伙企业不能清偿到期债务的,合伙人承担无限连带责任。

第四十条 合伙人由于承担无限连带责任,清偿数额超过本法第三十三条第一款规定的其亏损分担比例的,有权向其他合伙人追偿。

第四十一条 合伙人发生与合伙企业无关的债务,相关债权人不得以其债权抵销其对合伙企业的债务;也不得代位行使合伙人在合伙企业中的权利。

第四十二条 合伙人的自有财产不足清偿其与合伙企业无关的债务的,该合伙人可以以其从合伙企业中分取的收益用于清偿;债权人也可以依法请求人民法院强制执行该合伙人在合伙企业中的财产份额用于清偿。

人民法院强制执行合伙人的财产份额时,应当通知全体合伙人,其他合伙人有优先购买权;其他合伙人未购买,又不同意将该财产份额转让给他人的,依照本法第五十一条的规定为该合伙人办理退伙结算,或者办理削减该合伙人相应财产份额的结算。

第五节 入伙、退伙

第四十三条 新合伙人入伙,除合伙协议另有约定外,应当经全体合伙人一致同意,并依法订立书面入伙协议。

订立入伙协议时,原合伙人应当向新合伙人如实告知原合伙企业的经营状况和财务状况。

第四十四条 入伙的新合伙人与原合伙人享有同等权利,承担同等责任。入伙协议另有约定的,从其约定。

新合伙人对入伙前合伙企业的债务承担无限连带责任。

第四十五条 合伙协议约定合伙期限的,在合伙企业存续期间,有下列情形之一的,合伙人可以退伙:

(一)合伙协议约定的退伙事由出现;

(二)经全体合伙人一致同意;

(三)发生合伙人难以继续参加合伙的事由;

(四)其他合伙人严重违反合伙协议约定的义务。

第四十六条 合伙协议未约定合伙期限的,合伙人在不给合伙企业事务执行造成不利影响的情况下,可以退伙,但应当提前三十日通知其他合伙人。

第四十七条 合伙人违反本法第四十五条、第四十六条的规定退伙的,应当赔偿由此给合伙企业造成的损失。

第四十八条 合伙人有下列情形之一的,当然退伙:

(一)作为合伙人的自然人死亡或者被依法宣告死亡;

(二)个人丧失偿债能力;

(三)作为合伙人的法人或者其他组织依法被吊销营业执照、责令关闭、撤销,或者被宣告破产;

(四)法律规定或者合伙协议约定合伙人必须具有相关资格而丧失该资格;

(五)合伙人在合伙企业中的全部财产份额被人民法院强制执行。

合伙人被依法认定为无民事行为能力人或者限制民事行为能力人的,经其他合伙人一致同意,可以依法转为有限合伙人,普通合伙企业依法转为有限合伙企业。其他合伙人未能一致同意的,该无民事行为能力或者限制民事行为能力的合伙人退伙。

退伙事由实际发生之日为退伙生效日。

第四十九条 合伙人有下列情形之一的,经其他合伙人一致同意，可以决议将其除名：

(一)未履行出资义务；

(二)因故意或者重大过失给合伙企业造成损失；

(三)执行合伙事务时有不正当行为；

(四)发生合伙协议约定的事由。

对合伙人的除名决议应当书面通知被除名人。被除名人接到除名通知之日，除名生效，被除名人退伙。

被除名人对除名决议有异议的，可以自接到除名通知之日起三十日内，向人民法院起诉。

第五十条　合伙人死亡或者被依法宣告死亡的，对该合伙人在合伙企业中的财产份额享有合法继承权的继承人，按照合伙协议的约定或者经全体合伙人一致同意，从继承开始之日起，取得该合伙企业的合伙人资格。

有下列情形之一的，合伙企业应当向合伙人的继承人退还被继承合伙人的财产份额：

(一)继承人不愿意成为合伙人；

(二)法律规定或者合伙协议约定合伙人必须具有相关资格，而该继承人未取得该资格；

(三)合伙协议约定不能成为合伙人的其他情形。

合伙人的继承人为无民事行为能力人或者限制民事行为能力人的，经全体合伙人一致同意，可以依法成为有限合伙人，普通合伙企业依法转为有限合伙企业。全体合伙人未能一致同意的，合伙企业应当将被继承合伙人的财产份额退还该继承人。

第五十一条　合伙人退伙，其他合伙人应当与该退伙人按照退伙时的合伙企业财产状况进行结算，退还退伙人的财产份额。退伙人对给合伙企业造成的损失负有赔偿责任的，相应扣减其应当赔偿的数额。

退伙时有未了结的合伙企业事务的，待该事务了结后进行结算。

第五十二条　退伙人在合伙企业中财产份额的退还办法，由合伙协议约定或者由全体合伙人决定，可以退还货币，也可以退还实物。

第五十三条　退伙人对基于其退伙前的原因发生的合伙企业债务，承担无限连带责任。

第五十四条　合伙人退伙时，合伙企业财产少于合伙企业债务的，退伙人应当依照本法第三十三条第一款的规定分担亏损。

第六节　特殊的普通合伙企业

第五十五条　以专业知识和专门技能为客户提供有偿服务的专业服务机构，可以设立为特殊的普通合伙企业。

特殊的普通合伙企业是指合伙人依照本法第五十七条的规定承担责任的普通合伙企业。

特殊的普通合伙企业适用本节规定；本节未作规定的，适用本章第一节至第五节的规定。

第五十六条　特殊的普通合伙企业名称中应当标明“特殊普通合伙”字样。

第五十七条　一个合伙人或者数个合伙人在执业活动中因故意或者重大过失造成合伙企业债务的，应当承担无限责任或者无限连带责任，其他合伙人以其在合伙企业中的财产份额为限承担责任。

合伙人在执业活动中非因故意或者重大过失造成的合伙企业债务以及合伙企业的其他债务，由全体合伙人承担无限连带责任。

第五十八条　合伙人执业活动中因故意或者重大过失造成的合伙企业债务，以合伙企业财产对外承担责任后，该合伙人应当按照合伙协议的约定对给合伙企业造成的损失承担赔偿责任。

第五十九条　特殊的普通合伙企业应当建立执业风险基金、办理职业保险。

执业风险基金用于偿付合伙人执业活动造成的债务。执业风险基金应当单独立户管理。具体管理办法由国务院规定。

第三章　有限合伙企业

第六十条　有限合伙企业及其合伙人适用本章规定；本章未作规定的，适用本法第二章第一节至第五节关于普通合伙企业及其合伙人的规定。

第六十一条　有限合伙企业由二个以上五十个以下合伙人设立；但是，法律另有规定的除外。

有限合伙企业至少应当有一个普通合伙人。

第六十二条　有限合伙企业名称中应当标明“有限合伙”字样。

第六十三条　合伙协议除符合本法第十八条的规定外，还应当载明下列事项：

(一)普通合伙人和有限合伙人的姓名或者名称、住所；

(二)执行事务合伙人应具备的条件和选择程序；

(三)执行事务合伙人权限与违约处理办法；

(四)执行事务合伙人的除名条件和更换程序；

(五)有限合伙人入伙、退伙的条件、程序以及相关责任；

(六)有限合伙人和普通合伙人相互转变程序。

第六十四条　有限合伙人可以用货币、实物、知识产权、土地使用权或者其他财产权利作价出资。

有限合伙人不得以劳务出资。

第六十五条　有限合伙人应当按照合伙协议的约定按期足额缴纳出资；未按期足额缴纳的，应当承担补缴义务，并对其他合伙人承担违约责任。

第六十六条　有限合伙企业登记事项中应当载明有限合伙人的姓名或者名称及认缴的出资数额。

第六十七条 有限合伙企业由普通合伙人执行合伙事务。执行事务合伙人可以要求在合伙协议中确定执行事务的报酬及报酬提取方式。

第六十八条 有限合伙人不执行合伙事务，不得对外代表有限合伙企业。

有限合伙人的下列行为，不视为执行合伙事务：

(一)参与决定普通合伙人入伙、退伙；

(二)对企业的经营管理提出建议；

(三)参与选择承办有限合伙企业审计业务的会计师事务所；

(四)获取经审计的有限合伙企业财务会计报告；

(五)对涉及自身利益的情况，查阅有限合伙企业财务会计账簿等财务资料；

(六)在有限合伙企业中的利益受到侵害时，向有责任的合伙人主张权利或者提起诉讼；

(七)执行事务合伙人怠于行使权利时，督促其行使权利或者为了本企业的利益以自己的名义提起诉讼；

(八)依法为本企业提供担保。

第六十九条 有限合伙企业不得将全部利润分配给部分合伙人；但是，合伙协议另有约定的除外。

第七十条 有限合伙人可以同本有限合伙企业进行交易；但是，合伙协议另有约定的除外。

第七十一条 有限合伙人可以自营或者同他人合作经营与本有限合伙企业相竞争的业务；但是，合伙协议另有约定的除外。

第七十二条 有限合伙人可以将其在有限合伙企业中的财产份额出质；但是，合伙协议另有约定的除外。

第七十三条 有限合伙人可以按照合伙协议的约定向合伙人以外的人转让其在有限合伙企业中的财产份额，但应当提前三十日通知其他合伙人。

第七十四条 有限合伙人的自有财产不足清偿其与合伙企业无关的债务的，该合伙人可以以其从有限合伙企业中分取的收益用于清偿；债权人也可以依法请求人民法院强制执行该合伙人在有限合伙企业中的财产份额用于清偿。

人民法院强制执行有限合伙人的财产份额时，应当通知全体合伙人。在同等条件下，其他合伙人有优先购买权。

第七十五条 有限合伙企业仅剩有限合伙人的，应当解散；有限合伙企业仅剩普通合伙人的，转为普通合伙企业。

第七十六条 第三人有理由相信有限合伙人为普通合伙人并与其交易的，该有限合伙人对该笔交易承担与普通合伙人同样的责任。

有限合伙人未经授权以有限合伙企业名义与他人进行交易，给有限合伙企业或者其他合伙人造成损失的，该有限合伙人应当承担赔偿责任。

第七十七条 新入伙的有限合伙人对入伙前有限合伙企业的债务，以其认缴的出资额为限承担责任。

第七十八条 有限合伙人有本法第四十八条第一款第一项、第三项至第五项所列情形之一的，当然退伙。

第七十九条 作为有限合伙人的自然人在有限合伙企业存续期间丧失民事行为能力的，其他合伙人不得因此要求其退伙。

第八十条 作为有限合伙人的自然人死亡、被依法宣告死亡或者作为有限合伙人的法人及其他组织终止时，其继承人或者权利承受人可以依法取得该有限合伙人在有限合伙企业中的资格。

第八十一条 有限合伙人退伙后，对基于其退伙前的原因发生的有限合伙企业债务，以其退伙时从有限合伙企业中取回的财产承担责任。

第八十二条 除合伙协议另有约定外，普通合伙人转变为有限合伙人，或者有限合伙人转变为普通合伙人，应当经全体合伙人一致同意。

第八十三条 有限合伙人转变为普通合伙人的，对其作为有限合伙人期间有限合伙企业发生的债务承担无限连带责任。

第八十四条 普通合伙人转变为有限合伙人的，对其作为普通合伙人期间合伙企业发生的债务承担无限连带责任。

第四章 合伙企业解散、清算

第八十五条 合伙企业有下列情形之一的，应当解散：

(一)合伙期限届满，合伙人决定不再经营；

(二)合伙协议约定的解散事由出现；

(三)全体合伙人决定解散；

(四)合伙人已不具备法定人数满三十天；

(五)合伙协议约定的合伙目的已经实现或者无法实现；

(六)依法被吊销营业执照、责令关闭或者被撤销；

(七)法律、行政法规规定的其他原因。

第八十六条 合伙企业解散，应当由清算人进行清算。

清算人由全体合伙人担任；经全体合伙人过半数同意，可以自合伙企业解散事由出现后十五日内指定一个或者数个合伙人，或者委托第三人，担任清算人。

自合伙企业解散事由出现之日起十五日内未确定清算人的，合伙人或者其他利害关系人可以申请人民法院指定清算人。

第八十七条　清算人在清算期间执行下列事务：

(一)清理合伙企业财产，分别编制资产负债表和财产清单；

(二)处理与清算有关的合伙企业未了结事务；

(三)清缴所欠税款；

(四)清理债权、债务；

(五)处理合伙企业清偿债务后的剩余财产；

(六)代表合伙企业参加诉讼或者仲裁活动。

第八十八条　清算人自被确定之日起十日内将合伙企业解散事项通知债权人，并于六十日内在报纸上公告。债权人应当自接到通知书之日起三十日内，未接到通知书的自公告之日起四十五日内，向清算人申报债权。

债权人申报债权，应当说明债权的有关事项，并提供证明材料。清算人应当对债权进行登记。

清算期间，合伙企业存续，但不得开展与清算无关的经营活动。

第八十九条　合伙企业财产在支付清算费用和职工工资、社会保险费用、法定补偿金以及缴纳所欠税款、清偿债务后的剩余财产，依照本法第三十三条第一款的规定进行分配。

第九十条　清算结束，清算人应当编制清算报告，经全体合伙人签名、盖章后，在十五日内向企业登记机关报送清算报告，申请办理合伙企业注销登记。

第九十一条　合伙企业注销后，原普通合伙人对合伙企业存续期间的债务仍应承担无限连带责任。

第九十二条　合伙企业不能清偿到期债务的，债权人可以依法向人民法院提出破产清算申请，也可以要求普通合伙人清偿。

合伙企业依法被宣告破产的，普通合伙人对合伙企业债务仍应承担无限连带责任。

第五章　法律责任

第九十三条　违反本法规定，提交虚假文件或者采取其他欺骗手段，取得合伙企业登记的，由企业登记机关责令改正，处以五千元以上五万元以下的罚款；情节严重的，撤销企业登记，并处以五万元以上二十万元以下的罚款。

第九十四条　违反本法规定，合伙企业未在其名称中标明“普通合伙”“特殊普通合伙”或者“有限合伙”字样的，由企业登记机关责令限期改正，处以二千元以上一万元以下的罚款。

第九十五条　违反本法规定，未领取营业执照，而以合伙企业或者合伙企业分支机构名义从事合伙业务的，由企业登记机关责令停止，处以五千元以上五万元以下的罚款。

合伙企业登记事项发生变更时，未依照本法规定办理变更登记的，由企业登记机关责令限期登记；逾期不登记的，处以二千元以上二万元以下的罚款。

合伙企业登记事项发生变更，执行合伙事务的合伙人未按期申请办理变更登记的，应当赔偿由此给合伙企业、其他合伙人或者善意第三人造成的损失。

第九十六条　合伙人执行合伙事务，或者合伙企业从业人员利用职务上的便利，将应当归合伙企业的利益据为己有的，或者采取其他手段侵占合伙企业财产的，应当将该利益和财产退还合伙企业；给合伙企业或者其他合伙人造成损失的，依法承担赔偿责任。

第九十七条　合伙人对本法规定或者合伙协议约定必须经全体合伙人一致同意始得执行的事务擅自处理，给合伙企业或者其他合伙人造成损失的，依法承担赔偿责任。

第九十八条　不具有事务执行权的合伙人擅自执行合伙事务，给合伙企业或者其他合伙人造成损失的，依法承担赔偿责任。

第九十九条　合伙人违反本法规定或者合伙协议的约定，从事与本合伙企业相竞争的业务或者与本合伙企业进行交易的，该收益归合伙企业所有；给合伙企业或者其他合伙人造成损失的，依法承担赔偿责任。

第一百条　清算人未依照本法规定向企业登记机关报送清算报告，或者报送清算报告隐瞒重要事实，或者有重大遗漏的，由企业登记机关责令改正。由此产生的费用和损失，由清算人承担和赔偿。

第一百零一条　清算人执行清算事务，牟取非法收入或者侵占合伙企业财产的，应当将该收入和侵占的财产退还合伙企业；给合伙企业或者其他合伙人造成损失的，依法承担赔偿责任。

第一百零二条　清算人违反本法规定，隐匿、转移合伙企业财产，对资产负债表或者财产清单作虚假记载，或者在未清偿债务前分配财产，损害债权人利益的，依法承担赔偿责任。

第一百零三条　合伙人违反合伙协议的，应当依法承担违约责任。

合伙人履行合伙协议发生争议的，合伙人可以通过协商或者调解解决。不愿通过协商、调解解决或者协商、调解不成的，可以按照合伙协议约定的仲裁条款或者事后达成的书面仲裁协议，向仲裁机构申请仲裁。合伙协议中未订立仲裁条款，事后又没有达成书面仲裁协议的，可以向人民法院起诉。

第一百零四条　有关行政管理机关的工作人员违反本法规定，滥用职权、徇私舞弊、收受贿赂、侵害合伙企业合法权益的，依法给予行政处分。

第一百零五条　违反本法规定，构成犯罪的，依法追究刑事责任。

第一百零六条 违反本法规定，应当承担民事赔偿责任和缴纳罚款、罚金，其财产不足以同时支付的，先承担民事赔偿责任。

第六章 附 则

第一百零七条 非企业专业服务机构依据有关法律采取合伙制的，其合伙人承担责任的形式可以适用本法关于特殊的普通合伙企业合伙人承担责任的规定。

第一百零八条 外国企业或者个人在中国境内设立合伙企业的管理办法由国务院规定。

第一百零九条 本法自2007年6月1日起施行。

全国人大常委会关于批准《中华人民共和国政府和巴基斯坦伊斯兰共和国政府关于打击恐怖主义、分裂主义和极端主义的合作协定》的决定

第十届全国人民代表大会常务委员会第二十三次会议决定：批准外交部部长李肇星代表中华人民共和国政府于2005年4月5日在伊斯兰堡签署的《中华人民共和国政府和巴基斯坦伊斯兰共和国政府关于打击恐怖主义、分裂主义和极端主义的合作协定》。

全国人民代表大会常务委员会任免名单

（2006年8月27日第十届全国人民代表大会常务委员会第二十三次会议通过）

一、任命马永欣、杨秀玲(女)、奚向阳为最高人民法院审判员。

二、免去魏庆岳的最高人民法院审判员职务。

全国人民代表大会常务委员会批准免职的名单

（2006年8月27日第十届全国人民代表大会常务委员会第二十三次会议通过）

批准免去李宝金的天津市人民检察院检察长职务。

全国人民代表大会常务委员会免职名单

（2006年8月27日第十届全国人民代表大会常务委员会第二十三次会议通过）

免去仝保宇、陈健民的最高人民检察院检察员职务。

全国人民代表大会常务委员会公告

最近，福建省人大常委会罢免了周金伙的第十届全国人民代表大会代表职务；四川省人大常委会罢免了黄学玖的第十届全国人民代表大会代表职务；上海市人大常委会接受了祝均一提出的辞去第十届全国人民代表大会代表职务的请求。依照代表法的有关规定，周金伙、黄学玖、祝均一的代表资格终止。

现在，第十届全国人民代表大会实有代表2981人。

十届全国人大常委会在人民大会堂举行第二十二次专题讲座

讲座的题目是《我国的禁毒工作和禁毒立法》，吴邦国委员长主持讲座。

今天讲座的主讲人是国家禁毒委员会副主任兼国家禁毒委员会办公室主任张新枫。他着重从新中国成立以来的禁毒工作、当前禁毒斗争形势、国际禁毒立法情况、我国禁毒立法需要解决的问题等方面作了讲解。

在谈到当前禁毒斗争形势时，张新枫说，当前全球毒品问题呈蔓延之势，境外毒品对我多头入境的局面仍未改变，境内制贩毒犯罪活动屡禁不止，毒品滥用问题比较严重，禁毒斗争面临的社会环境正在发生新的变化，禁毒工作本身也存在一些亟待解决的问题，我国禁毒斗争形势依然严峻。我国的禁毒工作，将以解决海洛因问题为重点，全力抓好预防教育、禁吸戒毒、堵源截流、打击犯罪、严格管理、国际合作等工作，夺取禁毒人民战争的全面胜利。

在介绍世界各国禁毒立法的主要形式和体例、主要规范的内容后，张新枫概括了国际禁毒立法的主要特点：一是从本国国情、毒情出发，及时修订完善禁毒法律；二是普遍规定将缉毒罚没及缴获毒资、毒贩财产全部用于禁毒工作；三是针对毒品案件的特殊性，对禁毒执法作了特别规定。

在谈到我国禁毒立法时，张新枫说，当前我国迫切需要制定一部综合性的禁毒法，作为禁毒工作基本法，把多年来禁毒工作经验和做法以法律的形式固定下来，以适应禁毒斗争形势发展变化和禁毒工作长期性、复杂性、艰巨性的客观要求。制定禁毒法，需要明确和解决以下重大问题：确定禁毒工作方针和禁毒工作领导体制；全面规范禁毒业务工作、构建完整的禁毒工作体系；进一步明确禁毒法律责任；明确“政府统一领导、有关部门各负其责、社会广泛参与”的禁毒工作机制和保障机制。

全国人大常委会副委员长王兆国、李铁映、司马义·艾买提、何鲁丽、丁石孙、许嘉璐、蒋正华、顾秀莲、盛华仁、路甬祥、乌云其木格、韩启德听取了讲座。

国务委员唐家璇在贝尔格莱德与塞尔维亚副总理马尔科维奇举行会谈

唐家璇说，中方尊重塞尔维亚人民根据本国国情选择的发展道路和塞尔维亚政府奉行的内外政策，致力于发展两国友好合作关系。中方愿与塞方共同努力，抓住有利机遇，将中塞友好合作关系提高到新水平：第一，保持高层往来，加强议会、政党、地方和民间交往，增进相互理解与信任，巩固两国关系政治基础。第二，深化经贸合作，提高合作水平。不断拓展合作领域，科学规划合作重点，稳步有效地推进务实合作，扩大相互投资，促进贸易平衡发展，实现互利双赢。第三，加强文化、教育、旅游等人文领域的交流与合作，扩大两国友好的社会基础。中方决定将塞列为中国公民旅游目的地国，希望双方旅游合作早出成果。第四，密切在国际事务中的协调配合，维护两国共同利益。

唐家璇与马尔科维奇还出席了中塞经济技术合作协定签字仪式，并为贝尔格莱德孔子学院揭牌。

我国科学家在新疆进行的恐龙化石考古获得重要发现

在昌吉回族自治州出土的马门溪龙化石打破了亚洲最长恐龙化石的纪录。

在昌吉州将军戈壁，科学家们发掘出一具马门溪龙化石，脖子长15米，是世界上已发现的最长的恐龙脖子化石。专家以此推算，这具马门溪龙化石总长应该在35米以上，是目前名副其实的“亚洲第一龙”。

原来亚洲最长恐龙化石的纪录保持者，是与此次发现地仅有百米之遥的“中加马门溪龙”化石，长度是26米。

8月28日

国家主席胡锦涛在人民大会堂与贝宁总统亚伊举行会谈

胡锦涛表示，为了加强中贝全面友好，促进两国共同发展，中方愿与贝方：一、保持两国高层交往传统，加强两国政府、立法机构、政党之间的友好交流，增进相互了解与信任，充分发挥两国外交部政治磋商机制的作用，在涉及主权和领土完整等重大原则问题上继续相互支持、相互配合。二、本着平等互利、讲求实效、形式多样的原则，扩大两国经贸和经济技术合作。中方愿与贝方重点加强在农业、基础设施、电信和能源等领域的互利合作。中方支持贝宁农业发展行动计划，支持中国企业积极参与贝宁经济建设，鼓励两国工商界和地方加强交往，发展合作。三、着眼长远，扩大两国人文领域的交流合作。中方愿帮助贝方开发人力资源，积极协助贝方培养急需的专业人才，将继续向贝宁派遣医疗队，支持贝宁发展医疗卫生事业。四、加强在国际和地区事务中的磋商与协调。贝宁是最不发达国家协调局主席国，中方支持贝宁在国际发展领域发挥积极作用，愿与贝方继续在发展与减贫、联合国改革、多边贸易规则制定等重大问题上保持沟通，协调立场，共同维护发展中国家的合法权益。

会谈后，两国元首出席了关于经济技术、农机具、医药、文化等双边合作文件的签字仪式。

中共中央政治局常委罗干在人民大会堂会见马来西亚联邦法院首席大法官法鲁兹一行

国务委员唐家璇与马其顿总理格鲁埃夫斯基在斯科普里举行会谈

唐家璇说，近年来中马政治交往密切，经贸、文教、卫生等领域的交流与合作富有成果，在国际事务中相互理解、彼此支持，两国关系呈现全面发展的良好势头。中方赞赏马其顿新政府将发展对华关系作为外交重点，希望双方牢牢把握中马关系发展的大方向，充分利用当前有利形势，推动中马合作关系不断取得新进展。唐家璇建议双方进一步加强政府、议会、政党之间的交流和民间往来，增进政治互信，巩固友好基础；深化经贸合作，挖掘潜力，拓展合作领域和渠道，提高合作水平，实现互利双赢；促进文教、科技、广电等领域的合作，为两国关系持续发展增添活力。

会谈后，唐家璇与格鲁埃夫斯基出席了中马经济技术合作协定的签字仪式。

最高人民法院院长肖扬在人民大会堂会见马来西亚联邦法院首席大法官法鲁兹一行

国防科技工业国际合作工作会议在北京召开

国务院副总理黄菊对国防科技工业国际合作工作会议作出批示。黄菊指出，进入新的历史时期，国防科技工业系统的国际合作面临着新形势、新任务。“十一五”是我国改革开放、全面建设小康社会的关键时期，也是国防科技工业进一步深化改革、扩大开放的重要时期，全系统要认真贯彻国防科技工业“四个坚持”重要方针，按照国家关于国防科技工业“十一五”发展和改革的要求，努力实施转型升级战略，提高国防科技工业对外开放和国际合作的水平。

国防科工委主任张云川在会上作了题为《认真贯彻落实中央外事工作会议精神，努力开创国防科技工业对外合作工作新局面》的讲话。

8月29日

中共中央总书记胡锦涛主持召开中共中央政治局会议

会议研究党员领导干部报告个人有关事项的规定

等问题。

会议认为，加强党风廉政制度建设，完善党内监督制度，真正形成用制度规范从政行为、按制度办事、靠制度管人的有效机制，是加强党的执政能力建设和先进性建设的必然要求。制定党员领导干部报告个人有关事项的规定，是我们党为坚持党要管党、从严治党的方针，加强党员领导干部的监督管理、促进党员领导干部廉洁从政而采取的重要举措。随着我国改革开放和社会主义现代化建设的发展，应该根据新形势新情况，结合各地区、各部门的实践，本着实事求是、突出重点的精神，对原有规定进行修订和完善。要强调党员领导干部向党组织报告个人有关事项的职责，明确需要报告的事项，确定受理报告的机关，完善报告程序，强化监督检查，使这项制度更加切合实际，更加具有可操作性。

会议认为，《关于党员领导干部报告个人有关事项的规定》是重要的党内法规，体现了对党员领导干部加强监督管理和关心爱护的精神。颁布实施《关于党员领导干部报告个人有关事项的规定》，对保证党员领导干部队伍的纯洁性和先进性，推动党风廉政建设深入开展，具有重要意义。

会议要求，各级党组织和各级党员领导干部要始终坚持立党为公、执政为民，坚持权为民所用、情为民所系、利为民所谋，发扬党的优良传统和作风，深刻认识制定《关于党员领导干部报告个人有关事项的规定》的重要意义，正确把握规定的精神实质和基本内容，自觉执行规定的各项要求。纪检机关和组织人事部门要加强对贯彻执行规定的监督检查，切实把报告个人有关事项作为考察和考核党员领导干部的一项重要内容落到实处。

会议还研究了其他事项。

中共中央政治局进行第三十四次集体学习

中共中央总书记胡锦涛主持。他强调，必须坚定不移地实施科教兴国战略和人才强国战略，切实把教育摆在优先发展的战略地位，推动我国教育事业全面协调可持续发展，努力把我国建设成为人力资源强国，为全面建设小康社会、实现中华民族的伟大复兴提供强有力的人才和人力资源保证。

中共中央政治局这次集体学习安排的内容是世界教育发展趋势和深化我国教育体制改革。浙江师范大学校长徐辉教授、教育部教育发展研究中心主任张力研究员就这个问题进行讲解，并谈了他们对促进我国教育发展的意见。

中共中央政治局各位同志认真听取了他们的讲解，并就有关问题进行了讨论。

胡锦涛在主持学习时发表了讲话。他指出，坚持把教育摆在优先发展的战略地位，是我们党和国家提出并长期坚持的一项重大方针，也是发挥我国人力资源优势、建设创新型国家、加快推进社会主义现代化的必然选择。当今世界，知识越来越成为提高综合国力和国际竞争力的决定性因素，人力资源越来越成为推动经济社会发展的战略性资源。要不断满足人民日益增长的物质文化需要，实现国家现代化的目标，必须全面提高全体人民的科学文化素质和思想道德素质，大力推进教育普及和发展，着力培养造就大批高素质人才。

胡锦涛强调，教育涉及千家万户，惠及子孙后代，是体现发展为了人民、发展依靠人民、发展成果由人民共享的重要方面。保证人民享有接受教育的机会，是党和政府义不容辞的职责，也是促进社会公平正义、构建社会主义和谐社会的客观要求。要坚持党的教育方针，坚持以科学发展观统领我国教育事业发展全局，坚持教育为社会主义现代化建设服务、为人民服务，全面实施素质教育，深化教育体制改革，统筹城乡、区域教育，统筹各级各类教育，统筹教育发展的规模、结构、质量、效益，努力办好让人民群众满意的教育。

胡锦涛强调，全面实施素质教育，核心是要解决好培养什么人、怎样培养人的重大问题，这应该成为教育工作的主题。要坚持育人为本、德育为先，把立德树人作为教育的根本任务，努力培养德智体美全面发展的社会主义建设者和接班人。要加强爱国主义教育，深入开展理想信念教育，引导学生树立正确的世界观、人生观、价值观、荣辱观，增强学生热爱祖国、服务人民的使命感和责任感。要激发学生发展的内在动力，提高学生的创新精神和实践能力。要形成全社会推进素质教育的强大合力和良好环境。

胡锦涛强调，普及和巩固义务教育，大力发展职业教育，提高高等教育质量，是"十一五"规划纲要对教育事业发展提出的三项主要任务，必须切实抓紧抓实抓好。

胡锦涛指出，各级党委和政府要把发展教育作为战略任务，摆上重要议事日程，确保教育优先发展落到实处。要强化政府对义务教育的保障责任，完善帮助贫困家庭学生上学的资助制度和扶持政策，完善支持高校毕业生就业的政策措施，坚决制止教育乱收费。

胡锦涛指出，推动我国教育事业发展，必须充分发挥广大教师的重要作用。要进一步在全社会弘扬尊师重教的良好风尚，进一步培养教师爱岗敬业、教书育人的高尚精神，全面提高教师素质，切实帮助教师特别是农村基层教师解决工作生活中的实际困难，把广大教师的积极性、主动性、创造性更好地发挥出来。

全国人大常委会委员长吴邦国在波尔图会见葡萄牙波尔图市市长里奥

国务院总理温家宝在北京分别会见贝宁总统亚伊俄罗斯第一副总理梅德韦杰夫和尼泊尔副首相兼外交大臣夏尔马·奥利

三峡三期移民工程国家验收启动

按照三峡工程分期蓄水的阶段性任务要求，经国务院三峡工程建设委员会同意，今年汛后三峡工程将进行三期蓄水，水位达到156米高程。为确保三期蓄水顺利进行，确保建设清洁水库、和谐水库及维护库区移民安置稳定，三峡工程三期移民工程国家验收今日启动。

三期移民工程验收范围为三峡工程坝前135米水位线上至156米水位，涉及湖北省库区的宜昌市夷陵区、秭归县、兴山县、巴东县和重庆市库区的巫山县、奉节县、云阳县等13个区县的库底清理、农村移民搬迁安置、城镇迁建、文物保护等。

中共中央政治局常委吴官正在基加利与卢旺达爱国阵线(卢爱阵)总书记弗朗索瓦·恩加兰贝举行会谈

中共中央政治局常委吴官正在基加利会见卢旺达总统保罗·卡加梅

中俄国家年中方组委会主席吴仪与俄方组委会主席梅德韦杰夫在人民大会堂举行会晤

吴仪说，在两国元首的重视和推动下，今年在中国举办的“俄罗斯年”活动进展顺利，已完成了130多项活动。这些活动增进了两国人民的相互了解与友谊，推动了各领域的务实合作，对两国关系发展起到了重要的促进作用。中俄战略协作伙伴关系呈现加速发展势头。中方愿与俄方继续密切配合，周密安排，在今年的后4个月时间里，搞好余下的项目，重点办好“中俄立法机构圆桌会议”“俄罗斯年”闭幕式及文艺演出、俄罗斯国家展、中俄投资促进周等国家级大项目，确保“俄罗斯年”圆满成功。

双方还就明年在俄罗斯举行“中国年”活动的筹备工作交换了意见，一致同意加强合作，统筹协调，突出重点，注重质量和实效，使“中国年”活动同样取得成功，为中俄战略协作伙伴关系发展注入新的活力。

吴仪还向梅德韦杰夫通报了中方处理吉林省牤牛河水污染的情况，强调中国政府高度重视此次污染，有关部门立即采取措施。根据最新监测结果，松花江水质没有受到污染，吴仪表示，中方十分理解并高度重视俄方关切，将一如既往，本着友好合作，公开和负责任的态度向俄方通报有关情况，并继续采取措施，消除污染后果。

外交部部长李肇星在北京与尼泊尔副首相兼外交大臣夏尔马·奥利举行会谈

信息产业部 科技部 国家发改委在北京联合召开全国信息产业科技创新会议

会议就加快推进信息产业科技创新体系建设作出进一步部署，国务院副总理黄菊作出重要批示，国务委员陈至立出席会议并讲话。

第八届世界宗教和平会议在东京闭幕

会议选举产生新一届领导层，全国政协副主席、中国宗教界和平委员会主席丁光训当选为名誉主席之一。

全国政协副主席、中国宗教界和平委员会名誉主席帕巴拉·格列朗杰当选为会议主席之一。

8月30日

全国人大常委会委员长吴邦国在巴西总统府会见巴西总统卢拉

双方就中巴、中拉关系和共同关心的其他重大问题深入交换了意见，达成重要共识。

吴邦国说，中巴战略伙伴关系发展势头良好，各领域的合作不断深化，我这次来访的目的，就是为了进一步推动中巴关系深入发展。访问期间，我与雷贝洛众议长等巴方领导人分别进行了会谈和会见，取得了广泛共识。我与雷贝洛众议长共同签署了建立定期交流机制的谅解备忘录，标志着中巴两国议会关系进入了实质性合作的新阶段。即将签署的中巴经贸合作的有关文件，将有力推动双方的务实合作，为两国战略伙伴关系发展注入新的活力。吴邦国说，中国和巴西作为东西半球两个最大的发展中国家，在国际事务中有着广泛的共同利益，在重大国际和地区问题上有着相同或相似的看法。加强中巴关系，不仅符合两国人民的根本利益，也有利于地区乃至世界的和平、稳定与繁荣。中国政府高度重视发展与巴西的关系，始终将巴视为真诚的伙伴和朋友，愿与巴方共同努力，不断提升中巴战略伙伴关系的质量和水平。

会见结束后，吴邦国委员长和卢拉总统共同出席了《海航集团与哈尔滨安博威飞机工业有限公司50架ERJ145飞机购买合同生效确认函》等6个中巴经贸合作文件的签字仪式。

全国人大常委会委员长吴邦国在巴西利亚会见巴西副总统阿伦卡尔

全国人大常委会委员长吴邦国在巴西利亚会见巴西参议长卡列罗斯

全国人大常委会委员长吴邦国在巴西利亚与巴西众议长雷贝洛举行会谈

在谈到议会交往时,吴邦国说,刚刚签署的中国全国人大与巴西众议院建立定期交流机制的谅解备忘录,标志着中巴议会关系进入了实质性合作的新阶段。希望双方以此为契机,进一步充实合作内容,提高合作质量。一是促进议会交流的制度化和机制化,保持议会交往的连续性,就双方共同关心的问题深入交换意见,增加交流的深度,增进相互了解和政治互信。二是统筹双方议会合作,将议会各层次、各领域的交流与合作纳入该机制框架,吸引更多的议员参加,增加交往的活力。三是发挥议会职能作用和议会交往的优势,尽快批准双边合作的有关文件,着力推动两国各领域的务实合作,共同推动中巴战略伙伴关系的全面发展。

会谈前,吴邦国委员长与雷贝洛众议长共同签署了《中华人民共和国全国人民代表大会与巴西联邦共和国众议院关于建立定期交流机制的谅解备忘录》。

国务院总理温家宝主持召开国务院常务会议

会议审议并原则通过《全国农村饮水安全工程"十一五"规划》《防治海洋工程建设项目污染损害海洋环境管理条例(草案)》。

会议指出,实施农村饮水安全工程,是社会主义新农村建设的重要任务,对于保障广大农民群众身体健康和生命安全,改善农村人居环境,提高农村生活质量,加快实现全面建设小康社会目标,具有重要意义。党和政府对农村饮水安全问题高度重视,不断加大工作力度,各地干部群众自力更生、共同努力,到"十五"期末,已累计解决2.8亿多农村人口的饮水困难问题。

会议指出,目前一些农村地区饮水不安全的问题仍然比较突出,不少地方供水方式落后,局部地区饮用水严重不足。各级政府要把解决农村饮水安全问题摆到优先位置,加快实施饮水安全工程规划,让农民群众早日喝上干净水。一要明确目标,突出重点。"十一五"期间要解决1.6亿农村人口的饮水安全问题。重点解决饮用水高氟、高砷、苦咸、污染及微生物病害等严重影响身体健康的水质问题,以及局部地区的严重缺水问题,优先解决人口较少民族、水库移民、血吸虫病区和农村学校的饮水安全问题。二要防治结合,综合治理。切实保护好饮用水源,特别要防治采矿、工业等引起的污染。加强农村环境卫生综合整治,引导农民科学施用化肥、农药,搞好废污水、垃圾处理,减少面源污染。建立水质监测体系,保障供水安全。三要因地制宜,注重实效。工程建设要充分考虑水资源条件,做好论证。有条件的地方可发展集中式供水,提倡饮用水和其他生活用水分质供水。加强水资源调度,合理安排生活与生产用水,优先保证生活用水。四要建管并重,完善机制。改进农村饮水项目建设和管理办法,确保工程质量,落实管理主体和责任,提高资金使用效率,形成良性运行机制。农村饮水安全工程以政府投资为主,吸引社会力量参与,鼓励农民投工投劳,但要防止加重农民负担。要加强健康教育,宣传普及饮水安全知识,大力提倡节约用水。

会议认为,为了更好地执行《中华人民共和国海洋环境保护法》,加强对海洋工程污染损害海洋环境的防治,维护海洋生态平衡,保护海洋资源,制定《防治海洋工程建设项目污染损害海洋环境管理条例》十分必要。会议决定,该草案经进一步修改后,由国务院公布施行。

会议还研究了其他事项。

全国政协主席贾庆林在人民大会堂会见尼泊尔副首相兼外交大臣夏尔马·奥利

国家林业局发布《2005年林业重点工程统计公报》

公报指出,2005年林业重点工程完成造林面积310.91万公顷,本年新封山(沙)育林面积237.57万公顷。完成投资361.63亿元,其中国债资金68.84亿元,中央财政专项资金252.40亿元,两项合计占全年完成投资总量的88.83%,比2004年提高3.85个百分点。

"十五"期间,林业重点工程共完成造林面积2611.23万公顷,占同期全国造林总面积的84.02%,完成新封山(沙)育林面积927.34万公顷;累计完成投资1481.95亿元,其中完成国家投资1278.01亿元,国家投资占全部投资总额的86.24%。

国防部部长曹刚川在北京与玻利维亚国防部部长瓦尔克·圣米格尔·罗德里格斯举行会谈

外交部部长李肇星在北京会见伊朗副外长阿拉格齐

外交部发言人秦刚就中方有关东海油气开发作业问题答记者问

有记者问:据日本媒体报道,日前日方就中国开发东海气田“八角亭”向中方提出交涉，称“中方在日本200海里专属经济区海域内进行开发作业，日方对此表示严重关切和担忧”。请问中方对此有何评论？

秦刚说，中方有关油气开发作业是在中国东海大陆架上进行的正当开发活动，无可非议。中日在东海存在海洋划界等争议，双方应通过谈判解决。中方反对日方制造新的矛盾和事端。

第十三届北京国际图书博览会在北京开幕

全国人大常委会副委员长许嘉璐、国务委员陈至立、俄第一副总理梅德韦杰夫一起为博览会开幕剪彩。

作为中国“俄罗斯国家年”的项目之一，俄罗斯担当了本届博览会主宾国。

北京国际图书博览会是由新闻出版总署、国务院新闻办公室、教育部、科技部、文化部和北京市人民政府共同主办的大型国际书展。展览面积26000平方米，共设1189个展台，并首次设立了“期刊展区”和“儿童展区”。博览会为期4天，除了集中展览1718家海内外参展单位的出版物外，还将进行版权贸易、图书贸易、出版论坛等各种文化交流活动。其中，俄罗斯展台将举行当代俄罗斯诗歌、小说介绍，俄中出版与图书发行讨论会以及“俄罗斯—中国，我们彼此相知吗？”圆桌讨论等交流活动。

北京国际图书博览会自1986年创办以来，已成功举办了12届。目前，已发展成为亚洲乃至世界重要的国际书展之一。

8月31日

全国人大常委会委员长吴邦国在巴西国会大厦发表题为《加强友好合作 实现共同发展》的演讲

尊敬的雷贝洛众议长，

女士们、先生们，朋友们：

上午好！

在对贵国进行正式友好访问的时候，我很高兴来到这里，与各位新老朋友见面。首先，我向在座的各位，并通过你们向巴西人民转达中国人民的诚挚问候和良好祝愿！

巴西是中国人民熟悉和喜爱的国家。这是我第二次访问你们美丽的国家。巴西地域辽阔，资源丰富，环境优美，人民勤劳善良、热情奔放。神奇的亚马孙热带雨林、雄伟的伊泰普水电站是巴西人民的骄傲，精湛的足球艺术、香醇的巴西咖啡和忘情的桑巴舞令世人陶醉。更让我们感到高兴的是，近年来，巴西经济蓬勃发展，民族和睦相处，国际地位日益提高。中国人民衷心祝愿巴西人民在这片美丽富饶的土地上创造出新的辉煌。

中巴虽然远隔千山万水，但两国人民的友好交往源远流长。早在19世纪初，就有中国茶农远渡重洋，陆续来到巴西，与当地人民结下了深厚友谊，开启了两国人民友好往来的先河。半个月前，我们共同庆祝了中巴建交32周年。32年来，中巴关系发展顺利。现在，中巴关系正处在历史上最好的时期。

政治上，中巴是相互信赖的战略伙伴。两国高层互访频繁，政治互信不断增强，在对方关切问题上相互理解和支持，在重大国际和地区问题上有着相同或相似的看法，在国际和地区事务中保持了良好的磋商与配合。1993年江泽民主席成功访巴，双方确定建立战略伙伴关系，巴西成为与中国建立战略伙伴关系的第一个发展中国家。为进一步推进新世纪中巴战略伙伴关系发展，2001年江泽民主席再次对巴西进行了工作访问。2004年，胡锦涛主席和卢拉总统实现互访，共同确立了指导双边关系发展的四项原则，并决定建立中巴高层协调与合作委员会，对推动中巴关系发展产生了重大而深远的影响。今年3月，阿伦卡尔副总统访华，出席了中巴高委会首次会议。这次，中国全国人大与巴西众议院签署了建立定期交流机制的谅解备忘录，标志着中巴议会关系进入了实质性合作的新阶段。两国领导人的频繁接触，有力地促进了国家关系发展。

经济上，中巴是平等互利的合作伙伴。中巴经济互补性强，合作基础良好，发展潜力很大。巴西是中国在拉美地区的最大贸易伙伴，中国同样是巴西在亚洲的最大贸易伙伴。2005年，双边贸易额达148.17亿美元，创历史新高。今年1月至6月，双边贸易额已达92.2亿美元，同比增长51.2%。到2005年年底，在巴投资的中资企业有89家，协议金额1.99亿美元。中方企业参与了巴西国土整治、港口疏浚等50多个大型项目建设，巴方企业也参与了中国的三峡工程建设。双方合作的钢铁厂、氧化铝厂、铁矿砂开采、无烟煤生产、天然气管道建设等重大项目都在积极进展当中。更为可喜的是，两国贸易结构正发生实质性变化，巴西的支线飞机等高技术、高附加值产品在中国市场受到欢迎，中国的电子、通信等产品在巴西市场享有信誉。中巴共同研制发射的地球资源卫星，被誉为南南合作的典范。2004年11月，巴西承认中国完全市场经济地位，不仅充实了两国战略伙伴关系的内涵，也为进一步发展中巴经贸合作开辟了广阔空间。我们有理由相信，在双方的共同努力下，2007年双边贸易额达到200亿美元的目标是完全可以实现的。

文化上，中巴是合作交流的亲密朋友。近年来，两国科技、教育、文化交流日益丰富。双方科技混委会、文化混委会分别举行了6次和5次会议，今年在中巴高委会第一次会议上还决定增设教育委员会。2001年,在巴西成功举办了中国文化节。2003年卢拉总统亲自出席了在巴西举办的"西安兵马俑和故宫明清文物展",展览吸引了70多万巴西观众。2004年,在庆祝中巴建交30周年之际,巴西在华开展了"走近中国——巴西国家展"等系列交流活动。其中,"亚马孙——原生传统展",是中国故宫博物院迄今为止举办的规模最大、最隆重的外国展览。2004年11月,巴西成为中国公民出国旅游目的地国。两国人员交往、文化交流日益紧密,大大增进了两国人民的相互了解和友谊。

总之,中方对中巴关系的现状表示满意。在这里,我要强调的是,中国政府高度重视发展与巴西的友好关系,始终将巴西视为真诚的伙伴和朋友。我这次来访的目的,就是为了进一步推动中巴战略伙伴关系向前发展。我深信,在双方的共同努力下,中巴关系一定能够迎来更加美好的明天。

女士们、先生们,朋友们:

我接触过巴西各界不少朋友,他们对中国的发展都很关心。我愿借此机会,介绍一下中国的情况。推进现代化建设、完成祖国统一、维护世界和平与促进共同发展,是时代赋予中国人民的三大历史任务,是中国人民在中国共产党的领导下正在从事的三项伟大事业。

第一,推进社会主义现代化建设。上个世纪70年代末,中国开始实行邓小平先生倡导的改革开放新政策,坚定不移地走中国特色社会主义发展道路,全面建设小康社会,把中国建设成为富强民主文明的社会主义现代化国家。为了实现这一宏伟目标,28年来,我们始终坚持以经济建设为中心,聚精会神搞建设,一心一意谋发展。经济上,我们实行公有制为主体、多种所有制经济共同发展的基本经济制度,建立了社会主义市场经济体制,形成了对外开放的全新格局。政治上,我们坚持和改善中国共产党的领导,坚持和完善人民代表大会制度、中国共产党领导的多党合作和政治协商制度、民族区域自治制度,积极稳妥地推进政治体制改革,扩大民主,健全法制,建设社会主义法治国家。所有这些,使我们不断消除生产力发展的体制性障碍,极大地激发了全体人民的积极性、主动性、创造性,大大加快了中国发展的步伐。从1978年到2005年,中国国内生产总值年均增长9.6%,从2165亿美元提升到2.23万亿美元,增长了10倍多,位居世界第四;人均国内生产总值由226美元提升到1700多美元,增长了近7倍;进出口总额从206亿美元提升到1.42万亿美元,增长了67倍,成为世界第三大贸易国;外汇储备从1.67亿美元提升到8189亿美元;农村贫困人口从2.5亿人减少到2365万人。人民生活总体上达到小康水平。尽管在前进道路上还会遇到重重困难,还要面临种种挑战,但我们坚信,只要坚定不移沿着中国人民自己选择的中国特色社会主义道路走下去,就一定能够实现社会主义现代化。

第二,完成祖国统一。上个世纪末,按照邓小平先生提出的"一个国家、两种制度"的伟大构想,中国先后恢复对香港、澳门行使主权。完成祖国统一,就剩下台湾问题了。

台湾自古以来就是中国的领土。台湾的先民来自大陆。早在公元12世纪中叶,中国中央政权就已经对台湾进行管辖。17世纪中叶,荷兰殖民者侵占台湾,1662年中国收复了台湾。1895年,日本以武力威迫中国清政府,侵占了台湾。1945年,第二次世界大战结束,根据《开罗宣言》和《波茨坦公告》,中国收回了台湾。

台湾问题是上个世纪40年代后期中国内战遗留的问题。由于种种复杂的因素,两岸迄今尚未统一,但大陆和台湾同属一个中国的事实从未改变。中华人民共和国政府作为代表全中国人民的唯一合法政府,早就得到了联合国及世界上绝大多数国家的普遍承认。

中国政府解决台湾问题的基本方针是"和平统一、一国两制"。这一伟大构想是邓小平先生提出来的,并根据形势的变化不断丰富和发展。1995年1月30日,江泽民主席发表了现阶段发展两岸关系、推进祖国和平统一进程的八项主张。2005年3月4日,胡锦涛主席提出新形势下发展两岸关系的四点意见。同月,中国全国人大通过《反分裂国家法》,把解决台湾问题的大政方针以法律形式固定下来,充分体现了我们以最大的诚意、尽最大的努力争取和平统一的一贯主张,同时表明了全体中国人民为维护国家主权和领土完整,决不允许"台独"分裂势力以任何名义、任何方式把台湾从中国分裂出去的共同意志和坚定决心。长期以来,我们按照"和平统一、一国两制"的基本方针,为发展台湾海峡两岸关系、促进和平统一进行了不懈努力,于1987年年底打破了长达38年之久两岸同胞隔绝的状态,推动两岸关系朝着和平稳定的方向发展。

一是努力促进两岸平等协商和谈判。我们历来认为,和平统一,不是一方吃掉另一方,而是平等协商,共议统一。在一个中国的前提下,什么问题都可以谈。1992年11月,我们的海峡两岸关系协会与台湾的海峡交流基金会通过协商,达成了体现坚持一个中国原则的"九二共识"。1993年4月,两会成功举行"汪辜会谈",迈出了促进两岸关系发展历史性的重要一步。2005年,我们邀请认同"九二共识"、反对"台独"、主张发展两岸关系的台湾政党领导人来大陆进行历史性访问,就改善和发展两岸关系广泛深入地交换了意见,达成了许多重要共识,揭开了两岸关系发展的新篇章。今年4月,还举办了首届两岸经贸论坛,对促进两岸经贸关系发展与台海地区和平稳定产生了重要影响。

二是大力推动两岸经济交流与合作。1979年元旦,中国全国人大发表了《告台湾同胞书》,倡导两岸尽快实现通邮、通航、通商。此后,我们先后制定了关于鼓励台湾同胞投资的规定、台湾同胞投资保护法及其实施细则、对台湾地区贸易管理办法、台湾海峡两岸间航运管理办法、对台湾地区小额贸易管理办法等一系列法律、法规和政策;陆续扩大了台湾水果、蔬菜、渔产品等市场准入品种,并对其中部分产品实施进口零关税措施;还批准设立海峡两岸农业合作试验区和台湾农民创业园,并为大陆台资企业安排专项开发性贷款等等。在两岸同胞共同努力下,两岸经贸合作持续发展。1978年,两岸贸易额只有0.46亿美元,到2005年已达912.3亿美元,台湾方面顺差高达318亿美元。大陆方面累计批准台资项目6.8万多个,实际使用台资420.7亿美元。台湾1200多家上市、上柜公司中有近一半在大陆投资发展。

三是积极鼓励两岸人员往来和文化等广泛领域的交流。我们实施了一系列促进两岸民间交流的政策,不断采取便利台湾居民来往大陆的措施,大幅放宽台湾同胞在大陆就业的条件,对在大陆高等院校和科研院所就读的台湾学生实行与大陆学生同等收费标准、并设立台湾大学生奖学金,推动实现春节客运包机和两岸专案包机,批准台湾多家航空公司定期航班飞越大陆空域,延长台湾媒体记者在大陆驻点采访的时限,等等。1987年年底以来,台湾同胞来大陆由最初的探亲,已经扩大到投资、经商、旅游、就学、就业等方面,两岸文化、教育、科学、卫生、体育等领域的交流活动蓬勃展开。近20年来,台湾居民来大陆累计达3800万人次,大陆人士赴台累计超过120万人次,大陆赴台的各种交流团组累计达3万多个。2005年,台湾居民来大陆突破400万人次,大陆居民赴台近16万人次。

台湾海峡两岸关系发展,给两岸同胞带来了实实在在的利益。目前,台海形势中有利于遏制"台独"分裂势力及其活动的积极因素增多,两岸关系朝着和平稳定方向发展的趋势增强。同时,两岸关系紧张的根源尚未消除。"台独"分裂势力分裂国家的活动,成为两岸关系发展与中国和平统一的最大障碍,成为台海地区和平稳定的最大威胁。反对和遏制"台独"分裂势力分裂国家的活动,维护国家主权和领土完整,是包括台湾同胞在内的全中国人民的共同义务。

中国革命的先行者孙中山先生说过:"中国是一个统一的国家,这一点已牢牢地印在我国的历史意识之中,正是这种意识,才使我们能够作为一个国家而被保存下来。"我们坚信,在包括台湾同胞在内的全中国人民的共同努力下,中国的完全统一是一定能够实现的。

在这里,我们感谢包括巴西在内的拉美有关国家长期以来在中国人民实现祖国统一问题上给予中国的宝贵支持,也希望有关国家继续支持中国人民反对和遏制"台独"分裂势力分裂国家的活动,继续支持中国人民完成祖国统一大业。

第三,维护世界和平与促进共同发展。中华民族是爱好和平的民族,中国的发展是和平的发展。中国是国际大家庭中负责任的一员。中国始终奉行独立自主的和平外交政策,永远是维护世界和平、促进共同发展的坚定力量。中国人民同世界各国人民一道,积极促进世界多极化和国际关系民主化,推动经济全球化朝着有利于共同繁荣的方向发展。中国积极倡导多边主义和树立互信、互利、平等、协作的新安全观,反对霸权主义和强权政治,反对一切形式的恐怖主义,推动国际秩序向更加公正合理的方向发展。目前,中国已同世界上169个国家建立了外交关系,同21个国家和地区组织确立了战略伙伴关系。中国积极参与地区合作进程,已成为亚太经合组织、上海合作组织、东盟"10+3"等机制的重要成员,与非洲和阿拉伯国家共同创立了中非合作论坛、中阿合作论坛,与拉美里约集团、南方共同市场、安第斯共同体和加勒比10个建交国建立了对话磋商机制,与欧盟建立了领导人定期会晤机制。中国加入了包括《不扩散核武器条约》在内的300多个国际多边条约,加入了130多个政府间国际组织和国际机构,为维护世界和平与促进共同发展发挥着建设性作用。中国高度重视环境保护,是批准《联合国气候变化框架公约》的前10个国家之一。为建设资源节约型、环境友好型社会,我们提出了未来5年内单位国内生产总值能源消耗降低20%左右、主要污染物排放总量减少10%等重要目标。中国积极参与联合国维和行动,积极参加禁毒、反恐和打击跨国犯罪的国际合作,积极投身国际防灾减灾事业和国际慈善事业。在一些国家和地区遭受重大灾害时,总能看到中国救援队不顾自身安危、忘我救灾的身影。

女士们、先生们,朋友们:

巴西是我此次拉美之行的第一站。拉美与中国相距遥远,但早在16世纪,中拉贸易的使者就横渡万顷碧波,开辟了通往拉美的"海上丝绸之路"。19世纪初,几十万华工来到拉美的土地上,同拉美人民一道,修铁路、挖运河、开矿山、种蔗田,用辛勤的汗水浇灌着这片神奇的土地。近代以来,中国和拉美国家都遭遇过外来侵略,都为实现民族独立、人民解放和民主自由进行了艰苦卓绝的斗争,今天又都面临着发展经济、改善民生的繁重任务。相同的历史遭遇和发展任务，把中国人民和拉美人民紧密地联系在一起。我们高兴地看到，在双方的共同努力下，中拉友好合作的种子已经结出累累硕果。

中国同拉美和加勒比地区21个国家建立了外交关系。近10年来，拉美地区先后有74位国家元首、议长和政府首脑访问了中国，中国国家领导人也访问了19个拉美国家。1990年以来，中国同里约集团举行了15次外长级对话。1997年以来，与南方共同市场举行了5次对话。中国还分别与安第斯共同体、加勒比10个建交国进行了多次对话磋商。中国已正式加入加勒比开发银行，还是联合国拉美经委会、拉美一体化协会、美洲开发银行、美洲国家组织和拉美议会的观察员。中国已成为拉美第三大贸易伙伴。2000年以来，中拉贸易总额增长了3倍多，2005年达504.5亿美元。中国在拉美和加勒比累计投资89.3亿美元，拉美13个国家已承认中国完全市场经济地位，17个国家成为中国公民旅游目的地国。

加强同包括拉美国家在内的广大发展中国家的团结合作，始终是中国独立自主的和平外交政策的基础。在世界多极化和经济全球化趋势不断发展的新形势下，进一步加强中拉友好合作，符合双方的根本利益，有利于中拉的共同发展，有利于加强南南合作，有利于促进世界的和平与发展。我们将与拉美国家一道，共同落实胡锦涛主席2004年11月访问拉美时与拉美国家领导人达成的共识，把中拉关系提升到一个新的水平。为此，我提出五点建议：

一是深化政治互信，夯实中拉合作的政治基础。近年来，中国领导人多次访问拉美。许多拉美国家领导人也相继访问了中国，有力地促进了国家关系全面发展。我们应保持这种高层互访势头，深化领导人之间的信任与合作关系，积极促进双方政府、政党、议会间多层次的深入交流，不断扩大共识。中方愿继续加强与里约集团、南方共同市场、安第斯共同体等主要地区组织的对话与合作，愿在和平共处五项原则的基础上，同所有的拉美和加勒比国家建立和发展正常友好的国家关系。

二是推动互利合作，巩固中拉友好的经济基础。中国和拉美都是当今世界经济中最富有活力的地区，经济互补性又很强。随着中国经济和拉美经济的快速发展，双方合作的前景越来越广阔。双方应本着平等互利的原则，发挥各自优势，进一步优化贸易结构，着力加强企业合作，逐步扩大相互投资，不断创新合作方式，努力提升经贸合作的质量和水平。双方应以积极的态度、用发展的眼光，妥善处理经贸合作出现的新情况、新问题，实现互利共赢。

三是丰富人文交流，筑牢中拉友好的社会基础。中华文化历史悠久，拉美文化独具特色，同为世界文化瑰宝。加强人文交流，不仅有利于增进相互了解，也有利于促进人类文明进步。近年来，中拉在对方举办的文化展览深受欢迎，要求到对方国家或地区留学的青年学生人数急增，中拉青年联欢节取得空前成功，这都反映了双方加强相互了解和交往的迫切愿望。今后可以通过互设文化及语言传播中心，促进教育和旅游合作，加强大众传媒交流，鼓励中拉年轻一代加强交往等措施，把中拉人文领域的交流与合作向深度和广度拓展，使中拉友好代代相传。

四是加强议会交往，为中拉关系发展注入新的活力。议会交往作为国家关系的重要组成部分，在增进政治互信，加深各国人民相互了解和友谊，促进各领域务实合作，推动国家关系全面发展等方面发挥着不可替代的作用。中国全国人大与拉美国家议会保持着良好交往，是拉美议会的观察员，还分别同巴西、智利议会建立了定期交流机制。在新的形势下，双方应紧紧围绕中拉关系发展的大局，充分发挥议会的职能作用和自身优势，丰富合作形式，充实合作内容，着力推动务实合作，增强议会交往的实效，为中拉关系的全面发展增添新的内容、注入新的活力。

五是密切在国际事务中的磋商与配合，共同维护发展中国家的权益。中拉之间不存在历史积怨，也没有根本利害冲突。相反，在国际事务中，中拉有着广泛的共同利益和良好的合作基础。中方愿就重大国际和地区问题与拉美国家协调立场，密切配合，共同维护发展中国家的整体利益，促进国际关系民主化，推动建立公正合理的国际政治经济新秩序。作为联合国安理会常任理事国，中国将一如既往地支持包括拉美国家在内的广大发展中国家的合理主张和要求，促进发展中国家的团结合作。

女士们、先生们，朋友们：

再过几天，巴西将迎来独立184周年纪念日。借此机会，我谨代表中国政府和中国人民，并以我个人的名义，向巴西人民致以衷心的祝贺和良好的祝愿。祝友好的巴西联邦共和国国泰民安，祝中巴两国人民的友谊万古长青！

谢谢各位。

全国人大常委会委员长吴邦国在巴西利亚出席中巴企业家委员会年会开幕式上的讲话

女士们、先生们，朋友们：

上午好！

在访问巴西期间，有机会出席中巴企业家委员会年会，我感到十分高兴。中巴企业家委员会是中国与南美之间的第一个由企业自发组成的合作组织，集中了中巴两国众多知名企业及企业家，委员会成立两年多来，为增进两国企业间了解，推动双边经贸关系发展作出了积极贡献。在这里，我首先向参加这次会议的各位企业家朋友致以亲切的问候和良好的祝愿。

经贸合作是中巴战略伙伴关系的物质基础，也是两国关系持续充满活力的重要保障。近年来，中巴经贸关系发展迅速。2005年，双边贸易额达到148.17亿美元，比2001年翻了两番。中国在巴西设立企业89家，实际投资1.51亿美元。巴西在华实际投资1.44亿美元，涉及384个项目。巴西是中国在拉美地区的最大贸易伙伴，中国同样是巴西在亚洲的最大贸易伙伴。双边经贸关系的迅速发展，不仅给两国和两国人民带来了实实在在的利益，为中巴关系发展注入了强劲的动力，也为中巴两国企业合作提供了广阔的舞台。

中巴经济互补性很强，中巴都是正在发展的新兴市场，随着本国经济的不断增长和经济全球化趋势的深入发展，中巴经贸合作迎来了难得的发展机遇、展现出巨大的发展空间。

——在能矿资源领域。中国是世界上第二大能源生产国和能源消费国。上世纪90年代以来，中国能源总自给率始终保持在90%以上，但也需进口石油和天然气。2005年中国钢产量达3.5亿多吨，电解铝产量达778.7万吨，矿产资源除国内供给外，也需大量进口。目前中国的主要能矿资源人均消费量只有世界平均水平的2/3。随着中国经济的持续发展，对能矿资源的需求总量会有所增加。我们的能源战略是，在坚持节约优先、立足国内的前提下，适度利用国际能矿资源市场。中国已经与一些国家在能矿资源方面开展互惠互利的合作。巴西能矿资源丰富，资源产业发达，而且在燃料酒精、生物柴油等新能源开发方面很有特色，是能矿资源重要生产国和出口国。加强中巴能矿资源领域的互利合作，有利于两国的优势互补，符合双方的共同利益。我们愿在平等互利的基础上，加强同巴西的合作。更何况双方在这一领域已有很好的合作基础。在今年3月召开的中巴高委会第一次会议上，又成立了能源矿产分委会。双方企业家应从战略的高度，在现有合作基础上构建更为稳定的合作伙伴关系，实现互利双赢。

——在基础设施建设领域。中巴两国都是地域辽阔的发展中国家，基础设施建设方兴未艾。经过多年的发展，中国在铁路、交通、港口、机场、油气管线等基础设施建设中，积累了丰富经验，拥有雄厚实力。2005年，中国新建铁路1200多公里，增建铁路复线480多公里，建成电气化铁路860多公里，铁路总营业里程达7.5万公里，已建成43条电气化铁路，是继俄罗斯、德国之后世界上第三大电气化铁路国家。前不久全线通车长达1100公里的青藏铁路，克服了多年冻土、高寒缺氧、生态环境脆弱三大难题，创下了铁路建设历史上的多项世界之最。去年，中国新建公路12.9万公里，其中新建高速公路6400多公里，高速公路通车总里程达4.1万公里，跃居世界第二位。中国港口拥有万吨级以上生产泊位1030个，货物吞吐量达49亿吨、国际集装箱吞吐量达7580万标准箱，都居世界首位。中国油气管线的总里程，从1997年的2.04万公里提高到2005年4.4万公里，增加一倍多。两国企业虽然参与过对方个别基础设施项目的建设，但就总体而言相互了解不深，这一领域的合作潜力还远远没有挖掘出来。加强两国基础设施建设领域的合作，是深化两国经贸关系的重要方面，必将大有作为。

——在高新技术领域。早在1982年中巴两国就签署了科技合作协定。近年来，双方科技合作领域不断扩大，内容更加充实，成效日益显现。中巴联合研制并发射的两颗地球资源卫星，堪称南南合作的典范。中巴合作生产支线飞机，2002年成立合资公司，2003年就交付了第一架，经两国适航当局的检查，技术及质量完全符合标准并达到美国FAA的要求。2004年交付6架飞机，2005年又签署了10架飞机的购买协议。我高兴地告诉大家，昨天，我与卢拉总统共同见证了签署购买100架飞机的合同，其中包括在巴西生产的50架100座飞机。同时，还见证了签署中兴通讯和巴西电信战略合作伙伴关系备忘录，掀开了中巴高新技术领域全面合作的新篇章。当今世界综合国力的竞争，说到底就是科技实力的竞争。中巴两国都高度重视科技进步，着力发展高新技术，并形成各自的优势。面对科技进步日新月异带来的机遇和挑战，中巴两国应在现有合作的基础上，不断扩大和深化高新技术领域的战略合作，共同分享科技进步带来的巨大成果，增强自主创新能力，造福于两国人民。

——在农业、纺织、机电和轻工产品等传统贸易领域。两国各有优势，互有需求。已经开展的商品贸易往来，丰富了两国国内市场，给两国人民带来了实实在在的利益。巴西农牧业发达，农产品丰富，去年有近800万吨的大豆销往中国，约占中国当年大豆进口的30%左右，同时，两国在大豆种植和开发方面还有广泛的合作空间。中国的一些家电、通信和轻工产品在巴西市场具有较高的信誉，格力和上海广电等中国企业的产品受到欢迎，并且已经在巴西投资建厂，为巴西的经济发展和扩大就业作出了积极贡献。2005年中巴双边贸易额增长20%，今年1月至6月增长51.2%。这一领域快速增长的势头，展示出巨大的发展空间，将成为深化双边经贸关系的重要领域。

更为可喜的是，双方对扩大经贸合作规模、提升合作质量和水平的热情空前高涨。而把强烈的合作愿望和巨大的合作潜力转化为现实，最为重要的是要充分发挥企业在经贸合作中的主体作用，推动一些带动全局的大项目合作。中巴实行的都是市场经济，企业是市场主体和投资主体，也是经贸合作的主体。希望双方企业发挥各自优势，积极探索企业合作的新途径、新方式，共同开拓投资合作的新领域，进一步扩大双向直接投资，使两国经贸合作从商品贸易向投资合作、产业合作和经济技术合作延伸，实现中巴经贸关系质的飞跃。中国政府将继续鼓励有实力、信誉好的大企业到巴西投资兴业，也欢迎巴西企业到中国创业发展。

这里，我还要强调的是，两国政府及有关方面应把加强企业合作作为深化中巴经贸合作的优先方向，积极为企业合作牵线搭桥，继续推动双边贸易和投资便利化，不断改善投资环境。应进一步发挥中巴高委会等双边机制的作用，及时协调解决两国经贸合作特别是企业合作中出现的问题，为两国企业合作及大项目合作创造良好的条件、提供更多的便利。我相信，在中巴两国企业家的共同努力下，中巴经贸合作必将迎来更加美好的明天。

最后，祝中巴企业家合作委员会年会圆满成功！

谢谢大家。

国务院印发《关于加强土地调控有关问题的通知》

各省、自治区、直辖市人民政府，国务院各部委、各直属机构：

党中央、国务院高度重视土地管理和调控。2004年印发的《国务院关于深化改革严格土地管理的决定》(国发〔2004〕28号)，在严格土地执法、加强规划管理、保障农民权益、促进集约用地、健全责任制度等方面，作出了全面系统的规定。各地区、各部门采取措施，积极落实，取得了初步成效。但是，当前土地管理特别是土地调控中出现了一些新动向、新问题，建设用地总量增长过快，低成本工业用地过度扩张，违法违规用地、滥占耕地现象屡禁不止，严把土地“闸门”任务仍然十分艰巨。为进一步贯彻落实科学发展观，保证经济社会可持续发展，必须采取更严格的管理措施，切实加强土地调控。现就有关问题通知如下：

一、进一步明确土地管理和耕地保护的责任

地方各级人民政府主要负责人应对本行政区域内耕地保有量和基本农田保护面积、土地利用总体规划和年度计划执行情况负总责。将新增建设用地控制指标(包括占用农用地和未利用地)纳入土地利用年度计划，以实际耕地保有量和新增建设用地面积，作为土地利用年度计划考核、土地管理和耕地保护责任目标考核的依据；实际用地超过计划的，扣减下一年度相应的计划指标。国土资源部要加强对各地实际建设用地和土地征收情况的核查。

按照权责一致的原则，调整城市建设用地审批方式。在土地利用总体规划确定的城市建设用地范围内，依法由国务院分批次审批的农用地转用和土地征收，调整为每年由省级人民政府汇总后一次申报，经国土资源部审核，报国务院批准后由省级人民政府具体组织实施，实施方案报国土资源部备案。

严格实行问责制。对本行政区域内发生土地违法违规案件造成严重后果的，对土地违法违规行为不制止、不组织查处的，对土地违法违规问题隐瞒不报、压案不查的，应当追究有关地方人民政府负责人的领导责任。监察部、国土资源部要抓紧完善土地违法违规领导责任追究办法。

二、切实保障被征地农民的长远生计

征地补偿安置必须以确保被征地农民原有生活水平不降低、长远生计有保障为原则。各地要认真落实国办发〔2006〕29号文件的规定，做好被征地农民就业培训和社会保障工作。被征地农民的社会保障费用，按有关规定纳入征地补偿安置费用，不足部分由当地政府从国有土地有偿使用收入中解决。社会保障费用不落实的不得批准征地。

三、规范土地出让收支管理

国有土地使用权出让总价款全额纳入地方预算，缴入地方国库，实行“收支两条线”管理。土地出让总价款必须首先按规定足额安排支付土地补偿费、安置补助费、地上附着物和青苗补偿费、拆迁补偿费以及补助被征地农民社会保障所需资金的不足，其余资金应逐步提高用于农业土地开发和农村基础设施建设的比重，以及用于廉租住房建设和完善国有土地使用功能的配套设施建设。

四、调整建设用地有关税费政策

提高新增建设用地土地有偿使用费缴纳标准。新增建设用地土地有偿使用费缴纳范围，以当地实际新增建设用地面积为准。新增建设用地土地有偿使用费专项用于基本农田建设和保护、土地整理、耕地开发。对违规减免和欠缴的新增建设用地土地有偿使用费，要进行清理，限期追缴。其中，国发〔2004〕28号文件下发后减免和欠缴的，要在今年年底前全额清缴；逾期未缴的，暂不办理用地审批。财政部会同国土资源部要抓紧制定新增建设用地土地有偿使用费缴纳标准和适时调整的具体办法，并进一步改进和完善新增建设用地土地有偿使用费的分配使用管理。

提高城镇土地使用税和耕地占用税征收标准，财政部、税务总局会同国土资源部、法制办要抓紧制定具体办法。财税部门要加强税收征管,严格控制减免税。

五、建立工业用地出让最低价标准统一公布制度

国家根据土地等级、区域土地利用政策等,统一制定并公布各地工业用地出让最低价标准。工业用地出让最低价标准不得低于土地取得成本、土地前期开发成本和按规定收取的相关费用之和。工业用地必须采用招标拍卖挂牌方式出让,其出让价格不得低于公布的最低价标准。低于最低价标准出让土地,或以各种形式给予补贴或返还的,属非法低价出让国有土地使用权的行为,要依法追究有关人员的法律责任。

六、禁止擅自将农用地转为建设用地

农用地转为建设用地,必须符合土地利用总体规划、城市总体规划、村庄和集镇规划,纳入年度土地利用计划,并依法办理农用地转用审批手续。禁止通过"以租代征"等方式使用农民集体所有农用地进行非农业建设,擅自扩大建设用地规模。农民集体所有建设用地使用权流转,必须符合规划并严格限定在依法取得的建设用地范围内。未依法办理农用地转用审批,国家机关工作人员批准通过"以租代征"等方式占地建设的,属非法批地行为;单位和个人擅自通过"以租代征"等方式占地建设的,属非法占地行为,要依法追究有关人员的法律责任。

七、强化对土地管理行为的监督检查

国家土地督察机构要认真履行国务院赋予的职责,加强对地方人民政府土地管理行为的监督检查。对监督检查中发现的违法违规问题,要及时提出纠正或整改意见。对纠正整改不力的,依照有关规定责令限期纠正整改。纠正整改期间,暂停该地区农用地转用和土地征收。

国土资源管理部门及其工作人员要严格执行国家土地管理的法律法规和方针政策,依法行政,对土地利用情况的真实性和合法性负责。凡玩忽职守、滥用职权、徇私舞弊、不执行和不遵守土地管理法律法规的,依照有关法律法规追究有关领导和人员的责任。

八、严肃惩处土地违法违规行为

国家机关工作人员非法批准征收、占用土地,或者非法低价出让国有土地使用权,触犯刑律的,依法追究刑事责任。对不执行国家土地调控政策、超计划批地用地、未按期缴纳新增建设用地土地有偿使用费及其他规定税费、未按期足额支付征地补偿安置费而征占土地,以及通过调整土地利用总体规划擅自改变基本农田位置,以规避建设占用基本农田应依法上报国务院审批的,要追究有关人员的行政责任。

完善土地违法案件的查处协调机制,加大对土地违法违规行为的查处力度。监察部要会同国土资源部等有关部门,在近期集中开展一次以查处非法批地、未批先用、批少用多、非法低价出让国有土地使用权等行为为重点的专项行动。对重大土地违法违规案件要公开处理,涉嫌犯罪的,要移送司法机关依法追究刑事责任。

各地区、各部门要以邓小平理论和"三个代表"重要思想为指导,全面落实科学发展观,充分认识实行最严格土地管理制度的重要性,认真贯彻、坚决执行中央关于加强土地调控的各项措施。各地区要结合执行本通知,对国发〔2004〕28 号文件实施以来的土地管理和利用情况进行全面自查,对清查出的土地违法违规行为必须严肃处理。发展改革委、监察部、财政部、劳动保障部、国土资源部、建设部、农业部、人民银行、税务总局、统计局、法制办等部门要各司其职、密切配合,尽快制定本通知实施的配套文件,共同做好加强土地调控的各项工作。国土资源部要会同监察部等有关部门做好对本通知贯彻执行情况的监督检查。各地区、各部门要在 2006 年年底前将贯彻执行本通知的情况向国务院报告。

国务院

2006 年 8 月 31 日

国务院第二次全国农业普查领导小组(扩大)会议在北京召开

国务院副总理、国务院第二次全国农业普查领导小组组长回良玉在会议上强调,第二次全国农业普查涵盖了农村经济社会发展的方方面面,普查对象多、涉及范围广、工作难度大。现在距普查登记时点只有 4 个月,时间很紧、任务很重。各地区、各有关部门要认真落实国务院关于农业普查的总体部署和要求,贯彻实施《全国农业普查条例》,确保各项准备工作落实到位。一是确保组织领导到位,抓紧组建县乡普查机构,建立健全运行机制。二是确保普查经费到位,为普查提供基本保障和必要条件。三是确保人员培训到位,严格按标准选聘普查人员,认真组织业务培训,建设一支高素质的普查队伍。四是确保宣传动员到位,使全社会了解普查、各方面支持普查、农民群众积极配合普查。五是确保协作配合到位,形成普查工作合力。六是确保责任落实到位,建立健全分级负责、层层把关、责权明确的工作责任制。七是确保监督检查到位,加强对普查的各项准备工作,尤其是对重点地区、重点部门、薄弱环节的检查指导,严格责任追究,确保农业普查各项准备工作有力有序有效进行。

国务院第二次全国农业普查领导小组成员、各省(区市)农业普查领导小组组长和有关方面的负责同志参加了会议。

中共中央政治局常委吴官正在塔那那利佛会见马达加斯加总统拉瓦卢马纳纳

外交部部长李肇星在北京会见冰岛卫生和社会保障部部长弗里德莱夫斯多蒂尔女士和常务秘书世界卫生组织总干事候选人贡纳尔松先生

“中国思想家评传丛书”全部编撰完成

由已故学者匡亚明发起并主编、海内外数百名学者共同参与的中国传统思想文化研究的跨世纪工程巨著——“中国思想家评传丛书”(200部),已经全部编撰完成,并将于近期内由南京大学出版社出版,向海内外公开发行。

这套丛书被学术界称为世纪之交“规模最大的中国传统思想文化研究工程”,于上世纪80年代中期由匡亚明教授发起。除亲任丛书主编外,他还是丛书开卷之作《孔子评传》的撰著人。这套丛书由南京大学中国思想家研究中心组织编撰,总计200部、6000余万字,是近年来南京大学文科最重要的标志性工程,凝聚了当代一批学有所长专家的集体智慧。丛书的学术顾问包括丁光训、王元化、安子介、赵朴初、冯友兰、张岱年、杨向奎、任继愈、苏步青、程千帆、杜维明等数十位海内外著名学者。他们与中国思想家研究中心共同研讨,从2500年历史长河中选取了270多位不同时代、不同民族、不同领域的杰出人物作为传主,从整体组合上奠定了中华民族杰出人物思想研究的格局。

丛书开创了当代学界成功编撰大型原创性学术著作的先例。丛书覆盖文、史、哲、经、法、理、工、医、农、兵等诸多领域,生动再现了这些杰出人物的学术精神和思想特质,见微知著地展示了中国传统思想文化的总体面貌。丛书在编撰过程中,形成了一个庞大的丛书学术群体。

9月1日

全国人大常委会委员长吴邦国在圣保罗会见拉美议会议长洛佩斯

吴邦国说，拉美议会是拉美和加勒比地区最重要、具有代表性的地区议会间组织，在维护地区和平与稳定、促进成员国民主与法制建设、加强各国人民团结与合作方面发挥着积极作用。中国全国人大同拉美议会的友好合作已奠定良好基础，希望双方共同努力，充分利用已建立的联系与合作机制，进一步加强实质性互动与协调，建立更紧密的工作联系，积极探讨扩大交流与合作的方式和途径，深化政治互信、推动互利合作、丰富人文交流，为中拉关系的不断发展作出积极贡献。

吴邦国对洛佩斯重申坚持一个中国政策、反对“台独”、支持中国和平统一大业的正义立场表示感谢和赞赏，积极评价洛佩斯和拉美议会的其他朋友为进一步巩固中拉关系的政治基础所做的宝贵努力。

会见后，洛佩斯议长代表拉美议会授予吴邦国委员长拉美议会最高荣誉勋章。

国务院在北京召开全国农村综合改革工作会议

会议9月1日至2日召开。中共中央政治局常委、国务院总理温家宝出席会议并发表《不失时机推进农村综合改革，为社会主义新农村建设提供体制保障》的讲话。

中共中央政治局委员、国务院副总理回良玉主持会议。国务委员华建敏、陈至立出席会议。

温家宝在讲话中指出，从今年起在全国农村彻底取消了农业税，这件事具有重大而深远的意义。取消农业税，给亿万农民带来了看得见的物质利益，极大地调动了农民的积极性，推动了农村经济的快速发展和农村社会的和谐进步。他说，我国近30年的农村改革取得了巨大成功。农村改革的第一步，以家庭承包经营为核心，建立农村基本经济制度和市场机制，保障农民生产经营自主权。第二步，以农村税费改革为核心，统筹城乡发展，调整国民收入分配关系。第三步，以促进农村上层建筑变革为核心，实行农村综合改革，解决农村上层建筑与经济基础不相适应的一些深层次问题。这几步改革贯穿一条红线，就是保障农民的物质利益，维护农民的民主权利，解放和发展生产力。

温家宝指出，农村综合改革不仅涉及经济领域的改革，而且涉及政治、社会、文化等领域的改革，是一次重大的制度创新和社会变革，要在试点的基础上全面推进。有条件的地方要在全省范围内开展试点，暂不具备条件的省份要进一步扩大市、县试点范围，力争5年期间或更长一点时间基本完成乡镇机构、农村义务教育和县乡财政管理体制改革的任务。

温家宝强调，推进乡镇机构改革，要以转变政府职能为重点，坚持政企分开，精简机构人员，提高行政效率，建立行为规范、运转协调、公正透明、廉洁高效的基层行政体制和运行机制。要积极稳妥地合理调整乡镇政府机构，改革和整合乡镇事业站所，精简富余人员。中央提出5年内乡镇机构编制只减不增是必须坚守的一条底线。上级部门要大力支持基层改革，不得以机构“上下对口”干预乡镇机构设置和人员配备。乡镇政府要重点强化三方面的职能：一是为农村经济发展创造环境，二是为农民提供更多公共服务，三是为农村构建和谐社会创造条件。同时，要把不应该由政府承担的经济活动和社会事务交给市场、中介组织和村民自治组织。

温家宝强调，要贯彻把义务教育工作的重点放在农村的方针，通过农村义务教育体制改革，保障办学经费，提高教育质量，促进教育公平，加快农村义务教育发展，实现让每一个农村孩子都有学上、都能上得起学的目标。今明两年将在全国免除农村义务教育阶段中小学生的学杂费，同时将农村义务教育全面纳入公共财政保障范围，建立和完善政府投入办学、各级责任明确、财政分级负担、经费稳定增长的农村义务教育经费保障机制。教师工资必须列入财政预算，切实予以保证。今后要约法三章：不准减少本级政府对农村义务教育应承担的经费投入；不准挪用学校公用经费发放教师津贴；不准再乱收费加重学生的经济负担。要加快教育部门自身改革。深化教育人事制度改革，加强农村教师队伍建设；合理配置城乡教育资源，逐步缩小城乡之间义务教育发展差距；合理调整农村中小学布局，提高教育资源利用效率。

温家宝强调，要以增强基层财政保障能力为重点，推进县乡财政管理体制改革。不断增加对农业和农村的投入，财政新增教育、卫生、文化等事业经费主要用于农村，国家基本建设资金增量主要用于农村，政府征用土地收益用于农村的比例要有明显增加。进一步完善转移支付制度，增加一般性转移支付，规范专项补助。继续推进“省直管县”财政管理体制和“乡财县管乡用”财政管理方式改革试点。努力改善县乡财政困难状况，确保乡镇机构和村级组织正常运转，增强基层政府提供公共服务的能力。

温家宝指出，要通过深化农村综合改革，为社会主义新农村建设提供体制保障、财力支持和动力源泉，增强农村发展的活力。一是坚持不懈地落实好中央支持农业发展和农民增收的政策措施；二是坚持稳定和完善农村基本经济制度；三是增加投入，切实解决农民群众生产生活中的实际问题；四是充分调动广大农民群众建设新农村的主动性和创造性；五是推进新农村建设必须从实际出发，因地制宜，量力而行。

温家宝指出，实行村民自治，扩大基层民主，是新农村建设的重要任务，也是发展社会主义民主政治的重要内容。要完善村民自治制度，实行民主选举、民主决策、民主管理和民主监督，真正让农民当家做主。要引导农民依法运用民主机制，正确行使自己的民主权利。要完善"一事一议"制度，引导农民把该办的事议好，把议定的事办好。

回良玉在会议结束时作了总结讲话。他强调，现在推进农村综合改革的指导思想、基本目标和主要任务都已经明确，各地区、各部门要认真贯彻这次会议精神，把思想和行动统一到中央关于农村综合改革的部署和要求上来，切实加强领导，认真总结和推广试点经验，精心组织实施，保证改革措施落实到位。同时，要统筹做好当前农业农村各项工作，特别要加强防汛抗旱救灾、重大农作物病虫害和动物疫情防控以及森林、草原防火，安排好灾区群众的生产生活，抓紧灾后恢复重建，抓好秋冬季农业生产，促进粮食生产稳定发展、农民收入持续增加，扎实推进社会主义新农村建设。

各省、自治区、直辖市和中央有关部门的负责同志参加了会议。

中央党校校长曾庆红在中央党校秋季开学典礼上发表讲话

曾庆红在讲话中传达了中央有关会议精神，分析了当前的国际国内形势。

曾庆红指出，当前和今后一个时期我们党的思想政治建设和党员干部理论学习培训的重要任务，就是按照党中央最近作出的《中共中央关于学习〈江泽民文选〉的决定》和胡锦涛同志在学习《江泽民文选》报告会上重要讲话精神，着眼于推进党和国家的工作，认真学习好运用好《江泽民文选》。《江泽民文选》是"三个代表"重要思想的集大成之作，是以江泽民同志为核心的第三代中央领导集体治国理政智慧和经验的经典之作，是我们党加强思想理论建设最好的教材。深入学习《江泽民文选》，要发扬马克思主义学风，把胡锦涛同志精辟概括的"三个代表"重要思想在什么是社会主义、怎样建设社会主义这个问题上形成的富有独创性的21个方面的理论观点，在建设什么样的党、怎样建设党这个问题上形成的富有独创性的10个方面的理论观点，逐个学懂弄通。要把学习《江泽民文选》同学习科学发展观等重大战略思想有机结合起来，努力把"三个代表"重要思想转化为为党和人民的事业不懈奋斗的坚定信念，转化为观察和解决问题的科学方法，转化为指导改造客观世界和主观世界的行为准则，切实做到在认识上有新提高、运用上有新收获。

曾庆红在讲话中还要求党校学员提高学习的自觉性和责任感，切实把到中央党校学习作为增强为党工作、为国建功、为民造福本领的"加油站"，把加强党性锻炼和修养贯穿于学习的全过程，在努力提高自身素质和能力上狠下功夫。

全国总工会主席王兆国在山东考察

9月1日至5日，王兆国在山东省省委书记张高丽、省长韩寓群，全总副主席、书记处第一书记孙春兰等陪同下，深入济南、临沂、聊城等地工厂企业和高新技术开发区，看望全国劳动模范，慰问企业特困职工，视察困难职工帮扶中心，对山东经济社会发展取得的成绩和山东的工会工作给予充分肯定。

王兆国在与山东党政领导、工会干部座谈时指出，各级工会组织要切实加强思想理论建设，认真学习"三个代表"重要思想和《江泽民文选》，进一步树立和落实科学发展观，坚持走中国特色社会主义工会发展道路。要鼓励引导广大职工群众立足本职岗位，提高整体素质和劳动技能，开展建功立业活动，在实现"十一五"规划目标中发挥工人阶级的主力军作用。要充分发挥工会组织的优势，主动深入到职工中去，到困难多的企业去，加强调查研究，了解职工意愿，反映职工呼声，坚持主动维权、依法维权、科学维权，发挥困难职工帮扶中心的作用，着力解决好困难职工和农民工的生产生活问题，努力把工会建设成党政靠得住、企业离不开、职工信得过的群众组织。要大力加强企业工会工作，促进企业发展，维护职工权益，不断推进和谐劳动关系、和谐企业、和谐社会建设。

国务委员唐家璇在萨格勒布分别会见克罗地亚总统梅西奇和总理萨纳德

中央军委副主席曹刚川在八一大楼会见南非国防军司令恩格文亚一行

财政部和教育部联合颁布《高等学校毕业生国家助学贷款代偿资助暂行办法》

该办法明确规定，中央部门所属普通高校毕业生到西部地区和艰苦边远地区县级以下机关、企事业单位和艰苦地区的艰苦行业就业，服务期在3年或3年以上的，其在校学习期间获得国家助学贷款本金及其全部偿还之前产生的利息将由中央财政代为偿还。

这项政策的出台，在完善高校资助体系、引导和鼓励高校毕业生面向基层就业等方面有积极意义。各省(自治区、直辖市)要参照办法规定的原则,制定吸引和鼓励高校毕业生面向本辖区艰苦边远地区基层单位就业的国家助学贷款代偿资助办法。

据介绍,在校期间获得国家助学贷款的中央部门所属普通高校应届毕业生,毕业时自愿到西部地区和艰苦边远地区基层单位工作3年以上(含3年)的,可在办理离校手续时向学校递交《国家助学贷款代偿资助申请表》和毕业生本人、就业单位与学校三方签署的就业协议。高校将符合条件的毕业生相关材料集中报送全国学生资助管理中心审批。国家对获得国家助学贷款代偿资助的高校毕业生3年代偿资助完毕。每校每年上报的代偿资助学生人数原则上不超过当年毕业获得国家助学贷款学生人数的5%,农林、水利、地质、矿产、石油、师范、民族、航海等专业学生占在校生比例较大的高校可适当提高比例,但不得高于8%。

9月2日

全国人大常委会委员长吴邦国在马瑙斯黑河文化宫会见亚马孙州州长布拉加

吴邦国说,亚马孙州幅员辽阔、资源丰富、环境良好、景观独特,这次访问时间虽然很短,但给我留下深刻印象。尤其是亚马孙州在着力推动经济发展的同时,悉心保护享有"地球之肺"美誉的亚马孙河及其热带雨林,努力做到人与自然和谐相处的经验,值得我们很好地学习和借鉴。

吴邦国还积极评价亚马孙州为发展中巴经贸关系作出的重要贡献。他说,中国与亚马孙州经济互补性很强,合作潜力很大。希望双方本着互利双赢的原则,发挥各自优势,在现有基础上,进一步扩大合作领域,加强投资合作、产业合作和经济技术合作。中方鼓励有实力、信誉好的企业到亚马孙州创业发展,希望巴西和亚马孙州政府为他们创造良好的投资环境。

2006中国企业500强发布暨高层论坛会议在郑州举行

在2006中国企业500强的评选中,中国石油化工集团公司荣登榜首。中国石油天然气集团公司则获得2006中国企业效益200佳和中国企业纳税200佳的"双冠王"。宝钢集团有限公司与国家电网公司则分别蝉联2006中国制造业企业500强与2006中国服务业企业500强的冠军。

据中国企业联合会介绍,此次各项评选的指标均有所提高。其中,2006中国企业500强的营业收入总计为14.1万亿元,比上年增长20.4%;入围门槛为60.7亿元,比上年提高15亿元;有23家企业达到了2006世界企业500强的标准,其中有19家企业申报并入围2006世界企业500强。

此次评出的500强中实现利润超过10亿元的企业有84家,其利润总额为5482亿元,占500强利润总额的85%;而2006中国企业效益200佳的净利润又占全部500强企业净利润总额的96.9%。这表明,中国企业500强主要利润来自少数大企业。

在财税贡献方面,今年中国企业纳税200佳的纳税额总计为9240亿元,占全部500强纳税总额的93.0%,相当于2005年全国税收总额的30.8%。

从总体上看,2006中国企业500强继续保持了稳健发展的良好势头。特别是,2006中国企业500强与世界级大企业的差距进一步缩小。

2006世界企业500强营业收入总计达18.93万亿美元,比上年增长了12.7%。中国企业500强的营业收入增长率高出世界企业500强7.7个百分点。

"中国思想家评传丛书"200部整体出版座谈会在南京召开

国务委员陈至立出席并强调,要加强中国传统文化研究,弘扬以爱国主义为核心的民族精神。

陈至立说,由已故著名教育家、社会活动家、南京大学名誉校长匡亚明教授主编的"中国思想家评传丛书",是中国传统文化研究中一项重大原创性、基础性工程,对继承和弘扬我国优秀历史文化传统、建设先进文化具有重要意义,对普及优秀传统文化知识,开展优秀传统思想文化教育,提高公民文化素质将发挥积极的作用。

文化部、教育部、国家新闻出版总署、江苏省委、省政府有关领导,部分作者及有关专家、学者出席了座谈会。

9月3日

全国人大常委会副委员长盛华仁在宁夏调研

9月3日至7日,全国人大常委会副委员长兼秘书长盛华仁率部分全国人大代表赴宁夏回族自治区中部干旱缺水地区视察调研,了解十届全国人大四次会议期间宁夏团全国人大代表所提建议办理情况。

这是全国人大常委会首次组织代表对建议办理情况进行跟踪调研和督促落实,是深入贯彻《关于进一步发挥全国人大代表作用,加强全国人大常委会制度建设的若干意见》的一项重要举措。

宁夏中部干旱带是全国最干旱缺水、最贫困落后的地区之一,党中央、全国人大常委会、国务院高度重视解决此地区农村饮水安全问题。据了解,今年3月的十届全国人大四次会议上,宁夏代表团提出了《关于解决宁夏中部干旱带农村饮水安全问题的建议》,被全国人大常委会办公厅确定为今年重点办理的12项建议之一,交由国家发改委、水利部等国务院有关部门办理。

水利部等单位迅速组织农村供水、水资源方面的专家组成考察组,深入实地调研,听取在宁全国人大代表的建议和意见,帮助自治区政府修改完善了《宁夏中部干旱带农村人饮安全规划》,努力落实代表建议。目前,国家发改委和水利部已同意这一总体规划方案,并决定在"十一五"期间优先解决缺水最严重、水质最差地区的55.08万人的饮水安全问题。7月1日,重点工程之一的原州区东部饮水工程已经开工建设,年内可望再启动两项工程,还有其他重点水源骨干工程正在进行可行性研究。

全国检察机关人民监督员制度试点工作经验交流会在南京召开

最高人民检察院副检察长张耕说,3年来的试点工作,达到了制度设计的预期目的。人民监督员进行监督,有利于促使检察机关增强办理案件的责任心,防止随意性,有效防止错案、冤案的发生。

据介绍,截至今年6月,全国共有2825个检察院开展了试点工作,共选任人民监督员20848名,已监督"三类案件"12828件,监督"五种情形"195件。在已监督的"三类案件"中,人民监督员不同意检察机关原拟处理决定的612件,最终采纳人民监督员意见的454件;在人民监督员不同意检察机关原拟逮捕决定的44件案件中,采纳人民监督员意见,作出撤销逮捕决定或变更强制措施的有21件;检察机关受理的195件"五种情形",多数与公民的人身权利和财产权利有关。

中国佛教协会西藏分会成立50周年庆祝大会在拉萨举行

第十一世班禅额尔德尼·确吉杰布出席庆祝大会。

1956年,中国佛教协会西藏分会正式成立。这是新中国成立后的第一个藏传佛教爱国宗教团体,标志着西藏佛教界在爱国主义和社会主义旗帜下的大团结和大联合。

西藏自治区党委副书记、自治区政协副主席土登才旺在庆祝大会上说:"和平解放50多年来,特别是佛协西藏分会成立50年来的历程表明,爱国爱教、团结进步始终是我区藏传佛教界的主流。"

中国佛教协会西藏分会会长珠康·土登克珠活佛说,西藏和平解放以来,党中央国务院对西藏工作给予了特殊关心,对民族宗教工作给予了高度重视,党的宗教政策在西藏得到全面贯彻落实,特别是党的十一届三中全会以来,党的宗教信仰自由政策在西藏得到了彻底贯彻。

9月4日

全国人大常委会委员长吴邦国在蒙得维的亚会见乌拉圭总统巴斯克斯

吴邦国说,中乌建交18年以来,两国关系发展顺利。高层交往频繁,政治上相互信任,在对方关切的问题上相互理解、相互支持,对国际和地区问题有着相同或相似的看法,在国际事务中保持密切的磋商与配合。中方感谢乌政府长期以来在台湾、西藏、人权等问题上给予的坚定支持。他说,中乌不仅政治关系很好,经贸关系也持续发展,双边贸易额快速增长,中国已成为乌拉圭的第五大贸易伙伴。

吴邦国表示,中方愿与乌方保持高层交往的良好势头,增进政治互信;加强经贸领域的务实合作,稳步发展传统贸易,创新合作方式,拓展合作领域;促进人文领域的广泛交流,健全合作机制;扩大两国的民间往来,推动中乌长期稳定、平等互利的友好合作关系不断向前发展。吴邦国宣布,中国政府决定乌拉圭为中国公民旅游目的地国。

全国人大常委会委员长吴邦国在蒙得维的亚国会大厦同乌拉圭众议长卡多索举行会谈

全国人大常委会委员长吴邦国在蒙得维的亚国会大厦与乌拉圭副总统兼国会主席参议长诺沃亚举行会谈

双方就两国关系、议会交往和其他共同关心的问题充分交换了意见,达成重要共识。

吴邦国和诺沃亚还共同出席了《中华人民共和国政府和乌拉圭东岸共和国政府经济技术合作协定》《关于公共安全高科技项目的谅解备忘录》等10个经贸合作文件的签字仪式,并即席发表致辞,高度评价两国经贸合作取得的积极进展。

国务院就加快推进政府职能转变和管理创新工作召开全国电视电话会议

国务院总理温家宝作重要讲话。

国务院副总理黄菊、吴仪、曾培炎、回良玉,国务委员唐家璇、陈至立出席会议,国务委员兼国务院秘书长华建敏主持会议。

参加会议的有，各省(自治区、直辖市)、市(地)、县(市、区)政府以及计划单列市政府、新疆生产建设兵团主要负责人，国务院各部门主要负责人。中共中央、全国人大、全国政协、中央军委、最高人民法院、最高人民检察院和各民主党派中央、全国工商联有关部门负责人也应邀参加会议。

国务院总理温家宝在加强政府自身建设推进政府管理创新电视电话会议上的讲话

推进政府自身建设和管理创新，是行政管理体制改革的主要任务，也是经济体制改革和政治体制改革的重要内容。党中央、国务院历来十分重视这方面工作。党的十六大以来，我们在推进政府自身改革和建设方面采取了一系列措施：修订了《国务院工作规则》，把实行科学民主决策、推进依法行政、加强行政监督作为政府工作的三项基本准则；注重全面履行政府职能，着力加强社会管理和公共服务，建立了应对突发公共事件管理机制；认真贯彻实施行政许可法，推进行政审批制度改革，取消和调整了一批行政审批事项；制定和颁布《全面推进依法行政实施纲要》，提出建设法治政府的目标和要求；贯彻实施《公务员法》，加强公务员队伍建设，推进公务员工资制度改革；加大反腐倡廉力度，努力解决损害群众利益的突出问题，重点抓好防治腐败的改革和制度建设，认真开展治理商业贿赂专项工作。政府自身建设和管理创新迈出了重要步伐，并积累了一些宝贵经验。

当前，我国正处于加快发展的关键时期，改革攻坚任务艰巨，对外开放面临新形势。这对加强政府自身建设和推进政府管理创新提出了更高要求。我国经济社会发展中存在的深层次矛盾和突出问题，包括经济结构调整和增长方式转变滞后，投资盲目扩张、重复建设严重，乱占耕地、破坏矿产资源现象屡禁不止，土地征用、房屋拆迁、企业改制、环境污染、安全生产等方面损害群众利益的问题没有得到有效解决，主要原因在于体制不完善，特别是行政管理体制改革滞后。只有加快推进政府自身建设和管理创新，才能更好地贯彻落实科学发展观，适应发展社会主义市场经济和构建社会主义和谐社会的要求。我们一定要深刻认识政府自身改革和建设的重要性和紧迫性，增强责任感和使命感，努力建设法治政府、服务政府、责任政府和效能政府。

切实转变政府职能，进一步规范行政权力

转变政府职能是深化行政管理体制改革、加强政府自身建设的重点。多年来，我们在转变政府职能方面做了大量工作，取得了明显成效。但是，目前的问题还很多：政府及其部门仍然管了许多不该管、管不了也管不好的事，行政许可和审批事项仍然过多，政企不分的问题比较突出，一些地方政府和部门还在直接干预企业的微观经济活动，甚至包办代替企业的招商引资和投资决策，经济管理方式方法亟待改变；一些政府部门权责脱节、有权无责，出了问题无人负责，有的部门之间职责不清、推诿扯皮，办事效率不高；一些该由政府管的事没有管或者没有管好，市场监管和社会管理体系不健全，公共服务比较薄弱。这些问题影响了市场配置资源基础性作用的充分发挥，也影响了政府职能的正常发挥。为此，必须按照发展社会主义市场经济的要求，进一步推进政府职能转变，使政府正确履行职责。

继续推进政企分开。政企分开是政府职能转变的关键。必须重申，凡是应该由企业自主行使的生产经营和投资决策权，都要由企业自行决定、自行负责，各级政府及其部门都不得包办企业投资决策，干预企业正常的生产经营活动。当前，要坚决禁止各级政府代替企业招商引资，层层分解并考核招商引资指标。政府要将抓经济工作的主要精力放在为各类市场主体服务和创造良好发展环境上。要深化国有资产管理体制改革，加快现代企业制度建设，对由各级政府代表国家行使出资人职能的国有企业，实行所有权与经营权分开。要把是否真正实现政企分开，作为检验政府职能转变的一个重要标志。

深化行政审批制度改革。近几年，我们推进行政审批制度改革取得了明显成效，国务院部门和地方政府取消和调整行政审批项目超过了一半。但目前行政审批项目仍然过多，审批权行使不够规范。因此，要深入贯彻行政许可法，进一步减少和规范行政审批事项。国务院各部门和地方政府要对现有行政许可项目和非行政许可审批项目继续清理，该取消的要坚决取消，能下放的要尽快下放。对已经取消的行政审批项目，要切实加强后续监管工作，坚决杜绝各种变相审批行为。要完善行政审批方式，简化和规范程序，制定操作规程，并向社会公开。减少行政审批决不是撒手不管，而是要创新管理制度和方式，建立健全有效的全社会投资引导调控体系，特别要规范政府和国有企业的投资行为。

做到权责一致。权力就是责任，有权必须尽责，权力与责任必须对等。近年来，一些地方重特大安全生产事故频发，食品、药品和环保等安全隐患突出，给人民群众生命财产造成严重危害。发生这些问题的重要原因，是责任制不落实，一些政府部门及其工作人员责任意识淡漠、失职渎职。各级政府及其部门要认真履行职责。该哪个部门办的事情，一定要尽职尽责地办好。部门之间要加强协调配合，不能推诿扯皮。违法和不当行使权力,或者行政不作为,都要依法承担相应的责任。要提高办事效率和质量,改善服务态度,认真帮助基层和人民群众解决实际困难。

全面履行政府职能。政府要在更好地履行经济调节和市场监管职能的同时,切实加强社会管理和公共服务职能。要创新经济管理制度和方式,更多地运用经济手段和法律手段调节经济活动。强化市场监管,加强对涉及人民生命财产安全领域的监管,深入整顿规范市场秩序,反对不正当竞争,严厉打击侵犯知识产权、制假售假等扰乱市场秩序的违法行为。要按照建设服务政府的要求,创新公共服务体制,改进公共服务方式。以发展社会事业和解决民生问题为重点,着力解决就业、就学、就医、社会保障、社会治安、安全生产、环境保护等人民群众最关心的利益问题,优化公共资源配置,加强公共设施建设,完善社会管理制度,提高社会管理水平,为全体人民提供更多更好的公共服务。

深入开展反腐倡廉,确保权力不被滥用

腐败的本质是公共权力的滥用。政府工作人员必须用人民赋予的权力为人民谋利益,决不能以权谋私。我们绝大多数的政府机关和工作人员做得是好的,是忠于人民的;但是在一些政府工作人员中也存在以权谋私、贪污腐败的问题。有的利用行政审批、政府采购、执法监督等方面的权力搞权钱交易,或参与、干预企事业单位的经营活动谋取非法利益,甚至利用手中的权力索贿受贿;一些不法商人盯住政府工作人员手中的权力,使出各种手段拉拢腐蚀,搞官商勾结,损害国家和人民的利益。这些问题的发生,有个人品质问题,但同制度不够完善和权力缺乏监督约束有直接关系。必须深化改革,健全制度,加大反腐倡廉工作力度,从根本上解决滥用权力的问题。

突出重点,扎实开展治理商业贿赂专项工作。今年国务院把治理商业贿赂作为反腐倡廉的重点。到6月底,共查处商业贿赂案件6972件,涉案金额19.63亿元,一批违法犯罪分子受到惩处。从揭露出来的问题看,有些相当严重,触目惊心。这项工作要一抓到底,坚持不懈。各地区、各部门要对自查的情况进行一次检查,坚决纠正不正当交易行为;要抓住商业贿赂案件比较集中的工程建设、土地出让、产权交易、医药购销、政府采购、资源开发和经销6个重点领域,以及一些垄断行业,集中力量加大查处力度,再突破一批大案要案。要严肃查处涉及国家公务员的商业贿赂案件,同时,要打击行贿行为,有效遏制商业贿赂滋生蔓延的势头。

健全制度,从源头上预防和治理腐败。防止权力滥用,从根本上要靠改革、靠制度。要构建完善、管用、有效的廉政监督机制,做到用制度管权、按制度办事、靠制度管人。近些年来,围绕反腐倡廉,国务院大力推进制度建设,包括改革行政审批制度,健全政府投资监管制度和国有资产监管制度,完善政府决策机制。这些改革要继续深入推进。还要进一步完善建设工程招标投标、经营性土地使用权出让、政府采购和产权交易制度,以及干部轮岗交流制度、离任审计制度。特别是要加强对掌控权力的岗位和人员的监督约束。制定和完善制度要实事求是,要行得通、做得到。有了制度,关键在落实,必须抓好制度的执行。

发扬民主,强化对权力运行的监督。对权力运行缺乏有效的监督和制约,必然导致腐败。要建立健全决策、执行、监督既相互协调又相互制约的体制机制,将权力运行的每一个部位、每一个环节都置于有效的监督之下。各级政府都要主动接受同级人大及其常委会的监督,报告工作、接受质询;自觉接受政协的民主监督,虚心听取对政府工作的意见和建议。要强化社会监督,依法保障人民群众实施监督的权利,高度重视舆论监督,对新闻媒体反映的问题要认真调查、核实,及时作出处理。同时,要强化政府内部的专门监督。各级监察、审计部门要忠于职守,敢于碰硬,决不能让腐败现象和不正之风侵蚀政府部门,决不能让腐败分子逃脱法纪的制裁。

推行政务公开,方便群众办事和监督。政务公开是提高政府效能、防止腐败的有效措施。要把政务公开作为各级政府施政的一项基本制度。扩大政务公开的范围和层次,市地级以下政府要完善政务公开工作机制,全面推行政务公开。省级政府和国务院各部门要尽快健全相关制度,加快推行政务公开步伐。要以人民群众关心的事项和容易滋生腐败的领域,作为政务公开的重点。学校、医院和供水、供电、供热、供气、环保、公交等与群众利益密切相关的公共部门和单位,要全面推行办事公开制度。推进电子政务,加强政府网站建设。

提高行政效能,增强政府执行力和公信力

提高政府执行力和公信力,是深化行政管理体制改革的重要目标,就是要正确地运用行政权力,更好地实践为人民服务的宗旨,提高人民群众对政府的满意程度和信任程度;就是要有效地落实党和政府的各项方针政策和工作部署,提高政府管理经济社会事务的能力。目前,在一些地方和部门存在两个突出问题:一是政令不畅、执行不力。有的地方和部门搞上有政策、下有对策,合意的就执行,不合意的就不执行;有的只顾局部利益,不考虑全局利益,搞地方和部门保护主义;有的工作有布置、无检查,工作不落实;有些政策和工作部署缺乏深入调研,不完全符合实际,也影响执行效果。二是违法违规,失信于民。一些政府机关和

工作人员不能依法行政，损害人民群众合法权益；有的存在官僚主义、形式主义和弄虚作假的问题；有的讲排场、比阔气，肆意挥霍国家资财，奢侈浪费严重。必须下决心解决这些问题，提高政府执行力和公信力。

增强大局意识，确保政令畅通。执行力是政府工作的生命力。执行力弱，政令不畅，有令难行，甚至有令不行，政策落实就可能出现“雷声大雨点小”的状况，也会使政府的公信力受到损害。我们国家大，人口多，区域之间差别较大，需要发挥中央和地方两个积极性。中央要把握工作全局，区别不同情况，实行分类指导。各地区、各部门要牢固树立“全国一盘棋”的观念，认真贯彻中央的方针政策，从本地实际出发，创造性地开展工作。但在政策执行上不能打折扣，更不能各行其是，要确保政令畅通，维护中央权威。当前，各地方、各部门都要贯彻科学发展观，正确认识和处理全局利益与局部利益、近期发展与长远发展的关系，认真落实中央关于宏观调控的决策和部署，严格控制固定资产投资规模和新开工项目，严格执行土地管理、节能降耗、保护环境等方面的要求。要加强督促检查，严格执法执纪。

坚持科学民主决策，提高决策水平。各级政府要把科学民主决策作为一项基本制度。要合理界定政府的决策权限，进一步健全重大事项集体决策、专家咨询、社会公示与听证、决策评估等制度。凡是涉及经济社会发展中的重大决策，必须坚持调查研究和集体决策制度，并充分听取社会各界的意见。凡是与人民群众利益密切相关的重大事项，必须实行社会公示或者听证。各项决策都要符合实际情况、符合群众的意愿，都要考虑实际效果和可操作性。要建立健全决策反馈纠偏机制和决策责任追究制度。对决策失误给国家和人民群众利益造成重大损失的，必须追究责任。

切实依法行政，维护社会公正。政府有没有执行力和公信力，最重要的是能不能做到有法必依、执法必严、违法必究。各级政府及其部门必须带头维护宪法和法律的权威，严格依照法定权限和程序行使权力、履行职责、接受监督，切实将政府管理经济社会行为纳入依法运转的轨道。要进一步明确行政执法权限，减少行政执法层级，完善执法程序，提高执法水平。要完善行政复议、行政赔偿和补偿等制度，加大行政综合执法改革力度，加快推进相对集中行政处罚权的改革工作，坚决克服多头执法、执法不公，甚至执法违法等现象。

建立问责制度，开展绩效评估。按照权责统一、依法有序、民主公开、客观公正的原则，加快建立以行政首长为重点的行政问责制度，并把行政问责与行政监察、审计监督结合起来，有责必问，有错必究，努力建设责任政府。对损害人民群众利益的突出问题，要严格依法追究责任。绩效评估是引导政府及其工作人员树立正确导向、尽职尽责做好各项工作的一项重要制度，也是实行行政问责制的前提和基础。有了绩效评估的结果，行政问责才有可靠的依据。要科学确定政府绩效评估的内容和指标体系，实行政府内部考核与公众评议、专家评价相结合的评估办法，促进树立与科学发展观相适应的政绩观。要按照奖优、治庸、罚劣的原则，充分发挥绩效评估的导向作用和激励约束作用，坚决反对虚报浮夸、急功近利，反对搞劳民伤财的形象工程和政绩工程。要抓紧开展政府绩效评估试点工作，并在总结经验的基础上逐步加以推广。

当前，各级政府工作人员特别是领导干部要认真学习《江泽民文选》，贯彻落实“三个代表”重要思想，使我们的一切工作和方针政策充分体现广大人民群众的根本利益，切实把人民群众的利益实现好、维护好、发展好，切实把他们的积极性引导好、保护好、发挥好。每个政府工作人员都必须认识到，我们手中的权力是人民赋予的，必须全心全意为人民服务。要依法行使权力，防止滥用权力，归根到底就是必须树立正确的权力观，真正做到权为民所用、情为民所系、利为民所谋。中央国家机关要做学习的表率，做到学以致用，推动政府自身建设，推进政府管理创新。要增强全局意识、改革意识和服务意识，在进一步转变职能、规范和正确行使权力、提高行政效能等方面走在前面。

全国政协第三十九次主席会议在北京举行

会议决定2006年10月召开政协十届全国委员会常务委员会第十五次会议，建议这次常委会议的主要议题是学习贯彻中共十六届六中全会精神，全国政协主席贾庆林主持会议并讲话。

会议听取了全国政协秘书长郑万通关于第十五次常委会议筹备情况的汇报，听取了全国政协副秘书长杨崇汇关于两个专题协商会筹备情况的汇报，审议通过了第十五次常委会议议程草案和日程，决定将议程草案提请第十五次常委会议审议。

会议指出，即将于10月召开的中共十六届六中全会着重研究构建社会主义和谐社会问题，并就社会主义和谐社会的建设作出全面部署。构建社会主义和谐社会，是中国共产党从中国特色社会主义事业的总体布局和全面建设小康社会的全局出发提出的重大战略任务，反映了建设富强民主文明和谐的社会主义现代化国家的内在要求，体现了广大人民群众的根本利益和共同愿望，标志着中国共产党对执政规律、社会主义建设规律和人类社会发展规律的认识达到了一个新的高度。全国政协第十五次常委会议将围绕中共十六届六中全会作出的决定和有关会议精神，着重探讨人民政协如何发挥自身优势,为贯彻落实中共十六届六中全会精神建言献策,为构建社会主义和谐社会贡献力量的问题。这次常委会议议题重大,关系全局,各有关部门要高度重视,精心组织,力争向中共中央、国务院报送更多更好的成果。

会议指出,9 月 5 日和 6 日将召开以"推进西部大开发"和"落实国家中长期科学和技术发展规划纲要"为议题的两个专题协商会议。去年全国政协围绕编制"十一五"规划举行专题协商会进行政治协商,取得很好效果。

实践证明,专题协商会作为人民政协政治协商的一种重要形式,是实施党和国家的重大问题在决策之前和决策执行过程中在全国政协进行协商的一项重要举措,是中共中央、国务院领导同志当面听取意见、参与政治协商的重要途径。

这次专题协商会就是要在广泛调研的基础上,通过专题协商讨论,对两个事关国家经济社会发展全局的重大问题,提出有关意见和建议,为中共中央和国务院的相关决策提供参考依据。会议要求,专题协商会要充分发扬民主并加强宣传报道工作。

全国政协副主席王忠禹、刘延东、李贵鲜、张思卿、白立忱、罗豪才、周铁农、郝建秀、陈奎元、阿不来提·阿不都热西提、李兆焯、黄孟复、张怀西、李蒙、张梅颖、张榕明出席会议。

全国海洋科技大会在北京召开

国务院副总理曾培炎对海洋科技工作提出要求,强调按照科学发展观,增强自主创新能力,加快海洋科技进步,在关键领域和前沿技术取得突破,更好地发挥海洋科技对海洋事业的支撑作用,促进海洋可持续发展。

曾培炎说,新中国成立特别是改革开放以来,在广大海洋科技工作者的艰苦努力下,我国海洋事业蓬勃发展,科技研究与应用取得了一系列重要成果。

曾培炎指出,人类进入了海洋开发利用的新时代。他希望广大海洋工作者在新的形势下,按照科学发展观的要求,以增强自主创新能力为中心环节,坚持面向经济建设、面向海洋安全、面向海洋管理,加快海洋科技进步,加强科技队伍建设,促进海洋可持续发展。抓住关键领域和前沿技术,力争在海洋监测探测、海洋资源开发利用、海洋环境保护、海洋工程装备、海洋基础科学等方面取得新突破,更好地发挥海洋科技对海洋事业的支撑作用,实现海洋经济发展、海洋生态良好、海洋科技先进,努力开创我国海洋事业新局面。

全国海洋科技大会由国家海洋局、科技部、国防科工委、国家自然科学基金会联合举办,旨在全面贯彻全国科技大会精神,动员全社会的力量共同推进海洋科技进步,实现海洋事业全面、协调、快速发展。国家海洋局局长孙志辉作了题为"开拓创新、求真务实,努力实现海洋科技大发展"的报告。会议明确了我国海洋科技创新的指导方针和目标任务,提出大力推进深海探查与开发、海洋生物资源利用、海水淡化和综合利用、海洋空间利用、海洋观测监测等方面的科技创新。会议强调,不断深化海洋科技体制改革,进一步加大对海洋科技创新的投入,努力建设一支高素质的海洋科技队伍,加强海洋科学普及工作。

会议期间,与会代表就《国家"十一五"海洋科学技术发展规划纲要》编制及未来海洋科技创新进行了讨论。国家海洋局、科技部联合对中国海洋大学物理海洋教育部重点实验室等 28 个全国海洋科技先进集体和洪华生等 31 位全国海洋科技先进工作者进行了表彰。

外交部部长李肇星在北京与卢森堡外交大臣阿塞尔博恩举行会谈

我国最大的少数民族 DNA 库在云南大学建成

据《人民日报》报道:除高山族外,我国已为 54 个少数民族建成了基因库。专家认为,此举对于我国乃至世界人类遗传资源的保护、利用及人类的起源、进化研究具有重要意义。

我国有 56 个民族,是世界上人类遗传基因资源最丰富的国家之一。少数民族基因是中华民族基因库乃至世界人类基因库的重要资源。由云南大学建成的中国少数民族 DNA 库,保存了 1 万多份少数民族 DNA 样品。这是一个采集了我国除台湾省外的所有省份、涵盖除高山族外的所有少数民族的 DNA 库,是目前国内样品量最大、收集民族最齐全的基因库。

国家环保总局发布《2005 年国家城市环境管理和综合整治年度报告》

《2005 年国家城市环境管理和综合整治年度报告》显示,城市环境基础设施建设水平进一步提高,水环境质量和声环境质量总体上有所改善,一些城市的空气环境质量得到不同程度的改善。同时,全国城市的环境问题目前仍然相当突出。

一是全国城市的空气污染问题突出。44.9%的城市环境空气质量劣于国家二级标准,其中有 43 个城市环境空气质量劣于国家三级标准,其中山西占了 16 个,宁夏、陕西等省区城市空气质量超标的城市也较多。国家环保重点城市中空气质量劣于三级的 7 个城市是:山西大同、阳泉、临汾;四川宜宾;甘肃兰州、金昌；新疆乌鲁木齐。

二是全国城市的环境基础设施建设问题突出。全国城市生活污水集中处理率平均为29.44%，178个城市生活污水集中处理率为零；生活垃圾无害化处理率平均为59.71%（实际真正符合无害化处理要求的不足20%），130个城市生活垃圾无害化处理率为零；80个地级以上城市（含）危险废物集中处理率（特指建成医疗废物集中处置装置）为零。

三是一些城市工业企业废水排放达标率、主要工业物排放达标率还很低。

9月5日

国家主席胡锦涛在人民大会堂会见卢森堡大公亨利

胡锦涛说，近年来，双方高层互访频繁，互利合作成果显著。去年双边贸易额比前年翻了一番。双方在多边事务中也保持着良好的合作。卢森堡政府长期坚持一个中国政策，积极发展对华关系。

胡锦涛表示，中方重视发展中卢平等互利的友好合作关系，愿同卢方保持两国高层交往势头，加强各级别对话与磋商，以及在重大国际和地区问题上的沟通与协调。扩大两国在金融、钢铁、卫星通讯等领域的互利合作，鼓励两国企业加强双向投资。深化两国文化、教育交流，不断丰富合作内涵，共同落实好双边文化合作协定。中方高度评价卢森堡为促进中欧关系发展所做的努力，愿同卢森堡及其他欧盟国家一道，共同推动中欧全面战略伙伴关系更快更好地向前发展。

会见结束后，两国元首共同出席了有关贸易、金融、教育等领域合作文件的签字仪式。

党和国家领导人胡锦涛 温家宝 贾庆林 曾庆红 李长春 罗干等在人民大会堂出席第三届全国少数民族文艺会演开幕式文艺晚会

国务院总理温家宝在人民大会堂分别会见卢森堡大公亨利 世界贸易组织总干事拉米 日中经济协会访华团 文莱外交和贸易大臣穆罕默德亲王

全国政协在全国政协礼堂召开专题协商会

会议围绕“推进西部大开发”问题建言献策。全国政协主席贾庆林出席并发表重要讲话。

国务院副总理曾培炎出席专题协商会，与国务院有关部门负责同志一起认真听取了意见和建议并讲话。

贾庆林在讲话中指出，西部大开发是一项长期而艰巨的历史任务，完成这一任务，需要全国人民的共同努力，也需要人民政协的积极参与。现在，西部大开发进入了一个新的阶段，全国政协和各级地方政协要认真总结过去几年围绕西部大开发建言献策的经验，进一步增强责任感和使命感，充分发挥自身优势，继续为推进西部大开发战略服务。要继续关注西部大开发战略的实施情况，对有关问题进行深入的调查研究。要及时反映参政议政的成果，做好有关意见建议的报送和反馈工作。要努力做好团结稳定的工作，为西部地区发展创造良好的社会环境。

曾培炎在讲话时指出，几年来，各级政协认真贯彻中央关于西部大开发战略的决策部署，积极支持西部大开发工作，深入西部地区开展了多种形式的调研活动，提出了许多很好的政策建议。国务院有关部门要认真研究吸取本次专题协商会上各位委员关于西部开发的意见和建议，在新的形势下继续做好西部大开发工作。

发展改革委、财政部、交通部、国土资源部等国务院有关部门负责人以及四川、陕西省政府负责人在专题协商会上分别发言。

全国政协副主席王忠禹主持专题协商会。全国政协副主席刘延东、张思卿、白立忱、周铁农、郝建秀、阿不来提·阿不都热西提、徐匡迪、李兆焯、张怀西、李蒙、董建华、张榕明，秘书长郑万通，各民主党派中央、全国工商联、有关人民团体负责同志以及部分专家学者出席专题协商会。

中组部部长贺国强在黑龙江调研

9月5日至8日，中共中央政治局委员、中央书记处书记、中央组织部部长贺国强在黑龙江省就国有企业领导班子建设工作进行调研时强调，要认真学习《江泽民文选》，贯彻落实“三个代表”重要思想和科学发展观，不断适应深化国有企业改革和建立现代企业制度的需要，大力加强国有企业领导班子建设，努力把国有企业领导班子建设成为“政治素质好、经营业绩好、团结协作好、作风形象好”的坚强领导集体。

调研期间，贺国强考察了大庆油田等国有企业和伊春林区，参观了“铁人”王进喜纪念馆，看望了劳动模范和石油工人、林业工人。在大庆召开的国有企业“四好”班子建设工作座谈会上，他指出，要坚持用邓小平理论、“三个代表”重要思想和科学发展观武装国有企业领导人员的头脑，不断提高国有企业领导人员的思想政治素质，当前，尤其要组织广大干部职工认真学好《江泽民文选》，并与学习科学发展观等重大战略思想紧密结合起来。要进一步优化领导班子结构，发挥好领导班子的整体功能，不断提高领导班子决策的科学化、民主化水平。要大力加强领导班子的能力建设,切实提高坚持科学发展的能力、战略决策和经营管理的能力、带领企业自主创新和参与市场竞争的能力、应对复杂局面和处理各种矛盾的能力。要进一步加强和改进作风建设,树立国有企业领导班子和领导人员的良好形象。在创建"四好"班子活动中,要坚持注重实效,及时总结新鲜经验,建立完善相关制度,营造良好的舆论氛围,进一步推动创建活动的深入开展。

贺国强还考察了哈尔滨市、大庆市和伊春市的城市建设情况。

2006乡村旅游国际论坛在贵阳开幕

国务院副总理吴仪代表国务院向论坛的举办发来贺信。贺信说,乡村旅游在旅游业中占有重要地位,已成为当今世界旅游业发展的一个重要趋势。中国的广大农村有良好的生态环境、多彩的民族民间文化和各具特色的旅游产品。大力开展以"展示新农村、推动新旅游、倡导新体验、树立新风尚"为主要内容的乡村旅游助农活动,对于加快推进社会主义新农村建设、拓宽农民增收渠道、增加农民就业机会、提升农村精神文明程度和满足国内外游客的旅游文化消费需求,都具有十分重要的意义。

此次论坛由国家旅游局与联合国世界旅游组织、世界银行和贵州省政府合作举办。论坛主题是"乡村旅游——社会主义新农村建设的一种模式"。

参加本次论坛的有来自美国、法国、德国、新西兰、意大利、泰国等16个国家和港澳地区的乡村旅游专家、学者,以及全国18个省、自治区、直辖市旅游局负责人。论坛将交流国外乡村旅游发展的成果和经验,探讨中国乡村旅游发展对中国农村经济、文化、环境建设的积极作用与影响,研讨创新乡村旅游发展模式等理论问题。

商务部 国家统计局联合发布《2005年度中国对外直接投资统计公报》(非金融部分)

公报显示,2005年中国对外直接投资净额(以下简称流量)122.6亿美元 同比增长123%;截至2005年年底中国对外直接投资累计净额(以下简称存量)572亿美元。

以联合国贸发会议发布的2005年世界投资报告全球的流量、存量为基期进行测算,2005年中国对外直接投资分别相当于全球对外直接投资(流出)流量、存量的1.68%和0.59%。

公报分析,2005年中国对外直接投资流量首超100亿美元;通过收购、兼并实现的直接投资占当年流量的一半;境内投资主体对境外企业的贷款形成的其他投资在直接投资中占43%;以投资控股为主的商务服务业投资占当年流量的四成;在开曼群岛、香港、英属维尔京群岛等传统避税地投资占当年流量的81%。2005年年末中国对外直接投资存量规模继续扩大,投资分布的国家(地区)更为广泛。

公报显示,中国对外直接投资主体的特点突出表现为投资主体多元化格局较明显,有限责任公司占比超过国有企业跃居投资主体首位;从境内投资主体的行业分布看,制造业占到投资主体总数的五成半。中央及其所属企业占境内投资主体总数的7%;浙江、广东、山东、福建、江苏、上海、黑龙江的境内主体数量占整个境内投资总数的62.5%;浙江境内投资主体数量居首位,共949家。

中共中央政治局常委吴官正在哈博罗内与博茨瓦纳民主党总裁 总统费斯图斯·莫哈埃举行会谈

外交部部长李肇星在北京与文莱外交和贸易大臣穆罕默德亲王举行会谈

会谈结束后,李肇星和穆罕默德亲王分别代表两国政府签署了《中华人民共和国政府和文莱达鲁萨兰国苏丹陛下政府旅游合作谅解备忘录》,共同出席了《中国与文莱关系史料汇编》首发仪式。

国防部部长曹刚川在索非亚与保加利亚国防部部长韦塞林·布利兹纳科夫举行正式会谈

第三届全国少数民族文艺会演在北京举行

这次会演的主题是"弘扬少数民族优秀传统文化,促进各民族共同繁荣发展"。来自全国各地,包括港澳台同胞和解放军在内的56个民族的4000多名演职人员参加了演出。

会演于9月25日结束。

2006年诺贝尔奖获得者北京论坛在人民大会堂开幕

论坛以"生命科学与人类健康"为主题。全国人大常委会副委员长许嘉璐等出席开幕式,国务委员陈至立致辞。

陈至立在致辞中指出生命科学与生物技术是当今最为活跃的科技领域之一。中国在人口与健康、农业、能源和环保等领域面临着巨大挑战。推动生命科学与生物技术及其产业的发展,有利于提高人民健康水平,有利于改造传统产业,有利于改善生态环境,有利于缓解能源压力,也有利于保障食品和生物安全。

陈至立表示,中国政府一贯高度重视生命科学研究、生物技术研发及其成果产业化工作。《国家中长期科学和技术发展规划纲要》已将生命科学与生物技术纳入最优先、最重要的研究领域之一，从政策、经费、人才等方面予以支持。发展生命科学与生物技术，积极推进生物经济，将是中国依靠科技进步和创新支撑发展、引领未来的战略重点之一。

本届论坛由中国科学院和北京市人民政府共同主办。与会者将围绕“生命科学与人类健康”的主题，从创新与科学技术发展战略、生命科学学科发展和生物医药产业等层面开展研讨和交流。李政道、罗伯特·胡伯尔等7位诺贝尔奖获得者，部分与生命科学及人类健康相关的世界知名生命科学家应邀出席论坛。

9月6日

国家主席胡锦涛在新疆考察

9月6日至11日，胡锦涛和随行的中共中央政治局候补委员、中央书记处书记、中央办公厅主任王刚，在中共中央政治局委员、新疆维吾尔自治区党委书记王乐泉，自治区政府主席司马义·铁力瓦尔地等陪同下，先后来到克拉玛依、和田、伊犁、乌鲁木齐，深入企业、乡村、学校、社区、部队和新疆生产建设兵团垦区，就贯彻落实科学发展观、促进经济社会发展等进行调查研究。

推进经济增长方式转变，是胡锦涛此次考察的重要内容。他来到中国石油独山子石化公司乙烯厂、独山子千万吨炼油和百万吨乙烯新建项目工地、新疆新能源股份有限公司、金风科技有限责任公司、克拉玛依市造林绿化基地、墨玉县波斯坦库勒生态治理区、中哈石油管线终点站、中哈国际边境合作中心等地，详细了解基础产业发展、基础设施建设、生态环境保护和对外开放等方面的情况。胡锦涛指出，要坚持走新型工业化道路，加大经济结构调整力度，着力提高自主创新能力，培育和壮大特色优势产业，提高产业技术水平和产品科技含量，增强自我发展和持续发展能力。要继续加强能源、水利、交通、通信等基础设施建设，加快完善基础设施网络，重点建设对经济社会发展具有重大推动作用、能使各族群众直接受益的项目，为加快发展创造更好的基础条件。要深刻认识搞好生态环境保护和建设的极端重要性，实现经济发展和环境保护同步双赢。要统筹对内开放和对外开放，努力把新疆打造成我国向西开放的桥头堡和枢纽站。

胡锦涛十分关心新疆各族农牧民的生产生活。他风尘仆仆来到和田地区洛浦县加依艾日克村、阔恰克村，和田县库木艾热克村和新疆生产建设兵团农十四师皮墨垦区，深入农户家中和田间地头，同各族干部群众以及基层老党员、老干部、老模范亲切交谈。从种植什么作物、收成怎样，到农产品卖什么价格、收入增加多少，从旧房有没有改造、能不能看上电视，到孩子上学收不收费、合作医疗有没有建立，胡锦涛问得十分仔细。他指出，新疆农业资源丰富，农业和农村发展潜力很大。要加强农业综合生产能力建设，坚持把促进农牧民增收作为农业和农村工作的中心任务，全面繁荣农村经济，加大扶贫开发力度，广辟农牧民增收渠道，形成农牧民增收长效机制。要加快培养新型农牧民，发挥广大农牧民在社会主义新农村建设中的主体作用。

推进社会主义和谐社会建设，是胡锦涛十分关注的问题。在乌鲁木齐市旭东社区，他考察了社区文化建设、基层党组织建设等情况，并到居民家中看望。得知社区里来自11个民族的1万多居民和谐相处时，胡锦涛十分高兴。他强调，要牢牢把握各民族共同团结奋斗、共同繁荣发展的主题，引导各族干部群众牢固树立汉族离不开少数民族、少数民族离不开汉族、各少数民族之间也相互离不开的思想，推动各民族相互学习、加强交流、共同进步，巩固和发展各民族大团结。

考察结束时，胡锦涛听取了新疆维吾尔自治区党委和政府的工作汇报，充分肯定了近年来新疆经济社会发展和民族团结进步事业取得的显著成就。胡锦涛强调，党中央始终高度关心新疆各族干部群众、始终高度重视新疆的发展和稳定。“十一五”时期是我国全面建设小康社会的关键时期，也是新疆促进发展和稳定的关键时期。希望新疆的同志坚持以邓小平理论和“三个代表”重要思想为指导，全面贯彻落实科学发展观，坚持以经济建设为中心，不断推进改革开放，认真实施稳疆兴疆、富民固边战略，团结带领各族干部群众在新的历史起点上再接再厉，实现新疆经济社会又快又好发展。要全面推进党的先进性建设，大力加强干部队伍和领导班子建设，尤其要抓好少数民族干部培养工作，努力建设一支高素质的少数民族干部队伍。胡锦涛还对新疆生产建设兵团的工作提出了明确要求。

全国人大常委会委员长吴邦国在圣地亚哥出席中智经贸合作论坛开幕式

吴邦国委员长和弗雷参议长共同出席开幕式。吴邦国发表了主旨演讲。

此次论坛由中国商务部和智利外交部共同主办。

开幕式结束后，吴邦国和弗雷共同出席了《中华人民共和国政府商务部和智利共和国矿业部合作谅解备忘录》等双边经贸合作文件的签字仪式。

全国人大常委会委员长吴邦国在中智经贸合作论

坛上发表题为《推动中智经贸合作迈上新台阶》的主旨演讲

尊敬的弗雷参议长，

女士们、先生们，朋友们：

上午好！

很高兴在美丽的圣地亚哥与各位新老朋友见面。长期以来，中智工商企业界的各位朋友为中智经贸关系的发展作出了积极贡献。在此，我谨对论坛的成功举办表示热烈的祝贺，向与会的各界朋友致以诚挚的问候，对两国有关方面为此次论坛的举办所付出的辛勤劳动表示衷心的感谢。

这是我第一次访问智利。站在这片神奇的土地上，放眼远眺，一边是绵延不断的安第斯山脉，一边是一望无际的太平洋。是高山铸造了智利人民坚忍不拔的民族精神，是大海孕育了智利人民海纳百川的宽广胸怀。在勤劳智慧的智利人民的不懈努力下，今天的智利已经成为综合竞争力、经济自由化程度、市场开放度、国际信用等级均居拉美前列的国家。中国人民对智利人民取得的成就感到由衷的高兴，衷心祝愿智利共和国繁荣昌盛、人民幸福。

女士们、先生们，朋友们：

作为世界上最大的发展中国家，中国经济的持续快速发展，吸引着全世界的目光，也为越来越多的智利朋友所关注。借此机会，我愿意向各位简要介绍一下中国经济社会发展情况。

中国是世界文明古国之一。在5000多年文明发展的历史长河中，中国各族人民创造了灿烂的文化，为人类文明进步作出了巨大贡献。1840年以后，中国遭受列强侵略，成为半殖民地半封建国家。中华儿女为民族独立、人民解放和民主自由进行了英勇卓绝的斗争。中国人民在中国共产党领导下，1949年建立了中华人民共和国，实现了中国历史上最伟大、最深刻的社会变革，开辟了中华民族伟大复兴的广阔道路。

上个世纪70年代末，中国开始实行邓小平先生倡导的改革开放新政策，走上中国特色社会主义发展道路。28年来，中国的面貌发生了翻天覆地的变化。这当中最关键的是，我们始终坚持三个不动摇。

一是坚持以经济建设为中心不动摇。经济建设是中国压倒一切的中心任务。中国是发展中国家，发展是解决中国一切问题的关键。我们横下一条心，排除一切干扰，紧紧扭住经济建设这个中心不放，聚精会神搞建设，一心一意谋发展。从1978年到2005年，国内生产总值从2165亿美元增加到2.23万亿美元，年均增长9.6%；人均国内生产总值从226美元增加到1700多美元，增长了近7倍；粮食产量从3亿吨增加到4.8亿吨，成功解决了占世界近22%人口的吃饭问题；高速公路上世纪90年代初期几乎为零，现通车总里程已达4.1万公里，居世界第二；2005年港口货物吞吐量达49亿吨、国际集装箱吞吐量达7580万标准箱，都是世界第一。城乡居民年均收入分别增长5.1倍和5.2倍，人均住房面积，城市居民从6.7平方米提高到25平方米，农村居民从8.1平方米提高到29.7平方米。汽车已经走入寻常百姓家，2005年轿车销售量已达313万辆。人均寿命从1949年前的35岁上升到72岁，超过中等收入国家的平均水平。基本普及了九年义务教育，基本扫除了青壮年文盲，在校大学生人数从1978年的86万人增加到2005年的1562万人。农村贫困人口从1978年的2.5亿人减少到2005年的2365万人。人民生活总体上达到小康水平。

二是坚持走中国特色政治发展道路不动摇。中国特色政治发展道路是中国长治久安的根本保障。一个国家实行什么样的政治制度，只能由这个国家的人民根据本国国情来决定。从中国国情和实际出发，中国人民选择了自己的政治发展道路。在政权制度上，实行人民代表大会制度。人民代表大会统一行使国家权力，国家行政机关、审判机关和检察机关都由人大产生，对人大负责，受人大监督。这个体制既能够充分发扬民主，使国家政治生活充满活力，又可以集中力量办大事，提高工作效率。在政党制度上，实行中国共产党领导的多党合作和政治协商制度。中国共产党是领导核心，是执政党，各民主党派不是在野党，更不是反对党，而是参政党。目前，中国有8个民主党派，各民主党派共有17.6万人担任各级人大代表，3.2万人担任县级以上领导职务。中国共产党关于国家事务的重大政策主张都同民主党派充分协商。作为一个拥有13亿人口的发展中大国，改革开放28年来，中国经济保持年均9.6%的增长速度，综合国力明显增强，人民生活不断改善，民族团结，社会稳定，国际地位日益提高。这充分证明，中国人民自己选择的这条政治发展道路，是符合中国国情、顺应时代潮流、体现人民意愿、强国富民的道路。我们将坚定不移地沿着这条道路走下去。

三是坚持改革开放不动摇。改革开放是推动中国经济社会发展的强大动力。我们坚定不移地推进经济体制改革，发展社会主义市场经济，始终把国有企业改革作为中心环节来抓，着力提高企业的自主创新能力、抵御风险能力和市场竞争能力，公有制经济不断壮大。同时毫不动摇地鼓励、支持和引导非公有制经济的发展。目前非公有制经济创造的增加值已经占到了国内生产总值的1/3。我们切实转变政府职能，发挥市场在资源配置中的基础性作用，更多地运用经济和法律手段管理经济社会活动，市场化程度大幅度提高。在社会商品零售环节，政府定价比重由改革开放前的100%

下降到目前的不足4%。资本、劳动力、土地、产权、技术等市场从无到有,不断发展。同时对计划、财税、金融、外贸体制进行了重大改革。我们不断提高对外开放水平,已经形成全方位、宽领域、多层次的对外开放格局。2001年12月,中国加入世界贸易组织,标志着中国对外开放进入新阶段。28年来,中国进出口总额从206亿美元增加到1.42万亿美元,年均增长超过17%,已成为世界第三大贸易国。实际利用外商直接投资累计超过6200亿美元,连续13年居发展中国家之首。外汇储备由1978年的1.67亿美元增加到目前的9400多亿美元,位居世界第一。世界500强企业绝大部分都在华投资,一些跨国公司还将其亚太总部和研发中心转移到中国。有50多个国家先后承认中国完全市场经济地位。中国对世界经济增长的贡献率超过10%,对全球贸易增长的贡献率超过12%。

中国始终坚持走和平发展道路。中华文明历来崇尚和为贵、和而不同,己所不欲、勿施于人。中国人民曾饱受列强的欺压凌辱,曾经历长期的动荡战乱,更加懂得和平的珍贵。不管国际风云如何变幻,中国将始终奉行独立自主的和平外交政策,始终坚持维护世界和平、促进共同发展的外交政策宗旨,致力于建立公开、公正、合理、透明、开放的国际多元贸易体制,致力于推动经济全球化朝着实现共同繁荣的方向发展,致力于营造和平合作和谐的地区和国际环境。事实已经证明并将继续证明,中国的发展对世界各国不是威胁,而会带来更多的发展机遇和更广阔的市场。中国过去是、现在是、将来永远是维护世界和平、促进共同发展的坚定力量。

女士们、先生们,朋友们:

谈起中智关系,中国人民印象最深的是"四个第一"。智利是第一个同中国建立外交关系的南美国家,智利是第一个同中国就中国加入世贸组织达成双边协议的拉美国家,智利是第一个承认中国完全市场经济地位的拉美国家,智利是第一个与中国签署双边自由贸易协定的拉美国家。这"四个第一",集中体现了中智是相互信赖的可靠朋友,是互利双赢的合作伙伴。

我们高兴地看到,近年来,在双方的共同努力下,中智关系迎来了一个快速发展的新时期。政治上,高层交往频繁,政治互信不断增强。2001年,江泽民主席与拉戈斯总统实现互访,共同确立了中智新世纪长期稳定、平等互利的全面合作关系。2004年11月,胡锦涛主席访问智利,两国领导人就建立和发展中智全面合作伙伴关系达成重要共识,共同宣布启动中智自由贸易谈判,并签署了一系列合作文件,有力地促进了两国关系的发展。经济上,两国经贸关系发展势头良好。2000年双边贸易额为20亿美元,到2005年双边贸易额已超过70亿美元,5年增长了2.5倍。到今年6月底,智利累计在华投资项目98个,合同金额1.25亿美元,实际投资5259万美元。中国在智利投资企业21家,中方协议投资额2780万美元。中国已成为智利在全球的第二大贸易伙伴。在人文领域,两国在科技、卫生、体育和旅游等方面的合作不断扩大,民间交往和人员往来日益活跃。双方在国际和地区事务中保持着密切磋商与配合。中智友好合作给两国和两国人民带来了实实在在的利益。我此次来访的目的,就是为了把中智两国业已存在的友好关系提高到一个新水平。

女士们、先生们,朋友们:

中智同为发展中国家,我们都面临着发展经济、改善民生的相同任务。深化中智经贸合作,是发展中智全面合作伙伴关系的重要内容,不仅符合两国人民的根本利益,也有利于促进地区乃至世界的和平与发展。下面,我愿借中智经贸合作论坛这个讲台,谈一谈中智经贸合作问题。

中智经济具有很强的互补性,发展双边经贸合作的前景十分广阔。中国稳定的社会环境,持续强劲的发展势头,广阔而潜力巨大的市场,正在为包括智利在内的拉美各国经济的发展提供越来越多的商机和动力。智利素有"铜之王国"的美誉,也是拉美第一大林产品出口国和世界第五大渔业国,经济多年保持快速增长,是拉美经济较发达的国家之一。这些都为两国企业开展互利合作提供难得的机遇。更为重要的是,双方都有加强互利合作、提升合作质量和水平的强烈愿望。我认为,双方应从战略高度看待和发展两国经贸合作,本着互利双赢的原则,发挥各自优势,扩大合作领域,拓展合作方式,充实合作内容,推动中智经贸合作迈上新台阶。

为此,我提出以下四点建议:

一是落实自由贸易协定,扩大双边经贸规模。中智两国政府已经签署的自由贸易协定,纳入了与货物贸易有关的所有内容,核心是降低和削减关税和非关税壁垒,改善市场准入条件。它的实施,将便利两国的货物贸易往来,拉动两国相关产业的发展。双方应充分利用自由贸易协定创造的有利条件,不断改善商品贸易结构,积极促进贸易商品多样化,加强市场、产品和贸易的信息交流,推动对方商品进入亚洲和拉美市场,不断扩大两国贸易规模,大力提升两国经贸合作水平。

二是深化铜资源合作,实现互利双赢。中智铜资源合作是战略性合作,在两国经贸合作中有着举足轻重的地位,每年有50%的智铜销往中国,几乎占双边贸易总额的一半。令人高兴的是,今年2月,中国五矿集团、国家开发银行与智利国家铜公司在北京签署了三方联合在智利开发铜资源合资、融资协议，第一期投资总额为5.5亿美元。这是中国企业首次与全球最大的铜矿业公司联合开展海外资源开发合作项目，开辟了中智铜资源合作的新局面。希望两国政府和有关企业共同努力，确保这个项目的顺利实施。今后，双方应从构建长期稳定合作伙伴关系的高度，进一步深化铜资源领域合作，实现优势互补、互利双赢。应积极探索铜资源合作的新途径、新方式，不断开发投资合作的新领域、新项目。应加强政策对话，完善协调机制，推动中智铜资源合作健康快速发展。

三是拓展基础设施领域的合作，培育经贸合作新的增长点。中智作为发展中国家，基础设施建设的任务还很繁重。经过多年的发展，中国在交通、通信等基础设施建设中积累了丰富的经验，拥有雄厚的实力。仅去年一年，中国新建铁路1200多公里、公路12.9万公里、高速公路6400多公里，港口万吨级码头，泊位新增吞吐能力近1.9亿吨，新增移动电话交换机容量近8600万户。随着中国经济的快速发展和智利经济的持续增长，双方基础设施领域的相互需求日益上升，共同利益也不断增多，展现出前所未有的合作前景，将成为中智经贸关系发展新的增长点。双方应紧紧抓住这个难得的机遇，结合各自的特点和优势，加强相互了解，挖掘合作潜力，创新合作方式，鼓励相互投资，努力实现中智基础设施领域合作质的飞跃。

四是大力推动企业合作，使企业成为经贸合作主体。企业是市场主体和投资主体，也是双边经贸合作的主体。只有企业的参与，双边的经贸合作才能做实做大，才具有强大的生命力。目前中智经贸合作的方式比较单一，初级产品、技术含量较低的货物贸易往来在两国经贸合作中的比重较大，相互投资和企业合作还很薄弱，更缺乏大项目的支撑。提升两国经贸合作的质量和水平，关键是要充分发挥企业在经贸合作中的主体作用，着力推动中智企业间的合作，尤其是推动一些带动全局的大项目合作。双方应抓住中智经济快速增长带来的新机遇，把加强企业合作作为深化中智经贸合作的优先方向，进一步扩大直接双向投资，推动两国经贸合作从商品贸易向投资合作、产业合作和经济技术合作延伸。中国政府鼓励有实力、信誉好的大企业到智利创业发展，也欢迎智利企业到中国投资兴业。

女士们、先生们，朋友们：

中智全面合作伙伴关系已经进入一个快速发展的新时期，中智经贸合作迎来了难得的发展机遇，展示了广阔的发展前景。让我们一起努力，推动中智经贸合作迈上新台阶，共同谱写中智关系的新篇章。

最后，预祝中智经贸合作论坛圆满成功！

谢谢大家。

全国人大常委会委员长吴邦国在瓦尔帕莱索市的智利国会大厦与智利众议长莱亚尔 参议长弗雷分别举行会谈

国务院总理温家宝主持召开国务院常务会议

会议听取了国资委关于监事会2005年对中央企业监督检查情况的汇报。会议认为，一年来，国有重点大型企业监事会依法履行职责，较好地完成了对中央企业的监督检查任务。监事会要进一步完善监督职责，改进监督工作方法，不断增强监督的权威性和有效性，促进中央企业深化改革，规范管理，防范风险，确保国有资产保值增值。会议指出，必须高度重视国有企业的改革和监管工作：一要进一步健全公司法人治理结构、投资风险控制机制和内部监督管理机制。二要规范企业改制、国有产权转让和经营行为。三要严格财务管理，加大高风险业务的清理和管理力度。四要加强对垄断性行业和亏损企业的监管。五要研究建立国有资本经营预算制度，加强对国有企业收入分配的监督，用好国有资本收益，继续推进国有经济布局的战略性调整，加快国有企业结构调整和技术进步创新。六要加强企业领导班子建设。

会议认为，为了更好地保护和合理利用风景名胜资源，有效制止破坏风景名胜资源的违法行为，有必要对1985年6月国务院公布施行的《风景名胜区管理暂行条例》进行修订，并制定新的《风景名胜区条例》。会议决定，《风景名胜区条例(草案)》经进一步修改后，由国务院公布施行。

会议还研究了其他事项。

全国政协在全国政协礼堂召开专题协商会

会议围绕“落实国家中长期科技发展规划纲要”问题建言献策。中共中央政治局常委、全国政协主席贾庆林出席并发表重要讲话。

国务委员陈至立出席专题协商会，与国务院有关部门负责同志一起认真听取了意见和建议并讲话。

贾庆林在讲话中指出，国家中长期科学技术发展规划纲要，是我国进入新世纪、新阶段对科学技术发展进行的第一次全面规划，是在社会主义市场经济条件下制定的第一个中长期科技发展规划，是指导我国新时期科学和技术发展的纲领性文件。今年年初，中央召开了新世纪的第一次全国科学技术大会，胡锦涛同志在大会上发表了重要讲话，号召全党全社会为建设创新型国家而奋斗。我们要认真学习胡锦涛同志的重要讲话精神和江泽民同志的科技思想，深刻认识实施《规划纲要》、建设创新型国家的重大意义，切实贯彻自主创新、重点跨越、支撑发展、引领未来的方针，把思想和行动统一到中央的决策部署上来，把智慧和力量凝聚到实现《规划纲要》确定的目标和任务上来，推动我国科技事业加快发展，为建设创新型国家作出新的贡献。

贾庆林指出，围绕经济社会发展中的重要问题进行专题协商，是人民政协在新形势下开展政治协商活动的一种新形式，应作为一项制度长期坚持下去。在新形势下，进一步推进人民政协的政治协商，要注意把握好以下几点：一是不断增强协商意识，二是切实落实协商原则，三是认真做好协商准备，四是积极探索协商的新形式。要通过扎扎实实的工作，把《中共中央关于加强人民政协工作的意见》中关于政治协商的规定真正落到实处，把人民政协的政治协商在国家政治生活中的作用充分发挥出来。

陈至立在讲话中指出，各级政协为制定《国家中长期科学和技术发展规划纲要(2006—2020年)》深入调研，积极建言献策，发挥了积极的作用。许多委员直接参与了《规划纲要》的制定，作出了突出贡献。这次专题协商会上各位委员就落实《规划纲要》又提出了很多很好的意见和建议，我们将在今后的工作中认真研究吸收。陈至立还介绍了实施《规划纲要》的有关工作安排和进展情况。

科技部、财政部、国资委等有关部门负责人在专题协商会上分别发言。

全国政协副主席王忠禹主持专题协商会。全国政协副主席刘延东、李贵鲜、陈奎元、徐匡迪、黄孟复、董建华、张梅颖，秘书长郑万通，各民主党派中央、全国工商联、有关人民团体负责同志出席专题协商会。

国务院任免国家工作人员

孙文盛兼任国家土地总督察，李元兼任国家土地副总督察；任命甘藏春为国家土地副总督察。

国家副主席曾庆红在人民大会堂会见苏丹总统助理纳菲阿

中共中央政治局常委吴官正在利伯维尔与加蓬民主党总书记森普利斯·盖代·芒泽拉举行会谈

外交部部长李肇星在北京与苏丹总统助理纳菲阿举行会谈

著名冶金学家魏寿昆院士百岁华诞暨从教77周年座谈会在人民大会堂举行

魏寿昆是我国冶金物理化学奠基人和中国金属学会发起人。上世纪50年代初，魏寿昆应用活度理论和炉渣离子理论归纳出适用于高炉铁水脱硫公式，至今仍被国内外冶金专家广为应用。1964年他的专著《活度在冶金物理化学中的应用》出版，奠定了他在我国冶金物理化学领域创始人之一的地位。1952年，我国高等院校进行院系调整，新组建了北京钢铁工业学院，魏寿昆担任教务长、一级教授，成为北京科技大学(原北京钢铁学院)的建校元老，为学校的建立和发展作出了重要贡献。

全国政协副主席、中国工程院院长徐匡迪与中国金属学界、冶金领域的领导、专家以及北京科技大学师生校友代表等160余人出席了座谈会。

《全宋文》出版座谈会在人民大会堂举行

由四川大学古籍研究所编纂、四川大学教授曾枣庄、刘琳主编，历时20余年而编纂完成的《全宋文》，由上海辞书出版社和安徽出版集团安徽教育出版社联合出版。上海世纪出版集团和安徽出版集团在人民大会堂联合举行了《全宋文》出版座谈会，在京的数十位著名专家学者参加了会议，全国人大常委副委员长许嘉璐等领导出席座谈会并讲话。

《全宋文》是目前已经出版的规模最大的文学总集。延续320年的宋代，是我国封建社会史上一个承上启下的重要阶段，也是中国传统文化昌明繁盛的朝代，一部《四库全书》将近一半的著述来自宋代。著名的唐宋散文八大家中，有6位宋代的。司马光的《资治通鉴》，是迄今不可多得的史学巨著。沈括的《梦溪笔谈》，被誉为中国科学史上的里程碑著作。《全宋文》共360册，涉及宋人作家9000多位，其内容遍及文学、艺术、历史、哲学、政治、宗教、经济、教育、科技、军事、法律制度等各个方面。在全书所收的10余万篇各种体例文章中，不少资料是首次公开发表，95%的作家在此以前未编入过专集。

全国人大常委会副委员长许嘉璐表示《全宋文》的出版不仅是一项重要的学术文化成果，也是一项重大的出版工程；其学术文化价值不仅是中国的，更是世界的；不仅功在当代，更会嘉惠后学。新闻出版总署领导充分肯定《全宋文》的出版是一项标志性的学术文化工程，具有里程碑意义。

北京2008年残奥会吉祥物发布活动在北京八达岭长城举行

国家副主席曾庆红出席，并发布了北京残奥会吉祥物“福牛乐乐”。

北京奥组委主席刘淇在发布活动上致辞。他说，残疾人是人类文明、历史的重要创造者，是建设和谐世界的重要力量。成功举办一届有特色、高水平的北京残奥会，展现广大残疾人自强不息、奋发向上的精神风貌，促进残疾人奥林匹克运动和各项事业的发展，是中国政府和人民向世界作出的庄严承诺。今后两年中，我们将按照"同时筹备、同样精彩"的要求，更加努力地工作，向世界奉献一届有特色、高水平的残奥会。

中国残疾人联合会主席、北京奥组委执行主席邓朴方和国际残疾人奥林匹克委员会主席菲尔·克雷文分别致辞。

北京残奥会吉祥物是一个可爱的小牛形象，它具有浓郁的中国民族风格和文化特色，诠释着丰富的奥林匹克精神，蕴涵着残疾人运动员自强不息和顽强拼搏的精神，体现了人与自然和谐共处，与残奥运动员奋发向上的品格以及北京残奥会"超越、融合、共享"的理念形成完美的结合。

国务委员、北京奥组委第一副主席陈至立，中央和国家机关有关部门、北京市等有关方面负责同志，部分国家驻华使节，以及首都各界代表1000多人出席了吉祥物发布活动。

9月7日

全国人大常委会委员长吴邦国在圣地亚哥会见智利总统巴切莱特

吴邦国说，即将实施的中智自由贸易协定和即将开始的中智投资与服务贸易谈判，对深化两国经贸合作，促进各领域的广泛交流，推动中智关系的全面发展都将产生重大而深远的影响。

会谈结束后，中智双方共同举行仪式，吴邦国和巴切莱特分别代表本国政府宣布正式启动中智投资与服务贸易谈判。

国务院总理温家宝到北京市西城区黄城根小学听课并与北京市部分中小学以及职业学校校长和教师座谈

温家宝在北京市市委书记刘淇，国务委员陈至立，教育部部长周济，北京市市长王岐山等陪同下来到北京市西城区黄城根小学，亲切看望师生，并和五年级学生一起上课。

座谈会上，教师和校长们踊跃发言，气氛热烈，他们向总理坦诚反映对今后教育改革和发展的建议。温家宝不时插话，和教师们进行交流。他说，我最近一直在思考两个问题：一个是，素质教育决不是不要考核，而是要求考核具有综合性、全面性和经常性。所谓综合性，就是要教学生既会动脑、又会动手；所谓全面性，就是要使学生德智体美全面发展；所谓经常性，就是要根据学生长期的学习表现决定成绩。第二个是，减轻学生负担决不是对学生放松要求和撒手不管，而是给孩子们更多的时间接触世界，接触事物，接触生活，学习更多的知识，做更多的事，思考更多的问题，培养独立思维和创造能力。素质教育对学校、对教师、对学生的要求都更高了，而不是低了。

温家宝说，没有高素质的教师，教学质量和教育水平很难提高。尊师重教，尊师在前。要为教师们创造更好的工作环境，进一步在全社会形成尊师重教的社会风尚。

座谈会一直开到11时许。会议结束时，温家宝意味深长地说："只有尊重老师，重视教育，国家才会兴旺发达。"

国家副主席曾庆红到山西考察调研

9月7日至11日，曾庆红在山西省省委书记张宝顺等陪同下，到长治、晋城和太原等地考察调研。

在同山西省党政负责干部座谈时，曾庆红强调，我们党的先进性，在很大程度上是通过各级领导班子和领导干部的形象、作为来体现的。要按照中央的要求，在搞好市县乡三级党委换届的基础上，把即将进行的省委换届工作做得更好，充分发扬党内民主，选出一个朝气蓬勃、奋发有为、群众满意的新一届省委领导班子。要结合换届工作切实抓好领导班子思想政治建设和作风建设，教育引导每一个班子成员牢固树立符合科学发展观要求的正确政绩观，创造性地贯彻党的路线方针政策和各项工作部署，不图虚名，不务虚功，不做"新官上任三把火"的表面文章，不搞劳民伤财的"形象工程"和"政绩工程"，使新班子从一开始就展现出"想干事、会干事、干成事而又能共事、不出事"的良好形象。他指出，要认真贯彻保持共产党员先进性长效机制的4个文件，巩固和发展先进性教育活动成果，进一步保持和发展党员队伍的先进性。要认真贯彻落实《关于党员领导干部报告个人有关事项的规定》等党内法规，切实加强党风廉政建设，进一步保持和发展党在作风上的先进性。

国务院副总理吴仪在厦门主持召开2006跨国公司座谈会

吴仪指出，过去27年，中国经济实现持续快速健康发展，这得益于不断扩大开放和深化改革，也得益于利用外资。在新的历史时期，中国要成功调整经济结构，实现经济增长方式根本性转变，仍需坚持对外开放不动摇，进一步扩大对外开放，更加积极有效地吸收外资。

共有84家跨国公司和中国美国商会等单位负责人及代表约140人应邀出席了座谈会，西门子、IBM、索尼、宝洁、葛兰素史克、日立、马士基、大众汽车、通用电气、摩托罗拉、先锋电子、ABB、微软、时代华纳、松下电器、百胜、德固赛、BP、可口可乐等20家跨国公司代表以及优质品牌保护委员会代表相继发言。他们对中国政府在改善投资环境、保护知识产权等方面所做的巨大努力给予高度评价，同时也提出了一些在中国生产经营中遇到的困难和问题，以及相关建议。

这是吴仪第六次主持召开跨国公司代表参加的座谈会。吴仪表示，感谢跨国公司代表提出的意见和建议。她说，这次座谈会，国务院有18个部门的负责人出席，说明中国政府高度重视对外开放和吸收外商投资，愿意与跨国公司代表坦诚交流，听取他们对改善中国投资环境、进一步扩大在中国投资并优化投资结构的想法。

吴仪对跨国公司提出五点希望：希望跨国公司立足长远，抓住中国经济快速发展的机遇，继续扩大在中国的投资，并在人才本地化、原材料配套和生产本地化、产品研发本地化、投资决策本地化等方面做出新的成绩。希望跨国公司将更多的高端制造环节和研发环节转移到中国，在对华投资时更加注重技术创新和技术投入，积极引进国际先进技术，不断提升产品科技含量和产品附加值，并加强与中国的高等院校、科研机构和企业的技术合作。希望跨国公司将中国作为其服务外包业务的主要承接地。希望跨国公司加大向中西部地区和东北等老工业基地投资。希望外商投资企业和跨国公司在谋求自身发展的同时，积极参与扶贫济困、助学帮教、公益慈善和生态环境保护等活动，更好地融入中国社会，创造有利于企业长远发展的和谐环境。

在座谈会现场，国务院有关部委负责人回答了跨国公司代表的提问。14个省、自治区、直辖市政府负责人也出席了座谈会。

全国农民工工作座谈会在北京召开

座谈会9月7日至8日召开。国务委员、国务院秘书长华建敏出席会议并发表讲话。他强调，做好农民工工作，是城乡统筹解决“三农”问题、构建社会主义和谐社会的一项重大任务。各地区、各部门要充分认识做好农民工工作的重要性、紧迫性和长期性，认真落实中央解决农民工问题的政策措施和工作部署，真正为农民工办几件实实在在的事情。

华建敏在讲话中指出，当前要围绕农民工最关心、最现实的问题着力抓好10件实事：一是继续清理工资拖欠，建立农民工工资支付保障制度，加大对拖欠农民工工资的执法和处罚力度。二是合理调整最低工资标准，实施小时最低工资制度，促进农民工工资合理增长。三是制定和推行劳动合同范本，在使用农民工比较集中的采掘、建筑、加工等行业开展劳动用工大检查。四是监督企业改善职业安全卫生条件，对不符合国家规定的企业和单位要限期整改。五是切实保障农民工劳动权益，严厉查处损害未成年工权益和介绍、使用童工的违法行为。六是推动城市公共就业服务机构普遍向农民工开放，免费提供政策咨询、就业信息、就业指导和职业介绍服务。七是完成今年农民工职业技能培训计划，对煤炭等高风险行业从业人员进行全员安全培训。八是以采掘、建筑等高风险行业为重点，加快推进农民工参加工伤保险，今年内实现大中型煤矿农民工全部参加工伤保险。同时，推进农民工大病医疗保险和探索养老保障办法。九是落实农民工子女平等接受义务教育的政策，输入地要以全日制公办中小学为主接收农民工同住子女入学，并免除借读费。十是做好农民工计划生育管理服务工作，将农民工及其子女纳入传染病预防控制和计划免疫范围。

国务院农民工工作联席会议组成人员，部分省(区、市)农民工工作联席会议或领导小组召集人参加了这次会议。

中共中央台办主任陈云林在北京与国民党政策会执行长曾永权进行工作商谈

双方就两岸尽快开放旅游、促进两岸客运包机周末化等相关事宜进行了工作商谈。

陈云林对中国国民党积极推动两岸直航所作出的努力表示赞赏。他表示，今年以来，经过双方民间航空行业组织的努力，双方已在两岸客货运包机节日化和开办专案包机方面取得进展。但随着两岸经贸交流合作的迅速发展，特别是台湾同胞来大陆旅游人数的不断增加，如果台湾方面能够同意开放大陆人士赴台旅游，则双方目前达成的共识已远远满足不了如上情况的要求。因此，我们赞同国民党方面的主张，尽快开展旅游和包机周末化同步协商、同步安排、同步实施。同时我们也主张扩大客运包机的搭乘对象，除了台湾同胞外，还应包括持合法证件往来的大陆同胞，以及赴台旅游的大陆民众。在货运包机方面，取消一些人为的不合理的限制，能够让两岸航空公司共同参与、便利运营，实现利益共享、互惠双赢，共同参与的方式可以由两岸航空公司具体协商。我们一直主张，两岸空中通航应建立直达航路，具体细节可由两岸民航业者进行沟通协商。

在谈到大陆居民赴台旅游问题时，陈云林指出，开放大陆居民赴台旅游，是我们与中国国民党达成的共识，我们作出的承诺是一定会落实的。我们已经采取了一系列积极措施，成立了"海峡两岸旅游交流协会"，公布了《大陆居民赴台旅游管理办法》，通报了大陆方面参与商谈人员的组成原则，召开了"海峡两岸旅游交流协会"第一次理事会。中国国民党也做了大量工作，对此我们表示赞赏。我们也注意到，台湾主管方面对此采取了一些积极措施，批准成立相应的旅游民间组织。我们希望两岸旅游民间组织尽快就相关问题在已有基础上，继续进行沟通协商。我们的态度是开放的。只要台湾方面相应的民间组织正式挂牌运作，我们就发出商谈邀请。可以在大陆谈，也可以在台湾谈，在香港、澳门谈也行。要把双方关心的问题想全谈透，做到未雨绸缪，争取开放后少出现问题，努力让两岸老百姓都满意。但是，坦率地讲，大陆居民何时能赴台旅游，非我们一方所能决定。

双方还就共同举办两岸农业合作论坛交换了意见。

国务院任免国家工作人员

任命高燕(女)、陈启明为中央人民政府驻澳门特别行政区联络办公室副主任；

免去何晓卫的中央人民政府驻澳门特别行政区联络办公室副主任职务。

国家主席胡锦涛根据全国人大常委会的决定任免驻外大使

免去武东和的中华人民共和国驻朝鲜民主主义人民共和国特命全权大使职务；

任命刘晓明为中华人民共和国驻朝鲜民主主义人民共和国特命全权大使。

我国科学家首次证实人体存在 SARS 病毒功能性受体

这一对 SARS 发病机制的新发现，有利于对"非典"的早期诊断、预防及治疗。

由南方医科大学病理学教研室主任丁彦青教授领衔的"SARS 急性肺损伤发病机制研究"，在世界上首次证实了人体存在 SARS 病毒功能性受体——"血管紧张素 2 受体"。细胞内有了这个受体，就能与 SARS 病毒结合，导致发病。但如果能够早期发现、阻断这一特异受体，就能阻止病毒侵入细胞。该研究还有另一重要成果，即发现前炎症因子过度表达与 SARS 急性肺损伤及全身多器官的损害密切相关。丁彦青解释说，SARS 病毒侵入人体后，便会通过 SARS 功能性受体激活感染病毒的细胞，产生并释放过量的前炎症因子，从而引起免疫介导的肺损伤以及损伤其他器官，同时还可能导致全身多器官功能衰竭。这就意味着如果能找出这些前炎症因子，将有利于 SARS 的早期预防性治疗。

世界水稻亩产的最新纪录在云南省永胜县涛源乡诞生

新华社报道：科技部组织国内知名水稻专家和当地农业主管部门一起对南京农业大学实施的"水稻新品种'协优 107'精确定量栽培"进行了现场验收。记者实地见证了实打实收 1.1635 亩水稻的全过程，专家们按照国家标准折算，实际亩产达到了 1287 公斤。这是水稻单产新的世界纪录，表明我国的水稻育种和栽培技术水平都已达到了世界领先水平。

国家环保总局和国家统计局联合发布《中国绿色国民经济核算研究报告 2004》

这是我国第一份经环境污染调整的 GDP 核算研究报告，标志着中国的绿色国民经济核算研究取得了阶段性成果。研究结果表明，2004 年全国因环境污染造成的经济损失为 5118 亿元，占当年 GDP 的 3.05%。虚拟治理成本为 2874 亿元，占当年 GDP 的 1.80%。

绿色 GDP 是指从传统 GDP 中扣除自然资源耗减成本和环境退化成本的核算体系，能够更为真实地衡量经济发展成果。除了污染损失，此次核算还对污染物排放量和治理成本进行了核算。结果表明，如果在现有的治理技术水平下全部处理 2004 年点源排放到环境中的污染物，需要一次性直接投资约为 10800 亿元，占当年 GDP 的 6.8%左右。

9月8日

全国人大常委会委员长吴邦国在西班牙拉斯帕尔马斯市会见加那利自治区政府主席马丁和西班牙中央政府驻加那利区代表塞古拉

国务院副总理曾培炎在北京主持召开座谈会就《关于加强大型公共建筑工程建设管理的若干意见》听取有关专家意见

针对大型公共建筑工程建设工作，国务院总理温家宝作出重要批示，强调要从管理和制度上解决大型公共建筑工程建设中存在的问题，采取综合措施控制城市建设中贪大求洋、浪费资源、缺乏特色等问题。

受温家宝委托，国务院副总理曾培炎主持召开座谈会，听取有关专家意见，并就《关于加强大型公共建筑工程建设管理的若干意见》进行了讨论。他强调，要用科学发展观指导大型公共建筑的建设工作，突出质量安全、资源节约和环境保护，促进城市建设健康发展。

曾培炎对大型公共建筑工程建设提出了五点要求。第一，建筑特点要符合城市规划，合理安排建筑的布局，综合考虑城市整体风貌与周边环境。第二，建筑形式要服从建筑功能，遵循内容决定形式、功能优先，讲求适用，统筹考虑建设和运营成本。第三，建筑结构要重视质量和安全，坚持质量第一、安全第一，确保施工安全、使用安全和对人体健康的安全，提高防御自然灾害和突发事件的能力。第四，建筑工程要突出节约环保，突出抓好建筑节能，大力推行节约用地，千方百计节约用水。第五，建筑创作要体现特色与创新，继承和弘扬优秀的传统文化，吸收国外先进的理念和技术，在创新的基础上不断提高建筑的品质和品位。

两院院士、清华大学建筑学院教授吴良镛等18位专家应邀参加座谈会，并就大型公共建筑工程的建设和管理发表了意见，国务院有关部门负责同志参加了会议。

国务院副总理吴仪在厦门第十届中国国际投资贸易洽谈会国际投资论坛上发表题为《坚定不移地对外开放是中国既定的基本国策》的主旨演讲

吴仪指出，对外开放是中国的基本国策。中国经济实现持续快速发展得益于对外开放和积极有效利用外资。利用外资作为中国对外开放基本国策的重要内容，在促进我国经济持续快速健康协调发展和加速中国开放型经济的形成上功不可没。27年的开放实践证明，积极合理吸收外资有效弥补了中国国内建设资金的不足，引进了大量先进技术以及先进经营方式和管理经验，并带来了现代流通和市场营销理念，引入了国际竞争机制、国际规则和国际标准，在促进我国技术进步、推动产业结构调整升级的同时，加速了中国开放型经济的形成。通过积极有效利用外资，还开阔了人们的国际视野，推动了思想解放与观念更新，在中国建立和完善社会主义市场经济体制中发挥了重要作用。改革开放使中国人民的生活水平和生活质量得到明显提高和改善。

吴仪说，中国正进入全面建设小康社会，加快推进社会主义现代化建设的关键时刻，经济发展处在一个新的历史起点上。我们清醒地认识到，作为一个发展中大国，在国内能源、资源、技术、人才等相对短缺的情况下，实现这一目标尚需应对诸多挑战。当前，经济全球化深入发展，科技革命日新月异，在新一轮世界产业结构调整中，以服务贸易、服务外包、高附加值的高端制造和研发环节为主要内容的产业转移格外令人注目，传统制造业转移也在向纵深发展，这给我国经济结构调整和建立创新型国家带来难得的发展机遇。尽管我国近几年资金和外汇储备较充裕，但国际投资中所承载的各种竞争力和效益，所形成的有效资本和技术创新能力，所造就的高素质人才，所带来的市场和就业机会，仍将对促进我国经济结构调整、转变增长方式以及和谐社会建设起到非常重要的作用。

吴仪表示，在新的历史时期，中国将以更加积极的态度走向世界，充分利用"两个市场、两种资源"，在扩大内需并充分发挥内需拉动经济增长积极作用的同时，更加重视对外开放在推动经济社会发展中的重要作用，以开放促改革促发展，适应经济全球化趋势的新发展和我国改革发展的新形势，紧紧把握世界经济结构新一轮调整的难得机遇期，把对外开放和吸收外资提高到一个新水平。

她强调了五个方面：中国将更加注重优化外资结构，提高吸收外资的质量和水平；中国将积极创造条件承接国际服务外包；中国将更加重视改善投资环境，依法保护境内外投资者合法权益；中国将坚定地实施互利共赢的开放战略，加强与各国的经贸合作，实现与世界各国共同发展；中国将进一步加强与国际多边和区域经济组织的合作，继续促进和推动贸易与投资便利化进程，共同营造有利于实现各国共同发展与繁荣的国际环境。

吴仪说，经过将近10年的不懈努力，中国国际投资贸易洽谈会已成为一个在世界上具有一定影响力的国际投资促进盛会。它反映了中国对外开放的伟大历程，架起了一座中国与世界各国加强合作、共谋发展的桥梁。她还表示，向多年来一直积极支持投洽会的联合国贸发会议、联合国工发组织、经济合作与发展组织、世界银行国际金融公司以及世界投资促进机构协会等国际组织致以最诚挚的谢意。

国务院副总理吴仪在厦门出席两岸经贸合作与发展论坛

吴仪就继续深化和扩大两岸经贸合作与交流提出两点意见：为民谋利，继续积极推动两岸全面"三通"；着眼未来，共同构建长期、稳定的两岸经济合作机制。

吴仪说，两岸经贸合作与交流是两岸关系中的重要组成部分。20多年来，两岸经贸合作从无到有、从小到大，领域不断扩展，层次持续提高，互惠互利的经贸合作与交流格局已见轮廓。两岸经贸合作已成为维系两岸同胞情感的重要纽带和两岸关系稳定发展的重要因素。

她指出，在通商方面，应争取早日实现两岸经贸关系正常化。继续推动两岸贸易、投资、人员交流向直接、双向发展，特别是要创造条件，尽快消除阻滞两岸贸易投资正常发展的政策性障碍。推动两岸直接往来范围逐步从金、马地区扩展到澎湖地区。进一步深化两岸产业合作。加强金融业合作,推动两岸民间组织就建立两岸金融监管和货币清算机制等问题进行协商。在通航方面,争取实现两岸客运包机常态化和货运包机便捷化,推动两岸民间组织就海上直航问题进行沟通。在通邮方面,继续促成两岸小包邮件互寄,实现直接互办特快专递业务。

吴仪强调,两岸经贸交流规模的不断扩大,两岸经贸合作衍生的各类新事务和新问题日益增多,迫切要求尽快协商构建长期、稳定的经济合作机制,实现两岸经贸合作与交流的制度化、规范化和便利化。

吴仪指出,建立两岸经济合作机制,应当从两岸经济发展处于不同阶段、制度和体制存在客观差异的实际情况出发,遵循双向互惠、共同繁荣,先易后难、逐步推进的原则,在互相尊重和保障对方正当权益的基础上,以民间对民间、行业对行业的方式,灵活、务实地处理有关事宜,不断积累经验,不断完善提高。双方可以先从民间建立会议制度入手,商讨两岸经济交流与合作的重要问题。对于涉及官方职责的经贸问题,也可以借鉴两岸春节"包机"的成功经验,探索沟通和协商方式。

吴仪表示,我们相信,凭借着中国人的智慧和韧性,两岸之间一定能够建立起积极、有效、适当的经济合作机制。

国务院罢免国家工作人员

免去李军的中国民用航空总局副局长职务,朱明暹的国有重点大型企业监事会主席职务。

国务院副总理吴仪在厦门会见美中贸易全国委员会副主席芭芭拉·富兰克林

国务委员唐家璇在中南海紫光阁会见日本时事通讯社社长若林清造一行

国务委员唐家璇8日在中南海紫光阁会见了日本时事通讯社社长若林清造一行。唐家璇阐述了对当前中日关系的看法。

唐家璇说,中日关系正处于历史性十字路口,能否把握住正确的发展方向,是关系到两国根本利益和本地区和平稳定与和谐发展的重大问题。中方一贯主张双方应相向而行,改善中日关系,中方已经并将继续为此作出不懈努力。当前解决问题的关键在于今后的日本领导人作出明智决断,彻底消除影响两国关系发展的政治障碍,使中日关系翻开新的一页。

全国党史研究室主任会议在北京召开

《中共中央党史研究室2006—2010年工作规划》已得到中央批准,并以中办文件的形式下发。

中央党史研究室主任李景田在主持会议时说,中央专门讨论研究党史工作,中办就此发出通知,这充分体现了中央对党史工作的高度重视,体现了党史工作在党和国家工作大局中的重要地位和作用。做好党史工作,对于总结党的历史经验,教育党员和人民群众,提高领导干部素质,加强党的执政能力建设和先进性建设,巩固党的执政地位,全面推进党的建设新的伟大工程,不断开创中国特色社会主义建设的新局面,具有重要意义。

第二十三届中国电视金鹰奖揭晓

新华社报道:除电视剧男、女演员奖和电视节目主持人奖外,第二十三届中国电视金鹰奖其他奖项今日全部揭晓,中国电视剧制作中心的《任长霞》获得最佳长篇电视剧,其编剧革非获最佳编剧奖。

中国视协常务副主席黎鸣说,电视剧男、女演员奖和电视节目主持人奖的投票排序结果已经产生,但按照惯例,这些奖项将在第六届中国金鹰电视艺术节的颁奖晚会上揭晓,由实际出席的演员和主持人按其排名先后现场产生。第六届中国金鹰电视艺术节将于10月27日至29日在湖南长沙举行。

黎鸣介绍,已揭晓的奖项共有64个,其中《八路军》《乔家大院》等获优秀长篇电视剧奖,《陈云在临江》《走进石锁沟》获最佳中短篇电视剧奖,《故宫》《236号麋鹿·孤独者的故事》获最佳长篇纪录片奖。此外,在规定奖项外,还有《百年小平》《抗战》《李先念》3部纪录片获得"特别荣誉奖"。

第二十三届中国电视金鹰奖评选是评奖调整后的首次评选,其中部分奖项由评选委员会委员、中国电视艺术家协会会员、观众三方共同投票决定。从2006年3月份启动评选以来,共有105位评选会委员、1721名中国视协会员和213万余名观众参加了投票。

中国红十字会与卫生部在北京联合举行全国红十字卫生救护工作会议

国务院副总理吴仪向大会发来贺信。

贺信强调,党中央、国务院非常重视红十字卫生救护工作,《中国红十字会总会自然灾害等突发公共事件应急预案》已经纳入国家应急工作体系。希望通过本次大会的推动,中国红十字会的卫生救护工作能够再上一个新台阶,在人道领域的救护、救助、救援工作中发挥更大的作用,为保护人民群众的生命和健康作出更大的贡献!

会议表彰了红十字卫生救护工作先进集体,进行了现场救护演练,宣布成立中国红十字紧急救援队。

救援队将在国内外重大灾害期间，开展人道主义救援工作。"十五"期间，全国红十字会系统完成了红十字救护师资培训等基础性工作，经培训考核合格取证师资2.1万名，截至2005年普及救护知识790多万人次，培训救护员960万人次。

中国选手刘翔在德国斯图加特2006年国际田联田径大奖赛总决赛以12秒93夺得110米栏决赛冠军

9月9日

国务院总理温家宝在赫尔辛基与欧盟轮值主席国芬兰总理万哈宁 欧盟委员会主席巴罗佐举行第九次中欧领导人会晤

双方就进一步巩固和发展中欧全面战略伙伴关系深入交换了意见。

温家宝指出，一年来，中欧双方积极落实第八次领导人会晤达成的共识，各领域合作取得了新进展。双方成功举行了两轮战略对话，启动了能源交通战略对话和气候变化的首次磋商，加强了在国际事务和全球性问题上的协调与合作。中欧贸易继续保持高速增长，出现了进出口增幅趋同的良好势头。双方在科技、教育、卫生、环保等领域合作不断深化，人员往来更为活跃。

温家宝说，中国政府重视与欧盟的关系，支持欧洲一体化进程，欢迎欧盟在国际事务中发挥更加积极的作用。中欧是世界上两支重要的力量，进一步加强双方的合作符合双方的根本利益，有利于促进亚欧合作及世界的和平、稳定与发展。随着中欧关系的不断深入发展，双方需要抓紧对双边关系进行总体规划，尽早商签《中欧新伙伴合作协定》，从而全面推进在政治、经济、科技、文教、安全等领域的合作。双方在会谈中一致同意进一步密切中欧政治和战略对话，加强双方在经贸、可持续发展、环境保护、社会保障、财政金融等领域的务实合作，促进人员往来和青年之间的交流，密切在国际事务中的协调与配合；推动多哈回合谈判尽早恢复。

在谈到朝鲜半岛核问题时，温家宝表示，坚持通过对话和磋商和平解决半岛核问题，维护半岛和东北亚的和平与稳定是中方的一贯立场。希望有关各方为尽早恢复六方会谈作出积极努力。欧方表示，赞赏并支持中方为解决半岛核问题所发挥的重要作用。

在谈到非洲问题时，温家宝表示，中非开启外交关系50年来，中国为非洲消除贫困，实现发展提供了帮助，受到非洲人民的欢迎。我们愿与欧方增进了解、加强合作，促使国际社会更加关心非洲，为非洲提供更多更实在的帮助。欧方表示重视中国与非洲的合作，愿与中方就非洲问题加强磋商。

会谈后，双方领导人共同会见了记者。在回答关于欧盟解除对华军售禁令和承认中国完全市场经济地位问题时，温家宝表示，新中国成立后，欧洲许多国家的领导人在发展对华关系问题上都曾作出过重要决断，极大地促进了中欧关系的发展。长期实践证明，中欧关系发展给双方都带来了好处。解决这些问题从根本上讲也符合欧洲的自身利益，而且越早越有利。希望欧方从战略高度和长远角度，展示远见卓识，独立自主地作出正确的政治决断，为中欧关系发展扫清障碍。

第九次中欧领导人会晤发表联合声明

（2006年9月9日，赫尔辛基）

1. 第九次中欧领导人会晤于2006年9月9日在芬兰赫尔辛基举行。中华人民共和国国务院总理温家宝代表中国出席了会晤。欧洲理事会主席芬兰总理马蒂·万哈宁和欧盟委员会主席若泽·曼努埃尔·巴罗佐代表欧盟出席了会晤。

2. 双方领导人认为，中国和欧盟在过去10年中都发生了重大变化，中欧关系也逐渐深化并发展成全面战略伙伴关系。双方认为，加强中国和欧盟关系对中欧长远利益、亚欧合作及世界和平、稳定与发展具有重要意义。

3. 双方领导人强调了高级别政治对话和各级别磋商对增进理解与信任、扩大共识和提升双边关系的重要性。双方领导人欢迎新近建立的定期战略对话机制。这一机制已被证明是双方就重大国际和地区问题以及共同关心的双边问题坦率深入交换意见的有益渠道。

4. 为全面反映当前中欧全面战略伙伴关系的广度和深度，双方同意启动有关伙伴合作协定的谈判。新协定将涵盖双边关系的全部领域，包括加强政治事务合作。考虑到中欧战略伙伴关系的整体目标，谈判也将完善1985年《中国与欧共体贸易和经济合作协定》，并将以相对独立的方式执行。

5. 欧盟重申继续坚持一个中国政策，希望台湾问题通过建设性对话和平解决。中方赞赏欧盟坚持一个中国政策，并重申了在台湾问题上的原则立场。

6. 双方领导人也讨论了欧盟军售禁令问题。中方重申，解除军售禁令有助于中欧关系的健康发展，并敦促欧盟尽早解禁。欧盟承认此问题的重要性，并确认愿在2004年中欧领导人会晤联合声明以及此后的欧盟首脑理事会结论的基础上，向解除禁令的目标推进工作。

7. 双方领导人重申愿在防扩散和裁军领域，特别是在为2006年11月《禁止生物武器公约》审议大会成功举行以及下一次《不扩散核武器条约》审议大会筹备委员会而进行的准备工作中开展合作。他们将继续以2004年中欧领导人会晤期间达成的《中华人民共和国与欧洲联盟关于防扩散和军备控制问题的联合声明》为基础,保持和加强对话与合作。双方对目前在出口管制领域开展的务实合作感到非常满意。

8. 双方领导人强调了努力改革联合国系统的重要性,表示大力支持建立一个公平、公正、以规则为基础、联合国发挥中心作用的多边国际体系。他们重申致力于促进世界和平、稳定、可持续发展和人权,这些目标为2005年联合国首脑会议成果文件所承认。双方表示支持旨在加强联合国应对新生和现有威胁及挑战能力的改革,并将致力于以协商一致的方式在改革方面取得进展,承诺通过与建设和平委员会以及人权理事会等新成立的联合国各机构开展合作等方式,确保充分落实2005年联合国首脑会议的成果。

9. 双方强调致力于保护和促进人权,高度重视中欧人权对话。双方强调在人权领域采取具体步骤的重要性,努力取得更有意义和积极的实际成果,重申致力于在平等和相互尊重的基础上进一步加强该领域的合作与交流。欧盟欢迎中方承诺尽快批准《公民权利和政治权利国际公约》。双方确认与联合国人权机制合作,尊重有关国际人权文书中的国际人权标准,包括少数民族的权利。在打击种族灭绝、战争犯罪和反人类犯罪的全球斗争中,双方也注意到国际刑事法院的重要性。双方致力于支持联合国人权理事会的工作,根据联大第251号决议,加强在该领域的沟通与协调。

10. 双方领导人对联合国安理会通过第1701号决议、促成以色列和真主党停止敌对行动表示欢迎。第1701号决议为政治解决危机确定了必要的框架。获得增援的联合国驻黎巴嫩临时部队将对政治解决危机予以支持,欧盟成员国在其中发挥着主导作用。双方领导人敦促地区各方发挥建设性作用,以助决议得到迅速执行。他们还强调了为黎人民提供人道主义援助的决心。

11. 双方领导人强调,中东需要一个全面的和平计划。他们重申,在联合国安理会有关决议及路线图所定原则等现有共识的基础上,支持谈判解决巴以冲突。

12. 双方领导人注意到国际原子能机构总干事关于伊朗核计划的报告以及联合国安理会第1696(2006)号决议。他们呼吁伊朗执行联合国安理会第1696(2006)号决议以及国际原子能机构理事会的决议。法国、德国和英国提出建议,在相互尊重与信任的基础上与伊朗达成一个长期、全面的安排。该建议得到美、俄、中的认可,以及欧盟高级代表的支持。双方领导人对此表示欢迎。

13. 双方领导人重申了他们为朝鲜半岛的持久和平与稳定,包括和平解决朝鲜半岛核问题而共同努力的坚定决心。领导人强调,希望尽早恢复六方会谈,并在落实2005年9月19日《共同声明》方面取得进展。他们也对朝鲜最近多次发射导弹深表关注,强烈呼吁各方采取灵活务实态度,为六方会谈尽快恢复创造条件。

14. 领导人对达尔富尔不断恶化的安全和人道主义局势表示严重关注,强调非盟在达区的维和行动过渡为联合国行动将有利于维护达区和平。

15. 双方领导人重申致力于千年发展目标与全球可持续发展。实现千年发展目标需要各方迅速行动,包括更为宏伟的国家发展战略与努力,以及更多、更有效的国际支持,特别是对非洲的支持。

双方领导人还强调了各自与非洲关系的重要性,承诺一起为非洲的和平、稳定、可持续发展作出努力。欧方强调了其对非战略中所包括的良政和人权原则的重要性。中方强调坚持和平共处五项原则,特别是互不干涉内政原则。

双方同意建立非洲问题对话机制,并探索与非洲伙伴开展务实合作的渠道,包括支持非洲发展新伙伴计划,以实现千年发展目标。领导人欢迎中国通过中非合作论坛与非洲开展机制化合作。中欧都是关于援助有效性的《巴黎宣言》的签署国。双方将继续促进《巴黎宣言》中包含的有效性原则。

16. 双方领导人还期待着2006年9月10日至11日举行的第六次亚欧首脑会议取得成功。他们将亚欧会议视为亚欧对话与合作的有益框架,并认为此次首脑会议的召开恰逢亚欧会议成立10周年,将推动这一进程向前发展。双方同意继续紧密合作,促进亚欧会议发展,并欢迎中国于2008年主办第七次亚欧首脑会议。

17. 双方再次确认要致力于打击恐怖主义,并重申,反恐行动必须符合《联合国宪章》的宗旨和原则以及相关的国际法准则,并充分尊重人权。双方强调联合国在反恐斗争中的领导作用以及所有有关反恐的联合国安理会决议、联合国公约和议定书得到普遍执行的重要性。双方继续致力于就联合国关于国际恐怖主义全面公约寻求协商一致,并呼吁联合国大会根据首脑会议授权,加紧通过反恐战略。

18. 双方关注禽流感疫情在世界范围内的进一步蔓延,高度赞赏中国、欧盟委员会和世界银行三方今年年初共同在北京举办的禽流感防控国际筹资大会。双方承诺共同落实有关后续行动,同意进一步加强在防控禽流感等传染病方面的合作,并欢迎近期世界卫生组织关于国际卫生条例的决议。除禽流感和其他诸如非典型肺炎的新发传染病外,双方领导人还强调了增强抗击艾滋病合作的重要性。他们特别强调,在这些问题上需要透明和非歧视。

19. 可持续发展是中欧合作的重要领域之一。双方领导人同意加强经验交流,以建立一个资源节约型、环境友好型社会。在此背景下,欧盟将加强与中国的合作,支持中国在经济快速发展中发展循环经济和保护自然资源,包括保护生物多样性的努力。双方领导人认为,可持续生产和消费以及能效等领域的许多挑战依然存在。领导人同意在上述领域以及制止非法采伐等具体问题上加强合作,为保护自然资源作出重要贡献。

20. 双方领导人欢迎在落实中欧气候变化伙伴关系方面取得的进展。这一伙伴关系为加强中欧伙伴关系所包含的领域内的对话与合作提供了良好的基础。他们同意进一步加强这方面的对话与合作,包括在联合国气候变化框架公约进程内进一步促进国际气候变化政策发展;同意为进一步落实伙伴关系积极制订一个从 2007 年到 2010 年的滚动工作计划。双方领导人欢迎在《京都议定书》清洁发展机制方面开展更紧密的合作,欢迎启动通过二氧化碳捕获与封存实现近零排放发电技术的研究合作。双方领导人强调大幅降低关键技术及其转让、使用和推广成本的重要性,以及采取步骤鼓励和促进消费和生产的可持续方式,以减少气候变化的成因和负面影响。为此,他们强调加强能力建设合作的重要性。双方领导人相信,一个处理气候变化和能源问题的整体方案至关重要,强调有必要在促进能源安全、可持续能源供应、创新和减少温室气体排放之间进行充分协调与配合,以确保实现《联合国气候变化框架公约》最终目标与能源政策目标之间的一致性。

21. 全球能源安全,关系经济命脉和民生大计,对维护世界和平稳定、促进各国共同发展至关重要。中欧双方在确保可靠、经济的和可持续的能源供应方面有着共同的关切。鉴此,领导人强调双方将采取适当措施,进一步加强能源对话与合作,为可持续经济社会发展营造稳定、安全、经济和清洁的能源环境。

双方领导人强调中欧高级别能源工作组以及定期中欧能源合作大会的战略意义,双方强调继续加强务实合作的重要性,特别是在清洁煤行动计划和能效与可再生能源行动计划框架内加强合作。

22. 双方决心紧密合作,尽快重启世界贸易组织多哈发展议程谈判,以期达成一项包含宏伟并均衡成果的协定。双方强调了达成这样一项协定的重要性,重申所有世贸组织成员需作出相应的贡献。

23. 双方领导人强调了完全履行对世贸组织所作出承诺的重要性。他们指出中国大多数过渡期将于 2006 年 12 月到期,满意地承认已经取得的进展,并认知未来工作的重要性。双方强调了在充分尊重国际权利和义务的基础上为解决双边贸易问题开展对话与合作的重要性。

双方领导人忆及了一个透明、开放和可预测的监管环境对服务业的重要性,因为开放和有效的服务业市场可促进更广泛的经济活动。

24. 双方重申将致力于对话,通过改善双方的市场准入和增加投资机会来实现贸易关系中相互利益的最大化。

25. 双方对有关市场经济地位问题对话、技术工作组的进展表示满意,注意到向领导人会晤提交的有关市场经济地位的联合报告。双方期待欧盟委员会于 2006 年年底前更新 2004 年市场经济地位报告,以加深双方在有关突出问题上的沟通,这将有助于解决市场经济地位问题。

26. 双方领导人重申了保护知识产权的重要性。双方尤其达成共识,有必要对盗版行为保持适当威慑,并有效执行知识产权法律。双方对一年来中欧知识产权对话和知识产权工作组项下的交流与合作情况表示满意,愿意进一步加强在知识产权领域的交流与合作。双方还重申,愿进一步加强在地理标识领域的合作与交流。

双方认识到技术在经济发展中的重要性,愿意就该领域知识产权保护加强交流与合作,并支持企业间在公平、合理、无歧视的条件下的技术转让的合同自由。

27. 双方领导人强调透明、公开、可预测的监管环境的重要性,并强调了在起草技术法规及相关工作中积极促进利益攸关者参与的价值。中欧于 2006 年 1 月签署了《中华人民共和国国家质量监督检验检疫总局与欧盟委员会健康与消费者保护总司关于管理合作安排的谅解备忘录》,并且为便于落实谅解备忘录,双方随后就建立“中欧食品和消费品安全联合委员会”达成了协议。领导人对此表示欢迎,并期望谅解备忘录,连同磋商机制以及其他双方已建立的关于食品安全和 SPS 问题以及 TBT/ 工业品安全的合作,将推进双边贸易的持续发展。为此,双方领导人同意积极努力,通过诸如采用国际标准等方式减少在 TBT 和 SPS 领域的技术壁垒和贸易障碍。

28. 双方领导人欢迎中欧工商峰会将于 2006 年 9 月 12 日在赫尔辛基举行。双方领导人认为,工商峰会将为加强中欧经济联系和改善商业环境提供重要机会。双方强调了更积极地让利益攸关者参与中欧贸易投资相关对话的重要性。领导人欢迎中欧产业界在工商峰会期间开展对话，并认识到中欧就促进创新和可持续发展，包括就发展环境技术与服务进行合作的重要性。

29. 双方表达了持续深化中欧科技伙伴关系的共同意愿。双方认识到，中国国家中长期科技发展规划和欧盟第七个框架计划为双方开展战略性合作提供了新的契机。在此方面，他们赞赏中方机构参与欧盟出资的欧洲与中国联合研究协调计划，该计划于2005年5月在北京启动，为期五年，为中欧未来科技合作确定重点与合适的渠道。双方宣布，"中欧科技年"活动将于2006年10月在布鲁塞尔正式启动，以进一步促进科技合作，不断使双方获益。双方将为该活动的成功举办创造必要条件。

双方继续强调欧洲共同体及其成员国与中华人民共和国之间的伽利略计划合作协定的重要性。

双方期待与其他各方一道，尽快落实国际热核聚变试验反应堆计划(ITER)，并继续扩大和加强双方在相关领域的合作。

30. 双方领导人鼓励中欧主管部门之间加强对话与合作。双方将积极利用现有对话机制，继续在环境保护、劳动和社会事务、农业和农村发展、海关等多个领域开展交流与合作。

双方充分肯定2005年9月签署的中国—欧盟能源和交通领域战略对话谅解备忘录以及2006年3月召开的首次中欧能源交通战略对话，并强调继续加强中欧能源和交通领域合作的重要性。

双方领导人对中欧在交通领域的合作表示满意。强调要继续在中欧海运协定的框架下保持政策对话，支持中欧海运企业在对方境内开展业务，加强在包括国际海事组织和世界贸易组织在内的国际组织中的立场协调与协作。双方期待中欧交通主管部门在道路运输和内河合作谅解备忘录框架下，深化在上述领域的交流与合作。

双方领导人欢迎2006年5月25日在北京举行的第二次中欧财金对话。双方重申了在宏观经济、金融和监管领域加强合作与协调的重要性，并同意将于2007年在布鲁塞尔举行第三次中欧财金对话。

双方领导人欢迎近期建立的地区政策合作对话，并对在北京举办的中国—欧盟区域经济发展研讨会表示满意，强调要务实开展中国国家发展与改革委员会—欧盟委员会区域政策合作谅解备忘录框架下的合作，并期待着在这一框架下于2007年在布鲁塞尔举行下一次会议。

双方对中欧信息社会对话机制取得的进展表示满意，希望通过加强合作，特别是中欧高速网络基础设施及其重大应用战略合作，推动中国和欧盟信息社会的建设。

双方领导人欢迎启动关于易制毒化学品的双边协定的谈判。

31. 双方领导人注意到第八次中欧领导人会晤以来中欧在民航合作领域取得的进展，并重申了加强在民航领域合作的重要前景。在这方面，双方领导人强调了恢复中华人民共和国和欧盟成员国之间双边航空运输协定的法律确定性问题的必要性。为此，双方领导人要求按照有关方面的共识继续将此作为工作重点进行讨论。双方领导人强调，加强在航空安全、航空保安、空中交通管理和空运市场监管领域的技术合作是重要的，也符合双方的利益。

32. 双方领导人强调，便利人员往来和打击非法移民是双方优先考虑的问题。他们强调了在7月中欧高级别磋商中达成的良好相互理解。领导人还讨论了遣返和签证便利问题。他们重申愿就各自关切的问题开始谈判，同意尽早就相关问题开始具体合作。领导人还欢迎在履行旅游目的地协议(ADS)方面所取得的重大进展，并鼓励在适当层次进一步加强合作。

33. 双方认为，加强教育领域的合作是促进中欧全面战略伙伴关系持续发展的社会和人文基础。中欧双方将在更深层次、更广领域开展教育合作，共同研究未来合作的机制和优先合作领域，并使合作制度化。中方表示有意在将来达成一项中国—欧盟教育交流合作协定。双方领导人赞同合作举办中欧法学院，欢迎欧方的赞助。双方有关部门将继续就此协商尽快达成协议。中方将设立为期五年的"中国—欧盟学生交流奖学金项目"，从2007年开始每年向100名欧盟青年学生提供政府奖学金，为欧方学生学习汉语提供更多的机会。

34. 双方领导人还认识到文化多样性对可持续发展的重要性，并欢迎联合国教科文组织的《保护和促进文化表现形式多样性公约》。双方领导人支持中国与欧盟成员国之间增加文化交流与往来，特别是鼓励表演团体和艺术家之间的互访，以加强中欧文化界的联系。

35. 双方领导人认识到一个健康发展的公民社会对中欧各自持续改革进程的重要性。领导人认为，中国经社理事会与欧盟经社委员会的交流与合作是中欧关系的组成部分。为加强现有关系，双方赞同并鼓励建立一个定期圆桌会议机制，为充实和发展中欧全面战略伙伴关系作出贡献。

36. 双方领导人支持加强中国全国人大与欧洲议会以及政党、媒体和智库之间的交往，支持在亚欧会议进程和其他框架下，扩大并深化青年交流，并鼓励中欧青年组织开展合作。

我国首颗育种卫星"实践八号"发射成功

今天15时,酒泉卫星发射中心用"长征二号丙"运载火箭成功地将我国首颗育种卫星——"实践八号"送入预定轨道。

"实践八号"是由中国航天科技集团公司所属中国空间技术研究院研制的返回式科学技术试验卫星,星上装载粮、棉、蔬菜、林果、花卉等9大类2000余份约215公斤农作物种子材料,同时还装载多项空间环境探测装置。该卫星的主要任务是进行空间诱变育种试验和机理研究。

北京交通大学举行110周年校庆庆典大会

全国人大常委会副委员长蒋正华出席庆典大会并讲话,国务委员陈至立发来贺信。蒋正华在大会致辞中说,作为我国科教兴国、人才强国的主力军,高校拥有齐全的学科、大量的人才、完备的设施,在我国科技进步、自主创新事业中有得天独厚的条件和义不容辞的责任。他希望,北京交通大学与全国其他高校一道紧紧抓住国家建设和区域、行业发展需求,进一步解放思想,深化办学体制和科研体制改革,积极为我国自主创新体系建设提供强有力的人才和科技支撑。

交通大学创建于1896年。作为交通大学的重要组成部分,北京交通大学的前身是清政府为维护中国铁路路权而创办的北京铁路管理传习所,这是中国近现代历史上第一所专门培养管理型人才的高校,也是中国近代铁路管理、电信教育的发祥地。1921年学校与上海工业专门学校、唐山工业专门学校合并组建交通大学。1923年交通大学改组后,北京分校更名为北京交通大学。1950年学校定名北方交通大学,由著名桥梁专家茅以升任校长。2003年,学校恢复使用北京交通大学校名。

110年来,北京交大为国家培养了10万专门建设人才。学校培养了我国第一批交通运输领域的硕士生、博士生,出版了我国第一部交通运输领域的学术专著,建立国内第一个GSM—R网络,研制出世界首台互联网IPv6无线路由器和中国首台具有自主知识产权的新一代传感器网络,交通运输管理和信息通信被列为我国第一批国家重点学科。

9月10日

国务院总理温家宝在赫尔辛基出席第六届亚欧首脑会议

国务院总理温家宝和来自东盟10国、韩国、日本及欧盟成员国和欧盟委员会共39方代表出席开幕式,并共同庆祝亚欧首脑会议成立10周年。

温家宝在首脑会议上发表了《加深亚欧合作 共同应对挑战》的讲话。

亚欧首脑会议每两年举行一次,轮流在亚洲和欧洲国家召开。芬兰于今年下半年担任欧盟轮值主席国,主持召开第六届亚欧首脑会议。

国务院总理温家宝在第六届亚欧首脑会议上发表题为《加深亚欧合作 共同应对挑战》的讲话

主席先生:

今年是亚欧会议成立10周年。10年来,亚欧双方在相互尊重、平等对话、循序渐进、协商一致的基础上,开展了广泛多样的合作,政治对话不断深化,经济联系日益紧密,社会领域合作迅速拓展,文化和人员交往更加频繁。亚欧会议已成为亚欧双方加强协调、开展合作、共谋发展的共同战略选择。

当前,世界多极化不断发展,经济全球化日益加深,科技进步日新月异,区域合作更加紧密,和平、合作、发展已成为当今时代的主流。但是,世界上不安定、不和谐的因素也在增多,表现在传统和非传统安全威胁交织,全球经济发展不均衡,贫富差距拉大。新的形势对亚欧首脑会议提出了更高的期待,迫切需要我们高瞻远瞩,谋划双方合作的未来发展方向。我们应当确立这样的目标:扩大对话与合作,提升亚欧在处理重大国际问题上的影响力;增进政治互信,促进世界文明和文化多样性的发展;坚持平等互利,积极推进实质性的经济合作;着眼长远,适时建立有利于开展合作的相关机制;加强对外沟通,保持亚欧会议的开放性。为巩固和发展亚欧新型伙伴关系,促进世界的和平与繁荣,我愿提出以下建议:

一、加强政治对话,应对安全威胁。维护和平与安全,促进繁荣与发展是亚洲与欧洲的共同责任。各成员应加强在多边机制中的磋商,支持联合国在国际事务中发挥主导作用;加强国际和地区问题的协调,为推动朝鲜半岛核问题、伊朗核问题、中东危机等热点问题的解决作出更大的贡献;加强在反恐、防扩散、打击跨国犯罪等方面的务实合作,共同维护世界的和平与安全。中国愿与各成员继续利用驻联合国等国际机构代表处和亚欧反恐会议等渠道加强磋商与协调。

二、加深文化交流,实现和睦相处。第五届亚欧首脑会议通过的《亚欧会议文化与文明对话宣言》,对于推进不同文明和信仰之间的对话具有重要的指导意义。各成员应尊重彼此的文化传统、价值观念和发展道路的多样性,在平等的基础上,坦诚交流,取长补短,求同存异,共同进步;扩大教育和文化交流,努力构建和平、和睦、和谐的亚欧伙伴关系。中国呼吁亚欧会议对亚欧基金给予更多的支持,使其在开展亚欧人文交流活动中发挥更大的作用。

三、密切金融合作,推动经济平衡发展。确保金融安全,是实现亚欧经济稳定发展的重要前提之一。各成员应加强财金政策协调,促进国际金融体制的改革和完善,使发展中国家拥有更大的发言权;推动国际货币体系的改革,加强区域货币合作,提高抗御风险的能力;不断改善投资环境,鼓励双向投资。重视金融人力资源开发和能力建设的合作,尤其要帮助发展中国家加强金融能力建设。中国支持在亚欧信托基金基础上,探讨建立新的合作融资机制,为未来财金对话和能力建设提供资金保障。

四、扩大对话与合作,保障能源安全。当前能源安全问题日益突出,直接影响到世界经济的稳定与繁荣。各成员应密切对话与合作,推动国际能源市场机制的完善,合理开发传统能源,积极开发可再生能源,实现能源供应全球化和多元化,维护国际能源市场稳定;加大先进能源技术的研发和推广力度,节约能源,提高使用效率。建立合理的技术转让体制,帮助发展中国家更好利用能源;维护能源安全稳定的良好政治环境,避免地缘政治纷争干扰全球能源供应,避免能源问题政治化。中国呼吁亚欧会议就能源安全问题开展对话。

五、支持多边贸易体制,实现互利共赢发展。维护国际贸易的有序进行符合亚欧双方的共同利益,一个健康、稳定的国际多边贸易体系对世界各国特别是发展中国家的经济振兴至关重要。多哈回合谈判中止,对任何一方都不利。各成员应反思各自的谈判立场,同时敦促主要发达国家拿出政治意愿,在削减农业补贴和关税方面表现出更大的灵活性,为恢复谈判创造条件。亚欧经济各具优势,互补性强。各成员应深化政策对话与协调,进一步相互开放市场,分享区域一体化经验,推动区域内和区域间经济合作深入发展。中国呼吁各成员全力阻止贸易保护主义,妥善处理彼此贸易纠纷,避免贸易问题政治化;改善贸易和投资环境,加强经济合作,实现共同发展。

六、鼓励企业参与,拓宽合作渠道。中小企业在亚欧各国经济中的重要性不断提高,要求政府给予支持的呼声日涨。各成员应加强政府间合作,为中小企业的国际交流提供重点帮助;发挥民间机构的作用,鼓励亚欧工商论坛成为促进中小企业合作的桥梁;健全中小企业社会服务体系,拓宽政府和企业的协商与合作渠道。中国倡议在2007年举办“亚欧会议中小企业部长级会议和贸易投资博览会系列活动”。

七、应对非传统安全,有效防控禽流感。传染性疾病等非传统安全威胁对各国经济、社会的破坏力日益增大。各成员应广泛参与国际合作,推动建立全球应对传染病流行的监测预警机制,进一步提高各国的早期预警和应急处置等能力建设;支持联合国和世界卫生组织发挥作用,加强政策协调,向发展中国家提供更多资金和技术支持。中国倡议明年举办“亚欧禽流感防控研讨会”,进一步推动亚欧在相关领域的合作。

八、缩小城乡差距,实现经济均衡发展。乡村地区发展相对滞后,是不少亚欧国家存在的问题。各成员应根据自身特点制定乡村发展综合战略,落实千年发展目标各项指标;发达国家应在农业贸易政策等方面采取对发展中国家更为有利的措施;各国应相互借鉴成功经验,就保障粮食安全、减少贫困等问题进行交流,探讨形式多样的合作模式。中国倡议适时举办“亚欧会议乡村发展论坛”,共同探讨实现城乡协调发展的经验。

主席先生:

中国高度重视并积极参与亚欧合作进程。10年来,中国在反恐、司法、经贸、财政、科技、海关、环境、文化等领域举办了众多后续活动,大力倡导多边合作,开展经济交流,推动不同文化和文明对话。2008年,中国将主办第七届亚欧首脑会议,愿为亚欧和平、合作、发展作出更大贡献。

中国坚定地奉行独立自主的和平外交政策,严格遵循联合国宪章宗旨和公认的国际关系准则,坚持走和平、合作、发展的道路,不以意识形态和社会制度异同决定国家关系的亲疏,不因发展模式的差异影响相互合作,在对外交往中主张相互尊重,平等相待,在和平共处五项原则的基础上发展与各国的友好合作关系。

中国积极推动国际政治经济秩序朝着公正合理的方向发展,切实履行应尽的国际义务,在联合国、世界贸易组织和其他多边机构中承担越来越大的责任。中国以负责任的态度处理国际事务,对朝核、伊核等问题进行斡旋,劝和促谈,积极参与国际维和行动,维护世界和地区的稳定。中国恪守入世承诺和世贸组织规则,逐步开放市场,坚持自由平等贸易,积极推动新一轮多边贸易谈判取得进展,主张在多边贸易体制框架下通过平等协商解决贸易纠纷。

中国积极参与国际反恐合作,反对将恐怖主义与特定的民族或宗教挂钩,反对双重标准。中国认为反恐应标本兼治、综合治理,特别要重视解决好贫困和地区冲突问题,消除滋生恐怖主义的根源。

中国奉行透明的防御性国防政策,它的立足点是维护国家的安全和统一。中国全力推进国际军控、裁军与防扩散事业,加入和支持有关防扩散国际公约的实施,制定了一整套涵盖所有领域的防扩散出口管制法律体系和加强执法的措施。

中国带头落实联合国千年发展目标,在自身并不富裕的情况下，向发展中国家提供不附加任何政治条件的无私援助。在与"非典"、禽流感等自然灾害的斗争中，中国始终以负责的态度开展国际合作，并为印度洋海啸、南亚地震受灾国和禽流感国际合作提供资金和技术援助。

主席先生：

中国改革开放20多年来的经验告诉我们，中国的发展离不开世界，只有积极参与国际合作，中国的发展道路才会越走越宽广。我们愿与亚欧伙伴以及世界其他国家发展友好合作关系，携手并肩，不懈努力，建设持久和平、共同繁荣的和谐世界。我期待着2008年第七届亚欧首脑会议时与大家在中国再次相见。

国务院总理温家宝在赫尔辛基分别会见韩国总统卢武铉和越南总理阮晋勇

在会见卢武铉时，两国领导人表示愿继续推动两国关系不断深入发展。双方着重就朝鲜半岛局势交换了看法。温家宝指出，朝鲜半岛局势复杂敏感，原因是半岛仍未摆脱冷战状态，主要当事方长期敌对，严重互不信任。解决有关问题需要各方保持耐心，发挥智慧，坚持通过对话与协商克服困难与分歧。实现朝鲜半岛无核化仍然是东北亚安全中最突出的问题，中韩两国应继续密切配合，敦促有关方面坚持六方会谈共同声明精神，从长远和大局出发，保持冷静和克制，显示出灵活，争取六方会谈尽早复会。中方愿与韩方共同努力，为最终实现半岛无核化和维护东北亚的和平与稳定作出贡献。

在会见阮晋勇时，温家宝表示，中越关系发展势头很好，双方就深化新时期中越关系达成许多重要共识。下一步双方要抓紧研究成立高层次跨部门双边关系委员会，统筹规划和全面推进各领域合作；采取措施不断提高两国经贸合作水平，尽早商签双边经贸合作框架协议，加快落实好大项目合作；本着互谅互让精神，早日完成两国陆地边界勘界工作；认真履行中越菲南海三方合作协议，积极商谈南海双边共同开发。

第五届世界水大会在北京召开

会议以"可持续水管理"为主题，围绕水资源和流域综合管理、城市水管理策略、饮用水处理、污水再生利用、给排水运营、健康与环境等议题进行讨论，展示了水处理的先进技术和设备。国务院副总理曾培炎出席开幕式并致辞。

曾培炎指出，中国是世界上人均水资源占有量相对较低的国家，当前和今后一个时期，工业化、城镇化正处于快速发展时期，人民生活和社会生产对水的需求日益增长。要坚持以人为本、促进全面协调可持续发展，依靠科技进步，完善体制机制，开发与节约并重、节约优先，进一步加大水资源节约和水环境保护的力度。

一是全面推进节约用水。加强水资源的规划管理，依据水资源的条件调整和优化产业结构，大力推广节水灌溉、旱作农业技术，强制推行使用节水设备和器具，扩大再生水利用。力争在5年内，使单位工业增加值用水量降低30%，农业灌溉用水有效利用系数从45%提高到50%。

二是着力解决城乡居民饮水安全问题。目前，中国农村还有1/3左右的人口饮水不安全。今后5年，进一步实施农村饮水安全工程，重点解决饮用水高氟、高砷、苦咸、污染等水质不达标问题。科学划定饮用水源保护区，强化城镇供水水质监测和管理，建立健全饮用水安全应急保障体系。

三是切实加强水污染防治。严格控制污染物排放总量，力争5年内使COD排放总量减少10%或者更多。继续推进重点流域、区域水污染治理工程，全面开征污水处理费，到2010年使城市污水处理率不低于70%。积极防治农村面源污染。特别是要加强对重点企业存在的环境隐患的排查和整改，防范水环境安全事故。

四是深化水务领域体制改革。进一步推进供排水等市政公用事业的改革，完善相关政策，引入竞争机制，鼓励社会资本参与城乡供水、污水处理、中水回用等设施的建设和运营。健全管理体制，完善法规体系，建立能够体现水资源紧缺程度和用水全部成本的水价机制。

五是进一步扩大水务领域对外合作。继续鼓励境外资本以多种方式，投资国内节水设施、污水处理、再生水利用等领域的开发建设。鼓励国内企业引进先进水处理技术、管理经验和高素质人才。

开幕式前，曾培炎还参观了水技术展示与设备展览。世界水大会首次在亚洲举办。本届世界水大会由中国建设部和国际水协共同主办，来自国内外的政府官员、专家学者、企业代表共3000多人参加了会议。

2006年中国企业高峰会在北京开幕

企业高峰会主题是"着力创新，持续发展：中国的创新之路"。国务院副总理曾培炎出席并致辞。

曾培炎指出，改革开放以来，中国的快速发展之路，就是一条创新之路。在新的发展阶段，中国将按照立足科学发展、着力自主创新、完善体制机制、促进社会和谐的要求，进一步转变发展观念，创新发展模式，提高发展质量，走有中国特色的创新之路，促进经济社会全面协调可持续发展。

曾培炎说，改革开放以来，中国经济发展之所以能保持良好态势，得益于我们从本国实际出发，对发展思路作出了一系列创新。进入新世纪，中国跨入全面建设小康社会、加快推进社会主义现代化的新的发展阶段。我们既面临着难得的发展机遇，也面对着严峻的挑战。科学发展观的提出，是对发展理念的重大创新，也是中国推进社会主义现代化需要长期坚持的重要指导思想。

曾培炎说，中国将进一步转变发展观念，创新发展模式。我们将更加重视转变增长方式和调整产业结构，更加重视城乡和区域协调发展，更加重视节约资源和保护环境，更加重视社会发展和人民生活，加快建立资源节约型、环境友好型社会，切实走新型工业化道路，促进节约发展、清洁发展、安全发展，实现可持续发展。

曾培炎指出，依靠创新实现科学发展，是中国在新的发展阶段上继续推进现代化的必然选择。他说，中国将加快科技进步，推动技术创新。今后五年，我们将按照自主创新、重点跨越、支撑发展、引领未来的方针，以提高国家竞争力为核心，力求在关键领域、核心技术上取得重大突破。中国将大力发展能源资源和环境保护技术、装备制造业和信息产业核心技术、生物技术、空天和海洋技术，加强基础科学和前沿技术研究。实施一批重大科技专项，包括微电子、软件、无线移动通信、数控机床、油气开采、核电站、制药、大型飞机、载人航天与探月等。建立以企业为主体、产学研相结合的技术创新体系。健全知识产权保护体系，加大知识产权保护执法力度。

曾培炎说，中国将深化体制改革，加快制度创新，为科学发展提供体制保障。我们将重点加强行政管理体制改革，提高各级政府的行政能力、办事效率和公共服务水平；加快企业改革，完善现代企业制度和现代产权制度；推进现代市场体系建设，健全全国统一开放市场，建立反映市场供求状况、资源稀缺程度和环境治理成本的价格形成机制；深化财税、金融、投资等改革，健全宏观调控体系，完善社会保障制度，通过不断推进改革，逐步形成比较完善的社会主义市场经济体制。

曾培炎说，中国将坚持对外开放，增强创新活力。我们将加快转变外贸增长方式，提高利用外资质量，支持有条件的企业“走出去”到境外投资。着重引进先进技术、管理经验和高素质人才，鼓励中外企业共同研发、共享收益，长期合作。中国实施互利共赢的对外开放战略，愿与世界其他国家一起，推进贸易与投资自由化便利化，妥善处理贸易争端，不断减少技术壁垒，按照优势互补、平等相待、互利互惠的原则，在相互开放中实现共同发展。

本次高峰会由中国企业联合会和世界经济论坛主办。400多位来自世界各国的企业家、专家学者、政府官员参加了开幕式。

《外国通讯社在中国境内发布新闻信息管理办法》发布

为规范外国通讯社在中国境内发布新闻信息和国内用户订用外国通讯社新闻信息，促进新闻信息健康、有序传播，新华通讯社根据国家法律、行政法规和国务院有关规定，制定了《外国通讯社在中国境内发布新闻信息管理办法》(以下简称《办法》)，并从发布之日起施行。

新华社作为国家通讯社，是对外国通讯社在中国境内发布新闻信息实行统一管理的法定授权机构。根据《国务院对确需保留的行政审批项目设定行政许可的决定》，外国通讯社在中国境内发布新闻信息，应当经新华通讯社批准，并由新华通讯社指定的机构代理。外国通讯社不得在中国境内直接发展新闻信息用户。

共22条的《办法》还对在中国境内发布新闻信息的外国通讯社资质要求、发布新闻信息的条件、申请程序以及新闻信息的代理和订用作了详细规定。1996年4月15日新华社发布的《外国通讯社及其所属信息机构在中国境内发布经济信息的管理办法》同时废止。

中美海军首次在太平洋举行通信和机动演练

中国出访舰艇113号(“青岛”号)导弹驱逐舰与美国海军太平洋舰队93号(“钟云”号)导弹驱逐舰在夏威夷附近海域成功地举行了长达5个小时的海上通信和机动演练。这是中美海军首次举行海上通信和机动联合演练。

演练由双方交替指挥，先后演练了多种方式的通信操演、多种队形的海上联合编队组成等内容。演习中，中美双方互派两名观察员登舰观摩对方演练指挥程序，并对演练情况进行评估。

此次演练是中国出访舰艇编队结束对夏威夷访问后进行的。上午10时，中国海军舰艇编队结束对夏威夷的访问，驶离珍珠港，前往美国本土圣迭戈继续访问。

中国导演贾樟柯执导的影片《三峡好人》在第六十三届威尼斯电影节上获得最高奖项——金狮奖

9月11日

国务院总理温家宝在赫尔辛基分别会见出席第六届亚欧首脑会议的部分外国领导人

在会见拉脱维亚总统维基耶—弗赖贝加时，温家宝表示，中拉建交以来，两国关系日趋成熟。在良好政治关系的带动下，中拉经贸、文化、科技等领域合作不断加深。今年是中拉建交15周年，我们愿以此为契机，对中拉关系的长远发展进行规划，推动两国关系不断向前发展。双方应增进政治互信，进一步加强两国政府、立法机构和政党间交流与磋商；深化双边经贸合作，开展交通运输合作，鼓励两国运输企业加强交流；扩大人员交流，支持双方文化团组互访，鼓励两国高校开展校际交流。

在会见波兰总理卡钦斯基时，温家宝说，在双边良好政治关系的推动下，中波经贸、文化、科技等诸多领域合作不断加深，中波已互为在亚洲和中东欧最大贸易伙伴。中方愿同波方共同努力，不断深化友好合作伙伴关系。他表示，波兰是欧盟和亚欧会议成员国，我们愿与波方加强协调、配合，推动中欧全面战略伙伴关系和亚欧新型全面伙伴关系的发展。

在会见荷兰首相巴尔克嫩德时，温家宝表示，中荷关系不断取得可喜进展，各领域合作成果显著。荷兰政府即将出台对华政策文件，强调一个中国政策是两国关系的基石，中国的发展对荷兰是机遇，而不是威胁，荷兰今后将致力于与中国建立新型伙伴关系，着重在政治、经贸、可持续发展和社会等领域开展对华合作，我们对此高度赞赏。希望双方保持高层往来和各级人员交往势头，就能源安全、防扩散、非洲发展等问题进行磋商，加强在环保、农业、电子信息、生物、金融服务、交通运输等方面合作。

在会见丹麦首相拉斯穆森时，温家宝表示，当前，中丹关系发展顺利，各领域的交流与合作富有成果。为进一步促进两国关系的全面发展，双方应加强政治对话和磋商，密切在国际和地区事务中的沟通与协调；挖掘经贸合作潜力，特别是加大双向投资力度；提高在科技、环保、农牧业、能源、生物技术等领域的合作水平；扩大文化交流和人员交往，增进相互了解与友谊；推动中欧和亚欧合作，促进世界的和平与繁荣。

在会见斯洛文尼亚总理扬沙时，温家宝说，中斯建交14年来，两国关系保持积极发展势头，集中体现在政治互信不断加强，经贸关系持续发展，文化、教育交流不断扩大。中斯两国在历史、文化、发展水平等方面存在一些差异，但两国都尊重对方根据本国国情所选择的发展道路，积极致力于双边关系发展。我们愿与斯方共同努力，不断深化各领域的合作。斯将出任2008年上半年欧盟轮值主席国，希望斯方为不断深化中欧全面战略伙伴关系发挥积极作用。

在会见斯洛伐克总理菲乔时，温家宝对中斯关系的良好发展给予积极评价，强调两国在政治上不存在任何障碍，保持和发展双边关系是两国人民的共同愿望，符合两国的根本利益。中方重视两国经贸合作，将继续努力扩大自斯进口，鼓励和支持中国有实力的企业赴斯投资，也欢迎斯洛伐克企业努力开拓中国市场。

在会见西班牙首相萨帕特罗时，温家宝说，中西关系有着良好的基础，两国建立的全面战略伙伴关系是这一关系的集中体现。中西关系将继续在中国对外关系中占据重要地位。中方愿与西方扩大在各领域的交流与合作，为此，建议两国进一步密切高层往来和各级别人员交流，不断巩固两国关系的政治基础；继续调整和优化贸易结构，增加相互投资，拓展高新技术领域的合作；加强文化交流，办好明年“西班牙文化年”在华活动，希望塞万提斯学院北京分院和中国即将在西建设的孔子学院，成为促进中西文化交流和两国人民友谊的平台。

在会见葡萄牙总理苏格拉底时，温家宝说，去年中葡两国建立中葡全面战略伙伴关系，两国关系进入新的发展阶段。中国政府高度重视发展同葡萄牙的关系，愿同葡方一道，继续保持两国高层交往势头，扩大贸易规模和双向投资，拓展中小企业合作，加强文化交流和语言教学合作，密切在联合国、亚欧会议等国际多边组织中的战略磋商与协作。

国务院总理温家宝在第六届亚欧首脑会议上阐述中国政府立场并在闭幕式上致辞

9月10日至11日，第六届亚欧首脑会议在赫尔辛基举行。与会领导人就加强多边主义和应对安全威胁、地区形势及热点问题、文化与文明对话、可持续发展的环境与能源安全、全球化和竞争力及亚欧会议未来发展等议题进行了讨论。国务院总理温家宝在会上就以上议题阐述了中国政府的立场。

关于加强多边主义和应对安全威胁，温家宝指出，为促进世界和平与繁荣，世界各国需要在以下几方面作出共同努力：一是要增强联合国应对新威胁新挑战的能力。二是要落实千年发展目标，消除全球安全威胁隐患。三是要坚持通过对话和谈判解决国际争端，反对任意使用武力或以武力相威胁。四是要深化反恐合作，综合治理，标本兼治，反对搞双重标准。五是要维护现有防扩散多边条约的权威性和有效性，制定全面的防扩散出口管制体系和加强执法的措施。六是要开展传染性疾病防控合作，有效应对禽流感等非传统威胁。

关于地区形势及热点问题，温家宝着重就朝鲜半岛和伊朗核问题及中东局势阐述了看法。他强调，当前，朝鲜半岛局势仍然是东北亚安全中最突出的问题。当务之急是全力促使六方会谈尽早复会。希望各方从长远和大局出发，保持冷静和克制，坚持通过对话缩小分歧，增进互信，维护半岛及东北亚地区的和平与稳定。通过外交谈判解决伊核问题是最佳选择。伊朗应重视国际社会关切，采取建设性措施，有关各方要继续保持耐心，体现灵活，争取会谈早日恢复。巴勒斯坦问题是中东问题的核心，中东问题有关各方应在联合国有关决议和“土地换和平”原则基础上，通过政治谈判解决彼此争端，早日实现以色列与巴勒斯坦及其他阿拉伯国家之间的和平共处。

关于文化与文明对话，温家宝指出，世界文化和文明的多样性，不仅过去存在，现在存在，将来也会长期存在。科学、民主、法制、自由、人权，是人类在漫长的历史进程中共同追求的价值观和共同创造的文明成果。只是在不同的历史阶段、不同的国家，它的实现形式和途径各不相同，没有统一的模式。这种世界文明的多样性是不以人的主观意志为转移的客观存在。正是这种多样文化的融合促进了人类的进步。中国有着数千年的古老文化，包含着“和而不同”的哲学思想，以人为本的民本思想，尊师重教的教育思想，“己所不欲、勿施于人”的伦理道德。当今世界因文化、宗教差异而导致的冲突时有发生。中国有句古话，“和实生物，同则不继”。我们应以平等作为交融的前提和基础，开展创造性的对话，共同创造和谐多彩的人类文化。中国将于明年主办第三届亚欧会议不同信仰间对话会议，与各国本着“和谐”的精神，共同推动构建和平、和睦、和谐的亚欧伙伴关系。

关于可持续发展的能源和气候变化问题，温家宝介绍说，中国人口多，又处在工业化和城镇化加快发展的阶段。因此，能源和环保是中国经济发展过程中遇到的重大问题。中国政府已经认识到，中国必须走以人为本、全面协调、可持续发展的道路。中国是能源生产大国，也是消费大国，节能和环保不仅是中国自己发展的需要，也是对人类的贡献。中国积极参与国际上应对气候变化的有关合作机制，认真履行承诺。中国重视能源节约和提高能源利用效率，并采取综合措施，推广清洁能源，提高能源利用率，发展循环经济，努力建设资源节约型、环境友好型社会。

关于全球化与竞争力，温家宝指出，全球化给亚欧各国带来难得的发展机遇，也带来不少挑战，亚欧应加强协调与合作。一要推动世界经济稳定发展。提高各国经济竞争力和风险防范能力，是全球经济结构调整面临的主要挑战。这就需要各成员妥善处理产业结构调整造成的社会震荡和经济安全等问题，加强对话和宏观政策协调，努力解决全球经济失衡问题。发达国家还应在减债、资金、技术援助等方面帮助发展中国家，增强他们应对全球化冲击的能力。二要继续致力于建立公开、合理、开放的多边贸易体制。主要发达国家应拿出政治意愿，在削减农业补贴和关税减让方面表现出更大的灵活性，为恢复多哈回合谈判创造条件。各成员应通过对话与协商，妥善处理贸易摩擦，全力阻止贸易保护主义，避免贸易问题政治化。三要密切财金对话与合作。各成员应加强财金政策协调和区域货币合作；促进国际资本有序流动，改善投资环境；重视金融人力资源开发，尤其要帮助发展中国家加强能力建设。四要深化亚欧中小企业合作。各成员应加强政府间合作，为中小企业的国际交流提供重点帮助；发挥民间机构的作用，鼓励亚欧工商论坛成为促进中小企业合作的桥梁；健全中小企业社会服务体系，拓宽政府和企业的协商与合作渠道。五要缩小城乡差异。各成员应根据自身特点制定乡村发展综合战略。发达国家应在农业贸易政策等方面采取对发展中国家更为有利的措施，并在粮食安全、减少贫困等问题上向发展中国家提供帮助。

关于亚欧会议未来发展，温家宝指出，当前，新的形势对亚欧首脑会议有了更高的期待，各成员应扩大对话与合作，提升亚欧在处理重大国际问题上的影响力；应尊重各国文化传统、社会制度和发展道路的多样性，取长补短，使世界变得更加和谐和丰富多彩；应积极推进实质性经济合作，促进世界经济的健康稳定发展；应建立有利于开展合作的相关机制，做好后续行动的协调与管理；应加强对外沟通，保持亚欧会议的开放性。

11日下午4时，第六届亚欧首脑会议结束各项议程，举行了闭幕式。会议通过了《第六届亚欧首脑会议主席声明》《第六届亚欧首脑会议关于气候变化的宣言》和《亚欧会议未来发展赫尔辛基宣言》。温家宝总理在闭幕式上致辞。他祝贺本次会议成功并感谢东道国芬兰对会议作出的贡献。他说，在过去的两天里，亚欧领导人总结了亚欧会议10年来的经验与成果，共同勾画出亚欧会议未来发展的蓝图，令人振奋。中国将于2008年10月在北京举办第七届亚欧首脑会议。我期待着与各位领导人共同努力，深化亚欧战略对话，推进务实经贸合作，进一步开展文化交流与文明对话，为巩固和深化亚欧新型伙伴关系作出更大的贡献。

全国政协主席贾庆林在人民大会堂会见韩国国会前议长金守汉

国务院长江三峡三期工程验收委员会在北京召开第一次全体会议

会议审议三期移民工程验收和三峡工程156米水位蓄水前验收报告。国务院副总理、验收委员会主任委员曾培炎主持会议。会议原则同意验收组提出的验收结论，认为三峡水库已具备在今年汛后蓄水至156

米水位运行的条件。

会议指出，三峡工程全面转入三期建设以来，在有关地方、部门的共同努力下，枢纽工程建设顺利推进，大坝全线达到185米设计高程，防洪、发电和航运的综合效益开始显现。移民安置工作稳步进行，累计搬迁安置移民116万人，移民后期扶持政策开始启动，库区经济社会发展呈现良好态势。生态环境保护和水库综合管理得到加强，干流水质总体良好，枢纽工程安全正常运行。

会议认为，这次验收是三峡三期工程的一个重要阶段性验收，其结论为今年汛后三峡工程蓄水至156米运行提供了科学可靠的依据。

曾培炎在会议上强调，当前和今后一段时间，三峡工程建设正处于一个关键阶段，各项工程将面临高位蓄水的考验。他要求，各有关地方和部门要全面落实科学发展观，深入贯彻三峡建委会第十五次会议精神，进一步加强领导，密切配合，高质量、高标准地完成三期建设的各项任务。针对验收中发现的问题，及时采取有效措施加以整改，不留隐患。汛后蓄水方案的实施，要科学调度，统筹考虑防洪、下游用水、航运、发电等各方面的需要，进度服从质量、服从安全。继续搞好三峡枢纽工程建设，加强工程运行监测和水库管理，确保安全生产。进一步做好移民安置工作，加大农村移民后期扶持力度，加快落实城镇移民扶助政策，大力推进库区经济社会发展，确保社会稳定。加快地质灾害防治步伐，加大水污染治理力度，确保人民生命财产安全和水质优良，努力把三峡工程建设成一流工程。

中共中央政治局常委李长春在人民大会堂会见日本著名作家 诺贝尔文学奖获得者大江健三郎

李长春对大江健三郎访华表示欢迎。他说，大江先生是中国人民的老朋友，在上个世纪60年代随日本文学家代表团访华时，就受到了毛泽东主席、周恩来总理、陈毅副总理等老一辈领导人的接见。长期以来，大江先生在反对复活日本军国主义，积极主张和促进和平，增进中日两国文化交流和中日友好事业方面，作出了不懈的努力。

李长春强调，中日两国人民要以史为鉴，面向未来，在相互尊重的基础上友好相处，携起手来共同维护地区和世界和平。这既是两国人民的最大愿望，也是两国人民的最大利益。

全国政协副主席、中国社会科学院院长陈奎元，中国社会科学院副院长江蓝生会见时在座。

大江健三郎此次是应中国社会科学院邀请，于9月8日至15日访问中国。他还将专程前往南京，参观南京大屠杀纪念馆，与历史研究者座谈；并出席中国社科院外国文学研究所组织的大江健三郎文学作品学术研讨会。

国防部部长曹刚川在布加勒斯特与罗马尼亚国防部部长特奥多尔·阿塔纳休举行正式会谈

9月12日

国家主席胡锦涛在人民大会堂与马尔代夫总统加尧姆举行会谈

胡锦涛表示，为了把新世纪的中马友好合作关系提高到新的水平，两国领导人可通过多种方式及时就共同关心的重大问题交换意见。加强各级别、各部门的对话与交流，进一步增进政治互信。双方可充分发挥互补优势，扩大基础设施建设、工程承包、渔业等领域的合作，积极探讨合作的新途径、新方式，推动两国经贸合作深入发展。双方还可进一步加强旅游、文教、青年等领域的交流与合作，鼓励两国民间更多地往来。在彼此关切的重大问题上，继续保持沟通，加强配合，相互支持。中方认为，国际社会应关注中小国家的利益和安全，以实际行动帮助小岛屿发展中国家发展经济，提高应对各种灾害的能力，实现可持续发展。

会谈后，两国元首出席了中马经济技术合作协定等合作文件的签字仪式。

全国人大常委会委员长吴邦国在人民大会堂会见马尔代夫总统加尧姆

国务院总理温家宝在赫尔辛基会见芬兰总统哈洛宁

国务院总理温家宝在赫尔辛基与芬兰总理万哈宁举行会谈

双方就双边关系和其他共同关心的问题深入交换了看法，重点探讨了如何在新形势下进一步推动中芬在双边和多边领域的交流与合作。

温家宝表示，芬兰是一个独立自主、珍视和平的国家，长期以来奉行积极的对华友好政策，中芬两国已成为相互尊重、彼此信赖的好朋友。近年来，中芬关系保持了良好的发展势头，两国在政治、经贸等领域的合作不断取得新的进展。中方对中芬关系的发展前景充满信心。

为不断扩大和深化中芬双边互利合作，温家宝提出：第一，密切高层往来与政治对话。在开展政府间交往的同时，加强议会、政党、学术研究等部门的交流。保持在中欧和亚欧会议框架内的合作与协调，及时就重大国际事务进行沟通与磋商。第二，扩大贸易、增加相互投资。中方欢迎更多芬兰企业到中国投资兴业,也鼓励和支持中国企业进入芬兰市场。发挥各自优势,扩大在可持续发展、社会保障等方面的合作。第三,深化科技合作,促进科研机构在前沿学科和高层次人才培训等方面的合作。第四,加强在节能、环保等方面的经验交流。

会谈后,双方签署了经贸、教育、通信等合作文件。温家宝和万哈宁出席了签字仪式。

国务院总理温家宝在赫尔辛基举行的2006年中欧工商峰会上发表题为《坚持互利共赢 加强合作创新》的演讲

尊敬的万哈宁总理,

女士们,先生们:

我很高兴在美丽的赫尔辛基出席2006年中欧工商峰会。首先感谢会议组织者的热情邀请和精心安排。今天,近500名中欧工商界人士相聚在这里,共商双方经济技术合作大计,这是中欧全面战略伙伴关系深入发展的生动写照。

在座各位非常关心中国的经济发展特别是中国的市场前景,我愿简要作一介绍,并就进一步加强双方经贸合作谈一些看法。

中国实行改革开放28年来,国民经济实现了年均9.6%的高增长,去年国内生产总值达到2.23万亿美元,居世界第四位。今年上半年,中国经济继续保持平稳快速增长势头,国内生产总值同比增长10.9%。伴随经济的持续快速增长,国内外贸易不断扩大,市场的规模和层次都发生根本改观。2005年,进出口总额达到1.42万亿美元,居世界第三位。中国市场蕴藏着巨大潜力和活力。

中国市场是日益开放的市场。实行对外开放是我国坚定不移的基本国策。加入世贸组织以来,中国信守承诺,不断扩大市场开放,取消了所有非关税措施,工业品关税水平降到9.9%,如果考虑加工贸易,平均关税水平还不到5%,比一些发达国家还低。在服务贸易领域,已经开放了旅游、电信、运输、会计、审计、法律等行业,银行业今年年底也将全面开放。我们还放宽了中西部地区外商投资的股比和行业限制,有些领域已超过入世承诺提前开放。在WTO的160多个服务行业中,目前中国已开放了100多个,接近发达国家的开放水平。

中国市场是潜力巨大的市场。依靠内需拉动经济增长,是中国长期的战略方针。中国有13亿多人口,又处在工业化、城市化和现代化加快发展的重要时期,随着城乡居民收入增加和消费结构升级,市场需求巨大。住房、汽车、电子通讯、旅游和教育逐渐成为城乡家庭消费的热点。据预测,到2010年中国汽车需求将超过900万辆、移动电话用户将突破6亿。

中国市场是合作共赢的市场。中国既是出口大国,又是进口大国。中国通过对外经贸合作,得到了自身需要的资金、技术和管理经验,推动了经济结构调整。外国投资者也在合作中获得了丰厚利润。1990—2005年,在华外资企业汇出利润达2800多亿美元。欧盟的投资者进入中国市场后,在全球竞争中赢得了有利的战略地位。中国已是空客飞机在亚洲的最大市场,也是诺基亚在全球最大的手机市场。法国进入中国核电市场已有20年的历史,多家英资银行入股中国商业银行。2005年飞利浦中国公司、西门子中国公司销售额,分别占其全球份额的10%和7%。中欧在科技、文化、旅游等领域合作也硕果累累。

中国市场是日益规范的市场。我们恪守加入世贸组织的承诺,对涉外法律、法规进行了全面清理。新《外贸法》已实施两年,与外资管理有关的法律也与世贸组织规则相一致。目前90%以上的产品价格完全由市场决定。随着中国经济市场化程度的不断提高,各类要素市场日臻健全,市场中介组织逐步完善,市场竞争秩序进一步规范,为国内外企业开展公平竞争提供了制度保障。

中国经济的持续发展和市场规模的不断扩大,不仅造福中国人民,也给各国企业家带来巨大商机。中国的发展对世界是机遇和贡献,而不是挑战,更不是威胁。

女士们,先生们:

经过30多年的发展,中欧关系特别是经贸关系更加成熟,合作领域不断扩大。欧盟已成为中国最大贸易伙伴、第一大技术来源地和第四大外资来源地。中国则是欧盟第二大贸易伙伴。2003年双边贸易额突破1000亿美元,2005年达到2173亿美元,短短两年就翻了一番。今年1—7月达到1435亿美元,比去年同期增长21.1%。截至今年6月底,欧盟在华设立企业超过2.4万家,实际投资突破500亿美元。互利共赢的中欧经贸关系,不仅给双方人民带来了实实在在的经济利益,而且成为中欧关系发展的坚实基础和强大动力。

随着中欧经贸合作范围和规模不断扩大,双方在某些问题上存在分歧、误解乃至摩擦是难免的。解决这些矛盾,需要不断加深相互间的信任和了解。下面,我想就企业界朋友关心的几个问题谈一些看法。

一是关于中欧贸易不平衡。据欧方统计,2005年欧盟在对华贸易中有1316亿美元逆差。造成逆差的原因是多方面的。在欧中贸易逆差中,有95%是加工贸易、81%是外资企业造成的。由于国际产业转移,国际贸易的流向发生了重大变化。单纯以现行原产地规则统计中国对欧盟贸易的顺差，并不能全面反映真实的贸易利益和贸易平衡状况。中国实行进出口基本平衡的方针，并不刻意追求顺差。目前中国总体顺差仅占 GDP 的 4.6%，明显低于德国、挪威、荷兰和爱尔兰等欧洲国家。今后，我国将尽可能扩大从欧盟的进口，也希望欧方放松对华出口高科技产品和军民两用产品的限制，共同促进双边贸易平衡。

二是关于知识产权保护。保护知识产权既是履行国际义务的需要，更是中国自身发展和提高自主创新能力的需要。中国对保护知识产权的态度是明确的，决心是坚定的。中国制定了《著作权法》《专利法》《商标法》等知识产权法律，加入了主要知识产权保护国际公约，同包括欧盟成员国在内的许多国家签订了保护知识产权的双边协议，建立了对话机制。国务院还成立了国家知识产权保护小组，在全国建立了 50 个知识产权投诉中心，完善机制和强化执法，降低了侵犯知识产权刑事处罚门槛，加大了打击知识产权犯罪的力度。我们希望通过深化“中欧知识产权对话机制”，加强与欧盟的合作。我们也不赞成滥用知识产权协议和规则实施技术垄断的做法。人类的知识应该更好地造福人类。

三是关于能源消耗。中国能源战略的基本方针是，坚持立足国内，节约与开发并重、把节约放在首位。我们将依靠科技进步和走新型工业化道路，来化解能源供求矛盾。中国既是能源消费大国，又是能源生产大国。上个世纪 90 年代以来，中国能源总供给率始终保持在 90% 以上。中国煤炭资源丰富，2/3 的水电资源尚未开发，核能、风能、太阳能、沼气等可再生能源利用刚刚起步。我们将在节约能源上采取更加有力的措施。今后五年，我国将实现单位国内生产总值能源消耗下降 20%。这个目标任务很艰巨，但我们有决心完成。中国一定能够走出一条可持续发展的新路子。同时，我们也积极寻求国际合作，共同维护全球能源安全。

四是关于贸易摩擦。近年来，中欧贸易摩擦有所增加，但中欧贸易的主流是健康的、规范的。中国既是贸易顺差大国，又是贸易逆差大国，保持良好的贸易环境符合贸易双方的共同利益。贸易摩擦是难免的，解决这一问题的原则应该是相互尊重，平等协商，既考虑自身利益，也照顾对方关切，不使贸易问题政治化。我们在处理纺织品贸易等双边经贸摩擦中，已积累了不少互利共赢的经验。只要我们从合作大局出发，坚持协商对话，互尊互信，求同存异，中欧经贸合作的航船就一定能够破浪前进。

女士们，先生们：

本次峰会以“创新、合作、新起点”为主题，这是很有意义的。中欧经济互补性很强，合作空间广阔，双方经贸合作正站在新的起跑线上。应进一步扩大合作领域，创新合作模式，提高合作层次，推动经贸关系迈向新的高峰。为此，我愿意提出几点建议：

第一，拓展各类技术合作。中国的现代化建设要依靠科技，我们鼓励自主创新，同时也鼓励扩大技术引进和加强国际合作。欧洲在信息、生物医药、机械、汽车、电器、化学和能源等领域技术优势明显，可以在中国找到广阔的发展天地。双方要寻求新的合作领域、项目和方式，开展多种形式、多层次的科技合作。

第二，加强能源和环保合作。中国正在建设资源节约型和环境友好型社会，对新能源和环保产品的需求越来越大。欧盟在垃圾处理、建筑节能、环境管理以及风能、太阳能、核能、生物能等可再生能源领域居世界领先地位，在中国市场上可以大有作为。希望双方加强节能和环保合作。

第三，深化农业和服务业合作。中国正在推进新农村建设。欧洲农业技术先进，在温室技术、农业产业化等方面都值得中国学习。中欧可以在乡村发展、农村扶贫、农业生态、农产品质量、动物卫生等领域开展深层次合作。中国服务业发展前景广阔，服务贸易领域扩大对外开放。欧盟国家现代服务业优势突出，双方在服务领域合作有很大潜力。

第四，推动中小企业合作。欧盟是中小企业的“王国”。中欧中小企业在资金、技术、企业模式和管理等方面具有很强的互补性。中国政府出台了一系列扶持中小企业的政策，不少地方政府还专门开辟了欧洲中小企业工业园。希望双方中小企业充分利用现有平台，在技术转让、市场共享、加工贸易、人力资源等方面扩大合作。

女士们，先生们：

中欧都有悠久的历史、灿烂的文明，中欧人民的友谊源远流长。在新世纪的舞台上，中欧人民完全可以用自己的勤劳和智慧创造出更加辉煌的未来。让我们携起手来，为把中欧经贸合作提高到一个更高的水平而努力。

谢谢大家！

国务院副总理回良玉在山东考察

9 月 12 日至 17 日，国务院副总理回良玉在山东考察农业和农村工作时强调，建设现代农业，是实现粮食稳定发展、农民持续增收的重要途径，是推进社会主义新农村建设的首要任务。我们要全面落实科学发展观，大力加强现代农业建设，着力转变农业增长方式，积极拓展农业的多种功能，不断提高农业综合生产能力，切实增强农产品竞争力，着力夯实新农村建设的物质基础。

考察期间，回良玉先后深入到莱阳、栖霞、蓬莱、长岛、文登、荣成等地，考察了现代农业示范基地、农业高新技术园区、产业化龙头企业、农产品出口基地和新农村建设示范点。他指出，近年来山东省围绕农业增效、粮食增产、农民增收，立足资源优势、区位优势，面向国内外市场，发展特色优势农产品，培育壮大支柱产业，农业结构调整成效显著，现代农业建设迈出重要步伐，新农村建设有了良好开端。

回良玉强调，推进工业化、城镇化，必须同步推进农业现代化；推进新农村建设，必须优先发展现代农业。要贯彻“工业反哺农业、城市支持农村”的方针，稳定完善强化惠农政策，加大农业投入力度，健全农业支持保护体系。要突出地方特色，优化农业结构，发展高产优质高效生态安全农业，推进农业区域化布局、专业化生产和标准化管理。要改善农业生产条件，加强农田水利、耕地质量和生态建设，积极推进农业机械化，科学合理使用投入品，提高农业综合生产能力。要强化农业科技支撑，健全国家新型农业科技创新体系和基层农业技术推广体系，提高农业科技贡献率、资源利用率、土地产出率和劳动生产率。要创新农业发展机制，健全农业社会化服务体系，发展农业产业化经营和农民专业合作组织，提高农业集约化、规模化和现代化水平。要培育新型农民，加强农村义务教育和职业教育，开展农业科技和实用技能培训，提高农民整体素质。

回良玉指出，“秋分”将至，秋粮收获在即，秋冬种也将展开。各地区、各部门要强化工作指导和技术服务，搞好后期田间管理，组织好秋粮收获，力争丰产丰收。要做好启动中晚稻最低收购价执行预案的各项准备，正确引导市场粮价走势，稳定市场粮价。要及早安排好秋冬种生产，推广先进实用技术，发挥农业机械作用，加强农资市场管理，保障农资供应，种足种好秋播作物，为夺取明年夏粮丰收奠定基础。

国务院副总理曾培炎在广东考察

9月12日至14日，中共中央政治局委员、国务院副总理曾培炎在广东考察时强调，广东有基础、有条件在现代化建设中继续走在前列，要全面贯彻落实科学发展观，加快推动技术创新和体制创新，大力促进产业结构优化升级，突出加强资源节约与环境保护，促进经济社会切实转入全面协调可持续发展的轨道。

曾培炎在中共中央政治局委员、广东省省委书记张德江、广东省省长黄华华等陪同下，先后考察了广东东莞的宏威数码机械有限公司、高能实业有限公司，肇庆的风华高科技股份有限公司、星湖生物科技有限公司、南方电网肇庆换流站，佛山的雪莱特光电科技股份有限公司等企业。他指出，广东认真落实中央加强和改善宏观调控的政策措施，控制投资规模，调整投资结构，促进经济平稳较快发展，呈现出速度较快、效益较好、物价较低、活力较强的良好态势。这得益于一批高新技术企业、现代服务企业、中小企业和多种所有制企业的成长壮大。要乘势而上，加强产业政策和发展规划指导，进一步发挥企业主体的作用，着力提高自主创新能力，把产业结构提高到一个新水平。引导企业抓住市场机遇，选准发展方向，加大研发力度，培育优势产品，不断增强市场竞争力。支持企业适应发展需要，加强经营管理，建立现代企业制度，努力提高发展质量和水平。政府要改善服务，加强监管。

在考察有关城乡建设情况和企业单位时，曾培炎说，今年上半年广东单位生产总值能耗、主要污染物排放量都在下降，值得充分肯定。要巩固成果，把节约与环保作为一项重要而紧迫的任务，持之以恒地深入推进。落实国务院关于加强土地调控决定精神，调整利益机制，建立责任制度，严格土地执法，把十分宝贵的土地管好用好。继续加强电网建设，加大重点领域节能改造，不断提高能源利用效率。进一步加强环保和市政设施建设，加大公共服务和社会事业管理工作力度，不断改善城乡发展环境。高度重视城市拆迁、土地征用、环境保护、企业改制、安全生产等关系群众切身利益的问题，采取措施加以解决，促进广东经济社会发展再上新台阶。

亚洲审计组织第十届大会在上海开幕

国务院总理温家宝为大会发来贺信。

温家宝在贺信中说，审计是国家监督财政经济活动的重要手段。加强国家审计监督，对于维护国家财政经济秩序，提高财政资金使用效益，促进民主法制建设和廉政建设，保障国民经济和社会健康发展都有着重要的、不可替代的作用。随着我国经济和社会的快速发展、社会主义市场经济体制的逐步建立和完善，审计工作的重要性日益突出。因此，召开这次大会对研究和交流审计工作的经验是十分必要的。

温家宝表示，中国十分重视审计工作。《中华人民共和国宪法》对审计监督制度作了明确规定。今年2月全国人大常委会审议通过了重新修订后的《中华人民共和国审计法》，已于6月1日起颁布施行。新的审计法有助于规范审计行为，明确审计权限；有助于使审计工作更好地适应国家的经济和社会发展，实现审计的现代化；也有助于加强审计监督，完善财政预算编制、执行的制衡机制。

来自亚洲审计组织的40个成员国以及世界审计

组织国际政府审计杂志、美国、英国、世界审计组织秘书处等国家、地区和国际审计组织的近200名代表和观察员参加了本次大会,这是亚洲审计组织成立以来规模最大的一次盛会。中国审计署审计长李金华出席大会并致开幕词。

全国人大常委会副委员长何鲁丽在人民大会堂会见联合国艾滋病规划署执行主任皮奥特

中国队列世界残疾人田径锦标赛金牌榜首位

世界残疾人田径锦标赛在荷兰阿森落幕,中国代表团取得了22金12银21铜的战绩,并打破6项世界纪录,列金牌榜首位。

9月13日

国务院总理温家宝与英国首相布莱尔在伦敦唐宁街10号首相府举行会谈

双方就中英关系和共同关心的重大国际问题交换了意见并达成广泛共识。双方同意从战略高度和长远角度加强两国合作,推动中英全面战略伙伴关系取得新的发展。

双方积极评价双边关系的发展。双方认为中英建立全面战略伙伴关系以来,双边关系得到了全方位的发展。双方对两国首轮战略对话、经贸关系和在重大国际和地区问题上的良好沟通与协调表示满意,一致认为,中英是国际上有重要影响的国家,两国合作的范围广、潜力大,进一步密切彼此合作,符合双方的共同利益。

双方同意保持高层交往的良好势头,开展好两国总理年度会晤机制,及时就涉及两国关系的重要事宜交换看法,继续做好双边关系互动小组的工作。

双方同意努力提高经贸合作水平,增加相互投资,支持中小企业开展合作。

双方同意通过启动可持续发展高级别对话机制,加强在能源安全、气候变化、环保和可持续发展领域的合作,推进中、英、欧盟三方在近零排放发电技术等领域的合作。

双方同意扩大教育、文化、青年交流和在举办奥运会方面的合作。

双方还就国际问题交换了意见。关于中东问题,双方认为,中东问题的核心是巴勒斯坦问题,愿共同努力推动中东和平进程。双方表示,在伊朗核问题上,中英之间有很多共同点,需要协调立场,以最佳方式解决这一问题。双方表示应通过外交谈判和平解决朝鲜半岛核问题,英方支持中国在解决朝鲜半岛核问题上所发挥的重要作用。

双方主张就气候变化问题达成一个新的包括所有发达国家在内的国际性协议,加强技术转让和资金支持。

会谈后,双方签署了关于成立中英能源工作组、中英气候变化工作组谅解备忘录等合作文件。温家宝和布莱尔出席了签字仪式,并随后共同会见了记者。

同日,温家宝还会见了英国财政大臣布朗。

国务院总理温家宝在伦敦会见英国副首相普雷斯科特及英国对华关系小组成员

温家宝表示,中英两国确立的贸易与投资、财政金融、能源、科学技术、教育文化、环保和可持续发展、卫生、奥运会等8个重点领域的合作全面开展,进展顺利。中英双边关系互动小组成立近3年来,为两国关系的发展,特别是双方各领域合作的不断深化作出了重要贡献。我们高度评价他们的工作。

温家宝表示,中方对英方提出的加强可持续发展合作和大学间合作持积极态度。他指出,双方应进一步开拓思路,不断挖掘两国新的合作潜力,加强在气候变化、能源安全、可持续发展和环保等重要议题上的对话,充实对话和合作内容,使两国合作更富成果。

国务院总理温家宝在德国汉堡举行的中欧论坛第二次会议开幕式上发表题为《开创中欧关系合作、共赢、和谐的新局面》的演讲

尊敬的格洛斯部长,
尊敬的冯·伯斯特市长,
尊敬的施密特前总理,
尊敬的德莱尔主席,
女士们、先生们、朋友们:

我很高兴在金秋时节与大家相聚汉堡,共同出席中欧论坛第二次会议。中欧论坛自创立以来,为加强中欧之间的友谊与合作发挥了重要作用。借此机会,我要向长期致力于中欧友好合作的朋友们表示衷心的感谢!

中欧关系正处在历史上最好的发展时期。中欧领导人建立了年度会晤机制,双方确立了全面战略伙伴关系,正在商签新一代伙伴合作协定,欧盟连续两年成为中国第一大贸易伙伴,中国作为第一个非欧盟国家参与"伽利略"计划。这些例证是中欧之间广泛合作的一个缩影,充分显示出中欧合作的全方位、宽领域、多层次的特点,标志着双边关系已进入健康、稳定的发展阶段。

中欧关系具有坚实的基础,双方在政治上有许多共同的语言,中欧都奉行多边主义,主张国际关系民主化和维护联合国权威。在经济上有很强的互补性，中国经济持续快速增长，市场广阔，劳动力资源丰富；欧盟经济发达，技术先进，资金雄厚。中欧具有悠久的历史和灿烂的文明，都主张维护世界文明多样性，是推动不同文明对话的重要力量。基于共同利益和相互需要，中欧已经并将继续加强合作，以实现政治互信、经济互补、文化互通、共同发展的目标。

4天前，我在赫尔辛基同欧盟领导人就进一步发展中欧全面战略伙伴关系深入交换了意见，并达成许多重要共识。欧洲工商界朋友是中欧友好合作的重要参与者和推动者。如果说中欧关系是大海中航行的巨轮，工商界就是其强劲的引擎。希望大家开足马力，齐心协力，推动这艘巨轮乘风破浪，不断前进！

女士们、先生们：

在这次访问期间，我又一次深切感受到欧洲人民对中国人民的友好情谊和对中国的浓厚兴趣。这使我对中欧关系的未来更加充满信心。为使大家更多地了解中国，在这里我想就人们关注的几个问题作扼要阐述。

一、中国走的是和平发展道路，无论是过去、现在，还是将来都不会对别国构成威胁

中国坚持和平发展道路的精髓，就是争取和平的国际环境来发展自己，又以自己的发展促进世界和平。我们把发展的基点放在主要依靠自己的力量上，主要通过扩大内需来满足人民日益增长的物质文化需求。中国拥有世界上最多的人口，有广袤的土地和比较丰富的资源，有潜力巨大的市场，这些都是中国能够主要依靠自力更生实现发展的重要基础。中国在发展中也遇到能源、资源和环境等制约，但经过多年努力，我们已经找到了一条实现全面协调可持续发展的道路，这就是树立和落实科学发展观，建设资源节约型和环境友好型社会。同时，我们要继续推进经济体制改革和政治体制改革，进一步扩大对外开放，不断消除影响发展的体制障碍，为现代化建设注入强大动力。

在国际事务中，中国将继续奉行独立自主的和平外交政策，严格遵循联合国宪章和公认的国际关系准则，在和平共处五项原则的基础上与世界各国友好相处。我们不以意识形态和社会制度划线，不将自己的价值观强加于人，不干涉别国内政，反对搞霸权主义和强权政治，自己也永远不称霸。中国的国防政策是防御性的，不搞军备竞赛和军事扩张。中国人民曾经饱受外来侵略和欺侮，深知侵略和压迫给一个民族带来的苦难，因此，我们坚持走和平发展道路是真诚的、坚定的。

二、中国是一个负责任的国家，中国人民永远是世界人民可信赖的朋友和可靠的伙伴

中国是国际体系的参与者、维护者和建设者。中国已加入130多个政府间国际组织，签署300多个国际条约。中国坚决反对恐怖主义和大规模杀伤性武器的扩散，积极参与国际反恐合作，制定了全面的防扩散出口管制法律体系。中国坚持与世界各国一道，共同推动国际政治经济秩序朝着公正合理的方向发展。我们主张通过外交手段，和平解决国际争端，反对使用武力或以武力相威胁。在伊朗核问题上，中国反对核武器扩散，主张通过谈判寻求解决分歧。在朝核问题上，中国积极劝和促谈，维护半岛无核化与和平稳定。在中东问题上，中国与国际社会一起，为黎以冲突双方实现停火竭尽努力，呼吁巴以按照联合国有关决议和“土地换和平”的原则，通过政治谈判解决争端，早日实现以色列与巴勒斯坦和阿拉伯国家的和平相处。中国在禽流感、重大自然灾害防治等非传统安全领域也积极开展国际合作。

三、中国实施互利共赢的开放战略，中国的发展将给世界带来更多的机遇

坚持对外开放是中国一项长期的基本国策。1978年以来，中国经济持续快速发展，对世界经济增长的贡献率超过10%，对国际贸易增长的贡献率超过12%。2001年中国加入世界贸易组织后，平均每年进口近5000亿美元的商品，为相关国家和地区创造了约1000万个就业机会。中国价廉物美的商品出口到世界各地，为消费者带来更多选择和实惠，缓解了通货膨胀压力。中国的对外贸易不断扩大，去年全球贸易总额1.4万多亿美元。中国奉行自由贸易政策，坚持平等互利的原则，在对外贸易中不刻意追求顺差，我们希望与贸易伙伴共同努力，在发展中解决贸易不平衡问题。中国一贯主张开展积极的国际合作，推进贸易和投资自由化、便利化，消除各种贸易壁垒；主张各国应进一步开放市场，放开技术出口限制，建立一个公开、公正、合理、透明、开放、非歧视的国际多边贸易体制，促进国际投资。中国还将综合考虑经济发展、金融稳定和企业承受能力，并认真考虑对周边国家、地区及世界经济金融的影响，继续推进人民币汇率形成机制改革，逐步增强汇率浮动弹性。

四、中国主要立足国内解决能源问题，同时积极参与国际能源开发利用的互利合作

中国既是能源消费大国，更是能源生产大国，煤炭资源丰富，2/3的水电资源尚未开发，核电、风力发电、生物质发电刚刚起步，国内能源供应有巨大潜力。我们坚持开源与节流结合、把节约放在首位的方针，努力构筑稳定、经济、清洁的能源供应体系。我们在规划经济发展的同时，确定了到2010年使单位国内生产总值能源消耗比2005年降低20%左右。为保障全球能源安全，我们提出了国际社会应该树立和落实互利合作、

多元发展、协调保障的新能源安全观。中国将适度利用国际能源市场，在平等互惠、互利双赢的原则下加强同包括欧洲在内的各能源生产国和消费国的合作，共同维护全球能源安全。

五、中国高度重视保护知识产权，维护权利人利益

中国保护知识产权的决心是坚定的，保护工作取得了重要进展。我们认为，保护知识产权既是履行国际义务，更是国内发展和提高自主创新能力的需要。保护知识产权就是尊重知识，就是鼓励创新，就是保护生产力。我们一定要使中国的知识产权保护像钢铁一样硬，而不是像豆腐一样软。我们要加快完善相关法律法规，形成符合国际规则、门类比较齐全的保护知识产权法律法规体系，做到有法可依；我们要完善机制和强化执法，实现行政保护和司法保护并行运作、相互补充，严厉打击侵犯知识产权的行为，充分保护知识产权权利人的利益；我们要加强宣传教育，提高全社会的知识产权保护意识；我们还要加强国际交流与合作，促进国际知识产权事业的发展。

六、中国对发展中国家的援助是真诚无私的，将继续为实现联合国千年发展目标作出贡献

尽管中国还不富裕，但作为联合国安理会常任理事国和世界上最大的发展中国家，中国始终把援助发展中国家、帮助它们实现可持续发展作为己任。以发展中国家最为集中的非洲为例，多年来，中国共承担了近900个基础设施和社会公益项目，提供了近1.8万人次的奖学金，派出近1.6万人次的医疗队员。近3年，中国共免除非洲31个国家105亿元人民币债务，对29个最不发达国家190个税目的输华商品给予零关税待遇，培训了约1万名各类人才。中国支持发展中国家的民主政治建设，但决不把自己的意志强加于人，更不会干涉别国内政。我们在对外援助中坚持政府引导、企业主体、市场运作，努力提高优惠贷款的使用效果；按国际规则办事，做到公开、公正、合理和透明；注重公益事业，重点做好农业、医疗卫生、教育、减贫、环保等项目；重视技术合作和人才培养，帮助受援国增强自主发展能力。中国与发展中国家的合作不影响各自与第三方的合作，更不会损害任何国家的利益。

女士们、先生们：

300多年前，德国伟大的学者、被誉为"欧洲百科全书"的莱布尼茨在谈到中国和欧洲两大文明的交流时曾经提出，要"在距离遥远的民族间建设一座相互交流的知识与技能的桥梁，最终走向一个新的和谐"。在300多年后的今天，中国和欧洲同样迫切需要这座桥梁，共同建设一个持久和平、共同繁荣的和谐世界。

让我们携起手来，为开创中欧关系合作、共赢、和谐的新局面而努力！预祝本次论坛圆满成功！

谢谢大家！

全国政协主席贾庆林在人民大会堂会见马尔代夫总统加尧姆

中办国办印发《国家"十一五"时期文化发展规划纲要》

"十一五"时期是全面建设小康社会、加快推进社会主义现代化建设的关键时期，也是文化发展的重要阶段。根据《中华人民共和国国民经济和社会发展第十一个五年规划纲要》(以下简称《纲要》)，编制本《纲要》，确定未来五年文化发展的指导思想、方针原则和目标任务，进一步繁荣发展社会主义文化，推动文化与经济、政治、社会的协调发展。

序　言

文化是国家和民族的灵魂，集中体现了国家和民族的品格。文化的力量，深深熔铸在民族的生命力、创造力和凝聚力之中，是团结人民、推动发展的精神支撑。五千年悠久灿烂的中华文化，为人类文明进步作出了巨大贡献，是中华民族生生不息、国脉传承的精神纽带，是中华民族面临严峻挑战以及各种复杂环境屹立不倒、历经劫难而百折不挠的力量源泉。在开创中华民族美好未来的历史进程中，文化既为经济社会全面协调发展提供强大的精神动力，也是经济社会发展的重要内容。繁荣发展社会主义先进文化、树立民族自信、振奋民族精神，必将为实现全面建设小康社会宏伟目标、构建社会主义和谐社会提供思想保证和精神动力。

当今世界，文化与经济、政治相互交融，与科技的结合日益紧密，在综合国力竞争中的地位和作用日益突出，越来越成为衡量一个国家综合实力强弱的重要尺度之一。在复杂的国际环境中，要赢得国际竞争，不仅需要强大的经济实力、科技实力和国防实力，同样需要强大的文化实力。我们必须增强忧患意识，加快发展文化事业和文化产业，激发民族生命力，增强民族凝聚力，提高民族创造力，在国际竞争中占据制高点，掌握主动权。

改革开放以来特别是党的十六大以来，我国文化建设适应社会主义市场经济的要求，遵循精神文明建设的规律，取得了举世瞩目的成就。理论和思想道德建设扎实推进，舆论引导能力显著增强，文学艺术日益繁荣。公共文化投入增加，文化设施和服务网络日趋完善。文化及相关产业蓬勃发展，形成了一些有较大增长空间的产业门类，涌现出一批有较强竞争力的企业集团。明确非公有资本进入文化产业的政策，调动了全社会参与文化建设的积极性，以公有制为主体、多

种所有制共同发展的文化产业格局初步形成。传承和弘扬优秀民族文化传统、保护民族文化遗产为全社会所重视。自主创新能力有较大提高,文化创新成果不断涌现。文化"走出去"步伐加快,中华文化在世界上的影响力逐步增强。文化体制改革积极稳妥地开展,推动文化事业和文化产业协调发展。我国文化发展正处于一个新的历史起点上。

同时也要看到,现阶段我国文化发展水平与全面建设小康社会的目标和进程还不相适应,文化体制机制与完善社会主义市场经济体制、进一步扩大对外开放的形势还不相适应,文化产品和服务的数量、质量、品种与人民群众日益增长的精神文化需求还不相适应,文化产品的国际竞争力还不强。面对新的形势,我们要增强紧迫感、责任感和使命感,把握有利于我国文化发展的重要战略机遇,大力推动文化创新,促进中华民族的伟大复兴。

一、指导思想、方针原则和发展目标

(一)指导思想。以马克思列宁主义、毛泽东思想、邓小平理论和"三个代表"重要思想为指导,以科学发展观为统领,牢牢把握社会主义先进文化的前进方向,紧紧围绕实现全面建设小康社会宏伟目标和构建社会主义和谐社会的要求,弘扬以爱国主义为核心的民族精神和以改革创新为核心的时代精神,树立新的文化发展观,解放思想、实事求是、与时俱进、开拓创新,发展面向现代化、面向世界、面向未来的民族的科学的大众的社会主义文化,不断满足人民群众日益增长的精神文化需求,努力培育有理想、有道德、有文化、有纪律的社会主义公民,提高全民族的思想道德和科学文化素质,促进人的全面发展和社会全面进步。

(二)方针原则。"十一五"时期,我国文化发展要坚持以下方针原则:

——坚持为人民服务、为社会主义服务的方向和百花齐放、百家争鸣的方针,坚持贴近实际、贴近生活、贴近群众的原则,弘扬主旋律,提倡多样化。

——坚持以人为本,保障和实现人民群众的基本文化权益,使广大人民群众共享文化发展成果。以科学的理论武装人,以正确的舆论引导人,以高尚的精神塑造人,以优秀的作品鼓舞人,促进人的全面发展。

——坚持树立新的文化发展观,不断深化对文化发展的地位、方向、动力、思路、格局和目的的认识,冲破一切束缚文化发展的思想观念、做法、规定和体制机制性障碍,不断解放和发展文化生产力,促进文化与经济、政治、社会协调发展。

——坚持继承和弘扬优秀民族文化传统,吸收和借鉴世界各国优秀文化成果,始终把文化创新作为文化发展的战略基点和前进动力,积极推进文化与经济、科技融合发展,大力提高我国文化自主创新能力。

——坚持把社会效益放在首位,实现社会效益和经济效益的统一,最大限度地发挥文化引导社会、教育人民、推动发展的功能。

——坚持以发展为主题,以改革为动力,以体制机制创新为重点,深化文化体制改革,一手抓公益性文化事业,一手抓经营性文化产业,不断增强我国文化的实力和竞争力。

——坚持一手抓繁荣、一手抓管理,大力发展先进文化,支持健康有益文化,努力改造落后文化,坚决抵制腐朽文化,维护国家文化安全,推动中国特色社会主义文化健康快速发展。

——坚持城乡、区域文化的协调发展,按照建设社会主义新农村的要求,加大对农村及中西部地区的文化投入,形成城市带动农村和东中西优势互补、良性互动的发展格局。

(三)发展目标。到2010年,文化发展的总体目标是:完成"十一五"时期全面建设小康社会赋予文化建设的任务,文化为人民服务、为社会主义服务的能力显著增强,为经济发展、政治稳定和社会进步提供强有力的思想保证、精神动力和智力支持;文化的创新能力和整体实力明显提高,文化产品更加丰富,更好地保障和满足人民群众的基本文化需求,促进城乡和区域之间文化的共同发展;中华文化在世界上的影响力不断扩大,文化在综合国力竞争中的地位和作用日益突出,文化发展的水平与我国的经济实力、国际地位相适应。

"十一五"时期文化发展的重点是:

——抓好基层文化建设,加大力度改善农村及中西部地区公共文化基础设施条件,完善公共文化服务体系,保障农民和城市低收入群体的基本文化权益。力争到"十一五"期末,城市的文化设施、服务网络和文化产品基本满足居民就近便捷享受文化服务的需求,在农村基本解决农民群众看书难、看戏难、看电影难、收听收看广播电视难的问题。

——抓好塑造国家文化形象的重大项目和工程建设,推出一批体现民族特色、反映时代精神、具有国际一流水准的文化艺术精品,创作生产更多更好适应人民群众需求的优秀文化产品。

——抓好文化产业体系建设,重塑市场主体,优化产业结构,确定重点发展的产业门类,培育文化产品市场和要素市场,发展现代流通组织和流通形式,形成以公有制为主体、多种所有制共同发展的文化产业格局。"十一五"时期,文化及相关产业增加值的年均增长速度明显高于同期经济增长速度,在国内生产总值中的比重有所增加。

——抓好文化创新能力建设,以内容创新为核心,

着力培育创新主体，加速科技与文化的融合，提高我国文化自主创新能力，取得一批具有重大影响的文化创新成果。

——抓好文化“走出去”重大工程、项目的实施，充分利用国际国内两个市场、两种资源，主动参与国际合作和竞争，加强对外文化交流，扩大对外文化贸易，拓展文化发展空间，初步改变我国文化产品贸易逆差较大的被动局面，形成以民族文化为主体、吸收外来有益文化、推动中华文化走向世界的文化开放格局。

——抓好人才培养，营造有利于优秀人才脱颖而出的体制机制和社会环境，建设一支规模宏大、素质较高的文化工作者队伍，为文化发展提供坚实的人才保障。

二、理论和思想道德建设

（四）加强马克思主义理论研究和理论创新。坚持马克思主义在意识形态领域的指导地位，加强对马克思主义基本原理和我们党理论创新实践的研究，推出一批理论成果，进一步巩固全国各族人民团结奋斗的共同思想基础。

1. 推动理论武装和理论宣传。始终坚持用马克思列宁主义、毛泽东思想、邓小平理论和“三个代表”重要思想武装全党、教育人民，不断提高全党的马克思主义理论水平。把学习贯彻科学发展观、构建社会主义和谐社会、加强党的执政能力建设和先进性建设等一系列重大战略思想作为理论武装工作的重要任务，用发展着的马克思主义指导新的实践。坚持以县处级以上领导干部为重点，加强和改进各级党委（党组）理论学习中心组学习，扎实推进党员干部的理论学习，推动建设学习型政党和学习型社会。加强对青年学生特别是大学生的理论学习和教育，切实推进马克思主义理论进教材、进课堂、进学生头脑。加强图书、报刊、广播、电视、互联网等媒体对党的基本理论和重大理论创新成果的宣传。继续组织编写干部学习读本和通俗理论读物，回答干部群众关心的热点难点问题。加强党委讲师团建设，形成一支忠诚党的理论武装工作、纪律严明、充满活力的理论队伍。

2. 深入实施马克思主义理论研究和建设工程。加强对马克思列宁主义、毛泽东思想、邓小平理论、“三个代表”重要思想和科学发展观的研究，加强对中国特色社会主义实践经验的理论总结，继续做好马克思主义经典著作编译工作。以重大现实问题为主攻方向，研究并回答进一步深化改革、扩大开放、实现国民经济持续快速协调健康发展的问题，研究并回答推进经济、政治、文化、社会全面进步的问题，研究并回答干部群众普遍关心的深层次思想认识问题。加强马克思主义学科建设，逐步形成以马克思主义理论为一级学科，以马克思主义基本原理、马克思主义发展史、马克思主义中国化研究、国外马克思主义研究、思想政治教育为二级学科，以哲学社会科学等分领域研究为支撑的马克思主义学科体系。加强教材体系建设，组织编写马克思主义哲学、政治经济学、科学社会主义基础理论教材和政治学、社会学、新闻学、史学、法学、文学、哲学社会科学重点学科教材，编写基本覆盖哲学社会科学主干课程的150种左右重点教材，形成全面反映马克思主义中国化最新理论成果的哲学社会科学教材体系。加强和改进高等学校思想政治理论课，组织编写思想政治理论课教材。

（五）繁荣发展哲学社会科学。坚持以马克思主义为指导，加强哲学社会科学传统学科、新兴学科和交叉学科建设，推进哲学社会科学与自然科学之间、哲学社会科学不同学科之间的交叉渗透，发展面向现代化、面向世界、面向未来、具有中国特色的哲学社会科学，发挥哲学社会科学认识世界、传承文明、创新理论、咨政育人、服务社会的重要作用。加强哲学社会科学创新体系建设，积极推进学术观点创新、学科体系创新和科研方法创新。整合研究力量，优化哲学社会科学资源配置，形成合理的分工体系。国家级社会科学研究机构和重点高等学校主要承担重大基础理论、关系党和国家事业发展全局的战略性与前瞻性问题及重大现实问题的研究，并努力形成各自的优势和特色。地方社会科学研究机构和高等学校应主要围绕本地区经济社会发展实际开展应用对策研究，有条件的可开展有地方特色和区域优势的基础理论研究。国家扶持的重要社会科学研究机构和高等学校，要保证完成国家确定的重大科研任务，加强哲学社会科学基础研究和应用对策研究。重点扶持有重大创新意义的研究项目，扶持关系哲学社会科学发展全局的研究项目，扶持对学科创新发展起关键性作用的研究项目，扶持对弘扬民族精神、传承民族文化有重大作用的研究项目，扶持对经济社会发展和国家安全有重要影响的研究项目。

（六）加强社会主义思想道德建设。坚持依法治国与以德治国相结合，着眼于提升人的思想道德素质、促进人的全面发展，以理想信念为核心，大力弘扬民族精神和时代精神，发扬党领导人民在长期革命斗争与建设实践中形成的优良传统，努力建设与社会主义市场经济相适应、与社会主义法律规范相协调、与中华民族传统美德相承接的社会主义思想道德体系。

1. 努力提高公民的道德素质。全面落实《公民道德建设实施纲要》，实施公民道德建设工程，把家庭教育、学校教育、单位教育和社会教育紧密结合起来，以社会公德、职业道德、家庭美德为着力点，大力倡导爱国守法、明礼诚信、团结友善、勤俭自强、敬业奉献的基本道德规范。深入进行党的基本理论、基本路线、基本纲领和基本经验教育,进行爱国主义、集体主义、社会主义教育,改革开放和现代化建设成就教育,引导人们树立正确的世界观、人生观、价值观。发挥基层组织和群众团体的骨干作用、先进典型的带动作用、广大群众的主体作用,深入开展群众性道德实践活动。充分运用大众传媒、文学艺术以及文体活动,努力营造有利于公民道德建设的良好社会氛围。积极探索新形势下道德建设的特点和规律,创新形式、内容、手段,增强工作的针对性、实效性和吸引力、感染力。

2. 深入学习实践社会主义荣辱观。以践行社会主义荣辱观、加强思想道德建设为主题,以促进社会风气不断改善为目标,深入开展学习实践社会主义荣辱观宣传教育活动,推动"八荣八耻"的基本要求进机关、进企事业单位、进社区、进农村、进校园、进家庭。把"八荣八耻"的内容和要求体现到大中小学的思想政治理论课和思想品德课教材中,贯穿到德育课程和相关学科的课堂教学中。充分发挥市民学校、村民学校、民工学校等基层宣传教育阵地的作用,组织开展"八荣八耻"宣讲和巡回报告活动,大力宣传践行社会主义荣辱观的先进典型,使社会主义荣辱观家喻户晓、深入人心。坚持教育与实践相结合,在全社会开展多种形式的实践活动,切实解决公民文明习惯和社会风气中存在的突出问题,推动形成知荣辱、讲正气、树新风、促和谐的文明风尚。

3. 加强和改进青少年思想道德教育。大力加强大中小学思想政治理论课和思想品德课等课程建设,指导和帮助大中小学生认真遵守学生守则和日常行为规范,不断提高思想道德素质。充分调动各方面力量,健全学校、家庭、社会"三结合"的教育网络。在重大节日、纪念日集中开展思想道德教育主题宣传教育活动。加强以爱国主义教育基地为重点的未成年人校外活动场所建设和管理,把未成年人校外活动场所建设纳入当地国民经济和社会发展总体规划。大中城市要因地制宜,重点建设好市级未成年人校外活动场所,有条件的可建设少年儿童主题公园。到"十一五"期末,力争实现县县有综合性、多功能的未成年人校外活动场所。电台、电视台要办好少儿频率、频道或栏目、节目,重点新闻网站和主要教育网站要开设少儿网页、专栏,出版单位要出版一批适合未成年人的优秀文艺作品,并切实做好推介工作,为未成年人健康成长营造良好社会文化环境。

(七)推进精神文明创建活动。广泛开展文明城市、文明村镇、文明行业创建活动,使城乡环境面貌有较大改观、社会服务水平有显著改善、公民文明素质和社会现代文明程度有明显提高。城市要以社区为重点,开展科教文体法律卫生"四进社区"、创建和谐社区等活动,不断提升城市文明水平。村镇要以促进乡风文明、村容整洁为着力点,开展创建文明村、文明户、文明小城镇和文化科技卫生"三下乡"活动,引导广大农民移风易俗、转变观念、提高素质。行业要以服务人民、奉献社会为宗旨,大力加强诚信建设,开展百城万店无假货、共铸诚信、文明风景旅游区、做人民满意公务员等活动,树立行业文明新风。

三、公共文化服务

(八)完善公共文化服务网络。积极推进政府职能转变,实行政企分开、政事分开、政资分开和管办分离,切实把政府的职能由主要办文化转到社会管理和公共服务上来。要从现阶段经济社会发展水平出发,以实现和保障公民基本文化权益、满足广大人民群众基本文化需求为目标,坚持公共服务普遍均等原则,兼顾城乡之间、地区之间的协调发展,统筹规划,合理安排,形成实用、便捷、高效的公共文化服务网络。

1. 完善公共文化设施网络布局。以大型公共文化设施为骨干,以社区和乡镇基层文化设施为基础,优先安排关系人民群众切身文化利益的设施建设,加强图书馆、博物馆、文化馆、美术馆、电台、电视台、广播电视发射转播台(站)、互联网公共信息服务点等公共文化基础设施建设。

——建设一批代表国家文化形象的重点文化设施,大力推进文化信息资源共享工程等重大文化工程建设,加大对重要社科研究机构、体现民族特色和国家水准的艺术院团、承担政治性和公益性出版任务的出版单位的扶持力度。

——完善大中城市公共文化设施,加强图书馆、博物馆和文化馆(中心)建设。

——在巩固县县有图书馆、文化馆的基础上,基本实现乡镇有综合文化站,行政村有文化活动室。

——加强各级广播电视无线发射转播台(站)的维护,更新设备,保障正常运行。

——在中西部及其他老少边穷等地广人稀的地区配备流动文化服务车,建设流动服务网络。

专栏1 国家重大文化设施、重要文化工程项目和重点扶持的社科机构、艺术表演团体、出版单位

重大文化设施建设:国家大剧院工程、国家博物馆改扩建工程、国家图书馆二期暨国家数字图书馆建设工程、中国美术馆二期改扩建工程、国家话剧院建设工程、中央电视台新址建设工程和地方重要文化设施建设。

重要文化工程项目建设:

文化信息资源共享工程——以农村为重点,建设

电子图书、舞台艺术、知识讲座和影视节目等数字资源库，基本完成全国市、县和乡镇分中心建设，推进文化资源数字化，促进文化信息资源共享。

广播影视数字化工程——全面推进广播电视由模拟向数字化转换，积极发展多种形式的新兴传播载体，加快电影制作、发行、存储和放映的数字化。

国家重大出版工程——出版《马克思恩格斯全集(第二版)》《马克思恩格斯文集》《列宁文集》《中华大典》《中华古籍全书》《中国大百科全书》《大辞海》《域外汉籍珍本文库》等重点图书、音像、电子、网络出版物。

国家重大历史题材美术创作工程和二十世纪美术作品收藏工程——完成100幅(件)表现中国近现代重大历史事件和重要历史人物的大型绘画和雕塑作品，收藏二十世纪具有代表性的重要美术家、具有重要历史意义和学术价值的美术作品以及革命美术作品和相关史料。

新疆、西藏、内蒙古少数民族语言文字出版工程——支持少数民族语言文字的各种出版物的出版、印刷、复制和发行。

重点扶持的社科机构：中国社会科学院、中央编译局。

重点扶持的艺术表演团体：中国京剧院、国家话剧院、中国歌剧舞剧院、中国东方歌舞团、中国交响乐团、中国儿童艺术剧院、中央歌剧院、中央芭蕾舞团、中央民族乐团、中国广播艺术团、中国爱乐乐团，以及体现民族特色和国家水准的地方艺术表演团体。

重点扶持的出版单位：人民出版社、盲文和少数民族语言文字出版单位。

2. 创新公共文化服务方式。适应人民群众多方面、多层次、多样化的文化需求，拓宽服务领域，创新服务方式，提高服务质量。

——建立健全公共文化设施服务公示制度，公开服务时间、内容和程序，在窗口接待、场所引导、资料提供以及内容讲解等方面，创造良好的服务环境，增强吸引力。

——完善国有博物馆、美术馆等公共文化设施对未成年人等免费或者优惠开放制度，有条件的爱国主义教育基地的公共文化设施可向社会免费开放。

——实行定点服务与流动服务相结合，鼓励具备条件的城市图书馆采用通借通还等现代服务方式，推动公共文化服务向社区和农村延伸。

——采用政府购买、补贴等方式，向基层、低收入和特殊群体提供免费文化服务。

——促进数字和网络技术在公共文化服务领域的应用，建设数字广播电视信息平台、数字电影放映网络系统、网上图书馆、网上博物馆、网上剧场和群众文化活动远程指导网络。

——支持民办公益性文化机构的发展，鼓励民间开办博物馆、图书馆等，积极引导社会力量提供公共文化服务。

3. 健全公共文化服务组织体制和运行机制。各级政府要发挥主导作用，加强对公共文化机构的指导、监督，并从资金、设施、场地、机构、人员等方面，保障公共文化设施正常运转和功能的充分发挥。公共文化机构要完善功能定位，明确服务目标、任务和责任，建立考核、激励和约束机制，提高使用效益。鼓励和引导社会资金兴办国家允许的各类公共文化设施，开展公共文化服务。编制图书馆、博物馆、文化馆(站)等公共文化设施建设的国家标准，修订电台、电视台和广播电视发射转播台建设标准。完成公共文化服务质量标准体系的制定，建立健全公共文化机构评估系统和绩效考评机制。形成政府主办、社会参与、功能互补、运转协调的公共文化服务组织体制和责任明确、行为规范、富有效率的运行机制。

4. 切实维护低收入和特殊群体的基本文化权益。采取政府采购、补贴等措施，开辟服务渠道，丰富服务内容，保障和实现城市低收入居民、残疾人、老年人和农民工等群体的基本文化生活需求。国有博物馆、美术馆等公共文化设施免费或优惠向残疾人、老年人等群体开放。国有艺术院团、影剧院每年安排一定场次主要面向低收入居民的低价演出或放映。中央和省级电视台开办添加手语的节目或栏目。积极开展为农民工送书、送戏、送电影活动。有线电视数字化整体转换后，保留一定数量的模拟频道，完整转播中央、省和当地的主要节目，对低收入家庭给予优惠的资费政策，保证他们的基本收视需求。

(九)加强农村文化建设。认真落实《中共中央、国务院关于推进社会主义新农村建设的若干意见》和《中共中央办公厅、国务院办公厅关于进一步加强农村文化建设的意见》，增加政府投入，调整资源配置，着力推进农村文化建设重点工程，加大文化资源向农村的倾斜，建立农村文化建设的长效机制。

1. 推进农村文化设施和重点工程建设。加快欠发达地区综合文化站的改扩建和农村危旧公共文化设施的改造，实施农村文化重点工程建设，改善、提升农村公共文化基础设施条件和服务水准，逐步改变城乡之间文化发展不平衡现象。

专栏2 农村文化建设重点工程

广播电视“村村通”工程——推进广播电视进村入户，充分利用无线、卫星、有线、微波等多种手段，为广大农村地区提供套数更多、质量更好的广播电视节目,全面实现20户以上已通电自然村通广播电视。

农村电影放映工程——做好农村电影拷贝配送工作,丰富电影片源,加快推进农村电影数字化放映,加强农村电影院更新改造,增加固定或流动放映点,基本实现全国农村一村一月放映一场电影。

乡镇综合文化站建设——在欠发达地区新建、改扩建2.5万个左右综合文化站,配备必需的设备,完成对农村危旧公共文化设施的改造,基本实现全国乡镇均建有综合文化站。

流动综合文化服务车——对西部及其他老少边穷等地广人稀适宜开展流动服务的地区,为县乡配备流动文化服务车、流动电影放映车,开展集影视放映、文艺演出、图片展览、图书销售和借阅、科技宣传为一体的流动文化服务。

2. 加大文化资源向农村的倾斜。合理配置公共文化资源,逐步增加为农村服务的资源总量。

——中央和省级党报、党刊、电台、电视台要加大农村和农业报道的分量,增加农村节目、栏目和播出时间。农业大省的党报、党刊、电台、电视台要创造条件开办农村版和农村频率、频道。市(地)党报和市(地)县电台、电视台要把面向基层、服务"三农"作为主要任务。

——加大对农村题材重点选题的资助力度,把农村题材纳入舞台艺术生产、电影、广播剧和电视剧制作、各类书刊和音像制品出版计划,保证农村题材文艺作品在出品总量中占一定比例。对重要文化项目和文化产品采取政府补贴,以政府采购的方式直接送到农村。购买适合农村的优秀剧本版权,免费供给基层艺术院团使用、改编并为农民演出。鼓励和组织专业文化工作者到农村辅导群众文化活动。

——加强"三农"读物出版工作,开发出版适合农村经济社会发展,农民买得起、看得懂、用得上的音像制品和图书等各类出版物。实施"送书下乡工程",重点面向西部地区国家扶贫开发工作重点县的图书馆和乡镇文化站、农村文化室配送图书。

——县(市)图书馆逐步实行分馆制,丰富藏书量,形成统一采购、统一编目的图书配送体系,充分发挥县图书馆对乡镇、村图书室的辐射作用,促进县、乡图书文献共享。按照"政府资助建设,鼓励社会捐助,农民自我管理,市场运作发展"的要求,支持农民群众开办"农家书屋"。

3. 建立农村文化建设的长效机制。农村公共文化建设要纳入各级政府重要议事日程和政府目标管理责任制,纳入创建文化先进县(市)、文化先进乡镇和创建文明村镇等相关评价体系,所需经费纳入政府财政预算。扩大公共财政覆盖农村的范围,保证一定数量的中央财政转移支付资金用于乡镇和村的文化建设,文化领域新增加的财政投入应主要用于农村。政府要保证文化馆(站)开展业务必需的经费、基层公共图书馆购书经费、广播电视发射转播台正常运转必需的经费、广播电视"村村通"运行维护经费和农村电影放映补助经费。建立健全基层文化单位的评价体系,将服务农村、服务农民作为基层文化单位工作的重要考核内容。

(十)普及文化知识。在全社会广泛开展人文社科、文艺欣赏、法制、科技卫生等基础知识的普及工作。加强村镇文化、社区文化、企业文化、校园文化、军营文化、家庭文化建设。实施"国民艺术教育推进工程",推动文学、戏剧、音乐、舞蹈、曲艺、雕塑、绘画、工艺品、风俗、技艺等到农村、到工厂、到军营。高度重视义务教育阶段的文化普及教育,使广大中小学生掌握基本的文化常识和传统文化技艺。在国民教育中加大人文社会科学知识的比重,加强哲学社会科学知识的普及教育。加强群众文化创作,发挥文化馆(站、中心)等文化机构的组织作用,充分利用传统节日、重大节庆、广场文化活动等载体,开展歌咏、读书、书法、朗诵、科普知识等各种群众性文化活动。组织文艺工作者深入基层演出,鼓励和支持专业艺术院团富余、离退休演艺人员开展群众性文艺辅导或展演活动。国有文化单位每年要安排一定场次的免费演出和艺术讲座,在丰富群众文化生活的同时,提高艺术欣赏水平。

(十一)建立健全文化援助机制。通过援赠设备器材和文化产品、共享文化资源、业务合作、人员培训、工作指导等方式,通过东部地区对西部地区、城市对农村开展"一帮一"对口支援活动,帮助农村和西部地区解决文化产品和服务相对缺乏的问题,支持其文化建设。充分发挥共青团、妇联、文联、作协等人民团体的组织引导作用,广泛开展文化志愿者活动。在"大学生志愿服务西部计划""高校毕业生到农村服务计划"和大、中学生志愿服务日行动中增加文化服务的内容。动员离退休文艺工作者、艺术院校学生和其他热心公益事业的各界人士为社区提供志愿文化服务。支持和资助优秀文化专业人才支援西部文化建设。对优秀的文化志愿服务者予以表彰和奖励。

(十二)鼓励社会力量捐助和兴办公益性文化事业。引导和鼓励社会力量捐助和兴办图书馆、博物馆、文化馆等,在用地、税收等方面给予政策优惠。社会力量通过依法成立的非营利公益性组织和国家机关向公益文化事业的捐赠,纳入公益性捐赠范围。动员城市单位、居民以各种方式捐赠电视机、收音机、计算机和农民群众需要的图书杂志、音像电子出版物等。鼓励权利人许可基层文化单位无偿使用其作品或录音录像制品。机关、企业、学校的文化设施要尽可能向社会开放,积极开展文化服务。

四、新闻事业

(十三)推进新闻媒体建设。始终把坚持正确舆论导向放在首位,切实加强各类新闻媒体的建设,巩固和发展积极健康向上的主流舆论。

1. 着力提高引导社会舆论的能力。坚持团结稳定鼓劲、正面宣传为主,坚持贴近实际、贴近生活、贴近群众,推动内容、形式、手段和机制的创新,把正确舆论导向同讲求宣传艺术统一起来,不断增强新闻宣传的吸引力和感染力。努力做好正面宣传,全面宣传党的主张,准确反映群众意愿,扩大正面宣传的影响力。增强群众观念,强化服务意识,更多地宣传基层群众的先进典型。改进会议和领导同志活动新闻报道以及典型宣传,加强重大主题宣传报道,进一步提高突发事件报道的时效,做好舆论监督。重视对社会热点问题的舆论引导,完善新闻发布制度。

2. 切实加强管理制度建设。认真落实新闻采编人员从业管理暂行规定。建立和完善报刊退出机制。加强相关部门配合协调的长效机制建设,增强舆论引导的针对性和实效性。加强行业自律,有效制止有偿新闻、虚假报道、低俗之风和不良广告。

3. 推进体制机制创新。新闻媒体要坚持正确舆论导向,确保党和人民喉舌的性质,按照增加投入、转换机制、增强活力、改善服务的要求,创新体制机制,推进内部人事、收入分配和社会保障制度改革。规范和完善新闻单位采编业务与经营业务"两分开"。积极推进报刊业结构调整,适度控制报刊规模,减少数量,提高质量,注重内涵发展。继续做好报业集团改革工作,扩大党报的市场覆盖率。加强对子报子刊的管理,发挥子报子刊的优势,使之成为党报党刊的补充和主流宣传阵地的延伸。进一步加强和改善对都市类报刊的调控和管理,发挥其贴近生活、可读性强、丰富多彩的特点,提升报刊格调和品位。依托新闻媒体的资源优势,积极发展相关产业和产品,不断提高科技应用水平,壮大综合实力,提高核心竞争力。

(十四)加大对重点新闻媒体的扶持力度。扶持党报、党刊、通讯社、电台、电视台、重点新闻网站和时政类报刊,增强持续发展能力,成为拥有知名品牌和较强社会影响力、竞争力的优势媒体,充分发挥舆论主阵地、主力军作用。

加大对中央和省级主要新闻媒体的扶持力度,加强基础设施建设,加快设备和技术的更新改造,不断改善硬件条件,提高信息化水平和传播能力。人民日报、求是杂志、光明日报、经济日报等要努力增强吸引力和影响力,提高核心竞争力,稳定主报主刊发行量,扩大覆盖面。新华社要发挥国家通讯社和世界性通讯社的作用,加快多媒体数据库和经济信息平台建设,发挥新闻信息资源整合、共享、管理的功能,确保新闻信息产品在国内的市场占有率,努力拓展海外用户。推进中央人民广播电台节目在全国市(地)级以上城市的调频覆盖,加强中央电视台的频道品牌化建设。推进党报、党刊发行业务的改革,促进零售工作,扩大覆盖面。重点支持西部地区党报、党刊和电台、电视台的发展。

(十五)办好新闻网站。按照突出重点、合理布局、整合资源、办出特色的总体要求,做大做强重点新闻网站,努力营造健康向上的舆论氛围。

1. 推进重点新闻网站建设。扩大中央重点新闻网站基础设施规模,拓展即时通信、博客、播客、聚合新闻服务等业务领域,实现多渠道、全方位新闻信息发布的技术调整和业务整合,提升技术应用水平和业务保障能力。完善地方互联网新闻事业发展格局。

2. 加快建设一批综合实力强、在国内外有广泛影响的新闻网站。形成若干个与我国地位相称的、具有较强国际竞争力和影响力的综合型网络媒体集团,争取其中一到两家重点新闻网站进入世界前列。

3. 促进新闻网站健康发展。完善法规,加大执法力度,强化行业自律和公众监督机制。规范网上新闻信息源的转载和非新闻单位网站的信息发布,建立市场化供稿机制。

(十六)发展新兴传播载体。充分发挥国家主流媒体在信息、人才等方面的资源优势,发展手机网站、手机报刊、IP 电视、移动数字电视、网络广播、网络电视等新兴传播载体,丰富内容,创立品牌,不断提高市场占有率。进一步加强对新兴传播载体的规范管理,制定行业自律规范,坚持正确导向,保护知识产权,维护公平竞争的市场环境。

五、文化产业

(十七)发展重点文化产业。确定重点发展的文化产业门类,推动国家数字电影制作基地建设、国产动漫振兴工程、"中华字库"工程等一批具有战略性、引导性和带动性的重大文化产业项目,在重点领域取得跨越式发展。

1. 影视制作业。发展影视内容产业,提升电视剧、非新闻类电视节目和电影、动画片的生产能力,扩大影视制作、发行、播映和后产品开发,增加数量,提高质量,满足多种媒体、多种终端发展对影视数字内容的需求。

2. 出版业。推动产业结构调整和升级,加快从主要依赖传统纸介质出版物向多种介质形态出版物共存的现代出版产业转变,从主要依赖区域性市场向综合开拓国际国内市场转变。培育一批具有较强竞争力和实力的出版企业集团，打造一批社会效益和经济效益显著、具有较强影响力的出版品牌。

3. 发行业。支持出版物发行企业开展跨地区、跨行业、跨所有制经营，重点发展连锁经营、现代物流和网络书店等现代出版物流通系统，形成若干大型发行集团，建设全国统一、开放、竞争、有序的出版物市场。

4. 印刷复制业。发展高新技术印刷、特色印刷和光盘复制业，建成若干各具特色、技术先进的印刷复制基地，使我国成为重要的国际印刷复制中心。

5. 广告业。发挥各类媒体的作用，积极促进广告业的健康发展，努力扩大广告产业规模，提高媒体广告的公信力，广告营业总额有较快增长。

6. 演艺业。推进营业性演出单位资产重组，发展演艺经纪商，加强演出协作网络建设，形成一批大型演艺产业集团。

7. 娱乐业。发展电子娱乐业，开发具有民族特色、地方特色、健康向上和技术先进的新兴娱乐方式，创新娱乐业态。鼓励连锁娱乐企业的发展。运用高新技术改造传统娱乐设施，加强文化娱乐主题园区建设。

8. 文化会展业。发展各类综合及专业文化会展，重点支持覆盖全国并具有国际影响的文化会展，办好2008年北京奥运会、2010年上海世博会的相关文化活动及会展，使文化会展业成为促进我国文化产业发展的重要平台。

专栏3　重点支持的文化会展

(1)中国国际广播影视博览会

(2)中国国际广播电视信息网络展览会

(3)中国国际动漫节

(4)中国国际音像博览会

(5)北京国际图书博览会

(6)全国图书交易博览会

(7)中国(深圳)国际文化产业博览交易会

(8)上海国际电影电视节

(9)数字内容和动漫产业。积极发展以数字化生产、网络化传播为主要特征的数字内容产业。加快发展民族动漫产业，大幅度提高国产动漫产品的数量和质量。积极发展网络文化产业，鼓励扶持民族原创的、健康向上的网络文化产品的创作和研发，拓展民族网络文化发展空间。

专栏4　重大文化产业推进项目

国家数字电影制作基地建设工程——采用数字电影摄制技术与工艺，推动传统技术与数字技术的融合，形成数字电影规模化生产和制作能力，全面提高我国电影的拍摄和制作水平。

国产动漫振兴工程——建设国家动漫产业基地和教学研究基地，建立动漫技术设备和公共技术平台支撑服务体系共享机制，增强国产动漫的原创制作能力和衍生产品开发能力，培育一批充满活力、专业性强的中小型动漫企业和具有中国风格、国际影响的动漫品牌。

"中华字库"工程——建立全部汉字及少数民族文字的编码和主要字体字符库。重点研发汉字的编码体系、输入、输出、存储、传输以及兼容等关键技术。

国家"知识资源数据库"出版工程——以各种信息资源为基础，采用现代人工神经网络、数据库和计算机信息检索等高新技术，建立新一代综合各类知识信息的数据库，提高我国信息资源深度综合开发利用的能力和水平。

(十八)优化文化产业布局和结构。建设一批文化产业强省、强市和区域性特色文化产业群，形成文化产业协调发展格局。

1. 加强重点文化产业带建设。以建设文化创意产业中心城市为核心，加快产业整合，形成长江三角洲、珠江三角洲和环渤海地区三大文化产业带。积极发展我国西南、西北地区等具有鲜明地域和民族特色的文化产业群。推进科学技术在文化领域的应用，加快文化产业优化升级步伐，促进我国文化产业加入国际文化产业分工体系，不断提高国际化水平。

2. 加快文化产业园区和基地建设。促进各种资源的合理配置和产业分工，加快文化创意产业园区建设，使之成为文化创意产业的孵化器。形成若干出版、印刷复制、影视制作和文化产品批销等产业中心，重点建设一批大型影视制作、动漫、音像电子、印刷复制和演艺等产业示范基地。

3. 促进区域文化产业协调发展。充分发挥产业带、产业园区和产业基地的带动与辐射作用。鼓励东部地区率先发展，中部地区加快文化产业崛起，西部地区结合地方特色和资源优势，着力增强文化产业自我发展能力，努力形成东中西优势互补、良性互动的区域文化产业协调发展新格局。

(十九)转变文化产业增长方式。适应社会主义市场经济的发展要求，转变增长方式，提高效益，扩大规模，促进文化产业持续健康发展。

1. 推动规模化、集约化经营。加快从单纯依赖数量、规模扩张的粗放型增长方式向大力提高质量、效益的集约型发展方式转变，进一步优化产业结构，推动产业集聚，形成规模经济效益，提高集约化经营的能力和水平。围绕增强企业核心竞争力，通过跨地区跨行业的联合、兼并、重组，重点培育和发展一批实力雄厚、具有较强竞争力和影响力的大型文化企业和企业集团。

2. 改造传统文化产业。充分利用先进技术和现代生产方式，改造传统的文化生产和传播模式，推进产业升级，延伸产业链。全面推进广播影视制作、传输、发射、播映、存储、交换以及影视和演艺后产品开发等领域的数字化。推动数字化出版、印刷以及现代物流技术的研发和应用。积极拓展新型文化产品和服务，提升文化产业整体技术水平和竞争实力。

3. 发展“专、精、特、新”中小文化企业。放宽市场准入，简化审批手续，建立完善的进入和退出机制，鼓励、支持和促进中小文化企业向“专、精、特、新”方向发展，形成富有活力的优势企业群体。鼓励公民以知识产权作为出资，依法创办中小文化企业。支持社会力量建立风险投资和担保公司，为中小文化企业发展提供服务。

4. 鼓励发展文化相关产业。推动文化用品、设备及相关文化产品的生产和销售。促进文化产业与教育、科技、信息、体育、旅游、休闲等产业的联动发展，与工业设计、城市建设等经济活动相结合，形成新的经济增长点。积极支持文化企业充分利用自有知识产权和品牌优势，向相关产业延伸发展，开发多种形式的衍生产品。

(二十)培育文化市场主体。着力重塑文化市场主体，提高国有文化企业竞争力，形成以公有制为主体、多种所有制共同发展的文化产业格局。

1. 推进经营性文化事业单位转制。一般艺术院团和除少数承担政治性、公益性出版任务外的出版单位及文化、艺术、生活、科普类等报刊社，新华书店、电影制片厂、影剧院、电视剧制作单位和文化经营中介机构，党政部门、人民团体、行业组织所属事业编制的影视制作和销售单位，新闻媒体中的广告、印刷、复制、发行、传输网络部分及影视剧等节目制作与销售部门，分期分批完成转制为企业的任务。规范国有文化事业单位的转制，加强对文化事业单位剥离企业的监管，合理确定产权归属，明确出资人权利，建立资产经营责任制，努力形成一批坚持社会主义先进文化前进方向、有较强自主创新能力和市场竞争能力的文化企业与企业集团。

2. 加快国有文化企业公司制改造。以创新体制、转换机制、面向市场、壮大实力为重点，按照现代企业制度的要求，加快国有文化企业的公司制改造，完善法人治理结构。推进产权制度改革，实行投资主体多元化，使国有和国有控股的文化企业真正成为自主经营、自我约束、自我发展的市场主体。加快国有文化企业的股份制改造，2010 年前国有独资文化企业基本完成规范的公司制改造，推出一批主业突出、核心竞争力强的上市文化公司。

3. 培育文化产业战略投资者。推动国有文化资本向市场前景好、综合实力强、社会效益高的领域集中，充分发挥国有文化资本的控制力、影响力和带动力。运用市场机制，以资本为纽带，重点培育和发展一批实力雄厚的国有或国有控股大型文化企业和企业集团，使之成为文化市场的主导力量和文化产业的战略投资者。鼓励和支持国有文化企业开发市场占有率高的原创性产品，打造具有核心竞争力的知名文化品牌。

4. 鼓励非公有资本进入文化产业。认真落实《国务院关于非公有资本进入文化产业的若干决定》，创造良好的政策环境和平等竞争机会，加强和改进服务，鼓励支持非公有资本进入政策许可的文化产业领域，支持非公有制文化企业的发展。

(二十一)健全各类文化市场。充分发挥市场配置资源的基础性作用，建立健全门类齐全的文化市场，促进文化产品和生产要素合理流动。

1. 发展文化产品市场。鼓励发展城镇中小型特色书店、专业书店、社区书店和网络书店。重点发展农村各种形式的出版物发行网点、代销点和租赁点，鼓励各种资本投入农村出版物发行，拓展农村出版物市场。规范和发展演出市场。在大中城市推广票务连锁服务，形成覆盖全国的票务连锁服务网络。繁荣电影、广播电视节目交易市场，开拓动漫游戏、移动电视、付费电视、网络广播电视等新兴市场。扶持艺术品市场发展，努力使我国成为亚洲主要的艺术品交易中心之一。

2. 完善文化要素市场。充分利用国内外资本市场，拓展文化产业投融资渠道。鼓励文化企业通过发行公司股票、企业债券在资本市场直接融资。完善文化企业间接融资制度，通过创新信贷担保手段和担保办法，为文化企业向金融机构借款提供便利条件。规范文化产权交易，重点发展版权和其他无形文化资产交易市场。建立文化行业人才库、人才评价体系，促进人才合理配置和有序流动。完善文化信息、技术交易市场，提升服务水平。发展文化经纪代理、评估鉴定、技术交易、推介咨询、担保拍卖等中介服务机构，引导其规范运作，向品牌化、专业化方向发展。加强执业培训，推行资格认证制度。制定和完善文化中介机构管理办法，规范中介行为，提高服务质量。

3. 培育农村文化市场。运用市场准入、价格调节、财税优惠等政策，引导各类市场主体在出版发行、电影放映、文艺表演、网络服务等领域，积极开发农村文化市场。制定扶持农村文化经营单位和个体经营者的经济政策，简化对农村个体工商户和民营文化企业的登记审核程序。支持农民群众自筹资金、自己组织、自负盈亏、自我管理，兴办农民书社、电影放映队等，扶持民间剧团的发展。鼓励开发具有民族传统和地域特色的剪纸、绘画、陶瓷、泥塑、雕刻、编织等民间工艺项目，支持农村民间工艺美术产业的发展。

4. 健全文化行业组织。各类文化行业组织要依照法律和章程，认真履行市场协调、行业自律、监督服务与维权等职能，促进行业健康发展。中国文联、中国作协、中国记协等人民团体，要积极发挥行业自律和维权作用。中国广播电视协会、中国出版工作者协会、中国书刊发行业协会、中国版权协会、中国演出协会、中国电影制片人协会、中国电影发行放映协会等，要切实转变职能，加强自身建设，完善服务功能。到2010年，完成文化领域各种行业组织的建设和改造，实现政府部门与行业组织分开。

5. 鼓励和引导文化消费。适应城乡居民消费结构变化的趋势，创新文化产品和服务，培育消费热点，拓展消费领域，引导社会公众的文化消费。文化产品生产单位要面向群众，努力降低成本，提供价格合理、丰富优质的产品和服务。具备条件的地方，可采用政府补贴方式，向社会提供低价文化产品。提高国民的阅读意识和文化消费意识，拓展教育培训、健身、旅游、休闲等与文化相结合的服务性消费。改善文化消费环境，加强文化产品价格监管，建立和完善文化产品消费投诉、受理机制，维护消费者的合法权益。

（二十二）发展现代文化产品流通组织和流通方式。推进连锁经营、物流配送、电子商务，加快文化产品物流中心建设，实行新型代理配送制度，建立以大城市为中心、中小城市相配套、贯通城乡的文化产品流通网络。

1. 培育全国和区域性的大型现代流通组织。加强以跨地区连锁经营、信息化管理和现代物流为特征的大型现代文化流通企业的建设。鼓励具有竞争优势的文化流通企业通过参股、控股、兼并、收购和特许经营等方式，实现规模扩张。重点培育一批主业突出、具有著名品牌、辐射力强的大型国有或国有控股文化流通企业和企业集团，使之成为文化流通领域的主导力量。鼓励资产质量好、经营规范、成长性强的文化流通企业上市。

2. 建设辐射全国的区域文化产品物流中心。加快文化产品流通产业布局及结构调整，支持立足区域、辐射全国的文化产品物流中心建设，鼓励跨越区域、管理规范、技术先进、服务优质的现代文化产品物流企业发展。列入规划的文化产品物流配送中心建设，纳入国家重点技术改造项目，并享受与之相关的优惠政策。

3. 发展现代文化产品连锁经营。鼓励出版物发行、票务、互联网上网服务、电影发行放映等文化企业以资本为纽带，建立母子公司体制的直营连锁网络，或通过品牌、商号、配送、管理技术等联结方式发展特许经营网络，形成一批全国性和区域性文化产品连锁企业，使连锁业态成为文化产品流通业的主要发展方向。鼓励文化产品连锁经营企业跨地区发展，推动有条件的企业跨国连锁经营。继续推进电影院线制改革，建设跨区域规模院线、特色院线和城乡数字电影院线。

4. 积极发展文化电子商务。充分利用现代通信和计算机技术，构建网络文化产品和文化生产要素交易平台，降低交易成本，促进产品流通。按照政府推动与企业主导相结合的原则，发挥企业在电子商务开发应用中的主体作用，推进文化企业信息化建设。建立和完善文化行业信息资源共享和在线交易信用机制，研究制定文化行业电子商务规范，积极发展面向消费者的新型文化电子商务模式。

六、文化创新

（二十三）繁荣发展文学艺术。立足全面建设小康社会的伟大实践，聚焦人民群众创造新生活的精神风貌，充分发掘和利用民族文化的丰厚资源，借鉴世界文明的优秀成果，大力推进文化创新，努力创作具有中国特色、中国风格、中国气派、深受群众喜爱的优秀文学艺术作品，繁荣发展文学艺术。实施文化精品战略，扶持原创性作品，继续支持舞台艺术精品创作。着力打造一批代表国家形象、具有民族特色的文学、戏剧、音乐、美术、书法、摄影、舞蹈、杂技、广播、影视、动漫等文化艺术精品，培育一批体现国家文化水准、具有相当国际影响力的文化名人和名品。重点扶持中国艺术节、中国京剧节和北京国际美术双年展等知名品牌文化活动。实施中国少儿歌曲创作推广计划，推出一批优秀少儿歌曲。加强对群众文化需求和文化市场消费的调查研究，适应现代受众的审美需求和愉悦方式，在内容上进行独特的、富有创意的开掘和提炼，开发深受群众喜爱、市场占有率高的文化产品，满足不同群体、不同地域的文化需求。

专栏5 实施文化精品工程

精神文明建设"五个一"工程——重点推出100部弘扬主旋律、体现多样化的优秀电影、电视剧、广播剧、戏剧、歌曲和文艺类图书。

"创新学术"工程——重点资助出版400部优秀的哲学社会科学、自然科学领域原创性学术著作。

重点文学作品扶持工程——重点扶持和推出100部反映中国革命和现代化建设事业以及当代现实生活的优秀长篇小说、报告文学、长诗等。

重大革命和历史题材影视创作工程及广播影视精品工程——重点扶持重大革命和历史题材、现实题材、农村题材、青少年和少数民族题材的广播影视创作，推出一批有重要影响的电影、电视剧和广播剧。

（二十四）培育文化创意群体和内容提供商。积极营造有利于集体和个人充分发挥创意、技艺、技术的氛围，重点培育广播影视、动漫、音像、传媒、视觉艺术、表演艺术、工艺与设计、广告装潢、服装设计、软件和计算机服务等方面的创意群体。支持经济较为发达的城市以文化创意产业园区的形式,集聚各类文化创意人才。逐步完善有利于文化创意群体创业发展的市场环境和政策环境,为各类创意人才群体提供良好的条件。加快传统文化企业的产品结构、服务结构调整,支持和鼓励中小型文化内容服务企业的发展,建立以市场为导向的内容集成、加工、制作、传播生产机制。积极发挥市场在配置文化资源中的基础性作用,逐步形成一批以提供文化数字信息、影视、演艺、文化资讯等内容为主,实力雄厚的大型内容提供商。

(二十五)推动文化企业成为文化创新主体。充分发挥文化经济政策和科技政策作用,引导文化企业成为文化创新主体,支持掌握核心技术的文化科技人才创办创新型文化企业。

1. 落实培育创新型文化企业的相关政策。改善对创新型文化企业的信贷服务和融资环境,扶持中小创新型文化企业发展。运用政府采购,重点扶持具有核心技术和自主品牌的创新型民族文化企业,支持文化企业参与和承担国家重大文化工程项目。加强对各类中小创新型企业的资金支持,充分发挥风险投资基金在扶持中小型文化创新企业中的作用。支持和鼓励各类文化企业与科研机构、高等学校结成创新型组织。

2. 促进文化创意企业发展。鼓励经济发达、创意人才资源较为丰富的城市,发展文化科技、影视制作、音乐制作、时尚设计、艺术创作、工艺美术、广告创意、动漫游戏等文化类创意企业。创造崇尚创新、追求卓越的产业氛围,扩大文化创意产业在全社会的影响力和带动力。充分发挥文化创意在内容创新和传统企业改造中的积极作用,利用文化创意成果拉动相关服务业和制造业的发展。

3. 高度重视技术中介服务。发展市场化、网络化的技术咨询、技术转让等文化技术中介服务机构,促进技术成果产业化。鼓励高等学校、科研院所、企业和各类社团开展文化技术展示、推介,提供文化技术中介服务。积极利用技术产权交易市场,开展文化技术产权交易活动。

(二十六)加快科技创新。加强数字和网络等核心技术的研发和应用,推动文化与科技的融合,丰富表现形式,拓展传播方式。

1. 加快文化领域核心技术研究。瞄准世界文化科技发展的战略前沿,加强数字技术、数字内容等核心技术的研究,提高装备技术和制造技术的水平。

2. 创新文化传播方式和手段。加快以国家数字图书馆为龙头的大容量数字化文化资源库建设,完成大中城市公共图书馆联网,实现资源共享。推进舞台技术进步,发展新的艺术表现形式。加快广播电视传播和电影放映数字化进程,建立广播电视卫星直播系统。

3. 推动文化业态更新。加快传统出版发行业向现代出版发行业的转换,积极发展电子书、手机报刊、网络出版物等新兴业态。全面推进广播电视数字化,2008 年开播地面数字高清晰度电视,2010 年基本完成东中部地区县以上城市和西部地区大部分县以上城市的有线电视由模拟向数字转换,实现有线电视传输、终端服务业态的全面更新。鼓励具有自主知识产权的网络文化产品的创作和研发,开发文化数据处理、存储和传输服务、移动文化信息服务、网上文化交易、数字互动体验服务、数字远程教育及数字娱乐产品等增值业务。

(二十七)加强知识产权保护。适应新形势的要求,建立健全知识产权保护的法律法规,营造良好的法治环境,落实有关保护措施,加大保护力度,进一步提高文化领域知识产权保护水平。

1. 落实文化领域知识产权保护措施。做好重要文化资源知识产权的挖掘、整理工作,建立国家重点文化知识产权保护目录。政府主管部门、人民团体、行业协会要加强指导协调,引导产、学、研各方面抓紧研究确定模拟电视向数字电视转换、地面数字电视、物流配送系统等技术标准。抓紧落实中国近现代经典乐谱、剧本的整理出版工作。强化文化工作者的知识产权意识,推动文化单位、科研院所、高等学校重视和加强知识产权保护和管理。鼓励发展知识产权代理、推介和交易服务产业,逐步构筑覆盖全国的知识产权服务网络。采取多种形式,及时宣传我国文化领域保护知识产权工作取得的成效,开展"拒绝盗版,从我做起"的全民主题教育活动,增强全社会知识产权意识。

2. 依法严厉打击侵犯知识产权的各种行为。加强统筹协调,形成条块结合、上下联动的工作机制,打破地方保护。坚持以日常监管与专项整治相结合,以大案要案为突破口,开展图书音像市场保护等专项整治行动,坚决取缔盗版光盘生产线,严厉打击侵权盗播广播影视节目、擅自截传广播影视节目信号的行为,重点查处盗版教材教辅、计算机软件和音像制品等非法活动。

七、民族文化保护

(二十八)编纂出版文化典籍。继续实施国家清史纂修工程、中华古籍特藏保护计划等重大项目,启动以中华古籍全书数字化出版、中华大典编纂出版为代表的国家重大出版工程。加强民族古籍和文物抢救工作,搜集、整理少数民族古籍,编纂《中国古籍总目提要》《中国少数民族古籍总目提要》。做好格萨尔、江格尔、玛纳斯等古典民族史诗的整理出版和优秀少数民族文学作品的翻译出版工作。充分发挥高等学校和学术机构整理、研究和编纂传统文化典籍的作用。

(二十九)发挥重要节庆和习俗的积极作用。适应当代生活,体现时代特点,与精神文明创建活动相结合,坚持不懈地抓好移风易俗,创新形式,丰富内容,改造和发展富有浓郁民族特色的民间传统节庆内容、风俗、礼仪,维护民族文化的基本元素。继续完善中华民族始祖的祭典活动,充分发挥春节、元宵节、清明节、端午节、七夕节、中秋节、重阳节等传统民族节庆的作用,增强中华民族凝聚力,促进和谐社会建设。高度重视国庆节、“五一”国际劳动节和“七一”建党、“八一”建军等重要节日、纪念日,广泛开展热爱党、热爱祖国、热爱人民、热爱社会主义的主题宣传教育活动。

(三十)重视中华优秀传统文化教育和传统经典、技艺的传承。在有条件的小学开设书法、绘画、传统工艺等课程,在中学语文课程中适当增加传统经典范文、诗词的比重,中小学各学科课程都要结合学科特点融入中华优秀传统文化内容。高等学校要创造条件,面向全体大学生开设中国语文课。加强传统文化教学与研究基地建设,推动相关学科发展。在社会教育中,广泛开展吟诵古典诗词、传习传统技艺等优秀传统文化普及活动,努力提高全民族的人文素养,树立良好社会风气。办好世界中华传统文化论坛。

(三十一)规范和保护国家、民族语言文字。严格遵守《国家通用语言文字法》,在全社会大力推广普通话,推行规范汉字。电台、电视台、报刊、出版物和公务用语用字、公共场所用语用字等应当符合国家通用语言文字的规范和标准,除特别需要外,一般不得夹用外国语言文字。严格控制广播电视方言类节目的播出比例。在国内召开的重要国际会议和公共服务等领域,应以普通话为基本用语。做好每年一度的全国推广普通话宣传周活动。推进少数民族语言文字的规范化和标准化。

(三十二)加强重要文化遗产保护。完成全国文化遗产普查。高度重视重要革命历史文物的收集、整理和重点革命历史遗迹的保护。加强世界文化遗产、大遗址、历史文化名城(街区、村镇)和文物保护单位的保护管理。制定并实施不可移动文物保护规划。完善重大建设工程中的文物保护工作,严格项目审批、核准和备案制度。建立非物质文化遗产名录体系,绘制国家非物质文化遗产资源分布图,确立非物质文化遗产传承人谱系,制定传承人资助办法。确定10个国家级民族民间文化生态保护区。完成《中国民族民间文艺集成志书》的出版和相关资料的保护工作,出版《国家非物质文化遗产名录图典》《非物质文化遗产普查图集(分省图册)》《昆曲大典》《中国民间美术分类全集》。继续实施国家重点京剧院团和昆曲院团保护和扶持项目。实施“指南针计划”,深入挖掘和展示我国古代发明的历史价值、科学价值和艺术价值。充分利用“文化遗产日”,组织开展文化遗产保护系列宣传展示活动。

(三十三)抢救濒危文化遗产。采取有效措施,保护濒危的民族文化遗产。继续实施文物保护维修重点工程,排除文物保护单位重大险情。建设抢救性文物保护设施,完善文物保护单位和博物馆安全消防设施设备,做好基本建设中的抢救性考古发掘和文物保护。加强对民间文学、民俗文化、民间音乐舞蹈、少数民族史诗等若干非物质文化遗产项目的抢救。

专栏6 文物保护重点项目

世界文化遗产保护:明清帝王陵寝、云冈石窟、武当山古建筑群、敦煌莫高窟、大足石刻、平遥古城、高句丽遗迹等。

大遗址保护:编制完成100处重要大遗址总体保护规划纲要。建设汉长安城、大明宫、隋唐洛阳城、殷墟、偃师商城等重点大遗址保护展示园区。启动实施长城保护工程、大运河文物保护工程、丝绸之路(新疆段)文物保护工程。

文物保护单位维修:实施故宫博物院古建整体保护维修工程、恭王府府邸文物保护修缮工程、西藏三大重点文物保护工程和应县木塔、元代以前早期木构建筑、大昭寺、扎什伦布寺、塔尔寺等维修保护工程。每年重点安排100项左右险情严重的全国重点文物保护单位整体维修保护工作。

考古工作:做好三峡工程、南水北调工程中的文物抢救保护工作,涉外考古、水下考古、航空考古取得较大进展。

建设抢救性文物保护设施:完成100余个市(地)级以上博物馆馆藏文物保存环境标准化建设,新建扩建库房面积30万平方米。依托博物馆改扩建23个区域性中心文物库房,集中保护珍贵文物。完成36所科研院所与大学出土文物整理库的文物保护设备和安防消防设施建设。

八、对外文化交流

(三十四)拓展对外文化交流和传播渠道。充分利用各种资源,创新文化“走出去”的形式和手段,吸收借鉴世界各国优秀文化成果,提升我国文化产品的影响力和竞争力,积极推动中华文化面向世界、走向世界。

1.积极开展对外文化交流。利用春节、国庆日、建交日等重要节日、纪念日,组织举办高水平文化交流活动,增进世界对中国的了解。重视文化领域的多层次互访,加强友好城市间的文化交流,主动开展对外文化合作。继续做好中外互办文化年、在国外举办中国文化节、文化周、艺术周、电影周、电视周和文物展等工作。发挥我驻外机构宣传推介中国优秀文化产品的重要作用。积极参与相关国际规则的制定,增强我国在国际文化活动中的话语权,维护世界文化多样性。

2. 发挥多元载体的文化传播作用。借助国外著名的电影节、电视节、艺术节、书展、博览会等平台,积极推介中国文化产品和服务。精心选择参与单位及文化产品,认真组织代表国家水平的参展、参演团队,展现我国整体文化实力和国家形象。积极参与或主办国际性书展、节展期间的文化论坛和主宾国活动等,提升我国的文化影响力。适应国外受众需求和接受习惯,不断扩大广播电视节目在境外的有效落地。拓展民间交流合作领域,鼓励人民团体、民间组织、民营企业和个人从事对外文化交流。扩大商业性展演、展映和文化产品销售。加强哲学社会科学领域的国际交流,扩大我国哲学社会科学在世界的影响。建立健全中外学者交流机制,加强与外国有影响的哲学社会科学机构、国外知名汉学家、中国问题专家及研究机构的交流与合作。把文化“走出去”工作与外交、外贸、援外、科技、旅游、体育等工作结合起来,把展演、展映和产品销售结合起来,充分调动各方面力量,形成对外文化交流的合力。

3. 构建国际文化营销网络。重点抓好影视剧、出版物、文艺演出三大国际营销网络建设。对符合条件的文化企业国际市场开拓活动给予支持。

(三十五)培育外向型骨干文化企业。完善对外文化贸易制度,依托已有的国内知名对外文化企业和文化产业品牌,积极培育外向型文化企业,发挥其在文化“走出去”中的主导作用。

1. 做大做强对外文化贸易品牌。重点扶持具有中国民族特色的文化艺术、演出展览、电影、电视剧、动画片、出版物、民族音乐舞蹈和杂技等产品和服务的出口,支持动漫游戏、电子出版物等新兴文化产品进入国际市场。发挥国有文化企业在对外文化贸易方面的主导作用,鼓励投资主体多元化,形成一批具有竞争优势的品牌文化企业和企业集团。

2. 培育对外文化中介机构。积极发展从事演出展览、广播影视、新闻出版等业务的对外文化中介机构。支持国内文化企业与国际知名演艺、展览、电影、出版中介机构或经纪人开展合作,向规模化、品牌化方向发展。

(三十六)实施“走出去”重大工程项目。整合资源,突出重点,实施“走出去”重大工程项目,加快“走出去”步伐,扩大我国文化的覆盖面和国际影响力。

九、人才队伍

(三十七)加强思想政治素质和能力建设。认真总结保持共产党员先进性教育活动和“三项学习教育”活动的成功经验,进一步组织和引导广大文化工作者深入学习马克思列宁主义、毛泽东思想、邓小平理论和“三个代表”重要思想,学习党的基本理论、基本路线、基本纲领、基本经验,牢固树立科学发展观,增强政治敏锐性和政治鉴别力。鼓励广大文化工作者深入实际、深入群众、深入生活,在艰苦环境中和不同的工作岗位经受锻炼、增长才干。注重专业能力的培养,鼓励广大文化工作者刻苦钻研业务,努力把握文化工作的特点和规律,不断提高新形势下做好文化工作的能力和水平。

(三十八)抓好高层次人才培养。坚持为人民服务、为社会主义服务的方向和百花齐放、百家争鸣的方针,充分发扬学术民主和艺术民主,鼓励和支持学术上、艺术上不同形式、不同风格的自由发展和创新。继续实施“四个一批”人才培养计划,着力加强领军人物和各类高层次专门人才的培养。完善公平竞争和分配激励机制,鼓励和支持优秀拔尖人才脱颖而出。积极宣传文化领域领军人物、优秀专业技术人才、经营管理人才及其成果和主要业绩,营造尊重劳动、尊重知识、尊重人才、尊重创造的良好舆论环境。

(三十九)做好培训工作。贯彻落实中央关于人才工作的战略部署,制定实施“十一五”时期全国文化人才培训规划,建立健全在职人员业务培训和继续教育制度,创新培训内容,完善培训机制,整合培训资源,针对不同领域和不同岗位人员的具体情况,分期分批进行专业培训。2010 年前,对全国哲学社会科学教学科研骨干进行马克思主义理论和党的方针政策的系统轮训。完成全国文化艺术、文物、新闻出版、广播影视系统内工作人员的普遍轮训。加强农村文化队伍的教育培训,提高整体素质。

(四十)加强高等学校人才培养和学科建设。充分发挥高等学校在建设先进文化、培养文化人才中的重要作用。高等学校要全面推进素质教育,以培养学生的社会责任感、创新精神和实践能力为重点,深化教学改革,加强学科建设,提高教学质量,促进学生的全面发展。高等学校的新闻学院(系)要坚持正确的政治导向,始终把马克思主义新闻观教育放在首位,立足中国国情,积极开展新闻理论研究和学科建设,努力为党的新闻事业培养合格人才。扶持部分高等学校新闻学研究基地,资助一批重点研究课题。鼓励有条件的高等学校整合相关学科资源,集中开展文化事业、文化产业重大理论和现实问题研究,为先进文化建设服务。鼓励文化单位与高等学校合作举办高级研修班、培训班,培养高素质的专业技术人才、经营管理人才。鼓励和支持文化人才参加学术研究和交流,承担重大课题和项目。

(四十一)完善人才选拔机制。坚持党管人才和德才兼备、群众公认的原则,按照公开、平等、竞争、择优的要求,健全以业绩为依据,由品德、知识、能力等要素构成的人才评价、选拔和激励保障机制,营造人才辈出、人尽其才的环境。根据发展要求,逐步规范文化领域各行业的职业分类,编制职业标准,探索建立专业技术人员职业资格证书制度,稳步推进职称制度改革。充分发挥市场在人才资源配置中的基础性作用,建立和完善在相应社会保障条件下的人才流动机制,引导文化人才合理、有序流动,把优秀人才集聚到文化建设中来。利用文化产业与相关产业的联动发展和资本扩张,扩大选拔范围,拓宽选拔渠道,广泛吸引财经、金融等领域的优秀人才和海外高层次人才进入文化行业。

(四十二)建立国家文化艺术领域授予荣誉称号的制度。为了推动社会主义文化的繁荣发展,对在文学艺术领域取得卓越成就的文化工作者授予人民艺术家、人民作家等荣誉称号,并从"十一五"时期开始,设立"国家文化杰出贡献奖",表彰在文学艺术、人文社科、新闻出版、广播影视等领域作出突出贡献的文化工作者。国务院授予荣誉称号的,由文化主管部门确定并经人事部审核后报国务院批准;国务院有关部门授予荣誉称号的,按照有关规定会同人事部联合授予。

十、保障措施和重要政策

(四十三)加强组织领导。为确保本《纲要》各项任务的落实,需要加强组织领导,制定和完善更加有效的政策与措施,认真组织实施。

1.加强党对文化工作的领导。始终坚持"两手抓、两手都要硬"的方针,高度重视文化工作,从贯彻落实"三个代表"重要思想和科学发展观的高度,从实现全面建设小康社会宏伟目标和构建社会主义和谐社会的高度,从加强党的执政能力、提高党的领导水平和执政水平的高度,深刻认识加强文化建设的重要性,把文化建设的目标任务纳入经济社会发展的总体规划,与经济社会发展任务一起部署、一起实施。遵循文化自身的特点和发展规律,适应社会主义市场经济发展的要求,坚持谋全局、管大事,加强对文化发展重大问题的研究,科学制定方针政策,始终把握文化建设的正确方向。根据形势发展的需要,建立健全文化工作领导协调机制,统筹协调文化建设。

2.明确各级党委和政府的职责。各级党委和政府要把文化建设列入重要议事日程,建立工作责任制,把文化建设作为评价地区发展水平、衡量发展质量和领导干部工作实绩的重要内容。党委宣传部门充分发挥协调指导作用,相关部门积极支持、密切配合,文化管理部门切实履行各自职责,形成推动文化发展的合力。加强对文化建设的督促检查,把中央关于文化建设的方针政策落到实处。要因地制宜、分类指导、总结推广成功经验,兼顾各方利益,做好深入细致的思想政治工作,保证文化健康繁荣发展。

3.动员全社会参与文化建设。推进文化建设,需要社会各方面的共同努力。要全面准确地宣传中央有关文化发展的重大战略部署和方针政策,充分调动广大文化工作者的积极性和创造性,把干部群众的思想和行动统一到中央精神上来,把智慧和力量凝聚到社会主义文化建设上来。充分发挥工会、共青团、妇联、文联、作协、记协等人民团体在联系群众、组织群众、推动文化建设方面的重要作用。紧紧依靠群众,充分发动群众,尊重群众的首创精神,把群众的积极性和创造性引导好、保护好和发挥好,努力营造有利于社会主义文化发展的良好氛围。

(四十四)健全宏观调控。适应新形势的要求,加强对文化发展的方向、总量、结构和质量的宏观调控,增强工作预见性、主动性和实效性,推进文化管理工作的科学化、制度化、规范化。

1.完善文化领域预报、引导、奖惩、调节、责任、监督、保障、应对机制。健全有利于理论创新的课题规划、成果评介和应用机制。全面开展文化事业和文化产业统计工作,发挥文化统计工作在政府决策和公共服务中的信息、咨询、监督作用。完善全国性文艺新闻出版评奖办法,努力提高评奖的科学性和权威性。

2.加强文化市场管理。健全市场规则,完善市场准入和退出机制,把好资质、资金、产品等准入关。创新监管方式,建设全国文化市场监控平台和国家出版物信用管理查验系统,构建统一高效、覆盖全国的文化市场管理信息网络。进一步加强"扫黄打非"工作。严厉打击盗窃、走私文物活动。加强信用监督,健全失信惩戒制度,形成依法经营、诚实守信的市场秩序。加强文化市场综合执法队伍建设,加快整合现有文化、文物、广播影视、新闻出版行政执法队伍,组建统一、高效的文化市场综合执法机构。开展文化执法人员培训,建设廉洁公正、作风优良、业务精通、素质过硬的执法队伍。2010年前,基本完成以城市为主体的文化市场综合执法机构的组建。

(四十五)深化文化体制改革。深入贯彻落实《中共中央、国务院关于深化文化体制改革的若干意见》,有组织有领导、分阶段分步骤地将改革从试点向面上推开,逐步引向深入。

1.积极稳妥地推进改革。按照区别对待、分类指导、因地制宜、逐步推开的原则,根据不同地区、不同行业、不同单位的性质和特点,稳步推开改革。区别文化事业和文化产业的不同特点,以增加投入、转换机制、增强活力、改善服务为重点,发展公益性文化事业;以创新体制、转换机制、面向市场、增强活力为重点,发展经营性文化产业。统筹兼顾,使文化体制改革与经济体制、政治体制、行政管理体制等其他领域的改革相互配套、相互衔接。

2. 着力解决改革中的重点难点问题。围绕重塑市场主体、完善市场体系、改善宏观管理、转变政府职能等关键环节,深入开展调查研究,广泛听取意见,科学制定改革实施方案和配套政策,着力解决国有文化资产管理、文化事业单位转企改制、人员分流安置和社会保障等重点难点问题,切实维护职工群众的基本权益,调动广大文化工作者支持改革、参与改革的积极性,推动改革向纵深发展。

3. 坚持以改革促发展。把深化改革与加快发展统一起来,用改革的办法解决发展中的问题,以发展的成果检验改革的成效。通过改革,不断破除制约发展的瓶颈和体制机制性障碍,营造有利于发展的体制环境、政策环境和市场环境。着力增强文化创新能力,以新的机制盘活存量,扩张增量,拓展发展空间,培育新的增长点,加快文化事业和文化产业的发展。

(四十六)完善文化发展的经济政策。继续执行实践证明行之有效的文化经济政策,制定和完善扶持公益性文化事业、发展文化产业、激励文化创新等方面的政策。

1. 执行和完善支持文化发展的经济政策。认真贯彻落实有关的宣传文化经济政策,并根据文化发展的实际情况,研究制定扶持公益性文化事业、发展文化产业的相关政策。

专栏7 支持文化发展的经济政策

(1)宣传文化发展专项资金

(2)文化事业建设费

(3)国家社会科学基金

(4)国家出版基金

(5)宣传文化单位实行增值税优惠政策

(6)国家电影事业发展专项资金及电影精品专项资金

(7)农村文化建设专项资金

(8)中央补助地方文体广播事业专项资金

(9)优秀剧(节)目创作演出专项资金

(10)鼓励对宣传文化事业捐赠的经济政策

(11)文化产品和服务出口退税及相关优惠政策

(12)文化体制改革单位享受文化体制改革试点中支持文化产业发展和经营性文化事业单位转制为企业的各项政策

2. 设立国家文化发展专项资金和基金。国家设立文化发展专项资金和基金,重点用于扶持国家公益性文化事业发展、支持文化创新和精品生产、扶持具有示范性和导向性文化产业项目的研发;用于国家重要文化遗产的保护和支持地方重大文化工程项目的建设;用于支持国家重大出版项目、少数民族文字和盲文出版物的出版,以及无线广播电视的覆盖。

3. 加大和改进政府对文化事业的投入。加大政府对文化事业投入力度,扩大公共财政覆盖范围,中央和地方财政对文化的投入增幅不低于同级财政经常性收入的增长幅度。加强基层文化设施建设,保证一定数量的中央财政转移支付资金和新增文化经费主要用于农村文化建设。加大对国家社会科学基金的投入,进一步完善管理,提高质量,发挥效益。建立政府对公共文化事业投入的绩效考评机制。推行公共文化活动项目公开招标和政府采购,引入市场竞争机制。制定相应税收政策,吸引和鼓励社会力量兴办公益性文化事业。

(四十七)加强文化立法。立足我国国情,借鉴国外有益经验,加快文化立法步伐,抓紧研究制定非物质文化遗产保护法、图书馆法、广播电视传输保障法、文化产业促进法、电影促进法和长城保护条例。抓紧修订出版管理条例、印刷业管理条例、音像制品管理条例、广播电视管理条例。加强对执法活动的监督,规范执法行为。深入开展文化法制宣传教育,继续做好普法工作,增强法制观念,提高依法行政、守法经营和维护文化权益的自觉性。

(四十八)实施步骤。本《纲要》的实施,对于巩固"十五"时期文化建设的成果,为后十年的更快发展打下坚实基础,稳步推进经济、政治、文化、社会协调发展,顺利实现全面建设小康社会的宏伟目标具有重要作用。本《纲要》与《中华人民共和国国民经济和社会发展第十一个五年规划纲要》相衔接。各地区、各部门要根据实际情况,制订实施方案,加强统筹协调,采取切实有效措施,确保各项任务的落实。各有关部门根据《纲要》的要求,制定配套政策,抓紧出台实施。要建立《纲要》实施督促检查机制,在党中央、国务院的领导下,充分发挥各地区、各部门的积极性和主动性,共同推动《纲要》的组织实施。文化管理部门、发展改革部门、财政部门等综合管理部门要加强对《纲要》实施情况的跟踪分析和具体指导。

国家副主席曾庆红在人民大会堂会见以地区领导副书记穆罕默德·塞义德·布希坦为团长的叙利亚阿拉伯复兴社会党代表团

中国科学院计算技术研究所承担的国家"863"计划项目——"龙芯2号增强型处理器芯片设计"(龙芯

2E)通过专家验收

该项目负责人李国杰院士说:“龙芯2E是美日以外当前世界上最高水平的通用微处理器芯片,具有自主知识产权,不存在任何专利纠纷。”

在国家“863”计划的支持下,继2002年研制成功龙芯1号处理器芯片后,中科院计算技术研究所在2003年、2004年、2005年分别研制成功龙芯2号的不同型号——龙芯2B、龙芯2C和龙芯2E,每个芯片的性能都是前一个芯片的3倍,实现了通用处理器设计的跨越发展。目前,龙芯课题组正在进行龙芯3号多核处理器的设计。

中科院计算技术研究所与其他单位合作,先后开发了基于龙芯系列CPU芯片的多种应用系统,在包括政府办公、数字电视、农村信息化、工业控制等领域展开了试点应用,并与国外企业签署了授权生产销售协议。龙芯2E处理器将于2006年年底以前上市。

9月14日

全国人大常委会委员长吴邦国在黑龙江考察

9月14日至18日,吴邦国和随行的全国人大常委会副委员长乌云其木格在黑龙江省省委书记、省人大常委会主任钱运录,省长张左己等陪同下,深入牡丹江、哈尔滨等地考察,并出席了在哈尔滨召开的中俄立法机构圆桌会议。

考察期间,吴邦国听取了黑龙江省的工作汇报,对黑龙江省的工作给予充分肯定。他说,黑龙江贯彻中央方针政策是坚决的、认真的,干部群众的精神面貌是好的。近些年来,经过全省上下的共同努力,经济实现持续快速发展,结构调整取得成效,对外开放迈出新步伐,城乡面貌发生很大变化,人民生活明显改善。希望黑龙江抓住振兴东北地区等老工业基地的机遇,充分发挥优势,扎扎实实把各项工作推向前进。

谈到黑龙江的工作时,吴邦国着重提出了四点要求:

一是在转变经济增长方式上做文章。要把调整经济结构放在更加突出的位置,把工作重点放在提升存量上,在解决历史遗留问题的同时,进一步深化改革,大力开展以节能降耗为核心的新一轮企业技术改造,使现有工业结构向高端调整。要加快体制机制创新,加大科技投入,鼓励发明创造,发展知名品牌,强化企业在科技创新中的主体作用,着力增强自主创新能力,提高科技进步对经济增长的贡献率。

二是在扩大对外开放上做文章。发展对俄经贸合作是黑龙江对外开放的重点之一,要充分发挥独特的区位优势和与俄交往合作的传统优势,以大企业为主导,立足长远,将一般贸易关系转变为合作伙伴关系,切实提升对俄经贸合作的质量和水平,并以此推动黑龙江的进一步对外开放。

三是在为群众办实事上做文章。要坚持以人为本,在发展经济的基础上,提高城乡人民收入水平。要从实际出发,加大财政及社会投入,着力解决就业、社会保障、医疗、上学、住房等人民群众最关心、最直接、最现实的问题,把好事做实、把实事做好,让全体人民特别是广大农民和城镇低收入者共享改革发展成果。要注意从制度上、体制上和机制上探索解决矛盾和问题的办法,使社会在不断化解矛盾中前进。要加强思想道德教育,倡导和树立正确的荣辱观,努力提高全社会的思想道德素质。

四是在生态环境建设上做文章。要加强对森林湿地、河流湖泊和水源地的生态保护,限期彻底治理老污染源,实行新上项目环保一票否决制度,防止产生新的污染,大力发展循环经济、鼓励循环生产、倡导循环消费,提高城市污水和垃圾处理能力,率先建设资源节约型和环境友好型社会。

国务院总理温家宝在柏林会见德国总统克勒

温家宝指出,中德关系能有今天的良好局面,最重要的原因是我们双方都能从战略高度看待和处理双边关系,认识到中德合作符合两国和两国人民的根本利益,也有利于世界和平和共同发展。我们愿与德方共同努力,不断拓展合作领域,提高合作水平,推动中德具有全球责任的伙伴关系不断取得新的发展。温家宝向克勒介绍了第九次中欧领导人会晤情况。

同日,温家宝在从汉堡前往柏林途中,在列车上分别会见了德国经济和技术部部长格洛斯,德国经济亚太委员会主席、巴斯夫公司董事长贺斌杰和西门子公司董事长柯菲德。

国务院总理温家宝在柏林与德国总理默克尔举行会谈

双方就进一步推动两国务实合作和共同关心的重大国际问题全面交换了意见,并达成广泛共识。

会谈中,两国领导人对中德关系不断取得新进展感到满意,共同认为中德发展具有全球责任的伙伴关系,符合两国和两国人民的根本利益,也有利于世界的和平、稳定和发展。

为保持中德关系发展的良好势头,温家宝建议:完善两国政府和议会的磋商机制,搞好首轮战略对话;深化经贸、投资、技术合作,为两国中小企业开展合作提供支持和便利;增加在文化、体育、青年方面的往来。中方欢迎德国在华举办系列文化活动,愿适时在德国举办“中国文化年”。

温家宝应询向默克尔介绍了中国政府关于知识产权保护、高科技企业发展和自主创新政策。双方同意加强在上述领域的合作。

温家宝表示，明年上半年，德国将担任欧盟轮值主席国和八国集团主席国，希望德国为推动中欧关系及国际和地区热点问题的解决作出贡献。默克尔表示将为此努力并与中方保持沟通和协调。

双方还就国际和地区问题交换了看法。

会谈后，两国总理还出席了中德双方关于青年交流、文化交流、医药经济和生物技术、知识产权保护等合作文件及公司间合作协议的签字仪式。

中共中央政治局常委李长春在吉林考察

9月14日至18日，李长春在吉林省省委书记王云坤、省长王珉陪同下，先后到长春市、吉林市等地，深入企业、农村、学校、科研机构和宣传文化单位，就振兴东北老工业基地、提高自主创新能力、加强社会主义思想道德建设、深化文化体制改革和加强基层文化建设等进行调研，听取吉林省委省政府工作汇报，对吉林改革开放和现代化建设取得的成就给予充分肯定。他希望吉林紧紧抓住振兴东北地区等老工业基地的历史机遇，以改革促发展，以开放带振兴，推动经济社会发展迈上新台阶。

李长春强调，宣传思想工作在振兴东北地区等老工业基地的进程中肩负重要职责。要紧紧围绕发展这个第一要务，多做统一思想、凝聚力量的工作，多做促进改革发展、维护社会稳定的工作，大力营造解放思想、实事求是、与时俱进的良好氛围，大力营造聚精会神搞建设、一心一意谋发展的良好氛围，动员和激励干部群众为振兴东北地区等老工业基地、实现“十一五”规划纲要目标而团结奋斗。要深入宣传中央关于振兴东北地区等老工业基地的一系列重大决策部署，深入宣传振兴老工业基地取得的积极进展，深入宣传干部群众克服困难、开拓创新的生动实践和精神风貌，及时反映各条战线和各行各业发展的新思路、改革的新突破、开放的新局面、工作的新举措。要组织社会科学工作者深入实际，调查研究振兴东北地区等老工业基地的重大理论和实际问题，为振兴东北地区等老工业基地献计献策。

在吉林出版集团、长影世纪城调研时，李长春强调，在深化文化体制改革的过程中，要积极推进文化观念、文化体制机制、文化内容、文化形式、文化业态和文化科技的创新，以改革激发创新，以创新推进改革，形成推动文化事业和文化产业加快发展的强大合力。要深化文化产品流通体制的改革，积极发展现代流通组织形式，推进连锁经营、物流配送、电子商务，进一步强化国有或国有控股文化流通企业的主渠道作用。要加大文化科技创新力度，运用高新技术特别是数字技术发展的最新成果，改造传统的文化创作、生产和传播模式，增强我国文化产业的发展后劲和国际竞争力。要十分重视文化领域高科技人才的培养，加强高等学校相关学科的建设，完善有利于文化创意人才成长的体制机制，鼓励和支持优秀人才脱颖而出。他希望吉林发挥优势，在电影科技创新方面努力探索实践。

李长春十分关心全国文化信息资源共享工程建设的进展。考察期间，他专程到桦甸市金沙乡密胜村了解共享工程建设情况，并与村民亲切座谈。李长春说，实践证明，中央把文化信息资源共享工程作为农村文化建设重大基础性工程的决策是完全正确的。共享工程传播了农业科普知识，丰富了农村文化生活，受到了农民群众的普遍欢迎，在社会主义新农村建设中发挥了重要作用。要进一步加大工作力度，加快建设步伐，把共享工程与广播电视村村通工程、农家书屋和现代远程教育结合起来，推动共享工程进乡入村，让广大农民群众共享文化发展成果，为促进农村经济发展、农民致富和社会和谐作出贡献。

全国中小企业工作座谈会在广州举行

国务院副总理曾培炎出席会议并讲话，强调要在进一步促进中小企业发展的同时，着力提高企业创业创新能力，着力转变企业增长方式，着力完善企业发展的外部环境，全面提高中小企业整体素质和市场竞争力。

曾培炎指出，中小企业是富有活力的经济群体，是国民经济的重要组成部分。近些年来，中小企业数量快速增加、素质不断提高、活力明显增强，在改革开放和现代化建设中发挥着重要作用。当前，中小企业既存在创业难、发展难的问题，又存在总体素质较低、增长方式粗放、结构不合理等问题，要采取针对性措施加以解决。

曾培炎强调，促进中小企业发展，要全面落实科学发展观，努力推动“四个转变”：一是从主要依靠数量扩张转变为更加注重质量提高。抓住机遇加快发展步伐，千方百计提升发展水平，引导企业依靠质量求生存，依靠管理求效益，依靠创新求发展。二是从主要依靠粗放型增长转变为更加注重可持续发展。引导企业提高资源利用率、严格排污治理、改善安全生产条件。三是从主要依靠单打独斗转变为更加注重协作配合。更多地发展专业化分工，更好地体现企业特色和地域特色。四是从单纯追求经济效益转变为更加注重提高经济效益与履行社会责任相结合。督促企业遵纪守法、讲求诚信、规范经营,维护职工的合法权益,塑造和谐向上、积极进取的企业精神。

曾培炎说,要进一步明确中小企业发展的方向,引导中小企业走专精特新的发展路子,大力发展劳动密集型产业、现代服务业、装备制造业和高新技术产业。积极培育中小企业集群,发展县域经济,推进新农村建设。加快技术进步,增强中小企业自主创新能力;深化体制改革,推进机制创新;加强国际交流,扩大中小企业对外开放。

曾培炎最后要求,要加强对中小企业发展的组织领导和政策协调,放宽和规范市场准入,着力缓解融资难的问题,建立创业投资和退出机制,健全社会化服务体系,加大技术创新和人才开发力度,在加强服务的同时搞好管理,促进中小企业快速健康发展。

会议就"十一五"期间实施中小企业成长工程有关工作进行了部署。国务院有关部门、各省(区、市)负责人及中小企业的代表参加了会议。

全国林业科学技术大会在北京召开

会议认真总结了"十五"林业科技工作,全面部署了"十一五"林业科技发展各项工作,93个全国林业科技先进集体和239位全国优秀林业科技工作者受到了表彰。国务委员陈至立出席会议并讲话。

陈至立指出,党中央、国务院高度重视林业工作,近年来我国林业工作取得了举世瞩目的成就,进入了生态建设新阶段。林业发展既面临着难得的历史机遇,也存在着严峻的挑战。只有加快林业科技发展,提高林业自主创新能力,才能真正突破目前制约林业发展的主要瓶颈,大幅度提升林业生产力、资源利用率和林业的综合效益,从根本上促进林业又快又好发展。

陈至立强调,要认真贯彻全国科技大会精神,坚持以提高自主创新能力为核心,扎实做好各项林业科技工作,努力推动科技兴林、科技富林、科技强林。一要推进林业科技自主创新,努力提高林业科技整体水平。二要加速林业科技成果转化,全面提升林业重点工程建设和产业发展水平。三要深化林业科技体制改革,建立适应社会主义市场经济要求的林业科技管理体制和运行机制。四要加强林业科技人才队伍建设,大力提高广大林农群众的科学文化素质。五要切实加强对林业科技工作的领导,全面推进科技兴林。各级政府要把加强林业科技工作摆在更加突出的位置,切实加强组织领导,研究制定并认真实施林业科技发展规划和政策措施;各有关部门要主动参与,密切配合,为林业科技发展提供有力支持和坚实保障;要进一步解放思想,更新观念,不断拓宽林业科技国际交流与合作的渠道和领域。

会议指出,未来5年是我国林业发展一个非常重要和关键的时期,林业科技工作要以科学发展观为指导,紧紧围绕林业发展对科技的迫切要求,深入实施科教兴林战略,以强化自主创新为核心,以实施6项林业科技工程为重点,以建设国家林业科技创新体系为保障,全面提升林业科学技术整体水平,支撑林业生态建设,引领林业产业发展,为促进林业又快又好发展提供强有力的支撑。

国务委员唐家璇在中南海紫光阁会见日本朝日电视台社长君和田正夫一行

9月15日

国务院总理温家宝在杜尚别举行的上海合作组织成员国总理第五次会议大范围会谈上发表讲话

尊敬的阿基洛夫总理,尊敬的各位同事:

很高兴与各位同事在杜尚别再次相聚。

3个月前,上海合作组织5周年纪念峰会在上海隆重举行。六国元首总结了上海合作组织的发展成就和经验,分析了组织面临的形势和任务,强调要着力增进团结协作,深化务实合作,推动组织朝团结更加巩固、合作更加紧密、行动更加高效、作用更加突出的方向发展。落实上海峰会的协议和决定,是本次总理会议的重要内容。

各位同事,

当今世界,经济全球化趋势深入发展,各国相互依存日益加深。上海合作组织各成员国经济快速增长,经济实力不同程度增强,深化经济合作的意愿强烈。同时,本地区安全形势错综复杂,"三股势力"活动猖獗,严重威胁地区和平与稳定。加强区域经济合作,促进成员国共同繁荣,铲除"三股势力"滋生繁衍的社会基础,确保本地区长治久安,是上海合作组织持续健康发展的中心任务。

经过几年的努力,我们确定了区域经济合作的主要目标和优先领域,制定了较为完善的法律基础,建立起多层次的合作机制和合作渠道。但也应看到,各成员国的立法和政策差异较大,贸易投资环境不够完善,经济合作资金短缺,基础设施建设薄弱,这些问题制约着组织的经济合作。

我们应在现有工作基础上,从政策引导、资金保障、信息服务等方面创造必要条件,使经济合作取得更多实际成果。

我建议:

第一,加强立法和政策协调,创造良好的贸易投资环境。制定统一、透明和公平的贸易投资规则是开展区域经济合作的基本条件。成员国可以通过议会合作这一渠道，加强经济立法的协调。要推动电子商务、质检、投资促进等专业工作组尽快提出本领域的便利化措施。《上海合作组织成员国政府间国际道路运输便利化协定》的商谈工作已取得重要的阶段性成果，各方应加紧协调，争取早日签署。尽快完成本组织成员国投资环境报告，为企业投资活动提供政策和法律指导，同时启动鼓励和相互保护投资协定商签工作。

第二，深化经济技术合作，尽快启动多方参与、共同受益的网络性项目。建议制定和实施区域公路网和信息高速公路计划，充分利用本地区地处欧亚结合部的优势，发展过境运输，实现电信网络互联互通，创建便捷的物流和信息流通道。在能源领域，研究建立双边和多边相结合的合作体系，开展石油、天然气、电力开发等合作。可积极考虑吸收上海合作组织周边国家，特别是观察员国参与建设网络性合作项目。

第三，多渠道解决资金瓶颈问题。各成员国政府应加大多种形式的投入，发挥先导作用；积极落实银行联合体支持区域经济合作行动纲要，以市场化融资方式支持实施大型项目；积极利用区域外资源，加强同亚洲开发银行等国际金融组织的合作，研究与其共同实施某些项目的可能性。

各位同事，

我相信，经过共同努力，上海合作组织框架内的贸易投资环境将更加优化，成员国经贸往来将更加便利和密切。中方的目标是，到2010年，中国同上海合作组织其他成员国的贸易总额从现在的不到400亿美元增加到800亿至1000亿美元。

为此，中方愿本着最大的诚意和务实态度，遵循互利共赢的原则，采取各种有效措施，推动上海合作组织框架内的多边和双边经济合作。中方在塔什干峰会上宣布提供的9亿美元优惠出口买方信贷已全部落实，一批具有重要区域意义的项目已经开工。作为后续行动，中方将根据组织框架内经济合作项目的进展和需要，继续增加投入，提供必要的信贷和融资支持。

各位同事，

上海合作组织人文合作开端良好。我们要全力促进文化、教育、科学、卫生、旅游、体育等领域的交流与合作，把人文合作发展成为又一重点合作领域。

要抓紧落实上海峰会期间签署的教育合作协定，促进联合培养人才、交换留学生和学者、相互学习对方语言等方面的交流与合作，尽早完成相互承认学历学位证书协定的制定工作。

要加强多种形式的文化交流与合作，进一步完善上海合作组织成员国文化部长会晤和上海合作组织成员国艺术节的机制。

要落实莫斯科总理会议期间签署的救灾互助协定，精心准备今秋将举行的紧急救灾部门领导人会议，力争通过具体行动计划。

要研究开展传染病防治等卫生合作，商谈卫生合作文件，探讨建立卫生合作机制。

各位同事，

经过5年的不懈努力，上海合作组织已经具备了继续深入发展的有利条件。让我们把握机遇，精诚合作，推动组织的全面发展，把本地区建设成为一个持久和平、共同繁荣的和谐地区。

上海合作组织成员国政府首脑(总理)理事会会议发表联合公报

2006年9月15日，上海合作组织成员国政府首脑(总理)理事会例行会议(以下简称本组织总理会议)在杜尚别举行。

哈萨克斯坦共和国总理艾哈迈托夫、中华人民共和国国务院总理温家宝、吉尔吉斯共和国总理库洛夫、俄罗斯联邦政府总理弗拉德科夫、塔吉克斯坦共和国总理阿基洛夫和乌兹别克斯坦共和国副总理阿齐莫夫出席会议。

本组织观察员国代表印度共和国国务部长恰范、伊朗伊斯兰共和国副总统阿里·赛义德卢、蒙古国副总理恩赫赛汗、巴基斯坦伊斯兰共和国总理阿齐兹与会，阿富汗伊斯兰共和国第一副总统马苏德、欧亚经济共同体秘书长拉波塔作为东道国客人出席会议。

本组织秘书长张德广和地区反恐怖机构执行委员会主任卡西莫夫列席。

塔吉克斯坦共和国总统拉赫莫诺夫会见了出席会议的各代表团团长。

会议在友好务实的气氛中进行，各方就加强地区稳定和进一步发展本组织框架内合作的迫切问题深入交换了意见。

六国总理结合2006年6月15日上海峰会的共识，研究了本组织成员国经济合作的优先方向，提出了六国在经贸、科技、社会、文化和其他领域合作的一系列具体措施。六国总理指出，2005年10月莫斯科总理会议以来，各方为拓展经贸、人文等领域合作做了大量工作，为进一步深化本组织成员国在上述领域的合作创造了必要前提。

在经贸部长会议、经贸高官委员会会议(以下简称经贸高官会)和各专业工作组会议上，各方研究了落实成员国多边经贸合作纲要措施计划的具体步骤，确定能源、交通、电信领域为近期优先合作领域，商定了本组织首批示范项目。

建立和启动能源工作组、现代信息和电信技术工作组具有重要意义。

六国总理指出,实业家委员会和银行联合体的成立,为本组织经济合作注入了新的活力。

2006年8月24日在塔什干签署的关于合作运营和维护本组织区域经济合作网站的议定书将促进成员国经贸联系不断扩大。

六国总理对中方提供的优惠贷款开始用于本组织框架内的合作项目表示欢迎。

六国总理高度评价大型经济论坛的意义,包括2005年11月在西安举行的首届欧亚经济论坛,2006年6月在上海举行的本组织工商论坛,9月将在伊尔库茨克举行的第四届贝加尔经济论坛。这些论坛促进了地区经济合作的深化。认为举行此类论坛是有益的,作为本组织成员国政府、企业和金融界交流的重要平台,可以吸收其他相关国家商界和社会各界代表参加。

六国总理满意地指出,本组织人文领域合作取得积极进展,它促进了各种文明对话与交流、加强了本组织框架内的相互理解与尊重。2005年7月在阿斯塔纳通过的本组织成员国2005年至2006年多边文化合作计划顺利实施,2006年4月在塔什干通过了2007年至2008年文化合作计划。2006年6月15日签署的本组织成员国政府间教育合作协定为在这一重要和有前景的领域积极开展合作奠定了法律基础。

六国总理认为,应与本地区其他国家和国际组织开展合作,交流经验和信息,实施联合项目和计划。

六国总理充分肯定本组织经济合作取得的成果,认为必须进一步加强本组织在优先领域的工作力度。

六国总理认为,经贸高官会必须有效监督本组织框架内经济合作项目的实施,研提新项目,进一步拓宽和巩固本组织成员国合作的法律基础。

六国总理强调,必须加强本组织秘书处的协调作用,积极发挥实业家委员会和银行联合体的作用,以进一步推动本组织框架内的经济合作。

责成能源工作组会同本组织秘书处尽快研究建立本组织能源俱乐部的可能性。哈方和俄方将就2007年召开本组织成员国能源部门领导人会议向秘书处提交设想,供各方研究。

为加强信息通讯领域合作,现代信息和电信技术工作组必须积极工作,就实施共同项目提出建议。

落实发展过境运输潜力专门工作组选定的旨在改善本组织成员国交通基础设施的示范项目,将为拓展交通领域合作注入新活力。

签署关于加快制定国际道路运输便利化政府间协定草案的谅解备忘录具有积极意义。有关部门及本组织秘书处应加快谈判进程以尽快商定该文件。

六国总理认为,必须进一步发展一体化进程,简化本组织成员国境内国际运输的行政和海关手续。

六国总理指出,发展本组织框架内海关合作具有重要作用,应加快准备和签署政府间海关互助协定,并商定会期举行本组织成员国海关部门领导人会议。

为进一步改善本组织合作的法律基础,创造良好投资环境,在参考该领域现有双边及多边合作经验的基础上继续准备成员国政府间鼓励和相互保护投资协定草案十分重要。

六国总理认为,即将在莫斯科举行的首次环保部长会议,以及完成制定环境保护和合理利用自然资源构想草案,具有非常重要的意义。

授权本组织秘书处,按照现有的本组织法律文件制订本组织与观察员国在经济、人文领域协作的具体行动计划。

有必要以《上海合作组织秘书处与欧亚经济共同体一体化委员会秘书处谅解备忘录》为依据,加强与欧亚经济共同体的协作。本组织秘书处应会同国家协调员理事会就此提出建议,并与欧亚经济共同体秘书处进行协商。

本组织秘书处应会同东盟秘书处研究两组织在经济、社会、文化等共同感兴趣的领域进行磋商与交流经验的形式。

本组织欢迎其他感兴趣的国家和伙伴参与实施组织框架内的合作项目。

六国总理提出了进一步扩大人文领域合作的任务。目前正在筹备举行本组织成员国首次教育部长会议,其任务是制定落实教育合作协定的具体步骤。

六国总理认为,应尽快在本组织框架内开展卫生合作,授权本组织秘书处会同国家协调员理事会研究为此成立专家工作组的问题。

授权本组织秘书处会同国家协调员理事会研究在本组织框架内启动旅游和青年合作的问题。

为落实本组织成员国元首关于提高秘书处在本组织机构体系中作用的指示,六国总理批准了本组织秘书处新的机构设置和编内人员职位设置。

六国总理审议了一系列本组织财务问题。批准了本组织2007年预算。

六国总理商定,下次本组织成员国政府首脑(总理)理事会例行会议将于2007年在塔什干举行。

哈萨克斯坦共和国总理 艾哈迈托夫

中华人民共和国国务院总理 温家宝

吉尔吉斯共和国总理 库洛夫

俄罗斯联邦政府总理 弗拉德科夫

塔吉克斯坦共和国总理 阿基洛夫

乌兹别克斯坦共和国副总理 阿齐莫夫

2006年9月15日于杜尚别签署

国务院总理温家宝在杜尚别与塔吉克斯坦总理阿基洛夫举行会谈

双方就加强中塔睦邻友好、深化经贸等领域合作深入交换意见,达成广泛共识。

温家宝在会谈中指出,中塔关系主要取得以下重要成果:建立了高度政治互信,全面解决了边界问题,在涉及独立、主权和领土完整的重大问题上相互支持,各领域务实合作成效显著,在联合国、上海合作组织等国际和地区组织中协作密切。这些成果是中塔关系的宝贵财富,值得双方倍加珍惜。

两国领导人就今后双方合作的重点领域进行了讨论。双方同意尽早商签《中塔睦邻友好合作条约》,为两国关系发展打下法律基础,使两国睦邻友好合作关系长期稳定发展。

目前,中塔两国贸易规模较小,但增势强劲。在会谈中,双方同意扩大贸易规模,实现贸易方式和结构的多样化;推动在矿产资源开发、基础设施建设等领域的合作,提高经济技术合作的质量;发挥政府职能,落实好中方援、贷款商定项目;完善贸易投资法律基础,为两国企业和人员开展投资和经营活动创造良好条件。

双方同意扩大民间和地方交往,促进青少年交流,增进两国人民的相互了解和友谊,同意加强在执法和安全领域的合作,开展联合反恐反毒行动,严厉打击包括"东突"在内的"三股势力"。

会谈后,温家宝和阿基洛夫出席了中塔双方关于经济技术、卫生、新闻、通信、打击毒品犯罪等合作文件的签字仪式。

国务院总理温家宝在杜尚别会见出席上海合作组织总理会议的外国领导人

在会见吉尔吉斯斯坦总理库洛夫时,双方着重就两国经贸合作交换意见。温家宝表示愿与吉方加快中吉乌公路、吉南部水泥厂两个项目的建设,扩大在矿产、能源领域的合作,希望吉方进一步改善投资环境,为双边经贸合作创造便利条件。

在会见哈萨克斯坦总理艾哈迈托夫时,双方对中哈战略伙伴关系的顺利发展和能源等领域的合作取得重要进展感到高兴。中方高度赞赏哈方在打击包括"东突"在内的"三股势力"问题上所持的坚定立场和对中方提供的帮助。他积极评价两国执法安全部门最近成功举行联合反恐演习,希望双方进一步加强安全合作,维护好两国和地区的和平与安宁。他还表示,中方愿与哈方全力推进在能源、交通等重点领域的大项目合作。

在会见巴基斯坦总理阿齐兹时,温家宝祝贺巴成为亚欧会议的新成员,并表示中方愿与巴方在亚欧会议上保持密切的沟通和配合。温家宝指出,中巴关系保持了全面深入发展的良好势头,双方关于建设中巴自贸区谈判进展顺利,很快可以签署货物贸易协议,这将有力地推动两国经济合作。中方愿继续加强与巴方在能源、资源等领域的合作。

在会见阿富汗第一副总统马苏德时,温家宝说,我们坚定支持阿为维护国家主权和独立所作的努力,希望阿实现和平稳定。中方重视并积极参与阿经济重建,在过去4年里,通过援建工程项目、提供物资援助、培训人员等方式向阿提供了力所能及的帮助。今年中方已承诺再向阿方提供8000万元人民币无偿援助。从今年7月1日起,中方给予阿方278个出口商品零关税待遇。今后两年内,中方还将为阿方各类专业技术人员提供200个培训名额。中方援建的喀布尔共和国医院主楼工程将于今年10月动工,帕尔旺水利修复工程进展顺利。温家宝说,阿富汗是中国的友好邻邦,中国愿进一步加强中阿友好合作,继续为阿经济社会发展和战后重建工作提供力所能及的援助。

在会见伊朗副总统阿里·赛义德卢时,双方表示愿继续发展中伊平等互利的友好合作关系。在谈到伊朗核问题时,温家宝表示,中方支持维护国际核不扩散体系,理解伊方对享有和平利用核能权利的关切。我们主张有关各方加强接触,增进互信,通过外交谈判和平解决伊朗核问题。伊朗核问题现正处于关键时期。几天前,伊方与欧方会晤取得了一些积极进展,这说明仍有和平解决伊朗核问题的希望。希望伊方更加重视国际社会的关切,作出建设性的回应,在铀浓缩问题上显示灵活,为早日复谈、和平解决伊朗核问题创造条件。中方愿与伊方继续保持磋商。

浙赣线电气化技改工程顺利竣工

上午7时54分,随着首趟韶山9型电力机车一声鸣笛,由南昌火车站开往萍乡方向的N627次城际列车顺利始发。这标志着浙赣线电气化技改工程顺利竣工。

浙赣线始建于1899年,1995年5月30日,浙赣复线全线铺通。浙赣线东起杭州,西至株洲,途经浙、赣、湘三省,全长942公里,仅江西省境内就达547公里,是我国长江以南最重要的东西向干线,也是我国铁路网规划中"八纵八横"的重要组成部分。

中共中央政治局常委罗干在人民大会堂会见由政治副领袖奥维尔·德拉诺·伦敦率领的特立尼达和多巴哥人民民族运动党代表团

国务委员陈至立在中南海会见冰岛政府教育科学和文化部部长托尔杰尔迪·卡特琳·贡纳尔斯多蒂尔

一行

全国人大常委会副委员长顾秀莲在北京出席残疾儿童康复工作座谈会并讲话

会议由国务院残疾人工作委员会和国务院妇女儿童工作委员会举办。

顾秀莲说，当前我国残疾儿童康复工作正处在一个发展的关键时期。各地要认真落实胡锦涛总书记、温家宝总理对残疾儿童健康成长问题的重要指示，坚持“儿童优先”的原则，把残疾儿童康复工作纳入经济社会发展大局，加强领导，增加投入，做好残疾儿童康复救助，切实解决残疾儿童康复工作中的实际问题；建立残疾儿童康复工作的长效机制，推动相关法律的制定和修改，完善政策法规体系；进一步动员社会力量关心帮助残疾儿童，营造事业发展的良好环境。

与会人士认为，我国有残疾儿童1170万，对他们给予特别扶助，保护他们的尊严和权益，为他们提供康复、教育、平等参与社会生活的机会，始终是各级政府义不容辞的责任，也是实现残疾人“人人享有康复服务”的重要内容和保障。

9月16日

国务院总理温家宝和塔吉克斯坦总统拉赫莫诺夫在杜尚别共同为500千伏南北高压输变电线项目开工典礼剪彩

拉赫莫诺夫和温家宝先后致辞。

温家宝在致辞时表示，这个项目不仅代表着中塔传统友谊与互利合作不断扩大，而且也是上海合作组织区域经济合作取得的新成果。中国政府高度重视同塔吉克斯坦发展睦邻友好合作关系，将一如既往地支持塔吉克斯坦经济发展和各项建设事业，愿与塔方一道，进一步探讨加强两国互利合作的新方式和新途径，促进两国的共同发展和繁荣。

塔吉克斯坦500千伏南北输变电线项目是中塔经贸合作的重要项目，也是塔方在上海合作组织框架内利用中国政府提供的9亿美元优惠贷款实施的重点项目。

今年6月上海合作组织上海峰会期间，中塔签署了这一项目的商务合同。该项目全长350公里，经首都杜尚别，横跨塔吉克斯坦南北。工程预计于2009年完工。

中华人民共和国政府和塔吉克斯坦共和国政府发表联合公报

应塔吉克斯坦共和国总理阿基洛夫的邀请，中华人民共和国国务院总理温家宝2006年9月14日至16日对塔吉克斯坦共和国进行了正式访问。

温家宝总理会见了塔吉克斯坦共和国总统拉赫莫诺夫，同阿基洛夫总理举行会谈。两国领导人在友好、互信的气氛中就中塔关系以及共同关心的地区和国际问题深入交换意见，达成广泛共识。

中华人民共和国政府和塔吉克斯坦共和国政府(以下简称双方)：

一、双方回顾了中塔建交14年来双边关系的发展历程，高度评价各领域合作取得的显著成果，重申恪守建交以来两国签署的一系列政治文件确立的各项原则，表示愿进一步加强高层交往，深化政治互信，积极落实双方业已达成的共识，扩大各领域交流与合作，将中塔睦邻友好与互利合作关系提高到新的水平。

二、双方指出，中塔边界问题全面解决对推动两国关系发展具有重要意义。双方将严格遵守两国签订的所有关于边界问题的协定和文件，认真做好勘界工作，积极致力于把两国边界建设成为永久和平、世代友好和睦邻的边界。

三、塔吉克斯坦共和国重申奉行一个中国政策，强调中华人民共和国政府是代表全中国的唯一合法政府，台湾是中国领土不可分割的一部分。塔吉克斯坦共和国政府支持中华人民共和国政府为维护国家主权和领土完整所做的努力，反对任何旨在制造“两个中国”或“一中一台”的图谋，反对包括“法理台独”在内的任何形式的“台湾独立”，反对台湾加入任何必须由主权国家参加的国际和地区组织，塔方确认不同台湾建立任何形式的官方关系和进行任何官方往来，中方对此表示高度赞赏。

中华人民共和国重申支持塔吉克斯坦共和国及其领导人为维护国家独立、主权和领土完整及保持国内稳定、发展民族经济所做的努力。

四、双方表示，相互尊重对方根据本国国情选择的发展道路，不允许第三国利用本国领土从事损害另一方国家主权、安全和领土完整的任何活动，不允许在本国领土上成立和存在旨在损害另一方主权、安全和领土完整的组织和团体。

双方将与中亚地区其他国家一道，继续共同致力于维护中亚地区安全与稳定、促进共同发展和繁荣。

五、双方指出，恐怖主义、分裂主义、极端主义仍是本地区安全与稳定的主要威胁。双方将根据《打击恐怖主义、分裂主义和极端主义上海公约》和《中华人民共和国和塔吉克斯坦共和国关于打击恐怖主义、分裂主义和极端主义的合作协定》的规定，加强两国执法安全部门的协调与合作。双方同意在上海合作组织框架内继续采取有力措施，共同打击包括“东突”恐怖势力在内的一切形式的恐怖主义、分裂主义和极端主义，维护两国及本地区的和平与安宁。双方强调，打击“东突”恐怖势力是国际反恐斗争的重要组成部分。

六、双方积极评价近年来中塔经贸合作取得的成果，决心进一步采取有效措施，充分发挥两国政府经贸合作委员会的作用，深入挖掘潜力，创新合作形式，扩大贸易规模，改善贸易结构，增加相互投资，加强经济技术合作，为双方企业开展生产经营活动创造良好条件，不断提高中塔经贸合作的质量和水平。

七、双方表示，将加强两国在交通、通信、电力、地质和矿产资源勘探开发、轻纺、农业、基础设施建设等领域的合作。双方一致认为，当前要重点实施好修建和修复杜尚别—恰纳克公路、塔境内500千伏南北高压输变电线和洛拉佐尔—哈特隆220千伏高压输变电线、沙尔—沙尔隧道及其南北连接线以及电信网改造等大型合作项目。双方将为两国有关部门和企业开展上述项目合作提供便利和支持。

八、双方将根据本国法律，为两国自然人、法人和其他经济组织在本国境内从事正常的贸易、投资和经营活动提供便利条件，采取有效措施切实保护对方公民在本国境内的人身、财产安全及其合法权益。

九、双方将继续发展文化、教育、卫生、旅游和体育等领域的合作，积极促进两国青年团体的交流，鼓励两国地方和民间开展友好交往，进一步加深两国人民的相互了解和友谊。

十、双方指出，当前国际形势正在发生复杂深刻的变化，维护和平、发展、合作是当今时代的潮流。国际社会拥有实现持久和平和普遍发展的良好机遇，也面临错综复杂的各种传统和非传统安全问题。世界各国应在公认的国际法准则基础上，建立互信、互利、平等、相互尊重的新型全球安全架构，以有效应对共同面临的重大挑战。应尊重和维护世界文明的多样性和发展模式的多样化，提倡各种文明彼此尊重、相互交流、取长补短、和谐相处。

十一、双方指出，联合国的改革应是全方位和多领域的，应优先解决发展问题，注重增加发展中国家的代表性并保障发展中国家在联合国决策过程中拥有更大的参与权和发言权。联合国改革事关重大，应通过民主讨论，达成协商一致。双方愿意就联合国改革等共同关心的问题加强磋商与合作。

十二、双方指出，上海合作组织成立5年来，已发展成为深化成员国睦邻互信和互利合作的重要机制，维护地区和平、安全与稳定的重要力量，促进国际关系民主化的重要因素。双方强调，将采取切实措施，与其他成员国一道，推动上海合作组织在安全、经济、人文等领域的多边合作不断深化和拓展，为维护地区安全与稳定、促进成员国共同发展发挥更大的作用。

双方重申，有效落实2004年6月17日签署的上海合作组织成员国禁毒合作协议，开展有效的禁毒合作，对维护本地区和上海合作组织成员国的安全与稳定十分重要。中方支持并愿积极协助塔方作为上海合作组织禁毒合作的牵头方积极开展工作，使禁毒合作尽早取得实际成果。

十三、访问期间，双方签署了《中华人民共和国政府和塔吉克斯坦共和国政府经济技术合作协定》《中华人民共和国公安部和塔吉克斯坦共和国禁毒署关于合作打击非法贩运麻醉药品、精神药物及其前体的协议》《中华人民共和国卫生部与塔吉克斯坦共和国卫生部关于卫生与医学领域合作协议》《中华人民共和国国家广播电影电视总局与塔吉克斯坦共和国政府广播电视委员会合作协议》。

十四、中华人民共和国国务院总理温家宝对塔吉克斯坦共和国领导人和政府给予中方代表团的热情友好接待表示感谢，并邀请塔吉克斯坦共和国总理阿基洛夫在双方方便时访华。阿基洛夫总理愉快地接受了邀请。

中华人民共和国国务院　　塔吉克斯坦共和国
总理　温家宝　　总理　阿基洛夫

2006年9月16日于杜尚别

中共中央政治局常委吴官正在利伯维尔与加蓬民主党总书记森普利斯·盖代·芒泽拉举行会谈

2006中国科协年会在北京开幕

包括190余位两院院士在内的6000余名来自全国各地各学科领域科研、生产、教学第一线的科技工作者和科技企业家参加了开幕式。本届年会将围绕“提高全民科学素质，建设创新型国家”的主题开展系列学术交流活动。

全国人大常委会副委员长王兆国出席开幕式并讲话。他强调，各级科协组织和广大科技工作者要认真贯彻中央的重大决策部署，为提高我国自主创新能力、建设创新型国家多做贡献。

2006中国科协年会是继在杭州、西安、长春、成都、沈阳、博鳌、乌鲁木齐成功举办了7届学术年会后的又一次科技界盛会。从今年开始，中国科协学术年会转型为中国科协年会，定位由学术性向综合性转变，将搭建科技工作者之间，以及科技工作者与政府、企业、公众交流互动的平台。这次年会将在主会场和15个专题分会场同时进行。

开幕式上颁发了中国科协“求是杰出青年奖”和香港求是科技基金会“求是杰出科学家奖”。开幕式结束后，中国工程院院长徐匡迪、北京市市长王岐山、诺贝尔奖获得者丁肇中以及中国科协副主席张启发院士作了大会特邀报告。

王小云获“求是杰出科学家奖”

在2006中国科协年会开幕式上，中国科协和求是基金会对本年度获得求是科技大奖的专家进行表彰。诺贝尔奖获得者杨振宁教授为获得“求是杰出科学家奖”的山东大学特聘教授王小云颁发了获奖证书和奖金100万元人民币，表彰其密码学领域的杰出成就。

密码学是当今互联网及电子商业的核心技术之一，密码设计及破解方面的进展具有极大的科技以及商业意义。经过孜孜不倦的努力，王小云教授发展出一套有高度创新性的数学方法。在过去两年中，她主导的一支中国研究团队成功地破解了一直在国际上广泛应用的两大密码算法MD5和SHA—1，在国际密码学领域引起强烈反响，受到科学界及国际媒体的广泛瞩目。王小云教授及她的团队在2005年将以上的成果发表为4篇论文，被国际公认为近年来国际密码学最出色的成果之一。

同时颁发的还有“求是杰出青年奖”，这个奖项分为实用工程奖和成果转化奖。马化腾、邱明华、张新友、陈索斌、罗永章5人获得“求是杰出青年成果转化奖”；庄亚平等15人获得“杰出青年实用工程奖”。

9月17日

中共中央政治局常委曾庆红等中央领导同志在北京参加全国科普日活动

曾庆红同王兆国、刘淇、刘云山、贺国强、王刚、何勇、韩启德等中央领导同志，来到北京海淀展览馆，与首都各界群众和青少年一起参加全国科普日活动。

2006年全国科普日活动的主题是“节约能源，你我共参与”，“预防疾病，科学生活”。围绕这个主题，各级科协组织联合有关部门面向农村、社区、学校、军营集中开展形式多样、内容丰富的科普活动。

国务院任免国家工作人员

任命葛华勇为驻国际货币基金组织中国执行董事；

免去王小奕的驻国际货币基金组织中国执行董事职务。

“2006中国发达县域经济论坛”在山东省荣成市举行

国务院副总理回良玉在讲话中强调，县域涵盖城镇与乡村，兼有农业与非农产业，是宏观与微观、城市与农村的结合部，是统筹城乡发展的重要载体，在我国经济社会发展中具有举足轻重的地位。我们要全面落实科学发展观，以战略眼光谋划县域经济发展，以全局意识统筹县域经济发展，以科学态度抓好县域经济发展，加快发展壮大县域经济，促进社会主义新农村建设。

回良玉指出，党中央、国务院历来高度重视县域经济的发展。改革开放以来，尤其是党的十六大提出“壮大县域经济”以来，我国县域经济进入了加快发展的新阶段，对促进农业发展、农村繁荣、农民富裕发挥了重要作用，对实现国民经济平稳较快发展作出了重大贡献。同时也要看到，县域经济发展总体水平不高，县域之间发展很不平衡，县域内经济社会发展还不协调，发展县域经济的任务仍相当艰巨。

回良玉强调，当前和今后一个时期，是全面建设小康社会、加快社会主义现代化建设的关键时期，也是工业化、城镇化加快推进的重要时期。县(市)作为功能相对齐备的最基本的经济社会单元，其地位更加重要，作用更加突出。发展壮大县域经济，是推进社会主义新农村建设的重要途径，是促进区域协调发展的重要举措，是确保国民经济平稳较快增长的重要支撑。我们要抢抓机遇，顺势而为，努力开创县域经济发展的新局面。

回良玉指出，发展县域经济要立足县域实际，突出重点任务，落实各项举措，创新发展模式，提高发展质量，增强发展活力。要着力建设现代农业，充分拓展农业的多种功能、发挥农业的多重作用，严格保护耕地特别是基本农田，实现粮食稳定发展。要着力培育特色支柱产业，发挥区域优势，突出地方特色，做大做强龙头企业。要着力加快小城镇发展，统筹城乡产业布局，推动乡镇企业向小城镇集中，繁荣小城镇经济，增强辐射带动能力。要着力加强县域基础设施建设，重点加强农田水利、耕地质量和生态建设，加强农村饮水、公路、能源、通信、电网和信息化工程建设，改善农村的生产生活条件。要着力推进体制机制创新，加快建立城乡互动、平等发展的有效机制和要素合理配置、产品有序流动的市场体系，为发展县域经济提供动力源泉和制度保障。要着力扩大县域对外开放，改善县域投资环境，积极引进国内外投资、先进技术、管理经验和优秀人才，提升县域产业层次，打造一批具有国际竞争力的企业。

回良玉要求，各地区、各部门要高度重视县域经济发展，努力营造良好环境。各级政府要切实加大扶持力度，进一步调动县级发展经济的积极性，增强县域经济发展的能力。大中城市要履行市带县的责任，积极推动城市基础设施和公共服务向县域的延伸，引导城市产业向县域转移,实现县域与大中城市经济发展的良性互动。县域之间要分工合作,逐步形成专业化生产和社会化分工的县域经济发展格局。要认真总结推广发达县的成功经验,充分发挥发达县的示范带头作用,推动县域经济又快又好地发展。

全国建筑业职业技能大赛表彰大会在人民大会堂举行

国务委员兼国务院秘书长华建敏出席表彰大会并发表讲话。

华建敏就加快培育高技能人才队伍提出三点意见:一要高度重视高技能人才队伍建设。大力提倡不唯学历、不唯职称、不唯资历、不唯身份的新观念,破除轻视技能劳动和技能劳动者的旧观念,努力营造有利于高技能人才脱颖而出的社会氛围。二要切实抓好农民工职业技能培训。要把提高农民工科学文化和职业技能水平作为一项事关全局的战略任务,坚持不懈地抓紧抓好抓出成效来。有关部门要完善对农民工的培训补贴办法,制定鼓励农民工参加职业技能鉴定、获取国家职业资格证书的政策。三要加快构建多元化的职业技能培训体系。加快发展各类职业技能培训机构,形成政府、企业、社会相结合的多元化职业技能教育和培训格局。同时,要在技能培养、考核评价、岗位使用、竞赛选拔、技术交流、表彰激励、合理流动等方面,制定并实施相应的激励政策,形成促进高技能人才成长和发挥作用的制度环境。

作为全国建设行业农民工的优秀代表,韩美建等12人获全国建筑业职工技能大赛一等奖,刘先曾等20人获二等奖,邰家亮等48人获三等奖。根据有关文件的规定,建设部、劳动和社会保障部、中华全国总工会、共青团中央决定,授予此次大赛各工种第一名"全国五一劳动奖章",授予一等奖获得者"全国技术能手""全国技术状元""全国青年岗位能手"和"全国建设行业技术能手"称号,授予二等奖和三等奖获得者"全国建设行业技术能手"称号。

全国建筑业职工技能大赛是由建设部、劳动和社会保障部、中华全国总工会、共青团中央共同举办的。

国务委员唐家璇在钓鱼台国宾馆与印度尼西亚政治法律和安全事务统筹部部长维多多举行中国与印尼副总理级对话机制首次会议

中国超级稻发展战略研讨会上在沈阳召开

"中国超级稻研究计划"实施十年来,我国科学家成功培育出一批具有自主知识产权的超级稻新品种,实现了百亩连片单产800公斤/亩,开始在生产上发挥大面积的增产作用。据不完全统计,1999—2005年,我国累计推广种植超级稻新品种约2亿亩,覆盖了长江流域稻区、华南稻区和东北稻区,累计增产稻谷120亿公斤,为提高我国粮食综合生产能力作出了巨大贡献。

据介绍,目前经过专家评审认定的49个超级稻品种,总体表现产量潜力大、品质好、抗病性强,深受农民欢迎。2006年农业部组织东北三省示范推广种植了沈农、吉粳等系列的超级稻品种14个,合计种植面积达1300万亩。经专家抽样测产,大面积平均亩产将超过600公斤,比当地普通品种和高产品种分别增产15%和10%,比2005年东北三省水稻平均亩产提高100公斤以上。

农业部计划到2010年,超级稻推广面积达到全国水稻种植面积的30%,每亩平均增产60公斤,带动全国水稻单产水平明显提高,继续保持我国水稻育种国际领先水平。

9月18日

国家主席胡锦涛在人民大会堂会见意大利总理普罗迪

胡锦涛说,中意关系已进入新的发展阶段,双方政治互信增强,互利合作扩大,多边合作密切。"意大利年"在中国取得了极大成功。我们对意大利政府重视发展对华关系、坚持奉行一个中国政策表示赞赏。

胡锦涛说,中意两国之间没有根本的利害冲突,也不存在任何悬而未决的问题,进一步发展中意关系有着广阔前景。中方愿与意方共同努力,扩大两国经贸、投资,特别是中小企业等领域的互利合作,加强双方科技、文化、教育等领域的人文交流,不断充实中意全面战略伙伴关系的内涵,以造福于两国和两国人民。

胡锦涛表示,中方愿进一步深化中欧政治交往和战略合作,提高合作的质量和水平,妥善处理彼此关切,共同建设持久和平、普遍繁荣的和谐世界。

全国人大常委会委员长吴邦国在哈尔滨会见俄罗斯联邦会议联邦委员会主席米罗诺夫

中俄立法机构圆桌会议在哈尔滨举行

全国人大常委会委员长吴邦国和俄罗斯联邦会议联邦委员会主席米罗诺夫共同出席会议并在开幕式上致辞。

开幕式后举行了全体会议,下午进行了分组讨论。中俄两国立法机构、政府有关部门和地方立法机构负责人围绕事先确定的议题进行了广泛深入的交流,达成许多共识。

中俄立法机构圆桌会议是由中国全国人大和俄联邦委员会共同举办的。中俄两国立法机构、政府有关部门、地方立法机构和政府负责人100多人出席了会议。

全国人大常委会委员长吴邦国在中俄立法机构圆桌会议上发表题为《服务中俄关系的发展大局》的致辞

尊敬的米罗诺夫主席,

各位同事,

女士们、先生们,朋友们:

我很高兴与各位新老朋友相聚在金秋的哈尔滨,共同出席中俄立法机构圆桌会议。这次会议是"俄罗斯年"的一项重要活动,对增进两国人民的相互了解与友谊,加强两国立法机构的友好交往与合作,推动中俄战略协作伙伴关系的深入发展具有重要意义。

首先,我代表中国全国人大对会议的召开表示热烈的祝贺,向与会的各位朋友表示热烈的欢迎,对两国有关方面为此所做的大量工作表示衷心的感谢。在这里,我还要特别感谢米罗诺夫主席,是他去年访华时与我共同商定召开这次会议,为中俄立法机构合作搭建了新的平台。

我们高兴地看到,近年来,在双方的共同努力下,中俄关系达到前所未有的高水平。两国高层交往频繁,政治互信不断增强,经贸合作蓬勃发展,战略协作日益密切。两国建立了元首、立法机构、总理等高层会晤机制,制定并签署了《中俄睦邻友好合作条约》及200多个法律性文件,彻底解决了历史遗留的边界问题。双方在涉及各自国家主权和领土完整的问题上相互支持,在重大国际和地区事务中密切沟通与配合。双边贸易额从10年前的不足70亿美元,增加到2005年的291亿美元,增长了3倍多。照这样的发展速度,双方共同确定的2010年双边贸易额达到600亿—800亿美元的目标有望提前实现。实践充分证明,中俄战略协作伙伴关系的深入发展,不仅给两国和两国人民带来了实实在在的利益,也有力地促进了地区与世界的和平与发展。

今年是中俄关系发展的重要一年。普京总统年初成功访华,与胡锦涛主席一道,对发展中俄战略协作伙伴关系作出了全面规划,明确把增进政治互信、加强相互支持、深化务实合作、协调经济发展战略、扩大人文交流等作为深化两国关系的努力方向。两国元首在上海合作组织峰会等多边场合频繁会晤,两国立法机构、政府领导人多次接触,中俄能源、经贸、投资等大项目合作进入实质阶段,"俄罗斯年"活动正在中国蓬勃开展,其他层次和领域的交流与合作也呈现出一派喜人的景象。

两国立法机构交往是中俄战略协作伙伴关系的重要组成部分,也是推动两国各领域合作的重要途径。近年来,两国立法机构交流日益密切,合作领域不断扩大,合作实效明显增强。自2003年以来,米罗诺夫主席、格雷兹洛夫主席和我进行了多次互访。两国立法机构专门委员会、友好小组、办事机构开展了多种形式的交流与合作。两国立法机构举办或参与了中俄边境和地区合作论坛、贝加尔经济论坛、远东国际经济大会等一系列旨在促进双边经贸关系发展的重要活动。去年,中国全国人大分别与俄联邦委员会和国家杜马签署了合作委员会章程,启动了中俄立法机构定期交流机制。今年5月,我应邀访俄,分别与米罗诺夫主席和格雷兹洛夫主席共同主持了中国全国人大与俄联邦委员会、俄国家杜马合作委员会第一次会议,就中俄关系、立法机构合作和共同关心的其他重要问题深入交换了意见,达成了重要共识,还发表了新闻公报,标志着中俄立法机构合作实现机制化。

为落实双方达成的共识,进一步深化两国立法机构交流与合作,我认为当前应着力做好以下几件事:

一是继续完善双边合作的法律基础。应紧跟中俄关系的前进步伐,及时依法按程序批准两国签署的法律性文件,修改和完善与两国关系发展不相适应的法律法规,为深化中俄战略协作伙伴关系营造良好的法制环境。当前,中俄投资合作发展迅速,为保护投资者的合法权益,双方应尽快签署和批准中俄投资保护协定。应进一步加强立法、严格执法,着力解决双边贸易中存在的突出问题,规范贸易秩序,切实保护经营者的合法权益。应充分发挥监督职能,督促两国政府和有关方面,把双边已经签署的法律性文件执行好、贯彻好、落实好。

二是有针对性地开展立法交流。虽然中俄两国国情不同,但在发展中会遇到相似的问题。加强立法交流,可以相互借鉴有益经验,提高立法质量,更好地保障本国经济社会的协调发展。目前,中俄都在完善市场经济体制,而市场经济本身就是法制经济,双方应加强在促进区域经济协调发展、建立统一开放竞争有序市场体系、完善宏观调控等方面的立法交流。中国提出构建社会主义和谐社会,俄罗斯也在进行社会改革,都需要通过法律手段协调和保障不同阶层的利益,激发社会活力,促进社会公平与正义,双方应加强在就业、收入分配、社会保障、教育、环境等方面的立法交流。俄罗斯在维护国家稳定和安全,特别是在加强对非政府组织和互联网的管理方面有着丰富的立法经验,中方愿意学习借鉴。双方还可就科学立法、民主立法的具体做法进行交流。

三是重点推动经贸领域的务实合作。应发挥两国立法机构信息密集、人才荟萃、联系广泛的优势，为两国经贸合作尤其是企业合作牵线搭桥，积极推动两国经贸领域的大项目合作。应根据两国市场经济不断发展、法律法规调整较大的特点，积极帮助参与合作的企业更好地了解彼此国家的情况、熟悉相关的法律法规，保障双方经贸合作依法有序进行。应注意从对方的区域发展战略中把握合作机遇，积极促进地方合作。中国正在实施推进西部大开发、振兴东北地区等老工业基地、促进中部地区崛起和鼓励东部地区率先发展的区域发展战略，我们欢迎俄方企业积极参与。俄方也制定了开发远东和西伯利亚的战略，我们鼓励中方企业积极响应。双方还应积极推动各自国家的市场、资源、资金、技术、人才等要素参与合作，实现优势互补，促进共同发展。

四是积极参与"国家年"活动。中俄互办"国家年"，是两国元首作出的重要政治决定，是两国关系史上的一大创举，对增进相互理解与信任，深化务实合作，推动两国战略协作伙伴关系向前发展具有重要的现实意义和深远的历史意义。两国立法机构是"国家年"活动的积极支持者和重要参与者。目前，"俄罗斯年"各项活动进展顺利，取得了明显成效。明年将在俄罗斯举办"中国年"。为配合"中国年"活动，中国全国人大建议在俄举办中俄立法机构高级研讨会、在华召开两国立法机构合作委员会第二次会议、邀请俄企业家代表团访华、组织中国全国人大青年代表友好访问团和地方人大代表团访俄等一系列活动。希望两国立法机构及有关方面把"国家年"的有关活动组织好、落实好，务求取得实效。

各位同事、朋友们，

中俄互为最大邻国，又是战略协作伙伴。无论国际风云如何变幻，深化睦邻友好、加强互利合作、发展战略协作伙伴关系，始终是两国外交政策的战略优先方向。中国全国人大愿同俄联邦委员会一道，继续加强往来，为促进务实合作、推动中俄战略协作伙伴关系深入发展作出新的更大的贡献。

最后，祝中俄立法机构圆桌会议取得圆满成功！

国务院总理温家宝在人民大会堂与意大利总理普罗迪举行会谈

双方就共同推进中意全面战略伙伴关系达成广泛共识。

温家宝提出应进一步加强两国在四个战略领域的合作。他强调，中意应在政治上深化战略合作，特别是密切在联合国改革、反恐、发展等重大问题上协调与配合。在经济方面要进一步加强以下三个方面的合作：一是为两国中小企业开展合作提供更多的政策支持；二是扩大双边贸易，妥善解决贸易摩擦和不平衡问题。三是拓展双方在服务贸易、农产品加工、交通物流、城市规划建设等方面的合作。在环保和科技领域，要积极推动新能源、可持续发展、生态资源保护等方面的合作。在教育和文化方面，要继续扩大交流与合作，鼓励联合办学和增派留学生。中方愿适时在意大利举办中国文化年。

关于中欧关系，温家宝说，刚刚举行的第九次中欧领导人会晤很成功，一个重要的标志是双方宣布启动中欧商签伙伴合作协定的谈判，它将有力地推动中欧在全面战略合作伙伴关系的基础上，进一步加深政治、经济、文化等领域的交流与合作。

温家宝指出，自上世纪50年代以来，欧洲许多国家领导人在不同时期的对华政策上作出了一系列积极和重要决策。事实证明，他们当时的决定是正确的，也是有远见的。与过去相比，今天的中国发生了巨大变化。中欧关系没有理由不取得更快、更大的发展。希望欧洲能有更多的有识之士为促进中欧关系发展作出贡献。

会谈后，两国总理出席了双方在农业、科技、教育、医疗、卫生等领域双边合作文件的签字仪式，并共同会见了记者。

国务院总理温家宝在人民大会堂会见印尼政治法律安全统筹部长维多多

中央台办与国民党台商服务中心访问团在北京举行第二次保护台商合法权益工作会谈并达成十项共同意见

依据2005年4月29日中国共产党中央委员会总书记胡锦涛与中国国民党主席连战会谈达成的有关共识，中共中央台湾工作办公室常务副主任郑立中及有关部门负责人与中国国民党副主席江丙坤率领的中国国民党台商服务中心访问团今天在北京举行第二次保护台商合法权益工作会谈。双方回顾总结了落实第一次会谈共同意见的情况，交换了建立和规范两党有关工作机构保护台商合法权益、保护大陆同胞在台合法权益工作流程和运行机制的意见，并就进一步加强保护两岸同胞合法权益工作，落实"双向合作、平等保护"精神进行了富有成效的会谈，达成以下共同意见：

——继续推动落实2005年11月1日第一次保护台商合法权益工作会谈达成的十项共同意见，按商定的工作流程、运行机制和沟通热线处理保护两岸同胞合法权益事宜。加强完善工作机制，每年举行一到两次工作会谈。

——关于台商投资保护问题。中共中央台办将继续积极会同有关部门，对《台湾同胞投资保护法》及《台湾同胞投资保护法实施细则》的贯彻落实开展执法检查，加大对台商投资的保护力度。

——关于台商税赋问题。大陆有关部门将继续推进依法治税，贯彻落实鼓励台商投资的各项税收优惠政策，加强对台商进行税收政策及法规的宣传。双方促进避免对已依法纳税的企业和个人所得在两岸重复征税，对台商个人所得税的核算方式进行深入研究。

——关于台湾民众往来大陆便捷化问题。大陆公安部门将视情增加办理一次入出境有效"台湾居民来往大陆通行证"及签注手续的城市。

——关于劳工保险问题。大陆有关部门将努力创造条件为台湾同胞在大陆就业提供便利。在大陆就业的台湾居民可以同大陆居民一样参加社会保险，享受社会保险待遇。大陆有关部门将指导各地完善基本医疗保险、就医管理和支付规定，为在大陆就业的台湾同胞就医和报销提供方便，并加快工伤保险制度的改革，完善工伤保险制度，加强工伤保险的社会化管理。

——关于两岸共同打击犯罪问题。大陆公安部门将加强与台湾有关方面的联系和协作，依法严厉打击涉及两岸的走私、贩毒、诈骗等各类刑事犯罪活动，遏制此类犯罪的高发势头与蔓延趋势；加大专案攻坚力度，侦破一批大案要案；压缩犯罪活动空间，切实保护两岸同胞的生命和财产安全。

——关于专利、商标事务合作问题。双方商定：大陆有关部门将积极研究开放台湾居民参加大陆专利代理人考试的问题，积极推动两岸相关专业人员的交流，推动两岸有关授权民间机构早日在"两岸和平发展共同愿景"的基础上就专利、商标事务合作进行磋商，制定切实可行的合作办法。

双方高度重视两岸知名商标的权益保护问题，积极开展商标权益保护领域的交流活动，加深了解，增进共识。双方将就构建稳定的两岸商标保护合作机制进行探讨，消除两岸商标保护中的各种障碍。

——关于推动两岸民间仲裁机构的交流、加强相关业务培训问题。双方将继续推动大陆有关专家学者、从业人员与台湾业者开展学术交流和业务商谈，加强两岸业界人士的信息交流，积极开展以仲裁规则等为内容的业务培训工作。将继续推动各地仲裁委员会增聘台籍仲裁员，保护台商合法权益。

——关于两岸在标准化领域开展合作的问题。双方均对两岸在标准化领域开展合作取得的进展表示肯定。大陆有关方面希望与台湾标准化相关领域加强信息交流，在共同感兴趣的领域开展合作。

——基于维护台湾农民权益，希望台湾当局允许台湾农产品由高雄直航厦门。

会谈中，中共中央台办表示，本着"双向合作、平等保护"的精神，希望中国国民党有关工作机构就首先推动台湾产水果直接运往大陆、解除对台资企业投资大陆的限制、取消对大陆商品输入台湾地区的不合理限制、避免对已依法在大陆纳税的台商投资企业重复征税、保护大陆同胞在台合法权益、保护大陆知名商标在台合法权益、两岸民间仲裁机构交流及人员培训等问题，敦促台湾当局采取实际行动。中国国民党台商服务中心访问团对此表示将予以积极推动。

国际货运代理协会联合会年会在上海举行

国务院副总理吴仪为年会发来贺信。

吴仪在贺信中说，国际货运代理协会联合会成立80年来，已发展成为国际货物运输领域中最大的行业组织，为国际贸易和世界经济的发展作出了积极贡献。2006年会是中国申办的第一次年会，对中国的货代物流业的发展具有重要意义。与世界水平相比，中国货代物流业还有一定的差距，但中国经济的持续快速增长以及第十一个五年规划的实施为货代物流业的发展，为中外货代物流企业的合作提供了广阔的空间。

吴仪希望并相信，国际货运代理协会联合会2006中国·上海年会，必将进一步拓宽国内外物流和货代企业的合作领域，为国际贸易和世界经济的发展作出更大的贡献。

国际货运代理协会联合会2006年会与会代表超过1000人，为期4天的大会将以货代物流行业的产业发展、区域合作和市场开拓为主线，就多式联运、空运、信息技术应用、危险品运输、海关事务和职业培训等议题展开广泛讨论。

成立于1926年的国际货运代理协会联合会是全球物流运输行业最大的非政府和非营利的国际组织，现有国家和地区级会员超过100个，个体会员超过5000个。

中国在IMF中的投票权从2.98%升至3.72%

国际货币基金组织（IMF）184个成员在新加坡投票通过增加中国、韩国、墨西哥和土耳其投票权的决议，从而使这4个国家在该组织中拥有更多的发言权。占总投票权90.6%的成员对该组织有关增加上述4国投票权的决议投了支持票。

根据上述决议，中国在国际货币基金组织中所占的投票权从2.98%提升至3.72%；韩国从0.77%提升至1.35%；墨西哥从1.21%提升至1.45%；土耳其从0.45%提升至0.55%。

中非合作论坛特别高官会在北京闭幕

在此次特别高官会上,来自中国和48个非洲国家的代表就峰会各项筹备工作充分交换意见,进行平等、友好的协商,达成许多共识。

中非合作论坛北京峰会中方筹委会秘书长、商务部副部长魏建国和非洲国家驻华使团团长、喀麦隆驻华大使埃蒂安在闭幕式上致辞。

国务委员陈至立在纽约出席由联合国教科文组织和美国国务院 教育部及国际开发署联合主办的白宫全球扫盲会议

陈至立在介绍中国扫盲情况时说,中国是世界上人口最多的国家。为把沉重的人口压力转化为巨大的人力资源,中国政府始终致力于发展教育事业、扫除文盲、提高人口素质。1949年新中国成立时,全国小学入学率只有20%,文盲率高达80%。经过历届中国政府的不懈努力,到2005年年底,全国普及九年义务教育和扫除青壮年文盲地区的人口覆盖率已提高到95%,小学入学率达到99%,青壮年文盲率下降到4%以下。中国同时实现了"文盲人口减半"全民教育目标和"贫困人口减半"的千年发展目标。

外交部部长李肇星在纽约分别会见美国国务卿赖斯和墨西哥外长德韦斯

外交部部长李肇星在纽约出席《2001—2010年支援最不发达国家行动纲领》中期审评高级别会议

李肇星在会上呼吁各方积极落实就这一《行动纲领》所做的承诺。

李肇星在发言中强调,发达国家应尽快落实联合国关于官方发展援助占其国民总收入0.7%的目标,并将其国民总收入的0.15%—0.20%用于最不发达国家,同时发达国家不晚于2008年给予最不发达国家所有出口产品"免关税、免配额"的市场准入。

李肇星指出,中国迄今已向49个最不发达国家提供了1701笔援助或援款,建成成套项目799个,免除36个最不发达国家172笔对华债务,给予与中国建交的最不发达国家部分商品免关税待遇,积极参加了多边减债计划。他还表示,在今年11月举行的中非合作论坛峰会上,中国将提出支持非洲国家加快发展的新举措。

外交部发言人秦刚就美国国务院"2006年度国际宗教自由报告"发表谈话

有记者问,近日,美国国务院发表了"2006年度国际宗教自由报告",其涉华部分继续指责中国的宗教政策和宗教自由状况。请问你对此有何评论?

秦刚说,美国国务院所谓"2006年度国际宗教自由报告"涉华部分,继续无端指责中国的宗教和民族政策,违反国际关系基本准则,干涉中国内政。我们对此表示强烈不满和坚决反对。

秦刚说,中国政府依法保护公民宗教信仰自由。中国各民族、各地区人民依法享有充分的宗教信仰自由。这是不容歪曲的事实。

他说,我们要求美方改弦易辙,正视自己国内存在的宗教自由等问题,停止利用宗教问题干涉中国内政。

中国的泰山等6处国家地质公园在第二届世界地质公园大会上被评为世界地质公园

联合国教科文组织在英国北爱尔兰首府贝尔法斯特召开第二届世界地质公园大会,泰山、王屋山—黛眉山、雷琼、房山、镜泊湖和伏牛山等6处国家地质公园被评为世界地质公园。

9月19日

国务院总理温家宝签署第474号令公布《风景名胜区条例》

《风景名胜区条例》已经2006年9月6日国务院第149次常务会议通过,现予公布,自2006年12月1日起施行。

总 理 温家宝

2006年9月19日

风景名胜区条例

第一章 总 则

第一条 为了加强对风景名胜区的管理,有效保护和合理利用风景名胜资源,制定本条例。

第二条 风景名胜区的设立、规划、保护、利用和管理,适用本条例。

本条例所称风景名胜区,是指具有观赏、文化或者科学价值,自然景观、人文景观比较集中,环境优美,可供人们游览或者进行科学、文化活动的区域。

第三条 国家对风景名胜区实行科学规划、统一管理、严格保护、永续利用的原则。

第四条 风景名胜区所在地县级以上地方人民政府设置的风景名胜区管理机构,负责风景名胜区的保护、利用和统一管理工作。

第五条 国务院建设主管部门负责全国风景名胜区的监督管理工作。国务院其他有关部门按照国务院规定的职责分工,负责风景名胜区的有关监督管理工作。

省、自治区人民政府建设主管部门和直辖市人民政府风景名胜区主管部门,负责本行政区域内风景名胜区的监督管理工作。省、自治区、直辖市人民政府其他有关部门按照规定的职责分工,负责风景名胜区的有关监督管理工作。

第六条 任何单位和个人都有保护风景名胜资源的义务,并有权制止、检举破坏风景名胜资源的行为。

第二章 设 立

第七条 设立风景名胜区,应当有利于保护和合理利用风景名胜资源。

新设立的风景名胜区与自然保护区不得重合或者交叉;已设立的风景名胜区与自然保护区重合或者交叉的,风景名胜区规划与自然保护区规划应当相协调。

第八条 风景名胜区划分为国家级风景名胜区和省级风景名胜区。

自然景观和人文景观能够反映重要自然变化过程和重大历史文化发展过程,基本处于自然状态或者保持历史原貌,具有国家代表性的,可以申请设立国家级风景名胜区;具有区域代表性的,可以申请设立省级风景名胜区。

第九条 申请设立风景名胜区应当提交包含下列内容的有关材料:

(一)风景名胜资源的基本状况;

(二)拟设立风景名胜区的范围以及核心景区的范围;

(三)拟设立风景名胜区的性质和保护目标;

(四)拟设立风景名胜区的游览条件;

(五)与拟设立风景名胜区内的土地、森林等自然资源和房屋等财产的所有权人、使用权人协商的内容和结果。

第十条 设立国家级风景名胜区,由省、自治区、直辖市人民政府提出申请,国务院建设主管部门会同国务院环境保护主管部门、林业主管部门、文物主管部门等有关部门组织论证,提出审查意见,报国务院批准公布。

设立省级风景名胜区,由县级人民政府提出申请,省、自治区人民政府建设主管部门或者直辖市人民政府风景名胜区主管部门,会同其他有关部门组织论证,提出审查意见,报省、自治区、直辖市人民政府批准公布。

第十一条 风景名胜区内的土地、森林等自然资源和房屋等财产的所有权人、使用权人的合法权益受法律保护。

申请设立风景名胜区的人民政府应当在报请审批前,与风景名胜区内的土地、森林等自然资源和房屋等财产的所有权人、使用权人充分协商。

因设立风景名胜区对风景名胜区内的土地、森林等自然资源和房屋等财产的所有权人、使用权人造成损失的,应当依法给予补偿。

第三章 规 划

第十二条 风景名胜区规划分为总体规划和详细规划。

第十三条 风景名胜区总体规划的编制,应当体现人与自然和谐相处、区域协调发展和经济社会全面进步的要求,坚持保护优先、开发服从保护的原则,突出风景名胜资源的自然特性、文化内涵和地方特色。

风景名胜区总体规划应当包括下列内容:

(一)风景资源评价;

(二)生态资源保护措施、重大建设项目布局、开发利用强度;

(三)风景名胜区的功能结构和空间布局;

(四)禁止开发和限制开发的范围;

(五)风景名胜区的游客容量;

(六)有关专项规划。

第十四条 风景名胜区应当自设立之日起2年内编制完成总体规划。总体规划的规划期一般为20年。

第十五条 风景名胜区详细规划应当根据核心景区和其他景区的不同要求编制,确定基础设施、旅游设施、文化设施等建设项目的选址、布局与规模,并明确建设用地范围和规划设计条件。

风景名胜区详细规划,应当符合风景名胜区总体规划。

第十六条 国家级风景名胜区规划由省、自治区人民政府建设主管部门或者直辖市人民政府风景名胜区主管部门组织编制。

省级风景名胜区规划由县级人民政府组织编制。

第十七条 编制风景名胜区规划,应当采用招标等公平竞争的方式选择具有相应资质等级的单位承担。

风景名胜区规划应当按照经审定的风景名胜区范围、性质和保护目标,依照国家有关法律、法规和技术规范编制。

第十八条 编制风景名胜区规划,应当广泛征求有关部门、公众和专家的意见;必要时,应当进行听证。

风景名胜区规划报送审批的材料应当包括社会各界的意见以及意见采纳的情况和未予采纳的理由。

第十九条 国家级风景名胜区的总体规划,由省、自治区、直辖市人民政府审查后,报国务院审批。

国家级风景名胜区的详细规划,由省、自治区人民政府建设主管部门或者直辖市人民政府风景名胜区主管部门报国务院建设主管部门审批。

第二十条 省级风景名胜区的总体规划,由省、自治区、直辖市人民政府审批,报国务院建设主管部门备案。

省级风景名胜区的详细规划，由省、自治区人民政府建设主管部门或者直辖市人民政府风景名胜区主管部门审批。

第二十一条 风景名胜区规划经批准后，应当向社会公布，任何组织和个人有权查阅。

风景名胜区内的单位和个人应当遵守经批准的风景名胜区规划，服从规划管理。

风景名胜区规划未经批准的，不得在风景名胜区内进行各类建设活动。

第二十二条 经批准的风景名胜区规划不得擅自修改。确需对风景名胜区总体规划中的风景名胜区范围、性质、保护目标、生态资源保护措施、重大建设项目布局、开发利用强度以及风景名胜区的功能结构、空间布局、游客容量进行修改的，应当报原审批机关批准；对其他内容进行修改的，应当报原审批机关备案。

风景名胜区详细规划确需修改的，应当报原审批机关批准。

政府或者政府部门修改风景名胜区规划对公民、法人或者其他组织造成财产损失的，应当依法给予补偿。

第二十三条 风景名胜区总体规划的规划期届满前2年，规划的组织编制机关应当组织专家对规划进行评估，作出是否重新编制规划的决定。在新规划批准前，原规划继续有效。

第四章 保 护

第二十四条 风景名胜区内的景观和自然环境，应当根据可持续发展的原则，严格保护，不得破坏或者随意改变。

风景名胜区管理机构应当建立健全风景名胜资源保护的各项管理制度。

风景名胜区内的居民和游览者应当保护风景名胜区的景物、水体、林草植被、野生动物和各项设施。

第二十五条 风景名胜区管理机构应当对风景名胜区内的重要景观进行调查、鉴定，并制定相应的保护措施。

第二十六条 在风景名胜区内禁止进行下列活动：

(一)开山、采石、开矿、开荒、修坟立碑等破坏景观、植被和地形地貌的活动；

(二)修建储存爆炸性、易燃性、放射性、毒害性、腐蚀性物品的设施；

(三)在景物或者设施上刻划、涂污；

(四)乱扔垃圾。

第二十七条 禁止违反风景名胜区规划，在风景名胜区内设立各类开发区和在核心景区内建设宾馆、招待所、培训中心、疗养院以及与风景名胜资源保护无关的其他建筑物；已经建设的，应当按照风景名胜区规划，逐步迁出。

第二十八条 在风景名胜区内从事本条例第二十六条、第二十七条禁止范围以外的建设活动，应当经风景名胜区管理机构审核后，依照有关法律、法规的规定办理审批手续。

在国家级风景名胜区内修建缆车、索道等重大建设工程，项目的选址方案应当报国务院建设主管部门核准。

第二十九条 在风景名胜区内进行下列活动，应当经风景名胜区管理机构审核后，依照有关法律、法规的规定报有关主管部门批准：

(一)设置、张贴商业广告；

(二)举办大型游乐等活动；

(三)改变水资源、水环境自然状态的活动；

(四)其他影响生态和景观的活动。

第三十条 风景名胜区内的建设项目应当符合风景名胜区规划，并与景观相协调，不得破坏景观、污染环境、妨碍游览。

在风景名胜区内进行建设活动的，建设单位、施工单位应当制订污染防治和水土保持方案，并采取有效措施，保护好周围景物、水体、林草植被、野生动物资源和地形地貌。

第三十一条 国家建立风景名胜区管理信息系统，对风景名胜区规划实施和资源保护情况进行动态监测。

国家级风景名胜区所在地的风景名胜区管理机构应当每年向国务院建设主管部门报送风景名胜区规划实施和土地、森林等自然资源保护的情况；国务院建设主管部门应当将土地、森林等自然资源保护的情况，及时抄送国务院有关部门。

第五章 利用和管理

第三十二条 风景名胜区管理机构应当根据风景名胜区的特点，保护民族民间传统文化，开展健康有益的游览观光和文化娱乐活动，普及历史文化和科学知识。

第三十三条 风景名胜区管理机构应当根据风景名胜区规划，合理利用风景名胜资源，改善交通、服务设施和游览条件。

风景名胜区管理机构应当在风景名胜区内设置风景名胜区标志和路标、安全警示等标牌。

第三十四条 风景名胜区内宗教活动场所的管理，依照国家有关宗教活动场所管理的规定执行。

风景名胜区内涉及自然资源保护、利用、管理和文物保护以及自然保护区管理的，还应当执行国家有关法律、法规的规定。

第三十五条　国务院建设主管部门应当对国家级风景名胜区的规划实施情况、资源保护状况进行监督检查和评估。对发现的问题，应当及时纠正、处理。

第三十六条　风景名胜区管理机构应当建立健全安全保障制度，加强安全管理，保障游览安全，并督促风景名胜区内的经营单位接受有关部门依据法律、法规进行的监督检查。

禁止超过允许容量接纳游客和在没有安全保障的区域开展游览活动。

第三十七条　进入风景名胜区的门票，由风景名胜区管理机构负责出售。门票价格依照有关价格的法律、法规的规定执行。

风景名胜区内的交通、服务等项目，应当由风景名胜区管理机构依照有关法律、法规和风景名胜区规划，采用招标等公平竞争的方式确定经营者。

风景名胜区管理机构应当与经营者签订合同，依法确定各自的权利义务。经营者应当缴纳风景名胜资源有偿使用费。

第三十八条　风景名胜区的门票收入和风景名胜资源有偿使用费，实行收支两条线管理。

风景名胜区的门票收入和风景名胜资源有偿使用费应当专门用于风景名胜资源的保护和管理以及风景名胜区内财产的所有权人、使用权人损失的补偿。具体管理办法，由国务院财政部门、价格主管部门会同国务院建设主管部门等有关部门制定。

第三十九条　风景名胜区管理机构不得从事以营利为目的的经营活动，不得将规划、管理和监督等行政管理职能委托给企业或者个人行使。

风景名胜区管理机构的工作人员，不得在风景名胜区内的企业兼职。

第六章　法律责任

第四十条　违反本条例的规定，有下列行为之一的，由风景名胜区管理机构责令停止违法行为、恢复原状或者限期拆除，没收违法所得，并处50万元以上100万元以下的罚款：

(一)在风景名胜区内进行开山、采石、开矿等破坏景观、植被、地形地貌的活动的；

(二)在风景名胜区内修建储存爆炸性、易燃性、放射性、毒害性、腐蚀性物品的设施的；

(三)在核心景区内建设宾馆、招待所、培训中心、疗养院以及与风景名胜资源保护无关的其他建筑物的。

县级以上地方人民政府及其有关主管部门批准实施本条第一款规定的行为的，对直接负责的主管人员和其他直接责任人员依法给予降级或者撤职的处分；构成犯罪的，依法追究刑事责任。

第四十一条　违反本条例的规定，在风景名胜区内从事禁止范围以外的建设活动，未经风景名胜区管理机构审核的，由风景名胜区管理机构责令停止建设、限期拆除，对个人处2万元以上5万元以下的罚款，对单位处20万元以上50万元以下的罚款。

第四十二条　违反本条例的规定，在国家级风景名胜区内修建缆车、索道等重大建设工程，项目的选址方案未经国务院建设主管部门核准，县级以上地方人民政府有关部门核发选址意见书的，对直接负责的主管人员和其他直接责任人员依法给予处分；构成犯罪的，依法追究刑事责任。

第四十三条　违反本条例的规定，个人在风景名胜区内进行开荒、修坟立碑等破坏景观、植被、地形地貌的活动的，由风景名胜区管理机构责令停止违法行为、限期恢复原状或者采取其他补救措施，没收违法所得，并处1000元以上1万元以下的罚款。

第四十四条　违反本条例的规定，在景物、设施上刻划、涂污或者在风景名胜区内乱扔垃圾的，由风景名胜区管理机构责令恢复原状或者采取其他补救措施，处50元的罚款；刻划、涂污或者以其他方式故意损坏国家保护的文物、名胜古迹的，按照治安管理处罚法的有关规定予以处罚；构成犯罪的，依法追究刑事责任。

第四十五条　违反本条例的规定，未经风景名胜区管理机构审核，在风景名胜区内进行下列活动的，由风景名胜区管理机构责令停止违法行为、限期恢复原状或者采取其他补救措施，没收违法所得，并处5万元以上10万元以下的罚款；情节严重的，并处10万元以上20万元以下的罚款：

(一)设置、张贴商业广告的；

(二)举办大型游乐等活动的；

(三)改变水资源、水环境自然状态的活动的；

(四)其他影响生态和景观的活动。

第四十六条　违反本条例的规定，施工单位在施工过程中，对周围景物、水体、林草植被、野生动物资源和地形地貌造成破坏的，由风景名胜区管理机构责令停止违法行为、限期恢复原状或者采取其他补救措施，并处2万元以上10万元以下的罚款；逾期未恢复原状或者采取有效措施的，由风景名胜区管理机构责令停止施工。

第四十七条　违反本条例的规定，国务院建设主管部门、县级以上地方人民政府及其有关主管部门有下列行为之一的，对直接负责的主管人员和其他直接责任人员依法给予处分；构成犯罪的，依法追究刑事责任：

(一)违反风景名胜区规划在风景名胜区内设立各类开发区的；

(二)风景名胜区自设立之日起未在2年内编制完成风景名胜区总体规划的;

(三)选择不具有相应资质等级的单位编制风景名胜区规划的;

(四)风景名胜区规划批准前批准在风景名胜区内进行建设活动的;

(五)擅自修改风景名胜区规划的;

(六)不依法履行监督管理职责的其他行为。

第四十八条 违反本条例的规定,风景名胜区管理机构有下列行为之一的,由设立该风景名胜区管理机构的县级以上地方人民政府责令改正;情节严重的,对直接负责的主管人员和其他直接责任人员给予降级或者撤职的处分;构成犯罪的,依法追究刑事责任:

(一)超过允许容量接纳游客或者在没有安全保障的区域开展游览活动的;

(二)未设置风景名胜区标志和路标、安全警示等标牌的;

(三)从事以营利为目的的经营活动的;

(四)将规划、管理和监督等行政管理职能委托给企业或者个人行使的;

(五)允许风景名胜区管理机构的工作人员在风景名胜区内的企业兼职的;

(六)审核同意在风景名胜区内进行不符合风景名胜区规划的建设活动的;

(七)发现违法行为不予查处的。

第四十九条 本条例第四十条第一款、第四十一条、第四十三条、第四十四条、第四十五条、第四十六条规定的违法行为,依照有关法律、行政法规的规定,有关部门已经予以处罚的,风景名胜区管理机构不再处罚。

第五十条 本条例第四十条第一款、第四十一条、第四十三条、第四十四条、第四十五条、第四十六条规定的违法行为,侵害国家、集体或者个人的财产的,有关单位或者个人应当依法承担民事责任。

第五十一条 依照本条例的规定,责令限期拆除在风景名胜区内违法建设的建筑物、构筑物或者其他设施的,有关单位或者个人必须立即停止建设活动,自行拆除;对继续进行建设的,作出责令限期拆除决定的机关有权制止。有关单位或者个人对责令限期拆除决定不服的,可以在接到责令限期拆除决定之日起15日内,向人民法院起诉;期满不起诉又不自行拆除的,由作出责令限期拆除决定的机关依法申请人民法院强制执行,费用由违法者承担。

第七章 附 则

第五十二条 本条例自2006年12月1日起施行。1985年6月7日国务院发布的《风景名胜区管理暂行条例》同时废止。

国务院总理温家宝签署第475号令公布《防治海洋工程建设项目污染损害海洋环境管理条例》

《防治海洋工程建设项目污染损害海洋环境管理条例》已经2006年8月30日国务院第148次常务会议通过,现予公布,自2006年11月1日起施行。

总 理 温家宝

2006年9月19日

防治海洋工程建设项目污染损害海洋环境管理条例

第一章 总 则

第一条 为了防治和减轻海洋工程建设项目(以下简称海洋工程)污染损害海洋环境,维护海洋生态平衡,保护海洋资源,根据《中华人民共和国海洋环境保护法》,制定本条例。

第二条 在中华人民共和国管辖海域内从事海洋工程污染损害海洋环境防治活动,适用本条例。

第三条 本条例所称海洋工程,是指以开发、利用、保护、恢复海洋资源为目的,并且工程主体位于海岸线向海一侧的新建、改建、扩建工程。具体包括:

(一)围填海、海上堤坝工程;

(二)人工岛、海上和海底物资储藏设施、跨海桥梁、海底隧道工程;

(三)海底管道、海底电(光)缆工程;

(四)海洋矿产资源勘探开发及其附属工程;

(五)海上潮汐电站、波浪电站、温差电站等海洋能源开发利用工程;

(六)大型海水养殖场、人工鱼礁工程;

(七)盐田、海水淡化等海水综合利用工程;

(八)海上娱乐及运动、景观开发工程;

(九)国家海洋主管部门会同国务院环境保护主管部门规定的其他海洋工程。

第四条 国家海洋主管部门负责全国海洋工程环境保护工作的监督管理,并接受国务院环境保护主管部门的指导、协调和监督。沿海县级以上地方人民政府海洋主管部门负责本行政区域毗邻海域海洋工程环境保护工作的监督管理。

第五条 海洋工程的选址和建设应当符合海洋功能区划、海洋环境保护规划和国家有关环境保护标准,不得影响海洋功能区的环境质量或者损害相邻海域的功能。

第六条 国家海洋主管部门根据国家重点海域污染物排海总量控制指标,分配重点海域海洋工程污染物排海控制数量。

第七条 任何单位和个人对海洋工程污染损害海

洋环境、破坏海洋生态等违法行为,都有权向海洋主管部门进行举报。

接到举报的海洋主管部门应当依法进行调查处理,并为举报人保密。

第二章 环境影响评价

第八条 国家实行海洋工程环境影响评价制度。

海洋工程的环境影响评价,应当以工程对海洋环境和海洋资源的影响为重点进行综合分析、预测和评估,并提出相应的生态保护措施,预防、控制或者减轻工程对海洋环境和海洋资源造成的影响和破坏。

海洋工程环境影响报告书应当依据海洋工程环境影响评价技术标准及其他相关环境保护标准编制。编制环境影响报告书应当使用符合国家海洋主管部门要求的调查、监测资料。

第九条 海洋工程环境影响报告书应当包括下列内容:

(一)工程概况;

(二)工程所在海域环境现状和相邻海域开发利用情况;

(三)工程对海洋环境和海洋资源可能造成影响的分析、预测和评估;

(四)工程对相邻海域功能和其他开发利用活动影响的分析及预测;

(五)工程对海洋环境影响的经济损益分析和环境风险分析;

(六)拟采取的环境保护措施及其经济、技术论证;

(七)公众参与情况;

(八)环境影响评价结论。

海洋工程可能对海岸生态环境产生破坏的,其环境影响报告书中应当增加工程对近岸自然保护区等陆地生态系统影响的分析和评价。

第十条 新建、改建、扩建海洋工程的建设单位,应当委托具有相应环境影响评价资质的单位编制环境影响报告书,报有核准权的海洋主管部门核准。

海洋主管部门在核准海洋工程环境影响报告书前,应当征求海事、渔业主管部门和军队环境保护部门的意见;必要时,可以举行听证会。其中,围填海工程必须举行听证会。

海洋主管部门在核准海洋工程环境影响报告书后,应当将核准后的环境影响报告书报同级环境保护主管部门备案,接受环境保护主管部门的监督。

海洋工程建设单位在办理项目审批、核准、备案手续时,应当提交经海洋主管部门核准的海洋工程环境影响报告书。

第十一条 下列海洋工程的环境影响报告书,由国家海洋主管部门核准:

(一)涉及国家海洋权益、国防安全等特殊性质的工程;

(二)海洋矿产资源勘探开发及其附属工程;

(三)50公顷以上的填海工程,100公顷以上的围海工程;

(四)潮汐电站、波浪电站、温差电站等海洋能源开发利用工程;

(五)由国务院或者国务院有关部门审批的海洋工程。

前款规定以外的海洋工程的环境影响报告书,由沿海县级以上地方人民政府海洋主管部门根据沿海省、自治区、直辖市人民政府规定的权限核准。

海洋工程可能造成跨区域环境影响并且有关海洋主管部门对环境影响评价结论有争议的,该工程的环境影响报告书由其共同的上一级海洋主管部门核准。

第十二条 海洋主管部门应当自收到海洋工程环境影响报告书之日起60个工作日内,作出是否核准的决定,书面通知建设单位。

需要补充材料的,应当及时通知建设单位,核准期限从材料补齐之日起重新计算。

第十三条 海洋工程环境影响报告书核准后,工程的性质、规模、地点、生产工艺或者拟采取的环境保护措施等发生重大改变的,建设单位应当委托具有相应环境影响评价资质的单位重新编制环境影响报告书,报原核准该工程环境影响报告书的海洋主管部门核准;海洋工程自环境影响报告书核准之日起超过5年方开工建设的,应当在工程开工建设前,将该工程的环境影响报告书报原核准该工程环境影响报告书的海洋主管部门重新核准。

海洋主管部门在重新核准海洋工程环境影响报告书后,应当将重新核准后的环境影响报告书报同级环境保护主管部门备案。

第十四条 建设单位可以采取招标方式确定海洋工程的环境影响评价单位。其他任何单位和个人不得为海洋工程指定环境影响评价单位。

第十五条 从事海洋工程环境影响评价的单位和有关技术人员,应当按照国务院环境保护主管部门的规定,取得相应的资质证书和资格证书。

国务院环境保护主管部门在颁发海洋工程环境影响评价单位的资质证书前,应当征求国家海洋主管部门的意见。

第三章 海洋工程的污染防治

第十六条 海洋工程的环境保护设施应当与主体工程同时设计、同时施工、同时投产使用。

第十七条 海洋工程的初步设计,应当按照环境保护设计规范和经核准的环境影响报告书的要求，编制环境保护篇章，落实环境保护措施和环境保护投资概算。

第十八条 建设单位应当在海洋工程投入运行之日30个工作日前，向原核准该工程环境影响报告书的海洋主管部门申请环境保护设施的验收；海洋工程投入试运行的，应当自该工程投入试运行之日起60个工作日内，向原核准该工程环境影响报告书的海洋主管部门申请环境保护设施的验收。

分期建设、分期投入运行的海洋工程，其相应的环境保护设施应当分期验收。

第十九条 海洋主管部门应当自收到环境保护设施验收申请之日起30个工作日内完成验收；验收不合格的，应当限期整改。

海洋工程需要配套建设的环境保护设施未经海洋主管部门验收或者经验收不合格的，该工程不得投入运行。

建设单位不得擅自拆除或者闲置海洋工程的环境保护设施。

第二十条 海洋工程在建设、运行过程中产生不符合经核准的环境影响报告书的情形的，建设单位应当自该情形出现之日起20个工作日内组织环境影响的后评价，根据后评价结论采取改进措施，并将后评价结论和采取的改进措施报原核准该工程环境影响报告书的海洋主管部门备案；原核准该工程环境影响报告书的海洋主管部门也可以责成建设单位进行环境影响的后评价，采取改进措施。

第二十一条 严格控制围填海工程。禁止在经济生物的自然产卵场、繁殖场、索饵场和鸟类栖息地进行围填海活动。

围填海工程使用的填充材料应当符合有关环境保护标准。

第二十二条 建设海洋工程，不得造成领海基点及其周围环境的侵蚀、淤积和损害，危及领海基点的稳定。

进行海上堤坝、跨海桥梁、海上娱乐及运动、景观开发工程建设的，应当采取有效措施防止对海岸的侵蚀或者淤积。

第二十三条 污水离岸排放工程排污口的设置应当符合海洋功能区划和海洋环境保护规划，不得损害相邻海域的功能。

污水离岸排放不得超过国家或者地方规定的排放标准。在实行污染物排海总量控制的海域，不得超过污染物排海总量控制指标。

第二十四条 从事海水养殖的养殖者，应当采取科学的养殖方式，减少养殖饵料对海洋环境的污染。因养殖污染海域或者严重破坏海洋景观的，养殖者应当予以恢复和整治。

第二十五条 建设单位在海洋固体矿产资源勘探开发工程的建设、运行过程中，应当采取有效措施，防止污染物大范围悬浮扩散，破坏海洋环境。

第二十六条 海洋油气矿产资源勘探开发作业中应当配备油水分离设施、含油污水处理设备、排油监控装置、残油和废油回收设施、垃圾粉碎设备。

海洋油气矿产资源勘探开发作业中所使用的固定式平台、移动式平台、浮式储油装置、输油管线及其他辅助设施，应当符合防渗、防漏、防腐蚀的要求；作业单位应当经常检查，防止发生漏油事故。

前款所称固定式平台和移动式平台，是指海洋油气矿产资源勘探开发作业中所使用的钻井船、钻井平台、采油平台和其他平台。

第二十七条 海洋油气矿产资源勘探开发单位应当办理有关污染损害民事责任保险。

第二十八条 海洋工程建设过程中需要进行海上爆破作业的，建设单位应当在爆破作业前报告海洋主管部门，海洋主管部门应当及时通报海事、渔业等有关部门。

进行海上爆破作业，应当设置明显的标志、信号，并采取有效措施保护海洋资源。在重要渔业水域进行炸药爆破作业或者进行其他可能对渔业资源造成损害的作业活动的，应当避开主要经济类鱼虾的产卵期。

第二十九条 海洋工程需要拆除或者改作他用的，应当报原核准该工程环境影响报告书的海洋主管部门批准。拆除或者改变用途后可能产生重大环境影响的，应当进行环境影响评价。

海洋工程需要在海上弃置的，应当拆除可能造成海洋环境污染损害或者影响海洋资源开发利用的部分，并按照有关海洋倾倒废弃物管理的规定进行。

海洋工程拆除时，施工单位应当编制拆除的环境保护方案，采取必要的措施，防止对海洋环境造成污染和损害。

第四章 污染物排放管理

第三十条 海洋油气矿产资源勘探开发作业中产生的污染物的处置，应当遵守下列规定：

(一)含油污水不得直接或者经稀释排放入海，应当经处理符合国家有关排放标准后再排放；

(二)塑料制品、残油、废油、油基泥浆、含油垃圾和其他有毒有害残液残渣，不得直接排放或者弃置入海，应当集中储存在专门容器中，运回陆地处理。

第三十一条 严格控制向水基泥浆中添加油类，确需添加的，应当如实记录并向原核准该工程环境影响报告书的海洋主管部门报告添加油的种类和数量。

禁止向海域排放含油量超过国家规定标准的水基泥浆和钻屑。

第三十二条　建设单位在海洋工程试运行或者正式投入运行后，应当如实记录污染物排放设施、处理设备的运转情况及其污染物的排放、处置情况，并按照国家海洋主管部门的规定，定期向原核准该工程环境影响报告书的海洋主管部门报告。

第三十三条　县级以上人民政府海洋主管部门，应当按照各自的权限核定海洋工程排放污染物的种类、数量，根据国务院价格主管部门和财政部门制定的收费标准确定排污者应当缴纳的排污费数额。

排污者应当到指定的商业银行缴纳排污费。

第三十四条　海洋油气矿产资源勘探开发作业中应当安装污染物流量自动监控仪器，对生产污水、机舱污水和生活污水的排放进行计量。

第三十五条　禁止向海域排放油类、酸液、碱液、剧毒废液和高、中水平放射性废水；严格限制向海域排放低水平放射性废水，确需排放的，应当符合国家放射性污染防治标准。

严格限制向大气排放含有毒物质的气体，确需排放的，应当经过净化处理，并不得超过国家或者地方规定的排放标准；向大气排放含放射性物质的气体，应当符合国家放射性污染防治标准。

严格控制向海域排放含有不易降解的有机物和重金属的废水；其他污染物的排放应当符合国家或者地方标准。

第三十六条　海洋工程排污费全额纳入财政预算，实行“收支两条线”管理，并全部专项用于海洋环境污染防治。具体办法由国务院财政部门会同国家海洋主管部门制定。

第五章　污染事故的预防和处理

第三十七条　建设单位应当在海洋工程正式投入运行前制定防治海洋工程污染损害海洋环境的应急预案，报原核准该工程环境影响报告书的海洋主管部门和有关主管部门备案。

第三十八条　防治海洋工程污染损害海洋环境的应急预案应当包括以下内容：

(一)工程及其相邻海域的环境、资源状况；

(二)污染事故风险分析；

(三)应急设施的配备；

(四)污染事故的处理方案。

第三十九条　海洋工程在建设、运行期间，由于发生事故或者其他突发性事件，造成或者可能造成海洋环境污染事故时，建设单位应当立即向可能受到污染的沿海县级以上地方人民政府海洋主管部门或者其他有关主管部门报告，并采取有效措施，减轻或者消除污染，同时通报可能受到危害的单位和个人。

沿海县级以上地方人民政府海洋主管部门或者其他有关主管部门接到报告后，应当按照污染事故分级规定及时向县级以上人民政府和上级有关主管部门报告。县级以上人民政府和有关主管部门应当按照各自的职责，立即派人赶赴现场，采取有效措施，消除或者减轻危害，对污染事故进行调查处理。

第四十条　在海洋自然保护区内进行海洋工程建设活动，应当按照国家有关海洋自然保护区的规定执行。

第六章　监督检查

第四十一条　县级以上人民政府海洋主管部门负责海洋工程污染损害海洋环境防治的监督检查，对违反海洋污染防治法律、法规的行为进行查处。

县级以上人民政府海洋主管部门的监督检查人员应当严格按照法律、法规规定的程序和权限进行监督检查。

第四十二条　县级以上人民政府海洋主管部门依法对海洋工程进行现场检查时，有权采取下列措施：

(一)要求被检查单位或者个人提供与环境保护有关的文件、证件、数据以及技术资料等，进行查阅或者复制；

(二)要求被检查单位负责人或者相关人员就有关问题作出说明；

(三)进入被检查单位的工作现场进行监测、勘查、取样检验、拍照、摄像；

(四)检查各项环境保护设施、设备和器材的安装、运行情况；

(五)责令违法者停止违法活动，接受调查处理；

(六)要求违法者采取有效措施，防止污染事态扩大。

第四十三条　县级以上人民政府海洋主管部门的监督检查人员进行现场执法检查时，应当出示规定的执法证件。用于执法检查、巡航监视的公务飞机、船舶和车辆应当有明显的执法标志。

第四十四条　被检查单位和个人应当如实提供材料，不得拒绝或者阻碍监督检查人员依法执行公务。

有关单位和个人对海洋主管部门的监督检查工作应当予以配合。

第四十五条　县级以上人民政府海洋主管部门对违反海洋污染防治法律、法规的行为，应当依法作出行政处理决定；有关海洋主管部门不依法作出行政处理决定的，上级海洋主管部门有权责令其依法作出行政处理决定或者直接作出行政处理决定。

第七章　法律责任

第四十六条　建设单位违反本条例规定，有下列行为之一的，由负责核准该工程环境影响报告书的海洋主管部门责令停止建设、运行，限期补办手续，并处5万元以上20万元以下的罚款：

（一）环境影响报告书未经核准，擅自开工建设的；

（二）海洋工程环境保护设施未申请验收或者经验收不合格即投入运行的。

第四十七条　建设单位违反本条例规定，有下列行为之一的，由原核准该工程环境影响报告书的海洋主管部门责令停止建设、运行，限期补办手续，并处5万元以上20万元以下的罚款：

（一）海洋工程的性质、规模、地点、生产工艺或者拟采取的环境保护措施发生重大改变，未重新编制环境影响报告书报原核准该工程环境影响报告书的海洋主管部门核准的；

（二）自环境影响报告书核准之日起超过5年，海洋工程方开工建设，其环境影响报告书未重新报原核准该工程环境影响报告书的海洋主管部门核准的；

（三）海洋工程需要拆除或者改作他用时，未报原核准该工程环境影响报告书的海洋主管部门批准或者未按要求进行环境影响评价的。

第四十八条　建设单位违反本条例规定，有下列行为之一的，由原核准该工程环境影响报告书的海洋主管部门责令限期改正；逾期不改正的，责令停止运行，并处1万元以上10万元以下的罚款：

（一）擅自拆除或者闲置环境保护设施的；

（二）未在规定时间内进行环境影响后评价或者未按要求采取整改措施的。

第四十九条　建设单位违反本条例规定，有下列行为之一的，由县级以上人民政府海洋主管部门责令停止建设、运行，限期恢复原状；逾期未恢复原状的，海洋主管部门可以指定具有相应资质的单位代为恢复原状，所需费用由建设单位承担，并处恢复原状所需费用1倍以上2倍以下的罚款：

（一）造成领海基点及其周围环境被侵蚀、淤积或者损害的；

（二）违反规定在海洋自然保护区内进行海洋工程建设活动的。

第五十条　建设单位违反本条例规定，在围填海工程中使用的填充材料不符合有关环境保护标准的，由县级以上人民政府海洋主管部门责令限期改正；逾期不改正的，责令停止建设、运行，并处5万元以上20万元以下的罚款；造成海洋环境污染事故，直接负责的主管人员和其他直接责任人员构成犯罪的，依法追究刑事责任。

第五十一条　建设单位违反本条例规定，有下列行为之一的，由原核准该工程环境影响报告书的海洋主管部门责令限期改正；逾期不改正的，处1万元以上5万元以下的罚款：

（一）未按规定报告污染物排放设施、处理设备的运转情况或者污染物的排放、处置情况的；

（二）未按规定报告其向水基泥浆中添加油的种类和数量的；

（三）未按规定将防治海洋工程污染损害海洋环境的应急预案备案的；

（四）在海上爆破作业前未按规定报告海洋主管部门的；

（五）进行海上爆破作业时，未按规定设置明显标志、信号的。

第五十二条　建设单位违反本条例规定，进行海上爆破作业时未采取有效措施保护海洋资源的，由县级以上人民政府海洋主管部门责令限期改正；逾期未改正的，处1万元以上10万元以下的罚款。

建设单位违反本条例规定，在重要渔业水域进行炸药爆破或者进行其他可能对渔业资源造成损害的作业，未避开主要经济类鱼虾产卵期的，由县级以上人民政府海洋主管部门予以警告、责令停止作业，并处5万元以上20万元以下的罚款。

第五十三条　海洋油气矿产资源勘探开发单位违反本条例规定向海洋排放含油污水，或者将塑料制品、残油、废油、油基泥浆、含油垃圾和其他有毒有害残液残渣直接排放或者弃置入海的，由国家海洋主管部门或者其派出机构责令限期清理，并处2万元以上20万元以下的罚款；逾期未清理的，国家海洋主管部门或者其派出机构可以指定有相应资质的单位代为清理，所需费用由海洋油气矿产资源勘探开发单位承担；造成海洋环境污染事故，直接负责的主管人员和其他直接责任人员构成犯罪的，依法追究刑事责任。

第五十四条　海水养殖者未按规定采取科学的养殖方式，对海洋环境造成污染或者严重影响海洋景观的，由县级以上人民政府海洋主管部门责令限期改正；逾期不改正的，责令停止养殖活动，并处清理污染或者恢复海洋景观所需费用1倍以上2倍以下的罚款。

第五十五条　建设单位未按本条例规定缴纳排污费的，由县级以上人民政府海洋主管部门责令限期缴纳；逾期拒不缴纳的，处应缴纳排污费数额2倍以上3倍以下的罚款。

第五十六条　违反本条例规定，造成海洋环境污染损害的，责任者应当排除危害，赔偿损失。完全由于第三者的故意或者过失造成海洋环境污染损害的，由第三者排除危害，承担赔偿责任。

违反本条例规定，造成海洋环境污染事故，直接负责的主管人员和其他直接责任人员构成犯罪的，依法追究刑事责任。

第五十七条 海洋主管部门的工作人员违反本条例规定，有下列情形之一的，依法给予行政处分；构成犯罪的，依法追究刑事责任：

(一)未按规定核准海洋工程环境影响报告书的；

(二)未按规定验收环境保护设施的；

(三)未按规定对海洋环境污染事故进行报告和调查处理的；

(四)未按规定征收排污费的；

(五)未按规定进行监督检查的。

第八章 附 则

第五十八条 船舶污染的防治按照国家有关法律、行政法规的规定执行。

第五十九条 本条例自2006年11月1日起施行。

全国政协主席贾庆林在北京会见出席中华海外联谊会二届二次理事大会的理事

全国政协副主席、中央统战部部长刘延东，全国政协副主席周铁农等参加了会见。

第三届中国国际安全生产论坛暨中国国际安全生产及职业健康展览会在北京举行

该活动由国家安监总局和国际劳工组织共同举办。国务委员兼国务院秘书长华建敏出席论坛开幕式并致辞。华建敏说，中国政府一贯高度重视安全生产工作和对劳动者健康的保护，把实现安全发展作为落实科学发展观的重要体现，进一步确立了“安全第一、预防为主、综合治理”的工作方针，从加强行业安全管理、增加安全生产投入、推动安全科技进步、完善经济调控政策、加强教育培训、健全安全监管体制等方面采取了一系列有力政策措施，使安全生产呈现总体稳定、趋向好转的发展态势，最大限度地维护了公众生命安全与健康。

本届论坛的主题是：“安全发展与和谐社会”。来自20多个国家和地区的政府机构、组织和公司的代表400余人出席了论坛。开幕式前，华建敏会见了国际劳工组织副总干事迪奥普等国外及港澳地区嘉宾，国家安监总局局长李毅中等参加了会见。

国家主席胡锦涛根据全国人大常委会的决定任免驻外大使

一、免去马恩汉的中华人民共和国驻葡萄牙共和国特命全权大使职务；

任命高克祥为中华人民共和国驻葡萄牙共和国特命全权大使。

二、免去郭崇立的中华人民共和国驻肯尼亚共和国特命全权大使职务；

任命张明为中华人民共和国驻肯尼亚共和国特命全权大使。

三、免去罗兴武的中华人民共和国驻约旦哈希姆王国特命全权大使职务；

任命宫小生为中华人民共和国驻约旦哈希姆王国特命全权大使。

四、免去陈京华的中华人民共和国驻苏里南共和国特命全权大使职务；

任命苏格为中华人民共和国驻苏里南共和国特命全权大使。

五、免去赵振宇的中华人民共和国驻牙买加特命全权大使职务；

任命陈京华为中华人民共和国驻牙买加特命全权大使。

北京奥组委主席刘淇出席第一次驻华使节奥运情况介绍会并讲话

来自110余个国家的170余位驻华使节出席了此次介绍会。

刘淇在讲话中指出，我们将本着“同一个世界，同一个梦想”的主旨精神，为各国运动员创造良好竞赛成绩，为各国媒体采访报道奥运会，为各国来宾观摩奥运会提供一流的服务。我们将遵循三项基本原则做好奥运会服务工作：一是遵守国际奥委会规定及惯例；二是平等对待，标准统一；三是尊重个性，注重细节。我们将在服务项目、内容、方式等方面不断进行改进，向各客户群提供高水平的服务。第一，我们将为各国家和地区奥委会、各国运动员提供良好的参赛和生活服务。第二，我们将按照国际惯例为国家元首、政府首脑、王室代表等国际贵宾在礼宾、注册、交通、住宿、票务、安保等方面提供便利、高效的服务和特殊礼遇。第三，媒体是全球各地观众欣赏奥运会的重要渠道。目前，我国政府部门正在制定相关政策，为各国媒体开展奥运会采访工作提供符合奥运会惯例和我们所做承诺的各种安排，并提供优质的服务，我们正在兑现着我们的承诺。第四，我们将进一步加强对北京奥运会赞助企业的服务。第五，我们将为世界各国观众提供场馆内外全方位服务。

外交部部长助理何亚非致辞。北京市副市长、北京奥组委执行副主席刘敬民向各国驻华使节介绍了北京2008年奥运会筹备工作总体情况。

9月20日

国务院总理温家宝主持召开国务院常务会议

会议审议并原则通过《长城保护条例(草案)》，决定将《国家自然科学基金条例(草案)》向社会公布广泛征求意见。

会议认为,长城是世界文化遗产,是中华民族的象征。加强长城的保护,对于弘扬以爱国主义为核心的民族精神,更好地发挥文化遗产在社会主义精神文明建设中的作用,具有重要意义。为此,有必要根据《中华人民共和国文物保护法》,制定《长城保护条例》。要坚持科学规划、原状保护的原则,制定长城保护总体规划,明确长城所在地政府的责任,调动社会各界积极性,对长城实行整体保护、分段管理,严格规范长城利用行为。会议决定,该条例草案经进一步修改后,由国务院公布施行。

会议指出,设立国家自然科学基金,是实施科教兴国和人才强国战略的重要举措。根据《中华人民共和国科学技术进步法》制定的《国家自然科学基金条例(草案)》,对国家自然科学基金的资助范围、申请与评审、项目实施、监督与管理等作出了明确、具体的规定。会议决定,将该条例草案向社会公布,经广泛征求意见后,再由国务院审议批准并公布施行。

会议还研究了其他事项。

全国政协主席贾庆林在人民大会堂会见出席海峡两岸妇女系列交流活动的台湾及港澳妇女人士

全国政协主席贾庆林在人民大会堂会见各民主党派 工商联 无党派人士为全面建设小康社会做贡献经验交流暨表彰大会代表

各民主党派 工商联 无党派人士为全面建设小康社会做贡献经验交流暨表彰大会在北京举行

全国人大常委会副委员长、民建中央主席成思危作了主题报告。他总结了各民主党派、工商联和无党派人士为全面建设小康社会做贡献取得成绩的主要经验:一是始终不渝地接受中国共产党的领导,自觉维护多党合作的政治格局,坚持走中国特色政治发展道路,与中国共产党风雨同舟、亲密合作;二是牢固树立科学发展观,坚持围绕中心、服务大局,遵从人民群众的根本利益,把发展作为参政议政的第一要务;三是注重发挥各自的界别优势,形成各自在小康社会建设中的优势领域,开展和推进各具特色、丰富多彩的服务实践活动;四是坚持不懈地推进自身建设,不断增强成员的整体素质,努力提高各级组织履行职能的能力,使自身建设的水平与全面建设小康社会的要求相适应。

全国政协副主席、中共中央统战部部长刘延东在会上讲话。她希望各民主党派、工商联和无党派人士牢固树立和落实科学发展观,着眼推进社会主义经济建设、政治建设、文化建设和社会建设,充分发挥参政议政、民主监督的政治优势,群英荟萃、智力密集的人才优势,协调关系、化解矛盾的功能优势,联系广泛、内引外联的资源优势,强化理论学习,抓住发展要务,推进政治文明,突出和谐重点,促进祖国统一,增强自身素质,使围绕中心、服务大局更加富有特色、更加富有成效,在全面建设小康社会的伟大实践中再立新功。

全国人大常委会副委员长、民进中央主席许嘉璐宣读表彰先进集体和先进个人决定。有142个单位获先进集体荣誉,460名个人获先进个人荣誉。受表彰的先进集体和先进个人代表先后发言,出席大会的全体代表在会上提出了《各民主党派、工商联、无党派人士为全面建设小康社会做贡献倡议书》。

全国人大常委会副委员长、九三学社中央主席韩启德主持会议。

何鲁丽、蒋正华、罗豪才、周铁农、黄孟复、张怀西、张梅颖、张榕明等,全国政协、中共中央统战部以及中央和国家有关部门负责人出席了大会。

会议由中共中央统战部、各民主党派中央和全国工商联联合举办。

上海合作组织成员国最高法院院长会议在上海召开

国家主席胡锦涛发来贺信,向会议表示热烈的祝贺,向前来参加会议的各国最高法院院长和大法官表示诚挚的欢迎。

中共中央政治局常委、中央政法委书记罗干出席开幕式并致辞。

胡锦涛在贺信中说,上海合作组织成立5年多来,顺应求和平、促发展、谋合作的时代主旋律,倡导和实践互信、互利、平等、协商、尊重多样文明、谋求共同发展的"上海精神",全面深化和拓展了成员国政治、安全、经济、人文等领域的务实合作,向国际社会鲜明展示了和平、合作、开放的良好形象。

胡锦涛指出,通过法律手段协调国际关系,推动建立公正合理的国际政治经济新秩序,日益成为各国政府的重要选择,成为法律界人士的共同责任。司法合作是上海合作组织工作的重要组成部分。开展成员国最高法院的交流与合作,对于防范和惩治跨国犯罪、打击"三股势力"、促进本地区和平与发展具有重要意义。

胡锦涛表示,中国坚持依法治国的基本方略,积极推进建设社会主义法治国家的进程。中国政府高度重视上海合作组织框架内的司法合作,愿与各成员国政府一道,秉承"上海精神",遵循《上海合作组织宪章》及其他有关法律文件,努力完善司法合作机制,不断提高司法合作水平。相信这次会议必将进一步促进上海合作组织成员国的司法交流与合作，为推动建设持久和平、共同繁荣的和谐地区作出应有的贡献。

开幕式上，罗干发表致辞。他说，司法不仅在各自国家的政治、经济、社会生活中发挥着越来越重要的作用，也日益成为推动国际和区域合作不可或缺的建设性力量。上海合作组织成员国最高法院院长会议，是各成员国加强有效和务实合作的一次重要实践，必将促进上海合作组织成员国的合作不断深入。建立成员国最高法院院长会议机制，有利于增进成员国人民的相互了解，深化成员国的政治互信，加强安全等领域的务实合作，扩大人文等方面的广泛交流，为上海合作组织的发展增添新内容、注入新活力。

中国最高人民法院院长肖扬也在开幕式上致辞。他说，共同打击“三股势力”、跨国贩毒以及由此引发的一系列犯罪活动，是上海合作组织各成员国需要共同面对的重要问题，更是各成员国司法机关义不容辞的责任。应通过地区、双边和各国所采取的措施，预防和阻遏跨国犯罪，努力建设和谐地区。

开幕式由中国最高人民法院副院长曹建明主持，来自上海合作组织6个成员国的最高法院院长和大法官50多人出席。

本次会议是在上海合作组织框架内举行的第一次最高法院院长会议。

国务院副总理吴仪在人民大会堂与美国总统特别代表 财政部长保尔森举行会谈

双方就加强中美经贸合作，推动中美建设性合作关系发展交换了意见，决定启动中美战略经济对话机制。

吴仪说，当前，中美关系总体发展良好，两国各级别交往密切，在经贸、反恐、执法、科教、卫生等重要领域以及重大国际和地区问题上保持着有效的磋商与合作。事实证明，中美友好是两国人民的共同愿望，合作共赢是两国的正确选择，对中美两国和世界都有利。中方愿与美方共同努力，坚持从战略高度和长远角度看待和处理两国关系，积极落实两国元首达成的重要共识，加强对话，增进互信，促进合作，全面推进中美建设性合作关系。

吴仪对保尔森说，你最近发表讲话谈到，中美两国已在全球经济中密不可分，息息相关。我对此表示赞同。中美经贸合作优势互补，互利共赢，发展迅速，给两国人民带来实实在在的好处，也成为亚太地区和世界经济增长的重要促进因素。两国经贸合作快速增长中出现一些分歧和摩擦在所难免。双方应按照平等互利、共同发展的原则，通过对话和协商妥善处理，避免将经贸问题政治化，以推动中美经贸关系稳定健康发展。

双方一致认为，随着经济全球化的深入发展和中美经济关系的日益密切，作为最大的发展中国家和最大的发达国家，中美应加强在经济领域的战略对话，这有利于两国经贸合作和中美建设性合作关系的发展，对于世界经济发展和全球稳定安全也会产生积极影响。根据胡锦涛主席与布什总统达成的重要共识，双方决定建立中美战略经济对话机制。吴仪和保尔森分别作为胡锦涛主席和布什总统的特别代表共同主持战略对话。

会谈结束后，吴仪和保尔森一起会见了中外记者，共同宣布正式启动中美战略经济对话机制。

中美关于启动两国战略经济对话机制的共同声明

今天，中国和美国高兴地宣布启动由美方提出、中方同意的中美战略经济对话机制，以落实胡锦涛主席和布什总统就此达成的重要共识。美国财政部长保尔森2006年9月19日至22日就建立中美战略经济对话事访问中国。吴仪副总理与他举行了会谈，并共同宣布建立该对话机制。胡锦涛主席、温家宝总理将会见保尔森财长。

随着经济全球化的深入发展和中美经济关系的日益密切，两国在经济领域的高层战略对话，有利于两国的经济合作和双边关系的发展，对于世界经济的发展、全球经济的稳定与安全也会产生积极影响。中美战略经济对话将主要讨论两国共同感兴趣和关切的双边和全球战略性经济问题。对话一年两次，轮流在两国首都举行。

中美商贸联委会、经济联委会和科技联委会等现有双边对话、磋商机制将维持不变，继续为推动两国经贸合作发挥积极和重要的作用。

胡锦涛主席和布什总统都十分支持中美战略经济对话，并将在对话中发挥积极作用。

匈牙利总统绍约姆·拉斯洛在布达佩斯会见国务院副总理曾培炎

国务院副总理曾培炎在布达佩斯与匈牙利经济和交通部部长科考·亚诺什举行会谈

国务委员唐家璇在中南海紫光阁会见哈萨克斯坦副总理马西莫夫

外交部部长李肇星在纽约出席安理会联合国与区域组织及其他政府间组织在维护国际和平与安全方面

的合作问题外长会议并会见各方政要

李肇星在发言中表示,中国支持联合国同区域、次区域组织和其他政府间组织加强合作、共同维护世界和平与安全。他指出,中国欢迎区域、次区域组织在处理本地区问题上的经验,欢迎区域、次区域组织为维护有关地区和世界和平与安全作出贡献、维护联合国的主导地位;联合国可与各区域组织在建立信任措施、预防冲突、危机管理、维护和平等方面开展合作;发展中国家地区组织在结束或预防冲突方面发挥着重要作用。联合国应在机制建设、信息交流、资金等方面给予政策倾斜。中国呼吁联合国及有能力的国家和区域组织进一步帮助非洲联盟加强能力建设,支持非洲联盟在维护非洲和平与稳定方面发挥更大作用。

在会见海湾合作委员会成员国外长或代表及秘书长阿提亚时,双方同意继续开展各领域合作,加快自贸区谈判,扩大贸易,加强能源合作。双方表示将为维护海湾地区和平稳定,重启中东和平进程共同努力。

李肇星与阿拉伯国家联盟秘书长穆萨就中东问题交换了意见。穆萨赞赏中国为实现黎巴嫩和平稳定作出的贡献。双方主张联合国应为重启中东和平进程发挥更大作用。

李肇星分别与波兰外长福蒂加和加拿大外长麦凯就推进双方各领域合作交换了看法。

李肇星还出席了由俄罗斯外长拉夫罗夫倡议举行的中国、俄罗斯、印度、巴西4国会晤。

李肇星还与本届联大主席阿勒哈利法就联合国有关问题交换了意见,双方表示将加强合作。

扬州市获2006年度联合国人居奖

联合国人居署正式宣布2006年度“联合国人居奖”获奖名单,中国江苏省扬州市由于较好地保存了旧城并改善了市民的居住环境而榜上有名。

“联合国人居奖”是联大于1989年创立的,目的是在每年“世界人居日”表彰在改善人居条件方面作出突出成绩的组织和个人。中国获得过“联合国人居奖”的还有唐山、包头、厦门、成都、杭州、威海、烟台等城市。

9月21日

国家主席胡锦涛和韩国总统卢武铉分别为“感知中国·韩国行”活动致贺信

“感知中国·韩国行”活动开幕式在韩国首都首尔举行。两国元首都认为这次活动有助于促进中韩两国文化交流,增进两国人民的相互了解。

胡锦涛在贺信中说:举办“感知中国·韩国行”活动,目的是促进中韩两国文化交流,增进两国人民的相互了解和传统友谊。

胡锦涛说:世界文化丰富多样、精彩纷呈。各国人民都在自己生存和发展的历史奋斗中创造了具有自己特色的文化。加强文化交流,促进世界各种文化相互借鉴、取长补短、共同发展,是增进不同国家、不同民族相互了解、相互信任的重要途径。这次“感知中国·韩国行”活动,将为韩国人民提供一个走近中国、感受中国、了解中国的重要机会,将为弘扬中韩两国人民的传统友谊、推动两国全面合作伙伴关系深入发展发挥积极作用。祝“感知中国·韩国行”活动取得成功。

中国友好和平发展基金会成立10周年大会在人民大会堂举行

全国人大常委会副委员长顾秀莲、全国政协副主席徐匡迪出席会议,来自国内外社会各界代表280人齐聚一堂,共同呼吁世界和平,建立和谐社会。

对外友协会长陈昊苏在致辞中说,9月21日是联合国确定的国际和平日,总结过去,展望未来,10年来基金会以增进人民友谊,推动国际合作,维护世界和平,促进共同发展为宗旨,为世界和平与人类进步事业作出了贡献。

大会还为来自日本、美国、德国、韩国、新加坡、阿联酋等国家的友好组织、友好人士、跨国公司以及香港和内地的30多家单位和个人颁发了“和平发展贡献奖”奖牌。

中国友好和平发展基金会由中国人民对外友好协会创办,于1996年在北京正式成立。

比利时首相伏思达在布鲁塞尔会见国务院副总理曾培炎

双方就发展两国关系、推动双边贸易投资合作以及共同关心的地区和国际事务交换了意见,并取得了广泛共识。

曾培炎说,当前,两国的政治互信不断增强,经贸、投资、金融、环保、文化、教育等领域的合作继续深化,双边互利合作取得丰硕成果。中国愿与比利时一起,继续加强在电信、核能、生物医药、现代物流等领域的合作,扩大合作范围,提高合作层次。希望中比直接股权投资基金在促进相互投资中发挥更大的作用。

会见结束后,伏思达和曾培炎共同出席了中国核工业集团公司与比利时核能研究中心核科学与技术合作协议、中国申能集团引进比利时富通银行战略投资合作股东出资协议的签署仪式。

冰岛总理哈尔德在雷克雅未克会见国务委员陈

至立

外交部部长李肇星在纽约出席中东问题外长会议并会见一些国际组织和国家政要

9月22日

国家主席胡锦涛在人民大会堂会见美国总统特别代表 财政部部长保尔森

胡锦涛说，中美双方已共同宣布启动中美战略经济对话机制。双方应充分利用这一机制的职能，平等对话，坦诚交流，深入探讨两国共同感兴趣和关切的双边及全球战略性经济问题，为两国高层决策建言献策；应充分发挥这一机制和中美商贸联委会、中美经济联委会等机制的特点，使有关机制相互补充、相得益彰，为深化中美经贸合作、促进共同发展服务。胡锦涛表示，中方愿与美方共同努力，不断拓展双方共同利益，尊重和照顾彼此关切，全面推动中美建设性合作关系，共同致力于建设持久和平、普遍繁荣的和谐世界。

国务院总理温家宝在中南海紫光阁会见美国总统特别代表 财政部部长保尔森

温家宝对中美宣布启动两国战略经济对话表示祝贺。他说，经贸关系是中美关系的重要组成部分。随着两国贸易和投资的发展，中美经贸联系愈加紧密，并对世界经济产生越来越大的影响。因此，中美建立战略经济对话机制好，有利于消除误解，增进合作。对话要遵循相互尊重、平等互利、循序渐进、合作共赢的原则，站在全局的高度和长远的角度，着重讨论双边和全球的重大经济问题。

温家宝表示，当前，中美经贸关系发展势头很好，但也存在一些问题。中美经贸关系应该具有稳定性和持久性，要照顾彼此关切。2003年我向布什总统提出处理双边经贸关系的五项原则，就是着眼战略的，也是兼顾双方长远利益的。只要双方按照这些原则去做，就一定能够克服在合作中出现的问题，推动中美经贸关系持续健康稳定地向前发展。

温家宝指出，中国将坚定不移地走改革开放道路，继续推进经济体制、政治体制、文化体制和社会体制改革。中国的发展离不开世界，我们将始终坚持对外开放的基本国策。改革开放的政策不会改变。

全国政协主席贾庆林在江西考察调研

全国政协主席贾庆林9月22日至23日在江西省委书记孟建柱、省长黄智权陪同下，到江西九江等地进行考察调研。他强调，要充分发挥统一战线和人民政协的优势和作用，全面贯彻落实科学发展观，广泛凝聚力量，积极建言献策，为促进中部崛起、推进社会主义新农村建设、构建社会主义和谐社会作出新贡献。

贾庆林指出，推进中部崛起，实现又快又好发展，必须切实把转变经济增长方式作为一项重要任务来抓。要坚持走新型工业化道路，认真落实国家宏观调控政策，加快经济结构调整力度。要大力加强自主创新能力建设，使企业真正成为研究开发投入的主体、技术创新活动的主体和创新成果应用的主体。要把节约能源资源作为转变经济增长方式的主攻方向，逐步形成节约型的生产方式和消费方式，加快建设资源节约型、环境友好型社会。

社会主义新农村建设一直是贾庆林十分关注的问题。22日下午，他专程来到德安县岳山垅生态文明自然村，看望生活在这里的30多户村民。贾庆林说，以胡锦涛同志为总书记的党中央十分重视农业、农村、农民工作，提出了建设社会主义新农村的战略任务，出台了一系列支农、惠农的政策措施，现在的关键是要把这些政策措施落到实处，使农民真正得到实惠，农业真正得到发展，农村面貌真正发生改变。要坚持以发展农村经济为中心，进一步解放和发展农村生产力，大力推进现代农业建设。

全国政协主席贾庆林在江西庐山会见国民党副主席江丙坤和新党主席郁慕明及部分台湾嘉宾

贾庆林指出，深入开展两岸经济交流与合作，符合两岸同胞的共同利益。两岸经济互补性强，在两岸同胞的共同努力下，两岸经贸交流与合作不断向前发展，已成为支撑台湾经济发展的重要因素之一。同样，两岸之间的经贸往来也为大陆经济发展提供了助力，作出了贡献。两岸关系发展的事实证明，两岸合则两利、分则两害，已经成为两岸同胞的共识。谋和平、促合作、求发展，构建和平稳定发展的两岸关系，创造更加美好的生活，已经成为两岸同胞的共同愿望。两岸同胞是一家人，完全应当携起手来，牢牢把握两岸关系和平发展这个主题，维护台海和平稳定，促进两岸经济交流与合作，实现两岸互利双赢，共襄振兴中华民族的伟大盛举。

江丙坤、郁慕明等是前来出席“2006赣台经贸合作研讨会”的。

学习《江泽民文选》座谈会在北京召开

座谈会由中宣部、中央党校、中央文献研究室、教育部、中国社会科学院、解放军总政治部联合召开。中共中央政治局常委李长春发表了题为《进一步把学好用好〈江泽民文选〉的活动引向深入》的讲话。

与会同志一致认为，《江泽民文选》的出版发行，是党和国家政治生活中的一件大事，是马克思主义中国化发展进程中的一件大事，是党的思想理论建设的一件大事。深入学习《江泽民文选》，对于我们进一步增强学习贯彻“三个代表”重要思想的自觉性和坚定性，增强贯彻落实科学发展观的自觉性和坚定性，更好地用发展着的马克思主义武装头脑、指导实践、推动工作，继续推进中国特色社会主义事业和党的建设新的伟大工程，具有重大的现实意义和深远的历史意义。

中央政法委在北京召开电视电话会议

会议就深入开展社会主义法治理念教育进行再动员和再部署，中央政法委书记罗干出席会议并讲话。罗干强调，要认真学习《江泽民文选》，以“三个代表”重要思想为指导，以科学发展观为统领，深入扎实开展社会主义法治理念教育，牢固树立社会主义法治理念，不断提高政法机关履行职能的能力和水平，维护社会和谐稳定。

罗干强调，要以社会主义法治理念为指导，规范执法行为，减少和防止执法不公正、不严格、不文明、不作为等问题的发生。

最高人民检察院检察长贾春旺出席了会议。中央政法委机关和中央政法各部门的有关负责同志，北京市政法系统的有关负责同志参加了会议。辽宁、江苏、湖北、四川、甘肃省委政法委的负责同志就本省开展社会主义法治理念教育的情况发了言。

中央纪委 监察部 国资委 工商总局 安全监管总局 煤矿安监局联合召开新闻发布会通报在清理纠正国家机关工作人员和国有企业负责人投资入股煤矿工作中查处的典型案件

——河北省唐山市开平区公安分局副局长李国君未按规定申报登记投资入股煤矿案。经查，河北省唐山市开平区公安分局副局长李国君于2002年7月，在该区东风煤矿投资入股50万元，截至2005年7月共分得红利60万元。在开展清理纠正工作期间，李国君未按规定申报登记其投资入股煤矿问题，也未撤资退股。2005年12月唐山市开平区刘官屯煤矿“12·7”特大瓦斯爆炸事故发生后，事故调查组在调查李国君涉嫌徇私枉法问题时，发现了其投资入股煤矿的问题。李国君已被移送司法机关处理。

——湖南省耒阳市人民检察院渎侦局局长欧阳亚平未按规定申报登记投资入股煤矿案。经查，湖南省耒阳市人民检察院渎侦局局长欧阳亚平于2004年10月，以配偶名义在耒阳市石界煤矿投资入股130万元。在开展清理纠正工作期间，欧阳亚平未按照规定申报登记其投资入股煤矿问题，也未撤资退股。欧阳亚平已被免职并受到党内严重警告处分，被责令撤资退股。

——重庆市开县伍代强等人未按规定如实申报登记投资入股煤矿案。经查，重庆市开县温泉镇经济发展办公室主任伍代强、开县科委副主任张立亚以本人名义，以及开县县委宣传部副部长郑宏春、温泉镇党委书记易守国、温泉镇党委副书记谭甲权以配偶名义于2001年12月至2003年4月间，在该县和谦镇金华煤矿共计投资入股89.8万元。在开展清理纠正工作期间，上述人员均未按规定如实申报登记投资入股金华煤矿问题。上述人员均被免职并撤资退股，伍代强受到开除党籍和行政撤职处分、张立亚受到行政撤职处分、郑宏春受到留党察看两年处分、易守国受到撤销党内职务处分、谭甲权受到留党察看一年处分，共收缴上述人员投资入股煤矿收益269.59万元。

——湖北省大冶市冶金行业管理办公室党委书记李志刚虚假撤资退股案。经查，湖北省大冶市冶金行业管理办公室党委书记李志刚于2003年12月至2005年1月期间，以配偶名义在该市兴红矿业有限公司、牛头山煤矿共投资入股23万元，已在兴红矿业有限公司获得红利23.8万元；2005年6月，又以本人名义在牛头山煤矿投资入股5万元。在开展清理纠正工作期间，李志刚未按规定申报登记其投资入股煤矿问题。2005年11月，为应付组织检查，以配偶名义与他人签订了一份虚假股权转让协议。李志刚已被免职并被责令撤资退股，大冶市纪委已立案对其进行调查处理，其获得的红利23.8万元已被全部收缴。

——山西省宁武县农业局副局长兼经济林开发公司经理郭勇虚假撤资退股案。经查，山西省宁武县农业局副局长兼经济林开发公司经理郭勇于2004年12月，在该县化北屯联营煤矿投资入股80万元。在清理纠正工作开展期间，郭勇未按规定如实申报登记，并且出具假撤资退股证明。郭勇受到留党察看一年和行政撤职处分，并被责令撤资退股。

——四川省大竹县县长助理王绍奎顶风违纪投资入股煤矿案。经查，四川省大竹县县长助理王绍奎于2000年6月，伙同他人挪用公款407万元购得该县孔家沟煤矿81.4%股份，其个人以配偶名义分得90万元股份。在清理纠正工作开展期间，王绍奎于2005年10月又以配偶名义出资850万元购得他人在孔家沟煤矿的股份，成为孔家沟煤矿最大股东。王绍奎为逃避组织审查，与配偶办理了离婚手续。王绍奎已被移送司法机关处理。

国务院副总理回良玉在中南海紫光阁会见世界银行拉美国家部长访华团

国务院副总理曾培炎在布鲁塞尔与比利时副首相雷恩代尔举行会谈

双方就进一步开展友好交往和加强互利合作，以及重大国际和地区问题交换了意见并达成广泛共识。

曾培炎就进一步深化双边关系提出四点建议：一是继续保持高层互访，加强两国在联合国改革、反恐、非洲发展等重大国际和地区问题上的沟通与配合；二是希望比方在推动欧盟谨慎处理对华反倾销案等问题上继续发挥积极作用；三是深入探索双边合作的新领域、新途径，推进两国在核能、空间技术、生物制药、微电子、现代物流等产业的合作；四是扩大双向投资。中国鼓励有条件的中国企业"走出去"，也欢迎比利时企业到中国投资兴业。他还对比利时政府在台湾、西藏等问题上理解和支持中方立场的态度表示赞赏。

会谈结束后，曾培炎和雷恩代尔共同出席了两国关于电子电器设备废弃物和清洁发展机制合作等协议的签字仪式，以及布鲁塞尔孔子学院的揭牌仪式。

国务院副总理曾培炎在布鲁塞尔向比利时工商界人士致辞并回答企业家们的提问

曾培炎在致辞中说，中国经济的快速发展，不仅给中国人民带来了实惠，而且也给包括比利时在内的全球企业家创造了难得机遇。

曾培炎说，中国坚持改革开放的基本政策，致力于建立更具活力、更加开放的经济体系。我们将重点推进行政管理、企业、财税金融、市场体系等方面的改革，同时完善人民币汇率的形成机制。在对外开放中，注重转变外贸增长方式，欢迎外资投向高新技术领域，同时我们也鼓励有条件的中国企业到境外投资兴业。

曾培炎指出，近年来，中比贸易投资发展很快，进一步提升合作质量和水平潜力很大。他提出三点建议：一是深化双方在机械、纺织、电信、空间和生物医药等领域的合作；二是扩大两国在核能研究、探月工程、环保产业以及电子垃圾处理等领域的技术交流；三是充分发挥中比经贸混委会等合作机制的作用，加大政策支持力度，促进双方企业建立长期、稳定的合作伙伴关系。

曾培炎在回答比利时企业家关于知识产权保护的提问时说，中国保护知识产权的态度是明确的，行动是坚决的。这既是我们履行国际承诺的需要，也是我们建设创新型国家的内在要求。近20年来，中国形成了比较完善的知识产权保护法律体系，在打击侵权活动中取得了明显成效。中国将进一步在全社会加强宣传教育，提高公民的知识产权意识；继续健全知识产权保护体系，依法严厉打击侵犯知识产权行为；扩大同世界各国和国际组织交流，妥善化解涉外知识产权纠纷；积极建立和完善打击侵权行为的双边和多边合作机制，与各国共同提高保护知识产权的能力和水平。

在回答关于应对气候变化和环境问题的提问时，曾培炎说，中国已签署《联合国气候变化框架公约》和《京都议定书》。我们将积极履行这些国际公约规定的义务，坚持"共同但有区别责任"的原则，落实加强环境保护的各项任务和措施。同时，我们也呼吁发达国家更加积极主动地承担全球环境保护的责任，向包括中国在内的发展中国家提供更多的资金、技术等环保援助。他指出，中国政府已把环境保护立为基本国策，我们将加快转变经济增长方式，切实走新型工业化道路，加大生态保护和环境治理的力度，力争早日把中国建设成为资源节约型和环境友好型社会，为人类的环境事业作出更大的贡献。

外交部部长李肇星在纽约第六十一届联合国大会全面阐述中方立场并会见一些外国政要和国际组织代表

中国外交部部长李肇星在第六十一届联合国大会一般性辩论上，以"加强对话合作，共谋和平发展"为题作了发言。

李肇星指出，维护和平是国际社会的共同使命。平等协商、和平谈判是解决争端的有效途径。中国将继续为和平解决热点问题不懈努力。在朝鲜半岛核问题上，中方致力于维护朝鲜半岛和平与稳定、实现半岛无核化、推进六方会谈。实践证明，六方会谈仍是增进理解与信任、解决半岛核问题的有效机制。有关国家长期对立，缺乏信任，是导致有关问题难以解决的主要原因。我们希望各方保持冷静，显示灵活，积累共识，相向而行，共同争取六方会谈早日复会，逐步落实共同声明。这是解决朝核问题的唯一现实出路。

在伊朗核问题上，中方主张维护国际核不扩散体系，反对核武器扩散，推动和平解决，促进中东地区和平与稳定。同时，在履行相关国际义务的前提下，各国和平利用核能的合法权利应充分尊重。通过外交谈判解决伊核问题是最佳选择，符合各方利益。中方希望所有各方耐心克制，继续灵活，坚持和平解决的正确方向。中方将一如既往为妥善解决伊核问题发挥建设性作用。他还介绍了中方在黎以冲突和巴勒斯坦问题上的原则立场。

李肇星说，通过改革加强联合国的作用，符合全人类的共同利益。联合国需要在改革问题上迈出坚实步伐。联合国应朝着有利于维护《联合国宪章》的宗旨和原则、有利于会员国团结合作、有利于会员国整体利益的方向发展。中国欢迎联合国改革，将向联合国建设和平基金捐款300万美元。我们愿与各方一道，继续推进联合国改革，加强联合国的权威和团结，提高应对挑战的能力和效率。

李肇星强调，没有普遍的发展，世界的和平与进步就不能持久。各国应为本国的发展承担首要责任，结合千年发展目标实施综合发展战略。国际社会特别是发达国家应增加发展援助，促进国际贸易和技术转让与投资，更广泛地减免债务，更多地支持发展中国家，尊重发展中国家在本国发展问题上的主导权。李肇星还说，人权理事会的成立，是国际社会根据时代要求作出的选择。联合国全体会员国有责任努力共建一个有活力、有效率的理事会。

在谈到中非关系时，李肇星表示，几十年来，中国与非洲国家真诚相待，相互支持，在平等互利基础上开展合作，维护了中国和非洲国家的主权与独立，促进了经济社会的共同发展，给中非人民带来了重要利益。中非双方共同商定于今年11月3日至5日召开中非合作论坛北京峰会暨第三届部长级会议。届时，中国和非洲国家领导人将围绕“友谊、和平、合作、发展”的主题，共同探讨建立和发展中非政治上平等互信、经济上合作共赢、文化上交流互鉴的新型战略伙伴关系，共同规划中非友好合作蓝图。中非加强合作，必将为促进南南合作和世界的和平与发展事业作出积极贡献。

李肇星强调，中国对外政策的宗旨是维护世界和平、促进共同发展。中国致力于推动建设和谐世界，同各国相互尊重、扩大共识、和谐相处，尊重各国人民自主选择发展道路的权利，坚持各国平等参与国际事务，促进国际关系民主化；致力于推动共享经济全球化和科技进步的成果，促进互利共赢，普遍繁荣；致力于促进不同文明的交流、增进了解、相互促进，倡导世界多样性，推动人类文明进步；致力于同各国开展对话、增强互信，共同应对全球性问题，促进全人类的进步事业。中国将继续以实际行动向世界表明，中国是维护世界和平、促进共同发展的重要力量，中国人民是各国人民足以信赖的朋友和友好合作的伙伴。

李肇星与里约集团成员国外长积极评价中拉和中国同里约集团关系的发展，表示愿共同努力，不断扩大和深化政治、经贸等领域的合作。里约集团方面欢迎中国在国际上支持发展中国家，支持拉丁美洲、赞赏中国为海地实现和平稳定作出的贡献。双方表示愿加强在国际事务中的协调与合作。

李肇星还分别会见了科摩罗总统桑比和智利、刚果(布)、斯洛伐克、伊拉克外长，会晤了中美洲一些国家外长和欧盟“三驾马车”外长，并出席了安理会常任理事国外长会晤。

外交部部长李肇星出席在纽约联合国总部举行的77国集团和中国外长年会

会议就国际经济与发展领域的重要问题，包括贸易、发展筹资、南南合作、千年发展目标、联合国经社领域改革等协调立场。李肇星在发言中指出，今后几年是落实国际发展承诺、推动国际发展合作的关键时期。77国集团和中国应重点做好以下工作：

第一，发挥77国集团的传统优势，在重大国际问题上采取共同立场，提高影响力。挖掘合作潜力，巩固和深化南南合作成果。着眼大局和长远，妥善处理分歧，实现共同发展。

第二，推动国际社会落实联合国成立60周年首脑会议和其他发展领域全球会议成果，敦促发达国家信守承诺，增加援助、减免债务、开放市场，实现官方发展援助占国民总收入0.7%的硬指标。

第三，推动联合国在发展领域有更大作为，特别是保障发展资源，加强发展机构，营造有利于发展中国家发展的国际环境，推动经济全球化朝着均衡、普惠、共赢的方向发展。

第四，推动早日恢复多哈回合谈判，敦促发达国家实质性削减农业补贴，降低农产品关税，消除工业品关税高峰和关税升级。

李肇星说，中国是南南合作的坚定支持者和积极参与者，是77国集团牢固的伙伴。中国将遵循“真诚友好、平等互利、团结合作、共同发展”的原则，为其他发展中国家加快发展作出更大的贡献。

上海合作组织成员国最高法院院长会议在上海闭幕

最高人民法院院长、首席大法官肖扬出席闭幕式并致辞。各成员国最高法院院长共同签署了《上海合作组织成员国最高法院院长会议联合声明》。

联合声明说，开展成员国最高法院的司法交流与合作，有助于维护和推动成员国在各领域的互信、互利、平等、协作，有助于促进本地区的持久和平与共同繁荣。

联合声明说，根据本国的安排，落实《上海合作组织宪章》《打击恐怖主义、分裂主义和极端主义上海公约》和已批准的《联合国打击跨国有组织犯罪公约》《联合国反腐败公约》及其他有关法律文件规定，促进成员国之间在安全等领域的经常性司法合作与协调，并按照已批准的有关条约或在个案互惠的基础上，加强在引渡、遣返、调查取证以及犯罪资产的查封、扣押、冻结、返还等方面的合作。

联合声明说，根据本国的安排，落实本国所参加的解决刑事、民商事、执行等法律争议的国际公约及其他相关法律文件规定，并按照已批准的有关国际条约或在个案互惠的基础上，进一步加强在法院裁判、仲裁裁决承认和执行方面的合作。

会议还决定，建立成员国最高法院院长会晤机制。

中共中央军委副主席曹刚川在北京出席全军外事工作会议

解放军总参谋长梁光烈主持会议。

曹刚川强调，军队外事工作必须以毛泽东思想、邓小平理论和"三个代表"重要思想为指导，全面贯彻落实科学发展观，紧紧围绕中央的外交总体布局，着眼有效履行新世纪、新阶段我军历史使命，不断深化对外互信合作，全方位发展对外军事关系，努力为维护我国主权、安全和发展营造良好国际环境和有利外部条件，为加速推进我军现代化建设作出积极贡献。

曹刚川指出，要正确把握当前和今后一个时期军队外事工作的指导思想和原则要求，勤于学习，善于思考，使思想观念跟上时代发展的步伐。军队外事工作是党和国家外事工作的重要方面，必须坚决服从国家外交大局。要以重点突破带动整体发展。要与各国开展多渠道多层次的军事交流与合作。要加强军事外交战略研究，完善具有我军特色的军事外交理论体系。要加强集中统一领导，加强科学管理，加强军队外事人才队伍建设，造就一支政治强、业务精、纪律严、作风好的军队外事干部队伍。

会议期间，传达学习了中央外事工作会议精神，梁光烈在会上讲了话。

纪念赵树理诞辰100周年座谈会在太原举行

在赵树理百年诞辰前夕，中国文联、中国作协及山西省有关部门在太原市召开了"纪念赵树理诞辰100周年座谈会"，以缅怀这位一生为农民写作的"人民作家"，总结他的创作经验，弘扬他的精神追求。

中共中央政治局委员、书记处书记、中宣部部长刘云山为会议发来贺信。

赵树理是中国现当代文学史上开一代风气的重要作家，他坚持走现实主义道路，被誉为描写中国农民的"铁笔圣手"。9月24日是赵树理诞辰100周年。从上世纪30年代开始写作，到1971年去世，赵树理执着于文学的大众化、通俗化，创作出一部部脍炙人口的文学作品，塑造出众多家喻户晓的农民典型。他的代表作《小二黑结婚》《李有才板话》《三里湾》《李家庄的变迁》等，生动再现了中国农村的巨大变革，以深刻的思想内涵、鲜活的人物形象和独特的民族风格，影响了一代又一代的读者。

世界牙科联盟2006年年会在深圳开幕

国务院副总理吴仪出席开幕式并致辞。

来自90个国家和地区的8000余位代表参加了本次会议。本次年会邀请了90多名国内外知名专家作学术报告，内容涉及口腔颌面外科、口腔内科、口腔修复科等口腔医学的各专业。除学术报告外，会议还将举办口腔军事医学大会，并开辟口腔保健、口腔教育、口腔医生伦理、牙科诊所管理等论坛和研讨会。

9月23日

中国社会保障论坛首届年会在北京召开

国务院副总理黄菊出席开幕式并致辞。

黄菊指出，中国政府高度重视社会保障体系建设，将其作为社会主义市场经济体制的重要支柱。特别是近十年来，社会保障体系建设取得重要进展，明确了完善社会保障制度的基本原则、总体目标和主要任务，确立了社会统筹与个人账户相结合的基本养老保险和基本医疗保险制度，涵盖养老、医疗、失业、工伤和生育保险，以及城市居民最低生活保障制度的社会保障体系框架基本形成。社会保险覆盖范围不断扩大，多渠道筹集社会保障资金的机制初步形成，保障水平不断提高，管理服务体系逐步健全。

黄菊强调，社会保障是社会稳定的"安全网"、经济运行的"调节器"，是构建社会主义和谐社会的重要内容，对调节收入分配、促进社会公平、扩大国内需求、拉动经济增长具有重要作用。建立和完善社会保障体系，是国家长治久安、人民生活幸福、经济持续增长的重要基础。

黄菊提出，加快社会保障事业发展，一要坚持从国情出发，建立和完善中国特色的社会保障体系。坚持城乡统筹，在有条件的地方探索符合农村经济和社会特点的社会保障制度，抓紧研究解决农民工的工伤、医疗、养老保险问题，以及被征地农民的社会保障问题。二要建立社会保障的长效机制。既要确保当期支付，解决好经济体制转轨时期特殊问题，又要下大力气研究解决社会保障制度的若干重大问题，实现可持续发展。三要发挥社会保障对收入分配的调节作用。通过社会保障有效实施再分配，使人民群众尤其是低收入群体都能分享经济社会发展成果，构建共同的社会利益基础，为国民经济的进一步发展创造条件。

中国社会保障论坛由劳动和社会保障部联合中宣部、外交部、发展改革委等33个中央国家机关单位共同组建。首届年会的主题是"和谐社会与社会保障"。开幕式上还举行了首届中国社会保障论坛征文颁奖及论坛文集首发活动，并开通中国社会保障网。

国务院副总理吴仪在湖南考察

9月23日至24日，吴仪在湖南省委书记张春贤、省长周伯华等陪同下，先后在长沙考察了内外资企业、经济技术开发区和"万村千乡"试点工程以及旅游工作。

吴仪在考察时强调，促进中部地区崛起是党中央、国务院着眼现代化建设全局作出的重大决策，希望湖南抓住机遇，全面落实科学发展观，进一步解放思想，转变观念，奋发图强，注重自主创新，注重资源节约和环境保护，充分发挥自身的优势和特色，加快实现经济社会持续快速发展。

在长沙经济技术开发区，吴仪强调，国家级经济技术开发区要适应新形势的要求，努力实现从依靠政策优势向依靠体制优势和综合投资环境优势转变，从偏重一般性引进向注重引进高新技术产业和技术创新转变。她要求长沙经济技术开发区在转变思想观念、提高发展水平上下功夫。要抓住当前国际和东部产业向中西部转移的难得机遇，积极创造条件，加强自主创新，提高产业竞争力，率先成为产业转移的重要承接地。特别要执行最严格的耕地保护制度，十分珍惜和集约利用土地资源，注重盘活现有建设用地，充分利用

外交部副部长戴秉国与日本外务省事务次官谷内正太郎在东京举行第六次中日战略对话

中俄两国最高法院签署合作协议

中国最高人民法院和俄罗斯联邦最高法院日前共同签署《中华人民共和国最高人民法院与俄罗斯联邦最高法院合作协议》。

合作协议说，缔约双方将经常就完善司法结构、各级法院的工作、加强司法机关的作用和威信、保障法院的独立审判和培养法官等问题交流经验。缔约双方将派代表团互访，就对他们来说最迫切和重要的法律问题进行磋商，互送司法程序、改革和完善诉讼程序的文件。缔约双方必要时可互相通报他们所参加的有助于双方发展的活动。

中国气象局发布《气象事业发展"十一五"规划（2006—2010年）》

规划提出，"十一五"期间要实现灾害性天气监测预报新突破，气象灾害监测率达到85%，突发气象灾害预警时效半小时以上，准确率达70%，台风、暴雨等短期预报质量在现有基础上提高5%—10%。

"十一五"期间，我国将重点实施气象灾害监测预警与应急、气候变化应对（一期）、空中云水资源化、新一代天气雷达、气象卫星、北京高性能计算机应用中心建设等6个国家级重大气象工程。

中国互联网技术首创新型寻址体系结构和两代互联网的独特过渡方式

启动3年的"中国下一代互联网示范工程"如今结出硕果——建成并稳定运行全球第一个、也是规模最大的纯IPV6互联网主干网，领跑下一代互联网建设；在国际上首次提出下一代互联网的新型寻址体系结构和两代互联网的独特过渡方式，向国际组织提交7项标准草案，下一代互联网大厦的部分结构将按中国人设计的蓝图搭建。

受国家发展与改革委员会委托，由中国工程院和教育部组织的验收鉴定委员会在清华大学宣布："中国下一代互联网示范工程——CNGI示范网络核心网CNGI—CERNET2/6IX"项目获得一系列重大创新成果，其中3项属于国际首创，"总体上达到世界领先水平"。

"中国下一代互联网示范工程"的成功，有力地推动了我国下一代互联网的技术研究、重大应用和产业开发，为提高我国在国际下一代互联网技术竞争中的地位作出了重要贡献。尤其值得一提的是，CERNET2首次在全国主干网大规模使用国产IPv6路由器，国产核心路由器的采用率达到80%。这对摆脱互联网领域依赖国外核心设备的被动局面、推进我国下一代互联网核心设备自主创新和产业化，具有重要战略意义。

颐和园三大标志性建筑修缮竣工

经过630天的"精心打扮"，颐和园排云殿、佛香阁、长廊三大景区今天重新向游人开放。修缮工程以"保护文物古建筑的原貌和风格、不破坏文物价值"为原则，"以旧补旧"最大限度地保护了三大景区所蕴涵的历史文化信息。

据介绍，这是新中国成立以来颐和园主景区规模最大的修缮工程，也是北京市"人文奥运"文物保护项目的重点工程之一。工程总投资6000余万元，修缮总面积9390平方米。

9月24日

中共中央政治局召开会议决定对陈良宇同志严重违纪问题立案检查

9月24日，中共中央政治局召开会议，审议了中共中央纪律检查委员会《关于陈良宇同志有关问题初核情况的报告》。

根据目前调查的情况，陈良宇同志涉及上海市劳动和社会保障局违规使用社保资金、为一些不法企业

主谋取利益、袒护有严重违纪违法问题的身边工作人员、利用职务上的便利为亲属谋取不正当利益等严重违纪问题，造成了恶劣的政治影响。

中央决定，依据《中国共产党章程》和《中国共产党纪律检查机关案件检查工作条例》的有关规定，由中共中央纪律检查委员会对陈良宇同志的问题立案检查，免去陈良宇同志上海市委书记、常委、委员职务，停止其担任的中央政治局委员、中央委员职务。

中央认为，对陈良宇同志严重违纪问题的查处，充分表明我们党加强党风廉政建设和反腐败的坚强决心和鲜明态度，不论是谁，不论其职务多高，只要触犯党纪国法，都要受到严肃追究和严厉惩处。

中央强调，广大党员干部特别是领导干部一定要进一步认识反腐败斗争的长期性、复杂性、艰巨性，牢固树立正确的世界观、人生观、价值观和权力观、地位观、利益观，常修为政之德、常思贪欲之害、常怀律己之心，真正经受住权力、金钱、美色的考验。各级党组织要切实加强对党员干部特别是领导干部的教育和管理，加强制度建设和体制创新，加强对权力运行的制约和监督，毫不动摇地推进党风廉政建设和反腐败工作。

中央相信，在以胡锦涛同志为总书记的党中央坚强领导下，经过全党同志和广大人民群众不懈努力，一定能够有效遏制腐败现象的滋生蔓延、促进党风和社会风气的根本好转，一定能够把中国特色社会主义伟大事业不断推向前进。

韩正同志代理上海市委书记职务

日前，中共中央决定：韩正同志代理中共上海市委书记职务。

中国—葡语国家经贸合作论坛(澳门)第二届部长级会议在澳门开幕

国务委员华建敏代表中国政府出席开幕式并致辞。他强调，中国和葡语国家面临诸多共同的机遇和挑战，各方要携起手来，进一步完善论坛合作机制，拓宽合作领域，提升合作水平，谱写经贸合作的新篇章。

华建敏说，在各方共同努力下，第一届部长级会议达成的经贸合作行动纲领框架内的各项合作稳步推进，成效明显。三年来，论坛各方以经贸合作为基础，推动了双边及多边关系发展。高层互访频繁，贸易投资发展迅速，工程承包和劳务合作稳步推进，人力资源合作不断加强。中国与葡语国家间的经贸交流与合作进一步增强，在互利共赢中加深了了解，增进了友谊。

华建敏指出，中国和葡语国家间的经贸合作发展态势良好，各方合作愿望强烈，潜力巨大，前景广阔。他对进一步深化论坛各方的合作提出四点建议：一是发挥各自优势，开展多种形式的合作，扩大经贸合作规模，力争到2009年使中国和葡语国家间的双边贸易额达到450亿—500亿美元，在2007—2009三年间双向投资额至少翻一番。中国决定在2007—2009年三年内提供8亿元人民币优惠贷款，用于实施经中　国金融机构评估可行的建设项目。二是在进一步扩大经贸、投资合作的基础上，研究加强各方在金融、旅游、卫生、科技、教育、文化等方面的交流与合作，拓宽合作领域。三是共同举办形式多样的人员培训项目，继续推动在人力资源开发方面的合作。四是进一步完善论坛机制，推动双边和多边经贸关系的有机融合，以及各成员之间在论坛框架下的务实合作。

在谈到澳门在论坛中作用时，华建敏说，澳门回归以来，在行政长官和特别行政区政府的带领下，澳门各界团结一致，奋发进取，经济发展，社会稳定，使澳门成为中国和葡语国家间经贸合作的重要平台，中国政府高度评价澳门特区所作的努力，将按照基本法，继续全力支持澳门行政长官和特别行政区政府依法行政，希望论坛各国充分利用澳门的桥梁作用，提升与澳门和中国内地的经贸合作水平。

来自中国以及安哥拉、巴西、佛得角、几内亚比绍、莫桑比克、葡萄牙、东帝汶等葡语国家的部长级代表和企业代表，以及部分国际组织代表等参加了本次会议，会议还将签署《中国与葡语国家经贸合作论坛(澳门)第二届部长级会议经贸合作行动纲领(2006—2009)》。

外交部部长李肇星访问圣卢西亚

外交部部长李肇星对加勒比海岛国圣卢西亚进行了22个小时的访问。

李肇星在圣卢西亚首都卡斯特里分别会见了路易西总督和安东尼总理。双方就中圣关系和重大国际和地区问题交换了意见。

李肇星还会见了圣卢西亚副总理兼商务部部长皮埃尔。

访问期间，双方签署了经济技术合作协定。

《健康报》创刊75周年座谈会在人民大会堂举行

《健康报》1931年诞生于江西瑞金中央苏区，以维护人民健康为己任，伴随中国革命的历程发展壮大。周恩来总理1956年为该报亲题报头。历经75周年，《健康报》已由当初的油印小报发展成为一份在全国有相当影响的中央级大报，健康报社也发展成为拥有《健康报》《健康文摘报》《大众健康》杂志、《中国卫生》杂志和健康报网的健康传媒实体。

卫生部部长高强、《人民日报》副总编辑梁衡等领导及有关专家、各界人士出席会议。

中国羽毛球队在马德里世界羽毛球锦标赛获得4枚金牌

23日，高崚/黄穗获得女子双打冠军。24日，林丹获得男子单打冠军，谢杏芳获得女子单打冠军，付海峰/蔡赟夺得男子双打冠军。

北京协和医院举行大会庆祝建院85周年

创建于1921年的北京协和医院，以基础理论、基本知识、基本技能的“三基”，严肃的态度、严格的要求、严密的方法的“三严”，以及教授、病案、图书馆的“三宝”闻名海内外。建院85年来，该院秉承“严谨、求精、勤奋、奉献”的协和精神，集聚并培养了大批医德高尚、医术精湛的医学专家和护理人才，解决了许多疑难重症。庆典大会上，47位为协和医院各学科发展作出突出贡献的老专家教授得到嘉奖，被嘉奖的教授年龄最大的今年已92岁，年纪最轻的已有74岁。

9月25日

中共中央政治局召开会议

会议讨论十六届五中全会以来中央政治局的工作，研究构建社会主义和谐社会等问题。中共中央总书记胡锦涛主持会议。

会议决定，中国共产党第十六届中央委员会第六次全体会议于10月8日至11日在北京召开。

中共中央政治局听取了《中共中央关于构建社会主义和谐社会若干重大问题的决定》稿在党内外一定范围征求意见的情况报告，决定根据这次会议讨论的意见进行修改后将文件稿提请十六届六中全会审议。

会议认为，在这次征求意见的过程中，各地区、各部门、各有关方面和党的十六大代表对文件稿提出了许多很好的意见和建议，要充分吸收和反映这些意见和建议，集中全党和各方面的智慧，制定好中央关于构建社会主义和谐社会的文件，使之成为当前和今后一个时期全党全国推进社会主义和谐社会建设的指导性文件。

会议指出，我们要构建的社会主义和谐社会，是在中国特色社会主义道路上，中国共产党领导全体人民共同建设、共同享有的和谐社会。构建社会主义和谐社会，必须坚持以人为本，始终把最广大人民的根本利益作为党和国家一切工作的出发点和落脚点，不断满足人民日益增长的物质文化需要，做到发展为了人民、发展依靠人民、发展成果由人民共享；必须切实抓好发展这个党执政兴国的第一要务，统筹城乡发展，统筹区域发展，统筹经济社会发展，统筹人与自然和谐发展，统筹国内发展和对外开放，转变增长方式，提高发展质量，切实把经济社会发展转入科学发展的轨道；必须坚持社会主义市场经济的改革方向，适应社会发展要求，推进经济体制、政治体制、文化体制、社会体制改革和创新，进一步扩大对外开放，建立健全充满活力、富有效率、更加开放的体制机制；必须加强社会主义民主政治建设，实施依法治国基本方略，建设社会主义法治国家，树立社会主义法治理念，逐步形成社会公平保障体系，促进社会公平正义；必须把改革的力度、发展的速度和社会可承受的程度统一起来，以改革促进和谐、以发展巩固和谐、以稳定保障和谐，确保人民安居乐业、社会安定有序、国家长治久安；必须坚持科学执政、民主执政、依法执政，发挥党的领导核心作用，维护人民群众的主体地位，团结一切可以团结的力量，调动一切积极因素，形成促进社会和谐的强大合力。

会议强调，构建社会主义和谐社会，关键在党。必须充分发挥党的领导核心作用，坚持立党为公、执政为民，以党的执政能力建设和先进性建设推动社会主义和谐社会建设，为构建社会主义和谐社会提供坚强有力的政治保证。各级党委要把和谐社会建设放在全局工作的突出位置，切实担负起领导责任，大兴求真务实之风，激励干部真抓实干，加强社会建设理论和社会政策的学习研究和教育培训，不断提高各级领导班子和领导干部管理社会事务、协调利益关系、开展群众工作、激发社会创造活力、处理人民内部矛盾、维护社会稳定的本领，确保中央的方针政策和工作部署落到实处。

会议还研究了其他事项。

全国人大常委会委员长吴邦国在人民大会堂与南非国民议会议长姆贝特举行会谈

双方就进一步深化双边关系、议会交往和共同关心的重大问题深入交换了意见，达成重要共识。中国全国人大与南非国民议会定期交流机制也正式启动。

在谈到议会交往时，吴邦国说，国家关系的发展需要两国议会的参与和支持。双方即将签署建立定期交流机制谅解备忘录，是两国议会交往中的重大事件，对深化双方的交流与合作必将产生积极影响。为充分发挥定期交流机制的作用，吴邦国建议：一是在定期交流机制框架下统筹安排议会各层次、各领域的友好交往；二是选择共同关心的议题，开展实质性的交流；三是通过交流机制，推动务实合作；四是促进政党、地区间的友好交往，增进两国人民间的友谊。

会谈结束后，吴邦国和姆贝特共同签署了中国全国人大与南非国民议会建立定期交流机制的谅解备忘录。

国务院副总理吴仪在长沙分别会见香港特别行政区行政长官曾荫权和澳门特别行政区行政长官何厚铧

在会见曾荫权时，吴仪说，近年来，香港社会保持稳定，经济明显复苏，经济整体竞争力进一步提升；《内地与香港关于建立更紧密经贸关系的安排》（“安排”）顺利实施，两地贸易持续快速增长，香港对内地投资仍然很旺。

吴仪表示，国家“十一五”规划提出支持香港保持和发展国际金融、贸易、航运等中心地位，这为进一步深化两地经贸关系提供了新的机遇，两地经贸合作前景广阔。

在会见何厚铧时，吴仪对特区政府利用“安排”推动传统产业转型、促进新兴产业发展所采取的有效措施表示赞赏，对澳门在促进中国与葡语国家经贸交流与合作方面发挥的作用给予了充分肯定。

吴仪说，中央政府将继续积极支持澳门产业结构调整，促进澳门经济适度多元化。希望澳门借助中部博览会等平台，进一步加强与内地的经贸合作。

国家统计局调查中心公布2005年中国大企业集团调查结果

2005年，我国大企业集团的数目增加了81家，达到2845家；其资产总计首次超过20万亿元，比上年增长18.5%；营业收入比上年增长23%；实现利润总额比上年增长25.3%。

2005年，我国企业集团资产总计最多的十大行业依次为：制造业，电力、燃气及水的生产和供应业，采矿业，金融业，信息传输、计算机服务和软件业，交通运输、仓储和邮政业，批发和零售业，建筑业，其他和房地产业。其中，制造业的比重为35.72%，比去年减少0.97个百分点；金融业的资产总计达到1.86万亿元，首次超过了信息传输、计算机服务和软件业。值得注意的是，住宿和餐饮业资产增速高达63.8%，金融业增长41.7%，交通运输、仓储和邮政业增长27.1%，成为资产增速最快的3个行业，而这3个行业均处于第三产业。

这项调查还显示，我国一批具有一定国际竞争力的大公司、大企业集团已经形成并且不断发展壮大，直接表现就是进入世界500强的企业增多，而且排名提升。从美国《财富》杂志公布的2006年度全球500强企业的名单来看，一方面，中国内地有19家大企业集团榜上有名，比去年增加了4个。新增加的中国铁路工程总公司、上海汽车工业（集团）总公司、中国铁道建筑总公司和中国建筑工程总公司中，3家建筑业企业集团都是首次上榜；另一方面，中国大企业集团排头兵的综合实力继续增强。中国石油化工集团公司取得了中国公司在世界500强排行榜上的最好名次，比去年提升了8位。国家电网公司比去年提升8位，中国石油天然气集团公司比去年提升7位。

由国家统计局调查中心进行的这项调查，借鉴了国际先进统计方法。2845家大企业集团包括中央、国务院以及国务院主管部门和省（区、市）批准的企业集团，以及年营业收入和资产总计均在5亿元及以上的其他各类企业集团。

第二届东盟与中日韩区域扶贫高层研讨会在北京召开

国务院副总理回良玉出席会议开幕式，并代表中国政府致辞。

回良玉指出，免于饥饿、消除贫困、共享繁荣，是人类梦寐以求的共同理想，也是各国的共同任务。举行区域扶贫高层研讨会，坦诚交流减贫的经验与教训，客观分析面临的困难与挑战，共同探讨更加有效的扶贫途径与方法，真诚表达消除贫困的决心和行动，必将对推动东亚地区的减贫进程，促进东亚地区的发展、稳定与繁荣产生重要的影响。

回良玉指出，中国是人口众多的发展中国家，是全球减贫事业的重要实践者。新中国成立后特别是改革开放以来，中国政府实施了有组织、有计划、大规模的扶贫开发，走出了一条符合中国国情的“政府主导、社会参与、自力更生、全面发展”的开发式扶贫道路，解决了2亿多农村贫困人口的温饱问题。这在中国历史上是一个伟大的壮举，也为全球反贫困事业作出了重要贡献。

回良玉说，中国目前仍是人均收入水平较低的发展中国家，城乡之间和地区之间发展不平衡的问题还相当突出，扶贫开发任务仍然十分繁重，实现消除贫困、共同富裕的目标还需要进行长期艰苦的努力。我们将坚持以人为本、全面协调可持续的科学发展观，坚持把解决好农业、农村和农民问题作为全部工作的重中之重，坚持统筹城乡发展的方略，贯彻工业反哺农业、城市支持农村和“多予少取放活”的方针，强化对农业农村发展的支持，进一步加大扶贫开发力度，不断改善贫困地区生产生活条件，尽快解决剩余贫困人口的温饱问题，促进贫困地区经济社会全面发展。中国将以自身不断减少贫困、坚持和平发展、走向繁荣富强的行动，为维护世界和平与促进共同发展贡献自己的力量。

回良玉说，中国政府在致力于解决本国贫困问题的同时，也积极参与支持亚洲和全球减贫事业的发展。中国将进一步加强与发展中国家在减贫领域的交流与合作，在力所能及的范围内逐步增加对贫困国家的发展援助。中国政府支持中国国际扶贫中心成为国际社会尤其是亚洲地区开展扶贫交流与合作的重要平台。

回良玉指出，推进东亚地区的减贫事业发展，需要各国进一步加强合作。中国愿与各国一道，为加快东亚减贫事业进程、推动东盟与中日韩(10+3)区域合作不断深入发展，为建设一个和平、和睦、和谐的东亚而共同努力。

本次会议是东盟与中日韩领导人会议议定合作框架下的一项重要活动。来自东盟和中日韩13个国家的政府高级官员，以及相关国际组织的观察员参加了会议。

国务院副总理吴仪在长沙会见前来出席首届中国中部投资贸易博览会的葡语国家代表团

吴仪说，"中葡论坛"推动了中国与葡语国家在贸易、投资、工程承包等领域的交流与合作。希望各方继续利用好这个平台，加强沟通、增进了解，促进中国与葡语国家经贸交流与合作不断发展。

吴仪说，中国中部地区地域广，人口多，市场大，区位优势独特，发展潜力巨大。欢迎葡语国家企业到这块热土开展经贸合作。

安哥拉、巴西、东帝汶、佛得角、几内亚比绍、莫桑比克、葡萄牙等7国部长参加了会见。

国务院副总理吴仪在长沙会见日本经济产业大臣二阶俊博

国务院副总理曾培炎在都柏林与爱尔兰副总理麦克道尔举行会谈

双方就进一步推动两国在各领域的互利合作深入交换意见，并达成广泛共识。

曾培炎说，当前中爱关系发展势头很好。两国高层往来频繁，在国际和地区事务中的沟通与协调加强，经贸合作稳步推进。中国感谢爱方在承认中国完全市场经济地位和有关反倾销问题上给予的宝贵支持，我们愿与爱方共同努力，推进中爱关系不断取得新的进展。

曾培炎建议，中爱应继续保持各级别交往势头，进一步巩固各领域合作成果。采取积极措施，扩大双边贸易规模，推进中小企业合作。加大双向投资力度，鼓励更多的中国企业赴爱投资兴业，推动爱尔兰企业参与中国西部大开发、中部崛起和振兴东北等老工业基地的进程。加强双方在软件服务外包、科技教育和农牧业等重点领域的互利合作，落实好科技合作研究基金的有关项目。中方愿与爱方在联合国改革、国际维和行动等问题上保持沟通与协调，为建设持久和平、繁荣和谐的世界作出更大贡献。

会谈结束后，曾培炎和麦克道尔出席了两国农业部门合作备忘录、中国国家外国专家局与爱尔兰高等教育局合作备忘录、都柏林大学与中国人民大学合作设立孔子学院的协议、中国国际人才交流基金会与爱尔兰都柏林理工大学合作备忘录的签字仪式。

外交部部长李肇星对安提瓜和巴布达进行短暂访问

李肇星在首都圣约翰拜会了总督卡莱尔，并与总理兼外长斯宾塞举行会谈。

第三届全国少数民族文艺会演评奖揭晓

历时19天的第三届全国少数民族文艺会演在北京闭幕，全国政协主席贾庆林等出席闭幕式，并为获奖集体和个人颁奖。

经过专家委员会对来自全国各省、自治区、直辖市包括新疆生产建设兵团、解放军总政治部等演出的31台剧节目进行遴选，歌舞《多彩哈达》等18台剧节目获得会演大奖，歌舞《畲家谣》等6台剧节目获得会演创作金奖，少儿歌舞《民族之光》等7台剧节目获得会演表演金奖，幼儿舞蹈《乖乖羊》等76个节目获得会演优秀节目奖，魏春荣等144人获得会演优秀演员奖，张淼等52人获得会演优秀新人奖，中央民族歌舞团的开幕式晚会《和谐中华》和闭幕式暨颁奖晚会《盛世情怀》获得会演特别奖，北京市代表团等35个单位获得会演组织奖。

获得第三届全国少数民族文艺会演大奖的是:《多彩哈达》《洒满阳光的新疆》《当兵走边关》《舞彩云》《红河谷》《天堂草原》《千里阿里郎》《黄道婆》《多彩贵州风》《比兹卡》《云贵回响》《我的湘西》《那山·那水·那云》等13台音舞类剧节目和《瓦氏夫人》《酒魂》《宦门子弟错立身》《边城罢剑》和《小小阿凡提》等5台戏剧类剧目。

中国选手李岩岩获得在广州举行的第二十七届世界摔跤锦标赛男子古典式摔跤66公斤级冠军

银川国家湿地公园正式挂牌成立

今年6月，国家林业局批准银川国家湿地公园开展试点工作，在加强湿地保护的基础上合理开发利用，使保护和利用互相促进。银川国家湿地公园分为阅海湿地、鸣翠湖湿地两个园区。阅海湿地公园面积3万多亩，由湖泊、沼泽、草甸组成，有水生植物114种、鱼类17种、鸟类107种。鸣翠湖湿地面积1万余亩，将以建设世界最大的芦苇迷宫、展现湖光水色的江南美景为目标,大力开展生态旅游。

9月26日

国家主席胡锦涛在人民大会堂与立陶宛总统阿达姆库斯举行会谈

双方积极评价两国关系,一致同意加强友好交往,扩大互利合作,推动两国关系迈上更高的水平。

胡锦涛表示,中国政府一贯坚持中立友好的方针,愿在相互尊重、平等互利的基础上,与立方共同努力,继续深化和推进中立友好合作关系:(一)保持两国高层交往势头。密切两国政府、立法机构和政党之间的交流,增进互信和友谊。(二)扩大双方经贸合作。双方可将交通运输、航运、高新技术等领域作为互利合作新的增长点。中方鼓励有实力的中国企业赴立陶宛投资,也欢迎立陶宛企业来华投资兴业。双方可继续发挥两国经贸合作委员会的作用,积极探讨扩大合作的新渠道、新领域。(三)深化人文领域交流。两国文化部门要进一步落实好文化交流计划,组织更多文化团组互访。中方支持两国教育部门签署教育和研究合作协议,鼓励两国高校开展校际交流,也欢迎更多立陶宛学生来华留学。双方可进一步开展体育合作,鼓励和支持两国青年组织加强友好交往。(四)密切多边事务合作。继续就共同关心的重大国际和地区问题交换看法、协调立场,促进地区和世界的和平与发展。

中央军委主席胡锦涛在北京会见全军装备工作会议代表

胡锦涛强调,要高举邓小平理论和"三个代表"重要思想伟大旗帜,牢固树立和认真落实科学发展观,大力弘扬"两弹一星"精神和载人航天精神,努力推动我军装备建设又快又好地向前发展。

胡锦涛强调,当前,我军装备建设正处在一个新的历史起点上。新世纪、新阶段我军历史使命对装备建设提出了更高的要求。全军装备战线和国防科技工业战线的同志们,要进一步增强搞好装备建设的责任感和紧迫感。要始终坚持人民军队的根本性质和宗旨,自觉地为推进中国特色军事变革服务,为维护国家安全和统一服务,为维护我国发展的重要战略机遇期服务。要切实搞好装备发展的科学筹划和顶层设计。坚持作战需求牵引和科技推动相结合,科学确定武器装备发展方向和建设重点,着力构建适应信息化条件下局部战争要求、具有我军特色的武器装备体系。要切实加强武器装备的质量管理和科学使用。始终坚持质量第一的方针,牢固树立安全发展的理念,处理好装备技术先进性同性能稳定性、可靠性、安全性的关系,处理好研制新装备和管好用好现有装备的关系,充分发挥武器装备的效能。要努力提高装备建设的自主创新能力。加强基础性、战略性和前瞻性重大科技项目研究,加大人才培养力度,深化体制机制改革,建立和完善军民结合、寓军于民的国防科技创新体系,推动武器装备的自主式发展、跨越式发展、可持续发展。

中央和国家机关有关部门、解放军四总部和军委办公厅领导参加会见。

全国政协主席贾庆林在人民大会堂会见出席海峡两岸工会论坛的台湾工会人士

贾庆林强调,当前,两岸关系紧张的根源尚未消除,"台独"的危险性依然存在。对于台湾当局领导人企图通过"宪改"谋求"台湾法理独立"的冒险性和危险性,我们必须要保持高度警惕。为了维护两岸同胞和中华民族的根本利益,我们决不允许任何人以任何名义和方式将台湾从祖国分离出去。我们希望广大台湾同胞与我们一道坚决反对和遏制"台独"分裂活动,共同维护台海和平。

贾庆林表示,丰富两岸职工的物质生活和文化生活,维护两岸劳动群众的合法权益,是两岸工会组织的共同职责。此次"海峡两岸工会论坛"的成功举办,标志着两岸工会交流与合作进入了新的发展阶段。两岸工会及劳动界手足情深,往来密切。只要两岸工会及劳动界的朋友抓住机遇,进一步加强交流,深化合作,就一定能为维护两岸广大职工的合法权益,促进两岸关系的和平发展,实现中华民族的伟大复兴,作出新的更大贡献!

中共中央台办、国务院台办主任陈云林,全国总工会副主席、书记处第一书记孙春兰等参加了会见。

全国高技能人才工作会议暨第八届中华技能大奖和全国技术能手表彰大会在北京召开

国务院副总理黄菊会见了高技能人才十大楷模、中华技能大奖获得者、全国技术能手代表和国家技能人才培育突出贡献奖获奖单位代表。国务委员兼国务院秘书长华建敏参加会见、出席大会并讲话。

经过全国各行各业评选推荐,并经专家评审,本届共有20名同志获得"中华技能大奖"、300名同志获得"全国技术能手"、100家单位获得"国家技能人才培育突出贡献奖"。各省(自治区、直辖市)和计划单列市人民政府、新疆生产建设兵团,中央和国家机关有关部门及有关企业、协会的负责同志出席了会议。

国务院副总理吴仪在长沙出席首届中国中部投资

贸易博览会“万商西进”高峰论坛并致辞

吴仪强调，促进中部地区崛起，是中国新阶段总体发展战略布局的重要组成部分，对于形成东中西互动、优势互补、相互促进、共同发展的新格局，对于提高对外开放水平、构建社会主义和谐社会，都具有重大而深远的意义。中部地区要坚持用科学发展观统领经济社会发展全局，坚持改革开放，以开放促改革促发展，把人民群众的积极性和创造性调动起来，把各种优势和潜力发挥出来，闯出一条实现崛起的新路。

吴仪说，山西、安徽、河南、江西、湖南、湖北等中部6省位于中国内陆腹地，具有承东启西、连南通北的区位优势，自然资源丰富，生态环境优美，科教基础扎实，文化底蕴深厚，综合优势明显。她认为，人杰地灵的中部地区完全能够抓住机遇，奋发图强，实现经济社会持续快速发展。同时她也真诚地希望广大外商和沿海发达地区的企业家们，积极投身中部崛起大潮，在这块投资热土中大显身手。

吴仪指出，中部地区崛起是一项长期的战略任务，需要全国上下坚持不懈为之艰苦努力。当前，尤其需要中部地区从实际出发，以新的思路埋头苦干，扎实推进。她提出六点要求：一是要继续在调整经济结构、转变经济增长方式上下真功夫，走新型工业化道路；立足提升传统支柱产业支撑发展，培育新型支柱产业促进发展，大力发展特色产业；注重资源节约和环境保护，十分珍惜和合理集约利用土地，着力发展节约型经济、环保型经济。二是牢固树立开放意识、竞争意识和效率观念，切实用发展市场经济的观念统一广大干部群众的思想，尽快建立统一、开放、竞争、有序的现代市场体系。三是进一步提高对内对外开放的水平，大力发展开放型经济。要依托已有的产业基础，主动进入跨国公司、东部沿海地区企业的产业链和配套环节。四是注重发挥比较优势，加快建设全国商品粮生产基地，加强能源原材料和现代装备制造及高新技术产业基地建设，把旅游业作为国民经济新的增长点加以培育。五是高度重视投资环境特别是软环境建设，更加注重知识产权保护，为境内外投资者营造公平竞争的市场环境。六是更加注重培育市场主体。

吴仪最后说，举办中国中部博览会，是实施“万商西进”工程的一出重头戏，希望各位朋友充分利用这一平台，增进了解，加强合作，互利共赢。

中央纪委书记吴官正在人民大会堂会见由塞库瓦院长率领的波兰最高监察院代表团

国防部部长曹刚川在八一大楼与加蓬国防国务部部长阿里·邦戈举行会谈

中央军委副主席曹刚川在北京出席全军装备工作会议

曹刚川指出，在党中央、国务院、中央军委的正确领导下，全军装备战线和国防科技工业战线团结拼搏、艰苦奋斗、扎实工作，推动武器装备建设水平实现了历史性进步，为我军现代化建设和军事斗争准备提供了重要物质技术支撑。当前我军装备建设面临新的形势，任务十分繁重。要立足国家安全和发展全局，着眼有效履行新世纪、新阶段我军历史使命，充分认清新形势下加强武器装备建设的极端重要性，以强烈的使命感和责任感，在新的起点上推动我军武器装备建设又快又好地向前发展。

曹刚川强调，要努力实现我军武器装备建设和发展的整体跃升。坚持武器装备建设集中统一领导，搞好总体筹划和顶层设计，努力形成具有我军特色的武器装备体系。把自主创新作为武器装备建设的战略基点，加强战略性、基础性、前瞻性重大科技问题研究，加快自主创新的步伐。牢固树立安全发展的理念，切实把提高稳定性、可靠性和安全性作为武器装备建设的紧迫要求。把“两成两力”建设作为部队装备工作的中心任务，做好装备系统配套、保障配套和使用配套三个层次的工作。要切实抓好武器装备建设各项工作落实，强化部队训练和战法研究，努力实现人与武器装备的最佳结合。

中央和国家机关有关部门、解放军四总部和军委办公厅领导出席会议。

9月27日

国家主席胡锦涛在人民大会堂观看俄罗斯武装力量亚历山大红旗歌舞团的演出并于演出前会见该团领队及主要演职人员

胡锦涛说，中俄互办“国家年”活动，在两国人民中间引起空前反响，受到两国人民的热烈欢迎和广泛支持。“俄罗斯年”活动在中国取得了极大成功。明年“中国年”活动也将在俄罗斯开幕。我相信，中俄互办“国家年”活动的重要意义和深远影响必将随着两国、两军关系的深入发展而不断显现出来。胡锦涛表示，当前，中俄两国、两军关系全面深入发展，双方各级别交流空前活跃，各领域合作全面推进。中方愿与俄方继续努力，把中俄战略协作伙伴关系推上更高层次、更广领域。

全国人大常委会委员长吴邦国在人民大会堂分别会见智利参议长弗雷和立陶宛总统阿达姆库斯

国务院总理温家宝主持召开国务院常务会议

会议听取了国土资源部、监察部对郑州市违法批准征收占用土地建设龙子湖高校园区案件调查情况的汇报。2003年到2006年，郑州市政府及有关部门违反土地利用总体规划和城市总体规划、违法批准征收集体土地14877亩，用于龙子湖高校园区建设。2005年国土资源部对郑州市违法批准征收占用土地问题进行调查，并报经国务院同意，要求郑州市纠正土地违法行为。郑州市不但不进行整改，还公然扩大违法征占土地。会议认为，这是一起严重违反土地利用总体规划、违法批准征收占用土地数量巨大的案件。河南省和郑州市政府及有关部门对这起案件负有责任：河南省政府对国家治理整顿土地市场秩序和严把土地供应"闸门"的决策执行不力，有关负责人明示或默许违法批准征收占用土地，省国土资源厅不依法履行监管职责。郑州市政府和郑东新区建设领导小组违法决定征收占用土地，郑东新区管委会违法实施征地，龙子湖建设指挥部违法组织实施征地拆迁。为严肃法纪，维护国家和人民利益，维护土地利用总体规划的严肃性和权威性，会议决定，对河南省人民政府予以通报批评，责成其向国务院作出深刻检查，并对有关责任人员作出严肃处理。中央纪委常委会已决定，分别给予河南省委常委、政法委书记李新民(原任河南省副省长)和河南省委常委、郑州市委书记王文超(原任郑州市市长)党内严重警告处分。

会议强调，各地区、各部门、各级领导干部要从最近查处的各种土地违法案件中吸取教训，引以为戒。要深刻认识保护土地不仅是关系经济社会全面协调可持续发展的重大举措，而且是关系民族生存的根本大计。面对耕地大量减少、人口继续增长的严峻形势，必须有强烈的忧患意识和危机意识。要自觉执行最严格的土地管理制度，更加重视节约土地，对子孙后代负责，对历史负责。要增强法治观念，坚持依法行政，严格依照法定权限和程序行使权力，严格遵守土地利用总体规划，确保法律法规的严肃性。要增强大局观念，认真贯彻宏观调控的决策和部署，确保政令畅通、令行禁止。要加强土地督察，建立问责制度，坚决制止、严肃查处各种土地违法违规行为，确保有责必问，有错必究，切实保护土地资源特别是耕地资源，维护农民合法权益，促进社会和谐稳定。

会议还研究了其他事项。

国务院总理温家宝在中南海紫光阁分别会见立陶宛总统阿达姆库斯和南非国民议会议长姆贝特

"西部绿化行动"启动仪式在人民大会堂举行

大型社会公益活动"西部绿化行动"由中国绿化基金会、全国绿化委员会、全国政协人口资源环境委员会共同主办。

全国政协主席、中国绿化基金会名誉主席贾庆林出席启动仪式并讲话。他强调，要全面贯彻落实科学发展观，进一步增强责任感和使命感，推动"西部绿化行动"深入实施，为改善西部地区生态环境、造福子孙后代作出新的贡献。

贾庆林说，加快国土绿化、加强生态建设，是我国经济社会可持续发展的重要基础，是构建社会主义和谐社会的重要内容。党中央、国务院历来高度重视林业与生态环境建设，就加强西部地区的生态保护和环境建设，作出了一系列重大决策和部署。实施西部大开发战略以来，在党中央、国务院的正确领导和各方面的大力支持下，通过实施退耕还林、退牧还草、天然林保护等重大工程，西部地区的生态环境状况得到明显改善。但也要看到，西部地区生态环境总体恶化的趋势尚未得到扭转，加快发展西部绿化事业，加强西部生态保护和环境建设，任重道远，需要付出长期艰苦的努力。

贾庆林指出，在国家实施"十一五"规划和进一步推进西部大开发战略的新形势下，中国绿化基金会确立西部绿化的工作重心，推出"西部绿化行动"，具有十分重要的意义。就"西部绿化行动"的实施，贾庆林提出，要认真贯彻中央关于加强生态保护和环境建设的各项决策部署，把实施"西部绿化行动"与构建社会主义和谐社会和建设社会主义新农村的各项要求结合起来，与中央关于加强林业建设和"十一五"规划的有关部署结合起来，努力促进人与自然和谐相处，推动西部地区走上生产发展、生活富裕、生态良好的文明发展道路。切实推动西部绿化重点工作的落实，要围绕重点工程，抓好规划论证，加强科技保障，突出工作实效，把"西部绿化行动"的各项任务稳步推向前进。要广泛调动社会各方面力量参与"西部绿化行动"，加强组织和引导，通过募集民间社会资金，发动更多的社会企业、团体和广大人民群众参与到"西部绿化行动"中来，为这项造福西部、荫及子孙的事业献计出力。

由中国绿化基金会等单位面向全社会推出的"西部绿化行动"，以"西部水土流失治理""西部荒漠化治理""西部生态扶贫"三个方面为切入点，旨在深入贯彻西部大开发战略，配合国家重点生态工程建设，立足西部地区基础生态条件的改善，结合西部特色生态产业发展，带动西部地区的生态建设和经济发展。

国家副主席曾庆红在人民大会堂会见俄罗斯总统办公厅主任索比亚宁

中共中央政治局常委吴官正在人民大会堂会见加蓬国防国务部部长阿里·邦戈一行

中央军委副主席曹刚川在八一大楼会见由朝鲜人民军副总参谋长崔富日上将率领的边防代表团

国防部部长曹刚川在八一大楼与利比里亚国防部部长萨穆凯举行会谈

庆祝中国杂技家协会成立25周年命名颁奖表彰大会暨庆贺北京申办2009年世界魔术大会庆祝大会在北京举行

北京杂技家协会副主席、一级演员刘全利，上海杂技家协会副主席、上海魔术师协会理事长赵力志，广州军区战士杂技团演员魏葆华3人获中国杂技界最高奖——中国杂技金菊奖终身成就奖。同时，为表彰杂技、马戏、魔术对丰富人民群众文化生活和繁荣杂技事业作出积极贡献的地区，中国杂技家协会命名安徽省宿州市埇桥区为“中国马戏之乡”、河南省宝丰县为“中国魔术之乡”。

北京奥运会第一届世界新闻媒体大会在北京开幕

北京市市委书记、北京奥组委主席刘淇出席开幕式并在致辞中强调北京奥组委将兑现承诺，为新闻媒体提供优质高效服务。

9月28日

全国政协办公厅 中央统战部 国务院港澳办 国务院侨办 国务院台办在人民大会堂联合举行国庆招待会

全国政协主席贾庆林，国家副主席曾庆红，国务院副总理黄菊出席招待会。

贾庆林在招待会上的致辞指出，香港、澳门回归祖国以来，中央政府始终不渝地贯彻“一国两制”“港人治港”“澳人治澳”高度自治的基本方针，严格按照基本法办事，全力支持行政长官和特区政府依法施政，推动香港、澳门各界人士在爱国爱港、爱国爱澳旗帜下的广泛团结，加强内地同香港、澳门的交流、合作，有力地维护和促进了港澳地区的繁荣稳定和发展。实践证明，“一国两制”方针是正确的，具有强大的生命力。我们将与香港、澳门同胞一起，坚定不移地贯彻这一方针，共同开创香港、澳门更加美好的明天。

贾庆林强调，解决台湾问题，实现祖国完全统一，是海内外中华儿女的共同心愿。当前，在两岸同胞的共同努力下，台海局势中有利于遏制“台独”分裂活动的积极因素增多，两岸关系朝着和平发展的势头增强。但是，导致两岸关系紧张的根源尚未消除，反对和遏制“台独”分裂势力仍然是两岸同胞当前最重要、最紧迫的任务。我们将继续坚持贯彻对台工作的大政方针，坚持一个中国原则决不动摇，争取和平统一的努力决不放弃，反对“台独”分裂活动决不妥协，推动两岸关系向和平稳定方向发展，早日完成祖国和平统一大业。

招待会由国务委员唐家璇主持。王兆国、刘淇、刘云山、贺国强、曹刚川、王刚、何鲁丽、成思危、许嘉璐、蒋正华、盛华仁、韩启德、华建敏、王忠禹、廖晖、刘延东、罗豪才、张克辉、周铁农、黄孟复、张怀西、张梅颖、张榕明等出席了招待会。

国务院召开全国农田水利基本建设电视电话会议

国务院副总理回良玉在会上强调，兴修水利是治国安邦、构建社会主义和谐社会的大计，加强农田水利基本建设是发展现代农业、建设社会主义新农村的基础。要针对今年严重自然灾害中暴露出的突出问题和薄弱环节，紧紧围绕提高农业抗灾减灾和综合生产能力，扎扎实实地开展农田水利基本建设，毫不松懈地抓好秋冬农业农村各项工作，促进粮食稳定发展、农民持续增收，确保社会主义新农村建设有良好开局。

回良玉指出，今年以来，我国气候变化异常，极端天气频繁，多种灾害并发，部分地区灾情极为严重。面对严重的自然灾害，在党中央、国务院的正确领导下，各地区、各部门动员和组织广大军民，奋力抗灾救灾，合力防灾减灾，最大限度地减轻了灾害损失，农业农村承接和保持了良好的发展势头。但必须清醒地看到，大灾之年凸显了加强农田水利基本建设的重要性，灾后反思彰显了加强农田水利基本建设的紧迫性。我们必须切实增强责任感、紧迫感和使命感，在全国掀起新一轮农田水利基本建设的热潮。

回良玉强调，加强农田水利基本建设必须统筹安排，突出重点，注重实效。要抓紧水毁工程修复和抗旱水源工程建设，着力抓好病险水库除险加固和中小河道治理，尽快恢复和提高防汛抗旱能力，切实保障水库和中小河流安全。要加快大中型灌区续建配套和节水改造，着力抓好小型农田水利设施建设，努力扩大农业灌溉面积、提高灌溉效率，切实增强农业综合生产能力。要加大农村饮水安全工程建设力度，尽快解决农村人畜饮水困难问题，尽早让亿万农民喝上安全水、放心水。要进一步加强重点生态工程建设，搞好水土保持和小流域综合治理，实现人与自然和谐发展，保障经济社会可持续发展。要健全组织领导机制，把农田水利基本建设工作摆到重要位置；要健全政府投入机制，保证农田水利建设资金稳定增长；要健全全民参与机制,引导农民和社会各界积极参与;要健全建设管理体制,深化小型农田水利工程建设管理制度改革;要健全规划编制机制,有序有力地推进农田水利基础建设。

回良玉要求,各地区、各有关部门要加强领导,精心组织,统筹做好当前农业和农村各项工作。一是认真落实好各项农村政策,每一项惠农政策一定要落实到基层、兑现到农户。二是认真做好秋粮收获和收购工作,落实好中晚稻最低收购价执行预案,保持粮食价格的基本稳定。三是认真做好秋冬种工作,稳定粮食面积,优化农业结构,推广先进适用技术,发挥农机作用,着力提高秋播质量,加快秋播进度。保障农资供应,稳定农资价格,严厉打击制售假劣农资等违法行为。四是认真做好动物疫病防控工作,落实免疫措施,加强疫情监测,严格疫情报告制度。五是认真做好秋冬季森林、草原防火工作,彻底清查火险隐患,提高应急反应能力,确保森林草原防火不出大的问题。六是妥善安排好农村困难群众的生产生活,重点解决好困难群众秋冬种所需的资金和物资,解决好灾区群众的口粮、住所和冬季取暖等问题。

国务院任免国家工作人员

任命季允石为人事部副部长(正部长级)、国家外国专家局局长;

免去万学远的人事部副部长、国家外国专家局局长职务。

国办转发安监总局等部门《关于进一步做好煤矿整顿关闭工作的意见》并发出通知

各省、自治区、直辖市人民政府,国务院各部委、各直属机构:

安全监管总局、煤矿安监局、发展改革委、公安部、监察部、财政部、劳动保障部、国土资源部、国资委、工商总局、电监会、全国总工会《关于进一步做好煤矿整顿关闭工作的意见》已经国务院同意,现转发给你们,请认真贯彻执行。

整顿关闭非法和不具备安全生产条件以及不符合国家煤炭产业政策、布局不合理、破坏资源、污染环境的煤矿,淘汰落后的生产能力,是贯彻落实“十一五”规划纲要,调整和优化煤炭产业结构,提高煤炭生产力发展水平,保障煤炭工业节约发展、清洁发展、安全发展,实现可持续发展的重要举措;是减少煤矿事故、保护人民群众生命财产安全,促进安全生产形势稳定好转的迫切需要。各有关地区和部门要认真贯彻《国务院关于预防煤矿生产安全事故的特别规定》(国务院令第446号)、《国务院办公厅关于坚决整顿关闭不具备安全生产条件和非法煤矿的紧急通知》(国办发明电〔2005〕21号)等有关要求,进一步提高对煤矿整顿关闭工作重要性的认识,把思想统一到党中央、国务院的相关决策部署上来,坚定信心,加大力度,切实抓好煤矿整顿关闭工作。

各产煤省(区、市)人民政府要加强对煤矿整顿关闭工作的统一领导,组织研究制定本地区煤矿整顿关闭的工作目标和主要任务,提出到2010年允许保留的小煤矿数量限制目标。要按照调整和优化煤炭产业结构、实现煤炭工业可持续发展的要求,根据国家法律、法规和政策规定,结合实际研究建立小煤矿退出的有效机制,并制定相关的经济政策和配套措施。要综合采取法律、经济和必要的行政手段,认真组织落实煤矿整顿关闭的有关规定,加强和规范煤炭资源整合,从严控制新建项目,推进煤矿整顿关闭工作顺利进行。

各有关地区要把煤矿整顿关闭工作作为实现安全生产的一项重要举措列入地方各级人民政府工作目标,纳入政绩考核内容,把关闭煤矿的任务逐级分解,层层落实到市(地)、县(市)、乡(镇)人民政府,建立健全政府统一领导、相关部门共同参与的联合执法机制,制定并执行规范的工作程序和实施细则,积极稳妥地推进煤矿整顿关闭工作。要注意研究新情况,解决新问题,做好有关应急预案,确保安全生产和社会稳定。要及时向社会公布关闭的矿井名单,建立群众监督机制,鼓励并认真核实群众举报,充分发挥社会舆论监督作用,严肃查处违法违纪和失职渎职行为,依法追究事故责任。

安全监管总局、煤矿安监局、发展改革委、公安部、监察部、财政部、劳动保障部、国土资源部、国资委、工商总局、电监会以及全国总工会等有关部门和单位要加强协调配合,充分发挥煤矿整顿关闭工作部际联席会议制度的作用,组织开展重点督查,研究提出有关政策措施,协调解决存在的问题,指导和推进全国煤矿整顿关闭工作。

国务院办公厅

2006年9月28日

关于进一步做好煤矿整顿关闭工作的意见

去年以来,为实现国务院确定的“争取用三年左右时间,解决小煤矿问题”的目标,各有关地区和部门按照国务院部署,集中开展对非法和不具备安全生产条件煤矿的整顿关闭工作,共取缔非法采煤矿点1万余处(次),关闭不具备安全生产条件和非法煤矿5900多处,取得了重要成果。但是,小煤矿数量多、规模小、布局不合理、破坏资源和环境的状况尚未得到根本改善;一些煤矿非法开采和超层越界开采行为仍然屡禁不止;一些地方煤炭资源整合不规范、煤矿建设项目违法违规等问题还比较突出,煤矿安全生产形势依然严峻。为进一步

做好煤矿整顿关闭工作,现提出以下意见:

一、煤矿整顿关闭工作的目标和任务

煤矿整顿关闭工作的目标是:到2008年,煤炭开采秩序明显好转,无证开采和超层越界开采等违法行为得到有效制止,小煤矿事故有较大幅度下降,特别重大事故得到有效遏制,小煤矿百万吨死亡率力争控制在4以下;小煤矿基本实现正规开采,安全设施得到较大改善,煤矿安全管理水平和从业人员技术素质有较大提高;小煤矿数量大幅度减少,到2010年力争控制在1万处左右。

煤矿整顿关闭工作的主要任务是:依法取缔无证开采,关闭不具备安全生产条件、严重超层越界开采的煤矿;限期淘汰不符合产业政策、布局不合理、破坏资源、污染环境的煤矿;清理纠正违规越权核准和不符合安全标准的新建、改扩建煤矿项目。

二、关闭煤矿的类型

按照《国务院关于预防煤矿生产安全事故的特别规定》等有关法律法规以及煤炭产业政策的有关要求,有下列情形之一的小煤矿,要予以关闭:

(一)不符合矿产资源规划和矿业权设置方案的;

(二)不符合经批准的煤炭工业发展规划和矿区总体规划的;

(三)未依法取得采矿许可证、安全生产许可证、煤炭生产许可证、营业执照和矿长资格证、矿长安全资格证,擅自从事生产的;

(四)超层越界开采拒不退回的;

(五)3个月内2次或者2次以上发现有重大安全生产隐患,仍然组织生产的;

(六)被依法责令停产整顿的矿井擅自组织生产或经整顿验收不合格的;

(七)存在煤与瓦斯突出、自然发火、冲击地压、水害威胁等重大安全生产隐患,经论证在现有技术条件下难以有效防治的;

(八)1个月内3次或者3次以上发现未对井下作业人员进行安全生产教育和培训或者特种作业人员无证上岗的;

(九)不同采矿权人,其被许可的采矿范围在垂直方向上相互重叠且影响安全生产的,只保留一个矿井,其他关闭;

(十)在大型煤炭矿区范围内开采的;

(十一)年生产能力在3万吨及以下的矿井,其中属于煤与瓦斯突出、水害威胁严重的必须在2006年年底前关闭,其他矿井必须在2007年年底前关闭;

(十二)资源接近枯竭的矿井,采矿许可证到期后一律予以关闭;

(十三)纳入资源整合范围的矿井,未履行煤矿建设项目相关核准手续和“三同时”(安全设施与主体工程同时设计、同时施工、同时投入生产和使用)审批程序、违规越权核准,未重新取得采矿许可证、安全生产许可证和煤炭生产许可证擅自组织生产的;

(十四)擅自进行“三下”(建筑物下、水体下、铁路下)开采和在自然风景名胜区、文物保护区、重要水源地、重要设施等区域内开采的;

(十五)国家和地方产业政策明令淘汰的;

(十六)地方人民政府规定应予关闭的。

三、加强和规范煤炭资源整合,从严控制新开工建设项目

各有关地区和部门要严格按照安全监管总局、发展改革委等11个部(委、局)联合下发的《关于加强煤矿安全生产工作规范煤炭资源整合的若干意见》(安监总煤矿〔2006〕48号)的规定,由县级以上地方人民政府制订本地区煤炭资源整合方案,经省级人民政府批准后组织实施。

(一)煤炭资源整合必须是合法矿井对有开采价值的资源进行整合,已关闭或者属于上述16种关闭范围的矿井原则上不得纳入资源整合范围,经省级国土资源部门会同有关部门认定确有开采价值的资源经重新规划后可纳入整合。

(二)在国家划定的24个煤与瓦斯严重突出矿区和34个煤与瓦斯突出矿区内的小煤矿要列入资源整合的重点,但已关闭的煤与瓦斯突出、水害威胁严重矿井的资源不得纳入整合范围。

(三)所有纳入资源整合的矿井必须按照先关闭后整合、以大并小、以优并劣的原则进行整合,整合后形成的新矿井只能有一套生产系统,防止一证多井或多井拼凑,并按照建设项目审批(核准)和管理。

(四)煤炭资源整合后的矿井规模,山西、内蒙古、陕西不得低于30万吨/年,新疆、甘肃、青海、宁夏、北京、河北、东北及华东地区不得低于15万吨/年,西南和中南地区不得低于9万吨/年。

(五)地方各级人民政府及有关部门要加强对资源整合矿井的监管,严防小煤矿以整合名义逃避关闭,严防以矿井整合代替资源整合,严防整合期间组织生产。严禁采矿权人以承包、转包和租赁等方式,将部分或全部采矿权转给他人开采;对现有以承包、转包等方式开采矿产资源的,要认真清理,并依法严肃处理。

(六)要加强新建煤矿的监管,抑制低水平盲目建设。已批准(核准)规模在3万吨/年及以下的建设项目要立即停止建设,符合规定的可纳入煤炭资源整合范围。“十一五”期间,各地区一律停止审批(核准)30万吨/年以下的煤矿新建项目。对所有在建煤矿项目要按照发展改革委等5部门《关于印发新开工项目清

理工作指导意见的通知》(发改投资〔2006〕1538号)规定,抓紧进行清理,凡属违法、违规或者越权审批的,一律责令停止施工。

四、完善煤矿整顿关闭工作联合执法机制

各有关地区要建立健全政府统一领导、相关部门共同参与的联合执法工作机制,明确并落实各相关部门在煤矿整顿关闭工作中的职责,及时研究解决存在的重大问题。各有关部门按照职责分工提出需要关闭的矿井名单,由安全生产监督管理部门会同各相关部门汇总后,提请地方人民政府依法予以关闭,并通报证照颁发管理机关,依法吊(注)销相关证照。

国土资源部门要加强对煤炭资源勘查、开采的监督管理,加大对无采矿许可证非法开采、超层越界开采等滥采乱挖煤炭资源违法行为的查处力度,负责组织认定资源接近枯竭矿井,清理不符合矿产资源规划和矿业权设置方案、大型煤炭矿区内及采矿许可范围相互重叠的矿井,提出有关关闭矿井名单。

发展改革部门负责清理纠正不符合经批准的煤炭工业发展规划和矿区总体规划、违规越权核准的新建和改扩建煤矿建设项目,负责控制煤矿建设矿井规模,提出有关关闭矿井名单。

煤炭行业管理部门要加强对煤矿生产的监督管理,加大对无煤炭生产许可证非法生产的查处力度,负责提出小煤矿数量控制规划目标,会同有关部门认定不符合产业政策、布局不合理和非法挂靠、一证多井或多井拼凑的矿井,提出有关关闭矿井名单。

煤矿安全监管部门和煤矿安全监察机构要加强煤矿安全生产的监督检查,对存在重大隐患矿井依法作出停产整顿、停止施工的监管监察指令,监督煤矿停产整顿情况,提出关闭不具备安全生产条件矿井名单。

工商行政管理部门负责取缔无照经营煤矿。

公安部门负责依法注销关闭煤矿的爆炸物品许可证件,监督关闭煤矿妥善处置剩余的爆炸物品,配合有关部门做好行政执法工作。

供电部门负责切断关闭矿井的供电电源,拆除供电设施,查处向非法煤矿供电的行为。

劳动保障部门负责依法查处煤矿非法用工,监督煤矿按照规定参加社会保险并缴纳社会保险费,指导和督促煤矿企业与劳动者签订劳动合同,加强劳动用工管理。

行政监察部门负责对参与煤矿整顿关闭工作的有关地方政府及部门履行职责情况实施监察。

国有资产监管机构会同有关部门针对存在重大安全生产隐患并经论证在现有技术条件下难以有效防治的国有煤矿,提出破产关闭的政策意见,建立正常退出机制。

国务院副总理吴仪和俄罗斯总统办公厅主任索比亚宁共同出席在故宫博物院举行的克里姆林宫珍品展开幕式

"人造太阳"首轮放电试验在中科院合肥物质研究院获得成功

由中国自行设计、研究的世界第一个全超导非圆截面核聚变实验装置(英文名称:EAST,也称"人造太阳")在进行首轮放电试验过程中,成功获得电流超过200千安、时间近3秒的高温等离子体放电。目前放电试验还在进行中,各项参数正在不断提高。这表明世界新一代全超导非圆截面核聚变实验装置已在中国首先建成并正式投入运行。

张开济去世

全国建筑设计大师、第一届梁思成奖获得者、北京市建筑设计研究院顾问总建筑师张开济,因病医治无效,于9月28日零时5分在北京去世,享年94岁。

9月29日

中国侨联成立50周年纪念大会在北京举行

全国政协主席贾庆林代表党中央、国务院向大会表示热烈的祝贺,并向广大归侨侨眷、海外侨胞和各级侨联工作者致以崇高的敬意和亲切的问候。

贾庆林说,我国有3000多万归侨侨眷,有遍布世界各地的几千万海外侨胞。实践充分证明,广大归侨侨眷和海外侨胞具有热爱祖国的光荣传统和报效祖国的强烈愿望,是推进我国改革开放和现代化建设的重要力量,是实现祖国完全统一和中华民族伟大复兴的重要力量。

贾庆林说,党中央、国务院历来高度重视发挥广大归侨侨眷和海外侨胞的作用,始终把做好归侨侨眷和海外侨胞工作作为党和国家工作的一个重要方面。50年来,中国侨联始终高举爱国主义旗帜,紧紧围绕党和国家工作大局,充分发挥群众性、民间性、统战性、涉外性和以"侨"为"桥"的特点和优势,紧密团结归侨侨眷,广泛联系海外侨胞,努力凝聚侨心、汇集侨智、发挥侨力;始终坚持把维护归侨侨眷和海外侨胞的根本利益作为工作的出发点和落脚点,身怀爱侨之心,恪守为侨职责,多为利侨之事,为广大归侨侨眷和海外侨胞发挥作用创造有利条件。

贾庆林指出,国运昌,侨运兴。当前,我们国家的发展正处在新的历史起点上。以胡锦涛同志为总书记的党中央着眼时代发展,立足新的实践,继往开来、与时俱进,高度重视做好归侨侨眷和海外侨胞工作。希望中国侨联坚持以邓小平理论和“三个代表”重要思想为指导，认真学习《江泽民文选》，全面落实科学发展观，正确认识和处理海内外同胞的关系，深入扎实地做好归侨侨眷和海外侨胞工作，为继续推进现代化建设、完成祖国统一、维护世界和平与促进共同发展作出新的更大的贡献。鼓励和支持广大归侨侨眷和海外侨胞为祖国现代化建设，为构建社会主义和谐社会，为传承和传播中华民族的优秀文化，为遏制“台独”分裂势力、促进祖国统一大业，为扩大我国与世界各国的友好合作交往贡献智慧和力量。

贾庆林要求，各级侨联组织要适应新形势新任务的要求，不断加强自身建设。各级党委和政府要高度重视和支持侨联按照法律和章程创造性地开展工作。在研究涉及归侨侨眷和海外侨胞切身利益的重大问题时，要认真听取侨联组织的意见和建议。要切实帮助侨联解决工作中遇到的困难和问题，为侨联开展工作创造有利条件，提供必要保障。

刘云山、贺国强、何勇、司马义·艾买提、何鲁丽、刘延东、罗豪才、徐匡迪，以及来自53个国家和地区的海内外侨界嘉宾和归侨侨眷代表、侨联工作者代表700多人出席了大会。

全国妇联党组书记、副主席黄晴宜代表人民团体向中国侨联成立50周年表示祝贺。中国侨联主席林兆枢在大会上代表中国侨联致辞。会上宣读了《中国侨联关于向从事侨联工作二十年以上的工作者颁发荣誉证书的决定》，并颁发了荣誉证书。

全国人大常委会委员长吴邦国和全国政协主席贾庆林分别在人民大会堂会见津巴布韦议会众议长恩科莫

纪念林枫同志诞辰100周年座谈会在人民大会堂举行

国家副主席曾庆红出席座谈会。

林枫1906年出生于黑龙江省望奎县，1927年加入中国共产党，是中国共产党的优秀党员，伟大的共产主义战士、马克思主义者，杰出的无产阶级革命家和教育家，中国共产党第七、第八届中央委员，第二、第三届全国人大常委会副委员长。

中共中央政治局委员、全国人大常委会副委员长王兆国主持座谈会并讲话。他说，林枫同志在青年时代就怀着改造社会、振兴中华的远大志向，热切追寻救国救民的真理，宣传马克思主义。“九一八”事变后，他直接领导北平学生运动，全力协助刘少奇同志开展华北地区党的工作，积极贯彻党的抗日民族统一战线政策，作出了重要贡献。抗战期间，他在发动群众、培养干部、建立民主政权、坚持敌后游击战争等方面，都建立了不朽功勋。抗战胜利后，他作为东北局主要负责同志之一，在民主政权建设、发展农业生产、抗美援朝的支前等各项工作中，都作出了重大贡献。1954年调往北京工作后，他历任中共中央副秘书长、国务院第二办公室主任、中共中央文教小组成员、国务院业余教育委员会主任、中共中央高级党校校长等职，全力倾注于教育事业。我们纪念林枫同志，就是要学习他对祖国、对人民、对共产主义事业无限忠诚的优秀品质，学习他理论联系实际、实事求是的优良作风，学习他待人以诚、克己奉公的高尚品格。当前，我国已进入经济社会快速发展和改革攻坚的关键时期，缅怀林枫同志光辉的一生，追思他为党和人民建立的卓越功勋，最重要的就是要继承和弘扬老一辈革命家的崇高精神和优秀品格，更加紧密地团结在以胡锦涛同志为总书记的党中央周围，坚持以邓小平理论和“三个代表”重要思想为指导，牢固树立和落实科学发展观，为全面建设小康社会、构建社会主义和谐社会，不断开创中国特色社会主义事业新局面而努力奋斗。

座谈会上，全国人大常委会副秘书长乔晓阳、中央党史研究室主任李景田、黑龙江省委副书记刘东辉等先后发言。

王汉斌、彭珮云同志，中央和国家机关有关部门以及黑龙江省的负责同志，林枫同志的亲属、生前友好和原身边工作人员等出席了座谈会。

国务院任免国家工作人员

任命周伯华为国家工商行政管理总局局长；

免去王众孚的国家工商行政管理总局局长职务。

2006年度“友谊奖”颁奖大会在人民大会堂举行

国务院副总理回良玉在致辞中代表中国政府向获奖外国专家表示热烈的祝贺，向在华工作的外国专家表示由衷的敬意和诚挚的感谢。他强调，人才是兴国之本、富民之基、发展之源。尊重劳动、尊重知识、尊重人才、尊重创造是中国政府长期坚持的战略方针。我们将继续大力实施人才强国战略，坚持自主培养开发人才和引进海外人才并重，在立足于培养国内人才的同时，继续加大引进国外智力和人才的力度，继续营造鼓励人才干事业、支持人才干成事业、帮助人才干好事业的良好社会环境。我们将制定和完善相关法律法规，保护外国专家的合法权益，为来华的外国专家创造更加良好的工作和生活条件，提供更加优质的服务。

国务委员兼国务院秘书长华建敏，全国政协副主席李贵鲜出席颁奖大会。

“友谊奖”是中国政府授予来华外国专家的最高荣誉奖项。今年有来自19个国家的49位来华外国专家获得此奖。

上海合作组织地区反恐怖机构理事会第八次会议在北京举行

参加这次会议的有中国、哈萨克斯坦、吉尔吉斯斯坦、俄罗斯、塔吉克斯坦、乌兹别克斯坦6个成员国的执法安全部门代表。会议由上海合作组织地区反恐怖机构理事会主席、中国公安部副部长孟宏伟主持。

与会代表一致认为,全面深化和拓展安全领域的务实合作,积极致力于将本地区建设成为一个持久和平、共同繁荣的和谐地区是各成员国的共同愿望。各方就地区反恐机构的建设、合作打击恐怖主义、分裂主义和极端主义等问题深入交换了意见。会议通过了多项法律文件,对维护本地区和平与稳定,促进和加强上海合作组织成员国在合作打击“三股势力”方面将发挥积极作用。

9月30日

国务院在人民大会堂举行招待会庆祝中华人民共和国成立57周年

胡锦涛、吴邦国、温家宝、贾庆林、曾庆红、黄菊、吴官正、李长春、罗干等党和国家领导人与1500余名中外人士欢聚一堂,共庆佳节。

国务院总理温家宝发表了热情洋溢的讲话。招待会由国务委员兼国务院秘书长华建敏主持。

中央和国家机关有关部门负责人,解放军和武警部队负责人,各民主党派、全国工商联负责人和无党派人士代表,各人民团体主要负责人,北京市负责人,香港特别行政区和澳门特别行政区的一些人士,台湾同胞,华人、华侨代表,在华访问的部分外宾、国际知名人士、各国驻华使节、各国际组织驻华代表、部分外国专家和配偶,也出席了招待会。

国务院总理温家宝在庆祝中华人民共和国成立57周年招待会上发表讲话

各位来宾、各位朋友、各位同志:

今天,我们欢聚一堂,热烈庆祝中华人民共和国成立57周年。我代表党中央、国务院,向全国各族人民致以节日的祝贺!向港澳同胞、台湾同胞和海外侨胞,致以亲切的问候!向出席招待会的各国朋友和所有关心、支持我国现代化建设的国际友人,表示诚挚的感谢!

57年前,中华人民共和国宣告成立,开辟了中国历史的新纪元。改革开放以来,我国实现了近30年经济持续快速发展,社会全面进步,创造了历史奇迹。这个大趋势是不可逆转的。我们有良好的发展基础和有利条件,有经过实践检验的正确的内外政策,有不断增强的应对各种困难和风险的能力,有重视学习和善于学习的优良传统。中国这艘巨轮一定能够乘风破浪、平稳航行。我们对未来充满信心。

我们坚定不移地走科学发展之路。我们已经找到了这条路子,这就是抓住机遇加快发展,坚持以人为本、经济社会全面协调可持续发展。这条道路不仅关系当代,而且关系子孙后代和长远发展。按照这条路子走下去,我们就一定能够把中国建设成为富强民主文明和谐的社会主义现代化国家。

我们坚定不移地走改革开放之路。社会主义社会是不断改革和进步的社会。我们要全面推进经济体制改革、政治体制改革、文化体制改革和社会管理体制改革,解放和发展生产力,健全民主与法制,坚持反腐倡廉,实现社会公平正义,完善社会主义制度。中国的发展离不开世界。我们要始终坚持对外开放的基本国策,大胆吸收和借鉴人类社会创造的一切文明成果。改革开放将贯穿现代化建设的全过程,只会前进,不会倒退。

我们坚定不移地走自力更生、艰苦奋斗之路。在十几亿人口的中国建设现代化是前无古人的创举,是长期而艰巨的历史任务。我们必须有这样的思想准备,充分发挥全体人民的积极性,在全社会大力倡导诚实劳动、勤奋创业的精神,通过坚持不懈地努力,创造更加美好的生活。

来宾们、朋友们、同志们!

我们将继续同香港、澳门广大同胞一道,共同维护和促进香港、澳门的繁荣稳定。

我们将继续同广大台湾同胞一道,共同推进祖国和平统一大业。

我们将继续同各国人民一道,共同建设持久和平、共同繁荣的和谐世界。

全国各族人民要在以胡锦涛同志为总书记的党中央领导下,高举邓小平理论和“三个代表”重要思想伟大旗帜,认真贯彻落实科学发展观,为全面建设小康社会、开创中国特色社会主义事业新局面而奋斗。

现在,我提议:

为庆祝中华人民共和国成立57周年,

为伟大祖国的繁荣富强和各族人民的幸福,

为中国人民同世界人民的友谊与合作,

为来宾们、朋友们和同志们的健康,

干杯!

国务院总理温家宝在人民大会堂接见荣获2006年中国政府“友谊奖”的49名外国专家和他们的眷属

国家副主席曾庆红在人民大会堂会见香港特别行政区和澳门特别行政区各界国庆访京团全体成员

湖南省第十届人民代表大会常务委员会第二十三次会议决定周强为湖南省人民政府代理省长

我国首批434家“中华老字号”向社会公示

商务部向全社会公示首批434家“中华老字号”，包括同仁堂、全聚德、茅台、五粮液、稻香村、张小泉、恒源祥、吴裕泰等人们耳熟能详、在国内具有较强影响力的企业。

第一批老字号合格企业覆盖全国27个省、自治区、直辖市，并呈相对集中趋势，数量排名前5位的省市分别是北京、上海、浙江、江苏、天津，占总量的50.7%。

10月1日

国家主席胡锦涛考察北京奥运会工程建设

在举国欢庆中华人民共和国成立57周年之际，国家主席主席胡锦涛上午来到北京奥运场馆建设工地，看望节日期间坚持工作的工程建设者，向他们致以节日祝贺和亲切慰问。胡锦涛强调，举办奥运会，是我国各族人民的共同心愿，是中华民族的百年企盼，是全国的一件大事。我们一定要尽最大努力把奥运会办好，以增强全国各族人民的自信心和奋斗精神、增强中华民族的自豪感和凝聚力，共同为实现中华民族的伟大复兴而奋斗。

胡锦涛在北京市委书记刘淇和市长王岐山等陪同下来到位于城北的国家体育场、国家游泳中心、国家体育馆、国家会议中心等奥运会工程建设现场。

胡锦涛首先来到奥运场馆建设工程展示中心，了解奥运工程进展的整体情况。得知各项工程建设进展顺利，胡锦涛感到欣慰。他说，大家为筹办奥运会做了大量卓有成效的工作。现在，离奥运会开幕还有不到两年时间，筹办工作任务十分繁重。各有关方面要进一步增强使命感和责任感，振奋精神，团结协作，埋头苦干，扎扎实实做好各项筹办工作。

被称为“鸟巢”的国家体育场是北京奥运会的主会场，工程难度大，科技含量高。建设者们破解了不少技术难题，取得了多项自主创新成果。胡锦涛来到工地现场，饶有兴趣地听取了工程建设中科技创新情况的介绍。胡锦涛对工程技术人员说，你们坚持精心设计、精心施工、勇于创新，以顽强拼搏的精神和科学严谨的态度攻克了一个又一个难关，取得了出色成绩，谱写了中国建筑史上的光辉一页。希望大家高质量地完成后期工程，努力把奥运场馆建设成精品工程。

随后，胡锦涛来到被称为“水立方”的国家游泳中心建设工地，一边察看，一边询问工程建设情况。当得知国家游泳中心是由80多个国家和地区的5万多华人华侨、港澳台同胞捐资兴建时，胡锦涛十分高兴。他说，海内外中华儿女的广泛支持和积极参与，为我们成功举办奥运会创造了有利条件。我们要举全国之力，集各方之智，调动一切可以调动的力量，全面做好奥运会筹办工作。

胡锦涛还来到国家会议中心考察。两年后，这里将成为奥运会的主新闻中心和国际广播电视中心。在察看了施工现场后，胡锦涛对有关负责同志表示，要增强对筹办工作特点和规律的认识，增强工作的整体性、协调性、规范性，不断提高工作水平。要科学配置和合理使用资金、物资、人力资源，加强管理和监督工作，使资金和工程运作公开透明，发挥最大效益。

考察结束时，胡锦涛听取了奥运会工程建设以及北京市工作情况的汇报，并发表了重要讲话。胡锦涛强调，目前，奥运会筹办工作已进入关键的攻坚阶段。要围绕举办一届有特色、高水平的奥运会目标，切实实践绿色奥运、科技奥运、人文奥运的理念，坚持节俭办奥运、廉洁办奥运的方针，发挥社会主义制度能够集中力量办大事的优越性，切实抓好奥运会筹办工作这件大事。要切实履行我们在申办奥运会时作出的承诺，确保高质量按时完成各项建设任务，提供优质高效服务，努力提高筹办工作的国际化水平。要组织广大群众开展丰富多彩的迎奥运、讲文明、树新风活动，在全社会营造喜庆热烈的奥运会氛围，展示我国人民期盼奥运、参与奥运、奉献奥运的精神面貌。

胡锦涛希望北京市紧紧抓住新北京、新奥运的重要机遇，全面贯彻落实科学发展观，着力推动经济社会又快又好发展，着力提高城市建设管理服务水平，着力促进社会和谐，把改革发展稳定的各项工作做得更好。他强调，要坚持以人为本，注重解决人民群众最关心、最直接、最现实的利益问题，使筹办奥运会的各项工作造福广大人民群众。

胡锦涛表示相信，在党中央、国务院领导下，在全国人民大力支持下，奥运会筹办工作一定能够做好，举办一届有特色、高水平的奥运会目标一定能够实现。

郭焱在乌鲁木齐举行的第十届女乒世界杯决赛中获得冠军

10月2日

第九届北京国际音乐节在北京保利剧院开幕

中共中央政治局常委、国家副主席曾庆红与首都各界观众一同观看了开幕式演出。

刘淇、吴仪、韩启德、陈至立、刘延东、李贵鲜，中央军委委员李继耐以及有关部门负责人一起观看开幕式演出并参加会见。

今年的北京国际音乐节期间，来自美国、英国、法国、德国、俄罗斯、意大利、奥地利等10多个国家的艺术家将与中国艺术家一道，为首都观众奉献共24套26场精彩演出。

中央文明办 国家旅游局发布《中国公民出境旅游文明行为指南》和《中国公民国内旅游文明行为公约》

杨炼 邱红霞在圣多明各举行的世界举重锦标赛

上刷新5项世界纪录

10月1日和2日在圣多明各举行的世界举重锦标赛上，杨炼在女子48公斤级比赛中刷新了3项世界纪录。邱红霞在女子53公斤级比赛中打破了两项世界纪录并且囊括该级别抓举、挺举和总成绩3金。另外，在男子69公斤级比赛中，奥运冠军石智勇夺得总成绩银牌，他同时还摘取抓举金牌和挺举铜牌。丘乐则蝉联男子62公斤级世界冠军。

10月3日

国务院总理温家宝在四川 重庆与群众共度国庆佳节

今年入夏以来，四川、重庆发生百年不遇的特大旱灾，灾害损失严重。党中央、国务院十分关心灾区人民。10月1日至3日，中共中央政治局常委、国务院总理温家宝和国务院有关部门负责同志来到四川南充、遂宁，重庆潼南、铜梁、合川，了解灾区群众的生产生活情况，检查灾后自救工作，和群众共度国庆佳节。

10月4日

外交部部长李肇星同韩国外交通商部长官潘基文通电话就朝鲜半岛形势交换意见并重申中国政府的原则立场

外交部发言人刘建超表示中方希望朝方在核试验问题上务必保持冷静和克制

刘建超是在朝鲜宣布将进行核试验后作出上述表示的。

刘建超说，中方一贯主张半岛无核化，主张推进六方会谈进程，以维护半岛和东北亚地区和平与稳定。

他说，我们希望朝方在核试验问题上务必保持冷静和克制。我们也希望有关各方也务必努力通过对话协商和平解决彼此关切，而不要采取加剧紧张的行动。

我国白内障致盲人数负增长

据《人民日报》报道："视觉第一中国行动"项目开展近10年来，已累计使我国480万名贫困白内障患者重见光明，并有效提高了我国基层眼科服务水平，成功实现了我国白内障致盲人数的负增长。

中国残联主席、中国狮子联会名誉会长邓朴方在国际狮子会理事会会议上，高度评价了国际狮子会与中国合作开展的"视觉第一中国行动"项目。这一项目是中国与国际狮子会合作开展的全球最大规模的防盲治盲行动。

10月5日

《人民日报》发表评论员文章《选拔任用干部必须坚持好中选优》

做好省、市、县、乡党委集中换届工作，关键是把那些政治坚定、能力突出、作风过硬、群众信任、善于领导科学发展的优秀干部选拔到领导岗位上来，把各级党委建设成为坚决贯彻执行党的路线方针政策、坚定不移地走中国特色社会主义道路，求真务实、开拓创新、勤政廉政、团结协调、朝气蓬勃、奋发有为的坚强领导集体。实现这一目标，在干部选拔任用工作中，必须认真贯彻党的干部路线，坚持高标准、严要求，切实做到好中选优。

在干部选拔任用中坚持好中选优，是党的任人唯贤干部路线的具体体现。所谓"贤"，一是品质好，二是能力强，也就是要德才兼备。坚持德才兼备，是选拔任用干部的基本原则。坚持好中选优，这个"好"就是具有良好德才素质的干部，这个"优"就是具有良好德才素质干部中的佼佼者，也就是更加优秀的干部。好中选优的要求，坚持和贯彻了任人唯贤的干部路线和德才兼备原则，体现了干部选拔任用工作的与时俱进。同时，坚持这一要求，有利于在干部队伍中树立不断提高自身素质的正确导向，形成优秀人才脱颖而出、高素质干部大量涌现的良好局面。

选拔干部坚持好中选优，要准确把握"好"与"优"的辩证关系。好中选优，"好"是前提。我们所要选拔的对象，首先必须是一个好干部，这是最起码的要求。那些存有这样那样问题的人，决不能列为选拔任用对象，必须坚决防止出现干部"带病提拔""带病上岗"问题。好中选优，"优"是根本。这个"优"，就是不能停留在一般的"好"上，而是更好，更合适。人才分高下，能力有大小。"好"本身就是一个相对的概念，对于干部的德才素质来说，没有最好，只有更好。同样是符合条件的干部，谁的德才素质更好，谁更符合领导岗位的要求，谁能够带领干部群众把一方事业发展得更加红火，就选拔谁。在符合条件的干部当中，谁上谁不上，必须经过认真比较、反复权衡来作出选择。只有通过对干部的德才表现、工作业绩、发展潜力以及适应岗位要求情况进行反复认真的分析、比较，才能发现更加合适、更加优秀的干部。

选拔干部坚持好中选优，必须着力解决一些思想认识问题。从这次地方党委换届的情况看，绝大多数干部能够正确认识党的干部工作的原则和标准，以健康平和的心态接受党组织和人民群众的选择，但也有少数同志存有这样那样的一些想法。比如，有的认为自己的素质能力也不差，又没有犯过什么错误，为什么不能提拔？有的认为自己任职时间比较长、资历比较深，轮也该轮上了！有的认为自己工作很努力，也很有成绩，为什么不能得到提拔？等等。这些认识和想法是不正确的。一个干部能不能得到提拔，关键是看是否具备优良的德才素质，是否作出突出的政绩，是否得到群众的公认。在政治品质、道德操守都比较好的干部当中谁的表现更加突出，在能够胜任领导岗位要求的干部当中谁的工作能力更强，在取得一定成绩的干部当中谁的政绩更加显著，在具备任职资格条件的干部当中谁对于改善领导班子结构、增强领导班子整体功能更加有利，谁就是我们要选拔的优秀干部。应当说，在干部队伍中，素质高、能力强、有政绩的干部很多，能得到提拔的总是少数。这次换届，进一步扩大了差额推荐、差额考察、差额选举的比例，更多的同志进入干部选拔任用的实际操作程序。能够进入这一程序的干部，一般都是各方面比较优秀的干部，一些同志一时没有被选拔进领导班子，往往不是因为这些同志素质不好，也不是因为有什么问题，而是因为其他同志德才表现更加突出，更加符合改善领导班子结构的要求。对此，每个同志都应正确认识和对待。

选拔干部坚持好中选优，对各级党委及其组织部门的工作提出了更高的要求。我们要进一步扩大选人视野，拓宽用人渠道。既要坚持从党政机关选拔领导干部，又要注意从国有企业、高等院校、科研院所选拔符合条件的优秀人才担任党政领导职务；既要从本地区、本部门、本系统选拔干部，又要注意跨地区、跨部门、跨系统选贤任能，真正形成广纳群贤的生动局面。要进一步扩大干部工作中的民主，进一步落实广大群众对干部工作的知情权、参与权、选择权、监督权，把坚持党管干部原则与充分发扬民主很好地结合起来，依靠广大党员群众选好用好干部。实现好中选优，根本的出路在于进一步深化干部人事制度改革。要积极推行体现科学发展观要求的干部综合考核评价办法，广泛获取干部德才表现的相关信息，搞好综合评价，准确识别和使用干部。总之，要通过不断完善干部选拔任用制度，创新选拔任用机制，大力推进干部工作的科学化、民主化、制度化，为实现好中选优提供科学的制度和机制保障。

廖汉生逝世

中国共产党的优秀党员，久经考验的忠诚的共产主义战士，无产阶级革命家，我军杰出的政治工作领导者，第六、七届全国人民代表大会常务委员会副委员长，中央军委原委员，国防部原副部长，沈阳军区原第一政治委员廖汉生同志，因病医治无效，于10月5日6时30分在北京逝世，享年95岁。

廖汉生同志1929年参加革命，1933年加入中国共产党，1955年授予中将军衔。

10月6日

上半年我国国际收支保持“双顺差”

据新华社报道：国家外汇管理局公布了2006年上半年我国国际收支平衡表。统计显示，上半年我国国际收支经常项目、资本和金融项目呈现“双顺差”，国际储备增长较快。2006年6月末，外汇储备资产较上年年末增加了1222亿美元，达到9411亿美元。

据统计，上半年我国国际收支经常项目顺差916亿美元，其中，按照国际收支统计口径计算，货物项目顺差800亿美元；服务项目逆差57亿美元；收益项目顺差37亿美元；经常转移顺差136亿美元。上半年资本和金融项目顺差389亿美元，其中，直接投资净流入310亿美元，证券投资净流出292亿美元，其他投资净流入352亿美元。

国家外汇管理局最新发布的《中国国际收支报告》(以下简称《报告》)分析，上半年我国国际收支交易规模继续扩大，对外贸易大幅增长，外国来华直接投资保持高位，直接投资企业利润汇出增加，境外证券融资增长显著，外汇储备规模居世界首位。当前，国际收支特别是货物贸易不平衡问题仍较为突出。

《报告》显示，上半年我国人民币汇率有升有降、双向波动、弹性提高，呈小幅升值态势。外汇市场建设取得一系列成果，银行间即期外汇市场引入了做市商制度和询价交易方式，外汇市场交易主体继续扩大，交易品种不断丰富。

据悉，下半年外汇管理方面将继续保持市场化方向，进一步深化外汇体制改革，改进外汇管理，加强跨境资金流动监管，稳步推进人民币资本项目可兑换，促进国际收支基本平衡。

中国队在意大利都灵举行的世界击剑锦标赛女子重剑团体赛决赛中击败法国队夺得冠军

10月7日

全国政协中秋联谊晚会在全国政协礼堂举行

全国政协主席贾庆林与各界人士300多人欢聚一堂，共庆中秋佳节。

全国政协副主席王忠禹在晚会上讲话。王忠禹指出，今年是实施“十一五”规划的开局之年，我们要以学习贯彻《中共中央关于加强人民政协工作的意见》

为契机,积极探索履行职能的新领域、新内容和新形式,努力促进参加政协的各党派、无党派人士的团结合作,充分发挥各方面作用,努力营造有利于人民政协事业发展的良好氛围。

王忠禹说,我们将与香港、澳门同胞一起,坚定不移地实行“一国两制”方针,共同开创香港、澳门更加美好的明天。

刘延东、李贵鲜、白立忱、罗豪才、张克辉、周铁农、陈奎元、阿不来提·阿不都热西提、徐匡迪、李兆焯、李蒙、张梅颖、张榕明和王光英、杨汝岱、孙孚凌、万国权、赵南起、王文元出席晚会。

中共中央政治局常委李长春听取青少年思想道德建设督查情况汇报

中共中央政治局常委李长春主持召开会议,听取贯彻落实《中共中央国务院关于进一步加强和改进未成年人思想道德建设的若干意见》和《中共中央国务院关于进一步加强和改进大学生思想政治教育的意见》督查情况的汇报。他强调,要进一步贯彻落实中央的要求,总结推广好的经验,采取积极有效的措施,狠抓各项工作落实,推动未成年人思想道德建设和大学生思想政治教育工作再上新台阶。

李长春强调,加强和改进青少年思想道德建设是一项关系全局的战略任务,需要各方面共同努力,进一步加强领导,明确职责,整合资源,形成合力。要充分发挥学校教育的主渠道作用,坚持全员育人、全程育人、全方位育人,进一步加强和改进德育工作,建立健全符合素质教育要求的学生综合素质和学校教育质量考核评价体系,促进青少年学生德智体美全面发展。要把学习贯彻胡锦涛总书记给孟二冬教授女儿回信的活动引向深入,大力推动师德建设。要加大投入,精心组织,为青少年提供更多更好的精神文化产品和服务。要强力净化社会文化环境,以网吧、网络、网游的整治为重点,严格执法,标本兼治,提倡连锁,加强监控,继续推进文明办网、文明上网活动,为青少年创造绿色网络空间。要坚持面向基层、服务基层,完善爱国主义教育基地和公益性文化设施对青少年免费优惠开放的政策措施,落实青少年校外活动场所的公益性原则,实现学校教育与校外活动的有效衔接,推动青少年活动场所更好地为广大青少年服务。要满腔热情地关爱农村青少年,加强农村文化市场管理,做好农村“留守儿童”的教育管理工作,解决好农民工子女上学难问题。要采取有效措施,进一步完善贫困大学生资助办法,切实加强民办高校大学生思想政治教育。要立足深化、着眼长远,建立健全长效机制,实现青少年思想道德建设的良性循环。要广泛宣传青少年思想道德建设的好经验、好典型,充分展示新气象、新面貌,使中央精神更加深入人心。

中宣部部长刘云山,国务委员陈至立和有关部门负责同志一同听取了汇报。

第二届中德高级军官安全政策研讨班在国防大学开班

中央军委委员、总参谋长梁光烈与到访的德国联邦国防军总监察长沃尔夫冈·施奈德汉出席了开班仪式并致辞。

此次研讨班由中国国防部主办,国防大学防务学院承办,为期8天。来自中国和德国共15名高级军官将就中国的外交政策、国防政策、中国军队现代化、台湾问题、中国国情等问题进行探讨。

10月8日

国家主席胡锦涛在人民大会堂会见日本首相安倍晋三

胡锦涛强调,中国坚定不移地走和平发展道路,坚持“与邻为善、以邻为伴”的周边外交方针,愿同世界各国友好相处、互利合作、共同发展。中方希望并欢迎日本继续走作为和平国家的道路,在地区和国际事务中发挥建设性作用。

胡锦涛表示,中日世代友好是两国人民的共同意愿和期盼,符合两国和两国人民的根本利益。中方愿与日方一道,为共同开创新世纪中日关系的美好未来而不懈努力。

全国人大常委会委员长吴邦国在人民大会堂会见日本首相安倍晋三

国务院总理温家宝在人民大会堂与日本首相安倍晋三举行会谈

温家宝说,最近,双方就克服影响两国关系发展的政治障碍达成共识,促成了首相的这次访问,开启了改善两国关系的希望之窗。“青山遮不住,毕竟东流去”。中日友好是大势所趋,人心所向,符合两国人民的根本利益,有利于亚洲的和平与发展。当前,中日关系正处在关键时期,既面临新的发展机遇,也面临诸多挑战。我们应该从中日关系大局出发,顺应世界潮流,合乎人民愿望,坚定地走中日世代友好之路。

温家宝表示,中日有2000多年的友好交往历史。但在1894年后的半个多世纪里,特别是在二战期间,日本军国主义发动的侵华战争给中国人民带来深重的灾难。中日邦交正常化以后,双边关系总体是好的。

这一良好局面凝聚了两国政府和各界有识之士的智慧与心血，来之不易，理应倍加珍惜。但在过去5年中，日本个别领导人坚持参拜供奉有二战甲级战犯的靖国神社，极大地伤害了中国人民的感情，损害了中日关系的政治基础，使两国关系陷入困境。我们提出“以史为鉴、面向未来”，就是要正视那段历史，在汲取历史教训的基础上开辟未来。

温家宝强调，保持中日关系长期稳定健康发展，必须按照两国达成的共识，妥善处理靖国神社问题，消除影响两国关系的政治障碍。“言必信，行必果”，这是推动中日关系向前发展的重要保障。

温家宝指出，中日要从战略的高度和长远的角度处理两国关系，在中日三个政治文件的基础上，本着“以史为鉴、面向未来”的精神，通过构筑战略性互惠关系，实现“和平共处、世代友好、互利合作、共同发展”的目标。为此，我就未来中日关系的发展提出五点意见：第一，实现和保持两国领导人的互访，密切各层次的沟通与交流，增进政治互信；第二，继续进行战略对话，照顾彼此关切，深入研究改善和发展双边关系的重大问题；第三，完善经济技术合作机制，制定各领域的中长期合作规划，力争双边经贸关系有更大的发展；第四，大力开展文化、教育交流，扩大民间交往，加深两国人民的友谊；第五，加强对地区问题的磋商，推进东亚区域合作，为亚洲的和平与发展作出贡献。

在谈到台湾问题时，温家宝要求日方恪守一个中国政策的承诺，支持中国的和平统一大业。

温家宝最后重申，中国坚持走和平发展道路，不是权宜之计，而是基于中国的历史文化传统、自身发展需要和世界潮流作出的必然选择。中国奉行独立自主的和平外交政策和透明的防御性国防政策，致力于建设和谐世界。中国的发展不会威胁他人，中国过去、现在和将来都不谋求霸权，也反对任何霸权。中国赞赏日本战后汲取教训，选择和平发展的道路，希望日本能够继续坚持沿着和平发展的方向前进。

双方还就有关地区和国际问题交换了意见。

中日发表联合新闻公报

一、应中华人民共和国国务院总理温家宝邀请，日本国内阁总理大臣安倍晋三于2006年10月8日至9日对中华人民共和国进行了正式访问。中华人民共和国主席胡锦涛、全国人民代表大会常务委员会委员长吴邦国和国务院总理温家宝分别与安倍晋三首相举行了会见和会谈。

二、中日双方一致认为，邦交正常化34年来，中日两国各领域的交流与合作不断拓展和深化，相互依存进一步加深，中日关系成为两国最重要的双边关系之一；推动中日关系健康稳定地持续发展，符合两国基本利益；共同为亚洲以及世界的和平、稳定与发展作出建设性贡献，是新时代赋予两国和两国关系的新的庄严责任。

三、双方同意，继续遵守《中日联合声明》《中日和平友好条约》和《中日联合宣言》的各项原则，正视历史，面向未来，妥善处理影响两国关系发展的问题，让政治和经济两个车轮强力运转，把中日关系推向更高层次。双方同意，努力构筑基于共同战略利益的互惠关系，实现中日两国和平共处、世代友好、互利合作、共同发展的崇高目标。

四、双方认为，两国领导人之间的交往与对话对两国关系的健康发展具有重要意义。日方邀请中国领导人访问日本，中方对此表示感谢，并原则同意。双方同意通过外交渠道进行协商。双方同意两国领导人在国际会议场合经常举行会谈。

五、中方强调，中国的发展是和平的发展，中国将同包括日本在内的各国共同发展、共同繁荣。日方对中国走和平发展道路和中国改革开放以来的发展给包括日本在内的国际社会带来巨大机遇给予积极评价。日方强调，日本战后60多年一直走作为和平国家的道路，今后将继续走作为和平国家的道路。中方对此表示积极评价。

六、双方确认，为使东海成为和平、合作、友好之海，应坚持对话协商，妥善解决有关分歧；加快东海问题磋商进程，坚持共同开发大方向，探讨双方都能接受的解决办法。

七、双方同意，在政治、经济、安全、社会、文化等领域促进各层次交流与合作。

——以能源、环保、金融、信息通信技术、知识产权保护等领域为重点，深化互利合作。

——在经济领域推进部长级对话、相关部门之间的磋商和官民对话。

——以2007年中日邦交正常化35周年为契机，通过举办中日文化、体育交流年，大力开展两国人民尤其是青少年交流，增进两国人民之间的友好感情。

——通过中日安全对话和防务交流，增进安全领域互信。

——年内启动中日学术界共同历史研究。

八、双方同意，加强在国际和地区事务中的协调与合作。

双方对包括核试验问题在内朝鲜半岛最近的形势深表忧虑。双方确认，愿与有关各方一道，根据六方会谈共同声明推进六方会谈进程，通过对话与协商，共同合作致力于实现朝鲜半岛无核化，维护东北亚地区的和平与稳定。

双方确认，就东亚区域合作、中日韩合作加强协调，共同推进东亚一体化进程。

双方赞成对联合国包括安理会进行必要、合理的改革，愿就此加强对话。

九、日方对安倍晋三首相访华期间中方给予的热情友好接待表示感谢。

国务院印发《关于做好农村综合改革工作有关问题的通知》

各省、自治区、直辖市人民政府，国务院各部委、各直属机构：

为巩固发展农村税费改革成果，扎实推进社会主义新农村建设，根据《中共中央国务院关于推进社会主义新农村建设的若干意见》(中发〔2006〕1号)精神，现就做好农村综合改革工作的有关问题通知如下：

一、充分认识农村综合改革的重大意义

农村税费改革经过六年的改革实践，取得了历史性重大成效。全面取消了农业税等专门面向农民的各种税费，初步规范了农村税费制度，农民负担大幅度减轻，公共财政覆盖农村步伐明显加快，统筹城乡发展取得实质性进展。推进农村综合改革，是巩固农村税费改革成果的迫切需要，是建设社会主义新农村的重要内容，涉及农村政治、经济、文化、社会等诸多领域，关系农村生产关系和上层建筑的深刻变革，具有重大意义。通过农村综合改革，切实解决农村税费改革的一些遗留问题，消除加重农民负担的体制性因素，从制度上防止农民负担反弹；通过农村综合改革，调整完善农村生产关系和上层建筑，进一步解放和发展农村生产力，为新农村建设提供体制保障；通过农村综合改革，调整国民收入分配结构，扩大公共财政覆盖农村范围，促进城乡资源的合理配置，为新农村建设提供必要的财力支持；通过农村综合改革，转变基层政府职能，加强农村社会管理，搞好农村公共服务，健全乡村治理结构，建立农村工作新机制，为新农村建设提供动力源泉。

二、明确农村综合改革的指导思想、目标和总体要求

改革的指导思想是：以邓小平理论和“三个代表”重要思想为指导，深入贯彻党的十六届五中全会精神，全面落实科学发展观，坚持“多予少取放活”和“工业反哺农业、城市支持农村”的方针，紧紧围绕社会主义新农村建设的总体要求，着力推进乡镇机构、农村义务教育和县乡财政管理体制等改革，进一步解放和发展农村生产力，巩固发展农村税费改革成果，扎实推进社会主义新农村建设。

改革的目标是：按照巩固农村税费改革成果和完善社会主义市场经济体制的要求，力争在“十一五”期间或用更长一些时间基本完成乡镇机构、农村义务教育、县乡财政管理体制改革任务，建立精干高效的农村行政管理体制和运行机制、覆盖城乡的公共财政制度、政府保障的农村义务教育体制，促进农民减负增收和农村社会事业发展，全面推进社会主义新农村建设。

改革的总体要求是：统一思想认识，加强组织领导；解决遗留问题，扎实稳步推进；加强调研总结，完善政策措施；积极探索实践，实行重点突破。各地区、各有关部门要把农村综合改革工作与推进新农村建设紧密结合起来，统筹兼顾，协调推进，并做好农村综合改革与其他各项改革之间的配套衔接。

三、扎实推进农村综合改革试点

当前，农村综合改革重点是推进乡镇机构、农村义务教育和县乡财政管理体制三项改革，以此带动农村的各项改革。有条件的地方要在全省范围内开展试点，暂不具备条件的省份要进一步扩大市、县试点范围，以便在更宽领域、更深层次上认真探索，为全面推开农村综合改革提供经验。

乡镇机构改革的总要求是：坚持因地制宜、精简效能、权责一致的原则，转变政府职能，精减机构人员，提高行政效率，建立行为规范、运转协调、公正透明、廉洁高效的基层行政管理体制和运行机制。乡镇政府要重点强化以下职能：稳定农村基本经营制度，维护农民的主体地位和权益，组织农村基础设施建设，完善农业社会化服务体系；加快农村社会事业发展，为农民提供更多的公共服务；加强社会管理，开展农村扶贫和社会救助，化解农村社会矛盾，保持农村社会稳定；推动农村民主政治建设和村民自治，提高农民的民主法制意识。要合理调整乡镇政府机构，严格控制领导职数，改革和整合乡镇事业站所，创新服务方式。全面推行乡镇人员编制实名制管理，建立编制、人事、财政等部门协调机制，确保五年内乡镇机构编制和财政供养人数只减不增。按照国家规定做好乡镇事业单位人员社会保障工作，妥善安置分流人员。积极稳妥地推进乡村区划的合理调整。上级部门要大力支持基层改革，不得以机构“上下对口”，或用项目安排、资金分配、年终考核等手段干预乡镇机构设置和人员配备。

农村义务教育管理体制改革的总要求是：建立和完善政府投入办学、各级责任明确、财政分级负担、经费稳定增长的农村义务教育经费保障机制，推进农村义务教育综合改革，提高教育质量，促进教育公平。各地要按照《国务院关于深化农村义务教育经费保障机制改革的通知》(国发〔2005〕43号)精神，切实管好用好中央财政对农村义务教育有关专项经费，不折不扣地落实地方各级政府的经费分担责任，进一步规范农

村中小学收费管理。深化教育人事制度改革,依法全面实施教师资格准入制度,创新教师补充机制,建立教育教学质量监测考评制度,提高农村教师素质。加强农村中小学编制管理,坚决清退不合格和超编教职工。合理配置城乡教育资源,建立健全鼓励城镇教师、大学毕业生到农村支教制度和特设教师岗位制度,建设农村中小学现代远程教育体系。合理调整农村教育布局,严禁超标准建设和搞不切实际的各种达标升级活动,提高教育资源利用效率。

县乡财政管理体制改革的总要求是:按照社会主义市场经济条件下公共财政的原则要求,建立健全与事权相匹配的省以下财政管理体制,明确界定县乡政府支出责任,合理调整政府间收入划分,加大对县乡政府的转移支付力度,进一步完善财政奖补政策,切实提高基层政府经费保障能力。改善县乡财政困难状况,落实和完善财政对村级的补助政策,确保乡镇机构和乡村组织正常运转。调整财政支出结构,不断增加对农业和农村的投入,财政新增教育、卫生、文化等经费主要用于农村,国家基本建设资金增量主要用于农村,政府土地收益用于农村的比例要有明显增加。进一步加大支农资金整合力度。有条件的地方要继续推进“省直管县”财政管理体制和“乡财县管乡用”财政管理方式改革。建立和完善农村“一事一议”公益事业财政奖补政策,逐步形成以政府投入为引导、农民积极筹资投劳、社会力量广泛参与的多元化投入体系。加快农村公益事业产权制度改革,确保农村基础设施和公益事业健康发展。

四、全面落实取消农业税政策

各地区、各有关部门要全面执行和落实2006年在全国范围内取消农业税的各项政策,及时研究解决取消农业税后出现的新情况新问题。取消农业税后,中央财政将继续安排专项转移支付资金,对地方减少的收入给予适当补助,省级财政和有条件的市(地)、县(市)也要加大转移支付力度。妥善处理历年农业税尾欠,是否清收由省级人民政府决定。决定清收的地区,要明确政策界限,严格清收程序,实行张榜公示,确保社会稳定,坚决防止借机侵犯农民利益。各地要切实转变农业税征管机构职能,做好农业税征管体制调整和征收人员的转岗安置工作。有关部门要抓紧提出涉及农村税费改革相关法律法规的制定和修订意见,为巩固和发展农村税费改革成果提供法律保障。要进一步深化国有农场税费改革,切实减轻农场农业职工负担。

五、稳妥开展化解乡村债务工作

各地要继续按照中央要求,高度重视和扎实开展化解乡村债务工作,健全和落实对县乡领导干部控制和化解乡村债务工作的考核制度。要在合理划分债务类别、加强监察审计、规范乡村财务管理的基础上,清理核实债务底数,锁定旧债,结合实际情况确定化解债务的优先顺序,区别轻重缓急,注意优先化解与农民利益直接相关、基层矛盾比较集中的农村义务教育、基础设施建设和社会公益事业发展等方面的债务,把确因用于乡村公益事业而造成对农民个人、乡村干部、乡村工程业主等个人债务的化解工作放在突出位置。有计划、有步骤地选择部分县(市)开展化解债务试点,积累经验,逐步推开。县级以上地方人民政府要采取切实措施,集成现有政策,整合现有资金,有条件的地方还可以安排一定的资金,建立偿债奖励机制,支持基层推进化解债务工作。国务院农村综合改革工作小组要会同有关部门加强调研,总结经验,进一步研究制定清理化解乡村债务的意见,及时指导地方工作。要继续按照《国务院办公厅关于坚决制止发生新的乡村债务有关问题的通知》(国办发〔2005〕39号)精神,不折不扣地贯彻落实制止新债的“三个不准”和“两项制度”,加大监督检查力度,严肃查处违反规定发生新债的各种行为。特别是在社会主义新农村建设中,决不能盲目举债搞建设,形成新一轮乡村负债。

六、创新农民负担监督管理机制

各地要继续坚持减轻农民负担工作政府主要领导负责制和“谁主管、谁负责”的部门责任制,坚持标本兼治,强化约束机制,深化改革,创新制度,不断推进基层民主,不断健全法制保障,做到预防与查处相结合。要严格规范涉及农民负担的行政事业性收费、罚款等的管理,加强对涉及农民负担文件出台、项目公示的审核。深入开展对农村义务教育和农民建房、殡葬、计划生育等方面乱收费、乱罚款、乱集资的专项治理,重点加强对农业灌溉水费电费、排涝排渍收费等经营性收费和农业生产资料价格等生产性收费的监管。加强对村级组织收费的监管,进一步规范村级组织开支范围和标准。严禁有关部门或单位委托村级组织向农民收取税费,严禁将部门或单位经费缺口转嫁给村级组织,严禁村级组织擅自设立项目向农民收费,或采用押金、违约金、罚款等不合法方式约束村民、管理村务。加强村级财务管理,规范村级会计代理制等管理办法,促进村级财务监管工作经常化、规范化和制度化。强化对村民“一事一议”筹资筹劳的监管,防止和纠正违背农民意愿超范围超标准向农民筹资筹劳的行为。加强对农民专业合作经济组织收费的监管,保护农民专业合作经济组织及其成员的合法权益。做好财政对农民补贴补偿和对村级补助资金的监管。

七、加强对农村综合改革工作的组织领导

各地区、各部门要从政治和全局的高度,充分认识推进农村综合改革的重要性、紧迫性、艰巨性和长期性，坚持正确的改革方向，加强领导和协调，统筹规划部署，精心组织实施。各地要继续坚持主要领导亲自抓、负总责的做法，建立健全农村综合改革领导小组及办事机构，赋予相应的工作职能，配备必要的专职人员，为推进改革提供组织保障；要在改革的总体框架内，结合实际，把握切入点，选准突破口，有计划、有重点、分阶段实施；要充分发挥基层和群众的创新精神，积极探索适合本地区的改革路子。国务院农村综合改革工作小组及其办公室要发挥综合协调作用，各有关部门要密切配合，总结经验，完善政策，加强指导，积极支持地方改革，确保改革顺利进行。

国务院

2006年10月8日

国际体育学术论坛在北京举行

论坛吸引了来自俄罗斯、澳大利亚、韩国、日本等国际体育领域的权威专家和学者，大家面向2008年北京奥运会，围绕着当前体育学术前沿和国外体育教育改革新动向等主题展开了广泛而深入的探讨。其中“运动生物力学在中国优秀运动员备战奥运会中的应用”“脑科学与教育——尖端研究与未来展望”等成为热点话题。

10月9日

国家主席胡锦涛同美国总统乔治·布什通电话

胡锦涛表示，中方愿同美方一道努力，促进中美建设性合作关系全面深入发展。他强调，两国领导人就共同关心的重大国际和地区问题保持密切沟通和磋商，有利于中美关系的健康稳定发展，有利于维护东北亚地区和世界的和平稳定。布什表示赞同。

关于朝鲜进行核试验问题，胡锦涛表示，中国外交部已就此发表声明，表明了中方立场，要求朝鲜方面不再采取任何可能使局势恶化的行动，也希望有关各方冷静应对，坚持通过对话谈判解决问题，避免采取可能导致局势进一步升级或失控的行动。

胡锦涛强调，中方一贯主张朝鲜半岛无核化，反对核扩散，主张通过对话谈判和平解决朝鲜半岛核问题，以维护朝鲜半岛和东北亚的和平安全。这一政策不会改变。

全国人大常委会委员长吴邦国在人民大会堂分别会见加拿大加中议会协会代表团和国际狮子会理事会成员

我国国内生产总值(GDP)已位居世界第四位

据新华社报道：国家统计局负责人宣布，我国国内生产总值(GDP)已位居世界第四位，但人均GDP位居世界第110位。我国经济还存在效率不高、产品技术含量和附加值低的突出问题。中国GDP约占世界的5%，但消费的原煤、铁矿石、钢材、氧化铝、水泥，占世界的25%至40%；我国拥有自主知识产权核心技术的企业，仅占约万分之三，99%的企业没有申请专利，60%的企业没有自己的商标。

外交部就朝鲜实施核试验发表声明

10月9日，朝鲜民主主义人民共和国无视国际社会的普遍反对，悍然实施核试验，中国政府对此表示坚决反对。

实现半岛无核化，反对核扩散，是中国政府坚定不移的一贯立场。中方强烈要求朝方信守无核化承诺，停止一切可能导致局势进一步恶化的行动，重新回到六方会谈的轨道上来。

维护东北亚地区的和平稳定，符合有关各方的共同利益。中国政府呼吁有关各方冷静应对，坚持通过协商和对话和平解决问题。中方将为此继续作出不懈的努力。

外交部部长李肇星与美国国务卿康多莉扎·赖斯和英国外交大臣玛格丽特·贝克特通电话

第十四届世界生产力大会在沈阳召开

国务院副总理曾培炎出席会议并发表主旨演讲。他强调，实现社会生产力的持续发展，要全面落实科学发展观，创新发展理念，转变增长方式，坚持走新型工业化之路。切实发展先进生产力，为构建社会主义和谐社会奠定坚实的物质技术基础。

曾培炎指出，生产力是人类文明进步的根本动力，是社会财富增长的主要源泉。改革开放以来，我国国民经济持续快速发展，人民生活实现了从温饱到小康的历史性跨越，综合国力显著增强，社会生产力水平明显提高。他强调，经济社会发展所取得的成就，主要得益于我们坚持走中国特色社会主义道路，坚持以经济建设为中心，坚持把科学技术作为第一生产力，坚持社会主义市场经济的改革方向，坚持扩大对外开放，不断解放生产力、发展生产力。

曾培炎强调，中国生产力发展任重道远，要不断满足人民日益增长的物质文化需要，必须科学持续地发展生产力。一要大力发展先进的生产体系，努力形成以高新技术产业为先导、基础产业和制造业为支撑、服务业全面发展的产业格局。二要促进生产力全面协调发展，扎实推进社会主义新农村建设，落实区域发展总体战略，协调发展城乡、地区生产力。三要推行节约生产、清洁生产、安全生产，力争五年内使单位GDP能耗降低20%左右、主要污染物排放总量减少10%。四要依靠科技创新推动生产力发展，深入实施科教兴国战略和人才强国战略，加快建设国家创新体系，促进我国由人口大国向人力资本强国转变。五要健全保障科学发展的体制机制，加快形成有利于转变经济增长方式、促进全面协调可持续发展的体制机制。

世界生产力大会由世界生产力科学联盟主办，旨在通过提高生产力水平来促进全世界的和平、繁荣与共同发展。本届大会的主题是"追求科学持续地发展生产力"。来自国内外1000余名代表参加此次大会。

国务院副总理 国家减灾委员会主任回良玉在北京主持召开加强综合减灾能力建设座谈会

10月11日是联合国确定的国际减灾日。中共中央政治局委员、国务院副总理、国家减灾委员会主任回良玉主持召开加强综合减灾能力建设座谈会，听取有关方面和专家的意见和建议，研究进一步加强综合减灾能力建设的措施和办法。

回良玉说，今年以来我国气候异常，多种自然灾害频发，是1998年特大洪涝以来灾害最为严重的一年。各地区、各有关部门认真贯彻党中央、国务院的决策部署，有力有序有效地开展防灾减灾工作，抗灾救灾取得显著成效。但也要清醒地认识到，当前全面加强综合减灾能力建设的任务仍然十分艰巨，一方面，我国是世界上自然灾害最为严重的国家之一，灾害损失呈上升趋势；另一方面，我国的减灾工作总体水平仍然不高，对各类灾害的监测预报、防范应对以及灾后恢复重建等方面的能力有待进一步增强。各地区、各有关部门一定要切实增强责任感、使命感和紧迫感，全面做好综合减灾各项工作。

回良玉强调，当前灾区恢复重建等工作正在紧张有序地进行之中。各有关地区和部门要认真贯彻落实党中央和国务院的要求，进一步加大对灾区的救助和支持力度，加快倒塌民房的重建进度，妥善安排好受灾群众的生产生活，确保灾民有饭吃、有衣穿、有住处、有干净饮水、有病得到及时救治。民政部门要切实组织好社会捐助活动，动员社会各界为灾区送温暖。要统筹考虑冬令、春荒救助工作，提前安排好受灾群众今冬明春的生产生活问题。

中国科学院上海生命科学研究院马普计算生物学研究所所长德乐思教授等中外科学家携手首次绘出细胞蛋白质"立体肖像"

第三十四届国际水文地质大会在北京召开

曾培炎向大会发来贺信，对第三十四届国际水文地质大会召开暨国际水文地质学家协会成立50周年表示祝贺，向来自各国各地区的代表表示欢迎。他指出，水是人类生存发展宝贵的物质基础，地下水是水资源的重要组成部分，在保障供水和维系生态环境等方面具有十分重要的作用。维持水资源的永续利用和保障饮水安全历来得到各国政府的高度关注。

曾培炎希望通过国际水文地质大会这个平台，进一步加强相关领域科学技术交流与合作，推进地下水资源的合理开发和环境保护，为保障饮水安全，促进世界经济社会可持续发展作出贡献。

大会由中国国土资源部和国际水文地质学家协会共同主办，本届大会主题是"地下水的现状与未来"。来自57个国家(地区)和国际组织的500多位专家学者将围绕地下水与可持续发展等专题开展学术交流，并举办水文地质成果展览，组织野外地质考察。

国家质检总局和国家标准委联合发布第一个清洁生产国家标准

国家质检总局和国家标准委联合发布了《工业清洁生产评价指标体系编制通则》(GB/T 20106—2006)。该标准是第一个有关清洁生产方面的国家标准，对清洁生产评价指标体系的术语和定义、编制原则、指标体系结构和考核评分计算方法等方面作了规范。本标准的发布将指导和规范清洁生产评价指标体系制修订工作，规范行业清洁生产评价指标体系的建立。

10月10日

全国政协主席贾庆林在人民大会堂会见出席"中国西藏文化论坛"的代表

贾庆林说，中国政府历来十分重视保护和发展民族文化，并把它作为中国民族政策的重要内容。新中国成立以来，国家通过立法、司法、行政等手段，保障各民族都有使用和发展自己语言文字的自由，都有保持或改革自己风俗习惯的自由，都有宗教信仰的自由。特别是中央政府投入大量人力、物力、财力，积极推动藏语文的学习、使用和发展，有效保护西藏文物古迹，保护民族风俗习惯和宗教信仰自由，继承和发展民间文化艺术，编纂出版文化典籍，大力加强藏学研究，使西藏传统文化得到了前所未有的繁荣和发展，在新的历史条件下焕发出勃勃生机。

贾庆林说，中国西藏文化保护与发展协会举办这次论坛，既为大家全面了解西藏文化、深刻感受西藏变化提供了一个很好机会，也为大家发表意见和见解提供了广阔平台，将有助于西藏文化保护和发展工作的深入开展，有助于促进中外民间文化的广泛交流，有助于世界人民对西藏和西藏文化的更多了解。希望各位朋友围绕“西藏文化的保护与发展”这一主题，畅所欲言，各抒己见，多提出一些宝贵的意见和建议。

全国人大常委会副委员长热地，全国政协副主席帕巴拉·格列朗杰一起参加了会见。

“十一五”首批“973”计划项目正式实施

经过三轮专家评审，国家重点基础研究发展计划（“973”计划）“十一五”首批65个项目获科技部批准立项，正式开始实施。在今天举行的国家重点基础研究发展计划项目实施会上，科技部向项目首席科学家颁发了聘书。

“973”计划面向国家重大战略需求，以《国家中长期科学和技术发展规划纲要》为指南，按照“有所为，有所不为”的方针，通过凝练国家经济、社会发展中需要基础研究解决的重大问题，进一步明确国家需求对基础研究工作提出的艰巨任务和挑战，围绕农业、能源、信息、资源环境、人口与健康、材料、综合交叉和重要科学前沿等领域进行重点部署。

在农业领域，针对农业生物遗传改良、农作物重大病虫灾害和农产品安全等问题，安排了油菜籽油脂形成的分子机制及其代谢调控，主要农作物骨干亲本遗传构成和利用效应等方面的基础研究；在能源领域，为增加可利用能源、提高能源利用效率并降低能耗，安排了深部煤炭资源开采，西部典型叠合盆地油气成藏机制与分布规律等方面的基础研究；在信息领域，部署了纳米尺度硅集成电路器件与工艺等方面的基础研究；在资源环境领域，部署了华北大陆边缘造山过程与成矿等方面的基础研究；在人口与健康领域，安排了重大血管性疾病发病机制和防治等基础研究工作，在材料领域，安排了半导体光电信息功能材料，高效热电转换材料及器件等方面的基础研究；在综合交叉领域，围绕巨型重载操作装备与大型动力装备的制造、人造纳米材料的生物安全性，大城市交通拥堵瓶颈等重大学科领域交叉问题进行重点部署；在重要科学前沿领域，还安排了数学与其他领域交叉，物质创造与化学转化过程，日地空间灾害性天气，脑结构与功能的可塑性等方面的基础研究。

据了解，我国“973”计划实施以来成效显著。“973”计划极大地推动了基础研究与国家目标的结合，体现了以基础理论源头创新引领高新技术发展的理念，为社会可持续发展提供强大的科学支撑。通过“973”计划的实施和国家自然科学基金的培育，我国在前沿科学、交叉科学取得了一批具有国际先进水平的成果，在国际上产生了重要影响。非线性光学晶体、量子信息和通信研究居国际前列，纳米材料和纳米结构等领域取得系列创新成果。

中国常驻联合国副代表刘振民就联合国会费问题发言指出支付能力原则不容改变和歪曲

中国常驻联合国副代表刘振民今天在联大第五委员会发言，阐述了中国政府在联合国会费分摊问题上的立场。他强调，支付能力原则是会费分摊办法的基石，不容改变和歪曲。刘振民说，今年，五委将讨论通过2007—2009年联合国3年期会费分摊比额表。关于会费比额编制方法问题，中国政府有如下几点看法和建议：

一、支付能力原则是联合国成立以来所确定的制定会费分摊办法的基石，不容改变和歪曲。我们反对任何违背支付能力原则的建议，反对个别国家提出“支付责任”的概念和为安理会常任理事国会费比额设定下限的要求。

二、按照国民收入并对低人均收入给予适当的宽减，是衡量和体现各国支付能力的最好的基本办法，有必要继续实行。

三、中国赞同按照现行的2004年至2006年比额表的编制方法，编制2007年至2009年分摊比额表。

刘振民表示，作为联合国大家庭中的一员和安理会常任理事国，中国政府十分清楚自己对联合国、对世界和平与安全的责任，中国政府愿意随着国内经济的持续增长，基于支付能力原则，为联合国作出更大的贡献。

国防部部长曹刚川在八一大楼会见来华出席第二次中菲防务安全磋商的菲律宾国防部副部长桑托斯

中国学术期刊网络出版总库建成

据《人民日报》报道：《中国学术期刊网络出版总库》建成并通过国家新闻出版总署验收。这是国家新闻出版总署“十五”国家重点电子出版规划的重点项目，并作为重要项目被列入《国家“十一五”时期文化发展规划纲要》。

《中国学术期刊网络出版总库》基本完整收录了我国学术期刊，包括各学科专业和各行业领域的基础研究与应用基础研究、工程技术、高级科普、政策指导、行业指导、职业指导、实用技术类期刊6642种，占我国同类期刊的93%。总库总文献量达2100多万篇，文献收全率达到99.9%。

该库总投资3.45亿元，由清华大学中国学术期刊电子杂志社和清华同方知网技术有限公司承担。这一项目的建成，将对我国学术文献资源深度开发与综合利用、提高我国知识创新能力产生积极影响，促进知识资源的社会化共享，有助于中国学术成果走向世界。

这一项目的成功验收，标志着中国学术期刊的权威性文献检索工具和网络出版平台基本建成，我国学术期刊数字化、网络化的建设目标初步实现。

陕西秦岭国家植物园建设协调委员会在北京成立

陕西省人民政府、国家林业局、中国科学院、西安市人民政府在北京成立陕西秦岭国家植物园建设协调委员会，决定共建陕西秦岭植物园，力争到2008年，把秦岭植物园建成世界上规模最大、功能最完备的国家植物园。

秦岭国家植物园将在现有的陕西秦岭植物园基础上建成，建成后将占地458平方公里，成为集科学研究、科学普及、生物多样性保护、生态旅游于一体的具有世界一流水平的特大型植物园。秦岭是我国长江、黄河两流域的分水岭，地处北亚热带和暖温带的分界线和交汇区，是全球生物多样性最具代表性的重点区域，也是我国生物多样性最丰富的地区之一。经科考查实，秦岭有种子植物3446种，脊椎动物600余种，昆虫5000种以上，还有大熊猫、朱鹮、羚牛、金丝猴等国家珍稀保护动物。

10月11日

中国共产党第十六届中央委员会第六次全体会议公报

（2006年10月11日中国共产党第十六届中央委员会第六次全体会议通过）

中国共产党第十六届中央委员会第六次全体会议，于2006年10月8日至11日在北京举行。

出席这次全会的有，中央委员195人，候补中央委员152人。中央纪律检查委员会常务委员会委员和有关方面负责同志列席了会议。

全会由中央政治局主持。中央委员会总书记胡锦涛作了重要讲话。

全会听取和讨论了胡锦涛受中央政治局委托作的工作报告，审议通过了《中共中央关于构建社会主义和谐社会若干重大问题的决定》。吴邦国就《决定(讨论稿)》向全会作了说明。

全会充分肯定党的十六届五中全会以来中央政治局的工作。一致认为，中央政治局坚持以邓小平理论和“三个代表”重要思想为指导，深入贯彻党的十六大和十六届三中、四中、五中全会精神，全面贯彻落实科学发展观，团结带领全党全国各族人民紧紧抓住发展这个党执政兴国的第一要务，着力加快改革开放，着力增强自主创新能力，着力推进经济结构调整和经济增长方式转变，推动经济平稳较快发展，社会主义经济建设、政治建设、文化建设、社会建设取得新的成就，党的执政能力建设和先进性建设取得新的进步，中国特色社会主义事业取得新的进展。

全会全面分析了当前的形势和任务，研究了构建社会主义和谐社会的若干重大问题。一致认为，社会和谐是中国特色社会主义的本质属性，是国家富强、民族振兴、人民幸福的重要保证。构建社会主义和谐社会，是我们党以马克思列宁主义、毛泽东思想、邓小平理论和“三个代表”重要思想为指导，全面贯彻落实科学发展观，从中国特色社会主义事业总体布局和全面建设小康社会全局出发提出的重大战略任务，反映了建设富强民主文明和谐的社会主义现代化国家的内在要求，体现了全党全国各族人民的共同愿望。

全会指出，社会和谐是我们党不懈奋斗的目标。新中国成立后，我们党为促进社会和谐进行了艰辛探索，积累了正反两方面经验，取得了重要进展。党的十一届三中全会以后，我们党坚定不移地推进改革开放和现代化建设，积极推动经济发展和社会全面进步，为促进社会和谐进行了不懈努力。党的十六大以来，我们党对社会和谐的认识不断深化，明确了构建社会主义和谐社会在中国特色社会主义事业总体布局中的地位，作出一系列决策部署，推动和谐社会建设取得新的成效。经过长期努力，我们拥有了构建社会主义和谐社会的各种有利条件。

全会提出，新世纪、新阶段，我们党要带领人民抓住机遇、应对挑战，把中国特色社会主义伟大事业推向前进，必须坚持以经济建设为中心，把构建社会主义和谐社会摆在更加突出的地位。

全会认为，目前，我国社会总体上是和谐的。但是，也存在不少影响社会和谐的矛盾和问题。人类社会总是在矛盾运动中发展进步的。构建社会主义和谐社会是一个不断化解社会矛盾的持续过程。我们要始终保持清醒头脑，居安思危，深刻认识我国发展的阶段性特征，科学分析影响社会和谐的矛盾和问题及其产生的原因，更加积极主动地正视矛盾、化解矛盾，最大限度地增加和谐因素，最大限度地减少不和谐因素，不断促进社会和谐。全党同志要坚持解放思想、实事求是、与时俱进，一切从实际出发，自觉按规律办事，立足当前、着眼长远，量力而行、尽力而为，有重点分步骤地持续推进，切实把构建社会主义和谐社会作为贯穿中国特色社会主义事业全过程的长期历史任务和全面建设小康社会的重大现实课题抓紧抓好。

全会强调，我们要构建的社会主义和谐社会，是在中国特色社会主义道路上，中国共产党领导全体人民共同建设、共同享有的和谐社会。必须坚持以马克思列宁主义、毛泽东思想、邓小平理论和“三个代表”重要思想为指导，坚持党的基本路线、基本纲领、基本经验，坚持以科学发展观统领经济社会发展全局，按照民主法治、公平正义、诚信友爱、充满活力、安定有序、人与自然和谐相处的总要求，以解决人民群众最关心、最直接、最现实的利益问题为重点，着力发展社会事业、促进社会公平正义、建设和谐文化、完善社会管理、增强社会创造活力，走共同富裕道路，推动社会建设与经济建设、政治建设、文化建设协调发展。

全会提出，到二〇二〇年，构建社会主义和谐社会的目标和主要任务是：社会主义民主法制更加完善，依法治国基本方略得到全面落实，人民的权益得到切实尊重和保障；城乡、区域发展差距扩大的趋势逐步扭转，合理有序的收入分配格局基本形成，家庭财产普遍增加，人民过上更加富足的生活；社会就业比较充分，覆盖城乡居民的社会保障体系基本建立；基本公共服务体系更加完备，政府管理和服务水平有较大提高；全民族的思想道德素质、科学文化素质和健康素质明显提高，良好道德风尚、和谐人际关系进一步形成；全社会创造活力显著增强，创新型国家基本建成；社会管理体系更加完善，社会秩序良好；资源利用效率显著提高，生态环境明显好转；实现全面建设惠及十几亿人口的更高水平的小康社会的目标，努力形成全体人民各尽其能、各得其所而又和谐相处的局面。

全会强调，构建社会主义和谐社会，要遵循以下原则：必须坚持以人为本，必须坚持科学发展，必须坚持改革开放，必须坚持民主法治，必须坚持正确处理改革发展稳定的关系，必须坚持在党的领导下全社会共同建设。

全会指出，社会要和谐，首先要发展，必须坚持用发展的办法解决前进中的问题，大力发展社会生产力，不断为社会和谐创造雄厚的物质基础，同时更加注重发展社会事业，推动经济社会协调发展。社会公平正义是社会和谐的基本条件，制度是社会公平正义的根本保证，必须加紧建设对保障社会公平正义具有重大作用的制度，保障人民在政治、经济、文化、社会等方面的权利和利益，引导公民依法行使权利、履行义务。建设和谐文化是构建社会主义和谐社会的重要任务，社会主义核心价值体系是建设和谐文化的根本，必须坚持马克思主义在意识形态领域的指导地位，牢牢把握社会主义先进文化的前进方向，倡导和谐理念，培育和谐精神，进一步形成全社会共同的理想信念和道德规范，打牢全党全国各族人民团结奋斗的思想道德基础。加强社会管理，维护社会稳定，是构建社会主义和谐社会的必然要求，必须创新社会管理体制，整合社会管理资源，提高社会管理水平，健全党委领导、政府负责、社会协同、公众参与的社会管理格局，在服务中实施管理，在管理中体现服务。社会主义和谐社会既是充满活力的社会，也是团结和睦的社会，必须最大限度地激发社会活力，促进政党关系、民族关系、宗教关系、阶层关系、海内外同胞关系的和谐，巩固全国各族人民的大团结，巩固海内外中华儿女的大团结。

全会对当前和今后一个时期构建社会主义和谐社会作出了部署。要坚持协调发展、加强社会事业建设，扎实推进社会主义新农村建设，落实区域发展总体战略，实施积极的就业政策，坚持教育优先发展，加强医疗卫生服务，加快发展文化事业和文化产业，加强环境治理保护。要加强制度建设、保障社会公平正义，完善民主权利保障制度、法律制度、司法体制机制、公共财政制度、收入分配制度、社会保障制度。要建设和谐文化、巩固社会和谐的思想道德基础，建设社会主义核心价值体系，树立社会主义荣辱观，培育文明道德风尚，营造积极健康的思想舆论氛围，广泛开展和谐创建活动。要完善社会管理、保持社会安定有序，建设服务型政府，推进社区建设，健全社会组织，统筹协调各方面利益关系，完善应急管理体制机制，加强安全生产，加强社会治安综合治理，加强国家安全工作和国防建设。要激发社会活力、增进社会团结和睦，发挥人民群众的首创精神，巩固和壮大最广泛的爱国统一战线，维护香港、澳门长期繁荣稳定，推进祖国统一大业，坚持走和平发展道路。

全会强调，构建社会主义和谐社会，关键在党。必须充分发挥党的领导核心作用，坚持立党为公、执政为民，以党的执政能力建设和先进性建设推动社会主义和谐社会建设，为构建社会主义和谐社会提供坚强有力的政治保证。要提高各级领导班子和领导干部领导社会主义和谐社会建设的本领，各级党委要把和谐社会建设放在全局工作的突出位置，把握方向，制定政策，整合力量，营造环境，切实担负起领导责任。要坚持和完善民主集中制，扩大党内民主，推进党务公开，严格党内生活，严肃党的纪律，增进党的团结统一，以党内和谐促进社会和谐。要建立科学高效的领导机制和工作机制，明确工作分工，搞好协调指导，增强政治敏锐性，加强对社会建设重大问题的调查研究，提高政策措施的针对性和有效性，解决好本地区本部门影响社会和谐的突出矛盾和问题。要加强基层基础工作，认真研究和把握新形势下党的群众工作的特点和规律，千方百计把群众工作做深做细做实，始终保持党同人民群众的血肉联系。要建设宏大的社会工作人才队伍。要坚持党要管党、从严治党,加强党章和法纪学习教育,加强党员干部党性锻炼和思想道德修养,健全防范腐败的体制机制,加强对领导机关和领导干部的监督,深入开展党风廉政建设和反腐败斗争,以优良的党风促政风带民风,营造和谐的党群干群关系。

全会审议并通过了《关于召开党的第十七次全国代表大会的决议》,决定党的十七大于2007年下半年在北京召开。这次大会,是在我国经济社会发展进入关键阶段召开的一次重要会议,对我们党团结带领全国各族人民全面建设小康社会、加快推进社会主义现代化具有十分重要的意义。

全会号召,全党同志要紧密团结在以胡锦涛同志为总书记的党中央周围,高举邓小平理论和"三个代表"重要思想伟大旗帜,全面贯彻落实科学发展观,带领全国各族人民万众一心、锐意进取,为把我国建设成为富强民主文明和谐的社会主义现代化国家而奋斗!

中共中央关于构建社会主义和谐社会若干重大问题的决定

(2006年10月11日中国共产党第十六届中央委员会第六次全体会议通过)

中国共产党第十六届中央委员会第六次全体会议,全面分析了形势和任务,研究了构建社会主义和谐社会的若干重大问题,作出如下决定。

一、构建社会主义和谐社会的重要性和紧迫性

社会和谐是中国特色社会主义的本质属性,是国家富强、民族振兴、人民幸福的重要保证。构建社会主义和谐社会,是我们党以马克思列宁主义、毛泽东思想、邓小平理论和"三个代表"重要思想为指导,全面贯彻落实科学发展观,从中国特色社会主义事业总体布局和全面建设小康社会全局出发提出的重大战略任务,反映了建设富强民主文明和谐的社会主义现代化国家的内在要求,体现了全党全国各族人民的共同愿望。

社会和谐是我们党不懈奋斗的目标。新中国成立后,我们党为促进社会和谐进行了艰辛探索,积累了正反两方面经验,取得了重要进展。党的十一届三中全会以后,我们党坚定不移地推进改革开放和现代化建设,积极推动经济发展和社会全面进步,为促进社会和谐进行了不懈努力。党的十六大以来,我们党对社会和谐的认识不断深化,明确了构建社会主义和谐社会在中国特色社会主义事业总体布局中的地位,作出一系列决策部署,推动和谐社会建设取得新的成效。经过长期努力,我们拥有了构建社会主义和谐社会的各种有利条件。

新世纪、新阶段,我们面临的发展机遇前所未有,面对的挑战也前所未有。和平、发展、合作成为时代潮流,世界多极化和经济全球化的趋势深入发展,科技进步日新月异。同时,国际环境复杂多变,综合国力竞争日趋激烈,影响和平与发展的不稳定不确定因素增多,我们仍将长期面对发达国家在经济科技等方面占优势的压力。我国社会主义市场经济体制日趋完善,社会主义物质文明、政治文明、精神文明建设和党的建设不断加强,综合国力大幅度提高,人民生活显著改善,社会政治长期保持稳定。同时,我国正处于并将长期处于社会主义初级阶段,人民日益增长的物质文化需要同落后的社会生产之间的矛盾仍然是我国社会的主要矛盾,统筹兼顾各方面利益任务艰巨而繁重。特别要看到,我国已进入改革发展的关键时期,经济体制深刻变革,社会结构深刻变动,利益格局深刻调整,思想观念深刻变化。这种空前的社会变革,给我国发展进步带来巨大活力,也必然带来这样那样的矛盾和问题。我们党要带领人民抓住机遇、应对挑战,把中国特色社会主义伟大事业推向前进,必须坚持以经济建设为中心,把构建社会主义和谐社会摆在更加突出的地位。

目前,我国社会总体上是和谐的。但是,也存在不少影响社会和谐的矛盾和问题,主要是:城乡、区域、经济社会发展很不平衡,人口资源环境压力加大;就业、社会保障、收入分配、教育、医疗、住房、安全生产、社会治安等方面关系群众切身利益的问题比较突出;体制机制尚不完善,民主法制还不健全;一些社会成员诚信缺失、道德失范,一些领导干部的素质、能力和作风与新形势新任务的要求还不适应;一些领域的腐败现象仍然比较严重;敌对势力的渗透破坏活动危及国家安全和社会稳定。

任何社会都不可能没有矛盾,人类社会总是在矛盾运动中发展进步的。构建社会主义和谐社会是一个不断化解社会矛盾的持续过程。我们要始终保持清醒头脑,居安思危,深刻认识我国发展的阶段性特征,科学分析影响社会和谐的矛盾和问题及其产生的原因,更加积极主动地正视矛盾、化解矛盾,最大限度地增加和谐因素,最大限度地减少不和谐因素,不断促进社会和谐。全党同志要坚持解放思想、实事求是、与时俱进,一切从实际出发,自觉按规律办事,立足当前、着眼长远,量力而行、尽力而为,有重点分步骤地持续推进,切实把构建社会主义和谐社会作为贯穿中国特色社会主义事业全过程的长期历史任务和全面建设小康社会的重大现实课题抓紧抓好。

二、构建社会主义和谐社会的指导思想、目标任务和原则

我们要构建的社会主义和谐社会,是在中国特色社会主义道路上,中国共产党领导全体人民共同建设、

共同享有的和谐社会。必须坚持以马克思列宁主义、毛泽东思想、邓小平理论和“三个代表”重要思想为指导,坚持党的基本路线、基本纲领、基本经验,坚持以科学发展观统领经济社会发展全局,按照民主法治、公平正义、诚信友爱、充满活力、安定有序、人与自然和谐相处的总要求,以解决人民群众最关心、最直接、最现实的利益问题为重点,着力发展社会事业、促进社会公平正义、建设和谐文化、完善社会管理、增强社会创造活力,走共同富裕道路,推动社会建设与经济建设、政治建设、文化建设协调发展。

到二〇二〇年,构建社会主义和谐社会的目标和主要任务是:社会主义民主法制更加完善,依法治国基本方略得到全面落实,人民的权益得到切实尊重和保障;城乡、区域发展差距扩大的趋势逐步扭转,合理有序的收入分配格局基本形成,家庭财产普遍增加,人民过上更加富足的生活;社会就业比较充分,覆盖城乡居民的社会保障体系基本建立;基本公共服务体系更加完备,政府管理和服务水平有较大提高;全民族的思想道德素质、科学文化素质和健康素质明显提高,良好道德风尚、和谐人际关系进一步形成;全社会创造活力显著增强,创新型国家基本建成;社会管理体系更加完善,社会秩序良好;资源利用效率显著提高,生态环境明显好转;实现全面建设惠及十几亿人口的更高水平的小康社会的目标,努力形成全体人民各尽其能、各得其所而又和谐相处的局面。

构建社会主义和谐社会,要遵循以下原则。

——必须坚持以人为本。始终把最广大人民的根本利益作为党和国家一切工作的出发点和落脚点,实现好、维护好、发展好最广大人民的根本利益,不断满足人民日益增长的物质文化需要,做到发展为了人民、发展依靠人民、发展成果由人民共享,促进人的全面发展。

——必须坚持科学发展。切实抓好发展这个党执政兴国的第一要务,统筹城乡发展,统筹区域发展,统筹经济社会发展,统筹人与自然和谐发展,统筹国内发展和对外开放,转变增长方式,提高发展质量,推进节约发展、清洁发展、安全发展,实现经济社会全面协调可持续发展。

——必须坚持改革开放。坚持社会主义市场经济的改革方向,适应社会发展要求,推进经济体制、政治体制、文化体制、社会体制改革和创新,进一步扩大对外开放,提高改革决策的科学性、改革措施的协调性,建立健全充满活力、富有效率、更加开放的体制机制。

——必须坚持民主法治。加强社会主义民主政治建设,发展社会主义民主,实施依法治国基本方略,建设社会主义法治国家,树立社会主义法治理念,增强全社会法律意识,推进国家经济、政治、文化、社会生活法制化、规范化,逐步形成社会公平保障体系,促进社会公平正义。

——必须坚持正确处理改革发展稳定的关系。把改革的力度、发展的速度和社会可承受的程度统一起来,维护社会安定团结,以改革促进和谐、以发展巩固和谐、以稳定保障和谐,确保人民安居乐业、社会安定有序、国家长治久安。

——必须坚持在党的领导下全社会共同建设。坚持科学执政、民主执政、依法执政,发挥党的领导核心作用,维护人民群众的主体地位,团结一切可以团结的力量,调动一切积极因素,形成促进和谐人人有责、和谐社会人人共享的生动局面。

三、坚持协调发展,加强社会事业建设

社会要和谐,首先要发展。社会和谐在很大程度上取决于社会生产力的发展水平,取决于发展的协调性。必须坚持用发展的办法解决前进中的问题,大力发展社会生产力,不断为社会和谐创造雄厚的物质基础。同时,更加注重解决发展不平衡问题,更加注重发展社会事业,推动经济社会协调发展。

(一)扎实推进社会主义新农村建设,促进城乡协调发展。贯彻“工业反哺农业、城市支持农村”和“多予少取放活”的方针,加快建立有利于改变城乡二元结构的体制机制,推进农村综合改革,促进农业不断增效、农村加快发展、农民持续增收。坚持农村基本经营制度,保障农民土地承包经营的各项权利,发展农民专业合作组织,增强农村集体经济组织服务功能。强化支农惠农政策,增加国家对农业和农村投入,完善农村金融服务体系。加快农业科技进步,推进现代农业建设,发展农业产业化经营,提高农业综合生产能力。调整优化农村经济结构,积极稳妥地推进城镇化,发展壮大县域经济。加大扶贫力度,完善扶贫机制,加快改善贫困农民生产生活条件。各级政府要把基础设施建设和社会事业发展的重点转向农村,国家财政新增教育、卫生、文化等事业经费和固定资产投资增量主要用于农村,逐步加大政府土地出让金用于农村的比重。实行最严格的耕地保护制度,从严控制征地规模,加快征地制度改革,提高补偿标准,探索确保农民现实利益和长期稳定收益的有效办法,解决好被征地农民的就业和社会保障。加强对农民的宣传教育,加快培养新型农民,充分发挥广大农民在新农村建设中的主体作用。

(二)落实区域发展总体战略,促进区域协调发展。继续推进西部大开发,振兴东北地区等老工业基地,促进中部地区崛起,鼓励东部地区率先发展,形成分工合理、特色明显、优势互补的区域产业结构,推动各地区共同发展。加大对欠发达地区和困难地区的扶持。中央财政转移支付资金重点用于中西部地区，尽快使中西部地区基础设施和教育、卫生、文化等公共服务设施得到改善，逐步缩小地区间基本公共服务差距。加大对革命老区、民族地区、边疆地区、贫困地区以及粮食主产区、矿产资源开发地区、生态保护任务较重地区的转移支付，加大对人口较少民族的支持。支持经济发达地区加快产业结构优化升级和产业转移，扶持中西部地区优势产业项目，加快这些地区的资源优势向经济优势转变。鼓励东部地区带动和帮助中西部地区发展，扩大发达地区对欠发达地区和民族地区的对口援助，形成以政府为主导、市场为纽带、企业为主体、项目为载体的互惠互利机制。继续发挥经济特区、上海浦东新区作用，推进天津滨海新区等条件较好地区开发开放。建立健全资源开发有偿使用制度和补偿机制，对资源衰退和枯竭的困难地区经济转型实行扶持措施。

（三）实施积极的就业政策，发展和谐劳动关系。把扩大就业作为经济社会发展和调整经济结构的重要目标，实现经济发展和扩大就业良性互动。大力发展劳动密集型产业、服务业、非公有制经济、中小企业，多渠道、多方式增加就业岗位。实行促进就业的财税金融政策，积极支持自主创业、自谋职业。健全面向全体劳动者的职业技能培训制度，加强创业培训和再就业培训。深化户籍、劳动就业等制度改革，逐步形成城乡统一的人才市场和劳动力市场，完善人员流动政策，规范发展就业服务机构。强化政府促进就业职能，统筹做好城镇新增劳动力就业、农村富余劳动力转移就业、下岗失业人员再就业工作，加强大学毕业生、退役军人就业指导和服务。扩大再就业政策扶持范围，健全再就业援助制度，着力帮助零就业家庭和就业困难人员就业。完善劳动关系协调机制，全面实行劳动合同制度和集体协商制度，确保工资按时足额发放。严格执行国家劳动标准，加强劳动保护，健全劳动保障监察体制和劳动争议调处仲裁机制，维护劳动者特别是农民工合法权益。

（四）坚持教育优先发展，促进教育公平。全面贯彻党的教育方针，大力实施科教兴国战略和人才强国战略，全面实施素质教育，深化教育改革，提高教育质量，建设现代国民教育体系和终身教育体系，保障人民享有接受良好教育的机会。坚持公共教育资源向农村、中西部地区、贫困地区、边疆地区、民族地区倾斜，逐步缩小城乡、区域教育发展差距，推动公共教育协调发展。明确各级政府提供教育公共服务的职责，保证财政性教育经费增长幅度明显高于财政经常性收入增长幅度，逐步使财政性教育经费占国内生产总值的比例达到4%。普及和巩固九年义务教育，落实农村义务教育经费保障机制，在农村并逐步在城市免除义务教育学杂费，全面落实对家庭经济困难学生免费提供课本和补助寄宿生生活费政策，保障农民工子女接受义务教育。加快发展城乡职业教育和培训网络，努力使劳动者人人有知识、个个有技能。保持高等院校招生合理增长，注重增强学生的实践能力、创造能力和就业能力、创业能力。完善高等教育和高中阶段国家奖学金、助学金制度，落实国家助学贷款政策，鼓励社会捐资助学。规范学校收费项目和标准，坚决制止教育乱收费。切实减轻中小学生课业负担。提高师资特别是农村师资水平。改进学校思想政治工作和管理工作，提高师生思想道德素质。引导民办教育健康发展。积极发展继续教育，努力建设学习型社会。

（五）加强医疗卫生服务，提高人民健康水平。坚持公共医疗卫生的公益性质，深化医疗卫生体制改革，强化政府责任，严格监督管理，建设覆盖城乡居民的基本卫生保健制度，为群众提供安全、有效、方便、价廉的公共卫生和基本医疗服务。加强公共卫生体系建设，开展爱国卫生运动，发展妇幼卫生事业，加强医学研究，提高重大疾病预防控制能力和医疗救治能力。健全医疗卫生服务体系，重点加强农村三级卫生服务网络和以社区卫生服务为基础的新型城市卫生服务体系建设，落实经费保障措施。实施区域卫生发展规划，整合城乡医疗卫生资源，建立城乡医院对口支援、大医院和社区卫生机构双向转诊、高中级卫生技术人员定期到基层服务制度，加强农村医疗卫生人才培养。推进医疗机构属地化和全行业管理，理顺医药卫生行政管理体制，推行政事分开、管办分开、医药分开、营利性与非营利性分开。强化公立医院公共服务职能，加强医德医风建设，规范收支管理，纠正片面创收倾向。建立国家基本药物制度，整顿药品生产和流通秩序，保证群众基本用药。加强食品、药品、餐饮卫生监管，保障人民群众健康安全。严格医疗机构、技术准入和人员执业资格审核，引导社会资金依法创办医疗卫生机构，支持有资质人员依法开业，方便群众就医。大力扶持中医药和民族医药发展。

（六）加快发展文化事业和文化产业，满足人民群众文化需求。坚持把社会效益放在首位，坚持把发展公益性文化事业作为保障人民文化权益的主要途径，推动文化事业和文化产业共同发展。推进文化体制改革，形成富有活力的文化管理体制和文化产品生产经营机制。加强公益性文化设施建设，鼓励社会力量捐助和兴办公益性文化事业，加快建立覆盖全社会的公共文化服务体系。优先安排关系群众切身利益的文化建设项目，突出抓好广播电视村村通工程、社区和乡镇综合文化站（室）工程、全国文化信息资源共享工程。

完善文化产业政策,培育国有和国有控股骨干文化企业,鼓励非公有资本依法进入文化产业,以重大文化产业项目带动发展,推动集约化经营,提供价格合理、形式多样的文化产品和服务,增强文化产品国际竞争力。加强文化遗产保护。加强城乡社区体育设施建设,广泛开展全民健身活动,提高竞技体育水平。

(七)加强环境治理保护,促进人与自然相和谐。以解决危害群众健康和影响可持续发展的环境问题为重点,加快建设资源节约型、环境友好型社会。优化产业结构,发展循环经济,推广清洁生产,节约能源资源,依法淘汰落后工艺技术和生产能力,从源头上控制环境污染。实施重大生态建设和环境整治工程,有效遏制生态环境恶化趋势。统筹城乡环境建设,加强城市环境综合治理,改善农村生活环境和村容村貌。加快环境科技创新,加强污染专项整治,强化污染物排放总量控制,重点搞好水、大气、土壤等污染防治。完善有利于环境保护的产业政策、财税政策、价格政策,建立生态环境评价体系和补偿机制,强化企业和全社会节约资源、保护环境的责任。完善环境保护法律法规和管理体系,严格环境执法,加强环境监测,定期公布环境状况信息,严肃处罚违法行为。稳定人口低生育水平,有效治理出生人口性别比升高等问题,提高出生人口素质。

四、加强制度建设,保障社会公平正义

社会公平正义是社会和谐的基本条件,制度是社会公平正义的根本保证。必须加紧建设对保障社会公平正义具有重大作用的制度,保障人民在政治、经济、文化、社会等方面的权利和利益,引导公民依法行使权利、履行义务。

(一)完善民主权利保障制度,巩固人民当家做主的政治地位。坚持党的领导、人民当家做主和依法治国的有机统一,依法实行民主选举、民主决策、民主管理、民主监督,积极稳妥地推进政治体制改革,健全民主制度,丰富民主形式,实现社会主义民主政治制度化、规范化、程序化,保障人民享有广泛的民主权利。坚持和完善人民代表大会制度、中国共产党领导的多党合作和政治协商制度、民族区域自治制度,从各个层次扩大公民有序的政治参与,保障人民依法管理国家事务、管理经济和文化事业、管理社会事务。推进决策科学化、民主化,深化政务公开,依法保障公民的知情权、参与权、表达权、监督权。扩大基层民主,完善厂务公开、村务公开等办事公开制度,完善基层民主管理制度,发挥社会自治功能,保证人民依法直接行使民主权利。

(二)完善法律制度,夯实社会和谐的法治基础。维护社会主义法制的统一和尊严,树立社会主义法制权威。坚持公民在法律面前一律平等,尊重和保障人权,依法保证公民权利和自由。坚持科学立法、民主立法,完善发展民主政治、保障公民权利、推进社会事业、健全社会保障、规范社会组织、加强社会管理等方面的法律法规。加快建设法治政府,全面推进依法行政,严格按照法定权限和程序行使权力、履行职责,健全行政执法责任追究制度,完善行政复议、行政赔偿制度。加强对权力运行的制约和监督,加强对行政机关、司法机关的监督。拓展和规范法律服务,加强和改进法律援助工作。深入开展法制宣传教育,形成全体公民自觉学法守法用法的氛围。

(三)完善司法体制机制,加强社会和谐的司法保障。坚持司法为民、公正司法,推进司法体制和工作机制改革,建设公正、高效、权威的社会主义司法制度,发挥司法维护公平正义的职能作用。完善诉讼、检察监督、刑罚执行、教育矫治、司法鉴定、刑事赔偿、司法考试等制度。加强司法民主建设,健全公开审判、人民陪审员、人民监督员等制度,发挥律师、公证、和解、调解、仲裁的积极作用。加强司法救助,对贫困群众减免诉讼费。健全巡回审判,扩大简易程序适用范围,落实当事人权利义务告知制度,方便群众诉讼。规范诉讼、律师、仲裁收费。加强人权司法保护,严格依照法定原则和程序进行诉讼活动。完善执行工作机制,加强和改进执行工作。维护司法廉洁,严肃追究徇私枉法、失职渎职等行为的法律责任。

(四)完善公共财政制度,逐步实现基本公共服务均等化。健全公共财政体制,调整财政收支结构,把更多财政资金投向公共服务领域,加大财政在教育、卫生、文化、就业再就业服务、社会保障、生态环境、公共基础设施、社会治安等方面的投入。进一步明确中央和地方的事权,健全财力与事权相匹配的财税体制。完善中央和地方共享税分成办法,加大财政转移支付力度,促进转移支付规范化、法制化。保障各级政权建设需要。完善财政奖励补助政策和省以下财政管理体制,着力解决县乡财政困难,增强基层政府提供公共服务能力。逐步增加国家财政投资规模,不断增强公共产品和公共服务供给能力。

(五)完善收入分配制度,规范收入分配秩序。坚持按劳分配为主体、多种分配方式并存的分配制度,加强收入分配宏观调节,在经济发展的基础上,更加注重社会公平,着力提高低收入者收入水平,逐步扩大中等收入者比重,有效调节过高收入,坚决取缔非法收入,促进共同富裕。通过扩大就业、建立农民增收减负长效机制、健全最低工资制度、完善工资正常增长机制、逐步提高社会保障标准等举措,提高低收入者收入水平。完善劳动、资本、技术、管理等生产要素按贡献参与分配制度。健全国家统一的职务与级别相结合的公务员工资制度，规范地区津贴补贴标准，完善艰苦边远地区津贴制度。加快事业单位改革，实行符合事业单位特点的收入分配制度。加强企业工资分配调控和指导，发挥工资指导线、劳动力市场价位、行业人工成本信息对工资水平的引导作用。规范国有企业经营管理者收入，确定管理者与职工收入合理比例。加快垄断行业改革，调整国家和企业分配关系，完善并严格实行工资总额控制制度。建立健全国有资本经营预算制度，保障所有者权益。实行综合与分类相结合的个人所得税制度，加强征管和调节。

（六）完善社会保障制度，保障群众基本生活。适应人口老龄化、城镇化、就业方式多样化，逐步建立社会保险、社会救助、社会福利、慈善事业相衔接的覆盖城乡居民的社会保障体系。多渠道筹集社会保障基金，加强基金监管，保证社会保险基金保值增值。完善企业职工基本养老保险制度，强化保险基金统筹部分征缴，逐步做实个人账户，积极推进省级统筹，条件具备时实行基本养老金基础部分全国统筹。加快机关事业单位养老保险制度改革。逐步建立农村最低生活保障制度，有条件的地方探索建立多种形式的农村养老保险制度。完善城镇职工基本医疗保险，建立以大病统筹为主的城镇居民医疗保险，发展社会医疗救助。加快推进新型农村合作医疗。推进失业、工伤、生育保险制度建设。加快建立适应农民工特点的社会保障制度。加强对困难群众的救助，完善城市低保、农村五保供养、特困户救助、灾民救助、城市生活无着的流浪乞讨人员救助等制度。完善优抚安置政策。发展以扶老、助残、救孤、济困为重点的社会福利。发扬人道主义精神，发展残疾人事业，保障残疾人合法权益。发展老龄事业，开展多种形式的老龄服务。发展慈善事业，完善社会捐赠免税减税政策，增强全社会慈善意识。发挥商业保险在健全社会保障体系中的重要作用。拓宽资金筹集渠道，加快廉租住房建设，规范和加强经济适用房建设，逐步解决城镇低收入家庭住房困难。

五、建设和谐文化，巩固社会和谐的思想道德基础

建设和谐文化，是构建社会主义和谐社会的重要任务。社会主义核心价值体系是建设和谐文化的根本。必须坚持马克思主义在意识形态领域的指导地位，牢牢把握社会主义先进文化的前进方向，弘扬民族优秀文化传统，借鉴人类有益文明成果，倡导和谐理念，培育和谐精神，进一步形成全社会共同的理想信念和道德规范，打牢全党全国各族人民团结奋斗的思想道德基础。

（一）建设社会主义核心价值体系，形成全民族奋发向上的精神力量和团结和睦的精神纽带。马克思主义指导思想，中国特色社会主义共同理想，以爱国主义为核心的民族精神和以改革创新为核心的时代精神，社会主义荣辱观，构成社会主义核心价值体系的基本内容。坚持把社会主义核心价值体系融入国民教育和精神文明建设全过程、贯穿现代化建设各方面。坚持用马克思主义中国化的最新成果武装全党、教育人民，用民族精神和时代精神凝聚力量、激发活力，倡导爱国主义、集体主义、社会主义思想，加强理想信念教育，加强国情和形势政策教育，不断增强对中国共产党领导、社会主义制度、改革开放事业、全面建设小康社会目标的信念和信心。加强马克思主义理论研究和建设，增强党的思想理论工作的创造力、说服力、感召力。坚持以社会主义核心价值体系引领社会思潮，尊重差异，包容多样，最大限度地形成社会思想共识。

（二）树立社会主义荣辱观，培育文明道德风尚。坚持依法治国与以德治国相结合，树立以"八荣八耻"为主要内容的社会主义荣辱观，倡导爱国、敬业、诚信、友善等道德规范，开展社会公德、职业道德、家庭美德教育，加强青少年思想道德建设，在全社会形成知荣辱、讲正气、促和谐的风尚，形成男女平等、尊老爱幼、扶贫济困、礼让宽容的人际关系。普及科学知识，弘扬科学精神，养成健康文明的生活方式。发扬艰苦奋斗精神，提倡勤俭节约，反对拜金主义、享乐主义、极端个人主义。弘扬我国传统文化中有利于社会和谐的内容，形成符合传统美德和时代精神的道德规范和行为规范。加强政务诚信、商务诚信、社会诚信建设，增强全社会诚实守信意识。

（三）坚持正确导向，营造积极健康的思想舆论氛围。正确的思想舆论导向是促进社会和谐的重要因素。新闻出版、广播影视、文学艺术、社会科学，要坚持正确导向，唱响主旋律，为改革发展稳定营造良好思想舆论氛围。新闻媒体要增强社会责任感，宣传党的主张，弘扬社会正气，通达社情民意，引导社会热点，疏导公众情绪，搞好舆论监督。健全突发事件新闻报道机制，及时发布准确信息。加强对互联网等的应用和管理，理顺管理体制，倡导文明办网、文明上网，使各类新兴媒体成为促进社会和谐的重要阵地。哲学社会科学要坚持以马克思主义为指导，以重大现实问题研究为主攻方向，发挥认识世界、传承文明、创新理论、咨政育人、服务社会的作用。文学艺术要弘扬真善美，创作生产更多陶冶情操、愉悦身心的优秀作品，丰富群众文化生活。坚持不懈地开展"扫黄打非"。

（四）广泛开展和谐创建活动，形成人人促进和谐的局面。着眼于增强公民、企业、各种组织的社会责任，把和谐社区、和谐家庭等和谐创建活动同群众性精神文明创建活动结合起来，突出思想教育内涵，广泛吸引

群众参与,推动形成我为人人、人人为我的社会氛围。以相互关爱、服务社会为主题,深入开展城乡社会志愿服务活动,建立与政府服务、市场服务相衔接的社会志愿服务体系。注重促进人的心理和谐,加强人文关怀和心理疏导,引导人们正确对待自己、他人和社会,正确对待困难、挫折和荣誉。加强心理健康教育和保健,健全心理咨询网络,塑造自尊自信、理性平和、积极向上的社会心态。

六、完善社会管理,保持社会安定有序

加强社会管理,维护社会稳定,是构建社会主义和谐社会的必然要求。必须创新社会管理体制,整合社会管理资源,提高社会管理水平,健全党委领导、政府负责、社会协同、公众参与的社会管理格局,在服务中实施管理,在管理中体现服务。

(一)建设服务型政府,强化社会管理和公共服务职能。为人民服务是各级政府的神圣职责和全体公务员的基本准则。按照转变职能、权责一致、强化服务、改进管理、提高效能的要求,深化行政管理体制改革,优化机构设置,更加注重履行社会管理和公共服务职能。以发展社会事业和解决民生问题为重点,优化公共资源配置,注重向农村、基层、欠发达地区倾斜,逐步形成惠及全民的基本公共服务体系。创新公共服务体制,改进公共服务方式,加强公共设施建设。深化行政审批制度改革,进一步减少和规范行政审批事项,简化办事程序,创新管理制度,为群众和基层提供方便快捷优质服务。推行政务公开,加快电子政务建设,推进公共服务信息化,及时发布公共信息,为群众生活和参与经济社会活动创造便利条件。完善公共服务政策体系,提高公共服务质量,增强政府公信力。推进政事分开,支持社会组织参与社会管理和公共服务。加强市场监管,整顿和规范市场经济秩序。

(二)推进社区建设,完善基层服务和管理网络。全面开展城市社区建设,积极推进农村社区建设,健全新型社区管理和服务体制,把社区建设成为管理有序、服务完善、文明祥和的社会生活共同体。完善居(村)民自治,支持居(村)民委员会协助政府做好公共服务和社会管理工作,发挥驻区单位、社区民间组织、物业管理机构、专业合作经济组织在社区建设中的积极作用,实现政府行政管理和社区自我管理有效衔接、政府依法行政和居民依法自治良性互动。加强流动人口服务和管理,促进流动人口同当地居民和睦相处。完善社区公共服务,开展社区群众性自助和互助服务,发展社区服务业。

(三)健全社会组织,增强服务社会功能。坚持培育发展和管理监督并重,完善培育扶持和依法管理社会组织的政策,发挥各类社会组织提供服务、反映诉求、规范行为的作用。发展和规范律师、公证、会计、资产评估等机构,鼓励社会力量在教育、科技、文化、卫生、体育、社会福利等领域兴办民办非企业单位。发挥行业协会、学会、商会等社会团体的社会功能,为经济社会发展服务。发展和规范各类基金会,促进公益事业发展。引导各类社会组织加强自身建设,提高自律性和诚信度。

(四)统筹协调各方面利益关系,妥善处理社会矛盾。适应我国社会结构和利益格局的发展变化,形成科学有效的利益协调机制、诉求表达机制、矛盾调处机制、权益保障机制。坚持把改善人民生活作为正确处理改革发展稳定关系的结合点,正确把握最广大人民的根本利益、现阶段群众的共同利益和不同群体的特殊利益的关系,统筹兼顾各方面群众的关切。拓宽社情民意表达渠道,推行领导干部接待群众制度,完善党政领导干部和党代表、人大代表、政协委员联系群众制度,健全信访工作责任制,建立全国信访信息系统,搭建多种形式的沟通平台,把群众利益诉求纳入制度化、规范化、法制化的轨道。健全社会舆情汇集和分析机制,完善矛盾纠纷排查调处工作制度,建立党和政府主导的维护群众权益机制,实现人民调解、行政调解、司法调解有机结合,更多采用调解方法,综合运用法律、政策、经济、行政等手段和教育、协商、疏导等办法,把矛盾化解在基层、解决在萌芽状态。着力解决土地征收征用、城市建设拆迁、环境保护、企业重组改制和破产、涉法涉诉中群众反映强烈的问题,坚决纠正损害群众利益的行为。坚持依法办事、按政策办事,发挥思想政治工作优势,积极预防和妥善处置人民内部矛盾引发的群体性事件,维护群众利益和社会稳定。

(五)完善应急管理体制机制,有效应对各种风险。建立健全分类管理、分级负责、条块结合、属地为主的应急管理体制,形成统一指挥、反应灵敏、协调有序、运转高效的应急管理机制,有效应对自然灾害、事故灾难、公共卫生事件、社会安全事件,提高危机管理和抗风险能力。按照预防与应急并重、常态与非常态结合的原则,建立统一高效的应急信息平台,建设精干实用的专业应急救援队伍,健全应急预案体系,完善应急管理法律法规,加强应急管理宣传教育,提高公众参与和自救能力,实现社会预警、社会动员、快速反应、应急处置的整体联动。坚持安全第一、预防为主、综合治理,完善安全生产体制机制、法律法规和政策措施,加大投入,落实责任,严格管理,强化监督,坚决遏制重特大安全事故。

(六)加强社会治安综合治理,增强人民群众安全感。坚持打防结合、预防为主、专群结合、依靠群众的方针,完善社会治安防控体系,广泛开展平安创建活动,把社会治安综合治理措施落实到基层,确保社会治安大局稳定。依法严厉打击严重刑事犯罪活动,着力整治突出治安问题和治安混乱地区,扫除黄赌毒等社会丑恶现象,坚决遏制刑事犯罪高发势头。实施宽严相济的刑事司法政策,改革未成年人司法制度,积极推行社区矫正。加强对流浪儿童、服刑人员子女的关心教育,强化吸毒人员感化和管理,改进刑释解教人员帮教安置工作。完善政法保障机制,加强公安派出所、司法所、人民法庭等基层基础建设,改革和加强社区警务工作,打造服务群众、维护稳定的第一线平台。坚持执法为民,加强政法队伍建设,确保政法队伍严格、公正、文明执法,始终忠于党、忠于祖国、忠于人民、忠于法律。

(七)加强国家安全工作和国防建设,保障国家稳定安全。增强国家安全意识,完善国家安全战略,健全科学、协调、高效的工作机制,有效应对各种传统安全威胁和非传统安全威胁,严厉打击境内外敌对势力的渗透、颠覆、破坏活动,确保国家政治安全、经济安全、文化安全、信息安全。坚持党对军队的绝对领导,坚持国防建设与经济建设协调发展,全面推进军队革命化、现代化、正规化建设,推进中国特色军事变革,坚持积极防御的战略方针,抓紧做好军事斗争准备,提高应对危机、维护和平,遏制战争、打赢战争的能力,努力为党巩固执政地位提供重要力量保证,为维护国家发展的重要战略机遇期提供坚强安全保障,为维护国家利益提供有力战略支撑,为维护世界和平与促进共同发展发挥重要作用,坚定不移地捍卫国家安全统一和领土完整。加强武装警察部队全面建设。增强国防意识,完善国防动员体制机制,深入开展双拥共建工作,巩固军政军民团结。

七、激发社会活力,增进社会团结和睦

社会主义和谐社会既是充满活力的社会,也是团结和睦的社会。必须最大限度地激发社会活力,促进政党关系、民族关系、宗教关系、阶层关系、海内外同胞关系的和谐,巩固全国各族人民的大团结,巩固海内外中华儿女的大团结。

(一)增强全社会创造活力,形成万众一心共创伟业的生动局面。贯彻尊重劳动、尊重知识、尊重人才、尊重创造的方针,发挥人民群众的首创精神,使全社会创造能量充分释放、创新成果不断涌现、创业活动蓬勃开展。坚持人民群众是历史创造者的观点,党和政府的重大决策和工作部署都要从人民群众的创造性实践中汲取智慧、经受检验,都要依靠人民群众付诸实践、取得实效。坚持发挥生产力作为最活跃最革命因素的决定性作用,坚定不移地通过深化改革破除各种障碍,完善公平竞争机制,健全现代产权制度,不断解放和发展生产力。坚持把创新精神贯穿到治国理政的各个环节,使一切有利于社会进步的创造才能得到发挥,保护创新热情,鼓励创新实践,完善创新机制,宽容创新挫折,增强自主创新能力,建设创新型国家。弘扬自力更生、顽强拼搏、团结协作精神,倡导自主创业、艰苦创业、和谐创业,营造鼓励人们干事业、支持人们干成事业的社会环境,共同致力于建设中国特色社会主义伟大事业。

(二)巩固和壮大最广泛的爱国统一战线,充分调动各方面积极性。高举爱国主义和社会主义伟大旗帜,发挥统一战线在促进社会和谐中的独特优势,支持人民政协围绕团结和民主两大主题履行政治协商、民主监督、参政议政的职能,发挥协调关系、汇集力量、建言献策、服务大局的作用,加强各党派、各团体、各民族、各阶层、各界人士的团结和谐。贯彻"长期共存、互相监督、肝胆相照、荣辱与共"的方针,加强同民主党派和无党派人士合作共事,不断发展我国社会主义多党合作事业。坚持全心全意依靠工人阶级的方针,发挥包括知识分子在内的工人阶级、广大农民推动经济社会发展根本力量的作用,鼓励和支持包括新的社会阶层在内的全体社会主义事业的建设者为经济社会发展贡献力量。认真贯彻落实党的民族政策,牢牢把握各民族共同团结奋斗、共同繁荣发展的主题,广泛开展民族团结进步活动,巩固和发展平等、团结、互助、和谐的社会主义民族关系,使各族人民和睦相处、和衷共济、和谐发展。全面贯彻党的宗教信仰自由政策,依法管理宗教事务,坚持独立自主自办的原则,积极引导宗教与社会主义社会相适应,加强信教群众同不信教群众、信仰不同宗教群众的团结,发挥宗教在促进社会和谐方面的积极作用。

(三)加强海内外中华儿女的团结,为实现中华民族的伟大复兴而奋斗。坚持"一国两制""港人治港""澳人治澳"高度自治的方针,严格按照特别行政区基本法办事,在爱国爱港、爱国爱澳旗帜下,团结港澳各界人士,维护香港、澳门长期繁荣稳定。贯彻"和平统一、一国两制"的基本方针和现阶段发展两岸关系、推进祖国和平统一进程的八项主张,坚持一个中国原则决不动摇、争取和平统一的努力决不放弃、贯彻寄希望于台湾人民的方针决不改变、反对"台独"分裂活动决不妥协。围绕两岸关系和平发展的主题,加强两岸人员往来和经济文化交流合作,支持海峡西岸和其他台商投资相对集中地区的经济发展,推进两岸直接"三通",尽最大努力为两岸同胞谋和平、谋发展、谋福祉,使两岸同胞感情更融洽、合作更深化,共同维护台海和平稳定,推进祖国统一大业。全面贯彻党的侨务政策,做好海外侨胞和归侨侨眷工作,凝聚侨心、汇集

侨智、发挥侨力。

(四)坚持走和平发展道路,营造良好外部环境。高举和平、发展、合作的旗帜,坚持独立自主的和平外交政策,坚定不移地走和平发展道路,实施互利共赢的开放战略,维护国家主权、安全、发展利益,积极争取和平稳定的国际环境、睦邻友好的周边环境、平等互利的合作环境、互信协作的安全环境、客观友善的舆论环境。坚持对外开放的基本国策,提高对外开放水平,积极发展对外经济技术合作,大力开展对外文化交流,更好地利用国际国内两个市场、两种资源,注重加强互利合作、实现共同发展。按照和平共处五项原则和其他公认的国际关系准则同世界各国发展友好关系,推动建设持久和平、共同繁荣的和谐世界。

八、加强党对构建社会主义和谐社会的领导

构建社会主义和谐社会,关键在党。必须充分发挥党的领导核心作用,坚持立党为公、执政为民,以党的执政能力建设和先进性建设推动社会主义和谐社会建设,为构建社会主义和谐社会提供坚强有力的政治保证。

(一)提高各级领导班子和领导干部领导社会主义和谐社会建设的本领。各级党委要把和谐社会建设放在全局工作的突出位置,把握方向,制定政策,整合力量,营造环境,切实担负起领导责任。坚持和完善民主集中制,扩大党内民主,推进党务公开,严格党内生活,严肃党的纪律,增进党的团结统一,以党内和谐促进社会和谐。建立科学高效的领导机制和工作机制,明确工作分工,搞好协调指导,增强政治敏锐性,加强对社会建设重大问题的调查研究,提高政策措施的针对性和有效性,解决好本地区本部门影响社会和谐的突出矛盾和问题。坚持正确的用人导向,选好配强领导班子,注重培养选拔熟悉社会建设和管理的优秀干部。深化干部人事制度改革,认真实施体现科学发展观要求的综合考核评价办法,把领导社会建设的绩效列为考核内容,增强领导班子和领导干部统筹经济社会发展的能力。大兴求真务实之风,激励干部真抓实干,加强检查监督工作,确保中央的方针政策和工作部署落到实处。加强社会建设理论和社会政策的学习研究和教育培训,不断提高各级领导班子和领导干部管理社会事务、协调利益关系、开展群众工作、激发社会创造活力、处理人民内部矛盾、维护社会稳定的本领。加强和改进党对工会、共青团、妇联等人民团体的领导,支持他们发挥联系群众、服务群众、教育群众、维护群众合法权益的作用。

(二)加强基层基础工作。构建社会主义和谐社会,重心在基层。巩固和发展保持共产党员先进性教育活动的成果,围绕建设社会主义新农村加强农村基层党组织建设,做好企业、城市社区、机关和学校、科研院所、文化团体等事业单位党建工作,推进新经济组织、新社会组织党建工作,扩大党的工作覆盖面,发挥基层党组织凝聚人心、推动发展、促进和谐的作用。健全让党员经常受教育、永葆先进性的长效机制,建立城乡一体的党员动态管理机制,动员和组织广大党员做促进社会和谐的表率。牢固树立群众观点,一切相信群众,一切依靠群众,认真研究和把握新形势下党的群众工作的特点和规律,千方百计把群众工作做深做细做实,始终保持党同人民群众的血肉联系。以增强社会服务功能和提高社会管理、依法办事能力为重点,大力加强基层政权建设。加大对城乡基层组织阵地建设的投入。紧紧依靠广大基层干部做好基层基础工作,加强基层干部队伍建设,制定和落实定期轮训、考评激励、待遇保障等制度措施。严格要求、真心爱护基层干部,积极帮助他们解决工作生活中的困难。做好关心照顾老劳模、老党员和帮扶困难党员工作。完善公务员录用制度,注意从基层选拔优秀干部充实各级党政机关,鼓励年轻干部和大学生到基层建功立业。

(三)建设宏大的社会工作人才队伍。造就一支结构合理、素质优良的社会工作人才队伍,是构建社会主义和谐社会的迫切需要。建立健全以培养、评价、使用、激励为主要内容的政策措施和制度保障,确定职业规范和从业标准,加强专业培训,提高社会工作人员职业素质和专业水平。制定人才培养规划,加快高等院校社会工作人才培养体系建设,抓紧培养大批社会工作急需的各类专门人才。充实公共服务和社会管理部门,配备社会工作专门人员,完善社会工作岗位设置,通过多种渠道吸纳社会工作人才,提高专业化社会服务水平。

(四)深入开展党风廉政建设和反腐败斗争。党风正则干群和,干群和则社会稳。反腐倡廉是加强党的执政能力建设和先进性建设的重大任务,也是维护社会公平正义和促进社会和谐的紧迫任务。坚持党要管党、从严治党,贯彻标本兼治、综合治理、惩防并举、注重预防的反腐倡廉战略方针,推进教育、制度、监督并重的惩治和预防腐败体系建设。以思想道德教育为基础,加强党章和法纪学习教育,加强党员干部党性锻炼和思想道德修养,教育党员领导干部做道德表率,推进廉政文化建设,筑牢拒腐防变的思想道德防线。以正确行使权力为重点,用改革的办法推进反腐倡廉制度建设,拓展从源头上防治腐败的工作领域,形成群众支持和参与反腐倡廉的有效机制,健全防范腐败的体制机制。以保证廉洁从政为目标,加强对领导机关和领导干部的监督,把党内监督与各方面监督结合起来,形成监督合力,提高监督实效。严格要求领导干部廉洁自律、率先垂范,自觉做到为民、务实、清廉。加大查办案件工作力度,严厉惩治腐败。坚持纠建并举、综合治理,切实纠正损害群众利益的不正之风。认真执行党风廉政建设责任制,巩固和发展全党动手抓党风廉政建设的局面,以优良的党风促政风带民风,营造和谐的党群干群关系。

和谐凝聚力量,和谐成就伟业。构建社会主义和谐社会是建设中国特色社会主义的重大战略任务,是对我们党执政能力的重大考验。全党同志要紧密团结在以胡锦涛同志为总书记的党中央周围,带领全国各族人民万众一心、锐意进取,为把我国建设成为富强民主文明和谐的社会主义现代化国家而奋斗!

国务院总理温家宝签署第476号令公布《长城保护条例》

《长城保护条例》已经2006年9月20日国务院第150次常务会议通过,现予公布,自2006年12月1日起施行。

总　理　温家宝

2006年10月11日

长城保护条例

第一条　为了加强对长城的保护,规范长城的利用行为,根据《中华人民共和国文物保护法》(以下简称文物保护法),制定本条例。

第二条　本条例所称长城,包括长城的墙体、城堡、关隘、烽火台、敌楼等。

受本条例保护的长城段落,由国务院文物主管部门认定并公布。

第三条　长城保护应当贯彻文物工作方针,坚持科学规划、原状保护的原则。

第四条　国家对长城实行整体保护、分段管理。

国务院文物主管部门负责长城整体保护工作,协调、解决长城保护中的重大问题,监督、检查长城所在地各地方的长城保护工作。

长城所在地县级以上地方人民政府及其文物主管部门依照文物保护法、本条例和其他有关行政法规的规定,负责本行政区域内的长城保护工作。

第五条　长城所在地县级以上地方人民政府应当将长城保护经费纳入本级财政预算。

国家鼓励公民、法人和其他组织通过捐赠等方式设立长城保护基金,专门用于长城保护。长城保护基金的募集、使用和管理,依照国家有关法律、行政法规的规定执行。

第六条　国家对长城保护实行专家咨询制度。制定长城保护总体规划、审批与长城有关的建设工程、决定与长城保护有关的其他重大事项,应当听取专家意见。

第七条　公民、法人和其他组织都有依法保护长城的义务。

国家鼓励公民、法人和其他组织参与长城保护。

第八条　国务院文物主管部门、长城所在地县级以上地方人民政府及其文物主管部门应当对在长城保护中作出突出贡献的组织或者个人给予奖励。

第九条　长城所在地省、自治区、直辖市人民政府应当对本行政区域内的长城进行调查;对认为属于长城的段落,应当报国务院文物主管部门认定,并自认定之日起1年内依法核定公布为省级文物保护单位。

本条例施行前已经认定为长城但尚未核定公布为全国重点文物保护单位或者省级文物保护单位的段落,应当自本条例施行之日起1年内依法核定公布为全国重点文物保护单位或者省级文物保护单位。

第十条　国家实行长城保护总体规划制度。

国务院文物主管部门会同国务院有关部门,根据文物保护法的规定和长城保护的实际需要,制定长城保护总体规划,报国务院批准后组织实施。长城保护总体规划应当明确长城的保护标准和保护重点,分类确定保护措施,并确定禁止在保护范围内进行工程建设的长城段落。

长城所在地县级以上地方人民政府制订本行政区域的国民经济和社会发展计划、土地利用总体规划和城乡规划,应当落实长城保护总体规划规定的保护措施。

第十一条　长城所在地省、自治区、直辖市人民政府应当按照长城保护总体规划的要求,划定本行政区域内长城的保护范围和建设控制地带,并予以公布。

省、自治区、直辖市人民政府文物主管部门应当将公布的保护范围和建设控制地带报国务院文物主管部门备案。

第十二条　任何单位或者个人不得在长城保护总体规划禁止工程建设的保护范围内进行工程建设。在建设控制地带或者长城保护总体规划未禁止工程建设的保护范围内进行工程建设,应当遵守文物保护法第十七条、第十八条的规定。

进行工程建设应当绕过长城。无法绕过的,应当采取挖掘地下通道的方式通过长城;无法挖掘地下通道的,应当采取架设桥梁的方式通过长城。任何单位或者个人进行工程建设,不得拆除、穿越、迁移长城。

第十三条　长城所在地省、自治区、直辖市人民政府应当在长城沿线的交通路口和其他需要提示公众的地段设立长城保护标志。设立长城保护标志不得对长城造成损坏。

长城保护标志应当载明长城段落的名称、修筑年代、保护范围、建设控制地带和保护机构。

第十四条 长城所在地省、自治区、直辖市人民政府应当建立本行政区域内的长城档案，其文物主管部门应当将长城档案报国务院文物主管部门备案。

国务院文物主管部门应当建立全国的长城档案。

第十五条 长城所在地省、自治区、直辖市人民政府应当为本行政区域内的长城段落确定保护机构；长城段落有利用单位的，该利用单位可以确定为保护机构。

保护机构应当对其所负责保护的长城段落进行日常维护和监测，并建立日志；发现安全隐患，应当立即采取控制措施，并及时向县级人民政府文物主管部门报告。

第十六条 地处偏远、没有利用单位的长城段落，所在地县级人民政府或者其文物主管部门可以聘请长城保护员对长城进行巡查、看护，并对长城保护员给予适当补助。

第十七条 长城段落为行政区域边界的，其毗邻的县级以上地方人民政府应当定期召开由相关部门参加的联席会议，研究解决长城保护中的重大问题。

第十八条 禁止在长城上从事下列活动：

(一)取土、取砖(石)或者种植作物；

(二)刻划、涂污；

(三)架设、安装与长城保护无关的设施、设备；

(四)驾驶交通工具，或者利用交通工具等跨越长城；

(五)展示可能损坏长城的器具；

(六)有组织地在未辟为参观游览区的长城段落举行活动；

(七)文物保护法禁止的其他活动。

第十九条 将长城段落辟为参观游览区，应当坚持科学规划、原状保护的原则，并应当具备下列条件：

(一)该长城段落的安全状况适宜公众参观游览；

(二)该长城段落有明确的保护机构，已依法划定保护范围、建设控制地带，并已建立保护标志、档案；

(三)符合长城保护总体规划的要求。

第二十条 将长城段落辟为参观游览区，应当自辟为参观游览区之日起5日内向所在地省、自治区、直辖市人民政府文物主管部门备案；长城段落属于全国重点文物保护单位的，应当自辟为参观游览区之日起5日内向国务院文物主管部门备案。备案材料应当包括参观游览区的旅游容量指标。

所在地省、自治区、直辖市人民政府文物主管部门和国务院文物主管部门，应当自收到备案材料之日起20日内按照职权划分核定参观游览区的旅游容量指标。

第二十一条 在参观游览区内举行活动，其人数不得超过核定的旅游容量指标。

在参观游览区内设置服务项目，应当符合长城保护总体规划的要求。

第二十二条 任何单位或者个人发现长城遭受损坏向保护机构或者所在地县级人民政府文物主管部门报告的，接到报告的保护机构或者县级人民政府文物主管部门应当立即采取控制措施，并向县级人民政府和上一级人民政府文物主管部门报告。

第二十三条 对长城进行修缮，应当依照文物保护法的规定办理审批手续，由依法取得文物保护工程资质证书的单位承担。长城的修缮，应当遵守不改变原状的原则。

长城段落已经损毁的，应当实施遗址保护，不得在原址重建。

长城段落因人为原因造成损坏的，其修缮费用由造成损坏的单位或者个人承担。

第二十四条 违反本条例规定，造成长城损毁，构成犯罪的，依法追究刑事责任；尚不构成犯罪，违反有关治安管理的法律规定的，由公安机关依法给予治安处罚。

第二十五条 违反本条例规定，有下列情形之一的，依照文物保护法第六十六条的规定责令改正，造成严重后果的，处5万元以上50万元以下的罚款；情节严重的，由原发证机关吊销资质证书：

(一)在禁止工程建设的长城段落的保护范围内进行工程建设的；

(二)在长城的保护范围或者建设控制地带内进行工程建设，未依法报批的；

(三)未采取本条例规定的方式进行工程建设，或者因工程建设拆除、穿越、迁移长城的。

第二十六条 将不符合本条例规定条件的长城段落辟为参观游览区的，由省级以上人民政府文物主管部门按照职权划分依法取缔，没收违法所得；造成长城损坏的，处5万元以上50万元以下的罚款。

将长城段落辟为参观游览区未按照本条例规定备案的，由省级以上人民政府文物主管部门按照职权划分责令限期改正，逾期不改正的，依照前款规定处罚。

在参观游览区内设置的服务项目不符合长城保护总体规划要求的，由县级人民政府文物主管部门责令改正，没收违法所得。

第二十七条 违反本条例规定，有下列情形之一的，由县级人民政府文物主管部门责令改正，造成严重后果的，对个人处1万元以上5万元以下的罚款，对单位处5万元以上50万元以下的罚款：

(一)在长城上架设、安装与长城保护无关的设施、设备的；

（二）在长城上驾驶交通工具，或者利用交通工具等跨越长城的；

（三）在长城上展示可能损坏长城的器具的；

（四）在参观游览区接待游客超过旅游容量指标的。

第二十八条　违反本条例规定，有下列情形之一的，由县级人民政府文物主管部门责令改正，给予警告；情节严重的，对个人并处1000元以上5000元以下的罚款，对单位并处1万元以上5万元以下的罚款：

（一）在长城上取土、取砖（石）或者种植作物的；

（二）有组织地在未辟为参观游览区的长城段落举行活动的。

第二十九条　行政机关有下列情形之一的，由上级行政机关责令改正，通报批评；对负有责任的主管人员和其他直接责任人员，依照文物保护法第七十六条的规定给予行政处分；情节严重的，依法开除公职：

（一）未依照本条例的规定，确定保护机构、划定保护范围或者建设控制地带、设立保护标志或者建立档案的；

（二）发现不符合条件的长城段落辟为参观游览区未依法查处的；

（三）有其他滥用职权、玩忽职守行为，造成长城损坏的。

第三十条　保护机构有下列情形之一的，由长城所在地省、自治区、直辖市人民政府文物主管部门责令改正，对负有责任的主管人员和其他直接责任人员依法给予行政处分；情节严重的，依法开除公职：

（一）未对长城进行日常维护、监测或者未建立日志的；

（二）发现长城存在安全隐患，未采取控制措施或者未及时报告的。

第三十一条　本条例自2006年12月1日起施行。

国办印发《关于开展全国主体功能区划规划编制工作的通知》

各省、自治区、直辖市人民政府，国务院各部委、各直属机构：

《中华人民共和国国民经济和社会发展第十一个五年规划纲要》提出，编制全国主体功能区划规划，明确主体功能区的范围、功能定位、发展方向和区域政策。编制全国主体功能区划规划是“十一五”规划中的一项新举措，涉及各地区自然条件、资源环境状况和经济社会发展水平，涉及全国人口分布、国土利用和城镇化格局，涉及国家区域协调发展布局等，需要各有关方面广泛参与，深入研究，科学论证。为切实做好这项工作，经国务院同意，现就有关事项通知如下：

一、目的和意义

编制全国主体功能区划规划，就是要根据资源环境承载能力、现有开发密度和发展潜力，统筹考虑未来我国人口分布、经济布局、国土利用和城镇化格局，将国土空间划分为优化开发、重点开发、限制开发和禁止开发四类主体功能区，并按照主体功能定位调整完善区域政策和绩效评价，规范空间开发秩序，形成合理的空间开发结构，实现人口、经济、资源环境以及城乡、区域协调发展。按主体功能区对全国国土空间发展方向和要求进行定位，是在区域发展中贯彻落实科学发展观、实施“五个统筹”的重大举措，也是提高宏观调控水平的重要保证，有利于维护自然生态系统和建设资源节约型、环境友好型社会，对促进我国经济社会全面协调可持续发展具有重要意义。各地区、各部门必须高度重视，从经济社会发展全局出发，认真做好规划编制工作。

二、主要任务和工作步骤

规划编制工作的主要任务是：提出全国主体功能区划基本思路，制定编制全国主体功能区划规划的指导意见，编制完成《全国主体功能区划规划》。工作分两个阶段进行：

第一阶段（2006年10—12月）：

1.全面开展基础研究。主要研究主体功能区划理论方法、指标体系和主体功能区划分标准，遥感、地理信息系统等技术支撑体系，全国主体功能区划方案及各主体功能区的定位和发展方向，分类管理的区域政策框架等。同时，在东部、中部、西部和东北地区各选择1—2个典型地区，组织开展省级层面主体功能区的划分标准和方法等研究，为确定省级层面主体功能区划技术大纲提供基础。

2.研究形成全国主体功能区划基本思路，在此基础上制定编制全国主体功能区划规划的指导意见。

3.适时召开专题会议，全面部署全国主体功能区划规划编制工作。

第二阶段（2007年1—12月）：

1.2007年9月底前，在继续深入研究的基础上，提出全国主体功能区划方案、各主体功能区的定位和发展方向及主体功能区区域政策框架。

2.2007年年底前，在广泛征求意见的基础上，编制完成《全国主体功能区划规划（草案）》，报国务院审议。

三、工作组织和要求

全国主体功能区划规划编制涉及范围广，工作任务重，技术难度大。为加强组织和领导，成立全国主体功能区划规划编制工作领导小组（以下简称领导小组),由有关部门负责同志组成,协调解决规划编制中的重大问题。领导小组由发展改革委主要负责同志任组长,发展改革委、财政部、国土资源部、建设部有关负责同志任副组长,科技部、水利部、农业部、环保总局、林业局、中科院、地震局、气象局、海洋局、测绘局有关负责同志为成员。领导小组办公室设在发展改革委,具体组织规划编制工作。各有关部门要按照职责分工,通力协作,密切配合。发展改革委要统筹协调,精心组织。财政部门要对规划编制所需经费给予支持。各地区要按照本通知精神和相关部署,做好相应工作。

要充分发挥国家"十一五"规划专家咨询委员会的作用,对规划编制的重大问题进行专家咨询。同时,委托若干科研机构和有关部门的科研单位开展相关重大课题研究,并充分利用各部门已有的工作基础,做好衔接协调。

国务院办公厅

2006年10月11日

全国主体功能区划规划编制工作领导小组成员名单(略)

国务院批准大连设立大窑湾保税港区

经国务院批准,大连将设立大窑湾保税港区。据了解,目前国务院已批准设立上海洋山、天津东疆和大连大窑湾3个保税港区。

我国科学家10年破解量子态隐形传输世界难题

据《人民日报》报道:最新出版的一期英国《自然》杂志在其子刊《自然·物理》上,以封面文章的形式发表了中国科学技术大学合肥微尺度物质科学国家实验室潘建伟教授及他的同事杨涛、张强等完成的研究成果:两粒子复合系统量子态隐形传输的实验实现。这种被世界科学界称为"幽灵般量子态隐形传输的技术",来无影去无踪,有可能让人体等物质如同幽灵般实现异地转移、传送。这既是在国际上首次成功实现复合系统量子态的隐形传输,也是我国科学家首次在该杂志发表封面文章。

粒子中出现的"纠缠"现象,曾被爱因斯坦称为"遥远地点间幽灵般的相互作用"。1997年由潘建伟及其奥地利同事首次完成的单光子量子态隐形传输,是量子信息发展的一个里程碑。其后,各种各样的量子态隐形传输实验得到了实现,但所有的实验都只能传输单个粒子的量子态。由于和单个量子态相比所具有的复杂性,实现复合系统量子态隐形传输在技术上面临着巨大的挑战。

据介绍,潘建伟领导的中科大研究小组同德国、奥地利等国的同事合作对这一世界性难题已经进行了近10年的研究。他们不仅在国际上首次成功实现了复合系统量子态的隐形传输,而且第一次成功实现了六光子纠缠态的操纵。他们的实验结果表明,不仅两个光子的量子态能被精确传输,两光子系统中的各种关联关系也能被精确传输。

《自然》网站在近期发表的《自然》杂志研究亮点栏目中对此进行了专门报道,称赞潘建伟等人的实验成果"在大尺度量子通信研究中取得了长足进展"。

《人民日报》发表军事科学院的文章《永放光芒的历史丰碑——纪念红军长征胜利70周年》

文章的主要观点是:长征,是在党和红军面临严重生存危机、中华民族面临严重民族危机的历史条件下,党领导中国工农红军进行的一次全局性、大规模的战略转移,是中国革命从挫折走向成功的转折点。这一伟大征程,气壮山河,举世惊叹。长征之所以能够最终取得胜利,是因为有党的坚强领导核心和正确战略指导,有人民群众的全力支持,有崇高理想和坚定信念,有灵活机动的战略战术,有顾全大局的紧密团结。长征的胜利,极大地推动了中国革命的历史进程。它标志着中国共产党开始走向成熟,促进了党领导的人民军队走向成熟,促成了国内革命战争向抗日民族战争的转变,并锻造了伟大的长征精神。

我国已建立30个国家级海洋自然保护区和60个地方级海洋自然保护区

据《人民日报》报道:我国目前已建立的这些海洋自然保护区,涵盖了中国海洋主要的典型生态类型,保护了许多珍稀濒危海洋生物物种。

10月12日

国家主席胡锦涛在人民大会堂会见巴布亚新几内亚总督保莱阿斯·马塔内

国务院总理温家宝在中南海紫光阁分别会见越南公安部部长黎鸿英和世界生产力科学联盟主席让—克罗德·劳森

国务院发出《关于开展第一次全国污染源普查的通知》

各省、自治区、直辖市人民政府,国务院各部委、各直属机构:

为全面落实科学发展观,切实加强环境监督管理,提高科学决策水平,实现《国民经济和社会发展第十一个五年规划纲要》确定的主要污染物排放总量减少10%的目标，国务院决定于2008年年初开展第一次全国污染源普查。现将有关事项通知如下：

一、普查的目的和意义

污染源数据是重要的基础环境数据。全国污染源普查是重大的国情调查，是全面掌握我国环境状况的重要手段。开展污染源普查是为了了解各类企事业单位与环境有关的基本信息，建立健全各类重点污染源档案和各级污染源信息数据库，为制定经济社会政策提供依据。搞好全国污染源普查，准确了解污染物的排放情况，有利于正确判断环境形势，科学制定环境保护政策和规划；有利于有效实施主要污染物排放总量控制计划，切实改善环境质量；有利于提高环境监管和执法水平，保障国家环境安全；有利于加强和改善宏观调控，促进经济结构调整，推进资源节约型、环境友好型社会建设。

二、普查的对象和内容

普查对象：凡在我国境内排放污染物的工业源、农业源、生活源单位均属普查对象。

普查内容：一是全部工业污染源（《国民经济行业分类（GB/T 4754—2002）》中的采矿业，制造业，电力、燃气及水的生产和供应业）排放的污染物，包括污染源的基本情况、污染物的种类、数量和浓度、污染治理设施及其运行情况等指标；二是以规模化养殖场和农业面源为主的农业污染源排放的污染物，包括污染来源、主要污染物排放量、排放规律、污染治理设施及其运行情况等指标；三是城镇生活污染源排放的以污水、垃圾和医疗废物等为主的污染物，包括污染物排放量、污染治理设施及其运行情况等指标。

三、普查的时间安排

普查标准时点为2007年12月31日。2006年第四季度至2007年年底，开展普查的前期准备工作，重点抓好普查方案、技术规范的编制和完善，开展普查工作试点以及培训和宣传等工作。从2008年年初开始，各地组织开展普查和数据库建设，年底完成普查工作。2009年，环保总局组织对普查工作进行验收、数据汇总和结果发布。

四、普查的组织和实施

在全国范围内开展污染源普查，涉及范围广、参与部门多、普查任务重、技术要求高、工作难度大。各地区、各部门要按照"全国统一领导、部门分工协作、地方分级负责、各方共同参与"的原则，认真做好相关的宣传动员和组织实施工作。对普查工作中遇到的各种困难和问题，要及时采取措施，切实予以解决。

为了加强对此项工作的领导，国务院决定成立第一次全国污染源普查领导小组，负责普查的组织和实施工作。普查领导小组办公室设在环保总局，负责普查工作的业务指导和督促检查，并会同统计局负责数据统计和分析方面的工作。领导小组成员单位要按照各自职责协调落实相关事项。

地方各级人民政府要设立相应的普查领导小组及其办公室，根据污染源普查的特点和要求，认真组织实施本地区普查工作，做好调查员的培训，充分动员和组织社会各方面力量积极参与。要充分利用广播、电视、报刊等各种媒体，广泛深入地宣传全国污染源普查的重要意义和有关要求，为普查工作的顺利实施创造良好的社会氛围。

五、普查的经费

全国污染源普查所需经费由中央和地方各级人民政府共同负担，并列入相应年度的财政预算，按时拨付，确保到位。

六、普查资料的填报和管理

凡在我国境内污染源普查范围内的单位，都必须严格按照《中华人民共和国统计法》的有关规定和此次普查的具体要求，按时、如实地填报普查数据，确保基础数据真实可靠。任何地方、部门、单位和个人都不得虚报、瞒报、拒报、迟报，不得伪造、篡改普查资料。

各级普查机构及其工作人员，对普查对象的技术和商业秘密，必须履行保密义务。

附件：国务院第一次全国污染源普查领导小组人员名单（略）

国务院

2006年10月12日

美国总统布什在白宫会见国家主席胡锦涛特别代表 国务委员唐家璇

唐家璇向布什总统转达了胡锦涛主席的口信，并强调，实现朝鲜半岛无核化，维护半岛和东北亚和平稳定与安全，符合中美两国共同利益，也符合东北亚地区各国的共同利益。中美双方应加强合作，妥善应对，防止局势进一步恶化甚至失控。唐家璇还表示，半岛无核化问题正处在十字路口，各方应冷静应对，坚持通过协商对话和平解决问题，希望有关各方为早日恢复六方会谈作出努力。

国防部部长曹刚川在北京会见新西兰国防军司令杰里·迈特帕里一行

国家质检总局 北京市人民政府和北京奥组委在北京共同签署《北京奥运会检验检疫工作合作备忘录》

国务院新闻办公室发表《2006年中国的航天》

2006年10月·北京

前　言

进入21世纪以来,世界航天活动呈现蓬勃发展的新态势。主要航天国家相继制定或调整航天发展战略、发展规划和发展目标,航天事业在国家整体发展战略中的作用日益突出,航天活动对人类文明和社会进步的影响进一步增强。

中国航天事业始于1956年,迄今已整整走过50年光辉历程。半个世纪以来,中国独立自主地发展航天事业,在若干重要技术领域已跻身世界先进行列,取得了举世瞩目的成就。中国坚定不移地走和平发展道路,一贯主张外层空间是全人类的共同财富,支持和平利用外层空间的各种活动,积极探索和利用外层空间,不断为人类航天事业的发展作出新的贡献。

中国已确立了在本世纪前20年实现全面建设小康社会和进入创新型国家行列的战略目标,中国航天事业的发展面临新的机遇和更高要求。在新的发展阶段,中国将坚持以科学发展观为指导,围绕国家战略目标,加强自主创新,努力推进航天事业更快更好地发展。

自2000年中国政府发表《中国的航天》白皮书以来,中国航天事业又取得长足进展。为增进世人对过去五年及今后一段时期中国航天事业发展的了解,这里就有关情况作些介绍和说明。

一、发展宗旨与原则

中国发展航天事业的宗旨是:探索外层空间,扩展对地球和宇宙的认识;和平利用外层空间,促进人类文明和社会进步,造福全人类;满足经济建设、科技发展、国家安全和社会进步等方面的需求,提高全民科学素质,维护国家权益,增强综合国力。

中国发展航天事业贯彻国家科技事业发展的指导方针,即自主创新、重点跨越、支撑发展、引领未来。在新的发展阶段,中国航天事业的发展原则是:

——坚持服从和服务于国家整体发展战略,满足国家需求,体现国家意志。中国将发展航天事业作为增强国家经济实力、科技实力、国防实力和民族凝聚力的一项强国兴邦的战略举措,作为国家整体发展战略的重要组成部分,保持航天事业长期、稳定的发展。

——坚持独立自主、自主创新,实现跨越式发展。中国航天事业靠自力更生起步,在自主创新中不断发展。提高自主创新能力是航天事业发展的战略基点。根据国情和需求,有所为、有所不为,选择有限目标,集中力量,重点突破,实现跨越式发展。

——坚持全面协调可持续发展,发挥航天科技对国家科技和经济社会发展的带动与支撑作用。加强战略筹划,统筹规划空间技术、空间应用和空间科学的发展。以航天科技进步为先导,带动高技术和产业发展,促进传统产业的改造和提升。保护空间环境,合理开发和利用空间资源。

——坚持对外开放,积极开展空间领域的国际交流与合作。中国支持和平利用外层空间的各项活动,在平等互利、和平利用、共同发展的原则基础上,加强与世界各国在空间领域的交流与合作。

二、过去五年的进展

2001年至2005年,中国航天事业实现了快速发展,取得一系列新成就。建成一批具有世界先进水平的研制和试验基地,进一步完善研究、设计、生产和试验体系,航天科技基础能力显著提高;空间技术整体水平明显提升,攻克一批重大关键技术,载人航天取得历史性的突破,月球探测工程全面启动;空间应用体系初步形成,应用领域进一步拓展,应用效益显著提高;空间科学实验与研究取得重要成果。

空间技术

1.人造地球卫星。过去五年,自主研制并发射22颗不同类型的人造地球卫星,整体水平明显提高。在已初步形成的四个卫星系列的基础上,发展形成六个卫星系列——返回式遥感卫星系列、"东方红"通信广播卫星系列、"风云"气象卫星系列、"实践"科学探测与技术试验卫星系列、"资源"地球资源卫星系列和"北斗"导航定位卫星系列。此外,海洋卫星系列即将形成,构建"环境与灾害监测预报小卫星星座"计划正在加紧实施。一批新型高性能卫星有效载荷研制成功。各种应用卫星初步投入业务运行,其中"风云一号"和"风云二号"气象卫星已被世界气象组织列入国际业务气象卫星系列。地球静止轨道大型卫星公用平台的各项关键技术取得重要突破。大容量通信广播卫星研制取得阶段性成果。微小卫星研制及应用工作取得重要进展。

2.运载火箭。过去五年,自主研制的"长征"系列运载火箭连续24次发射成功,运载火箭主要技术性能和可靠性明显提高。自1996年10月至2005年年底,"长征"系列运载火箭已连续46次发射成功。新一代运载火箭多项关键技术取得重要突破,120吨级推力的液氧/煤油发动机和50吨级推力的氢氧发动机研制进展顺利。

3.航天器发射场。酒泉、西昌、太原三个航天器发射场建设取得新进展,提高了综合试验和发射能力,多次完成各种运载火箭、各类人造卫星、无人试验飞船和载人飞船的发射任务。

4.航天测控。航天测控网的整体功能进一步增强和拓宽,多次为各种轨道的人造地球卫星、无人试验飞船和载人飞船的发射、在轨运行和返回着陆提供测控支持。

5. 载人航天。1999年11月20日至21日，中国成功发射并回收第一艘“神舟”号无人试验飞船，之后又成功发射三艘“神舟”号无人试验飞船。2003年10月15日至16日，发射并回收“神舟”五号载人飞船，首次取得载人航天飞行的成功，突破了载人航天基本技术，成为世界上第三个独立开展载人航天的国家。2005年10月12日至17日，“神舟”六号载人飞船实现“两人五天”的载人航天飞行，首次进行有人参与的空间试验活动，在载人航天领域取得又一个重大成就。

6. 深空探测。开展了绕月探测工程的预先研究和工程实施，取得重要进展。

空间应用

1. 卫星遥感。卫星遥感应用的领域和规模不断扩大，一批应用关键技术取得突破，基础设施得到加强，应用系统的技术水平和业务化运行能力明显提高，初步形成全国卫星遥感应用体系。建设和完善了国家遥感中心，国家卫星气象中心、中国资源卫星应用中心、国家卫星海洋应用中心、中国遥感卫星地面站，以及国家有关部门和许多省市的卫星遥感应用及论证机构。光学遥感卫星辐射校正场建成并投入使用。利用国内外遥感卫星，积累形成覆盖范围广、时间序列长的多波段卫星对地观测数据资源，提供多种遥感产品和服务。在一些重要领域，卫星遥感应用系统已投入业务化运行，特别是在气象、地矿、测绘、农业、林业、土地、水利、海洋、环保、减灾、交通、区域和城市规划等方面得到广泛应用，在国土资源大调查、生态建设和环境保护以及西气东输、南水北调、三峡工程等重大工程建设中发挥出重要作用。

2. 卫星通信广播。卫星通信广播技术发展迅速，应用日益广泛，应用产业已初步形成。截至2005年年底，中国拥有国际、国内通信广播地球站80多座，全国共有卫星广播电视上行站34座，国内几十个部门和若干大型企业共建立了100多个卫星专用通信网，各类甚小口径终端站达5万多个。卫星广播电视业务的开展与应用，提高了全国广播电视，特别是广大农村地区广播电视的有效覆盖范围和覆盖质量，卫星通信广播技术在“村村通广播电视”和“村村通电话”工程中发挥了不可替代的作用，卫星远程教育宽带网和卫星远程医疗网初具规模。中国作为国际海事卫星组织成员国，已建成覆盖全球的海事卫星通信网络，跨入了国际移动卫星通信应用领域的先进行列。

3. 卫星导航定位。通过“卫星导航应用产业化”等重大工程项目的实施，利用国内外导航定位卫星，在卫星导航定位技术的开发、应用与服务方面取得长足进步。卫星导航定位的应用范围和行业不断扩展，全国卫星导航应用市场规模以每两年翻一番的速度快速增长。卫星导航定位技术已广泛应用于交通运输、基础测绘、工程勘测、资源调查、地震监测、气象探测和海洋勘测等领域。

空间科学

1. 日地空间探测。与欧洲空间局合作实施了“地球空间双星探测计划”，协同欧洲空间局的四颗空间探测卫星，首次实现世界上对地球空间的六点同步联合探测，获得重要的探测数据。开展了月球和太阳系探测的预先研究。

2. 微重力科学实验和空间天文观测。利用“神舟”号飞船和返回式卫星，开展了空间生命科学、空间材料科学和微重力科学等领域的多项实验研究，进行了农作物空间诱变育种探索和高能空间天文观测，取得重要成果。

3. 空间环境研究。开展了对空间环境监测和预报研究；在空间碎片的观测、减缓和预报方面取得重要进展；初步具备对空间环境试验性的预报能力。

三、未来五年的发展目标与主要任务

2006年，中国政府制定的《国民经济和社会发展第十一个五年规划纲要》和《国家中长期科学和技术发展规划纲要(2006—2020年)》，将发展航天事业置于重要地位。根据上述两个规划纲要，中国政府制定了新的航天事业发展规划，明确了未来五年及稍长一段时期的发展目标和主要任务。按照这一发展规划，国家将启动并继续实施载人航天、月球探测、高分辨率对地观测系统、新一代运载火箭等重大航天科技工程，以及一批重点领域的优先项目，加强基础研究，超前部署和发展航天领域的若干前沿技术，加快航天科技的进步和创新。

发展目标

运载火箭进入空间能力和可靠性水平明显提高；建立长期稳定运行的卫星对地观测体系、协调配套的全国卫星遥感应用体系；建立较完善的卫星通信广播系统，卫星通信广播产业规模和效益显著提高；分步建立满足应用需求的卫星导航定位系统，初步形成卫星导航定位应用产业；初步实现应用卫星和卫星应用由试验应用型向业务服务型转变。

实现航天员出舱活动及航天器交会对接；实现绕月探测；空间科学研究取得重要原创性成果。

主要任务

——研制新一代无毒、无污染、高性能、低成本和大推力的运载火箭，最终实现近地轨道运载能力达到25吨，地球同步转移轨道运载能力达到14吨；全面完成120吨级推力的液氧/煤油发动机和50吨级推力的氢氧发动机的研制工作；提高现有“长征”系列运载火箭的可靠性和发射适应性。

——启动并实施高分辨率对地观测系统工程；研制、发射新型极轨和静止轨道气象卫星、海洋卫星、地球资源卫星、环境与灾害监测预报小卫星；开展立体测图卫星等新型遥感卫星关键技术研究。初步形成全天候、全天时、多谱段、不同分辨率、稳定运行的对地观测体系，实现对陆地、大气、海洋的立体观测和动态监测。

——统筹发展卫星遥感地面系统和业务应用系统；整合并完善现有遥感卫星地面系统，建立和完善国家级的遥感卫星数据中心，建设和完善遥感卫星辐射校正场等定量化应用的支撑设施，初步实现社会公益服务领域的遥感数据共享；建立卫星环境应用机构和卫星减灾应用机构，形成若干重要业务应用系统；在卫星遥感主要应用领域取得突破性进展。

——研制并发射长寿命、高可靠、大容量的地球静止轨道通信卫星和电视直播卫星；发展卫星直播、宽带多媒体、卫星应急通信、公益性通信广播等技术。继续发展和完善卫星通信广播的普遍服务功能，增加卫星通信领域的增值服务业务。积极推进卫星通信广播的商业化进程，扩大通信广播卫星及应用的产业规模。

——完善“北斗”导航试验卫星系统，启动并实施“北斗”卫星导航系统计划。发展卫星导航、定位与授时的自主应用技术和产品，建立规范的、与卫星导航定位相关的位置服务支撑系统、大众化应用系列终端，扩展应用领域和市场。

——研制并发射新技术试验卫星，加强新技术、新材料、新器件、新设备的空间飞行验证，提高自主研发水平，提高产品质量与可靠性。

——研制并发射“育种”卫星，推进空间技术与农业育种技术的结合，扩大空间技术在农业科研领域的应用。

——研制空间望远镜、新型返回式科学卫星等卫星；开展空间天文、空间物理、微重力科学和空间生命科学的基础研究，取得重要原创性成果；加强对空间环境与空间碎片的监测能力，初步建立空间环境监测预警体系。

——载人航天实现航天员出舱活动，进行航天器交会对接试验；开展具有一定应用规模的短期有人照料、长期在轨自主飞行的空间实验室的研制，开展载人航天工程的后续工作。

——实现绕月探测，突破月球探测基本技术，研制和发射中国第一颗月球探测卫星“嫦娥一号”，主要进行月球科学探测和月球资源的探测研究；开展月球探测工程的后期工作。

——提高航天发射场综合试验能力和效益，进一步优化航天发射场布局，提高航天发射场设施、设备的可靠性和自动化水平。

——进一步提高航天测控网的技术水平和能力，扩大测控覆盖率，具备初步满足深空探测需求的测控能力。

四、发展政策与措施

中国政府以科学发展观为指导，统筹规划空间技术、空间应用和空间科学三个领域，推动航天科技自主创新，促进航天活动发挥更大的经济和社会效益，保证航天活动有序、规范、健康发展，实现既定的发展目标。

当前及今后一个时期中国发展航天事业的主要政策与措施包括：

——统筹规划、合理部署各种航天活动。优先安排应用卫星和卫星应用的发展，适度发展载人航天和深空探测，积极支持空间科学探索。

——集中力量实施重大航天科技工程，加强基础研究，超前部署前沿技术。集中优势力量，通过核心技术突破和资源集成，实现航天科技的重点跨越。通过加强航天领域的基础研究和若干前沿技术的超前研究，提高航天科技的持续创新能力。

——加强空间应用，推进航天产业化进程。加强空间应用技术的开发，推进资源共享，扩大业务应用。以通信卫星和卫星通信、卫星遥感、卫星导航、运载火箭为重点，积极构建卫星制造、发射服务、地面设备制造、运营服务的航天产业链。加强空间技术的推广转移和二次开发，改造和提升传统产业。

——重视航天科技工业基础能力建设。加强航天器、运载火箭研制、生产、试验的基础设施建设。支持航天科技重点实验室和工程研究中心建设，加强信息化工作、知识产权工作和航天标准化工作。

——推进航天技术创新体系建设。引导航天科技工业改革调整和转型升级，加快形成国际一流的大型宇航企业。积极构建以航天科技企业和国家科研机构为主，产学研相结合的航天技术创新体系。

——加强航天活动的科学管理。适应社会主义市场经济的发展，积极创新科学管理的体制机制，强化质量、效益观念，运用系统工程等现代化管理手段，加强科学管理，提高系统质量，降低系统风险，提高综合效益。

——加强政策法规建设。研究制定航天活动管理的法律法规和航天产业政策，指导和规范各项航天活动，提高依法行政水平，营造有利于航天事业发展的政策法规环境。

——保障航天活动的经费投入。中国政府将继续加大航天投入，同时鼓励建立多元化、多渠道的航天投资体系,保持航天事业持续、稳定发展。

——鼓励社会各界参与航天活动。鼓励工业企业、科研机构、商业企业、高等院校和社会团体在国家航天政策指导下,发挥各自优势,积极参与航天活动,参与空间领域的国际交流与合作。鼓励卫星经营企业和应用部门优先选用国产卫星和卫星应用产品。

——加强航天人才队伍建设。大力发展教育事业,注重在创新实践中培养人才,特别注重培养青年科技人才,形成一支结构合理、素质优良的航天人才队伍。普及航天知识,宣传航天文化,吸引更多优秀人才投身航天事业。

中国政府不断加强对航天活动的管理和宏观指导。中国国家航天局是中华人民共和国负责民用航天管理及国际空间合作的政府机构,履行政府相应的管理职责。

五、国际交流与合作

中国政府认为,外层空间是全人类的共同财富,世界各国都享有自由探索、开发和利用外层空间及其天体的平等权利;世界各国开展外空活动,应有助于各国经济发展和社会进步,应有助于人类的安全、生存与发展,应有助于各国人民友好合作。

国际空间合作应遵循联合国《关于开展探索和利用外层空间的国际合作,促进所有国家的福利和利益,并特别要考虑到发展中国家的需求的宣言》(《国际空间合作宣言》)中提出的基本原则。中国主张在平等互利、和平利用、共同发展的原则基础上,加强空间领域的国际交流与合作。

基本政策

中国政府在开展国际空间交流与合作中,采取以下基本政策:

——坚持独立自主的方针,根据国家现代化建设的需要,统筹考虑合理利用国内外两个市场和两种资源,开展积极、务实的国际合作。

——支持联合国系统内开展和平利用外层空间的各项活动;支持政府间或非政府间空间组织为促进空间技术、空间应用和空间科学的发展所开展的各项活动。

——重视亚太地区的区域性空间合作,支持世界其他区域性空间合作。

——加强与发展中国家的空间合作,重视与发达国家的空间合作。

——鼓励和支持国内科研机构、工业企业、高等院校和社会团体,在国家有关政策和法规的指导下,开展多层次、多形式的国际空间交流与合作。

主要活动

过去五年,中国与许多国家开展双边国际空间合作,先后与13个国家、空间机构和国际组织签署了16项国际空间合作协定或谅解备忘录;推动了亚太地区空间技术及其应用领域的多边合作及该地区空间合作组织化进程;参与了联合国及相关国际组织开展的有关活动;支持国际空间商业活动,取得了积极成果。

1. 双边合作。过去五年,中国分别与阿根廷、巴西、加拿大、法国、马来西亚、巴基斯坦、俄罗斯、乌克兰等国家,以及欧洲空间局、欧盟委员会签署了和平利用外层空间合作协定、空间项目合作协议,其中与巴西、法国、俄罗斯、乌克兰等国家建立了航天合作分委会或联委会合作机制;与印度、英国等国家的空间机构签署了空间合作谅解备忘录;与阿尔及利亚、智利、德国、意大利、日本、秘鲁和美国等国家的空间机构进行了交流。

中国继续与巴西开展地球资源卫星合作。继2003年10月中巴地球资源卫星02星成功发射后,中巴两国政府又签署了联合研制地球资源卫星02 B星、03星、04星和数据应用系统合作等补充议定书,继续保持中巴地球资源卫星数据的连续性并扩大该卫星数据在区域和全球范围的应用。

中国与法国在空间领域开展了广泛的交流与合作。在中法航天联委会合作机制下,双方在空间科学、地球科学、生命科学、卫星应用和卫星测控等领域的交流与合作取得重要进展。

中国与俄罗斯在空间领域开展了富有成效的合作。在两国总理定期会晤委员会航天合作分委会框架下,确定了长期合作计划。此外,开展了航天员培训等载人航天方面的交流与合作。

中国与乌克兰在空间领域进行了交流与合作,在中乌航天联委会合作机制下,双方确定了合作计划。

中国与欧洲空间局实施了中欧合作的“地球空间双星探测计划”。中国有关部门与欧洲空间局实施了对地观测领域“龙计划”合作,在农业、林业、水利、气象、海洋、灾害等领域开展了16个遥感应用项目合作。

2. 多边合作。2005年10月,中国、孟加拉国、印度尼西亚、伊朗、蒙古、巴基斯坦、秘鲁、泰国等八个国家的政府代表在北京签署了《亚太空间合作组织公约》,2006年6月土耳其的政府代表也签署该公约。该组织总部将设在北京,这标志着亚太空间合作组织向正式成立迈出了重要的一步。

中国继续推动“亚太多边合作多任务小卫星”项目。中国与孟加拉国、伊朗、韩国、蒙古、巴基斯坦、泰国等国家联合开展多任务小卫星的研制和应用,计划于2007年发射。

中国积极参加了联合国和平利用外层空间委员会(简称联合国外空委)及其下属的科技小组委员会和法律小组委员会各项活动,加入了联合国制定的《外空条约》《营救协定》《责任公约》和《登记公约》，严格履行有关责任和义务。中国积极参与联合国外空委为落实联合国第三次外空会议的各项建议所开展的有关活动，特别是与加拿大和法国一起作为共同主席国，推动了由40个联合国外空委成员国和15个国际组织参加的"利用天基系统进行减灾和灾害管理行动组(第七行动组)"的工作，并积极参与了联合国外空委"研究建立减灾和灾害管理协调机制可行性特设专家组"的工作。中国已加入由多个国家空间机构组成的《在重大自然或技术灾害中协调利用空间设施的合作宪章》减灾机制。中国与联合国合作，在中国举办了"联合国/欧空局/中国基础空间科学讲习班"和"联合国/中国亚太地区发展远程医疗讲习班"，多次与亚太空间多边合作秘书处和联合国亚洲及太平洋经济社会委员会(简称联合国亚太经社会)等合作，在中国举办了有关空间技术应用的培训班和研讨会，为这些活动提供了资金支持。中国参与了联合国亚太经社会组织实施的亚洲及太平洋地区空间应用与可持续发展计划。

中国积极参与机构间空间碎片协调委员会的各项活动，启动中国"空间碎片行动计划"，加强空间碎片研究领域的国际交流与合作。参与了国际对地观测卫星委员会的相关活动，并作为东道国于2004年11月在北京举行了"国际对地观测卫星委员会十八届全会及二十周年庆典"。2005年5月中国正式成为国际对地观测组织成员，并进入执行委员会。2006年7月在中国北京举办了"第三十六届世界空间科学大会"和"第八届国际月球探测与利用大会"。中国还参与了国际电信联盟、世界气象组织、国际宇航联合会、国际空间研究委员会等空间组织的有关活动。

3. 商业活动。2005年4月中国成功发射了"亚太六号"通信卫星。2004年12月，中国与尼日利亚签署了通信卫星商业合同，向用户提供在轨交付服务；2005年11月，中国与委内瑞拉签署了通信卫星商业合同，向用户提供卫星在轨交付服务以及与之配套的地面应用设施。

优先领域

中国政府继续支持在空间技术、空间应用和空间科学等领域开展国际交流与合作，在未来五年将优先开展以下几方面的国际合作：

——空间天文、空间物理、微重力科学、空间生命科学、月球探测和行星探测等领域的科学研究。

——对地观测卫星数据的共享与服务，在资源调查、环境监测、防灾减灾、全球变化监测与预报等方面的应用和研究。

——航天测控网资源共享、互相提供航天测控支持等。

——通信卫星和对地观测卫星的设计与制造。

——卫星通信、卫星遥感和卫星导航定位的地面设备及关键部件的制造。

——卫星通信广播在远程教育、远程医疗等方面的应用，卫星广播电视应用范围的扩大，卫星导航定位相关服务。

——卫星商业发射服务，卫星整星及其零部件的出口，卫星地面测控和应用设施建设及服务。

——航天活动各领域的人员交流与培训。

第八届中国国际高新技术成果交易会在深圳开幕

国务院副总理吴仪出席开幕式。

本届高交会美国等25个国家以组团方式参展。中国内地的33个省、自治区、直辖市、计划单列市和27所高校以及多家主办单位组团参加，香港、澳门、台湾也均组团参展。甲骨文、摩托罗拉、飞利浦、西门子等300多家跨国公司和海内外知名企业参加"IT展""电子展"和"光电平板展"等专业展。

本届高交会有包括中国在内的欧、亚、非等11国的14位部长级以上政要莅临。不少跨国公司总裁、国际知名企业家将参加以"中国制造：机遇与挑战"为主题的"全球CEO论坛"；伦敦证交所等六大证交所将参加"海外上市系列活动"；毕马威会计师事务所等7家著名国际金融、创投机构将参加"海外融资实例实说论坛"。

吴仪会见了前来出席第八届中国国际高新技术成果交易会(即高交会)的科摩罗副总统易地·纳华姆和芬兰等11个国家的部长、政府官员以及跨国公司和海外商会的代表。

吴仪说，高交会是中国高新技术领域对外开放的重要窗口，目前已成功举办7届，而且一届办得比一届好。中国政府希望通过这一平台，促进与各国在高新技术领域的交流与合作。

吴仪表示，中国正在建设资源节约型、环境友好型社会和创新型国家，中国将大力发展高新技术产业，提高自主创新能力，促进经济结构调整和增长方式转变。中国政府高度重视知识产权保护，采取了一系列有效措施加大知识产权保护力度，为企业自主创新和鼓励外商投资于中国高新技术领域创造良好的环境。

10月13日

国家主席胡锦涛在人民大会堂与韩国总统卢武铉举行会谈

胡锦涛说，经贸合作是中韩关系发展的重要动力。

去年两国贸易额首次突破1000亿美元。今年有望突破1200亿美元。双方应充分发挥互补性优势,进一步挖掘潜力,把这一势头发展下去。两国有关部门正在落实双边中长期经贸合作规划,相关领域合作已初见成效。希望双方积极拓宽合作领域,寻找新的合作契合点,不断提高合作的质量、规模和水平。胡锦涛还说,中韩人文交流已成为两国关系中的一个亮点。不久前,"感知中国·韩国行"大型文化活动在韩国成功举行,为两国人民心灵交流架起了友谊之桥。明年韩国将在中国举办"动感韩国"活动。中方愿提供协助,使这项活动也取得成功。明年是中韩建交15周年暨中韩交流年。中方愿与韩方一起,认真策划和筹备,共同把有关活动办好,办出特色。

关于半岛局势,胡锦涛说,中国政府已表明反对朝鲜进行核试验的立场,认为在当前形势下,应坚定不移地坚持半岛无核化目标,反对核扩散,坚持通过对话谈判和平解决的大方向,避免可能导致局势升级和失控的行动,维护半岛和东北亚和平稳定。这符合有关各方共同利益。中方愿同包括韩方在内的有关各方加强磋商,密切配合,冷静应对,推动六方会谈进程,为实现半岛无核化目标、维护半岛和东北亚和平稳定继续发挥建设性作用。

全国人大常委会委员长吴邦国在人民大会堂会见韩国总统卢武铉

国务院总理温家宝在中南海紫光阁会见韩国总统卢武铉

国防科工委 总装备部在北京召开中国航天事业创建50周年纪念大会

中共中央总书记胡锦涛为大会发来贺信。胡锦涛在贺信中指出,航天事业是一个国家综合国力的重要标志。50年来,我国一代又一代航天工作者,肩负党和人民的重托,满怀为国争光的雄心壮志,团结一心,顽强拼搏,勇于创新,无私奉献,建成了独立自主的完整的航天科技工业体系,取得了以"两弹一星"和载人航天为代表的辉煌成就,极大地增强了我国的经济实力、科技实力、国防实力和民族凝聚力。我国航天工作者创造的非凡业绩,已经载入了中华民族的光辉史册。

国务院总理温家宝出席大会并发表重要讲话。温家宝指出,我国航天事业走过了不平凡的奋斗历程,积累了十分宝贵的经验。第一,坚持党的统一领导,充分发挥社会主义制度的优势,是我国航天事业不断发展的根本保证。第二,坚持自力更生,自主创新,艰苦奋斗,是我国航天事业不断发展的基本立足点。第三,坚持有所为、有所不为,集中力量、重点突破,走符合我国国情国力的航天之路,是我国航天事业不断发展的战略选择。第四,坚持多学科集成、多部门协作,运用系统工程实施科学管理,是我国航天事业不断发展的有效方法。第五,坚持尊重知识、尊重人才,充分发挥各类人才的积极性和创造性,是我国航天事业不断发展的关键所在。

温家宝强调,我国航天事业站在新的起点上,面临着新的形势和任务。要按照经济社会发展和国防建设的要求,贯彻自主创新、重点跨越、支撑发展、引领未来的方针,实施载人航天工程和月球探测工程等国家重大科技专项,在航天装备研制和空间技术、空间应用、空间科学领域取得新的突破。

国防科工委主任张云川主持纪念大会。总装备部、中国航天科技集团公司、中国航天科工集团公司和中国科学院负责人在会上发言。

中共中央政治局委员、国务院副总理曾培炎,中共中央政治局委员、中央军委副主席、国务委员曹刚川等出席会议。为中国航天事业作出卓越贡献的部分"两弹一星"元勋和老领导、老专家,中央和国家机关有关部门,解放军四总部和驻京大单位,北京市政府,各省、自治区、直辖市国防科工委(办)、各军工集团公司,有关高等院校,为航天产品配套的企事业单位和有关应用部门的负责同志和干部职工,共1300名代表参加了会议。

全国政协十届常委会第十五次会议在北京开幕

这次会议的主要议题是学习贯彻中共十六届六中全会精神,讨论构建社会主义和谐社会问题。中共中央政治局常委、全国人大常委会委员长吴邦国应邀到会,通报中共十六届六中全会情况,并作学习《中共中央关于构建社会主义和谐社会若干重大问题的决定》的报告。中共中央政治局常委、全国政协主席贾庆林主持开幕会。

吴邦国指出,构建社会主义和谐社会,是我们党从中国特色社会主义事业总体布局和全面建设小康社会全局出发提出的战略任务,反映了建设富强民主文明和谐的社会主义现代化国家的内在要求,体现了全党全国各族人民的共同愿望。中共十六届六中全会是我国经济社会发展进入关键阶段召开的一次重要会议。会议通过的《决定》,是在中共中央政治局常委会领导下,坚持充分发扬民主,集思广益,广泛听取各方面意见和建议的基础上形成的,具有坚实的实践基础和群众基础,是全党全国各族人民集体智慧的结晶。《决定》以邓小平理论和"三个代表"重要思想为指导,贯彻落实科学发展观,全面把握我国发展的阶段性特征,深刻分析影响我国社会和谐的突出矛盾和问题,明确提出当前和今后一个时期构建社会主义和谐社会的指导思想、目标任务、工作原则和重大部署，是指导我们构建社会主义和谐社会的纲领性文件。吴邦国强调，《决定》作出的社会和谐是中国特色社会主义的本质属性的重大判断，标志着我们对社会主义本质的认识进一步深化，对我们深刻认识构建社会主义和谐社会具有十分重要的理论意义。

吴邦国在报告中着重从四个方面全面介绍了《决定》的重要精神和主要内容。

他强调，我们要构建的社会主义和谐社会，是在中国特色社会主义道路上，中国共产党领导全体人民共同建设、共同享有的和谐社会。在实际工作中，我们既要从“大社会”着眼，把和谐社会建设落实到党和国家全部工作之中；又要从“小社会”着手，以解决人民群众最关心、最直接、最现实的利益问题为重点，着力发展社会事业、促进社会公平正义、建设和谐文化、完善社会管理、增强社会创造活力，走共同富裕道路，推动社会建设与经济建设、政治建设、文化建设协调发展，努力形成全体人民各尽所能、各得其所而又和谐相处的局面。吴邦国指出，构建社会主义和谐社会是贯穿中国特色社会主义事业全过程的长期历史任务和全面建设小康社会的重大现实课题，要坚持从实际出发，从当前办得到的事情做起，立足当前、着眼长远，量力而行、尽力而为，有重点分步骤地持续推进。构建社会主义和谐社会是人民群众自己的事业，要尊重人民群众的主体地位和首创精神，团结一切可以团结的力量，调动一切积极因素，汇聚起促进社会和谐的强大合力。

贾庆林指出，政协第十五次常委会议是在中共十六届六中全会刚刚闭幕的形势下召开的重要会议，这次会议的主要议题就是学习贯彻中共十六届六中全会精神，讨论构建社会主义和谐社会问题。各级政协组织和广大政协委员，一定要认真学习领会中共十六届六中全会精神，更加自觉地坚持和完善中国共产党领导的多党合作和政治协商制度，更加自觉地围绕团结和民主两大主题履行职能，更加自觉地发挥协调关系、汇集力量、建言献策、服务大局的作用，加强各党派、各团体、各民族、各阶层、各界人士的团结和谐，为构建社会主义和谐社会作出新的更大的贡献。

本次常委会议为期4天。按照议程，本次会议还将审议全国政协委员赴天津等省市视察情况的报告，审议外事出访报告及有关人事任免事项等。

全国政协副主席王忠禹、廖晖、刘延东、帕巴拉·格列朗杰、李贵鲜、张思卿、白立忱、罗豪才、张克辉、周铁农、郝建秀、阿不来提·阿不都热西提、徐匡迪、李兆焯、张怀西、李蒙、董建华、张梅颖、张榕明，秘书长郑万通出席会议。

中共中央和国务院有关部门负责人应邀列席会议。

国务院批转《劳动和社会保障事业发展“十一五”规划纲要(2006—2010年)》并发出通知

各省、自治区、直辖市人民政府，国务院各部委、各直属机构：

国务院同意劳动保障部、发展改革委制定的《劳动和社会保障事业发展“十一五”规划纲要(2006—2010年)》，现转发给你们，请认真贯彻执行。

国务院

2006年10月13日

劳动和社会保障事业发展“十一五”规划纲要(2006—2010年)

序　言

21世纪头20年，我国步入全面建设小康社会、构建社会主义和谐社会、加快推进社会主义现代化新的发展阶段，这一时期是我国经济社会发展向第三步战略目标迈进的关键时期。在这一关键时期，提高劳动者整体素质和就业能力，提高就业质量，稳定就业形势，完善社会保障体系，和谐劳动关系，是促进我国经济社会又快又好发展，向实现社会主义现代化目标稳步迈进的基本条件，也是我国深化经济体制改革，保持社会稳定和国家长治久安的重要任务。按照落实科学发展观的要求，我国将更加关注经济社会的协调发展，劳动和社会保障工作作为构建社会主义和谐社会的重要保障，在保障劳动者基本生活、维护社会稳定和促进经济发展方面将发挥越来越重要的作用。

根据《中华人民共和国国民经济和社会发展第十一个五年规划纲要》，制定《劳动和社会保障事业发展“十一五”规划纲要(2006—2010年)》(以下简称《纲要》)，对“十一五”时期扩大就业、健全社会保障体系、调节劳动关系、维护劳动者权益等作出部署，是提高人民生活水平，推进社会主义和谐社会建设的重要举措，对进一步发挥劳动保障事业在国民经济和社会发展中的作用，推进劳动保障事业的全面协调可持续发展，进而推动国家“十一五”规划目标的全面实现具有十分重要的意义。

本《纲要》规划期为2006—2010年。

一、“十五”时期主要成就及基本经验

(一)主要成就

“十五”时期，劳动保障事业取得显著成就，为深化改革、促进经济发展、维护社会稳定作出了积极贡献。

1.就业再就业取得明显成效。实施积极的就业政策，建立了政府促进就业的目标责任体系，确立了“劳动者自主择业、市场调节就业和政府促进就业”的机制。就业总量稳步增长,就业结构进一步优化,就业形势保持基本稳定。到“十五”期末,全国城乡就业人员达到76亿人,城镇登记失业率控制在4.2%以内。五年城镇新增就业4200万人,下岗失业人员再就业1800万人;五年转移农业劳动力4000万人。

2. 职业培训取得较大进展。市场化、社会化的职业培训体系初步建立,高技能人才培养力度加大,再就业培训、创业培训和农村劳动力转移培训扎实推进。共培训下岗失业人员2500万人次,在全国100个城市开展了创业培训。职业资格证书制度得到大力推行,初步实现技能人才评价与就业、使用、待遇的衔接,到“十五”期末,全国有6000多万人次取得职业资格证书。

3. 社会保障事业取得长足发展。确保国有企业下岗职工基本生活和企业离退休人员基本养老金按时足额发放成果继续得到巩固,各项保险制度改革稳步推进,国有企业下岗职工基本生活保障制度向失业保险制度并轨基本完成,社会保险覆盖面继续扩大,保障能力明显增强。“十五”期末,全国参加基本养老保险、基本医疗保险、失业保险、工伤保险、生育保险人数分别达到1.75亿人、1.38亿人、1.06亿人和8478万人、5408万人,参加农村社会养老保险的人数达到5442万人。2005年,社会保险基金收入6968亿元,支出5401亿元。企业退休人员社会化管理服务取得积极进展。企业年金制度开始实行。在东北三省开展了完善城镇社会保障体系试点,探索了有益的经验。

4. 劳动关系调整机制初步形成。劳动合同制度和集体合同制度顺利推进,全国地市级以上城市普遍建立了协调劳动关系三方机制。国有企业重组改制和关闭破产劳动关系处理政策逐步完善。劳动争议处理工作得到加强,劳动争议结案率保持在90%以上。适应转轨时期特点的企业工资分配体制初步确立,最低工资制度和工资指导线制度普遍建立,劳动力市场工资指导价位和人工成本信息指导制度建设稳步推进,职工工资水平有较大幅度提高。

劳动保障法制建设取得新进展。将“建立健全同经济发展水平相适应的社会保障制度”写入《宪法》,国务院修订公布了《禁止使用童工(二)基本经验规定》、制定公布了《工伤保险条例》和《劳动保障监察条例》,劳动保障部公布了《工伤认定办法》《最低工资规定》《集体合同规定》《企业年金试行办法》等16个部门规章,各地出台110多部地方性劳动保障法规和规章,适应社会主义市场经济体制的劳动保障法律体系框架初步形成。劳动保障监察机构开展了征缴社会保险费、整顿劳动力市场秩序和建设领域拖欠农民工工资等专项检查,查处大量违法案件,有力地维护了劳动者的合法权益。

(二)基本经验

“十五”时期劳动保障事业的快速发展,为“十一五”时期奠定了良好的基础,也为今后的工作积累了有益的经验。

1. 党中央、国务院的高度重视,是推进劳动保障事业全面协调可持续发展的根本保证。党中央、国务院把劳动保障事业摆在经济社会发展全局更加突出的位置,纳入国民经济和社会发展的总体规划,提出就业是“民生之本,安国之策”,确立经济发展与扩大就业并举的战略,有力地推动了就业再就业工作的开展;进一步明确改革的思路,社会保障体系逐步得到完善。党中央、国务院和地方各级党委、政府的高度重视,各有关部门和有关方面的大力支持,保证了劳动保障工作顺利向前推进。

2. 全面落实科学发展观,是做好劳动保障工作的重要指针。各级劳动保障部门按照统筹协调可持续发展的要求,把劳动保障工作放在党和政府工作的全局中去思考,放到国民经济和社会发展的全局中去把握,从城乡统筹发展的整体上去部署,正确把握改革的力度和节奏,协调处理好劳动保障各项工作之间的关系,在促进经济发展、服务国企改革和维护社会稳定方面发挥了重要作用。

3. 维护劳动者的根本利益,是做好劳动保障工作的出发点和落脚点。始终坚持把维护劳动者的根本利益放在首位,劳动保障工作每一项法规的出台、每一项政策的制定、每一项工作的开展,都能注重各类社会群体利益关系的协调平衡,充分考虑劳动者的经济和心理承受能力,因而得到了广大劳动者的拥护和支持,使劳动保障事业发展有了广泛的群众基础。

4. 坚持依法行政,是做好劳动保障工作的有力保障。一系列劳动保障法律法规和部门规章先后出台,使劳动保障工作更加有法可依、有章可循。各级劳动保障部门依法行政的意识不断增强,更加重视依靠法律手段管理、规范和推进劳动保障工作,劳动保障监察执法和劳动争议处理力度不断加大,劳动者的合法权益得到基本保障。

5. 加强基础能力建设,是做好劳动保障工作的必要条件。职业介绍、职业培训等就业服务功能不断完善,社会保险经办机构和业务流程逐步健全、规范,街道社区劳动保障工作平台初步建立,“金保工程”建设积极推进,干部队伍素质不断提高,劳动保障科研取得可喜成果。基础能力建设的加强,为劳动保障事业发展提供了有力的支撑。

二、“十一五”时期面临的形势

“十一五”时期是我国全面建设小康社会,加快推进社会主义现代化建设的关键时期。在这一时期，劳动保障事业发展既面临着难得的机遇，也面临着严峻的挑战。按照落实科学发展观和构建社会主义和谐社会的要求，我国将更加注重经济社会协调发展，劳动保障工作作为构建和谐社会的重要内容和着力点，在保障劳动者基本生活、维护社会稳定、推动深化改革和促进经济发展等方面将发挥越来越重要的作用。同时，社会主义市场经济体制的不断完善，国民经济的持续快速增长，将为劳动保障事业可持续发展提供强大的内在动力和坚实的经济基础，创造更为有利的条件。但我们也要清醒地看到，在今后一个时期，随着经济形势、社会结构的不断变化，各种社会问题和矛盾不断增多并趋于复杂化、多样化，劳动保障事业发展将面临着许多困难和问题，主要反映在：

（一）就业形势依然严峻。我国人口多，就业压力大，未来五年甚至更长一个时期，劳动力供大于求的矛盾仍将存在。到2010年，我国劳动力总量将达到8.3亿人，城镇新增劳动力供给5000万人，而从需求情况看，劳动力就业岗位预计只能新增4000万个，劳动力供求缺口1000万左右。体制转轨时期遗留的国有、集体企业下岗失业人员再就业问题尚未全部解决，国有企业重组改制和关闭破产过程中职工分流安置的任务繁重，部分困难地区、困难行业和困难群体的就业问题仍然存在。高校毕业生等新成长劳动力就业问题、农村劳动力转移就业问题和被征地农民就业问题凸显出来。劳动者整体技能水平偏低，高技能人才严重缺乏，与加快经济增长方式转变，推进产业结构优化升级的要求不相适应。

（二）社会保障制度亟待完善。我国已进入老龄化社会，养老保险、医疗保险等社会保障基金承载着巨大支付压力。退休人员逐年递增，养老保险个人账户没有做实。企业退休人员基本养老金水平与机关事业单位退休人员退休费水平形成差距，成为影响社会稳定的因素。部分城镇居民医疗保障缺乏制度安排。失业保险促进就业的功能尚未得到充分发挥。安全生产的严峻形势对工伤保险提出了更高的要求。城镇个体劳动者和灵活就业人员、农民工、被征地农民、农村务农人员的社会保障问题突出。社会保险统筹层次不高，部分流动就业人员的保险关系难以转移。这些问题成为全社会关注的焦点，必须引起高度重视。

（三）劳动关系中的矛盾日益突出。随着城镇化、工业化和经济结构调整进程加快，以及经济成分多元化和就业形式多样化，劳动关系将更趋复杂化，协调好利益关系的难度进一步加大。国有企业历史遗留的劳动关系问题亟待解决。工资分配关系不合理、分配秩序不规范的矛盾日益尖锐，适应市场经济要求的企业工资决定机制不健全，部分企业普通职工工资增长缓慢。用人单位安排劳动者超时加班、拖欠和克扣劳动者工资等侵害劳动者合法权益现象比较严重。劳动争议继续呈大幅度上升趋势，劳动争议预防和处理工作仍将面临相当大的压力。

三、"十一五"时期指导思想和基本原则

（一）指导思想

"十一五"期间，劳动保障事业发展要以邓小平理论和"三个代表"重要思想为指导，以科学发展观为统领，着眼于国民经济和社会发展全局，从维护劳动者切身利益入手，将劳动保障事业纳入法制化、科学化轨道，逐步形成扩大就业与改善劳动关系、完善社会保障体系有机联系和相互促进的劳动保障工作新机制，为构建社会主义和谐社会、实现全面建设小康社会的奋斗目标作出新贡献。

（二）基本原则

1. 坚持以人为本，切实维护劳动者合法权益。始终把维护人民群众的根本利益作为工作的出发点和落脚点。在作出决策、制定和实施政策的过程中，从解决人民群众最关心、最直接、最现实的利益问题入手，妥善处理不同利益群体关系，关心和帮助困难群体的生活，千方百计扩大就业，加快完善社会保障体系，努力维护劳动者的合法权益，合理调节收入分配，使广大劳动者享受改革发展的成果，积极促进社会和谐稳定。

2. 坚持统筹兼顾，促进协调发展。从我国基本国情出发，与国民经济和社会发展相适应，统筹考虑城乡各类劳动者需求，协调推进就业、社会保障和劳动关系调整等劳动保障各项事业的发展。在增加就业总量的同时，更加注重提高就业质量；在扩大社会保险覆盖面的同时，更加注重完善制度体系；在全面维护劳动者合法权益的同时，更加注重各类社会群体利益关系的协调平衡；在推进各项制度改革的同时，更加注重法制、规划统计、信息网络、监督、管理和服务体系等基础建设，促进劳动保障事业全面协调可持续发展。

3. 坚持深化改革，创新工作机制。用改革的思路、改革的办法解决劳动保障工作中的深层次矛盾，消除影响劳动保障事业发展的制度性障碍，注重把改革的力度、发展的速度和社会可承受的程度协调起来，每项重要改革方案的制订和实施，都必须充分考虑是否符合大多数人的利益，考虑国家财政、企业和群众的承受能力以及对社会各方面的影响，正确处理好改革、发展、稳定的关系。积极探索建立劳动保障工作的新机制，在工作目标的确定上，要立足当前，着眼长远，实现劳动保障事业的可持续发展；在工作重心的把握上，要在解决当前突出矛盾的同时，更加注重探索建立长效机制；在工作方式的改进上，更加注重制度完善、机

制创新和管理能力提升，坚持典型引路、区域协调、分类指导等行之有效的工作方法。

四、“十一五”时期发展目标和主要任务

（一）发展目标

“十一五”期间，劳动保障事业发展的主要目标是：建立健全与国民经济和社会发展相适应的比较完善的劳动保障制度及运行机制，逐步实现就业比较充分，收入分配比较合理，劳动关系基本和谐稳定，社会保障体系比较完善，管理服务规范高效的发展目标。

1. 就业持续增长。把扩大就业摆在经济社会发展更加突出的位置，继续实施积极的就业政策，在重点解决体制转轨遗留的下岗失业人员再就业问题的同时，努力做好城镇新增劳动力就业和农村富余劳动力转移就业工作，探索建立社会主义市场经济条件下促进就业的长效机制，积极推进城乡统筹就业，逐步建立城乡统一的劳动力市场和公平竞争的就业制度。广开就业门路，增加就业岗位，改善就业结构，提高就业质量。加强失业调控，保持就业形势稳定。“十一五”期间，全国城镇实现新增就业4500万人，城镇登记失业率控制在5%以内，转移农业劳动力4500万人。

2. 劳动者素质不断提高。形成面向市场、运行有序、管理高效、覆盖城乡的职业培训和技能人才评价制度与政策体系，进一步加大对各类劳动者的培训力度，基本建立起规模宏大、专业齐全、梯次合理的技能劳动者队伍。到“十一五”期末，全国技能劳动者总量达到1.1亿人，其中，技师和高级技师占技能劳动者总量的5%，高级工占20%。

3. 社会保障体系比较完善。建立健全社会保障制度和管理服务体系，实现资金来源多渠道、保障方式多层次、管理服务社会化。进一步扩大社会保障覆盖范围，基本实现城镇各类就业人员平等享有社会保障。健全农村社会保障制度。到“十一五”期末，城镇基本养老、基本医疗、失业、工伤和生育保险参保人数分别达到2.23亿人、3亿人、1.2亿人、1.4亿人和8000万人以上，参加农村社会养老保险和企业年金的人数逐步增长。

4. 劳动关系基本保持和谐稳定。劳动关系调整机制进一步完善，逐步实现劳动关系调整的法制化。劳动合同制度普遍实行，集体合同制度继续推进，协调劳动关系三方机制逐步健全，劳动争议处理体制改革取得明显进展。企业工资收入分配秩序比较规范，职工工资水平稳步增长。

5. 劳动保障法制比较健全。加快建立健全劳动保障法律法规体系，进一步完善劳动保障依法行政的制度，基本形成覆盖城乡的劳动保障监察执法网络；通过强化普法工作，使广大劳动者和用人单位的维权意识和守法意识明显增强。

（二）主要任务

1. 实施促进就业的长期战略和政策，千方百计扩大就业。

（1）实施发展经济与促进就业并举的战略，确立有利于扩大就业的经济增长方式。推进经济结构调整，鼓励、支持和引导个体、私营等非公有制经济发展，积极发展就业容量大的劳动密集型产业、服务业和各类所有制的中小企业，改善就业结构，扩大就业容量。加强地区间的协作，推行培训、就业、维权三位一体的工作模式，搞好劳务输出工作，引导和组织农业劳动力向非农产业和城镇有序转移。

（2）继续实施积极的就业政策，促进下岗失业人员再就业。创造良好的就业和创业环境，妥善解决体制转轨遗留的下岗失业人员再就业问题，重点做好国有和集体企业下岗职工、国有企业关闭破产需要安置人员的再就业。引导劳动者转变就业观念，促进多种形式就业，鼓励劳动者自谋职业和自主创业。通过扶持政策引导，鼓励企业吸纳下岗失业人员再就业。加大公益性岗位开发力度，全面落实各项扶持政策，提高就业稳定性。建立就业与失业保险、城市居民最低生活保障工作联动机制，促进和帮助下岗失业人员尽快实现再就业。

（3）不断完善市场就业机制，促进城乡统筹就业。建立城乡统一、平等竞争的劳动力市场，逐步消除就业歧视。取消农村劳动力进城和跨地区就业的限制，改善农民工进城就业环境。积极推进新成长劳动力特别是高校毕业生就业。加强劳动力市场建设，规范劳动者求职、用人单位招聘和职业中介行为。建立覆盖各类失业人员的失业登记制度，加强对登记失业的高校毕业生的服务和管理，完善用人单位招聘人员录用备案制度和就业登记制度。加强对各类职业中介行为的监管，维护劳动力市场秩序。

（4）建立制度化、专业化、社会化的公共就业服务体系。完善覆盖城乡劳动者的就业管理服务组织体系，建立健全县乡公共就业服务网络，强化政府促进就业的公共服务职能，完善公共就业服务制度。以城市为中心逐步实施公共就业服务统筹管理，完善服务手段，开发服务项目，拓展服务功能，为城乡各类劳动者提供有效服务。完善对困难地区、困难行业和困难群体的就业援助制度。支持并规范发展各类专业性职业中介机构和劳务派遣、职业咨询指导、就业信息服务等社会化服务组织。逐步建立政府购买就业服务成果的机制，充分发挥社会各类就业服务机构的作用。

（5）加强失业调控。妥善安置关闭破产和重组改制国有企业的分流职工；鼓励国有大中型企业通过主辅分离辅业改制分流安置富余人员；规范企业裁员行为，加强对正常生产经营企业裁员的指导；建立失业预警机制，制定预案和相应措施，对失业进行有效调控，减少长期失业人员数量，保持就业形势稳定。

(6)完善境外就业管理体制，健全外国人在我国就业管理制度。建立境外就业突发事件协调处理工作机制，保护境外就业人员合法权益。加强对境外就业中介机构的监管，规范对境外就业人员的服务。加大开拓境外就业市场力度，扩大境外就业规模。加强对外国人在中国就业的管理。

2. 大力发展职业教育和培训，加快提高劳动者技能素质。

(1)加快培养经济社会发展需要的技能劳动者。充分发挥现有教育培训资源的作用，依托大型骨干企业和职业院校、高级技工学校、技师学院等重点职业教育培训机构，建立一批示范性、国家级高技能人才培训基地和区域性公共实训基地，加快高技能人才培养，推进现代职业培训制度模式的建立。加强实用技能培训，提高下岗失业人员再就业能力。开展创业培训，发挥创业带动就业的倍增效应。大力开展农民职业技能培训和引导性培训，提高农民职业技能、转移就业能力和外出适应能力。完善劳动预备制度，使90%以上城乡新成长劳动力在就业前接受必要的职业技能培训。加快形成政府推动、企业主导、行业配合、学校参与、社会支持、个人努力的技能劳动者培养工作新格局。加强技工学校和职业培训机构能力建设，建立校企合作的技能劳动者培养制度。逐步形成结构合理的技能劳动者队伍。

(2)进一步完善职业资格证书制度，形成技能劳动者的评价、选拔、使用和激励机制。完善社会化职业技能鉴定、企业技能劳动者评价、职业院校资格认证和专项职业技能考核的工作体系，发挥职业资格证书在劳动者就业和技能成才过程中的导向作用。鼓励行业、企业和全社会开展各种类型职业技能竞赛和岗位练兵活动。引导企业建立技能劳动者使用与培训考核相结合、待遇与业绩贡献相联系的激励机制。

(3)加强职业教育和培训技术支持和服务体系建设。完善国家职业分类和职业标准体系建设，建立新职业定期发布制度。加快国家题库建设和职业培训教材开发，广泛利用现代培训技术和远程培训手段，加快培训方法、培训模式和培训机构评价方式改革，加强职业培训教师队伍建设。逐步完善高技能人才开发交流工作机制，建立技能人才、技能成果信息库。全国在有条件的地区建设50个面向社会提供实训和技能鉴定服务的公共实训基地，初步形成布局合理的公共培训鉴定服务网络。

3. 加快完善社会保障体系，增强社会保障能力。

(1)完善各项社会保险制度。根据我国现阶段经济社会发展水平，综合考虑不同地区、不同人群之间收入水平差异以及用人单位和个人的实际承受能力，以保障人民群众基本生活和基本医疗需求为重点，进一步完善城镇基本养老和基本医疗、失业、工伤、生育保险制度，认真解决农民工和被征地农民的社会保障问题，研究探索并积极稳妥地推进农村社会养老保险工作。

养老保险。继续确保基本养老金按时足额发放。积极推广东北三省完善城镇社会保障体系试点经验，统一城镇个体工商户和灵活就业人员参保缴费政策，将非公有制企业、城镇个体工商户和灵活就业人员纳入城镇基本养老保险覆盖范围；逐步做实基本养老保险个人账户，改革基本养老金计发办法，建立基本养老金正常调整机制，缩小企业退休人员养老金水平与机关事业单位退休人员退休费水平的差距。鼓励有条件的企业建立企业年金，初步形成基本养老保险、企业年金和个人储蓄养老保险相结合的多层次养老保险体系。推进机关、事业单位养老保险制度改革，实现机关、事业单位与企业养老保险制度的合理衔接。

医疗保险。不断完善城镇基本医疗保障政策和管理，建立健全运行保障机制，加快城镇医疗救助制度建设，进一步规范补充医疗保险，构建以基本医疗保障为主体，以保障大病风险为重点，兼顾多层次需求的医疗保障体系，逐步扩大基本医疗保障覆盖范围。

失业保险。进一步完善失业保险金申领办法，结合失业人员求职和参加职业培训的情况完善申领条件，建立失业保险与促进就业联动机制。积极推动东部地区适当扩大失业保险基金支出范围试点，进一步发挥失业保险制度促进再就业功能。研究灵活就业人员的失业保险问题，作出相应的制度安排。

工伤保险。进一步完善工伤保险政策和标准体系，继续推进各类企业、有雇工的个体工商户参加工伤保险，组织实施事业单位、社会团体和民办非企业单位参加工伤保险，完善工伤认定制度和劳动能力鉴定制度，积极探索工伤补偿与工伤预防、工伤康复相结合的有效途径，建立起预防工伤事故的有效机制，逐步建立适合我国国情的工伤康复制度。

生育保险。进一步扩大生育保险覆盖范围，建立健全生育保险医疗服务管理体系和费用结算办法。

农村社会保险。按照城乡统筹发展的要求，探索建立与农村经济发展水平相适应、与其他保障措施相配套的农村社会养老保险制度。采取适合不同群体特点和需求的方式，着力推进被征地农民社会保险工作，优先解决农民工工伤保险和大病医疗保障问题，抓紧研究低费率、广覆盖、可转移,与现行养老保险制度衔接的农民工养老保险办法。基本建立新型农村合作医疗制度。

提高社会保险统筹层次,不断增强统筹调剂的能力。积极创造条件,基本实现基本养老保险省级统筹;逐步推进失业保险市(地)级统筹;建立和完善工伤保险储备金制度。

(2)多渠道筹措社会保险资金。规范征收流程,强化征收管理,实现各项社会保险费依法统一征收,建立征收激励机制,做到社会保险费应收尽收。建立健全社会保险基金预决算制度,积极探索开辟新的渠道筹措社会保障基金,建立规范的社会保障资金筹集和支出制度,形成稳定的资金来源,确保各项社会保险待遇的支付。妥善解决困难群体医疗保障费用来源问题,将困难企业职工、关闭破产企业退休人员、城镇居民中的困难家庭纳入医疗保障体系。

(3)积极稳妥地探索社会保障基金运营和监督管理机制。完善社会保障基金监管制度和预警监测机制,逐步健全行政监督、专门监督、社会监督、内部控制相结合的监督体系。进一步完善收支两条线办法,制定按基金性质进行分类投资的政策;在确保基金安全的前提下,研究制定养老保险个人账户基金、农村社会养老保险基金投资管理办法;加强全国社会保障基金和企业年金市场化投资运营的监管,实现规范运作和基金的保值增值。规范社会保险待遇支付,严防基金流失,加大对骗领社会保险待遇欺诈行为的查处力度,堵塞基金支付漏洞。

(4)完善参保人员社会保险关系转移、衔接的政策措施。研究解决城镇各类群体之间社会保险制度设计、政策衔接中存在的问题,实现不同群体之间社会保障制度政策的有效衔接,探索解决人员流动时社会保险关系接续问题的有效办法。

(5)建立健全社会化管理服务体系。从制定社会保险经办机构服务标准和规范服务设施建设入手,加强基础管理,整合服务资源,规范服务流程,推进社会保险经办机构服务规范化、信息化、专业化建设。建立激励和约束机制,全面提高社会化管理服务水平,将企业退休人员纳入社会化管理。加快公共老年服务设施和服务网络建设,鼓励有条件的地方兴建退休人员公寓,不断提高退休人员的生活质量。

4. 健全劳动关系调整机制,创建和谐劳动关系。

(1)加快劳动关系协调机制建设。全面实施劳动合同制度,推动各类企业普遍与职工签订并严格履行劳动合同。推进集体合同制度,大力开展区域性、行业性集体协商。加强协调劳动关系三方机制组织建设和制度建设,充分发挥三方机制的作用。继续规范国有企事业单位改革中的劳动关系。

(2)调节企业工资收入分配,规范工资分配秩序。继续推进企业工资决定机制的转变,着力建立工资集体协商制度。健全最低工资制度,根据经济发展水平逐步提高最低工资标准。进一步完善工资指导线、劳动力市场工资指导价位和人工成本信息指导等宏观指导制度。完善国有企业工资收入分配规则和监管机制,加强对高收入国有独资及国有控股企业工资分配的调控。完善企业工资支付制度,建立健全工资支付监控制度和工资支付保障制度。

(3)推进劳动争议处理体制改革,全面加强劳动争议处理工作。改革现行"一调一裁两审"的劳动争议处理制度,探索建立注重预防和调解、突出仲裁优势和作用的劳动争议处理机制。全面推进劳动争议仲裁机构实体化建设,逐步在市(地)级以上城市以及有条件的县(市、区)建立实体性的劳动争议处理机构。积极推进劳动争议仲裁队伍的专业化、职业化建设。加强劳动争议调解工作,在健全企业劳动争议调解委员会的同时,积极推进区域性、行业性劳动争议调解组织建设。

5. 加强劳动保障法制建设,坚持依法行政。

(1)建立健全我国劳动保障法律体系。修改完善劳动法,制定劳动合同法、促进就业法、社会保险法和劳动争议处理法等法律。研究制定残疾人就业、职业技能培训与鉴定、劳动力市场、企业工资、基本养老保险、医疗保险和社会保险基金监督管理等行政法规;修改完善《失业保险条例》,加强对地方劳动保障立法工作的指导。

(2)加强劳动标准的制定修订工作。完善特殊工时审批制度和职工休息休假制度,加强女职工和未成年工的特殊劳动保护。研究完善艰苦岗位津贴制度,开展劳动定员定额国家标准的制定修订工作,指导行业和企业集团开展劳动定员定额行业标准的制定修订。

(3)加强劳动保障监察制度和体制建设。继续推进劳动保障监察制度建设和工作机制创新,进一步加大监察执法力度,全面建立用人单位劳动保障守法诚信制度。进一步规范监察程序,完善监察工作制度,实现劳动保障监察职能、机构、标志和执法文书统一,充实劳动保障执法监察队伍。完善与有关部门共同查处违反劳动保障法律法规行为的综合治理机制。加大对拖欠农民工工资等侵害劳动者合法权益行为的查处力度。

(4)建立较为完备的依法行政与执法监督工作制度。建立和完善劳动保障政务公开制度,依法推进各级劳动保障行政部门和经办机构规范服务行为,依法处理劳动保障事务。规范行政审批和行政许可行为,建立对被许可人的监督检查制度。完善行政复议制度，建立行政过错责任追究制度。

(5)建立健全普法教育工作制度。积极探索有效的劳动保障普法新方式，提高普法工作的针对性和实效性。建立劳动保障系统工作人员普法轮训制度，强化对用人单位和劳动者的普法教育，实施农民工务工前劳动保障法律法规培训，切实增强劳动者依法维护自身劳动保障权益的意识和能力，推进劳动保障普法工作制度化。

五、"十一五"时期保障措施

(一)加大政府投入和政策扶持力度。进一步加大中央和地方财政对劳动保障事业发展的投入力度，重点加大对农村劳动力培训、促进就业、社会保障和劳动监察执法等工作的投入，形成与劳动保障工作目标任务相适应的财政资金投入机制和激励机制。建立政府、企业、社会多渠道筹措资金的高技能人才投入机制；安排财政性资金和政策性贷款，扶持技工学校和公共实训基地和实习基地的建设；对符合条件的参加职业技能培训和职业技能鉴定的下岗失业人员、农民工和被征地农民提供补贴或奖励。逐步提高社会保障支出占国内生产总值的比例，加大中央和地方财政对社会保障工作的资金支持力度，在大力加强社会保险基金征缴和支出监督、全面落实企业和个人责任的基础上，明确各级财政对各项社会保险基金平衡的责任。"十一五"期间要逐步提高社会保障支出占财政总支出的比重，同时在促进就业和完善社会保障制度等方面实行财税、信贷等优惠政策。

(二)实施重大工程项目及制度改革。有步骤地推进城乡统筹就业和培训工程，促进农村劳动力转移就业，加强国家高技能人才培训、再就业培训和劳动力市场与公共就业服务能力建设，搞好城乡统筹劳动保障示范区建设。实施社会保障服务管理能力建设工程，加强社会保险经办管理服务中心建设和工伤预防与职业康复示范建设，完善城镇居民医疗保障制度建设和农村社会养老保险制度建设。实施劳动保障基础能力建设工程，加强劳动保障监察能力建设，劳动争议处理能力建设，搞好"金保工程"二期建设和劳动保障系统工作人员业务培训工作。通过重大项目的实施，促进劳动保障基础设施和管理服务能力的提升。

(三)加强劳动保障信息化建设。按照"完整、正确、统一、及时、安全"的建设要求，大力加强劳动保障信息化建设，强化劳动保障信息化综合管理，提高整体信息化水平，全面促进就业服务、职业培训和技能鉴定、社会保险、劳动关系、劳动保障监察等各项劳动保障业务的信息化。进一步发挥全国信息网络的作用，实现各项劳动保障业务之间的信息共享和协调办理，以及对跨地区业务协作的支持。应用信息技术深化劳动保障统计制度改革，建立就业监测和失业预警体系、薪酬调查系统和社会保险基金监管应用系统，形成包括规划预测、统计分析、监测预警等在内的多层次科学决策支持体系。

(四)加强劳动保障科学技术研究。进一步推动科技创新，为劳动保障事业发展提供系统的理论指导和科技支撑。加快劳动保障科技体制改革步伐，多渠道筹集资金，增加科研经费投入；加强科研人才队伍建设，激励科研人员勇于开拓、不断创新、多出成果；大力推广应用科研成果，促进决策、管理、服务科学化。

(五)加强国际交流与合作。拓展交流合作渠道，争取技术合作项目，为借鉴国际经验深化劳动保障领域改革创造更加良好的条件。巩固和加强与国际劳工组织等国际组织的合作，积极参与国际劳工公约和建议书等国际劳工标准的制定，适时批准适合我国国情的国际劳工公约，扩大在国际劳工领域的影响。

(六)加强劳动保障事业宣传。坚持正确的舆论导向，不断加大劳动保障宣传工作力度，通过各种新闻媒体和开展多种形式的宣传活动，广泛宣传劳动保障法律法规和政策，动员全社会关心、理解和支持劳动保障事业，引导人民群众更新就业观念，强化参保意识，构建和谐劳动关系。加强我国劳动保障经验和成就的对外宣传，不断扩大对外影响。强化宣传职能，加大宣传投入，不断提高宣传工作的针对性和有效性，营造有利于促进劳动保障事业健康发展的舆论环境。

(七)加强劳动保障系统能力建设。健全和规范公共就业服务、社会保险经办、劳动保障监察、劳动争议处理等工作机构，加强街道(乡镇)社区劳动保障工作平台建设。进一步调整和理顺劳动保障工作职能。推动劳动保障系统业务工作的规范化、标准化和科学化，提升信息化水平。完善干部教育培训体系，加大投入力度，大规模培训各级各类干部和专业技术人员，努力建设一支勤政、廉洁、务实、高效的劳动保障干部人才队伍，为劳动保障事业发展提供组织和人才保障。

全国法院刑事审判高级法官培训班开学典礼在北京举行

最高人民法院院长肖扬在开学典礼上强调，死刑核准制度改革，是司法体制和工作机制改革的重要内容。全国各级法院要认真贯彻落实党的十六届六中全会精神，尽快做好充分准备，确保死刑核准制度改革的顺利实施，为构建社会主义和谐社会提供有力的司法保障。

肖扬强调，要贯彻执行党的各项刑事政策，确保审判死刑案件法律效果和社会效果的统一。对于罪行极其严重，罪证确实充分，依法必须判处死刑立即执行的，要坚决依法判处死刑立即执行，决不手软。同时，要更加注重贯彻“惩办与宽大相结合”的政策，该严则严，当宽则宽，宽严相济，罚当其罪。必须坚持贯彻“打防结合、预防为主”的综合治理方针，在保持打击犯罪高压态势的同时，高度重视和切实加强预防犯罪工作。

肖扬要求，各级法院必须严把事实关、证据关、程序关和适用法律关，确保死刑案件审判质量。对每一起死刑案件都做到事实清楚、证据确实充分、定罪准确、量刑适当、审判程序合法，经得起历史检验。要进一步提高死刑案件一、二审的审判质量，特别是对二审案件开庭审理要全面落实制度化、规范化要求，真正起到把关作用。一定要紧紧依靠党委领导、人大监督和政府支持，妥善解决遇到的问题，及时化解矛盾和压力，维护法律权威，确保社会稳定。

外交部部长李肇星在北京与摩尔多瓦副总理兼外交和融入欧洲部部长斯特拉坦举行会谈

外交部部长李肇星应约与英国外交大臣贝克特通电话

双方就联合国安理会关于朝鲜半岛核问题的磋商交换了意见。

王光美逝世

“幸福工程”发起人、组委会主任王光美同志在北京逝世，享年85岁。

王光美是原国家主席刘少奇的夫人，1921年生于北京，1948年加入中国共产党。1943年毕业于北平辅仁大学物理系。1945年辅仁大学理科研究所毕业，获科学硕士学位。1945年任辅仁大学物理系助教。1946年任北平军事调处执行部中共方面英文翻译，后赴延安，担任外事翻译并参加土改工作。1979年后，任中国社会科学院外事局局长。

1995年，“幸福工程”正式启动。王光美作为这一大型扶贫计划的发起人多方奔走。11年来，在她的努力下，“幸福工程——救助贫困母亲行动”已在全国设立了389个项目点，累计投入资金3.1亿元，救助贫困母亲及家庭15.4万户，惠及人口69.5万。她曾荣获“中华人口奖”荣誉奖。

10月14日

中央社会主义学院建院50周年庆祝大会在北京举行

中共中央总书记、国家主席、中央军委主席胡锦涛致信祝贺。中共中央政治局常委、全国政协主席贾庆林出席并讲话。

胡锦涛在贺信中说，中央社会主义学院是在毛泽东同志等老一辈革命家亲切关怀下创办的具有统一战线性质的政治学院，是民主党派和无党派人士的联合党校。建院50年来特别是改革开放以来，在中共中央重视和关心下，中央社会主义学院始终坚持社会主义的办学方向，牢固树立“爱国、团结、民主、求实”的良好校风，突出办学特色，注重培训质量，为培养一大批同中国共产党亲密合作的民主党派、无党派人士和其他方面人士、促进统一战线工作和多党合作事业发展发挥了重要作用。

胡锦涛希望中央社会主义学院坚持以邓小平理论和“三个代表”重要思想为指导，全面贯彻落实科学发展观，继承和发扬优良传统，进一步探索办学规律，不断提高教学和科研水平，充分发挥学院作为统一战线的人才培养基地、理论研究基地、方针政策宣传基地的作用，为开创新世纪、新阶段统一战线工作新局面，为实现全面建设小康社会宏伟目标和中华民族伟大复兴作出新的更大贡献。

贾庆林在讲话中指出，在中央社会主义学院建院50周年之际，中共中央总书记、国家主席、中央军委主席胡锦涛专门发来贺信，为中央社会主义学院在新世纪、新阶段的发展提出了明确要求，指明了前进方向。中共中央的重视、关怀和鼓励，极大地推动了中央社会主义学院的健康发展。

贾庆林强调，刚刚闭幕的中共十六届六中全会，作出了关于构建社会主义和谐社会若干重大问题的决定，明确提出了构建社会主义和谐社会的目标和主要任务，这必将对推动我国经济社会全面发展产生重大而深远的影响。做好统一战线的人才培养工作，关系到中国共产党领导的多党合作和政治协商制度的坚持和完善，关系到新世纪、新阶段统一战线的巩固和壮大，关系到和谐社会的构建、小康大业的完成和中华民族的复兴。中央社会主义学院作为党外代表人士和党的统一战线干部的学习培训基地，使命光荣，责任重大，大有可为。

贾庆林指出，马列主义、毛泽东思想、邓小平理论和“三个代表”重要思想，是指导我们党和国家各项事业发展的科学理论，是凝聚统一战线广大成员的精神支柱和胜利前进的科学指南。他希望中央社会主义学院适应形势发展的要求，坚持以科学理论武装人，坚持正确的政治方向，坚持走“高层次、有特色、正规化”的办学道路，坚持弘扬创新精神，大力加强统一战线各领域代表人士的培养，促进统一战线事业实现可持续发展。

庆祝大会上，全国人大常委会副委员长、民革中央主席、中央社会主义学院院长何鲁丽，全国人大常委会副委员长、农工民主党中央主席蒋正华，全国人大常委、致公党中央常务副主席杜宜瑾分别发言。

全国政协副主席、中央统战部部长刘延东主持庆祝大会。全国政协副主席罗豪才、张怀西、张榕明和民盟中央主席蒋树声，台盟中央主席林文漪，中央和国家机关有关部门负责同志，各民主党派中央、全国工商联负责人，无党派代表，各省、自治区、直辖市及副省级城市党委统战部和社会主义学院的有关负责人参加了庆祝大会。

全国政协主席贾庆林在人民大会堂会见巴布亚新几内亚总督保莱阿斯·马塔内

农村基层党风廉政建设工作座谈会在北京召开

中共中央政治局常委、中央纪委书记吴官正强调，要坚持以邓小平理论和“三个代表”重要思想为指导，认真学习贯彻党的十六届六中全会精神，切实加强农村基层党风廉政建设，进一步密切党群干群关系，促进农村社会和谐稳定。

吴官正强调，要建立健全与社会主义新农村建设相适应的农村基层党风廉政建设长效机制。按照“八荣八耻”的要求，切实抓好党风廉政教育，引导广大农村基层党员干部发扬党的优良传统和作风，做到办事要公、作风要实、用人要当、为政要廉，进一步树立为民、务实、清廉的形象；加强农村廉政文化建设，努力营造文明乡风。要以规范基层权力运行为重点，建立健全农村基层财务制度，加强对农村集体资金、资产和资源的管理，深入推进农村基层民主政治建设。要全面推进乡镇政务公开、村务公开和党务公开，凡是涉及农民群众切身利益的政策和事项，都要按照规定进行公开，切实保障农民群众的知情权、参与权、管理权和监督权。

吴官正指出，加强农村基层党风廉政建设，县委是关键，乡镇是基础。要加强领导，及时总结和推广基层创造的好做法好经验，把农村基层党风廉政建设进一步引向深入。

中央书记处书记、中央纪委副书记何勇，中央纪委副书记刘锡荣分别主持会议。中央纪委监察部有关领导同志、农村基层党风廉政建设工作联席会议成员单位负责同志出席会议。各省区市及新疆生产建设兵团纪委书记参加会议。广东省、民政部等12个单位在座谈会上发言。

全国总工会第十四届执行委员会第十次主席团(扩大)会议在北京召开

中华全国总工会主席王兆国在会上强调，要认真学习贯彻党的十六届六中全会精神，充分发挥工人阶级和工会组织在构建和谐社会中的重要作用。

王兆国指出，工人阶级是我国经济建设、政治建设、文化建设的主力军，也是和谐社会建设的主力军。全国亿万职工要坚持以参与改革促进和谐，为构建和谐社会增添生机和活力；以加快发展巩固和谐，为和谐社会建设提供更加坚实的物质基础；以维护稳定保障和谐，努力成为增进团结、促进和谐的模范；以提高素质推动和谐，努力用工人阶级的先进思想和模范行为影响带动全社会，形成共同追求和谐、推动和谐的局面。

王兆国强调，各级工会组织要把协调劳动关系作为推动构建和谐社会的重要途径，建立健全工会组织的利益协调机制、诉求表达机制、矛盾调处机制、权益保障机制。要以国有改制企业和非公有制企业为重点领域，以农民工、下岗失业人员和困难职工群体为重点对象，以职工群众最关心、最直接、最现实的利益问题为重点内容，切实维护好职工群众在劳动就业、收入分配、社会保障、劳动安全卫生等方面的合法权益，使劳动关系各方各尽其能、各得其所、和谐相处、共谋发展。

全总十四届主席团成员，各全国产业工会主席，全总机关各部门和有关直属单位主要负责人，新疆生产建设兵团工会主席共约130人参加了会议。

俄罗斯总统普京在克里姆林宫会见国家主席胡锦涛特别代表 国务委员唐家璇

唐家璇向普京总统转达了胡锦涛主席的口信。胡锦涛在口信中强调，中俄双方在朝鲜核试验问题上应携手合作，妥善应对，共同引导局势走向缓和。

唐家璇此前还分别与俄副总理兼国防部部长谢·伊万诺夫、安全会议秘书伊·伊万诺夫、外长拉夫罗夫举行了会谈。

公共卫生应急机动作战部队在北京组建

经中央军委批准，解放军第一支成建制特殊卫勤保障快速反应部队——中国人民解放军疾病控制所公共卫生应急处置大队在北京正式组建，这也是国家和军队目前唯一一支公共卫生应急机动作战部队。

该部队主要担负军队突发公共卫生事件的应急处理、组织协调、信息分析及预警等任务，负责国家和军队重大活动卫生防疫保障及应急处理、各军区及部队相关人员的应急业务培训，以及卫生防疫保障预案处理制度、操作规程的制定，承担公共卫生应急处置相关应用研究工作。

10月15日

第一百届中国出口商品交易会开幕式暨庆祝大会在广州举行

国务院总理温家宝出席大会并作重要讲话。国务院副总理吴仪、广东省省委书记张德江出席大会。

本次交易会于10月15日至30日在广州流花路展馆和琶洲展馆同时分两期举办,有1.4万家企业、近50万来宾参加交易会,展览规模为历届之最。

国务院总理温家宝在第一百届中国出口商品交易会开幕式暨庆祝大会上的讲话

各位来宾,各位朋友,

女士们,先生们:

今天晚上,美丽的羊城火树银花,流光溢彩。我们欢聚一堂,共同庆祝第一百届中国出口商品交易会隆重开幕。我谨代表中国政府,对各国朋友表示热烈的欢迎!

1957年,中国政府决定在广州创办一年两届的中国出口商品交易会。50年来,广交会从未间断,迄今已举办一百届,成为中国历史最长、规模最大、商品种类最全、到会客商最多、成交效果最好的综合性国际贸易盛会,在新中国外贸史和建设史上留下了光辉的一页,对推动中国外贸发展和对外开放发挥了十分重要的作用。

——广交会是中国对外开放的窗口。中国的发展离不开世界。透过广交会这个窗口,让世界了解中国,也使中国了解世界。众多中外企业在这里交流信息、洽谈业务、推介品牌、采购产品。中国产品从这里销往五大洲,遍及世界各个角落。

——广交会是中国对外开放的缩影。广交会的举办,迈出了中国对外开放的重要一步。广交会半个世纪的历程,反映了新中国对外开放的历史,展示了改革开放以来对外贸易的新发展和新成就,表明中国对外开放的道路越走越宽广。中国全方位对外开放的格局已经形成。

——广交会是中国对外开放的标志。继续办好广交会,是我国新时期对外开放的需要,是实施互利共赢开放战略的重要组成部分。随着中国走向更加开放,经济不断繁荣和发展,广交会面临更多的发展机遇。广交会要继续办下去,不断创新,办得更好,再创辉煌。

来宾们,朋友们:

对外开放是中国实现现代化的必由之路。对外开放有利于中国的发展,中国的发展也有利于世界。在经济全球化深入发展和科学技术日新月异的新形势下,中国将坚定不移地实行对外开放政策。

我们要遵循世界贸易组织规则,扩大市场开放,积极参与全球多边贸易体制建设。

我们要鼓励双向投资,提高利用外资的质量,积极引进先进技术和管理经验,大胆学习和借鉴人类创造的一切文明成果。

我们要完善涉外经济法律法规,实施保护知识产权的国家战略,努力创造公平的竞争环境,依法保护各类企业和个人的合法利益。

我们要同世界各国开展各领域的交流与合作,开创互利共赢的新局面,共同建设和谐世界。

为了更好地适应对外开放的新形势,扩大进口,增加出口,推动进出口贸易的协调平衡发展,中国政府决定:从第一百零一届开始,广交会更名为中国进出口商品交易会。欢迎更多的各国工商界人士和其他各界朋友们前来参加。

谢谢大家!

国务院总理温家宝在广东考察

温家宝和中共中央政治局委员、国务院副总理吴仪,在中共中央政治局委员、广东省省委书记张德江,广东省省长黄华华陪同下,先后到广州市的合资和外贸企业,参观生产车间和研发机构,了解生产经营情况。

温家宝说,企业要走工贸结合、名牌战略、自主创新的路子,让老品牌焕发青春。要重视改善出口结构,提高出口产品质量,特别要在国际市场上创立自主品牌,提高产品竞争力。企业要实行研发、制造与销售的结合,面向国内外市场开发新产品。

他说,引进高技术,开发最先进的产品是合资企业的方向。中国有便利的基础设施、良好的技术条件、广阔的市场和素质良好的员工。我们正在加紧完善涉外经济法律法规,保护外资企业的合法利益。希望外资企业要有长远眼光,搞好与中国企业的长期合作,提高合作水平,实现互利共赢。

全国政协十届常委会第十五次会议举行全体会议

政协十届全国委员会常务委员会第十五次会议上午举行全体会议,12位常委及1位地方政协主席围绕构建社会主义和谐社会问题作了大会发言。中共中央政治局常委、全国政协主席贾庆林出席会议。全国政协副主席张榕明主持会议。

与会发言人士从坚持协调发展、加强制度建设、建设和谐文化、完善社会管理、激发社会活力等方面积极为构建社会主义和谐社会建言献策。朱培康常委代表民革中央作了《坚持以人为本,提高全民素质,努力构建社会主义和谐社会》的发言；索丽生常委代表民盟中央作了《建立和完善保障公共安全应急体系是社会和谐的重要保障》的发言；陈明德常委代表民建中央作了《缓解就业压力，促进社会和谐发展》的发言；朱永新常委代表民进中央作了《和谐社会与教育问题》的发言；左焕琛常委代表农工党中央作了《优化医疗执业环境，构建和谐医患关系》的发言；杨邦杰常委代表致公党中央作了《促进贫困地区发展，破解和谐社会难题》的发言；卢光琇常委代表九三学社中央作了《维护教育公平，促进社会和谐》的发言；刘亦铭常委代表台盟中央作《充分调动一切积极因素，共同构建和平稳定发展的两岸关系》的发言；任文燕常委代表全国工商联作了《民营企业要为构建社会主义和谐社会作出新的贡献》的发言；甘子钊常委代表无党派人士界作了《积极反映社情民意，帮助化解各类矛盾，为构建社会主义和谐社会出力》的发言；广州市政协主席朱振中作了《建设和谐社区，促进社会建设》的发言；邓伟志常委作了《辩证地推进和谐文化》的发言；厉有为常委作了《构建和谐社会要正确认识和把握三个重大课题》的发言。

全国政协副主席王忠禹、廖晖、刘延东、李贵鲜、张思卿、白立忱、罗豪才、张克辉、周铁农、郝建秀、陈奎元、阿不来提·阿不都热西提、徐匡迪、李兆焯、张怀西、李蒙、董建华、张梅颖、张榕明，秘书长郑万通出席会议。

中共中央和国务院有关部门负责人应邀列席会议。

中国常驻联合国代表王光亚大使重申六方会谈是解决朝鲜半岛核问题的现实途径

联合国安理会14日下午一致通过了关于朝鲜核试验问题的第1718号决议后，中国常驻联合国代表王光亚大使发言表示赞同安理会作出有力而适度的反应，重申六方会谈是解决朝鲜半岛核问题的现实途径。

王光亚表示，中国政府始终致力于实现朝鲜半岛无核化，维护半岛的和平与稳定，始终主张通过外交手段和平解决朝鲜半岛核问题。中方为此付出了巨大的不懈努力，促成了六方会谈，并推动各方达成了《主席声明》。尽管目前出现了朝鲜核试验这一消极事态发展，中方的上述政策没有发生任何变化，仍然认为六方会谈是解决相关问题的现实途径。中方坚决反对诉诸武力。

王光亚强调指出，当前形势下，各方应坚定不移地坚持朝鲜半岛无核化目标，反对核扩散，坚持通过对话和平解决的大方向，避免可能导致局势升级和失控的行动，维护半岛和东北亚和平与稳定。这符合有关各方的共同利益，各方都应为此作出积极努力。中方愿与有关各方继续加强磋商，密切配合，冷静应对，推动六方会谈进程，为实现半岛无核化目标、维护半岛和东北亚和平与稳定继续发挥建设性作用。

外交部发言人刘建超就联合国安理会通过的朝核试问题决议发表谈话

刘建超说，中国坚决反对朝鲜核试，坚持半岛无核化目标，反对核扩散，主张通过对话和谈判和平解决朝核问题，维护半岛和东北亚和平与稳定。这也是国际社会的共同期待。根据上述立场，中国积极参与了安理会决议草案的磋商。

刘建超表示，中方主张，安理会的行动既要表明国际社会的坚定立场，又应为通过对话谈判和平解决问题创造有利条件。我们呼吁有关各方保持克制和冷静，采取慎重和负责任的态度，共同防止局势进一步恶化，并争取尽快打破僵局、重启六方会谈进程。中方愿为此继续同有关各方一道不懈努力。

我国15岁及15岁以上文盲人口有1.138亿人

新华社报道：国家统计局统计，目前我国15岁及15岁以上文盲人口有1.138亿，其中女性文盲就达8383万人，占到七成以上。妇女已成为我国扫盲的难点之一。

世界特奥会组委会和各代表团团长会议在上海举行

国务院副总理回良玉出席了会议。他指出，发展特奥运动、促进残疾人事业发展，是构建社会主义和谐社会的重要内容，是贯彻落实党的十六届六中全会精神的具体行动。我们要立足于把上海特奥会办成一届最成功的世界特奥会，精心组织，认真筹备，真正办出水平、办出特色、办出形象，向世界展示中华民族的精神风貌，展现广大残疾人的风采追求，并以此为契机，进一步营造关爱智障人士、关心残疾人群、关注困难群体的社会氛围，进一步体现“平等、接受、包容”的特奥理念，推动残疾人事业更快更好地发展。

10月16日

中央军委主席胡锦涛在中国人民革命军事博物馆参观纪念红军长征胜利70周年展览

全国人大常委会委员长吴邦国，国务院总理温家宝，国家副主席曾庆红，国务院副总理黄菊，中央纪委书记吴官正，中共中央政治局常委李长春，中央政法委书记罗干等也分别参观了展览。

胡锦涛指出，70年前中国共产党领导红军进行的震惊世界的长征，实现了中国革命从挫折走向胜利的重大转折，谱写了我们党、军队和中华民族历史上的壮丽篇章。在艰苦卓绝的斗争中培育的伟大的长征精神，一直是激励我们战胜困难、勇往直前的强大动力和宝贵财富。

胡锦涛强调，今天我们纪念红军长征，就是要缅怀革命先辈的不朽功勋，继承光荣革命传统，发扬伟大长征精神，同心同德、艰苦奋斗，在建设富强民主文明和谐的社会主义现代化国家、实现中华民族伟大复兴的新长征道路上不断创造新的业绩。

全国人大常委会委员长吴邦国在人民大会堂与日本参议院议长扇千景举行会谈

为保持中日关系改善和发展的良好势头，确保两国关系健康稳定向前发展，吴邦国强调了五点：一是中日两国领导人都要从战略高度和长远角度来认识和看待中日关系，在《中日联合声明》等三个政治文件基础上，本着"以史为鉴、面向未来"的精神，致力于"和平共处、世代友好、互利合作、共同发展"，把两国关系不断推向更高的发展阶段。二是希望日方妥善处理好历史和台湾问题，维护两国关系的政治基础。这是中日三个政治文件的核心，事实表明，严格按照这三个政治文件原则办事，中日关系就能顺畅发展，否则就会停滞甚至倒退。三是大力开展各领域交流与合作，深化双边经贸合作、推动民间往来，增进两国人民的友好感情。四是在国际和地区事务中加强协调与合作，扩大共同战略利益的汇合点，共同为地区乃至世界的和平、稳定与繁荣作出贡献。五是以中国全国人大与日本参议院建立定期交流机制为契机，深化双方实质性交流与合作，推动两国议会交往迈上新台阶，为中日友好合作关系健康发展作出更大贡献。

会谈后，吴邦国和扇千景共同签署了中国全国人大与日本国会参议院建立定期交流机制的谅解备忘录。

全国人大常委会副委员长路甬祥等参加了会谈和签字仪式。

全国政协主席贾庆林和国家副主席曾庆红在北京分别会见日本参议院议长扇千景

全国政协十届常委会第十五次会议在北京闭幕

中共中央政治局常委、全国政协主席贾庆林出席闭幕会并讲话。

会议期间，常委会组成人员认真学习十六届六中全会文件和会议公报，听取了中共中央政治局常委、全国人大常委会委员长吴邦国就十六届六中全会情况和会议精神所作的专题报告，围绕构建社会主义和谐社会问题进行了广泛深入的讨论。与会同志一致拥护胡锦涛同志受中央政治局委托作的工作报告和重要讲话，一致拥护《中共中央关于构建社会主义和谐社会若干重大问题的决定》以及《关于召开党的第十七次全国代表大会的决议》。与会人员还审议了部分委员视察报告，讨论了有关人事任免事项。

贾庆林在讲话中强调，要认真学习领会十六届六中全会精神，切实把思想和行动统一到中央的决策和部署上来。学习贯彻十六届六中全会精神，是当前和今后一个时期全党全国人民的一项重大政治任务，也是人民政协的一项重大政治任务。各级政协组织要把学习贯彻全会精神摆在突出位置，周密部署，精心组织，确保学习活动收到实实在在的成效。要通过学习，深刻领会社会主义和谐社会的性质和定位，深刻领会构建社会主义和谐社会的重大意义、指导思想、目标任务和工作原则，深刻领会构建社会主义和谐社会的重要举措，深刻领会构建社会主义和谐社会必须要加强党的领导，进一步增强贯彻落实"三个代表"重要思想和科学发展观的自觉性和坚定性。要紧密联系我国改革开放和现代化建设的实际，以及人民政协工作的实际，深刻认识人民政协在构建社会主义和谐社会中的独特优势和重要作用，进一步增强为构建社会主义和谐社会服务的自觉性和坚定性。

贾庆林强调，要充分发挥人民政协的特点和优势，扎实有效地为构建社会主义和谐社会服务。人民政协与构建社会主义和谐社会之间具有内在的本质联系。六中全会对和谐社会建设作出了全面部署，对人民政协为和谐社会建设服务提出了更高要求。人民政协要坚持把发展作为履行职能的第一要务，为推动经济社会协调发展积极建言献策；要努力推进制度建设，为保障社会公平正义献计出力；要积极促进和谐文化建设，为巩固社会和谐的思想道德基础发挥作用；要广泛团结动员社会各方面力量，为激发社会活力和增进社会团结和睦多作贡献。

贾庆林还向常委会组成人员通报了第十四次常委会议以来全国政协的工作情况和第四季度主要工作安排。

会议听取了全国政协秘书长郑万通关于本次常委会议小组讨论情况的综合汇报。会议还通过表决方式，决定增补方兆祥为教科文卫体委员会副主任，决定撤销张荣坤十届全国政协委员资格。

全国政协副主席王忠禹主持闭幕会。全国政协副主席廖晖、帕巴拉·格列朗杰、李贵鲜、张思卿、白立忱、罗豪才、张克辉、周铁农、郝建秀、阿不来提·阿不都热西提、徐匡迪、李兆焯、张怀西、李蒙、董建华、张梅颖、张榕明出席闭幕会。

中共中央和国务院有关部门负责人应邀列席闭幕会。

全国政协主席贾庆林在海南博鳌会见中国国民党荣誉主席连战等台湾人士

贾庆林说，2000年以来，两岸经贸关系发展一直存在着两种取向：一种取向是两岸同胞要求交流合作，实现两岸经济互利双赢；另一种取向是台湾当局阻碍交流合作，损害两岸同胞利益。当前，广大台湾同胞越来越强烈地要求台湾当局放弃阻挠两岸经贸交流合作的政策，取消不合理的限制，早日实现两岸全面、直接、双向“三通”，建立两岸经济合作机制。我们相信，广大台湾同胞的要求不仅一定要实现，而且一定会实现。

贾庆林强调，和平发展理应成为两岸关系的主题。当前，两岸关系出现了朝着和平稳定方向发展的势头，需要两岸同胞悉心呵护。只要有助于深化两岸经贸交流合作，有利于增进两岸同胞交往，有益于两岸关系和平发展，各种做法、各种途径都可以尝试。但是，反对“台独”分裂活动的形势仍然是严峻、复杂的。“台独”分裂势力图谋通过所谓“宪改”实现“台湾法理独立”的危险依然存在。两岸同胞对此要保持高度警惕，牢牢把握两岸关系和平发展这个主题，更紧密地团结起来，共同制止“台独”，携手推动两岸关系朝着和平稳定方向发展，共同开创两岸关系的新局面。

连战表示，大陆具有土地及人力、市场的优势条件；台湾则具有资金、技术与管理经验的有利条件，可以结合双方的优势条件，进而扩大互惠双赢的农业合作。农业与经贸合作是两岸和平发展必走的路，两岸农业合作论坛可说是两岸农业的合作发展会议，相信经由大家广泛而深入的讨论，可望获致具体共识与结论，必将开创出两岸农业合作互利双赢的新局。

全国测绘系统先进表彰大会在北京举行

国务院总理温家宝对测绘工作作出重要批示。他指出，测绘是经济社会发展的一项基础性工作。50年来，我国测绘事业取得了辉煌成就，为国家经济社会发展和人民生活提供了及时可靠的测绘保障服务。要再接再厉，继续努力，在完善管理体制、科技自主创新、快速传送信息方面取得新的突破，抓好关键技术和重大项目的组织实施，提高利用、监管、保障、服务水平。

国务院副总理曾培炎会见全国测绘系统先进集体先进工作者代表并讲话。他希望测绘系统认真学习领会党的十六届六中全会精神，切实加强基础测绘工作，加快推进测绘信息化建设，大力发展测绘公共服务和地理信息产业，全面提升测绘对促进科学发展、构建社会主义和谐社会的保障能力和服务水平。

曾培炎指出，测绘工作是经济社会发展一项十分重要的基础性工作。50年来，在党中央、国务院的正确领导下，经过一代又一代测绘工作者的艰苦奋斗，我国测绘事业取得了令人瞩目的辉煌成就。目前，我国测绘标准体系基本建立，国家基础地理信息系统建设逐步完善，测绘技术进入世界先进水平行列，地理信息产业蓬勃发展，测绘法律法规体系基本形成。

曾培炎强调，在新形势下做好测绘工作，一是要为促进科学发展提供测绘保障，强化测绘对重点规划、重点项目、资源开发、环境保护和宏观调控的支持。二是要为构建社会主义和谐社会服好务，充分利用导航定位等测绘技术，为构筑公共事件应急处理体系、改善城市交通管理、维护社会秩序等社会管理工作提供技术服务。三是要推进测绘信息化建设，逐步实现地理信息获取实时化、处理自动化、服务网络化、应用社会化。四是要加强测绘队伍建设，推进测绘科技自主创新，注重各行业测绘力量的协作配合，建设一支高素质的测绘专业技术人才队伍。

第二十一届国际聚变能大会在成都举行

国务院副总理曾培炎向大会发来贺信。曾培炎说，上世纪30年代，人类开始了对清洁、安全、资源无限的聚变能的探索。上世纪80年代末，诞生了国际热核聚变实验堆（ITER）项目。今年5月，ITER项目联合实施协议的签署，标志着国际核聚变工作进入了实验堆研究阶段。

曾培炎指出，为改善能源结构，实现可持续发展，中国在推动核裂变技术应用的同时，也积极开展热核聚变技术的研究，并通过自主研发与国际合作，先后建成了中国环流器一号等一批有影响的聚变研究实验装置，为国际热核聚变研究发展作出了自己的贡献。

曾培炎强调，实现核聚变的可控利用是人类最终解决能源问题的希望，也是人类面临的共同挑战，需要国际社会的相互协作。希望中外核聚变能专家和学者进一步加强交流与合作，深入探讨，相互借鉴，为利用核聚变能、造福全人类而共同努力。

本届大会是世界聚变能大会首次在发展中国家举行。来自世界50多个国家和地区的800多名代表将就如何利用核聚变解决未来能源危机、国际核反应堆计划进行技术交流。

国务院任国家工作人员

任命曹健林为科学技术部副部长，武寅（女）为中国社会科学院副院长；

免去马颂德的科学技术部副部长职务，曹健林的中国科学院副院长职务，江蓝生（女）的中国社会科学院副院长职务。

国防部部长曹刚川在北京与爱沙尼亚国防部部长于尔根·利吉举行会谈

中国青年科技工作者协会会员代表大会在北京召开

中共中央政治局委员、全国人大常委会副委员长王兆国会见了出席大会的青年科技工作者，为第六届"中国青年科学家奖"获奖者颁奖，并在开幕式上发表讲话。

王兆国指出，坚持走中国特色自主创新道路、建设创新型国家是党中央国务院确立的重大战略任务，广大青年科技工作者要大力弘扬爱国奉献的光荣传统，弘扬"两弹一星"精神和载人航天精神，把强烈的爱国之志转化为科技报国的实际行动。要积极投身自主创新的伟大实践，进一步树立超越精神，努力创造无愧于时代、无愧于人民的光辉业绩。要主动参与和支持科技体制改革，积极推进国家科技创新体系建设。要在全社会倡导以改革创新为核心的时代精神，努力成为弘扬创新文化的模范。

王兆国强调，各级共青团、青联组织要坚持为广大青年科技工作者搭建创业平台，创新活动载体、强化服务职能，积极培养和举荐青年科技创新人才。进一步加强青科协等青年科技团体的建设，及时了解和反映青年科技工作者的愿望，切实代表和维护他们的合法权益，为青年科技人才脱颖而出、健康成长创造更好的环境和条件。

共青团中央书记处常务书记、全国青联主席杨岳在开幕式上致辞。第三届中国青年科技工作者协会会长、中国科学院常务副院长白春礼作了工作报告。

中央和国家机关有关负责同志，以及420多名青年科技工作者代表出席了开幕式。

山西境内发现两周时期最大墓葬

据《人民日报》报道：又一处晋国国君墓在山西省曲沃县羊舌村被发现，专家认为，墓主很可能是著名的晋文侯。目前已清理结束的两个墓穴被确定为晋侯和夫人的异穴并列合葬墓，也是目前山西境内发现的两周时期最大的墓葬。

据介绍，墓地在曲沃县城东北方向约15公里处，与著名的北赵晋侯墓地隔河相望。墓地于2003年5月因被盗而被发现，当时在盗坑周围见到散落的大量木炭和残断铜鱼。去年7月底，山西省考古研究所组成羊舌考古队进驻发掘，在3座大墓以东约70米的地方，又发现一组两座中字形大墓（编号为M1和M2）和车马坑，并确定其近数十年未被盗掘。至今，墓地已挖掘出大玉戈、大玉璧、扳指儿、金腰带、陶鬲、铜礼器等大量陪葬品，其中玉器件件制作精美，有数件的制作年代可推到商代或更早。

通过对墓葬形制、出土物品的认识，并将M1和M2与北赵晋侯墓地进行了初步的对比和分析，专家确定，这里是一代晋侯和夫人的异穴并列合葬墓，墓主人可能是晋国历史上著名的晋文侯。另外，种种迹象表明，两座大墓均被盗扰过，但盗扰发生较早，时间应不晚于汉代。据史料记载，晋文侯在周平王东迁过程中，曾与秦等国家挟辅王室，他死后晋国内战迭起。专家推测，该墓地的盗掘时间可能在下葬后不久，而且很有可能是一种有意识的毁墓行为，也许与复仇有关。

10月17日

国家主席胡锦涛在人民大会堂会见日本参议院议长扇千景

胡锦涛祝贺中国全国人大和日本参议院建立定期交流机制。他说，议会交流是中日友好交流的重要组成部分。中国全国人大与日本参议院建立定期交流机制，为两国立法机构的交流提供了新的重要平台。中国政府支持中国全国人大和日本国会加强交往、扩大合作，为推动两国关系的改善和发展发挥更加积极的作用。

会见中，双方还就东北亚形势等问题交换了看法。

第二届中国消除贫困奖颁奖大会在人民大会堂举行

国务院总理温家宝作出重要批示。他指出，中国扶贫事业取得了举世公认的巨大成就，但消除贫困仍然需要做长期艰苦的努力。扶贫是我国的一项历史性任务。各级政府必须高度重视扶贫工作，加大投入力度，努力改善贫困地区的生产生活条件。全社会要大力支持和积极参与扶贫事业，让团结互助、扶贫济困蔚成风气。在扶贫工作中涌现的模范人物值得表彰，他们的崇高精神和感人事迹要广泛宣传。

中共中央政治局委员、国务院副总理回良玉在会上强调，要采取更加有力的举措，尽快解决贫困人口的温饱问题，让他们参与发展进程、共享发展成果，促进贫困地区经济社会全面发展。

第二届中国消除贫困奖由中国扶贫基金会与人民日报社、光明日报社、经济日报社、中央人民广播电台、中央电视台和农民日报社等单位联合组织评选，共设成就奖、国际奖、项目奖、创新奖、义工奖、捐赠奖、奋斗奖、奉献奖、机构奖、政策奖、特别奖和特别贡献奖等12个奖项，分别授予王光美、联合国开发计划署等人士和机构。联合国秘书长安南特地为这次评奖颁奖活动发来贺信。

全国政协副主席周铁农，有关部委负责人及部分国际组织驻华机构代表和新闻媒体记者共400人出席了颁奖活动。

由中共中央台办海研中心与中国国民党国政研究基金会共同举办的两岸农业合作论坛在海南博鳌举行

中共中央政治局常委、全国政协主席贾庆林和中国国民党荣誉主席连战出席论坛开幕式，并分别发表了演讲。中共中央政治局委员、国务院副总理吴仪出席了开幕式。

贾庆林作了题为《共创两岸农业合作互利双赢的新局面》的演讲。贾庆林指出，经过两岸同胞20多年的共同努力，两岸经贸交流与合作取得了长足发展，基本形成了互补互利的格局。近几年特别是去年以来，我们党与中国国民党、亲民党、新党不断主动采取积极措施，努力扩大和深化两岸经贸交流与合作。今年4月，在两岸工商界人士和专家学者的广泛参与下，国共两党有关方面共同举办的两岸经贸论坛取得了积极成果。我们在论坛上宣布和通报的促进两岸交流合作、惠及台湾同胞的15项政策措施，受到两岸同胞的欢迎和肯定。随后，大陆方面积极推动落实各项工作。我们将认真履行对台湾同胞作出的庄严承诺，既不会因局势的一时波动而迟疑，更不会因少数人的干扰而停滞。

贾庆林强调，综观两岸农业的现实情况和共同面临的新形势，进一步发展两岸农业交流与合作，不仅具有必要性，而且具有紧迫性。两岸农业各具特点和优势，互补性强，这是发展合作的重要基础，蕴涵着广阔的合作前景。如果两岸农业加强优势互补，必将相得益彰，共享其利。面对新的形势，两岸同胞理应抓住机遇，扩大交流，深化合作，共创双赢。他就进一步推进两岸农业交流与合作提出了四点建议：

一、共同努力，优化两岸农业合作的环境和条件。两岸的管理机构要实施更宽松的政策、采取更有效的措施，为两岸农业交流与合作搭建平台、铺平道路。要通过协商，就农产品质量安全认证、通关措施、动植物检疫、农产品运输便捷化等提出可行的解决办法。海峡两岸农业合作试验区和台湾农民创业园，要加强基础设施建设，规范管理。要积极为台胞在大陆投资经营农业、推广技术提供必要的融资帮助。要尽可能地做好各方面的服务工作，使广大台商愿意来、发展好、做得久。

二、统筹兼顾，拓展两岸农业合作的深度和广度。要继续拓展合作面，在农林牧渔、种养加、产供销等方面，全方位开展大农业合作，努力吸引各行业的农民兄弟广泛参与，使他们广泛受益。要突出重点领域和重点区域，在种植业、养殖业和农产品加工业等方面扩大生产规模，发展支柱产业和龙头企业。要利用高新技术提高传统产业的科技含量、附加值和竞争力，促进农业增长方式的转变。要努力提高自主创新能力，凝聚智慧，抢占前沿，加快科研成果产业化进程，创立中国人的农产品品牌。

三、以人为本，切实维护和发展两岸农民的利益。在促进两岸农业合作的进程中，要始终把维护和发展两岸农民的利益放在首位，设身处地考虑他们的愿望和需要，尽最大努力为他们排忧解难、创造便利条件。两岸要共同加强农业领域知识产权保护，切实保障农民的正当权益。大陆有关行政管理机关要加大市场监督管理力度，进一步规范好市场，保护好台湾农产品的品牌和利益，维护好大陆市场的信誉和形象。

四、着眼长远，逐步建立和完善两岸农业合作机制。当前，可以考虑由两岸农业专家、产业界人士就两岸农业合作的基本问题和未来发展进行专门的研究和规划，比如：研究双方的比较优势，确定今后合作的战略、重点领域和重点项目；研究双方合作的机制和分工，确定双方的职责和合作方式；研究如何共同打造产品品牌、制定市场营销战略、建立营销网络等。在深入研究的基础上，待条件成熟后，逐步形成稳定的合作机制。

贾庆林表示，当前和今后相当长的一个时期，我们将致力于建设新农村，构建和谐社会。实现这一目标，需要大陆亿万农民的不懈努力和全社会的广泛参与。台湾同胞在农业发展、农村建设等方面创造了宝贵的经验，我们真诚欢迎台湾同胞积极参与大陆新农村建设。我们相信，大陆经济社会发展，不仅将造福于大陆同胞，而且也会给台湾同胞带来巨大的商机，必将促进两岸农业合作在更大范围、更广领域和更高层次上得到加强，同时也必将为两岸全方位的经济合作提供更广阔的空间和更强劲的动力。

贾庆林强调，我们将与广大台湾同胞一道，牢牢把握两岸关系和平发展的主题，努力开创两岸关系发展新局面。尽管两岸关系发展还会遇到干扰，但我们维护两岸关系和平发展的信念不会改变，推进两岸人员往来和经济文化交流的决心不会改变，为台湾同胞谋福祉、办实事的诚意也不会改变。同时，我们也应充分看到，造成两岸关系紧张的根源并未消除，“台独”分裂势力图谋通过“宪改”谋求“台湾法理独立”的冒险性、危险性依然存在。两岸同胞要高度警惕,坚决反对一切"台独"分裂活动,决不允许任何人以任何名义、任何方式分裂我们的国家,破坏两岸关系和平发展的光明前景。

连战发表了题为《开创两岸互利双赢的农业合作新局面》的演讲。他说,去年我首次率团访问大陆,两党站在人民福祉的立场,达成了五项共识,搭起了两岸沟通平台,开启了两岸和平发展的契机。今年4月,在五项共识的基础上,我们一起在北京举办了两岸经贸论坛,商讨双方在贸易、经济、农业、航运、观光、金融各方面合作的愿景,凝聚共识,获得了丰硕的成果。非常感谢大陆方面在论坛中宣布了十五项促进两岸交流合作的政策措施。这些措施已陆续付诸实施,获得广泛的回响,为两岸的交流合作奠定了更坚实的基础。

连战表示,台海两岸同文同种,血脉相连,两岸和则两利、通则双赢,这就是两岸之间"和平发展的真义"。两岸农业在人力、土地、资金、市场及技术等方面具有互补性。结合双方的优势,加强两岸的农业交流合作,必然有助于促进两岸农业竞争力的提升,以及整体经济的发展,产生乘数效果,使彼此都能更上一层楼。

连战指出,为提升两岸农业的竞争力,首先要突破"三通"的障碍。"三通"直航对两岸农业交流合作将会产生许多效益:可以大幅降低时间与运输成本;扩大农产贸易,增加台商在大陆的农业投资效益;促进休闲农业的发展,为农村与农民带来生机。

两岸农业合作论坛开幕式由中共中央台湾工作办公室主任陈云林、中国国民党国政研究基金会副董事长林丰正共同主持。中国国民党副主席吴伯雄、江丙坤、关中、林益世、章仁香及中央党部主管人士,亲民党荣誉副主席钟荣吉、秘书长秦金生,新党主席郁慕明等出席了开幕式。全国政协秘书长郑万通,国务院副秘书长徐绍史,中共海南省委书记汪啸风,国家质检总局局长李长江,国家林业局局长贾治邦,海南省省长卫留成,福建省省长黄小晶,以及中央、国家机关有关部委负责人也出席了开幕式。

两岸农业合作论坛由中共中央台办海研中心与中国国民党国政研究基金会共同举办。

受财政部、农业部、商务部、交通部等部门的委托,中共中央台办主任陈云林在闭幕式上宣布了一系列扩大和深化两岸农业合作的新政策措施。这些新政策措施涉及四大方面,共20项。

两岸农业合作论坛共同建议

(2006年10月17日)

依据2005年4月29日中国共产党中央委员会总书记胡锦涛与中国国民党主席连战会谈新闻公报中关于"建立党对党定期沟通平台"的共识,由中共中央台湾工作办公室海研中心与中国国民党国政研究基金会共同主办的两岸农业合作论坛,于2006年10月17日在海南省博鳌举行。

两岸农业合作论坛的举办,是中国共产党与中国国民党继续开展政党交流与对话的一次重要活动。中国国民党荣誉主席连战与中共中央政治局常委贾庆林出席论坛开幕式并发表演讲。中共中央政治局委员吴仪,中国国民党、亲民党、新党人士、两岸农业企业界人士、专家学者和农民团体代表400余人出席会议。本届论坛主题是"加强两岸农业合作,实现两岸农业互利双赢"。与会人士就"加入WTO后两岸农业合作面临之机遇与挑战""当前两岸农业合作模式之探讨""两岸农业合作发展之问题与对策"三项议题,进行了广泛而深入的研讨。

会议认为,去年4月,中国共产党中央委员会总书记胡锦涛与中国国民党主席连战就促进两岸关系改善和发展的重大问题深入交换了意见,取得广泛而重要的成果,其中在加强两岸农业合作与发展、解决台湾农产品在大陆销售等涉及两岸经贸合作方面达成的共识,对于维护两岸同胞的利益和福祉、改善和发展两岸关系、实现两岸双赢和共同繁荣,有着重大意义。论坛高度评价今年4月两岸经贸论坛召开以来,两党在推动两岸经济关系发展方面所做的各种努力,并就进一步落实两党领导人会谈成果、在新的历史发展机遇面前加强和深化两岸农业交流与合作,提出以下共同建议。

——促进两岸农业交流与合作,实现双赢。两岸农业具有很强的互补性。面对经济全球化和区域经济整合的各种机遇与挑战,两岸应结合双方的农业优势,相互扶持,互惠互利,共同发展,造福两岸同胞。

——欢迎台湾农民、农业企业到大陆投资兴业。大陆方面支持台湾农民、台湾农民合作经济组织和台资农业企业参与大陆海峡两岸农业合作试验区和台湾农民创业园的建设,在项目审批、用地服务、基础设施建设、财政支持、通关检验检疫便利化等方面完善扶持政策,努力提供优良的生产和经营环境。对两岸农业合作项目提供融资支持。

——采取措施保障台湾农产品输入大陆快速通道顺畅。大陆方面将进一步完善输入台湾农产品的"绿色通道"。同时,呼吁台湾方面建立农产品运销大陆的快速通道,采直航方式以缩短运输周期,争取时效,减少业者损失。

——继续帮助台湾农产品在大陆销售。大陆方面将进一步研究并及时宣布扩大开放台湾农产品的准入政策,对其中部分农产品实行关税和进口环节税的优惠政策,采取有效措施予以推动。加强和规范进口台湾农产品的渠道,减少台湾出口企业的风险。

——维护农产品贸易的正常秩序。大陆方面将加强市场监督管理,对假冒台湾产地水果进行销售的行为依法予以查处,大陆方面欢迎台湾农产品生产商和经销商在大陆按规定注册商标,对于假冒台湾农产品注册商标的行为依法予以处罚,维护台湾业者的利益。

——推动构建两岸农业技术交流和合作机制。双方努力促成两岸民间团体就有关台湾农产品和农业技术输入大陆所涉及的贸易纠纷、知识产权(智慧财产权)保护、原产地认证、检验检疫、技术标准等问题进行协商。

——推动建立两岸农业安全合作机制。支持两岸民间农业组织就传统病虫害、重大病疫、基因食品与农产品污染等农业安全问题进行探讨。

大会认为,两岸农业在人力、土地、资金、市场及技术方面优势互补,加强两岸农业合作交流,有助于促进两岸农业及整体经济的长远发展,惠及两岸同胞。对于本次论坛所形成的共同建议,除通过两党沟通平台所建立的机制积极研究付诸实施的各种办法外,也要通过民间力量认真推动,同时将本建议转达两岸有关方面予以重视并给予支持。

全国政协主席贾庆林在海南调研

10月17日至18日,贾庆林在海南省委书记汪啸风等陪同下,来到琼海市、万宁市、陵水黎族自治县、保亭黎族苗族自治县、五指山市和三亚市等地,深入城市社区、农业企业和黎族村寨,就学习贯彻党的十六届六中全会精神、构建社会主义和谐社会进行调研。

贾庆林指出,党的十六届六中全会,是在我国改革发展关键时期召开的一次十分重要的会议。全会审议通过的《中共中央关于构建社会主义和谐社会若干重大问题的决定》,提出了未来十五年我国构建社会主义和谐社会的指导思想、目标、主要任务,是指导今后一个时期我国社会建设的纲领性文件。我们一定要认真学习贯彻六中全会精神,切实把思想和行动统一到全会精神上来,同心同德、群策群力,为把我国建设成为富强民主文明和谐的社会主义现代化国家而奋斗。

调研期间,贾庆林向各级领导干部强调,要发挥统一战线在促进社会和谐中的独特优势,支持人民政协围绕团结和民主两大主题履行政治协商、民主监督、参政议政的职能,发挥协调关系、汇集力量、建言献策、服务大局的作用,加强各党派、各团体、各民族、各阶层、各界人士的团结和谐。

由农业部主办的第四届中国国际农产品交易会在北京开幕

国务院副总理回良玉出席开幕式。

10月18日

国务院总理温家宝主持召开国务院常务会议

国务院总理温家宝主持召开国务院常务会议,分析今年前三季度经济形势,研究部署第四季度经济社会发展工作。

会议认为,今年以来,各地区、各部门以科学发展观统领经济社会发展全局,认真贯彻中央确定的各项工作部署,落实宏观调控的政策措施,国民经济朝着预期的方向发展,经济运行中的突出矛盾有所缓解,各项工作都取得新的成绩。经济社会发展中存在的主要问题是:农民持续增收难度加大,固定资产投资、货币信贷增幅回落的基础还不稳固,节能降耗和污染减排形势严峻,国际收支不平衡矛盾仍在加剧,一些涉及人民群众切身利益的问题有待解决。

会议强调,要高度重视做好第四季度经济社会发展工作,这对于全面完成今年各项任务,为明年改革和发展打好基础,有着重要意义。要抓好六项工作。(一)加强"三农"工作。认真抓好秋粮收购和秋冬种,进一步落实各项支农措施,稳定粮食价格和农业生产资料价格。组织好冬季农田水利基本建设,特别要抓紧水毁工程修复和抗旱水源工程建设。加强动物疫病、农作物病虫害防控,加强森林、草原防火。(二)坚持把好土地、信贷闸门和市场准入门槛。严格审批新增建设用地,加快落实国家土地督察制度。严格控制中长期贷款。控制固定资产投资规模,优化投资结构,把房地产调控措施落实到每个城市。(三)全面落实节能降耗和污染减排目标责任制。继续抓好重点企业节能和重大节能工程,加快淘汰高耗能、高污染行业的落后生产能力,严格环境执法,扎实推进降耗减排工作。(四)搞好经济运行调节。加强冬季煤电油运综合协调和应急保障工作,重点做好发电、供热的用煤用气,保证成品油市场稳定供应。(五)做好财税金融工作。继续抓好财税增收节支,优化财政支出结构,保障重点支出,严格控制一般性支出,防止年终突击花钱。厉行勤俭节约,反对铺张浪费。继续加强金融调控、服务和监管。(六)进一步解决关系群众切身利益的问题。积极扩大就业,加强社会保障工作。督促按时足额发放农民工工资。妥善安排受灾群众和困难群体的生产生活。进一步整顿市场秩序,严厉打击各种损害消费者权益等违法行为。搞好食品药品安全专项整治。强化重点行业、重点企业安全生产,防止重特大事故的发生。做好冬春季重大疫病防治工作。全力维护社会和谐稳定。

国办印发《关于做好清理化解乡村债务工作的意见》

各省、自治区、直辖市人民政府，国务院各部委、各直属机构：

农村税费改革以来，各地按照国务院关于"制止新债、摸清旧债、明确责任、分类处理、逐步化解"的要求，积极稳妥地开展化解乡村债务工作，取得了一定成效。但乡村债务涉及面广，情况复杂，化解工作进展缓慢，已成为当前农村工作中的一个难点问题。一些地方债务底数不清，责任不明确；一些地方新债不断发生，屡禁不止；一些地方化解债务主动性不够，存在"等、靠、要"思想，缺乏有效解决乡村债务的办法；一些地方债权人与债务人双方矛盾尖锐，成为影响农村社会稳定的重要因素。沉重的乡村债务影响了基层政权组织的正常运转，制约了农村经济社会事业的健康发展，并成为诱发农民负担反弹的严重隐患。为推进农村综合改革，巩固农村税费改革成果，防止农民负担反弹，促进社会主义新农村建设，经国务院同意，现就做好清理化解乡村债务工作提出以下意见：

一、全面清理核实，锁定债务数额

清理核实乡村债务的原则和要求：一是摸清底数。要对2005年12月31日以前乡镇政府和村级组织形成的债权和债务，包括以乡镇政府或村民委员会等名义担保形成的债务，尤其是举办农村义务教育形成的债务，进行全面核实，分类清理。地方各级人民政府要采取切实可行的债权保全措施，严厉制止和打击逃废债务行为，切实维护债权人的合法权益。二是严格审核。地方各级农村综合改革领导小组要组织财政、审计、农业、监察、金融、教育等相关部门，结合清理和规范乡村财政财务，对乡村债务进行认真审核，逐项核实认定，锁定债务数额。三是明确责任。根据乡村债务形成的原因，明确债务偿还的责任，落实到单位或个人。四是分类处理。要区分乡镇债务和村级债务的不同性质，采取有针对性的化解措施和办法，分类处理，逐步化解。

要在认真清理核实的基础上，按债务的来源和用途，逐笔登记造册，建立债务台账和债权债务数据库，实行动态管理。建立县、乡、村三级债务动态监控机制。实行定期报告制度，掌握债务变化情况和原因，及时采取有效的控制措施。

二、严格执行政策，坚决制止发生新的乡村债务

各地区、各有关部门要按照《国务院办公厅关于坚决制止发生新的乡村债务有关问题的通知》(国办发〔2005〕39号)的各项规定，按照"谁举债、谁负责"的原则，加大监督检查力度，严肃查处违法违纪行为。国务院农村综合改革工作小组要组织财政、审计、农业、监察、金融、教育等部门对各地贯彻落实情况进行专项检查。对顶风违纪的，要追究相关负责人的责任，并予以曝光；对涉嫌犯罪的，要移送司法机关处理。

各地推进社会主义新农村建设必须坚持从实际出发，因地制宜，量力而行。新农村建设各项工作要求都要符合当地实际，不能强求一律，不能盲目攀比，不得提不切实际的目标，更不得搞"政绩工程"和"形象工程"，严防产生新的乡村债务。各地区、各部门在安排农村公共基础设施建设项目时，应充分考虑乡村的承受能力和当地农民的收入水平，不得违背农民意愿，不得让乡村负债搞建设，更不能搞集资摊派加重农民负担。

三、突出重点，因地制宜地确定化解乡村债务试点范围和顺序

已经具备较好工作基础的省(区、市)，可以总结经验、完善政策，在全省(区、市)范围内进行化解乡村债务试点；暂不具备条件的，可以继续选择部分县(市)进行试点。化解乡村债务要区别轻重缓急，采取有力措施，从农民群众和乡村干部最关心、利益关系最直接、矛盾最集中的涉农债务着手，优先化解农村义务教育、基础设施建设、公益事业发展等方面的债务，把确属因用于乡村公益事业而造成对农民个人、乡村干部、乡村工程业主等个人债务的化解工作放在突出位置。财政部要会同教育部、农业部等部门积极探索并制定化解农村义务教育等公益事业债务的具体办法。

四、完善地方财政管理体制，增收节支偿还政府债务

各地要按照"财力向下倾斜，财权与事权相统一"的原则，进一步完善地方财政管理体制。有条件的地方可以推行"省直管县"财政管理体制，增强基层财力。要积极稳妥推行"乡财县管乡用"财政管理方式改革；经济欠发达、财政收入规模较小的乡镇，财政支出可由县级财政统筹安排。要进一步调整财政支出结构，加大对农村基础设施投入。切实落实财政对村级组织的补助政策，并逐步提高补助水平，确保村级组织正常运转。

地方各级人民政府要采取切实措施，集成现有政策，整合现有资金，有条件的地方还应安排一定的资金，用于偿还农村义务教育负债和其他应优先化解的乡村债务。省级财政要结合中央"三奖一补"政策，安排专项资金，建立偿债奖励机制，对增加财政收入、减少债务成效突出的县乡村给予奖励，支持基层推进化解乡村债务工作。财政部要会同有关部门积极研究化解乡村债务的激励措施。加强乡镇财政管理，严格控制不合理支出，促进乡镇增收节支偿还债务。规范乡镇财政收支行为，实行会计集中核算制度，将财政性

资金全部纳入预算管理。完善县、乡政府采购制度和乡镇政府公共投资的监督管理制度，严格控制不合理支出。

五、加强村级财务管理，规范村级收支行为

要建立村级资产台账，加强村级资产管理，严防村级资产流失。有条件的地方，要在坚持资金所有权、使用权不变的前提下，进一步规范村级会计委托代理制，建立健全村级财务管理制度。要完善财务公开制度，确保村级民主理财制度落到实处。要按照“以收定支、量入为出”的原则，做好村级财务年度预决算，并及时张榜公布，接受群众监督。固定资产、资源性资产的处置、拍卖、发包等重大财务事项必须经本集体经济组织成员的村民会议或村民代表会议讨论通过。要完善村民议事规则，规范村级行为。兴办村内公益事业，要严格执行“一事一议”的有关规定，经村民大会或村民代表会议讨论通过。切实落实取消村级招待费有关规定，健全村级财务审计制度，防止出现村级债务前清后欠的问题。

六、推进乡镇政府职能转变，为化解乡村债务创造良好环境

要积极稳妥地推进乡镇机构改革试点，按照精简、效能的原则，切实转变乡镇政府职能，规范政府行为，降低行政成本。严格编制管理，严格控制财政供养人员，不得超编进人，坚决清退临时人员，切实制止借债养人；积极推行乡镇人员编制实名制管理，坚决杜绝“吃空饷”现象，减轻不合理的财政负担。要努力促进农村经济发展，增强乡镇政府对农业农村的公共服务能力，增强乡村经济实力，促进农民增收，不断扩大乡村债务清偿能力。在乡村行政区划调整过程中，要做好乡镇撤并、村组合并工作中原乡村债务的清算、移交、处置等工作。

七、明确责任，加强对清理化解乡村债务工作的领导

清理化解乡村债务是全面推进农村综合改革、促进社会主义新农村建设的一项重要任务。地方各级人民政府要切实加强对清理化解乡村债务工作的领导，建立完善工作机制，有计划、有步骤地开展化解乡村债务工作。要将化解旧债、制止新债工作情况列入对县乡政府政绩考核内容，明确要求，落实责任。要严格依法行政，严肃纪律，规范化解债务行为，防止国家和集体资产流失；对虚报债务等行为，要发现一起，查处一起。要注意掌握政策界限，慎重处理好各方面的矛盾和问题。属于制度不完善的，要抓紧健全制度；属于违反财经纪律的，要及时查处；涉嫌犯罪的，要移交司法机关处理。要加强新闻舆论的宣传引导作用，对不严格执行国家政策、破坏社会信用环境、恶意逃废债务的行为和人员进行曝光。各地区、各有关部门要加强指导监督，及时总结清理化解乡村债务的经验和做法，建立乡村债务管理制度；要深入研究化解乡村债务工作中出现的新情况，及时解决新问题，避免引发新矛盾；要进一步探索清理化解乡村债务的有效措施，不断完善有关政策，确保清理化解乡村债务工作顺利进行，确保农村社会稳定。

国务院办公厅

2006年10月18日

国家副主席曾庆红出席全国老干部工作先进集体和先进工作者表彰大会并发表题为《在构建社会主义和谐社会中发挥广大老干部的积极作用》的讲话

国务院副总理曾培炎在新疆考察

10月18日至22日，国务院副总理曾培炎在新疆维吾尔自治区考察时强调，要认真贯彻党的十六届六中全会精神和胡锦涛总书记考察新疆的重要讲话精神，以邓小平理论和“三个代表”重要思想为指导，全面落实科学发展观，团结各族干部群众把新疆和谐社会建设推向前进。

曾培炎先后来到克拉玛依、乌鲁木齐、伊犁、喀什、和田，深入企业、工地和乡村进行调研。曾培炎说，西部大开发六年来，新疆各族干部群众在自治区党委、政府领导下，认真贯彻中央的路线方针政策，解放思想，开拓创新，人民生活稳步提高，社会事业全面进步，一批重点工程开始发挥效益，各项工作取得了很大成绩。他指出，进一步实施西部大开发战略，是落实科学发展观的重要实践，也是新疆构建和谐社会的必由之路。要高度重视解决关系群众切身利益的实际问题，大力发展民族地区教育、科技、文化、卫生等社会事业，进一步巩固和发展平等、团结、互助、和谐的社会主义民族关系，把六中全会精神落实到经济社会发展的具体工作中去。

曾培炎考察了精伊霍铁路、伊犁河特大桥、连霍公路霍塞段工程，以及霍尔果斯口岸。他说，新疆地域辽阔，自然条件复杂，搞好基础设施建设是发展新疆经济的重要前提。要科学规划，重点推进，加大现有铁路改造力度，提高公路路网通达深度，扩大路网覆盖面，加快建设枢纽机场和支线机场，不断扩大与西部、中部地区和周边国家的运输通道，为加强同中亚国家的交流合作创造条件。

在考察独山子石化乙烯厂，千万吨炼油和百万吨乙烯项目，新疆新能源股份公司和金风科技公司时，曾培炎说，要加大新疆油气资源勘探投入力度，合理布局石化产业。加快发展太阳能、风能等可再生能源，努力

把资源优势转化为经济优势。能源企业也是耗能大户，既要带头节能，也要控制污染物排放，做好应对事故的安全防范工作。要加快新技术推广应用，提高油气采收率。积极推进清洁生产，切实保护好能源开发地的生态环境。

在克拉玛依造林绿化工程基地、阿依库勒水库、和田米力尕瓦提生态工程等地，曾培炎强调，要继续搞好重点生态工程建设，加快土地荒漠化防治步伐。充分发挥引额济克、引额济乌工程的经济社会生态综合效益。把节水放在优先地位，协调生活、生产和生态用水，重视水污染防治，优化水资源配置，提高水资源利用效率，造福工程沿线人民。

曾培炎还考察了喀什噶尔老城区改造，多来特巴格乡抗震安居等工程建设情况。他说，旧城改造要注意搞好整体规划，既要保护传统风貌，又要改善居民生活条件。农村抗震安居工程建设要与推进社会主义新农村建设相结合，注意搞好饮水、道路、电力等配套基础设施建设。

中共中央政治局委员、新疆维吾尔自治区党委书记王乐泉，自治区政府主席司马义·铁力瓦尔地等陪同进行了考察。

上海合作组织成员国首次教育部长会议在钓鱼台国宾馆举行

会议的任务是落实上合组织上海峰会和杜尚别政府首脑会议关于教育合作的有关事项，推进成员国多边教育合作。

会议决定成立成员国常设教育专家工作组，批准了专家工作组工作条例，并责成专家工作组继续就制定成员国政府间学历证书及学制互认协定文本草案开展工作。会议结束后，成员国各方教育部长共同签署了联合新闻公报、关于设立教育专家工作组的决议和关于批准教育专家工作组工作条例的决议。

10月19日

全国人大常委会委员长吴邦国在人民大会堂会见以俄罗斯联邦委员会副主席奥尔洛娃为团长的俄罗斯妇女代表团

国务院总理温家宝在中南海紫光阁分别会见国际保险监管组织和主要国家保险监管机构代表以及美国布鲁金斯学会代表团

会见国际保险监管组织和主要国家保险监管机构代表时，温家宝听取了客人们关于国际保险业对于促进各国经济社会发展重要作用的介绍，表达了中国政府高度重视保险行业的发展，希望充分发展保险功能，服务中国社会和谐发展的积极态度。温家宝欢迎国际保险界人士访问中国，了解中国经济和社会发展情况，发表对中国经济、保险行业发展和监管的意见和看法，推动中国保险业融入世界经济。

会见布鲁金斯学会代表团时，温家宝对布鲁金斯学会长期以来致力于增进中美两国人民相互了解、促进中美关系发展表示赞赏，介绍了中国政治、经济发展形势和民主法制建设情况，并就中美关系和地区形势等问题与客人们交换了意见。

全国政协主席贾庆林在北京会见英国坎特伯雷大主教威廉姆斯一行

贾庆林说，中国政府历来十分重视中英两国关系。2004年中英两国建立全面战略伙伴关系后，两国高层互访频繁，政府、议会、政党等各层次交往增多。双方在重大国际、地区问题上保持了密切沟通与协调，各重点领域合作成果显著。中英同为联合国安理会常任理事国和在世界上有重要影响的国家，双方加强合作符合两国和两国人民的利益，有利于促进世界的和平、稳定与发展。

贾庆林指出，改革开放28年来，中国经济社会全面发展，宗教信仰自由政策得到很好的贯彻实施。当前，中国正在致力于构建社会主义和谐社会，宗教可以在促进社会和谐方面发挥积极作用。中国基督教与英国基督教有很深的历史渊源，最近几任坎特伯雷大主教也都为促进中英两国人民之间的友好交往发挥了积极作用。我们将继续积极支持中国基督教在平等、友好的基础上与包括英国教会在内的世界各国和地区教会之间交流与合作。

国际保险监督官协会第十三届年会在北京召开

国务院副总理黄菊出席年会开幕式，并代表中国政府致辞。

黄菊在致辞时指出，金融作为现代经济的核心，在经济中的地位和作用日益突出。近年来中国政府十分重视金融业的发展，银行业、证券业、保险业快速发展，金融改革不断深化，对外开放循序扩大，金融机构发展壮大，货币市场、信贷市场、资本市场、保险市场相互促进、协调发展，并在诸多方面取得重要进展。中国金融业总体上保持平稳运行的良好态势。保险业是金融领域中开放力度最大、开放领域最广的行业，也是国民经济中增长最快的行业之一，在促进改革、保障发展、稳定社会、造福人民等方面，发挥了重要作用。目前，中国保险市场已成为世界上最重要的新兴保险市场之一，受到国际社会的广泛关注。

黄菊说，经济越发展，社会越进步，保险越重要。随着中国经济快速发展，综合国力不断增强，社会不断进步，中国保险业发展迎来了广阔的空间和难得的机遇。加快保险业的发展，既是中国经济持续增长的需要，也是贯彻落实科学发展观、构建和谐社会的重要内容。中国保险业致力于建立以市场行为、偿付能力和公司治理结构为支柱的现代保险监管体系，以及防范化解保险风险的坚实防线，努力把中国保险业建设成为市场体系完善、服务领域广泛、经营诚信规范、偿付能力充足、综合竞争力较强，发展速度、质量和效益相统一的现代保险业。

黄菊强调，中国将坚定不移地推进金融领域的各项改革和对外开放，认真履行加入世界贸易组织的承诺，进一步扩大对外开放，广泛开展国际保险交流与合作，学习和借鉴国际先进经验，不断引进先进的经营理念、管理经验和优秀人才，提高保险服务质量和水平，促进中外资保险企业的优势互补、合作共赢和共同发展。

本届年会由国际保险监督官协会(IAIS)主办，中国保监会承办，主题是"促进发展与管理风险——保险监管面临的挑战"，600多名来自全球的保险高官、国际组织和部分世界知名保险机构的代表出席了会议。

外交部部长李肇星在钓鱼台国宾馆会见乍得国务部长 基础设施部长阿杜姆·尤努西米一行

《解放军报》发表军事科学院的文章《壮丽的史诗 不朽的丰碑——纪念中国工农红军长征胜利70周年》

纪念谭富英诞辰100周年座谈会在人民大会堂举行

中宣部部长刘云山致信祝贺。刘云山在信中说，谭富英先生是我国著名京剧表演艺术家。他的一生，是不断追求光明、追求进步的一生，是紧跟时代潮流、弘扬民族文化的一生，是努力开拓进取、攀登艺术高峰的一生。他丰富的艺术经验、独到的理论见解和高尚的道德情操，为后人留下了一笔宝贵的艺术遗产和精神财富。

谭富英先生家属、亲朋好友、首都京剧界代表及专家学者参加了座谈会，谭派传人、著名京剧表演艺术家谭元寿等在座谈会上发言。为纪念谭富英百年诞辰而出版的《谭富英唱腔》CD光盘、《谭派艺术评论集》和纪念邮册同时发行。

国家环保总局发布《中国保护海洋环境免受陆源污染国家报告》

报告显示，2005年全国大部分近岸海域水质良好，局部近岸海域污染严重，远海海域水质保持良好状况。与上年相比，近岸海水水质均有不同程度好转，黄海和南海水质总体上较好，渤海水质一般，东海水质较差。在全国沿海各省、自治区、直辖市中，海南、广西、山东和广东近岸海域海水水质较好，上海、浙江近岸海域水质较差。

10月20日

国家主席胡锦涛在人民大会堂会见美国国务卿康多莉扎·赖斯

胡锦涛说，当前，中美关系进一步向前发展。两国高层及各级别交往频繁，各领域合作取得新的进展。胡锦涛指出，作为利益攸关方和建设性合作者，中美双方要继续加强沟通，增进互信，深化合作，不断拓展双方的共同利益，尊重和照顾彼此关切，推动中美建设性合作关系健康深入向前发展。

在谈到朝鲜半岛核问题时，胡锦涛表示，中方一贯主张半岛无核化，反对核扩散，坚持通过对话谈判和平解决朝核问题。我们坚决反对朝鲜进行核试验，赞成联合国安理会通过的第1718号决议。同时，我们也坚持通过对话谈判和平解决朝核问题的大方向，愿意与有关各方共同努力，冷静应对，慎重行事，防止局势恶化或失控，积极创造条件，争取早日重启六方会谈，维护半岛和东北亚的和平与安全。

胡锦涛 吴邦国 温家宝 贾庆林等中央领导同志在人民大会堂观看《长征颂》大型演唱会

《人民日报》发表全国人大常委会委员长吴邦国的文章《构建社会主义和谐社会的纲领性文件》

党的十六届六中全会全面分析了当前的形势和任务，通过了关于构建社会主义和谐社会若干重大问题的决定。胡锦涛同志在会上就深刻认识构建社会主义和谐社会的重大意义、切实贯彻好会议精神发表了重要讲话。全会通过的决定，以邓小平理论和"三个代表"重要思想为指导，全面贯彻落实科学发展观，从中国特色社会主义事业总体布局和全面建设小康社会全局出发，提出了到2020年构建社会主义和谐社会的指导思想、目标任务、工作原则和重大部署，是指导当前和今后一个时期我们构建社会主义和谐社会的纲领性文件。

党中央决定党的十六届六中全会专门研究构建社会主义和谐社会问题，目的是贯彻落实党的十六大和十六届三中、四中、五中全会精神，更好地推进全面建设小康社会进程。具体讲，主要有以下几方面的考虑。(1)构建社会主义和谐社会是中国特色社会主义事业四位一体总体布局的重要组成部分，及时对构建社会主义和谐社会进行研究并作出全面部署，有利于全面推进中国特色社会主义事业。(2)社会和谐是全面建设小康社会的重要目标，切实做好构建社会主义和谐社会的各项工作，有利于充分调动社会各方面的积极性，抓住和用好我国发展的重要战略机遇期，切实维护和促进改革发展稳定的大局，确保实现全面建设小康社会的目标。(3)社会和谐是中国最广大人民的根本利益所在，把构建社会主义和谐社会的各项任务落到实处，有利于进一步解决好人民群众最关心、最直接、最现实的利益问题，实现好、维护好、发展好最广大人民的根本利益。(4)社会和谐是应对外部挑战的重要条件，保持国内安定和谐的社会政治局面，有利于增强民族凝聚力和抗风险能力，更好地维护国家主权、安全、发展利益。

党的十六届六中全会决定的起草，是在中共中央政治局常委会直接领导下进行的。文件起草工作自始至终坚持发扬民主，集思广益，广泛听取各方面的意见和建议，并同调研工作紧密结合。今年2月，党中央就加强社会主义和谐社会建设征求意见，各地区、各部门认真组织学习和讨论，就构建社会主义和谐社会面临的突出问题、主要任务、重要举措等提出了许多意见和建议。党中央还委托中央统战部听取了各民主党派和无党派人士的意见。文件起草组进行了专题调研。为了深入研究有关重要问题，还请中央和国家有关部门做了若干专题研究。在文件起草过程中，各方面的意见和建议得到了充分吸收和采纳。全会决定稿形成后，胡锦涛同志主持中共中央政治局常委会和中共中央政治局会议，对全会决定稿多次进行讨论。在提交党的十六届六中全会审议前，党中央又将全会决定稿下发党内外一定范围征求意见。各地区、各部门再次对全会决定稿提出了意见和建议。胡锦涛同志专门主持召开座谈会，听取各民主党派中央、全国工商联的负责同志和无党派人士的意见。党中央对各方面的意见高度重视，对全会决定稿做了较大幅度的补充和修改。可以说，全会决定具有坚实的实践基础和群众基础，是全党全国各族人民集体智慧的结晶。

全会决定共分八个部分，第一部分阐述构建社会主义和谐社会的重要性和紧迫性，第二部分阐述构建社会主义和谐社会的指导思想、目标任务和原则，第三部分至第七部分阐述构建社会主义和谐社会的主要任务以及确保完成这些任务的重大举措和工作部署，第八部分阐述加强党对构建社会主义和谐社会的领导。

一、关于构建社会主义和谐社会的重要性和紧迫性

社会和谐是我们党不懈奋斗的目标，也是我国各族人民的共同社会理想。新中国成立后，我们建立了人民当家做主的社会主义制度，消除了导致社会对立、产生社会不和谐的制度根源，为实现社会和谐开辟了广阔的道路。长期以来，我们锲而不舍地推进社会主义建设，经济社会发展和人民生活改善取得显著成就，有力地促进了社会和谐。但是，由于对社会主义建设规律的认识需要一个过程，我们在对什么是社会主义、怎样建设社会主义的认识上也出现了失误，甚至发生了“文化大革命”那样严重的错误。党的十一届三中全会以后，我们党在邓小平同志指导下，果断抛弃“以阶级斗争为纲”的错误方针，把党和国家的工作重点转移到社会主义现代化建设上来，坚持以经济建设为中心，坚定不移地推进改革开放，积极推动经济发展和社会全面进步，有力地促进了社会和谐。党的十三届四中全会以后，以江泽民同志为核心的党的第三代中央领导集体高举邓小平理论伟大旗帜，继续推进改革开放和社会主义现代化建设，强调要在坚持以经济建设为中心的同时，大力发展社会事业，积极推动社会全面进步，极大地促进了社会主义经济建设、政治建设、文化建设、社会建设全面发展。江泽民同志强调，实现经济社会协调发展是我国社会主义现代化建设的一个重要指导方针，必须推进各项社会事业健康发展，使社会更加和谐；要充分调动各个方面的积极性，努力形成全体人民各尽其能、各得其所而又和谐相处的局面；要正确处理改革发展稳定的关系，把不断改善人民生活作为处理改革发展稳定关系的重要结合点；要正确处理新形势下的人民内部矛盾，正确反映和兼顾不同方面群众的利益，使全体人民朝着共同富裕的方向稳步前进。这些重要论断对我们促进社会和谐具有十分重要的指导意义。前不久出版的《江泽民文选》，集中反映了江泽民同志关于发展社会事业和促进社会和谐的深刻思想观点，为我们推进和谐社会建设提供了强大理论武器。

党的十六大报告明确把社会更加和谐列为全面建设小康社会的一个重要目标。党的十六大以来，我们党对社会和谐的认识不断深化。党的十六届四中全会进一步提出了构建社会主义和谐社会的任务，把不断提高构建社会主义和谐社会的能力确定为加强党的执政能力建设的重要内容。2005年2月，在党中央举办的省部级主要领导干部提高构建社会主义和谐社会能力专题研讨班上，胡锦涛同志发表重要讲话，提出了构建民主法治、公平正义、诚信友爱、充满活力、安定有序、人与自然和谐相处的社会主义和谐社会的总目标。

2005年10月，党的十六届五中全会把构建社会主义和谐社会明确为全面贯彻落实科学发展观必须抓好的一项重要任务，并提出了一系列工作要求和重大措施。

党的十六届六中全会决定，站在时代和全局的战略高度，深刻总结我们促进社会和谐的实践经验，进一步明确了构建社会主义和谐社会在中国特色社会主义事业总体布局中的地位，在认识深化和理论创新的基础上，从三个方面阐述了构建社会主义和谐社会的重要性和紧迫性。

第一，明确提出社会和谐是中国特色社会主义的本质属性，把和谐写入我国社会主义现代化建设的总体目标。全会决定强调，社会和谐是中国特色社会主义的本质属性，是国家富强、民族振兴、人民幸福的重要保证。构建社会主义和谐社会，是我们党以马克思列宁主义、毛泽东思想、邓小平理论和"三个代表"重要思想为指导，全面贯彻落实科学发展观，从中国特色社会主义事业总体布局和全面建设小康社会全局出发提出的重大战略任务，反映了建设富强民主文明和谐的社会主义现代化国家的内在要求，体现了全党全国各族人民的共同愿望。这段论述，标志着我们对社会主义本质的认识进一步深化了。

第二，科学分析国际国内形势，深刻论述构建社会主义和谐社会是我们党带领人民把中国特色社会主义伟大事业推向前进的必然选择。全会决定强调，新世纪、新阶段，我们面临的发展机遇前所未有，面对的挑战也前所未有。从国际来看，和平、发展、合作成为时代潮流，世界多极化和经济全球化的趋势深入发展，科技进步日新月异。同时，国际环境复杂多变，综合国力竞争日趋激烈，影响和平与发展的不稳定不确定因素增多，我们仍将长期面对发达国家在经济科技等方面占优势的压力。从国内来看，我国社会主义市场经济体制日趋完善，社会主义物质文明、政治文明、精神文明建设和党的建设不断加强，综合国力大幅度提高，人民生活显著改善，社会政治长期保持稳定。同时，我国正处于并将长期处于社会主义初级阶段，人民日益增长的物质文化需要同落后的社会生产之间的矛盾仍然是我国社会的主要矛盾，统筹兼顾各方面利益任务艰巨而繁重。特别要看到，我国已进入改革发展的关键时期，经济体制深刻变革，社会结构深刻变动，利益格局深刻调整，思想观念深刻变化。这种空前的社会变革，给我国发展进步带来巨大活力，也必然带来这样那样的矛盾和问题。我们党要带领人民抓住机遇、应对挑战，把中国特色社会主义伟大事业推向前进，必须坚持以经济建设为中心，把构建社会主义和谐社会摆在更加突出的地位。

第三，准确把握我国发展的阶段性特征，客观分析当前影响社会和谐的突出矛盾和问题。全会决定强调，目前，我国社会总体上是和谐的，我们拥有了构建社会主义和谐社会的各种有利条件。但是，也存在不少影响社会和谐的矛盾和问题，主要是：城乡、区域、经济社会发展很不平衡，人口资源环境压力加大；就业、社会保障、收入分配、教育、医疗、住房、安全生产、社会治安等方面关系群众切身利益的问题比较突出；体制机制尚不完善，民主法制还不健全；一些社会成员诚信缺失、道德失范，一些领导干部的素质、能力和作风与新形势新任务的要求还不适应；一些领域的腐败现象仍然比较严重；敌对势力的渗透破坏活动危及国家安全和社会稳定。这些问题如果处理不好，就会严重影响社会和谐稳定和全面建设小康社会的大局。我们要始终保持清醒头脑，居安思危，深刻认识我国发展的阶段性特征，科学分析影响社会和谐的矛盾和问题及其产生的原因，更加积极主动地正视矛盾、化解矛盾，最大限度地增加和谐因素，最大限度地减少不和谐因素，不断促进社会和谐。要立足当前、着眼长远，量力而行、尽力而为，切实把构建社会主义和谐社会作为贯穿中国特色社会主义事业全过程的长期历史任务和全面建设小康社会的重大现实课题抓紧抓好。

二、关于构建社会主义和谐社会的指导思想、目标任务和原则

构建社会主义和谐社会，首先要明确社会主义和谐社会的性质和定位。我们要构建的社会主义和谐社会，既不同于我国历史上一些思想家所憧憬的"大同世界"，也不同于空想社会主义者所描绘的"乌托邦"，而是马克思主义关于社会和谐的思想同当代中国实际相结合的产物。我们要构建的社会主义和谐社会，是在中国特色社会主义道路上，中国共产党领导全体人民共同建设、共同享有的和谐社会。这就明确了社会主义和谐社会建设的领导核心、发展道路、实践主体和根本目的。

构建社会主义和谐社会，必须有正确的指导思想。全会决定强调，必须坚持以马克思列宁主义、毛泽东思想、邓小平理论和"三个代表"重要思想为指导，坚持党的基本路线、基本纲领、基本经验，坚持以科学发展观统领经济社会发展全局，按照民主法治、公平正义、诚信友爱、充满活力、安定有序、人与自然和谐相处的总要求，以解决人民群众最关心、最直接、最现实的利益问题为重点，着力发展社会事业、促进社会公平正义、建设和谐文化、完善社会管理、增强社会创造活力，走共同富裕道路，推动社会建设与经济建设、政治建设、文化建设协调发展。

构建社会主义和谐社会既是新世纪、新阶段全面建设小康社会的重大现实课题，也是贯穿中国特色社

会主义事业全过程的长期历史任务，必须同全面建设小康社会的目标和基本实现现代化的战略目标衔接好，提出切合实际的阶段性目标和任务，有重点分步骤地持续推进。按照党的十六大确立的全面建设小康社会的宏伟目标，根据构建社会主义和谐社会的总要求，全会决定提出了到2020年构建社会主义和谐社会的目标和主要任务。这些目标任务主要包括六个方面。(1)根据民主法治的要求，提出社会主义民主法制更加完善，依法治国基本方略得到全面落实，人民的权益得到切实尊重和保障。(2)根据公平正义的要求，提出城乡、区域发展差距扩大的趋势逐步扭转，合理有序的收入分配格局基本形成，家庭财产普遍增加，人民过上更加富足的生活；社会就业比较充分，覆盖城乡居民的社会保障体系基本建立；基本公共服务体系更加完备，政府管理和服务水平有较大提高。(3)根据诚信友爱的要求，提出全民族的思想道德素质、科学文化素质和健康素质明显提高，良好道德风尚、和谐人际关系进一步形成。(4)根据充满活力的要求，提出全社会创造活力显著增强，创新型国家基本建成。(5)根据安定有序的要求，提出社会管理体系更加完善，社会秩序良好。(6)根据人与自然和谐相处的要求，提出资源利用效率显著提高，生态环境明显好转。最后强调，要实现全面建设惠及十几亿人口的更高水平的小康社会的目标，努力形成全体人民各尽其能、各得其所而又和谐相处的局面。

构建社会主义和谐社会，必须遵循正确的原则。全会决定提出了"六个必须坚持"的原则。第一条是必须坚持以人为本，讲的是工作的根本出发点和落脚点问题，构建社会主义和谐社会必须把以人为本贯穿始终，做到发展为了人民、发展依靠人民、发展成果由人民共享，促进人的全面发展。第二条是必须坚持科学发展，讲的是工作方针问题，构建社会主义和谐社会必须牢固树立和全面贯彻科学发展观，实现经济社会全面协调可持续发展。第三条是必须坚持改革开放，讲的是工作动力问题，构建社会主义和谐社会必须适应社会发展要求，推进经济体制、政治体制、文化体制、社会体制改革和创新，进一步扩大对外开放。第四条是必须坚持民主法治，讲的是工作保证问题，构建社会主义和谐社会必须加强社会主义民主政治建设，发展社会主义民主，实施依法治国基本方略，通过民主法治来促进社会公平正义。第五条是必须坚持正确处理改革发展稳定的关系，讲的是工作条件问题，构建社会主义和谐社会必须从总体上把握改革发展稳定的关系，维护社会安定团结，切实做到以改革促进和谐、以发展巩固和谐、以稳定保障和谐。第六条是必须坚持在党的领导下全社会共同建设，讲的是工作的领导核心和依靠力量问题，构建社会主义和谐社会必须加强和改善党的领导，同时要团结一切可以团结的力量，齐心协力促进社会和谐。这六条原则是紧密联系的，需要在推进社会主义和谐社会建设的进程中全面加以把握。

三、关于构建社会主义和谐社会的主要任务和重大举措

构建社会主义和谐社会是一个艰巨复杂的系统工程，必须坚持一切从实际出发。我们在研究构建社会主义和谐社会问题的过程中，注重把握好三个问题。(1)突出重点与兼顾全面相结合。考虑到党的十六届三中、四中、五中全会已经对当前和今后一个时期我国经济社会发展和我们党的自身建设分别作出了部署，全会决定在总论部分强调应该从中国特色社会主义事业总体布局和全面建设小康社会全局出发来构建社会主义和谐社会，在具体工作部署上则重点讲与经济建设、政治建设、文化建设相并列的社会建设，着重围绕社会建设和管理方面的突出问题进行部署，与社会建设和管理紧密相关的经济建设、政治建设、文化建设等内容在文件中适当涉及。(2)立足当前与着眼长远相结合。全会决定力求既对社会主义和谐社会的基本特征进行全面阐述，又紧密联系党的十六大确定的全面建设小康社会的总体目标提出了到2020年构建社会主义和谐社会的目标和主要任务，同时把工作着力点放在当前需要着重加以解决的突出矛盾和问题上。(3)理论与实践相结合。既努力从理论上阐明构建社会主义和谐社会的一系列重大问题，又力求充分吸收各地区、各部门在实践中创造的新鲜经验和反馈的意见建议，提出实实在在的政策措施，以增强文件的针对性和可操作性。

在征求意见和调研过程中，各方面共同认为，应该重点抓好以下五项工作：一是要促进经济社会协调发展，为构建社会主义和谐社会提供坚实基础；二是要完善促进社会公平正义的体制机制，为构建社会主义和谐社会提供制度保障；三是要加强思想文化建设，为构建社会主义和谐社会提供精神支撑；四是要加强社会管理、维护社会稳定，为构建社会主义和谐社会提供良好环境；五是要增强社会团结和活力，为构建社会主义和谐社会提供广泛力量。全会决定充分吸收各方面的意见和建议，着重从五个方面对构建社会主义和谐社会作出了工作部署，对经过努力能够解决的问题提出了具体政策措施，对需要在实践中进一步探索解决的问题则明确了基本思路和努力方向。

(一)坚持协调发展，加强社会事业建设。社会要和谐，首先要发展。社会和谐在很大程度上取决于社会生产力的发展水平，同时还必须注意发展的协调性，因为如果发展长期不协调，不仅发展本身难以持续，而

且会引起社会不和谐。改革开放以来,我国经济社会发展取得了举世瞩目的伟大成就,但发展中也存在一些不平衡因素,突出表现为城乡、区域、经济社会发展很不平衡,人口资源环境压力加大。针对协调发展方面存在的问题,全会决定提出了七个方面的政策举措。

一是扎实推进社会主义新农村建设,促进城乡协调发展。党的十一届三中全会以来,我国农业和农村发生了历史性的深刻变化,农产品由长期短缺变为总量基本平衡、丰年有余,农村第二、第三产业蓬勃发展,农村社会事业不断进步,农民生活水平显著提高。但是,与快速发展的城市相比,农村面貌变化仍然较慢。党的十六届五中全会提出建设社会主义新农村的重大历史任务之后,全国对新农村建设的重大意义有了新的认识,普遍认为这是加快解决"三农"问题、促进城乡协调发展的战略举措。全国31个省区市都根据中央要求和当地实际,对新农村建设作出了部署。为促进新农村建设不断取得扎扎实实的成效,全会决定强调,要贯彻工业反哺农业、城市支持农村和多予少取放活的方针,加快建立有利于改变城乡二元结构的体制机制,推进农村综合改革,促进农业不断增效、农村加快发展、农民持续增收。全会决定在坚持农村基本经营制度、强化支农惠农政策、增加国家对农业和农村投入、加快农业科技进步、调整优化农村经济结构、加快农村基础设施建设和社会事业发展等方面提出了一系列政策措施。全会决定强调,各级政府要把基础设施建设和社会事业发展的重点转向农村,国家财政新增教育卫生文化等事业经费和固定资产投资增量主要用于农村,逐步加大政府土地出让金用于农村的比重。全会决定还强调,要加快推进新型农村合作医疗,逐步建立农村最低生活保障制度,有条件的地方探索建立多种形式的农村养老保险制度,解决好被征地农民的就业和社会保障。

二是落实区域发展总体战略,促进区域协调发展。区域协调发展问题,既是经济问题,也是关系全局的政治问题。按照邓小平同志提出的"两个大局"的战略思想,中央把促进区域协调发展提到重要战略地位,在鼓励东部地区率先发展的同时,提出并实施了西部大开发战略。进入新世纪后,我们又先后实施了振兴东北地区等老工业基地、促进中部地区崛起等加快区域发展的战略,形成了区域发展总体战略,制定了一系列促进区域协调发展的政策措施。但是,目前区域发展不平衡的矛盾依然比较突出,地区间人民生活水平和享有公共服务水平的差距也呈扩大趋势。为加快改变这种状况,全会决定在加大对欠发达地区和困难地区扶持方面提出了以下政策措施。(1)中央财政转移支付资金重点用于中西部地区,尽快使中西部地区基础设施和教育、卫生、文化等公共服务设施得到改善,逐步缩小地区间基本公共服务差距。(2)加大对革命老区、民族地区、边疆地区、贫困地区以及粮食主产区、矿产资源开发地区、生态保护任务较重地区的转移支付,加大对人口较少民族的支持。(3)支持经济发达地区加快产业结构优化升级和产业转移,扶持中西部地区优势产业项目,加快这些地区的资源优势向经济优势转变。(4)鼓励东部地区带动和帮助中西部地区发展,扩大发达地区对欠发达地区和民族地区的对口援助,形成以政府为主导、市场为纽带、企业为主体、项目为载体的互惠互利机制。(5)建立健全资源开发有偿使用制度和补偿机制,对资源衰退和枯竭的困难地区经济转型实行扶持措施。

三是实施积极的就业政策,发展和谐劳动关系。就业是我国必须长期面对的重大民生问题。经过艰苦努力,我国就业再就业工作取得了显著成绩。但是,必须看到,当前和今后一个时期,我国就业形势依然严峻,劳动年龄人口增长的高峰期、国有企业改革的攻坚期、农村富余劳动力转移的加速期交汇到一起。根据这个情况,全会决定把实施积极的就业政策作为促进协调发展的重要内容,强调要把扩大就业作为经济社会发展和调整经济结构的重要目标,实现经济发展和扩大就业良性互动,并围绕增加就业岗位、加强创业培训和再就业培训、逐步形成城乡统一的人才市场和劳动力市场、强化政府促进就业职能等方面提出了一些新的政策措施。全会决定提出,要统筹做好城镇新增劳动力就业、农村富余劳动力转移就业、下岗失业人员再就业工作,加强大学毕业生、退役军人就业指导和服务。全会决定还强调,要发展和谐劳动关系,完善劳动关系协调机制,全面实行劳动合同制度和集体协商制度,确保工资按时足额发放,严格执行国家劳动标准,加强劳动保护,健全劳动保障监察体制和劳动争议调处仲裁机制,维护劳动者特别是农民工合法权益。

四是坚持教育优先发展,促进教育公平。近年来,教育事业发展较快。但是,教育在发展中也出现了一些问题,如城乡教育差距扩大,农村九年义务教育还存在一些学生辍学现象,农民工子女异地上学难,一些城乡经济困难家庭难以支持子女完成高等教育甚至高中教育,等等。针对这些情况,全会决定强调,要全面贯彻党的教育方针,大力实施科教兴国战略和人才强国战略,全面实施素质教育,深化教育改革,提高教育质量,建设现代国民教育体系和终身教育体系,保障人民享有接受良好教育的机会。要坚持公共教育资源向农村、中西部地区、贫困地区、边疆地区、民族地区倾斜,逐步缩小城乡、区域教育发展差距,推动公共教育协调发展。要落实农村义务教育经费保障机制,在农村并逐步在城市免除义务教育学杂费，全面落实对家庭经济困难学生免费提供课本和补助寄宿生生活费政策，保障农民工子女接受义务教育。要加快发展城乡职业教育和培训网络，努力使劳动者人人有知识、个个有技能。要保持高等院校招生合理增长，注重增强学生的实践能力、创造能力和就业能力、创业能力。要引导民办教育健康发展，规范学校收费项目和标准，坚决制止教育乱收费，切实减轻中小学生课业负担。

五是加强医疗卫生服务，提高人民健康水平。分析起来，看病难、看病贵问题的原因主要包括医疗卫生资源配置不合理、医疗保障制度不健全、公立医院公益性质淡化、药品流通体制改革不到位等方面。因此，全会决定强调，要坚持公共医疗卫生的公益性质，深化医疗卫生体制改革，强化政府责任，严格监督管理，建设覆盖城乡居民的基本卫生保健制度，为群众提供安全、有效、方便、价廉的公共卫生和基本医疗服务。全会决定重点从健全医疗卫生服务体系、改善医疗卫生资源配置、整顿药品生产和流通秩序这三个环节对深化医疗卫生体制改革作出了部署。全会决定强调，要重点加强农村三级卫生服务网络和以社区卫生服务为基础的新型城市卫生服务体系建设，落实经费保障措施。要实施区域卫生发展规划，整合城乡医疗卫生资源，建立城乡医院对口支援、大医院和社区卫生机构双向转诊、高中级卫生技术人员定期到基层服务制度，加强农村医疗卫生人才培养。全会决定还强调，要强化公立医院公共服务职能，加强医德医风建设，规范收支管理，建立国家基本药物制度，整顿药品生产和流通秩序，加强食品、药品、餐饮卫生监管，保障人民群众健康安全。

六是加快发展文化事业和文化产业，满足人民群众文化需求。我国文化建设成就显著，城乡文化基础设施逐步得到改善。但是，随着居民消费结构升级和社会教育水平不断提高，人们的文化消费需求有了很大增长，目前文化产品和文化服务的数量和质量还不能满足人民群众的需求，广大农民的文化生活还不丰富。全会决定从三个方面提出了推进文化事业和文化产业共同发展的要求和措施。(1)坚持把社会效益放在首位，坚持把发展公益性文化事业作为保障人民文化权益的主要途径，推进文化体制改革，形成富有活力的文化管理体制和文化产品生产经营机制，推动文化事业和文化产业共同发展。(2)加强公益性文化设施建设，鼓励社会力量捐助和兴办公益性文化事业，加快建立覆盖全社会的公共文化服务体系，优先安排关系群众切身利益的文化建设项目。(3)完善文化产业政策，进一步丰富文化产品和服务。目前，我国文化产业总体规模还比较小，文化产品的进出口存在很大逆差。全会决定强调，要培育国有和国有控股骨干文化企业，鼓励非公有资本依法进入文化产业，以重大文化产业项目带动发展，推动集约化经营，提供价格合理、形式多样的文化产品和服务，增强文化产品国际竞争力。

七是加强环境治理保护，促进人与自然相和谐。当前，我国环境形势依然严峻，经济社会发展与资源环境不协调的矛盾相当突出，主要污染物排放总量大大超过环境容量，群众特别是环境恶化地区群众要求改善生态环境的呼声越来越高。造成我国环境问题的原因是多方面的。从根本上讲，是由经济增长方式粗放造成的，有的地方在处理环境问题时有法不依、执法不严相当普遍。此外，还有环境保护投入不足、技术装备落后等原因。因此，全会决定强调，要以解决危害群众健康和影响可持续发展的环境问题为重点，加快建设资源节约型、环境友好型社会。要从源头上控制环境污染，推广清洁生产，节约能源资源，依法淘汰落后工艺技术和生产能力，实施重大生态建设和环境整治工程，有效遏制生态环境恶化趋势。要统筹城乡环境建设，加强城市环境综合治理，改善农村生活环境和村容村貌。要加快环境科技进步，完善有利于环境保护的产业政策、财税政策、价格政策，强化污染物排放总量控制，建立生态环境评价体系和补偿机制，强化企业和全社会节约资源、保护环境的责任。要完善环境保护法律法规和管理体系，严格环境执法，加强环境监测，定期公布环境状况信息，严肃处罚违法行为。

(二)加强制度建设，保障社会公平正义。社会公平正义是社会和谐的基本条件。从我国社会主义初级阶段的基本国情出发，当前既要着力解决影响社会公平正义的突出矛盾和问题，更要注重从制度建设入手，切实保障人民在政治、经济、文化、社会等方面的权利和利益，引导公民依法行使权利、履行义务。为此，全会决定提出要完善六个方面的制度。

一是民主权利保障制度。最广大人民享有广泛而充分的民主权利，是政治上实现社会公平正义的重要内容和标志。全会决定强调，要坚持党的领导、人民当家做主和依法治国的有机统一，依法实行民主选举、民主决策、民主管理、民主监督，积极稳妥地推进政治体制改革，健全民主制度，丰富民主形式，实现社会主义民主政治制度化、规范化、程序化，保障人民享有广泛的民主权利。全会决定还强调了完善民主权利的三个途径。(1)坚持和完善人民代表大会制度、中国共产党领导的多党合作和政治协商制度、民族区域自治制度，从各个层次扩大公民有序的政治参与，保障人民依法管理国家事务、管理经济和文化事业、管理社会事务。(2)推进决策科学化、民主化，深化政务公开，依法保障公民的知情权、参与权、表达权、监督权。(3)扩大基层民主,完善厂务公开、村务公开等办事公开制度,完善基层民主管理制度,发挥社会自治功能,保证人民依法直接行使民主权利。

二是法律制度。以制度建设来保障社会公平正义,最重要的是推进国家经济、政治、文化、社会生活法制化、规范化,以法治理念、法治体制、法治程序维护和促进社会公平正义。全会决定强调,要维护社会主义法制的统一和尊严,树立社会主义法制权威,坚持公民在法律面前一律平等,尊重和保障人权,依法保证公民权利和自由。要坚持科学立法、民主立法,完善发展民主政治、保障公民权利、推进社会事业、加强社会管理等方面的法律法规,加快建设法治政府,加强对权力运行的制约和监督,形成全体公民自觉学法守法用法的氛围。

三是司法体制机制。维护公平、伸张正义是社会主义司法的神圣职责。全会决定强调,要坚持司法为民、公正司法,推进司法体制和工作机制改革,目的是建设公正、高效、权威的社会主义司法制度。要通过完善诉讼等一系列制度、加强司法救助、对贫困群众减免诉讼费、健全巡回审判等多种措施,方便群众诉讼,切实解决打官司难的问题。全会决定还提出了加强司法民主建设、加强人权司法保护、加强和改进执行工作等方面的要求,强调要维护司法廉洁,严肃追究徇私枉法、失职渎职等行为的法律责任。

四是公共财政制度。完善公共财政制度,逐步实现基本公共服务均等化,是政府运用再分配手段保障社会公平正义、促进社会和谐的内在要求。"十一五"规划纲要已经确定,要逐步推进基本公共服务均等化。从我国国情看,公共财政要承担的基本任务是保障政权运转、支持经济建设、提供公共服务和公共产品。为此,全会决定强调,要健全公共财政体制,调整财政收支结构,把更多财政资金投向公共服务领域,加大财政在教育、卫生、文化、就业再就业服务、社会保障、生态环境、公共基础设施、社会治安等方面的投入,加大财政转移支付力度,着力解决县乡财政困难,增强基层政府提供公共服务能力,不断增强公共产品和公共服务供给能力。

五是收入分配制度。收入分配问题关系人民群众切身利益。目前,收入分配秩序问题较多,社会分配不公和收入差距过大现象突出,人民群众对此反映强烈。全会决定针对收入分配领域的突出问题,强调了改革收入分配制度的政策取向,这就是:坚持按劳分配为主体、多种分配方式并存的分配制度,加强收入分配宏观调节,在经济发展的基础上,更加注重社会公平,着力提高低收入者收入水平,逐步扩大中等收入者比重,有效调节过高收入,坚决取缔非法收入,促进共同富裕。全会决定强调,要健全国家统一的职务与级别相结合的公务员工资制度,实行符合事业单位特点的收入分配制度,加强企业工资分配调控和指导,规范国有企业经营管理者收入,实行综合与分类相结合的个人所得税制度。

六是社会保障制度。通过近些年的努力,我国初步形成了与社会主义市场经济体制相适应的社会保障制度框架。虽然我国社会保障发展较快,但仍然存在着覆盖范围小、制度不健全、保障水平低等问题。全会决定根据我国人口老龄化、城镇化、就业方式多样化的趋势,明确提出要逐步建立社会保险、社会救助、社会福利、慈善事业相衔接的覆盖城乡居民的社会保障体系,第一次提出了覆盖城乡居民的社会保障体系的发展目标。在社会保险方面,要完善企业职工基本养老保险制度,加快机关事业单位养老保险制度改革,有条件的地方探索建立多种形式的农村养老保险制度,完善城镇职工基本医疗保险,推进失业、工伤、生育保险制度建设,加快建立适应农民工特点的社会保障制度。在社会救助方面,要完善城市低保、农村五保供养、特困户救助、灾民救助、城市生活无着的流浪乞讨人员救助等制度。在社会福利方面,要发展以扶老、助残、救孤、济困为重点的社会福利。在慈善事业方面,要完善社会捐赠免税减税政策,增强全社会慈善意识。

(三)建设和谐文化,巩固社会和谐的思想道德基础。构建社会主义和谐社会,既需要有雄厚的物质基础、坚强的政治保障,又需要有良好的思想文化条件。全会决定提出了建设和谐文化的重大任务,强调必须坚持马克思主义在意识形态领域的指导地位,牢牢把握社会主义先进文化的前进方向,弘扬民族优秀文化传统,借鉴人类有益文明成果,倡导和谐理念,培育和谐精神,进一步形成全社会共同的理想信念和道德规范,打牢全党全国各族人民团结奋斗的思想道德基础。围绕建设和谐文化,全会决定从四个方面作出了部署。

一是建设社会主义核心价值体系。全会决定明确提出了建设社会主义核心价值体系的任务。社会主义核心价值体系是社会主义意识形态的主体,也是建设和谐文化的根本。当前,在改革开放不断深化的条件下,面对意识形态工作的艰巨任务,旗帜鲜明地提出建设社会主义核心价值体系的重大任务,对于坚持社会主义先进文化的前进方向、巩固和发展社会和谐的思想道德基础具有十分重要的意义。关于社会主义核心价值体系的基本内容,全会决定强调了四个方面,这就是:马克思主义指导思想,中国特色社会主义共同理想,以爱国主义为核心的民族精神和以改革创新为核心的时代精神,社会主义荣辱观。这些都是我国社会主义意识形态中最重要的部分,也是我国社会主义制度的思想根基,任何时候都不能动摇。全会决定强调,要坚持把社会主义核心价值体系融入国民教育和精神文明建设全过程、贯穿现代化建设各方面。要坚持用马克思主义中国化的最新成果武装全党、教育人民,加强理想信念教育,加强国情和形势政策教育,增强党的思想理论工作的创造力、说服力、感召力,坚持以社会主义核心价值体系引领社会思潮,最大限度地形成社会思想共识,不断增强对中国共产党领导、社会主义制度、改革开放事业、全面建设小康社会目标的信念和信心。

二是树立社会主义荣辱观。以"八荣八耻"为主要内容的社会主义荣辱观,体现了社会主义基本道德规范和社会风尚的要求,是中华民族传统美德和时代精神的结合。全会决定对树立社会主义荣辱观提出了具体要求,强调要倡导爱国、敬业、诚信、友善等道德规范,在全社会形成知荣辱、讲正气、促和谐的风尚,形成男女平等、尊老爱幼、扶贫济困、礼让宽容的人际关系。要弘扬我国传统文化中有利于社会和谐的内容,形成符合传统美德和时代精神的道德规范和行为规范,发扬艰苦奋斗精神,提倡勤俭节约,反对拜金主义、享乐主义、极端个人主义。全会决定还强调,要加强政务诚信、商务诚信、社会诚信建设,增强全社会诚实守信意识。

三是坚持正确导向。思想舆论导向正确是党和人民之福,思想舆论导向错误是党和人民之祸。随着信息传播技术迅速发展和信息传播渠道日益多样,我国社会舆论环境和舆论格局正在发生深刻变化,坚持正确导向,对保持社会和谐具有重大作用。全会决定强调,新闻出版、广播影视、文学艺术、社会科学,要坚持正确导向,唱响主旋律,为改革发展稳定营造良好思想舆论氛围。新闻媒体要增强社会责任感,宣传党的主张,弘扬社会正气,通达社情民意,引导社会热点,疏导公众情绪,搞好舆论监督。要健全突发事件新闻报道机制,加强对互联网等的应用和管理。

四是广泛开展和谐创建活动。构建社会主义和谐社会是全党全社会的共同任务,需要通过开展多种形式的和谐创建活动和有效的公民教育来增强公民、企业、各种组织的社会责任感。各地广泛开展的群众性和谐创建活动,是广大干部群众进行自我教育的有效形式,是把和谐社会建设各项任务落实到城乡基层的重要载体。全会决定强调,要把和谐社区、和谐家庭等和谐创建活动同群众性精神文明创建活动结合起来,突出思想教育内涵,广泛吸引群众参与,注重促进人的心理和谐,加强人文关怀和心理疏导,塑造自尊自信、理性平和、积极向上的社会心态,形成人人促进和谐的局面。

(四)完善社会管理,保持社会安定有序。加强社会管理,维护社会稳定,是构建社会主义和谐社会的必然要求。随着改革开放深化和社会主义市场经济发展,我国社会社会管理的内容、方式、手段等都发生了很大变化,社会管理难度越来越大,人民群众对完善社会管理要求越来越高。这就需要深入研究社会管理规律,创新社会管理体制,整合社会管理资源,逐步建立起与社会主义经济体制、政治体制、文化体制相配套的社会体制,提高社会管理水平。全会决定从建设服务型政府、推进社区建设、健全社会组织等七个方面对完善社会管理作出了部署,概括起来是"四个健全"。

一是健全社会管理格局。近些年来,我国社会结构发生了深刻变化,越来越多的"单位人"转为"社会人",同时各种社会组织也快速发展。社会组织主要分为四类,包括律师、公证、会计、资产评估等市场中介机构,科教文卫体等领域的民办非企业单位,行业协会、商会、联合会等社会团体,以及各类基金会。新形势新任务要求我们建立政府调控机制与社会协调机制互联、政府行政功能与社会自治功能互补、政府管理力量与社会调节力量互动的社会管理网络。因此,全会决定强调,要健全党委领导、政府负责、社会协同、公众参与的社会管理格局。对政府来讲,主要是树立服务型政府的理念,更加注重履行社会管理和公共服务职能,为群众和基层提供方便快捷优质服务,在服务中实施管理,在管理中体现服务,切实转变职能、强化服务、改进管理、明确责任、提高效能,创新公共服务体制,改进公共服务方式,逐步形成惠及全民的基本公共服务体系。对社区来讲,主要是健全新型社区管理和服务体制,完善基层服务和管理网络,把社区建设成为管理有序、服务完善、文明祥和的社会生活共同体。对社会组织来讲,主要是坚持培育发展和管理监督并重,完善培育扶持和依法管理社会组织的政策,引导各类社会组织加强自身建设,发挥各类社会组织提供服务、反映诉求、规范行为的作用。

二是健全社会管理机制。如何统筹协调各方面利益关系、妥善处理社会矛盾,不仅直接关系到广大人民群众的根本利益,而且直接关系到构建社会主义和谐社会的大局。全会决定提出,要适应我国社会结构和利益格局的发展变化,抓紧建立健全四个机制,即科学有效的利益协调机制、诉求表达机制、矛盾调处机制、权益保障机制。要坚持把改善人民生活作为正确处理改革发展稳定关系的结合点,正确把握最广大人民的根本利益、现阶段群众的共同利益和不同群体的特殊利益的关系,统筹兼顾各方面群众的关切。要推行领导干部接待群众制度,完善党政领导干部和党代表、人大代表、政协委员联系群众制度,健全信访工作责任制，搭建多种形式的沟通平台，把群众利益诉求纳入制度化、规范化、法制化的轨道。要健全社会舆情汇集和分析机制，完善矛盾纠纷排查调处工作制度，建立党和政府主导的维护群众权益机制，实现人民调解、行政调解、司法调解有机结合，综合运用各种手段，把矛盾化解在基层、解决在萌芽状态。要着力解决土地征收征用、城市建设拆迁、环境保护、企业重组改制和破产、涉法涉诉中群众反映强烈的问题，坚决纠正损害群众利益的行为。

三是健全应急管理体制机制。全会决定强调，要形成统一指挥、反应灵敏、协调有序、运转高效的应急管理机制，有效应对自然灾害、事故灾难、公共卫生事件、社会安全事件，提高危机管理和抗风险能力。针对安全事故频发的问题，全会决定强调，要完善安全生产体制机制、法律法规和政策措施，加大投入，落实责任，严格管理，强化监督，坚决遏制重特大安全事故。

四是健全社会治安防控体系。目前，我国社会治安大局总体是稳定的，但影响社会治安稳定的问题不少，各种诱发和滋生违法犯罪的因素增多，重大刑事案件时有发生。确保人民生命财产安全，是构建社会主义和谐社会的重要任务。全会决定强调，要坚持打防结合、预防为主、专群结合、依靠群众的方针，完善社会治安防控体系，广泛开展平安创建活动，把社会治安综合治理措施落实到基层。全会决定提出，要实施宽严相济的刑事司法政策，就是对刑事犯罪要区别对待，既要有力打击和震慑犯罪，维护法律的权威和尊严，又要充分重视依法从宽的一面，最大限度地化消极因素为积极因素。要加强对流浪儿童、服刑人员子女的关心教育，强化吸毒人员感化和管理，改进刑释解教人员帮教安置工作。全会决定还对加强国家安全工作和国防建设作出了部署。

（五）激发社会活力，增进社会团结和睦。社会主义和谐社会既是充满活力的社会，也是团结和睦的社会。全会决定强调，必须最大限度地激发社会活力，促进政党关系、民族关系、宗教关系、阶层关系、海内外同胞关系的和谐，巩固全国各族人民的大团结，巩固海内外中华儿女的大团结。决定从三个方面提出了要求。

一是增强全社会创造活力，形成万众一心共创伟业的生动局面。构建社会主义和谐社会，必须把增强全社会创造活力作为一项重要任务。全会决定强调，要贯彻尊重劳动、尊重知识、尊重人才、尊重创造的方针，发挥人民群众的首创精神，使全社会的创造能量充分释放、创新成果不断涌现、创业活动蓬勃开展。全会决定关于这方面的内容可以概括为“三个坚持”“三个创业”。“三个坚持”就是：(1)坚持人民群众是历史创造者的观点，党和政府的重大决策和工作部署都要从人民群众的创造性实践中汲取智慧、经受检验，都要依靠人民群众付诸实践、取得实效。(2)坚持发挥生产力作为最活跃最革命因素的决定性作用，坚定不移地通过深化改革破除各种障碍，不断解放和发展生产力。(3)坚持把创新精神贯穿到治国理政的各个环节，保护创新热情，鼓励创新实践，完善创新机制，宽容创新挫折，增强自主创新能力，建设创新型国家。“三个创业”就是倡导自主创业、艰苦创业、和谐创业。全会决定强调这“三个坚持”“三个创业”，目的是不断增强全社会创造活力，更好地推进中国特色社会主义事业。

二是巩固和壮大最广泛的爱国统一战线，充分调动各方面积极性。今年7月，胡锦涛同志在全国统战工作会议上的讲话中指出，政党关系、民族关系、宗教关系、阶层关系、海内外同胞关系，这是政治领域和社会领域中涉及党和国家工作全局的一些重大关系。全会决定以这五大关系为主线，提出了构建社会主义和谐社会对统一战线工作的要求。全会决定强调，要高举爱国主义和社会主义伟大旗帜，发挥统一战线在促进社会和谐中的独特优势，支持人民政协围绕团结和民主两大主题履行政治协商、民主监督、参政议政的职能，发挥协调关系、汇集力量、建言献策、服务大局的作用，加强各党派、各团体、各民族、各阶层、各界人士的团结和谐。具体来说，在政党关系方面，要贯彻长期共存、互相监督、肝胆相照、荣辱与共的方针，加强同民主党派和无党派人士合作共事，不断发展我国社会主义多党合作事业。在阶层关系方面，要坚持全心全意依靠工人阶级的方针，发挥包括知识分子在内的工人阶级、广大农民推动经济社会发展根本力量的作用，鼓励和支持包括新的社会阶层在内的全体社会主义事业的建设者为经济社会发展贡献力量。在民族关系方面，要认真贯彻落实党的民族政策，牢牢把握各民族共同团结奋斗、共同繁荣发展的主题，广泛开展民族团结进步活动，巩固和发展平等、团结、互助、和谐的社会主义民族关系，使各族人民和睦相处、和衷共济、和谐发展。在宗教关系方面，要全面贯彻党的宗教信仰自由政策，依法管理宗教事务，坚持独立自主自办的原则，积极引导宗教与社会主义社会相适应，加强信教群众同不信教群众、信仰不同宗教群众的团结，发挥宗教在促进社会和谐方面的积极作用。在海内外同胞关系方面，要巩固祖国大陆同胞同香港特别行政区同胞、澳门特别行政区同胞、台湾同胞和海外侨胞的大团结，维护香港、澳门长期繁荣稳定，推进祖国统一大业，共同为实现中华民族的伟大复兴而奋斗。

三是坚持走和平发展道路，营造良好外部环境。我国构建社会主义和谐社会需要营造良好外部环境。党的十六大以来，以胡锦涛同志为总书记的党中央提出了推动建设和谐世界的重大战略思想和重大战略任务。全会决定着眼于为和谐社会建设营造良好外部环境，强调要高举和平、发展、合作的旗帜，坚持独立自主的和平外交政策，坚定不移地走和平发展道路，实施互利共赢的开放战略，维护国家的主权、安全、发展利益，积极争取和平稳定的国际环境、睦邻友好的周边环境、平等互利的合作环境、互信协作的安全环境、客观友善的舆论环境，推动建设持久和平、共同繁荣的和谐世界。

四、关于加强党对构建社会主义和谐社会的领导

全会决定强调，必须充分发挥党的领导核心作用，坚持立党为公、执政为民，以党的执政能力建设和先进性建设推动社会主义和谐社会建设，为构建社会主义和谐社会提供坚强有力的政治保证。全会决定围绕加强党对构建社会主义和谐社会的领导提出了四个方面的要求和措施。

第一，提高各级领导班子和领导干部领导社会主义和谐社会建设的本领。全会决定从领导职责、领导机制、领导班子建设、学习培训等方面提出了一系列新要求新措施，要求各级党委建立科学高效的领导机制和工作机制，选好配强领导班子，深化干部人事制度改革，认真实施体现科学发展观要求的综合考核评价办法，不断提高各级领导班子和领导干部管理社会事务、协调利益关系、开展群众工作、激发社会创造活力、处理人民内部矛盾、维护社会稳定的本领。我们党是执政党，党内和谐对社会和谐具有重要影响。只有加强党内和谐，不断巩固和加强党的团结统一，增强党的凝聚力，才能更好地发挥党的领导核心作用，更好地团结带领人民推进和谐社会建设。全会决定强调，要坚持和完善民主集中制，扩大党内民主，推进党务公开，严格党内生活，严肃党的纪律，增进党的团结统一，以党内和谐促进社会和谐。

第二，加强基层基础工作。构建社会主义和谐社会，重心在基层，必须扎扎实实地做好抓基层、打基础的各项工作。全会决定围绕加强基层基础工作提出了四个方面的要求。(1)加强党的基层组织建设。构建社会主义和谐社会的各项任务，要靠党的基层组织团结带领群众去落实。党的350多万个基层党组织、7000多万名党员能否在和谐社会建设中发挥表率作用，影响极大。全会决定强调，要发挥基层党组织凝聚人心、推动发展、促进和谐的作用，动员和组织广大党员做促进社会和谐的表率。(2)深入做好党的群众工作。构建社会主义和谐社会的大量工作同群众工作密切相关，只有把联系群众、宣传群众、组织群众、服务群众、团结群众的工作做好了，构建社会主义和谐社会才能有坚实的基础。全会决定强调，要牢固树立群众观点，一切相信群众，一切依靠群众，认真研究和把握新形势下党的群众工作的特点和规律，千方百计把群众工作做深做细做实。(3)大力加强基层政权建设。要增强基层政权的社会服务功能，提高基层政权的社会管理、依法办事能力。(4)加强基层干部队伍建设。全会决定提出，要紧紧依靠广大基层干部做好基层基础工作，制定和落实定期轮训、考评激励、待遇保障等制度措施。要严格要求、真心爱护基层干部，积极帮助他们解决工作生活中的困难。

第三，建设宏大的社会工作人才队伍。构建社会主义和谐社会，离不开人才工作的支持和保障。构建社会主义和谐社会，迫切需要社会管理和服务工作转变方式、提高专业化水平，迫切需要众多的各类社会工作人才。全会决定强调，要建立健全以培养、评价、使用、激励为主要内容的政策措施和制度保障，确定职业规范和从业标准，加强专业培训，提高社会工作人员职业素质和专业水平。要制定人才培养规划，加快高等院校社会工作人才培养体系建设，抓紧培养大批社会工作急需的各类专门人才。要充实公共服务和社会管理部门，配备社会工作专门人员，完善社会工作岗位设置，通过多种渠道广泛吸纳社会工作人才，提高专业化社会服务水平。

第四，深入开展党风廉政建设和反腐败斗争。党风正则干群和，干群和则社会稳。如果腐败现象滋生蔓延而又不能得到有效遏制，就难以维护社会和谐。当前，反腐倡廉总的形势是好的，同时腐败问题在一些地方和部门仍然呈多发态势，违法违纪、损害群众利益的问题仍然比较突出，党内不正之风仍然比较严重，反腐倡廉工作仍然存在薄弱环节。全会决定强调，要坚持党要管党、从严治党，贯彻标本兼治、综合治理、惩防并举、注重预防的反腐倡廉战略方针，推进教育、制度、监督并重的惩治和预防腐败体系建设。要以思想道德教育为基础，加强党章和法纪学习教育，加强党员干部党性锻炼和思想道德修养，教育党员领导干部做道德表率，推进廉政文化建设，筑牢拒腐防变的思想道德防线。要以正确行使权力为重点，用改革的办法推进反腐倡廉制度建设，拓展从源头上防治腐败的工作领域，形成群众支持和参与反腐倡廉的有效机制，健全防范腐败的体制机制。要以保证廉洁从政为目标，加强对领导机关和领导干部的监督，把党内监督与各方面监督结合起来，形成监督合力，提高监督实效。全会决定还强调，要严格要求领导干部廉洁自律、率先垂范，严厉惩治腐败，切实纠正损害群众利益的不正之风。

构建社会主义和谐社会，需要全社会共同努力。全会文件特别强调，构建社会主义和谐社会，必须坚持在中国共产党的领导下全社会共同建设。让我们紧密团结在以胡锦涛同志为总书记的党中央周围，高举邓

小平理论和"三个代表"重要思想伟大旗帜，全面贯彻落实科学发展观，万众一心，扎实工作，锐意进取，为把我国建设成为富强民主文明和谐的社会主义现代化国家而奋斗！

十届全国人大常委会第五十一次委员长会议在人民大会堂举行

会议决定，十届全国人大常委会第二十四次会议于10月27日至31日在北京召开。根据委员长会议建议的议程，常委会第二十四次会议将继续审议物权法草案、关于授权香港特别行政区对深圳湾口岸港方口岸区实施管辖的决定草案等。

全国人大常委会委员长吴邦国主持了会议。

委员长会议建议常委会第二十四次会议的议程还包括：继续审议反洗钱法草案、农民专业合作社法草案、未成年人保护法修订草案；审议银行业监督管理法修正案草案、人民法院组织法修正案草案；审议国务院关于提请审议批准1981年职业安全和卫生及工作环境公约的议案，关于提请审议批准中国和土库曼斯坦关于打击恐怖主义、分裂主义和极端主义的合作协定的议案，关于提请审议批准中国和澳大利亚关于刑事司法协助的条约的议案，关于提请审议批准中国和阿富汗睦邻友好合作条约的议案，关于提请审议批准中国和阿塞拜疆引渡条约的议案；审议最高人民法院关于开展规范司法行为专项整改情况的报告、最高人民检察院关于开展规范执法行为专项整改情况的报告；审议全国人大内务司法委员会、财政经济委员会关于十届全国人大四次会议主席团分别交付审议的代表提出的议案审议结果的两个报告；审议全国人大常委会代表资格审查委员会关于个别代表的代表资格的报告；审议吴邦国委员长访问巴西、乌拉圭、智利及拉美议会的书面报告；审议有关任免案等。

委员长会议上，全国人大常委会副委员长兼秘书长盛华仁汇报了常委会会议议程草案和日程安排意见。全国人大法律委员会、财政经济委员会、外事委员会、内务司法委员会和全国人大常委会代表资格审查委员会负责人分别就委员长会议建议的常委会第二十四次会议有关议程的情况作了汇报。

全国人大常委会副委员长王兆国、李铁映、司马义·艾买提、何鲁丽、丁石孙、成思危、蒋正华、顾秀莲、热地、路甬祥、乌云其木格、韩启德出席会议。

国务院总理温家宝在中南海紫光阁会见美国国务卿康多莉扎·赖斯

温家宝指出，朝鲜半岛核问题正处在十字路口，何去何从，事关东北亚乃至世界的和平与稳定。各方要看到形势的严峻性，也要看到希望，以对未来负责的态度，努力解决这场危机。半岛核问题只有通过对话和平解决才符合各国的利益，舍此别无选择。尽早重启六方会谈，是解决半岛核问题的有效途径。"千淘万漉虽辛苦，吹尽狂沙始到金"。只要各方顾全大局，就能解决好半岛核问题。

温家宝说，中美经贸关系越来越紧密，两国建立战略经济对话机制，为在经贸领域增进了解提供了新的渠道。中方愿在平等互利的基础上进一步拓展双边经贸合作，采取积极措施，扩大自美进口，鼓励双向投资，保护知识产权。同时希望美方以实际行动放宽对华出口限制，取消贸易保护主义措施。

中亚区域经济合作第五次部长会议在乌鲁木齐召开

国务院副总理曾培炎出席开幕式并致辞。曾培炎说，近年来，在各有关国家、亚行和其他国际组织、金融机构的共同努力下，中亚区域经济合作稳步推进，为改善本地区贸易投资条件、提高区域竞争力发挥了积极作用。中国主张，通过合作建立健全本地区基础设施网络，加强各国贸易投资往来，扩大人员、信息和技术交流，发挥比较优势，实现互利共赢。

曾培炎提出四点建议。第一，加强基础设施领域合作。加快建设中蒙俄公路和中吉乌铁路等运输通道，不断完善公路、铁路和民航运输网络。逐步建设区域能源和电力市场，在可再生能源开发、节能和提高能效方面进行合作。

第二，逐步扩大合作范围。重点推进贸易、农业、可持续发展、旅游、人力资源开发等方面的合作项目。中国政府支持以"特别项目"的形式，在环境保护、艾滋病防控、人禽流感防控等方面开展合作，并为中亚地区人力资源开发合作提供50万美元资金支持。

第三，促进企业扩大合作。继续推进贸易和投资自由化便利化，加强口岸建设，规范海关制度，降低贸易壁垒，为企业跨境合作提供更好的条件。中国鼓励本国企业家参与中亚区域经济合作，也希望各国企业家更多地到本地区投资创业。

第四，完善区域经济合作机制。希望中亚合作各有关方面，继续在部长会议、高官会议、行业协调委员会为主的协商机制下，加强多边对话和政策协调，不断提高合作水平和成效。同时，加强中亚合作与本地区其他合作机制的协调。

出席本次会议的有，中国、阿富汗、阿塞拜疆、吉尔吉斯斯坦、乌兹别克斯坦、塔吉克斯坦、哈萨克斯坦、蒙古等8国代表团，亚洲开发银行等6个国际组织和金融机构的代表。

外交部部长李肇星与美国国务卿赖斯在钓鱼台国宾馆举行会谈

李肇星积极评价中美关系进展以及在重大国际和地区问题上的有效磋商与合作，强调双方应继续积极落实胡锦涛主席和布什总统达成的重要共识，加强互信与合作，妥善处理分歧，推动中美关系健康、稳定发展。李肇星表示，中方对布什总统和美国政府多次重申坚持一个中国政策、遵守中美三个联合公报、反对"台独"表示赞赏。希望美方恪守承诺。

国防部部长曹刚川在北京分别会见澳大利亚陆军司令彼得·莱希和乍得国防部部长比沙拉·伊萨·贾达拉

《艾思奇全书》出版发行

被毛泽东赞誉为"党在理论战线上的忠诚战士"——《艾思奇全书》今天由人民出版社出版发行。《艾思奇全书》共8卷，大约550万字，全书历经30多年的搜集整理编辑，汇集了艾思奇各个时期的主要著作，是学习研究艾思奇哲学思想的重要文献。

艾思奇是我国著名的马克思主义哲学家、教育家，杰出的无产阶级革命家、实践家，毕生致力于宣传、传播、研究和发展马克思主义哲学，从在延安抗大、马列学院、陕北公学任哲学教员，到后来任中央党校副校长、中国哲学学会副会长、中国科学院哲学社会科学部学部委员，可谓硕果累累、著作等身，最有影响的是通俗哲学读物《大众哲学》和高等学校文科教材《辩证唯物主义历史唯物主义》两书，可以说艾思奇将自己的一生都献给了党和人民的哲学事业、教育事业，为传播和发展马克思主义哲学作出了卓越的贡献。

10月21日

江泽民 李鹏 朱镕基 李瑞环等同志参观纪念红军长征胜利70周年展览

中国队在第三十九届世界体操锦标赛男女团决赛中分别获得冠军

这是中国体操队成立53年来获得的第一个女团世界冠军。杨威获男子个人全能冠军和男子双杠冠军，程菲在女子自由体操比赛中夺得冠军。陈一冰获得吊环冠军，程菲和肖钦分别蝉联女子跳马和鞍马冠军。

10月22日

纪念红军长征胜利70周年大会在人民大会堂举行

中共中央总书记、国家主席、中央军委主席胡锦涛发表重要讲话强调，70年前，中国共产党领导红军将士完成了震惊世界的长征，开辟了中国革命继往开来的光明道路，奠定了中国革命胜利前进的重要基础。这一伟大历史事件，是中国共产党人的骄傲，是人民军队的光荣，是中华民族的自豪。我们纪念红军长征胜利，就是要激励全党全军全国各族人民在中国特色社会主义道路上继续奋勇前进。

江泽民、吴邦国、温家宝、曾庆红、黄菊、吴官正、李长春、罗干出席大会。

出席大会的领导同志还有：王兆国、回良玉、刘淇、刘云山、吴仪、贺国强、曹刚川、王刚、李鹏、朱镕基、李瑞环、刘华清、尉健行、李岚清、何勇、李铁映、司马义·艾买提、何鲁丽、丁石孙、成思危、蒋正华、顾秀莲、热地、盛华仁、路甬祥、乌云其木格、韩启德、唐家璇、华建敏、陈至立、肖扬、贾春旺、王忠禹、刘延东、张思卿、白立忱、张克辉、周铁农、陈奎元、阿不来提·阿不都热西提、徐匡迪、李兆焯、黄孟复、张怀西、李蒙、张梅颖、张榕明和黄华、杨白冰、张万年、姜春云、张震、王光英、彭珮云、周光召、曹志、韩杼滨、杨汝岱、任建新、钱正英、孙孚凌、朱光亚、万国权、胡启立、陈锦华、赵南起、韩光，中央军委委员李继耐、廖锡龙、陈炳德、靖志远以及原中央军委委员傅全有、王克、王瑞林。

中央党政军群各部门和北京市负责人，各民主党派中央、全国工商联负责人和无党派人士代表以及首都各界群众共约3000人参加了今天的大会。

中共中央总书记胡锦涛在纪念红军长征胜利70周年大会上的讲话

同志们：

今天，我们在这里隆重集会，纪念中国工农红军长征胜利70周年。70年前，中国共产党领导红军将士完成了震惊世界的长征，开辟了中国革命继往开来的光明道路，奠定了中国革命胜利前进的重要基础。这一伟大历史事件，是中国共产党人的骄傲，是人民军队的光荣，是中华民族的自豪。我们纪念红军长征胜利，就是要激励全党全军全国各族人民在中国特色社会主义道路上继续奋勇前进。

在这里，我代表党中央、国务院和中央军委，向所有参加过红军长征和为红军长征胜利作出贡献的老战士、老同志，向当年支援红军长征的各族人民特别是各革命根据地人民，致以诚挚的问候和崇高的敬意！

70年来，我们始终铭记着领导红军创造这一历史伟业的毛泽东、周恩来、朱德等老一辈无产阶级革命家，始终铭记着为红军长征胜利英勇献身的革命烈士们。他们的功勋永载史册！他们的英名永垂不朽！

我提议，全体起立，为在红军长征途中和在各地革命斗争中英勇牺牲的革命烈士默哀！

同志们！

上个世纪30年代初，我国正处于内忧外患的严峻境地。日本军国主义加紧侵略中国，中国社会危机四伏，中国人民饱受煎熬，中华民族到了最危险的时候。在那个风雨如磐的年代，我们党团结带领人民在艰难困苦中奋起、在艰辛探索中前进，百折不挠地为改变中国的面貌和中华民族的命运而斗争。但是，国民党反动派置民族危亡于不顾，顽固推行“攘外必先安内”的政策，向革命根据地接连发动大规模“围剿”，企图消灭中国共产党和工农红军。由于党内“左”倾教条主义的错误领导，中央革命根据地第五次反“围剿”失败。在党和红军面临生死存亡考验的紧急关头，党领导红军进行战略转移。从1934年10月至1936年10月，红军第一、第二、第四方面军和第二十五军先后进行长征。在长征途中，党领导红军跨越滔滔急流，征服皑皑雪山，穿越茫茫草地，突破层层封锁，粉碎了上百万敌军的围追堵截，克服了以王明为代表的“左”倾教条主义和张国焘的分裂主义等错误，纵横十余省，最远的行程二万五千里，胜利前进到陕甘宁地区，实现了红军主力的大会师。这场惊心动魄的远征，历时之长，行程之远，敌我力量之悬殊，自然环境之恶劣，在人类战争史上是罕见的。红军主力长征期间，留在南方八省的红军游击队、西北地区的红军、党领导下的东北人民抗日武装以及在白色恐怖下开展地下斗争的党组织，在极其困难的环境中坚持斗争，为红军长征胜利作出了重要贡献。红军长征以我们的胜利、敌人的失败宣告结束，充分展示了中国共产党人领导革命战争的卓越能力，充分体现了红军将士为民族独立和人民解放勇于牺牲、敢于胜利的大无畏气概，充分证明了人民革命战争的正义力量是不可战胜的。

在红军长征这一具有重大意义的战略转移中，我们党坚持把自己的命运与中华民族的命运联系在一起，把军事上的战略转移与政治上的战略转变联系在一起，把长征前进的大方向与建立抗日的前进阵地联系在一起，以长征的胜利推动中国革命转危为安。红军长征是中国革命从挫折走向胜利的重大转折，为我们党团结带领人民打败日本军国主义侵略，争取建设独立、自由、民主、统一、富强的新国家迎来了新的曙光，开辟了光明前景。

同志们！

我们党领导红军以无与伦比的英雄气概进行的长征，创造了气吞山河的人间奇迹，谱写了中国革命史的光辉篇章，在我们党、军队和中华民族的发展史上都具有十分重大而深远的意义。

——伟大的红军长征，翻开了马克思列宁主义基本原理同中国革命具体实践相结合的新篇章。长征途中，以毛泽东同志为主要代表的中国共产党人坚持把马克思列宁主义基本原理同中国革命具体实践相结合，正确解决了关乎党和红军前途命运的三个全局性问题，即引领红军向哪里去的战略方向问题，使党和红军摆脱被动局面的军事指挥问题，结束“左”倾教条主义错误在中央的统治问题，从思想上确保了红军长征胜利。把马克思列宁主义基本原理同中国革命具体实践结合起来，走适合国情的革命道路，实行符合实际的战略策略，这一我们党在血的教训和生死存亡考验中认识并确立起来的思想路线及其取得的重大思想成果，对中国革命产生了深远影响。

——伟大的红军长征，开创了中国革命的新局面。红军长征胜利，使党中央领导中国革命大本营奠基于西北，巩固和发展了陕甘宁革命根据地，使其成为中国革命的政治中心，为党和红军的发展创造了必要条件。红军长征的磨难和考验，锻炼了中国革命力量，党员和红军质量显著提高，为党的队伍和革命力量的壮大、为革命事业的发展培养了基本骨干。红军长征实现了我们党北上抗日的战略方针，推动了抗日民族统一战线的形成，鼓舞了全民族团结抗战的信心和勇气。红军长征胜利，为中国人民夺取抗日战争胜利、进而夺取新民主主义革命胜利打下了坚实基础。

——伟大的红军长征，培育了中国共产党和人民军队的革命精神。红军长征胜利，是中国共产党人和红军将士弘扬伟大革命精神的胜利。红军长征不仅创造了可歌可泣的战争史诗，而且谱写了豪情万丈的精神史诗，铸就了伟大的长征精神。长征精神，就是把全国人民和中华民族的根本利益看得高于一切，坚定革命的理想和信念，坚信正义事业必然胜利的精神；就是为了救国救民，不怕任何艰难险阻，不惜付出一切牺牲的精神；就是坚持独立自主、实事求是，一切从实际出发的精神；就是顾全大局、严守纪律、紧密团结的精神；就是紧紧依靠人民群众，同人民群众生死相依、患难与共、艰苦奋斗的精神。长征精神，是中国共产党人和人民军队革命风范的生动反映，是中华民族自强不息的民族品格的集中展示，是以爱国主义为核心的民族精神的最高体现。长征精神为中国革命不断从胜利走向胜利提供了强大精神动力。

——伟大的红军长征，具有更深远意义的是，形成了中国革命成熟的坚强领导核心。红军长征从被动到主动、踏上胜利道路，转折点是遵义会议。遵义会议确立了毛泽东同志在红军和党中央的领导地位，开始确立了以毛泽东同志为代表的党中央的正确路线，使红军和党中央得以在极其危急的情况下保存下来，为我们党从挫折走向胜利提供了重要保证。这是我们党走向成熟的重要标志。以毛泽东同志为核心的党的第一代中央领导集体逐步形成,是我们党在领导中国革命的实践中、经过胜利和失败的长期比较作出的历史性选择。从遵义会议开始,又经过10年努力,到党的七大,我们党总结了历史经验,为建立新民主主义的新中国制定了正确的理论和路线方针政策,使全党在思想上、政治上、组织上达到空前的统一和团结,党的领导更加成熟,党的力量成倍壮大,党成为领导全国各族人民进行伟大革命的核心力量。

同志们!

自70年前红军长征胜利以来,我们党团结带领全国各族人民在革命、建设、改革的各个历史时期进行了一次又一次波澜壮阔的伟大长征,夺取了一个又一个举世瞩目的伟大胜利。今天,我们进行改革开放和社会主义现代化建设,全面建设小康社会,积极构建社会主义和谐社会,开创中国特色社会主义事业新局面,为把我国建设成为富强民主文明和谐的社会主义现代化国家、为实现中华民族的伟大复兴而奋斗,就是我们党团结带领全国各族人民进行的新的伟大长征。在新长征的征途上,我们一定要继承和发扬红军长征的光荣革命传统。

我们继承和发扬红军长征的光荣革命传统,就要大力推进马克思主义中国化,不断开拓马克思主义在当代中国发展的新境界。红军长征之所以成为我们党从挫折走向胜利、中国革命由波折坎坷走向蓬勃发展的重大转折,关键是以毛泽东同志为代表的中国共产党人在实践中深刻认识到,在我们这样一个半殖民地半封建的东方大国里进行革命,必然遇到许多特殊的复杂问题,靠背诵马克思列宁主义一般原理和照搬外国经验不可能解决这些问题,只有创造性地运用马克思列宁主义基本原理,实事求是、独立自主地解决中国革命的重大问题,才能把革命事业引向胜利。这是红军长征给我们的最可宝贵的启示。红军长征,推动我们党更加深入地思考中国革命问题、特别是党的思想理论指导问题,逐步形成了以实事求是、群众路线、独立自主为基本点的一系列思想理论成果,有力推动了毛泽东思想的形成和发展,有力推动了马克思主义中国化的历史进程,使我们党在科学理论指导下找到了夺取中国革命胜利的正确道路。一部包括红军长征在内的中国共产党的历史,就是一部坚持以马克思主义基本原理为指导、紧密结合中国具体实际进行理论创新的历史,就是一部不断推进马克思主义中国化的历史。在新长征的征途上,我们一定要高举马克思列宁主义、毛泽东思想、邓小平理论和"三个代表"重要思想伟大旗帜,贯彻落实党的十六大以来党中央提出的科学发展观、构建社会主义和谐社会等一系列重大战略思想,坚持用马克思主义特别是马克思主义中国化的最新成果武装全党、教育人民。坚持解放思想、实事求是、与时俱进,根据新的实践继续推进马克思主义中国化。要坚持把马克思主义基本原理同中国具体实际相结合,不断作出符合我国社会发展进步要求和人民群众实践需要的新的理论概括,使当代中国的马克思主义具有更加鲜明的实践特色;要扎根于中国的土壤,把马克思主义真理的力量深深熔铸在民族的生命力、创造力、凝聚力之中,使当代中国的马克思主义具有更加鲜明的民族特色;要始终走在时代前列,敏锐把握时代特征,准确反映时代要求,使当代中国的马克思主义具有更加鲜明的时代特色,从而更好地为新的历史条件下党和人民事业的发展提供科学理论指导。

我们继承和发扬红军长征的光荣革命传统,就要大力弘扬革命理想高于天的崇高精神,为建设中国特色社会主义提供强大精神支柱。在艰苦卓绝的长征中,英勇的红军将士之所以能够视死如归、浴血奋战,之所以能够战胜人世间难以想象的千难万阻,就是因为他们心中有着为人民解放和民族自由而奋斗的崇高理想和坚定信念。崇高理想,坚定信念,是凝聚人心、催人奋进的伟大旗帜,是战胜困难、赢得胜利的力量源泉。我国社会主义建设已经取得了举世瞩目的伟大成就,但我们必须清醒地认识到,我国正处于并将长期处于社会主义初级阶段,人口多、底子薄、发展不平衡仍然是我国的基本国情,要基本实现社会主义现代化、实现全体人民共同富裕,还有很长的路要走,还会遇到这样那样的困难和风险,还要进行长期的艰苦奋斗。在新长征的征途上,我们一定要把长征精神作为加强社会主义精神文明建设的重要内容,作为在全体人民特别是青少年中进行理想信念和思想道德教育的重要内容,坚持不懈地发扬光大,把长征精神一代一代传下去。要在全体人民中牢固树立社会主义核心价值体系,用中国特色社会主义共同理想激励广大党员、干部和人民群众,不断巩固全党全国各族人民团结奋斗的共同思想基础。要大力弘扬以爱国主义为核心的民族精神和以改革创新为核心的时代精神,不断增强全民族的自尊心、自信心、自豪感,不断增强全社会的进取精神、开拓勇气、创新能力,激励全国各族人民为实现中华民族的伟大复兴而团结奋斗。

我们继承和发扬红军长征的光荣革命传统,就要大力加强全党的团结、全国各族人民的大团结,最广泛地为党和人民事业的发展凝聚智慧和力量。在红军长征途中,我们党经过艰苦努力和严肃斗争,实现了全党的空前团结、红军的空前团结,密切了党和人民军队同人民群众的血肉联系。没有这种革命大团结,红军长征胜利是不可能的。团结是克服困难、赢得胜利的强大力量，是凝聚人心、成就伟业的重要保证。在新长征的征途上，我们一定要维护和加强全党的团结、全国各族人民的大团结，维护和加强各党派、各团体、各民族、各阶层以及各方面的团结，促进政党关系、民族关系、宗教关系、阶层关系、海内外同胞关系的和谐，把一切可以团结的力量团结起来，把一切积极因素调动起来，让一切有利于社会发展进步的创造活力竞相迸发、一切有利于创造社会财富的源泉充分涌流，不断把中国特色社会主义伟大事业推向前进。

我们继承和发扬红军长征的光荣革命传统，就要大力推进国防和军队现代化建设，有效履行新世纪、新阶段人民军队历史使命。红军长征胜利充分说明了一个真理：建设一支听党指挥、服务人民、英勇善战的革命军队，是革命的依托、民族的希望。长期以来，我们党领导的人民军队为民族独立、人民解放和国家富强、人民幸福作出了卓著贡献。建立巩固的国防，建设强大的人民军队，是我国社会主义现代化建设的战略任务，是维护国家安全统一和全面建设小康社会的重要保障。在新长征的征途上，我们一定要始终不渝地坚持党对军队的绝对领导，坚持把科学发展观作为国防和军队建设的重要指导方针，坚持国防建设与经济建设协调发展，按照革命化、现代化、正规化相统一的原则，加强军队全面建设，永远保持人民军队的性质和本色。要着眼世界战略格局、我国安全环境和军事斗争任务的重大变化，贯彻积极防御的军事战略方针，大力推进中国特色军事变革，走中国特色精兵之路，不断提高我军信息化条件下的防卫作战能力。国防和军队建设是全党全国各族人民的共同事业，依靠人民建设国防、建设军队是我们的优良传统。要广泛开展国防教育，增强全民国防安全观念，深入开展拥军优属、拥政爱民活动，紧紧依靠广大人民群众的支持，努力把国防和军队现代化建设推向新的发展阶段。

我们继承和发扬红军长征的光荣革命传统，就要大力加强党的执政能力建设和先进性建设，更好地担当起执政为民、执政兴国的历史重任。在红军长征的艰苦磨难中，我们党高度重视自身建设，使我们党焕发出前所未有的旺盛生机和蓬勃活力，为红军长征胜利提供了根本保证，也为中国革命不断走向胜利提供了根本保证。实践告诉我们，我们党要团结带领人民战胜各种艰难险阻、赢得各项事业胜利，必须把党建设成为用马克思主义理论武装起来、全心全意为人民服务、思想上政治上组织上完全巩固、能够经受住各种风险、始终走在时代前列的马克思主义政党。在新长征的征途上，我们一定要紧紧围绕党的历史使命和中心任务，紧紧抓住发展这个党执政兴国的第一要务，坚持科学执政、民主执政、依法执政，以加强党的执政能力建设和先进性建设为重点，继续推进党的建设新的伟大工程，全面加强党的思想建设、组织建设、作风建设和制度建设，不断提高党的创造力、凝聚力、战斗力。广大共产党员尤其是党员领导干部，要学习红军长征中共产党员忠于革命理想、献身革命事业的政治品格，始终保持对马克思主义的坚定信仰、对中国特色社会主义的坚定信念、对改革开放和社会主义现代化建设的坚定信心；要学习红军长征中共产党员热爱人民、造福人民的思想境界，坚持立党为公、执政为民，坚持全心全意为人民服务的宗旨，坚持权为民所用、情为民所系、利为民所谋，倾听群众呼声，关心群众疾苦，着力解决好人民群众最关心、最直接、最现实的利益问题，扎扎实实为人民群众办实事、办好事；要学习红军长征中共产党员吃苦在前、享受在后的崇高风范，始终艰苦奋斗、艰苦创业，模范地实践以“八荣八耻”为主要内容的社会主义荣辱观，常修为政之德、常思贪欲之害、常怀律己之心，自觉抵御拜金主义、享乐主义、极端个人主义等消极腐朽思想文化的侵蚀，真正做到为民、务实、清廉；要学习红军长征中共产党员不怕牺牲、敢于胜利的坚强意志，大兴求真务实之风，始终埋头苦干、锐意进取，勇于克服各种艰难险阻，带领群众坚韧不拔地贯彻落实党的路线方针政策，以辛勤的劳动和汗水共同创造我们的幸福生活和美好未来。

同志们！

在新长征的征途上，为了实现全面建设小康社会的宏伟目标、不断开创中国特色社会主义事业新局面，我们必须全面贯彻党的十六届六中全会精神，努力建设民主法治、公平正义、诚信友爱、充满活力、安定有序、人与自然和谐相处的社会主义和谐社会。构建社会主义和谐社会，是我们党从中国特色社会主义事业总体布局和全面建设小康社会全局出发提出的重大战略任务，反映了建设富强民主文明和谐的社会主义现代化国家的内在要求，体现了全党全国各族人民的共同愿望。我们一定要坚持以马克思列宁主义、毛泽东思想、邓小平理论和“三个代表”重要思想为指导，坚持以科学发展观统领经济社会发展全局，以解决人民群众最关心、最直接、最现实的利益问题为重点，着力发展社会事业、促进社会公平正义、建设和谐文化、完善社会管理、增强社会创造活力，推动社会建设与经济建设、政治建设、文化建设协调发展，不断发展全体人民共同建设、共同享有的和谐社会，不断巩固民主团结、生动活泼、安定和谐的政治局面。

同志们！

70年前，毛泽东同志曾经说过：“讲到长征，请问有什么意义呢？我们说，长征是历史纪录上的第一次，长征是宣言书，长征是宣传队，长征是播种机。”今天，我们可以满怀豪情地说，红军长征向世界宣告的革命理想已经变为现实，红军长征播下的种子已经开花结果，并将继续开出更加鲜艳的花朵、结出更加丰硕的果实。让我们在新长征的征途上更加紧密地团结起来，高举邓小平理论和“三个代表”重要思想伟大旗帜，全面贯彻落实科学发展观，保持和发扬革命战争时期的那么一股劲、那么一股革命热情、那么一种拼命精神，沿着建设中国特色社会主义道路，继续把革命前辈开创的伟大事业推向前进，不断描绘中华民族伟大复兴的壮丽图景！

国际反贪局联合会第一次年会暨会员代表大会在北京开幕

国家主席胡锦涛出席开幕式并发表重要讲话。开幕式前，胡锦涛会见了出席会议的各个国家和地区的高级官员及有关国际组织领导人。

出席开幕式的还有何勇、顾秀莲、唐家璇、肖扬。最高人民检察院检察长贾春旺主持了开幕式。

国家主席胡锦涛在国际反贪局联合会第一次年会暨会员代表大会上的讲话

尊敬的各位来宾，

女士们，先生们，朋友们：

值此国际反贪局联合会第一次年会暨会员代表大会在北京召开之际，我谨代表中国政府和中国人民，并以我个人的名义，向会议的召开表示热烈的祝贺！向前来参加会议的各国总检察长、司法部长、内务部长、监察部长、反贪机构负责人、国际组织领导人、专家学者以及各位代表，表示热烈的欢迎！

维护和平，谋求发展，促进和谐，是世界各国人民的共同愿望。倡导廉政，反对腐败，营造公平正义、清明廉洁、和谐稳定的良好社会氛围，是实现国家经济社会发展的必然要求，对促进世界和平与发展也具有重要意义。

腐败现象是人类社会一个危害严重的痼疾，其存在有着深刻的历史和现实原因。当今世界，随着经济全球化深入发展，一些腐败犯罪呈现出有组织、跨国化的特点，这不仅影响有关国家政治、经济、文化、社会的健康发展，也损害各国人民的切身利益。反对腐败，是各国面临的一项重大任务，也是国际社会面临的共同课题。加强反腐败国际合作，有利于各国更加有效地惩治和预防腐败，也有利于实现各国人民要求政治廉洁的共同期盼。

近年来，国际社会致力于共同惩治和预防腐败，就开展反腐败国际合作形成了重要共识。2003年，第五十八届联合国大会审议通过了《联合国反腐败公约》，把各国在惩治和预防腐败方面形成的共识用国际法的形式确定下来，反映了各国反对腐败的共同决心和加强反腐败国际合作的强烈意愿。成立国际反贪局联合会，有助于国际社会在尊重各国政治制度、法律制度以及历史文化特点等差别的基础上，推动建设反腐败互信合作机制，加强各国在反腐败领域的务实合作，推动《联合国反腐败公约》有效实施。

这次会议以加强国际合作、有效实施《联合国反腐败公约》为主题，与会人士将交流反腐败国际合作的经验，研究反腐败国际合作中存在的问题，建立国际反贪局联合会直接合作机制。这对于提高反腐败国际合作的水平和效率，推动《联合国反腐败公约》有效实施，具有十分重要的意义。

女士们、先生们！

坚决惩治和积极预防腐败，是中国政府的一贯立场。我们认为，反对腐败是关系国家发展全局、关系最广大人民根本利益、关系社会公平正义和社会和谐稳定的重大问题和紧迫任务。我们反腐倡廉的战略方针是标本兼治、综合治理、惩防并举、注重预防。我们在开展反腐败斗争中，既坚定不移地查办腐败犯罪，依法对腐败犯罪案件进行侦查、起诉、审判，严惩各类腐败犯罪人员，同时又坚持不懈地健全教育、制度、监督并重的惩治和预防腐败体系，加强廉政法治建设，推进廉政文化建设，强化对权力运行的制约和监督，通过深化改革从源头上防治腐败，不断铲除腐败现象滋生蔓延的土壤。我们注重建立健全民众支持和参与反腐倡廉的有效机制，建立公众举报制度，保障公民对国家机关和国家工作人员违法失职行为的检举权、控告权、申诉权，不断深化反腐败斗争。经过不懈努力，中国的反腐败斗争取得了明显成效。今后，中国政府将继续旗帜鲜明、毫不动摇地开展反腐败斗争，以实现好、维护好、发展好最广大人民的根本利益。

中国政府高度重视在反腐败领域同世界各国和有关国际组织进行合作。我们主张，各国应该在互相尊重主权的前提下开展互利互惠的国际合作，在尊重各国国情的基础上加强反腐败务实合作。

中国是《联合国反腐败公约》的主要参与国，是该公约较早的签署国和批准国。目前，中国正在制定、修订和完善有关惩治和预防腐败的法律法规，以使之更加适应《联合国反腐败公约》对缔约国提出的要求。中国政府将在所承诺的公约义务范围内认真承担相应的国际责任。

我相信，在各位代表共同努力下，这次会议必将对推动反腐败国际合作产生重要影响，也必将对推动建设持久和平、共同繁荣的和谐世界产生积极作用。

最后，预祝会议取得成功！

谢谢各位。

山东农科院成功培育出矮秆大穗稻

据《人民日报》报道：山东省农科院东营分院农艺师徐德芳历时3年精心培育的旱稻新品种获得丰收。经测算，这种新品种较目前旱稻品种297增产1倍以上，亩产600—650公斤，标志着中国旱稻育种取得突破性进展，成功解决了困扰世界各地多年的矮秆旱稻育种难的问题。

我国治疗性乙肝疫苗获重大进展

国家生物技术发展中心今天宣布，在国家"863"等科技计划支持下，我国治疗性乙肝疫苗研究取得重要进展。第三军医大学吴玉章教授率领研究小组研制的"治疗用(合成肽)乙型肝炎疫苗"已完成Ⅰ期临床研究，目前正在开展Ⅱ期临床研究。这是国际上第一个进行临床试验的模拟抗原疫苗，我国拥有该疫苗的全部自主知识产权。Ⅱ期临床试验后，尚需进行Ⅲ期临床试验，以在更大的患病人群中进一步考察其有效性和安全性，最终经国家批准后方能进行工业化生产，成为可以使用的疫苗。

乙肝是一种全球性疾病。全球乙肝病毒感染者约3.5亿。我国乙肝病毒携带者约占人口的10%，为1.3亿，慢性乙型肝炎患者3900万。目前，国际上缺乏能够"清除"乙肝患者体内病毒的根治手段，这一治疗性疫苗研究所取得的进展，将为清除人体内的乙肝病毒带来希望。

第五届世界体育教育与文化论坛在北京国际会议中心开幕

中共中央政治局委员、北京市市委书记、北京奥组委主席刘淇，国务委员、北京奥组委第一副主席陈至立及国际奥委会主席罗格等出席开幕式并致辞。本届论坛的主题是"体育与和谐世界——奥林匹克教育和文化的角色"。

国家体育总局局长、中国奥委会主席刘鹏及国际奥委会委员何振梁，联合国代表皮埃尔·萨内，国际奥委会国际合作与发展部主任甘达·西托雷等一同出席了开幕式。

张娟娟获得2006年国际射箭联合会射箭世界杯总决赛年度总冠军

10月23日

中共中央政治局召开会议研究《2006—2010年全国干部教育培训规划》

中共中央总书记胡锦涛主持会议。

会议认为，"十五"时期，按照党中央提出的战略部署，干部教育培训事业进入新的发展时期，为建设高素质干部队伍、推动"十五"时期经济社会发展发挥了重要作用。"十一五"时期，干部教育培训工作面临着新的形势。全面建设小康社会，构建社会主义和谐社会，加强党的执政能力建设和先进性建设，要求我们必须全面提高干部教育培训工作的整体水平。

会议强调，要坚持以马克思列宁主义、毛泽东思想、邓小平理论和"三个代表"重要思想为指导，全面贯彻落实科学发展观，紧紧围绕党和国家工作大局，按照实事求是、与时俱进、艰苦奋斗、执政为民的要求，以增强执政意识、提高执政能力为重点，联系实际创新路、加强培训求实效，大规模培训干部，大幅度提高干部素质，把提高干部教育培训质量摆在更加突出的位置，努力实现规模和质量、效益的统一，不断开创干部教育培训工作新局面，推动学习型政党、学习型社会建设，为实现"十一五"时期经济社会发展目标提供思想政治保证、人才保证和智力支持。

会议指出，"十一五"时期干部教育培训工作的主要任务是，根据"十一五"时期经济社会发展需要和干部队伍的实际，把政治理论培训作为首要任务，全面加强政策法规、业务知识、文化素养培训和技能训练；把干部教育培训的普遍性要求与不同类别、不同层次、不同岗位干部的特殊需要结合起来，调动干部的积极性和主动性，增强教育培训的针对性和实效性。

会议强调，要以马克思主义中国化的最新成果为中心内容，进一步加大理论武装力度。深入开展马克思列宁主义、毛泽东思想、邓小平理论和"三个代表"重要思想的教育培训。重点进行《江泽民文选》和党的十六大以来以胡锦涛同志为总书记的党中央提出的科学发展观、构建社会主义和谐社会等重大战略思想的教育培训。引导广大干部全面准确地掌握和运用马克思主义中国化的最新成果。要切实加强党的路线方针政策和国家法律法规的教育培训，大力开展党和国家在经济、政治、文化、社会、外交、国防等方面重大部署和要求的培训，着力提高广大干部科学执政、民主执政、依法执政的水平和推进经济社会又好又快发展的本领。要坚持学习理论与指导实践相结合，坚持改造客观世界与改造主观世界相结合，坚持运用理论与发展理论相结合，引导和帮助广大干部认真研究解决本地区本部门改革发展稳定中的重大问题、群众生产生活中的迫切问题、党的建设中存在的突出问题，引导和帮助广大干部提高思想政治水平、加强道德品质修养，引导和帮助广大干部从理论和实践的结合上研究新情况、解决新问题,不断开拓理论和实践的新境界。

会议要求,各地区、各部门要按照分级分类和全员培训的原则,统筹安排,整体部署,为干部教育培训提供有力保障,全面落实"十一五"时期干部教育培训任务。

会议还研究了其他事项。

中共中央政治局进行第三十五次集体学习

中共中央总书记胡锦涛主持学习。

中共中央政治局这次集体学习安排的内容是国外医疗卫生体制和我国医疗卫生事业发展。北京大学中国经济研究中心副主任李玲教授、中华医学会副会长刘俊教授就这个问题进行讲解,并谈了他们对我国医疗卫生体制改革和医疗卫生事业发展的看法。

中共中央政治局各位同志认真听取了他们的讲解,并就有关问题进行了讨论。

胡锦涛在主持学习时发表了讲话。他指出,人人享有基本卫生保健服务,人民群众健康水平不断提高,是人民生活质量改善的重要标志,是全面建设小康社会、推进社会主义现代化建设的重要目标。在经济发展的基础上不断提高人民群众健康水平,是实现人民共享改革发展成果的重要体现,是促进社会和谐的重要举措,是党和政府义不容辞的责任。

胡锦涛强调,要坚持公共医疗卫生的公益性质,深化医疗卫生体制改革,强化政府责任,严格监督管理,建设覆盖城乡居民的基本卫生保健制度,为群众提供安全、有效、方便、价廉的公共卫生和基本医疗服务。要着眼于实现人人享有基本卫生保健服务的目标,着力解决群众看病难看病贵问题,努力缩小城乡之间、地区之间、不同收入群众之间医疗卫生服务差距,加快完善有利于人民群众及时就医、安全用药、合理负担的医疗卫生制度体系,不断提高医疗卫生服务的水平和质量。要完善公共卫生和医疗服务体系,坚持预防为主、防治结合的方针,以农村和城市社区为重点,坚持中西医并重,提高疾病预防控制、公共卫生监督、突发公共卫生事件应急处置能力,重点支持公共卫生、农村卫生、城市社区卫生事业发展,加大对中西部地区医疗卫生事业发展支持力度,整合城乡医疗卫生资源,健全多层次的医疗保障体系。要加快发展农村医疗卫生事业,巩固和完善农村医疗卫生服务网络,改善农村医疗卫生条件,加强农村卫生人才队伍建设,着力解决部分农村缺医少药的状况。要大力发展城市社区医疗卫生服务,完善社区医疗卫生服务功能。要深化医疗卫生管理体制、公立医疗机构运行机制、医疗保障制度、医药市场监管机制、财政经费保障机制等方面的改革,强化公立医院公共服务职能,建立国家基本药物制度,整顿药品生产和流通秩序,降低药品虚高价格,保证群众基本用药。

胡锦涛强调,各级党委和政府都要把医疗卫生工作作为关心群众、促进社会和谐的大事,摆上重要议事日程,不断加强和改善领导。各级政府要把医疗卫生事业发展列入经济社会发展规划,确定发展目标和重点,并采取切实有效的措施保证规划的落实。要切实履行卫生监督执法职能,依法严厉打击各种危害人民群众身体健康和生命安全的违法行为。

胡锦涛强调,要积极推动医德医风建设,深入开展社会主义荣辱观教育,使广大医疗卫生工作者恪守服务宗旨、增强服务意识、提高服务质量,维护医疗卫生行业的良好形象。各级党委和政府要关心和爱护广大医疗卫生工作者,热情帮助他们解决工作、学习、生活中的实际困难。要在全社会形成尊重医学科学、尊重医疗卫生工作者的良好风气,努力构建健康和谐的医患关系。全党全社会都要关心和支持医疗卫生工作,积极推动医疗卫生事业与经济社会建设协调发展,共同为提高全民族的健康水平而努力奋斗。

国务院总理温家宝在中南海紫光阁会见新一届中日友好21世纪委员会成员

温家宝对委员会长期以来坚定地致力于中日友好,为打破中日关系政治僵局所做的努力表示感谢,对委员会着眼长远,建议成立了"中日友好基金会"以促进两国民间特别是青少年之间的交流表示赞赏。他说,中日友好是两国人民的共同愿望,是任何力量也阻挡不了的。中日友好21世纪委员会承载着两国人民的重托,肩负着推进中日友好的历史重任。希望委员会继续为实现两国关系长期稳定健康发展建言献策,作出新的贡献。

中日友好21世纪委员会是中日两国政府咨询机构,10月19日至22日在中国青岛举行了新一届委员会第五次会议。

全国政协主席贾庆林在伦敦会见阿贡活佛等海外藏胞

贾庆林说,中央政府历来高度重视西藏工作,十分关心西藏各族人民的生产生活。新中国成立以来,中央政府累计为西藏投入了1500多亿元人民币,全国人民也大力支援西藏经济社会发展。目前,西藏的政治、经济、文化等各项事业都取得了举世瞩目的成就,社会面貌发生了翻天覆地的变化,正处于历史上最好的发展时期。西藏经济连续5年以12%以上的速度增长,农牧民人均收入增幅连续4年超过10%,人民群众的生活水平有了极大的提高。今年青藏铁路又全线贯通,必将极大地推动西藏经济社会的发展。

贾庆林表示,西藏实行民族区域自治制度以来,中央政府提供了大量财力、物力,积极支持西藏保护和整理民族文化遗产,发展和繁荣民族文化,使西藏优秀的传统文化得到继承、保护和发展。贾庆林强调,中央政府将继续加大对西藏等西部地区经济社会发展的扶持力度,不断提高农牧民生产生活水平,继续支持西藏传统文化事业的发展,努力将现代化建设与环境保护协调发展,给后代留下一个环境优美的西藏。贾庆林最后表示,中央政府对境外藏胞实行"爱国一家,爱国不分先后"的政策,祖国永远欢迎并坚定支持广大海外爱国藏胞,希望他们继续为西藏的繁荣稳定作出贡献。

中共西藏自治区第七届委员会第一次全体会议选举张庆黎为自治区党委书记

国家副主席曾庆红在北京会见比利时副首相迪迪埃·雷恩代尔

国务委员唐家璇就中非关系及中非合作论坛北京峰会接受新华社记者专访

问:今年是新中国与非洲国家开启外交关系50周年。您如何评价中非关系的发展历程和现状?

答:中国同非洲大陆虽然在地理上相距遥远,但友好交往的历史却源远流长。1949年新中国的成立,开辟了中非关系的新纪元。1956年5月,中国同阿拉伯埃及共和国建立大使级外交关系,开启了新中国与非洲国家建交的先河,标志着中非关系进入新的发展阶段。此后,相继获得独立的非洲国家陆续与中国建交,迄今已有48个非洲国家同中国建立了外交关系。

在过去的50年里,中国人民和非洲人民休戚与共、相互同情、相互支持。在广大非洲国家为摆脱殖民统治、争取民族解放进行的艰苦斗争中,中国始终坚定不移地站在非洲人民一边,给予非洲道义上的声援和物质上的帮助。非洲国家赢得独立后,中国一如既往地支持非洲国家致力于维护国家主权、捍卫民族独立和发展国民经济的努力,为非洲政治稳定和经济社会发展作出了自己的贡献。

非洲国家也给予中国巨大而宝贵的支持。非洲朋友为恢复中华人民共和国在联合国的合法席位作出了重要贡献,为中国在联合国人权会议挫败西方反华提案提供了有力支持。绝大多数非洲国家坚持一个中国原则,支持中国统一大业,多次协助中国挫败台湾"参与联合国"和挤入世界卫生组织等国际机构的图谋。中国成功申办2008年奥运会和2010年世界博览会,也得到非洲朋友的鼎力相助。

近年来,在双方共同努力下,中非关系在传统友好的基础上不断取得新的进展。中非政治关系日益密切,双方在经贸、文化、教育等各领域合作深入发展。在今年这一具有特殊纪念意义的年份里,中非领导人商定,双方共同努力,携手推动中非关系再上新的台阶。为此,中国政府于年初发表《中国对非洲政策文件》,倡导建立和发展中非新型战略伙伴关系,得到了非洲国家的积极响应。4月和6月,胡锦涛主席和温家宝总理相继访非。11月3日至5日,中非双方将召开中非合作论坛北京峰会暨第三届部长级会议。届时将有数十位非洲国家领导人齐聚北京,与中国领导人共商今后合作大计。

这里我想特别指出,50年来,国际风云不断变幻,中非各自情况也发生了深刻变化,但中非友好经受住了岁月的考验,得到不断巩固和发展,始终充满生机与活力。根本原因,在于双方始终坚持真诚相待、平等互利、团结合作、共同发展的原则和精神。这既是中非友好50年历程给我们留下的宝贵经验,也必将成为保持中非关系长盛不衰的强大动力。

问:您刚才提到中国政府发表了《中国对非洲政策文件》,能否介绍一下中国对非洲政策的主要内容?

答:《中国对非洲政策文件》是中国政府面向一个洲域发表的第一份政策文件,充分体现出我们对加强新形势下中非团结与合作的高度重视。这份文件的核心内容是倡导建立和发展政治上平等互信、经济上合作共赢、文化上交流互鉴的中非新型战略伙伴关系。具体内容有三个方面:

政治上,中国和非洲应当成为彼此信赖、相互支持的战略伙伴。中非之间要保持高层交往和对话,增进各种形式的人员往来,推动中非友好更加深入人心;要坚持平等相待,互不干涉内政,尊重彼此自主选择发展道路;要加强在国际事务中的协调与配合,共同致力于推动国际关系民主化,维护发展中国家的合法权益。

经济上,中国与非洲应当成为优势互补、互利共赢的合作伙伴。中非要共同致力于加强南南合作,推动南北对话,促使经济全球化向均衡、普惠、共赢方向发展;要开展形式多样的经贸合作,扩大贸易规模,优化贸易结构。中国政府将认真落实胡锦涛主席在联合国成立60周年首脑会议发展筹资高级别会议上提出的帮助发展中国家加快发展的五项举措,继续鼓励和支持中国企业到非洲投资。我们也热情欢迎非洲企业来中国兴业。

文化上,中国与非洲应当成为推动文明进步、建设和谐世界的交流伙伴。中非要加强治国理政经验的交流,尊重文明多样性,推动不同文明相互包容、平等对话、取长补短、共同繁荣;要加强中非文化交往,相互学习,相互借鉴。

问:您可否介绍一下中非合作论坛北京峰会将讨论的内容?中方将在此次峰会上提出哪些发展对非关系的新举措?峰会对中非关系的发展有何意义?

答:中非合作论坛是2000年中非双方共同创立的,目前已成为新形势下中非集体对话与务实合作的有效机制和重要平台。此次峰会的主题是"友谊、和平、合作、发展"。中非领导人将围绕这一主题,回顾中非50年来的友好合作以及中非合作论坛成立6年来取得的成果,确认中非发展新型战略伙伴关系,规划双方未来务实合作,并就重大国际和地区问题交换看法。

这次峰会的一项重要内容,就是提升中非互利合作水平、为中非友好注入新的活力。峰会期间,中方将就加强中非关系提出一些重要主张和倡议,并就如何帮助非洲国家加快发展提出具体举措,以落实中方宣布的帮助发展中国家发展的五项措施。

我相信,峰会的成功举办将增进中非领导人之间的友谊,推动中非友好合作在更大范围、更广领域、更高层次上全面发展,同时也将有助于增进发展中国家之间的团结,推动南南合作,促进世界和平与发展的崇高事业。可以说,此次峰会不仅是中非关系不断深入发展并走向成熟的重要标志,而且将成为中非友谊史上一座新的里程碑。

问:国际上一些人在非洲散布所谓的"中国威胁论",非洲也有人担心中国商品冲击非洲市场和就业等。您怎么看这个问题?中国的发展对非洲有何益处?

答:中国同非洲国家是全天候的好朋友、真诚合作的好伙伴、情同手足的好兄弟。中国真诚关心非洲,帮助非洲,真心希望非洲发展壮大。中非经贸合作是互利共赢的。中国的发展为非洲国家提供了更多的发展机遇。某些人散布的言论既不符合历史事实,也不符合中非关系现状。

第一,中国的发展为非洲提供了更为广阔的出口市场。近年来中国对外贸易快速增长,从非洲的进口也大幅增加。2005年,中非贸易额达到398亿美元,其中从非洲进口211亿美元,超过了中国向非洲的出口。

第二,中国的发展为非洲提供了更多的就业机会。中国政府积极鼓励有实力、有信誉的企业赴非洲投资兴业,开展多种形式的投资合作。据初步统计,中国累计对非各类投资达62.7亿美元。中国在非洲设立非金融类企业800多家,投资项目分布在49个非洲国家,涉及贸易、生产加工、资源开发、通信、农业等领域。中方将努力创新合作形式,扩大投资规模,提升合作层次,提供优质服务,促进中国与非洲国家共同发展。

第三,中国在力所能及的范围内向非洲国家提供了真诚帮助。迄今在援款项下帮助49个非洲国家建成了720多个成套项目,在26个非洲国家承担了58个优惠贷款项目。中国免除31个非洲重债穷国和最不发达国家109亿元人民币债务,给予非洲28个最不发达国家部分商品对华出口零关税待遇,为非洲培训各类人才14600余名。

在中非合作不断扩大的过程中,出现这样或那样的问题是正常的。这些问题是发展中的问题,是局部性的问题,完全可以本着平等协商、互谅互让的原则,通过合作与协商予以妥善解决。中方理解部分非洲国家在贸易逆差、纺织品等问题上的关切,正在采取积极措施,同非洲朋友一道,努力寻求解决办法。

我还想指出,中非合作是透明、开放和包容的合作,不会影响中非各自与第三方的合作,更不会损害第三方的利益。相反,中非加强合作、共同发展,将为世界各国提供难得的机遇。

问:您对中非关系发展前景有何期待?

答:中非传统友好是双方的共同财富。中国是最大的发展中国家,非洲是发展中国家最集中的大陆。在新的形势下,中非的共同利益在增加而不是减少,合作的潜力在扩大而不是缩小。全面深化中非友好合作关系,是中国的长期战略选择,也是新世纪中非实现共同发展和繁荣的必由之路。双方加强磋商,密切合作,也有利于捍卫发展中国家的正当权益,进一步推动国际关系民主化的发展。我相信,在中非双方的共同努力下,我们一定能够为建设持久和平、共同繁荣的和谐世界,作出新的更大贡献。

10月24日

中国记协第七届理事会第一次会议在北京开幕

大会开幕前,中共中央总书记、国家主席、中央军委主席胡锦涛会见全体理事和会议代表,向大会表示热烈祝贺,向全国新闻工作者致以崇高的敬意和诚挚的问候。

中共中央政治局常委、国务院总理温家宝,中共中央政治局常委、国家副主席曾庆红,中共中央政治局常委李长春参加了会见。

胡锦涛对中国记协的工作给予了充分肯定,他希望中国记协坚持正确的政治方向,进一步发挥党和政府联系新闻界的桥梁和纽带作用。

李长春代表党中央在开幕式上致辞,向大会表示热烈祝贺。李长春指出,党的十六大以来,以胡锦涛同志为总书记的党中央把提高舆论引导能力作为加强党的执政能力建设的重要组成部分,把贴近实际、贴近生活、贴近群众作为新闻宣传工作的重要原则，把改进创新作为新闻事业发展的重要动力，把大力发展新闻事业摆上重要战略位置，把运用新技术、拓展新领域摆到新闻宣传工作的重要日程，进一步明确了新闻宣传工作的地位和作用，为我们做好新形势下的新闻宣传工作指明了前进方向。在党中央的关怀和领导下，新闻战线高举邓小平理论和"三个代表"重要思想伟大旗帜，全面贯彻落实科学发展观，紧紧围绕党和国家工作大局，牢牢把握正确舆论导向，不断提高舆论引导能力，为全面建设小康社会、构建社会主义和谐社会提供了有力的舆论支持。实践证明，我国的新闻队伍是一支政治强、业务精、纪律严、作风正的队伍，是党和人民完全可以信赖的队伍。

李长春强调，当前，新闻宣传战线第一位的任务，就是要认真学习宣传贯彻六中全会精神和胡锦涛总书记的重要讲话，把全党全国人民的思想统一到中央精神上来，把各方面的智慧和力量凝聚到落实全会部署上来，为构建社会主义和谐社会营造积极健康的思想舆论氛围。要大力宣传马克思主义中国化的最新成果，为构建社会主义和谐社会提供根本思想保证；要唱响聚精会神搞建设、一心一意谋发展的时代主旋律，激励广大干部群众投身改革开放和现代化建设事业，为构建社会主义和谐社会创造雄厚的物质基础；要广泛宣传社会主义核心价值体系，推动和谐文化建设，为构建社会主义和谐社会奠定坚实的思想道德基础；要调动积极因素，激发创造活力，为构建社会主义和谐社会凝聚强大合力；要弘扬社会正气，维护社会稳定，为构建社会主义和谐社会培育良好社会环境；要宣传和平发展，展示良好形象，为构建社会主义和谐社会创造有利的国际舆论环境。

李长春希望中国记协深入开展"三项学习教育活动"，不断提高新闻队伍的整体素质，增强服务意识，加强行业管理，发挥独特优势，扩大对外交流，创新工作机制，加强自身建设。要通过扎实细致的工作，把广大新闻工作者团结起来、凝聚起来，齐心协力促进科学发展，同心同德构建和谐社会。各级党委宣传部门要切实加强对记协组织和记协工作的领导，及时解决记协工作存在的实际困难和问题，支持和帮助各级记协组织顺利开展工作。

参加会见和开幕式的领导同志还有：刘云山、贺国强、王刚、何勇、陈至立、陈奎元。

由中央新闻单位，各省、自治区、直辖市记协及全国性专业记协等团体会员和有关部门推举出的450多名理事和特邀理事，代表全国70多万新闻从业人员，将在为期3天的会议上，审议中国记协第六届理事会工作报告，修改中国记协章程，选举产生中国记协第七届理事会领导机构。

开幕式由大会执行主席田聪明主持。中国记协主席邵华泽致开幕词。中国文联党组书记胡振民代表出席大会的8个人民团体致贺词。

受第六届理事会委托，中国记协党组书记翟惠生作了工作报告。中国记协党组副书记赵晨仔就修改《中华全国新闻工作者协会章程》作了说明。

中央有关部门和首都主要新闻单位负责人，中国记协第六届理事会部分常务理事和老新闻工作者代表参加了会议。香港、澳门特别行政区新闻传媒代表应邀出席开幕式。

全国政协主席贾庆林在伦敦英中贸易协会欢迎午宴上发表题为《加强互利合作 共建和谐世界》的演讲

尊敬的佩里先生，

女士们，先生们，朋友们：

金秋时节，我来到英国进行正式友好访问，并与在座的工商界朋友欢聚一堂，互相交流，畅谈和谐，共谋合作，感到格外高兴。借此机会，我谨向长期致力于促进中英友好交往与合作的朋友们，致以诚挚的问候和衷心的感谢！

中英两国都拥有悠久的历史和灿烂的文化，都为人类文明进步作出了不可磨灭的贡献。两国之间的交往源远流长。56年前，英国在西方大国中率先承认中华人民共和国，并较早同新中国建立了外交关系。同样在上世纪50年代，英国工商界的一些有识之士冲破重重阻力，进行了著名的"破冰之旅"，使英国成为最早同新中国开展经贸往来的西方大国。

1997年以来，中英两国关系保持良好的发展势头。目前，中英已建立全面战略伙伴关系，双方战略利益不断扩大，重点领域合作成果显著。随着两国交往日益密切，两国人民之间的相互了解也日益加深。可以说，中英关系经过半个多世纪的风雨历程，已日臻成熟，当前正处于历史上最好的时期。我此次访英，就是要在两国领导人达成共识的基础上，为进一步增进两国和两国人民之间的相互了解与信任，为推动中英、中欧全面战略伙伴关系向更深的层次和更广的领域发展而努力。

女士们、先生们、朋友们！

我们生活在一个充满变动和变革的时代，各个国家和地区的联系日趋紧密，不同文明之间相互交融又相互激荡，人类社会的发展面临着前所未有的共同挑战和机遇。在这样的形势下，一个国家要谋求发展，离不开建设一个和谐有序的社会环境；世界要实现稳定与繁荣，离不开各国的和谐共存。因此，我今天想谈一谈中国对构建和谐社会与建设和谐世界的看法。

"和谐"是中国传统文化的重要理念,也是全世界不同种族的人们共同追求的社会理想。中英两国的先哲们在探索人类社会发展规律的过程中,都对和谐思想有过精辟的阐述和不懈的追求,都主张在承认差异性和多样性的前提下实现社会和谐。中国共产党人继承中华民族文化的优秀传统,始终把实现社会和谐作为自己的奋斗目标。最近,我们召开了中共十六届六中全会,专门研究了构建社会主义和谐社会的若干重大问题。会议提出,社会和谐是中国特色社会主义的本质属性,是国家富强、民族振兴、人民幸福的重要保证。会议提出,我们所要构建的和谐社会,是在中国特色社会主义道路上,中国共产党领导全体人民共同建设、共同享有的和谐社会,是民主法治、公平正义、诚信友爱、充满活力、安定有序、人与自然和谐相处的社会。

到2020年,我们所要构建的社会主义和谐社会的目标和主要任务是:社会主义民主法制更加完善,依法治国基本方略得到全面落实,人民的权益得到切实尊重和保障;城乡、区域发展差距扩大的趋势逐步扭转,合理有序的收入分配格局基本形成,家庭财产普遍增加,人民过上更加富足的生活;社会就业比较充分,覆盖城乡居民的社会保障体系基本建立;基本公共服务体系更加完备,政府管理和服务水平有较大提高;全民族的思想道德素质、科学文化素质和健康素质明显提高,良好道德风尚、和谐人际关系进一步形成;全社会创造活力显著增强,创新型国家基本建成;社会管理体系更加完善,社会秩序良好;资源利用效率显著提高,生态环境明显好转;实现全面建设惠及十几亿人口的更高水平的小康社会的目标,努力形成全体人民各尽其能、各得其所而又和谐相处的局面。

为了实现上述的目标和任务,中国将根据本国国情和时代要求,在经济社会发展过程中,全面贯彻落实科学发展观,通过大力发展社会生产力,注重发展的协调性,不断为社会和谐创造雄厚的物质基础;通过加强制度建设,切实保障人民在政治、经济、文化、社会等方面的权利和利益,不断加强和谐社会建设的政治和法制保障;通过发展和谐文化,建设社会主义核心价值体系,不断巩固和谐社会的精神支撑;通过完善社会管理,增进社会团结和活力,不断为社会和谐创造有利的社会条件。尽管构建和谐社会是一个长期而艰巨的任务,但中国人民将用不懈奋斗和辛勤汗水,去创造社会和谐的温馨家园,去迎接无比美好的幸福明天!

女士们、先生们、朋友们!

当今世界,和平、发展、合作已成为时代潮流,世界多极化和经济全球化的趋势深入发展,科技进步日新月异。面对纷繁复杂的世界,我们更应该重视和谐,不断加强协调与合作,共同建设一个持久和平、共同繁荣的和谐世界。推动建设和谐世界,不仅是中国坚持走和平发展道路的必然要求,也是中国实现和平发展的重要条件;不仅符合时代发展的潮流,也符合世界各国人民的利益。中国认为,要建设一个和谐世界,应坚持民主平等,实现协调合作;坚持和睦互信,实现共同安全;坚持公正互利,实现共同发展;坚持包容开放,实现文明对话。

一个和谐的国家是法治的国家,稳定的国家,和平的国家,繁荣的国家。一个和谐的世界是民主的世界,和睦的世界,公正的世界,包容的世界。中国将努力对内构建和谐社会,对外坚持走和平发展的道路,既通过维护世界和平来发展自己,又通过自己的发展来促进世界和平。实现建设和谐世界的共同理想任重而道远,需要国际社会的共同努力。中国愿意与国际社会一道,为推动建设和谐世界而努力。

女士们、先生们、朋友们!

中英作为联合国安理会常任理事国和世界上有重要影响的国家,肩负着维护世界和平、促进共同发展的重要责任。当前,中英关系发展良好。两国各层次、各领域交往频繁,互利合作不断取得新的成果。以经贸合作为例,英国已成为欧盟最大对华投资国和第三大对华贸易伙伴。去年中英贸易额达到245亿美元,比25年前增长了30多倍。今年上半年,中英贸易额达134亿美元,同比增长20.9%。截至2006年6月,英国累计对华投资项目达5130个,实际投资135.6亿美元。这些成绩的取得与两国工商界的努力是分不开的。

尽管中英经贸合作发展迅速,但双方合作潜力远未充分挖掘出来。2005年,中英经济规模分列世界第四和第五位,进出口贸易规模分列第三和第六位,但双边贸易占中国对外贸易的比重不到2%,占英国对外贸易的比重不到3%。2005年,英国是世界第三大对外投资国,中国是世界第三大吸收外商直接投资国,但英国当年对华投资仅为9.6亿美元,占英国对外投资的比重不足1%,占中国吸收外资比重不足2%。英国对华技术出口也远远落后于欧盟其他大国。

中国经济持续较快增长为两国经贸合作提供了广阔发展前景。今后几年,中国每年进口将超过6000亿美元,到2010年将超过1万亿美元。到2020年,中国市场的规模和总需求将比2000年翻两番。两国工商界应当拿出当年"破冰者"的勇气和智慧,充分发挥各自优势,利用中国经济发展为中英经贸合作带来的机遇,挖掘两国经贸合作潜力,推动经贸合作更上一层楼。

为此,我愿意提出五点建议:

第一,提高经贸合作的质量与水平。中英在能源科技、生物、信息、新材料等高新技术领域具有广阔的合作空间,中方支持两国在高新技术领域加强合作,并期待英方开展范围更为广泛的技术贸易合作，采取切实措施扩大对华技术出口，促进双边贸易全面、平衡、健康发展。

第二，进一步扩大双向投资。贵国商业环境完善，法律法规健全，语言优势明显，中国政府支持中国企业来英投资。同时，中国的中西部和东北地区地域广阔，资源丰富，基础设施逐步完善，科技教育有相当的实力，经济发展极具潜力，我们欢迎英国企业积极参与中国西部大开发、中部崛起、振兴东北地区等老工业基地的进程。

第三，切实加强中小企业合作。贵国有许多在技术和产品上独具特色的中小企业，双方在此领域的合作将成为经贸合作的新亮点和新增长点。希望双方共同为中小企业搭建合作平台，鼓励中小企业加强技术合作，共享销售渠道，合作开发产品，实现优势互补、互利共赢。

第四，继续推进贸易自由化。贵国一贯积极倡导自由贸易，在中国完全市场经济地位和欧盟对中国出口产品反倾销问题上一直采取支持中国的立场。去年下半年担任欧盟轮值主席国期间，贵国在上述问题上都做了大量工作，中方对此深表赞赏和感谢。希望英国作为欧盟有影响力的大国，继续发挥积极作用，推动这些问题得到早日解决。同时，中方将在知识产权保护方面采取更为有力的措施，保护英国企业的合法权益不受侵犯；进一步扩大服务市场的开放，推动两国服务领域的合作。

第五，加强两国奥运合作。充分利用北京和伦敦相继举办奥运会的契机，拓展合作领域，为两国企业提供更多的商机，特别是在场馆建设、设施利用、奥运产品的开发和生产以及人员交流培训等方面开展多种形式的合作。

女士们、先生们、朋友们！

中英两国虽然相隔遥远、各自国情不同、发展道路有别，但完全可以通过深化合作，更好地实现利益的双赢、政治的互信、关系的和谐。这里，我想借用欧洲著名画家毕加索的一句名言，“在和谐中一切都是可能的”。让我们携起手来，以合作谋和平，以合作促发展，以合作求共赢，为深化中英友好交往与合作，为建设一个持久和平、共同繁荣的和谐世界谱写绚丽的篇章！

谢谢大家。

全国政协主席贾庆林在伦敦唐宁街10号会见英国首相托尼·布莱尔

全国政协主席贾庆林在伦敦会见英国议会上院议长海曼女男爵 下院议长马丁及议会中国小组成员

第二十届国际水泥大会在北京开幕

国务院副总理曾培炎向大会发来贺信，强调注重节能降耗和环境保护，加强国际交流与合作，促进世界水泥工业持续协调发展。

10月25日

全国人大常委会委员长吴邦国在人民大会堂会见阿根廷副总统兼参议长丹尼尔·肖利

国务院总理温家宝在中南海紫光阁会见国际奥委会主席雅克·罗格

温家宝表示，中国政府高度重视2008年奥运会的筹办工作，提出了“有特色、高水平”的办会目标。“有特色”就是要在筹办工作中体现“绿色奥运、科技奥运、人文奥运”三大理念；“高水平”就是要在建设、服务、保障、安全和管理等方面按照奥运会的标准开展工作。我们将切实履行申办时的承诺，依据国际惯例为各国、各地区运动员、官员、媒体、观众提供符合奥运会标准的服务，为他们开展工作、参与比赛提供良好的条件，保证外国记者报道自由。通过奥运会的举办，将一个民主、开放、文明、友好、和谐的中国展现给世界。

温家宝强调，中国政府愿与国际奥委会密切合作，给予筹办工作以更多的支持，为成功举办2008年奥运会作出贡献。

北京奥组委主席刘淇，第一副主席陈至立，执行主席刘鹏、王岐山、邓朴方等参加了会见。

国务院总理温家宝主持召开国务院常务会议

会议讨论通过了《关于鼓励和规范我国企业对外投资合作的意见》，会议认为，支持有条件的企业按照国际通行规则对外投资和跨国经营，是对外开放新阶段的重大举措，对于更好地利用国际国内两种资源、两个市场，推进经济结构调整，增强企业国际竞争力，促进国际交流合作、共同发展，具有重要意义。

会议指出，改革开放以来，我国企业的对外投资、工程承包、劳务合作等有了很大发展，一些企业的跨国经营能力逐步提高，形成了一批具有比较优势的产品和产业，增强了经济发展的动力和后劲。但从总体上看，我国企业的对外投资合作还处于起步阶段，迫切需要正确引导，及时规范。会议认为制定《关于鼓励和规范我国企业对外投资合作的意见》是完全必要的。为了抓住经济全球化和区域合作的机遇，鼓励有条件的企业积极稳妥地参与国际经济技术合作，进一步提高对外开放水平，会议强调：(一)坚持相互尊重，平等互利，优势互补，合作共赢。(二)加强政策引导，统筹协调，规范秩序，合理布局，防止无序竞争，维护国家利益。(三)完善决策机制，落实企业境外投资自主权，科学论证，审慎决策，防范投资和经营风险。(四)加强境外国有资产监管，健全评价考核监督体系，建立项目安全风险评估和成本核算制度，实现资产保值增值。(五)遵守当地法律法规，坚持工程项目承包公开公正透明，重信守诺，履行必要的社会责任，保障当地员工合法权益，注重环境资源保护，关心和支持当地社会民生事业。(六)提高境外工程承包建设水平，提高产品质量和效益，不断增强企业的综合竞争力。(七)加强安全教育，健全安全生产责任制，保障境外中资企业、机构的人员和财产安全。(八)加快人才培养，注重培养适应国际化经营的优秀人才，提高企业跨国经营管理能力。(九)营造友好的舆论环境，宣传我走和平发展道路的政策主张，维护我国的良好形象和企业的良好声誉。

会议还研究了其他事项。

国家副主席曾庆红在人民大会堂与阿根廷副总统肖利举行会谈

国际反贪局联合会第一次年会暨会员代表大会在河北香河闭幕

中共中央政治局常委、中央政法委员会书记罗干出席闭幕式并发表重要讲话。他代表中国政府对会议的圆满成功表示祝贺，并希望各国反贪机构以这次会议的召开为新的契机，进一步增进了解，扩大共识，发展友谊，加强合作，共同落实好《联合国反腐败公约》，为有效打击和预防贪污贿赂等腐败犯罪，促进地区与世界的和平、稳定与发展作出积极的贡献。

罗干指出，会议以“加强国际合作，有效实施《联合国反腐败公约》”为主题，就各国反贪机构合作打击贪污贿赂等腐败犯罪进行了深入讨论，就如何实施《联合国反腐败公约》各项机制进行了广泛交流，并探讨了国际反贪局联合会的未来发展。贪污贿赂等腐败犯罪损害政府威信与社会公平，阻碍法治与民主建设，妨碍公平竞争与经济发展，危及国家和社会的和谐稳定。这些犯罪已不仅仅是一个地区面临的问题，而是全球性的问题，打击贪污贿赂等腐败犯罪是各国人民的共同愿望，是所有反贪机构肩负的神圣职责。

罗干说，本次会议就落实《联合国反腐败公约》的有关规定提出了许多建设性意见，选举成立了国际反贪局联合会的执行委员会，并就加强相互合作达成了广泛共识，包括切实履行《联合国反腐败公约》中的各项规定，相互依法提供最大限度的协助，拓宽合作渠道，提高合作效率；借助国际反贪局联合会这一平台，建立有效的信息交换机制，互相交换有关执法实践以及打击贪污贿赂等腐败犯罪方面的信息；加强反贪机构之间的技术支持，相互开展培训交流，学习和借鉴反贪工作方面的经验等。

罗干强调，中国政府历来高度重视惩治和预防贪污贿赂等腐败犯罪，同时也高度重视在打击犯罪方面的国际合作。中国检察机关长期以来与世界很多国家的反贪机构在打击犯罪方面进行了富有成效的司法合作。我们将一如既往地支持检察机关与各国司法机关携手开展各种形式的务实合作，为遏制贪污贿赂等腐败犯罪共同作出不懈努力。

大会通过了《国际反贪局联合会章程》，与会各国代表共同签署了《国际反贪局联合会第一次年会暨会员代表大会决议》。大会选举产生了国际反贪局联合会的领导机构，最高人民检察院检察长贾春旺当选为第一届国际反贪局联合会主席。

来自137个国家和地区、12个国际组织和机构的近千名代表出席国际反贪局联合会第一次年会暨会员代表大会，共商打击贪污贿赂犯罪国际合作的大计。30多个国家的总检察长、司法部长、国家反贪局局长作了大会发言。

全国法院系统在北京召开电视电话会议探索行政审判制度改革创新

最高人民法院院长肖扬在会上强调，要努力探索行政审判制度改革创新，为构建社会主义和谐社会提供有力的司法保障。

肖扬指出，行政审判制度改革创新，主要要在以下三方面进行：一是改革和完善行政案件管辖制度。通过加大指定管辖、异地审理的力度，防止和减弱非法干预，为人民法院和法官依法独立公正地审理行政案件创造更加有利的条件。二是积极探索和建立行政诉讼和解制度。要在查明事实、分清是非，不损害国家利益、公共利益和他人合法权益的前提下，在双方当事人自愿的基础上，尽可能促使当事人和解。三是积极参与行政诉讼法和国家赔偿法的修改工作。

中共新疆维吾尔自治区第七届委员会第一次全体会议选举王乐泉为中共新疆维吾尔自治区第七届委员会书记

外交部部长李肇星在北京会见特立尼达和多巴哥共和国能源与能源工业部部长塞思

双方就加强互利合作和共同关心的问题交换了意见，并签署了《中华人民共和国政府和特立尼达和多巴哥共和国政府关于互免持外交、公务/官员护照人员签证的协定》。

10月26日

国家主席胡锦涛在人民大会堂与法国总统雅克·勒内·希拉克举行会谈

双方就双边关系和共同关心的重大国际及地区问题深入交换了意见,达成广泛共识。

两国元首高度评价两国关系取得的新成果和新进展。一致认为,中法全面战略伙伴关系的建立和发展为新世纪的中法关系开辟了更加广阔的前景,展示了更加美好的未来。一致表示,遵循双方共同确定的原则和方向,不断深化两国各领域互利合作,推动中法全面战略伙伴关系深入发展。

胡锦涛说,近年来,中法各领域交流与合作全面展开。双方战略对话卓有成效,政治互信日益增强,在各自关切的重大问题上相互理解和支持,在国际热点问题上保持密切沟通与协调。两国经贸合作快速发展,10年间两国贸易额翻了两番。科技合作成果斐然,人文交流空前活跃。中法互办文化年、青年交流等活动极大地增进了两国人民的相互了解和友好感情,谱写了中法友好的新篇章。中方赞赏法方坚持一个中国原则,反对任何形式的“台独”,支持中国和平统一大业。胡锦涛表示,今天的中法关系已成为不同历史背景、文化传统和发展水平国家间友好合作的典范。

胡锦涛表示,无论国际形势如何变化,我们坚持中法全面友好、战略合作、共同发展的方针都不会改变。中方愿同法方一道,从以下四个方面深化中法全面战略伙伴关系:一、保持两国高层领导人和各级别的经常会晤与交往,加强和完善双边战略对话机制,积极落实中法地方政府合作论坛后续工作,继续搞好今明两年中法青年交流活动。二、深化两国经贸,特别是能源、航空、航天、交通等重点领域的合作,提高双方在通信、金融服务、农业和食品加工、环保以及中小企业领域的合作水平,争取提前实现两国年贸易额达到400亿美元的目标。三、大力开展文化、教育、司法交流。积极落实中法文化交流执行计划,促进两国高校学术交流与高水平科研合作,相互增派留学生,积极推动职业教育合作。尽早启动双边引渡条约谈判。四、密切两国在国际事务中的协调与合作,共同应对全球性挑战,推动建立持久和平、普遍繁荣的和谐世界。

在谈到中欧关系时,胡锦涛说,中国政府高度重视发展中欧关系,赞赏法国一贯重视中欧关系,以及一贯主张解除欧盟对华军售禁令并赞成承认中国完全市场经济地位。胡锦涛表示,进一步发展中欧全面战略伙伴关系,既是拓展双方共同利益、扩大互利合作的现实需要,也是维护世界和平、促进共同发展、共建和谐世界的必然要求。中方愿同包括法国在内的欧盟国家携手努力,推动中欧全面战略伙伴关系健康深入向前发展。

双方还就共同关心的国际问题交换了意见。

会谈后,两国元首共同签署了《中法联合声明》,出席了科技、能源、铁路运输、航空、航天等领域双边合作文件的签字仪式,还共同会见了记者。

中法发表联合声明

应中华人民共和国主席胡锦涛的邀请,法兰西共和国总统雅克·希拉克于2006年10月25日至28日对中国进行了国事访问。

会谈中,两国元首认为,1997年和2004年发表的中法联合声明是两国友好关系的指导原则和持久动力,两国决心深化全面战略伙伴关系。

10年来,两国政治互信日益巩固,战略对话不断深入,经贸合作加速发展,文化交流更加活跃。中法文化年、青年交流等活动加深了两国人民的相互了解和友谊。中法关系已经成为不同历史背景、文化传统和发展水平的国家之间友好合作的典范,其紧密性、示范性、战略性日益突出。两国元首对此深感满意。

面对当前复杂多变的国际形势,作为负有重要国际责任的国家,中法建立长期稳定的双边关系,有利于建设一个更加安全、繁荣、和谐与团结的世界。为此,两国元首一致同意在下列领域采取行动:

一、政治

(一)加强双边交往,扩大战略对话

双方决定继续加强双边各层次交往。

1. 保持两国国家元首或政府首脑年度会晤机制,规划和指导双边关系发展方向并就重大国际问题进行沟通与协调。中方将认真研究法方关于建立两国政府联席会议机制的建议。

2. 实现议会交流机制化,加强中国全国人民代表大会与法国国民议会和参议院领导人之间定期互访,并就议会外交、法规体系和议会对行政机关的监督等问题举办研讨会。同时,加强中国人民政治协商会议与法国议会以及中国经济社会理事会与法国经济社会理事会的交流与合作。

3. 采取务实、有效的方式,使2006年至2007年举办的青年交流活动长期化,并不断丰富创新。

4. 通过2005年10月在武汉举行的中法地方政府合作高层论坛的后续工作,促进地方交流与合作。双方同意,论坛的第二次会议将于2007年在波尔多举行。

5. 中法战略对话频繁且卓有成效,有力促进了双方在重大战略问题上的沟通,推动了两国各领域务实合作的发展。双方同意,在已经就军控、防扩散和非洲等问题进行了富有成果的协调的基础上,战略对话的议题可包括对非援助和发展等其他全球性问题。

法方重申一个中国原则,反对加剧台海紧张和导致"台湾独立"的任何举动,希望通过对话和平解决台湾问题。中方对法方坚持一个中国原则表示赞赏,并重申在台湾问题上的原则立场。

(二)促进多边主义,共同应对全球性挑战

双方重申,在地区和全球范围,特别是在联合国系统内坚持多边主义体系。双方认为,为增强联合国权威,提高联合国效率,对其进行改革仍是当务之急。双方重申必须遵守《联合国宪章》的宗旨和原则,欢迎成立人权理事会,呼吁切实实现千年发展目标,希望根据双方一致赞同的国际人道法的原则,在武装冲突中加强对平民的保护。

中法两国重申坚决反对大规模杀伤性武器及其运载工具的扩散,并愿为此在国际组织,包括在联合国安理会中进行合作。

双方欢迎2006年9月19日联合国大会开幕期间,由五个创始国元首和政府首脑以及联合国秘书长正式启动的"国际药品采购机制"。这一机制已获得国际社会大部分成员的原则支持,2006年2月在巴黎举行的相关会议获得成功即证明了这一点。中方认为这是一个有益的尝试,并愿与包括法方在内的有关各方加强磋商。

双方赞同加强联合国的作用,以改善国际环境管理。

在经济方面,双方同意加强与有关多边经济磋商机制的联系。

在文化方面,双方认为,批准联合国教科文组织《保护和促进文化表现形式多样性公约》,是国际社会在承认世界文化多元性和丰富性的道路上迈出的决定性一步。

双方表示将保持经常性磋商,共同致力于解决国际危机,并重申,应努力建立可持续发展、和平与稳定、经济增长的国际秩序。

双方高兴地看到,为解决地区危机,中法在安理会进行了密切合作。

从进一步加强在这方面的交流与合作出发,双方:

1. 对共同参与联合国驻黎巴嫩临时部队表示满意,希望黎巴嫩冲突找到持久的解决办法;

2. 呼吁遵守安理会第1696号决议,同意共同努力,继续推动和平解决伊朗核问题,并就此保持经常性密切接触;

3. 对朝鲜民主主义人民共和国宣布2006年10月9日进行了核试验表示严重关切,认为这一举动有悖于朝鲜半岛无核化目标,有悖于国际社会加强国际防扩散体制的努力。双方支持安理会第1718号决议,敦促朝鲜恪守朝鲜半岛无核化承诺,希望有关各方坚持通过对话协商和平解决问题,争取尽早重开六方会谈,引导形势向好的方向发展。双方同意继续密切协调,为早日实现朝鲜半岛无核化、维护半岛和东北亚的和平稳定而共同努力。

(三)为双方外交和领事机构的发展提供便利

根据双边关系的发展需要,双方决定尽快实现中国在留尼汪和法国在沈阳设立领事机构,以进一步发展双边领事关系。

双方同意为两国在对方首都建设新的使馆馆舍相互提供必要的便利。

双方满意地注意到,作为法国公共机构的法国海外教育署将按照中方有关法律的规定,尽快完成北京法国国际学校的审批和注册手续,以使该校迁入新址,满足法国在华侨民不断增加的需求。

二、中欧关系

(一)进一步推动中欧伙伴关系

双方愿意继续致力于加强中欧全面战略伙伴关系。双方高兴地看到,2006年9月9日举行的中欧第九次领导人会晤取得成功,并宣布启动商签中欧伙伴合作协定的谈判。

双方认为,欧盟应该根据欧盟与中国伙伴关系的发展得出正确结论,尤其是取消在目前形势下已不合时宜的对华军售禁令,尽快承认中国的完全市场经济地位。

双方认为,中欧应充分发挥现有经贸合作机制的作用,并根据世界贸易组织规则,通过平等对话和协商,妥善解决双边经贸关系中出现的问题。

(二)加强在人权领域的建设性对话

中法两国强调,促进和保护人权应遵守《联合国宪章》的宗旨和原则以及人权的普遍性,认为各国有义务在考虑到本国特殊性的前提下,促进和保护一切人权和基本自由。

法方欢迎中国为早日批准《公民权利和政治权利国际公约》进行积极准备。双方重申将与联合国人权机制合作。

法方对中国政府表示将履行申奥承诺,为外国新闻机构的工作提供便利表示欢迎。

双方欢迎中欧人权对话机制的建设性作用。为此,双方表示愿在平等和相互尊重的基础上就共同关心的问题进行讨论,以便加强合作和谅解。

三、司法

方同意,在律师、法官和公证人培训交流取得成果的良好基础上，将法律合作纳入双方合作的有关各领域。两国还将进一步深化知识产权领域的合作，加强知识产权保护。

鉴于中方已经批准中法刑事司法协助协定，法方承诺加速履行相关程序，以使协议尽快生效。双方同意启动双边引渡条约的谈判。

四、安全

根据两国警务合作协议，双方重申愿在打击非法移民、打击经济和金融领域的犯罪、打击毒品走私和有组织犯罪、打击恐怖主义以及执法人员培训等方面开展合作。

五、经济合作

(一)开展长期的经济合作

双方决定在战略对话的框架内，促进建立两国企业间真正的工业和技术伙伴关系，这一伙伴关系将超越传统的客户关系，其长远目标是，为了两国的经济和国民利益，建立持久的互利合作关系。

(二)建立更紧密的工业和金融伙伴关系

中法在2004年建立了密切的伙伴关系；2005年，两国又在战略对话框架下设立了由中国国家发展和改革委员会副主任和法国对外贸易部长级代表共同主持的相应分组，积极推进了双方在以下三个领域的合作：

1. 核能方面：双方将加强工业合作，包括在双方同意的领域开展合资、合营等形式的合作；

2. 航空和航天方面：2005年12月，温家宝总理访问法国期间，双方签订的合作文件为两国建立紧密和堪称典范的战略合作伙伴关系开辟了道路；

3. 铁路方面：双方就扩大长期合作关系进行了磋商。在这些成果的基础上，两国元首决定将战略性的交流扩大到以下七个领域：

能源：核能、石油和电力；

航空与航天：飞机、直升机和卫星；

铁路；

通信；

金融服务：银行和保险；

农业和食品加工；环境保护。

此外，两国元首对两国企业，特别是中小企业之间增加交往表示满意。双方承诺继续支持两国企业，特别是中小企业之间的交流。

双方将继续开展对话和建设性合作，进一步发展双边贸易和投资。

六、人文

2003年至2005年举办的中法文化年是两国关系史上的里程碑。双方对扩大文化交流的倡议感到高兴。

(一)继续中法文化年的势头

为继续中法文化年的势头，双方将分别在对方国家定期举办"中国艺术节"和"法中文化交流之春"活动。

双方鼓励各自的文化中心与驻在国当地伙伴合作，向公众提供优质、普及性的文化项目，并将为对方文化中心在驻在国举办活动提供必要的帮助。

双方支持两国博物馆之间的交流与合作，并继续积极探讨蓬皮杜国家艺术文化中心在中国上海设立分馆的可能性。

(二)加强高等教育和科技合作

双方同意优先进行大学合作与高等院校的留学生交流，以加强高水平科研合作和高层次人才培养，如中法博士生学院项目的合作。

双方认为，"中国—欧盟学生交流奖学金项目"对促进双方青年学生的交流与相互了解具有重要意义。双方支持在本国学习和教授对方语言，中方确定法语为中国高考选择科目。

双方还愿意扩大在生命科学、空间技术、应用数学、信息科技和环保等领域的科技合作。双方将加速落实2004年10月签署的关于新生疾病的政府间协议，使用法国技术在武汉建立具有高安全性能的实验室。双方将通过在上海和香港建立的巴斯德研究所进行科技合作。

(三)2008年奥运会和2010年世博会合作

双方同意，中法两国将利用2008年北京奥运会和2010年上海世博会，向世界展示其共同的文化创造与科技创新能力。因此，双方决定推动在上述领域的合作项目，并着重加强筹办工作的交流。本着同一精神，法国感谢中方将根据《奥林匹克宪章》和主办城市的承诺，在北京奥运会期间给予法语应有的地位。

中华人民共和国主席　法兰西共和国总统
胡锦涛　雅克·希拉克

全国人大常委会委员长吴邦国和国务院总理温家宝在人民大会堂分别会见法国总统雅克·勒内·希拉克

全国政协主席贾庆林在维尔纽斯与立陶宛议长维克托拉斯·穆恩蒂阿纳斯举行会谈

贾庆林希望双方保持高层接触，密切政府、立法机构和政党之间的交流与对话，巩固两国关系的政治基础。深挖经贸合作潜力，积极发展交通运输、高新科技合作，鼓励本国有实力的企业赴对方投资，为两国经贸合作寻求更多新的增长点。大力拓展文化、教育、体育交流和民间、青年交往，增进两国人民之间的相互了解和友谊。在国际事务中密切协调与配合，在涉及各自利益的问题上加强相互支持。

部分省区市就业再就业工作座谈会在西安召开

国务委员兼国务院秘书长华建敏出席会议并发表讲话。他指出，十六届六中全会作出的《决定》把社会就业比较充分、覆盖城乡居民的社会保障体系基本建立，作为构建社会主义和谐社会的目标和主要任务之一，并就实施积极的就业政策、发展和谐劳动关系作出了重大部署。这些年来，党中央、国务院把就业作为民生之本和安国之策，全国就业再就业工作取得了巨大的成就。今年前三个季度，各地区、各部门认真贯彻落实中央促进就业再就业的方针政策，就业再就业目标任务完成较好，城镇登记失业率稳中趋降，就业形势总体上保持平稳。

华建敏强调，明年和“十一五”期间就业任务十分繁重，就业形势不容乐观。贯彻十六届六中全会精神，落实《劳动和社会保障事业发展“十一五”规划纲要》，做好新形势下的就业再就业工作，必须坚持发展经济与促进就业良性互动，坚持经济结构调整与劳动力结构调整协调推进，坚持企业重组改制、关闭破产与职工分流安置和再就业通盘安排，坚持城镇新增劳动力就业与农村富余劳动力就业统筹兼顾，坚持发展公共就业服务和技能培训与提高就业稳定性相结合，坚持完善社会保障体系与扩大就业并重，为改革发展稳定大局服务。

华建敏指出，明年就业再就业工作要在解决历史遗留问题上取得新进展，在推进新增劳动力就业上实现新突破，在开展失业调控上探索新经验，在建立促进就业长效机制上应有新建树。具体抓好六项工作：

(一)继续实施积极就业政策，千方百计扩大就业岗位，各级财政要确保就业再就业资金及时足额到位。(二)落实社保补贴和岗位补贴政策，进一步做好困难群体再就业援助工作，争取明年基本解决并轨遗留问题。(三)加快城乡统筹就业进程，着力做好高校毕业生等城镇新成长劳动力和农村富余劳动力就业工作。(四)加快建立和完善劳动关系调整机制，全面实行劳动合同制度和工资集体协商制度，积极构建和谐稳定的新型劳动关系。(五)大力发展职业教育和培训，不断提高劳动者就业能力和创业能力。(六)进一步加强劳动保障执法监察工作，维护劳动者合法权益。同时，继续完善社会保障制度，全面推进养老、医疗、失业、工伤等社会保险工作。

座谈会上，劳动和社会保障部部长通报了今年就业再就业工作进展情况并提出明年工作初步安排建议；北京、天津、河北、山西、内蒙古、辽宁、吉林、黑龙江、山东、陕西、甘肃、新疆等12个省区市政府负责同志交流了就业再就业工作做法和经验。劳动和社会保障部等国务院就业工作部际联席会议成员单位负责同志出席了会议。

中央政法委书记罗干在人民大会堂会见韩国大法院院长李容勋

罗干说，中国在改革开放的进程中很重视与外国的交往，中国的司法工作不仅要从自己的国情和实际出发，同时也要吸收和借鉴国外的司法经验。希望中韩双方能相互借鉴，共同落实已达成的协议。罗干还向客人介绍了中国法制建设和司法改革情况。

最高人民法院院长肖扬会见时在座。

中共辽宁省第十届委员会第一次全体会议选举李克强为省委书记

外交部发言人刘建超主持例行记者会回答中外记者的提问

在回答记者有关美国国务卿赖斯日前在美国传统基金会发表的关于台湾问题的言论提问时，刘建超说，台湾是中国领土不可分割的一部分。中方始终坚持“和平统一、一国两制”的基本方针，但我们决不允许任何人以任何方式将台湾从中国分裂出去，决不允许任何外国干涉中国内政。美国政府和布什总统多次重申坚持一个中国政策、坚持中美三个联合公报、反对“台独”、反对台湾当局单方面改变现状。美方应该恪守并履行承诺，与中方一道，明确反对和坚决遏制“台独”，共同维护台海和平稳定与中美关系大局。

在回答记者有关指责中非合作的问题时，刘建超表示，中国主张以平等、互利、公开、透明的方式与有关国家开展合作，着眼于中非人民的福祉，着眼于推动非洲经济社会的发展，着眼于中非关系发展的长远未来。中国尽管是发展中国家，但愿意在非洲的发展问题上承担自己的义务，尽我们所能帮助非洲国家。在这个问题上指责中国不公平，也不公正。

关于即将举行的中非合作论坛，刘建超说，中方向与中国有外交关系的所有48个非洲国家都发出了与会的邀请，目前所有48个国家都已经向中方确认将派高级代表团出席中非合作论坛北京峰会，有超过40个国家的国家元首或是政府首脑确认将出席北京峰会。届时，中非将就非洲的发展、中非合作等实质性问题进行深入讨论，并将共同发表北京宣言。中非双方讨论的议题将包括双边关系、中国同非洲整体的合作以及中非双方共同感兴趣的问题。这次北京峰会将是中非关系史上的里程碑，峰会之后中非合作将迈上新的台阶，进入新的阶段。

纪念角斜“红旗民兵团”命名40周年大会在江苏

省海安县召开

中央军委副主席、国务委员兼国防部部长曹刚川出席会议并讲话，强调要坚持以科学发展观为指导，加强民兵预备役工作，努力把国防后备力量建设提高到一个新水平。

在纪念大会上，曹刚川高度评价了“红旗民兵团”40年来创造的业绩。他指出，各级要充分认清加强国防后备力量建设的重大意义，切实把国防后备力量建设摆在战略位置抓紧抓好。要坚持党管武装的根本原则，确保国防后备力量建设的正确方向。要坚持用党的创新理论武装民兵预备役人员，做到一切行动听从党中央、中央军委和胡主席指挥。要加强民兵预备役部队党的先进性建设，增强党组织的凝聚力、战斗力和创造力。要深入研究新时期党管武装工作中的新情况新问题，确保民兵预备役部队永远听党的话、跟党走。

曹刚川强调，要着眼打赢信息化条件下局部战争，努力提高国防后备力量建设质量，逐步实现后备力量建设由人力密集型向科技密集型、由数量规模型向质量效能型、由保障单一军种作战向保障诸军兵种联合作战转变。要改革训练内容，改进训练方法，完善训练保障，积极探索军政军民联合训练、联合行动的有效机制和方法，提高各级党委、政府组织国防动员的能力和人民群众参战支前的能力。

曹刚川指出，民兵预备役人员要在促进经济社会发展中发挥骨干作用，在维护社会稳定中发挥卫士作用，在应对社会公共突发事件中发挥突击作用，在精神文明建设中发挥示范作用，在社会主义新农村建设中发挥带头作用，以实际行动促进社会和谐。

解放军总参谋部、南京军区和江苏省领导出席了纪念大会。

中共中央政治局常委李长春在北京展览馆参观第四届中国国际网络文化博览会

李长春强调，要积极发展以数字化生产、网络化传播为主要特征的网络文化产业，鼓励扶持民族网络文化产品的创作和研发，拓展网络文化产业发展空间，为广大人民群众特别是青少年提供健康向上、喜闻乐见的网络文化产品。

李长春说，网络文化的发展和管理是建设和谐文化、构建社会主义和谐社会的重要方面，是繁荣发展我国文化产业的重要途径。要一手抓发展，一手抓管理。要大力发展健康有益的网络文化，积极推动民族优秀文化上网传播，不断提高网络文化产品的质量和水平。要增强我国网络文化产业的自主创新能力，推动网络文化产品的创作和生产向原创为主转型升级。要积极引导网吧产业向连锁化、规模化、集团化、品牌化方向发展，创新体制机制，加强行业监管。要加强对网络文化内容的管理，使网络文化始终坚持先进文化的前进方向，为青少年健康成长创造良好文化环境。他希望网博会办出特色、办出水平，促进我国网络文化产业快速健康发展。

本届中国国际网络文化博览会是由文化部、科技部、信息产业部、国务院新闻办、国家广播电影电视总局、北京市人民政府、共青团中央共同举办的。

中国记协七届一次理事会在北京闭幕

中华全国新闻工作者协会第七届理事会第一次会议完成各项议程，于今天下午闭幕。新华社社长田聪明当选新一届中国记协主席，邵华泽被推举为名誉主席。

本次会议审议通过了中国记协第六届理事会常务理事会的工作报告，总结了过去五年工作的成绩和经验，明确了今后五年的工作和任务，讨论并原则通过了《中华全国新闻工作者协会章程(修改草案)》，选举产生了中国记协第七届理事会常务理事会，推举了名誉主席，选举了主席、副主席，任命了书记处书记，完成了领导机构的新老交替，为做好今后五年中国记协各项工作提供了组织保证。

翟惠生、张研农、胡占凡、何平、胡孝汉、王梦云、梅宁华、尹明华、李厚朴、杨兴锋、任贤良、张崇银12位同志当选为副主席。

常务理事会任命翟惠生(兼)、赵晨仔、祝寿臣、李存厚、顾勇华为书记处书记。

10月27日

国家主席胡锦涛在人民大会堂会见候任联合国秘书长潘基文

胡锦涛祝贺潘基文当选联合国秘书长。他说，联合国正处在一个重要的历史时期。随着全球性挑战和威胁不断上升，各国都对联合国寄予厚望，主张多边主义，维护《联合国宪章》宗旨和原则，加强联合国作用，已成为国际社会的广泛共识。胡锦涛表示，中国作为安理会常任理事国和最大的发展中国家，始终是促进世界和平与发展的坚定力量。我们将继续以负责任、建设性姿态，全面参与联合国在安全、发展、人权等各领域的活动，维护《联合国宪章》的宗旨和原则，维护联合国权威和作用，一如既往地支持和配合秘书长的工作，为推动世界和平与发展作出自己的贡献。

会见中，双方还就共同关心的国际和地区问题交换了看法。外交部部长李肇星和中国常驻联合国代表王光亚参加会见。

十届全国人大常委会第二十四次会议在人民大会堂举行

为期5天、共有19项议程的十届全国人大常委会第二十四次会议上午在人民大会堂举行，物权法草案、关于授权香港特别行政区对深圳湾口岸港方口岸区实施管辖的决定草案等被提请审议。

全国人大常委会委员长吴邦国主持会议。

根据通过的议程，会议首先听取了全国人大法律委员会副主任委员王以铭、李重庵、乔晓阳分别作的关于反洗钱法草案、农民专业合作社法草案、关于授权香港特别行政区对深圳湾口岸港方口岸区实施管辖的决定草案等三个法律草案审议结果的报告。反洗钱法草案、农民专业合作社法草案分别经过常委会两次审议修改，已经比较成熟；关于授权香港特别行政区对深圳湾口岸港方口岸区实施管辖的决定草案经过常委会第二十三次会议初步审议，法律委员会根据常委会组成人员的意见，对草案进行了相应修改。对于上述三个法律草案，法律委员会建议本次常委会会议审议通过。

会议分别听取审议了全国人大法律委员会副主任委员胡康生、周坤仁分别作的关于物权法草案、未成年人保护法修订草案修改情况的汇报。全国人大常委会高度重视制定物权法的工作，草案经过五次审议修改，已日趋成熟，本次会议将对其进行第六次审议。未成年人保护法修订草案根据常委会第二十三次会议初次审议的意见，也进行了相应的修改。法律委员会建议本次常委会会议继续审议这两部法律草案。

银行业监督管理法通过实施两年多来，对加强银行业监管，规范监管行为，防范和化解银行业风险，促进银行业健康发展，发挥了重要作用。但这部法律在监督检查权方面，只规定了银行业监管机构有权对银行业金融机构进行监督检查并获取相关信息，没有规定银行业监管机构是否可以对银行业金融机构以外的相关单位和个人进行调查。为了使银行业监管机构更有效地履行监管职责，有必要通过修改银行业监督管理法，赋予银行业监管机构对银行业金融机构以外的相关单位和个人进行调查的权力。受国务院委托，中国银行业监督管理委员会主席刘明康就银行业监督管理法修正案草案作了说明。

根据1983年修改的人民法院组织法的有关规定，最高人民法院可授权高级人民法院行使部分死刑案件核准权。1996年修改刑事诉讼法和1997年修改刑法时，则明确规定死刑由最高人民法院核准。为了使人民法院组织法与刑事诉讼法和刑法的规定相一致，维护法制统一，促进司法公正，有必要对人民法院组织法有关部分判处死刑的案件的核准权授权高级人民法院行使的规定予以修正。最高人民法院副院长沈德咏就人民法院组织法修正案草案作了说明。

会议审议了国务院关于提请审议批准1981年职业安全和卫生及工作环境公约的议案，关于提请审议批准中国和土库曼斯坦关于打击恐怖主义、分裂主义和极端主义的合作协定的议案，关于提请审议批准中国和澳大利亚关于刑事司法协助的条约的议案，关于提请审议批准中国和阿富汗睦邻友好合作条约的议案，关于提请审议批准中国和阿塞拜疆引渡条约的议案。受国务院委托，劳动和社会保障部部长、外交部副部长分别就上述议案作了说明。

会议还听取了全国人大常委会代表资格审查委员会主任委员何椿霖作的关于个别代表的代表资格的报告；审议了有关任免案等。

全国人大常委会副委员长王兆国、李铁映、司马义·艾买提、何鲁丽、丁石孙、成思危、许嘉璐、蒋正华、顾秀莲、热地、盛华仁、路甬祥、乌云其木格、韩启德出席会议。国务委员唐家璇、最高人民法院院长肖扬、最高人民检察院检察长贾春旺列席会议。

全国人大常委会委员长吴邦国在人民大会堂会见瑞士联邦副主席兼外长米舍利娜·卡尔米—雷伊

全国人大常委会委员长吴邦国在人民大会堂会见以日本民主党党首小泽一郎为名誉团长 以众议院议员牧义夫为团长的日本第十四次“长城计划”友好交流使节团

谈到中日关系时，吴邦国指出，《中日联合声明》等三个政治文件是发展中日关系的政治基础。中日邦交正常化30多年的发展历程表明，遵循这三个政治文件的原则精神，中日关系就顺畅发展，否则就会停滞甚至倒退。吴邦国强调，中日互为重要近邻，发展长期稳定的中日睦邻友好合作关系，符合两国和两国人民的根本利益，有利于亚洲及世界的和平、稳定与发展。我们应该珍惜、维护并加强两国关系改善和发展的势头，把握好两国关系的发展方向，将两国关系推向更高的发展阶段。

吴邦国还积极评价了“长城计划”实施以来取得的成绩。希望双方继续办好“长城计划”等民间交流活动，为增进两国人民的相互理解与信任，推动中日关系的发展作出新的贡献。

“长城计划”活动始于1989年，是由中国全国青联与日本有关方面联合实施的一项大型中日民间友好交流活动。

全国政协主席贾庆林在维尔纽斯分别会见立陶宛总统瓦尔达斯·阿达姆库斯 立陶宛总理格迪米纳

斯·基尔基拉斯

外交部部长李肇星在北京与瑞士联邦副主席兼外长卡尔米—雷伊举行会谈

外交部部长李肇星在北京与来华进行工作访问的候任联合国秘书长潘基文举行会谈

国务委员唐家璇在人民大会堂与英国副首相约翰·普雷斯科特举行会谈

全国自然保护区工作会议暨中国自然保护区发展50周年纪念大会在北京召开

国务院副总理曾培炎发表讲话，他对自然保护区工作提出三点要求。一是搞好建设。抓紧制定并实施全国自然保护区发展规划，积极实施自然保护区建设工程，逐步加大资金投入力度。二是加强管理。明确管理责任，搞好队伍建设，强化执法监督，严肃查处违法破坏行为。做好自然保护区基础性调查、管理评估、生态监测、科学研究等工作。三是完善机制。逐步理顺综合管理与分工负责相结合的管理体制，健全地方政府与自然保护区管理机构的工作机制，加快建立生态补偿机制，完善法规制度。

会议明确了未来5到15年自然保护区建设的主要目标和工作任务。到2010年，自然保护区面积占国土面积达到16%左右，90%的国家重点保护物种和典型生态系统得到保护；2020年，自然保护区面积占国土面积达到17%，95%以上的国家重点保护物种和典型生态系统类型得到有效保护。形成结构合理、类型齐全、设施先进、管理高效、功能完善的自然保护区体系。会议要求，深入开展自然保护区调查，不断优化空间结构。落实全国自然保护区发展规划，强化努力建设。加强监督管理，防止不合理的开发建设活动。统筹保护与发展，建立生态补偿机制。会议还发布了中国自然保护区区徽，表彰了全国自然保护区管理先进集体和先进个人。

我国第一个自然保护区——鼎湖山自然保护区，于1956年在广东肇庆建立。目前，全国自然保护区已有2349个，总面积达150万平方公里，约占陆地国土面积的15%。

10月28日

国务院总理温家宝在广西考察

国务院总理温家宝在出席中国—东盟建立对话关系15周年纪念峰会前夕，到广西壮族自治区柳州市、来宾市和南宁市考察工作。他深入企业、农村和社区，与干部群众座谈，就发展优势产业和特色经济、推进社会主义新农村建设、扩大对外开放和加强民族工作等进行调查研究。

考察期间，温家宝听取了广西壮族自治区的汇报。温家宝指出，广西要注重发挥区位优势，进一步扩大开放。特别要充分发挥广西面向东南亚的地缘条件，充分用好建设中国—东盟自由贸易区的历史机遇，充分利用中国—东盟投资与商务峰会和中国—东盟博览会机制，推进中国与东盟多方面合作，拓展合作领域，丰富和充实合作内涵。他说，广西是少数民族聚居区，要加强民族团结，大力发展民族地区经济，不断提高各族人民物质文化生活水平，促进各民族共同发展、共同繁荣、共同进步。

中国—印尼第二次能源论坛在上海举行

国务院副总理黄菊，印度尼西亚共和国总统苏西洛出席了论坛并讲话。

黄菊说，互利共赢的经济合作，是中国和印尼战略伙伴关系的重要基石。进入新世纪，两国在经贸领域开展了富有成效的合作，特别是在能源方面的合作迈出了新的步伐。四年前，在印尼举办了中国—印尼第一次能源论坛，取得了多项积极的成果。四年来，在论坛框架下，两国能源领域的互利合作取得了可喜的成绩。中国—印尼第二次能源论坛的举办，为两国加强能源交流与合作营造了更加良好的环境。论坛对话机制的进一步完善，必将有利于两国在能源领域加深了解，扩大合作。

论坛期间，黄菊和苏西洛出席了《中华人民共和国政府和印度尼西亚共和国政府关于能源和矿产资源领域合作的谅解备忘录》签字仪式。中国国家发展和改革委员会主任马凯、印度尼西亚共和国能源和矿产部部长布诺莫分别发表了主题演讲。两国代表围绕加强石油天然气、可再生能源、电力和煤炭等方面互利合作的内容进行了深入讨论。中共上海市委代书记、市长韩正及两国政府能源主管部门和企业界的代表250多人参加了论坛。

中央政法委书记罗干在辽宁考察

10月28日至31日，罗干在辽宁省省委书记李克强、省长张文岳陪同下，先后到大连、鞍山、沈阳和抚顺等地考察。

考察期间，罗干听取了辽宁省委、省政府的工作汇报，对辽宁经济社会发展和政法工作取得的成绩给予充分肯定。罗干指出，建设“和谐辽宁”与建设社会主义和谐社会，最根本的是调动人民群众的积极性、主动性和创造性。这就需要从源头上解决影响群众利益和情绪的突出矛盾,重视协调好利益关系和疏导群众情绪,维护人民群众当家做主的政治权利,用社会主义核心价值体系加以引导,加强社会管理。

罗干强调,政法机关既是和谐社会的保障力量,也是和谐社会的建设力量,要充分发挥职能作用,不断促进社会和谐。要充分运用法律手段调节各类经济关系,促进改革发展。特别要依法保护农村经济发展和农民的合法权益,加强知识产权法律保护,为建设社会主义新农村和创新型国家提供有力的司法保障。要深入开展平安建设,增强群众安全感。紧紧抓住依靠多种手段化解矛盾纠纷这个政治优势,加强人民调解、行政调解和司法调解,引导群众把调解作为化解矛盾的主要选择。要积极稳妥地推进司法体制改革,加强执法规范化建设,深入开展社会主义法治理念教育,切实维护社会公平正义。

中共河南省第八届委员会第一次全体会议选举徐光春为省委书记

国家林业局宣布正式启动全国林业示范自然保护区建设

福建武夷山、江西鄱阳湖、湖北神农架、广东内伶仃福田、云南西双版纳、青海可可西里、新疆哈纳斯、西藏珠峰等51个首批国家级示范自然保护区正式挂牌。

国家林业局将重点抓好国家级示范自然保护区建设工作,各级林业主管部门将根据本地实际组织本地区开展示范自然保护区建设工作和示范自然保护小区建设工作。国家林业局将制定和颁布示范自然保护区管理目标和考核指标体系,定期对国家级示范自然保护区建设进行考核和评估,对管理混乱、资源遭到破坏、制度不健全、没有达到示范标准的示范自然保护区给予通报批评和摘牌。

国家林业局今天还宣布,将广东省列为全国自然保护区建设示范省。

第十五届中国金鸡百花电影节在杭州闭幕

首次网络海选出来的99名观众终评评委,以按表决器的方式当场投票,评选出第二十八届大众电影百花奖8个奖项的得主:最佳故事片《张思德》,优秀故事片《生死牛玉儒》《功夫》,最佳导演尹力(电影《张思德》导演),最佳男主角吴军(电影《张思德》中饰演张思德),最佳女主角刘若英(电影《天下无贼》中饰演王丽),最佳男配角谢霆锋(电影《新警察故事》中饰演锋警官),最佳女配角元秋(电影《功夫》中饰演肥婆四),最佳新人孙俪(电影《霍元甲》中饰演月慈)。

中国选手在湖南益阳举行的2006世界杯羽毛球赛中夺得3枚金牌

王仪涵获得女单冠军,林丹获得男单冠军,女双冠军由高崚、黄穗夺得。

霍英东逝世

杰出的社会活动家,著名的爱国人士,香港知名实业家,中国共产党的亲密朋友,中国人民政治协商会议第八、九、十届全国委员会副主席,香港中华总商会永远名誉会长霍英东先生,因病于10月28日19时30分在北京逝世,享年84岁。

霍英东先生祖籍广东番禺,1922年11月21日出生于香港。早年就学于香港皇仁书院,后因抗日战争爆发辍学。先后当过船上的烧煤工、糖厂的学徒、修建机场的苦力,开过小杂货店。1948年,远赴东沙岛与人合股做打捞海人草生意。20世纪40年代末,从事海上驳运业务,开始了创业生涯。1953年和1954年,分别创立立信置业有限公司和有荣有限公司,任董事长,后组建霍英东集团,任主席。1965年至1984年,任香港地产建设商会会长。1981年起,先后任国际足球联合会执委,世界羽毛球联合会名誉主席,世界象棋联合会主席,亚洲足球联合会副会长,香港足球总会会长、永远名誉会长。1984年至1988年和1990年至1994年,任香港中华总商会会长,后任香港中华总商会永远名誉会长。1986年获中山大学名誉博士学位。1994年获美国春田大学人文学名誉博士学位。1995年分别获香港大学社会科学名誉博士学位和国际奥委会奥林匹克银质勋章。1997年7月获香港特别行政区政府颁授的大紫荆勋章。

霍英东先生历任政协第五、六届全国委员会常务委员,第七届全国人大代表、全国人大常委会委员,政协第八、九、十届全国委员会副主席。在香港回归祖国的历程中,先后担任香港特别行政区基本法起草委员会委员、香港事务顾问、香港特别行政区筹备委员会预备工作委员会副主任委员、香港特别行政区筹备委员会副主任委员、香港特别行政区第一届政府推选委员会委员。

10月29日

全国政协主席贾庆林在塔林与爱沙尼亚总理安德鲁斯·安西普和议长瓦雷克举行会谈

中共中央政治局常委李长春在海南考察

10月29日至11月1日,李长春在海南省省委书记汪啸风、省长卫留成陪同下,先后到三亚、万宁、琼海、定安、文昌、海口等地，深入企业、农村和基层宣传文化单位，就学习宣传贯彻十六届六中全会精神、推进和谐文化建设、加强农村文化建设等进行调研，与基层干部群众亲切交谈，听取海南省委省政府工作汇报，对海南改革开放和现代化建设取得的成绩给予充分肯定。

第二届世界工商协会论坛在北京开幕

国务院副总理曾培炎出席并致辞，强调建立公正合理的国际经济新秩序，为促进世界经济繁荣和社会进步作出更大贡献。

曾培炎说，面对新的国际形势，各国政府、企业、社团应从三个方面共同努力。一是建立公正合理的国际经济新秩序。推进贸易和投资便利化，降低贸易壁垒，化解贸易摩擦，减少出口限制，扩大相互投资，为资源优化配置提供良好环境。二是促进人类社会可持续发展。大力节约能源、水资源、土地和原材料，发展新能源和可再生能源，降低能源消耗；实行清洁生产，发展循环经济，增加环保投入，减少污染排放。三是消除贫困，缩小发展差距。更加重视解决贫困问题，尽可能增加政府扶贫支出，努力提高贫困地区自我发展能力。企业应承担更多的社会责任，为消除贫困作出更大的努力。

曾培炎强调，中国将坚持走科学发展的道路。加快转变经济增长方式，积极调整经济结构，促进节约发展、清洁发展、安全发展和可持续发展。扎实推进社会主义新农村建设，统筹城乡发展；继续实施西部大开发、东北地区等老工业基地振兴战略，促进中部崛起，鼓励东部地区率先发展，实现优势互补、共同发展。千方百计扩大就业，健全社会保障和收入分配制度，加快发展教育、科学、卫生事业，加强和谐文化建设，保障社会公平正义，使全体人民共享改革发展成果。

曾培炎指出，工商协会是政府与企业间的重要纽带，对引导企业发展，促进行业自律，维护市场秩序都起着重要作用。中国政府重视和支持工商协会的活动，注意发挥他们为经济社会发展服务的功能。希望各位代表在会上踊跃发言，深入讨论，加强交流，务实合作，为促进世界经济繁荣和社会进步作出更大的贡献。

全国人大常委会副委员长顾秀莲、全国政协副主席徐匡迪参加论坛。联合国副秘书长金学洙等外方来宾也出席了活动。本次论坛的主题是"对话、协商、合作"，来自世界70多个国家和地区的企业家、专家学者、政府官员和国际组织代表参加会议。

我国首颗直播卫星发射成功

北京时间今天凌晨零时20分52秒，我国"长征三号乙"运载火箭在西昌卫星发射中心点火升空，成功地将我国首颗直播卫星——"鑫诺二号"送入预定轨道。火箭升空1502秒后，星箭成功分离，西安卫星测控中心传来的数据表明，"鑫诺二号"卫星准确进入地球同步转移轨道，卫星发射取得圆满成功。

"鑫诺二号"卫星是我国新一代"东方红四号"大型通信卫星公用平台首发卫星，同时也是我国第一颗直播卫星，由中国航天科技集团公司所属的中国空间技术研究院自主开发和研制。"鑫诺二号"卫星发射重量5100公斤，设计寿命15年，配置了22路Ku广播频段转发器，可传输200多套标准清晰度电视节目，用户终端只要使用0.45米口径天线就可以直接接收高质量卫星电视图像，具有长寿命、高可靠、大容量、高功率等显著技术特点。

"长征三号乙"运载火箭是我国同步静止轨道运载能力最大的运载火箭，由中国航天科技集团所属的中国运载火箭技术研究院研制生产。此次"鑫诺二号"卫星发射是"长征三号乙"运载火箭的第七次发射。"东方红四号"大型通信卫星公用平台是"十五"期间我国重点开展的民用卫星工程，它的研发成功使我国通信广播卫星达到20世纪90年代末国际通信广播卫星水平。

作为我国首颗直播卫星，"鑫诺二号"卫星将直接服务于国家广播电视"村村通"工程和广播电视卫星直播领域，为我国蓬勃发展的广播电视业务，为实现广播电视全人口覆盖，为"新北京、新奥运、新媒体"提供更优质的传输服务。

马琳获2006年乒乓球世界杯赛男子单打冠军

10月30日

十届全国人大常委会第二十四次会议在人民大会堂举行第二次全体会议

会议听取最高人民法院关于开展规范司法行为专项整改情况的报告、最高人民检察院关于开展规范执法行为专项整改情况的报告等。

吴邦国委员长出席会议。会议由副委员长李铁映主持。

从2005年开始，根据中央政法委的统一部署，全国各级法院和检察院分别开展了"规范司法行为，促进司法公正"与"规范执法行为，促进执法公正"专项整改活动。今天的全体会议上，最高人民法院院长肖扬、最高人民检察院检察长贾春旺分别报告了专项整改活动的有关情况。

肖扬说，经过全国各级法院的共同努力，司法工作中的一些突出问题逐步得到解决，专项整改活动取得初步成效，表现在：规范立案行为，畅通人民群众依法表达诉讼请求的渠道；规范审判行为，解决少数案件特别是民商事审判中存在的司法不公问题；规范执行行为，缓解人民群众反映强烈的“执行难”问题；规范再审行为，解决人民群众关心的申请再审难问题；加强司法管理，建立法院内部权责分明、相互制约的制度体系。针对依然存在的法官司法行为不规范、少数案件裁判不公等问题，肖扬报告了将进一步采取的五项措施：以党的十六届六中全会精神为指导，进一步提高法官队伍的整体素质；切实抓好各项制度的落实，着力建立规范司法行为的长效机制；通过深化法院改革，继续完善规范司法行为的各项配套制度；运用现代科技手段，为规范司法行为提供物质支持；深入学习贯彻监督法，自觉接受人大监督。

贾春旺说，检察机关在专项整改活动中主要抓了五个方面的工作：加强思想教育，树立正确的执法观念；深入查摆整改，着力解决执法不规范的突出问题；健全规章制度，完善执法规范体系；强化督促检查，推动制度规范的落实；完善监督制约，促进检察权的规范正确行使。为解决当前检察工作中依然存在的执法不规范的主要问题，贾春旺报告了下一步要着重抓好的六项工作：深入开展社会主义法治理念教育，进一步打牢规范执法的思想基础；进一步健全规章制度，构建系统严密的执法规范体系；狠抓制度的执行和落实，切实把执法活动纳入规范化轨道；推进业务、队伍、信息化“三位一体”机制建设，提高管理水平；加强检察队伍和基层基础建设，为规范执法提供保障；认真贯彻执行监督法，进一步自觉接受人大监督。

会议分别听取了全国人大内务司法委员会主任委员何椿霖、财政经济委员会主任委员傅志寰作的关于十届全国人大四次会议主席团交付审议的代表提出的议案审议结果的报告；审议了吴邦国委员长访问巴西、乌拉圭、智利及拉美议会情况的书面报告。会议听取了全国人大法律委员会主任委员杨景宇作的关于反洗钱法草案修改意见的报告、关于农民专业合作社法草案修改意见的报告、关于授权香港特别行政区对深圳湾口岸港方口岸区实施管辖的决定草案修改意见的报告、关于银行业监督管理法修正案草案审议结果的报告、关于人民法院组织法修正案草案审议结果的报告。法律委员会建议，本次常委会会议表决通过上述五个法律草案。

全国人大常委会副委员长王兆国、司马义·艾买提、何鲁丽、丁石孙、成思危、许嘉璐、蒋正华、顾秀莲、热地、盛华仁、路甬祥、乌云其木格、韩启德出席会议。国务委员华建敏列席会议。

全国人大常委会委员长吴邦国 国家副主席曾庆红在人民大会堂分别会见比利时众议长亚历山大·德克罗

中国—东盟建立对话关系15周年纪念峰会在广西南宁举行

国务院总理温家宝与文莱苏丹博尔基亚、柬埔寨首相洪森、印度尼西亚总统苏西洛、老挝总理布阿索内、马来西亚总理巴达维、缅甸总理梭温、菲律宾总统阿罗约、新加坡总理李显龙、泰国总理素拉育和越南总理阮晋勇共同出席会议。会议由温家宝和东盟轮值主席国菲律宾总统阿罗约共同主持。会后，各国领导人签署了《中国—东盟纪念峰会联合声明》。

国务院总理温家宝在中国—东盟建立对话关系15周年纪念峰会上发表题为《携手奋进，共创中国—东盟关系的美好未来》的讲话

各位同事：

今天，中国和东盟各国领导人聚集南宁，共同庆祝中国—东盟建立对话关系15周年。我谨代表中国政府，对各位同事的到来表示热烈的欢迎！

15年前，中国—东盟开启了对话进程，揭开了双方关系崭新的一页。回顾过去的15年，中国—东盟关系走过了从消除疑虑、开展对话、增进互信到最终建立战略伙伴关系的不平凡的历程。在双方的共同努力下，双边关系取得了前所未有的发展。今天，中国—东盟关系正处于历史最好时期。

我们在政治上的互信不断增强。中国作为东盟对话伙伴国第一个加入《东南亚友好合作条约》，第一个与东盟建立面向和平与繁荣的战略伙伴关系。我们共同发表了《南海各方行为宣言》。

我们在经济上的融合日趋加深。1991年双方贸易额不足80亿美元，2005年超过了1300亿美元，15年增长15倍。截至去年年底，东盟在华投资项目近3万个，金额近400亿美元。中国在东盟的投资也开始起步。我们率先启动自贸区建设，签署了《中国—东盟全面经济合作框架协议》。

我们在重点领域的合作全面展开。双方对2005年至2010年的各领域合作进行了全面规划，确定了农业、信息产业、人力资源开发、相互投资、湄公河流域开发、交通、能源、文化、旅游和公共卫生等十大重点合作领域，建立起有效的合作机制。东盟10国都已成为中国公民的旅游目的国。2005年，双方人员往来达650多万人次。

我们在应对公共安全问题上相互支持。无论是在亚洲金融危机，还是在非典型肺炎、禽流感、印度洋海啸等重大突发事件和自然灾害面前，我们都同舟共济，真诚相助，共渡难关。

我们在维护地区稳定和促进区域合作上紧密配合。中国和东盟积极致力于维护东亚的和平与稳定，推动“10+1”“10+3”东亚合作不断深入发展，在亚欧合作中协调立场。中国一贯支持东盟在地区事务和区域合作中发挥主导作用。

事实证明，中国—东盟关系已成为本地区国家间友好交往的典范，为双方人民带来了实实在在的利益，也为促进亚洲地区和世界的和平、稳定与繁荣作出了重要贡献。

中国与东盟关系15年的长足发展有许多宝贵经验，主要是：

第一，和平发展是中国与东盟关系发展的前提。我们坚定不移地奉行睦邻友好政策，都把对方视为合作伙伴，把对方的发展视为自己的机遇，而不是威胁。我们致力于维护和平稳定，实现国家振兴，增进人民福祉，树立了国家之间和谐共处、共同发展的典范。

第二，平等互信是中国与东盟关系发展的基础。我们坚持相互尊重，平等相待，求同存异，协商一致。我们从大局和战略高度出发，照顾彼此关切，妥善解决双方关系中出现的问题，使双方关系经受住了时代风云变幻的考验，不断走向成熟。

第三，合作共赢是中国与东盟关系发展的目标。我们立足于各自国情和长远发展需要，相互理解，相互支持，相互帮助，共同应对经济全球化挑战以及传统与非传统安全威胁。我们不断推进交流协作，扩大利益汇合点，探索出一条国家之间互利共赢的新型合作道路。

第四，人民拥护是中国与东盟关系发展的动力。我们之间的合作有利于消除贫困、缩小差距、加快发展、提高人民生活水平。我们不断增强人民之间的理解和友谊，使中国—东盟友好深入人心，为双方关系发展注入了不竭的动力。

各位同事：东盟创建40年来，在联合自强的道路上取得了世人瞩目的辉煌成就，已成长为本地区和国际舞台上一支维护和平、促进发展的重要力量。东盟倡导协商一致、不干涉内政的“东盟方式”，巩固了自身团结，也为本地区各国关系深入发展作出了积极贡献。东盟坚持灵活务实、循序渐进的方针，扎实推进共同体建设，为发展中国家开展合作提供了成功的范例。东盟遵循开放包容、开拓进取的原则，积极发起和推进地区合作，成为亚洲区域合作的重要驱动力量。

中国人民对东盟取得的成就表示钦佩，衷心祝愿东盟在国家建设和民族振兴道路上实现更大的发展。

我们支持东盟一体化和共同体建设，支持东盟在区域合作中发挥主导作用。我们坚信，一个自强、自尊、自主，团结、稳定、繁荣的东盟，必将为世界和平与发展作出更大的贡献。为支持东盟的发展，中国政府决定向东盟发展基金捐资100万美元；为支持东盟一体化倡议下的有关项目提供100万美元援助；今后5年为东盟培训8000名各类人才，并邀请1000名东盟青少年访华。

各位同事：巩固和发展中国与东盟友好合作关系是双方的共同愿望。我们应紧紧把握机遇，加强合作，不断丰富合作内涵、创新合作方式，推动双方关系迈上新台阶。为此，我愿提出以下建议：(一)加强战略协作。保持双方高层的密切交往，加强双方政府、议会、政党之间的交流，增进相互信任。加深双方在重大地区和国际事务中的协调与配合，维护东盟在东亚合作中的核心地位，维护东盟与中日韩(10+3)在东亚合作中的主渠道作用，维护联合国的权威和作用，共同推动国际政治、经济秩序朝着更加公正合理的方向发展。

(二)丰富合作内涵。在《中国—东盟全面经济合作框架协议》的基础上，探讨签署扩大和深化双方经贸合作的文件，建立经济合作的制度性安排。全面落实《货物贸易协定》，积极开展服务贸易与投资谈判，加快中国—东盟自由贸易区建设进程。推动泛亚铁路、亚洲公路网等交通路网建设，开展能源合作，推进十大重点领域的务实合作。

(三)维护共同安全。促进军事对话与交流，开展机制化的防务合作，继续落实《南海各方行为宣言》，推进南海共同开发。中国支持建立东南亚无核武器区，愿尽早签署《东南亚无核武器区条约》议定书。加强双方在反恐、打击跨国犯罪、海上安全、抢险救灾等领域的合作，共同应对跨国问题。

(四)密切人文交流。加强双方在科技、文教、体育等领域的协作，促进双方社会团体、媒体、教育与学术机构之间的联系，定期举办文化、艺术和体育活动。扩大地方交流与合作。青年代表着国家未来和希望，应鼓励双方青年到对方国家开展志愿者工作，加深青年之间的了解和情谊，使双方友好事业世代相传。

各位同事：发展同东盟国家的睦邻友好合作，巩固与东盟的战略伙伴关系，是中国长期坚持的外交政策。我们将继续奉行“与邻为善，以邻为伴”的周边外交方针和“睦邻、安邻、富邻”的政策，永远做东盟的好邻居、好伙伴、好朋友。

中国—东盟关系的历史又翻开新的一页，我们对未来充满信心。让我们携起手来，开拓进取，把中国—东盟战略伙伴关系提升到一个更高的水平，为共创东亚美好家园和促进本地区及世界的和平、安全与繁荣作出新的更大贡献！

谢谢大家。

中国—东盟纪念峰会发表联合声明

一、我们，中华人民共和国和东盟成员国的国家元首/政府首脑于2006年，即“中国—东盟友好合作年”，10月30日，会聚中国南宁，纪念中国—东盟建立对话关系15周年。

共同努力和发展的15年

二、我们回顾了中国—东盟对话关系的进展，对双方全面的、在许多具有共同利益的领域不断深化的合作表示满意。中国—东盟面向和平与繁荣的战略伙伴关系，不仅有力地促进了各自的发展，给双方人民带来了实实在在的利益，也为促进本地区乃至整个世界的和平、稳定与繁荣作出了重要贡献。我们确信，我们已经为加强中国—东盟未来合作打下了坚实的基础。

三、我们对2003年在巴厘岛签署《中国—东盟面向和平与繁荣的战略伙伴关系联合宣言》以及于2004年在万象通过《中国—东盟行动计划》以来，双方得以加强的政治和安全合作表示高度赞赏。我们赞扬中国于2003年在巴厘岛成为第一个正式加入《东南亚友好合作条约》的东盟对话伙伴国。我们对双方于2002年签署《南海各方行为宣言》表示高兴。2002年发表的《中国与东盟非传统安全领域合作联合宣言》促进了双方在打击跨国犯罪方面的合作。

四、我们欢迎2002年在金边签署的《中国—东盟全面经济合作框架协议》取得的积极成效。2005年，双方贸易额达到1303.7亿美元。东盟对华实际投资总额达到31亿美元，中国2005年对东盟成员国投资为1.58亿美元。鉴此，东盟欢迎中国关于增加对东盟投资的承诺。我们对在中国南宁成功举办的第一届和第二届中国—东盟博览会和中国—东盟商务与投资峰会感到高兴。这推动了双方商业界的交往，促进了中国和东盟间的贸易和投资。设想中的中国—东盟自由贸易区正在形成。

五、我们满意地注意到，中国—东盟的重点合作领域已由5个扩大到10个，这些领域包括：农业、信息通讯技术、人力资源开发、双向投资、湄公河流域开发、交通、能源、文化、旅游和公共卫生。此外，双方还签署了若干谅解备忘录。这些活动促进了双方在应对自然灾害和传染性疾病等新挑战以及更多人员交流方面开展更紧密的合作。

共同迈向未来 加强战略伙伴关系

六、我们认为，中国—东盟对话关系在过去15年取得成果是因为双方恪守《东南亚友好合作条约》所体现的原则，和平共处五项原则，万隆亚非会议十项原则，《联合国宪章》的宗旨和原则以及其他相关的国际法、条约和公约。中国—东盟关系将继续以这些原则为指导。

七、迈向未来，我们同意进一步增进相互信任和了解，使我们合作的深度和广度与双方战略伙伴关系的目标相适应，以进一步推动本地区和平、发展与繁荣。

八、我们重申将致力于有效地落实：

（一）1997年《中华人民共和国与东盟国家首脑会晤联合声明》；

（二）2003年《中国—东盟面向和平与繁荣的战略伙伴关系联合宣言》；

（三）2004年《落实中国—东盟面向和平与繁荣的战略伙伴关系联合宣言的行动计划》；

（四）中国与东盟签署的其他协议和谅解备忘录。

九、我们致力于深化中国与东盟在10大重点领域里的合作。在加强合作的过程中，我们也将考虑2005年《中国—东盟名人小组报告》的意见。

十、东盟各国领导人，高度赞赏中国继续支持东盟共同体建设的努力，包括落实东盟安全共同体、东盟经济共同体和东盟社会与文化共同体的行动计划、《万象行动计划》《东盟一体化倡议》和其他东盟倡议。鉴此，东盟欢迎中国向东盟发展基金捐资100万美元，并提供100万美元，资助《东盟一体化倡议》项目。

十一、我们将共同努力推进战略伙伴关系。这一战略伙伴关系将对东盟与其他对话伙伴的对话关系起到促进作用，为地区和平与稳定作出巨大贡献，从而确保我们双方的人民享有持久繁荣与进步。为此，我们表达实现以下目标的决心：

政治和安全合作

十二、我们承诺保持高层往来；加强在非传统安全问题上的合作与信息交流；促进包括反腐败在内的刑事司法和执法合作；鼓励国防及安全官员之间的交流；共同努力维护本地区的海上安全；以东盟为主导，加强灾害管理和应对突发事件的地区合作，包括灾后重建和恢复。

十三、中方支持和欢迎东盟为建立东南亚无核武器区所做的努力。东盟赞赏中方签署《东南亚无核武器区条约》议定书的意向，将继续就此与中方协商。

十四、我们也承诺有效地落实《南海各方行为宣言》，在共识的基础上，为最终达成南海行为准则作出努力。这将促进本地区的和平与稳定。

十五、我们承诺完全支持东盟实现安全共同体。

经济合作

十六、我们决心按时于2010年建成中国—东盟自由贸易区；包括2010年与东盟6个老成员国、2015年与柬埔寨、老挝、缅甸和越南实现货物贸易自由化；如《中国—东盟全面经济合作框架协议》所展望的那样，努力尽快达成协议，逐步实现涵盖众多部门的服务贸易自由化和在中国和东盟建立一个自由、便利、透明并具有竞争力的投资机制以促进投资；建立中国—东盟贸易、投资和旅游促进中心；促进中小企业发展以及它们对地区经济的参与；在确保能源安全、能效和开发替代及再生能源方面进行合作；加强财政金融合作；深化旅游和旅行合作；努力实现中国—东盟之间全面自由化的航空服务机制；支持东盟实现经济共同体。

十七、我们鼓励中国与东盟在支持次区域开发方面进一步加强合作，包括在以下地区开发经济合作区：中国西南地区、东盟东部增长区、三河流域、印尼—马来西亚—泰国增长三角、大湄公河次区域经济合作以及包括建成泛亚铁路(新加坡—昆明)和其他地区在内的东盟湄公河流域开发。

社会文化合作

十八、我们同意加强社会文化合作，鼓励扩大双方中等和高等教育机构之间的合作；加强青年交流，倡议启动中国—东盟青年领袖会议、中国—东盟青年企业家协会、中国—东盟青年公务员交流项目等旗舰项目；设立中国—东盟名誉奖学金；加强学术交流；支持中国—东盟研究中心；增进双方媒体人士、学者和二轨机构、国会议员和民间社会的交流；支持东盟基金会促进更多民间交流的活动；开展公共卫生合作以应对新发传染性疾病的挑战；支持东盟实现社会文化共同体建设，包括实施中国—东盟文化合作谅解备忘录框架下的各种项目和活动。

地区和国际合作

十九、我们同意继续在次区域、地区和国际事务中保持密切磋商，在次区域、地区和国际场合进行密切合作。我们重申建立东亚共同体是一个长远目标。中国支持东盟在东盟地区论坛、东盟与中日韩(10+3)合作以及东亚峰会等区域进程中发挥主导作用。东盟认为一个稳定、发展和繁荣的中国将有助于本地区的和平、稳定与可持续发展，并重申其一个中国政策。

二十、我们责成我们的部长及高官们实现本联合声明中所提出的目标、倡议和活动。

本声明于2006年10月30日在中国南宁签署，一式两份，每份用英文写成。

中华人民共和国国务院总理　温家宝
文莱达鲁萨兰国苏丹　哈桑纳尔·博尔基亚
柬埔寨王国首相　洪森
印度尼西亚共和国总统　苏西洛·班邦·尤多约诺
老挝人民民主共和国总理　布阿索内·布帕万
马来西亚总理　阿卜杜拉·哈吉·艾哈迈德·巴达维
缅甸联邦总理　梭温上将
菲律宾共和国总统　格洛丽亚·马卡帕加尔·阿罗约
新加坡共和国总理　李显龙
泰王国总理　素拉育·朱拉暖
越南社会主义共和国总理　阮晋勇

国务院总理温家宝在广西南宁分别会见菲律宾总统格洛丽亚·马卡帕加尔·阿罗约等国领导人

国务院总理温家宝在广西南宁分别会见了前来出席中国—东盟建立对话关系15周年纪念峰会的菲律宾总统阿罗约、新加坡总理李显龙、印度尼西亚总统苏西洛、马来西亚总理巴达维和柬埔寨首相洪森。

全国政协主席贾庆林在塔林会见爱沙尼亚总统托马斯·亨德里克·伊尔韦斯

国务院副总理曾培炎在广东考察

10月30日至31日，中共中央政治局委员、国务院副总理曾培炎在中共中央政治局委员、广东省委书记张德江陪同下，先后考察了广东珠海的翔翼航空技术有限公司、摩天宇航空发动机维修有限公司、格力电器股份有限公司、BP化工有限公司等企业。他指出，广东一批技术水平较高、竞争力较强的企业正在成长壮大。要继续提高对外开放水平，加强产业政策和发展规划指导，引导企业加大研发力度，把引进先进技术与消化吸收再创新更好地结合起来，做大做强优势企业。要大力推行清洁生产，发展循环经济，积极研制开发环境友好型产品，加大排污总量控制力度，严格实行达标排放。

考察期间，曾培炎还来到正在珠海举行的第六届中国国际航空航天博览会展览现场，参观了部分航展展台，出席了国产L15高级教练机开展仪式，观看了飞行表演。曾培炎说，要大力推进我国航空航天领域的技术创新，为现代化建设提供更多更好的航空航天技术和产品，努力扩大出口规模。他同时指出，办好中国(珠海)航展，对于加强世界航天航空领域的交流与合作、促进我国航空航天工业和民航事业的发展，具有十分重要的意义。要坚持国际化、专业化、科学化、品牌化、市场化的方向，进一步提高办展效果和服务质量，把航展办成世界高水平的蓝天盛会。

国防科工委主任张云川、国务院副秘书长张平以及有关方面负责人陪同考察。

中共安徽省第八届委员会第一次全体会议选举郭金龙为省委书记

解放军四总部召开电视电话会议部署今冬士兵退役工作

会议要求全军和武警部队以邓小平理论和“三个代表”重要思想为指导，深入学习贯彻党的十六届六中全会精神，全面贯彻落实科学发展观，严格按照国务院、中央军委《关于2006年冬季士兵退出现役工作的通知》要求，确保士兵退役任务圆满完成，确保退役士兵离队安全顺利，确保士兵队伍建设得到加强。

会议指出，党的十六届六中全会对构建社会主义和谐社会作出了全面部署，对加强国防和军队建设提出了新的更高要求。各级要针对今冬士兵退役工作的新情况、新特点，高标准、高质量地做好这项工作。要高度重视士兵退役中的思想政治工作，努力增强教育的主动性、针对性、实效性，确保士兵退役工作顺利进行。要切实加强组织领导，严格执行各项政策规定，按计划完成退役任务，按规定确定退役对象，按编制调整配齐兵员，既要保证退役计划的落实，又要把优秀人才保留下来。要确保退役士兵各项福利待遇的落实，经费保障要足额发放，军需保障要保质保量，卫生保障要及时到位。要认真搞好输送保障，确保退役士兵离队返乡一路顺利。

会议强调，各单位一定要按照总部明确的“六个严格”，认真组织士官选取。领导和机关要带头执行有关政策规定，基层单位要敢于坚持原则。要认真落实公示制度，士官选取命令下达之前，必须在规定的范围和时间公之于众，听取群众意见，接受群众监督。

2006年的退役士兵将从11月下旬开始离队。

解放军四总部领导，国家机关和总部有关部门、驻京部队大单位和武警部队领导出席会议。

国家环保总局发布《国家农村小康环保行动计划》

行动计划确定的“十一五”目标是：到2010年，初步解决农村环境“脏、乱、差”问题，农村地区工业企业污染防治取得阶段性成效，农村饮用水环境得到改善，规模化畜禽养殖污染得到基本控制，新增一批有机食品生产基地，生态示范创建活动全面展开，农村环境监管能力得到加强，公众环保意识进一步提高，农村环境得到初步改善。

行动主要在五大重点领域展开，一是开展村庄环境污染综合治理；二是加强工业企业污染防治；三是治理土壤污染与农村面源污染；四是保障农村饮用水环境安全；五是防治规模化畜禽养殖污染。

10月31日

十届全国人大常委会第二十四次会议在人民大会堂闭幕

会议表决通过了反洗钱法、农民专业合作社法、关于修改银行业监督管理法的决定、关于修改人民法院组织法的决定，国家主席胡锦涛分别签署第56号、第57号、第58号和第59号主席令予以公布。

全国人大常委会委员长吴邦国主持闭幕会。

会议表决通过了关于授权香港特别行政区对深圳湾口岸港方口岸区实施管辖的决定；表决通过了关于批准1981年职业安全和卫生及工作环境公约的决定，关于批准中国和土库曼斯坦关于打击恐怖主义、分裂主义和极端主义的合作协定的决定，关于批准中国和澳大利亚关于刑事司法协助的条约的决定，关于批准中国和阿富汗睦邻友好合作条约的决定，关于批准中国和阿塞拜疆引渡条约的决定。

会议分别表决通过了全国人大内务司法委员会、财政经济委员会关于十届全国人大四次会议主席团交付审议的代表提出的议案审议结果的报告；表决通过了全国人大常委会代表资格审查委员会关于个别代表的代表资格的报告。根据会后发表的全国人大常委会公告，现在十届全国人大代表实有2976人。

会议表决决定，任命徐荣凯为全国人大教育科学文化卫生委员会副主任委员、黄智权为全国人大环境与资源保护委员会副主任委员。会议还表决通过了其他任免事项。

完成各项议程后，吴邦国发表讲话。他说，本次会议的一项重要议程，是对物权法草案进行第六次审议。会议期间，常委会组成人员和列席会议的同志，对修改后的物权法草案总体上给予肯定。大家普遍认为，修改后的草案坚持正确政治方向、坚持从我国国情出发，体现了我国基本经济制度、遵循了平等保护的市场法则、加大了对国有资产的保护力度、反映了党在现阶段的农村基本政策、重点解决了现实生活中迫切需要规范的问题。大家认为，草案符合我国国情和实际，已经基本成熟，希望进一步修改完善后提请全国人民代表大会会议审议通过。同时，常委会组成人员和列席会议的同志在本次会议上又提出了一些很好的修改意见和建议，会后请法律委会同有关方面进行认真研究，进一步修改完善草案，以提请12月召开的常委会会议审议。

吴邦国说，会议通过的农民专业合作社法，对于支持、引导农民专业合作社发展，提高农业生产组织化程度，促进农业产业化经营，推动社会主义新农村建设，具有重要意义。反洗钱法的颁布实施，将对防范洗钱活动，维护金融秩序和经济安全，加强反腐败斗争，遏制洗钱犯罪和相关犯罪，开展反洗钱国际合作等发挥积极作用。会议审议通过的关于修改人民法院组织法的决定，取消了授权高级人民法院行使部分死刑案件核准权的规定，维护了法制统一，对于公正司法具有重要作用。会议审议通过的关于修改银行业监督管理法的决定，赋予了银行业监管机构相关调查权，有利于加强银行业的监督管理。

吴邦国指出，为了缓解内地与香港陆路通关压力，适应内地与香港之间交通运输和便利通关的客观要求，促进两地人员交流和经贸往来，推动两地经济发展，保持香港繁荣稳定，经过两次审议，全国人大常委会作出了关于授权香港特别行政区对深圳湾口岸港方口岸区实施管辖的决定。

吴邦国说，一年多来全国法院和检察院系统按照中央政法委的统一部署开展的专项整改活动取得了积极成效。一是针对人民群众反映强烈的突出问题进行整改，不回避矛盾和问题；二是从容易发生问题的岗位和环节入手，进行全面清理整顿；三是坚持边整边改，务求取得实效；四是重视制度建设，着眼建立长效机制；五是注重开门整改，自觉接受人大监督和各方面的监督。他同时指出，专项整改活动取得的成效还是初步的，促进公正司法、维护社会公平正义是一项长期而艰巨的任务。希望最高人民法院和最高人民检察院在巩固已有成果的基础上，针对突出问题，加强队伍建设，狠抓制度落实，坚持公开公平，强化内部监督，严格责任追究，把专项整改活动不断引向深入。

吴邦国还就学习贯彻党的十六届六中全会精神提出了具体要求。

全国人大常委会副委员长王兆国、李铁映、司马义·艾买提、何鲁丽、丁石孙、成思危、许嘉璐、蒋正华、热地、盛华仁、路甬祥、乌云其木格、韩启德出席会议。国务委员陈至立、最高人民法院院长肖扬、最高人民检察院检察长贾春旺列席会议。

国家主席胡锦涛签署第56号令公布《中华人民共和国反洗钱法》

《中华人民共和国反洗钱法》已由中华人民共和国第十届全国人民代表大会常务委员会第二十四次会议于2006年10月31日通过，现予公布，自2007年1月1日起施行。

中华人民共和国主席　胡锦涛

2006年10月31日

中华人民共和国反洗钱法

第一章　总　则

第一条　为了预防洗钱活动，维护金融秩序，遏制洗钱犯罪及相关犯罪，制定本法。

第二条　本法所称反洗钱，是指为了预防通过各种方式掩饰、隐瞒毒品犯罪、黑社会性质的组织犯罪、恐怖活动犯罪、走私犯罪、贪污贿赂犯罪、破坏金融管理秩序犯罪、金融诈骗犯罪等犯罪所得及其收益的来源和性质的洗钱活动，依照本法规定采取相关措施的行为。

第三条　在中华人民共和国境内设立的金融机构和按照规定应当履行反洗钱义务的特定非金融机构，应当依法采取预防、监控措施，建立健全客户身份识别制度、客户身份资料和交易记录保存制度、大额交易和可疑交易报告制度，履行反洗钱义务。

第四条　国务院反洗钱行政主管部门负责全国的反洗钱监督管理工作。国务院有关部门、机构在各自的职责范围内履行反洗钱监督管理职责。

国务院反洗钱行政主管部门、国务院有关部门、机构和司法机关在反洗钱工作中应当相互配合。

第五条　对依法履行反洗钱职责或者义务获得的客户身份资料和交易信息，应当予以保密；非依法律规定，不得向任何单位和个人提供。

反洗钱行政主管部门和其他依法负有反洗钱监督管理职责的部门、机构履行反洗钱职责获得的客户身份资料和交易信息，只能用于反洗钱行政调查。

司法机关依照本法获得的客户身份资料和交易信息，只能用于反洗钱刑事诉讼。

第六条　履行反洗钱义务的机构及其工作人员依法提交大额交易和可疑交易报告，受法律保护。

第七条　任何单位和个人发现洗钱活动，有权向反洗钱行政主管部门或者公安机关举报。接受举报的机关应当对举报人和举报内容保密。

第二章　反洗钱监督管理

第八条　国务院反洗钱行政主管部门组织、协调全国的反洗钱工作，负责反洗钱的资金监测，制定或者会同国务院有关金融监督管理机构制定金融机构反洗钱规章，监督、检查金融机构履行反洗钱义务的情况，在职责范围内调查可疑交易活动，履行法律和国务院规定的有关反洗钱的其他职责。

国务院反洗钱行政主管部门的派出机构在国务院反洗钱行政主管部门的授权范围内，对金融机构履行反洗钱义务的情况进行监督、检查。

第九条　国务院有关金融监督管理机构参与制定所监督管理的金融机构反洗钱规章，对所监督管理的金融机构提出按照规定建立健全反洗钱内部控制制度的要求，履行法律和国务院规定的有关反洗钱的其他职责。

第十条　国务院反洗钱行政主管部门设立反洗钱

信息中心，负责大额交易和可疑交易报告的接收、分析，并按照规定向国务院反洗钱行政主管部门报告分析结果，履行国务院反洗钱行政主管部门规定的其他职责。

第十一条 国务院反洗钱行政主管部门为履行反洗钱资金监测职责，可以从国务院有关部门、机构获取所必需的信息，国务院有关部门、机构应当提供。

国务院反洗钱行政主管部门应当向国务院有关部门、机构定期通报反洗钱工作情况。

第十二条 海关发现个人出入境携带的现金、无记名有价证券超过规定金额的，应当及时向反洗钱行政主管部门通报。

前款应当通报的金额标准由国务院反洗钱行政主管部门会同海关总署规定。

第十三条 反洗钱行政主管部门和其他依法负有反洗钱监督管理职责的部门、机构发现涉嫌洗钱犯罪的交易活动，应当及时向侦查机关报告。

第十四条 国务院有关金融监督管理机构审批新设金融机构或者金融机构增设分支机构时，应当审查新机构反洗钱内部控制制度的方案；对于不符合本法规定的设立申请，不予批准。

第三章 金融机构反洗钱义务

第十五条 金融机构应当依照本法规定建立健全反洗钱内部控制制度，金融机构的负责人应当对反洗钱内部控制制度的有效实施负责。

金融机构应当设立反洗钱专门机构或者指定内设机构负责反洗钱工作。

第十六条 金融机构应当按照规定建立客户身份识别制度。

金融机构在与客户建立业务关系或者为客户提供规定金额以上的现金汇款、现钞兑换、票据兑付等一次性金融服务时，应当要求客户出示真实有效的身份证件或者其他身份证明文件，进行核对并登记。

客户由他人代理办理业务的，金融机构应当同时对代理人和被代理人的身份证件或者其他身份证明文件进行核对并登记。

与客户建立人身保险、信托等业务关系，合同的受益人不是客户本人的，金融机构还应当对受益人的身份证件或者其他身份证明文件进行核对并登记。

金融机构不得为身份不明的客户提供服务或者与其进行交易，不得为客户开立匿名账户或者假名账户。

金融机构对先前获得的客户身份资料的真实性、有效性或者完整性有疑问的，应当重新识别客户身份。

任何单位和个人在与金融机构建立业务关系或者要求金融机构为其提供一次性金融服务时，都应当提供真实有效的身份证件或者其他身份证明文件。

第十七条 金融机构通过第三方识别客户身份的，应当确保第三方已经采取符合本法要求的客户身份识别措施；第三方未采取符合本法要求的客户身份识别措施的，由该金融机构承担未履行客户身份识别义务的责任。

第十八条 金融机构进行客户身份识别，认为必要时，可以向公安、工商行政管理等部门核实客户的有关身份信息。

第十九条 金融机构应当按照规定建立客户身份资料和交易记录保存制度。

在业务关系存续期间，客户身份资料发生变更的，应当及时更新客户身份资料。

客户身份资料在业务关系结束后、客户交易信息在交易结束后，应当至少保存五年。

金融机构破产和解散时，应当将客户身份资料和客户交易信息移交国务院有关部门指定的机构。

第二十条 金融机构应当按照规定执行大额交易和可疑交易报告制度。

金融机构办理的单笔交易或者在规定期限内的累计交易超过规定金额或者发现可疑交易的，应当及时向反洗钱信息中心报告。

第二十一条 金融机构建立客户身份识别制度、客户身份资料和交易记录保存制度的具体办法，由国务院反洗钱行政主管部门会同国务院有关金融监督管理机构制定。金融机构大额交易和可疑交易报告的具体办法，由国务院反洗钱行政主管部门制定。

第二十二条 金融机构应当按照反洗钱预防、监控制度的要求，开展反洗钱培训和宣传工作。

第四章 反洗钱调查

第二十三条 国务院反洗钱行政主管部门或者其省一级派出机构发现可疑交易活动，需要调查核实的，可以向金融机构进行调查，金融机构应当予以配合，如实提供有关文件和资料。

调查可疑交易活动时，调查人员不得少于二人，并出示合法证件和国务院反洗钱行政主管部门或者其省一级派出机构出具的调查通知书。调查人员少于二人或者未出示合法证件和调查通知书的，金融机构有权拒绝调查。

第二十四条 调查可疑交易活动，可以询问金融机构有关人员，要求其说明情况。

询问应当制作询问笔录。询问笔录应当交被询问人核对。记载有遗漏或者差错的，被询问人可以要求补充或者更正。被询问人确认笔录无误后，应当签名或者盖章；调查人员也应当在笔录上签名。

第二十五条 调查中需要进一步核查的，经国务院反洗钱行政主管部门或者其省一级派出机构的负责人批准，可以查阅、复制被调查对象的账户信息、交易记录和其他有关资料；对可能被转移、隐藏、篡改或者毁损的文件、资料，可以予以封存。

调查人员封存文件、资料，应当会同在场的金融机构工作人员查点清楚，当场开列清单一式二份，由调查人员和在场的金融机构工作人员签名或者盖章，一份交金融机构，一份附卷备查。

第二十六条　经调查仍不能排除洗钱嫌疑的，应当立即向有管辖权的侦查机关报案。客户要求将调查所涉及的账户资金转往境外的，经国务院反洗钱行政主管部门负责人批准，可以采取临时冻结措施。

侦查机关接到报案后，对已依照前款规定临时冻结的资金，应当及时决定是否继续冻结。侦查机关认为需要继续冻结的，依照刑事诉讼法的规定采取冻结措施；认为不需要继续冻结的，应当立即通知国务院反洗钱行政主管部门，国务院反洗钱行政主管部门应当立即通知金融机构解除冻结。

临时冻结不得超过四十八小时。金融机构在按照国务院反洗钱行政主管部门的要求采取临时冻结措施后四十八小时内，未接到侦查机关继续冻结通知的，应当立即解除冻结。

第五章　反洗钱国际合作

第二十七条　中华人民共和国根据缔结或者参加的国际条约，或者按照平等互惠原则，开展反洗钱国际合作。

第二十八条　国务院反洗钱行政主管部门根据国务院授权，代表中国政府与外国政府和有关国际组织开展反洗钱合作，依法与境外反洗钱机构交换与反洗钱有关的信息和资料。

第二十九条　涉及追究洗钱犯罪的司法协助，由司法机关依照有关法律的规定办理。

第六章　法律责任

第三十条　反洗钱行政主管部门和其他依法负有反洗钱监督管理职责的部门、机构从事反洗钱工作的人员有下列行为之一的，依法给予行政处分：

(一)违反规定进行检查、调查或者采取临时冻结措施的；

(二)泄露因反洗钱知悉的国家秘密、商业秘密或者个人隐私的；

(三)违反规定对有关机构和人员实施行政处罚的；

(四)其他不依法履行职责的行为。

第三十一条　金融机构有下列行为之一的，由国务院反洗钱行政主管部门或者其授权的设区的市一级以上派出机构责令限期改正；情节严重的，建议有关金融监督管理机构依法责令金融机构对直接负责的董事、高级管理人员和其他直接责任人员给予纪律处分：

(一)未按照规定建立反洗钱内部控制制度的；

(二)未按照规定设立反洗钱专门机构或者指定内设机构负责反洗钱工作的；

(三)未按照规定对职工进行反洗钱培训的。

第三十二条　金融机构有下列行为之一的，由国务院反洗钱行政主管部门或者其授权的设区的市一级以上派出机构责令限期改正；情节严重的，处二十万元以上五十万元以下罚款，并对直接负责的董事、高级管理人员和其他直接责任人员，处一万元以上五万元以下罚款：

(一)未按照规定履行客户身份识别义务的；

(二)未按照规定保存客户身份资料和交易记录的；

(三)未按照规定报送大额交易报告或者可疑交易报告的；

(四)与身份不明的客户进行交易或者为客户开立匿名账户、假名账户的；

(五)违反保密规定，泄露有关信息的；

(六)拒绝、阻碍反洗钱检查、调查的；

(七)拒绝提供调查材料或者故意提供虚假材料的。

金融机构有前款行为，致使洗钱后果发生的，处五十万元以上五百万元以下罚款，并对直接负责的董事、高级管理人员和其他直接责任人员处五万元以上五十万元以下罚款；情节特别严重的，反洗钱行政主管部门可以建议有关金融监督管理机构责令停业整顿或者吊销其经营许可证。

对有前两款规定情形的金融机构直接负责的董事、高级管理人员和其他直接责任人员，反洗钱行政主管部门可以建议有关金融监督管理机构依法责令金融机构给予纪律处分，或者建议依法取消其任职资格、禁止其从事有关金融行业工作。

第三十三条　违反本法规定，构成犯罪的，依法追究刑事责任。

第七章　附　则

第三十四条　本法所称金融机构，是指依法设立的从事金融业务的政策性银行、商业银行、信用合作社、邮政储汇机构、信托投资公司、证券公司、期货经纪公司、保险公司以及国务院反洗钱行政主管部门确定并公布的从事金融业务的其他机构。

第三十五条　应当履行反洗钱义务的特定非金融机构的范围、其履行反洗钱义务和对其监督管理的具体办法，由国务院反洗钱行政主管部门会同国务院有关部门制定。

第三十六条　对涉嫌恐怖活动资金的监控适用本

法；其他法律另有规定的，适用其规定。

第三十七条　本法自2007年1月1日起施行。

国家主席胡锦涛签署第57号令公布《中华人民共和国农民专业合作社法》

《中华人民共和国农民专业合作社法》已由中华人民共和国第十届全国人民代表大会常务委员会第二十四次会议于2006年10月31日通过，现予公布，自2007年7月1日起施行。

中华人民共和国主席　胡锦涛

2006年10月31日

中华人民共和国农民专业合作社法

第一章　总　则

第一条　为了支持、引导农民专业合作社的发展，规范农民专业合作社的组织和行为，保护农民专业合作社及其成员的合法权益，促进农业和农村经济的发展，制定本法。

第二条　农民专业合作社是在农村家庭承包经营基础上，同类农产品的生产经营者或者同类农业生产经营服务的提供者、利用者，自愿联合、民主管理的互助性经济组织。

农民专业合作社以其成员为主要服务对象，提供农业生产资料的购买，农产品的销售、加工、运输、贮藏以及与农业生产经营有关的技术、信息等服务。

第三条　农民专业合作社应当遵循下列原则：

（一）成员以农民为主体；

（二）以服务成员为宗旨，谋求全体成员的共同利益；

（三）入社自愿、退社自由；

（四）成员地位平等，实行民主管理；

（五）盈余主要按照成员与农民专业合作社的交易量（额）比例返还。

第四条　农民专业合作社依照本法登记，取得法人资格。

农民专业合作社对由成员出资、公积金、国家财政直接补助、他人捐赠以及合法取得的其他资产所形成的财产，享有占有、使用和处分的权利，并以上述财产对债务承担责任。

第五条　农民专业合作社成员以其账户内记载的出资额和公积金份额为限对农民专业合作社承担责任。

第六条　国家保护农民专业合作社及其成员的合法权益，任何单位和个人不得侵犯。

第七条　农民专业合作社从事生产经营活动，应当遵守法律、行政法规，遵守社会公德、商业道德，诚实守信。

第八条　国家通过财政支持、税收优惠和金融、科技、人才的扶持以及产业政策引导等措施，促进农民专业合作社的发展。

国家鼓励和支持社会各方面力量为农民专业合作社提供服务。

第九条　县级以上各级人民政府应当组织农业行政主管部门和其他有关部门及有关组织，依照本法规定，依据各自职责，对农民专业合作社的建设和发展给予指导、扶持和服务。

第二章　设立和登记

第十条　设立农民专业合作社，应当具备下列条件：

（一）有五名以上符合本法第十四条、第十五条规定的成员；

（二）有符合本法规定的章程；

（三）有符合本法规定的组织机构；

（四）有符合法律、行政法规规定的名称和章程确定的住所；

（五）有符合章程规定的成员出资。

第十一条　设立农民专业合作社应当召开由全体设立人参加的设立大会。设立时自愿成为该社成员的人为设立人。

设立大会行使下列职权：

（一）通过本社章程，章程应当由全体设立人一致通过；

（二）选举产生理事长、理事、执行监事或者监事会成员；

（三）审议其他重大事项。

第十二条　农民专业合作社章程应当载明下列事项：

（一）名称和住所；

（二）业务范围；

（三）成员资格及入社、退社和除名；

（四）成员的权利和义务；

（五）组织机构及其产生办法、职权、任期、议事规则；

（六）成员的出资方式、出资额；

（七）财务管理和盈余分配、亏损处理；

（八）章程修改程序；

（九）解散事由和清算办法；

（十）公告事项及发布方式；

（十一）需要规定的其他事项。

第十三条　设立农民专业合作社，应当向工商行政管理部门提交下列文件，申请设立登记：

（一）登记申请书；

（二）全体设立人签名、盖章的设立大会纪要；

(三)全体设立人签名、盖章的章程;

(四)法定代表人、理事的任职文件及身份证明;

(五)出资成员签名、盖章的出资清单;

(六)住所使用证明;

(七)法律、行政法规规定的其他文件。

登记机关应当自受理登记申请之日起二十日内办理完毕,向符合登记条件的申请者颁发营业执照。

农民专业合作社法定登记事项变更的,应当申请变更登记。

农民专业合作社登记办法由国务院规定。办理登记不得收取费用。

第三章 成 员

第十四条 具有民事行为能力的公民,以及从事与农民专业合作社业务直接有关的生产经营活动的企业、事业单位或者社会团体,能够利用农民专业合作社提供的服务,承认并遵守农民专业合作社章程,履行章程规定的入社手续的,可以成为农民专业合作社的成员。但是,具有管理公共事务职能的单位不得加入农民专业合作社。

农民专业合作社应当置备成员名册,并报登记机关。

第十五条 农民专业合作社的成员中,农民至少应当占成员总数的百分之八十。

成员总数二十人以下的,可以有一个企业、事业单位或者社会团体成员;成员总数超过二十人的,企业、事业单位和社会团体成员不得超过成员总数的百分之五。

第十六条 农民专业合作社成员享有下列权利:

(一)参加成员大会,并享有表决权、选举权和被选举权,按照章程规定对本社实行民主管理;

(二)利用本社提供的服务和生产经营设施;

(三)按照章程规定或者成员大会决议分享盈余;

(四)查阅本社的章程、成员名册、成员大会或者成员代表大会记录、理事会会议决议、监事会会议决议、财务会计报告和会计账簿;

(五)章程规定的其他权利。

第十七条 农民专业合作社成员大会选举和表决,实行一人一票制,成员各享有一票的基本表决权。

出资额或者与本社交易量(额)较大的成员按照章程规定,可以享有附加表决权。本社的附加表决权总票数,不得超过本社成员基本表决权总票数的百分之二十。享有附加表决权的成员及其享有的附加表决权数,应当在每次成员大会召开时告知出席会议的成员。

章程可以限制附加表决权行使的范围。

第十八条 农民专业合作社成员承担下列义务:

(一)执行成员大会、成员代表大会和理事会的决议;

(二)按照章程规定向本社出资;

(三)按照章程规定与本社进行交易;

(四)按照章程规定承担亏损;

(五)章程规定的其他义务。

第十九条 农民专业合作社成员要求退社的,应当在财务年度终了的三个月前向理事长或者理事会提出;其中,企业、事业单位或者社会团体成员退社,应当在财务年度终了的六个月前提出;章程另有规定的,从其规定。退社成员的成员资格自财务年度终了时终止。

第二十条 成员在其资格终止前与农民专业合作社已订立的合同,应当继续履行;章程另有规定或者与本社另有约定的除外。

第二十一条 成员资格终止的,农民专业合作社应当按照章程规定的方式和期限,退还记载在该成员账户内的出资额和公积金份额;对成员资格终止前的可分配盈余,依照本法第三十七条第二款的规定向其返还。

资格终止的成员应当按照章程规定分摊资格终止前本社的亏损及债务。

第四章 组织机构

第二十二条 农民专业合作社成员大会由全体成员组成,是本社的权力机构,行使下列职权:

(一)修改章程;

(二)选举和罢免理事长、理事、执行监事或者监事会成员;

(三)决定重大财产处置、对外投资、对外担保和生产经营活动中的其他重大事项;

(四)批准年度业务报告、盈余分配方案、亏损处理方案;

(五)对合并、分立、解散、清算作出决议;

(六)决定聘用经营管理人员和专业技术人员的数量、资格和任期;

(七)听取理事长或者理事会关于成员变动情况的报告;

(八)章程规定的其他职权。

第二十三条 农民专业合作社召开成员大会,出席人数应当达到成员总数三分之二以上。

成员大会选举或者作出决议,应当由本社成员表决权总数过半数通过;作出修改章程或者合并、分立、解散的决议应当由本社成员表决权总数的三分之二以上通过。章程对表决权数有较高规定的,从其规定。

第二十四条 农民专业合作社成员大会每年至少召开一次,会议的召集由章程规定。有下列情形之一的,应当在二十日内召开临时成员大会:

(一)百分之三十以上的成员提议;

(二)执行监事或者监事会提议;

(三)章程规定的其他情形。

第二十五条　农民专业合作社成员超过一百五十人的,可以按照章程规定设立成员代表大会。成员代表大会按照章程规定可以行使成员大会的部分或者全部职权。

第二十六条　农民专业合作社设理事长一名,可以设理事会。理事长为本社的法定代表人。

农民专业合作社可以设执行监事或者监事会。理事长、理事、经理和财务会计人员不得兼任监事。

理事长、理事、执行监事或者监事会成员,由成员大会从本社成员中选举产生,依照本法和章程的规定行使职权,对成员大会负责。

理事会会议、监事会会议的表决,实行一人一票。

第二十七条　农民专业合作社的成员大会、理事会、监事会,应当将所议事项的决定作成会议记录,出席会议的成员、理事、监事应当在会议记录上签名。

第二十八条　农民专业合作社的理事长或者理事会可以按照成员大会的决定聘任经理和财务会计人员,理事长或者理事可以兼任经理。经理按照章程规定或者理事会的决定,可以聘任其他人员。

经理按照章程规定和理事长或者理事会授权,负责具体生产经营活动。

第二十九条　农民专业合作社的理事长、理事和管理人员不得有下列行为:

(一)侵占、挪用或者私分本社资产;

(二)违反章程规定或者未经成员大会同意,将本社资金借贷给他人或者以本社资产为他人提供担保;

(三)接受他人与本社交易的佣金归为己有;

(四)从事损害本社经济利益的其他活动。

理事长、理事和管理人员违反前款规定所得的收入,应当归本社所有;给本社造成损失的,应当承担赔偿责任。

第三十条　农民专业合作社的理事长、理事、经理不得兼任业务性质相同的其他农民专业合作社的理事长、理事、监事、经理。

第三十一条　执行与农民专业合作社业务有关公务的人员,不得担任农民专业合作社的理事长、理事、监事、经理或者财务会计人员。

第五章　财务管理

第三十二条　国务院财政部门依照国家有关法律、行政法规,制定农民专业合作社财务会计制度。农民专业合作社应当按照国务院财政部门制定的财务会计制度进行会计核算。

第三十三条　农民专业合作社的理事长或者理事会应当按照章程规定,组织编制年度业务报告、盈余分配方案、亏损处理方案以及财务会计报告,于成员大会召开的十五日前,置备于办公地点,供成员查阅。

第三十四条　农民专业合作社与其成员的交易、与利用其提供的服务的非成员的交易,应当分别核算。

第三十五条　农民专业合作社可以按照章程规定或者成员大会决议从当年盈余中提取公积金。公积金用于弥补亏损、扩大生产经营或者转为成员出资。

每年提取的公积金按照章程规定量化为每个成员的份额。

第三十六条　农民专业合作社应当为每个成员设立成员账户,主要记载下列内容:

(一)该成员的出资额;

(二)量化为该成员的公积金份额;

(三)该成员与本社的交易量(额)。

第三十七条　在弥补亏损、提取公积金后的当年盈余,为农民专业合作社的可分配盈余。

可分配盈余按照下列规定返还或者分配给成员,具体分配办法按照章程规定或者经成员大会决议确定:

(一)按成员与本社的交易量(额)比例返还,返还总额不得低于可分配盈余的百分之六十;

(二)按前项规定返还后的剩余部分,以成员账户中记载的出资额和公积金份额,以及本社接受国家财政直接补助和他人捐赠形成的财产平均量化到成员的份额,按比例分配给本社成员。

第三十八条　设立执行监事或者监事会的农民专业合作社,由执行监事或者监事会负责对本社的财务进行内部审计,审计结果应当向成员大会报告。

成员大会也可以委托审计机构对本社的财务进行审计。

第六章　合并、分立、解散和清算

第三十九条　农民专业合作社合并,应当自合并决议作出之日起十日内通知债权人。合并各方的债权、债务应当由合并后存续或者新设的组织承继。

第四十条　农民专业合作社分立,其财产作相应的分割,并应当自分立决议作出之日起十日内通知债权人。分立前的债务由分立后的组织承担连带责任。但是,在分立前与债权人就债务清偿达成的书面协议另有约定的除外。

第四十一条　农民专业合作社因下列原因解散:

(一)章程规定的解散事由出现;

(二)成员大会决议解散;

(三)因合并或者分立需要解散;

(四)依法被吊销营业执照或者被撤销。

因前款第一项、第二项、第四项原因解散的,应当在解散事由出现之日起十五日内由成员大会推举成员组成清算组，开始解散清算。逾期不能组成清算组的，成员、债权人可以向人民法院申请指定成员组成清算组进行清算，人民法院应当受理该申请，并及时指定成员组成清算组进行清算。

第四十二条　清算组自成立之日起接管农民专业合作社，负责处理与清算有关未了结业务，清理财产和债权、债务，分配清偿债务后的剩余财产，代表农民专业合作社参与诉讼、仲裁或者其他法律程序，并在清算结束时办理注销登记。

第四十三条　清算组应当自成立之日起十日内通知农民专业合作社成员和债权人，并于六十日内在报纸上公告。债权人应当自接到通知之日起三十日内，未接到通知的自公告之日起四十五日内，向清算组申报债权。如果在规定期间内全部成员、债权人均已收到通知，免除清算组的公告义务。

债权人申报债权，应当说明债权的有关事项，并提供证明材料。清算组应当对债权进行登记。

在申报债权期间，清算组不得对债权人进行清偿。

第四十四条　农民专业合作社因本法第四十一条第一款的原因解散，或者人民法院受理破产申请时，不能办理成员退社手续。

第四十五条　清算组负责制定包括清偿农民专业合作社员工的工资及社会保险费用，清偿所欠税款和其他各项债务，以及分配剩余财产在内的清算方案，经成员大会通过或者申请人民法院确认后实施。

清算组发现农民专业合作社的财产不足以清偿债务的，应当依法向人民法院申请破产。

第四十六条　农民专业合作社接受国家财政直接补助形成的财产，在解散、破产清算时，不得作为可分配剩余资产分配给成员，处置办法由国务院规定。

第四十七条　清算组成员应当忠于职守，依法履行清算义务，因故意或者重大过失给农民专业合作社成员及债权人造成损失的，应当承担赔偿责任。

第四十八条　农民专业合作社破产适用企业破产法的有关规定。但是，破产财产在清偿破产费用和共益债务后，应当优先清偿破产前与农民成员已发生交易但尚未结清的款项。

第七章　扶持政策

第四十九条　国家支持发展农业和农村经济的建设项目，可以委托和安排有条件的有关农民专业合作社实施。

第五十条　中央和地方财政应当分别安排资金，支持农民专业合作社开展信息、培训、农产品质量标准与认证、农业生产基础设施建设、市场营销和技术推广等服务。对民族地区、边远地区和贫困地区的农民专业合作社和生产国家与社会急需的重要农产品的农民专业合作社给予优先扶持。

第五十一条　国家政策性金融机构应当采取多种形式，为农民专业合作社提供多渠道的资金支持。具体支持政策由国务院规定。

国家鼓励商业性金融机构采取多种形式，为农民专业合作社提供金融服务。

第五十二条　农民专业合作社享受国家规定的对农业生产、加工、流通、服务和其他涉农经济活动相应的税收优惠。

支持农民专业合作社发展的其他税收优惠政策，由国务院规定。

第八章　法律责任

第五十三条　侵占、挪用、截留、私分或者以其他方式侵犯农民专业合作社及其成员的合法财产，非法干预农民专业合作社及其成员的生产经营活动，向农民专业合作社及其成员摊派，强迫农民专业合作社及其成员接受有偿服务，造成农民专业合作社经济损失的，依法追究法律责任。

第五十四条　农民专业合作社向登记机关提供虚假登记材料或者采取其他欺诈手段取得登记的，由登记机关责令改正；情节严重的，撤销登记。

第五十五条　农民专业合作社在依法向有关主管部门提供的财务报告等材料中，作虚假记载或者隐瞒重要事实的，依法追究法律责任。

第九章　附　则

第五十六条　本法自2007年7月1日起施行。

国家主席胡锦涛签署第58号令公布《全国人民代表大会常务委员会关于修改〈中华人民共和国银行业监督管理法〉的决定》

《全国人民代表大会常务委员会关于修改〈中华人民共和国银行业监督管理法〉的决定》已由中华人民共和国第十届全国人民代表大会常务委员会第二十四次会议于2006年10月31日通过，现予公布，自2007年1月1日起施行。

中华人民共和国主席　胡锦涛

2006年10月31日

全国人民代表大会常务委员会关于修改《中华人民共和国银行业监督管理法》的决定

第十届全国人民代表大会常务委员会第二十四次会议决定对《中华人民共和国银行业监督管理法》做如下修改：

一、增加一条，作为第四十二条："银行业监督管理机构依法对银行业金融机构进行检查时，经设区的市一级以上银行业监督管理机构负责人批准，可以对与涉嫌违法事项有关的单位和个人采取下列措施：(一)

询问有关单位或者个人,要求其对有关情况作出说明;(二)查阅、复制有关财务会计、财产权登记等文件、资料;(三)对可能被转移、隐匿、毁损或者伪造的文件、资料,予以先行登记保存。

“银行业监督管理机构采取前款规定措施,调查人员不得少于二人,并应当出示合法证件和调查通知书;调查人员少于二人或者未出示合法证件和调查通知书的,有关单位或者个人有权拒绝。对依法采取的措施,有关单位和个人应当配合,如实说明有关情况并提供有关文件、资料,不得拒绝、阻碍和隐瞒。”

二、第四十二条改为第四十三条,第一款增加一项,作为第六项:“违反本法第四十二条规定对有关单位或者个人进行调查的”。

第二款修改为:“银行业监督管理机构从事监督管理工作的人员贪污受贿,泄露国家秘密、商业秘密和个人隐私,构成犯罪的,依法追究刑事责任;尚不构成犯罪的,依法给予行政处分。”

三、增加一条,作为第四十九条:“阻碍银行业监督管理机构工作人员依法执行检查、调查职务的,由公安机关依法给予治安管理处罚;构成犯罪的,依法追究刑事责任。”

本决定自2007年1月1日起施行。《中华人民共和国银行业监督管理法》根据本决定做修改并对条款顺序做调整后,重新公布。

中华人民共和国银行业监督管理法

(2003年12月27日第十届全国人民代表大会常务委员会第六次会议通过 根据2006年10月31日第十届全国人民代表大会常务委员会第二十四次会议《关于修改〈中华人民共和国银行业监督管理法〉的决定》修正)

第一章 总 则

第一条 为了加强对银行业的监督管理,规范监督管理行为,防范和化解银行业风险,保护存款人和其他客户的合法权益,促进银行业健康发展,制定本法。

第二条 国务院银行业监督管理机构负责对全国银行业金融机构及其业务活动监督管理的工作。

本法所称银行业金融机构,是指在中华人民共和国境内设立的商业银行、城市信用合作社、农村信用合作社等吸收公众存款的金融机构以及政策性银行。

对在中华人民共和国境内设立的金融资产管理公司、信托投资公司、财务公司、金融租赁公司以及经国务院银行业监督管理机构批准设立的其他金融机构的监督管理,适用本法对银行业金融机构监督管理的规定。

国务院银行业监督管理机构依照本法有关规定,对经其批准在境外设立的金融机构以及前二款金融机构在境外的业务活动实施监督管理。

第三条 银行业监督管理的目标是促进银行业的合法、稳健运行,维护公众对银行业的信心。

银行业监督管理应当保护银行业公平竞争,提高银行业竞争能力。

第四条 银行业监督管理机构对银行业实施监督管理,应当遵循依法、公开、公正和效率的原则。

第五条 银行业监督管理机构及其从事监督管理工作的人员依法履行监督管理职责,受法律保护。地方政府、各级政府部门、社会团体和个人不得干涉。

第六条 国务院银行业监督管理机构应当和中国人民银行、国务院其他金融监督管理机构建立监督管理信息共享机制。

第七条 国务院银行业监督管理机构可以和其他国家或者地区的银行业监督管理机构建立监督管理合作机制,实施跨境监督管理。

第二章 监督管理机构

第八条 国务院银行业监督管理机构根据履行职责的需要设立派出机构。国务院银行业监督管理机构对派出机构实行统一领导和管理。

国务院银行业监督管理机构的派出机构在国务院银行业监督管理机构的授权范围内,履行监督管理职责。

第九条 银行业监督管理机构从事监督管理工作的人员,应当具备与其任职相适应的专业知识和业务工作经验。

第十条 银行业监督管理机构工作人员,应当忠于职守,依法办事,公正廉洁,不得利用职务便利牟取不正当的利益,不得在金融机构等企业中兼任职务。

第十一条 银行业监督管理机构工作人员,应当依法保守国家秘密,并有责任为其监督管理的银行业金融机构及当事人保守秘密。

国务院银行业监督管理机构同其他国家或者地区的银行业监督管理机构交流监督管理信息,应当就信息保密作出安排。

第十二条 国务院银行业监督管理机构应当公开监督管理程序,建立监督管理责任制度和内部监督制度。

第十三条 银行业监督管理机构在处置银行业金融机构风险、查处有关金融违法行为等监督管理活动中,地方政府、各级有关部门应当予以配合和协助。

第十四条 国务院审计、监察等机关,应当依照法律规定对国务院银行业监督管理机构的活动进行监督。

第三章 监督管理职责

第十五条 国务院银行业监督管理机构依照法

律、行政法规制定并发布对银行业金融机构及其业务活动监督管理的规章、规则。

第十六条 国务院银行业监督管理机构依照法律、行政法规规定的条件和程序,审查批准银行业金融机构的设立、变更、终止以及业务范围。

第十七条 申请设立银行业金融机构,或者银行业金融机构变更持有资本总额或者股份总额达到规定比例以上的股东的,国务院银行业监督管理机构应当对股东的资金来源、财务状况、资本补充能力和诚信状况进行审查。

第十八条 银行业金融机构业务范围内的业务品种,应当按照规定经国务院银行业监督管理机构审查批准或者备案。需要审查批准或者备案的业务品种,由国务院银行业监督管理机构依照法律、行政法规作出规定并公布。

第十九条 未经国务院银行业监督管理机构批准,任何单位或者个人不得设立银行业金融机构或者从事银行业金融机构的业务活动。

第二十条 国务院银行业监督管理机构对银行业金融机构的董事和高级管理人员实行任职资格管理。具体办法由国务院银行业监督管理机构制定。

第二十一条 银行业金融机构的审慎经营规则,由法律、行政法规规定,也可以由国务院银行业监督管理机构依照法律、行政法规制定。

前款规定的审慎经营规则,包括风险管理、内部控制、资本充足率、资产质量、损失准备金、风险集中、关联交易、资产流动性等内容。

银行业金融机构应当严格遵守审慎经营规则。

第二十二条 国务院银行业监督管理机构应当在规定的期限,对下列申请事项作出批准或者不批准的书面决定;决定不批准的,应当说明理由:

(一)银行业金融机构的设立,自收到申请文件之日起六个月内;

(二)银行业金融机构的变更、终止,以及业务范围和增加业务范围内的业务品种,自收到申请文件之日起三个月内;

(三)审查董事和高级管理人员的任职资格,自收到申请文件之日起三十日内。

第二十三条 银行业监督管理机构应当对银行业金融机构的业务活动及其风险状况进行非现场监管,建立银行业金融机构监督管理信息系统,分析、评价银行业金融机构的风险状况。

第二十四条 银行业监督管理机构应当对银行业金融机构的业务活动及其风险状况进行现场检查。

国务院银行业监督管理机构应当制定现场检查程序,规范现场检查行为。

第二十五条 国务院银行业监督管理机构应当对银行业金融机构实行并表监督管理。

第二十六条 国务院银行业监督管理机构对中国人民银行提出的检查银行业金融机构的建议,应当自收到建议之日起三十日内予以回复。

第二十七条 国务院银行业监督管理机构应当建立银行业金融机构监督管理评级体系和风险预警机制,根据银行业金融机构的评级情况和风险状况,确定对其现场检查的频率、范围和需要采取的其他措施。

第二十八条 国务院银行业监督管理机构应当建立银行业突发事件的发现、报告岗位责任制度。

银行业监督管理机构发现可能引发系统性银行业风险、严重影响社会稳定的突发事件的,应当立即向国务院银行业监督管理机构负责人报告;国务院银行业监督管理机构负责人认为需要向国务院报告的,应当立即向国务院报告,并告知中国人民银行、国务院财政部门等有关部门。

第二十九条 国务院银行业监督管理机构应当会同中国人民银行、国务院财政部门等有关部门建立银行业突发事件处置制度,制定银行业突发事件处置预案,明确处置机构和人员及其职责、处置措施和处置程序,及时、有效地处置银行业突发事件。

第三十条 国务院银行业监督管理机构负责统一编制全国银行业金融机构的统计数据、报表,并按照国家有关规定予以公布。

第三十一条 国务院银行业监督管理机构对银行业自律组织的活动进行指导和监督。

银行业自律组织的章程应当报国务院银行业监督管理机构备案。

第三十二条 国务院银行业监督管理机构可以开展与银行业监督管理有关的国际交流、合作活动。

第四章 监督管理措施

第三十三条 银行业监督管理机构根据履行职责的需要,有权要求银行业金融机构按照规定报送资产负债表、利润表和其他财务会计、统计报表、经营管理资料以及注册会计师出具的审计报告。

第三十四条 银行业监督管理机构根据审慎监管的要求,可以采取下列措施进行现场检查:

(一)进入银行业金融机构进行检查;

(二)询问银行业金融机构的工作人员,要求其对有关检查事项作出说明;

(三)查阅、复制银行业金融机构与检查事项有关的文件、资料,对可能被转移、隐匿或者毁损的文件、资料予以封存;

(四)检查银行业金融机构运用电子计算机管理业务数据的系统。

进行现场检查,应当经银行业监督管理机构负责人批准。现场检查时,检查人员不得少于二人,并应当出示合法证件和检查通知书;检查人员少于二人或者未出示合法证件和检查通知书的,银行业金融机构有权拒绝检查。

第三十五条　银行业监督管理机构根据履行职责的需要,可以与银行业金融机构董事、高级管理人员进行监督管理谈话,要求银行业金融机构董事、高级管理人员就银行业金融机构的业务活动和风险管理的重大事项作出说明。

第三十六条　银行业监督管理机构应当责令银行业金融机构按照规定,如实向社会公众披露财务会计报告、风险管理状况、董事和高级管理人员变更以及其他重大事项等信息。

第三十七条　银行业金融机构违反审慎经营规则的,国务院银行业监督管理机构或者其省一级派出机构应当责令限期改正;逾期未改正的,或者其行为严重危及该银行业金融机构的稳健运行、损害存款人和其他客户合法权益的,经国务院银行业监督管理机构或者其省一级派出机构负责人批准,可以区别情形,采取下列措施:

(一)责令暂停部分业务、停止批准开办新业务;

(二)限制分配红利和其他收入;

(三)限制资产转让;

(四)责令控股股东转让股权或者限制有关股东的权利;

(五)责令调整董事、高级管理人员或者限制其权利;

(六)停止批准增设分支机构。

银行业金融机构整改后,应当向国务院银行业监督管理机构或者其省一级派出机构提交报告。国务院银行业监督管理机构或者其省一级派出机构经验收,符合有关审慎经营规则的,应当自验收完毕之日起三日内解除对其采取的前款规定的有关措施。

第三十八条　银行业金融机构已经或者可能发生信用危机,严重影响存款人和其他客户合法权益的,国务院银行业监督管理机构可以依法对该银行业金融机构实行接管或者促成机构重组,接管和机构重组依照有关法律和国务院的规定执行。

第三十九条　银行业金融机构有违法经营、经营管理不善等情形,不予撤销将严重危害金融秩序、损害公众利益的,国务院银行业监督管理机构有权予以撤销。

第四十条　银行业金融机构被接管、重组或者被撤销的,国务院银行业监督管理机构有权要求该银行业金融机构的董事、高级管理人员和其他工作人员,按照国务院银行业监督管理机构的要求履行职责。

在接管、机构重组或者撤销清算期间,经国务院银行业监督管理机构负责人批准,对直接负责的董事、高级管理人员和其他直接责任人员,可以采取下列措施:

(一)直接负责的董事、高级管理人员和其他直接责任人员出境将对国家利益造成重大损失的,通知出境管理机关依法阻止其出境;

(二)申请司法机关禁止其转移、转让财产或者对其财产设定其他权利。

第四十一条　经国务院银行业监督管理机构或者其省一级派出机构负责人批准,银行业监督管理机构有权查询涉嫌金融违法的银行业金融机构及其工作人员以及关联行为人的账户;对涉嫌转移或者隐匿违法资金的,经银行业监督管理机构负责人批准,可以申请司法机关予以冻结。

第四十二条　银行业监督管理机构依法对银行业金融机构进行检查时,经设区的市一级以上银行业监督管理机构负责人批准,可以对与涉嫌违法事项有关的单位和个人采取下列措施:

(一)询问有关单位或者个人,要求其对有关情况作出说明;

(二)查阅、复制有关财务会计、财产权登记等文件、资料;

(三)对可能被转移、隐匿、毁损或者伪造的文件、资料,予以先行登记保存。

银行业监督管理机构采取前款规定措施,调查人员不得少于二人,并应当出示合法证件和调查通知书;调查人员少于二人或者未出示合法证件和调查通知书的,有关单位或者个人有权拒绝。对依法采取的措施,有关单位和个人应当配合,如实说明有关情况并提供有关文件、资料,不得拒绝、阻碍和隐瞒。

第五章　法律责任

第四十三条　银行业监督管理机构从事监督管理工作的人员有下列情形之一的,依法给予行政处分;构成犯罪的,依法追究刑事责任:

(一)违反规定审查批准银行业金融机构的设立、变更、终止,以及业务范围和业务范围内的业务品种的;

(二)违反规定对银行业金融机构进行现场检查的;

(三)未依照本法第二十八条规定报告突发事件的;

(四)违反规定查询账户或者申请冻结资金的;

(五)违反规定对银行业金融机构采取措施或者处罚的;

(六)违反本法第四十二条规定对有关单位或者个

人进行调查的；

（七）滥用职权、玩忽职守的其他行为。

银行业监督管理机构从事监督管理工作的人员贪污受贿，泄露国家秘密、商业秘密和个人隐私，构成犯罪的，依法追究刑事责任；尚不构成犯罪的，依法给予行政处分。

第四十四条　擅自设立银行业金融机构或者非法从事银行业金融机构的业务活动的，由国务院银行业监督管理机构予以取缔；构成犯罪的，依法追究刑事责任；尚不构成犯罪的，由国务院银行业监督管理机构没收违法所得，违法所得五十万元以上的，并处违法所得一倍以上五倍以下罚款；没有违法所得或者违法所得不足五十万元的，处五十万元以上二百万元以下罚款。

第四十五条　银行业金融机构有下列情形之一，由国务院银行业监督管理机构责令改正，有违法所得的，没收违法所得，违法所得五十万元以上的，并处违法所得一倍以上五倍以下罚款；没有违法所得或者违法所得不足五十万元的，处五十万元以上二百万元以下罚款；情节特别严重或者逾期不改正的，可以责令停业整顿或者吊销其经营许可证；构成犯罪的，依法追究刑事责任：

（一）未经批准设立分支机构的；

（二）未经批准变更、终止的；

（三）违反规定从事未经批准或者未备案的业务活动的；

（四）违反规定提高或者降低存款利率、贷款利率的。

第四十六条　银行业金融机构有下列情形之一，由国务院银行业监督管理机构责令改正，并处二十万元以上五十万元以下罚款；情节特别严重或者逾期不改正的，可以责令停业整顿或者吊销其经营许可证；构成犯罪的，依法追究刑事责任：

（一）未经任职资格审查任命董事、高级管理人员的；

（二）拒绝或者阻碍非现场监管或者现场检查的；

（三）提供虚假的或者隐瞒重要事实的报表、报告等文件、资料的；

（四）未按照规定进行信息披露的；

（五）严重违反审慎经营规则的；

（六）拒绝执行本法第三十七条规定的措施的。

第四十七条　银行业金融机构不按照规定提供报表、报告等文件、资料的，由银行业监督管理机构责令改正，逾期不改正的，处十万元以上三十万元以下罚款。

第四十八条　银行业金融机构违反法律、行政法规以及国家有关银行业监督管理规定的，银行业监督管理机构除依照本法第四十四条至第四十七条规定处罚外，还可以区别不同情形，采取下列措施：

（一）责令银行业金融机构对直接负责的董事、高级管理人员和其他直接责任人员给予纪律处分；

（二）银行业金融机构的行为尚不构成犯罪的，对直接负责的董事、高级管理人员和其他直接责任人员给予警告，处五万元以上五十万元以下罚款；

（三）取消直接负责的董事、高级管理人员一定期限直至终身的任职资格，禁止直接负责的董事、高级管理人员和其他直接责任人员一定期限直至终身从事银行业工作。

第四十九条　阻碍银行业监督管理机构工作人员依法执行检查、调查职务的，由公安机关依法给予治安管理处罚；构成犯罪的，依法追究刑事责任。

第六章　附　则

第五十条　对在中华人民共和国境内设立的政策性银行、金融资产管理公司的监督管理，法律、行政法规另有规定的，依照其规定。

第五十一条　对在中华人民共和国境内设立的外资银行业金融机构、中外合资银行业金融机构、外国银行业金融机构的分支机构的监督管理，法律、行政法规另有规定的，依照其规定。

第五十二条　本法自2004年2月1日起施行。

国家主席胡锦涛签署第59号令公布《全国人民代表大会常务委员会关于修改〈中华人民共和国人民法院组织法〉的决定》

《全国人民代表大会常务委员会关于修改〈中华人民共和国人民法院组织法〉的决定》已由中华人民共和国第十届全国人民代表大会常务委员会第二十四次会议于2006年10月31日通过，现予公布，自2007年1月1日起施行。

中华人民共和国主席　胡锦涛

2006年10月31日

全国人民代表大会常务委员会关于修改《中华人民共和国人民法院组织法》的决定

第十届全国人民代表大会常务委员会第二十四次会议决定对《中华人民共和国人民法院组织法》做如下修改：

第十三条修改为："死刑除依法由最高人民法院判决的以外，应当报请最高人民法院核准。"

本决定自2007年1月1日起施行。《中华人民共和国人民法院组织法》根据本决定做修改并对条款顺序做调整后，重新公布。

中华人民共和国人民法院组织法

（1979年7月1日第五届全国人民代表大会第二

次会议通过 1979年7月5日全国人民代表大会常务委员会委员长令第三号公布 自1980年1月1日起施行

根据1983年9月2日第六届全国人民代表大会常务委员会第二次会议《关于修改〈中华人民共和国人民法院组织法〉的决定》、1986年12月2日第六届全国人民代表大会常务委员会第十八次会议《关于修改〈中华人民共和国地方各级人民代表大会和地方各级人民政府组织法〉的决定》和2006年10月31日第十届全国人民代表大会常务委员会第二十四次会议《关于修改〈中华人民共和国人民法院组织法〉的决定》修正)

第一章 总 则

第一条 中华人民共和国人民法院是国家的审判机关。

第二条 中华人民共和国的审判权由下列人民法院行使:

(一)地方各级人民法院;

(二)军事法院等专门人民法院;

(三)最高人民法院。

地方各级人民法院分为:基层人民法院、中级人民法院、高级人民法院。

第三条 人民法院的任务是审判刑事案件和民事案件,并且通过审判活动,惩办一切犯罪分子,解决民事纠纷,以保卫无产阶级专政制度,维护社会主义法制和社会秩序,保护社会主义的全民所有的财产、劳动群众集体所有的财产,保护公民私人所有的合法财产,保护公民的人身权利、民主权利和其他权利,保障国家的社会主义革命和社会主义建设事业的顺利进行。

人民法院用它的全部活动教育公民忠于社会主义祖国,自觉地遵守宪法和法律。

第四条 人民法院依照法律规定独立行使审判权,不受行政机关、社会团体和个人的干涉。

第五条 人民法院审判案件,对于一切公民,不分民族、种族、性别、职业、社会出身、宗教信仰、教育程度、财产状况、居住期限,在适用法律上一律平等,不允许有任何特权。

第六条 各民族公民都有用本民族语言文字进行诉讼的权利。人民法院对于不通晓当地通用的语言文字的当事人,应当为他们翻译。在少数民族聚居或者多民族杂居的地区,人民法院应当用当地通用的语言进行审讯,用当地通用的文字发布判决书、布告和其他文件。

第七条 人民法院审理案件,除涉及国家机密、个人阴私和未成年人犯罪案件外,一律公开进行。

第八条 被告人有权获得辩护。被告人除自己进行辩护外,有权委托律师为他辩护,可以由人民团体或者被告人所在单位推荐的或者经人民法院许可的公民为他辩护,可以由被告人的近亲属、监护人为他辩护。人民法院认为必要的时候,可以指定辩护人为他辩护。

第九条 人民法院审判案件,实行合议制。

人民法院审判第一审案件,由审判员组成合议庭或者由审判员和人民陪审员组成合议庭进行;简单的民事案件、轻微的刑事案件和法律另有规定的案件,可以由审判员一人独任审判。

人民法院审判上诉和抗诉的案件,由审判员组成合议庭进行。

合议庭由院长或者庭长指定审判员一人担任审判长。院长或者庭长参加审判案件的时候,自己担任审判长。

第十条 各级人民法院设立审判委员会,实行民主集中制。审判委员会的任务是总结审判经验,讨论重大的或者疑难的案件和其他有关审判工作的问题。

地方各级人民法院审判委员会委员,由院长提请本级人民代表大会常务委员会任免;最高人民法院审判委员会委员,由最高人民法院院长提请全国人民代表大会常务委员会任免。

各级人民法院审判委员会会议由院长主持,本级人民检察院检察长可以列席。

第十一条 人民法院审判案件,实行两审终审制。

地方各级人民法院第一审案件的判决和裁定,当事人可以按照法律规定的程序向上一级人民法院上诉,人民检察院可以按照法律规定的程序向上一级人民法院抗诉。

地方各级人民法院第一审案件的判决和裁定,如果在上诉期限内当事人不上诉、人民检察院不抗诉,就是发生法律效力的判决和裁定。

中级人民法院、高级人民法院和最高人民法院审判的第二审案件的判决和裁定,最高人民法院审判的第一审案件的判决和裁定,都是终审的判决和裁定,也就是发生法律效力的判决和裁定。

第十二条 死刑除依法由最高人民法院判决的以外,应当报请最高人民法院核准。

第十三条 各级人民法院院长对本院已经发生法律效力的判决和裁定,如果发现在认定事实上或者在适用法律上确有错误,必须提交审判委员会处理。

最高人民法院对各级人民法院已经发生法律效力的判决和裁定,上级人民法院对下级人民法院已经发生法律效力的判决和裁定,如果发现确有错误,有权提审或者指令下级人民法院再审。

最高人民检察院对各级人民法院已经发生法律效力的判决和裁定,上级人民检察院对下级人民法院已经发生法律效力的判决和裁定，如果发现确有错误，有权按照审判监督程序提出抗诉。

各级人民法院对于当事人提出的对已经发生法律效力的判决和裁定的申诉，应当认真负责处理。

第十四条　人民法院对于人民检察院起诉的案件认为主要事实不清、证据不足，或者有违法情况时，可以退回人民检察院补充侦查，或者通知人民检察院纠正。

第十五条　当事人如果认为审判人员对本案有利害关系或者其他关系不能公平审判，有权请求审判人员回避。审判人员是否应当回避，由本院院长决定。

审判人员如果认为自己对本案有利害关系或者其他关系，需要回避时，应当报告本院院长决定。

第十六条　最高人民法院对全国人民代表大会和全国人民代表大会常务委员会负责并报告工作。地方各级人民法院对本级人民代表大会及其常务委员会负责并报告工作。

下级人民法院的审判工作受上级人民法院监督。

第二章　人民法院的组织和职权

第十七条　基层人民法院包括：

(一)县人民法院和市人民法院；

(二)自治县人民法院；

(三)市辖区人民法院。

第十八条　基层人民法院由院长一人，副院长和审判员若干人组成。

基层人民法院可以设刑事审判庭、民事审判庭和经济审判庭，庭设庭长、副庭长。

第十九条　基层人民法院根据地区、人口和案件情况可以设立若干人民法庭。人民法庭是基层人民法院的组成部分，它的判决和裁定就是基层人民法院的判决和裁定。

第二十条　基层人民法院审判刑事和民事的第一审案件，但是法律、法令另有规定的案件除外。

基层人民法院对它所受理的刑事和民事案件，认为案情重大应当由上级人民法院审判的时候，可以请求移送上级人民法院审判。

第二十一条　基层人民法院除审判案件外，并且办理下列事项：

(一)处理不需要开庭审判的民事纠纷和轻微的刑事案件；

(二)指导人民调解委员会的工作。

第二十二条　中级人民法院包括：

(一)在省、自治区内按地区设立的中级人民法院；

(二)在直辖市内设立的中级人民法院；

(三)省、自治区辖市的中级人民法院；

(四)自治州中级人民法院。

第二十三条　中级人民法院由院长一人，副院长、庭长、副庭长和审判员若干人组成。

中级人民法院设刑事审判庭、民事审判庭、经济审判庭，根据需要可以设其他审判庭。

第二十四条　中级人民法院审判下列案件：

(一)法律、法令规定由它管辖的第一审案件；

(二)基层人民法院移送审判的第一审案件；

(三)对基层人民法院判决和裁定的上诉案件和抗诉案件；

(四)人民检察院按照审判监督程序提出的抗诉案件。

中级人民法院对它所受理的刑事和民事案件，认为案情重大应当由上级人民法院审判的时候，可以请求移送上级人民法院审判。

第二十五条　高级人民法院包括：

(一)省高级人民法院；

(二)自治区高级人民法院；

(三)直辖市高级人民法院。

第二十六条　高级人民法院由院长一人，副院长、庭长、副庭长和审判员若干人组成。

高级人民法院设刑事审判庭、民事审判庭、经济审判庭，根据需要可以设其他审判庭。

第二十七条　高级人民法院审判下列案件：

(一)法律、法令规定由它管辖的第一审案件；

(二)下级人民法院移送审判的第一审案件；

(三)对下级人民法院判决和裁定的上诉案件和抗诉案件；

(四)人民检察院按照审判监督程序提出的抗诉案件。

第二十八条　专门人民法院的组织和职权由全国人民代表大会常务委员会另行规定。

第二十九条　最高人民法院是国家最高审判机关。

最高人民法院监督地方各级人民法院和专门人民法院的审判工作。

第三十条　最高人民法院由院长一人，副院长、庭长、副庭长和审判员若干人组成。

最高人民法院设刑事审判庭、民事审判庭、经济审判庭和其他需要设的审判庭。

第三十一条　最高人民法院审判下列案件：

(一)法律、法令规定由它管辖的和它认为应当由自己审判的第一审案件；

(二)对高级人民法院、专门人民法院判决和裁定的上诉案件和抗诉案件；

(三)最高人民检察院按照审判监督程序提出的抗诉案件。

第三十二条 最高人民法院对于在审判过程中如何具体应用法律、法令的问题,进行解释。

第三章 人民法院的审判人员和其他人员

第三十三条 有选举权和被选举权的年满二十三岁的公民,可以被选举为人民法院院长,或者被任命为副院长、庭长、副庭长、审判员和助理审判员,但是被剥夺过政治权利的人除外。

人民法院的审判人员必须具有法律专业知识。

第三十四条 地方各级人民法院院长由地方各级人民代表大会选举,副院长、庭长、副庭长和审判员由地方各级人民代表大会常务委员会任免。

在省、自治区内按地区设立的和在直辖市内设立的中级人民法院院长、副院长、庭长、副庭长和审判员,由省、自治区、直辖市的人民代表大会常务委员会任免。

在民族自治地方设立的地方各级人民法院的院长,由民族自治地方各级人民代表大会选举,副院长、庭长、副庭长和审判员由民族自治地方各级人民代表大会常务委员会任免。

最高人民法院院长由全国人民代表大会选举,副院长、庭长、副庭长、审判员由全国人民代表大会常务委员会任免。

第三十五条 各级人民法院院长任期与本级人民代表大会每届任期相同。

各级人民代表大会有权罢免由它选出的人民法院院长。在地方两次人民代表大会之间,如果本级人民代表大会常务委员会认为人民法院院长需要撤换,须报请上级人民法院报经上级人民代表大会常务委员会批准。

第三十六条 各级人民法院按照需要可以设助理审判员,由本级人民法院任免。

助理审判员协助审判员进行工作。助理审判员,由本院院长提出,经审判委员会通过,可以临时代行审判员职务。

第三十七条 有选举权和被选举权的年满二十三岁的公民,可以被选举为人民陪审员,但是被剥夺过政治权利的人除外。

人民陪审员在人民法院执行职务期间,是他所参加的审判庭的组成人员,同审判员有同等权利。

第三十八条 人民陪审员在执行职务期间,由原工作单位照付工资;没有工资收入的,由人民法院给以适当的补助。

第三十九条 各级人民法院设书记员,担任审判庭的记录工作并办理有关审判的其他事项。

第四十条 地方各级人民法院设执行员,办理民事案件判决和裁定的执行事项,办理刑事案件判决和裁定中关于财产部分的执行事项。

地方各级人民法院设法医。

各级人民法院设司法警察若干人。

全国人大常委会关于授权香港特别行政区对深圳湾口岸港方口岸区实施管辖的决定

第十届全国人民代表大会常务委员会第二十三次会议审议了国务院关于提请审议授权香港特别行政区对深圳湾口岸港方口岸区实施管辖的议案,第二十四次会议审议了关于授权香港特别行政区对深圳湾口岸港方口岸区实施管辖的决定(草案)。会议认为,为了缓解内地与香港特别行政区交往日益增多带来的陆路通关压力,适应深圳市与香港特别行政区之间交通运输和便利通关的客观要求,促进内地和香港特别行政区之间的人员交流和经贸往来,推动两地经济共同发展,在深圳湾口岸内设立港方口岸区,专用于人员、交通工具、货物的通关查验,是必要的。全国人民代表大会常务委员会决定:

一、授权香港特别行政区自深圳湾口岸启用之日起,对该口岸所设港方口岸区依照香港特别行政区法律实施管辖。

香港特别行政区对深圳湾口岸港方口岸区实行禁区式管理。

二、深圳湾口岸港方口岸区的范围,由国务院规定。

三、深圳湾口岸港方口岸区土地使用期限,由国务院依照有关法律的规定确定。

全国人大常委会关于批准《中华人民共和国和阿富汗伊斯兰共和国睦邻友好合作条约》的决定

第十届全国人民代表大会常务委员会第二十四次会议决定:批准国家主席胡锦涛代表中华人民共和国于2006年6月19日在北京签署的《中华人民共和国和阿富汗伊斯兰共和国睦邻友好合作条约》。

全国人大常委会关于批准《中华人民共和国和阿塞拜疆共和国引渡条约》的决定

第十届全国人民代表大会常务委员会第二十四次会议决定:批准外交部副部长戴秉国代表中华人民共和国于2005年3月17日在北京签署的《中华人民共和国和阿塞拜疆共和国引渡条约》。

全国人大常委会关于批准1981年《职业安全和卫生及工作环境公约》的决定

第十届全国人民代表大会常务委员会第二十四次会议决定:批准1981年6月22日第67届国际劳工大会通过的1981年《职业安全和卫生及工作环境公约》;

同时声明，在中华人民共和国政府另行通知前，1981年《职业安全和卫生及工作环境公约》不适用于中华人民共和国香港特别行政区。

全国人大常委会关于批准《中华人民共和国和土库曼斯坦关于打击恐怖主义、分裂主义和极端主义的合作协定》的决定

第十届全国人民代表大会常务委员会第二十四次会议决定：批准外交部副部长戴秉国代表中华人民共和国于2006年4月3日在北京签署的《中华人民共和国和土库曼斯坦关于打击恐怖主义、分裂主义和极端主义的合作协定》。

全国人大常委会关于批准《中华人民共和国和澳大利亚关于刑事司法协助的条约》的决定

第十届全国人民代表大会常务委员会第二十四次会议决定：批准外交部部长李肇星代表中华人民共和国于2006年4月3日在堪培拉签署的《中华人民共和国和澳大利亚关于刑事司法协助的条约》。

全国人大常委会发布任免省市自治区特别行政区人大代表的公告

最近，广西壮族自治区人大常委会补选刘奇葆为第十届全国人民代表大会代表。香港特别行政区第十届全国人民代表大会代表出缺1名，根据《中华人民共和国香港特别行政区选举第十届全国人民代表大会代表的办法》的规定，递补梁秉中为第十届全国人民代表大会代表。全国人民代表大会常务委员会同意代表资格审查委员会的审查报告，确认刘奇葆、梁秉中的代表资格有效。

江苏省人大常委会罢免了王武龙的第十届全国人民代表大会代表职务。依照代表法的有关规定，王武龙的代表资格终止。

现在，第十届全国人民代表大会实有代表2976人。

特此公告。

全国人民代表大会常务委员会

2006年10月31日

全国人大常委会发布因病去世人大代表代表资格终止的公告

最近，第十届全国人民代表大会代表李光震（河北省代表团）、郑成思（上海市代表团）、李万枝（河南省代表团）、邬维庸（香港特别行政区代表团）、姚念学（解放军代表团）、吴青田（解放军代表团）因病逝世。李光震、郑成思、李万枝、邬维庸、姚念学、吴青田的代表资格自然终止。

全国人大常委会对去世的六位代表表示哀悼。

特此公告。全国人民代表大会常务委员会

全国人大常委会关于徐荣凯等人的任命名单

一、任命徐荣凯为第十届全国人民代表大会教育科学文化卫生委员会副主任委员。

二、任命黄智权为第十届全国人民代表大会环境与资源保护委员会副主任委员。

全国人大常委会批准免职的名单

批准免去陈文清的四川省人民检察院检察长职务。

十届全国人大常委会在人民大会堂举行第二十三次专题讲座

讲座的题目是“我国的税收法律制度”。

全国人大常委会委员长吴邦国主持讲座。

讲座的主讲人是北京大学财经法研究中心主任、法学院教授刘剑文。他主要从税收的内涵与职能、税法的概念与特征、税法的本质、税法的基本原则、我国税收法律制度建设等方面作了讲解。

全国人大常委会副委员长王兆国、李铁映、司马义·艾买提、何鲁丽、丁石孙、成思危、许嘉璐、蒋正华、热地、盛华仁、路甬祥、乌云其木格、韩启德听取了讲座。

第三届中国—东盟商务与投资峰会在南宁开幕

国务院总理温家宝和东盟10国领导人出席开幕式。

峰会开幕式由中国国际贸易促进委员会会长万季飞主持，广西壮族自治区党委书记刘奇葆致辞。来自中国和东盟国家的政府官员、商协会代表、企业负责人、专家学者等约1000人参加开幕式。

本届峰会由中国商务部、贸促会和广西壮族自治区人民政府主办，东盟工商会、中国—东盟商务理事会和东盟10国的工商会协办。

国务院总理温家宝在第三届中国—东盟商务与投资峰会开幕式上发表题为《共同谱写经贸合作的新篇章》的演讲

尊敬的各位同事，女士们，先生们：

10月的南宁，秋高气爽，繁花似锦，第三届中国—东盟商务与投资峰会在这里隆重举行。我谨代表中国政府对会议的召开致以热烈祝贺，对莅临会议的东盟各国领导人和各位贵宾表示诚挚欢迎！

举办中国—东盟博览会和商务与投资峰会，是我在2003年“10+1”会议上提议，由中国与东盟各国领导人共同确定的两项双边活动。在大家的共同努力下，博览会和峰会已经成为中国—东盟工商界增进相互了解、扩大经贸合作的重要平台。本届峰会以“共同的需要、共同的未来”为主题，充分反映了中国—东盟经贸关系的发展趋势和双方工商界加强全面合作的共同要求，必将对双方扩展合作范围、提升合作水平起到重要作用。

女士们，先生们：

中国和东盟山水相连，文化相通，发展历程相似，人民友好交往历史悠久。上个世纪90年代初，中国—东盟开启了对话合作进程，揭开了双边关系崭新的一页。15年来，双方按照“相互尊重、平等互信、互惠互利、合作共赢”的原则，不断深化在各领域的合作。中国与东盟经贸关系的全面发展，给彼此带来了实实在在的经济利益，成为中国—东盟关系发展的重要基础和强大动力。

——双边贸易快速发展。1991年，中国—东盟贸易额仅80亿美元左右，2005年已达1304亿美元，增长了15倍。目前，双方已互为对方的第四大贸易伙伴，东盟已成为中国第四大出口市场和第三大进口来源地。

——双向投资不断扩大。截至2006年上半年，东盟对华实际投资累计达400亿美元。中国企业对东盟的投资也出现了快速增长态势，越来越多的中国企业把东盟国家作为主要投资目的地。东盟已成为中国对外承包工程和劳务合作的主要市场。

——区域和次区域合作日趋紧密。双方已经达成了货物贸易协议和争端解决机制协定，启动了服务贸易和投资协议的谈判。2004年开始实施“早期收获计划”，2005年又对7000余种商品开始全面降税。目前，来自东南亚的榴莲、山竹、红毛丹等热带水果越来越多地出现在中国居民的餐桌上，中国生产的苹果、梨、柑橘等温带水果也更加便宜地进入东盟市场。环北部湾、大湄公河、东盟东部增长区等次区域经济合作也迈出了实质性步伐。

——人员往来更加频繁。东盟10国都已成为中国公民的旅游目的国。2005年中国公民首站前往东盟国家的人数达到300万人次，占中国公民出境旅游总人数的1/3。同时，中国也吸引着越来越多来自东盟国家的游客。2005年东盟来华旅游人数超过300万人次，约占中国入境外国游客总数的1/5。在中国—东盟框架下，中国每年向东盟国家提供近1500人次的人才培训。

女士们，先生们：

中国与东盟拥有18亿人口，市场空间极为广阔。双方在资源禀赋、产业结构、贸易商品等方面各具特色，互补性强，又都处于快速发展阶段，双边合作潜力巨大。我们要抓住难得的历史机遇，进一步拓展合作领域，充实合作内涵，提高合作水平。为此，我愿提出以下几点建议：

第一，进一步扩大贸易规模。双方应创造更加便利的贸易条件，推动双边贸易发展。在巩固传统商品贸易的基础上，努力扩大机电、高新技术等高附加值产品的进出口。中国虽然在与东盟贸易中处于逆差，但仍愿向东盟国家开放市场，继续增加自东盟国家的进口。

第二，积极深化投资合作。双方应不断完善投资促进和服务体系，加快推进投资便利化进程。中国政府将落实好去年提出的50亿美元优惠贷款，积极支持中国企业赴东盟国家投资兴业，鼓励它们在东盟国家建立一批基础设施完善、产业链完整、关联程度高、带动和辐射能力强的经济贸易合作区。中国欢迎东盟各国扩大对华投资，积极参与中国的经济建设。

第三，不断提高经济技术合作水平。双方企业应积极利用中国和东盟在产业、技术和资源等方面的互补性，通过承包工程、投资参股、技术合作等多种形式，以项目合作为基础，加强在农业、制造业、基础设施建设、资源开发和加工等领域的合作。中方将积极鼓励中国企业在合作过程中向东盟转让中国有优势的实用技术，为东盟国家提供人力资源培训，继续向东盟欠发达国家提供力所能及的经济技术援助。

第四，努力建设高质量的中国—东盟自由贸易区。双方应根据《中国—东盟全面经济合作框架协议》确定的原则，全面落实中国—东盟自由贸易区货物贸易协议，加快服务贸易与投资谈判，争取尽早签署协议。

第五，稳步推进次区域开发合作。东盟东部增长区、印尼—马来西亚—泰国增长三角、大湄公河等次区域合作已经有了较好的基础。中方积极支持东盟一体化建设，鼓励中国企业参与上述区域合作计划，积极探讨开展泛北部湾经济合作的可行性，使次区域经济合作成为中国与东盟经贸合作的一个新亮点。

女士们，先生们：

改革开放28年来，中国经济快速发展，综合国力大幅增强，人民生活显著改善，社会全面进步，现代化事业取得历史性成就。我们有信心，也有能力在今后一个较长时期里保持经济平稳较快发展。我们将坚定不移地走科学发展道路，坚定不移地深化改革开放。我们将信守加入世贸组织承诺，进一步开放市场，继续改善投资环境，为各国企业家来华谋求发展创造良好条件。中国的更加繁荣和开放将为世界各国特别是周边国家发展带来机遇。中国政府热忱地欢迎东盟各国工商界人士来中国投资兴业、寻求更大发展。

女士们,先生们:

工商界是推动各国发展的中坚力量,也是中国与东盟各国经济联系的纽带和桥梁。希望双方工商界朋友们加强合作,携手并进,共同谱写中国—东盟经贸和投资合作的新篇章!

最后,预祝本届中国—东盟商务与投资峰会取得圆满成功!

谢谢大家。

第三届中国—东盟博览会在南宁开幕

国务院总理温家宝和东东盟国家领导人菲律宾总统阿罗约、文莱苏丹博尔基亚、柬埔寨首相洪森、印度尼西亚总统苏西洛、老挝总理布阿索内、马来西亚总理巴达维、缅甸总理梭温、新加坡总理李显龙、泰国总理素拉育、越南总理阮晋勇出席开幕式。

温家宝宣布中国—东盟博览会开幕并发表致辞。

由温家宝总理倡议、东盟10国领导人积极推动举办的中国—东盟博览会,是加强中国—东盟经贸合作的一项重要举措,是中国与东盟经贸关系实现互利共赢的重要平台之一。

第三届中国—东盟博览会共设商品贸易、投资合作、农业先进实用技术、"魅力之城"和旅游4个专题,集中展示了机械设备,电子电器,建材家居,农资、农产品和食品四类商品,以及旅游服务业的发展。

国务院总理温家宝在南宁分别会见缅甸总理梭温等外国领导人

国务院总理温家宝在南宁分别会见了前来出席中国—东盟建立对话关系15周年纪念峰会的缅甸总理梭温、文莱苏丹博尔基亚、越南总理阮晋勇、老挝总理布阿索内和泰国总理素拉育,同他们就双边关系交换了意见。

全国政协主席贾庆林在基辅会见乌克兰总统维克多·安德烈耶维奇·尤先科

全国市县乡换届选举工作座谈会在北京召开

中央书记处书记、中央组织部部长贺国强在会上强调,要深入学习贯彻党的十六届六中全会精神,认真落实中央关于做好地方换届选举工作的重要指示精神,周密部署,精心组织,严格执行有关政策法规,切实抓好换届选举的各项工作,大力加强市县乡领导班子建设,为构建社会主义和谐社会、全面建设小康社会提供坚强的组织保证。

贺国强指出,这次市县乡换届选举,是加强党的建设和地方政权建设的一件大事,是发展社会主义民主政治、建设社会主义政治文明的一次重要实践。要坚定不移地推进领导班子配备改革,切实在精简领导班子职数、减少党委副书记职数、适当扩大党政领导班子成员交叉任职、规范任职年龄等方面取得实质性进展。要普遍运用体现科学发展观要求的地方党政领导班子和领导干部综合考核评价试行办法进行换届考察,不断加强和改进考察工作,引导干部树立科学发展观和正确政绩观,防止干部"带病提拔"和"带病上岗",切实提高选人用人水平。

贺国强强调,要充分发扬民主,严格依法办事,切实保障代表、委员的民主权利。要坚持党管干部原则,认真贯彻执行《干部任用条例》和近年来出台的干部人事制度改革的一系列法规文件,把扩大民主和依法按章办事贯穿换届选举工作的全过程。要保证党代会代表和人大代表、政协委员的广泛性和代表性,保证来自基层的工人、农民、知识分子所占的比例。要注意听取代表、委员对领导班子人事安排的意见建议。要严格依照《党章》和有关法律、章程制定大会选举办法,对选举的各个环节作出明确规定,保障代表、委员依法行使民主选举的权利。要认真做好选举过程的组织工作,尊重依法选举的结果。

贺国强指出,要严肃组织人事纪律,采取严厉措施,狠刹换届选举中的不正之风。对跑官要官的,不仅不能提拔使用,还要严肃批评并记录在案,情节严重的要进行组织处理。对搞封官许愿或者为跑官要官的人说情、打招呼的,要严肃批评,造成用人失误的,要追究责任。对在换届期间特别是民主推荐和选举中搞拉票贿选等非法、非组织活动的,发现一起,查处一起,决不手软。对换届前或调动工作前突击提拔干部或违规进人的,应宣布一律无效,并追究相关人员的责任。要切实加强对换届选举工作的监督,采取有力措施坚决防止干扰破坏换届选举工作的行为,保证换届选举工作顺利进行。

贺国强强调,要加强对换届选举工作的组织领导和指导,省区市党委要对本地换届选举工作作出统一部署,市、县、乡党委要分别成立换届选举工作领导小组。要充分调动和发挥各方面的积极性,支持人大、政协履行职责、开展工作,确保换届选举工作在党委的统一领导下依法有序进行。要认真组织好换届选举的新闻宣传工作,加强正面引导,努力为换届选举工作营造良好的社会舆论环境。

贺国强指出,要切实加强思想政治工作,坚持换届选举和日常工作"两不误、两促进",做到思想不散、秩序不乱、工作不断。要大力加强换届后的领导班子思想政治建设,努力使新班子有新气象、新形象,真正为群众办好事、办实事，不辜负干部群众的期望。

中央纪委、中央宣传部、中央统战部、全国人大机关、全国政协机关有关负责同志，各省区市党委组织部门负责同志，中央纪委、中央组织部换届工作督查组组长参加了会议。

国务院任免香港特别行政区政府廉政专员

依照《香港特别行政区基本法》的有关规定，根据香港特别行政区行政长官曾荫权的提名和建议，国务院决定：任命罗范椒芬为廉政专员，免去黄鸿超的廉政专员职务。

中共山西省第九届委员会第一次全体会议选举张宝顺为省委书记

河北省第十届人民代表大会常务委员会第二十四次会议决定郭庚茂为河北省代理省长

外交部部长李肇星在南宁会见泰国外长尼·披汶颂甘

外交部发言人刘建超主持例行记者会回答中外记者的提问

在回答记者有关"美国在台协会"台北办事处负责人提出的台"立法院"应在今秋通过美台"三合一军购案"言论的问题时，刘建超表示，美国向台湾出售武器，违反美国政府在中美三个联合公报特别是"八·一七"公报中向中方作出的承诺，危害中国国家安全与和平统一大业，中国政府和人民一贯坚决反对。中国已经就该协会负责人有关错误言论向美方提出严正交涉。

刘建超说，中方敦促美方恪守布什总统和美国政府多次重申的坚持一个中国政策、遵守中美三个联合公报、反对"台独"的承诺，停止售台武器和美台军事联系，不向"台独"分裂势力发出任何错误信号，以实际行动维护台海和平稳定和中美关系大局。

国务院中央军委发布2006年冬季征兵命令

国防部部长曹刚川在北京与阿富汗国防部部长瓦尔达克举行会谈

双方就国际和地区安全形势、双边关系及共同关心的问题交换了意见。曹刚川说，中方愿为阿富汗的重建提供力所能及的帮助，将继续与阿方开展多领域的交流与合作，努力把中阿两国两军关系推向新的高度。

11月1日

国家主席胡锦涛在人民大会堂与几内亚比绍总统若昂·贝尔纳多·维埃拉举行会谈

双方就发展长期稳定、全面合作的双边关系达成重要共识。

胡锦涛指出,中国和几内亚比绍发展长期稳定、全面合作的关系,符合两国和两国人民的根本利益。中国政府愿同几内亚比绍方面一道,深化两国传统友谊,扩大友好合作。第一,保持高层交往势头,扩大两国政府、议会、政党以及其他领域的交流和对话,不断增进相互理解和信任。第二,坚持互利互惠、共同发展,集中精力搞好正在实施的经贸合作项目,积极探索双方互利合作的新领域、新途径,扩大在渔业、农业、基础设施建设领域的合作。第三,加强在中非合作论坛框架下的合作,就论坛的发展以及后续行动的实施保持密切磋商,加强人才培训和能力建设等领域的合作。第四,扩大在文教、卫生等领域的合作。第五,加强在国际事务中的磋商和合作,加强沟通、相互支持,共同维护发展中国家的合法权益,推动建设持久和平、共同繁荣的和谐世界。

会谈后,胡锦涛和维埃拉共同出席了两国经济技术合作协定等文件的签字仪式。

国家主席胡锦涛在人民大会堂与利比里亚总统约翰逊—瑟利夫举行会谈

双方一致同意深化中利友好合作,推动双边关系全面发展。

胡锦涛强调,深化中利友好合作,推动中利关系全面发展,符合我们两国和两国人民的根本利益。中方愿同利方携手努力,将两国关系不断推向新的水平。胡锦涛提出,双方应保持高层交往,增强政治互信,推动各领域各层次人员交流,加深相互了解和友谊,夯实两国友好合作的社会基础;深化经贸合作,加强对两国经贸合作的规划、指导、协调,扩大双边贸易,抓紧落实好在建项目,为两国企业在资源开发、基础设施建设等领域的合作牵线搭桥;加强中非合作论坛框架下的合作,中方将继续向利方提供来华培训名额,帮助利方开发人力资源,加强能力建设;扩大教育、卫生等领域的合作;加强多边合作,保持沟通、协调立场,共同推动建设持久和平、共同繁荣的和谐世界。

会谈后,胡锦涛和约翰逊—瑟利夫共同出席了两国经济技术合作协定等文件的签字仪式。

国家主席胡锦涛在人民大会堂分别会见加蓬总统邦戈 科摩罗总统桑比和非洲联盟委员会主席科纳雷

胡锦涛热烈欢迎非洲领导人前来出席中非合作论坛北京峰会。他指出,今年是新中国同非洲国家开启外交关系50周年,是中非关系承前启后、继往开来的重要年份。中非合作论坛走过了6年的发展历程,已成为中非集体对话的重要平台和务实合作的有效机制。北京峰会是中非关系史上的一次创举。我们将共同围绕友谊、和平、合作、发展这一主题,回顾中非友好的发展历程,规划未来合作蓝图,推动中非新型战略伙伴关系深入发展。这体现了中非人民的共同心愿,也符合和平、发展、合作的世界潮流。这次峰会必将成为中非关系发展史上新的里程碑,为中非关系发展打开更加广阔的前景。

国务院总理温家宝在人民大会堂分别会见几内亚比绍总统若昂·贝尔纳多·维埃拉和利比里亚总统约翰逊—瑟利夫

国务院总理温家宝主持召开国务院常务会议

会议审议并原则通过《关于"十一五"深化电力体制改革的实施意见》和《公安机关组织管理条例(草案)》。

会议认为,电力工业是国民经济和社会发展的重要基础产业。"十五"期间,我国电力体制改革取得重大进展,政企分开、厂网分开基本实现,发电领域竞争态势已经形成,新型电力监管体制初步建立,电力工业快速发展,有力地支持了国民经济和社会的发展。

会议指出,"十一五"时期要抓住电力供需矛盾缓解的有利时机,巩固已有改革成果,把电力体制改革继续推向深入,重点解决电源结构不合理、电网建设相对滞后、市场在电力资源配置中的基础性作用发挥不够等突出问题。要通过体制机制创新和法制建设,转变电力工业增长方式,促使电力企业提高效率、降低成本、改善服务,促进电力行业稳定、健康、协调发展和安全运行,为经济社会又好又快发展提供可靠保障。

会议指出,"十一五"期间深化电力体制改革的基本原则是:坚持以改革促发展,坚持市场化改革方向,坚持整体规划、分步实施、重点突破。主要任务是:(一)抓紧处理厂网分开遗留问题,逐步推进电网企业主辅分离改革。(二)加快电力市场建设,着力构建符合国情的统一开放的电力市场体系,形成与市场经济相适应的电价机制,实行有利于节能环保的电价政策。(三)进一步转变政府职能,坚持政企分开,健全电力市场监管体制。

会议强调,电力工作直接关系国民经济发展、社会稳定和群众生活,电力体制改革必须坚持从中国实际出发，处理好发挥市场在电力资源配置中的基础性作用与加强改善市场监管的关系，处理好改革、发展、稳定、安全的关系，处理好电力建设与电网建设的关系，处理好电源、调度、售电之间的关系。要切实加强对电力体制改革的领导，精心组织，稳妥推进，毫不放松安全生产，确保电力安全可靠供应，确保人民群众得到质优价廉的电力服务。

会议认为，为了规范公安机关组织管理，保障公安机关及人民警察依法履行职责，根据《中华人民共和国公务员法》和《中华人民共和国人民警察法》，制定《公安机关组织管理条例》十分必要。《条例》对公安机关的机构设置、警察职务、编制经费、管理和待遇等方面作出了明确、具体的规定。会议决定，《公安机关组织管理条例(草案)》经进一步修改后，由国务院公布施行。

会议还研究了其他事项。

国务院总理温家宝签署第477号令公布《北京奥运会及其筹备期间外国记者在华采访规定》

现公布《北京奥运会及其筹备期间外国记者在华采访规定》，自2007年1月1日起施行，2008年10月17日自行废止。

总 理 温家宝

2006年11月1日

北京奥运会及其筹备期间外国记者在华采访规定

第一条 为了便于北京奥运会及其筹备期间外国记者在中国境内依法采访报道，传播和弘扬奥林匹克精神，制定本规定。

第二条 北京奥运会及其筹备期间，外国记者在中国境内采访报道北京奥运会及相关事项适用本规定。

本规定所称北京奥运会是指第二十九届奥林匹克运动会和第十三届残疾人奥林匹克运动会。

第三条 外国记者来华采访，应当向中国驻外使领馆或者外交部授权的签证机构申请办理签证。

持奥林匹克身份注册卡的外国记者，在奥林匹克身份注册卡的有效期内免办签证，凭奥林匹克身份注册卡、有效护照或者其他旅行证件多次入出中华人民共和国国境。

第四条 外国记者来华采访所携带的合理数量的自用采访器材可以免税入境，有关器材应当在采访活动结束后复运出境。

外国记者办理自用采访器材免税入境的，应当到中国驻外使领馆办理器材确认函，入境时凭器材确认函和J—2签证办理通关手续；持奥林匹克身份注册卡的外国记者，可以凭第二十九届奥林匹克运动会组织委员会出具的器材确认函办理通关手续。

第五条 外国记者因采访报道需要可以在履行例行报批手续后，临时进口、设置、使用无线电通信设备。

第六条 外国记者在华采访，只需征得被采访单位和个人的同意。

第七条 外国记者可以通过外事服务单位聘用中国公民协助采访报道工作。

第八条 北京奥运会外国记者服务指南由第二十九届奥林匹克运动会组织委员会依据本规定制定。

第九条 本规定自2007年1月1日起施行，2008年10月17日自行废止。

全国政协主席贾庆林在基辅与乌克兰最高苏维埃主席亚历山大·莫罗兹举行会谈

双方积极评价中乌经贸关系的发展，认为双方扩大经贸合作潜力很大、前景广阔，一致表示将重点推进高科技、能源、农业、交通运输等领域的互利合作，使两国政治关系与经贸合作同步发展。

会见后，贾庆林与莫罗兹共同出席了中乌经济技术合作协定签字仪式。

中非合作论坛第五届高官会在北京开幕

来自中国和论坛所有48个非洲成员国的代表与会。北京峰会中方筹委会秘书长、外交部部长助理翟隽和论坛共同主席国埃塞俄比亚政府论坛特使、驻华大使海尔基洛斯分别在开幕式上致辞。

中非合作论坛高官会是论坛框架内的重要会议，本次高官会为期两天，将审议北京峰会成果文件，为中非合作论坛北京峰会暨第三届部长级会议做最后准备。会议由中非合作论坛中方后续行动委员会秘书长许镜湖和海尔基洛斯共同主持。

中欧科学家历时3年绘出8种SARS病毒蛋白“三维图”

历时3年的中欧科学家抗SARS合作研究获得重要进展，科学家们已经完成了对8种SARS病毒蛋白的基因分析，确定了其三维结构，并在中草药和猕猴桃等水果中发现了抗SARS天然成分。

11月2日

国家主席胡锦涛在人民大会堂同塞舌尔总统詹姆斯·阿里克斯·米歇尔举行会谈

两国领导人对双边关系发展表示满意，就扩大和深化两国务实合作达成重要共识。

胡锦涛指出，中塞加强全面务实合作，符合两国和两国人民的根本利益。双方应从以下几个方面来推动。第一，加强双边政治关系，促进两国各个层次的人员交往，增进相互了解和信任。两国领导人可通过多种方式，就共同关心的问题保持沟通。第二，挖掘经贸潜力，中方将同塞方一道重点拓展在基础设施建设、渔业等领域的互利合作。中国政府鼓励有实力的中国企业到贵国投资兴业，特别是从事中方有优势、塞方有需求的项目。第三，积极开展人文合作，扩大双方在教育、旅游、人力资源开发、卫生等领域的交流合作。第四，密切国际事务中的磋商和合作，中国愿继续推动国际社会关注塞舌尔等小岛屿发展中国家的发展问题。

会谈后，胡锦涛和米歇尔共同出席了双方合作文件签字仪式。

国家主席胡锦涛在人民大会堂分别会见博茨瓦纳总统莫哈埃和苏丹总统巴希尔

胡锦涛热烈欢迎两位领导人来华出席中非合作论坛北京峰会。他表示，为提升中非合作水平，中非双方商定召开中非合作论坛北京峰会，旨在最高层次上共同商议和规划中非合作大计，为今后中非各领域合作确定方向。

在同莫哈埃会见时，胡锦涛对博茨瓦纳独立40周年表示祝贺。他说，中博建交30多年来，两国关系健康顺利发展。我们愿与博方保持高层互访势头，增进相互了解和信任；扩大经贸、文化、教育、卫生等各领域交流合作；加强在国际事务中的磋商和配合，维护发展中国家的共同利益。在双方共同努力下，中博关系一定会不断迈上新的台阶。莫哈埃表示，建立在相互尊重和共同利益基础上的博中关系发展得非常好，博茨瓦纳人民感谢中国人民在资金、技术、医疗卫生、教育等方面提供的援助和合作。博方期待同中方扩大政府、政党、人民之间的交往，深化经贸、投资等领域合作。

会见苏丹总统巴希尔时，胡锦涛表示，中国政府重视巩固和发展中苏传统友好合作关系，愿在相互尊重、平等互利的基础上深化两国互利合作，把中苏关系提高到新的水平。双方应促进各层次交流，拓展务实合作，加强两国通信、基础设施建设、农业、水利等领域合作，开展人文领域交流，谋求共同发展。巴希尔积极评价苏中关系，对苏中各领域合作感到满意。他说，同中国开展各领域务实合作给苏丹经济发展注入了推动力。

国务委员唐家璇等参加了会见。

国家主席胡锦涛与秘鲁总统阿兰·加西亚互致贺电庆祝两国建交35周年

全国人大常委会委员长吴邦国在人民大会堂分别会见几内亚比绍总统若昂·贝尔纳多·维埃拉和利比里亚总统约翰逊—瑟利夫

全国政协主席贾庆林在基辅会见乌克兰总理维克多·费奥多罗维奇·亚努科维奇

外交部部长李肇星在北京与南非外长祖马举行会谈

外交部部长李肇星在北京会见亚美尼亚副外长拜布尔强

中非合作论坛第五届高官会在北京闭幕

中非合作论坛北京峰会中方筹委会秘书长、商务部副部长魏建国和非洲驻华使团代理使团长、多哥驻华大使塔—阿马分别在闭幕式上致辞。

本次高官会召开两天来，中非双方与会代表在平等、友好的气氛中，就论坛北京峰会成果文件以及峰会和部长级会议的有关安排进行了深入磋商，达成了广泛共识，完成了各项预定工作，为将于明天举行的论坛第三届部长级会议做好了准备。

11月3日

国家主席胡锦涛在人民大会堂分别会见肯尼亚总统齐贝吉 马达加斯加总统拉瓦卢马纳纳 喀麦隆总统比亚 坦桑尼亚总统基奎特和尼日利亚总统奥巴桑乔

胡锦涛同他们就双边关系和中非合作交换了意见。

胡锦涛热烈欢迎5国领导人出席中非合作论坛北京峰会。他说，成立中非合作论坛，是中非几十年真诚友好、平等相待的必然结果，也是中非面向未来、加强合作、共谋发展的重大举措。会议期间，我们将就全面发展政治上平等互信、经济上互利共赢、文化上交流互鉴的中非新型战略伙伴关系作出部署。中方还将推出一系列帮助非洲国家加快发展的务实举措。这些成果将有助于提升中非在政治、经济、文化、社会等各领域的合作水平，为中非传统友好注入新的活力。5国领导人盛赞中非友谊，表示高度评价中国举办中非合作论坛北京峰会和为推动中非新型战略伙伴关系所作出的重要努力，期待与中方就双方各领域合作进行深入探讨。

在会见齐贝吉时，胡锦涛说，今年4月我同齐贝吉总统就深化中肯友好合作达成广泛共识，双方有关部门加紧落实，取得积极成果，双边贸易继续快速增长，文化、教育、卫生等领域的合作又有新进展。下一步，双方应扩大政府、立法机构、政党、民间交往，增进相互了解和信任；深化经贸合作，拓宽合作领域；密切在国际事务中的协调。中方愿为肯尼亚培训更多管理和技术人才，鼓励中国游客赴肯尼亚旅游。齐贝吉表示，肯中关系发展令人鼓舞，肯方愿同中方探讨扩大两国合作的新途径，加强务实合作，密切在国际和地区事务中的配合。

在会见拉瓦卢马纳纳时，胡锦涛表示，中马保持了密切的高层交往。两国在基础设施建设、农业领域的合作有序推进。希望两国政府部门建立畅通有效的沟通协调机制，及时就发展双边关系交流情况、共商办法；落实已商定的经贸合作项目，挖掘合作潜力；密切多边合作，中方支持马方在印度洋等地区事务中发挥积极作用。拉瓦卢马纳纳说，马达加斯加面临着繁重的国家建设和发展任务，正在实施新的国家发展规划。马方视中国为重要的合作伙伴和真诚朋友，期待同中方在基础设施建设、农业、人力资源培训、卫生保健、环保等领域开展合作，欢迎中国企业进入马方市场。

在会见比亚时，胡锦涛指出，今年是中喀建交35周年，中喀关系日渐成熟，双方政治友好不断加深，经贸合作逐步扩大，人力资源开发等领域的交流合作蓬勃发展，在联合国等国际事务中有着广泛共识。中方愿同喀方一道努力，加强两国政府和民间人员往来，同意给予喀麦隆中国公民组团出境旅游目的地国地位；深化双方经贸合作，支持两国企业开展形式多样的互利合作。比亚说，中国是喀麦隆真诚的朋友，双方都希望创造一个和平与繁荣的世界。中国为非洲和喀麦隆提供了很多帮助，我们深表感谢。喀中可以在电信网络建设、资源开发、农业技术等领域开展和扩大合作，希望双方鼓励两国企业加强接触，开展互利合作。

在会见基奎特时，胡锦涛指出，中坦是全天候合作伙伴，双方一贯相互尊重、相互理解、相互支持。中方珍视中坦传统友谊，愿同坦方深化各领域务实合作，加强在联合国改革、千年发展目标、非洲地区热点问题等国际和地区事务中的协调，推动两国共同发展进步。基奎特表示，坦中友谊是两国老一代领导人共同缔造的，中国人民长期以来对坦桑尼亚人民的宝贵援助令人难忘。坦桑尼亚政府和人民高度重视发展同中国的关系，将继承和发扬坦中传统友谊，不断加强两国关系。坦桑尼亚高度评价中国在国际和非洲事务中发挥的重要作用，将继续在国际舞台上同中国相互支持。

在会见奥巴桑乔时，胡锦涛表示，中尼建立了政治上互信、经济上互利、国际事务中互助的战略伙伴关系。双方在众多领域的合作进展顺利，两国有关卫星发射、中尼友谊文化中心、疟疾和禽流感疫情防治等合作项目也在积极落实中。为推动中尼关系发展，双方应加强政治互信和战略合作，重视对方重大关切；落实重大合作项目，加强基础设施建设、通信、能源等领域的合作；扩大人员交流和文化教育合作，中方决定将尼日利亚列为中国公民组团出境旅游目的地国。奥巴桑乔说，中国的发展对非洲非常重要，同中国的经贸合作促进了非洲和尼日利亚的经济社会进步。尼方高度评价尼中关系和两国互利务实合作取得的成果，为两国领导人达成的合作共识得以全面落实感到高兴。尼中合作潜力大，领域多，前景广阔，尼方期待同中方加强重点领域合作，以实现互利共赢、共同发展。

国家主席胡锦涛在人民大会堂分别会见刚果(布)总统萨苏 乌干达总统穆塞韦尼 塞拉利昂总统卡巴 卢旺达总统卡加梅 加纳总统库福尔

在会见萨苏时，胡锦涛表示，中刚建立战略伙伴关系一年多来，两国友好合作蓬勃发展，双边贸易快速增长。两国在国际事务中相互支持，是彼此信赖的真诚朋友。我们愿同刚方一道，探索互利共赢的新方式，不断充实两国战略合作的内涵，造福两国人民。胡锦涛对刚果(布)作为非盟轮值主席国，为促进中非友谊作出积极贡献表示赞赏，强调中国政府将加强同非盟的合作。萨苏表示，刚中双方正在落实已经达成的合作共识，双边发展势头良好。两国制定了合作规划，确定了合作项目。刚方决心不断深化同中方的战略伙伴关系。萨苏赞赏中国在帮助非洲实现和平与发展方面发挥的积极作用。

在会见穆塞韦尼时，胡锦涛指出，中乌是相互信任的好朋友和密切合作的好伙伴。近年来，两国各领域合作不断取得新进展。中乌已同意加强两国农业、纺织、基础设施建设、医疗卫生、文化、教育等领域合作。相信通过落实共识，加强友好交流，挖掘合作潜力，两国关系的基础将更加扎实。中方愿同乌方一道，把两国友好合作关系不断提高到新的水平。穆塞韦尼表示，中国在乌干达争取国家独立时期和发展经济时期都提供了重要支持和帮助。近年来，中国又进一步向乌干达开放了市场，乌干达在190项商品对华出口上可享受无关税、无配额待遇。乌方希望扩大同中方在铁路、能源、农产品加工、旅游等领域的合作，造福两国人民。

在会见卡巴时，胡锦涛表示，中塞两国始终互尊互信，平等相待，双边关系健康稳定发展。两国经贸、人力资源开发等领域的合作不断取得新的成果，双边贸易额连年增长。中方参与建设的基础设施、电信等项目进展顺利。中方愿同塞方一道努力，不断拓展友好互利合作。卡巴对中国支持塞拉利昂实现和平稳定表示感谢，对塞中关系良好发展感到满意。他说，塞拉利昂正在进行经济重建，期待同中方开展贸易、投资、基础设施建设、卫生等领域的互利合作，不断提升两国合作水平。

在会见卡加梅时，胡锦涛说，建交35年来，中卢关系经受住了时间和各自国内情况变化的考验，健康顺利发展。双方政府、立法机构、政党的交流合作不断加强，各领域务实合作不断深化，在国际和地区问题上保持着良好合作。中国政府将继续鼓励和支持有实力的中国企业赴卢旺达投资，重点加强两国农业、基础设施建设等领域的合作。中方同意给予卢旺达中国公民组团出境旅游目的地国地位。相信中卢友好合作关系一定会更快更好地向前发展。卡加梅高度评价卢中关系。他说，卢旺达感谢中方同卢方在农业、渔业、卫生、基础设施建设等领域开展的良好合作和在国际事务上同卢方进行的良好协调。卢方期待双方在贸易、投资、农业等领域的合作取得更多成果。

在会见库福尔时，胡锦涛指出，近年来，中加关系发展顺利，高层互访频繁，两国经贸、文化、教育、卫生等领域的合作不断取得新成果。不断巩固和发展中加关系对双方都具有重要意义。希望双方保持高层交往，增强政治互信，本着平等互利、循序渐进的原则，推进务实合作，重点加强基础设施建设、电信、人力资源等领域的合作，深化在国际事务中的合作。库福尔表示，加中合作成效显著，中方在加纳建设的公路等项目以优良的质量受到加纳人民高度评价。加纳目前经济发展迅速，加方希望同中方加强在贸易、投资、电力开发、信息网络、道路建设等领域合作，实现互利双赢。

全国人大常委会委员长吴邦国在人民大会堂会见塞舌尔总统米歇尔

国务院总理温家宝在人民大会堂分别会见塞舌尔总统米歇尔 坦桑尼亚总统基奎特 苏丹总统巴希尔 刚果(布)总统萨苏和乌干达总统穆塞韦尼

纪念人民治理黄河60年大会在郑州举行

今年是中国共产党领导人民治理黄河60周年。近日，中共中央总书记、国家主席、中央军委主席胡锦涛，中共中央政治局常委、国务院总理温家宝就此作出重要指示。胡锦涛强调，黄河是中华民族的母亲河，黄河治理事关我国现代化建设全局。60年来，人民治理黄河事业成就辉煌，但黄河的治理开发仍然任重道远。必须认真贯彻落实科学发展观，坚持人与自然和谐相处，全面规划，统筹兼顾，标本兼治，综合治理，加强统一管理和统一调度，进一步把黄河的事情办好，让黄河更好地造福中华民族。温家宝指出，在中国共产党的领导下，人民治理黄河的事业走过了60年光辉历程。在社会主义现代化建设的新时期，要以科学发展观为统领，坚持人与自然和谐的治水理念，遵循自然规律和经济规律，坚持不懈地开展科学治水、依法治水、团结治水；要完善水资源统一管理和统一调度体制，加强水资源节约、保护和合理配置，以水资源的可持续利用保障经济社会的可持续发展；要加强流域生态保护，防治污染，防治水土流失，让黄河安澜无恙、奔流不息。

11月3日，纪念人民治理黄河60年大会在河南郑州举行。中共中央政治局委员、国务院副总理回良玉出席纪念大会并讲话。他强调，要深入贯彻胡锦涛总书记、温家宝总理的重要指示精神，切实把科学发展观的基本要求与黄河治理的具体实践有机结合起来，把构建社会主义和谐社会的总体部署与黄河治理的自身规律有机结合起来，把实现黄河长治久安的最终目标与黄河治理的阶段性任务有机结合起来，不断探索治理黄河的新途径，不断开创治理黄河的新局面。

回良玉指出，在党中央、国务院的坚强领导下，经过沿黄广大干部群众的不懈奋斗，人民治理黄河事业取得了巨大成就，实现了黄河60年伏秋大汛岁岁安澜，促进了流域经济社会发展和生态环境改善。但必须看到，治理黄河的任务依然十分繁重和艰巨。黄河是世界上最为复杂难治的河流，长期以来存在的洪水威胁、水土流失和泥沙淤积等尚未根本解决，同时又出现了下游“二级悬河”加剧、水资源供需矛盾尖锐、水污染突出等新问题。我们一定要清醒认识治理黄河的长期性、艰巨性和复杂性，根治黄河水患的决心不能动摇，扶持黄河治理的力度不能减弱，强化黄河治理的各项工作不能松懈。

回良玉强调，在新的历史时期治理好、开发好、保护好黄河，必须认真贯彻党中央、国务院关于治理黄河的战略部署，全面落实各项治理措施。一是坚持科学治理黄河。认真总结实践经验，深入探索治理规律，增强各项决策和措施的科学性、针对性、实效性。加强治理黄河的基础研究、应用研究和关键技术研究。二是坚持统筹治理黄河。统筹治理黄河的工程措施和非工程措施，统筹流域经济社会发展和水资源开发，统筹流域、区域以及城乡的水利发展，统筹防汛与抗旱工作，努力实现堤防不决口、河道不断流、河床不抬高、污染不超标的治理目标。三是坚持依法治理黄河。要把黄河治理开发与管理纳入法治轨道，建立健全法律法规体系，依法规范各方面的涉水行为。加强执法监督，依法查处侵占河道、污染水资源、破坏水环境等各类违法水事案件。四是坚持团结治理黄河。树立黄河治理一盘棋的思想，局部利益服从整体利益，专项治理服从综合规划。黄河水利委员会要切实担负起全流域统一指挥调度、组织协调和监督的职责，流域各省区和各有关部门要相互支持，密切配合，推动人民治理黄河事业又快又好地发展。

国家副主席曾庆红在人民大会堂分别会见安哥拉总理费尔南多·多斯桑托斯和刚果(金)副总统阿普杜拉耶·耶罗迪亚

西部地区人才队伍建设工作座谈会在重庆召开

中共中央政治局委员、中央书记处书记、中央组织部部长、中央人才工作协调小组组长贺国强在会上指出,实施西部大开发战略6年多来,西部地区人才工作取得了显著成绩,人才总量有所增加,人才队伍素质进一步提高,人才队伍稳定工作有新的起色,人才创业的政策环境、工作环境和生活环境进一步改善。西部地区改革发展的巨大成就,凝聚着各类人才的智慧和力量,与加强西部地区人才队伍建设密不可分。

贺国强指出,实施西部大开发战略,人才是关键。西部地区人才队伍建设工作,要突出重点,扎实推进。要教育引导广大干部进一步解放思想、更新观念,坚持科学人才观,树立发展意识、创新意识、机遇意识,发扬求真务实的作风;要提高现有人才素质,盘活用好现有人才,充分发挥他们在西部大开发中的主力军作用;要适应西部地区的实际需要,着力抓好农村实用人才、应用开发型人才、中小学师资人才、医疗卫生人才队伍建设;要进一步加大政策支持力度,采取更加灵活的政策措施和方式方法,吸引更多的优秀人才投身西部大开发的伟大实践。

会议由中央组织部、国家人事部、国务院西部办联合召开。国家人事部、国务院西部办和重庆市的主要负责同志,西部地区12个省区市、3个民族自治州党委组织部和政府人事厅(局)的有关负责同志等参加了会议。

中非合作论坛第三届部长级会议在北京举行

中国和48个非洲国家的外交部长、负责经济合作事务的部长和代表出席了会议。中国国务院副总理吴仪出席会议开幕式并发表讲话。会议由中国外交部部长李肇星和论坛共同主席国埃塞俄比亚外长塞尤姆、财政和经济发展部部长苏菲安共同主持。

吴仪说,推动中非合作论坛为增进中非友好发挥更大作用,是我们的共同愿望。中非双方应本着平等协商、互利互惠、循序渐进、灵活务实的原则,不断完善论坛机制,推进中非在论坛框架内的合作。第一,继往开来,永葆论坛机制活力。双方应不断总结成功经验和做法,认真规划未来合作,积极落实后续行动,使论坛成为引领中非全面友好的一面旗帜。第二,积极探索,不断创新合作模式。双方应挖掘合作潜力,推动中非合作向更宽领域、更广范围、更高水平发展。同时本着开放、包容的原则,使论坛成为国际发展合作的重要组成部分。第三,加强协调,推动合作健康发展。双方应保持密切磋商,不断凝聚新的共识,努力扩大利益交会点,妥善解决合作中的新课题,使论坛成为切实维护双方共同利益的有效平台。

吴仪最后说,即将召开的中非合作论坛北京峰会是中非关系史上的一座新的里程碑,将把中非全面友好推向新的高潮。相信本届部长会议一定能高质量地完成各项议程,为峰会的成功作出贡献。

会议听取并审议了李肇星关于论坛第二届部长级会议后续行动落实情况的报告。李肇星说,论坛第二届部长级会议以来,在双方共同努力下,论坛《亚的斯亚贝巴行动计划》得到全面、有效落实。中非政治交往与合作进一步加强,经济、文化和社会发展领域的合作全面、快速发展,论坛后续机制建设不断健全。中方期待着与非洲国家一道继续推动论坛不断发展,引领中非友好合作关系迈向新的阶段。

会议审议并通过了《中非合作论坛北京峰会宣言(草案)》《中非合作论坛——北京行动计划(2007年至2009年)(草案)》和《中非合作论坛北京峰会日程(草案)》,决定将上述草案提交北京峰会审议。

会议决定论坛第四届部长级会议于2009年在埃及举行。

24个国际和地区组织的代表作为观察员列席会议开幕式。

外交部部长李肇星在北京分别会见摩洛哥 坦桑尼亚 莱索托 赞比亚 佛得角外长和利比亚副外长

国台办新闻发言人就陈水扁鼓吹制定所谓“第二共和宪法”发表谈话

国台办发言人指出,陈水扁鼓吹制定所谓“第二共和宪法”,是他9月24日抛出“宪改”涉及“领土”变更议题招致各方谴责后,为继续通过“宪改”谋求“台湾法理独立”采取的又一危险举动;也是他为一己之私,在台湾挑起对立、在两岸关系上制造冲突,以求脱困自保的又一伎俩。为达此目的,他抹杀历史、歪曲事实、混淆视听,极尽诡辩之能事,达到无以复加的地步。如果任由陈水扁肆无忌惮地推进“台独”活动,势将进一步威胁中国主权和领土完整,威胁两岸关系和平发展,威胁台海地区乃至亚太地区和平稳定。我们坚决反对陈水扁通过“宪改”谋求“台湾法理独立”的立场是坚定的、不可动摇的。我们也相信,无论陈水扁如何百般狡辩,台湾同胞和国际社会一定会认清陈水扁顽固谋求“台独”的本质。不管陈水扁玩弄什么花招,其"台独制宪"的图谋都必然招致彻底的失败。

解放军总政治部和中央军委纪委制定《关于对军队党员领导干部进行诫勉谈话和函询的暂行办法》和《关于军队党员领导干部述职述廉的暂行规定》

总政治部纪律检查部有关负责人介绍,这次制定的《关于对军队党员领导干部进行诫勉谈话和函询的暂行办法》和《关于军队党员领导干部述职述廉的暂行规定》,对诫勉谈话和函询的主体、对象、原因、批准权限作出了界定,对述职述廉的内容、方式、范围进行明确。这是贯彻落实胡锦涛主席关于"从严治军、从严治官"重要指示的具体措施,是2004年颁发的《关于加强军队高中级干部教育管理的若干规定》的配套法规。

这位负责人说,"军队领导干部",一般是指军队团以上单位党委成员和机关、部门党员领导干部。

根据《关于对军队党员领导干部进行诫勉谈话和函询的暂行办法》,军队各级党委常委成员的诫勉谈话由上一级党委批准,由上一级纪委政治机关进行;其他领导干部的诫勉谈话由本级党委批准,由党委指派人员进行。诫勉谈话时,应向谈话对象说明谈话原因;谈话后,纪委、政治机关要采取适当方式了解谈话对象对自身问题的改正情况。

对反映领导干部在政治思想、工作作风、廉政勤政等方面的问题,党组织可以用书面形式进行函询。被函询者必须在15个工作日内作出书面说明,如确实不能在规定时间内作出说明,须向党组织书面报告原因。

《关于军队党员领导干部述职述廉的暂行规定》要求在述职述廉前,党委应当组织征求部队官兵和机关干部对领导干部的意见,并将意见如实反馈给本人。述职述廉后,党委应当组织民主评议或者民主测评,并在一定范围内公布测评结果。对参加民主评议或者民主测评的人员有1/3以上认为不称职的领导干部,要进行诫勉谈话。

11月4日

中非合作论坛北京峰会在人民大会堂开幕

国家主席胡锦涛同论坛共同主席国埃塞俄比亚总理梅莱斯等48个非洲国家元首、政府首脑等及国际组织代表出席开幕式。胡锦涛在会上发表了重要讲话。

国家副主席曾庆红、国务院副总理吴仪出席开幕式。开幕式由国务委员唐家璇主持。

论坛共同主席国埃塞俄比亚总理梅莱斯和非盟轮值主席刚果(布)总统萨苏也分别致辞。

一些非洲地区组织和联合国机构等国际组织和联合国秘书长安南的代表出席了开幕式。

中非合作论坛是2000年中非双方共同创立的,目前已成为新形势下中非集体对话的重要平台和务实合作的有效机制。围绕此次峰会的主题,中非领导人将回顾中非50年来的友好合作以及中非合作论坛成立6年来取得的成果,推动发展中非新型战略伙伴关系,规划未来务实合作。北京峰会不仅是中非关系深入发展并走向成熟的重要标志,而且将成为中非友谊史上一座新的里程碑。

国家主席胡锦涛在中非合作论坛北京峰会开幕式上的讲话

尊敬的梅莱斯总理,尊敬的各位同事、各位嘉宾,女士们,先生们,朋友们:

今天是值得历史记住的日子。我们中非领导人本着友谊、和平、合作、发展的宗旨,相聚北京,共叙友情,共商推动中非关系发展、促进发展中国家团结合作的大计。首先,我谨代表中国政府和中国人民,并以我个人的名义,对各位同事和嘉宾前来出席会议,表示热烈的欢迎和衷心的感谢!我还要通过在座的非洲各国领导人,向兄弟的非洲人民转达中国人民的亲切问候和良好祝愿!

2000年10月,中非共同倡议成立了中非合作论坛。这是中非深化传统友谊、加强友好合作的重大举措。6年来,论坛先后在北京和亚的斯亚贝巴成功举办了两届部长级会议,已成为中国同非洲国家开展集体对话、交流治国理政经验、增进相互信任、进行务实合作的重要平台和有效机制。

各位同事、各位朋友!

今年正值新中国同非洲国家开启外交关系50周年。中国与非洲虽然远隔重洋,但中非人民友谊源远流长、历久弥坚。在漫漫历史长河中,中非人民自强不息、坚忍不拔,创造了各具特色、绚烂多彩的古代文明。近代以来,中非人民不甘奴役、顽强抗争,谱写了追求自由解放、捍卫人类尊严的光辉篇章,创造了国家建设、民族振兴的辉煌历史。中国和非洲的发展进步,为推进人类文明进步事业作出了重大贡献。

50年来,中非人民紧密团结,中非友好不断深化。中非各领域交流合作全面发展,取得了丰硕成果。中非在国际事务中相互信任、协调配合,共同维护发展中国家的正当权益。

中国始终坚定支持非洲民族解放和国家建设,从培训技术人员到培训各类人才,从援建坦赞铁路到援建各项工程,从派遣医疗队员到派遣维和官兵,都体现了中国人民对非洲人民的情谊。中国人民不会忘记非洲朋友当年全力支持中华人民共和国恢复在联合国的合法席位，不会忘记非洲国家和人民真诚希望中国完成和平统一大业、热切盼望中国实现现代化建设的宏伟目标。

今天，中非友好已深深扎根在双方人民心中。中非友好之所以能够经受住历史岁月和国际风云变幻的考验，关键是我们在发展相互关系中始终坚持真诚友好、平等相待、相互支持、共同发展的正确原则。

——真诚友好，是中非友谊不断加强的坚实基础。我们双方都珍视中非传统友谊，诚心诚意致力于中非友好事业。

——平等相待，是中非互信日益增进的重要保证。我们双方都尊重对方自主选择的发展道路，高度重视对方的关切，认真学习对方的发展经验。

——相互支持，是中非合作长盛不衰的不竭动力。我们双方都衷心希望并真心支持对方发展进步，积极开展全方位合作。

——共同发展，是中非人民孜孜以求的共同目标。我们双方都坚持互利互惠的友好合作，让发展成果惠及双方人民。

各位同事、各位朋友！

当前，国际形势正在发生深刻而复杂的变化。和平、发展、合作是当今时代的主旋律。世界多极化和经济全球化的趋势深入发展，科技进步日新月异，区域合作方兴未艾，各国相互依存不断加深，这些都为世界各国带来了难得的发展机遇。同时，全球发展不均衡，南北差距拉大，传统安全威胁和非传统安全威胁相互交织，影响世界和平与发展的不稳定不确定因素增多，广大发展中国家实现可持续发展面临着严峻挑战。

中国是最大的发展中国家，非洲是发展中国家最集中的大陆，中国和非洲的人口占世界人口1/3以上。没有中国和非洲的和平与发展，就没有世界的和平与发展。

在新形势下，中非共同利益在扩大，相互需求在增加。建立中非新型战略伙伴关系是中非合作的内在需要，也是促进世界和平与发展的必然要求。中非关系不断发展，不仅有利于中国和非洲的发展进步，而且有利于促进发展中国家的团结合作，有利于推动建立公正合理的国际政治经济新秩序。为进一步发展中非新型战略伙伴关系，中国愿同非洲国家在以下领域加强合作。

第一，深化平等互信的政治关系。保持高层互访和交往势头，建立定期高层政治对话机制，开展战略对话，增强政治互信，加深传统友谊，实现团结共进。

第二，拓展互利共赢的经济合作。发挥各自优势，密切经贸联系，拓宽合作领域，支持双方企业合作，提升人力资源开发合作水平，积极探索新的合作方式，共享发展成果。

第三，扩大相互借鉴的文化交流。加强人文对话，增进双方人民特别是青年一代的相互了解和友谊，加强教育、科技、文化、卫生、体育、旅游等领域的交流合作，为中非合作提供精神动力和文化支持。

第四，推动均衡和谐的全球发展。加强南南合作，推动南北对话，呼吁发达国家切实兑现市场准入、增加援助、减免债务等承诺，落实千年发展目标，促进经济全球化朝着有利于实现各国共同繁荣的方向发展。

第五，加强相互支持的国际合作。维护联合国宪章的宗旨和原则，尊重世界多样性，促进国际关系民主化，倡导互信互利的国际安全合作，加强磋商和协调，照顾彼此关切，共同应对各类全球性安全威胁和挑战。

各位同事、各位朋友！

中国珍视中非友谊，始终把加强同非洲国家的团结合作作为中国外交政策的重要组成部分。中国将一如既往地支持非洲实施非洲发展新伙伴计划，支持非洲国家为加强联合自强、谋求地区和平稳定、实现经济振兴、提高国际地位所作的积极努力。

为推动中非新型战略伙伴关系发展，促进中非在更大范围、更广领域、更高层次上的合作，中国政府将采取以下8个方面的政策措施。

(一)扩大对非洲援助规模，到2009年使中国对非洲国家的援助规模比2006年增加1倍。

(二)今后3年内向非洲国家提供30亿美元的优惠贷款和20亿美元的优惠出口买方信贷。

(三)为鼓励和支持中国企业到非洲投资，设立中非发展基金，基金总额逐步达到50亿美元。

(四)为支持非洲国家联合自强和一体化进程，援助建设非洲联盟会议中心。

(五)免除同中国有外交关系的所有非洲重债穷国和最不发达国家截至2005年年底到期的政府无息贷款债务。

(六)进一步向非洲开放市场，把同中国有外交关系的非洲最不发达国家输华商品零关税待遇受惠商品由190个税目扩大到440多个。

(七)今后3年内在非洲国家建立3至5个境外经济贸易合作区。

(八)今后3年内为非洲培训培养15000名各类人才；向非洲派遣100名高级农业技术专家；在非洲建立10个有特色的农业技术示范中心；为非洲援助30所医院，并提供3亿元人民币无偿援款帮助非洲防治疟疾，用于提供青蒿素药品及设立30个抗疟中心；向非洲派遣300名青年志愿者；为非洲援助100所农村学校；在2009年之前，向非洲留学生提供中国政府奖学金名额由目前的每年2000人次增加到4000人次。

各位同事、各位朋友！

中国和非洲都是人类文明的发祥地，都是充满希望的热土。共同的命运、共同的目标把我们紧紧团结在一起。中国永远是非洲的好朋友、好伙伴、好兄弟。

让我们携手并肩、昂首阔步，为实现中非发展，为造福中非人民，为推动建设持久和平、共同繁荣的和谐世界而共同努力！

谢谢大家。

国家主席胡锦涛在人民大会堂分别会见纳米比亚总统波汉巴 莫桑比克总统格布扎 吉布提总统盖莱 毛里塔尼亚军委会主席 国家元首瓦勒 塞内加尔总统瓦德

在会见波汉巴时，胡锦涛表示，中纳友好合作关系稳步发展，双边贸易继续增长，越来越多中国企业赴纳米比亚投资兴业。这次峰会期间，双方将就扩大两国经贸合作进行专门协商，相信会取得积极成果。波汉巴说，纳米比亚是中非合作的受益者，中国给予纳方产品的市场准入和优惠政策，给纳米比亚人民带来了重要利益。纳米比亚愿积极在世界的东方寻找经贸合作伙伴，这次我带来了数十位企业家，愿与中方深入探讨合作的新途径。纳方希望同中方加强工业、人力资源、基础设施建设等领域的合作，使两国经贸合作不断迈上新台阶。

在会见格布扎时，胡锦涛表示，中莫关系保持良好发展势头，各领域合作稳步发展。今后，中国政府将继续在力所能及的范围内向莫方提供援助，鼓励有实力的中国企业到贵国投资兴业，重点在基础设施建设、农业等领域开展互利合作。为发展两国旅游合作，中方决定将莫桑比克列为中国公民出境旅游目的地国。格布扎表示，莫方对莫中关系发展感到满意。活跃在莫桑比克的中国专家、医生、企业家对莫桑比克经济社会发展发挥了积极作用，莫桑比克人民非常感谢他们。基础设施建设、人力资源培训是莫桑比克发展的重点领域，期待同中方扩大在这些领域的合作。

在会见盖莱时，胡锦涛指出，近年来，中吉关系呈现良好发展势头，双方人员往来增多，政治互信增强，双边贸易快速增长。中方愿拓展同吉方在通信、港口服务等领域的合作，愿为吉方改善人民生活提供帮助，推动两国务实合作取得新的成果。盖莱表示，吉中关系良好，合作顺利。吉布提地理位置优越，吉方愿同中方在港口建设、交通运输等方面加强合作，便利人员和货物运输，也为非洲同中国开展经贸合作创造更好条件。双方还就苏丹达尔富尔地区稳定、巴以冲突等问题交换了看法。

在会见瓦勒时，胡锦涛说，建交40多年来，中毛关系稳步发展，两国友好日益深入人心。双方在渔业、农业、基础设施建设、医疗卫生等领域的合作取得丰硕成果，为两国发展作出了贡献。中方愿同毛方一道，进一步增强政治互信，扩大通信、科技、人力资源培训等领域的合作，更好地实现共同发展。瓦勒表示，长期以来，毛中两国人民有着兄弟般的情谊和亲密牢固的关系，毛里塔尼亚人民非常珍惜。双方合作保持良好势头。毛方希望同中方寻找扩大合作的新方式新领域，实现优势互补、互利共赢，给两国人民带来更多利益。

在会见瓦德时，胡锦涛说，在双方共同努力下，两国关系健康快速发展。人员往来频繁，经贸合作全面展开，卫生合作初见成效。中国政府高度重视中塞关系，视塞内加尔为中国在非洲的重要合作伙伴。我们愿同塞方携手努力，不断开创中塞友好合作新局面。瓦德表示，塞中合作覆盖了塞方期待的各个领域，双方达成的合作协议得到积极落实，进展令人满意。同中国复交是塞方作出的正确决定，塞方将为双边关系发展继续努力。

国家主席胡锦涛在人民大会堂分别会见赤道几内亚总统奥比昂 马里总统杜尔 埃塞俄比亚总理梅莱斯

在会见奥比昂时，胡锦涛表示，中国和赤道几内亚友好关系加速发展，双方政治互信增强，务实合作取得新进展，在国际事务中合作密切。两国经贸部门已开始执行双方经贸合作的框架协议，希望双方尽早实施上述项目，不断扩大两国经贸、基础设施建设等重点领域的合作，为两国人民带来更多实实在在的利益。奥比昂表示，加强同中国的互利合作是赤道几内亚的优先方向，一年前双方达成的各项协议正在积极落实，进展良好。希望双方继续鼓励两国企业加强合作，努力提升两国经贸合作水平，造福两国人民。

在会见杜尔时，胡锦涛指出，马里是撒哈拉以南非洲最早同中国建交的国家之一，中方为有马里这样的真诚朋友感到自豪。双方政治上交往密切，相互信任日益增强，经贸、教育、卫生、人力资源开发等领域的合作不断拓展。中国政府珍视中马传统友谊，愿同马方一道，推动两国关系全面深入发展。杜尔表示，马中友谊历久弥坚，各领域合作进展顺利、成果显著，中国对马里的宝贵援助令马里人民感动，中国企业在马里投资受到马里人民欢迎。马方希望同中方一道努力，不断加深传统友谊，扩大互利务实合作，促进共同发展。

在会见梅莱斯时，胡锦涛表示，近年来，中埃友好合作深入发展，双方在平等互信的基础上建立起全面合作伙伴关系。政府、执政党、立法机构、地方、民间交流日益增多，双边贸易和相互投资规模不断扩大，农业、人员培训、基础设施建设等领域互利合作成效显著，在国际事务中保持着磋商和协调。埃塞俄比亚一直积极参与论坛事务，为落实论坛后续行动和筹备这次峰会发挥了重要作用。梅莱斯表示，埃塞俄比亚和中国是亲密的伙伴,双方都有发展友好合作关系的强烈愿望,两国政府和人民交往越来越密切。埃塞俄比亚期待着加强同中方的务实合作,深化两国全面伙伴关系。他表示,非洲国家感谢胡锦涛主席在峰会开幕式上宣布的对非援助措施,埃塞俄比亚将为推动中非新型战略伙伴关系发展继续作出努力。

国务院总理温家宝在人民大会堂分别会见加纳总统约翰·阿吉耶库姆·库福尔和埃塞俄比亚总理梅莱斯·泽纳维

中非领导人与工商界代表高层对话会暨第二届中非企业家大会在北京召开

国务院总理温家宝出席开幕式并发表了题为《加强中非合作 促进互利共赢》的主旨演讲。27位非洲国家总统、6位政府首脑和国际组织的代表出席开幕式。

中非合作论坛共同主席国埃塞俄比亚总理梅莱斯、阿尔及利亚总统布特弗利卡、加蓬总统邦戈、莱索托首相莫西西利、尼日尔总统坦贾和卢旺达总统卡加梅等6位非洲国家领导人先后致辞。

本届大会由商务部和贸促会主办。来自中国和非洲工商企业界人士近1300人参加开幕式。

国务院总理温家宝在中非领导人与工商界代表高层对话会暨第二届中非企业家大会开幕式上发表题为《加强中非合作 促进互利共赢》的讲话

尊敬的梅莱斯总理阁下,
尊敬的各位国家元首和政府首脑阁下,
各位代表团团长、部长和大使阁下,
女士们,先生们:

今天上午,中非合作论坛北京峰会成功召开,中国和48个非洲国家的领导人欢聚一堂,共商中非关系发展大计。现在,中非领导人与工商界代表高层对话会暨第二届中非企业家大会隆重举行,共同谋划中非经贸合作的美好蓝图。我代表中国政府对各位贵宾表示热烈欢迎!

今年适值中非开启外交关系50周年,中国政府首次发表了《中国对非洲政策文件》,明确提出了与非洲共建政治上平等互信、经济上合作共赢、文化上交流互鉴的新型战略伙伴关系,确立了新时期中非关系的发展方向。发展中非友好关系是双方人民共同的心愿,符合双方国家的共同利益。自2000年成立中非合作论坛以来,在双方共同努力下,中非经贸合作进入了全面发展的新阶段。

——2005年中非贸易额达到397亿美元,比2000年翻了近两番;今年1—9月,中非贸易总额达406亿美元,同比增长42%。近几年,尽管中国对非贸易持续出现逆差,但我们依然十分重视扩大从非洲国家的进口。中国已对原产自28个非洲最不发达国家的190个税目产品实施了零关税待遇。中国物美价廉的商品丰富了非洲市场,深受非洲人民的喜爱。

——截至2005年年底,中国对非洲国家投资累计达62.7亿美元。中国迄今已与28个非洲国家签订了投资保护协定,与8个非洲国家签订避免双重征税协定。中国对非洲投资带去了先进适用技术和管理经验,促进了当地经济社会发展。

——在中非论坛框架下,中国在42个非洲国家承担了176个成套项目,包括公路、学校、医院、体育场等;对非洲一些发生自然灾害的地区提供了迅速、及时的人道主义援助。免除了31个非洲重债穷国和最不发达国家109亿元人民币债务;签订了27项优惠贷款框架协议;为非洲国家培训了1万余名各类人才。中国提供的这些援助,都是根据非洲国家的需要,通过双方协商确定的,对促进非洲发展起到了积极作用。

女士们,先生们:

中国是最大的发展中国家,非洲是发展中国家最集中的大陆。双方经济互补性强,合作潜力巨大,前景广阔。我们要坚持平等相待,加强互利合作,使合作的成果惠及广大中非人民。在此次峰会开幕式上,胡锦涛主席代表中国政府宣布了一系列对非务实合作新举措。为落实好这些新举措,全面提高中非合作水平,我提出以下建议:

第一,扩大中非贸易规模。中非双方应不断优化贸易结构,进一步挖掘潜力,力争到2010年使中非贸易达到1000亿美元。中方将继续开放市场,鼓励中国企业根据市场需求进一步扩大从非洲的进口。中国政府将给予非洲最不发达国家绝大部分输华商品零关税待遇。双方还应在旅游、金融、电信等领域加强服务贸易合作,培育新的贸易增长点,推动中非贸易平衡协调发展。

第二,加强中非投资合作。中方鼓励有实力、有信誉的中国企业到非洲国家投资兴业,转让适用技术和管理经验。为此,中国政府决定设立中非发展基金,并将使这一基金总额逐步达到50亿美元,按照市场运作、互利共赢的原则,引导和支持中国企业到非洲投资。我们还将推动和支持有实力的中国企业,在有条件的非洲国家建立经济贸易合作区,提升投资水平。同时,中国也欢迎非洲企业来中国投资发展。

第三,提高对非援助水平。中国将根据自身发展水平,逐步扩大对非洲国家援助规模,帮助非洲国家提高自主发展能力,促进经济社会全面发展。对非援助要更加重视公益项目,特别是农业、减贫、医疗卫生、教育、体育、供水、住房和环保等关乎非洲当地民生的项目。加强援外项目管理，注重工程建设的质量、效益、安全、环保，善始善终地做好各个承诺的合作项目。援外工程要按国际规则办事，坚持公开、公正、公平、合理和透明。中国还将对非洲重债穷国和最不发达国家采取具体的免债措施，减轻他们的发展负担。

第四，促进中非企业合作。企业是经贸合作的主体。中非经贸合作应以政府引导、企业为主、市场运作的方式进行，充分发挥企业的作用。中非企业家大会已召开两届，这次又成立了“中非联合工商会”。双方企业家应充分利用现有机制，开展人员交流与信息共享，加强了解，增进友谊，深化合作。中国政府将继续为双方企业开展交流与合作提供帮助。

第五，增加对非人才培养。中方将大幅增加非洲赴华留学生的奖学金名额，让他们学成回国后为国家建设服务。中方还将在今后三年为非洲国家培训1.5万名各类人才，促进非洲人力资源开发，增强各国的能力建设。

女士们，先生们：

改革开放28年来，中国选择了适合自己国情的发展道路，经济持续快速发展，综合国力大为增强，人民生活水平显著提高。但是，目前中国仍然是一个发展中国家，特别是城乡、区域发展很不平衡，面临的困难和问题还很多，实现国家现代化的道路还很漫长。尽管我们能力有限，但我们还是向非洲国家提供了力所能及的援助。中国的援助是真诚的、无私的，不附加任何政治条件。我们始终认为，国与国之间的支持与帮助是相互的，我们永远不会忘记长期以来广大非洲国家对中国维护国家主权和领土完整给予的宝贵支持。我们愿一如既往地与非洲国家开展真心诚意、互利共赢的合作。中非经贸合作是开放的，我们欢迎世界各国和国际组织加强与非洲国家的合作，增加对非洲国家的支持和帮助。

女士们，先生们：

中国和非洲的人口占世界人口总数的1/3以上。加强中非合作，不仅造福于中非人民，也将促进世界繁荣和发展。让我们大家一起努力，开创中非共同繁荣和进步的美好明天。

预祝这次高层对话会暨企业家大会取得圆满成功！

谢谢大家。

11月5日

中非合作论坛北京峰会通过峰会宣言和北京行动计划

中非合作论坛北京峰会举行圆桌会议，中国国家主席胡锦涛和论坛共同主席国埃塞俄比亚总理梅莱斯分别主持第一阶段和第二阶段会议。胡锦涛主持通过《中非合作论坛北京峰会宣言》和《中非合作论坛——北京行动计划(2007—2009年)》，并作总结发言后宣布峰会闭幕。

在上午的第一阶段会议和下午的第二阶段会议上，加蓬总统邦戈等论坛非洲成员国代表团团长依次发言。他们重点就50年来中非关系发展、新形势下发展中非新型战略伙伴关系、深化中非务实合作、加强中非合作论坛机制建设以及共同关心的国际和地区问题发表了意见。

下午第二阶段会议结束前，胡锦涛主持通过了《中非合作论坛北京峰会宣言》和《中非合作论坛——北京行动计划(2007—2009年)》。峰会宣言重点反映了双方对重大国际问题的看法和主张，郑重宣示建立和发展中非新型战略伙伴关系。北京行动计划主要阐述未来3年中非经济社会领域合作的规划和内容，体现双方互利互惠、共同发展的合作精神。

随后，胡锦涛对会议进行总结发言。他说，两天来，我们在友好务实的气氛中就中非关系发展及重大国际和地区问题充分交换意见，达成许多重要共识，取得了丰硕成果。

胡锦涛指出，我们一致同意建立政治上平等互信、经济上合作共赢、文化上交流互鉴的中非新型战略伙伴关系，并确定了发展这一关系的优先领域。我们审议并通过了《中非合作论坛北京峰会宣言》和《中非合作论坛——北京行动计划(2007—2009年)》，对中非关系进行了总结，对未来中非合作进行了规划。我们阐述了对重大国际和地区问题的看法和立场，决定在国际事务中相互支持、密切配合，共同维护发展中国家的正当权益。

胡锦涛表示，我们就加强中非务实合作进行了深入探讨，认为中非合作给双方人民带来了实实在在的好处，符合双方利益，发展前景广阔。我们交流了治国理政经验，决心继续尊重并支持对方自主选择发展道路，在建设国家的进程中相互学习、共同进步。我们回顾了中非合作论坛取得的成果，决定完善论坛机制，加强集体对话，推进论坛行动计划同非洲经济社会发展计划的协调和配合。我们回顾了中非友好交往的历史，一致认为中非传统友谊是双方的宝贵财富，决心更好地继承并发扬光大。

胡锦涛强调，北京峰会为我们构筑长期稳定、内涵丰富、不断发展的中非新型战略伙伴关系奠定了坚实基础。我愿同各位同事一道，秉承友谊、和平、合作、发展的峰会宗旨，共同推动会议成果的落实。中非双方应该以北京峰会为契机，不断完善论坛机制，提高运作效率,充实合作内涵,扩大合作领域,积极推进新形势下的中非友好合作。

胡锦涛强调,中国是发展中国家的一员,加强同发展中国家的团结合作是中国外交的基石。在维护世界和平、促进共同发展的进程中,中国将始终同包括非洲国家在内的广大发展中国家站在一起。胡锦涛重申:

第一,中国永远是促进非洲和平稳定的可靠伙伴。和平稳定是非洲实现发展繁荣的前提。作为非洲的真诚朋友,中国将继续为非洲实现和平稳定提供政治、经济、外交支持,支持联合国和非洲联盟发挥更大作用,积极参与联合国在非洲的维和行动。中国愿为非洲内部解决一些分歧和争端发挥建设性作用。

第二,中国永远是实现非洲发展繁荣的可靠伙伴。中国将把加强对非合作与自身发展更紧密地结合起来,逐步扩大对非洲的市场开放、投资、援助、技术转让和人力资源培训。中国坚定地支持非洲国家探索符合本国国情的发展道路和模式,支持非洲增强自主发展能力。

第三,中国永远是支持非洲积极参与国际事务的可靠伙伴。非洲是国际舞台上的一支重要力量,世界不应该忽视非洲的声音。中国将支持非洲在国际事务中发挥更大作用,加强同非洲的协调和合作,共同促进国际政治、经济、贸易、金融体制朝着更加公正合理的方向发展。中国将一如既往地支持非洲国家维护正当权益,积极推动国际社会加大对非洲的关注和投入。

胡锦涛最后说,中非合作论坛北京峰会各项议程已经完成。我们共同见证了中非友好合作的又一重要历史时刻。我们将共同创造中非合作更加美好的未来。让我们抓住机遇、共迎挑战,继承传统友谊,深化全面合作,为发展中非新型战略伙伴关系而不懈努力,为中国和非洲的发展振兴而不懈努力。

国务院副总理吴仪、国务委员唐家璇等出席了当天的圆桌会议。

中非合作论坛北京峰会宣言

我们,中华人民共和国和48个非洲国家的国家元首、政府首脑和代表团团长,于2006年11月4日至5日在北京举行中非合作论坛峰会。

我们高度评价在中华人民共和国同非洲国家开启外交关系50周年之际举行的此次峰会。

我们本着"友谊、和平、合作、发展"的宗旨,回顾了半个世纪以来中非之间的真挚友谊和团结合作,探讨了新形势下中非合作的共同目标和发展方向,讨论取得了积极成效。

认识到经过双方共同努力,2000年成立的中非合作论坛已成为双方开展集体对话的重要平台和务实合作的有效机制,决心进一步发挥其作用。为此,我们重申坚持中非合作论坛已通过的各项文件所确立的宗旨和目标。

我们认为,当前国际形势正经历着复杂、深刻的变化,人类社会相互依存日益加深,求和平、促发展、谋合作成为时代的潮流和各国的优先目标。

主张根据和平共处五项原则以及所有倡导多边主义和国际关系民主化的国际准则发展友好合作关系;强调尊重和维护世界的多样性,世界各国不分大小贫富强弱应彼此尊重、平等相待、和睦相处;不同文明和发展模式应相互借鉴、相互促进、和谐共存。

在经济全球化趋势深入发展的情况下,主张加强南南合作和南北对话,呼吁世界贸易组织重启"多哈回合"谈判,推动全球经济均衡、协调和可持续发展,实现各国共享成果、普遍发展、共同繁荣。

主张联合国以及其他各类多边体系进行改革,更好地服务于国际社会所有成员;主张通过改革加强联合国作用,充分发挥联合国大会的职能,更加重视发展问题;主张优先增加非洲国家在联合国安理会和其他各机构的代表性和充分参与。

我们认为,中国作为世界上最大的发展中国家坚持走和平发展道路,非洲作为发展中国家最集中的大陆致力于稳定、发展和振兴,是对世界和平与发展事业的重大贡献。

非洲国家对中国经济快速发展深感鼓舞并表示祝贺,希望中国国家建设取得更大成就;重申坚持一个中国立场,支持中国和平统一大业。

中国高度评价非洲在维护地区和平、促进区域合作、加快经济和社会发展方面取得的进步;赞赏非洲国家和非洲联盟等地区组织及次地区组织为此发挥的积极作用;重申支持非洲国家联合自强,自主解决非洲问题,支持非洲地区组织和次地区组织推动经济一体化的努力,支持非洲国家实施"非洲发展新伙伴计划"。

我们呼吁国际社会鼓励并支持非洲谋求和平与发展的努力,为非洲国家和平解决冲突和进行战后重建提供更大帮助,特别呼吁发达国家增加官方发展援助,切实兑现开放市场和减免债务等承诺,呼吁有关国际组织提供更多资金支持和技术援助,增强非洲减贫、减灾、防治荒漠化的能力,帮助非洲实现联合国千年发展目标。非洲最不发达国家、重债穷国和小岛屿、内陆国家的发展问题应受到更大关注。

我们认为,中非之间有着良好的团结与合作传统,长期以来真诚相待、休戚与共;中非友谊经受住了时间和国际风云变幻的考验,历久弥坚,深入人心。

我们认为,新形势下中非发展目标一致,利益相近,合作前景广阔。深化传统友谊、扩大互利合作,是新世纪中非实现共同发展和繁荣的必由之路。

我们郑重宣示，中非建立政治上平等互信、经济上合作共赢、文化上交流互鉴的新型战略伙伴关系；并为此，

——加强高层交往，开展战略对话，增进政治互信，推动世代友好；

——加强互利合作，拓展合作领域，鼓励和促进相互贸易和投资，探索新的合作方式，重点加强在农业、基础设施建设、工业、渔业、信息、医疗卫生和人力资源培训等领域合作，实现优势互补，造福双方人民；

——加强治国理政和发展经验的交流和借鉴，取长补短，共同提高，增强各自自我发展能力；

——加强人文对话，促进人民之间、特别是青年一代的联系与互动，增进在文化、科技、教育、体育、环保、旅游等领域以及妇女事务的交流和合作；

——加强国际合作，共同应对全球性安全威胁和非传统安全挑战，按照互信、互利、平等、协作的精神，维护全体发展中国家的共同利益；

——促进中非合作论坛建设，加强集体对话，推进论坛行动计划与“非洲发展新伙伴计划”以及非洲各国社会经济发展计划的协调与合作；

——从中非友好大局和双方长远利益出发，通过友好协商妥善处理合作中出现的新课题、新挑战。

我们认为，建立新型战略伙伴关系是中非双方的共同愿望和自主选择，符合双方利益，有利于增进发展中国家的相互声援、团结互助和联合自强，也有利于促进世界的持久和平与和谐发展。

我们根据本《宣言》的精神，制定并通过《中非合作论坛——北京行动计划(2007—2009年)》。

我们对双方参加中非合作论坛第三届部长级会议的部长们的努力和出色工作表示赞赏，对中非领导人与工商界代表高层对话会取得的成果表示高兴，对本次峰会取得圆满成功表示祝贺。

中非合作论坛北京峰会暨第三届部长级会议在人民大会堂举行记者招待会

外交部部长李肇星、中非合作论坛共同主席国埃塞俄比亚外长塞尤姆·梅斯芬和论坛下届部长级会议主办国埃及外长阿布·盖特举行了记者招待会，就中非合作论坛北京峰会、中非各领域的合作以及有关国际和地区问题，回答了中外记者提问。

李肇星说，北京峰会取得了丰硕成果，峰会的成功为中国与非洲国家构筑长期稳定、内涵丰富、不断发展的中非新型战略伙伴关系奠定了坚实基础，将推动中非合作在更大范围、更广领域和更高层次上全面发展，这有助于发展中国家的团结与合作，有助于促进世界的和平与发展。

李肇星强调，中国与非洲的合作不针对、不排斥第三方，中非合作是属于南南合作的范畴，不影响更不威胁其他国家的利益。“我们真诚希望非洲实现和平、稳定、发展；同时我们本着开放合作的态度，愿意同国际社会共同努力，为非洲的和平、发展作出我们的贡献。”

在谈到中非能源合作问题时，李肇星说，这一领域的合作是中非合作的一部分，是完全建立在平等互利基础上的。在合作过程中，中国遵守国际规则，公开而且透明。中国不谋求垄断石油资源，也不排斥、不影响其他国家同非洲的合作。

他强调，中非之间的合作有利于双方。“我们务必记住，非洲人民长期以来给了中国宝贵的支持。比如说，中国是联合国安理会的常任理事国，在联合国发挥着重要作用，而正是由于非洲国家和其他友好国家的支持，新中国才得以恢复在联合国的合法席位。”

李肇星说：“朋友给我们做了好事，我们要永远记住。现在我们进行经济、贸易和社会事业方面的合作，它的本质是平等互利、互相帮助的。中国和非洲都面临着很好的发展机遇，同时也都面临着挑战。通过这种合作，中非双方可以更有效地应对挑战。”

李肇星说，中国是个发展中国家，但愿意尽自己最大努力给兄弟般的非洲人民提供一些帮助，“这二者之间并不矛盾，恐怕应该说恰恰相反，只有非洲和中国更密切地联系、团结起来，双方才能都发展得更快。”

《人民日报》发表社论《共同开创中非友好合作新局面》

中非合作论坛第二届中非企业家大会闭幕式暨项目签约仪式在北京举行

国务院副总理曾培炎出席了闭幕式暨项目签约仪式。中国国际贸易促进会会长万季飞在闭幕式上致辞。

签约仪式上，中国国际贸促会会长万季飞与非洲工商会联盟主席麦斯里签署合作协议，宣告中国—非洲联合工商会正式成立。此外，国家开发银行、中国出口信用保险公司、中国土木工程集团公司、中国航空技术进出口总公司、中国有色矿业集团等11家中方企业与非洲国家企业签订了14个合作协议，共计金额约19亿美元，项目覆盖基础设施建设、通信和技术设备出口、资源开发、金融保险等领域，涉及埃塞俄比亚、埃及、南非、尼日利亚、肯尼亚、加纳、赞比亚、乌干达、塞舌尔、莱索托、佛得角等11个非洲国家。

成立“中国—非洲联合工商会”是中非合作论坛重要后续行动之一。根据签署的合作协议，双方将建立信息及时交流的高效渠道；为企业提供双向互惠且

持续的技术及其他专业支持；组织交易会、展览会、研讨会等商务活动。此外，协议还明确双方要了解中非企业需求并通过各种方式帮助企业以及鼓励中国和非洲企业通过非诉讼手段如协商、仲裁和调节等解决争端。

11月6日

国家主席胡锦涛在人民大会堂与南非总统姆贝基举行会谈

双方就在平等互利、共同发展的基础上加强两国长期稳定的战略伙伴关系达成广泛共识，同意共同推进中非新型战略伙伴关系发展，加强在国际事务中的协调和配合。

胡锦涛强调，中国和南非加强长期稳定的战略伙伴关系，符合两国和两国人民的根本利益，也有利于世界的和平与发展。他建议：一、增强政治互信，加强战略磋商。保持两国高层交往势头。充分发挥国家双边委员会等交流机制的作用，促进各领域互利合作。二、发挥各自优势，提高经贸合作水平。鼓励和支持双向投资，优化贸易结构，保障两国贸易健康顺利发展。三、开展外交磋商，加强协调配合。中方支持南非促进发展中国家团结合作的努力，愿加强同南非的沟通和交流，在联合国事务中加强协调和配合，共同维护发展中国家的正当权益。四、加强人文交流，夯实中南关系发展的社会基础。希望双方扩大教育、人力资源开发、卫生、文化、体育、学术、媒体、旅游等领域的交流合作。

关于南南合作和中非合作论坛，胡锦涛指出，发展中国家唯有加强团结合作，才能为自己创造一个光明的未来。我们主张，发展中国家加强对话，扩大合作，积极维护自身共同利益；挖掘潜力，创新合作模式，扩大相互贸易和投资；加强磋商和协调，积极参与国际经济规则制定，推动经济全球化朝着均衡、普惠、共赢的方向发展。中国愿同包括南非在内的广大发展中国家一道，推动建设持久和平、共同繁荣的和谐世界，愿同非洲国家一道，共同落实好中非合作论坛北京峰会取得的成果。

国家主席胡锦涛在人民大会堂与阿尔及利亚总统布特弗利卡举行会谈

胡锦涛指出，中阿都是重要的发展中国家。在新形势下进一步巩固传统友谊、深化两国战略合作，是双方共同的需要，符合两国和两国人民的根本利益。他提出，第一，增进政治友好。加强两国政府、立法机构、政党的交往，加强双方在国际和地区事务中的协调和配合。第二，深化互利合作。中方愿同阿方建立长期稳定的合作机制，加强基础设施建设、交通、通信等领域的合作。第三，扩大人文交流。加强双方卫生、科技、教育、文化、旅游、人力资源培训等领域的友好合作。中国政府已同意给予阿尔及利亚中国公民组团出境旅游目的地国地位。

会谈后，胡锦涛和布特弗利卡共同签署了关于发展两国战略合作关系的声明，并出席了两国经济、税收、航空、司法、质检等方面合作协议的签字仪式。

国家主席胡锦涛在人民大会堂分别会见贝宁总统亚伊 多哥总统福雷 厄立特里亚总统伊萨亚斯 津巴布韦总统穆加贝 尼日尔总统坦贾

在会见亚伊时，胡锦涛指出，中贝关系顺利发展，双方签署的协议得到积极落实。下一阶段，双方应密切配合，推进有关项目，扩大农业、基础设施建设等领域的合作，早日将合作意愿转化为实实在在的成果。亚伊表示，贝中关系令贝宁人民骄傲，贝宁人民永远和中国人民站在一起，期待同中方一道，推动两国关系朝着战略伙伴关系方向发展。贝中各领域合作进展顺利，希望双方继续加强重点领域的合作。

在会见福雷时，胡锦涛说，中多双方就深化传统友谊、加强务实合作达成的共识已基本落实。两国经贸、文教、卫生等领域合作取得积极进展。双边贸易快速增长。两国在国际事务中一如既往地相互理解和支持。中方愿同多方一道，深化传统友谊，扩大互利合作。福雷说，中国给予非洲和多哥的支持和帮助，无论是农业技术、基础设施建设还是医疗卫生、文化设施都是实实在在的，我们倍加珍惜。多方对多中友谊和未来合作充满信心，愿同中方一道，加强务实合作，造福两国人民。

在会见伊萨亚斯时，胡锦涛指出，中厄关系进展顺利，有关合作项目取得实效。今后，双方在加强两国政府、政党、立法机构、民间交往的同时，应该重点拓展经贸领域合作。中方将继续采取措施扩大从厄立特里亚进口，鼓励中国企业赴厄立特里亚投资，努力实现两国政治关系和经贸合作齐头并进。伊萨亚斯赞同胡锦涛的建议。他说，厄立特里亚是一个年轻国家，独立以来一直得到中国的援助，这对厄立特里亚经济社会发展非常重要。厄方高度评价中国积极参与和支持非洲的和平与发展事业，推动解决地区热点问题，希望中国继续在非洲发展进步中发挥建设性作用。

在会见穆加贝时，胡锦涛表示，中津关系保持良好发展势头，各领域合作不断扩大，在国际事务中密切配合。发展中津友好合作关系是中国政府坚定不移的方针。中方愿保持两国高层往来，牢牢把握两国关系的发展方向，积极探讨新的合作方式，加强两国农业、电信、交通、基础设施等领域的互利合作，增加两国人民特别是青年一代交往，增进相互了解和友谊。穆加贝表示，津中传统友好关系基础深厚，长期以来，中国人民坚定支持津巴布韦人民，为津巴布韦民族解放和国家发展提供了宝贵帮助。津方高度重视津中关系，将同中方一道，发扬传统友谊，在新的形势下，不断推进两国友好合作关系。

在会见坦贾时，胡锦涛说，今年恰逢中尼复交10周年。10年来，两国关系迅速发展。良好的政治关系为两国务实合作提供了有力保障。近年来，双方在基础设施、电信、人力资源等领域的合作不断取得新的成果。中尼都是发展中国家，中方愿本着务实开拓的精神，在平等互利的基础上不断提升双边经贸合作水平，为两国人民带来更多实实在在的利益。坦贾说，尼日尔重视尼中友谊和交流，感谢中方长期以来向尼方提供的宝贵援助，希望借鉴中国的发展经验，加强同中国在农业、电力、基础设施建设等领域的互利合作，使两国人民受益。

全国人大常委会委员长吴邦国在人民大会堂分别会见埃及总统穆巴拉克 阿尔及利亚总统布特弗利卡 南非总统姆贝基和毛里求斯总理拉姆古兰

国务院总理温家宝在人民大会堂分别会见南非总统姆贝基 阿尔及利亚总统布特弗利卡 埃及总统穆巴拉克 摩洛哥首相杰图 安哥拉总理费尔南多 毛里求斯总理拉姆古兰 佛得角总理内韦斯 莱索托首相莫西西利

全国政协主席贾庆林在人民大会堂分别会见布隆迪总统恩库伦齐扎和科特迪瓦经社理事会主席福洛戈

中央社会治安综合治理委员会在北京召开2006年第二次全体会议

中共中央政治局常委、中央综治委主任罗干出席会议并讲话。他强调，构建社会主义和谐社会，实现全面建设小康社会的宏伟目标，必须加强社会主义新农村建设，促进农村经济社会全面进步。各地区和有关部门要采取有力措施，进一步加强农村平安建设，为建设社会主义新农村创造和谐稳定的社会环境。

罗干强调，构建社会主义和谐社会，建设社会主义新农村，必须扎实抓好农村平安建设，维护农村治安大局稳定。要妥善处理农村各种社会矛盾，建立健全农村矛盾纠纷排查调处工作网络，坚持人民调解、行政调解、司法调解相结合，有效预防群体性事件，减少民转刑案件的发生。要加强农村治安防控体系建设。一方面要加大打击犯罪的力度，严厉打击农村黑恶势力犯罪，彻底铲除其赖以生存的土壤。另一方面，要加强农村人防、物防、技防建设，有效预防和减少违法犯罪。加强农村警务建设，创新农村警务工作机制，维护农村良好的治安秩序。要大力加强以党支部为核心的基层组织建设和村委会等群众自治组织建设，夯实基层平安创建的基础，形成人人参与、共创平安的工作局面。

罗干要求，各级党委和政府要按照党的十六届六中全会要求，高度重视农村平安建设，把农村平安建设工作列入社会主义新农村建设的总体规划，切实加强领导，明确任务，落实责任。各级社会治安综合治理委员会成员单位和有关部门，要充分发挥职能作用，认真抓好农村平安建设工作的落实，为维护社会稳定、促进社会和谐作出新的更大的贡献。

中央综治委副主任顾秀莲、肖扬、贾春旺、王胜俊、陈冀平及中央综治委委员出席了会议。

第五次全国刑事审判工作会议在北京举行

中央政法委书记罗干出席会议并讲话。罗干指出，建设一支政治坚定、业务精通、作风优良、司法公正的刑事审判队伍，是做好新形势下刑事审判工作的根本保证。要通过深入开展社会主义法治理念教育，保证刑事审判指导思想始终符合邓小平理论和“三个代表”重要思想的要求，始终符合科学发展观和构建社会主义和谐社会的要求，确保刑事审判队伍始终忠于党、忠于祖国、忠于人民、忠于法律，更好地履行职责，完成使命。

罗干要求，各级党委要高度重视刑事审判工作，发挥总览全局，协调各方的作用，加强和改善对刑事审判工作的领导。中央决定将死刑案件核准权统一收归最高人民法院行使，是社会进步和历史发展的客观需要，要采取有效措施，切实保证这项改革的顺利实施。要重视解决经费保障问题，为刑事审判工作提供物质保障。党员领导干部要坚持在宪法和法律范围内活动，带头维护宪法和法律权威，为刑事审判工作创造良好的司法环境。

全国人大常委会副委员长顾秀莲，最高人民检察院检察长贾春旺出席会议。最高人民法院院长肖扬主持会议。

各省、自治区、直辖市党委政法委和高级人民法院负责同志，中央和国家有关部门负责同志，部分刑事法学专家学者等参加了会议。

中国和阿尔及利亚关于发展两国战略合作关系的声明

应中华人民共和国主席胡锦涛邀请，阿尔及利亚民主人民共和国总统阿卜杜勒—阿齐兹·布特弗利卡于2006年11月6日至8日对中华人民共和国进行国事访问，胡锦涛主席与布特弗利卡总统举行了会谈。

双方回顾了2004年2月胡锦涛主席访阿期间，两国元首共同宣布建立的战略合作关系，对建交48年来两国在各领域卓有成效的合作表示满意。

双方认为，中阿政治上相互信任，经贸合作前景广阔。充实和深化两国战略合作关系，促进共同发展，符合两国和两国人民的根本利益。

双方就此达成以下共识：

一、政治

(一)保持和加强高层会晤和互访，就双边关系和重大国际和地区问题进行磋商与协调。

(二)密切两国议会、政党间的友好往来，开展在立法、行政和实现可持续发展方面的交流。

(三)充分发挥两国外交部政治磋商机制的作用，加强两部间各级别的沟通与协调，探讨建立两部战略对话机制。

(四)加强在多边领域的合作，促进多边主义和国际关系民主化，共同维护国际和平与安全，促进世界发展与进步，维护发展中国家的共同利益。

(五)支持加强联合国的作用和权威，主张联合国改革应更加关注发展问题，应在广泛协商的基础上达成一致。安理会扩大应给予发展中国家特别是非洲国家合理的代表性。

(六)认为中阿合作论坛和中非合作论坛已成为中国与阿拉伯国家和中国与非洲国家集体对话与互利合作的重要平台。双方愿为完善上述两论坛的建设共同努力。

(七)阿尔及利亚政府重申坚持一个中国政策，反对任何形式的“台湾独立”。中国政府强调支持阿尔及利亚的主权和领土完整。

二、贸易、投资

(一)继续发挥中阿经济、贸易、科技合作混合委员会机制的作用，加强两国商会、协会和贸易促进机构的作用，鼓励两国企业和企业家的交流与合作，促进两国经贸关系的全面发展。

(二)通过利用两国经济互补优势，挖掘潜力，深化互利合作。

(三)深化在工业、信息技术与通信、机械工程、交通、农业、水利、基础设施建设等领域的合作。

(四)加强两国在贸易、经济、金融等国际组织中的合作与协调，共同维护发展中国家在经济全球化和贸易自由化进程中的利益，推动上述国际组织在促进南北对话和南南合作方面发挥积极的桥梁作用。

(五)加强两国人力资源合作，促进人员往来便利化，依法保护两国贸易、投资、工程技术及劳务人员的合法权益。

(六)积极落实两国已签署的《中华人民共和国政府与阿尔及利亚民主人民共和国政府保护和促进投资协定》，扩大双向投资，加强两国投资促进机构的交流与合作。

三、能源和矿产资源

双方同意建立长期全面的战略合作关系，主要内容如下：

(一)双方鼓励两国有关部门签署并落实能源领域的合作协议，支持两国企业在油气资源勘探开发、储运设施建设、炼油化工等领域开展合作。

(二)加强在矿产资源勘探、开发和利用等方面的合作，通过相互投资和技术合作，实现两国矿产资源的有效开发。

(三)进一步落实中阿1983年签署的和平利用核能议定书，并加强核电和人力资源领域合作。

四、文化、教育、旅游

(一)主张应尊重文明的多样性，认为不同文明应通过对话和交流相互借鉴，平等相待。愿共同促进文明对话，推动构建和谐世界。

(二)根据已签署的《中华人民共和国政府与阿尔及利亚民主人民共和国政府文化合作协定》，加强两国在文化、教育、艺术、媒体、青年体育方面的交流与合作。

(三)加强旅游合作，欢迎对方旅游部门来本国进行旅游宣传推介活动。中国政府批准阿为中国公民组团出境旅游目的地，双方将就签署有关实施方案谅解备忘录展开商谈。

五、科技

开展在基础和应用科学研究、高新技术等方面的技术交流与合作，根据已签署的《中华人民共和国政府与阿尔及利亚民主人民共和国政府科学技术合作协定》，加强两国在科研机构、人员、信息等方面的交流与合作。积极鼓励和支持企业以市场为导向，参与双边科技合作。

六、军事

(一)两国防务部门或军队在适当的时候签署军事交流与合作协议。

(二)保持两军领导人互访，开展双方军事院校间的对口交流，加强两军在人员培训和装备技术等方面的合作。

七、安全

加强在反恐、禁毒和打击跨国有组织犯罪等领域的情报交流与合作。

八、抗灾

加强两国在地震、减灾方面的信息交流与合作。

九、民间交往

为扩大民间交往、增加人文交流创造必要条件。鼓励两国新闻媒体、学术机构、政党、工会、妇女、青年和各类非政府组织之间的往来,增进相互了解。

本声明于2006年11月6日在北京签订,一式两份,每份均用中文和阿拉伯文写成,两种文本同等作准。

中华人民共和国主席　阿尔及利亚民主人民共和国总统
胡锦涛　阿卜杜勒—阿齐兹·布特弗利卡

烟大铁路轮渡试运营

我国目前最长的跨海铁路轮渡——海上运输距离159.8公里的烟(台)大(连)铁路轮渡开始试运营,这标志着中国东部陆海铁路大通道全线贯通。

烟大轮渡是中国第一条、世界第35条运距超百公里的铁路轮渡。其海上运输距离86.28海里,约159.8公里,是2003年1月7日开通的琼州海峡铁路轮渡24公里的6倍多。

11月7日

国家主席胡锦涛在人民大会堂分别会见布隆迪总统恩库伦齐扎 索马里过渡联邦政府总统优素福 赞比亚总统姆瓦纳瓦萨

在会见恩库伦齐扎时,胡锦涛双方积极开展政府、政党、立法机构等各领域和各层次的交流;深化投资、基础设施、电信、农业等领域的互利合作;扩大文化、教育、人力资源开发等方面的交流。胡锦涛强调中方将继续支持布隆迪和平进程,推动国际社会加大对布隆迪重建事业的关注和帮助。

在会见优素福时,胡锦涛表示,中国政府支持索马里过渡政府致力于国家和平与重建的努力,支持非盟、伊加特等地区组织和国际社会一切有助于索马里和平与重建的努力,推动联合国安理会给予索马里过渡政府更多支持和帮助。中方将继续为索马里早日实现和平稳定作出努力。

在会见姆瓦纳瓦萨时,胡锦涛表示,中赞友谊源远流长,是半个世纪来中非友谊的缩影和见证。近年来,中赞关系进一步巩固和加强,经贸等领域合作富有成果,给两国人民带来了实实在在的利益。双方已就发展双边关系达成许多共识,中方愿同赞方一道努力,积极落实合作项目,不断提高中赞关系水平。

国家主席胡锦涛在人民大会堂与埃及总统穆罕默德·胡斯尼·穆巴拉克举行会谈

双方对中埃关系50年来取得的重要进展表示满意,一致同意继续密切政治关系,提高经贸合作水平,扩大人文领域交流,共同推动中非关系发展,加强在国际和地区事务中的协调。

胡锦涛说,欢迎穆巴拉克总统第九次访华。穆巴拉克总统是中国人民的亲密朋友,同中国几代领导人结下了深厚友谊,为发展中埃关系作出了杰出贡献。今年是中埃建交50周年。中埃建交是新中国同非洲国家开启外交关系的标志。50年来,无论是在维护民族独立和国家主权的正义事业中,还是在发展民族经济和建设国家的伟大征程上,中埃两国人民始终平等相待、相互支持、密切合作,双方关系堪称南南合作的典范。近年来,两国各领域合作步入快车道,不断取得新的进展。两国高层互访频繁,友好交流日益活跃;双边贸易成倍增长,相互投资势头良好;文化、教育、新闻、科技、旅游等领域的合作更为密切;国际事务中的合作卓有成效。今后,双方应继续密切政治关系,提高经贸合作水平,推动人文领域合作,加强在国际和地区事务中的协调。中埃经贸合作潜力很大,双方要重点挖掘通信、交通、纺织等领域的合作潜力,实现互利双赢,推动两国经济社会发展。胡锦涛感谢埃方承认中国完全市场经济地位。

访问期间,中埃双方签署了经济技术合作协定及卫生、投资等领域合作文件。

国家主席胡锦涛致电祝贺拉赫莫诺夫再次当选塔吉克斯坦共和国总统

国务院总理温家宝在中南海紫光阁会见世界犹太人大会主席布朗夫曼一行

中埃发表建交50周年联合新闻公报

一、应中华人民共和国主席胡锦涛的邀请,阿拉伯埃及共和国总统穆罕默德·胡斯尼·穆巴拉克于2006年11月3日至7日对中华人民共和国进行访问。其间,穆巴拉克总统出席了11月4日至5日召开的中非合作论坛北京峰会,并于11月6日至7日对中国进行了国事访问。中国国家主席胡锦涛、全国人民代表大会常务委员会委员长吴邦国、国务院总理温家宝分别与穆罕默德·胡斯尼·穆巴拉克总统举行了会谈和会见。根据两国1999年建立的战略合作关系和2006年6月签署的《关于深化两国战略合作关系的实施纲要》,并基于对双边合作及对各种地区和国际问题进行磋商的一贯重视,两国元首就共同关心的重大问题深入交换了意见。

二、双方强调,阿拉伯埃及共和国是第一个承认中华人民共和国的非洲和阿拉伯国家,并于1956年5月

30日与中国建交，这为中国开启与阿拉伯和非洲国家的关系发挥了积极的、重要的作用。两国建交50周年之际，双方回顾了这段历史，决心继续共同努力，深化两国战略合作关系，为双边合作开辟更加广阔的领域，并积极探讨建立中国、阿拉伯世界及非洲的有效的三方合作方式，使之成为南南合作中相互尊重、互惠互利的独特范例。双方愿充分利用埃及在阿拉伯世界和非洲的经验以及中国不断发展所带来的机遇，服务于各项发展事业，造福两国人民。

三、埃方对中国政府和人民在建设国家进程中所取得的成就表示赞赏，支持中国为促进发展中国家团结和合作所作出的努力。埃及愿充分利用其能力和经验及其在阿拉伯、伊斯兰和非洲范围内的独特地位，实现发展中国家在国际秩序中发挥有效作用的期望。

四、双方回顾了两国政治关系的顺利发展历程，表示愿进一步密切两国各层次的互访，保持双方在各领域的磋商与协调。双方对2006年6月签署的《中埃两国外交部建立战略对话机制的谅解备忘录》表示欢迎，强调愿就共同关心的重大国际和地区问题保持磋商与协调。

五、双方认为，经贸和投资合作是两国关系中最重要的组成部分之一。双方将积极努力，拓展合作领域，其中包括采取有效措施促进双边贸易的均衡发展。同时，双方鼓励加强相互投资，以全面提升双边经贸合作水平。

六、双方对两国在苏伊士湾西北经济区项目合作取得积极进展及埃方为在区内开展各类投资项目提供适宜环境表示高兴，强调将继续鼓励双方企业在该经济区以及其他合格工业区内建立工业项目，并愿为此提供必要便利。

七、双方认为，加强两国在农业、科技、金融、旅游、环境、医疗、能源、和平利用核能、航天技术、信息及通讯技术等各个领域的合作具有重大意义，符合两国人民的利益，有利于增强两国的综合国力，促进两国的社会和经济发展。双方对两国在多个领域里堪称典范的合作表示欢迎，并特别指出，双方在旅游领域的合作富有成效，并将致力于深化该领域的合作，以造福于两国人民。

八、埃方重申恪守一个中国原则，不与台湾建立任何官方关系，反对任何形式的“台湾独立”和将台湾从中国分裂出去的企图，坚决反对台湾加入任何只有主权国家才能加入的国际或地区组织，强调埃及支持中国为实现两岸统一所制定的法律和作出的努力。中方对埃方在此问题上的一贯立场表示高度赞赏。

九、双方对中阿合作论坛取得的积极进展、特别是对2006年5月至6月间在北京召开的论坛第二届部长级会议取得的成果深表满意，并表示愿共同促进论坛建设。

十、双方对2006年11月3日中非合作论坛第三届部长级会议、4日至5日论坛北京峰会及其他各项重要活动取得的成果表示欢迎，强调重视利用现有资源，在一些重要领域开展三方合作，以促进非洲国家和中非关系的进一步发展。

十一、双方认为，当前国际形势正经历着深刻的变化。和平、发展、合作成为当今时代的潮流。但世界并不太平，传统安全与非传统安全威胁相互交织，影响和平与发展的不稳定不确定因素增多。双方主张，为实现各国和各国人民追求维护和平、稳定和发展的崇高目标，迫切需要在相互尊重、平等互利、尊重文化多样性以及和平解决争端的基础上，推动国际政治经济秩序向更加公正、合理的方向发展。

十二、双方认为，应在国际法和联合国有关决议的基础上，根据“土地换和平”原则和阿拉伯和平倡议，在中东实现全面、公正、持久的和平。

十三、双方希望，伊拉克民选政府在与伊拉克问题有关各方的合作下，为伊拉克人民实现民族团结创造良好的氛围，从而维护伊拉克的独立、主权与领土完整。

十四、双方谴责各种形式的恐怖主义，致力于加强两国有关部门在反恐及反恐立法方面业已存在的合作，探讨建立双方合作机制。

十五、双方认为，国际防扩散体系应毫无例外地适用于所有国家和地区。针对当前不法使用武力或威胁使用武力的行为，以及双重标准给国际政治、经济、军事、社会秩序造成的破坏，埃方于1990年提出建立中东无大规模杀伤性武器及其运载工具区的倡议，中方对此表示欢迎。

十六、双方对朝鲜进行的核试验及朝鲜半岛局势升级深表忧虑，希望有关各方采取理智和和平手段处理这一问题，避免使用武力或以武力相威胁，避免施加使人民遭受最大伤害的制裁，从而实现朝鲜半岛无核化、保障核不扩散机制持续性及全球普遍性的既定目标。

十七、双方一致认为，在当今世界各种争端与动荡频发的情况下，联合国在维护国际和平与安全方面的作用越来越重要。双方支持对联合国进行改革，使之更好地应对世界面临的新挑战，并增强其作用和威信，促使其在发展问题和实现千年发展目标方面发挥更大作用，这其中也包括改革和扩大安理会，以增加发展中国家，尤其是非洲国家的代表性。双方愿就此保持磋商和协调。双方亦对联合国建立建设和平委员会和人权理事会表示欢迎。

十八、双方完全尊重有关人权的各项国际公约。双方认为，经济、社会及文化权利与公民和政治权利同等重要。双方支持国际社会消除贫困、饥饿和疾病及扩大自由方面所做的努力，但前提是不干涉别国内政、尊重各国自行选择社会制度、发展道路的权利，并考虑到各国人民的不同文化和社会特性。

十九、穆罕默德·胡斯尼·穆巴拉克总统邀请胡锦涛主席访问埃及。胡锦涛主席愉快地接受了邀请。

2006年11月7日于北京

中俄总理定期会晤委员会第十次会议在上海举行

国务院副总理、中俄总理定期会晤委员会中方主席吴仪与俄罗斯副总理、中俄总理定期会晤委员会俄方主席茹科夫共同主持了会议。

吴仪说，今年是中俄建立战略协作伙伴关系10周年，"俄罗斯年"活动也在中国举行。在两国领导人的关心和推动下，双方共同努力，将总理定期会晤机制的工作与"俄罗斯年"活动有机结合，取得了丰硕成果。两国总理定期会晤委员会各分委会和秘书处分工协作，认真全面落实委员会第九次会议确定的任务。今年1月至9月，双边贸易额达246亿美元，同比增长19%，全年贸易额将再创新高。能源合作全面推进，投资合作不断扩大，高科技领域合作成果丰富，信息、运输、银行、民用航空技术、环保等领域合作取得积极进展。这些合作加深了两国人民的友谊，也带来了实实在在的利益。

吴仪说，此次会议对双方共同关注的问题深入地交换了意见，达成了广泛共识，巩固了一些合作成果，并确定了明年双方合作的重点和目标。双方要继续本着互利共赢的原则，继续扩大贸易规模，改善贸易结构，推动双向投资合作，深化能源和资源开发合作，加强航天、民用航空、新材料、生物技术等高新技术合作，不断充实中俄战略协作伙伴关系的内容，为两国各自经济建设作出贡献，维护地区和世界的和平与稳定。

会议结束后，吴仪和茹科夫共同签署了《中俄总理定期会晤委员会第十次会议纪要》。

国家发展和改革委员会主任马凯、国家环保总局局长周生贤、中国驻俄罗斯大使刘古昌、国务院副秘书长徐绍史等出席了会议。

中国环境考古学大会在浙江浦江举行

会上，我国考古学家命名了一种新型考古学文化——"上山文化"，年代比"河姆渡文化"还要早，当时的人们已经开始种植稻米。考古学家评价说，上山遗址是长江下游及东南沿海地区迄今发现的年代最早的新石器时代遗址，它的发现标志着中国长江下游史前文明再度向前推进。

据介绍，上山遗址位于浙江省金华市浦江县黄宅镇渠南、渠北和三友村之间，遗址面积达2万多平方米。从2000年发现该遗址开始，浙江省文物考古研究所先后进行了3次考古挖掘，共出土石器及陶器千余件。

经过考察和论证，专家们达成了共识：遗址代表了一种新发现的、更为原始的新石器时代文化类型，距今约1万年，早于"跨湖桥文化"与"河姆渡文化"。这种新发现的考古学文化可以命名为"上山文化"。2005年在浙江省嵊州市小黄山发现了相同类型的文化遗存，进一步证明上山下层文化类型不是孤立的。两处遗址位于浙江西南部山区和浙东地区过渡的丘陵、河谷地带，同属于一种新颖的地域文化。

中国文联在北京为20位艺术家颁发2006年造型表演艺术成就奖

"造型艺术成就奖"和"表演艺术成就奖"设立于2002年，用于奖励在造型表演艺术领域取得卓越成就的艺术家和艺术理论家，每年举办一次。本届共有20人获奖，其中造型艺术14人，表演艺术6人。

获得造型艺术成就奖的有：冯法祀、朱乃正、吕厚民、阳太阳、沈鹏、金维诺、段文杰、钱绍武、晁楣、常沙娜、黄永玉、崔子范、程十发、靳尚谊。获得表演艺术成就奖的有：于是之、方掬芬、白淑湘、陈伯华、赵燕侠、谭元寿。

11月8日

国务院总理温家宝主持召开国务院常务会议

会议研究国有资本调整和国有企业重组工作，审议并原则通过《中华人民共和国外资银行管理条例(草案)》。

会议认为，近年来，我国国有资产管理体制改革取得重大突破，国有经济布局和结构调整取得重要进展，国有企业改革不断深化、经济效益显著提高，对完善社会主义市场经济体制、促进国民经济持续快速健康发展，发挥了重要作用。

会议指出，实行国有资本调整和国有企业重组，完善国有资本有进有退、合理流动的机制，是经济体制改革的一项重大任务。必须坚持公有制为主体、多种所有制经济共同发展的基本经济制度；坚持政府引导和市场调节相结合，充分发挥市场配置资源的基础作用；坚持加强监管，严格产权交易和股权转让程序，防止国有资产流失，确保国有资产保值增值；坚持维护职工合法权益，充分调动和保护广大职工参与国有企业改革重组的积极性；坚持加强领导，统筹规划，慎重决策，稳妥推进，维护企业正常的生产经营秩序，确保企业和社会稳定。

会议提出，要通过国有资本调整和国有企业重组，进一步提高国有经济的控制力、影响力和带动力。为此，一要推进国有资本向关系国家安全和国民经济命脉的重要行业和关键领域集中，加快形成一批拥有自主知识产权和知名品牌、国际竞争力较强的优势企业。二要加快国有企业股份制改革，完善公司法人治理结构，提高上市公司质量，增强企业活力和竞争力。三要加快国有大型企业的调整和重组，促进企业资源优化配置。四要加快建立国有资本经营预算制度，统筹使用好国有资本收益，促进企业结构调整和技术进步。

会议认为，为适应对外开放和经济发展的需要，加强和完善对外资银行的监督管理，促进银行业稳健运行，有必要制定《中华人民共和国外资银行管理条例》。会议决定，《中华人民共和国外资银行管理条例（草案）》经进一步修改后，由国务院公布施行。

全国政协主席贾庆林在人民大会堂会见越南祖国阵线中央委员会主席团主席范世阅

会见后，贾庆林与范世阅共同出席了《中国全国政协与越南祖国阵线合作规划备忘录》签字仪式。

国家副主席曾庆红在人民大会堂会见日中友好协会代表团

国务院副总理黄菊在上海会见阿尔及利亚总统阿卜杜勒—阿齐兹·布特弗利卡

中美在北京举行第三次战略对话

外交部部长李肇星和副部长戴秉国分别会见了前来北京进行第三次中美战略对话的美国国务院负责政治事务的副国务卿伯恩斯及其一行。当日上午，外交部副部长杨洁篪与伯恩斯共同主持了本次中美战略对话，就中美关系和共同关心的重大国际、地区问题坦诚、深入地交换了意见。

双方表示，在国际形势发生复杂深刻变化的背景下，中美两国发展健康稳定的建设性合作关系意义重大。双方要积极落实两国元首达成的各项重要共识，加强在广泛双边领域的互利交流与合作，就重大国际和地区问题保持密切沟通与协调，为促进亚太地区和世界的和平、稳定与繁荣继续共同努力。双方一致认为，中美战略对话有助于两国增进互信、扩大共识、拓展合作，推进中美建设性合作关系向前发展。

中美战略对话是根据 2004 年 11 月中国国家主席胡锦涛和美国总统布什在智利圣地亚哥达成的共识举行的。首次战略对话于 2005 年 8 月在北京举行。第二次战略对话于 2005 年 12 月在华盛顿举行。

第十六届中国新闻奖和第七届长江韬奋奖颁奖报告会在北京举行

中共中央政治局常委李长春出席报告会并向中国新闻奖特别奖、一等奖和长江韬奋奖获得者颁奖。

中共中央政治局委员、书记处书记、中宣部部长刘云山在报告会上讲话。刘云山要求，在我国改革发展的关键时期，新闻战线全体同志要进一步增强政治意识、大局意识、责任意识，坚持党性原则、坚持正确导向，一心想着人民、一切为了人民，弘扬职业精神、恪守职业道德，精于新闻业务、勇于改进创新，更加自觉地加强自身的学习修养，不断提高新闻报道质量和舆论引导水平。各新闻单位和媒体主管部门要建立健全人才选拔培养和考核机制，努力造就一批新闻战线的拔尖人才和领军人物。要进一步完善新闻工作的评价激励机制，充分发挥中国新闻奖、长江韬奋奖的示范作用，促进新闻界多出人才、多出精品。

国务委员陈至立、全国政协副主席陈奎元出席报告会。中国记协主席、新华社社长田聪明在会上致辞。

《人民日报》国际部副主任丁刚、中央电视台记者岳群、《解放军报》记者范炬炜、《新疆日报》记者刘枫、北京人民广播电台台长汪良、山西日报报业集团常务副总编辑翁小绵等 6 位获奖代表先后发言，交流经验。

中央有关部门、首都新闻单位主要负责同志和来自全国各地的约 500 名编辑记者参加了报告会。

廖井丹逝世

中共中央宣传部原副部长廖井丹同志，因病医治无效，于 11 月 8 日在北京逝世，享年 93 岁。

廖井丹 1914 年 11 月生于四川省长寿县。1930 年秋加入中国共产主义青年团。1937 年 5 月加入中国共产党。1939 年 1 月到延安马列学院学习，后任中共中央统战部秘书，晋西北军区第八军分区政治部主任，中共中央华中局、中南局宣传部副部长兼长江日报社社长等职。新中国成立后，历任中共中央西南局宣传部副部长、西南行政委员会委员、新华日报社社长、新华社西南总分社社长等职。1955 年至 1966 年，历任中共成都市委第一书记、四川省委常委、省委书记处书记。“文革”开始后，廖井丹遭受迫害和打击，被停止工作。1972 年 10 月恢复工作后，历任中共成都市委书记、中共渡口市委第一书记兼攀枝花钢铁公司党委第一书记。1977年11月，任中共中央宣传部副部长。

1982年4月,任中共中央宣传部顾问。退居二线后,任国家文物委员会主任委员。

廖井丹是中国共产党第八次全国代表大会代表,第一、二届全国人大代表,第五、六、七届全国政协委员。

11月9日

全国人大常委会委员长吴邦国在人民大会堂分别会见越南祖国阵线中央委员会主席团主席范世阅和俄罗斯哈巴罗夫斯克边疆区行政长官伊沙耶夫

"俄罗斯年"闭幕式在人民大会堂举行

国务院总理温家宝和俄罗斯总理弗拉德科夫共同出席闭幕式。

温家宝在致辞中说,中俄互办"国家年",是两国关系史上具有重要意义的一项活动,是中俄全面推进两国战略协作伙伴关系的生动体现,反映了两国人民"世代友好"的共同愿望。一年来,"俄罗斯年"活动展示了俄罗斯在各个领域取得的辉煌成就,让中国人民进一步了解了俄罗斯。明年在俄罗斯举办"中国年"活动,也将展示中国改革开放和现代化建设的丰硕成果,让俄罗斯人民进一步了解中国。互办"国家年"为两国人民相互学习交流提供了一种有益的形式,对促进中俄友好合作必将产生深远影响。

国务院副总理吴仪,国务委员唐家璇、陈至立,全国政协副主席李贵鲜等一同出席了闭幕式并观看庆祝演出。

中俄两国元首决定,为全面推动中俄战略协作伙伴关系的发展,两国于2006年和2007年互办"国家年"活动。今年3月21日,中国国家主席胡锦涛和俄罗斯总统普京共同出席了在北京举行的"俄罗斯年"开幕式。

中俄总理第十一次定期会晤在人民大会堂举行

国务院总理温家宝与俄罗斯总理弗拉德科夫在人民大会堂举行了中俄总理第十一次定期会晤。

两国总理在会晤中就以下问题达成共识:一、继续保持两国领导人之间的密切交往,及时就双边关系和重大国际问题交换看法,提出指导性意见。二、将地方发展战略纳入到中俄整体关系发展框架之内,尽早就签署协调两国地方发展战略政府间协议进行磋商。三、积极推进两国油气、核能合作。同时,积极落实即将签署的《中俄机电产品贸易2007—2008年行动计划》,大力改善贸易结构,提高机电产品和高科技产品在双边贸易中的比重。四、以签订《中华人民共和国与俄罗斯联邦政府关于鼓励和相互保护投资的协定》为契机,扩大相互投资,带动双方的大项目合作和生产加工领域的合作。五、充分发挥双边贸易敏感商品预警和磋商机制的作用,规范贸易秩序,妥善处理合作中出现的问题,确保两国经贸关系健康有序发展。六、以大项目为支撑,推动两国中长期科技合作。七、促进教育、文化、卫生、体育等领域的交流,推动互设文化中心。八、加强环保合作,本着友好、负责的态度解决两国跨界水资源的利用和保护问题。九、保护对方企业在各自国家的合法权益,为对方人员出入境、居留提供便利。

会晤后,温家宝和弗拉德科夫共同出席了《中华人民共和国与俄罗斯联邦政府关于鼓励和相互保护投资的协定》,以及两国有关部门关于和平利用核能中期合作谅解备忘录、教育合作协议等双边合作文件的签字仪式。

国务院副总理吴仪、外交部部长李肇星、国家发展和改革委员会主任马凯等出席了会晤。

国务院总理温家宝签署第480号令公布《国务院关于修改〈中华人民共和国核出口管制条例〉的决定》

现公布《国务院关于修改〈中华人民共和国核出口管制条例〉的决定》,自公布之日起施行。

总　理　温家宝

2006年11月9日

国务院关于修改《中华人民共和国核出口管制条例》的决定

国务院决定对《中华人民共和国核出口管制条例》做如下修改:

一、将第一条修改为:"为了加强对核出口的管制,防止核武器扩散,防范核恐怖主义行为,维护国家安全和社会公共利益,促进和平利用核能的国际合作,制定本条例。"

二、将第二条修改为:"本条例所称核出口,是指《核出口管制清单》(以下简称《管制清单》)所列的核材料、核设备和反应堆用非核材料等物项及其相关技术的贸易性出口及对外赠送、展览、科技合作和援助等方式进行的转移。"

三、将第三条第二款修改为:"国家严格限制铀浓缩设施、设备,辐照燃料后处理设施、设备,重水生产设施、设备等物项及其相关技术等核扩散敏感物项,以及可以用于核武器或者其他核爆炸装置的材料的出口。"

四、将第五条第(三)项修改为:"接受方政府同国际原子能机构订有有效的全面保障协定。本项规定不适用于同国际原子能机构订有自愿保障协定的国家。"同时,增加一项作为第(五)项:"接受方政府保证,未经中国政府同意，不得利用中国供应的铀浓缩设施、技术或者以此技术为基础的任何设施生产富集度高于20%的浓缩铀。”

五、增加一条，作为第十六条：“海关可对出口经营者出口的物项及其技术是否需要办理核出口证件提出质疑，并可要求其向商务部申请办理是否属于核出口管制范围的证明文件；属于核出口管制范围的，应当依照本条例的规定申请取得核出口许可证。”

六、将第十六条改为第十七条，修改为：“接受方或者其政府违反其依照本条例第五条规定作出的保证，或者出现核扩散、核恐怖主义危险时，国防科学技术工业委员会、商务部会同外交部等有关部门，有权作出中止出口有关物项或者相关技术的决定，并书面通知海关执行。”

七、将第十七条改为第十八条，修改为：“违反本条例规定，出口核材料、核设备、反应堆用非核材料的，依照海关法的规定处罚。

“违反本条例规定，出口《管制清单》所列有关技术的，由商务部给予警告，处违法经营额1倍以上5倍以下罚款；违法经营额不足5万元的，处5万元以上25万元以下罚款；有违法所得的，没收违法所得；构成犯罪的，依法追究刑事责任。”

八、将第十八条改为第十九条，修改为：“伪造、变造、买卖核出口许可证，或者以欺骗等不正当手段获取核出口许可证的，依照有关法律、行政法规的规定处罚；构成犯罪的，依法追究刑事责任。”

九、将第二十条改为第二十一条，修改为：“国家原子能机构会同国防科学技术工业委员会、商务部、外交部、海关总署等有关部门根据实际情况，可以对《管制清单》进行调整，并予以公布。”

十、增加一条，作为第二十三条：“《管制清单》所列物项及其相关技术从保税仓库、保税区、出口加工区等海关特殊监管区域、保税场所出口，适用本条例的规定。

“《管制清单》所列物项及其相关技术的过境、转运、通运，参照本条例的规定执行。”

此外，对条文的顺序和部分文字做了相应的调整和修改。

本决定自公布之日起施行。

《中华人民共和国核出口管制条例》根据本决定做相应的修订，重新公布。

中华人民共和国核出口管制条例

第一条　为了加强对核出口的管制，防止核武器扩散，防范核恐怖主义行为，维护国家安全和社会公共利益，促进和平利用核能的国际合作，制定本条例。

第二条　本条例所称核出口，是指《核出口管制清单》（以下简称《管制清单》）所列的核材料、核设备和反应堆用非核材料等物项及其相关技术的贸易性出口及对外赠送、展览、科技合作和援助等方式进行的转移。

第三条　国家对核出口实行严格管制，严格履行所承担的不扩散核武器的国际义务。

国家严格限制铀浓缩设施、设备，辐照燃料后处理设施、设备，重水生产设施、设备等物项及其相关技术等核扩散敏感物项，以及可以用于核武器或者其他核爆炸装置的材料的出口。

第四条　核出口应当遵守国家有关法律、行政法规的规定，不得损害国家安全或者社会公共利益。

第五条　核出口审查、许可，应当遵循下列准则：

（一）接受方政府保证不将中国供应的核材料、核设备或者反应堆用非核材料以及通过其使用而生产的特种可裂变材料用于任何核爆炸目的。

（二）接受方政府保证对中国供应的核材料以及通过其使用而生产的特种可裂变材料采取适当的实物保护措施。

（三）接受方政府同国际原子能机构订有有效的全面保障协定。本项规定不适用于同国际原子能机构订有自愿保障协定的国家。

（四）接受方保证，未经中国国家原子能机构事先书面同意，不向第三方再转让中国所供应的核材料、核设备或者反应堆用非核材料及其相关技术；经事先同意进行再转让的，接受再转让的第三方应当承担相当于由中国直接供应所承担的义务。

（五）接受方政府保证，未经中国政府同意，不得利用中国供应的铀浓缩设施、技术或者以此技术为基础的任何设施生产富集度高于20%的浓缩铀。

第六条　核出口由国务院指定的单位专营，任何其他单位或者个人不得经营。

第七条　出口《管制清单》所列物项及其相关技术，应当向国家原子能机构提出申请，填写核出口申请表并提交下列文件：

（一）申请人从事核出口的专营资格证明；

（二）申请人的法定代表人、主要经营管理人以及经办人的身份证明；

（三）合同或者协议的副本；

（四）核材料或者反应堆用非核材料分析报告单；

（五）最终用户证明；

（六）接受方依照本条例第五条规定提供的保证证明；

（七）审查机关要求提交的其他文件。

第八条　申请人应当如实填写核出口申请表。

核出口申请表由国家原子能机构统一印制。

第九条　核出口申请表上填报的事项发生变化的，申请人应当及时提出修正，或者重新提出出口申请。

申请人中止核出口时，应当及时撤回核出口申请。

第十条　国家原子能机构应当自收到核出口申请表及本条例第七条所列文件之日起15个工作日内，提出审查意见，并通知申请人；经审查同意的，应当区分情况，依照下列规定处理：

(一)出口核材料的，转送国防科学技术工业委员会复审或者国防科学技术工业委员会会同有关部门复审；

(二)出口核设备或者反应堆用非核材料及其相关技术的，转送商务部复审或者商务部会同国防科学技术工业委员会等有关部门复审。

国防科学技术工业委员会、商务部应当自收到国家原子能机构转送的核出口申请表和本条例第七条所列文件及审查意见之日起15个工作日内提出复审意见，并通知申请人。

国家原子能机构、国防科学技术工业委员会、商务部因特殊情况，需要延长审查或者复审期限的，可以延长15个工作日，但是应当通知申请人。

第十一条　对国家安全、社会公共利益或者外交政策有重要影响的核出口，国家原子能机构、国防科学技术工业委员会、商务部审查或者复审时，应当会商外交部等有关部门；必要时，应当报国务院审批。

报国务院审批的，不受本条例第十条规定时限的限制。

第十二条　核出口申请依照本条例规定经复审或者审批同意的，由商务部颁发核出口许可证。

第十三条　核出口许可证持有人改变原申请出口的物项及其相关技术的，应当交回原许可证，并依照本条例的规定，重新申请、领取核出口许可证。

第十四条　商务部颁发核出口许可证后，应当书面通知国家原子能机构。

第十五条　核出口专营单位进行核出口时，应当向海关出具核出口许可证，依照海关法的规定办理海关手续，并接受海关监管。

第十六条　海关可对出口经营者出口的物项及其技术是否需要办理核出口证件提出质疑，并可要求其向商务部申请办理是否属于核出口管制范围的证明文件；属于核出口管制范围的，应当依照本条例的规定申请取得核出口许可证。

第十七条　接受方或者其政府违反其依照本条例第五条规定作出的保证，或者出现核扩散、核恐怖主义危险时，国防科学技术工业委员会、商务部会同外交部等有关部门，有权作出中止出口有关物项或者相关技术的决定，并书面通知海关执行。

第十八条　违反本条例规定，出口核材料、核设备、反应堆用非核材料的，依照海关法的规定处罚。

违反本条例规定，出口《管制清单》所列有关技术的，由商务部给予警告，处违法经营额1倍以上5倍以下罚款；违法经营额不足5万元的，处5万元以上25万元以下罚款；有违法所得的，没收违法所得；构成犯罪的，依法追究刑事责任。

第十九条　伪造、变造、买卖核出口许可证，或者以欺骗等不正当手段获取核出口许可证的，依照有关法律、行政法规的规定处罚；构成犯罪的，依法追究刑事责任。

第二十条　国家核出口管制工作人员玩忽职守、徇私舞弊或者滥用职权，构成犯罪的，依法追究刑事责任；尚不构成犯罪的，依法给予行政处分。

第二十一条　国家原子能机构会同国防科学技术工业委员会、商务部、外交部、海关总署等有关部门根据实际情况，可以对《管制清单》进行调整，并予以公布。

第二十二条　中华人民共和国缔结或者参加的国际条约同本条例有不同规定的，适用国际条约的规定；但是，中华人民共和国声明保留的条款除外。

第二十三条《管制清单》所列物项及其相关技术从保税仓库、保税区、出口加工区等海关特殊监管区域、保税场所出口，适用本条例的规定。

《管制清单》所列物项及其相关技术的过境、转运、通运，参照本条例的规定执行。

第二十四条　本条例自发布之日起施行。

中俄投资促进周暨第三届中俄投资促进会议在北京举行

国务院副总理吴仪与俄罗斯联邦政府副总理茹科夫出席会议并讲话。

吴仪说，中俄投资促进周暨第三届中俄投资促进会议是“俄罗斯”年的一项重要活动。作为中俄投资合作的重要平台，中俄投资促进会议自2004年首次举办以来，取得了积极成果，得到两国领导人的高度评价。在本届投资促进会议上，双方企业将签署一批合作项目，涉及矿业开采、森林工业、汽车装配与制造、基础设施建设等领域，协议投资总额将超过8亿美元。

吴仪指出，中俄两国经济结构互补性强，在市场、技术、资源、人才、商品等方面互有需求，各领域合作机制务实有效，两国开展经济技术合作潜力巨大，前景广阔。中方将支持中国企业按照国际通行规则开展对俄投资合作，也欢迎更多的俄罗斯企业来华开拓市场。两国政府有关部门要不断完善投资合作机制，帮助企业解决实际问题，营造公开、公平、公正的投资环境。她希望两国企业家开拓创新，勇于实践，把握机遇，积极进取,推动中俄投资合作再上一个新台阶。

会议由中国国家发展和改革委员会副主任陈德铭、俄罗斯经济发展和贸易部部长格列夫共同主持,中国国家发展和改革委员会副主任张晓强、俄罗斯工业企业家协会主席绍欣分别作了专题演讲。中俄两国政府有关部门和地方政府的官员及企业界、新闻界代表600多人参加了会议。

2006年地球系统科学联盟全球环境变化科学大会在北京召开

国务院副总理回良玉代表中国政府发表致辞并出席招待会。

本次大会是地球系统科学联盟(ESSP)在中国首次举办的一次大型国际会议,来自世界各地的专家学者、有关国际组织的官员共1000多人参加了会议。

国务院副总理吴仪在中南海紫光阁会见美国国际知识产权联盟主席埃瑞克·史密斯一行

吴仪表示,中国政府高度重视知识产权保护,中国保护知识产权,不只是履行国际承诺,更是中国自身发展和提高自主创新能力的需要。中国用很短的时间走过了其他一些国家用几百年走过的路程,逐步建立起了一整套符合国际规则、适应中国国情的知识产权保护体系,采取了一系列有效措施加大了保护知识产权的执法力度。

吴仪指出,近年来,中美双方加强了在知识产权领域的合作交流,取得了许多成果。尽管我们在某些领域还存在一些分歧,但双方都应从战略高度和长远角度看待和处理中美知识产权问题。

中德首轮副外长级战略对话在北京举行

外交部副部长张业遂与德国外交部国务秘书西尔伯贝格举行中德首轮战略对话。此前,外交部部长李肇星会见了西尔伯贝格一行。

双方就中德关系、中欧关系及共同关心的重大地区和国际问题深入地交换了看法,一致同意从战略高度和长远角度看待和发展双边关系,不断充实中德具有全球责任的伙伴关系。双方认为首轮战略对话富有成果,同意继续保持对话进程。

中德战略对话机制是由温家宝总理今年5月与到访的德国总理默克尔共同宣布建立的,旨在增进两国的战略沟通和政治互信,推动中德关系全面、深入发展。

陈冯富珍当选世卫组织新任总干事

在日内瓦举行的世界卫生大会特别会议通过世界卫生组织执委会提名,选举中方候选人、原世界卫生组织助理总干事、香港特区前卫生署长陈冯富珍女士为世界卫生组织新任总干事。这是中国首次提名竞选并成功当选联合国专门机构最高领导职位。

11月10日

中国文联第八次全国代表大会 中国作协第七次全国代表大会在人民大会堂开幕

中共中央总书记、国家主席、中央军委主席胡锦涛在会上发表重要讲话。

党和国家领导人吴邦国、温家宝、贾庆林、曾庆红、吴官正、李长春、罗干等出席开幕式。

出席开幕式的领导同志还有:刘云山、贺国强、王刚、何勇、许嘉璐、盛华仁、陈至立、刘延东、陈奎元、李蒙。

中国文联主席周巍峙致开幕词。中华全国总工会副主席、书记处第一书记孙春兰代表中华全国总工会、中国共产主义青年团、中华全国妇女联合会、中国科学技术协会、中华全国归国华侨联合会、中华全国台湾同胞联谊会、中华全国新闻工作者协会等人民团体向大会致祝辞。中国人民解放军总政治部副主任孙忠同代表中国人民解放军和武警部队向大会致祝辞。中国作协党组书记、副主席金炳华主持开幕式。

中央和国家机关有关部门、中国人民解放军、各人民团体的负责同志出席开幕式。

据悉,这次全国文代会、全国作代会将分别审议中国文联、中国作协上次代表大会以来的工作报告;讨论提出今后5年的工作建议和工作要求;修改中国文联、中国作协的章程,选举产生中国文联、中国作协的新一届领导机构。大会将于11月14日闭幕。

中共中央总书记胡锦涛在中国文联第八次全国代表大会和中国作协第七次全国代表大会上的讲话

同志们,朋友们:

今天,中国文学艺术界联合会第八次全国代表大会、中国作家协会第七次全国代表大会在这里隆重举行。这是新世纪、新阶段我国文艺工作者的一次盛会。首先,我代表党中央、国务院,向大会的召开表示热烈的祝贺!向全体代表,并通过你们向全国广大文艺工作者,致以崇高的敬意和诚挚的问候!

文艺工作,是党和人民事业的重要组成部分,在党和人民事业发展中具有十分重要的地位。无论是在血雨腥风的革命战争年代,还是在如火如荼的和平建设时期,我国广大文艺工作者在党的领导下,响应人民和时代的召唤,高擎民族精神火炬,吹响时代进步号角,通过各种艺术方式讴歌人民、昭示光明、凝聚力量、鼓舞人心，激励亿万人民为民族独立、人民解放和国家富强、人民幸福而不懈奋斗，发挥了不可替代的重要作用。特别是进入改革开放和社会主义现代化建设的历史新时期以来，我国各族人民团结奋进，中国特色社会主义事业蓬勃发展，为我国文艺事业繁荣发展注入了强大动力、开辟了广阔空间。广大文艺工作者以昂扬的精神状态、出色的艺术劳动，热情歌颂全国各族人民的伟大实践，我国文艺各个门类百花竞放、异彩纷呈，文艺氛围更加融洽和谐，文艺创作更加积极活跃，文艺队伍更加意气风发，形成了大团结、大繁荣、大发展的生动局面。我国广大文艺工作者为推动我国社会发展进步、弘扬民族精神和时代精神、满足人民群众的文化需求、促进人的全面发展付出了辛勤劳动，作出了重要贡献。历史将永远记住同志们的杰出创造和奉献，党和人民感谢你们！

文艺历来是陶冶人们道德情操、抒发人类美好理想、丰富人们艺术享受、推动社会发展进步的一个重要领域。一部人类社会发展史，是人类生命繁衍、财富创造的物质文明发展史，更是人类文化积累、文明传承的精神文明发展史。人类社会每一次跃进，人类文明每一次升华，无不镌刻着文化进步的烙印。文化的力量，深深熔铸在民族的生命力、凝聚力、创造力之中。

中华民族历来以悠久而丰富的文化著称于世。在五千多年的历史演进中，在祖国这片广阔神奇的土地上，勤劳智慧的我国各族人民自强不息、百折不挠，在改造山河、改善生活的不懈奋斗中，创造了饱蕴中华民族思想精髓和价值追求的灿烂文化。文艺是中华文化史册中色彩瑰丽的篇章。从我国秦汉以前的诗经、楚辞到汉赋、唐诗、宋词、元曲以及明清小说，从五四运动时期兴起的新文化到新中国成立以来的社会主义文艺，我国人民创造的形式多样的优秀文学艺术，描绘了我国人民壮阔而又艰辛的奋斗历程，展示了我国人民细腻而又丰满的艺术情趣，记录了我国人民充实而又多彩的社会生活，是中华文化宝库中的瑰宝。中华民族的优秀文化，生生不息，绵延不绝，是我国人民几千年来克服艰难险阻、战胜内忧外患、创造幸福生活的强大精神力量。每一个中华儿女都为我们伟大的民族拥有这样源远流长、博大精深的文化而感到自豪。

当今时代，文化在综合国力竞争中的地位日益重要。谁占据了文化发展的制高点，谁就能够更好地在激烈的国际竞争中掌握主动权。人类文明进步的历史充分表明，没有先进文化的积极引领，没有人民精神世界的极大丰富，没有全民族创造精神的充分发挥，一个国家、一个民族不可能屹立于世界先进民族之林。

历史和现实都告诉我们，要实现我国社会主义现代化建设和中华民族伟大复兴的宏伟目标，必须大力加强文化建设，坚持用社会主义先进文化引领全国各族人民奋勇前进。发展社会主义先进文化，是建设中国特色社会主义的应有之义，是马克思主义政党思想精神上的旗帜，是推动我国经济社会发展的必然要求，是实现中华民族伟大复兴的显著标志。

当前，在我国经济社会发展进入关键阶段的条件下，要不断解决好人民日益增长的物质文化需要同落后的社会生产之间的矛盾，实现全面建设小康社会、进而基本实现现代化的宏伟目标，必须在坚持以经济建设为中心、不断解放和发展社会生产力的同时，大力发展社会主义先进文化，着力培育民族精神、提高国民素质、激发奋斗热情，为改革开放和社会主义现代化建设提供强有力的思想保证、精神动力、智力支持，更好地把全国各族人民的意志和力量凝聚起来，万众一心为实现全面建设小康社会的宏伟目标而奋斗。

面对当今世界各种思想文化相互激荡的大潮，面对国家发展和人民生活改善对文化发展的要求，面对社会文化生活多样活跃的态势，如何找准我国文化发展的方位，创造民族文化的新辉煌，增强我国文化的国际竞争力，提升国家软实力，是摆在我们面前的一个重大现实课题。

不久前召开的党的十六届六中全会，总结历史经验，站在新的时代高度，对构建社会主义和谐社会作出了全面部署。社会和谐是中国特色社会主义的本质属性，是国家富强、民族振兴、人民幸福的重要保证。我们要构建的社会主义和谐社会，是在中国特色社会主义道路上，中国共产党领导全体人民共同建设、共同享有的和谐社会。要更好地构建和谐社会，就必须在社会主义先进文化引领下，大力建设和谐文化，广泛动员人民群众投身和谐社会建设。和谐文化既是和谐社会的重要特征，也是实现社会和谐的精神动力。建设和谐文化，是构建社会主义和谐社会的重要任务，也是构建社会主义和谐社会的重要条件。我们要牢牢把握社会主义先进文化的前进方向，建设社会主义核心价值体系，弘扬民族优秀文化传统，发掘民族和谐文化资源，借鉴人类有益文明成果，倡导和谐理念，培育和谐精神，营造和谐氛围，进一步形成全社会共同的理想信念和道德规范，打牢全党全国各族人民团结奋斗的思想道德基础。

繁荣社会主义先进文化，建设和谐文化，为构建社会主义和谐社会作出贡献，是现阶段我国文化工作的主题。我们要坚持以马克思列宁主义、毛泽东思想、邓小平理论和“三个代表”重要思想为指导，全面贯彻落实科学发展观，促进经济社会协调发展，促进人的全面发展；要加强社会主义思想道德建设，弘扬以爱国主义为核心的民族精神和以改革创新为核心的时代精神，形成符合传统美德和时代精神的道德规范和行为规范,反对拜金主义、享乐主义、极端个人主义,培育有理想、有道德、有文化、有纪律的社会主义公民;要坚持为人民服务、为社会主义服务的方向和百花齐放、百家争鸣的方针,弘扬主旋律、提倡多样化,大力发展先进文化,支持健康有益文化,努力改造落后文化,坚决抵制腐朽文化,促进全社会形成积极向上的共同精神追求。

在当代中国,繁荣社会主义先进文化,建设和谐文化,是我国广大文艺工作者的庄严使命。文学、戏剧、电影、电视、音乐、舞蹈、美术、摄影、书法、曲艺、杂技以及民间文艺、群众文艺等各方面的文艺工作者,都应该坚持先进文化的前进方向,按照建设和谐文化的要求,自觉投身亿万人民创造幸福生活和美好未来的伟大实践,用自己熟悉和擅长的文艺形式,努力生产出为人民群众喜闻乐见的文艺作品,努力创作出符合时代要求的精品力作,积极推进我国文艺创新和繁荣,为全面建设小康社会、构建社会主义和谐社会作出自己的贡献。这是党和人民的期待,也是时代的召唤。

一切有理想有抱负的文艺工作者,都要担当起时代赋予的神圣使命,积极投身讴歌时代的文艺创造活动。进步文艺,刻写着一个民族的希望,昭示着一个国家的未来,深深影响着一个民族的精神和一个时代的风尚。这是古往今来人们赞扬进步文艺、呼唤进步文艺的根本原因。一切有成就的文艺家,都注重在时代进步的伟大实践中汲取创作灵感,都注重反映和引导人民创造历史的壮阔活动。只有与时代同步伐,踏准时代前进的鼓点,回应时代风云的激荡,领会时代精神的本质,文艺才能具有蓬勃的生命力,才能产生巨大的感召力。积极投身先进文化的创造活动,是时代和人民对文艺工作者的殷切期望,也是文艺工作者真正能够施展才华、作出无愧于时代的业绩的必然要求。

我国广大文艺工作者一定要正确认识和牢牢把握我国社会发展的正确方向,深刻体验人民前进的准确信号,敏锐发现时代变革的风气之先,自觉响应社会发展的客观要求,坚持把个人的艺术追求融入国家发展的洪流之中,把文艺的生动创造寓于时代进步的运动之中,以充沛的激情、生动的笔触、优美的旋律、感人的形象,升起更加昂扬的理想风帆,描绘更加美好的生活蓝图,激励更加坚定的奋进信心,满腔热情地讴歌时代主旋律,努力为发展社会主义先进文化建功立业。

一切有理想有抱负的文艺工作者,都要密切同人民群众的血肉联系,积极反映人民心声。一切进步文艺,都源于人民、为了人民、属于人民。一切进步文艺工作者的艺术生命,都存在于同人民群众的血肉联系之中。人民创造历史的活动,是文艺创作的丰厚土壤和源头活水。一切受人民欢迎、对人民有深刻影响的艺术作品,从本质上说,都必须既反映人民精神世界又引领人民精神生活,都必须在人民的伟大中获得艺术的伟大。历史和现实一再表明,真情热爱人民、真正了解人民、真诚理解人民,才能创作出深受人民欢迎、对人民有深刻影响的优秀作品。人民的创造实践每时每刻都发生着令人感奋的变化,人民的生活舞台每时每刻都产生着五彩斑斓的素材,人民为文艺创造提供着丰富营养。脱离了人民,文艺创作就会成为无本之木、无源之水,毛泽东同志在谈到文艺工作时曾经说过,了解人、熟悉人的工作是第一位的工作。关注人民命运,赞颂人民奋斗,激励人民前进,是我国进步文艺的优秀传统,必须始终坚持和大力发扬。我国广大文艺工作者一定要坚持以人为本,牢固树立人民群众是历史创造者的历史唯物主义观点,培养和增进对人民群众的感情,坚持以最广大人民为服务对象和表现主体,关心群众疾苦,体察人民愿望,把握群众需求,通过形式多样的艺术创造,为人民放歌,为人民抒情,为人民呼吁。要贴近实际、贴近生活、贴近群众,深入改革开放和现代化建设第一线,深入企业、乡村、社区、军营、校园生活最前沿,不断创作出让人民满意的优秀作品,满足人民群众多层次、多样化、多方面的精神文化需求。

一切有理想有抱负的文艺工作者,都要大力发扬创新精神,积极开拓文艺的新天地。推进文化发展,基础在继承,关键在创新。继承和创新,是一个民族文化生生不息的两个重要轮子。古今中外,闻名于世的文艺大师,脍炙人口的传世之作,无一不是善于继承、勇于创新的结果。不朽的文艺经典,往往既渗透着历史积淀的体验和哲理、又蕴含着时代孕育的理想和精神,既延续着传统艺术的特点和优势、又创造着新颖鲜活的内容和形式。不善于继承,没有创新的基础;不善于创新,缺乏继承的活力。在继承基础上的创新,往往是最好的继承。我们生活的新时代,人民群众对生活的新追求,对文艺创新提出了更高要求。只有坚持解放思想、实事求是、与时俱进,大力推进文艺观念、内容、风格、流派的积极创新,大力推进文艺体裁、题材、形式、手段的充分发展,才能创作出更多具有中国特色、中国风格、中国气派的优秀作品,不断增强文艺的时代感和吸引力。广大文艺工作者一定要焕发创造激情,激发原创能力,正确处理继承和创新的关系,大力弘扬中华民族的优秀文化传统和五四运动以来形成的革命文化传统,积极学习和借鉴世界各国人民创造的一切文明成果,博采众长,厚积薄发,推陈出新,在人类文艺发展史上谱写更加绚丽多彩的篇章。各有关部门都要为文艺创新创造条件,使广大文艺工作者的一切才华都有展示舞台、一切创造都有实现空间、一切贡献都得到社会尊重,推动文艺工作者的创造精神和创造活力竞相迸发、充分涌流。

一切有理想有抱负的文艺工作者,都要做到德艺双馨,积极履行人类灵魂工程师的职责。文艺具有强大的社会感染力,文艺作品给人民群众以深刻影响,也要接受人民群众检验。人类文艺发展的历史表明,只有经受住人民群众检验、又给予人民群众美的享受和深刻启迪的作品,才能成为隽永之作;只有既具有高尚精神追求又具有高超艺术才华的文艺家,才能成为人民群众推崇的文艺大师。要做到这一点,就必须加强思想道德修养,积累丰富知识,提高精神境界,培养高尚人格,始终牢记艺术工作的社会责任。广大文艺工作者一定要加强学习、加强修养,忠诚于祖国,忠诚于人民,坚定社会主义信念,自觉实践社会主义荣辱观,倡导真善美,鞭挞假恶丑,恪守职业道德,弘扬职业精神,专心致志,孜孜以求,努力攀登人生和艺术的高峰。要严肃认真地考虑自己作品的社会效果,传播先进文化,弘扬人间正气,塑造美好心灵,风成化习,果行育德,为人民奉献最好的精神食粮,努力以自己的作品丰富人民群众的精神生活、提高人民群众的精神世界。

各级党委要高度重视文艺事业,把加强和改善党对文艺工作的领导作为提高党的执政能力的重要内容,热心服务,大力支持,不断提高领导文艺工作的能力和水平。要全面贯彻党的文艺方针政策,充分发扬艺术民主和学术民主,坚持社会责任和创作自由的统一、弘扬主旋律和提倡多样化的统一,加强调查研究,不断认识和掌握文艺规律,尊重文艺工作者的创造性劳动,以符合文艺规律的方式领导文艺工作。要积极推进马克思主义文艺理论研究,充分发挥文艺评论的作用,为繁荣社会主义文艺营造良好氛围。要重视发挥文艺界人民团体的作用,密切同广大文艺工作者的联系,政治上充分信任,创作上热情支持,生活上真诚关怀,努力成为他们的贴心人。要制定规划、完善政策、增加投入、改善条件,深化文化体制改革,积极扶持和表彰奖励优秀文艺人才和文艺作品,形成优秀人才脱颖而出的良好机制,特别是要积极培养德艺双馨的文艺大师,努力造就一支老中青相结合的浩浩荡荡的文艺大军。

中国文联、中国作协是党领导的文艺界人民团体,在团结广大文艺工作者、推动发展社会主义文艺事业中担负着重大责任。中国文联、中国作协要围绕中心、服务大局,坚持正确文艺方向,发挥自身优势,履行好联络协调服务职能,起好桥梁纽带作用。随着社会主义市场经济体制不断完善和对外开放不断扩大,随着科技进步日新月异,文艺观念、文艺创作方式、文艺队伍构成发生了深刻变化,文艺的生产、服务、传播、消费形式日益多样化。面对新情况新问题,各级文联、作协要努力探索适应社会主义市场经济体制、符合文艺发展规律和人民团体特点的管理体制、运行机制、组织形式、活动方式,不断加强行业服务、行业管理、行业自律,依法维护文艺工作者的权益,广泛团结各方面各领域的文艺工作者,把文联、作协办成文艺工作者之家。各级文联、作协要采取多种形式组织文艺工作者深入生活、服务基层,积极指导和推动群众性文艺活动。要加强对外交流,推动中华文化走向世界,更好地向世界展示中华文化。

同志们、朋友们!“等闲识得东风面,万紫千红总是春。”新世纪、新阶段,是我国发展的重要战略机遇期,也是我国文艺事业大有希望的重要发展期。全面建设小康社会、开创中国特色社会主义新局面的历史进程必将推动我国文艺事业全面发展繁荣,中华民族的伟大复兴必将伴随着中华文化的伟大复兴。时代和人民期待着涌现一大批优秀文艺家,期待着出现一大批精品力作。我们这个时代的文艺工作者们,要牢记自己的历史使命和庄严职责,团结一心,开拓进取,大力繁荣社会主义先进文化,共同建设和谐文化,让我国社会主义文艺百花园开出更加鲜艳的花朵、结出更加丰硕的果实!

最后,祝大会圆满成功!

国家主席胡锦涛在人民大会堂会见俄罗斯总理米哈伊尔·叶菲莫维奇·弗拉德科夫

胡锦涛高度评价中俄关系和互办“国家年”活动,并祝贺中俄总理第十一次会晤取得积极成果。他说,当前,中俄关系全面发展,势头很好。两国领导人和各层次交往密切。双边贸易额持续增长,在重点领域和一些大项目上的合作有了新的进展。在多边领域和重大国际及地区问题上,双方密切沟通、相互协作。刚刚闭幕的“俄罗斯年”活动,在两国人民中间产生了广泛影响,增进了两国人民的了解和友谊。相信明年在俄罗斯举办的“中国年”活动也一定会取得成功。

胡锦涛表示,进一步发展中俄战略协作伙伴关系,加强两国各领域务实合作,实现优势互补、互利双赢、共同发展,是双方共同的政治意愿,符合两国和两国人民的根本利益。中方愿与俄方一道,通过扎实工作和积极努力,进一步落实《中俄睦邻友好合作条约》提出的各项任务,以及双方签署的一系列合作文件,推动中俄务实合作再上新的台阶。

全国人大常委会委员长吴邦国在人民大会堂会见俄罗斯总理米哈伊尔·叶菲莫维奇·弗拉德科夫

中俄总理第十一次定期会晤发表联合新闻公报

应中华人民共和国国务院总理温家宝邀请,俄罗斯联邦政府总理弗拉德科夫于2006年11月9日至10日对中华人民共和国进行正式访问。2006年11月9日在北京举行了中俄总理第十一次定期会晤。

中国国家主席胡锦涛、全国人大常委会委员长吴邦国分别会见了弗拉德科夫总理。

温家宝总理与弗拉德科夫总理举行了会谈。

两国总理参加了俄罗斯国家展开幕式和“俄罗斯年”闭幕式。

在会见、会谈中，两国领导人就进一步深化中俄战略协作伙伴关系，加强政治、经贸、能源、科技领域合作以及重大国际和地区问题交换了意见。

双方指出，在《中俄睦邻友好合作条约》的指导下，两国战略协作伙伴关系持续快速发展。双方互信达到前所未有的高水平，各领域合作不断扩大和深化，给两国人民带来巨大的实际利益，为促进世界和平与稳定作出了重要贡献。双方决心按照条约确定的原则和精神，继续推动各领域互利合作，不断提高战略协作伙伴关系的水平。

双方积极评价中俄总理定期会晤委员会第十次会议和中俄教文卫体合作委员会第七次会议所做的工作。对两个委员会及其各分委会和单独的工作小组自两国总理第十次定期会晤以来所做的工作予以肯定。对两个委员会双方主席及全体成员表示感谢。

双方指出，在两国总理定期会晤机制框架下建立环保合作和民航合作两个分委会，提高了这一机制的作用。

双方同意将中俄教文卫体合作委员会更名为中俄人文合作委员会，将起草并签署相关议定书。

双方在第十一次总理定期会晤框架下签署了下列文件：

1.《中俄总理定期会晤委员会第十次会议纪要》

2.《中俄教文卫体合作委员会第七次会议纪要》

3.《中华人民共和国政府与俄罗斯联邦政府关于中俄国界管理制度的协定》

4.《互换〈中华人民共和国和俄罗斯联邦关于移管被判刑人的条约〉批准书的证书》

5.《中华人民共和国政府与俄罗斯联邦政府关于鼓励和相互保护投资的协定》

6.《中华人民共和国商务部与俄罗斯联邦经济发展和贸易部关于完成2006—2010年中俄经贸合作发展规划工作的备忘录》

7.《中华人民共和国商务部与俄罗斯联邦经济发展和贸易部关于促进中俄机电产品贸易2007—2008年行动计划》

8.《中华人民共和国国防科学技术工业委员会和俄罗斯联邦原子能署和平利用核能中期合作的谅解备忘录》

9.《中国国家开发银行向俄罗斯外经银行授信协议》

10.《中华人民共和国教育部与俄罗斯联邦教育科学部教育合作协议》

11.《中国国家开发银行和俄罗斯外经银行和俄罗斯萨哈林州政府关于投资发展领域合作的协议》

12.《中国人民银行和俄罗斯联邦中央银行关于扩大中国境内提供中俄边贸本币结算服务的银行所在地的地域范围的纪要》

13.《中国国家电网公司与俄罗斯统一电力系统股份公司关于从俄罗斯向中国供电项目第一阶段购售电合同》

14.《中国石油化工集团公司和俄罗斯石油公司战略合作框架协议》

15.《中国出口信用保险公司、上海海外联合投资股份有限公司、俄罗斯外贸银行关于圣彼得堡“波罗的海明珠项目”金融保险合作协议》

16.《中国石油天然气股份有限公司与“俄石油”国际有限公司设立合资公司合同》

17.《新华通讯社与俄罗斯新闻社新闻交换与合作协议》

双方强调，2004年10月两国元首决定，2006年在中国举办“俄罗斯年”，2007年在俄罗斯举办“中国年”。这对推动中俄关系全面发展、扩大和深化各领域务实合作具有战略意义。

双方对中俄“国家年”双方组委会的工作给予高度评价，对“俄罗斯年”活动顺利举办表示满意。双方指出，“俄罗斯年”活动涉及中俄合作的方方面面，得到两国中央和地方政府各部门及社会各界的大力支持，增进了两国人民的相互了解和友谊，巩固了中俄战略协作伙伴关系的社会基础。

俄方对中方全力协助组织举办“俄罗斯年”活动深表感谢，将提供一切便利，确保“中国年”各项活动与“俄罗斯年”活动一样顺利进行。

双方指出，中俄总理第十一次定期会晤在双边关系特有的友好、理解与合作气氛中举行，取得了显著成果。双方对会晤成果表示满意。

双方商定，将于2007年在俄罗斯举行中俄总理第十二次定期会晤。具体日期通过外交途径另行商定。

2006年11月10日于北京

俄罗斯国家展开幕式在北京中国国际贸易中心举行

中国国务院总理温家宝与俄罗斯总理弗拉德科夫共同出席并致辞。

温家宝在致辞中代表中国政府对俄罗斯国家展在中国举行表示祝贺。他说，俄罗斯国家展给中国人民提供了一个全面了解俄罗斯经济发展、科技创新、文化进步和风土人情的难得机会。展览的主题是“俄罗斯与中国：21世纪经贸合作的新途径”，体现了中俄双方深化经贸合作，谋求双赢的共同愿望。希望双方充分利用这个展会，积极寻求合作的新途径，造福两国人民。

国务院副总理吴仪中国驻俄罗斯大使刘古昌等参加了上述活动。

俄罗斯国家展是在中国举办的“俄罗斯年”主要活动之一，由俄罗斯经贸部主办，中国商务部协办。俄罗斯8个联邦政府部门、45个联邦主体以及近800家主要工业企业、科研机构、设计局和其他单位参展。

国务院总理温家宝在人民大会堂会见前来参加第三届中国环境与发展国际合作委员会第五次会议的外方代表

中国环境与发展国际合作委员会外方执行副主席、加拿大国际发展署署长格林希尔向温家宝总理汇报了会议将要通过的给中国政府的政策建议。温家宝感谢中国环境与发展国际合作委员会提出的建议，向外方代表们介绍了中国的环保政策，并就推动全球环保合作等问题与外方代表交换了意见。

温家宝说，中国政府重视环境保护，把它作为建设和谐社会、实现可持续发展的重要任务。国家制定的经济和社会发展“十一五”规划确定了主要污染物排放总量五年减少10%的约束性指标，这是非常艰巨的工作，但我们有决心有信心完成这个任务。

温家宝表示，中国环境与发展国际合作委员会在环发领域发挥着积极作用，已成为开展环发国际合作的重要桥梁。希望中国环境与发展国际合作委员会继续为中国可持续发展作出贡献。

第三届中国环境与发展国际合作委员会第五次会议北京召开

国务院副总理、第三届国合会主席曾培炎出席并讲话。曾培炎指出，到2010年，中国环境保护的主要目标以及约束性指标是：重点地区和城市的环境质量得到改善，生态环境恶化趋势基本遏制，单位GDP能源消耗比2005年降低20%左右，主要污染物化学需氧量、二氧化硫排放总量减少10%，耕地保有量保持在1.2亿公顷，森林覆盖率由18.2%提高到20%。为了实现这些目标，中国将大力调整优化产业结构，加快转变经济增长方式，推进能源资源节约，加强水污染防治，强化大气污染治理，开展农村及土壤污染防治，加大生态保护和建设力度。同时，要将环境保护目标分解落实到部门、地方和企业，加大执法力度，严肃查处违法行为，完善经济机制，制定经济政策，推动科技创新，动员社会力量，为节约与环保提供制度保障和科技支撑。

曾培炎说，中国环境与发展国际合作委员会成立15年来，为促进中国可持续发展事业作出了积极贡献。希望国合会紧密围绕中国环发领域的现实需要，深入进行政策研究，积极参与节能环保建设，加强人才培训和交流，提高环境与发展国际合作水平。特别是要把政策研究与管理咨询结合起来，有针对性地组织专题研究，加强化工企业环保设施建设、化学品储存和运输管理、化学气体液体泄漏事故的防范和处理、城市空气污染防治、生态退化治理与修复、资源循环使用与综合利用、能源节约与可再生能源发展等方面的应用研究，提供更多更好的建议。

全国人大常委会副委员长成思危出席会议。

国家环保总局局长周生贤主持会议。国合会中外委员、国内有关部门负责人、联合国等国际组织代表、部分国家政府官员和驻华使节，以及国内外观察员、专家学者等参加了会议。

中国环境与发展国际合作委员会是在中国政府和有关国家政府、有关国际机构支持下建立的，是中国环境与发展领域开展政策研究咨询的国际性机构。本次会议是第三届国合会的最后一次全体会议。中国政府已经批准成立第四届国合会。

纪念孙晓村同志诞辰100周年座谈会在人民大会堂京举行

全国政协主席贾庆林出席座谈会。

孙晓村曾任中国人民政治协商会议第七届全国委员会副主席，中国民主建国会中央委员会副主席，是我国著名的爱国民主人士、政治活动家和农村经济学家。

全国政协副主席、中共中央统战部部长刘延东主持座谈会并讲话。她说，孙晓村同志是一位杰出的爱国主义者，是从旧社会走进新中国的革命知识分子。在中国革命和建设的不同历史阶段，他对中国共产党的主张和党的事业真诚拥护、始终不渝。1927年大革命失败后，他毅然接受中共党组织的领导，进行地下革命活动。“九·一八”事变后，他与沈钧儒等筹建并领导南京各界救国会，积极投身抗日救亡运动。抗战胜利后，他在国民党民主派和国民党上层人士中，积极开展工作，进行反内战、反独裁，争取和平和民主的斗争。1948年，孙晓村担任中国民主革命同盟国内工作委员会主席。1949年，他作为中国人民救国会的代表出席了中国人民政治协商会议第一届全体会议。新中国成立后，他历任上海市工商联筹备委员会秘书长，政务院财政经济委员会委员、中央财经计划局副局长，全国工商联常委，北京农业大学校长，中央社会主义学院院长等职务，为祖国的社会主义建设事业，为中国共产党领导的统一战线和多党合作事业，贡献了毕生精力，作出了重要贡献。

座谈会上，全国政协副主席、民建中央常务副主席张榕明，全国政协原副主席、民建中央名誉副主席万国权，全国政协文史和学习委员会副主任程世峨，孙晓村之女孙阳生等先后发言。全国政协原副主席、民建中央名誉主席孙起孟作书面发言。

何鲁丽、黄孟复和王光英、孙孚凌，以及有关方面负责人，孙晓村同志的亲属、生前友好等出席了座谈会。

商务部发布2006年秋季《中国对外贸易形势报告》

报告显示，今年全年我国外贸总额将超过1.7万亿美元，增长20%以上；其中出口9600亿美元，进口8100亿美元左右。

报告初步预计，2007年我国外贸总额有望达到2万亿美元，增长速度为15%左右，比2006年的增速略有放缓。报告称，中国的贸易顺差将会在较长时期内持续存在，这是国际产业转移、工业化加快发展、消费需求相对不足等因素决定的，中国把国际收支平衡作为宏观调控的主要目标之一，并不刻意追求贸易顺差。

国务院副总理吴仪在中南海会见欧盟委员会贸易委员曼德尔森

吴仪对中欧双方成功召开第二十一届经贸混委会并取得丰硕成果表示祝贺。她指出，中欧领导人在第九次会晤期间就启动商签《伙伴合作协定》和完善1985年《贸易与经济合作协定》谈判达成共识，反映了中欧双方扩大经贸合作的强烈愿望，有利于拓展和深化中欧全面战略伙伴关系。

吴仪说，经贸关系是中欧双边关系的重要组成部分。近年来，中欧贸易发展迅速，中方欢迎更多的欧盟产品进入中国市场。解决中欧贸易中的问题应充分发挥现有机制，加强沟通与协商，妥善照顾彼此关切。

国防部部长曹刚川在北京与新西兰国防部部长菲尔·戈夫举行会谈

11月11日

国务院总理温家宝签署第478号令公布《中华人民共和国外资银行管理条例》

《中华人民共和国外资银行管理条例》已经2006年11月8日国务院第155次常务会议通过，现予公布，自2006年12月11日起施行。

总　理　温家宝

2006年11月11日

中华人民共和国外资银行管理条例

第一章　总　则

第一条　为了适应对外开放和经济发展的需要，加强和完善对外资银行的监督管理，促进银行业的稳健运行，制定本条例。

第二条　本条例所称外资银行，是指依照中华人民共和国有关法律、法规，经批准在中华人民共和国境内设立的下列机构：

(一)1家外国银行单独出资或者1家外国银行与其他外国金融机构共同出资设立的外商独资银行；

(二)外国金融机构与中国的公司、企业共同出资设立的中外合资银行；

(三)外国银行分行；

(四)外国银行代表处。

前款第(一)项至第(三)项所列机构，以下统称外资银行营业性机构。

第三条　本条例所称外国金融机构，是指在中华人民共和国境外注册并经所在国家或者地区金融监管当局批准或者许可的金融机构。

本条例所称外国银行，是指在中华人民共和国境外注册并经所在国家或者地区金融监管当局批准或者许可的商业银行。

第四条　外资银行必须遵守中华人民共和国法律、法规，不得损害中华人民共和国的国家利益、社会公共利益。

外资银行的正当活动和合法权益受中华人民共和国法律保护。

第五条　国务院银行业监督管理机构及其派出机构(以下统称银行业监督管理机构)负责对外资银行及其活动实施监督管理。法律、行政法规规定其他监督管理部门或者机构对外资银行及其活动实施监督管理的，依照其规定。

第六条　国务院银行业监督管理机构根据国家区域经济发展战略及相关政策制定有关鼓励和引导的措施，报国务院批准后实施。

第二章　设立与登记

第七条　设立外资银行及其分支机构，应当经银行业监督管理机构审查批准。

第八条　外商独资银行、中外合资银行的注册资本最低限额为10亿元人民币或者等值的自由兑换货币。注册资本应当是实缴资本。

外商独资银行、中外合资银行在中华人民共和国境内设立的分行,应当由其总行无偿拨给不少于1亿元人民币或者等值的自由兑换货币的营运资金。外商独资银行、中外合资银行拨给各分支机构营运资金的总和,不得超过总行资本金总额的60%。

外国银行分行应当由其总行无偿拨给不少于2亿元人民币或者等值的自由兑换货币的营运资金。

国务院银行业监督管理机构根据外资银行营业性机构的业务范围和审慎监管的需要,可以提高注册资本或者营运资金的最低限额,并规定其中的人民币份额。

第九条 拟设外商独资银行、中外合资银行的股东或者拟设分行、代表处的外国银行应当具备下列条件:

(一)具有持续盈利能力,信誉良好,无重大违法违规记录;

(二)拟设外商独资银行的股东、中外合资银行的外方股东或者拟设分行、代表处的外国银行具有从事国际金融活动的经验;

(三)具有有效的反洗钱制度;

(四)拟设外商独资银行的股东、中外合资银行的外方股东或者拟设分行、代表处的外国银行受到所在国家或者地区金融监管当局的有效监管,并且其申请经所在国家或者地区金融监管当局同意;

(五)国务院银行业监督管理机构规定的其他审慎性条件。

拟设外商独资银行的股东、中外合资银行的外方股东或者拟设分行、代表处的外国银行所在国家或者地区应当具有完善的金融监督管理制度,并且其金融监管当局已经与国务院银行业监督管理机构建立良好的监督管理合作机制。

第十条 拟设外商独资银行的股东应当为金融机构,除应当具备本条例第九条规定的条件外,其中唯一或者控股股东还应当具备下列条件:

(一)为商业银行;

(二)在中华人民共和国境内已经设立代表处2年以上;

(三)提出设立申请前1年年末总资产不少于100亿美元;

(四)资本充足率符合所在国家或者地区金融监管当局以及国务院银行业监督管理机构的规定。

第十一条 拟设中外合资银行的股东除应当具备本条例第九条规定的条件外,其中外方股东及中方唯一或者主要股东应当为金融机构,且外方唯一或者主要股东还应当具备下列条件:

(一)为商业银行;

(二)在中华人民共和国境内已经设立代表处;

(三)提出设立申请前1年年末总资产不少于100亿美元;

(四)资本充足率符合所在国家或者地区金融监管当局以及国务院银行业监督管理机构的规定。

第十二条 拟设分行的外国银行除应当具备本条例第九条规定的条件外,还应当具备下列条件:

(一)提出设立申请前1年年末总资产不少于200亿美元;

(二)资本充足率符合所在国家或者地区金融监管当局以及国务院银行业监督管理机构的规定;

(三)初次设立分行的,在中华人民共和国境内已经设立代表处2年以上。

第十三条 外国银行在中华人民共和国境内设立营业性机构的,除已设立的代表处外,不得增设代表处,但符合国家区域经济发展战略及相关政策的地区除外。

代表处经批准改制为营业性机构的,应当依法办理原代表处的注销登记手续。

第十四条 设立外资银行营业性机构,应当先申请筹建,并将下列申请资料报送拟设机构所在地的银行业监督管理机构:

(一)申请书,内容包括拟设机构的名称、所在地、注册资本或者营运资金、申请经营的业务种类等;

(二)可行性研究报告;

(三)拟设外商独资银行、中外合资银行的章程草案;

(四)拟设外商独资银行、中外合资银行各方股东签署的经营合同;

(五)拟设外商独资银行、中外合资银行的股东或者拟设分行的外国银行的章程;

(六)拟设外商独资银行、中外合资银行的股东或者拟设分行的外国银行及其所在集团的组织结构图、主要股东名单、海外分支机构和关联企业名单;

(七)拟设外商独资银行、中外合资银行的股东或者拟设分行的外国银行最近3年的年报;

(八)拟设外商独资银行、中外合资银行的股东或者拟设分行的外国银行的反洗钱制度;

(九)拟设外商独资银行的股东、中外合资银行的外方股东或者拟设分行的外国银行所在国家或者地区金融监管当局核发的营业执照或者经营金融业务许可文件的复印件及对其申请的意见书;

(十)国务院银行业监督管理机构规定的其他资料。

拟设机构所在地的银行业监督管理机构应当将申

请资料连同审核意见,及时报送国务院银行业监督管理机构。

第十五条 国务院银行业监督管理机构应当自收到设立外资银行营业性机构完整的申请资料之日起6个月内作出批准或者不批准筹建的决定,并书面通知申请人。决定不批准的,应当说明理由。

特殊情况下,国务院银行业监督管理机构不能在前款规定期限内完成审查并作出批准或者不批准筹建决定的,可以适当延长审查期限,并书面通知申请人,但延长期限不得超过3个月。

申请人凭批准筹建文件到拟设机构所在地的银行业监督管理机构领取开业申请表。

第十六条 申请人应当自获准筹建之日起6个月内完成筹建工作。在规定期限内未完成筹建工作的,应当说明理由,经拟设机构所在地的银行业监督管理机构批准,可以延长3个月。在延长期内仍未完成筹建工作的,国务院银行业监督管理机构作出的批准筹建决定自动失效。

第十七条 经验收合格完成筹建工作的,申请人应当将填写好的开业申请表连同下列资料报送拟设机构所在地的银行业监督管理机构:

(一)拟设机构的主要负责人名单及简历;

(二)对拟任该机构主要负责人的授权书;

(三)法定验资机构出具的验资证明;

(四)安全防范措施和与业务有关的其他设施的资料;

(五)设立分行的外国银行对该分行承担税务、债务的责任保证书;

(六)国务院银行业监督管理机构规定的其他资料。

拟设机构所在地的银行业监督管理机构应当将申请资料连同审核意见,及时报送国务院银行业监督管理机构。

第十八条 国务院银行业监督管理机构应当自收到完整的开业申请资料之日起2个月内,作出批准或者不批准开业的决定,并书面通知申请人。决定批准的,应当颁发金融许可证;决定不批准的,应当说明理由。

第十九条 经批准设立的外资银行营业性机构,应当凭金融许可证向工商行政管理机关办理登记,领取营业执照。

第二十条 设立外国银行代表处,应当将下列申请资料报送拟设代表处所在地的银行业监督管理机构:

(一)申请书,内容包括拟设代表处的名称、所在地等;

(二)可行性研究报告;

(三)申请人的章程;

(四)申请人及其所在集团的组织结构图、主要股东名单、海外分支机构和关联企业名单;

(五)申请人最近3年的年报;

(六)申请人的反洗钱制度;

(七)拟任该代表处首席代表的身份证明和学历证明的复印件、简历以及拟任人有无不良记录的陈述书;

(八)对拟任该代表处首席代表的授权书;

(九)申请人所在国家或者地区金融监管当局核发的营业执照或者经营金融业务许可文件的复印件及对其申请的意见书;

(十)国务院银行业监督管理机构规定的其他资料。

拟设代表处所在地的银行业监督管理机构应当将申请资料连同审核意见,及时报送国务院银行业监督管理机构。

第二十一条 国务院银行业监督管理机构应当自收到设立外国银行代表处完整的申请资料之日起6个月内作出批准或者不批准设立的决定,并书面通知申请人。决定不批准的,应当说明理由。

第二十二条 经批准设立的外国银行代表处,应当凭批准文件向工商行政管理机关办理登记,领取工商登记证。

第二十三条 本条例第十四条、第十七条、第二十条所列资料,除年报外,凡用外文书写的,应当附有中文译本。

第二十四条 按照合法性、审慎性和持续经营原则,经国务院银行业监督管理机构批准,外国银行可以将其在中华人民共和国境内设立的分行改制为由其单独出资的外商独资银行。申请人应当按照国务院银行业监督管理机构规定的审批条件、程序、申请资料提出设立外商独资银行的申请。

第二十五条 外国银行分行改制为由其总行单独出资的外商独资银行的,经国务院银行业监督管理机构批准,该外国银行可以在规定的期限内保留1家从事外汇批发业务的分行。申请人应当按照国务院银行业监督管理机构规定的审批条件、程序、申请资料提出申请。

前款所称外汇批发业务,是指对除个人以外客户的外汇业务。

第二十六条 外资银行董事、高级管理人员、首席代表的任职资格应当符合国务院银行业监督管理机构规定的条件,并经国务院银行业监督管理机构核准。

第二十七条 外资银行有下列情形之一的,应当经国务院银行业监督管理机构批准,并按照规定提交申请资料，依法向工商行政管理机关办理有关登记：

（一）变更注册资本或者营运资金；

（二）变更机构名称、营业场所或者办公场所；

（三）调整业务范围；

（四）变更股东或者调整股东持股比例；

（五）修改章程；

（六）国务院银行业监督管理机构规定的其他情形。

外资银行更换董事、高级管理人员、首席代表，应当报经国务院银行业监督管理机构核准其任职资格。

第二十八条　外商独资银行、中外合资银行变更股东的，变更后的股东应当符合本条例第九条、第十条或者第十一条关于股东的条件。

特殊情况下，经国务院银行业监督管理机构同意，变更后的股东可以不适用本条例第十条第（二）项或者第十一条第（二）项的规定。

第三章　业务范围

第二十九条　外商独资银行、中外合资银行按照国务院银行业监督管理机构批准的业务范围，可以经营下列部分或者全部外汇业务和人民币业务：

（一）吸收公众存款；

（二）发放短期、中期和长期贷款；

（三）办理票据承兑与贴现；

（四）买卖政府债券、金融债券，买卖股票以外的其他外币有价证券；

（五）提供信用证服务及担保；

（六）办理国内外结算；

（七）买卖、代理买卖外汇；

（八）代理保险；

（九）从事同业拆借；

（十）从事银行卡业务；

（十一）提供保管箱服务；

（十二）提供资信调查和咨询服务；

（十三）经国务院银行业监督管理机构批准的其他业务。

外商独资银行、中外合资银行经中国人民银行批准，可以经营结汇、售汇业务。

第三十条　外商独资银行、中外合资银行的分支机构在总行授权范围内开展业务，其民事责任由总行承担。

第三十一条　外国银行分行按照国务院银行业监督管理机构批准的业务范围，可以经营下列部分或者全部外汇业务以及对除中国境内公民以外客户的人民币业务：

（一）吸收公众存款；

（二）发放短期、中期和长期贷款；

（三）办理票据承兑与贴现；

（四）买卖政府债券、金融债券，买卖股票以外的其他外币有价证券；

（五）提供信用证服务及担保；

（六）办理国内外结算；

（七）买卖、代理买卖外汇；

（八）代理保险；

（九）从事同业拆借；

（十）提供保管箱服务；

（十一）提供资信调查和咨询服务；

（十二）经国务院银行业监督管理机构批准的其他业务。

外国银行分行可以吸收中国境内公民每笔不少于100万元人民币的定期存款。

外国银行分行经中国人民银行批准，可以经营结汇、售汇业务。

第三十二条　外国银行分行及其分支机构的民事责任由其总行承担。

第三十三条　外国银行代表处可以从事与其代表的外国银行业务相关的联络、市场调查、咨询等非经营性活动。

外国银行代表处的行为所产生的民事责任，由其所代表的外国银行承担。

第三十四条　外资银行营业性机构经营本条例第二十九条或者第三十一条规定业务范围内的人民币业务的，应当具备下列条件，并经国务院银行业监督管理机构批准：

（一）提出申请前在中华人民共和国境内开业3年以上；

（二）提出申请前2年连续盈利；

（三）国务院银行业监督管理机构规定的其他审慎性条件。

外国银行分行改制为由其总行单独出资的外商独资银行的，前款第（一）项、第（二）项规定的期限自外国银行分行设立之日起计算。

第四章　监督管理

第三十五条　外资银行营业性机构应当按照有关规定，制定本行的业务规则，建立、健全风险管理和内部控制制度，并遵照执行。

第三十六条　外资银行营业性机构应当遵守国家统一的会计制度和国务院银行业监督管理机构有关信息披露的规定。

第三十七条　外资银行营业性机构举借外债，应当按照国家有关规定执行。

第三十八条　外资银行营业性机构应当按照有关规定确定存款、贷款利率及各种手续费率。

第三十九条　外资银行营业性机构经营存款业务，应当按照中国人民银行的规定交存存款准备金。

第四十条　外商独资银行、中外合资银行应当遵守《中华人民共和国商业银行法》关于资产负债比例管理的规定。外国银行分行变更的由其总行单独出资的外商独资银行以及本条例施行前设立的外商独资银行、中外合资银行，其资产负债比例不符合规定的，应当在国务院银行业监督管理机构规定的期限内达到规定要求。

国务院银行业监督管理机构可以要求风险较高、风险管理能力较弱的外商独资银行、中外合资银行提高资本充足率。

第四十一条　外资银行营业性机构应当按照规定计提呆账准备金。

第四十二条　外商独资银行、中外合资银行应当遵守国务院银行业监督管理机构有关公司治理的规定。

第四十三条　外商独资银行、中外合资银行应当遵守国务院银行业监督管理机构有关关联交易的规定。

第四十四条　外国银行分行营运资金的30%应当以国务院银行业监督管理机构指定的生息资产形式存在。

第四十五条　外国银行分行营运资金加准备金等项之和中的人民币份额与其人民币风险资产的比例不得低于8%。

国务院银行业监督管理机构可以要求风险较高、风险管理能力较弱的外国银行分行提高前款规定的比例。

第四十六条　外国银行分行应当确保其资产的流动性。流动性资产余额与流动性负债余额的比例不得低于25%。

第四十七条　外国银行分行境内本外币资产余额不得低于境内本外币负债余额。

第四十八条　在中华人民共和国境内设立2家及2家以上分行的外国银行，应当授权其中1家分行对其他分行实施统一管理。

国务院银行业监督管理机构对外国银行在中华人民共和国境内设立的分行实行合并监管。

第四十九条　外资银行营业性机构应当按照国务院银行业监督管理机构的有关规定，向其所在地的银行业监督管理机构报告跨境大额资金流动和资产转移情况。

第五十条　国务院银行业监督管理机构根据外资银行营业性机构的风险状况，可以依法采取责令暂停部分业务、责令撤换高级管理人员等特别监管措施。

第五十一条　外资银行营业性机构应当聘请在中华人民共和国境内依法设立的会计师事务所对其财务会计报告进行审计，并应当向其所在地的银行业监督管理机构报告。解聘会计师事务所的，应当说明理由。

第五十二条　外资银行营业性机构应当按照规定向银行业监督管理机构报送财务会计报告、报表和有关资料。

外国银行代表处应当按照规定向银行业监督管理机构报送资料。

第五十三条　外资银行应当接受银行业监督管理机构依法进行的监督检查，不得拒绝、阻碍。

第五十四条　外商独资银行、中外合资银行应当设置独立的内部控制系统、风险管理系统、财务会计系统、计算机信息管理系统。

第五十五条　外国银行在中华人民共和国境内设立的外商独资银行的董事长、高级管理人员和从事外汇批发业务的外国银行分行的高级管理人员不得相互兼职。

第五十六条　外国银行在中华人民共和国境内设立的外商独资银行与从事外汇批发业务的外国银行分行之间进行的交易必须符合商业原则，交易条件不得优于与非关联方进行交易的条件。外国银行对其在中华人民共和国境内设立的外商独资银行与从事外汇批发业务的外国银行分行之间的资金交易，应当提供全额担保。

第五十七条　外国银行代表处及其工作人员，不得从事任何形式的经营性活动。

第五章　终止与清算

第五十八条　外资银行营业性机构自行终止业务活动的，应当在终止业务活动30日前以书面形式向国务院银行业监督管理机构提出申请，经审查批准予以解散或者关闭并进行清算。

第五十九条　外资银行营业性机构无力清偿到期债务的，国务院银行业监督管理机构可以责令其停业，限期清理。在清理期限内，已恢复偿付能力、需要复业的，应当向国务院银行业监督管理机构提出复业申请；超过清理期限，仍未恢复偿付能力的，应当进行清算。

第六十条　外资银行营业性机构因解散、关闭、依法被撤销或者宣告破产而终止的，其清算的具体事宜，依照中华人民共和国有关法律、法规的规定办理。

第六十一条　外资银行营业性机构清算终结，应当在法定期限内向原登记机关办理注销登记。

第六十二条　外国银行代表处自行终止活动的，应当经国务院银行业监督管理机构批准予以关闭，并在法定期限内向原登记机关办理注销登记。

第六章　法律责任

第六十三条　未经国务院银行业监督管理机构审

查批准，擅自设立外资银行或者非法从事银行业金融机构的业务活动的，由国务院银行业监督管理机构予以取缔，自被取缔之日起5年内，国务院银行业监督管理机构不受理该当事人设立外资银行的申请；构成犯罪的，依法追究刑事责任；尚不构成犯罪的，由国务院银行业监督管理机构没收违法所得，违法所得50万元以上的，并处违法所得1倍以上5倍以下罚款；没有违法所得或者违法所得不足50万元的，处50万元以上200万元以下罚款。

第六十四条　外资银行营业性机构有下列情形之一的，由国务院银行业监督管理机构责令改正，没收违法所得，违法所得50万元以上的，并处违法所得1倍以上5倍以下罚款；没有违法所得或者违法所得不足50万元的，处50万元以上200万元以下罚款；情节特别严重或者逾期不改正的，可以责令停业整顿或者吊销其金融许可证；构成犯罪的，依法追究刑事责任：

（一）未经批准设立分支机构的；

（二）未经批准变更、终止的；

（三）违反规定从事未经批准的业务活动的；

（四）违反规定提高或者降低存款利率、贷款利率的。

第六十五条　外资银行有下列情形之一的，由国务院银行业监督管理机构责令改正，处20万元以上50万元以下罚款；情节特别严重或者逾期不改正的，可以责令停业整顿、吊销其金融许可证、撤销代表处；构成犯罪的，依法追究刑事责任：

（一）未按照有关规定进行信息披露的；

（二）拒绝或者阻碍银行业监督管理机构依法进行的监督检查的；

（三）提供虚假的或者隐瞒重要事实的财务会计报告、报表或者有关资料的；

（四）隐匿、损毁监督检查所需的文件、证件、账簿、电子数据或者其他资料的；

（五）未经任职资格核准任命董事、高级管理人员、首席代表的；

（六）拒绝执行本条例第五十条规定的特别监管措施的。

第六十六条　外资银行营业性机构违反本条例有关规定，未按期报送财务会计报告、报表或者有关资料，或者未按照规定制定有关业务规则、建立健全有关管理制度的，由国务院银行业监督管理机构责令限期改正；逾期不改正的，处10万元以上30万元以下罚款。

第六十七条　外资银行营业性机构违反本条例第四章有关规定从事经营或者严重违反其他审慎经营规则的，由国务院银行业监督管理机构责令改正，处20万元以上50万元以下罚款；情节特别严重或者逾期不改正的，可以责令停业整顿或者吊销其金融许可证。

第六十八条　外资银行营业性机构违反本条例规定，国务院银行业监督管理机构除依照本条例第六十三条至第六十七条规定处罚外，还可以区别不同情形，采取下列措施：

（一）责令外资银行营业性机构撤换直接负责的董事、高级管理人员和其他直接责任人员；

（二）外资银行营业性机构的行为尚不构成犯罪的，对直接负责的董事、高级管理人员和其他直接责任人员给予警告，并处5万元以上50万元以下罚款；

（三）取消直接负责的董事、高级管理人员一定期限直至终身在中华人民共和国境内的任职资格，禁止直接负责的董事、高级管理人员和其他直接责任人员一定期限直至终身在中华人民共和国境内从事银行业工作。

第六十九条　外国银行代表处违反本条例规定，从事经营性活动的，由国务院银行业监督管理机构责令改正，给予警告，没收违法所得，违法所得50万元以上的，并处违法所得1倍以上5倍以下罚款；没有违法所得或者违法所得不足50万元的，处50万元以上200万元以下罚款；情节严重的，由国务院银行业监督管理机构予以撤销；构成犯罪的，依法追究刑事责任。

第七十条　外国银行代表处有下列情形之一的，由国务院银行业监督管理机构责令改正，给予警告，并处10万元以上30万元以下罚款；情节严重的，取消首席代表一定期限在中华人民共和国境内的任职资格或者要求其代表的外国银行撤换首席代表；情节特别严重的，由国务院银行业监督管理机构予以撤销：

（一）未经批准变更办公场所的；

（二）未按照规定向国务院银行业监督管理机构报送资料的；

（三）违反本条例或者国务院银行业监督管理机构的其他规定的。

第七十一条　外资银行违反中华人民共和国其他法律、法规的，由有关主管机关依法处理。

第七章　附　则

第七十二条　香港特别行政区、澳门特别行政区和台湾地区的金融机构在内地设立的银行机构，比照适用本条例。国务院另有规定的，依照其规定。

第七十三条　本条例自2006年12月11日起施行。2001年12月20日国务院公布的《中华人民共和国外资金融机构管理条例》同时废止。

中越双边合作指导委员会首次会议在河内举行

委员会共同主席、中国国务委员唐家璇和越南政府副总理兼外长范家谦主持了会议。

唐家璇说，近年来，中越关系不断取得新进展，两国交流与合作逐步拓展和深化，全面性和综合性日益突出。成立高层次跨部门双边合作指导委员会，是新的形势下两党、两国领导人高瞻远瞩共同作出的重要战略决策，对加深互信，促进合作，推动中越睦邻友好关系长期全面深入地发展意义重大。中方愿与越方一道，认真落实好两党、两国领导人的共识，有效推进委员会的各项工作。

会议讨论并确定了委员会的职能、组成和运作等事项。委员会将加强对现有合作机制的宏观指导，总体统筹两国各领域合作，协调解决合作中出现的重大问题。委员会原则上每年举行一次会议，轮流在两国举行。

会后，唐家璇与范家谦共同出席了《关于成立中国—越南双边合作指导委员会的谅解备忘录》以及建立中越经贸合作网站协议签字仪式。

中国文联第八次全国代表大会在北京举行第二次全体会议

中国文联党组书记、八次文代会大会主席团常务主席胡振民代表中国文联七届全委会，作了题为《高扬先进文化旗帜，繁荣发展文艺事业，为全面建设小康社会、构建社会主义和谐社会、实现中华民族的伟大复兴而努力奋斗》的工作报告。

胡振民的报告共分为“过去五年的工作回顾”“今后五年的工作构想”和“努力开创文联工作新局面”三个部分。

中国作协党组书记、副主席、书记处书记金炳华受中国作协第六届全国委员会的委托，作了题为《团结和谐　开拓创新　迎接社会主义文学事业的新辉煌》的工作报告。

《中国文学编年史》出版座谈会在人民大会堂召开

《中国文学编年史》是教育部人文社会科学研究重大项目和国家“985”项目建设成果，列入国家“十一五”重点图书出版规划，由全国10多所高等院校的教授、专家和学者共同完成，武汉大学教授陈文新担任总主编。全书共18卷、约1400万字，由湖南人民出版社出版。

与会专家学者认为，《中国文学编年史》在填补学术空白和提升中国文学史研究的层次方面，无疑具有重要的意义。用编年体展现中国文学的发展历程，此前仅有陆侃如的《中古文学系年》、曹道衡和刘跃进的《南北朝文学编年史》、傅璇琮主编的《唐五代文学编年史》等少数几种，先秦、宋、元、明、清、现当代等部分长期处于空缺状态。这次编纂出版的《中国文学编年史》是我国第一部从先秦到现当代、体例统一而规模宏大的中国文学编年史。

《孙中山先生画册》出版发行

这是目前国内外所收资料最全、最新、最具特色的一部研究孙中山先生的大型历史图集。

《孙中山先生画册》是中国文史出版社为纪念孙中山先生诞辰140周年而出版的重点图书。《孙中山先生画册》由邓小平同志题签，全国政协文史和学习委员会与国家博物馆联合修订编纂。

11月12日

孙中山先生诞辰140周年纪念大会在人民大会堂举行

中共中央总书记、国家主席、中央军委主席胡锦涛在会上发表重要讲话。

党和国家领导人吴邦国、温家宝、曾庆红、吴官正、李长春、罗干出席，贾庆林主持大会。

出席纪念大会的还有：王兆国、回良玉、刘淇、刘云山、吴仪、贺国强、曹刚川、曾培炎、王刚、何勇、李铁映、何鲁丽、丁石孙、成思危、许嘉璐、蒋正华、顾秀莲、热地、华建敏、陈至立、肖扬、贾春旺、王忠禹、廖晖、刘延东、李贵鲜、张思卿、罗豪才、张克辉、周铁农、郝建秀、陈奎元、阿不来提·阿不都热西提、徐匡迪、李兆焯、黄孟复、张怀西、李蒙、张梅颖、张榕明和中央军委委员李继耐、廖锡龙、陈炳德。

中央党政军群有关部门和北京市主要负责同志，各民主党派中央、全国工商联负责人和无党派人士，孙中山先生的亲属及海外来宾，以及首都各界人士等约3000人出席纪念大会。

中共中央总书记胡锦涛在孙中山先生诞辰140周年纪念大会上的讲话

同志们，朋友们：

今天，我们在这里隆重集会，纪念杰出的爱国主义者和民族英雄、中国民主革命的伟大先行者孙中山先生诞辰140周年。孙中山先生对中华民族作出了伟大贡献，我们永远缅怀他为民族独立、社会进步、人民幸福所建立的历史功勋。

孙中山先生产生于他那个特定的时代，又给了他那个特定的时代以深刻影响。孙中山先生生活在19世纪后半叶至20世纪初叶，那时我们历史悠久的祖国遭受着帝国主义列强的野蛮蹂躏和侵略，中国人民遭受着封建制度的腐朽统治和压迫，中国的民族独立受到严重侵害、主权不断丧失，中国成为半殖民地半封建社会,中国人民处于水深火热之中。不愿意忍受奴役和压迫的中国人民和仁人志士在苦难中觉醒,奋起反抗,向着帝国主义和封建势力发起了一波又一波的抗争。孙中山先生就是他们中的杰出代表。

青年时代,孙中山先生目睹中国和中国人民的悲惨境地,产生了强烈的爱国激情和极大的民族义愤,萌发了救国救民的崇高理想,形成了改变中国和中国人民命运的坚定信念。从1894年创立兴中会起,孙中山先生为了"亟拯斯民于水火,切扶大厦之将倾",全身心地投入反对帝国主义和封建统治的革命事业,奔走于海内外,联合各方力量,建立革命团体,从事宣传鼓动,发动武装起义。孙中山先生提出民族、民权、民生的三民主义,高举实现民族独立自由和民主革命的旗帜,领导创立中国同盟会,开创了完全意义上的中国近代民族民主革命。在孙中山先生组织领导和他的革命精神感召下,1911年爆发的辛亥革命推翻了清朝的统治,从而结束了在中国延续几千年的君主专制制度,为中国的进步打开了闸门,谱写了古老中国发展进步的历史新篇章。这是孙中山先生为中国人民和中华民族建立的最具历史意义的伟大功勋。

孙中山先生一生追求真理,始终与时俱进。孙中山先生始终站在时代前列,以"世界潮流,浩浩荡荡,顺之则昌,逆之则亡"为自己的座右铭,强调要"内审中国之情势,外察世界之潮流,兼收众长,益以新创"。孙中山先生注重学习世界上的先进知识和有益思想成果,并希望结合中国的实际用来改造中国。孙中山先生十分关注俄国十月革命和马克思主义在世界范围的传播,敏锐地认识到五四运动和中国共产党成立对中国变革的重要影响,毅然实行联俄、联共、扶助农工的三大政策,赋予三民主义思想以新的内涵。三大政策是孙中山先生的重要政治主张,是他倡导的民族民主革命从屡受挫折转向成功、进而取得显著成就的正确道路。

孙中山先生一生不懈奋斗,始终坚忍不拔。孙中山先生的革命生涯充满着曲折和艰辛,经历过许多风险和挫折。但是,为了"造成独立自由之国家,以拥护国家及民众之利益",孙中山先生掷地有声地表示,革命应"勇往直前,以浩气赴事功,置死生于度外"。孙中山先生关心民众疾苦,立志为百姓谋福祉。他说"三民主义是为人民而设的,是为人民求幸福的",革命"就是要除去人民的那些忧愁,替人民谋幸福"。孙中山先生始终站在革命斗争的前列,坚守他所认定的革命理想和事业,抱定为民众利益而奋斗牺牲的目标,坚定不移地向各种逆历史潮流而动的反动势力展开坚决斗争,一往无前,愈挫愈勇,百折不挠。直到卧病弥留之际,孙中山先生念念不忘的仍是"和平、奋斗、救中国"。

孙中山先生一生热爱祖国,始终致力于振兴中华。孙中山先生说自己"爱国若命","生平以爱国为前提",充分体现了一位真正爱国主义者的伟大情怀。孙中山先生100多年前第一个喊出了"振兴中华"的口号,他毕生的追求就是实现中华民族的完全独立和中国的民主统一,并通过中国人民自己的奋斗,改变中国的贫弱处境,将中国建设成为现代化强国。孙中山先生在从事革命事业的同时,以广阔的世界眼光观察国际大势,主张实行"开放主义","发扬吾固有之文化,且吸收世界之文化而光大之,以期与诸民族并驱于世界"。孙中山先生亲手规划设计的中国现代化发展蓝图,体现了他的雄心壮志和远见卓识。

孙中山先生的一生,是为近代中国的民族独立、民主自由、民生幸福而无私奉献的一生,是为实现国家统一、振兴中华而殚精竭虑的一生。孙中山先生追求真理的开拓进取精神和矢志不渝的爱国主义情怀,孙中山先生天下为公的博大胸怀和放眼世界的开放心态,孙中山先生生命不息、奋斗不止的坚强意志和鞠躬尽瘁、死而后已的高尚品德,是他留给我们的宝贵精神遗产。在我们为实现中华民族伟大复兴而奋斗的征程上,这一精神遗产仍然具有重要的启迪和教育意义,值得我们永远学习继承和发扬光大。正是因为他对国家和人民作出了杰出贡献,孙中山先生始终在全中国人民中享有崇高的威望,始终受到全中国人民由衷的景仰。

同志们、朋友们!

中国共产党人是孙中山先生革命事业最坚定的支持者、最亲密的合作者、最忠实的继承者。孙中山先生也始终把中国共产党人当成自己的亲密朋友。孙中山先生逝世后,中国共产党人继承孙中山先生的遗志,团结带领全国各族人民夺取了新民主主义革命的胜利,实现了民族独立和人民解放,建立了人民当家做主的社会主义国家政权,开展了大规模的社会主义建设。特别是改革开放以来,中国共产党团结带领全国各族人民在中国特色社会主义道路上开拓前进,取得了举世公认的伟大成就,中国的面貌发生了举世瞩目的深刻变化。抚今追昔,我们可以告慰孙中山先生的是,令他忧虑重重的旧中国积贫积弱的状况已经一去不复返了,令他念兹在兹的中国人民的生活已经发生了翻天覆地的变化,令他魂牵梦萦的中国现代化的理想正在逐步实现,中华民族伟大复兴的光辉前景已经展现在我们面前。

同时,我们也必须清醒地看到,我国人口多、底子薄、发展很不平衡,正处于并将长期处于社会主义初级阶段,基本实现现代化,实现中华民族的伟大复兴,需要我们继续进行长期的艰苦奋斗。我们要铭记孙中山先生等革命先辈振兴中华的夙愿，继续把几代中国人为之呐喊、为之奋斗、为之流血牺牲的民族复兴伟业推向前进。

我们要坚定不移地贯彻落实科学发展观，坚持以经济建设为中心，坚持改革开放，坚持发展为了人民、发展依靠人民、发展成果由人民共享，全面推进经济建设、政治建设、文化建设、社会建设，积极推动全面建设小康社会进程，积极推动构建社会主义和谐社会进程，不断开创中国特色社会主义事业新局面。

我们要坚定不移地大力弘扬中华民族世代传承的爱国主义精神，促进政党关系、民族关系、宗教关系、阶层关系、海内外同胞关系的和谐，巩固和加强全国各族人民的大团结，巩固和加强海内外中华儿女的大团结，广泛凝聚中华民族的一切智慧和力量，共同为实现中华民族的伟大复兴而奋斗。

我们要坚定不移地高举和平、发展、合作的旗帜，坚持奉行独立自主的和平外交政策，坚持走和平发展道路，坚持实施互利共赢的开放战略，同世界各国人民一道，努力构建持久和平、共同繁荣的和谐世界，共同创造人类和平与发展的美好未来。

同志们、朋友们！

孙中山先生曾经说过："中国是一个统一的国家，这一点已牢牢地印在我国的历史意识之中，正是这种意识才使我们能作为一个国家而被保存下来"。他还强调："'统一'是中国全体国民的希望。能够统一，全国人民便享福；不能统一，便要受害。"今天，我们重温孙中山先生的主张，更能体会到他始终不渝地维护国家统一的重大意义。实现祖国完全统一，是中华民族的根本利益所在，也是全体中华儿女的共同愿望和神圣职责。海峡两岸同胞血浓于水，骨肉相亲。争取和平统一，共谋复兴大业，有利于包括台湾同胞在内的中华民族的长远发展，理应成为两岸同胞包括各党派、各团体为之奋斗的共同目标。我们坚决反对"台独"分裂势力及其活动，决不允许任何人以任何方式把台湾从中国分割出去。两岸中国人完全可以在一个中国原则的基础上，以中华民族的根本利益为重，以两岸同胞的福祉为重，真诚相待、坦诚相商，精诚团结、热诚合作，推动两岸关系和平发展，促进祖国和平统一。

我呼吁，两岸同胞以及海内外全体中华儿女携起手来，共同为两岸关系和平发展、实现祖国完全统一而努力，共同创造所有中国人的幸福生活和美好未来。

同志们、朋友们！

具有五千多年文明历史的中华民族，在自己的发展历程中为人类作出了伟大贡献。今天，我们应该也必须为人类作出新的更大的贡献。孙中山先生曾经这样表述他对中华民族的期盼："一旦我们革新中国的伟大目标得以完成，不但在我们的美丽的国家将会出现新纪元的曙光，整个人类也将得以共享更为光明的前景"。实现中华民族的伟大复兴，为人类作出更大贡献，这是美好的前景，更是重大的责任。光明在前，任重道远。我们不能懈怠，我们仍需努力。所有敬仰孙中山先生的中华儿女，包括大陆同胞、港澳同胞、台湾同胞、海外侨胞，更加紧密地团结起来，紧紧抓住时代赋予的机遇，勇敢担当历史赋予的责任，共同为实现祖国完全统一、实现中华民族的伟大复兴，为推动建设持久和平、共同繁荣的和谐世界而努力奋斗！

全国政协举办纪念孙中山先生诞辰140周年招待会

中共中央政治局常委、全国政协主席贾庆林出席招待会。

招待会由全国政协副主席王忠禹主持。

出席招待会的有全国人大常委会副委员长、民革中央主席何鲁丽，全国政协副主席刘延东、罗豪才、张克辉、周铁农，全国政协秘书长郑万通，各民主党派中央、全国工商联负责人，无党派人士代表，中国侨联、对外友协、全国台联、宋庆龄基金会、黄埔同学会、欧美同学会负责人以及应邀出席孙中山先生诞辰140周年纪念活动的孙中山先生的亲属代表、港澳台有关人士和海外来宾代表共200多人。

中共江苏省第十一届委员会第一次全体会议选举李源潮为省委书记

中国文联第八届全国委员会第一次会议选出新一届领导机构

孙家正当选新一届中国文联主席。周巍峙被推举为中国文联名誉主席。

丁荫楠、才旦卓玛、丹增、白淑湘、冯远、冯骥才、刘大为、刘兰芳、李牧、李维康、杨志今、吴贻弓、吴雁泽、张西南、陈晓光、赵化勇、胡振民、段成桂、夏菊花、覃志刚、裴艳玲21人当选为副主席。

白庚胜、冯双白、李前光、林建、赵长青、姜昆、徐沛东、康健民、董伟、廖奔、黎鸣11人当选为主席团委员。

中国文联第八届主席团推举胡振民、覃志刚、李牧、冯远、杨志今、廖奔、白庚胜7人为中国文联第八届书记处书记。

中国作协第七届全国委员会第一次会议选出新一届领导机构

铁凝当选新一届中国作协主席。

王安忆、丹增、叶辛、刘恒、李存葆、张平、张抗抗、陈忠实、陈建功、金炳华、高洪波、蒋子龙、谭谈13人当选为新一届中国作协副主席。

二月河、王巨才、扎西达娃、叶文玲、冯艺、吕雷、刘兆林、池莉、苏童、张炜、张健、张贤亮、张胜友、张笑天、陆天明、阿来、阿扎提·苏里坦、阿尔泰、陈世旭、陈祖芬、陈崎嵘、周梅森、赵本夫、柳建伟、莫言、贾平凹、黄济人、韩少功、舒婷29人当选为主席团委员。

中国作协第七届主席团推举金炳华、张健、陈建功、高洪波、张胜友、陈崎嵘6人为中国作协第七届书记处书记。

11月13日

中办 国办印发《关于加强农村基层党风廉政建设的意见》

加强农村基层党风廉政建设，是构建社会主义和谐社会的重要举措，是推进社会主义新农村建设的有力保证。改革开放以来特别是党的十六大以来，各级党委和政府认真贯彻落实中央的部署和要求，在农村基层党风廉政建设方面做了大量工作，取得了明显成效。广大农村基层党员、干部辛勤工作，廉洁奉公，为农村经济社会发展作出了重要贡献。农村基层党员、干部队伍的主流是好的。但也要看到，当前农村基层在党风政风方面还存在一些亟待解决的问题，农村基层党风廉政建设工作仍然比较薄弱。同时，随着改革的深入和工业化、城镇化的推进，农村的社会结构、生产方式、组织形式和利益关系正在发生深刻变化，农村基层党风廉政建设面临许多新情况新问题。为适应新的形势和任务，按照《建立健全教育、制度、监督并重的惩治和预防腐败体系实施纲要》的要求，结合农村基层实际，经中央同意，现就加强农村基层党风廉政建设提出如下意见。

一、大力开展农村基层反腐倡廉教育

（一）增强教育的针对性和实效性。农村基层反腐倡廉教育，要与巩固和扩大农村保持共产党员先进性教育活动成果相结合，与建设社会主义新农村历史进程相适应。要组织农村基层党员、干部认真学习和实践邓小平理论和“三个代表”重要思想，全面贯彻落实科学发展观。当前和今后一个时期要把学习《江泽民文选》作为重要任务。要以乡（镇）、村领导班子成员和基层站所负责人为重点，突出抓好理想信念和党的宗旨教育、科学发展观教育、社会主义荣辱观教育、政策法规和党纪条规教育。要注意加强对农村流动党员的教育和管理。把反腐倡廉教育纳入农村基层党员、干部培训计划，实行分级负责制。要适应农村特点，编写简易读本，制作教育课件，充分发挥农村党员干部现代远程教育等载体的作用。积极推进农村廉政文化建设。大力宣传廉洁奉公、勤政为民的优秀农村基层干部，表彰先进，弘扬正气。

（二）完善农村基层党员、干部行为规范。农村基层党员、干部要发扬党的优良传统和作风，适应社会主义新农村建设的要求，坚持做到“六要六不要”，即：要解放思想、与时俱进，不要因循守旧、不思进取；要求真务实、量力而行，不要虚假浮夸、盲目攀比；要尊重民意、依法办事，不要强迫命令、独断专行；要艰苦奋斗、勤俭节约，不要贪图享乐、铺张浪费；要廉洁自律、公道正派，不要以权谋私、与民争利；要崇尚科学、移风易俗，不要搞封建迷信和婚丧喜庆大操大办。各地区和有关部门要结合实际研究提出农村基层党员、干部包括基层站所工作人员的具体行为规范。

二、进一步加强农村基层党风廉政制度建设

（三）建立和完善对农村基层干部的监督制度。健全乡镇领导班子议事规则，落实重大事项集体决策制度。完善以村民会议、村民代表会议为主要形式的民主决策制度。进一步完善“一事一议”制度。落实农村基层党组织生活会制度，健全农村基层干部任前廉政谈话、诫勉谈话、述职述廉等制度。逐步推行村干部勤廉双述、村民询问质询和民主评议制度。建立和完善农村基层干部任期经济责任审计制度。

（四）建立健全农村集体资金、资产和资源管理制度。完善乡（镇）、村财务管理制度，进一步规范银行账户、银行存款、现金、债权债务、票据使用和会计档案的管理，健全财务预决算、开支审批、审计监督和村民民主理财等制度。在尊重农民群众意愿和民主权利的基础上，推行村级会计委托代理服务制度，有条件的地区可探索引入社会中介机构为村级财务管理服务。对财务管理混乱的乡（镇）、村进行集中清理整顿。制定和完善农村集体资产承包、租赁、出让等管理制度。规范农村集体土地、滩涂、水面等资源的开发利用，实行公开竞价和招投标制度。积极稳妥地推进集体林权制度改革。积极推行股份制、股份合作制等村集体经济的有效实现形式。

（五）深化改革，逐步消除滋生腐败的条件。积极稳妥地推进乡镇机构改革和农村基层站所管理体制改革。完善农村基层干部选拔任用机制，认真总结一些地方公开推选的经验，扩大候选人提名中的民主。积极推行村党支部选举的“两推一选”办法。健全村党组织领导的充满活力的村民自治机制，完善相关法律法规，重点解决选举中宗族势力干扰等侵犯农民群众民主权利的问题。按照科学发展观和正确政绩观的要求，健全农村基层干部政绩考核评价机制和激励机制。规范农村基层公务接待活动，村、组不准招待党和国家机关工作人员。逐步推进农村基层干部职务消费制度改革。

三、全面推进乡镇政务公开、村务公开和党务公开

(六)深入推进乡镇政务公开。乡镇政权机关和基层站所要以公正、便民和廉政、勤政为基本要求,利用方便快捷的形式,重点公开贯彻落实中央有关农村工作政策,财政、财务收支,各类专项资金、财政转移支付资金使用等情况,以及其他涉及农民群众切身利益的重要事项。省(自治区、直辖市)负责编制乡镇政务公开目录。学校、医院、供水、供电等与农民群众关系密切的公用事业单位要大力推行办事公开制度。要把办事公开纳入政风行风评议的范围,并将评议结果向有关部门反馈。

(七)深入推进村务公开。村级组织要把各级政府支农惠农政策、社会各界支持新农村建设的项目、新农村建设的各项资金及其使用情况、农村集体资产和资源处置情况,以及对村干部的民主评议、考核和审计结果等事项,纳入公开的内容。县(市)负责编制村务公开目录。乡(镇)要把贯彻落实村务公开制度作为一项重点工作,切实加强工作指导和监督检查,坚决防止和纠正不公开、假公开、不及时公开等问题。

(八)积极推行农村基层党务公开。乡(镇)、村党组织的工作事项,除国家秘密外,都要向党员和农民群众公开。重点公开农村基层党组织的工作目标、决策内容和程序、干部选拔任用、发展党员、党费收缴管理和使用、民主评议党员、党员干部违纪违法问题的处理、落实党风廉政建设责任制情况等内容。

四、认真抓好贯彻执行党的农村政策情况的监督检查

(九)围绕支农惠农政策落实情况开展监督检查。重点检查对农业和农民直接补贴政策、农村基础设施建设投入政策、农村社会事业支持政策等落实情况。督促有关部门严格执行支农资金使用的管理规定,按照透明、规范的程序安排支农资金,通过招投标方式落实支农项目。积极运用"一卡通"等简便、直接的形式,确保补贴资金足额、及时发放到农民手中。坚决防止和纠正违背科学发展观的错误行为,力戒新农村建设中的形式主义。

(十)围绕农村土地政策落实情况开展监督检查。加强对农村土地承包法律和政策执行情况的检查,坚决纠正侵害农民土地承包权益的行为。督促有关部门严格控制建设用地占用规模,防止乱占滥用耕地。加大对农村土地征收征用情况的监督检查力度,规范征地程序和补偿标准,加强对被征地农民的就业安置和社会保障工作,全面落实农村集体土地补偿费专户管理、专账核算、专项审计和公开制度,维护被征地农民的合法权益。

(十一)围绕农村综合改革推进情况开展监督检查。严肃机构编制纪律,防止和纠正乡镇机构改革中违反规定设置机构,超职数、超编制配备人员以及弄虚作假"吃空饷"等问题。及时掌握农村义务教育体制改革进展情况,保证各级政府的财政投入足额到位和合理使用。督促有关部门规范转移支付和乡镇开支范围,及时解决县、乡财政管理体制改革中出现的问题。严格执行关于制止乡村发生新债务的有关规定和要求。

五、切实解决损害农民群众利益的突出问题

(十二)坚决纠正损害农民群众利益的行为。认真做好减轻农民负担工作,坚决制止在农民建房、用电用水和务工经商等方面存在的乱收费、乱罚款和各种摊派行为。制止违反涉农税收、价格及收费"公示制"和乡(镇)、村级组织、农村中小学校公费订阅报刊"限额制"规定的行为。加强对新型农村合作医疗资金的监管,坚决纠正农村医药购销和医疗服务中的不正之风。认真解决在扶贫、救灾、救助、移民等款物管理和使用中损害农民群众利益的问题。依法严厉打击制售伪劣农资和哄抬农资价格等坑农害农行为。

(十三)严肃查处农村基层党员、干部违纪违法案件。重点查处截留、挪用、侵占、贪污支农资金和征地补偿费案件,侵占集体资金、资产、资源案件,利用职权谋取非法利益案件,涉及农民负担恶性案件,为黑恶势力充当"保护伞"案件,选举中拉票、贿选等严重违反组织人事纪律案件,参与赌博、借婚丧喜庆收钱敛财等案件。认真解决农民群众来信来访问题,实行领导干部包案制,把问题解决在基层。

六、加强对农村基层党风廉政建设的组织领导

(十四)各级党委和政府要切实负起全面领导责任。把农村基层党风廉政建设工作摆上重要议事日程,纳入社会主义新农村建设的总体规划,坚持条块结合、以块为主,坚持因地制宜、分类指导。加强农村基层党风廉政建设,县委是关键,乡镇是基础。县(市)党委和政府要从本地实际出发,加强调查研究,明确工作任务,确定工作重点,采取有力措施,加强督促检查和具体指导。乡(镇)党委和政府要明确责任,着力抓好落实。县(市)、乡(镇)党政主要领导要对农村基层党风廉政建设负总责。县(市)、乡(镇)党委每年年底要向上级党委和纪委报告农村基层党风廉政建设工作情况。建立农村基层党风廉政建设工作协调机构。把党风廉政建设责任制向村级延伸,制定相关的配套规定。

(十五)纪检监察机关要加强组织协调。积极协助党委和政府研究制定农村基层党风廉政建设的总体部署和实施方案,加强与有关部门的联系和沟通,统一组

织监督检查活动，协调解决工作中的矛盾和问题。县(市)纪检监察机关要把农村基层党风廉政建设作为主要任务，加大工作力度。改革和完善农村基层党的纪律检查体制和工作机制，加强县(市)、乡(镇)纪检监察队伍建设。

(十六)有关部门要认真履行职责。坚持谁主管、谁负责的原则，按照任务分工，把农村基层党风廉政建设纳入本部门的整体工作，建立上下联动的工作机制。充分发挥职能优势，针对农民群众反映强烈的问题，研究提出解决办法。

各省(自治区、直辖市)、中央和国家机关有关部门要根据本意见，结合实际制定贯彻落实的具体措施。

国务院总理温家宝签署第479号令公布《公安机关组织管理条例》

《公安机关组织管理条例》已经2006年11月1日国务院第154次常务会议通过，现予公布，自2007年1月1日起施行。

总　理　温家宝

2006年11月13日

公安机关组织管理条例

第一章　总　则

第一条　为了规范公安机关组织管理，保障公安机关及其人民警察依法履行职责，根据《中华人民共和国公务员法》《中华人民共和国人民警察法》，制定本条例。

第二条　公安机关是人民民主专政的重要工具，人民警察是武装性质的国家治安行政力量和刑事司法力量，承担依法预防、制止和惩治违法犯罪活动，保护人民，服务经济社会发展，维护国家安全，维护社会治安秩序的职责。

第三条　公安部在国务院领导下，主管全国的公安工作，是全国公安工作的领导、指挥机关。

县级以上地方人民政府公安机关在本级人民政府领导下，负责本行政区域的公安工作，是本行政区域公安工作的领导、指挥机关。

第四条　公安机关实行行政首长负责制。

第二章　公安机关的设置

第五条　县级以上人民政府公安机关依照法律、行政法规规定的权限和程序设置。

第六条　设区的市公安局根据工作需要设置公安分局。市、县、自治县公安局根据工作需要设置公安派出所。

公安分局和公安派出所的设立、撤销，按照规定的权限和程序审批。

第七条　县级以上地方人民政府公安机关和公安分局内设机构分为综合管理机构和执法勤务机构。

执法勤务机构实行队建制，称为总队、支队、大队、中队。

第八条　县级以上地方人民政府公安机关和公安分局内设机构的设立、撤销，按照国家规定的权限和程序审批。

第九条　看守所、拘留所、戒毒所、收容教育所依照法律、行政法规的规定设置。

第三章　公安机关人民警察职务

第十条　公安机关人民警察职务分为警官职务、警员职务和警务技术职务。

第十一条　公安机关履行警务指挥职责的人民警察实行警官职务序列。

公安机关领导成员和内设综合管理机构警官职务由高至低为：省部级正职、省部级副职、厅局级正职、厅局级副职、县处级正职、县处级副职、乡科级正职、乡科级副职。

公安机关内设执法勤务机构警官职务由高至低为：总队长、副总队长、支队长、副支队长、大队长、副大队长、中队长、副中队长。

县级以上地方人民政府公安机关派出机构、内设执法勤务机构和不设区的市、县、自治县公安局根据工作需要，可以设置主管政治工作的政治委员、教导员、指导员等警官职务。

第十二条　公安机关履行警务执行职责的人民警察实行警员职务序列。

公安机关及其内设综合管理机构警员职务由高至低为：巡视员、副巡视员、调研员、副调研员、主任科员、副主任科员、科员、办事员。

公安机关内设执法勤务机构警员职务由高至低为：一级警长、二级警长、三级警长、四级警长、一级警员、二级警员、三级警员。

第十三条　公安机关从事警务技术工作的人民警察实行警务技术职务序列。

警务技术职务的设置，按照国家规定执行。

第十四条　公安机关人民警察的级别，根据所任职务及其德才表现、工作实绩和资历确定。

第十五条　公安机关人民警察职务与级别的对应关系，由国务院另行规定。

第十六条　公安机关人民警察任职，应当符合国家规定的任职资格条件。

第十七条　县级以上地方人民政府公安机关正职领导职务的提名，应当事先征得上一级公安机关的同意。

县级以上地方人民政府公安机关副职领导职务的任免，应当事先征求上一级公安机关的意见。

第十八条　公安机关内设机构警官职务、警员职务的任免，由本公安机关按照干部管理权限决定或者报批。

公安分局领导成员职务以及公安派出所警官职务、警员职务的任免，由派出公安分局、公安派出所的公安机关决定。

第四章　公安机关的编制和经费

第十九条　公安机关人民警察使用的国家行政编制，实行专项管理。

第二十条　公安部根据工作需要，向国务院机构编制管理机关提出公安机关编制的规划和调整编制的意见，由国务院机构编制管理机关审核，按照规定的权限和程序审批。

第二十一条　省、自治区、直辖市人民政府根据工作需要，可以向国务院机构编制管理机关提出调整公安机关编制的申请。

国务院机构编制管理机关对省、自治区、直辖市人民政府调整公安机关编制的申请，征求公安部意见后进行审核，按照规定的权限和程序审批。

第二十二条　公安机关根据工作需要，经中央公务员主管部门或者省、自治区、直辖市公务员主管部门批准，可以对专业性较强的职位和辅助性职位实行聘任制。但是，对公安执法职位或者涉及国家秘密的职位，不实行聘任制。

第二十三条　公安机关应当按照国家规定，将各项罚没收入和行政事业性收费收入全额上缴财政。

县级以上人民政府按照国家规定的经费项目和标准，将公安机关经费列入财政预算，实行全额保障，并对经济困难地区的公安工作给予必要的经费支持。

第五章　公安机关人民警察管理

第二十四条　公安机关录用人民警察实行考试录用制度。

公安机关录用的人民警察应当符合国家规定的条件。

第二十五条　公安部机关及其实行公务员制度的直属机构人民警察录用考试，由中央公务员主管部门负责组织。

县级以上地方人民政府公安机关人民警察录用考试，由省、自治区、直辖市公务员主管部门负责组织。县级以上地方人民政府公安机关按照国家规定，承担相应的录用工作。

第二十六条　调任、转任到公安机关担任人民警察职务的，应当符合担任公安机关人民警察的条件和拟任职位所要求的资格条件。

公安机关应当对调任、转任人选进行严格考察，并按照管理权限审批。必要时，可以对调任人选进行考试。

第二十七条　公安机关人民警察实行警衔制度。公安机关授予警衔的人员应当是使用国家专项编制的在职人员。

第二十八条　公安机关按照管理权限对人民警察进行考核。

考核结果作为调整公安机关人民警察职务、级别、工资以及辞退、奖励、培训的依据。

第二十九条　公安机关人民警察应当经过公安院校等人民警察培训机构培训并考试、考核合格，方可任职、晋升职务、授予警衔、晋升警衔。

公安机关应当组织人民警察接受国家规定的培训。

第三十条　公安机关人民警察有下列情形之一的，应当予以辞退：

(一)在年度考核中，连续两年被确定为不称职的；

(二)不胜任现职工作，又不接受其他安排的；

(三)因所在公安机关调整、撤销、合并或者缩减编制员额需要调整工作，本人拒绝合理安排的；

(四)不履行人民警察义务，不遵守人民警察纪律，经教育仍无转变，不适合继续在公安机关工作，又不宜给予开除处分的；

(五)旷工或者因公外出、请假期满无正当理由逾期不归连续超过15天，或者1年内累计超过30天的。

第三十一条　公安机关人民警察有下列情形之一的，不得辞退：

(一)因公致残，被确认丧失或者部分丧失工作能力的；

(二)患病或者负伤，在规定的医疗期内的；

(三)女性人民警察在孕期、产假、哺乳期内的；

(四)法律、行政法规规定的其他不得辞退的情形。

第三十二条　公安机关人民警察个人或者集体在工作中表现突出，有显著成绩和特殊贡献的，应当根据国家规定给予奖励。

奖励分为：嘉奖、记三等功、记二等功、记一等功、授予荣誉称号。

对受奖励的公安机关人民警察，可以根据国家规定提前晋升警衔，并给予一次性奖金或者其他待遇。

拟以国务院名义授予荣誉称号的，由人事部审核后报国务院审批；拟授予全国公安系统一级英雄模范称号的，由人事部会同公安部审批；拟授予全国公安系统二级英雄模范称号的，由公安部依据国家有关规定审批。

第三十三条　公安机关人民警察违法违纪的，应当根据国家规定给予处分；构成犯罪的，依法追究刑事责任。

处分分为:警告、记过、记大过、降级、撤职、开除。

对受处分的公安机关人民警察,根据国家规定降低警衔或者取消警衔。

对公安机关人民警察的处分由任免机关或者监察机关决定。

第三十四条　公安机关人民警察对涉及本人的人事处理决定不服,或者认为有关部门及其领导人员侵犯其合法权益的,可以依法申请复核,提出申诉或者控告。

第六章　公安机关人民警察待遇

第三十五条　公安机关人民警察享受国家规定的符合其职业特点的工资待遇。

第三十六条　公安机关人民警察实行国家规定的保险制度,保障其在退休、患病、工伤、生育、失业等情况下获得帮助和补偿。

第三十七条　公安机关人民警察因公致残的,应当享受必要的治疗、康复,其中被评定残疾的人员享受国家规定的抚恤和优待。

公安机关人民警察因公牺牲或者病故的,其家属享受国家规定的抚恤和优待。

第三十八条　公安机关人民警察实行国家规定的工时制度和休假制度。

公安机关人民警察在法定工作日之外工作的,应当补休;不能补休的,应当给予补助,具体办法由人事部会同财政部规定。

第三十九条　公安机关人民警察达到国家规定的退休年龄或者完全丧失工作能力的,应当退休。

公安机关人民警察符合国家规定的提前退休条件的,本人自愿提出申请,经任免机关批准,可以提前退休。

第四十条　公安机关人民警察退休后,享受国家规定的退休金和其他福利待遇。

第七章　附　则

第四十一条　新疆生产建设兵团的公安机关和经批准参照《中华人民共和国公务员法》管理的公安机关所属事业单位的组织管理,适用本条例。

第四十二条　本条例自2007年1月1日起施行。

国务院总理温家宝在中国文联和中国作协全国代表大会上作经济形势报告

温家宝首先介绍了当前我国的经济社会发展情况和今后一个时期经济工作面临的形势和任务。他指出,一个国家要实现现代化,屹立在世界民族之林,不仅要靠经济发展、生活改善,而且要靠民主法制、精神文明、国民素质和道德力量。发展文学艺术要以人为本,坚持为人民服务、为社会主义服务的方向和百花齐放,百家争鸣的方针,为学术研究和文艺创作营造良好的社会氛围和学术土壤,真正形成百花争妍、万紫千红的大好局面。

温家宝说,中国社会主义社会当前面临的主要矛盾仍然是人们日益增长的物质文化需要同落后的社会生产力之间的矛盾。发展文学艺术,提高人们的文化素质,激励人们的向上精神,推动经济发展和社会进步,是一项极为重要的任务。广大文学艺术工作者要充分发挥自己的聪明才智,创造无愧于时代,无愧于人民的优秀作品,创作出一批传世之作,涌现出一批德艺双馨的文学艺术家。

温家宝对文艺工作提出几点要求:第一,追求和弘扬真善美。要提倡讲真话,反映真实的社会情况,鼓励人们去追求真理;提倡与人为善,公平正义,为每个人自由发展创造良好的环境;提倡积极发现美、创造美,带给人们美的享受。对真善美的追求是人类的共同价值观,是人类长期进化和社会不断进步的综合产物。第二,解放思想,贯彻“双百”方针。就是要在宪法规定的范围内,保障学术自由和创作自由,鼓励解放思想,提倡兼收并蓄,尊重客观规律;就是要在艺术创作上提倡不同形式和不同风格的自由发展;就是要充分发扬学术民主和艺术民主,鼓励文学艺术家大胆探索和创造;就是要团结一切为人民和国家而努力工作的文学家、艺术家,调动一切积极因素。第三,文学艺术家要有强烈的社会责任感。文艺工作者对国家、对人民要有深入的了解和真挚的爱,用自己的作品反映人民的生活,反映社会变革与进步,倡导社会和谐与包容,鼓舞人们刚健自强、艰苦奋斗。

温家宝说,中国文联、中国作协是党和政府联系文艺工作者的桥梁和纽带。各级文联和作协组织要多为会员办好事、办实事,切实维护广大会员的合法权益,团结广大会员为现代化建设贡献才智和力量。各级政府要重视、支持文联和作协的工作,为他们开展工作创造更好的条件。

国务院总理温家宝在中南海会见意大利副总理兼外长马西莫·达莱马

中央政法委书记罗干会见蒙古最高法院首席大法官巴特德勒格尔

中共湖南省第九届委员会第一次全体会议选举张春贤为省委书记

外交部部长李肇星在钓鱼台国宾馆与意大利副总理兼外长马西莫·达莱马举行会谈

中央财政将投入巨资重点支持100所国家示范性高等职业院校

经国务院同意,在“十一五”期间实施国家示范性高等职业院校建设计划;中央财政至少安排专项资金20亿元,重点支持100所国家示范性高等职业院校。这是中央财政对高等职业教育的首次巨额投入。

根据计划,中央在重点支持的100所示范院校中,将选择500个左右办学理念先进、产学结合紧密、特色鲜明、就业率高的专业进行重点支持。造就一批基础理论扎实、教学实践能力突出的专业带头人和教学骨干;建设一批融教学、培训、职业技能鉴定和技术研发功能于一体的实训基地或车间;合作开发一批体现工学结合特色的课程体系,形成500个以重点建设专业为龙头、相关专业为支撑的重点建设专业群,提高示范院校对经济社会发展的服务能力。

按照计划要求,各地将完善政策措施,支持示范院校的改革试点工作,优先安排招生录取批次,鼓励开展单独招生试点,保证生源质量。支持示范院校根据经济社会发展需要灵活设置专业,逐步扩大跨省招生规模,示范院校跨省招生比例不低于30%,中部和东部地区示范院校对西部地区的招生比例不低于10%,提高服务社会的能力。

另据了解,为保证100所示范院校的招生质量和规模,中央财政还将进一步完善资助政策,加大对高职贫困学生的资助力度,特别是100所示范院校贫困生的资助。

11月14日

国家主席胡锦涛在人民大会堂接受智利等10国新任驻华大使递交的国书

这10位新任驻华大使分别是:智利大使雷耶斯、布隆迪大使萨布希米克、马里大使特拉奥雷、古巴大使佩雷拉、冰岛大使贡纳尔松、坦桑尼亚大使马普里、伊朗大使曼苏里、瑞典大使林川、西班牙大使布拉斯科和印度大使拉奥(女)。

全国人大常委会委员长吴邦国在河南调研

11月14日至18日,吴邦国在河南省省委书记、省人大常委会主任徐光春,省长李成玉等陪同下,先后来到郑州、洛阳、新乡、鹤壁等地进行专题调研。在中国一拖集团、中信重型机械公司、鹤煤集团、新飞电器、三全食品、金龙精密铜管、宇通客车等企业的生产车间、研发中心,他与企业干部职工和科技人员亲切交谈,详细了解企业生产经营、科技创新和循环经济发展情况;在黄河小浪底水利枢纽,他认真听取工程在防洪、减淤、供水、灌溉和发电等方面的情况介绍。他深入新乡启明社区服务中心和七里营镇刘庄村农户家中,与社区管理人员和农民群众热情交谈。他还专程看望了河南省人大机关的干部职工。

吴邦国指出,社会要和谐,首先要发展。发展对于河南这样的中西部省份显得尤为重要。要紧紧抓住发展这一党执政兴国的第一要务,创新发展模式,提高发展质量,增强发展后劲,坚持用发展的办法解决前进中的问题,大力发展社会生产力,不断为社会和谐创造雄厚的物质基础。一要加快推进经济结构调整,坚持走新型工业化道路,促使生产要素向优势产业和优势企业集中,把工作重点放在提升存量上,传统工业要向高端调整。二要以节能降耗为抓手大力开展新一轮企业技术改造,促进结构调整、技术进步和产业优化升级。三要加快体制机制创新,加大科技投入,鼓励专利发明,吸引创新人才,强化企业在科技创新中的主体作用,提高科技进步对经济增长的贡献率。

国务院总理温家宝在中南海紫光阁会见美国商务部部长卡洛斯·古铁雷斯

温家宝指出,中美经贸关系是两国关系的重要组成部分。今年以来,中美进行了多个经贸领域的磋商与对话,妥善处理了合作中出现的一些问题,维护了双边经贸关系的稳定发展。实践证明,磋商与对话是解决经贸摩擦的正确方法,贸易保护主义只会损害双方的共同利益。希望中美双方本着互谅互让和互惠互利的精神,扩大和加深两国在经贸领域的合作。

全国政协主席贾庆林在北京与全国宗教团体领导人研讨会全体成员进行座谈

贾庆林在座谈时指出,当前,我国经济社会发展进入到一个关键时期。中共十六届六中全会根据我国发展的阶段性特征,把构建社会主义和谐社会摆在了更加突出的位置。构建社会主义和谐社会的目标宏伟而艰巨,需要包括广大信教群众在内的全国各族人民共同奋斗。希望各宗教团体牢固树立使命感、责任感和紧迫感,把增进和谐作为宗教团体工作的重要内容,同宗教与社会主义社会相适应有机地结合起来,进一步探索宗教服务社会、服务人群的方法与途径,在为增进社会和谐服务的过程中,促进宗教与社会其他方面的和谐;要把服务发展作为宗教团体工作的重要任务,始终自觉地把自己的工作与国家经济社会发展的大局紧密结合起来,把广大信教群众最大限度地团结进来,力所能及地替国家分忧,全力以赴地为发展出力;要把抵御渗透作为宗教团体义不容辞的重要责任,认真贯彻《宗教事务条例》,结合各宗教的实际情况,制定和采取一些具体措施，有针对性地抵御境外利用宗教进行的渗透；要把自身建设作为宗教团体强基固本的重要工作，全面加强各项建设，使团体的组织更加合理，制度更加完善，作风更加过硬，管理更加科学，特别是要把中青年教职人员的培养作为重中之重，使他们真正成为“政治上可靠、宗教造诣高、道德人品好、在信教群众中有一定威信”的爱国爱教人士。

中共中央政治局委员、国务院副总理回良玉，全国政协副主席、中央统战部部长刘延东，以及中央和国家有关部门负责人参加了座谈。中国佛教协会副会长兼秘书长学诚、中国道教协会会长任法融、中国伊斯兰教协会会长陈广元、中国天主教爱国会副主席刘柏年、中国基督教协会会长曹圣洁分别在座谈会上发言。

这次全国宗教团体研讨会于11月8日至12日召开，中国佛教协会、中国道教协会、中国伊斯兰教协会、中国天主教爱国会和主教团、中国基督教“三自”运动委员会和中国基督教协会的负责人参加了研讨会。

中央政法委书记罗干在北京主持召开司法体制和工作机制改革汇报会

罗干发表讲话强调，要认真贯彻落实党的十六届六中全会精神，进一步增强使命感、紧迫感，切实加大推进司法体制机制改革的力度，为构建社会主义和谐社会提供更加有力的司法保障。

罗干要求，中央和国家机关各有关部门对于本部门出台的改革措施，要继续加强配套性、基础性制度建设，确保改革工作的连续性和稳定性。地方各级党委、政府要按照中央的统一部署，明确任务，落实责任，积极配合和支持推进司法体制和工作机制改革，认真解决好影响本地区改革进程的突出矛盾和问题。各级政法机关要引导政法干警进一步坚定依法治国、执法为民、公平正义、服务大局、党的领导的理念，真正把社会主义法治理念的本质内涵、基本要求融入到各项工作中去，规范执法行为，促进执法公正。

中共河北省第七届委员会第一次全体会议选举白克明为省委书记

中国国际矿业大会在北京召开

国务院副总理曾培炎出席开幕式并致辞。

曾培炎提出四点建议。一是稳定全球矿产品市场。国际矿业界应共同努力，进一步增加矿产品供给，积极改善贸易方式，包括以投资带动贸易、建立长期供货关系、发展期货市场等，促进矿产品市场价格稳定。二是建立国际矿业经济新秩序。矿产资源生产者与消费者之间，应进一步加强协商对话，反对价格垄断，促进公平贸易，满足消费需求；合理分配矿业收益，促进资源开发地区的经济社会发展。三是推动矿业可持续发展。矿业企业应加大地质勘探力度，增加资源储量，提高资源利用率，建立资源开发、环境保护和生态恢复的补偿机制。合理规划资源开发范围和次序，加强监管，防止出现资源破坏和环境污染。四是加强矿业领域国际合作。各国应进一步发展矿产品贸易，扩大相互投资，方便矿产品运输，保持全球矿业经济繁荣的良好势头，努力实现互利互惠，共同发展。

本次会议的主题是“繁荣矿业经济、促进和谐发展”，来自全球20多个国家2000多名政府官员、专家学者、企业界和金融界代表出席了大会。

《军队处置突发事件总体应急预案》颁布实施

经中央军委批准，《军队处置突发事件总体应急预案》（以下简称《预案》）日前颁布实施，人民解放军和武警部队参加突发事件处置行动有了纲领性文件和准则。

《预案》规定，处置军事冲突突发事件、协助地方维护社会稳定、参与处置重大恐怖破坏事件、参加地方抢险救灾、参与处置突发公共安全事件五大任务，是军队参加处置突发事件行动的基本任务。紧急情况下，师团级以上部队可以越级报告情况，上级也可以实施越级指挥。《预案》还规定，发生重大突发事件的第一时间，应主动公布消息。

据军队处置突发事件领导小组办公室负责人介绍，军队是参与处置国家突发事件的重要力量，在各种突发事件处置中发挥了重要作用。《预案》是在吸收军队几十年来参加处置突发事件的经验教训，并参考了外军相关法律、条令的基础上形成的，具有很强的操作性和适用性，将使军队的行动流程更清晰、处置更及时、效果更明显，可有效提高军队处置突发事件的能力。

中国文联第八届全国委员会 中国作协第七届全国委员会全体会议在北京举行

中共中央政治局常委李长春出席会议并讲话。他强调，胡锦涛总书记在第八次全国文代会和第七次全国作代会上的重要讲话，是指导社会主义先进文化发展、建设和谐文化的纲领性文献。当前文艺战线的首要任务，就是要按照胡锦涛总书记的要求，认真学习贯彻党的十六届六中全会精神，把繁荣社会主义先进文化、建设和谐文化，为构建社会主义和谐社会做贡献，作为现阶段我国文化工作的主题，作为我国广大文学艺术工作者的庄严使命，充分发挥文艺反映时代生活、团结鼓舞人民、推动社会进步的巨大作用，为全面建设小康社会、实现中华民族的伟大复兴提供强大精神动力。

李长春指出，贴近实际、贴近生活、贴近群众，是贯彻党的文艺方针、促进文艺事业繁荣发展的必然要求。中华民族为全面建设小康社会而奋斗的伟大实践，是文学艺术的立根之本；亿万人民共同创造美好未来的奋斗历程，是文艺创作的不竭源泉；在改革开放和现代化建设实践中创造自己新生活的人民群众，是文艺表现和服务的主体。广大文学艺术工作者要热情关注现实生活，真诚聚焦普通群众，创作出更多深受人民群众喜爱、与时代同行的好作品。要深入改革开放和现代化建设的第一线，了解社会真情，把握时代脉搏，体验百姓情感，把创作真正扎根于社会生活和人民群众之中。要进一步解放思想、实事求是、与时俱进，在继承优良传统的基础上，积极推进文艺理论、体制机制、内容形式、风格流派的全面创新，弘扬主旋律，提倡多样化，为繁荣发展社会主义文艺、建设创新型国家注入强大活力。要坚持百花齐放、百家争鸣的方针，充分发扬艺术民主和学术民主，尊重文艺规律，尊重文学艺术家的创造性劳动，尊重差异，包容多样，在艺术创作上提倡不同形式和风格的自由发展，在艺术理论上提倡不同观点和学派的充分讨论，在艺术发展上提倡不同品种和业态的积极创新，最大限度地焕发文学艺术工作者的创造活力。

李长春希望中国文联、中国作协积极履行联络、协调、服务职能，讲政治、讲大局，促团结、多服务，加强行业管理和行业自律，更好地把广大文学艺术工作者团结和凝聚起来，专心致志搞创作，同心同德促繁荣。各级党委政府要高度重视和关心文艺工作，对文学艺术工作者政治上充分信任，创作上热情支持，生活上真诚关怀，在全社会营造尊重知识、尊重人才、尊重劳动、尊重创造的良好氛围。要加强文学艺术工作者队伍建设，提高思想道德修养，促进队伍团结，加强人才培养，努力造就一支热爱祖国、热爱人民、德艺双馨、开拓进取的文学艺术工作者队伍。

刘云山、陈至立、陈奎元出席会议。

中国作家协会第七届全国委员会第一次会议推举中国作家协会名誉副主席和名誉委员

中国作家协会第七届全国委员会第一次会议决定，推举具有较高文学成就，并且在文坛上有较大影响的126位老作家为中国作家协会名誉副主席和名誉委员。

其中名誉副主席共9名，分别是：王蒙、韦其麟、邓友梅、张炯、张锲、林默涵、贺敬之、徐怀中、翟泰丰。

名誉委员共117名，分别是：丁国成、丁振海、马识途、王火、王元化、王先霈、王充闾、王臻中、韦丘、扎拉嘎胡、牛汉、从维熙、巴·布林贝赫、艾明之、石楠、白刃、冯立三、冯苓植、冯宗璞、冯德英、朱奇、朱寨、朱子奇、朱玛拜·比拉勒、乔迈、刘先平、安柯钦夫、许怀中、许觉民、买买提明·吾守尔、玛拉沁夫、严阵、苏策、苏叔阳、李纳、李瑛、李子云、李天芳、李希凡、李国文、杨子敏、杨文林、杨佩瑾、杨宪益、杨益言、束沛德、吴元迈、吴泰昌、何为、汪承栋、汪浙成、宋玉鹏、张洁、张一弓、张昆华、陆地、陈涌、陈早春、陈冰夷、陈国凯、陈昌本、陈淀国、陈漱渝、邵燕祥、武玉笑、林林、林斤澜、季羡林、金哲、金坚范、周明、郑伯农、孟伟哉、胡正、柯岩、柯蓝、柳溪、施勇祥、敖德斯尔、袁鹰、夏侃·沃阿勒拜、晓雪、峻青、钱中文、钱谷融、徐中玉、徐光耀、徐俊西、高平、高深、高缨、郭风、浩然、流沙河、黄裳、黄宗英、梅朵、鄂华、崔道怡、屠岸、绿原、谌容、彭荆风、程树榛、焦祖尧、舒乙、鲁光、鲁彦周、谢冕、谢永旺、雷加、蔡毅、碧野、韶华、樊发稼、冀汸、魏巍。

11月15日

国务院总理温家宝主持召开国务院常务会议

会议研究深化行政管理体制改革，进一步转变政府职能，加强政府自身建设。

会议认为，党的十六大以来，我国行政管理体制改革迈出重要步伐，各级政府的经济调节、市场监管职能逐步完善，社会管理职能得到强化，公共服务职能不断加强，行政监督机制进一步健全，依法行政能力和水平不断提高。

会议指出，行政管理体制改革是政治体制改革的重要内容。面对经济社会不断发展的新形势，必须认真贯彻党的十六大和十六届六中全会精神，继续深化行政管理体制改革，进一步转变政府职能。当前重点要抓好：(一)完善宏观调控体制、机制和方式，发挥市场配置资源的基础作用，健全市场监管体系，保持经济平稳较快发展。(二)加强和改善社会管理与公共服务，完善社会政策，着力解决人民群众反映强烈的教育、医疗、就业、社会保障及收入分配等方面的突出问题，为群众办实事，维护社会公平正义与和谐稳定。(三)全面推进依法行政，加强民主监督、行政监督和社会舆论监督，防止滥用权力，坚决惩治官商勾结、商业贿赂等腐败行为，塑造政府良好形象，提高政府公信力。

会议指出，规范党政机关公务接待，是推进行政管理体制改革、反腐倡廉、改进机关作风的一件大事。国务院所属部门要带头贯彻执行《党政机关国内公务接待管理规定》，认真规范公务接待行为。要将公务接待费用纳入财政预算管理,公开透明,接受监督。广大国家机关工作人员要切实提高对规范公务接待重要性的认识,杜绝铺张浪费行为,勤俭办一切事业,树立良好政风,努力建设节约型政府和人民满意的公务员队伍。

国务院副总理黄菊在上海会见由香港金融管理局总裁任志刚率领的香港银行公会代表团

黄菊说,在金融领域对外开放方面,中国政府认真履行了入世承诺,按期实现了银行业在外汇业务、人民币业务、汽车金融业务等方面的对外开放,近期又出台了新的外资银行管理条例。中国政府仍将坚定不移地推进金融领域各项改革,按照加入世界贸易组织的承诺,继续推进金融对外开放。

黄菊说,香港与内地在金融方面一直保持着较强的互补关系。加强内地与香港在金融领域的合作,对于香港的经济长期繁荣稳定,具有重要意义。随着CEPA的全面实施,港资银行在人民币业务和内地市场参与程度有较大幅度的提高,经营范围不断扩大。中央政府将一如既往地支持港资银行在内地开展业务,继续与香港金融监管机构密切合作,充分发挥香港金融业的独特优势,共同促进港资银行在内地稳健经营,为内地与香港经济的健康发展和共同繁荣作出贡献。

中央军委副主席曹刚川在国防大学会见国际问题研讨班学员和上合组织第二届防务安全论坛代表并发表演讲

曹刚川在演讲中阐述了中国坚持走和平发展道路,推动建设和谐世界的主张,介绍了中国防御性国防政策和军队现代化建设情况。他说,坚定不移地走和平发展道路,是中国正确把握时代特征和基本国情,科学总结改革开放的成功经验,借鉴世界发展史的经验教训,对国家发展道路作出的战略抉择。中国在和平发展道路上的探索和实践,有益于世界的和平,有益于世界各国的发展,有益于人类文明的进步。中国实行防御性的国防政策,加强国防现代化建设,努力为和平发展提供安全保障。中国军队重视对外交流合作,已经并将继续为维护世界和平作出贡献。

这次国际问题研讨班和上海合作组织第二届防务安全论坛是由中国国防部主办的,共有来自57个国家的97名军官和防务部门官员参加,旨在研讨国际和地区安全问题,增进各国军队和防务部门之间的理解与信任,探讨进一步加强安全合作的有效途径。

何梁何利基金2006年度颁奖大会在人民大会堂举行

39人获得"科学与技术进步奖",20人获得今年增设的"科学与技术创新奖",他们各获奖金20万元港币。奖金百万元港币的"科学与技术成就奖"空缺。国务委员陈至立为获奖者颁奖并讲话。

据介绍,基金信托委员会审议通过了评选工作改革方案,在"科学与技术成就奖"和"科学与技术进步奖"的基础上,增设"科学与技术创新奖",分设"产业创新奖""青年创新奖"和"区域创新奖"。奖励通过自主创新,实行成果转化、建立自主知识产权产业和著名品牌,创造重大经济、社会效益的科技创新实业家。同时,对"科学与技术成就奖""科学与技术进步奖"的评选标准以及评选程序也做了必要改革。

从获奖人结构和水平来看,今年获奖人总体水平比往年明显提高,呈现出几个特点:一是平均年龄从过去平均68.8岁,降低到61.4岁。二是获奖人中非两院院士的比例大幅提升,占总数49.2%。三是获奖科学家学术水平明显提高,56.4%的科研和创新成果达到国际领先水平。四是知识产权和著名品牌建设成绩喜人,20位"科学与技术创新奖"得主所创建的自主知识产权产业拥有专利245项。

荣高棠逝世

原中共中央顾问委员会委员、秘书长,原国家体委副主任、党组副书记、顾问荣高棠,因病于11月15日在北京逝世,享年94岁。

荣高棠原名荣千祥,1912年5月生于河北霸县。1936年加入中国共产党。新中国成立后,历任团中央秘书长、书记处书记、中华全国体育总会副主席兼秘书长。1952年7月,率中国体育代表团第一次参加在芬兰赫尔辛基举行的奥运会。同年11月,任中央体委秘书长。1954年后,历任国家体委副主任、党组副书记、党组第二书记。"文化大革命"期间,荣高棠遭受迫害。1979年恢复工作,担任国家体委副主任。1982年起担任国家体委顾问。1983年任中顾委秘书长,1985年当选为中顾委委员。1983年,国际奥委会授予荣高棠奥林匹克银质勋章。

11月16日

中共中央总书记胡锦涛在河内与越共中央总书记农德孟 越南国家主席阮明哲举行会谈

双方就两党两国关系和共同关心的重大国际和地区问题深入交换了意见,一致表示将坚持长期稳定、面向未来、睦邻友好、全面合作的方针,全面推进新时期的中越关系,把两党两国关系不断提高到新的水平。

胡锦涛表示,中越关系发展势头很好。双方就两党两国关系中的重大问题达成广泛共识,经贸合作成果显著，治党理政经验交流日益深化，政府部门对口合作富有成效，国际和地区事务中保持着良好合作。中方对两党两国关系的发展感到满意。

为全面推进新时期中越关系，胡锦涛提出4点建议。

一、坚持登高望远，维护中越友好大局。双方应该站在战略和全局的高度，牢牢把握中越关系发展的正确方向。两党两国领导人可通过多种形式加强往来，就拓展和深化中越关系交换意见，不断增强政治互信。刚刚成立的双边合作指导委员会要加强对两国现有合作机制的宏观指导，统筹各领域合作，努力推动两国关系全面深入发展。

二、坚持平等互利，实现共同发展繁荣。双方要本着平等互利、注重实效、讲求质量、形式多样、共同发展的方针，努力做好以下工作：抓好宏观规划，落实好扩大和深化双边经贸合作的协定，循序渐进地开展"两廊一圈"合作，提升双边经贸合作水平；扩大贸易规模，改善贸易结构，重点抓好大宗商品贸易，使两国经贸合作再上新的台阶；推进大项目合作，抓紧实施已商定的项目，使之早日发挥经济社会效益；加强多边经济合作，加强在世贸组织内的合作，推动多边贸易体制健康发展，共同推动中国—东盟自由贸易区服务贸易和投资领域谈判尽快达成协议。

三、坚持推进全面合作，不断丰富两国关系内涵。继续深化治党理政和社会主义理论与实践的交流，为各自国家建设服务。充分发挥外交、国防、公安等各部门合作机制的作用，提高合作的实效、质量和水平。扩大文化、教育、科技、卫生、人力资源、青年、体育等领域的交流合作。

四、坚持维护共同利益，加强多边领域协调和配合。加强在国际和地区事务中的沟通和协调，维护共同利益。中方支持越方在国际和地区事务中发挥更大作用，推动亚太经合组织进程。

胡锦涛强调，双方应该从两国关系大局出发，坚持友好协商、公平合理、互谅互让原则，加快陆地边界勘界立碑进程，加强北部湾务实合作，推进南沙共同开发。

会谈后，胡锦涛、农德孟、阮明哲共同出席了关于经贸合作、人力资源培训、卫生检疫等领域双方合作文件的签字仪式和中国—越南经贸合作网站开通仪式。

全国政协主席贾庆林在江苏调研

11月16日至19日，贾庆林在江苏省省委书记李源潮、省长梁保华等陪同下，先后到南京、镇江、常州、苏州等地，深入工业企业、高等院校、城市社区、农民新村，就学习贯彻十六届六中全会精神，促进经济又好又快发展，构建社会主义和谐社会进行调研。贾庆林对江苏省近年来改革开放和现代化建设取得的巨大成绩给予充分肯定，希望江苏省把科学发展观贯穿于发展的整个过程，努力实现率先全面建成小康社会、率先基本实现现代化的奋斗目标。

国务院召开深化煤炭资源有偿使用制度改革试点工作电视电话会议

国务院副总理曾培炎出席会议并作重要讲话。他强调，要深化煤炭资源有偿使用制度改革，落实矿业权有偿取得制度，建立健全矿山环境治理、生态恢复和安全生产责任机制，合理调整资源税费政策，加强资源开发管理和宏观调控，促进煤炭资源合理有序开发和可持续利用。

曾培炎要求，试点省(区)地方政府要加强对改革试点工作的领导，抓紧制定具体实施办法和配套措施。国务院有关部门要协作配合，加强指导，及时总结试点经验，调整完善相关措施，为全面推行矿产资源有偿使用制度创造条件。当前，煤炭安全事故有所抬头，各煤炭产地要结合深化改革，狠抓安全生产各项制度规定的落实，确保人民群众生命财产安全和矿区社会稳定。

近日，国务院批复了财政部、国土资源部、国家发展改革委《关于深化煤炭资源有偿使用制度改革试点的实施方案》，试点范围包括山西、内蒙古、黑龙江、安徽、山东、河南、贵州、陕西等8个煤炭主产省(区)。党中央、国务院有关部门负责同志在北京主会场参加会议。

国家主席胡锦涛根据全国人大常委会的决定任免驻外大使

一、免去王永秋的中华人民共和国驻尼日利亚联邦共和国特命全权大使职务；

任命徐建国为中华人民共和国驻尼日利亚联邦共和国特命全权大使。

二、免去王春贵的中华人民共和国驻马来西亚特命全权大使职务；

任命程永华为中华人民共和国驻马来西亚特命全权大使。

三、免去邓绍勤的中华人民共和国驻阿曼苏丹国特命全权大使职务；

任命潘伟芳为中华人民共和国驻阿曼苏丹国特命全权大使。

四、免去张志军的中华人民共和国驻阿拉伯联合酋长国特命全权大使职务；

任命高育生为中华人民共和国驻阿拉伯联合酋长国特命全权大使。

五、免去叶大波的中华人民共和国驻多米尼克国特命全权大使职务；任命邓波清为中华人民共和国驻多米尼克国特命全权大使。

六、免去杨强的中华人民共和国驻密克罗尼西亚联邦特命全权大使职务；

任命刘菲(女)为中华人民共和国驻密克罗尼西亚联邦特命全权大使。

外交部部长李肇星出席在河内举行的亚太经合组织第十八届部长级会议

李肇星就有关问题阐述了中国的立场和主张。

关于经济技术合作问题，李肇星说，目前亚太经合组织处于实现“茂物目标”的关键时期，应继续开展切实有效的能力建设，提高发展中成员落实合作目标、分享合作成果的能力，充分发挥贸易投资自由化和便利化的积极效应。应从发展中成员的实际需求出发，规划合作重点并确立合作项目，切实提高经济技术合作的针对性和实效性；充分发挥经济技术合作高官指导委员会统筹规划、监督落实、跟踪评估的职能，引导亚太经合组织经济技术合作合理、有序、协调运行；通过多形式、多渠道筹措资金，全面保障经济技术合作的资金需求。

关于人类安全问题，李肇星表示，维护能源和卫生安全，关系到亚太地区的经济发展和社会稳定，需要各方共同努力，加强合作。中国愿与各成员一道，为推动亚太经合组织能源、卫生合作作出贡献。

关于反腐败问题，李肇星表示，中方支持亚太经合组织继续落实反腐败行动计划，本着平等互利、尊重差异、注重实效的原则，重点在反洗钱、缉拿腐败分子、追缴与返还腐败资产等领域开展合作。中国政府把反腐倡廉工作作为一项首要任务来抓，中方愿同亚太经合组织各成员一道，为创建一个公正、廉明、繁荣的亚太作出贡献。

关于反恐问题，李肇星指出，中国坚决反对一切形式的恐怖主义，积极参与联合国反恐合作，切实落实有关反恐决议，参与完善国际反恐法律框架，并与许多国家建立了反恐磋商机制。中国支持亚太经合组织从为亚太经贸活动创造一个安全环境的角度出发，在反恐领域发挥适当的作用。愿与各方一道，共同推动亚太经合组织反恐合作继续沿健康轨道向前发展。

同日，李肇星还出席了亚太经合组织主权成员非正式外长会，就朝核问题、伊朗核问题、伊拉克问题、苏丹达尔富尔问题等介绍了中国政府的立场。

中日外长就中日共同历史研究达成一致

正在越南河内参加亚太经合组织第十八届部长级会议的外交部长李肇星会见了日本外相麻生太郎，双方就中日共同历史研究问题达成了如下一致：

一、中日两国外长在亚太经合组织会议期间举行会晤，根据两国领导人达成的有关共识，就中日共同历史研究的实施框架交换了意见。

二、双方一致认为，应基于中日联合声明等三个政治文件的原则及正视历史、面向未来的精神，开展中日共同历史研究。

三、双方一致认为，中日共同历史研究的目的在于，通过两国学者对中日2000多年交往史、近代不幸历史以及战后60年中日关系发展史的共同研究，加深对历史的客观认识，增进相互理解。

四、双方一致同意，各自成立由10名学者组成的委员会，设置“古代史”和“近现代史”两个小组，由中日双方轮流主办会议。双方确认，委托中国社会科学院近代史研究所和日本国际问题研究所负责具体实施。

五、双方一致同意，年内举行第一次会议，争取在《中日和平友好条约》缔结30周年的2008年内发表研究成果。

外交部部长李肇星在河内会见加拿大外长彼得·麦凯

文化部发布《音像制品批发、零售、出租管理办法》修订版

甘肃发现罕见战国墓葬

甘肃省天水市张家川回族自治县木河乡马家塬考古现场正在发掘的3座大型台阶式墓道洞室墓，年代为战国中晚期，形制和出土文物的考古价值为国内罕见。

在已整理出土的近500件文物中，有青铜、金银、陶器、玛瑙琉璃制品及大量兽骨等，其中有不少应属国家一级文物。墓室中出土了10辆制作装饰异常精美的豪华礼仪车，其中保存较为完整的一辆为皮编车厢，外部漆制绘图，车体鎏金，车轮包铜，直径1.6米，这样的战国中晚期车乘的发现在甘肃省尚属首次，在全国亦属罕见；这次出土的青铜鎏金文饰茧形壶，为目前国内发现的唯一一件。

郭秀仪逝世

知名爱国民主人士、社会活动家，中国妇女运动的先行者之一，中国共产党的亲密朋友，中国人民政治协商会议第六、七、八届全国委员会常务委员，农工民主党中央名誉副主席，著名爱国将领和政治活动家、中国农工民主党创始人之一黄琪翔先生的夫人郭秀仪同志，因病于11月16日在北京逝世，享年96岁。

郭秀仪同志祖籍广东中山，1911年5月出生于上海。1929年毕业于上海文艺女校。抗战期间，曾任中国战时儿童保育会常务理事、经济委员会副主任和征募部副部长，国民革命军第十一集团军妇女工作队队长。新中国成立后，她积极支持黄琪翔先生开展工作，历任农工民主党中央常委，中央联络工作委员会副主任，中央咨监委员会副主席、代主席，中央名誉副主席。曾任全国妇联执委，中国和平统一促进会常务理事，北京齐白石艺术研究会副会长，中华海外联谊会理事。她是全国政协第五、九届委员。

11月17日

国家主席胡锦涛在河内会见韩国总统卢武铉

胡锦涛表示，中韩关系发展势头很好，两国已建立起名副其实的全面合作伙伴关系。我们愿同韩方一道，推动两国关系不断向前发展。明年是中韩建交15周年和中韩交流年，双方商定开展丰富多彩的活动。希望双方共同努力，办好这些活动，增进两国人民的相互了解和友谊，深化各领域交流合作。

关于朝鲜半岛核问题，胡锦涛表示，中韩都致力于实现朝鲜半岛无核化、维护地区和平稳定、通过对话和平解决问题。目前，朝鲜半岛核问题处在一个关键时期。下一步工作重点是尽快重启六方会谈，各方重新确认“9·19”共同声明，并在落实共同声明方面迈出实质性步伐。中方坚持劝和促谈，将继续为推动通过对话解决朝鲜半岛核问题作出坚持不懈的努力，愿与韩方继续加强协调和配合，推动形势向好的方向发展。

国家主席胡锦涛在河内会见智利总统米歇尔·巴切莱特

胡锦涛说，中智关系保持着良好发展势头。双方政治上彼此信任，经贸合作取得明显进展，在国际和地区事务中保持着良好协调。双边贸易额保持着快速增长势头。相信随着中智自由贸易协定的实施，两国经贸合作将释放出更大潜力。中方将同智方一道努力，争取早日完成服务贸易和投资谈判，给中智经贸关系再添活力。胡锦涛说，中国视智利为好朋友、好伙伴。中方高度重视发展同智利的友好合作，愿同智方一道，不断将中智全面合作伙伴关系推向新的更高水平。

国家主席胡锦涛在河内会见澳大利亚总理约翰·温斯顿·霍华德

胡锦涛说，中澳关系发展势头良好。两国确立了发展21世纪互利共赢的全面合作关系，经贸合作快速深入发展，文化、科技、教育、旅游等领域的交流十分活跃，双方在重大国际和地区问题上保持了良好沟通和磋商。

胡锦涛指出，中澳关系基础稳固，面临着难得的发展机遇。我们应该继续从战略高度看待和发展双边关系，保持高层交往良好势头，增强政治互信，巩固能源资源领域战略合作关系，稳步推进中澳自由贸易协定谈判，丰富民间交往，加强在国际和地区问题上的磋商，把中澳21世纪互利共赢的全面合作关系不断推向前进。

两国领导人就朝鲜半岛核问题交换了意见。

国家主席胡锦涛在亚太经合组织工商领导人峰会上发表演讲

先生，女士们，先生们：

今天，有机会同亚太地区工商界朋友们再次见面，就促进亚太地区经济发展交流看法，我感到十分高兴。

当今世界正在发生深刻而复杂的变化。经济全球化和区域一体化深入发展，国与国联系更加紧密，为各国在更广领域、更大规模、更高层次上开展合作提供了有利条件。在我们所处的亚太地区，各种区域次区域合作机制蓬勃兴起，越来越多的国家积极参与国际合作和竞争，既促进了自身经济发展，也带动了地区经济繁荣。亚太地区充满活力，前景光明。

同时，我们必须看到，在亚太地区经济发展进程中，发展不平衡现象仍然突出。一些发展中国家由于经济技术基础薄弱，缺乏抓住发展机遇的有效手段和抵御外部风险的相应能力，难以从经济全球化中得到应有惠益。近年来，恐怖活动、严重自然灾害、重大传染性疾病等非传统安全威胁频繁发生，使各国特别是发展中国家的发展努力面临新的挑战。如何缩小发展差距、促进共同发展，是摆在我们面前的重大课题。

这次会议以“走向充满活力的大家庭，实现可持续发展和繁荣”为主题，正是为了解决本地区发展中存在的问题，特别是推动本地区实现平衡和可持续发展。我们应该增加对发展中国家不附加条件的官方援助，加强多种形式的经济技术合作，帮助发展中国家加强人才资源开发，为发展中国家发展创造良好外部环境，全面开展多种形式的南北合作和南南合作，积极推进发展中国家发展。

女士们、先生们！

近年来，随着中国不断发展和中国同外部世界联系日益紧密，国际社会十分关注中国的发展方向。在这里，我愿意就这个问题谈谈看法。

中国是国际社会和亚太大家庭的一员，中国的发展与全球和亚太地区的发展息息相关。改革开放以来,中国坚持以经济建设为中心,坚持深化改革,不断扩大对外开放,在经济发展的基础上不断改善人民生活,给中国人民和地区其他国家人民带来了实惠。从1978年到2005年,中国国内生产总值从1473亿美元增加到22350亿美元,年均增长9.6%;进出口总额从206亿美元增加到14221亿美元,年均增长超过16%,2005年中国进口额达到6599亿美元;截至2005年年底,中国实际利用外商直接投资累计达到6200亿美元。事实证明,作为拥有13亿人口的发展中大国,中国经济保持良好发展势头,人民生活水平提高,对外开放扩大,对世界特别是亚太地区的和平与发展具有重要意义。

同时,我们也清醒地认识到,由于人口多、底子薄、发展不平衡,中国在发展中仍面临着一些突出矛盾和问题,主要是:经济结构不合理和粗放型经济增长方式还没有根本改变,城乡、区域、经济社会发展不够协调,人口资源环境压力加大,就业、社会保障、教育、医疗等民生问题比较突出。为更好地解决这些突出矛盾和问题,我们提出要全面贯彻落实以人为本、全面协调可持续发展的科学发展观,转变发展观念、创新发展模式、提高发展质量,坚持用发展和改革的办法解决前进中的问题,让发展成果惠及全体人民。当前和今后一段时间,我们将在以下几个方面作出更大努力。

第一,着力推进经济结构调整和经济增长方式转变。我们将坚持走新型工业化道路,提高经济增长的质量和效益,积极扩大内需,加强科技创新,发展循环经济,降低能源资源消耗,加快建设资源节约型、环境友好型社会,促进经济发展与人口、资源、环境相协调。

第二,着力推进新农村建设。我们将坚持工业反哺农业、城市支持农村和多予少取放活的方针,加快建立有利于改变城乡二元结构的体制机制,推进农村综合改革,加强现代农业建设,发展农业产业化经营,提高农业综合生产能力,促进农业不断增效、农民持续增收。

第三,着力推进区域协调发展。我们将继续推进西部大开发、振兴东北地区等老工业基地、促进中部地区崛起、鼓励东部地区率先发展,加大对欠发达地区和困难地区的扶持,形成分工合理、特色明显、优势互补的区域产业结构,推动各地区共同发展。

第四,着力推进和谐社会建设。我们将以解决人民群众最关心、最直接、最现实的利益问题为重点,发展社会事业、促进社会公平正义、建设和谐文化、完善社会管理、增强社会创造活力,重点扩大社会就业、健全社会保障体系、调节收入分配,努力建设民主法治、公平正义、诚信友爱、充满活力、安定有序、人与自然和谐相处的和谐社会。

女士们、先生们!

中国将坚定地走和平发展道路,既通过维护世界和平发展自己,又以自身的发展促进世界和平。无论是现在还是将来,中国都永远是维护世界和平、促进共同发展的坚定力量。

中国的发展,主要靠自力更生、靠中国人民艰苦奋斗。同时,中国坚定不移地实行对外开放的基本国策,实施互利共赢的开放战略。自2001年加入世贸组织5年来,中国进口商品总值达到24000亿美元,外国投资者共从中国汇出利润约580亿美元。世界银行公布的数据显示,同期中国经济增长对世界经济增长的平均贡献率为13%。中国经济保持平稳较快发展,为全球和地区经济发展增添了活力,给各国各地区工商界人士带来了商机。我们将进一步深化涉外经济体制改革,加快转变贸易增长方式,优化进出口商品结构,促进进出口贸易协调发展,积极利用外资,扩大服务领域对外开放,切实保护知识产权,不断提高对外开放水平。

中国积极参与国际经济合作。中国的发展得益于地区和世界的发展,同时也为地区和世界的发展作出了贡献。我们将继续在更大范围、更广领域、更高层次上参与国际经济合作,继续推进区域经济合作和自由贸易区谈判,继续向发展中国家提供力所能及的援助和支持。

和谐是中华文明的重要价值观念。中国主张推动建设持久和平、共同繁荣的和谐世界。中国将致力于同世界各国政治上和谐相处、经济上共同发展、文化上取长补短、安全上互信协作,继续为人类和平与发展的崇高事业作出贡献。

女士们、先生们!

缩小发展差距、促进共同发展,需要工商界积极参与。企业既是市场主体和投资主体,也是双边和多边经贸合作的主体。企业的资金、技术等要素对于发展中国家加快发展具有重要作用。工商界朋友应该多到发展中国家开拓市场、探索合作。包括中国在内的各国政府愿为你们提供必要的支持和便利。

在座各位都是亚太地区工商界的领军人物,有着丰富的国际合作经验,应该也能够为促进亚太地区经济技术合作和共同发展发挥积极作用。

让我们携起手来,共同为促进亚太地区经济发展、建设和谐繁荣的亚太大家庭而不懈努力。

谢谢各位。

国家主席胡锦涛在河内会见越南国会主席阮富仲

国家主席胡锦涛在河内会见越南总理阮晋勇

胡锦涛阐述了对中越经贸合作的主张。他表示,双方要结合实施《关于扩大和深化双边经济贸易合作的协定》,推进两国各领域合作;鼓励双方企业扩大贸易规模,重点抓好大宗商品贸易,积极开拓新的贸易增长点;扩大工业、基础设施建设、能源等大项目合作;加强在多边经济领域的合作。胡锦涛指出,经贸合作已成为两国关系的亮点和重要推动力,为两国关系全面发展发挥了重要作用。中越都是经济快速增长的国家,扩大经贸合作潜力巨大,前景广阔。希望双方抓紧落实已达成的各项经贸合作协议,争取早见成效,努力开创两国经贸合作新局面。

中华人民共和国与越南社会主义共和国发表联合声明

一、应越南共产党中央委员会总书记农德孟、越南社会主义共和国主席阮明哲的邀请,中国共产党中央委员会总书记、中华人民共和国主席胡锦涛于2006年11月15日至17日对越南进行国事访问。访问期间,胡锦涛总书记、国家主席与农德孟总书记、阮明哲国家主席举行会谈,并分别会见了越南政府总理阮晋勇、国会主席阮富仲。双方相互通报了各自党和国家的情况,并就两党、两国关系及共同关心的国际和地区问题深入交换意见,达成广泛共识。双方一致认为,访问取得了圆满成功,必将有力地推动中越睦邻友好与全面合作关系继续向前发展。

二、双方对两党、两国在探索符合各自国情的社会主义发展道路上取得的历史性成就感到高兴。越方高度评价中国在改革开放和中国特色社会主义建设事业中取得的伟大成就,相信中国人民在中国共产党领导下,一定能实现全面建设小康社会、加快推进社会主义现代化的宏伟目标。中方高度评价越南推行革新事业20年来取得的具有历史意义的重大成就,支持越共十大确定的方针政策,相信越南人民在越南共产党的领导下,一定能胜利实现越共十大确定的各项目标和任务,把越南建设成为民富国强、社会公平、民主、文明的社会主义现代化国家。

三、双方对两党、两国关系不断巩固和发展表示满意,一致认为,中越两国在许多重大问题上具有共同的战略利益。在国际形势发生深刻变化的情况下,加强中越睦邻友好和全面合作,符合两党、两国和两国人民的根本利益,有利于地区和世界的和平与发展。

双方同意,加强高层往来,深化治党理政和社会主义理论与实践的交流,充分发挥外交、国防、公安、安全等各部门合作机制的作用,扩大经贸、科技、教育、文化等领域的务实合作,大力开展青少年友好交往,使中越友好世代相传。共同致力于发展"长期稳定、面向未来、睦邻友好、全面合作"的中越关系,永远做"好邻居、好朋友、好同志、好伙伴"。

四、双方积极评价中越双边合作指导委员会正式成立和首次会议的召开。双方一致认为,这有利于加强对中越各领域合作的宏观指导、统筹规划和全面推进,协调解决合作中出现的问题,将为两国睦邻友好与全面合作关系长期、稳定、健康、持续发展发挥重要作用。

五、双方对两国经贸合作取得的进展表示满意。同意本着"优势互补、互利共赢"的精神,进一步扩大经贸合作规模,提高合作质量和水平。积极开拓新的贸易增长点,保持双边贸易额快速增长,实现到2010年双边贸易额150亿美元的新目标。逐步改善贸易结构,努力实现双边贸易的平衡发展和可持续增长。积极支持和推进双方企业在基础设施、制造业、人力资源开发、能源、矿产加工及其他重要领域的长期互利合作。抓紧商谈和落实多农铝矿等大型项目。

加快"两廊一圈"建设进程,切实稳步推进具体项目合作。加强在地区、跨地区和国际经济机制中的合作,推动东盟与中国的全面经济合作关系。

中国祝贺越南加入世界贸易组织,并相信越南成为正式成员之后,将会为世界贸易组织的运作作出积极贡献。

双方签署了《关于扩大和深化双边经济贸易合作的协定》,并一致同意尽快付诸实施,全面规划两国未来5—10年的经贸合作方向,确定重点合作领域,为促进两国经贸合作发挥积极作用。

双方还签署了《关于开展"两廊一圈"合作的谅解备忘录》和其他经济合作文件。

六、双方积极评价两国在解决边界领土问题方面取得的进展。同意进一步密切配合,采取更加切实有效的措施,加快陆地边界勘界立碑工作进度,确保最迟于2008年完成陆地边界全线勘界立碑工作并签署新的边界管理制度文件。继续落实好《北部湾划界协定》和《北部湾渔业合作协定》,做好两国海军联合巡逻及共同渔区资源联合调查和联合检查工作,加快落实《北部湾协议区油气合作框架协议》,开展跨界油气构造的共同勘探工作,维护正常的渔业生产秩序,积极开展北部湾渔业、环保、海上搜救等其他方面的合作。稳步推进北部湾湾口外海域的划界谈判并积极商谈该海域的共同开发问题。双方同意恪守两国高层有关共识,继续维持海上问题谈判机制,坚持通过和平谈判寻求双方均能接受的基本和长久的解决办法。双方共同努力保持南海局势稳定,同时积极研究和商谈共同开发问题,以便找到适合的模式和区域。

七、越方重申坚定奉行一个中国政策,支持中国统一大业,支持《反分裂国家法》,坚决反对任何形式的

"台独"分裂活动。希望中国早日实现国家统一。越南决不同台湾发展官方关系。中方对越方的上述立场表示赞赏。

八、双方对两国在国际和地区事务中的合作表示满意。重申将继续加强在联合国、亚太经合组织、亚欧会议、中国—东盟、东盟—中日韩、东亚峰会、东盟地区论坛、大湄公河次区域等多边框架下的协调与配合,共同致力于维护和促进本地区和世界的和平、稳定与发展。

双方一致认为,联合国应加强在应对新挑战和威胁,维护国际和平及安全,推动各成员国共同发展,实现千年发展目标等方面的作用及效果。

中方表示支持越南成为2008—2009年任期联合国安理会非常任理事国。

九、胡锦涛总书记、国家主席对农德孟总书记、阮明哲国家主席以及越南共产党、越南政府和越南人民所给予的隆重、热情和友好的接待表示感谢,邀请农德孟总书记、阮明哲国家主席方便时访华,农德孟总书记、阮明哲国家主席对此表示感谢并愉快地接受了邀请。

2006年11月17日于河内

国务院总理温家宝在中南海紫光阁会见美国教育部长斯佩林斯女士

双方就进一步加强中美教育交流与合作交换了意见。

温家宝说,教育合作是中美两国人民增进相互了解与友谊的重要桥梁,也是推动中美关系健康稳定发展的重要力量。中美教育合作起步较早,成果显著。此次两国教育部签署的《关于进一步扩大教育合作与交流的谅解备忘录》,为双方未来合作构建了坚实的框架,希望双方认真予以落实,并在此基础上不断提高合作水平,使中美教育合作在两国关系发展中发挥越来越大的作用。

国务院总理温家宝在北京会见来华出席中国和哈萨克斯坦合作委员会第三次会议的哈萨克斯坦副总理中哈合作委员会哈方主席马西莫夫

"促进非公有制经济健康发展论坛"在南京开幕

全国政协主席贾庆林出席开幕式并讲话。贾庆林指出,在党的正确领导和大力推动下,我国非公有制经济不断发展壮大,为全面建设小康社会、推进社会主义现代化建设作出了积极贡献。非公有制经济人士队伍日益壮大,在经济和社会生活中发挥着越来越重要的作用。事实充分证明,十一届三中全会以来,我们党关于鼓励、支持和引导个体、私营等非公有制经济发展的方针政策是完全正确的。非公有制经济作为社会主义市场经济的重要组成部分,是促进社会生产力发展的重要力量;非公有制经济人士作为改革开放后出现的新的社会阶层,是中国特色社会主义事业的建设者。

贾庆林对广大非公有制经济人士提出四点希望。第一,坚持正确政治方向,始终不渝地走中国特色社会主义道路。要坚决拥护中国共产党的领导,不断深化对党的基本理论、基本纲领、基本路线、基本经验的认识,加深对党的一系列治国理政新思想的学习和了解,进一步增强走中国特色社会主义道路的自觉性和坚定性。第二,做强做大企业,在促进经济又好又快发展中发挥积极作用。要认真贯彻国家关于经济社会发展的方针政策,大力培育骨干企业,发展主业突出、市场竞争力强的大公司、大集团,努力成为经济增长的生力军。要注重科技创新,形成自主知识产权,争创名牌产品,努力成为自主创新的生力军。要大胆开拓国际市场,在更大范围、更广领域和更高层次上参与国际经贸合作,努力成为实施"走出去"战略的生力军。第三,提高自身素质,努力成为合格的中国特色社会主义事业的建设者。要不断加强自我修养,全面提高思想道德素质和科学文化素质。学习和遵守国家法律法规和方针政策,加强企业行为的自我规范、自我约束,依靠诚实劳动、合法经营、公平竞争,树立品牌和形象。第四,增强社会责任,为构建社会主义和谐社会贡献力量。要大力发展劳动密集型产业和服务业,挖掘企业内部潜力,多渠道、多方式增加就业岗位。要以发展和谐劳动关系为目标,尊重和维护职工的各项合法权益,依法按时足额支付职工工资,改善员工工作、生活条件和环境,努力构建和谐企业。要更多地关注社会的发展与进步,关心社会困难群体,踊跃投身到智力支边、温暖工程和光彩事业中去,报效国家、服务社会、回馈人民。

全国政协副主席王忠禹,全国政协副主席、全国工商联主席黄孟复和全国政协秘书长郑万通等出席开幕式。

中国和哈萨克斯坦合作委员会第三次会议在北京举行

会议由委员会双方主席中国国务院副总理吴仪和哈萨克斯坦副总理马西莫夫共同主持。

吴仪表示,近年来,中哈关系快速发展,战略合作水平不断提高。中哈合作委员会成立以来,全面认真落实两国领导人达成的各项共识,积极推进双边各领域互利合作,充分发挥了指导和协调作用,为推动两国关系发展作出了积极贡献。中方愿与哈方共同努力,进一步发挥中哈合作委员会作用,推动务实合作的全面深入发展。

会议全面总结了中哈合作委员会第二次会议以来，双方在经贸、交通、口岸、科技、金融、能源、地矿、人文、安全、铁路等领域合作情况，高度评价在上述领域取得的成果，并就下一阶段工作达成广泛共识。吴仪与马西莫夫共同签署了中哈合作委员会第三次会议纪要，并出席了《中华人民共和国国家质量监督检验检疫总局和哈萨克斯坦共和国工业贸易部关于工业品检验安全合作谅解备忘录》等文件的签字仪式。

外交部部长李肇星在河内分别会见澳大利亚外长亚历山大·唐纳和新西兰外长温斯顿·彼得斯

中国人权展在北京民族文化宫开幕

中国人权展是我国举办的第一个以人权为主题的大型展览。展览共分12个主题，通过703幅图片、约250件法律文本和相关实物、330册图书、24个图表等，再现了毛泽东、邓小平、江泽民三代中央领导集体和以胡锦涛同志为总书记的党中央，领导中国人民为促进和享有充分的人权所做的不懈努力，展示了新中国成立57年来，特别是改革开放以来中国人权事业取得的巨大发展和进步，真实记录了中国在促进人民的生存权、发展权和维护公民的政治、经济、社会、文化权利，人权的法制保障，少数民族、妇女、儿童、老年人和残疾人的人权保障，以及积极开展国际人权交流与合作等方面的情况。

展览由国务院新闻办公室、中国人权研究会、中国人权发展基金会主办。

11月18日

亚太经合组织第十四次领导人非正式会议在越南河内举行

国家主席胡锦涛出席了当天举行的第一阶段会议并发表重要讲话。

各成员领导人在发言中呼吁尽早恢复世贸组织多哈回合谈判，加强多边贸易体制建设。各成员领导人讨论了区域贸易安排问题，一致认为有关安排在促进地区经济发展和各成员经贸往来方面发挥了积极作用。他们还就有关建立亚太自由贸易区的远景问题交换了意见。

会议通过了《河内行动计划》，支持明年采取实际行动加以落实，继续推动实现茂物目标。

亚太经合组织领导人非正式会议是这一组织最高级别的会议。从1993年开始，该组织领导人非正式会议每年召开一次，在各成员轮流举办。

国家主席胡锦涛在亚太经合组织第十四次领导人非正式会议上发表演讲

阮明哲主席，各位同事：

很高兴同大家在河内再次相聚。阮明哲主席和越南政府为这次会议做了周到安排，我对此表示感谢。

当前，经济全球化趋势深入发展，世界生产力水平继续提升，亚太地区面临着前所未有的发展机遇。同时，全球和亚太地区也面临着不少问题，各国各地区发展仍面临着诸多需要认真应对的严峻挑战。在这样一个时刻召开本次会议，具有重要意义。我们应该全面把握地区及世界发展大势，从各成员的根本利益出发，共商推动亚太经合组织建设、促进亚太地区经济发展大计。

近年来，亚太地区各种合作机制蓬勃发展，区域一体化进程不断加快。我们应该在这一基础上凝聚共识，树立符合时代潮流和亚太地区特点的区域合作观，深化各领域务实合作，推动共同发展，谋求和谐共赢，造福亚太人民，为世界和平与发展作出更大贡献。为此，我建议从以下四个方面进行努力。

第一，维护和平稳定。和平稳定的环境是发展的重要前提。维护和平稳定，关键是要本着平等互信、和平共处的原则处理国与国关系。对于一些可能影响地区稳定的矛盾和问题，要通过对话增信释疑，通过协商弥合分歧，通过谈判化解矛盾，最终求得和平解决。要采取有效措施，坚决打击一切形式的恐怖主义和跨国犯罪，并注重消除其根源。要增进各国人民和不同文化的相互了解，积极消除误解和歧见，使相互理解和友谊深深植根于广大民众之中，夯实国家关系发展的社会基础，为维护地区和平稳定创造条件。

第二，促进共同发展。经过多年快速发展，亚太地区经济取得了世人瞩目的成绩。但是，本地区经济社会发展依然存在一些深层次的结构性矛盾，发展还不平衡。特别是本地区不少发展中成员经济基础相对薄弱，实现全面发展还有很长的路要走。各成员之间和各成员内部的发展差距，是我们应该认真面对的一个现实问题。有关成员应该积极努力，发达成员也应该着眼长远，为缩小发展差距、促进共同发展繁荣多做实事，以利于实现亚太地区经济全面协调可持续发展。

第三，实现合作共赢。经济全球化深入发展，使各经济体相互依存不断加深。这在亚太地区表现得尤为突出。过去10年间，亚太地区经历了金融危机、“非典”、海啸、禽流感等重大事件，其起因和影响跨越国界，仅靠一方之力难以应对。我们密切沟通、加强协调、通力合作，最终妥善应对了这些挑战。目前，亚太地区面临着能源市场价格高位波动、经济发展失衡、重大传染性疾病频发等问题，最有效的应对途径是加强合作。

共同的挑战往往孕育着合作的机遇。我们应该抓住机遇、迎接挑战，不断扩大共同利益的汇合点，努力实现合作共赢。

第四，奉行开放包容。多样性是人类文明发展的重要源泉，也是亚太地区的显著特点。中国文化历来崇尚海纳百川、有容乃大。推动不同文化和信仰相互交流、不同社会制度和发展模式相互借鉴，可以使世界多姿多彩、充满活力，也有利于各国各地区人民取长补短、和睦相处。亚太地区已建有多个区域次区域合作机制，我们应该支持它们并行不悖地发展，努力形成兼收并蓄、优势互补的亚太区域合作格局。对于区域外机制，我们也要秉持开放包容态度，奉行开放的地区主义。

各位同事！

长期以来，亚太经合组织围绕各成员关注的重大经济议题，本着协商一致、自主自愿、循序渐进的原则，开展了卓有成效的交流合作，有力推动了亚太地区和各成员经济发展。面对世界和地区的新形势，亚太经合组织应该继续以上述原则为指导，坚持以经济合作为重点，在以下方面发挥更大作用。

一是要积极支持多边贸易体制发展。稳定健康的多边贸易体制，对世界经济和地区经济发展意义重大。如果多哈回合谈判失败，对任何国家都无好处。亚太经合组织为推动多边贸易体制发展作出过重要贡献。现在，当务之急是推动谈判重回轨道，尽早就关键问题达成一致，并把关于多哈回合是发展回合的承诺落到实处。谈判的主要各方应该本着负责任的态度，显示灵活，弥合分歧。我们这次会议应该就此向国际社会发出明确信息。

二是要努力实现茂物目标。茂物目标是亚太经合组织的旗帜，也是衡量组织工作成效的标尺。中国支持为如期实现这一目标而制订的《河内行动计划》。未来一段时间，我们应该拿出切实可行的具体方案，加强单边行动计划和集体行动计划，在巩固现有成果的基础上，全面推进亚太经合组织贸易投资领域的工作，重点推动贸易投资便利化取得新进展。

在这里，我愿提议成立亚太经合组织港口服务网络，以加速本地区港口及配套行业的整合和升级，为贸易投资活动提供便利条件，希望各成员积极支持和参与。

三是要推动经济技术合作迈出新步伐。经济技术合作是缩小发展差距、促进共同繁荣的重要手段。

近年来，金融安全、能源安全、卫生安全等领域新问题新挑战不断涌现，不少成员缺乏经验，应对能力明显不足。我们应该加大投入，提高合作的针对性和实用性，切实帮助发展中成员提高参与国际竞争和应对各类挑战的能力。

在这里，我愿宣布，中国政府将向亚太经合组织支持基金捐款200万美元，用于推动本地区经济技术合作。

各位同事！

中国将坚持走和平发展道路，坚持实施互利共赢的开放战略，愿同亚太经合组织各成员携手努力，为推动建设持久和平、共同繁荣的和谐亚太大家庭作出贡献。

谢谢大家。

国家主席胡锦涛在河内会见俄罗斯总统弗拉基米尔·弗拉基米罗维奇·普京

胡锦涛表示，两国经贸合作总的势头很好。双方要继续共同努力，在扩大合作规模、提高合作质量上下功夫，把两国经贸合作提高到一个新的水平。一是要积极改善经贸结构，特别是要扩大机电产品贸易和高新技术等领域的合作。二是要积极扩大相互投资，中方愿在资源开发、加工制造、木材加工、基础设施建设、高技术研发等方面增加对俄投资。三是要积极拓展合作领域，中方愿同俄方加强科技、电力、航空、航天、医疗卫生、环保、文化产业等领域的合作，不断增添两国经贸合作的新增长点。

两国领导人就共同关心的国际和地区问题交换了意见，对两国战略合作水平不断提高表示满意。关于朝鲜半岛核问题，胡锦涛强调，无论形势如何发展，都要坚持半岛无核化目标，坚持对话协商解决问题。当前各方应努力重启六方会谈，确认“9·19”共同声明，推动会谈朝着无核化目标迈出实质步骤。普京表示，俄方将继续同各方配合，争取使各方都回到谈判桌前来。关于伊朗核问题，胡锦涛表示，中俄都反对核扩散，主张通过谈判解决问题，当前要继续开展外交努力，促使有关各方重返谈判轨道。

国家主席胡锦涛在河内会见日本首相安倍晋三

胡锦涛指出，展望未来，两国面临着开创全方位、宽领域、多层次互利合作新格局的共同课题。为此双方要：一、明确两国关系的发展方向。双方已就构筑战略互惠关系达成了一致。这有利于把双方互利合作推向更高水平，意义重大。双方外交部门要深入探讨，尽早形成共识，以利于更好地规划和指导两国关系发展。二、增进两国国民的友好感情。扩大两国人员往来尤其是青少年交往，加强文化等方面的交流，营造良好的舆论环境，培育两国人民的亲近感，不断巩固中日友好的根基。三、扎实推进互利合作。充分发挥已有合作机制的作用，就加强贸易、投资、信息、能源、环保、金融等领域的合作制定中长期规划，拿出切实可行的措施，巩固共同利益纽带。四、共同促进亚洲和平、稳定、发展。本着合作共赢的精神，就维护东北亚安全、加强地区能源合作、推进东亚一体化建设等重大课题进行沟通和协调，为促进亚洲持久和平、共同繁荣贡献力量。五、妥善处理敏感问题。历史和台湾问题事关两国关系的政治基础，应得到妥善处理。双方应本着互利互惠原则，坚持谈判对话，搁置争议，共同开发，加快东海磋商进程，争取早日解决这一问题，使东海成为和平、友好、合作之海。

关于朝鲜半岛核问题，胡锦涛表示，中日应该坚持半岛无核化，坚持通过对话和平解决朝鲜半岛核问题，维护半岛和东北亚和平稳定。在当前复杂局势下，各方应该保持克制和冷静，防止局势进一步恶化。制裁不是目的，制裁也解决不了问题。

六方会谈仍是对话解决朝鲜半岛核问题的现实有效机制。中方愿同各方一道努力，尽早重启六方会谈，促进最终实现半岛无核化。我们愿同日方加强沟通和协调。

国家主席胡锦涛在河内同有关国家领导人会面并交谈

在同印度尼西亚总统苏西洛交谈中，两国领导人对两国战略伙伴关系全面推进，能源、电力、基础设施建设等方面合作取得的进展感到满意，同意不断深化双边关系、扩大互利合作。

在同新西兰总理克拉克交谈中，双方积极评价两国各领域合作取得新进展，同意继续推进中新自由贸易区谈判。

在同巴布亚新几内亚总理索马雷交谈中，两国领导人对双方就加强两国各领域合作达成共识感到高兴，表示将共同努力加以积极落实。

在同加拿大总理哈珀会面时，双方表示高度重视中加关系，愿共同努力，加强互利合作。

中央社会治安综合治理委员会下发《关于深入开展农村平安建设的若干意见》

为深入贯彻落实《中共中央、国务院关于推进社会主义新农村建设的若干意见》和中办、国办转发的《中央政法委员会、中央社会治安综合治理委员会关于深入开展平安建设的意见》精神，维护农村社会和谐稳定，推进社会主义新农村建设，现就深入开展农村平安建设提出以下意见。

一、充分认识深入开展农村平安建设的重要意义

党的十六届五中全会作出了建设社会主义新农村的重大战略部署，党的十六届六中全会要求把建设社会主义新农村作为构建社会主义和谐社会的一项重要任务。建设社会主义新农村，推动农村经济社会全面协调发展与和谐进步，必须有一个安全稳定的社会环境。当前，农村总的形势是好的，但因征地拆迁、土地承包等引发的矛盾比较突出，农民上访和农村群体性事件也时有发生；一些地方盗窃、破坏农电、水利设施、农业生产资料和盗砍滥伐林木等案件多发，吸毒贩毒、赌博、封建迷信、邪教和非法宗教活动屡禁不止，个别地方农村黑恶势力横行，严重影响农村地区广大群众的安全；一些地方农村基层政权力量薄弱，政府管理缺位，警力不足，治安防范基础设施条件差，群防群治组织和经费不落实，农村治保会、调解会和治安巡逻队等社会治安防范队伍没有充分发挥其应有作用，农村社会稳定的形势依然严峻。开展平安建设是构建社会主义和谐社会、建设社会主义新农村的必然要求和重要内容。保持农村经济发展与社会稳定之间的相互协调，使农村安定有序、充满活力，使农民群众安居乐业、和睦相处，是建设社会主义新农村的关键。必须从贯彻落实科学发展观、构建社会主义和谐社会的战略高度，重视农村平安建设，通过深入开展农村平安建设，着力化解农村各类矛盾纠纷，减少不和谐、不稳定因素，完善农村治安防控体系，预防和减少违法犯罪，保护农民合法权益，为社会主义新农村建设创造和谐稳定的社会环境。

二、开展农村平安建设的基本原则和目标任务

在农村深入开展平安建设，要坚持与实施“十一五”规划、农村经济建设、民主法制建设、精神文明建设、和谐社会建设和社会主义新农村建设相结合，立足当前，着眼长远，统筹规划，综合推进；坚持从实际出发，因地制宜，注重实效，着力解决影响农村稳定和农民生命财产安全的最迫切的实际问题，不搞形式主义，不搞“一刀切”，不强迫命令，不增加农民负担　坚持以农民群众为主体，以农民群众满意为目标，把依靠和发动农民群众贯穿农村平安建设工作始终。

要通过在农村开展平安建设，使农村矛盾纠纷排查调处机制更加健全，农民的合法权益得到保护，农村各类突出矛盾得到化解，邪教和非法宗教发展蔓延势头得到有效遏制；农村治安防范体系更加完善，突出治安问题和治安乱点得到有效整治，治安状况进一步好转，群众安全感进一步增强；农村民主法制建设更加深入，农村社会管理和公共服务进一步加强，农民法律意识明显增强，遵纪守法、诚实守信、相信科学、反对迷信、反对邪教的自觉性提高；农村社会和谐稳定，农民群众安居乐业，社会主义新农村建设顺利进行。

三、深入开展农村“严打”整治斗争

健全完善农村社会治安形势分析评估机制、“严

打”长效工作机制、治安混乱地区和突出治安问题排查整治工作机制。要重点打击各类危害农村经济发展、损害农民合法权益的违法犯罪活动，特别是农民群众反映强烈的农村黑恶势力犯罪、杀人和爆炸等严重暴力犯罪，坚决铲除横行乡里、甚至“操纵”基层政权的村霸、乡霸等黑恶势力，依法严厉打击非法集资、侵占集体财产等经济犯罪，加大打击盗窃牲畜、农电、水利设施、农机具等生产资料和抢劫、抢夺等多发性侵财犯罪的力度。依法打击盗窃破坏油气田及输油气管道、能源、铁路、交通、通信等设施的违法犯罪和盗伐林木、非法狩猎、非法采矿、非法占用农田等破坏农村环境资源保护的犯罪。加强农村社会治安管理，依法打击卖淫嫖娼、赌博、吸毒和强买强卖、欺行霸市等违法犯罪行为，及时处理涉农违法案件，大力开展农资市场整治，加强农副产品生产、流通过程的监督和管理，依法打击制假、售假等坑农害农的犯罪和危害人民群众身体健康与生命财产安全的非法生产经营活动，维护良好的农村市场经济秩序，确保农副产品质量安全。积极防范和坚决打击境内外敌对势力对农村的渗透破坏活动，深入开展同“法轮功”等邪教组织的斗争，坚决取缔非法宗教和封建迷信活动，严防危害国家安全和政治稳定的重大事件和暴力恐怖事件的发生，全力维护农村社会政治稳定和治安稳定。

四、切实抓好农村矛盾纠纷排查调处工作

进一步健全完善矛盾纠纷预防、排查、调处工作机制，整合力量、整合资源，加强乡(镇)、村(组)矛盾纠纷排查调处中心、站点等工作网络建设，把人民调解、行政调解和司法调解结合起来，完善农村多渠道解决争端的机制。要严格落实矛盾纠纷排查调处工作例会、情况报告、归口调处等制度。高度重视和解决农村因干群关系、农民负担、土地承包、土地征用、环境污染、移民搬迁、拖欠农民工工资、集体资产处置、村务公开、邻里纠纷和宗族问题等引发的矛盾纠纷，依法保护农民的合法权益，妥善处理好农民群众最关心的各种利益关系。建立和推行重大决策和重大项目风险评估制度，从源头上预防和减少各类矛盾的发生。加强和改进信访工作，变群众上访为干部下访，理顺农民群众情绪，努力把社会不稳定因素解决在萌芽状态，有效预防和减少因矛盾纠纷激化而引发越级上访事件、群体性事件和“民转刑”案件。建立边界地区矛盾纠纷排查调处协作机制，维护农村接边地区稳定。

五、加强农村治安防控体系建设

建立健全适合农村治安特点的治安防控网络体系，积极实施农村警务战略，充实基层警务力量，建立适应社会主义新农村建设要求的农村警务工作机制。因地制宜推广普及铁门、铁窗、铁柜、报警器等经济适用、防范效果好的物防设施，在有条件的地方逐步推广科技含量高、适应农村特点的电子监控等技防设施。加强农村集镇治安防范工作，在农村集贸市场、庙会、商业网点、文化娱乐场所、车站码头、旅游景点等重点地区和部位，设立治安室和报警点，增加巡逻警力，确保安全。切实加强对农村易燃易爆物品、有毒有害物品、放射性物品和枪支弹药等的管理，消除安全隐患。建立流动人口综合信息管理服务系统，特别要加强对镇村出租房屋和重点场所、部位等流动人口落脚点及活动场所的管理，依法打击藏匿其中的违法犯罪人员，维护当地农民和流动人口的合法权益。进一步整合农村治安资源，充分发挥村委会、治保会、治安巡逻队等农村群防群治组织和民兵连(营)的作用，积极探索建立由政府出资的乡镇专职治安巡防队伍，组建护村队、党员干部义务巡逻队和治安巡逻志愿者队伍，开展形式多样的治安巡逻和邻里守望活动。逐步推行民警包村、保安驻村和治安联防联治等做法，实现乡与乡、村与村联户联防、联片联保、十户联防、联防联调、联打联治，构建专群结合、警民联防的农村治安防控网络，强化农村社会面的控制。积极探索治安防范承包责任制，建立治安与保险的互动工作机制，逐步扩大治安保险在农村的覆盖面，多渠道解决治安防范经费保障问题，充分调动农民群众参与维护治安工作的积极性，大力开展自防自治活动。

六、加强农村留守老人、儿童等服务管理教育工作

随着农村大量青壮年劳动力外出，老人、妇女、儿童成为部分农村主要的留守人员，对由此引发的治安管理和防范上的问题，要采取有效措施加以应对。要加强对留守在农村的老人、妇女、儿童服务与管理工作，提高其自我防范意识和能力，确保其人身和财产安全；特别是对那些无人照顾或有不良行为的未成年人，要完善有关政策，加大政府投人，强化家庭和社会责任，落实义务教育，强化帮教、救助措施。加强对刑释解教人员、吸毒人员的教育管理。

七、加强农村法制建设和思想道德建设

认真搞好普法宣传教育，重点做好村民委员会组织法、义务教育法、治安管理处罚法和信访条例等法律法规的宣传教育工作，重点抓好乡村干部、司法和行政执法人员及青少年学生的法制教育。努力培养和增强农民参与村民自治活动和其他社会管理的能力，引导农民通过法律途径和正当渠道与方式解决矛盾纠纷、维护自身合法权益。落实《公民道德建设实施纲要》，推进社会主义荣辱观教育，开展村民道德文化建设和反邪教警示教育，坚持不懈地做好“扫黄打非”工作。认真组织实施“依法治村”“法律进乡村”“村民自治示范村”“民主法治示范村”等创建活动，健全各项规

章制度,完善村规民约,实行村务公开、财务公开、政务公开,积极推行民主选举、民主决策、民主管理和民主监督。

八、加强农村公共安全防范工作

认真做好农村公共安全教育,积极预防火灾、一氧化碳中毒、食物中毒、电力安全事故、环境污染与生态破坏事件和传染病等事件。加强对农用车、船等的管理和对农村建房、用电、用水、卫生等安全防范工作的指导、监督与管理。进一步落实乡镇和村办企业的安全生产责任,把安全生产各项要求和措施落实到生产经营每个环节,预防和减少安全生产事故特别是群死群伤事故发生。加强对各类自然灾害和突发事件的监测预警,高度重视生态安全和人口安全。

九、加强农村治安综合治理基层组织建设

高度重视农村政法、综合治理基层组织建设,认真贯彻落实中央综治委和中央编办《关于加强乡镇、街道社会治安综合治理基层组织建设的若干意见》,在乡镇机构改革中基层政法、综合治理的力量只能加强、不能削弱。要大力加强农村基层党组织建设,充分发挥其在农村平安创建活动中的领导核心作用和共产党员的先锋模范作用。加强农村村委会和治保会、调解会建设以及村级综治办(综治工作站、综治中心)、综治联调联动中心等基层综合治理组织建设,落实办公场所、健全工作制度,做到有人抓、有人管。要按照权责利相统一的原则,进一步加强和规范治安中心户长、综治特派员、综治协管员、综治信息员、人民调解员、治安巡防员等基层综治队伍建设,通过财政支持、有条件的集体资助和村民在"一事一议"范围内自筹等方式解决群防群治组织运行所需的资金。县(市、区)和乡(镇)、街道要选一些得力干部,派驻治安管理相对薄弱的农村,指导和协助这些地方开展农村平安创建活动。

十、建立齐抓共建机制

各部门要紧紧围绕开展农村平安建设的目标任务,制定实施参与农村平安建设的具体措施,充分发挥职能作用,加强协作配合,共同推动农村平安建设深入开展。公安机关要充分履行打击和预防犯罪的职能,大力加强农村治安管理和防范,加强农村警务室、警务点、报警点、治安卡点建设,推动农村警务前移。人民法院要加强涉农案件的立案、审判、执行工作和涉诉信访工作,加强对人民调解组织的指导和支持。人民检察院要加强涉农案件的法律监督,坚决查办涉农职务犯罪。司法行政部门要认真做好农村矛盾纠纷排查调处工作,搞好法制宣传、法律援助、法律服务工作和农村刑释解教人员安置帮教工作。组织部门要大力加强农村基层组织建设。民政部门要强化农村社区建设和社区管理,认真做好农村的自然灾害应急救助和困难群众救助工作。农业部门要积极会同有关部门进一步建立和完善农产品质量安全监督检验制度,稳定和完善农村土地承包制度,建立新形势下的农民负担监督管理新机制。劳动保障部门要积极探索和推动农村社会保障体系建设。林业部门要加强组织、指导森林资源管理,组织协调、指导监督森林防火防盗工作。水利、电力部门要指导农村安全用水、用电,采取有效措施保护水利、电力设施。国土资源部门要依法查处、打击毁坏耕地等各类违法违规行为,进一步规范农村矿产资源开发管理。建设部门要加强对农村规划、农民住宅、农村公用基础设施建设与管理的指导,认真解决拖欠工程款问题。交通部门要加强对农村道路交通、渡口建设和管理工作的指导,预防和减少重特大事故的发生。工商行政管理部门要加强农村市场监管,切实维护农村市场经济秩序和广大农民的合法权益。宣传部门和新闻单位要采取多种有效形式,广泛深入开展农村平安建设宣传活动,引导农民投身于共创美好和谐稳定平安家园建设。人武部门要加强农村民兵建设并充分发挥其在维护农村治安和社会稳定中的重要作用,驻农村各部队要积极开展创建平安驻地、平安基层单位活动,参与军警民治安联防共建。教育、文化、卫生、人口计生、海关、环保、质检、安监等有关部门要按照各自承担的工作任务,认真履职尽责,开展对口服务,进行具体指导,形成全社会关注、各方面参与的农村平安建设局面。要建立党政机关结对促建制度,积极引导企事业单位和社会知名人士、志愿者对农村平安建设进行结对帮建,充分发挥共青团、妇联等人民团体的作用,调动广大青少年和妇女力量参与农村平安建设。

十一、加强对农村平安建设工作的组织领导

各级党委、政府要把农村平安建设纳入社会主义新农村建设和各地平安建设的总体规划。各级领导干部要深入农村调查研究,总结实践经验,加强分类指导,帮助解决农村平安建设工作中遇到的困难和问题。要增加对农村平安建设投入,安排筹集一定资金支持农村平安建设,努力缩小城乡差距和地区差距。要将农村平安建设纳入党政主要领导任期目标,列入干部考核评价的重要内容,与晋职晋级和奖惩使用直接挂钩。对工作突出的县(市、区)、乡(镇)、村的单位和个人,要予以表彰鼓励;对因重视不够、工作不力,导致发生严重危害社会稳定、造成恶劣影响的重大刑事案件、治安灾害事故和重大群体性事件的地方和单位,严格实行社会治安综合治理领导责任制和一票否决权制,严肃追究有关责任人的责任。

各级党委政法委、综治委(办)特别是县级党委政法委、综治委(办)要加强对农村平安建设的组织协调和督促检查，加强调查研究，总结推广典型经验，查找薄弱环节，落实工作责任，制定平安创建工作检查考核表彰奖励办法，对工作开展情况进行经常性检查和定期考核，使农村平安建设工作的各项措施真正落到实处。

中央社会治安综合治理委员会

2006年11月18日

外交部部长李肇星在河内分别会见美国国务卿赖斯和俄罗斯外长拉夫罗夫

全国人大与欧洲议会在北京举行第二十三次定期会晤

应全国人大—欧洲议会关系小组的邀请，由迪尔克·斯特克斯率领的欧洲议会对华关系代表团一行35人于11月18日至25日来华访问，并与中方成功举行了第二十三次定期会晤。

在京期间，全国人大常委会副委员长兼秘书长盛华仁会见了斯特克斯一行，全国人大外事委员会副主任委员、全国人大—欧洲议会关系小组主席王英凡主持了与欧方的正式会谈。

自全国人大与欧洲议会于1981年建立交流机制以来，双方定期举行会晤。此次会晤中欧方代表团成员包括20名欧洲议会各主要党派议员。双方就政治、安全、经贸、社会等广泛议题坦诚、深入地交换了意见。

双方积极评价近年来中欧关系取得的新进展。盛华仁说，中方愿与欧盟在相互尊重、平等互利的原则基础上，继续加强政治交往，深化务实合作，加强在国际事务中的协调与配合，并通过平等对话，妥善处理彼此的关切，不断拓展和深化中欧全面战略伙伴关系。

中方介绍了当前台海局势，阐述了有关原则立场，希望欧洲议会充分认识到台湾问题的敏感性，对“台独”分裂活动保持警惕。代表团表示，欧方坚持一个中国原则，希望两岸关系和平稳定发展，支持两岸对话，反对单方面改变现状。

双方一致肯定议会交往和交流机制在推动中欧关系发展方面起到的重要作用。盛华仁指出，交流机制建立以来，运作越来越成熟，参与的议员人数逐渐增多，交流内容不断充实，日益成为双方增进了解、扩大共识、发展合作的重要平台。中国全国人大愿与欧方共同努力，将交流机制长期坚持下去。

双方就经贸合作问题进行了深入讨论。中方强调，经贸合作是中欧关系发展的坚实基础和强大动力。随着中欧经贸合作范围和规模不断扩大，双方在某些问题上存在分歧、误解及至摩擦是难免的。中欧已在贸易、投资等许多政府部门间建立了磋商机制。议会交往应在促进双方对话，妥善解决问题方面发挥积极促进作用。

暨南大学庆祝建校100周年

中共中央政治局常委、全国政协主席贾庆林，中共中央政治局常委李长春发来贺信，向全校师生员工和海内外校友表示热烈的祝贺。来自世界114个国家和地区的暨南大学校友，和国内100多所兄弟院校和30多所海外姊妹大学代表以及各界人士3000多人参加了庆祝大会。

中共中央政治局委员、广东省省委书记张德江，全国人大常委会副委员长韩启德，全国政协副主席马万祺、罗豪才、董建华等也发来贺信。

出席庆祝大会的还有全国政协副主席周铁农、澳门特别行政区行政长官何厚铧、国务院侨务办公室主任陈玉杰等。

暨南大学是中国第一所由国家创办的招收外国留学生的华侨学府。1906年，清政府为满足海外华人华侨的受教育需求，在南京设立“暨南学堂”，1927年正式更名为国立暨南大学，100年来，暨大共培养各级各类人才20余万人；仅改革开放20多年来，学校就向海外及港澳台输送毕业生2万多人。如今，暨南大学是全国招收境外生最多的大学，2006年在校学生3万余人，其中海外及港澳台学生达1.2万多人，来自全球五大洲77个国家和香港、澳门、台湾3个地区。

11月19日

亚太经合组织第十四次领导人非正式会议在河内举行第二阶段会议

国家主席胡锦涛出席会议并就能源和环境、卫生合作、朝鲜半岛核问题等专题发言。

关于能源和环境问题，胡锦涛表示，能源问题关系亚太地区经济社会发展。为维护能源安全，我们应该树立和落实互利合作、多元发展、协同保障的新能源安全观。一方面，要加强能源开发利用的互利合作，建立先进能源技术研发推广体系；另一方面，要创造良好政治环境，完善国际能源市场机制，实现稳定持续、价格合理的国际能源供应。

胡锦涛强调，面对日益严峻的环境问题，我们应该提高清洁能源比重，重视环保技术研发应用，实现经济与能源、环境协调发展。近年来，亚太经合组织积极开展能源合作，取得了积极成果，今后应该再接再厉。中国愿同各成员一道，继续为维护国际能源安全、实现地区可持续发展作出贡献。

关于卫生合作问题，胡锦涛说，近年来，亚太地区多次暴发重大传染性疾病,各成员经济发展和民众生活经受了严峻考验。在经济全球化加速发展的今天,唯有切实加强国际合作,才能有效遏制重大传染性疾病蔓延,维护卫生安全。

胡锦涛说,近年来,亚太经合组织通过了一系列卫生合作文件。我们应该认真落实。要在完善内部防控举措的同时,积极开展传染病防治经验交流,推动技术合作和资金转让,增强发展中成员预防和应对传染病的能力。今年4月,中国举办了亚太经合组织新发传染病研讨会,总结了各成员防控传染病的经验。中国愿同各成员一道,继续为保护本地区人民健康安全作出贡献。

关于朝鲜半岛核问题,胡锦涛说,朝鲜半岛核问题事关半岛及东北亚的和平稳定。坚持半岛无核化,通过对话谈判和平解决半岛核问题,是中方一贯的坚定立场,也是国际社会的普遍期待,符合有关各方的共同利益。

胡锦涛表示,作为联合国安理会常任理事国,中国将以负责任的态度,认真履行安理会有关决议。同时,我们认为,六方会谈仍是对话解决朝鲜半岛核问题的现实途径。中方希望各方采取实际行动,早日重启六方会谈,落实去年达成的"9·19"共同声明,最终实现半岛无核化目标。中方将一如既往,同有关各方及国际社会一道,为推进和谈进程,早日和平解决朝鲜半岛核问题发挥建设性作用。

下午,与会领导人在国家会议中心出席了《亚太经合组织第十四次领导人非正式会议河内宣言》的宣读仪式。宣言强调,亚太经合组织各成员领导人聚会河内,围绕"走向充满活力的大家庭,实现可持续发展和繁荣"的主题,举行此次会议,以实现区域稳定、安全和繁荣的共同目标。

宣言指出,将致力于实现自由、开放的贸易和投资,防止可持续发展受到威胁,建立一个安全良好的商业环境,加强人类安全,努力建设一个充满活力、和谐的亚太大家庭,造福亚太人民。

宣言强调,各成员领导人批准《河内行动计划》,以通过各种具体措施和能力建设,按期实现茂物目标。

国家主席胡锦涛在河内会见美国总统乔治·布什

胡锦涛指出,当前,经济全球化带来的机遇和挑战同时上升,影响和平与发展的不稳定不确定因素有所增多。作为利益攸关方和建设性合作者,中美应该就事关世界和平稳定和全人类共同利益的重大问题加强对话,增进互信,深化合作,妥善处理分歧,推动中美建设性合作关系不断向前发展。为此,双方应该坚定不移地推进中美建设性合作关系,坚持从战略高度和长远角度出发,牢牢把握两国关系发展的正确方向,全面推进中美建设性合作关系;妥善处理台湾问题,布什总统和美国政府多次重申坚持一个中国政策、遵守中美三个联合公报、反对"台独",希望美方恪守承诺,不向"台独"分裂势力发出任何错误信号,以维护中美共同战略利益;加强在亚太地区合作,就亚太事务加强磋商和合作,共同维护和促进该地区和平、稳定、繁荣;推进经贸互利合作,搞好首次中美战略经济对话,充分发挥中美商贸联委会、中美经济联委会等协调机制的作用,推动两国经贸合作更快更好发展;本着双向互利的精神,加强反恐、防扩散、防务、能源、航天、科技、教育、文化、卫生、青年等广泛领域的交流合作,充实中美建设性合作关系的内涵。

关于朝鲜半岛核问题,胡锦涛表示,我们要坚持对话解决的方向,以智慧和耐心寻找切实的解决方案,早日实现半岛无核化目标。中方愿同包括美方在内的各方一道努力,推动六方会谈适时复会,重新确认各方在共同声明中所做的承诺,推动会谈取得实质性进展。

国家主席胡锦涛在万象与老挝国家主席朱马利·赛雅贡会谈

胡锦涛对发展两国关系提出五点建议。一、保持高层领导人每年会晤机制,就共同关心的问题交换意见,加强对双边关系发展的指导。二、加强治党治国经验交流,相互借鉴、共同提高。三、加强两国合作委员会对双边经贸合作的指导和协调,开拓新的贸易形式和渠道,力争实现新的突破,抓紧落实好商定的重点合作项目;中方将鼓励更多有实力的中国企业到老挝投资,愿继续为老挝提供力所能及的援助。四、加强两国在维护边境治安、打击跨国犯罪等方面的合作;推进青少年交往,中方将继续向老挝派遣青年志愿者;促进教育、卫生、旅游合作。五、加强在国际和地区事务中的相互支持,及时就重大国际和地区问题协调立场。密切双方在中国—东盟、联合国等多边机制中的协调和配合,维护两国的共同利益。

会谈后,胡锦涛和朱马利共同出席了经济技术、卫生、电力、电子政务等领域双方合作文件的签字仪式和中国国际广播电台万象调频台的开播仪式。

国务院副总理曾培炎参观北京国际汽车展览会

曾培炎参观了部分展台,并不时与有关专家、代表交谈,了解世界汽车发展新趋势,听取国内汽车产业发展政策建议。他说,目前我国已是世界第三大汽车生产国,同时也是全球第二大汽车市场,汽车工业已经成为国民经济的支柱产业,对促进经济增长、调整产业结构、改善人民生活,发挥了重要作用。

曾培炎强调，我国汽车产业发展有着很好的机遇，也面临一系列挑战。要面向消费市场，积极调整产品结构。加快推动企业联合重组，做大做强优势企业。合理控制生产能力，防止重复建设。进一步完善汽车市场体系，改善汽车消费环境。继续扩大出口规模，不断提高对外开放水平。特别是要把引进先进技术和管理与增强自主开发能力结合起来，逐步掌握核心技术，形成自己的汽车品牌。大力发展节能环保型汽车，积极开发与推广应用新型车用燃料和车用新材料。他同时指出，办好北京车展，对于加强世界汽车领域的交流与合作、促进我国汽车工业和汽车市场更好地发展，具有重要作用。要进一步提高办展效果和服务质量，把展览会办成世界高水平的汽车盛会。

车展由中国机械工业联合会、中国机械工业集团公司、中国国际贸易促进委员会、中国汽车工业协会主办。本届北京国际汽车展览会吸引了全球20多个国家和地区的1500家厂商参展，观众预计将超过50万人。

国务院副总理回良玉在福建考察灾后重建工作

回良玉对福建省的救灾和民房恢复重建工作予以充分肯定。他指出，今年是1998年特大洪涝以来我国自然灾害最为严重的一年，各地灾区恢复重建的任务很重，目前正在紧张有序地推进。福建省委、省政府认真贯彻中央的部署，重建工作抓得很紧，成效十分显著。这是解决人民群众最关心、最直接、最现实的利益问题的具体体现，是坚持执政为民、促进社会和谐的民心工程，务必要高度重视，办好办实。

考察期间，回良玉主持召开了农村工作座谈会，对当前的农业工作提出了明确要求。他指出，入秋以来，我国大部分地方气温明显高于常年，降雨明显低于常年，水利工程蓄水明显少于去年，受旱范围持续扩大，干旱程度不断加深。要进一步加大抗旱工作力度，增加抗旱投入，加强水源调度，推行节约用水，确保人畜饮水安全，努力减轻干旱造成的损失。要进一步推进农业结构调整，大力开展冬季农业开发，加快秋冬种进度，采取“控旺促弱”措施，加强病虫害防治，努力实现壮苗越冬，为明年粮食稳定发展奠定良好基础。要进一步强化禽流感等重大动物疫病防控工作，严格疫情监测，加大免疫力度。要进一步加强森林、草原冬季防火工作，做到领导责任到位、监测预警到位、工作措施到位、应急保障到位，严防重特大森林、草原火灾的发生。

中共广西壮族自治区第九届委员会第一次全体会议选举刘奇葆为自治区党委书记

外交部部长李肇星在河内会见韩国候任外交通商部长官宋旻淳

外交部部长李肇星在河内会见秘鲁外交部部长何塞·加西亚·贝朗

中央人民广播电台《小喇叭》节目开播50周年庆典晚会在北京中央人民广播电台音乐厅举行

甘肃发现3处西周至春秋古城遗址

据《人民日报》报道：3处西周至春秋时期的古城遗址日前在甘肃省礼县被发现，为解决我国早期秦文化一些悬而未决的历史问题提供了重要线索。

这3处古城遗址分别位于礼县县城周边的西山、大堡子山和山坪。近3年来，早期秦文化联合考古队全面调查了礼县境内的西汉水及其主要支流牛头河流域，共发现各类遗址98处，其中就包括这3处城址。

11月20日

国家主席胡锦涛在万象会见老挝国会主席通辛·坦马冯

国家主席胡锦涛在万象会见老挝总理布阿索内·布帕万

胡锦涛表示，新世纪以来，两党两国关系全面深入发展。双方政治上相互信赖、经济上互利合作、国际事务中相互支持，给两国人民带来了实实在在的利益。

关于两国经贸合作，胡锦涛表示，中老经贸合作发展势头良好。双边贸易额今年有望取得新突破。两国经贸合作潜力大，前景广阔，下一步的主要任务是挖掘合作潜力、提升合作水平。一是扩大双边贸易。希望老方充分利用中方提供的330种产品零关税待遇，开发适销对路产品，扩大对华出口。二是深化互利合作。中国政府鼓励更多有实力的中国企业到老挝开展合作，两国政府要为此提供必要的便利。三是用好中国的援助。应与老挝经济发展规划相结合、与提高老挝自主发展能力相结合、与促进双边经贸合作相结合。四是加强边境地区经贸合作，重点发展替代种植产业，促进两国边境地区经济发展和社会稳定。

国家主席胡锦涛在万象会见老挝人民革命党中央委员会前主席 老挝前国家主席坎代·西潘敦

中华人民共和国和老挝人民民主共和国发表联合声明

一、应老挝人民革命党中央委员会总书记、老挝人民民主共和国主席朱马利·赛雅贡的邀请，中国共产党中央委员会总书记、中华人民共和国主席胡锦涛于2006年11月19日至20日对老挝人民民主共和国进行国事访问。访问期间，胡锦涛总书记、国家主席与朱马利总书记、国家主席举行会谈，分别会见了老挝国会主席通辛·坦马冯、政府总理布阿索内·布帕万，并探望了党和国家前主席坎代·西潘敦。双方相互通报了各自党和国家的情况，就两党、两国关系及共同关心的国际和地区问题深入交换意见，达成了广泛共识。双方一致认为，访问取得了圆满成功，推动中老传统睦邻友好与全面合作进入新的发展阶段，具有重要的里程碑意义。

二、双方对两党、两国和两国人民在探索符合各自国情的社会主义发展道路上取得的巨大成就感到高兴。朱马利总书记、国家主席高度评价中国在改革开放和中国特色社会主义建设事业中取得的伟大成就，相信兄弟的中国人民在中国共产党的英明领导下，一定能实现全面建设小康社会、加快推进社会主义现代化的宏伟目标。胡锦涛总书记、国家主席祝贺老挝人民革命党八大和六届国会一次会议成功召开，祝贺兄弟的老挝人民30年来沿着社会主义方向建设国家，特别是革新开放20多年来取得的巨大成就，相信在老挝人民革命党英明领导下，兄弟的老挝人民一定能在落实老党八大确定的各项目标和任务中取得新的更大成就，坚定地沿着社会主义方向把老挝建设成为和平、独立、民主、统一、繁荣的国家。

三、双方一致认为，中老两国是友好近邻，两国人民之间有着悠久深厚的传统友谊。近半个世纪以来，两党、两国在争取民族解放和社会主义建设事业中相互同情、相互支持。进入新世纪，在双边合作《联合声明》基础上，中老长期稳定、睦邻友好、彼此信赖的全面合作关系得到深入发展，取得了丰硕成果，成为中老两国共同的宝贵财富。

双方一致认为，中老两党、两国都坚持社会主义道路，具有共同理想和奋斗目标。双方都在推进改革开放和革新事业，探索符合本国国情的发展道路，在许多重大问题上具有共同战略利益。在复杂多变的国际形势下，巩固和加强中老睦邻友好与全面合作，不仅符合两党、两国和两国人民的根本利益和共同愿望，也有利于本地区和世界的和平与发展。

双方决心继续秉承"长期稳定、睦邻友好、彼此信赖、全面合作"的方针，加强高层接触，加强双方党、政、议会、群众组织及地方之间的交流与合作，深化关于治党理政经验、社会主义理论与实践的交流和干部培训合作，充分发挥各领域对口合作机制的作用，进一步扩大在国防、公安、司法、教育、卫生、文化、体育、旅游等领域的务实合作，更多开展青少年友好交往，培养中老友好接班人，使两国永做"好邻居、好朋友、好同志、好伙伴"。

四、双方对两国经贸合作取得的进展表示满意。决定从战略高度重视和深化中老经贸合作，继续本着"平等互利、讲求实效、形式多样、共同发展"的原则，扩大经贸合作规模，进一步提高合作质量和水平。

第一，积极开拓新的贸易形式和渠道，老方将有效利用中国向老挝提供的零关税优惠待遇，力争双边贸易额在现有基础上实现新的突破。

第二，加强协调配合，抓紧落实现有经贸合作项目。中方愿继续为老挝国家建设提供力所能及的经济援助，根据平等互利原则，鼓励中国企业参与老挝交通、通信等基础设施建设。

第三，探索新型合作模式，采取多种形式，加强互利合作。中方支持有实力、信誉好的企业在农林、矿产、水电开发等重点领域与老方加强合作。

第四，发挥中国云南—老挝北部合作机制协调作用，加强边境省份经贸往来，进一步为双边贸易创造便利条件。结合开展禁毒合作，大力发展边境地区替代种植产业。

双方签署了《中老两国政府经济技术合作协定》《中国政府免除截至2004年年底老挝政府对华到期无息贷款债务议定书》《中国政府向老挝政府提供优惠贷款用于电子政务系统项目的框架协议》《中国政府和老挝政府关于禁止非法贩运和滥用麻醉品和精神药物的合作协议》《中老两国卫生部卫生合作谅解备忘录》等合作文件。

五、老方重申，世界上只有一个中国，中华人民共和国政府是代表全中国的唯一合法政府，台湾是中国领土不可分割的一部分。老方将继续坚定奉行一个中国政策，反对包括"法理台独"在内的任何形式的"台湾独立"，支持中国政府为捍卫国家主权和领土完整所做的一切努力。老挝人民民主共和国政府希望中国早日实现国家统一。中方对老方的理解和支持表示感谢。中方重申尊重老挝的独立、主权和领土完整，支持老挝党、政府和人民坚持社会主义方向，坚持有原则的全面革新路线，尊重老挝人民自主选择符合本国国情的发展道路。

六、双方对两国在国际和地区事务中的合作表示满意。重申将加强在中国—东盟、东盟—中日韩、东亚合作、联合国等多边框架下的协调与配合，致力于维护本地区和世界的和平、稳定与发展。

七、胡锦涛总书记、国家主席对朱马利总书记、国家主席以及老挝人民革命党、老挝政府和兄弟的老挝人民所给予的隆重、热情和友好的接待表示衷心的感谢，邀请朱马利总书记、国家主席方便时再次访华，朱马利总书记、国家主席对此表示感谢并愉快地接受了邀请。

2006年11月20日于万象

国务院总理温家宝在人民大会堂与保加利亚总理谢尔盖·迪米特里耶维奇·斯塔尼舍夫举行会谈

温家宝指出，中保之间没有任何悬而未决的问题，双边合作具有潜力和发展前景。为进一步推进中保友好关系，中方愿与保方在以下方面作出共同努力：一是保持高层交往，加强政治对话，确保两国关系长期稳定健康发展。二是深化经贸合作，提高合作水平。鼓励双向投资，支持中小企业合作。中方愿采取积极措施，扩大自保加利亚的进口，也希望保加利亚积极开拓中国市场。三是认真落实文化、教育交流计划，扩大民间和青年交往。

会谈后，两国总理共同签署了《中华人民共和国和保加利亚共和国政府联合声明》，出席了中保经济合作协定等双边合作文件的签字仪式。

中国和保加利亚发表联合声明

应中华人民共和国国务院总理温家宝的邀请，保加利亚共和国总理塞尔盖伊·斯塔尼舍夫于2006年11月19日至23日对中华人民共和国进行了正式访问。访问期间，温家宝总理同斯塔尼舍夫总理举行了会谈，中华人民共和国全国人民代表大会常务委员会委员长吴邦国、中华人民共和国副主席曾庆红分别会见了斯塔尼舍夫总理。两国领导人在友好、务实的气氛中就进一步发展双边关系及共同关心的国际和地区问题深入交换了看法，达成广泛共识。

斯塔尼舍夫总理还访问了上海市，会见了上海市市长韩正。

访问期间，双方签署了《中华人民共和国政府和保加利亚共和国政府经济合作协定》《中华人民共和国政府和保加利亚共和国政府关于两国使馆馆舍的协定》《中华人民共和国中央人民广播电台与保加利亚共和国国家广播电台合作协议》《上海市外国投资促进中心和保加利亚投资署谅解备忘录》。双方企业家在北京和上海分别举行了贸易洽谈会。

塞尔盖伊·斯塔尼舍夫总理对中方的热情接待表示衷心感谢，并邀请温家宝总理在方便的时候访问保加利亚。温家宝总理愉快地接受了邀请。

一、双方认为，近年来两国关系发展顺利，政治互信日益增强，各领域合作富有成果，各级别对话增多，地方和民间交往不断扩大，两国关系已进入全面合作伙伴关系阶段，保持和加强这一关系是两国人民的共同愿望，符合两国的利益。双方愿进一步扩大在各级别、各领域的交往与合作。

二、双方高度重视两国政治对话，认为这有利于促进双边关系的发展，是中保全面合作伙伴关系的重要方面，愿继续保持高层互访的势头。

三、双方相互尊重对方人民根据本国国情所选择的发展道路。

中方祝贺保加利亚即将于2007年1月1日加入欧盟。保加利亚加入欧盟将进一步促进中保关系的发展，丰富全面战略合作的内涵。作为2008年第七届亚欧首脑会议的东道国，中国对保加利亚成为亚欧会议成员表示高兴，愿努力深化中保合作。

保方重申，坚持奉行一个中国的原则立场，即：承认中华人民共和国政府是代表全中国的唯一合法政府，台湾是中国不可分割的一部分。保方不与台湾进行任何形式的官方往来，支持中华人民共和国政府通过和平方式实现国家统一的努力。中方对保方这一原则立场表示赞赏。

四、双方认为，经贸合作是双边关系的重要组成部分，扩大和深化双边经贸合作对巩固和发展两国关系具有重要意义。双方认识到扩大相互投资和平衡双边贸易的必要性，将本着平等互利原则，积极支持两国企业加强交流，开展形式多样的合作，努力提高双边经贸合作的规模和水平。

五、双方愿继续扩大在文化、教育、科技、民政、旅游、新闻等领域的交流与合作，加强地方、民间交往，不断巩固和加强两国人民的传统友谊。

六、双方将努力促进和便利两国公民的正常往来，教育各自公民在对方境内逗留期间遵守所在国法律法规，依法尊重并保障在各自境内逗留的对方公民的合法权益。

七、双方对朝鲜核试验及愈加严峻的朝鲜半岛和东北亚局势表示严重关注，重申应坚持半岛无核化原则，通过对话谈判解决问题，维护半岛和东北亚地区和平与稳定。保加利亚欢迎并支持中国在朝核问题六方会谈中发挥的重要作用。双方呼吁有关方面采取灵活务实态度，维护和推进六方会谈进程。

八、保加利亚将于2007年担任中欧倡议国组织和东南欧合作进程的主席国。中国赞赏并高度评价保加利亚为维护东南欧的和平与稳定、促进区域合作所做的重要贡献以及在国际事务中所发挥的积极作用。

九、双方认为，当前国际形势正在发生复杂深刻的变化，人类社会相互依存日益加深，求和平、促发展、谋合作成为时代的潮流和各国的优先目标。同时，地区热点问题层出不穷，地区贫富差距拉大，恐怖主义、跨国犯罪、重大传染性疾病、自然灾害等传统与非传统安全问题使人类面临诸多挑战。双方愿加强合作，共同应对。

十、双方确认,联合国是由主权国家组成的最具普遍性和权威性的国际组织,其在保障全球安全、促进共同发展、推动国际合作中的地位和作用不容替代。《联合国宪章》的宗旨和原则已成为公认的国际关系基本准则,必须得到切实遵守。双方支持在协商一致基础上对联合国进行必要和合理的改革,以加强其作用,提高其权威和效率,有效应对各种全球性威胁和挑战。中国和保加利亚支持联合国同其他国际和地区组织加强合作,为实现千年发展目标、维护世界的稳定与发展而共同努力。双方愿在联合国和其他国际和地区组织框架内进行建设性合作,保持密切的沟通与磋商。

十一、双方一致谴责恐怖主义对世界的安全、和平与稳定带来的严重威胁。根据《联合国宪章》和国际法准则,国际社会必须团结一致,坚决和毫不妥协地打击一切形式的恐怖主义。双方认为,联合国应该在打击恐怖主义的斗争中发挥主导作用,安理会有关决议应该得到切实执行。中国和保加利亚对联合国全球反恐战略表示欢迎,愿为实施该战略而努力。

中华人民共和国国务院　保加利亚共和国政府
总　理　　　　　　总　理
温家宝　　　塞尔盖伊·斯塔尼舍夫

2006年11月20日于北京

国务院召开会议研究发展替代能源工作

国务院副总理曾培炎主持召开会议。曾培炎说,我国能源结构以传统化石能源为主,发展替代能源,可以减少对煤炭的直接使用,减轻石油进口压力,有利于优化能源结构、提高能源效率,对保障能源安全、缓解资源环境约束具有重大意义。经过多年努力,一批具有自主知识产权的替代能源技术逐步成熟,部分产业化示范工程即将投入使用,乙醇汽油等替代燃料试点进展顺利,为进一步发展替代能源打下了良好基础。

曾培炎指出,发展替代能源要按照以新能源替代传统能源,以优势能源替代稀缺能源,以可再生能源替代化石能源的思路,逐步提高替代能源在能源结构中的比重。当前,要重点发展车用燃料和替代石油产品,搞好煤炭液化,煤制甲醇、二甲醚、烯烃和煤基多联产技术的试验示范和开发应用;积极发展燃料乙醇和生物柴油;大力发展沼气、太阳能、风能、水电、地热等可再生能源,尽可能降低对化石燃料的依赖,减少污染物的排放。

会上,国家发展改革委作了汇报。国务院副秘书长张平,有关部门负责人,以及部分行业协会、科研机构和大专院校的能源专家参加了会议。

国务院召开全国加强中小学管理工作电视电话会议

国务委员陈至立出席会议并强调,要贯彻落实党的十六届六中全会精神,以学校安全工作为重点,加强学校管理,共建和谐校园,促进中小学生健康成长。

国家副主席曾庆红在人民大会堂会见保加利亚总理谢尔盖·迪米特里耶维奇·斯塔尼舍夫

国防部部长曹刚川在八一大楼会见斯洛伐克军队总参谋长布利克一行

钱学森手稿《导弹概论》影印版首发式在北京举行

这部创作于50年前、一度被定为"秘密文件"的手稿终于首次亮相。

《导弹概论》是钱学森在中国航天初创时期,亲自撰写的中国第一本航天教材。由于当时特殊的国内外环境,该手稿被定为"秘密文件",只油印了一些小册子,并由钱学森亲自为第一批学员授课。

此次出版影印了当年钱学森的手稿,并配以珍贵的图片。当年聆听过钱学森讲课的部分老同志的回忆被收进附录。全书共分4讲,内容通俗易懂,逻辑严密,既有公式推导,又有图表。

洪学智逝世

中国共产党的优秀党员,久经考验的忠诚的共产主义战士,无产阶级革命家、军事家,我军现代后勤工作的开拓者,中国人民政治协商会议第七、八届全国委员会副主席,中央军委原委员、副秘书长,解放军总后勤部原部长兼政治委员洪学智同志,因病医治无效,于11月20日22时10分在北京逝世,享年94岁。

洪学智同志是中共第八届中央候补委员,第十一、十二届中央委员,中共中央顾问委员会委员,第五届全国人大常委,第一、五、七届全国人大代表,第七、八届全国政协副主席,第一、二届国防委员会委员。1955年和1988年两次被授予上将军衔。荣获中华人民共和国一级八一勋章、一级独立自由勋章和一级解放勋章。

11月21日

国家主席胡锦涛在新德里与印度总理曼莫汉·辛格举行会谈

双方就发展中印战略合作伙伴关系达成重要共识,一致认为,中印在双边、地区、国际层面都有着广泛而可持续的共同利益,两国都致力于维护发展中国家的利益,促进世界多极化和国际关系民主化,中印关系已远远超出双边范畴，具有全球性意义，同意共同努力，推动中印战略合作伙伴关系不断向前发展。

胡锦涛指出，中方欢迎印度发展，印度的发展对中国不是威胁，而是机遇。中方把印度视为中国在亚洲乃至全球的重要合作伙伴，把中印关系视为中国最重要的双边关系之一。同印度发展长期稳定的战略合作伙伴关系，是中国政府的既定政策和战略决策，绝非权宜之计。中方愿同印方一道努力，推动两国战略合作伙伴关系不断向前发展。胡锦涛对发展两国关系提出6点建议。

一、加强对话磋商，增强政治互信。两国领导人可以利用双边和多边渠道，保持经常性接触。鼓励两国政府部门、立法机构、政党开展定期交流。充分利用战略对话等机制，保持经常对话和磋商。支持两国地方政府开展交流合作。

二、深化经贸合作，实现互利双赢。认真落实《中印全面经贸合作五年规划》，改善贸易结构，推动贸易多样化，争取到2010年使双边贸易额达到400亿美元。采取积极措施，消除贸易投资障碍，创造有利于扩大两国经贸合作的环境。早日完成区域贸易安排的可行性研究，为谈判打好基础。

三、拓展务实合作，扩大共同利益。重点拓展信息技术、能源资源、基础设施、科技、农业等领域的互利合作。鼓励双方信息技术企业加强合作；积极开展能源领域的对话、技术交流和共同开发合作，开展矿业合作；鼓励和支持双方企业加强在印度交通、电力等基础设施建设方面合作；充分利用两国科技合作指导委员会和科技合作联委会机制，拓展科技领域互利合作；加强在农作物育种、农作物种植技术、农业生物技术和畜牧业等领域合作。

四、促进人文交流，巩固友好基础。努力扩大文化、教育、旅游、宗教、新闻、体育等领域的友好交流。共同办好明年的“中印旅游友好年”活动。采取扩大航空联系、简化签证手续等措施，促进人员交流。中国政府决定在未来5年内邀请500名印度青年访华。

五、推进边界谈判，保持边境安宁。从战略高度和大局出发，遵循政治指导原则精神，和平友好、平等协商、互相尊重、互相谅解，早日谈成一个公平合理和双方都能接受的解决框架，为最终解决边界问题打下坚实基础。同时，双方要继续维护好边境地区和平安宁。

六、加强多边合作，维护共同利益。加强在联合国和其他多边组织中的沟通和协调，共同推动世界多极化和国际关系民主化，促进南南合作，维护发展中国家的共同利益。共同参与区域合作进程，加强在上海合作组织、东亚峰会、南亚区域合作联盟等机制内的合作。

会谈后，胡锦涛和辛格出席两国关于投资促进和保护、卫生检疫、人力资源开发、林业、文物合作、互设总领事馆等文件的签字仪式。

中国和印度发表《联合宣言》

1.应印度共和国总统阿卜杜勒·卡拉姆阁下邀请，中华人民共和国主席胡锦涛于2006年11月20日至23日对印度共和国进行国事访问。

2.胡锦涛主席今天早些时候与曼莫汉·辛格总理举行了会谈，晚些时候还将会见阿卜杜勒·卡拉姆总统。副总统拜龙·辛格·谢卡瓦特先生、人民院议长索姆纳特·查特吉、人民院反对党领袖拉尔·克里希纳·阿德瓦尼先生将礼节性拜会胡锦涛主席。团结进步联盟主席索尼娅·甘地夫人将拜会胡锦涛主席。今天早些时候，外交部部长普拉纳布·慕克吉先生拜会了胡锦涛主席。胡锦涛主席将在科学宫发表政策演讲，出席“中印友好年”纪念活动。胡锦涛主席还将访问阿格拉，在孟买出席商务峰会并发表讲话，并参加其他一些活动。

3.两国领导人满意地注意到，近年来中印两国在双边及地区和多边事务中的合作都取得了全面进展。双方重申了两国总理2003年6月23日签署的《中华人民共和国和印度共和国关系原则和全面合作的宣言》和2005年4月11日签署的《中华人民共和国与印度共和国联合声明》体现的中印关系未来发展的共识和基本原则。

4.双方一致认为，作为世界上两个最大的发展中国家，中印关系具有全球和战略意义。两国都致力于抓住历史性机遇寻求发展。双方欢迎并积极看待对方的发展，认为对方的发展是对亚洲和世界和平、稳定和繁荣的积极贡献。双方一致认为，两国面临着共同发展的光明前景，两国不是对手或竞争者，而是互利合作的伙伴。双方一致认为，两国有足够空间实现更大规模的共同发展，在地区和国际事务中发挥各自作用，同时关注彼此的关切和愿望。中印有着相似的世界观，两国战略伙伴关系同它们作为发展中大国所发挥的作用相一致。在当今全球化形势下，随着两国在所有重大问题上的参与力度和作用日益增大，中印伙伴关系对国际社会应对全球挑战和威胁至关重要。作为正在形成中的多极化国际秩序中的两个主要国家，中印同时发展将对未来国际体系产生积极影响。

5.为进一步充实和加强两国战略合作伙伴关系，促进中印社会经济可持续发展，全面挖掘各领域合作的巨大潜力，将中印关系提升到新水平，两国领导人致力于追求以下“十项战略”：

一、确保双边关系全面发展

6.双方决定共同努力，保持近年来中印关系的积极进展和全面合作势头。

7. 双方同意，两国领导人将利用双边和多边渠道进行经常性会晤。双方一致认为，两国政府、议会、政党间的高层交往，为扩大两国全面合作发挥了重要作用。

8. 为保持、推动和促进两国间更广泛的交流，中印将分别在对方国家开设新的总领馆。中国将在加尔各答开设新的总领馆，印度将在广州开设新的总领馆。双方就悬而未决的印度驻上海总领馆房产问题达成了双方都满意的解决办法，这是一项积极进展。

二、加强制度化联系和对话机制

9. 为加强协调与合作，更好地理解对方在重要的国内、地区及国际事务上的政策和立场，双方将加强两国政府在不同领域和层次的制度化联系。两国相关部委和组织将在现有对话机制下加强交流，激活尚未定期召开的机制。访问期间两国签署了《中印外交部合作议定书》，就是朝着这一方向迈出的重要步骤。

三、巩固贸易和经济交往

10. 双方一致认为，中印全面经济和贸易关系是两国战略合作伙伴关系的核心组成部分。双方决定，将努力使双边贸易额到2010年实现400亿美元。为保持和进一步加强两国经贸合作，双方将共同努力扩大贸易范围，消除现存障碍，以最大限度发挥两国经济中现存和潜在的互补优势。为此，双方高度重视通过有关机制，尽早实施2006年3月两国部长级经贸科技联合小组作出的决定，包括联合研究小组的建议。研究中印区域贸易安排可行性和收益的联合研究小组将于2007年10月之前完成有关工作。

11. 双方对访问期间签署《中印双边投资促进和保护协定》表示欢迎，认为协定将为鼓励和促进两国间更大规模的投资提供制度和法律基础。

12. 中方邀请印方参加2010年上海世博会，印方感谢中方邀请，表示将积极支持和参加上海世博会。

四、拓展全面互利合作

13. 双方同意，将进一步加强两国关系全面发展中的积极趋势，充分挖掘贸易、工业、财金、农业、水资源、能源、环境、交通、基础设施、信息技术、卫生、教育、媒体、文化、旅游、青年事务和其他领域的合作潜力。

14. 双方同意，全面落实2006年1月《中印石油、天然气领域合作谅解备忘录》中的条款，鼓励两国企业间的合作，包括在第三国联合开采和开发油气资源。

15. 鉴于两国在信息通讯技术领域具有互补优势，双方同意通过更密切的政策对话和促进两国企业间的合作，包括在第三国合作，加强在这一领域的互利合作。

16. 双方决定全面落实《中印农业合作谅解备忘录》，加强在农业和农村发展，包括食品安全方面的经验交流，并同意为促进双方农产品贸易，早日就农产品标准进行交流和磋商。

17. 双方同意建立专家级机制，探讨就双方同意的跨境河流的水文报汛、应急事件处理等情况进行交流与合作。正在进行的中方向印方提供雅鲁藏布江/布拉马普特拉河和朗钦藏布/萨特累季河水文资料的做法已经被证明有助于预报和缓解洪水。双方同意继续举行磋商，以早日就帕隆藏布江和察隅曲—洛希特河达成类似安排。

18. 双方将通过双边和多边渠道，就可持续发展、生物多样性、气候变化和其他共同关心的环境问题加强磋商。加快野生动物保护合作，特别是进一步推进老虎保护合作。

五、通过防务合作逐步增进互信

19. 防务领域的交流有助于两国国防部门间建立互信和增进相互理解。双方将全面履行2006年5月29日签署的《中印国防部防务领域交流与合作谅解备忘录》，该备忘录为两国防务合作的进一步发展提供了良好的基础和制度框架。

六、寻求早日解决悬而未决的问题

20. 双方致力于通过和平途径，以公平、合理和双方都能接受的积极方式解决悬而未决的分歧，包括边界问题。同时确保这些分歧不影响双边关系的积极发展。

21. 中印边界问题特别代表已经采取步骤，并将继续努力，争取在2005年4月11日签订的关于解决中印边界问题政治指导原则协定的基础上解决边界问题。边界问题的早日解决符合两国的基本利益，因而应将其视为战略目标。特别代表将早日商定一个适当的框架，以便最终一揽子解决边界问题，包括中印边界各段。在边界问题解决之前，双方将根据1993年、1996年和2005年协定的规定，保持边境地区的和平与安宁。

22. 在特别代表会晤的同时，中印边界问题联合工作小组应加快工作，包括澄清和确认实际控制线和落实建立信任措施。双方同意，在已商定的参数基础上，尽早完成交换标明各自对整个实控线走向认识的地图的进程。

七、促进跨边境联系与合作

23. 双方将在中印边境地区共同商定的地点促进跨境合作，将两国边境从划分两国的界线变为联系合作的桥梁。在这一背景下，中印边境贸易具有重要意义，包括近期恢复的通过乃堆拉山口的边境贸易。双方将加强现有的边境贸易，同时继续探讨在中印边境地区增开贸易路线的可能性。

24. 双方对孟中印缅地区经济合作论坛建议组织的加尔各答—昆明(经过孟加拉国和缅甸)公路汽车赛表示欢迎。

25. 中方将为印度香客赴神山圣湖朝圣提供更多便利。双方将探讨增开一条朝圣路线的可能性。

八、促进科技领域合作

26. 双方认为中印科学技术的发展具有优先地位,创新是双方共同努力实现社会经济可持续发展的基石,双方应在科技领域建立中印伙伴关系。双方欢迎在科技领域建立的中印部长级科技合作指导委员会,这是双方在指导、协调和促进双方科技合作方面迈出的积极步伐。双方同意在以下领域联合开展合作:(1)地震工程学(2)气候变化和天气预报(3)以先进材料为主的纳米技术(4)以生物纳米为主的生物技术和制药。合作框架既包括两国政府、部门和研究机构,也包括双方的企业。

27. 考虑到对于中印双方,扩大民用核能项目是保证能源安全的国家能源计划的重要组成部分,双方同意在遵循各自国际承诺的同时,促进在核能领域的合作。作为拥有先进的科技能力的两个国家,双方强调进一步加深双边以及通过国际热核聚变实验反应堆等多边项目合作的重要性,并加强在相关学术领域的交流。

28. 中印在空间技术上都取得了进步,双方重申致力于和平利用外层空间。双方同意加强在为和平与发展目的利用空间技术方面的合作,包括卫星遥感,卫星通讯,卫星气象和卫星发射服务等。双方还将积极探讨在空间技术应用方面的合作,例如灾害控制和远程教育。为此,双方将全面落实中印于1991年12月和2002年1月签订的和平利用外层空间谅解备忘录规定。

九、增进文化关系,培育民间交流

29. 中印两国人民悠久的文化交往为两国持久友谊提供了坚实的基础。在当今时代背景下,为重温这些历史联系,为其注入新的活力,双方采取了多项举措,包括尽早完成在河南洛阳修建印度风格的佛教寺庙和在那烂陀修复玄奘纪念堂。这些举措将进一步巩固两国间的文化联系。双方同意加强在宗教和文明遗产领域的合作,并就在中国佛经数字化和通过在地区合作的基础上建立一所国际大学将那烂陀重建为学术中心等方面的合作事宜进行探讨。为更好地加深对两国文化的了解,双方决定在中国举办“印度节”,在印度举办“中国节”,并使用共同徽标。具体事宜由有关部门协商决定。

30. 为进一步促进中印学术交流,双方同意推动建立“中印交流基金”,基金的具体模式将通过双方磋商制定。

31. 访问期间签署的新的教育交流计划将进一步加强中印教育领域的合作。

32. 双方还同意制订青年代表团交流五年计划。鉴此,中方今后五年将邀请500名印度青年访华。

33. 为积极促进中印旅游,双方将以共同的徽标在2007年组织“中印旅游友好年”,并采取其他举措,包括中国国家旅游局在印度开设办事处、印度在华开设旅游办事处、改善航空联系、继续简化签证手续。

34. 双方欢迎两国地方政府为促进民间交流开展的合作。

十、扩大在地区和国际舞台上的合作

35. 双方将就亚太和国际安全环境经常性交换意见,并就双方共同关切的紧迫问题进行积极磋商,协调立场,为和平解决此类问题作出积极贡献。双方还将就涉及地区和平、安全与稳定的问题进行经常性磋商,包括地区海上安全、大规模杀伤性武器及相关材料和运载工具的扩散、流行疾病、自然灾害、武器非法走私、毒品和人口贩卖以及环境恶化等。

36. 双方积极看待中印俄三方对话机制,同意进一步充实在这一机制下的交流与合作。

37. 双方认识到恐怖主义作为危害人类的犯罪行为,没有任何存在的正当理由。双方谴责任何表现形式的恐怖主义,同意继续深化和扩大中印反恐对话机制。双方将加强双边和国际合作,共同打击恐怖主义、分裂主义和极端主义,切断恐怖主义与有组织犯罪、非法武器和毒品走私之间的联系。

38. 双方承认联合国在促进国际和平、安全与发展方面的中心作用,重申加强联合国体系的决心。联合国的改革应是全方位的,应确保发展中国家和发达国家在安理会中代表性的平衡,提高联合国及其安理会的工作效率。双方应就联合国改革包括安理会改革进行磋商。印方重申其成为联合国安理会常任理事国的愿望。中方高度重视印度在国际事务中的地位,理解并支持印度在联合国发挥更大作用的愿望。

39. 鉴于能源安全对于产油国和消费国均是关键的战略性问题,建立一个公平、公正、安全、稳定并能惠及整个国际社会的国际能源秩序符合各方的共同利益。双方将就促进全球能源结构多元化和提高可再生能源比例展开双边和国际合作。两国的能源需求是建立稳定、可预见、安全和洁净的未来能源体系的重要组成部分,因此,全球能源体系应该考虑到并满足两国的能源需求。在此背景下,应以创造性和前瞻性的方式推进国际民用核能合作,同时应维护国际防扩散原则的有效性。

40. 双方致力于防扩散的目标,并同意扩大两国在相关领域的双边和国际合作。

41. 作为拥有相对成功经验的两个发展中大国，中印拥有共同的特殊责任，保护和促进发展中国家在正在形成中的国际秩序中的利益，帮助发展中国家从全球化的积极面中受益。鉴此，双方将在北京和新德里分别举行由两国财政部共同主持的国际研讨会，与其他国家和国际社会共同分享两国的发展经验。

42. 双方同意加强在世界贸易组织中的合作。两国支持建立一个公平、合理、平等、透明、以规则为基础的多边贸易体系，早日恢复多哈回合谈判，决心维护发展中国家的合法权益。作为 20 国集团和 33 国集团的创始国，两国决心与世贸组织其他成员，尤其是发展中国家，加强合作与协调，以发展为核心，确保早日恢复多哈工作计划谈判。

43. 双方认识到区域一体化是正在形成的国际经济新秩序的重要特征，同意加强两国在地区组织中的协调，探讨实现更为紧密的亚洲区域合作的新架构。双方积极看待对方参与亚洲跨区域、区域和次区域合作进程，包括参与东亚共同体的进程。鉴此，双方同意在东亚峰会开展紧密的合作。印方欢迎中方成为南亚区域合作联盟观察员。中方欢迎印度成为亚欧会议成员。双方同意在上海合作组织内就共同感兴趣的问题扩大合作。

44. 印方忆及印度是最早承认一个中国的国家之一，其一个中国政策没有改变。印度表示，将继续遵守一个中国的政策。中方对印方立场表示赞赏。

45. 印方重申，承认西藏自治区是中华人民共和国领土的一部分，不允许西藏人在印度从事反对中国的政治活动。中方对印方立场表示赞赏。

46. 访问期间，双方签署了以下协议：《中华人民共和国政府和印度共和国政府关于在广州和加尔各答设立总领事馆的协定》；《中华人民共和国外交部和印度共和国外交部合作议定书》；《中华人民共和国政府和印度共和国政府关于印度共和国驻上海总领馆房产问题的协议》；《中华人民共和国政府和印度共和国政府关于促进和保护投资的协定》；《中华人民共和国国家质量监督检验检疫总局与印度出口检验委员会关于铁矿石检验的合作协议》；《中华人民共和国国家质量监督检验检疫总局和印度共和国农业部关于印度大米输华的植物卫生要求议定书》；《中国证券监督管理委员会与印度远期市场委员会商品期货监管合作谅解备忘录》；《中国共产党中央委员会党校与印度共和国公共行政管理学院合作谅解备忘录》；《中华人民共和国国家林业局和印度共和国环境与森林部关于林业合作的协议》；《中国农业科学院与印度农业研究理事会农业合作谅解备忘录》；《中华人民共和国教育部与印度共和国人力资源开发部教育合作与交流计划》；《中华人民共和国国家文物局与印度共和国考古局关于合作保护文化遗产的谅解备忘录》；《中华人民共和国政府和印度共和国政府关于防止盗窃、盗掘和非法进出境文物的协定》。

47. 双方相信胡锦涛主席对印度的成功访问，使 2006 中印友好年庆祝活动达到高潮，促进了两国的相互理解与信任，有助于充实两国战略合作伙伴关系，给双边关系带来实质性的提升。双方认为，该联合宣言为中印关系的持续发展和多样化提供了宝贵蓝图，也充实了两国战略合作。

48. 胡锦涛主席邀请阿卜杜勒·卡拉姆总统和曼莫汉·辛格总理访问中国。印方愉快地接受了邀请。具体访问日期双方将通过外交渠道另行商定。

2006 年 11 月 21 日于新德里

国家主席胡锦涛和印度总统卡拉姆在新德里共同出席“中印友好年”庆祝活动

国家主席胡锦涛在新德里分别会见印度副总统兼联邦院议长谢卡瓦特 印度人民院议长查特吉和印度国大党主席索尼娅·甘地

全国人大常委会委员长吴邦国在人民大会堂会见保加利亚总理谢尔盖·迪米特里耶维奇·斯塔尼舍夫

全国政协主席贾庆林在北京会见世界基督教联合会总干事撒母尔·考比亚一行

中共中央政治局常委李长春在广西考察

11 月 21 日至 24 日，李长春在广西壮族自治区党委书记刘奇葆、自治区政府主席陆兵的陪同下，先后到桂林、柳州、北海、钦州、防城港、南宁等地，就建设和谐文化、加强和改进青少年思想道德建设、深化文化体制改革等进行调研，对广西改革开放和现代化建设取得的成绩给予充分肯定。他希望广西认真贯彻党的十六届六中全会精神，全面贯彻落实科学发展观，抓住机遇、抓准机遇、抓好机遇，以大开放促进大合作、大开发、大发展，推动经济社会又好又快发展。

国家副主席曾庆红在人民大会堂与哥伦比亚副总统胡安·曼努埃尔·桑托斯举行会谈

会谈后，曾庆红和桑托斯共同出席了中哥两国政府经济技术合作协定的签字仪式。

我国正式加入国际热核计划

国际热核聚变实验堆计划（简称国际热核计划，英文缩写 ITER）今天全面启动，包括中国、欧盟、美国、俄罗斯、印度、日本、韩国在内的 7 方代表，在巴黎签署了联合实施协定及相关文件。科技部部长徐冠华率领中国代表团参加了签字仪式，并代表中国政府在协定上签字，标志着我国正式加入国际热核计划。

专家表示，我国加入国际热核计划，既是从根本上解决能源问题的战略需要，也有着多方面的现实意义。该计划是核科学技术、超导技术、等离子体技术、机器人技术等的综合集成，可拉动我国相关领域的技术发展。同时，全面参加计划的建设和实验，可全面掌握国际热核聚变实验堆的知识和技术，培养一批聚变工程和科研人才，有可能在较短时间、用较小投资使我国核聚变能研究在整体上进入世界前沿。

11 月 22 日

国家主席胡锦涛在印度科学宫发表演讲

尊敬的印度副总统兼联邦院议长、印度世界事务委员会主席拜龙·辛格·谢卡瓦特先生，

女士们，先生们，朋友们：

在这次对贵国进行国事访问期间，今天有机会同印度各界朋友见面，交流关于推动中印关系发展的看法，我感到十分高兴。首先，我要向在座各位，并通过你们向伟大的印度人民，转达中国人民的诚挚问候和良好祝愿！

印度是伟大的国家，印度人民是伟大的人民。1984 年，我曾访问过印度，贵国灿烂的文化和热情的人民给我留下了深刻印象。时隔 22 年，我再次踏上贵国美丽的土地，深切感受到印度的巨大进步。今天的印度，政治稳定，经济发展，国际影响日益上升，展现出广阔的发展前景。印度人民用自己的勤劳和智慧，正在绘制一幅蓬勃发展的美好蓝图。我为印度经济社会发展取得的成就感到由衷的高兴。

女士们、先生们、朋友们！

中印都是历史悠久的文明古国，中印两国人民在历史上都创造了灿烂文化，都为人类文明进步作出了不可磨灭的贡献。在绵延几千年的历史演进中，中印两大文明交相辉映，共同谱写了世界文明史上的绚丽篇章。中印两国人民早就开始了文化交流和商贸往来，中国高僧法显和玄奘取经西行，天竺鸠摩罗什和达摩祖师负笈东来，就是两国人民交往源远流长的历史见证。

近代以来，中印两国人民在争取民族独立和解放的斗争中彼此同情，相互声援，共同奋斗。今天，中印两国又共同进入了经济社会发展的快车道，向世人展示了两国光明的未来和亚洲振兴的希望。在双方共同努力下，两国在各领域开展了富有成效的合作，两国关系呈现出全面发展的良好势头。去年中印宣布建立面向和平与繁荣的战略合作伙伴关系，标志着两国关系进入新的发展阶段。今年，两国共同庆祝“中印友好年”，把中印友好推向了新高潮。

回首历史，中印两国人民几乎在各个历史时期都结伴而行、命运与共。环顾今朝，中印两国人民在世界多极化和经济全球化的趋势深入发展的形势下都面临着难得的发展机遇。我们两国和两国人民的命运，再一次紧密地联系在一起。

中印两国人口多达 24 亿，占世界总人口的五分之二，我们两国的政策取向和发展状况，对地区和世界的和平与发展具有重大影响。中印作为重要邻国，都面临着发展经济、提高人民生活水平的任务，都需要和平稳定的国际环境和睦邻友好的周边环境。中印作为亚洲大国，肩负着促进亚洲和平稳定、推动亚洲发展振兴的重大责任。中印作为发展中大国，在促进世界多极化和国际关系民主化等重大国际问题上拥有广泛的共同利益。中印友好合作，是两国经济社会发展的需要，符合两国和两国人民的根本利益，顺应亚洲和世界和平与发展的潮流。中印携手发展起来了，将给两国 24 亿人民带来巨大福祉，将给亚洲乃至世界各国人民带来巨大福祉。

中印友好，利在双方，惠及亚洲和世界。中印关系已经远远超出双边范畴，具有全球性意义。发展中印关系既要着眼双边合作，更要面向世界、面向未来。我们两国有远见的政治家，应该以长远和战略的眼光看待中印关系发展，抓住当前有利时机，加强两国睦邻友好和全面合作，推动两国战略合作伙伴关系不断向前发展。

携手合作，共创未来，是历史赋予我们的使命，是时代对我们的召唤。发展同印度的战略合作伙伴关系，是中国政府的既定方针和战略决策，绝非权宜之计。中国已故领导人邓小平先生曾经说过，中印两国对人类有一个共同的责任，就是要利用有利的和平国际环境来发展自己；只有中印都发展起来了，才会有真正的亚洲世纪。中方始终认为，印度的发展有利于提升亚洲的整体实力和国际地位，有利于壮大发展中国家的力量，有利于促进地区和世界的和平与发展，有利于为深化中印友好合作、实现互利双赢创造宝贵机遇。

中印两国的发展是相辅相成的，而不是相互排斥的。中国真诚欢迎印度的发展，支持印度在国际事务中发挥更大作用，衷心祝愿印度在未来岁月中不断取得新成就。中印两国人民友好和中印关系发展有着坚实基础和广阔空间。我对中印关系发展的前景充满信心。

女士们、先生们、朋友们！

我这次访问贵国，就是要加深友谊、增进互信、扩大合作、规划未来。我同贵国领导人举行了富有成果的会谈，就中印战略合作伙伴关系的未来发展达成了重要共识。我们共同认为，应该向全世界传递一个重要政治信号，这就是中印是真诚朋友，是合作伙伴，中印愿意长期友好、携手合作、共同发展。

中方愿同印方一道努力，推动两国战略合作伙伴关系全面深入发展。为此，我愿提出以下建议。

第一，增强政治互信，巩固两国关系基础。我们双方应该高瞻远瞩，洞察历史潮流，从战略全局出发把握两国关系。两国应该保持领导人经常会晤，扩大政府、立法机构、政党高层交往，增进相互了解；利用两国间业已建立的各种机制，保持经常对话和磋商，就各自关切的重大问题加强沟通。

第二，深化经贸合作，充实两国关系内涵。中印国情相似，发展水平相近，经济互补性强，合作前景广阔。中印开展合作，不仅可以形成合力，提高各自的国际竞争力，促进共同发展，而且能够促进发展中国家的整体发展，推动亚洲实现更加广泛的区域经济一体化。近年来，中印经贸合作发展势头良好，已成为双边关系中的亮点。从1995年到2005年，双边贸易额年均增长32%。中国已成为印度第二大贸易伙伴，印度是中国在南亚最大贸易伙伴。同时，从中印的经济规模和发展潜力看，两国经贸合作还有很大发展空间。我们应该积极推动贸易多样化，不断扩大贸易规模，提高贸易质量，争取2010年双边贸易额达到400亿美元。我们应该鼓励和支持两国企业在信息技术、能源资源、基础设施、科技、农业等领域开展合作，实现优势互补，培育两国合作的新增长点。我们应该妥善处理两国经贸合作中产生的问题，采取积极措施消除贸易投资障碍，共同创造有利于扩大两国经贸合作的环境。

第三，扩大人文交流，夯实两国友好社会基础。加强人文交流，有利于增进相互了解，也有利于推动人类文明进步。近年来，两国在对方国家举行了各种文化艺术展和"文化月"等活动，互访游客和留学生人数迅速增加，这都反映了双方加强相互了解和交往的共同愿望。我们应该开展形式多样的文化交流，进一步促进对彼此文化传统的了解。我们应该加强教育和旅游合作，扩大航空联系，促进媒体交流，鼓励青年交往，推动友城联系。为促进两国青年交流，中国政府决定在未来5年内邀请500名印度青年访华。我们双方还商定在2007年共同举办"中印旅游友好年"活动。

第四，加强友好协商，推动边界问题早日解决。早日解决历史遗留的边界问题，符合中印两国人民的共同愿望和两国的根本利益，也有利于本地区和平稳定，是两国应该努力实现的一个战略目标。近年来，两国边界谈判达成了解决边界问题的政治指导原则，并开始探讨解决框架，取得了积极进展。两国边境地区保持了和平安宁。中印关系发展，为加快边界问题解决进程创造了有利条件。中方愿同印方一道，坚持和平共处五项原则，从两国关系大局出发，坚持和平友好、平等协商、互相尊重、互相谅解，积极寻求公平合理和双方都能接受的解决方案，使中印边界成为两国睦邻友好和互利合作的纽带。在边界问题得到最终解决前，双方要共同维护好边境地区和平安宁。

第五，发展多边合作，共同维护发展中国家正当权益。50多年前，中印领导人共同倡导了和平共处五项原则，为促进世界和平稳定作出了重要贡献，也为在国际事务中开展友好合作树立了典范。中印在国际和地区事务中拥有广泛的共同利益，发挥着日益重要的作用。中国把印度视为在亚洲乃至全球的重要合作伙伴。两国应该在重大国际问题上加强沟通、协调立场，共同致力于维护发展中国家的整体利益，促进世界多极化和国际关系民主化，推动国际政治经济秩序朝着更加公正合理的方向发展。在地区事务中，双方应该致力于推动区域次区域合作，共同推动建设和谐亚洲。中国支持印度参与上海合作组织和东亚峰会，欢迎印度成为亚欧会议新成员。

女士们、先生们、朋友们！

中国的改革发展正处于关键阶段。改革开放28年来，在邓小平理论和"三个代表"重要思想指导下，中国逐步探索出一条符合国情的中国特色社会主义道路，经济社会发展取得了巨大成就，人民生活总体上实现了由温饱到小康的历史性跨越。但是，我们也清醒地认识到，中国人口多、底子薄、发展不平衡，人均国内生产总值还排在世界100位以后。中国要实现现代化，使全体人民过上富裕生活，还需要长期艰苦奋斗。

我们制定了在本世纪头20年集中力量全面建设小康社会的奋斗目标，将认真贯彻以人为本、全面协调可持续发展的科学发展观，着力构建和谐社会，争取到2020年使国内生产总值比2000年翻两番，达到40000亿美元左右，人均达到3000美元左右，实现经济更加发展、民主更加健全、科教更加进步、文化更加繁荣、社会更加和谐、人民生活更加殷实。

中国先哲孔子说："己欲立而立人，己欲达而达人。"这一思想是中华文化的重要价值观念。中国自己要发展，也希望同其他国家和谐相处、互利合作、共同发展。无论国际风云如何变幻，中国都将高举和平、发展、合作的旗帜，坚持独立自主的和平外交政策，坚定不移地走和平发展道路，实施互利共赢的开放战略，既通过维护世界和平发展自己，又通过自身的发展促进世界和平。事实已经并将继续表明，中国的发展是和平的发展、开放的发展、合作的发展，中国永远是维护世界和平、促进共同发展的坚定力量。

女士们、先生们、朋友们！

南亚是亚洲的重要组成部分。我们高兴地看到，今天的南亚，各国人民思安求富，各国政府励精图治，区域合作稳步推进，地区经济持续增长，国际地位日益上升。南亚正在焕发出新的生机和活力。

一个和平繁荣的南亚，符合中国和本地区各国的共同利益。中国希望看到南亚各国政治稳定、经济繁荣，希望看到南亚国家和睦相处、共谋发展。中国欢迎并支持印巴关系改善。中国在南亚不谋求任何私利，愿为促进南亚和平与发展发挥建设性作用。

南盟决定接纳中国为观察员，标志着中国同南盟的关系取得突破性进展。中方欢迎这一积极进展，愿本着互利共赢的精神，同南盟探讨各领域合作，为南亚发展繁荣作出积极贡献。

女士们、先生们、朋友们！

"人事有代谢，往来成古今"。这是1200多年前中国唐代诗人孟浩然写下的诗句。我们作为今人，既继承前人创造的历史，也为后人创造历史。中印两国和两国人民友好是千秋大计，要靠一代又一代人不懈努力。历史会见证我们为中印友好说了什么，历史更将铭记我们为中印友好做了什么。让我们携起手来，共同努力，推动中印战略合作伙伴关系不断向前发展，推动建设持久和平、共同繁荣的和谐世界，共同创造两国和两国人民更加美好的未来！

谢谢大家。

国家主席胡锦涛在新德里会见印度人民院反对党领袖 印度人民党资深领导人阿德瓦尼

国家主席胡锦涛在新德里集体会见印度共产党(马)领导人卡拉特 印度共产党领导人巴尔丹和全印前进同盟总书记比斯瓦斯等

国务院总理温家宝主持召开国务院常务会议

会议听取社会保险基金审计情况的汇报；讨论并原则通过《中华人民共和国城乡规划法(草案)》；严肃处理中石油吉林石化分公司双苯厂"11·13"爆炸事故及松花江水污染事件相关责任人。

会议听取了审计署对2005年企业职工基本养老保险基金、城镇职工基本医疗保险基金和失业保险基金管理使用审计情况的汇报。今年9月份，审计署在对上海市进行专门审计的同时，组织力量对除西藏外的29个省、区、市本级、省会城市、计划单列市及部分延伸城市的三项保险基金进行了审计。这次审计覆盖面广，工作比较深入，基本摸清了情况。从29个省份审计结果看，社会保险基金的管理运用总体上是好的，征收覆盖范围逐步扩大，基金规模不断增加，运营和管理进一步规范，维护了职工利益，促进了社会和谐稳定。但一些地方存在政策执行不严、管理不够规范、甚至侵占挪用等问题，有的问题还比较严重，必须引起高度重视。

会议指出，社会保障制度是社会的安全网和稳定器，是建设社会主义和谐社会的重要内容。社会保险基金必须切实管好用好，确保安全完整、保值增值，这是政府的重要责任。社会保险基金是"高压线"，任何人都不得侵占挪用。有关部门和各地政府要对审计发现的问题认真整改，侵占挪用的资金要限期归还，损失的资金要采取措施补足，违法违纪问题要一查到底，严肃追究有关人员责任。要着力在完善制度、加强管理上下功夫：一是劳动保障、财政、民政、税务、银行、审计、监察等部门要按照各自职责，协同配合，认真做好社会保险基金的征收、支付、管理和监督工作，做到应收尽收、支付合理、管理严格、监督有力。二是抓紧完善基金运营管理办法。对养老、失业、医疗、工伤、生育等社会保险基金，必须严格实行收支两条线管理，形成严格的制约机制。全国社会保障基金理事会要按规定管好全国社保基金，确保安全，努力提高运营效益。三是提高基金管理的透明度，定期向社会公布筹集、管理、使用和运作情况，接受监督。审计署要将这次对社会保险基金的审计情况向社会公布。四是进一步研究基金保值增值的政策措施，加大支持力度，提高资金回报水平，给人民群众带来更多实惠。

会议认为，为加强城乡规划管理，协调城乡空间布局，节约资源特别是土地资源，保护环境和历史文化遗产，促进城乡经济社会全面协调可持续发展，制定《中华人民共和国城乡规划法》十分必要。会议决定，《中华人民共和国城乡规划法(草案)》经进一步修改后，由国务院提请全国人大常委会审议。

会议听取了关于中国石油天然气股份有限公司吉林石化分公司双苯厂"11·13"爆炸事故及松花江水污染事件调查处理的汇报。2005年11月13日，中石油吉林石化分公司双苯厂发生爆炸事故，造成8人死亡，60人受伤，并引发松花江水污染事件。这是一起特大安全生产责任事故和特别重大水污染责任事件。会议同意给予中国石油天然气集团公司、吉林省环保局等单位有关责任人员相应的党纪、政纪处分。

会议强调，当前正值冬春事故高发期，各地区、各部门必须把加强安全生产和妥善应对突发公共事件的工作放在更加突出的位置，进一步落实安全生产责任制，深入开展重点行业安全生产专项整治，切实加强危险化学品的安全监督管理和环境监测工作，维护人民群众生命和财产安全，维护改革发展稳定大局。要贯彻有法必依、执法必严、违法必究的原则，不放过一起事故的处理。

会议还研究了其他事项。

国务院总理温家宝在人民大会堂与蒙古总理米耶贡布·恩赫包勒德举行会谈

会谈中，两国总理就加强双边各领域合作达成以下共识：(一)保持高层互访和各层次交往的良好势头，增进彼此了解与信任，不断巩固和发展睦邻互信伙伴关系。(二)继续将基础设施建设和能源开发作为两国经贸合作的重点领域，加强双方在蒙电站、公路、铁路建设等方面的合作；尽快制定两国经贸关系发展的中期规划，统筹双边经贸安排；充分发挥双边经贸科技合作委员会的作用，推进两国的重点项目合作。(三)拓展两国在自然保护、防灾救灾、传染病防治等方面的合作。(四)扩大双边人文领域的交流与合作，逐步增加互派留学生名额，适时举办"国家日"等活动。(五)密切两国在"上海合作组织"内的沟通与协调，加强中蒙俄三国协商机制，共同维护地区稳定和促进区域合作；加紧就反恐、打击非法毒品交易等问题进行磋商，争取早日达成有关协议。

会谈后，两国总理共同出席了中蒙政府经济技术合作协定等双边合作文件的签字仪式。

国务院总理温家宝在人民大会堂会见哥伦比亚副总统胡安·曼努埃尔·桑托斯

全国政协提案工作座谈会在北京召开

这次会议为期两天，主要议题是学习贯彻中共十六届六中全会精神和《中共中央关于加强人民政协工作的意见》，总结交流提案工作的经验，研究提出加强和改进提案工作的新思路、新举措。

全国政协主席贾庆林出席并讲话。贾庆林对加强和改进提案工作提出了四点要求：第一，加强调查研究，切实提高提案质量。第二，加强提案办理，切实增强办理实效。第三，加强制度建设，切实保证提案工作有章可循。第四，加强组织领导，切实形成推进提案工作的整体合力。

全国政协副主席王忠禹主持开幕会。全国政协提案委员会主任傅杰作工作报告。

全国政协副主席刘延东、李贵鲜、张思卿、罗豪才、张克辉、周铁农、郝建秀、陈奎元、阿不来提·阿不都热西提、徐匡迪、李兆焯、张怀西、李蒙、张梅颖，秘书长郑万通，中共中央办公厅和国务院办公厅负责同志，部分全国政协委员，各民主党派中央和全国工商联，部分在京提案承办单位，全国政协各专门委员会负责人，各省区市和副省级市政协的有关负责同志出席会议。

国家副主席曾庆红在山东考察

11月22日至25日，曾庆红在山东省委书记张高丽、省长韩寓群等陪同下，到临沂、潍坊和东营等地的农村、社区、企业、学校考察调研，对山东近年来贯彻落实科学发展观、推动经济社会全面发展的思路和成效给予充分肯定。

贯彻落实十六届六中全会精神，扎实推进社会主义和谐社会建设，是曾庆红此次调研的重点之一。他指出，联系实际贯彻落实好十六届六中全会精神，关系到"十一五"规划的全面实施，关系到为党的十七大召开创造良好环境。各级党委要深刻认识和把握社会和谐是社会主义本质属性的重大判断同注重加强社会建设、构建和谐社会同落实科学发展观、和谐社会建设同和谐文化建设等六个方面的内在联系，切实担负起在和谐社会建设中的领导责任，调动一切积极因素，扎实推进和谐社会建设，形成促进和谐人人有责、和谐社会人人共享的生动局面。

曾庆红就进一步加强党的执政能力建设和先进性建设，为和谐社会建设和新农村建设提供坚强的政治和组织保证的问题，同省、市、县、乡负责同志进行了座谈。他强调，要按照中央统一部署，把地方四级党委换届这件事关全局、事关长远的大事抓紧抓好。要继续加强干部教育培训工作，切实提高各级干部领导和谐社会建设与新农村建设的本领。要切实加强农村党的基层组织建设、党员队伍建设和农村基层党风廉政建设，在和谐社会建设和新农村建设实践中始终保持同人民群众的血肉联系。曾庆红还深入村级组织活动场所，实地了解开展农村党员干部现代远程教育的情况。他指出，一些地方的现代远程教育已成为农村党员干部教育培训的重要渠道，成为开设在农民家门口的"免费大学"，中央和省市有关部门要继续大力支持，结合新农村建设建好用好这个平台。

国务院副总理曾培炎在重庆 湖北考察

11月22日至25日，曾培炎分别在中共中央政治局委员、湖北省省委书记俞正声，重庆市市委书记汪洋、市长王鸿举，湖北省省长罗清泉等陪同下，考察了三峡库区移民安置、库区工厂和农村、地质灾害治理工地、文物保护工程、水质情况及水面清漂等现场以及三峡船闸和电站施工运行情况。考察期间，还召开了三峡库区移民扶持工作座谈会。

我国室壁瘤手术达国际先进水平

据《人民日报》报道：解放军总医院心血管外科连续完成室壁瘤切除左室重建手术50例，术后无一例死亡，心脏功能明显改善。专家称，这标志着我国此类手术达到国际先进水平。该院心血管外科主任高长青介绍，治疗因心肌缺血导致的慢性心力衰竭是公认的世界性难题，单纯药物治疗或单纯冠脉搭桥手术都有其局限性，复发率和死亡率高。根据国际心脏外科协作组的多年研究，外科手术行室壁瘤切除、左心室成形同期冠脉搭桥是更积极有效的治疗措施，术后早期死亡率仅6%，5年生存率达到70%。由于室壁瘤手术要求很高，在国际医学界具有挑战性，目前国内只有少数专家胜任此类手术。

11月23日

国家主席胡锦涛在孟买出席中印经贸投资合作峰会暨首席执行官论坛并发表重要讲话

胡锦涛指出，近年来，中印经贸合作取得显著成效，成为双边关系中的突出亮点。双边贸易10年间增长15倍，年均增长32%。今年双边贸易额有望突破200亿美元，提前实现两国确定的2008年达到200亿美元的目标。中国已成为印度第二大贸易伙伴，印度是中国在南亚的最大贸易伙伴。印度已成为中国最重要的海外工程承包市场之一。两国相互投资发展势头良好，领域涉及电信、软件、医药等新兴产业，示范作用明显。两国石油公司在第三国成功开展合作，为两国企业合作开拓了新方式。中印互利互惠的经贸合作，给双方带来了实实在在的利益，巩固了两国关系的基础。

胡锦涛就推动两国经贸合作提出了5点建议。

第一，推动贸易多样化。我们已提出到2010年双边贸易额达到400亿美元的新目标。为实现这一目标，我们要努力改善贸易结构，提高商品技术含量和附加值，增加高新技术产品和机电产品在贸易中的比重，不断扩大贸易规模，提高合作水平。

第二，拓展重点领域合作。中印在信息技术、能源资源、基础设施、科技、农业领域各具优势，互补性强，合作潜力巨大。我们双方应该积极拓展上述领域的合作，培育两国合作的增长点。中国政府将继续鼓励有实力的中国企业到印度投资兴业，也欢迎更多印度公司赴华寻找商机。

第三，改善贸易投资环境。两国政府应该着眼大局，加强磋商和对话，妥善处理经贸合作中出现的问题。同时，采取积极措施，努力消除贸易投资障碍，促进贸易和投资便利化，共同创造有利于扩大两国经贸合作的环境。两国政府应该为加强双方经济技术合作创造更好条件，为两国企业互利合作创造更为公平和良好的贸易环境，推动双边经贸关系进一步发展。

第四，加强在多边领域和第三国的合作。中印应该加强在世贸组织等多边经济组织中的协调，共同维护发展中国家的正当权益。中印作为《曼谷协定》的重要成员，应该在该框架下密切合作。中国已经成为南盟观察员，希望双方利用这一平台，积极探讨合作。中印在国际能源领域有着广泛的共同利益，双方应该鼓励和支持两国企业联合赴第三国开展能源合作。两国企业还可以发挥各自优势，探讨联合赴第三国开展工程承包合作。

第五，积极探讨贸易自由化。中印经济互补性强，经贸合作潜力巨大，具备建立自由贸易关系的基本条件。中印建立自由贸易区，将把两国经贸关系提升到新水平，同时将对亚洲区域经济一体化产生推动作用。中印已经启动了区域贸易安排可行性联合研究，双方同意于2007年10月之前完成这项工作，希望这将为区域贸易安排谈判打好基础。

胡锦涛表示，他衷心期待两国工商界企业人士放眼未来、携手合作，共同开创两国经贸合作新局面。

这次会议由中国商务部、中国贸促会和印度商工部、工商联合会等共同举办，主要议题是推动中印经贸合作。两国政府官员、工商界人士等400多人参加会议。

国家主席胡锦涛在孟买会见马哈拉施特拉邦首席部长德希姆克

全国人大常委会委员长吴邦国和全国政协主席贾庆林在人民大会堂分别会见蒙古总理米耶贡布·恩赫包勒德

中央组织部部长贺国强在天津调研

11月23日至25日，中共中央政治局委员、中央书记处书记、中央组织部部长贺国强在天津调研。他强调，构建社会主义和谐社会，关键在党。组织工作作为党的建设的重要组成部分，要准确把握十六届六中全会精神，适应构建社会主义和谐社会的新形势新任务新要求，切实转变观念、找准定位、狠抓落实，努力为构建社会主义和谐社会提供坚强的组织保证和有力的人才支持。

中共中央政治局委员、天津市市委书记张立昌一同在天津调研。

调研期间，贺国强还考察了滨海新区以及天津一汽丰田汽车第二工厂、天津国际贸易与航运服务中心、天津钢管公司等企业。

中共内蒙古自治区第八届委员会第一次全体会议选举储波为自治区党委书记

11月24日

国家主席胡锦涛在伊斯兰堡同巴基斯坦总统佩尔韦兹·穆沙拉夫举行会谈

胡锦涛指出，在当前国际和地区形势出现深刻变化的背景下，中巴进一步巩固传统友谊、深化互利合作，符合两国人民的根本利益，也有利于维护本地区和平稳定。胡锦涛就加强中巴战略合作伙伴关系提出5项建议。

第一，扩大各层次友好交往。保持领导人密切交往的传统，扩大政府部门、立法机构、政党、军队的交流合作，充分利用好两国战略、经贸、科技、安全、防务领域的磋商机制，就各自关心的重大问题保持经常磋商和协调。

第二，深化经贸互利合作。实施好中巴自由贸易协定和中巴经贸合作五年发展规划；执行好恰希玛核电站、瓜达尔港等在建重点项目；扩大投资合作，中国政府决定在拉合尔设立巴基斯坦海尔—鲁巴经济区；加强农业、交通、能源、金融、信息产业等领域的合作。

第三，推动人文领域交流。促进文化、卫生、体育、教育、旅游、新闻等方面交流，增加妇女、青年团体和学术团体的交往，中国将在今后5年邀请500名巴基斯坦青年访华，加强在人力资源开发、职业培训等领域的合作。

第四，深化非传统安全领域合作。根据两国达成的共识，探索和建立机制化合作渠道，共同推动反恐合作取得更多实质性成果。

第五，加强多边领域协调和配合。加强双方在联合国、上海合作组织、亚欧会议、南亚区域合作联盟等国际和地区组织中的合作。

会谈后，胡锦涛和穆沙拉夫出席了两国合作文件的签字仪式。

国家主席胡锦涛在伊斯兰堡会见巴基斯坦总理肖卡特·阿齐兹

双方就加强两国互利合作深入交换了意见，一致同意采取有效的政策措施，推动两国各领域务实合作不断向前发展。

胡锦涛表示，中巴经贸关系发展很快，势头很好。两国经贸合作还有很大潜力和广阔发展前景。双方签署《中巴自由贸易协定》，是两国经贸关系的重大进展，有利于两国贸易平衡发展。中方将继续增加进口巴方商品，继续鼓励和支持中国企业到巴基斯坦投资。中方欢迎巴基斯坦企业到中国投资。相信通过双方扎扎实实的工作，中巴各领域合作一定能呈现新的面貌。

双方同意进一步探讨加强服务贸易、投资、金融、信息技术等领域的合作。

国家主席胡锦涛在伊斯兰堡会议中心发表题为《弘扬传统友谊 深化全面合作》的演讲

尊敬的穆沙拉夫总统，

尊敬的阿齐兹总理，

女士们，先生们，朋友们：

我非常高兴应邀在伊斯兰堡会议中心发表演讲。首先，请允许我向在座巴基斯坦各界朋友，并通过你们向兄弟的巴基斯坦人民，转达13亿中国人民的诚挚问候和良好祝愿。

这是我第二次访问巴基斯坦。1984年，我曾访问过你们美丽的国家。时隔22年，世界发生了巨大变化，中国和巴基斯坦也发生了巨大变化，但中巴两国人民的深厚友谊没有变。这次来，一走下飞机，我们就受到贵国政府和人民的隆重欢迎，再次亲身感受到巴基斯坦人民发自内心的兄弟情谊。这种情谊，正像巴基斯坦朋友形容的那样："比喜马拉雅山还高，比印度洋还深，比蜜还甜。"

巴基斯坦是一个历史悠久的国家。古老的印度河文明、佛教文明、伊斯兰文明在这里交替繁衍，积淀了厚重的文化底蕴。巴基斯坦又是一个年轻的国度。作为第二次世界大战结束后诞生的国家，巴基斯坦在独立以来59年的历史进程中克服了前进道路上的种种艰难险阻，取得了一个又一个令人瞩目的胜利。

进入新世纪以来，在穆沙拉夫总统领导下，巴基斯坦人民面对严峻复杂的内外形势，妥善应对各种挑战，不断取得国家建设的新成就。过去3年来，巴基斯坦保持了平均7.5%的经济增长率，成为世界上经济发展最快的国家之一。去年，巴基斯坦战胜了罕见的地震灾害，灾后重建取得积极进展。巴基斯坦积极参与地区和国际事务，致力于维护地区和世界的和平稳定，国际影响力显著提高，成为亚洲乃至世界上有重要影响的国家。

中国人民真诚地为兄弟的巴基斯坦人民取得的成就感到高兴，衷心祝愿兄弟的巴基斯坦人民在建设国家和振兴民族的伟大道路上取得新的更大的成就！

女士们、先生们、朋友们！

中巴两国人民的友好交往源远流长，古老的丝绸之路早就把两国人民联结在一起。中国唐代高僧玄奘西行取经，在塔克西拉潜心研修佛学，其著作《大唐西域记》记载了他在巴基斯坦的所见所闻，成为中巴两国人民交往史上的一段佳话。

巴基斯坦是最早承认新中国的国家之一。1951年中巴正式建立外交关系以来,两国一直相互理解、相互尊重、相互信任、相互支持,友谊与日俱增,合作日益密切。我们两国是真正的好邻居、好朋友、好伙伴、好兄弟。

中国人民不会忘记,上个世纪五六十年代中国遭到外部封锁的困难时期,是巴基斯坦为中国提供了通往世界的空中走廊。中国人民不会忘记,上个世纪70年代,是巴基斯坦为中美实现关系正常化架起了桥梁。中国人民也不会忘记,在台湾、西藏、人权和打击"东突"恐怖势力等关系中国核心利益的问题上,巴基斯坦长期以来给予中国宝贵支持。同样,在巴基斯坦维护国家主权和独立的斗争中,在巴基斯坦推动经济社会发展的道路上,中国政府和中国人民始终不渝地同巴基斯坦站在一起。

历史记录了中巴友好的一座座丰碑,中巴两国人民用辛勤劳动共同建设的喀喇昆仑公路、恰希玛核电站、瓜达尔港等项目,见证了两国人民伟大友谊的发展历程。我们为中巴友谊牢不可破深感自豪!

女士们、先生们、朋友们!

携手合作,共创未来,是历史赋予我们的使命,是时代对我们的召唤。中国政府和中国人民将一如既往地重视中巴关系,坚定不移地推进中巴各领域务实合作,愿同巴方一道努力,不断把中巴战略合作伙伴关系推向更高水平。为此,我提出以下倡议。

第一,深化战略合作,巩固传统友谊。中巴有着历久弥坚的全天候友谊,这是我们两国共同的宝贵财富,值得我们倍加珍惜并不断发扬光大。2003年,我们两国签署了《关于双边合作发展方向的联合宣言》。去年,我们两国又签署了《中巴睦邻友好合作条约》,中巴战略合作伙伴关系进入新的历史时期。我们应该以此为契机,进一步加强两国全方位合作,不断给中巴战略合作伙伴关系赋予新的内涵。中国始终从战略高度和长远角度看待中巴关系,愿继续保持两国领导人密切交往,扩大双方政府、立法机构、政党、民间团体的交流合作,充分利用好两国业已建立的战略、经贸、科技、安全、防务等领域合作机制,就各自关心的重大问题保持经常磋商和协调。

第二,拓展经贸往来,实现互利共赢。中巴拥有近15亿人口的共同市场,经济互补性强,合作潜力大,近年来两国经贸合作呈现较快发展势头。这已成为中巴关系持续发展的重要纽带。今天上午,双方签署了《中巴自由贸易协定》,标志着两国自由贸易区谈判取得成功,对提升双方经贸合作水平具有重大意义。双方还签署了《中巴经贸合作五年发展规划》,描绘了今后两国经贸合作的蓝图。中国政府鼓励有实力的中国企业把巴基斯坦作为投资合作的重点方向之一,支持他们到巴基斯坦承包工程、投资办厂、开展技术研发。中方愿重点在能源资源开发、信息技术、基础设施、农业领域同巴方加强互利合作,实现优势互补。

第三,扩大人文交流,夯实友好基础。中方高兴地看到,中国孔子学院已经在巴基斯坦落成,中巴友谊中心项目也已正式换文。希望这两个项目能够搭起两国人文交流的新平台。为培养更多中巴友好事业接班人,中国政府决定未来5年内邀请500名巴基斯坦青年访华,并积极考虑增加巴基斯坦来华留学生奖学金名额。中国政府支持双方在文化、卫生、教育、旅游、体育、新闻媒体、学术团体等方面加强交流合作,支持扩大两国航空和陆路联系,推进友城合作,进一步夯实两国友好合作的社会基础。

第四,加强国际合作,维护共同利益。中巴都是发展中国家,在国际和地区事务中有着广泛的共同利益,一向保持着良好合作传统。中国一直将巴基斯坦视为国际舞台上不可或缺的合作伙伴,愿同巴基斯坦一道,共同维护《联合国宪章》的宗旨和原则,共同致力于维护发展中国家的整体利益,共同促进国际关系民主化。作为巴基斯坦的真诚朋友,中方愿意看到巴基斯坦在地区和国际事务中发挥更大作用,愿意在东盟地区论坛、上海合作组织、南亚区域合作联盟、亚洲合作对话、亚欧会议等区域合作组织中同巴方加强协调和合作。

第五,推动文明交流,共促世界和谐。建设持久和平、共同繁荣的和谐世界,符合世界各国人民的共同利益。虽然中巴社会制度、文化背景不同,但这丝毫没有妨碍两国友好关系的发展,中巴关系堪称不同文明国家和谐共处的典范。中方高度赞赏穆沙拉夫总统倡导的"温和文明观",认为这是促进不同文明国家和谐共处的重要主张。中方认为,世界是丰富多彩的,应该承认各国文化传统、社会制度、价值观念、发展模式的差异。这是世界充满活力的表现,也是世界蓬勃发展的动力。不能因各国之间存在种种差异而对别国内政说三道四,更不能把世界上存在的一些矛盾和问题归咎于哪一种文明、哪一个民族、哪一种宗教。中国愿同巴基斯坦一道,共同致力于实现不同文明和谐进步,维护世界多样性和发展模式多样化,为推动建设持久和平、共同繁荣的和谐世界而不懈努力。

女士们、先生们、朋友们!

中国是具有5000多年历史的文明古国,在漫长的历史进程中,中国人民辛勤劳动、不懈探索、勇于创造,以自强不息的精神推动了中国社会发展进步,创造了源远流长的中华文化,为人类文明进步作出了重要贡献。1978年实行改革开放以来,中国人民在邓小平理论和"三个代表"重要思想指导下,找到了适合中国国情的发展道路,奋力建设中国特色社会主义,推动中国发展进入了历史新时期。28年间,中国社会生产力、综合国力、人民生活水平不断提高。从1978年到2005年,中国国内生产总值从1473亿美元增长到22350亿美元;进出口总额从206亿美元提升到14219亿美元;农村贫困人口从2.5亿人减少到2300多万人,人民生活总体上达到小康水平。

同时,我们也清醒地看到,中国的发展虽然取得了举世瞩目的成就,但人口多、底子薄、发展很不平衡仍是基本国情。目前,中国发展水平还不高,人均国内生产总值还排在世界100位之后,仍是世界上最大的发展中国家,在发展进程中还面临着不少突出矛盾和问题。中国要达到中等发达国家水平,还需要经过很长时期的艰苦奋斗。

中国已经明确了本世纪头20年的奋斗目标,这就是全面建设惠及十几亿人口的更高水平的小康社会,到2020年实现国内生产总值比2000年翻两番,达到40000亿美元左右,人均国内生产总值达到3000美元左右,使经济更加发展、民主更加健全、科教更加进步、文化更加繁荣、社会更加和谐、人民生活更加殷实。我们将全面贯彻以人为本、全面协调可持续发展的科学发展观,坚持以经济建设为中心,深化改革开放,继续艰苦奋斗,不断提高国家综合实力、改善人民生活、促进社会和谐,坚定不移地实现我们的发展目标。

女士们、先生们、朋友们!

“亲仁善邻,国之宝也”的思想在中华文化中根深蒂固。近代以后,中国人民饱受外族侵略和内部动荡之苦,中国社会在战火中动荡了一个世纪之久,中国人民蒙受了巨大苦难。中国人民热爱和平,深知和平之宝贵。中国人民从切身经历和世界发展的经验教训中深刻认识到:任何民族都应该通过和平方式实现本民族的发展目标;只有通过和平方式实现的发展才是持久的牢靠的发展,也才是既有利于本国人民也有利于世界各国人民的发展。中国将始终高举和平、发展、合作的旗帜,奉行独立自主的和平外交政策,坚定不移地走和平发展道路,实施互利共赢的开放战略,在同各国广泛开展互利合作中促进自己的发展,又以自己的发展为维护世界和平、促进共同发展作出更大贡献。中国的发展是和平的发展、开放的发展、合作的发展。中国的发展不会给任何人带来威胁,只会给世界带来更多发展机遇和空间。中国永远是维护世界和平、促进共同发展的坚定力量,中国永远是推动建设和谐世界的坚定力量。

女士们、先生们、朋友们!

中国和巴基斯坦都是伟大的国家,两国是亲密的友好邻邦,共同的目标把我们紧紧联结在一起。让我们抓住机遇、共迎挑战,弘扬传统友谊,深化全面合作,在新世纪的征程上,共同为发展中巴战略合作伙伴关系而不懈努力!共同为推动建设持久和平、共同繁荣的和谐世界而不懈努力!

祝中巴友谊万古长青!

谢谢大家。

国家主席胡锦涛在伊斯兰堡会见巴基斯坦参议院主席穆罕默德·米安·苏姆罗和国民议会议长乔杜里·侯赛因

全国人大常委会委员长吴邦国在人民大会堂会见利比里亚参众两院联合代表团

第十二次全国民政会议在北京举行

会议于11月23日至24日举行。中共中央政治局常委、国务院总理温家宝在会前会见与会代表并讲话。他强调,民政工作关乎千家万户,关乎亿万群众。各级民政干部都要做一个有心的人,用心了解社情民意;做一个心重的人,把群众的事情看得比泰山还重;做一个心诚的人,诚心诚意帮助群众解决困难,为群众服务。

中共中央政治局委员、国务院副总理回良玉出席会议并讲话。

温家宝强调,当前和今后一个时期民政工作的主要任务:一是搞好困难救助。帮助农村的五保户和低收入群体,城市的低保户和失业人员,特别要关心失去生活能力的残疾人。二是做好救灾工作。我国幅员辽阔,每年灾害不断,给人民群众的生命财产安全造成重大损失,救灾始终是民政部门极为重要的任务。三是加强城市社区工作。社区是整个社会的细胞。社区要为群众提供生活、医疗、文化、体育、就业、学习等方面的服务。四是推进农村基层民主建设。搞好村级直接选举,实行村民自治,保障农民的民主权利。五是开展拥军优属。要逐步建立完善退役士兵安置制度,将伤残军人、军烈属等重点优抚对象优先纳入社会保障范围。深入开展群众性拥军活动,巩固和发展军政军民团结。

回良玉要求,要紧紧围绕民政工作的总体目标,着力做好八项重点工作。一是完善城乡社会救助体系,切实保障困难群众基本生活,进一步构建最低生活保障、五保供养、特困救助、临时救济、医疗救助等制度。二是健全灾害应急救援体系,不断提高灾害救助水平。三是发展社会福利事业,进一步形成以居家为基础、社区为依托、机构为补充的社会福利事业发展格局。四是支持慈善事业发展,逐步健全社会扶助体系。五是加强社区建设,夯实和谐社会建设基础。六是引导民间组织健康有序发展,增强服务社会的功能。七是提高优抚安置保障水平,增进军政军民团结。八是加强区划地名管理等工作,提高专项社会事务管理水平。

中央各有关部门,各省、自治区、直辖市和计划单列市人民政府及新疆生产建设兵团有关负责人,全国民政工作先进县(市、区、旗)、民政系统先进工作者、劳动模范和"孺子牛奖"获得者代表等出席了会议。

国务院副总理吴仪在广东考察

11月24日至25日,吴仪到广州参加广东国际旅游文化节开幕式,并考察了广州港南沙港区、广汽丰田发动机有限公司。她充分肯定了广东经济社会发展所取得的成绩,对广东在优化外资结构,吸收外资质量、水平等方面进行的有益探索表示赞赏。中共中央政治局委员、广东省委书记张德江等陪同考察。

吴仪指出,对外开放是中国的基本国策。在新的历史时期,我们要以更加积极的态度走向世界,更加重视对外开放在推动经济社会发展中的重要作用,以开放促改革促发展,把对外开放,吸收外资提高到一个新的水平。

吴仪强调,广东要发挥改革开放排头兵作用,在对外开放中继续走在前列,多出新经验。要更加重视改善投资环境,依法保护境内外投资者的合法权益,切实加强知识产权保护。要进一步鼓励外商投资高新技术产业、先进制造业和节能环保产业,继续鼓励跨国公司在华设立地区总部、研发中心等。

李政道教授从事物理研究60年学术思想研讨会在北京召开

国务院总理温家宝出席会议。

李政道现任美国哥伦比亚大学教授、中国高等科学技术中心主任,1964年当选美国国家科学院院士,1994年当选中国科学院首批外籍院士。他从事物理学研究60年,在量子场论、基本粒子理论、核物理、统计力学、流体力学、天体物理等诸多领域作出一系列具有开创性和里程碑意义的工作。他与杨振宁合作提出的弱相互作用中宇称不守恒理论,推翻了过去物理学界奉为金科玉律的宇称守恒定律,彻底改变了人们对对称性的认识,为人类探索微观世界打开了一扇新的大门,因此共同荣获1957年度诺贝尔物理学奖。

李政道自1972年起多次回国访问讲学,30多年来不辞辛劳、殚精竭虑,倡议并创立中美联合招考物理研究生计划;倡导成立中国博士后流动站和中国博士后科学基金会,担任全国博士后管理委员会顾问和中国博士后科学基金会名誉理事长;积极建议和推动我国科学基金制度的建立;帮助中国发展高能物理、建立高能加速器,建议和安排几十位中国学者到国外学习培训,为后来北京正负电子对撞机、北京谱仪的建立和高能物理研究与实验的开展培养了科研骨干;促成中美高能物理合作,使北京正负电子对撞机工程在方案选择、设计和建设中都得到美国高能物理界的帮助与支持;在中国科学院支持下,创立中国高等科学技术中心;在北京大学、浙江大学、复旦大学成立现代物理中心;还将个人积蓄以自己和夫人的名义设立"中国大学生见习进修基金",资助北京大学、复旦大学、兰州大学和苏州大学的优秀本科生见习科学研究。

中国科学院常务副院长白春礼主持研讨会,并宣读了温家宝、朱镕基、李岚清、路甬祥祝贺李政道教授从事物理研究60年的贺信。

研讨会上,周光召代表朱光亚作联合发言。来自中科院、人事部、自然科学基金委等部门和国际物理学界的有关代表,分别介绍了李政道推动中国高能物理、博士后和自然科学基金等事业发展,以及倡导相对论重离子实验、创建并主持日本理化学研究所—美国布鲁克黑文国家实验室研究中心、倡导研制服务于物理计算的超级计算机等方面的贡献。

朱光亚以及人事部、教育部、科技部、国台办、自然科学基金委等部门有关负责人,海内外物理学界700多位学者参加研讨会。

11月25日

国家主席胡锦涛出席在拉合尔市举行的市民招待会

中华人民共和国与巴基斯坦伊斯兰共和国发表联合声明

一、应巴基斯坦伊斯兰共和国总统佩尔韦兹·穆沙拉夫的邀请,中华人民共和国主席胡锦涛于2006年11月23日至26日对巴基斯坦伊斯兰共和国进行了国事访问。

二、胡锦涛主席同穆沙拉夫总统举行了正式会谈。胡锦涛主席还会见了总理肖卡特·阿齐兹、参议院主席伊拉希·巴赫什·苏姆罗和国民议会议长乔杜里·阿米尔·侯赛因。两国领导人在亲切、友好的气氛中,就进一步加强中巴战略合作伙伴关系及共同关心的国际和地区问题深入交换了意见,达成广泛共识。

三、访问期间,胡锦涛主席与巴基斯坦社会各界人士广泛接触。胡锦涛主席在伊斯兰堡就中巴关系发表了题为《弘扬传统友谊深化全面合作》的演讲,会见了巴基斯坦工商界人士和友好团体。胡锦涛主席及其代表团还访问了旁遮普省拉合尔市,并出席了传统的拉合尔市民招待会。

四、两国领导人满意地回顾了中巴关系55年的发展历程。双方一致认为，全天候友谊和全方位合作已成为中巴关系的显著特征。中巴友好合作关系已经成为发展中国家和周边国家友好相处的典范。

五、双方认为，当前国际和地区形势继续发生重大而深刻的变化。中巴加强睦邻友好、开展互利合作、深化战略合作伙伴关系符合两国人民的根本利益，有利于本地区的和平与发展。

六、中方强调，巴基斯坦是中国的好邻居、好朋友、好伙伴、好兄弟。中巴关系是中国“与邻为善、以邻为伴”周边外交政策的重要组成部分。中国将继续从战略高度和长远角度看待中巴关系，愿与巴方共同努力，推动中巴战略合作伙伴关系再上新台阶。中方感谢巴方在台湾、西藏、人权等问题上给予中方的宝贵支持。

七、巴方强调，对华关系是巴外交政策的基石，对华友好是巴举国上下的共识。巴方感谢中国政府和人民对巴经济建设的大力支持和帮助，将一如既往地坚持对华友好政策，不断拓展和深化双边各领域互利合作。

八、中方重申尊重巴基斯坦的独立、主权和领土完整，赞赏并支持巴基斯坦为促进南亚和平与稳定、捍卫国家主权和独立所做的努力。巴方承认中华人民共和国政府是代表全中国的唯一合法政府，台湾是中国领土不可分割的一部分，重申继续坚定奉行一个中国政策，完全支持中国的和平统一大业。

九、双方重申2003年两国元首签署的《中华人民共和国和巴基斯坦伊斯兰共和国关于双边合作发展方向的联合宣言》对深化双边关系具有重要指导意义，对其顺利实施表示满意。双方高度评价2005年4月两国签订的《中华人民共和国和巴基斯坦伊斯兰共和国睦邻友好合作条约》，认为该条约的签署和生效为中巴战略合作伙伴关系奠定了重要法律基础。双方将进一步加强合作，积极落实条约有关规定，推动双边关系务实发展。

十、双方一致认为，两国领导人保持高层互访和接触对双边关系发展起到了重要的推动作用。双方决定进一步加强政府各部门、议会、政党、知识界、思想库、军队和人民之间的交流，增进相互了解，促进全面合作。双方同意继续就重大国际和地区问题保持沟通与协调，共同维护两国和广大发展中国家的根本利益。

十一、双方同意有必要加强中国国家发展和改革委员会和巴基斯坦计划委员会之间的定期磋商。

十二、双方认为，两国经贸合作呈现出广阔的发展前景。双方对瓜达尔港等各类经济合作项目取得的进展深感满意，决定积极推进已经商定的合作项目。

十三、双方高度评价《中华人民共和国政府和巴基斯坦伊斯兰共和国政府自由贸易协定》的签署，相信该协定将推动双边贸易均衡发展。双方决定加快服务贸易谈判，使关于商品和服务业的自由贸易协定更加全面。双方同意今后五年将双边贸易额提升到150亿美元以上。

十四、双方高度评价《中华人民共和国和巴基斯坦伊斯兰共和国经贸合作五年(2007—2011)发展规划》的签署，相信该协议将为两国在农业、制造业、基础设施和公共事业、矿业、能源、信息通信技术、服务业、教育和技术合作等领域建立更紧密经贸关系发挥重要作用。

十五、双方决定责成有关部门认真执行上述协定，确保不断提升中巴经贸合作水平。

十六、双方注意到两国在制造业领域的合作成果和潜力，决定进一步加强在家电、汽车、纺织等领域的合作。双方对中巴企业合资在巴建设“海尔—鲁巴经济区”表示欢迎和支持。在此背景下，双方愿进一步探讨在互利基础上建设其他工业和高科技园区的可行性。

十七、双方满意地回顾了2006年2月签订《中华人民共和国国家发展和改革委员会和巴基斯坦伊斯兰共和国石油和自然资源部关于能源领域合作框架协议》以来，双方在能源合作方面所取得的积极进展。中方鼓励有实力、信誉好的中国企业在油气资源勘探开发、兴建炼油厂、油气储备设施等领域与巴方开展互利合作。中方企业愿意在平等互利、合作双赢基础上参与瓜达尔能源经济区建设。双方还同意根据上述框架协议加强在矿物燃料、煤炭、水电、核电和可再生能源等能源领域以及采矿和资源领域的全面合作。

十八、双方愿意进一步深化农业领域的全面合作，分享两国农业发展的经验，加强农业技术，尤其是农产品加工、农药、滴灌和渔业等方面的技术交流与合作，推动中国农产品加工和农业科技企业到巴投资。

十九、双方同意加强信息产业领域的合作，中方愿与巴方分享中国信息通信业发展的成功经验，在技术、装备、服务等方面向巴方提供支持。双方决定在巴合作建设软件产业园区，并就铺设中巴光缆进行可行性研究。

二十、双方愿意进一步加强在基础设施建设领域的合作，中方愿与巴方分享中国在基础设施建设方面积累的经验，推动中国企业参与巴基础设施建设。

二十一、双方高度重视扩大人文领域交流与合作，包括文化、人力资源开发、教育、职业培训等领域。双方同意加强在高等教育领域的合作，中方愿意向巴方拟建的一所理工大学和传媒大学提供教师、管理人员等支持，逐步扩大互派留学生及访问学者的规模。

中方决定今后五年内邀请500名巴基斯坦青年赴华交流。

二十二、双方认识到加强金融领域合作对于推动中巴各领域合作的重要意义,决定采取有效措施推进多种形式的金融合作。巴方邀请中方银行在巴基斯坦开展业务。双方欢迎两国金融机构设立中巴联合投资公司。

二十三、双方注意到旅游业是两国快速发展的重要行业之一,合作潜力巨大。双方一致同意加强旅游领域合作,共同开发旅游市场。

二十四、为进一步促进中国西部地区与巴基斯坦的人员往来和经贸合作,中方同意巴方在成都增设总领事馆。

二十五、双方对近年来两国防务部门和军队之间进行的多层次、多领域深入合作感到满意,积极评价2006年2月签订的《中华人民共和国国防部和巴基斯坦伊斯兰共和国国防部合作框架协议》对促进两军合作的重要作用,决定继续开展包括团组互访、防务磋商、人员培训等全方位合作。

二十六、双方认为,恐怖主义、分裂主义和极端主义对地区和平、稳定与安全构成严重威胁,并重申决心在双边和多边框架内开展实质性合作,共同打击"三股势力",维护地区和平、稳定与安全。

二十七、双方广泛讨论了国际和地区形势,一致认为,世界各国应严格遵守《联合国宪章》的宗旨和原则以及和平共处五项原则等公认的国际关系准则;应充分保障各国根据本国国情选择发展道路的权利、平等参与国际事务的权利和平等发展的权利;应该通过对话和合作和平解决分歧与争端,而不应任意诉诸武力或以武力相威胁;联合国改革旨在维护联合国的权威和团结,应当优先重视发展问题。安理会改革应充分考虑广大会员国的利益;通过广泛和深入的协商找到各方均能接受的解决办法。

二十八、双方承诺继续在地区和国际事务中保持密切沟通与协调,进行有效配合与合作,共同致力于加强广大发展中国家的团结与合作,在全球化进程中维护自身的权益,促进地区和世界的和平、安全与繁荣。

二十九、双方积极支持对方参与亚洲的跨区域、区域和次区域合作。中方欢迎巴基斯坦成为亚欧会议成员,巴方欢迎中国成为南亚区域合作联盟观察员。双方表示愿以南亚区域合作联盟、亚洲合作对话、东盟地区论坛、上海合作组织、亚欧会议等区域性和跨区域组织为平台,扩大互利合作,共同推进区域合作进程。

三十、访问期间,双方签订了以下合作文件:

1.《中华人民共和国政府和巴基斯坦伊斯兰共和国政府关于巴基斯坦在成都开设总领事馆的换文》;

2.《中华人民共和国政府和巴基斯坦伊斯兰共和国政府自由贸易协定》;

3.《中华人民共和国和巴基斯坦伊斯兰共和国经贸合作五年发展规划》;

4.《中华人民共和国政府和巴基斯坦伊斯兰共和国政府经济技术合作协定》;

5.《中华人民共和国和巴基斯坦伊斯兰共和国友谊中心项目的立项换文》;

6.《中华人民共和国政府为巴基斯坦伊斯兰共和国地震灾区援建学校、医院的立项换文》;

7.《中华人民共和国政府和巴基斯坦伊斯兰共和国政府关于瓜达尔港一期工程竣工交接证书》;

8.《中华人民共和国政府和巴基斯坦伊斯兰共和国政府文化协定2007—2009年执行计划》;

9.《中国国家开发银行和巴基斯坦财政部关于设立中巴联合投资公司的谅解备忘录》;

10.《中国出口信用保险公司与巴基斯坦财政部关于双边合作融资保障的框架协议》;

11.《喀喇昆仑公路修复改造项目融资备忘录》;

12.《喀喇昆仑公路雷科特至红其拉甫段改造项目合同协议书》;

13.《中国北方工业公司与巴基斯坦塔克西拉重型工业公司合作框架协议》;

14.《振华石油控股有限公司和巴基斯坦石油资源部关于授予巴斯卡和东巴哈瓦普尔区块勘探许可证的协议》;

15.《华为公司与巴基斯坦移动通讯有限公司关于GSM900/1800扩容项目深化合作谅解备忘录》;

16.《巴基斯坦山达克东矿体勘探开发协议》;

17.《中国轻骑集团与巴基斯坦国民银行关于总统就业计划的合作协议》;

18.《中国化学工程集团公司与巴基斯坦安格鲁化学公司关于聚氯乙烯(PVC)联合装置项目合同》。

三十一、双方高度评价胡锦涛主席此次访巴取得的丰硕成果,认为访问对巩固中巴传统友谊、深化全面合作具有里程碑意义。

三十二、胡锦涛主席感谢巴基斯坦政府和人民的热情友好款待,并邀请穆沙拉夫总统方便时再次访华。穆沙拉夫总统愉快地接受了邀请。

2006年11月25日于伊斯兰堡

11月26日

国家主席胡锦涛在拉合尔出席巴基斯坦海尔—鲁巴经济区正式揭牌仪式

在揭牌仪式上,胡锦涛发表讲话。他说,海尔—鲁巴经济区是中国在海外建立的第一批工业园区之一。这标志着中巴经济合作正在向更广更深的领域迈进。

胡锦涛强调，中巴毗邻而居，两国有着全天候友谊、全方位合作。当前，中巴战略合作伙伴关系深入发展，两国经济合作在天时、地利、人和方面都面临着难得机遇。中方高度重视中巴经济合作，愿意通过合作促进中巴经济共同发展。

胡锦涛希望巴基斯坦海尔—鲁巴经济区努力在科技创新和市场开拓方面下功夫，实现可持续发展，将海尔—鲁巴经济区建设成为中巴经济合作的典范和中巴友谊的象征。

最后，胡锦涛和阿齐兹一起为巴基斯坦海尔—鲁巴经济区揭牌。仪式结束后，胡锦涛参观了生产车间。

巴基斯坦海尔—鲁巴经济区是中国商务部今年确定的首批境外经济合作区之一，由海尔集团和巴基斯坦鲁巴集团合资建设。

民革十届五中全会在北京召开

全国人大常委会副委员长、民革中央主席何鲁丽出席会议并代表民革第十届中央常务委员会作工作报告。

何鲁丽在回顾总结2006年民革工作时指出，今年民革各级组织认真贯彻中共十六届五中全会精神，围绕“十一五”规划的实施和构建社会主义和谐社会的要求，开展调查研究，积极建言献策，关注的问题主要有社会主义新农村建设、收入分配、环境保护、社会保障制度建设、义务教育、医疗卫生体制改革、司法改革、建设节约型社会、非公有制经济发展、西部大开发等等。其中许多成果受到中共中央、国务院和各级党委、政府的重视。

何鲁丽在报告中对2007年工作提出了要求：要认真学习贯彻中共十六届六中全会精神，贯彻落实科学发展观，为构建社会主义和谐社会作出新贡献；要以《中共中央关于进一步加强中国共产党领导的多党合作和政治协商制度建设的意见》《中共中央关于加强人民政协工作的意见》精神为指导，切实加强民革自身建设，为坚持和完善中国特色政党制度提供思想和组织保证；要发挥优势，开拓进取，坚持不懈地做好促进祖国和平统一工作，为完成祖国统一大业努力奋斗；要加强领导，精心组织，周密安排，扎实做好省级组织和中央的换届工作。

全国政协副主席、民革中央常务副主席周铁农致开幕词，民革中央名誉副主席贾亦斌，民革中央副主席童傅、徐志纯、钮小明、朱培康、万鄂湘、齐续春，民革中央委员会顾问和民革中央委员出席会议，中央各工作部门有关负责人列席会议。

中共福建省第八届委员会第一次全体会议选举卢展工为省委书记

《中国人民解放军军人体能标准》正式颁发施行

经解放军总参谋部批准，《中国人民解放军军人体能标准》日前正式颁发施行，全军和武警部队将按照这一标准组织实施体能训练。

新的《中国人民解放军军人体能标准》由总则、通用体能标准、入伍训练体能标准、飞行人员体能标准和附录5个部分构成。

通用体能标准，是全军和武警部队体能训练的基本标准，由基础性、专业性和辅助性三类体能项目组成，并根据工作特点、军兵种特点和年龄结构，设置了16类67个项目；入伍训练体能标准，适用于全军和武警部队新入伍的新兵、士官、军官和学员，设置了9个体能项目；飞行人员体能标准，适用于全军和武警部队各类飞行人员，专业性体能项目继承了飞行人员的传统训练内容，共设置了男、女飞行员和男、女飞行学员4类具体标准。

11月27日

全国政法工作会议在北京召开

中共中央政治局常委、中央政法委书记罗干出席会议并讲话。他强调，要紧紧围绕构建社会主义和谐社会这个大目标和总要求，坚持以邓小平理论和“三个代表”重要思想为指导，深入贯彻党的十六大和十六届六中全会精神，全面落实科学发展观，以化解社会矛盾为主线，加强司法保障，加强政法机关社会管理能力建设，加强政法队伍思想政治建设，最大限度地增加和谐因素，最大限度地减少不和谐因素，为党的十七大胜利召开，为实现重要战略机遇期的顺利发展创造和谐稳定的社会环境和公正、高效、权威的法治环境。

罗干在讲话中对过去一年的全国政法工作给予了充分肯定。他说，2006年是我国经济社会全面发展的一年，也是政法工作扎实推进的一年。一年的实践证明，用科学发展观统领政法工作的指导原则是正确的，是符合实际的，收到了良好的效果。罗干代表党中央、国务院向广大政法干警和武警官兵，表示诚挚的慰问和崇高的敬意。

罗干指出，做好政法工作、维护社会稳定既是和谐社会的保障，也是和谐社会的重要内容。政法机关既是和谐社会的保障力量，也是和谐社会的建设力量，要深刻认识构建和谐社会重大而深远的意义，深刻认识政法机关在构建和谐社会中的地位和作用，深刻认识政法机关提高执法能力的重要性和紧迫性，更好地承担起促进社会和谐的历史使命和政治责任。

罗干强调，要按照构建社会主义和谐社会的要求，坚持以科学发展观统领政法工作，把促进社会和谐作为衡量政法工作的重要标准，把维护人民群众的合法权益作为促进社会和谐的出发点和落脚点，把维护社会公平正义作为促进社会和谐的生命线，用正确稳定观谋划政法工作，立足于国际国内两个大局认识和处理社会各种矛盾，确保我国家安全和社会和谐稳定。要按照构建社会主义和谐社会的要求，充分发挥政法机关的职能，继续在处理人民内部矛盾、维护市场经济秩序、稳定社会治安大局、加强对敌斗争等方面更好地发挥作用，继续重点抓好平安建设、打黑除恶、规范执法行为、司法体制机制改革等工作。要按照构建社会主义和谐社会的要求，把社会主义法治理念教育作为政法队伍思想政治建设的一条主线，贯穿于建设社会主义法治国家的全过程，深入持久地开展下去，不断提高政法队伍的整体素质。

罗干要求，各级党委要进一步加强和改进党对政法工作的领导，着力健全党对政法工作领导的体制，健全政法队伍的管理机制，健全政法机关的保障机制。要重视加强党委政法委的建设，充分发挥其职能作用，规范党内执法监督的制度，不断提高工作水平。

中央政法委委员肖扬、贾春旺、许永跃、王胜俊、孙忠同、吴爱英等出席了会议。

国家副主席曾庆红在人民大会堂会见阿根廷外长豪尔赫·塔亚纳

外交部部长李肇星在北京与阿根廷外长塔亚纳举行会谈

双方表示将进一步落实两国领导人就建立和发展中阿战略伙伴关系达成的重要共识，深化互利合作，实现共同发展。

11月28日

国务院总理温家宝在人民大会堂分别会见部分国家离到任大使和世界卫生组织候任总干事陈冯富珍

在会见离到任大使时，温家宝对即将离任的大使在任期内为发展中国和有关国家的双边关系和友好合作所做的努力表示赞赏，对新到任的大使表示欢迎，希望他们在任期内为促进中国与这些国家的友好合作关系作出贡献，并表示中国政府将对他们在华期间的工作给予方便和支持。

参加会见的离任大使是：法国驻华大使高毅、澳大利亚驻华大使唐茂思和泰国驻华大使祝立鹏。

参加会见的到任大使是：委内瑞拉驻华大使马内罗、突尼斯驻华大使巴斯里、利比亚驻华大使格鲁西、利比里亚驻华大使托尔伯特、瓦努阿图驻华大使罗治伟、马其顿驻华大使杰拉迪尼、卡塔尔驻华大使米夫塔赫、阿尔巴尼亚驻华大使佩卡、毛里求斯驻华大使钟律芳、科特迪瓦驻华大使科菲、莱索托驻华大使蒂贝利、埃塞俄比亚驻华大使海尔基洛斯、菲律宾驻华大使布蕾迪、日本驻华大使宫本雄二、乌干达驻华大使瓦吉多索、马耳他驻华大使雪瑞布、塞尔维亚驻华大使乌多维契基、白俄罗斯驻华大使托济克、塞内加尔驻华大使法勒、摩尔多瓦驻华大使季姆丘克、智利驻华大使雷耶斯、布隆迪驻华大使萨布希米克、马里驻华大使特拉奥雷、古巴驻华大使佩雷拉、冰岛驻华大使贡纳尔松、坦桑尼亚驻华大使马普里、伊朗驻华大使曼苏里、西班牙驻华大使布拉斯科、印度驻华大使拉奥、葡萄牙驻华大使桑托斯、立陶宛驻华大使贝尔诺塔斯。

温家宝在会见陈冯富珍时对她当选世界卫生组织总干事表示祝贺。温家宝说，中国政府高度重视公共卫生事业，把提高人民的健康水平作为政府工作的重要任务。近些年来，中国政府建立了覆盖全国的疾病防控体系和突发公共卫生事件医疗救治体系，及时、公开、透明的发布疫情信息，有效地控制了重大传染疾病的蔓延。同时推进医疗卫生体制改革，建立新型农村合作医疗制度，加强城市社区卫生服务。温家宝强调，中国政府始终支持世界卫生组织的工作，双方建立起了良好的合作关系。中方愿继续与世卫组织保持密切协调与配合，为推进世界卫生事业的发展作出贡献。

国内第一个国产100万千瓦超超临界电站项目——华能玉环电厂一号机组正式投入商业运行

该机组是目前国内单机容量最大、运行参数最高的燃煤发电机组。该项目的建成，标志着我国已掌握了当今世界最先进的火力发电技术。

位于浙江台州玉环县的华能玉环电厂工程规划装机容量为4台100万千瓦超超临界燃煤机组，一期建设两台100万千瓦机组，投资约96亿元。

国防部部长曹刚川在北京会见瑞典空军监察长简·安德尔松一行

11月29日

国务院总理温家宝主持召开国务院常务会议

会议听取农业和农村工作汇报，研究进一步加强残疾人工作。

会议认为，今年以来，农业和农村工作取得明显成效,实现了粮食增产、农民增收、农村经济较快发展、农村社会和谐稳定的良好局面。但是,当前农业和农村发展仍然存在许多矛盾和问题,突出表现在农业基础不牢,农村基础设施薄弱,农村社会事业发展滞后等。解决这些问题,任务十分艰巨。

会议强调,明年的农业和农村工作要继续按照中央的部署,统筹城乡经济社会发展,坚持工业反哺农业、城市支持农村和多予少取放活的方针,巩固、完善、加强支农惠农政策,切实加大农业投入,积极推进现代农业建设,强化农村公共服务,深化农村综合改革,加快农村经济发展,确保新农村建设取得新的进展,巩固和发展农业农村的好形势。

会议指出,临近岁末,要切实抓好今冬明春农业农村各项工作,为明年整个"三农"工作打好基础。(一)全面落实各项农村政策,特别要落实好扶持粮食生产的各种补贴、保障务工农民和被征地农民合法权益、对贫困家庭学生实行"两免一补"等政策。(二)加强农作物田间管理和冬春农田水利建设,加大抗旱力度,加强冻害防御,落实各项备耕措施,确保种子、化肥等农业生产资料供应;抓紧水源工程建设,确保群众生活用水和明年春灌溉用水。(三)做好粮棉购销工作,发挥市场调节作用,加强宏观调控,搞好产销衔接,保护农民积极性。(四)加强动物疫病防控,完善应急机制,落实疫情监测报告制度及各项免疫措施。(五)强化森林草原防火工作,加强预警监测,排除火险隐患,提高扑灭火能力。(六)妥善安排好困难群众的生产生活,把解决受灾群众的吃、穿、住和过冬保暖等问题放在突出位置,力争春节前让因灾倒房的群众全部住进新房。(七)重视农产品质量安全,加强生产、流通领域的检验检疫,确保食品安全。(八)因地制宜,尊重农民意愿,引导新农村建设健康推进,切实防止形式主义。

会议听取了有关部门关于第二次全国残疾人抽样调查情况的汇报。调查表明,我国残疾人事业取得巨大成绩,残疾人生存和发展状况不断改善,残疾人的整体素质不断提高。但残疾人在基本生活保障、就医、康复、教育、就业等方面还有很多困难,残疾贫困人口在全国贫困人口中占有相当比例,需要继续予以高度重视。

会议指出,做好残疾人工作,是坚持以人为本、落实科学发展观的重要方面,是促进社会公平、提高社会文明程度的具体体现,对于构建社会主义和谐社会具有重要意义。各级政府要切实加强残疾人工作,进一步动员全社会力量更加关心和支持残疾人事业的发展。一是要做好残疾人基本生活保障工作,加强残疾人技能培训和就业服务,加大扶贫和救助力度。二是要加强残疾预防和康复工作,建立完善社会化、综合性的防控和康复服务体系。三是要依法保障残疾人特别是残疾儿童接受教育的基本权利,提高他们的素质和参与社会生活的能力。四是要切实改善对残疾人的服务,在全社会形成尊重、关心和帮助残疾人的良好社会风尚。五是要认真总结残疾人事业发展的成就和经验,进一步完善政策措施。

国务院总理温家宝致电祝贺"声援巴勒斯坦人民国际日"纪念大会在纽约联合国总部召开

中央纪委副书记 中央治理商业贿赂领导小组组长何勇就治理商业贿赂答记者问

记者:请介绍一下开展治理商业贿赂专项工作的起因和背景。

何勇:我们党和政府历来高度重视打击各种经济违法犯罪活动,将其作为保证社会主义现代化建设顺利进行的一项长期的、经常的工作,先后部署开展了打击走私、偷逃骗税和制售假冒伪劣商品等违法犯罪活动,整顿和规范市场经济秩序。

近年来,随着市场化进程的加快,经济成分多样化、利益主体多元化,市场竞争日益激烈,商业贿赂在一些行业、领域或单位较为严重,表现形式多种多样,成为经济社会生活中的一大公害,人民群众反映强烈。2006年1月,胡锦涛总书记在中央纪委第六次全会上发表重要讲话,把治理商业贿赂作为今年党风廉政建设和反腐败工作的六项重点工作之一,强调要坚决纠正不正当交易行为,依法查处商业贿赂案件。2006年2月,温家宝总理在国务院第四次廉政工作会议上,要求各地区、各部门把治理商业贿赂作为今年政府机关反腐倡廉的重中之重,采取得力措施,切实抓出成效。中共中央政治局常委、中央纪委书记吴官正同志在中央纪委第六次全会上,就纪检监察机关贯彻落实党中央、国务院的决策和部署,认真抓好治理商业贿赂专项工作提出了明确要求。2006年2月8日,中共中央办公厅、国务院办公厅印发了《关于开展治理商业贿赂专项工作的意见》,对治理商业贿赂作出了总体部署。由此,治理商业贿赂专项工作在全国迅速展开。

为加强对这项工作的组织领导,中央成立了治理商业贿赂领导小组,我任领导小组组长,中央纪委副书记、监察部部长李至伦同志,国务院副秘书长李适时同志,监察部副部长李玉赋同志任副组长,22个部门负责人为领导小组成员。领导小组在中央纪委监察部设立办公室承担日常工作。

记者:商业贿赂有哪些危害,对其进行治理有何意义?

何勇:商业贿赂造成的危害是多方面的,我们可以从经济、政治、社会和国际层面作点分析。从经济层面看，商业贿赂违背社会主义市场经济的基本原则，破坏市场秩序，妨碍公平竞争和资源的合理配置，增加企业经营成本，造成国家税收减少和公有财产被侵吞，不利于经济健康发展。从政治层面看，商业贿赂腐蚀国家机关工作人员和企业事业从业人员，滋生腐败现象和经济犯罪，损害党和政府的形象，降低政府公信力。从社会层面看，商业贿赂导致生产和生活用品价格虚高，加重人民群众的负担，为假冒伪劣商品开了方便之门，直接损害广大消费者的利益，甚至危害人民群众的生命健康，引发突发公共事件和其他社会问题，激化社会矛盾，毒化社会风气。从国际层面看，商业贿赂影响了国际社会对我国投资环境和商业活动的评价，损坏了我国的国际形象，不利于我们有效应对和参与更加激烈的国际竞争。

坚决治理商业贿赂，有利于建立统一开放、竞争有序的现代市场体系，营造良好的竞争环境，充分发挥市场在资源配置中的基础性作用，促进社会主义市场经济体制完善和自主创新型国家建设，推动经济平稳较快发展；有利于制约权力的行使，防止公共权力的滥用和寻租，从源头上防治腐败；有利于妥善协调各方面的利益关系，维护人民群众的切身利益，增强政府的公信力，化解社会矛盾，维护公平和正义，保持社会和谐稳定；有利于树立我国信守承诺、依法办事的良好形象，增强我国的国际竞争力。

记者：开展治理商业贿赂专项工作的总体要求、主要任务和重点领域是哪些？

何勇：开展治理商业贿赂专项工作要以邓小平理论和“三个代表”重要思想为指导，认真落实科学发展观，依据有关法律法规和政策，按照《建立健全教育、制度、监督并重的惩治和预防腐败体系实施纲要》和构建社会主义和谐社会的要求，统一部署、分类指导，突出重点、稳步推进。

治理商业贿赂专项工作主要有三项任务。一是对违反商业道德和市场规则、影响公平竞争的不正当交易行为进行自查自纠；二是依法查处违反法律法规、给予和收受财物或其他利益的商业贿赂案件；三是深化改革、强化监管，完善法律制度体系，打造健康的商业文化，建立健全防治商业贿赂的长效机制。这三项任务是一个有机整体，相互促进。

治理商业贿赂的重点领域有6个：一是工程建设，二是土地出让，三是产权交易，四是医药购销，五是政府采购，六是资源开发和经销。同时，还要抓好银行信贷、证券期货、商业保险、出版发行、体育、电信、电力、质检和环保9个方面的治理工作。

记者：请您谈谈治理商业贿赂的基本思路和工作中需要注意的问题。

何勇：治理商业贿赂，是一项艰巨复杂的系统工程，必须坚持标本兼治，进行综合治理。要坚持党委统一领导，政府主抓，行业主管(监管)部门、司法机关、行政执法部门各司其职，群众积极参与，纪检监察机关牵头组织的领导体制和工作机制，调动和凝聚各方面的力量，齐抓共管。要将专项治理工作同贯彻落实惩治和预防腐败体系实施纲要、整顿和规范市场经济秩序、强化部门内部管理和加强自身建设结合起来，努力形成治理商业贿赂的综合效应。

在推进工作中要注意把握和处理好以下几个重要关系：第一，严厉惩治与有效预防的关系。对违反国家法律的商业贿赂案件坚决依法查处；同时，按照构建惩治和预防腐败体系的要求，坚持教育、制度、监督并重，着力从源头上防治商业贿赂。第二，整体推进与突出重点的关系。根据治理商业贿赂工作头绪繁多、情况复杂、任务艰巨、难度很大的特点，坚持从实际出发，善于抓主要矛盾，在全面推进中突出重点，扭住关键。第三，集中治理与常抓不懈的关系。树立长期作战的思想，标本兼治，惩防并举，既要集中治理，又要持之以恒、锲而不舍，通过不断努力逐步解决问题。第四，治理商业贿赂与维护大局的关系。紧紧围绕经济建设这个中心，维护国家的整体利益，既要遏制商业贿赂，又要保持正常的生产经营，维护社会稳定，推动改革和对外开放，实现政治、经济、法律和社会效果的统一。第五，治理商业贿赂与从严治政的关系。一方面，要进一步加强对经营者的监管；另一方面，要强化对权力运行的监督和制约，将权力和资源相对集中、容易发生权钱交易的领域和环节作为重点，严格规范和监督行政审批权和行政执法权的行使。

记者：治理商业贿赂专项工作开展以来，各地区、各部门采取了哪些措施？

何勇：党中央、国务院作出治理商业贿赂的决策和部署后，各地区、各部门高度重视，狠抓落实。一是普遍成立了领导班子和工作机构，由主要负责同志任领导小组组长，并抽调人员设立了专门的办事机构。二是认真进行了动员部署。中央纪委第六次全会和国务院第四次廉政工作会议分别对开展治理商业贿赂专项工作作出了动员和部署。今年4月29日，又召开了全国治理商业贿赂负责人会议，对这项工作进行再动员、再部署，吴官正同志作了重要讲话，国务委员兼国务院秘书长华建敏同志对政府部门贯彻落实会议精神提出了明确要求。各地区、各部门采取多种形式，层层动员，认真传达贯彻中央的精神，并充分运用媒体进行了广泛宣传。三是深入开展了调查研究。中央治理商业贿赂领导小组多次组织召开由有关部门和地方负责同志及专家学者参加的座谈会、研讨会，对商业贿赂发生的原因、表现形式、存在的重点领域进行摸底调查，对解决问题的政策措施进行广泛深入的咨询论证。为加强理论政策研究工作，中央治理商业贿赂领导小组办公室从立法机关、司法机关、行政执法部门和高等院校、科研机构聘请了30位专家学者，组成专家咨询组，对治理商业贿赂工作涉及的理论基础、政策、法制、文化等问题开展研究。四是注意加强了工作指导。中央治理商业贿赂领导小组制定下发了《关于组织开展不正当交易行为自查自纠的实施意见》和《关于依法查处商业贿赂案件的实施意见》，对自查自纠工作和查处商业贿赂案件工作提出了明确要求，作出具体规定。另外，针对查办商业贿赂案件中存在的问题，中央治理商业贿赂领导小组、最高人民检察院、公安部、工商总局联合印发了《关于在治理商业贿赂专项工作中及时移送和受理涉嫌犯罪案件的通知》。这些政策性文件印发后，对推进专项治理工作发挥了重要的指导作用。各地区、各部门也紧密结合实际，制订了具体实施方案。

总的看，治理商业贿赂专项工作进展顺利，保持了健康有序的发展态势。

记者：自查自纠工作进展情况如何？怎样才能防止搞形式主义、“走过场”？

何勇：对不正当交易行为进行自查自纠，是专项治理的一项重要任务，也是一项基础性工作。开展自查自纠的主要目的是使经营者普遍受到教育，自觉纠正错误观念和行为，做到依法合规经营；使行业主管（监管）部门找准工作中的薄弱环节和漏洞，采取有效措施加强和改进监管工作，同时注意建章立制，为建设长效机制奠定基础。

为防止自查自纠工作搞形式主义、“走过场”，中央治理商业贿赂领导小组专门印发了《关于组织开展不正当交易行为自查自纠的实施意见》，提出了自查自纠的目标，确定了自查自纠的范围和重点，规定了自查自纠的主要环节，明确了自查自纠的牵头部门及其工作责任。我们要求各地区、各部门必须采取以下措施，搞好自查自纠工作：一是抓好自查自纠的几个主要环节，做到宣传动员要广泛、调查摸底要全面、问题查找要准确、分类处理要恰当、整改措施要到位、评估验收要严格，坚持高标准、严要求，一步一个脚印，扎扎实实地做好工作。二是实行严格的工作责任制。对组织自查自纠敷衍了事、消极被动、造成不良影响和后果的，要追究有关领导的责任。企业事业单位要按照行业主管（监管）部门的统一要求，采取措施认真开展自查自纠；国有企业党委和经营班子主要负责人要亲自抓，组织专门工作班子认真开展自查自纠。三是坚持自查自纠与督促检查相结合。把监督检查贯穿于自查自纠工作的全过程，采取发督办函、电话催办、当面约谈、听取汇报、召开座谈会、开展专项检查等多种方式，对本地区本行业本系统开展自查自纠工作进行督促检查，全面了解情况，及时发现和解决问题。上级部门派出督查组，深入到有关单位督促检查。对工作开展得比较好的，要予以表扬；对问题较多、社会反映大的，必要时派出人员现场督办；对开展自查自纠不力的，批评教育，限期纠正。四是实施有效的政策指导。注意把中央的精神与各自的实际紧密结合起来，把中央的部署和要求具体化。既要抓好工作落实，又要研究自查自纠各项工作所涉及的重要政策问题，提出解决的思路和对策。随着自查自纠工作的逐步深入，加强对新情况、新问题的研究，完善政策，增强工作的预见性、针对性和有效性。五是加大查处商业贿赂案件的力度。形成惩处商业贿赂违法犯罪的强劲声势，破除一些人的侥幸心理，有效促进自查自纠工作。

目前，自查自纠工作普遍进入了整改阶段。9月中下旬，中央治理商业贿赂领导小组办公室组织8个督查组，对20个部门和6个省开展专项治理工作主要是自查自纠的情况进行了督查。从督查的情况来看，各地区、各部门按照中央的统一部署和要求，围绕重点领域、重点人员和关键部位，坚持经营者自查与行业管理者自查相结合，抓住自查自纠的几个主要环节，查找出一些在经营活动中违反商业道德和市场规则、影响公平竞争的不正当交易行为，发现了制度和监管上存在的一些漏洞和薄弱环节。对查找出的突出问题，有的已经按照有关规定作了纠正，有的正在研究提出解决的措施。这项工作总的情况是好的，但也有一些地方和部门思想认识上存在偏差，工作不够主动；个别地方存在重形式、轻实效的情况；有些地方没有按照规定全面开展自查自纠，有些工作不落实。对这些问题，我们仔细做了研究，要求各地区、各部门明确整改重点，制定整改措施，落实整改责任，认真进行整改，切实解决问题。自查自纠工作抓得不力的、不实的地区和部门，要认真改进；对一些非公企业尚未开展自查自纠的，有关部门要责令其“补课”，抓紧落实。

记者：7月底，中央治理商业贿赂领导小组办公室举行新闻发布会，公布了一批典型商业贿赂案件，社会反响很大。这项工作如何进一步加大力度？

何勇：依法查办商业贿赂案件是治理商业贿赂的关键环节，是检验专项治理是否取得实效的显著标志，也是我们的工作取信于人民的重要举措。中央治理商业贿赂领导小组一开始就把查办商业贿赂案件工作摆在了重要位置，多次召开执纪执法机关和有关地区负责人座谈会，专题研究部署查办商业贿赂案件工作。

为加强和做好这项工作，专门印发了《关于依法查处商业贿赂案件的实施意见》和《关于在治理商业贿赂专项工作中及时移送和受理涉嫌犯罪案件的通知》，对查办商业贿赂案件作出了具体规定。各地区各有关部门紧紧围绕公益性强、与人民群众切身利益密切相关、严重破坏市场秩序的问题，抓住容易发生商业贿赂案件的关键环节、重点问题、重点岗位、重点人员，拓宽投诉举报渠道，排查案件线索，强化办案手段，突破了一批性质恶劣、情节严重、涉案范围广、影响面大的案件。据统计，从2005年8月到2006年9月，全国共查处商业贿赂案件10992件，涉案金额32.86亿元。其中，涉及国家公务员的案件2537件，占总数的23.1%；涉案金额8.35亿元，占总金额的25.4%；涉及厅局级干部68人，县处级干部511人。这对于震慑违法犯罪分子、有效遏制商业贿赂蔓延势头起到了重要的作用。

下一步，各地区各有关部门要以更加坚决的态度，进一步加大查办案件工作力度。一要鼓励群众举报商业贿赂违法犯罪行为，敦促违法犯罪人员投案自首，坦白交代问题，扩大案源。认真梳理案件线索，尽快再确定和突破一批重点案件。对存在问题多而查办案件少的重点领域和方面，要加大排查力度，加快办案进度。严肃查处涉及国家公务员的商业贿赂案件，特别是对利用审批权和执法权在商业活动中索贿受贿的腐败分子，必须坚决予以查处，决不手软、决不姑息。二要加强对办案工作的领导，实行严格的办案工作责任制。对涉案金额大、涉案人员级别高、涉案人员多，以及久拖不决的重大案件，要挂牌督办，限期查结，尤其对社会普遍关注的案件要切实加强督办。三要搞好协调配合，司法机关、行政执法部门和行业主管(监管)部门要建立和完善查办案件的协查机制和移送受理机制，提高办案的整体效能。四要对商业贿赂案件立案、侦查、审判和刑罚执行情况开展检查，及时发现和纠正存在的问题，自觉接受社会各界和新闻舆论对办案工作的监督。

年底前，中央治理商业贿赂领导小组办公室将会同有关部门举行第二次新闻发布会，向社会再公布一批查结的典型商业贿赂案件，震慑违法犯罪分子，回应社会各界的关注。

记者：商业贿赂问题比较普遍，涉及的人员较多，在工作中怎样把握好法律政策尺度？

何勇：商业贿赂问题涉及面确实很广，表现形式也多种多样，情况非常复杂。有些领域和行业的问题相当普遍，在一个单位内就涉及多个岗位、多个部门、多个层次的人员。处理这些问题必须严格依法办事，正确把握好法律政策界限，既要区分正常的商业交往与不正当交易行为的政策界限，又要区分违纪违规行为与违法犯罪的界限，做到宽严相济，区别对待。既不能降低要求，走过场；也不能脱离轨道，搞群众运动。坚持以事实为依据，以法律为准绳，对违法犯罪分子发现一个查处一个，决不手软。工作中还要讲究策略，正确运用国家的基本刑事政策。对于在自查自纠中主动向单位、行业主管(监管)部门讲清问题，或者积极检举揭发商业贿赂和其他犯罪，有立功表现的，应该依法从轻、减轻或者免予追究刑事责任；对于故意隐瞒事实、毁灭证据等妄图对抗侦查、逃避法律追究的，要依法从严惩治，特别是对于顶风作案的，必须坚决严厉打击；对于在一些领域和行业中带有一定普遍性、涉案人员众多的案件，要充分考虑办案的政治影响和社会效果，坚持打击少数，教育和警示大多数。

记者：有人讲商业贿赂是一个“顽症”，集中治理会有效果，但很难根治。您对此怎么看？

何勇：商业贿赂的严重性和危害性以及对其进行治理的意义，我在前面已经做过分析。实践证明，党中央、国务院作出治理商业贿赂的决策是非常正确的。这项工作开展以来，已经取得了重要进展，产生了良好的社会效果。随着治理的深入，力度的加大，这项工作一定会取得更大的成绩。但是我们要看到，商业贿赂在世界各国不同程度地存在，是个普遍性的问题。在市场经济条件下，特别是在市场经济不发达、市场经济体制不完善的情况下，更有其滋生的土壤。我国正处于并将长期处于社会主义初级阶段，当前，体制转换、结构调整、社会变革的进程加快，市场经济体制虽然已经建立但还很不完善，商业贿赂赖以存在的基础一时难以从根本上消除，解决这个问题必然是一个长期的过程。看到了商业贿赂问题的长期性和复杂性而认识不到解决这个问题的紧迫性，是不对的；期望通过集中治理完全解决这个问题，毕其功于一役，也是不现实的。对商业贿赂既要集中治理，更要常抓不懈，一步一步地向前推进，毫不动摇地坚持下去。

在专项治理工作中，既要治标，又要治本。要针对自查自纠和查办商业贿赂案件中暴露出来的深层次问题，坚持用发展的思路和改革的办法，加大从源头上治理的力度，加快构建防治商业贿赂的长效机制。要加强政府自身建设，推进政府管理创新，深化行政审批制度改革，进一步转变政府职能，加强对领导干部从政行为的监督和制约，减少行政权力对微观经济活动的干预。深化财政税收投资价格体制、金融监管体制、国有资产监管体制改革。推进医疗卫生体制和药品生产流通体制改革，加快垄断行业改革。清理和规范社团、行业组织和社会中介组织，推进行业协会、商会管理体制改革，推动行业组织通过制定行规、行约以及行业标准对企业等会员行为进行约束。加快社会信用体系建设，打造健康的商业文化，形成反对商业贿赂的良好氛围。我们相信，通过标本兼治、综合治理，商业贿赂滋生的土壤和条件会逐步铲除。

国家副主席曾庆红在人民大会堂会见阿尔巴尼亚外长穆斯塔法伊

外交部部长李肇星在北京与阿尔巴尼亚外长穆斯塔法伊举行会谈

国防部部长曹刚川在八一大楼会见贝宁军队总参谋长马蒂厄·博尼一行

新编本《朱德诗词集》《朱德年谱》和《朱德画传》出版发行

为纪念朱德同志诞辰120周年，由中共中央文献研究室编辑的新编本《朱德诗词集》《朱德年谱》，已由中央文献出版社出版发行。由中共中央文献研究室和中共四川省委编辑的《朱德画传》，已由四川出版集团、四川人民出版社出版发行。

11月30日

中共中央总书记胡锦涛主持召开中央政治局会议

会议分析当前经济形势、研究明年经济工作，讨论人口和计划生育工作。

会议认为，今年以来，全党全国深入贯彻科学发展观，全面落实中央各项部署，国民经济继续朝着宏观调控的预期方向发展，保持了增长速度较快、经济效益较好、物价水平较低的态势，产业结构调整步伐加快，自主创新积极推进，重点领域和关键环节改革取得新进展，对外开放水平进一步提高，社会事业加快发展，人民生活不断改善，实现了"十一五"时期的良好开局。

会议指出，在当前的好形势下，我们必须看到，我国经济运行中的一些突出矛盾虽有所缓解，但基础还很不稳固，经济结构不合理、增长方式粗放、体制机制不完善等深层次矛盾还没有根本解决，必须保持清醒头脑，增强忧患意识，充分估计面临的问题和困难，做好应对各种挑战和风险的准备。

会议强调，2007年是我国发展和改革十分关键的一年。做好明年经济工作，要以邓小平理论和"三个代表"重要思想为指导，认真贯彻党的十六大和十六届三中、四中、五中、六中全会精神，全面贯彻落实科学发展观、构建社会主义和谐社会等重大战略思想，继续加强和改善宏观调控，着力推进改革开放和自主创新，着力调整经济结构和转变经济增长方式，着力加强资源节约和环境保护，着力促进社会发展和解决民生问题，推动经济社会发展切实转入科学发展的轨道，努力实现国民经济又好又快发展，为召开党的十七大创造良好环境。

会议要求，做好明年的经济工作，要把握全局，统筹安排，突出重点，狠抓落实，全面贯彻中央确定的各项部署。务必保持经济平稳较快增长，避免出现大的起伏；务必在调整经济结构和转变经济增长方式上有更大成效，努力提高经济增长的质量和效益；务必在解决群众切身利益问题上有新举措，推动构建社会主义和谐社会取得积极进展。

会议认为，人口问题始终是制约我国全面协调可持续发展的重大问题，是影响经济社会发展的关键因素。实行计划生育以来，我国人口和计划生育工作取得巨大成就，有力促进了经济发展和社会进步。以人的全面发展统筹解决人口问题，变人口压力为人力资源优势，为经济社会发展提供持久动力，是实现中华民族伟大复兴的战略选择。全党务必从全面建设小康社会、构建社会主义和谐社会的高度，从对中华民族未来发展负责的高度，坚持不懈地做好人口和计划生育工作。

会议强调，各地区、各部门要清醒认识全面加强人口和计划生育工作的重要性和紧迫性，坚定不移地走中国特色统筹解决人口问题的道路，进一步开创人口和计划生育工作新局面。必须坚持长期实行计划生育的基本国策，稳定和完善人口政策和生育政策；坚持人口与发展综合决策，加强统筹协调和督促检查；坚持国家指导与群众自愿、宣传教育与利益导向、行政管理与群众工作、整体推进与分类指导相结合，加强并改进人口和计划生育工作，促进人的全面发展；坚持理论创新、体制创新、管理创新、科技创新，不断提高人口和计划生育依法行政、社会管理、公共服务水平。

会议强调，要坚持依法行政、思想政治教育与利益导向相结合，综合运用法律、行政、教育、经济等手段，建立健全依法管理、村(居)民自治、优质服务、政策推动、综合治理的长效工作机制，建立和完善政府为主、社会补充的人口和计划生育利益导向政策体系。人口和计划生育工作思路必须由单纯控制数量为主向在稳定低生育水平的基础上统筹解决人口问题转变，工作方式必须由行政制约为主向依法管理、优质服务、综合施治转变，着重抓好稳定低生育水平、提高出生人口素质、综合治理出生人口性别比偏高问题、完善流动人口管理服务体系、积极应对人口老龄化等重点任务。各级党委和政府要切实加强领导，坚持党政第一把手亲自抓、负总责，进一步完善人口和计划生育工作领导机构和协调机制，完善人口计划生育法律法规体系，建立稳定增长的投入保障机制，加强人口和计划生育队伍职业化建设，稳定健全基层工作机构和队伍，加强人口和计划生育宣传教育，加快推进人口和计划生育信息化建设，积极推动计划生育生殖健康科技创新，确保人口和计划生育事业持续健康发展。

会议决定近期召开中央经济工作会议。

会议还研究了其他事项。

中共中央政治局举行第三十六次集体学习

中共中央总书记胡锦涛主持。他强调，扩大基层民主，保证人民群众直接行使民主权利，依法管理自己的事情，是社会主义民主最广泛的实践，是社会主义民主政治建设的基础性工作。必须深刻认识发展社会主义基层民主政治的重大意义，推动社会主义基层民主政治建设不断取得新进展。

中共中央政治局这次集体学习安排的内容是我国社会主义基层民主政治建设研究。华中师范大学徐勇教授、国务院发展研究中心赵树凯研究员就这个问题进行讲解，并谈了他们对发展我国社会主义基层民主政治的看法。

中共中央政治局各位同志认真听取了他们的讲解，并就有关问题进行了讨论。

胡锦涛在主持学习时发表了讲话。他指出，人民通过自己选出的代表组成全国人大和地方各级人大，行使管理国家事务、管理经济和文化事业、管理社会事务的权力，同时在基层实行群众自治等形式的直接民主，这是我国社会主义民主政治的一大创造，是我国人民民主制度优越性的重要体现。发展社会主义基层民主政治，有利于坚持和巩固人民当家做主的政治地位，有利于反映和实现人民群众的意志和愿望，有利于密切党和政府同人民群众的联系，有利于调动一切积极因素为改革开放和社会主义现代化建设服务，有利于实现好、维护好、发展好最广大人民的根本利益，有利于促进社会和谐、实现国家长治久安。

胡锦涛强调，发展社会主义基层民主政治，最根本的是要依法保证人民群众在基层政权机关、基层自治组织、企事业单位中依法直接行使民主权利，管理基层公共事务和公益事业，对干部实行民主监督。要从办得到的事情做起，从广大人民群众最关心的事情入手。要加强社会主义基层民主政治的制度建设，重点围绕保证人民依法实行民主选举、民主决策、民主管理、民主监督，制定和完善法律法规，健全各项民主管理制度，完善各项公开办事制度，改进工作机制，依靠制度保证人民群众依法直接行使民主权利。要丰富社会主义基层民主政治的实现形式，适应我国经济社会发展和人民群众参与愿望增强的要求，从基层经济、政治、文化、社会生活等方面，扩大人民群众的有序参与，引导和组织人民群众在社会主义基层民主政治的实践中提高自我管理水平。

胡锦涛强调，社会主义基层民主政治的实践主体是人民群众，人民群众的关心、支持、参与决定着社会主义基层民主政治建设的成效。要把解决好群众最关心、最直接、最现实的利益问题作为出发点和落脚点，紧密围绕关系人民群众切身利益问题尤其是难点热点问题开展工作，通过发扬民主、集思广益、共同管理，妥善处理各种利益关系，积极化解各种矛盾，使社会主义基层民主政治建设在促进基层经济社会发展、促进人民生活改善、促进社会和谐中发挥重要作用。

胡锦涛指出，各级党委要把发展社会主义基层民主政治摆上重要议事日程，建立健全党委统一领导、部门负责、有关单位密切配合、全社会积极参与的领导体制和工作机制，加强工作指导，加强督促检查，确保各项工作落实到位。要适应城乡基层形势的深刻变化，统筹安排，因地制宜，分类指导，切实把中央的方针政策同本地的具体实际紧密结合起来，把发展基层民主政治同加强基层党组织建设、基层政权建设、基层干部队伍建设紧密结合起来，同在基层形成有效的利益协调机制、诉求表达机制、矛盾调处机制、权益保障机制紧密结合起来，推动改革发展稳定各项工作的落实。要深入把握新形势下发展社会主义基层民主政治的规律和特点，尊重人民群众的首创精神，善于把人民群众在社会主义基层民主政治实践中创造的好经验好做法上升为政策，把成熟的政策上升为法律法规，不断提高社会主义基层民主政治建设的水平。

中共中央在中南海召开党外人士座谈会

中共中央日前在中南海召开党外人士座谈会，就经济工作听取各民主党派中央、全国工商联领导人和无党派人士的意见和建议。中共中央总书记胡锦涛主持座谈会并发表重要讲话。

中共中央政治局常委温家宝、贾庆林、曾庆红出席座谈会。温家宝通报了当前我国经济运行的情况和做好明年经济工作的考虑。

座谈会上，民革中央主席何鲁丽、民盟中央主席蒋树声、民建中央主席成思危、民进中央主席许嘉璐、农工党中央主席蒋正华、致公党中央主席罗豪才、九三学社中央主席韩启德、台盟中央主席林文漪、全国工商联主席黄孟复、无党派人士陈竺先后发言。他们认为，今年以来，我国经济继续保持良好发展势头，国民经济平稳较快增长，人民生活不断改善，“十一五”时期开局良好。他们赞成中共中央、国务院对当前我国经济形势的估价和对明年经济工作的考虑，并就构建社会主义和谐社会、推进社会主义新农村建设、增强自主创新能力、建设资源节约型社会、加强节能降耗和污染物减排工作、发展教育事业等提出了意见和建议。

在认真听取了他们的发言后，胡锦涛说，大家对今年的经济工作作了实事求是的肯定，并提出了许多很有见地的意见和建议，我们将认真研究、积极采纳。

胡锦涛指出，今年以来，各地区、各部门坚持以邓小平理论和“三个代表”重要思想为指导，全面贯彻落实科学发展观，继续加强和改善宏观调控，深化改革开放，我国国民经济保持了增长速度较快、经济效益较好、物价水平较低的态势。“十一五”开局之年能取得这样的成绩，是同各民主党派、工商联和无党派人士的共同努力分不开的。胡锦涛代表中共中央、国务院向各民主党派、工商联和无党派人士，向统一战线广大成员表示衷心的感谢。

胡锦涛强调，当前，我国具有继续推动经济平稳较快发展的良好条件，同时必须充分认识经济运行中存在的突出矛盾和问题，特别是要清醒地看到会对我国发展全局产生重大影响的矛盾和问题，清醒地看到长期积累的体制机制性矛盾，清醒地看到发展中出现的新情况新问题，以加强工作、完善政策、妥善应对、掌握主动。要坚持以科学发展观统领经济社会发展全局，不断提高对新形势下推动经济社会发展的规律性认识，切实把各方面的积极性引导到实现科学发展上来，不断在解决突出矛盾和问题上取得新的成效，促进经济社会又好又快发展。

胡锦涛指出，做好明年经济工作十分重要。要继续加强和改善宏观调控，保持宏观经济政策的连续性和稳定性，加强财政政策、货币政策和产业政策、土地政策、社会政策的协调配合，切实把经济发展的着力点转到提高质量和效益上来。要调整投资和消费的关系，重点扩大居民特别是农民和城镇中低收入者的消费，加快发展农村社会事业和公共服务，进一步增强内需对经济增长的拉动作用，同时要加快推动外贸和外资从数量扩张型向质量效益型转变，促进进出口贸易逐步趋于平衡。要切实抓好新农村建设，以生产发展和农民增收为重点，巩固和完善各项支农惠农政策，稳定发展粮食生产，深化农村综合改革，加强农村基础设施建设，逐步改善农村生产生活条件。要切实推进经济结构调整和经济增长方式转变，把增强自主创新能力作为调整经济结构、转变经济增长方式的中心环节，把节约资源、保护环境、节约用地放在更加突出的战略位置，强化节能降耗和污染减排指标的约束，促进经济结构调整，促进经济增长方式转变，促进质量效益提高。要继续完善社会主义市场经济体制，完善宏观调控体系、行政管理体制、经济法律制度，深化国有企业、财税、投资体制等方面的改革，逐步形成有利于转变经济增长方式、促进科学发展的体制机制。要坚持以人为本，按照构建社会主义和谐社会的总要求，认真研究解决群众最关心、最直接、最现实的利益问题，促进社会公平正义，促进社会安定和谐。

胡锦涛指出，贯彻落实中共十六届六中全会精神，促进经济社会又好又快发展，需要参政党和各方面人士提出真知灼见。希望大家继续围绕我国经济社会发展的重大问题和人民群众关心的切身利益问题，开展广泛调研，进行深入思考，不断提高建言献策的水平，为做好改革发展稳定的各项工作多做贡献，为构建社会主义和谐社会多做贡献。

温家宝在通报工作时说，今年国民经济继续朝着宏观调控的预期方向发展，实现了“十一五”的良好开局。但是也必须看到当前经济发展的困难和问题，保持清醒头脑。要综合分析明年发展的有利条件和不利因素，稳定、完善、落实宏观经济政策，着力推进改革开放和自主创新，着力调整经济结构和转变增长方式，着力加强节约和环境保护，着力促进社会发展和解决民生问题，保持经济平稳较快增长，防止出现大的起落。

回良玉、吴仪、曾培炎、王刚、华建敏、刘延东和中央有关部门负责人出席座谈会。

出席座谈会的党外人士还有周铁农、张怀西、李蒙、张梅颖、张榕明和程津培、陈抗甫、刘亦铭、谢伯阳、林毅夫等。

中央军委主席胡锦涛签署命令通令给1个单位2名个人授予荣誉称号 给2个单位7名个人记功

授予解放军总医院南楼临床部“模范医疗保健集体”荣誉称号

解放军总医院南楼临床部组建于1962年。40多年来，这个临床部医务工作者大力弘扬白求恩精神，以高度的政治责任感、精湛的医疗技术和热忱的服务态度，忠实履行职责，受到中央领导、军委首长和广大患者的充分肯定和赞扬。近10年来，这个临床部门诊和临床诊断符合率达97.6%，抢救成功率达98.6%，患者满意率达99%以上，多项医疗质量指标居国内领先水平；共完成老年医学科研课题56项，获得国家和军队科技进步奖24项，老年多器官衰竭救治技术达到国际先进水平。这个临床部先后2次被总后勤部评为基层建设先进单位，2006年部党委被总政治部表彰为先进党委。

授予总装备部某基地高级工程师刘政崇同志“科技创新模范”荣誉称号

刘政崇，男，1941年1月出生，1963年10月入伍，专业技术3级，专业技术少将军衔。刘政崇同志长期从事我国空气动力研究工作。40多年来,他以对党的事业无限忠诚、对国防科研高度负责的精神,扎根艰苦地区,矢志航天事业,先后设计完成了11座各型风洞,取得了一大批高水平科技成果,为我国风洞设计、建设与试验水平跨入世界先进行列作出了突出贡献。他先后获得全国科学大会奖1项、国家科技进步一等奖2项,2001年被中国科协表彰为“全国优秀科技工作者”,曾荣立一等功1次、二等功2次。

追授上海警备区司令部通信站原副教导员王庆平同志“真诚爱兵科学带兵的模范基层干部”荣誉称号

王庆平,男,1970年7月出生,1987年11月入伍,少校军衔,2005年2月22日为保护战士光荣牺牲。王庆平同志入伍18年,先后换过6个岗位,都干得非常出色,当指导员把后进连队带入警备区基层建设先进行列;当连长把连队带成了军区基层建设标兵单位,连队荣立集体一等功1次、二等功2次。他组织研发的号码记忆软件获警备区科技练兵成果一等奖,带领话务分队参加军区专业比武取得4个单项第一。他平时对战士有深厚的感情,非常重视培养提高战士的全面素质,当连队主官5年,全连有21名战士陆续考入军校,所有退伍战士都拿到了计算机应用操作等级证书,连队被军区评为学习成才先进单位。在危难时刻,他挺身而出,用自己的生命换得战士的平安。他道德品质高尚,在扶贫帮困、为民服务方面也有很多生动事迹。他长期照顾6名孤寡老人,资助4名贫困学生,多次参加义务献血。王庆平同志牺牲后,共青团中央、全国青联追授他“中国青年五四奖章”。

给青藏兵站部某团高级工程师姚志祥同志记一等功

姚志祥,男,1943年2月出生,1976年8月入伍,专业技术4级。1976年,姚志祥同志主动要求到青藏兵站部工作。他入伍30年来,230多次翻越海拔5300多米的唐古拉山和可可西里无人区,指挥和参与管线抢修、施工130多次,行程30多万公里。他结合本职工作编写出版了5部专著,发表学术论文52篇,攻克影响高原输油技术和官兵生活的技术难题436个。他多次被评为全军和总后勤部优秀共产党员,2003年被表彰为全国学雷锋先进个人。

给装甲兵装备技术研究所原高级工程师胡卫同志追记一等功

胡卫,男,1960年3月出生,1982年8月入伍,专业技术7级,2005年4月29日因突发心脏病病逝于实验室。胡卫同志在2000年被确诊为“扩张性心肌病”、医院预言生命只能维持5年的情况下,仍然坚持工作在科研第一线,先后参加30多次装备普查、技术培训和重点装备维修保障任务,组织完成了25项科研课题。

给第二炮兵指挥学院教授张金城同志记一等功

张金城,男,1959年7月出生,1978年3月入伍,专业技术6级。他先后主持完成教学科研项目18项,其中获全军军事科研成果特等奖1项,军队级教学成果一等奖、三等奖各1项,军队科技进步二等奖3项、三等奖9项,共主编出版著作、教材12部。特别是他主持研制的两项科研项目,降低了工程建设投资,提高了造价管理效益。

给北京军区某集团军防空旅记一等功

近年来,这个旅按照建设信息化军队、打赢信息化战争的要求全面加强部队建设,建起了系统配套、功能齐全的局域网和野战指挥网,形成了以7名博士、47名硕士为骨干的高素质人才群体,取得的150多项技术革新成果有47项获军队科技进步奖,历次发射导弹成功率和命中率均达到100%。这个旅先后被军区评为科技练兵、管理工作和基层全面建设先进单位,被总部评为学习成才、训练改革、士官队伍建设、通用装备“两成两力”建设先进单位和军事训练一级旅,旅党委被总政治部表彰为先进党委。军委转发了这个旅“瞄着信息化、主动有作为、科学搞建设、实干求发展”的经验和做法。

给济南军区某师记二等功

近年来,这个师聚精会神抓武备、练打赢,积极开展使命课题研究和针对性、实战性训练,部队遂行应急作战任务的能力不断增强,圆满完成了“98抗洪抢险”、50周年国庆首都阅兵、全军科技练兵成果汇报演示等重大任务,先后被总部和军区评为军事训练一级师、先进师党委、抓基层建设先进单位。特别是这个师2005年参加中俄联合军事演习,以良好的军事素质和高昂的士气斗志出色完成了演习任务,充分展示了我军威武之师、文明之师的良好形象。

给海军工程大学教授马伟明同志记二等功

马伟明,男,1960年4月出生,1978年10月入伍,专业技术3级。他主持完成的某科研课题,获军队科技进步一等奖。

给南京军区疾病预防控制中心流行病微生物学研究所所长唐家琪同志记二等功

唐家琪,男,1945年10月出生,1965年8月入伍,专业技术2级。他主持研究的“克隆型血型试剂及其产业化生产的研究”项目,获国家科技进步二等奖。

给国防大学战略教研部副主任金一南同志记二等功

金一南,男,1952年2月出生,1972年12月入伍。多年来,他深入研究国际战略和国家安全战略,先后获中宣部“五个一工程”奖1次,国务院新闻办“中国国际新闻奖”3次。他多次应邀到中央党校、军内外院校和地方党政机关讲授国家安全战略，中央人民广播电台开辟了"一南军事论坛"专题节目，为普及国防知识，增强全民国防意识作出了重要贡献。

给国防科技大学教授沈振康同志记二等功

沈振康，男，1936年5月出生，1955年8月入伍，专业技术2级。他主持完成的某科研课题，获军队科技进步一等奖。

全国科技外事工作会议在北京召开

国务委员陈至立发来贺信。

为期两天的全国科技外事工作会议，是在实施《国家中长期科学和技术发展规划纲要》和"十一五"规划开局之年的一次重要会议。会议将在全面总结"十五"以来国际科技合作的工作，深入分析国际科技合作面临的新形势、新要求基础上，进一步明确新时期科技外事工作的指导思想和总体要求，全面部署"十一五"国际科技合作的重点任务。

科技部部长徐冠华说，我国迄今已与152个国家和地区建立了科技合作关系，并与99个国家签订政府间科技合作协定，一批重要双边科技合作以及中欧区域科技合作取得实质性进展，为提升自主创新能力、解决关键技术和瓶颈问题、实现跨越式发展作出了重要贡献。

据了解，"十五"期间，每年我国科技人员出国人数达8万多人次，每年来华工作和交流的海外科技人员超过6万人次，其中世界知名科学家的数量快速增长。目前，我国已参加约350个国际科技组织，206位科学家被选入国际科技组织的各级领导岗位，在参与国际标准制定、提升中国科技影响力方面日益发挥出积极作用。

国务院副总理回良玉致电祝贺第九届"远南"残疾人运动会中国体育代表团取得金牌和奖牌总数第一

回良玉在贺电中说，中国残疾人体育代表团在本届"远南"残疾人运动会上团结奋斗，勇敢拼搏，取得金牌和奖牌总数第一的优异成绩，为祖国和人民赢得了新的荣誉，展示了我国残疾人自强不息的精神风貌，也体现了我国残疾人事业取得的巨大成就。希望总结经验，再接再厉，力争在2008年北京残奥会上取得更好的成绩，为国家和人民争取更大的荣誉。

第九届"远南"残疾人运动会于2006年11月25日至12月1日在马来西亚吉隆坡举行，是"远南"残疾人运动会历史上规模最大的一届。我国派出274人的体育代表团，其中190名运动员参加了17个大项298个小项的比赛，共获得307枚奖牌，其中金牌199枚、银牌72枚、铜牌36枚，金牌和奖牌总数均列第一位。我国组团参加了最近6届"远南"残疾人运动会，并取得了连续6届金牌第一的优异成绩。

12 月 1 日

纪念朱德同志诞辰 120 周年座谈会在人民大会堂举行

中共中央总书记、国家主席、中央军委主席胡锦涛出席座谈会并发表重要讲话。

中共中央政治局常委、全国人大常委会委员长吴邦国主持座谈会,中共中央政治局常委、国家副主席曾庆红出席。

吴邦国在主持座谈会时说,胡锦涛总书记的重要讲话对于激励全党全军全国各族人民继承老一辈革命家的遗志,继续开创中国特色社会主义事业新局面具有重要指导意义。我们一定要认真学习领会,切实贯彻落实。让我们紧密团结在以胡锦涛同志为总书记的党中央周围,高举邓小平理论和"三个代表"重要思想伟大旗帜,全面贯彻落实科学发展观,为全面建设小康社会、构建社会主义和谐社会而努力奋斗。

座谈会上,中共中央文献研究室主任滕文生,中共中央党史研究室主任李景田,全国人大常委会副委员长兼秘书长盛华仁,中央军委委员、解放军总政治部主任李继耐,四川省省委书记张学忠先后发言。

出席座谈会的还有:曹刚川、王刚、成思危、华建敏、刘延东、张梅颖等以及中央军委委员梁光烈。

中央和国家机关有关部门、解放军和四川省的负责同志、朱德同志亲属、生前友好和原身边工作人员等出席了座谈会。

中共中央总书记胡锦涛在纪念朱德同志诞辰 120 周年座谈会上的讲话

同志们:

今天,我们在这里隆重集会,纪念朱德同志诞辰 120 周年,深切缅怀朱德同志为民族独立、人民解放和国家富强、人民幸福建立的历史功勋,追思和学习朱德同志为党和人民事业不懈奋斗、鞠躬尽瘁的崇高风范,激励全党全军全国各族人民在中国特色社会主义道路上继续开拓前进。

朱德同志是伟大的马克思主义者,伟大的无产阶级革命家、政治家、军事家,中国人民解放军的主要缔造者之一,中华人民共和国的开国元勋,是以毛泽东同志为核心的党的第一代中央领导集体的重要成员。

朱德同志是从一名爱国主义者、民主主义者成长为伟大的共产主义战士的。120 年前的今天,朱德同志出生在四川仪陇一个贫苦佃农的家庭。那时,中国人民正处在深重的苦难之中,蒙受着帝国主义和封建势力的双重压迫,无数志士仁人前仆后继地寻找救国救民的道路。朱德同志从青年时代就萌发了反抗压迫、追求光明的思想,立下了拯救民众于水火的志向。"祖国安危人有责,冲天壮志付飞鹏。"这是朱德同志青年时代的豪迈誓言。1909 年朱德同志进入云南陆军讲武堂学习,不久加入孙中山先生领导的同盟会,积极参加推翻清朝统治的革命活动。在辛亥革命时期的云南起义中,在后来反对袁世凯称帝的护国战争和护法战争中,朱德同志驰骋疆场,战功卓著,成为滇军名将。然而,辛亥革命和护国战争的胜利,并没有能使中国摆脱黑暗。俄国十月革命的爆发和五四运动的兴起,使朱德同志在徘徊和苦闷中看到了中国的希望。1922 年,朱德同志远渡重洋,寻求救国救民的革命真理,并在马克思的故乡——德国加入了中国共产党,成为中国共产党早期党员之一。从此,朱德同志义无反顾地走上为党和人民事业而奋斗的伟大道路。

在新民主主义革命时期,朱德同志先后担任中国工农红军总司令、八路军总司令、中国人民解放军总司令,并在党内担任重要领导职务。朱德同志身经百战,历尽艰险,功勋卓著,在每一个重大关头都发挥了极其重要的历史作用,为推翻帝国主义、封建主义、官僚资本主义"三座大山",实现中华民族的独立和解放,建立人民当家做主的新中国作出了杰出贡献。

1927 年 8 月 1 日,朱德同志参加领导南昌起义,打响了武装反抗国民党反动派的第一枪。南昌起义军主力南下潮汕失利后,朱德同志领导南昌起义军余部进行整顿,冲破艰难险阻,为人民军队保存了革命火种。随后,朱德同志和陈毅同志又领导发动了湘南起义,率领南昌起义军余部和湘南农军进军井冈山,同毛泽东同志领导的秋收起义部队胜利会师,组建中国工农红军第四军。从此,"朱毛"红军,名扬天下。1930 年至 1933 年,朱德同志和毛泽东同志、周恩来同志等一起,领导红军先后粉碎国民党反动派对中央革命根据地的四次"围剿",表现出卓越的军事指挥才能。

由于党内"左"倾教条主义的错误领导,中央革命根据地第五次反"围剿"失败。在党和红军面临生死存亡考验的紧急关头,党领导红军实行战略转移。在决定党和红军前途命运的遵义会议上,朱德同志坚决支持毛泽东同志的正确主张,为确立毛泽东同志在红军和党中央的领导地位作出了重要贡献。长征途中,朱德同志同红军将士生死与共,翻越雪山,穿越草地,经受住难以想象的艰难困苦的考验。张国焘进行分裂党和红军的活动,朱德同志身处逆境,却"临大节而不辱",对张国焘的错误行为进行了毫不妥协的斗争。朱德同志坚决执行中央北上抗日的正确方针,维护党和红军的团结统一,团结红军第二、第四方面军,最终实现了红军三大主力在西北的会师。毛泽东同志赞誉朱德同志在这场复杂的斗争中"度量大如海,意志坚如钢"。

抗日战争全面爆发后,朱德同志怀着"与日寇决一死战,复我河山,保我民族"的决心,率领抗日将士挥师东渡黄河,开赴华北抗日前线。朱德同志坚决执行党的抗日民族统一战线政策,团结抗战,力挽狂澜,为挺进敌后、开辟华北抗日根据地作出了重大贡献。1940年,朱德同志从太行前线回到延安,协助毛泽东同志领导各敌后根据地的抗日战争。为克服陕甘宁边区的严重经济困难,朱德同志响应毛泽东同志"自己动手、丰衣足食"的号召,亲自指导和推动大生产运动,倡导培育了"南泥湾精神",成为人民军队的一个光荣传统。1945年,朱德同志在党的七大上作《论解放区战场》的军事报告,从理论和实践的结合上系统总结了党领导抗日战争的基本经验。

解放战争中,朱德同志参与制定了"向北发展,向南防御"等一系列重大战略决策,协助毛泽东同志指挥各解放区军民,先后粉碎国民党反动派的全面进攻和重点进攻。朱德同志不畏艰险,深入前线,有效解决了各兵种协同作战、后勤补给、军工生产等问题。朱德同志亲自指导解放石家庄战役,为组织夺取大中城市的攻坚战积累了宝贵经验。在战略决战和战略追歼阶段,朱德同志协助毛泽东同志,运筹帷幄,决胜千里,指挥人民解放军彻底推翻了国民党反动派在中国大陆的统治,领导我们党团结全国各族人民建立了中华人民共和国。朱德同志为中国人民解放事业立下了丰功伟绩。

新中国成立后,朱德同志不顾年事已高,在党、国家、军队的重要领导岗位上,殚精竭虑,奋斗不息,为我国社会主义制度的建立和各项建设事业的发展,作出了重要贡献。新中国成立初期,朱德同志担任中国人民解放军总司令、中央人民政府副主席、国家副主席,参与领导了我国社会主义改造和经济建设。朱德同志是第一任党的中央纪律检查委员会书记,对党的纪律检查工作倾注了大量心血,做了大量奠基性工作,为在执政条件下加强党纪党风建设积累了重要经验。朱德同志十分重视国防现代化建设,在人民军队革命化、正规化建设和各军兵种创建发展、军事院校建设、部队教育训练等方面,作出了重要贡献。1956年,在党的八届一中全会上,朱德同志当选为党中央副主席。从1959年至1976年,朱德同志连任第二、第三、第四届全国人大常委会委员长职务,主持了170多次人大常委会会议,为国家政权机构的制度建设、组织建设和社会主义法制建设,呕心沥血,日夜操劳,做了大量卓有成效的工作。

朱德同志的一生是光辉的一生,波澜壮阔的一生。朱德同志参加革命近70年,经历了旧民主主义革命、新民主主义革命、社会主义革命、社会主义建设几个历史时期,经历过许多磨难和险境,为中国人民解放事业和社会主义建设事业建立了不朽功勋,深受全党全军全国各族人民爱戴和崇敬。毛泽东同志称赞朱德同志是"人民的光荣"。这是党对朱德同志的最高评价,这是人民对朱德同志的最高评价。

同志们!

朱德同志的光辉形象和伟大业绩深深铭刻在中国人民心中。朱德同志身上集中体现了共产党人的坚强党性和崇高品格,集中体现了中华民族的传统美德。朱德同志在为党和人民的毕生奋斗中表现出来的坚定理想信念、崇高思想品格、高超政治智慧,是极为宝贵的精神财富,值得我们永远学习和发扬。

朱德同志坚持坚定理想信念,始终为追求和实践马克思主义真理而矢志奋斗。朱德同志把党和人民的利益看得高于一切,对党和人民赤胆忠心,把为党和人民而奋斗看作是共产党人应尽的责任。自树立起共产主义远大理想之日起,朱德同志始终对党和人民的事业抱有必胜信心,无论环境如何险恶、处境如何艰难,都立场坚定、毫不动摇。越是危难关头,越是多事之秋,越能显示出朱德同志沉着果敢、大智大勇的卓越才能。在南昌起义余部孤立无援之时,朱德同志挺身而出,斩钉截铁地说,要革命的跟我走,最后胜利一定是我们的。朱德同志作为人民军队的统帅,始终把军队置于党的绝对领导之下,坚决执行党的路线方针政策。朱德同志常用"革命到老,学习到老,改造到老"鞭策自己。朱德同志在耄耋之年,亲笔写下"革命到底"的条幅。这是朱德同志光辉人生的真实写照,表达了生命不息、奋斗不止的伟大情怀。

朱德同志坚持勤奋学习、善于思索,始终坚持把马克思主义基本原理同中国革命和建设的具体实际相结合。朱德同志对中国革命和建设事业的建树是多方面的,对于毛泽东思想特别是毛泽东军事思想的形成和发展作出了杰出贡献。朱德同志和毛泽东同志共同概括的"敌进我退,敌驻我扰,敌疲我打,敌退我追"的十六字诀,是指导红军游击战术的基本原则。朱德同志是国防现代化的积极推动者,比较早地提出国防工业要走"军民结合、平战结合"的发展道路。朱德同志经常深入实际,调查研究,就国家经济工作和生产建设的一些重要问题提出了不少真知灼见。建国初期,朱德同志到包头等正在兴建的工业基地视察,提出:"贪新、贪大、贪多,一切都学习苏联办不到。""我们只能根据主客观条件及需要和可能决定我们的工作方针。""大跃进"期间,朱德同志经过深入调研,建议中央作出停办公共食堂等决定。朱德同志还提出了要注重发展手工业和农业多种经营等重要观点。这些都为我们党对中国社会主义建设道路的探索作出了积极贡献。朱德同志强调党执政后纪律检查工作的基本任务是保护生产、巩固和纯洁党的组织、巩固党同群众的联系、保证党的集中统一,为党的纪律检查工作适应长期执政的要求指明了方向。这些思想和观点,反映了朱德同志的远见卓识。

朱德同志坚持做人民公仆,始终把人民群众的安危冷暖放在心中。从佃农之子到共和国元帅,这一特殊的人生历程造就了朱德同志对党、对人民的炽热感情。朱德同志相信群众、依靠群众,密切联系群众,倾听群众呼声,关心群众疾苦,帮助群众解决实际困难。朱德同志强调:“如果不靠搞好社会主义来改善人民生活,就等于取消了社会主义。”朱德同志强调部队工作要走群众路线,练兵必须练政治觉悟,带兵必须“能身先士卒、与士卒共甘苦”。朱德同志光明磊落、襟怀坦荡,坚持真理、顾全大局,谦虚谨慎、不骄不躁,时刻以党和人民的利益为重,把一切建树和业绩都归功于党、归功于人民,从不居功自傲,从不计较个人得失。朱德同志反复强调,共产党人要求自己比要求别人要严格一些,有功先归群众,有过勇于担当。朱德同志严于律己、宽以待人,艰苦朴素、清正廉洁,始终以普通一兵和劳动人民普通一员的姿态出现,保持劳动人民本色。朱德同志对同志敦厚慈祥,关心体贴,以诚相待。朱德同志对亲属要求十分严格,经常教育后代,“老百姓怎样生活,你们就怎样生活”。朱德同志模范实践了毛泽东同志倡导的“两个务必”精神。

同志们!

朱德同志离开我们已经整整30年了。可以告慰朱德同志的是,在改革开放和社会主义现代化建设时期,我们继承老一辈革命家的遗志,继往开来,与时俱进,坚持以经济建设为中心、坚持四项基本原则、坚持改革开放,发展社会主义市场经济,开创了中国特色社会主义道路,大幅度提高了我国的综合国力和人民生活水平。面对日趋激烈的国际竞争带来的严峻挑战,面对国内艰巨繁重的改革发展任务,我们一定要紧紧抓住和用好重要战略机遇期,坚定不移地把老一辈革命家开创的伟大事业推向前进。我们要坚持以马克思列宁主义、毛泽东思想、邓小平理论和“三个代表”重要思想为指导,贯彻落实党的十六大以来党中央提出的科学发展观、构建社会主义和谐社会等一系列重大战略思想,切实抓好发展这个党执政兴国的第一要务,继续推进改革开放,推动社会主义经济建设、政治建设、文化建设、社会建设全面发展,不断满足人民日益增长的物质文化需要,促进社会和谐,促进人的全面发展。我们要高举和平、发展、合作的旗帜,始终不渝地奉行独立自主的和平外交政策,坚持走和平发展道路,坚持对外开放的基本国策,坚持互利共赢的开放战略,努力发展同世界各国人民的友好交往和合作,推动建设持久和平、共同繁荣的和谐世界。

实现全面建设小康社会的宏伟目标,构建社会主义和谐社会,开创中国特色社会主义事业新局面,是我们的历史责任,也是我们对老一辈革命家的最好纪念。

同志们!

中国自20世纪初以来的历程,是中国社会发生翻天覆地变化的历程,是中国人民掌握自己命运、不断创造美好生活的历程。这一伟大历程,充分显示了马克思主义基本原理同中国具体实际相结合的巨大威力,充分体现了社会主义的显著优越性,充分展现了中国特色社会主义道路的光明前景。本世纪头20年,是全面建设小康社会、进而基本实现社会主义现代化的关键时期。我们要继续艰苦奋斗,继续加倍努力。全党全军全国各族人民要更加紧密地团结起来,万众一心,奋发图强,埋头苦干,开拓进取,为把我国建设成为富强民主文明和谐的社会主义现代化国家、实现中华民族的伟大复兴而努力奋斗!

国家主席胡锦涛在人民大会堂会见世界卫生组织候任总干事陈冯富珍女士

胡锦涛祝贺陈冯富珍当选世界卫生组织总干事,高度评价世卫组织在推动国际卫生事业发展,促进全球卫生合作方面作出的积极努力和发挥的重要作用。胡锦涛表示,多年来,中国和世卫组织在加强健康教育、防控高致病性传染病、推广传统医药等方面进行了良好的合作,不仅促进了中国医疗卫生事业的发展,也为维护全人类的健康和卫生安全作出了贡献。中国政府将一如既往地支持世卫组织的工作,加强同世卫组织在国际卫生事务中的合作。他希望陈冯富珍充分利用个人良好的专业素质和丰富的工作经验,带领世界卫生组织更好地为世界各国人民的健康福祉服务。

全国政协主席贾庆林在北京会见由党主席马尔滕斯率领的欧洲人民党代表团

全国宣传部长会议在北京举行

会议12月1日至2日举行。中共中央政治局常委李长春在讲话中指出,建设社会主义核心价值体系是十六届六中全会在思想文化建设上的一个重大理论创新,是我们党深刻总结历史经验、科学分析当前形势提出的一项重大任务。宣传思想战线要以社会主义核心价值体系为根本,扎实推进和谐文化建设。要坚持不懈地用马克思主义中国化的最新成果武装全党、教育人民,牢固树立中国特色社会主义共同理想;努力提高舆论引导能力,营造积极健康的思想舆论氛围;大力弘扬社会主义荣辱观,广泛开展和谐创建活动;深入推进文化体制改革,大力推动文化创新;进一步加强对外宣传,全面展示我国家形象;努力建设高素质的工作队伍,为和谐文化建设提供人才保证。

中共中央政治局委员、中央书记处书记、中宣部部长刘云山对明年宣传思想工作作出具体部署。

全国政协副主席陈奎元出席会议。

各省、自治区、直辖市和新疆生产建设兵团以及副省级城市的党委宣传部长,中央和国家机关有关部委、中央宣传思想文化系统各单位、总政宣传部、武警部队政治部和有关人民团体的负责同志出席会议。出席全国文明办主任会议的代表列席了会议。

第二次全国残疾人抽样调查第一批调查数据公报

经国务院批准,我国进行了第二次全国残疾人抽样调查。由国家统计局、民政部、卫生部和中国残联等16个部委、团体组成第二次全国残疾人抽样调查领导小组,负责统一部署。经过两年多的充分准备,全国31个省、自治区、直辖市于2006年4月1日开始全面调查,通过调查工作人员的艰苦努力,调查的各项任务已基本完成。现将初步汇总的主要数据公布如下:

一、调查的基本情况

本次调查采取分层、多阶段、整群概率比例抽样方法,在31个省、自治区、直辖市抽取734个县(市、区),2980个乡(镇、街道),共5964个调查小区,平均每个调查小区420人左右。

本次调查标准时间为2006年4月1日零时,入户调查时间自2006年4月1日起至5月31日结束。在各级政府直接领导下,组织了738个调查队、2万余名调查员、近6000名各科医生、730余名统计员以及5万余名陪调员,逐户进行询问登记、筛查和残疾评定,现已全部完成入户调查、复查和调查质量的核查工作。

全国共调查了771797户、2526145人,调查的抽样比为1.93‰。入户见面2108410人,占调查总人数的83.46%;按照《第二次全国残疾人抽样调查残疾筛查方法》7岁以上疑似残疾人筛出率为15.66%,疑似残疾人检查率达到99.15%。

二、残疾人数及其比例

根据调查初步汇总,被调查户中有残疾人的家庭共142112户,确定视力、听力、言语、肢体、智力、精神和多重残疾共161479人。其中,视力残疾23840人,听力残疾38370人,言语残疾2510人,肢体残疾48045人,智力残疾10844人,精神残疾11790人,多重残疾26080人。

根据调查数据推算,全国各类残疾人的总数为8296万人。按照国家统计局公布的2005年年末全国人口数,推算出本次调查时点的我国总人口数为130948万人,据此得到2006年4月1日我国残疾人占全国总人口的比例为6.34%。各类残疾人的人数及各占残疾人总人数的比重分别是:视力残疾1233万人,占14.86%;听力残疾2004万人,占24.16%;言语残疾127万人,占1.53%;肢体残疾2412万人,占29.07%;智力残疾554万人,占6.68%;精神残疾614万人,占7.40%;多重残疾1352万人,占16.30%。

与1987年第一次全国残疾人抽样调查比较,我国残疾人口总量增加,残疾人比例上升,残疾类别结构变动。影响这一变化的因素有,两次调查间人口增长与结构变动、社会与环境变化、残疾标准修订等,更深入的分析有待于在详细数据汇总和更全面的资料收集后进行。

三、调查质量评价

各省、自治区、直辖市在入户调查、复查完毕后,按照《事后质量核查工作细则》规定,随机抽取99个调查小区重新入户核查。核查结果显示,登记人数的漏报率为1.31‰,残疾人数的漏报率为1.12‰,残疾人占全国总人口比例的允许误差为0.97‰,符合调查方案设计的要求。经对调查实施过程和数据质量进行综合评估,本次调查是一次成功的调查,数据真实可信。调查获得的丰富数据,将为我国经济社会和残疾人事业的发展提供可靠依据。

注:1.本公报为初步汇总数。

2.本次调查登记对象为具有中华人民共和国国籍并居住在中华人民共和国境内大陆的常住人口;残疾人按照《第二次全国残疾人抽样调查残疾标准》评定。

3.全国总人口数未包括中国香港、中国澳门、中国台湾省人口数。

12月2日

全国人大常委会委员长吴邦国在香港会见香港特别行政区行政长官曾荫权

全国人大委员会委员长吴邦国在香港特别行政区政府欢迎晚宴上发表讲话(摘要)

我们对香港的前途满怀信心,是有充分的事实依据的:

一、"一国两制"是保持香港长期繁荣稳定最好的制度安排。"一国两制"是邓小平先生提出来的,既坚定地维护了国家的主权和统一,又充分考虑到了香港的历史和现实情况,切实照顾了各方面的利益关切。"一国两制"不仅是解决香港回归问题的基本方针,也是香港回归后保持长期繁荣稳定的基本方针，具有强大的生命力。我们高兴地看到，香港回归9年多来，在"一国两制"方针之下，实行"港人治港"、高度自治，广大香港同胞当家做主，焕发出前所未有的热情，支持特别行政区政府依法施政，共同建设香港；香港原有的经济、社会制度没有变，生活方式没有变，法律基本没有变；香港居民依法享有广泛的自由和民主权利，外国投资者在香港的利益得到切实保护。今天的香港，继续保持自由港和国际大都市的特色，继续保持国际金融、贸易和航运中心的地位，国际社会普遍认同香港是全球最自由开放的经济体和最具发展活力的地区之一。

二、香港特别行政区基本法是保持香港长期繁荣稳定根本的法律保障。香港特别行政区基本法20年前开始起草，历时4年8个月，是在广大港人广泛参与下，在充分听取和吸纳港人意见并在全国范围内两次征询意见的基础上形成的，凝聚了包括香港同胞在内的全体中国人民的集体智慧。邓小平先生曾经称赞香港特别行政区基本法是"一部具有历史意义和国际意义的法律"，是"一个具有创造性的杰作"。现在回过头来看，它确实是一部了不起的好法律。香港特别行政区基本法以宪法为依据，把"一国两制"方针和国家对香港的一系列政策用法律的形式规定下来，为香港特别行政区行政、立法和司法的运作提供了基本法律依据，是香港法治的基石。香港特别行政区基本法实施9年来的实践充分证明，这部法律是符合香港实际的，是保持香港长期繁荣稳定根本的法律保障。我们要认真学习、全面贯彻、严格执行香港特别行政区基本法，切实按照香港特别行政区基本法办事，坚决维护香港特别行政区基本法的权威，使之真正成为香港全社会共同遵循的行为规范和准则。

三、祖国内地是保持香港长期繁荣稳定的坚强后盾。香港的命运与祖国的命运从来都是紧密联系在一起的。新中国成立57年来，特别是改革开放28年来，我们国家的社会主义现代化建设取得了举世瞩目的伟大成就，综合实力显著增强，社会事业全面进步，人民生活大为改善，民主法制不断加强，国际地位日益提高。目前，内地经济继续平稳快速增长。今年前三季度国内生产总值同比增长10.7%，进出口总额同比增长24.3%，城镇居民人均可支配收入和农民人均现金收入分别增长10%和11.4%。全国各族人民紧密团结在以胡锦涛同志为总书记的党中央周围，高举邓小平理论和"三个代表"重要思想的伟大旗帜，贯彻落实科学发展观，满怀信心地为实现"十一五"规划确定的发展目标、为全面建设小康社会而奋斗。国家的强劲发展为香港实现更大发展提供了不竭动力和坚实保障。《内地与香港关于建立更紧密经贸关系的安排》实施以来，内地已对原产于香港的进口货物全面实施零关税。向香港开放了27个服务贸易领域。今年1月至9月份，香港的转口贸易额达到1.68万亿港元，同比增长8.2%。所有这些都充分说明，国家好，香港会更好。

保持香港长期繁荣稳定，从根本上讲要靠香港特别行政区政府和社会各界人士的团结奋斗。关键是要牢牢把握发展与和谐这两大主题。要切实把发展作为第一要务，抓住机遇，乘势快上，进一步加强与内地的经济合作，扩大对外联系，巩固原有优势，创造新的优势，不断提高国际竞争力，并通过经济发展促进民生改善和社会全面进步。要从维护香港的整体利益和长远利益出发，讲大局，讲团结，讲包容，妥善处理在一些问题上存在的矛盾和分歧，努力营造社会和谐的良好氛围。中央政府将坚定不移地贯彻"一国两制""港人治港"高度自治的基本方针，严格按照香港特别行政区基本法办事，一如既往地支持香港特别行政区政府依法施政，进一步加强内地与香港在经贸、科教、文化、卫生、体育等领域的交流与合作，与香港各界人士一道，把香港建设得更加美好。

全国行政复议工作座谈会在重庆召开

座谈会于12月2日至3日召开。

中央各部委，全国各省、自治区、直辖市分管法制工作的领导共聚重庆，总结交流行政复议法实施以来特别是近年来全国行政复议工作的做法和成效，研究当前存在的问题，商讨如何进一步加强行政复议工作。

国务委员兼国务院秘书长华建敏、国务院法制办主任曹康泰、国家民族事务委员会副主任杨传堂、国家质检总局党组书记李传卿、国务院副秘书长李适时、中共中央政法委副秘书长周本顺、最高人民法院副院长奚晓明等中央及各部委领导，汪洋、王鸿举、周慕冰等市领导参加了会议。

华建敏作重要讲话，汪洋致辞，曹康泰、李适时分别主持了会议。

重庆、公安部、北京、黑龙江、国家税务总局、山东、海关总署、湖北的有关领导作了大会交流发言。

第八届中日韩环境部长会议在北京举行

会议于12月2日至3日举行。国务院副总理曾培炎给会议发来贺信。

中国国家环保总局局长周生贤、日本环境大臣若林正俊、韩国环境部部长李致范分别代表三国环境部门出席会议，就共同加强三国环境合作等问题深入交换意见。

中方建议从四个方面进一步加强三国环境领域的合作：一是强化三国环境部长会议工作组机制，畅通在三国部长会议框架下的沟通渠道,巩固落实三方环境部长对话成果。二是加强与本地区其他合作机制的沟通,结合地区特点促进三国与东盟的合作。三是进一步加强在环境绩效评估、环境机构建设、相关法规和技术等方面的合作,争取有所进展,取得成果。四是广泛吸引三国科技界、大学、研究机构和企业界以及非政府机构的参与,增强三国环境合作的活力。

中日韩环境部长会议的主旨是为落实中日韩三国首脑会议确定的合作领域,解决共同面临的区域环境问题,促进本地区可持续发展,商讨和拟订区域环境保护行动方案的具体原则。本届会议上,三国部长在有毒有害废物非法跨境转移、加强中日韩与东盟环境合作、共同应对气候变化和沙尘暴等环境合作问题上取得了广泛共识。

12月3日

国际电信联盟"2006年世界电信展"在香港会展中心开幕

全国人大常委会委员长吴邦国出席开幕式并发表主旨演讲。

本次展会是有史以来参展商最多、规模最大的一次电信展览盛会。展览总面积6万平方米,来自全球40多个国家和地区的600多家信息通信企业参展。展会将集中展示全球信息通信业发展的新产品、新业务、新技术和新趋势。

开幕式前,吴邦国会见了内海善雄等国际电联高级官员。当天上午,吴邦国还参观了本次电信展的预展,并会见了参展的知名外国电信公司负责人。

全国政协副主席、国务院港澳办主任廖晖等出席了电信展开幕式。

全国人大常委会委员长吴邦国在2006年世界电信展开幕式上发表讲话

女士们,先生们:

值此2006年世界电信展开幕之际,我谨代表中国政府,并以我个人的名义,对展会的召开表示热烈的祝贺!向来自世界各地的朋友和参展商表示诚挚的欢迎和良好的祝愿!

在这里,我还要感谢国际电联选择中国香港作为2006年世界电信展的举办地。这给中国信息通信行业向国外同行学习提供了难得的机会。

这次展会是有史以来参展商最多、规模最大的一次电信展览盛会,集中展示了全球信息通信业发展的新产品、新业务、新技术和新趋势,展会期间还将举办以"生活在数字世界"为主题的世界电信论坛,分析形势、交流经验,探讨加强合作的新途径和新方式。展会的举办对于增进相互了解,促进交流合作,共同推动信息通信业发展,充分发挥信息通信技术对人类社会文明进步的积极作用,都具有重要意义。

当今世界,信息通信技术日新月异,应用领域加速扩展,应用方式不断深化。这些变化,既给世界各国和电信运营商、设备供应商带来前所未有的机遇,也带来前所未有的挑战。为了把握机遇和应对挑战,世界各国纷纷利用信息通信技术最新成果,加快电信业结构调整和业务创新,以满足人民需求,推动经济社会发展,并使自己在全球信息化进程中占据主动地位。出席这次展会的,既有国家政府部门负责人和知名企业家,又有许多国家信息通信企业的负责人和专家学者,就充分说明了这一点。

中国政府高度重视信息化建设。在中国改革开放的进程中,中国信息通信业积极适应全球信息化的趋势,实现了跨越式发展。中国信息通信业已由过去的瓶颈产业成长为国民经济的支柱产业和先导产业。一是中国已经成为全球规模最大、增长最快的电信市场。中国已建成覆盖全国、通达世界、技术先进、业务全面的国家信息通信基础网络,无论是网络规模还是用户数均居全球第一,发展速度也位居世界前茅。从2000年到今年10月底,固定电话用户由1.45亿户增加到3.71亿户,年均增长21%;移动电话用户由8500万户增加到4.49亿户,年均增长40%;互联网用户由3370万户增加到1.31亿户,年均增长32%。目前中国的电话和互联网用户分别占全球的1/4和1/10。二是产业发展迅速。从2000年到2005年年底,电子信息产品制造业实现的销售收入由6070亿元增加到3.8万亿元,居世界第三,年均增长31%。一些重要产品产量位居世界第一,预计到今年年底微型计算机产量将超过1亿部、移动电话手机产量将达到4.3亿部,程控交换机产量近8000万线,均占全球产量的1/3以上。三是电信技术实现跨越式发展。经过20多年的发展,中国电信业跨越了两个技术发展阶段,电话交换跨越纵横制实现了程控化,长途传输跨越同轴电缆实现了光缆数字化,均达到世界先进水平,数字技术和互联网技术与世界同步发展。四是研发能力不断提高。中国坚持走开放式创新道路,坚持对外合作与自主研发相结合,实现了中国通信设备制造业结构优化升级。目前,华为、中兴等企业已发展为国际知名企业。同时,中国在第三代移动通信、下一代互联网等重要领域的研发水平已步入世界前列。

中国是世界上人口最多的发展中国家,随着工业化、城镇化进程加快,经济持续快速发展,人民生活不断改善,经济结构调整和产业优化升级,都对信息通信业发展提出新的更高的要求。中国政府将继续大力发展信息产业,实施“以信息化带动工业化、以工业化促进信息化”的发展战略。我们将加大电信新业务发展和市场开拓力度,促进区域、城乡电信服务协调发展;加快推动电信业服务增值转变,培育以电信为基础的信息服务业;加强信息资源开发和共享,推进信息技术普及和应用。我们将加快建立和完善以企业为主体的技术创新体系,增强自主创新能力,打造一流的通信产品研发生产基地;积极发展集成电路、软件等核心产业,积极发展新一代移动通信、下一代互联网和数字电视。

中国信息通信业虽然已有相当规模,但仍是当今世界最具发展潜力的信息通信市场。我们将坚持对外开放的基本国策,继续本着平等互利的原则,加强同各国在信息通信领域的合作。我们真诚地欢迎世界各国、各地区的企业来华投资,共同开发中国市场;欢迎跨国公司在华设立研发中心,与中国企业协作开展技术和产品研发。中国政府将依法保护所有外国投资者的合法权益,依法保护各国知识产权和权利人的合法利益,坚决打击侵权和盗版行为。同时,我们鼓励有实力、信誉好的中国企业“走出去”,积极开展国际经济技术合作,为推动全球信息通信业发展作出贡献。

女士们、先生们、朋友们!

刚才,曾荫权先生已经介绍了香港的情况。这里,我再强调三点:第一点,香港回归9年多来取得的成就有目共睹。在中央政府和祖国内地的全力支持下,经过香港特别行政区政府和社会各界人士的团结奋斗,香港克服了亚洲金融危机和“非典”疫情的冲击和影响,保持了经济发展、社会稳定,居民生活不断改善,公众信心日益增强,香港继续保持自由港和国际大都市的特色,继续保持国际金融、贸易和航运中心的地位,国际社会普遍认同香港是全球最自由开放的经济体和最具发展活力的地区之一。9年多来的实践证明,“一国两制”方针切实可行,具有强大的生命力,香港人完全有能力治理好香港。

第二点,中央政府维护香港繁荣稳定的方针坚定不移。我在这里重申,中央政府将坚定不移地贯彻“一国两制”“港人治港”高度自治的基本方针,始终严格依照香港特别行政区基本法办事,坚定支持香港特别行政区政府依法施政,着力推动内地与香港在经贸、科教、文化、卫生、体育等各领域的交流与合作,实现共同繁荣、稳定与发展。

第三点,香港发展资讯业的条件得天独厚。一是香港拥有优秀的本地电信企业,在业务发展、经营管理等方面有着成功的经验,信誉得到国际认同。二是香港经济高度自由开放,法律制度健全,与国际市场联系广泛,有一批熟悉国际规则的经济人才。三是香港背靠祖国内地,与祖国内地在经济上已经形成密不可分、优势互补、合作共赢的关系,可以从祖国内地获得广阔的市场空间和不竭的发展动力。

女士们、先生们、朋友们!

现代信息通信业的快速发展,大大拉近我们之间的时空距离,相互联系更为便捷,相互影响也更加直接,已经并将继续深刻影响和改变人类社会的经济活动方式和社会生活方式。让我们携起手来,抓住机遇,迎接挑战,通力合作,共同谱写信息通信业新的辉煌篇章,造福各国人民。

最后,预祝2006年世界电信展圆满成功!

全国人大常委会委员长吴邦国在香港会见澳门特别行政区行政长官何厚铧

中国人民对外广播事业暨中国国际广播电台创建65周年纪念大会在北京举行

中共中央政治局常委李长春发来贺信,中共中央政治局委员、中央书记处书记、中宣部部长刘云山出席会议并讲话。

刘云山在讲话中强调,加强和改进对外广播工作,要紧紧围绕党和国家工作大局,着力提升中国的良好国际形象,推动建设和谐世界;要加快发展新媒体业务,积极构建现代国际广播体系,逐步实现由传统媒体向现代媒体转变,由单一媒体向综合媒体转变,由对外广播向国际传播转变,发展成为集无线广播、在线广播和多媒体传播于一体的综合性现代媒体;要充分发挥外宣主力军作用,推动形成广播外宣大格局;要以人才建设为根本,努力打造一支高素质的对外广播队伍。

1941年12月3日,延安新华广播电台开始用日语广播,标志着中国人民对外广播事业的创立。现在,中国国际广播电台使用38种外语以及汉语普通话和4种方言向全世界广播,每天累计播出节目达1100多个小时。

全国政协副主席罗豪才出席纪念大会。中央有关部门和中央主要新闻单位负责人,对外广播工作者代表,以及10多个国家的听众代表出席大会。

吉林四川省委主要负责同志职务调整

日前中共中央决定:王珉同志任吉林省委书记;杜青林同志任四川省委委员、常委、书记。

科技部公布《“十一五”国际科技合作实施纲要》

纲要确立了未来5年我国国际科技合作的重点合作领域,并提出要把增强我国在国际科技组织中的“话语权”作为一项重点任务。

纲要规划了今后我国开展国际科技合作的重点合

作领域,在能源、水资源和环境保护,农业、生物、医药,信息、新材料和先进制造,基础科学与前沿技术等四大方面遴选了数十项具体技术,作为重中之重。

根据纲要,企业和研发机构"走出去"将获得更多支持。"十一五"期间,我国将通过国际科技合作鼓励有实力的企业和研究机构到海外以独资或合资、合作的形式建立研发机构、组建国际产业战略联盟,利用国际科技资源,拓宽发展空间。

国家宗教局发言人就梵蒂冈谴责徐州教区祝圣助理主教事发表谈话

今年11月30日,天主教徐州教区举行了隆重的祝圣典礼,王仁雷神甫晋升助理主教。

目前,中国天主教会有一半教区主教空缺,现有主教大多年事已高。天主教会认为,没有主教就没有教会。近50年来,中国天主教会从生存发展的实际出发自选自圣了170多名主教,顺应了广大神长教友的强烈愿望,是中国天主教开展教务管理工作和牧灵福传事业的迫切需要。对此,中国政府予以尊重和支持。梵蒂冈如果真正关心中国天主教会事业,理所当然也应给予理解和支持。

徐州教区钱余荣主教已94岁高龄,他提出应尽早选圣助理主教协助工作。经充分酝酿,今年10月21日,天主教徐州教区按照天主教传统和中国天主教主教团有关规定,神长教友通过民主选举,一致推选王仁雷神甫为助理主教候任人。中国天主教主教团对王仁雷进行了认真考察,认为他信仰虔诚、品德优秀、能力出众,有比较丰富的基层牧灵工作经验,得到教区广大神长教友的拥护和爱戴,是合适的主教人选。

在中梵没有建立正常关系、中梵就主教任命问题没有达成任何默契和协议、梵蒂冈至今还不承认中国天主教主教团的情况下,应中国天主教会的要求,中方事先向梵方通报了中国天主教有关教区近期即将选圣主教的情况,体现了中方的极大诚意。鉴于中梵关系的现状,鉴于中国天主教主教团已经进行了考察,也鉴于天主教徐州教区完成了选举并已经做好了祝圣典礼的各项准备工作,梵方要求停止和推迟祝圣的要求是不合情理的,在祝圣完成后进行指责也是毫无道理的。

中国政府对于改善中梵关系是积极的,并愿意就主教任命等问题进行建设性对话。希望梵方停止干涉中国内部事务,用实际行动来表明改善关系的善意。

12月4日

全国对口支援三峡库区移民工作会议在北京召开

国务院总理温家宝作重要批示。他指出,开展对口支援三峡库区移民工作,对于加快三峡库区发展,实现移民稳定致富具有重要作用。多年来,这项工作取得了显著成绩,涌现了一批先进典型,要很好地总结、表彰和发扬。要充分调动各地区、各部门的积极性,认真贯彻落实中央确定的各项方针政策,加大对口支援工作力度,创新工作机制,开拓工作思路,进一步提高移民安置质量,为三峡库区经济社会可持续发展作出新贡献。

国务院副总理曾培炎出席会议并讲话。

会议指出,全国对口支援三峡库区15年来,各有关地方、部门、社会团体和企业,积极响应党中央、国务院号召,团结一致、密切协作,广大干部群众艰苦奋斗、无私奉献,组织实施了一批援助项目,有力地推进了库区基础设施建设和生态环境保护,带动了库区特色优势产业和各项社会事业发展,为三峡工程的顺利进行提供了有力保障。

会议强调,必须充分认识三峡库区经济社会发展的重要性和艰巨性,充分认识广大移民群众稳定致富的长期性和必要性,坚持方针不动摇、政策不改变、措施不减弱,切实把全国对口支援三峡库区移民工作深入持久地开展下去。要全面贯彻落实科学发展观,按照构建社会主义和谐社会的要求,坚持优势互补、互惠互利、长期合作、共同发展,充分调动各方面的积极性,切实增强库区造血功能和发展后劲。坚持政府引导、市场运作、企业主导、社会参与,把项目、资金、技术、人才等多种援助方式结合起来,健全和完善长期援助机制,努力开创对口支援三峡库区移民工作新局面。

会议要求,"十一五"期间,要进一步加大对口支援力度,继续支持库区发挥比较优势,加快发展特色农业、加工业、旅游业等优势产业,增强发展后劲,增加移民就业。继续支持库区加强污染治理,保护生态环境,发展清洁生产和循环经济,提高可持续发展能力。继续支持库区完善基础设施,发展公共事业,改善生产生活条件,推进和谐社会建设。

会上,表彰了全国对口支援三峡库区移民工作的90个先进集体和85名先进个人。有关对口支援单位举行了经济合作项目签字仪式,共涉及38个项目,协议总投资283亿元。

中共中央决定卫留成同志任海南省委书记

全国国有企业创建"四好"领导班子先进集体表彰暨经验交流会议在北京召开

国家副主席曾庆红作出重要批示。他指出,国有企业是国民经济的重要支柱,是全面建设小康社会的重要力量,是党执政的重要基础。近年来,国有企业领导班子建设和党建工作在继承中创新，在改进中加强，取得了明显成效，有力地推动了企业的改革发展稳定工作。应把在国有企业中开展的“四好”领导班子创建活动坚持不懈地抓好，用以促进企业领导班子的思想政治建设。

中共中央政治局委员、中央书记处书记、中央组织部部长贺国强在讲话中指出，在国有企业开展的“四好”领导班子创建活动，要坚持以科学发展观为统领，继续深化国有企业和金融企业改革，加快产业结构调整步伐，切实转变增长方式，实现国有企业的全面协调可持续发展。要坚持以人为本，紧紧依靠广大职工群众搞好国有企业。要充分发挥国有企业在构建社会主义和谐社会中的作用，努力推进和谐企业建设。要把提高创新能力作为推动企业发展的战略基点和重要支撑，不断增强企业的核心竞争力。

会议由中央组织部和国务院国资委党委共同召开。会上表彰了在创建“四好”领导班子活动中涌现出来的117个先进集体。各省区市党委组织部分管领导，省区市国资委党委主要负责同志，新疆生产建设兵团党委组织部负责同志，中央企业和中央金融机构负责同志，以及受到表彰的单位主要负责同志参加了会议。

雅砻江上的锦屏一级水电站正式截流

锦屏一级水电站位于四川省凉山彝族自治州盐源、木里两县交界处，工程总投资246亿元，总装机容量360万千瓦。

由国防科技大学牵头承担的国家“863”计划软件重大专项课题——“服务器操作系统内核”取得重要成果

这一系统在北京通过了由“863”计划信息领域办公室组织的专家验收。

“银河麒麟”操作系统由自主研发的基本内核层和基于FreeBSD(一种Unix操作系统)改造的系统服务层组成，因为基本内核完全由自己掌握，对维护信息安全和国防安全有着特殊重要的意义。中国软件测评中心等有关部门对“银河麒麟”操作系统进行了严格测试及资料与代码审核，结果表明“银河麒麟”操作系统实现了典型服务器操作系统的全部功能，具有高安全性、高可用性、强实时性、可扩展性和软硬件适配性等特点，系统整体性能与国际主流Unix操作系统相当，部分性能指标以及实时性指标更好。目前，该系统已通过了自由标准组织(Free Standards Group)L inux标准基(L inux Standard Base)认证，同时在国内率先通过了公安部等有关部门的安全认证。

据悉，国防科大已先后与联想、中标软件等签署了“银河麒麟”操作系统的产业化合作协议，形成了一些满足行业用户需求的解决方案，成功应用于金融、政府、教育、证券等领域。同时，该操作系统已在国防领域相关信息系统中得到了成功应用。

李鉴澄逝世

我国著名天文学家、北京天文馆研究员李鉴澄12月4日在北京安然辞世，享年101岁。

李鉴澄1905年1月生于江苏吴江。20世纪20年代在厦门大学数学系就读期间，他选修了经典天文学与天体物理学课程，从此与天文学结缘。他全程参与了我国第一座现代天文台紫金山天文台的早期筹建，并对建设昆明凤凰山天文台、北京天文台和长春等地的地震台作出过重要贡献。

在70余年的学术生涯中，李鉴澄取得了很多天文学研究成果。他在全面系统研究中国古代天文观测仪器的结构、功能和历史演进基础上，最早论证了中国是第一个在天文仪器(简仪)上使用滚柱轴承的国家。他创立的“太阳黑子目视描迹记录”，至今仍在云南天文台使用。

除学术研究外，李鉴澄还十分重视普及天文学知识。他在担任新中国第一本天文科普刊物《天文爱好者》首任主编时，提倡朴实无华的文风，对资料、数据的出处及论述的严谨提出很高要求。他参与了《中国天文学史》《自然科学小丛书》《科学技术名词解释——天文部分》等编撰工作。李鉴澄还是对我国天文事业作出突出贡献的九位元老之一。

12月5日

中央经济工作会议在北京召开

中共中央、国务院召开的中央经济工作会议12月5日至7日在北京举行。

中共中央总书记胡锦涛，全国人大常委会委员长吴邦国，国务院总理温家宝，全国政协主席贾庆林，国家副主席曾庆红，国务院副总理黄菊，中共中央政治局常委、中央纪委书记吴官正，中共中央政治局常委李长春，中共中央政治局常委、中央政法委书记罗干出席会议。

胡锦涛在会上发表重要讲话，全面分析了当前的国内经济形势和国际经济环境，明确提出了明年经济工作的指导思想和总体要求，深刻阐述了做好明年经济工作需要把握的原则和主要任务。温家宝在讲话中就明年经济工作的主要目标、任务和有关重大问题做了具体部署。

会议指出，今年是“十一五”时期的开局之年，我们高举邓小平理论和“三个代表”重要思想伟大旗帜，全面贯彻落实科学发展观，认真实施“十一五”规划，社会主义经济建设、政治建设、文化建设、社会建设和党的建设都取得了新成绩。国防和军队现代化建设继续推进。针对我国经济社会发展的新情况、新变化和经济运行中的突出矛盾，我们继续加强和改善宏观调控，推进改革开放，发展条件进一步改善，发展环境进一步优化，发展势头进一步趋好，国民经济呈现出增长速度较快、经济效益较好、物价水平较低的态势，实现了“十一五”时期的良好开局。国民经济保持平稳较快发展，社会主义新农村建设扎实推进，经济结构继续改善，重点领域和关键环节的改革取得新进展，对外开放水平继续提高，社会事业加快发展。总的来看，经过全党全国各族人民共同努力，我国经济实力和综合国力持续提高，国际影响力继续上升，人民生活不断改善，我们向全面建设小康社会的目标又迈出了坚实一步。这些成绩表明，各地区、各部门认真贯彻落实科学发展观，认识上有了新提高，政策上有了新举措，实践上有了新进展。

会议指出，在充分肯定成绩的同时，我们必须清醒地看到经济社会发展中存在的突出矛盾和问题，特别要充分认识影响我国发展全局的重大问题，充分认识长期积累的体制机制性矛盾，充分认识发展中出现的新情况、新问题，居安思危，未雨绸缪，更加积极主动地做好工作。总结近几年的经验，结合当前经济社会发展面临的新形势，我们在贯彻落实科学发展观方面又有了一些新体会。主要是：必须深刻认识又好又快发展是全面落实科学发展观的本质要求，必须坚持把“三农”问题放在经济社会发展全局的突出位置，必须在结构优化中促进总量平衡，必须把促进国际收支平衡作为保持宏观经济稳定的重要任务，必须不断强化企业激励机制和约束机制，必须坚持促进经济社会协调发展。这些体会和认识，归结到一点，就是要不断深化对科学发展观的认识，不断丰富科学发展观的内涵，不断完善落实科学发展观的政策体系，努力开创科学发展的新局面。

会议认为，综观国际经济环境，我国发展既面临着良好机遇，也面对着严峻挑战，总体上仍然是机遇大于挑战。我们要坚定不移地聚精会神搞建设，一心一意谋发展，集中力量把自己的事情办好。要抓住经济全球化和国际产业调整转移的宝贵机遇，继续坚定不移地实行对外开放的基本国策，实施互利共赢的开放战略，改善和发展同各国的友好合作关系，扩大同各国的经贸合作。

会议指出，2007年是深入贯彻落实科学发展观、积极推进社会主义和谐社会建设的重要一年。做好明年经济工作，保持经济社会发展良好势头，对于迎接党的十七大胜利召开，意义十分重大。明年经济工作的总体要求是：以邓小平理论和“三个代表”重要思想为指导，认真贯彻党的十六大和十六届三中、四中、五中、六中全会精神，全面落实科学发展观，加快构建社会主义和谐社会，继续加强和改善宏观调控，着力调整经济结构和转变增长方式，着力加强资源节约和环境保护，着力推进改革开放和自主创新，着力促进社会发展和解决民生问题，推动经济社会发展切实转入科学发展的轨道，努力实现国民经济又好又快发展，为党的十七大召开创造良好环境。这个总体要求，就是要坚持以科学发展观统领经济社会发展全局，切实把科学发展观落到实处，努力实现速度、质量、效益相协调，消费、投资、出口相协调，人口、资源、环境相协调，真正做到又好又快发展。

会议提出了明年经济工作的主要任务：一、坚持加强和改善宏观调控，保持和扩大经济发展的良好势头。必须保持宏观经济政策的连续性和稳定性，进一步落实调控政策措施，并根据经济运行新的发展变化，适时适度进行预调和微调，主动引导社会预期，确保经济平稳较快发展。要正确处理好投资和消费、内需和外需的关系，最根本的是扩大国内消费需求。当前工作的着力点，就是要合理控制投资增长，努力优化投资结构。坚持以增加居民消费尤其是农民消费为重点，加快调整国民收入分配格局，努力提高农民和城镇低收入者收入水平和消费能力。在保持出口和利用外资合理增长的同时，积极扩大进口，积极有序地扩大境外投资合作。要继续实施稳健的财政政策和货币政策，加大对重点领域和薄弱环节的支持力度；综合运用多种货币政策工具，加强流动性管理，合理控制信贷投放和优化信贷结构。要注意加强对房地产市场的合理引导和有效调控。要加强财政政策、货币政策、产业政策、土地政策和社会发展政策的协调配合，继续综合运用经济、法律和必要的行政手段，提高宏观调控的科学性和有效性。要在政策落实上狠下功夫，确保中央各项方针政策和工作部署落到实处。

二、坚持以发展农村经济为重点，扎实推进社会主义新农村建设。坚持解决好“三农”问题是全党工作重中之重的战略思想丝毫不能动摇，促进农业稳定发展、农民持续增收的各项任务丝毫不能放松，扎实推进新农村建设的工作力度丝毫不能减弱。要坚持统筹城乡经济社会发展，实行工业反哺农业、城市支持农村和多予少取放活的方针，切实巩固和加强农业基础，全面发展农村经济，努力增加农民收入，逐步建立工农协调发展的机制。特别要抓住当前经济发展较快和财政增收较多的时机，继续巩固、完善、加强各项支农惠农政策，切实加大对“三农”的投人，实实在在为农民办一些实事。要把发展现代农业作为推进社会主义新农村建设的着力点。要全面提高农民素质，发挥好亿万农民的主体作用。要加强农村基础设施建设和加快农村社会事业发展。要继续推进农村综合改革。

三、坚持以节约能源资源和保护生态环境为切入点，积极促进产业结构优化升级。我国经济结构不合理，经济增长方式粗放，又处在工业化进程和消费结构升级加快的历史阶段，节约能源资源和保护生态环境形势十分严峻，完成节能降耗和污染减排的任务非常艰巨。必须进一步统一认识，下最大决心、用最大气力，力求取得实际成效。必须采取有力措施，充分挖掘潜力，努力实现节能降耗和污染减排的约束性目标。要继续把淘汰落后生产能力作为调整和优化产业结构的重要途径。把强化政府责任作为实现节能降耗和污染减排目标的关键环节。把完善市场调节机制作为节能降耗和污染减排的基本手段。把加强依法治理作为节能降耗和污染减排的重要保证。要充分发挥舆论监督的作用，大力倡导健康、节约、环保的消费模式和良好社会风气，使全社会都积极投身建设资源节约型、环境友好型社会。

四、坚持提高自主创新能力，加快建设创新型国家。国际科技进步和我国现代化建设都要求我们加紧建设创新型国家。必须坚持走中国特色自主创新道路，按照国家中长期科技发展规划纲要提出的目标任务，真抓实干，奋起直追，不断提高开放条件下的原始创新能力、集成创新能力和引进消化吸收再创新能力。确立企业在技术创新中的主体地位，完善体制机制和政策环境，加快实施国家重大科技专项。建设创新型国家的目标已经确定，必须下定决心，敢于攻关，严谨、扎实、顽强地实现提高自主创新能力的重大历史使命。

五、坚持落实区域发展总体战略，推进城镇化健康发展。要健全全国统一市场，完善区域互动机制，发挥各地区比较优势，支持特色产业发展，鼓励东部地区向中西部地区进行产业转移，深化分工合作，在更大范围内实现资源优化配置。加大国家对欠发达地区基础设施建设和公共服务的支持力度，加快革命老区、民族地区、边疆地区、贫困地区的社会发展。要分层次推进主体功能区规划工作，为促进区域协调发展提供科学依据。要继续推进西部地区基础设施和生态环境建设，建设一批重点工程，着力支持科技、教育、特色产业、重点区域发展。加强东北地区粮食综合生产能力建设，支持重大装备研发制造，力争在装备制造业振兴方面取得突破。落实促进中部崛起的政策，支持中部地区承接东部地区和境外的产业转移。东部地区必须在走新型工业化道路上率先开拓，不断推动体制机制创新，加快经济结构优化升级和经济增长方式转变。推进城镇化，要以提高城市综合承载能力为核心，更好地带动农村劳动力有序转移。要建立健全廉租住房制度，改进规范经济适用房制度，不断改善城镇低收入困难群众的住房条件。加强对发展城市群的研究和规划，引导大中小城市协调发展。

六、坚持深化体制改革，加快形成落实科学发展观的体制机制保障。建立健全贯彻落实科学发展观的体制机制，是今后一个时期深化改革的主要任务。必须坚持社会主义市场经济的改革方向，加大改革攻坚力度，推动经济社会发展加快转入科学发展的轨道。要针对造成经济增长方式粗放、宏观经济运行不稳定以及不利于社会和谐的体制机制性矛盾，稳步务实地推进重点领域和关键环节的改革。以提高竞争力和控制力为重点深化国有企业改革。以转变政府职能为重点加快行政管理、投资、财税体制等改革。以完善金融企业法人治理结构和优化金融结构为重点深化金融体制改革。以建立社会公平保障体系为目标加快社会领域体制改革。在推进改革的过程中，要正确把握改革发展稳定的关系，不断提高改革决策的科学性、改革措施的协调性，坚定推进各项比较成熟的改革举措，妥善处理改革引起的利益关系调整，确保改革顺利推进。

七、坚持互利共赢的开放战略，提高对外开放水平。随着加入世贸组织过渡期的结束，我国对外开放面临着新的形势。要在巩固和扩大已有开放成果的基础上，加快调整和完善对外经济发展模式，提高对外贸易和利用外资质量和水平，有效应对服务业扩大开放面临的新情况新问题，增强参与经济全球化和维护国家经济安全的能力，促进对外经济工作迈上新台阶。以优化进出口商品结构为重点，加快转变外贸增长方式。以引进先进技术、先进管理和海外智力为重点，提高利用外资质量。要继续实施“走出去”战略。

八、坚持以人为本，不断促进社会和谐。切实做好扩大就业和收入分配工作，高度重视零就业家庭的就业，加强对大学毕业生就业的指导和服务。完善工资协商和调解机制，有效维护劳动者合法权益。要适当提高初次分配中劳动报酬比例，以提高低收入者收入水平。完善政策，稳步扩大中等收入者比重。加强税收征管，有效调节过高收入，加强对垄断行业收入分配的监管。加快社会保障体系建设，积极扩大城镇社会保险覆盖面，尽快使养老保险、医疗保险、工伤保险覆盖到各种所有制企业。进一步完善城市低保制度。加强社保资金的监督管理。加快发展教育、卫生、文化事业。要积极促进教育公平，大力加强素质教育，更加注重教育的普惠性，推动公共教育资源向农村、中西部地区、贫困地区、边疆地区、民族地区倾斜。落实好奖学金、助学金和助学贷款政策,使贫困家庭的子女也能享有受教育机会。要坚持公共医疗卫生的公益性质,加快建立覆盖城乡居民的基本卫生保健制度,完善公共卫生和医疗服务体系,抓紧研究医药卫生体制改革方案。加快发展文化事业和文化产业,提供形式多样和价格合理的文化服务,更好地满足人民群众的文化需要。坚决打击各类犯罪活动,广泛开展平安创建活动,切实做好维护社会稳定的各项工作。完善安全生产体制机制,坚决遏制重特大事故频发的势头,保障人民群众生命财产安全。

会议提出,做好明年经济工作,最重要的是,全面落实科学发展观,保持经济平稳较快发展,防止出现大的起落。实现明年经济工作的目标和任务,必须稳定、完善、落实政策,必须加强和改善宏观调控,必须发挥好中央和地方两个积极性,必须以更大气力推进改革开放。在经济工作具体部署上,要坚持把解决好"三农"问题放在重中之重,调整产业结构和促进区域协调发展,注重节能降耗、保护环境和集约用地,深化经济体制改革,提高对外开放水平,促进社会和谐,推进行政管理体制改革和政府自身建设。

会议强调,贯彻落实科学发展观,加强和改善党对经济工作的领导,迫切需要提高领导干部贯彻落实科学发展观的知识水平和工作能力。各级领导干部要进一步加强学习,提高贯彻落实科学发展观的能力。要继续深入学习马克思列宁主义、毛泽东思想、邓小平理论和"三个代表"重要思想,重点掌握贯穿其中的基本观点和基本方法,全面理解、准确把握中央关于经济社会发展的指导方针和一系列战略决策,不断增强贯彻落实科学发展观的自觉性和坚定性。要根据履行职责的要求,学习相关领域的知识,不断完善知识结构,提高业务素质,努力成为领导科学发展的行家里手。要学习现代经济知识,提高驾驭市场经济的能力。学习科技知识,提高推进自主创新的组织领导能力。学习社会管理知识,提高管理社会的能力。学习法律知识,提高依法办事的能力。

会议指出,科学发展观是指导发展的世界观和方法论的集中体现,是运用马克思主义的立场、观点、方法认识和分析社会主义现代化建设的丰富实践,深化对经济社会发展一般规律认识的成果,是我们推进经济建设、政治建设、文化建设、社会建设必须长期坚持的根本指导方针。深刻领会和准确把握科学发展观的科学体系,要求我们必须认真学习马克思主义哲学。要深入学习辩证唯物主义,坚持解放思想、实事求是、与时俱进,一切从实际出发,勇于开拓创新,善于用全面的、联系的、发展的观点认识和解决经济社会发展中的问题,努力促进人与人、人与社会、人与自然相和谐。要深入学习历史唯物主义,牢固树立人民群众是历史创造者的观点,坚持以人为本,充分发挥人民群众的积极性、主动性、创造性,始终把人民群众的根本利益放在首位。

会议强调,完成明年经济工作的各项任务,做好改革发展稳定的各项工作,必须要树立和发扬好的作风。当前,要特别注意抓好三个问题。一是要大力发扬求真务实精神。要按照中央的工作部署,密切结合各地实践,聚精会神、心无旁骛地抓好各项工作的落实,真正在务求实效上狠下功夫。各级领导干部一定要集中时间和精力,多做一些深入实际的调查研究,多解决一些影响改革发展稳定的突出问题,多办一些为广大人民群众排忧解难的实事。二是要大力提倡勤俭节约的风气。各级党政机关和广大干部要始终牢记"两个务必",大力发扬艰苦奋斗和勤俭节约的精神,真正把钱用在刀刃上。要认认真真察民情,诚诚恳恳听民意,实实在在帮民富,兢兢业业保民安。坚决反对铺张浪费和大手大脚,坚决反对拜金主义、享乐主义和奢靡之风。三是要切实搞好反腐倡廉建设。针对腐败现象易发多发的重点领域和环节,完善相关法律和制度,强化权力运行的制约和监督,切实防止以权谋私。

会议强调,明年是对我们党和国家事业发展具有重要意义的一年,我们要高举邓小平理论和"三个代表"重要思想伟大旗帜,全面贯彻落实科学发展观,认真落实这次会议部署的各项任务,团结一致,扎实工作,奋发前进,以优异成绩迎接党的十七大的召开。

出席这次会议的中央领导同志还有:王乐泉、王兆国、回良玉、刘淇、刘云山、吴仪、张立昌、张德江、俞正声、贺国强、曹刚川、曾培炎、王刚、何勇、顾秀莲、盛华仁、路甬祥、唐家璇、华建敏、陈至立、肖扬、贾春旺、王忠禹、廖晖、刘延东、白立忱、陈奎元、徐匡迪等,以及中央军委委员梁光烈、李继耐、廖锡龙、陈炳德、乔清晨。

各省、自治区、直辖市和计划单列市、新疆生产建设兵团的党政主要负责人,党中央有关部门、国务院各部委和有关单位的主要负责人,军队及武警部队有关负责人出席了会议。

民进十一届五中全会在北京召开

全国人大常委会副委员长、民进中央主席许嘉璐和全国政协副主席、民进中央常务副主席张怀西出席会议。

许嘉璐强调,2007年民进全会要深入学习《江泽民文选》,贯彻中共十六届六中全会精神,切实加强全会的思想政治工作;要以政治交接为主线,做好中央和省级组织的换届工作,迎接民进第十次全国代表大会的胜利召开；发挥民进优势，深入调查研究，积极建言献策；要继续多形式、多渠道地开展社会服务工作，为构建社会主义和谐社会多做实事；依照《公务员法》着力培养适应高素质参政党需要的机关干部队伍。

民进中央副主席潘贵玉、王立平、严隽琪、王佐书、贺昱、罗富和等出席会议。

国办转发国资委《关于推进国有资本调整和国有企业重组指导意见》并发出通知

各省、自治区、直辖市人民政府，国务院各部委、各直属机构：

国资委《关于推进国有资本调整和国有企业重组的指导意见》已经国务院同意，现转发给你们，请认真贯彻执行。

国务院办公厅

2006年12月5日

关于推进国有资本调整和国有企业重组指导意见

近年来，国有资产管理体制改革取得重大突破，国有经济布局和结构调整取得重要进展，国有企业改革不断深化、经济效益显著提高，对完善社会主义市场经济体制、促进国民经济持续快速健康发展，发挥了重要作用。但从整体上看，国有经济分布仍然过宽，产业布局和企业组织结构不尽合理，一些企业主业不够突出，核心竞争力不强。实行国有资本调整和国有企业重组，完善国有资本有进有退、合理流动的机制，是经济体制改革的一项重大任务。为贯彻落实党的十六届三中、五中全会精神，根据《国务院关于2005年深化经济体制改革的意见》(国发〔2005〕9号)，现就国有资本调整和国有企业重组提出以下意见：

一、国有资本调整和国有企业重组的基本原则和主要目标

(一)基本原则：一是坚持公有制为主体、多种所有制经济共同发展的基本经济制度。毫不动摇地巩固和发展公有制经济，增强国有经济的控制力、影响力、带动力，发挥国有经济的主导作用。毫不动摇地鼓励、支持和引导非公有制经济发展，鼓励和支持个体、私营等非公有制经济参与国有资本调整和国有企业重组。二是坚持政府引导和市场调节相结合，充分发挥市场配置资源的基础性作用。三是坚持加强国有资产监管，严格产权交易和股权转让程序，促进有序流动，防止国有资产流失，确保国有资产保值增值。四是坚持维护职工合法权益，保障职工对企业重组、改制等改革的知情权、参与权、监督权和有关事项的决定权，充分调动和保护广大职工参与国有企业改革重组的积极性。五是坚持加强领导，统筹规划，慎重决策，稳妥推进，维护企业正常的生产经营秩序，确保企业和社会稳定。

(二)主要目标：进一步推进国有资本向关系国家安全和国民经济命脉的重要行业和关键领域(以下简称重要行业和关键领域)集中，加快形成一批拥有自主知识产权和知名品牌、国际竞争力较强的优势企业；加快国有大型企业股份制改革，完善公司法人治理结构，大力发展国有资本、集体资本和非公有资本等参股的混合所有制经济，实现投资主体多元化，使股份制成为公有制的主要实现形式；大多数国有中小企业放开搞活；到2008年，长期积累的一批资不抵债、扭亏无望的国有企业政策性关闭破产任务基本完成；到2010年，国资委履行出资人职责的企业(以下简称中央企业)调整和重组至80—100家。

二、主要政策措施

(三)推动国有资本向重要行业和关键领域集中，增强国有经济控制力，发挥主导作用。重要行业和关键领域主要包括：涉及国家安全的行业，重大基础设施和重要矿产资源，提供重要公共产品和服务的行业，以及支柱产业和高新技术产业中的重要骨干企业。有关部门要抓紧研究确定具体的行业和领域，出台相应的产业和企业目录。鼓励非公有制企业通过并购和控股、参股等多种形式，参与国有企业的改组改制改造。对需要由国有资本控股的企业，要区别不同情况实行绝对控股和相对控股；对不属于重要行业和关键领域的国有资本，按照有进有退、合理流动的原则，实行依法转让，防止国有资产流失。对国有资产转让收益，应严格按照国家有关政策规定进行使用和管理。

(四)加快国有企业的股份制改革。除了涉及国家安全的企业、必须由国家垄断经营的企业和专门从事国有资产经营管理的公司外，国有大型企业都要逐步改制成为多元股东的公司。对于因各种原因不能进入股份制公司的存续企业，要加大改革与重组的力度，改革重组工作可继续由母公司负责，也可交由国有资产经营管理公司等其他国有企业负责。

(五)大力推进改制上市，提高上市公司质量。积极支持资产或主营业务资产优良的企业实现整体上市，鼓励已经上市的国有控股公司通过增资扩股、收购资产等方式，把主营业务资产全部注入上市公司。要认真贯彻落实《国务院批转证监会关于提高上市公司质量意见的通知》(国发〔2005〕34号)要求，对上市公司控股股东以借款、提供担保、代偿债务、代垫款项等各种名目侵占上市公司资金的，有关国有资产监管机构应当加大督促、协调力度，促使其按期全部偿还上市公司资金；对不能按期偿还的，应按照法律和相关规定，追究有关责任人的行政和法律责任。同时，要建立长效机制，严禁侵占上市公司资金。

(六)积极鼓励引入战略投资者。引入战略投资者

要有利于增强企业技术创新能力，提高产品的档次和水平，改善经营管理，促进企业持续发展。引入境外战略投资者，要以维护国家经济安全、国防安全和产业安全为前提，防止产生垄断，切实保护企业的自主知识产权和知名品牌，推动企业开发新产品。

（七）放开搞活国有中小企业，建立劣势企业退出市场的机制。采取改组、联合、兼并、租赁、承包经营、合资、转让国有产权和股份制、股份合作制等多种形式，继续放开搞活国有中小企业。对长期亏损、资不抵债、不能清偿到期债务的企业和资源枯竭的矿山实施依法破产，对符合有关条件的严格按照有关规定抓紧实施政策性关闭破产。

（八）加快国有大型企业的调整和重组，促进企业资源优化配置。依法推进国有企业强强联合，强强联合要遵循市场规律，符合国家产业政策，有利于资源优化配置，提高企业的规模经济效应，形成合理的产业集中度，培育一批具有国际竞争力的特大型企业集团。在严格执行国家相关行业管理规定和市场规则的前提下，继续推进和完善电信、电力、民航等行业的改革重组。对不具备优势的国有企业，应采取多种方式，大力推动其并入优势国有大企业，以减少污染、节约资源、保障安全生产、提高效率。优势国有大企业要通过增加投资以及资产、业务整合等措施，充分发挥资产的整体效能，促进重组后的企业加快发展。

（九）积极推动应用技术研究院所（以下简称研究院所）与相关生产企业（包括大型工程承包企业）的重组。鼓励研究院所与相关生产企业重组，实现研发与生产相互促进、共同发展，提高企业的技术创新能力。积极探索研究院所与生产企业重组的有效途径和形式，可以由一家生产企业与研究院所重组，也可以由多家生产企业共同参与研究院所股份制改革。对主要担负基础研究、行业产品和技术监督检测的研究院所，应尽量由多家生产企业共同参与其股份制改革，并采取相应措施，确保其正常运行和发展。

（十）加大对亏损企业国有资本的调整力度。对有望扭亏的国有企业，要采取措施限期扭亏，对由于经营管理不善造成亏损的，要撤换负有责任的企业负责人。对不属于重要行业和关键领域的亏损企业，短期内难以扭亏的，可以向各类投资主体转让，或与其他国有企业进行重组。要依照有关政策，对重要行业和关键领域亏损严重的重要企业，区别不同情况，采取多种方式和途径，推动其改革重组，促进企业发展，并确保国有资本控股。

（十一）围绕突出主业，积极推进企业非主业资产重组。要通过多种途径，使部分企业非主业资产向主业突出的企业集中，促进企业之间非主业资产的合理流动。对非主业资产的中小企业，可采取多种形式放开搞活，符合主辅分离、辅业改制政策要求的，要加快主辅分离、辅业改制、分流安置富余人员的步伐。

（十二）加快国有大型企业内部的重组。要简化企业组织机构，对层级过多的下属企业进行清理、整合，通过关闭、破产、撤销、合并、取消企业法人资格等措施，原则上将管理层次控制在三级以内。要完善大企业的母子公司体制，强化母公司在战略管理、资本运作、结构调整、财务控制、风险防范等方面的功能，通过对业务和资产的调整或重组，发挥企业整体优势，实现专业化和规模化经营。

（十三）加快建立国有资本经营预算制度。国有资本经营预算要重点围绕国有资本调整和国有企业重组的方向和目标，统筹使用好国有资本收益，保障和促进企业结构调整和技术进步，提高企业核心竞争力。

（十四）促进中央企业和地方人民政府所出资企业（以下简称地方企业）之间的重组。对不属于重要行业和关键领域的中央企业，下放地方管理有利于发挥地方优势、有利于与地方企业重组提高竞争力的，在征得地方人民政府同意并报经国务院批准后，可以将其交由地方国有资产监管机构或地方企业管理；地方企业并入中央企业有利于优势互补的，在征得地方人民政府同意后，可以将其并入中央企业。鼓励中央企业和地方企业之间通过股权并购、股权置换、相互参股等方式进行重组。在地方企业之间，也应按此要求促进重组。

三、规范改制重组行为，切实加强组织领导

（十五）进一步规范企业改制方案的审批工作。国有独资企业引入非国有投资者的改制方案和国有控股企业改制为国有资本不控股或不参股企业的方案，必须按照《国务院办公厅转发国务院国有资产监督管理委员会关于规范国有企业改制工作意见的通知》（国办发〔2003〕96号）、《国务院办公厅转发国资委关于进一步规范国有企业改制工作实施意见的通知》（国办发〔2005〕60号）以及企业国有产权转让等有关规定严格审批。企业改制涉及财政、劳动保障等事项的，须报经同级人民政府有关部门审核同意后，报国有资产监管机构协调审批；涉及政府公共管理审批事项的，依照国家有关法律法规，报政府有关部门审批。要充分发挥企业职工代表大会和工会的作用，国有独资企业引入非国有投资者的改制方案和国有控股企业改制为国有资本不控股或不参股企业的方案，必须提交企业职工代表大会或职工大会审议，充分听取职工意见；职工安置方案须经企业职工代表大会或职工大会审议通过后方可实施改制。

（十六）完善国有及国有控股企业之间重组的审批程序。对国有及国有控股企业之间的重组，国家已有规定的按规定程序审批，未作规定但因重组致使国有资产监管机构所出资企业减少或者增加的，由国有资产监管机构报本级人民政府审批，其余重组方案由国有资产监管机构审批。具体重组方案应及时向职工代表大会通报。

（十七）进一步统一认识。各地区、各有关部门要深入学习、全面理解、认真贯彻落实党中央、国务院关于深化国有企业改革、调整国有经济布局和结构的精神，提高对国有资本调整和国有企业重组重要性、紧迫性、复杂性的认识。国有及国有控股企业负责人要正确处理国家、企业、个人之间的利益关系，服从国有资本调整和国有企业重组的大局，积极拥护、支持国有资本调整和国有企业重组。要严格执行国家产业政策和行业规划，对涉及国家产业政策和行业规划的重大国有资本调整和国有企业重组事项，国有资产监管机构应会同相关行业主管部门和有关地方政府共同研究决策。

（十八）切实加强组织领导。地方各级人民政府和国有资产监管机构要高度重视推进国有资本调整和国有企业重组工作，搞好调查研究和可行性分析，充分听取各方面的意见，从本地区实际出发，统筹规划，加强领导，周密部署，积极稳妥地推进，维护企业正常的生产经营秩序，确保企业和社会稳定。国资委和有关部门要加强调研、监督和指导，掌握各地工作动态，及时对国有资本调整和国有企业重组中的重大问题研究提出政策建议。国有及国有控股企业要充分发挥企业党组织的政治核心作用尤其是保证监督、宣传引导、协调服务等作用，精心组织实施，深入细致地做好职工的思想政治工作，维护职工合法权益，确保国有资本调整和国有企业重组的顺利进行。

12月6日

全国人大常委会委员长吴邦国在人民大会堂与格林纳达参议长拉尔辛和众议长约瑟夫举行会谈

全国人大常委会委员长吴邦国在人民大会堂会见来华出席“2006经济全球化与工会”国际论坛的外国工会组织领导人

吴邦国首先祝贺论坛取得圆满成功。他说，在论坛上各方围绕构建和谐劳动关系，促进共同发展进行了深入探讨，对加深中国工会与各国工会组织的交流与合作，增进中国人民与世界各国人民的了解和友谊具有重要意义。

吴邦国表示，工会是各国政治经济生活中的重要力量。中国政府支持中华全国总工会与各国工会开展各种形式的友好合作，为维护世界和平、促进共同发展作出应有的贡献。

全国人大常委会副委员长、中华全国总工会主席王兆国等会见时在座。

全国人大常委会委员长吴邦国在中国人民革命军事博物馆参观全国对口支援三峡库区成果展览

吴邦国来到展厅，仔细观看展出的一幅幅图片和一个个模型，详细询问有关项目的进展情况和取得的成果。他说，三峡工程是当今世界规模最大的水利水电工程，自1994年正式开工建设以来，各项工作进展顺利，枢纽工程经受住了蓄水、发电、通航的考验，开始发挥综合效益，三峡库区经济社会发展取得长足进步，城乡面貌发生深刻变化，移民生产生活条件得到较大改善。这充分体现了社会主义集中力量办大事的优越性，也充分显示了中华民族伟大的团结互助精神和巨大的凝聚力。

吴邦国指出，三峡工程建设的重点和难点在移民。10多年来，三峡库区广大干部和移民群众发扬无私奉献、艰苦创业精神，全力以赴做好移民搬迁安置工作，保证了三峡工程建设各阶段目标的如期实现。全国有关地方、部门、社会团体和企业，积极响应中央的号召，对口支援三峡库区移民工作，为推动库区基础设施建设、发展库区特色产业、促进移民稳定致富作出了贡献。今后，要在认真总结经验的基础上，充分调动各方面的主动性、积极性和创造性，不断巩固对口支援工作的成果，着力提高对口支援工作的效益。一是要充分发挥三峡库区的资源和区位优势，大力吸引有影响力的企业来库区投资建厂，加快发展特色农业、加工业、旅游业等优势产业，培育经济增长点，增加移民就业。二是要继续支持库区完善基础设施，发展社会公共事业，优化投资环境，改善移民生活条件。三是要继续加强库区环境和生态建设，认真做好水污染治理和地质灾害防治工作，确保三峡库区水资源的清洁安全，增强库区可持续发展能力。

九三学社十一届五中全会在北京举行

为期3天的会议将学习中共十六届六中全会精神和第二十次全国统战工作会议精神；审议中央常务委员会2006年工作报告并通过相关决议；表彰信息工作先进单位和先进个人。全国人大常委会副委员长、九三学社中央主席韩启德出席会议并代表第十一届中央常务委员会作2006年工作报告。

韩启德说，今年，九三学社各级组织进一步树立科学发展观，深化对构建社会主义和谐社会的认识。在履行职能方面，注重战略性、前瞻性和综合性，提案和建言献策质量比较高；参政议政上下互动机制取得成效；与政府部门合作取得一定成绩；加强队伍建设，专委会工作有了新气象；加强信息工作制度化建设，提高了信息工作质量，拓宽了民主监督渠道。

台盟七届五中全会在北京召开

台湾民主自治同盟第七届中央委员会第五次全体会议于12月6日至8日在北京召开，会议增选汪毅夫为台盟中央副主席，增选吴秀凤为台盟第七届中央委员会委员。

台盟中央主席林文漪代表台盟第七届中央常务委员会作《工作报告》。在谈到未来一年台盟工作时，她说，台盟将继续把促进发展作为台盟参政议政的第一要务，在构建社会主义和谐社会和推动两岸交流、构建和平稳定发展的两岸关系等方面深入调研，提出有价值的意见和建议；继续坚持“和平统一、一国两制”的基本方针和现阶段发展两岸关系、推进祖国和平统一进程的八项主张，按照胡锦涛同志关于新形势下发展两岸关系重要讲话的要求，充分发挥自身优势和桥梁纽带作用，不断扩大与海内外台湾同胞的联络与交往，增进两岸同胞的理解和互信。

国务院副总理吴仪在中南海紫光阁会见联合国秘书长亚太地区艾滋病问题特使萨迪克博士一行

国务院副总理回良玉在中南海紫光阁会见美国基督教联盟主席 基督教广播电视网董事长帕特·罗伯逊博士

杜重远寓所纪念铭牌在上海挂牌

我国著名爱国民主人士杜重远先生上海寓所纪念铭牌挂牌仪式在上海举行。

杜重远先生是中国共产党的亲密朋友，是杰出的爱国主义者、英勇的民主战士，他一身正气，刚直不阿，为国家的独立、民族的解放作出了重要贡献。“九一八”事变后，杜重远先生积极投身抗日救亡斗争，在西安事变中积极促成国共第二次合作，后为抗日民族解放运动献出了宝贵生命。

文化界在浙江省富阳市集会纪念郁达夫诞辰110周年

今年是我国现代著名作家、革命烈士郁达夫先生诞辰110周年。从今天开始至8日，在郁达夫的家乡浙江省富阳市，中国文联、中国作协、浙江省文联、浙江省作协和富阳市委、市政府隆重举行郁达夫诞辰110周年纪念活动，郁氏家族代表、国内外郁达夫研究专家、国内著名作家、文艺界以及社会各界代表等近300人参加。

由中国现代文史馆以及北大、复旦、浙大等国内知名大学主办的“传统与现代——郁达夫与20世纪中国文学”国际学术研讨会，将分析、研讨郁达夫及其作品。《郁达夫全集》《郁达夫研究评论选集(上、下)》《郁达夫研究资料目录索引》也在此间举行首发仪式。

12月7日

国家主席胡锦涛在人民大会堂与塞浦路斯总统帕帕佐普洛斯举行会谈

双方就进一步发展中塞友好合作关系和共同关心的国际及地区问题深入交换了意见，达成广泛共识。

胡锦涛表示，今年是中塞建交35周年，我们愿以此为契机，与塞方共同努力，从以下四个方面把两国关系推上更高水平。第一，加强两国高层交往，扩大两国政府、议会、政党及地方之间的友好交流。第二，深化双边经贸合作。要充分发挥两国经贸科技合作联委会的作用，加强对两国经贸合作的规划、协调和指导。中方愿增加对塞特色产品的进口，协助塞方在华举办各种形式的推介活动，继续推动有条件、信誉好的中国企业赴塞投资，参与塞港口、码头、能源、电信等基础设施建设，进一步扩大双方海运合作。第三，拓展其他领域合作。双方应抓紧落实两国文化、卫生合作协定执行计划，进一步开展旅游、考古、文物等方面的交流与合作。第四，密切两国在联合国、亚欧会议等国际组织和多边事务中的协调与配合。中国愿在联合国有关决议的基础上，同国际社会一道，为公正、合理地解决塞浦路斯问题继续发挥积极作用。

会谈后，两国元首共同出席了中塞文化、卫生等领域双边合作文件的签字仪式。

12月8日

中央军委主席胡锦涛在北京会见军事科学院第六次党代会代表

胡锦涛在听取军事科学院的工作汇报后，亲切会见了出席军事科学院第六次党代会的全体代表。他代表党中央、中央军委，对大会的召开表示热烈祝贺，向各位代表和军事科学院的同志们致以亲切的问候。他指出，军事科学院在全军军事科学研究中有着重要地位和作用，在军队建设和发展中肩负着重要职责。建院48年来特别是近年来，军事科学院的同志们坚决贯彻党中央和中央军委的决策指示，认真履行职能，不断开拓进取，积极推进马克思主义军事理论研究，深入开展国家安全战略、军事战略和重大现实问题研究，为推进我军革命化、现代化、正规化建设作出了重要贡献。

胡锦涛强调，当前，国际形势正继续发生复杂深刻变化，我国经济社会发展进入关键阶段，国防和军队建设也面临着繁重任务。新的形势和任务对军事科学研究提出了很高的要求，军事科学院的同志们要坚持把思想政治建设摆在各项建设的首位，保证军事科研工作沿着正确方向发展。要密切关注世界安全形势和世界军事发展趋势，立足我国的国情和军情，着眼推进中国特色军事变革，拓宽战略视野，更新发展观念，深化科研改革，努力构建具有我军特色、体现时代特征、充满发展活力的军事科学体系，充分发挥军事理论指导军事实践、引领军事变革的重要作用。要紧紧围绕军队建设和军事斗争准备的重点难点问题，发挥自身优势集智攻关，努力推动现实问题研究与基础理论研究相互促进、协调发展，不断提高研究成果的质量和水平。要健全和完善全军军事科研工作协调机制，形成推动军事科研工作发展的整体合力。要努力把握新形势下军事科研人才培养的特点规律，引导科研人员夯实理论功底，提高综合素质，端正治学作风，既多出高质量的科研成果，又多出高素质的科研人才。

全国人大常委会委员长吴邦国和国务院总理温家宝在北京分别会见塞浦路斯总统塔索斯·帕帕佐普洛斯

国务院总理温家宝主持召开国务院常务会议

会议审议并原则通过《西部大开发“十一五”规划》和《诉讼费用交纳办法(草案)》。

会议认为，“十五”时期，西部大开发取得重要进展，西部地区基础设施显著改善，生态建设和环境保护取得成效，重点地区和特色优势产业发展明显加快，社会事业薄弱环节得到加强，民族地区和边远贫困地区脱贫致富步伐加快。但是，西部地区的发展还面临不少困难，与其他地区特别是发达地区的发展差距仍在扩大，必须充分认识西部大开发的长期性、艰巨性和复杂性，进行坚持不懈的努力。

会议指出，实施西部大开发，促进区域协调发展，是调整经济结构、构建社会主义和谐社会的重要任务。“十一五”时期西部大开发的目标是，努力实现西部地区经济又好又快发展，人民生活水平持续稳定提高，基础设施和生态环境建设取得新突破，重点区域和重点产业的发展达到新水平，教育、卫生等基本公共服务均等化取得新成效，构建社会主义和谐社会迈出扎实步伐。着重抓好以下工作：(一)扎实推进社会主义新农村建设，提高农业综合能力，改善农村生产生活条件，加大扶贫开发力度，千方百计增加农牧民收入。(二)继续加强基础设施建设，完善综合交通运输网络，加强水利设施建设，改善重点区域基础设施。(三)大力发展特色优势产业，促进资源优势转化为产业优势和经济优势。(四)支持重点区域优先开发，加快培育和形成区域经济增长极，带动周边地区发展。(五)巩固发展退耕还林、退牧还草成果，强化资源节约和综合利用，加大环境保护力度，推进主体功能区建设。(六)着力改善基本公共服务，加强教育、卫生、科技、文化体育事业，健全就业服务体系和社会保障体系，解决好关系人民群众切身利益的实际问题。(七)加强人才队伍建设，完善和创新人才开发机制，大力培养实用技能人才，进一步缓解西部人才流失趋势。(八)增加支持西部大开发的投入，促进革命老区、民族地区、边疆地区和贫困地区加快经济社会发展，不断完善政策措施，建立推进西部大开发的保障机制。(九)扩大西部对内对外开放，加强与毗邻国家的经济技术交流与合作，大力发展与周边国家的贸易和边境贸易。

会议强调，西部地区要加快改革开放步伐，突出体制机制创新，切实转变经济增长方式，不断提高发展质量，增强自我发展能力。要发挥各地区比较优势，鼓励东部地区向中西部地区进行产业转移，在更大范围内实现资源优化配置，形成互惠互利格局，促进东中西地区良性互动。

会议审议并原则通过了《诉讼费用交纳办法(草案)》。会议决定，该草案经进一步修改后，由国务院公布施行。

会议还研究了其他事项。

全国政协主席贾庆林在北京会见柬埔寨国王诺罗敦·西哈莫尼

全国总工会十四届十一次主席团会议在北京召开

中华全国总工会主席王兆国在会上强调，各级工会组织要切实贯彻党的十六届六中全会、中央经济工作会议精神及中央书记处对工会工作的重要指示精神，牢固树立中国特色社会主义工会维权观，加强协调劳动关系，切实维护职工权益，团结动员广大职工在实现国民经济又好又快发展、推动构建社会主义和谐社会的进程中，充分发挥工人阶级的主力军作用。

王兆国指出，工会贯彻落实科学发展观、为构建社会主义和谐社会服务的着力点，就是要牢固树立中国特色社会主义工会维权观，推动建立和谐稳定劳动关系，切实维护职工合法权益，促进国家和企业发展。要坚持“两个维护”相统一的维权原则，坚持竭诚为职工群众服务的维权宗旨，坚持和谐发展、互利共赢的维权理念，坚持统筹兼顾、突出重点的维权方法，坚持党政主导、工会运作的维权格局，努力做到以职工为本、在改革发展参与帮扶中主动依法科学维权。

王兆国强调，各级工会要以职工最关心、最直接、最现实的利益问题为重点，抓住劳动合同、集体合同与职代会三个关键环节，通过建立健全利益协调机制、诉求表达机制、矛盾调处机制和权益保障机制，努力为职工群众解难事、办实事、做好事。广大工会干部加强学习，树立与时俱进的创新意识，提高协调劳动关系、维护职工权益的政策水平和业务能力，使工会维权工作声音更响，力度更大，措施更实，效果更好。

吉林省第十届人民代表大会常务委员会第三十一次会议决定韩长赋为吉林省副省长 代理省长

《人民日报》发表社论《努力开创科学发展的新局面》

这次中央经济工作会议深入分析了当前的国内经济形势和国际经济环境，全面总结了今年的经济工作，部署了明年的经济工作。这对于深入贯彻落实科学发展观，加快构建社会主义和谐社会，统一全党认识，团结带领全国各族人民做好明年的经济发展工作，具有十分重要的意义。

今年是实施“十一五”规划的第一年。开局之年，成绩不凡。国民经济继续朝着宏观调控的预期方向发展，发展条件进一步改善，发展环境进一步优化，发展势头进一步趋好，保持了经济增长较快、经济效益较好、物价水平较低的态势，农业取得好收成，产业结构调整步伐加快，自主创新积极推进，重点领域和关键环节改革取得新进展，国家经济实力和综合国力持续提高，人民生活不断改善。这是党中央审时度势、正确决策的结果，是全国各族人民认真落实科学发展观，同心同德，努力奋斗的结果。

面对当前的好形势，我们也必须清醒地看到，我国经济社会发展中还存在一些突出矛盾和问题，农业基础依然脆弱，投资反弹并引发经济波动的风险依然存在，经济增长付出的代价依然过大，必须居安思危，未雨绸缪，充分估计面临的问题和困难，做好应对各种挑战和风险的准备，牢牢掌握经济工作的主动权。

明年是对我们党和国家事业发展具有重要意义的一年。做好明年经济工作，要以邓小平理论和“三个代表”重要思想为指导，认真贯彻党的十六大和十六届三中、四中、五中、六中全会精神，全面落实科学发展观，加快构建社会主义和谐社会，继续加强和改善宏观调控，着力调整经济结构和转变增长方式，着力加强资源节约和环境保护，着力推进改革开放和自主创新，着力促进社会发展和解决民生问题，推动经济社会发展切实转入科学发展的轨道，努力实现国民经济又好又快发展，为党的十七大召开创造良好环境。

贯彻这个总体要求，就要坚持以科学发展观统领经济社会发展全局，努力实现速度、质量、效益相协调，消费、投资、出口相协调，人口、资源、环境相协调，不断深化对科学发展观的认识，不断丰富科学发展观的内涵，不断完善落实科学发展观的政策体系，真正做到又好又快发展，努力开创科学发展的新局面。

努力开创科学发展的新局面，必须继续加强和改善宏观调控，确保经济平稳较快发展。要实现国民经济又好又快发展，必须正确处理投资和消费的关系、内需和外需的关系，当前工作的着力点是要合理控制投资规模、优化投资结构，积极扩大消费需求，减少贸易顺差。要保持宏观经济政策的连续性和稳定性，继续实施稳健的财政政策和货币政策，加大对重点领域和薄弱环节的支持力度；综合运用多种货币政策工具，加强流动性管理，合理控制信贷投放和优化信贷结构。要继续坚持区别对待、有保有压，根据经济运行的发展变化，适时适度进行预调和微调，提高宏观调控的科学性和有效性。

努力开创科学发展的新局面，必须坚持解决好“三农”问题，促进城乡、区域协调发展。解决好“三农”问题既是当前重要而紧迫的工作，也是长期而艰巨的任务。坚持解决好“三农”问题是全党工作重中之重的战略思想丝毫不能动摇，促进农业稳定发展、农民持续增收的各项任务丝毫不能放松，扎实推进新农村建设的工作力度丝毫不能减弱。要抓住当前经济发展较快和财政增收较多的时机，切实加大对“三农”的投入，发展现代农业，稳定粮食增产，切实巩固农业基础地位。坚持落实区域发展总体战略，健全全国统一市场，完善东中西部区域互动机制，发挥各地区比较优势，在更大范围实现资源优化配置，形成互惠互利格局，继续加大对欠发达地区的支持力度。积极稳妥地推进城镇化健康发展，提高城市综合承载能力，带动农村劳动力有序转移。

努力开创科学发展的新局面，必须坚持提高自主创新能力，加快转变经济增长方式。节约能源资源，保护生态环境，是转变经济增长方式的重要突破口，要下最大决心、用最大气力加以推进，努力实现节能降耗、污染减排和保护耕地的约束性目标。不断提高自主创新能力是推进经济结构调整和转变增长方式的中心环节。必须坚持走中国特色自主创新道路，不断提高开放条件下的原始创新能力、集成创新能力和引进消化吸收再创新能力，确立企业在技术创新中的主体地位，加快完善鼓励与支持创新的体制机制和政策环境，加快实施国家重大科技专项，大力营造鼓励创新的浓厚氛围。

努力开创科学发展的新局面，必须坚持深化改革扩大开放，加快形成落实科学发展观的体制机制保障。要针对造成经济增长方式粗放、宏观经济运行不稳定和不利于社会和谐的体制机制性矛盾，加大改革攻坚力度，稳步务实地推进重点领域和关键环节的改革，力争在国有企业、财税金融、社会领域、行政管理等体制的改革上不断取得新进展。在推进改革的过程中，要正确把握改革发展稳定的关系，不断提高改革决策的科学性、改革措施的协调性，确保改革顺利推进。坚持互利共赢的开放战略，提高对外开放水平。随着加入世贸组织过渡期的结束，要在巩固和扩大已有开放成果的基础上，加快转变外贸增长方式，提高利用外资质量，继续支持有实力、守信用的企业走出去。

努力开创科学发展的新局面，必须坚持以人为本，不断促进社会和谐。要按照中央的决策和部署，把促进社会发展和解决民生问题摆在更加突出的位置，继续在解决就业、收入分配、社会保障、安全生产和教育、医疗、文化生活等问题方面，务求取得实实在在的进展，多为群众排忧解难。要认认真真察民情，诚诚恳恳听民意，实实在在帮民富，兢兢业业保民安，切实做好维护社会稳定的各项工作，最大限度地增加和谐因素，最大限度地减少不和谐因素。

努力开创科学发展的新局面，必须加强和改善党对经济工作的领导，提高领导干部贯彻落实科学发展观的能力。科学发展观是指导发展的世界观和方法论的集中体现，是运用马克思主义的立场、观点、方法认识和分析社会主义现代化建设的丰富实践，深化对经济社会发展一般规律认识的成果，从而成为我们推进经济建设、政治建设、文化建设、社会建设必须长期坚持的根本指导方针。要深刻领会、准确把握科学发展观的科学体系，学习马克思主义哲学，不断增强贯彻落实科学发展观的自觉性和坚定性。各级领导干部都要认真学习现代经济知识、科技知识、社会管理知识和法律知识，提高驾驭市场经济的能力、推进自主创新的组织能力、管理社会的能力和依法办事的能力，努力成为领导科学发展的行家里手。

全年经济工作的大政方针已经确定，任务繁重而艰巨。各地区、各部门要按照中央的部署，密切联系实际，创造性地开展工作，不折不扣地抓好落实。让我们紧密团结在以胡锦涛同志为总书记的党中央周围，高举邓小平理论和"三个代表"重要思想伟大旗帜，全面贯彻落实科学发展观，万众一心，振奋精神，埋头苦干，开拓前进，以优异的成绩迎接党的十七大的胜利召开。

我国第二颗业务型静止轨道气象卫星——"风云二号"D星成功发射

中国气象局新闻发言人沈晓农表示，"风云二号"D星将在7—10天后获取第一张卫星云图，并于3—6个月后投入业务运用，届时我国将首次实现静止气象卫星双星观测。

国家卫星气象中心有关负责人说，2004年发射的"风云二号"C星是我国首颗业务型静止轨道气象卫星，目前仍然在轨运行。"风云二号"D星投入业务运用后，在距地球约36000公里的赤道上空，将有两颗静止气象卫星始终俯瞰神州大地，进一步增强对灾害性天气系统的监测预警能力，在我国及周边国家天气观测、气象预报和减灾防灾中发挥重要作用。

"风云二号"D星将负责全面预报北京奥运期间天气，特别是奥运会开、闭幕式等大型活动及重要赛事时的天气变化情况，为北京奥运气象保障体系提供准确、及时的服务。

12月9日

全国总工会十四届执委会第四次全体会议在北京召开

中华全国总工会主席王兆国在会上强调，要深入学习贯彻党的十六届六中全会和中央经济工作会议精神，充分发挥工人阶级和工会组织在推动科学发展、促进社会和谐中的积极作用。

王兆国代表党中央对一年来的工会工作给予充分肯定。他说，落实科学发展观，做好改革发展稳定的各项工作，实现国民经济又好又快发展，构建社会主义和谐社会，离不开工人阶级主力军作用的充分发挥。各级工会组织要在职工群众中深入开展各种富有特色、富有成效的工作和活动，引导广大职工主动站在实现科学发展的前列，自觉成为建设和谐文化的先锋，努力当好维护社会稳定的中坚。

王兆国指出，各级工会组织要进一步树立中国特色社会主义工会维权观，抓住职工最关心、最直接、最现实的利益问题，突出维护劳动就业、收入分配、社会保障、劳动安全卫生等经济权益，重点解决农民工、下岗和特困职工遇到的生产生活问题。要切实保障职工的民主权利，落实职工的知情权、参与权、表达权和监督权，特别是国有改制企业出台涉及职工切身利益的重大措施时，必须经职代会审议通过。要不断满足职工日益增长的精神文化需求，积极组织职工参与社会事务管理。

王兆国强调，各级党委和政府要高度重视工人阶级和工会工作，从政治安排、权益保护、舆论宣传上落实全心全意依靠工人阶级的指导方针，为工会依照法律和章程创造性地开展工作创造更好的条件。

农工民主党十三届五中全会在北京举行

12月9日至11日，中国农工民主党第十三届中央委员会第五次全体会议在京举行。全国人大常委会副委员长、农工党中央主席蒋正华出席会议并代表农工党中央常委会作了工作报告。

蒋正华指出，过去的一年，农工党以邓小平理论和"三个代表"重要思想为指导，贯彻落实科学发展观，认真履行参政议政和民主监督职能，围绕构建和谐社会、建设新农村、优化医疗执业环境、发展新型农村合作医疗、保障粮食安全、提高西藏医疗服务能力等，调查研究，建言献策，为国家现代化建设作出了应有的贡献。

会议补选汪纪戎为农工党中央副主席。

全国政协副主席、农工党中央常务副主席李蒙主持会议开幕式并作了闭幕讲话。

国务院任免国家工作人员

任命李东东(女)、阎晓宏、孙寿山为新闻出版总署副署长；

免去于永湛、石峰的新闻出版总署副署长职务。

外交部部长李肇星在菲律宾宿务分别会见日本外相麻生太郎和菲律宾外交部部长罗慕洛

在会见麻生太郎时，李肇星说，在双方共同努力下，中日关系呈现出良好的发展局面，两国领导人就中日关系发展方向达成共识，有力推动了双方各领域务实互利合作。中方愿与日方一道，推动两国关系健康稳定地向前发展，为实现"和平共处、世代友好、互利合作、共同发展"的目标作出不懈努力。李肇星表示，历史问题和台湾问题事关中日关系政治基础，希望日方遵循《中日联合声明》等三个政治文件的原则，妥善处理有关问题。

双方还就共同关心的国际和地区问题交换了意见。

在会见罗慕洛时，两国外长积极评价中菲关系，表示愿加强两国各领域合作，并为推动中国与东盟和东盟与中日韩合作而共同努力。

同日，李肇星还与文莱第二外交大臣林玉成就加强两国友好合作关系进行了交谈。

"2006绿色中国年度人物"揭晓

获奖者分别是：发布"中国水污染地图"的北京公众与环境研究中心主任马军；提出"G能源替代"战略的山东皇明太阳能集团有限公司董事长黄鸣；披露《惊情神农架》剧组破坏环境行为的香港凤凰卫视主持人柯蓝；对国家环保总局区域环境督查中心建设给予大力支持的亚洲开发银行地区与可持续发展局局长宾度·罗哈尼；对青藏铁路环保提出大量被采纳意见的四川省绿色江河环保促进会会长杨欣；发起"每月少开一天车"活动的北京市环保局副局长杜少中；发起国有林权改革的黑龙江省伊春市市长兼林业管理局局长许兆君；发起"绿色生活运动"的北京地球村环境教育中心负责人廖晓义；发布我国第一份绿色GDP核算研究报告的绿色GDP课题研究小组。

"绿色中国年度人物奖"由国家环保总局和中宣部、全国人大环资委、全国政协人资环委、文化部、国家广电总局、团中央7部委联合主办，联合国环境规划署特别支持，由公众、专家按照科学、公开、公平的方法评选本年度最有影响力的中国环保人物。

12月10日

第十七届"中国十大杰出青年"评选活动在北京揭晓

荣获本届"中国十大杰出青年"称号的是：情系昆仑，13年坚守高原生命禁区守护边防官兵身心健康的解放军第十八医院三十里营房医疗站护士长姜云燕(女)；出生入死，勇创中国维和警察多项第一纪录的广东省广州市公安局侦查科教导员庞波；不畏艰险，屡经生死考验完成重大和突发事件现场报道的人民日报社教科文部记者赵亚辉；自主创新，在我国高性能计算机领域作出突出贡献的中国科学院计算技术研究所系统结构研究部主任孙凝晖；勇于开拓，倾力打造民族体育品牌的安踏(中国)有限公司总裁丁志忠(回族)；不计得失，守护苗乡山区群众健康的贵州省从江县雍里乡大塘村博爱卫生站医生李春燕(女，苗族)；自强不息，历经艰难勇挑重担、刻苦求学的河南省保护未成年人委员会办公室辅导员洪战辉；恪尽职守，危难时刻舍己救人的湖南湘潭花枝新天地旅行社有限公司导游员文花枝(女)；身残志坚，在轮椅上不断汲取新知、回馈社会的女博士，南京师范大学教育科学学院教师侯晶晶(女)；敢闯敢干，带领农牧民走上致富之路的内蒙古自治区开鲁县东风镇东明村党支部书记梁长武(蒙古族)。

这十名杰出青年是从各省级团委、青联、军委总政治部组织部等31家单位推报的47名人选中，经组委会审定、社会公示、评委会无记名投票产生的。

参加本届评选的评委是组委会从500人评委库中由计算机随机抽取产生的。第十七届"中国十大杰出青年”颁奖活动将于2007年1月举行。

12月11日

全国政协视察工作座谈会在北京开幕

会议的主要任务是学习贯彻中共十六届六中全会精神和《中共中央关于加强人民政协工作的意见》,在总结历史经验的基础上,结合人民政协发展的新形势,研究提出加强和改进政协委员视察工作的思路和措施。中共中央政治局常委、全国政协主席贾庆林出席座谈会开幕式并讲话。

贾庆林指出,委员视察是政协委员了解情况、研究问题、学习提高的重要方式,是人民政协履行政治协商、民主监督、参政议政职能的重要形式,是党和政府实行科学民主决策的重要环节。做好委员视察工作,有利于政协委员深入实际、深入基层、深入现场,了解党和国家方针政策的贯彻落实情况和重大项目建设情况,反映经济发展中的重要问题,促进经济又好又快发展;有利于人民政协围绕团结和民主两大主题,履行政治协商、民主监督、参政议政的职能,发挥协调关系、汇集力量、建言献策、服务大局的作用,促进社会和谐;有利于人民政协全面加强自身建设,发挥政协委员的主体作用,发挥各民主党派、无党派人士的作用,发挥政协组织的界别特点和优势,促进履行职能的制度化、规范化、程序化;有利于各级党委和政府广泛集中民智、代表民意、凝聚民力,贯彻落实中央的各项决策部署,促进社会主义经济建设、政治建设、文化建设和社会建设。人民政协开展委员视察工作50多年来,委员通过视察提出的许多意见建议,有的对中央和国务院决策产生重要影响,有的直接推动了各项方针政策的落实,有的为党政部门决策提供了重要参考,为完成党在各个历史时期的中心任务发挥了重要作用。

贾庆林强调,面对新形势和新任务,各级政协组织和广大政协委员要进一步解放思想、实事求是,与时俱进,努力提高视察工作的质量和水平,为全面推进社会主义经济、政治、文化和社会建设作出新的贡献。对进一步加强和改进委员视察工作,贾庆林提出四点要求:第一,要按照围绕中心、服务大局的要求开展委员视察工作,努力提高视察工作的质量和水平;第二,要加强委员视察工作的制度化、规范化、程序化建设,切实做到有章可循,照章办事;第三,要完善委员视察工作机制,包括完善选题机制、委员参与机制、协调机制和视察成果的提出、受理和反馈机制;第四,要切实加强对委员视察工作的组织领导,努力营造有利于人民政协开展委员视察工作的良好氛围。

全国政协副主席王忠禹主持开幕式。全国政协秘书长郑万通作《回顾历史,总结经验,切实推动委员视察工作改进与创新》的工作报告。

全国政协副主席张思卿、白立忱、罗豪才、张克辉、郝建秀、陈奎元、徐匡迪、李兆焯、张怀西、张梅颖,中共中央办公厅、国务院办公厅负责同志,各民主党派中央、全国工商联,以及各省级政协负责人出席了会议。

全国总工会第十四届执行委员会第四次全体会议在北京闭幕

中华全国总工会主席王兆国出席并主持会议。

会议通过了有关人事事项,周玉清、苏立清、黄彦蓉不再担任全总副主席职务,董力不再担任全总经审会主任职务。经过全总十四届四次执委会议和全总十四届七次经审会议选举,乔传秀、董力当选为全总副主席,张秋俭当选为全总经审会主任。会议还通过了孙春兰同志代表全总十四届执委会主席团作的工作报告,通过了《中华全国总工会关于学习贯彻党的十六届六中全会精神、在构建社会主义和谐社会中充分发挥工会作用的决定》,通过了《企业工会工作条例》。

会议期间召开了全总十四届十二次主席团会议,推选乔传秀、董力为全总书记处书记。

中国中小企业协会成立大会在北京举行

国务院副总理曾培炎出席成立大会并讲话。全国人大常委会副委员长顾秀莲出席了大会。

曾培炎说,近几年来,在市场机制和宏观调控的共同作用下,中小企业数量迅速增加,活力明显增强,为促进经济增长、推动技术创新、增加社会就业、改善人民生活起到了重要作用。要按照全面落实科学发展观、构建社会主义和谐社会的要求,在促进中小企业加快发展的同时,促进企业更加注重质量提高,更加注重协作配合,更加注重节约环保,更加注重社会责任。要引导企业走“专、精、特、新”的道路,积极发展劳动密集型产业,发展现代服务业、装备制造业和高新技术产业,发展产业集群,深化改革开放,不断增强创新发展的能力。要深入实施中小企业成长工程,放宽市场准入,完善政策法规,搞好市场监管,健全社会化服务体系。

曾培炎要求,中国中小企业协会作为一个主要为中小企业服务的社团组织,要增进沟通,发挥中小企业与政府间桥梁纽带的作用;加强服务,帮助中小企业解决发展中遇到的困难问题;搭建平台,促进中小企业对内对外开放;加强自身建设,提高工作水平,为中小企业成长壮大作出应有的贡献。

顾秀莲在讲话中说,中国中小企业协会的成立,顺应了我国中小企业迅速发展的客观需要,要充分发挥协会的社会功能，更好地促进中小企业发展。

中国中小企业协会是一个跨行业、跨所有制的全国性、综合性协会。国家发改委主任马凯等国务院有关部门负责人，以及来自地方、中小企业、金融机构等单位的800多名代表出席了大会。同日，首届中国中小企业融资论坛在北京举行，中国中小企业协会门户网站开通试运行，《中国企业导刊》作为协会会刊发行。

农村义务教育明年全免学杂费

明年是农村教育的关键年，全国农村义务教育阶段中小学生将全部免收学杂费。这是教育部部长周济在武汉出席"第二届中部崛起人才论坛"时透露的。

据了解，免除学杂费将惠及全国农村近1.5亿名中小学生。免除学杂费后，平均每个小学生年减负140元，初中生年减负180元，贫困寄宿生可减负500元。

周济说，新中国成立初期，全国小学入学率为20%左右，初中入学率约为6%，文盲占总人口80%以上。2000年年底，我国实现了基本普及九年义务教育、基本扫除青壮年文盲的"两基"目标。2005年，全国小学净入学率、初中的毛入学率分别提高到99%和95%，高等教育毛入学率达到21%以上。

他介绍说，国家于2004年启动西部地区"两基"攻坚计划，从2006年春季学期开始免除西部地区农村义务教育阶段中小学生学杂费，惠及5000多万名农村中小学生。

《人民日报》发表署名国纪平的文章《好邻居 好朋友 好伙伴——中国周边外交的实践与成果》

停顿一年多的朝鲜半岛核问题六方谈判，在中国积极斡旋下，出现转机。在中日双方领导人的共同努力下，中日政治关系打破僵局，出现缓和。11月中下旬，中国国家主席胡锦涛在出席亚太经合组织第十四次领导人非正式会议之后，相继对越南、老挝、印度、巴基斯坦进行国事访问，在睦邻友好的大路上树立起一座新的里程碑。这些重要动向和活动，既发生在中国的"周边"，也受到国际社会的密切关注。

多年来，中国坚持奉行"与邻为善、以邻为伴"周边外交政策，致力于建设和谐亚洲、和谐世界，积极推进与周边国家的睦邻友好与互利合作，成果丰硕。

一

中国是世界上拥有邻国最多的国家。22000多公里陆地边界，18000多公里大陆海岸线，使中国的周边国家有近30个之多，其中直接接壤国家就有14个。数量众多的邻国呈现着历史、宗教、民族、政治、经济、社会、文化等的缤纷色彩。历史传统的丰富性，文化和宗教信仰的多样性，社会制度和发展水平的差异性，决定了中国周边关系具有特殊的复杂性，决定了中国周边外交的特殊重要性。

从这种特性出发，新中国甫一成立，中国政府就从"近邻"着手，认真构筑睦邻友好的外交基石。在1955年第一次亚非会议（万隆会议）上，被几十个与会国家（地区）接受的"互相尊重主权和领土完整、互不侵犯、互不干涉内政、平等互利、和平共处"五项原则，就是由中国与两个重要邻邦印度、缅甸共同提出并加以倡导的。在壁垒分明的阵营对抗时期，和平共处五项原则，犹如一缕清新的和风，不仅成为中国处理与邻国关系的基本准则，也逐渐为世界所公认，发展成为通行的国际关系准则。

剑拔弩张的"冷战"时期，和平共处、相安无事曾经是人们所渴望和追求的一种理想。而随着"冷战"的结束，和平、发展、合作逐渐成为新的世界潮流；经济全球化、区域一体化的快步推进，更是引发国际关系发生众多深刻变化；求和平、求安宁、求发展、求富裕，成为世界各国人民共同的迫切愿望。踏上改革开放新征程的中国，审时度势，顺应潮流，从国际国内两个大局出发，高举和平、发展、合作的旗帜，开拓外交的新局面，以和平共处五项原则为基石的中国独立自主的和平外交政策，在新的形势下有了新的发展。

党的十六大明确提出"与邻为善、以邻为伴"周边外交政策。可以说，这是对中国周边外交实践的经典概括，具有重大的全局意义。在政治上，周边是中国维护主权权益、发挥国际作用的首要依托；在经济上，周边是中国对外开放、开展互利合作的重要伙伴；在安全上，周边是中国维护社会稳定、民族和睦的直接外部条件。"与邻为善、以邻为伴"政策，是中国顺应新潮流，应对新挑战，为自己争取良好外部发展环境、为促进地区安宁繁荣的必然选择。

二

"与邻为善、以邻为伴"政策，是中华民族优良传统的继承。在漫长的历史进程中，中国人民早就认识到睦邻友好的重要性，深刻了解与邻国间"唇齿相依""共荣共损"的辩证关系，形成了"亲仁善邻"的美德。中国在与邻国的交往中，尽管也有过短暂的纷争、冲突，但绝大多数时间是亲近、和睦的。20世纪20年代，英国著名哲学家罗素在到中国考察后曾经这样说，如果说世界上还有大国无意对其他国家扩张的话，那么这个国家就是中国；中国人有不想统治他国的美德。

"与邻为善、以邻为伴"政策，是中国坚持走和平发展道路的应有之义。100多年来，中国饱受列强欺凌和战乱之苦，痛失了许多发展机遇。直到近几十年，改革开放的中国才走上了快速发展之路，并取得了举世瞩目的成就。但中国仍然是世界上最大的发展中国家，从总体上看还谈不上富足，因此十分珍惜来之不易的和平发展机遇，由衷希望能与近邻一道继续保持并进一步发展安宁和谐的良好环境，以便集中精力，谋求共同进步与繁荣。

“与邻为善、以邻为伴”政策，是和谐世界建设的重要推动力。在推动建设和谐世界的努力中，毫无疑问，必须从周边地区做起。在实践周边外交政策的进程中，中国注重外交理念的和平性、军事战略的防御性、安全政策的合作性，承认各国的自主性，尊重地区的多样性，从而有利于形成和平稳定的国际环境、睦邻友好的周边环境、平等互利的合作环境、互信协作的安全环境。

实现“与邻为善、以邻为伴”，必须坚持和平共处五项原则这一重要基石，坚持大小国家平等互利，尊重别国国情，尊重别国人民所作的自主选择，尊重别国人民的正当权益，不干涉别国内政，不强加于人，更不谋求自己的势力范围；在和睦相处的原则下，共筑本地区稳定、和谐的国家关系结构。

实现“与邻为善、以邻为伴”，必须以维护本地区的和平与稳定为己任，坚持通过对话合作增进互信，通过和平谈判解决分歧；妥善处理同周边少数国家间存在的历史遗留问题，坚持互谅互让、公平合理、友好协商。在传统安全因素尚未消除、非传统安全因素急剧增加的新形势下，坚持以互信、互利、平等、协作为核心的新安全观具有重要意义，唯此才能与周边国家携手构筑友好和谐、和平安宁的地区环境。

实现“与邻为善、以邻为伴”，还必须主动加强与邻国的互利合作，深化区域和次区域合作，积极推进地区经济一体化，与亚洲各国实现共同发展。纵观中国周边国家，加快发展经济已成为现阶段面临的共同任务。经济利益日益成为中国与周边国家关系发展中的重要动力，只有把中国人民的根本利益与周边国家人民的共同利益结合起来，才能形成以合作促发展的良性循环。

三

中国的周边外交政策，是在实践中不断发展并在实践中经受检验的；丰富的实践已经结出了为国际社会所公认的累累硕果。

20 世纪 90 年代以来，通过平等协商、互谅互让，中国与俄罗斯、哈萨克斯坦、吉尔吉斯斯坦、塔吉克斯坦、老挝、越南等国妥善解决了历史遗留的边界问题，使漫长的边界变成和睦相处的纽带。2000 年 7 月中越陆地边界条约正式生效；当年 12 月，中越北部湾划界协定和北部湾渔业合作协定正式签署。最近，两国又决定采取更加切实有效的措施，加快陆地边界勘界立碑工作进度，确保最迟于 2008 年完成陆地边界全线勘界立碑工作并签署新的边界管理制度文件。2005 年中印就解决边界问题的政治指导原则达成共识，中印边界争端已不成为阻碍两国开展广泛合作的障碍。

为了妥善解决南海争议问题，中国从维护地区和平、稳定的大局出发，创造性地提出了“搁置争议、共同开发”的主张。2002 年，中国同东盟各国签署《南海各方行为宣言》；2005 年，中、菲、越三国的三家石油公司签署《在南中国海协议区三方联合海洋地震工作协议》。由此，“搁置争议、共同开发”进入实践阶段。这不仅为和平解决南海问题开拓了道路，也为世界其他地区有关国家解决类似问题提供了借鉴。

为了争取合作共赢，中国提倡“邻居”之间坦诚对话、平等协商、增进互信，坚持不懈地作出实实在在的努力，并得到了友邻的积极回应。1996 年，中俄建立战略协作伙伴关系。2001 年，两国又签署《睦邻友好合作条约》，为新世纪中俄关系稳定发展奠定了坚实的法律基础。中国与东盟的合作关系已经走过了整整 15 年。15 年来，中国致力于在“平等互信、合作共赢”的基础上，加强与东盟的睦邻友好合作。在中国—东盟的共同努力下，双方政治互信明显增强，经贸合作成效显著，其他领域的合作不断拓展和深化，取得了丰硕成果。2003 年，中国加入《东南亚友好条约》，成为加入该条约的第一个区域外大国。同年，中国与东盟建立“面向繁荣与和平的战略伙伴关系”。中国以实际行动向东盟和世界承诺，作为一个正在发展中的大国，中国将永远是东盟各国值得信任与合作的好邻居、好朋友、好伙伴。

中国与朝鲜的传统友好关系不断巩固、发展；与韩国“全面合作伙伴关系”不断深化；与巴基斯坦继续保持和发展全天候友谊，开展全方位合作；2005 年，中印宣布建立面向和平与繁荣的战略伙伴关系，两国关系进入全面发展新阶段；与尼泊尔、不丹、孟加拉国、斯里兰卡、蒙古等近邻关系保持着良好的发展势头。中国以积极的姿态参与阿富汗的重建，恢复发展了中阿传统友谊。

越来越多地通过区域合作机制消弭分歧、和谐相处、发展合作，是中国周边外交的一个新亮点。10 年前，“上海五国”机制建立，启动了“上海合作”进程。5 年前，上海合作组织成立，为中国与中亚国家睦邻互信和互利合作向更高水平迈进搭建了广阔舞台。5 年来，上海合作组织始终坚持并不断弘扬互信、互利、平等、协商，尊重多样文明，谋求共同发展的“上海精神”，赢得了国际社会的普遍赞誉。此外，中国还通过东盟与中日韩合作、东盟地区论坛、亚洲合作对话、中俄印和中日韩等多个多边对话机制,全力促进本地区的睦邻合作。在朝鲜半岛核问题上,中国一直以大局为重,坚持半岛无核化目标,主张通过对话谈判和平解决,并为此坚持不懈地做了大量实实在在的工作。中国始终从战略高度和长远角度看待中日关系,为改善和发展中日关系作出了不懈的努力,促进了中日政治关系的转圜。

中国经济的持续稳定快速发展,既得益于与周边国家的密切合作,也为周边地区带来了新的机遇。有分析家指出,1996年至今的10年中,中国对亚洲经济增长的贡献率达到40%以上。2004年,亚洲发展中国家经济增长率超过了7%,并有望在2005年至2007年维持6%以上的增长水平。有关统计显示,近年来中国年均进口增速达到15%以上,已成为世界第三和亚洲第一大进口市场。2005年中国从亚洲国家和地区的进口总额达到4400亿美元,同比增长20%,占中国进口总额的67%。中国企业的对外投资也在以每年20%以上的速度增长,其中对外投资的80%集中在亚洲地区。未来5年,中国将从亚洲进口超过2万亿美元的商品,市场容量会进一步扩大。

周边国家和地区的发展繁荣,也使中国大受裨益。近年来,中国与周边国家和地区的贸易额始终占外贸总额的60%以上,从周边国家和地区获得的投资多年来占吸引外资总额的70%以上。中国—东盟自贸区从2005年7月全面降税以来,双边贸易总额增长了21.6%。中国—东盟自贸区一旦建成,将会成为亚洲最大的自贸区和世界第三大自贸区。

目前,中国及其周边地区是世界上最富有发展活力和潜力的经济板块,已经是举世公认的事实。中国还向周边国家提供力所能及的援助。中国已向柬埔寨、缅甸和孟加拉国等国推出"亚洲减债计划";在大湄公河次区域经济合作中,给予了资金、技术和市场等方面的全力支持。在2004年印度洋海啸和2005年南亚大地震灾难发生后,中国在第一时间迅速反应,举国动员,开展了空前规模的救援活动。

言必信,行必果。中国以自己的行动,树立起了"与邻为善、以邻为伴"的良好形象。一位外国评论家说,中国"面带微笑和开放市场的承诺融入本地区"。

四

中国正处于和平发展的重要战略机遇期,中国正在努力争取和平的国际环境和良好的周边环境,中国的周边外交政策正在为国际社会探索建立摒弃冷战思维的新型国家关系作出开创性贡献。

目前,中国周边环境处于新中国成立以来较好时期。然而,也应该清醒地认识到,在中国周边地区,有着盘根错节复杂根源的民族和宗教纷争仍不时引发新的矛盾,经济社会发展水平的差异仍然较大,有些领土、领海和海洋权益争端仍未得到根本解决,一些新的热点问题仍时有激化,传统和非传统安全方面的威胁仍未消除,中国周边外交政策在实践进程中仍面临新的考验。

进入21世纪的中国,正在丰富和创新包括周边在内的外交理念,探索着人类文明进步的崭新道路。在那高高扬起的大旗上,写着"和平、发展、合作"六个大字。中国的发展是和平的发展,是合作的发展,也是新兴的发展。正因其新,就有可能遇到疑虑、猜忌甚至遏制。但事实终究胜于雄辩。"德不孤,必有邻"。中国是一个负责任的国家。中国政府所宣示的外交政策是对国际社会的庄严承诺。中国将一如既往,脚踏实地营造持久和平和共同繁荣的和谐世界,不断推动睦邻合作与共同发展,以造福于中国人民,造福于周边国家人民,从而造福于整个人类社会。

"历史的转折——纪念西安事变70周年展"在首都博物馆开幕

为纪念西安事变70周年,追忆著名爱国将领张学良、杨虎城为结束十年内战、促成第二次国共合作、实现全民族抗战所作出的历史性贡献,弘扬中国人民在抗日战争中表现出来的爱国主义精神和民族凝聚力,由中共中央党史研究室第一研究部、中国人民抗日战争纪念馆和西安事变纪念馆联合主办、首都博物馆协办的专题展览"历史的转折——纪念西安事变70周年展",在首都博物馆开幕。

展览共展出历史图片260余张、文物70余件,分为5个部分。第一部分:民族危机、救亡兴起,主要介绍西安事变前的国内形势;第二部分:张杨联共、孕育救亡,主要介绍西安事变爆发前中国共产党和张学良、杨虎城为走共同抗日的道路所做的努力;第三部分:发动"兵谏"、逼蒋抗日,主要介绍西安事变的过程;第四部分:和平解决、历史转折,主要介绍中国共产党为和平解决西安事变作出的努力及西安事变的解决过程;第五部分:国共合作、共赴国难,介绍西安事变和平解决后,国共合作、抗日民族统一战线建立的过程。同时,为了使观众更多地了解张学良、杨虎城的特殊命运,展览还在副线部分介绍了爱国将领张学良、杨虎城生平。

12月12日

国办发出《关于严厉打击非法发行股票和非法经营证券业务有关问题的通知》

各省、自治区、直辖市人民政府,国务院各部委、各直属机构:

近年来,非法发行股票和非法经营证券业务(以下简称非法证券活动)在我国部分地区时有发生,个别地区甚至出现蔓延势头,严重危害社会稳定和金融安全。为贯彻落实公司法和证券法有关规定,维护证券市场正常秩序和广大投资者的合法权益,经国务院同意,现就严厉打击非法证券活动有关问题通知如下:

一、提高认识,统一思想,坚决遏制非法证券活动蔓延势头

非法证券活动具有手段隐蔽、欺骗性强、蔓延速度快、易反复等特点,涉及人数众多,投资者多为退休人员、下岗职工等困难群众,容易引发群体事件。当前,非法证券活动的主要形式为:一是编造公司即将在境内外上市或股票发行获得政府部门批准等虚假信息,诱骗社会公众购买所谓"原始股";二是非法中介机构以"投资咨询机构""产权经纪公司""外国资本公司或投资公司驻华代表处"的名义,未经法定机关批准,向社会公众非法买卖或代理买卖未上市公司股票;三是不法分子以证券投资为名,以高额回报为诱饵,诈骗群众钱财。

地方各级人民政府、国务院有关部门要进一步统一思想,高度重视,充分认识非法证券活动的危害性,增强政治责任感。要完善打击非法证券活动的政策法规和联合执法机制,查处一批大案要案,依法追究有关人员的责任,建立健全防范和打击非法证券活动的长效机制,从根本上遏制非法证券活动蔓延势头。

二、明确分工,加强配合,形成打击非法证券活动的执法合力

为加强组织领导,由证监会牵头,公安部、工商总局、银监会并邀请高法院、高检院等有关单位参加,成立打击非法证券活动协调小组,负责打击非法证券活动的组织协调、政策解释、性质认定等工作。协调小组办公室设在证监会。证监会要组织专门机构和得力人员,明确职责,加强沟通,与相关部门和省级人民政府建立反应灵敏、配合密切、应对有力的工作机制。

非法证券活动查处和善后处理工作按属地原则由各省、自治区、直辖市及计划单列市人民政府负责。非法证券活动经证监会及其派出机构认定后,省级人民政府要负责做好本地区案件查处和处置善后工作。涉及多个省(区、市)的,由公司注册地的省级人民政府牵头负责,相关省(区、市)要予以积极支持配合。发现涉嫌犯罪的,应及时移送公安机关立案查处,并依法追究刑事责任。未构成犯罪的,由证券监管部门、工商行政管理部门根据各自职责依法作出行政处罚。

地方各级人民政府要高度重视,统筹安排,周密部署,建立起群众举报、媒体监督、日常监管和及时查处相结合的非法证券活动防范和预警机制,制订风险处置预案。对近年来案件多发的地区,有关地方人民政府要迅速开展查处、取缔工作,果断处置,集中查处一批典型案件并公开报道,震慑犯罪分子,教育人民群众,维护社会稳定。

三、明确政策界限,依法进行监管

(一)严禁擅自公开发行股票。向不特定对象发行股票或向特定对象发行股票后股东累计超过200人的,为公开发行,应依法报经证监会核准。未经核准擅自发行的,属于非法发行股票。

(二)严禁变相公开发行股票。向特定对象发行股票后股东累计不超过200人的,为非公开发行。非公开发行股票及其股权转让,不得采用广告、公告、广播、电话、传真、信函、推介会、说明会、网络、短信、公开劝诱等公开方式或变相公开方式向社会公众发行。严禁任何公司股东自行或委托他人以公开方式向社会公众转让股票。向特定对象转让股票,未依法报经证监会核准的,转让后,公司股东累计不得超过200人。

(三)严禁非法经营证券业务。股票承销、经纪(代理买卖)、证券投资咨询等证券业务由证监会依法批准设立的证券机构经营,未经证监会批准,其他任何机构和个人不得经营证券业务。

违反上述三项规定的,应坚决予以取缔,并依法追究法律责任。

证监会要根据公司法和证券法有关规定,尽快研究制定有关公开发行股票但不在证券交易所上市的股份有限公司(以下简称非上市公众公司)管理规定,明确非上市公众公司设立和发行的条件、发行审核程序、登记托管及转让规则等,将非上市公众公司监管纳入法制轨道。

四、加强舆论引导和对投资者教育

证监会、公安部等有关部门要指导地方各级人民政府,广泛利用报纸、电视、广播、互联网等传媒手段,多方位、多角度地宣传非法证券活动的表现形式、特点、典型案例及其严重危害,提高广大投资者对非法证券活动的风险意识和辨别能力,预防非法证券活动的发生,防患于未然。

国务院办公厅

2006年12月12日

纪念西安事变70周年座谈会在北京举行

中共中央政治局常委、全国政协主席贾庆林出席座谈会并讲话。

全国政协副主席、中央统战部部长刘延东主持座谈会。全国人大常委会副委员长、民革中央主席何鲁丽,中央党史研究室副主任张启华,张学良将军侄女张闾蘅,杨虎城将军女儿杨拯美先后在会上发言,从不同

角度回顾了张学良、杨虎城两位将军在西安事变中表现出来的爱国主义壮举和为国家、为民族利益不惜牺牲一切的奉献精神,充分表达了海内外中华儿女共襄祖国统一、共谋民族复兴的强烈愿望。

王忠禹、周铁农、陈奎元、张怀西、李蒙、张梅颖等参加了座谈会。

全国政协主席贾庆林在纪念西安事变70周年座谈会上发表讲话

同志们,朋友们:

今天,我们在这里隆重集会,纪念西安事变70周年。

首先,我代表中共中央向张学良和杨虎城两位将军,向在西安事变中作出贡献的爱国志士们,向所有为国家独立和民族解放而奋斗的前辈和牺牲的先烈们,表示崇高的敬意和深切的怀念!

西安事变是中国20世纪具有重大意义的历史事件。1931年日本军国主义发动九一八事变、强占我国东北三省后,加快侵略步伐,加紧进攻华北,企图把中国变成它的殖民地,中华民族面临亡国灭种的威胁。在国家、民族危难的紧要关头,在中国共产党抗日民族统一战线政策的影响和全国人民抗日救亡运动的感召下,张学良、杨虎城两位将军出于民族大义和爱国赤诚,毅然于1936年12月12日在西安发动兵谏,要求蒋介石停止内战,联共抗日。经过中国共产党和张学良、杨虎城两位将军以及国民党内主张抗日的力量和社会各界的共同努力,西安事变获得和平解决,从而基本结束了十年内战的局面,为促成以国共合作为基础的抗日民族统一战线和全面抗战创造了重要历史条件。西安事变的发生与和平解决,成为中国全面抗战这一重要时局转换的枢纽。张学良、杨虎城两位将军也因他们崇高的爱国义举,被誉为"有大功于抗战事业"的中华民族的"千古功臣"。

同志们、朋友们!

西安事变虽然已经过去70年了,但至今仍深深地铭刻在人们的记忆中。张学良、杨虎城两位将军的崇高爱国义举,中国共产党人和中国人民在国家遭受外来侵略、民族濒临危亡面前所表现出的强烈的爱国主义和民族团结精神,充分展现了中华民族的旺盛生命力和强大凝聚力,永远是我们的宝贵精神财富。今天,我们伟大的祖国经济繁荣,社会安定,民族和睦,综合国力日益增强,社会事业全面进步,人民生活显著改善,国际地位不断提高。中国人民正意气风发地前进在全面建设小康社会、构建社会主义和谐社会的时代征程上。伟大而欣欣向荣的时代,更加需要伟大而生生不息的民族精神。只有大力弘扬伟大的民族精神,我们才能实现新世纪继续推进现代化建设、完成祖国统一、维护世界和平与促进共同发展三大历史任务。

我们纪念西安事变,就是要大力弘扬中华民族热爱祖国的精神。西安事变的发生与和平解决充分说明,爱国主义是中华民族克服困难、团结奋进的力量源泉,是凝聚中华民族、推进中国社会发展的巨大精神动力。越是在困难时刻,越是在危急关头,中国人民的爱国主义精神就越发显示出强大的力量。正是这种伟大的爱国主义精神,鼓舞着中国人民万众一心、坚韧不拔地为维护民族尊严和国家主权,为民族独立、人民解放和国家富强而奋斗。在新的历史条件下,面对风云变幻、错综复杂的国际局势,面对前进道路上遇到的各种困难与挑战,我们要高扬爱国主义旗帜,振奋民族精神,把爱国主义同社会主义有机地统一于实现中华民族伟大复兴的实践中,使之成为全民族奋发前进的强大精神支柱。

我们纪念西安事变,就是要大力弘扬中华民族崇尚团结的精神。团结是克服困难、赢得胜利的强大力量,是凝聚人心、成就伟业的重要保证。西安事变后,正是中国共产党团结一切爱国力量,建立起广泛的抗日民族统一战线,推动实现了全面抗战,才最终打败了日本侵略者,取得了近代以来中国人民反抗外来侵略的第一次完全胜利。我们要继续发扬中华民族伟大的团结精神,大力推进社会主义和谐社会建设,促进政党关系、民族关系、宗教关系、阶层关系、海内外同胞关系的和谐,巩固和加强全国各族人民的大团结,巩固和加强海内外中华儿女的大团结,不断把我们的伟大事业推向前进。

我们纪念西安事变,就是要大力弘扬中华民族追求统一的精神。分裂则国运衰,统一则民族兴。这是中国近代历史告诉我们的一个深刻道理。实现祖国完全统一,是中华民族的根本利益所在,也是全体中华儿女的共同愿望和神圣职责。西安事变的和平解决充分说明,各阶层、各党派,不管存在多大分歧,有多少历史积怨,只要坚持爱国,以民族利益和民族大义为重,就一定能团结起来,携手共进。海峡两岸同胞血浓于水,骨肉相亲。两岸关系和平发展、最终实现国家的统一,是中华民族振兴和强盛的根本保证。争取和平统一,共谋复兴大业,有利于包括台湾同胞在内的中华民族的长远发展,理应成为两岸同胞包括各党派、各团体为之奋斗的共同目标。两岸中国人完全可以在一个中国原则的基础上,以中华民族的根本利益为重,以两岸同胞的福祉为重,真诚相待、坦诚相商、精诚团结、热诚合作,推动两岸关系和平发展,促进祖国和平统一。

我们纪念西安事变,就是要大力弘扬中华民族爱好和平的精神。热爱和平是中华民族的光荣传统。西安事变的和平解决就是这一传统的生动体现。当今世界，和平、发展、合作是不可阻挡的历史潮流。我们既要通过维护世界和平来发展自己，又要通过自身的发展来促进世界和平。我们要高举和平、发展、合作的旗帜，始终不渝地奉行独立自主的和平外交政策，坚持走和平发展道路，坚持对外开放的基本国策，坚持实施互利共赢的开放战略，努力发展同世界各国人民的友好交往和合作，推动建设持久和平、共同繁荣的和谐世界，共同创造人类和平与发展的美好未来。

同志们、朋友们！

中华民族经过20世纪从屈辱走向奋起、从落伍走向进步的百年沧桑之后，又迎来了再创辉煌的21世纪。包括大陆同胞、港澳同胞、台湾同胞、海外侨胞在内的全体中华儿女，都应该为自己是中华民族的成员而感到无比自豪，都应该承担起实现中华民族伟大复兴的历史责任，都应该以自己的努力为中华民族发展史谱写新的光辉篇章。让我们更加紧密地团结起来，高举爱国主义旗帜，发扬中华民族的光荣传统和伟大精神，万众一心，团结奋进，为建设富强民主文明和谐的社会主义现代化国家，为早日实现祖国完全统一和中华民族的伟大复兴而努力奋斗！

全国组织部长会议在北京举行

中共中央政治局常委、书记处书记曾庆红在讲话中强调，2007年是深入贯彻落实科学发展观、积极推进社会主义和谐社会建设的重要一年。全国组织战线的同志要围绕中心、服务大局，在全面落实科学发展观和加快构建社会主义和谐社会的实践中大力加强党的执政能力建设和先进性建设，进一步开创党的组织工作的新局面，以优异成绩迎接党的十七大胜利召开。

曾庆红强调，在新的一年，要以"迎接十七大胜利召开和学习贯彻十七大精神"为主线，扎扎实实做好党的组织工作。要以深入学习邓小平理论、"三个代表"重要思想和科学发展观等重大战略思想为重点，进一步抓好党员干部的理论武装工作；要以体现先进性和代表性为出发点，认真做好党的十七大代表选举工作；要以抓好地方领导班子换届工作为切入点，进一步加强领导班子和干部队伍建设；要以地方领导班子换届和党代会代表选举为契机，进一步加强党内民主建设；要以建设宏大的社会工作人才队伍为着力点，进一步加强人才队伍建设；要以贯彻落实保持共产党员先进性四个长效机制文件为抓手，进一步加强党的基层组织建设和党员队伍建设；要以带头践行社会主义核心价值体系为重点，切实加强共产党人的道德建设；要以落实地方各级党委建立健全党建工作领导小组的有关规定为重点，进一步健全和完善党建工作责任制。

曾庆红要求全国组织部门继续加强自身建设，不断提高工作水平。要进一步发扬改革精神，不断推进组织工作创新；要进一步增强政治责任感和使命感，保持奋发进取的精神状态；要进一步改进工作作风，狠抓各项任务的分解和落实；要进一步整合组织资源，充分调动各方面积极性。要弘扬党的组织工作优良传统，进一步树立和展示新时期组工干部政治坚定、本领过硬的形象，公道正派、清正廉洁的形象，奋发进取、开拓创新的形象，实事求是、注重实效的形象，团结协作、艰苦奋斗的形象。

中共中央政治局委员、书记处书记、中央组织部部长贺国强主持会议并讲话。他指出，曾庆红同志的重要讲话对于做好组织工作具有重要指导意义，我们要认真学习贯彻。要坚持以邓小平理论和"三个代表"重要思想为指导，以科学发展观为统领，以"迎接十七大胜利召开和学习贯彻十七大精神"为主线，以做好十七大有关准备工作、地方领导班子换届选举、巩固和发展先进性教育活动成果为重点，统筹做好其他各项工作，为全面建设小康社会、构建社会主义和谐社会提供坚强的组织保证。

各省、自治区、直辖市党委组织部长，副省级城市和新疆生产建设兵团党委组织部长，中央和国家机关各部委、各人民团体有关负责同志和干部(人事)司(局)长，解放军总政治部干部部长和组织部长，武警总部政治部负责同志，部分国有重要骨干企业、金融机构、高等学校党委(党组)分管组织人事工作的负责同志参加了会议。

民盟中央九届五中全会在北京举行

民盟中央九届五中全会12日至13日在京举行。全国政协副主席、民盟中央常务副主席张梅颖主持了会议开幕式。全国人大常委会委员、民盟中央主席蒋树声作了题为《搞好政治交接发挥民盟优势为构建社会主义和谐社会贡献力量》的工作报告。

全会指出，2007年具有重要意义，中共十七大和民盟十大都将在年内召开。全盟将继续深入学习贯彻中共两个五号文件和十六届六中全会精神，积极履行参政党职能，努力为促进经济社会发展和构建社会主义和谐社会建言献策。把促进发展、构建和谐作为参政议政的中心工作，围绕经济社会发展中带有全局性、前瞻性、战略性的重大问题，深入调查研究，在更好地发挥既有优势的同时，不断扩展视野和范围，更加关注经济增长方式的转变、经济结构的调整等经济社会发展中的热点、难点问题。

民盟中央副主席冯之浚、袁行霈、卢强、吴正德、张宝文、王维城、张圣坤、李重庵、郑兰荪、张平、索丽生，秘书长高拴平出席会议。

国务院新闻办发布《中国老龄事业的发展》白皮书

2006年12月·北京

前 言

20世纪末，中国60岁以上老年人口占总人口的比例超过10%。按照国际通行标准，中国人口年龄结构已开始进入老龄化阶段。进入新世纪后，中国人口老龄化速度加快。2005年年底，中国60岁以上老年人口近1.44亿，占总人口的比例达11%。

中国作为世界上最大的发展中国家，如何在老年人口基数增大、人口老龄化加快而且发展不平衡的条件下，保障老年人的合法权益，促进老龄事业的发展，是社会发展中面临的重大问题。

中国政府历来关心和重视老龄事业。多年来，国家大力弘扬中华民族敬老养老的文化传统，采取切实有效措施，积极探索适合中国国情的老龄事业发展模式。特别是近年来，中国政府全面贯彻落实科学发展观，积极应对人口老龄化挑战，把发展老龄事业作为经济社会统筹发展和构建社会主义和谐社会的重要内容，综合运用经济、法律和行政手段，不断推动老龄事业发展。

一、老龄事业国家机制

"老有所养、老有所医、老有所教、老有所学、老有所为、老有所乐"是中国老龄事业的发展目标。近年来，中国政府围绕这一目标，加强老龄法律法规政策建设，制定老龄事业发展规划，健全老龄工作体制，鼓励社会广泛参与老龄事业发展，开展国际交流与合作。

中华人民共和国成立以来，国家颁布一系列包括老年社会保障、老年福利与服务、老年卫生、老年文化教育和体育、老年人权益保障以及老龄产业等多方面内容的法律法规和政策。近20年来，全国人大及其常委会、国务院及其有关部门颁布的老龄法律、法规、规章及有关政策达200余件，初步形成以《中华人民共和国宪法》为基础，《中华人民共和国老年人权益保障法》为主体，包括有关法律、行政法规、地方性法规、国务院部门规章、地方政府规章和有关政策在内的老龄法律法规政策体系框架。

中国政府先后颁布实施《中国老龄工作七年发展纲要(1994—2000年)》《中国老龄事业发展"十五"计划纲要(2001—2005年)》和《中国老龄事业发展"十一五"规划》。国务院有关部门和地方各级人民政府，分别制定本部门老龄工作行动计划和本地方老龄事业发展规划。国家建立督查和评估制度，对规划的实施情况进行期中和期末检查，推动规划的落实。同时，建立老龄事业统计指标体系和老龄统计工作制度，为制定规划和完善督查评估工作提供基础数据。上世纪80年代以来，先后三次进行全国范围的老年人口状况调查，为老龄事业的科学决策提供了重要依据。

国务院成立全国老龄工作委员会，统筹规划和协调指导全国的老龄工作，研究、制定老龄事业发展战略和重大政策，协调和推动有关部门实施老龄事业发展规划，指导、督促和检查各地老龄工作。全国老龄工作委员会主任由国务院副总理担任，成员单位由国家26个部门组成，委员由各成员单位一位副部长级领导担任。委员会下设办公室，负责日常工作。目前，全国已基本建立起省(自治区、直辖市)、地(市、州、盟)、县(市、区、旗)、乡镇(街道)各级老龄工作委员会及其办事机构，村(居)民委员会有专人负责老龄工作，初步形成从中央到地方的工作网络。

国家通过政策和舆论引导等多种形式，积极营造发展老龄事业的社会环境，引导全社会关心、支持和参与老龄事业的发展。充分利用市场机制，引导和扶持企事业单位为老年人提供多样化的产品和服务。广泛动员社会力量，推动全国和地方性涉老社团筹措老龄事业发展基金、组织大型文体活动、开展老龄科研、发展老年教育。推动各地基层群众组织、志愿者队伍丰富老年人精神文化生活，开展各种为老服务。

中国政府先后派出高级别代表团参加联合国召开的第一、第二次世界老龄大会以及有关国际性和地区性老龄会议，成功承办联合国第二次世界老龄大会亚太地区后续行动会议以及一系列国际和地区性老龄会议，参与制定并积极履行国际老龄行动计划及亚太地区老龄行动计划。积极开展老龄领域全球性及区域性的多边和双边交流与合作，加入6个国际老龄组织，与90多个国家和地区的老龄组织建立业务联系。与联合国有关组织、欧盟以及一些国家的政府和非政府组织在老龄科研、老年扶贫以及老年教育等领域开展项目合作。

二、养老保障体系

建立与经济社会发展和人口老龄化水平相适应的养老保障制度，是中国发展老龄事业的重要任务和优先领域。近年来，中国逐步建立健全政府、社会、家庭和个人相结合的养老保障体系，努力保障老年人基本生活。

建立城镇养老保险体系

近年来，中国政府逐步建立覆盖城镇各类企业职工、个体工商户和灵活就业人员的统一的城镇企业职工基本养老保险制度。截至2005年年底，全国基本养老保险参保人数达1.75亿人，其中4367万离退休人员享受养老保险待遇，当年养老保险基金支出达4040亿元人民币。国家建立基本养老金正常调整机制，根据职工工资增长和物价变动情况适时调整企业退休人员基本养老金水平。建立国家机关和事业单位工作人员离退休制度，由国家财政或单位按国家规定标准支付离退休费。

国家多渠道筹集基本养老保险基金，努力增加应对人口老龄化的资金储备，确保企业离退休人员基本养老金的按时足额发放。加强基本养老保险基金征缴，截至2005年年底，全国基本养老保险基金累计结余达4041亿元人民币，当年征缴收入总额达4312亿元人民币。加大财政补助力度，2005年各级财政补助基本养老保险基金651亿元人民币。建立全国社会保障基金，到2005年年底，全国社会保障基金积累资金达2010亿元人民币。

国家积极发展补充性养老保险，引导和扶持有条件的企业为职工建立企业年金，由企业和职工共同缴费，实行基金完全积累，个人账户管理。2005年年底，全国已有2.4万家企业建立企业年金，参加职工达924万人。国家还鼓励开展个人储蓄性养老保险，多渠道加强老年人的生活保障。

探索建立农村养老保障体系

中国老年人口近60%分布在农村。中国政府立足农村经济社会发展水平，积极发挥土地保障和家庭赡养功能，探索建立农村社会养老保障制度，努力保障广大农村老年人的基本生活。

发挥土地养老的保障作用，保护包括广大老年人在内的农民土地承包经营权。《中华人民共和国老年人权益保障法》规定，赡养人有义务耕种老年人承包的田地，照管老年人的林木和牲畜等，收益归老年人所有，以保障老年人的基本生活来源。提倡签订“家庭赡养协议”，规范赡养内容和标准，由村(居)民委员会或有关组织监督协议的履行，以保证老年人享受赡养扶助的权利。目前，中国农村普遍开展了“家庭赡养协议”签订工作，到2005年年底，已签订“家庭赡养协议”1300多万份。

探索建立农村社会养老保险制度。2005年年底，全国已有31个省(自治区、直辖市)约1900个县(市、区、旗)开展了农村社会养老保险工作，5400多万农民参保，积累保险基金约310亿元人民币，300多万参保农民领取养老金，当年支付养老保险金21.3亿元人民币。

积极发展多种形式的保障制度，把农村特殊老年群体优先纳入社会保障范围。对无劳动能力、无生活来源、无法定赡养人、扶养人，或者其法定赡养人、扶养人确无赡养、扶养能力的农村老年人，由国家实施在吃、穿、住、医、葬方面给予生活照顾和物质帮助的“五保”供养制度。目前，全国享受“五保”供养的老年人达460多万人。对执行计划生育政策的农村独生子女或两女户夫妇，在年满60周岁以后，由中央或地方财政安排专项资金，实施计划生育家庭奖励扶助制度。2005年年底，享受该奖励扶助的人群达到135万人。中国政府重视城镇化过程中被征地农民的养老问题，确保被征地农民基本生活和长远生计，逐步将被征地农民纳入社会保障体系。目前已有15个省(自治区、直辖市)出台了被征地农民社会保障办法，约600万人被纳入社会保障范围，筹集资金约500亿元人民币。

建立贫困老年人救助制度

中国政府把缓解和消除老年贫困纳入国家反贫困战略和老龄事业发展规划。国家建立城市居民最低生活保障制度，对人均收入低于当地最低生活保障标准的家庭按标准给予补助。2005年，包括贫困老年人在内的2233万城市贫困人口领取了最低生活保障金，基本实现应保尽保。在农村，国家实施特困户定期定量救助和临时性生活救助制度，在有条件的地区积极探索建立农村最低生活保障制度。目前已有865万农村人口被纳入农村特困户定期定量救助，985万农村人口被纳入农村最低生活保障，其中包括不符合“五保”条件的贫困老年人。国家鼓励有条件的地方建立养老基地，发放养老补贴和高龄津贴，积极改善老年人的生活。地方政府积极组织实施开发式扶贫，扶持低龄、健康、有劳动能力的贫困老年人从事种植、养殖和加工等项目，增强贫困老年人的生产自助能力。积极发挥社会力量在老年贫困救助中的作用，推动各地老年基金会等社会团体、企事业单位和个人开展慈善救助和社会互助，创造结对帮扶、认养助养、志愿服务、走访慰问等多种救助形式，普遍为贫困老年人提供多样化扶助。

三、老年医疗保健

加强老年医疗保障和卫生服务，增进老年期健康，是提高老龄社会全民健康和生命质量的重要内容。中国政府重视加强城乡老年人的医疗保障，加大老年卫生工作力度，发展老年医疗卫生服务，努力保障老年人的基本医疗需求，增进老年人的身心健康。

加强城乡老年人医疗保障

国家建立社会统筹与个人账户相结合的城镇职工基本医疗保险制度，规定退休人员个人不缴纳基本医疗保险费，对个人账户计入金额和个人负担医疗费的比例给予适当照顾。各地普遍将老年常见病、慢性病等大额医疗费用纳入社会统筹基金支付范围，减少退休人员个人的支付比例。2005年年底，全国参加基本医疗保险的退休人员达3761万人。

国家积极采取多种补充性医疗保障措施，努力减轻老年人的医疗费负担。实行公务员医疗补助办法，由财政为包括退休人员在内的国家公务员提供医疗费用补助。政府推动各地建立大额医疗费用补助办法，由个人或企业缴费筹资，为患大病、重病以及长期慢性病的职工及退休人员解决超过统筹基金最高支付限额以上的医疗费用。有条件的企业建立了补充医疗保险，解决基本医疗保险待遇以外的医疗费用。中国政府积极探索建立城市社会医疗救助制度，通过财政拨款、彩票公益金和社会捐助等多种渠道筹集医疗救助基金，对困难群众就医给予补助。到2005年年底，医疗救助试点县(市、区、旗)达1119个，全年累计救助163.3万人次。

从2003年起，国家开始进行个人缴费、集体扶持和政府资助相结合的新型农村合作医疗制度试点工作。到2006年6月底，全国新型农村合作医疗试点县(市、区、旗)扩大到1399个，覆盖农业人口4.95亿，3.96亿农民参加新型农村合作医疗，试点地区老年人参加新型农村合作医疗的比例超过73%；全国共补偿参加新型合作医疗的农民2.82亿人次，补偿资金支出144.12亿元人民币。国家要求各地为70岁以上农村老年人参加新型合作医疗给予适当政策优惠，照顾老年人的特殊需求。积极建立农村医疗救助制度，采取政府拨款和社会捐助相结合筹集救助资金，资助农村"五保"老年人和困难群众参加新型农村合作医疗，对因患大病个人医疗费负担过高、影响家庭基本生活的贫困农民给予适当补助，在一定程度上缓解了老年人基本医疗困难。目前31个省(自治区、直辖市)全部建立了农村医疗救助制度，2005年农村实施医疗救助达1112万人次，救助资金总支出10.8亿元人民币。

中国积极开展针对老年人的专项医疗救助和康复救助活动。通过实施国家残疾人事业发展纲要，开展以西部地区为重点的"让老年人重见光明行动"项目等，为约600万名老年白内障患者实施复明手术，并为边远贫困地区的老年缺肢者、听力障碍者免费装配假肢、验配助听器，帮助贫困、残疾老年人恢复或补偿功能。

发展老年医疗卫生服务

国家加强对老年医疗卫生工作的规划和领导。制定实施《老年医疗保健"八五"规划(1991—1995年)》，两次颁发加强老年卫生工作的政策性文件，把老年医疗保健工作纳入《全国健康教育与健康促进工作规划纲要(2005—2010年)》《中国护理事业发展规划纲要(2005—2010年)》《中国精神卫生工作规划(2002—2010年)》等一系列卫生工作发展规划。成立全国老年卫生工作领导小组和老年卫生工作专家咨询委员会，加强对全国老年卫生工作的指导协调和科学决策。

国家鼓励有条件的大中型医疗机构开设老年病专科或老年病门诊，积极为老年人提供专项服务。根据区域卫生规划，建立能够提供老年病防治、老年康复和临终关怀等服务的医疗卫生服务机构。各地医疗机构普遍为70岁以上老年人提供了挂号、就诊、取药、住院等方面的优先优惠服务。2006年，国家颁布实施《国民经济和社会发展"十一五"规划纲要》，把实施爱心护理工程，加快发展面向高龄病残老年人的护理服务设施纳入规划重点。

加快建设城市社区卫生服务体系，推动各地把老年医疗保健纳入社区卫生工作重点，努力为老年人提供安全、有效、便捷、经济的卫生服务。各地积极引导基层医疗卫生机构向社区卫生服务机构转型，开展老年保健、医疗护理和康复等服务。截至2005年年底，全国城市已设立社区卫生服务中心(站)1.5万多个，95%的地级以上城市、86%的市辖区和一批县级市开展了城市社区卫生服务。基层医疗机构根据老年人的特殊需求，提供家庭出诊、家庭护理、日间观察、临终关怀等服务。老年人的部分基本健康问题在社区得到解决。

国家针对老年人健康特点，积极开展卫生保健宣传。利用广播、电视、报刊、社区宣传栏等多种形式宣传普及老年期养生和保健常识。各级医院常年面向所在社区开办健康讲座，为慢性病患者开健康处方。国家制定健康老年人标准，开展全国健康老年人评选活动，积极推广科学、健康的生活方式。加强心脑血管病、糖尿病等慢性疾病的三级预防工作，制定高血压、糖尿病的防治指南和管理方案并逐步推广，促进老年慢性疾病的早期发现、早期诊断和早期治疗。从1991年起，中国政府开始把老年病防治研究工作纳入国家科技计划。目前，全国从事老年病防治研究的机构达50多家。

推动老年群众性体育健身活动

中国政府大力推动老年群众性体育健身活动，努力增强老年人体质，提高健康水平。2005年年底，全国县以上各级行政区划、70%的城市社区和50%的农村乡镇建立了老年人体育协会，加强对老年群众体育活动的组织和指导。近年来，国家实施"全民健身工程"，加强公益性体育健身场地和设施建设，为老年人开展体育健身活动提供场所。目前，全民健身工程(点)已建成3万多个。从2001年起，中国组织实施了"亿万老年人健身活动"，吸引更多老年人参加到体育健身行列中来。目前，全国参加经常性体育健身活动的老年人达5800多万人。

四、为老社会服务

加快为老社会服务体系建设，是保障老年人不断增长的社会服务需求的重要举措。近年来，中国政府大力发展社区为老服务，不断改善老年人居家养老的支持环境。同时,积极推进机构养老服务,努力满足老年人多样化的为老社会服务需求,初步形成以居家养老为基础、社区服务为依托、机构养老为补充的为老社会服务体系。

国家颁布《关于在全国推进城市社区建设的意见》《关于加强和改进社区服务工作的意见》等一系列政策文件,采取积极措施,加大投入力度,加强社区建设与服务工作,为包括广大老年人的社区居民提供多种便民利民服务,使老年人居家养老的服务环境不断改善。2005 年年底,全国城市社区服务设施达到 19.5 万处,综合性社区服务中心 8479 个。各地采取上门服务、定点服务和巡回服务等方式,为老年人提供生活照料、家政服务、紧急救援以及其他便利老年人的无偿、低偿服务项目。从 2001 年起,中国政府连续三年实施建设社区老年福利服务设施的“星光计划”,总投资 134 亿元人民币,建成“星光老年之家”3.2 万个,涵盖老年人入户服务、紧急援助、日间照料、保健康复和文体娱乐等多种功能,受益老年人超过 3000 万。2005 年,全国平均每个街道有 1.32 个城市老年福利机构,每 9.8 个社区居委会有 1 个城市老年福利机构。

近年来,国家加大资金投入,在城镇建立面向“三无”老人(无劳动能力、无生活来源、无法定赡养人、扶养人,或者其法定赡养人、扶养人确无赡养、扶养能力的城市老年人)的社会福利院,大力发展老年公寓、养老院和老年护理院,为不同经济状况和生活能力的老年人,特别是高龄病残人群提供机构养老服务;在农村加强敬老院建设,为“五保”老人提供集中供养场所和生活服务。颁布《关于加快实现社会福利社会化的意见》《关于加快发展养老服务业的意见》等政策文件,鼓励和调动社会力量,采取公建民营、民办公助、政府补贴、购买服务等多种形式,推动养老机构较快发展。2005 年年底,全国城乡有社会福利院、敬老院、养老院、老年公寓和老年护理院等养老服务机构 39546 个,总床位 149.7 万张,其中农村乡镇敬老院 29681 个,总床位 89.5 万张。国家加强对养老服务机构的规范化管理,先后颁布了《国家级福利院评定标准》《社会福利机构基本规范》等规范性文件,努力提高机构养老服务质量和水平。

国家通过学校教育、在职教育和岗位培训等形式,培养为老服务需要的管理和服务人才。国家颁布《社会工作者职业水平评价制度暂行规定》和《社会工作者职业水平考试实施办法》,鼓励和吸引专业社会工作者和高等院校社工专业毕业生到福利服务机构工作。政府发布养老护理员职业目录,颁布实施国家职业标准,加强养老服务队伍的专业化和规范化建设。2005 年年底,取得养老护理员资格的为老服务人员近 2 万人。发展志愿者组织,在全国范围开展志愿者为老服务“金晖行动”,组织动员广大青少年和其他社会公众加入为老服务志愿者行列,通过与养老机构和居家老年人结对帮扶等形式,为老年人提供生活照料、医疗保健、法律援助等多方面服务。截至目前,全国共有 1300 万人次的志愿者为 280 多万名老人提供了超过 6.3 亿小时的志愿服务,建立志愿者为老服务站 6 万多个。

五、老年文化教育

发展老年文化教育是提高老年人精神文化生活水平的要求。中国重视发展老年文化教育事业,丰富老年人的精神文化生活,不断满足老年人精神文化需求。

中国政府在大中城市逐步建立设施完备、功能齐全的综合性老年活动中心,在县(市、区、旗)建立老年文化活动中心,乡(镇)、街道设立老年活动站(点),基层村(社区)开设老年活动室。到 2005 年年底,城乡老年文体活动设施达 67 万多个。各级政府在原有或新建的公益性文化设施中开辟老年人活动场所,有关部门管辖的文化活动场所也积极向老年人开放。国家财政支持的图书馆、文化馆、美术馆、博物馆、科技馆等公共文化服务设施以及公园、园林、旅游景点等公共文化场所向老年人免费或优惠开放。老年人社会文化生活的条件不断改善。

国家积极提供符合老年人特点的精神文化产品。中央和省级广播电台、电视台开办老年节目或老年栏目。2005 年年底,全国共出版老年类报纸 24 种,期发行量 280 万份;老年类期刊 23 种,期发行量 305.8 万册。文艺、影视、戏剧和出版界创作了大量老年人喜闻乐见的文艺作品。各级文化部门积极组织文艺团体深入基层,创作和表演深受老年人欢迎的文艺节目。大力提倡和扶持各种有益于老年人身心健康的文化娱乐活动,国家财政每年拨专款支持举办全国老年文艺演出、中国老年合唱节等大型活动,开展国际间老年文化艺术交流。各地经常组织开展形式多样、健康向上的社区老年文化活动。群艺馆、文化馆、文化站等公共文化机构加强对老年文化活动的指导,培养了大批老年业余文艺骨干,在活跃和丰富广大老年人精神文化生活中发挥了重要作用。城乡老年群众文艺活动组织迅速发展,成为老年群众性文化活动的中坚力量。

国家重视保障老年人受教育权利,加大投入,积极扶持,推动老年教育事业迅速发展。各级政府、有关部门和企事业单位创办了一批示范性老年大学,同时依托省、市、县各级现有群众文化设施多渠道、多层次发展老年教育,努力实现“县县有老年大学”的目标,并逐步向社区、乡镇延伸。一些地方充分运用现代传媒手段,开办面向老年人的电视和网络学校,扩大老年教育覆盖面。目前已初步形成多层次、多形式、多学制、多学科的老年教育体系。老年人通过学习达到了增长知识、丰富生活、陶冶情操、增进健康、服务社会的目的。2005年年底,中国的老年大学(学校)已发展到2.6万多所,在校学员230多万人。

六、老年人参与社会发展

国家重视和珍惜老年人的知识、经验和技能,尊重他们的优良品德,积极创造条件,发挥老年人的专长和作用,鼓励和支持老年人融入社会,继续参与社会发展。

《中华人民共和国老年人权益保障法》设专章保障老年人参与社会发展的权益。中国颁布的老龄事业发展计划或规划都把鼓励老年人参与社会发展作为重要内容,并为发挥离退休高级专家和专业技术人员作用制定专项政策。在城镇,各级政府根据经济、社会和科技发展需要,引导老年人参与教育培训、技术咨询、医疗卫生、科技应用开发以及关心教育下一代等活动。在农村,鼓励低龄健康老年人从事种植、养殖和加工业。据有关统计,在老年人口中,城市曾参加社会公益活动的老年人占38.7%,继续从事有收入工作的老年人占5.2%;农村老年人从事农业劳动的占36.4%。从2003年起,国家开始组织以老年知识分子发挥科技知识和业务专长援助西部地区和本地欠发达地区为主要内容的"银龄行动",目前已在24个省(自治区、直辖市)为受援地群众治病20多万人次,培训医务骨干和中小学教师3.8万人。在全国范围内实施"爱心助成长"志愿服务计划,以健康低龄老年人为主体组成志愿者队伍,广泛开展德育行动、宣讲行动、监察行动、护苗行动和关爱行动,帮助青少年解决学习、生活、心理等问题,目前该计划已在全国100多个城市展开。

在政府的引导和扶持下,中国老教授协会、老科技工作者协会、老年法律工作者协会等全国性老年社会团体已发展到13家,分会遍及全国各地。中国老教授协会和老科技工作者协会的个体会员数量超过65万人。各地成立了退休工程师协会、老教育工作者协会、离退休医务工作者协会等一批以老年知识分子为主体的社会团体,组织老年知识分子继续为社会经济发展作贡献。各地重视城乡基层老年群众组织建设,2005年年底,城市社区和农村老年人协会发展到31.7万个,在组织广大老年人参与基层社区建设、社会公益活动和维护老年人自身权益等方面发挥了积极作用。

近年来,国家颁布《城市道路和建筑物无障碍设计规范》,制定《无障碍设施建设工作"十五"实施方案》以及《民用机场旅客航站区无障碍设施设备配置标准》《铁路车站及枢纽设计规范》《铁路旅客车站建筑设计规范》《铁路站场客货运设备设计规范》等一系列标准规范,大中城市道路、车站、机场、商场、公交站点、住宅居住区和其他公共建筑的无障碍设施建设发展较快,老年人安居和参与社会生活的设施环境不断改善。开展了创建全国无障碍设施建设示范城(区)活动,北京、上海、天津等12个城市被确定为首批全国无障碍设施建设示范城(区)创建城市。

七、老年人合法权益保障

国家尊重和保护老年人合法权益,充分运用法律和道德等手段,加强老年人权益保障工作,促进老年人各项合法权益的实现。

《中华人民共和国宪法》规定:"中华人民共和国公民在年老、疾病或者丧失劳动能力的情况下,有从国家和社会获得物质帮助的权利";"成年子女有赡养扶助父母的义务";"禁止虐待老人、妇女和儿童"。《中华人民共和国老年人权益保障法》《中华人民共和国民法通则》《中华人民共和国继承法》《中华人民共和国婚姻法》《中华人民共和国刑法》《中华人民共和国治安管理处罚法》等基本法律,都明确了老年人的权利以及侵害老年人权利应承担的法律责任。目前,全国已有30个省(自治区、直辖市)制定实施了保护老年人合法权益的专项地方性法规。国家在社会生活中充分尊重和照顾老年人。2005年发布的《关于加强老年人优待工作的意见》,在经济供养、医疗保健、生活服务、文体休闲和维权服务等方面提出了对老年人实行优先优惠服务和照顾的要求。目前,各省(自治区、直辖市)都制定了对老年人实行优待的政策,使老年人充分享受到社会的尊重和关爱。

人民法院认真审理虐待、遗弃、伤害老年人的刑事案件,依法制裁侵犯老年人人身和财产权利的犯罪行为。对老年人因养老、医疗等纠纷提起的诉讼,予以优先立案、优先审理和优先执行。部分基层人民法院设立了专门处理涉老民事纠纷案件的"老年法庭",建立了涉老案件陪审员制度。最高人民法院制定有关司法救助的规定,对贫困老年人的诉讼费用实行缓交、减交和免交。2005年,3万多名老年人获得司法救助。公安机关依法严厉打击各种侵害老年人合法权益的违法犯罪活动,有力保护老年人的人身和财产安全。司法行政部门积极做好老年法律援助和法律服务工作。各地法律援助和法律服务机构为老年人提供优先或优惠服务。遍布城乡的基层人民调解组织在调解涉老纠纷、保护老年人权益方面发挥了重要作用。2001年至2005年,法律服务机构平均每年为老年人提供法律援助4万多件,代理诉讼和非诉讼法律服务40多万件,调解涉老纠纷40多万件。

各级人大常委会定期或不定期开展执法检查,推动政府有关部门依法履行职责,落实老年人的各项合法权益。2001 年至 2005 年,全国县级以上人大常委会开展老龄法律法规的执法检查达 3000 余次。各级人民政协履行民主监督职能,为政府改进老年人权益保障工作建言献策。2001 年至 2005 年,全国政协委员提出涉老提案近 1000 件。各级政府部门加强信访工作,畅通群众监督的渠道。老年人通过信访主张自己的权利,反映意见和建议。2005 年,全国老龄工作机构共受理老年人来信来访近 40 万件(次)。新闻媒体围绕老年人权益保障问题开展多种形式的舆论监督。

中国政府重视老龄法律法规政策的宣传普及工作,把《中华人民共和国老年人权益保障法》纳入"三五"(1996—2000 年)、"四五"(2001—2005 年)和"五五"(2006—2010 年)普法计划,开展了形式多样的宣传学习活动,强化全社会维护老年人合法权益的法律意识和老年人的自我保护意识。各级政府采取多种形式,大力弘扬中华民族敬老养老的优良传统,提高社会的敬老意识和水平。各地普遍设立老人节或敬老日,在每年中国传统节日重阳节和本地敬老节日期间,政府有关部门积极组织大型宣传教育活动和敬老活动。各地把青少年作为宣传教育的重点,将敬老教育内容纳入中小学教学课程,在青少年中开展"敬老爱老助老主题教育活动",弘扬敬老养老的社会风尚。

中国的老龄事业取得的成就有目共睹。但是,作为有着 13 亿人口的发展中国家,中国的老龄事业还存在着问题和不足。例如,老龄法律法规还不够健全,侵害老年人合法权益的现象时有发生;社会保障制度尚需完善,一些城镇生活困难老年人的保障水平较低,部分农村老年人口的贫困问题还比较突出;全社会尊老敬老的社会氛围有待于进一步形成,等等。在中国,解决好老龄问题,促进老龄事业不断发展,任务十分艰巨。当前,中国老年人口正以年均约 3% 的速度增长,面对日益严峻的人口老龄化挑战,中国政府将积极采取更加有效的战略措施,努力推动老龄事业与经济社会协调发展,促进老年人共享经济社会发展成果。

我国第一张国家风险地图绘制完成

中国出口信用保险公司推出新版《国家风险分析报告(2006)》,对除中国之外全球 190 个主权国家的风险状况作了多层面描绘并给出风险评级,为我国出口企业的贸易投资安全提供重要参考。至此,我国首张国家风险地图绘制完毕,首个国家风险分析体系也全面建立。

据悉,这份国家风险地图分为"国家基本信息""政治状况""经济形势""投资状况""双边关系""总体风险评估"六大部分。

宝钢试制成功目前世界上最高强度等级的管线钢

至此,宝钢成为全球第四家实现 X120 管线钢试生产的企业。这不仅是宝钢管线钢制造技术的又一次飞跃,也将进一步提升宝钢管线钢的国际竞争力。

随着近年来天然气使用量的不断增加,输气管线的发展速度已经超过输送石油等液体管线的速度。由于天然气田大多集中在荒漠、极地冻土带以及海洋等边远地区,对管线钢的可靠性和经济性提出了更高要求。管道用钢的强度越高,壁厚和口径可在不影响输气安全的前提下相应减少,大大节约了长距离天然气输送管线的用钢量,还可带来施工费用、焊接材料等综合成本的下降。因此,近二三十年来,现代管线钢不断向超高强度方向发展,X120 是迄今为止等级最高的管线钢。

12 月 13 日

国家主席胡锦涛在人民大会堂会见美国前总统乔治·布什

胡锦涛赞赏布什为中美关系发展作出的重要贡献。他说,近年来,中美两国领导人交往密切,各级别对话交流活跃,经贸合作势头强劲,双方在执法、文化、教育、科技、两军等领域的交流与合作不断扩大。中美建设性合作关系的建立和发展,为新世纪的中美关系注入了新的活力,开辟了新的前景。

胡锦涛表示,中美作为世界上有重要影响的国家,在维护地区和世界的和平与稳定、促进本国和世界经济的增长与繁荣方面,都拥有广泛而重要的共同利益。中美双方应立足大局,着眼长远,从战略高度认识和把握两国关系,不断巩固两国关系发展取得的成果,妥善处理彼此的分歧和关切,推动中美建设性合作关系健康稳定向前发展。

外交部副部长戴秉国、对外友协会长陈昊苏、中国改革开放论坛理事长郑必坚、美国驻华大使雷德等参加了会见。

第二次全国农业普查电视电话会议在北京召开

国务院副总理、国务院第二次全国农业普查领导小组组长回良玉在会上强调,开展农业普查,全面真实掌握"三农"基本情况,是党中央、国务院科学制定农业、农村政策的重要基础,是推进社会主义新农村建设、构建社会主义和谐社会的一项重要工作,也是一项重大的国情国力调查。各地区、各部门要进一步深化认识、细化工作、实化举措、强化领导,集中精力做好各项准备,精心组织好现场调查登记,依法普查,保证质量,确保圆满完成农业普查任务。

回良玉指出，现在我国农业农村发生了重大而深刻的变化，需要通过农业普查来全面了解和掌握变化了的情况，这对于推进农村经济发展、社会进步和民主政治建设都具有十分重要的意义。国务院决定开展第二次全国农业普查以来，各地区、各部门按照"全国统一领导、部门分工协作、地方分级负责、各方共同参与"的原则，全面落实《全国农业普查条例》和国务院的有关要求，认真制订普查方案，组织选调普查队伍，精心进行业务准备，深入开展宣传动员，认真落实普查经费，农业普查现场调查的准备工作基本就绪。

回良玉强调，第二次全国农业普查现场调查登记即将在2006年12月31日全面展开，各地区、各有关部门要高度重视，对农业普查工作进行战前动员和部署，坚决打好现场调查攻坚战。数据质量是普查的生命，要严格依照《统计法》和《全国农业普查条例》的规定开展农业普查，确保农业普查数据的真实性和准确性。要狠抓工作重点和薄弱环节，切实抓好正在进行的清查摸底工作，为现场登记做好准备。要精心组织好现场调查登记工作，及时派出工作组深入基层进行指导，强化调查登记阶段的质量控制。要抓好农业普查的宣传，进一步形成各级领导支持普查、全社会了解普查、普查对象积极配合普查的局面。对于普查过程中出现的弄虚作假行为，要依法依纪严肃查处并追究责任。同时，要抓紧做好普查数据处理的各项准备工作，按期完成数据处理任务，为各级党政领导和社会公众提供全面翔实的普查成果。

国务院第二次全国农业普查领导小组组成人员、领导小组办公室组成人员和有关方面的负责同志在北京的主会场参加了会议。省、市(地)、县各级普查领导小组组成人员和办公室组成人员在当地分会场参加了会议。

教育部大力实施"质量工程"

据《人民日报》报道：教育部副部长吴启迪日前在"提高教学质量深化教学改革工作研讨会"上讲话时指出，2003年开始启动并实施的"高等学校教学质量与教学改革工程"，是教育部把高等教育发展的战略重点转移到提高教育质量上来的重大举措。"质量工程"实施以来主要采取了以下重要举措：

——开展"高等学校教学名师奖"的评选表彰。2003年和2006年，分别评选、表彰了两届共200名教学名师奖获奖教师，激励教授讲授本科基础课程。

——启动"国家精品课程"建设项目。计划用五年时间(2003—2007年)建设1500门利用现代信息技术手段将课程相关内容上网并免费开放的国家级精品课程。到2005年年底，已评审产生了765门国家精品课程。

——推动大学英语教学改革。改革围绕着一个总目标，即全面提高大学生的英语综合应用能力，使我国的大学生在毕业时能达到基本听懂英文广播、能进行简单的英语交流和具备一定程度的写作与翻译能力。

——积极开展高等学校本科教学评估工作。建立了五年一轮的教学评估制度。2003—2005年，完成了对171所本科院校、101所高职高专院校和294所独立学院的教学工作水平评估和专项教学工作检查。

——实施"对口支援西部地区高等学校计划"。该计划从2001年由北京大学、清华大学等13所国内一流大学对口支援西藏、新疆等西部地区共13所高等学校，目前对口支援的范围已经扩大到26对。

——启动高等学校实验教学示范中心建设项目。至2007年，将分批建立100个左右国家级实验教学示范中心，形成国家级、省级两级实验教学示范体系。

——加强人才培养基地建设。已建设了35个示范性软件学院，36个国家生命科学与技术人才培养基地，9个集成电路设计人才培养基地和35个示范性软件职业技术学院，批准重点建设了180个高职高专实训基地。

我国科学家发现最早会飞的哺乳动物

据《人民日报》报道：我国科学家最新的研究成果表明：至少在1.25亿年前，能够在空中飞行的哺乳动物就已经出现了。这一发现将飞行哺乳动物的历史推前了至少7000万年，此前最早的记录是大约5100万年前的蝙蝠化石。

《中国民俗志》(县卷本)合作出版签约仪式在北京举行

这是有史以来第一部以县立卷的民俗志丛书。成都时代出版社将独家承担该项目全部3000卷志书的出版发行任务，计划历时6年完成。

由中国文联、国家新闻出版总署、中国民间文艺家协会联合主办的"中国民间文化遗产抢救工程"是国家社科基金特别委托项目，2003年被列入文化部、国家民委、中国文联、财政部联合实施的中国民族民间文化保护工程。

12月14日

国务院总理温家宝在中南海紫光阁会见国际大学生体育联合会主席基里安一行

全国政协主席贾庆林在北京会见由党主席额勒贝

格道尔吉率领的蒙古民主党代表团

全球华侨华人促进中国和平统一大会在澳门举行

中共中央政治局常委、全国政协主席、中国和平统一促进会会长贾庆林致信对大会召开表示祝贺。

全国政协副主席、中央统战部部长、中国和平统一促进会执行副会长刘延东出席大会并发表题为《携手同心,共促祖国和平统一大业》的讲话。刘延东说,长期以来,特别是新世纪以来,世界各地的中国和平统一促进会或类似组织,广泛团结世界各地华侨华人,努力推动形成海内外中华儿女共同反分裂、反"台独"、促统一的良好局面,成为团结联系海内外同胞的重要桥梁,成为全球反"独"促统运动的一面鲜明旗帜,成为推进祖国完全统一大业的重要力量。在新的历史条件下,我们要紧紧抓住时代赋予的机遇,心系祖国,情牵两岸,弘扬文化,共促和谐,巩固海内外中华儿女的大团结大联合,为实现祖国完全统一和中华民族伟大复兴作出新的贡献。

此次在澳门举行的全球华侨华人促进中国和平统一大会,是新世纪以来继柏林、华盛顿、东京、悉尼、莫斯科、曼谷、维也纳等大会之后第一次在中国境内举办的盛会。来自全球50个国家和地区的1000余名代表相聚一堂,共同抒发中华儿女的爱国情怀,畅谈两岸关系和平发展,展望祖国和平统一的光明前景。

澳门特别行政区行政长官何厚铧、中央政府驻澳联络办主任白志健、中国和平统一促进会秘书长梁金泉,中央国家机关有关部门、民革中央、台盟中央及有关团体负责人,澳门特区有关方面人士出席会议。

中共中央政治局常委李长春在北京会见由根·安·久加诺夫率领的俄罗斯联邦共产党代表团

首次中美战略经济对话在人民大会堂开幕

中国国家主席胡锦涛的特别代表、国务院副总理吴仪同美国总统布什的特别代表、财政部长保尔森共同主持对话。

吴仪在开幕式上发表致辞指出,建立中美战略经济对话机制,是胡锦涛主席和布什总统达成的重要共识,是中美经济关系中的一件大事。中美两国经济互补性强,经贸关系非常密切。在经济全球化深入发展的今天,加强中美在经济领域的战略对话,着重讨论两国共同关心的全局性、战略性、长期性宏观经济问题,有利于增信释疑,有利于促进两国经贸合作和中美建设性合作关系,对世界经济持续发展也必将产生积极影响。双方应该本着坦诚务实的精神开展对话,做到长远与现实、战略与具体、全局与局部的适度结合,相互尊重、坦诚相见、平等相待、求同存异,努力寻求合作共赢的结果,使中美战略经济对话会取得成功,从而为中美两国建设性合作关系夯实基础。中方愿同美方共同努力,争取首次对话取得成功,推动中美经贸合作关系和中美建设性合作关系进一步健康发展。

在随后举行的专题会议上,吴仪就"中国的发展道路和中国经济发展战略"主题,发表了题为《中国的发展道路》的主旨演讲。她指出,中国坚持走和平发展的道路,坚持以经济建设为中心,集中精力致力于国内发展,坚持走新型工业化道路,坚持改革开放。她强调,中国走和平发展道路,就是既充分利用世界和平发展自己,又以自身的发展促进世界和平。中国的发展是和平的发展、开放的发展、合作的发展、和谐的发展。中国主张保持发展模式多样性,主张推动各种发展模式优势互补,中国的发展对世界不是威胁而是机遇,是一种促进世界经济发展的力量。中国是一个有13亿人口的发展中大国,中国经济的持续发展和社会的和谐、稳定是对世界和平与发展的最大贡献。中国人民愿同世界各国人民一道,共同推动建设持久和平、共同繁荣的和谐世界。

首次中美战略经济对话的主题为"中国的发展道路和中国的经济发展战略",双方将就城乡均衡发展,经济的可持续增长,促进贸易和投资,能源、环境和可持续发展等问题开展对话,进行广泛而深入的讨论。

全国妇联九届四次执委会在北京举行

中共中央政治局委员、全国人大常委会副委员长王兆国出席会议并讲话。

会上,首先由全国妇联副主席、书记处第一书记黄晴宜传达了中共中央书记处领导同志在听取全国妇联党组工作汇报后的重要指示精神。

王兆国代表党中央充分肯定了妇联组织一年来取得的工作成绩。他指出,各级妇联组织要深刻领会党的十六届六中全会和中央经济工作会议精神,深入开展"双学双比""巾帼建功"等活动,不断创新活动形式、充实活动内容,努力推动国民经济实现又好又快的发展。要以创建和谐家庭、和谐社区为重点,带领广大妇女广泛参与和谐创建活动,自觉弘扬社会公德、职业道德、家庭美德。要大力实施"女性素质工程",引导广大妇女努力成为"四有""四自"的时代新女性。要以广大妇女最关心、最直接、最现实的利益问题为重点,加强源头参与,拓宽维权渠道,建立健全利益协调、诉求表达、矛盾调处、权益保障机制,切实维护妇女儿童的合法权益。要以改革的精神不断加强各级妇联组织建设,进一步扩大覆盖面、增强凝聚力,不断提高妇联工作的整体水平。

全国人大常委会副委员长、全国妇联主席顾秀莲在会上讲话。她指出，各级妇联要努力促进广大妇女在和谐社会建设中共同发展。要引导和帮助妇女强化主体意识、提高参与能力，在推动科学发展、促进社会和谐中切实发挥主观能动作用。要促进男女平等发展，促进家庭与社会的良性互动，促进未成年人的健康成长，着力构建社会化的妇女工作体系，努力开创中国妇女事业的辉煌未来。

全国妇联副主席黄晴宜在会上作了工作报告。

张定发逝世

中国共产党的优秀党员，久经考验的忠诚的共产主义战士，中国人民解放军的优秀军事指挥员、海军现代化建设的优秀领导者，中央军委委员、海军原司令员张定发同志因病医治无效，于12月14日3时30分在北京逝世，享年63岁。

张定发同志1960年7月从上海市入伍，1964年3月加入中国共产党。历任潜艇艇长、潜艇支队副支队长，海军北海舰队参谋长助理，海军某基地参谋长，海军北海舰队参谋长、副司令员，济南军区副司令员兼海军北海舰队司令员，海军副司令员，军事科学院院长等职。是中共第十五届、十六届中央候补委员。2004年9月晋升海军上将军衔。

12月15日

国家主席胡锦涛在人民大会堂会见出席中美战略经济对话的美方代表

胡锦涛积极评价当前的中美关系，祝贺首次中美战略经济对话取得成功。在谈到中美经贸关系时，胡锦涛说，中美经贸关系是当今世界发展最快、最重要的经贸关系之一。在经济全球化趋势加快发展的大背景下，中美经贸关系越来越密切，经贸合作越来越广泛。双方应本着互利共赢、共同发展的精神，把两国经贸合作的良好势头保持和发展下去。同时应通过坦诚对话、友好协商，以积极的态度处理两国经贸合作中存在的问题，在更高层次、更广领域推进两国经贸合作，共同开创中美经贸关系更加美好的未来。

在谈到中美战略经济对话时，胡锦涛说，中美战略经济对话，既加深了相互了解，也为双方的合作提供了新的契机，不仅有利于继续推进中美经贸合作，而且对地区和世界经济的稳定发展也将产生积极影响。胡锦涛表示，中美战略经济对话刚刚起步，还有大量工作有待深入，希望双方充分利用好这一新的工作平台，认真总结经验，加强沟通协调，努力使这一机制越办越好，为全面推进中美建设性合作关系作出更大贡献。

国务院副总理吴仪、国家发展和改革委员会主任马凯等参加会见。

十届全国人大常委会五十四次委员长会议在人民大会堂举行

会议决定，十届全国人大常委会第二十五次会议于12月24日至29日在北京召开。

全国人大常委会委员长吴邦国主持今天的委员长会议。

根据委员长会议建议的议程，本次常委会会议将首次审议企业所得税法草案。此前，国务院依法将这一法律草案提请全国人大常委会审议。

委员长会议建议十届全国人大常委会第二十五次会议的议程还包括：继续审议未成年人保护法修订草案、物权法草案、劳动合同法草案；审议全国人大常委会委员长会议关于提请审议十届全国人大五次会议关于十一届全国人大代表名额和选举问题的决定草案的议案、关于提请审议香港特别行政区选举十一届全国人大代表的办法草案的议案、关于提请审议澳门特别行政区选举十一届全国人大代表的办法草案的议案、关于提请审议全国人大常委会关于召开十届全国人大五次会议的决定草案的议案；审议国务院关于提请审议批准保护和促进文化表现形式多样性公约的议案、关于提请审议加入世界知识产权组织版权条约的议案、关于提请审议加入世界知识产权组织表演和录音制品条约的议案、关于提请审议批准关于修改2002年6月7日在圣彼得堡(俄罗斯联邦)签署的上海合作组织宪章的议定书的议案、关于提请审议批准中国和葡萄牙关于刑事司法协助的协定的议案。

根据委员长会议的建议，十届全国人大常委会第二十五次会议还将审议国务院关于矿产资源合理利用、保护和管理工作的报告，关于当前水环境形势和水污染防治工作的报告，关于推进国有商业银行股份制改革、深化金融体制改革工作的报告；审议全国人大常委会执法检查组关于检查民族区域自治法实施情况的报告、关于跟踪检查有关农业法律实施情况的报告；审议全国人大法律委员会、教育科学文化卫生委员会、外事委员会、环境与资源保护委员会、农业与农村委员会关于十届全国人大四次会议主席团交付审议的代表提出的议案审议结果的报告；听取全国人大常委会办公厅关于十届全国人大四次会议代表建议、批评和意见处理情况的报告，听取水利部关于十届全国人大四次会议代表建议、批评和意见办理工作情况的报告；审议全国人大常委会代表资格审查委员会关于个别代表的代表资格的报告；审议有关任免案等。

委员长会议上，全国人大常委会副委员长兼秘书长盛华仁作了关于十届全国人大常委会第二十五次会议议程草案和日程安排意见的汇报、关于召开十届全国人大五次会议的决定草案的汇报。全国人大有关专门委员会负责人、全国人大常委会有关方面负责人分别就委员长会议建议的十届全国人大常委会第二十五次会议有关议程的情况作了汇报。

全国人大常委会副委员长王兆国、李铁映、司马义·艾买提、何鲁丽、丁石孙、成思危、顾秀莲、热地、路甬祥、乌云其木格、韩启德出席会议。

国务院总理温家宝在中南海紫光阁会见出席中美战略经济对话的美方代表

温家宝说，中国经济社会发展的长期战略，就是要以经济建设为中心，坚持改革开放，建立社会主义市场经济体制；就是要坚持科学发展，正确处理投资与消费之间、城市与乡村之间、地区之间、经济与社会之间的关系，走全面、协调、可持续发展的道路。中国经济发展坚持以内需为主，同时，实行对外开放的政策。我们履行加入世贸组织的承诺，主张贸易自由化，反对贸易保护主义。要保证经济体制改革的成功，实现经济社会发展战略，必须坚定不移地推进政治体制、文化体制、社会体制改革和创新，发展适合中国国情的民主政治，实现社会公平与正义，构建社会主义和谐社会。

国务院副总理吴仪、国家发展和改革委员会主任马凯等参加会见。

全国政协主席贾庆林在人民大会堂会见前来出席两岸青年论坛的部分台湾人士

贾庆林强调，解决台湾问题，实现祖国完全统一，是海内外中华儿女的共同心愿。我们将坚持“和平统一、一国两制”的基本方针和现阶段发展两岸关系、推进祖国和平统一进程的八项主张，认真贯彻胡锦涛总书记关于新形势下发展两岸关系的四点意见。无论在什么情况下，我们维护两岸关系和平发展的信念不会改变，推进两岸经济文化交流合作、谋求两岸共同繁荣的决心不会改变，为台湾同胞谋福祉、办实事的诚意也不会改变。只要是对台湾同胞有利的事情，只要是对促进两岸交流有利的事情，只要是对维护台海地区和平稳定有利的事情，只要是对祖国和平统一有利的事情，我们都会尽最大努力去做，并且一定努力做好。

贾庆林指出，和平发展是当前两岸关系的主题，两岸同胞应当共同为之奋斗。青年是促进两岸关系和平发展的重要力量，两岸青年要增进了解，相互学习，密切合作，始终走在两岸交流的前列；要共同致力于增进两岸经贸往来和科技创新，为两岸共同繁荣做贡献；两岸青年组织要加强交流，相互借鉴，扩大合作，竭诚为两岸青年的学习、创业和发展搭建平台，创造条件。

中共中央台办主任陈云林，团中央书记处第一书记胡春华，团中央书记处常务书记、全国青联主席杨岳，团中央书记处书记、全国青联常务副主席尔肯江·吐拉洪等参加了会见。

两岸青年论坛由中国共产主义青年团和中国国民党青年团共同主办。来自台湾和祖国大陆经贸、科技、教育等领域的青年代表共150多人，围绕“加强青年交流与合作、促进两岸共同繁荣”的主题和“经济全球化与青年创业愿景”“科技交流合作与青年创新”等专题，进行了广泛而深入的研讨。论坛发表了《两岸青年论坛共识》，强调两岸青年要加强交流，共同肩负促进两岸关系和平发展的重任；两岸青年要奋发创业，积极推动两岸经贸交流互利双赢；两岸青年要锐意创新，努力促进两岸科技发展进步；两岸青年组织要扩大合作，竭诚服务两岸青年成长成才。

国家主席胡锦涛根据全国人大常委会的决定任免驻外大使

一、免去程涛的中华人民共和国驻摩洛哥王国特命全权大使职务；

任命龚元兴为中华人民共和国驻摩洛哥王国特命全权大使。

二、免去刘玉坤的中华人民共和国驻几内亚共和国特命全权大使职务；

任命火正德为中华人民共和国驻几内亚共和国特命全权大使。

三、免去孙国祥的中华人民共和国驻斯里兰卡民主社会主义共和国特命全权大使兼驻马尔代夫共和国特命全权大使职务；

任命叶大波为中华人民共和国驻斯里兰卡民主社会主义共和国特命全权大使兼驻马尔代夫共和国特命全权大使。

四、免去宋爱国的中华人民共和国驻土耳其共和国特命全权大使职务；

任命孙国祥为中华人民共和国驻土耳其共和国特命全权大使。

五、免去沈庆的中华人民共和国驻圭亚那合作共和国特命全权大使职务；

任命张君高为中华人民共和国驻圭亚那合作共和国特命全权大使。

六、免去张宪一的中华人民共和国驻津巴布韦共和国特命全权大使职务；

任命袁南生为中华人民共和国驻津巴布韦共和国特命全权大使。

七、任命王英武为中华人民共和国驻乍得共和国特命全权大使。

最高人民法院刑事法官大会在北京举行

明年1月1日起，最高人民法院将统一行使死刑案件核准权。最高人民法院院长肖扬在今天召开的刑事法官大会上强调，办好死刑案件，关键在人。要按照中央的部署和要求，以对党、对国家、对人民、对历史高度负责的态度，进一步加强刑事审判队伍建设，确保死刑案件的审判质量，认真做好死刑案件核准工作。

肖扬强调，死刑核准工作人命关天，任何一个环节都不能出现纰漏。为确保死刑案件的审判质量，必须做到"三个坚持"：一是坚持贯彻执行严格控制和慎重适用死刑的刑事政策。对罪行极其严重，依法应当判处死刑立即执行的，要坚决判处死刑立即执行。同时，根据"尊重和保障人权"的宪法原则和构建和谐社会的要求，严格控制死刑的适用，坚持少杀、慎杀。

二是坚持严把案件事实关、证据关、程序关和适用法律关。刑事法官要以如履薄冰、如临深渊的审慎态度，依法严谨、理性地行使死刑案件核准权。对每一起死刑案件都要做到事实清楚、证据确实充分、定罪准确、量刑适当、审判程序合法，经得起历史检验。

三是坚持统一死刑案件的适用标准，确保死刑只适用于极少数罪行极其严重的犯罪分子。

最高人民法院的刑事审判队伍，是从全国法院刑事审判岗位上优中选优组成的。在中央的直接领导和有关部门的支持、配合下，最高人民法院统一行使死刑案件核准权的各项准备工作目前已经基本就绪。

首次中美战略经济对话在人民大会堂闭幕

中国国家主席胡锦涛的特别代表、国务院副总理吴仪同美国总统布什的特别代表、财政部部长保尔森共同主持闭幕式。

吴仪表示，首次中美战略经济对话认真贯彻落实两国元首达成的重要共识，求真务实，取得了令人满意的结果。双方围绕"中国的发展道路和中国经济发展战略"对话主题，就城乡均衡发展、中国经济的可持续增长、促进贸易和投资、能源、环境和可持续发展等5个专题、11个分议题进行了深入讨论。在对话过程中，双方自始至终都以积极坦诚的态度认真开展对话，通过对话双方增进了了解，扩大了共识，加强了互信，双方还就一些具体问题达成共识。相信中美战略经济对话必将对推动中美经贸关系和建设性合作关系健康发展产生积极影响。

双方商定，第二次中美战略经济对话将于2007年5月在美国首都华盛顿举行，对话将围绕创新和教育、中美经贸关系发展两个方面的内容开展。

国家环保总局 美国联邦环保署和亚行签署声明确立三方合作框架改善中国环境质量

国家环保总局、美国联邦环境保护署和亚洲开发银行今天在京签署《中华人民共和国国家环境保护总局、美国联邦环境保护署和亚洲开发银行联合声明》(以下简称《声明》)，旨在探求在推进可持续经济发展的同时加强环境保护，并通过有效的政策改革、制度建设和人力资源开发不断改善中国的公共健康和环境质量。

《声明》确立了三方的合作框架，解决目前中国面临的突出环境问题。明年起，三方将展开务实性合作，内容包括：借鉴美国大区环境监督几十年的经验，利用亚行资金，使中国的大区环保督查中心能力建设更具有前瞻性；借鉴美国二氧化硫排污权交易的经验，在国内进行多种方式的二氧化硫排污权交易实践，包括企业间交易、跨行政区界的交易。中国将在督促国内企业做好二氧化硫减排工作的同时，尝试总量控制的新模式。据悉，三方还将重新会晤，商讨更广泛的合作领域。

国家文物局公布重设的《中国世界文化遗产预备名单》

大运河、中国白酒酿造古遗址等35个文化遗产项目榜上有名，其中古迹类5项，遗址类8项，建筑群类14项，文化景观2项，文化线路3项，工业遗产3项，呈现出丰富性和多样性。另据了解，2007年，我国世界文化遗产"申遗"项目是广东开平碉楼及村落。

国家文物局副局长童明康介绍，在中国世界文化遗产专家委员会对各地申报的129个项目以及大运河、丝绸之路中国段等虽未提交申报材料但价值突出的文化遗产的价值、保护状况的考察意见基础上通过的这份名单，以突出的普遍价值、真实性、完整性、保护管理状况良好为审核标准，新增项目为工业遗产、文化线路和文化景观类，被"删除"者多因保护管理现状不好；《中国世界文化遗产预备名单》(以下简称《预备名单》)将实行动态管理，即对于保护管理状况良好、申报条件成熟的项目，有关方面会定期、不定期地吸纳到预备名单中，对于已经列入《预备名单》的项目，如果其保护管理状况存在严重问题，威胁到遗产的真实性和完整性，依照相关程序从《预备名单》中予以删除。

《中国世界文化遗产预备名单》重设目录(略)

中国代表团蝉联第十五届亚运会金牌榜首位

第十五届亚运会在卡塔尔首都多哈的哈里发体育场举行盛大的闭幕仪式后圆满落幕。

12月1日至15日，来自45个国家和地区的

10000多名运动员展现了良好的精神风貌和竞技水平,共打破3项世界纪录、23项亚洲纪录。

中国体育代表团以165枚金牌、88枚银牌和63枚铜牌的优异成绩,再度高居金牌榜和奖牌榜首位,这一战绩也超过了4年前的釜山亚运会。中国女子举重选手陈艳青和穆爽爽分别打破58公斤级抓举、挺举和总成绩3项世界纪录和75公斤以上级抓举的世界纪录。

12月16日

国务院总理温家宝在中南海紫光阁会见出席首次"五国能源部长会议"的各国代表团团长

参加"五国能源部长会议"的各国代表团团长为:印度石油和天然气部长德奥拉、日本经济产业大臣甘利明、韩国产业资源部长官丁世均、美国能源部长博德曼。

温家宝说,节约能源是中国经济发展面临的一个战略性问题。我们致力于建设一个节约能源的社会,依靠政策、技术和投入,大力开展节能降耗工作。在继续合理开发利用煤炭和油气资源的同时,积极发展包括风能、太阳能、生物质能在内的可再生能源。中国政府愿与各国加强能源开发利用,特别是在节约能源、提高效能、发展替代能源和能源环保等方面的合作,为维护国际能源稳定、安全和可持续发展作出贡献。

会见时,国家发展和改革委员会主任马凯等在座。

民建八届五中全会在北京举行

会议的主要议程是学习贯彻中共十六届六中全会和中共中央经济工作会议精神,听取和审议民建中央常务委员会工作报告并通过相关决议,评审重点专题调研报告,增选中央常务委员会委员。

全国人大常委会副委员长、民建中央主席成思危代表民建中央常务委员会作了工作报告。他指出,2006年,民建各级组织和广大会员切实履行参政党职能,深入调查研究,积极建言献策,进一步推动反映社情民意工作;扎扎实实做好社会服务工作,大力推动"思源工程";努力拓展创新联络工作的领域和渠道,促进祖国统一大业;不断推进自身建设,提高参政能力和水平,各项工作都取得了可喜的成绩。

他强调,2007年全会要着眼于我国多党合作事业发展大局,大力加强民建会的思想建设、组织建设和制度建设,扎实稳妥地做好换届工作,推进民建会的事业继往开来地向前发展。要坚持以科学发展观统领各项工作,充分发挥密切联系经济界的参政党作用,认真履行好参政议政、民主监督职能,为构建社会主义和谐社会作出新贡献。要以团结进取、昂扬向上的精神面貌,扎扎实实的工作业绩,迎接中共十七大和本会九大的胜利召开。

中共江西省第十二届委员会第一次全体会议选举孟建柱为省委书记

《全国粮食生产发展规划(2006—2020年)》正式发布

据《人民日报》报道:《全国粮食生产发展规划(2006—2020年)》(以下简称《规划》)日前正式发布。

《规划》提出的近中期粮食发展的战略思路是:始终坚持基本立足国内保障粮食供给的方针,围绕保持粮食供求基本平衡的宏观调控目标,采取多种手段调动各方面积极性,聚集多种资源,以综合生产能力建设为核心,为保障国家粮食安全、建设社会主义新农村、促进国民经济又好又快发展奠定坚实基础。

为了适应粮食生产区域重心的变化,科学谋划粮食生产能力建设布局显得尤为重要。按照耕地与水资源的空间分布、现实生产能力、商品粮供给水平和未来可挖掘的潜力,《规划》将全国粮食生产区域划分为4个区:一是优势主产区,主要覆盖水稻、小麦、玉米、大豆四大粮食作物9个优势区域,以及优势区域以外的大多数国家级商品粮基地县(场)。二是潜力提升区,覆盖部分国家级商品粮基地县(场)以及大多数省级商品粮基地县(场)。三是稳固发展区,覆盖优势主产区和潜力提升区以外具备粮食生产能力的所有县(场),主要集中在大中城市郊区、东部沿海发达地区、西部生态建设区等。四是战略储备区,《规划》提出优先谋划新疆的伊犁河流域、额尔齐斯河流域和塔里木河流域。重点要以保护生态环境为前提,推进抗逆品种培育和旱作节水技术的研发与储备,为适时开发创造条件。

中印日韩美"五国能源部长会议"在北京举行

中国国家发展和改革委员会主任马凯、印度石油和天然气部部长德奥拉、日本经济产业大臣甘利明、韩国产业资源部长官丁世均和美国能源部部长博德曼分别率团出席。

今年7月17日,中国国家主席胡锦涛在圣彼得堡八国集团同发展中国家领导人对话会议上提出,为保障全球能源稳定、安全和可持续发展,应该树立和落实互利合作、多元发展、协同保障的新能源安全观。为推动新能源安全观的落实,在中方倡议下,召开了本次会议。

中国、印度、日本、韩国和美国的人口总和达到28.5亿,石油消费总量占世界的45.2%,在能源领域既有共同的利益，也面临共同的问题。本次五国能源部长会议向国际社会传达一个理性的、积极的信号，即世界主要能源消费国将进一步加强对话与互利合作，共同促进节约石油、提高能效，大力发展替代石油，减少对石油的过度依赖，加强能源技术合作研究与共同开发，注重能源环境保护。

中国国家发展和改革委员会主任马凯在会上提出，五国应本着坦诚相待、真挚合作，互惠双赢、共同发展，明确重点、循序渐进，加强服务、提供便利的原则，努力寻求能源合作中各方利益的共同点，加强政府主管机构的对话，深化企业间的沟通与交流。他建议，在节约能源和提高能效、开发替代石油产品、能源环保技术、石油储备、能源信息交流、能源前瞻性技术研究以及支持产油国提高石油供给能力等方面加强合作。

会议围绕能源安全和战略石油储备、能源结构多样化和替代能源、投资和能源市场、国际合作的主要挑战和优先领域、节能和提高能效等5个专题展开了广泛、深入的讨论。在达成一系列共识的基础上，会议发表了《中国、印度、日本、韩国、美国五国能源部长联合声明》。

外交部部长李肇星在钓鱼台国宾馆会见来华出席“巴以和平人士研讨会”的以色列前司法部部长贝林和巴勒斯坦民族权力机构前国务部部长哈米德

12月17日

我国航天测控技术的轨道确定能力首次延伸到月球

由西安卫星测控中心研发的《奔月航天器精密轨道计算技术》和《探月轨道USB—VLBI综合测定轨技术与试验论证》，日前通过中国航天权威专家团项目评审，这两项研究成果所建立的环月轨道定轨方法和软件系统，定轨精度达到国际同类水平。这标志着中国航天测控系统的轨道确定能力首次突破地球空间轨道，延伸到月球。

卫星轨道的确定和控制能力是航天测控的核心技术，也是评判一个国家航天测控技术水平的重要依据。西安卫星测控中心今年围绕“东方红4号”等新型卫星平台任务需求，在轨道确定与控制方面实现多项技术突破，其中同步轨道段姿态指向和方位控制精度达0.01度，这一关键技术指标与国际最高水平持平。

北京2008奥林匹克教育“同心结”交流活动启动仪式在北京举行

北京市市委书记、北京奥组委主席刘淇，国务委员、北京奥组委第一副主席陈至立出席。北京市市长、北京奥组委执行主席王岐山主持仪式。

刘淇在讲话中指出，中国政府高度重视奥运会对青少年的教育和影响。北京奥组委与教育部共同制定了《“北京2008”中小学生奥林匹克教育计划》，正在全国4亿青少年中广泛开展奥林匹克教育，传播奥林匹克知识，弘扬奥林匹克精神。

刘淇表示，“同心结”活动是北京奥运会和残奥会筹备和举办期间的奥林匹克教育活动。这项活动将有利于拓展青少年的全球视野，使他们成为和谐世界的建设者；有利于传播中华五千年的灿烂文化，与全世界的朋友共同分享东方文明成果；有利于营造奥运会热烈友好的人文环境，使各国运动员在北京体验宾至如归的感觉。

“同心结”交流活动旨在促进北京市中小学生与奥林匹克大家庭各成员所在地青少年的交流，努力实现“同一个世界，同一个梦想”的心愿，共同追求“团结、友谊、和平”的奥林匹克理想。这项活动得到了国际奥委会的支持。

申雪/赵宏博获世界花样滑冰大奖赛总决赛双人滑冠军

12月18日

国资委有关负责人就发布《关于推进国有资本调整和国有企业重组的指导意见》答记者问

记者：此次制定发布《关于推进国有资本调整和国有企业重组的指导意见》（以下简称《指导意见》），主要基于什么考虑？

国资委负责人：近年来，国有经济布局和结构调整取得重要进展。但从整体上看，要形成比较合理的国有经济布局和结构，任务还很艰巨，还需要有一个全面的、综合性的指导文件，以明确国有资本调整和国有企业重组的基本原则、主要目标和政策、措施。《指导意见》就是在这一背景下出台的。

记者：您刚才提到，调整国有经济布局和结构取得重要进展，但任务还很艰巨，能否就此作个简要介绍？

负责人：先说进展。2002年到2005年，全国国有及国有控股企业户数从15.9万户减少到12.7万户，减少了20%，但国有资产总量从6.4万亿元增加到8.6万亿元，增长了34.4%；实现利润从3764.3亿元增加到9682.8亿元，增长了157.2%。其中，中央企业资产总额和销售收入每年各增加1万多亿元，实现利润和上缴税金每年各增加1000多亿元。2005年，全国国有及国有控股工业企业在全国工业企业中的比重，户数仅占11%,但销售收入占35%,实现利润占45%,上缴税金占57%。

通过这些情况,我想应该能够得出这个结论,即国有经济布局和结构调整取得了重要进展。

再说任务。主要是国有经济的分布仍然过宽,相当数量的国有资本并不处于关系国家安全和国民经济命脉的重要行业和关键领域;不少企业处于亏损或微利状态,积累了一批资不抵债、扭亏无望、丧失市场竞争力的企业;一些大企业业务庞杂、主业不突出、辅业包袱重,子企业层级过多,母公司对子公司失控,成为企业效率低下、国有资产流失的重要原因。

记者:此次出台的《指导意见》明确了国有资本调整和国有企业重组的方向与目标,并提出进一步推动国有资本向重要行业和关键领域集中。请问,重要行业和关键领域有哪些?

负责人:重要行业和关键领域主要包括:涉及国家安全的行业,重大基础设施和重要矿产资源,提供重要公共产品和服务的行业,以及支柱产业和高新技术产业中的重要骨干企业。

记者:《指导意见》还明确到2010年中央企业要调整和重组至80—100家。我们知道,国资委成立三年多来,中央企业已经由196家调整到目前的161家。为什么还要提这个目标?

负责人:国资委成立后,我们要求具备条件的中央企业,要向具有较强国际竞争力的目标迈进,至少要成为国内同行业的前3名。同时,我们加大了调整和重组的力度,中央企业户数从196家已减少至目前的161家,但布局结构不合理的问题仍然比较突出,主要是相当一批企业不处于重要行业和关键领域,且企业规模小、实力弱,有的企业效益还比较差;由于企业户数过多,致使国资委的监管幅度过宽,实施监管的人力资源难以集中到重要企业和重大事项上来。因此,有必要继续加大中央企业调整和重组的力度。

对于中央企业减少到多少家比较合适,我们进行过分析、测算。从2005年的数据看,企业国有资本排前80名的中央企业的利润总额、国有资本和销售收入,分别占全部中央企业的99%、98%和92%;而且处于重要行业和关键领域的中央企业,一般不会超过100家。为此我们提出了80—100家的目标。

记者:关于国有资本调整和国有企业重组,社会上普遍比较关注防止国有资产流失和保障职工权益这两大问题。请问《指导意见》在这两方面有哪些要求?

负责人:防止国有资产流失是国有资本调整和国有企业重组的基本原则,我们一直高度重视。此次《指导意见》明确提出,要坚持加强国有资产监管,严格产权交易和股权转让程序,促进有序流动,防止国有资产流失,确保国有资产保值增值。与此同时,《指导意见》还提出,要坚持维护职工合法权益,保障职工对企业重组、改制等改革的知情权、参与权、监督权和有关事项的决定权,并提出了诸如职工安置方案须经企业职工代表大会或职工大会审议通过后方可实施改制等等。应该说,这些措施是十分重要和有效的。

记者:确保国有资本调整和国有企业重组目标的实现,需要一系列的政策措施来保障。可否对《指导意见》提出的政策措施作一概括介绍?

负责人:政策措施除了上面所强调的推进国有资本向重要行业和关键领域集中增强国有经济控制力,发挥主导作用外,还包括以下几个方面:

一是加快国有大型企业股份制改革。除涉及国家安全的企业、必须由国家垄断经营的企业和专门从事国有资产经营管理的公司外,国有大型企业都要逐步改制成为多元股东的公司。二是培育优势国有大企业,继续放开搞活国有中小企业,建立劣势企业退出市场的机制。此外还要加快建立国有资本经营预算制度。

关于朝鲜半岛核问题第五轮北京六方会谈第二阶段会议在钓鱼台国宾馆开幕

中国、朝鲜、美国、韩国、日本和俄罗斯代表团出席开幕式。本轮会谈主席、中方代表团团长、外交部副部长武大伟主持会议并致开幕词。各方代表团团长在随后举行的首次全体会议上分别作主旨发言。

中方呼吁各方为会议取得积极成果共同努力。

武大伟在开幕式上表示,此次会议具有承前启后、继往开来的重要意义。会议将重点讨论和确定全面落实"9·19"共同声明的具体措施以及共同声明起步阶段各方将要采取的行动。

武大伟强调,会议要讨论和解决的问题复杂而深刻,各方所肩负的使命光荣而艰巨。中方衷心期待各国代表团发挥政治智慧,拿出政治决心和勇气,在增进相互信任的过程中开辟互利共赢的未来,为实现半岛无核化,实现有关国家关系正常化,构建和谐东北亚新格局作出新贡献。

武大伟指出,"9·19"共同声明凝聚了各方的共识,是六方关于半岛无核化总体目标的政治宣言,是各方必须遵循的纲领性文件。共同声明的通过标志着我们完成了"承诺对承诺"。今后的课题是按照"行动对行动"原则,具体落实共同声明。中国代表团愿与各国代表团一道,以积极、灵活和务实的态度参加会谈和磋商,为使本次会议能够取得积极成果作出建设性努力。

第三届“中国青年女科学家奖”颁奖大会在北京举行

获得本届“中国青年女科学家奖”的5名科学家分别是：山东大学数学与系统科学学院信息安全研究所所长王小云；东北林业大学森林植物生态学教育部重点实验室副主任付玉杰；中国军事医学科学院生物工程研究所研究室主任杨晓；西藏高原大气环境科学研究所高级工程师卓嘎；中国科学技术大学化学系教授谢毅。全国人大常委会副委员长、全国妇联主席顾秀莲出席了颁奖仪式。

其中，来自西藏高原大气环境科学研究所的卓嘎获得了“西部特别贡献奖”。

此外，还有5名女科学家获得了提名奖。她们分别是：哈尔滨工业大学教授李惠；总装工程兵技术装备研究所高级工程师张拴勤；中国科学院理化技术研究所研究员吴骊珠；北京大学微电子学研究院副院长黄如；北京大学地球与空间科学学院空间物理与应用技术研究所所长傅绥燕。

“中国青年女科学家奖”评选活动是由全国妇联、中国科协、中国联合国教科文组织全国委员会等单位联合举办的。

12月19日

国务院总理温家宝签署第481号令公布《诉讼费用交纳办法》

《诉讼费用交纳办法》已经2006年12月8日国务院第159次常务会议通过，现予公布，自2007年4月1日起施行。

总　理　温家宝

2006年12月19日

诉讼费用交纳办法

第一章　总　则

第一条　根据《中华人民共和国民事诉讼法》(以下简称民事诉讼法)和《中华人民共和国行政诉讼法》(以下简称行政诉讼法)的有关规定，制定本办法。

第二条　当事人进行民事诉讼、行政诉讼，应当依照本办法交纳诉讼费用。

本办法规定可以不交纳或者免予交纳诉讼费用的除外。

第三条　在诉讼过程中不得违反本办法规定的范围和标准向当事人收取费用。

第四条　国家对交纳诉讼费用确有困难的当事人提供司法救助，保障其依法行使诉讼权利，维护其合法权益。

第五条　外国人、无国籍人、外国企业或者组织在人民法院进行诉讼，适用本办法。

外国法院对中华人民共和国公民、法人或者其他组织，与其本国公民、法人或者其他组织在诉讼费用交纳上实行差别对待的，按照对等原则处理。

第二章　诉讼费用交纳范围

第六条　当事人应当向人民法院交纳的诉讼费用包括：

(一)案件受理费；

(二)申请费；

(三)证人、鉴定人、翻译人员、理算人员在人民法院指定日期出庭发生的交通费、住宿费、生活费和误工补贴。

第七条　案件受理费包括：

(一)第一审案件受理费；

(二)第二审案件受理费；

(三)再审案件中，依照本办法规定需要交纳的案件受理费。

第八条　下列案件不交纳案件受理费：

(一)依照民事诉讼法规定的特别程序审理的案件；

(二)裁定不予受理、驳回起诉、驳回上诉的案件；

(三)对不予受理、驳回起诉和管辖权异议裁定不服，提起上诉的案件；

(四)行政赔偿案件。

第九条　根据民事诉讼法和行政诉讼法规定的审判监督程序审理的案件，当事人不交纳案件受理费。但是，下列情形除外：

(一)当事人有新的证据，足以推翻原判决、裁定，向人民法院申请再审，人民法院经审查决定再审的案件；

(二)当事人对人民法院第一审判决或者裁定未提出上诉，第一审判决、裁定或者调解书发生法律效力后又申请再审，人民法院经审查决定再审的案件。

第十条　当事人依法向人民法院申请下列事项，应当交纳申请费：

(一)申请执行人民法院发生法律效力的判决、裁定、调解书，仲裁机构依法作出的裁决和调解书，公证机构依法赋予强制执行效力的债权文书；

(二)申请保全措施；

(三)申请支付令；

(四)申请公示催告；

(五)申请撤销仲裁裁决或者认定仲裁协议效力；

(六)申请破产；

(七)申请海事强制令、共同海损理算、设立海事赔偿责任限制基金、海事债权登记、船舶优先权催告；

(八)申请承认和执行外国法院判决、裁定和国外仲裁机构裁决。

第十一条　证人、鉴定人、翻译人员、理算人员在人民法院指定日期出庭发生的交通费、住宿费、生活费和误工补贴，由人民法院按照国家规定标准代为收取。

当事人复制案件卷宗材料和法律文书应当按实际成本向人民法院交纳工本费。

第十二条　诉讼过程中因鉴定、公告、勘验、翻译、评估、拍卖、变卖、仓储、保管、运输、船舶监管等发生的依法应当由当事人负担的费用，人民法院根据谁主张、谁负担的原则，决定由当事人直接支付给有关机构或者单位，人民法院不得代收代付。

人民法院依照民事诉讼法第十一条第三款规定提供当地民族通用语言、文字翻译的，不收取费用。

第三章　诉讼费用交纳标准

第十三条　案件受理费分别按照下列标准交纳：

(一)财产案件根据诉讼请求的金额或者价额，按照下列比例分段累计交纳：

1.不超过1万元的，每件交纳50元；

2.超过1万元至10万元的部分，按照2.5%交纳；

3.超过10万元至20万元的部分，按照2%交纳；

4.超过20万元至50万元的部分，按照1.5%交纳；

5.超过50万元至100万元的部分，按照1%交纳；

6.超过100万元至200万元的部分，按照0.9%交纳；

7.超过200万元至500万元的部分，按照0.8%交纳；

8.超过500万元至1000万元的部分，按照0.7%交纳；

9.超过1000万元至2000万元的部分，按照0.6%交纳；

10.超过2000万元的部分，按照0.5%交纳。

(二)非财产案件按照下列标准交纳：

1.离婚案件每件交纳50元至300元。涉及财产分割，财产总额不超过20万元的，不另行交纳；超过20万元的部分，按照0.5%交纳。

2.侵害姓名权、名称权、肖像权、名誉权、荣誉权以及其他人格权的案件，每件交纳100元至500元。涉及损害赔偿，赔偿金额不超过5万元的，不另行交纳；超过5万元至10万元的部分，按照1%交纳；超过10万元的部分，按照0.5%交纳。

3.其他非财产案件每件交纳50元至100元。

(三)知识产权民事案件，没有争议金额或者价额的，每件交纳500元至1000元；有争议金额或者价额的，按照财产案件的标准交纳。

(四)劳动争议案件每件交纳10元。

(五)行政案件按照下列标准交纳：

1.商标、专利、海事行政案件每件交纳100元；

2.其他行政案件每件交纳50元。

(六)当事人提出案件管辖权异议，异议不成立的，每件交纳50元至100元。

省、自治区、直辖市人民政府可以结合本地实际情况在本条第(二)项、第(三)项、第(六)项规定的幅度内制定具体交纳标准。

第十四条　申请费分别按照下列标准交纳：

(一)依法向人民法院申请执行人民法院发生法律效力的判决、裁定、调解书，仲裁机构依法作出的裁决和调解书，公证机关依法赋予强制执行效力的债权文书，申请承认和执行外国法院判决、裁定以及国外仲裁机构裁决的，按照下列标准交纳：

1.没有执行金额或者价额的，每件交纳50元至500元。

2.执行金额或者价额不超过1万元的，每件交纳50元；超过1万元至50万元的部分，按照1.5%交纳；超过50万元至500万元的部分，按照1%交纳；超过500万元至1000万元的部分，按照0.5%交纳；超过1000万元的部分，按照0.1%交纳。

3.符合民事诉讼法第五十五条第四款规定，未参加登记的权利人向人民法院提起诉讼的，按照本项规定的标准交纳申请费，不再交纳案件受理费。

(二)申请保全措施的，根据实际保全的财产数额按照下列标准交纳：

财产数额不超过1000元或者不涉及财产数额的，每件交纳30元；超过1000元至10万元的部分，按照1%交纳；超过10万元的部分，按照0.5%交纳。但是，当事人申请保全措施交纳的费用最多不超过5000元。

(三)依法申请支付令的，比照财产案件受理费标准的1/3交纳。

(四)依法申请公示催告的，每件交纳100元。

(五)申请撤销仲裁裁决或者认定仲裁协议效力的，每件交纳400元。

(六)破产案件依据破产财产总额计算，按照财产案件受理费标准减半交纳，但是，最高不超过30万元。

(七)海事案件的申请费按照下列标准交纳：

1.申请设立海事赔偿责任限制基金的，每件交纳1000元至1万元；

2.申请海事强制令的，每件交纳1000元至5000元；

3.申请船舶优先权催告的，每件交纳1000元至5000元；

4.申请海事债权登记的，每件交纳1000元；

5.申请共同海损理算的，每件交纳1000元。

第十五条　以调解方式结案或者当事人申请撤诉

的,减半交纳案件受理费。

第十六条 适用简易程序审理的案件减半交纳案件受理费。

第十七条 对财产案件提起上诉的,按照不服一审判决部分的上诉请求数额交纳案件受理费。

第十八条 被告提起反诉、有独立请求权的第三人提出与本案有关的诉讼请求,人民法院决定合并审理的,分别减半交纳案件受理费。

第十九条 依照本办法第九条规定需要交纳案件受理费的再审案件,按照不服原判决部分的再审请求数额交纳案件受理费。

第四章 诉讼费用的交纳和退还

第二十条 案件受理费由原告、有独立请求权的第三人、上诉人预交。被告提起反诉,依照本办法规定需要交纳案件受理费的,由被告预交。追索劳动报酬的案件可以不预交案件受理费。

申请费由申请人预交。但是,本办法第十条第(一)项、第(六)项规定的申请费不由申请人预交,执行申请费执行后交纳,破产申请费清算后交纳。

本办法第十一条规定的费用,待实际发生后交纳。

第二十一条 当事人在诉讼中变更诉讼请求数额,案件受理费依照下列规定处理:

(一)当事人增加诉讼请求数额的,按照增加后的诉讼请求数额计算补交;

(二)当事人在法庭调查终结前提出减少诉讼请求数额的,按照减少后的诉讼请求数额计算退还。

第二十二条 原告自接到人民法院交纳诉讼费用通知次日起7日内交纳案件受理费;反诉案件由提起反诉的当事人自提起反诉次日起7日内交纳案件受理费。

上诉案件的案件受理费由上诉人向人民法院提交上诉状时预交。双方当事人都提起上诉的,分别预交。上诉人在上诉期内未预交诉讼费用的,人民法院应当通知其在7日内预交。

申请费由申请人在提出申请时或者在人民法院指定的期限内预交。

当事人逾期不交纳诉讼费用又未提出司法救助申请,或者申请司法救助未获批准,在人民法院指定期限内仍未交纳诉讼费用的,由人民法院依照有关规定处理。

第二十三条 依照本办法第九条规定需要交纳案件受理费的再审案件,由申请再审的当事人预交。双方当事人都申请再审的,分别预交。

第二十四条 依照民事诉讼法第三十六条、第三十七条、第三十八条、第三十九条规定移送、移交的案件,原受理人民法院应当将当事人预交的诉讼费用随案移交接收案件的人民法院。

第二十五条 人民法院审理民事案件过程中发现涉嫌刑事犯罪并将案件移送有关部门处理的,当事人交纳的案件受理费予以退还;移送后民事案件需要继续审理的,当事人已交纳的案件受理费不予退还。

第二十六条 中止诉讼、中止执行的案件,已交纳的案件受理费、申请费不予退还。中止诉讼、中止执行的原因消除,恢复诉讼、执行的,不再交纳案件受理费、申请费。

第二十七条 第二审人民法院决定将案件发回重审的,应当退还上诉人已交纳的第二审案件受理费。

第一审人民法院裁定不予受理或者驳回起诉的,应当退还当事人已交纳的案件受理费;当事人对第一审人民法院不予受理、驳回起诉的裁定提起上诉,第二审人民法院维持第一审人民法院作出的裁定的,第一审人民法院应当退还当事人已交纳的案件受理费。

第二十八条 依照民事诉讼法第一百三十七条规定终结诉讼的案件,依照本办法规定已交纳的案件受理费不予退还。

第五章 诉讼费用的负担

第二十九条 诉讼费用由败诉方负担,胜诉方自愿承担的除外。

部分胜诉、部分败诉的,人民法院根据案件的具体情况决定当事人各自负担的诉讼费用数额。

共同诉讼当事人败诉的,人民法院根据其对诉讼标的的利害关系,决定当事人各自负担的诉讼费用数额。

第三十条 第二审人民法院改变第一审人民法院作出的判决、裁定的,应当相应变更第一审人民法院对诉讼费用负担的决定。

第三十一条 经人民法院调解达成协议的案件,诉讼费用的负担由双方当事人协商解决;协商不成的,由人民法院决定。

第三十二条 依照本办法第九条第(一)项、第(二)项的规定应当交纳案件受理费的再审案件,诉讼费用由申请再审的当事人负担;双方当事人都申请再审的,诉讼费用依照本办法第二十九条的规定负担。原审诉讼费用的负担由人民法院根据诉讼费用负担原则重新确定。

第三十三条 离婚案件诉讼费用的负担由双方当事人协商解决;协商不成的,由人民法院决定。

第三十四条 民事案件的原告或者上诉人申请撤诉,人民法院裁定准许的,案件受理费由原告或者上诉人负担。

行政案件的被告改变或者撤销具体行政行为,原告申请撤诉,人民法院裁定准许的,案件受理费由被告负担。

第三十五条　当事人在法庭调查终结后提出减少诉讼请求数额的，减少请求数额部分的案件受理费由变更诉讼请求的当事人负担。

第三十六条　债务人对督促程序未提出异议的，申请费由债务人负担。债务人对督促程序提出异议致使督促程序终结的，申请费由申请人负担；申请人另行起诉的，可以将申请费列入诉讼请求。

第三十七条　公示催告的申请费由申请人负担。

第三十八条　本办法第十条第(一)项、第(八)项规定的申请费由被执行人负担。

执行中当事人达成和解协议的，申请费的负担由双方当事人协商解决；协商不成的，由人民法院决定。

本办法第十条第(二)项规定的申请费由申请人负担，申请人提起诉讼的，可以将该申请费列入诉讼请求。

本办法第十条第(五)项规定的申请费，由人民法院依照本办法第二十九条规定决定申请费的负担。

第三十九条　海事案件中的有关诉讼费用依照下列规定负担：

(一)诉前申请海事请求保全、海事强制令的，申请费由申请人负担；申请人就有关海事请求提起诉讼的，可将上述费用列入诉讼请求；

(二)诉前申请海事证据保全的，申请费由申请人负担；

(三)诉讼中拍卖、变卖被扣押船舶、船载货物、船用燃油、船用物料发生的合理费用，由申请人预付，从拍卖、变卖价款中先行扣除，退还申请人；

(四)申请设立海事赔偿责任限制基金、申请债权登记与受偿、申请船舶优先权催告案件的申请费，由申请人负担；

(五)设立海事赔偿责任限制基金、船舶优先权催告程序中的公告费用由申请人负担。

第四十条　当事人因自身原因未能在举证期限内举证，在二审或者再审期间提出新的证据致使诉讼费用增加的，增加的诉讼费用由该当事人负担。

第四十一条　依照特别程序审理案件的公告费，由起诉人或者申请人负担。

第四十二条　依法向人民法院申请破产的，诉讼费用依照有关法律规定从破产财产中拨付。

第四十三条　当事人不得单独对人民法院关于诉讼费用的决定提起上诉。

当事人单独对人民法院关于诉讼费用的决定有异议的，可以向作出决定的人民法院院长申请复核。复核决定应当自收到当事人申请之日起15日内作出。

当事人对人民法院决定诉讼费用的计算有异议的，可以向作出决定的人民法院请求复核。计算确有错误的，作出决定的人民法院应当予以更正。

第六章　司法救助

第四十四条　当事人交纳诉讼费用确有困难的，可以依照本办法向人民法院申请缓交、减交或者免交诉讼费用的司法救助。

诉讼费用的免交只适用于自然人。

第四十五条　当事人申请司法救助，符合下列情形之一的，人民法院应当准予免交诉讼费用：

(一)残疾人无固定生活来源的；

(二)追索赡养费、扶养费、抚育费、抚恤金的；

(三)最低生活保障对象、农村特困定期救济对象、农村五保供养对象或者领取失业保险金人员，无其他收入的；

(四)因见义勇为或者为保护社会公共利益致使自身合法权益受到损害，本人或者其近亲属请求赔偿或者补偿的；

(五)确实需要免交的其他情形。

第四十六条　当事人申请司法救助，符合下列情形之一的，人民法院应当准予减交诉讼费用：

(一)因自然灾害等不可抗力造成生活困难，正在接受社会救济，或者家庭生产经营难以为继的；

(二)属于国家规定的优抚、安置对象的；

(三)社会福利机构和救助管理站；

(四)确实需要减交的其他情形。

人民法院准予减交诉讼费用的，减交比例不得低于30%。

第四十七条　当事人申请司法救助，符合下列情形之一的，人民法院应当准予缓交诉讼费用：

(一)追索社会保险金、经济补偿金的；

(二)海上事故、交通事故、医疗事故、工伤事故、产品质量事故或者其他人身伤害事故的受害人请求赔偿的；

(三)正在接受有关部门法律援助的；

(四)确实需要缓交的其他情形。

第四十八条　当事人申请司法救助，应当在起诉或者上诉时提交书面申请、足以证明其确有经济困难的证明材料以及其他相关证明材料。

因生活困难或者追索基本生活费用申请免交、减交诉讼费用的，还应当提供本人及其家庭经济状况符合当地民政、劳动保障等部门规定的公民经济困难标准的证明。

人民法院对当事人的司法救助申请不予批准的，应当向当事人书面说明理由。

第四十九条　当事人申请缓交诉讼费用经审查符合本办法第四十七条规定的，人民法院应当在决定立案之前作出准予缓交的决定。

第五十条 人民法院对一方当事人提供司法救助,对方当事人败诉的,诉讼费用由对方当事人负担;对方当事人胜诉的,可以视申请司法救助的当事人的经济状况决定其减交、免交诉讼费用。

第五十一条 人民法院准予当事人减交、免交诉讼费用的,应当在法律文书中载明。

第七章 诉讼费用的管理和监督

第五十二条 诉讼费用的交纳和收取制度应当公示。人民法院收取诉讼费用按照其财务隶属关系使用国务院财政部门或者省级人民政府财政部门印制的财政票据。案件受理费、申请费全额上缴财政,纳入预算,实行收支两条线管理。

人民法院收取诉讼费用应当向当事人开具缴费凭证,当事人持缴费凭证到指定代理银行交费。依法应当向当事人退费的,人民法院应当按照国家有关规定办理。诉讼费用缴库和退费的具体办法由国务院财政部门商最高人民法院另行制定。

在边远、水上、交通不便地区,基层巡回法庭当场审理案件,当事人提出向指定代理银行交纳诉讼费用确有困难的,基层巡回法庭可以当场收取诉讼费用,并向当事人出具省级人民政府财政部门印制的财政票据;不出具省级人民政府财政部门印制的财政票据的,当事人有权拒绝交纳。

第五十三条 案件审结后,人民法院应当将诉讼费用的详细清单和当事人应当负担的数额书面通知当事人,同时在判决书、裁定书或者调解书中写明当事人各方应当负担的数额。

需要向当事人退还诉讼费用的,人民法院应当自法律文书生效之日起15日内退还有关当事人。

第五十四条 价格主管部门、财政部门按照收费管理的职责分工,对诉讼费用进行管理和监督;对违反本办法规定的乱收费行为,依照法律、法规和国务院相关规定予以查处。

第八章 附 则

第五十五条 诉讼费用以人民币为计算单位。以外币为计算单位的,依照人民法院决定受理案件之日国家公布的汇率换算成人民币计算交纳;上诉案件和申请再审案件的诉讼费用,按照第一审人民法院决定受理案件之日国家公布的汇率换算。

第五十六条 本办法自2007年4月1日起施行。

国务院总理温家宝对财政工作作出重要批示

温家宝指出,全国经济形势好,财政表现尤为突出,这是全国人民共同奋斗的结果,也是财政部门广大干部职工辛勤工作的结果。

温家宝强调,要充分发挥财政调节的杠杆作用,贯彻科学发展观,推动经济结构调整和增长方式转变;加强公共服务,实现公平正义,促进和谐社会建设。我们国家大,人口多,需要办的事情很多,财政安排要统筹全局,瞻前顾后,突出重点,留有余地。要深化财政体制改革,加强财政管理和监督,狠抓增收节支,厉行勤俭节约,提高财政资金使用效益。

共青团十五届五中全会在北京召开

会议传达学习了中共中央书记处对共青团工作的重要指示精神。

中共中央政治局委员王兆国出席会议并讲话。他强调,各级共青团组织要深入学习贯彻党的十六届六中全会和中央经济工作会议精神,更好地团结带领广大团员青年为推动科学发展、促进社会和谐多作贡献。

王兆国代表党中央充分肯定了共青团一年来的工作成绩。他说,各级团组织要紧紧围绕中央的战略部署,团结带领广大青年积极投身经济建设主战场,在建设社会主义新农村中大显身手,在建设资源节约型、环境友好型社会中多作贡献,在推进自主创新中展示才华,在深化体制改革中走在前列,在推动国民经济又好又快发展中充分发挥青年的生力军和突击队作用。

王兆国强调,要按照胡锦涛总书记的要求,从赢得青年、赢得未来的高度出发,在广大青年中培养一大批坚定的马克思主义者。要用马克思主义中国化的最新成果武装全团、教育青年,把建设社会主义核心价值体系的要求贯穿于青少年思想教育全过程,大力倡行社会主义荣辱观,动员组织广大青年积极参与和谐文化建设,促进青少年一代尽快成长为中国特色社会主义事业的合格建设者和接班人。要坚持把竭诚服务青年作为共青团工作的出发点和落脚点,了解青年迫切需求,研究青年发展变化,积极建立青年诉求表达、矛盾调处、权益保障机制,努力实现服务青年工作的经常化、制度化、社会化。要加强团的自身建设,培养造就一支忠诚党的事业、热爱团的岗位、竭诚服务青年的团干部队伍,增强基层团组织对团员青年的凝聚力和感召力。

会前,王兆国会见了在这次全会上卸职的共青团中央常委和委员、候补委员,并为第三届中国青年创业奖获得者颁奖。

共青团中央书记处第一书记胡春华主持会议。

全国检察长会议在北京举行

最高人民检察院检察长贾春旺在会上说,要把贯彻宽严相济的刑事司法政策作为当前检察机关的一个重大课题,把严格执行法律与执行统一起来,把执法办案的法律效果与社会效果有机统一起来,提高检察机关的执法办案水平和促进和谐社会建设的能力。

贾春旺说，要把检察工作置于构建社会主义和谐社会全局之中，围绕化解社会矛盾这个主线，提高为构建社会主义和谐社会服务的水平。

他要求，要做到"五个坚持"：坚持把履行好法律监督职能作为服务和谐社会建设的基本途径；坚持把是否有利于促进社会和谐作为衡量检察工作的重要标准；坚持把维护人民群众合法权益作为促进社会和谐的出发点和落脚点；坚持把维护公平正义作为促进社会和谐的生命线；坚持把化解矛盾贯穿执法办案工作的始终。

贾春旺指出，在检察工作中贯彻宽严相济政策，应当把握严格依法、区别对待和注重效果的基本要求，把宽严相济的刑事司法政策落实到各个执法办案环节。

贾春旺说，积极探索有利于贯彻宽严相济刑事司法政策的工作机制和办案方式，从机制上保障和促进宽严相济刑事司法政策的落实：进一步健全检察环节贯彻"严打"方针的经常性工作机制；依法扩大简易程序和简化审理程序的适用；改革完善未成年人犯罪案件的办案方式；建立快速处理轻微刑事案件工作机制；完善检察业务考评机制。

国务院副总理曾培炎在中南海紫光阁会见澳大利亚政府副总理马克·韦尔

外交部部长李肇星在北京与约旦外交大臣哈提卜举行会谈

世界上最高电压等级直流输电工程开工

世界上首个最高电压等级的 ±800 千伏特高压直流输电工程——云南至广东 ±800 千伏特高压直流输电工程，在云南省楚雄彝族自治州开工。该工程被称为西电东送"超级高速公路"，自主化率逾 60%，预计在 2009 年上半年投入生产，届时将满足"十一五"云电送粤的需要。

云广直流工程，西起云南楚雄州禄丰县，东至广州增城市，输电距离 1438 公里，动态总投资 137 亿元，额定输电容量 500 万千瓦，是我国在建单条输电容量最大的工程之一，是云电送粤的主力通道。该条线路的输电能力相当于目前云南省全省用电负荷的 80%。据了解，此前世界上已有的直流输电最高电压等级为 ±600 千伏。

12 月 20 日

国家主席胡锦涛在人民大会堂同哈萨克斯坦总统纳努尔苏丹·纳扎尔巴耶夫举行会谈

胡锦涛说，建交 15 年来，中哈关系全面快速发展。两国高层交往密切，政治互信不断增强。双方彻底解决了历史遗留的边界问题。签署了《中哈睦邻友好合作条约》《中哈 2003—2008 年合作纲要》等重要文件，确定了双边关系发展的基本原则和方向，为各领域务实合作奠定了坚实的法律基础。在中哈合作委员会的指导和协调下，两国经贸、能源、科技、文化、教育等各领域合作不断扩大，全面展开。双方在联合国、上海合作组织、亚信论坛等多边领域也保持良好的协调与配合。中方赞赏和感谢哈方在台湾、反恐等问题上给予中国的宝贵支持。

胡锦涛表示，中哈战略伙伴关系的建立，为新世纪两国关系的发展确定了新方向。中方愿与哈方一道，从以下四个方面进一步充实和推进这一关系：(一)巩固政治互信，加强战略合作。深化两国高层交往，促进多层次交流。在涉及对方核心利益的重大问题上继续相互坚定支持。共同落实好新签署的《中哈 21 世纪合作战略》等文件。(二)深化务实合作，实现互利双赢。中方同意确定 2015 年两国年贸易额达到 150 亿美元的新目标。双方要共同努力，改善贸易结构，增加高附加值和高技术含量商品的贸易比重；加快中哈霍尔果斯国际边境合作中心等大项目建设；鼓励和支持双方企业扩大在对方国家的投资。两国政府要为双方企业加强合作及开展正常商务活动，创造良好的政策环境。(三)扩大人文合作，加深传统友谊。加强双方在文化、教育、体育、旅游等领域的交流合作，鼓励地方和民间团体扩大友好交往。中方愿配合哈方办好明年在华举办的"哈萨克斯坦文化节"，共同搞好两国建交 15 周年庆祝活动，让中哈友好世代相传。(四)加强安全合作，密切多边协作。双方要继续共同防范和打击"三股势力"和跨国犯罪，加强在重大国际和地区问题上的磋商与协调，扩大在联合国、上海合作组织、"亚信"论坛等多边框架内的合作，共同维护地区和世界和平稳定，促进地区国家共同发展。

会谈后，两国元首签署了《中哈 21 世纪合作战略》《中哈经济合作发展构想》，并出席了中哈两国政府关于中哈国界管理制度的协定等合作文件的签字仪式。

中华人民共和国和哈萨克斯坦共和国 21 世纪合作战略

应中华人民共和国主席胡锦涛的邀请，哈萨克斯坦共和国总统努·阿·纳扎尔巴耶夫于 2006 年 12 月 19 日至 23 日对中华人民共和国进行了国事访问。两国元首在北京举行了正式会谈。访问期间，中国全国人民代表大会常务委员会委员长吴邦国和国务院总理温家宝分别会见了纳扎尔巴耶夫总统。

两国元首全面回顾和总结了中哈(下称双方)建交15年来双边关系发展历程,满意地指出,双边各领域合作取得显著成就并发生实质性的积极变化。两国在政治领域不存在任何悬而未决的问题。双方已彻底解决边界划界和勘界问题。哈萨克斯坦放弃核武器之后,中国宣布向哈提供安全保障。双方已形成有效的对话机制。在相互尊重对方利益基础上,双方定期就共同关心的重大问题平等、友好地交换意见。双方建立并启动了各领域合作机制。中哈合作委员会及其各专门分委会在此方面发挥了重要作用。中哈军事、安全合作顺利发展。双方达成的有关协议得到落实。经贸、能源、交通、人文、环保、共同利用跨界河流水资源等各领域务实合作不断扩大。

双方一致认为,不断巩固和深化中哈关系是两国对外政策的优先方向,符合两国人民的根本利益,也有助于维护地区的和平与稳定。

2002年12月23日签订的《中华人民共和国和哈萨克斯坦共和国睦邻友好合作条约》为两国关系持续稳定发展奠定了牢固的法律基础。

2003年6月3日签署的《中华人民共和国和哈萨克斯坦共和国2003年至2008年合作纲要》是确定双方各领域中期合作优先发展方向的指导性文件。

2005年7月3日签署的《中华人民共和国和哈萨克斯坦共和国关于建立和发展战略伙伴关系的联合声明》具有重要历史意义,标志中哈关系进入新的发展阶段。这一关系体现为,两国政治互信进一步增强,维护地区安全与稳定方面的合作不断深化,经贸互利合作不断扩大和深化,双方致力于实现共同发展和繁荣,增进人文领域合作,加强人员交往,巩固两国人民的传统友谊。

基于上述,两国元首声明将进一步发展和深化中哈21世纪的战略伙伴关系,造福两国和两国人民。

为此,双方将在以下重点领域采取措施,加强合作:

一、政治领域

(一)双方将继续保持高层政治对话,两国领导人将进行定期互访,及时就双边关系和迫切的国际问题交换意见。

(二)双方将完善中哈合作委员会的工作,使之在推动落实双方达成的各项协议和促进各领域务实合作方面发挥主导协调作用。必要时双方可根据中哈合作委员会章程,对委员会的组织结构进行调整。

(三)两国议会合作对推动双边关系发展发挥着重要作用,双方将继续加强和扩大两国议会、政党、社会团体间的交流与合作。

(四)双方一致认为,两国顺利完成边界划界和勘界工作,严格落实关于在边境地区加强军事领域信任的协定和相互裁减军事力量的协定,共同合理利用跨界河流水资源,相互协作防范打击恐怖主义、分裂主义和极端主义的渗透和其他跨国犯罪活动,有利于维护双方边境地区的安全稳定与良好秩序,进一步巩固和发展两国之间的睦邻关系与务实合作。此次访问期间签署的《中华人民共和国和哈萨克斯坦共和国关于中哈国界管理制度的协定》具有重要意义,为进一步加强两国边境地区合作,及时妥善处理相关边境事务提供了法律依据。

(五)双方决心在维护国家主权、统一和领土完整方面相互坚定支持对方的政策和行动。哈方将一如既往地奉行一个中国政策,承认中华人民共和国政府是代表全中国的唯一合法政府,台湾是中国领土不可分割的一部分。哈方反对"台湾独立",反对台湾加入任何必须由主权国家参加的国际和地区组织,承诺不与台湾进行任何官方往来。中方对哈方上述立场表示高度赞赏。

双方认为,国家主权和领土完整是首要问题。双方在任何时候、任何情况下都不采取有损对方主权和安全利益的行动。

二、经济领域

(一)双方认为,中哈经济合作发展构想对确定两国经济关系前景具有重要意义。

(二)双方将力争使双边贸易额在2010年达到100亿美元,在2015年达到150亿美元。双方将努力在双边贸易中实现进出口平衡,提高高附加值产品的比重,实现商品结构的多样化。

双方将加强在打击假冒伪劣产品和侵犯知识产权行为方面的合作。

双方将促进边贸发展,支持扩大和深化两国边境和内陆地区的直接经济联系,提高霍尔果斯国际边境合作中心作为吸引本地区国家开展经贸活动和发展加工工业中心的作用。

(三)双方将支持两国经济实体实施中哈原油管道、天然气管道建设项目,扩大油气勘探开发合作,并在油气加工、建立新的电力能源设施和向第三国市场输送电力等领域开展合作。

(四)双方在继续实施大型油气项目的同时,应加大力度实施非原材料领域重要项目,并改善投资环境,积极支持在本国境内投资的对方企业,特别是投资油气机械设备制造、食品、纺织工业,以及交通与物流服务、冶金、建筑材料和旅游等领域的企业。双方欢迎并鼓励相互投资,将为此创造条件并采取措施保护投资企业人员的合法权益和财产安全。

(五)双方将在本国法律框架下,为两国银行在对方境内开展各项业务创造平等和便利条件,支持两国银行建立合作伙伴关系并开展代理业务。

(六)双方将提高铁路货物运量,并在确定过货潜力后研究修建中国和哈萨克斯坦铁路新线的可能性。

双方将广泛挖掘过境运输潜力,推动建设国际运输走廊,以保障欧亚地区及中哈两国境内的货物运输。

双方将发展具有竞争力的现代交通通信基础设施,通过完善物流服务、优化运输条件,实现货物快速通关,促进欧亚交通运输。

双方将采取措施增加跨大陆铁路方向的集装箱列车开行数量,并严格保证集装箱列车按图行车。双方将完善边防、海关、检验检疫及铁路部门的协作。

(七)双方将采取切实措施解决两国边防、海关、卫生检验检疫领域合作中出现的问题。双方将简化海关手续,完善海关管理制度,促进建立统一标准。

(八)双方将通过贸易投资便利化和实施具有区域意义的经济技术项目,进一步加强在上海合作组织框架内的区域经济合作。

(九)双方将签署中华人民共和国政府和哈萨克斯坦共和国政府关于中华人民共和国公民在哈萨克斯坦共和国和哈萨克斯坦共和国公民在中华人民共和国的短期劳务协定,以加强在劳务领域的合作。

三、科技领域

(一)双方将积极发挥现有科技合作潜力,开展在应用科技领域的合作,为两国经济带来实际利益。

(二)双方将加强两国科学院、行业研究所、科学技术研究机构的交流。

(三)双方将采取措施开设联合科技合作中心,并在对等基础上共建科技园区。

四、人文领域

(一)双方一致认为,人文领域合作是整个双边关系的一个组成部分,应大力加强。这将有助于两国和两国人民的友谊和相互理解的进一步发展。双方将加强在教育、文化、大众传媒、卫生、旅游和体育领域的双边合作。

(二)双方将继续举办“文化日”活动,扩大文化交流,组织文艺团体、演员和艺术工作者巡回演出。根据互办中哈文化节的情况,双方将研究进一步扩大人文领域合作形式的可行性。

(三)双方将积极探讨互设国家文化中心的可行性。

(四)双方将继续推动扩大两国边境地区人文联系与交流,深化文化交流,解决联合考古、开展历史档案研究、庆祝民俗节日、加强双方广播电视节目交流与合作等方面的问题。

五、安全和环境保护领域

(一)双方将继续保持两国在双边和多边框架内维护安全,打击跨国犯罪、恐怖主义、分裂主义和极端主义领域的良好合作势头。双方重申,不允许任何组织或个人在一方境内从事有损另一方国家主权、统一和领土完整的活动。双方强调,两国安全领域合作不针对第三方。

(二)双方愿继续加强两国防务部门的磋商、协调与合作,有效应对地区安全的新挑战与威胁。

(三)双方将继续开展两国特别是两国边境地区的执法部门在打击毒品贩运、武器和爆炸品走私、洗钱和跨国有组织犯罪活动方面的合作行动。

双方将采取积极步骤打击非法移民,完善在该领域合作的法律基础。

(四)双方认为,两国在预防和消除紧急状态领域的合作保持了较高水平和良好势头。为在紧急状态下保障安全,双方有关政府部门有必要就防灾减灾问题加强建设性对话,并在上海合作组织框架内举行应对和消除环境威胁的联合减灾演习。

双方高度评价中哈利用和保护跨界河流联合委员会取得的成果,并遵循公平合理的原则,在现有机制下继续开展合作,制定相关的具体措施,确保合理利用和保护跨界河流水资源和生物资源,切实维护双方在各方面的利益。

六、国际领域

(一)双方将扩大在国际领域的双边合作,为维护地区的和平与稳定作出积极贡献。

双方赞成遵守《联合国宪章》的宗旨和原则以及其他公认的国际法准则并在此基础上建立新型全球安全架构,承认各国拥有捍卫国家统一和主权、根据本国国情独立自主选择发展道路、平等参与国际事务的权利,并承认和尊重世界文化和文明的多样性。

双方将为开展世界不同文明、不同宗教间对话作出贡献。中方高度评价哈方关于举办世界和传统宗教领袖大会的倡议。

(二)双方深信,联合国对维护世界的和平与安全具有关键作用。双方高度评价两国在联合国问题上高水平的协作。

双方认为有必要对联合国进行改革,但反对操之过急。双方认为,联合国改革涉及所有成员国的切身利益,应推动加强多边协调,提高联合国的威信和效率以及面对新挑战、新威胁的应变能力。应在广泛协商一致基础上作出相关决定。

(三)双方主张应通过政治、外交方式解决现有和新出现的国际问题和地区争端。双方认为,应公正、和平地解决长期得不到解决的中东问题。

双方呼吁尽快实现伊拉克国内政治局势正常化。双方认为，在阿富汗恢复和平将有利于稳定地区局势和打击毒品生产和走私。

(四)双方认为，恐怖主义威胁具有全球性和综合性，指出有必要加强在联合国框架内的反恐协作。双方将在打击犯罪财产的合法化和向恐怖主义提供资金支持的“欧亚小组”框架内加强合作。

(五)双方重申，将在《不扩散核武器条约》基础上进一步强化国际核不扩散机制。中方重申高度评价哈萨克斯坦放弃核武器的历史性决定，认为这是哈方爱好和平并致力于全球稳定的鲜明例证。

双方指出，必须通过外交谈判和平解决伊朗核问题。推动六方会谈，实现朝鲜半岛无核化。

双方支持在中亚地区建立无核武器区的努力，支持签署相关条约。

(六)双方将在维护地区与世界的和平与稳定方面开展合作，并积极参与保障地区安全的双边和多边机制与磋商。

(七)双方认为，在国际和地区局势发生变化的背景下，上海合作组织不断发展，已成为在互信、互利基础上深化成员国睦邻关系的重要平台，维护地区和平、安全、稳定的有效机制和深刻影响地缘政治进程发展的强大因素。双方将为不断深化和发展上海合作组织框架内安全、经济和其他领域的务实合作作出不懈努力。

2006年6月15日在上海举行的上海合作组织成立5周年纪念峰会，为本组织的发展注入了新的动力。

中哈作为亚洲相互协作与信任措施会议(“亚信”)的积极参与者，将进一步促进“亚信”进程的顺利发展。双方指出，2006年6月17日在阿拉木图举行的“亚信”第二届峰会是该论坛机制化进程中的重要里程碑。

双方指出，中亚国家有独特的历史文化传统，国际社会应尊重中亚各国人民根据本国国情自主选择的发展道路。中亚各国的稳定与安全、经济的持续发展和社会的不断进步，完全符合中哈两国的切身利益。双方重申愿与其他中亚国家在双边和上海合作组织框架内扩大各领域相互协作，特别是在打击恐怖主义、极端主义和分裂主义等方面的协作。

中华人民共和国主席 哈萨克斯坦共和国总统
胡锦涛 努·阿·纳扎尔巴耶夫

2006年12月20日于北京

国务院总理温家宝 中央军委主席胡锦涛签署命令授予丁晓兵“保持英雄本色的忠诚卫士”荣誉称号

丁晓兵，男，1965年9月出生，现任武警某部团政治委员，上校警衔，1983年10月入伍，1984年10月在遂行军事任务中英勇负伤，失去右臂。丁晓兵同志入伍20多年来，牢记使命，献身国防，以伤残之躯续写人生辉煌篇章，先后被人事部和中国残联授予“全国自强模范”称号，被武警部队评为第八届“中国武警十大忠诚卫士”，被中组部授予“全国优秀共产党员”荣誉称号，荣立一等功1次、三等功2次。他自强不息，争创一流业绩，任指导员期间，所在连队被军区评为基层建设先进连，荣立集体一等功1次、三等功2次；任营教导员和团政治处主任期间，所在单位年年被评为先进。他刻苦钻研，积极探索新形势下带兵特点规律，总结归纳出“心理自我调节12法”“群众性教育20法”等105条带兵经验，被上级推广。他关爱部属，以情带兵，先后捐款5万多元救助67名家庭困难的干部战士。在他的教育帮助下，28名后进战士被转化，30多名战士考上军校，17名战士直接提干。

国务院总理温家宝在中南海紫光阁会见澳大利亚副总理马克·韦尔

中国人民政协理论研究会成立大会暨首次人民政协理论研讨会在北京召开

中共中央政治局常委、全国政协主席贾庆林出席会议并作重要讲话。

贾庆林指出，成立中国人民政协理论研究会，组织广大政协工作者和理论工作者，研讨人民政协事业发展中的重大理论和实践问题，探索人民政协事业发展的规律，对于更好地运用科学理论指导和推动新世纪、新阶段的人民政协工作，开创人民政协事业发展的新局面，具有十分重要的意义。他强调，人民政协理论研究要坚持以毛泽东思想、邓小平理论和“三个代表”重要思想为指导，认真学习贯彻以胡锦涛同志为总书记的党中央提出的一系列治国理政的重大战略思想，把握人民政协理论研究的正确方向。

贾庆林指出，人民政协理论是中国共产党把马克思列宁主义统一战线理论、政党理论和民主政治理论同中国具体实践相结合的重大理论成果，是毛泽东思想、邓小平理论和“三个代表”重要思想的重要组成部分。人民政协理论继承和发展了马克思列宁主义的统一战线理论，阐明了人民政协作为统一战线组织存在和发展的重要性和必要性，强调充分发挥人民政协的作用，不断为党和国家事业的发展增添力量；继承和发展了马克思列宁主义的政党理论，阐明了人民政协作为中国共产党领导的多党合作和政治协商机构的特点和优势，强调切实搞好参加政协的各党派、无党派人士之间的团结合作，不断推进我国社会主义多党合作事业；继承和发展了马克思列宁主义的民主政治理论，阐明了人民政协在我国政治生活中不可替代的作用，强调善于运用这一民主形式，不断发展社会主义民主政治，建设社会主义政治文明。

贾庆林说，人民政协理论是内容丰富、结构完整、相互贯通的科学思想体系，它回答了人民政协的性质、地位、指导思想、政治基础、主要职能、工作原则、自身建设等基本问题，创造性地提出了一系列关于人民政协事业发展的新思想、新观点和新论断，是推动人民政协事业发展的强大思想武器。它的主要内容包括：中国共产党领导的多党合作和政治协商制度是我国的一项基本政治制度；人民政协在我国政治生活中具有十分重要的地位和不可替代的作用；马克思列宁主义、毛泽东思想、邓小平理论和“三个代表”重要思想是人民政协做好工作、发挥作用的根本思想基础；团结和民主是人民政协的两大主题；政治协商、民主监督、参政议政是人民政协的主要职能；围绕中心、服务大局是人民政协履行职能必须遵循的原则；加强党派合作、突出界别特色、发挥委员主体作用和重视政协机关建设是人民政协自身建设的“四位一体”的任务；坚持中国共产党的领导是加强人民政协工作的政治保证。人民政协理论作为科学思想体系，是经过实践—认识—再实践—再认识的过程而逐步形成并不断深化发展的。随着人民政协事业的发展，人民政协理论也将得到进一步的发展和完善。

贾庆林强调，人民政协理论研究要坚持正确的政治方向，坚定不移地走中国特色社会主义政治发展道路；坚持面向实际，深入研究人民政协工作中的一系列重大问题；坚持科学的研究方法，把理论研究不断引向深入，务求取得实效；坚持协调配合，努力形成人民政协理论研究的强大合力。

会议通过全国政协副主席王忠禹、刘延东、罗豪才、陈奎元为研究会名誉会长，选举全国政协秘书长郑万通为会长。研究会的成立是人民政协理论建设工作的一件大事，也是人民政协事业发展进程中的一件大事。

会议听取了郑万通关于研究会筹备情况的汇报，审议通过了研究会章程和研究会第一届理事会选举办法，选举产生了第一届理事会理事。第一届理事会第一次会议选举出了理事会常务理事以及会长、副会长、秘书长，通过了名誉会长、顾问名单。会议还决定了设立研究会秘书处等有关事项。

中国人民政协理论研究会是在全国政协领导下，从事中国共产党领导的多党合作和政治协商会议制度、人民政协理论研究和宣传的全国性学术团体。它的主要职责是制定人民政协理论研究规划，确定理论研究方向和课题；组织、推动人民政协理论和实际问题的研究，建立和扩大人民政协理论研究队伍；组织会员之间的协作，交流学术思想和理论研究信息，评选优秀研究成果；开展人民政协理论政策的宣传，编辑出版刊物和资料；反映人民政协理论工作者的要求，维护会员的正当权益；接受委托开展咨询和培训工作；开展对外交流和国际学术活动。

全国政协主席贾庆林在北京会见第二届全国非公有制经济人士优秀中国特色社会主义事业建设者表彰大会代表

贾庆林强调，广大新的社会阶层人士要抓住机遇、乘势而上，努力把自身企业的发展与国家的发展结合起来，把个人富裕与全体人民的共同富裕结合起来，把遵循市场法则与发扬社会主义道德结合起来，在建设中国特色社会主义事业的伟大征程中再立新功。

中共中央政治局委员、国务院副总理曾培炎，全国政协副主席、中央统战部部长刘延东，全国政协副主席、全国工商联主席黄孟复等参加会见。

表彰大会由统战部、发展改革委、人事部、工商总局和全国工商联举办。中宣部、发展改革委、人事部等中央和国家机关有关部门负责人，以及荣获“优秀建设者”称号的企业家参加大会。

外交部部长李肇星在钓鱼台国宾馆会见第五轮六方会谈第二阶段会议的各国代表团团长

李肇星说，六方会谈进程陷入僵局一年多以后得以重新启动，实属不易。在六方会谈框架下通过谈判和平解决朝核问题，实现半岛无核化，实现半岛和东北亚地区的长治久安，符合各方的利益，符合世界人民的愿望。

李肇星指出，第四轮六方会谈发表的共同声明是六方会谈进程取得的重要进展，照顾到各方关切，值得珍惜。为实现互利共赢，各方当务之急是制定落实共同声明的规划，采取实际行动履行各自在共同声明中作出的承诺。

李肇星表示，经过各方代表团的艰苦努力，此次会谈已取得许多新的共识：各方都重申履行“9·19”共同声明；重申愿通过对话和平解决半岛核问题；重申坚持朝鲜半岛无核化的共同目标。希望有关各方发挥政治智慧和创造性，逐步积累信任，扩大共识，中方将一如既往地发挥建设性作用，与各方保持密切沟通与合作，推动会谈取得积极进展。

外交部部长李肇星在北京与斯洛伐克外长库比什举行会谈

马季逝世

著名相声艺术大师、中国广播艺术团说唱团艺术指导、国家一级演员马季因突发心脏病抢救无效，于12月20日在北京逝世，享年72岁。

马季原名马树槐，1934年生于北京，祖籍天津宝坻。1956年6月加入中国共产党，同年调入中国广播艺术团。在50年相声创作表演生涯中，他以热情洋溢的舞台风格、细腻传神的表演技巧、睿智幽默的表现形式和深厚凝练的传统功底，创作、表演了大量深受广大人民群众喜爱的相声作品。他还注重提携后辈，培养人才，为中国相声事业的发展培养了一大批中坚力量。

马季2006年获得中国曲艺牡丹奖的终身成就奖，是第五、六、七、八、九、十届全国政协委员，曾任中华全国青年联合会第三、四、五届委员会常务委员。

12月21日

全国人大常委会委员长吴邦国 国务院总理温家宝在北京分别会见哈萨克斯坦总统纳努尔苏丹·纳扎尔巴耶夫

纪念乌兰夫同志诞辰100周年座谈会在北京举行

国家副主席曾庆红出席并讲话。

座谈会由王兆国主持。回良玉、刘云山、王刚、盛华仁、华建敏、刘延东、白立忱和布赫，以及中央军委委员李继耐出席。座谈会上，中共中央党史研究室主任李景田，内蒙古自治区党委书记储波，国务院副秘书长张勇，全国人大常委会副秘书长王万宾，全国政协副主席、中央统战部部长刘延东先后发言。

出席座谈会的还有中央和国家机关、部队有关部门、内蒙古自治区的负责同志，乌兰夫同志的亲属、生前友好和原身边工作人员等。

国家副主席曾庆红在纪念乌兰夫同志诞辰100周年座谈会上的讲话

同志们：

今天，我们满怀敬仰和思念之情，纪念乌兰夫同志诞辰100周年，缅怀他为党、国家和人民建立的历史功绩，学习和弘扬他的革命精神与品德风范。

乌兰夫同志是久经考验的共产主义战士、党和国家优秀的领导人、杰出的无产阶级革命家、卓越的民族工作领导人。乌兰夫同志把毕生精力献给了中国人民的解放事业和社会主义建设事业，为民族团结复兴和祖国统一繁荣建立了卓越的功勋，深受全党全国各族人民的尊敬和爱戴。

乌兰夫同志1906年12月23日出生于内蒙古土默特旗(今土默特左旗)塔布村一个蒙古族家庭。受五四运动的影响，他在青少年时期就热情投身革命事业，成为“早期觉醒的蒙古族青年”的杰出代表。1923年，乌兰夫同志进入北京蒙藏学校学习，受李大钊等共产党人的引导和启发，开始接受马克思主义。同年12月加入中国社会主义青年团。1925年9月，转为中国共产党党员。同年10月，受党组织委派赴苏联莫斯科中山大学学习。1929年6月回国。同年7月，参加组建中共西蒙工委，先后担任组织委员、书记，并在内蒙古西部地区组织农民协会，传播革命火种，在白色恐怖下经受了严峻考验。

1931年，九一八事变发生，日本帝国主义加紧对中国侵略的步伐。面对复杂的国内外形势，乌兰夫同志按照党的要求，成功指导并实现了西蒙地区党的工作重点向反对日本帝国主义侵略的转移。1933年5月，他参加察哈尔抗日同盟军成立大会。同年冬，回到归绥，以教员身份为掩护秘密从事地下工作。1936年2月，他参与策动“百灵庙暴动”，为建立党领导的蒙古族抗日武装作出了贡献。1937年年初，乌兰夫同志利用蒙旗保安旅组建的机会，在保安旅内部建立党委会，亲自担任党委书记，秘密开展党的工作。抗日战争全面爆发后，蒙旗保安旅改编为蒙旗独立旅，乌兰夫同志担任政治部代理副主任。在乌兰夫同志参与领导下，这支部队高举抗日旗帜，执行党的抗日民族统一战线政策，勇敢地打击日寇伪军，被党中央誉为“内蒙古民族中最先进、最大的抗日队伍”。1938年5月，蒙旗独立旅改编为国民革命军新编第三师，乌兰夫同志担任政治部代理主任。他按照八路军建制，在第三师建立起一整套政治工作制度，使这支部队在极为困难的条件下，长期坚持抗日斗争。1941年8月，根据党中央决定，乌兰夫同志赴延安工作，9月起担任延安民族学院教育长。在延安民族学院，他承担了繁重的领导和组织工作，同时仍坚持亲自授课，为各民族团结抗战和培养民族干部付出了极大心血。1945年，他参加中国共产党第七次全国代表大会，并当选为中央委员会候补委员。

抗日战争胜利之际，党中央对内蒙古地区的工作进行新的部署，任命乌兰夫同志为绥蒙政府主席，率领大批蒙汉干部回到内蒙古地区开展民族自治运动。乌兰夫同志参与领导内蒙古自治运动，为我国第一个民族自治区的创建作出了历史性贡献。1945年11月，内蒙古自治运动联合会在张家口成立，乌兰夫同志当选为执行委员会主席兼军事部部长。同时，任中共晋察冀中央局委员。1946年任中共内蒙古委员会书记。在深入发动群众开展自治运动的过程中，他按照党中央的指示，坚持中国共产党的领导，坚持民族区域自治政策，坚持国家的统一，经过艰苦的工作，先后于1946年、1947年在承德和乌兰浩特成功召开了在内蒙古革命史上具有重要意义的两次会议——内蒙古自治运动统一会议和内蒙古人民代表会议，结束了内蒙古东西部长期分割的局面，实现了在中国共产党领导下内蒙古各民族革命力量的统一，选举产生了我国历史上第一个省级民族自治区政府——内蒙古自治政府，乌兰夫同志光荣当选为自治政府主席。1947年至1949年，乌兰夫同志任中共内蒙古工委书记、内蒙古自治政府主席，内蒙古人民自卫军、内蒙古人民解放军司令员兼政委，内蒙古军区司令员兼政委，中共中央东北局委员，成功领导了内蒙古自治政府辖区的政权建设、军队建设、党组织建设、经济文化建设、农村土地改革和牧区的民主改革，广泛地团结了内蒙古地区各民族和蒙古族各阶层，使牧区生产得到迅速发展。在此期间，他还指挥部队消灭了内蒙古地区的土匪和反动地方武装，参加了辽沈战役和平津战役，为建立、巩固和发展东北根据地，解放东北、华北地区，作出重要贡献。1955年他被授予中国人民解放军上将军衔，是一级解放勋章的获得者。

新中国成立后，乌兰夫同志成为党和国家领导人，历任中央人民政府委员会委员，国防委员会委员，中央人民政府民族事务委员会副主任委员，国家民族事务委员会主任，中共中央华北局副书记、第二书记，中共中央内蒙古分局书记，绥远军政委员会副主席兼绥远省人民政府主席，国务院副总理，是中共第八届中央政治局候补委员。他参与或负责中央的一系列工作，作出了重要贡献。同时，乌兰夫同志依然是内蒙古自治区的主要负责人。在以他为首的自治区党委领导下，自治区的建设事业以及社会主义改造取得了令人瞩目的成就，初步形成了政治稳定、经济发展、文化繁荣、民族团结的局面，被周恩来总理誉为“全国的模范自治区”。社会主义改造基本完成后，乌兰夫同志致力于内蒙古自治区的社会主义全面建设，注意结合内蒙古的人文、自然条件，稳妥地掌握方针、政策，发展生产和各项建设事业，使广袤的内蒙古大地呈现出工业、农业、畜牧业和林业均衡发展的喜人景象。在1966年开始的“文化大革命”中，乌兰夫同志受到残酷迫害，但他立场坚定，旗帜鲜明，表现了共产党员大无畏的革命精神。1973年党的十大召开，他继续当选为中央委员。1975年1月，当选为第四届全国人大常委会副委员长。

粉碎“四人帮”后，乌兰夫同志担任中共第十一届、十二届中央政治局委员，中央统战部部长，政协第五届全国委员会副主席，第五届、七届全国人大常委会副委员长，中华人民共和国副主席等重要职务。他衷心拥护和坚决贯彻党的十一届三中全会以来的路线、方针和政策。面对改革开放的新形势，他勤勉努力，孜孜以求。在主持中央统战部工作期间，他为恢复中央统战部的正常运转，为统战、民族、宗教等工作的拨乱反正、正本清源，做了大量艰苦细致的工作。在全国人大常委会副委员长和国家副主席任内，从1981年至1984年，他倾注心血主持起草《中华人民共和国民族区域自治法》，为这部基本法律的起草和颁布作出了特殊贡献。乌兰夫同志作为党和国家领导人，为加强国防建设和政权建设，为民族工作的健康发展，为做好新时期统一战线工作，为国家富强、民族繁荣，呕心沥血，鞠躬尽瘁，作出了不可磨灭的功绩。

同志们，乌兰夫同志的一生，是为祖国的解放和统一不断奋斗的一生，是为社会主义现代化建设和改革开放事业不断奉献的一生，是为各民族的平等、团结和共同繁荣不断追求的一生。他的名字，与中国的革命、建设和改革事业紧紧地联系在一起。今天，我们纪念乌兰夫同志，缅怀他的不朽功勋，就是要促进和推动一切有利于民族团结、国家统一、社会进步的事业，就是要继承和弘扬一切有利于社会主义现代化建设的崇高思想和精神。

我们要学习乌兰夫同志勇于坚持真理，善于运用马克思主义，始终立足于我国的实际，探索创新，解决我国的民族问题。乌兰夫同志自从选择了马克思主义的政治信仰，一生就再也没有动摇过。他努力运用马克思主义的立场、观点和方法，分析、研究革命斗争问题、政权建设问题，特别是民族解放和发展问题。在马克思主义民族观的指导下，他深入研究和思考内蒙古民族解放和发展的道路、方向问题。他强调，由于百余年来帝国主义的侵略，封建势力的压迫和中国人民反帝反封建的革命斗争，内蒙古人民的命运和国内各民族的命运密切结合在一起。面对着共同的敌人，需要有统一的领导和团结一致的革命力量。而长期以来，中国共产党对民族民主革命的坚强领导，使各民族人民的革命力量完全结合起来，这就造成了一种政治形势，内蒙古不仅在区域上是中国领土不可分割的一部分，内蒙古革命运动也是中国革命的一部分。没有全国人民革命的胜利，就没有内蒙古人民革命的胜利。内蒙古各族人民的解放和发展，只有在中国共产党领导的人民革命和新中国建设取得胜利的条件下才能实现。乌兰夫同志创造性地贯彻执行党的民族区域自治政策和其他各项政策，努力把马克思列宁主义、毛泽东思想和邓小平理论与内蒙古的实际和全国的实际相结合，认识新情况，解决新问题，形成新结论。在这个过程中，乌兰夫同志成为我们党内卓越的民族工作领导人，为推动马克思主义民族理论的完善和发展作出了重大贡献。

我们要学习乌兰夫同志始终坚持实事求是的思想路线，在中国特色社会主义建设事业中，一切从实际出发，一切为了人民。乌兰夫同志主持内蒙古工作时期，注意结合内蒙古具体情况贯彻中央的方针，始终坚持从实际出发，努力制定符合内蒙古地区特点和民族特点的具体政策。土地改革中，内蒙古制定了调整民族关系、消除民族隔阂、加强各民族农民的团结、缩小对蒙古族地主的打击面等一系列处理民族问题的原则、特殊政策和工作方法，顺利完成了土地制度的变革。根据内蒙古牧区经济和阶级关系的特点，在牧区的民主改革中，乌兰夫同志要求工作“慎重稳进”，明确提出牧区民主改革要废除王公的封建特权，实行牧区归公、自由放牧等政策，使牧区经济得到保护，并很快恢复和发展。新中国成立初期，社会主义改造开始后，内蒙古自治区制定了富有特色的对待牧主经济的和平改造方针。考虑到内蒙古经济社会长期稳定发展的需要，乌兰夫同志提出了“政策要稳，办法要宽，时间要长”的方针。在发展牧区经济中，他又提出了“千条万条发展畜牧第一条”的口号。这些做法在实践中收到了良好的效果。

我们要学习乌兰夫同志始终把中华民族的根本利益和国家整体利益放在首位，求团结的大局，促统一的大义。乌兰夫同志始终站在中华民族和国家利益的高度，思考和处理我国民族大家庭的团结统一问题。他反复强调，巩固祖国统一，加强民族团结，这个主题在内蒙古任何时候都不能变。他深刻指出：祖国的统一和各民族之间的团结，不仅是我国历史发展的必然结果，而且是各民族获得发展与繁荣的基本保证，是各族人民的最高利益。因此，我们要像爱护自己的眼珠一样，爱护祖国的统一和各民族的团结。如果有人企图把自己的民族从祖国大家庭中分裂出去，或者反对在统一的祖国大家庭内与汉族及其他民族人民实行团结合作，就不仅破坏了各民族人民的共同利益，而且首先违背了本民族人民的根本利益。在1956年一届全国人大三次会议上，乌兰夫同志指出，建设我们的国家，没有占全国人口绝大多数的汉族人民对少数民族的帮助，没有少数民族的共同努力，都是不行的。乌兰夫同志把汉族和少数民族在中国革命、建设中的亲密团结的关系，概括为相互间谁也离不开谁的关系，为建立、维护和发展我国社会主义新型民族关系，加强各民族的团结和统一，提供了重要的指导原则和充分的理论依据。

我们要学习乌兰夫同志自觉扎根于群众之中，关心群众，依靠群众。在长期的革命实践中，乌兰夫同志深深懂得，扎根于群众之中，同广大群众紧密地结合在一起，就有力量、就有办法，就能够经受考验，战胜各种困难，取得最后胜利。乌兰夫同志的群众观，最深厚的思想基础就是依靠人民群众，发动人民群众。在领导内蒙古自治运动中，乌兰夫同志明确指出，唤醒和组织群众，只有如此，我们的斗争才有力量，我们的解放才有希望。内蒙古自治运动联合会成立后，正是因为广泛发动群众，尽一切努力解除群众疾苦，自治运动得到了人民群众的广泛拥护。也正是在良好的群众基础上，解放战争爆发后，内蒙古西部很快建立起锡察盟草原根据地，仅仅一年多时间，就完成了建立内蒙古自治政府的思想和组织准备。20世纪60年代，在我国经济暂时困难时期，乌兰夫同志带着对人民群众的深厚感情，围绕群众健康问题，在内蒙古自治区亲自展开调查研究。为了保障群众的基本食物需求，他指示不要购过头粮，既要保证城市居民的供应，又要给农民留足口粮。他关心知识分子的生活，亲自主持制定对高科技人员生活照顾的政策规定。朴实深厚的群众观念，也塑造了乌兰夫同志高尚的思想品德。他一生廉洁，作风正派，谦虚谨慎，平易近人，生活朴素，襟怀坦白，严于律己，宽厚待人。乌兰夫同志把一切都献给了人民，人民也永远怀念他。

同志们，在中国革命和建设的伟大实践中，产生了许许多多乌兰夫同志这样伟大的无产阶级革命家。这是我们党、国家、民族和人民的骄傲。老一辈无产阶级革命家虽然大多已经离开了我们，但是他们的光辉业绩和崇高风范将永载史册，成为巨大的物质力量和精神力量，永远激励我们去夺取前进道路上的一个又一个胜利。今天，我们纪念乌兰夫同志，就要更加紧密地团结在以胡锦涛同志为总书记的党中央周围，坚持以马克思列宁主义、毛泽东思想、邓小平理论和“三个代表”重要思想为指导，深入贯彻落实科学发展观，全面建设小康社会，努力构建社会主义和谐社会，万众一心，奋发图强，开拓进取，为祖国民族大家庭的持久繁荣兴旺，为中华民族的伟大复兴而努力奋斗。

国务院召开发展循环经济电视电话会议

国务院副总理曾培炎出席会议并讲话，强调发展循环经济是资源节约与环境保护的重要纽带，是落实科学发展观的重大举措。要以体制创新和技术创新为动力，以资源节约、综合利用、清洁生产为重点，加快发展循环经济，促进经济社会全面协调可持续发展。

会议指出，发展循环经济要着力推进六项重点任务：一是切实加强能源资源节约。抓好工业、交通、建筑三大领域和九个重点行业的节能工作，实施十大重点节能工程，推进千家重点企业节能行动，加强节材、节水、节地工作。二是全面推行清洁生产。加大产业结构调整力度，加快淘汰一批污染严重企业，着力改造一批重点企业,重点监管一批消耗高、污染多企业,限期治理一批不达标企业,严格控制污染物排放总量。推进清洁生产改造,加强清洁生产审核,鼓励企业生产和使用清洁能源、无毒无害原材料。三是着力推进资源综合利用。加强矿产资源的综合勘查和开采,推进综合利用。以城市、资源开发区和工业园区为平台,实行产业集聚发展、企业集中布局、污染集中处理和废弃物的循环利用。四是广泛开展再生资源回收利用和废旧产品再利用。建立城市生活垃圾分类收集和分选系统,推行废旧金属等再生资源回收利用,提倡闲置物品和旧物品的调剂使用。推进废旧机电产品的回收利用和再制造,建立生产者责任延伸制度。五是继续抓好循环经济试点。推进重点行业及企业、重点领域、重点园区、重点地区和城市试点,探索循环经济发展的有效模式,搞好分类指导,发挥示范作用。六是努力增强循环经济技术创新能力。以企业为主体,加强循环经济领域关键技术和共性技术的研究开发。以项目为依托,推进循环经济技术装备的研发制造,发展专业化的技术、咨询、管理服务。

会议从减量化、再利用、资源化、无害化以及体制机制等方面,提出了全国"十一五"循环经济发展的主要目标:单位国内生产总值能耗下降20%左右,单位工业增加值用水量下降30%,机电产品再制造达到一定规模,矿产资源综合利用率提高5个百分点,工业固体废物综合利用率提高到60%,主要污染物排放总量减少10%。

会议要求,所有城市到2010年禁止使用实心黏土砖;所有新建燃煤发电机组同步安装并运行脱硫设施,已建燃煤发电机组在2015年以前全部完成脱硫改造;水泥行业现有日产2000吨以上和新建的新型干法水泥生产线,要安装或建设低温余热发电设备;钢铁行业现有1000立方米以上高炉和新建高炉,要安装或建设炉顶压差发电设备。

会议强调,各地区、各部门要进一步统一思想,切实加强组织领导,进一步搞好规划,抓紧出台政策措施,尽快健全法规体系,广泛动员社会力量,力争在新的一年迈出实质性步伐。

国家发改委主任马凯以及地方和企业代表等作了典型发言,国务院副秘书长张平主持会议。中央国家机关有关部门负责人、部分中央企业和行业协会负责人在北京主会场参加了会议。

国务院副总理曾培炎在中南海紫光阁会见国家土地督察机构负责人并对做好土地督察工作提出要求

曾培炎说,到2010年要确保我国耕地保有量18亿亩不减少,实现这个目标任务十分艰巨。土地督察机构肩负着党中央、国务院的重托,使命光荣,责任重大。曾培炎对国家土地督察机构工作人员提出"严、明、勤、廉"要求。

第一要"严"字当头。严格履行土地督察职责,监督各地的土地管理和使用活动,重点检查耕地保护、土地执法、土地审批,以及执行国家土地调控政策等方面的情况,督促地方落实中央关于土地管理的各项政令。

第二要"明"。要吃透中央的精神,明晓土地政策法规,掌握有力的工作武器,创造性地开展工作。还要明白监管区域的实际情况,做到心中有数,有针对性地开展工作。

第三要"勤"。要增强事业心和责任心,勤政务实,勤于思考,勤俭节约,兢兢业业地做好工作。要多开展调查研究,当好土地督察员、信息员、调查员,做国家土地决策的参谋助手。

第四要"廉"。既要把好土地的闸门,也要把好廉政的闸门。要坚持廉洁自律,严格要求自己,经得起市场经济的考验,经得起社会各方面的监督,向党和人民交出一份满意的答卷。

曾培炎希望大家不断强化素质、严明纪律,建设一支政治合格、业务精湛、依法行政、敢于碰硬、勤政廉洁的土地督察队伍,监督好、管理好、保护好中华民族宝贵的土地资源,为经济社会全面协调可持续发展作出应有的贡献。

我国科学家完成成人脑细胞移植

我国科学家成功完成成人脑细胞移植的实验,并证实,那些被认为成长期后就不会发生重大改变的人体组织,事实上也在不断产生干细胞。相关研究成果,已刊载在权威刊物《新英格兰医疗期刊》上。

中国佛学院成立50周年庆祝大会暨新校舍奠基仪式在北京举行

全国政协副主席、中央统战部部长刘延东出席了庆祝大会和奠基仪式。

中国佛学院成立于1956年,由中国佛教协会举办,为我国佛教最高学府喜饶嘉措大师、法尊法师、赵朴初居士、一诚法师先后担任院长。50年来,中国佛学院培养了一批爱国爱教、具有一定佛学造诣的教职人员队伍,他们已成为各级佛教协会、佛学院校和寺院的骨干力量。

中国佛学院新校舍位于北京市门头沟区潭柘寺,是中央支持改善全国性宗教团体和部分宗教院校办公办学条件建设项目的一部分,拟于明年中期开工建设,力争2008年奥运会前竣工。

12月22日

中央农村工作会议在北京举行

会议以邓小平理论和“三个代表”重要思想为指导，认真贯彻党的十六大和十六届三中、四中、五中、六中全会和中央经济工作会议精神，总结2006年农业和农村工作，深入分析当前形势，着重研究了积极发展现代农业、扎实推进社会主义新农村建设的政策措施，全面部署了2007年农业和农村工作。

党中央、国务院高度重视这次会议，中共中央政治局常委会议和国务院常务会议对开好这次会议提出了明确要求。

会议讨论了《中共中央、国务院关于积极发展现代农业，扎实推进社会主义新农村建设的若干意见(讨论稿)》。中共中央政治局委员、国务院副总理回良玉出席会议并讲话。

会议指出，2006年是实施国民经济和社会发展“十一五”规划的第一年，也是推进社会主义新农村建设的开局之年。中央对新农村建设进行了全面部署，出台了有力措施，加强了工作指导。各地区、各部门认真贯彻落实中央部署，结合实际做了大量工作。在自然灾害频发、上年基数较高、政策效应趋稳、贸易竞争加剧的情况下，农业发展比预想的要好，粮食产量比预料的要多，农民收入比预期的要高，实现了新农村建设的良好开局。农业农村呈现持续发展的良好态势，既是经济社会发展的突出亮点，也为经济社会发展全局提供了重要支撑。

会议强调，当前农业农村出现了多年期盼、十分难得的好局面，但也面临着许多突出矛盾和问题。农业农村发展仍然处于艰难的爬坡阶段，解决好“三农”问题仍然是长期而艰巨的任务。越是在形势好的时候，越要保持清醒头脑，越要增强忧患意识和危机感。坚持解决好“三农”问题是全党工作重中之重的战略思想丝毫不能动摇，促进农业稳定发展、农民持续增收的重要任务丝毫不能放松，支农惠农的政策力度丝毫不能减弱，扎实推进新农村建设的各项工作丝毫不能松懈。

会议指出，做好明年农业农村工作，对于保持经济社会发展良好势头、迎接党的十七大胜利召开，意义十分重大。明年农业农村工作的总体要求是：以邓小平理论和“三个代表”重要思想为指导，全面落实科学发展观，坚持把解决好“三农”问题作为全党工作的重中之重，统筹城乡经济社会发展，实行工业反哺农业、城市支持农村和多予少取放活的方针，巩固、完善、加强支农惠农政策，切实加大农业投入，积极推进现代农业建设，强化农村公共服务，深化农村综合改革，促进粮食稳定发展、农民持续增收、农村更加和谐，确保新农村建设取得新的进展，巩固和发展农业农村的好形势。

会议指出，我国农业和农村正发生重大而深刻的变化，农业正处于由传统向现代转变的关键时期。促进农村社会和谐，首先要发展农村生产力。推进新农村建设，首要任务是建设现代农业。发展现代农业总的思路和目标是：用现代物质条件装备农业，用现代科学技术改造农业，用现代产业体系提升农业，用现代经营形式推进农业，用现代发展理念引领农业，用培养新型农民发展农业，提高农业水利化、机械化和信息化水平，提高土地产出率、资源利用率和劳动生产率，提高农业素质、效益和竞争力。为此，当前和今后一个时期，要重点抓好六个方面工作：(一)切实加大对现代农业建设的投入力度；(二)务必高度重视并切实抓好粮食生产；(三)加快构筑现代农业的产业体系；(四)着力提高现代农业的设施装备水平；(五)不断强化现代农业的科技和人才支撑；(六)大力加强现代农业的市场体系建设。

会议强调，发展现代农业是一项长期而艰巨的任务。建设现代农业的过程，就是改造传统农业、不断发展农村生产力的过程，就是转变农业增长方式、促进农业又好又快发展的过程。无论是东部地区还是中西部地区，推进现代农业建设都可以有所作为，都要从当地实际出发，从最有利于农民、最需要解决、最有条件解决的问题着手。在具体实施过程中，既要突出重点、整体推进，又要防止“一刀切”、搞单一模式；既要科学规划、立足长远，又要防止脱离实际、急于求成，确保现代农业建设取得实效，努力走出一条具有中国特色的农业现代化道路。

会议要求，在积极发展现代农业的同时，要按照新农村建设的基本要求，全面做好其他各项工作，要稳定、完善、强化各项行之有效的支农惠农政策，财政支农投入的增量要继续高于上年，国家固定资产投资用于农村的增量要继续高于上年，土地出让收入用于农村建设的增量要继续高于上年。千方百计增加农民收入。要稳定发展粮食生产，强化和落实耕地保护责任制，“四补贴”政策应不折不扣落实，采取有力措施继续稳定面积提高单产。扩大农业政策性保险试点范围，对农户参加农业保险给予保费补贴。要加快发展农村社会事业。明年在全国免除农村义务教育阶段学杂费，对贫困家庭学生免费提供课本，提高对中西部地区贫困家庭寄宿生生活补贴标准，落实农村义务教育经费保障新机制。加快普及新型农村合作医疗制度，明年要扩大到全国80%以上的县(市、区)。积极探索建立覆盖城乡居民的社会保障体系，在全国范围建立农村最低生活保障制度，鼓励已建立制度的地区完善制度，支持未建立制度的地区建立制度。加强基础设施建设，解决农民生产生活中的实际问题，继续深化农村综合改革，增强农村发展活力。

会议强调，加强党对农村工作的领导，是建设现代农业、推进新农村建设的根本保证。要加强农村基层组织建设、民主法制建设、和谐文化建设，促进农村社会和谐发展。

会议强调，积极发展现代农业，推进社会主义新农村建设，意义重大，任务艰巨。我们要紧密团结在以胡锦涛同志为总书记的党中央周围，高举邓小平理论和"三个代表"重要思想伟大旗帜，全面落实科学发展观，认真落实会议部署的各项任务，锐意进取，奋发努力，扎实工作，以优异成绩迎接党的十七大胜利召开。

国务委员兼国务院秘书长华建敏主持了第一次全体会议。吉林、江苏、河南、湖南、广东、重庆等省、直辖市的有关负责同志在大会上发了言。

出席这次会议的有，各省、自治区、直辖市及计划单列市党委和政府分管农业和农村工作的负责同志，新疆生产建设兵团负责同志，中央和国家机关及军队有关部门负责同志等。

厦门经济特区建设25周年庆祝大会在厦门人民会堂举行

中共中央政治局常委、全国政协主席贾庆林出席庆祝大会并讲话。

贾庆林指出，当前，我国改革发展正处在关键阶段，厦门经济特区也迎来了前所未有的发展机遇。中央已多次重申：发展经济特区的决心不变；经济特区的基本政策不变；经济特区在全国改革开放和现代化建设中的历史地位和作用不变；经济特区不仅要继续办下去，还要办得更好。在新的形势下，厦门经济特区一定要认真贯彻胡锦涛总书记视察福建和在海沧会见台商时的重要讲话精神，坚持以科学发展观统领经济社会发展全局，大力调整经济结构，转变经济增长方式，加强资源节约和环境保护，进一步推进改革开放，努力在实现经济又好又快发展中发挥带头带动作用。要继续保持一种"敢为人先、争创一流"的精神，不断提高原始创新能力、集成创新能力和引进消化吸收再创新能力，努力在推进自主创新中发挥示范表率作用。要积极倡导和谐理念，发展和谐文化，加强社会事业建设，继续解决好人民群众最关心、最直接、最现实的利益问题，努力在构建社会主义和谐社会中发挥促进引领作用。

贾庆林强调，厦门与台湾一衣带水，紧密相连，在促进祖国统一中具有重要的地位和独特的优势。要继续落实中央关于对台经贸工作的方针政策，密切闽台经贸联系，加强闽台产业对接，推动两岸经济技术交流合作向更大范围、更宽领域、更高水平发展。要发挥闽南文化的优势，大力促进闽台文化交流，提升民间文化交流活动层次，共同弘扬中华文化的优秀传统，进一步增强台湾同胞对祖国大陆的认同感和向心力。要巩固和发展厦门和金门直接往来的成果，进一步拓展海上直航功能，促进两岸全面、直接、双向"三通"，为两岸人员往来、经济文化交流合作提供更加通畅便捷的通道。要抓住建设海峡西岸的有利时机，充分利用有利条件，用活用好国家有关部门在对台工作方面赋予的特殊政策，先试先行、务求实效，努力在推进两岸关系发展中发挥桥梁纽带作用。

全国政协副主席张克辉出席庆祝大会。大会由中共福建省委书记卢展工主持。

全国政协主席贾庆林在福建调研

12月22日至24日，贾庆林在福建省省委书记卢展工、省长黄小晶等陪同下，来到厦门、泉州等地，深入港口码头、工业企业、高等院校、城市社区，就推动经济又好又快发展与和谐社会建设进行调研。贾庆林充分肯定了福建改革开放和现代化建设取得的成绩，希望福建抓住国家鼓励东部地区率先发展、支持海峡西岸经济发展的历史机遇，乘势而上、开拓进取，推动经济社会发展切实转入科学发展的轨道。

国务委员唐家璇在钓鱼台国宾馆会见六方会谈各国代表团团长

唐家璇说，经过一年多的折冲，六方会谈进程得以重启，并就落实共同声明措施和起步阶段各方将要采取的行动进行了坦诚和深入的讨论。各方的主张更加明确，立场更加靠近，共识不断积累。各方重新确认了共同声明精神，重申将认真履行各自在共同声明中作出的承诺，表达了继续致力于实现半岛无核化目标和通过对话和平解决问题的意志，具有十分重要和积极的意义。

唐家璇指出，全面落实共同声明是各方的责任和义务，也符合各方的利益。解决有关问题，实现东北亚的长治久安，不可能一蹴而就，需要有个循序渐进的过程，需要各方作出政治决断，需要对前途保持信心。

唐家璇表示，希望有关方面在六方会谈休会期间能够发挥智慧，互谅互让，找出妥善解决有关分歧的方案，争取在后续的会议上取得实质性进展，为东北亚的和平稳定与发展作出积极贡献。

外交部部长李肇星应约同美国国务卿赖斯通电话

双方就通过六方会谈实现朝鲜半岛无核化目标等问题交换了看法。

第二届中国十大杰出母亲 首届中国百名优秀母亲表彰大会在人民大会堂举行

"第二届中国十大杰出母亲"是:国防科技大学计算机学院计算机科学与技术系研究员唐玉华,浙江省义乌市残联聋儿语训工作室主任徐仙琴,山东省英才职业技术学院董事长杨文,原新疆维吾尔自治区石油学院学生处科长热衣汗·哈斯木(维吾尔族),河北省衡水市枣强县王常乡南臣赞村村民林秀贞,内蒙古自治区乌兰察布市四子王旗脑木更苏木牧民都贵玛(蒙古族),宁夏回族自治区海原县海城镇南居委会居民马志英(回族),云南省玉溪市红塔区北城镇北城居委会主任王秀珍,甘肃省残疾人联合会党组书记、理事长朱雪明,广东省深圳市深圳大学研究生部党委副书记陈淑妮。

表彰大会由全国妇联副主席、书记处第一书记黄晴宜主持。本次活动由全国妇联、人民日报社、新华社、中央电视台等单位共同主办。

12月23日

我国首架自主知识产权支线客机机头交付使用

据《人民日报》报道:我国第一架拥有完全自主知识产权的支线客机——ARJ21新支线飞机机头日前在成都正式交付。该机头在设计上实现了国内100%的自主化。

ARJ21飞机是由中国航空工业第一集团公司自主研发的、拥有自主知识产权的新型支线飞机,各项指标达到目前国际同类飞机先进水平。目前,ARJ21飞机在国内已经获得了多家企业的71架飞机订单。按照计划,将于明年3月在上海开始飞机总装,2009年投入商业运营。

全国学校体育工作会议北京召开

国务委员陈至立出席会议并宣布启动"全国亿万学生阳光体育运动",强调要认真贯彻党的教育方针,全面推进素质教育,大力加强学校体育工作,把学校体育工作作为全民健身运动的重点,切实提高青少年健康素质;号召广大青少年抓住我国举办2008年北京奥运会的机遇,掀起体育运动的热潮。

陈至立强调指出,学校体育工作是教育工作的大事,也是体育工作的大事。从事教育工作,必须重视体育;从事体育工作,必须重视学校体育。各级政府和教育、体育行政部门要树立科学的人才观,按照毛泽东同志提出的"健康第一"的要求,充分认识体育对强身健体、陶冶情操、启迪智慧、壮美人生,以及培养团结、合作、坚强、献身和友爱精神,弘扬民族精神的积极作用。要从战略高度认识加强学校体育工作的重要性、紧迫性,以对青少年高度负责的政治责任感,加强领导,真抓实干,从指导思想、评价体系、体制机制、政策导向等方面采取综合措施,从资金投入、条件建设、师资配备、课程指导等方面为学校体育工作创造良好条件,建立和完善监督机制,确保学校体育工作各项措施落到实处。

陈至立要求,要在保证体育课开足开好、不被挤占的前提下,保证学生每天参加一小时体育锻炼,让"每天锻炼一小时,健康生活一辈子"的理念深入人心。要改革体育教学和学校体育工作,增强学校体育工作的生机活力和吸引力。组织多层次多样化的体育团队和竞赛活动,提高学生参加课外体育活动的兴趣。校长要亲自动员和号召学生参加课外体育活动,中小学班主任、高校辅导员、体育教师及学生会要做体育活动的积极组织者和推动者,形成人人参与、个个争先、生龙活虎、生机勃勃的校园体育氛围。她希望广大家长、社区和新闻媒体都来关心支持学校体育工作,形成合力,共同推动青少年体育活动蓬勃开展,促进青少年健康成长。

教育部部长周济、国家体育总局局长刘鹏出席会议并分别部署工作,教育部副部长陈小娅主持会议。共青团中央、北京市有关负责同志,各省、自治区、直辖市和新疆生产建设兵团教育厅(教委)、体育局负责人参加会议并观看了北京市学校体育教学活动展示。

12月24日

十届全国人大常委会第二十五次会议在人民大会堂举行

为期6天、共有27项议程的十届全国人大常委会第二十五次会议上午在人民大会堂举行,未成年人保护法修订草案、物权法草案、企业所得税法草案和劳动合同法草案等被提请审议。

全国人大常委会委员长吴邦国主持会议。

根据通过的议程,会议先后听取了全国人大法律委员会副主任委员周坤仁、胡康生、胡光宝分别作的关于未成年人保护法修订草案审议结果的报告、关于物权法草案修改情况的汇报、关于劳动合同法草案修改情况的汇报。未成年人保护法修订草案经过常委会两次审议、修改,已经比较成熟,法律委员会建议提请本次常委会会议审议通过。物权法草案几经修改,已趋成熟,法律委员会建议本次常委会会议再次审议并作出提请十届全国人大五次会议审议的决定。劳动合同法草案经常委会初次审议并向社会全文公布征求意见后,根据常委会组成人员的审议意见和各方面的意见进行了逐条审议和修改,法律委员会建议本次常委会会议继续审议。

我国自20世纪80年代改革开放以来,为吸收外资、发展经济,对外资企业采取了有别于内资企业的税收政策。实践证明这样做是必要的,对改革开放、吸收外资、促进经济发展发挥了重要作用。当前,我国经济社会情况发生了很大变化,社会主义市场经济体制初步建立。加入世贸组织后,国内市场对外资进一步开放,内资企业也逐渐融入世界经济体系之中,继续采取内资、外资企业不同税收政策,必将影响统一、规范、公平竞争的市场环境的建立。现行内资、外资企业所得税制度在执行中也存在一些问题:现行内资税法、外资税法差异较大,企业要求统一税收待遇、公平竞争的呼声较高;现行企业所得税优惠政策存在较大漏洞,扭曲了企业经营行为,造成国家税款的流失;现行内资税法、外资税法实施10多年来,我国经济社会情况发生了很大变化,需要针对新情况及时完善和修订。为有效解决企业所得税制度存在的上述问题,有必要尽快统一内资、外资企业所得税。受国务院委托,财政部部长金人庆向会议作了关于企业所得税法草案的说明。

这部首次被提请审议的法律草案确定内资、外资企业适用统一的企业所得税法;统一并适当降低企业所得税税率,新税率确定为25%;统一和规范税前扣除办法和标准;统一税收优惠政策,实行"产业优惠为主、区域优惠为辅"的新税收优惠体系。

会议审议了全国人大常委会委员长会议关于提请审议十届全国人大五次会议关于十一届全国人大代表名额和选举问题的决定草案的议案和关于提请审议香港特别行政区选举十一届全国人大代表的办法草案的议案、关于提请审议澳门特别行政区选举十一届全国人大代表的办法草案的议案。全国人大常委会副秘书长王万宾、乔晓阳分别就三个议案作了说明。会议还审议了全国人大常委会委员长会议关于提请审议全国人大常委会关于召开十届全国人大五次会议的决定草案的议案。

会议审议了国务院关于提请审议批准保护和促进文化表现形式多样性公约的议案、关于提请审议加入世界知识产权组织版权条约的议案、关于提请审议加入世界知识产权组织表演和录音制品条约的议案、关于提请审议批准关于修改2002年6月7日在圣彼得堡(俄罗斯联邦)签署的上海合作组织宪章的议定书的议案、关于提请审议批准中国和葡萄牙关于刑事司法协助的协定的议案。受国务院委托,文化部部长孙家正、国家版权局局长龙新民、外交部部长李肇星分别就有关议案作了说明。

会议还听取了全国人大常委会代表资格审查委员会主任委员何椿霖作的关于个别代表的代表资格的报告,审议了有关任免案。

全国人大常委会副委员长王兆国、李铁映、司马义·艾买提、何鲁丽、丁石孙、成思危、许嘉璐、蒋正华、顾秀莲、热地、盛华仁、路甬祥、乌云其木格、韩启德出席会议。国务院副总理吴仪、最高人民法院院长肖扬、最高人民检察院检察长贾春旺列席会议。

致公党十二届五中全会(扩大)在北京举行

中国致公党第十二届中央委员会第五次全体会议(扩大)12月24日至26日在北京举行。全国政协副主席、致公党中央主席罗豪才出席会议并代表第十二届中央常务委员会作工作报告。

罗豪才指出,在过去的一年中,致公党围绕新农村建设、科技自主创新、海域保护与开发、《归侨侨眷权益保护法》及其实施办法的贯彻落实等课题,开展调查研究,积极建言献策;广泛开展侨情调研,积极拓展海外联谊工作;围绕为侨服务和扶贫济困工作,不断增加服务内容,扩大参与范围,为构建社会主义和谐社会而努力;围绕思想建设、组织建设、制度建设、机关建设,不断完善工作机制,切实提高全党履行参政党职能的水平。

会议增选万钢为致公党中央副主席。

12月25日

中共中央政治局召开会议研究部署党风廉政建设和反腐败工作

会议听取中央纪律检查委员会2006年工作汇报,分析当前党风廉政建设和反腐败工作形势,研究部署2007年党风廉政建设和反腐败工作。中共中央总书记胡锦涛主持会议。

会议认为,今年以来,全党高举邓小平理论和"三个代表"重要思想伟大旗帜,全面贯彻落实科学发展观,学习党章、遵守党章、贯彻党章、维护党章,在全面推进改革开放和社会主义现代化建设的伟大进程中,落实《教育、制度、监督并重的惩治和预防腐败体系实施纲要》,扎实开展党风廉政建设,推进反腐倡廉制度创新,加大从源头上防治腐败力度,党风廉政建设和反腐败斗争取得了新进展新成效,特别是在严肃党纪政纪、治理商业贿赂、查处腐败案件、纠正损害群众利益的不正之风方面取得了较好效果。同时也要看到，当前一些领域的腐败现象仍然比较严重，一些损害群众利益的突出问题还没有从根本上得到解决，反腐倡廉任务仍然艰巨。全党同志务必保持清醒头脑，居安思危，坚定不移地把反腐倡廉这项重大政治任务抓紧抓好。

会议强调，全党要进一步统一思想，深刻认识党风廉政建设和反腐败斗争的长期性、复杂性、艰巨性，坚持反腐倡廉战略方针，适应中国特色社会主义事业总体布局的要求，把反腐倡廉工作融入经济建设、政治建设、文化建设、社会建设和党的建设之中，推进惩治和预防腐败体系建设，拓展从源头上防治腐败工作领域。要坚持标本兼治、综合治理、惩防并举、注重预防的方针，突出重点，继续抓好领导干部的教育、监督和廉洁自律，继续抓好大案要案查处，继续抓好纠正损害群众利益的不正之风，继续抓好源头治理、推进体制机制创新，以更坚决的态度、更有力的措施、更扎实的工作，深入开展党风廉政建设和反腐败斗争。要大力发扬求真务实、真抓实干的精神，大力提倡艰苦奋斗、勤俭节约的风气，加强思想道德教育和党纪国法教育，加强对科学发展观贯彻落实情况的监督检查，加强对各项反腐倡廉规定落实情况的监督检查，促进社会主义和谐社会建设。

会议同意明年1月召开中央纪律检查委员会第七次全体会议。

会议还研究了其他事项。

中共中央政治局进行第三十七次集体学习

集体学习由中共中央总书记胡锦涛主持。他强调，全党全社会都必须按照科学发展观的要求，充分认识建设资源节约型、环境友好型社会的重要性和紧迫性，下最大决心、花最大气力抓好节约能源资源工作。

中共中央政治局这次集体学习安排的内容是关于我国建设资源节约型社会。国务院发展研究中心产业经济研究部部长冯飞研究员、国家发展和改革委员会宏观经济研究院能源研究所所长韩文科研究员就这个问题进行讲解，并谈了他们对我国建设资源节约型社会的意见和建议。

中共中央政治局各位同志认真听取了他们的讲解，并就有关问题进行了讨论。

胡锦涛在主持学习时发表了讲话。他指出，能源资源是人类社会生存和发展的重要物质基础，也是我们全面建设小康社会、加快推进社会主义现代化的重要物质基础。坚持节约资源的基本国策，加快建设资源节约型、环境友好型社会，促进经济发展与人口、资源、环境相协调，是贯彻落实科学发展观、走新型工业化道路的必然要求，是实现可持续发展、保障经济安全和国家安全的必然要求。我们必须以对国家和人民高度负责、对子孙后代高度负责的精神，把节约能源资源工作放在更加突出的战略位置，切实做到节约发展、清洁发展、安全发展、可持续发展，坚定不移地走生产发展、生活富裕、生态良好的文明发展道路。

胡锦涛强调，“十一五”是我国全面建设小康社会、加快推进社会主义现代化的关键时期，也是加快建设资源节约型社会的重要时期。要坚持开发与节约并举、节约优先的方针，紧紧围绕实现经济增长方式的根本性转变，以提高能源资源利用效率为核心，以节能、节水、节地、节材、能源资源综合利用和发展循环经济为重点，把节约能源资源工作贯穿于生产、流通、消费各个环节和经济社会发展各个领域，加快形成节约型生产方式和消费方式，提高全社会能源资源利用水平，力争在较短的时间内取得明显进展。

胡锦涛指出，要把节约能源资源作为转变经济增长方式的主攻方向，大力推进产业结构优化升级，大力发展集约化农业和生态农业，大力发展服务业，积极发展高技术产业，加快用高新技术和先进适用技术改造传统产业，坚决淘汰严重耗费能源资源和污染环境的落后生产能力，加大循环经济试点力度，努力提高生产活动的循环化、生态化水平。要提高全民族的节约意识，在全社会倡导节俭、文明、适度、合理的消费理念，倡导绿色消费等现代消费方式，提高消费质量和效益。要加快构建节约能源资源的技术支撑体系，加强能源资源节约和循环利用技术的攻关和产业化，培育节能服务体系。要抓紧制定和修订与社会主义市场经济体制相适应的促进能源资源节约和有效利用的法律法规，注重运用价格、财税、金融等手段促进能源资源节约和有效利用，加快建立科学的节能减排指标体系、考核体系、监测体系，依法加大执法和监督检查力度，堵塞能源资源浪费漏洞。

胡锦涛指出，建设资源节约型社会既是长期的战略任务，也是当前的紧迫工作，关键是要加强领导、抓好落实。各级党委和政府要把加快建设资源节约型社会作为重要内容列入经济社会发展总体规划和各类专项规划，加大工作力度，加强监督检查，及时解决存在的问题，务求取得实效。各类企业都要进一步加强管理，加快技术改造，推行清洁生产，充分发挥节约能源资源的主力军作用。各地区和重点企业要抓好落实，确保完成节能降耗和污染减排的任务。各级党政机关和全体党员、干部都要厉行节约、反对浪费，在建设资源节约型社会中发挥带头作用。要深入开展节约能源资源和环境保护的宣传教育，让节约能源资源深入人心，使节约能源资源成为全社会的自觉行动。

外交部部长李肇星应约与日本外相麻生太郎通电话

双方认为，目前中日关系总体保持良好的改善与发展势头，这符合两国和两国人民的根本利益，也有利于地区和世界的和平与稳定。双方同意继续努力，推动两国关系取得更大发展。双方表示将进一步加强协调，继续推动六方会谈进程，争取早日实现朝鲜半岛无核化。

我国第一部标点本大藏经——《新编大藏经》开始编纂

大藏经是所有佛教经籍的总汇，它不仅对于佛教的存在和发展具有举足轻重的作用，而且对哲学、历史、民族、语言、文字、文学、艺术、天文等许多领域都产生了深远的影响，堪称世界文化的瑰宝。我国素有编纂刊印大藏经的传统，自宋代官修《开宝大藏经》至今，我国结集刊印的大藏经有几十种之多。但令人遗憾的是，这些大藏经均无标点，且没有一部能够涵盖全部有价值的佛教汉文经籍。目前学术界一般采用日本的《大正藏》作为基本的学案资料，但不可否认的是，这部20世纪二三十年代所编纂的大藏经已经不能满足今人研究的需要，所以我国迫切地需要一部高质量的，能代表当代学术水平的现代化大藏经。

据编委会估计，完成的《新编大藏经》字数将逾3亿，拟分300余册由东方出版社出版，这是当前国家最大的出版工程之一，预计5年内完成。

12月26日

国家主席胡锦涛在人民大会堂会见日本众议院议长 日本国际贸易促进协会会长河野洋平

胡锦涛对河野洋平出任日本国际贸易促进协会会长表示祝贺，并积极评价了日本国际贸易促进协会成立50多年来为推动中日友好和经贸合作所作出的重要贡献。

胡锦涛说，中日关系的改善和发展符合两国和两国人民的根本利益，有利于亚洲及世界的和平、稳定与发展，得到两国人民和国际社会的普遍欢迎。中方愿与日方一道，继续努力，切实遵守中日三个政治文件的原则和精神，认真落实双方达成的一系列重要共识，不断巩固和扩大两国关系改善和发展的成果，妥善处理两国关系中的敏感问题，推动中日关系健康稳定向前发展。

胡锦涛希望日本国际贸易促进协会继续发挥对华友好民间团体的特殊作用，为实现中日两国互利互惠、共同发展，为开拓中日友好和经贸合作更加美好的未来作出新的贡献。

全国人大常委会委员长吴邦国和国家副主席曾庆红在人民大会堂分别会见日本众议院议长 日本国际贸易促进协会会长河野洋平

十届全国人大常委会第二十五次会议在人民大会堂举行第二次全体会议

会议听取了国务院关于矿产资源合理利用、保护和管理工作的报告，关于当前水环境形势和水污染防治工作的报告，关于推进国有商业银行股份制改革、深化金融体制改革工作的报告。

全国人大常委会委员长吴邦国出席会议。全国人大常委会副委员长司马义·艾买提主持会议。

受国务院委托，国务院副总理曾培炎向会议报告了我国矿产资源合理利用、保护和管理工作的情况。他说，改革开放以来特别是“十五”时期，我国矿产资源开发利用和保护管理取得了很大成绩，在国民经济和社会发展中起到了重要支撑作用。在看到成绩的同时，我们也清醒地认识到，这几年，在经济快速发展的带动下，矿业市场由冷变热，矿产资源开发出现了不少新情况新问题，一些多年存在的深层次矛盾进一步凸现；随着经济增长方式的逐步转变和社会主义市场经济体制的不断完善，过去那种“有水快流”、放任开采的矿业管理方式，已经不能适应矿产资源合理利用的要求。主要表现在：矿产资源储量不足；矿产资源利用率低；矿产资源开发秩序问题突出；矿山安全生产和生态环境形势严峻；矿业体制机制还不完善。

曾培炎还报告了今后一个时期加强矿产资源合理利用、保护和管理工作的十项主要措施：切实加强矿产资源勘查；提高矿产资源生产供应能力；推进矿产资源节约和综合利用；推进矿业可持续发展；突出抓好矿山企业安全生产；大力推进矿业科技进步；深入整顿矿产资源开发秩序；建立规范的矿业管理机制和制度；积极推进国际矿业合作；进一步加强矿产资源法治建设。

受国务院委托，国家环境保护总局局长周生贤报告了当前水环境形势和水污染防治工作情况。他说，近年来，我国水污染防治工作在减轻结构性污染、推进重点流域污染治理、增强水污染防治能力、完善水污染防治体制机制等四个方面取得积极进展，但水环境形势依然十分严峻，主要表现在：水污染状况相当严重；饮用水安全存在隐患；部分流域水资源开发利用程度过高；水污染事故频繁发生。周生贤表示，“十一五”期间，要着重从四个方面做好水污染防治工作：严格实行总量控制、目标管理、责任追究制度；以保障群众饮水安全为重点，加快推进水污染防治工作；严格环境准入，加强执法监管；运用市场机制推进污染治理，切实提高污染防治能力。他还向会议报告了全国人大常委会水污染防治法执法检查报告与审议意见以及跟踪检查所提意见与建议的落实情况。

受国务院委托，中国人民银行行长周小川报告了我国国有商业银行股份制改革和深化金融体制改革有关工作情况。他说，近年来，我国进一步深化金融体制改革，着力建立现代金融企业制度，着力推进国有商业银行股份制改革、汇率形成机制改革和农村信用社改革，这些酝酿多年、难度很大的重点领域和关键环节的改革取得重要进展。但同时，我国金融改革与发展还面临不少困难和问题，突出表现在：国有商业银行股份制改革具有长期性、复杂性和艰巨性；农村金融体系的结构与运作机制不适应市场需要；金融宏观调控面临的深层次矛盾还没有得到根本解决。他表示，将主要从四个方面采取措施，进一步深化金融改革、加强金融宏观调控：继续深化国有商业银行股份制改革；全面推进农村金融改革，加快完善农村金融体系；进一步加强和改善金融宏观调控，增强金融宏观调控的预见性、科学性和有效性；进一步加快金融市场发展，完善金融市场运行机制。

全国人大常委会副委员长王兆国、李铁映、何鲁丽、丁石孙、成思危、许嘉璐、蒋正华、顾秀莲、热地、盛华仁、路甬祥、乌云其木格、韩启德出席会议。最高人民法院院长肖扬、最高人民检察院检察长贾春旺列席会议。

全国人口和计划生育工作会议在北京召开

国务院总理温家宝会见出席会议的代表并发表重要讲话。国务委员兼国务院秘书长华建敏出席会议并讲话。

温家宝说，人口问题关系我国现代化建设的全局。做好人口和计划生育工作对落实科学发展观、构建社会主义和谐社会具有重大意义。要坚持基本国策不动摇，继续加强和改善人口和计划生育工作。第一，稳定人口政策和生育政策，稳定计划生育队伍，稳定低生育水平。计划生育工作的重点和难点在农村，抓好农村的计划生育工作尤为重要。第二，提高人口和计划生育工作水平，创新管理和服务。要坚持以人为本，完善计划生育家庭的补偿机制和社会保障，引导群众自觉地实行计划生育；扩大农村计划生育奖励扶助政策的覆盖面，把困难家庭及时纳入社会救助范围。第三，统筹人口增长与经济社会发展。提高出生人口素质，重视解决出生人口性别比偏高和人口老龄化的问题，加强流动人口计划生育管理与服务。第四，各级党委和政府要把人口和计划生育工作摆上重要议事日程，党政一把手要“亲自抓、负总责”，形成全社会共同关心支持人口和计划生育事业发展的新局面。要关心和支持人口和计划生育工作者特别是基层干部职工，为他们创造更好的工作、学习和生活条件。

华建敏要求，统筹解决人口问题，要着力做好以下五个方面的重点工作。一是稳定现行生育政策，建立长效工作机制，千方百计稳定低生育水平。二是推行优生优育，加强出生缺陷的预防和干预，大力提高出生人口素质。三是严厉打击非医学需要的胎儿性别鉴定和选择性别的人工终止妊娠，严惩针对妇女儿童的违法犯罪行为，广泛宣传男女平等、少生优生等文明婚育观念，制定有利于女孩健康成长和妇女发展的社会经济政策，综合治理出生人口性别比偏高问题。四是将流动人口的计划生育纳入流入地管理，实行以流入地为主的目标管理双向考核，提供与户籍人口同等的免费服务，改善流动人口的计划生育管理和服务。五是加快养老保障和养老服务体系建设，大力发展老龄服务业，积极应对人口老龄化。

这次全国人口和计划生育工作会议的主要任务是：贯彻中央关于全面加强人口和计划生育工作统筹解决人口问题的决策精神，总结经验、表彰先进，分析形势、统一思想，全面部署统筹解决人口问题的各项工作，推动人口和计划生育工作再上新台阶。中央各有关部门，各省、自治区、直辖市和计划单列市人民政府及新疆生产建设兵团有关负责人，全国人口计生系统先进集体、先进工作者代表和“模范公务员”家属代表等出席了会议。

国家民委委员全体会议在北京召开

国务院副总理回良玉在会上强调，要以科学发展观为统领，牢牢把握贯彻落实中央民族工作会议精神这条主线，突出重点，强化举措，全面落实民族工作的各项任务。要着眼于少数民族和民族地区经济社会全面协调发展，认真实施少数民族事业“十一五”规划，大力扶持人口较少民族加快发展，深入开展兴边富民行动，扎实推进民族地区新农村建设；着眼于维护社会公平正义，继续做好扶贫开发工作，着力改善民族地区基本生产生活条件、拓宽基本增收门路、提高少数民族基本素质，切实解决少数民族群众最关心、最直接、最现实的利益问题；着眼于保持社会安定有序，进一步打牢民族团结工作的基础，建立健全基层民族团结工作长效机制；着眼于加强民主法制建设，进一步坚持和完善民族区域自治制度，切实保障少数民族和民族自治地方的合法权益；着眼于加强和谐文化建设，大力弘扬少数民族优秀文化传统，不断推进少数民族文化事业发展。

外交部发言人秦刚就有关中日两国专家共同历史研究问题发表谈话

秦刚说，中日关系的一个重要基础就是要正确看待和处理历史问题。我们高兴地看到，今年秋天以来，中日关系出现了一些积极的变化，目前两国关系已经呈现出了改善和发展的良好态势。在这个时候我们应更加珍惜这来之不易的局面，妥善处理好一些事关两国关系发展的重大问题。

他说，中日历史学家就中日的关系史进行对话和交流是两国政府和两国领导人达成的共识，其目的是通过对中日之间2000多年交往的历史、近代的不幸历史以及战后60年中日关系发展史的共同研究和交流，加深对历史的客观认识，加深相互理解，从而为中日关系的美好未来创造更好的基础。中方愿意本着中日之间三个政治文件所确立的原则，以及正视历史、面向未来的精神同日方的专家开展研究工作。

在回答记者有关南京大屠杀会否被纳入中日历史研究时，秦刚说，正确认识和处理历史问题是中日关系健康稳定发展的重要政治基础。日本在上个世纪发动的那场侵略战争，包括惨绝人寰的南京大屠杀，是铁证如山、不容否认和推翻的历史事实。

中日共同历史研究委员会第一次会议在北京召开

两国学者将对中日2000多年来的交往历史，对近代以来发生的不幸的历史以及战后半个多世纪中日关系发展的历史进行共同研究，并将讨论共同研究的宗旨、工作程序。

今年10月，日本首相安倍晋三在访华期间与温家宝总理就年内启动中日历史共同研究达成共识，11月，胡锦涛主席在越南首都河内举行APEC会议期间会晤安倍晋三首相时，对该共识再次予以确认。11月16日，李肇星外长和日本外相麻生太郎就“中日共同历史研究实施框架”达成一致，决定中日两国学者将基于《中日联合声明》《中日和平友好条约》《中日联合宣言》三个政治文件的原则，以正视历史、面向未来的精神，对中日历史进行共同研究。

中日双方已分别委托中国社会科学院近代史研究所和日本国际问题研究所负责具体实施，各成立了由10名学者组成的委员会，设置“古代史”和“近现代史”两个小组，由中日双方轮流主办会议。

科技部 中国气象局 中国科学院 国家发改委 外交部 国家环保总局联合发布《气候变化国家评估报告》

报告指出，到2020年，我国年平均气温可能增加1.3—2.1摄氏度，年平均降水量可能增加2%—3%，降水天数在北方显著增加，降水区域差异将更为明显。总体上，北方水资源短缺状况将进一步加剧，未来极端天气气候事件呈增加趋势。

报告指出，20世纪我国气候变化趋势与全球变暖的总趋势基本一致，观测到的平均气温上升了0.5—0.8摄氏度，略高于全球平均值，其中最暖的时期出现在最近10年。目前主要观测到的气候变化带来的主要影响有：沿海海平面每年上升了1—3毫米；近50年来，渤海和黄海北部冰情等级下降，西北冰川面积减少了21%，西藏冻土最大减薄了4—5米；高原内陆湖泊水面升高；青海和甘南牧区产草量下降等。

报告全面评估了在全球气候变化背景下我国近百年来的气候变化观测事实及其影响，预测了21世纪的气候变化趋势。

科技部副部长李学勇介绍，《气候变化国家评估报告》编写工作于2002年12月启动，历时4年时间，12个部门组织150多名专家进行跨学科、多领域的综合研究，先后九易其稿。这是我国首次发布关于气候变化的国家评估报告。

《永远的丰碑·红色记忆》(第一部)出版

由中宣部新闻局、中央党史研究室宣教办、总政宣传部宣传局、军事科学院军事历史研究所、新华社国内部和摄影部等单位联合编辑出版的《永远的丰碑·红色记忆》(第一部)由学习出版社正式出版，在全国各地新华书店发行。

该丛书根据中央和各省区市新闻单位共同推出的大型主题宣传栏目《永远的丰碑·红色记忆》所刊播的系列文章而编纂，用生动、具体、形象的表现形式，回顾我党我军历史上的重大事件、重要会议和重大战役，充分展示中国共产党的战斗历程；充分展示中国共产党的纲领、理论、方针、政策形成、发展的过程；充分展示中国共产党团结和带领中国人民为争取民族独立和解放进行艰苦卓绝的斗争、不断取得伟大胜利的波澜壮阔的历史。

作为《永远的丰碑·红色记忆》丛书的第一部，该书收录了五四运动以来我党我军历史上50项重大事件、重要会议和重大战役的史料，并配有大量珍贵图片。

12月27日

中央军委主席胡锦涛在北京会见海军第十次党代会代表

胡锦涛在听取海军第十次党代会情况汇报后，亲切会见了出席会议的全体代表。他代表党中央、中央军委，对大会的召开表示热烈的祝贺，向各位代表和海军全体指战员致以亲切的问候。胡锦涛指出，近年来，海军党委坚决贯彻党中央、中央军委的决策指示，坚持把思想政治建设摆在首位，积极推进以军事斗争准备为龙头的各项建设，海军的现代化水平大幅提升，综合作战能力显著增强，在完成党和人民赋予的各项任务中取得了新成绩，作出了新贡献。

胡锦涛强调，我国是一个海洋大国，在捍卫国家主权和安全，维护我国海洋权益中，海军的地位重要，使命光荣。要坚持不懈地加强思想政治建设，不断激发官兵为国奉献的政治热忱和一往无前的战斗精神。要扎实搞好军事斗争准备，确保随时有效遂行任务。要按照中国特色军事变革要求，推动海军建设整体转型，提高海军信息化条件下防卫作战能力。要抓住人才队伍建设这个关键，大力培养各级各类新型军事人才。要坚持依法治军、从严治军方针，牢固树立安全发展理念，不断加强科学管理，不断加强基层基础工作，努力保持部队安全稳定的良好局面。

会见结束后，胡锦涛等还参观了海军建设成就展。

十届全国人大常委会第二十五次会议在人民大会堂举行第三次全体会议

会议听取全国人大常委会执法检查组关于检查民族区域自治法实施情况的报告、关于跟踪检查有关农业法律实施情况的报告和全国人大法律委员会关于拟提请表决的法律草案修改意见的报告。

全国人大常委会吴邦国委员长出席会议。全国人大常委会副委员长何鲁丽主持会议。

根据全国人大常委会执法检查计划，常委会组织检查组于今年7月至9月对民族区域自治法实施情况进行了检查，司马义·艾买提副委员长向会议报告了检查情况。他说，民族区域自治法颁布实施以来，从中央到地方，学习宣传贯彻这部法律，做了大量的工作，取得了很大成就：少数民族的民主政治权利得到保障；民族地区的经济建设实现了快速发展，社会事业发展取得了长足进步；配套法规建设取得重要进展。但由于发展起步晚、起点低，自我发展能力弱，民族地区还面临着不少的困难，经济发展仍然滞后，扶贫攻坚任务艰巨，发展教育困难较多，医疗卫生基础脆弱，社会保障惠及面窄等，同时民族区域自治法的贯彻实施也存在一些问题。报告就进一步贯彻实施好民族区域自治法提出六个方面的建议：进一步加强学习、提高认识，增强贯彻民族区域自治法的责任感和自觉性；加大扶持力度、完善扶持措施，进一步促进民族地区的经济发展；坚持以人为本、促进民族和谐，进一步加快民族地区的社会发展；切实加强配套法规建设，为民族地区经济社会发展提供完备的法律保障；不断加强民族团结教育，进一步巩固和发展平等、团结、互助、和谐的社会主义民族关系；加强监督检查，确保民族区域自治法各项规定落到实处。

十届全国人大常委会高度重视“三农”工作，把检查有关农业法律实施和农业政策落实情况，作为监督工作的重点之一。2003年以来，先后对农村土地承包法、土地管理法、农业法等法律进行了执法检查，组织了落实农业政策、农村金融服务情况的专题调研，并就做好“三农”工作提出了一系列建议。国务院及其有关部门、最高人民法院对上述建议高度重视，采取了有效的改进措施。常委会十分关注改进工作情况，在上述检查、调研基础上，今年组织了“回头看”跟踪检查。乌云其木格副委员长从六个方面报告了检查、调研所提建议的落实情况：财政支农资金增长，资金整合工作起步；深化农村信用社改革，金融支农有所加强；强化耕地保护，完善补偿安置制度；完善基础设施建设，提高综合生产能力；做好土地延包工作，健全土地流转机制；探索建立农民社保机制，维护农民权益。针对跟踪检查中发现的问题，报告建议从五个方面着手，进一步做好“三农”工作：提高对“三农”工作重要性的认识；建立稳定的农业投入增长机制；改进和加强金融支农工作；完善耕地保护和土地管理制度；加强农业综合生产能力建设。

全国人大法律委员会主任委员杨景宇作了关于未成年人保护法修订草案修改意见的报告、关于物权法草案审议意见的报告和关于企业所得税法草案修改意见的报告。法律委员会认为，未成年人保护法修订草案是可行的，并根据本次常委会会议审议意见进行了修改，建议本次常委会会议通过；物权法草案吸收了常委会组成人员和各方面的意见，几经修改，已趋成熟，建议本次常委会会议作出提请十届全国人大五次会议审议的决定；企业所得税法草案修改稿根据常委会组成人员意见作了修改，建议将常委会组成人员的审议意见和草案修改稿送请国务院修改完善企业所得税法草案时研究，并建议本次常委会会议作出将企业所得税法草案提请十届全国人大五次会议审议的决定。

全国人大常委会副委员长王兆国、李铁映、何鲁丽、丁石孙、成思危、许嘉璐、蒋正华、顾秀莲、热地、盛华仁、路甬祥、韩启德出席会议。国务院副总理回良玉、最高人民法院院长肖扬、最高人民检察院检察长贾春旺列席会议。

国务院总理温家宝主持召开国务院常务会议

会议审议并原则通过《国家教育事业发展“十一五”规划纲要》和《中华人民共和国车船税暂行条例(草案)》。

会议认为，“十五”时期，我国教育事业取得显著成就，九年义务教育进入全面普及新阶段，高中阶段教育尤其是中等职业教育加快发展，高等教育规模显著扩大、步入大众化发展阶段，农村教育面貌发生深刻变化，人民群众关心的教育问题得到高度重视并在逐步解决。教育发展为我国科技创新、经济增长和社会进步作出了重要贡献。同时应当看到，我国人均受教育水平仍然不高，创新型人才和高技能人才明显不足，杰出人才缺乏，城乡、区域、各级各类教育之间发展不均衡，教育投入不足，一些关系群众切身利益的问题还没有得到很好解决。

会议强调，各级政府必须切实把教育摆在优先发展的战略地位。要坚持全面贯彻党的教育方针，坚持教育的公益性原则、促进教育公平，坚持教育为社会主义现代化建设服务、为人民服务。要统筹城乡、区域教育，统筹各级各类教育，统筹教育发展的规模、结构、质量和效益，构建现代国民教育体系和终身教育体系，保障人民群众接受良好教育的机会，办好让人民群众满意的教育。

会议提出，“十一五”时期我国教育发展的目标是，巩固和普及九年义务教育，大力发展职业教育，提高高等教育质量，保持教育事业持续健康发展，教育体系更加完善，区域发展趋于协调，城乡差距逐步缩小，国民受教育水平进一步提高。重点做好以下工作：(一)全面实施素质教育，促进学生德智体美全面发展。(二)以中西部农村地区为重点，普及和巩固九年义务教育；以培养高素质劳动者和技能型人才为重点，大力发展职业教育；以培养学生创新精神和实践能力为重点，着力提高高等教育质量。(三)分区规划、分类指导，坚持新增教育经费和公共教育资源向农村、中西部地区、贫困地区、边疆地区和民族地区倾斜，逐步缩小城乡、区域教育发展差距，推动公共教育协调发展。(四)认真解决人民群众关心的教育问题，保障家庭经济困难学生受教育机会，促进教育公平。(五)加强教师队伍建设，完善现代教师管理制度，改进校长选拔任用机制。(六)深化教育管理体制、学校管理体制和教学改革，提高教育对外开放水平。

会议认为，为统一税政、简化税制，有必要对现行《车船使用牌照税暂行条例》和《中华人民共和国车船使用税暂行条例》进行修改合并，制定《中华人民共和国车船税暂行条例》。会议决定，《中华人民共和国车船税暂行条例(草案)》经进一步修改后，由国务院公布施行。

会议还研究了其他事项。

国家副主席曾庆红在人民大会堂会见以人革党中央政治局委员 政府副总理兼外交部部长 中联部部长通伦·西苏利为团长的老挝高级干部考察团

国台办发布《北京奥运会及其筹备期间台湾记者在祖国大陆采访规定》

第一条　为了便于北京奥运会及其筹备期间台湾记者在祖国大陆依法采访报道，传播和弘扬奥林匹克精神，制定本规定。

第二条　北京奥运会及其筹备期间，台湾记者在祖国大陆采访报道北京奥运会及相关事项适用本规定。

本规定所称北京奥运会是指第二十九届奥林匹克运动会和第十三届残疾人奥林匹克运动会。

第三条　台湾记者来大陆采访，应当向主管机关授权的相关机构申请办理台湾居民来往大陆通行证签注手续。

持奥林匹克身份注册卡的台湾记者，在奥林匹克身份注册卡的有效期内免办签注，凭奥林匹克身份注册卡和台湾居民来往大陆通行证多次入出大陆。

第四条　台湾记者来大陆采访所携带的合理数量的自用采访器材可以免税入境，有关器材应当在采访活动结束后复运出境。

台湾记者办理自用采访器材免税入境的，应当到主管机关授权的相关机构办理器材确认函，入境时凭器材确认函和台湾居民来往大陆通行证有效签注办理通关手续；持奥林匹克身份注册卡的台湾记者，可以凭第二十九届奥林匹克运动会组织委员会出具的器材确认函办理通关手续。

第五条　台湾记者因采访报道需要可以在履行例行报批手续后，临时进口、设置、使用无线电通信设备。

第六条　台湾记者在祖国大陆采访，只需征得被采访单位和个人的同意。

第七条　台湾记者可以通过有关服务单位聘用大陆居民协助采访报道工作。

第八条　北京奥运会记者服务指南由第二十九届奥林匹克运动会组织委员会依据本规定制定。

第九条　本规定自2007年1月1日起施行，2008年10月17日自行废止。

国台办新闻发言人李维一谈《北京奥运会及其筹备期间台湾记者在祖国大陆采访规定》

李维一表示，相信《北京奥运会及其筹备期间台湾记者在祖国大陆采访规定》的颁布实施，将为台湾记者在大陆采访提供进一步的方便。我们也将继续与大家保持一贯以来的良好合作关系，为台湾记者在大陆的采访提供更好的协助和服务，进一步推动两岸新闻交流的发展。

李维一说,《北京奥运会及其筹备期间台湾记者在祖国大陆采访规定》依照奥林匹克运动会惯例,为台湾记者在大陆采访提供了进一步的便利:台湾记者在大陆采访,只需征得被采访单位和个人同意即可;台湾新闻机构可以通过被授权的大陆劳动服务机构聘用大陆居民协助采访报道工作;简化了台湾记者携带采访所需器材入境手续。台湾记者携带采访器材来大陆采访,可在办理大陆入境手续时,由主管机关授权的相关机构开具器材确认函,持确认函和台湾居民来往大陆有效签注办理器材入、出境手续;持奥林匹克身份注册卡的台湾记者,可凭第二十九届奥林匹克运动会组委会出具的器材确认函办理通关手续。目前由中华新闻工作者协会或各地台办出具保函的做法届时停止。

李维一说,《北京奥运会及其筹备期间台湾记者在祖国大陆采访规定》颁布实施后,2002年颁布的《台湾记者来祖国大陆采访的规定》依然有效。两个"规定"不一致之处,以《北京奥运会及其筹备期间台湾记者在祖国大陆采访规定》为准;未涉及内容,仍按2002年颁布的《台湾记者来祖国大陆采访的规定》执行。

12月28日

十届全国人大常委会第二十五次会议在人民大会堂举行第四次全体会议

会议听取了全国人大有关专门委员会关于十届全国人大四次会议主席团交付审议的代表提出的议案审议结果的报告,全国人大常委会办公厅关于十届全国人大四次会议代表建议、批评和意见处理情况的报告等。

吴邦国委员长出席会议。会议由成思危副委员长主持。

十届全国人大四次会议共收到由30名以上代表联名和代表团提出的议案1006件,按照专门委员会的职责分工,十届全国人大四次会议主席团将这些议案分别交由有关专门委员会进行审议,其中财政经济委员会296件,法律委员会283件,内务司法委员会160件,教育科学文化卫生委员会136件,环境与资源保护委员会78件,农业与农村委员会50件,外事委员会3件。各专门委员会充分听取代表的意见,认真负责地处理每一件代表议案。凡要采纳的议案都补充列入立法计划,一时不能采纳的主动向代表说明情况,取得代表的理解和支持;代表议案列入立法计划的,在调研和起草的过程中,请有关代表参加,把代表提出的相关议案文本内容和调研时提出的意见尽可能地吸收到法律草案中;在审议法律案时,邀请提出相关议案的代表参与审议,以提高立法质量和效率。

今天的全体会议上,法律委员会主任委员杨景宇、教育科学文化卫生委员会副主任委员吴基传、外事委员会主任委员姜恩柱、环境与资源保护委员会副主任委员叶如棠、农业与农村委员会主任委员刘明祖分别报告了十届全国人大四次会议主席团交付审议的代表提出的议案审议结果。此前,在10月份举行的十届全国人大常委会第二十四次会议上,内务司法委员会和财政经济委员会已分别报告了审议结果。

十届全国人大四次会议期间,代表们围绕党和国家工作大局以及人民群众普遍关心的问题,对各方面工作提出建议共6511件,全国人大常委会办公厅根据代表建议的内容和各单位的职责范围,统一交由174个承办单位研究办理。目前,代表提出的建议办理情况已经全部答复了代表。总的来看,办理质量有了进一步提高。全国人大常委会副秘书长何晔晖向会议报告了代表建议、批评和意见处理情况。报告显示,各承办单位通过认真办理代表建议,把代表关注的热点问题列入工作重点,将代表反映集中的意见转化成行业政策,对促进承办单位工作,解决群众最关心、最直接、最现实的利益问题,推动社会主义和谐社会建设发挥了重要的作用。

水利部办理的十届全国人大四次会议代表建议共有194件,其中重点处理建议5件。截至9月底,已全部办理并答复了代表。建议办理工作取得一定进展,代表较为满意,各方面也都给予了较好的评价和肯定。水利部部长汪恕诚向会议报告了办理工作情况。

全国人大常委会副委员长王兆国、李铁映、司马义·艾买提、何鲁丽、丁石孙、许嘉璐、蒋正华、顾秀莲、热地、盛华仁、路甬祥、乌云其木格、韩启德出席会议。最高人民法院院长肖扬、最高人民检察院检察长贾春旺列席会议。

最高人民法院发布《统一行使死刑核准权有关问题的决定》

《统一行使死刑核准权有关问题的决定》明确废止过去依法发布的关于授权高级人民法院和解放军军事法院核准部分死刑案件的所有通知。此举表明,最高人民法院的有关制度准备工作已经就绪,死刑核准权将自2007年1月1日起收归最高人民法院统一行使。

《统一行使死刑核准权有关问题的决定》规定,根据第十届全国人民代表大会常务委员会第二十四次会议通过的《关于修改〈中华人民共和国人民法院组织法〉的决定》,自2007年1月1日起,死刑除依法由最高人民法院判决的以外,各高级人民法院和解放军军事法院依法判决和裁定的,应当报请最高人民法院核准;2006年12月31日以前,各高级人民法院和解放军军事法院已经核准的死刑立即执行的判决、裁定,依法仍由各高级人民法院、解放军军事法院院长签发执行死刑的命令。

最高人民法院在统一行使死刑核准权后,将严格规范死刑复核案件办理程序,坚决杜绝冤错案件发生。复核死刑案件将依法由3名法官组成合议庭进行办理,坚持全面审查。原则上要提讯被告人,当面听取被告人的意见。被告人还可以通过信函的方式,向合议庭提出自己的辩解意见。

外交部部长李肇星在北京会见来华进行工作访问的上海合作组织轮值主席国吉尔吉斯斯坦外长杰克申库洛夫

双方就中吉关系、上海合作组织发展及地区形势等有关问题交换了意见。会见后,双方签署了中吉外交部2007年合作计划。

外交部举行例行记者会

外交部发言人秦刚主持例行记者会。

在回答记者有关中日共同历史研究成果的提问时,秦刚介绍说,中日共同历史研究委员会第一次会议已于27日结束,双方一致同意根据两国外长今年11月在河内会晤时所确定的框架,即本着中日三个政治文件所确定的原则,以及正视历史、面向未来的精神开展共同历史研究。会议中确定了工作程序和范围,决定把研究委员会分为"古代史"和"近现代史"两个小组,双方还商定明年3月在东京举行第二次会议。

在被问及怀疑东京审判的看法是否可以成为研究课题时,秦刚表示,东京审判铁证如山,国际社会早有公论,不容推翻。日本在无条件投降书等重要国际文书中都明确表示接受《波茨坦公告》关于惩办战犯的决定。国际条约必须得到遵守。

秦刚说,两国学者在学术研究问题上可能存在一些不同的认识,但都必须依据客观历史事实,本着对历史、对未来和对人民负责的态度,在尊重客观事实的基础上进行共同历史研究。双方学者都承诺本着正视历史、面向未来的精神进行研究,我们希望这种精神能贯穿在两国学者的共同研究之中。

中央军委发出关于贯彻《中共中央关于构建社会主义和谐社会若干重大问题的决定》的意见

经中央军委主席胡锦涛批准,中央军委近日下发《关于贯彻〈中共中央关于构建社会主义和谐社会若干重大问题的决定〉的意见》(以下简称《意见》)。这是军队贯彻党的十六届六中全会精神的重大举措。

《意见》充分贯彻和体现了党的十六届六中全会《决定》和胡主席的一系列重要讲话精神,把忠实履行新世纪、新阶段我军历史使命作为根本着眼点,紧贴军队实际,提出了当前和今后一个时期军队贯彻落实《决定》的指导思想、工作原则、目标任务和工作部署,是深入贯彻十六届六中全会精神的重要指导性文件。

《意见》指出,党的十六届六中全会,是在我国改革发展进入关键时期召开的一次十分重要的会议。全会通过的《决定》,是指导构建社会主义和谐社会的纲领性文件。全军一定要从保持人民军队性质、宗旨和作风,巩固提高部队战斗力,有效履行我军历史使命的高度,充分认识贯彻落实《决定》的重要性必要性,切实把思想和行动统一到中央的决策部署上来,使广大官兵成为构建社会主义和谐社会的坚定拥护者、热情宣传者、积极实践者,为把我国建设成为富强民主文明和谐的社会主义现代化国家贡献力量。

《意见》强调,军队贯彻落实《决定》,要以马克思列宁主义、毛泽东思想、邓小平理论和"三个代表"重要思想为指导,全面贯彻落实科学发展观,围绕有效履行新世纪、新阶段我军历史使命,始终坚持听党指挥、服务人民、英勇善战的优良传统,始终不渝地坚持党对军队的绝对领导,坚持服从和服务于国家建设大局,坚持依法从严治军,着力坚定理想信念,提高打赢能力,增强内部团结,保持安全稳定,密切军政军民关系,推动军队建设又好又快地发展,为构建社会主义和谐社会作出积极贡献、提供坚强的安全保障。

《意见》指出,要坚持社会主义核心价值体系,进一步打牢官兵团结奋进的思想基础。坚持用党的理论创新成果凝聚军心、铸牢军魂,大力培育以爱国主义和革命英雄主义为核心的战斗精神,提高官兵践行社会主义荣辱观的道德素养,建设健康向上的军营文化。要忠实履行职责使命,为国家安全、社会和谐提供坚强的安全保障。加速推进中国特色军事变革,努力建设与我国地位相称、发展利益相适应的军事力量;加紧做好军事斗争准备,切实履行维护国家安全、捍卫国家主权和领土完整的职责;积极参加平安建设,在维护社会稳定中发挥重要作用。要坚持以人为本,巩固发展团结、友爱、和谐、纯洁的内部关系。积极推进部队内部民主建设,下大力抓好风气建设,坚持依法带兵、以情带兵、文明带兵、科学带兵,真正重视、真情关怀、真心爱护基层官兵。要牢固树立安全发展理念,扎实做好维护部队安全稳定的工作。坚持依法从严治军,保持部队正规有序;采取积极防范措施,防止发生重大安全问题;进一步加强基层建设,打牢安全稳定的基础。要发扬拥政爱民光荣传统,始终保持同呼吸、共命运、心连心的军政军民关系。高度自觉地维护新形势下的军政军民团结，积极参加和支援地方经济建设，带头传播社会主义新思想、新风尚。

《意见》要求，各级党委要切实加强组织领导，把贯彻落实《决定》作为一项重大政治任务，加强分类指导，把握工作重点，结合实际研究提出贯彻落实的具体措施办法。要正确把握军队贯彻落实《决定》的内在要求，始终着眼于有效履行职能使命和提高部队战斗力。领导干部和领导机关要发挥表率作用，军委、总部要为全军作表率，上级要为下级作表率，机关要为基层作表率。要广泛开展促进和谐的实践活动，及时总结推广新鲜经验，树立和表彰先进典型，加强舆论宣传，营造贯彻落实《决定》的浓厚氛围。

中央军委给某防空旅记一等功庆功大会在北京举行

会上，宣读了中央军委主席胡锦涛签署的给防空旅记一等功的通令，给防空旅颁发了一等功奖状。

北京军区某集团军防空旅是我军陆军第一支地空导弹和高炮混编的防空部队。近年来，这个旅按照建设信息化军队、打赢信息化战争的要求全面加强部队建设，建起了系统配套、功能齐全的局域网和野战指挥网，形成了以7名博士、47名硕士为骨干的高素质人才群体，取得的150多项技术革新成果有47项获军队科技进步奖，历次发射导弹成功率和命中率均达到100%。这个旅先后被军区评为科技练兵、管理工作和基层全面建设先进单位，被总部评为学习成才、训练改革、士官队伍建设、通用装备"两成两力"建设先进单位和军事训练一级旅，旅党委被总政治部表彰为先进党委。军委转发了这个旅"瞄着信息化、主动有作为、科学搞建设、实干求发展"的经验和做法。

中央军委给胡卫同志追记一等功大会在北京举行

会上宣读了中央军委主席胡锦涛签署的通令，并给胡卫同志亲属颁发了胡卫一等功证章、证书。

胡卫，男，1960年3月出生，1982年8月入伍，专业技术7级，2005年4月29日因突发心脏病病逝于实验室。胡卫同志在2000年被确诊为"扩张性心肌病"、医院预言生命只能维持5年的情况下，仍然坚持工作在科研第一线，先后参加30多次装备普查、技术培训和重点装备维修保障任务，组织完成了25项科研课题。

12月29日

国家主席胡锦涛在中南海会见来京述职的香港特别行政区行政长官曾荫权

在听取了曾荫权的汇报后，胡锦涛表示，当前香港社会稳定、经济增长、民生改善，呈现出良好的发展势头。希望香港社会各界继续团结奋斗，务实进取，使香港经济更加繁荣，民生更加改善，社会更加和谐。

胡锦涛指出，中央政府十分关心香港同胞的福祉。对香港的经济和金融发展、跨境基建合作、环保、食品安全等事宜，中央政府有关部门高度重视，正与特区政府进行磋商。我相信，通过双方共同努力，有关问题一定能够妥善解决。

国家副主席曾庆红，中共中央书记处书记、中央办公厅主任王刚，国务委员唐家璇，全国政协副主席、国务院港澳事务办公室主任廖晖等参加了会见。

国家主席胡锦涛在中南海会见来京述职的澳门特别行政区行政长官何厚铧

在听取了何厚铧的汇报后，胡锦涛说，澳门回归祖国7年来，经济持续较快发展，社会治安明显改善，民众安居乐业，与祖国内地的交流和合作日益密切，对外交往更加活跃，发展的势头是好的。

胡锦涛表示，中央政府将一如既往地支持澳门的发展，凡是有利于维护澳门长期繁荣稳定的事，中央政府都会给予支持和帮助。他希望澳门特区政府和社会各界人士和衷共济，奋发努力，把澳门的各项事业继续推向前进。

国家副主席曾庆红，中共中央书记处书记、中央办公厅主任王刚，国务委员唐家璇，全国政协副主席、国务院港澳事务办公室主任廖晖等参加了会见。

十届全国人大常委会第二十五次会议在人民大会堂闭幕

会议表决通过了修订后的未成年人保护法；表决通过了关于国务院总理提请任免农业部部长的名单，决定免去杜青林的农业部部长职务、任命孙政才为农业部部长。国家主席胡锦涛签署第60号、第61号主席令分别予以公布。会议通过表决，决定将物权法草案、企业所得税法草案提请十届全国人大五次会议审议。

全国人大常委会委员长吴邦国主持闭幕会。

会议表决通过了十届全国人大五次会议关于十一届全国人大代表名额和选举问题的决定草案、香港特别行政区选举十一届全国人大代表的办法草案，澳门特别行政区选举十一届全国人大代表的办法草案，决定提请十届全国人大五次会议审议。

会议表决通过了全国人大常委会关于召开十届全国人大五次会议的决定。根据这一决定，十届全国人大五次会议定于2007年3月5日在北京召开。

会议表决通过了全国人大常委会关于批准保护和

促进文化表现形式多样性公约的决定、关于加入世界知识产权组织版权条约的决定、关于加入世界知识产权组织表演和录音制品条约的决定、关于批准《关于修改2002年6月7日在圣彼得堡(俄罗斯联邦)签署的〈上海合作组织宪章〉的议定书》的决定、关于批准中国和葡萄牙关于刑事司法协助的协定的决定。

会议表决通过了全国人大法律委员会、教育科学文化卫生委员会、外事委员会、环境与资源保护委员会、农业与农村委员会关于十届全国人大四次会议主席团交付审议的代表提出的议案审议结果的报告,表决通过了全国人大常委会代表资格审查委员会关于个别代表的代表资格的报告。根据会后发表的全国人大常委会公告,现在十届全国人大代表实有2976人。会议表决通过了关于委员长会议提请任命专门委员会个别副主任委员的名单,决定任命张学忠为全国人大内务司法委员会副主任委员。会议还表决通过了其他任免事项。

在完成各项议程后,吴邦国发表重要讲话。他说,会议高票通过了提请全国人民代表大会审议的物权法草案。本届全国人大常委会高度重视物权法的立法工作,投入很大精力,做了大量工作。在九届全国人大常委会初次审议基础上,本届全国人大常委会又审议了6次,座谈会、论证会开了上百次,还全文向社会公布草案,广泛征求意见。根据各方面的意见,我们对草案做了重大修改。现在的草案凝聚了常委会组成人员、人大代表、专家学者和广大人民群众的集体智慧。

吴邦国指出,会议作出了将企业所得税法草案提请全国人民代表大会审议的决定。企业所得税法是一部关系经济社会发展全局的重要法律。党的十六届三中全会明确提出统一各类企业税收制度的改革目标。十届全国人大二次会议以来,共有541位全国人大代表提出16件议案,要求制定统一的企业所得税法。国务院在深入调查研究、广泛听取意见的基础上,提出企业所得税法草案的议案。审议中,大家普遍认为,改革现行企业所得税制度,统一内外资企业所得税,是进一步完善我国社会主义市场经济体制的迫切需要,有利于创造公平竞争的市场环境,具有重大的现实意义和深远的历史意义。

吴邦国指出,未成年人是祖国的未来、民族的希望。常委会经过3次审议,对未成年人保护法作了全面修订,进一步强化家庭、学校、社会、国家的保护责任。它的颁布实施,对保护未成年人身心健康,保障未成年人合法权益,促进未成年人全面发展将发挥重要作用。

在回顾2006年全国人大常委会各项工作取得的重要进展后,吴邦国对今后一段时间常委会的工作提出了要求。他强调,要着重做好十届全国人大五次会议的各项准备工作,统筹安排好明年全国人大常委会的立法、监督等工作,继续加强常委会机关建设。

全国人大常委会副委员长王兆国、李铁映、司马义·艾买提、何鲁丽、丁石孙、成思危、许嘉璐、蒋正华、顾秀莲、热地、盛华仁、路甬祥、乌云其木格、韩启德出席会议。国务委员陈至立、最高人民法院院长肖扬、最高人民检察院检察长贾春旺列席会议。

国家主席胡锦涛签署第60号令公布《中华人民共和国未成年人保护法》

《中华人民共和国未成年人保护法》已由中华人民共和国第十届全国人民代表大会常务委员会第二十五次会议于2006年12月29日修订通过,现将修订后的《中华人民共和国未成年人保护法》公布,自2007年6月1日起施行。

中华人民共和国主席　胡锦涛

2006年12月29日

中华人民共和国未成年人保护法

第一章　总　则

第一条　为了保护未成年人的身心健康,保障未成年人的合法权益,促进未成年人在品德、智力、体质等方面全面发展,培养有理想、有道德、有文化、有纪律的社会主义建设者和接班人,根据宪法,制定本法。

第二条　本法所称未成年人是指未满十八周岁的公民。

第三条　未成年人享有生存权、发展权、受保护权、参与权等权利,国家根据未成年人身心发展特点给予特殊、优先保护,保障未成年人的合法权益不受侵犯。

未成年人享有受教育权,国家、社会、学校和家庭尊重和保障未成年人的受教育权。

未成年人不分性别、民族、种族、家庭财产状况、宗教信仰等,依法平等地享有权利。

第四条　国家、社会、学校和家庭对未成年人进行理想教育、道德教育、文化教育、纪律和法制教育,进行爱国主义、集体主义和社会主义的教育,提倡爱祖国、爱人民、爱劳动、爱科学、爱社会主义的公德,反对资本主义的、封建主义的和其他的腐朽思想的侵蚀。

第五条　保护未成年人的工作,应当遵循下列原则:

(一)尊重未成年人的人格尊严;

(二)适应未成年人身心发展的规律和特点;

(三)教育与保护相结合。

第六条　保护未成年人,是国家机关、武装力量、政党、社会团体、企业事业组织、城乡基层群众性自治组织、未成年人的监护人和其他成年公民的共同责任。

对侵犯未成年人合法权益的行为,任何组织和个人都有权予以劝阻、制止或者向有关部门提出检举或者控告。

国家、社会、学校和家庭应当教育和帮助未成年人维护自己的合法权益,增强自我保护的意识和能力,增强社会责任感。

第七条 中央和地方各级国家机关应当在各自的职责范围内做好未成年人保护工作。

国务院和地方各级人民政府领导有关部门做好未成年人保护工作;将未成年人保护工作纳入国民经济和社会发展规划以及年度计划,相关经费纳入本级政府预算。

国务院和省、自治区、直辖市人民政府采取组织措施,协调有关部门做好未成年人保护工作。具体机构由国务院和省、自治区、直辖市人民政府规定。

第八条 共产主义青年团、妇女联合会、工会、青年联合会、学生联合会、少年先锋队以及其他有关社会团体,协助各级人民政府做好未成年人保护工作,维护未成年人的合法权益。

第九条 各级人民政府和有关部门对保护未成年人有显著成绩的组织和个人,给予表彰和奖励。

第二章 家庭保护

第十条 父母或者其他监护人应当创造良好、和睦的家庭环境,依法履行对未成年人的监护职责和抚养义务。

禁止对未成年人实施家庭暴力,禁止虐待、遗弃未成年人,禁止溺婴和其他残害婴儿的行为,不得歧视女性未成年人或者有残疾的未成年人。

第十一条 父母或者其他监护人应当关注未成年人的生理、心理状况和行为习惯,以健康的思想、良好的品行和适当的方法教育和影响未成年人,引导未成年人进行有益身心健康的活动,预防和制止未成年人吸烟、酗酒、流浪、沉迷网络以及赌博、吸毒、卖淫等行为。

第十二条 父母或者其他监护人应当学习家庭教育知识,正确履行监护职责,抚养教育未成年人。

有关国家机关和社会组织应当为未成年人的父母或者其他监护人提供家庭教育指导。

第十三条 父母或者其他监护人应当尊重未成年人受教育的权利,必须使适龄未成年人依法入学接受并完成义务教育,不得使接受义务教育的未成年人辍学。

第十四条 父母或者其他监护人应当根据未成年人的年龄和智力发展状况,在作出与未成年人权益有关的决定时告知其本人,并听取他们的意见。

第十五条 父母或者其他监护人不得允许或者迫使未成年人结婚,不得为未成年人订立婚约。

第十六条 父母因外出务工或者其他原因不能履行对未成年人监护职责的,应当委托有监护能力的其他成年人代为监护。

第三章 学校保护

第十七条 学校应当全面贯彻国家的教育方针,实施素质教育,提高教育质量,注重培养未成年学生独立思考能力、创新能力和实践能力,促进未成年学生全面发展。

第十八条 学校应当尊重未成年学生受教育的权利,关心、爱护学生,对品行有缺点、学习有困难的学生,应当耐心教育、帮助,不得歧视,不得违反法律和国家规定开除未成年学生。

第十九条 学校应当根据未成年学生身心发展的特点,对他们进行社会生活指导、心理健康辅导和青春期教育。

第二十条 学校应当与未成年学生的父母或者其他监护人互相配合,保证未成年学生的睡眠、娱乐和体育锻炼时间,不得加重其学习负担。

第二十一条 学校、幼儿园、托儿所的教职员工应当尊重未成年人的人格尊严,不得对未成年人实施体罚、变相体罚或者其他侮辱人格尊严的行为。

第二十二条 学校、幼儿园、托儿所应当建立安全制度,加强对未成年人的安全教育,采取措施保障未成年人的人身安全。

学校、幼儿园、托儿所不得在危及未成年人人身安全、健康的校舍和其他设施、场所中进行教育教学活动。

学校、幼儿园安排未成年人参加集会、文化娱乐、社会实践等集体活动,应当有利于未成年人的健康成长,防止发生人身安全事故。

第二十三条 教育行政等部门和学校、幼儿园、托儿所应当根据需要,制定应对各种灾害、传染性疾病、食物中毒、意外伤害等突发事件的预案,配备相应设施并进行必要的演练,增强未成年人的自我保护意识和能力。

第二十四条 学校对未成年学生在校内或者本校组织的校外活动中发生人身伤害事故的,应当及时救护,妥善处理,并及时向有关主管部门报告。

第二十五条 对于在学校接受教育的有严重不良行为的未成年学生,学校和父母或者其他监护人应当互相配合加以管教;无力管教或者管教无效的,可以按照有关规定将其送专门学校继续接受教育。

依法设置专门学校的地方人民政府应当保障专门学校的办学条件,教育行政部门应当加强对专门学校的管理和指导,有关部门应当给予协助和配合。

专门学校应当对在校就读的未成年学生进行思想教育、文化教育、纪律和法制教育、劳动技术教育和职业教育。

专门学校的教职员工应当关心、爱护、尊重学生,不得歧视、厌弃。

第二十六条　幼儿园应当做好保育、教育工作,促进幼儿在体质、智力、品德等方面和谐发展。

第四章　社会保护

第二十七条　全社会应当树立尊重、保护、教育未成年人的良好风尚,关心、爱护未成年人。

国家鼓励社会团体、企业事业组织以及其他组织和个人,开展多种形式的有利于未成年人健康成长的社会活动。

第二十八条　各级人民政府应当保障未成年人受教育的权利,并采取措施保障家庭经济困难的、残疾的和流动人口中的未成年人等接受义务教育。

第二十九条　各级人民政府应当建立和改善适合未成年人文化生活需要的活动场所和设施,鼓励社会力量兴办适合未成年人的活动场所,并加强管理。

第三十条　爱国主义教育基地、图书馆、青少年宫、儿童活动中心应当对未成年人免费开放;博物馆、纪念馆、科技馆、展览馆、美术馆、文化馆以及影剧院、体育场馆、动物园、公园等场所,应当按照有关规定对未成年人免费或者优惠开放。

第三十一条　县级以上人民政府及其教育行政部门应当采取措施,鼓励和支持中小学校在节假日期间将文化体育设施对未成年人免费或者优惠开放。

社区中的公益性互联网上网服务设施,应当对未成年人免费或者优惠开放,为未成年人提供安全、健康的上网服务。

第三十二条　国家鼓励新闻、出版、信息产业、广播、电影、电视、文艺等单位和作家、艺术家、科学家以及其他公民,创作或者提供有利于未成年人健康成长的作品。出版、制作和传播专门以未成年人为对象的内容健康的图书、报刊、音像制品、电子出版物以及网络信息等,国家给予扶持。

国家鼓励科研机构和科技团体对未成年人开展科学知识普及活动。

第三十三条　国家采取措施,预防未成年人沉迷网络。

国家鼓励研究开发有利于未成年人健康成长的网络产品,推广用于阻止未成年人沉迷网络的新技术。

第三十四条　禁止任何组织、个人制作或者向未成年人出售、出租或者以其他方式传播淫秽、暴力、凶杀、恐怖、赌博等毒害未成年人的图书、报刊、音像制品、电子出版物以及网络信息等。

第三十五条　生产、销售用于未成年人的食品、药品、玩具、用具和游乐设施等,应当符合国家标准或者行业标准,不得有害于未成年人的安全和健康;需要标明注意事项的,应当在显著位置标明。

第三十六条　中小学校园周边不得设置营业性歌舞娱乐场所、互联网上网服务营业场所等不适宜未成年人活动的场所。

营业性歌舞娱乐场所、互联网上网服务营业场所等不适宜未成年人活动的场所,不得允许未成年人进入,经营者应当在显著位置设置未成年人禁入标志;对难以判明是否已成年的,应当要求其出示身份证件。

第三十七条　禁止向未成年人出售烟酒,经营者应当在显著位置设置不向未成年人出售烟酒的标志;对难以判明是否已成年的,应当要求其出示身份证件。

任何人不得在中小学校、幼儿园、托儿所的教室、寝室、活动室和其他未成年人集中活动的场所吸烟、饮酒。

第三十八条　任何组织或者个人不得招用未满十六周岁的未成年人,国家另有规定的除外。

任何组织或者个人按照国家有关规定招用已满十六周岁未满十八周岁的未成年人的,应当执行国家在工种、劳动时间、劳动强度和保护措施等方面的规定,不得安排其从事过重、有毒、有害等危害未成年人身心健康的劳动或者危险作业。

第三十九条　任何组织或者个人不得披露未成年人的个人隐私。

对未成年人的信件、日记、电子邮件,任何组织或者个人不得隐匿、毁弃;除因追查犯罪的需要,由公安机关或者人民检察院依法进行检查,或者对无行为能力的未成年人的信件、日记、电子邮件由其父母或者其他监护人代为开拆、查阅外,任何组织或者个人不得开拆、查阅。

第四十条　学校、幼儿园、托儿所和公共场所发生突发事件时,应当优先救护未成年人。

第四十一条　禁止拐卖、绑架、虐待未成年人,禁止对未成年人实施性侵害。

禁止胁迫、诱骗、利用未成年人乞讨或者组织未成年人进行有害其身心健康的表演等活动。

第四十二条　公安机关应当采取有力措施,依法维护校园周边的治安和交通秩序,预防和制止侵害未成年人合法权益的违法犯罪行为。

任何组织或者个人不得扰乱教学秩序,不得侵占、破坏学校、幼儿园、托儿所的场地、房屋和设施。

第四十三条　县级以上人民政府及其民政部门应当根据需要设立救助场所,对流浪乞讨等生活无着未成年人实施救助，承担临时监护责任；公安部门或者其他有关部门应当护送流浪乞讨或者离家出走的未成年人到救助场所，由救助场所予以救助和妥善照顾，并及时通知其父母或者其他监护人领回。

对孤儿、无法查明其父母或者其他监护人的以及其他生活无着的未成年人，由民政部门设立的儿童福利机构收留抚养。

未成年人救助机构、儿童福利机构及其工作人员应当依法履行职责，不得虐待、歧视未成年人；不得在办理收留抚养工作中牟取利益。

第四十四条　卫生部门和学校应当对未成年人进行卫生保健和营养指导，提供必要的卫生保健条件，做好疾病预防工作。

卫生部门应当做好对儿童的预防接种工作，国家免疫规划项目的预防接种实行免费；积极防治儿童常见病、多发病，加强对传染病防治工作的监督管理，加强对幼儿园、托儿所卫生保健的业务指导和监督检查。

第四十五条　地方各级人民政府应当积极发展托幼事业，办好托儿所、幼儿园，支持社会组织和个人依法兴办哺乳室、托儿所、幼儿园。

各级人民政府和有关部门应当采取多种形式，培养和训练幼儿园、托儿所的保教人员，提高其职业道德素质和业务能力。

第四十六条　国家依法保护未成年人的智力成果和荣誉权不受侵犯。

第四十七条　未成年人已经完成规定年限的义务教育不再升学的，政府有关部门和社会团体、企业事业组织应当根据实际情况，对他们进行职业教育，为他们创造劳动就业条件。

第四十八条　居民委员会、村民委员会应当协助有关部门教育和挽救违法犯罪的未成年人，预防和制止侵害未成年人合法权益的违法犯罪行为。

第四十九条　未成年人的合法权益受到侵害的，被侵害人及其监护人或者其他组织和个人有权向有关部门投诉，有关部门应当依法及时处理。

第五章　司法保护

第五十条　公安机关、人民检察院、人民法院以及司法行政部门，应当依法履行职责，在司法活动中保护未成年人的合法权益。

第五十一条　未成年人的合法权益受到侵害，依法向人民法院提起诉讼的，人民法院应当依法及时审理，并适应未成年人生理、心理特点和健康成长的需要，保障未成年人的合法权益。

在司法活动中对需要法律援助或者司法救助的未成年人，法律援助机构或者人民法院应当给予帮助，依法为其提供法律援助或者司法救助。

第五十二条　人民法院审理继承案件，应当依法保护未成年人的继承权和受遗赠权。

人民法院审理离婚案件，涉及未成年子女抚养问题的，应当听取有表达意愿能力的未成年子女的意见，根据保障子女权益的原则和双方具体情况依法处理。

第五十三条　父母或者其他监护人不履行监护职责或者侵害被监护的未成年人的合法权益，经教育不改的，人民法院可以根据有关人员或者有关单位的申请，撤销其监护人的资格，依法另行指定监护人。被撤销监护资格的父母应当依法继续负担抚养费用。

第五十四条　对违法犯罪的未成年人，实行教育、感化、挽救的方针，坚持教育为主、惩罚为辅的原则。

对违法犯罪的未成年人，应当依法从轻、减轻或者免除处罚。

第五十五条　公安机关、人民检察院、人民法院办理未成年人犯罪案件和涉及未成年人权益保护案件，应当照顾未成年人身心发展特点，尊重他们的人格尊严，保障他们的合法权益，并根据需要设立专门机构或者指定专人办理。

第五十六条　公安机关、人民检察院讯问未成年犯罪嫌疑人，询问未成年证人、被害人，应当通知监护人到场。

公安机关、人民检察院、人民法院办理未成年人遭受性侵害的刑事案件，应当保护被害人的名誉。

第五十七条　对羁押、服刑的未成年人，应当与成年人分别关押。

羁押、服刑的未成年人没有完成义务教育的，应当对其进行义务教育。

解除羁押、服刑期满的未成年人的复学、升学、就业不受歧视。

第五十八条　对未成年人犯罪案件，新闻报道、影视节目、公开出版物、网络等不得披露该未成年人的姓名、住所、照片、图像以及可能推断出该未成年人的资料。

第五十九条　对未成年人严重不良行为的矫治与犯罪行为的预防，依照预防未成年人犯罪法的规定执行。

第六章　法律责任

第六十条　违反本法规定，侵害未成年人的合法权益，其他法律、法规已规定行政处罚的，从其规定；造成人身财产损失或者其他损害的，依法承担民事责任；构成犯罪的，依法追究刑事责任。

第六十一条　国家机关及其工作人员不依法履行保护未成年人合法权益的责任，或者侵害未成年人合法权益，或者对提出申诉、控告、检举的人进行打击报复的，由其所在单位或者上级机关责令改正，对直接负责的主管人员和其他直接责任人员依法给予行政处分。

第六十二条　父母或者其他监护人不依法履行监护职责，或者侵害未成年人合法权益的，由其所在单位或者居民委员会、村民委员会予以劝诫、制止；构成违反治安管理行为的，由公安机关依法给予行政处罚。

第六十三条　学校、幼儿园、托儿所侵害未成年人合法权益的，由教育行政部门或者其他有关部门责令改正；情节严重的，对直接负责的主管人员和其他直接责任人员依法给予处分。

学校、幼儿园、托儿所教职员工对未成年人实施体罚、变相体罚或者其他侮辱人格行为的，由其所在单位或者上级机关责令改正；情节严重的，依法给予处分。

第六十四条　制作或者向未成年人出售、出租或者以其他方式传播淫秽、暴力、凶杀、恐怖、赌博等图书、报刊、音像制品、电子出版物以及网络信息等的，由主管部门责令改正，依法给予行政处罚。

第六十五条　生产、销售用于未成年人的食品、药品、玩具、用具和游乐设施不符合国家标准或者行业标准，或者没有在显著位置标明注意事项的，由主管部门责令改正，依法给予行政处罚。

第六十六条　在中小学校园周边设置营业性歌舞娱乐场所、互联网上网服务营业场所等不适宜未成年人活动的场所的，由主管部门予以关闭，依法给予行政处罚。

营业性歌舞娱乐场所、互联网上网服务营业场所等不适宜未成年人活动的场所允许未成年人进入，或者没有在显著位置设置未成年人禁入标志的，由主管部门责令改正，依法给予行政处罚。

第六十七条　向未成年人出售烟酒，或者没有在显著位置设置不向未成年人出售烟酒标志的，由主管部门责令改正，依法给予行政处罚。

第六十八条　非法招用未满十六周岁的未成年人，或者招用已满十六周岁的未成年人从事过重、有毒、有害等危害未成年人身心健康的劳动或者危险作业的，由劳动保障部门责令改正，处以罚款；情节严重的，由工商行政管理部门吊销营业执照。

第六十九条　侵犯未成年人隐私，构成违反治安管理行为的，由公安机关依法给予行政处罚。

第七十条　未成年人救助机构、儿童福利机构及其工作人员不依法履行对未成年人的救助保护职责，或者虐待、歧视未成年人，或者在办理收留抚养工作中牟取利益的，由主管部门责令改正，依法给予行政处分。

第七十一条　胁迫、诱骗、利用未成年人乞讨或者组织未成年人进行有害其身心健康的表演等活动的，由公安机关依法给予行政处罚。

第七章　附　则

第七十二条　本法自2007年6月1日起施行。

国家主席胡锦涛签署第61号令任免农业部部长

根据中华人民共和国第十届全国人民代表大会常务委员会第二十五次会议于2006年12月29日的决定：

免去杜青林的农业部部长职务；任命孙政才为农业部部长。

中华人民共和国主席　胡锦涛

2006年12月29日

全国人大常委会关于召开第十届全国人民代表大会第五次会议的决定

第十届全国人民代表大会常务委员会第二十五次会议决定：中华人民共和国第十届全国人民代表大会第五次会议于2007年3月5日在北京召开。建议会议的主要议程是：听取和审议政府工作报告；审查和批准2006年国民经济和社会发展计划执行情况的报告与2007年国民经济和社会发展计划；审查2006年中央和地方预算执行情况的报告与2007年中央和地方预算草案，批准2006年中央预算执行情况的报告与2007年中央预算；审议全国人民代表大会常务委员会关于提请审议《中华人民共和国物权法(草案)》的议案；审议国务院关于提请审议《中华人民共和国企业所得税法(草案)》的议案；审议全国人民代表大会常务委员会关于提请审议《第十届全国人民代表大会第五次会议关于第十一届全国人民代表大会代表名额和选举问题的决定(草案)》的议案；审议全国人民代表大会常务委员会关于提请审议《中华人民共和国香港特别行政区选举第十一届全国人民代表大会代表的办法(草案)》的议案；审议全国人民代表大会常务委员会关于提请审议《中华人民共和国澳门特别行政区选举第十一届全国人民代表大会代表的办法(草案)》的议案；听取和审议全国人民代表大会常务委员会工作报告；听取和审议最高人民法院工作报告；听取和审议最高人民检察院工作报告。

全国人大常委会关于批准《保护和促进文化表现形式多样性公约》的决定

(2006年12月29日第十届全国人民代表大会常务委员会第二十五次会议通过)

第十届全国人民代表大会常务委员会第二十五次会议决定：批准于2005年10月20日在第三十三届联合国教科文组织大会上通过的《保护和促进文化表现

形式多样性公约》。

全国人大常委会关于加入《世界知识产权组织版权条约》的决定

（2006年12月29日第十届全国人民代表大会常务委员会第二十五次会议通过）

第十届全国人民代表大会常务委员会第二十五次会议决定：加入世界知识产权组织于1996年12月20日在瑞士日内瓦召开的关于版权和邻接权若干问题的外交会议上通过的《世界知识产权组织版权条约》。同时声明：在中华人民共和国政府另行通知前，《世界知识产权组织版权条约》不适用于中华人民共和国香港特别行政区和澳门特别行政区。

全国人大常委会关于加入《世界知识产权组织表演和录音制品条约》的决定

（2006年12月29日第十届全国人民代表大会常务委员会第二十五次会议通过）

第十届全国人民代表大会常务委员会第二十五次会议决定：加入世界知识产权组织于1996年12月20日在瑞士日内瓦召开的关于版权和邻接权若干问题的外交会议上通过的《世界知识产权组织表演和录音制品条约》。同时声明：

一、中华人民共和国不受《世界知识产权组织表演和录音制品条约》第十五条第(1)款的约束。

二、在中华人民共和国政府另行通知前，《世界知识产权组织表演和录音制品条约》不适用于中华人民共和国香港特别行政区和澳门特别行政区。

全国人大常委会关于批准《关于修改2002年6月7日在圣彼得堡(俄罗斯联邦)签署的〈上海合作组织宪章〉的议定书》的决定

（2006年12月29日第十届全国人民代表大会常务委员会第二十五次会议通过）

第十届全国人民代表大会常务委员会第二十五次会议决定：批准国家主席胡锦涛代表中华人民共和国于2006年6月15日在上海签署的《关于修改2002年6月7日在圣彼得堡(俄罗斯联邦)签署的〈上海合作组织宪章〉的议定书》。

全国人大常委会关于批准《中华人民共和国和葡萄牙共和国关于刑事司法协助的协定》的决定

（2006年12月29日第十届全国人民代表大会常务委员会第二十五次会议通过）

批准外交部副部长张业遂代表中华人民共和国于2005年12月9日在里斯本签署的《中华人民共和国和葡萄牙共和国关于刑事司法协助的协定》。

全国人大常委会任命名单

（2006年12月29日第十届全国人民代表大会常务委员会第二十五次会议通过）

任命张学忠为第十届全国人民代表大会内务司法委员会副主任委员。

全国人大常委会公告

最近，辽宁省人大常委会补选黄传兴为第十届全国人民代表大会代表，江苏省人大常委会补选王寿亭为第十届全国人民代表大会代表，湖南省人大常委会补选周强为第十届全国人民代表大会代表。全国人民代表大会常务委员会同意代表资格审查委员会的审查报告，确认黄传兴、王寿亭、周强的代表资格有效。

辽宁省人大常委会接受了赵首先提出的辞去第十届全国人民代表大会代表职务的请求，天津市人大常委会罢免了单平的第十届全国人民代表大会代表职务。依照代表法的有关规定，赵首先、单平的代表资格终止。

现在，第十届全国人民代表大会实有代表2976人。

特此公告。

全国人民代表大会常务委员会

2006年12月29日

全国人大常委会任免名单

一、免去沈德咏的最高人民法院副院长、审判委员会委员职务。

二、任命刘竹梅(女)为最高人民法院民事审判第二庭副庭长。

三、任命李卫星、李勇、李睿懿、王蔚东、马岩、闫燕(女)、何莉(女)、张杰(女)、张滨生、曾广东、董蓓(女)为最高人民法院审判员。

十届全国人大常委会举行第二十四次专题讲座

全国人大常委会委员长吴邦国主持讲座。讲座的题目是“国际条约的法律制度”。

此次讲座的主讲人是北京大学法学院副院长李鸣教授。他从国际条约在国际法上的地位、国际条约的缔结、国际条约的遵守和适用3个方面作了讲解。

李鸣说，条约在国际关系上有着重要的实际意义，是国际交往的重要工具，是国际合作的重要工具，是国际法的重要渊源。同时，条约还一直是规定双边关系中具体权利及义务的基本法律手段。从国际法来看，条约是国际法的主体按照国际法来规定其相互权利及义务的书面协议,具有4个特征:条约是在国际法主体之间缔结的;条约要按照国际法缔结;条约要规定缔约方相互的权利和义务;条约是书面协议。

李鸣说,1982年宪法对我国缔结条约的问题作了规定。根据宪法的规定,全国人大常委会"决定同外国缔结的条约和重要协定的批准和废除";国家主席根据全国人大常委会的决定,"批准和废除同外国缔结的条约和重要协定";国务院"管理对外事务,同外国缔结条约和协定"。为了落实宪法的上述规定,1990年我国又制定了《缔结条约程序法》,全面、系统地总结了我国1949年以来的缔约实践,详细规定了我国缔结国际条约所需要经过的国内程序,是指导我国对外缔约活动的基本法律。从实践来看,国务院承担缔结条约的任务,外交部在国务院领导下管理同外国缔结条约和协定的具体事务,全国人大常委会承担决定批准或加入"条约和重要协定"的重任。

李鸣说,遵守条约对于维护国际法律秩序、开展国际交往与合作、确保本国利益具有重要意义,也可以避免国际责任的发生。当前,我国的国际地位举足轻重,为了进一步树立负责任大国的形象,为了我们的国家利益,我们有必要一如既往,忠实履行所承担的条约义务。

全国人大常委会副委员长王兆国、李铁映、司马义·艾买提、何鲁丽、丁石孙、许嘉璐、顾秀莲、热地、盛华仁、路甬祥、乌云其木格、韩启德听取了讲座。

国务院总理温家宝签署第482号令公布《中华人民共和国车船税暂行条例》

《中华人民共和国车船税暂行条例》已经2006年12月27日国务院第162次常务会议通过,现予公布,自2007年1月1日起施行。

总　理　温家宝

2006年12月29日

中华人民共和国车船税暂行条例

第一条　在中华人民共和国境内,车辆、船舶(以下简称车船)的所有人或者管理人为车船税的纳税人,应当依照本条例的规定缴纳车船税。

本条例所称车船,是指依法应当在车船管理部门登记的车船。

第二条　车船的适用税额,依照本条例所附的《车船税税目税额表》执行。

国务院财政部门、税务主管部门可以根据实际情况,在《车船税税目税额表》规定的税目范围和税额幅度内,划分子税目,并明确车辆的子税目税额幅度和船舶的具体适用税额。车辆的具体适用税额由省、自治区、直辖市人民政府在规定的子税目税额幅度内确定。

第三条　下列车船免征车船税:

(一)非机动车船(不包括非机动驳船);

(二)拖拉机;

(三)捕捞、养殖渔船;

(四)军队、武警专用的车船;

(五)警用车船;

(六)按照有关规定已经缴纳船舶吨税的船舶;

(七)依照我国有关法律和我国缔结或者参加的国际条约的规定应当予以免税的外国驻华使馆、领事馆和国际组织驻华机构及其有关人员的车船。

第四条　省、自治区、直辖市人民政府可以根据当地实际情况,对城市、农村公共交通车船给予定期减税、免税。

第五条　车船税由地方税务机关负责征收。

第六条　车船税的纳税地点,由省、自治区、直辖市人民政府根据当地实际情况确定。

跨省、自治区、直辖市使用的车船,纳税地点为车船的登记地。

第七条　车船税的纳税义务发生时间,为车船管理部门核发的车船登记证书或者行驶证书所记载日期的当月。

第八条　车船税按年申报缴纳。具体申报纳税期限由省、自治区、直辖市人民政府确定。

第九条　车船的所有人或者管理人未缴纳车船税的,使用人应当代为缴纳车船税。

第十条　从事机动车交通事故责任强制保险业务的保险机构为机动车车船税的扣缴义务人,应当依法代收代缴车船税。

税务机关付给扣缴义务人代收代缴手续费的标准由国务院财政部门、税务主管部门制定。

第十一条　机动车车船税的扣缴义务人依法代收代缴车船税时,纳税人不得拒绝。

第十二条　各级车船管理部门应当在提供车船管理信息等方面,协助地方税务机关加强对车船税的征收管理。

第十三条　车船税的征收管理,依照《中华人民共和国税收征收管理法》及本条例的规定执行。

第十四条　本条例自2007年1月1日起施行。1951年9月13日原政务院发布的《车船使用牌照税暂行条例》和1986年9月15日国务院发布的《中华人民共和国车船使用税暂行条例》同时废止。

附:车船税税目税额表(略)

国务院总理温家宝中南海紫光阁会见来京述职的香港特别行政区行政长官曾荫权

国务院总理温家宝在中南海紫光阁会见来京述职的澳门特别行政区行政长官何厚铧

国务院新闻办发布《2006年中国的国防》白皮书

白皮书说："中国高举和平、发展、合作的旗帜，坚持走和平发展道路，与世界各国一道，共同致力于建设一个持久和平、共同繁荣的和谐世界。"

白皮书全文约2.6万字，由前言和安全形势、国防政策、国防领导管理体制、人民解放军、人民武装警察部队、国防动员和后备力量、边防海防、国防科技工业、国防经费、国际安全合作等部分组成。这是中国政府1998年以来第五次发表国防方面白皮书。

白皮书第一次对外公布，依据国家分三个阶段实现现代化的总体规划，国防和军队现代化建设实行三步走的发展战略：2010年前打基础，2020年有较大发展，到本世纪中叶基本实现建设信息化军队、打赢信息化战争的战略目标。白皮书指出，中国人民解放军2005年年底已完成裁军20万的任务，军队规模现保持230万人。陆军机动作战部队有18个集团军，武警部队总员额现为66万人。

国家高技术研究发展计划("863"计划)实施20周年纪念大会在北京举行

国务委员陈至立出席并讲话。

陈至立指出，20年来，在党中央、国务院的领导下，在各地方、各部门的大力支持下，在全国科研单位和高等院校及有关企业的积极参与下，经过全国数万名科研人员的艰苦努力，"863"计划取得了令世人瞩目的成就，不仅突破和掌握了一大批关键技术和核心技术，而且为国家培养和凝聚了一大批高技术创新人才，为国民经济、社会发展和国防建设作出了重要贡献，积累了十分宝贵的经验。"863"计划已经成为我国高技术发展的一面旗帜。

陈至立强调，建设创新型国家对"863"计划提出了新的更高的要求。"863"计划必须更紧密围绕我国经济社会发展、国家安全和国家利益的战略需求，按照《国家中长期科学和技术发展规划纲要》的要求，贯彻"自主创新、重点跨越、支撑发展、引领未来"的方针，在高技术领域取得新的突破，增强我国高技术领域的自主创新能力和持续创新能力。一要突出自主创新，充分发挥高技术引领未来发展的先导作用；二要贯彻科学发展观，集中优势力量攻关，为解决制约我国经济社会可持续发展的能源、资源和环境等瓶颈问题提供高技术支撑；三要以企业为主体，产学研结合，实现高技术产业化，大幅度提高我国重点高技术产业核心竞争力；四要坚持以人为本，培养和凝聚人才；五要继续坚持军民结合、寓军于民的方针；六要加强管理创新，进一步改革和完善专家参与"863"计划管理的机制，探索新的管理方式和运行机制，增强"863"计划实施的活力。还要加强国际合作，在双边、多边科技合作协议下，积极参与重大国际高技术合作项目。

对我国高技术研究产生巨大影响的"863"计划，源于王大珩、王淦昌、杨家墀、陈芳允4位科学家的建议。1986年3月，4位科学家给中共中央写信，提出要跟踪世界先进水平、发展我国高技术的建议。同年11月，中共中央、国务院批准启动了以跟踪国际科技发展、缩小国内外科技差距，力争在有优势的高技术领域有所突破为主要目标的"863"计划。

12月30日

胡锦涛 江泽民 吴邦国 温家宝 贾庆林 曾庆红 吴官正 李长春 罗干等中央领导人在中南海怀仁堂与首都近千名群众观看新年京剧晚会《腾飞华夏》

欢快活泼的京剧歌舞《万众共育和谐篇》，拉开了整场晚会的序幕。晚会分为"群芳争艳春意浓""繁花似锦群英会""欢天喜地花果山""玉树新花满枝头""传承发展铸新声""飞雪银装伴梅香"6个篇章。晚会上，名家名角毕至，老中青少演员咸集，集中展示了京剧这一民族瑰宝的博大精深和无穷魅力。

演出结束后，胡锦涛等走上舞台，与演员亲切握手，祝贺演出成功。

王兆国、回良玉、刘淇、刘云山、贺国强、曹刚川、曾培炎、王刚、何勇、李铁映、何鲁丽、蒋正华、顾秀莲、热地、乌云其木格、唐家璇、华建敏、陈至立、肖扬、刘延东、张思卿、周铁农、徐匡迪、李兆焯、李蒙和彭冲、王光英、布赫、铁木尔·达瓦买提、杨汝岱、任建新、万国权等也观看了演出。

国家主席胡锦涛与古巴国务委员会主席兼部长会议主席菲德尔·卡斯特罗互致新年问候

国务院总理温家宝主持召开国务院常务会议

会议研究修改了《中华人民共和国城镇土地使用税暂行条例》，会议指出，为进一步发挥城镇土地使用税对于加强宏观调控的作用，公平税负，促进平等竞争，有必要适当提高城镇土地使用税税额，并统一适用于内外资企业。会议决定，对1988年发布施行的《中华人民共和国城镇土地使用税暂行条例》做适当修改，由国务院重新公布施行。

会议还研究了其他事项。

国务院副总理回良玉在北京市考察农业普查工作

2006年12月31日24时是第二次全国农业普查的标准时点，农业普查的现场登记工作即将全面启动。12月30日，中共中央政治局委员、国务院副总理、国务院第二次全国农业普查领导小组组长回良玉到北京市大兴区考察农业普查工作，看望慰问普查人员和农民群众。他强调，现场登记是整个普查工作中最重要的阶段、最关键的环节、最艰巨的任务，现场登记质量直接关系到普查工作的成败。各地区、各有关部门、各级普查机构和全体普查人员，一定要以高度负责的精神和求真务实的作风，认真做好普查现场登记工作，确保原始数据真实可靠，圆满完成农业普查各项任务，为推进新农村建设、促进经济社会又好又快发展作出贡献。

回良玉冒雪来到榆垡镇辛安庄村，实地考察普查登记工作。他观摩了普查入户登记模拟过程，向普查人员详细了解登记的具体情况。

回良玉深入到农户家中，与农民亲切交谈，仔细询问他们的生产生活情况。他说，农业普查是党和政府制定“三农”政策的重要依据，直接关系到亿万农民群众的切身利益。他勉励农民群众积极配合调查人员工作，履行好公民的义务，据实申报每个调查项目，按时填报普查资料。这些资料会严格保密，决不用于普查以外的目的。

回良玉还听取了北京市农业普查工作汇报，对前一阶段北京市农业普查准备工作予以充分肯定。

最高人民法院颁布施行《关于人民法院执行公开的若干规定》和《关于人民法院办理执行案件若干期限的规定》两个规范性文件

这是最高人民法院落实“规范执行行为，促进执行公正”专项整改的重要举措，也是执行工作制度化、规范化建设的具体措施。

为进一步体现司法公开的原则，《关于人民法院执行公开的若干规定》中要求，人民法院应当通过通知、公告或者法院网络、新闻媒体等方式，依法公开案件执行各个环节和有关信息；应当向社会公开执行案件的立案标准和启动程序，执行费用的收费标准和根据以及执行减、缓、免交执行费的基本条件和程序。人民法院对案外人异议、不予执行的申请以及变更、追加被执行主体等重大执行事项，一般应当通过公开听证进行审查。在选定评估机构和拍卖机构时，人民法院应当采取公开的方式，依法公开进行拍卖、变卖。此外，为保护当事人的知情权，规定明确了申请执行人有权了解案件执行进展情况。

为彻底解决部分案件久执不决问题，《关于人民法院办理执行案件若干期限的规定》要求，被执行人有财产可供执行的案件，一般应当在立案之日起6个月内执结；非诉执行案件一般应当在立案之日起3个月内执结。同时，对查证、核实和调查被执行人财产状况或财产线索，调查被执行人收入、银行存款、有价证券、不动产、车辆、机器设备、知识产权、对外投资权益及收益、到期债权等资产状况，评估、拍卖机构的遴选，执行中涉及不动产、特定动产及其他财产需要办理过户登记手续的期限都作出了明确规定。

我国自行设计制造的15000吨重型自由锻造水压机试车成功

由中国第一重型机械集团公司自行设计制造的世界上吨位最大、技术最先进的15000吨重型自由锻造水压机试车成功。中共中央政治局委员、国务院副总理曾培炎发来贺信，强调15000吨水压机成功试车和投产，是我国1958年研制成功万吨水压机之后又一重大装备成果，将为生产大型锻件提供重要的硬件条件，极大提升电力、冶金、石化、船舶行业设备制造水平，对加快振兴重大装备制造业具有重大意义。

目前，国内有万吨以上的锻造水压机3台，均建于20世纪50年代和60年代，这些水压机生产效率较低，所生产的锻件等级和精度难以满足重点领域大型锻件生产制造要求。国际上俄罗斯和罗马尼亚各有一台15000吨级水压机，一重集团新建的15000吨水压机不仅在能力上超过国内现有的水压机，成为世界上吨位最大的水压机之一，而且在主机结构和控制系统水平上也有全面提高，是目前世界上最先进的重型自由锻造水压机。15000吨水压机建设项目从2002年年初开始启动，所有研制工作都由一重集团的技术人员独立完成，具有全部自主知识产权。待与水压机配套的操作机投产后，一重集团将每年新增锻件产量7万吨，产值近4亿元。

国务院港澳事务办公室公布《北京奥运会及其筹备期间港澳记者在内地采访办法》

第一条　为了便于北京奥运会及其筹备期间港澳记者在内地依法采访报道，传播和弘扬奥林匹克精神，制定本办法。

第二条　北京奥运会及其筹备期间，港澳记者在内地采访报道北京奥运会及相关事项适用本办法。

本办法所称北京奥运会是指第二十九届奥林匹克运动会和第十三届残疾人奥林匹克运动会。

第三条　港澳记者来内地采访，可持港澳居民来往内地通行证、奥林匹克身份注册卡或其他有效证件多次入出内地。

持其他有效证件进入内地采访，且需办理签证手续的，应向外交部驻香港特派员公署或者外交部驻澳门特派员公署申请办理签证。

第四条　港澳记者来内地采访所携带的合理数量的自用采访器材可以免税入境，有关器材应当在采访活动结束后复运出境。

港澳记者办理自用采访器材免税入境的，应当到中央人民政府驻香港联络办公室或者中央人民政府驻澳门联络办公室办理器材确认函，入境时凭器材确认函和港澳居民来往内地通行证或者其他有效证件办理通关手续；持其他有效证件且需办理签证手续的，凭器材确认函和J—2签证办理通关手续；持奥林匹克身份注册卡的港澳记者，可以凭第二十九届奥林匹克运动会组织委员会出具的器材确认函办理通关手续。

第五条　港澳记者因采访报道需要可以在履行例行报批手续后，临时进口、设置、使用无线电通信设备。

第六条　港澳记者在内地采访，只需征得被采访单位和个人的同意。

第七条　港澳记者可以通过有关服务单位聘用内地居民协助采访报道工作。

第八条　北京奥运会港澳记者服务指南由第二十九届奥林匹克运动会组织委员会依据本办法制定。

第九条　本办法自2007年1月1日起施行，2008年10月17日自行废止。

12月31日

国家主席胡锦涛发表2007年新年贺词

新年的钟声即将敲响。值此世界各国人民共迎2007年到来的美好时刻，我很高兴通过中国国际广播电台、中央人民广播电台和中央电视台，向全国各族人民，向香港特别行政区同胞和澳门特别行政区同胞，向台湾同胞和海外侨胞，向世界各国的朋友们，致以新年的祝福！

2006年，是中国实施“十一五”规划的开局之年。中国各族人民团结一心、奋发努力，全面推进社会主义经济建设、政治建设、文化建设、社会建设，国民经济和社会发展取得新成就，人民生活水平进一步提高。中国又向全面建设小康社会的目标迈出了坚实一步。与此同时，我们全方位开展对外交流合作，广泛参与国际双边和多边事务，积极推动国际热点难点问题解决进程，为维护世界和平、促进共同发展作出了贡献。前不久，中国共产党召开十六届六中全会，就构建社会主义和谐社会作出了全面部署。中国各族人民正以勤劳和智慧创造着自己的幸福生活和美好未来。

2007年，是中国人民全面落实科学发展观、加快构建社会主义和谐社会的重要一年。我们将按照经济社会又好又快发展的要求，着力调整经济结构和转变增长方式，着力加强资源节约和环境保护，着力推进改革开放和自主创新，着力促进社会发展和解决民生问题，推动经济社会发展切实转入科学发展的轨道。我们将坚持“一国两制”“港人治港”“澳人治澳”高度自治的方针，支持香港、澳门特别行政区政府和行政长官依法施政，扩大内地同香港、澳门的交流合作，共同维护香港、澳门长期繁荣稳定。我们将坚持“和平统一、一国两制”的基本方针，围绕两岸关系和平发展的主题，加强两岸人员往来和经济文化交流合作，维护台海和平稳定，推进中国和平统一大业。

当前，国际形势继续发生深刻而复杂的变化。世界多极化继续演进，世界经济保持增长，各国相互依存和合作日益加深，维护世界和平、促进共同发展面临着新的机遇。同时，局部战争和冲突时起时伏，南北差距进一步拉大，恐怖主义、跨国犯罪、环境污染、自然灾害、严重传染性疾病等全球性问题突出，维护世界和平、促进共同发展也面临着新的挑战。面对机遇和挑战并存的国际形势，中国人民真诚希望同世界各国人民互利合作、和谐相处，共同奏响和平、发展、合作的时代主旋律。

借此机会，我愿重申，中国外交政策的宗旨是维护世界和平、促进共同发展。中国人民将坚定不移地走和平发展道路，坚定不移地实施互利共赢的开放战略，同世界各国加强经济文化交流合作，共同推进多边主义和国际关系民主化，维护世界多样性和发展模式多样化，促进经济全球化朝着有利于实现共同繁荣的方向发展，为推动建设持久和平、共同繁荣的和谐世界贡献力量。

当今世界，不少国家和地区的民众仍在忍受着战火、贫困、疾病等磨难。中国人民对他们怀着深切同情，愿意为他们提供力所能及的帮助。我们衷心祝愿一切处于磨难中的人们早日走出困境，衷心祝愿世界各国人民共享和平与发展的成果。

最后，我从北京祝大家在新的一年里幸福安康！

国家主席胡锦涛到河北省承德市考察

12月31日，中共中央总书记、国家主席、中央军委主席胡锦涛和随行的中共中央政治局候补委员、中央书记处书记、中央办公厅主任王刚，在河北省省委书记白克明、代省长郭庚茂等陪同下，来到国家扶贫开发工作重点县——河北省承德市最北部的围场满族蒙古族自治县，考察经济社会发展情况，看望慰问基层干部群众，向大家祝贺新年。

考察途中，胡锦涛听取了河北省及承德市主要负责同志的工作汇报。他希望河北省及承德市广大干部群众坚持以邓小平理论和“三个代表”重要思想为指导，全面落实科学发展观，牢牢抓住难得的机遇，在营造发展环境、凝聚发展力量、创新发展思路、提高发展质量上下功夫，努力推动经济社会又好又快发展，不断开创各项工作的新局面。

国家主席胡锦涛与俄罗斯总统弗拉基米尔·弗拉基米罗维奇·普京互致新年贺电并宣布“中国年”活动正式开始

国家主席胡锦涛就印尼发生重大沉船事故向印尼总统苏西洛·班邦·尤多约诺致慰问电

国务院总理温家宝签署第483号令公布《国务院关于修改〈中华人民共和国城镇土地使用税暂行条例〉的决定》

《国务院关于修改〈中华人民共和国城镇土地使用税暂行条例〉的决定》已经2006年12月30日国务院第163次常务会议通过，现予公布，自2007年1月1日起施行。

总　理　温家宝

2006年12月31日

国务院关于修改《中华人民共和国城镇土地使用税暂行条例》的决定

国务院决定对《中华人民共和国城镇土地使用税暂行条例》做如下修改：

一、第二条增加一款，作为第二款：“前款所称单位，包括国有企业、集体企业、私营企业、股份制企业、外商投资企业、外国企业以及其他企业和事业单位、社会团体、国家机关、军队以及其他单位；所称个人，包括个体工商户以及其他个人。”

二、第四条修改为：“土地使用税每平方米年税额如下：

（一）大城市1.5元至30元；

（二）中等城市1.2元至24元；

（三）小城市0.9元至18元；

（四）县城、建制镇、工矿区0.6元至12元。”

三、第十三条修改为：“本条例的实施办法由省、自治区、直辖市人民政府制定。”

此外，对本条例个别条文的文字做修改。

本决定自2007年1月1日起施行。

《中华人民共和国城镇土地使用税暂行条例》根据本决定作相应的修订，重新公布。

中华人民共和国城镇土地使用税暂行条例

第一条　为了合理利用城镇土地，调节土地级差收入，提高土地使用效益，加强土地管理，制定本条例。

第二条　在城市、县城、建制镇、工矿区范围内使用土地的单位和个人，为城镇土地使用税（以下简称土地使用税）的纳税人，应当依照本条例的规定缴纳土地使用税。

前款所称单位，包括国有企业、集体企业、私营企业、股份制企业、外商投资企业、外国企业以及其他企业和事业单位、社会团体、国家机关、军队以及其他单位；所称个人，包括个体工商户以及其他个人。

第三条　土地使用税以纳税人实际占用的土地面积为计税依据，依照规定税额计算征收。

前款土地占用面积的组织测量工作，由省、自治区、直辖市人民政府根据实际情况确定。

第四条　土地使用税每平方米年税额如下：

（一）大城市1.5元至30元；

（二）中等城市1.2元至24元；

（三）小城市0.9元至18元；

（四）县城、建制镇、工矿区0.6元至12元。

第五条　省、自治区、直辖市人民政府，应当在本条例第四条规定的税额幅度内，根据市政建设状况、经济繁荣程度等条件，确定所辖地区的适用税额幅度。

市、县人民政府应当根据实际情况，将本地区土地划分为若干等级，在省、自治区、直辖市人民政府确定的税额幅度内，制定相应的适用税额标准，报省、自治区、直辖市人民政府批准执行。

经省、自治区、直辖市人民政府批准，经济落后地区土地使用税的适用税额标准可以适当降低，但降低额不得超过本条例第四条规定最低税额的30%。经济发达地区土地使用税的适用税额标准可以适当提高，但须报经财政部批准。

第六条　下列土地免缴土地使用税：

（一）国家机关、人民团体、军队自用的土地；

（二）由国家财政部门拨付事业经费的单位自用的土地；

（三）宗教寺庙、公园、名胜古迹自用的土地；

（四）市政街道、广场、绿化地带等公共用地；

（五）直接用于农、林、牧、渔业的生产用地；

（六）经批准开山填海整治的土地和改造的废弃土地，从使用的月份起免缴土地使用税5年至10年；

（七）由财政部另行规定免税的能源、交通、水利设施用地和其他用地。

第七条　除本条例第六条规定外，纳税人缴纳土地使用税确有困难需要定期减免的，由省、自治区、直辖市税务机关审核后，报国家税务局批准。

第八条　土地使用税按年计算、分期缴纳。缴纳期限由省、自治区、直辖市人民政府确定。

第九条　新征用的土地，依照下列规定缴纳土地使用税：

(一)征用的耕地，自批准征用之日起满1年时开始缴纳土地使用税；

(二)征用的非耕地，自批准征用次月起缴纳土地使用税。

第十条　土地使用税由土地所在地的税务机关征收。土地管理机关应当向土地所在地的税务机关提供土地使用权属资料。

第十一条　土地使用税的征收管理，依照《中华人民共和国税收征收管理法》及本条例的规定执行。

第十二条　土地使用税收入纳入财政预算管理。

第十三条　本条例的实施办法由省、自治区、直辖市人民政府制定。

第十四条　本条例自1988年11月1日起施行，各地制定的土地使用费办法同时停止执行。

应急管理专家组成立大会暨第一次全体会议在北京举行

国务委员兼国务院秘书长华建敏出席并讲话。他强调，各级政府及有关部门要重视专家队伍建设，充分发挥专家作用，科学应对和处置各类突发公共事件，全面提高我国应急管理能力。

华建敏指出，加强突发公共事件应急管理工作，是党中央、国务院在深刻总结历史经验、科学分析公共安全形势的基础上作出的一项重大决策，充分体现了立党为公、执政为民的根本要求，是全面落实科学发展观、实现经济社会安全发展、促进社会主义和谐社会建设的重要举措。多年以来，在应对和处置各类突发公共事件中，各方面专家和广大科技工作者作出了重要贡献。根据有关要求成立专家组，不仅是应急管理工作实践经验的深刻总结，全面加强应急管理工作的内在要求，更是应急管理工作实行科学民主决策的需要和实施人才战略的重要举措。

华建敏强调，“十一五”是我国经济社会发展的关键时期，也是全面提升我国应急管理能力的重要阶段。希望专家组及广大科技工作者加强应对和处置各类突发公共事件的技术研究，为应急管理工作提供决策咨询和技术支撑；加强应急管理工作的理论研究，为建立健全应急体系献计献策；大力推进公共安全学科建设，加快应急管理人才培养。

在谈到应急管理工作面临的形势和任务时，华建敏强调，各地各部门必须增强责任感、紧迫感，针对突出矛盾和问题，更加主动地开展工作，做到未雨绸缪、有备无患。要深化“一案三制”建设，抓好《“十一五”期间国家突发公共事件应急体系建设规划》的贯彻落实；加大风险隐患排查力度，从源头上防范和减少突发公共事件的发生；推进公共安全技术自主创新，加快公共安全产业发展；做好应急知识普及工作，提高社会公众的安全意识、责任意识和自救互救能力。

专家组成员及有关部门负责同志参加了会议。应急专家组第一批专家共40名，涉及自然灾害、事故灾难、公共卫生、社会安全和综合管理5大类33个领域。

中央军委副主席　国务委员兼国防部部长曹刚川在北京会见由众议员罗斯科·巴特利特率领的美国众议院军委会代表团